Psicologia biológica

Tradução da 13ª edição norte-americana

James W. Kalat
North Carolina State University

Dados Internacionais de Catalogação na Publicação (CIP)
(Câmara Brasileira do Livro, SP, Brasil)

Kalat, James W.
  Psicologia biológica / James W. Kalat ; tradução Edson Furmankiewicz ; revisão técnica Marcelo Fernandes Costa. -- São Paulo : Cengage Learning, 2022.

  Título original: Biological psychology
  Bibliografia.
  ISBN 978-65-5558-404-2

  1. Neuropsicologia 2. Psicobiologia I. Costa, Marcelo Fernandes. II. Título.

22-100570

CDD-612.801
NLM-WM 200

Índices para catálogo sistemático:

1. Neuropsicologia : Medicina   612.801

Cibele Maria Dias - Bibliotecária - CRB-8/9427

Psicologia biológica

Tradução da 13ª edição norte-americana

James W. Kalat
North Carolina State University

Revisão técnica:
Prof. Dr. Marcelo Fernandes Costa
Professor Associado na Disciplina de Psicologia Sensorial e da Percepção do Departamento de Psicologia Experimental do Instituto de Psicologia da Universidade de São Paulo

Tradução:
Edson Furmankiewicz
Docware Traduções Técnicas

CENGAGE

Austrália • Brasil • México • Cingapura • Reino Unido • Estados Unidos

CENGAGE

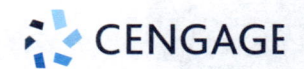

Psicologia biológica
Tradução da 13ª edição norte-americana
1ª edição brasileira
James W. Kalat

Gerente editorial: Noelma Brocanelli

Editoras de desenvolvimento: Gisela Carnicelli e Salete Del Guerra

Supervisora de produção gráfica: Fabiana Alencar Albuquerque

Título original: Biological Psychology, 13th Edition (ISBN 13: 978-1-337-40820-2)

Tradução: Edson Furmankiewicz

Revisão técnica: Prof. Dr. Marcelo Fernandes Costa

Copidesque e revisão: Joana Figueiredo (In-Fólio), Silvia Campos, Fábio Gonçalves e Larissa Wostog Ono

Diagramação: Docware Traduções Técnicas

Indexação: Docware Traduções Técnicas

Capa: Alberto Mateus (Crayon Editorial)

Imagem da capa: ktsdesign/Shutterstock; Who is Danny/Shutterstock

© 2019, 2016 Cengage Learning, Inc.

© 2023 Cengage Learning Edições Ltda.

Todos os direitos reservados. Nenhuma parte deste livro poderá ser reproduzida, sejam quais forem os meios empregados, sem a permissão, por escrito, da Editora. Aos infratores aplicam-se as sanções previstas nos artigos 102, 104, 106 e 107 da Lei n. 9.610, de 19 de fevereiro de 1998.

Esta editora empenhou-se em contatar os responsáveis pelos direitos autorais de todas as imagens e de outros materiais utilizados neste livro. Se porventura for constatada a omissão involuntária na identificação de algum deles, dispomo-nos a efetuar, futuramente, os possíveis acertos.

A Editora não se responsabiliza pelo funcionamento dos sites contidos neste livro que possam estar suspensos.

Para informações sobre nossos produtos, entre em contato pelo telefone +55 11 3665-9900

Para permissão de uso de material desta obra, envie seu pedido para
direitosautorais@cengage.com

© 2023 Cengage Learning. Todos os direitos reservados.

ISBN-13: 978-65-5558-404-2
ISBN-10: 65-5558-404-1

Cengage
Rua Werner Von Siemens, 111 - Torre A – 9º andar
Condomínio E-Business Park, São Paulo, SP, Brasil
CEP: 05069-010
Tel.: +55 11 3665-9900

Para suas soluções de curso e aprendizado. visite
www.cengage.com.br

Impresso no Brasil.
Printed in Brazil.
1ª impressão – 2022

Sobre o autor

James W. Kalat é professor emérito de Psicologia pela Universidade Estadual da Carolina do Norte, onde ministrou cursos de Introdução à Psicologia e Psicologia Biológica de 1977 a 2012. Nascido em 1946, recebeu o título de bacharel *summa cum laude* da Duke University, em 1968, e obteve o Ph.D. em Psicologia pela Universidade da Pensilvânia em 1971. Também é autor de *Introduction to psychology* (11ª edição) e coautor, com Michelle Shiota, de *Emotion* (3ª edição). Além de livros paradidáticos, publicou artigos sobre aprendizado da aversão ao sabor, ensino de psicologia, entre outros temas. Foi duas vezes presidente do programa da convenção anual da American Psychological Society, agora denominada Association for Psychological Science. Viúvo que casou novamente, tem três filhos, dois enteados e quatro netos.

Para meus netos.

Sumário

Introdução
Visão geral e principais questões 3

A abordagem biológica do comportamento 4
   O campo da psicologia biológica 5
   Três pontos principais para lembrar deste livro 6
Explicações biológicas do comportamento 6
Oportunidades de carreira 8
O uso de animais em pesquisas 9
   Graus de oposição 11
CONCLUSÃO: Seu cérebro e sua experiência 12

Capítulo 1
Células nervosas e impulsos nervosos 17

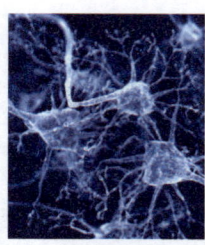

Módulo 1.1
As células do sistema nervoso 18

Neurônios e neuroglias 18
   Santiago Ramón y Cajal, pioneiro da neurociência 18
   As estruturas de uma célula animal 19
   Estrutura de um neurônio 19
   Variações entre os neurônios 21
   Glias 21
A barreira hematoencefálica 23
   Necessidade da barreira hematoencefálica 23
   Como funciona a barreira hematoencefálica 24
Nutrição neuronal em vertebrados 25
CONCLUSÃO: Neurônios 25

Módulo 1.2
O impulso nervoso 28

O potencial de repouso do neurônio 28
   Forças que agem nos íons de sódio e potássio 29
   Por que um potencial em repouso? 31
O potencial de ação 31
   A lei do tudo ou nada 32
   A base molecular do potencial de ação 32
Propagação do potencial de ação 33
A bainha de mielina e a condução saltatória 35
   O período refratário 36
Neurônios locais 36
CONCLUSÃO: Neurônios e mensagens 37

Capítulo 2
Sinapses 41

Módulo 2.1
O conceito de sinapse 42

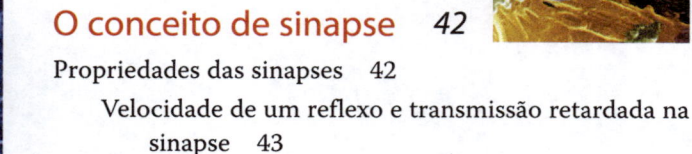

Propriedades das sinapses 42
   Velocidade de um reflexo e transmissão retardada na sinapse 43
   Somação temporal 43
   Somação espacial 43
   Sinapses inibitórias 45
Relação entre PPSE, PPSI e potenciais de ação 46
CONCLUSÃO: O neurônio como tomador de decisões 47

Módulo 2.2
Eventos químicos na sinapse 50

A descoberta da transmissão química nas sinapses 50
A sequência de eventos químicos em uma sinapse 51
   Tipos de neurotransmissor 52
   Síntese dos transmissores 52
   Armazenamento dos transmissores 53
   Liberação e difusão dos transmissores 53
   Ativação dos receptores das células pós-sinápticas 54
   Inativação e recaptação de neurotransmissores 57
   Realimentação negativa da célula pós-sináptica 57
   Sinapses elétricas 59
Hormônios 59
CONCLUSÃO: Neurotransmissores e comportamento 62

Capítulo 3
Anatomia e métodos de pesquisa 67

Módulo 3.1
Estrutura do sistema nervoso dos vertebrados 68
Terminologia para descrever o sistema nervoso 68
Medula espinhal 70
Sistema nervoso autônomo 71
O metencéfalo 72
O mesencéfalo 73
O prosencéfalo 74
    Tálamo 76
    Hipotálamo e hipófise 77
    Gânglios basais 77
    Prosencéfalo basal 78
    Hipocampo 79
Os ventrículos 79
CONCLUSÃO: Aprendendo neuroanatomia 80

Módulo 3.2
O córtex cerebral 82
Organização do córtex cerebral 82
O lobo occipital 84
O lobo parietal 84
O lobo temporal 85
O lobo frontal 85
    A ascensão e queda das lobotomias pré-frontais 86
    Funções do córtex pré-frontal 87
Como as partes funcionam juntas? 87
CONCLUSÃO: Funções do córtex cerebral 89

Módulo 3.3
Métodos de pesquisa 91
Efeitos de lesões cerebrais 91
Efeitos da estimulação cerebral 92
Registrando a atividade cerebral 93
Correlacionando a anatomia do cérebro com o comportamento 96
CONCLUSÃO: Métodos de pesquisa e progresso 99

Capítulo 4
Genética, evolução, desenvolvimento e plasticidade 103

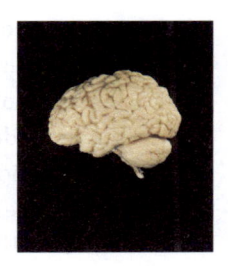

Módulo 4.1
Genética e evolução do comportamento 104
Genética mendeliana 104
    Genes ligados ao sexo e limitados pelo sexo 106
    Alterações genéticas 107
    Epigenética 107
Hereditariedade e meio ambiente 108
    Modificação ambiental 109
    Como os genes influenciam o comportamento 110
A evolução do comportamento 110
    Mal-entendidos comuns sobre a evolução 110
    Psicologia evolucionista 112
CONCLUSÃO: Genes e comportamento 114

Módulo 4.2
Desenvolvimento do cérebro 117
Maturação do cérebro dos vertebrados 117
    Crescimento e desenvolvimento dos neurônios 118
    Novos neurônios mais tarde na vida 119
Orientação dos axônios 119
    Orientação química dos axônios 119
    Competição entre axônios como um princípio geral 121
Determinantes da sobrevivência neuronal 122
A vulnerabilidade do cérebro em desenvolvimento 123
Diferenciação do córtex 124
Ajuste fino pela experiência 125
    Experiência e ramificação dendrítica 125
Efeitos de experiências especiais 127
Desenvolvimento cerebral e desenvolvimento comportamental 131
    Adolescência 131
    Idosos 132
CONCLUSÃO: Desenvolvimento cerebral 132

Módulo 4.3
Plasticidade após lesão cerebral 136
Lesão cerebral e recuperação a curto prazo 136
    Redução de danos decorrentes de acidente vascular cerebral 136

Mecanismos tardios de recuperação 138
    Aumento da estimulação cerebral 138
    Recrescimento de axônios 138
    Crescimento de axônios 139
    Supersensibilidade por denervação 139
    Representações sensoriais reorganizadas e o membro fantasma 140
    Ajustes aprendidos no comportamento 141
CONCLUSÃO: Lesões cerebrais e recuperação 142

Capítulo 5
Visão 147

Módulo 5.1
Codificação visual 148
Princípios gerais da percepção 148
O olho e suas conexões com o cérebro 149
    Vias na retina 149
    A fóvea e a periferia da retina 149
Receptores visuais: bastonetes e cones 152
Visão de cores 153
    A teoria tricromática (Young-Helmholtz) 154
    A teoria do processo-oponente (Hering) 155
    A teoria retinex 156
    Deficiência de visão de cores 158
CONCLUSÃO: Receptores visuais 159

Módulo 5.2
Como o cérebro processa informações visuais 162
Visão geral do sistema visual dos mamíferos 162
Processamento na retina 163
Processamento adicional 164
O córtex visual primário 166
    Campos receptivos simples e complexos 167
    A organização colunar do córtex visual 168
    As células do córtex visual são detectores de características específicas? 169
Desenvolvimento do córtex visual 170
    Privação visual em um dos olhos 171
    Privação visual nos dois olhos 171
    Estimulação não correlacionada nos dois olhos 171
    Exposição inicial a uma série limitada de padrões 172
    Visão prejudicada do bebê e consequências a longo prazo 173
CONCLUSÃO: Compreendendo a visão por meio do diagrama de conexões 174

Módulo 5.3
Processamento paralelo no córtex visual 177
As vias ventrais e dorsais 177
Análise detalhada da forma 178
    O córtex temporal inferior 178
    Reconhecendo faces 179
Percepção de movimento 181
    O córtex temporal médio 181
    Cegueira de movimento 182
CONCLUSÃO: Aspectos da visão 183

Capítulo 6
Outros sistemas sensoriais 187

Módulo 6.1
Audição 188
Som e audição 188
    Física e psicologia do som 188
    Estruturas da orelha 189
Percepção de tom 190
O córtex auditivo 191
Localização do som 193
Diferenças individuais 195
    Surdez 195
    Audição, atenção e envelhecimento 196
CONCLUSÃO: Funções da audição 196

Módulo 6.2
Os sentidos mecânicos 199
Sensação vestibular 199
Somatossensação 199
    Receptores somatossensoriais 200
    Cócegas 201
    Somatossensação no sistema nervoso central 202
Dor 203
    Estímulos e vias da medula espinhal 203
    Dor emocional 204
    Maneiras de aliviar a dor 205
    Sensibilização da dor 207
Coceira 208
CONCLUSÃO: Os sentidos mecânicos 208

Módulo 6.3
Os sentidos químicos *211*
Paladar   211
    Receptores gustativos   211
    Quantos tipos de receptores gustativos?   211
    Mecanismos dos receptores gustativos   213
    Codificação gustativa no cérebro   214
    Variações na sensibilidade ao paladar   214
Olfato   216
    Receptores olfativos   217
    Implicações para a codificação   218
    Mensagens para o cérebro   219
    Diferenças individuais   219
Feromônios   220
Sinestesia   220
CONCLUSÃO: Sentidos como maneiras de conhecer o mundo   221

Capítulo 7
Movimento   *225*

Módulo 7.1
O controle do movimento *226*
Músculos e seus movimentos   226
    Músculos rápidos e músculos lentos   226
    Controle muscular por proprioceptores   228
Unidades de movimento   230
    Movimentos voluntários e involuntários   230
    Movimentos que variam na sensibilidade à realimentação   230
    Sequências dos comportamentos   230
CONCLUSÃO: Categorias do movimento   231

Módulo 7.2
Mecanismos cerebrais do movimento *233*
O córtex cerebral   233
    Planejando um movimento   235
    Inibindo um movimento   236
    Neurônios espelho   236
    Conexões do cérebro com a medula espinhal   238
O cerebelo   239
    Outras funções além do movimento   240
    Organização celular   241
Os gânglios basais   241
Áreas do cérebro e aprendizagem motora   244
Decisões conscientes e movimento   244
CONCLUSÃO: Controle de movimento e cognição   246

Módulo 7.3
Distúrbios do movimento *249*
Mal de Parkinson   249
    Causas   250
    Tratamento com L-dopa   250
    Outras terapias   250
Doença de Huntington   251
    Testes de hereditariedade e pré-sintomáticos   252
CONCLUSÃO: Os distúrbios de movimento afetam mais que o movimento   254

Capítulo 8
Vigília e sono   *257*

Módulo 8.1
Ritmos de acordar e dormir *258*
Ritmos endógenos   258
Ajuste e reajuste do relógio biológico   259
    Jet lag   261
    Turno de trabalho   261
    Pessoas diurnas e pessoas noturnas   261
Mecanismos do relógio biológico   262
    O núcleo supraquiasmático (NSQ)   263
    Como a luz reajusta o NSQ   264
    A bioquímica do ritmo circadiano   264
    Melatonina   265
CONCLUSÃO: Ciclos de sono-vigília   266

Módulo 8.2
Estágios do sono e mecanismos cerebrais *268*
Sono e outras interrupções da consciência   268
Os estágios do sono   268
Sono paradoxal ou REM   269
Mecanismos cerebrais de vigília, excitação e sono   271
    Estruturas cerebrais da excitação e atenção   271
    Sono e a inibição da atividade cerebral   273
Atividade cerebral no sono REM   274
Distúrbios do sono   274
    Apneia do sono   276
    Narcolepsia   276
    Transtorno de movimento periódico de membros   277

Distúrbios do comportamento REM 277
Terrores noturnos e sonambulismo 277
CONCLUSÃO: Estágios do sono 278

Módulo 8.3
Por que dormir? Por que REM? Por que sonhos? 280

Funções do sono 280
    Sono e preservação de energia 280
    Análogo ao sono: hibernação 280
    Diferenças entre espécies do sono 281
    Sono e memória 283
Funções do sono REM 283
Perspectivas biológicas sobre o sonho 284
    A hipótese da síntese de ativação 284
    A hipótese neurocognitiva 285
CONCLUSÃO: Nossa autocompreensão limitada 285

Capítulo 9
Regulação interna 289

Módulo 9.1
Regulação da temperatura 290

Homeostase e alostase 291
Controlando a temperatura corporal 292
    Sobrevivendo ao frio extremo 293
    As vantagens da temperatura corporal elevada constante 293
    Mecanismos cerebrais 294
    Febre 295
CONCLUSÃO: Combinando mecanismos fisiológicos e comportamentais 296

Módulo 9.2
Sede 298

Mecanismos de regulação da água 298
Sede osmótica 298
Sede hipovolêmica e fome específica de sódio 300
CONCLUSÃO: A psicologia e biologia da sede 301

Módulo 9.3
Fome 303

Digestão e seleção de alimentos 303
    Consumo de produtos lácteos 304
    Seleção de alimentos e comportamento 304

Regulação da alimentação de curto e longo prazo 305
    Fatores orais 305
    O estômago e intestinos 306
    Glicose, insulina e glucagon 306
    Leptina 308
Mecanismos cerebrais 309
    O núcleo arqueado e o hipotálamo paraventricular 309
    O hipotálamo lateral 311
    Áreas mediais do hipotálamo 312
Transtornos alimentares 313
    Genética e peso corporal 314
    Técnicas de perda de peso 314
    Bulimia nervosa 315
    Anorexia nervosa 316
CONCLUSÃO: Os múltiplos controles da fome 317

Capítulo 10
Comportamentos reprodutivos 321

Módulo 10.1
Sexo e hormônios 322

Efeitos organizadores dos hormônios sexuais 324
    Diferenças de sexo no cérebro 325
    Diferenças de sexo em brincadeiras 327
Efeitos ativadores dos hormônios sexuais 328
    Homens 328
    Mulheres 329
    Efeitos dos hormônios sexuais nas características não sexuais 331
Comportamento parental 332
CONCLUSÃO: Motivações e comportamentos reprodutivos 334

Módulo 10.2
Variações no comportamento sexual 337

Interpretações evolutivas do comportamento de acasalamento 337
    Interesse em múltiplos parceiros 337
    O que homens e mulheres procuram em um parceiro 338
    Diferenças no ciúme 338
    Evoluiu ou aprendeu? 338
Identidade de gênero e comportamentos diferenciados de gênero 338
    Intersexos 339

Interesses e preferências de meninas com hiperplasia adrenal congênita (HAC) 340
Feminização testicular 340
Questões de atribuição de gênero e educação 340
Discrepâncias da aparência sexual 341
Orientação sexual 342
Diferenças comportamentais e anatômicas 342
Genética 342
Uma pergunta evolucionária 343
Influências pré-natais 344
Anatomia do cérebro 344
CONCLUSÃO: Nós não somos todos iguais 346

Capítulo 11
Comportamentos emocionais 351

Módulo 11.1
O que é emoção? 352
Emoções e excitação autônoma 352
A excitação fisiológica é necessária para os sentimentos emocionais? 353
A excitação fisiológica é suficiente para as emoções? 354
Emoção é um conceito útil? 354
As pessoas têm algumas emoções básicas? 356
As funções da emoção 357
Emoções e decisões morais 358
CONCLUSÃO: Emoções e o sistema nervoso 360

Módulo 11.2
Comportamentos de ataque e fuga 362
Comportamentos de ataque 362
Hereditariedade e meio ambiente na violência 363
Efeitos hormonais 363
Sinapses de serotonina e comportamento agressivo 364
Testosterona, serotonina e cortisol 365
Medo e ansiedade 365
Função da amídala em roedores 366
Estudos da amídala em macacos 367
Resposta da amídala humana a estímulos visuais 367
Diferenças individuais na resposta da amídala e ansiedade 368
Danos à amídala humana 369
Transtorno de ansiedade 371

Alívio da ansiedade 372
Alívio farmacológico 372
Álcool e ansiedade 373
CONCLUSÃO: Fazendo algo sobre emoções 373

Módulo 11.3
Estresse e saúde 376
Estresse e a síndrome de adaptação geral 376
Estresse e eixo hipotálamo-hipófise-córtex adrenal 377
Sistema imunitário 377
Efeitos do estresse no sistema imunológico 378
Lidando com o estresse 379
CONCLUSÃO: Emoções e reações do corpo 380

Capítulo 12
Aprendizagem, memória e inteligência 383

Módulo 12.1
Aprendizagem, memória e perda de memória 384
Representações localizadas da memória 384
A busca pelo engrama de Lashley 384
A busca moderna pelo engrama 386
Tipos de memória 387
Memória de curto e longo prazo 387
Nossa visão em transformação da consolidação 388
Memória de trabalho 389
Perda de memória 389
Síndrome de Korsakoff 390
Doença de Alzheimer 390
Amnésia infantil 392
CONCLUSÃO: Memória e esquecimento 392

Módulo 12.2
O hipocampo e o estriado 395
Perda de memória após lesão do hipocampo 395
Teorias da função do hipocampo 398
Navegação 399
O estriado 401
Outras áreas do cérebro e da memória 402
CONCLUSÃO: Lesão cerebral e memória 403

Módulo 12.3
Armazenamento de informações no sistema nervoso 405

Becos cegos e minas abandonadas 405
Aprendizagem e a sinapse hebbiana 406
Mecanismos de célula única na alteração do comportamento de invertebrados 407
    Aplysia como um animal experimental 407
    Habituação na *Aplysia* 407
    Sensibilização na *Aplysia* 407
Potenciação de longo prazo em vertebrados 408
    Mecanismos bioquímicos 408
Aprimoramento da memória 412
CONCLUSÃO: A fisiologia da memória 413

Módulo 12.4
Inteligência 415

Tamanho do cérebro e inteligência 415
    Comparando espécies 415
    Dados humanos 416
Genética e inteligência 417
Evolução do cérebro 418
CONCLUSÃO: Por que somos tão inteligentes? 419

Capítulo 13
Funções cognitivas 423

Módulo 13.1
Lateralização e linguagem 424

Os hemisférios esquerdo e direito 424
    Diferenças anatômicas entre os hemisférios 425
Conexões visuais e auditivas com os hemisférios 425
O corpo caloso e a cirurgia de divisão de cérebro 426
    Divisão dos hemisférios: competição e cooperação 428
    O hemisfério direito 429
Evitando exageros 429
Evolução da linguagem 430
    Chimpanzés 430
    Bonobos 430
    Não primatas 431

Como a linguagem humana evoluiu? 432
    A linguagem é um subproduto da inteligência? 432
    Linguagem como especialização 433
    Um período sensível para aprender línguas 434
Lesão cerebral e linguagem 434
    Afasia de Broca (afasia não fluente) 434
    Afasia de Wernicke (afasia fluente) 436
Dislexia 437
CONCLUSÃO: Linguagem e cérebro 438

Módulo 13.2
Processos conscientes e inconscientes 441

A relação mente-cérebro 441
Consciência de um estímulo 442
    Experiências utilizando mascaramento 442
    Experimentos utilizando rivalidade binocular 443
    O destino de um estímulo autônomo 444
    Consciência como um fenômeno de limiar 445
    O momento da consciência 445
Pessoas conscientes e inconscientes 446
Atenção 446
    Áreas do cérebro que controla a atenção 446
    Negligência espacial 447
CONCLUSÃO: Atento à atenção e consciente da consciência 449

Módulo 13.3
Tomada de decisão e neurociência social 452

Decisões perceptuais 452
Decisões baseadas em valores 453
A biologia do amor 454
Empatia e altruísmo 455
CONCLUSÃO: Biologia das decisões e comportamento social 456

Capítulo 14
Transtornos psicológicos 459

Módulo 14.1
Abuso de substâncias 460

Mecanismos das drogas 460
Predisposições 460
    Influências genéticas 460
    Influências ambientais 461

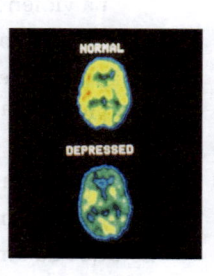

Indicadores comportamentais do abuso   461
Mecanismos sinápticos   462
  O papel da dopamina   462
  Fissura   464
  Tolerância e abstinência   464
Tratamentos   465
  Medicamentos contra o abuso de álcool   465
  Medicamentos contra o abuso de opiáceos   465
CONCLUSÃO: A psicologia e a biologia do abuso de substâncias   466

Módulo 14.2
Transtornos do humor   *468*
Transtorno depressivo maior   468
  Genética   469
  Anormalidades da dominância hemisférica   470
Antidepressivos   470
  Tipos de antidepressivos   470
  Como os antidepressivos funcionam   471
  Qual é a eficácia dos antidepressivos?   472
  Alternativas a antidepressivos   473
  Exercício e dieta   474
Transtorno bipolar   476
  Tratamentos   476
CONCLUSÃO: A biologia das oscilações do humor   477

Módulo 14.3
Esquizofrenia   *480*
Diagnóstico   480
  Diagnóstico diferencial da esquizofrenia   481
  Dados demográficos   481
Genética   482
  Estudos de família   482
  Crianças adotadas que desenvolvem esquizofrenia   482
  Esforços para localizar um gene   483
A hipótese neurodesenvolvimental   483
  Ambiente pré-natal e neonatal   484
  Anormalidades cerebrais leves   484
  Curso a longo prazo   485
  Desenvolvimento inicial tardio da psicopatologia   485
Tratamentos   486
  Antipsicóticos e dopamina   486
  Drogas antipsicóticas de segunda geração   487
  Papel do glutamato   488
CONCLUSÃO: Ainda restam muitos mistérios   489

Módulo 14.4
Transtornos do espectro autista   *492*
Sintomas e características   492
Genética e outras causas   493
Tratamentos   494
CONCLUSÃO: Desenvolvimento e distúrbios   494

Apêndice A   496
Química básica resumida   496

Apêndice B   502
Políticas da Society for Neuroscience sobre o uso de animais e seres humanos em pesquisa   502

Referências bibliográficas   504

Índice onomástico   567

Índice remissivo/Glossário   589

Prefácio

Na primeira edição desta obra, publicada em 1981, comentei: "Pensei em imprimir partes deste livro com uma tinta que desaparecesse depois de um período de dez anos da publicação, para que não me sentisse constrangido com as declarações que parecessem primitivas a partir de uma perspectiva futura". Hoje diria a mesma coisa, exceto que preferiria que a tinta desaparecesse mais rapidamente. A psicologia biológica avança rapidamente, e muito do que pensávamos que sabíamos torna-se obsoleto.

A psicologia biológica é o tema mais interessante do mundo. Sem dúvida, muitas pessoas em outras áreas acham que seus temas são os mais interessantes, mas elas estão erradas. A psicologia biológica é realmente o mais interessante. Infelizmente, é muito fácil se perder tentando memorizar fatos a ponto de esquecer do quadro geral. O quadro geral aqui é fascinante e profundo: sua atividade cerebral *é* sua mente. Espero que os leitores deste livro lembrem-se dessa mensagem mesmo depois de esquecerem dos detalhes.

Cada capítulo é dividido em módulos que começam com uma introdução e terminam com um resumo, uma lista de termos-chave e algumas perguntas de revisão. Essa organização torna mais fácil para os professores atribuírem parte de um capítulo por dia, em vez de um capítulo inteiro por semana. Os módulos também podem ser abordados em uma ordem diferente ou, se preferirem, omitidos.

Presumo que os leitores tenham formação básica em psicologia e biologia e conheçam termos como *condicionamento clássico, reforço, vertebrados, mamíferos, genes, cromossomos, células* e *mitocôndrias*. Também suponho que todos tenham tido aulas de química durante o ensino médio. Aqueles com uma formação insuficiente em química ou que não lembram dela podem consultar o Apêndice A.

Mudanças nesta edição

Ao refletir as rápidas mudanças na psicologia biológica, esta edição inclui conteúdo revisado em todas as seções, com quase 700 novas referências, incluindo mais de 550 a partir de 2014 ou até mais recentes. Muitas figuras são novas ou revisadas e a maioria das perguntas de revisão no final dos módulos são novas. As mudanças mais extensas concentram-se a partir do Capítulo 9. Essas mudanças organizacionais merecem atenção: O Capítulo 9 ("Regulação interna") inclui uma nova seção sobre anorexia nervosa. O Capítulo 12 ("Aprendizagem, memória e inteligência") agora tem quatro módulos em vez de dois. O que costumava ser o primeiro módulo foi dividido em dois e um novo foi adicionado sobre inteligência. Este inclui algum material que constava no capítulo sobre anatomia, além de ter sido totalmente reorganizado. No Capítulo 13 ("Funções cognitivas"), os módulos sobre lateralização e linguagem foram encurtados e combinados em um único. O módulo sobre neurociência social expandiu-se com o acréscimo de uma seção sobre neurobiologia da tomada de decisões. No Capítulo 14 ("Transtornos psicológicos"), o primeiro módulo ("Abuso de substâncias") foi reorganizado e reordenado.

Com relação ao conteúdo novo ou revisado, eis alguns dos destaques:

- Esta edição continua a tradição de incluir fotografias e citações de alguns pesquisadores proeminentes, agora adicionando Karl Deisseroth, Margaret McCarthy, May-Britt Moser e Edvard Moser e Stanislas Dehaene. Os alunos podem identificar centenas de cantores, atores e atletas. Acho que eles devem ser capazes de identificar alguns pesquisadores importantes também, especialmente na área em que escolheram se formar.
- Os neurocientistas não acreditam mais que a glia supera o número de neurônios no cérebro humano.
- Embora muitos psicólogos e outros especialistas tenham explicado o comportamento de risco dos adolescentes associados ao córtex pré-frontal imaturo, essa explicação não parece tão plausível. Entre o início da adolescência e os 20 anos, a maioria dos comportamentos de risco *aumenta*, mesmo quando o córtex pré-frontal está se aproximando da maturidade. É mais provável que comportamentos de risco reflitam maior impulso por excitação.
- Pesquisas atuais indicam que os astrócitos e o tecido cicatricial são mais úteis do que prejudiciais para o recrescimento dos axônios.
- Um novo estudo descobriu que as pessoas que perdem uma sensação como resultado de lesão cerebral também têm problemas para pensar em conceitos relacionados a essa sensação. Por exemplo, alguém com lesões no córtex auditivo pode considerar "trovão" uma não palavra.
- Dados anteriores mostraram que o acetaminofeno diminui a dor emocional. Novos dados afirmam que também diminui as experiências agradáveis.
- O texto inclui informações atualizadas sobre a base genética da doença de Parkinson, abuso de substâncias, depressão, esquizofrenia e autismo.
- Certas espécies de aves dormem quando voam grandes distâncias. As fragatas, que são grandes o suficiente de modo que os pesquisadores possam monitorá-las no ar, às vezes dormem enquanto um dos hemisférios

- permanece ativo, às vezes dormem brevemente com os dois hemisférios ao mesmo tempo ativos, mas no geral dormem muito pouco nos dias em que estão no mar.
- A sede antecipa as necessidades, assim como sua saciedade. Paramos de beber muito antes que a água que bebemos chegue às células que precisam dela.
- Novas pesquisas sobre anatomia cerebral lançam uma luz importante sobre as diferenças entre machos e fêmeas. Como os mecanismos que controlam as diferenças entre machos e fêmeas variam de uma área do cérebro para outra, é comum alguém ter uma colcha de retalhos da anatomia típica masculina, típica feminina e aproximadamente neutra em diferentes áreas cerebrais.
- Uma nova hipótese sustenta que a rápida formação de novos neurônios em um hipocampo infantil é responsável tanto pela facilidade de um novo aprendizado como pelo fenômeno da amnésia infantil. Ou seja, os bebês aprendem rapidamente, mas também tendem a esquecer memórias episódicas.
- O Capítulo 12 inclui uma nova seção sobre o papel do hipocampo e das áreas adjacentes no controle da navegação.
- O acúmulo de dados lança dúvidas sobre o papel central da dopamina nos comportamentos de dependência.
- A crença antiga de que episódios tardios de depressão tornam-se cada vez mais breves baseava-se em um artifício metodológico. Muitas pessoas apresentam um único episódio, possivelmente um muito longo. Somente pessoas com episódios breves chegam, digamos, ao décimo episódio. Portanto, a duração média de todos os primeiros episódios não é comparável ao atraso médio dos episódios tardios.

Também quero mencionar alguns pontos sobre meu estilo de escrita. Você não teria notado esses pontos, e sei que também não se importa, mas vou mencioná-los de qualquer maneira: evito o termo *incrível*, usado exageradamente e que perdeu seu significado original de "não crível". Também evito os termos *intrigante*, *envolvente* e *ultrajante*, que também são usados excessivamente e de forma inadequada. Por fim, evito o termo *diferente* após um quantificador. Por exemplo, eu não diria, "Eles ofereceram quatro explicações diferentes". Se eles ofereceram quatro explicações, podemos presumir que as explicações eram diferentes!

Material de apoio

- Manual do professor: O manual inclui objetivos de aprendizagem, termos-chave, exercícios e mais. Em inglês, para professores.
- Power Points: Os slides estruturam os capítulos do texto principal em uma apresentação pronta para a sala de aula e servem como material de estudo para o estudante. Em português, para professores e alunos.

Agradecimentos

Permita-me comentar algo sobre os pesquisadores dessa área de atuação: como regra, eles são surpreendentemente cooperativos com os autores de livros paradidáticos. Muitos colegas e alunos me enviaram comentários e sugestões úteis. Agradeço a todos esses professores que revisaram uma ou mais edições do livro:

Colaboradores e revisores de texto:

- John Agnew, *University of Colorado em Boulder*
- John Dale Alden III, *Lipscomb University*
- Joanne Altman, *Washburn University*
- Kevin Antshel, *SUNY – Upstate Medical University*
- Bryan Auday, *Gordon College*
- Susan Baillet, *University of Portland*
- Teresa Barber, *Dickinson College*
- Christie Bartholomew, *Kent State University*
- Howard Bashinski, *University of Colorado*
- Bakhtawar Bhadha, *Pasadena City College*
- Chris Brill, *Old Dominion University*
- J. Timothy Cannon, *The University of Scranton*
- Lorelei Carvajal, *Triton College*
- Sarah Cavanagh, *Assumption College*
- Linda Bryant Caviness, *La Sierra University*
- Cathy Cleveland, *East Los Angeles College*
- Elie Cohen, *Lander College for Men (Touro College)*
- Howard Cromwell, *Bowling Green State University*
- David Crowley, *Washington University*
- Carol DeVolder, *St. Ambrose University*
- Jaime L. Diaz-Granados, *Baylor University*
- Carl DiPerna, *Onondaga Community College*
- Francine Dolins, *University of Michigan — Dearborn*
- Timothy Donahue, *Virginia Commonwealth University*
- Michael Dowdle, *Mt. San Antonio College*
- Jeff Dyche, *James Madison University*
- Gary Felsten, *Indiana University – Purdue University Columbus*
- Erin Marie Fleming, *Kent State University*
- Lauren Fowler, *Weber State University*
- Deborah Gagnon, *Wells College*
- Jonathan Gewirtz, *University of Minnesota*
- Jackie Goldstein, *Samford University*
- Peter Green, *Maryville University*
- Jeff Grimm, *Western Washington University*
- Amy Clegg Haerich, *Riverside Community College*
- Christopher Hayashi, *Southwestern College*
- Suzanne Helfer, *Adrian College*
- Alicia Helion, *Lakeland College*
- Jackie Hembrook, *University of New Hampshire*
- Phu Hoang, *Texas A&M International University*
- Richard Howe, *College of the Canyon*
- Barry Hurwitz, *University of Miami*
- Karen Jennings, *Keene State College*
- Craig Johnson, *Towson University*
- Robert Tex Johnson, *Delaware County Community College*
- Kathryn Kelly, *Northwestern State University*
- Shannon Kundey, *Hood College*
- Craig Kinsley, *University of Richmond*
- Philip Langlais, *Old Dominion University*
- Jerry Lee, *Albright College*
- Robert Lennartz, *Sierra College*
- Hui-Yun Li, *Oregon Institute of Technology*
- Cyrille Magne, *Middle Tennessee State University*
- Michael Matthews, *U.S. Military Academy (West Point)*
- Estelle Mayhew, *Rutgers University – New Brunswick*
- Daniel McConnell, *University of Central Florida*
- Maria McLean, *Thomas More College*
- Elaine McLeskey, *Belmont Technical College*
- Corinne McNamara, *Kennesaw State University*
- Brian Metcalf, *Hawaii Pacific University*
- Richard Mills, *College of DuPage*
- Daniel Montoya, *Fayetteville State University*
- Paulina Multhaupt, *Macomb Community College*
- Walter Murphy, *Texas A&M University – Central Texas*
- Joseph Nedelec, *Florida State University*
- Ian Norris, *Murray State University*
- Marcia Pasqualini, *Avila University*
- Susana Pecina, *University of Michigan – Dearborn*
- Linda Perrotti, *University of Texas – Arlington*
- Terry Pettijohn, *The Ohio State University*
- Jennifer Phillips, *Mount St. Mary's University*
- Edward Pollak, *West Chester University*
- Brian Pope, *Tusculum College*
- Mark Prendergast, *University of Kentucky*
- Jean Pretz, *Elizabethtown College*
- Mark Prokosch, *Elon University*
- Adam Prus, *Northern Michigan University*
- Khaleel Razak, *University of California – Riverside*
- John Rowe, *Florida Gateway College*
- David Rudek, *Aurora University*
- Jeffrey Rudski, *Muhlenberg College*

Agradecimentos

- Karen Sabbah, *California State University – Northridge*
- Sharleen Sakai, *Michigan State University*
- Ron Salazar, *San Juan College*
- Shannon Saszik, *Northeastern Illinois University*
- Steven Schandler, *Chapman University*
- Sue Schumacher, *North Carolina A&T State University*
- Vicki Sheafer, *LeTourneau University*
- Timothy Shearon, *College of Idaho*
- Stephanie Simon-Dack, *Ball State University*
- Steve Smith, *University of California – Santa Barbara*
- Suzanne Sollars, *University of Nebraska – Omaha*
- Gretchen Sprow, *University of North Carolina – Chapel Hill*
- Jeff Stowell, *Eastern Illinois University*
- Gary Thorne, *Gonzaga University*
- Chris Tromborg, *Sacramento City College and University of California – Davis*
- Lucy Troup, *Colorado State University*
- Joseph Trunzo, *Bryant University*
- Sandy Venneman, *University of Houston – Victoria*
- Beth Venzke, *Concordia University*
- Ruvanee Vilhauer, *Felician College*
- Jacquie Wall, *University of Indianapolis*
- Zoe Warwick, *University of Maryland – Baltimore County*
- Jon Weimer, *Columbia College*
- Rosalyn Weller, *The University of Alabama – Birmingham*
- Adam Wenzel, *Saint Anselm College*
- David Widman, *Juniata College*
- Steffen Wilson, *Eastern Kentucky University*
- Joseph Wister, *Chatham University*
- Jessica Yokley, *University of Pittsburgh*

Também agradeço à gerente de produto, Erin Schnair, por seu suporte, incentivo e supervisão. Linda Man, desenvolvedora de conteúdo para esta edição, supervisionou cuidadosamente este projeto complexo e tem meu maior respeito e apreciação. Lori Hazzard supervisionou a produção, tarefa importante para um livro como este. Como diretor de arte, as consideráveis habilidades artísticas de Vernon Boes ajudaram a contrabalançar minha total falta de conhecimento nessa área. As fases de produção da 13ª edição foram habilmente supervisionadas por Rita Jaramillo, gerente de projeto de conteúdo. Betsy Hathaway estava encarregada das permissões, trabalho importante para um livro como este. Agradeço a todo o restante da equipe da Cengage por suas contribuições, incluindo Heather Thompson, gerente de marketing; e Leah Jenson, assistente de produto. Todas essas pessoas foram parceiros esplêndidos e agradeço-os imensamente.

E, enfaticamente, sou grato a minha esposa e família pelo apoio constante.

Agradeço a correspondência tanto dos alunos como dos professores. Escreva para James W. Kalat, Department of Psychology, Box 7650, North Carolina State University, Raleigh, NC 27695-7801, USA. E-mail: james_kalat@ncsu.ed.u

James W. Kalat

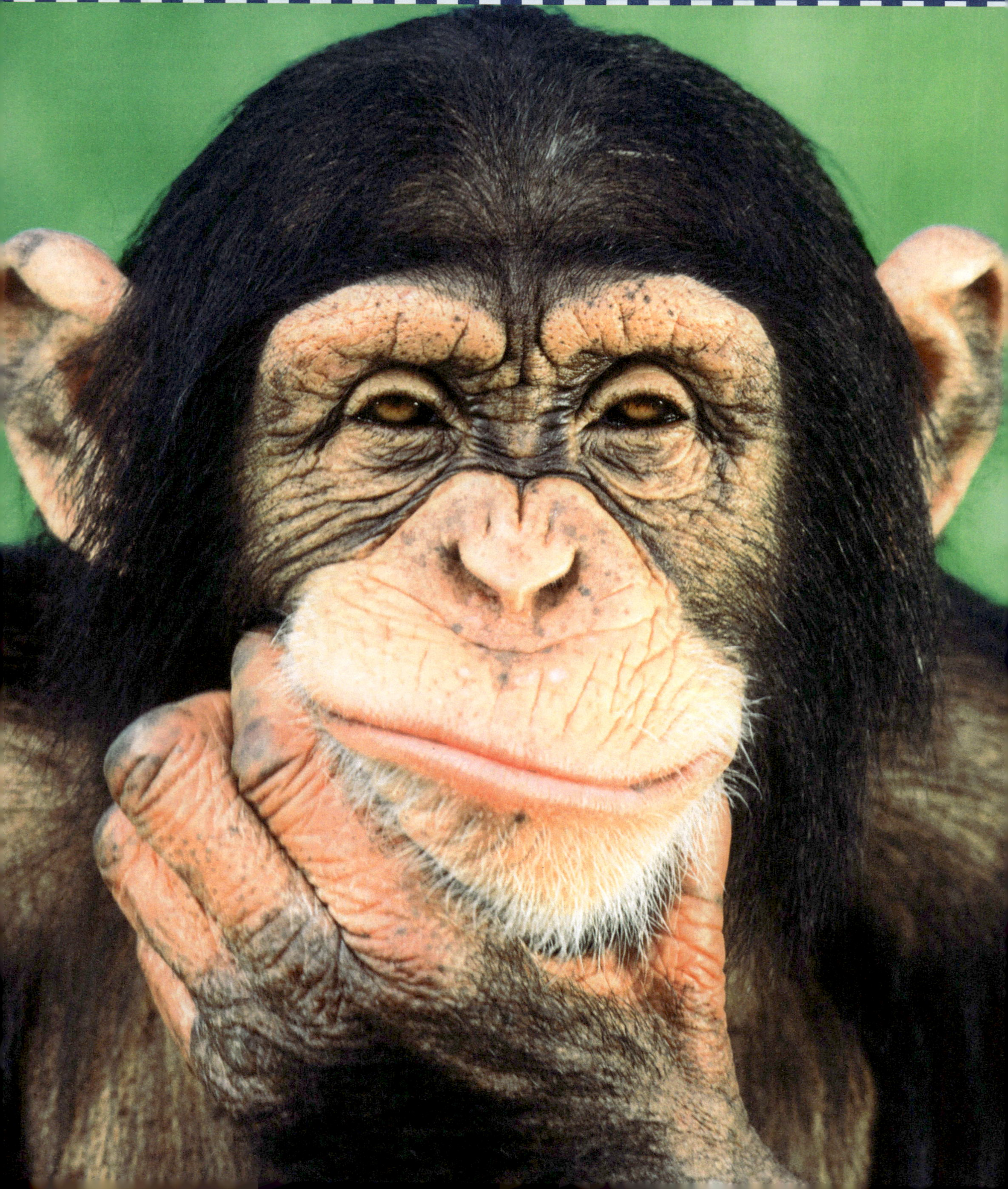

Visão geral e principais questões

Introdução

> Costuma-se dizer que o homem é único entre os animais. Vale a pena analisar o termo *único* antes de discutirmos nosso assunto propriamente dito. A palavra pode, neste contexto, ter dois significados ligeiramente diferentes. Pode significar: o homem é notavelmente diferente — ele não é idêntico a nenhum animal. Claro que isso é verdade. É verdade também para todos os outros animais: cada espécie, mesmo cada indivíduo, é único nesse sentido. Mas o termo também é frequentemente usado em um sentido mais absoluto: o homem é tão diferente, tão "essencialmente diferente" (seja lá o que isso signifique) que a lacuna entre ele e os animais não pode ser transposta — ele é algo totalmente novo. Utilizado nesse sentido absoluto, o termo não tem significado científico. Seu uso também revela e pode reforçar a presunção, e leva à complacência e ao derrotismo porque supõe que será inútil até mesmo procurar raízes animais. Isto é um prejulgamento da questão.
>
> *Niko Tinbergen* (1973, p. 161)

Sumário do capítulo

A abordagem biológica do comportamento
Explicações biológicas do comportamento
Oportunidades de carreira
O uso de animais em pesquisas
Conclusão: Seu cérebro e sua experiência

Objetivos de aprendizagem

Depois de estudar esta introdução, você será capaz de:

1. Enunciar o problema mente-cérebro e comparar o monismo com o dualismo.
2. Listar três pontos gerais importantes que devem ser lembrados neste livro.
3. Dar exemplos das explicações fisiológicas, ontogenéticas, evolucionárias e funcionais do comportamento.
4. Discutir as questões éticas das pesquisas com animais de laboratório.

O que significa o termo *psicologia biológica*? Em certo sentido, toda psicologia é biológica. Você é um organismo biológico e tudo o que você faz ou pensa faz parte da sua biologia. Mas é útil distinguir entre os níveis de explicação. Toda a biologia é química e toda a química é física, mas não tentamos explicar todas as observações biológicas em termos de prótons e elétrons. Da mesma forma, muito da psicologia é mais bem descrito pelas influências culturais, sociais e cognitivas. Mas boa parte da psicologia também é mais bem compreendida por meio da genética, evolução, hormônios, fisiologia corporal e mecanismos cerebrais. Este livro concentra-se principalmente nos mecanismos cerebrais, mas também discute as outras influências biológicas. Neste capítulo, consideramos três questões principais: a relação entre mente e cérebro, os papéis da natureza e aprendizado, e a ética da pesquisa. Também consideramos brevemente as oportunidades profissionais neste e em campos relacionados.

[Imagem da página anterior:
É estimulante tentar "entrar na mente" das pessoas e de outros animais, imaginar o que estão pensando ou sentindo. Em contraposição, psicólogos biológicos tentam explicar o comportamento em termos de fisiologia, desenvolvimento, evolução e função.
(© Renee Lynn/Corbis/VCG/Getty Images)]

A abordagem biológica do comportamento

De todas as perguntas que as pessoas fazem, duas se destacam como as mais profundas e as mais difíceis. Uma dessas questões trata da física. A outra diz respeito à relação entre física e psicologia.

Gottfried Leibniz (1714-1989) colocou a primeira dessas questões: "Por que existe algo em vez do nada?" Parece que o nada seria o estado padrão. Evidentemente, o universo — ou quem quer que ou o que quer que tenha criado o universo — tinha de ser autocriado.

Então, como isso aconteceu?

Essa questão é extremamente desconcertante, mas uma pergunta secundária é mais receptiva à discussão: Dada a existência de um universo, por que esse tipo particular de universo? O universo poderia ter sido fundamentalmente diferente? Nosso universo tem prótons, nêutrons e elétrons com dimensões específicas de massa e carga. Ele possui quatro forças fundamentais — gravidade, eletromagnetismo, a força nuclear forte e a força nuclear fraca. O que aconteceria com o universo se alguma dessas propriedades fosse diferente?

A partir da década de 1980, especialistas em um ramo da física conhecido como *teoria das cordas* começaram a provar matematicamente que essa é a única maneira possível de o universo existir. Ser bem-sucedido nesse esforço teria sido teoricamente gratificante, mas, infelizmente, à medida que os teóricos das cordas trabalhavam em suas equações, eles concluíram que esse não é o único universo possível. O universo poderia ter assumido um ampla variedade de formas com diferentes leis da física. Qual é a grandeza desse número? Imagine o número 1 seguido por cerca de 500 zeros. E essa é a estimativa *baixa*.

De todos esses universos possíveis, quantos poderiam ter sustentado a vida? Bem poucos. Considere o seguinte (Davies, 2006):

- Se a gravidade fosse mais fraca, a matéria não se condensaria em estrelas e planetas. Se fosse mais forte, as estrelas brilhariam com mais intensidade e consumiriam seu combustível muito rapidamente para que a vida evoluísse.
- Se a força eletromagnética fosse mais forte, os prótons dentro de um átomo se repeliriam com tanta força que os átomos explodiriam.
- No começo era o hidrogênio. Os outros elementos formaram-se por fusão dentro das estrelas. A única maneira de esses elementos saírem das estrelas e formarem os planetas é uma estrela explodir como uma supernova e enviar seu conteúdo para a galáxia. Se a força nuclear fraca fosse *ou* um pouco mais forte *ou* um pouco mais fraca, uma estrela não explodiria.
- Por causa da proporção exata entre a força eletromagnética e a força nuclear forte, o hélio (elemento 2 na tabela periódica) e o berílio (elemento 4) entram em ressonância dentro de uma estrela, permitindo que eles se fundam facilmente em carbono (elemento 6), que é essencial para a vida como a conhecemos. (É difícil falar sobre a vida quando não a conhecemos.) Se a força eletromagnética ou a força nuclear forte mudasse ligeiramente (menos de 1%), quase não existiria carbono no universo.
- A força eletromagnética é 10^{40} vezes mais forte que a gravidade. Se a gravidade fosse um pouco mais forte em relação à força eletromagnética, os planetas não se formariam. Se fosse um pouco mais fraca, os planetas consistiriam apenas em gases.
- A massa de um nêutron é 0,14% maior que a de um próton. Se a diferença fosse um pouco maior, todo o hidrogênio teria se fundido em hélio, mas o hélio não teria se fundido em nenhum dos elementos mais pesados (Wilczek, 2015).
- Por que a água (H_2O) é um líquido? Moléculas semelhantes como dióxido de carbono, óxido nítrico, ozônio e metano são gases, exceto em temperaturas extremamente baixas. Em uma molécula de água, os dois íons de hidrogênio formam um ângulo de 104,5° (ver Figura Intro.1). Como resultado, uma das extremidades da molécula de água tem uma carga positiva leve e a outra, uma carga negativa leve. A diferença é suficiente para que as moléculas de água se atraiam eletricamente. Se elas se atraíssem um pouco menos, toda a água seria gás (vapor). Mas se as moléculas de água se atraíssem com um pouco mais de força, a água sempre seria um sólido (gelo).

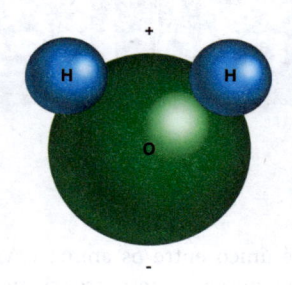

Figura Intro.1 Uma molécula de água
Por causa do ângulo de hidrogênio-oxigênio-hidrogênio, uma extremidade da molécula de água é mais positiva e a outra negativa. A diferença exata de carga faz com que as moléculas de água se atraiam apenas o suficiente para se tornarem um líquido.
(Fonte: Ilustração de Margareth Baldissara com adaptação de Marcelo Ventura com base na ilustração de Oxygen Group/David M. Barron).

Em suma, o universo poderia ter sido diferente de muitas maneiras, praticamente todas as quais tornariam a vida impossível. Por que o universo é do jeito que é? Talvez seja apenas uma coincidência. (Sorte nossa, hein?) Ou talvez algum tipo de inteligência tenha guiado a formação do universo. Essa hipótese claramente está além do alcance da ciência empírica. Uma terceira possibilidade que muitos físicos defendem é que um grande número de outros universos (talvez um número infinito) realmente *existe* e, é claro, conhecemos um único tipo de universo em que poderíamos evoluir. Essa hipótese também está além do alcance da ciência empírica, pois não conhecemos outros universos. Algum dia saberemos por que o universo é do jeito que é? Talvez sim ou talvez não, mas a questão é fascinante.

No início, mencionei duas questões profundas e difíceis. A segunda chama-se **problema mente-cérebro** ou **problema mente-corpo**, a questão de como a mente se relaciona com a atividade cerebral. Dito de outra forma: dado um universo composto de matéria e energia, por que existe algo chamado consciência? Podemos imaginar como a matéria se aglutinou para formar moléculas e como certos tipos de compostos de carbono se aglutinaram para formar um tipo primitivo de vida, que então evoluiu e se transformou em animais com cérebros e comportamentos complexos. Mas por que alguns tipos de atividade cerebral são conscientes?

Até agora, ninguém apresentou uma explicação convincente da consciência. Alguns estudiosos sugeriram abandonar totalmente o conceito de consciência (Churchland, 1986; Dennett, 1991). Essa proposta evita a pergunta, em vez de

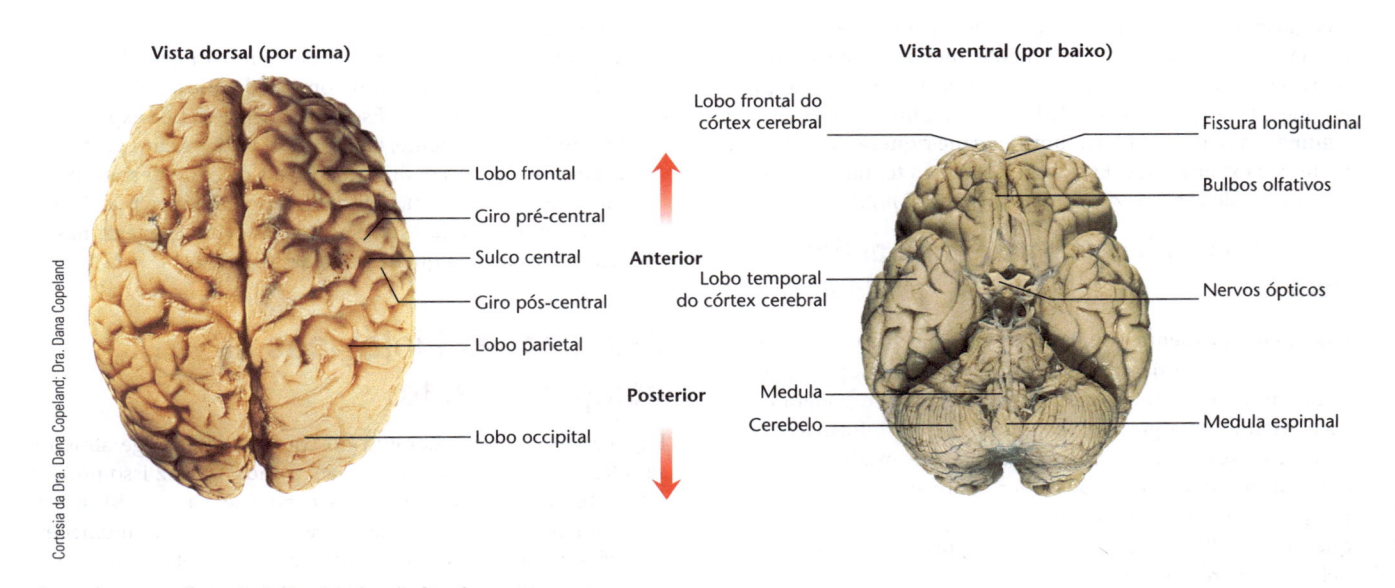

Figura Intro.2 Duas incidências do cérebro humano
O cérebro tem um número enorme de divisões e subáreas; as marcações apontam para algumas das principais na superfície do cérebro.

respondê-la. A consciência é algo que experimentamos e exige uma explicação, mesmo que ainda não seja possível explicá-la. Em vez disso, Chalmers (2007) e Rensch (1977) propuseram considerar a consciência uma propriedade fundamental da matéria. Uma propriedade fundamental é aquela que não pode ser reduzida a outra coisa. Por exemplo, massa e carga elétrica são propriedades fundamentais. Talvez a consciência também seja.

Mas essa não é uma resposta convincente. Primeiro, a consciência não é como outras propriedades fundamentais. A matéria tem massa o tempo todo, e prótons e elétrons têm carga o tempo todo. Pelo que sabemos, a consciência só ocorre em partes específicas do sistema nervoso, apenas parte do tempo — não quando você dorme sem sonhar, nem quando está em coma. Além disso, não é adequado chamar *qualquer coisa* de propriedade fundamental, mesmo massa ou carga. Afirmar que massa é uma propriedade fundamental não significa que não haja uma razão. Significa que desistimos de encontrar uma razão. E, de fato, os físicos contemporâneos não desistiram. Eles estão tentando explicar massa e carga em termos do bóson de Higgs e outros princípios do universo. Afirmar que a consciência é uma propriedade fundamental significaria que desistimos de explicá-la. Certamente é muito cedo para desistir. Depois de aprender o máximo possível sobre o sistema nervoso, talvez possamos entender o que é consciência. Do contrário, a pesquisa ensinará muitas coisas importantes e interessantes.

O campo da psicologia biológica

Psicologia biológica é o estudo dos mecanismos fisiológicos, evolutivos e de desenvolvimento do comportamento e da experiência. É quase um sinônimo dos termos *biopsicologia, psicologia biológica, psicologia fisiológica,* e *neurociência comportamental*. O termo *psicologia biológica* enfatiza que o objetivo é relacionar a biologia com as questões da psicologia. *Neurociência* inclui muito do que é relevante para o comportamento, mas também inclui mais detalhes sobre anatomia e química.

A psicologia biológica não é apenas um campo de estudo, mas também um ponto de vista. Ela sustenta que nossa maneira de pensar e agir vem dos mecanismos cerebrais e que desenvolvemos esses mecanismos cerebrais porque os animais antigos que evoluíram assim sobreviveram e se reproduziram.

O principal enfoque da psicologia biológica é a atividade cerebral. Na Figura Intro.2, o cérebro humano é mostrado na parte superior (o que os anatomistas chamam de incidência ou vista *dorsal*) e na parte inferior (incidência ou vista *ventral*). As marcações apontam para algumas áreas importantes que, mais à frente no livro, serão mais fáceis de reconhecer. Inspeção do cérebro revela subáreas distintas. No nível microscópico, encontramos dois tipos de células: os *neurônios* (Figura Intro.3) e as *glias*. Os neurônios, que transmitem mensagens entre si e

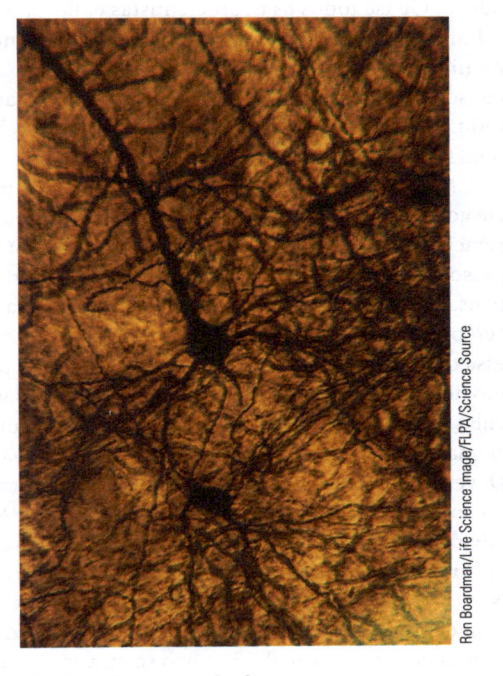

Figura Intro.3 Neurônios, ampliados
O cérebro é composto de células chamadas neurônios e glias.

aos músculos e glândulas, variam enormemente em tamanho, forma e funções. Glias, geralmente menores que os neurônios, têm muitas funções, mas não transmitem informações a grandes distâncias. As atividades dos neurônios e das glias, de alguma maneira, produzem uma enorme riqueza de comportamentos e experiências. Este livro é sobre as tentativas dos pesquisadores de explicar *de alguma forma essa palavra*.

Três pontos principais para lembrar deste livro

Este livro apresenta muitas informações factuais. Quantas você se lembrará daqui a alguns anos? Se começar uma carreira em psicologia, biologia ou medicina, você poderá continuar usando uma grande quantidade dessas informações. Do contrário, você inevitavelmente esquecerá muitos dos fatos, embora ocasionalmente possa ler sobre um novo estudo de pesquisa que refresca sua memória. Independentemente de quantos detalhes memorize, você sempre deve se lembrar de pelo menos três pontos gerais:

1. A percepção ocorre no cérebro. Quando algo entra em contato com a mão, ela envia uma mensagem ao cérebro. Você sente isso no cérebro, não na mão. (A estimulação elétrica do cérebro poderia produzir uma experiência relacionada à mão mesmo se você não tivesse uma mão. Uma mão desconectada do cérebro não tem experiência.) Da mesma forma, você vê quando a luz entra nos olhos. A experiência está na sua cabeça, não "lá fora". Você NÃO envia "raios de visão" dos seus olhos e, mesmo se o fizesse, o resultado não serviria para nada. O capítulo sobre visão explica esse ponto em detalhes.

2. A atividade mental e certos tipos de atividade cerebral são, pelo que sabemos, inseparáveis. Esta posição é conhecida como **monismo**, a ideia de que o universo consiste em apenas um tipo de ser. (O oposto é **dualismo**, a ideia de que as mentes são um tipo de substância e a matéria outro.) Quase todos os neurocientistas e filósofos corroboram a posição do monismo. Você deve entender o monismo e as evidências subjacentes. O capítulo sobre consciência aborda essa questão diretamente, mas quase tudo no livro tem a ver com a relação mente-cérebro de uma forma ou outra.

    Não é fácil se acostumar com o conceito de monismo. De acordo com o monismo, seus pensamentos ou experiências são a mesma coisa que a atividade cerebral. As pessoas às vezes perguntam se a atividade cerebral provoca pensamentos ou se os pensamentos direcionam a atividade cerebral (por exemplo, Miller, 2010). Segundo o monismo, essa questão é como perguntar se a temperatura provoca o movimento das moléculas, ou se o movimento das moléculas provoca a temperatura. Nenhuma causa a outra; são apenas maneiras diferentes de descrever a mesma coisa.

3. Devemos ser cautelosos sobre o que é uma explicação e o que não é. Por exemplo, pessoas com depressão têm menos atividade normal em certas áreas do cérebro. Essa evidência informa *por que* as pessoas tornaram-se deprimidas? Não, não informa. Para ilustrar, considere que as pessoas com depressão também apresentam menos atividade nas pernas do que o normal. (Elas não se movem tanto quanto as das outras pessoas.) Claramente, as pernas inativas não causaram depressão. Suponha que também descobrimos que certos genes são menos comuns do que a média entre pessoas com depressão. Essa diferença genética explica a depressão? Novamente, não explica. Pode ser um passo útil para explicar a depressão, depois de entendermos o que esses genes fazem, mas a diferença genética por si só não explica nada. Em suma, devemos evitar exagerar nas conclusões de qualquer estudo de pesquisa.

Explicações biológicas do comportamento

Explicações de senso comum do comportamento geralmente se referem a objetivos intencionais como, "Ele fez isso porque estava tentando..." ou "Ela fez isso porque quis...". Mas, frequentemente, não há nenhuma razão para supor intenções. Um pássaro de 4 meses migrando para o sul pela primeira vez provavelmente não sabe por quê o faz. Na primavera seguinte,

A função do bocejo continua sendo debatida entre os pesquisadores. Os mecanismos do cérebro produzem muitos comportamentos em que nos envolvemos sem necessariamente saber por quê.

quando põe um ovo, senta-se sobre ele e o defende de predadores, novamente não sabe o porquê. Até os seres humanos nem sempre sabem as razões de seus próprios comportamentos. Bocejar e rir são dois exemplos. Bocejamos e rimos, mas você pode explicar o que alcançamos ao fazer isso? Intenções são, na melhor das hipóteses, uma forma frágil de explicação.

Em comparação com as explicações de senso comum, as explicações biológicas do comportamento enquadram-se em quatro categorias: fisiológicas, ontogenéticas, evolucionárias e funcionais (Tinbergen, 1951). Uma **explicação fisiológica** relaciona um comportamento à atividade do cérebro e de outros órgãos. Ela lida com a máquina do corpo — por exemplo, as reações químicas que permitem que os hormônios influenciem a atividade cerebral e as vias pelas quais a atividade cerebral controla as contrações musculares.

O termo *ontogenético*, originário do grego, significa origem (ou gênese) do ser. A **explicação ontogenética** descreve como uma estrutura ou comportamento se desenvolve, incluindo as influências dos genes, nutrição, experiências e suas interações. Por exemplo, em média homens e mulheres diferem de várias maneiras. Algumas dessas diferenças podem ser atribuídas aos efeitos dos genes ou hormônios pré-natais, algumas se relacionam a influências culturais, muitas se relacionam parcialmente a ambos e outras aguardam pesquisas adicionais.

A **explicação evolucionista** reconstrói a história evolutiva de uma estrutura ou comportamento. Os traços característicos de um animal quase sempre são modificações de algo encontrado em espécies ancestrais. Por exemplo, as asas dos morcegos são braços modificados e os espinhos do porco-espinho são pelos modificados. No comportamento, às vezes os macacos usam ferramentas, e os seres humanos desenvolveram aprimoramentos em relação a essas habilidades, que nos permitem usar ferramentas ainda melhor (Peeters et al., 2009). Explicações evolucionistas chamam a atenção para semelhanças comportamentais entre espécies relacionadas.

Uma **explicação funcional** descreve *por que* uma estrutura ou comportamento evoluiu da forma como evoluiu. Em uma pequena população isolada, um gene pode se espalhar por acidente por meio de um processo chamado *deriva genética*. Por exemplo, um macho dominante com muitos descendentes propaga todos os seus genes, incluindo alguns que podem ter sido irrelevantes para seu sucesso ou mesmo desvantajosos. Mas um gene que é predominante em uma grande população provavelmente forneceu alguma vantagem — pelo menos no passado, embora não necessariamente hoje. Uma explicação funcional identifica essa vantagem. Por exemplo, muitas espécies têm uma aparência que se adapta aos padrões do ambiente (ver Figura Intro.4). Uma explicação funcional é que a aparência camuflada torna o animal imperceptível aos predadores. Algumas espécies usam esse comportamento como parte da camuflagem. Por exemplo, gaviões-urubu, nativos do México e sudoeste dos Estados Unidos, voam entre abutres e mantêm as asas na mesma postura dos abutres. Pequenos mamíferos e pássaros correm para se proteger ao ver um gavião, mas aprendem a ignorar os abutres, que não representam uma ameaça para os animais saudáveis. Como os gaviões-urubu lembram abutres, tanto na aparência quanto no comportamento de voo, suas presas os desconsideram, permitindo que os gaviões capturem refeições fáceis (Clark, 2004).

Para comparar os quatro tipos de explicação biológica, considere como todos eles se aplicam a um exemplo, o canto dos pássaros (Catchpole & Slater, 1995):

Ao contrário de outras aves, pombos podem beber com a cabeça abaixada. Outras enchem a boca e então erguem a cabeça. Uma explicação fisiológica descreveria os nervos e músculos da garganta dessas aves. Uma explicação evolucionista afirma que os pombos compartilham essa capacidade comportamental porque herdaram seus genes de um ancestral comum.

Figura Intro.4 Um dragão-marinho, um peixe australiano parente do cavalo-marinho, vive entre florestas de algas marinhas, parece alga marinha e, em geral, flutua lentamente, *agindo como algas.*
Uma explicação funcional é que os potenciais predadores ignoram peixes que se parecem com plantas não comestíveis. Uma explicação evolucionista é que as modificações genéticas expandiram os apêndices menores que estavam presentes nos ancestrais desses peixes.

Tipos de explicação	Exemplo de canto de pássaro
Fisiológica	Uma área específica do cérebro de um pássaro canoro cresce sob a influência da testosterona; portanto, é maior em machos reprodutores do que em fêmeas ou pássaros imaturos. Essa área do cérebro permite que um macho maduro cante.
Ontogenética	Em algumas espécies, um pássaro macho jovem aprende a cantar ouvindo machos adultos. O desenvolvimento do canto requer certos genes e a oportunidade de ouvir o canto apropriado durante um período sensível no início da vida.
Evolucionária	Alguns pares de espécies têm cantos semelhantes. Por exemplo, os pilritos-comum e os maçaricos-de-bico-fino, duas espécies de aves costeiras, dão a seus cantos pulsos distintos, ao contrário de outras aves costeiras. A semelhança sugere que os dois evoluíram de um único ancestral.
Funcional	Na maioria das espécies de aves, apenas o macho canta. Esse pássaro canta somente durante a época reprodutiva e apenas em seu território. As funções do canto são atrair fêmeas e alertar outros machos.

PARE & PENSE

1. De que maneira uma explicação evolucionista difere de uma explicação funcional?

RESPOSTA

1. Uma explicação evolucionista afirma o que evoluiu do quê. Por exemplo, os seres humanos evoluíram de primatas anteriores e, portanto, têm certas características desses ancestrais, mesmo que essas características não sejam úteis para nós hoje. Uma explicação funcional afirma por que algo era vantajoso e, portanto, favorecido pela seleção natural.

Oportunidades de carreira[1]

Se está pensando em uma profissão relacionada à psicologia biológica você tem várias opções associadas à pesquisa e terapia. A Tabela Intro.1 descreve alguns dos principais campos.

Um emprego em pesquisa normalmente requer doutorado (Ph. D.) em psicologia, biologia, neurociência ou outro campo relacionado. Profissionais com mestrado ou bacharelado podem trabalhar em um laboratório de pesquisa, mas não podem dirigi-lo. Muitas pessoas com Ph. D. ocupam cargos em faculdades ou universidades, onde desempenham uma combinação

---
[1] NRT: No Brasil, assim como nos EUA, para a realização de pesquisa é necessário ter o grau de Doutor (realização de Doutorado). As diferenças ocorrem quanto à prática profissional. A formação brasileira é generalista, ocorre em curso de 5 anos, habilita o psicólogo a atuar nas diversas áreas que não exigem especialização. Nos EUA e na Europa, a formação básica ocorre em 3 anos, e a atuação profissional já é em formato de especialização ou de mestrado profissionalizante. Ainda em alguns países, a prática clínica só pode ocorrer após a realização de um doutoramento profissional Psy.D.

Tabela Intro.1 | **Áreas de especialização**

Especialização	Descrição
Campos de pesquisa	**Profissões na área de pesquisa normalmente exigem doutorado. Os pesquisadores são contratados por universidades, hospitais, empresas farmacêuticas e institutos de pesquisa.**
Neurocientista	Estuda a anatomia, bioquímica ou fisiologia do sistema nervoso. (Esse termo amplo inclui qualquer um dos cinco itens a seguir, bem como outras especialidades não listadas.)
Neurocientista comportamental (quase sinônimos: psicobiólogo, biopsicólogo ou psicólogo fisiológico)	Investiga como o funcionamento do cérebro e de outros órgãos influencia o comportamento.
Neurocientista cognitivo	Usa pesquisas do cérebro, como varreduras da anatomia ou atividade cerebral, para analisar e explorar o conhecimento, o pensamento e a solução de problemas das pessoas.
Neuropsicólogo	Realiza testes comportamentais para determinar as habilidades e deficiências das pessoas em relação a vários tipos de danos cerebrais, e as alterações em seus estados de saúde ao longo do tempo. A maioria dos neuropsicólogos combina treinamento psicológico e médico; trabalham em hospitais e clínicas.
Psicofisiologista	Mede a frequência cardíaca, frequência respiratória, ondas cerebrais e outros processos corporais, e como eles variam de uma pessoa para outra ou entre uma situação e outra.
Neuroquímico	Investiga as reações químicas no cérebro.
Psicólogo comparativo (quase sinônimos: etologista, comportamentalista animal)	Compara os comportamentos das diferentes espécies e tenta relacioná-los aos respectivos modos de vida.
Psicólogo evolucionista (quase sinônimo: sociobiólogo)	Relaciona os comportamentos, especialmente os comportamentos sociais, incluindo aqueles dos seres humanos, às funções que desempenharam e, portanto, às pressões seletivas presumidas que os levaram a evoluir.
Campos do profissional da psicologia	**Exigem Ph. D., PsyD (doutor em psicologia). No Brasil temos apenas o Ph. D. ou mestrado. Na maioria dos casos, o trabalho desses profissionais não está diretamente relacionado à neurociência, mas eles geralmente precisam entendê-la o suficiente para se comunicarem com o médico do paciente.**
Psicólogo clínico	Contratado por hospitais, clínicas, consultórios particulares ou faculdades; ajuda as pessoas com problemas emocionais.

Tabela Intro.1	Áreas de especialização (continuação)
Especialização	Descrição
Psicólogo conselheiro	Contratado por hospitais, clínicas, consultórios particulares ou faculdades. Ajuda as pessoas a tomar decisões educacionais, profissionais, entre outras.
Psicólogo escolar	A maioria é contratada por instituições de ensino. Identifica as necessidades educacionais dos alunos, elabora um plano para atender às necessidades e ajuda os professores a implementá-lo.
Campos médicos	**Exigem formação em medicina além de cerca de quatro anos de estudos especializados adicionais e de prática. Os médicos são contratados por hospitais, clínicas, faculdades de medicina e consultórios particulares. Alguns realizam pesquisas, além de atender pacientes.**
Neurologista	Trata pessoas com lesões cerebrais ou doenças cerebrais.
Neurocirurgião	Realiza cirurgia cerebral.
Psiquiatra	Ajuda as pessoas com problemas emocionais ou comportamentos problemáticos, às vezes relacionados ao uso de drogas, ou outros procedimentos médicos.
Campo médico aliado	**Normalmente exige mestrado ou mais. Os médicos são contratados por hospitais, clínicas, consultórios particulares e faculdades de medicina.**
Fisioterapeuta	Fornece exercícios e outros tratamentos para ajudar as pessoas com problemas musculares ou nervosos, dores ou qualquer outra coisa que prejudique os movimentos.
Terapeuta ocupacional	Ajuda as pessoas a melhorar sua capacidade de desempenhar as atividades da vida diária, por exemplo, após um acidente vascular cerebral.
Assistente social	Ajuda as pessoas a lidar com problemas pessoais e familiares. As atividades de uma assistente social se sobrepõem àquelas de um psicólogo clínico.

de ensino e pesquisa. Outras desempenham funções de pesquisa pura em laboratórios patrocinados pelo governo, empresas farmacêuticas ou outras indústrias.

Os campos da terapia incluem psicologia clínica, psicologia de aconselhamento, psicologia escolar, medicina e prática médica associada, como fisioterapia. Esses campos variam de neurologistas (que lidam exclusivamente com distúrbios cerebrais) a assistentes sociais e psicólogos clínicos, que precisam reconhecer possíveis sinais de distúrbios cerebrais para que possam encaminhar um paciente a um especialista adequado.

Qualquer pessoa que pretenda seguir uma carreira em pesquisa precisa se manter atualizada sobre os novos desenvolvimentos, participando de convenções, consultando os pares e lendo periódicos de pesquisa, como *The Journal of Neuroscience, Neurology, Behavioral Neuroscience, Brain Research* e *Nature Neuroscience*. Mas e se você estiver entrando em um campo na periferia da neurociência, como psicologia clínica, psicologia escolar, serviço social ou fisioterapia? Nesse caso, você provavelmente não quer ler artigos extensos em periódicos, mas quer se manter atualizado sobre os principais avanços, pelo menos o suficiente para conversar de forma inteligente com colegas médicos. Você pode encontrar muitas informações na revista *Scientific American Mind* ou em sites como a Dana Foundation, em www.dana.org.

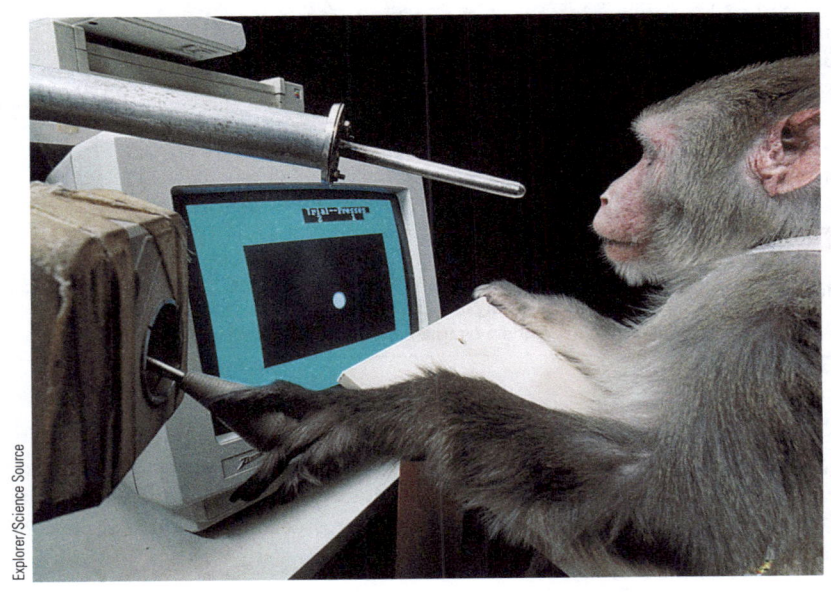

O uso de animais em pesquisas

Certos debates éticos resistem a um acordo. Um é o aborto. Outro é o uso de animais em pesquisas. Nos dois casos, pessoas bem-intencionadas de cada lado da questão insistem que sua posição é adequada e ética. O debate não é uma questão de mocinhos contra bandidos. É entre dois pontos de vistas sobre o que é benéfico.

Os animais são usados em muitos tipos de estudos de pesquisa, alguns lidam com o comportamento e outros com as funções do sistema nervoso.

Como a maioria dos psicólogos biológicos e neurocientistas está principalmente interessada no cérebro e comportamento humanos, por que eles estudam os não humanos? Eis quatro razões:

1. *Os mecanismos subjacentes do comportamento são semelhantes entre as espécies e às vezes são mais fáceis de estudar em uma espécie não humana.* Se quiser entender uma máquina complexa, você pode começar examinando uma máquina mais simples. Também aprendemos sobre as relações cérebro-comportamento começando com casos mais simples. Por exemplo, muitas pesquisas foram feitas sobre os nervos da lula, que são mais espessos do que os dos seres humanos e, portanto, mais fáceis de estudar. O nematódeo *Caenorhabditis elegans* tem apenas 302 neurônios, o mesmo para todos os indivíduos, permitindo aos pesquisadores mapear todas as células e todas as suas interconexões. O cérebro e o comportamento dos vertebrados não humanos lembram aqueles dos seres humanos quanto à química e anatomia, mas são menores e mais fáceis de estudar (ver Figura Intro.5).

2. *Estamos interessados em animais por suas vantagens intrínsecas.* Os humanos são naturalmente curiosos. Queremos entender a vida, se houver alguma, em outras partes do universo, independentemente de esse conhecimento ser útil. Da mesma forma, queremos entender como os morcegos caçam insetos no escuro, como as aves migratórias encontram o caminho ao longo de territórios desconhecidos e como cardumes de peixes conseguem nadar em uníssono.

3. *O que aprendemos sobre animais lança luz sobre a evolução humana.* Como nos tornamos o que somos? Como nos parecemos com chimpanzés e outros primatas, e como nos diferenciamos deles? Por que e como os primatas desenvolveram cérebros maiores do que outras espécies? Os pesquisadores abordam essas questões comparando espécies.

4. *Restrições legais ou éticas impedem certos tipos de pesquisa em humanos.* Por exemplo, pesquisadores inserem eletrodos no cérebro de ratos e outros animais para determinar a relação entre atividade cerebral e comportamento. Eles também injetam substâncias químicas, extraem substâncias químicas do cérebro e estudam os efeitos dos danos cerebrais. Esses experimentos respondem a perguntas que os pesquisadores não conseguem abordar de nenhuma outra maneira, incluindo algumas perguntas que são cruciais para o progresso médico. Eles também levantam uma questão ética: Se a pesquisa é inaceitável em seres humanos, ela é aceitável em outras espécies? Se sim, sob quais circunstâncias?

✓ PARE & PENSE

2. Descreva as razões pelas quais os psicólogos biológicos realizam muitas de suas pesquisas em animais não humanos.

RESPOSTA

2. Às vezes, os mecanismos do comportamento são mais fáceis de estudar em uma espécie não humana. Somos curiosos em relação aos animais por suas vantagens intrínsecas. Estudamos animais para entender a evolução humana. Alguns procedimentos que podem levar a conhecimentos importantes são ilegais ou antiéticos com seres humanos.

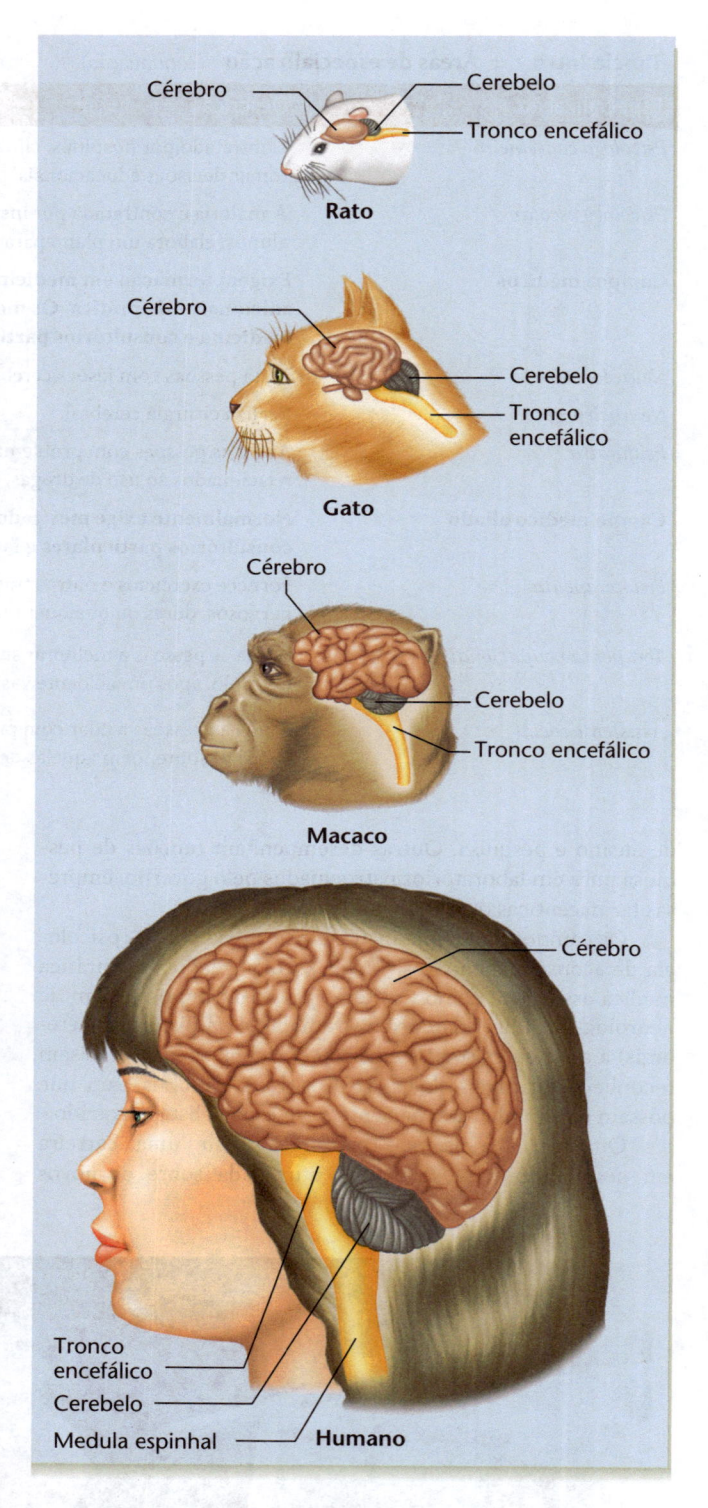

Figura Intro.5 Cérebros de várias espécies
O plano geral e a organização do cérebro são semelhantes para os mamíferos, embora o tamanho varie de uma espécie para outra.

Em alguns casos, os pesquisadores simplesmente observam na natureza como o comportamento animal na natureza varia em função dos horários do dia, estações do ano, mudanças na alimentação etc. Esses procedimentos não provocam problemas éticos. Em outros estudos, porém, incluindo muitos discutidos neste livro, animais foram submetidos a danos cerebrais, implantação de eletrodos, injeções de drogas ou hormônios e outros procedimentos que claramente não são benéficos para eles. Qualquer pessoa com consciência, inclusive cientistas, fica angustiada com esse fato. No entanto, experimentos com animais têm sido cruciais para pesquisas médicas que levaram a métodos de prevenção ou tratamento da poliomielite, diabetes, sarampo, varíola, queimaduras graves, doenças cardíacas e diversas doenças graves. O progresso no tratamento ou prevenção da Aids, doença de Alzheimer, acidente cerebral encefálico e outras doenças depende em grande parte de pesquisas com animais. Em boa parte da medicina e da psicologia biológica as pesquisas avançariam lentamente ou simplesmente não avançariam sem os animais.

Graus de oposição

A oposição à pesquisa com animais varia consideravelmente quanto ao grau. Os "minimalistas" toleram certos tipos de pesquisa com animais, mas desejam limitar ou proibir outros, dependendo do valor provável da pesquisa, quantidade de sofrimento para o animal e tipo de animal. (Poucas pessoas têm sérias dúvidas em machucar um inseto, por exemplo.) Elas apoiam regulamentações firmes sobre pesquisas. Pesquisadores concordam em princípio, embora muitas vezes difiram no ponto em que traçam a linha entre pesquisa aceitável e inaceitável.

O padrão legal enfatiza estes três pontos: *redução* do número de animais (uso de menos animais), *substituição* (uso de modelos informatizados ou outros substitutos para animais, quando possível), e *refinamento* (modificação dos procedimentos para reduzir a dor e o desconforto). Nos Estados Unidos, todas as faculdades ou outras instituições que recebem fundos de pesquisa do governo devem ter um comitê institucional de cuidados e uso de animais, composto de veterinários, representantes da comunidade e cientistas que avaliam os experimentos propostos, decidem se são aceitáveis e especificam procedimentos para minimizar a dor e o desconforto. Regulamentações e comitês semelhantes regem as pesquisas em seres humanos. Além disso, os laboratórios de pesquisa devem obedecer às leis nacionais que exigem padrões de limpeza e cuidados com os animais. Revistas científicas só aceitam publicações após os pesquisadores declararem que seguiram todas as leis e regulamentações. Organizações profissionais como a Society for Neuroscience publicam diretrizes para o uso de animais em pesquisas (ver Apêndice B). Mas as regras variam de um país para outro. Por exemplo, pesquisas sobre tratamentos para ebola, zica e outros vírus requerem estudos com macacos, mas as pressões políticas nos Estados Unidos e na Europa bloqueiam quase todas essas pesquisas, deixando o mundo dependente de pesquisadores chineses, onde o governo é mais permissivo ("Monkeying around", 2016).

Em comparação com os "minimalistas", os "abolicionistas" não veem espaço para concessões. Os abolicionistas afirmam que todos os animais têm os mesmos direitos que os seres humanos. Eles consideram matar um animal assassinato, independentemente de a intenção ser comê-lo, usar sua pele ou obter conhecimento científico. Manter um animal em uma gaiola (presumivelmente até mesmo um animal de estimação) é, na visão deles, escravidão. Como os animais não podem dar consentimento informado para pesquisas, os abolicionistas insistem que é errado usá-los de qualquer forma, independentemente das circunstâncias. De acordo com um dos oponentes das pesquisas com animais, "não temos opção moral a não ser interromper essas pesquisas. Completamente. ... Só ficaremos satisfeitos depois que cada gaiola estiver vazia" (Regan, 1986, pp. 39-40). Os defensores dessa posição às vezes afirmam que a maioria das pesquisas com animais é dolorosa e que nunca leva a resultados importantes. Mas para um verdadeiro abolicionista, nenhum desses pontos realmente importa. Seu imperativo moral é que as pessoas não têm o direito de usar animais, mesmo que a pesquisa seja altamente útil e totalmente indolor.

A divergência entre abolicionistas e pesquisadores que usam animais é uma disputa entre duas posições éticas: "Nunca machuque intencionalmente um inocente" e "às vezes, um pequeno dano leva a um bem maior." Por um lado, permitir as pesquisas tem a consequência inegável de infligir dor ou sofrimento. Por outro lado, banir todo o uso de animais significaria um grande retrocesso em pesquisas médicas, bem como o fim dos transplantes de animal para ser humano (por exemplo, o transplante de válvulas cardíacas de suínos para prolongar a vida de pessoas com doenças cardíacas).

Seria interessante dizer que esse debate ético sempre ocorreu de forma inteligente e com respeito mútuo. Infelizmente, não foi. Ao longo dos anos, os abolicionistas às vezes avançaram sua causa por meio de intimidação. Os exemplos incluem vandalizar laboratórios, colocar uma bomba embaixo do carro de um professor, colocar uma bomba em uma varanda (destinada a um pesquisador, mas acidentalmente colocada na varanda do vizinho), bater nas janelas dos filhos de um pesquisador à noite e inserir uma mangueira de jardim na janela para inundar a casa (Miller, 2007a). Michael Conn e James Parker (2008, p. 186) citam esta declaração de um porta-voz da Animal Defense League "Não acho que você teria de matar — assassinar — muitos [médicos envolvidos com testes em animais]. ... Acho que com 5 vidas, 10 vidas, 15 vidas humanas poderíamos salvar 1 milhão, 2 milhões, 10 milhões de vidas não humanas". Um pesquisador, Dario Ringach, depois de ameaças, concordou em interromper sua pesquisa sobre macacos, se os extremistas dos direitos dos animais parassem de perseguir e ameaçar seus filhos. Ele enviou um e-mail: "Vocês venceram". Além de pesquisadores que desistem devido a ataques, muitas faculdades e outras instituições recusaram-se a abrir laboratórios de pesquisa com animais por medo da violência. Os pesquisadores responderam a ataques com campanhas como a ilustrada na Figura Intro.6.

A natureza frequentemente fervorosa e extrema da oposição dificulta que os pesquisadores expressem pontos de vista intermediários ou sutis. Muitos deles observam que realmente se preocupam com os animais, apesar de usá-los em pesquisas.

12 Psicologia biológica

If we stop animal research, who'll stop the real killers?

Cancer Heart Disease AIDS

Without animal research, we couldn't have put an end to polio, smallpox, rubella and diptheria. Now, some would like to put an end to animal research. Obviously, they don't have cancer, heart disease or AIDS.

Foundation for Biomedical Research
To demonstrate your support write: 818 Connecticut Ave. NW, Suite 303, Washington DC 20006 Or call (202) 457-0654

Figura Intro.6 Em defesa da pesquisa com animais
Por muitos anos, os oponentes da pesquisa com animais protestaram contra experimentos com animais. Esse anúncio defende essas pesquisas.
(Fonte: Cortesia da Foundation for Biomedical Research)

Alguns neurocientistas são até vegetarianos (Marris, 2006). Mas admitir dúvidas parece quase ceder à intimidação. O resultado é uma polarização extrema que interfere na contemplação imparcial das questões difíceis.

Começamos este capítulo com uma citação do biólogo vencedor do Prêmio Nobel Niko Tinbergen, que argumentou que nenhum abismo fundamental separa os seres humanos de outras espécies animais. Como somos semelhantes em muitos aspectos a outras espécies, aprendemos muito sobre nós mesmos com os estudos em animais. Também por causa dessa semelhança, não queremos machucá-los. Os pesquisadores da neurociência que decidem conduzir pesquisas com animais, via de regra, não tomam essa decisão levianamente. Eles acreditam que é melhor infligir sofrimento sob condições controladas do que permitir que a ignorância e a doença inflijam sofrimento maior. Em alguns casos, entretanto, é uma decisão difícil.

Para saber mais a respeito das práticas de experimentação utilizando animais no Brasil acesse o site do Ministério da Ciência, Tecnologia e Inovações (MCTI): https://www.gov.br/mcti/pt-br/composicao/conselhos/concea.

✅ PARE & PENSE

3. Quais são os três pontos nos padrões legais para pesquisa com animais?
4. Em que a posição "minimalista" difere da posição "abolicionista"?

RESPOSTAS 3. Redução, substituição e refinamento. 4. Um "minimalista" quer limitar a pesquisa com animais a estudos com pouco desconforto e muito valor potencial. Um "abolicionista" quer eliminar todas as pesquisas com animais, independentemente de como os animais são tratados ou de quanto valor a pesquisa pode agregar.

Introdução | Conclusão
Seu cérebro e sua experiência

O objetivo desta introdução foi analisar os tipos de perguntas que os psicólogos biológicos esperam responder. Nos próximos capítulos, examinaremos uma grande quantidade de informações técnicas do tipo de que você precisa saber antes de começar a aplicá-las às perguntas sobre por que as pessoas fazem o que fazem e experimentam o que vivenciam.

Os psicólogos biológicos são ambiciosos, e esperam explicar o máximo possível da psicologia em termos de processos cerebrais, genes e coisas semelhantes. O pressuposto básico é que o padrão de atividade que ocorre no cérebro quando você vê algo *é* sua percepção. O padrão que ocorre quando você sente medo *é* seu medo. Isso não quer dizer que "a fisiologia do cérebro o controla" mais do que "você controla o cérebro". Em vez disso, o cérebro *é* você! O restante deste livro explora até onde podemos ir com essa suposição básica.

Resumo

1. Duas questões profundas e difíceis são por que o universo existe e por que a consciência existe. Independentemente do fato de essas questões poderem ou não ser respondidas, elas motivam pesquisas sobre temas relacionados.

2. É importante lembrar três pontos fundamentais: primeiro, a percepção ocorre no cérebro, não na pele ou no objeto que você vê. Segundo, pelo que sabemos, a atividade cerebral é inseparável da atividade mental. Terceiro, é importante

ser cauteloso com o que é ou não uma explicação do comportamento.
3. Os psicólogos biológicos abordam quatro tipos de perguntas sobre qualquer comportamento. Fisiológico: Como o comportamento se relaciona com a fisiologia do cérebro e de outros órgãos? Ontogenético: como se desenvolve dentro do indivíduo? Evolucionário: como evoluiu a capacidade do comportamento? Funcional: por que a capacidade desse comportamento evoluiu? Ou seja, para o que serve ou serviu?
4. Muitas profissões estão relacionadas à psicologia biológica incluindo vários campos de pesquisa, certas especialidades médicas, aconselhamento e psicoterapia.
5. Pesquisadores estudam os animais porque às vezes mecanismos são mais fáceis de estudar em não humanos, porque estão interessados no comportamento animal por suas vantagens intrínsecas, porque querem entender a evolução do comportamento e porque certos tipos de experimentos são difíceis ou impossíveis com seres humanos.
6. Usar animais em pesquisas é eticamente controverso. Algumas pesquisas infligem estresse ou dor aos animais. Mas muitas perguntas sobre pesquisas só podem ser investigadas por meio de pesquisas com animais.
7. Atualmente, pesquisas com animais são realizadas sob controles legais e éticos que tentam minimizar o sofrimento dos animais.

Termos-chave

Os termos estão definidos no número de página indicado, e também bém são apresentados em ordem alfabética com a definição no Índice remissivo/Glossário do livro, localizado na p. 589.

dualismo 6
explicação evolucionista 7
explicação fisiológica 7
explicação funcional 7
explicação ontogenética 7
monismo 6
problema mente-corpo ou mente-cérebro 4
psicologia biológica 5

Questões complexas

O objetivo das perguntas para reflexão é despertar o pensamento e a discussão. Na maioria dos casos, não há uma resposta claramente certa.

1. A consciência é útil? O que podemos fazer por causa da consciência que não poderíamos fazer de outra forma?
2. Quais são as dificuldades especiais de estudar a evolução do comportamento, uma vez que o comportamento não deixa fósseis (com algumas exceções, como pegadas mostrando o andar de um animal)?

Questionário final

1. O que significa "monismo"?
   A. A ideia de que todas as formas de vida evoluíram de um único ancestral.
   B. A ideia de que motivações conscientes e inconscientes se associam para produzir o comportamento.
   C. A ideia de que a mente é feita da mesma substância que o restante do universo.
   D. A ideia de que a mente é um tipo de substância, enquanto a matéria é outro.
2. Uma explicação ontogenética focaliza qual das seguintes alternativas?
   A. Como um comportamento se desenvolve.
   B. Os mecanismos cerebrais que produzem um comportamento.
   C. A experiência consciente que acompanha um comportamento.
   D. Os procedimentos que medem um comportamento.
3. Das seguintes, qual é um exemplo de explicação evolucionista (em oposição a uma explicação funcional)?
   A. As pessoas desenvolveram o medo de cobras porque muitas cobras são perigosas.
   B. Os seres humanos têm um cóccix (minúsculo) porque nossos ancestrais parecidos com macacos tinham uma cauda.
   C. As pessoas desenvolveram a habilidade de reconhecer faces porque essa habilidade é essencial para comportamentos sociais cooperativos.
   D. As pessoas desenvolveram uma tendência de formar laços homem-mulher de longo prazo porque os bebês humanos se beneficiam da ajuda de dois pais durante seu longo período de dependência.

4. Das seguintes, qual é a razão que favorece o uso de animais nas pesquisas em psicologia biológica voltada à solução de problemas humanos?

   A. Animais não humanos têm os mesmos comportamentos dos seres humanos.
   B. Um humano difere de outro, mas os não humanos são quase iguais entre si.
   C. O sistema nervoso dos animais não humanos lembra em muitos aspectos aquele dos seres humanos.
   D. Os pesquisadores podem estudar animais não humanos sem qualquer restrição legal.

5. O que favorece um "minimalista" em relação a pesquisas com animais?

   A. Todas as pesquisas devem ter no mínimo dez animais por grupo.
   B. Um mínimo de três pessoas deve revisar cada proposta de pesquisa.
   C. A interferência da pesquisa com animais deve ser reduzida ao mínimo.
   D. A pesquisa com animais é permissível, mas deve ser reduzida ao mínimo.

Respostas: 1C, 2A, 3B, 4C, 5D.

Sugestões de leitura

Livros

de Waal, F. B. M. (2016). *Are we smart enough to know how smart animals are?* New York: W. W. Norton. Uma exploração sobre a inteligência dos animais e as dificuldades em estimá-la com precisão.

Morrison, A. R. (2009). *An odyssey with animals: A veterinaria reflections on the animal rights & welfare debate.* New York: Oxford University Press. A defesa de pesquisas com animais que reconhece as dificuldades do tema e os valores conflitantes em jogo.

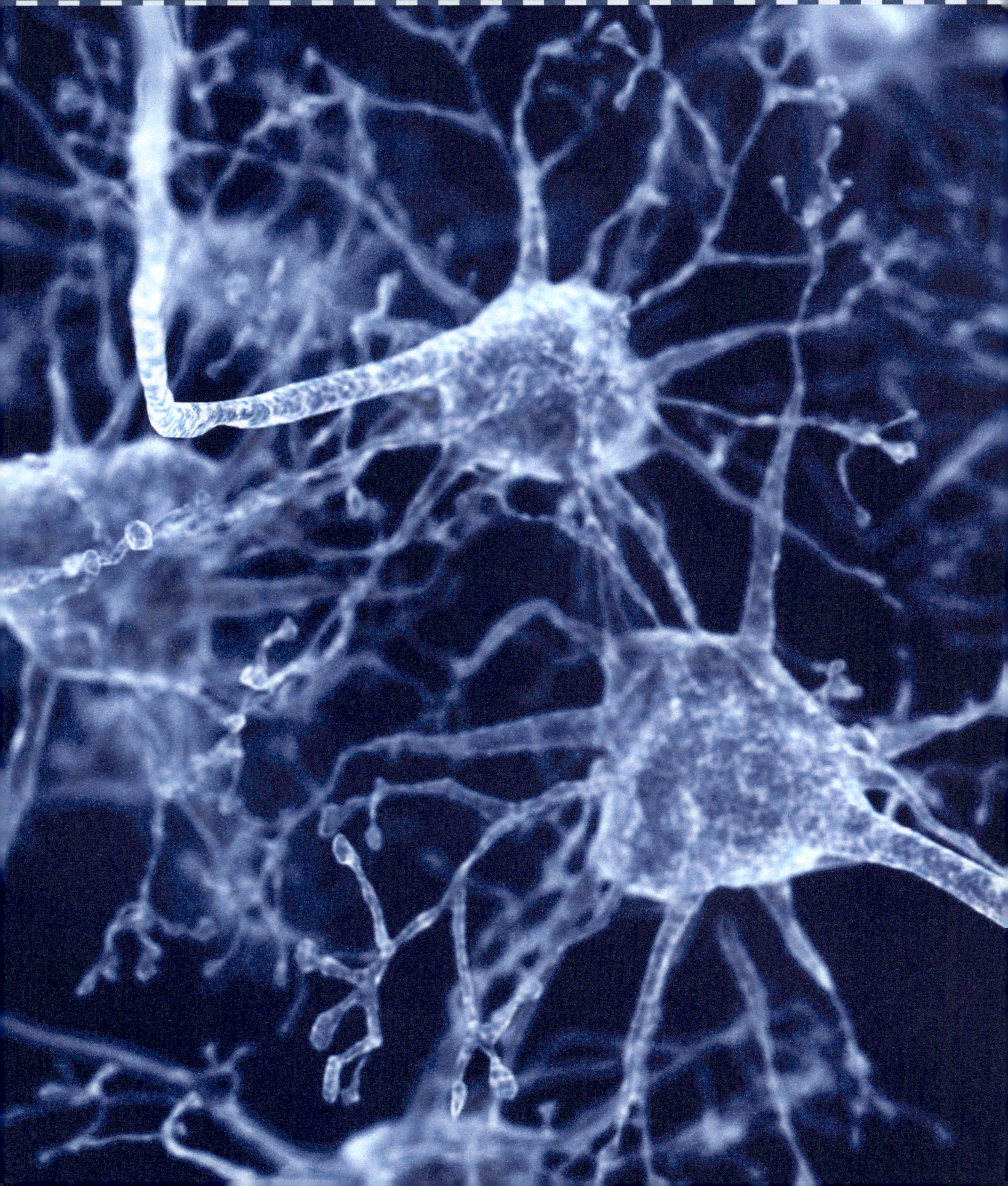

Células nervosas e impulsos nervosos

Capítulo 1

As pessoas falam sobre crescer até a idade adulta e se tornar independentes, mas quase nenhuma vida humana é independente. Com que frequência você caça sua própria carne e a cozinha em um fogo que você fez do zero? Você cultiva seus próprios vegetais? Você poderia construir sua própria casa (com ferramentas que você mesmo fez)? Você já fez suas próprias roupas (com materiais que coletou na natureza)? De todas as atividades necessárias para a sua sobrevivência, quais — se houver alguma — você poderia fazer completamente sozinho, além de respirar? As pessoas podem fazer muito juntas, mas muito pouco sozinhas.

As células do seu sistema nervoso também são assim. Juntas, elas realizam coisas incríveis, mas uma célula sozinha é indefesa. Começamos nosso estudo do sistema nervoso examinando células isoladas. Mais tarde, examinamos como elas agem juntas.

Atenção: partes deste capítulo e do próximo presumem que você entende os fundamentos da química. Se nunca estudou química ou se esqueceu o que estudou, leia o Apêndice A.

Sumário do capítulo

Módulo 1.1
As células do sistema nervoso
Neurônios e neuroglias
A barreira hematoencefálica
Nutrição neuronal em vertebrados
Conclusão: Neurônios

Módulo 1.2
O impulso nervoso
O potencial de repouso do neurônio
O potencial de ação
Propagação do potencial de ação
A bainha de mielina e a condução saltatória
Neurônios locais
Conclusão: Neurônios e mensagens

Objetivos de aprendizagem

Depois de estudar este capítulo, você será capaz de:

1. Descrever neurônios e glias, as células que constituem o sistema nervoso.
2. Resumir como a barreira hematoencefálica relaciona-se com a proteção e nutrição dos neurônios.
3. Explicar como a bomba de sódio-potássio e as propriedades da membrana levam ao potencial de repouso de um neurônio.
4. Discutir como o movimento dos íons de sódio e potássio produz o potencial de ação e recuperação depois dele.
5. Declarar a lei do tudo ou nada do potencial de ação.

Imagem da página anterior:
Uma micrografia eletrônica de neurônios, ampliada dezenas de milhares de vezes. A cor é adicionada artificialmente. Para objetos tão pequenos, é impossível focar a luz para obter uma imagem. É possível focalizar um feixe de elétrons, mas os elétrons não apresentam cor. (© Juan Gaertner/Shutterstock.com)

Módulo 1.1

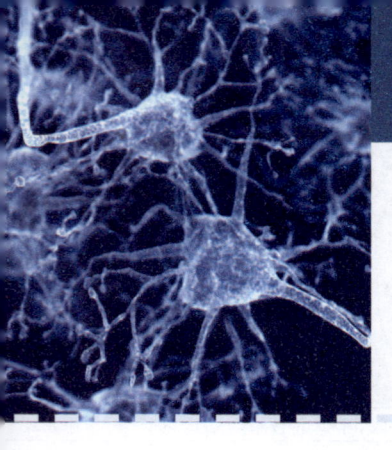

As células do sistema nervoso

Sem dúvida, você se considera um indivíduo. Você não pensa na sua experiência mental como sendo composta de partes... mas é. Suas experiências dependem da atividade de um grande número de células distintas, mas interconectadas. Para entender o sistema nervoso, o ponto de partida é examinar as células que o compõem.

Neurônios e neuroglias

O sistema nervoso consiste em dois tipos de células, neurônios e neuroglias. Os **neurônios** recebem as informações e as transmitem para outras células. As neuroglias desempenham muitas funções que são difíceis de resumir, e vamos adiar essa discussão para mais tarde neste módulo. O cérebro humano adulto contém aproximadamente 86 bilhões de neurônios, em média (Herculano-Houzel, Catania, Manger, & Kaas, 2015; ver Figura 1.1). O número exato varia de pessoa para pessoa.

    Agora, vamos presumir que o cérebro é composto de células individuais, mas essa concepção foi posta em dúvida ainda no início do século XIX. Até então, os melhores microscópios revelavam poucos detalhes do cérebro. Os pesquisadores observaram fibras longas e finas entre um corpo celular e outro, mas não conseguiam ver se uma fibra se mesclava com a próxima célula ou parava antes disso. No final do século XIX, Santiago Ramón y Cajal usou técnicas de coloração recém-desenvolvidas para mostrar que uma pequena lacuna separa a ponta da fibra de um neurônio da superfície do neurônio seguinte. O cérebro, como o resto do corpo, consiste em células individuais.

Figura 1.1 Número estimado de neurônios nos seres humanos
Os números variam de uma pessoa para outra.
(Fonte: Herculano-Houzel et al., 2015)

Santiago Ramón y Cajal, pioneiro da neurociência

Dois cientistas do final dos anos 1800 e início dos anos 1900 são amplamente reconhecidos como os principais fundadores da neurociência — Charles Sherrington, que discutiremos no Capítulo 2, e o pesquisador espanhol Santiago Ramón y Cajal (1852–1934). A educação inicial de Cajal não foi muito tranquila. Aos 10 anos, ele foi preso e permaneceu na solitária, limitado a uma refeição por dia e levado diariamente para açoites públicos pelo crime de não prestar atenção às aulas de latim (Cajal, 1901–1917/1937). (E *você* reclama dos *seus* professores!)

    Cajal queria ser artista, mas seu pai insistia que ele estudasse medicina como uma forma mais segura de ganhar a vida. Ele conseguiu combinar as duas áreas, tornando-se pesquisador e

Santiago Ramón y Cajal (1852–1934)

Quantos fatos interessantes deixam de ser transformados em descobertas profícuas porque seus primeiros observadores os consideraram coisas naturais e comuns! ... É estranho ver como o povo, que incita a imaginação com contos de bruxas ou santos, eventos misteriosos e acontecimentos extraordinários, despreza o mundo ao redor, considerando-o corriqueiro, monótono e prosaico, sem suspeitar que no fundo tudo é segredo, mistério e maravilha. (Cajal, 1937, pp. 46-47)

ilustrador de anatomia destacado. Seus desenhos detalhados do sistema nervoso ainda são considerados definitivos hoje em dia.

Antes do final do século XIX, a microscopia revelava poucos detalhes do sistema nervoso. Então, o pesquisador italiano Camillo Golgi descobriu uma maneira de colorir as células nervosas com sais de prata. Este método, que destaca completamente algumas células sem afetar absolutamente as outras, permitiu aos pesquisadores examinar a estrutura de uma única célula. Cajal usou os métodos de Golgi, mas os aplicou a cérebros de bebês, nos quais as células são menores e, portanto, mais fáceis de examinar em uma única lâmina. A pesquisa de Cajal demonstrou que as células nervosas permanecem separadas em vez de se mesclarem. (Estranhamente, quando Cajal e Golgi dividiram o Prêmio Nobel de Fisiologia ou Medicina de 1906, nos discursos da cerimônia de entrega do prêmio, eles defenderam posições contraditórias. Apesar das evidências de Cajal, que persuadiram quase todo mundo, Golgi defendia a teoria de que todas as células nervosas se mesclam diretamente.)

Em um contexto filosófico, vemos o apelo da velha ideia de que os neurônios se mesclam. Descrevemos nossa experiência como indivisível, não a soma de partes separadas, então parecia certo que todas as células do cérebro pudessem formar uma unidade. Como as células distintas combinam suas influências é um processo complexo e ainda misterioso.

As estruturas de uma célula animal

A Figura 1.2 ilustra um neurônio do cerebelo de um camundongo (ampliado ao máximo). Os neurônios têm muito em comum com as demais células do corpo. A superfície de uma célula é sua **membrana** (ou *membrana plasmática*), uma estrutura que separa a parte interna da célula do ambiente externo. A maioria das substâncias químicas não consegue atravessar a membrana, mas os canais de proteína na membrana permitem um fluxo controlado de água, oxigênio, sódio, potássio, cálcio, cloreto e outras substâncias químicas importantes.

Com exceção dos glóbulos vermelhos de mamíferos, todas as células animais têm um **núcleo**, a estrutura que contém os cromossomos. **Mitocôndria** é a estrutura que realiza atividades metabólicas, fornecendo a energia que a célula utiliza para todas as atividades. As mitocôndrias têm genes distintos daqueles no núcleo de uma célula, e diferem entre si geneticamente. Pessoas com mitocôndrias hiperativas tendem a queimar combustível rapidamente e a superaquecer, mesmo em um ambiente frio. Pessoas cujas mitocôndrias são menos ativas que o normal têm predisposição à depressão e dores. Genes mitocondriais mutantes são uma possível causa do autismo (Aoki & Cortese, 2016).

Ribossomos são os locais dentro de uma célula que sintetizam novas moléculas de proteína. As proteínas fornecem os materiais de construção para a célula e facilitam as reações químicas. Alguns ribossomos flutuam livremente dentro da célula, mas outros estão ligados ao **retículo endoplasmático**, uma rede de tubos finos que transportam as proteínas recém-sintetizadas para outros locais.

Estrutura de um neurônio

A característica mais distinta dos neurônios é sua forma, que varia muito de um neurônio para outro (ver Figura 1.3). Ao contrário da maioria das outras células do corpo, os neurônios têm longas ramificações. Todos os neurônios incluem um soma (corpo celular), e a maioria também tem dendritos, um axônio e terminais pré-sinápticos. Os menores neurônios não têm axônios, e alguns não têm dendritos bem definidos. Compare o neurônio motor na Figura 1.4 ao neurônio sensorial na Figura 1.5. Um **neurônio motor**, com seu soma na medula espinhal, recebe excitação por meio de dendritos e conduz impulsos ao longo do axônio até um músculo. Um **neurônio sensorial** é especializado em uma das extremidades por ser altamente sensível a um tipo específico de estimulação, como luz, som ou toque. O neurônio sensorial mostrado na Figura 1.5 transmite informações sobre toques da pele à medula espinhal.

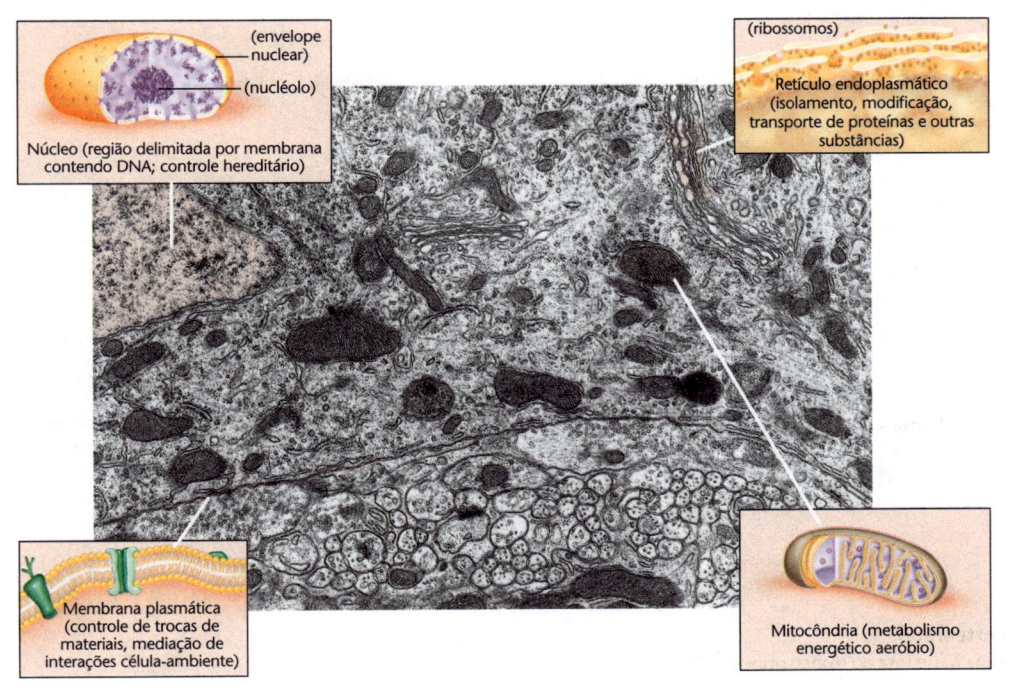

Figura 1.2 Uma micrografia eletrônica de partes de um neurônio do cerebelo de um camundongo

O núcleo, a membrana e outras estruturas são características da maioria das células dos animais. A membrana plasmática é a borda do neurônio. Ampliação de aproximadamente 20 mil vezes.

(Fonte: Cortesia do Dr. Dennis MD Landis)

Pequenos ramos transmitem diretamente dos receptores para o axônio, e o soma da célula está localizado em uma pequena haste fora do tronco principal.

Dendritos são fibras ramificadas em que as extremidades são mais estreitas. (O termo *dendrito*, proveniente de palavra de raiz grega, significa "árvore". Um dendrito ramifica-se como uma árvore.) A superfície do dendrito é revestida com *receptores sinápticos*, em que o dendrito recebe informações de outros neurônios. (O Capítulo 2 trata das sinapses.) Quanto maior a área de superfície de um dendrito, mais informações ele pode receber. Muitos dendritos contêm **espinhos dendríticos**, pequenas saliências que aumentam a área de superfície disponível para sinapses (ver Figura 1.6).

O **corpo celular**, ou **soma** (palavra grega para "corpo"; plural: somata), contém o núcleo, ribossomos e mitocôndrias. A maior parte do trabalho metabólico de um neurônio ocorre aqui. O diâmetro dos corpos celulares dos neurônios varia de 0,005 milímetros (mm) a 0,1 mm em mamíferos e até 1 milímetro em certos invertebrados. Em muitos neurônios, o corpo celular se parece com os dendritos — cobertos de sinapses em sua superfície.

O **axônio** é uma fibra fina de diâmetro constante. (O termo *axônio* vem da palavra grega que significa "eixo".) O axônio transmite um impulso para outros neurônios, um órgão ou um músculo. O comprimento dos axônios pode atingir mais de um metro, como no caso dos axônios da medula espinal aos pés. O comprimento de um axônio é enorme em comparação com sua largura, e em comparação com o comprimento

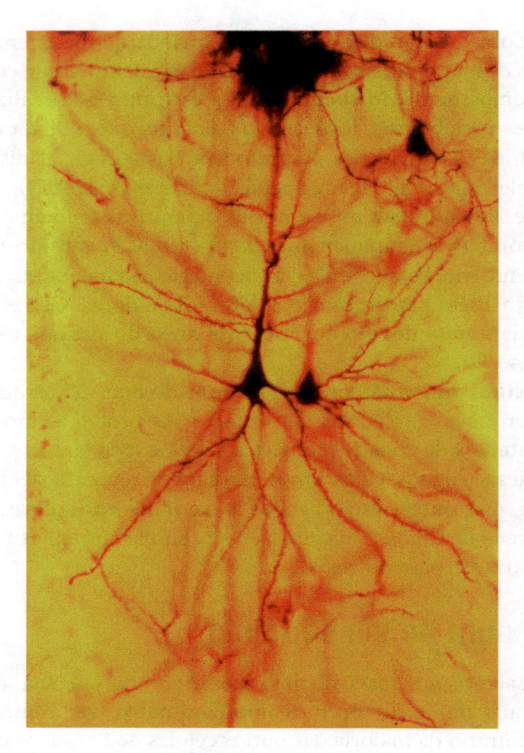

Figura 1.3 Neurônios, tingidos para parecerem escuros
Observe os pequenos espinhos dendríticos de aparência difusa nos dendritos.
(Fonte: Foto cortesia de Bob Jacobs, Colorado College)

Figura 1.4 Os componentes de um neurônio motor de vertebrados
O corpo celular de um neurônio motor localiza-se na medula espinhal. As partes não estão dimensionadas. Na realidade, um axônio é muito mais longo proporcionalmente ao soma.

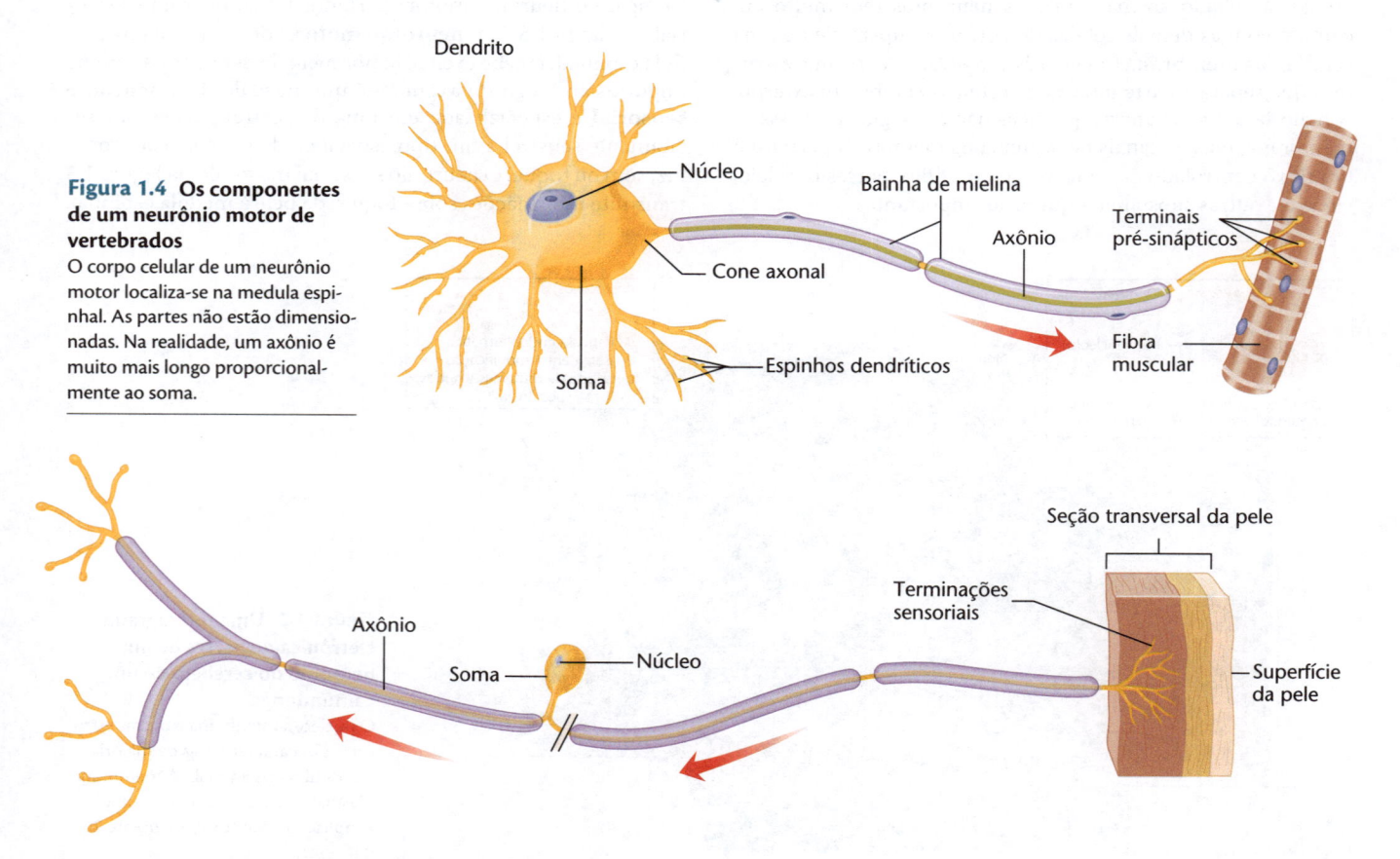

Figura 1.5 Neurônio sensorial de vertebrado
Observe que o soma está localizado em uma haste fora do tronco principal do axônio. Como na Figura 1.4, as estruturas não estão dimensionadas.

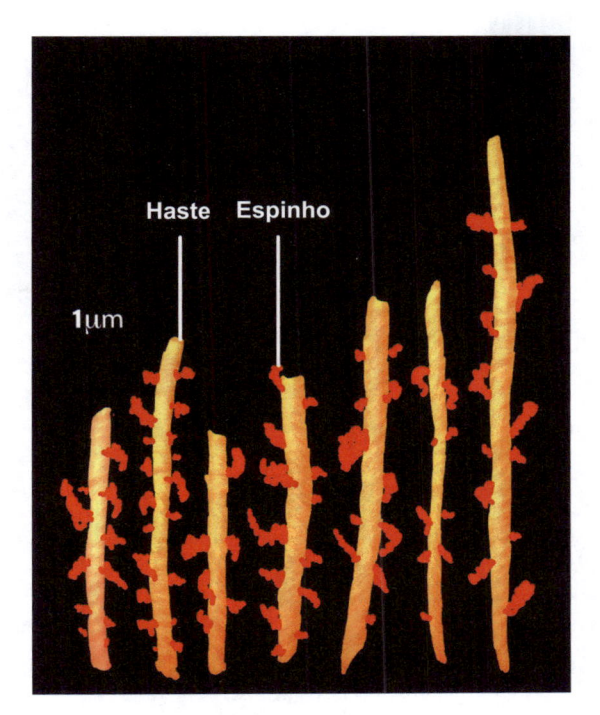

Figura 1.6 Espinhos dendríticos
Muitos dendritos são revestidos por espinhos, pequenas protuberâncias que recebem informações.
(Fonte: Arte de Marcelo Ventura com base na ilustração de K. M. Harris, & J. K. Stevens, Society for Neuroscience, "Dendritic Spines of CA1 Pyramidal Cells in the Rat Hippocampus: Serial Electron Microscopy with Reference to Their Biophysical Characteristics." Journal of Neuroscience, 9 (1989), 2982 -2997. Copyright © 1989 Society for Neuroscience).

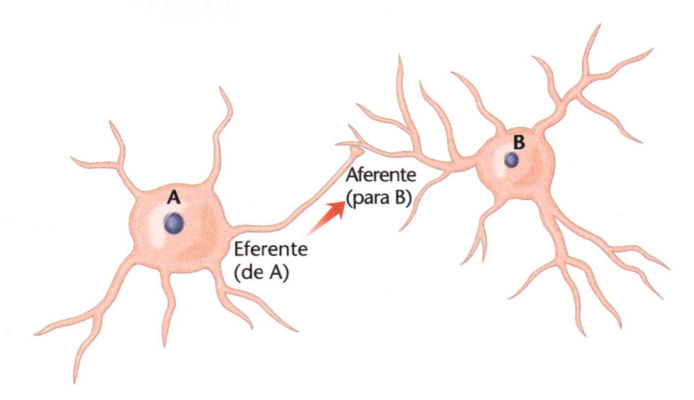

Figura 1.7 Estruturas celulares e axônios
Tudo depende do ponto de vista. Um axônio de A a B é um axônio eferente de A e um axônio aferente a B, da mesma maneira como um trem entre Washington e Nova York sai de Washington e se aproxima de Nova York.

PARE & REVISE

1. Como são chamadas as estruturas amplamente ramificadas de um neurônio? E como é chamada a estrutura longa e fina que transporta informações para outra célula?
2. Qual espécie animal teria os axônios mais longos?
3. Comparado com outros neurônios, o axônio de um interneurônio seria relativamente longo, curto ou quase o mesmo?

RESPOSTAS
1. As estruturas amplamente ramificadas de um neurônio são chamadas *dendritos*, e a estrutura longa e fina que transporta informações para outra célula é chamada *axônio*. 2. Os axônios mais longos ocorrem em maiores animais. Por exemplo, girafas e elefantes têm axônios que se estendem da medula espinhal até as patas, a quase 2 metros de distância. 3. Como um interneurônio está contido inteiramente em uma parte do cérebro, seu axônio é curto.

dos dendritos. Giorgio Ascoli (2015) faz a analogia de que se pudesse expandir o dendrito de um neurônio razoavelmente típico até a altura de uma árvore, o axônio da célula e seus ramos se estenderiam por mais de 25 quarteirões.

Muitos axônios de vertebrados são revestidos por material isolante chamado **bainha de mielina** com interrupções conhecidas como **nódulos de Ranvier**. Os axônios dos invertebrados não têm bainhas de mielina. Embora um neurônio possa ter muitos dendritos, ele só pode ter um axônio, mas o axônio pode ter ramificações. A extremidade de cada ramo tem uma tumefação, chamada **terminal pré-sináptico**, também conhecida como *bulbo terminal* ou botão sináptico. Nesse ponto, o axônio libera substâncias químicas que atravessam a junção entre esse neurônio e outra célula.

Outros termos associados a neurônios são *aferente, eferente* e *intrínseco*. Um **axônio aferente** incorpora informações em uma estrutura; um **axônio eferente** transmite informações para longe de uma estrutura. Cada neurônio sensorial é um aferente para o restante do sistema nervoso, e cada neurônio motor é um eferente do sistema nervoso. Dentro do sistema nervoso, um determinado neurônio é um eferente de uma estrutura e um aferente para outra (ver Figura 1.7). Você pode se lembrar que *eferente* começa como na palavra *elefante*; e *aferente* começa com *a* de *abelha*. Se os dendritos e axônios de uma célula estão inteiramente contidos em uma única estrutura, a célula é um **interneurônio** ou **neurônio intrínseco** dessa estrutura. Por exemplo, o axônio e todos os dendritos de um neurônio intrínseco do tálamo estão dentro do tálamo.

Variações entre os neurônios

Os neurônios variam enormemente quanto ao tamanho, forma e função. A forma de um neurônio determina suas conexões com outras células e, portanto, determina sua função (ver Figura 1.8). Por exemplo, os dendritos amplamente ramificados da célula de Purkinje no cerebelo (ver Figura 1.8a) permitem que ela receba informações de até 200 mil outros neurônios. Por outro lado, os neurônios bipolares na retina (ver Figura 1.8d) têm apenas ramificações curtas e alguns só recebem informações de duas outras células.

Glias

Glias (ou neuroglias), os outros componentes do sistema nervoso, desempenham muitas funções (ver Figura 1.9). O termo *glia*, derivado da palavra grega que significa "cola", reflete a ideia dos primeiros pesquisadores de que glias eram como a cola que mantinha os neurônios juntos. Embora esse conceito esteja obsoleto, o termo permanece. Glias superam o número de neurônios no córtex cerebral, mas os neurônios superam

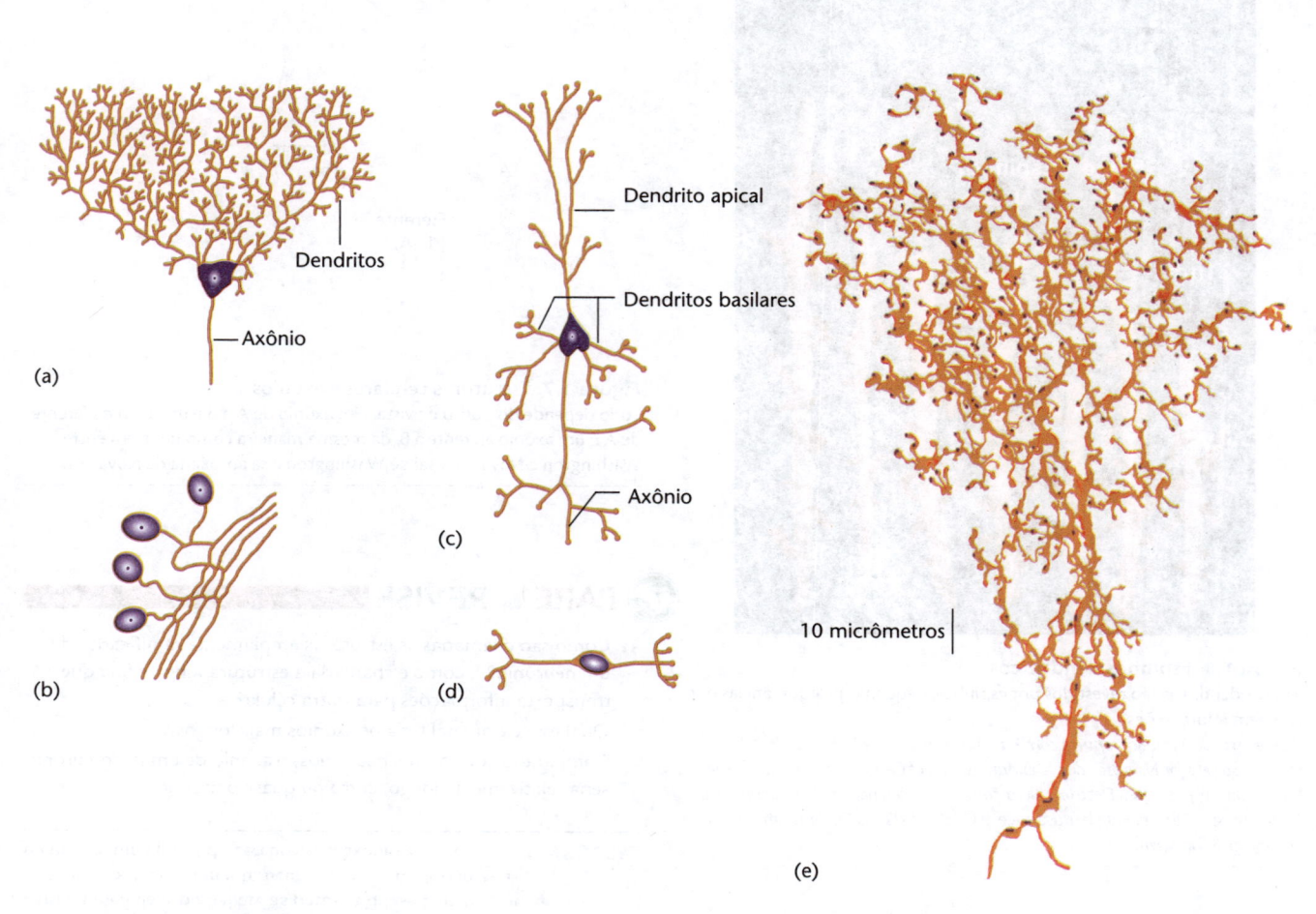

Figura 1.8 As diversas formas dos neurônios
(a) Célula de Purkinje, um tipo de célula encontrado apenas no cerebelo; (b) neurônios sensoriais da pele à medula espinhal; (c) célula piramidal da área motora do córtex cerebral; (d) célula bipolar da retina do olho; (e) Célula de Kenyon, de uma abelha.
(Fonte: Parte (e) cortesia de R. G. Goss)

---

as glias em várias outras áreas do cérebro, principalmente no cerebelo (Herculano-Houzel et al., 2015; Khakh & Sofroniew, 2015). No todo, os números são quase iguais.

O cérebro tem vários tipos de glia. Os **astrócitos** na forma de estrela envolvem as sinapses dos axônios funcionalmente relacionados, como mostrado na Figura 1.10. Ao envolver uma conexão entre os neurônios, um astrócito protege a comunicação/conexão entre os neurônios das substâncias químicas que circulam no entorno (Nedergaard & Verkhatsky, 2012). Além disso, ao absorver os íons e transmissores liberados pelos axônios e depois liberá-los de volta, um astrócito ajuda a sincronizar neurônios intimamente relacionados, permitindo que seus axônios enviem mensagens em ondas (Martín, Bajo-Grañeras, Moratalla, Perea, & Araque, 2015). Os astrócitos são, portanto, importantes para a geração de ritmos, como o ritmo respiratório (Morquette et al., 2015).

Os astrócitos dilatam os vasos sanguíneos para incorporar mais nutrientes a áreas do cérebro com atividade aumentada (Filosa et al., 2006; Takano et al., 2006). Um possível papel do processamento de informações também é provável, mas menos certo. De acordo com uma hipótese popular conhecida como *sinapse tripartida*, a ponta de um axônio libera substâncias químicas que fazem com que o astrócito vizinho libere substâncias químicas próprias, ampliando ou modificando a mensagem para o próximo neurônio (Ben Achour, & Pascual, 2012). Esse processo é um possível contribuinte para o aprendizado e a memória (De Pitta, Brunel, & Volterra, 2016). Em algumas áreas do cérebro, os astrócitos também respondem aos hormônios e, portanto, influenciam os neurônios (Kim et al., 2014). Em resumo, os astrócitos são parceiros ativos dos neurônios de várias maneiras.

Células minúsculas chamadas **microglias** agem como parte do sistema imunológico, removendo vírus e fungos do cérebro. Elas se proliferam após lesão cerebral, removendo neurônios mortos ou danificados (Brown & Neher, 2014). Também contribuem para a aprendizagem removendo as sinapses mais fracas (Zhan et al., 2014). **Oligodendrócitos** no cérebro e na medula espinhal e **células de Schwann** na periferia do corpo constroem as bainhas de mielina que circundam e isolam certos axônios dos vertebrados. Elas também fornecem a um axônio os nutrientes necessários para o funcionamento adequado (Y. Lee et al., 2012). **Glias radiais** orientam a migração dos neurônios e seus axônios e dendritos durante o desenvolvimento embrionário. Quando o desenvolvimento embriológico termina, a maioria das glias radiais se diferencia em neurônios, e um número menor se diferencia em astrócitos e oligodendrócitos (Pinto & Götz, 2007).

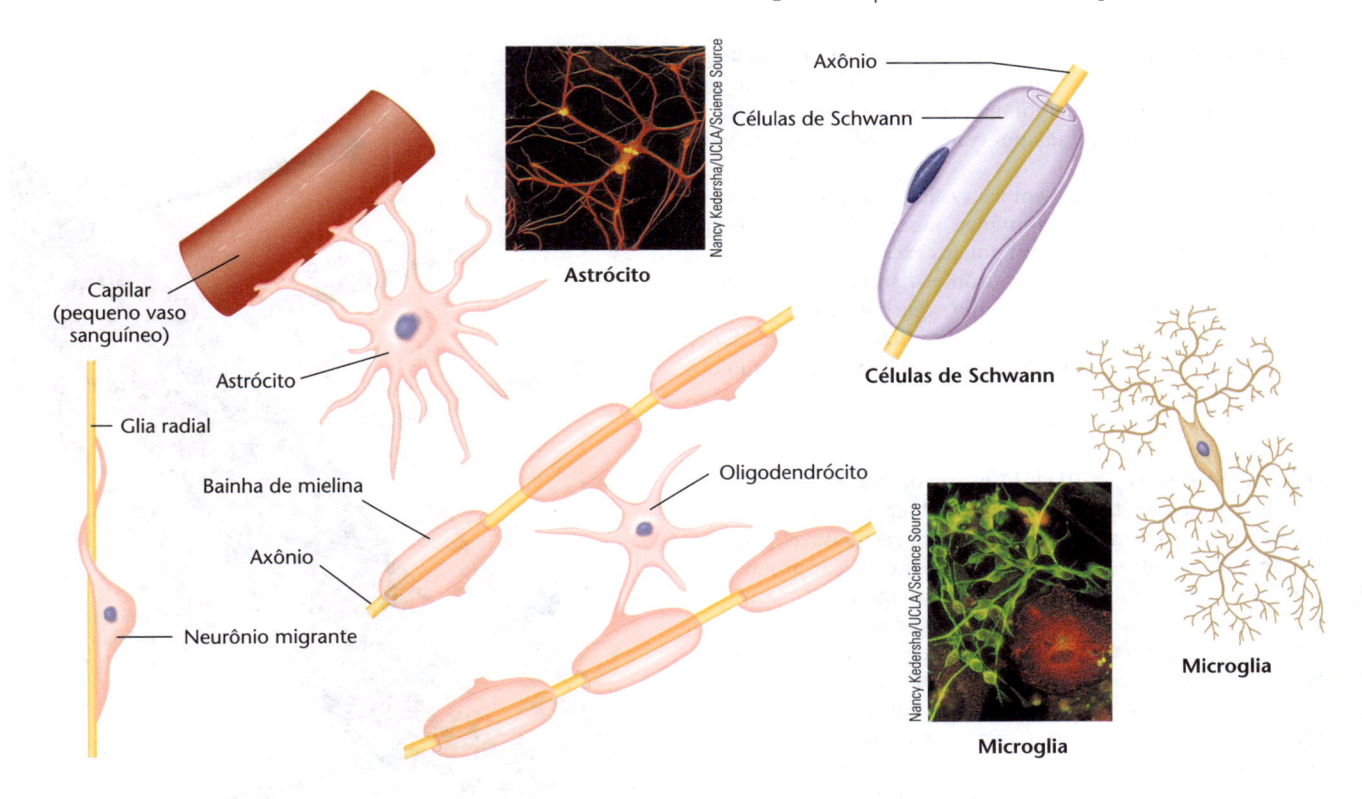

Figura 1.9 Formas de algumas células da glia
Os oligodendrócitos produzem bainhas de mielina que isolam certos axônios de vertebrados no sistema nervoso central; as células de Schwann têm função semelhante na periferia. O oligodendrócito é mostrado aqui formando um segmento da bainha de mielina para dois axônios; na verdade, cada oligodendrócito forma esses segmentos para 30 a 50 axônios. Os astrócitos transmitem em ambas as direções substâncias químicas entre os neurônios e o sangue e entre os neurônios vizinhos. Microglias se proliferam em áreas da lesão cerebral e removem materiais tóxicos. Glias radiais (não mostradas aqui) orientam a migração dos neurônios durante o desenvolvimento embriológico. Glias também desempenham outras funções.

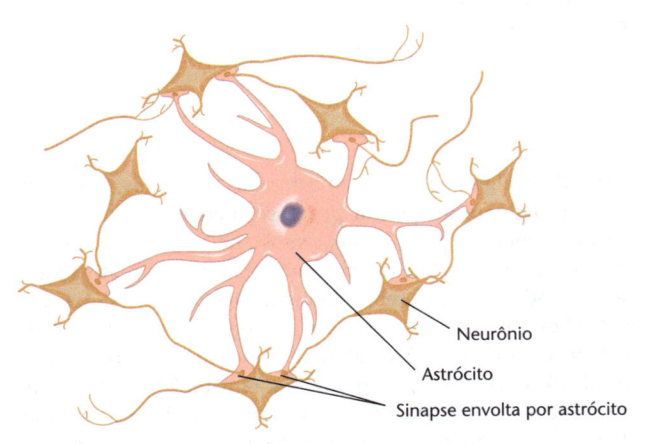

Figura 1.10 Como um astrócito sincroniza axônios associados
Ramificações do astrócito (no centro) circundam os terminais pré-sinápticos dos axônios relacionados. Se alguns deles estão ativos ao mesmo tempo, o astrócito absorve algumas das substâncias químicas que liberam. Então, ele inibe temporariamente os axônios aos quais está conectado. Quando a inibição cessa, os axônios estão preparados para responder novamente em sincronia.
(*Fonte: Baseada em Antanitus, 1998*)

✓ PARE & REVISE

4. Quais são as quatro estruturas principais que compõem um neurônio?
5. Que tipo de célula da glia reveste os terminais sinápticos dos axônios?

RESPOSTAS
4. Dendritos, soma (corpo celular), axônio e terminal pré-sináptico. 5. Astrócitos.

A barreira hematoencefálica

Embora o cérebro, como qualquer outro órgão, precise receber nutrientes do sangue, muitas substâncias químicas não podem passar do sangue para o cérebro (Hagenbuch, Gao, & Meier, 2002). O mecanismo que exclui a maioria das substâncias químicas do cérebro dos vertebrados é conhecido como **barreira hematoencefálica.** Antes de examinarmos como funciona, vamos considerar por que precisamos dela.

Necessidade da barreira hematoencefálica

Quando um vírus invade uma célula, os mecanismos dentro da célula expelem partículas virais através da membrana para que o sistema imunológico possa encontrá-las. Quando as células do sistema imunológico descobrem um vírus, elas o matam, assim como a célula que o contém. Na verdade, uma célula em que um vírus atravessa sua membrana diz: "Preste atenção, sistema imunológico, estou infectada por esse vírus. Mate-me e salve as outras."

Esse plano funciona bem se a célula infectada pelo vírus for, por exemplo, uma célula cutânea ou sanguínea, que o corpo substitui facilmente. Mas, com poucas exceções, o cérebro dos vertebrados não substitui os neurônios danificados. Se tivesse que sacrificar células cerebrais sempre que tivesse uma infecção viral, você não se sairia bem! Para minimizar o risco de danos irreparáveis ao cérebro, o corpo reveste os vasos sanguíneos do cérebro com células compactadas que impedem a entrada da maioria dos vírus, bactérias e substâncias químicas nocivas.

No entanto, alguns vírus atravessam a barreira hematoencefálica (Kristensson, 2011). O que acontece então? Quando o vírus da raiva evita a barreira hematoencefálica, ele infecta o cérebro e leva à morte. A espiroqueta responsável pela sífilis também penetra a barreira hematoencefálica, produzindo consequências duradouras e potencialmente fatais. As microglias são mais eficazes contra vários outros vírus que entram no cérebro, organizando uma resposta inflamatória que combate o vírus sem matar o neurônio (Ousman & Kubes, 2012). Mas essa resposta pode controlar o vírus sem eliminá-lo. Quando o vírus da catapora entra nas células da medula espinhal, as partículas virais permanecem lá por muito tempo depois de terem sido exterminadas do resto do corpo. O vírus pode emergir da medula espinhal décadas mais tarde, causando uma doença dolorosa chamada herpes-zóster. Da mesma forma, o vírus responsável pelo herpes genital se esconde no sistema nervoso, provocando poucos danos, mas emerge periodicamente e causa novas infecções genitais.

Como funciona a barreira hematoencefálica

A barreira hematoencefálica (ver Figura 1.11) depende das células endoteliais que formam as paredes dos capilares (Bundgaard, 1986; Rapoport & Robinson, 1986). Fora do cérebro, essas células são separadas por pequenas lacunas, mas, no cérebro, elas são unidas de forma tão compacta que bloqueiam a passagem de vírus, bactérias e outras substâncias químicas prejudiciais.

"Se a barreira hematoencefálica é uma defesa tão boa", você poderia perguntar, "Por que não temos paredes semelhantes ao redor de todos os nossos outros órgãos?." A resposta é que a barreira impede a entrada de substâncias químicas úteis e também prejudiciais. Essas substâncias químicas úteis incluem todos os combustíveis e aminoácidos, os blocos de construção das proteínas. Para que essas substâncias químicas atravessem a barreira hematoencefálica, o cérebro precisa de mecanismos especiais não encontrados no restante do corpo.

Nenhum mecanismo especial é necessário para que *moléculas pequenas e sem carga*, como o oxigênio e o dióxido de carbono, atravessem as paredes celulares livremente. Além disso, *moléculas que se dissolvem nas gorduras da membrana* atravessam facilmente essa barreira. Os exemplos incluem vitaminas A e D e todas as drogas que afetam o cérebro — de antidepressivos e outros fármacos psiquiátricos a drogas ilegais como heroína. A rapidez do efeito de uma droga depende significativamente da velocidade com que ela se dissolve nas gorduras e, portanto, atravessa a barreira hematoencefálica.

A água atravessa os canais proteicos especiais na parede das células endoteliais (Amiry-Moghaddam & Ottersen,

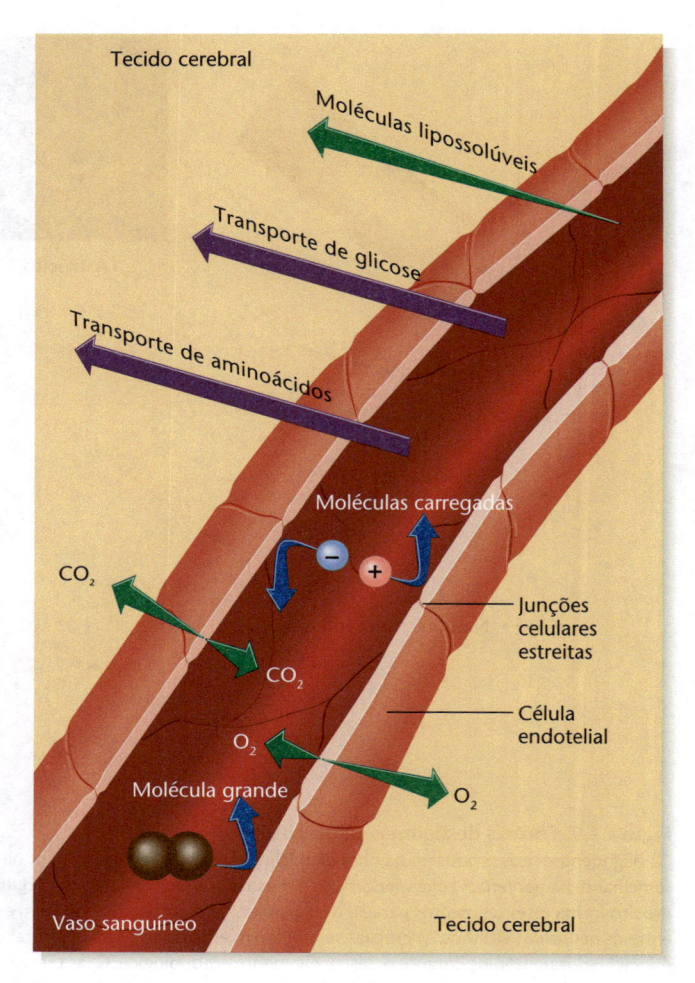

Figura 1.11 A barreira hematoencefálica
A maioria das moléculas grandes e eletricamente carregadas não pode passar do sangue para o cérebro. Algumas moléculas pequenas sem carga, como O_2 e CO_2, atravessam facilmente, assim como certas moléculas solúveis em gordura. Os sistemas de transporte ativo bombeiam glicose e aminoácidos através da membrana.

2003). Para algumas outras substâncias químicas, o cérebro usa o **transporte ativo**, um processo mediado por proteínas que gasta energia para bombear substâncias químicas do sangue ao cérebro. As substâncias químicas que são ativamente transportadas para o cérebro incluem glicose (o principal combustível do cérebro), aminoácidos (os blocos de construção das proteínas), purinas, colina, algumas vitaminas e ferro (Abbott, Rönnback, & Hansson, 2006; Jones & Shusta, 2007). A insulina e provavelmente alguns outros hormônios também atravessam a barreira hematoencefálica, pelo menos em pequenas quantidades, embora o mecanismo ainda não seja conhecido (Gray, Meijer, & Barrett, 2014; McNay, 2014).

A barreira hematoencefálica é essencial para a saúde. Em pessoas com doença de Alzheimer ou doenças semelhantes, as células endoteliais que revestem os vasos sanguíneos do cérebro encolhem e as substâncias químicas prejudiciais entram no cérebro (Zipser et al., 2007). Contudo, a barreira representa uma dificuldade para o tratamento do câncer cerebral, porque quase todos os medicamentos usados para quimioterapia não conseguem cruzar a barreira hematoencefálica.

PARE & REVISE

6. Identifique uma das principais vantagens e desvantagens de uma barreira hematoencefálica.
7. Que substâncias químicas atravessam a barreira hematoencefálica passivamente?
8. Que substâncias químicas atravessam a barreira hematoencefálica por transporte ativo?

RESPOSTAS

6. A barreira hematoencefálica impede a entrada de vírus (uma vantagem) e também a entrada de muitos nutrientes (uma desvantagem). 7. Moléculas pequenas e sem carga, como oxigênio, dióxido de carbono e água, atravessam a barreira hematoencefálica passivamente. O mesmo ocorre com as substâncias químicas que se dissolvem nas gorduras da membrana. 8. Glicose, aminoácidos, purinas, colina, certas vitaminas e ferro.

Nutrição neuronal em vertebrados

A maioria das células utiliza uma variedade de carboidratos e gorduras para nutrição, mas os neurônios dos vertebrados dependem quase inteiramente de **glicose**, um açúcar. (As células cancerígenas e as células do testículo que produzem os espermatozoides também dependem em grande parte da glicose.) Como o metabolismo da glicose requer oxigênio, os neurônios precisam de suprimento constante de oxigênio. Embora o cérebro humano constitua apenas cerca de 2% do peso corporal, ele usa cerca de 20% do oxigênio e 25% da glicose (Bélanger, Allaman, & Magistretti, 2011).

Por que os neurônios dependem tanto da glicose? Eles podem e às vezes usam cetonas (um tipo de gordura) e lactato como combustível. Mas a glicose é o único nutriente que atravessa a barreira hematoencefálica em grandes quantidades.

Embora os neurônios exijam glicose, a falta de glicose raramente é um problema, exceto durante a fome. O fígado produz glicose de vários tipos de carboidratos e aminoácidos, bem como do glicerol, um produto da decomposição das gorduras. Um problema mais provável é a incapacidade de *usar a* glicose. Para usar a glicose, o corpo precisa de vitamina B_1, **tiamina.** A deficiência prolongada de tiamina, comum no alcoolismo crônico, leva à morte dos neurônios e a uma doença chamada *síndrome de Korsakoff,* marcada por deficiências graves de memória.

Módulo 1.1 | Conclusão
Neurônios

O que o estudo dos neurônios individuais nos diz sobre o comportamento? Tudo o que o cérebro faz depende da anatomia detalhada dos neurônios e glias. Em um capítulo mais à frente, consideraremos a fisiologia da aprendizagem, em que a palavra de ordem é que "células que disparam juntas, se conectam". Ou seja, os neurônios que se tornam ativos ao mesmo tempo se conectam. Mas isso só é verdade se os neurônios que se ativam ao mesmo tempo também estiverem próximos no mesmo lugar (Ascoli, 2015). O cérebro não pode conectar dendritos ou axônios que não conseguem se encontrar. Em suma, locais, estruturas e atividades dos neurônios são a base de tudo o que você experimenta, aprende ou faz.

Mas nada em sua experiência ou comportamento decorre das propriedades de único neurônio. O sistema nervoso é mais do que a soma de suas células individuais, assim como a água é mais do que a soma de oxigênio e hidrogênio. Nosso comportamento surge da comunicação entre os neurônios.

Resumo

1. Os neurônios recebem informações e as transmitem para outras células. O sistema nervoso também contém *glias,* células que aumentam e modificam a atividade dos neurônios de várias maneiras.
2. No final do século XIX, Santiago Ramón y Cajal usou técnicas de coloração recém-descobertas para estabelecer que o sistema nervoso é composto de células distintas, agora conhecidas como neurônios.
3. Os neurônios contêm as mesmas estruturas internas que outras células dos animais.
4. Os neurônios são constituídos destas partes principais: um corpo celular (ou soma), dendritos, um axônio com ramificações e terminais pré-sinápticos. As formas dos neurônios variam muito, dependendo de suas funções e conexões com outras células.
5. Por causa da barreira hematoencefálica, muitas moléculas não conseguem entrar no cérebro. A barreira protege o sistema nervoso contra vírus e muitas substâncias químicas perigosas.
6. A barreira hematoencefálica consiste em uma parede ininterrupta de células que circundam os vasos sanguíneos do cérebro e da medula espinhal. Algumas moléculas pequenas e sem carga, como água, oxigênio e dióxido de carbono, atravessam a barreira livremente. O mesmo acontece com as moléculas que se dissolvem nas gorduras. As proteínas de transporte ativo bombeiam glicose, aminoácidos e algumas outras substâncias químicas para o cérebro e a medula espinhal. Certos hormônios, como a insulina, também atravessam a barreira hematoencefálica.
7. Os neurônios dependem fortemente da glicose, o único nutriente que atravessa a barreira hematoencefálica em grandes quantidades. Eles precisam de tiamina (vitamina B_1) para usar a glicose.

Termos-chave

Os termos estão definidos na página indicada. Também são apresentados em ordem alfabética com a definição no Índice remissivo/Glossário do livro, que está localizado na p. 589.

astrócitos 22
axônio aferente 21
axônio eferente 21
axônio 20
bainha de mielina 21
barreira hematoencefálica 23
células de Schwann 22
corpo celular (soma) 20
dendritos 20
espinhos dendríticos 20

glias radiais 22
glias 21
glicose 25
interneurônio 21
membrana 19
microglias 22
mitocôndria 19
neurônio intrínseco 21
neurônio motor 19
neurônio sensorial 19

neurônios 18
nódulos de Ranvier 21
núcleo 19
oligodendrócitos 22
retículo endoplasmático 19
ribossomos 19
terminal pré-sináptico 21
tiamina 25
transporte ativo 24

Questão complexa

Embora a heroína e a morfina sejam semelhantes em muitos aspectos, a heroína exerce efeitos mais rápidos sobre o cérebro. O que podemos inferir sobre essas drogas em relação à barreira hematoencefálica?

Módulo 1.1 | Questionário final

1. Santiago Ramón y Cajal foi o responsável por qual destas descobertas?
   A. O córtex cerebral humano tem muitas especializações para produzir a linguagem.
   B. Os hemisférios esquerdo e direito do cérebro controlam funções diferentes.
   C. O sistema nervoso é composto de células distintas.
   D. Os neurônios se comunicam em junções especializadas chamadas sinapses.

2. Qual parte de um neurônio tem seus próprios genes, separados daqueles do núcleo?
   A. Os ribossomos
   B. A mitocôndria
   C. O axônio
   D. Os dendritos

3. O que é mais distinto sobre os neurônios, em comparação com outras células?
   A. Sua temperatura
   B. Sua forma
   C. Seus componentes internos, como ribossomos e mitocôndrias
   D. Sua cor

4. O que estes espinhos dendríticos fazem?
   A. Eles sintetizam proteínas.
   B. Eles aumentam a área de superfície disponível para sinapses.
   C. Eles mantêm o neurônio em posição.
   D. Eles metabolizam combustíveis para fornecer energia para o restante do neurônio.

5. O que um axônio eferente faz?
   A. Ele controla o comportamento involuntário.
   B. Ele controla o comportamento voluntário.
   C. Ele transmite informações a partir de uma estrutura.
   D. Ele incorpora informações a uma estrutura.

6. Qual das seguintes opções é uma função dos astrócitos?
   A. Os astrócitos conduzem impulsos a longas distâncias.
   B. Os astrócitos constroem bainhas de mielina que circundam e isolam os axônios.
   C. Os astrócitos criam a barreira hematoencefálica.
   D. Os astrócitos sincronizam a atividade de um grupo de neurônios.

7. Qual das alternativas a seguir é uma função das microglias?
   A. As microglias removem células mortas e sinapses fracas.
   B. As microglias constroem bainhas de mielina que circundam e isolam os axônios.
   C. As microglias dilatam os vasos sanguíneos para aumentar o suprimento de sangue para as áreas ativas do cérebro.
   D. As microglias sincronizam a atividade de um grupo de neurônios.

8. Qual destes pode atravessar facilmente a barreira hematoencefálica?
   A. Moléculas lipossolúveis
   B. Quimioterápicos
   C. Proteínas
   D. Vírus

9. Quais dessas substâncias químicas atravessam a barreira hematoencefálica por meio de transporte ativo?
   A. Oxigênio, água e moléculas solúveis em gordura
   B. Glicose e aminoácidos
   C. Proteínas
   D. Vírus

10. Qual é a principal fonte de combustível do cérebro?
    A. Glicose
    B. Glutamato
    C. Chocolate
    D. Proteínas

11. Para que o cérebro use sua principal fonte de combustível, de que ele também precisa?
    A. Hormônios esteroides
    B. Vitamina C
    C. Tiamina
    D. Ácido acetilsalicílico

Respostas: 1C, 2B, 3B, 4B, 5C, 6D, 7A, 8A, 9B, 10A, 11C.

Módulo 1.2

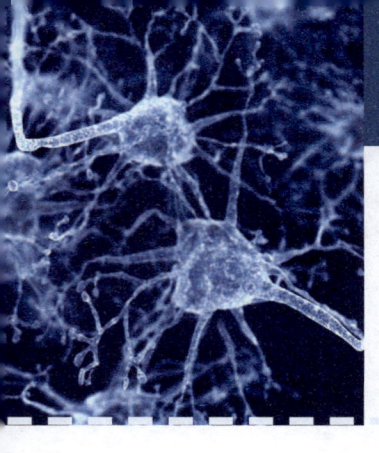

O impulso nervoso

Pense nos axônios que transmitem informações dos receptores do tato em suas mãos ou pés em direção à medula espinhal e ao cérebro. Se os axônios usassem condução elétrica, eles poderiam transferir informações a uma velocidade próxima da velocidade da luz. Mas como seu corpo é feito de água e compostos de carbono em vez de fios de cobre, a força de um impulso decairia rapidamente conforme ele se desloca. Um toque em seu ombro seria mais forte do que um toque em seu abdômen. Pessoas de estatura baixa sentiriam os dedos dos pés com mais força do que pessoas altas — se é que alguma delas conseguiria sentir os dedos dos pés.

A maneira como os axônios realmente funcionam evita esses problemas. Em vez de conduzir um impulso elétrico, o axônio regenera um impulso em cada ponto. Imagine uma longa fila de pessoas de mãos dadas. A primeira pessoa aperta a mão da segunda pessoa, que então aperta a mão da terceira pessoa e assim por diante. O impulso viaja ao longo da fila sem perder a força porque cada pessoa o gera de novo.

Embora o método do axônio de transmitir um impulso evite que um toque em seu ombro pareça mais forte do que um nos dedos dos pés, ele apresenta um problema diferente: como os axônios só transmitem informações em velocidades moderadas (variando de menos de 1 metro/segundo a cerca de 100 m/s), um toque em seu ombro alcança o cérebro antes do que um toque nos dedos do pé, embora você normalmente não perceba a diferença. Seu cérebro não está configurado para registrar pequenas diferenças no tempo de chegada das mensagens de toque. Afinal de contas, por que deveria? Quase nunca é necessário saber se um toque em uma parte do corpo ocorreu um pouco antes ou depois de um toque em outra parte.

Na visão, porém, o cérebro precisa saber se um estímulo começou um pouco antes ou depois do outro. Se dois pontos adjacentes na retina — vamos chamá-los A e B — enviam impulsos quase ao mesmo tempo, uma diferença extremamente pequena entre eles no tempo informa o cérebro se a luz se moveu de A para B ou de B para A. Para detectar o movimento com a maior precisão possível, o sistema visual compensa o fato de que algumas partes da retina estão ligeiramente mais próximas do cérebro do que outras. Sem algum tipo de compensação, flashes simultâneos que chegam a dois pontos da retina alcançariam o cérebro em momentos diferentes, e você poderia perceber o movimento de maneira imprecisa. O que impede essa ilusão é o fato de que os axônios das partes mais distantes da retina transmitem impulsos um pouco mais rapidamente do que aqueles mais próximos do cérebro! (Stanford, 1987).

Resumindo, as propriedades de condução do impulso em um axônio são incrivelmente bem adaptadas às suas necessidades de transferência de informações. Vamos examinar a mecânica da transmissão de impulsos.

O potencial de repouso do neurônio

As mensagens em um neurônio se desenvolvem a partir de distúrbios do potencial em repouso. Vamos começar entendendo o potencial em repouso.

Todas as partes de um neurônio são cobertas por uma membrana de cerca de 8 nanômetros (nm) de espessura. Isso é cerca de um décimo milésimo da largura de um cabelo humano médio. A membrana é composta de duas camadas (livres para flutuar uma em relação à outra) das moléculas de fosfolipídios (contendo cadeias de ácidos graxos e um grupo de fosfatos). Incorporados aos fosfolipídios estão as moléculas proteicas cilíndricas por meio das quais certas substâncias químicas podem passar (ver Figura 1.12).

Quando em repouso, a membrana mantém um **gradiente elétrico**, também conhecido como **polarização** — uma

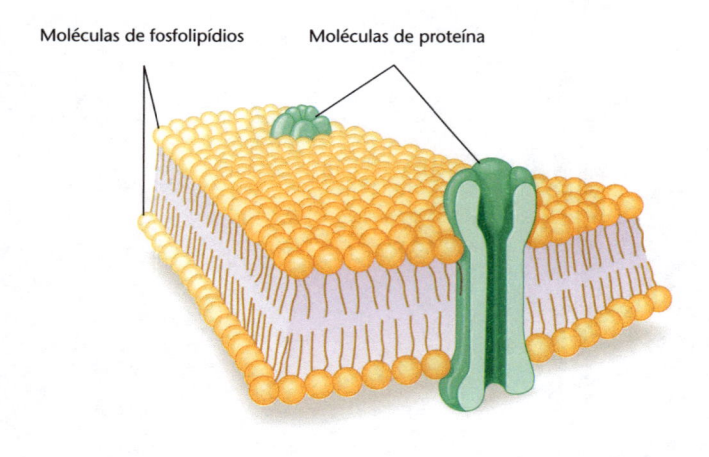

Figura 1.12 A membrana de um neurônio
Incorporados à membrana estão os canais de proteína que permitem que certos íons atravessem a membrana em uma velocidade controlada.

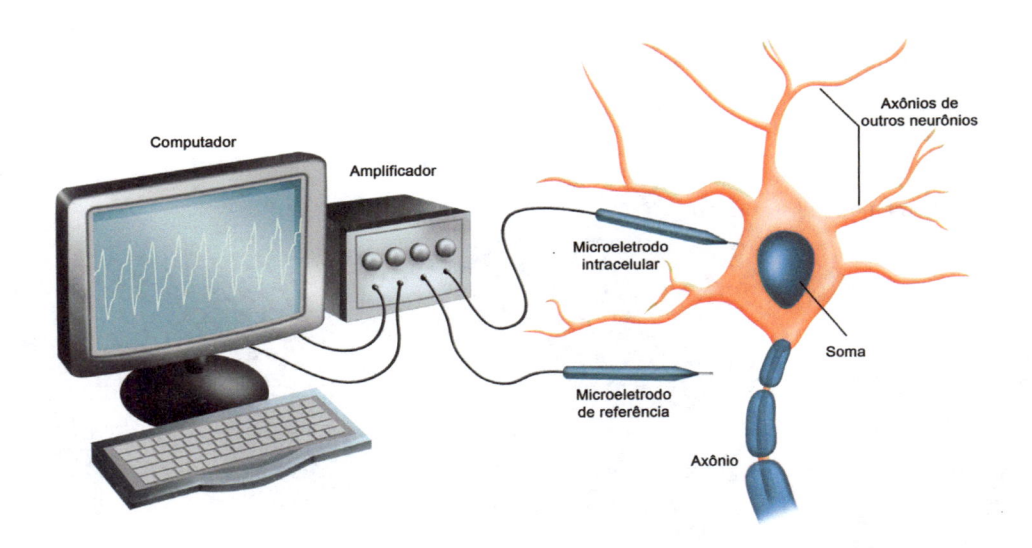

Figura 1.13 Métodos para registrar a atividade de um neurônio
Diagrama do aparelho e registro de exemplo.
(Fonte: Ilustração de Margareth Baldissara com adaptação de Marcelo Ventura com base na ilustração de Fritz Goro).

diferença na carga elétrica entre a parte interna e externa da célula. O potencial elétrico dentro da membrana é ligeiramente negativo em relação à parte externa, principalmente por causa das proteínas negativamente carregadas na parte interna da célula. Essa diferença de voltagem é chamada **potencial de repouso**.

Pesquisadores medem o potencial de repouso inserindo um *microeletrodo* muito fino no corpo celular, como na Figura 1.13. O diâmetro do eletrodo deve ser pequeno o suficiente para entrar sem danificar a célula. O eletrodo mais comum é um tubo de vidro fino preenchido com uma solução salina, reduzindo para um diâmetro da ponta de 0,0005 mm ou menos. Um eletrodo de referência fora da célula completa o circuito. Conectando os eletrodos a um voltímetro, descobrimos que a parte interna do neurônio tem um potencial negativo em relação à parte externa. A magnitude varia, mas um nível típico é – 70 milivolts (mV).

Forças que agem nos íons de sódio e potássio

Se íons carregados pudessem fluir livremente pela membrana, ela se despolarizaria, eliminando o potencial negativo interno. Mas a membrana tem **permeabilidade seletiva**, ou seja, algumas substâncias químicas atravessam a membrana mais livremente do que outras. Oxigênio, dióxido de carbono, ureia e água atravessam livremente os canais que sempre estão abertos. Vários íons biologicamente importantes, como sódio, potássio, cálcio e cloreto, atravessam os canais (ou portões) da membranas que às vezes estão abertos e outras vezes fechados, como mostrado na Figura 1.14. Quando a membrana está em repouso, os canais de sódio e potássio estão fechados, permitindo quase nenhum fluxo de sódio e apenas um pequeno fluxo de potássio. Alguns tipos de estimulação podem abrir esses canais, permitindo um fluxo mais livre de um ou ambos os íons.

A **bomba de sódio-potássio**, um complexo de proteínas, transporta repetidamente três íons de sódio para fora da célula enquanto atrai dois íons de potássio para dentro dela. A bomba de sódio-potássio é um transporte ativo que requer

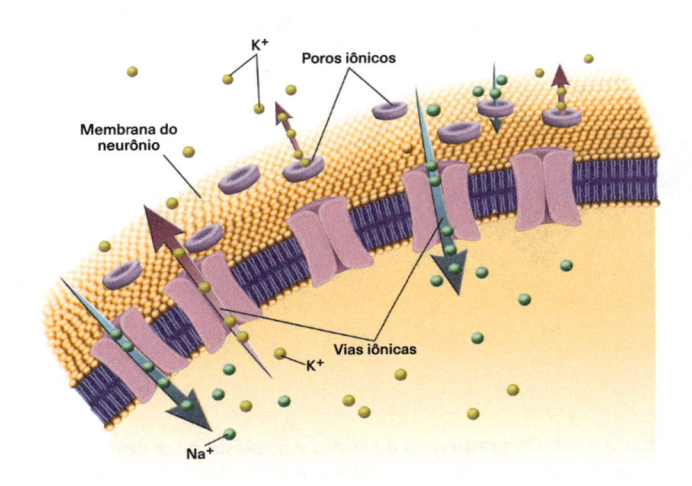

Figura 1.14 Canais de íons na membrana de um neurônio
Quando um canal se abre, ele permite que algum tipo de íon atravesse a membrana. Quando se fecha, ele impede a passagem desse íon.
(Fonte: Ilustração de Margareth Baldissara com adaptação de Marcelo Ventura com base na ilustração de Fritz Goro).

energia. Como resultado da bomba de sódio-potássio, os íons de sódio são dez vezes mais concentrados fora da membrana do que dentro, e os íons de potássio estão mais concentrados dentro do que fora.

A bomba de sódio-potássio só é eficaz por causa da permeabilidade seletiva da membrana, que evita que os íons de sódio que foram bombeados para fora do neurônio voltem a vazar novamente. Quando os íons de sódio são bombeados para fora, eles permanecem fora. Mas alguns dos íons de potássio nos neurônios vazam lentamente, transportando uma carga positiva com eles. Esse vazamento aumenta o gradiente elétrico ao longo da membrana, como mostrado na Figura 1.15.

Quando o neurônio está em repouso, duas forças agem no sódio, ambas tendendo a empurrá-lo *para dentro* da célula. Primeiro, vamos considerar o gradiente elétrico. A carga

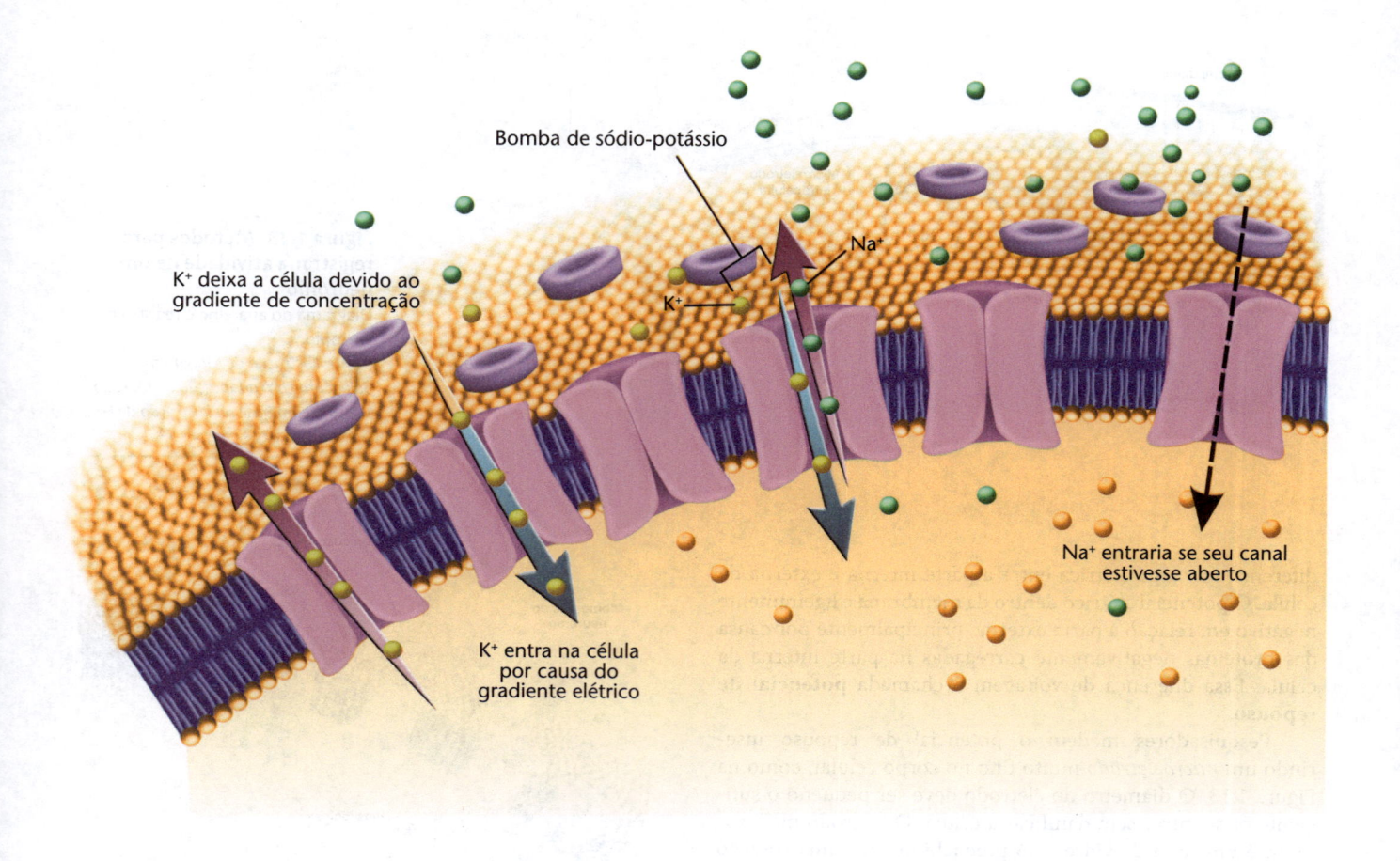

Figura 1.15 Os gradientes de sódio e potássio para uma membrana em repouso
Os íons de sódio são mais concentrados fora do neurônio e os íons de potássio são mais concentrados dentro dele. Íons de proteína e cloreto (não mostrados) têm cargas negativas dentro da célula. Em repouso, quase nenhum íon de sódio atravessa a membrana, exceto pela bomba de sódio-potássio. O potássio tende a fluir para dentro da célula por causa de um gradiente elétrico, mas tende a fluir para fora devido ao gradiente de concentração. Mas os canais de potássio retardam o fluxo de potássio quando a membrana está em repouso.
(Fonte: Ilustração de Margareth Baldissara com adaptação de Marcelo Ventura com base na ilustração de Fritz Goro).

do sódio é positiva e dentro da célula é negativa. Cargas elétricas opostas se atraem, de modo que o gradiente elétrico tende a puxar o sódio para dentro da célula. Segundo, considere o **gradiente de concentração**, a diferença na distribuição de íons através da membrana. O sódio é mais concentrado fora do que dentro, então, pelas leis da probabilidade, o sódio tem maior probabilidade de entrar na célula do que de sair dela. Dado que tanto o gradiente elétrico como o gradiente de concentração tendem a mover íons de sódio para dentro da célula, o sódio entraria rapidamente, se pudesse. Mas como os canais de sódio estão fechados quando a membrana está em repouso, quase nenhum sódio flui, exceto pelo volume que a bomba de sódio-potássio força para *fora da* célula.

O potássio está sujeito a forças concorrentes. A carga do potássio é positiva e a parte interna da célula é negativa, assim o gradiente elétrico tende a incorporar o potássio. Mas o potássio está mais concentrado dentro da célula do que fora, assim o gradiente de concentração tende a empurrá-lo para fora. (Como uma analogia, imagine algumas mulheres dentro de uma sala. Os homens podem entrar na sala ou sair por uma porta estreita. Eles se sentem atraídos pelas mulheres, mas quando há muitos homens na sala, alguns deles saem. O gradiente de concentração neutraliza a atração.)

Se os canais de potássio estivessem abertos, o fluxo líquido de potássio fora da célula seria pequeno, ou seja, o gradiente elétrico e o gradiente de concentração do potássio estão quase em equilíbrio, mas não totalmente. A bomba de sódio-potássio contínua puxa o potássio para dentro da célula, neutralizando os íons que vazam.

A célula também tem íons negativos. As proteínas com carga negativa dentro da célula sustentam a polarização da membrana. Os íons de cloreto, com carga negativa, estão principalmente fora da célula. Quando a membrana está em repouso, o gradiente de concentração e o gradiente elétrico se equilibram, portanto, a abertura dos canais de cloreto quase não teria efeito. Mas o cloreto tem um fluxo líquido quando a polarização da membrana muda.

PARE & REVISE

9. Quando a membrana está em repouso, os íons de sódio estão mais concentrados dentro ou fora da célula? Onde estão os íons de potássio mais concentrados?
10. Quando a membrana está em repouso, o que tende a impulsionar os íons de potássio para fora da célula? O que tende a atraí-los para a célula?

RESPOSTAS

9. Os íons de sódio são mais concentrados fora da célula e o potássio é mais concentrado dentro. 10. Quando a membrana está em repouso, o gradiente de concentração tende a empurrar os íons de potássio para fora da célula e o gradiente elétrico os atrai para dentro da célula. A bomba de sódio-potássio também os atrai para a célula.

Por que um potencial em repouso?

O corpo investe muita energia para operar a bomba de sódio-potássio, que mantém o potencial de repouso. Por que tanta energia é importante? O potencial de repouso prepara o neurônio para responder rapidamente. Como veremos na próxima seção, a excitação do neurônio abre os canais que permitem que o sódio entre na célula rapidamente. Como a membrana fez seu trabalho antecipadamente mantendo o gradiente de concentração de sódio, a célula está preparada para responder energeticamente a um estímulo.

Compare o potencial de repouso de um neurônio a um arco e flecha equilibrados: o arqueiro que prepara a flechada com antecedência está pronto para disparar no momento apropriado. O neurônio usa a mesma estratégia. O potencial de repouso permanece estável até o neurônio ser estimulado. Normalmente, a estimulação do neurônio ocorre nas sinapses, que veremos no Capítulo 2. No laboratório, também é possível estimular um neurônio inserindo um eletrodo nele e aplicando corrente.

O potencial de ação

As mensagens enviadas por axônios são chamadas **potenciais de ação**. Para entender os potenciais de ação, vamos inicialmente considerar o que acontece quando o potencial de repouso é perturbado. Podemos medir o potencial de um neurônio com um microeletrodo, como mostrado na Figura 1.13. Quando a membrana de um axônio está em repouso, os registros mostram um potencial negativo dentro do axônio. Se agora usarmos um eletrodo diferente para aplicar uma carga negativa, podemos aumentar ainda mais a carga negativa dentro do neurônio. A mudança é chamada **hiperpolarização**, que significa aumento da polarização. Quando a estimulação termina, a carga retorna ao seu nível de repouso original. O registro se parece com isto:

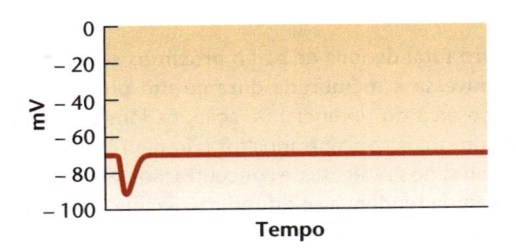

Agora vamos aplicar uma corrente para **despolarizar** o neurônio, isto é, reduzir sua polarização para zero. Se aplicarmos uma pequena corrente de despolarização, obteremos um resultado como este:

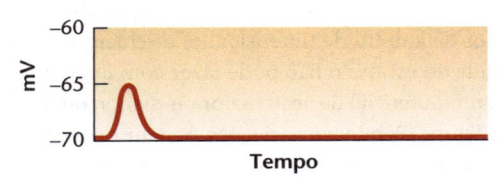

Com uma corrente de despolarização um pouco mais forte, o potencial aumenta um pouco, mas novamente retorna ao nível em repouso assim que a estimulação cessa:

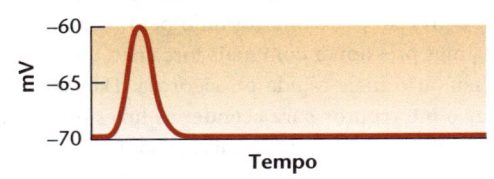

Agora vamos aplicar uma corrente ainda mais forte: estimulação para além do **limiar** de excitação produz uma despolarização maciça da membrana. Quando o potencial alcança o limiar, a membrana abre seus canais de sódio e permite que os íons de sódio fluam para a célula. O potencial aumenta muito além da força que o estímulo forneceu:

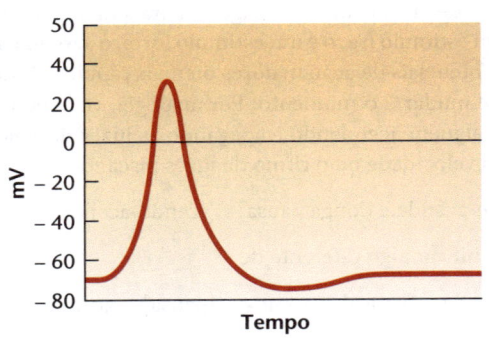

Qualquer *sublimiar* de estimulação produz uma pequena resposta que decai rapidamente. Qualquer estimulação além do limiar, independentemente do grau além desse limiar, produz uma grande resposta como a mostrada, conhecida como potencial de ação. O pico do potencial de ação, mostrado como +30 mV nessa ilustração, varia entre um axônio e outro.

PARE & REVISE

11. Qual é a diferença entre uma hiperpolarização e uma despolarização?
12. O que acontece se a despolarização alcança ou não o limiar?

RESPOSTAS

11. Uma hiperpolarização é um exagero da carga negativa usual dentro de uma célula, até um nível mais negativo do que o normal. A despolarização é uma diminuição na quantidade da carga negativa dentro da célula. 12. Se a despolarização alcança ou ultrapassa o limiar, a célula produz um potencial de ação. Se for menor que o limiar, nenhum potencial de ação surge.

A lei do tudo ou nada

Observe que qualquer despolarização que alcance ou ultrapasse o limiar produz um potencial de ação. Para um determinado neurônio, todos os potenciais de ação são quase iguais em termos de amplitude (intensidade) e velocidade. Ou seja, a intensidade do estímulo não pode fazer com que um neurônio produza um potencial de ação maior ou menor, ou mais rápido ou mais lento. (Pequenas variações podem ocorrer aleatoriamente, mas não por causa do estímulo.) Descrita de forma mais adequada, a **lei do tudo ou nada** significa que a amplitude e a velocidade de um potencial de ação são independentes da intensidade do estímulo que o iniciou, desde que o estímulo alcance o limiar. Por analogia, imagine dar descarga em um vaso sanitário: é preciso pressionar usando pelo menos certa força (o limiar), mas pressionar com mais força não torna a descarga do vaso sanitário mais rápida ou vigorosa. Da mesma forma, pressionar o interruptor para acender as luzes do quarto com mais força não tornará as luzes mais brilhantes.

Embora a amplitude, velocidade e forma dos potenciais de ação sejam consistentes ao longo do tempo para um dado axônio, eles variam entre um neurônio e outro. Axônios mais espessos transmitem potenciais de ação em velocidades mais altas. Axônios mais espessos também podem transmitir mais potenciais de ação por segundo.

A lei do tudo ou nada impõe restrições sobre como um axônio pode enviar uma mensagem. Para sinalizar a diferença entre um estímulo fraco e um estímulo forte, o axônio não pode enviar potenciais de ação maiores ou mais rápidos. Tudo o que ele pode mudar é o momento. Por analogia, você pode enviar sinais a alguém acendendo e apagando as luzes do quarto, variando a velocidade ou o ritmo da luzes piscando.

Acende-acende... [longa pausa]... acende-acende

pode significar algo diferente de

Acende... [pausa]... acende... [pausa]... acende...

[pausa]... acende.

O sistema nervoso utiliza os dois tipos de codificação. Por exemplo, um axônio do paladar mostra um ritmo de respostas para sabores doces e um ritmo diferente para sabores amargos (Di Lorenzo, Leshchinskiy, Moroney, & Ozdoba, 2009).

PARE & REVISE

13. Formule a lei do tudo ou nada.
14. A lei do tudo ou nada se aplica aos dendritos? Sim ou não? Por quê?

RESPOSTAS

13. De acordo com a lei do tudo ou nada, o tamanho e a forma do potencial de ação são independentes da intensidade do estímulo que o iniciou. Ou seja, toda despolarização para além do limiar de estimulação produz um potencial de ação com aproximadamente a mesma amplitude e velocidade para um dado axônio. 14. A lei do tudo ou nada não se aplica aos dendritos, porque eles não têm potenciais de ação.

A base molecular do potencial de ação

Os eventos químicos por trás do potencial de ação podem parecer complexos, mas fazem sentido se você lembrar três princípios:

1. No início, os íons de sódio estão principalmente fora do neurônio, e os íons de potássio estão predominantemente dentro.
2. Quando a membrana é despolarizada, os canais de sódio e potássio na membrana se abrem.
3. No pico do potencial de ação, os canais de sódio se fecham.

A membrana de um neurônio contém proteínas cilíndricas, como aquelas na Figura 1.12. A abertura de uma dessas proteínas permite que um tipo específico de íon atravesse a membrana. (Qual íon atravessa depende do tamanho e da forma da abertura.) Uma proteína que permite a passagem do sódio é chamada de canal (ou portão) de sódio, e aquela que permite a passagem de potássio é o canal do potássio. Os canais de axônio que regulam o sódio e o potássio são **canais dependentes de voltagem**, ou seja, sua permeabilidade depende da diferença de voltagem ao longo da membrana. No potencial de repouso, os canais de sódio estão totalmente fechados e os canais de potássio estão quase fechados, permitindo apenas um pequeno fluxo de potássio. À medida que a membrana se despolariza, os canais de sódio e potássio começam a se abrir, permitindo um fluxo mais livre. No início, abrir os canais de potássio faz pouca diferença, porque de qualquer maneira o gradiente de concentração e o gradiente elétrico estão quase em equilíbrio. Mas abrir os canais de sódio faz uma grande diferença, porque tanto o gradiente elétrico como o gradiente de concentração tendem a direcionar os íons de sódio para o neurônio. Quando a despolarização alcança o limiar da membrana, os canais de sódio se abrem o suficiente para que o sódio flua livremente. Impulsionados tanto pelo gradiente de concentração como pelo gradiente elétrico, os íons de sódio entram na célula rapidamente, até que o potencial elétrico ao longo da membrana exceda zero até alcançar uma polaridade invertida, como mostrado no diagrama a seguir:

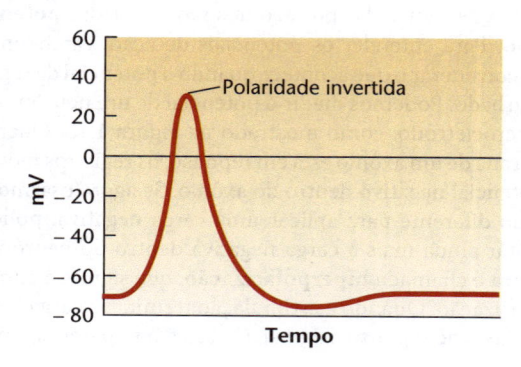

Do número total de íons de sódio próximos ao axônio, menos de 1% atravessa a membrana durante um potencial de ação. Mesmo no pico do potencial de ação, os íons de sódio continuam muito mais concentrados fora do neurônio do que dentro. Por causa do gradiente de concentração persistente, os íons de sódio ainda tendem a se difundir na célula. Mas no pico do potencial de ação, os portões de sódio se fecham.

Então o que acontece? Lembre-se de que a despolarização da membrana também abre os canais de potássio. No início, abrir esses canais fez pouca diferença. Mas depois que muitos íons de sódio atravessaram a membrana, o interior da célula tem uma carga positiva leve em vez de sua carga negativa usual. Nesse ponto, tanto o gradiente de concentração como o gradiente elétrico empurram os íons de potássio da célula para fora. À medida que fluem para fora do axônio, eles transportam uma carga positiva. Como os canais de potássio permanecem abertos após o fechamento dos canais de sódio, íons de potássio suficientes partem para levar a membrana para além do nível normal em repouso até uma hiperpolarização temporária. A Figura 1.16 resume os principais movimentos dos íons durante um potencial de ação.

No final desse processo, a membrana voltou ao potencial de repouso, mas o interior do neurônio tem um pouco mais de íons de sódio e um pouco menos de íons de potássio do que anteriormente. Com o tempo, a bomba de sódio-potássio restaura a distribuição original dos íons, mas esse processo leva tempo. Após uma série singularmente rápida de potenciais de ação, a bomba não consegue acompanhar a ação, e o sódio se acumula dentro do axônio. O acúmulo excessivo de sódio pode ser tóxico para a célula. (Mas a estimulação excessiva ocorre apenas em condições anormais, como durante um acidente vascular cerebral ou após o uso de certos medicamentos. Não se preocupe que pensar muito vai explodir as células do seu cérebro!)

Os potenciais de ação requerem o fluxo de sódio e potássio. **Anestésicos locais**, como a novocaína e a xilocaína, aderem aos canais de sódio da membrana, impedindo a entrada dos íons de sódio. Quando um dentista administra novocaína antes de perfurar um dos seus dentes, seus receptores gritam, "dor, dor, dor!", mas os axônios não conseguem transmitir a mensagem ao cérebro e, portanto, você não sente a dor.

PARE & REVISE

15. Durante o aumento do potencial de ação, os íons de sódio se movem para dentro ou para fora da célula? Por quê?
16. Quando a membrana alcança o pico do potencial de ação, o que a leva novamente ao potencial de repouso original?

RESPOSTAS

15. Durante o potencial de ação, os íons de sódio se movem para dentro da célula. Os canais do sódio dependentes de voltagem se abriram, assim o sódio pode se mover livremente. O sódio é atraído para dentro da célula por um gradiente elétrico e de concentração. 16. Após o pico do potencial de ação, os íons de potássio saem da célula, levando a membrana de volta ao potencial de repouso. Nota importante: a bomba de sódio-potássio NÃO é responsável por retornar a membrana ao seu potencial de repouso. A bomba de sódio-potássio é muito lenta para esse propósito.

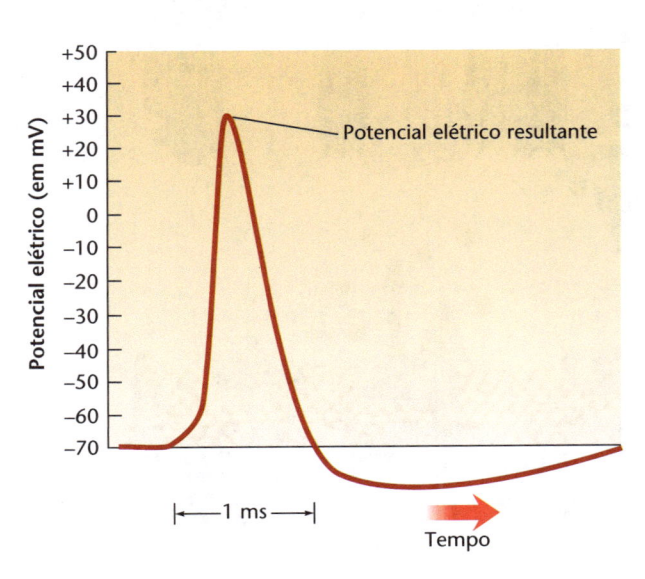

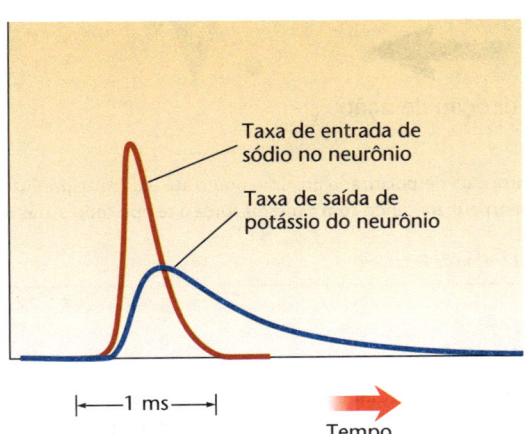

Figura 1.16 O movimento dos íons sódio e potássio durante um potencial de ação
Os íons de sódio se cruzam durante o pico do potencial de ação, e os íons de potássio se cruzam posteriormente na direção oposta, retornando a membrana a sua polarização original.

Propagação do potencial de ação

Até esse ponto, consideramos como o potencial de ação ocorre em um ponto do axônio. Agora, vamos considerar como ele se move ao longo do axônio. Lembre-se de que é importante que os axônios transmitam impulsos sem nenhuma perda de força com a distância.

Durante um potencial de ação, os íons de sódio entram em um ponto no axônio. Temporariamente, esse ponto tem carga positiva em comparação com as áreas vizinhas ao longo do axônio. Os íons positivos fluem de dentro do axônio para as regiões vizinhas. As cargas positivas se despolarizam ligeiramente a próxima área da membrana, fazendo-a alcançar o limiar e abrir os canais de sódio dependentes de voltagem. Então a membrana regenera o potencial de ação nessa região. Dessa forma, o potencial de ação viaja ao longo do axônio, como na Figura 1.17.

O termo **propagação do potencial de ação** descreve a transmissão de um potencial de ação ao longo de um axônio. A propagação de uma espécie animal é a produção de descendentes. Em certo sentido, o potencial de ação dá origem a um novo potencial de ação em cada ponto ao longo do axônio.

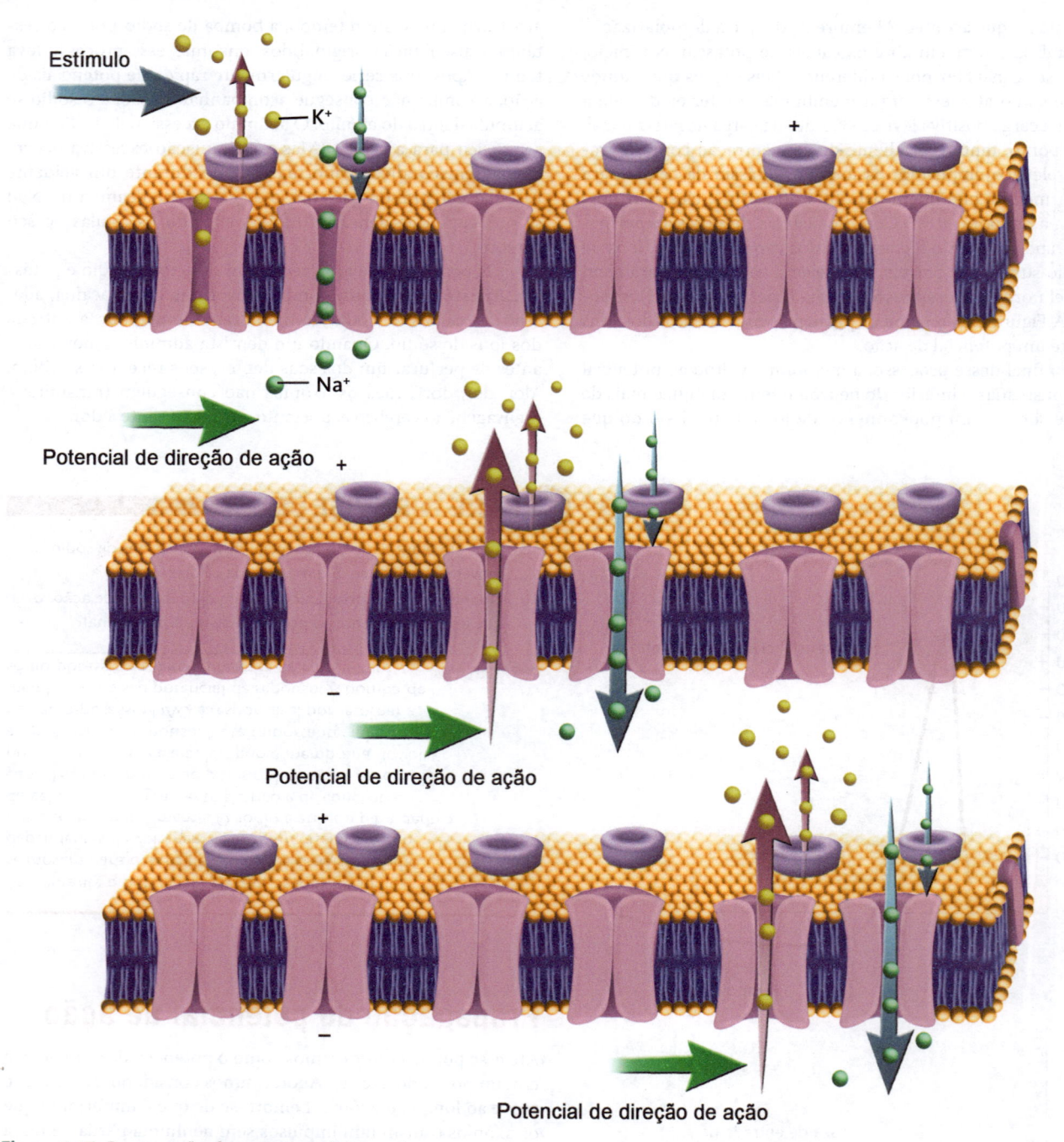

Figura 1.17 Propagação de um potencial de ação
À medida que um potencial de ação ocorre em um ponto do axônio, sódio suficiente entra para despolarizar o próximo ponto até seu limiar, produzindo um potencial de ação nesse ponto. Dessa maneira, o potencial de ação flui ao longo do axônio, permanecendo com a mesma força o tempo todo. Atrás de cada área de entrada de sódio, os íons de potássio saem, restaurando o potencial de repouso.
(Fonte: Ilustração de Margareth Baldissara com adaptação de Marcelo Ventura com base na ilustração de Fritz Goro)

Um potencial de ação sempre começa em um axônio e se propaga sem perdas do início ao fim. Mas em seu início, ele "se propaga de volta" para o corpo celular e os dendritos (Lorincz & Nusser, 2010). O corpo celular e os dendritos não conduzem potenciais de ação da mesma forma como os axônios conduzem, mas registram passivamente o evento elétrico que começou no axônio próximo. Essa propagação reversa é importante: quando um potencial de ação se propaga de volta para um dendrito, o dendrito se torna mais suscetível às mudanças estruturais responsáveis pela aprendizagem.

Vamos revisar o potencial de ação:

- Quando uma área da membrana do axônio alcança seu limiar de excitação, os canais de sódio e potássio se abrem.

- No início, a abertura dos canais de potássio produz pouco efeito.
- A abertura dos canais de sódio permite que os íons de sódio entrem no axônio.
- Uma carga positiva flui pelo axônio e abre os canais de sódio dependentes de voltagem no próximo ponto.
- No pico do potencial de ação, os portões de sódio se fecham totalmente. Eles permanecem fechados pelo próximo milissegundo ou mais, apesar da despolarização da membrana.
- Como os canais de potássio dependentes de voltagem permanecem abertos, os íons de potássio fluem para fora do axônio, retornando a membrana à sua despolarização original.
- Alguns milissegundos mais tarde, os canais de potássio dependentes de voltagem se fecham.

Tudo isso pode parecer muito para memorizar, mas não é. Isso decorre logicamente dos fatos de que os canais de sódio e potássio dependentes de voltagem se abrem quando a membrana se despolariza e de que os canais de sódio se fecham no pico do potencial de ação.

A bainha de mielina e a condução saltatória

Nos axônios mais finos, os potenciais de ação viajam a uma velocidade abaixo de 1 m/s. Aumentar o diâmetro aumenta a velocidade de condução em cerca de 10 m/s. Nessa velocidade, um impulso ao longo de um axônio entre a medula espinhal e o pé de uma girafa leva cerca de meio segundo. Para aumentar ainda mais a velocidade, os axônios dos vertebrados desenvolveram um mecanismo especial: bainhas de **mielina**, um material isolante composto de gorduras e proteínas.

Considere a seguinte analogia. Suponha que seu trabalho seja levar mensagens escritas a longas distâncias sem usar nenhum dispositivo mecânico. Pegar cada mensagem e correr com ela seria seguro, mas lento, como a propagação de um potencial de ação ao longo de um axônio amielínico. Se amarrasse cada mensagem a uma bola e a jogasse, você poderia aumentar a velocidade, mas seus arremessos não iriam longe o suficiente. A melhor solução seria posicionar pessoas a distâncias moderadas ao longo da rota e jogar a bola com a mensagem da pessoa para outra até ela chegar ao destino.

O mesmo princípio se aplica a **axônios mielinizados**, aqueles revestidos por uma bainha de mielina. Os axônios mielinizados, encontrados apenas em vertebrados, são revestidos por camadas de gorduras e proteínas. A bainha de mielina é interrompida periodicamente por seções curtas do axônio chamadas nódulos de Ranvier, cada um com cerca de 1 micrômetro de largura, como mostrado na Figura 1.18. Nos axônios mielinizados, o potencial de ação começa no primeiro nódulo de Ranvier (Kuba, Ishii, & Ohmari, 2006).

Suponha que um potencial de ação ocorra no primeiro segmento de mielina. O potencial de ação não pode se regenerar ao longo da membrana entre os nódulos porque os canais de sódio estão virtualmente ausentes entre os nódulos (Catterall, 1984). Depois que um potencial de ação ocorre em um nódulo, os íons de sódio entram no axônio e se difundem, empurrando uma cadeia de carga positiva ao longo do axônio para o próximo nódulo, onde eles regeneram o potencial de ação (ver Figura 1.19). Esse fluxo de carga se move consideravelmente mais rápido do que a regeneração de um potencial de ação em cada ponto ao longo do axônio. O salto dos potenciais de ação entre um nódulo e outro é chamado **condução saltatória**, da palavra latina *saltare*, que significa "saltar". (A mesma raiz aparece na palavra *sobressalto*.) Além de fornecer condução rápida

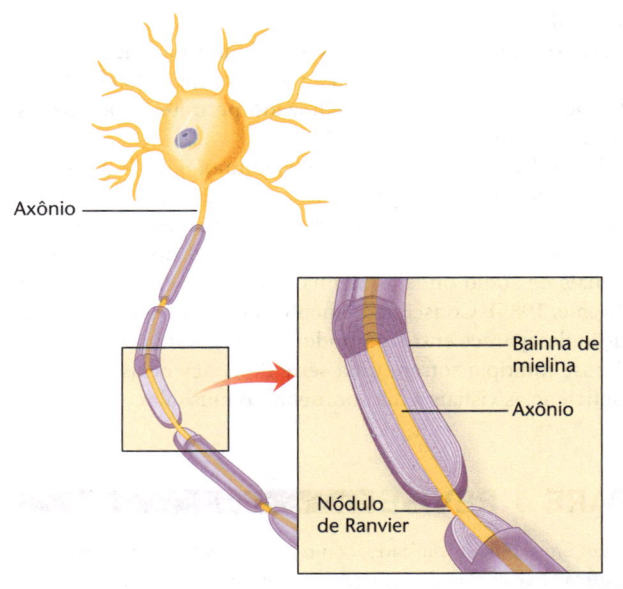

Figura 1.18 Um axônio circundado por uma bainha de mielina e interrompido por nódulos de Ranvier
A inserção mostra uma seção transversal ao longo do axônio e da bainha de mielina. A anatomia é distorcida aqui para mostrar vários nódulos; na verdade, em geral a distância entre os nódulos é pelo menos 100 vezes maior que um nódulo.

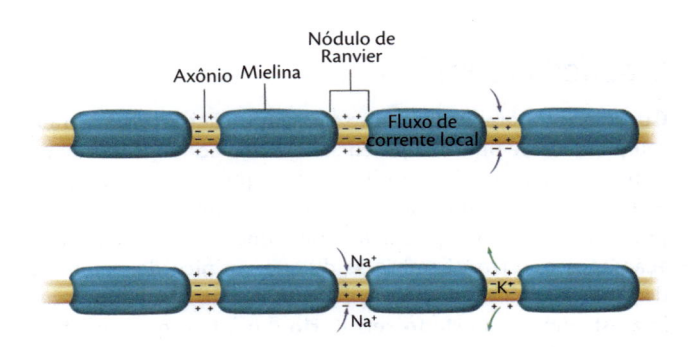

Figura 1.19 Condução saltatória em um axônio mielinizado
Um potencial de ação no nódulo desencadeia o fluxo de corrente para o próximo nódulo, em que a membrana regenera o potencial de ação. Na realidade, uma bainha de mielina é muito mais longa do que o mostrado aqui, em relação ao tamanho dos nódulos de Ranvier e ao diâmetro do axônio.
(*Fonte: Ilustração de Margareth Baldissara com adaptação de Marcelo Ventura com base na ilustração de Fritz Goro*).

dos impulsos, a condução saltatória conserva energia: em vez de permitir íons de sódio em todos os pontos ao longo do axônio e então ter de bombeá-los para fora por meio da bomba de sódio-potássio, um axônio mielinizado permite sódio apenas em seus nódulos.

Na esclerose múltipla, o sistema imunológico ataca as bainhas de mielina. Um axônio que nunca teve uma bainha de mielina conduz os impulsos de forma lenta, mas constante, e um axônio que perdeu sua mielina não é o mesmo, porque não tem os canais de sódio onde a mielina costumava estar (Waxman & Ritchie, 1985). Consequentemente, a maioria dos potenciais de ação desaparece entre um nódulo e o seguinte. Pessoas com esclerose múltipla sofrem uma série de deficiências, variando de deficiências visuais a má coordenação muscular.

PARE & REVISE

17. Em um axônio mielinizado, como o potencial de ação seria afetado se os nódulos estivessem muito mais próximos? E se os nódulos estivessem muito mais distantes um do outro?

RESPOSTA

17. Se os nódulos estivessem mais próximos, o potencial de ação viajaria mais lentamente. Se eles estivessem muito mais distantes, o potencial de ação viajaria mais rápido *e se ele conseguisse saltar com sucesso de um nódulo para o próximo*. Quando a distância se torna muito grande, a corrente não pode se difundir de um nódulo para o seguinte e ainda permanecer acima do limiar, assim, os potenciais de ação param.

O período refratário

Considere o potencial de ação enquanto está retornando de seu pico. Nesse ponto, o potencial elétrico ao longo da membrana ainda está acima do limiar. Por que a célula não produz outro potencial de ação durante esse período? (Se assim produzisse, é claro, repetiria indefinidamente um potencial de ação após o outro.) Lembre-se de que, no pico do potencial de ação, os canais de sódio se fecham. Como resultado, a célula está em um **período refratário** durante o qual resiste à produção de potenciais de ação adicionais. Na primeira parte desse período, o **período refratário absoluto**, a membrana não consegue produzir outro potencial de ação, independente da estimulação. Durante a segunda parte, o **período refratário relativo**, um estímulo mais forte do que o normal é necessário para iniciar um potencial de ação. O período refratário depende de dois fatos: os canais de sódio estão fechados, e o potássio está fluindo para fora da célula a uma velocidade mais rápida do que o normal.

Na maioria dos neurônios que os pesquisadores testaram, o período refratário absoluto é cerca de 1 milissegundo, e o período refratário relativo é de 2 ms a 4 ms. (Um banheiro é semelhante. Durante um curto período de tempo logo após dar a descarga, você não pode dar descarga novamente — um período refratário absoluto. Então segue-se um período em que é possível, mas difícil, dar a descarga mais uma vez — um período refratário relativo — antes de voltar ao normal.)

Vamos reexaminar a Figura 1.17 por um momento. À medida que o potencial de ação percorre o axônio, o que impede que a carga elétrica flua na direção oposta àquela em que o potencial de ação está viajando? Nada. Na verdade, a carga elétrica flui em ambas as direções. Então, o que impede que um potencial de ação próximo ao centro de um axônio entre novamente nas áreas pelas quais acabou de passar? A resposta é que as áreas pelas quais ele acabou de passar ainda estão em seu período refratário.

PARE & REVISE

18. Suponha que os pesquisadores achem que o axônio A pode produzir até mil potenciais de ação por segundo (pelo menos brevemente, com estimulação máxima), mas o axônio B nunca pode produzir mais do que cem por segundo (independentemente da força do estímulo). O que podemos concluir sobre os períodos refratários dos dois axônios?

RESPOSTA

18. O axônio A deve ter um período refratário absoluto mais curto, cerca de 1 ms, enquanto o B tem um período refratário absoluto mais longo, cerca de 10 ms.

Neurônios locais

Os axônios produzem potenciais de ação. Mas muitos neurônios pequenos não têm axônios. Neurônios sem axônios trocam informações apenas com seus vizinhos mais próximos. Portanto, nós os chamamos **neurônios locais**. Como não têm um axônio, eles não seguem a lei do tudo ou nada. Quando um neurônio local recebe informações de outros neurônios, ele tem um **potencial graduado**, um potencial de membrana que varia em magnitude proporcionalmente à intensidade do estímulo. A mudança no potencial da membrana é conduzida para áreas adjacentes da célula, em todas as direções, decaindo gradualmente à medida que viaja. Essas várias áreas da célula entram em contato com outros neurônios, que estimulam ou inibem.

Os neurônios locais são difíceis de estudar porque é quase impossível inserir um eletrodo em uma célula minúscula sem danificá-la. A maior parte do nosso conhecimento, portanto, veio de neurônios grandes, e esse viés em nossos métodos de pesquisa pode ter levado a um equívoco. Muitos anos atrás, tudo o que os neurocientistas sabiam sobre os neurônios locais era que eles eram pequenos. Dado o foco nos neurônios maiores, muitos cientistas presumiram que os neurônios pequenos eram imaturos. Como disse um autor de livro didático, "Muitos desses [neurônios] são pequenos e aparentemente subdesenvolvidos, como se constituíssem um estoque de reserva ainda não utilizado na atividade cerebral do indivíduo" (Woodworth, 1934, p. 194). Em outras palavras, as pequenas células contribuiriam com o comportamento apenas se crescessem.

Talvez esse mal-entendido tenha sido a origem da crença difundida e sem sentido de que "dizem que usamos apenas 10% do cérebro". (Quem são "eles", aliás?) Outras origens também foram sugeridas por causa dessa crença. Ninguém sabe ao certo onde se originou, mas as pessoas a citam desde o início do século XX. Essa crença tem sido notavelmente persistente, dada sua total falta de justificativa. O que significa? Significa que você pode perder 90% do cérebro e ainda se comportar de uma maneira normal? Boa sorte com isso. Talvez signifique

que apenas 10% dos seus neurônios estão ativos em um dado momento. Dependendo de como definimos "dado momento", 10% pode ser uma superestimativa ou uma subestimativa, mas, em qualquer caso, irrelevante. Se pudesse contrair todos os músculos de uma vez, você não seria um grande atleta; você simplesmente teria espasmos. Se pudesse ativar todos os seus neurônios de uma vez, você não teria pensamentos brilhantes; você teria uma crise epiléptica. Qualquer pensamento ou atividade significativa requer a ativação de alguns neurônios e a inibição de outros, e a inibição é tão importante quanto a excitação. Você usa todo o seu cérebro, independentemente de estar usando-o bem.

Módulo 1.2 | Conclusão
Neurônios e mensagens

Como vimos sobre potenciais de ação e canais de sódio etc., provavelmente parece que tudo isso está distante da maioria das questões da psicologia. Bem, você está certo, mas todos esses mecanismos fisiológicos são os blocos de construção que precisamos entender antes de nos aprofundarmos nas sinapses, as conexões entre os neurônios. As sinapses são os tomadores de decisão do cérebro, mas seu estímulo depende das mensagens ligado/desligado que chegam até os axônios. Todas as glórias da experiência humana se originam nos processos químicos simples que vimos neste capítulo.

Resumo

1. O potencial de ação transmite informações sem perda de intensidade ao longo de distâncias. O custo é um atraso entre o estímulo e sua chegada ao cérebro.
2. O interior de um neurônio em repouso tem uma carga negativa em relação à parte externa, principalmente por causa das proteínas com carga negativa dentro do neurônio. A bomba de sódio-potássio move os íons de sódio para fora do neurônio e os íons de potássio para dentro.
3. Quando a membrana está em repouso, tanto o gradiente elétrico como o gradiente de concentração agem para mover os os íons de sódio para dentro da célula, exceto que seus canais estão fechados. O gradiente elétrico tende a mover os íons de potássio para dentro da célula, mas o gradiente de concentração tende a movê-los para fora. As duas forças quase se equilibram, mas não totalmente, deixando uma tendência para o potássio sair da célula.
4. A lei do tudo ou nada: para qualquer estímulo maior que o limiar, a amplitude e a velocidade do potencial de ação são independentes do tamanho do estímulo que o iniciou.
5. Quando a membrana se despolariza o suficiente para alcançar o limiar da célula, os canais de sódio e potássio se abrem. Os íons de sódio entram rapidamente, reduzindo e revertendo a carga ao longo da membrana. Esse evento é conhecido como potencial de ação.
6. Após o pico do potencial de ação, a membrana retorna ao seu nível original de polarização por causa do fluxo de saída dos íons de potássio.
7. O potencial de ação regenera-se em pontos sucessivos ao longo do axônio à medida que os íons de sódio fluem pelo núcleo do axônio e estimulam o próximo ponto ao longo do axônio até seu limiar. O potencial de ação mantém uma magnitude constante à medida que atravessa o axônio.
8. Nos axônios que são revestidos por mielina, os potenciais de ação formam-se apenas nos nódulos que separam os segmentos mielinizados. A transmissão nos axônios mielinizados é mais rápida do que em axônios não mielinizados.
9. Logo após um potencial de ação, a membrana entra em um período refratário durante o qual resiste em iniciar outro potencial de ação.
10. Os neurônios locais são pequenos, sem axônios. Eles transmitem informações em curtas distâncias.
11. Ao contrário da crença popular, as pessoas usam todo o cérebro, não uma porcentagem menor.

Termos-chave

Os termos estão definidos na página indicada. Também são apresentados em ordem alfabética com a definição no Índice remissivo/Glossário do livro, que começa na p. 589.

anestésicos locais 33
axônios mielinizados 35
bomba de sódio-potássio 29
canais dependentes de voltagem 32
condução saltatória 35
despolarizar 31
gradiente de concentração 30
gradiente elétrico 28
hiperpolarização 31
lei do tudo ou nada 32
limiar 31
mielina 35
neurônios locais 36
período refratário 36

período refratário absoluto **36**
período refratário relativo **36**
permeabilidade seletiva **29**
polarização **28**
potenciais de ação **31**
potencial de repouso **29**
potencial graduado **36**
propagação do potencial de ação **33**

Questões complexas

1. Suponha que o limiar de um neurônio seja o mesmo que o potencial de repouso do neurônio. O que aconteceria? Com que frequência a célula produziria potenciais de ação?
2. Em laboratório, os pesquisadores podem aplicar um estímulo elétrico em qualquer ponto ao longo do axônio, fazendo com que os potenciais de ação viajem em ambas as direções a partir do ponto de estimulação. Diz-se que um potencial de ação se movendo na direção normal, para longe do montículo do axônio, viaja na direção *ortodrômica*. Um potencial de ação que viaja em direção ao montículo do axônio está viajando na direção *antidrômica*. Se começarmos um potencial de ação ortodrômico no início do axônio e um potencial de ação antidrômico na extremidade oposta do axônio, o que aconteceria quando eles se encontrassem no centro? Por quê?
3. Se uma droga bloqueia parcialmente os canais de potássio da membrana, como ela afeta o potencial de ação?

Módulo 1.2 | Questionário final

1. Quando a membrana do neurônio está em repouso, onde os íons de sódio e potássio estão mais concentrados?
   A. O sódio está principalmente fora e o potássio está predominantemente dentro.
   B. O sódio está principalmente dentro e o potássio está predominantemente fora.
   C. Ambos os íons estão predominantemente dentro da célula.
   D. Ambos os íons estão predominantemente fora da célula.

2. Quando a membrana está em repouso, quais são as forças que agem sobre os íons de sódio?
   A. Tanto o gradiente de concentração como o gradiente elétrico tendem a mover íons de sódio para dentro da célula.
   B. Tanto o gradiente de concentração como o gradiente elétrico tendem a mover os íons de sódio para fora da célula.
   C. O gradiente de concentração tende a mover os íons de sódio para dentro da célula, e o gradiente elétrico tende a movê-los para fora da célula.
   D. O gradiente de concentração tende a mover os íons de sódio para fora da célula, e o gradiente elétrico tende a movê-los para dentro da célula.

3. Quando a membrana está em repouso, quais são as forças que agem sobre os íons de potássio?
   A. Tanto o gradiente de concentração como o gradiente elétrico tendem a mover os íons de potássio para dentro da célula.
   B. Tanto o gradiente de concentração como o gradiente elétrico tendem a mover os íons de potássio para fora da célula.
   C. O gradiente de concentração tende a mover os íons de potássio para dentro da célula, e o gradiente elétrico tende a movê-los para fora da célula.
   D. O gradiente de concentração tende a mover os íons de potássio para fora da célula, e o gradiente elétrico tende a movê-los para dentro da célula.

4. Em que direção a bomba de sódio-potássio move os íons?
   A. Move os íons de sódio e potássio para dentro da célula.
   B. Move íons de sódio e potássio para fora da célula.
   C. Move os íons de sódio para dentro da célula e os íons de potássio para fora da célula.
   D. Move os íons de sódio para fora da célula e os íons de potássio para dentro da célula.

5. Sob quais condições um axônio produz um potencial de ação?
   A. Sempre que a membrana está hiperpolarizada.
   B. Sempre que o potencial da membrana alcança o limiar.
   C. Sempre que a membrana é despolarizada.
   D. Sempre que o potencial da membrana chega a zero.

6. Se a despolarização de uma membrana é o dobro do seu limiar, o que acontece?
   A. O neurônio produz um potencial de ação com o dobro da força normal.
   B. O neurônio produz um potencial de ação que viaja duas vezes mais rápido do que o normal.
   C. O neurônio produz um potencial de ação ligeiramente mais forte e um pouco mais rápido do que o normal.
   D. O neurônio produz o mesmo potencial de ação que produziria no limiar.

7. A que parte ou partes de um neurônio a lei do tudo ou nada se aplica?
   A. Axônios
   B. Dendritos
   C. Tanto axônios como dendritos
   D. Nem axônios nem dendritos

8. Durante a parte crescente do potencial de ação, quais íons estão se movendo ao longo da membrana e em que direção?
   A. Os íons de sódio saem.
   B. Os íons de sódio entram.
   C. Tanto os íons sódio como de potássio se movem.
   D. Os íons de potássio entram.

9. Depois que o potencial de ação alcança o pico, o potencial ao longo da membrana cai em direção ao nível de repouso. O que explica essa recuperação?
   A. A bomba de sódio-potássio remove o sódio extra.
   B. Os íons de sódio saem porque seus canais estão abertos e o gradiente de concentração empurra-os para fora.
   C. Os íons de potássio saem porque seus canais estão abertos e o gradiente de concentração empurra-os para fora.
   D. Os íons de potássio entram.

10. O que a bainha de mielina de um axônio realiza?
    A. Ela permite que um axônio se comunique com outros axônios.
    B. Ela permite que os potenciais de ação viajem em ambas as direções ao longo de um axônio.
    C. Ela permite que os nutrientes entrem no axônio.
    D. Ela permite que os potenciais de ação viajem mais rapidamente.

11. O que causa o período refratário de um axônio?
    A. A bomba de sódio-potássio torna-se inativa.
    B. A bomba de sódio-potássio aumenta sua atividade.
    C. Os canais de potássio estão fechados.
    D. Os canais de sódio estão fechados.

12. Qual é a porcentagem do cérebro que uma pessoa média usa?
    A. 10%
    B. 30%
    C. 50%
    D. 100%

Respostas: 1A, 2A, 3D, 4D, 5B, 6D, 7A, 8B, 9C, 10D, 11D, 12D.

Sugestões de leitura

Ascoli, G. A. (2015). *Trees of the brain, roots of the mind.* Cambridge, MA: MIT Press. Uma descrição ricamente ilustrada dos axônios, dendritos e o que eles têm a ver com a psicologia.

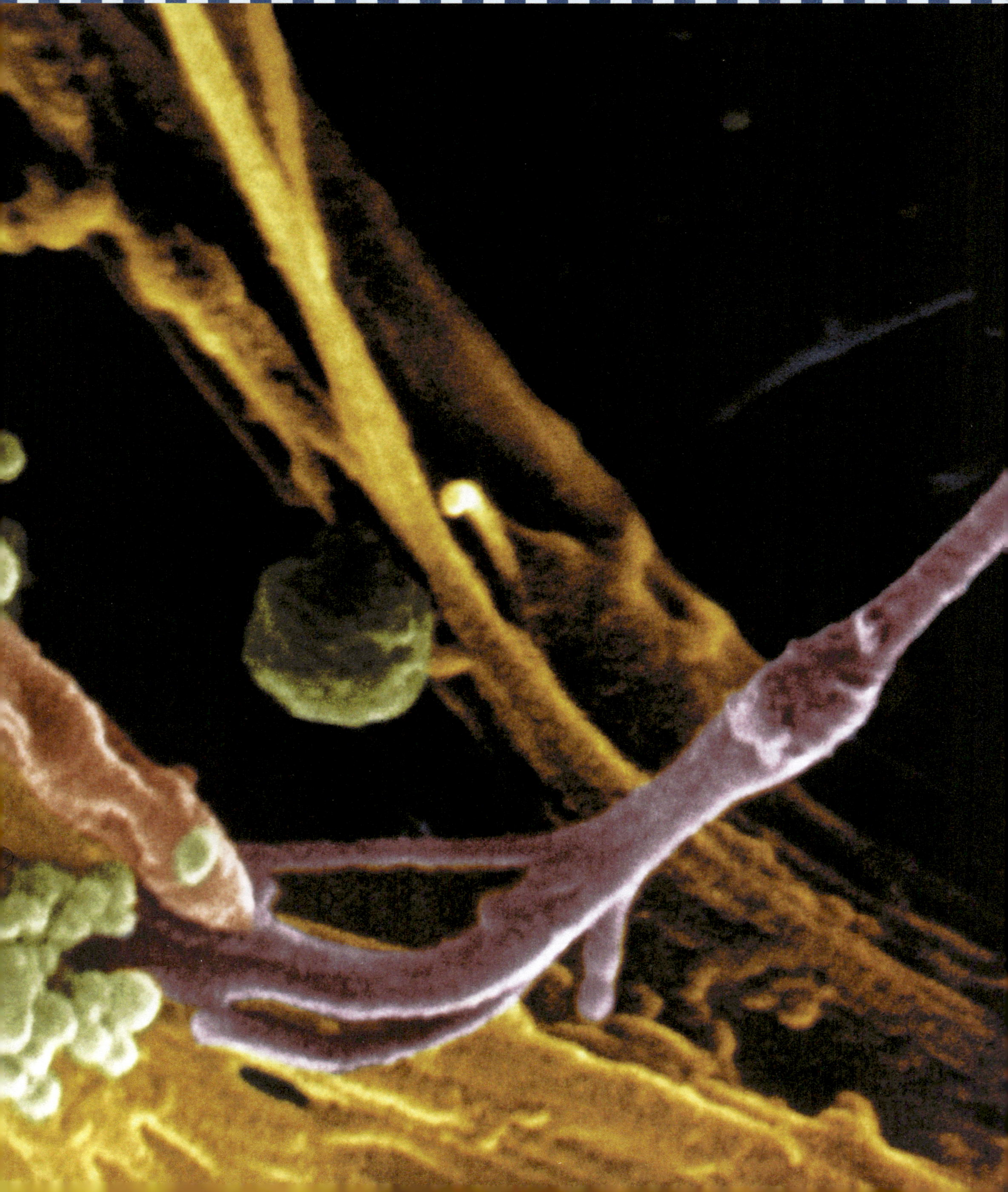

Sinapses

Capítulo 2

Se você tivesse que se comunicar com alguém sem usar a visão ou a audição, o que você faria? Provavelmente, sua primeira escolha seria o código Morse ou um sistema de impulsos elétricos. Você nem mesmo pensaria em passar substâncias químicas para frente e para trás. Substâncias químicas são, porém, a principal forma de comunicação dos neurônios. Eles se comunicam transmitindo substâncias químicas em junções especializadas chamadas *sinapses*.

Sumário do capítulo

Módulo 2.1
O conceito de sinapse
Propriedades das sinapses
Relação entre PPSE, PPSI e potenciais de ação
Conclusão: O neurônio como tomador de decisões

Módulo 2.2
Eventos químicos na sinapse
A descoberta da transmissão química nas sinapses
A sequência de eventos químicos em uma sinapse
Hormônios
Conclusão: Neurotransmissores e comportamento

Objetivos de aprendizagem

Depois de estudar este capítulo, você será capaz de:

1. Descrever como Charles Sherrington usou observações comportamentais para inferir as principais propriedades das sinapses.
2. Relacionar as atividades em uma sinapse à probabilidade de um potencial de ação.
3. Listar e explicar a sequência de eventos em uma sinapse, da síntese de neurotransmissores, passando pela estimulação de receptores, à disposição das moléculas transmissoras.
4. Discutir como algumas drogas afetam o comportamento alterando eventos nas sinapses.
5. Comparar neurotransmissores, neuropeptídeos e hormônios.

Imagem da página anterior:
Essa micrografia eletrônica, colorida artificialmente, mostra ramos de um axônio entrando em contato com outras células. (Eye of Science/Science Source)

Módulo 2.1

O conceito de sinapse

No final dos anos de 1800, Ramón y Cajal demonstrou anatomicamente uma lacuna estreita que separava um neurônio do outro. Em 1906, Charles Scott Sherrington demonstrou fisiologicamente que a comunicação entre um neurônio com seus neurônios vizinhos/contato difere da comunicação ao longo de um único axônio. Ele deduziu uma lacuna especializada entre os neurônios e introduziu o termo **sinapse** para descrevê-la. Cajal e Sherrington são considerados os grandes pioneiros da neurociência moderna, e suas descobertas quase simultâneas corroboram um ao outro: se a comunicação entre os neurônios é especial de alguma forma, então não pode haver dúvidas de que os neurônios são anatomicamente distintos entre si. A descoberta de Sherrington foi um feito incrível do raciocínio científico porque ele utilizou observações comportamentais para deduzir as principais propriedades das sinapses meio século antes de os pesquisadores terem acesso à tecnologia para medir essas propriedades diretamente.

Propriedades das sinapses

Sherrington estudou **reflexos**, respostas musculares automáticas a estímulos. Em um reflexo de flexão da perna, um neurônio sensorial estimula um segundo neurônio que, por sua vez, estimula um neurônio motor, que estimula um músculo, como na Figura 2.1. O circuito do neurônio sensorial à resposta muscular é chamado **arco reflexo**. Se um neurônio é separado de outro, como Cajal demonstrou, um reflexo deve exigir comunicação entre os neurônios e, portanto, as medições dos reflexos podem revelar algumas das propriedades especiais dessa comunicação.

Sherrington prendeu um cachorro em um arnês acima do solo e apertou uma das patas do cachorro. Depois de uma fração de segundo, o cachorro *flexionou* (levantou) a pata comprimida e *estendeu* as outras patas. Sherrington encontrou os mesmos reflexos depois de fazer um corte que desconectava a medula espinhal do cérebro. Evidentemente, a

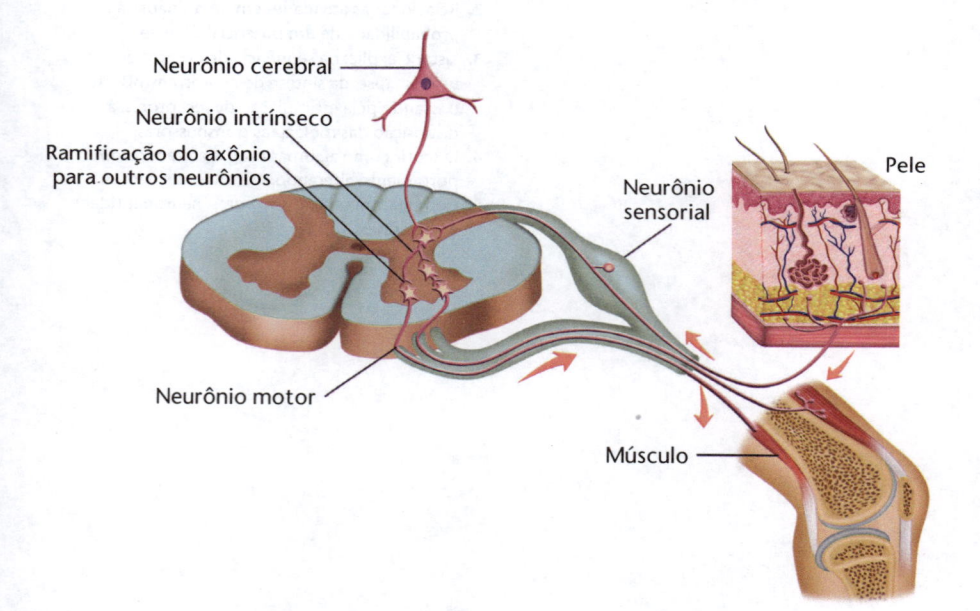

Figura 2.1 Um arco reflexo para flexão da perna
A anatomia foi simplificada para mostrar a relação entre neurônio sensorial, neurônio intrínseco e neurônio motor.
(Fonte: Ilustração de Margareth Baldissara com adaptação de Marcelo Ventura com base na ilustração de © Argosy Publishing Inc).

Charles Scott Sherrington
(1857–1952)
Quem pararia para olhar um arco-íris todas as manhãs? Um evento digno de admiração que acontece com frequência ou muitas vezes é rapidamente considerado natural. Essa perspectiva é bastante prática, o que permite que sigamos em frente com a vida. Mas pode ser inconveniente se não puder ser descartado. Rememorar as maravilhas da infância e do presente é assegurar uma força que impulsiona pensamentos maduros ocasionais. (Sherrington, 1941, p. 104)

medula espinhal controlava os reflexos de flexão e extensão. De fato, os movimentos foram mais consistentes depois que ele separou a medula espinhal do cérebro. Em um animal intacto, as mensagens enviadas pelo cérebro modificam os reflexos, tornando-os mais fortes em alguns momentos e mais fracos em outros.

Sherrington observou várias propriedades dos reflexos que sugerem processos especiais nas junções entre os neurônios: (1) Os reflexos são mais lentos do que a condução ao longo de um axônio. (2) Vários estímulos fracos apresentados em locais ou momentos próximos produzem um reflexo mais forte do que um estímulo sozinho produz. (3) Quando um conjunto de músculos é estimulado, um conjunto diferente relaxa. Vamos considerar cada um desses pontos e suas implicações.

Velocidade de um reflexo e transmissão retardada na sinapse

Quando Sherrington beliscou a pata do cachorro, o cachorro flexionou a perna após um atraso curto. Durante esse atraso, um impulso teve de viajar de um axônio do receptor na pele à medula espinhal e depois um impulso teve de viajar da medula espinhal de volta à pata até um músculo. Sherrington mediu a distância total que o impulso percorreu do receptor na pele à medula espinhal e ao músculo e calculou a velocidade com que o impulso viajou para produzir a resposta. Ele descobriu que a velocidade de condução através do arco reflexo variava, mas nunca ultrapassava cerca de 15 metros por segundo (m/s). Por outro lado, pesquisas anteriores haviam medido as velocidades do potencial de ação ao longo dos nervos sensoriais ou motores em cerca de 40 m/s. Sherrington concluiu que algum processo deve estar desacelerando a condução ao longo do reflexo, e deduziu que o atraso ocorre quando um neurônio comunica-se com outro (ver Figura 2.2). Essa ideia é crucial porque estabeleceu a existência de sinapses. Sherrington, de fato, introduziu o termo *sinapse*.

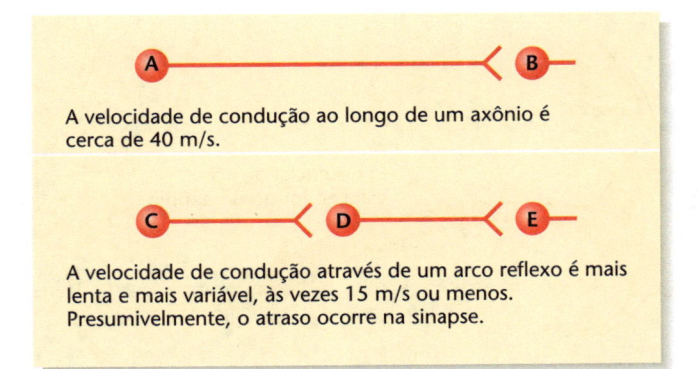

Figura 2.2 As evidências de Sherrington para o atraso sináptico
Um impulso que percorre uma sinapse na medula espinhal é mais lento do que um que viaja por uma distância semelhante ao longo de um axônio ininterrupto.

PARE & REVISE

1. Que evidências levaram Sherrington a concluir que a transmissão em uma sinapse não é a mesma que a transmissão ao longo de um axônio?

RESPOSTA

1. Sherrington descobriu que a velocidade de condução por um arco reflexo era mais lenta do que a velocidade de um potencial de ação ao longo de um axônio. Portanto, algum atraso deve ocorrer na junção entre um neurônio e o próximo.

Somação temporal

Sherrington descobriu que estímulos repetidos em um breve período de tempo têm um efeito cumulativo. Ele se referiu a esse fenômeno como **somação temporal**, o que significa soma ao longo do tempo. Um leve beliscão na pata do cachorro não provocou um reflexo, mas alguns beliscões repetidos rapidamente provocaram. Sherrington presumiu que um único beliscão não alcançou o limiar de excitação para o próximo neurônio. O neurônio que fornece a transmissão é o **neurônio pré-sináptico**, e aquele que a recebe é o **neurônio pós-sináptico**. Sherrington propôs que, embora o estímulo subliminar no neurônio pós-sináptico decaia com o tempo, ele pode se associar a um segundo estímulo que o segue rapidamente. Com uma rápida sucessão de beliscões, cada um adiciona um efeito ao que restou dos anteriores, até que a associação ultrapasse o limiar do neurônio pós-sináptico, produzindo um potencial de ação.

Décadas mais tarde, o ex-aluno de Sherrington, John Eccles (1964), anexou microeletrodos para estimular os axônios dos neurônios pré-sinápticos enquanto ele registrava a partir do neurônio pós-sináptico. Por exemplo, depois de ter estimulado brevemente um axônio, Eccles registrou uma leve despolarização da membrana da célula pós-sináptica (ponto 1 na Figura 2.3).

Observe que essa despolarização parcial é um potencial graduado. Ao contrário dos potenciais de ação, que são sempre despolarizações, os potenciais graduados podem ser despolarizações (excitatórias) ou hiperpolarizações (inibitórias). Uma despolarização gradual é conhecida como **potencial pós-sináptico excitatório (PPSE)**. Resulta de um fluxo de íons de sódio no neurônio. Se um PPSE não fizer com que a célula alcance seu limiar, a despolarização decai rapidamente.

Quando Eccles estimulou um axônio duas vezes, ele registrou dois PPSE. Se o atraso entre os PPSE fosse curto o suficiente, o segundo PPSE adicionaria ao que restava do primeiro (ponto 2 na Figura 2.3), produzindo uma somação temporal. No ponto 3 da Figura 2.3, uma sequência rápida de PPSE se associa para exceder o limiar e produzir um potencial de ação.

Somação espacial

Sherrington também descobriu que as sinapses têm a propriedade da **somação espacial** – isto é, soma ao longo do espaço. Estímulos sinápticos de locais distintos associam seus efeitos em um neurônio. Sherrington novamente começou com um beliscão muito fraco para provocar um reflexo. Dessa vez, em vez de beliscar um ponto duas vezes, ele beliscou dois pontos

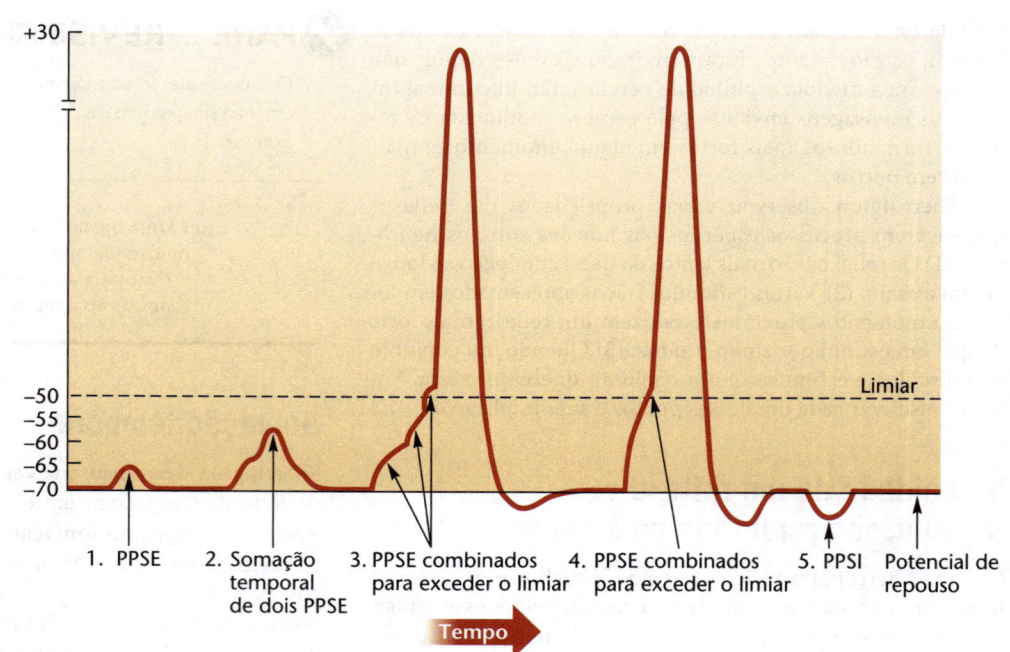

Figura 2.3 Registros de um neurônio pós-sináptico durante a ativação sináptica

1. PPSE
2. Somação temporal de dois PPSE
3. PPSE combinados para exceder o limiar
4. PPSE combinados para exceder o limiar
5. PPSI
Potencial de repouso

Tempo

Limiar

simultaneamente. Embora nenhum dos beliscões sozinho produzisse um reflexo, juntos eles produziam. Sherrington concluiu que beliscar dois pontos ativava neurônios sensoriais distintos, cujos axônios convergiam para um neurônio na medula espinhal A estimulação de um dos axônios sensoriais estimulava esse neurônio espinhal, mas não o suficiente para alcançar o limiar. Uma associação de estimulações excedeu o limiar e produziu um potencial de ação (ponto 4 na Figura 2.3). Mais uma vez, Eccles confirmou a inferência de Sherrington, demonstrando que PPSE de vários axônios somam seus efeitos em uma célula pós-sináptica (ver Figura 2.4).

A somação espacial é crucial para o funcionamento do cérebro. Na maioria dos casos, o estímulo sensorial em uma única sinapse produz apenas um efeito fraco. Mas se um neurônio recebe muitos axônios com estímulos sincronizados, a somação espacial estimula o neurônio o suficiente para ativá-lo.

A somação temporal e a somação espacial normalmente ocorrem juntas, ou seja, um neurônio pode receber estímulos de vários axônios em sucessão rápida. Integrar esses estímulos fornece complexidade. Como mostra a Figura 2.5, uma série de axônios ativos em uma ordem pode ter um resultado diferente dos mesmos axônios em uma ordem diferente. Por

Somação temporal (vários impulsos de um neurônio ao longo do tempo)

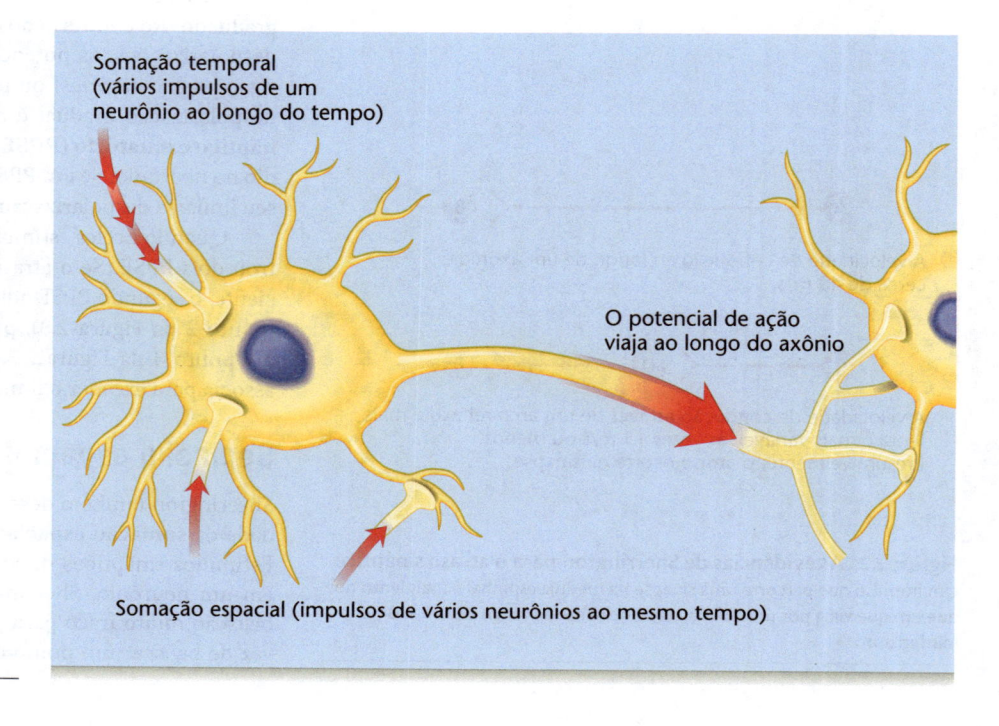

O potencial de ação viaja ao longo do axônio

Somação espacial (impulsos de vários neurônios ao mesmo tempo)

Figura 2.4 Somação temporal e espacial

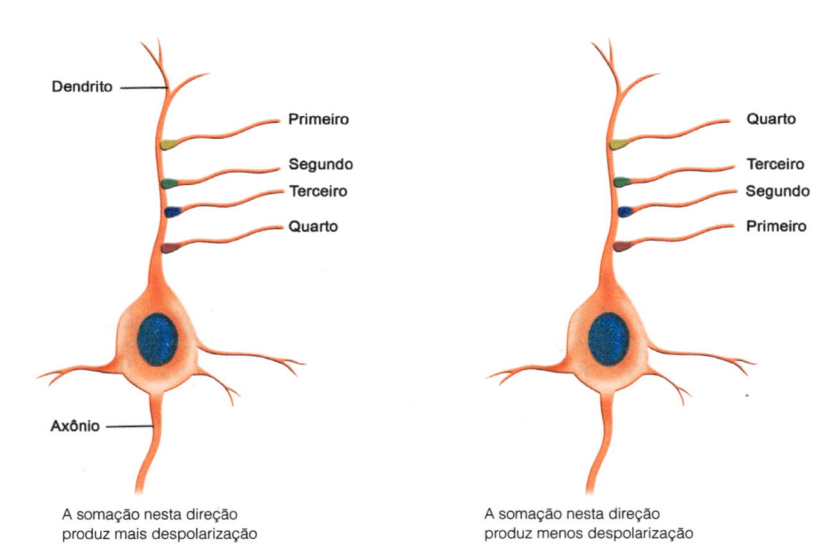

Figura 2.5 Os efeitos da somação podem depender da ordem dos estímulos.
(Fonte: Ilustração de Margareth Baldissara com adaptação de Marcelo Ventura com base na ilustração de © Argosy Publishing Inc.)

A somação nesta direção produz mais despolarização

A somação nesta direção produz menos despolarização

exemplo, um neurônio no sistema visual pode responder à luz que se move em uma direção e não em outra (Branco, Clark, & Häusser, 2010).

PARE & REVISE

2. Qual é a diferença entre somação temporal e somação espacial?

RESPOSTA

2. A somação temporal é o efeito combinado da estimulação repetida rapidamente em uma única sinapse. A somação espacial é o efeito combinado de vários estímulos quase simultâneos em várias sinapses em um neurônio.

Sinapses inibitórias

Quando Sherrington beliscou vigorosamente a pata de um cachorro, os músculos flexores dessa perna se contraíram, assim como os músculos extensores das outras três pernas (ver Figura 2.6). Podemos ver como esse arranjo seria útil. Um cachorro levantando uma perna precisa estender as outras pernas para manter o equilíbrio. Ao mesmo tempo, o cachorro relaxou os músculos extensores da perna estimulada e os músculos flexores das outras pernas. A explicação de Sherrington pressupõe certas conexões na medula espinhal: uma beliscada na pata envia uma mensagem ao longo de um neurônio sensorial para um *interneurônio* (um neurônio intermediário) que excita os neurônios motores conectados aos músculos flexores daquela perna e aos músculos extensores das outras pernas (ver Figura 2.7). Além disso, o interneurônio envia mensagens para inibir os músculos extensores dessa perna e os músculos flexores das outras três pernas.

Mais tarde, os pesquisadores demonstraram fisiologicamente as sinapses inibitórias que Sherrington havia deduzido. Nessas sinapses, o estímulo de um axônio hiperpolariza a célula pós-sináptica, ou seja, aumenta a carga negativa dentro da

Figura 2.6 Músculos antagonistas
Os músculos flexores atraem uma extremidade em direção ao tronco do corpo, enquanto os músculos extensores movem uma extremidade para longe do corpo.

célula, movendo-a para mais longe do limiar e diminuindo a probabilidade de um potencial de ação (ponto 5 na Figura 2.3). Essa hiperpolarização temporária de uma membrana — chamada **potencial pós-sináptico inibitório (PPSI)** — lembra um PPSE. Um PPSI ocorre quando o estímulo sináptico abre seletivamente os canais para que os íons de potássio saiam da célula (transportando uma carga positiva com eles) ou para que os íons de cloreto entrem na célula (transportando uma carga negativa).

Hoje, admitimos como certo o conceito de inibição, mas na época de Sherrington a ideia era controversa porque ninguém conseguia imaginar um mecanismo para executá-la. Estabelecer a ideia da inibição foi fundamental não apenas para a neurociência, mas também para a psicologia. Sempre que falamos sobre inibir um impulso, usamos um conceito demonstrado pela primeira vez por Sherrington.

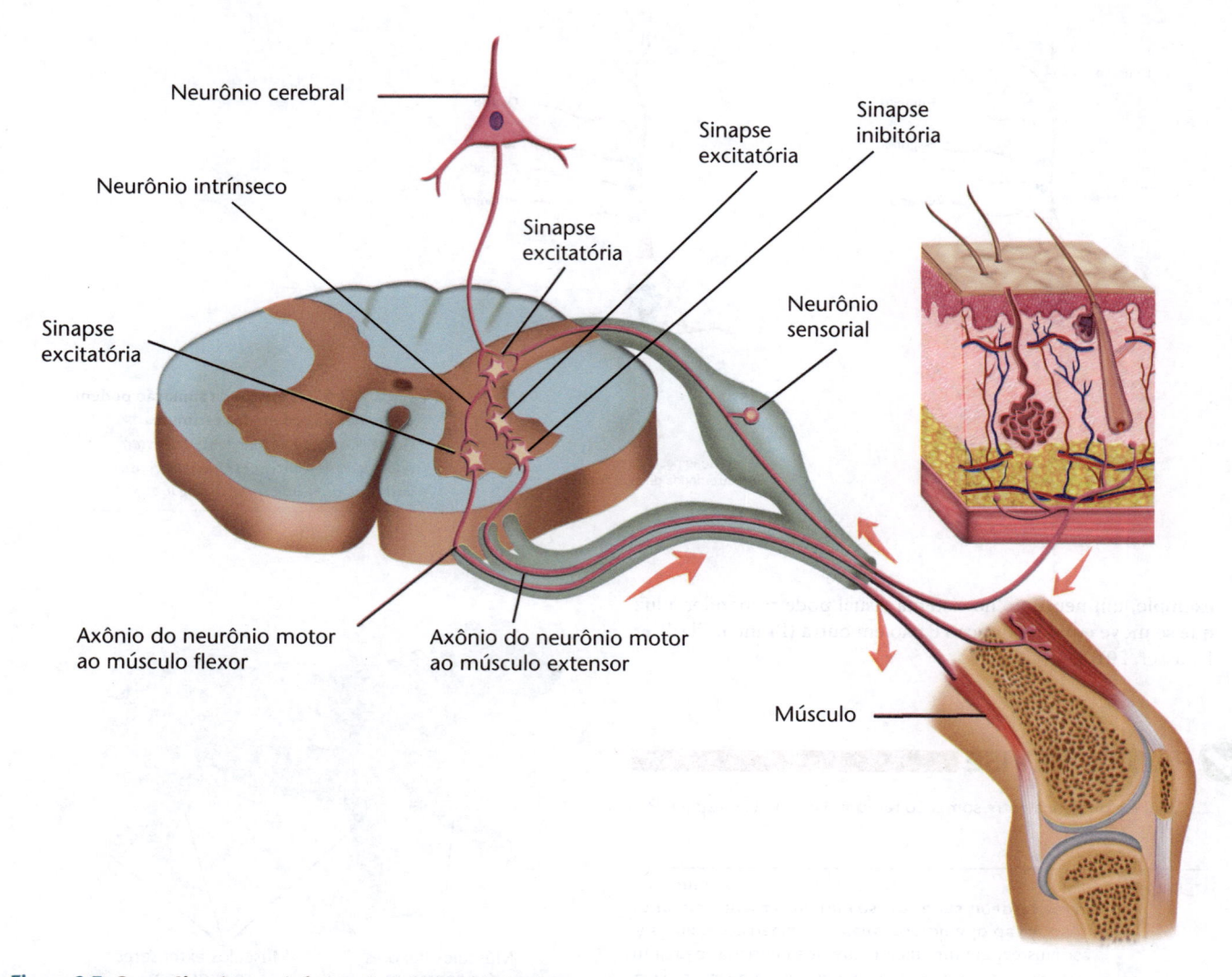

Figura 2.7 O que Sherrington inferiu sobre sinapses inibitórias
Quando um músculo flexor é estimulado, a entrada para o músculo extensor é inibida. Sherrington inferiu que o interneurônio que estimulava um neurônio motor para o músculo flexor também inibe um neurônio motor conectado ao músculo extensor. Não são mostradas aqui as conexões com os neurônios motores que controlam as outras três patas.
(Fonte: Ilustração de Margareth Baldissara com adaptação de Marcelo Ventura com base na ilustração de © Argosy Publishing Inc.)

PARE & REVISE

3. Qual foi a evidência de Sherrington para a inibição no sistema nervoso?
4. Quais canais de íons na membrana se abrem durante um PPSE? Quais canais se abrem durante um PPSI?
5. Uma mensagem inibitória pode fluir ao longo de um axônio?

RESPOSTAS

3. Sherrington descobriu que um reflexo que estimula um músculo flexor previne a contração dos músculos extensores do mesmo membro. Ele, portanto, inferiu que um interneurônio que estimulava os neurônios motores conectados ao músculo flexor também inibia as informações para o músculo extensor. 4. Durante um PPSE, os canais de sódio se abrem. Durante um PPSI, os canais de potássio ou cloreto se abrem. 5. Não. Apenas os potenciais de ação se propagam ao longo de um axônio. Mensagens inibitórias — PPSI — decaem com o tempo e a distância.

Relação entre PPSE, PPSI e potenciais de ação

O trabalho de Sherrington abriu caminho para a exploração do diagrama de conexões do sistema nervoso. Considere os neurônios mostrados na Figura 2.8. Quando o neurônio 1 estimula o neurônio 3, ele também estimula o neurônio 2, que inibe o neurônio 3. A mensagem excitatória alcança o neurônio 3 mais rápido porque passa por apenas uma sinapse em vez de duas. O resultado é uma explosão de estimulações (PPSE) no neurônio 3, que desacelera ou cessa rapidamente. Vemos como as mensagens inibitórias podem regular o momento da atividade.

Para ver como o diagrama de conexões do sistema nervoso controla o resultado, considere a Figura 2.9. O axônio da célula A ou da célula B estimula a célula X com +1 unidade. Se o limiar da célula X for +1, então a célula X responderá a "A ou B."

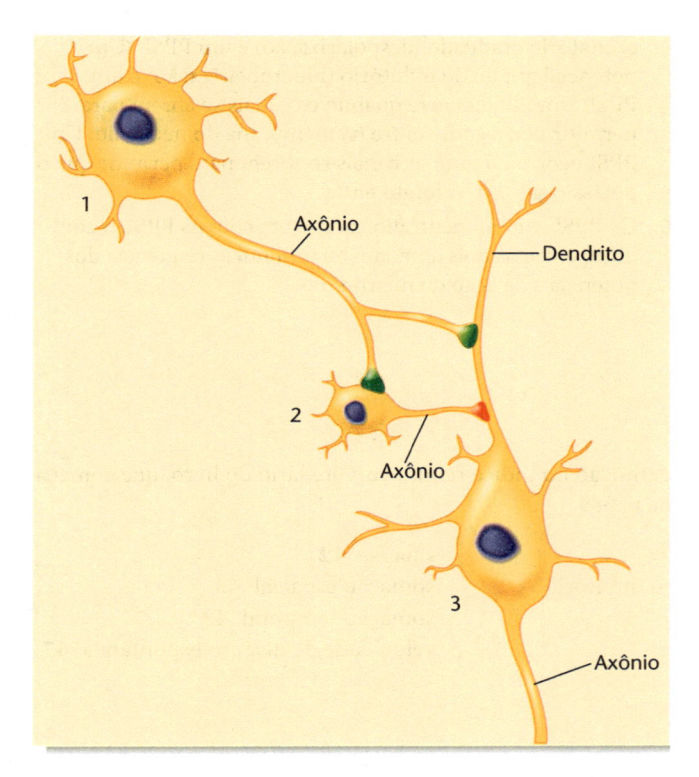

Figura 2.8 Um possível diagrama das conexões para sinapses
As sinapses excitatórias estão em verde e as inibitórias em vermelho. No circuito mostrado aqui, a excitação alcança o dendrito antes da inibição. (Lembre-se de que qualquer transmissão por meio de uma sinapse gera um atraso.) O resultado é uma breve excitação do dendrito.
(Fonte: Baseada em Kullmann & Lamsa, 2007)

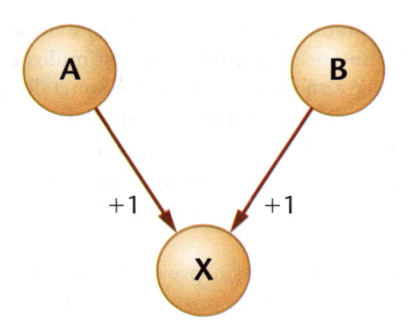

Figura 2.9 Um diagrama simples das conexões para três neurônios
Dependendo de o limiar da célula X ser 1 ou 2, responde a "A ou B" ou responde a "A e B."

Se o limiar for +2, então a célula X responderá a "A e B." Com um pouco de esforço, é possível imaginar outras estruturas.

Muitos modelos matemáticos do sistema nervoso baseiam-se em conexões como essas. Mas os pesquisadores descobriram complexidades que Sherrington não previu. Algumas sinapses produzem efeitos rápidos e breves, e outras geram efeitos lentos e duradouros. Em muitos casos, o efeito das duas sinapses ao mesmo tempo pode ser mais do que o dobro do efeito de qualquer uma ou menos do que o dobro (Silver, 2010). Algumas associações das sinapses têm um efeito acumulativo mais forte do que outras (Lavzin, Rapoport, Polsky, Garion, & Schiller, 2012). Além disso, a força de uma sinapse pode variar de um momento para outro. O sistema nervoso é de fato complexo.

A maioria dos neurônios tem uma **velocidade de disparo espontânea**, uma produção periódica de potenciais de ação mesmo sem estímulo sináptico. Nesses casos, os PPSE aumentam a frequência dos potenciais de ação acima da velocidade espontânea, enquanto os PPSI a diminuem. Por exemplo, se a velocidade de disparo espontânea do neurônio é 10 potenciais de ação por segundo, um fluxo de PPSE pode aumentar a velocidade para 15 ou mais, enquanto uma preponderância de PPSI pode diminuí-la para 5 ou menos.

Módulo 2.1 | Conclusão
O neurônio como tomador de decisões

A transmissão ao longo de um axônio envia apenas informações de um local para outro. As sinapses determinam se a mensagem deve ser enviada. PPSE e PPSI que alcançam um neurônio em um dado momento competem entre si, e o resultado é uma soma complicada, não exatamente algébrica de seus efeitos. Podemos considerar o somação de PPSE e PPSI como uma decisão porque determina se a célula pós-sináptica dispara ou não um potencial de ação. Mas não pense que um único neurônio decide o que você comerá no café da manhã. Os comportamentos complexos dependem das contribuições de uma rede enorme de neurônios.

Resumo

1. A sinapse é o ponto de comunicação entre dois neurônios. As observações dos reflexos feita por Charles S. Sherrington permitiram que ele inferisse a existência de sinapses e muitas de suas propriedades.

2. Como a transmissão por meio de um arco reflexo é mais lenta do que a transmissão por meio de um comprimento equivalente do axônio, Sherrington concluiu que algum processo nas sinapses atrasa a transmissão.

3. Potenciais graduados (PPSE e PPSI) somam seus efeitos. A soma dos potenciais graduados de estímulos em diferentes momentos é a somação temporal. A soma dos potenciais de diferentes locais é a somação espacial.
4. A inibição vai além da ausência de estímulos. É um freio ativo que suprime a estimulação. Para o funcionamento eficaz do sistema nervoso, a inibição é tão importante quanto a estimulação.
5. A estimulação em uma sinapse produz um potencial graduado breve na célula pós-sináptica. Um potencial excitatório graduado (despolarização) é um PPSE. Um potencial graduado inibitório (hiperpolarização) é um PPSI. Um PPSE ocorre quando os canais se abrem para permitir que o sódio entre na membrana do neurônio. Um PPSI ocorre quando os canais se abrem para permitir que o potássio saia ou o cloreto entre.
6. Os PPSE em um neurônio competem com os PPSI; o equilíbrio entre os dois aumenta ou diminui a frequência dos potenciais de ação do neurônio.

Termos-chave

Os termos estão definidos no número de página indicado. Eles também são apresentados em ordem alfabética com a definição no Índice remissivo/Glossário do livro, que começa na p. 589.

arco reflexo **42**
neurônio pós-sináptico **43**
neurônio pré-sináptico **43**
potencial pós-sináptico excitatório (PPSE) **43**
potencial pós-sináptico inibitório (PPSI) **45**
reflexos **42**
sinapse **42**
somação espacial **43**
somação temporal **43**
velocidade de disparo espontânea **47**

Questões complexas

1. Quando Sherrington mediu o tempo de reação de um reflexo (isto é, o atraso entre o estímulo e a resposta), ele descobriu que a resposta ocorria mais rápido após um estímulo forte do que após um fraco. Você pode explicar essa descoberta? Lembre-se de que todos os potenciais de ação — sejam produzidos por estímulos fortes ou fracos — viajam na mesma velocidade ao longo de um determinado axônio.
2. Suponha que o neurônio X tenha uma sinapse no neurônio Y, que tem uma sinapse em Z. Suponha que nenhum outro neurônio ou sinapse está presente. Um pesquisador descobriu que estimular o neurônio X provoca um potencial de ação no neurônio Z após um pequeno atraso, mas determina que a sinapse de X em Y é inibitória. Explique como a estimulação de X pode produzir excitação de Z.
3. A Figura 2.9 mostra as conexões sinápticas para produzir uma célula que responde a "A ou B" ou "A e B." Construa um diagrama para uma célula que responde a "A e B se não C."
4. Construa um diagrama das conexões para uma célula que responde a "A ou B se não C". Isso é mais complicado do que parece. Se você simplesmente alterar o limiar da célula X para 1, ela responderá a "A se não C, ou B se não C, ou A e B mesmo se C". Você pode fazer com que X responda a A ou B, mas apenas se C está inativo? (Dica: pode ser necessário introduzir mais do que apenas as células A, B e C.)

Módulo 2.1 | Questionário final

1. Como as inferências de Sherrington sobre sinapses corroboram com as conclusões de Cajal sobre a anatomia dos neurônios?
   A. As duas conclusões corroboravam uma a outra.
   B. As conclusões de Sherrington eram incompatíveis com as conclusões de Cajal.
   C. As duas conclusões eram irrelevantes uma para a outra.

2. Sherrington baseou suas conclusões em que tipo de evidência?
   A. Exame microscópico das sinapses
   B. Resultados da injeção de drogas na medula espinhal
   C. Registros elétricos de dentro dos neurônios
   D. Observações das respostas involuntárias

3. Embora um beliscão não tenha feito com que o cachorro flexionasse a pata, uma sequência rápida de beliscões fez. Sherrington citou essa observação como evidência de quê?
   A. Somação temporal
   B. Somação espacial
   C. Sinapses inibitórias
   D. Período refratário

4. Embora uma beliscada não tenha feito o cão flexionar a perna, várias beliscadas simultâneas em locais próximos o fizeram. Sherrington citou essa observação como evidência de quê?
   A. Somação temporal
   B. Somação espacial
   C. Sinapses inibitórias
   D. Período refratário

5. De acordo com Sherrington, por que os músculos extensores de uma perna relaxam quando os músculos flexores se contraem?
   A. Controle voluntário pelo córtex cerebral
   B. Conexões inibitórias na medula espinhal
   C. Conexões diretas entre os próprios músculos
   D. Controle por diferentes neurotransmissores químicos

6. Na membrana de um neurônio, o que acontece durante um PPSI?
   A. Todos os canais de íons na membrana se fecham.
   B. Os canais de sódio se abrem.
   C. Os canais de potássio ou cloreto se abrem.
   D. Todos os canais de íons na membrana se abrem.

7. De que forma as conclusões de Sherrington foram importantes para a psicologia e também para a neurociência?
   A. Ele demonstrou a importância das motivações inconscientes.
   B. Ele demonstrou a importância da inibição.
   C. Ele demonstrou o fenômeno do condicionamento clássico.
   D. Ele demonstrou a evolução da inteligência.

Respostas: 1A, 2D, 3A, 4B, 5B, 6C, 7B.

Módulo 2.2

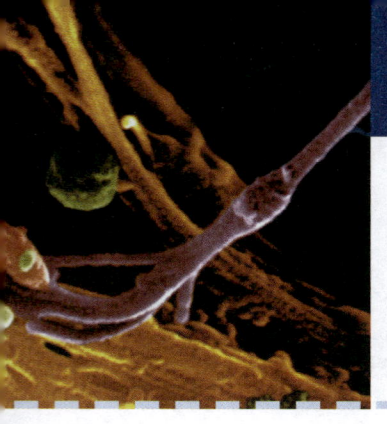

Eventos químicos na sinapse

Embora Charles Sherrington tenha inferido com precisão muitas propriedades da sinapse, ele estava errado sobre um ponto importante: embora soubesse que a transmissão sináptica era mais lenta do que a transmissão ao longo de um axônio, ele achava que ainda era muito rápida para depender de um processo químico e, portanto, concluiu que devia ser elétrico. Agora sabemos que a grande maioria das sinapses depende de processos químicos, que são muito mais rápidos e versáteis do que Sherrington ou qualquer outra pessoa de sua época teria imaginado. Ao longo dos anos, nosso conceito da atividade nas sinapses evoluiu de muitas maneiras.

A descoberta da transmissão química nas sinapses

Um conjunto de nervos chamado sistema nervoso simpático acelera os batimentos cardíacos, relaxa os músculos do estômago, dilata as pupilas dos olhos e regula outros órgãos. T. R. Elliott, um jovem cientista britânico, relatou em 1905 que a aplicação do hormônio *adrenalina* diretamente à superfície do coração, estômago ou pupilas produz os mesmos efeitos que os do sistema nervoso simpático. Elliott, portanto, sugeriu que os nervos simpáticos estimulam os músculos liberando adrenalina ou uma substância química semelhante.

Mas essa evidência não foi decisiva. Possivelmente, a adrenalina apenas mimetizava os efeitos que são normalmente elétricos por natureza. Na época, o prestígio de Sherrington era tão grande que a maioria dos cientistas ignorou os resultados de Elliott e continuou a supor que as sinapses transmitiam impulsos elétricos. Otto Loewi, fisiologista alemão, gostou da ideia das sinapses químicas, mas não conseguiu demonstrá-la de forma mais conclusiva. Em 1920, ele acordou uma noite com uma ideia sobre qual pesquisa fazer. Ele escreveu um bilhete para si mesmo e voltou a dormir. Infelizmente, na manhã seguinte, ele não conseguiu ler o bilhete! Na noite seguinte ele acordou às 3 da manhã com a mesma ideia, correu para o laboratório e realizou o experimento.

Loewi estimulou repetidamente o nervo vago, diminuindo assim a frequência cardíaca de uma rã. Ele então coletou líquido ao redor do coração dessa rã, transferiu-o para o coração de uma segunda rã e descobriu que o segundo coração também diminuía sua taxa de batimentos, como mostrado na Figura 2.10. Então Loewi estimulou o nervo acelerador para o coração da primeira rã, aumentando a frequência cardíaca. Quando ele coletou líquido desse coração e o transferiu para o coração da segunda rã, a frequência cardíaca aumentou. Isto é, a estimulação de um nervo liberou algo que inibia a frequência cardíaca e a estimulação de um nervo diferente liberou algo que aumentou a frequência cardíaca. Ele sabia que estava coletando e transferindo substâncias químicas, não eletricidade perdida. Portanto, Loewi concluiu: os nervos enviam mensagens liberando substâncias químicas.

Posteriormente, Loewi comentou que, se tivesse pensado nesse experimento à luz do dia, ele provavelmente o teria descartado como infundado (Loewi, 1960). Mesmo que as sinapses liberassem substâncias químicas, conforme seu raciocínio diurno, a quantidade era provavelmente baixa. Felizmente, quando percebeu que o experimento não funcionaria, ele já o havia concluído e ele funcionava. Isso lhe rendeu o Prêmio Nobel.

Apesar do trabalho de Loewi, a maior parte dos pesquisadores nas três décadas seguintes continuou a acreditar que a maioria das sinapses eram elétricas e que as sinapses químicas eram a exceção. Por fim, na década de 1950, os pesquisadores estabeleceram que a transmissão química predomina por todo o sistema nervoso. Essa descoberta revolucionou nossa compreensão e encorajou pesquisas que desenvolveram drogas para uso psiquiátrico (Carlsson, 2001). Mas existe um pequeno número de sinapses elétricas, como será discutido mais adiante neste módulo.

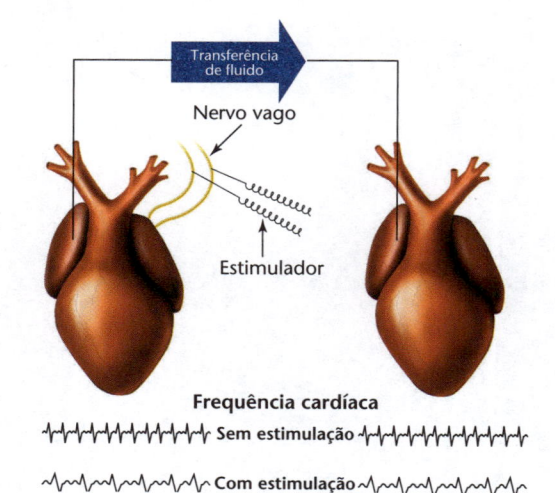

Figura 2.10 Experimento de Loewi demonstrando que os nervos enviam mensagens ao liberar substâncias químicas
Loewi estimulou o nervo vago do coração de uma rã, diminuindo a frequência cardíaca. Ao transferir líquido desse coração para o coração de outra rã, ele observou uma diminuição na frequência cardíaca.

✓ PARE & REVISE

6. Qual foi a evidência de Loewi de que a neurotransmissão depende da liberação de substâncias químicas?

RESPOSTA

6. Quando Loewi estimulou um nervo que aumentava ou diminuía a frequência cardíaca de uma rã, ele conseguiu retirar líquido da área em torno do coração, transferi-la para o coração de outra rã e, assim, também aumentar ou diminuir a frequência.

A sequência de eventos químicos em uma sinapse

Compreender os eventos químicos em uma sinapse é fundamental para entender o sistema nervoso. A cada ano, os pesquisadores descobrem cada vez mais detalhes sobre as sinapses, sua estrutura e como essas estruturas funcionam. Eis os principais eventos:

1. O neurônio sintetiza substâncias químicas que funcionam como neurotransmissores. Ele sintetiza os neurotransmissores menores nos terminais dos axônios e sintetiza neuropeptídeos no corpo celular.

2. Os potenciais de ação percorrem o axônio. No terminal pré-sináptico, um potencial de ação permite que o cálcio entre na célula. O cálcio libera neurotransmissores dos terminais e na *fenda sináptica*, o espaço entre os neurônios pré-sinápticos e pós-sinápticos.

3. As moléculas liberadas se difundem pela fenda estreita, ligam-se aos receptores e alteram a atividade do neurônio pós-sináptico. Os mecanismos variam quanto à maneira como alteram essa atividade.

4. As moléculas do neurotransmissor se separam de seus receptores.

5. As moléculas do neurotransmissor podem ser levadas de volta ao neurônio pré-sináptico para reciclagem ou podem se dispersar.

6. Algumas células pós-sinápticas enviam mensagens reversas para controlar a liberação posterior do neurotransmissor pelas células pré-sinápticas.

A Figura 2.11 resume essas etapas. Vamos agora considerar cada etapa em mais detalhes. Ao fazermos isso, também consideraremos os medicamentos que afetam certas etapas desse processo. Quase todas as drogas que afetam o comportamento ou a experiência o fazem alterando a transmissão sináptica.

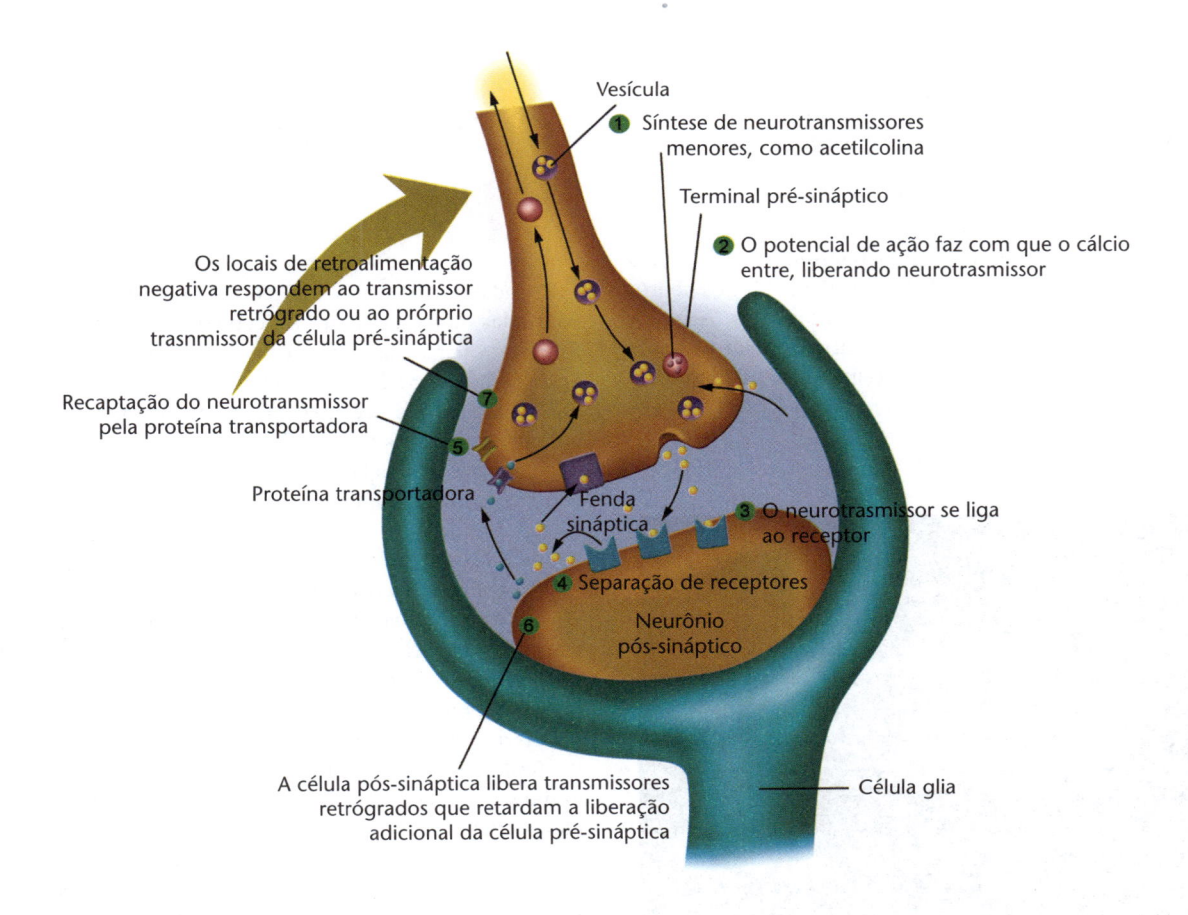

Figura 2.11 Alguns eventos importantes na transmissão em uma sinapse
A estrutura mostrada em verde é um astrócito que protege a sinapse contra substâncias químicas externas. O astrócito também troca substâncias químicas com os dois neurônios.

(Fonte: Ilustração de Margareth Baldissara com adaptação de Marcelo Ventura com base na ilustração de © Argosy Publishing Inc.)

Tabela 2.1 | Neurotransmissores

Aminoácidos	glutamato, GABA, glicina, aspartato, talvez outros
Aminoácido modificado	acetilcolina
Monoaminas (também modificadas a partir de aminoácidos)	indolaminas: serotonina catecolaminas: dopamina, noradrenalina, adrenalina
Neuropeptídeos (cadeias de aminoácidos)	endorfinas, substância P, neuropeptídeo Y, muitos outros
Purinas	ATP, adenosina, talvez outros
Gases	NO (óxido nítrico), talvez outros

Tipos de neurotransmissor

Em uma sinapse, um neurônio libera substâncias químicas que afetam outro neurônio. Essas substâncias químicas são conhecidas como **neurotransmissores**. Cerca de cem substâncias químicas são conhecidas ou suspeitas de serem neurotransmissores, como mostrado na Tabela 2.1 (Borodinsky et al., 2004). Ctenóforos (ver Figura 2.12), possivelmente representativos dos primeiros e mais primitivos animais, aparentemente têm apenas um neurotransmissor, o glutamato (Moroz et al., 2014). A maior parte do restante do reino animal tem todos ou quase todos os mesmos transmissores que os seres humanos.

O transmissor mais estranho é o **óxido nítrico** (fórmula química NO), um gás liberado por muitos pequenos neurônios locais. (Não confunda óxido nítrico, NO, com óxido nitroso, N_2O, às vezes conhecido como "gás hilariante.") O óxido nítrico é venenoso em grandes quantidades e difícil de ser produzido em laboratório. Mesmo assim, muitos neurônios contêm uma enzima que permite produzi-lo de forma eficaz. Muitos neurônios liberam óxido nítrico quando são estimulados. Além de influenciar outros neurônios, o óxido nítrico dilata os vasos sanguíneos próximos, aumentando assim o fluxo sanguíneo para essa área do cérebro (Dawson, Gonzalez-Zulueta, Kusel, & Dawson, 1998).

Figura 2.12 Um ctenóforo
Os ctenóforos, também conhecidos como béroes, têm um sistema nervoso simples com um único neurotransmissor, o glutamato.

PARE & REVISE

7. O fluxo sanguíneo aumenta nas áreas cerebrais mais ativas. Como o sangue "sabe" quais áreas estão mais ativas?

RESPOSTA

7. Em uma área do cérebro altamente ativa, muitos neurônios estimulados liberam óxido nítrico, que dilata os vasos sanguíneos na área e, portanto, tornam mais fácil que o sangue flua para a área.

Síntese dos transmissores

Os neurônios sintetizam quase todos os neurotransmissores a partir de **aminoácidos**, que o corpo obtém das proteínas na alimentação. A Figura 2.13 ilustra as etapas químicas na síntese de **acetilcolina**, serotonina, dopamina, adrenalina e noradrenalina. Observe a relação entre adrenalina, noradrenalina e dopamina — compostos conhecidos como **catecolaminas**, porque contêm um grupo catecol e um grupo amina, como mostrado aqui:

Cada via na Figura 2.13 começa com as substâncias encontradas na alimentação. A acetilcolina, por exemplo, é sintetizada a partir da colina, que é abundante no leite, ovos e amendoim. Os aminoácidos fenilalanina e tirosina, presentes nas proteínas, são precursores da dopamina, noradrenalina e adrenalina. Pessoas com fenilcetonúria não possuem a enzima que converte a fenilalanina em tirosina. Elas podem obter a tirosina a partir de alimentos, mas precisam minimizar a ingestão de fenilalanina pois o excesso de fenilalanina se acumularia e danificaria o cérebro.

O aminoácido *triptofano*, o precursor da serotonina, atravessa a barreira hematoencefálica por meio de um sistema de transporte especial que compartilha com outros grandes aminoácidos. Seus níveis de serotonina aumentam depois que você ingere alimentos mais ricos em triptofano, como a soja, e caem depois de ingerir algo com baixo teor de triptofano, como o milho (milho doce). Mas o triptofano precisa competir com outros grandes aminoácidos mais abundantes, como a fenilalanina, que compartilham o mesmo sistema de transporte, assim aumentar a ingestão de triptofano não é a melhor maneira de aumentar a serotonina. Uma forma de aumentar a entrada de triptofano no cérebro é diminuir o consumo de fenilalanina. Outra é ingerir carboidratos. Os carboidratos aumentam a liberação do hormônio *insulina*, que remove vários aminoácidos concorrentes da corrente sanguínea e para as células do corpo, diminuindo assim a competição com o triptofano (Wurtman, 1985).

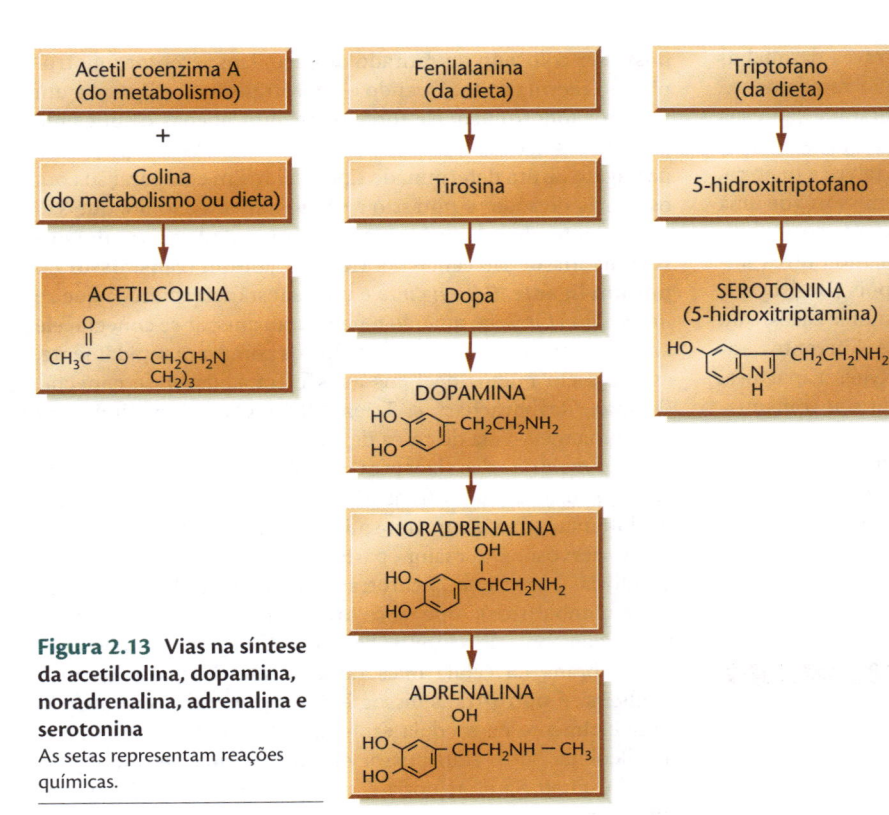

Figura 2.13 Vias na síntese da acetilcolina, dopamina, noradrenalina, adrenalina e serotonina
As setas representam reações químicas.

Vários medicamentos agem alterando a síntese dos transmissores. L-dopa, um precursor da dopamina, ajuda a aumentar o fornecimento de dopamina. É um tratamento útil para pessoas com a doença de Parkinson. AMPT (alfa-metil-para-tirosina) bloqueia temporariamente a produção da dopamina. Não tem uso terapêutico, mas os pesquisadores às vezes o utilizam para estudar as funções da dopamina.

PARE & REVISE

8. Cite os três neurotransmissores de catecolamina.

RESPOSTA
8. Adrenalina, noradrenalina e dopamina. Não confunda o termo catecolamina com acetilcolina.

Armazenamento dos transmissores

A maioria dos neurotransmissores é sintetizada no terminal pré-sináptico, próximo ao ponto de liberação. O terminal pré-sináptico armazena altas concentrações das moléculas dos neurotransmissores em **vesículas**, pequenos feixes quase esféricos (ver Figura 2.14). (O óxido nítrico é uma exceção a essa regra. Os neurônios liberam óxido nítrico assim que o formam, em vez de armazená-lo.) O terminal pré-sináptico também mantém muitos neurotransmissores fora das vesículas.

Os neurônios que liberam serotonina, dopamina ou noradrenalina contêm uma enzima, **MAO** (monoamina oxidase), que decompõe esses transmissores em substâncias químicas inativas, evitando assim que os transmissores se acumulem em níveis prejudiciais. Os primeiros antidepressivos que os psiquiatras descobriram foram os inibidores da MAO. Ao bloquear a MAO, eles aumentam o suprimento de serotonina, dopamina e noradrenalina do cérebro. Mas os inibidores da MAO também têm outros efeitos, e ainda não se sabe exatamente como eles ajudam a aliviar a depressão.

Liberação e difusão dos transmissores

Na extremidade de um axônio, um potencial de ação por si só não libera o neurotransmissor. Em vez disso, a despolarização abre os canais de cálcio dependentes de voltagem no terminal pré-sináptico. Em 1 ou 2 milissegundos (ms) após o cálcio entrar no terminal, ocorre **exocitose** — rajadas de liberação do neurotransmissor a partir do neurônio pré-sináptico. Um potencial de ação geralmente falha em liberar qualquer transmissor e, mesmo quando libera, a quantidade varia (Craig & Boudin, 2001).

Após a liberação a partir da célula pré-sináptica, o neurotransmissor se difunde pela fenda sináptica até a membrana pós-sináptica, onde se liga a um receptor. O neurotransmissor não leva mais que 0,01 ms para se difundir pela fenda, que tem apenas 20 a 30 nanômetros (nm) de largura. Lembre-se de que Sherrington não acreditava que os processos químicos pudessem ser rápidos o suficiente para explicar a atividade nas sinapses.

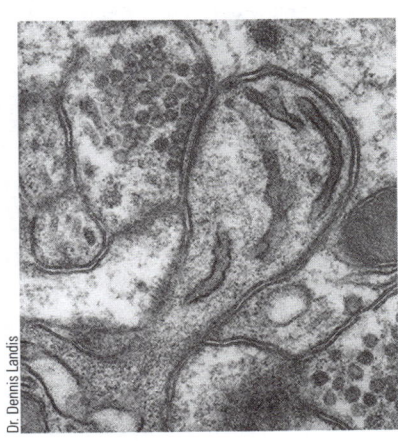

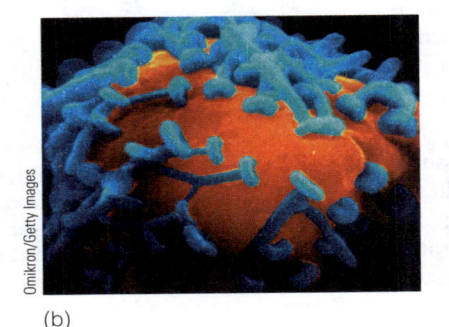

Figura 2.14 Anatomia de uma sinapse
(a) Micrografia eletrônica mostrando uma sinapse do cerebelo de um camundongo. As pequenas estruturas ovaladas são vesículas. (b) Micrografia eletrônica mostrando terminais dos axônios no soma de um neurônio.

Ele não imaginava uma lacuna tão estreita através da qual as substâncias químicas pudessem se difundir tão rapidamente.

Por muitos anos, os pesquisadores acreditaram que cada neurônio liberava um único neurotransmissor, porém, mais tarde, eles descobriram que muitos neurônios, talvez a maioria, liberam uma combinação de dois ou mais transmissores de uma vez. Alguns neurônios liberam dois transmissores ao mesmo tempo (Tritsch, Ding, & Sabatini, 2012), enquanto outros inicialmente liberam um e outro lentamente depois (Borisovska, Bensen, Chong, & Westbrook, 2013). Em alguns casos, um neurônio libera diferentes transmissores de diferentes ramos de seu axônio (Nishimaru, Restrepo, Ryge, Yanagawa, & Kiehn, 2005). Às vezes, um neurônio muda seu transmissor, por exemplo, liberando um **transmissor** no verão e outro diferente no inverno (Spitzer, 2015). Presumivelmente, o neurônio pós-sináptico também muda seus receptores. Todos esses processos tornam possível que o sistema nervoso seja incrivelmente flexível.

PARE & REVISE

9. Quando o potencial de ação alcança o terminal pré-sináptico, qual íon deve entrar no terminal pré-sináptico para provocar a liberação do neurotransmissor?

RESPOSTA   9. Cálcio

possa ser colocado ou retirado do saco. Um receptor ionotrópico é a mesma coisa. Quando o neurotransmissor liga-se a um receptor ionotrópico, ele torce o receptor apenas o suficiente para abrir seu canal central, que tem uma forma que permite a passagem de um determinado tipo de íon. Em comparação com os canais de sódio e potássio ao longo de um axônio, que são dependentes de voltagem, os **canais controlados por um neurotransmissor** são canais controlados por um **transmissor** ou **por um ligante.** (Um *ligante* é uma substância química que se liga a algo.) Ou seja, quando o neurotransmissor se conecta, ele abre um canal. Os efeitos ionotrópicos começam rapidamente, às vezes em menos de 1 ms após o transmissor se conectar (Lisman, Raghavachari, & Tsien, 2007). Os efeitos diminuem com uma meia-vida de cerca de 5 ms.

A maioria das sinapses ionotrópicas excitatórias do cérebro usa o neurotransmissor *glutamato*. Na verdade, o glutamato é o neurotransmissor mais abundante no sistema nervoso. A maior parte das sinapses ionotrópicas inibitórias utiliza o neurotransmissor GABA (ácido gama-aminobutírico), que abre os canais de cloreto, permitindo que íons de cloreto, com carga negativa, atravessem a membrana na célula mais rapidamente do que o normal. A glicina é outro transmissor inibitório comum, encontrado principalmente na medula espinhal (Moss & Smart, 2001). A acetilcolina, outro transmissor em muitas sinapses ionotrópicas, é excitatória na maioria dos casos. A Figura 2.15a mostra um receptor de acetilcolina (enormemente ampliado, é claro), como apareceria se você olhasse para ele de dentro da fenda sináptica. Sua parte externa (em vermelho) está embutida na

Ativação dos receptores das células pós-sinápticas

O conceito de sinapse de Sherrington era simples: a entrada produzia excitação ou inibição — em outras palavras, um sistema de ligar/desligar. Quando Eccles registrou células individuais, ele escolheu células que produziam apenas PPSE e PPSI breves — mais uma vez, somente ligado/desligado. A princípio, a descoberta da transmissão química nas sinapses não mudou isso. Os pesquisadores descobriram cada vez mais neurotransmissores e se perguntaram: "Por que o sistema nervoso usa tantas substâncias químicas, se todas elas produzem o mesmo tipo de mensagem?". Com o tempo, eles descobriram que as mensagens são mais complicadas e mais variadas.

O efeito de um neurotransmissor depende de seu receptor na célula pós-sináptica. Quando o neurotransmissor liga-se ao seu receptor, o receptor pode abrir um canal — exercendo um efeito *ionotrópico* — ou pode produzir um efeito mais lento, porém mais longo — um efeito *metabotrópico*.

Efeitos ionotrópicos

Em um tipo de receptor, os neurotransmissores exercem **efeitos ionotrópicos**, correspondendo aos breves efeitos de ligado/desligado que Sherrington e Eccles estudaram. Imagine um saco de papel totalmente torcido na parte superior. Se você o distorcer, o tamanho da abertura aumenta para que algo

(a)

(b)

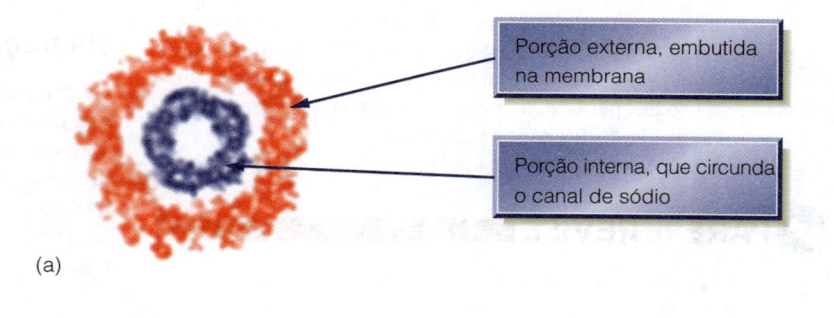

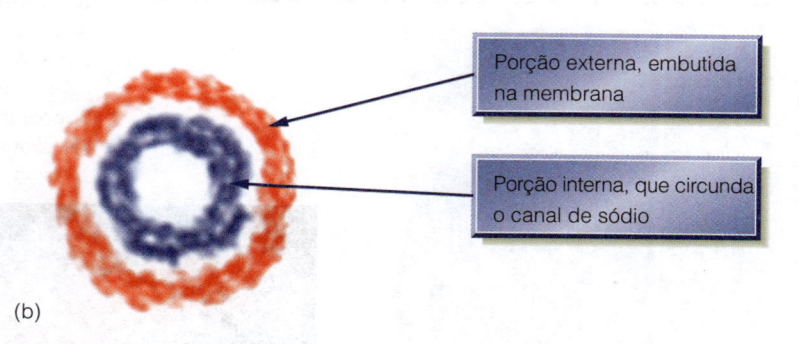

Figura 2.15 O receptor de acetilcolina
(a) Um corte transversal do receptor em repouso, visto da fenda sináptica. A membrana o circunda. (b) Uma visão semelhante depois de a acetilcolina ligar-se à lateral do receptor, abrindo o canal central o suficiente para que o sódio flua.
(Fonte: "Structure and gating mechanism of the acetylcholine receptor pore", de A. Miyazawa, Y. Fujiyoshi,, & N. Unwin, 2003, Nature, 423, pp. 949-955.)

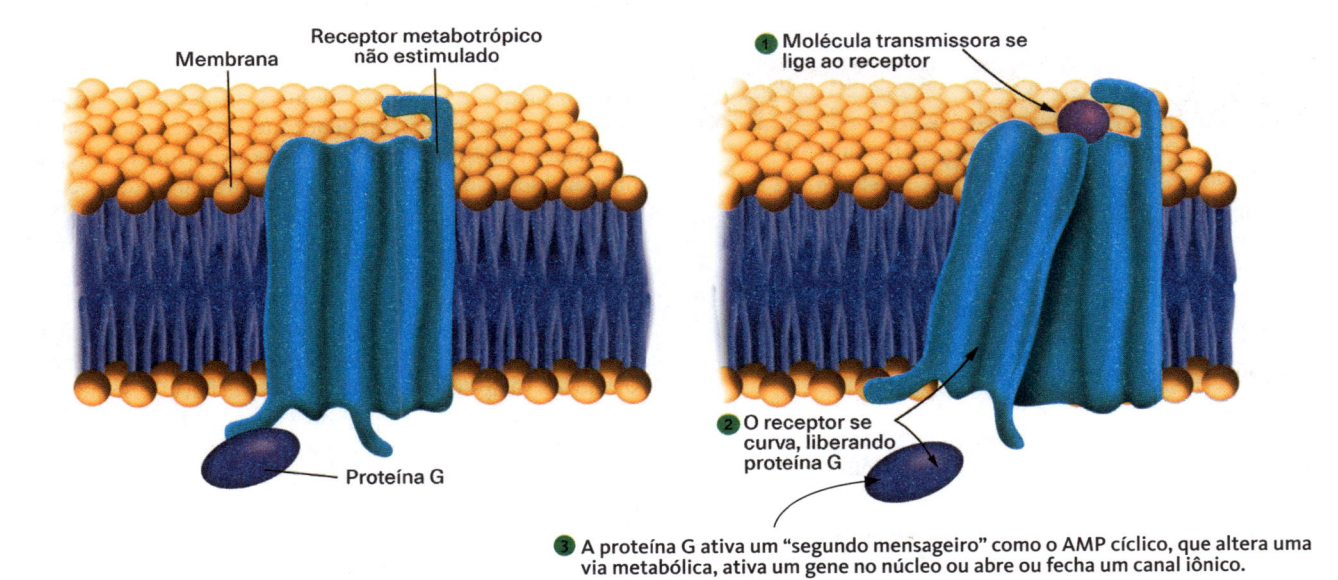

Figura 2.16 Sequência de eventos em uma sinapse metabotrópica, usando um segundo mensageiro dentro do neurônio pós-sináptico
(Fonte: Ilustração de Margareth Baldissara com adaptação de Marcelo Ventura com base na ilustração de © Argosy Publishing Inc.)

membrana do neurônio; sua parte interna (em azul) circunda o canal de sódio. Quando o receptor está em repouso, a parte interna se espirala com força suficiente para bloquear a passagem do sódio. Quando a acetilcolina liga-se, como mostrado na Figura 2.15b, o receptor se dobra para fora, alargando o canal de sódio (Miyazawa, Fujiyoshi, & Unwin, 2003).

Efeitos metabotrópicos e sistemas de segundo mensageiro

Em outros receptores, os neurotransmissores exercem **efeitos metabotrópicos** iniciando uma sequência de reações metabólicas que começam lentamente, mas duram mais do que os efeitos ionotrópicos. Os efeitos metabotrópicos ocorrem 30 ms ou mais após a liberação do transmissor (North, 1989). Normalmente, eles duram apenas alguns segundos, às vezes mais. Enquanto a maioria dos efeitos ionotrópicos depende do glutamato ou do GABA, as sinapses metabotrópicas usam muitos neurotransmissores, incluindo dopamina, noradrenalina e serotonina... e com frequência glutamato e GABA também.

Peço desculpas se você achar essa analogia tola, mas pode ajudar a esclarecer as sinapses metabotrópicas: imagine uma grande sala. Você está do lado de fora da sala segurando uma vareta que passa por um buraco na parede e se prende à dobradiça de uma gaiola. Se sacudir a vareta, você abre a gaiola e solta um cachorro furioso. O cachorro corre ao redor acordando todos os coelhos na sala, que então correm causando todo tipo de ação. A ação de um receptor metabotrópico é quase a mesma coisa. Quando um neurotransmissor liga-se a um receptor metabotrópico, ele arqueia a proteína receptora que atravessa a membrana da célula. O outro lado desse receptor liga-se a uma **proteína G** — isto é, uma proteína acoplada ao trifosfato de guanosina (GTP), uma molécula armazenadora de energia. Arquear a proteína receptora separa essa proteína G, que então fica livre para levar sua energia para outro lugar na célula, como mostrado na Figura 2.16. O resultado dessa proteína G é o aumento da concentração de um **segundo mensageiro**, como o monofosfato de adenosina cíclico (AMP cíclico), dentro da célula. Assim como o "primeiro mensageiro" (o neurotransmissor) transporta as informações para a célula pós-sináptica, o segundo mensageiro se comunica com áreas dentro da célula. Ele pode abrir ou fechar os canais iônicos na membrana ou ativar uma parte de um cromossomo. Observe a comparação: uma sinapse ionotrópica tem efeitos localizados em um ponto da membrana, enquanto uma sinapse metabotrópica, por meio de seu segundo mensageiro, influencia a atividade em boa parte ou em toda a célula e por um período mais longo.

As sinapses ionotrópicas e metabotrópicas contribuem para diferentes aspectos do comportamento. Para visão e audição, o cérebro precisa de informações rápidas e atualizadas, o tipo que as sinapses ionotrópicas fornecem. Por outro lado, as sinapses metabotrópicas são mais adequadas para efeitos mais duradouros como paladar (Huang et al., 2005), olfato e dor (Levine, Fields, & Basbaum, 1993), em que, de qualquer maneira, o momento exato não é importante. As sinapses metabotrópicas também são importantes para muitos aspectos da excitação, atenção, prazer e emoção — mais uma vez, funções que surgem mais lentamente e duram mais do que um estímulo visual ou auditivo.

Neuropeptídeos

Pesquisadores costumam se referir aos neuropeptídeos como **neuromoduladores**, porque eles têm propriedades que os diferenciam de outros transmissores (Ludwig & Leng, 2006). Embora o neurônio sintetize a maioria dos outros neurotransmissores no terminal pré-sináptico, ele sintetiza neuropeptídeos no corpo celular e então os transporta lentamente para outras partes da célula. Enquanto outros neurotransmissores são liberados no terminal do axônio, os neuropeptídeos são liberados principalmente pelos dendritos e também pelo corpo celular e pelas laterais do axônio. Um único potencial de ação pode liberar um neurotransmissor, mas a liberação de neuropeptídeos requer estimulação repetida. No entanto, depois que alguns

Tabela 2.2 | Características distintivas dos neuropeptídeos

	Neuropeptídeos	Neurotransmissores
Local sintetizado	Corpo celular	Terminal pré-sináptico
Local liberado	Principalmente de dendritos, também do corpo celular e das laterais do axônio	Terminal do axônio
Liberado por	Despolarização repetida	Potencial de ação única
Efeito nas células adjacentes	Também liberam o neuropeptídeo	Não tem efeito na vizinhança
Propagação dos efeitos	Difusão para uma área ampla	Efeito principalmente nos receptores da célula pós-sináptica adjacente
Duração dos efeitos	Minutos	Milissegundos a segundos

dendritos liberam um neuropeptídeo, a substância química liberada prepara outros dendritos próximos, incluindo aqueles em outras células, para também liberar o mesmo neuropeptídeo. Assim, os neurônios que contêm neuropeptídeos não os liberam com frequência, mas, quando o fazem, liberam quantidades substanciais. Além disso, ao contrário de outros transmissores que são liberados imediatamente adjacente aos seus receptores, os neuropeptídeos se difundem de maneira ampla, afetando lentamente muitos neurônios na região do cérebro. Dessa forma, eles se parecem com hormônios. Como muitos deles exercem seus efeitos alterando a atividade gênica, em geral seus efeitos duram 20 minutos ou mais. Os neuropeptídeos são importantes para a fome, sede e outras alterações a longo prazo no comportamento e na experiência. A Tabela 2.2 resume as diferenças entre neurotransmissores e neuropeptídeos.

✓ PARE & REVISE

10. Como as sinapses ionotrópicas e metabotrópicas diferem em termos de velocidade e duração dos efeitos?
11. O que são os segundos mensageiros e que tipo de sinapse depende deles?
12. Como os neuropeptídeos se comparam a outros transmissores?

RESPOSTAS

10. As sinapses ionotrópicas agem mais rápida e brevemente. 11. Os segundos mensageiros são substâncias químicas que alteram o metabolismo ou a expressão gênica em um neurônio pós-sináptico. Nas sinapses metabotrópicas, o neurotransmissor liga-se a um receptor e, assim, libera um segundo mensageiro. 12. Os neuropeptídeos só são liberados após estimulação prolongada, mas, quando liberados, são liberados em grandes quantidades por todas as partes do neurônio, não apenas pelo terminal do axônio. Os neuropeptídeos se difundem amplamente, produzindo efeitos duradouros em muitos neurônios.

Variação nos receptores

O cérebro tem uma variedade de tipos de receptores para cada neurotransmissor. Os receptores para um dado transmissor diferem quanto à estrutura química, respostas a fármacos e funções do comportamento. Por causa dessa variação nas propriedades, é possível produzir fármacos com efeitos comportamentais especializados. Por exemplo, o receptor de serotonina tipo 3 age como mediador de náuseas, e o fármaco *ondansetrona*, que bloqueia esse receptor, ajuda os pacientes com câncer a serem tratados sem náuseas.

Um dado receptor pode ter efeitos diferentes para pessoas diferentes, ou mesmo em diferentes partes do cérebro de uma pessoa, por causa das diferenças nas centenas de proteínas associadas à sinapse (O'Rourke, Weiler, Micheva, & Smith, 2012). A sinapse é um local complicado, em que dezenas de proteínas associam o neurônio pré-sináptico ao neurônio pós-sináptico e orientam as moléculas do neurotransmissor até seus receptores (Wilhelm et al., 2014). As variações genéticas nas proteínas sinápticas foram associadas à variação na ansiedade, no sono e em outros aspectos do comportamento.

Drogas que agem ligando-se aos receptores

Uma droga que se assemelha quimicamente a um neurotransmissor pode ligar-se ao seu receptor. Muitas **drogas alucinógenas** — isto é, drogas que distorcem a percepção, como a dietilamida do ácido lisérgico (LSD) — são quimicamente semelhantes à serotonina (ver Figura 2.17). Elas se ligam aos receptores da serotonina tipo 2A (5-HT$_{2A}$) e fornecem estimulação em momentos inadequados ou por períodos mais longos do que o normal. O LSD aumenta as conexões entre as áreas do cérebro que normalmente não se comunicam muito entre si. Uma possível explicação para o efeito alucinógeno é que o aumento da comunicação espontânea dentro do cérebro domina os estímulos provenientes dos órgãos dos sentidos (Carhart-Harris et al., 2016; Tagliazucchi et al., 2016).

A **nicotina**, um composto presente no tabaco, estimula uma família de receptores de acetilcolina, convenientemente conhecidos como *receptores nicotínicos*. Como os receptores nicotínicos são abundantes nos neurônios que liberam dopamina, a nicotina aumenta a liberação de dopamina (Levin & Rose, 1995; Pontieri, Tanda, Orzi, & DiChiara, 1996). Como a liberação de dopamina está associada a recompensas, a estimulação pela nicotina também é recompensadora.

Drogas opiáceas são derivados ou quimicamente semelhantes àquelas derivados da papoula do ópio. Os opiáceos

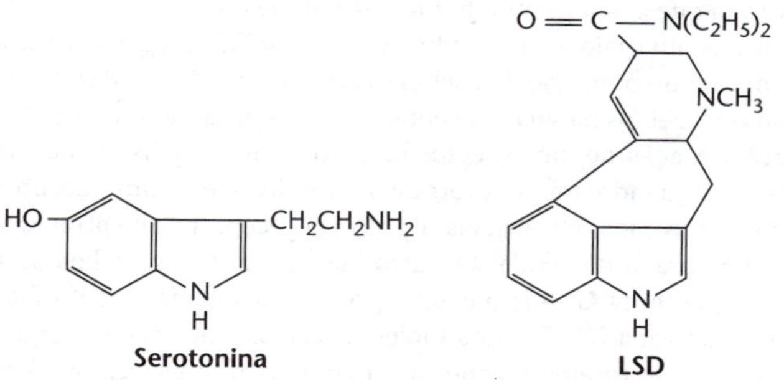

Figura 2.17 Semelhança do neurotransmissor de serotonina com o do LSD, uma droga alucinógena

conhecidos são morfina, heroína e metadona. As pessoas utilizaram morfina e outros opiáceos por séculos sem saber como as drogas afetavam o cérebro. Então, os pesquisadores descobriram que os opiáceos ligam-se a receptores específicos no cérebro (Pert & Snyder, 1973). Era uma suposição segura de que os vertebrados não desenvolveram esses receptores apenas para que nos tornássemos viciados em drogas. Logo, os pesquisadores descobriram que o cérebro produz seus próprios neuropeptídeos, agora conhecidos como *endorfina* (uma contração de *endo*genous *m*orfinas), que se ligam aos mesmos receptores que os das endorfinas. Essa descoberta foi importante porque indicou que os opiáceos aliviam a dor agindo nos receptores no cérebro e também na pele. Essa descoberta também abriu caminho para a de outros neuropeptídeos que regulam as emoções e motivações.

PARE & REVISE

13. Como o LSD, a nicotina e as opiáceos influenciam o comportamento?

RESPOSTA

13. O LSD liga-se a um tipo de receptor de serotonina. A nicotina liga-se a um tipo de receptor de acetilcolina. Os opiáceos ligam-se aos receptores de endorfina.

Inativação e recaptação de neurotransmissores

Um neurotransmissor não subsiste na membrana pós-sináptica, na qual pode continuar a estimular ou inibir o receptor. Vários neurotransmissores são inativados de maneiras diferentes. Os neuropeptídeos, porém, não são inativados. Eles simplesmente se dispersam. Como a ressintetização dessas moléculas grandes leva tempo, um neurônio pode exaurir temporariamente seu suprimento.

Depois de a a'cetilcolina ativar um receptor, a enzima **acetilcolinesterase** divide-a em dois fragmentos: acetato e colina. A colina se difunde de volta para o neurônio pré-sináptico, que a seleciona e a reconecta com o acetato já na célula para formar acetilcolina novamente. Embora esse processo de reciclagem seja altamente eficiente, leva tempo e o neurônio pré-sináptico não reabsorve todas as moléculas que ele libera. Uma série rápida o suficiente de potenciais de ação em qualquer sinapse depleta o neurotransmissor mais rapidamente do que a célula pré-sináptica o reabastece, desacelerando ou interrompendo a transmissão (Liu & Tsien, 1995).

A serotonina e as catecolaminas (dopamina, noradrenalina e adrenalina) não se decompõem em fragmentos inativos na membrana pós-sináptica. Elas simplesmente se separam do receptor. Nesse ponto, a próxima etapa varia. O neurônio pré-sináptico seleciona boa parte ou a maioria das moléculas dos neurotransmissores liberadas intactas e as reutiliza. Esse processo, denominado **recaptação**, ocorre por meio de proteínas especiais das membranas chamadas **transportadores**. A atividade dos transportadores varia entre os indivíduos e de uma área do cérebro para outra. Quaisquer moléculas transmissoras que os transportadores não selecionam serão decompostas por uma enzima chamada **COMT** (catecol-o-metiltransferase). Os produtos da degradação são eliminados e, com o tempo, aparecem no sangue e na urina.

Drogas estimulantes, incluindo **anfetamina** e **cocaína**, inibem os transportadores da dopamina, serotonina e noradrenalina, diminuindo assim a recaptação e prolongando os efeitos dos neurotransmissores (Beuming et al., 2008; Schmitt & Reith, 2010; Zhao et al., 2010). A maioria dos antidepressivos também bloqueia a recaptação de um ou mais neurotransmissores, mas de forma mais fraca do que a anfetamina e a cocaína.

Quando as drogas estimulantes aumentam o acúmulo de dopamina na fenda sináptica, a COMT decompõe o excesso de dopamina mais rápido do que a célula pré-sináptica pode repor. Poucas horas depois de tomar uma droga estimulante, o usuário apresenta déficit de dopamina e entra em um estado de abstinência, caracterizado por redução da energia, redução da motivação e depressão leve.

Metilfenidato (ritalina), outra droga estimulante, é frequentemente prescrita para pessoas com transtorno de déficit de atenção/hiperatividade. O metilfenidato e a cocaína bloqueiam a recaptação da dopamina da mesma forma nos mesmos receptores cerebrais. As diferenças entre as drogas estão relacionadas à dose e ao tempo de uso. Usuários de cocaína normalmente cheiram ou a injetam para produzir um efeito rápido no cérebro. Pessoas que tomam comprimidos de metilfenidato experimentam um aumento gradual na concentração da droga ao longo de uma ou duas horas, seguido por um declínio lento. Portanto, o metilfenidato não produz a onda repentina de excitação que a cocaína produz. Mas qualquer pessoa que injeta metilfenidato experimenta efeitos semelhantes aos da cocaína, incluindo risco de vício.

PARE & REVISE

14. O que acontece com as moléculas de acetilcolina depois que estimulam um receptor pós-sináptico?
15. O que acontece com as moléculas de serotonina e catecolamina depois que estimulam um receptor pós-sináptico?
16. Como a anfetamina e a cocaína influenciam as sinapses?
17. Por que o metilfenidato geralmente é menos prejudicial ao comportamento do que a cocaína, apesar dos mecanismos semelhantes das drogas?

RESPOSTAS

14. A enzima acetilcolinesterase quebra as moléculas de acetilcolina em duas moléculas menores, acetato e colina, que são então reabsorvidas pelo terminal pré-sináptico. **15.** A maioria das moléculas de serotonina e catecolamina são reabsorvidas pelo terminal pré-sináptico. Algumas das suas moléculas são decompostas em substâncias químicas inativas, que então se dispersam. **16.** Elas bloqueiam a recaptação da dopamina, serotonina e noradrenalina liberadas. **17.** Os efeitos de uma pílula de metilfenidato se desenvolvem e diminuem no cérebro muito mais lentamente do que os da cocaína.

Realimentação negativa da célula pós-sináptica

Suponha que alguém lhe envie uma mensagem de e-mail e, em seguida, com medo de que você não a tenha recebido, envia-a repetidamente. Para evitar bagunçar sua caixa de entrada, você pode adicionar um sistema que forneça uma resposta automática, "Sim, recebi sua mensagem. Não enviar de novo".

Alguns mecanismos do sistema nervoso desempenham essa função. Primeiro, muitos terminais pré-sinápticos têm receptores sensíveis ao mesmo transmissor que eles liberam. Esses receptores são conhecidos como **autorreceptores** — receptores que respondem ao transmissor liberado inibindo a síntese e liberação adicionais, ou seja, fornecem realimentação negativa (Kubista, & Boehm, 2006).

Segundo, alguns neurônios pós-sinápticos respondem à estimulação liberando substâncias químicas que viajam de volta para o terminal pré-sináptico a fim de inibir a liberação adicional do transmissor. O óxido nítrico é um desses transmissores. Certas células na retina emitem íons de hidrogênio (isto é, prótons) para inibir a transmissão adicional (Wang, Holzhausen, & Kramer, 2014). Dois outros transmissores reversos são **anandamida** (da palavra sânscrita *anana*, que significa "felicidade") e **2-AG** (*sn*-2 araquidonilglicerol).

Canabinoides, as substâncias químicas ativas da maconha, ligam-se aos receptores de anandamida ou 2-AG nos neurônios pré-sinápticos, informando: "A célula recebeu sua mensagem. Pare de enviá-la". A célula pré-sináptica, alheia de que não havia enviado nenhuma mensagem, para de enviar. Dessa forma, as substâncias químicas da maconha diminuem as mensagens excitatórias e ini\\bitórias dos neurônios que liberam glutamato, GABA e outros transmissores. Em vários casos, o resultado pode ser uma supressão breve ou mais duradoura da liberação (Lutz, Marsicano, Maldonado, & Hillard, 2015). Os resultados comportamentais variam, mas geralmente incluem diminuição da ansiedade.

A Figura 2.18 resume algumas das maneiras como as drogas afetam as sinapses da dopamina, incluindo efeitos na síntese, liberação e ação sobre os receptores pós-sinápticos, bem como sua recaptação e degradação. A Tabela 2.3 também resume os efeitos de algumas drogas comuns.

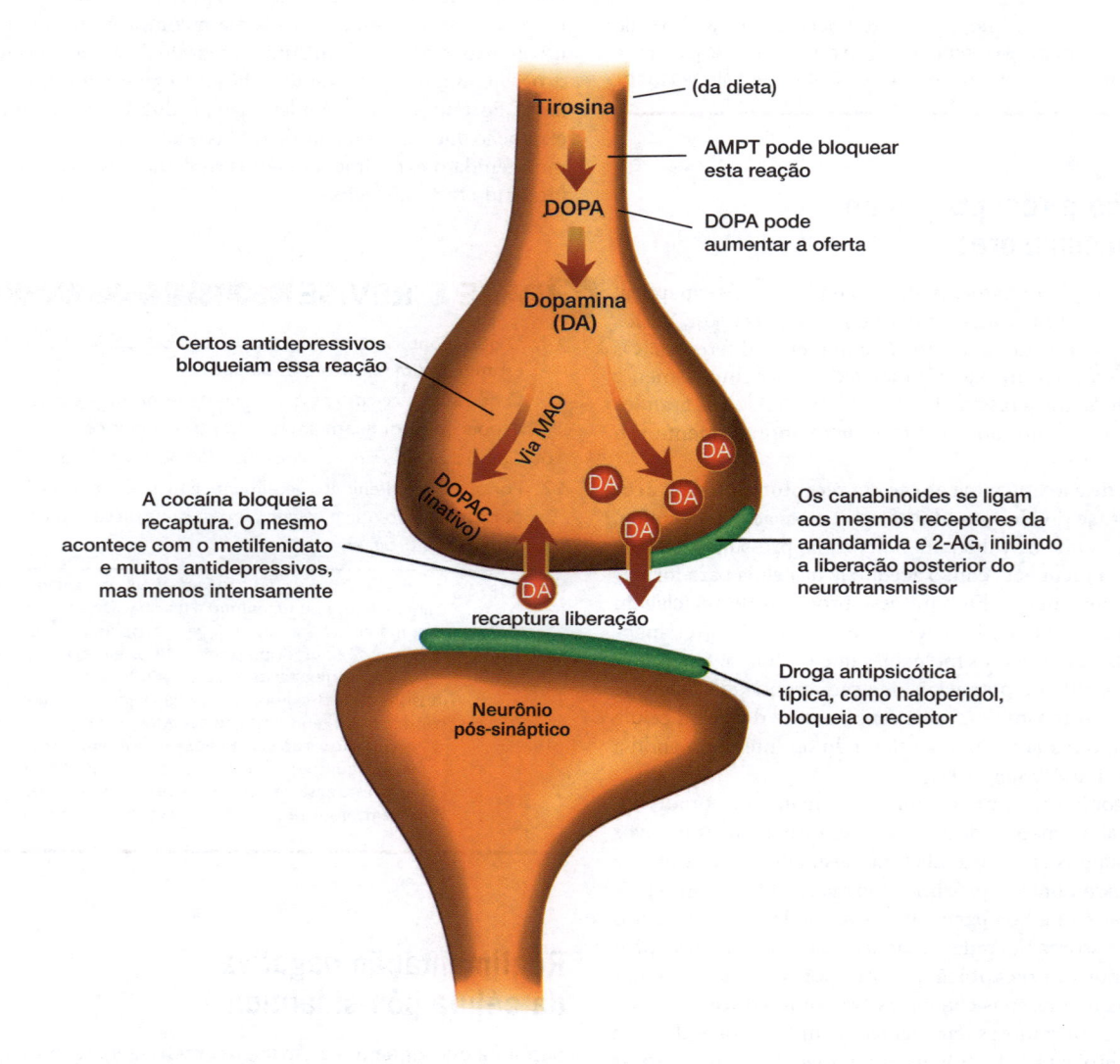

Figura 2.18 Efeitos de algumas drogas nas sinapses da dopamina.
(Fonte: Ilustração de Margareth Baldissara corn adaptação de Marcelo Ventura corn base na ilustração de © Argosy Publishing Inc.)

PARE & REVISE

18. Como os canabinoides afetam os neurônios?

RESPOSTAS

18. Os canabinoides liberados pelo neurônio pós-sináptico ligam-se aos receptores nos neurônios pré-sinápticos, onde inibem a liberação posterior de glutamato e GABA.

Sinapses elétricas

No início deste módulo, vimos que Sherrington estava errado ao presumir que as sinapses transmitem mensagens eletricamente. Bem, ele não estava completamente errado. Algumas sinapses para propósitos especiais operam eletricamente. Como a transmissão elétrica é mais rápida que até mesmo a transmissão química mais rápida, as sinapses elétricas evoluíram nos casos em que a sincronia exata entre duas células é importante. Por exemplo, algumas das células que controlam a respiração rítmica são sincronizadas por sinapses elétricas. (É importante inspirar pelo lado esquerdo ao mesmo tempo que pelo direito.) Além disso, muitas espécies de animais têm sinapses elétricas no sistema responsáveis por coordenar movimentos de fuga rápidos (Pereda, 2014).

Em uma sinapse elétrica, a membrana de um neurônio entra em contato direto com a membrana de outro, como mostrado na Figura 2.19. Esse contato é chamado **junção comunicante**. Poros razoavelmente grandes da membrana de um neurônio alinham-se precisamente com poros semelhantes na membrana da outra célula. Esses poros são grandes o suficiente

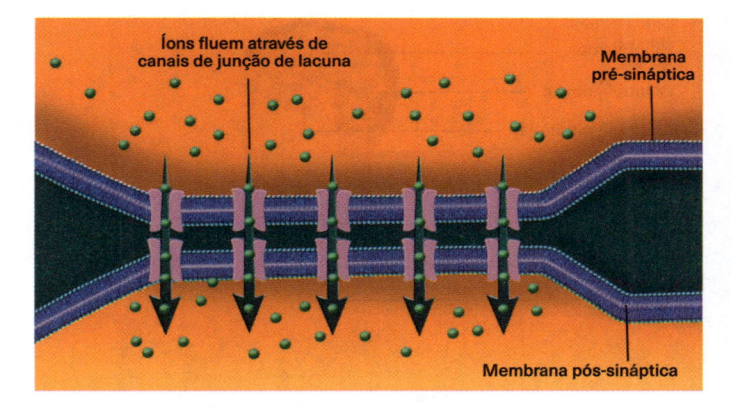

Figura 2.19 Uma junção comunicante para uma sinapse elétrica
(Fonte: Ilustração de Margareth Baldissara corn adaptação de Marcelo Ventura corn base na ilustração de © Argosy Publishing Inc.)

para que os íons de sódio e outros íons passem de imediato e, ao contrário dos outros canais de membrana que analisamos, esses poros permanecem abertos constantemente. Portanto, sempre que um dos neurônios se despolariza, os íons de sódio dessa célula podem passar imediatamente para o outro neurônio e também despolarizá-lo. Como resultado, os dois neurônios agem como se fossem um único neurônio. Mais uma vez vemos a grande variedade de sinapses no sistema nervoso.

Hormônios

As influências hormonais se assemelham à transmissão sináptica de várias maneiras, incluindo o fato de que muitas substâncias químicas funcionam como hormônios e neurotransmissores. Um **hormônio** é uma substância química secretada pelas células em uma parte do corpo e transportada pelo sangue para influenciar outras células. Um neurotransmissor é como um sinal de telefone: ele transmite uma mensagem do remetente ao destinatário final. Os hormônios funcionam mais como uma estação de rádio: eles transmitem uma mensagem a qualquer receptor sintonizado na estação certa. Os neuropeptídeos são intermediários. Eles se difundem dentro de parte do cérebro, mas não para outras partes do corpo. A Figura 2.20 mostra as principais **glândulas endócrinas** (produtoras de hormônio). A Tabela 2.4 lista os hormônios que são relevantes em outros capítulos deste livro. (Uma lista completa dos hormônios seria longa.)

Os hormônios são particularmente úteis para coordenar alterações duradouras em várias partes do corpo. Por exemplo, aves que estão se preparando para a migração secretam hormônios que mudam a alimentação e digestão a fim de armazenar energia extra para uma longa jornada. Dois tipos de hormônios são **hormônios proteicos** e **hormônios peptídicos**, compostos de cadeias de aminoácidos. (Proteínas são cadeias mais longas e peptídeos são mais curtas.) Hormônios proteicos e peptídicos ligam-se aos receptores da membrana, onde ativam um segundo mensageiro dentro da célula — exatamente como uma sinapse metabotrópica.

Tabela 2.3 | Resumo de algumas drogas e seus efeitos

Fármacos	Principais efeitos sinápticos
Anfetamina	Bloqueia a recaptação da dopamina e vários outros transmissores
Cocaína	Bloqueia a recaptação da dopamina e vários outros transmissores
Metilfenidato (ritalina)	Bloqueia a recaptação da dopamina e outros, mas gradualmente
MDMA ("ecstasy")	Libera dopamina / Libera serotonina
Nicotina	Estimula o receptor de acetilcolina do tipo nicotínico, que (entre outros efeitos) aumenta a liberação de dopamina no núcleo accumbens
Opiáceos (por exemplo, heroína, morfina)	Estimulam os receptores de endorfina
Canabinoides (maconha)	Estimulam os receptores de realimentação negativa nas células pré-sinápticas; esses receptores normalmente respondem à anandamida e 2AG
Alucinógenos (por exemplo, LSD)	Estimulam os receptores de serotonina tipo 2A (5-HT_{2A})

Assim como os hormônios circulantes modificam a atividade cerebral, os hormônios secretados pelo cérebro controlam a secreção de muitos outros hormônios. A **hipófise**, ligada ao hipotálamo (ver Figura 2.21), tem duas partes, a **hipófise anterior** e a **hipófise posterior**, que liberam diferentes conjuntos de hormônios. A hipófise posterior, composta de tecido neural, pode ser considerada uma extensão do hipotálamo. Neurônios no hipotálamo sintetizam os hormônios **oxitocina** e **vasopressina** (também conhecido como hormônio antidiurético), que migra dos axônios à hipófise posterior, como mostrado na Figura 2.22. Mais tarde, a hipófise posterior libera esses hormônios no sangue.

A hipófise anterior, composta de tecido glandular, sintetiza seis hormônios, embora o hipotálamo controle sua liberação (ver Figura 2.22). O hipotálamo secreta **hormônios de liberação**, que fluem do sangue à hipófise anterior. Aí, eles estimulam ou inibem a liberação de outros hormônios.

O hipotálamo mantém os níveis circulantes razoavelmente constantes de certos hormônios por meio de um sistema de realimentação negativa. Por exemplo, quando o nível de hormônio da tireoide está baixo, o hipotálamo libera o *hormônio de liberação de TSH*, que estimula a hipófise anterior a liberar TSH que, por sua vez, faz com que a glândula tireoide secrete mais hormônios tireoidianos (ver Figura 2.23).

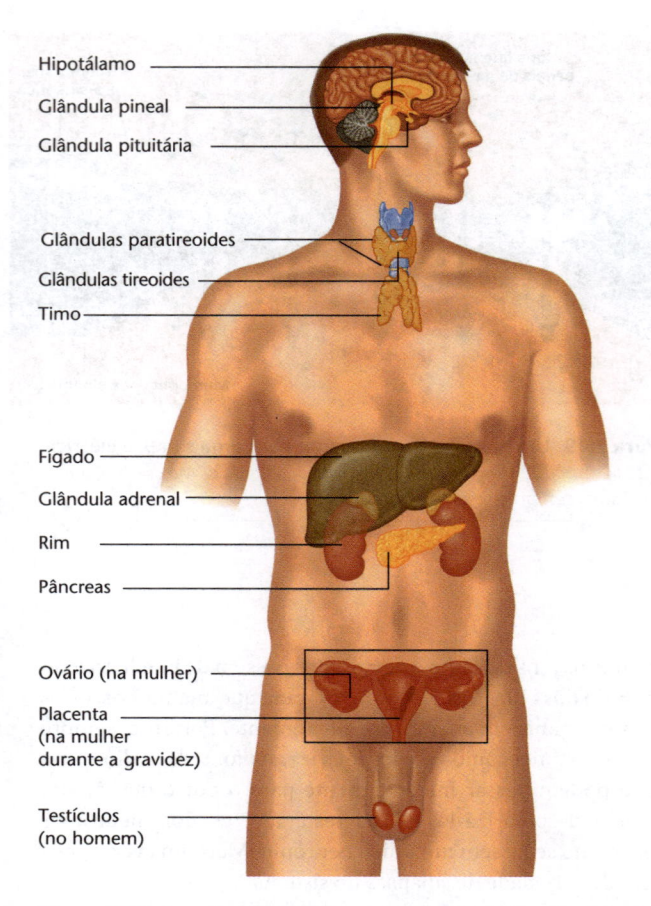

Figura 2.20 Localização de algumas das principais glândulas endócrinas
(Fonte: Starr, & Taggart, 1989)

Tabela 2.4 | Lista seletiva dos hormônios

Órgão	Hormônio	Funções hormonais (parciais)
Hipotálamo	Vários hormônios liberadores	Promover/inibir a liberação de hormônios da hipófise
Hipófise anterior	Hormônio estimulador da tireoide	Estimula a glândula tireoide
	Hormônio luteinizante	Estimula a ovulação
	Hormônio folículo-estimulante	Promove a maturação do óvulo (mulheres), produção de esperma (homens)
	ACTH	Aumenta a produção do hormônio esteroide pela glândula adrenal
	Prolactina	Aumenta a produção de leite
	Hormônio do crescimento	Aumenta o crescimento corporal
Hipófise posterior	Oxitocina	Contrações uterinas, liberação de leite, prazer sexual
	Vasopressina	Aumenta a pressão arterial, diminui o volume de urina
Pineal	Melatonina	Sonolência; também desempenha um papel na puberdade
Córtex adrenal	Aldosterona	Reduz a liberação de sal na urina
	Cortisol	Açúcar no sangue e metabolismo elevados
Medula adrenal	Adrenalina, noradrenalina	Semelhante às ações do sistema nervoso simpático
Pâncreas	Insulina	Ajuda a glicose a entrar nas células
	Glucagon	Ajuda a converter o glicogênio armazenado em glicose no sangue
Ovário	Estrogênios e progesterona	Características sexuais femininas e gravidez
Testículos	Testosterona	Características sexuais masculinas e pelos pubianos
Rim	Renina	Regula a pressão arterial, contribui para a sede hipovolêmica
Células adiposas	Leptina	Diminui o apetite, aumenta a atividade

Capítulo 2 | Sinapses   61

O hipotálamo secreta hormônios liberadores e inibidores que controlam a hipófise anterior. Também sintetiza vasopressina e oxitocina, que viajam para a hipófise posterior.

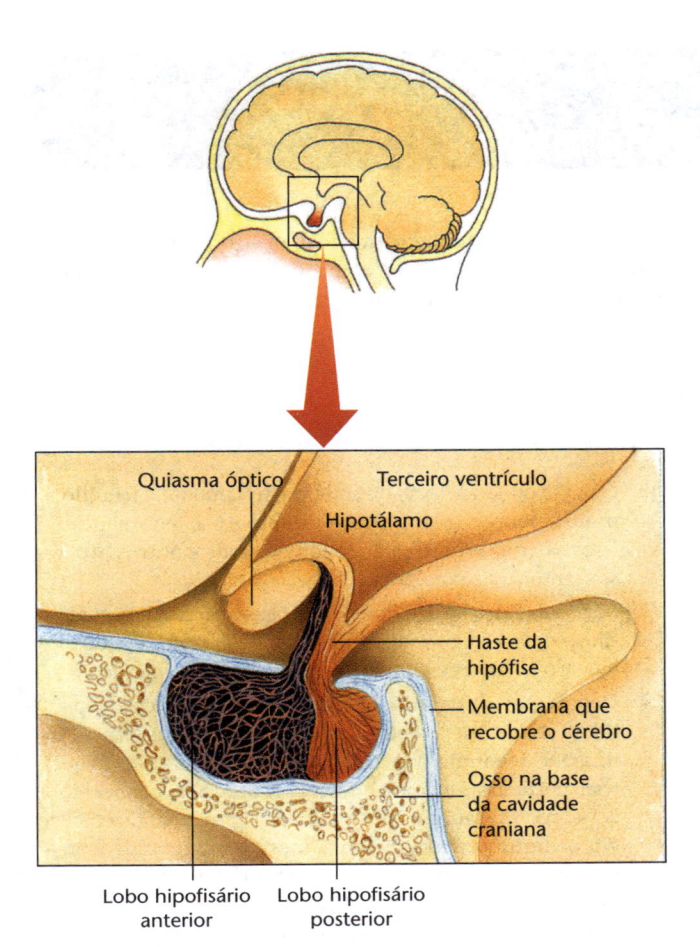

Figura 2.21 **Localização do hipotálamo e da hipófise no cérebro humano**
(Fonte: Starr, & Taggart, 1989)

Labels da Figura 2.21: Quiasma óptico; Terceiro ventrículo; Hipotálamo; Haste da hipófise; Membrana que recobre o cérebro; Osso na base da cavidade craniana; Lobo hipofisário anterior; Lobo hipofisário posterior.

Labels da Figura 2.22: (Fluxo arterial); Hipófise anterior; Hipófise posterior; Vasopressina e oxitocina; GH, ACTH TSH, FSH, LH e prolactina; (Fluxo arterial).

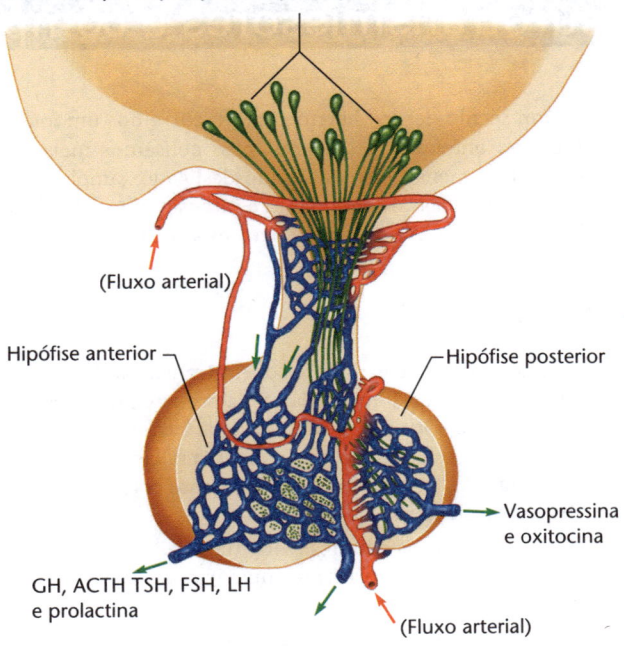

Figura 2.22 **Hormônios hipofisários**
O hipotálamo produz vasopressina e oxitocina, que entram na hipófise posterior (na verdade, uma extensão do hipotálamo). A hipófise posterior libera esses hormônios em resposta a sinais neurais. O hipotálamo também produz hormônios liberadores e inibidores, que percorrem a hipófise anterior, onde controlam a liberação de seis hormônios sintetizados aí.

PARE & REVISE

19. Que parte da hipófise — anterior ou posterior — do tecido neural é semelhante ao hipotálamo? Qual é a parte do tecido glandular que produz hormônios que controlam as secreções de outros órgãos endócrinos?
20. De que maneira um neuropeptídeo é um intermediário entre os neurotransmissores e os hormônios?

RESPOSTAS

19. A hipófise posterior é o tecido neural, como o hipotálamo. A hipófise anterior é o tecido glandular e produz hormônios que controlam vários outros órgãos endócrinos. **20.** Neurotransmissores comuns são liberados em pequenas quantidades perto de seus receptores. Os neuropeptídeos são liberados em uma área do cérebro em grandes quantidades ou não são absolutamente liberados. Quando liberados, eles se difundem mais amplamente. Os hormônios são liberados no sangue para distribuição difusa por todo o corpo.

Fluxograma Figura 2.23: Hipotálamo → Hormônio de liberação de TSH → Hipófise anterior → TSH → Glândula tireoide → Tiroxina e triiodotironina. Efeito excitatório (seta verde); Efeito inibitório (seta tracejada vermelha).

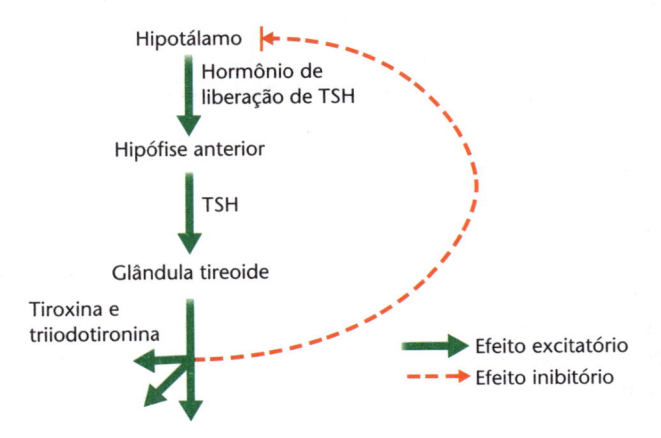

Figura 2.23 **Realimentação negativa no controle dos hormônios da tireoide**
O hipotálamo secreta um hormônio liberador que estimula a hipófise anterior a liberar TSH, que estimula a tireoide a liberar seus hormônios. Esses hormônios, por sua vez, agem no hipotálamo para diminuir a secreção do hormônio liberador.

Módulo 2.2 | Conclusão
Neurotransmissores e comportamento

Mais de um século desde Sherrington, percorremos um longo caminho para entender as sinapses. Não pensamos mais em sinapses como mensagens de ligado/desligado simples. As mensagens sinápticas variam quanto à intensidade, velocidade de início e duração. As drogas podem modificá-las de várias maneiras, para o bem ou para o mal, mas as experiências também podem. Compreender como o sistema nervoso produz nosso comportamento e experiências é em grande medida uma questão de compreender as sinapses.

Resumo

1. A grande maioria das sinapses opera transmitindo um neurotransmissor químico da célula pré-sináptica à célula pós-sináptica. Otto Loewi demonstrou a transmissão química estimulando o coração de uma rã eletricamente e, em seguida, transferindo líquidos desse coração para o coração de outra rã.
2. Muitas substâncias químicas são utilizadas como neurotransmissores. A maioria são aminoácidos ou substâncias químicas derivadas de aminoácidos.
3. Um potencial de ação abre os canais de cálcio no terminal do axônio, e o cálcio permite a liberação de neurotransmissores.
4. Nas sinapses ionotrópicas, um neurotransmissor liga-se a um receptor que abre os canais para permitir que um íon específico, como o sódio, atravesse a membrana. Os efeitos ionotrópicos são rápidos e breves. A maioria das sinapses ionotrópicas excitatórias usa glutamato, e a maioria das sinapses ionotrópicas inibitórias usa GABA.
5. Nas sinapses metabotrópicas, um neurotransmissor ativa um segundo mensageiro dentro da célula pós-sináptica, levando a mudanças mais lentas, mas mais duradouras.
6. Os neuropeptídeos se difundem amplamente, afetando muitos neurônios por alguns minutos. Os neuropeptídeos são importantes para a fome, a sede e outros processos lentos e a longo prazo.
7. Várias drogas, incluindo LSD, drogas antipsicóticas, nicotina e opiáceos exercem seus efeitos comportamentais ligando-se aos receptores no neurônio pós-sináptico.
8. Depois que um neurotransmissor (exceto um neuropeptídeo) ativou seu receptor, muitas das moléculas transmissoras reentram na célula pré-sináptica via moléculas transportadoras na membrana. Esse processo, conhecido como recaptação, permite que a célula pré-sináptica recicle seu neurotransmissor. Estimulantes e muitos antidepressivos inibem a recaptação de certos transmissores.
9. Os neurônios pós-sinápticos enviam substâncias químicas para os receptores no neurônio pré-sináptico a fim de inibir a liberação adicional do neurotransmissor. Canabinoides, encontrados na maconha, imitam esses produtos químicos.
10. Os hormônios viajam pelo sangue, afetando os receptores em muitos órgãos. O mecanismo do seu efeito se assemelha ao de uma sinapse metabotrópica.

Termos-chave

Os termos estão definidos no número de página indicado. Também são apresentados em ordem alfabética com a definição no Índice remissivo/Glossário do livro, que começa na p. 589.

2-AG **58**
acetilcolina **52**
acetilcolinesterase **57**
aminoácidos **52**
anandamida **58**
anfetamina **57**
autorreceptores **58**
canabinoides **58**
canais controlados por ligante **54**
canais controlados por transmissor **54**
catecolaminas **52**
cocaína **57**
COMT **57**
drogas alucinógenas **56**
drogas opiáceas **56**
efeitos ionotrópicos **54**
efeitos metabotrópicos **55**
exocitose **53**
gases **52**
glândulas endócrinas **59**
hipófise **60**
hipófise anterior **60**
hipófise posterior **60**
hormônios **59**
hormônios de liberação **60**
hormônios peptídicos **59**
hormônios proteicos **59**
junção comunicante **59**
MAO **53**
metilfenidato **57**
monoaminas **52**
neuromoduladores **55**
neuropeptídeos **52**
neurotransmissores **52**
nicotina **56**
óxido nítrico **52**
oxitocina **60**
proteína G **55**
purinas **52**
recaptação **57**
segundo mensageiro **55**
transmissor **54**
transportadores **57**
vasopressina **60**
vesículas **53**

Questões complexas

1. Suponha que o axônio A entre em um gânglio (grupo de neurônios) e o axônio B saia do outro lado. Pouco depois, uma pessoa fazendo um experimento estimula A, um impulso chega a B. Queremos saber se B é apenas uma extensão do axônio A ou se A formou uma sinapse excitatória em algum neurônio do gânglio, cujo axônio é o axônio B. Como a pessoa fazendo o experimento determinaria a resposta? Tente pensar em mais de um único bom método. Presuma que a anatomia dentro do gânglio é tão complexa que você não pode simplesmente observar o curso de um axônio ao longo dele.

2. Se os axônios da serotonina entrantes fossem destruídos, os efeitos do LSD ainda seriam completos. Mas se os axônios da dopamina entrantes fossem destruídos, a anfetamina e a cocaína perderiam seus efeitos. Explique a diferença.

Módulo 2.2 | Questionário final

1. A evidência de Loewi para transmissão química em uma sinapse usava observações de quê?
   A. Potenciais elétricos ao longo de uma membrana
   B. Frequência cardíaca em sapos
   C. Análise química de líquidos no cérebro
   D. Reflexos em cães

2. Qual dos seguintes NÃO é um dos neurotransmissores do cérebro?
   A. Glutamato
   B. GABA
   C. Glicose
   D. Serotonina

3. Qual destas NÃO é uma catecolamina?
   A. Serotonina
   B. Dopamina
   C. Noradrenalina
   D. Acetilcolina

4. O que a MAO (monoamina oxidase) faz no cérebro?
   A. Estimula certos tipos de receptores de serotonina.
   B. Envia uma mensagem ao neurônio pré-sináptico para diminuir sua taxa de disparo.
   C. Converte os transmissores de catecolaminas em substâncias químicas inativas.
   D. Bloqueia a recaptação de alguns neurotransmissores.

5. Suponha que você queira fazer com que o terminal pré-sináptico de um axônio libere o transmissor. Como você pode fazer isso *sem* um potencial de ação?
   A. Diminuir a temperatura na sinapse.
   B. Usar um eletrodo para produzir PPSI no neurônio pós-sináptico.
   C. Injetar água no terminal pré-sináptico.
   D. Injetar cálcio no terminal pré-sináptico.

6. Qual tipo de sinapse é mais adequado para a visão e audição e por quê?
   A. Sinapses metabotrópicas porque produzem efeitos rápidos e breves
   B. Sinapses metabotrópicas porque produzem efeitos mais duradouros
   C. Sinapses ionotrópicas porque produzem efeitos rápidos e breves
   D. Sinapses ionotrópicas porque produzem efeitos mais duradouros

7. Qual é o neurotransmissor ionotrópico excitatório mais abundante?
   A. Dopamina
   B. Serotonina
   C. Glutamato
   D. GABA

8. O que é o segundo mensageiro?
   A. Uma substância química liberada pelo neurônio pré-sináptico alguns milissegundos após a liberação do primeiro neurotransmissor
   B. Uma substância química liberada dentro de uma célula após estimulação em uma sinapse metabotrópica
   C. Uma substância química que viaja do neurônio pós-sináptico de volta ao neurônio pré-sináptico
   D. Um neuropeptídeo que afeta todos os neurônios em uma determinada área

9. Qual das afirmações a seguir é verdadeira para os neuropeptídeos?
   A. Eles produzem efeitos que duram minutos.
   B. Eles são quimicamente semelhantes aos genes de um cromossomo.
   C. Eles são liberados perto de seus receptores.
   D. Eles são liberados da ponta de um axônio.

10. Como o LSD exerce seus efeitos no sistema nervoso?
    A. Ele se liga aos receptores de serotonina.
    B. Ele bloqueia a recaptação da serotonina.
    C. Os neurônios o convertem em dopamina.
    D. Diz ao neurônio pré-sináptico para parar de liberar seu transmissor.

11. O transportador de serotonina é responsável por qual desses processos?
    A. Exocitose
    B. Recaptação
    C. Inibição
    D. Síntese

12. Exceto pela magnitude e velocidade dos efeitos, o metilfenidato (ritalina) afeta as sinapses da mesma maneira que qual outra droga?
    A. Heroína
    B. Cocaína
    C. Nicotina
    D. Maconha

13. De que maneira os canabinoides diferem de outras drogas que afetam o sistema nervoso?
    A. Os efeitos dos canabinoides ocorrem em uma única área do cérebro.
    B. Os canabinoides agem sem se conectarem a nenhum receptor.
    C. Os canabinoides agem no neurônio pré-sináptico.
    D. O sangue transporta os canabinoides entre uma área do cérebro e outra.

14. As sinapses elétricas são importantes quando o sistema nervoso precisa realizar qual das seguintes ações?
    A. Inibição de comportamentos conflitantes
    B. Sincronia entre neurônios
    C. Raciocínio complexo
    D. Ativação de longa duração

15. Qual deles é composto de tecido neural, em oposição ao tecido glandular?
    A. A hipófise anterior
    B. A hipófise posterior
    C. O pâncreas
    D. A glândula adrenal

16. De que maneira um neuropeptídeo é um intermediário entre os neurotransmissores e os hormônios?
    A. Um neuropeptídeo se difunde mais amplamente do que outros neurotransmissores, mas menos do que um hormônio.
    B. Um neuropeptídeo é maior que outros neurotransmissores, mas menor que um hormônio.
    C. Um neurotransmissor produz efeitos excitatórios, um neuropeptídeo produz efeitos neutros e um hormônio produz efeitos negativos.
    D. Um neurotransmissor produz efeitos lentos, um neuropeptídeo produz efeitos mais rápidos e um hormônio produz efeitos ainda mais rápidos.

Respostas: 1B, 2C, 3D, 4C, 5D, 6C, 7C, 8B, 9A, 10A, 11B, 12B, 13C, 14B, 15B, 16A.

Sugestão de leitura

Berkowitz, A. (2016). *Governing behavior: How nerve cell dictatorships and democracies control everything we do.* Cambridge, MA: Harvard University Press. Discute muitos exemplos que ilustram como as conexões sinápticas decidem entre um curso de ação e outro.

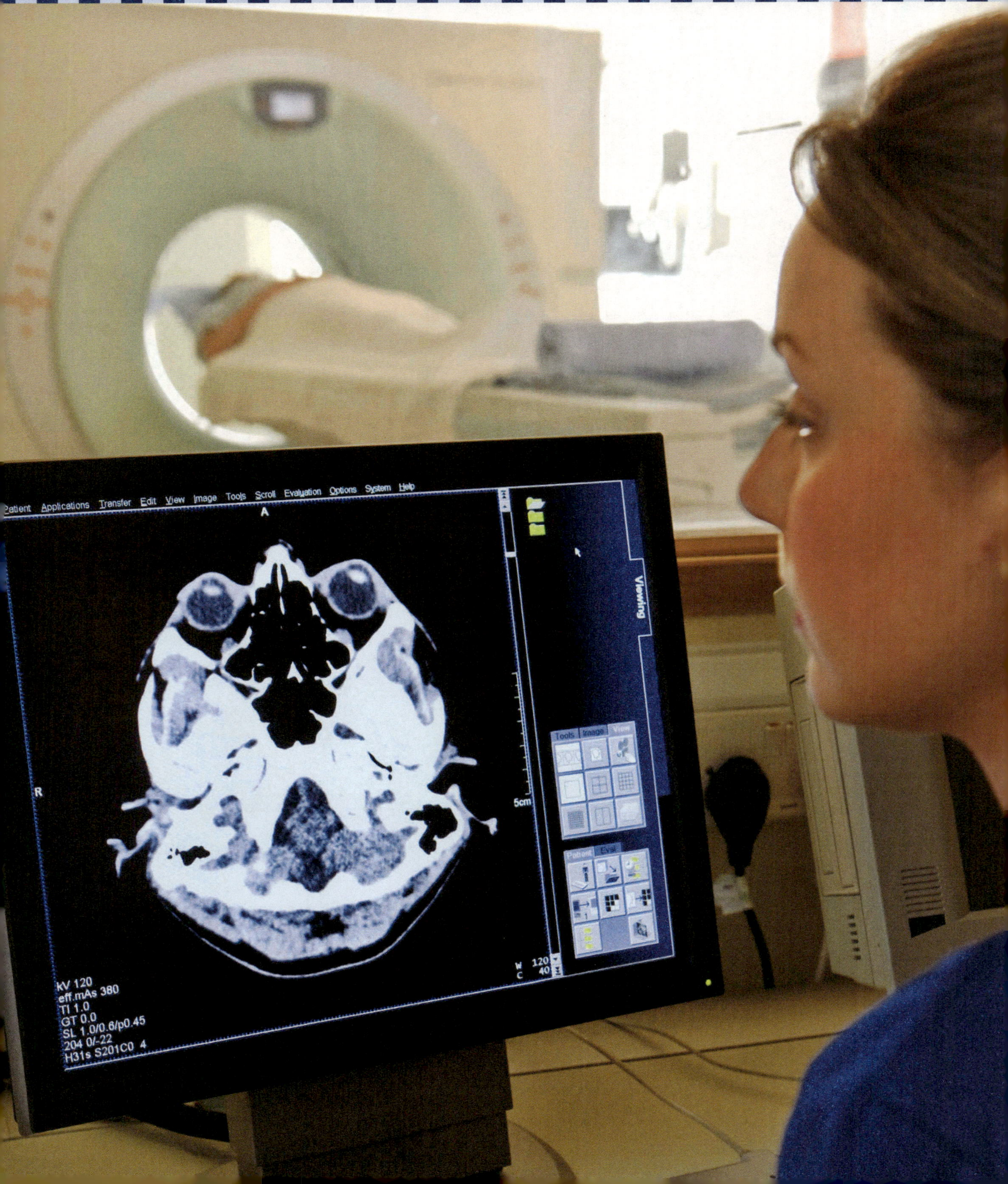
Patient Applications Transfer Edit View Image Tools Scroll Evaluation Options System Help
A
R
Viewing
5cm
Tools Image View
Patient Eval
W 120
C 40
KV 120
eff.mAs 380
TI 1.0
GT 0.0
SL 1.0/0.6/p0.45
204 0/-22
H31s S201C0 4

Anatomia e métodos de pesquisa

Capítulo 3

Tentar aprender **neuroanatomia** (a anatomia do sistema nervoso) com um livro é como tentar aprender geografia com um mapa rodoviário. Um mapa pode informar que Místico, no estado da Geórgia, está a cerca de 40 km ao norte de Enigma, Geórgia. Da mesma forma, um livro pode dizer que a habênula está a cerca de 4,6 mm do núcleo interpeduncular no cérebro de um camundongo (proporcionalmente mais longe em um cérebro humano). Mas essas pequenas pérolas de informação parecerão misteriosas e enigmáticas, a menos que você esteja interessado nessa parte da Geórgia ou naquela área do cérebro.

Este capítulo não fornece um roteiro detalhado do sistema nervoso. É mais como um globo terrestre, descrevendo as grandes estruturas básicas, análogas aos continentes, e algumas características distintas de cada uma.

O primeiro módulo apresenta os principais termos neuroanatômicos e descreve as estruturas gerais do sistema nervoso. No segundo módulo, iremos nos concentrar no córtex cerebral, a parte mais volumosa do sistema nervoso central dos mamíferos. O terceiro módulo lida com os principais métodos que os pesquisadores usam para descobrir as funções das áreas cerebrais.

Esteja preparado: este capítulo contém um grande número de novos termos. Não espere memorizar todos eles de uma vez, e você deve revisar este capítulo repetidamente.

Sumário do capítulo

Módulo 3.1
Estrutura do sistema nervoso dos vertebrados
Terminologia para descrever o sistema nervoso
Medula espinhal
Sistema nervoso autônomo
O metencéfalo
O mesencéfalo
O prosencéfalo
Os ventrículos
Conclusão: Aprendendo neuroanatomia

Módulo 3.2
O córtex cerebral
Organização do córtex cerebral
O lobo occipital
O lobo parietal
O lobo temporal
O lobo frontal
Como as partes funcionam juntas?
Conclusão: Funções do córtex cerebral

Módulo 3.3
Métodos de pesquisa
Efeitos de lesões cerebrais
Efeitos da estimulação cerebral
Registrando a atividade cerebral
Correlacionando a anatomia do cérebro com o comportamento
Conclusão: Métodos de pesquisa e progresso

Objetivos de aprendizagem

Depois de estudar este capítulo, você será capaz de:

1. Definir os termos usados para descrever a anatomia do cérebro.
2. Descrever as principais funções de certas áreas do cérebro.
3. Listar os quatro lobos do córtex cerebral e nomear suas funções principais.
4. Descrever o problema de associação e explicar a importância teórica.
5. Citar exemplos de vários métodos para estudar a relação entre atividade cerebral e comportamento.

Imagem da página anterior:
Novos métodos permitem aos pesquisadores examinar cérebros vivos. (Vista dorsal do cérebro)
(Fonte: Jupiter Images/Getty Images)

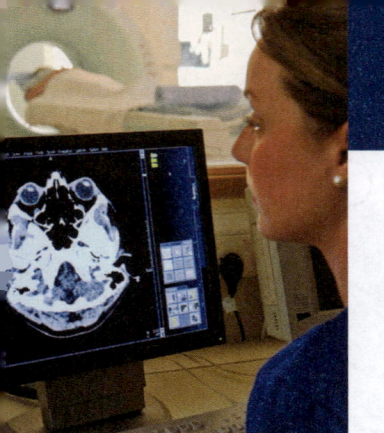

Módulo 3.1

Estrutura do sistema nervoso dos vertebrados

O sistema nervoso inclui um grande número de neurônios, e um número ainda maior de sinapses. Como todas as partes funcionam em conjunto para formar uma unidade comportamental? Cada neurônio tem uma função única? Ou o cérebro funciona como um todo indiferenciado?

A resposta é algo entre esses extremos. Considere uma analogia com a sociedade humana: cada indivíduo tem uma especialidade, como professor, fazendeiro ou enfermeiro, mas ninguém desempenha nenhuma função sem a cooperação de muitas outras pessoas. Da mesma forma, as áreas do cérebro e os neurônios têm funções especializadas, mas desempenham essas funções por meio de conexões com outras áreas.

Terminologia para descrever o sistema nervoso

Para vertebrados, distingue-se o sistema nervoso central do sistema nervoso periférico (ver Figura 3.1). O **sistema nervoso central (SNC)** é o cérebro e a medula espinhal. O **sistema nervoso periférico (SNP)** conecta o cérebro e a medula espinhal ao restante do corpo.

Figura 3.1 O sistema nervoso humano
O sistema nervoso central consiste no cérebro e na medula espinhal. O sistema nervoso periférico são os nervos fora do cérebro e da medula espinhal.
(Fonte: Ilustração de Margareth Baldissara com adaptação de Marcelo Ventura com base na ilustração de © Argosy Publishing Inc.)

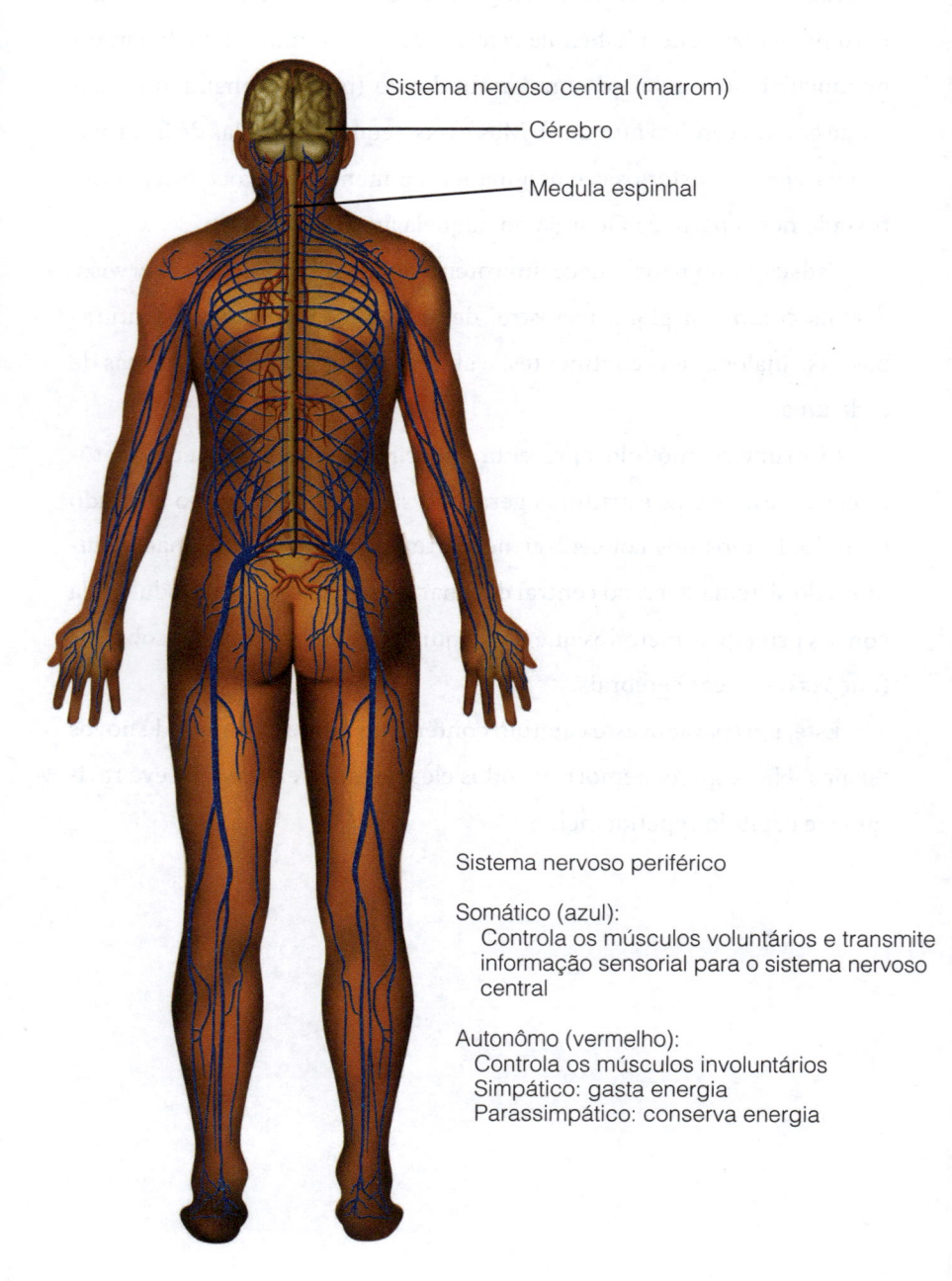

Sistema nervoso central (marrom)
— Cérebro
— Medula espinhal

Sistema nervoso periférico

Somático (azul):
    Controla os músculos voluntários e transmite informação sensorial para o sistema nervoso central

Autônomo (vermelho):
    Controla os músculos involuntários
    Simpático: gasta energia
    Parassimpático: conserva energia

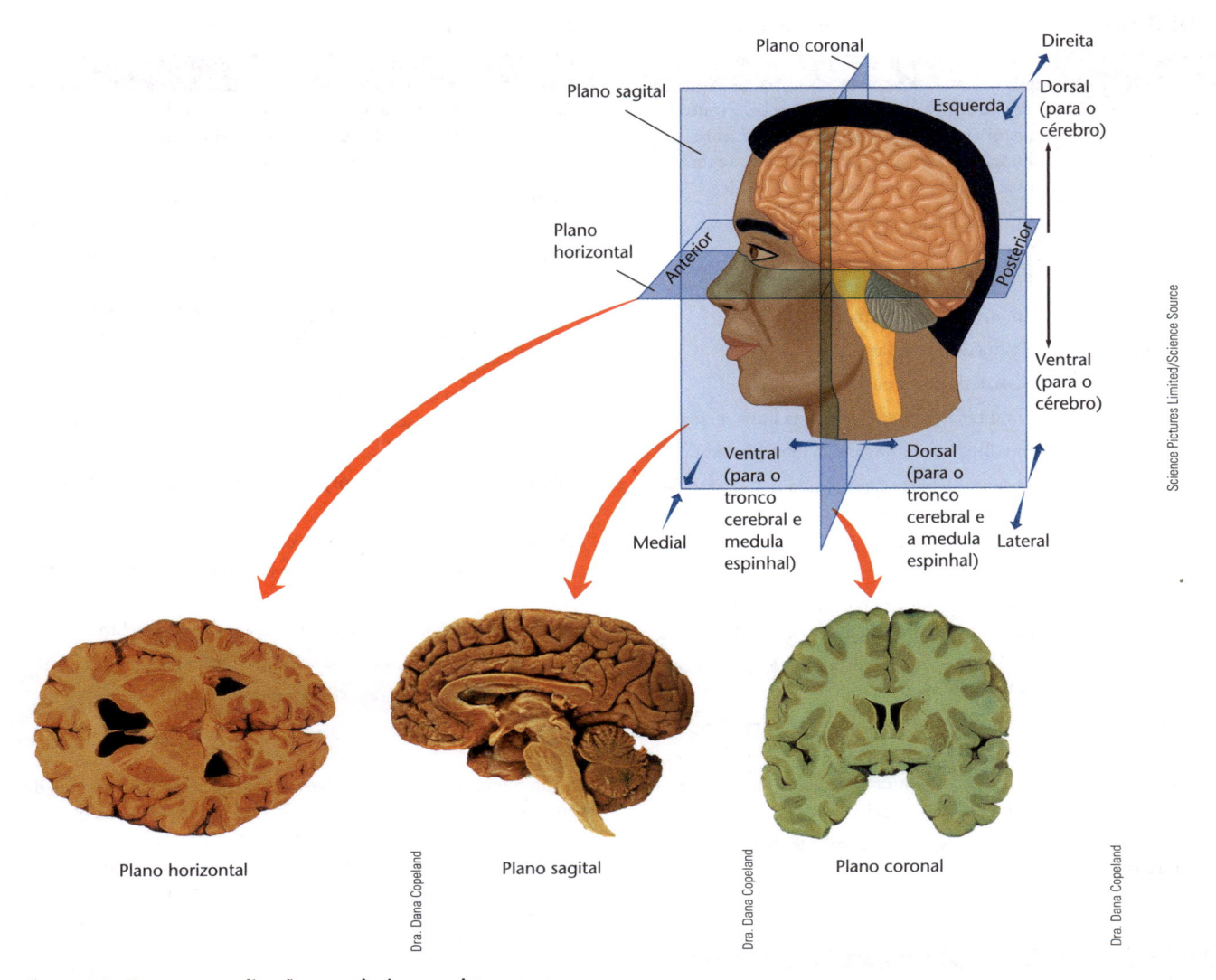

Figura 3.2 Termos para direções anatômicas no sistema nervoso
Em animais quadrúpedes, os eixos dorsal e ventral da cabeça são paralelos aos do restante do corpo. Mas a postura ereta dos seres humanos inclinou a cabeça, assim as direções dorsal e ventral da cabeça formam um ângulo reto com as da medula espinhal.

Parte do SNP é o **sistema nervoso** que consiste nos axônios que transmitem mensagens dos órgãos dos sentidos para o SNC e do SNC para os músculos. Outra parte do SNP, o **sistema nervoso autônomo,** controla o coração, intestinos e outros órgãos. O sistema nervoso autônomo tem alguns de seus corpos celulares dentro do cérebro ou da medula espinhal e alguns agrupados ao longo das laterais da medula espinhal.

Para seguir um mapa, você deve entender *norte, sul, leste* e *oeste.* Como o sistema nervoso é tridimensional, precisamos de mais termos para descrevê-lo. Como a Figura 3.2 e a Tabela 3.1 indicam, **dorsal** significa para trás e **ventral** significa em direção ao estômago. (Um *ventríloquo* é literalmente alguém que "fala pelo estômago".) Em um animal de quatro patas, a parte superior do cérebro é dorsal (no mesmo lado das costas do animal) e a parte inferior do cérebro é ventral (no lado do estômago). O mesmo seria verdade se você rastejasse com as mãos e os joelhos. Mas quando os humanos desenvolveram a postura ereta, a posição da cabeça mudou em relação à medula espinhal. Por conveniência, ainda aplicamos os termos *dorsal* e *ventral* às mesmas partes do cérebro humano que às de outros cérebros dos vertebrados. Consequentemente, o eixo dorsal-ventral do cérebro humano forma um ângulo reto com o eixo dorsal-ventral da medula espinhal. A Figura 3.2 também ilustra as três maneiras de fazer uma incidência ao longo do cérebro, conhecida como horizontal, sagital e coronal (ou frontal).

A Tabela 3.2 apresenta termos adicionais que valem a pena aprender. As Tabelas 3.1 e 3.2 requerem estudo e revisão cuidadosos. Quando achar que já dominou os termos, faça uma recapitulação com as perguntas da seção "Pare & Revise" a seguir.

Tabela 3.1 — Termos anatômicos referentes a direções

Termo	Definição
Dorsal	Em direção às costas, longe do lado ventral (estômago). A parte superior do cérebro humano é considerada dorsal porque tem essa posição em animais quadrúpedes.
Ventral	Em direção ao estômago, longe do lado dorsal (costas)
Anterior	Em direção à extremidade frontal
Posterior	Em direção à extremidade traseira
Superior	Acima de outra parte
Inferior	Abaixo de outra parte
Lateral	Em direção à lateral, longe da linha média
Medial	Em direção à linha média, longe da lateral
Proximal	Localizado perto (aproximado) do ponto de origem ou ligação
Distal	Localizado mais distante do ponto de origem ou ligação
Ipsilateral	No mesmo lado do corpo (por exemplo, duas partes à esquerda ou duas à direita)
Contralateral	No lado oposto do corpo (um à esquerda e outro à direita)
Plano coronal (ou frontal)	Um plano que mostra as estruturas cerebrais vistas de frente
Plano sagital	Um plano que mostra as estruturas cerebrais vistas de lado
Plano horizontal (ou transversal)	Um plano que mostra as estruturas cerebrais vistas de cima

Tabela 3.2 — Termos referentes ao sistema nervoso

Termo	Definição
Lâmina	Uma fileira ou camada de corpos celulares separados de outros corpos celulares por uma camada de axônios e dendritos
Coluna	Um conjunto de células perpendiculares à superfície do córtex, com propriedades semelhantes
Trato	Um conjunto de axônios dentro do SNC, também conhecido como *projeção*. Se os axônios se estendem dos corpos celulares na estrutura A até as sinapses em B, dizemos que as fibras se "projetam" de A para B.
Nervo	Um conjunto de axônios na periferia, do SNC para um músculo ou glândula ou de um órgão sensorial para o SNC
Núcleo	Um grupo de corpos celulares de neurônios dentro do SNC
Gânglio	Um grupo de corpos celulares de neurônios, geralmente fora do SNC (como no sistema nervoso simpático)
Giro	Uma protuberância na superfície do cérebro
Sulco	Uma dobradura ou sulco que separa um giro de outro
Fissura	Um sulco longo e profundo

PARE & REVISE

1. O que significa *ventral*, e qual é o sentido oposto?
2. Que termo significa *em direção à linha média*, e qual é o oposto?
3. Se duas estruturas estão no lado esquerdo do corpo, elas estão _____ entre si. Se uma estiver à esquerda e a outra à direita, elas estão _____ entre si.
4. As protuberâncias no córtex cerebral são chamadas _____. Os sulcos entre elas são chamados _____.

RESPOSTAS

1. Ventral significa na direção lateral do estômago. O oposto é dorsal. 2. medial; lateral. 3. ipsilateral; contralateral. 4. giros; sulco. Para lembrar o sulco, pense na palavra mau humor, que significa "fazer beicinho" (e, portanto, ficar quieto).

Medula espinhal

A **medula espinhal** é a parte do SNC dentro da coluna vertebral. A medula espinhal se comunica com todos os órgãos dos sentidos e músculos, exceto os da cabeça. É uma estrutura segmentada, e cada segmento tem, nos lados direito e esquerdo, um nervo sensorial e um nervo motor, como mostra a Figura 3.3. Uma das primeiras descobertas sobre as funções do sistema nervoso foi que as raízes dorsais que entram (feixes de axônios) transportam informações sensoriais, e as raízes ventrais que saem transportam informações motoras. Os corpos celulares dos neurônios sensoriais estão em grupos de neurônios fora da medula espinhal chamados **gânglios da raiz dorsal**. (Um grupo de neurônios fora do SNC é chamado gânglio, e um grupo dentro do SNC é chamado núcleo.) Os corpos celulares dos neurônios motores estão dentro da medula espinhal.

No corte transversal da medula espinhal mostrada nas Figuras 3.4 e 3.5, a **matéria cinza** na forma de H no centro da

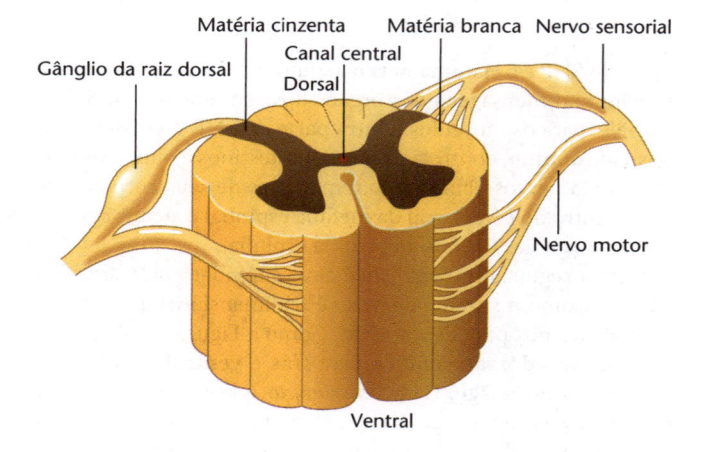

Figura 3.3 Diagrama de um corte transversal da medula espinhal

A raiz dorsal de cada lado transmite informações sensoriais para a medula espinhal; a raiz ventral transmite comandos motores aos músculos.

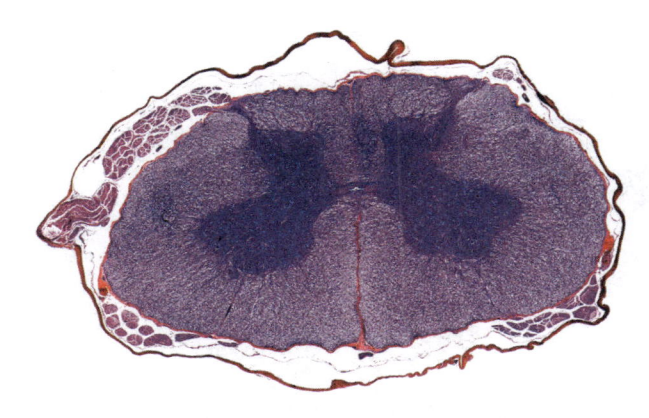

Figura 3.4 Foto de um corte transversal da medula
A estrutura em forma de H no centro é a substância cinzenta, composta principalmente de corpos celulares. A substância branca circundante consiste em axônios.
(Fonte: Dr. Keith Wheeler/Science Source.)

medula é um denso agrupamento de corpos celulares e dendritos. Muitos neurônios da matéria cinza da medula espinhal enviam axônios para o cérebro ou para outras partes da medula espinhal por meio da **substância branca,** contendo axônios mielinizados.

Cada segmento da medula espinhal envia informações sensoriais ao cérebro e recebe comandos motores dele. Todas essas informações passam pelos tratos dos axônios na medula espinhal. Se a medula espinhal é cortada em um determinado segmento, o cérebro perde a sensação desse segmento e abaixo dele. O cérebro também perde o controle motor sobre todas as partes do corpo atendidas por esse segmento e aqueles inferiores.

Sistema nervoso autônomo

O sistema nervoso autônomo consiste em neurônios que recebem informações e enviam comandos para o coração, intestinos e outros órgãos. Suas duas partes são os sistemas nervosos simpático e parassimpático (ver Figura 3.6). O **sistema nervoso simpático,** uma rede de nervos que prepara os órgãos para uma explosão de atividade vigorosa, consiste em cadeias de gânglios à esquerda e à direita das regiões centrais da medula espinhal (as áreas torácica e lombar). Esses gânglios têm conexões para frente e para trás com a medula espinhal. Os axônios simpáticos preparam os órgãos para "lutar ou fugir", aumentando a respiração e os batimentos cardíacos e diminuindo a atividade digestiva. Como os gânglios simpáticos estão firmemente conectados, costumam agir como um único sistema "em simpatia" entre si, embora certos eventos ativem algumas partes mais que outras. As glândulas sudoríparas e as adrenais, os músculos que contraem os vasos sanguíneos e os músculos que eriçam os pelos recebem estímulos simpáticos, mas nenhum estímulo parassimpático.

O **sistema nervoso parassimpático**, às vezes chamado sistema de "descanso e digestão", facilita as respostas vegetativas e não emergenciais. O termo *para* significa "ao lado" ou "relacionado a", e as atividades parassimpáticas estão relacionadas a, e geralmente o oposto de, atividades simpáticas. Por exemplo, o sistema nervoso simpático aumenta a frequência cardíaca e o sistema nervoso parassimpático a diminui. O sistema nervoso parassimpático aumenta a atividade digestiva, enquanto o sistema nervoso simpático a diminui. O sistema parassimpático também promove a excitação sexual, incluindo a ereção nos machos. Embora os sistemas simpático e parassimpático produzam efeitos contrários, ambos estão constantemente ativos em vários graus, e muitos estímulos despertam partes dos dois sistemas.

O sistema nervoso parassimpático também é conhecido como sistema craniossacral porque consiste nos nervos cranianos e nos nervos da medula espinhal sacral (ver Figura 3.6). Ao contrário dos gânglios no sistema simpático, os gânglios parassimpáticos não estão dispostos em uma cadeia perto da medula espinhal. Em vez disso, axônios *pré-ganglionares* longos se estendem da medula espinhal aos gânglios parassimpáticos próximos a cada órgão interno. Fibras *pós-ganglionares* mais curtas então se estendem dos gânglios parassimpáticos aos próprios órgãos. Como os gânglios parassimpáticos não estão ligados uns aos outros, eles agem de forma mais independente do que os gânglios simpáticos. A atividade parassimpática diminui a frequência cardíaca, aumenta a taxa digestiva e, em geral, preserva energia.

Os axônios do sistema nervoso parassimpático liberam o neurotransmissor acetilcolina nos órgãos. A maioria dos axônios do sistema nervoso simpático libera noradrenalina, embora alguns, como aqueles nas glândulas sudoríparas, usem acetilcolina. Como os dois sistemas utilizam transmissores diferentes, certas drogas estimulam ou inibem um ou outro sistema. Por exemplo, remédios para resfriado vendidos sem prescrição médica exercem a maior parte de seus efeitos bloqueando a atividade parassimpática ou aumentando a atividade simpática. Como o fluxo de líquidos sinusais é uma resposta parassimpática, as drogas que bloqueiam o sistema parassimpático inibem o fluxo sinusal. Os efeitos colaterais dos remédios para resfriado derivam de suas atividades pró-simpáticas e antiparassimpáticas: eles aumentam a frequência cardíaca, a pressão arterial e a excitação. Eles inibem a salivação e a digestão. Certos descongestionantes contendo pseudoefedrina foram suspensos ou restringidos devido ao potencial de abuso.

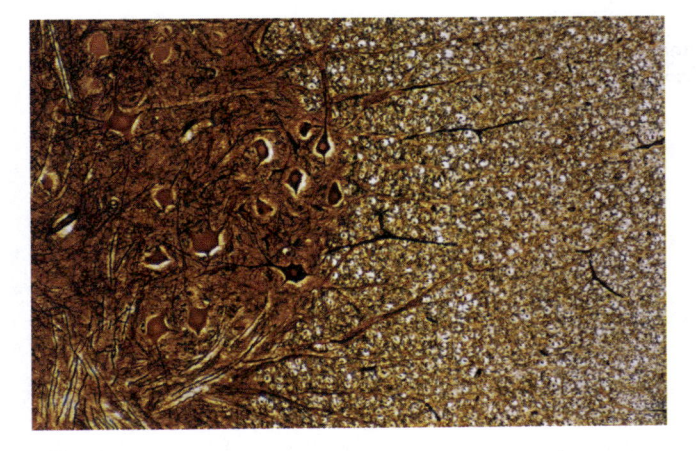

Figura 3.5 Uma seção da substância cinzenta da medula espinhal (à esquerda) e a substância branca em torno dela
Corpos celulares e dendritos residem inteiramente na substância cinzenta (região mais escurecida à esquerda). Os axônios viajam de uma área da substância cinzenta para outra na substância branca.
(Fonte: Ed Reschke/Photolibrary/Getty Images)

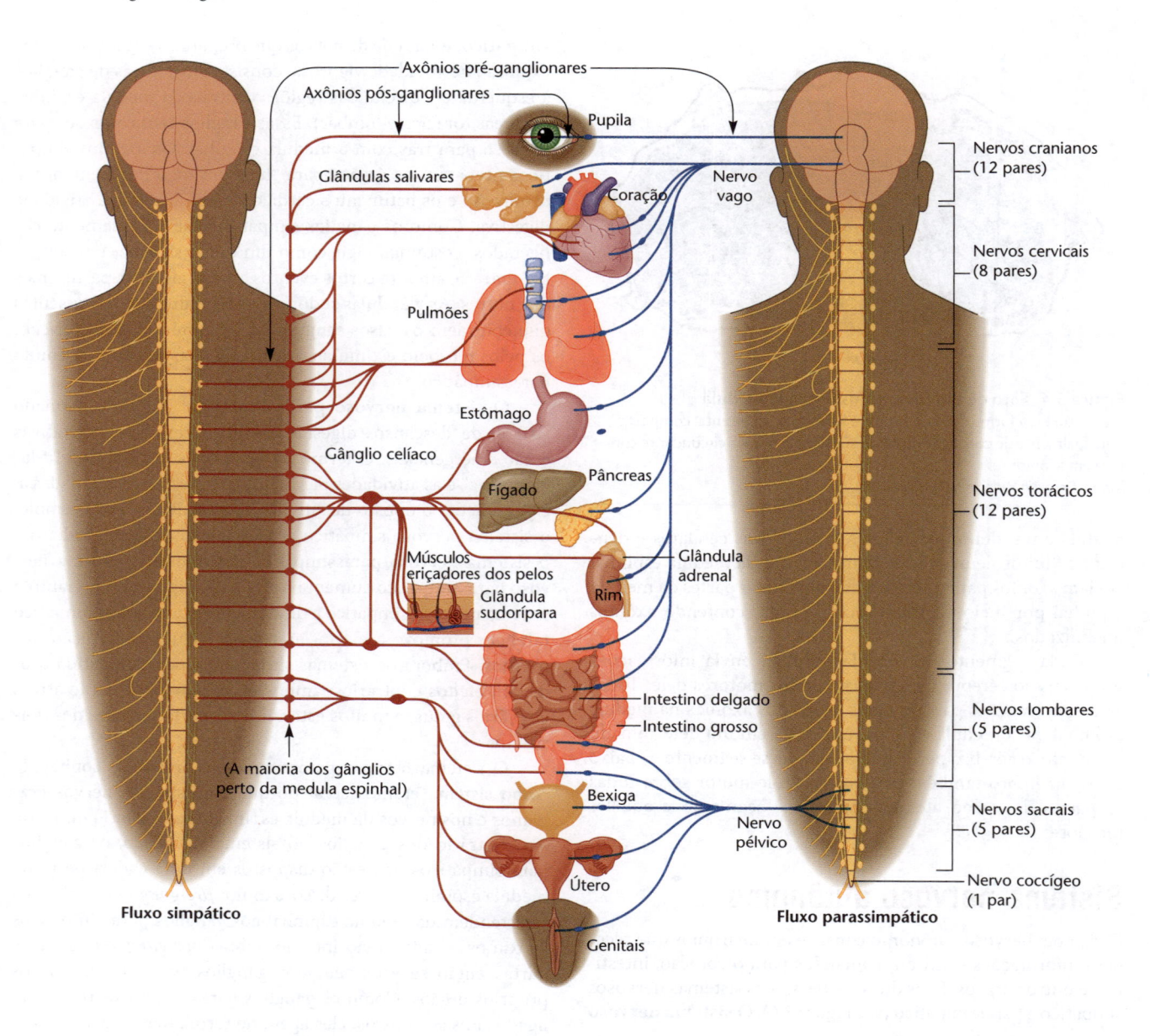

Figura 3.6 O sistema nervoso simpático (linhas vermelhas) e o sistema nervoso parassimpático (linhas azuis)
Observe que as glândulas adrenais, as glândulas sudoríparas e os músculos eriçadores de pelos recebem apenas estímulos simpáticos.
(Fonte: Starr, & Taggart, 1989)

✅ PARE & REVISE

5. Os nervos motores partem de que lado da medula espinhal dorsal ou ventral?
6. Quais funções são controladas pelo sistema nervoso simpático? Quais são controladas pelo sistema nervoso parassimpático?

RESPOSTAS

5. Ventral. 6. O sistema nervoso simpático prepara os órgãos para uma vigorosa atividade de luta ou fuga. O sistema parassimpático aumenta as respostas vegetativas, como a digestão.

O metencéfalo

O cérebro tem três divisões principais — o metencéfalo, o **mesencéfalo** e o prosencéfalo (ver Figura 3.7 e Tabela 3.3). Alguns neurocientistas preferem termos com raízes gregas: **rombencéfalo** (cérebro posterior), mesencéfalo (cérebro intermediário) e prosencéfalo (cérebro dianteiro). Você pode encontrar esses termos em outra leitura.

O **metencéfalo,** a parte posterior do cérebro, consiste na medula, na ponte e no cerebelo. A medula e a ponte, o mesencéfalo, e certas estruturas centrais do prosencéfalo constituem o **tronco cerebral** (ver Figura 3.8).

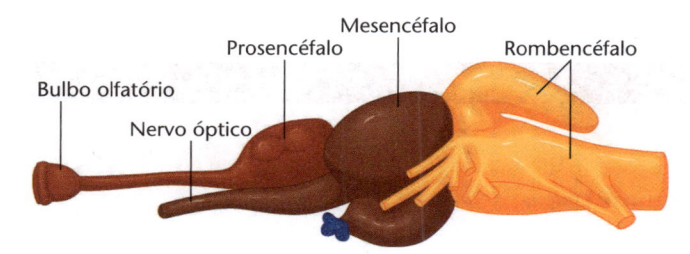

Figura 3.7 Principais divisões do cérebro dos vertebrados
No cérebro de um peixe, como mostrado aqui, o prosencéfalo, o mesencéfalo e o rombencéfalo são claramente visíveis como protuberâncias distintas. Em mamíferos adultos, o prosencéfalo cresce e envolve todo o mesencéfalo e parte do rombencéfalo.

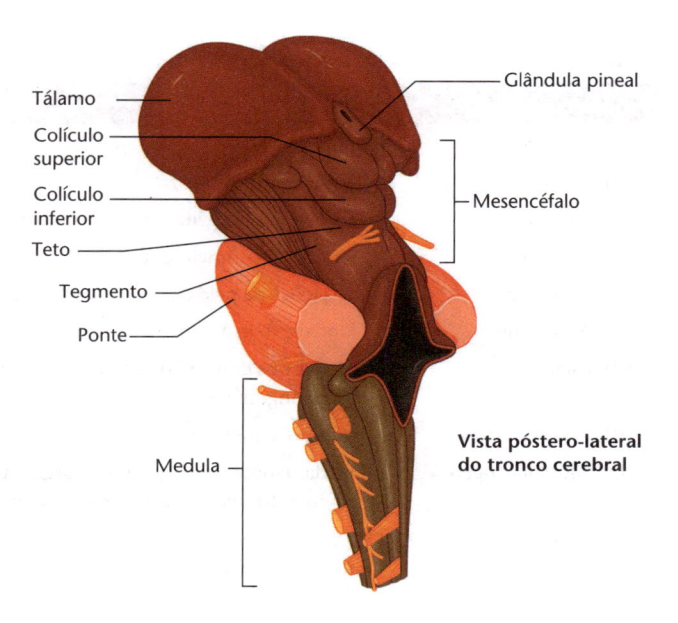

Figura 3.8 O tronco cerebral humano
Essa estrutura composta se estende da parte superior da medula espinhal ao centro do prosencéfalo. O córtex cerebral envolve o tálamo, a glândula pineal e o mesencéfalo.

A **medula,** ou medula oblonga, pode ser considerada uma extensão ampliada da medula espinhal. Assim como as partes inferiores do corpo se conectam à medula espinhal por meio dos nervos sensoriais e motores, a cabeça e os órgãos se conectam à medula e áreas adjacentes por 12 pares de **nervos cranianos** (um de cada par no lado direito e um no lado esquerdo), como mostrado na Tabela 3.4 e Figura 3.9. Os nervos cranianos originados na medula oblonga controlam os reflexos vitais como respiração, frequência cardíaca, vômito, salivação, tosse e espirros. Como os receptores opiáceos, que suprimem a atividade, são abundantes na medula, os opiáceos podem produzir uma diminuição perigosa da respiração e frequência cardíaca.

A **ponte** é anterior e ventral à medula. Como a medula, ela contém núcleos de vários nervos cranianos. O termo *ponte* vem da palavra latina "pons", refletindo o fato de que na ponte os axônios de cada metade do cérebro se interseccionam no lado oposto da medula espinhal de modo que o hemisfério esquerdo controla os músculos do lado direito do corpo e o hemisfério direito controla os do lado esquerdo.

O **cerebelo** é uma grande estrutura do metencéfalo com muitas dobras profundas. Há muito tempo é conhecido por suas contribuições para o controle do movimento, e muitos livros antigos descrevem o cerebelo como importante para "equilíbrio e coordenação". É verdade que pessoas com lesões do cerebelo são desajeitadas e perdem o equilíbrio, mas as funções do cerebelo vão muito além do equilíbrio e da coordenação. Pessoas com lesões no cerebelo têm dificuldade em desviar a atenção para frente e para trás entre os estímulos auditivos e visuais (Courchesne et al., 1994). Elas têm dificuldade com o tempo, como julgar se um ritmo é mais rápido do que outro. O cerebelo também é crucial para certos tipos de aprendizado e condicionamento.

O mesencéfalo

Como o nome indica, no início do desenvolvimento, o **mesencéfalo** está no meio do cérebro, embora em mamíferos adultos seja eclipsado e circundado pelo prosencéfalo. O mesencéfalo é mais proeminente em répteis, anfíbios e peixes. A parte superior do mesencéfalo é chamada **teto.** ("Teto" vem da palavra latina *tectum*. A mesma raiz ocorre no termo geológico *placas tectônicas*.) As tumefações em cada lado do teto são o **colículo superior** e o **colículo inferior** (ver Figuras 3.8 e 3.10). Ambos são importantes para o processamento sensorial — o colículo inferior para a audição e o colículo superior para a visão.

Sob o teto está o **tegmento,** o nível intermediário do mesencéfalo. (Em latim, *tegmentum* significa "cobertura", como um tapete no chão. O teto cobre o tegmento, mas o tegmento cobre várias outras estruturas do mesencéfalo.) Outra estrutura do mesencéfalo, a **substância negra**, dá origem a uma via contendo dopamina, que facilita a prontidão para o movimento.

Tabela 3.3	Principais divisões do cérebro dos vertebrados	
Área	Também conhecido como	Estruturas principais
Prosencéfalo	Prosencéfalo ("início do cérebro")	
	Diencéfalo ("meio do cérebro")	Tálamo, hipotálamo
	Telencéfalo ("final do cérebro")	Córtex cerebral, hipocampo, gânglios basais
Mesencéfalo	Mesencéfalo ("cérebro médio")	Teto, tegmento, colículo superior, colículo inferior, substância negra
Metencéfalo	Rombencéfalo (literalmente, "paralelogramo-cérebro")	Medula, ponte, cerebelo

Tabela 3.4 | Os nervos cranianos

Número e nome	Principais funções
I. Olfativo	Olfato
II. Óptico	Visão
III. Oculomotor	Controle dos movimentos dos olhos; constrição da pupila
IV. Troclear	Controle dos movimentos dos olhos
V. Trigeminal	Sensações na pele da maior parte da face; controle dos músculos da mandíbula para mastigar e engolir
VI. Abducente	Controle dos movimentos dos olhos
VII. Facial	Paladar dos dois terços anteriores da língua; controle das expressões faciais, choro, salivação e dilatação dos vasos sanguíneos da cabeça
VIII. Estatoacústica	Audição; equilíbrio
IX. Glossofaríngeo	Paladar e outras sensações da garganta e terço posterior da língua; controle da deglutição, salivação, movimentos da garganta durante a fala
X. Vago	Sensações do pescoço e tórax; controle da garganta, esôfago e laringe; nervos parassimpáticos do estômago, intestinos e outros órgãos
XI. Acessório	Controle dos movimentos do pescoço e ombros
XII. Hipoglosso	Controle dos músculos da língua

Os nervos cranianos III, IV e VI estão em vermelho para destacar a similaridade deles: o controle dos movimentos dos olhos. Os nervos cranianos VII, IX e XII estão em verde para destacar a semelhança deles: paladar e controle dos movimentos da língua e garganta. O nervo craniano VII também tem outras funções importantes. O nervo X (não destacado) também contribui para os movimentos da garganta, embora seja principalmente conhecido por outras funções.

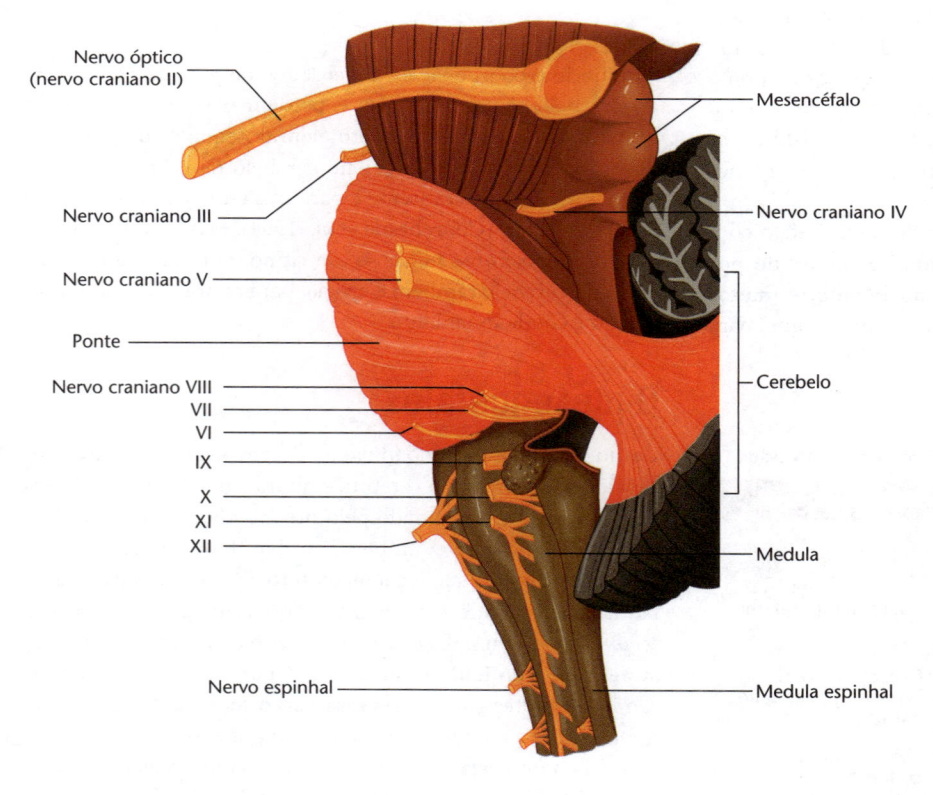

Figura 3.9 Nervos cranianos II a XII
O nervo craniano I, o nervo olfativo, conecta-se diretamente aos bulbos olfatórios do prosencéfalo.
(Fonte: Baseada em Braus, 1960)

O prosencéfalo

O **prosencéfalo**, a parte mais proeminente do cérebro dos mamíferos, consiste em dois hemisférios cerebrais, um à esquerda e outro à direita (ver Figura 3.11). Cada hemisfério é organizado para receber informações sensoriais, principalmente do lado contralateral (oposto) do corpo. Ele controla os músculos, principalmente do lado contralateral, por meio de axônios para a medula espinhal e os núcleos dos nervos cranianos.

A parte externa é o córtex cerebral. (*Cerebrum* é uma palavra latina para "cérebro". *Cortex* é uma palavra latina para "cortiça" ou "casca".) Sob o córtex cerebral estão outras estruturas, incluindo o tálamo e os gânglios basais. Várias estruturas interligadas, conhecidas como **sistema límbico**, formam uma borda (ou *limbus*, a palavra latina para "borda") ao redor do tronco cerebral. O sistema límbico inclui o bulbo olfatório, o hipotálamo, o hipocampo, a amídala e o giro cingulado do córtex cerebral. O hipotálamo é essencial para o controle do ato de

Capítulo 3 | Anatomia e métodos de pesquisa **75**

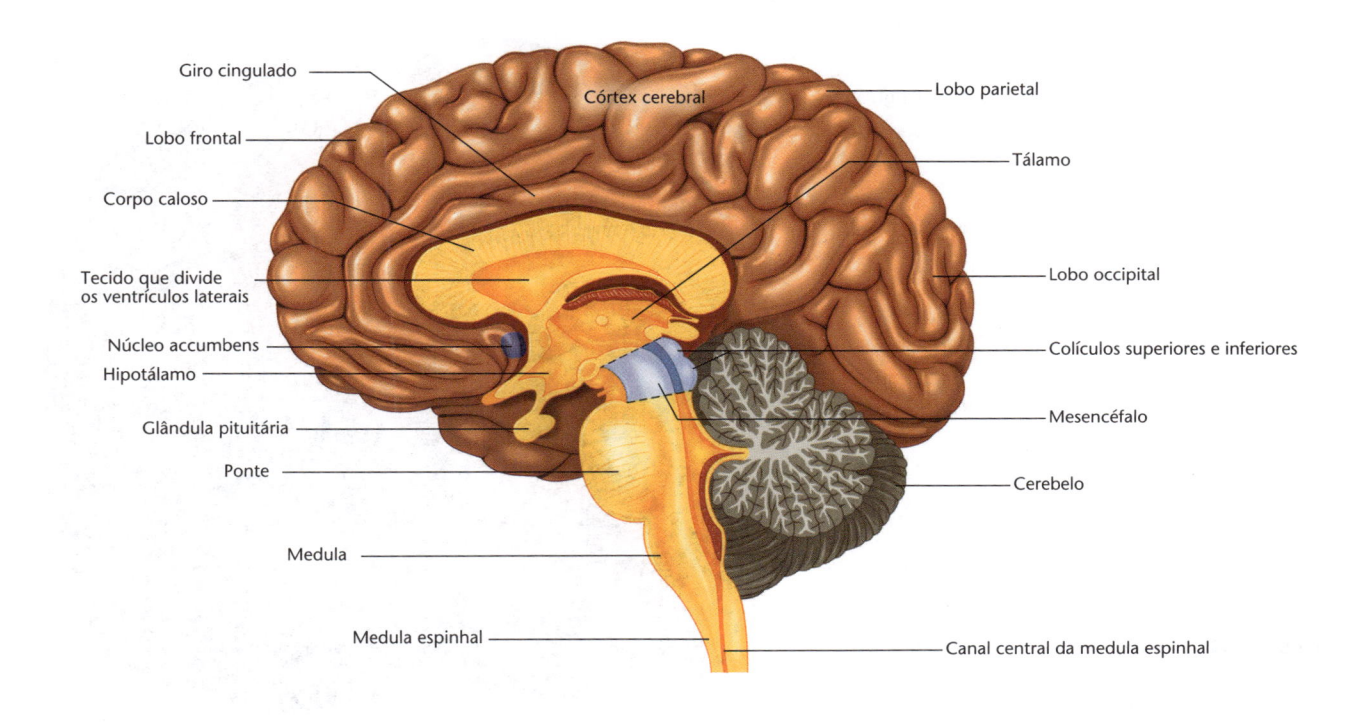

Figura 3.10 Uma seção sagital do cérebro humano
(Fonte: Baseada em Nieuwenhuys, Voogd, & vanHuijzen, 1988)

comer, beber, controle da temperatura e dos comportamentos reprodutivos. A **amídala** faz parte do circuito mais central para avaliar as informações emocionais, principalmente no que diz respeito ao medo. A Figura 3.12 mostra as posições dessas estruturas em uma perspectiva tridimensional. As Figuras 3.13 e 3.10 mostram as seções coronal (de frente) e sagital (de lado)

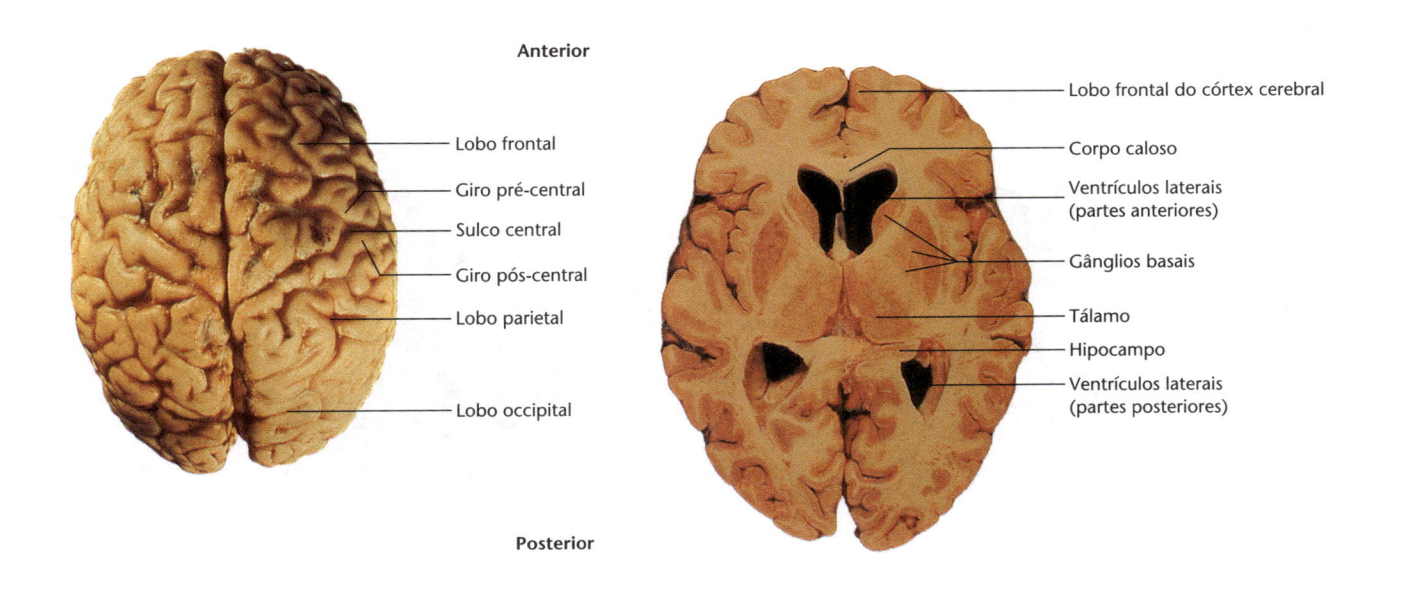

Figura 3.11 Visão dorsal da superfície do cérebro e corte horizontal ao longo do cérebro
(Fonte: Dra. Dana Copeland)

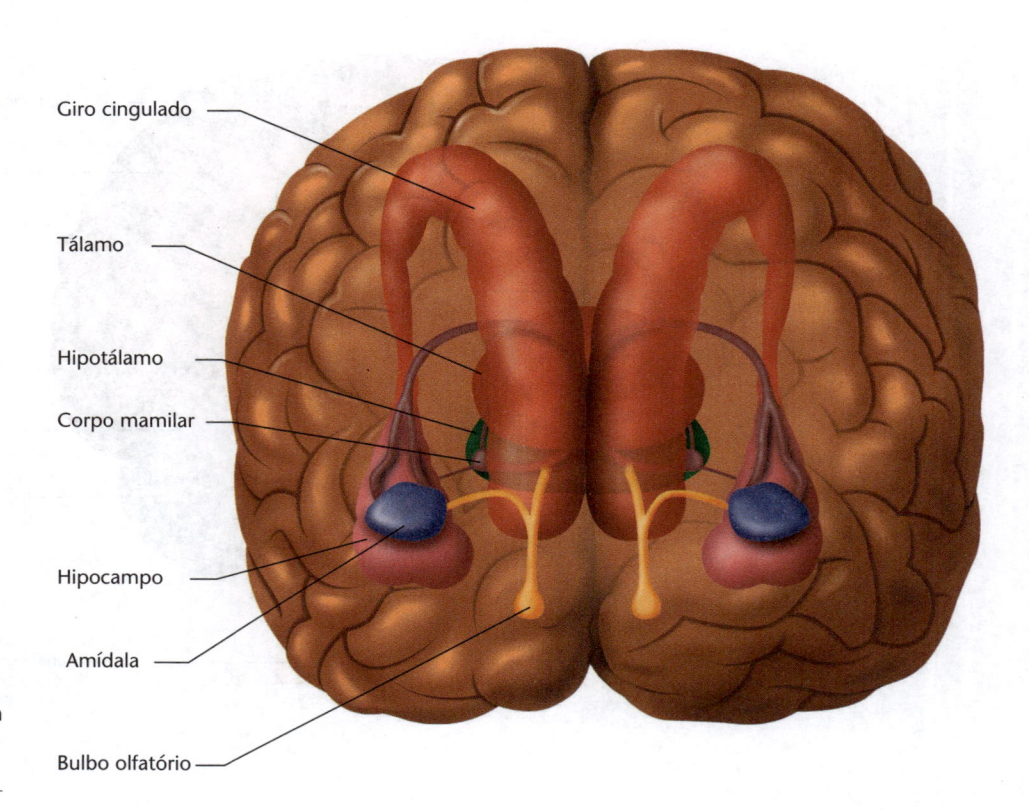

Figura 3.12 O sistema límbico é um conjunto de estruturas subcorticais que formam uma borda (ou limbo) ao redor do tronco cerebral.

ao longo do cérebro humano. A Figura 3.13 também inclui uma vista da superfície ventral do cérebro.

Na descrição do prosencéfalo, vamos começar com as áreas subcorticais. O próximo módulo focaliza o córtex cerebral. Os capítulos posteriores discutem certas áreas em mais detalhes à medida que se tornam relevantes.

Tálamo

O tálamo e o hipotálamo formam o *diencéfalo,* uma seção distinta do *telencéfalo,* que é o restante do prosencéfalo. O **tálamo** é um par de estruturas (esquerda e direita) no centro do prosencéfalo. O termo deriva da palavra grega que significa

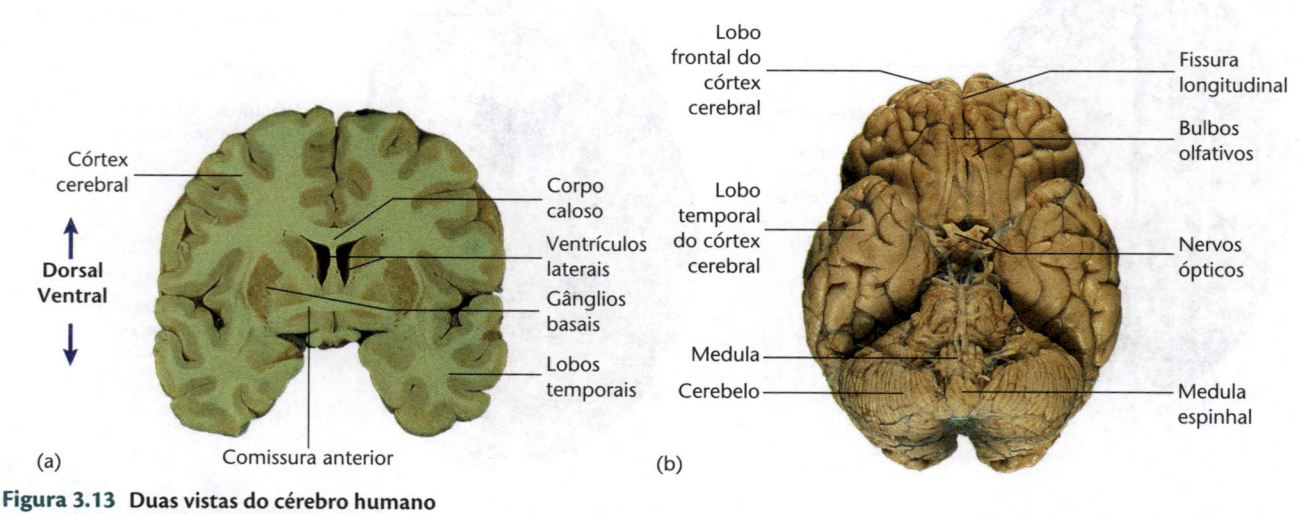

Figura 3.13 Duas vistas do cérebro humano
À esquerda: uma seção coronal. Observe como o corpo caloso e a comissura anterior fornecem comunicação entre os hemisférios esquerdo e direito. À direita: a superfície ventral. Os nervos ópticos (corte aqui) estendem-se aos olhos.
(Fonte: Dra. Dana Copeland)

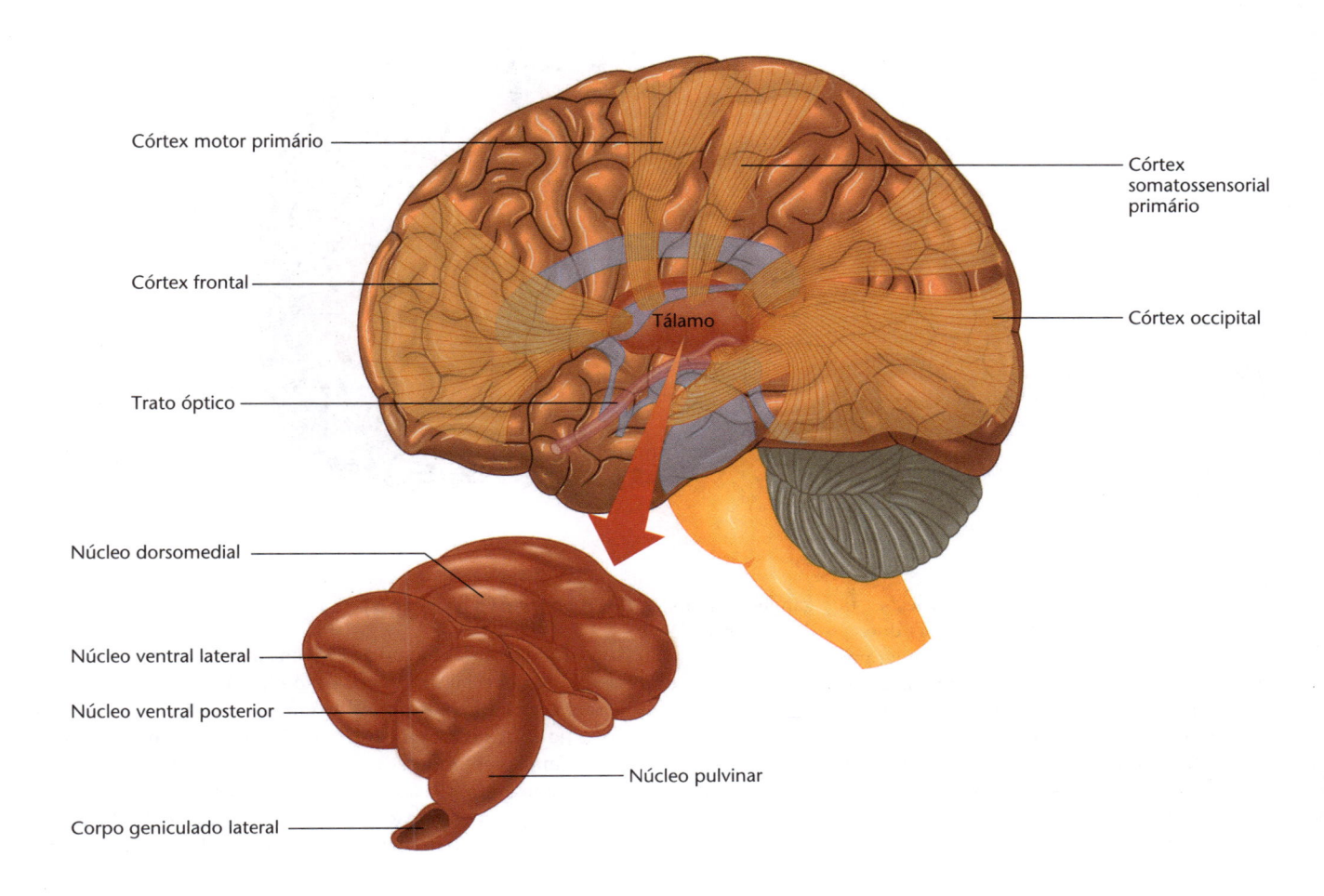

Figura 3.14 Vias de informação do tálamo ao córtex cerebral
Cada núcleo talâmico projeta seus axônios para uma parte diferente do córtex.
(Fonte: Baseada em Nieuwenhuys, Voogd, & vanHuijzen, 1988)

"antessala", "câmara interna" ou "cama nupcial". Assemelha-se a dois pequenos abacates unidos lado a lado, um no hemisfério esquerdo e outro no direito. A maioria das informações sensoriais primeiro é direcionada ao tálamo, que processa e envia essas informações ao córtex cerebral. Uma exceção a essa regra são as informações olfatórias, que vão dos receptores olfatórios aos bulbos olfatórios e, em seguida, diretamente ao córtex cerebral.

Muitos núcleos do tálamo recebem sua entrada de um sistema sensorial, como a visão, e transmitem informações para uma única área do córtex cerebral, como mostrado na Figura 3.14. O córtex cerebral envia informações de volta ao tálamo, prolongando e ampliando certos tipos de entrada e focalizando a atenção em estímulos específicos (Komura et al., 2001).

Hipotálamo e hipófise

O **hipotálamo**, uma pequena área próxima à base do cérebro um pouco ventral ao tálamo (ver Figuras 3.10 e 3.12), tem conexões generalizadas com o restante do cérebro. O hipotálamo contém núcleos distintos, que examinaremos nos capítulos sobre motivação e emoção. Em parte por meio dos nervos e em parte pela liberação de hormônios, o hipotálamo transmite mensagens à hipófise, alterando sua liberação de hormônios. Lesões em qualquer núcleo hipotalâmico levam a anormalidades nos comportamentos motivados, como comer, beber, regulação da temperatura, comportamento sexual, comportamento violento ou nível de atividades. Por causa desses importantes efeitos comportamentais, o pequeno hipotálamo atrai muita atenção de pesquisas.

A **hipófise** é uma glândula endócrina (produtora de hormônios) ligada à base do hipotálamo (ver Figura 3.10). Em resposta às mensagens do hipotálamo, a hipófise sintetiza hormônios que o sangue transporta para os órgãos do corpo.

Gânglios basais

Os **gânglios basais,** um grupo de estruturas subcorticais laterais ao tálamo, são compostos de três estruturas principais: o núcleo caudado, o putâmen e o globo pálido (ver Figura 3.15). Alguns estudiosos também incluem outras estruturas.

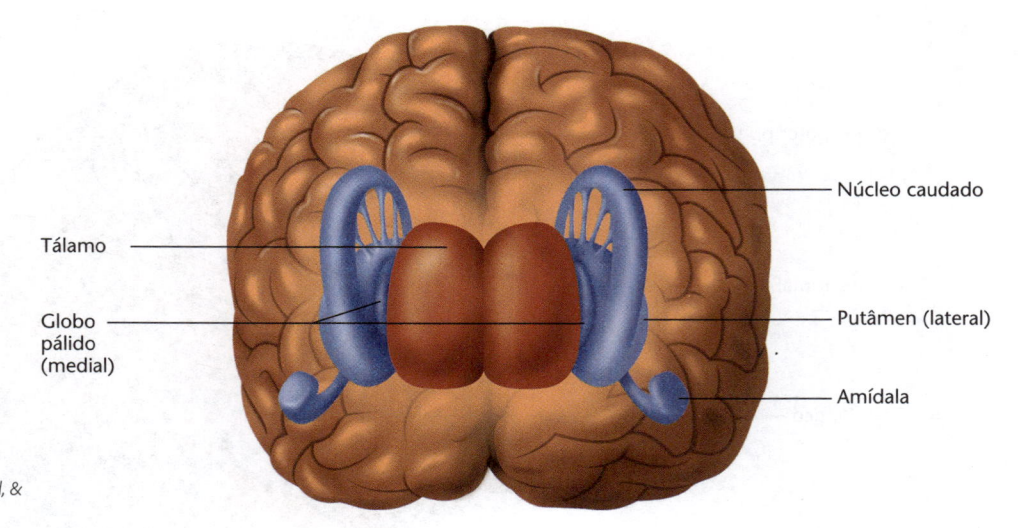

Figura 3.15 Os gânglios basais
O tálamo está no centro, os gânglios basais estão laterais a ele e o córtex cerebral está na parte externa.
(Fonte: Baseada em Nieuwenhuys, Voogd, & vanHuijzen, 1988)

Tálamo

Globo pálido (medial)

Núcleo caudado

Putâmen (lateral)

Amídala

Há muito tempo se sabe que lesões nos gânglios basais prejudicam o movimento, como nas doenças de Parkinson e de Huntington. Os gânglios basais integram os comportamentos motivacional e emocional para aumentar o vigor das ações selecionadas. Mas o papel dos gânglios basais vai além do movimento. Eles são essenciais para habilidades e hábitos aprendidos, bem como outros tipos de aprendizagem desenvolvidos gradualmente à medida que ganhamos experiência. Voltaremos aos gânglios basais em mais detalhes nos capítulos sobre movimento e memória.

Prosencéfalo basal

Uma das estruturas na superfície ventral do prosencéfalo, o **núcleo basal**, recebe informações do hipotálamo e dos gânglios basais e envia axônios que liberam acetilcolina para amplas áreas no córtex cerebral (ver Figura 3.16). O núcleo basal é uma parte fundamental do sistema cerebral para excitação, vigília e atenção, como discutido no capítulo sobre sono. Pacientes com doenças de Parkinson e de Alzheimer têm deficiências de intelecto e atenção decorrentes da inatividade ou deterioração do núcleo basal.

Núcleo basal

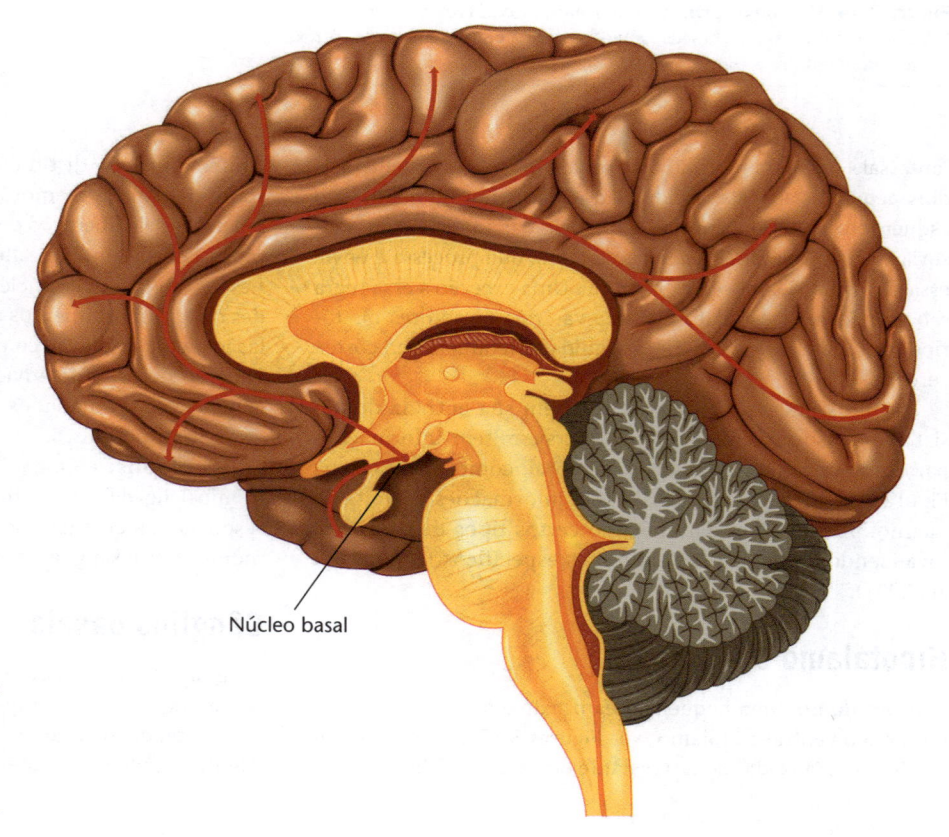

Figura 3.16 O prosencéfalo basal
O núcleo basal e outras estruturas nessa área enviam axônios por todo o córtex, aumentando sua excitação e vigília por meio da liberação do neurotransmissor acetilcolina.
(Fonte: Baseada em Woolf, 1991)

Hipocampo

O **hipocampo** (da palavra latina que significa "cavalo marinho", uma forma sugerida pelo hipocampo) é uma grande estrutura entre o tálamo e o córtex cerebral, predominantemente em direção à parte posterior do prosencéfalo, como mostrado na Figura 3.12. Analisamos o hipocampo em mais detalhes no capítulo sobre memória. A essência dessa discussão é que o hipocampo é crucial para certos tipos de memórias, especialmente memórias de eventos individuais. Ele também é essencial para monitorar onde você está e para onde está indo.

Os ventrículos

O sistema nervoso inicialmente desenvolveu-se como um tubo ao redor de um canal fluido. O canal persiste na idade adulta como o canal central no centro da medula espinal e como os **ventrículos,** quatro cavidades cheias de líquido dentro do cérebro. Cada hemisfério contém um dos dois grandes ventrículos laterais (ver Figura 3.17). Na direção posterior, eles se conectam ao terceiro ventrículo, posicionado na linha média, separando o tálamo esquerdo do tálamo direito. O terceiro ventrículo se conecta ao quarto ventrículo no centro da medula.

Células chamadas *plexo coroide* ao longo das paredes dos quatro ventrículos produzem o **líquido cefalorraquidiano (LCR)**, um fluido transparente semelhante ao plasma sanguíneo. O LCR preenche os ventrículos, fluindo dos ventrículos laterais para o terceiro e quarto ventrículos. Do quarto ventrículo, parte dele flui para o canal central da medula espinal mas um volume maior entra nos espaços estreitos entre o cérebro e as membranas finas das **meninges,** que circundam o cérebro e a medula espinal. Em um desses espaços estreitos, o espaço subaracnoideo, o sangue reabsorve gradualmente o LCR. Embora o cérebro não tenha receptores de dor, as meninges têm, e a meningite — inflamação das meninges — é dolorosa. Os vasos sanguíneos inchados nas meninges são responsáveis pela dor de uma enxaqueca (Hargreaves, 2007).

O LCR protege o cérebro contra choques mecânicos quando a cabeça se move. Ele também fornece flutuabilidade. Assim como o peso de uma pessoa é menor na água do que na terra, o LCR ajuda a suportar o peso do cérebro. Ele também fornece um reservatório de hormônios e nutrição para o cérebro e a medula espinal.

PARE & REVISE

7. Dos seguintes, quais estão no metencéfalo, quais estão no mesencéfalo e quais estão no prosencéfalo: gânglios basais, cerebelo, hipocampo, hipotálamo, medula, hipófise, ponte, substância negra, colículos superior e inferior, teto, tegmento, tálamo?
8. Qual área é a principal fonte de estímulos para o córtex cerebral?

RESPOSTAS

7. Metencéfalo: cerebelo, medula e ponte. Mesencéfalo: substância negra, colículos superior e inferior, teto e tegmento. Prosencéfalo: gânglios basais, hipocampo, hipotálamo, hipófise e tálamo. **8.** Tálamo.

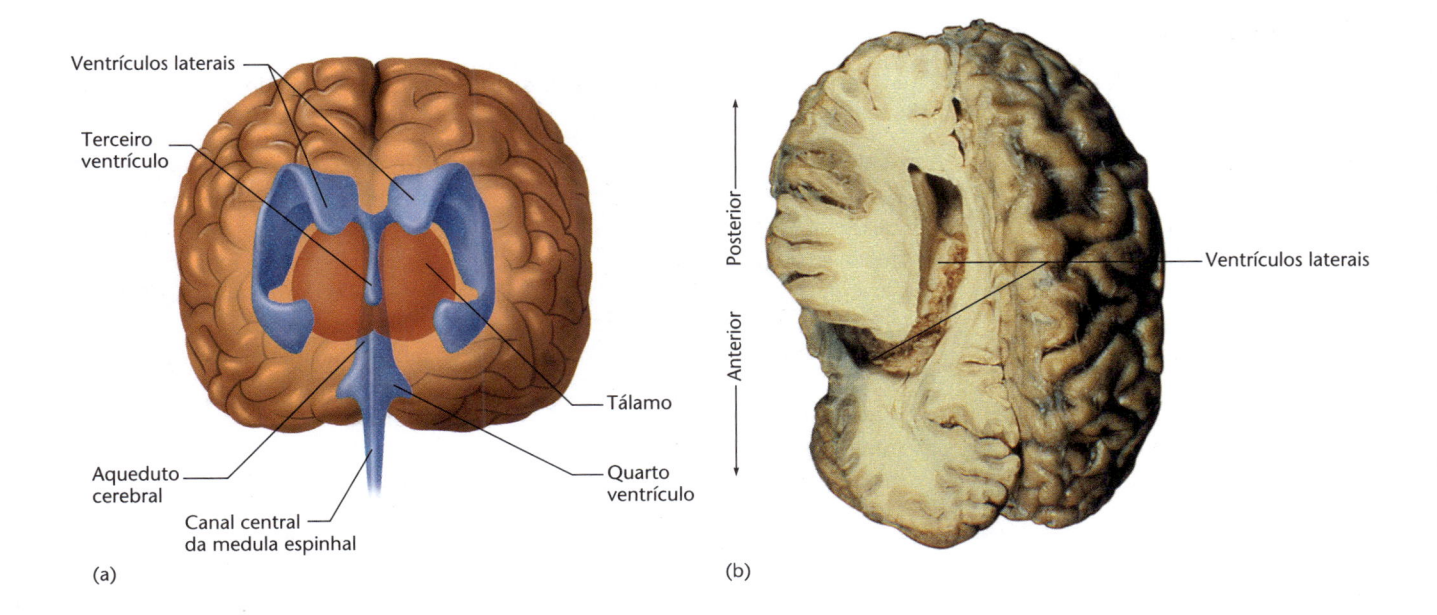

Figura 3.17 Os ventrículos cerebrais
(a) Diagrama mostrando as posições dos quatro ventrículos. **(b)** Foto de um cérebro humano, visto de cima, com um corte horizontal em um hemisfério para mostrar a posição dos ventrículos laterais.
(Fonte: Foto cortesia da dra. Dana Copeland)

Se o fluxo do LCR está obstruído, ele se acumula nos ventrículos ou no espaço subaracnoideos, aumentando a pressão no cérebro. Quando isso ocorre em bebês, os ossos do crânio se estendem, causando um crescimento excessivo da cabeça. Essa doença, conhecida como *hidrocefalia*, pode levar ao retardamento mental, embora os resultados variem de uma pessoa para outra.

Módulo 3.1 | Conclusão
Aprendendo neuroanatomia

O cérebro é uma estrutura complexa. Este módulo apresentou muitos termos e fatos. Não desanime se tiver dificuldade para lembrá-los. Será útil retornar a este módulo para revisar a anatomia à medida que você encontra as estruturas novamente nos capítulos mais adiante. Gradualmente, o material se tornará mais familiar.

Resumo

1. O sistema nervoso dos vertebrados tem duas divisões principais, o sistema nervoso central e o sistema nervoso periférico.
2. Cada segmento da medula espinhal tem um nervo sensorial e um nervo motor nos lados esquerdo e direito. As vias espinhais transmitem informações ao cérebro.
3. O sistema nervoso simpático (uma das duas divisões do sistema nervoso autônomo) ativa os órgãos internos do corpo durante atividades vigorosas. O sistema parassimpático (a outra divisão) promove a digestão e outros processos não emergenciais.
4. O sistema nervoso central consiste na medula espinhal, metencéfalo, mesencéfalo e prosencéfalo.
5. O metencéfalo consiste na medula, na ponte e no cerebelo. A medula e a ponte controlam a respiração, frequência cardíaca e outras funções vitais por meio dos nervos cranianos. O cerebelo contribui para o movimento, cronometrando intervalos curtos e certos tipos de aprendizado e condicionamento.
6. O córtex cerebral recebe as informações sensoriais, exceto para o olfato, do tálamo.
7. As áreas subcorticais do prosencéfalo incluem o tálamo, hipotálamo, hipófise, gânglios basais e hipocampo.
8. Os ventrículos cerebrais contêm líquido que fornece flutuabilidade e proteção para o cérebro.

Termos-chave

Os termos estão definidos no número de página indicado. Também são apresentados em ordem alfabética com a definição no Índice remissivo/Glossário do livro, que começa na p. 589.

amídala 75
cerebelo 73
colículo inferior 73
colículo superior 73
dorsal 69
gânglios basais 77
gânglios da raiz dorsal 70
hipocampo 79
hipófise 77
hipotálamo 77
líquido cefalorraquidiano (LCR) 79
matéria cinza 70
medula 73

medula espinhal 70
meninges 79
mesencéfalo 72
metencéfalo 72
nervos cranianos 73
neuroanatomia 67
núcleo basal 78
ponte 73
prosencéfalo 74
rombencéfalo 72
sistema límbico 74
sistema nervoso autônomo 69
sistema nervoso central (SNC) 68

sistema nervoso parassimpático 71
sistema nervoso periférico (SNP) 68
sistema nervoso simpático 71
sistema nervoso somático 69
substância branca 71
substância negra 73
tálamo 76
tegmento 73
teto 73
tronco cerebral 72
ventral 69
ventrículos 79

Questão complexa

O nervosismo interfere na excitação sexual. Explique por que, com referência aos sistemas nervosos simpático e parassimpático.

Módulo 3.1 | Questionário final

1. O que significa *ventral*?
   - A. Para o lado
   - B. Para a frente
   - C. Em direção ao estômago
   - D. Em direção à cabeça

2. Se duas estruturas estão no lado esquerdo ou no lado direito, qual é a relação delas?
   - A. Medial
   - B. Ventral
   - C. Ipsilateral
   - D. Contralateral

3. O que é um *sulco* no cérebro?
   - A. Um sulco que separa um giro de outro.
   - B. Uma cavidade cheia de líquido.
   - C. Um conjunto de axônios entre uma estrutura cerebral e outra.
   - D. Uma diminuição temporária na atividade.

4. Qual é a função das raízes dorsais da medula espinhal?
   - A. Elas recebem informações sensoriais.
   - B. Elas controlam a saída motora.
   - C. Elas transmitem informações do cérebro à medula espinhal.
   - D. Elas transmitem informações da medula espinhal ao cérebro.

5. O que o sistema nervoso parassimpático controla?
   - A. Atividades de luta ou fuga
   - B. Atividades vegetativas
   - C. Comportamento social
   - D. Hábitos aprendidos

6. Qual destes controla a respiração, frequência cardíaca e salivação?
   - A. O hipocampo
   - B. Os nervos cranianos
   - C. Gânglios basais
   - D. A hipófise

7. Qual destes é parte do prosencéfalo?
   - A. Hipocampo
   - B. Medula
   - C. Ponte
   - D. Cerebelo

8. Qual estrutura fornece a maioria das informações diretas para o córtex cerebral?
   - A. Pares cranianos
   - B. Medula
   - C. Tálamo
   - D. Glândula pineal

9. O que os ventrículos contêm?
   - A. Corpos celulares de neurônios densamente compactados
   - B. Glias
   - C. Líquor
   - D. Axônios longos

Respostas: 1C, 2C, 3A, 4A, 5B, 6B, 7A, 8C, 9C.

Módulo 3.2

O córtex cerebral

A parte mais proeminente do cérebro dos mamíferos é o **córtex cerebral**. As células na superfície externa do córtex cerebral são a substância cinzenta, e os axônios que se estendem para dentro são substância branca (ver Figura 3.13a). Os neurônios em cada hemisfério comunicam-se com os neurônios na parte correspondente do outro hemisfério por meio de dois feixes de axônios, o **corpo caloso** (ver Figuras 3.10, 3.11 e 3.13) e a **comissura anterior menor** (ver Figura 3.13). Várias outras comissuras (vias ao longo da linha média) conectam as estruturas subcorticais.

A organização básica do córtex cerebral é notavelmente semelhante entre as espécies de vertebrados (Harris & Shepherd, 2015). O córtex visual está no mesmo local, o córtex auditivo está no mesmo local etc., mas o tamanho dos diferentes cérebros varia muito. Os maiores cérebros dos mamíferos são 100 mil vezes maiores do que os menores (Herculano-Houzel, 2011).

Se compararmos as espécies de mamíferos, veremos diferenças quanto ao tamanho do córtex cerebral e grau das dobraduras (ver Figura 3.18). Comparado a outros mamíferos de tamanho semelhante, os **primatas** — macacos, macaquinhos e humanos — têm um córtex cerebral maior, mais dobraduras e mais neurônios por unidade de volume (Herculano-Houzel, 2011). Animais maiores, como elefantes, têm cérebros maiores, mas também neurônios maiores e menos neurônios por unidade de volume. Os seres humanos têm quase três vezes mais neurônios no córtex cerebral do que os elefantes, embora o cérebro do elefante seja duas vezes maior (Herculano-Houzel

et al., 2015). Na Figura 3.19, os pesquisadores organizaram os insetívoros e primatas, da esquerda para a direita, em termos da porcentagem do cérebro dedicada ao prosencéfalo, incluindo o córtex cerebral (Clark, Mitra, & Wang, 2001). Eles também inseriram musaranhos, uma espécie frequentemente considerada intermediária entre insetívoros e primatas. Observe que, à medida que a proporção dedicada ao prosencéfalo aumenta, os tamanhos relativos do mesencéfalo e da medula diminuem, ou seja, seres humanos e outros primatas têm um córtex cerebral maior do que outras espécies, em proporção ao restante do cérebro.

Curiosamente, o cerebelo ocupa uma porcentagem quase constante — cerca de 10% a 14% do cérebro na maioria das espécies (Herculano-Houzel et al., 2015). A maioria das espécies tem cerca de quatro neurônios (a maioria minúsculos) no cerebelo para cada um no córtex cerebral (Herculano-Houzel, 2011). Por quê? Boa pergunta. Elefantes, porém, têm um número muito maior de neurônios no cerebelo, proporcional ao restante do cérebro (Herculano-Houzel et al., 2015). Por quê? Outra boa pergunta.

Organização do córtex cerebral

A estrutura microscópica das células do córtex cerebral varia entre uma área cortical e outra, assim como a densidade de neurônios por volume varia (Collins, 2011). Muitas pesquisas

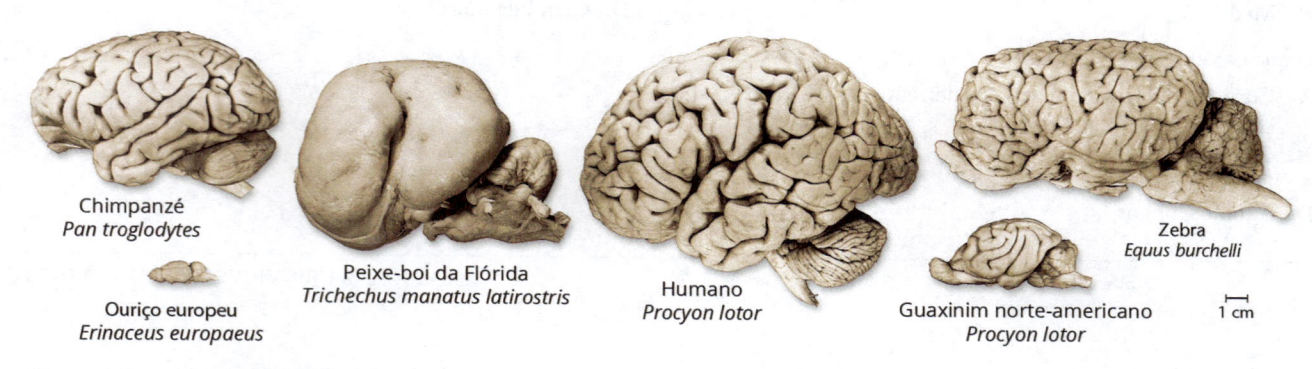

Chimpanzé
Pan troglodytes

Peixe-boi da Flórida
Trichechus manatus latirostris

Humano
Procyon lotor

Guaxinim norte-americano
Procyon lotor

Zebra
Equus burchelli

Ouriço europeu
Erinaceus europaeus

1 cm

Figura 3.18 Comparação de cérebros de mamíferos
Os mamíferos têm as mesmas subáreas cerebrais nos mesmos locais.
(Fonte: Coleção comparativa de cérebros de mamíferos da University of Wisconsin-Madison, Wally Welker, curador. Projeto apoiado pela National Science Foundation)

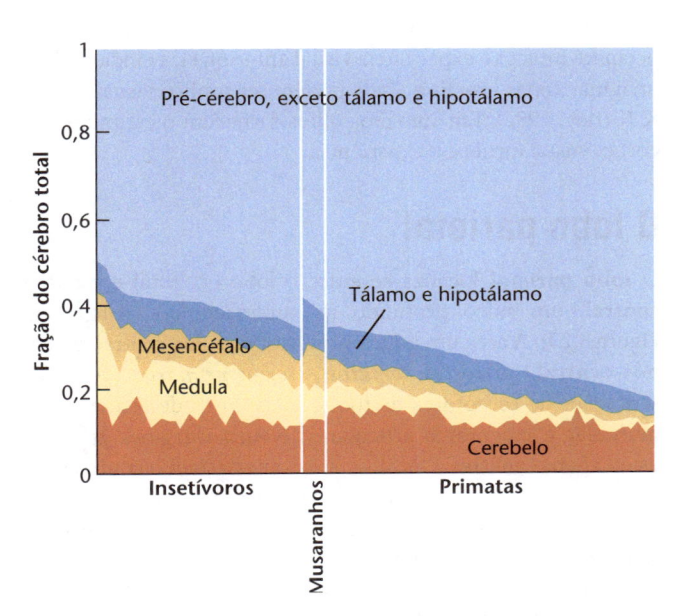

Figura 3.19 Tamanhos relativos dos cinco componentes cerebrais em insetívoros e primatas
O prosencéfalo compõe uma porcentagem maior dos cérebros de primatas do que de insetívoros. Observe também a fração quase constante dedicada ao cerebelo.
(Fonte: Figura 1, p. 189, de "Scalable architecture in mammalian brains", de D. A. Clark, P. P. Mitra, & S. S-H. Wang, 2001, Nature, 411, pp. 189-193. Reproduzida com permissão da Nature. © 2001 Macmillan Magazine Limited)

e a proeminência dessas lâminas variam de uma parte do córtex para outra, e uma determinada lâmina pode não estar presente em certas áreas. A lâmina V, que envia axônios longos para a medula espinhal e outras áreas distantes, é mais espessa no córtex motor, que tem o maior controle dos músculos. A lâmina IV, que recebe axônios dos núcleos sensoriais do tálamo, é proeminente nas áreas sensoriais do córtex (visual, auditiva e somatossensorial), mas não está presente no córtex motor.

As células do córtex também são organizadas em **colunas** de células perpendiculares às lâminas. A Figura 3.21 ilustra a ideia de colunas, embora na natureza elas não sejam tão retas. As células em uma dada coluna têm propriedades semelhantes. Por exemplo, se uma célula de uma coluna responde ao toque na palma da mão esquerda, as outras células dessa coluna também respondem. Se uma célula responde a um padrão horizontal de luz em um local específico, as outras células da coluna respondem ao mesmo padrão em locais próximos.

Agora analisaremos partes específicas do córtex. Pesquisadores fazem distinções sutis entre as áreas do córtex cerebral com base na estrutura e função das células. Por conveniência, agrupamos essas áreas em quatro *lobos* nomeados de acordo com os ossos do crânio que se encontram ao longo deles: occipital, parietal, temporal e frontal.

foram realizadas para entender a relação entre estrutura e função.

Em humanos e na maioria dos outros mamíferos, o córtex cerebral contém até seis diferentes **lâminas,** camadas de corpos celulares paralelas à superfície do córtex e separadas umas das outras por camadas de fibras (ver Figura 3.20). A espessura

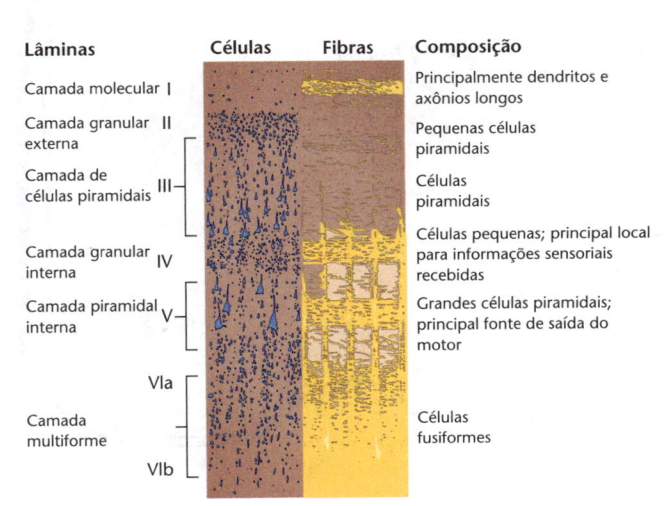

Figura 3.20 As seis lâminas do córtex cerebral humano
(Fonte: Adaptada de Ranson, & Clark, 1959)

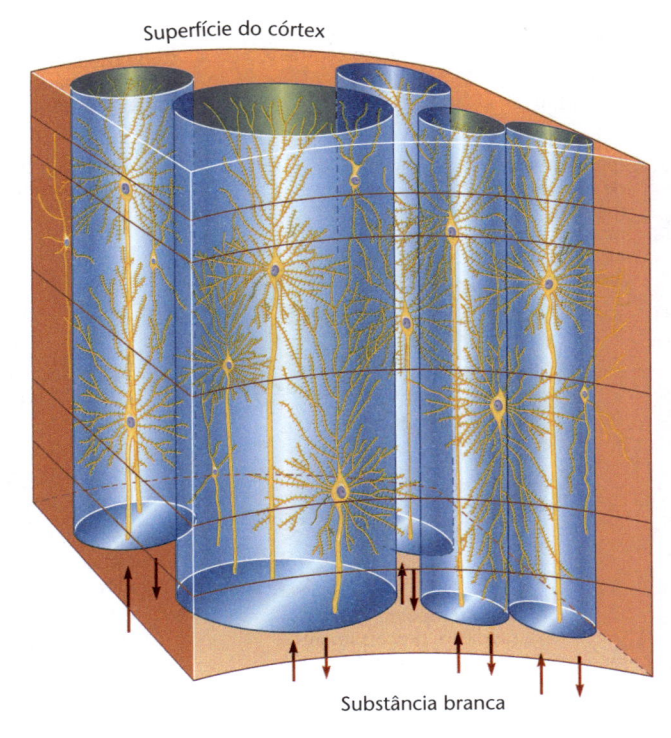

Figura 3.21 Colunas no córtex cerebral
Cada coluna se estende por várias lâminas. Os neurônios em uma dada coluna têm propriedades semelhantes. Por exemplo, no córtex somatossensorial, os neurônios em determinada coluna respondem à estimulação da mesma área da pele.

PARE & REVISE

9. Se todos os vários neurônios do córtex visual respondem melhor quando a retina é exposta a linhas horizontais de luz, então esses neurônios provavelmente estão na mesma _____.

RESPOSTA

9. coluna

O lobo occipital

O **lobo occipital**, na extremidade posterior (caudal) do córtex (ver Figura 3.22), é o principal alvo das informações visuais. O polo posterior do lobo occipital é conhecido como *córtex visual primário*, ou *córtex estriado*, devido à sua aparência listrada na seção transversal. A destruição de qualquer parte do córtex estriado causa *cegueira cortical* na parte relacionada do campo visual. Por exemplo, danos extensos ao córtex estriado do hemisfério direito causam cegueira no campo visual esquerdo (ou seja, o lado esquerdo do mundo da perspectiva do observador). Uma pessoa com cegueira cortical tem olhos e reflexos pupilares normais, mas nenhuma percepção visual consciente e nenhuma imagem visual (nem mesmo em sonhos). Pessoas que sofrem lesões oculares ficam cegas, mas se têm o córtex occipital intacto e experiência visual anterior, elas ainda podem imaginar cenas visuais e ainda podem ter sonhos visuais (Sabo & Kirtley, 1982). Em suma, os olhos fornecem o estímulo, e o córtex visual fornece a experiência.

O lobo parietal

O **lobo parietal** localiza-se entre o lobo occipital e o **sulco central**, um sulco profundo na superfície do córtex (ver Figura 3.23). A área um pouco posterior ao sulco central, o **giro pós-central**, ou *córtex somatossensorial primário*, recebe as sensações de receptores de toque, receptores de retesamento muscular e receptores articulares. Neurocirurgiões às vezes usam apenas anestesia local — isto é, anestesiam o couro cabeludo, mas deixam o cérebro desperto. Se durante esse processo o giro pós-central é levemente estimulado, as pessoas relatam sensações de formigamento no lado oposto do corpo.

O giro pós-central inclui quatro faixas de células paralelas ao sulco central. Áreas distintas ao longo de cada faixa recebem informações simultâneas de diferentes partes do corpo, como mostrado na Figura 3.23a (Nicolelis et al., 1998). Duas das faixas recebem principalmente informações de toque leve, uma recebe informações de pressão profunda e a outra recebe uma combinação de ambas (Kaas, Nelson, Sur, Lin, & Merzenich,

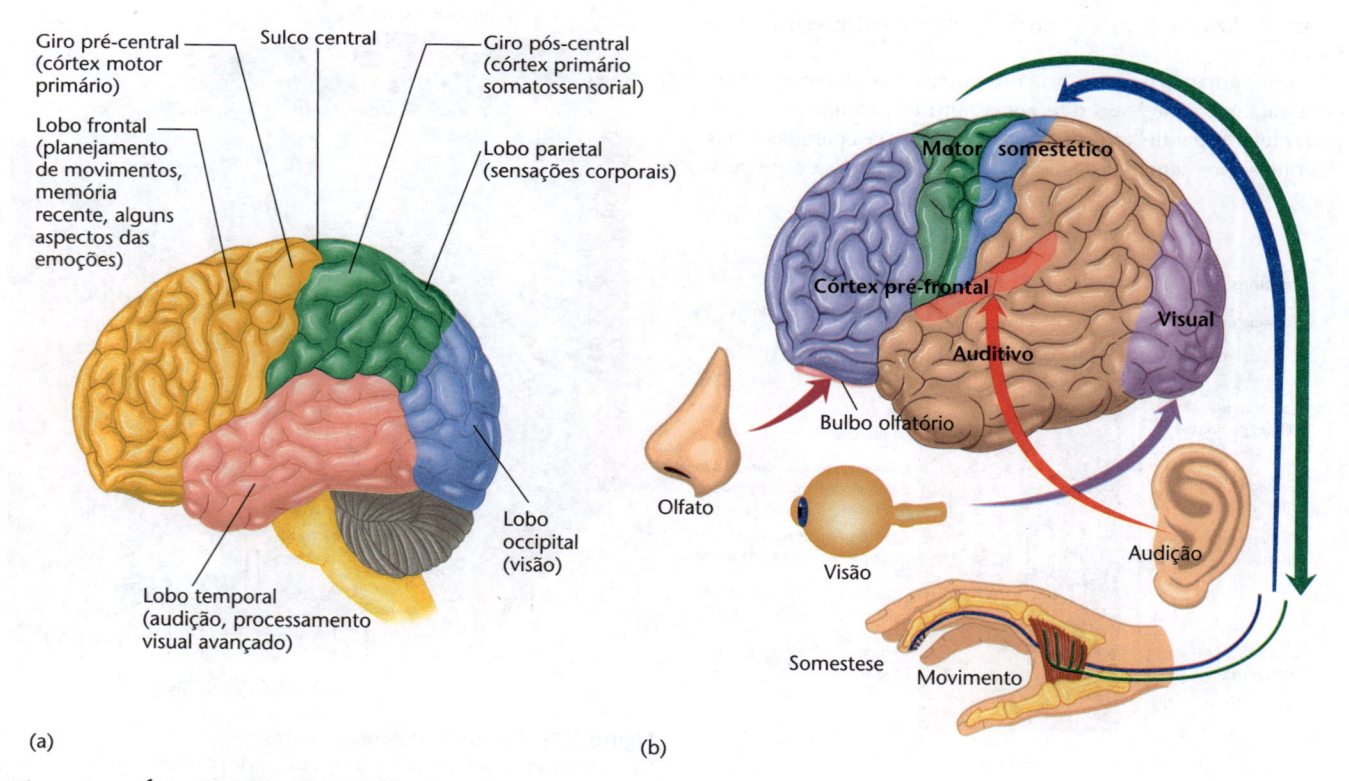

Figura 3.22 Áreas do córtex cerebral humano
(a) Os quatro lobos: occipital, parietal, temporal e frontal. **(b)** O córtex sensorial primário para visão, audição e sensações corporais; o córtex motor primário; e o bulbo olfatório, responsável pelo sentido do olfato.
(Fonte da parte b: Deacon, 1990)

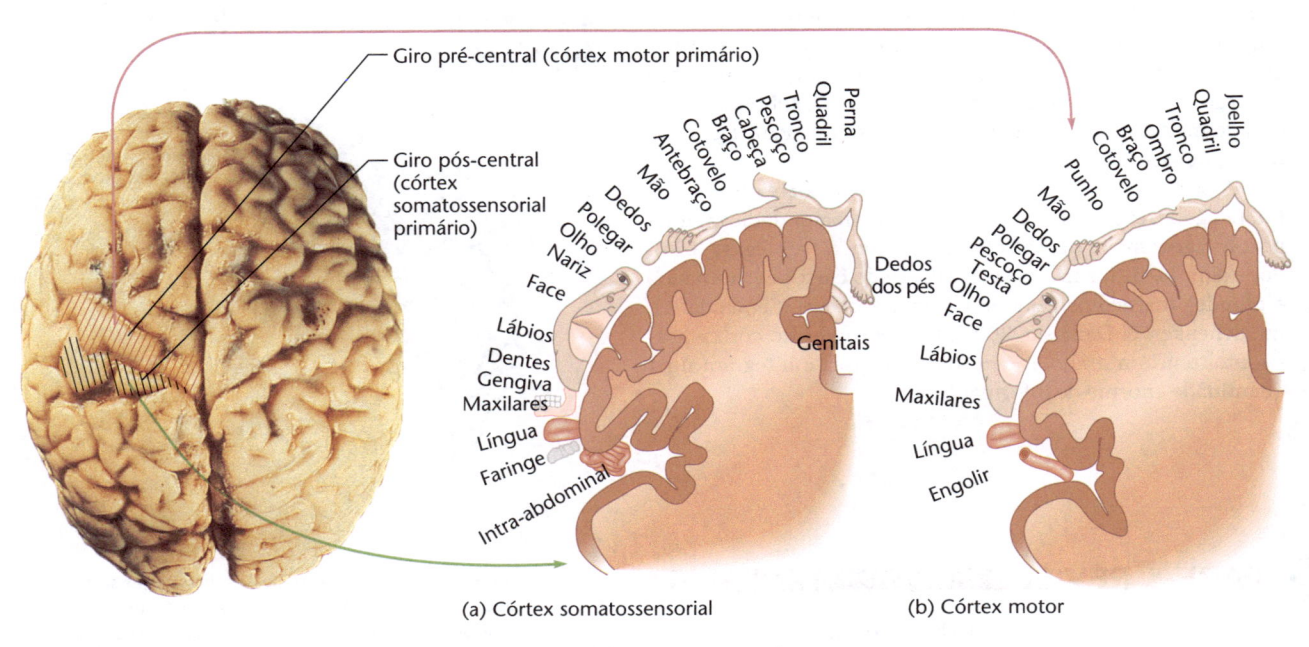

Figura 3.23 Representação aproximada das informações sensoriais e motoras no córtex
(a) Cada local no córtex somatossensorial representa a sensação de uma parte diferente do corpo. **(b)** Cada local no córtex motor regula o movimento de uma parte diferente do corpo.
(Fonte: Baseada em Penfield, & Rasmussen, 1950)

1979). Com efeito, o giro pós-central representa o corpo quatro vezes.

As informações sobre toque e localização do corpo são importantes não apenas por si sós, mas também para interpretar as informações visuais e auditivas. Por exemplo, se você vê algo na parte superior esquerda do campo visual, o cérebro precisa saber para qual direção seus olhos estão voltados, a posição da cabeça e a inclinação do corpo antes de determinar a localização de qualquer coisa que você vê. O lobo parietal monitora todas as informações sobre as posições dos olhos, cabeça e corpo e transmite-as para as áreas do cérebro que controlam o movimento. O lobo parietal é essencial não apenas para informações espaciais, mas também para informações numéricas (Hubbard, Piazza, Pinel, & Dehaene, 2005). Essa sobreposição faz sentido ao considerar todas as maneiras como os números se relacionam ao espaço — incluindo o fato de que inicialmente usamos os dedos para contar.

O lobo temporal

O **lobo temporal** é a porção lateral de cada hemisfério, próximo às têmporas (ver Figura 3.22). É o alvo cortical primário para informações auditivas. O lobo temporal humano — na maioria dos casos, o lobo temporal esquerdo — é essencial para a compreensão da linguagem falada. O lobo temporal também contribui para os aspectos complexos da visão, incluindo percepção do movimento e reconhecimento de faces. Um tumor no lobo temporal pode dar origem a alucinações auditivas ou visuais complicadas, enquanto um tumor no lobo occipital normalmente gera apenas sensações simples, como luz intermitente. Quando pacientes psiquiátricos relatam alucinações, varreduras cerebrais detectam muita atividade nos lobos temporais (Dierks et al., 1999).

Os lobos temporais também são importantes para comportamentos emocionais e motivacionais. Lesões no lobo temporal podem levar a um conjunto de comportamentos conhecido como **síndrome de Kluver-Bucy** (em homenagem aos pesquisadores que a descreveram pela primeira vez). Macacos antes selvagens e agressivos não demonstram sensações de medo e ansiedade normais após lesões no lobo temporal (Kluver & Bucy, 1939). Eles colocam quase tudo que encontram na boca e tentam pegar cobras e fósforos acesos (que macacos sem lesões evitam sistematicamente). É difícil interpretar esse comportamento. Por exemplo, um macaco pode lidar com uma cobra porque não tem mais medo (uma mudança emocional) ou porque não reconhece mais o que é uma cobra (uma mudança cognitiva). Exploramos essas questões no capítulo sobre emoção.

O lobo frontal

O **lobo frontal**, que contém o córtex motor primário e o córtex pré-frontal, estende-se do sulco central ao limite anterior do cérebro (ver Figura 3.22). A parte posterior do lobo frontal, o **giro pré-central**, é especializada no controle de movimentos tênues, como mover um dedo. Áreas distintas são responsáveis por diferentes partes do corpo, principalmente no lado contralateral (oposto), mas também com ligeiro controle do (mesmo) lado ipsilateral. A Figura 3.23b mostra o diagrama tradicional do giro pré-central, também conhecido como *córtex motor* *primário*. Nenhuma área do córtex motor controla um único músculo. Se, em geral, dois músculos se movem juntos, como os músculos que controlam o dedo mínimo e o anular, então as áreas do cérebro que controlam um deles se sobrepõem em grande medida àquelas que controlam o outro (Ejaz, Hamada, & Diedrichsen, 2015).

A parte mais anterior do lobo frontal é o **córtex pré-frontal**. Em geral, espécies com córtex cerebral maior dedicam uma porcentagem maior dele ao córtex pré-frontal (ver Figura 3.24). Por exemplo, ele forma uma parte maior do córtex em humanos e grandes macacos do que em outras espécies (Semendeferi, Lu, Schenker, & Damasio, 2002). Os neurônios do córtex pré-frontal têm um grande número de sinapses e integram uma quantidade enorme de informações.

A ascensão e queda das lobotomias pré-frontais

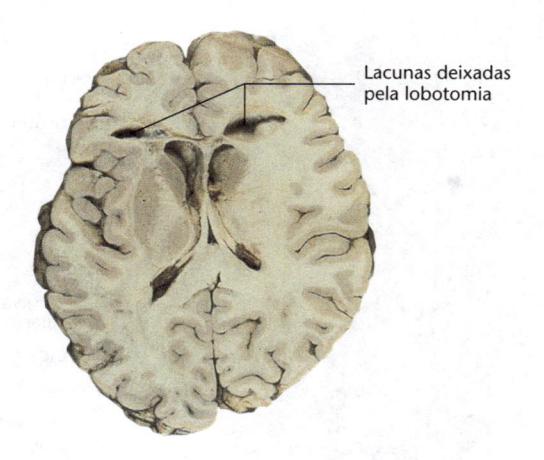

Corte horizontal do cérebro de uma pessoa que sofreu lobotomia pré-frontal muitos anos antes. Os dois orifícios no córtex frontal são os resultados visíveis da operação.
(Fonte: Dra. Dana Copeland)

Você provavelmente já ouviu falar do procedimento infame conhecido como **lobotomia pré-frontal** — desligamento cirúrgico do córtex pré-frontal do restante do cérebro. A cirurgia consistia em danificar o córtex pré-frontal ou cortar suas conexões com o restante do córtex. A lobotomia começou com um relato de que danificar o córtex pré-frontal de primatas de laboratório tornava-os mais domesticados sem prejudicar visivelmente suas sensações ou coordenação. Alguns médicos

✓ PARE & REVISE

10. Qual lobo do córtex cerebral inclui o córtex auditivo primário?
11. Qual lobo do córtex cerebral inclui o córtex somatossensorial primário?
12. Qual lobo do córtex cerebral inclui o córtex visual primário?
13. Qual lobo do córtex cerebral inclui o córtex motor primário?

RESPOSTAS

10. Lobo temporal 11. Lobo parietal 12. Lobo occipital 13. Lobo frontal

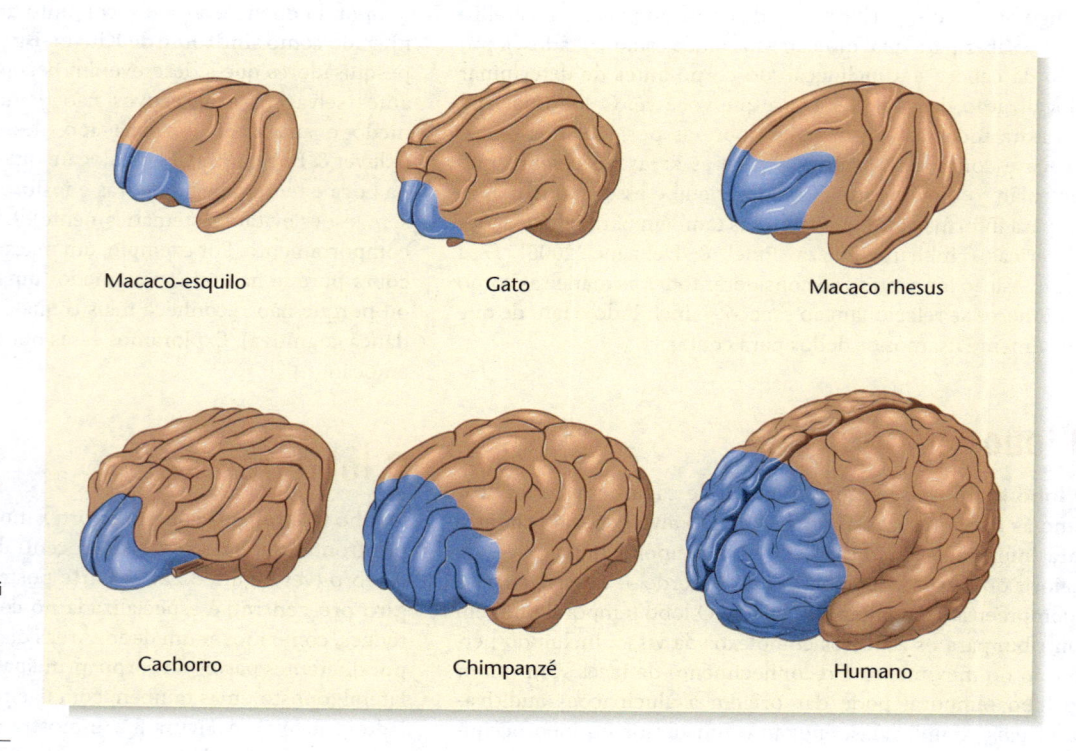

Figura 3.24 Diferenças de espécies no córtex pré-frontal
Observe que o córtex pré-frontal (área azul) constitui uma proporção maior do cérebro humano do que dessas outras espécies.
(Fonte: Baseada em Fuster, 1989)

Macaco-esquilo — Gato — Macaco rhesus — Cachorro — Chimpanzé — Humano

ponderaram imprecisamente (!) que a mesma cirurgia poderia ajudar pessoas que sofriam de distúrbios psiquiátricos graves e intratáveis.

No final da década de 1940 e início da década de 1950, em uma época em que as restrições legais e éticas na medicina eram complacentes, cerca de 40 mil lobotomias pré-frontais foram realizadas nos Estados Unidos (Shutts, 1982), muitas delas por Walter Freeman, um médico não diplomado em cirurgia. Suas técnicas eram rudes, mesmo para os padrões da época, e usavam instrumentos como furadeira elétrica e picareta de metal. Ele realizou muitas cirurgias em seu consultório e em outros locais não hospitalares. (Freeman carregava os equipamentos no carro, que ele chamava "lobotomóvel".)

No início, Freeman e outros limitaram a técnica a pessoas com esquizofrenia grave, para as quais não havia tratamento eficaz disponível na época. Mais tarde, Freeman lobotomizou pessoas com distúrbios menos graves, incluindo algumas pessoas que consideraríamos normais pelos padrões atuais. Depois que as terapias medicamentosas se tornaram disponíveis em meados da década de 1950, as lobotomias rapidamente caíram em desuso.

Entre as consequências comuns da lobotomia pré-frontal estão apatia, perda da capacidade de planejar e tomar iniciativa, distúrbios de memória, distração e perda de expressões emocionais (Stuss, & Benson, 1984). Pessoas com lesão pré-frontal perderam suas inibições sociais, ignorando as regras de conduta educada e civilizada. Frequentemente, agiam por impulso porque não calculavam adequadamente os resultados prováveis de seus comportamentos.

Funções do córtex pré-frontal

Uma análise de milhares de estudos concluiu que o córtex pré-frontal tem três regiões principais (de la Vega, Chang, Banich, Wager, & Yarkoni, 2016). A parte posterior está associada principalmente ao movimento. A zona intermediária pertence à memória de trabalho, controle cognitivo e reações emocionais. A memória de trabalho é a capacidade de lembrar eventos recentes, como onde você estacionou o carro ou o que estava falando antes de uma interrupção. Pessoas com lesões no córtex pré-frontal têm problemas na **tarefa de resposta atrasada,** em que eles veem ou ouvem algo, e então têm de responder a isso depois de um atraso.

A zona anterior do córtex pré-frontal é importante para a tomada de decisões, avaliando qual dos vários cursos de ação tem probabilidade de alcançar o melhor resultado. Ao decidir se vai fazer algo, você considera a dificuldade da ação, as probabilidades de sucesso e fracasso, e qual o valor a possível recompensa teria para você, considerando todas as coisas. Por exemplo, a probabilidade de ganhar uma pizza tem menos valor se você acabou de jantar. A oportunidade de ganhar alguns pontos de crédito extra é importante se você acha que está no limite entre duas notas, mas menos importante se não estiver. Se você pode escolher entre gastar dinheiro agora ou poupá-lo para mais tarde, você tenta comparar a possibilidade do prazer atual e a possível necessidade de dinheiro mais tarde. As células no córtex pré-frontal respondem a todos esses fatores complexos (Hunt et al., 2012; Wallis, 2012). Pessoas com lesão cortical pré-frontal costumam tomar decisões que parecem impulsivas, porque não ponderaram todos os prováveis prós e contras.

✓ PARE & REVISE

14. Quais são as funções do córtex pré-frontal?

RESPOSTA

14. A parte posterior contribui para o controle do movimento. A parte do meio pertence à memória de trabalho, controle cognitivo e emoção. A parte anterior compara vários tipos de informações para tomar uma decisão.

Como as partes funcionam juntas?

Eis uma questão teórica que os pesquisadores quase não consideraram antes de cerca de 1990: como as várias áreas do cérebro se combinam para produzir uma experiência unificada? Ao comer algo, você sente o cheiro no nariz e o gosto e o tato na língua como uma experiência única (Stevenson, 2014). Se sacudir algo que faz barulho, você percebe que o que você vê é também o que você sente e o que ouve. Mas como você faz isso? Cada um dos sentidos ativa uma área diferente do córtex, e essas áreas têm apenas conexões fracas entre si.

A questão de como várias áreas do cérebro produzem a percepção de um único objeto é conhecida como **problema de associação,** ou problema de integração em grande escala. Em uma época passada, os pesquisadores pensavam que vários tipos de informações sensoriais convergiam para o que chamavam de áreas de associação do córtex. A suposição deles era de que essas áreas associam uma sensação com outra, ou sensações atuais com memórias de experiências anteriores. Pesquisas posteriores descobriram que relativamente poucas células associam um sentido com outro (Blanke, 2012). Mesmo quando associam, não respondem totalmente à questão de como vinculamos as informações sensoriais. Por exemplo, certos neurônios no córtex temporal posterior quando você vê uma motosserra e quando ouve o som que ela faz, ou ambos quando você vê uma britadeira e quando ouve o som de uma britadeira (Man, Kaplan, Damásio, & Meyer, 2012). No entanto, certamente você não nasceu sabendo que som uma motosserra ou uma britadeira produz. De alguma forma, essas células tiveram que desenvolver essas propriedades por meio da experiência. Do mesmo modo, muitos neurônios no colículo superior respondem a mais de um sistema sensorial, mas eles mudam constantemente suas propriedades com base na experiência (Stein, Stanford, & Rowland, 2014).

Embora os pesquisadores não possam explicar totalmente a ligação, eles sabem o que é necessário para que ela ocorra: ela ocorre se você perceber duas sensações acontecendo ao mesmo tempo e aproximadamente no mesmo local. Por exemplo, quando um ventríloquo habilidoso diz algo e faz com que a boca do boneco se mova ao mesmo tempo, você percebe que o som vem do boneco. Como parte dessa ilusão, o estímulo visual altera a resposta do córtex auditivo, de modo que o som realmente pareça vir do mesmo local que a boca do boneco (Bonath et al., 2007; Bruns, Liebnau, & Röder, 2011) Por outro lado, se você assiste a um filme em um idioma estrangeiro mal dublado, os lábios não se movem ao mesmo tempo que a fala, e você percebe que as palavras *não* vieram desses lábios.

Aplicando esses princípios, os pesquisadores arrumaram uma câmera para filmar as costas de uma pessoa e, simultaneamente, enviavam as imagens para uma tela tridimensional

Figura 3.25 Onde estou?
Enquanto alguém acariciava as costas da pessoa, uma câmera de vídeo transmitia a informação para que a pessoa pudesse visualizá-la, parecendo estar alguns metros à frente. Depois de alguns minutos, a pessoa sentiu como se o corpo estivesse, de fato, alguns metros à frente de onde estava.
(Fonte: "Video ergo sum: Manipulating bodily self-consciousness", de B. Lenggenhager, T. Tadi, T. Metzinger, & O. Blanke, 2007, Science, 317, pp. 1096–1099)

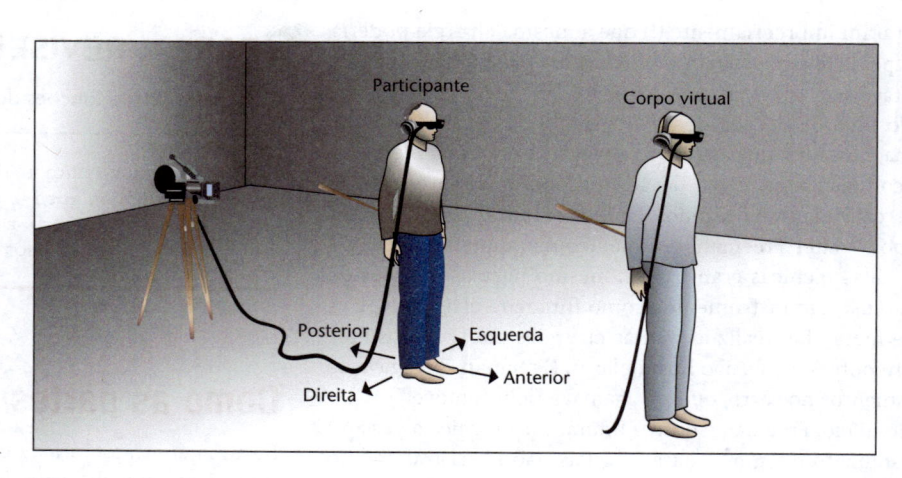

montada na cabeça dessa pessoa, como mostrado na Figura 3.25. Imagine que você seja o participante. À medida que assiste ao vídeo das suas costas, que parece estar a 2 metros à sua frente, então alguém acaricia suas costas. Você sente simultaneamente o toque e vê a ação que parece estar 2 metros à frente. Depois de um tempo, você começa a sentir que seu corpo está 2 metros à sua frente! Quando solicitado "Por favor, volte ao seu assento", você caminha até um ponto deslocado do assento real, como se estivesse realmente 2 metros à frente de sua posição atual (Lenggenhager, Tadi, Metzinger, & Blanke, 2007).

Suponha que você veja uma luz intermitente uma vez enquanto ouve dois bipes. Às vezes você vai pensar que viu a luz piscar duas vezes. Se o tom é suave, talvez você experimente o oposto: o tom emite dois bipes durante uma intermitência da luz, e você acha que ouviu um único bipe. Se viu três luzes piscando, pode pensar que ouviu três bipes (Andersen, Tiippana, & Sams, 2004). A quase simultaneidade das luzes e dos sons faz com que você os associe e tenha a ilusão que altera sua percepção de um ou de outro. A associação geralmente falha se as telas piscarem muito brevemente ou enquanto o visualizador está distraído (Holcombe & Cavanagh, 2001; Lehky, 2000).

Eis outra excelente demonstração (Robertson, 2005). Posicione-se paralelamente a um grande espelho, como mostrado na Figura 3.26, de forma que possa ver a mão direita e o reflexo no espelho. Mantenha a mão esquerda fora de vista. Agora aperte e abra repetidamente as duas mãos em uníssono. Mexa os dedos, toque o polegar com cada dedo e assim por diante, sempre fazendo a mesma coisa com as duas mãos ao mesmo tempo. Você sentirá continuamente a mão esquerda fazendo a mesma coisa que vê a mão no espelho fazer, o que (sendo o espelho a imagem da mão direita) se parece com a mão esquerda. Depois de dois ou três minutos, você pode começar a sentir que a mão no espelho é a mão esquerda.

Em uma variação desse procedimento, os pesquisadores fizeram um experimento de tocar a mão direita real de alguém e uma mão de borracha ao lado dela, ao mesmo tempo e da mesma maneira, permitindo que a pessoa visse as duas mãos. Em questão de minutos, as pessoas relataram sentir que tinham duas mãos direitas, além da mão esquerda invisível (Guterstam, Petkova, & Ehrsson, 2011). Portanto, as evidências indicam que associamos duas experiências que ocorrem ao mesmo tempo. Ainda assim, permanece a questão teórica de como exatamente fazemos isso.

TENTE VOCÊ

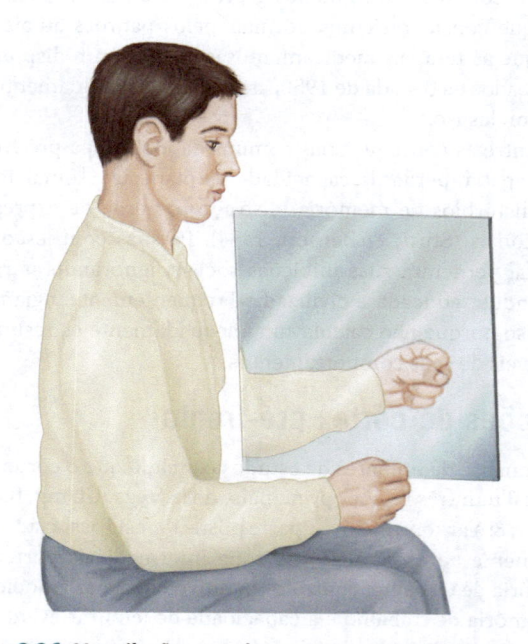

Figura 3.26 Uma ilusão para demonstrar a associação
Abra e feche as duas mãos enquanto olha para a mão direita e o reflexo dela no espelho. Mantenha a mão esquerda fora de vista. Depois de alguns minutos, você pode começar a sentir a mão refletida no espelho como a esquerda.

✓ PARE & REVISE

15. O que significa o problema de associação e o que é necessário para que a associação ocorra?

RESPOSTA

15. O problema de associação refere-se à maneira como o cérebro combina a atividade em diferentes áreas do cérebro para produzir percepção unificada e comportamento coordenado. A ligação requer a identificação da localização de um objeto e percepção da visão, som e outros aspectos de um estímulo como sendo simultâneos. Quando a visão e o som parecem vir do mesmo local ao mesmo tempo, nós os associamos como uma única experiência.

Módulo 3.2 | Conclusão

Funções do córtex cerebral

O córtex cerebral é a maior porção do cérebro humano, mas não é o cérebro inteiro. Qual é a sua função? A função primária parece ser a de elaborar informações sensoriais e organizar sequências de comportamentos. Mesmo os peixes, que não têm córtex cerebral, podem ver, ouvir etc., mas o córtex cerebral nos permite adicionar grande complexidade ao nosso comportamento.

Resumo

1. Embora o tamanho do cérebro varie entre as espécies de mamíferos, a organização geral é semelhante.
2. O córtex cerebral tem seis lâminas (camadas) de neurônios. Uma dada lâmina pode não estar presente em certas partes do córtex. Por exemplo, a lâmina responsável pelas informações sensoriais não está presente no córtex motor. O córtex é organizado em colunas de células dispostas perpendicularmente às lâminas.
3. O lobo occipital do córtex é predominantemente responsável pela visão. Lesões em uma área do lobo occipital levam à cegueira em uma parte do campo visual.
4. O lobo parietal processa as sensações corporais. O giro pós-central contém quatro representações do corpo.
5. O lobo temporal contribui para a audição, aspectos complexos da visão e processamento de informações emocionais.
6. O lobo frontal inclui o giro pré-central, que controla os movimentos tênues. Também inclui o córtex pré-frontal.
7. O córtex pré-frontal é importante para o planejamento de ações, memória de trabalho, certos aspectos da emoção e tomada de decisões.
8. O problema de associação refere-se à maneira como conectamos atividades em diferentes áreas do cérebro, como imagens e sons. A associação requer a percepção de que dois aspectos de um estímulo (como visão e som) ocorreram no mesmo local ao mesmo tempo.

Termos-chave

Os termos estão definidos no número de página indicado. Também são apresentados em ordem alfabética com a definição no Índice remissivo/Glossário do livro, que começa na p. 589.

- colunas 83
- comissura anterior menor 82
- corpo caloso 82
- córtex cerebral 82
- córtex pré-frontal 86
- giro pós-central 84
- giro pré-central 85
- lâminas 83
- lobo frontal 85
- lobo occipital 84
- lobo parietal 84
- lobo temporal 85
- lobotomia pré-frontal 86
- primatas 82
- problema de associação 87
- síndrome de Kluver-Bucy 85
- sulco central 84
- tarefa de resposta atrasada 87

Questão complexa

Quando macacos com a síndrome de Kluver-Bucy pegam fósforos acesos e cobras, não sabemos se eles estão exibindo um déficit emocional ou incapacidade de identificar o objeto. Que tipo de método de pesquisa pode ajudar a responder a essa pergunta?

Módulo 3.2 | Questionário final

1. Qual é a principal maneira como o córtex cerebral das espécies de mamíferos varia?
   - A. Os locais do córtex visual e auditivo variam entre as espécies.
   - B. Alguns mamíferos têm um córtex cerebral e outros não.
   - C. O tamanho e o grau de dobradura dos cérebros são diferentes.
   - D. O número de lâminas varia de 2 a 12.

2. Em qual desses aspectos os primatas diferem dos elefantes quanto ao córtex cerebral?
   A. Os primatas têm mais neurônios por unidade de volume.
   B. Os primatas têm um maior volume de córtex cerebral.
   C. O tamanho médio dos neurônios é maior nos primatas.
   D. O comprimento médio dos axônios é maior nos primatas.

3. Qual é a relação entre colunas e lâminas no córtex cerebral?
   A. Cada coluna contém uma e apenas uma lâmina.
   B. Cada coluna atravessa uma lâmina após a outra.
   C. Algumas partes do córtex têm colunas e outras, lâminas.
   D. Uma coluna é apenas outra palavra para uma lâmina.

4. Onde está o córtex visual primário?
   A. Lobo temporal
   B. Lobo frontal
   C. Lobo parietal
   D. Lobo occipital

5. Onde está o córtex somatossensorial visual primário?
   A. Lobo temporal
   B. Lobo frontal
   C. Lobo parietal
   D. Lobo occipital

6. Onde está o córtex auditivo primário?
   A. Lobo temporal
   B. Lobo frontal
   C. Lobo parietal
   D. Lobo occipital

7. Onde está o córtex motor primário?
   A. Lobo temporal
   B. Lobo frontal
   C. Lobo parietal
   D. Lobo occipital

8. As principais funções do córtex pré-frontal incluem quais dos seguintes?
   A. Perceber a localização das partes do corpo no espaço.
   B. Fornecer um grupo de neurônios imaturos para substituir aqueles danificados em outras áreas do cérebro.
   C. Controle dos reflexos.
   D. Memória de trabalho e avaliação dos prós e contras de uma possível ação.

9. Qual é o problema de associação?
   A. A dificuldade de coordenar o lado esquerdo do corpo com o lado direito.
   B. A dificuldade de sincronizar a produção de uma população de axônios.
   C. A questão de como percebemos sensações distintas como parte de um único objeto.
   D. A questão de como uma pessoa bilíngue alterna entre um idioma e outro.

Respostas: 1C, 2A, 3B, 4D, 5C, 6A, 7B, 8D, 9C.

Módulo 3.3

Métodos de pesquisa

Descrever a estrutura do cérebro só aumenta nosso conhecimento da psicobiologia depois que descobrimos como ela funciona. Ao longo deste livro, discutiremos muitos métodos sobre como relacionar a estrutura do cérebro à sua função. Mas a maioria dos métodos enquadra-se em algumas categorias. Este módulo fornece uma visão geral dessas categorias e a lógica por trás delas:

1. *Examinar os efeitos de lesões cerebrais.* Após lesão ou inativação temporária, quais aspectos do comportamento são prejudicados?
2. *Examinar os efeitos da estimulação de uma área do cérebro.* Idealmente, se lesões em alguma área prejudica um comportamento, estimular essa área deve melhorar o comportamento.
3. *Registrar a atividade cerebral durante o comportamento.* Podemos registrar mudanças na atividade cerebral durante luta, sono, procura de comida, solução de um problema ou qualquer outro comportamento.
4. *Correlacionar a anatomia do cérebro com o comportamento* Pessoas com algum comportamento incomum também têm cérebros incomuns? Se sim, de que maneira?

Efeitos de lesões cerebrais

Em 1861, o neurologista francês Paul Broca descobriu que um paciente que havia perdido a capacidade de falar apresentava lesões em parte do córtex frontal esquerdo. Outros pacientes com perda da fala também apresentavam lesões dentro e ao redor dessa área, agora conhecida como *área de Broca*. Embora muito mais pesquisas fossem necessárias para explorar as funções dessa área, sua descoberta revolucionou a neurologia porque muitos outros médicos da época duvidavam que diferentes áreas do cérebro tivessem funções diferentes.

Desde então, os pesquisadores fizeram inúmeros relatos de defeitos comportamentais após lesões cerebrais. Lesões cerebrais podem produzir incapacidade de reconhecer faces, incapacidade de perceber movimento, deslocamento da atenção para o lado direito do mundo, mudanças na motivação e emoção, deficiências de memória e uma série de outros efeitos especializados. As implicações são profundas: se perder parte do cérebro, você perderá parte da mente.

Muitos dos resultados mais interessantes vêm de seres humanos com lesões cerebrais, mas os estudos em humanos têm suas limitações. Poucas pessoas têm lesões restritas a uma única área do cérebro, e o padrão da lesão cerebral de cada pessoa é único. Portanto, os pesquisadores muitas vezes se voltam para a produção de danos cuidadosamente localizados em animais de laboratório. **Ablação** é a remoção de uma área do cérebro, geralmente com bisturi. Como a remoção cirúrgica é difícil para estruturas minúsculas abaixo da superfície do cérebro, os pesquisadores às vezes produzem uma **lesão**, ou seja, um dano, por meio de um **instrumento estereotáxico,** um dispositivo para a inserção precisa de eletrodos no cérebro (ver Figura 3.27). Consultando um atlas estereotáxico (mapa) do cérebro de uma espécie, o pesquisador aponta um eletrodo na posição desejada em relação aos pontos de referência no crânio. O pesquisador anestesia o animal, faz um pequeno orifício no crânio, insere o eletrodo (isolado exceto na ponta), desce até o alvo e passa uma corrente elétrica suficiente para danificar essa área. Por exemplo, os pesquisadores produziram lesões em partes do hipotálamo para explorar as contribuições para comer e beber. Após a morte do animal, coleta-se fatias do cérebro, aplica-se coloração e verifica-se a localização real do dano.

Figura 3.27 Um instrumento estereotáxico para localizar áreas do cérebro em pequenos animais
Usando esse dispositivo, os pesquisadores podem inserir um eletrodo para estimular, registrar ou danificar qualquer ponto no cérebro.

Suponha que um pesquisador produza uma lesão e identifique algum déficit comportamental. Você pode perguntar: "Como sabemos que o déficit não foi causado pela anestesia do animal, pela perfuração de um orifício no crânio e pela inserção de um eletrodo neste alvo?". Para testar essa possibilidade, um experimentador produz uma *lesão simulada* em um grupo de controle, realizando todos os mesmos procedimentos, exceto pela passagem da corrente elétrica. Qualquer diferença comportamental entre os dois grupos deve ser decorrente da lesão e não dos outros procedimentos.

Uma lesão elétrica é uma técnica rudimentar que danifica os axônios que passam e também os neurônios na própria área. Os pesquisadores usam esse método com menos frequência hoje do que no passado. Em vez disso, eles podem injetar uma substância química que mata os neurônios, ou os desativa temporariamente, sem danificar os axônios que passam. Eles também podem injetar uma substância química que desativa um tipo específico de sinapse. Outra opção é a *abordagem de nocaute de gene* que direciona uma mutação para um gene que regula um tipo de célula, transmissor ou receptor.

Estimulação magnética transcraniana (EMT), a aplicação de estimulação magnética a uma parte do couro cabeludo, pode estimular neurônios na área abaixo do ímã, se a estimulação for suficientemente breve e leve. Com uma estimulação mais forte, ela inativa os neurônios, produzindo uma "lesão virtual" que dura mais do que a própria estimulação magnética (Dayan, Censor, Buch, Sandrini, & Cohen, 2013). Esse procedimento permite que os pesquisadores estudem o comportamento com alguma área do cérebro ativa, então inativa e depois novamente ativa. A Figura 3.28 mostra o aparelho de EMT. Por exemplo, um estudo descobriu que depois que a EMT desativava a área da mão do córtex motor, as pessoas tinham problemas com a tarefa de girar mentalmente a mão como em uma foto para imaginar como que ela se pareceria de um ângulo diferente (Ganis, Keenan, Kosslyn e Pascual-Leone, 2000). Ou seja, ao imaginar ver sua mão de um ângulo diferente, você imagina movê-la, não apenas vê-la se mover.

Após qualquer tipo de lesão ou inativação cerebral, o problema para os psicólogos é especificar o déficit comportamental exato. Por exemplo, ao danificar uma área do cérebro e o animal parar de comer, você não sabe por quê. Ele perdeu a fome? Sua capacidade de saborear alimentos? Sua capacidade de encontrar comida? Sua capacidade de se mover? Seriam necessários testes comportamentais adicionais para explorar as possibilidades.

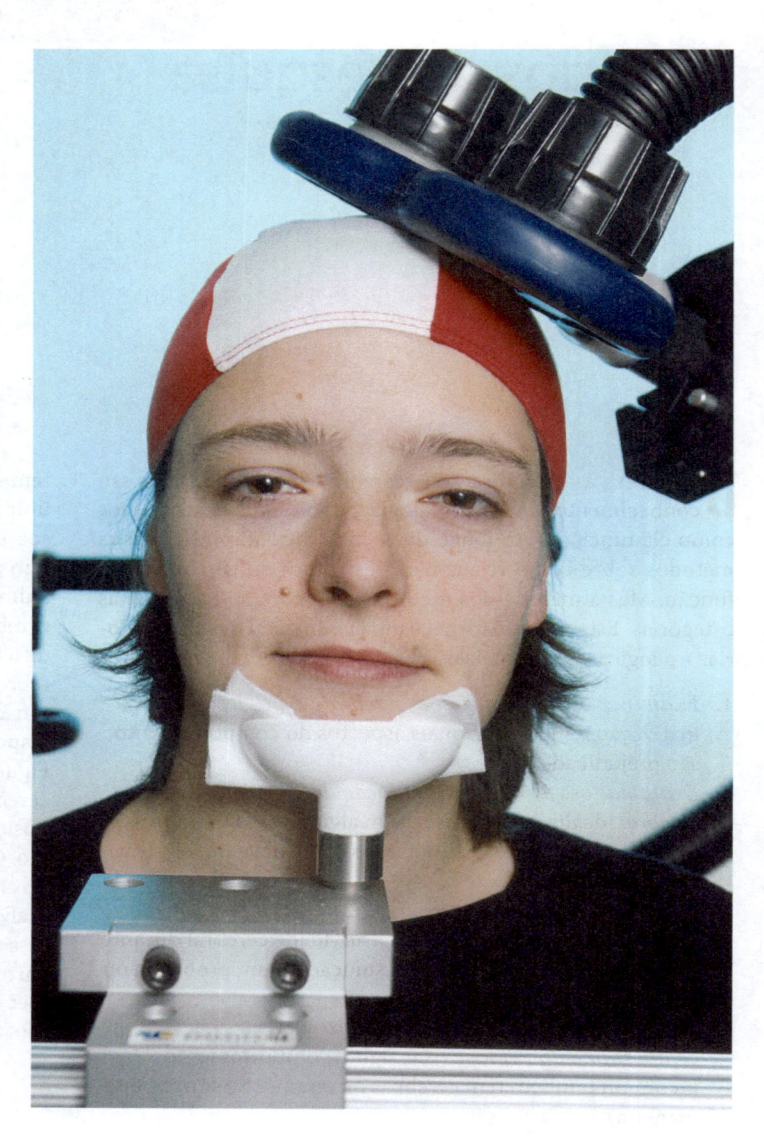

Figura 3.28 Aparelho para estimulação magnética do cérebro humano
O procedimento é conhecido como estimulação magnética transcraniana ou EMT.
(BSIP SA/Alamy Stock Photo)

Efeitos da estimulação cerebral

Se a lesão cerebral prejudica algum comportamento, a estimulação deve aumentá-lo. A maneira antiga de lesão é inserir um eletrodo no cérebro de um animal e fornecer correntes suaves e breves para estimular uma área ou outra. A importância desse método é limitada, porque uma dada área tem muitos tipos de neurônios com funções variadas. A corrente elétrica estimula todos eles, bem como a passagem de axônios.

Uma abordagem conhecida hoje é a **optogenética,** uso da luz para controlar uma população limitada de neurônios. O desenvolvimento desse método exigia três etapas, cada uma das quais seria inútil sem as outras, e cada uma parecia quase impossível. Apesar das razões enormes para pessimismo, Karl Deisseroth e seus colegas persistiram nos esforços por anos, até que o método estava pronto para uso amplo em 2009 (Deisseroth, 2015).

✅ PARE & REVISE

16. Qual é a diferença entre uma lesão e uma ablação?

RESPOSTA

16. Uma lesão é um dano a uma estrutura. Uma ablação é a remoção da estrutura. Por exemplo, um coágulo sanguíneo pode produzir uma lesão, enquanto a cirurgia pode produzir uma ablação.

Karl Deisseroth

[Um] ponto final [é] o valor essencial da pesquisa científica exploratória básica. ... Parece improvável que os experimentos iniciais descritos aqui tenham sido financiados, como tal, por programas de concessão típicos com foco no estado da doença ... Os avanços trazidos pela optogenética baseada em opsina microbiana podem informar a fisiopatologia dos estados da doença neurológica e psiquiátrica ... além das amplas descobertas da ciência básica. (Deisseroth, 2015, p. 1224)

A primeira etapa foi descobrir ou inventar uma proteína que responde à luz produzindo uma corrente elétrica. Certos micróbios produzem essas proteínas, que os pesquisadores encontraram maneiras de modificar. Uma proteína reage à luz abrindo um canal de sódio, estimulando o neurônio, e outra reage, abrindo um canal de cloreto, produzindo inibição. A segunda etapa foi desenvolver vírus que inserem uma dessas proteínas em um determinado tipo de neurônio, ou mesmo em apenas uma parte do neurônio, como o axônio ou os dendritos (Packer, Roska, & Häusser, 2013). A terceira etapa foi desenvolver fibras ópticas muito finas que podem irradiar a quantidade certa de luz nos neurônios em uma área do cérebro estreitamente direcionada.

Usando esses métodos, um pesquisador pode controlar a estimulação ou inibição de um tipo de neurônio em uma pequena área do cérebro com precisão de milissegundos. Assim, os pesquisadores conseguem estudar a função de dadas células com mais detalhes do que nunca. Alguns médicos começaram a aplicar a optogenética a pacientes humanos para tentar controlar a narcolepsia (um distúrbio do sono) e outros transtornos clínicos ou psiquiátricos.

O sucesso da optogenética inspirou métodos relacionados que podem estimular tipos específicos de neurônios por meio de campos magnéticos ou por injeções de substâncias químicas (Smith, Bucci, Luikart, & Mahler, 2016; Wheeler et al., 2016). Esses métodos ativam um número maior de neurônios ao mesmo tempo que os métodos optogenéticos ativam.

PARE & REVISE

17. O que determina se a estimulação optogenética ativa ou inibe um neurônio?

RESPOSTA 17. A estimulação optogenética ativa uma proteína sensível à luz. Se essa proteína abre um canal de sódio na membrana, o resultado é a estimulação do neurônio. Se abrir um canal de cloreto, o resultado é a inibição.

Registrando a atividade cerebral

Suponha que o dano a alguma área do cérebro prejudique um comportamento (comer, por exemplo) e a estimulação dessa área aumente o comportamento. Podemos reforçar a conclusão mostrando que a área aumenta sua atividade durante as ocorrências espontâneas do comportamento. Também podemos usar registros do cérebro para fins exploratórios: durante um dado comportamento ou atividade cognitiva, quais áreas do cérebro aumentam suas atividades?

Com animais de laboratório, um método é inserir um eletrodo para registrar a atividade de um único neurônio. Analisaremos exemplos desse método no capítulo sobre visão. As novas tecnologias permitem que os pesquisadores registrem dezenas a centenas de neurônios simultaneamente (Luczak, McNaughton, & Harris, 2015).

Em raras ocasiões, os pesquisadores inserem um eletrodo em um neurônio humano para registrar a atividade, quando o cérebro é exposto antes de uma cirurgia cerebral. Com muito mais frequência, pesquisas em humanos dependem de métodos não invasivos, ou seja, registros de fora do crânio. Um **eletroencefalógrafo** registra a atividade elétrica do cérebro através de eletrodos — variando de apenas alguns a mais de cem — inseridos no couro cabeludo (ver Figura 3.29). Eletrodos colados no couro cabeludo medem a atividade média em qualquer momento para a população de células sob o eletrodo. A saída é então amplificada e registrada. O EEG é útil para distinguir entre vigília e vários estágios do sono. Também pode ajudar a diagnosticar epilepsia, embora o médico talvez precise realizar o teste repetidamente ou testar a pessoa em condições especiais antes de ver o padrão EEG anormal que é característico da epilepsia (Renzel, Baumann, & Poryazova, 2016; Salinsky, Kanter, & Dasheiff, 1987).

O mesmo dispositivo utilizado para EEG também pode registrar a atividade cerebral em resposta a um estímulo, caso em que chamamos os resultados de **potenciais provocados** ou **respostas provocadas**. As respostas provocadas são úteis para muitos propósitos, como estudos com lactentes muito novos que não conseguem responder verbalmente (Parise & Csibra, 2012).

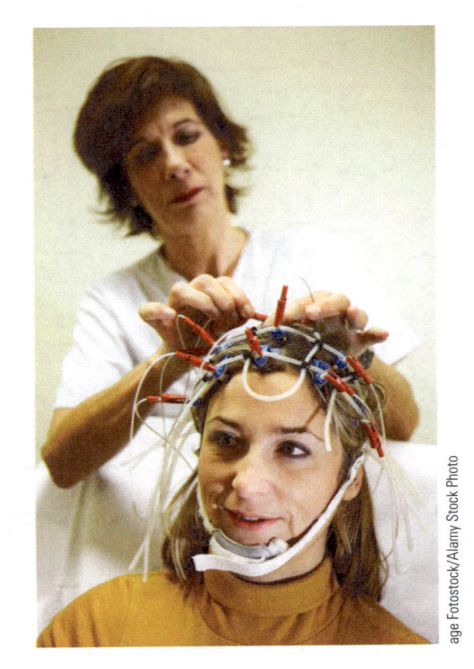

Figura 3.29 Eletroencefalografia
Um eletroencefalograma registra a atividade geral dos neurônios sob vários eletrodos inseridos no couro cabeludo.

O **magnetoencefalógrafo (MEG)** é semelhante ao EEG, mas, em vez de medir a atividade elétrica, mede os campos magnéticos tênues gerados pela atividade cerebral (Hari, 1994). Como o EEG, uma gravação MEG identifica a localização aproximada da atividade em cerca de 1 centímetro. O MEG tem excelente resolução temporal, mostrando mudanças de 1 milissegundo para o próximo.

A Figura 3.30 mostra um registro MEG das respostas cerebrais a um tom breve percebido pela orelha direita. O diagrama representa a cabeça humana vista de cima, com o nariz na parte superior (Hari, 1994). Utilizando o MEG, os pesquisadores podem identificar os momentos em que várias áreas do cérebro respondem e, assim, rastrear as ondas das atividades cerebrais do ponto de origem às outras áreas que as processam (Salmelin, Hari, Lounasmaa, & Sams, 1994).

A **tomografia por emissão de pósitrons** (*positron emission tomography* – **PET**) fornece imagens de alta resolução da atividade em um cérebro vivo registrando a emissão da radioatividade das substâncias químicas injetadas. Primeiro, a pessoa recebe uma injeção de glicose ou alguma outra substância química contendo átomos radioativos. Como as áreas mais ativas do cérebro aumentam o uso de glicose, monitorar os níveis de glicose informa algo sobre a atividade cerebral. Quando um átomo radioativo decai, ele libera um pósitron que imediatamente colide com um elétron adjacente, emitindo dois raios

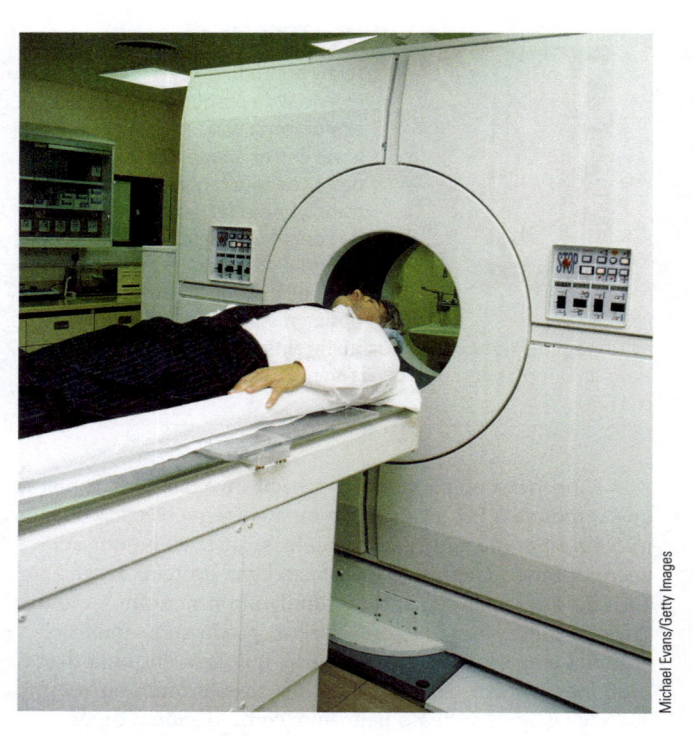

Figura 3.31 Exame PET
Uma pessoa se envolve em uma tarefa cognitiva e permanece fixa a esse aparelho que registra quais áreas do cérebro se tornam mais ativas e em quanto tempo.

gama em direções opostas. A cabeça da pessoa é circundada por um conjunto de detectores de raios gama (ver Figura 3.31). Quando dois detectores registram os raios gama ao mesmo tempo, eles identificam um ponto no meio do caminho entre esses detectores como o ponto de origem dos raios gama. Um computador utiliza essas informações para determinar quantos raios gama vieram de cada área no cérebro e, portanto, quanto da substância química radioativa está localizada em cada área (Phelps & Mazziotta, 1985). As áreas com maior radioatividade são provavelmente aquelas com os neurônios mais ativos.

Os exames de PET usam substâncias químicas radioativas com meia-vida curta, produzidas em um dispositivo chamado ciclotron. Como os ciclotrons são caros, a PET só está disponível em hospitais de pesquisa. Além disso, a PET requer a exposição do cérebro à radioatividade, um risco potencial. Para a maioria dos propósitos, os pesquisadores substituíram os exames PET por **imagem por ressonância magnética funcional (RMf)**, que é menos caro e menos arriscado. Exames por ressonância magnética padrão registram a energia liberada pelas moléculas de água após a remoção de um campo magnético. (Analisaremos em mais detalhes esse método, posteriormente.) A RMf é uma versão modificada da ressonância magnética baseada em hemoglobina (a proteína do sangue que liga o oxigênio) em vez de água (Detre & Floyd, 2001). A hemoglobina com oxigênio reage a um campo magnético de maneira diferente da hemoglobina sem oxigênio. Os pesquisadores configuraram o scanner de RMf para detectar a quantidade de hemoglobina com oxigênio (Viswanathan & Freeman, 2007). Quando uma área do cérebro torna-se mais ativa, ocorrem duas alterações relevantes: primeiro, os vasos sanguíneos se dilatam para permitir mais fluxo sanguíneo para a área. Segundo,

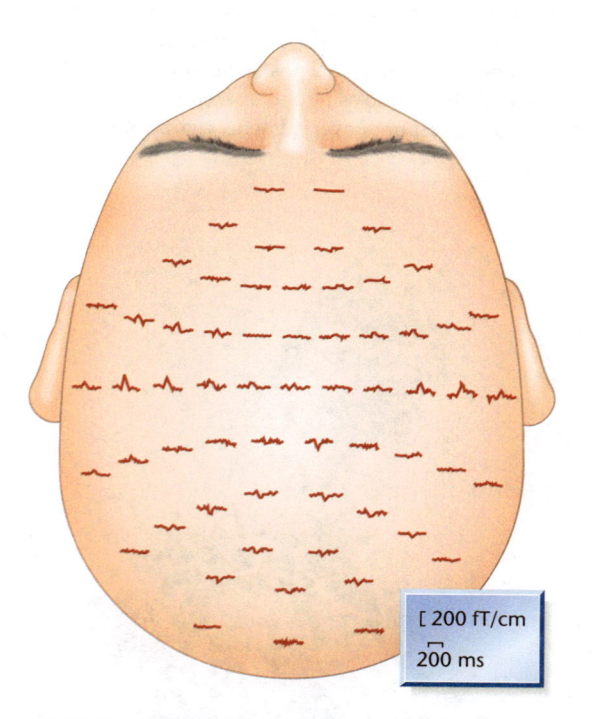

Figura 3.30 Resultado da magnetoencefalografia, mostrando as respostas a um tom na orelha direita
O nariz é mostrado na parte superior. Para cada ponto no diagrama, o visor mostra a resposta em transformação ao longo de algumas centenas de milissegundos após o tom. (Observe a calibração no canto inferior direito.) O tom provocou respostas em muitas áreas, com as maiores respostas no córtex temporal, especialmente no lado esquerdo.
(Fonte: Reimpressa de Neuroscience: From the Molecular to the Cognitive, de R. Hari, 1994, p. 165, com a gentil permissão da Elsevier Science — NL, Sara Burgerhartstraat 25, 1055 KV Amsterdam, Holanda.)

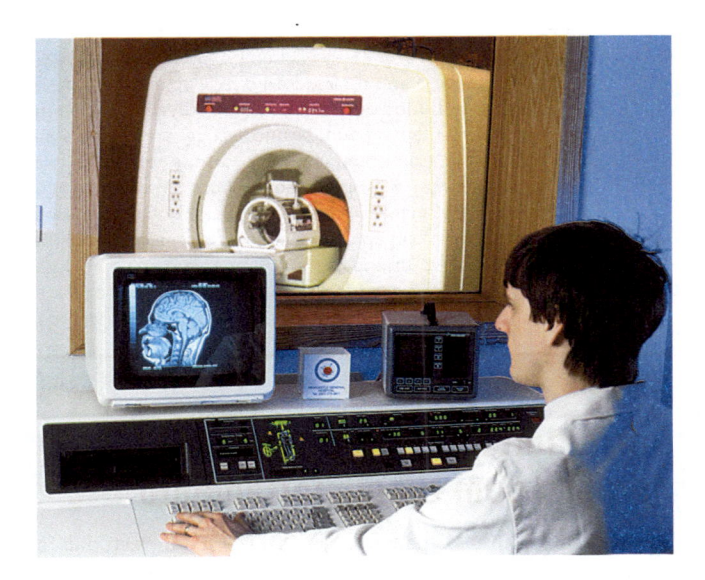

Figura 3.32 Exame por RMf de um cérebro humano
Uma RMf produz uma imagem com resolução espacial de 1 a 2 mm e resolução temporal de cerca de um segundo.
(Fonte: Simon Fraser, Dept. of Neuroradiology, Newcastle General Hospital/Science Photo Library/Science Source)

você estava lendo e durante uma tarefa comparativa e, em seguida, subtrairiam a atividade cerebral durante a tarefa comparativa para determinar quais áreas estão mais ativas durante a leitura. Como uma tarefa comparativa, por exemplo, os pesquisadores podem solicitar que você analise uma página escrita em um idioma que você não entende. Essa tarefa ativaria as áreas visuais da mesma forma como a tarefa de leitura, mas presumivelmente não ativaria as áreas de linguagem do seu cérebro. A Figura 3.33 ilustra a ideia.

O método de RMf produz imagens espetaculares, mas surgem dificuldades quando interpretamos os resultados (Rugg & Thompson-Schill, 2013). Os pesquisadores costumam examinar os resultados médios para um grupo de participantes, ignorando diferenças importantes entre os indivíduos (Finn et al., 2015). Mais importante, os pesquisadores às vezes cometem o erro de supor que, se uma área está ativa durante algum processo psicológico, então a atividade sempre indica esse processo. Por exemplo, certos tipos de recompensa ativam uma área do cérebro chamada estriado dorsal (parte dos gânglios basais). Se o estriado dorsal se torna ativo enquanto as pessoas estão fazendo algo, essa atividade significa que as pessoas acham a atividade gratificante? Não necessariamente, a menos que saibamos que o estriado dorsal está ativo *apenas* em função da recompensa (Poldrack, 2006). A maioria das áreas do cérebro participa de várias funções.

A melhor maneira de testar nossa compreensão dos resultados da RMf é ver se a inferência que fazemos a partir de um registro corresponde ao que alguém está realmente fazendo ou pensando. Ou seja, devemos ser capazes de usá-la para ler a mente de alguém, até certo grau. Alguns exemplos do sucesso foram relatados. Por exemplo, os pesquisadores usaram RMf para registrar a atividade cerebral de pessoas enquanto estavam adormecendo. Elas normalmente têm algumas imagens visuais

à medida que a área do cérebro usa oxigênio, a porcentagem de hemoglobina com oxigênio diminui. Um exame de RMf responde aos dois processos (Sirotin, Hillman, Bordier, & Das, 2009). A Figura 3.32 mostra um exemplo.

Uma RMf enquanto você estava lendo, por exemplo, não significaria nada sem uma comparação com outra coisa. Os pesquisadores registrariam sua atividade cerebral enquanto

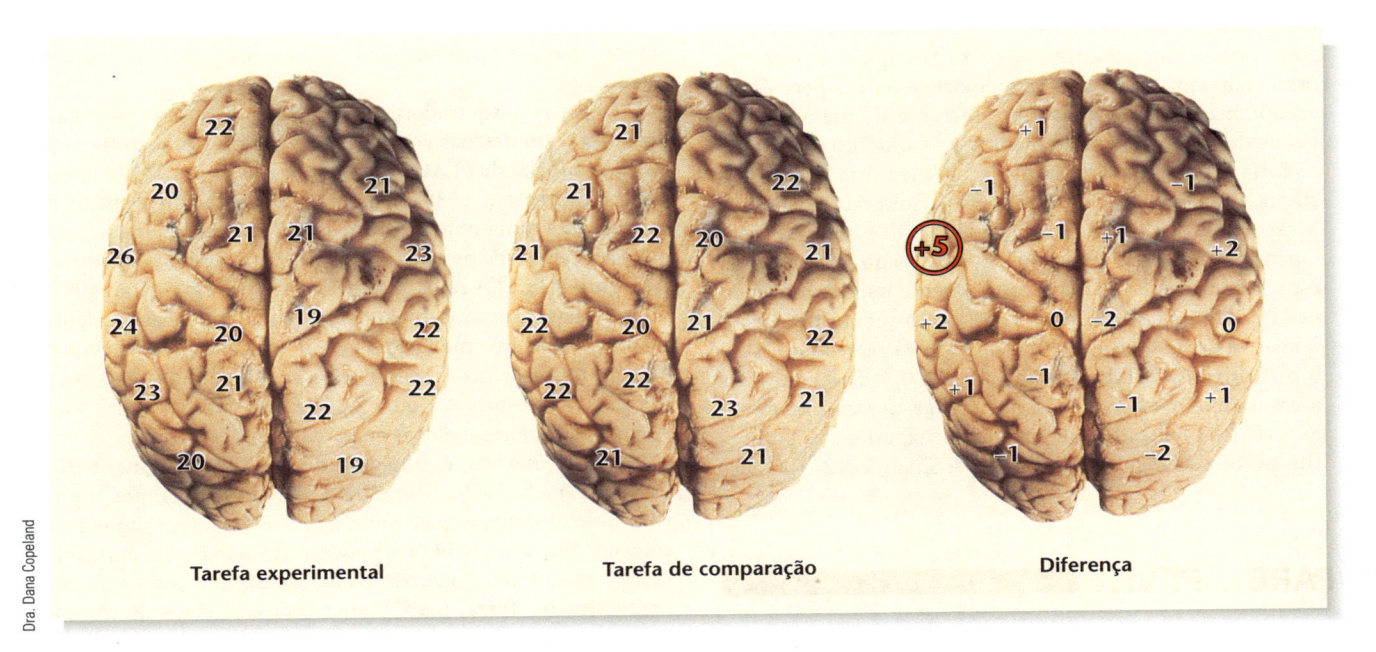

Figura 3.33 Subtração para um procedimento de exame cerebral
Os números no cérebro à esquerda mostram níveis hipotéticos de excitação durante alguma tarefa, medidos em unidades arbitrárias. O cérebro no centro mostra atividade nas mesmas áreas cerebrais durante uma tarefa de comparação. O cérebro à direita mostra as diferenças. A área destacada mostra a maior diferença. Em dados reais, os maiores aumentos da atividade seriam de um décimo ou dois décimos de 1%.

nesse momento, mas não exatamente um sonho. Os pesquisadores despertavam-nas repetidamente, pediam que relatassem suas imagens visuais e comparavam os relatórios com os dados da RMf. Depois de repetições suficientes, eles conseguiram usar os dados da RMf para prever aproximadamente quais imagens as pessoas estavam prestes a relatar (Horikawa, Tamaki, Miyawaki, & Kamitani, 2013). Em outro estudo, as pessoas aprenderam a usar um código mental para soletrar palavras. Por exemplo, se você esperasse 10 segundos e então realizasse cálculos matemáticos mentais por 20 segundos, essa combinação significava a letra M. Usando RMf, os pesquisadores conseguiram identificar a palavra que a pessoa queria expressar (Sorger, Reithler, Dahmen, & Goebel, 2012). Não se preocupe. Ninguém usaria esse método para ler sua mente sem sua cooperação entusiástica. Os pesquisadores precisam calibrar o equipamento ao longo de muitos testes para saber o que seus resultados específicos de RMf significam. O ponto principal é que em circunstâncias limitadas, podemos de fato usar RMf para inferir os processos psicológicos de alguém.

A maioria dos estudos de RMf concentrou-se na identificação das funções das áreas cerebrais, em vez de contribuir para nossa compreensão da psicologia (Coltheart, 2013). No entanto, às vezes, a RMf fornece informações psicológicas valiosas. Eis alguns exemplos:

1. Muitas pessoas com dor relatam diminuição da dor após receberem um placebo (um medicamento sem atividade farmacológica). Elas realmente sentem menos dor ou estão apenas afirmando isso? Estudos com RMf mostram que as áreas do cérebro responsáveis pela dor realmente diminuem a resposta (Wager & Atlas, 2013).
2. Psicólogos consideram útil distinguir vários tipos de memória, como implícita *versus* explícita e declarativa *versus* de procedimento. Um ponto de vista é que qualquer tarefa se enquadra em uma categoria ou outra. Nesse caso, podemos esperar que um tipo de memória ative um conjunto de áreas do cérebro e outro tipo ative outras áreas. Um ponto de vista alternativo é que processamos a memória com vários componentes, alguns dos quais pertencem principalmente a um tipo de memória e outros pertencem predominantemente a um tipo diferente de memória. Os dados de RMf ajustam-se melhor a esse ponto de vista: a maioria das tarefas relacionadas à memória ativa uma ampla gama de áreas do cérebro em vários graus (Cabeza & Moscovitch, 2013).
3. Quando você está sentado sem que nada esteja sendo esperado de você, seu cérebro realmente não está fazendo nada? Definitivamente não. Você faz "a mente flutuar", o que ativa áreas difusas chamadas *sistema padrão* do cérebro (Corballis, 2012b; Mason et al., 2007). Essas mesmas áreas também estão ativas quando as pessoas lembram experiências passadas ou imaginam experiências futuras (Immordino-Yang, Christodoulou, & Singh, 2012).

✓ PARE & REVISE

18. O que a RMf mede?
19. Suponha que alguém demonstre que uma área específica do cérebro se torna ativa quando as pessoas ouvem música. Quando essa área se torna ativa mais tarde, o que podemos concluir?

RESPOSTAS

18. Detecta aumento do fluxo sanguíneo em uma área do cérebro imediatamente após um aumento na atividade cerebral, e também detecta um aumento um pouco mais lento na porcentagem de hemoglobina com falta de oxigênio. 19. Sem evidências adicionais, não devemos tirar nenhuma conclusão. Talvez a pessoa esteja ouvindo música ou imaginando uma música, mas essa área pode realizar outras funções além de ouvir música. Precisamos testar a precisão com que podemos usar os dados de RMf para prever o que a pessoa está fazendo ou imaginando.

Correlacionando a anatomia do cérebro com o comportamento

Uma das primeiras maneiras já utilizada de estudar a função cerebral parece fácil: encontrar alguém com um comportamento incomum e então procurar características incomuns no cérebro. Nos anos de 1800, Franz Gall observou algumas pessoas com excelente memória verbal que tinham olhos protuberantes. Ele inferiu que a memória verbal dependia de áreas do cérebro atrás dos olhos que os empurraram para frente. Gall então examinou os crânios de pessoas com outros talentos ou personalidades. Ele presumiu que as protuberâncias e depressões no crânio correspondiam às áreas do cérebro abaixo delas. Seu processo de relacionar a anatomia do crânio ao comportamento é conhecido como **frenologia**. Um de seus seguidores criou o diagrama frenológico reproduzido na Figura 3.34.

A frenologia era inválida por muitas razões. Um problema é que a forma do crânio não corresponde à anatomia do cérebro. O crânio é mais espesso em alguns locais do que em outros e mais espesso em algumas pessoas do que em outras. Outro problema foi que eles basearam muitas conclusões em um pequeno número de pessoas que aparentemente compartilhavam algum aspecto da personalidade e uma saliência semelhante no crânio.

Hoje, os pesquisadores examinam a anatomia detalhada do cérebro em pessoas vivas. Um método é a **tomografia axial computadorizada (TAC)**, mais conhecida como **TC de varredura** (Andreasen, 1988). Um médico injeta um corante no sangue para aumentar o contraste na imagem e, em seguida, coloca a cabeça da pessoa em um tomógrafo como o mostrado na Figura 3.35a. Os raios X atravessam a cabeça e são registrados por detectores no lado oposto. O tomógrafo é girado lentamente até que uma medição seja feita em cada ângulo acima de 180 graus. A partir das medições, um computador constrói as imagens do cérebro. A Figura 3.35b é um exemplo. A TC ajuda a detectar tumores e outras anormalidades estruturais.

Outro método é **imagem de ressonância magnética (RM)** (Warach, 1995), baseado no fato de que qualquer átomo com peso atômico ímpar, como o hidrogênio, tem um eixo de rotação. Um dispositivo de ressonância magnética aplica um campo magnético poderoso (cerca de 25 mil vezes o campo magnético da Terra) para alinhar todos os eixos de rotação, e então inclina-os em relação a um breve campo de radiofrequência. Quando o campo de radiofrequência é desativado, os núcleos atômicos liberam energia eletromagnética à medida que relaxam e retornam ao seu eixo original. Medindo essa energia, os dispositivos de ressonância magnética formam uma

Faculdades afetivas

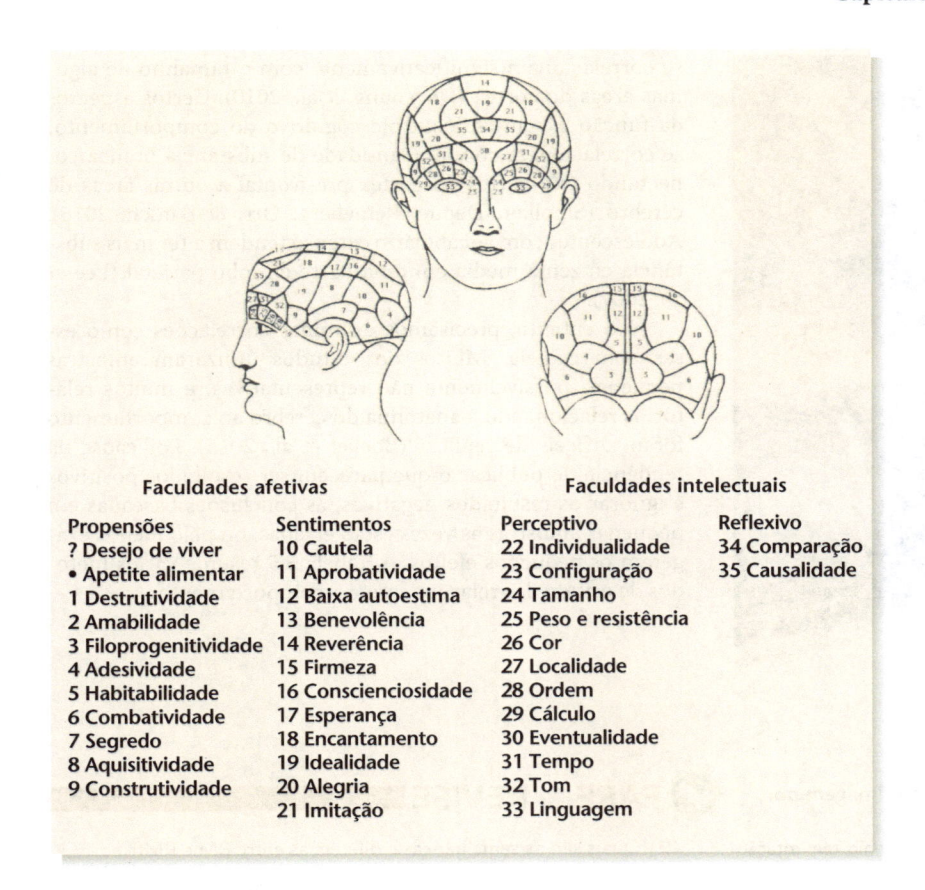

Propensões	Sentimentos
? Desejo de viver	10 Cautela
• Apetite alimentar	11 Aprobatividade
1 Destrutividade	12 Baixa autoestima
2 Amabilidade	13 Benevolência
3 Filoprogenitividade	14 Reverência
4 Adesividade	15 Firmeza
5 Habitabilidade	16 Conscienciosidade
6 Combatividade	17 Esperança
7 Segredo	18 Encantamento
8 Aquisitividade	19 Idealidade
9 Construtividade	20 Alegria
	21 Imitação

Faculdades intelectuais

Perceptivo	Reflexivo
22 Individualidade	34 Comparação
23 Configuração	35 Causalidade
24 Tamanho	
25 Peso e resistência	
26 Cor	
27 Localidade	
28 Ordem	
29 Cálculo	
30 Eventualidade	
31 Tempo	
32 Tom	
33 Linguagem	

Figura 3.34 Um roteiro do cérebro do frenologista
Os neurocientistas atuais também tentam localizar funções no cérebro, mas eles usam métodos mais cuidadosos e estudam funções como visão e audição, não o "secretismo" e o "fantástico".
(Fonte: Spurzheim, 1908)

imagem do cérebro, como a da Figura 3.36. A ressonância magnética mostra detalhes anatômicos menores que 1 milímetro de diâmetro. Uma desvantagem é que a pessoa deve permanecer imóvel em um aparelho aprisionador e barulhento. Em geral, o procedimento não é adequado para crianças ou qualquer pessoa que tenha medo de lugares fechados.

Pesquisadores que usam esses métodos às vezes descobrem que uma área particular do cérebro está aumentada em certos tipos de pessoas. Por exemplo, foi relatado que pessoas com amídala maior tendem a ter mais contatos sociais (Bickart, Wright, Dautoff, Dickerson, Barrett, 2011). Traços de personalidade como extroversão, neuroticismo e consciência

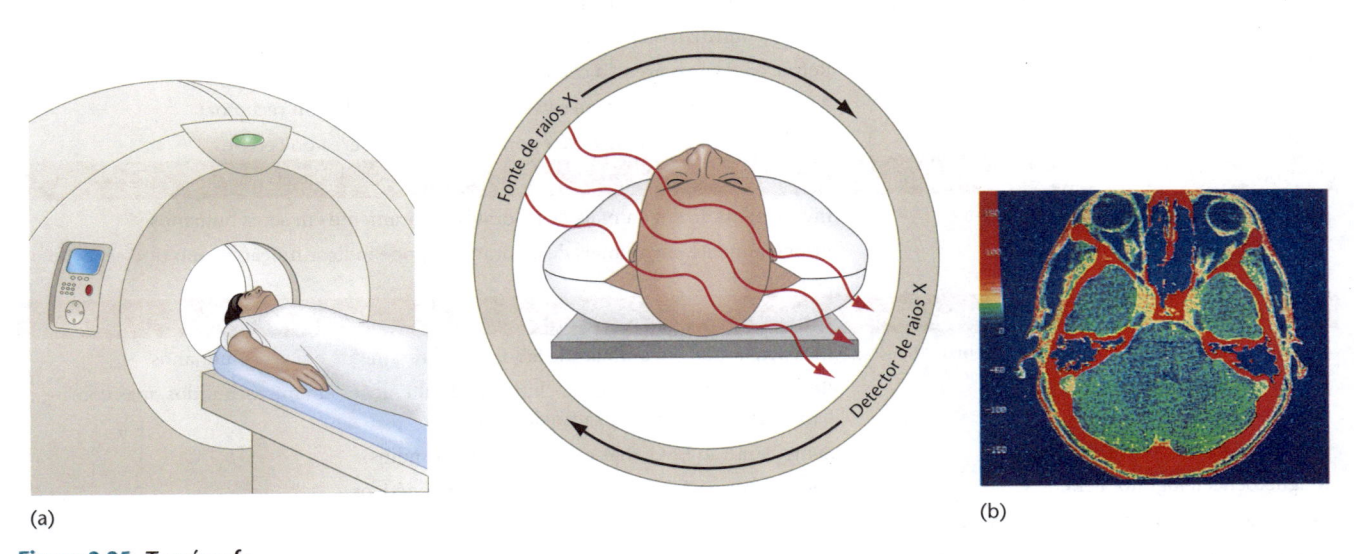

Figura 3.35 Tomógrafo
(a) A pessoa é colocada com a cabeça no interior do dispositivo e uma fonte gira rapidamente enviando raios X ao longo da cabeça enquanto os detectores no lado oposto produzem fotografias. Então é emitida uma imagem computadorizada do cérebro. **(b)** Vista de um cérebro humano normal gerada por tomografia axial computadorizada (TAC).
(Fonte: Dan McCoy/Rainbow)

98 Psicologia biológica

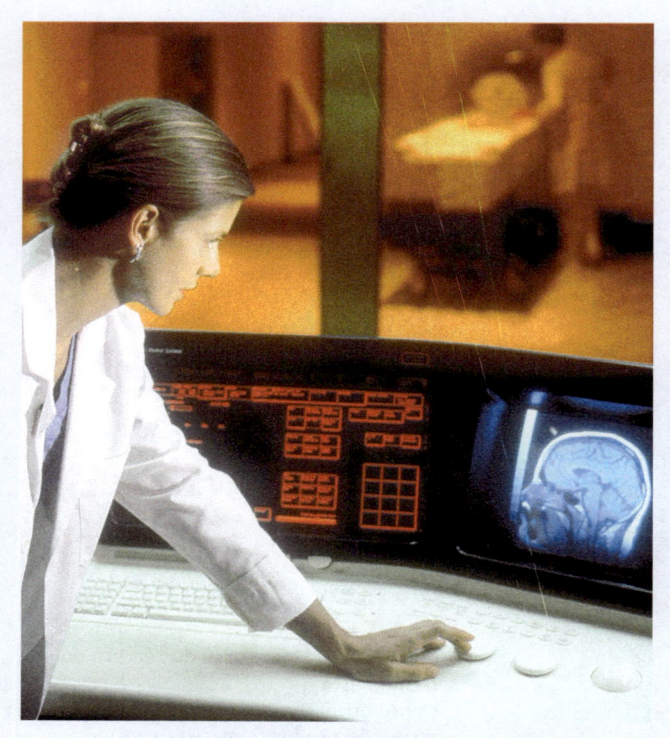

se correlacionam significativamente com o tamanho de algumas áreas do córtex (De Young et al., 2010). Certos aspectos da função executiva (controle cognitivo do comportamento) se correlacionam com a quantidade de substância branca conectando três partes do córtex pré-frontal a outras áreas do cérebro (Smolker, Depue, Reineberg, Orr, & Banich, 2015). Adolescentes com vocabulário extenso tendem a ter mais substância cinzenta média em uma parte do lobo parietal (Lee et al., 2007).

No entanto, precisamos examinar correlações como essas com cautela. Muitos dos estudos utilizaram amostras pequenas, possivelmente não representativas, e muitos relatórios relacionando a anatomia do cérebro ao comportamento foram difíceis de replicar (Boekel et al., 2015). Por causa da tendência de publicar o que parecem ser resultados positivos e ignorar os resultados negativos, as conclusões baseadas em pequenas amostras às vezes estão erradas, ou pelo menos exageram os pequenos efeitos. A Tabela 3.5 resume vários métodos de estudo das relações cérebro-comportamento.

Figura 3.36 Vista de um cérebro vivo gerado por imagem por ressonância magnética

Qualquer átomo com peso atômico ímpar, como o hidrogênio, tem rotação inerente. Um campo magnético externo pode alinhar os eixos da rotação. Um campo de radiofrequência pode levar esses átomos a se mover como minúsculos giroscópios. Quando o campo de radiofrequência é desligado, os núcleos atômicos liberam energia eletromagnética enquanto relaxam. Medindo essa energia, podemos obter a imagem de uma estrutura como o cérebro sem danificá-la.
(Fonte: Will, & Deni McIntyre/Science Source)

✓ PARE & REVISE

20. Quais são as semelhanças e diferenças entre RM e RMf?

RESPOSTA

20. Os dois métodos medem as respostas das substâncias químicas do cérebro a um campo magnético. RM mostra a anatomia do cérebro. O método de RMf mostra quais áreas do cérebro estão mais ativas no momento.

Tabela 3.5 | Métodos de estudo das relações cérebro-comportamento

Examinar os efeitos de lesões cerebrais	
Estudar as vítimas de acidente vascular encefálico etc.	Usado em humanos; cada pessoa tem diferentes lesões
Lesão	Lesões controladas em animais de laboratório
Ablação	Remoção de uma área do cérebro
Nocaute de genes	Afeta onde quer que o gene esteja ativo (por exemplo, um receptor)
Estimulação magnética transcraniana	A aplicação intensa inativa temporariamente uma área do cérebro
Examinar os efeitos da estimulação de uma área do cérebro	
Eletrodos estimulantes	Invasivo; usado em animais de laboratório, raramente em seres humanos
Estimulação optogenética	Principalmente em animais de laboratório; pode indicar função de um tipo específico da célula
Registrar a atividade cerebral durante o comportamento	
Registrar a partir de eletrodos no cérebro	Invasivo; usado em animais de laboratório, raramente em seres humanos
Eletroencefalógrafo	Registra a partir do couro cabeludo; mede alterações em milissegundos, mas com baixa resolução de localização do sinal
Potenciais provocados (PP)	Semelhante ao EEG, mas em resposta a estímulos
Magnetoencefalógrafo (MEG)	Semelhante ao EEG, mas mede campos magnéticos
Tomografia por emissão de pósitrons (PET)	Mede alterações no tempo e local, mas requer a exposição do cérebro à radiação
Imagem por ressonância magnética funcional (RMf)	Mede alterações em cerca de 1 segundo, identifica a localização dentro de 1 a 2 mm
Correlacionar a anatomia do cérebro com o comportamento	
Tomografia axial computadorizada (TAC)	Mapeia áreas do cérebro, mas requer exposição a raios X
Ressonância magnética (RM)	Mapeia as áreas do cérebro em detalhes, usando campos magnéticos

Módulo 3.3 | Conclusão
Métodos de pesquisa e progresso

Em qualquer campo científico — na verdade, em qualquer campo do conhecimento — o progresso quase sempre depende de melhorias na medição. Na astronomia, por exemplo, as melhorias na astronomia tanto terrestre como via satélite estabeleceram conclusões que mesmo os escritores de ficção científica não poderiam ter imaginado algumas décadas atrás.

A previsão do tempo é muito mais precisa do que costumava ser. Da mesma forma, nossa compreensão do cérebro avançou muito por causa da introdução de PETs, RMf, optogenética e outras tecnologias modernas. O progresso futuro continuará a depender de avanços nos nossos métodos de medição.

Resumo

1. Uma forma de estudar as relações entre cérebro e comportamento é examinar os efeitos de lesões cerebrais. Se alguém sofre uma perda após algum tipo de lesão cerebral, essa área contribui de alguma forma para esse comportamento.

2. Se a estimulação de uma área do cérebro intensifica algum comportamento, presumivelmente essa área contribui para o comportamento. A optogenética é um método relativamente novo que permite aos pesquisadores estimular um tipo específico de célula em um determinado momento.

3. Os pesquisadores tentam compreender as relações entre cérebro e comportamento registrando a atividade em várias áreas cerebrais durante um dado comportamento. Muitos métodos estão disponíveis, incluindo EEG, MEG, PET e RMf.

4. Pessoas que diferem em relação a algum comportamento às vezes também diferem em relação à anatomia do cérebro. A ressonância magnética é um método moderno de realizar exames por imagem de um cérebro vivo. Mas as correlações entre o comportamento e a anatomia devem ser avaliadas com cautela até que sejam replicadas.

Termos-chave

Os termos estão definidos no número de página indicado. Também são apresentados em ordem alfabética com a definição no Índice remissivo/Glossário do livro, que começa na p. 589.

- ablação 91
- eletroencefalógrafo 93
- estimulação magnética transcraniana (EMT) 92
- frenologia 96
- imagem de ressonância magnética (RM) 96
- imagem por ressonância magnética funcional (RMf) 94
- instrumento estereotáxico 91
- lesão 91
- magnetoencefalógrafo (MEG) 94
- optogenética 92
- potenciais provocados ou respostas provocadas 93
- tomografia axial computadorizada (TAC) 96
- tomografia por emissão de pósitrons (PET) 94

Questão complexa

Certos aspectos incomuns da estrutura do cérebro foram observados no cérebro de Albert Einstein (Falk, Lepore, & Noe, 2013). Uma interpretação é que ele nasceu com certas características cerebrais especializadas que encorajaram suas habilidades científicas e intelectuais. O que é uma interpretação alternativa?

Módulo 3.3 | Questionário final

1. A primeira demonstração de que uma área do cérebro controlava um aspecto particular do comportamento referia-se a que tipo de comportamento?
   - A. Atividade criminal
   - B. Linguagem
   - C. Fome
   - D. Excitação sexual

2. Qual das alternativas a seguir é um método para inativar temporariamente uma área do cérebro?
   - A. Instrumento estereotáxico
   - B. Estimulação magnética transcraniana
   - C. Lesão
   - D. Ablação

3. O que a técnica optogenética permite que os pesquisadores testem?
   A. A evolução da anatomia do cérebro.
   B. As funções de um determinado tipo de neurônio.
   C. A relação entre anatomia do cérebro e inteligência.
   D. Como as pessoas associam um tipo de sensação a outro.

4. EEG e MEG são vantajosos para medir qual dos seguintes?
   A. As funções de diferentes neurotransmissores.
   B. As áreas do cérebro que recebem o maior fluxo sanguíneo durante alguma atividade.
   C. Efeitos dos hormônios no comportamento.
   D. Mudanças na atividade cerebral em períodos muito curtos de tempo.

5. Qual destes é o primeiro passo para a tomografia por emissão de pósitrons (PET)?
   A. Injetar uma substância química radioativa no sangue.
   B. Inserir um eletrodo no cérebro.
   C. Submeter o cérebro a um campo magnético forte.
   D. Conectar proteínas sensíveis à luz a um vírus.

6. Qual é uma das vantagens da RMf em relação aos exames de PET?
   A. A técnica de RMf mede a atividade em milissegundo por milissegundo.
   B. A técnica de RMf não exige a inserção de um eletrodo na cabeça.
   C. A técnica de RMf não expõe o cérebro à radioatividade.
   D. A técnica de RMf identifica quais áreas do cérebro estão mais ativas em um dado momento.

7. Comparando RM e RMf, qual(is) mede(m) as respostas das substâncias químicas do cérebro a um campo magnético? Qual(is) mostra(m) as áreas do cérebro que estão mais ativas no momento?
   A. Apenas a RM mede as respostas das substâncias químicas do cérebro a um campo magnético. As duas mostram quais áreas do cérebro estão mais ativas no momento.
   B. Apenas a RMf mede as respostas das substância químicas do cérebro a um campo magnético. Apenas a RM mostra quais áreas do cérebro estão mais ativas no momento.
   C. As duas medem as respostas das substâncias químicas do cérebro a um campo magnético. Apenas a RMf mostra quais áreas do cérebro estão mais ativas no momento.
   D. As duas medem as respostas das substâncias químicas do cérebro a um campo magnético. As duas mostram quais áreas do cérebro estão mais ativas no momento.

8. Por que devemos ser cautelosos ao interpretar muitos dos relatórios que ligam certos aspectos da anatomia do cérebro ao comportamento?
   A. Muitos estudos publicados utilizaram medidas imprecisas da anatomia do cérebro.
   B. Muitos estudos publicados estudaram pessoas com idades significativamente diversas.
   C. Muitos estudos publicados basearam-se em pequenas amostras.
   D. Muitos estudos publicados utilizaram métodos antiéticos.

Respostas: 1B, 2B, 3B, 4D, 5A, 6C, 7C, 8C.

Sugestões de leitura

Burrell, B. (2004). *Postcards from the brain museum.* New York: *Broadway Books.* História fascinante das tentativas de coletar cérebros de pessoas bem-sucedidas e tentar relacionar a anatomia cerebral ao sucesso delas.

Klawans, H. L. (1988). *Toscanini's fumble and other tales of clinical neurologya.* Chicago: Contemporary Books. Descrição dos casos ilustrativos de lesão cerebral e suas consequências comportamentais.

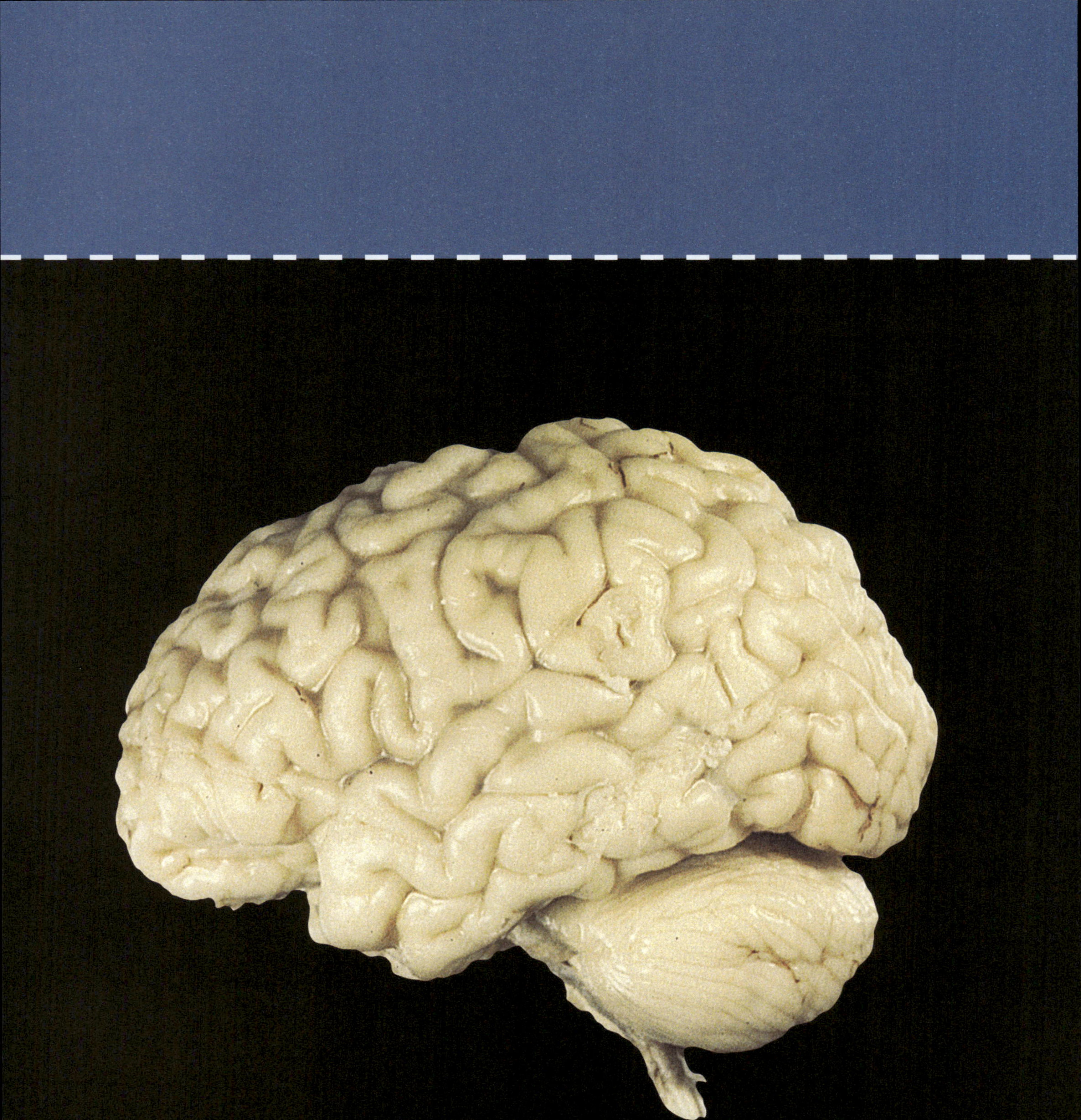

Genética, evolução, desenvolvimento e plasticidade

Capítulo 4

"Necessária alguma montagem." Você já comprou alguma coisa com essas palavras sinistras? Às vezes, tudo o que você precisa fazer é conectar algumas partes, mas, outras vezes, você enfrenta página após página de instruções quase incompreensíveis.

O sistema nervoso humano exige uma montagem complexa e as instruções são diferentes daquelas para os objetos que montamos a partir de um kit. Em vez de "Insira essa peça aqui e aquela ali", as instruções são: "Insira esses axônios aqui e aqueles dendritos ali e espere para ver o que acontece. Mantenha as conexões que funcionam melhor e descarte as outras. Continue criando novas conexões e mantendo apenas as bem-sucedidas."

Portanto, dizemos que a anatomia do cérebro é *plástica*. Ela muda rapidamente no início do desenvolvimento e continua mudando ao longo da vida.

Sumário do capítulo

Módulo 4.1
Genética e evolução do comportamento
Genética mendeliana
Hereditariedade e meio ambiente
A evolução do comportamento
Conclusão: Genes e comportamento

Módulo 4.2
Desenvolvimento do cérebro
Maturação do cérebro dos vertebrados
Orientação dos axônios
Determinantes da sobrevivência neuronal
A vulnerabilidade do cérebro em desenvolvimento
Diferenciação do córtex
Ajuste fino pela experiência
Desenvolvimento cerebral e desenvolvimento comportamental
Conclusão: Desenvolvimento cerebral

Módulo 4.3
Plasticidade após lesão cerebral
Lesão cerebral e recuperação a curto prazo
Mecanismos tardios de recuperação
Conclusão: Lesões cerebrais e recuperação

Objetivos de aprendizagem

Depois de estudar este capítulo, você será capaz de:

1. Distinguir entre influências genéticas e epigenéticas no desenvolvimento.
2. Descrever os tipos de evidências que os pesquisadores usam para inferir a herdabilidade.
3. Dar exemplos de explicações evolutivas em psicologia.
4. Discutir a formação de novos neurônios em um cérebro maduro.
5. Descrever a evidência que mostra que os axônios buscam alvos específicos.
6. Definir apoptose e explicar como as neurotrofinas a previnem.
7. Citar exemplos de como as experiências alteram a anatomia e função do cérebro.
8. Avaliar as possíveis explicações do comportamento de risco em adolescentes.
9. Listar vários mecanismos possíveis de recuperação após lesão cerebral.
10. Explicar como a remodelação no córtex cerebral produz a experiência do membro fantasma.

Imagem da página anterior:
Um enorme desenvolvimento cerebral ocorre no primeiro ano de idade de uma pessoa.
(Fonte: Dra. Dana Copeland)

Módulo 4.1

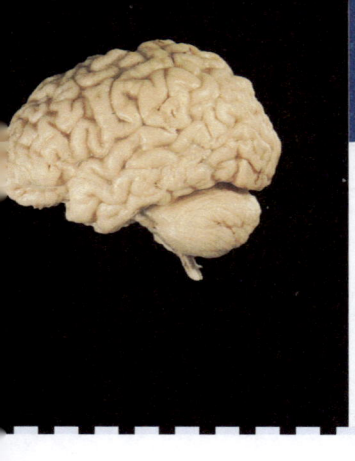

Genética e evolução do comportamento

Tudo o que você faz depende tanto dos genes como do ambiente. Considere as expressões faciais. A contribuição do ambiente é óbvia: você sorri mais quando o mundo o trata bem e franze a testa quando as coisas vão mal. A hereditariedade influencia suas expressões faciais? Os pesquisadores examinaram as expressões faciais de pessoas que nasceram cegas e, portanto, não poderiam ter aprendido a imitar as expressões faciais. As expressões faciais das pessoas cegas de nascença eram notavelmente semelhantes às de seus parentes com visão, como mostrado na Figura 4.1 (Peleg et al., 2006). Esses resultados sugerem um papel da genética no controle das expressões faciais.

As controvérsias surgem quando vamos além da generalização de que tanto a hereditariedade como o ambiente são importantes. Por exemplo, as diferenças na inteligência humana dependem principalmente das diferenças genéticas, predominantemente das influências ambientais, ou ambas igualmente? Surgem questões semelhantes quanto à orientação sexual, alcoolismo, ganho de peso, doenças mentais e muito mais que interessam aos psicólogos e ao público em geral. Este módulo deve ajudá-lo a entender essas questões, mesmo quando a resposta permanece incerta. Começamos com uma revisão da genética, uma área que se tornou cada vez mais complicada à medida que as pesquisas avançavam.

Genética mendeliana

Antes do trabalho de Gregor Mendel, um monge do final do século XIX, os cientistas pensavam que a herança era um processo de combinação em que as propriedades do espermatozoide e do óvulo simplesmente se misturavam, como duas cores de tinta.

Mendel demonstrou que a herança ocorre por meio de **genes**, unidades de hereditariedade que mantêm a identidade estrutural de uma geração para outra. Como regra, os genes vêm em pares porque estão alinhados aos **cromossomos** (filamentos dos genes) que também vêm em pares. A exceção a essa regra é que um mamífero macho possui cromossomos X e Y não emparelhados com genes diferentes. Classicamente, um gene é definido como parte de um cromossomo composto de molécula de fita dupla de **ácido desoxirribonucleico (*deoxyribonucleic acid* – DNA)**. Mas muitos genes não têm os locais distintos que antes imaginávamos (Bird, 2007). Às vezes, vários genes se sobrepõem em um trecho do cromossomo. Com frequência, um resultado genético depende das partes de dois ou mais cromossomos. Em muitos casos, parte de um cromossomo altera a

Figura 4.1 Expressões faciais de pessoas cegas de nascença (à esquerda) e seus parentes não cegos (à direita)
As semelhanças implicam uma contribuição genética para as expressões faciais.

expressão de outra parte sem codificar nenhuma proteína por conta própria.

Uma fita de DNA serve como um modelo para a síntese das moléculas de **ácido ribonucleico** (*ribonucleic acid* – **RNA**), uma substância química de fita simples. Um tipo de molécula de RNA — o RNA mensageiro — serve como um modelo para a síntese das moléculas de proteína. O DNA contém quatro "bases" — adenina, guanina, citosina e timina. A ordem dessas bases determina a ordem das bases correspondentes ao longo de uma molécula de RNA — adenina, guanina, citosina e uracila. A ordem das bases ao longo de uma molécula de RNA, por sua vez, determina a ordem dos aminoácidos que compõem uma proteína. Por exemplo, se três bases de RNA estão na ordem citosina, adenina e guanina, a proteína adiciona a *glutamina*, um aminoácido. Se as próximas três bases de RNA forem uracila, guanina e guanina, o aminoácido seguinte na proteína é *triptofano*. Qualquer proteína consiste em alguma combinação de 20 aminoácidos, em uma ordem que depende da ordem das bases do DNA e RNA. É um código incrivelmente simples, considerando a complexidade das estruturas e funções do corpo que resultam dele.

A Figura 4.2 resume as principais etapas na conversão das informações do DNA ao longo do RNA em proteínas. Algumas proteínas formam uma parte da estrutura do corpo. Outras servem como *enzimas*, catalisadores biológicos que regulam as reações químicas no corpo. Nem todas as moléculas de RNA codificam para proteínas. Muitas moléculas de RNA desempenham funções regulatórias.

Se você tem os mesmos genes em duas cópias de algum cromossomo, você é **homozigoto** para esse gene. Se você tem um par não igualado de genes, você é **heterozigoto** para esse gene. Por exemplo, você pode ter um gene para olhos azuis em um cromossomo e um gene para olhos castanhos no outro. Os genes são dominantes, recessivos ou intermediários. Um **gene dominante** mostra um efeito forte no estado homozigótico ou heterozigótico. Um **gene recessivo** mostra seus efeitos apenas no estado homozigótico. Por exemplo, um gene para olhos castanhos é dominante e um gene para olhos azuis é recessivo. Se você tiver um gene para olhos castanhos e outro para azuis, o resultado são olhos castanhos. O gene para alta sensibilidade ao sabor da feniltiocarbamida (*phenylthiocarbamide* – PTC) é dominante, e o gene para baixa sensibilidade é recessivo. Apenas alguém com dois genes recessivos tem dificuldade em sentir o sabor dela (Wooding et al., 2004).

A Figura 4.3 ilustra os possíveis resultados de um acasalamento entre pessoas que são heterozigotas para o gene do paladar da degustação da PTC. Como cada um tem um gene de alta sensibilidade ao paladar — vamos abreviá-lo "T" — ambos os pais sentem facilmente o sabor da PTC. Mas cada pai transmite um gene de alta sensibilidade ao paladar (T) ou um gene de baixa sensibilidade ao paladar (t) para qualquer filho. Portanto, uma criança nessa família tem 25% de probabilidade de ter dois genes T, 50% de probabilidade de ter o estado heterozigótico e 25% de probabilidade de ser homozigota para o gene t.

No entanto, um exemplo como esse pode ser enganoso, porque implica que um único gene produz um único resultado. Mesmo no caso da cor dos olhos, isso não é verdade. Os pesquisadores identificaram pelo menos dez genes que contribuem para variações na cor dos olhos (Liu et al., 2010). Pelo menos 180 genes contribuem para diferenças na estatura das pessoas (Allen et al., 2010). Cada gene que contribui para a cor dos olhos ou estatura afeta outras características também. Além disso, você expressa a maioria dos seus genes em certas células e não em outras, e as mudanças no ambiente podem aumentar ou diminuir a expressão de um gene. As influências genéticas são mais complexas do que imaginávamos.

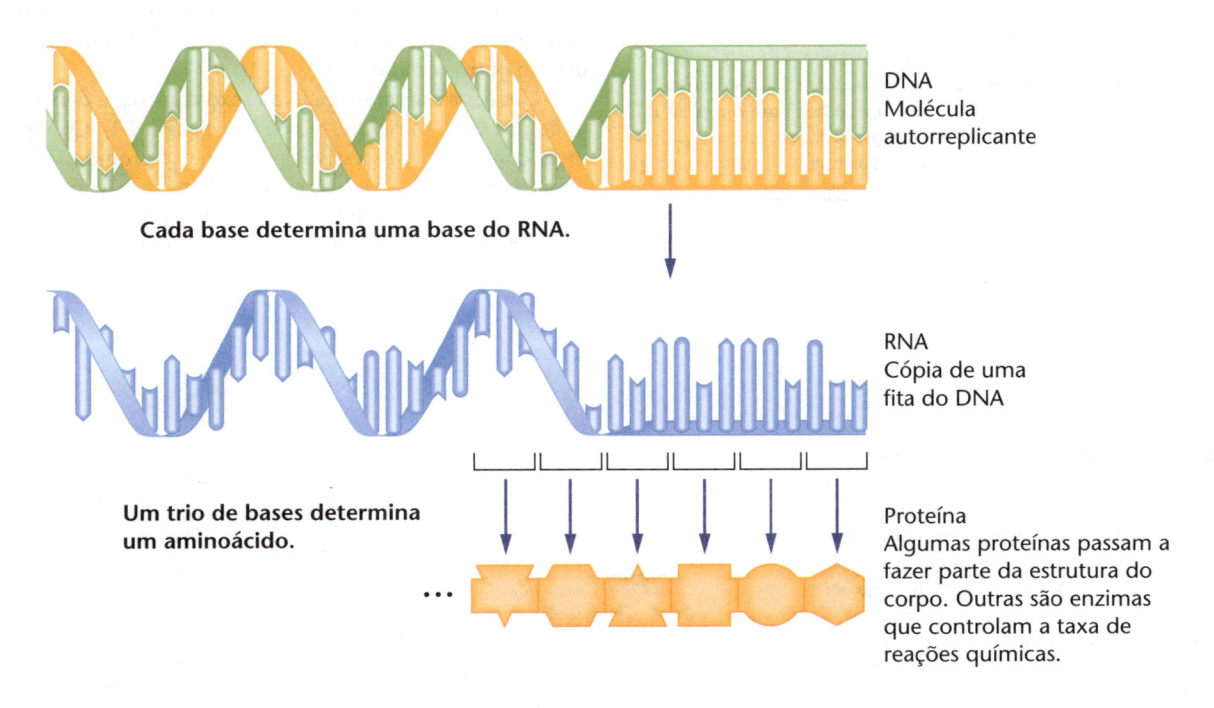

Figura 4.2 Como o DNA controla o desenvolvimento do organismo
A sequência de bases ao longo de uma fita de DNA determina a ordem das bases ao longo de uma fita de RNA; o RNA, por sua vez, controla a sequência de aminoácidos em uma molécula de proteína.

Figura 4.3 Quatro resultados igualmente prováveis de um acasalamento entre pais heterozigotos para um determinado gene (Tt)
Uma criança nessa família tem 25% de probabilidade de ser homozigota para o gene dominante (TT), 25% de probabilidade de ser homozigota para o gene recessivo (tt) e 50% de probabilidade de ser heterozigota (Tt).
(Fonte: Arte de Marcelo Ventura com base na ilustração de © Argosy Publishing Inc. Imagens: Prostock-studio/Shutterstock, & Ramil Gibadullin/Shutterstoc)

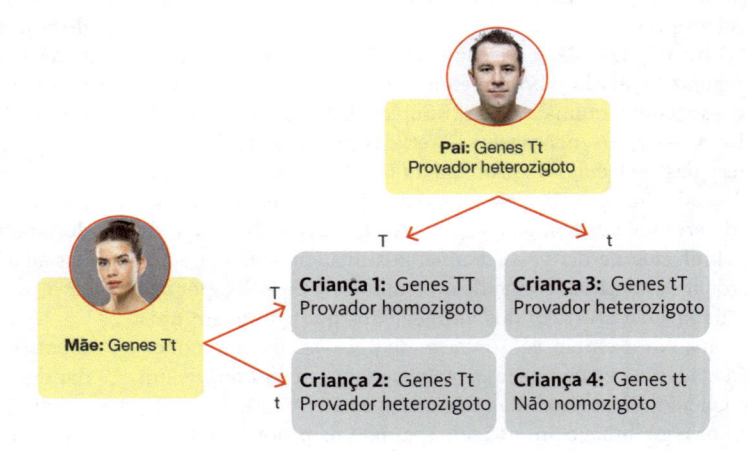

Pai: Genes Tt Provador heterozigoto
Mãe: Genes Tt
Criança 1: Genes TT Provador homozigoto
Criança 2: Genes Tt Provador heterozigoto
Criança 3: Genes tT Provador heterozigoto
Criança 4: Genes tt Não nomozigoto

✓ PARE & REVISE

1. Suponha que você tenha alta sensibilidade para degustar a PTC. Se sua mãe também pode degustá-la facilmente, o que (se algo) você pode prever sobre a capacidade de seu pai de degustá-la?
2. Suponha que você tenha alta sensibilidade ao sabor da PTC. Se sua mãe tem baixa sensibilidade, o que (se alguma) você pode prever sobre a sensibilidade gustativa de seu pai?
3. Suponha que alguém identifique um "gene para" certos aspectos do desenvolvimento. Como essa afirmação pode ser enganosa?

RESPOSTAS

1. Se sua mãe tem alta sensibilidade ao sabor da PTC, não podemos fazer previsões sobre seu pai. Você pode ter herdado um gene de alta sensibilidade da sua mãe e, como o gene é dominante, você só precisa de uma cópia do gene para sentir o sabor da PTC. 2. Se sua mãe tem baixa sensibilidade, você deve ter herdado seu gene de alta sensibilidade de seu pai, assim ele deve ter alta sensibilidade. 3. Quase qualquer característica depende de mais de um gene, bem como de influências do meio ambiente.

Genes ligados ao sexo e limitados pelo sexo

Os genes nos cromossomos sexuais (designados X e Y em mamíferos) são conhecidos como **genes ligados ao sexo.** Todos os outros cromossomos são cromossomos autossômicos, e seus genes são conhecidos como **genes autossômicos.**

A fêmea de um mamífero tem dois cromossomos X, enquanto o macho tem um X e um Y. Durante a reprodução, a fêmea necessariamente contribui com um cromossomo X, e o macho contribui com um X ou um Y. Se ele contribuir com um X, a prole é feminina; se ele contribuir com um Y, a prole é masculina. (Exceções a essa regra são possíveis, mas incomuns.)

Quando os biólogos falam de genes ligados ao sexo, eles geralmente se referem aos genes ligados ao X. O cromossomo Y é pequeno, com relativamente poucos genes próprios, mas também tem locais que influenciam o funcionamento dos genes em outros cromossomos.

Um gene humano ligado ao sexo controla a deficiência da visão das cores vermelho-verde (ver Figura 4.4). Qualquer homem com a forma recessiva desse gene no cromossomo X tem deficiência da cor verde-vermelha porque não possui outro cromossomo X. Uma mulher tem deficiência de cor apenas se ela tiver esse gene recessivo nos dois cromossomos X. Assim,

Figura 4.4 Deficiência da cor vermelho-verde, um gene ligado ao sexo
RG representa a visão normal da cor vermelho-verde, e rg representa a deficiência da cor vermelho-verde. Qualquer filho que receba um gene rg de sua mãe tem deficiência para vermelho-verde, porque o gene Y não tem nenhum gene para visão em cores. Uma filha pode ter deficiência de cor apenas se o pai tiver deficiência de cor e a mãe for portadora da doença.
(Fonte: Arte de Marcelo Ventura com base na ilustração de © Argosy Publishing Inc. Imagens: Prostock-studio/Shutterstock, & Ramil Gibadullin/Shutterstock)

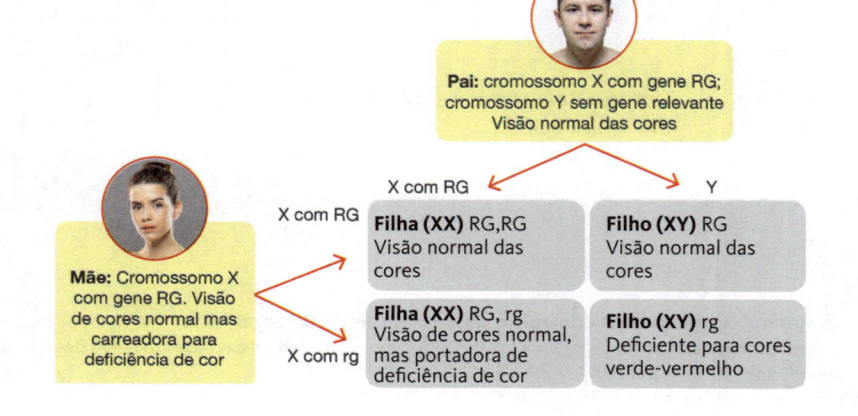

Pai: cromossomo X com gene RG; cromossomo Y sem gene relevante. Visão normal das cores
Mãe: Cromossomo X com gene RG. Visão de cores normal mas carreadora para deficiência de cor
Filha (XX) RG,RG Visão normal das cores
Filha (XX) RG, rg Visão de cores normal, mas portadora de deficiência de cor
Filho (XY) RG Visão normal das cores
Filho (XY) rg Deficiente para cores verde-vermelho

por exemplo, se 8% dos cromossomos X humanos contêm o gene para deficiência de visão de cores, então 8% dos homens terão deficiência de cores, mas menos de 1% das mulheres terão (0,08 × 0,08).

Diferentes dos genes ligados ao sexo são os **genes limitados por sexo**, presentes em ambos os sexos, mas ativo principalmente em um sexo. Exemplos incluem os genes que controlam a quantidade de pelos no peito nos homens, o tamanho dos seios nas mulheres, a quantidade de cristas nos galos e a taxa de produção de ovos nas galinhas. Ambos os sexos têm genes, mas os hormônios sexuais os ativam em um sexo e não no outro, ou em um sexo muito mais do que em outro. O efeito de muitos genes limitados por sexo aparece na puberdade.

PARE & REVISE

4. Como um gene ligado ao sexo difere de um gene limitado pelo sexo?

RESPOSTA

4. Um gene ligado ao sexo está no cromossomo X ou Y. Um gene limitado pelo sexo está em um cromossomo autossômico, mas é ativado em um sexo mais do que no outro.

Alterações genéticas

Os genes mudam de várias maneiras. Uma maneira é por **mutação**, uma mudança hereditária em uma molécula de DNA. Alterar apenas uma base do DNA para qualquer um dos outros três tipos significa que o gene mutante codificará uma proteína com um aminoácido diferente em um local na molécula. Dado que a evolução já passou por longos períodos para selecionar a melhor composição de cada gene, uma mutação raramente é vantajosa. Ainda assim, essas raras exceções são importantes. O gene *FOXP2* humano difere da versão do chimpanzé desse gene em apenas duas bases, mas essas duas mutações modificaram o cérebro humano e o aparelho vocal de várias maneiras que facilitaram o desenvolvimento da linguagem (Konopka et al., 2009).

Outro tipo de mutação é duplicação ou deleção. Durante o processo de reprodução, parte de um cromossomo que normalmente aparece uma vez pode, em vez disso, aparecer duas vezes ou não aparecer. Quando esse processo acontece apenas a uma pequena parte de um cromossomo, chamamos isso de microduplicação ou microdeleção. Embora seja possível que uma microduplicação seja útil, a maioria não é. Microduplicações e microdeleções de genes relevantes para o cérebro são responsáveis por vários distúrbios psicológicos ou neurológicos, provavelmente incluindo alguns casos de esquizofrenia.

Epigenética

Além de mutações que causam alterações permanentes nos genes, o campo da **epigenética** lida com alterações na expressão gênica. Cada célula do corpo tem o mesmo DNA que todas as outras células (exceto os glóbulos vermelhos, que não têm DNA). Mas a atividade de um gene pode variar. Os genes mais ativos no cérebro não são os mesmos que os mais ativos nos pulmões ou rins, e os mais ativos em uma parte do cérebro não são os mais ativos em outra parte. Muitos genes que são essenciais para um feto em desenvolvimento tornam-se menos ativos após o nascimento, e outros que pouco fizeram para o feto tornam-se importantes após o nascimento (Hannon et al., 2016; Jaffe et al., 2016). Na puberdade, certos genes que eram quase silenciosos tornam-se muito mais ativos (Lomniczi et al., 2013). Um gene pode estar ativo em uma pessoa e não em outra. Afinal de contas, gêmeos monozigóticos ("idênticos") às vezes diferem em destreza, saúde mental ou outros aspectos.

Várias experiências podem ativar ou desativar um gene. Até mesmo formar nova memória ou hábito aumenta a atividade de certos genes em neurônios específicos (Feng, Fouse, & Fan, 2007). Se um camundongo fêmea está desnutrido durante a gravidez, sua prole altera a expressão de certos genes para preservar energia e se ajustar a um mundo em que provavelmente será difícil encontrar comida. Se alimentos ricos tornam-se abundantes mais tarde na vida, esses descendentes estão predispostos, por causa de sua expressão gênica, a uma alta probabilidade de obesidade e doenças cardíacas (Godfrey, Lillycrop, Burdge, Gluckman, & Hanson, 2007). As alterações epigenéticas podem ser herdadas, pelo menos por uma ou duas gerações. Quando camundongos foram condicionados a temer um odor específico, a primeira e segunda gerações dos descendentes mostraram maior sensibilidade a esse odor (Dias & Ressler, 2014). Quando camundongos machos foram expostos a experiências estressantes crônicas, seus descendentes mostraram uma resposta hormonal enfraquecida ao estresse e à expressão gênica alterada em parte do cérebro. O efeito foi monitorado em moléculas de RNA no esperma do pai (Rodgers, Morgan, Leu, & Bale, 2015).

Alterações epigenéticas em humanos também são cruciais. A dependência de drogas produz alterações epigenéticas no cérebro (Sadri-Vakili et al., 2010; Tsankova, Renthal, Kumar, & Nestler, 2007). A experiência de se sentir socialmente isolado ou rejeitado altera a atividade de centenas de genes (Slavich & Cole, 2013). O grau de nutrição ou desnutrição de um de seus avós na infância correlaciona-se com suas probabilidades de ter uma vida longa e saudável, aparentemente por causa das alterações nas células do esperma de seu pai (Pembrey et al., 2006).

Como uma experiência pode modificar a expressão gênica? Primeiro, vamos analisar como a expressão gênica é regulada e então ver como os fatores ambientais podem influenciar essa regulação. Ilustrações padrão da molécula de DNA, como na Figura 4.2, mostram-na como uma linha reta, o que é uma simplificação excessiva. Na verdade, proteínas chamadas **histonas** ligam o DNA a uma forma que se parece mais com um cordão enrolado em uma bola (ver Figura 4.5). As moléculas de histonas na bola têm pontas soltas às quais certos grupos químicos podem se ligar. Para ativar um gene, o DNA deve se desatar parcialmente das histonas.

O resultado de uma experiência — privação materna, exposição à cocaína, novo aprendizado ou o que quer que seja — altera de alguma forma o ambiente químico dentro de uma célula. Em alguns casos, o resultado adiciona grupos de acetil ($COCH_3$) às extremidades das histonas próximas a um gene, fazendo com que as histonas afrouxem seu controle sobre o DNA facilitando a expressão desse gene. A remoção do grupo acetil faz com que as histonas aumentem o controle sobre o DNA e desative o gene. Outra possibilidade é adicionar ou remover grupos de metil do DNA, geralmente nas regiões promotoras no início de um gene. Adicionar grupos de metil (CH_3)

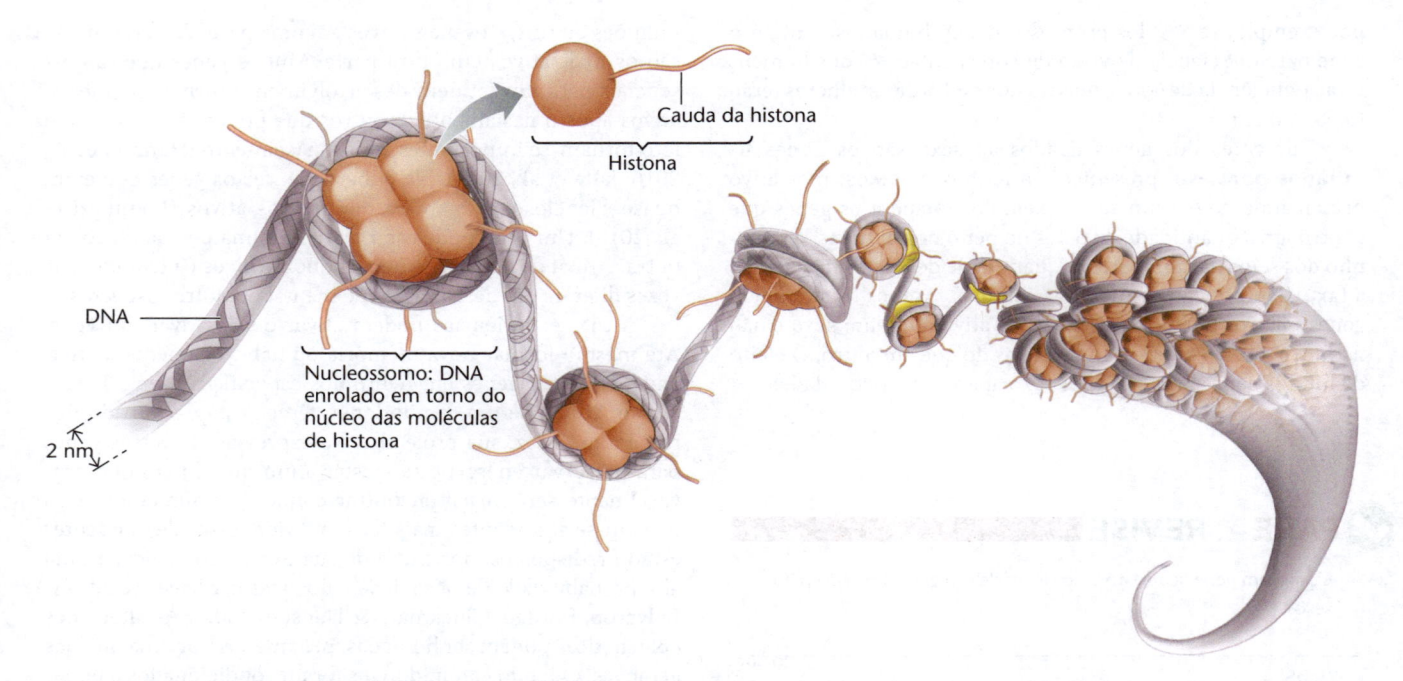

Figura 4.5 DNA ligado em forma de bola por proteínas histonas
Grupos acetil que se ligam a uma extremidade solta de uma molécula de histona afrouxam o controle da histona sobre o DNA, expondo mais genes à possibilidade de serem ativos.

---

a um promotor desativa um gene, e removê-los ativa um gene (Tsankova et al., 2007). Por exemplo, experiências traumáticas graves na primeira infância diminuem a metilação de muitos genes do cérebro, aumentando o risco posterior de depressão, transtorno de estresse pós-traumático etc. (Klengel et al., 2013).

A questão geral é que o que você faz em qualquer momento não apenas o afeta agora, mas também produz efeitos epigenéticos que alteram a expressão gênica por períodos mais longos de tempo. Além disso, nunca como antes a distinção entre efeitos "genéticos" e efeitos "experienciais" tornou-se confusa. As experiências agem alterando a atividade dos genes.

✓ PARE & REVISE

5. De que maneira uma mudança epigenética difere de uma mutação?
6. Como adicionar um grupo metil ou acetil a uma proteína histona altera a atividade do gene?

RESPOSTAS

5. Uma mutação é uma mudança permanente em parte de um cromossomo. Uma mudança epigenética é um aumento ou diminuição na atividade de um gene ou grupo de genes. 6. Adicionar um grupo de metil desativa os genes. Um grupo acetil flexibiliza o controle da histona e aumenta a ativação do gene.

Hereditariedade e meio ambiente

A habilidade de cantar depende da hereditariedade ou do ambiente? Esta pergunta, da forma como foi feita, não tem sentido. A menos que houvesse tanto hereditariedade como ambiente, você não conseguiria cantar. Mas podemos reformular a pergunta de forma significativa: As *diferenças* observadas entre os indivíduos dependem mais das *diferenças* na hereditariedade ou *diferenças* no ambiente?

Por exemplo, se você canta melhor do que outra pessoa, a razão poderia ser genes diferentes, treinamento melhor ou ambos. Se as variações em alguma característica dependem em grande medida das diferenças genéticas, a característica tem alta **herdabilidade**. A herdabilidade varia de zero, indicando nenhuma contribuição genética para a variação, a um, indicando controle completo.

Mas como podemos determinar a herdabilidade de uma característica? Os pesquisadores baseiam-se principalmente em três tipos de evidências. Primeiro, eles comparam **gêmeos monozigóticos** ("de um único óvulo") e **gêmeos dizigóticos** ("de dois óvulos"). As pessoas costumam chamar gêmeos monozigóticos de gêmeos "idênticos", mas esse termo é enganoso porque às vezes eles diferem em aspectos importantes. Por exemplo, alguns são imagens espelhadas um do outro, mas um deles é destro e o outro canhoto. Ainda assim, eles têm os mesmos genes, enquanto gêmeos dizigóticos não têm. Uma semelhança mais forte entre gêmeos monozigóticos do que dizigóticos sugere uma contribuição genética. Mas essas evidências por si sós não são totalmente conclusivas, porque sua aparência influencia a maneira como as pessoas o tratam e, portanto, a maneira como você age. Os pesquisadores às vezes também examinam "gêmeos virtuais" — crianças da mesma idade, adotadas no mesmo momento por uma única família. Eles crescem no mesmo ambiente desde a infância, mas sem nenhuma semelhança genética. Quaisquer semelhanças no comportamento implicam influências ambientais. Mas as diferenças comportamentais — que em muitos casos são substanciais — sugerem influências genéticas (Segal, 2000).

Um segundo tipo de evidência são os estudos de crianças adotadas. Qualquer tendência para que filhos adotivos se pareçam com seus pais biológicos sugere uma influência hereditária. Mas novamente a evidência nem sempre é conclusiva. A mãe biológica contribui não apenas com seus genes, mas também com o ambiente pré-natal. Saúde, alimentação, tabagismo e ingestão de álcool pela mãe durante a gravidez podem influenciar significativamente o desenvolvimento do filho, especialmente o desenvolvimento do cérebro. Uma semelhança entre um filho adotivo e a mãe genética pode refletir influências genéticas ou o ambiente pré-natal.

Usando estudos de gêmeos e estudos de adoção, os pesquisadores encontraram evidências de herdabilidade significativa de quase todos os comportamentos que testaram, incluindo solidão (McGuire, & Clifford, 2000), neuroticismo (Lake, Eaves, Maes, Heath, & Martin, 2000), hábito de assistir televisão (Plomin, Corley, DeFries, & Fulker, 1990), mau comportamento na infância (Burt, 2009), atitudes sociais (Posner, Baker, Heath, & Martin, 1996), desempenho cognitivo (Plomin et al., 2013), conquista educacional (Rietveld et al., 2013) e velocidade de aprendizagem de um segundo idioma (Dale, Harlaar, Haworth, & Plomin, 2010). O único comportamento que *não* mostrou uma herdabilidade significativa é a afiliação religiosa — como protestante ou católica (Eaves, Martin, & Heath, 1990).

Qualquer estimativa da herdabilidade de uma característica é específica a uma determinada população. Considere o abuso de álcool, que tem herdabilidade moderada nos Estados Unidos. Imagine uma população em algum lugar em que algumas famílias ensinam proibições muito estritas quanto ao uso de álcool, talvez por motivos religiosos, e outras famílias são mais permissivas. Com diferenças ambientais tão intensas, as influências genéticas exercem menos efeito, e a herdabilidade será relativamente baixa. Então imagine outra população em que todas as famílias têm as mesmas regras, mas acontece que as pessoas diferem substancialmente quanto aos genes que afetam suas reações ao álcool. Nessa população, a herdabilidade será maior. Em suma, qualquer estimativa de herdabilidade aplica-se apenas a uma população específica em um determinado momento.

Além dos estudos com gêmeos e adotados, uma terceira e potencialmente mais decisiva abordagem é identificar genes específicos ligados a algum comportamento. Utilizando a abordagem do *gene candidato*, os pesquisadores testam uma hipótese: como "um gene que aumenta a atividade do transportador de serotonina pode estar ligado a maior risco de depressão". A abordagem do gene candidato identificou um gene com influência significativa no risco de abuso de álcool e alguns outros genes com efeitos moderados, mas muitos estudos produziram efeitos pequenos ou incertos (Dick et al., 2015). Outra abordagem, um *estudo de associação do genoma*, examina todos os genes ao comparar dois grupos, como pessoas com e sem esquizofrenia. O problema dessa abordagem é que ela testa milhares de hipóteses de uma vez (uma para cada gene) e, portanto, corre o risco de ver um efeito aparente por acidente, especialmente em estudos com uma amostra pequena. A abordagem também pode ter resultados enganosos quando aplicada a uma amostra etnicamente diversa. Suponha que algum transtorno, psicológico ou outro, seja mais comum em um grupo étnico do que em outro. Então, qualquer outro gene comum nesse grupo étnico parecerá ser um "fator de risco", mesmo que na verdade o gene não tenha nada a ver com o transtorno (Dick et al., 2015).

Um artigo intitulado "As 10 principais descobertas replicadas da genética comportamental" (Plomin, DeFries, Knopik, & Neiderhiser, 2016) listou afirmações que são bem corroboradas, embora não muito específicas. Por exemplo, quase tudo na psicologia mostra uma importante influência genética, nada na psicologia tem 100% de herdabilidade, a herdabilidade quase sempre depende de muitos genes com pequenos efeitos, e a estabilidade do comportamento ao longo da idade decorre da genética. No entanto, como um crítico apontou, ainda temos poucos casos de genes identificados com efeitos importantes, e raramente sabemos muito sobre como qualquer gene exerce seus efeitos sobre o comportamento (Turkheimer, 2016).

Se quase tudo na psicologia tem herdabilidade significativa, mas mesmo assim os pesquisadores não conseguem localizar um gene com uma forte ligação com um comportamento, o que eles poderiam estar negligenciando? Além da possibilidade de um grande número de genes, cada um exercendo pequenos efeitos, outra possibilidade são as microduplicações ou microdeleções, que sabemos que contribuem em alguns casos. Outra possibilidade são as mutações que têm um grande efeito, mas ocorrem muito raramente para que os métodos de pesquisa típicos as encontrem. Ainda outra possibilidade é que o que parecem ser efeitos genéticos podem na verdade ser efeitos epigenéticos.

PARE & REVISE

7. Quais são os principais tipos de evidências para estimar a herdabilidade de alguns comportamentos?
8. Suponha que alguém determine a herdabilidade das pontuações de QI para uma dada população. Então, a sociedade muda de uma forma que fornece a melhor oportunidade possível para todos dentro dessa população. A herdabilidade do QI aumentará, diminuirá ou permanecerá a mesma?

RESPOSTAS

7. Um tipo de evidência é a maior similaridade entre gêmeos monozigóticos do que gêmeos dizigóticos. Outro é a semelhança entre filhos adotivos e seus pais biológicos. Um terceiro é uma demonstração de que um gene específico é mais comum do que a média entre as pessoas que apresentam um dado comportamento. 8. A herdabilidade *aumentará*. A herdabilidade estima quanto da variação é decorrente das diferenças nos genes. Se todos têm o mesmo ambiente, as diferenças ambientais não podem ser responsáveis por boa parte das diferenças restantes nas pontuações de QI. Portanto, o papel relativo das diferenças genéticas será maior.

Modificação ambiental

Mesmo uma característica com alta herdabilidade pode ser modificada por intervenções ambientais. Um excelente exemplo é a **fenilcetonúria** ou (*phenylketonuria* – **PKU**), uma incapacidade genética de metabolizar o aminoácido fenilalanina. Se a PKU não é tratada, a fenilalanina se acumula em níveis tóxicos, prejudicando o desenvolvimento do cérebro e deixando a criança mentalmente retardada, inquieta e irritável. Aproximadamente 1% dos europeus carrega um gene recessivo para PKU. Menos asiáticos e quase nenhum africano têm o gene (T. Wang et al., 1989).

Embora a PKU seja uma condição hereditária, intervenções ambientais podem modificá-la. Em muitos países, médicos testam rotineiramente o nível de fenilalanina ou os metabólitos no sangue ou na urina de cada bebê. Se um bebê tem níveis altos, indicando PKU, os médicos aconselham os pais a colocar o bebê em uma dieta restrita de fenilalanina para proteger o cérebro (Waisbren, Brown, de Sonneville, & Levy,

1994). O sucesso dessa dieta mostra que *hereditário* não significa *não modificável*.

Algumas observações sobre a PKU: a dieta necessária é difícil. As pessoas devem evitar carnes, ovos, laticínios, grãos e, especialmente, aspartame (adoçante sintético), que é 50% fenilalanina. Em vez disso, elas recebem uma fórmula cara que contém os outros aminoácidos. Os médicos acreditaram por muito tempo que as crianças com PKU poderiam abandonar a dieta após alguns anos. Experiências posteriores mostraram que altos níveis de fenilalanina também danificam cérebros maduros. Uma mulher com PKU deve ser especialmente cuidadosa durante a gravidez e ao amamentar. Mesmo um bebê geneticamente normal não consegue lidar com as enormes quantidades de fenilalanina que uma mãe afetada pode passar pela placenta.

✓ PARE & REVISE

9. Que exemplo ilustra o ponto de que mesmo se alguma característica é altamente hereditária, uma mudança no ambiente pode alterá-la?

RESPOSTA
9. Manter uma criança com o gene PKU em uma dieta estritamente baixa em fenilalanina evita a deficiência mental que o gene normalmente causa. O ponto geral é que às vezes uma doença altamente hereditária pode ser modificada ambientalmente.

Como os genes influenciam o comportamento

Nenhum gene produz seus efeitos isoladamente. Um gene produz uma proteína que interage com o restante da química corporal e com o ambiente. Exatamente como um gene pode influenciar o comportamento é uma questão complexa, com muitas respostas em casos diferentes. Um gene pode influenciar o comportamento mesmo sem ser expresso no cérebro. Suponha que seus genes o tornem excepcionalmente atraente. Como resultado, estranhos sorriem para você e muitas pessoas querem conhecê-lo. Se as reações delas à sua aparência influenciam sua personalidade, os genes alteraram seu comportamento modificando seu ambiente!

Como outro exemplo, imagine uma criança nascida com genes que promovem estatura e velocidade de corrida acima da média. Por causa desses fatores, a criança demonstra sucesso precoce no basquete e logo passa cada vez mais tempo jogando basquete. Como resultado, a criança passa menos tempo do que a média em outras atividades — assistindo televisão, jogando xadrez ou qualquer outra coisa. Este é um exemplo hipotético, mas ilustra a questão: os genes podem influenciar o comportamento de maneiras indiretas. Não devemos nos surpreender com os relatos de que quase todo comportamento humano tem alguma herdabilidade.

A evolução do comportamento

Charles Darwin, conhecido como o fundador da teoria da evolução, não gostava do termo *evolução*. Ele preferia *descendência com modificação*, enfatizando a ideia das alterações sem necessariamente implicar em melhorias. **Evolução** é uma alteração ao longo das gerações nas frequências de vários genes em uma população.

Distinguimos duas questões sobre evolução: Como algumas espécies *evoluíram* e como as espécies *evoluem*? Perguntar como uma espécie evoluiu é perguntar o que evoluiu de quê. Por exemplo, porque os seres humanos são mais semelhantes aos chimpanzés do que a outras espécies, os biólogos inferem um ancestral comum. Fósseis também ajudam a esclarecer as alterações ao longo do tempo. À medida que novas evidências se tornam disponíveis, os biólogos às vezes mudam suas opiniões sobre a relação evolutiva entre uma espécie e outra.

Por outro lado, a questão de como as espécies *evoluem* é uma questão de como o processo funciona, e esse processo é o resultado necessário do que sabemos sobre reprodução. O raciocínio é o seguinte:

- Por causa das influências genéticas, a prole geralmente se parece com os pais, ou seja, "semelhante gera semelhante".
- Mutações, recombinações e microduplicações dos genes introduzem novas variações hereditárias que ajudam ou prejudicam a probabilidade de um indivíduo sobreviver e se reproduzir.
- Certos indivíduos se reproduzem mais do que outros, passando assim seus genes para a próxima geração. Qualquer gene associado a maior sucesso reprodutivo se tornará mais prevalente nas gerações posteriores. Portanto, a geração atual de qualquer espécie se assemelha aos indivíduos que se reproduziram no passado. Se uma alteração no ambiente faz com que um gene diferente aumente a probabilidade de sobrevivência e reprodução, esse gene se disseminará na população.

Como aqueles que cultivam plantas e criam animais há muito entenderam essa ideia, eles escolhem indivíduos com uma característica desejada e os tornam pais da próxima geração por meio de um processo chamado **seleção artificial**. Por muitas gerações, os criadores produziram cavalos de corrida excepcionais, galinhas que põem um grande número de ovos, centenas de tipos de cães e assim por diante. A percepção de Darwin (1859) era de que a natureza também seleciona. Se certos indivíduos são mais bem-sucedidos do que outros em encontrar comida, escapar de inimigos, resistir a doenças, atrair parceiros ou proteger seus filhos, então seus genes se tornarão mais prevalentes nas gerações posteriores. Dado um grande período de tempo, esse processo pode produzir a grande variedade de vida que de fato observamos.

Mal-entendidos comuns sobre a evolução

Vamos esclarecer os princípios da evolução abordando alguns equívocos:

- *O uso ou desuso de alguma estrutura ou comportamento provoca um aumento ou uma diminuição evolucionária dessa característica?* Você pode ter ouvido as pessoas dizerem o seguinte: "Como quase nunca usamos os dedinhos dos pés, o tamanho deles é cada vez menor em cada geração". Essa ideia é um resquício da teoria da evolução do biólogo Jean-Baptiste Lamarck por meio da herança das características adquiridas, conhecidas como **evolução lamarckiana**. De acordo com essa teoria, se você exercitar os músculos dos braços, seus filhos nascerão com os músculos dos braços maiores e, se você deixar de usar os dedinhos dos pés, os dedinhos dos seus filhos serão menores que os seus. No entanto, os biólogos não encontraram nenhum mecanismo para que a evolução lamarckiana ocorra e nenhuma evidência de que isso aconteça. Usar ou deixar de usar alguma estrutura corporal não altera os genes. Os dedos pequenos dos pés das pessoas encolherão nas gerações futuras apenas se as pessoas com genes para dedinhos menores conseguirem se reproduzir mais do que as outras pessoas.

- *Os humanos pararam de evoluir?* Como a medicina moderna pode manter quase qualquer pessoa viva, e como os programas de bem-estar em países desenvolvidos fornecem as necessidades vitais para quase todos, algumas pessoas afirmam que os humanos não estão mais sujeitos ao princípio da "sobrevivência do mais apto". Portanto, o argumento continua, a evolução humana desacelerou ou parou.

A falha nesse argumento é que a evolução depende da reprodução, não apenas da sobrevivência. Se pessoas com certos genes têm mais filhos do que a média, seus genes se disseminarão na população.

- *"Evolução" significa "melhoria"?* Depende do que você entende por "melhoria". Por definição, a evolução melhora a **aptidão**, que é operacionalmente definida como *o número de cópias dos genes de uma pessoa que sobrevivem nas gerações posteriores.* Se você tem mais filhos do que a média, e eles sobrevivem por tempo suficiente para se reproduzirem, você é evolutivamente apto, independentemente de ter sucesso de alguma outra forma. Você também aumenta sua aptidão apoiando seus parentes, que compartilham muitos de seus genes e os propagam por meio de sua própria reprodução. Qualquer gene que se propaga é, por definição, apto. Mas os genes que aumentam a aptidão em um dado momento e local podem ser desvantajosos após uma alteração no ambiente. Por exemplo, as penas coloridas da cauda do pavão macho permitem

Às vezes, uma exibição sexual, como a expansão das penas da cauda de um pavão, melhora o sucesso reprodutivo e dissemina os genes associados. Em um ambiente alterado, esse gene pode se tornar mal adaptativo.

que ele atraia as fêmeas, mas pode se tornar desvantajoso na presença de um novo predador que responde a cores brilhantes. Em outras palavras, os genes da geração atual evoluíram porque eram aptos para as gerações anteriores. Eles podem ou não ser adaptáveis no futuro.

- *A evolução beneficia o indivíduo ou a espécie?* Nem um, nem outro: beneficia os genes! Em certo sentido, você não usa seus genes para se reproduzir. Em vez disso, seus genes usam *você* para que eles mesmos se reproduzam (Dawkins, 1989). Imagine um gene que faz com que você arrisque sua vida para proteger seus filhos. Se esse gene permitir que você deixe para trás mais filhos sobreviventes do que você teria de outra forma, então a prevalência desse gene aumentará na sua população.

A seleção natural não pode favorecer um gene que beneficia a espécie enquanto prejudica os indivíduos com o gene. Algumas pessoas afirmam — incorretamente — que quando as populações de lêmingues aumentam muito, alguns deles pulam de penhascos para diminuir o problema de superpopulação. Se isso fosse verdade (e não é!), a próxima geração descenderia daqueles lêmingues que não conseguiram pular. O gene "autossacrificante" desapareceria com aqueles que o possuíam.

A política da China de limitar cada família a um único filho diminui a possibilidade de mudanças genéticas entre as gerações.

✅ PARE & REVISE

10. Muitas pessoas acreditam que o apêndice humano é inútil. Por isso, ele se tornará cada vez menor a cada geração?

RESPOSTA 10. Não. A falta de necessidade de uma estrutura não a torna menor na próxima geração. O apêndice encolherá apenas se as pessoas com um gene para um apêndice menor se reproduzirem com mais sucesso do que outras pessoas.

Psicologia evolucionista

Psicologia evolucionista diz respeito à maneira como os comportamentos evoluíram. A ênfase é as explicações *evolucionistas* e *funcionais* — isto é, como nossos genes refletem os dos nossos ancestrais e por que a seleção natural pode ter favorecido os genes que promovem certos comportamentos. A suposição é de que qualquer comportamento característico de uma espécie surgiu por meio da seleção natural e, presumivelmente, forneceu alguma vantagem, pelo menos em tempos ancestrais. Considere estes exemplos:

- Algumas espécies de animais têm melhor visão de cores do que outras e algumas têm melhor visão periférica. As espécies desenvolvem o tipo de visão de que precisam para seu modo de vida (Capítulo 5).
- Animais que correm o risco de serem atacados enquanto dormem sobrevivem com pouco sono por noite, em comparação com espécies raramente atacadas, como leões, morcegos e tatus, que dormem muitas horas (Capítulo 8).
- Os ursos comem toda a comida que podem encontrar, armazenando gordura para ajudá-los a sobreviver em períodos em que a comida é escassa. As aves pequenas comem apenas o suficiente para atender suas necessidades imediatas, porque qualquer peso extra interferiria na capacidade de voar para longe dos predadores. Os hábitos alimentares estão relacionados às necessidades de cada espécie (Capítulo 9).

Vários comportamentos humanos não fazem sentido, exceto em termos de evolução. Por exemplo, as pessoas ficam "arrepiadas" — ereções nos pelos, especialmente nos braços e ombros — quando sentem frio ou medo. Arrepios produzem pouco ou nenhum benefício para os humanos porque os pelos dos ombros e braços são curtos e geralmente cobertos por roupas. Na maioria dos outros mamíferos, no entanto, os pelos eriçados fazem um animal assustado parecer maior e mais intimidante (ver Figura 4.6). Eles também fornecem isolamento extra quando o ar está frio. Explicamos os arrepios humanos afirmando que o comportamento evoluiu nos nossos ancestrais remotos e herdamos o mecanismo.

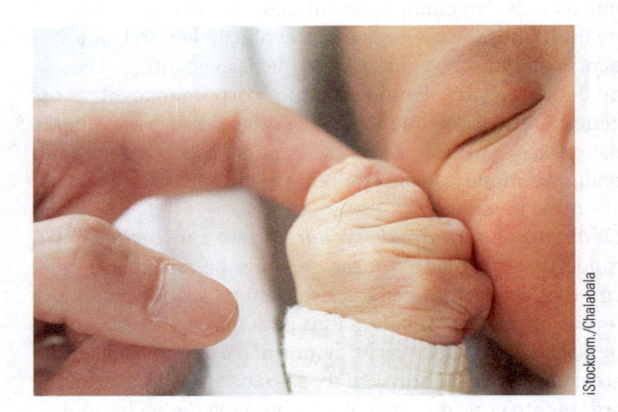

Figura 4.7 Reflexo de preensão em bebês humanos e macacos
O reflexo de apreensão, que significa pouco ou nada para bebês humanos, faz sentido como um remanescente evolucionário de um comportamento necessário para a sobrevivência de nossos ancestrais macacos.

Considere também o reflexo de preensão do bebê (ver Figura 4.7). Um bebê agarra com força um dedo, lápis ou objeto semelhante colocado na palma da mão. Que benefício isso traz? Pouco ou nada para os humanos, mas para nossos ancestrais macacos, era fundamental. A macaca geralmente precisa de todos os quatro membros para subir em uma árvore para se alimentar ou para fugir de um predador. Um macaco bebê que não conseguisse se segurar colocaria a vida em risco.

Algumas outras explicações evolutivas propostas são mais controversas. Considere dois exemplos:

- Mais homens do que mulheres gostam da perspectiva de sexo casual com múltiplos parceiros. Os teóricos relacionam essa tendência ao fato de que um homem pode propagar seus genes engravidando muitas mulheres, enquanto uma mulher não pode multiplicar seus filhos tendo mais parceiros sexuais (Buss, 1994). Homens e mulheres estão pré-programados para ter comportamentos sexuais diferentes? Até que ponto esse comportamento é orientado biologicamente e em que medida é orientado culturalmente? Exploraremos esse tema em um capítulo mais adiante.
- As pessoas envelhecem e morrem, com um tempo médio de sobrevivência de 70 a 80 anos em circunstâncias

Figura 4.6 Um gato assustado com pelos eretos
Para animais com pelos longos, eriçá-los aumenta o isolamento do frio e faz com que o animal pareça maior e mais perigoso. Nós, humanos, continuamos a eriçar os cabelos nas mesmas situações, como um resquício de nosso passado evolutivo.

favoráveis. Mas as pessoas variam quanto à rapidez com que se deterioram na velhice, e parte dessa variação está sob controle genético. Os pesquisadores identificaram vários genes que são significativamente mais comuns entre pessoas que permanecem saudáveis e alertas a partir dos 85 anos (Halaschek-Wiener et al., 2009; Poduslo, Huang, & Spiro, 2009; Puca et al., 2001). Por que não temos todos esses genes? Talvez viver muitos anos após o fim dos seus anos reprodutivos seja evolutivamente desvantajoso. Desenvolvemos a tendência de envelhecer e morrer para parar de competir e abrir caminho para nossos filhos e netos? Curiosamente, algumas espécies de tartarugas e peixes continuam a se reproduzir ao longo de suas longas vidas, e não parecem se deteriorar com a idade. Tubarões da Groenlândia podem viver por 400 anos, talvez mais (Nielsen et al., 2016). No extremo oposto, alguns insetos morrem de velhice em poucas semanas. Novamente, a ideia é que o tempo de vida humana pode ser uma adaptação evoluída, em vez de uma necessidade física.

Para ilustrar ainda mais a psicologia evolutiva, considere o exemplo teoricamente interessante do **comportamento altruísta**, uma ação que beneficia alguém que não seja o protagonista. Um gene que incentiva o comportamento altruísta ajudaria *outros* indivíduos a sobreviver e propagar *seus* genes a um possível custo para o indivíduo altruísta. Um gene para o altruísmo pode se propagar e, se sim, como?

O altruísmo é comum? Certamente ocorre em humanos: contribuímos para instituições de caridade. Tentamos ajudar as pessoas em apuros. Um aluno pode explicar algo a um colega que está competindo por uma boa nota em um curso. Algumas pessoas doam um rim para salvar a vida de alguém que nem conheciam (MacFarquhar, 2009).

Entre os não humanos, o altruísmo é menos comum, mas certamente ocorre a cooperação. Um grupo de animais pode caçar juntos ou se alimentar juntos. Um bando de pássaros pequenos pode "aglomerar-se" em torno de uma coruja ou falcão para afastá-lo. Os chimpanzés às vezes compartilham alimentos (Hamann, Warneken, Greenberg, & Tomasello, 2011). Mas o verdadeiro altruísmo, no sentido de ajudar um não parente sem receber rapidamente algo em troca, é incomum para não humanos (Cheney, 2011). Em um estudo, um chimpanzé conseguiu puxar uma corda para levar comida para sua jaula ou uma segunda corda que traria alimento para si mesmo e alimento extra para outro chimpanzé familiar, mas não aparentado, em uma jaula ao lado. Na maioria das vezes, os chimpanzés puxavam qualquer corda que estivesse à direita no momento — sugerindo ser destros — aparentemente indiferente ao bem-estar do outro chimpanzé, mesmo quando o outro fazia gestos de mendicância (Silk et al., 2005).

Mesmo quando os animais parecem altruístas, muitas vezes eles têm motivos egoístas. Quando um corvo encontra alimento no solo, ele grasna alto, atraindo outros corvos que irão compartilhar o alimento. Altruísmo? Na verdade não. Um pássaro no solo é vulnerável ao ataque de gatos e outros inimigos. Outros corvos por perto significa mais olhos para vigiar os perigos.

Considere também os suricatos (uma espécie de mangusto). Periodicamente, um ou outro membro de uma colônia de suricatos se levanta e, vendo-se em perigo, emite um alerta que avisa os outros (ver Figura 4.8). Esse alerta ajuda os outros (incluindo seus parentes), mas aquele que vê o perigo primeiro

Figura 4.8 Comportamento sentinela: altruísta ou não?
Como em muitas outras espécies de presas, os suricatos às vezes exibem um comportamento de sentinela ao observar o perigo e alertar os outros. Mas o suricato que emite o alarme é aquele com maior probabilidade de escapar do perigo.

e emite o alarme é o que tem maior probabilidade de escapar (Clutton-Brock et al., 1999).

A título de ilustração, vamos supor — sem evidências — que algum gene aumenta o comportamento altruísta — um comportamento que ajuda os outros e não a você mesmo. Ele pode se propagar em uma população? Uma resposta comum é que a maioria dos comportamentos altruístas custa muito pouco. É verdade, mas custar pouco não é suficiente. Um gene só se propaga se os indivíduos com esse gene se reproduzem mais do que aqueles sem ele. Outra resposta comum é que o comportamento altruísta beneficia a espécie. Mais uma vez é verdade, mas a refutação é a mesma. Um gene que beneficia a espécie, mas não ajuda o indivíduo, desaparece com esse indivíduo.

Uma explicação melhor é a **seleção de parentesco** — seleção de um gene que beneficia os parentes do indivíduo. Um gene se propaga se provoca grandes esforços, até mesmo arriscar sua vida, para proteger seus filhos, porque eles compartilham muitos de seus genes, incluindo talvez um gene para proteger seus próprios filhos. A seleção natural também pode favorecer o altruísmo em relação a outros parentes — como irmãos e irmãs, primos, sobrinhos e sobrinhas (Dawkins, 1989; Hamilton, 1964; Trivers, 1985). Tanto em humanos como em não humanos, o comportamento prestativo é mais comum em relação a parentes do que em relação a indivíduos não aparentados (Bowles & Posel, 2005; Krakauer, 2005).

Outra explicação é o **altruísmo recíproco**, a ideia de que os indivíduos ajudam aqueles que retribuem o favor. Os pesquisadores descobriram que as pessoas tendem a ajudar não apenas aqueles que as ajudaram, mas também as pessoas que observaram ajudando alguém. Mesmo as crianças pequenas mostram essa tendência (Martin & Olson, 2015). A ideia não é simplesmente "Você coçou minhas costas, então eu coço as suas", mas também "Você coçou as costas de outra pessoa, então eu coço as suas". Ajudando os outros, você constrói uma reputação de prestativo, e os outros estão dispostos a cooperar com você. Esse sistema funciona apenas se os indivíduos se reconhecerem. Do contrário, um indivíduo não cooperativo pode aceitar favores, prosperar e nunca retribuir os favores. Em outras palavras, o altruísmo recíproco requer a capacidade de identificar indivíduos e lembrá-los mais tarde. Os seres humanos, é claro, são excelentes em reconhecer uns aos outros, mesmo depois de muito tempo.

Uma terceira hipótese é a **seleção de grupo**. De acordo com essa ideia, os grupos altruístas prosperam melhor do que os menos cooperativos (Bowles, 2006; Kohn, 2008). Embora essa ideia seja certamente verdadeira, ela enfrenta um problema: Mesmo que os grupos cooperativos tenham um bom desempenho, um indivíduo não cooperativo dentro do grupo não teria uma vantagem? No entanto, os teóricos concluíram que a seleção de grupo funciona sob certas circunstâncias, como quando indivíduos cooperativos fazem a maior parte das suas interações entre si (Simon, Fletcher, & Doebeli, 2013). A seleção de grupo funciona especialmente bem para seres humanos, devido à nossa capacidade de punir ou expulsar pessoas que não cooperam.

Na melhor das hipóteses, a psicologia evolucionista leva a pesquisas que nos ajudam a compreender um comportamento. A busca por uma explicação funcional leva os pesquisadores a explorar os diferentes habitats e modos de vida das espécies até entender por que elas se comportam de maneira diferente. A abordagem é criticada quando seus praticantes propõem explicações sem testá-las (Schlinger, 1996).

✓ PARE & REVISE

11. Quais são as maneiras plausíveis de possíveis genes altruístas se propagarem em uma população?

RESPOSTA

11. Os genes altruístas podem se propagar porque facilitam o cuidado com os parentes ou porque facilitam a troca de favores com outras pessoas (altruísmo recíproco). A seleção de grupo também pode funcionar em algumas circunstâncias, especialmente se o grupo cooperativo tem uma maneira de punir ou expulsar um indivíduo não cooperativo.

Módulo 4.1 | Conclusão
Genes e comportamento

No controle do comportamento, os genes são importantes, mas não tão importantes. Certos comportamentos têm alta herdabilidade, como a capacidade de sentir o sabor da PTC. Muitos outros comportamentos são influenciados por genes, mas também sujeitos a forte influência da experiência. Nossos genes e nossa evolução possibilitam que os seres humanos sejam o que são hoje, mas também fornecem a flexibilidade de alterar nosso comportamento da maneira como as circunstâncias o justifiquem.

Compreender a genética do comportamento humano é importante, mas também especialmente difícil, porque os pesquisadores têm controle limitado sobre as influências ambientais e nenhum controle sobre quem se acasala com quem. Inferir como o comportamento humano evoluiu também é difícil, em parte porque não conhecemos o suficiente a vida dos nossos ancestrais.

Por fim, devemos lembrar que a maneira como as coisas *são* não é necessariamente igual à maneira como elas *deveriam ser*. Mesmo que nossos genes nos predisponham a nos comportar de uma maneira específica, ainda podemos decidir tentar superar essas predisposições se elas não se adequam às necessidades da vida moderna.

Resumo

1. Genes são substâncias químicas que mantêm sua integridade entre uma geração e outra e influenciam o desenvolvimento do indivíduo. Um gene dominante afeta o desenvolvimento independentemente de a pessoa ter pares desse gene ou apenas uma única cópia por célula. Um gene recessivo afeta o desenvolvimento apenas na ausência do gene dominante.

2. Os genes podem mudar por meio de mutações, microduplicações e microdeleções.

3. A expressão gênica também pode alterar-se em um processo chamado epigenética, à medida que substâncias químicas ativam ou desativam partes dos cromossomos. As experiências podem causar alterações epigenéticas e, em alguns casos, uma alteração epigenética pode influenciar a próxima geração.

4. A maioria das variações comportamentais reflete as influências combinadas de genes e fatores ambientais. Herdabilidade é uma estimativa da quantidade de variação decorrente da variação genética em comparação à variação ambiental.

5. Pesquisadores estimam a herdabilidade de uma doença humana comparando gêmeos monozigóticos e dizigóticos e também crianças adotadas com seus pais biológicos e adotivos. Eles também procuram genes que são mais comuns em pessoas com um tipo de comportamento do que outro.

6. Mesmo que algum comportamento mostre alta herdabilidade para uma dada população, uma mudança no ambiente pode alterar significativamente o resultado comportamental.

7. Os genes influenciam o comportamento diretamente alterando as substâncias químicas no cérebro e, indiretamente, afetando outros aspectos do corpo e, portanto, a maneira como as outras pessoas reagem a nós.
8. O processo de evolução por meio da seleção natural é um resultado necessário, dado o que conhecemos sobre a reprodução: as mutações às vezes ocorrem nos genes, e indivíduos com certos conjuntos de genes se reproduzem com mais sucesso do que outros.
9. A evolução dissemina os genes dos indivíduos que mais se reproduzem. Portanto, se alguma característica é propagada dentro de uma população, é razoável procurar maneiras como essa característica é ou foi adaptativa. Mas precisamos avaliar as contribuições relativas da genética e das influências culturais.

Termos-chave

Os termos estão definidos no número de página indicado. Também são apresentados em ordem alfabética com a definição no Índice remissivo/Glossário do livro, que começa na p. 589.

ácido desoxirribonucleico (DNA) **104**
ácido ribonucleico (RNA) **105**
altruísmo recíproco **114**
aptidão **111**
comportamento altruísta **113**
cromossomos **104**
epigenética **107**
evolução **110**
evolução lamarckiana **110**
fenilcetonúria (PKU) **109**
gêmeos dizigóticos **108**
gêmeos monozigóticos **108**
gene dominante **105**
gene recessivo **105**
genes **104**
genes autossômicos **106**
genes ligados ao sexo **106**
genes limitados por sexo **107**
herdabilidade **108**
heterozigoto **105**
histonas **107**
homozigoto **105**
mutação **107**
psicologia evolucionista **112**
seleção artificial **110**
seleção de grupo **114**
seleção de parentesco **113**

Questões complexas

1. Para quais comportamentos humanos, se houver algum, você tem certeza de que a herdabilidade seria extremamente baixa?
2. Certos genes influenciam a probabilidade de desenvolver a doença de Alzheimer ou outras que ocorrem principalmente na velhice. Dado que os genes que controlam o envelhecimento começam muito depois que as pessoas param de ter filhos, como a evolução pode ter algum efeito sobre esses genes?

Módulo 4.1 | Questionário final

1. O que é um gene ligado ao sexo?
   A. Um gene que influencia o comportamento sexual.
   B. Um gene que tem mais efeitos em um sexo do que no outro.
   C. Um gene no cromossomo X ou Y.
   D. Um gene que é ativado durante o comportamento sexual.

2. O que é um gene limitado por sexo?
   A. Um gene que influencia o comportamento sexual.
   B. Um gene que tem mais efeitos em um sexo do que no outro.
   C. Um gene no cromossomo X ou Y.
   D. Um gene que é ativado durante o comportamento sexual.

3. O que uma microdeleção remove?
   A. Parte de uma proteína
   B. Parte de uma onda cerebral
   C. Parte de um cromossomo
   D. Parte de um neurônio

4. De que maneira uma mudança epigenética difere de uma mutação?
   A. Uma alteração epigenética é uma duplicação ou deleção da parte de um gene.
   B. Uma alteração epigenética modifica a atividade do gene sem substituir nenhum gene.
   C. Uma alteração epigenética modifica mais de um gene de cada vez.
   D. Uma alteração epigenética é benéfica, enquanto uma mutação é prejudicial.

5. Como adicionar um grupo metil ou acetil a uma proteína histona altera a atividade do gene?

   A. Um grupo metil desativa os genes. Um grupo acetil flexibiliza o controle da histona e aumenta a ativação do gene.
   B. Um grupo metil ativa os genes. Um grupo acetil aperta o controle da histona e diminui a ativação do gene.
   C. Um grupo metil aumenta a probabilidade de uma mutação, enquanto um grupo acetil diminui a probabilidade.
   D. Um grupo metil diminui a probabilidade de uma mutação, enquanto um grupo acetil aumenta a probabilidade.

6. A maioria das estimativas da herdabilidade do comportamento humano usa que(ais) tipo(s) de evidência?

   A. Estudos das alterações no comportamento à medida que as pessoas envelhecem.
   B. Estudos das semelhanças entre pais e filhos.
   C. Comparações de gêmeos e estudos de crianças adotadas.
   D. Comparações de pessoas que vivem em diferentes culturas.

7. Qual é a diferença entre gêmeos monozigóticos (MZ) e dizigóticos (DZ)?

   A. Os gêmeos MZ se desenvolvem a partir de dois óvulos, enquanto os gêmeos DZ se desenvolvem a partir de um único óvulo.
   B. Gêmeos MZ se desenvolvem de um único ovo, enquanto gêmeos DZ se desenvolvem de dois ovos.
   C. Os gêmeos MZ são macho e fêmea, enquanto os gêmeos DZ são do mesmo sexo.
   D. Os gêmeos MZ são do mesmo sexo, enquanto os gêmeos DZ são macho e fêmea.

8. Qual das alternativas a seguir oferece evidências fortes de que as alterações ambientais podem neutralizar em grande medida o efeito de um gene?

   A. Os efeitos da temperatura em crianças com transtorno do espectro do autismo.
   B. Os efeitos da alimentação em crianças com fenilcetonúria (PKU).
   C. Os efeitos do treinamento muscular em crianças que sofreram uma concussão.
   D. Os efeitos do sono em crianças com malária.

9. Qual destas alternativas é responsável pelas alterações evolutivas em uma espécie?

   A. Usar ou deixar de usar parte do corpo aumenta ou diminui o tamanho para a próxima geração.
   B. Um gene que traz benefícios a longo prazo para a espécie se tornará mais comum.
   C. Indivíduos com certos genes se reproduzem mais do que a média.
   D. As alterações evolutivas antecipam as adaptações que serão vantajosas no futuro.

10. O que podemos, ou não, prever sobre o futuro da evolução humana?

    A. As pessoas são mais inteligentes, mais sábias e mais cooperativas.
    B. As pessoas não mudarão, porque a evolução não afeta mais os humanos.
    C. As pessoas se tornarão mais parecidas com aquelas que tendem a ter mais filhos.
    D. Não podemos fazer nenhuma dessas previsões.

11. Por que os bebês humanos apresentam reflexo de preensão?

    A. O reflexo é um subproduto acidental do desenvolvimento do cérebro.
    B. O reflexo é uma imitação das ações que o bebê vê os adultos fazendo.
    C. O reflexo ajuda o bebê a desenvolver habilidades motoras que serão úteis mais tarde.
    D. O reflexo foi vantajoso para as crianças de nossos ancestrais remotos.

Respostas: 1C, 2B, 3C, 4B, 5A, 6C, 7B, 8B, 9C, 10C, 11D.

Módulo 4.2

Desenvolvimento do cérebro

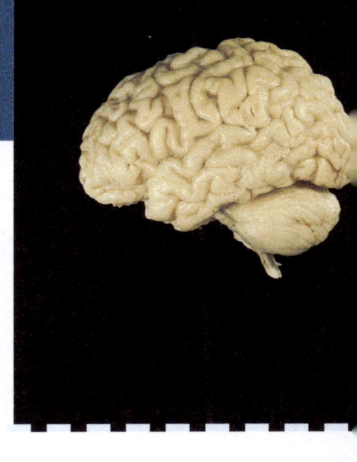

Pense em todas as coisas que você pode fazer que não teria feito há alguns anos — analisar estatísticas, ler em um idioma estrangeiro, escrever críticas brilhantes sobre questões complexas etc. Você desenvolveu essas novas habilidades por causa do crescimento do cérebro? Muitos dos dendritos desenvolveram novos ramos, mas o cérebro como um todo não cresceu.

Agora pense em todas as coisas que crianças de 1 ano podem fazer e que não conseguiram fazer ao nascer. *Elas* desenvolveram novas habilidades por causa do crescimento do cérebro? Em grande medida, sim, embora os resultados também dependam de experiências. Neste módulo, consideramos como os neurônios se desenvolvem, como os axônios se conectam e como a experiência modifica o desenvolvimento.

Maturação do cérebro dos vertebrados

Os primeiros estágios de desenvolvimento são notavelmente semelhantes entre as espécies. Uma série de genes conhecidos como *genes homeobox* — encontrados em vertebrados, insetos, plantas e até em fungos e leveduras — regulam a expressão de outros genes e controlam o início do desenvolvimento anatômico, incluindo questões como qual extremidade é a frente e qual é a parte traseira. Todos esses genes compartilham uma grande sequência de bases de DNA. Uma mutação em um gene homeobox faz com que os insetos formem patas onde deveriam estar as antenas, ou formem um conjunto extra de asas. Em humanos, as mutações nos genes homeobox foram associadas a muitos transtornos cerebrais, incluindo deficiência mental, bem como deformidades físicas (Conti et al., 2011).

O sistema nervoso central humano começa a se formar quando o embrião tem cerca de 2 semanas de vida. A superfície dorsal torna-se mais espessa e, então, surgem lábios longos e finos, que se enrolam e se fundem, formando um tubo neural que circunda uma cavidade cheia de líquido (ver Figura 4.9). À medida que o tubo afunda sob a superfície da pele, a extremidade anterior aumenta e se diferencia em rombencéfalo, mesencéfalo e prosencéfalo (ver Figura 4.10). O restante torna-se a medula espinhal. A cavidade cheia de líquido dentro do tubo neural se transforma no canal central da medula espinhal e nos quatro ventrículos do cérebro, contendo o líquido cefalorraquidiano (LCR). Os primeiros movimentos musculares começam com a idade de 7 semanas e meia, e isso ocorre apenas para alongar os músculos. Nessa idade, a atividade espontânea na medula espinhal impulsiona todos os movimentos musculares porque os órgãos sensoriais ainda não estão funcionando (Provine, 1972), ou seja, ao contrário do que possamos imaginar, começamos a fazer movimentos antes de começarmos a receber as sensações.

Ao nascer, o peso médio do cérebro humano é cerca de 350 gramas. No final do primeiro ano, pesa 1.000 g, próximo do peso adulto de 1.200 a 1.400 g. Na primeira infância, as áreas sensoriais primárias do córtex — responsáveis por registrar a visão, a audição e outros sentidos — estão mais maduras do que o restante do córtex. Os giros e sulcos estão predominantemente

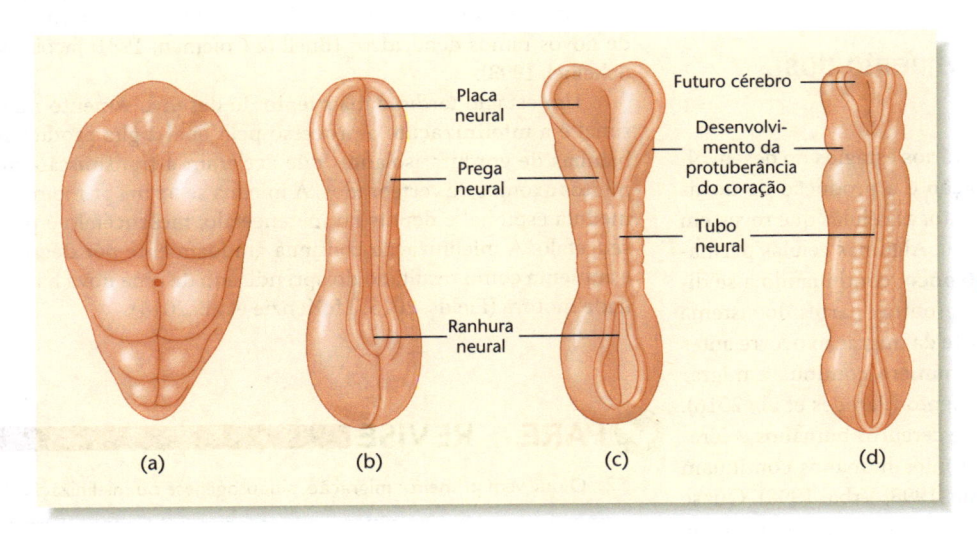

Figura 4.9 Desenvolvimento inicial do sistema nervoso central humano
O cérebro e a medula espinhal começam como lábios enovelados em torno de um canal cheio de líquido. Os estágios mostrados ocorrem em aproximadamente duas a três semanas após a concepção.

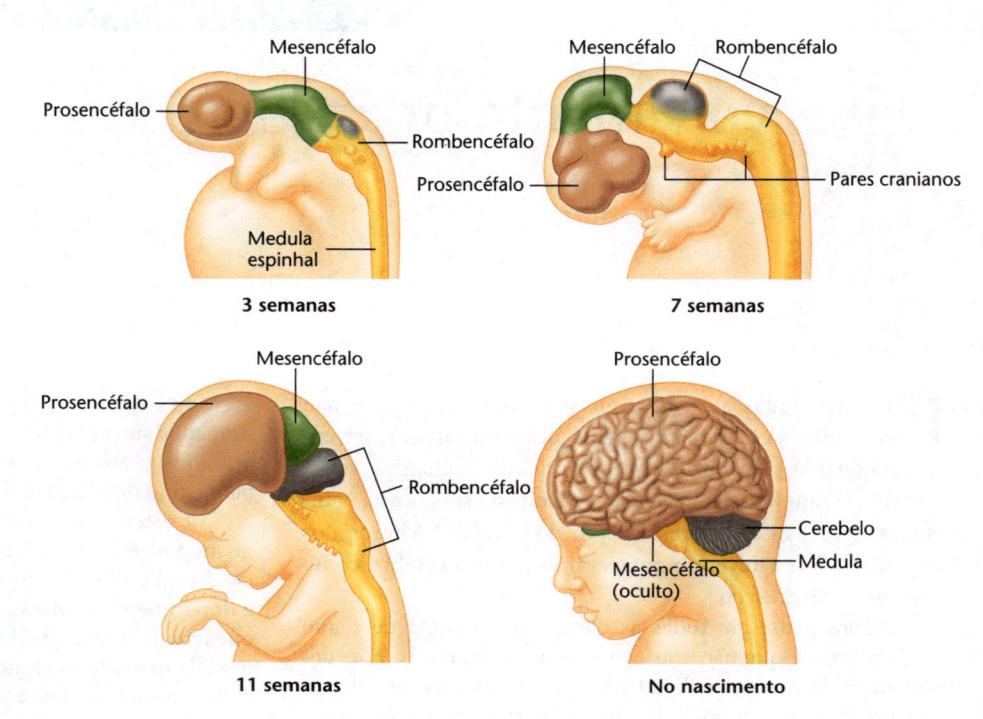

Figura 4.10 Cérebro humano em quatro estágios de desenvolvimento
O prosencéfalo em crescimento envolve rapidamente o mesencéfalo e parte do rombencéfalo.

formados e as conexões com o tálamo estão razoavelmente bem estabelecidas. Continuam a se desenvolver, claro, mas as maiores mudanças nos primeiros anos acontecem no córtex pré-frontal e em outras áreas corticais responsáveis pela atenção, memória de trabalho e tomada de decisão (Alcuter et al., 2014; G. Li et al., 2014). Em suma, o cérebro infantil está configurado para ver, ouvir e etc., mas limitado quanto à capacidade de interpretar essas informações ou decidir o que fazer com elas. O córtex pré-frontal humano continua amadurecendo lentamente durante a adolescência e além. Em geral, as áreas do cérebro que apresentam desenvolvimento mais lento, como o córtex pré-frontal, são as que têm maior probabilidade de se deteriorar em condições como a doença de Alzheimer (Douaud et al., 2014).

Crescimento e desenvolvimento dos neurônios

Os neurocientistas diferenciam os vários estágios no desenvolvimento dos neurônios. **Proliferação** é a produção de novas células. No início do desenvolvimento, as células que revestem os ventrículos do cérebro se dividem. Algumas células permanecem onde estão como **células-tronco**, continuando a se dividir, enquanto outras migram para outras partes do sistema nervoso. Em humanos, a maior parte da migração ocorre antes do nascimento, mas um pequeno número continua a migrar nos primeiros meses após o nascimento (Paredes et al., 2016). Uma das principais diferenças entre cérebros humanos e cérebros de chimpanzés é que os neurônios humanos continuam proliferando por mais tempo (Rakic, 1998; Vrba, 1998). Quase todos os neurônios se formam nas primeiras 28 semanas de gestação e o nascimento prematuro antes dessa época inibe a formação de neurônios (Malik et al., 2013).

No início do desenvolvimento, as células primitivas, ainda não identificáveis como neurônios ou glia, começam a **migrar** (mover-se). Substâncias químicas conhecidas como *imunoglobulinas* e *quimiocinas* orientam a migração dos neurônios. Um déficit nessas substâncias químicas leva à migração prejudicada, diminuição do tamanho do cérebro e retardo mental (Berger-Sweeney & Hohmann, 1997; Crossin & Krushel, 2000; Tran & Miller, 2003). O cérebro tem muitos tipos de imunoglobulinas e quimiocinas, refletindo a complexidade do desenvolvimento cerebral.

À medida que uma célula se **transforma** em um neurônio, ela começa a formar os dendritos, axônios e sinapses. **Sinaptogênese**, a formação de sinapses, começa muito antes do nascimento, mas continua ao longo da vida, à medida que os neurônios formam novas sinapses e descartam as antigas. Em geral, o processo desacelera em idosos, assim como a formação de novos ramos dendríticos (Buell & Coleman, 1981; Jacobs & Scheibel, 1993).

Um estágio tardio e mais lento do desenvolvimento neuronal é a **mielinização**, o processo pelo qual a glia produz as bainhas de gordura isolantes que aceleram a transmissão em muitos axônios de vertebrados. A mielina se forma primeiro na medula espinhal e depois no metencéfalo, mesencéfalo e prosencéfalo. A mielinização continua gradualmente por décadas e aumenta como resultado do aprendizado de uma nova habilidade motora (Fields, 2015; McKenzie et al., 2014).

✓ PARE & REVISE

12. O que vem primeiro: migração, sinaptogênese ou mielinização?

RESPOSTA

12. A migração ocorre primeiro.

Novos neurônios mais tarde na vida

O cérebro de vertebrados adultos pode gerar novos neurônios? A crença tradicional, que remonta ao trabalho de Cajal no final dos anos de 1800, como discutido no Capítulo 1, era de que os cérebros dos vertebrados formavam todos os neurônios durante o desenvolvimento embriológico ou na primeira infância, no máximo. Além desse ponto, os neurônios poderiam modificar a forma, mas o cérebro não poderia desenvolver novos neurônios. Mais tarde, os pesquisadores descobriram exceções.

As primeiras exceções eram os receptores olfativos, que são expostos ao mundo exterior e a produtos químicos tóxicos. O nariz contém células-tronco que permanecem imaturas ao longo da vida. Periodicamente, elas se dividem, com uma célula permanecendo imatura enquanto a outra se diferencia para substituir um receptor olfatório moribundo. A célula, então, desenvolve o axônio de volta ao local apropriado no cérebro (Gogos, Osborne, Nemes, Mendelsohn, & Axel, 2000; Graziadei & deHan, 1973).

Os receptores olfatórios enviam axônios para o bulbo olfatório e, posteriormente, pesquisadores também demonstraram a formação de novos neurônios no bulbo olfatório de muitas espécies (Gage, 2000). Mas novos neurônios não se formam nessa área para os seres humanos, pelo menos após o primeiro ano de vida ou mais (Bergmann et al., 2012; Sanai et al., 2011).

Em pássaros canoros, uma área do cérebro necessária para cantar perde os neurônios no outono e inverno, e os recupera na próxima primavera (estação de acasalamento) (Nottebohm, 2002; Wissman & Brenowitz, 2009). Além disso, novos neurônios se formam no hipocampo adulto dos pássaros (Smulders, Shiflett, Sperling, & DeVoogd, 2000) e mamíferos (Song, Stevens, & Gage, 2002; van Praag et al., 2002). O hipocampo é uma área importante para a formação da memória. Um suprimento de novos neurônios mantém o hipocampo "jovem" para aprender novas tarefas (Ge, Yang, Hsu, Ming, & Song, 2007; Schmidt-Hieber, Jonas, & Bischofberger, 2004). O bloqueio da formação de novos neurônios (como a exposição do hipocampo a raios X) prejudica a formação de novas memórias (Clelland et al., 2009; Meshi et al., 2006).

Como os pesquisadores podem determinar se novos neurônios se formam no cérebro adulto dos seres humanos? Um método inteligente se baseia em um isótopo radioativo de carbono, ^{14}C. A concentração de ^{14}C na atmosfera, em comparação com outros isótopos de carbono, era quase constante ao longo do tempo até que a era dos testes de bombas nucleares liberou muita radioatividade. Essa era terminou com o Tratado de Proibição de Testes de 1963. A concentração de ^{14}C alcançou o pico em 1963 e vem diminuindo desde então. Se examinar os anéis das árvores, você verá que um anel formado em 1963 tem o conteúdo típico de ^{14}C de 1963, um anel que se formou em 1990 tem o conteúdo tipo de ^{14}C de 1990 etc. Os pesquisadores examinaram o carbono no DNA de várias células humanas. Cada célula adquire moléculas de DNA ao se formar e as mantêm até a morte. Quando os pesquisadores examinaram as células da pele das pessoas, eles encontraram uma concentração de ^{14}C correspondente ao ano em que o teste foi realizado, ou seja, as células da pele mudam rapidamente e elas têm menos de 1 ano de idade. Ao examinar as células do músculo esquelético, eles encontraram uma concentração de ^{14}C correspondente a 15 anos atrás, indicando que os músculos esqueléticos são substituídos lentamente, fazendo com que a idade média de uma célula seja de 15 anos... As células do coração são, em média, quase tão velhas quanto a pessoa, indicando que o corpo não substitui mais de 1% das células do coração por ano (Bergmann et al., 2009). Quando os pesquisadores examinaram neurônios no córtex cerebral (na autópsia de pessoas mortas), eles encontraram uma concentração de ^{14}C correspondente ao ano de nascimento da pessoa. Esses resultados indicam que o córtex cerebral dos mamíferos forma poucos ou nenhum novo neurônio após o nascimento (Spalding, Bhardwaj, Buchholz, Druid, & Frisén, 2005). Outras pesquisas confirmaram que sofrer um acidente vascular encefálico não leva o córtex humano a formar novos neurônios (Huttner et al., 2014). No entanto, a concentração de ^{14}C no hipocampo humano indica que substituímos quase 2% dos neurônios nessa área por ano (Spalding et al., 2013). Também substituímos alguns dos neurônios nas partes dos gânglios basais conhecidos como *estriado*, incluindo o núcleo caudado, putâmen e núcleo accumbens (ver Figuras 3.11 e 3.15) (Ernst et al., 2014). O hipocampo e os gânglios basais, as duas áreas onde produzimos novos neurônios ao longo da vida, são importantes para nova aprendizagem. Os novos neurônios são, invariavelmente, pequenos interneurônios, não neurônios com axônios longos que se estendem para outras áreas do cérebro.

✓ PARE & REVISE

13. Novos neurônios receptores se formam em que sistema sensorial?
14. Que evidência indica que novos neurônios se formam no hipocampo humano e nos gânglios basais?

RESPOSTAS

13. Olfato. 14. A concentração média de ^{14}C do DNA de neurônios humanos no hipocampo e nos gânglios basais corresponde a um nível um pouco mais recente do que no ano em que a pessoa nasceu, indicando que alguns desses neurônios se formaram após o nascimento.

Orientação dos axônios

Se você pedisse a alguém para passar um cabo de um lugar para outro na sua sala, as direções poderiam ser simples. Mas imagine pedir que alguém passe um cabo em algum lugar do outro lado do país. Você teria de fornecer instruções detalhadas sobre como encontrar a cidade, o prédio e a localização certos no prédio. O sistema nervoso em desenvolvimento enfrenta um desafio semelhante porque envia axônios por grandes distâncias. Como eles encontram o caminho?

Orientação química dos axônios

O famoso biólogo, Paul Weiss (1924), realizou um experimento no qual uma perna extra foi enxertada em uma salamandra e então esperou que os axônios crescessem dentro dela. Ao contrário dos mamíferos, as salamandras e outros anfíbios aceitam transplantes de membros extras e geram novos ramos de axônios para os membros extras. É preciso muita pesquisa para encontrar a espécie certa a ser estudada.. Depois que os axônios alcançaram os músculos, a perna extra se moveu em sincronia com a perna normal próxima a ela.

Weiss rejeitou a ideia de que cada axônio encontrava o caminho para o músculo correto no membro extra. Em vez disso, ele sugeriu que os nervos se ligavam aos músculos aleatoriamente e então enviavam uma variedade de mensagens, cada uma sintonizada em um músculo diferente. Ele supôs que os músculos eram como rádios sintonizados em diferentes estações: cada músculo recebia muitos sinais, mas respondia a um único. (Os anos de 1920 foram a era do rádio, e era uma analogia interessante pensar que o sistema nervoso pudesse funcionar como um rádio. Nos anos 1600, Descartes pensava que o sistema nervoso funcionava como uma bomba hidráulica, a tecnologia mais avançada da época. Hoje, muitas pessoas pensam que o sistema nervoso funciona como um computador, a nossa tecnologia mais avançada.)

Especificidade das conexões dos axônios

Evidências posteriores corroboraram a interpretação que Weiss rejeitou: a perna extra da salamandra moveu-se em sincronia com a adjacente porque cada axônio encontrou o músculo correto.

Roger Sperry, ex-aluno de Weiss, realizou um experimento clássico que mostrou como os axônios sensoriais encontram o caminho para seus alvos corretos. O princípio é o mesmo para os axônios que chegam aos músculos. Primeiro, Sperry cortou os nervos ópticos de algumas salamandras. (Observe a importância de escolher a espécie certa: um nervo óptico cortado volta a crescer em anfíbios, mas não em mamíferos ou pássaros.) O nervo óptico danificado voltou a crescer e conectou-se ao *teto*, que é a principal área visual dos anfíbios (ver Figura 4.11), restabelecendo assim a visão normal. Então a pergunta de Sperry foi: Eles cresceram aleatoriamente ou cresceram de acordo com um alvo específico?

Para o próximo conjunto de salamandras, Sperry (1943) cortou o nervo óptico e girou o olho em 180 graus. Quando os axônios se regeneraram no teto, os axônios do que era originalmente a parte dorsal da retina (que agora era ventral) voltaram a crescer na área responsável pela visão na retina dorsal. Axônios de outras partes da retina também se regeneram nos alvos originais. A salamandra agora via o mundo de cabeça para baixo e de trás para frente, respondendo aos estímulos no céu como se estivessem no solo e aos estímulos à esquerda como se estivessem à direita (ver Figura 4.12). Cada axônio se regenerou no mesmo local onde estava originalmente, supostamente seguindo uma trilha química.

Roger W. Sperry (1913-1994)

Quando os valores subjetivos têm consequências objetivas ... eles se tornam parte do conteúdo da ciência ... A ciência se tornaria o determinante final do que é certo e verdadeiro, a melhor fonte e autoridade disponível para que o cérebro humano encontre os axiomas e as crenças derradeiras de como viver, e para alcançar um entendimento e relacionamento íntimos com as forças que controlam o universo e homem criado (Sperry, 1975).

Gradientes químicos

A próxima pergunta foi: Como um axônio encontra seu alvo? A estimativa atual é que os humanos têm menos de 30 mil genes no total, provavelmente menos de 20 mil — muito pouco para especificar alvos individuais para cada um dos bilhões de neurônios do cérebro.

Um axônio em crescimento segue uma via das moléculas na superfície celular, atraídas por certas substâncias químicas e repelidas por outras, em um processo que conduz o axônio na direção correta (Yu & Bargmann, 2001). Com o tempo, os axônios se distribuem pela superfície da área-alvo seguindo um gradiente de substâncias químicas. Uma proteína no teto de anfíbios é 30 vezes mais concentrada nos axônios da retina dorsal do que na retina ventral e dez vezes mais concentrado no teto ventral do que no teto dorsal. À medida que os axônios da retina crescem em direção ao teto, os axônios da retina com a maior concentração dessa substância química se conectam às células tectais com a concentração mais alta. Os axônios com a concentração mais baixa se conectam às células tectais com a concentração mais baixa. Um gradiente semelhante de outra

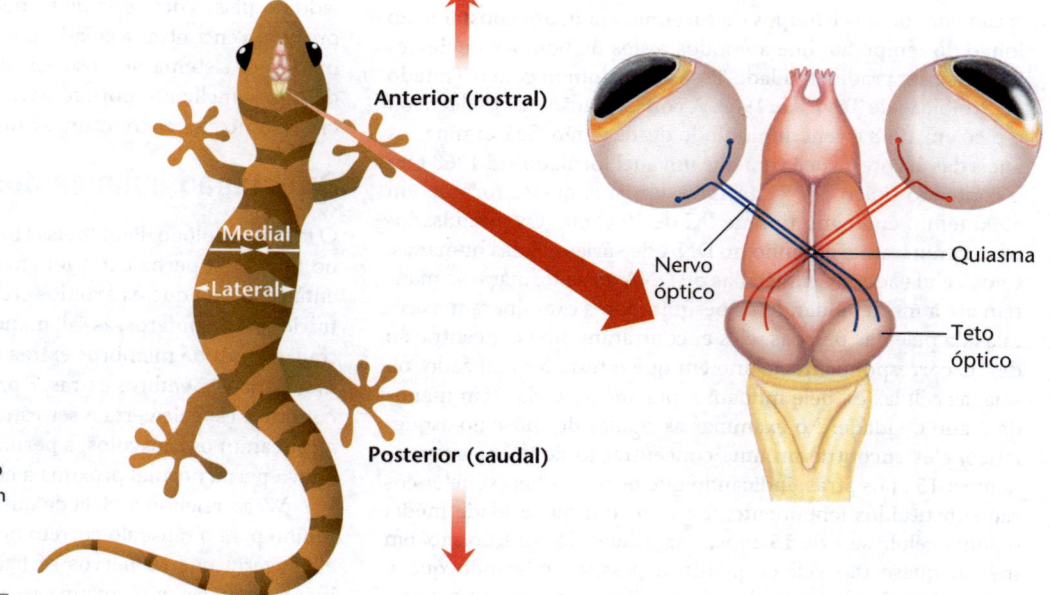

Figura 4.11 Conexões entre o olho e o cérebro em uma salamandra
O teto óptico é uma grande estrutura em peixes, anfíbios, répteis e aves. Nota: aAs conexões do olho ao cérebro em uma salamandra diferem daquelas em um ser humano, como descrito no módulo sobre lateralização.

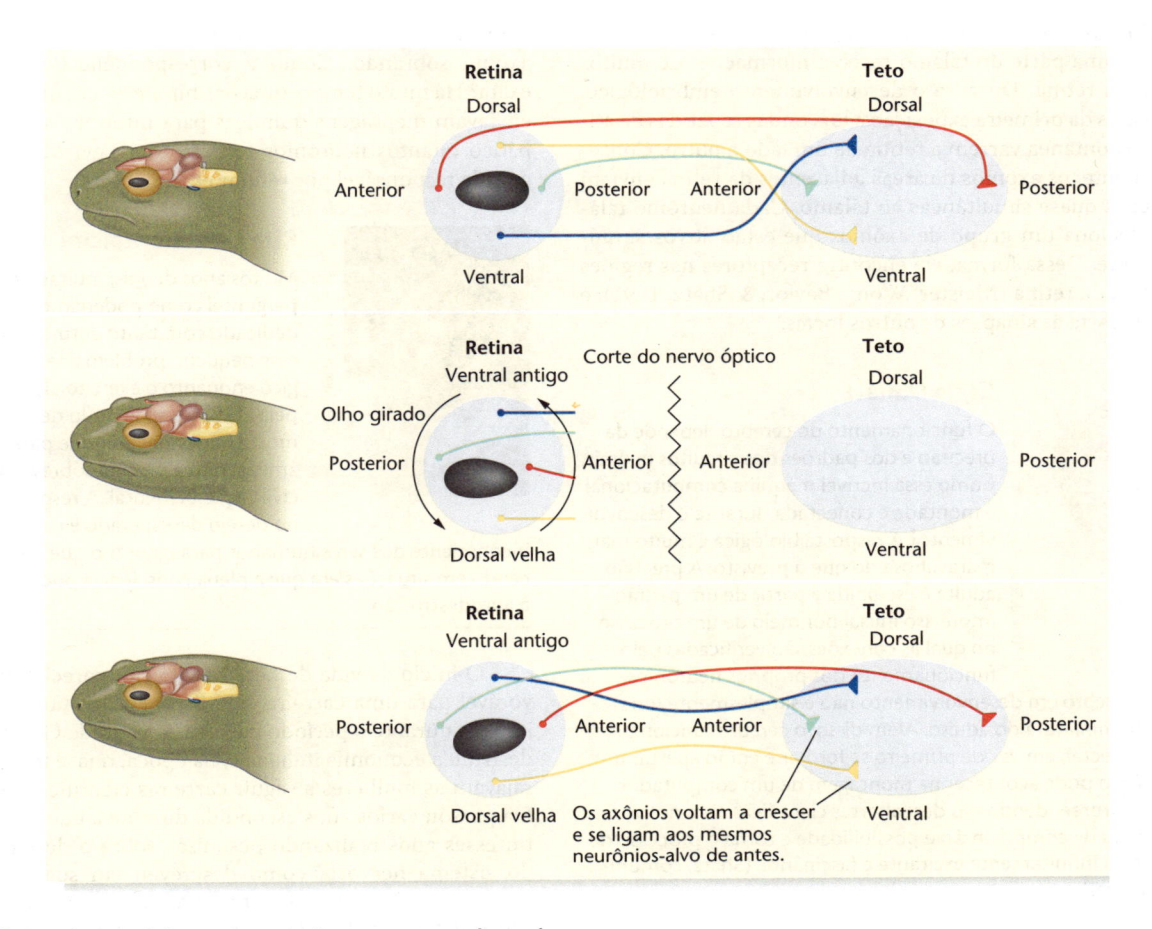

Figura 4.12 Experimento de Sperry nas conexões nervosas em salamandras
Depois de cortar o nervo óptico e inverter o olho, os axônios voltaram aos seus alvos originais, e não aos alvos correspondentes à posição atual do olho.

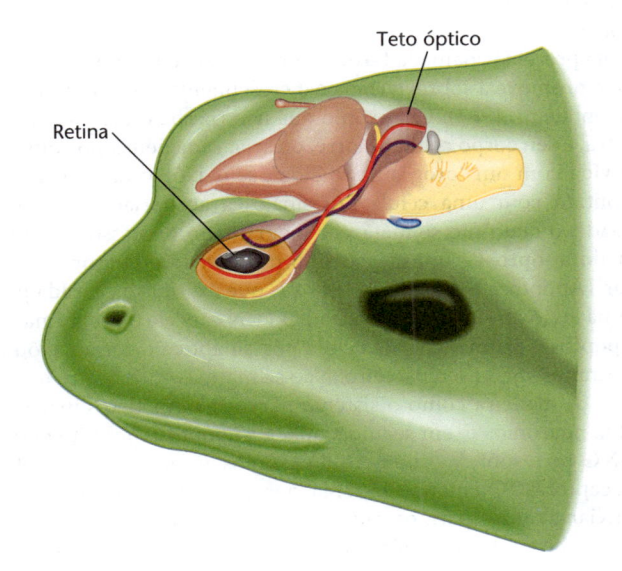

Figura 4.13 Os axônios da retina encontram alvos no teto seguindo gradientes químicos
Uma proteína está concentrada principalmente na retina dorsal e no teto ventral. Axônios ricos nessa proteína se ligam aos neurônios tectais que também são ricos nessa substância química. Uma segunda proteína direciona os axônios da retina posterior para a parte anterior do teto.

proteína alinha os axônios ao longo do eixo anterior-posterior (Sanes, 1993) (ver Figura 4.13). Por analogia, você pode pensar em homens enfileirados do mais alto ao mais baixo, em pares com mulheres alinhadas da mais alta à mais baixa.

PARE & REVISE

15. Qual foi a evidência de Sperry de que os axônios crescem até um alvo específico em vez de se ligarem aleatoriamente?

RESPOSTA

15. Se ele cortasse o olho de uma salamandra e o invertesse, os axônios voltariam aos alvos originais, mesmo que as conexões fossem inadequadas para as novas posições no olho.

Competição entre axônios como um princípio geral

Quando os axônios alcançam inicialmente seus alvos, gradientes químicos os direcionam proximamente para sua localização correta, mas seria difícil imaginar que eles alcançassem uma precisão perfeita. Em vez disso, cada axônio forma sinapses em muitas células quase no local correto, e cada célula-alvo recebe sinapses de muitos axônios. Ao longo do tempo, cada célula pós-sináptica fortalece as sinapses mais adequadas e elimina outras (Hua & Smith, 2004). Esse ajuste depende do padrão de estímulos dos axônios entrantes (Catalano & Shatz, 1998). Por exemplo, uma parte do tálamo recebe informações de muitos axônios da retina. Durante o desenvolvimento embriológico, muito antes da primeira exposição à luz, ondas repetidas de atividade espontânea varrem a retina de um lado a outro. Consequentemente, os axônios de áreas adjacentes da retina enviam mensagens quase simultâneas ao tálamo. Cada neurônio talâmico seleciona um grupo de axônios que estão ativos simultaneamente. Dessa forma, ele encontra receptores nas regiões adjacentes da retina (Meister, Wong, Baylor, & Shatz, 1991), e então descarta as sinapses de outros locais.

Carla J. Shatz

O funcionamento do cérebro depende da precisão e dos padrões dos circuitos neurais. Como essa incrível máquina computacional é montada e conectada durante o desenvolvimento? A resposta biológica é muito mais maravilhosa do que o previsto! A precisão adulta é esculpida a partir de um padrão impreciso inicial por meio de um processo no qual as conexões são verificadas pelo funcionamento dos próprios neurônios. Assim, o cérebro em desenvolvimento não é simplesmente uma versão em miniatura do adulto. Além disso, o cérebro funciona para se conectar, em vez de primeiro se formar e então apertar um botão, como pode acontecer na montagem de um computador. Esse fato surpreendendo nas descobertas científicas abre novas perspectivas de compreensão e possibilidade e torna o processo de fazer ciência infinitamente excitante e fascinante. (Shatz, comunicação pessoal)

Esses resultados sugerem um princípio geral, denominado **darwinismo neural** (Edelman, 1987). No desenvolvimento do sistema nervoso, começamos com mais neurônios e sinapses do que podemos manter, e então um processo de seleção mantém algumas das sinapses e descarta outras. As combinações mais bem-sucedidas sobrevivem, e as outras fracassam. O princípio da competição é importante, embora devamos usar a analogia com a evolução darwinista de forma cautelosa. Mutações nos genes são eventos aleatórios, mas as neurotrofinas conduzem novos ramos e sinapses axonais aproximadamente na direção certa.

✓ PARE & REVISE

16. Se os axônios da retina fossem impedidos de mostrar atividade espontânea durante o desenvolvimento inicial, qual seria o provável efeito no desenvolvimento do tálamo?

RESPOSTA 16. Os axônios se ligariam com base em um gradiente químico, mas não poderiam fazer o ajuste fino baseado na experiência. Portanto, as conexões seriam menos precisas.

Determinantes da sobrevivência neuronal

Obter o número correto de neurônios para cada área do sistema nervoso é mais complicado do que pode parecer. Considere um exemplo. O sistema nervoso simpático envia axônios aos músculos e glândulas. Cada gânglio tem axônios suficientes para suprir os músculos e glândulas de sua área, sem nenhum axônio sobrando. Como a correspondência revelou-se tão exata? Há muito tempo, uma das hipóteses era que os músculos enviavam mensagens químicas para informar ao gânglio simpático quantos neurônios formar. Rita Levi-Montalcini foi a grande responsável por refutar essa hipótese.

Rita Levi-Montalcini

Muitos anos depois, muitas vezes me perguntei como poderíamos ter nos dedicado com tanto entusiasmo a resolver esse pequeno problema neuroembriológico enquanto o exército alemão avançava pela Europa, espalhando destruição e morte por onde quer que passassem e ameaçando a própria sobrevivência da civilização ocidental. A resposta está no desejo desesperado e parcialmente inconsciente dos seres humanos para ignorar o que está acontecendo em situações em que a plena consciência pode levar alguém à autodestruição.

O início da vida de Levi-Montalcini parecia muito desfavorável para uma carreira científica. Ela era uma jovem judia italiana durante o período nazista. A Segunda Guerra Mundial destruiu a economia italiana e, na época, quase todos desencorajavam as mulheres a seguir carreiras científicas ou médicas. Ela passou vários anos escondida durante a guerra, mas investiu esses anos realizando pesquisas sobre o desenvolvimento do sistema nervoso, como descreveu em sua autobiografia (Levi-Montalcini, 1988) e em uma entrevista mais tarde com Moses Chao (2010). Ela desenvolveu a paixão pela pesquisa e acabou descobrindo que os músculos não determinam quantos axônios se *formam*; eles determinam quantos *sobrevivem*.

Inicialmente, o sistema nervoso simpático forma muito mais neurônios do que precisa. Quando um dos neurônios forma uma sinapse em um músculo, esse músculo fornece uma proteína chamada **fator de crescimento do nervo (FCN)** que promove a sobrevivência e o crescimento do axônio (Levi-Montalcini, 1987). Um axônio que não recebe o FCN se degenera, e seu corpo celular morre, ou seja, cada neurônio começa a vida com um "programa suicida": se o axônio não entra em contato com uma célula pós-sináptica apropriada até certa idade, o neurônio se mata por meio de um processo denominado **apoptose**,[1] um mecanismo programado da morte celular. (Apoptose é distinta de *necrose*, que é a morte causada por uma lesão ou substância tóxica.) O FCN cancela o programa de apoptose; é a maneira da célula pós-sináptica dizer ao axônio entrante: "Serei seu parceiro. Não se mate.".

A maneira como o sistema nervoso simpático superproduz neurônios e, em seguida, aplica a apoptose permite que o SNC corresponda o número de axônios ao número de células receptoras. Quando o sistema nervoso simpático começa a enviar axônios para os músculos e glândulas, ele não sabe o tamanho exato dos músculos ou das glândulas. Produz mais

---

[1]Apoptose é originária da raiz grega *ptose* (significando "queda"). Portanto, muitos estudiosos insistem que o segundo *p* em *apoptose* deve ser silencioso. Outros argumentam que *helicóptero* também é derivado de uma raiz com um *p* (*pteron*) silencioso, mas pronunciamos o *p* em *helicóptero*, então devemos também pronunciar o segundo *p* em *apoptose*. A maioria das pessoas hoje pronuncia o segundo p, mas esteja preparado para qualquer uma das duas pronúncias.

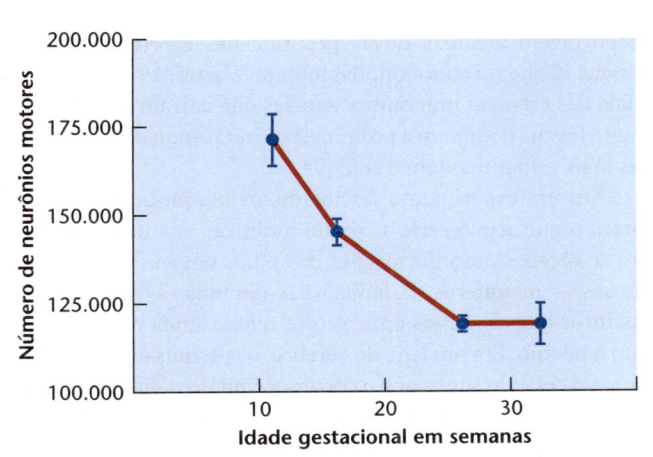

Figura 4.14 Perda celular durante o desenvolvimento do sistema nervoso

O número de neurônios motores na medula espinhal de fetos humanos é maior em 11 semanas e cai continuamente até cerca de 25 semanas. Axônios que não conseguem produzir sinapses morrem.
(Fonte: "Motoneuronal death in the human fetus", de N. G. Forger, & S. M. Breedlove, 1987, Journal of Comparative Neurology, 264, p. 118-122.
© 1987 Alan R. Liss, Inc. Reproduzida com permissão de N. G. Forger)

PARE & REVISE

17. Qual processo assegura que a medula espinhal tenha o número correto de axônios para inervar todas as células musculares?
18. Que classe de substâncias químicas previne a apoptose no sistema nervoso simpático?
19. Com que idade uma pessoa tem o maior número de neurônios — no início da vida, durante a adolescência ou na idade adulta?

RESPOSTAS

17. O sistema nervoso produz mais neurônios do que precisa e descarta, por apoptose, aqueles que não geram sinapses duradouras. 18. Neurotrofinas, como fator de crescimento de nervos. 19. O número de neurônios é maior no início da vida.

neurônios do que o necessário e descarta o excesso. Na verdade, todas as áreas do sistema nervoso em desenvolvimento produzem mais neurônios do que sobreviverão na idade adulta. Cada área do cérebro tem um período de morte celular maciça, tornando-se repleta de células mortas e moribundas (ver Figura 4.14) (Forger & Breedlove, 1987). Essa perda de células é uma parte natural do desenvolvimento. A perda das células em uma área particular do cérebro geralmente indica maturação. A maturação das células bem-sucedidas está ligada à perda simultânea das menos bem-sucedidas.

O fator de crescimento do nervo é uma **neurotrofina**, indicando uma substância química que promove a sobrevivência e a atividade dos neurônios. (A palavra *trofina* deriva de uma palavra grega para "nutrição".) Além do FCN, o sistema nervoso responde ao *fator neurotrófico derivado do cérebro* (FNDC) e a várias outras neurotrofinas (Airaksinen & Saarma, 2002). Neurotrofinas são essenciais para o crescimento dos axônios e dendritos, formação de novas sinapses e aprendizagem (Alleva & Francia, 2009; Pascual et al., 2008; Rauskolb et al., 2010). Lembre-se do termo *FNDC*, porque ele será importante novamente na discussão da depressão.

Embora as neurotrofinas sejam essenciais para a sobrevivência dos neurônios motores na periferia, elas não controlam a sobrevivência dos neurônios dentro do cérebro. Quando os neurônios corticais alcançam determinada idade no início do desenvolvimento, certa porcentagem deles morre. Quantos neurônios estão presentes não parece importar. Os pesquisadores transplantaram neurônios extras para o córtex do camundongo sem nenhum efeito aparente na sobrevivência dos neurônios já presentes (Southwell et al., 2012). O que controla a morte de neurônios no cérebro ainda não é compreendido, mas um fator é que os neurônios precisam de estímulos dos neurônios entrantes. Em um estudo, os pesquisadores examinaram camundongos com um defeito genético que impedia a liberação de neurotransmissores. Os cérebros inicialmente tinham anatomias normais, mas então os neurônios começaram a morrer rapidamente (Verhage et al., 2000).

A vulnerabilidade do cérebro em desenvolvimento

De acordo com Lewis Wolpert (1991), "Não é nascimento, casamento ou morte, mas gastrulação, que é verdadeiramente o momento mais importante de sua vida." (Gastrulação é um dos estágios iniciais do desenvolvimento embriológico.) O que Wolpert queria afirmar era que, se o início do desenvolvimento não ocorrer da forma correta, você terá problemas a partir de então. Na verdade, se em você a gastrulação não acontecer de forma correta, sua vida acaba.

Durante o desenvolvimento inicial, o cérebro é altamente vulnerável à desnutrição, substâncias químicas tóxicas e infecções que podem gerar problemas mais leves em idades posteriores. Por exemplo, a função tireoidiana prejudicada produz letargia em adultos, mas déficit mental em bebês. (A deficiência da tireoide era comum no passado por causa da deficiência de iodo. É rara hoje porque o sal de mesa é enriquecido com iodo.) A febre é um mero incômodo para um adulto, mas prejudica a proliferação de neurônios no feto (Laburn, 1996). Nível baixo de glicose no sangue diminui a vitalidade de um adulto, mas, antes do nascimento, prejudica o desenvolvimento do cérebro (Nelson et al., 2000).

O cérebro infantil é altamente vulnerável a lesões causadas pelo álcool. Filhos de mães que bebem muito durante a gravidez nascem com a **síndrome alcoólica fetal**, uma doença marcada por hiperatividade, impulsividade, dificuldade em manter a atenção, vários graus de déficit mental, problemas motores, defeitos cardíacos e anormalidades faciais. Beber durante a gravidez leva ao afinamento do córtex cerebral que persiste até a idade adulta (Zhou et al., 2011) (ver Figura 4.15). Beber mais causa déficits maiores, mas mesmo beber moderadamente produz um efeito mensurável (Eckstrand et al., 2012).

Figura 4.15 Adelgaçamento cortical como resultado da exposição pré-natal ao álcool

As áreas corticais marcadas em vermelho são mais finas, em média, em adultos cujas mães ingeriram álcool durante a gravidez.
(Fonte: "Developmental cortical thinning in fetal alcohol spectrum disorders", de D. Zhou et al., 2011, NeuroImage, 58, pp. 16–25)

A exposição ao álcool danifica o cérebro de várias maneiras. No estágio inicial da gravidez, ele interfere na proliferação dos neurônios. Um pouco mais tarde, prejudica a migração e a diferenciação dos neurônios. Ainda mais tarde, prejudica a transmissão sináptica (Kleiber, Mantha, Stringer, & Singh, 2013). O álcool mata neurônios em parte por apoptose. Para prevenir a apoptose, um neurônio do cérebro deve receber estímulos dos axônios entrantes. O álcool inibe os receptores de glutamato, o principal transmissor excitatório do cérebro, e aumenta os receptores de GABA, o principal transmissor inibitório. Por causa da diminuição da estimulação líquida, muitos neurônios sofrem apoptose (Ikonomidou et al., 2000). Ocorrem lesões adicionais *após* uma bebedeira, enquanto o álcool é eliminado pelo organismo. Enquanto o álcool inibia os receptores de glutamato, muitos neurônios compensavam isso produzindo rapidamente mais receptores de glutamato. Então, quando o álcool é eliminado, o glutamato superestimula os receptores, incorporando o excesso de sódio e cálcio na célula e intoxicando as mitocôndrias. O resultado é o aumento da morte celular em várias áreas do cérebro (Clements et al., 2012).

O cérebro em desenvolvimento é altamente responsivo a muitas influências da mãe. Se uma fêmea de camundongo é exposta a experimentos estressantes, ela sente mais medo, passa menos tempo lambendo e cuidando de sua prole, e a prole torna-se permanentemente mais temerosa em uma variedade de situações (Cameron et al., 2005). De maneira análoga, os filhos de mulheres pobres e abusadas têm, em média, mais problemas tanto na vida acadêmica como na vida social. Os mecanismos em humanos não são os mesmos daqueles em camundongos, mas os princípios gerais são semelhantes: o estresse para a mãe muda seu comportamento de maneiras que mudam o comportamento da prole.

✅ PARE & REVISE

20. Anestésicos e fármacos redutores da ansiedade aumentam a atividade do GABA, diminuindo a estimulação cerebral. Por que preveríamos que a exposição a esses fármacos pode ser perigosa para o cérebro do feto?

RESPOSTA

20. A exposição prolongada a anestésicos ou medicamentos para redução da ansiedade pode aumentar a apoptose dos neurônios em desenvolvimento. O aumento da atividade do GABA diminui a estimulação e os neurônios em desenvolvimento passam por apoptose se não receberem estimulação suficiente.

Diferenciação do córtex

Os neurônios diferem quanto à forma e à química. Quando e como um neurônio "decide" que tipo de neurônio ele será? Não é uma decisão repentina. Neurônios imaturos transplantados experimentalmente de uma parte do córtex em desenvolvimento para outra desenvolvem as propriedades características de sua nova localização (McConnell, 1992). Mas os neurônios transplantados em um estágio ligeiramente posterior desenvolvem algumas novas propriedades e retêm algumas antigas (Cohen-Tannoudji, Babinet, & Wassef, 1994). É como a fala das crianças imigrantes: aquelas que entram em um país muito jovens dominam a pronúncia correta, enquanto as crianças mais velhas mantêm o sotaque.

Em um experimento fascinante, os pesquisadores exploraram o que aconteceria às partes auditivas imaturas do cérebro se recebessem informações dos olhos em vez das orelhas. Furões — mamíferos da família das doninhas — nascem tão imaturos que os nervos ópticos (dos olhos) ainda não alcançaram o tálamo. Em um lado do cérebro, os pesquisadores danificaram o colículo superior e o córtex occipital, os dois principais alvos dos nervos ópticos. Nesse lado, eles também danificaram a estimulação auditiva. Portanto, o nervo óptico não podia ligar-se ao seu alvo usual, e a área auditiva do tálamo não tinha a estimulação usual. Como resultado, o nervo óptico se conecta ao que geralmente é a área auditiva do tálamo. O que você acha que aconteceu? A estimulação visual causou sensações auditivas, ou as áreas auditivas do cérebro se transformaram em áreas visuais?

O resultado, que surpreendeu muitos, foi este: o que teria sido o tálamo auditivo e o córtex reorganizaram-se, desenvolvendo algumas (mas não todas) das aparências características das áreas visuais (Sharma, Angelucci, & Sur, 2000). Mas como sabemos se os animais tratavam essa atividade como visão? Lembre-se de que os pesquisadores realizaram esses procedimentos em um lado do cérebro. O outro lado permaneceu intacto. Os pesquisadores estimularam o lado normal do cérebro e treinaram os furões a virar em uma direção quando ouviam algo e na direção oposta quando viam uma luz, como mostrado na Figura 4.16. Depois que os furões aprenderam bem essa tarefa, os pesquisadores utilizaram luz que o lado reconectado podia ver. O resultado: os furões se viravam da maneira que foram ensinados a fazer quando viam algo. Em suma, o córtex temporal reconectado, recebendo impulsos do nervo óptico, produzia respostas visuais (von Melchner, Pallas, & Sur, 2000).

Em um estudo relacionado com camundongos recém-nascidos, os pesquisadores danificaram o núcleo talâmico responsável pelo toque. Como resultado, os axônios do núcleo incumbido pela dor enviavam os axônios para o alvo usual e para a área cortical geralmente receptiva ao toque. O córtex então se reorganizou para responder à dor em ambas as áreas (Pouchelon et al., 2014). A conclusão geral é que, até certo ponto, o estímulo sensorial instrui o córtex sobre como se desenvolver.

✅ PARE & REVISE

21. No estudo dos furões, como os pesquisadores determinaram que a estimulação visual para as partes auditivas do cérebro realmente produzia uma sensação visual?

RESPOSTA

21. Eles treinaram os furões para responder aos estímulos do lado normal, virando para uma direção em resposta aos sons e para outra direção às luzes. Em seguida, eles apresentaram luz para o lado reconectado e viram que o furão novamente virava para a direção que havia associado com as luzes.

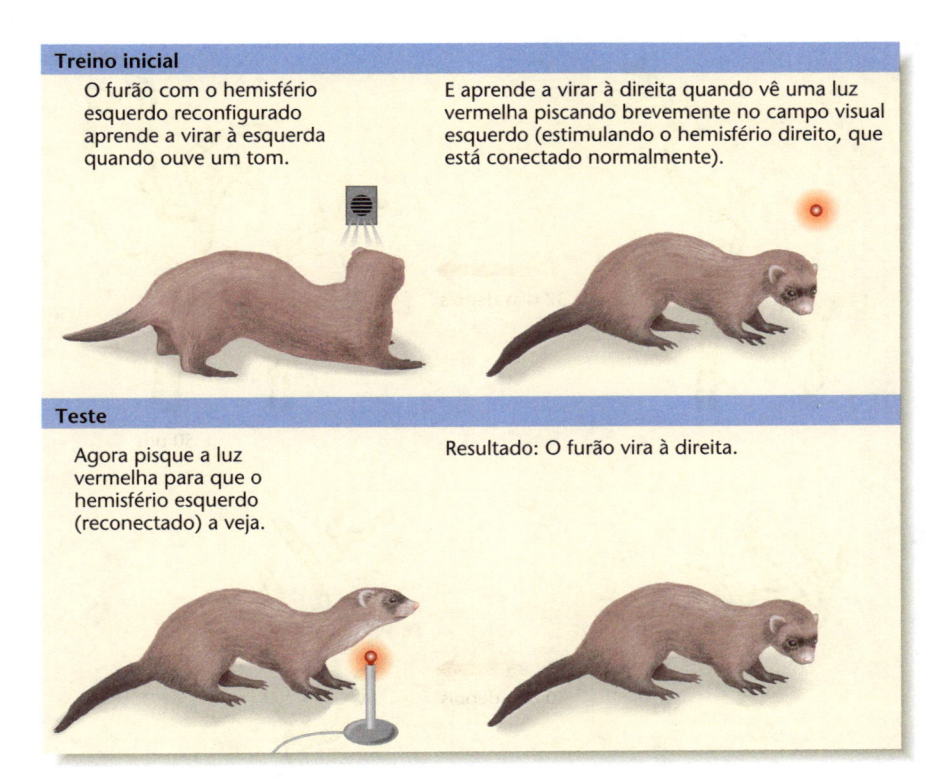

Figura 4.16 Um furão com córtex temporal reconectado
Primeiro, o hemisfério normal (direito) é treinado para responder a uma luz vermelha girando para a direita. Em seguida, o hemisfério reconectado (esquerdo) é testado com uma luz vermelha. O fato de o furão virar para a direita indica que ele considera o estímulo como luz, não como som.

Ajuste fino pela experiência

As plantas de uma casa determinam o projeto geral, mas como os arquitetos não podem prever todos os detalhes, os operários da construção geralmente precisam improvisar. O mesmo se aplica ao sistema nervoso. Devido à imprevisibilidade da vida, nossos cérebros desenvolveram a capacidade de se remodelar em resposta à experiência (Shatz, 1992).

Experiência e ramificação dendrítica

Décadas atrás, os pesquisadores duvidavam que os neurônios adultos mudassem substancialmente sua forma. Embora a estrutura central de um dendrito se torne estável na adolescência, os ramos periféricos de um dendrito permanecem flexíveis ao longo da vida (Koleske, 2013). Dale Purves e R. D. Hadley (1985) injetaram um corante que permitiu observar a estrutura de um neurônio de camundongo vivo durante dias ou semanas. Eles descobriram que alguns ramos dendríticos estendiam-se entre uma vista e outra, enquanto outros retraíam ou desapareciam (ver Figura 4.17). Cerca de 6% das espinhos dendríticos aparecem ou desaparecem dentro de um mês (Xu, Pan, Yang, & Gan, 2007). O ganho ou perda de espinhas significa uma remodelação das sinapses, o que se relaciona à aprendizagem (Yang, Pan, & Gan, 2009).

Experiências orientam as alterações neuronais. Vamos começar com um exemplo simples. Décadas atrás, era comum que um camundongo de laboratório vivesse isolado em uma pequena gaiola sombria. Por outro lado, imagine vários camundongos em uma gaiola maior com alguns objetos para explorar. Os pesquisadores chamam isso de ambiente enriquecido, mas foi enriquecido apenas em comparação à experiência privada de uma gaiola de camundongo típica. Um camundongo no ambiente mais estimulante desenvolveu um córtex mais espesso, mais ramificações dendríticas e melhorou o aprendizado (Greenough, 1975; Rosenzweig & Bennett, 1996). Como resultado dessa pesquisa, a maioria dos camundongos hoje é mantida em um ambiente mais enriquecido do que era típico no passado. Outras pesquisas descobriram diferenças entre os cérebros de camundongos criados em laboratório e camundongos selvagens capturados. Aqui, a diferença não é apenas uma questão de menos enriquecido *versus* mais enriquecido, mas diferentes tipos de estimulação e atividades. Os camundongos selvagens capturados tinham mais neurônios nas áreas visuais do cérebro e menos nas áreas auditivas (Campi, Collins, Todd, Kaas, & Krubitzer, 2011). Um ambiente estimulante aumenta o surgimento de axônios e dendritos em muitas outras espécies também (Coss, Brandon, & Globus, 1980) (ver Figura 4.18).

Podemos supor que as mudanças neuronais em um ambiente enriquecido dependem de experiências interessantes e interações sociais. Sem dúvida alguns deles dependem, mas boa parte do aprimoramento produzido pelo ambiente enriquecido ocorre por causa da atividade física. Usar uma roda de corrida aumenta o crescimento dos axônios e dendritos, bem como a aprendizagem, mesmo para roedores isolados (Marlatt, Potter, Lucassen, & van Praag, 2012; Pietropaolo, Feldon, Alleva, Cirulli, & Yee, 2006; Rhodes et al., 2003; Robinson, Buttolph, Green, & Bucci, 2015; van Praag, Kempermann, & Gage, 1999).

Podemos ampliar esses resultados para os seres humanos? A atividade física parece ser tão benéfica para o funcionamento do cérebro em humanos quanto em animais de laboratório. Os resultados em ambientes enriquecidos são mais discutíveis. Lembre-se de que os estudos com camundongos de laboratório apenas mostraram que ter uma gaiola maior com algo para fazer era melhor do que uma pequena gaiola cinza com nada além de alimento e água. Quanto a isso, sim, os seres humanos

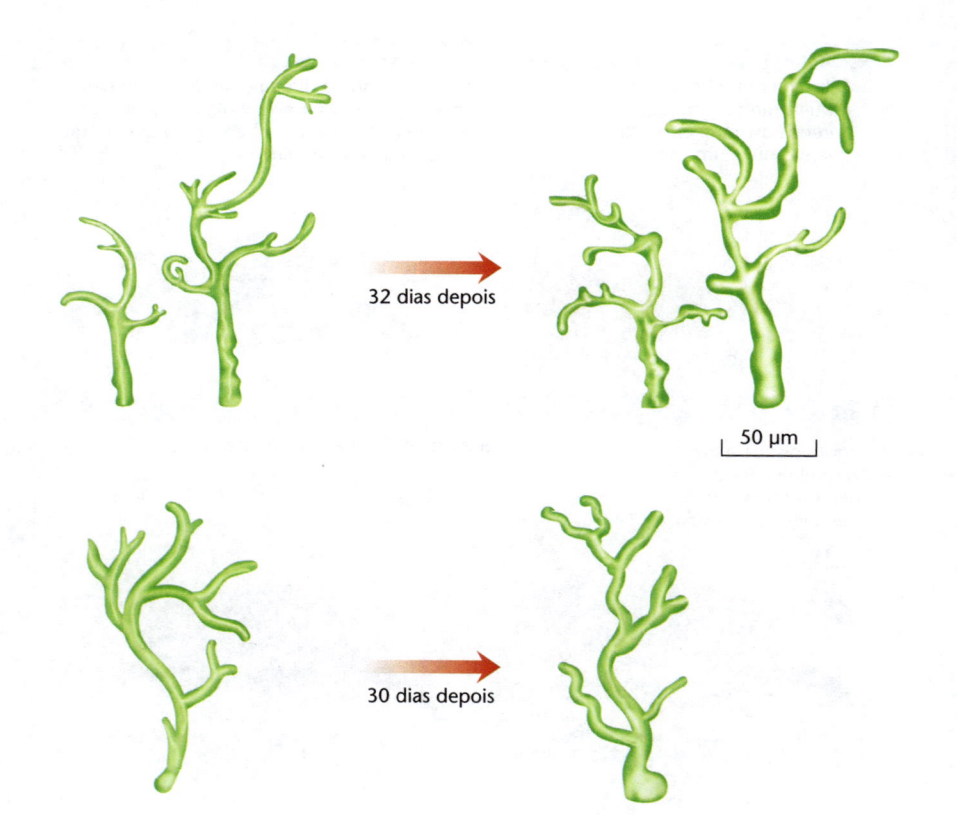

Figura 4.17 Mudanças nas árvores dendríticas de dois neurônios de um camundongo
Durante um mês, alguns galhos se alongaram e outros se retraíram.
(Fonte: Baseada nos resultados de "Changes in dendritic branching of adult mammalian neurons revealed by repeated imaging in situ", de D. Purves, & R. D. Hadley, 1985, Nature, 315, pp. 404-406)

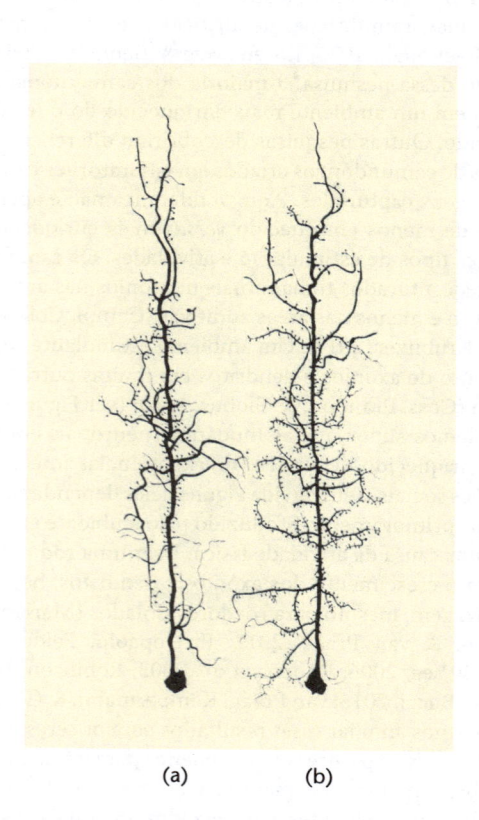

(a)   (b)

Figura 4.18 Efeito de um ambiente estimulante
(a) Um acará-joia criado isoladamente desenvolve neurônios com menos ramos. (b) Um peixe criado com outros tem mais ramos dendríticos.
(Fonte: Richard Coss)

em um ambiente normal se saem melhor intelectualmente do que crianças em orfanatos, onde a equipe fornece pouco mais do que cuidados mínimos (Helder, Mulder, & Gunnoe, 2016; Loman et al., 2013). No entanto, a questão mais importante é como poderíamos aumentar a inteligência para além do normal fornecendo treinamento especial ou experiências aprimoradas.

Os educadores há muito operam na suposição de que treinar as crianças para fazer algo difícil aumentará o intelecto em geral. Há muito tempo, as escolas britânicas ensinavam grego e latim às crianças. Hoje pode ser cálculo, mas em qualquer caso, a ideia é ensinar algo desafiador e esperar que os alunos também se tornem mais inteligentes de outras maneiras. O termo psicológico é **transferência distante**. (A *transferência próxima* ocorre se o treinamento em uma tarefa produz melhoria em uma tarefa semelhante.) Em geral, a transferência distante tem um efeito fraco. Muitos estudos tentaram melhorar a memória ou inteligência por meio de tarefas computadorizadas que praticam habilidades verbais e espaciais. Apesar das altas reivindicações dos editores desses programas, a maioria dos estudos mostra pouca ou nenhuma melhoria no desempenho no mundo real (Melby-Lervåg, Redick, & Hulme, 2016; Simons et al., 2016). Normalmente, as pessoas demonstraram benefícios claros nas habilidades que haviam praticado, especialmente logo após o treinamento, mas pouco aprimoramento de qualquer habilidade diferente das praticadas, e benefícios decrescentes com o passar do tempo. Da mesma forma, muitas pessoas aconselham idosos a fazer palavras cruzadas ou quebra-cabeças sudoku para "exercitar seus cérebros". Estudos experimentais sugerem que praticar esses quebra-cabeças melhora as habilidades deles nos quebra-cabeças, mas não muito mais que isso (Salthouse, 2006).

O treinamento computadorizado ainda pode provar ser valioso, mas, se isso acontecer, provavelmente precisará incluir habilidades mais variadas ou mais difíceis. Alguns resultados promissores surgiram de um estudo em que as pessoas passaram semanas jogando um videogame tridimensional complexo (Clemenson & Stark, 2015).

✓ PARE & REVISE

22. Um ambiente enriquecido promove o crescimento dos axônios e dendritos em roedores de laboratório. Qual deles é conhecido por ser uma importante causa desse efeito?

RESPOSTA

22. Animais em um ambiente enriquecido são mais ativos e seus exercícios aumentam o crescimento dos axônios e dendritos.

Efeitos de experiências especiais

Até agora, os programas de treinamento generalizados para aprimorar a inteligência geral produziram apenas benefícios temporários ou modestos. Mas a prática prolongada de uma determinada atividade produz mudanças cerebrais definitivas que melhoram a capacidade de realizar a tarefa.

Adaptações cerebrais de cegos desde a infância

O que acontece ao cérebro se o sistema sensorial for prejudicado? Lembre-se do experimento com furões, no qual os axônios do sistema visual, incapazes de entrar em contato com seus alvos normais, conectavam-se a áreas do cérebro geralmente dedicadas à audição e conseguiram convertê-las em áreas visuais mais ou menos satisfatórias. Pode acontecer algo semelhante no cérebro das pessoas que nascem surdas ou cegas?

As pessoas costumam dizer que os cegos ficam melhores do que o normal quanto ao tato e audição. Essa afirmação é verdadeira de certa forma, mas precisamos ser mais específicos. Os cegos melhoram a atenção ao toque e ao som, com base na prática. Os pesquisadores descobriram que pessoas cegas têm maior sensibilidade ao toque nos dedos do que a média, especialmente pessoas cegas que leem Braille e, portanto, praticam a sensibilidade dos dedos extensivamente. A sensibilidade ao toque não aumenta absolutamente para os lábios, onde as pessoas cegas não prestam mais atenção ao toque do que qualquer outra pessoa (Wong, Gnanakumaran, & Goldreich, 2011).

Em vários estudos, os pesquisadores pediram a pessoas com visão e cegas desde a infância que sentissem letras em Braille ou outros objetos e dissessem se dois itens eram iguais ou diferentes. Em média, as pessoas cegas tiveram um desempenho mais preciso do que as pessoas com visão, como você pode imaginar. Mais surpreendentemente, enquanto os cegos realizavam essas tarefas, as varreduras cerebrais mostraram uma atividade substancial no córtex occipital, que geralmente é limitada a informações visuais (Burton et al., 2002; Sadato et al., 1996, 1998). Evidentemente, a informação do toque invadiu essa área cortical.

Para verificar novamente essa conclusão, os pesquisadores pediram que as pessoas realizassem o mesmo tipo de tarefa durante a inativação temporária do córtex occipital. A estimulação magnética intensa no couro cabeludo inativa temporariamente os neurônios sob o ímã. A aplicação desse procedimento ao córtex occipital de pessoas cegas interfere na capacidade delas de identificar os símbolos de Braille e não afeta a percepção do toque em pessoas com visão. Resumindo, as pessoas cegas, ao contrário das pessoas com visão, usam o córtex occipital para ajudar a identificar o que sentem (Cohen et al., 1997). Nas pessoas cegas desde o nascimento, o córtex occipital também responde a informações auditivas (Watkins et al., 2013), especialmente a linguagem (Bedny, Richardson, & Saxe, 2015).

Assim como as pessoas cegas desde a tenra idade tornam-se mais sensíveis ao toque e ao som, as pessoas surdas desde a tenra idade tornam-se mais sensíveis ao toque e à visão. Assim como o toque e o som ativam o que seria o córtex visual em pessoas cegas, o toque e a visão ativam o que seria o córtex auditivo em pessoas surdas (Karns, Dow, & Neville, 2012). O córtex auditivo não responde apenas à visão, mas responde especificamente a certos aspectos da visão. Por exemplo, diferentes células respondem a diferentes locais dos estímulos visuais (Almeida et al., 2015).

✓ PARE & REVISE

23. Cite dois tipos de evidências que indicam que a informação do toque dos dedos ativa o córtex occipital de pessoas cegas desde o nascimento.

RESPOSTA

23. Primeiro, as varreduras cerebrais indicam um aumento da atividade no córtex occipital, enquanto pessoas cegas realizam tarefas como sentir dois objetos e dizer se são iguais ou diferentes. Segundo, a inativação temporária do córtex occipital bloqueia a capacidade das pessoas cegas de realizar essa tarefa, sem afetar a capacidade das pessoas com visão.

Treinamento musical

Pessoas que desenvolvem conhecimentos em qualquer área passam muito tempo praticando, geralmente começando na infância, e parece razoável procurar alterações correspondentes em seus cérebros. Dos vários tipos de habilidade, qual você gostaria de examinar? A escolha favorita dos pesquisadores são músicos, por duas razões. Primeiro, temos uma boa ideia de onde procurar mudanças no cérebro — as áreas cerebrais responsáveis pela audição e controle dos dedos. Segundo, músicos sérios são numerosos e fáceis de encontrar. Quase todas as grandes cidades têm uma orquestra, assim como a maioria das faculdades.

Um estudo usou magnetoencefalografia para registrar as respostas do córtex auditivo aos tons puros. As respostas dos músicos foram cerca de duas vezes mais intensas do que as dos não músicos. Um exame dos cérebros, usando ressonância magnética (RM), descobriu que uma área do córtex temporal no hemisfério direito era cerca de 30% maior nos músicos (Schneider et al., 2002). Outros estudos encontraram respostas aprimoradas das estruturas cerebrais subcorticais a sons musicais e sons da fala, em comparação com não músicos (Herdener et al., 2010; Lee, Skoe, Kraus, & Ashley, 2009; Musacchia, Sams, Skoe, & Kraus, 2007). Mesmo apenas três anos de treinamento musical na infância produz um aumento mensurável nas respostas do tronco cerebral aos sons (Skoe & Kraus, 2012).

Essas alterações cerebrais ajudam os músicos a prestar atenção a pequenas mudanças nos sons que outras pessoas podem não distinguir. Por exemplo, idosos que praticam música tendem a ter melhor percepção da fala do que outros de sua idade (Bidelman & Alain, 2015). Além disso, em média, os músicos são mais rápidos do que outros para aprender a distinguir os sons de uma língua tonal, como o chinês, em que *nián* (com um tom crescente) significa ano, e *niàn* (com tom decrescente) significa estudo (Wong, Skoe, Russo, Dees, & Kraus, 2007).

De acordo com um estudo usando ressonância magnética, a substância cinzenta de várias áreas corticais era mais espessa em músicos profissionais do que em amadores e mais espessa em amadores do que em não músicos, como mostrado na Figura 4.19 (Gaser & Schlaug, 2003). As áreas mais afetadas estão relacionadas ao controle das mãos e à visão (o que é importante para ler música). Um estudo relacionado com instrumentistas de cordas descobriu que uma seção maior do que o normal do córtex somatossensorial no hemisfério direito era dedicada a representar os dedos da mão esquerda, que eles usam para controlar as cordas (Elbert, Pantev, Wienbruch, Rockstroh, & Taub, 1995). A área dedicada aos dedos esquerdos era maior naqueles que começaram a praticar música cedo e, portanto, também continuaram por mais anos.

Esses resultados sugerem que praticar uma habilidade reorganiza o cérebro para maximizar o desempenho dessa habilidade. Mas uma hipótese alternativa é que as características cerebrais presentes desde o nascimento atraem as pessoas a uma ocupação ou outra. A estrutura do córtex auditivo prevê quem pode aprender mais rapidamente a distinguir sons da fala muito semelhantes ou desconhecidos (Golestani, Molko, Dehaene, LeBihan, & Palier, 2007; Golestani, Price, & Scott, 2011). Poderia também ser o caso de que as características inatas do cérebro atraiam certas pessoas para a música? Uma maneira de abordar essa questão é com um estudo longitudinal. Os pesquisadores examinaram 15 crianças de 6 anos que estavam começando a ter aulas de piano e 16 outras crianças que não tinham aulas de música. No início do treinamento, nem as varreduras cerebrais nem os testes cognitivos mostraram qualquer diferença significativa entre os dois grupos. Após 15 meses, o grupo treinado teve melhor desempenho nas medidas de discriminação de ritmo e melodia, e mostraram aumento das áreas do cérebro responsáveis pela audição e movimentos das mãos, semelhantes aos observados em músicos adultos (Hyde et al., 2009a, 2009b). Esses resultados sugerem que as diferenças cerebrais são o resultado do treinamento musical, não a causa.

Outra questão é se o treinamento musical produz efeitos maiores se começar cedo na vida, enquanto o cérebro é mais facilmente modificado. Vários estudos encontraram grandes diferenças entre os jovens adultos que começaram o treinamento musical na infância e aqueles que começaram na adolescência. No entanto, como os adultos que começaram na infância praticavam por mais anos, esses estudos não separaram os efeitos da idade no início dos efeitos do total de anos de prática. Dois estudos posteriores compararam pessoas que começaram o treinamento musical antes dos 7 anos a pessoas que começaram mais tarde, mas continuaram pelo mesmo número de anos. Nos dois estudos, aqueles que começaram mais jovens mostraram maiores alterações nas discriminações sensoriais e na anatomia do cérebro (Steele, Bailey, Zatorre, & Penhune, 2013; Watanabe, Savion-Lemieux, & Penhune, 2007).

✅ PARE & REVISE

24. Qual área do cérebro exibe uma representação expandida da mão esquerda em pessoas que começaram a praticar instrumentos de corda na infância e continuaram por muitos anos?

RESPOSTA

24. Córtex somatossensorial (giro pós-central) do hemisfério direito.

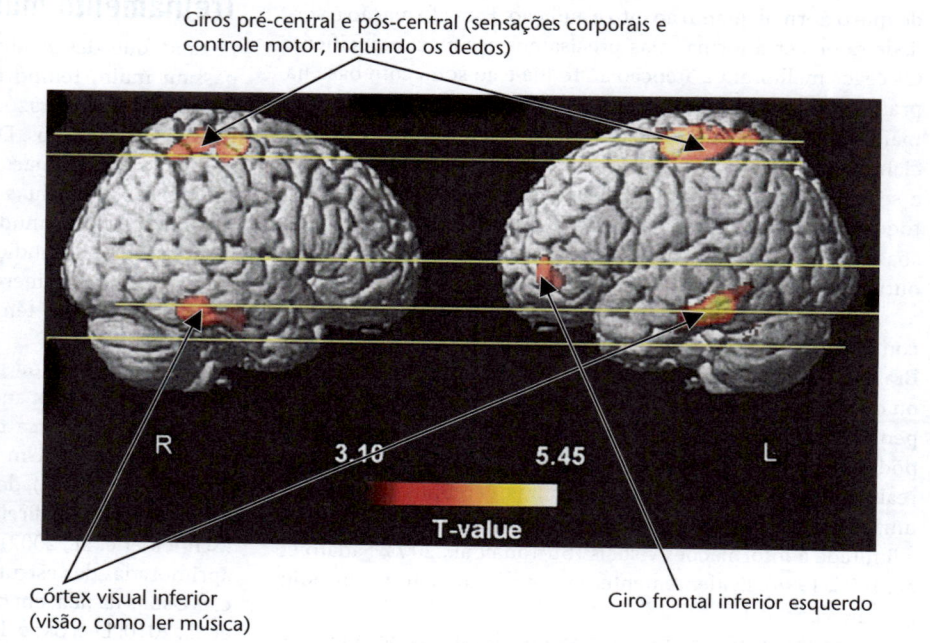

Figura 4.19 Correlatos cerebrais da prática musical
As áreas marcadas em vermelho mostraram substância cinzenta mais espessa entre os pianistas profissionais do que nos amadores e mais espessa entre os amadores do que naqueles não músicos. As áreas marcadas em amarelo mostraram diferenças ainda mais fortes na mesma direção.

(Fonte: Gaser, & Schlaug, 2003)

Alterações cerebrais após prática mais breve

Ser cego ou surdo de nascença leva a alterações na anatomia do cérebro, assim como o treinamento musical a longo prazo. Experiências mais breves também podem modificar a anatomia do cérebro? Em certo sentido, a resposta é: "Sim, claro". Tudo o que você aprende deve ter algum efeito no cérebro. Simplesmente ler essa frase reorganizou algumas moléculas em seu cérebro. A questão é se uma experiência relativamente breve produz um efeito grande o suficiente para que possamos observá-lo com ressonância magnética ou tecnologia semelhante.

Muitos estudos relataram alterações na anatomia do cérebro adulto a partir de tarefas como aprender a fazer malabarismos com três bolas (Draganski et al., 2004; Zatorre, Fields, & Johansen-Berg, 2012), 16 horas jogando um videogame complexo (Colom et al., 2012) ou 40 horas jogando golfe pela primeira vez (Bezzola, Mérillat, Gaser, & Jäncke, 2011). Mas os céticos levantaram objeções (Thomas & Baker, 2013): muitos dos estudos compararam as médias das RMs de todo o cérebro do grupo treinado com o cérebro inteiro de um grupo de controle. Na verdade, eles testaram um grande número de hipóteses ao mesmo tempo — uma hipótese para cada área do cérebro. Esse procedimento tem alto risco de encontrar um resultado aparente por acidente, e devemos esperar julgá-lo até que alguém replique o resultado. Mas um estudo descobriu que duas áreas do cérebro aumentaram depois de aprender a fazer malabarismos com três bolas e também foram expandidas (só que mais) em malabaristas especialistas (Gerber et al., 2014). Essa descoberta fortalece nossa confiança de que a experiência mais breve induziu de fato uma mudança mensurável no cérebro.

Quando a reorganização vai longe demais

Se tocar música ou praticar qualquer outra coisa expande uma área relevante do cérebro, a alteração é boa, certo? Normalmente sim, mas nem sempre. Como mencionado, quando as pessoas tocam instrumentos musicais muitas horas por dia durante anos, a representação da mão aumenta no córtex somatossensorial. Imagine a representação normal dos dedos no córtex:

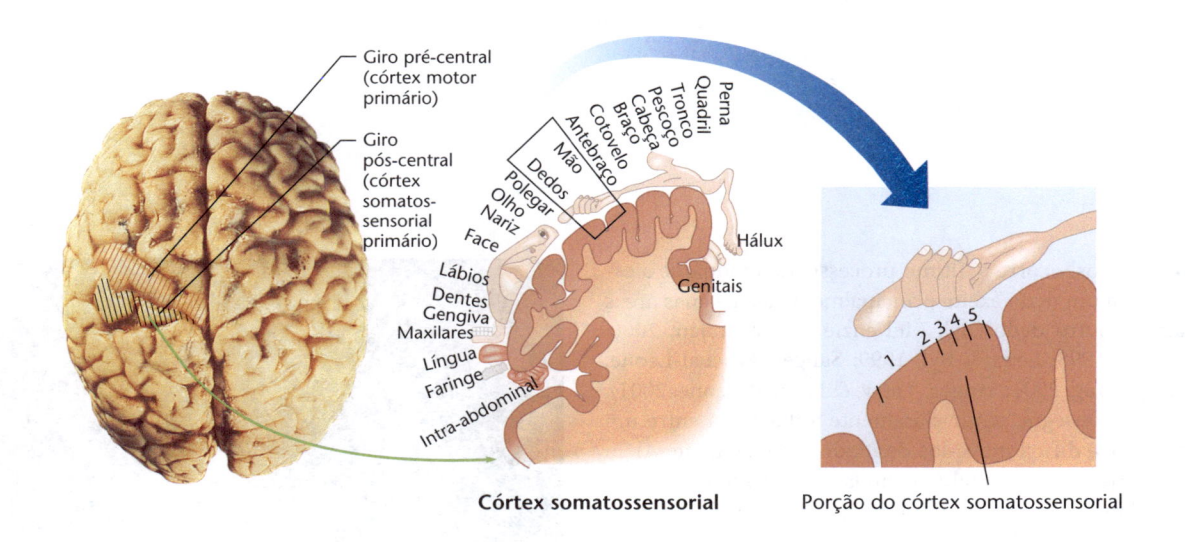

Córtex somatossensorial

Porção do córtex somatossensorial

Com a prática musical extensa, as representações em expansão dos dedos podem se espalhar desta maneira:

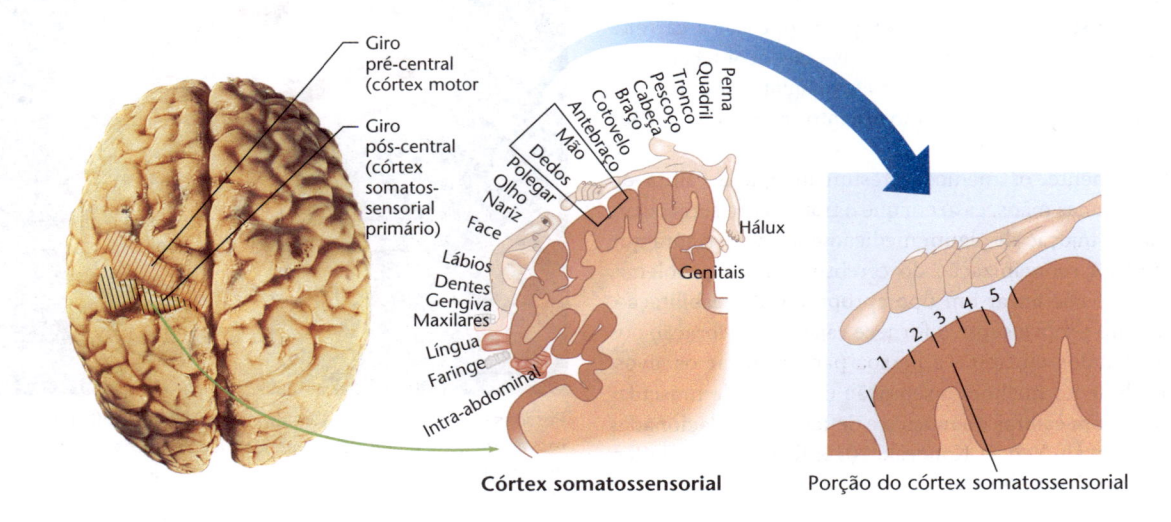

Córtex somatossensorial

Porção do córtex somatossensorial

Ou as representações de todos os dedos podem aumentar de um lado para o outro sem se propagarem, de forma que a representação de cada dedo se sobrepõe àquela adjacente:

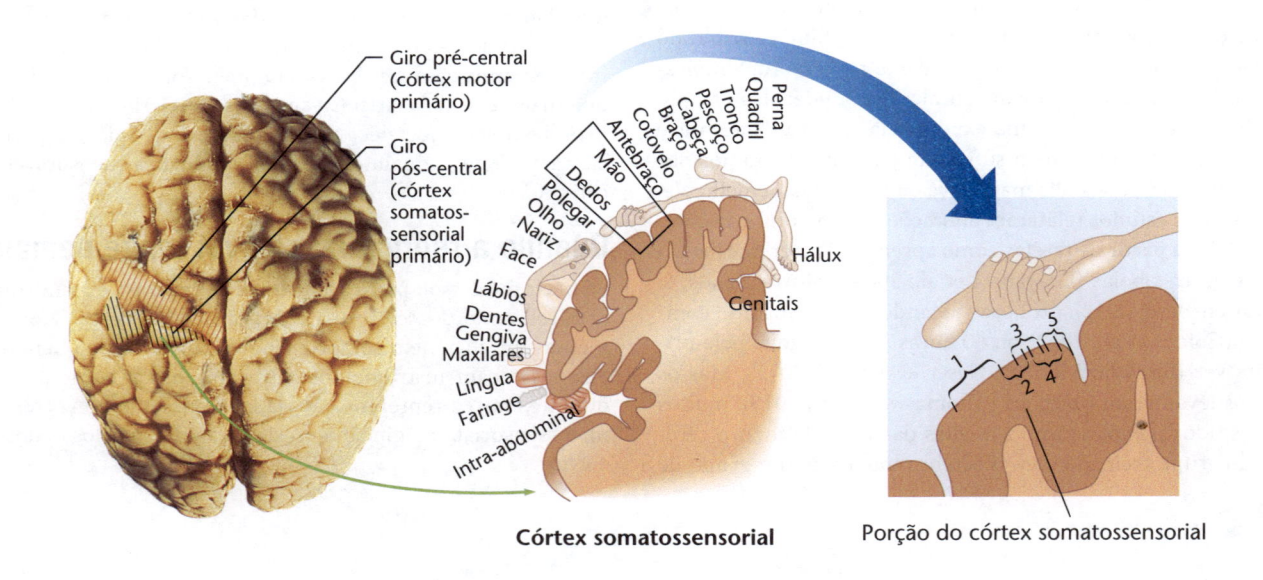

Córtex somatossensorial

Giro pré-central (córtex motor primário)
Giro pós-central (córtex somatossensorial primário)

Perna, Quadril, Tronco, Pescoço, Cabeça, Braço, Cotovelo, Antebraço, Mão, Dedos, Polegar, Olho, Nariz, Face, Lábios, Dentes, Gengiva, Maxilares, Língua, Faringe, Intra-abdominal, Hálux, Genitais

Porção do córtex somatossensorial

Em alguns casos, ocorre o último processo, de modo que a estimulação em um dedo excita principalmente as mesmas áreas corticais do outro dedo (Byl, McKenzie, & Nagarajan, 2000; Elbert et al., 1998; Lenz & Byl, 1999; Sanger, Pascual-Leone, Tarsy, & Schlaug, 2001; Sanger, Tarsy, & Pascual-Leone, 2001). Se você não consegue sentir claramente a diferença entre um dedo e outro, é difícil movê-los de modo independente. Além disso, o córtex motor também muda. A representação dos dedos médios se expande, sobrepondo e deslocando a representação do dedo indicador e do dedo mínimo. Um ou mais dedos podem entrar em contração constante (Beck et al., 2008; Burman, Lie-Nemeth, Brandfonbrener, Parisi, & Meyer, 2009). Mover um dedo sem mover outro torna-se mais difícil. A doença, conhecida como "cãibra do músico" ou mais formalmente como **distonia focal da mão**, pode ameaçar a carreira de um músico. Problemas semelhantes às vezes acontecem com escritores, cirurgiões, jogadores de golfe ou qualquer outra pessoa que pratique repetidamente movimentos precisos das mãos (Furuya & Hanakawa, 2016).

Anteriormente, os médicos presumiam que a cãibra do músico ocorria nas mãos, caso em que o tratamento seria cirurgia da mão ou injeção de algum medicamento nela. Agora que identificamos a reorganização do cérebro como o problema, a abordagem é encontrar um tipo apropriado de reabilitação. O treinamento proprioceptivo fornece rajadas de vibração aos músculos afetados ou treina a pessoa para alcançar os alvos. Esse procedimento melhora a sensação e o controle muscular para pessoas com cãibras do músico e deficiências relacionadas (Aman, Elangovan, Yeh, & Konczak, 2015; Rosenkranz, Butler, Williamson, & Rothwell, 2009).

Pessoas com cãibra do músico ou do escritor têm dificuldade de mover um dedo de modo independente dos outros. Um ou mais dedos podem contorcer-se ou entrar em contração constante.

PARE & REVISE

25. Que alteração no cérebro é responsável pela cãibra do músico?

RESPOSTA 25. Praticar extensivamente violino, piano ou outros instrumentos provoca uma representação expandida dos dedos no córtex somatossensorial, bem como deslocamento da representação de um ou mais dedos no córtex motor. Se a representação sensorial de dois dedos se sobrepõe excessivamente, a pessoa não consegue senti-los de maneira distinta ou movê-los separadamente.

Desenvolvimento cerebral e desenvolvimento comportamental

À medida que as pessoas envelhecem, seu comportamento muda. Quanto dessa mudança tem a ver com o cérebro? Vamos considerar a adolescência e o envelhecimento.

Adolescência

Os adolescentes são geralmente considerados impulsivos e propensos a buscar prazer imediato, em comparação com os adultos. A impulsividade é um problema se levar a uma conduta arriscada, bebida, sexo, excessos de consumo e assim por diante.

Além de serem mais impulsivos do que os adultos mais velhos, crianças e adolescentes tendem a "desprezar o futuro" mais do que os adultos. O que você prefere, US$ 100 agora ou US$ 125 por ano a partir de hoje? Que tal US$ 100 agora *versus* US$ 150 daqui a um ano? Quanto seria a recompensa do próximo ano para que você se dispusesse a esperar? É provável que os adolescentes escolham mais a recompensa imediata do que os adultos, em uma série de situações (Steinberg et al., 2009). Para ser justo, a situação não é a mesma para pessoas de diferentes idades, principalmente no que diz respeito a dinheiro. É mais provável que adultos sejam financeiramente mais seguros e mais capazes de esperar por uma recompensa maior. Ainda assim, os adolescentes tendem a preferir recompensas imediatas, mesmo com recompensas além de dinheiro, e ratos e camundongos jovens mostram uma tendência semelhante de preferir alimento imediato em vez de uma porção maior mais tarde (Doremus-Fitzwater, Barretto, & Spear, 2012; Pinkston & Lamb, 2011).

Muitos estudos descobriram que os humanos adolescentes mostram respostas mais fracas do que os adultos nas áreas do córtex pré-frontal responsáveis por comportamentos inibidores (por exemplo, Geier, Terwilliger, Teslovich, Velanova, & Luna, 2010). Além disso, o grau de maturidade do córtex pré-frontal e suas conexões se correlacionam positivamente com a restrição dos impulsos (Gilaie-Dotan et al., 2014; van den Bos, Rodriguez, Schweitzere, & McClure, 2014). Esse tipo de evidência influenciou a Suprema Corte dos Estados Unidos a decidir que a pena de morte é inconstitucional para adolescentes, porque eles são menos capazes de conter seus impulsos (Steinberg, 2013). No entanto, embora o córtex pré-frontal de fato não esteja totalmente maduro em adolescentes, a imaturidade é apenas uma pequena parte da explicação para a impulsividade. Em testes laboratoriais, a maioria dos adolescentes inibe os impulsos tão bem quanto os adultos. A maior parte dos comportamentos de risco, especialmente os comportamentos de risco antissociais, vem de indivíduos com histórico ao longo da vida de comportamentos problemáticos, começando na infância e estendendo-se até a idade adulta (Bjork & Pardini, 2015). Além disso, se o comportamento arriscado e impulsivo fosse produto de um córtex pré-frontal imaturo, deveríamos esperar que ele diminuísse ao longo da adolescência à medida que o córtex amadurecesse gradualmente. Na verdade, a maioria dos tipos de comportamento de risco torna-se *mais* comum no final da adolescência (ver Figura 4.20) (Shulman, 2014). Uma explicação mais provável para comportamentos de risco em adolescentes é que a resposta do cérebro a recompensas, especialmente a antecipação das recompensas, aumenta muito durante a adolescência (Braams, van Duijvenvoorde, Peper, & Crone, 2015; Larsen & Luna, 2015). Os adolescentes buscam entusiasmo, especialmente quando estão tentando impressionar seus colegas (Casey & Caudle, 2013; Crone & Dahl, 2012; Luna et al., 2010).

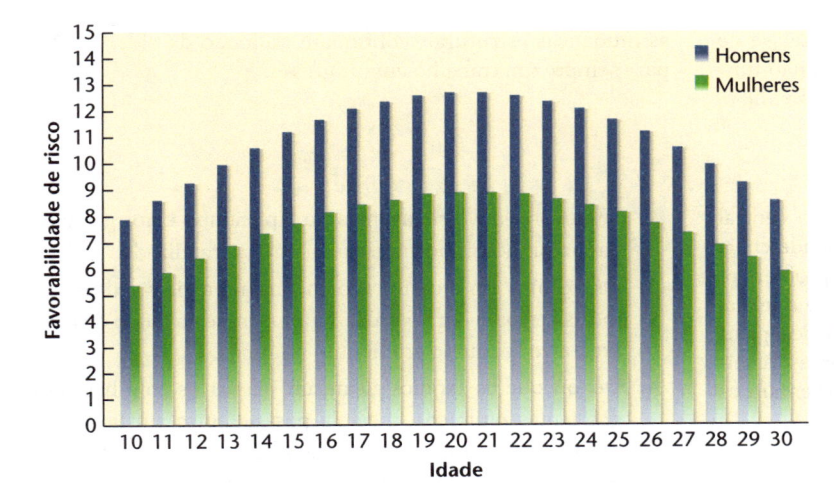

Figura 4.20 **Mudanças nas atitudes em relação a comportamentos de risco**
Perguntou-se a pessoas de várias idades se eram favoráveis a ações arriscadas como descer uma escada de bicicleta ou surfar em ondas muito altas.
(Fonte: Shulman, 2014)

✅ PARE & REVISE

26. Por que a imaturidade do córtex pré-frontal não é uma explicação satisfatória para comportamentos de risco em adolescentes?

RESPOSTA

26. À medida que a adolescência avança, o comportamento de risco tende a aumentar, embora o córtex pré-frontal esteja se tornando mais maduro.

Idosos

Muitos estudos confirmam que, em média, a memória e o raciocínio dos idosos começam a se desvanecer. Muitos neurônios perdem algumas das sinapses, e as sinapses restantes mudam mais lentamente do que antes em resposta às experiências (Morrison & Baxter, 2012). A espessura do córtex temporal diminui cerca de 0,5% ao ano, em média (Fjell et al., 2009). O córtex frontal começa a diminuir aos *30 anos*! (Brans et al., 2010.)

O volume do hipocampo também declina gradualmente na velhice e certos aspectos da memória diminuem em proporção à perda do hipocampo (Erickson et al., 2010). Tende a ocorrer rapidamente diminuição em idosos após lesão ou doença decorrente de inflamação do cérebro (Barrientos et al., 2011).

No entanto, a maioria dos executivos-chefes de grandes empresas, líderes políticos mundiais e reitores de universidades têm mais de 60 anos. Isso é um problema? Devemos demiti-los e substituí-los por pessoas de 25 anos? A maioria das pesquisas subestima os idosos, por várias razões. A média indica que todos estão se deteriorando um pouco a cada ano, mas as médias podem ser enganosas. Algumas pessoas deterioram-se acentuadamente, enquanto outras mostram poucos sinais da perda (Barzilai, Alzmon, Derby, Bauman, & Lipton, 2006; Pudas et al., 2013). Em geral, aqueles que permanecem fisicamente aptos também mantêm suas habilidades cognitivas (Fletcher et al., 2016). Além disso, mesmo aqueles que podem ser mais lentos em certas atividades intelectuais desenvolveram uma grande base de conhecimento e experiência. Em certos tipos de perguntas, os idosos se saem significativamente melhor do que os mais jovens (Queen & Hess, 2010). Terceiro, muitos idosos encontram maneiras de compensar as perdas, como ativando áreas cerebrais mais disseminadas para compensar a diminuição da excitação em uma ou duas áreas (Park & McDonough, 2013).

Que procedimentos podem ajudar a proteger contra o declínio cognitivo na velhice? Estudos experimentais nos quais as pessoas foram aleatoriamente designadas para exercícios diários ou atividades sedentárias geralmente encontraram melhorias na atividade cortical, atenção e, às vezes, memória (Hayes, Hayes, Cadden, & Verfaellie, 2013; Hötting & Röder, 2013). Intervenções químicas também merecem ser investigadas. Depois que os pesquisadores transfundiram sangue de camundongos velhos em camundongos jovens, os camundongos jovens apresentaram comprometimento temporário da plasticidade sináptica e aprendizado (Villeda et al., 2011). A transferência de sangue de camundongos jovens para velhos aumentou o número de espinhos dendríticos e melhorou o aprendizado e a memória (Villeda et al., 2014). Mas muitos procedimentos que funcionam bem com ratos ou camundongos produzem resultados decepcionantes em humanos, assim precisamos esperar pesquisas adicionais antes de nos empolgarmos. (Nesse ínterim, se você precisar de uma transfusão de sangue, espero que a receba de um jovem!)

✅ PARE & REVISE

27. De que maneira os idosos compensam o funcionamento menos eficiente do cérebro?

RESPOSTA

27. Muitos deles compensam ativando áreas cerebrais adicionais.

Módulo 4.2 | Conclusão
Desenvolvimento cerebral

Depois que uma máquina é construída, talvez ela precise de reparos, mas a construção está concluída. O cérebro não funciona assim. Embora as alterações sejam mais rápidas no início, as mudanças estruturais continuam ao longo da vida. Você é para sempre um trabalho em progresso.

Resumo

1. Nos embriões de vertebrados, o sistema nervoso central começa como um tubo que circunda uma cavidade cheia de líquido. Os neurônios em desenvolvimento proliferam, migram, diferenciam-se e desenvolvem sinapses e mielina. A proliferação dos neurônios varia entre as espécies, principalmente quanto ao número de divisões celulares. A migração depende de substâncias químicas que orientam os neurônios imaturos até seus destinos.

2. Em vertebrados adultos, novos neurônios formam-se apenas em algumas partes do cérebro. Os humanos adultos formam novos receptores olfativos, mas o cérebro só desenvolve novos neurônios no hipocampo e nos gânglios basais, ambos importantes para novo aprendizado.

3. Os axônios em crescimento encontram a via próxima aos locais certos e, em seguida, organizam-se ao longo de uma área-alvo seguindo gradientes químicos.

4. Depois que os axônios alcançam seus alvos com base em gradientes químicos, a célula pós-sináptica ajusta as conexões com base na experiência, aceitando certas combinações de axônios e rejeitando outras. Esse tipo de competição entre axônios continua ao longo da vida.

5. Inicialmente, o sistema nervoso desenvolve mais neurônios do que aqueles que realmente sobreviverão. Os axônios do sistema nervoso simpático sobrevivem apenas se alcançarem uma célula-alvo que libera o fator de crescimento do nervo. Caso contrário, elas morrem em um processo chamado apoptose. A apoptose também ocorre no cérebro, mas os fatores que a controlam são menos compreendidos. A exposição pré-natal ao álcool aumenta a apoptose.

6. O cérebro em desenvolvimento é vulnerável a defeitos químicos. Muitas substâncias químicas que produzem apenas problemas leves e temporários para adultos podem prejudicar o desenvolvimento inicial do cérebro.

7. Em um estágio inicial do desenvolvimento, o córtex é suficientemente plástico para que a estimulação visual possa fazer o que teria sido o córtex auditivo para desenvolver propriedades diferentes e agora responder visualmente.

8. A experiência enriquecida leva a uma maior ramificação dos axônios e dendritos, em parte porque animais em ambientes enriquecidos são mais ativos do que aqueles em ambientes privados.

9. Experiências especializadas podem alterar o desenvolvimento do cérebro, especialmente no início da vida. Por exemplo, em pessoas que nascem cegas, a representação do tato e da audição se expande nas áreas do cérebro geralmente reservadas para a visão.

10. A prática extensiva de uma habilidade expande a representação cerebral das informações sensoriais e motoras relevantes para essa habilidade. Por exemplo, a representação dos dedos se expande nas pessoas que praticam instrumentos musicais regularmente.

11. Embora a controvérsia permaneça, vários estudos relatam que mesmo a prática breve de uma habilidade, como malabarismo, pode produzir mudanças mensuráveis na anatomia do cérebro.

12. Embora a representação expandida no cérebro seja normalmente uma coisa positiva, pode ser prejudicial se for levada longe demais. Alguns músicos e outros que usam as mãos durante várias horas por dia desenvolvem alterações cerebrais que interferem em sua capacidade de sentir ou usar um dedo de modo independente dos outros.

13. Em comparação a adultos, os adolescentes tendem a ser impulsivos e centrados mais nos prazeres imediatos do que nas perspectivas futuras. Na maioria dos casos, os comportamentos de risco em adolescentes provavelmente refletem maior impulso para a excitação, mais do que a falta de capacidade de inibir impulsos.

14. Em média, idosos apresentam declínio de memória e raciocínio, e diminuição de certas áreas do cérebro. Mas essas médias não se aplicam a todos os indivíduos ou a todas as situações. Em média, pessoas em boa forma física tendem a manter suas habilidades cognitivas. Muitos idosos compensam a ineficiência de certas funções cerebrais recrutando atividades em áreas cerebrais adicionais.

Termos-chave

Os termos estão definidos no número de página indicado. Também são apresentados em ordem alfabética com a definição no Índice remissivo/Glossário do livro, que começa na p. 589.

apoptose **122**
células-tronco **118**
darwinismo neural **122**
distonia focal da mão **130**
fator de crescimento do nervo (FCN) **122**
mielinização **118**
migrar **118**
neurotrofina **123**
proliferação **118**
sinaptogênese **118**
síndrome alcoólica fetal **123**
transferência distante **126**
transforma **118**

Questão complexa

Biólogos podem desenvolver anticorpos contra o fator de crescimento do nervo (isto é, moléculas que inativam o fator de crescimento do nervo). O que aconteceria se alguém injetasse esses anticorpos em um sistema nervoso em desenvolvimento?

Módulo 4.2 | Questionário final

1. No desenvolvimento inicial do cérebro, qual é a relação entre os sistemas sensoriais e os movimentos musculares?
   A. Os sistemas sensoriais desenvolvem-se antes dos primeiros movimentos musculares.
   B. Os primeiros movimentos musculares ocorrem ao mesmo tempo em que os sistemas sensoriais se desenvolvem.
   C. Os primeiros movimentos musculares ocorrem antes do desenvolvimento dos sistemas sensoriais.
   D. Primeiro, a visão se desenvolve, na sequência os movimentos e depois os outros sistemas sensoriais.

2. Quais partes do córtex cerebral têm maior probabilidade de se deteriorar na doença de Alzheimer e em outras doenças?
   A. As áreas que amadurecem nas idades precoces, como o córtex visual primário.
   B. As áreas mais distantes do coração, como o córtex parietal.
   C. As áreas responsáveis pelo processamento emocional, como a amídala.
   D. As áreas que amadurecem na última idade, como o córtex pré-frontal.

3. Em quais áreas do cérebro humano alguns novos neurônios se desenvolvem durante a idade adulta?
   A. O córtex visual primário e o córtex auditivo primário.
   B. O hipocampo e os gânglios basais.
   C. Os bulbos olfatórios e as áreas responsáveis pela fala.
   D. O corpo caloso e o cerebelo.

4. Quando Sperry cortou o nervo óptico de uma salamandra e virou o olho de cabeça para baixo, o que aconteceu?
   A. Os axônios do nervo óptico cresceram aleatoriamente e se conectaram difusamente às células-alvo.
   B. Os axônios do nervo óptico se regeneraram de acordo com os alvos originais.
   C. Os axônios do nervo óptico se regeneraram de acordo com os alvos apropriados em relação ao novo local no olho.
   D. No início, os axônios se regeneraram aleatoriamente, mas depois estabeleceram conexões apropriadas por meio de aprendizagem.

5. No sistema nervoso simpático, qual das seguintes alternativas evita a apoptose?
   A. Hormônios esteroides
   B. Fator de crescimento do nervo
   C. Exercício físico
   D. Mielinização

6. Por que a medula espinhal tem o número certo de axônios para inervar todas as células musculares?
   A. Cada célula muscular envia uma mensagem química informando a medula espinhal a gerar um neurônio.
   B. Os genes fazem com que alguns neurônios se formem e o mesmo número de músculos também se forme.
   C. As células imaturas se dividem, com uma célula-filha se tornando um neurônio e a outra se tornando um músculo.
   D. A medula espinhal produz excesso de neurônios, mas aqueles que não conseguem inervar um músculo morrem.

7. Com que idade uma pessoa tem o maior número de neurônios?
   A. Antes ou logo após o nascimento
   B. Proporcionalmente em todos os momentos da vida
   C. Adolescência
   D. Idade adulta

8. Se uma mulher grávida ingere álcool, o álcool prejudica o cérebro do feto não apenas enquanto está no sistema, mas também enquanto é eliminado após a ingestão. Qual é o perigo enquanto o álcool é eliminado?
   A. A temperatura no cérebro pode diminuir.
   B. A pressão arterial no cérebro pode diminuir.
   C. O excesso de inibição nas sinapses de GABA pode levar à apoptose.
   D. A superestimulação nas sinapses de glutamato pode intoxicar as mitocôndrias.

9. No estudo com furões, que evidência indica que o estímulo visual das partes auditivas do cérebro realmente produzia uma sensação visual?
   A. Flashes brilhantes de luz para o olho reconectado fizeram os furões piscarem os dois olhos.
   B. Registros a partir de células específicas do córtex temporal reconectado mostraram os mesmos padrões geralmente vistos nas células do córtex occipital.
   C. Os furões conseguiram encontrar o caminho em um ambiente desconhecido, mesmo com o olho normal fechado.
   D. Os furões que aprenderam a virar para um lado em resposta à luz no olho normal viraram para o mesmo lado da luz no olho reconectado.

10. Um ambiente enriquecido com interações sociais promove o crescimento de axônios e dendritos em roedores de laboratório. O que mais pode produzir o mesmo efeito?
    A. Alimentação melhorada
    B. Atividade física
    C. Exposição a músicas
    D. Sono extra

11. De acordo com a maioria das pesquisas, quais são os efeitos dos programas de computador para a prática das habilidades de memória?
    A. Melhoria temporária das habilidades que foram praticadas.
    B. Melhoria temporária de ambas as habilidades praticadas e inteligência geral ("transferência distante".)
    C. Melhoria a longo prazo tanto das habilidades praticadas como da inteligência geral ("transferência distante".)
    D. Nenhum benefício, nem mesmo temporariamente.

12. Se uma pessoa nasce cega, o que acontece com o córtex occipital ("visual")?
    A. As células dessa pessoas encolhem e morrem gradualmente.
    B. As células delas permanecem intactas, mas para sempre inativas.
    C. As células delas respondem ao toque ou à audição.
    D. As células delas tornam-se espontaneamente ativas, produzindo alucinações.

13. Nas pessoas que praticam violino ou outros instrumentos de corda por muitos anos, o que muda no córtex cerebral?
    A. Os dois hemisférios começam a controlar a fala igualmente.
    B. Partes do córtex occipital param de responder à visão e alternam para a audição.
    C. Uma parte maior do que a média do córtex responde à passagem do tempo.
    D. Uma parte maior do que a média do córtex responde aos dedos da mão esquerda.

14. O que causa cãibras no músico?
    A. Alterações nos músculos e tendões da mão.
    B. Funcionamento do córtex cerebral.
    C. Perda de mielina nos nervos motores da mão.
    D. Alterações nos receptores de toque da mão.

15. Qual é a explicação biológica mais provável para o aumento do comportamento de risco entre adolescentes?
    A. Imaturidade do córtex pré-frontal.
    B. Aumento da atividade nas áreas do cérebro que antecipam a recompensa.
    C. Aumento da atividade nas áreas do cérebro responsáveis pelo humor deprimido.
    D. Imaturidade do corpo caloso.

16. Por que muitos idosos continuam a ter empregos importantes apesar dos declínios na memória e nas funções cerebrais que ocorrem na velhice?
    A. Leis os impedem de serem demitidos.
    B. A maioria de seus empregos não requer muita atividade cerebral.
    C. Os idosos recebem o crédito pelo trabalho que os mais jovens na verdade fazem.
    D. Os declínios, em média, não se aplicam a todas as pessoas.

Respostas: 1C, 2D, 3B, 4B, 5B, 6D, 7A, 8D, 9D, 10B, 11A, 12C, 13D, 14B, 15B, 16D.

Módulo 4.3
Plasticidade após lesão cerebral

Um soldado americano que sofreu um ferimento no hemisfério esquerdo do cérebro durante a Guerra da Coreia inicialmente não era capaz de falar. Três meses mais tarde, ele conseguia falar fragmentos curtos. Quando lhe pediram para ler a manchete: "Faculdade de Medicina de Nova York", ele respondeu: "Médicos — pequenos médicos". Oito anos depois, quando alguém pediu novamente para que ele lesse a manchete, ele respondeu: "Isso é uma pegadinha? Ele responde 'Faculdade de Medicina de Nova York'"(Eidelberg & Stein, 1974).

Quase todos os sobreviventes de lesões cerebrais apresentam algum grau de recuperação comportamental. Alguns dos mecanismos dependem do crescimento de novos ramos de axônios e dendritos, semelhantes aos mecanismos do desenvolvimento cerebral. Entender o processo leva a melhores terapias para pessoas com lesões cerebrais e contribui para a compreensão do funcionamento do cérebro.

Lesão cerebral e recuperação a curto prazo

As possíveis causas das lesões cerebrais incluem tumores, infecções, exposição à radiação ou substâncias tóxicas e doenças degenerativas, como doenças de Parkinson e de Alzheimer. Em jovens, a causa mais comum é **lesão cefálica fechada**, causada por traumatismo um golpe forte na cabeça que não perfura o cérebro. Os efeitos do traumatismo cranioencefálico fechado dependem da gravidade e frequência. Muitas crianças e adultos jovens suportam pelo menos uma pancada leve na cabeça decorrente de queda, acidente de bicicleta ou automóvel ou lesão esportiva. A maioria se recupera sem tratamento, possivelmente sentido dor de cabeça ocasional mais tarde (Babikian, Merkeley, Savage, Giza, & Levin, 2015). No entanto, cerca de sete ou oito jovens por mil requerem tratamento hospitalar e, desses, cerca de 20% apresentam deficiência persistente (Thurman, 2016). Se uma pancada na cabeça causar um período de confusão e perda de memória recente, então a duração desse período é um forte indicador de problemas a longo prazo (Briggs, Brookes, Tate, & Lah, 2015).

Uma causa da lesão após traumatismo craniano fechado são as forças rotacionais que impulsionam o tecido cerebral contra o interior do crânio. Outra causa são coágulos sanguíneos que interrompem o fluxo de sangue para o cérebro (Kirkpatrick, Smielewski, Czosnyka, Menon, & Pickard, 1995). Dados os perigos de uma pancada na cabeça, como os pica-paus conseguem evitar o estado de choque? Se você bater a cabeça contra uma árvore 20 vezes por segundo a uma velocidade forte o suficiente para abrir um buraco na casca, você não ficará em boa forma física.

Usando fotografia em câmera lenta, os pesquisadores descobriram que os pica-paus geralmente começam com algumas batidas preliminares rápidas contra a madeira, como um carpinteiro alinhando um prego com um martelo. Em seguida, os pássaros dão um golpe forte em linha reta, mantendo o pescoço rígido. Eles evitam quase completamente as forças rotacionais e raspões (May, Fuster, Haber, & Hirschman, 1979). Além disso, o osso esponjoso da cabeça do pica-pau é um excelente amortecedor (Yoon & Park, 2011).

A implicação é que capacetes para jogadores de futebol americano, capacetes para pilotos de carros de corrida e outros forneceriam mais proteção se fossem estendidos até os ombros para evitar rotação e raspões. Além disso, se um acidente está prestes a acontecer, você deve apoiar o queixo no peito e contrair os músculos do pescoço.

Redução de danos decorrentes de acidente vascular cerebral

Uma causa comum de lesão cerebral, especialmente em idosos, é a interrupção temporária do fluxo sanguíneo normal para uma área do cérebro durante um derrame, também conhecido como **acidente vascular cerebral (AVC)**. O tipo mais comum de AVC é a **isquemia**, o resultado de um coágulo sanguíneo ou outra obstrução em uma artéria. O tipo menos comum é a **hemorragia**, o resultado do rompimento de uma artéria. Os efeitos dos AVCs variam de quase imperceptíveis a imediatamente fatais. A Figura 4.21 mostra os cérebros de três pessoas: uma que morreu imediatamente após AVC, uma que sobreviveu por muito tempo depois de um AVC e uma vítima de ferimento a bala.

Na isquemia, os neurônios privados do sangue perdem muito dos suprimentos de oxigênio e glicose. Na hemorragia, eles são inundados com sangue e oxigênio em excesso, cálcio e outras substâncias químicas. Tanto a isquemia como a hemorragia provocam muitos dos mesmos problemas, incluindo **edema** (acúmulo de líquidos), que aumenta a pressão no cérebro e a probabilidade de acidentes vasculares cerebrais adicionais (Unterberg, Stover, Kress, & Kiening, 2004). Tanto a isquemia como a hemorragia também prejudicam a bomba de sódio-potássio, levando a um acúmulo de sódio nos neurônios. A combinação de edema e excesso de sódio provoca a liberação excessiva do transmissor de glutamato (Rossi, Oshima,

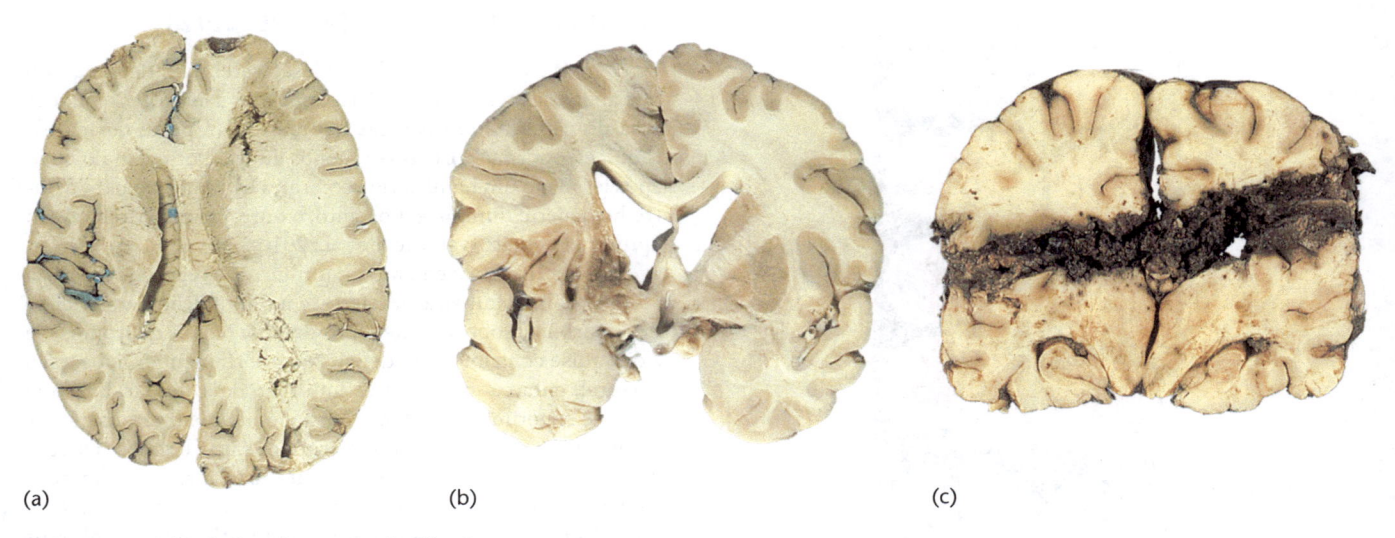

Figura 4.21 Três cérebros humanos danificados
(a) Cérebro de uma pessoa que morreu imediatamente após um AVC. Observe o edema no lado direito. (b) Cérebro de alguém que sobreviveu por muito tempo após o AVC. Observe as cavidades no lado esquerdo, onde muitas células foram perdidas. (c) Cérebro de uma pessoa que sofreu ferimento por arma de fogo e morreu imediatamente.
(Fonte: Dra. Dana Copeland)

& Attwell, 2000), que superestimula os neurônios, danificando tanto os neurônios como as sinapses (Castro-Alvarez, Gutierrez-Vargas, Darnaudéry, & Cardona-Gómez, 2011).

Tratamentos imediatos

Ainda na década de 1980, os hospitais tinham pouco a oferecer aos pacientes com AVC. Hoje, as perspectivas são boas para isquemia se os médicos agirem rapidamente. Um medicamento chamado **ativador de plasminogênio tecidual** (*tissue plasminogen activator* – **tPA**) decompõe os coágulos sanguíneos. Para ser benéfico, o paciente deve receber o tPA rapidamente, pelo menos 4,5 horas após um AVC. As salas de emergência melhoraram os tempos de resposta, mas o fator limitante é que a maioria das vítimas de AVC não chega ao hospital com rapidez suficiente, às vezes porque não perceberam que havia sofrido um AVC.

É difícil determinar se um AVC foi isquêmico ou hemorrágico. Dado que o tPA é útil para a isquemia, mas só pode piorar as coisas em uma hemorragia, o que o médico deve fazer? A RM distingue entre os dois tipos de AVC, mas as RMs levam tempo, e o tempo é limitado. A decisão usual é administrar o tPA. A hemorragia é menos comum e, em geral, fatal de qualquer maneira, portanto, o risco de piorar a hemorragia é pequeno em comparação com a esperança de aliviar a isquemia.

Que outros tratamentos podem ser eficazes logo após um AVC? Considerando que os AVCs matam neurônios por superestimulação, uma abordagem é diminuir a estimulação bloqueando as sinapses do glutamato ou bloqueando a entrada de cálcio. Outras abordagens incluem resfriamento do cérebro, antioxidantes, antibióticos, albumina e tratamentos que afetam o sistema imunológico. Cada um desses e outros tratamentos se mostraram promissores em estudos com animais de laboratório, mas todos eles produziram resultados decepcionantes em humanos (Moretti, Ferrari, & Villa, 2015). Uma possível explicação é que os animais de laboratório eram jovens e saudáveis antes do AVC induzido, enquanto a maioria dos pacientes humanos com AVC é composta de idosos que têm outros problemas de saúde. Além disso, os animais de laboratório receberam os medicamentos imediatamente, enquanto os humanos os receberam horas mais tarde. Além disso, os médicos relutam em administrar aos seres humanos grandes doses de fármacos experimentais, temendo os efeitos colaterais perigosos. Apesar dos resultados desanimadores, as pesquisas continuam investigando muitos medicamentos possíveis.

Outro procedimento pode surpreendê-lo: a exposição a canabinoides (as substâncias químicas encontradas na maconha) minimiza os danos causados por AVCs em animais de laboratório. Você pode se perguntar como alguém pensou em experimentar tal coisa. Uma justificativa teórica foi de que os canabinoides diminuem a liberação de glutamato. Se o excesso de glutamato é uma das razões para a perda de células, os canabinoides podem ser úteis. Eles, de fato, minimizam as lesões após um AVC em camundongos, como mostrado na Figura 4.22, embora a explicação do benefício ainda não seja clara (Schomacher, Muller, Sommer, Schwab, & Schäbitz, 2008). Além de frear a liberação de glutamato, os canabinoides têm efeitos anti-inflamatórios e alteram a química cerebral de várias maneiras que podem proteger contra lesões (Fernández-Ruiz, Moro, & Martínez-Orgado, 2015).

Até agora, muito pouca pesquisa examinou os possíveis efeitos para pacientes humanos com AVC. Mais uma vez, o problema é que os canabinoides são úteis apenas se administrados nas primeiras horas após um AVC. Na verdade, a pesquisa com animais de laboratório indica que os canabinoides são mais eficazes se tomados um pouco *antes* do AVC. Um estudo descobriu que pacientes com AVC que têm canabinoides na corrente sanguínea, indicando o uso de maconha antes do AVC, tiveram em média lesões menos graves por AVC (Di Napoli et al., 2016). Mas a idade média dos usuários de maconha era de 47 anos e a média dos não usuários era de 69 anos.

Figura 4.22 Efeitos de um canabinoide na lesão por AVC
A linha (a) mostra cortes ao longo do cérebro de cinco camundongos tratados com alta dose de canabinoide logo após um AVC. A linha (b) mostra cortes para camundongos não tratados com canabinoides. As áreas brancas à direita de cada cérebro mostram a extensão da lesão.
(Fonte: "Endocannabinoids mediate neuroprotection after transient focal cerebral ischemia", de M. Schomacher, H. D. Müller, C. Sommer, S. Schwab & W.-R. Schäbitz, 2008, Brain Research, 1240, pp. 213–220.)

É difícil saber quanto da diferença no resultado foi decorrente de um possível efeito benéfico da maconha e quanto foi devido à diferença etária. Um problema semelhante está relacionado a relatos (Wolff et al., 2013) de que os usuários de maconha têm mais probabilidade do que a média de apresentar certas doenças físicas e mentais: A maconha aumenta o risco de doenças? Ou as pessoas com certas doenças têm mais probabilidade do que a média de usar maconha? Na ausência de quaisquer experimentos de atribuição aleatória, devemos ser cautelosos ao tirar conclusões.

✅ PARE & REVISE

28. Quais são os dois tipos de AVC e o que causa cada tipo?
29. Por que o tPA não é útil nos casos de hemorragia?

RESPOSTAS

28. A forma mais comum, isquemia, é o resultado da oclusão de uma artéria. A outra forma, hemorragia, é o resultado de uma artéria rompida. 29. O medicamento tPA decompõe os coágulos sanguíneos, e a hemorragia resulta de um vaso sanguíneo rompido, não de um coágulo sanguíneo.

Mecanismos tardios de recuperação

Nos primeiros dias após lesão cerebral, muitas das áreas cerebrais sobreviventes aumentam ou reorganizam sua atividade (Nishimura et al., 2007). Na maioria dos casos, a recuperação depende principalmente do aumento da atividade das células poupadas ao redor da área da lesão (Murata et al., 2015).

Aumento da estimulação cerebral

Um déficit comportamental após lesão cerebral reflete mais do que apenas as células que morreram. Após a lesão em qualquer área do cérebro, outras áreas que perderam parte de sua estimulação normal tornam-se menos ativas. Por exemplo, logo após lesão em um hemisfério cerebral, a estimulação para o outro hemisfério diminui e, portanto, o outro hemisfério também apresenta déficits (van Meer et al., 2010).

Diasquise, proveniente de um termo grego que significa "chocar completamente"), refere-se à diminuição da atividade dos neurônios sobreviventes após danos a outros neurônios. Se a diasquise contribui para déficits comportamentais após lesão cerebral, então aumentar a estimulação deve ajudar. Em uma série de experimentos, D. M. Feeney et al. mediram os efeitos comportamentais do dano cortical em ratos e gatos. Dependendo da localização do dano, os animais apresentaram deficiências de movimento ou de percepção de profundidade. A injeção de anfetaminas aumentou significativamente ambos os comportamentos, e os animais que praticaram os comportamentos sob a influência de anfetaminas mostraram benefícios duradouros. A injeção de uma droga para bloquear as sinapses de dopamina prejudicou a recuperação comportamental (Feeney & Sutton, 1988; Feeney, Sutton, Boyeson, Hovda, & Dail, 1985; Hovda & Feeney, 1989; Sutton, Hovda, & Feeney, 1989). Embora a anfetamina seja muito arriscada para uso em pacientes humanos, outras drogas que aumentam a liberação de dopamina mostraram ser promissoras em alguns estudos (Sami & Faruqui, 2015).

✅ PARE & REVISE

30. Depois que alguém teve um AVC, seria melhor (se possível) direcionar fármacos estimulantes para as células que foram danificadas ou para outro lugar?

RESPOSTA

30. É melhor direcionar um fármaco estimulante para as células que recebiam informações das células danificadas. Provavelmente, a perda de estimulação produziu diasquise.

Recrescimento de axônios

Lesões no cérebro ou na medula espinhal danificam muitos axônios do neurônios que sobreviveram à lesão. Fazer com que esses axônios se regenerem e se conectem aos alvos corretos pode ser muito benéfico. Em princípio, a regeneração dos axônios parece ser possível. Os axônios danificados no sistema nervoso periférico se regeneram em uma taxa de cerca de 1 mm por dia, seguindo a bainha de mielina até o alvo original. Axônios danificados também voltam a crescer na medula espinhal de um peixe, sob o controle de um gene que é ativo nas células da glia (Mokalled et al., 2016; Zhang, Pizarro, Swain, Kang, & Selzer, 2014). No entanto, os axônios não se regeneram no cérebro ou na medula espinhal dos mamíferos, pelo menos não o suficiente para produzir algum benefício. Muitos esforços foram feitos para encontrar maneiras de promover a regeneração dos axônios em mamíferos.

Um corte no sistema nervoso faz com que os astrócitos formem cicatrizes, mais espessas em mamíferos do que em peixes. Uma hipótese é de que o tecido cicatricial é o principal impedimento, e que a redução do tecido cicatricial pode permitir a regeneração dos axônios. Entretanto, estudos mais recentes indicam que o tecido cicatricial é mais útil do que prejudicial. Os astrócitos liberam substâncias químicas que mantêm os neurônios próximos vivos, e procedimentos que removem a cicatriz levam à degeneração do tecido (Anderson et al., 2016; Sabelström et al., 2013).

Um axônio danificado não começa a crescer automaticamente. Várias substâncias químicas podem estimular a regeneração, e pesquisas com camundongos de laboratório mostraram que essas substâncias químicas às vezes permitem que os axônios voltem aos seus alvos normais (Anderson et al., 2016; Ruschel et al., 2015; Wong, Gibson, Arnold, Pepinsky, & Frank, 2015). Mesmo assim, a recuperação comportamental não é automática. Para obter uma função adequada, o animal precisa de muita prática dos movimentos relevantes (Hollis et al., 2016; Wahl et al., 2014). Se os axônios danificados fossem sensoriais em vez de motores, então uma vasta experiência sensorial seria necessária para que os axônios restaurassem a função (Lim et al., 2016).

Em suma, os pesquisadores fizeram muito progresso para facilitar a regeneração dos axônios danificados em animais de laboratório. Entretanto, ainda não sabemos como esses procedimentos podem funcionar em humanos.

Crescimento de axônios

Normalmente, a superfície dos dendritos e corpos celulares é revestida por sinapses, e uma área vaga não permanece vaga por muito tempo. Depois que uma célula perde a estimulação de um axônio, ela secreta neurotrofinas que induzem outros axônios a formarem novos ramos, ou **brotos colaterais**, que assumem as sinapses vazias (Ramirez, 2001) (ver Figura 4.23). Na área próxima à lesão, novas sinapses se formam a uma taxa alta, especialmente nas duas primeiras semanas (CE Brown, Li, Boyd, Delaney, & Murphy, 2007).

O ramo colateral no córtex contribui para a recuperação comportamental em alguns casos (por exemplo, Li et al., 2015; Siegel, Fink, Strittmatter, & Cafferty, 2015), mas o resultado depende de os axônios em formação transmitirem informações semelhantes àquelas que eles substituem. Por exemplo, o hipocampo recebe muitas informações de uma área chamada córtex entorrinal. Se o córtex entorrinal é danificado em um hemisfério, os axônios do córtex entorrinal do outro hemisfério se regeneram, assumem as sinapses vazias e restauram amplamente o comportamento (Ramirez, Bulsara, Moore, Ruch, & Abrams, 1999; Ramirez, McQuilkin, Carrigan, MacDonald, & Kelley, 1996). No entanto, se o córtex entorrinal está danificado nos dois hemisférios, os axônios de outros locais crescem nas sinapses vazias, transmitindo informações diferentes. Nessas condições, o crescimento interfere no comportamento e impede a recuperação (Ramirez, 2001; Ramirez et al., 2007).

Supersensibilidade por denervação

Os neurônios fazem ajustes para manter um nível quase constante de excitação. Depois que o aprendizado fortalece um conjunto de sinapses, outras sinapses enfraquecem. (Se isso não acontecesse, então sempre que você aprendesse algo, seu cérebro ficaria cada vez mais excitado.) Por outro lado, se um determinado conjunto de sinapses se torna inativo — talvez por causa de lesões em outra parte do cérebro — as sinapses remanescentes tornam-se mais responsivas, mais facilmente estimuladas. Esse processo de resposta aprimorada, conhecido como **supersensibilidade por denervação** ou *supersensibilidade do receptor*, foi demonstrado principalmente com as sinapses de dopamina (Kostrzewa, Kostrzewa, Brown, Nowak, & Brus, 2008).

A supersensibilidade por denervação ajuda a compensar a diminuição da estimulação. Mas quando ocorre o crescimento colateral ou a supersensibilidade por denervação, ela pode fortalecer não apenas as conexões desejáveis, mas também as indesejáveis, como as responsáveis pela dor. Infelizmente, muitos tratamentos que facilitam a regeneração dos axônios na medula espinhal danificada também levam à dor crônica (Brown & Weaver, 2012).

PARE & REVISE

31. O crescimento colateral é uma alteração nos axônios ou receptores dendríticos?
32. A supersensibilidade por denervação é uma alteração nos axônios ou receptores dendríticos?

RESPOSTAS

31. Axônios. 32. Receptores dendríticos de movimento.

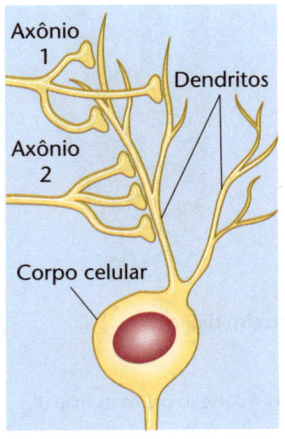

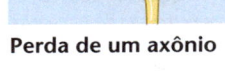

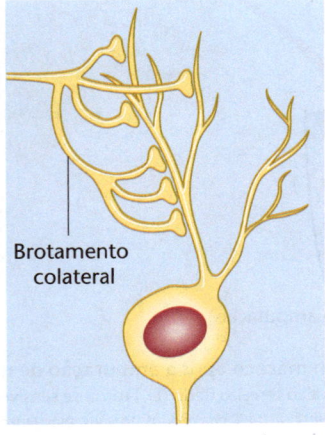

Figura 4.23 Crescimento colateral
Um axônio sobrevivente desenvolve um novo ramo para substituir as sinapses deixadas vazias por um axônio danificado.

Representações sensoriais reorganizadas e o membro fantasma

Se uma área do cérebro perde alguns dos axônios entrantes, podemos esperar supersensibilidade por denervação, crescimento colateral ou ambos. O resultado é maior resposta a uma sinapse que anteriormente produzia pouco efeito ou uma resposta a um axônio que anteriormente não se conectava. Vamos imaginar como esses processos podem ser aplicados no caso de uma amputação.

Reexamine a Figura 3.23. Cada seção ao longo do córtex somatossensorial recebe estímulos de parte do corpo. Dentro da área marcada como "dedos" nessa figura, um exame mais detalhado revela que cada subárea responde mais a um dedo do que a outros. A Figura 4.24 mostra o arranjo para o cérebro de um macaco. Em um estudo, os pesquisadores amputaram o dedo 3 de um macaco-coruja. As células corticais que antes respondiam às informações do dedo 3 perderam a estimulação. Assim essas células tornaram-se mais responsivas ao dedo 2, dedo 4 ou parte da palma da mão, até que o córtex desenvolveu o padrão de responsividade mostrado na Figura 4.24b (Kaas, Merzenich, & Killackey, 1983; Merzenich et al., 1984).

O que acontece se um braço inteiro for amputado? Por muitos anos, os neurocientistas presumiram que a área cortical correspondente a esse braço permaneceria permanentemente silenciosa, porque os axônios de outras áreas corticais não conseguiriam crescer longe o suficiente para alcançar a área que representa o braço. Então veio uma surpresa. Os pesquisadores descobriram que, a partir do córtex cerebral de macacos, cujos nervos sensoriais de um membro anterior haviam sido cortados 12 anos antes, a extensão do córtex antes responsivo àquele membro agora respondia à face (Pons et al., 1991). Após a perda da estimulação sensorial do membro anterior, os axônios que representam o membro anterior se degeneraram, deixando locais sinápticos vazios em vários níveis do SNC. Evidentemente, os axônios representando a face cresceram nesses locais da medula espinhal, tronco cerebral e tálamo (Florence & Kaas, 1995; Jones & Pons, 1998). Ou talvez os axônios da face já estivessem presentes, mas tornaram-se mais fortes devido à supersensibilidade por denervação. Estudos de varredura do cérebro confirmam que os mesmos processos ocorrem em humanos. Estudos posteriores mostraram que esse processo pode ocorrer muito mais rápido do que 12 anos.

Agora considere esse córtex reorganizado. As células que anteriormente respondiam à estimulação do braço agora recebem informações da face. Parece uma estimulação na face ou no braço? A resposta: parece o braço (Davis et al., 1998). Evidentemente, as áreas do cérebro que começam como áreas do braço, áreas das mãos ou o que quer que seja mantêm essas propriedades mesmo após décadas sem estimulação normal. Um paciente teve uma mão amputada aos 19 anos; 35 anos depois, uma nova mão foi enxertada no lugar. Em poucos meses, ele começou a ter sensações normais nessa mão (Frey, Bogdanov, Smith, Watrous, & Breidenbach, 2008).

Os médicos observaram há muito tempo que muitas pessoas com amputações apresentam a sensação de um **membro fantasma**, uma sensação contínua de uma parte do corpo amputada. Essa sensação pode variar de formigamento a dor intensa, ocasional ou constantemente (Giummarra et al., 2010). As pessoas podem ter uma mão, um pé ou qualquer outra parte do corpo fantasma. A sensação fantasma pode durar dias, semanas ou uma vida inteira (Ramachandran & Hirstein, 1998).

Até a década de 1990, ninguém sabia o que causava as dores fantasmas, e a maioria dos médicos acreditava que as sensações vinham do coto do membro amputado. Porém, remover mais membros na tentativa de eliminar as sensações fantasmas não resultou em nada. Métodos modernos mostram que membros fantasmas se desenvolvem quando a parte relevante do córtex somatossensorial se reorganiza e se torna responsiva a estimulação alternativa (Flor et al., 1995). Por exemplo,

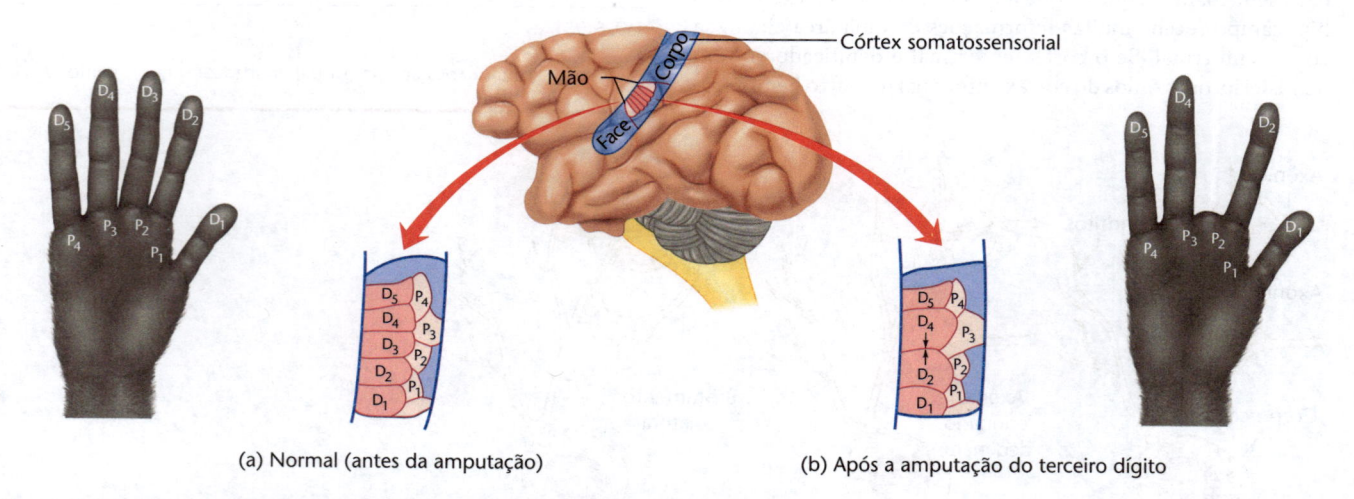

(a) Normal (antes da amputação)

(b) Após a amputação do terceiro dígito

Figura 4.24 Córtex somatossensorial de um macaco após a amputação de um dedo

Observe que a área cortical anteriormente responsiva ao terceiro dedo (D_3) torna-se sensível ao segundo e quarto dedos (D_2 e D_4) e à parte da palma da mão (P_3).

(Fonte: Extraído de Annual Review of Neuroscience, Vol. 6, © 1983, de Annual Reviews, Inc. Reproduzido com permissão da Annual Reviews, Inc., & Jon H. Kaas)

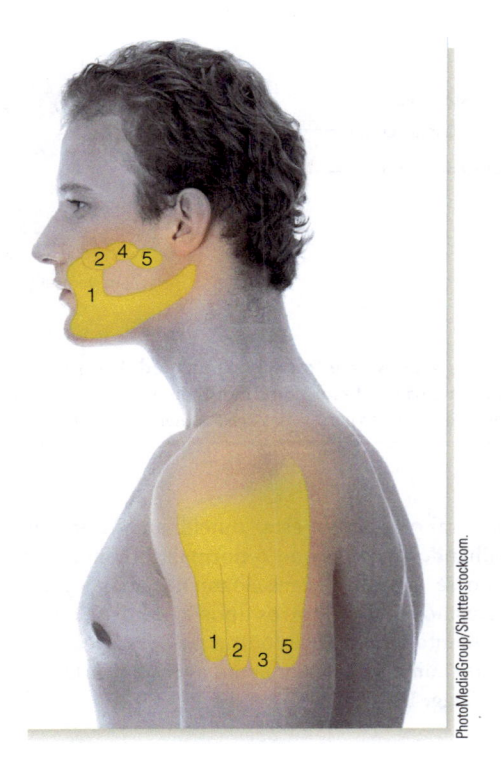

Figura 4.25 Fontes de sensação fantasma para uma pessoa
A estimulação nas áreas marcadas da bochecha produziu sensações fantasmas dos dígitos 1 (polegar), 2, 4 e 5. A estimulação no ombro também provocou sensações fantasmas dos dígitos 1, 2, 3 e 5.
(Fonte: Baseada em Phantoms in the Brain por V. S. Ramachandran, MD., PhD., & Sandra Blakeslee. © 1998 de V. S. Ramachandran, & Sandra Blakeslee)

Amputados que sentem um membro fantasma provavelmente perderão essas sensações fantasmas se aprenderem a usar um braço ou perna artificial.

suponha que axônios que representam a face ativem a área cortical anteriormente dedicada a uma mão amputada. Um toque na face agora produz uma sensação facial, mas também produz uma sensação na mão fantasma. A Figura 4.25 mostra um diagrama de qual área da face estimula a sensação em qual parte da mão fantasma para uma pessoa (Aglioti, Smania, Atzei, & Berlucchi, 1997). Para algumas pessoas, ver alguém sendo tocado também pode provocar uma sensação no membro fantasma (Goller, Richards, Novak, & Ward, 2013).

Observe na Figura 3.23 que a parte do córtex responsiva aos pés é adjacente à parte responsiva aos órgãos genitais. Dois pacientes com amputações do pé tiveram a sensação de pé fantasma durante excitação sexual! Um relatou sentir orgasmos no pé fantasma e também nos genitais — e os apreciou intensamente (Ramachandran & Blakeslee, 1998). Evidentemente, a representação dos órgãos genitais tinha se propagado para a área cortical responsável pela sensação do pé.

Existe alguma maneira de aliviar uma sensação fantasma dolorosa? Em alguns casos, sim. Muitos amputados que aprendem a usar um braço artificial relatam que as sensações fantasmas desaparecem gradualmente (Lotze et al., 1999). À medida que começam a atribuir sensações ao braço artificial, eles deslocam as conexões anormais que causavam as sensações fantasmas.

PARE & REVISE

33. O que é responsável pela experiência do membro fantasma?

RESPOSTA 33. As sinapses que costumavam receber estimulação da parte agora amputada ficam vagas. Axônios que representam outra parte do corpo assumem essas sinapses. Agora, a estimulação dessa outra parte ativa as sinapses associadas à área amputada, mas essa estimulação parece a área amputada.

Ajustes aprendidos no comportamento

Se você não conseguir encontrar suas chaves, talvez você as tenha jogado acidentalmente no lixo (assim elas sumiram para sempre) ou talvez as tenha colocado em um lugar incomum (onde você as encontrará se continuar procurando). Da mesma forma, alguém com uma lesão cerebral pode ter perdido alguma habilidade totalmente ou ser capaz de descobri-la com bastante esforço. Boa parte da recuperação de lesões cerebrais depende da aprendizagem para fazer melhor uso das habilidades que foram poupadas. Por exemplo, se perder a visão periférica, você aprenderá a mover a cabeça de um lado para o outro a fim de compensar a perda (Marshall, 1985).

Às vezes, uma pessoa ou animal com lesão cerebral parece incapaz de fazer algo, mas na verdade não está tentando. Considere um animal que sofreu danos nos nervos sensoriais de um membro anterior à medula espinhal, como mostrado na Figura 4.26. O animal não sente mais o membro, embora os nervos motores ainda se conectem aos músculos. Dizemos que o membro é **desaferentado** porque perdeu a estimulação aferente (sensorial). Um macaco com membro desaferentado não o usa espontaneamente para andar, pegar objetos ou qualquer outro comportamento voluntário (Taub & Berman, 1968). No início, os pesquisadores presumiram que o macaco não era capaz de usar o membro desaferentado. Em um experimento mais tarde, entretanto, eles cortaram os nervos aferentes de ambos os membros anteriores. Apesar dos danos mais extensos, o macaco usou os dois membros desaferentados para andar, escalar e pegar comida. Aparentemente, um macaco não consegue usar um membro anterior desaferentado apenas porque andar sobre três membros é mais fácil do que usar um membro debilitado. Quando não tem escolha a não ser usar os membros desaferentados, ele usa. Da mesma forma, um tratamento para pessoas que se recuperam de um AVC é forçá-las a usar o membro mais fraco impedindo-as de usar o membro normal (Sens et al., 2012).

A terapia para uma pessoa com lesão cerebral começa com uma avaliação cuidadosa das habilidades e deficiências do paciente. Por exemplo, alguém com problemas para executar instruções faladas pode ter problemas de audição, memória, linguagem, controle muscular ou estado de alerta. Depois de identificar o problema, o fisioterapeuta ou terapeuta ocupacional ajuda o paciente a praticar as habilidades prejudicadas.

O comportamento recuperado após uma lesão cerebral é difícil, e a recuperação é precária. Uma pessoa com lesão cerebral que parece estar funcionando normalmente está trabalhando mais do que o normal. O comportamento recuperado se deteriora acentuadamente após a ingestão de álcool, exaustão física ou outros tipos de estresse que afetariam minimamente a maioria das outras pessoas (Fleet & Heilman, 1986), assim como se deteriora com a idade (Corkin, Rosen, Sullivan, & Clegg, 1989).

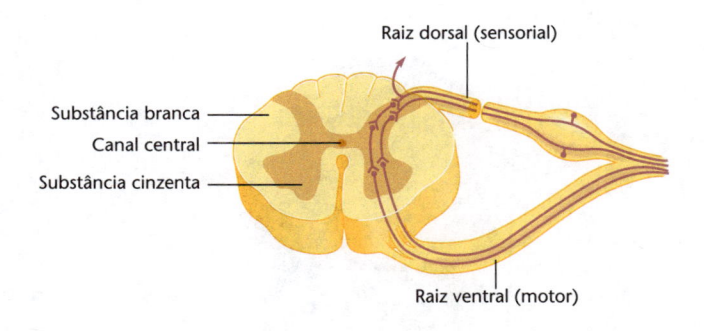

Figura 4.26 Corte transversal da medula espinhal
Um corte na raiz dorsal (como mostrado) priva o animal das sensações de toque de parte do corpo, mas deixa os nervos motores intactos.

PARE & REVISE

34. Um macaco que perde a sensibilidade de um braço para de utilizá-lo, mas um macaco que perde a sensação dos dois braços os utiliza. Por quê?

RESPOSTA
34. Um macaco que perdeu a sensibilidade em um braço é capaz de movê-lo, mas acha mais fácil andar com os três membros intactos. Quando os dois braços perdem as sensações, o macaco é forçado a contar com eles.

Módulo 4.3 | Conclusão
Lesões cerebrais e recuperação

O corpo dos mamíferos está bem equipado para substituir as células sanguíneas ou cutâneas perdidas, mas mal preparado para lidar com as células cerebrais perdidas. Mesmo os processos que ocorrem após lesão cerebral, como o crescimento colateral dos axônios ou a reorganização das representações sensoriais, nem sempre são úteis. É tentador especular que falhamos em desenvolver mecanismos para que possamos nos recuperar de lesões cerebrais porque, durante a maior parte da nossa história evolutiva, um indivíduo com lesão cerebral provavelmente não sobreviveria o tempo suficiente para se recuperar. Hoje, muitas pessoas com lesões cerebrais e da medula espinhal sobrevivem por anos, e precisamos continuar as pesquisas sobre como melhorar a vida delas.

Resumo

1. Lesões cerebrais têm muitas causas, incluindo golpes na cabeça, obstrução do fluxo sanguíneo para o cérebro ou ruptura de um vaso sanguíneo cerebral. Os AVCs matam os neurônios em grande parte por superestimulação.
2. Nas primeiras horas após um acidente vascular cerebral isquêmico, o ativador do plasminogênio tecidual (tPA) pode reduzir a perda de células decompondo o coágulo sanguíneo. Mas poucos pacientes recebem tratamento a tempo para que o tPA seja útil.
3. Muitos procedimentos para reduzir os efeitos de lesões no sistema nervoso mostraram-se promissores em animais de laboratório, mas até agora nenhum deles foi útil de forma

confiável em humanos. Uma razão é que muitos dos tratamentos só são eficazes se administrados imediatamente após uma lesão no sistema nervoso. Além disso, muitos pacientes têm problemas de saúde adicionais, não apenas AVC ou outras lesões.
4. Quando uma área do cérebro é danificada, outras áreas tornam-se menos ativas do que o normal devido à perda de informações. Os medicamentos estimulantes podem ajudar a restaurar a função normal dessas áreas não danificadas.
5. Depois que uma área do SNC perde a estimulação normal, outros axônios começam a estimulá-la como resultado do crescimento ou supersensibilidade por desnervação.

A reorganização anatômica é útil em alguns casos, mas nem sempre.
6. A experiência do membro fantasma ocorre porque os axônios de outra parte do corpo invadem a área cortical normalmente dedicada à sensação da parte do corpo agora perdida. A estimulação da outra parte do corpo agora produz a sensação como se tivesse vindo da parte amputada.
7. Muitos indivíduos com lesão cerebral são "mais" capazes do que demonstram porque evitam usar habilidades que se tornaram prejudicadas ou difíceis.

Termos-chave

Os termos estão definidos no número de página indicado. Também são apresentados em ordem alfabética com a definição no Índice remissivo/Glossário do livro, que começa na p. 589.

acidente vascular cerebral (AVC) **136**
ativador do plasminogênio tecidual (tPA) **137**
brotos colaterais **139**
desaferentado **142**
diasquise **138**
edema **136**
hemorragia **136**
isquemia **136**
lesão cefálica fechada **136**
membro fantasma **140**
supersensibilidade por denervação **139**

Questões complexas

1. Normalmente, pacientes com doença de Parkinson avançada (que apresentam lesões nos axônios liberadores de dopamina) movem-se muito lentamente, se for absolutamente necessário se moverem. Mas durante uma emergência (por exemplo, incêndio no prédio), eles podem se mover rápida e vigorosamente. Sugira uma explicação possível.

2. Fármacos que bloqueiam as sinapses da dopamina tendem a prejudicar ou retardar os movimentos dos membros. No entanto, depois que as pessoas tomam esses fármacos por um longo período de tempo, algumas delas sentem contrações ou tremores involuntários nos músculos. Com base no material deste capítulo, proponha uma explicação possível.

Módulo 4.3 | Questionário final

1. O ativador do plasminogênio tecidual (tPA) é útil para reduzir o efeito de um acidente vascular encefálico (AVC) apenas em qual destas doenças?
    A. É útil apenas se o AVC foi decorrente de hemorragia.
    B. É útil apenas se administrado nas primeiras horas após um AVC.
    C. É útil apenas se o paciente praticar movimentos relevantes ao tomar o medicamento.
    D. É eficaz apenas para animais de laboratório, não para seres humanos.

2. Qual é o propósito de administrar um medicamento que estimula os receptores de dopamina a um paciente com AVC?
    A. Decompor os coágulos sanguíneos no sistema nervoso.
    B. Aumentar o crescimento colateral.
    C. Combater a diasquise.
    D. Estimular a regeneração dos axônios.

3. Cite dois procedimentos que diminuem os danos causados por AVCs em animais de laboratório, embora os médicos até agora raramente os tenham experimentado em pessoas.
    A. Desidratação e lítio.
    B. Aumento do fluxo sanguíneo e antidepressivos.
    C. Temperatura corporal diminuída e canabinoides.
    D. Aumento da temperatura corporal e tranquilizantes.

4. Em que espécies, se houver alguma, os axônios podem se regenerar na medula espinhal?
    A. Apenas em seres humanos
    B. Em peixes
    C. Em aves
    D. Em nenhuma espécie

5. Onde ocorre o crescimento colateral?
   A. No corpo celular
   B. No axônio
   C. Nos dendritos
   D. Tanto nos axônios como nos dendritos

6. Onde ocorre a supersensibilidade por denervação?
   A. No fluxo sanguíneo para o cérebro
   B. Nas células da glia
   C. Nas sinapses
   D. Nas membranas dos axônios

7. O que causa a sensação de membro fantasma?
   A. Irritação dos receptores no coto onde ocorreu a amputação.
   B. Atividade espontânea dos receptores no coto onde ocorreu a amputação.
   C. Reorganização do córtex sensorial.
   D. Uma reação psiquiátrica baseada na negação da amputação.

8. Suponha que um paciente use apenas o braço direito após uma lesão que bloqueou todas as sensações do braço esquerdo. Das seguintes, qual é a terapia mais promissora?
   A. Estimular eletricamente a pele do braço esquerdo.
   B. Amarrar o braço direito atrás das costas da pessoa.
   C. Vendar os olhos da pessoa.
   D. Aumentar a estimulação visual no lado direito do corpo.

Respostas: 1B, 2C, 3C, 4B, 5B, 6C, 7C, 8B.

Sugestões de leitura

Levi-Montalcini, R. (1988). *In praise of imperfection.* New York: Basic Books. Autobiografia do descobridor do fator de crescimento dos nervos.

Ramachandran, V. S & Blakeslee, S. (1998). *Phantoms in the brain.* New York: Morrow. Um dos livros mais instigantes já escritos sobre lesões cerebrais em humanos, incluindo o fenômeno do membro fantasma.

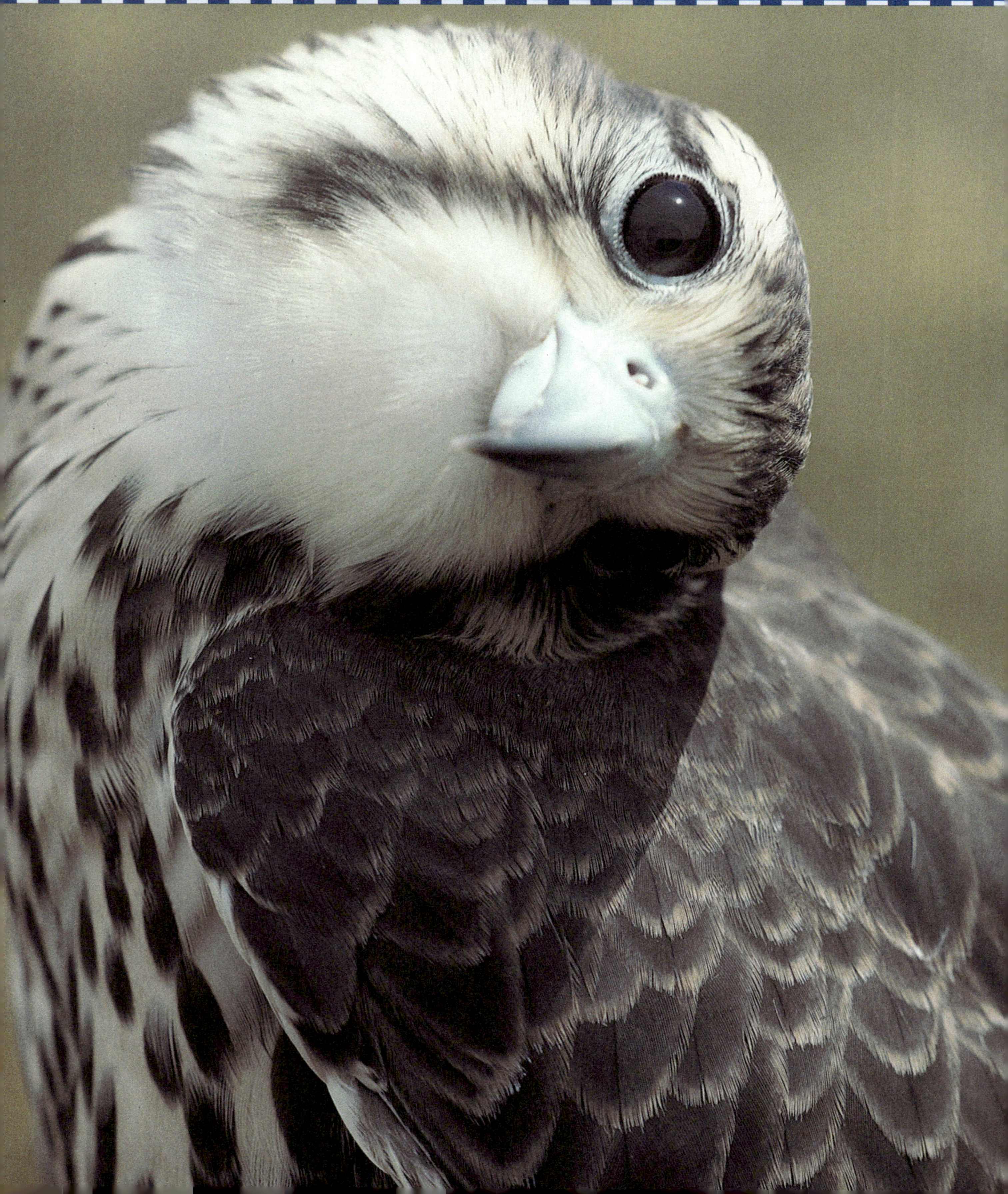

Visão

Capítulo 5

Imagine que você seja uma barra de ferro. Então aí está você, sentado sem fazer nada, como sempre, quando chega uma gota-d'água. Qual será sua percepção da água? Sim, claro, uma barra de ferro não tem cérebro e não teria percepção nenhuma. Mas vamos ignorar esse fato inconveniente e imaginar como seria se uma barra de ferro pudesse perceber a água. Do ponto de vista de uma barra de ferro, a água está acima de tudo *o que está enferrujado.*

Agora volte à sua perspectiva como humano. Você sabe que a ferrugem não é realmente uma propriedade da própria água, mas de como ela reage ao ferro. O mesmo se aplica à percepção humana. Quando você vê a grama como *verde,* o verde nada mais é que uma propriedade da grama do que a ferrugem é uma propriedade da água. Verde é a experiência que resulta quando a luz refletida na grama reage com os neurônios no seu cérebro. O verde está em nós — assim como a ferrugem está na barra de ferro.

Sumário do capítulo

Módulo 5.1

Codificação visual
Princípios gerais da percepção
O olho e suas conexões com o cérebro
Receptores visuais: bastonetes e cones
Visão de cores
Conclusão: Receptores visuais

Módulo 5.2

Como o cérebro processa informações visuais
Visão geral do sistema visual dos mamíferos
Processamento na retina
Processamento adicional
O córtex visual primário
Desenvolvimento do córtex visual
Conclusão: Compreendendo a visão por meio do diagrama de conexões

Módulo 5.3

Processamento paralelo no córtex visual
As vias ventrais e dorsais
Análise detalhada da forma
Percepção de movimento
Conclusão: Aspectos da visão

Objetivos de aprendizagem

Depois de estudar este capítulo, você será capaz de:

1. Entender que vemos porque a luz incide na retina, enviando uma mensagem ao cérebro.
2. Listar as propriedades dos cones e bastonetes.
3. Explicar as principais características da visão em cores.
4. Mostrar a via das informações visuais da retina ao córtex cerebral.
5. Explicar a inibição lateral em termos das conexões entre os neurônios na retina.
6. Definir e dar exemplos dos campos receptivos.
7. Descrever pesquisas sobre como experimentos alteram o desenvolvimento do córtex visual.
8. Discutir déficits específicos que podem ocorrer após lesões nas partes do córtex visual, como reconhecimento facial prejudicado ou percepção de movimento prejudicada.

[Imagem da página anterior:
Mais adiante neste capítulo, você entenderá por que esse falcão da pradaria inclinou a cabeça. (Tom McHugh/Science Source)

Módulo 5.1

Codificação visual

Várias décadas atrás, perguntou-se a um estudante de pós-graduação, no exame oral final para doutorado em psicologia, "Até onde uma formiga pode ver?". Ele ficou pálido. Ele não sabia a resposta e, evidentemente, deveria. Ele tentou lembrar tudo o que sabia sobre a visão dos insetos. Por fim, ele desistiu e admitiu que não sabia.

Com um sorriso irônico, o professor disse a ele: "Presumivelmente, uma formiga pode ver a 146 milhões de quilômetros — a distância até o Sol". Sim, essa foi uma pergunta capciosa. Mas ilustra um ponto importante: até que distância uma formiga vê, ou até que distância você vê, depende da distância que a luz viaja antes de chegar aos olhos. Você não envia "raios de visão". Esse princípio foi provavelmente a primeira descoberta científica na psicologia (Steffens, 2007). Há cerca de mil anos, o filósofo árabe Ibn al-Haytham (965-1040) observou que, ao abrir os olhos à noite, você vê imediatamente as estrelas distantes. Ele argumentava que, se você visse enviando raios de visão, eles não chegariam às estrelas tão rapidamente. Ele então demonstrou que os raios de luz refletem em um objeto em todas as direções, mas você só vê os raios que refletem no objeto e alcançam a retina (Gross, 1999).

Vale a pena enfatizar o ponto porque um número assustadoramente grande de estudantes universitários acredita que envia raios de visão a partir dos olhos quando veem (Winer, Cottrell, Gregg, Fournier, & Bica, 2002). Mesmo alguns alunos que fizeram cursos de física ou percepção visual mantêm esse grande mal-entendido. Eis um dos princípios mais importantes a ser lembrado neste livro: ao ver uma árvore, por exemplo, sua percepção não está na árvore. Está em seu cérebro. Você vê algo apenas quando a luz do objeto altera a atividade cerebral. Mesmo que tenha enviado raios a partir dos olhos — e você os não envia — quando eles alcançam algum objeto, você não perceberia isso, a menos que eles fossem refletidos de volta aos seus olhos. Da mesma forma, você sente algo apenas quando a informação sobre o toque chega ao cérebro. Ao sentir algo *com* os dedos, você não sente isso *dentro* dos dedos. Você sente isso no cérebro.

✓ PARE & REVISE

1. Qual foi a evidência de Ibn al-Haytham de que vemos apenas porque a luz incide nos olhos, não enviando raios de visão?

RESPOSTA

1. Primeiro, você pode ver objetos distantes como estrelas muito mais rápido do que poderíamos imaginar quaisquer raios visuais alcançando-as. Segundo, quando a luz incide em um objeto, vemos apenas os raios de luz que refletem no objeto e nos olhos.

Princípios gerais da percepção

Vemos um objeto quando ele emite ou reflete a luz que estimula os receptores que transmitem informações ao cérebro. Como o cérebro interpreta essas informações? O filósofo do século XVII René Descartes acreditava que os nervos do olho enviavam ao cérebro um padrão de impulsos dispostos como uma imagem do objeto percebido, com o lado direito para cima. Na verdade, o cérebro codifica as informações de uma forma que não se parece com o que você vê. A representação de um triângulo criada por computador é uma série de números 0 e 1 que de modo nenhum são organizados como um triângulo. Da mesma forma, o cérebro armazena uma representação de um triângulo em termos da atividade alterada em muitos neurônios e, se examinar esses neurônios, você não verá nada que se pareça com um triângulo.

O cérebro codifica informações em grande medida em termos de *quais* neurônios estão ativos, e o grau de atividade deles em qualquer momento. Os impulsos em certos neurônios indicam luz, enquanto os impulsos em outros indicam som, toque ou outras sensações. Em 1838, Johannes Muller descreveu essa ideia como a **lei das energias específicas dos nervos**. Muller afirmava que tudo o que estimula um nervo específico estabelece um tipo especial de energia exclusivo a esse nervo. Em uma perspectiva moderna, o cérebro de alguma forma interpreta os potenciais de ação do nervo auditivo como sons, aqueles do nervo olfatório como odores etc. É certo que essa palavra *de alguma forma* esconde um mistério profundo.

Eis uma demonstração: se esfregar os olhos, você poderá ver manchas ou luzes intermitentes, mesmo em uma sala totalmente escura. Você aplicou pressão mecânica, que estimulou os receptores visuais nos olhos. Qualquer coisa que estimule esses receptores é percebida como luz. (Se você tentar essa demonstração, primeiro remova as lentes de contato. Feche as pálpebras e esfregue-as suavemente.)

PARE & REVISE

2. Se alguém estimulasse eletricamente os receptores auditivos na sua orelha, o que você perceberia?
3. Se fosse possível inverter todo o seu cérebro, sem quebrar nenhuma das conexões com os órgãos dos sentidos ou músculos, o que aconteceria com as percepções do que você vê, ouve etc.?

RESPOSTAS

2. Por causa da lei das energias específicas dos nervos, você perceberia isso como som, não como choque. (Claro, um choque forte considerável pode se propagar o suficiente para também estimular os receptores de dor.) 3. Suas percepções não mudariam. A maneira como as informações visuais ou auditivas são codificadas no cérebro não depende da localização física dentro do cérebro. Ver algo "em cima," ou "à esquerda," depende de quais neurônios estão ativos, mas não depende da localização física desses neurônios.

O olho e suas conexões com o cérebro

A luz entra no olho através de uma abertura no centro da íris chamada **pupila** (ver Figura 5.1). O foco dela vem da lente (ajustável) e córnea (não ajustável) e é projetada na **retina**, a superfície posterior do olho, que é revestida por receptores visuais. A luz do lado esquerdo alcança a metade direita da retina e vice-versa. A luz de cima alcança a metade inferior da retina e a luz de baixo alcança a metade superior. A inversão da imagem não representa nenhum problema para o sistema nervoso. Lembre-se de que o sistema visual não duplica a imagem. Ele a codifica por meio de vários tipos de atividade neuronal. Se você acha essa ideia intrigante, pense em um computador. Algum chip no computador indica o que exibir na parte superior esquerda da tela, mas não há razão para que esse chip precise estar na parte superior esquerda do computador.

Vias na retina

Se estivesse projetando um olho, você provavelmente enviaria as mensagens dos receptores diretamente de volta para o cérebro. Na retina dos vertebrados, porém, as mensagens vão dos receptores na parte de trás do olho às **células bipolares**, localizadas mais próximas ao centro do olho (ver Figura 5.2). As células bipolares enviam as mensagens para as **células ganglionares**, localizadas ainda mais próximas do centro do olho. Os axônios das células ganglionares se unem e viajam de volta para o cérebro (ver Figura 5.3). Células adicionais chamadas *células amácrinas* recebem as informações das células bipolares e as enviam para outras células bipolares, amácrinas e ganglionares. As células amácrinas refinam as informações para as células ganglionares, permitindo que algumas respondam principalmente a formas particulares, direções do movimento, mudanças na iluminação, cor e outras características visuais (Masland, 2012). Os pesquisadores identificaram dezenas de tipos de células ganglionares e amácrinas, variando quanto à química e conexões (Kántor et al., 2016).

Uma consequência dessa anatomia é que a luz atravessa as células ganglionares, amácrinas e bipolares em direção aos receptores, mas essas células são transparentes, e a luz passa por elas sem distorções. Uma consequência mais importante é o *ponto cego*. Os axônios das células ganglionares se unem para formar o **nervo óptico** que sai pela parte de trás do olho. O ponto em que ele sai (também onde os vasos sanguíneos entram e saem) é um **ponto cego** porque não tem receptores. Você pode demonstrar seu próprio ponto cego com a Figura 5.4. Feche o olho esquerdo e focalize o olho direito na letra O na parte superior. Então mova a página para frente e para trás. Quando a página está a cerca de 25 centímetros de distância, o X desaparece porque a imagem alcança o ponto cego.

Agora repita com a parte inferior da figura. Quando a página está novamente a cerca de 25 centímetros dos olhos, o que você vê? A *lacuna* desaparece! Quando o ponto cego interrompe uma linha reta ou outro padrão regular, o cérebro preenche a lacuna.

Na vida cotidiana, você nunca percebe o ponto cego, por duas razões. Primeira, o cérebro preenche a lacuna, como você acabou de experimentar. Segunda, qualquer coisa no ponto cego de um olho é visível para o outro olho. Utilize a Figura 5.4 novamente para localizar o ponto cego no olho direito. Feche então o olho direito e abra o esquerdo. Você verá a área que o olho direito não consegue ver.

PARE & REVISE

4. O que torna o ponto cego da retina cego?

RESPOSTA

4. O ponto cego não tem receptores porque é ocupado por axônios e vasos sanguíneos que saem.

A fóvea e a periferia da retina

Ao analisar detalhes como letras nesta página, você fixa-os na parte central da retina, especialmente na **fóvea** (que significa "fossa"), uma pequena área especializada para visão aguda e detalhada (ver Figura 5.1). Como os vasos sanguíneos e os axônios das células ganglionares estão quase ausentes perto da fóvea, ela tem visão quase desimpedida. A compactação dos receptores ajuda a percepção dos detalhes.

Mais importante ainda para percepção dos detalhes é que cada receptor na fóvea conecta-se a uma única *célula bipolar* que, por sua vez, conecta-se a uma única *célula ganglionar* que tem um axônio para o cérebro. As células ganglionares na fóvea dos seres humanos e outros primatas são chamadas **células ganglionares anãs** porque cada uma é pequena e responde a uma única célula cônica, ou seja, cada célula cônica da fóvea tem uma via direta para o cérebro.

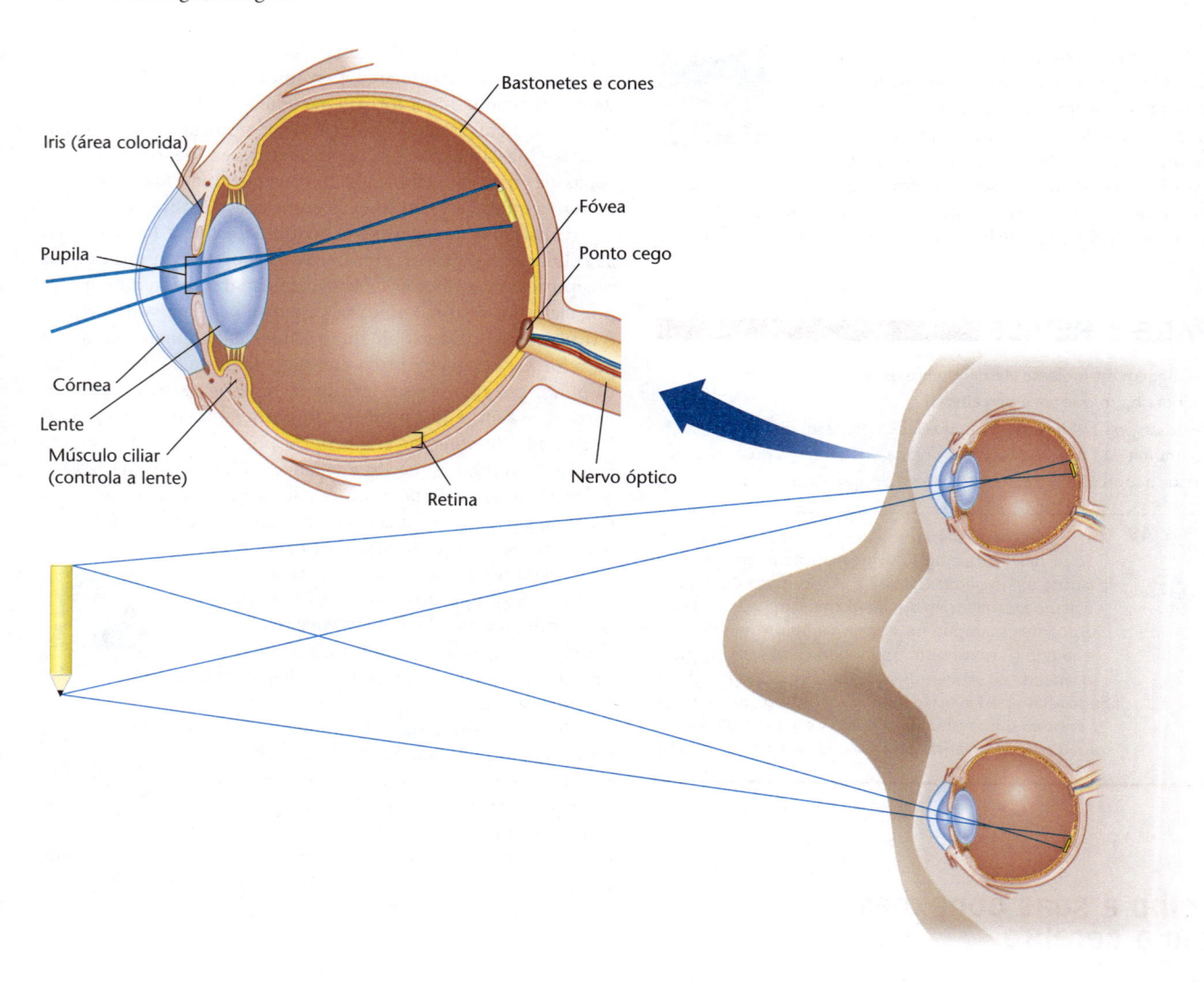

Figura 5.1 Seção transversal do olho de vertebrados
Um objeto no campo visual produz uma imagem invertida na retina. O nervo óptico sai do globo ocular pelo lado nasal (o lado mais próximo ao nariz).

Figura 5.2 Uma célula bipolar da retina de uma carpa, em amarelo
As células bipolares têm esse nome pelo fato de que um processo fibroso está conectado a cada extremidade (ou polo) do neurônio.
(Fonte: Dowling, 1987)

Como as células ganglionares anãs fornecem 70% das informações para o cérebro, a visão é dominada pelo que você vê dentro e próximo à fóvea (Nassi & Callaway, 2009).

Você já ouviu a expressão "olhos de falcão". Os olhos de muitas aves ocupam a maior parte da cabeça, em comparação com apenas 5% da cabeça nos seres humanos. Além disso, muitas espécies de aves têm duas fóveas por olho, uma apontando para a frente e a outra apontando para o lado (Wallman & Pettigrew, 1985). As fóveas extras permitem a percepção dos detalhes na periferia.

Falcões e outras aves predadoras têm uma densidade maior dos receptores visuais na metade superior da retina (olhando para baixo) do que na metade inferior (olhando para cima). Esse arranjo é adaptativo porque as aves predadoras passam a maior parte do dia olhando para baixo, enquanto voam ou enquanto estão empoleiradas no alto de uma árvore. Porém, para olhar para cima, a ave deve virar a cabeça, como na Figura 5.5 (Waldvogel, 1990). Por outro lado, muitas espécies de presas como ratos têm a maioria dos receptores na metade inferior da retina, o que lhes permite ver melhor para cima do que para baixo (Lund, Lund, & Wise, 1974). Podemos ver as vantagens evolutivas para essas espécies.

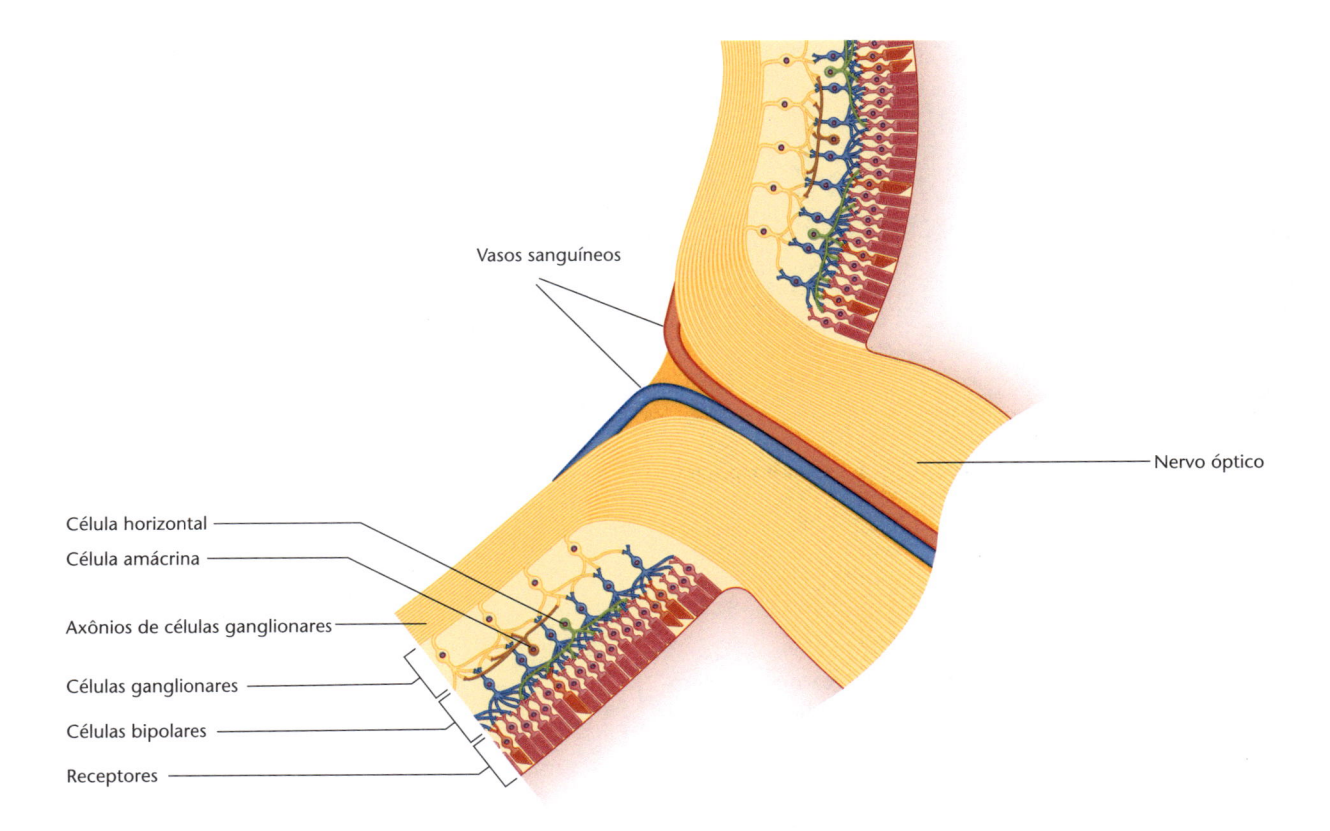

Figura 5.3 Via visual dentro do olho
Os receptores enviam as mensagens às células bipolares e horizontais que, por sua vez, enviam mensagens às células amácrinas e ganglionares. Os axônios das células ganglionares formam o nervo óptico, que sai do olho no ponto cego e continua até o cérebro.

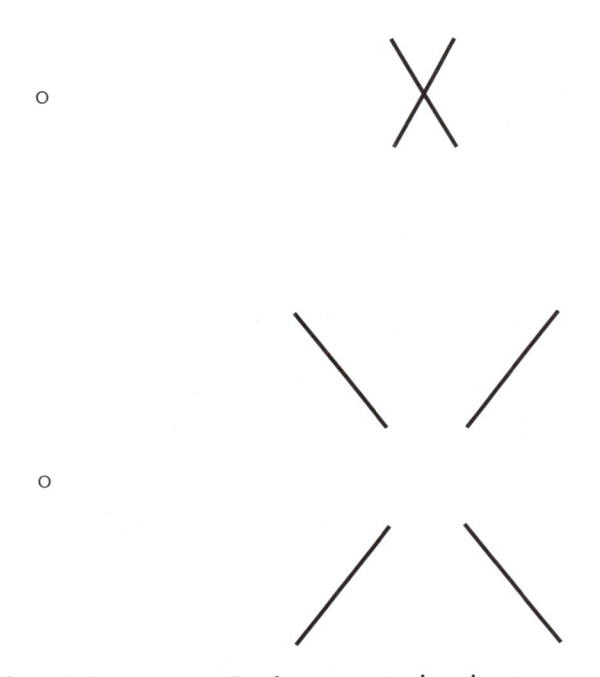

Figura 5.4 Demonstrações do ponto cego da retina
Feche o olho esquerdo e focalize o olho direito no O na parte superior. Mova a página em sua direção e para longe, observando o que acontece com o X. A uma distância de cerca de 25 cm, o X desaparece. Agora repita este procedimento com a parte inferior. Na mesma distância, o que você vê?

Figura 5.5 Uma consequência de como os receptores estão dispostos na retina
Uma corujinha quase inverteu a cabeça para olhar para cima. Aves de rapina têm muitos receptores na metade superior da retina, o que lhes permite ver em grande detalhe durante o voo. No entanto, elas veem mal os objetos acima delas mesmas, a menos que virem a cabeça. Analise novamente o falcão da pradaria no início deste capítulo. Não é uma ave com um único olho; é uma ave que inclinou a cabeça. Você agora entende por quê?

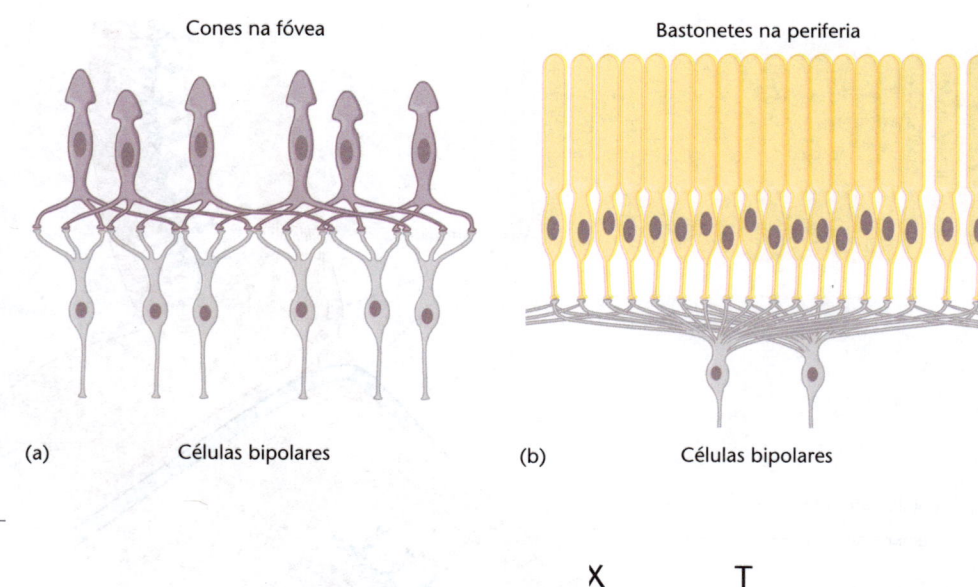

Figura 5.6 Convergência da estimulação das células bipolares
Na fóvea, cada célula bipolar recebe estímulos de um único cone (e inibição de alguns cones circundantes) e retransmite essa informação para uma única célula ganglionar anã. Na periferia, a estimulação de muitos bastonetes converge para cada célula bipolar, resultando em maior sensibilidade à luz fraca e baixa sensibilidade à localização espacial.

(a) Cones na fóvea — Células bipolares
(b) Bastonetes na periferia — Células bipolares

Em direção à periferia da retina, cada vez mais receptores convergem para as células bipolares e ganglionares, como mostrado na Figura 5.6. Como resultado, o cérebro não consegue detectar a localização ou a forma exata de uma fonte de luz periférica (Rossi & Roorda, 2010), mas a soma permite a percepção de luzes mais fracas na periferia. Em suma, a visão foveal tem melhor *acuidade* (sensibilidade a detalhes), e a visão periférica tem melhor sensibilidade à luz fraca.

Na periferia, sua capacidade de detectar detalhes é limitada pela interferência de outros objetos próximos (Pelli & Tillman, 2008). Nas exibições a seguir, focalize o X. Na primeira exibição, você provavelmente pode identificar a letra à direita. Na segunda exibição, é mais difícil ler a mesma letra no mesmo local, por causa da interferência das letras adjacentes.

TENTE VOCÊ

X   T

X   ATE

Receptores visuais: bastonetes e cones

A retina dos vertebrados contém dois tipos de receptores: bastonetes e cones (ver Figura 5.7). Os **bastonetes**, abundantes na periferia da retina humana, respondem à luz fraca, mas não são úteis à luz do dia porque a luz forte deixa-os saturados. Os **cones**, abundantes na fóvea e próximo a ela, são menos ativos sob pouca luz, mais úteis sob luz forte e essenciais para a visão de cores. Por causa da distribuição de bastonetes e cones, você

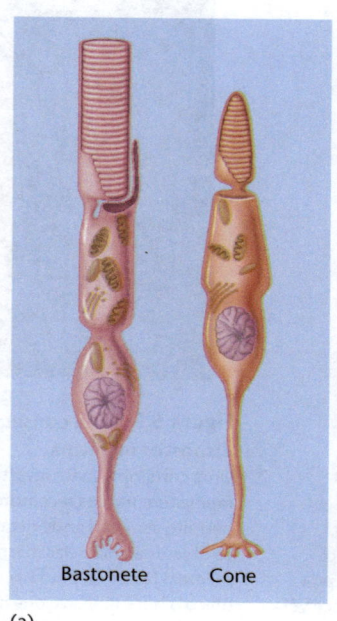

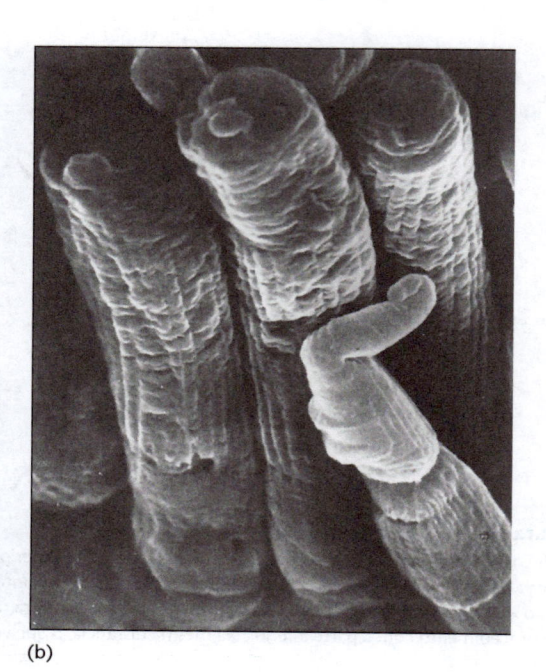

Figura 5.7 Estrutura dos bastonetes e cones
(a) Diagrama de um bastonete e um cone.
(b) Foto dos bastonetes e um cone, produzida com um microscópio eletrônico de varredura. Ampliação 7000 x.
(Fonte: Reimpressa de Brain Research, 15(2), E. R. Lewis, Y. Y. Zeevi, & F. S. Werblin, Scanning electron microscopy of vertebrate visual receptors, 1969, com permissão da Elsevier)

(a) Bastonete Cone
(b)

Tabela 5.1 | **Visão foveal e periférica humana**

Característica	Visão foveal	Visão periférica
Receptores	Apenas cones	A proporção de bastonetes aumenta em direção à periferia
Convergência da estimulação	Cada célula ganglionar estimulada por um único cone	Cada célula ganglionar estimulada por muitos receptores
Sensibilidade ao brilho	Distingue entre luzes brilhantes; responde mal à luz fraca	Responde à luz fraca; ruim para distinguir entre luzes brilhantes
Sensibilidade a detalhes	Boa visão de detalhes porque a célula ganglionar de cada cone envia uma mensagem ao cérebro	Visão ruim de detalhes porque muitos receptores convergem a estimulação para uma determinada célula ganglionar
Visão de cores	Boa (muitos cones)	Ruim (poucos cones)

tem uma boa visão de cores na fóvea, mas não na periferia. A Tabela 5.1 resume as diferenças entre a visão foveal e periférica.

Embora os bastonetes superem o número de cones em cerca de 20 para 1 na retina humana, os cones fornecem cerca de 90% das informações para o cérebro (Masland, 2001). Lembre-se das células ganglionares anãs: na fóvea, cada cone tem sua própria linha para o cérebro. Na periferia (principalmente bastonetes), cada receptor compartilha uma linha com dezenas ou centenas de outros. No total, 120 milhões de bastonetes e 6 milhões de cones convergem em 1 milhão de axônios no nervo óptico, em média.

Uma proporção de 20:1 entre bastonetes e cones pode parecer alta, mas a proporção é muito maior em espécies que são ativas à noite. As aves marinhas da América do Sul, que vivem em cavernas e emergem apenas à noite, têm cerca de 15 mil bastonetes por cone. Como uma adaptação adicional para detectar luzes fracas, os bastonetes são compactados em três profundidades na retina (Martin, Rojas, Ramírez, & McNeil, 2004).

O número de axônios no nervo óptico e o tamanho do córtex visual das pessoas variam significativamente, sobretudo por razões genéticas (Bakken et al., 2012). Algumas pessoas têm duas ou três vezes mais axônios dos olhos para o cérebro do que outras. Elas também têm mais células no córtex visual (Andrews, Halpern, & Purves, 1997; Stevens, 2001; Sur

& Leamey, 2001) e maior capacidade de detectar estímulos visuais breves, tênues ou que mudam rapidamente (Halpern, Andrews, & Purves, 1999). Respostas visuais intensificadas são valiosas em muitas atividades, especialmente em esportes que exigem pontaria. Pesquisadores descobriram que aqueles que têm o melhor desempenho no tênis, squash, esgrima, beisebol e badminton mostram processamento aprimorado dos estímulos visuais, em comparação com outras pessoas (Muraskin, Sherwin, & Sajda, 2015; Nakata, Yoshie, Miura, & Kudo, 2010; C.-H. Wang et al., 2015). Claro, uma visão excelente dificilmente é o único ingrediente para o sucesso atlético, mas ajuda.

Tanto os bastonetes como os cones contêm **fotopigmentos**, substâncias químicas que liberam energia quando atingidas pela luz. Os fotopigmentos consistem em 11-*cis*-retinal (um derivado da vitamina A) ligados a proteínas chamadas *opsinas*, que modificam a sensibilidade dos fotopigmentos a diferentes comprimentos de onda da luz. A luz converte 11-*cis*-retinal em *trans*-retinal, liberando energia que ativa segundos mensageiros dentro da célula (Q. Wang, Schoenlein, Peteanu, Mathies, & Shank, 1994). (A luz é absorvida nesse processo e não continua a refletir em torno do olho.)

✓ PARE & REVISE

5. Às vezes, você descobre que pode ver melhor uma estrela fraca em uma noite escura se olhar ligeiramente para o lado da estrela em vez de diretamente para ela. Por quê?
6. Se você descobrisse uma espécie com alta proporção entre cones e bastonetes na retina, o que você preveria sobre o modo de vida dela?

RESPOSTAS

5. Se você olhar ligeiramente para o lado, a luz incide sobre uma área da retina com mais bastonetes e mais convergência de entrada. **6.** Devemos esperar que essa espécie seja altamente ativa durante o dia e raramente ativa à noite.

Visão de cores

A luz visível consiste em radiação eletromagnética dentro da faixa de menos de 400 nm (nanômetro, ou 10^{-9} m) a mais de 700 nm. Percebemos os comprimentos de onda visíveis mais curtos como violeta. Comprimentos de onda progressivamente mais longos são percebidos como azul, verde, amarelo, laranja e vermelho (ver Figura 5.8). Chamamos esses comprimentos de onda de "luz" apenas porque os receptores nos nossos olhos estão sintonizados para detectá-los. Se tivéssemos receptores

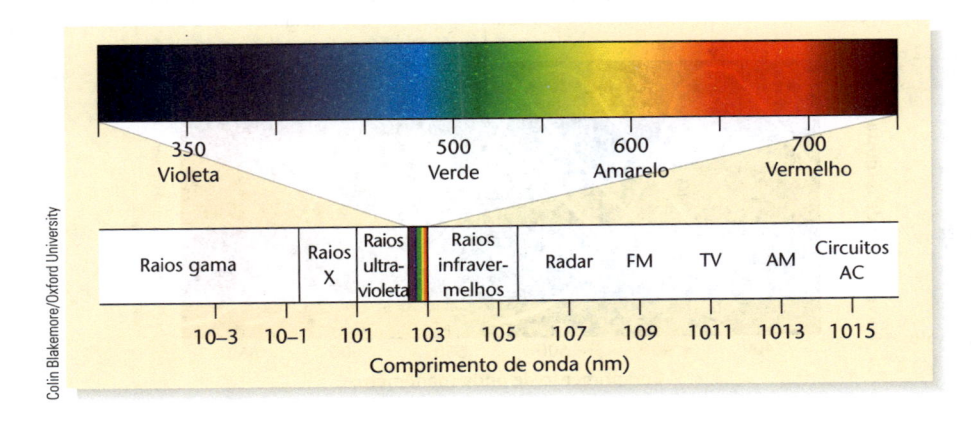

Figura 5.8 Um feixe de luz separado nos comprimentos de onda
Embora os comprimentos de onda variem como um continuum, percebemos cores distintas.

diferentes, definiríamos a luz de maneira diferente. Na verdade, muitas espécies de aves, peixes e insetos têm receptores visuais sensíveis ao que chamamos de radiação ultravioleta (Stevens & Cuthill, 2007). Claro, não podemos saber com que se parece para eles, mas, no que lhes diz respeito, a radiação ultravioleta é um tipo de luz. Em algumas espécies de aves, o macho e a fêmea se parecem conosco, mas diferentes para aves, porque o macho reflete mais a luz ultravioleta.

A teoria tricromática (Young-Helmholtz)

As pessoas distinguem vermelho, verde, amarelo, azul, laranja, rosa, roxo, azul esverdeado etc. Supondo que não temos um receptor distinto para cada cor possível, quantos tipos de receptor temos?

A primeira pessoa a promover nosso entendimento sobre essa pergunta foi um homem incrivelmente produtivo chamado Thomas Young (1773-1829). Young foi o primeiro a começar a decifrar a pedra de Roseta. Ele também fundou a moderna teoria das ondas de luz, definiu a energia em sua forma moderna, estabeleceu o cálculo das anuidades, introduziu o coeficiente de elasticidade, descobriu muito sobre a anatomia do olho e fez contribuições importantes em outras áreas (Martindale, 2001). Cientistas de períodos anteriores acreditavam que poderiam explicar as cores entendendo a física da luz. Young reconheceu que a cor requer uma explicação biológica. Ele propôs perceber as cores comparando as respostas ao longo de alguns tipos de receptores, cada um dos quais sensível a uma faixa diferente de comprimentos de onda.

Essa teoria, mais tarde modificada por Hermann von Helmholtz, é agora conhecida como a **teoria tricromática** da visão de cores, ou a **teoria de Young-Helmholtz**. De acordo com essa teoria, percebemos as cores por meio de taxas relativas da resposta de três tipos de cones, cada um com sensibilidade máxima a um conjunto diferente de comprimentos de onda. (*Tricromático* significa "três cores.") Como Helmholtz decidiu o número três? Ele descobriu que as pessoas podiam combinar qualquer cor misturando quantidades apropriadas de apenas três comprimentos de onda. Portanto, ele concluiu que três tipos de receptores — agora os chamamos de cones — são suficientes para explicar a visão humana das cores.

A Figura 5.9 mostra as funções de sensibilidade aos tipos de cone de *comprimento de onda curto, comprimento de onda médio* e *comprimento de onda longo*. Cada cone responde a uma ampla faixa de comprimentos de onda, mas a alguns mais do que a outros.

De acordo com a teoria tricromática, diferenciamos os comprimentos de onda pela proporção da atividade ao longo dos três tipos de cones. Por exemplo, a luz em 550 nm estimula os receptores de comprimento de onda médio e comprimento de onda longo aproximadamente da mesma forma, e o receptor de comprimento de onda curto quase não. Essa proporção das respostas entre os três cones determina a percepção do verde-amarelo. Uma luz mais intensa aumenta a atividade de todos os três cones sem muita alteração na proporção das respostas. Como resultado, a luz parece mais brilhante, mas ainda tem a mesma cor. Quando todos os três tipos de cones estão igualmente ativos, vemos branco ou cinza.

Pense neste exemplo de codificação: sua percepção da cor depende da frequência da resposta em cada célula *em relação à* frequência das outras células. A resposta de qualquer cone é ambígua. Por exemplo, uma taxa de resposta baixa por um cone de comprimento de onda médio pode indicar uma luz de 540 nm de baixa intensidade ou uma luz mais brilhante de 500 nm ou uma luz ainda mais brilhante de 460 nm. O sistema nervoso determina a cor da luz comparando as respostas dos diferentes tipos de cones.

Dada a conveniência de ver todas as cores em todos os locais, podemos supor que os três tipos de cones seriam igualmente abundantes e uniformemente distribuídos. De fato, eles não são. Os cones de comprimentos de onda longo e médio são muito mais abundantes do que os cones de comprimento de onda curto (azul). Consequentemente, é mais fácil ver pequenos pontos vermelhos, amarelos ou verdes do que pontos azuis (Roorda & Williams, 1999). Tente isto: analise os pontos na imagem a seguir, primeiro de perto e depois a distâncias maiores. Você provavelmente observará que os pontos azuis parecem azuis quando próximos, mas parecem pretos a uma distância maior. As outras cores permanecem distintas quando o azul não é.

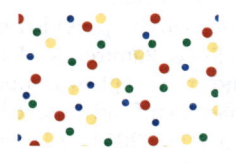

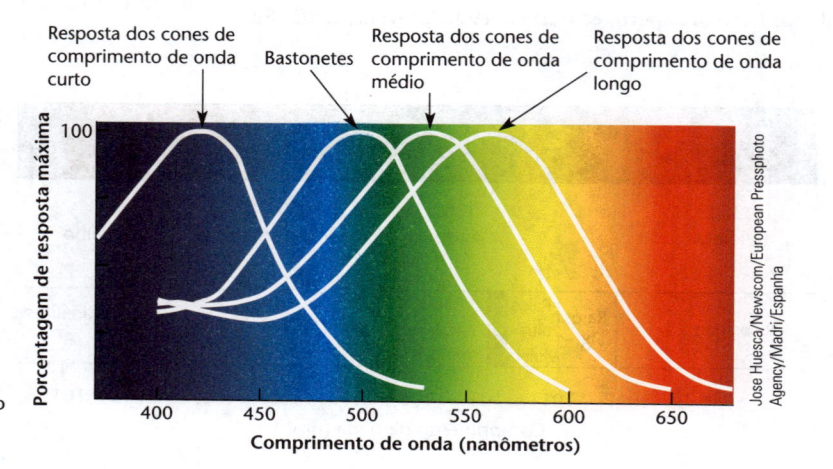

Figura 5.9 Respostas dos bastonetes e três tipos de cones
Observe que cada tipo responde um pouco a um amplo intervalo de comprimentos de onda, mas melhor para comprimentos de onda em um intervalo especial.
(Fonte: Adaptada de Bowmaker & Dartnall, 1980)

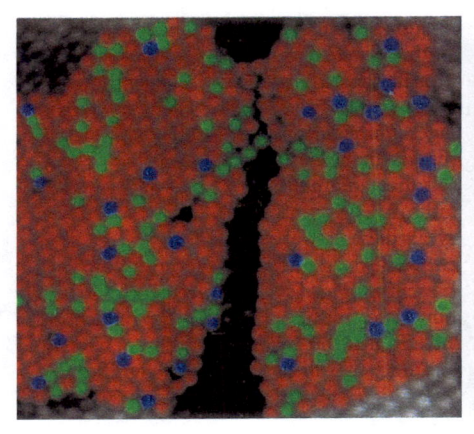

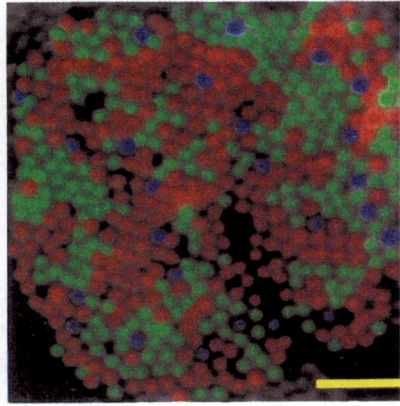

Figura 5.10 Distribuição dos cones em duas retinas humanas

Pesquisadores coloriram artificialmente essas imagens dos cones da retina de duas pessoas, indicando cones de comprimento de onda curto com a cor azul, cones de comprimento de onda médio com verde e cones de comprimento de onda longo com vermelho. Observe a diferença entre as duas pessoas, a escassez de cones de comprimento de onda curto e a irregularidade das distribuições.

(Fonte: Reproduzida com permissão da Macmillan Publishers Ltd: Nature, *The arrangement of the three cone classes in the living human eye*, Roorda, & Williams, 1999)

Embora os cones de comprimento de onda curto (azul) sejam quase uniformemente distribuídos pela retina, os outros dois tipos são distribuídos aleatoriamente, com grandes diferenças entre os indivíduos (Solomon & Lennie, 2007). A Figura 5.10 mostra a distribuição dos cones de comprimentos de onda curto, médio e longo na retina de duas pessoas, com as cores adicionadas artificialmente para distingui-las. Observe as manchas de todos os cones de comprimentos de onda médio ou longo. Algumas pessoas têm mais de dez vezes mais um tipo do que de o outro. Surpreendentemente, essas variações produzem apenas pequenas diferenças sobre como as pessoas percebem as cores (Solomon & Lennie, 2007).

Na periferia da retina, os cones são tão raros que você não tem uma visão de cores útil (Diller et al., 2004; P. R. Martin, Lee, White, Solomon, & Rutiger, 2001). Experimente isto: peça a alguém que coloque um ponto colorido na ponta do seu dedo sem informar a cor. Uma mancha de tinta colorida bastará. Enquanto mantém os olhos fixos à frente, mova lentamente o dedo de trás da cabeça para o campo de visão e gradualmente em direção à fóvea. Em que ponto você vê seu dedo pela primeira vez? Em que ponto você vê a cor? Certamente você vê seu dedo antes de ver a cor. Quanto menor o ponto, mais longe você terá de movê-lo para seu **campo visual** — isto é, a parte do mundo que você vê — antes que possa identificar a cor.

A teoria do processo-oponente (Hering)

A teoria tricromática não é completa como a teoria da visão de cores. Por exemplo, experimente a seguinte demonstração: escolha um ponto próximo ao centro da Figura 5.11 e olhe fixamente para ele sob uma luz brilhante, sem mover os olhos, por um minuto. (Quanto mais brilhante é a luz e por mais tempo você olhar, mais intenso será o efeito.) Em seguida, olhe para uma superfície branca lisa, como uma parede ou uma folha de papel em branco. Mantenha os olhos firmes. Você verá uma **pós-imagem de cor negativa**, uma substituição do vermelho que você olhava fixamente por verde, verde por vermelho, amarelo e azul entre si e preto e branco entre si.

Para explicar este e fenômenos relacionados, Ewald Hering, um fisiologista do século XIX, propôs a **teoria do processo do oponente** (atualmente conhecida como Teoria de Hering): percebemos as cores em termos dos opostos (Hurvich & Jameson, 1957), ou seja, o cérebro tem um mecanismo que percebe as cores em um continuum do vermelho ao verde, outro do amarelo ao azul e outro do branco ao preto. Depois de olhar fixamente para uma cor em um local por tempo suficiente, você cansa essa resposta e alterna para o oposto.

Parte da explicação desse processo refere-se às conexões dentro da retina. Por exemplo, imagine uma célula bipolar que recebe estímulo de um cone de comprimento de onda curto e inibição de cones de comprimentos de onda médio e longo. Ela aumenta sua atividade em resposta à luz de comprimento de onda curto (azul) e diminui em resposta à luz amarela. Após exposição prolongada à luz azul, a célula fatigada diminui sua resposta. Como um baixo nível de resposta dessa célula geralmente significa amarelo, você percebe o amarelo. Quando os pesquisadores por volta de 1950 demonstraram pela primeira vez que certos neurônios no sistema visual aumentaram sua atividade em resposta a um comprimento de onda de luz e diminuíram para outro, eles revolucionaram nossa compreensão da visão e do sistema nervoso em geral (Jacobs, 2014).

No entanto, essa explicação não pode ser toda a história. Tente isto: olhe para o X no diagrama a seguir por cerca de um minuto sob uma luz forte e, em seguida, olhe para uma página em branco.

Figura 5.11 Estímulo para demonstrar pós-imagens de cores negativas

Olhe para um ponto sob luz forte por cerca de um minuto, sem mover os olhos, e depois olhe para um campo em branco. Você deve ver duas laranjas, um limão, duas bananas e duas maçãs, todos na cor normal.

Figura 5.12 Uma pós-imagem difícil de explicar em termos da retina

Olhe fixamente para o X sob luz intensa por um minuto e então olhe para uma superfície branca. Muitas pessoas relatam uma alternância entre duas pós-imagens, uma delas baseada na ilusão de um quadrado vermelho.
(Fonte: Reproduzida com permissão de "Afterimage of perceptually fill-in surface", de S. Shimojo, Y. Kamitani, & S. Nishida, 2001, Science, 293, 1677-1680, especificamente Figura 1A, p. 1678 (à esquerda). © 2001 American Association for the Advancement of Science.)

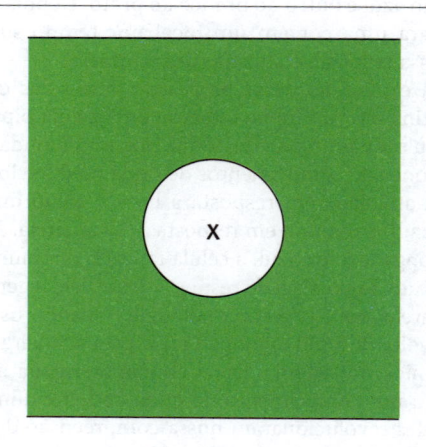

Para a pós-imagem da área circundante, você viu o vermelho, como a teoria prevê. Mas e o círculo interno? Teoricamente, você deveria ver uma pós-imagem cinza ou preta (o oposto do branco), mas, na verdade, se você usou uma luz intensa o suficiente, você viu uma pós-imagem verde. O que você viu ao redor influenciou o que você viu no centro.

Eis outra demonstração: primeiro, olhe para a Figura 5.12. Observe que, embora ela mostre quatro quartos de círculos vermelhos, você tem a ilusão de um quadrado vermelho inteiro. (Olhe com cuidado para se convencer de que é uma ilusão.) Agora, olhe para o X na Figura 5.12 por pelo menos um minuto sob luzes brilhantes. Então olhe para uma superfície branca.

As pessoas geralmente relatam que a pós-imagem flutua. Às vezes, elas veem quatro círculos verdes de um quarto:

E, às vezes, elas veem um quadrado verde inteiro (Shimojo, Kamitani, & Nishida, 2001):

Se você vê um quadrado verde inteiro, é o resultado de uma ilusão! O quadrado vermelho que você "viu" não estava realmente lá. Essa demonstração sugere que as pós-imagens dependem de todo o contexto, não apenas da luz nos receptores individuais. O córtex cerebral deve ser o responsável, não as células bipolares ou ganglionares.

PARE & REVISE

7. Examine a Figura 5.9. De acordo com a teoria tricromática, o que faz você perceber o vermelho?
8. De acordo com a teoria do processo do oponente, em que circunstância você perceberia um objeto branco como azul?

RESPOSTAS

7. A atividade do cone de comprimento de onda longo não é suficiente. Na verdade, observe que o cone de comprimento de onda longo responde mais àquilo que chamamos amarelo do que àquilo que chamamos vermelho. A percepção do vermelho ocorre apenas se o cone de comprimento de onda longo tiver uma alta proporção de resposta em relação aos outros dois tipos de cone. 8. Se você olhar para um objeto amarelo brilhante por um minuto ou mais e então olhar para um objeto branco, ele parecerá azul.

A teoria retinex

A teoria tricromática e a teoria do processo oponente não podem explicar facilmente a **constância de cor**, a capacidade de reconhecer cores apesar de alterações na iluminação (Kennard, Lawden, Morland, & Ruddock, 1995; Zeki, 1980, 1983). Se você usar óculos verdes ou substituir uma lâmpada branca por uma verde, você ainda assim identificará as bananas como amarelas, o papel como branco e assim por diante. Seu cérebro compara a cor de um objeto com a cor de outro, na verdade subtraindo uma certa quantidade de verde de cada uma.

Para ilustrar, examine a Figura 5.13 (Purves & Lotto, 2003). Embora diferentes cores da luz iluminem os dois objetos na parte superior, você identifica facilmente os quadrados como vermelho, amarelo, azul etc. Observe o resultado da remoção do contexto. A parte inferior mostra os quadrados que pareciam azuis na parte superior esquerda e os amarelos na parte superior direita. Sem o contexto que indicava luz amarela ou luz azul, todos esses quadrados parecem cinza. Por essa razão, devemos evitar falar sobre a cor de um comprimento de onda da luz. Um determinado comprimento de onda da luz pode parecer como cores diferentes dependendo do fundo.

Da mesma forma, percebemos o brilho de um objeto comparando-o com outros objetos. Analise a Figura 5.14 (Purves, Shimpi, & Lotto, 1999). O objeto no centro parece ter um topo cinza escuro e um fundo branco. Agora cubra a borda entre a parte superior e a inferior com um dedo. Você vê que a parte superior do objeto tem exatamente o mesmo brilho que a parte inferior! Para mais exemplos como este, visite o site de Dale Purves, Center for Cognitive Neuroscience, Duke University.

Capítulo 5 | Visão **157**

(a)

(b)

(c)

Figura 5.13 Efeitos do contexto na percepção de cores
Após a remoção do contexto, os quadrados que pareciam azuis à esquerda ou amarelos à direita agora parecem cinza.
(Fonte: Why we see what we do, de D. Purves, & R. B. Lotto, Figura 5.10, p. 134. © 2003 Oxford Publishing Limited)

Figura 5.14 Constância do brilho
No centro dessa figura, você vê um objeto cinza acima e um objeto branco abaixo? Coloque um dedo sobre a borda entre eles e compare os objetos.
(Fonte: "An empirical explanation of cornsweet effect", de D. Purves, A. Shimpi, & R. B. Lotto, Journal of Neuroscience, 19, p. 8542–8551. © 1999 da Society for Neuroscience)

Para levar em conta a constância e brilho das cores, Edwin Land propôs a **teoria retinex** (uma combinação das palavras *retina* e cort*ex*): o córtex compara informações de várias partes da retina para determinar o brilho e a cor de cada área (Land, Hubel, Livingstone, Perry, & Burns, 1983).

Dale Purves e colegas expressaram uma ideia semelhante em termos mais gerais: sempre que vemos alguma coisa, fazemos uma inferência. Por exemplo, ao olhar para os objetos nas figuras 5.13 e 5.14, você se pergunta: "Às vezes quando via algo parecido com isso, o que realmente era?". Você passa pelo mesmo processo para perceber formas, movimento ou qualquer outra coisa (Lotto & Purves, 2002; Purves & Lotto, 2003), ou seja, a percepção visual requer raciocínio e inferência, não apenas estimulação retiniana.

PARE & REVISE

9. Quando um aparelho de televisão está desligado, a tela aparece cinza. Quando você assiste a um programa, partes da tela parecem pretas, embora mais luz esteja realmente aparecendo na tela do que quando o aparelho estava desligado. O que explica a percepção da cor preta?
10. A Figura 5.9 mostra a luz em cerca de 510 nm como verde. Por que não devemos chamá-la de "luz verde"?

RESPOSTAS

9. A experiência da cor preta surge em contraste com as áreas mais claras ao seu redor. 10. A percepção da cor depende não apenas do comprimento de onda da luz de um dado ponto, mas também da luz das áreas circundantes. Como na Figura 5.13, o contexto pode mudar a percepção das cores.

Deficiência de visão de cores

Uma das primeiras descobertas em psicologia foi o daltonismo, melhor descrito como **deficiência de visão de cores**. (Daltonismo completo, percepção apenas do preto e branco, é raro.) Hoje estamos familiarizados com a ideia de que algumas pessoas veem as cores melhor do que outras, mas, antes de 1600, as pessoas supunham que todos viam da mesma forma, e o que percebemos é o que o objeto realmente *é* (Fletcher & Voke, 1985). Então os pesquisadores demonstraram que algumas pessoas têm visão satisfatória sem ver todas as cores que outras pessoas veem, ou seja, a cor está no cérebro, não na luz ou no próprio objeto. Em comparação com nossos três tipos de cones, muitas aves, répteis e peixes têm quatro tipos (Bowmaker, 2008). No que lhes diz respeito, todos os seres humanos têm deficiência de cores.

A deficiência de cor ocorre porque as pessoas com certos genes não conseguem desenvolver um tipo de cone, ou desenvolvem um tipo anormal de cone (Nathans et al., 1989). Na deficiência da cor vermelho-verde, a maneira mais comum da deficiência de cor, as pessoas têm dificuldade para distinguir o vermelho do verde porque seus cones de comprimentos de onda médio e longo têm o mesmo fotopigmento em vez de aqueles diferentes. O gene que causa essa deficiência está no cromossomo X. Cerca de 8% dos homens do norte da Europa (e uma porcentagem menor de homens de outras origens) são daltônicos para vermelho-verde, em comparação com menos de 1% das mulheres (Bowmaker, 1998). Mulheres com um gene normal e um gene com deficiência de cor — e isso inclui todas as mulheres com pais com deficiência da cor verde-vermelha — são ligeiramente menos sensíveis ao vermelho e ao verde do que a média das outras pessoas (Bimler & Kirkland, 2009).

Suponha que um adulto com deficiência de vermelho-verde desenvolva subitamente todos os três tipos de cones normais. O cérebro começaria a ver em cores? Ninguém testou essa pergunta nas pessoas, mas sabemos o que aconteceria com os macacos. Os pesquisadores selecionaram macacos adultos com deficiência da cor vermelho-verde desde o nascimento, e usaram a terapia gênica para adicionar um terceiro tipo de cone às retinas. Eles aprenderam rapidamente a diferenciar o vermelho do verde (Mancuso et al., 2009). Evidentemente, o cérebro se adapta para usar as informações que recebe.

O que aconteceria se as pessoas tivessem um quarto tipo de cone? Na verdade, algumas mulheres, de certa forma, têm. O cone de comprimento de onda longo mostra variação genética. Em um ponto na proteína, a maioria dos genes codifica para o aminoácido *serina* mas 16% a 38% dos genes (dependendo da origem étnica das pessoas) produzem em vez disso o aminoácido *alanina*. Como o gene está no cromossomo X, o homem possui apenas um ou outro. Mas como as mulheres têm dois cromossomos X, algumas delas têm um receptor de comprimento de onda longo com serina e outro com alanina. Essas duas versões do receptor de comprimento de onda longo diferem ligeiramente quanto sua responsividade à luz (Deeb, 2005). Mulheres com diferentes versões desse receptor fazem distinções um tanto mais sutis entre uma cor e outra, em comparação com outras pessoas (Jameson, Highnote, & Wasserman, 2001). Como algumas mulheres têm dois tipos de receptores de comprimento de onda longo e outras apenas um, o desempenho das mulheres nos testes de visão de cores é mais variável do que os dos homens (Dees & Baraas, 2014).

PARE & REVISE

11. Por que a deficiência da visão de cores é um termo melhor do que daltonismo?

RESPOSTA

11. Bem poucas pessoas veem o mundo inteiramente em preto e branco. A doença mais comum é a dificuldade de distinguir vermelho de verde.

Módulo 5.1 | Conclusão
Receptores visuais

Lembro-me de uma vez explicar ao meu filho adolescente um detalhe recém-descoberto sobre o sistema visual, apenas para ouvi-lo responder: "Não percebi que seria tão complicado. Achava que a luz alcançasse seus olhos e então você a veria.", Como você agora deve estar começando a perceber — se não, o restante do capítulo deve convencê-lo — a visão requer processamento complicado. Se tentasse equipar um robô com visão, você descobriria rapidamente que a luz brilhante nos olhos não realiza nada, a menos que os detectores visuais estejam conectados a dispositivos que identificam as informações úteis e as utilizam para selecionar a ação adequada. Temos esses dispositivos nos nossos cérebros, e eles produzem os resultados surpreendentes que chamamos de visão.

Resumo

1. Você vê porque a luz alcança a retina, fazendo com que ela envie uma mensagem ao cérebro. Você não envia raios de visão para o objeto.
2. De acordo com a lei das energias específicas dos nervos, o cérebro interpreta qualquer atividade de um determinado neurônio sensorial como representando um tipo particular de informação sensorial.
3. As informações sensoriais são codificadas para que o cérebro possa processá-las. As informações codificadas não têm nenhuma semelhança física com os estímulos que as descreve.
4. A luz atravessa a pupila do olho de um vertebrado e estimula os receptores que revestem a retina na parte posterior do olho.
5. Os axônios da retina dão uma volta para formar o nervo óptico, que sai do olho em um ponto chamado ponto cego.
6. A acuidade visual é maior na fóvea, a área central da retina. Como muitos receptores na periferia convergem suas mensagens para as células bipolares, nossa visão periférica é altamente sensível à luz fraca, mas pouco sensível aos detalhes.
7. A retina possui dois tipos de receptores: bastonetes e cones. Os bastonetes, mais numerosos na periferia da retina, são mais sensíveis à luz fraca. Os cones, mais numerosos na fóvea, são mais úteis na luz intensa.
8. O número de axônios nas pessoas varia entre a retina e o cérebro. Aquelas com mais axônios mostram melhor capacidade de detectar estímulos breves, tênues ou que mudam rapidamente.
9. De acordo com a teoria tricromática (ou Young-Helmholtz) da visão de cores, a percepção das cores começa com um determinado comprimento de onda de luz, estimulando uma proporção distinta de respostas dos três tipos de cones.
10. Segundo a teoria do processo oponente da visão de cores, os neurônios do sistema visual além dos receptores respondem com aumento da atividade para indicar uma cor da luz e uma diminuição para indicar a cor oposta. Os três pares de opostos são vermelho-verde, amarelo-azul e branco-preto.
11. De acordo com a teoria retinex, o córtex compara as respostas ao longo da retina para determinar o brilho e a cor de cada objeto.
12. Por razões genéticas, certas pessoas são incapazes de distinguir uma cor da outra. A deficiência da cor vermelho-verde é o tipo mais comum.

Termos-chave

Os termos estão definidos no número de página indicado. Também são apresentados em ordem alfabética com a definição no Índice remissivo/Glossário do livro, que começa na p. 589.

bastonetes 152
campo visual 155
cones 152
constância de cor 156
células bipolares 149
células ganglionares 149
células ganglionares anãs 149
deficiência de visão de cores 158
fotopigmentos 153
fóvea 149
lei das energias específicas dos nervos 148
nervo óptico 149
ponto cego 149
pupila 149
pós-imagem de cor negativa 155
retina 149
teoria do processo do oponente 155
teoria retinex 158
teoria tricromática (ou teoria de Young-Helmholtz) 154

Questão complexa

Como você pode testar a presença da visão em cores em uma abelha? Examinar a retina não ajuda porque os receptores dos invertebrados não se parecem nem com bastonetes nem com cones. É possível treinar as abelhas para se aproximar de um estímulo visual e não de outro. Porém, se as abelhas são treinadas para se aproximar, digamos, de um cartão amarelo, em vez de um cartão verde, não é possível afirmar se elas resolveram o problema por meio de cor ou brilho. Como o brilho é diferente da intensidade física, não é possível supor que duas cores igualmente brilhantes para os humanos também sejam igualmente brilhantes para as abelhas. Como você pode contornar o problema do brilho para testar a visão de cores nas abelhas?

Módulo 5.1 | Questionário final

1. O que acontece quando você vê algo?
    A. Você envia raios de visão que alcançam o objeto.
    B. Os raios de luz refletem no objeto e chegam à retina.
    C. Você envia raios de visão, e a luz refletida no objeto alcança a retina.
    D. Você não envia raios de visão nem recebe raios de luz na retina.

2. Qual é a via dos receptores da retina ao cérebro?
    A. Os receptores enviam axônios diretamente para o cérebro.
    B. Os receptores se conectam às células bipolares, que se conectam às células ganglionares, que enviam axônios ao cérebro.
    C. Os receptores se conectam às células ganglionares, que se conectam às bipolares, que enviam axônios ao cérebro.
    D. Os receptores se conectam às células amácrinas, que enviam axônios ao cérebro.

3. Onde o nervo óptico sai da retina?
    A. No ponto cego
    B. Na fóvea
    C. Da borda da fóvea
    D. Difusamente de todas as partes da retina

4. Por que a visão é mais aguda na fóvea?
    A. A fóvea está mais próxima da pupila.
    B. A fóvea tem uma proporção igual de cones para bastonetes.
    C. A córnea produz a menor distorção de luz na fóvea.
    D. Cada receptor na fóvea tem uma linha direta com o cérebro.

5. A visão na periferia da retina tem pouca sensibilidade aos detalhes, mas grande sensibilidade à luz fraca. Por quê?
    A. Em direção à periferia, a retina tem mais células ganglionares anãs.
    B. Em direção à periferia, a retina tem mais cones e menos bastonetes.
    C. Em direção à periferia, a retina tem mais convergência de entrada.
    D. Em direção à periferia, a luz incide mais longe do ponto cego.

6. Por que algumas pessoas têm sensibilidade acima da média a estímulos visuais breves, fracos ou estímulos que mudam rapidamente?
    A. Não têm um ponto cego na retina.
    B. O ponto cego na retina delas é menor do que a média.
    C. Têm mais axônios da retina ao cérebro.
    D. Têm quatro tipos de cones em vez de três.

7. Suponha que você perceba algo como vermelho. De acordo com a teoria tricromática, qual é a explicação?
    A. A luz do objeto estimulou os cones de comprimento de onda longo mais fortemente do que os outros cones.
    B. A luz do objeto estimulou os cones de comprimento de onda curto mais fortemente do que os outros cones.
    C. As células ganglionares que aumentam a resposta ao vermelho e diminuem a resposta ao verde disparam fortemente.
    D. O córtex compara a atividade em todas as partes da retina e calcula que uma área é vermelha.

8. Ao olhar para um círculo branco circundado por um fundo verde e, em seguida, olhar para uma superfície branca, você perceberá um círculo verde circundado por um fundo vermelho. O que essa observação implica para a teoria do processo do oponente?
    A. Percebemos cores com base no padrão de estímulos para as células bipolares e ganglionares da retina.
    B. Os mecanismos da visão em cores variam entre uma espécie e outra.
    C. A percepção das cores pelo processo do oponente depende do córtex visual, não apenas das células da retina.
    D. A teoria do processo do oponente está errada.

9. Um objeto que reflete todos os comprimentos de onda da mesma forma normalmente parece cinza, mas pode parecer amarelo, azul ou de qualquer outra cor, dependendo de quê?

   A. Intensidade da luz.
   B. Contraste com objetos circundantes.
   C. A cultura em que você cresceu.
   D. A proporção entre cones e bastonetes na retina.

10. A deficiência da visão de cores demonstra qual ponto fundamental sobre a percepção?

    A. A cor está no cérebro e não na própria luz.
    B. Cada sistema sensorial depende de uma parte diferente do córtex cerebral.
    C. A percepção das cores varia por causa das influências culturais.
    D. A fadiga de um receptor pode levar a uma imagem residual negativa.

Respostas: 1B, 2B, 3A, 4D, 5C, 6C, 7A, 8C, 9B, 10A.

Módulo 5.2

Como o cérebro processa informações visuais

A visão é complicada. Vamos examiná-la em alguns detalhes, por duas razões. Primeira, sem a visão e outros sentidos, a experiência mental que você teria seria a mesma de uma árvore. Tudo em psicologia começa com sensações. Segunda, os neurocientistas pesquisaram a visão em mais detalhes do que qualquer outra coisa que o cérebro faça. O exame dos mecanismos da visão ilustra o que significa explicar algo em termos biológicos. Ele fornece um modelo do que gostaríamos de realizar com o tempo para outros processos psicológicos.

Visão geral do sistema visual dos mamíferos

Vamos começar com uma estrutura geral da anatomia do sistema visual dos mamíferos. Os bastonetes e cones da retina produzem sinapses com **células horizontais** e células bipolares (ver figuras 5.3 e 5.15). As células horizontais produzem contato inibitório com as células bipolares que, por sua vez, produzem sinapses com as *células amácrinas* e as células ganglionares. Todas essas células estão dentro do globo ocular.

Os axônios das células ganglionares formam o nervo óptico, que sai da retina e vai até a superfície inferior do cérebro. Os nervos ópticos dos dois olhos se encontram no quiasma óptico (ver Figura 5.16a), onde, em humanos, metade dos axônios de cada olho cruza para o lado oposto do cérebro. Como mostrado na Figura 5.16b, as informações da metade nasal de cada olho (o lado mais próximo ao nariz) cruzam para o hemisfério contralateral. As informações da metade temporal (o lado em direção ao córtex temporal) vão para o hemisfério ipsilateral. A porcentagem de cruzamento varia de uma espécie para outra, dependendo da localização dos olhos. Em espécies com olhos distantes para os lados da cabeça, como coelhos e porquinhos-da-índia, quase todos os axônios cruzam para o lado oposto.

A maioria dos axônios das células ganglionares vai para o **núcleo geniculado lateral**, parte do tálamo. (O termo *geniculado* provém da raiz latina *genu*, que significa "joelho". *Genuflexão* significa dobrar o joelho. O geniculado lateral se parece um pouco com um joelho, isso com um pouco de imaginação.) Um número menor de axônios vai para o colículo superior e outras áreas, incluindo parte do hipotálamo que controla o ciclo de

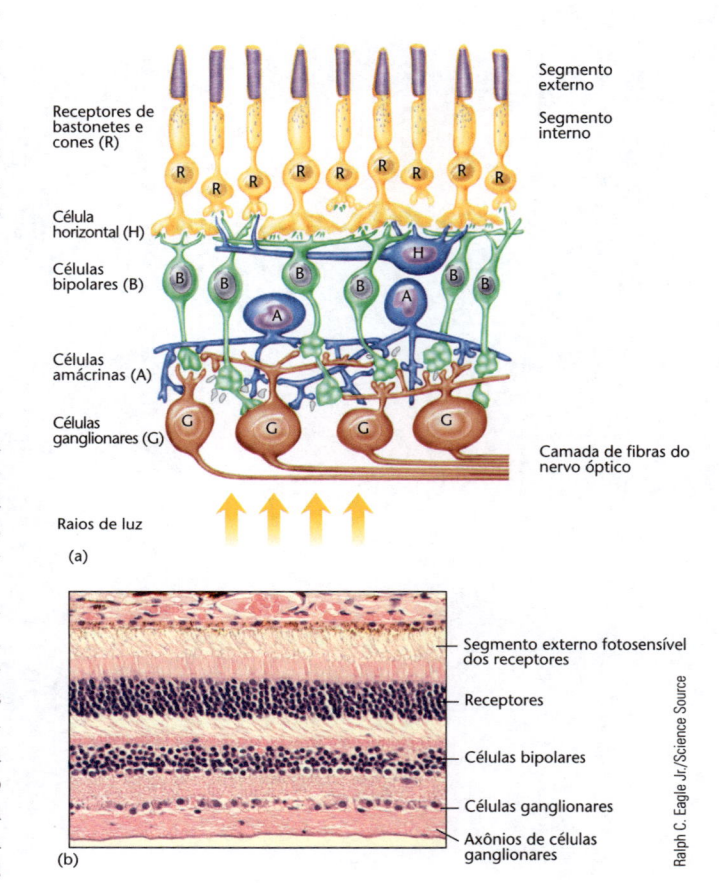

Figura 5.15 A retina de vertebrado
O topo da figura é a parte posterior da retina. As fibras do nervo óptico se agrupam e saem pela parte posterior da retina, no "ponto cego" do olho.
(Fonte: Com base em "Organization of the primate retina", de J. E. Dowling, & B. B. Boycott, Proceedings of the Royal Society of London, B, 1966, 166, pp. 80-111. Utilizada com permissão da Royal Society of London, & John Dowling)

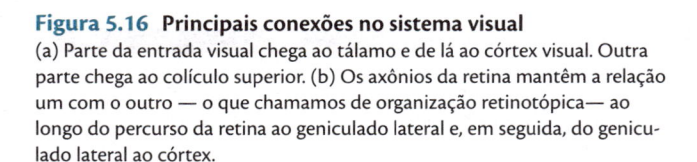

Figura 5.16 Principais conexões no sistema visual
(a) Parte da entrada visual chega ao tálamo e de lá ao córtex visual. Outra parte chega ao colículo superior. (b) Os axônios da retina mantêm a relação um com o outro — o que chamamos de organização retinotópica— ao longo do percurso da retina ao geniculado lateral e, em seguida, do geniculado lateral ao córtex.

vigília-sono. O geniculado lateral, por sua vez, envia axônios para outras partes do tálamo e do córtex visual. Os axônios que retornam do córtex para o tálamo modificam a atividade talâmica (Ling, Pratte, & Tong, 2015).

PARE & REVISE

12. Onde começa e onde termina o nervo óptico?

RESPOSTA

12. Começa nas células ganglionares da retina. A maioria dos axônios chega ao núcleo geniculado lateral do tálamo, mas alguns chegam ao hipotálamo e ao colículo superior.

Processamento na retina

Combinados, os dois olhos incluem cerca de um quarto de bilhão de receptores. O cérebro não conseguiria lidar com um quarto de bilhão de mensagens distintas, nem tanta informação seria útil. É necessário extrair os padrões significativos. Para entender como o diagrama de conexões da retina destaca esses padrões, vamos começar explorando um exemplo em detalhes: inibição lateral.

A inibição lateral é como a retina acentua contrastes para enfatizar as bordas dos objetos. Por analogia, suponha que 15 pessoas estejam em uma fila. No início, cada uma segura um biscoito. Agora alguém entrega cinco biscoitos extras para as cinco pessoas no meio da fila, mas então cada uma dessas cinco pessoas tem de descartar um dos biscoitos e jogar fora um biscoito que a pessoa em cada lado está segurando. Supondo que você queira o máximo possível de biscoitos, onde é o melhor lugar para estar? Você não quer ficar no meio do grupo que recebe biscoitos, porque depois de ganhar cinco você teria de jogar fora um dos seus e perder um para cada um dos seus vizinhos (perda total de três). Mas se você for a primeira ou a última pessoa a receber um biscoito, descartará um e perderá outro para um único vizinho (perda total de dois). O pior lugar para se estar é antes ou depois do grupo que está recebendo biscoitos. Você não receberia nenhum, e perderia aquele que já tinha. O resultado é um nítido contraste no limite entre aqueles que recebem biscoitos e aqueles que não recebem.

A analogia pode parecer tola — ok, *é* tola — mas ilustra algo que acontece na retina. Os receptores enviam mensagens para estimular as células bipolares adjacentes (como dar biscoitos) e também enviam mensagens para células horizontais que inibem ligeiramente essas células bipolares e as vizinhas (como subtrair biscoitos). O resultado líquido é aumento do contraste entre uma área iluminada e seu entorno mais escuro.

Na verdade, a luz que chega aos bastonetes e cones *diminui* o impulso espontâneo, e os receptores produzem sinapses *inibitórias* para as células bipolares. Portanto, a luz nos bastonetes ou cones diminui a produção inibitória. Uma diminuição da inibição significa estimulação líquida, assim, para evitar negativos duplos, vamos pensar na saída dos receptores como estimulação das células bipolares.

Na fóvea, cada cone liga-se a apenas uma célula bipolar. Vamos considerar este caso simples. No diagrama a seguir, as setas verdes representam estimulação, e a largura de uma seta indica a quantidade de estimulação. O receptor 8, que está destacado, estimula a célula bipolar 8. Também estimula uma célula horizontal, que *inibe* um grupo de células bipolares, como mostrado pelas setas vermelhas. Como a célula horizontal se propaga amplamente, a estimulação de qualquer receptor inibe as células bipolares circundantes. Mas como a célula horizontal é uma *célula local*, sem axônios e sem potenciais de ação, sua despolarização decai com a distância. A célula horizontal inibe as células bipolares 7 a 9 fortemente, as bipolares 6 e 10 um pouco menos etc. A célula bipolar 8 mostra estimulação líquida, porque a sinapse excitatória supera o efeito da inibição da célula horizontal. (É como ganhar alguns biscoitos e depois perder um número menor.) No entanto, as células bipolares nas laterais não são estimuladas, mas alguma inibição é produzida pela célula horizontal. (Elas não ganharam nada e então perderam algum.) As células bipolares 7 e 9 são fortemente inibidas e as bipolares 6 e 10 são menos inibidas. Nesse diagrama, a espessura da seta indica a quantidade de estimulação ou inibição. A claridade do azul indica a quantidade líquida de estimulação em cada célula bipolar.

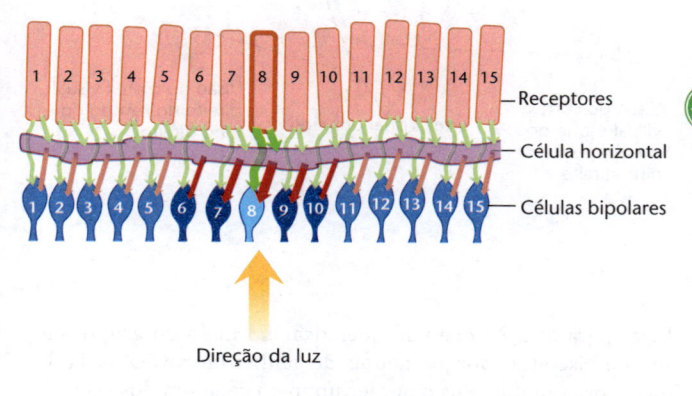

Agora imagine que a luz estimula os receptores 6 a 10. Esses receptores estimulam as células bipolares 6 a 10 e a célula horizontal. As células bipolares 6 a 10 recebem a mesma quantidade de estimulação. As células bipolares 7, 8 e 9 são inibidas pelos estímulos nos dois lados, mas as células bipolares 6 e 10 são inibidas em um dos lados, mas não no outro; ou seja, as células bipolares no meio da área estimulada são as mais inibidas, e aquelas nas bordas são as menos inibidas. Portanto, as células bipolares 6 e 10, aquelas nas bordas do campo de estimulação, respondem *mais* do que as bipolares de 7 a 9.

Em seguida, considere as células bipolares 5 e 11. Que estimulação elas recebem? Nenhuma. Mas a célula horizontal as inibe. Portanto, recebendo inibição, mas nenhuma estimulação, respondem menos do que as células bipolares que estão mais distantes da área de estimulação.

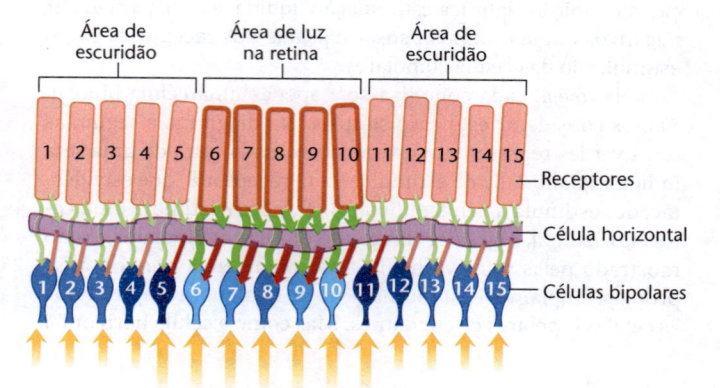

Esses resultados ilustram a **inibição lateral**, a redução da atividade em um neurônio pela atividade nos neurônios adjacentes (Hartline, 1949). A inibição lateral intensifica o contraste. Quando a luz incide sobre uma superfície, como mostrado aqui nessas imagens, as bipolares quase dentro da borda são mais estimuladas, e aquelas fora da borda respondem menos.

A inibição lateral é importante para muitas funções do sistema nervoso. No olfato, um estímulo forte pode suprimir a resposta a outro que o segue um pouco depois, por causa da inibição no bulbo olfatório (Whitesell, Sorensen, Jarvie, Hentges, & Schoppa, 2013). No toque, a estimulação de um ponto na pele enfraquece a resposta à estimulação de um ponto vizinho, novamente por inibição lateral (Severens, Farquhar, Desain, Duysens, & Gielen, 2010). Na audição, a inibição torna possível compreender a fala em meio a ruídos irrelevantes (Bashford, Warren, & Lenz, 2013).

PARE & REVISE

13. Quando a luz incide em um receptor, o receptor estimula ou inibe as células bipolares? Que efeito isso tem nas células horizontais? Que efeito a célula horizontal tem nas células bipolares?
14. Se a luz incide em um único receptor, qual é o efeito líquido (estimulante ou inibitório) na célula bipolar mais próxima que está diretamente conectada a esse receptor? Qual é o efeito nas células bipolares nas laterais? O que causa esse efeito?
15. Examine a Figura 5.17. Você verá losangos cinzas na intersecção entre os quadrados pretos. Explique por quê.

RESPOSTAS

13. O receptor estimula as células bipolares e as células horizontais. A célula horizontal inibe a mesma célula bipolar que foi estimulada mais as células bipolares adicionais adjacentes. 14. Produz mais estimulação do que inibição para a célula bipolar mais próxima. Para as células bipolares circundantes, produz apenas inibição. A razão é que o receptor estimula uma célula horizontal, que inibe todas as células bipolares na área à esquerda e à direita.). Na intersecção, cada neurônio é inibido por estimulação em todos os quatro lados. Portanto, a resposta na intersecção é diminuída em comparação àquela dos braços.

Processamento adicional

Cada célula do sistema visual do cérebro tem um **campo receptivo**, uma área no espaço visual que o estimula ou o inibe. O campo receptivo de um bastonete ou cone é simplesmente o ponto no espaço a partir do qual a luz incide na célula. Outras células visuais derivam seus campos receptivos das conexões que recebem. Esse conceito é importante, então vamos dedicar algum tempo a ele. Suponha que você monitore os eventos em um quarteirão da cidade. Chamaremos isso de campo receptivo. Outra pessoa controla os eventos do quarteirão seguinte, outra pessoa do quarteirão depois desse etc. Agora suponha que todos os responsáveis por um quarteirão da sua rua se

Figura 5.17 Ilustração da inibição lateral
Você vê losangos negros na "intersecção"?

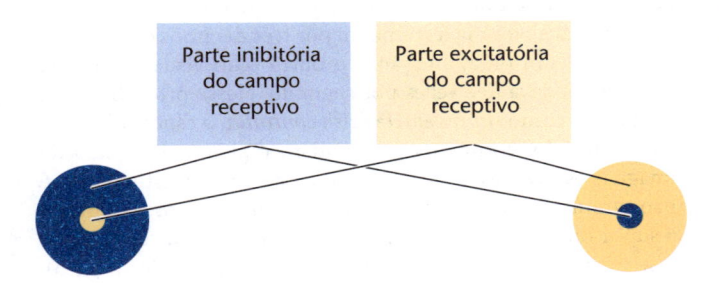

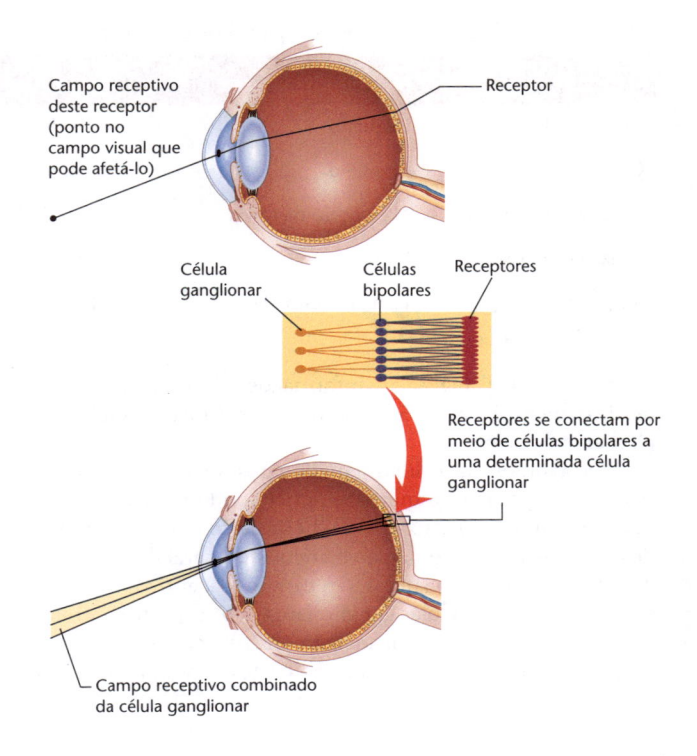

Figura 5.18 Campos receptivos
O campo receptivo de qualquer neurônio no sistema visual é a área do campo visual que estimula ou o inibe. Os receptores têm campos receptivos minúsculos e as células tardias têm campos receptores progressivamente maiores.

reportem a um supervisor. O campo receptivo desse supervisor é a rua inteira, porque inclui relatórios de cada quarteirão na rua. Os supervisores de várias ruas se reportam ao gestor do bairro, cujo campo receptivo é todo o bairro. O gestor do bairro se reporta a um chefe distrital e assim por diante.

A mesma ideia se aplica à visão e outras sensações. Um bastonete ou cone tem um campo receptivo minúsculo no espaço ao qual é sensível. Um ou mais receptores se conectam a uma célula bipolar, com um campo receptivo que é a soma dos campos receptivos de todos os bastonetes ou cones conectados a ela (incluindo as conexões excitatórias e inibitórias). Várias células bipolares se comunicam com uma célula ganglionar que, portanto, tem um campo receptivo ainda maior, como mostrado na Figura 5.18. Os campos receptivos de várias células ganglionares convergem para formar o campo receptivo no próximo nível etc.

Para encontrar o campo receptivo de uma célula, o pesquisador registra a partir da célula enquanto ilumina vários locais. Se a luz de um determinado ponto estimula o neurônio, então esse local é parte do campo receptivo excitatório do neurônio. Se inibir a atividade, o local está no campo receptivo inibitório.

Uma célula ganglionar tem um campo receptivo que consiste em um centro circular e um contorno em forma de uma rosquinha do tipo donut antagônico, ou seja, o campo receptivo pode ser estimulado pela luz no centro e inibido pela luz ao redor, ou o oposto.

As células ganglionares dos primatas se dividem em três categorias: parvocelular, magnocelular e koniocelular (Nassi & Callaway, 2009). Os **neurônios parvocelulares**, com pequenos corpos celulares e pequenos campos receptivos, estão principalmente na ou perto da fóvea. (Parvocelular significa "células pequenas", da raiz latina *parv*, que significa "pequeno".) Os **neurônios magnocelulares**, com corpos celulares e campos receptivos maiores, são distribuídos uniformemente por toda a retina. (Magnocelular significa "células grandes", da raiz latina *magn*, que significa "grande". A mesma raiz aparece em *magnitude*.) Os **neurônios koniocelulares** têm pequenos corpos celulares, semelhantes aos neurônios parvocelulares, mas ocorrem em toda a retina. (Koniocelular significa "células de poeira", da raiz grega que significa "poeira". Eles receberam esse nome por causa da aparência granular.)

Os neurônios parvocelulares, com seus pequenos campos receptivos, são bem adequados para detectar detalhes visuais. Eles também respondem à cor, cada neurônio sendo estimulado por alguns comprimentos de onda e inibido por outros. A alta sensibilidade a detalhes e cores está relacionada ao fato de que as células parvocelulares estão localizadas principalmente dentro e perto da fóvea, que tem muitos cones. Os neurônios magnocelulares, com campos receptivos maiores, respondem fortemente ao movimento e aos padrões gerais amplos, mas não respondem a cores ou pequenos detalhes. Os neurônios magnocelulares são encontrados em toda a retina, incluindo a periferia. Os neurônios koniocelulares têm várias funções e seus axônios terminam em vários locais (Hendry & Reid, 2000). A existência de tantos tipos de células ganglionares sugere que

Tabela 5.2 | **Três tipos de células ganglionares de primatas**

	Neurônios parvocelulares	Neurônios magnocelulares	Neurônios koniocelulares
Corpos celulares	Pequeno	Grande	Pequeno
Campos receptivos	Pequeno	Grande	Em geral, pequenos, mas variáveis
Localização retinal	Na e perto da fóvea	Por toda a retina	Por toda a retina
Sensível a cores?	Sim	Não	Alguns são
Responde a	Forma detalhada	Movimento e contornos gerais da forma	Variados

o sistema visual analisa as informações de muitas maneiras desde o início. A Tabela 5.2 resume os três tipos de células ganglionares de primatas.

Os axônios das células ganglionares formam o nervo óptico, que segue para o quiasma óptico, onde metade dos axônios (em humanos) cruza para o hemisfério oposto. A maioria dos axônios vai para o núcleo geniculado lateral do tálamo. As células do geniculado lateral têm campos receptivos que se assemelham aos das células ganglionares — uma parte central excitatória ou inibitória e um anel circundante com efeito oposto. Depois que a informação chega ao córtex cerebral, os campos receptivos tornam-se mais complicados.

PARE & REVISE

16. À medida que progredimos de células bipolares para células ganglionares e para células tardias no sistema visual, os campos receptivos são geralmente maiores, menores ou do mesmo tamanho? Por quê?
17. Quais são as diferenças entre os sistemas parvocelular e magnocelular?

RESPOSTAS

16. Eles se tornam maiores porque o campo receptivo de cada célula é formado por impulsos que convergem em um nível precoce. 17. Os neurônios do sistema parvocelular têm pequenos corpos celulares com pequenos campos receptivos, estão localizados principalmente e a próximo à fóvea e são especializados na visão detalhada e em cores. Os neurônios do sistema magnocelular têm grandes corpos celulares com grandes campos receptivos, estão localizados em todas as partes da retina e são especializados na percepção de grandes padrões e movimentos.

O córtex visual primário

As informações do núcleo geniculado lateral do tálamo vão para o **córtex visual primário** no córtex occipital, também conhecido como **área V1** ou *córtex estriado* por causa de sua aparência listrada. Se você fechar os olhos e imaginar ver algo, a atividade aumenta na área V1 em um padrão semelhante ao que acontece quando você realmente vê esse objeto (Kosslyn & Thompson, 2003; Stokes, Thompson, Cusack, & Duncan, 2009). Se você tem uma ilusão de óptica, a atividade na área V1 corresponde ao que você pensa que vê, não ao que o objeto realmente é (Sperandie, Chouinard, & Goodale, 2012). Embora não saibamos o papel exato da área V1 na consciência, a V1 é aparentemente necessária para ela. Pessoas com lesões na área V1 não relatam nenhuma visão consciente, nenhuma imagística visual e nenhuma imagem visual nos sonhos (Hurovitz, Dunn, Domhoff, & Fiss, 1999). Por outro lado, os adultos que perdem a visão devido a lesões nos olhos continuam a ter imagens visuais e sonhos visuais.

Algumas pessoas com lesões na área V1 mostram um fenômeno surpreendente chamado **visão cega**, a capacidade de responder de maneiras limitadas às informações visuais sem percebê-las conscientemente. Dentro da parte danificada do campo visual, elas não têm ciência do estímulo visual, são incapazes até mesmo de distinguir entre luz solar intensa e escuridão total. Porém, elas podem ser capazes de apontar com precisão para algo na área em que não conseguem ver, ou mover os olhos na direção dela, enquanto insistem que estão "apenas conjeturando" (Bridgeman & Staggs, 1982; Weiskrantz, Warrington, Sanders, & Marshall, 1974). Alguns pacientes com visão cega podem alcançar um objeto que não conseguem ver conscientemente, evitando obstáculos no caminho (Striemer, Chapman, & Goodale, 2009). Algumas pessoas podem identificar a cor, direção do movimento ou forma aproximada de um objeto, também insistindo que estão apenas conjeturando (Radoeva, Prasad, Brainard, & Aguirre, 2008). Outras podem identificar ou copiar a expressão emocional de uma face que insistem que não veem (Gonzalez Andino, de Peralta Menendez, Khateb, Landis, & Pegna, 2009; Tamietto et al., 2009). Com a prática, a visão cega pode melhorar (Das, Tadin, & Huxlin, 2014).

A pesquisa corrobora duas explicações para a visão cega: primeira, em alguns casos, pequenas ilhas de tecido saudável permanecem dentro de um córtex visual danificado, não grandes o suficiente para fornecer percepção consciente, mas o suficiente para suportar funções visuais limitadas (Fendrich, Wessinger, & Gazzaniga, 1992; Radoeva et al., 2008). Segunda, o tálamo envia dados visuais para várias outras áreas do cérebro, incluindo partes do córtex temporal (Schmid et al., 2013). Em um estudo, todos os pacientes com visão cega tinham conexões intactas do tálamo ao córtex temporal, enquanto a visão cega estava ausente para pessoas sem essas conexões (Ajina, Pestilli, Rokem, Kennard, & Bridge, 2015). Em qualquer caso, permanece a conclusão de que a percepção visual consciente requer atividade na área V1.

Mesmo que seu cérebro esteja intacto, você pode experimentar algo como a visão cega em certas circunstâncias. Os pesquisadores montaram um aparelho para que as pessoas vissem uma face ou uma ferramenta por três décimos de segundo em apenas um olho, enquanto o outro olho visualizava uma tela que mudava dez vezes por segundo. Nesse procedimento, conhecido como *supressão de flash contínua*, o espectador está consciente dos estímulos que mudam rapidamente e não da imagem estável. Mas mesmo que as pessoas insistissem que não viram uma face ou ferramenta, quando eram solicitadas a supor onde ela estava (canto superior esquerdo, canto superior direito, canto inferior esquerdo ou canto inferior direito),

Capítulo 5 | Visão **167**

✓ PARE & REVISE

18. Se você estivesse em uma sala escura e os pesquisadores quisessem "ler sua mente" apenas o suficiente para saber se você estava tendo fantasias visuais, o que eles poderiam fazer?
19. O que é um exemplo de resposta inconsciente à informação visual?

RESPOSTAS

18. Os pesquisadores podem usar RMf, EEG ou outros métodos de registro para ver se a atividade aumentou no córtex visual primário. 19. Na visão cega, alguém pode apontar para um objeto ou mover os olhos em direção a ele, apesar de insistir que não vê nada.

---

elas estavam corretas quase metade das vezes, ao contrário de o quarto que poderíamos esperar por acaso (Hesselmann, Hebart, & Malach, 2011).

Campos receptivos simples e complexos

Na década de 1950, David Hubel e Torsten Wiesel (1959) inseriram eletrodos finos para registrar a atividade das células no córtex occipital de gatos e macacos, enquanto iluminavam a retina com padrões de luz. No início, eles apresentavam pontos de luz, usando um projetor de lâminas e uma tela, mas encontraram pouca resposta das células corticais. Eles se perguntaram por que as células eram tão insensíveis, quando sabiam que o córtex occipital era essencial para a visão. Então eles observaram uma grande resposta enquanto moviam uma lâmina no lugar. Eles rapidamente perceberam que a célula estava respondendo à borda da lâmina. Ela tinha um campo receptivo em forma de barra, em vez de um campo receptivo circular como células na retina e geniculado lateral (Hubel & Wiesel, 1998). A pesquisa, pela qual eles receberam o Prêmio Nobel, costuma ser chamada de "a pesquisa que lançou mil microeletrodos"

David Hubel (1926–2013)

A ciência do cérebro é difícil e complicada, por alguma razão; consequentemente, não se deve acreditar em um resultado (o próprio ou de qualquer outra pessoa) até que seja provado de um lado e de outro ou se encaixe em uma estrutura tão altamente evoluída e sistemática que não poderia estar errada. *(Hubel, comunicação pessoal)*

Torsten Wiesel (nascido em 1924)

As conexões neurais podem ser moduladas por influências ambientais durante um período crítico de desenvolvimento pós-natal... Essa sensibilidade do sistema nervoso aos efeitos da experiência pode representar o mecanismo fundamental pelo qual o organismo se adapta ao ambiente durante o período de crescimento e desenvolvimento. *(Wiesel, 1982, p. 591)*

porque inspirou muitas investigações adicionais. Até agora, provavelmente já lançou um milhão de microeletrodos.

Hubel e Wiesel distinguiram vários tipos de células no córtex visual. A Figura 5.19 ilustra o campo receptivo de uma **célula simples**. Uma célula simples possui um campo receptivo com zonas excitatórias e inibitórias fixas. Quanto mais luz brilha na zona excitatória, mais a célula responde. Quanto mais luz brilha na zona inibitória, menos a célula responde. Na Figura 5.19, o campo receptivo é uma barra vertical. Inclinar a barra diminui ligeiramente a resposta da célula porque a luz também incide nas regiões inibitórias. Mover a barra para a esquerda, direita, para cima ou para baixo também reduz a resposta. A maioria das células simples tem campos receptivos em

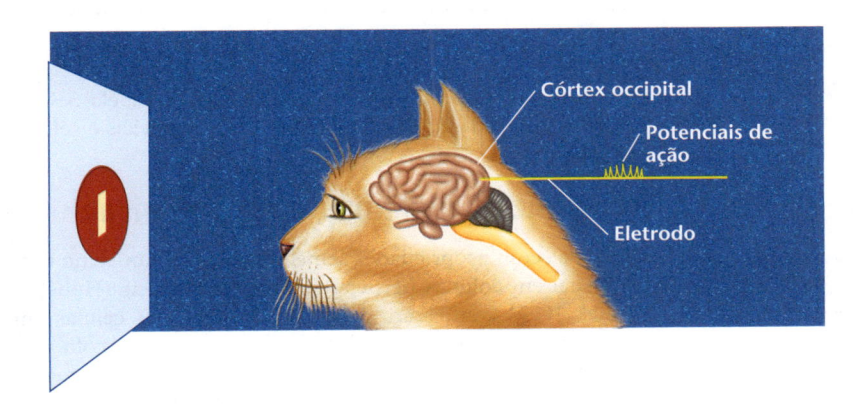

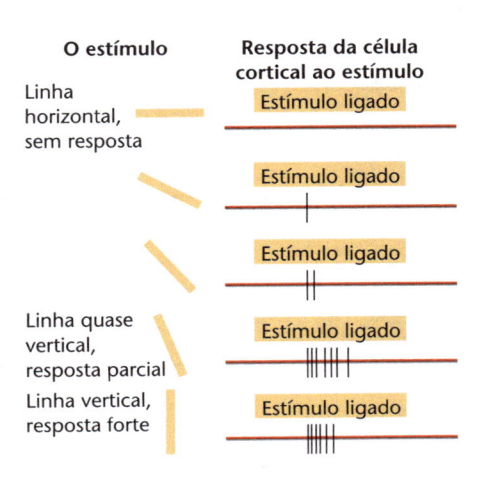

Figura 5.19 Respostas da célula simples de um gato a uma barra de luz
Essa célula responde melhor a uma linha vertical em um local específico. Outras células simples respondem a linhas em outras direções.
(Fonte: À direita, de D. H. Hubel, & T. N. Wiesel, "Receptive fields of single neurons in the cat's striate cortex", Journal of Physiology, 148, 1959, 574-591. © 1959 Cambridge University Press. Reproduzida com permissão)

forma de barra ou borda. Muitas delas respondem às direções horizontais ou verticais do que às diagonais. Essa disparidade faz sentido, considerando a importância dos objetos horizontais e verticais no nosso mundo (Coppola, Purves, McCoy, & Purves, 1998).

Ao contrário das células simples, as **células complexas**, localizadas nas áreas V1 e V2, não respondem ao local exato de um estímulo. Uma célula complexa responde a um padrão de luz em uma direção específica (por exemplo, uma barra vertical) em qualquer lugar dentro do grande campo receptivo (ver Figura 5.20). A maioria das células complexas responde mais fortemente a um estímulo que se move em uma direção específica — por exemplo, uma barra vertical que se move horizontalmente. A melhor maneira de classificar uma célula como simples ou complexa é apresentar o estímulo em vários locais. Uma célula que responde a um estímulo em um único local é uma célula simples. Aquela que responde igualmente ao longo de uma grande área é uma célula complexa.

Células *end-stopped*, ou **hipercomplexas**, assemelham-se a células complexas com uma exceção: uma célula *end-stopped* tem uma área inibitória forte em uma extremidade do campo receptivo em forma de barra. A célula responde a um padrão de luz em forma de barra em qualquer local do seu amplo campo receptivo, desde que a barra não se estenda

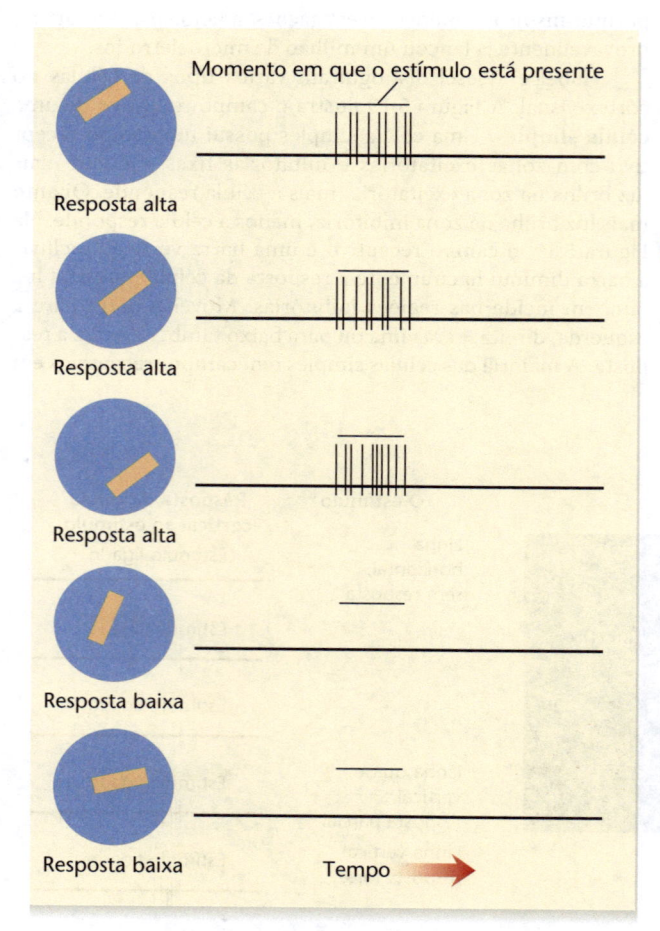

Figura 5.20 **O campo receptivo de uma célula complexa**
Como uma célula simples, sua resposta depende do ângulo de direção de uma barra de luz. Entretanto, uma célula complexa responde da mesma forma a uma barra em qualquer local dentro de um grande campo receptivo.

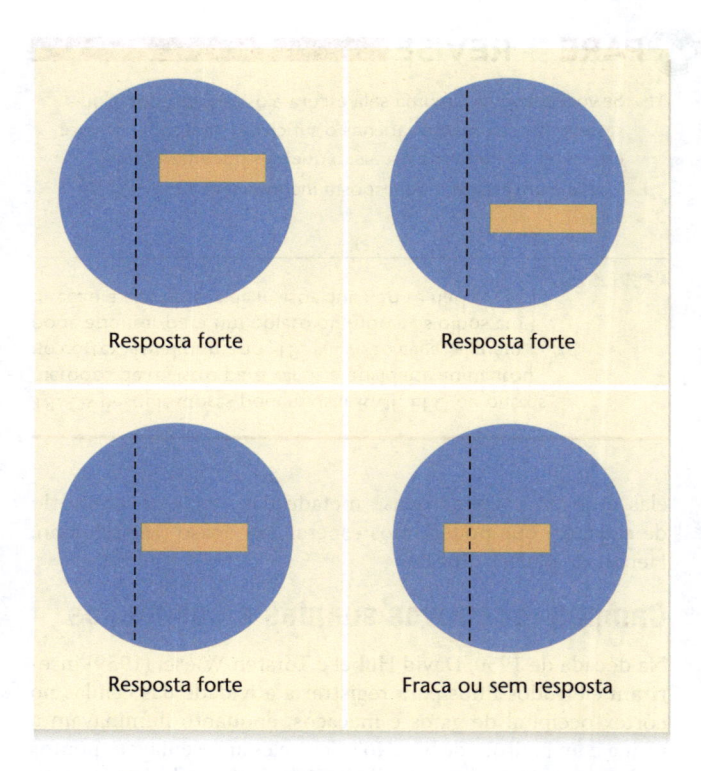

Figura 5.21 **O campo receptivo de uma célula *end-stopped***
A célula responde a uma barra em uma direção específica (nesse caso horizontal) em qualquer lugar no campo receptivo, desde que a barra não se estenda para uma área fortemente inibitória.

✓ PARE & REVISE

20. Como um pesquisador pode determinar se um dado neurônio no córtex visual é simples ou complexo?

RESPOSTA 20. Primeiro, identifique um estímulo, como uma linha horizontal, que estimula a célula. Em seguida, apresente o estímulo em vários locais. Se a célula responder fortemente em apenas um local, é uma célula simples. Se responder em vários locais, é uma célula complexa.

para além de certo ponto (ver Figura 5.21). A Tabela 5.3 resume as propriedades das células simples, complexas e células *end-stopped*.

A organização colunar do córtex visual

As células com propriedades semelhantes agrupam-se no córtex visual em colunas perpendiculares à superfície (Hubel & Wiesel, 1977) (ver Figura 5.22). Por exemplo, as células em uma determinada coluna podem responder apenas ao olho esquerdo, apenas ao olho direito ou aos dois olhos igualmente. Além disso, as células em uma dada coluna respondem melhor às linhas de uma única direção.

A Figura 5.22 mostra o que acontece quando um pesquisador insere um eletrodo no córtex visual e registra a partir de cada célula ao longo do caminho. Cada linha vermelha representa um neurônio e mostra o ângulo de direção do campo receptivo. Na via A do eletrodo, a primeira série de células estão

Tabela 5.3 | Células no córtex visual primário

	Células simples	Células complexas	Células end-stopped
Localização	V1	V1 e V2	V1 e V2
Estimulação binocular?	Sim	Sim	Sim
Tamanho do campo receptivo	Menor	Médio	Maior
Forma do campo receptivo	Em forma de barra ou borda, com zonas fixas excitatórias e inibitórias	Em forma de barra ou borda, mas respondendo igualmente em um grande campo receptivo	Igual à célula complexa, mas com uma forte zona inibitória em uma extremidade

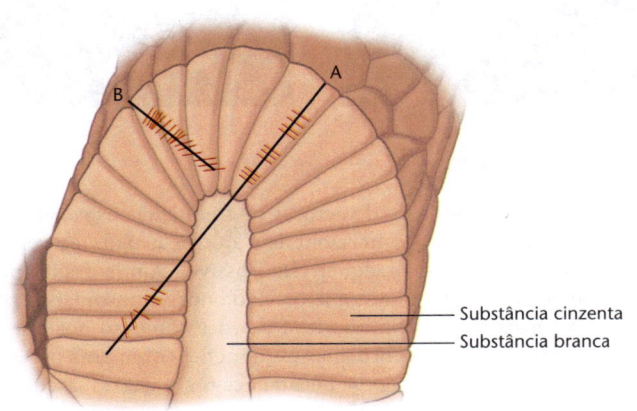

Figura 5.22 Colunas de neurônios no córtex visual
Quando um eletrodo passa perpendicularmente à superfície do córtex (primeira parte da linha A), ele encontra uma sequência de neurônios que respondem à mesma direção de um estímulo. (Os traços em vermelho mostram a direção preferida do estímulo para cada célula.) Quando um eletrodo atravessa as colunas (B ou segunda parte de A), ele encontra neurônios que respondem a diferentes direções. As bordas das colunas estão desenhadas aqui para ilustrar a questão; nenhuma dessas bordas é visível no córtex real.
(Fonte: Hubel, 1963)

todas em uma coluna e mostram as mesmas preferências de direção. Entretanto, após atravessar a substância branca, a extremidade da via A invade colunas com direções preferenciais diferentes. A via B do eletrodo, que não é perpendicular à superfície do córtex, atravessa as colunas e encontra as células com diferentes propriedades. Resumindo, as células de uma determinada coluna processam informações semelhantes. A existência de colunas indica que as várias camadas do córtex cerebral se comunicam ricamente entre si, em vez de serem independentes, como pensavam os pesquisadores em um período.

✓ PARE & REVISE

21. O que as células em uma coluna do córtex visual têm em comum?

RESPOSTA
21. Elas respondem melhor a linhas na mesma direção. Além disso, elas são semelhantes quanto à preferência por um olho ou outro, ou ambos igualmente.

As células do córtex visual são detectores de características específicas?

Dado que os neurônios na área V1 respondem fortemente a padrões em forma de barra ou borda, podemos supor que a atividade dessa célula representa a percepção de uma barra, linha ou borda; ou seja, essas células podem ser **detectores de características** — neurônios cujas respostas indicam a presença de uma característica específica.

Corroborando a ideia dos detectores de características está o fato de que a exposição prolongada a uma determinada característica visual diminui a sensibilidade a essa característica, como se fatigasse os detectores relevantes. Por exemplo, se você olhar para uma cachoeira por um minuto ou mais e depois olhar para o lado, as rochas e árvores próximas à cachoeira parecem fluir para cima. Essa *ilusão de cachoeira* sugere que você fatigou os neurônios que detectam o movimento descendente, deixando sem oposição os detectores do movimento oposto.

Há muito tempo, os psicólogos da gestalt duvidam da ideia de que nossa visão depende inteiramente dos detectores de características. Por exemplo, ao examinar a Figura 5.23, você talvez não veja nada a princípio. Então, de repente, você exclama, "Ah!, é uma face! [pausa] E outra face!". Simplesmente olhar para essas telas (conhecidas como faces de Mooney) deve estimular quaisquer que sejam os detectores de características que o cérebro tem, mas vê-las como faces exige interpretação e reorganização do material. Ao começar a vê-las como faces, o padrão das respostas no córtex visual muda repentinamente (Hsieh, Vul, & Kanwisher, 2010). Esse resultado implica processos "de cima para baixo" em que outras áreas do cérebro interpretam o estímulo visual e enviam mensagens de volta para reorganizar a atividade no córtex visual primário. Da mesma forma, ao ver uma ilusão de óptica, ela ocorre por causa do feedback de outras áreas corticais para alterar as respostas no córtex visual primário (Wokke, Vandenbroucke, Scholte, & Lamme, 2013). A resposta do cérebro a qualquer estímulo visual depende das suas expectativas, bem como do próprio estímulo (Roth et al., 2016). Em outras palavras, a estimulação dos detectores de características não é suficiente para explicar toda a visão.

Além disso, mais tarde os pesquisadores descobriram que uma célula cortical que responde bem a uma única barra ou linha

Figura 5.23 Faces de Mooney
À primeira vista, você pode ver apenas manchas sem sentido. Com tempo e esforço, você pode ter uma experiência "Aha!" quando, de repente, você as vê como faces.

responde de maneira ainda mais forte a uma grade de ondas senoidais das barras ou linhas:

Muitos neurônios corticais respondem melhor a uma determinada frequência espacial e dificilmente a outras frequências (DeValois, Albrecht, & Thorell, 1982). A maioria dos pesquisadores visuais, portanto, acredita que os neurônios na área V1 detectam frequências espaciais em vez de barras ou bordas. Nesse caso, é um detector de características de uma característica que não percebemos conscientemente. Como convertemos uma série de frequências espaciais em percepção? Do ponto de vista matemático, é fácil trabalhar com as frequências de onda senoidal. Um ramo da matemática chamado análise de Fourier demonstra que uma combinação de ondas senoidais pode produzir uma variedade ilimitada de outros padrões. Por exemplo, o gráfico na parte superior da tela a seguir é a soma das cinco ondas senoidais abaixo dele:

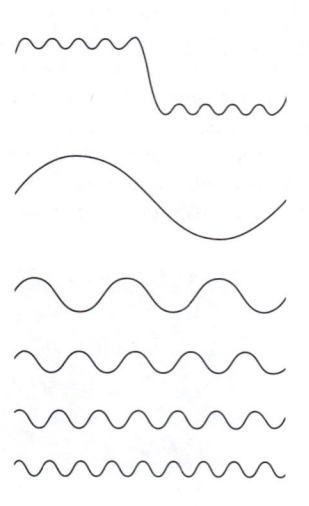

Assim, uma série de detectores de frequência espacial, alguns sensíveis a padrões horizontais e outros a padrões verticais, pode representar qualquer tela possível. Ainda assim, percebemos o mundo como objetos, não ondas sinusoidais. A saída do córtex visual primário leva a processamento posterior em outras áreas do cérebro, mas exatamente como uma percepção visual consciente emerge permanece um mistério fascinante.

PARE & REVISE

22. O que é um detector de características?

RESPOSTA

22. É um neurônio que detecta a presença de um aspecto específico de um objeto, como uma forma ou direção do movimento.

Desenvolvimento do córtex visual

Como as células do córtex visual desenvolvem suas propriedades? Suponha que você tenha vivido toda a sua vida no escuro. Então, hoje, pela primeira vez, você saiu para a luz e olhou ao redor. Você entenderia alguma coisa?

A menos que você tenha nascido cego, você teve essa experiência — no dia em que nasceu! No início, provavelmente você não fazia ideia do que estava vendo. Depois de alguns meses, porém, você começou a reconhecer faces e avançar lentamente em direção aos seus brinquedos favoritos. Como você aprendeu a dar sentido ao que viu?

Em um mamífero recém-nascido, muitas das propriedades normais do sistema visual se desenvolvem, como de costume, no início, antes do nascimento (Lein & Shatz, 2001; Shatz, 1996). Ondas de atividade espontânea varrem a retina em desenvolvimento, sincronizando a atividade dos receptores adjacentes e permitindo combinações apropriadas de receptores para estabelecer conexões com células no cérebro (Ackman, Burbridge, & Crair, 2012; Zhang, Ackman, Xu, & Crair, 2012). Ainda assim, quando um animal abre os olhos pela primeira vez, as células do sistema visual mostram padrões de atividade quase como ruídos aleatórios. Observar um estímulo visual reduz rapidamente o ruído (Smith et al., 2015).

E as conexões além do córtex visual primário? Um estudo com pessoas que nasceram sem olhos descobriu que as conexões do córtex visual primário com os alvos principais eram mais ou menos normais (Bock et al., 2015). Evidentemente, certas vias dos axônios se desenvolvem automaticamente, sem necessidade de orientação, por experiência. Mas a experiência visual após o nascimento modifica e ajusta muitas das conexões.

Privação visual em um dos olhos

O que aconteceria se um animal jovem pudesse ver com um olho, mas não com o outro? Quando um gatinho abre os olhos por volta dos 9 dias de idade, cada neurônio responde a áreas nas duas retinas que se concentram aproximadamente no mesmo ponto no espaço — um processo necessário para a visão binocular. No entanto, os mecanismos inatos não podem produzir as conexões exatamente corretas porque a distância exata entre os olhos varia de um gatinho para outro, e a distância muda com a idade. Portanto, a experiência é necessária para o ajuste fino.

Se o pesquisador sutura uma pálpebra fechada durante as primeiras quatro a seis semanas de vida de um gatinho, as sinapses no córtex visual se tornam gradualmente insensíveis aos estímulos do olho fechado (Rittenhouse, Shouval, Paradiso, & Bear, 1999). Depois que o olho fechado é aberto, o gatinho não responde a ele. Um período semelhante de privação em animais mais velhos enfraquece a resposta ao olho destituído, mas não tão fortemente como naqueles jovens (Wiesel, 1982; Wiesel & Hubel, 1963). Depois que um olho privado da visão em adultos é reaberto, as células retornam gradualmente aos níveis anteriores de responsividade (Rose, Jaepel, Hubener, & Bonhoeffer, 2016).

Privação visual nos dois olhos

E se os *dois* olhos permanecessem fechados nas primeiras semanas, o que você esperaria? Você pode imaginar que o gatinho se tornaria insensível aos dois olhos, mas isso não acontece. Quando apenas um olho está aberto, as sinapses do olho aberto inibem as sinapses do olho fechado (Maffei, Nataraj, Nelson, & Turrigiano, 2006). Se nenhum dos olhos está ativo, nenhum axônio supera competitivamente qualquer outro. Por pelo menos três semanas, o córtex do gatinho permanece responsivo ao estímulo visual, embora a maioria das células torne-se responsiva a apenas um olho ou ao outro e não aos dois (Wiesel, 1982). Se os olhos permanecerem fechados por mais tempo, as respostas corticais começariam a desacelerar e perder seus campos receptivos bem definidos (Crair, Gillespie, & Stryker, 1998). Por fim, o córtex visual começa a responder aos estímulos auditivos e de toque.

Para cada aspecto da experiência visual, os pesquisadores identificam um **período sensível**, quando as experiências têm uma influência particularmente forte e duradoura (Lewis & Maurer, 2005; Tagawa, Kanold, Majdan, & Shatz, 2005). O período sensível depende de neurônios inibitórios. Na verdade, um estudo com camundongos descobriu que o transplante de neurônios inibitórios de um camundongo recém-nascido para um mais velho poderia induzir um novo período de maior suscetibilidade à experiência (Southwell, Froemke, Alvarez-Buylla,
Stryker, & Gandhi, 2010). Entretanto, mesmo muito tempo depois do período sensível, uma experiência prolongada — como uma semana inteira sem estimulação visual em um dos olhos — produz um efeito menos intenso, mas, mensurável, no córtex visual (Sato & Stryker, 2008). A plasticidade cortical é maior no início da vida, mas nunca termina.

PARE & REVISE

23. Qual é o efeito de fechar um olho no início da vida? Qual é o efeito de fechar os dois olhos?

RESPOSTA 23. Se um olho permanece fechado durante o desenvolvimento inicial, o córtex deixa de responder a ele. Se os dois olhos estão fechados, as células corticais permanecem relativamente responsivas por várias semanas e então gradualmente tornam-se lentas e não seletivas em suas respostas.

Estimulação não correlacionada nos dois olhos

A maioria dos neurônios no córtex visual humano responde aos dois olhos — especificamente, a áreas aproximadamente correspondentes de ambos os olhos. Comparando os estímulos dos dois olhos, alcançamos a percepção de profundidade estereoscópica.

A percepção de profundidade estereoscópica requer que o cérebro detecte **disparidade retiniana**, a discrepância entre o que os olhos esquerdo e direito veem. A experiência ajusta a visão binocular, e experiências anormais a perturbam. Imagine um gatinho com músculos oculares fracos ou danificados de forma que os olhos não apontem na mesma direção. Os dois olhos estão ativos, mas nenhum neurônio cortical recebe mensagens consistentemente de um olho que correspondam às mensagens do outro olho. Cada neurônio no córtex visual torna-se responsivo a um olho ou ao outro, e poucos neurônios respondem a ambos (Blake & Hirsch, 1975; Hubel & Wiesel, 1965). O resultado comportamental é baixa percepção de profundidade.

Um fenômeno semelhante ocorre em humanos. Algumas crianças nascem com **estrabismo** (ou ambliopia estrábica), também conhecida como "olho preguiçoso", uma doença em que os olhos não apontam na mesma direção. Geralmente, essas crianças dedicam atenção a um olho, não ao outro. O tratamento usual é colocar um tapa-olho sobre o olho ativo, forçando a atenção para o outro. Esse procedimento funciona até certo ponto, especialmente se começar cedo (Lewis & Maurer, 2005), mas muitas crianças se recusam a usar um tapa-olho pelo tempo que for necessário. Em todo caso, a criança não aprende a usar os dois olhos ao mesmo tempo.

Uma terapia promissora para o estrabismo é pedir que uma criança jogue videogames de ação tridimensionais que requerem atenção dos dois olhos. O bom desempenho exige atenção cada vez mais intensa exatamente ao tipo de estimulação que queremos aprimorar. Esse procedimento parece melhorar o uso dos dois olhos que o tapa-olho, embora nenhum dos procedimentos tenha muito efeito na percepção de profundidade estereoscópica (S. Li et al., 2014).

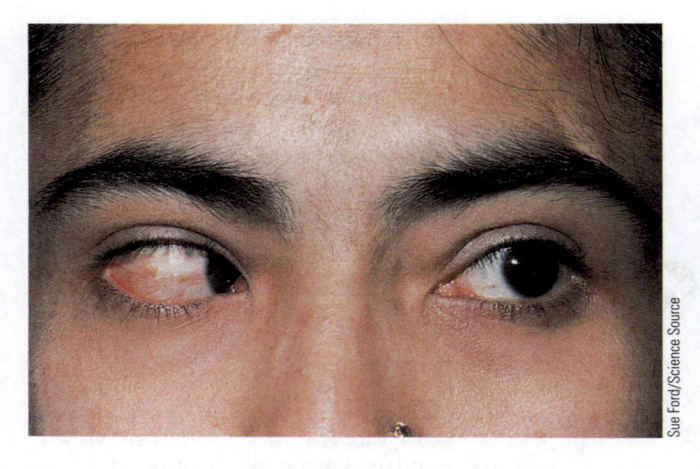

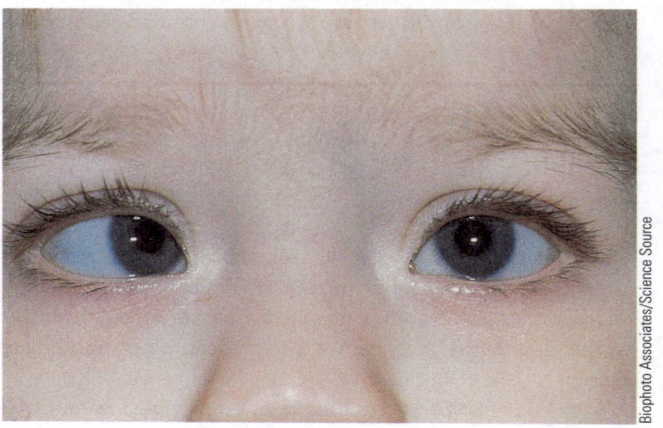

Dois exemplos de estrabismo.

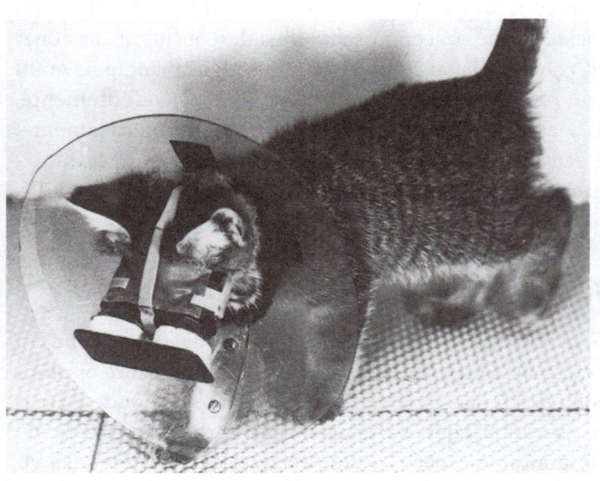

Figura 5.24 Procedimento para restringir a experiência visual de um gatinho
Durante algumas horas do dia, o gatinho usa óculos de proteção que mostra um único estímulo, como listras horizontais ou diagonais. Durante o restante do dia, o gatinho permanece com a mãe em um ambiente escuro sem a máscara.
(Fonte: Foto cortesia de Helmut V. B. Hirsch)

O que acontece se bebês humanos forem expostos principalmente a linhas verticais ou horizontais, em vez de proporcionalmente a ambas? Eles se tornam mais sensíveis ao tipo de linha que viram. Você pode se perguntar como uma coisa tão bizarra pode acontecer. Nenhum pai permitiria que um pesquisador sujeitasse o filho a tal procedimento, e isso nunca acontece na natureza. Certo?

Errado. Na verdade, provavelmente aconteceu com você! Cerca de 70% de todas as crianças têm **astigmatismo**, um ofuscamento da visão para linhas em uma direção (por exemplo, horizontal, vertical ou uma das diagonais), causado por uma curvatura assimétrica dos olhos. O crescimento normal reduz a prevalência do astigmatismo para cerca de 10% em crianças de 4 anos.

✓ PARE & REVISE

24. Que experiência inicial faria com que um gatinho ou uma criança perdesse a percepção de profundidade estereoscópica?

RESPOSTA

24. Se os músculos oculares não conseguem manter os dois olhos focalizados na mesma direção, o cérebro em desenvolvimento perde a capacidade de que qualquer neurônio no córtex visual responda à estimulação dos dois olhos. Em vez disso, cada neurônio responde a um olho ou ao outro. A percepção de profundidade estereoscópica exige células que comparem a estimulação dos dois olhos.

Exposição inicial a uma série limitada de padrões

Se um gatinho passar todo o seu período sensível inicial usando óculos de proteção com linhas horizontais pintadas neles (ver Figura 5.24), quase todas as células do córtex visual tornam-se responsivas apenas às linhas horizontais (Stryker & Sherk, 1975; Stryker, Sherk, Leventhal, & Hirsch, 1978). Mesmo após meses de experiência normal posterior, o gato não responde às linhas verticais (Mitchell, 1980).

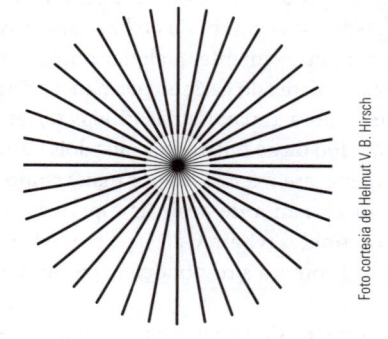

Figura 5.25 Teste informal para astigmatismo
As linhas em uma direção se parecem mais escuras ou mais nítidas do que as outras linhas? Nesse caso, observe o que acontece quando você vira a página. Se você usa lentes corretivas, tente essa demonstração com e sem as lentes.

Você pode fazer um teste informalmente para astigmatismo usando a Figura 5.25. As linhas em uma direção parecem mais escuras do que em outra? Nesse caso, gire a página para demonstrar que a escuridão está em você, não nas próprias linhas. A aparência das linhas depende da sua posição. Se você usa lentes corretivas, tente esta demonstração com e sem elas. Se você vir uma diferença nas linhas apenas sem as lentes, então as lentes corrigiram o astigmatismo.

Visão prejudicada do bebê e consequências a longo prazo

No início desta seção, levantamos a questão do que você veria se sempre vivesse no escuro e de repente pudesse ver. Bebês recém-nascidos passam por essa experiência, e presumimos que não façam ideia do que estão vendo. Temos que supor, porque não podemos perguntar aos recém-nascidos o que eles veem. No entanto, em alguns países, um recém-nascido com catarata densa (manchas turvas nas lentes que impedem a percepção de qualquer coisa que não seja claro ou escuro) pode ter de esperar anos pela cirurgia para ativar a visão. Quando as cataratas são por fim removidas, os pesquisadores podem perguntar às crianças sobre suas experiências.

No início, essas crianças têm apenas uma ideia limitada do que estão vendo. Em um estudo, as crianças olharam para uma foto de um bloco de construção de brinquedos e para outra foto com dois blocos. A tarefa era apontar para o bloco na segunda imagem que correspondesse à primeira. As crianças se saíram bem nessa tarefa, indicando que podiam ver. Mas quando a tarefa era sentir um bloco de construção e apontar qual das duas opções era a imagem desse bloco, o desempenho era apenas um pouco melhor do que o acaso. Elas podiam ver as fotos, mas não as entendiam. Uma semana depois, sem nenhum treinamento especial, elas se saíram muito melhor nessa tarefa (Held et al., 2011). Em semanas, elas conseguiam começar a reconhecer faces. Com muita prática, elas começaram a desenvolver a coordenação olho-mão. Ver bem o suficiente para andar de bicicleta levou um ano e meio (Chatterjee, 2015; Gandhi, Ganesh, & Sinha, 2014), mas alguns aspectos da visão nunca foram totalmente recuperados. A acuidade delas (capacidade de ver detalhes) permaneceu ruim, e as percepções de movimento e de profundidade nunca alcançaram níveis normais (Dormal, Lepore, & Collignon, 2012; Ellemberg, Lewis, Maurer, Brar, & Brent, 2002).

Um homem tinha visão normal na primeira infância até os 3 anos e meio de idade, quando uma explosão química destruiu um olho e danificou a córnea do outro olho tão gravemente que ele não conseguia ver nada além da luz *versus* escuridão. Na idade adulta, ele não tinha memórias visuais nem imagens. Aos 43 anos, um transplante de córnea permitiu que ele recuperasse a visão. Imediatamente, ele conseguiu ver cores e logo pôde identificar formas simples. Com o tempo, ele aprendeu a reconhecer objetos domésticos comuns, mas ao contrário da maioria das pessoas que identificam objetos imediatamente, ele teve de pensar sobre isso com mais cuidado (Fine et al., 2003). Mesmo dez anos depois, ele não conseguia identificar se uma face era masculina ou feminina, feliz ou triste (Huber et al., 2015). Vários outros aspectos da visão permaneceram prejudicados.

Por exemplo, ao visualizar algo como a Figura 5.26, ele relatou ter visto três objetos, em vez de um objeto parcialmente transparente sobrepondo um segundo (Fine et al., 2013). Como um homem cego, ele aprendera a esquiar seguindo instruções e memorizando colinas. Quando tentou esquiar com os olhos abertos, o resultado foi assustador. Dois anos depois, ele estava disposto a abrir os olhos enquanto esquiava, e conseguiu usar a visão para estimar a inclinação de uma colina. Porém, nas colinas mais difíceis, ele fazia questão de fechar os olhos! Evidentemente, a compreensão visual que a maioria de nós dá como certa depende da prática no início da vida.

✓ PARE & REVISE

25. O que causa o astigmatismo?
26. Se um bebê nasce com catarata densa nos dois olhos e ela é removida cirurgicamente anos mais tarde, com que perfeição a criança vê inicialmente?

RESPOSTAS

25. O astigmatismo ocorre quando o globo ocular não é totalmente esférico. Como resultado, a pessoa vê uma direção das linhas mais claramente do que a outra. 26. A criança vê bem o suficiente para identificar se dois objetos são iguais ou diferentes, mas não entende o que a informação visual significa. Especificamente, a criança não consegue responder qual exibição visual corresponde a algo que a criança toca, mas a compreensão visual melhora com a prática.

Figura 5.26 Quantos quadrados?
A maioria das pessoas vê imediatamente dois quadrados, um sobreposto ao outro. Um homem que perdeu a visão dos 3 anos e meio até os 43 anos vê essa figura como três objetos.

Módulo 5.2 | Conclusão
Compreendendo a visão por meio do diagrama de conexões

Seus olhos são bombardeados por um padrão complexo da luz que emana de todas as fontes à sua frente. Fora de tudo isso, o cérebro precisa extrair as informações mais úteis. O sistema nervoso identifica desde o início as fronteiras entre um objeto e outro por meio da inibição lateral. Ele identifica linhas e suas localizações por meio de células simples e complexas no córtex visual primário. Os pesquisadores percorreram um longo caminho para mapear as conexões excitatórias e inibitórias que tornam essas células possíveis. As experiências visuais que você tem a qualquer momento são o resultado de uma complexidade inspiradora de conexões e interações entre um grande número de neurônios. Entender o que você vê também é produto de anos de experiência.

Resumo

1. Os nervos ópticos dos dois olhos se unem no quiasma óptico, onde metade dos axônios de cada olho cruzam para o lado oposto do cérebro. A maioria dos axônios então viaja para o núcleo geniculado lateral do tálamo, que se comunica com o córtex visual.

2. A inibição lateral é um mecanismo pelo qual a estimulação em qualquer área da retina suprime as respostas nas áreas adjacentes, aumentando assim o contraste nas bordas claro-escuro.

3. A inibição lateral na retina dos vertebrados ocorre porque os receptores estimulam as células bipolares e também estimulam as células horizontais muito mais amplas, que inibem tanto as células bipolares estimuladas como as laterais.

4. Cada neurônio no sistema visual tem um campo receptivo, uma área do campo visual à qual está conectado. A luz no campo receptivo estimula ou inibe um neurônio dependendo da localização, comprimento de onda e movimento da luz.

5. O sistema visual dos vertebrados mamíferos tem uma divisão parcial de trabalho. Em geral, o sistema parvocelular é especializado na percepção das cores e detalhes sutis; o sistema magnocelular é especializado na percepção da profundidade, movimento e padrões gerais.

6. Após lesões na área V1, as pessoas relatam nenhuma visão, mesmo em sonhos. Mas alguns tipos de resposta à luz (visão cega) podem ocorrer após lesões na V1, apesar da falta de percepção consciente.

7. Dentro do córtex visual primário, os neurocientistas distinguem células simples, com campos excitatórios e inibitórios fixos, e células complexas, que respondem a um padrão de luz de uma forma particular, independentemente da localização exata.

8. Neurônios dentro de uma coluna do córtex visual primário têm propriedades semelhantes, como responder a linhas na mesma direção.

9. Entender o que você vê exige muito mais do que apenas somar pontos e linhas. A visão é um processo ativo baseado parcialmente em expectativas.

10. Durante a infância, as células do córtex visual têm propriedades quase normais; mas é necessária experiência para manter e ajustar a visão. A experiência visual anormal pode alterar as propriedades das células visuais, especialmente se a experiência ocorrer no início da vida.

11. Os neurônios corticais não respondem aos axônios de um olho inativo devido à concorrência com o olho ativo. Se os dois olhos estão fechados, cada célula cortical permanece relativamente responsiva aos axônios de um olho ou do outro, embora essa resposta desacelere e torne-se não seletiva à medida que as semanas de privação continuam.

12. Para desenvolver uma boa percepção de profundidade estereoscópica, um gatinho ou criança humana deve ter a experiência de ver o mesmo objeto com partes correspondentes dos dois olhos no início da vida. Do contrário, cada neurônio no córtex visual torna-se responsivo aos estímulos de um único olho.

13. Se um gatinho vê apenas linhas horizontais ou verticais durante seu período sensível, a maioria dos neurônios no córtex visual torna-se responsivo apenas a essas linhas. Pela mesma razão, uma criança com astigmatismo pode ter uma capacidade de resposta diminuída a um tipo de linha ou outro.

14. Algumas pessoas passa por cirurgia de cataratas após anos de visão turva. A visão, inicialmente inútil, melhora com a prática, mas permanece imperfeita de várias maneiras.

Termos-chave

Os termos estão definidos no número de página indicado. Também são apresentados em ordem alfabética com a definição no Índice remissivo/Glossário do livro, que começa na p. 589.

astigmatismo **172**
campo receptivo **164**
células complexas **168**
células *end-stopped* (ou hipercomplexas) **168**
células horizontais **162**

célula simples 167
córtex visual primário (ou área V1) 166
detectores de características 169
disparidade retiniana 171
estrabismo 171
inibição lateral 164
neurônios koniocelulares 165
neurônios magnocelulares 165
neurônios parvocelulares 165
núcleo geniculado lateral 162
período sensível 171
visão cega 166

Questões complexas

1. Depois que uma célula receptora é estimulada, a célula bipolar que recebe estímulos dela exibe uma resposta imediata forte. Uma fração de segundo depois, a resposta da bipolar diminui, embora a estimulação da célula receptora permaneça constante. Como você pode explicar essa diminuição? (Dica: o que a célula horizontal faz?)

2. Os olhos de um coelho estão nas laterais da cabeça, não na frente. Esperaríamos que os coelhos tivessem muitas células com campos receptores binoculares — ou seja, células que respondem a ambos os olhos? Sim ou não? Por quê?

Módulo 5.2 | Questionário final

1. O que as células horizontais da retina fazem?
   A. Elas inibem os receptores adjacentes.
   B. Elas inibem as células bipolares.
   C. Elas inibem as células ganglionares.
   D. Elas estimulam as células ganglionares.

2. Em seres humanos, o que atravessa o hemisfério contralateral no quiasma óptico?
   A. Metade de cada nervo óptico, a parte que representa a metade nasal da retina.
   B. Metade de cada nervo óptico, a parte que representa a metade temporal da retina.
   C. Metade de cada nervo óptico, originado de partes aleatórias da retina.
   D. Todos de cada nervo óptico.

3. Qual é a função da inibição lateral na retina?
   A. Enfatizar as bordas
   B. Realçar as cores
   C. Reconhecer objetos
   D. Aumentar a atenção

4. Suponha que a luz incida na retina em um círculo, circundada pela escuridão. Quais células bipolares mostrarão a maior resposta, e quais mostrarão a menor?
   A. As bipolares conectadas aos receptores no centro do círculo respondem mais. Aquelas conectadas aos receptores mais distantes do círculo respondem menos.
   B. As bipolares conectadas aos receptores fora da circunferência do círculo respondem mais. Aquelas conectadas aos receptores dentro da circunferência respondem menos.
   C. As bipolares conectadas aos receptores quase dentro da circunferência do círculo respondem mais. Aquelas conectadas aos receptores fora da circunferência respondem menos.
   D. Todas as bipolares dentro do círculo respondem proporcionalmente, e aquelas fora do círculo não respondem absolutamente.

5. Qual é a forma de um campo receptivo de uma célula ganglionar?
   A. Uma barra ou uma borda, em uma posição fixa.
   B. Uma barra ou uma borda, em qualquer lugar dentro de uma grande área da retina.
   C. Tanto uma barra como uma borda, com campo inibitório forte em uma extremidade.
   D. Um círculo, com um contorno que responde de forma oposta.

6. Qual é a forma de um campo receptivo de uma célula simples no córtex visual primário?
   A. Uma barra ou uma borda, em uma posição fixa.
   B. Uma barra ou uma borda, em qualquer lugar dentro de uma grande área da retina.
   C. Tanto uma barra como uma borda, com campo inibitório forte em uma extremidade.
   D. Um círculo, com um contorno que responde de forma oposta.

7. Em comparação com os neurônios parvocelulares, os neurônios magnocelulares são mais sensíveis a ____.
   A. Cor
   B. Pequenos detalhes
   C. Movimento
   D. Fóvea

8. Se você estivesse em uma sala escura e os pesquisadores quisessem saber se você estava tendo fantasias visuais (sem perguntar), eles poderiam medir a atividade em qual área do cérebro?
    A. Na retina
    B. No núcleo geniculado lateral do tálamo
    C. No córtex visual primário
    D. No córtex parietal

9. Na maioria dos casos, a visão cega aparentemente depende de que conexão?
    A. Do tálamo ao córtex temporal
    B. Do córtex occipital ao córtex temporal
    C. Do tálamo ao córtex frontal
    D. Do córtex occipital ao córtex frontal

10. Que evidência sugere que certos tipos de detectores de características operam no córtex visual humano?
    A. Quando você examina as faces de Mooney, a princípio você vê apenas manchas sem sentido, mas com tempo e esforço você começa a perceber faces.
    B. Depois de olhar para uma cachoeira ou outra imagem em movimento constante, você verá objetos estáticos movendo-se na direção oposta.
    C. Um eletrodo viajando por uma seção do córtex pode encontrar um neurônio após o outro com campos receptivos na mesma direção.
    D. As crianças desprovidas da estimulação de um olho tornam-se atentas apenas ao outro olho.

11. Se um dos olhos de um gatinho permanece fechado nas primeiras semanas de vida, seu córtex visual torna-se insensível a esse olho. Por quê?
    A. Os receptores morrem.
    B. Qualquer axônio que não seja usado por muito tempo torna-se incapaz de responder.
    C. A atividade do olho ativo inibe as sinapses do olho inativo.
    D. O córtex visual torna-se responsivo a sons em vez de luz.

12. Que experiência inicial, se há alguma, é necessária para manter a estimulação binocular para os neurônios do córtex visual?
    A. As células corticais sempre manterão a responsividade binocular, independentemente da experiência delas.
    B. As células corticais devem receber algum estímulo para cada olho todos os dias.
    C. As células corticais devem receber uma quantidade igual de estímulos dos dois olhos.
    D. As células corticais geralmente devem receber estímulos simultâneos dos dois olhos.

13. Se alguém nasce com catarata densa em ambos os olhos e ela é removida anos mais tarde, o que acontece?
    A. A pessoa permanece cega para sempre.
    B. A pessoa recupera gradualmente todos os aspectos da visão.
    C. A pessoa ganha um pouco de visão, mas ainda tem dificuldade para reconhecer objetos e visão de movimento e percepção de profundidade prejudicados.
    D. A pessoa ganha quase todos os aspectos da visão, mas a percepção das cores continua significativamente prejudicada.

Respostas: 1B, 2A, 3A, 4C, 5D, 6A, 7C, 8C, 9A, 10B, 11C, 12D, 13C.

Módulo 5.3

Processamento paralelo no córtex visual

Se estiver trabalhando em um projeto importante para alguma empresa ou governo, você poderá receber informações em uma base "sigilosa". Por exemplo, se lhe pedissem para carregar um determinado pacote, você precisaria saber o peso dele e se é frágil, mas talvez não precise saber nada mais. A pessoa que controla as finanças precisaria saber quanto o objeto custa e se precisa de seguro. Uma terceira pessoa pode abrir a embalagem e verificar se a cor corresponde às especificações.

Da mesma forma, diferentes partes do sistema visual do cérebro recebem informações com base na necessidade de saber. As células que ajudam os músculos da mão a alcançar um objeto precisam saber o tamanho e a localização do objeto, mas não precisam conhecer a cor. Elas precisam saber um pouco sobre a forma, mas não em grandes detalhes. As células que ajudam a reconhecer a face das pessoas precisam ser extremamente sensíveis aos detalhes da forma, mas podem prestar menos atenção à localização.

É natural supor que qualquer pessoa vendo um objeto veja tudo sobre ele — a forma, a cor, a localização e o movimento. Porém uma parte do cérebro vê a forma, outra vê a cor, outra detecta a localização e outra percebe o movimento (Livingstone, 1988; Livingstone & Hubel, 1988; Zeki & Shipp, 1988). Consequentemente, após lesão cerebral localizada, é possível ver certos aspectos de um objeto e não outros. Séculos atrás, as pessoas achavam difícil imaginar como alguém poderia ver um objeto sem ver de que cor ele é. Mesmo hoje, você pode achar surpreendente perceber que pessoas que veem um objeto sem ver onde ele está, ou o veem sem ver se ele está se movendo.

As vias ventrais e dorsais

O córtex visual primário (V1) envia informações para o **córtex visual secundário** (área V2), que processa as informações ainda mais e as transmite para áreas adicionais, como mostrado na Figura 5.27. As conexões no córtex visual são recíprocas. Por exemplo, V1 envia informações para V2, e V2 retorna informações para V1. A partir de V2, as informações estendem-se em várias direções para processamento especializado.

Os pesquisadores distinguem entre a via ventral e a via dorsal. Eles chamam a **via ventral** pelo córtex temporal de via da percepção ou via "do quê", devido à sua importância para identificar e reconhecer objetos. A **via dorsal** pelo córtex parietal é a via de ação ou a via do "como", devido à importância para os movimentos orientados visualmente.

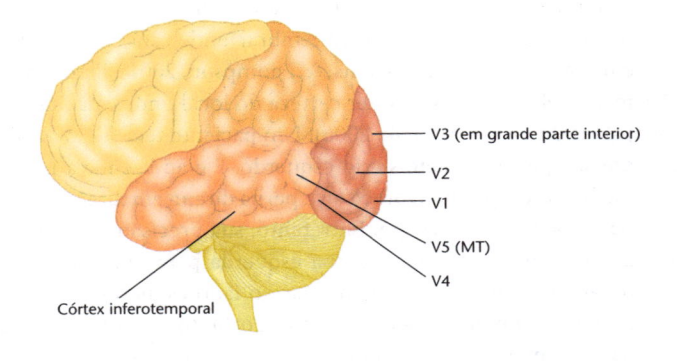

Figura 5.27 Localizações aproximadas de algumas das principais áreas visuais no córtex humano
As informações passam de V1 para V2 e daí para outras áreas. As demais áreas também recebem algumas informações diretamente do tálamo.

A distinção baseia-se em parte em estudos com animais e em parte em estudos de RM e RMf (Milner, 2012), mas principalmente em observações de alguns pacientes com lesão cerebral. Uma mulher conhecida como paciente DF foi exposta ao monóxido de carbono, o que provocou danos principalmente à via ventral — ou seja, o córtex temporal e suas conexões com o córtex visual primário (Bridge et al., 2013). Ela não consegue nomear os objetos que vê, não consegue reconhecer faces nem consegue distinguir um quadrado de um retângulo. Ao ver uma fenda na parede, ela não soube dizer se era horizontal ou vertical, mas quando foi solicitada a inserir um envelope na fenda, ela o colocou correta e imediatamente. Quando solicitada a supor o tamanho de um objeto na frente dela, ela executa em níveis aleatórios, mas quando solicitada a pegar o objeto, ela estende a mão corretamente, ajustando o polegar e o indicador antes de tocar no objeto (Whitwell, Milner, & Goodale, 2014). Vários outros pacientes com lesão no lobo temporal têm problemas semelhantes. Um homem não sabia dizer onde os objetos estavam em seu quarto, mas conseguia passear, evitando com precisão os obstáculos no caminho. Ele conseguia estender a mão para pegar objetos e conseguia dar um aperto de mãos (Karnath, Ruter, Mandler, & Himmelbach, 2009). Outra paciente tinha tanta dificuldade em reconhecer objetos pela visão que amarrava fitas coloridas distintas aos objetos importantes que precisava encontrar em sua casa. Mas ela não tinha problemas para estender a mão para pegar qualquer um dos objetos, depois que os encontrava (Plant, James-Galton, Wilkinson, 2015). Resumindo, pessoas com lesão no lobo temporal podem usar a visão para orientar suas ações, mas não conseguem identificar o que são os objetos.

Pessoas com lesões na via dorsal (córtex parietal) têm um problema quase oposto: eles veem objetos, mas não integram bem a visão aos movimentos dos braços e das pernas. Eles podem ler, reconhecer faces e descrever objetos em detalhes, mas não conseguem estender a mão com precisão para pegar um objeto. Ao caminhar, eles podem descrever o que veem, mas esbarram nos objetos, desatentos da localização deles. Embora possam descrever a partir da memória com que os móveis se parecem, eles não conseguem lembrar onde estão localizados em suas casas (Kosslyn, Ganis, & Thompson, 2001). Frequentemente, eles parecem não ter certeza do local onde estão certas partes do corpo (Schenk, 2006). Um paciente teve lesão da via dorsal apenas no hemisfério esquerdo. Ele apresentava precisão baixa ao apontar o braço ou a perna direita em direção a um objeto à direita do corpo. Entretanto, sua precisão era normal ao apontar o braço ou a perna esquerda para qualquer lado, ou ao apontar o braço direito para o lado esquerdo (Cavina-Pratesi, Connolly, & Milner, 2013). Portanto, o problema dele não é com a atenção, nem exatamente com a visão. É especificamente um problema do uso da visão para controlar certos movimentos dos braços e das pernas.

Embora a distinção entre as vias ventral e dorsal seja útil, não devemos exagerar. Normalmente, você usa os dois sistemas em coordenação um com o outro (Farivar, 2009).

✅ PARE & REVISE

27. Suponha que alguém possa descrever um objeto em detalhes, mas tropeça e se atrapalha ao tentar caminhar em direção a ele e ao pegá-lo. O que provavelmente está danificado, a via dorsal ou o ventral?

RESPOSTA

27. A incapacidade de guiar o movimento com base na visão implica lesões na via dorsal.

Análise detalhada da forma

No Módulo 5.2, encontramos células simples e complexas do córtex visual primário (V1). À medida que a informação visual vai das células simples às células complexas e depois a outras áreas do cérebro, os campos receptivos se tornam maiores e mais especializados. No córtex visual secundário (V2), imediatamente anterior ao V1 no córtex occipital, a maioria das células é semelhante às células no V1 em resposta a linhas, bordas ou grades da onda senoidal, exceto que os campos receptivos no V2 são mais alongados (Liu et al., 2016). Além disso, algumas células no V2 respondem melhor a cantos, texturas ou formas complexas (Freeman, Ziemba, Heeger, Simoncelli e, & Movshon, 2013). As áreas V2 e V3 (ver Figura 5.27) têm algumas células altamente responsivas à cor, e outras células altamente responsivas à disparidade entre o que os olhos esquerdo e direito veem — informações cruciais para a percepção da profundidade estereoscópica (Nasr, Polimeni, & Tootell, 2016). Nas partes posteriores do sistema visual, as propriedades receptivas tornam-se ainda mais complexas.

O córtex temporal inferior

Células no **córtex temporal inferior** (ver Figura 5.27) aprendem a reconhecer objetos significativos. Uma célula que responde à visão de algum objeto inicialmente responde principalmente quando ela vê esse objeto a partir do mesmo ângulo, mas, depois de um pouco de experiência, ela aprende a responder quase da mesma forma a esse objeto de outros pontos de vista. Ela está respondendo ao objeto, independentemente de grandes alterações no padrão que alcança a retina (Murty & Arun, 2015). Da mesma maneira, na Figura 5.28, as células do córtex temporal inferior de um macaco que responderam fortemente ao perfil original responderam quase da mesma forma à imagem no espelho ou inversão do contraste, mas não a uma inversão entre figura e fundo (Baylis & Driver, 2001). Quanto ao padrão real de claro e escuro, a inversão figura-fundo é muito parecida com o original, mas a maioria das pessoas (e, evidentemente, também os macacos) a veem como um objeto branco em um fundo preto, em vez de um rosto.

Outro estudo considerou o fenômeno da permanência do objeto. Crianças com 3 meses e meio de idade mostram evidências de que compreendem que um objeto continua a existir depois de colocado atrás de outro objeto que impede a criança de vê-lo (Baillargeon, 1987). Estudos do córtex inferotemporal mostram uma base possível. Um macaco viu um objeto, e então viu outro objeto se mover na frente e obstruir o primeiro objeto. Quando o objeto bloqueador foi afastado, o objeto original reapareceu, ou um novo objeto apareceu em seu lugar.

Original	Inversão de contraste
Imagem espelhada	Inversão figura–fundo

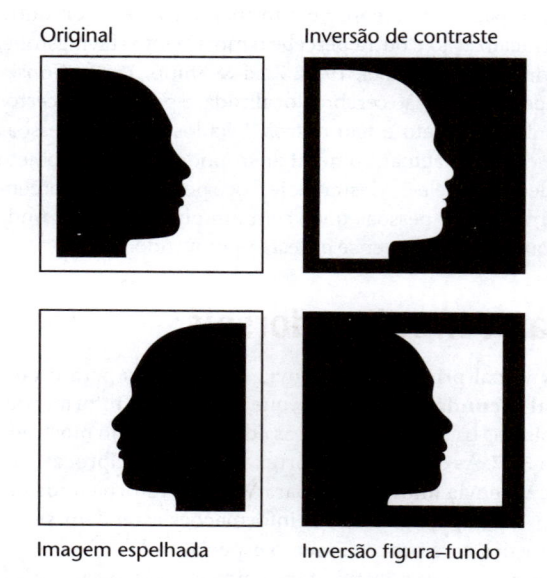

Figura 5.28 Transformações de um desenho
No córtex temporal inferior, as células que respondem fortemente ao original respondem quase da mesma forma à inversão do contraste e à imagem no espelho, mas não à inversão figura-fundo. Observe que a inversão figura-fundo lembra o original em termos de padrão de claro e escuro, mas não é percebida como o mesmo objeto.

(Fonte: Baseada em Baylis & Driver, 2001)

Algumas células no córtex inferotemporal responderam fortemente sempre que um objeto original reapareceu, e alguns responderam intensamente sempre que um novo objeto "surpreendente" apareceu (Puneeth & Arun, 2016).

Como poderíamos esperar, lesão na via ventral do córtex leva a déficits específicos. **Agnosia visual** (que significa "falta de conhecimento visual") é a incapacidade de reconhecer objetos apesar da visão ser satisfatória. É um resultado comum de lesões no córtex temporal. Alguém pode ser capaz de apontar objetos visuais e descrevê-los lentamente, mas não consegue reconhecer o que são esses objetos. Por exemplo, um paciente, ao ver uma chave, disse: "Não sei o que é. Talvez um arquivo ou ferramenta de algum tipo.". Quando viu um estetoscópio, ele disse que era "um longo cordão com uma coisa redonda na extremidade". Quando ele não conseguiu identificar o cachimbo de um fumante, o examinador disse a ele o que era. Ele então respondeu: "Sim, posso ver agora", e apontou para a haste e a cavidade do cachimbo. Em seguida, o examinador perguntou: "Suponha que eu lhe dissesse que o último objeto não era realmente um cachimbo?". O paciente respondeu: "Acredito na sua palavra. Talvez não seja realmente um cachimbo" (Rubens & Benson, 1971).

Dentro das áreas do cérebro especializadas na percepção das formas, existem outras especializações para tipos específicos de formas? De acordo com estudos de RMf à medida que as pessoas viam fotos, a maioria dos objetos não ativa uma área do cérebro mais do que outra, ou seja, o cérebro não tem uma área especializada para ver flores, peixes, pássaros, roupas, alimentos ou pedras. Mas três tipos de objetos produzem respostas específicas. Uma parte do córtex para-hipocampal (próximo ao hipocampo) responde intensamente a imagens de lugares, e não tão fortemente a qualquer outra coisa. Parte do **giro fusiforme** do córtex temporal inferior, especialmente no hemisfério direito (ver Figura 5.29), responde mais fortemente a rostos do que a qualquer outra coisa. E uma área próxima a essa área da face responde mais fortemente aos corpos do que a qualquer outra coisa (Downing, Chan, Peelen, Dodds, & Kanwisher, 2005; Kanwisher, 2010). O cérebro é incrivelmente hábil em detectar movimentos biológicos — os tipos de movimento produzidos por pessoas e animais. Se você anexar pontos que brilham no escuro aos cotovelos, joelhos, quadris, ombros e alguns outros lugares de uma pessoa, então quando essa pessoa se move em uma sala escura, você percebe uma pessoa em movimento, embora esteja observando apenas alguns pontos de luz. Você pode ver uma demonstração maravilhosa fazendo uma busca na internet por Biomotion Lab e clicando em Demos.

Reconhecendo faces

O reconhecimento de faces é uma habilidade importante para seres humanos. Para que a civilização seja bem-sucedida, temos que saber em quem confiar e em quem desconfiar, e essa distinção exige que reconheçamos pessoas que não vemos há meses ou anos. Algum dia você poderá participar de uma reunião do colégio ou da faculdade e encontrar pessoas que não via há décadas. Você reconhecerá muitas delas, mesmo que tenham ganhado peso, ficado carecas ou tingido o cabelo (Bruck, Cavanagh, & Ceci, 1991). Programadores de computador que tentaram construir máquinas para reconhecer faces descobriram a dificuldade dessa tarefa que parece tão fácil para as pessoas.

Recém-nascidos humanos vêm ao mundo predispostos a prestar mais atenção a faces do que a imagens estáticas (ver Figura 5.30). Essa tendência corrobora a ideia de um módulo de reconhecimento facial integrado; mas o conceito de face do bebê não é igual ao de um adulto. Pesquisadores registraram os momentos em que bebês olhavam para uma face ou outra, como mostrado na Figura 5.31. Os recém-nascidos mostraram uma forte preferência por uma face voltada para a direita em vez de uma face voltada para baixo, independentemente de a face ser realista (par à esquerda) ou distorcida (par central). Quando confrontados com duas faces voltadas para cima (par à direita), eles não mostraram nenhuma preferência significativa entre uma face realista e uma distorcida (Cassia, Turati, & Simion, 2004). Evidentemente, o conceito de face de um recém-nascido exige que os olhos estejam em cima, mas a face não precisa ser realista.

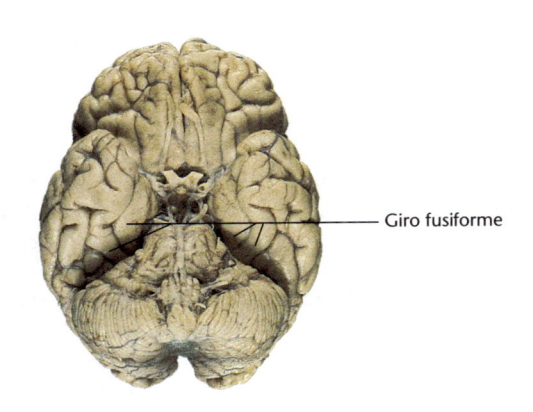

Figura 5.29 O giro fusiforme
Muitas células aqui são especialmente ativas durante o reconhecimento de face.
(Fonte: Cortesia da dra. Dana Copeland)

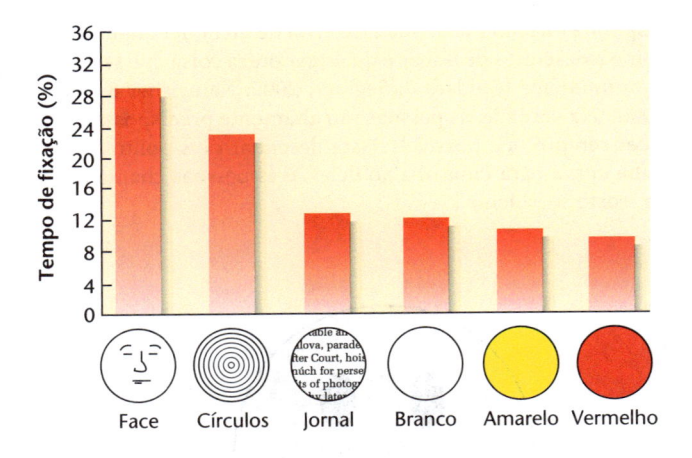

Figura 5.30 Quantidade de tempo que os bebês passam observando padrões
Mesmo nos primeiros dois dias após o nascimento, os bebês olham mais para faces do que para a maioria dos outros estímulos.
(Fonte: Baseada em Fantz, 1963)

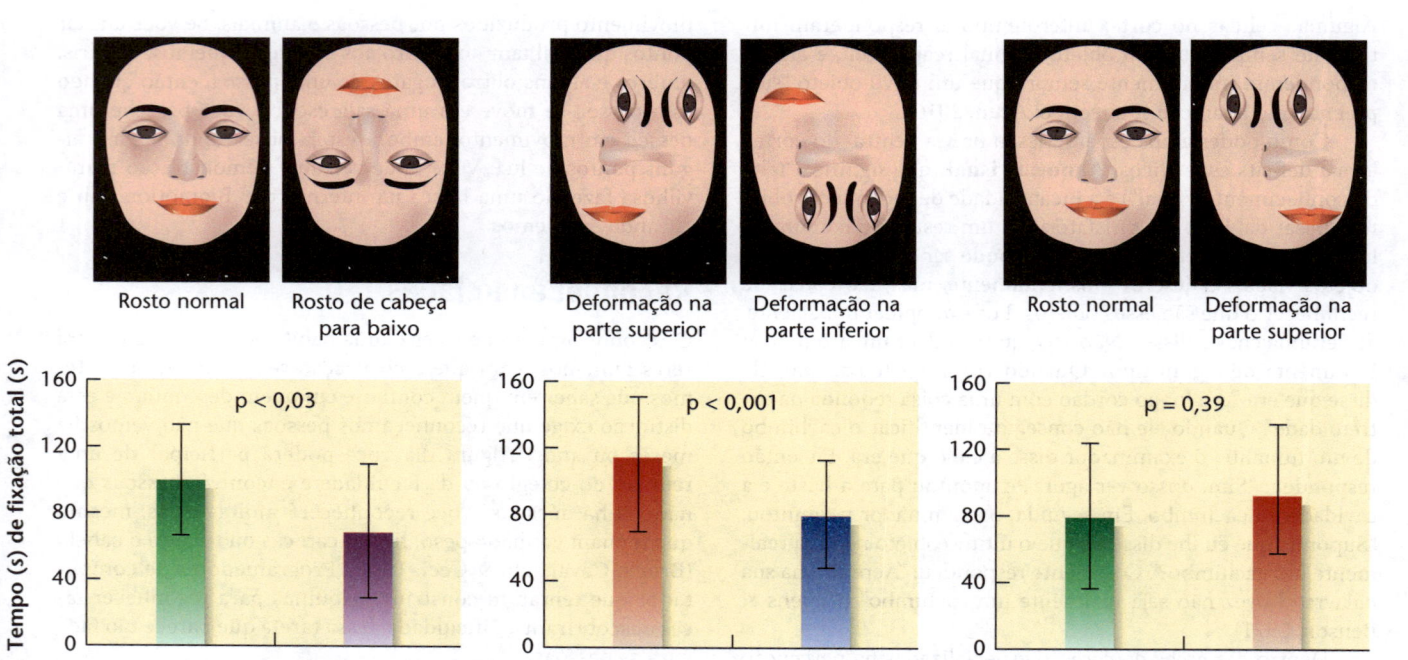

Figura 5.31 Como os bebês dividem sua atenção entre as faces
Uma face voltada para a direita chamou mais atenção do que uma voltada para baixo, independentemente de elas serem realistas (par à esquerda) ou distorcidas (par no centro). Os bebês dividiram a atenção quase igualmente entre duas faces voltadas para cima (par à direita), embora uma fosse realista e a outra distorcida.
(Fonte: "Can a nonspecific bias toward top-heavy patterns explain newborns' face preference?" de V. M. Cassia, C. Turati, & F. Simion, 2004. Psychological Science, 15, 379-383.)

De acordo com dados de RMf, as crianças pequenas ativam mais o cérebro do que os adultos ao tentar reconhecer uma face (Haist, Adamo, Wazny, Lee, & Stiles, 2013). A precisão delas também é inferior à dos adultos. Durante a infância e os primeiros anos da adolescência, as conexões se fortalecem entre o giro fusiforme (Figura 5.29), especialmente no hemisfério direito, e a parte do córtex occipital inferior conhecida como área da face occipital (Song, Zhu, Li, Wang, & Liu, 2015). A área occipital da face responde fortemente a partes da face, como os olhos e a boca (Arcurio, Gold, & James, 2012). O giro fusiforme responde fortemente a uma face vista de qualquer ângulo, bem como a desenhos de linhas e qualquer outra coisa que se pareça com uma face (Caldara & Seghier, 2009; Kanwisher & Yovel, 2006). Na verdade, as pessoas são altamente predispostas a ver faces sempre que possível. Basta desenhar dois pontos e uma linha curva para cima abaixo deles, e as pessoas chamam isso de "rosto sorridente".

Em vários casos, os médicos estimularam eletricamente o giro fusiforme durante cirurgia exploratória. Variando em intensidade e duração da estimulação, o resultado foi uma dificuldade de perceber faces (Chong et al., 2013) ou uma distorção nítida das faces. Um paciente exclamou: "Você acabou de se transformar em outra pessoa. Seu rosto se metamorfoseou" (Parvizi et al., 2012, p. 14918).

As pessoas variam consideravelmente quanto à capacidade de reconhecer faces, e a razão não é apenas porque algumas delas não se importam ou não prestam atenção. Diz-se que as pessoas com problemas graves têm **prosopagnosia**, o que significa capacidade prejudicada de reconhecer faces. Esse problema pode resultar de lesões no giro fusiforme ou de falha desse giro em se desenvolver totalmente. Em algumas pessoas, o giro fusiforme direito é significativamente menor do que a média e tem menos conexões do que o normal com o córtex occipital (Grueter et al., 2007; Lohse et al., 2016; Thomas et al., 2009; Zhang, Liu, & Xu, 2015; Zhu et al., 2011). Por outro lado, se você consegue reconhecer faces com mais facilidade do que a média, pode ser que você tenha conexões mais ricas do que a média entre o giro fusiforme e o córtex occipital.

O próprio Oliver Sacks, famoso por escrever sobre os problemas neurológicos de outras pessoas, sofria de prosopagnosia. Em suas palavras: "Desde que me lembro, tenho dificuldade em reconhecer faces. Não pensava muito nisso quando criança, mas na época em que era adolescente, em uma nova escola, muitas vezes era motivo de constrangimento. ... Meu problema em reconhecer faces se estende não apenas aos meus entes queridos, mas também a mim mesmo. Assim, em várias ocasiões, me desculpei por quase me esbarrar em um grande homem barbudo, quando percebi que o grande homem barbudo era eu mesmo em um espelho. A situação oposta uma vez ocorreu em um restaurante. Sentado em uma mesa na calçada, virei-me para a janela do restaurante e comecei a escovar a barba, como sempre faço. Percebi então que o que eu considerava meu reflexo não era o próprio cuidar da barba, mas me olhar de maneira estranha" (Sacks, 2010, p. 37).

Pessoas com prosopagnosia podem ler, então a acuidade visual não é o problema. Elas reconhecem a voz das pessoas, então o problema não é a memória (Farah, Wilson, Drain, & Tanaka, 1998). Além disso, se elas acham que as faces são modelos de argila, são piores do que outras pessoas para determinar se dois modelos de argila são iguais ou diferentes (Kilgour, de Gelder, & Lederman, 2004). O problema delas não é a visão, mas algo que se relaciona especificamente a faces.

Quando as pessoas com prosopagnosia olham para uma face, elas podem descrever cada elemento dela, como olhos castanhos, orelhas grandes, nariz pequeno e assim por diante, mas não reconhecem a face como um todo. Você teria dificuldade semelhante se visse faces rapidamente, de cabeça para baixo. Um paciente viu 34 fotografias de pessoas famosas e tinha a opção de duas identificações para cada uma. Por acaso, ele deveria ter identificado 17 corretamente, mas identificou 18. Ele comentou que raramente gostava de assistir a filmes ou programas de televisão porque tinha dificuldade de acompanhar as personagens. Curiosamente, seu filme favorito era *Batman*, em que os personagens principais usavam máscaras na maior parte do tempo (Laeng & Caviness, 2001).

Nós realmente desenvolvemos um módulo cerebral dedicado a faces? Ou o giro fusiforme funciona para todos os tipos de reconhecimento visual detalhado, para os quais as faces são apenas um bom exemplo? Crianças com grande interesseem cartões de Pokémon apresentam uma resposta forte no giro fusiforme quando olham para as personagens Pokémon (James & James, 2013). Especialistas em xadrez mostram uma resposta quando olham para um tabuleiro de xadrez (Bilalic, Langner, Ulrich, & Grodd, 2011). Um estudo descobriu que crianças que gastavam pelo menos uma hora por dia com algum interesse especial, como assistir a futebol ou ver fotos de viagens espaciais, apresentaram respostas do giro fusiforme a imagens relacionadas a esse interesse. A resposta foi ainda maior para crianças com transtorno do espectro autista, que prestam menos atenção do que o normal a faces (Foss-Feig et al., 2016). À medida que as pessoas aprendem a ler, o giro fusiforme torna-se mais responsivo às palavras e (no hemisfério esquerdo) menos responsivo a faces (Dehaene et al., 2010).

Evidentemente, o giro fusiforme participa de muitos tipos de reconhecimento visual detalhado. No entanto, mesmo em pessoas com níveis extremos de especialização, muitas células no giro fusiforme respondem mais vigorosamente a faces do que a qualquer outra coisa (Kanwisher & Yovel, 2006).

Percepção de movimento

Objetos em movimento frequentemente merecem atenção imediata. Um objeto em movimento pode ser um possível parceiro, algo que você pode caçar e comer ou algo que quer comê-lo. Se responder, você precisará identificar o que é o objeto, para onde está indo e com que velocidade. O cérebro está configurado para fazer esses cálculos com rapidez e eficiência.

✓ PARE & REVISE

28. O cérebro não tem áreas especializadas para perceber flores, roupas ou alimentos. Para quais itens ele tem áreas especializadas?
29. A capacidade de reconhecer faces está relacionada à força das conexões entre quais áreas do cérebro?

RESPOSTAS

28. O córtex temporal possui áreas especializadas para perceber lugares, faces e corpos, incluindo corpos em movimento. 29. A capacidade de reconhecer faces está relacionada à força das conexões entre a área occipital da face e o giro fusiforme.

O córtex temporal médio

Duas áreas especialmente importantes para a percepção do movimento são a área do **córtex temporal médio** (**TM**), também conhecido como área V5 (ver Figura 5.27), e uma região adjacente, área do **córtex temporal superior medial** (**TSM**). Essas áreas recebem estímulos principalmente da via magnocelular (Nassi & Callaway, 2006), que detecta padrões gerais, incluindo movimento ao longo de grandes áreas do campo visual. Dado que a via magnocelular é insensível à cor, o TM também é insensível à cor.

A maioria das células na área TM responde seletivamente quando algo se move a uma determinada velocidade em uma direção específica (Perrone & Thiele, 2001). As células TM detectam aceleração ou desaceleração, bem como a velocidade absoluta (Schlack, Krekelberg, & Albright, 2007), e respondem ao movimento em todas as três dimensões (Rokers, Cormack, & Huk, 2009). A área TM também responde a fotografias que envolvem movimento, como uma foto de pessoas correndo (Kourtzi, & Kanwisher, 2000). Pessoas submetidas à estimulação elétrica da área TM (enquanto passavam por estudos exploratórios para encontrar a causa da epilepsia grave) relatam ter visto vibrações ou outros movimentos alucinados durante a estimulação (Rauschecker et al., 2011). A visão delas também torna-se temporariamente prejudicada ao ver algo em movimento (Becker, Haarmeier, Tatagiba, & Gharabaghi, 2013). Em suma, a atividade do TM é aparentemente central para a experiência de ver o movimento. As células na parte dorsal da área TSM respondem melhor a estímulos mais complexos, como a expansão, contração ou rotação de uma grande cena visual, como ilustrado na Figura 5.32. Esse tipo de experiência ocorre quando você se move para a frente ou para trás ou inclina a cabeça.

Ao mover a cabeça ou os olhos da esquerda para a direita, tudo no seu campo visual se move ao longo da retina como se o próprio mundo tivesse se movido da direita para a esquerda. (Vá em frente e tente.) Mas o mundo parece estacionário, porque nada se moveu em relação a qualquer outra coisa. Neurônios nas áreas TM e na parte ventral do TSM respondem rapidamente se algo move-se em relação ao fundo, mas mostram pouca resposta se o objeto e o fundo se moverem na mesma direção e velocidade (Takemura, Ashida, Amano, Kitaoka, & Murakami, 2012). Em suma, os neurônios no TM e TSM permitem distinguir entre o resultado dos movimentos dos olhos e o resultado dos movimentos do objeto.

Figura 5.32 Estímulos que estimulam a parte dorsal da área TSM
As células aqui respondem se uma cena inteira se expande, contrai ou gira, ou seja, elas respondem se o observador se move para frente ou para trás ou inclina a cabeça.

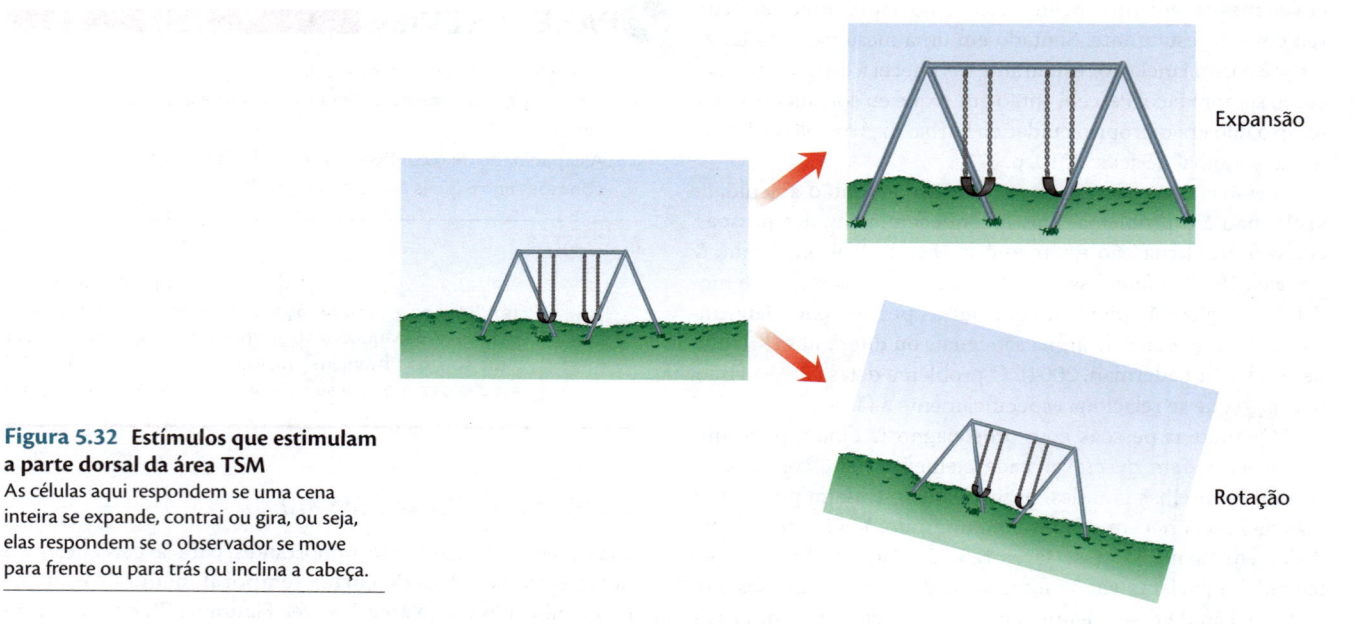

Cegueira de movimento

Dado que as áreas TM e TSM respondem fortemente a objetos em movimento, e apenas a objetos em movimento, o que aconteceria após uma lesão nessas áreas? O resultado é **cegueira de movimento (akinetopsia)**, ser capaz de ver objetos, mas incapaz de ver se estão se movendo ou, se sim, em que direção e com que velocidade (Marcar, Zihl, & Cowey, 1997). Pessoas com cegueira de movimento são melhores em alcançar um objeto em movimento do que em descrever esse movimento (Schenk, Mai, Ditterich, & Zihl, 2000), mas em todos os aspectos de lidar com o movimento visual, elas estão muito atrás das outras pessoas.

A cegueira de movimento na ausência de outra disfunção é uma doença rara. O caso mais bem descrito, "LM", relatou que ela se sentia desconfortável quando as pessoas andavam por aí porque "de repente estavam aqui ou ali, mas não as via se movendo". Aparentemente, as pessoas apareciam ou desapareciam de repente, mesmo quando ela tentava acompanhá-las. Alguém que estava caminhando pareceria "inquieto", mas ela não saberia dizer em que direção a pessoa estava indo. Ela achava isso tão perturbador que pararia de andar até que a outra pessoa desaparecesse. Ela não conseguia atravessar uma rua sem ajuda, porque não sabia quais carros estavam se movendo ou em que velocidade. Colocar café na xícara era difícil. O líquido fluindo parecia estar congelado e imóvel, assim ela só parava de colocar café depois que a xícara transbordasse (Zihl, von Cramon, & Mai, 1983; Zihl & Heywood, 2015).

Pessoas com visão em cores podem imaginar o que seria a deficiência em cores, mas é difícil imaginar ser cego de movimento. Se algo está se movendo, e você o vê, como você não perceberia que está se movendo? Como essa experiência parece tão estranha, os neurologistas por muitos anos resistiram à ideia da cegueira de movimento. Relataram-se vários casos de pacientes que aparentemente ficaram cegos de movimento como resultado de lesões cerebrais, mas a maioria dos cientistas ignorou ou não acreditou nesses relatos. Após a descoberta da área TM a partir de pesquisas com macacos, os pesquisadores viram um mecanismo pelo qual a cegueira de movimento poderia (e deveria) ocorrer, e o relatório sobre a paciente LM foi aceito.

Você se pergunta como seria ser cego de movimento. Tente esta demonstração: olhe-se no espelho e focalize o olho esquerdo. Então, alterne o foco para o olho direito. (*Faça isso agora.*) Você viu seus olhos se moverem? Não, você não viu. (*Oh, por favor, tente a demonstração!*)

TENTE VOCÊ

Por que você não viu seus olhos se moverem? Seu primeiro impulso é afirmar que o movimento era muito pequeno ou muito rápido. Errado. Tente olhar nos olhos de outra pessoa enquanto ela focaliza primeiro um dos seus olhos e então o outro. Você *vê* os olhos da outra pessoa se moverem, embora tenham se movido na mesma distância e na mesma velocidade que os seus. Portanto, o movimento dos olhos não é muito pequeno nem muito rápido para você percebê-lo.

Você não vê seus próprios olhos se movendo porque a área TM e partes do córtex parietal diminuem a atividade durante movimentos oculares voluntários, conhecidos como **sacadas** (Bremmer, Kubischik, Hoffmann, & Krekelberg, 2009). (A atividade não diminui enquanto os olhos seguem um objeto em movimento.) As áreas do cérebro que monitoram as sacadas informam a área TM e o córtex parietal: "Estamos prestes a mover os músculos oculares, assim relaxe durante a próxima fração de segundo.". A atividade neural e a via sanguínea no TM e parte do córtex parietal começam a diminuir 75 ms antes do movimento dos olhos e permanecem suprimidos durante o movimento (Burr, Morrone, & Ross, 1994; Paus, Marrett, Worsley, & Evans, 1995; Vallines & Greenlee, 2006). Em suma, durante um movimento ocular voluntário, você torna-se cego de movimento, mas apenas por uma fração de segundo. Talvez agora você entenda um pouco melhor o que as pessoas com cegueira de movimento vivenciam o tempo todo.

O oposto da cegueira de movimento também ocorre: algumas pessoas são cegas *exceto* pela capacidade de detectar em que direção algo está se movendo. Como alguém pode ver o movimento sem ver o objeto que está se movendo? A área TM recebe alguma estimulação diretamente do núcleo geniculado lateral do tálamo. Portanto, mesmo após lesões extensas na área V1 (o suficiente para produzir cegueira), a área TM ainda recebe estimulação suficiente para permitir a detecção do movimento (Sincich, Park, Wohlgemuth, & Horton, 2004). Mais uma vez, tentamos imaginar a experiência desta pessoa. Como seria ver o movimento sem ver os objetos que se movem? (As respostas delas não ajudam. Quando afirmam para qual direção algo está se movendo, elas insistem que estão apenas supondo.) A questão geral é que diferentes áreas do cérebro processam diferentes tipos de informações visuais e é possível desenvolver muitos tipos de deficiência.

PARE & REVISE

30. Quando você move os olhos, por que não parece que o mundo está se movendo?
31. Sob quais circunstâncias alguém com um cérebro intacto torna-se cego de movimentos, e o que é responsável pela cegueira de movimento?

RESPOSTAS

30. Os neurônios nas áreas TM e TSM respondem fortemente quando um objeto se move em relação ao fundo, e não quando o objeto e o fundo se movem na mesma direção e velocidade. 31. As pessoas tornam-se cegas de movimento um pouco antes e durante uma sacada (movimento voluntário dos olhos), devido à supressão da atividade na área TM.

Módulo 5.3 | Conclusão
Aspectos da visão

Anatomistas identificaram pelo menos quase uma centena de áreas do cérebro que contribuem para a visão de várias maneiras. Discutimos as áreas responsáveis pela detecção do local, forma, faces e movimento. Por que temos tantas áreas visuais? Podemos apenas inferir que o cérebro, como uma sociedade humana, beneficia-se da especialização. A vida funciona melhor se algumas pessoas tornam-se especialistas em consertar carros, algumas em fazer bolos, algumas em partos de bebês, algumas em mover pianos e assim por diante, do que se cada um de nós tivesse que fazer tudo sozinho. Da mesma forma, seu sistema visual funciona melhor porque as áreas visuais se especializam em uma tarefa específica sem tentar fazer tudo.

Uma pergunta relacionada: Como juntamos tudo isso? Ao observar um pássaro voando, você percebe a forma, cor, localização e movimento dele ao mesmo tempo. Pelo menos é o que parece. Como você faz isso? Esse é o problema da ligação, como discutido no Capítulo 3. Responder a essa pergunta continua sendo um grande desafio.

Resumo

1. Os pesquisadores distinguem entre a via visual ventral, responsável pela percepção dos objetos, e a via dorsal, responsável pela orientação visual dos movimentos.
2. O córtex temporal inferior detecta objetos e os reconhece, apesar das mudanças de posição, tamanho etc.
3. Um circuito que inclui o giro fusiforme do córtex temporal é especializado no reconhecimento de faces. Pessoas com deficiência nesse circuito têm prosopagnosia, a dificuldade de reconhecer faces apesar da visão quase normal no que diz respeito a outros aspectos.
4. Embora o giro fusiforme seja importante para reconhecer faces, ele também contribui para outros tipos de destreza visual.
5. O córtex temporal médio (incluindo as áreas TM e TSM) é especializado em detectar a direção e a velocidade de um objeto em movimento. Pessoas com lesões nessa área apresentam cegueira de movimento, uma deficiência na capacidade de perceber o movimento.
6. Mesmo as pessoas com o cérebro intacto experimentam um breve período de cegueira de movimento, começando cerca de 75 ms antes de um movimento ocular voluntário e continuando durante o movimento ocular.

Termos-chave

Os termos estão definidos no número de página indicado. Também são apresentados em ordem alfabética com a definição no Índice remissivo/Glossário do livro, que começa na p. 589.

agnosia visual **179**
cegueira de movimento **182**
córtex temporal inferior **178**
córtex visual secundário **177**
via dorsal **177**
via ventral **177**
giro fusiforme **179**
prosopagnosia **180**
sacadas **182**
córtex temporal médio TM **181**
córtex temporal superior medial TSM **181**

Questões complexas

1. O sistema visual tem áreas especializadas para perceber faces, corpos e lugares, mas não outros tipos de objetos. Por que podemos ter desenvolvido áreas especializadas para essas funções, mas não para outras?

2. Por que é vantajoso tornar-se cego de movimentos durante os movimentos oculares voluntários? Ou seja, por que podemos ter desenvolvido esse mecanismo?

Módulo 5.3 | Questionário final

1. A via ventral do sistema visual é especializado em qual destes?
   - A. Identificação de locais
   - A. Coordenação da visão com o movimento
   - B. Visão periférica e visão sob pouca luz
   - C. Identificação detalhada dos objetos

2. Se alguém pode identificar objetos, mas parece não saber onde eles estão, qual é a localização provável da lesão cerebral?
   - A. Córtex visual primário (V1)
   - A. Córtex temporal médio (TM ou V5)
   - B. Córtex visual secundário (V2)
   - C. Córtex parietal

3. O que é diferente na percepção visual no córtex temporal inferior?
   - A. As células respondem apenas a objetos simétricos.
   - B. As células respondem em proporção ao brilho da luz.
   - C. As células respondem apenas a objetos que se movem a uma determinada velocidade.
   - D. As células respondem a um objeto independentemente do ângulo de visão.

4. O giro fusiforme é especializado em qual dos seguintes itens?
   - A. Reconhecer faces e outros objetos altamente familiares.
   - B. Manter o reconhecimento de cores, apesar das alterações na iluminação do ambiente.
   - C. Identificar a direção e velocidade de um objeto visual.
   - D. Coordenar a visão com a audição e outros sentidos.

5. Se alguém tem dificuldade em reconhecer faces, que via do sistema nervoso provavelmente é deficiente?
   - A. Conexões entre o córtex visual primário e a área TM (V5).
   - B. Conexões entre o giro fusiforme e parte do córtex occipital.
   - C. Conexões entre o córtex temporal e o córtex parietal.
   - D. Conexões entre o córtex occipital e o córtex motor primário.

6. O que acontece após lesão limitada na área TM?
   - A. Cegueira de movimento
   - B. Cegueira facial
   - C. Daltonismo
   - D. Cegueira noturna

7. Por que é difícil observar seus próprios olhos se moverem ao olhar no espelho?
   - A. Os movimentos dos olhos são muito rápidos para serem vistos.
   - B. Os movimentos dos olhos são pequenos demais para serem vistos.
   - C. Durante um movimento ocular sacádico, os olhos não se movem em relação ao fundo do resto da face.
   - D. Durante os movimentos oculares sacádicos, a atividade diminui na área TM.

Respostas: 1D, 2D, 3D, 4A, 5B, 6A, 7D.

Sugestões de leitura

Purves, D. & Lotto, R. B. (2003). *Why we see what we do: An empirical theory of vision.* Sunderland, MA: Sinauer Associates.

Esse livro apresenta uma discussão de como nossa percepção da cor, tamanho e outras qualidades visuais depende de nossa experiência anterior com objetos e não apenas da luz que incide na retina.

Sacks, O. (2010). *Mind's eye.* New York: Alfred Knopf.

Esse livro inclui relatos de casos de pessoas com lesões cerebrais que perderam a capacidade de reconhecer faces, a capacidade de ler, a capacidade de se orientar e outras habilidades visuais específicas.

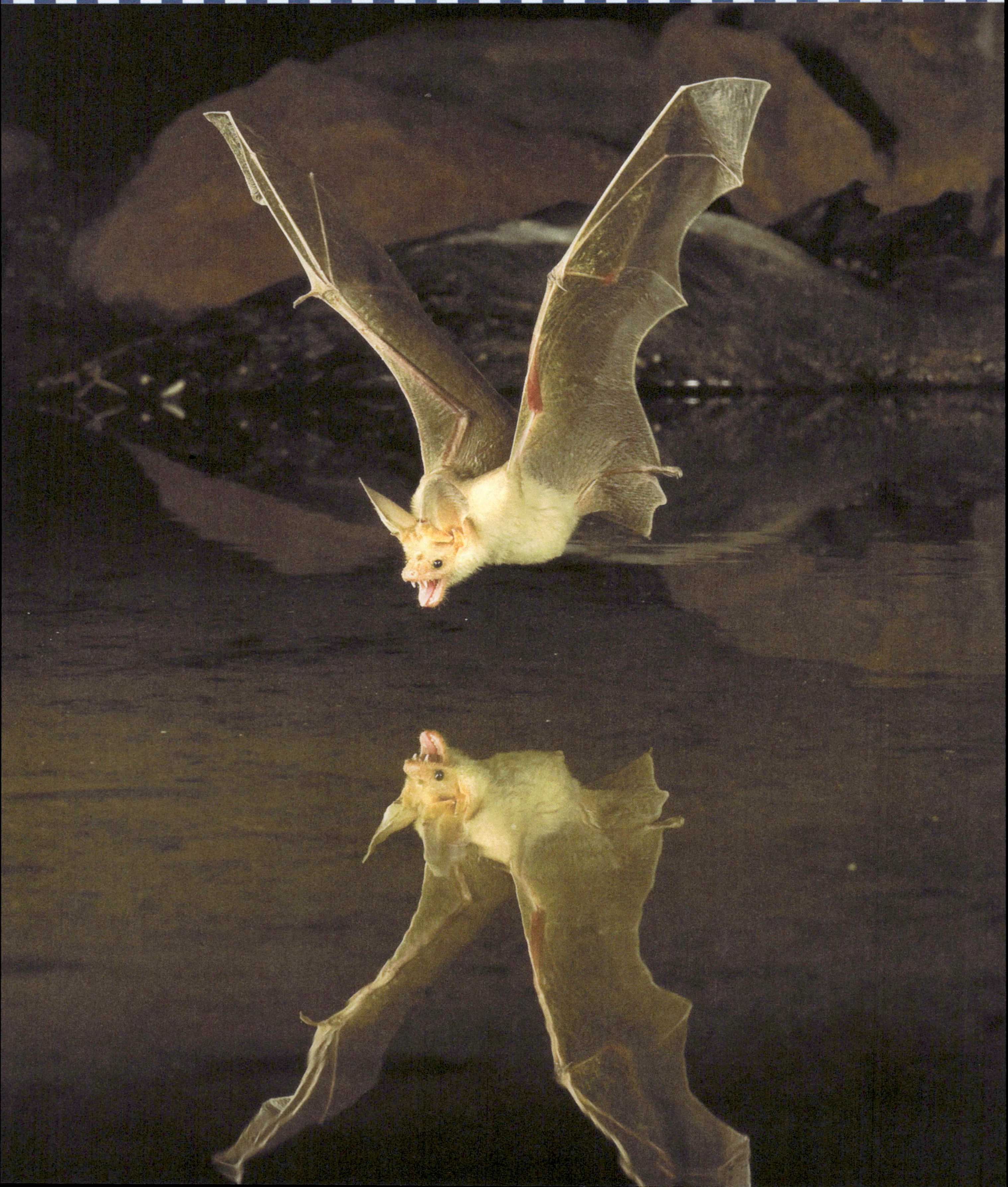

Outros sistemas sensoriais

Capítulo 6

De acordo com um ditado nativo norte-americano, "A folha de um pinheiro caiu. A águia viu. O cervo ouviu. O urso sentiu o cheiro dela." (Herrero, 1985). Cada espécie responde às informações mais úteis. Algumas aves têm receptores para detectar campos magnéticos, informações úteis para orientar a direção norte e sul durante a migração (Wu & Dickman, 2012). As orelhas da perereca verde, *Hyla cinerea*, são mais sensíveis a sons nas frequências proeminentes no chamado de acasalamento do macho adulto (Moss & Simmons, 1986). Os mosquitos desenvolveram um receptor especial que detecta o odor do suor humano — e, portanto, os ajuda a nos encontrar e nos picar (McBride et al., 2014). Os morcegos localizam insetos emitindo ondas de sonar de 20.000 a 100.000 hertz (Hz, ciclos por segundo), bem acima do alcance da audição humana adulta (Griffin, Webster, & Michael, 1960) e, em seguida, localizam os insetos a partir dos ecos que retornam. Os morcegos ouvem as chamadas que usam para localizar as coisas melhor do que quaisquer outros sons (Wohlgemuth & Moss, 2016). Curiosamente, algumas mariposas bloqueiam os sinais emitindo suas próprias chamadas de alta frequência semelhantes (Corcoran, Barber, & Conner, 2009).

Os humanos também têm especializações sensoriais importantes. Nosso paladar nos alerta para o amargor dos venenos (Richter, 1950; Schiffman & Erickson, 1971), mas não responde a substâncias como a celulose, que não nos ajuda nem nos prejudica. Nossos sistemas olfativos não respondem a gases que não precisamos detectar (por exemplo, nitrogênio), mas respondem muito ao cheiro de carne podre. Este capítulo discute como nossos sistemas sensoriais processam informações biologicamente úteis.

Sumário do capítulo

Módulo 6.1
Audição
Som e audição
Percepção de tom
O córtex auditivo
Localização do som
Diferenças individuais
Conclusão: Funções da audição

Módulo 6.2
Os sentidos mecânicos
Sensação vestibular
Somatossensação
Dor
Coceira
Conclusão: Os sentidos mecânicos

Módulo 6.3
Os sentidos químicos
Paladar
Olfato
Feromônios
Sinestesia
Conclusão: Sentidos como maneiras de conhecer o mundo

Objetivos de aprendizagem

Depois de estudar este capítulo, você será capaz de:
1. Descrever os receptores de audição, sensação vestibular, sentidos somáticos e sentidos químicos.
2. Explicar os mecanismos da percepção do tom e localização do som.
3. Comparar a dor física com a emocional.
4. Descrever métodos para aliviar a dor.
5. Discutir as diferenças individuais do paladar e olfato.
6. Definir e descrever a sinestesia.

[Imagem da página anterior:
O mundo sensorial dos morcegos — que encontram insetos por ecolocalização — deve ser muito diferente daquele dos humanos. (Danita Delimont/Getty Images)]

Módulo 6.1

Audição

A evolução foi descrita como "próspera". Depois de resolver um problema, modifica essa solução para outros problemas em vez de começar do zero. Por exemplo, imagine um gene para receptores visuais em um vertebrado primitivo. Faça cópias desse gene, modifique-o ligeiramente e pronto: o novo gene produz receptores que respondem a diferentes comprimentos de onda de luz, e a visão em cores torna-se possível. Neste capítulo, veremos mais exemplos desse princípio. Vários sistemas sensoriais têm suas especializações, mas também têm muito em comum.

Som e audição

Em condições ideais, a audição humana é sensível a sons que vibram o tímpano em menos de um décimo do diâmetro de um átomo, e podemos detectar uma diferença entre dois sons de apenas 1/30 do intervalo entre duas notas de piano (Hudspeth, 2014). Normalmente, porém, prestamos atenção à audição para extrair informações úteis. Se ouvir passos na sua casa ou um galho quebrado na floresta, você sabe que não está sozinho. Se ouvir uma respiração, você sabe que alguma pessoa ou animal está próximo. Então, você ouve o som de uma voz familiar e amigável e sabe que tudo está bem.

Física e psicologia do som

As ondas sonoras são compressões periódicas do ar, água ou outra mídia. Quando uma árvore cai, a árvore e o solo vibram, criando ondas sonoras no ar que chegam às orelhas As ondas sonoras variam em termos de amplitude e frequência. A **amplitude** de uma onda sonora é sua intensidade. Em geral, os sons de maior amplitude parecem mais altos, mas há exceções. Por exemplo, o som da voz de uma pessoa que fala rapidamente parece mais alto do que uma música lenta da mesma amplitude física.

A **frequência** de um som é o número de compressões por segundo, das ondas de ar, medido em hertz (Hz, ciclos por segundo). **Tom**, ou afinação, é um aspecto relacionado com a percepção do som. Sons com frequência mais alta têm tom mais alto. A Figura 6.1 ilustra a amplitude, e a frequência dos sons. A altura de cada onda corresponde à amplitude, e o número de ondas por segundo corresponde à frequência.

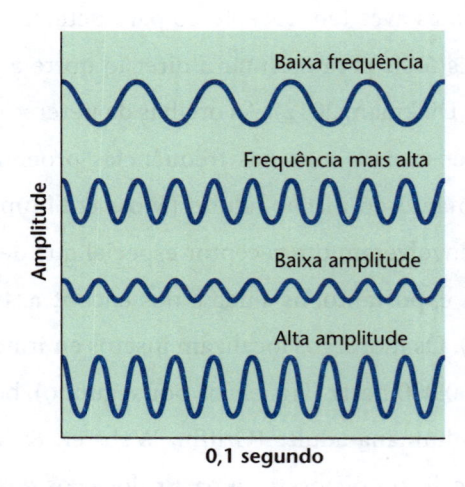

Figura 6.1 Quatro ondas sonoras
A linha na parte superior representa a ocorrência cinco ondas sonoras em 0,1 segundo, ou 50 Hz — um som de baixa frequência que sentimos como um tom baixo. As outras três linhas representam 100 Hz. A extensão vertical de cada linha representa a amplitude, que experimentamos como volume.

A maioria dos humanos adultos ouve sons começando em cerca de 15 Hz a 20 Hz e variando até quase 20.000 Hz. As crianças ouvem frequências mais altas do que os adultos, porque a capacidade de perceber frequências altas diminui com a idade e exposição a ruídos altos (Schneider, Trehub, Morrongiello, & Thorpe, 1986). Como regra, animais grandes como elefantes ouvem melhor em tons mais baixos, e animais pequenos, como camundongos, ouvem em tons mais altos, incluindo uma variação bem acima do que os humanos ouvem.

Além da amplitude e tom, o terceiro aspecto do som é o **timbre**, indicando qualidade ou complexidade do tom. Dois instrumentos musicais tocando a mesma nota na mesma intensidade soam diferentes, assim como duas pessoas cantando a mesma nota na mesma intensidade. Por exemplo, qualquer instrumento tocando uma nota em 256 Hz produzirá simultaneamente sons em 128 Hz, 512 Hz etc., conhecidos como harmônicos da nota principal. A quantidade de cada harmônico difere entre os instrumentos.

As pessoas comunicam emoções por meio de alterações no tom, volume e timbre. Por exemplo, a maneira como você diz "isso foi interessante" pode indicar aprovação (foi realmente interessante), sarcasmo (foi realmente chato) ou suspeita (você acha que alguém estava insinuando algo). A transmissão de informações emocionais por meio do tom da voz é conhecida como *prosódia*.

Estruturas da orelha

Rube Goldberg (1883-1970) desenhou caricaturas de invenções complicadas e rebuscadas. Por exemplo, o passo de uma pessoa na porta de entrada pode puxar a corda que levantou a cauda de um gato, despertando o gato, que então persegue um pássaro que estava descansando em uma balança, que oscila para tocar a campainha. O funcionamento da orelha é complexo o suficiente para se assemelhar a um dispositivo de Rube Goldberg, mas, ao contrário das invenções de Goldberg, a orelha realmente funciona.

Os anatomistas distinguem a orelha externa, a orelha média e a orelha interna (ver Figura 6.2). A orelha externa inclui o **pavilhão auricular**, a estrutura familiar de carne e cartilagem ligada a cada lado da cabeça. Alterando os reflexos das ondas sonoras, o pavilhão auricular nos ajuda a localizar a origem do som. Temos que aprender a usar essa informação porque a orelha de cada pessoa tem uma forma diferente da de qualquer outra (Van Wanrooij, & Van Opstal, 2005). Os grandes pavilhões auriculares móveis dos coelhos permitem que eles localizam as fontes sonora de forma ainda mais precisa.

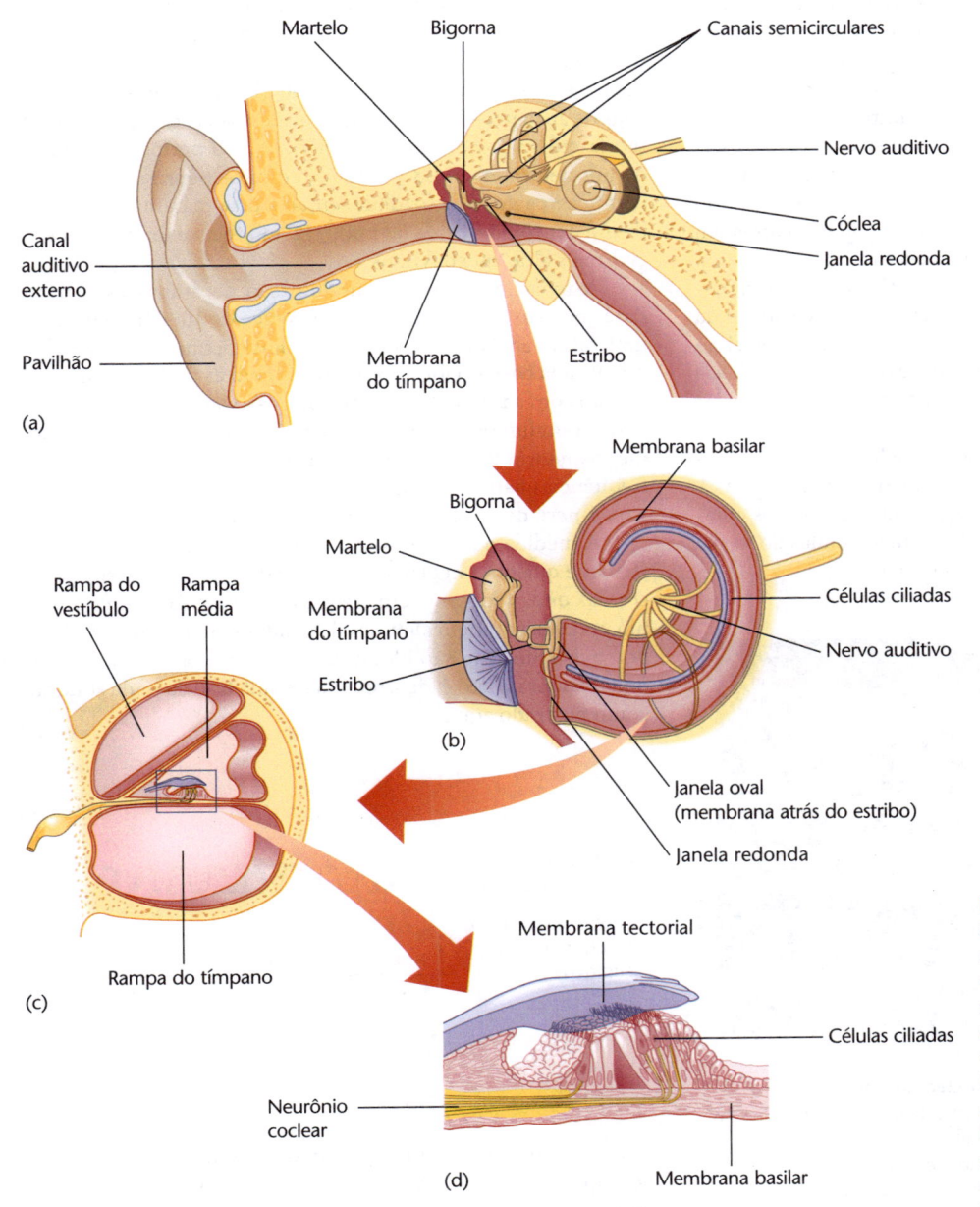

Figura 6.2 Estruturas da orelha
Quando as ondas sonoras alcançam a membrana do tímpano em **(a)**, elas vibram três ossos minúsculos — o martelo, a bigorna e o estribo — que convertem as ondas sonoras em vibrações mais fortes na cóclea cheia de líquido **(b)**. Essas vibrações deslocam as células ciliadas ao longo da membrana basilar na cóclea. **(c)** Um corte transversal ao longo da cóclea. **(d)** Imagem ampliada das células ciliadas.

Depois que as ondas sonoras passam pelo canal auditivo (ver Figura 6.2), elas entram na orelha média, uma estrutura que teve de evoluir quando os peixes antigos se transformaram em animais terrestres. Como os tecidos dos animais respondem às vibrações da água quase da mesma maneira que a própria água, os receptores auditivos dos peixes podem ser relativamente simples. Porém, como os mesmos receptores não respondiam bem às vibrações no ar, os primeiros animais terrestres teriam ouvido apenas sons de baixa frequência altos o suficiente para vibrar toda a cabeça (Christensen, Christensen-Dalsgaard, & Madsen, 2015). Para desenvolver uma audição eficaz em terra, os animais precisavam expandir a maneira de amplificar as vibrações sonoras. As estruturas da orelha média e interna fazem isso.

Quando as ondas sonoras alcançam a orelha média, elas vibram a **membrana do tímpano**. A membrana do tímpano se conecta a três ossos minúsculos que transmitem as vibrações à **janela oval**, uma membrana da orelha interna. Esses ossos, os menores ossos do corpo, às vezes são conhecidos como martelo, bigorna e estribo e, às vezes, pelos nomes em latim, *malleus, incus* e *stapes*. A membrana do tímpano é cerca de 20 vezes maior que o suporte do estribo, que se conecta à janela oval. Como em uma bomba hidráulica, as vibrações da membrana do tímpano amplificam-se em vibrações mais fortes do estribo menor. O efeito líquido converte as ondas sonoras em ondas de maior pressão na pequena janela oval.

Quando o estribo vibra a janela oval, ele coloca em movimento o líquido na **cóclea**, a estrutura em forma de caracol da orelha interna. A Figura 6.2c mostra um corte transversal ao longo da cóclea e seus túneis. Os receptores auditivos, conhecidos como **células ciliadas**, situam-se entre a membrana basilar da cóclea em um lado e a membrana tectorial no outro (ver Figura 6.2d). As vibrações no líquido da cóclea deslocam as células ciliadas, abrindo assim os canais iônicos na membrana. A Figura 6.3 mostra uma micrografia eletrônica das células ciliadas humanas. As células ciliadas estimulam as células do nervo auditivo, que é parte do oitavo nervo craniano.

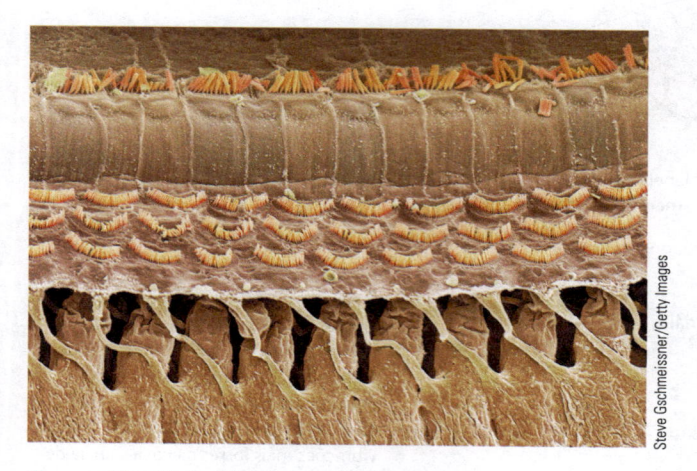

Figura 6.3 Células ciliadas de uma cóclea humana
Essa micrografia eletrônica colorida artificialmente mostra estereocílios (as estruturas em forma de lua crescente no centro da foto) sobre as células ciliadas. À medida que uma onda sonora move o líquido ao longo dos estereocílios, elas os curva, desencadeando respostas das células ciliadas.

Percepção de tom

Sua capacidade de entender a fala ou curtir música depende da sua capacidade de distinguir sons de diferentes frequências. Como você faz isso?

De acordo com a **teoria do local,** a membrana basilar lembra as cordas de um piano, com cada área ao longo da membrana sintonizada em uma frequência específica. Se você tocar uma nota com um diapasão perto de um piano, você vibrará a corda do piano sintonizada nessa nota. Conforme essa teoria, cada frequência ativa as células ciliadas em apenas um local ao longo da membrana basilar, e o sistema nervoso distingue entre as frequências com base em quais neurônios respondem. A derrocada dessa teoria é que as várias partes da membrana basilar são conectadas bem firmemente para que qualquer parte ressoe como uma corda de piano.

Segundo a **teoria da frequência**, toda a membrana basilar vibra em sincronia com um som, fazendo com que os axônios do nervo auditivo produzam potenciais de ação na mesma frequência. Por exemplo, um som a 50 Hz provocaria 50 potenciais de ação por segundo no nervo auditivo. A derrocada dessa teoria em sua forma mais simples é que o período refratário de um neurônio, embora variável entre os neurônios, é geralmente cerca de $1/1.000$ segundo, então a taxa máxima de disparo de um neurônio é cerca de 1.000 Hz, muito abaixo das frequências mais altas que ouvimos.

A teoria atual é uma modificação de ambas as teorias. Para sons em baixa frequência (até cerca de 100 Hz — mais de uma oitava abaixo do dó central na música, que é de 264 Hz), a membrana basilar vibra em sincronia com as ondas sonoras, de acordo com a teoria da frequência, e os axônios do nervo auditivo geram um potencial de ação por onda. Sons suaves ativam menos neurônios e sons mais fortes ativam mais. Assim, em frequências baixas, a frequência dos impulsos identifica o tom, e o número de células disparando identifica o volume.

À medida que os sons excedem 100 Hz, torna-se mais difícil que qualquer neurônio continue disparando em sincronia com as ondas sonoras. Em frequências mais altas, um neurônio pode disparar em algumas das ondas e não em outras. Seus potenciais de ação são bloqueados por fase para os picos das ondas sonoras (isto é, ocorrem na mesma fase da onda sonora), como ilustrado aqui:

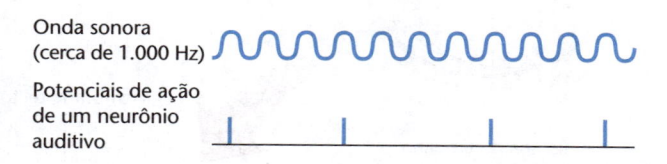

Onda sonora (cerca de 1.000 Hz)
Potenciais de ação de um neurônio auditivo

Outros neurônios auditivos também produzem potenciais de ação que são bloqueados por fase com os picos da onda sonora, mas podem estar defasados entre si:

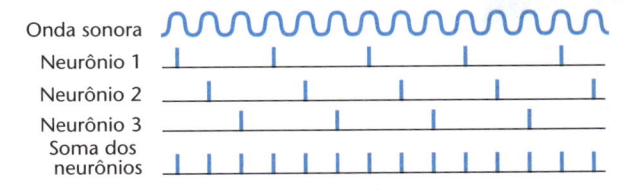

Cada onda de um tom de alta frequência estimula pelo menos alguns neurônios auditivos. De acordo com o **Princípio de Volley** da discriminação de tom, o nervo auditivo como um todo produz rajadas de impulsos para sons de até cerca de 4.000 por segundo, embora nenhum axônio individual se aproxime dessa frequência (Rose, Brugge, Anderson, & Hind, 1967). Entretanto, para além de cerca de 4.000 Hz, mesmo as rajadas escalonadas dos impulsos não conseguem acompanhar o ritmo das ondas sonoras.

A maior parte da audição humana ocorre abaixo de 4.000 Hz, o limite aproximado do princípio de Volley. Para efeito de comparação, a nota mais alta em um piano é de 4.224 Hz. Quando ouvimos frequências ainda mais altas, usamos um mecanismo semelhante à teoria do local. A membrana basilar varia de rígida em sua base, onde o estribo intersecciona a cóclea, a flexível na outra extremidade da cóclea, o ápice (ver Figura 6.4). Um som agudo cria uma onda progressiva que alcança o pico em algum ponto ao longo da membrana basilar, e então para. O ponto em que alcança o pico identifica a frequência do som (Hudspeth, 2014). Os sons em frequências mais altas vibram as células ciliadas perto da base, e os sons em frequências mais baixas vibram as células ciliadas mais ao longo da membrana (Warren, 1999).

PARE & REVISE

1. Por meio de qual mecanismo percebemos sons de baixa frequência (até cerca de 100 Hz)?
2. Como percebemos sons de frequência média (100 Hz a 4.000 Hz)?
3. Como percebemos sons de alta frequência (acima de 4.000 Hz)?

RESPOSTAS

1. Em baixas frequências, a membrana basilar vibra em sincronia com as ondas sonoras, e cada axônio que responde no nervo auditivo envia um potencial de ação por onda sonora. 2. Em frequências intermediárias, nenhum axônio individual dispara um potencial de ação para cada onda sonora e, portanto, uma salva (grupo) de axônios dispara para cada onda. 3. Em altas frequências, o som causa vibração máxima para as células ciliadas em um local ao longo da membrana basilar.

O córtex auditivo

À medida que as informações do sistema auditivo passam pelas áreas subcorticais, os axônios penetram o mesencéfalo para permitir que cada hemisfério do prosencéfalo receba a maioria dos estímulos da orelha oposta (Glendenning, Baker, Hutson, & Masterton, 1992). A informação por fim chega ao **córtex auditivo primário (área A1)** no córtex temporal superior, como mostrado na Figura 6.5.

A organização do córtex auditivo corresponde àquela do córtex visual (Poremba et al., 2003). Por exemplo, assim como o sistema visual tem vias separadas para identificar objetos e agir sobre eles, o sistema auditivo tem uma via no córtex temporal anterior especializada em identificar sons, e uma via no córtex temporal posterior e no córtex parietal especializada em localizar sons (Lomber & Malhotra, 2008). Assim como os pacientes com danos na área MT tornam-se cegos ao movimento, os pacientes com lesões em partes do córtex temporal superior tornam-se surdos ao movimento. Eles ouvem sons, mas não detectam que uma fonte de um som está se movendo (Ducommun et al., 2004).

Assim como o córtex visual permanece ativo durante as imagens visuais, a área A1 responde a sons imaginários e também a sons reais. Torna-se ativo quando as pessoas assistem a pequenos vídeos silenciosos que sugerem som — como alguém tocando piano ou um vaso de vidro se espatifando no chão (Meyer et al., 2010). Em um estudo, as pessoas ouviram várias canções conhecidas e desconhecidas. Em vários pontos, partes de cada canção foram substituídas por intervalos de 3 a 5 segundos. Quando as pessoas ouviam as músicas conhecidas, elas relataram que ouviram "em suas cabeças" as notas ou palavras que pertenciam aos intervalos. Essa experiência foi acompanhada por atividade na área A1. Durante intervalos semelhantes nas canções desconhecidas, elas não ouviram nada em suas cabeças, e a área A1 não mostrou nenhuma resposta (Kraemer, Macrae, Green, & Kelley, 2005).

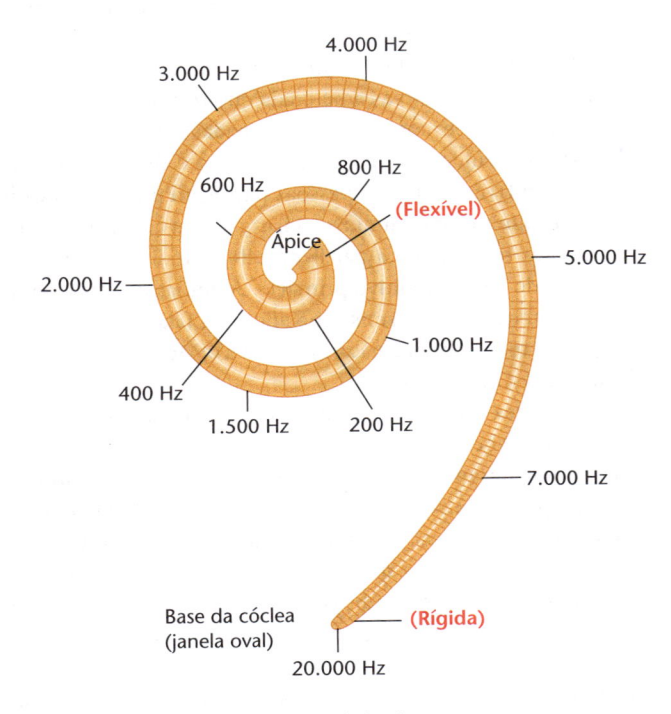

Figura 6.4 **Membrana basilar da cóclea humana**
Sons em alta frequência estimulam as células ciliadas próximas à base. Sons de baixa frequência excitam as células próximas ao ápice.

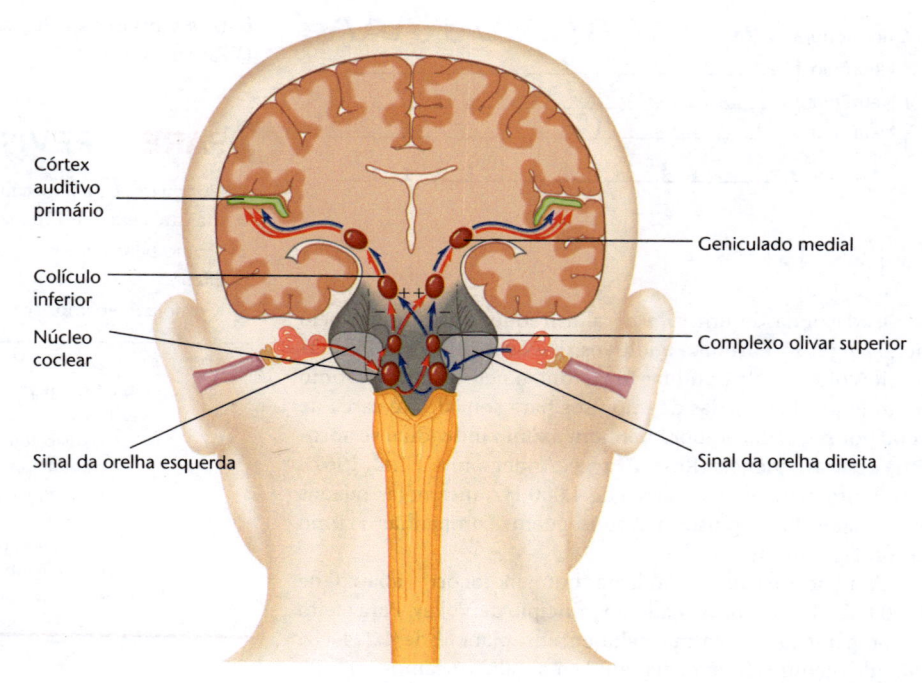

Figura 6.5 Via dos impulsos auditivos dos receptores na orelha para o córtex auditivo

O núcleo coclear recebe estimulação apenas da orelha ipsilateral (no mesmo lado da cabeça). Todos os estágios posteriores têm estimulação de ambas as orelhas.

Do mesmo modo que o sistema visual, o desenvolvimento do sistema auditivo depende da experiência. Assim como criar um animal no escuro prejudica o desenvolvimento visual, criar um animal em um ambiente com ruído constante prejudica o desenvolvimento auditivo (Chang & Merzenich, 2003). (Em ambiente com ruído constante, é difícil identificar e aprender sobre os sons específicos.)

No entanto, os sistemas visual e auditivo diferem quanto a isto: embora lesões no córtex visual primário (área V1) deixem alguém cego, lesões no córtex auditivo primário não produzem surdez. Pessoas com lesões no córtex auditivo primário têm problemas com a fala e música, mas podem identificar e localizar sons isolados (Tanaka, Kamo, Yoshida, & Yamadori, 1991). Evidentemente, o córtex não é necessário para audição, mas para processar a informação.

Quando os pesquisadores registram a partir de células no córtex auditivo primário ao reproduzir tons puros, eles descobrem que a maioria das células tem um tom preferido. O córtex auditivo fornece o que os pesquisadores chamam de mapa *tonotópico* dos sons, como mostrado na Figura 6.6. Observe que as células que respondem a frequências semelhantes tendem a se agrupar. O mapa tonotópico difere quanto aos detalhes entre uma pessoa e outra (Leaver & Rauschecker, 2016).

Embora algumas células no córtex auditivo respondam bem a um único tom, a maioria das células responde melhor a um som complexo, como um tom dominante e vários harmônicos (Barbour & Wang, 2003; Griffiths, Uppenkamp, Johnsrude, Josephs, & Patterson, 2001; Penagos, Melcher, & Oxenham, 2004; Wessinger et al., 2001). Por exemplo, para um tom de 400 Hz, os harmônicos são 800 Hz, 1.200 Hz etc. Experimentamos um tom com harmônicos tão mais ricos do que um sem eles. Em torno do córtex auditivo primário estão o córtex auditivo secundário e áreas adicionais que respondem melhor a sons naturais relevantes, como chamadas de animais, canto de pássaros, ruídos de máquinas, música e fala (Theunissen & Elie, 2014). Enquanto as pessoas passavam por um procedimento exploratório preliminar à cirurgia para epilepsia, os pesquisadores registraram a partir de células individuais na área ao redor do córtex auditivo primário. Algumas células responderam intensamente a sons específicos da fala, como todas as vogais ou todos os sons nasais (m, n e ñ) (Mesgarani, Cheung, Johnson, & Chang, 2014).

O córtex auditivo é importante não apenas para a audição, mas também para pensar os conceitos relacionados à audição. Solicitaram a algumas pessoas para analisar grupos de letras e pressionar um botão para indicar se cada uma era ou não uma palavra real. A tarefa era fácil o suficiente para que a maioria das pessoas quase sempre estivesse certa. Pessoas com lesões no córtex auditivo tiveram desempenho normal, exceto para palavras relacionadas a sons. Nem sempre, mas frequentemente, elas podem analisar algo como "sal", indicando: "Não, isso não é uma palavra" (Bonner & Grossman, 2012). Esse estudo é significativo, porque corrobora a teoria de que os conceitos humanos dependem de associações com

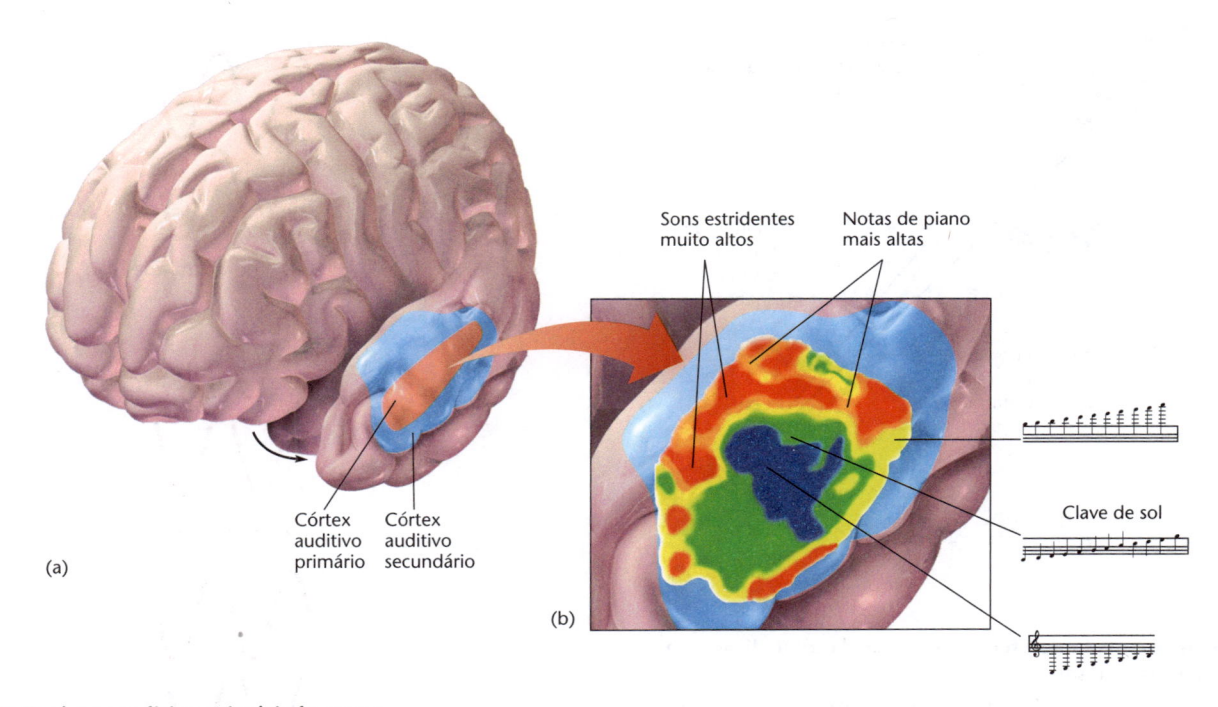

Figura 6.6 O córtex auditivo primário humano
Células em cada área responde principalmente aos tons de uma determinada frequência. Com base nos dados de Leaver & Rauschecker, 2016.

as sensações ou ações que inicialmente os estabeleceram. Se você não consegue imaginar um som, uma palavra relacionada a som não parece fazer sentido.

PARE & REVISE

4. Como o córtex auditivo se parece com o córtex visual?
5. Qual é a diferença entre os córtices auditivo e visual?
6. Que evidência sugere que os conceitos humanos dependem da ativação das áreas sensoriais ou motoras relevantes do córtex?

RESPOSTAS

4. Qualquer um dos seguintes: (a) Tanto a visão como a audição têm vias "para que" e "para onde". (b) Áreas no córtex temporal superior analisam o movimento de estímulos visuais e auditivos. Lesões podem causar cegueira de movimento ou surdez de movimento. (c) O córtex visual é essencial para imagens visuais, e o córtex auditivo primário é essencial para imagens auditivas. (d) Tanto o córtex visual como o córtex auditivo precisam de experiência normal no início da vida para desenvolver sensibilidades normais.
5. Lesões no córtex visual primário deixam alguém cego, mas lesões no córtex auditivo primário só prejudicam a percepção de sons complexos sem tornar a pessoa surda.
6. Pessoas com lesões no córtex auditivo consideram muitas palavras relacionadas ao som, como "trovão", como se fossem não palavras.

Localização do som

Você está caminhando sozinho quando de repente ouve um ruído alto. Você quer saber o que o produziu (amigo ou inimigo), mas, da mesma forma, você quer saber de onde veio. A localização do som é menos precisa do que a localização visual, mas mesmo assim impressionante. As corujas localizam sons bem o suficiente para capturar camundongos no escuro.

A determinação da direção e distância de um som requer a comparação das respostas das duas orelhas. Um método é a diferença no *tempo de chegada* nas duas orelhas. Um som vindo diretamente de um lado chega à orelha mais próxima cerca de 600 microssegundos (μs) antes da outra. Uma diferença menor nos tempos de chegada indica uma fonte de som mais próxima da linha média. A hora de chegada é útil para localizar sons de início repentino. O som de alerta da maioria das aves aumenta gradualmente, tornando-os difíceis de serem localizados por um predador.

Outra dica para localização é a diferença de intensidade entre as orelhas. Para sons em alta frequência, com um comprimento de onda mais curto do que a largura da cabeça, a cabeça gera uma *sombra sonora* (ver Figura 6.7), tornando o som mais alto para a orelha mais próxima. Em humanos adultos, esse mecanismo produz uma localização precisa do som para frequências acima de 2.000 Hz a 3.000 Hz e localizações menos precisas para frequências mais baixas.

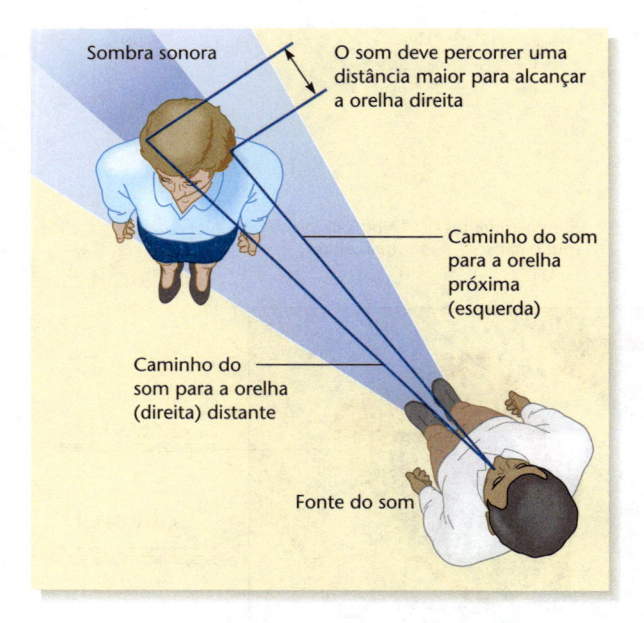

Figura 6.7 Volume e tempos de chegada como dicas para a localização do som
Os sons que chegam a orelha mais próxima chegam mais cedo e mais altos porque a cabeça produz uma "sombra sonora".
(Fonte: Baseada em Lindsay, & Norman, 1972)

Uma terceira dica é a *diferença de fase* entre as orelhas. Cada onda sonora tem fases com picos de 360 graus de distância. A Figura 6.8 mostra as ondas sonoras que estão em fase ou fora de fase. Se um som se origina na lateral da cabeça, a onda sonora alcança as duas orelhas fora de fase, como mostrado na Figura 6.9. O quanto fora de fase depende da frequência do som, do tamanho da cabeça e da direção do som. As diferenças de fase fornecem informações úteis para localizar sons com frequências de até 1.500 Hz em seres humanos. Os sons da fala e da música estão bem dentro desse intervalo.

Se a cabeça está debaixo d'água, você terá problemas para localizar sons de baixa e média frequências. A razão é que os sons viajam mais rápido na água do que no ar, então um som chega às duas orelhas quase simultaneamente e as diferenças de fase também são pequenas.

Resumindo, os humanos localizam as baixas frequências por diferenças de fase, e as altas frequências por diferenças no volume do som. Podemos localizar um som repentino de qualquer frequência pelos tempos de início. Todos esses métodos requerem aprendizado porque, à medida que a cabeça cresce, a distância entre as orelhas aumenta e você precisa recalibrar a maneira como localiza os sons (Kumpik, Kacelnik, & King, 2010).

O que aconteceria se você ficasse surdo de uma das orelhas? Inicialmente, como seria de esperar, todos os sons parecem vir diretamente do lado da orelha intacta. (Essa orelha ouve um som mais alto e antes que a outra, porque a outra orelha não ouve nada.) Com o tempo, no entanto, as pessoas aprendem a interpretar os sinais do volume do som quando ouvem sons conhecidos em um local familiar. Elas inferem que sons mais altos são oriundo do lado da orelha intacta e os sons mais suaves do lado oposto. A precisão delas não corresponde àquela das pessoas que ouvem com as duas orelhas, mas torna-se útil em algumas doenças (Van Wanrooij & Van Opstal, 2004).

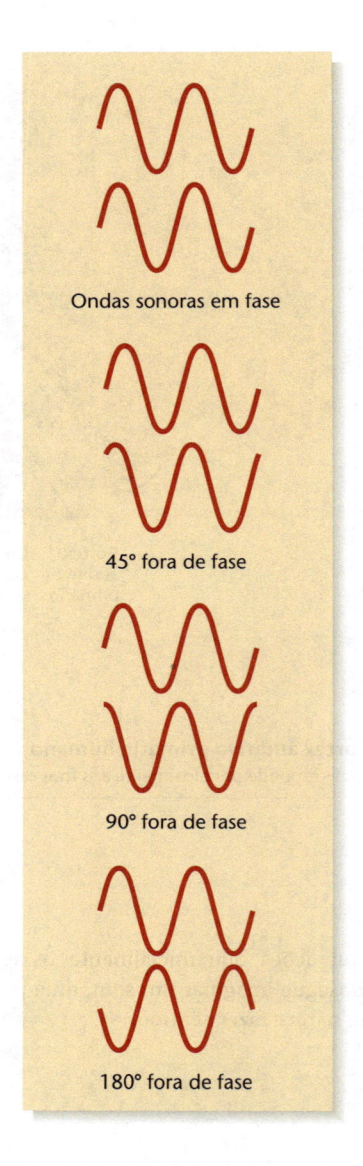

Figura 6.8 Ondas sonoras em fase ou fora de fase
As ondas sonoras que alcançam as duas orelhas em fase são percebidas como vindo diretamente da frente (ou de trás) do ouvinte. Quanto mais fora de fase as ondas estão, mais distante a fonte sonora está da linha média do corpo.

✓ PARE & REVISE

7. Qual método de localização sonora é mais eficaz para um animal com cabeça pequena? O que é mais eficaz para um animal com cabeça grande? Por quê?

RESPOSTA

7. Um animal com cabeça pequena localiza os sons principalmente por diferenças no volume porque as orelhas não estão distantes o suficiente para que as diferenças no tempo de início sejam úteis. Um animal com cabeça grande localiza os sons principalmente por diferenças no tempo de início, porque as orelhas estão distantes e bem adequadas para notar diferenças de fase ou tempo de início.

Figura 6.9 Diferenças de fase como uma dica para a localização do som
Um som vindo de qualquer lugar que não seja diretamente à frente ou atrás chega as duas orelhas em diferentes fases da onda sonora. A diferença de fase é um sinal da direção do som. Com sons de alta frequência, as fases tornam-se ambíguas.

Diferenças individuais

Estima-se que 4% das pessoas têm *amusia*, comumente chamada "surdez para tons" (Hyde & Peretz, 2004). Embora não sejam realmente incapazes de detectar diferenças nos tons, geralmente não detectam uma alteração menor do que a diferença entre dó sustenido maior e dó sustenido menor (Loui, Alsop, & Schlaug, 2009). Além disso, elas têm problemas para reconhecer melodias, não conseguem dizer se alguém está cantando desafinado e não detectam uma nota "errada" em uma melodia. Elas também têm problemas para avaliar o humor das pessoas, como feliz ou triste, pelo tom de voz (Thompson, Marin, & Stewart, 2012).

Para pessoas com amusia, o córtex auditivo parece ser quase normal, mas tem menos conexões do que a média do córtex frontal (Hyde et al., 2007; Loui et al., 2009; Norman-Haignere et al., 2016), ou seja, o déficit evidentemente não está na própria audição. Em vez disso, essas pessoas têm memória ruim para agudos e grave (Tillman, Leveque, Fornoni, Abouy, & Caclin, 2016) e talvez atenção ruim para agudos e graves. A corrente alternada transcraniana aplicada ao couro cabeludo é uma forma não invasiva de estimular a área subjacente do cérebro. Quando esse procedimento foi aplicado a uma parte do córtex pré-frontal direito de pessoas com amusia, a capacidade delas de lembrar graves e agudo melhorou para níveis quase normais (Schaal, Pfeifer, Krause, & Pollok, 2015). A implicação é de que a amusia resulta do comprometimento do córtex pré-frontal, ou da estimulação dele pelo córtex auditivo.

A orelha absoluta (ou "afinação perfeita") é a capacidade de ouvir uma nota e identificá-la — por exemplo: "Isso é um si bemol". A predisposição genética contribui (Theusch, Basu, & Gitschier, 2009), mas o treinamento musical precoce também é importante. Nem todos com treinamento musical desenvolvem uma orelha absoluta, mas quase todos com uma afinação absoluta tiveram treinamento musical precoce (Athos et al., 2007). A orelha absoluta também é mais comum entre pessoas que falam línguas tonais, como vietnamita e mandarim (Deutsch, Henthorn, Marvin, & Xu, 2006). Nesses idiomas, o significado de um som depende do tom e, portanto, as pessoas aprendem desde a infância a prestar muita atenção a pequenas mudanças no tom.

Na maneira tradicional de testar a orelha absoluta, um pesquisador toca uma nota pura e pede que alguém a nomeie. De acordo com esse método, apenas cerca de 1 pessoa em 10.000 se qualifica, e somos tentados a pensar na afinação absoluta como um "superpoder". Mas de acordo com outros métodos de teste, a capacidade parece mais comum. Por exemplo, muitos violinistas profissionais não conseguem indicar a altura ou tom de uma nota pura, mas se tornam muito mais precisos se ouvirem uma nota de violino com seus harmônicos. Resultados semelhantes se aplicam a pianistas e provavelmente a pessoas que tocam outros instrumentos (Wong & Wong, 2014). Os não músicos não conseguem identificar uma nota, mas se ouvirem a música-tema de um programa de televisão conhecido, a maioria pode dizer se foi tocada no tom normal ou em um diferente (Schellenberg & Trehub, 2003). Evidentemente, a capacidade de reconhecer um tom é comum, mesmo que a capacidade de identificá-lo não seja.

Surdez

Embora poucas pessoas sejam totalmente incapazes de ouvir, muitas têm deficiência suficiente para impedir a compreensão da fala. As duas categorias de perda auditiva são surdez condutiva e surdez nervosa.

Doenças, infecções ou crescimento ósseo tumoral podem impedir que a orelha média transmita ondas sonoras de maneira adequada para a cóclea. O resultado, **surdez condutiva** ou **surdez da orelha média**, às vezes é temporário. Se persistir, pode ser corrigido por cirurgia ou por aparelhos auditivos que amplificam os sons. Como as pessoas com surdez condutiva têm cóclea e nervo auditivo normais, elas ouvem prontamente suas próprias vozes, conduzidas ao longo dos ossos do crânio diretamente para a cóclea, desviando a orelha média. Como ouvem a si mesmos claramente, podem acusar outras pessoas de murmurar ou falar baixinho.

Surdez nervosa ou **surdez da orelha interna** resulta de lesões na cóclea, células ciliadas ou nervo auditivo. Se estiver restrito a uma parte da cóclea, prejudica a audição de certas frequências e não de outras. A surdez nervosa pode ser hereditária, pode resultar de doença ou pode resultar da exposição a ruídos altos. Por exemplo, muitos soldados, operários de construção e fãs de rock ruidoso se expõem a níveis de ruído que danificam as sinapses e os neurônios do sistema auditivo. Gradualmente, começam a perceber zumbidos ou audição prejudicada (Kujawa & Liberman, 2009).

Tinido é um zumbido frequente ou constante nas orelhas. Em alguns casos, o tinido pode ser decorrente de um fenômeno semelhante ao membro fantasma, discutido no Capítulo 4. Danificar a parte da cóclea é como uma amputação: se o cérebro não receber mais estimulação normal, os axônios que representam outras partes do corpo podem invadir parte da área do cérebro que geralmente responde aos sons. Em muitos casos, pessoas que perderam a audição em uma determinada faixa relatam zumbidos nas orelhas na mesma faixa, sugerindo que algum outro estímulo está ativando parte do córtex auditivo. No entanto, muitas pessoas apresentam tinido sem perda auditiva ou reorganização do córtex (Elgoyhen, Langguth, De Ridder, & Vanneste, 2015). Evidentemente, o tinido pode resultar de mais de uma causa.

Audição, atenção e envelhecimento

Muitos idosos têm problemas de audição, apesar de usarem aparelhos auditivos. Os aparelhos auditivos geram os sons altos o suficiente, mas as pessoas ainda têm dificuldade para entender a fala, especialmente em um ambiente barulhento ou se alguém fala rapidamente.

Parte da explicação é que as áreas do cérebro responsáveis pela compreensão da linguagem tornaram-se menos ativas (Peelle, Troiani, Grossman, & Wingfield, 2011). Essa tendência pode ser apenas uma deterioração natural ou pode ser uma reação à degradação prolongada da estimulação auditiva, ou seja, se alguém não começa a usar aparelhos auditivos no momento certo, o córtex da linguagem não recebe a estimulação normal e começa a se tornar menos responsivo.

O restante da explicação diz respeito à atenção. Frequentemente, você quer ouvir uma pessoa em um ambiente ruidoso. Para ouvir o que é importante para você, é necessário filtrar todos os outros sons (Mesgarani & Chang, 2013). Jovens saudáveis podem filtrar sons irrelevantes de forma altamente eficaz (Molloy, Griffiths, Chait, & Lavie, 2015).

Muitos idosos apresentam perda dos neurotransmissores inibitórios nas partes auditivas do cérebro. Como resultado, eles têm problemas para suprimir sons irrelevantes. Além disso, por causa da transmissão inibitória diminuída, o córtex auditivo tem respostas graduais e amplas a cada som, em vez de uma resposta rápida e nítida a cada um. Portanto, a resposta a um som se sobrepõe parcialmente à resposta a outro (Anderson, Parbery-Clark, White-Schwoch, & Kraus, 2012). A atenção melhora se o ouvinte observa a face do falante (Golumbic, Cogan, Schroeder, & Poeppel, 2013). Todos nós fazemos mais leitura labial do que imaginamos, e focalizar no falante ajuda a prender a atenção nos sons correspondentes. Muitos idosos podem ouvir a voz de seus cônjuges de forma mais eficaz do que outras vozes (Johnsrude et al., 2013).

PARE & REVISE

8. Que evidência sugere que a orelha absoluta depende de experiências especiais?
9. Qual tipo de perda auditiva — surdez condutiva ou surdez nervosa — é mais comum entre membros de bandas de rock e por quê?
10. Por que muitos idosos têm problemas para ouvir a fala apesar de usarem aparelhos auditivos?

RESPOSTAS

8. A orelha absoluta ocorre quase totalmente entre pessoas que tiveram treinamento musical precoce e também é mais comum entre pessoas que falam línguas tonais, que requerem maior atenção ao tom. 9. A surdez nervosa é comum entre os membros de bandas de rock porque a exposição frequente a ruídos altos provoca danos às células da orelha. 10. Em alguns casos, as áreas de linguagem do córtex tornaram-se menos responsivas. Além disso, as áreas auditivas do cérebro diminuíram os níveis de neurotransmissores inibitórios e o resultado é menor capacidade para prestar atenção a um falante em um ambiente ruidoso.

Módulo 6.1 | Conclusão
Funções da audição

Passamos grande parte do dia ouvindo a linguagem e, às vezes, esquecemos que a função original e principal da audição tem a ver com questões mais simples, mas extremamente importantes: O que eu ouço? Onde está? Está se aproximando? É um parceiro em potencial, um inimigo em potencial, um alimento em potencial ou algo irrelevante? A organização do sistema auditivo é adequada para responder a essas perguntas.

Resumo

1. As ondas sonoras vibram na membrana do tímpano. Três pequenos ossos convertem essas vibrações em vibrações mais fortes na janela oval menor, colocando em movimento o líquido dentro da cóclea. Ondas do líquido dentro da cóclea estimulam as células ciliadas que enviam mensagens ao cérebro.
2. Detectamos o tom de sons em baixa frequência pela constância dos potenciais de ação no sistema auditivo. Em frequências intermediárias, detectamos voleios das respostas em muitos receptores. Detectamos o tom dos sons de frequência mais alta pela área de maior resposta ao longo da membrana basilar.
3. O córtex auditivo lembra o córtex visual de muitas maneiras. Ambos têm um sistema especializado para identificar estímulos e um sistema para localizá-los. Ambos são importantes para imaginar estímulos sensoriais. Ambos têm áreas especializadas para detecção do movimento.
4. Cada célula no córtex auditivo primário responde melhor a uma determinada frequência de tons, embora muitas respondam melhor a tons complexos do que a uma única frequência.

5. As áreas adjacentes ao córtex auditivo primário respondem a sons mais complexos e analisam o significado deles. O córtex auditivo contribui para a compreensão do significado das palavras relacionadas ao som.
6. Localizamos sons em alta frequência de acordo com as diferenças de volume entre as orelhas. Localizamos sons em baixa frequência por diferenças de fase. Se um som ocorre repentinamente, nós o localizamos pelos momentos de início nas duas orelhas.
7. As pessoas variam quanto à atenção aos sons e à capacidade de processá-los. Algumas pessoas têm dificuldade em detectar ou lembrar diferenças nos sons. Algumas pessoas podem ouvir um tom e identificá-lo, como o dó sustenido menor.
8. A surdez pode resultar de lesões nas células nervosas ou nos ossos que conduzem os sons para as células nervosas.
9. Muitos idosos têm dificuldade de prestar atenção a informações relevantes e filtrar as distrações, em grande parte devido à perda de neurotransmissores inibitórios em áreas auditivas do cérebro.

Termos-chave

Os termos estão definidos no número de página indicado. Também são apresentados em ordem alfabética com a definição no Índice remissivo/Glossário do livro, que começa na p. 589.

amplitude **188**
células ciliadas **190**
cóclea **190**
córtex auditivo primário (área A1) **191**
frequência **188**
janela oval **190**
membrana do tímpano **190**
pavilhão auricular **189**
princípio de Volley **191**
surdez condutiva (surdez na orelha média) **195**
surdez nervosa (surdez da orelha interna) **195**
teoria da frequência **190**
teoria do local **190**
timbre **188**
tinido **195**
tom **188**

Questões complexas

1. Por que você supõe que o sistema auditivo humano desenvolveu sensibilidade a sons na faixa de 20 Hz a 20.000 Hz, em vez de alguma outra faixa de frequências?

2. O texto explica como podemos distinguir a intensidade para sons de baixa frequência. Como podemos distinguir a intensidade para um tom de alta frequência?

Módulo 6.1 | Questionário final

1. Quando os peixes antigos evoluíram para animais terrestres, por que precisaram desenvolver os elaborados mecanismos da orelha média e interna?
   A. Amplificar sons
   B. Localizar sons
   C. Lembrar sons
   D. Distinguir entre os tons.

2. Onde estão os receptores auditivos, conhecidos como células ciliadas?
   A. No nervo auditivo
   B. Ao longo da membrana basilar da cóclea
   C. Entre a bigorna e o estribo
   D. No pavilhão auricular.

3. Como identificamos um som de baixa frequência?
   A. Baixas frequências só provocam vibrações fracas da membrana basilar.
   B. Cada frequência gera uma resposta de pico em um ponto ao longo da membrana basilar.
   C. Toda a membrana basilar vibra em sincronia com a frequência do som.
   D. Cada frequência vibra uma parte diferente do pavilhão auricular.

4. Como identificamos um som agudo?
   A. Altas frequências só provocam vibrações fracas da membrana basilar.
   B. Cada frequência gera uma resposta de pico em um ponto ao longo da membrana basilar.
   C. Toda a membrana basilar vibra em sincronia com a frequência do som.
   D. Cada frequência vibra uma parte diferente do pavilhão auricular.

5. De que maneira o córtex auditivo não é análogo ao córtex visual?
    A. O córtex auditivo não tem vias separadas para identificar e localizar estímulos.
    B. Lesões no córtex auditivo primário não causam surdez.
    C. Apenas imaginar um som não ativa o córtex auditivo.
    D. As variações na experiência inicial não modificam o córtex auditivo.

6. O que se entende por "mapa tonotópico"?
    A. Cada local no córtex auditivo responde a um tom preferido.
    B. O córtex auditivo tem axônios indo e vindo para todas as outras partes do córtex.
    C. Cada neurônio no córtex auditivo responde de maneira diferente, dependendo da localização da origem do som no espaço.
    D. Cada célula do córtex auditivo tem uma célula "parceira" no córtex visual.

7. Que tipo de som localizamos comparando o tempo de chegada nas duas orelhas?
    A. Sons de início lento
    B. Sons repentinos
    C. Sons de alta frequência
    D. Sons de baixa frequência.

8. A orelha absoluta é mais comum entre que tipos de pessoa?
    A. Pessoas que tiveram um período de privação auditiva durante a primeira infância.
    B. Pessoas com extenso treinamento musical desde a primeira infância.
    C. Pessoas que aprenderam dois idiomas desde a primeira infância.
    D. Pessoas com muitos irmãos mais velhos.

9. Por que muitos idosos têm dificuldade para entender a fala, apesar de usarem aparelhos auditivos?
    A. Ausência da transmissão inibitória no córtex auditivo.
    B. Redução gradual da cóclea.
    C. Diminuição da capacidade de resposta social.
    D. Incapacidade de lembrar o significado de palavras comuns.

Respostas: 1A, 2B, 3C, 4B, 5B, 6A, 7B, 8B, 9A.

Módulo 6.2

Os sentidos mecânicos

Se colocar a mão na superfície do rádio, você sentirá as vibrações do que ouve. Se praticasse bastante, poderia aprender a "ouvir" as vibrações com os dedos? Desculpe, isso não funcionará. Se uma espécie sem orelhas tivesse tempo suficiente, seus detectores de vibração poderiam evoluir para detectores de som? Sim! Na verdade, nossas orelhas evoluíram dessa maneira. Boa parte da evolução consiste em selecionar algo que evoluiu para um único propósito e modificá-lo para outro propósito.

Os *sentidos mecânicos* respondem à pressão, à flexão ou a outras distorções de um receptor. Incluem toque, dor e outras sensações corporais, bem como a sensação vestibular, que detecta a posição e o movimento da cabeça. A audição também é um sentido mecânico porque as células ciliadas são receptores de toque modificados. Nós a analisamos separadamente por causa da sua complexidade e importância.

Sensação vestibular

Tente ler uma página enquanto balança a cabeça para cima e para baixo ou para frente e para trás. Você descobrirá que pode ler com bastante facilidade, a menos que balance a cabeça rápido demais. Agora mantenha a cabeça firme e balance a página para cima e para baixo, para frente e para trás. Nesse caso, você dificilmente consegue ler. Por quê?

TENTE VOCÊ

Ao mover a cabeça, o órgão vestibular adjacente à cóclea monitora os movimentos e direciona os movimentos compensatórios dos olhos. Ao mover a cabeça para a esquerda, os olhos se movem para a direita; ao mover a cabeça para a direita, os olhos se movem para a esquerda. Sem esforço, você mantém os olhos focalizados no que deseja ver (Brandt, 1991). Ao mover rapidamente a página para frente e para trás, no entanto, o órgão vestibular não consegue manter os olhos no alvo.

As sensações do órgão vestibular detectam a direção da inclinação e a quantidade de aceleração da cabeça. Utilizamos essas informações automaticamente para orientar os movimentos dos olhos e manter o equilíbrio. Camundongos com deficiência da sensação vestibular frequentemente perdem o equilíbrio e caem. Eles não podem nadar ou flutuar porque muitas vezes estão de cabeça para baixo (Mariño et al., 2010). Da mesma forma, pessoas com deficiência do sistema vestibular cambaleiam e caem.

O órgão vestibular, mostrado na Figura 6.10, consiste no *sáculo*, *utrículo*, e três canais semicirculares. Assim como os receptores auditivos, os receptores vestibulares são receptores de toque modificados. Partículas de carbonato de cálcio chamadas *otólitos* estão ao lado das células ciliadas. Ao inclinar a cabeça em diferentes direções, os otólitos empurram diferentes conjuntos de células ciliadas e as estimulam (Hess, 2001). Os otólitos informam ao cérebro em que direção você está se movendo, mas também registram em que direção a cabeça se inclina quando você está em repouso.

Os três **canais semicirculares** direcionados em planos perpendiculares, são preenchidos por um líquido e revestidos por células ciliadas. A aceleração da cabeça em qualquer ângulo faz com que o líquido em um desses canais se mova, assim como a água em um balde respingará se você balançar o balde de um lado para o outro. O líquido então empurra as células ciliadas nos canais semicirculares, estabelecendo potenciais de ação. Ao contrário do sáculo e utrículo, os canais semicirculares registram apenas a quantidade de aceleração, não a posição da cabeça em repouso. Eles também são insensíveis ao movimento sustentado. Se você começar a dirigir uma bicicleta, carro ou avião, os canais semicirculares respondem à medida que você acelera, mas à medida que continua em um ritmo constante, os receptores param de responder.

O órgão vestibular tem quase o mesmo tamanho para todas as espécies de mamíferos. As baleias são 10 milhões de vezes maiores do que os camundongos, mas seu órgão vestibular é apenas cinco vezes maior (Squires, 2004). Evidentemente, um pequeno órgão vestibular fornece todas as informações de que precisamos. Por analogia, pequenos termômetros são quase tão precisos quanto os maiores.

✓ PARE & REVISE

11. Pessoas com lesões no sistema vestibular têm dificuldade para ler sinais de trânsito ao caminhar. Por quê?

RESPOSTA 11. O sistema vestibular permite que o cérebro alterne os movimentos dos olhos para compensar as mudanças na posição da cabeça. Sem informações da posição da cabeça, uma pessoa não conseguiria corrigir os movimentos dos olhos e a experiência seria como observar a página de um livro balançando.

Somatossensação

O **sistema somatossensorial**, a sensação do corpo e seus movimentos, não é um sentido, mas muitos, incluindo o toque discriminativo (que identifica a forma de um objeto), pressão profunda, frio, calor, dor, coceiras, cócegas, e a posição e movimento das articulações.

Receptores somatossensoriais

A Tabela 6.1 descreve os receptores somatossensoriais, incluindo aqueles mostrados na Figura 6.11 (Iggo & Andres, 1982; Zimmerman, Bai, & Ginty, 2014). Outros receptores que não estão na tabela respondem ao movimento articular ou aos movimentos musculares.

Considere o **corpúsculo paciniano**, que detecta vibrações ou deslocamentos repentinos na pele (ver Figura 6.12). No centro está a membrana do neurônio. A estrutura externa em forma de cebola fornece suporte mecânico que resiste à pressão gradual ou constante. Assim, isola o neurônio contra a maioria dos estímulos de toque. No entanto, um estímulo súbito ou vibratório curva a membrana, permitindo que os íons de sódio entrem, despolarizando a membrana (Loewenstein, 1960).

Os discos de Merkel respondem ao toque leve, como ao sentir um objeto. Suponha que você sinta objetos com sulcos finos como esses, sem olhar para eles, e tente sentir se esses sulcos vão da esquerda para a direita ou para cima e para baixo:

O pesquisador varia a largura dos sulcos para encontrar aqueles mais estreitos que você pode discernir. Em média, as mulheres podem detectar sulcos com cerca de 1,4 mm de distância, enquanto os homens precisam que os sulcos tenham cerca de 1,6 mm de distância. Sua primeira pergunta pode ser: "Quem se importa?", mas se você superar essa questão, sua segunda pergunta pode ser *por que* homens e mulheres são diferentes. Ao contrário de muitas diferenças de sexo, essa é fácil de explicar, o que reflete o fato de que, em média, as mulheres têm dedos menores. Aparentemente, as mulheres têm o mesmo número de discos de Merkel que os homens, mas compactados em uma área menor. Se você comparar homens e mulheres que têm o mesmo tamanho de dedo, a sensibilidade ao toque é a mesma (Peters, Hackeman, & Goldreich, 2009).

O corpo tem receptores especializados para detectar a temperatura, uma variável crucial a ser monitorada, visto que o superaquecimento ou super-resfriamento do corpo pode ser fatal.

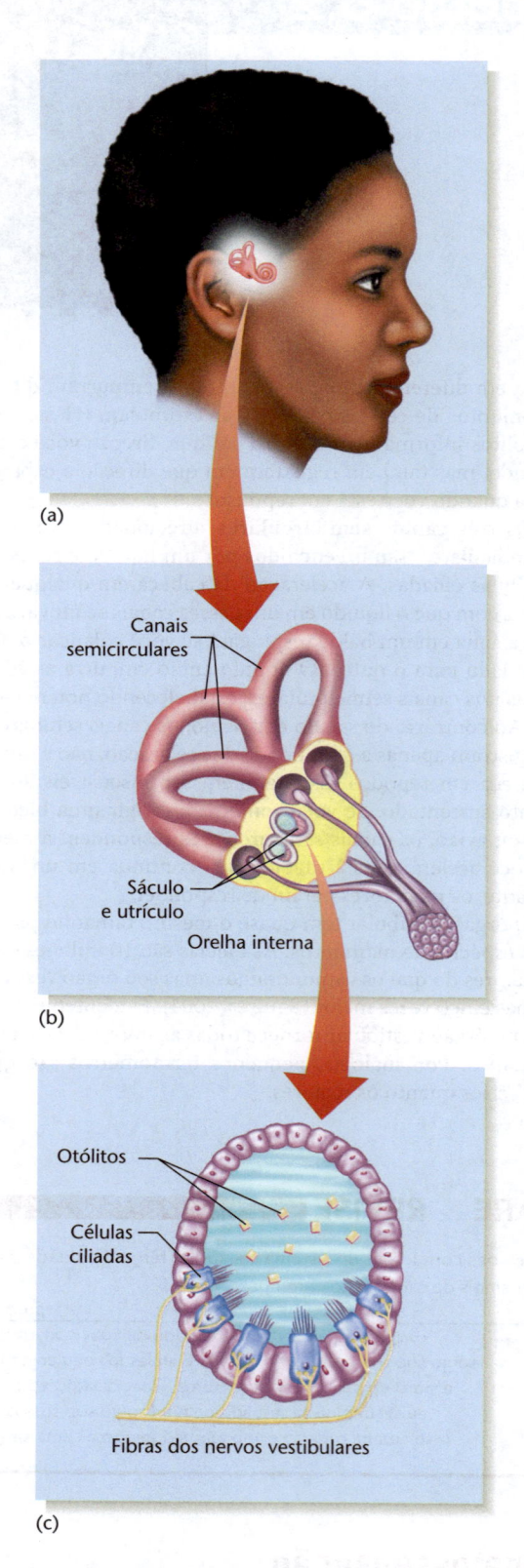

Figura 6.10 Estruturas para sensação vestibular
(a) Localização dos órgãos vestibulares. (b) Estruturas dos órgãos vestibulares. (c) Corte transversal ao longo de um utrículo. Partículas de carbonato de cálcio, chamadas otólitos, pressionam diferentes células ciliadas dependendo da inclinação e aceleração da cabeça.

Tabela 6.1 | Receptores somatossensoriais e prováveis funções

Receptor	Localização	Responde a:
Terminação nervosa livre	Qualquer área da pele	Dor e temperatura
Receptores do folículo capilar	Pele coberta por pelos	Movimento dos pelos
Corpúsculos de Meissner	Áreas sem pelos	Movimento ao longo da pele
Corpúsculos pacinianos	Qualquer área da pele	Vibração ou toque repentino
Discos de Merkel	Qualquer área da pele	Toque estático
Terminais de Ruffini	Qualquer área da pele	Estiramento da pele
Bulbos de Krause	Principalmente áreas sem pelos	Desconhecido

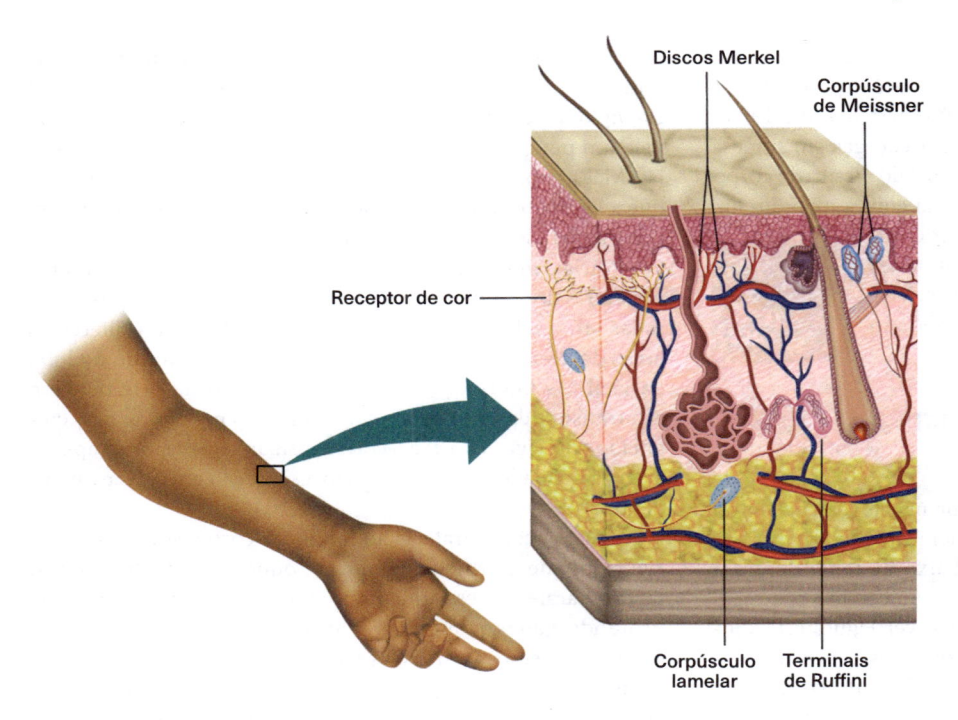

Figura 6.11 Receptores sensoriais na pele
Os receptores respondem a vários tipos de sensação cutânea, como descrito na Tabela 6.1.
(Fonte: Ilustração de Margareth Baldissara com adaptação de Marcelo Ventura com base na ilustração de © Argosy Publishing Inc)

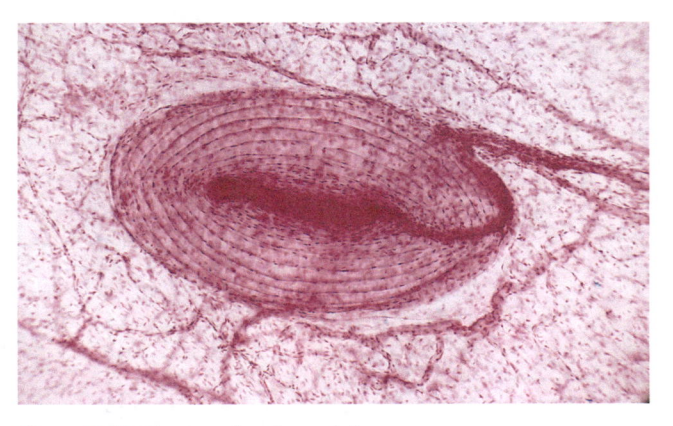

Figura 6.12 Um corpúsculo paciniano
Os corpúsculos pacinianos são receptores que respondem melhor ao deslocamento repentino da pele ou a vibrações de alta frequência. A estrutura externa semelhante a uma cebola fornece suporte mecânico ao neurônio dentro dela de modo que um estímulo súbito pode curvá-lo, mas um estímulo prolongado não.
(Fonte: Ed Reschke)

Nossos receptores de temperatura também respondem a certos estímulos químicos, a **capsaicina** uma substância química encontrada em pimentas, como a pimenta-jalapenho, estimula os receptores de calor doloroso. A capsaicina pode causar sensações de queimação ou ardência em muitas partes do corpo, como você pode ter sentido se já tocou a parte interna de uma pimenta e depois esfregou os olhos. As pimentas de Sichuan estimulam os receptores de calor e, além disso, estimulam certos receptores de toque que dão uma sensação de formigamento (Bautista et al., 2008). Mentol e hortelã estimulam o receptor de frio (McKemy, Neuhausser, & Julius, 2002). Portanto, os anúncios que mencionam "o sabor gelado do mentol" estão literalmente corretos.

✓ PARE & REVISE

12. Como a pimenta-jalapenho produz uma sensação de calor?

RESPOSTA
12. A pimenta-jalapenho e outras pimentas contêm capsaicina, que estimula os receptores sensíveis ao calor doloroso.

Os sistemas de resfriamento e aquecimento apresentam uma assimetria interessante: neurônios sensíveis ao frio na medula espinhal respondem a uma queda da temperatura. Por exemplo, uma célula que responde a uma queda de 39°C para 33°C também responderia a uma queda de 33°C para 27°C. Assim, em um dia muito quente, você pode detectar uma brisa como "fria", embora o ar com a brisa esteja bastante quente. Os neurônios sensíveis ao frio se adaptam rapidamente e mostram pouca resposta a uma temperatura baixa constante. Por outro lado, os neurônios sensíveis ao calor na medula espinhal respondem à temperatura absoluta e não se adaptam. Uma célula que responde a 44°C responderá da mesma maneira, independentemente de a pele estar mais quente, mais fria ou na mesma temperatura um ou dois minutos atrás (Ran, Hoon, & Chen, 2016).

Cócegas

A sensação de cócegas é interessante, mas mal compreendida. Por que ela existe? Por que você ri se alguém toca sua axila, pescoço ou sola dos pés? Os chimpanzés respondem a sensações semelhantes com acessos de respiração ofegante que lembram risos; porém fazer cócegas não é como o humor. Adoramos o humor, mas a maioria das pessoas não gosta que façam cócegas, pelo menos não por muito tempo. Rir de uma piada aumenta a probabilidade de você rir da próxima piada; mas sentir cócegas não muda a probabilidade de rir de uma piada (Harris, 1999).

Por que você não consegue fazer cócegas em si mesmo? É pela mesma razão que você não pode surpreender a você mesmo. Ao tocar em você mesmo, o cérebro compara a estimulação resultante à estimulação "esperada" e gera uma resposta somatossensorial mais fraca do que você experimentaria com um toque inesperado (Blakemore, Wolpert, & Frith, 1998). Na verdade, algumas pessoas podem fazer cócegas em si mesmas — um pouco — se fizerem cócegas no lado direito do corpo com a mão esquerda ou no lado esquerdo com a mão direita. Além disso, você pode ser capaz de fazer cócegas em você mesmo assim que acordar, antes que seu cérebro esteja totalmente desperto. Veja se você consegue se lembrar de tentar fazer isso alguma hora ao acordar.

TENTE VOCÊ

Somatossensação no sistema nervoso central

As informações dos receptores de toque na cabeça entram no sistema nervoso central (SNC) por meio dos nervos cranianos. As informações dos receptores abaixo da cabeça entram na medula espinhal e passam em direção ao cérebro por meio de qualquer um dos 31 nervos espinhais (ver Figura 6.13), incluindo 8 nervos cervicais, 12 nervos torácicos, 5 nervos lombares, 5 nervos sacrais e 1 nervo coccígeo. Cada nervo espinhal tem um componente sensorial e um componente motor.

Cada nervo espinhal *inerva* (conecta-se a) uma área limitada do corpo chamada **dermátomo** (ver Figura 6.14). Por exemplo, o terceiro nervo torácico (T3) inerva uma faixa de pele um pouco acima dos mamilos, bem como a área das axilas. Mas as bordas entre os dermátomos são menos distintas do que a Figura 6.14 indica. Cada dermátomo se sobrepõe em um terço a metade do próximo dermátomo.

Várias informações somatossensoriais — como toque, pressão e dor — percorrem a medula espinhal em vias separadas até o tálamo, que então envia impulsos para diferentes áreas do córtex somatossensorial primário, localizado no lobo parietal. As informações sobre as sensações na pele também são transmitidas para áreas como a parte anterior do giro cingulado (ver Figura 3.10) e o córtex insular, que responde apenas à agradabilidade da sensação, não à sensação em si (Case et al., 2016).

Duas faixas paralelas ao longo do córtex somatossensorial respondem principalmente ao toque na pele. Duas outras faixas paralelas respondem predominantemente à pressão profunda e ao movimento das articulações e músculos (Kaas, 1983). Em suma, vários aspectos das sensações corporais permanecem, em sua maioria, distintas por toda a via até o córtex. Ao longo de cada faixa do córtex somatossensorial,

Figura 6.13 O sistema nervoso central (SNC) humano
A saída dos nervos espinhais de cada segmento é em direção à medula espinhal através da abertura numerada correspondente entre as vértebras.
(Fonte: Ilustração de Margareth Baldissara com adaptação de Marcelo Ventura com base na ilustração de © Argosy Publishing Inc)

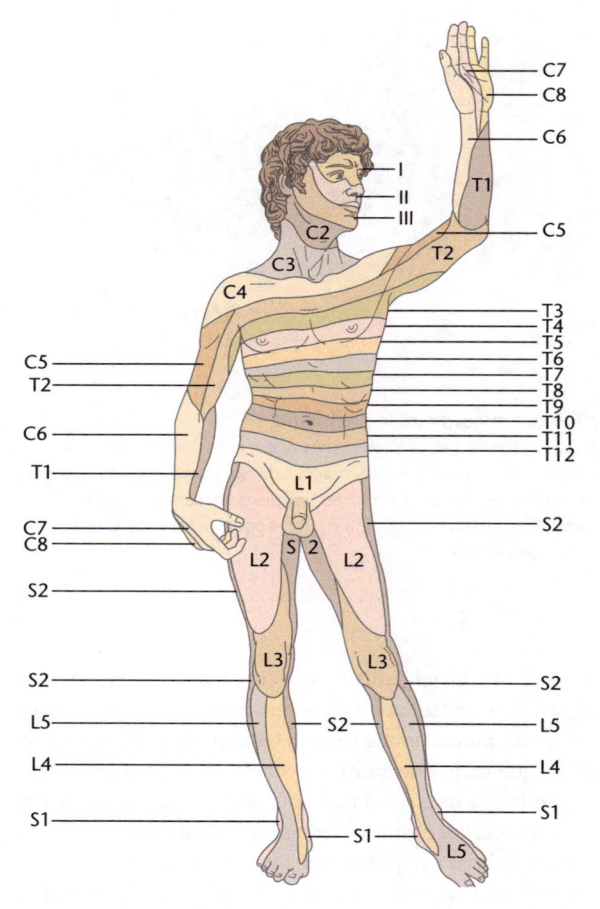

Figura 6.14 Dermátomos inervados ao longo dos 31 nervos espinhais sensoriais
As áreas I, II e III da face não são inervadas pelos nervos espinhais, mas por três ramos do quinto nervo craniano. Embora essa figura mostre bordas distintas, os dermátomos na verdade se sobrepõem entre si em cerca de um terço a metade de sua largura.

cada subárea responde a uma área específica do corpo, como mostrado na Figura 3.23.

O córtex somatossensorial primário é essencial para as experiências de tato. Quando estímulos fracos e breves são aplicados aos dedos, as pessoas têm consciência apenas daqueles que produzem certo nível de excitação no córtex somatossensorial primário (Palva, Linkenkaer-Hansen, Näätäen, & Palva, 2005). Se alguém tocá-lo rapidamente em dois pontos adjacentes à mão, você provavelmente terá uma experiência ilusória de um único toque no centro desses dois pontos. Quando isso acontece, a atividade no córtex somatossensorial primário corresponde a esse ponto intermediário (Chen, Friedman, & Roe, 2003). Em outras palavras, a atividade corresponde ao que você vivencia, não àquilo que realmente estimulou os receptores.

Lesões no córtex somatossensorial prejudicam as percepções corporais. Uma paciente com lesões no córtex somatossensorial tinha problemas para vestir as roupas corretamente. Além disso, ela não conseguia apontar corretamente em resposta a instruções como "mostre o cotovelo", embora apontasse corretamente para objetos no ambiente. Quando instruída a tocar o cotovelo, sua resposta mais frequente era sentir o pulso e braço e sugerir que o cotovelo provavelmente estava ali, em algum lugar (Sirigu, Grafman, Bressler, & Sunderland, 1991).

Um paciente teve uma doença que destruiu todos os axônios somatossensoriais mielinizados abaixo do nariz, mas poupou seus axônios amielínicos. Ele ainda sentia temperatura, dor e coceiras, porque dependem dos axônios amielínicos. Mas ele não tinha percepção consciente do tato, que depende dos axônios mielinizados. De forma interessante, se alguém acariciasse levemente a pele, ele experimentava uma sensação vaga de prazer. Os registros do cérebro não indicaram estimulação do córtex somatossensorial primário, mas aumento da atividade no córtex insular, que responde ao toque leve e outras experiências emocionais agradáveis (Björnsdotter, Löken, Olausson, Vallbo, & Wessberg, 2009). Evidentemente, os axônios amielínicos transmitiam atividade suficiente ao córtex insular para produzir o aspecto emocional do toque, embora ele não tivesse nenhuma sensação consciente do próprio toque.

PARE & REVISE

13. Como a somatossensação consiste em vários sentidos em vez de um?
14. Que evidência sugere que o córtex somatossensorial é essencial para a percepção consciente do tato?
15. Como as respostas às sensações cutâneas diferem entre o córtex somatossensorial e o córtex insular ou o córtex cingulado anterior?

RESPOSTAS

13. Temos vários tipos de receptores sensíveis ao toque, calor e assim por diante, e diferentes partes do córtex somatossensorial respondem a diferentes tipos de estimulação cutânea. 14. As pessoas têm consciência apenas dos estímulos de toque que produzem excitação suficiente no córtex somatossensorial primário. Além disso, as células no córtex somatossensorial é necessário para a percepção consciente da localização e do tipo de sensação na pele. O córtex insular e o córtex cingulado anterior respondem ao prazer.

Dor

Muitas sensações às vezes provocam emoções fortes, mas a dor é única entre os sentidos porque *sempre* provoca uma emoção desagradável. Dor e depressão estão intimamente ligadas. Pessoas com dor tendem a se deprimir e a se desmotivar (Schwartz et al., 2014). Pessoas deprimidas tornam-se mais sensíveis à dor. A insegurança econômica leva à depressão e faz a dor piorar (Chou, Parmar, & Galinsky, 2016). Mesmo um sinal que sugere possível perigo intensifica a dor (Harvie et al., 2015). Alguns idiomas não têm uma palavra específica para deprimido; descrevem um estado de espírito deprimido como "enfermo" ou "dolorido". Além disso, a dor e a depressão são sensíveis aos efeitos de placebo. Mas discutiremos essa questão em mais detalhes posteriormente.

Você já se perguntou por que a morfina diminui a dor após a cirurgia, mas não durante a própria cirurgia? Ou por que algumas pessoas parecem tolerar a dor muito melhor do que outras? Ou por que mesmo o mais leve toque na pele queimada pelo Sol é tão doloroso? Pesquisas sobre a dor abordam essas e outras questões.

Estímulos e vias da medula espinhal

A sensação de dor começa com o menos especializado de todos os receptores, uma terminação nervosa nua (ver Figura 6.11). Como os axônios que transportam as informações sobre a dor têm pouca ou nenhuma mielina, eles conduzem impulsos de forma relativamente lenta, na faixa de 2 a 20 metros por segundo. Os axônios mais espessos e mais rápidos transmitem dor aguda. Os mais finos transmitem dor menos intensa, como a dor pós-cirúrgica. A dor leve libera o neurotransmissor de glutamato, enquanto a dor mais intensa libera glutamato, mas também certos neuropeptídeos, incluindo a substância P e CGRP (peptídeo relacionado ao gene da calcitonina).

As células sensíveis à dor na medula espinhal transmitem informações para vários locais do cérebro. Uma via se estende ao núcleo ventral posterior do tálamo e, em seguida, ao córtex somatossensorial. As vias da coluna para dor e toque são paralelas, mas com uma diferença importante, como ilustrado na Figura 6.15: a via da dor passa imediatamente dos receptores em um lado do corpo para um trato ascendente no lado contralateral da medula espinhal. A informação do toque chega ao lado ipsilateral da medula espinhal à medula e então atravessa para o lado contralateral. Considere o que acontece com a dor e o toque se alguém fizer um corte na metade da medula espinhal. Você pode pensar na resposta na próxima pergunta "Pare & Revise".

PARE & REVISE

16. Suponha que você sofra um corte na medula espinhal apenas do lado direito. Para a parte do corpo abaixo desse corte, você perderá a sensação de dor no lado esquerdo ou no lado direito? Você perderá a sensação de toque no lado esquerdo ou no lado direito?

RESPOSTA

16. Você perderá a sensação de dor no lado esquerdo do corpo porque as informações sobre a dor atravessam a medula espinhal ao mesmo tempo. Você perderá a sensação de toque no lado direito porque as vias de toque permanecem no lado ipsilateral até chegarem à medula.

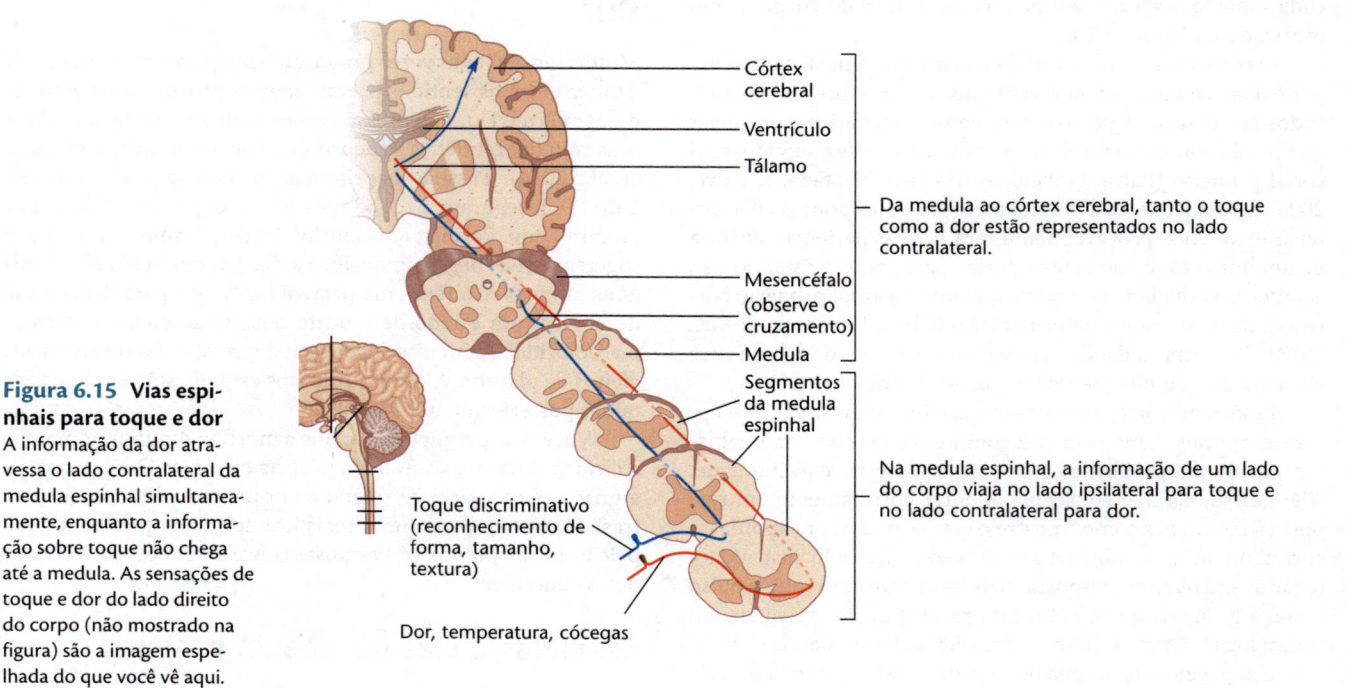

Figura 6.15 Vias espinhais para toque e dor
A informação da dor atravessa o lado contralateral da medula espinhal simultaneamente, enquanto a informação sobre toque não chega até a medula. As sensações de toque e dor do lado direito do corpo (não mostrado na figura) são a imagem espelhada do que você vê aqui.

Da medula ao córtex cerebral, tanto o toque como a dor estão representados no lado contralateral.

Na medula espinhal, a informação de um lado do corpo viaja no lado ipsilateral para toque e no lado contralateral para dor.

Dor emocional

Além do córtex somatossensorial, os estímulos dolorosos também ativam uma via que atravessa a medula, e então o tálamo e depois a amídala, hipocampo, córtex pré-frontal e córtex cingulado anterior (ver Figura 6.16). Essas áreas não reagem à própria sensação, mas ao aspecto emocional (Hunt & Mantyh, 2001). Se você observar alguém — especialmente alguém de

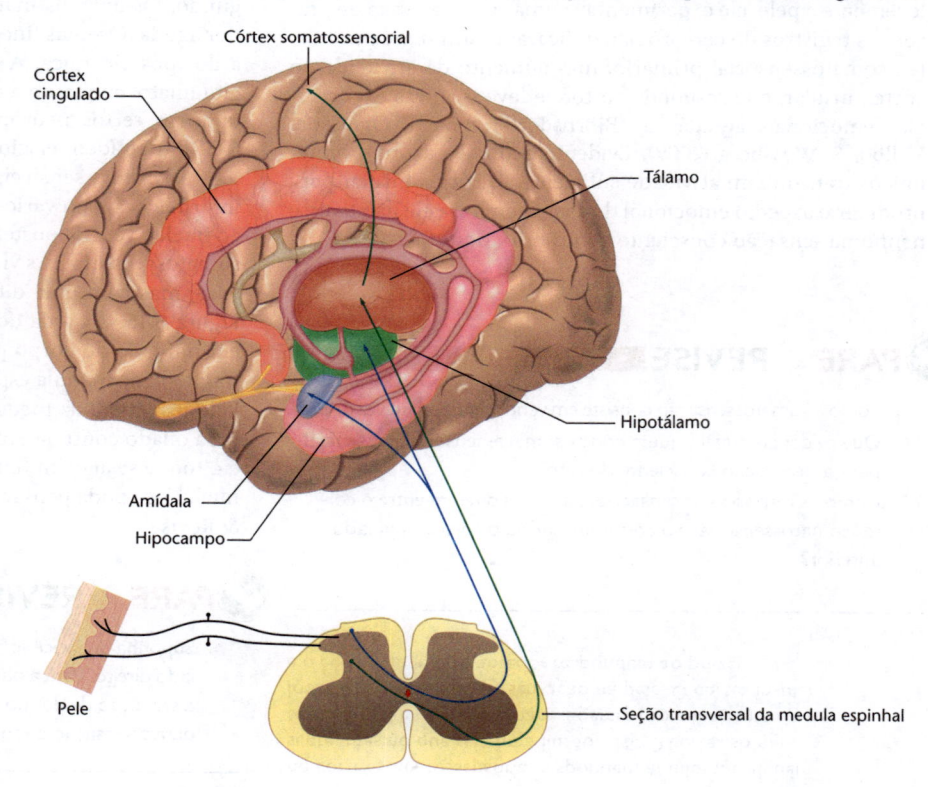

Figura 6.16 Mensagens de dor no cérebro humano
Uma via para o tálamo, e daí para o córtex somatossensorial, transmite os aspectos sensoriais da dor. Uma via distinta para o hipotálamo, amídala e córtex cingulado produz os aspectos emocionais.
(Fonte: Hunt, & Mantyh, 2001)

quem você gosta — sentindo dor, você vivencia dor simpática que aparece como atividade no córtex cingulado e em outras áreas corticais (Corradi-Dell'Acqua, Hofstetter, & Vuilleumier, 2011; Singer et al., 2004). Uma sugestão hipnótica para não sentir dor diminui as respostas no córtex cingulado sem muito efeito no córtex somatossensorial (Rainville, Duncan, Price, Carrier, & Bushnell, 1997); ou seja, alguém que responde a uma sensação hipnótica tem uma sensação dolorosa quase normal, mas reage com indiferença emocional. Pessoas com lesões no giro cingulado ainda sentem dor, mas ela não as incomoda mais (Foltz & White, 1962).

Às vezes, você pode dizer que alguém feriu seus sentimentos. Depois de um rompimento romântico, você pode dizer que sente dor emocional. É apenas uma expressão ou o sofrimento emocional é realmente semelhante à dor?

Sentimentos de mágoa lembram a dor física em vários aspectos. Imagine-se neste experimento: você se senta na frente de uma tela de computador, e começa a jogar um game virtual de arremesso de bola com duas pessoas da sua idade. Você "pega" uma bola e a "joga" para um dos outros, que então a arremessa de volta para alguém. Sem que você saiba, os outros dois foram pagos para desempenhar certas funções. No início, eles a arremessam para você um bom número de vezes, mas logo eles começam a passar entre os dois, deixando-o de fora. Não há muito em jogo aqui, mas a experiência o lembra de todos aqueles momentos em que as pessoas o deixavam de fora de uma conversa, momentos em que as pessoas não o convidavam para festas etc., desde a infância. Isso magoa. Os pesquisadores monitoraram a atividade cerebral das pessoas durante essa tarefa virtual de arremesso de bola e descobriram um aumento significativo da atividade no córtex cingulado, uma área que responde aos aspectos emocionais da dor (Eisenberger, Lieberman, & Williams, 2003).

O que acontece com sentimentos de mágoa mais intensos? Pesquisadores mediram a atividade cerebral enquanto jovens adultos se lembravam de uma separação romântica recente, tornada mais intensa olhando para uma foto do ex-namorado ou ex-namorada. Nesse caso, os sentimentos de mágoa apareceram como atividade tanto nas áreas emocionais (especialmente no córtex cingulado) como nas áreas sensoriais responsivas à dor física (Kross, Berman, Mischel, Smith, & Wager, 2011).

Sentimentos de mágoa são como dor real de outra maneira: você pode aliviar os sentimentos de mágoa com analgésicos como o acetaminofeno (Tylenol®)! Os pesquisadores repetiram o estudo do arremesso de bola virtual, mas deram a algumas pessoas acetaminofeno e a outras, placebo. Aquelas que tomaram paracetamol apresentaram muito menos resposta no córtex cingulado e em outras áreas emocionalmente responsivas. Os pesquisadores também pediram a estudantes universitários que mantivessem registros diários sobre sentimentos feridos e dor social, enquanto alguns tomaram comprimidos de paracetamol diariamente e outros placebo. Aqueles que tomaram paracetamol relataram menos casos de sentimentos de mágoa, e a frequência desses sentimentos diminuía ao longo dos dias à medida que continuavam a tomar os comprimidos (De Wall et al., 2010). Em suma, sentimentos de mágoa são muito parecido com dor física. (Na próxima vez que alguém disser que você feriu os sentimentos dele, apenas diga a ele para parar de reclamar e tomar um Tylenol!) Mas há um preço a pagar: pessoas que tomam paracetamol também diminuem suas avaliações das experiências positivas (Durso, Luttrell, & Way, 2015). Sob a influência desse comprimido, as experiências ruins não são tão ruins, e as boas experiências não são tão boas.

✅ PARE & REVISE

17. Como os sentimentos de mágoa são semelhantes à dor física?

RESPOSTA

17. Sentimentos de mágoa ativam o córtex cingulado, assim como a dor física. Além disso, o paracetamol diminui os sentimentos de mágoa (bem como os sentimentos agradáveis).

Maneiras de aliviar a dor

Você não iria querer se livrar da capacidade de sentir dor. Pessoas com um gene que inativa os axônios da dor não sabem quando estão se machucando (Dib-Hajj, Black, & Waxman, 2015). Às vezes, elas ignoram os ferimentos e não aprendem a evitar os perigos. Um menino com essa doença se apresentava em um teatro de rua no Paquistão enfiando uma faca no braço ou andando sobre brasas. Ele morreu aos 14 anos ao cair de um telhado (Cox et al., 2006). Mas embora você não queira eliminar a dor, é bom controlá-la.

Opioides e endorfinas

Depois que a dor o alerta de uma lesão, você não precisa de lembretes constantes, pelo menos não da mesma intensidade. O cérebro refreia a dor prolongada por **mecanismos opioides** — sistemas que respondem a drogas opiáceas e substâncias químicas semelhantes. Candace Pert & Solomon Snyder (1973) descobriram que os opiáceos se ligam aos receptores encontrados principalmente na medula espinhal e na **área cinza periaquedutal** do mesencéfalo (ver Figuras 6.17 e 6.18).

A descoberta de receptores opiáceos foi importante porque mostrou que os opiáceos agem principalmente no sistema nervoso, e não no tecido danificado. Além disso, ela identificou que o sistema nervoso tinha substâncias químicas próprias do tipo opiáceo. Os transmissores que se conectam aos mesmos receptores que a morfina são conhecidos como **endorfinas** — uma contração de *morfina endógena*. O cérebro produz vários tipos de endorfinas, que aliviam diferentes tipos de dor, como a dor de um corte *versus* a dor de uma queimadura (Scherrer et al., 2009).

A dor inevitável é especialmente potente na estimulação de endorfinas e inibição da dor adicional (Sutton et al., 1997). Provavelmente, a função evolucionária é que a dor intensa contínua não leva a nada quando você já conhece o problema, mas não consegue escapar. As endorfinas também são liberadas durante prazeres intensos, como orgasmos, e ao ouvir música emocionante que envia um arrepio pela espinha (Goldstein, 1980). Essas experiências tendem a diminuir a dor. Uma refeição agradável também diminui a sensibilidade à dor (Foo & Mason, 2009), provavelmente liberando dopamina em vez de endorfinas (Schweinhardt, Seminowicz, Jaeger, Duncan, & Bushnell, 2009).

A descoberta das endorfinas forneceu detalhes fisiológicos para a teoria da comporta, proposta décadas antes por Ronald Melzack & P. D. Wall (1965). A teoria da comporta foi uma tentativa de explicar por que algumas pessoas suportam a dor melhor do que outras e por que a mesma lesão dói mais em alguns momentos que em outros. De acordo com a **teoria da comporta**, os neurônios na medula espinhal que recebem mensagens dos receptores de dor também recebem informações dos receptores de toque e dos axônios descendentes do cérebro. Esses outros estímulos podem fechar os "portões" para

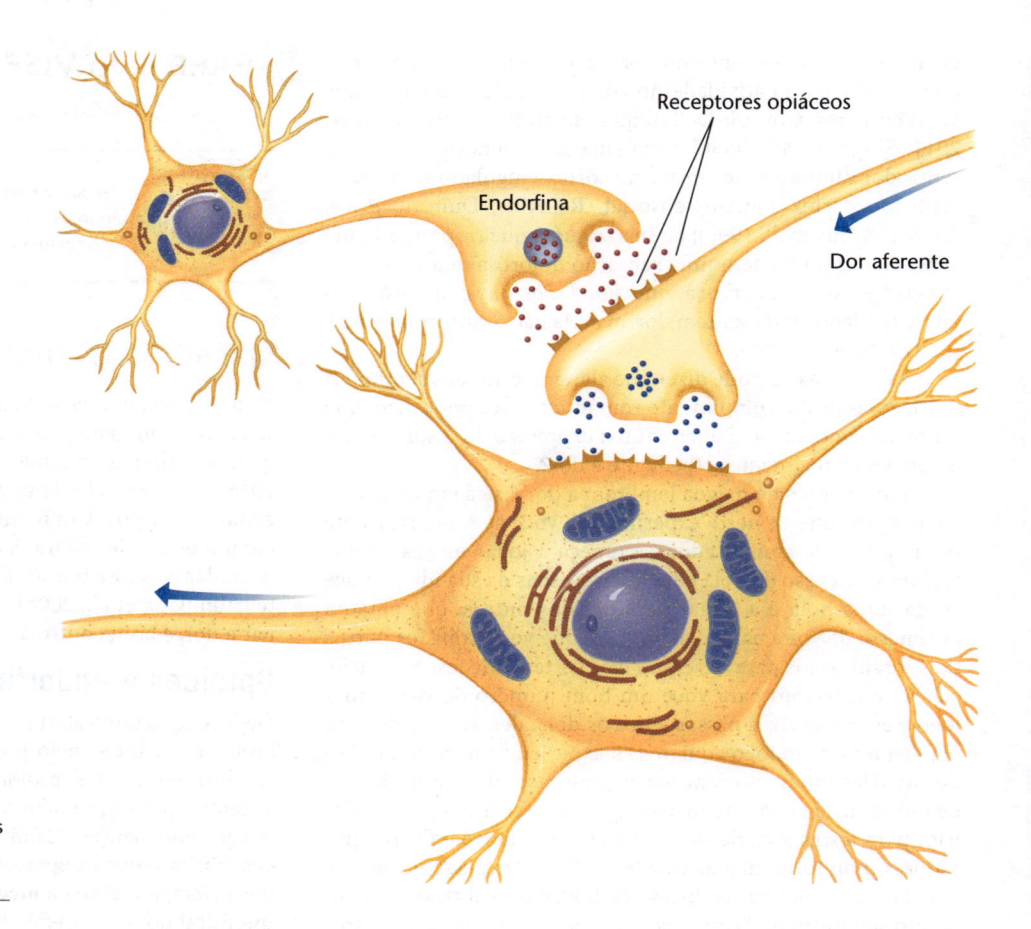

Figura 6.17 Sinapses para dor e sua inibição
Um neurônio libera endorfinas nas sinapses pré-sinápticas, inibindo assim uma célula que transmite as sensações de dor.

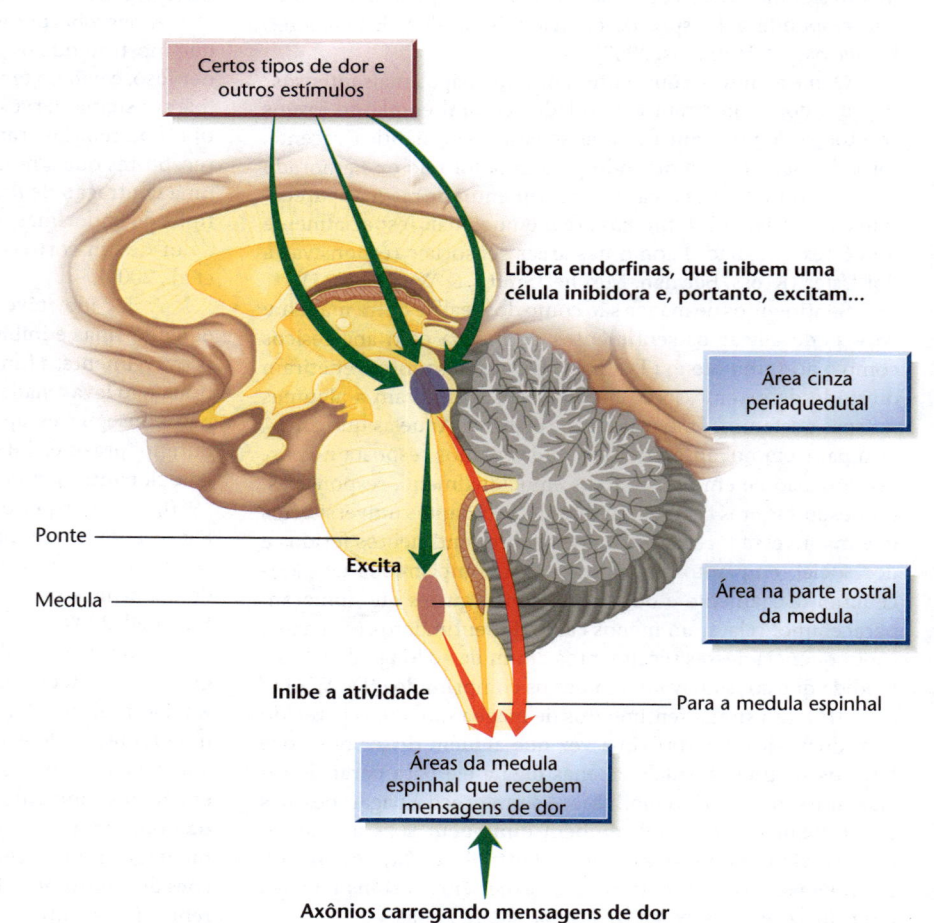

Figura 6.18 A área cinza periaquedutal, onde a estimulação elétrica alivia a dor
Periaquedutal significa "ao redor do aqueduto", uma passagem do líquido cefalorraquidiano entre o terceiro e o quarto ventrículos.

as mensagens de dor — e fazem isso, pelo menos parcialmente, liberando endorfinas. Você sem dúvida notou que, quando sofre uma lesão, pode diminuir a dor esfregando suavemente a pele ao redor da lesão ou concentrando-se em outra coisa.

A morfina não afeta os axônios de grande diâmetro que transmitem dor aguda. Por isso, a morfina é ineficaz contra a dor aguda do bisturi do cirurgião. Mas a morfina bloqueia mensagens dos axônios mais finos que transmitem uma dor mais lenta, prolongada e indistinta, como a dor pós-cirúrgica (Taddese, Nah, & McCleskey, 1995).

Canabinoides e capsaicina

A morfina e outros opiáceos são redutores de dor eficazes, mas têm limitações. Por exemplo, o tratamento prolongado da dor com morfina ativa partes do sistema imunológico, com resultados como *aumento* da sensibilidade à dor (Grace et al., 2016). Assim, os pesquisadores buscam outras formas de aliviar a dor. Canabinoides — substâncias químicas derivadas ou semelhantes à maconha — bloqueiam certos tipos de dor, mas têm problemas próprios, incluindo comprometimento da memória (Viñals et al., 2015), e pesquisas sobre canabinoides para o alívio da dor não são extensas.

Ao contrário dos opiáceos, os canabinoides agem principalmente na periferia do corpo, não no SNC. Os pesquisadores descobriram que, se eles deletassem os receptores canabinoides no sistema nervoso periférico de animais de laboratório, deixando os receptores intactos no SNC, os canabinoides perdiam a maior parte da capacidade de diminuir a dor (Agarwal et al., 2007).

Outra abordagem usa a capsaicina, uma substância química das pimentas-jalapenho e pimentas semelhantes que estimula os receptores de calor. A capsaicina esfregada em um ombro dolorido, uma articulação artrítica ou outra área dolorida produz uma sensação de queimação temporária seguida por um período mais longo de diminuição da dor. Quando aplicada em doses altas, ou em doses mais baixas por um período prolongado, a capsaicina causa um acúmulo excessivo de cálcio nos receptores de calor e danifica as mitocôndrias nesses receptores, tornando a célula não funcional por bastante tempo (Anand & Bley, 2011).

Não tente ingerir pimenta para reduzir a dor, digamos, nas pernas. A capsaicina que você ingere passa pelo sistema digestório sem entrar no sangue. Portanto, ingeri-la não vai aliviar a dor — a menos que a dor seja na língua (Karrer & Bartoshuk, 1991).

Placebos

Em muitas pesquisas médicas, um grupo experimental recebe um tratamento potencialmente ativo e o grupo de controle recebe **placebo**, um medicamento ou outro procedimento sem efeitos farmacológicos. Placebos têm pouca influência na maioria das doenças, mas geralmente aliviam a dor, depressão e ansiedade (Hróbjartsson & Gøtzsche, 2001; Wager & Atlas, 2015). Pessoas que recebem placebos não apenas *afirmam* que a dor diminuiu; varreduras do cérebro e da medula espinhal também mostram resposta diminuída (Eippert, Finsterbusch, Binget, & Buchel, 2009). Por outro lado, se dizem a alguém para esperar que a dor aumente, o sistema nervoso aumenta a resposta (Geuter & Buchel, 2013; Koban & Wager, 2016). Placebos reduzem a dor, mas produzem um efeito ainda maior na resposta emocional à dor, como registrado no córtex cingulado (Petrovic, Kalso, Petersson, & Ingvar, 2002; Wager, Scott & Zubieta,

2007). Também reduzem a resposta emocional ao observar uma pessoa com dor (Rutgen, Seidel, Riecansky, & Lamm, 2015). Curiosamente, placebos podem reduzir a dor, mesmo quando as pessoas sabem que estão recebendo um placebo. O médico pode dizer que se trata simplesmente de placebo, mas muitas pessoas respondem bem a um placebo e, com certeza, esse é o resultado (Rosenzweig, 2016).

Embora placebos diminuam a dor em parte por relaxamento, essa não é toda a explicação. Em um estudo, pessoas receberam injeções dolorosas nas mãos e nos pés. Elas também receberam um creme placebo em uma mão ou pé e foram informadas de que era um analgésico poderoso. As pessoas relataram diminuição da dor na área que recebeu o placebo, mas dor normal nas outras três extremidades (Benedetti, Arduino, & Amanzio, 1999). Se placebos estivessem simplesmente produzindo relaxamento, o relaxamento deveria ter afetado todas as quatro extremidades. Distração também não é a explicação completa. Distração mais placebo alivia a dor mais do que apenas a distração (Buhle, Stevens, Friedman, & Wager, 2012). O placebo aumenta a atividade em partes do córtex pré-frontal, sugerindo que um placebo exerce seus efeitos por meio de controle de cima para baixo das sensações e emoções (Meyer et al., 2015).

✓ PARE & REVISE

18. Por que os opiáceos aliviam a dor crônica, mas não a dor aguda?
19. Como os efeitos analgésicos dos canabinoides diferem daqueles dos opiáceos?
20. Qual aspecto da dor responde melhor ao alívio por placebos?

RESPOSTAS

18. As endorfinas bloqueiam as mensagens das fibras mais finas da dor, transmitindo uma dor fraca, mas não das fibras mais espessas, que transmitem uma dor aguda. 19. Ao contrário dos opiáceos, os canabinoides exercem a maior parte dos efeitos analgésicos no sistema nervoso periférico, não no SNC. 20. Placebos aliviam principalmente o aspecto emocional da dor.

Sensibilização da dor

Se você já sofreu queimaduras de Sol, você se lembrará de como até mesmo um leve toque na pele queimada pelo Sol tornava-se terrivelmente doloroso. Tecido danificado ou inflamado, como pele queimada de Sol, libera histamina, fator de crescimento do nervo e outras substâncias químicas que ajudam a reparar a lesão, mas também aumentam as respostas dos receptores de calor e dor próximos (Chuang et al., 2001; Devor, 1996; Tominaga et al., 1998). Anti-inflamatórios não esteroides, como o ibuprofeno, aliviam a dor reduzindo a liberação de substâncias químicas dos tecidos danificados (Hunt & Mantyh, 2001).

Algumas pessoas têm dores crônicas muito depois de uma lesão ter cicatrizado. Como veremos no capítulo sobre memória, um mecanismo de barragem da estimulação de um neurônio pode potencializar os receptores sinápticos para que respondam com mais vigor ao mesmo estímulo no futuro. Esse mecanismo é fundamental para o aprendizado e a memória, mas, infelizmente, a dor ativa o mesmo mecanismo. Um mecanismo de barragem de estímulos dolorosos potencializa as células responsivas à dor para que respondam mais vigorosamente a estímulos semelhantes no futuro (Bliss, Collingridge, Kaang, & Zhuo, 2016). Na verdade, o cérebro aprende a sentir dor e torna-se melhor nisso.

Portanto, para prevenir a dor crônica, ele ajuda a limitar a dor desde o início. Suponha que você esteja prestes a passar por uma cirurgia importante. Qual abordagem é a melhor?

1. Tomar medicamentos para aliviar a dor antes da cirurgia.
2. Começar a medicação logo após acordar da cirurgia.
3. Adiar a medicação o máximo possível e tomar a menor dose possível.

Talvez surpreendentemente, a pesquisa corrobora a resposta 1: tomar um analgésico antes da cirurgia (Coderre, Katz, Vaccarino, & Melzack, 1993). Permitir que mensagens de dor bombardeiem o cérebro durante e após a cirurgia aumenta a sensibilidade dos nervos da dor e seus receptores (Malmberg, Chen, Tonagawa, & Basbaum, 1997). Pessoas que começam a tomar morfina ou outros medicamentos antes da cirurgia precisam de menos ajuda mais tarde.

✓ PARE & REVISE

21. Como o ibuprofeno e outros anti-inflamatórios não esteroides diminuem a dor?
22. De que maneira a dor crônica é semelhante à memória?

RESPOSTAS

21. Medicamentos anti-inflamatórios bloqueiam a liberação de substâncias químicas dos tecidos danificados, o que de outra forma aumentaria os efeitos dos receptores da dor. 22. Um mecanismo para a memória é que a estimulação repetida em uma sinapse aumenta sua resposta tardia ao mesmo tipo de estimulação. Da mesma forma, mensagens repetidas de dor aumentam a resposta de uma sinapse a estímulos semelhantes e, portanto, o resultado é dor crônica.

Coceira

Você já se perguntou: "O que afinal é coceira? É um tipo de dor? Um tipo de toque? Ou algo completamente diferente?". A resposta é: coceira é uma sensação diferente. Os pesquisadores identificaram receptores especiais para coceiras (Y.-G. Sun et al., 2009) e duas vias na medula espinhal que transmitem coceiras (Bourane et al., 2015).

Você tem dois tipos de coceira que parecem iguais, embora suas causas sejam diferentes. Primeiro, quando ocorre lesão leve nos tecidos, como a cicatrização da pele após um corte, a pele libera histaminas que dilatam os vasos sanguíneos e produzem uma sensação de coceira. Segundo, o contato com certas plantas, especialmente feijão aveludado de Bengala (uma planta tropical com pelos farpados), também produz coceira.

Os anti-histamínicos bloqueiam a coceira que as histaminas causam, mas não a coceira que o feijão aveludado de Bengala causa. Por outro lado, esfregar a pele com capsaicina alivia a coceira causada por esse feijão, mas tem pouco efeito sobre a coceira que a histamina provoca (Johanek et al., 2007).

Os receptores de coceira demoram a responder e, quando respondem, os axônios transmitem impulsos à velocidade incomumente lenta de apenas meio metro por segundo. Nesse ritmo, um potencial de ação gerado pelo pé precisa de 3 ou 4 segundos para chegar à cabeça. Imagine esse atraso para uma girafa ou elefante. Você pode tentar esfregar levemente algumas folhas ásperas no tornozelo. Observe a rapidez com que uma sensação ao toque é sentida e como a coceira é percebida muito mais lentamente.

TENTE VOCÊ

A coceira é útil porque o orienta a coçar a área e remover tudo o que está irritando a pele. Coçar vigoroso produz dor leve, e a dor inibe a coceira (Davidson, Zhang, Khasabov, Simone, & Giesler, 2009). Opiáceos, que diminuem a dor, aumentam as coceiras (Andrew & Craig, 2001; Y. Liu et al., 2010; Moser & Giesler, 2013). Essa relação inibitória entre dor e coceira é uma evidência clara de que ele não é um tipo de dor. Outra evidência é a demonstração de que bloquear as fibras da coceira não reduz a dor (Roberson et al., 2013).

Essa pesquisa ajuda a explicar uma experiência que você pode ter notado. Quando o dentista administra novocaína antes de abrir um dente, parte da face permanece dormente. Uma hora ou mais depois, à medida que os efeitos do fármaco começam a desaparecer, você pode sentir uma sensação de coceira na parte dormente da face. Mas quando você tenta coçá-lo, não sente nada porque as sensações de toque e dor continuam dormentes. Evidentemente, os efeitos da novocaína desaparecem mais rápido para coceiras do que para toque e dor. O fato de você poder sentir a coceira nesse momento é uma evidência de que não é apenas uma forma de toque ou dor. É interessante notar que coçar a pele parcialmente dormente não alivia a coceira. Evidentemente, coçar a pele deve produzir alguma dor para diminuir a coceira.

✓ PARE & REVISE

23. Os opiáceos aumentam ou diminuem as sensações de coceira?
24. Suponha que alguém sofra de coceira constante. Que tipos de fármacos podem ajudar a aliviá-la?

RESPOSTAS

23. Os opiáceos aumentam a coceira, bloqueando as sensações de dor. (A dor diminui a coceira.) 24. Dois tipos de fármacos podem ajudar — histaminas ou capsaicina — dependendo da origem da coceira.

Módulo 6.2 | Conclusão
Os sentidos mecânicos

Os sentidos mecânicos o alertam sobre informações importantes, do calor ao frio, da dor ao toque suave e agradável. O sistema consiste em muitos receptores, vias espinhais e áreas do cérebro. Ainda assim, percebemos todas essas informações juntas — por exemplo, ao sentir a forma e a temperatura de um objeto.

Você também integra o toque a outros sentidos. Por exemplo, suponha que alguém o toque de maneira tão leve que você não sente esse toque. Se, ao mesmo tempo, você vê a foto de alguém tocando-o dessa maneira, a facilitação do que você vê permite sentir o toque (Serino, Pizzoferrato, & Làdavas, 2008). Todos os sentidos se combinam para proporcionar uma experiência unificada.

Resumo

1. O sistema vestibular detecta a posição e aceleração da cabeça e ajusta a postura corporal e os movimentos dos olhos de modo correspondente.
2. O sistema somatossensorial possui receptores que detectam diversos tipos de estimulação da pele e dos tecidos internos.
3. O cérebro mantém várias representações somatossensoriais paralelas do corpo.
4. A atividade no córtex somatossensorial primário corresponde ao que alguém está vivenciando, mesmo que seja ilusório.
5. Estímulos prejudiciais estimulam os receptores de dor, que são terminações nervosas nuas.
6. Informações dolorosas seguem duas vias até o cérebro. Uma via que leva ao córtex somatossensorial transmite as informações sensoriais, incluindo o local no corpo. Outra que leva até o córtex cingulado anterior transmite o aspecto emocional.
7. Sentimentos de mágoa são como dor. Eles ativam o córtex cingulado, como a dor física, e o paracetamol alivia tanto a mágoa como a dor física.
8. Os opiáceos se ligam aos receptores de endorfina no cérebro. As endorfinas diminuem a dor bloqueando a atividade dos neurônios da dor. Tanto as experiências agradáveis como as desagradáveis liberam endorfinas.
9. Um estímulo prejudicial pode causar maior ou menor grau de dor dependendo de outros estímulos atuais e recentes. De acordo com a teoria da comporta da dor, outros estímulos fecham os portais na medula espinhal e bloqueiam a transmissão da dor.
10. Placebos diminuem a dor, especialmente o aspecto emocional da dor. Fazem isso por meio do controle de cima para baixo do córtex pré-frontal.
11. A dor crônica bombardeia as sinapses da dor com estímulos repetitivos, e aumenta a capacidade de resposta a estímulos tardios por meio de um processo como aprendizagem. A morfina é mais eficaz como analgésico se usada prontamente. Permitir que o sistema nervoso seja bombardeado por mensagens prolongadas de dor aumenta a sensibilidade tardia à dor.
12. A coceira é transmitida ao cérebro por vias da medula espinhal distintas da dor e do toque. Os axônios para a coceira transmitem impulsos mais lentamente do que outras sensações. Eles podem ser inibidos por mensagens de dor.

Termos-chave

Os termos estão definidos no número de página indicado. Também são apresentados em ordem alfabética com a definição no Índice remissivo/Glossário do livro, que começa na p. 589.

área cinza periaquedutal **205**
canais semicirculares **199**
capsaicina **201**
corpúsculo paciniano **200**
dermátomo **202**
endorfinas **205**
mecanismos opioides **205**
placebo **207**
sistema somatossensorial **199**
teoria da comporta **205**

Questão complexa

Como você pode determinar se a hipnose libera endorfinas?

Módulo 6.2 | Questionário final

1. O sistema vestibular é responsável por quais destas observações sobre o comportamento?
   A. Os alimentos têm sabor mais forte quando estão quentes do que quando estão frios.
   B. Você pode localizar bem os sons no ar, mas mal quando está debaixo d'água.
   C. Você pode descrever a posição das suas mãos e pés sem olhar para eles.
   D. Você pode ler uma página melhor balançando a cabeça do que balançando a página.

2. Em qual dessas circunstâncias os canais semicirculares responderiam com mais vigor?
   - A. Quando você está deitado em uma posição incomum e desconfortável.
   - B. Quando você está se movendo em uma velocidade lenta e constante.
   - C. Quando você está se movendo em uma velocidade rápida e constante.
   - D. Quando você está se movendo e alterando a velocidade.

3. Até que ponto o sistema nervoso mantém representações distintas de tato, calor, dor e outros aspectos da sensação somática?
   - A. De modo nenhum. Um único tipo de receptor responde a todos os tipos de sensação somática.
   - B. Os receptores variam, mas todos os tipos de sensação se mesclam na medula espinhal.
   - C. A medula espinhal mantém representações distintas, mas os vários tipos se mesclam no córtex cerebral.
   - D. Diferentes tipos de sensação permanecem distintos mesmo no córtex cerebral.

4. Como os receptores de frio diferem dos receptores de calor?
   - A. Os receptores de frio respondem a uma mudança na temperatura, não à temperatura absoluta.
   - B. A resposta de um receptor de frio torna-se cada vez mais forte até você encontrar um local mais quente.
   - C. Os receptores de frio também respondem a certas substâncias químicas, enquanto os receptores de calor não respondem.
   - D. Os receptores de frio respondem apenas a níveis de frio com risco de vida.

5. Com o que o córtex cingulado anterior contribui para a sensação do tato e da dor?
   - A. Ele responde a um aumento ou diminuição da sensação, não ao nível absoluto.
   - B. Ele responde ao aspecto emocional da sensação.
   - C. Armazena uma memória da sensação.
   - D. Compara o toque ou a dor às sensações visuais e auditivas.

6. Suponha que você sofra um corte na medula espinhal apenas do lado esquerdo. Para a parte do corpo abaixo desse corte, você perderá a sensação de dor no lado direito do corpo e a sensação de toque no lado esquerdo. Por quê?
   - A. O lado esquerdo do corpo é mais sensível à dor do que o lado direito.
   - B. O lado direito do corpo é mais sensível à dor do que o lado esquerdo.
   - C. Os axônios da dor cruzam a medula espinhal de uma vez, mas as fibras do toque não.
   - D. Os axônios da dor se regeneram após a lesão, mas os axônios do toque não.

7. Certos medicamentos que aliviam a dor também aliviam qual das seguintes opções?
   - A. Coceira
   - B. Transtorno de déficit de atenção
   - C. Sentimentos feridos
   - D. Narcolepsia

8. De que forma o alívio da dor pelos canabinoides difere do alívio da dor pelos opiáceos?
   - A. Os canabinoides agem na periferia, não no cérebro.
   - B. Os canabinoides não produzem efeitos colaterais indesejados.
   - C. Os benefícios dos canabinoides são principalmente efeitos placebo.
   - D. Os canabinoides agem predominantemente pelos efeitos na medula.

9. Placebos aliviam a dor apenas pelo relaxamento? E quais são as evidências?
   - A. Sim. Pessoas que já estão relaxadas não ganham nenhum benefício com os placebos.
   - B. Sim. Placebos são eficazes apenas para pessoas com alto índice de neuroticismo.
   - C. Não. O placebo pode aliviar a dor em uma parte do corpo sem afetar outra.
   - D. Não. Pessoas que tomam placebo tornam-se ainda mais nervosas do que antes.

10. Por que muitas pessoas sofrem de dor crônica muito depois de uma lesão ter cicatrizada?
    - A. O cérebro aprendeu a aumentar a percepção de dor.
    - B. A pele esgota o suprimento de histamina.
    - C. Tomaram morfina logo após uma cirurgia.
    - D. O fluxo sanguíneo para a área lesionada não aumentou.

11. Que tipo de sensação inibe as sensações de coceira?
    - A. Olfato
    - B. Paladar
    - C. Dor
    - D. Audição

Respostas: 1D, 2D, 3D, 4A, 5B, 6C, 7C, 8A, 9C, 10A, 11C.

Módulo 6.3

Os sentidos químicos

Suponha que você tivesse o poder divino de criar uma nova espécie de animal, mas pudesse equipá-lo com um único sistema sensorial. Que sentido você daria a esse animal?

Seu primeiro impulso pode ser escolher a visão ou audição por causa da importância delas para os humanos. Mas um animal com um único sistema sensorial não se parecerá muito com os humanos, certo? E se você tivesse apenas a visão, e nunca tivesse experimentado nada, nem sentido dor ou toque, você teria alguma ideia do que esses estímulos visuais significam? Para ter alguma chance de sobrevivência, esse animal terá de ser pequeno, lento e talvez até mesmo unicelular. Que sentido será mais útil para esse animal?

Teóricos acreditam que o sistema sensorial inicial dos primeiros animais era uma sensibilidade química (Parker, 1922). Um sentido químico permite que um pequeno animal encontre comida, evite certos tipos de perigo e até mesmo localize parceiros.

Agora imagine que você precisa escolher perder um dos seus sentidos. Qual deles será? A maioria de nós não escolheria perder a visão, a audição ou o tato. Perder a sensibilidade à dor pode ser perigoso. Você pode escolher sacrificar o olfato ou paladar.

Curioso, não? Se um animal irá sobreviver com um único sentido, terá de ser praticamente um sentido químico, mas, para os seres humanos, com muitos outros sentidos bem desenvolvidos, os sentidos químicos parecem dispensáveis. Talvez subestimemos a importância deles.

Paladar

Visão, audição e tato fornecem informações úteis para muitos propósitos, mas o paladar só é útil para uma função: informar se devemos engolir ou expelir algo. Essa função é mais importante para algumas espécies do que para outras. Golfinhos quase não têm receptores gustativos (Jiang et al., 2012). Como comem apenas peixes e os engolem inteiros, eles têm pouca necessidade de sentir o paladar. Gatos, hienas, focas e leões-marinhos não têm receptores do sabor açucarado (Jiang et al., 2012). Sendo carnívoros, eles nunca escolhem seus alimentos pelo sabor doce. Se você vir um gato consumindo leite, ele procura as proteínas ou gorduras, não o sabor doce.

O paladar resulta da estimulação das **papilas gustativas** os receptores na língua. Quando falamos sobre o gosto dos alimentos, geralmente nos referimos ao sabor, que é uma combinação de sabor e cheiro. Enquanto outros sentidos permanecem separados por todo o córtex, os axônios do paladar e olfato convergem para muitas das mesmas células em uma área chamada córtex endopiriforme (Fu, Sugai, Yoshimura, & Onoda, 2004). Essa convergência permite que o paladar e o olfato combinem suas influências na seleção dos alimentos.

Receptores gustativos

Os receptores do paladar não são neurônios verdadeiros, mas células cutâneas modificadas. Como os neurônios, os receptores gustativos têm membranas excitáveis e liberam neurotransmissores para estimular os neurônios adjacentes que, por sua vez, transmitem informações ao cérebro. Como as células da pele, entretanto, os receptores gustativos são gradualmente eliminados e substituídos, cada um durando cerca de 10 a 14 dias (Kinnamon, 1987).

Os receptores gustativos de mamíferos estão nos botões gustativos localizados nas **papilas** na superfície da língua (ver Figura 6.19). Uma dada papila pode conter até dez ou mais botões gustativos (Arvidson & Friberg, 1980), e cada botão gustativo contém cerca de 50 células receptoras.

Em humanos adultos, as papilas gustativas localizam-se principalmente ao longo da borda da língua. Você pode demonstrar este princípio como a seguir: umedeça um pequeno cotonete em água com açúcar, sal ou vinagre. Então toque-o levemente no centro da língua, não muito longe da parte de trás. Se colocá-lo na posição correta, você sentirá pouco ou nenhum sabor. Em seguida, tente novamente na ponta da língua e perceba o sabor.

TENTE VOCÊ

Agora mude um pouco o procedimento. Enxague a boca com água e prepare um cotonete como antes. Toque a parte umedecida em uma das bordas da língua e então passe-o até o centro da língua lentamente. Parece que você está movendo o sabor para o centro da língua. Na verdade, você está recebendo apenas uma sensação de toque no centro da língua. Você atribui o gosto que sentiu no lado da língua a todos os outros pontos que tocou (Bartoshuk, 1991).

Quantos tipos de receptores gustativos?

Tradicionalmente, as pessoas na sociedade ocidental descrevem os sabores em termos de doce, azedo, salgado e amargo. No entanto, alguns gostos desafiam a categorização quanto a esses quatro rótulos (Schiffman & Erickson, 1980; Schiffman, McElroy, & Erickson, 1980). Como podemos determinar quantos tipos de paladar temos?

Uma maneira de identificar os tipos dos receptores gustativos é encontrar procedimentos que alteram um receptor, mas não outros. Por exemplo, mastigar uma fruta do milagre (nativa

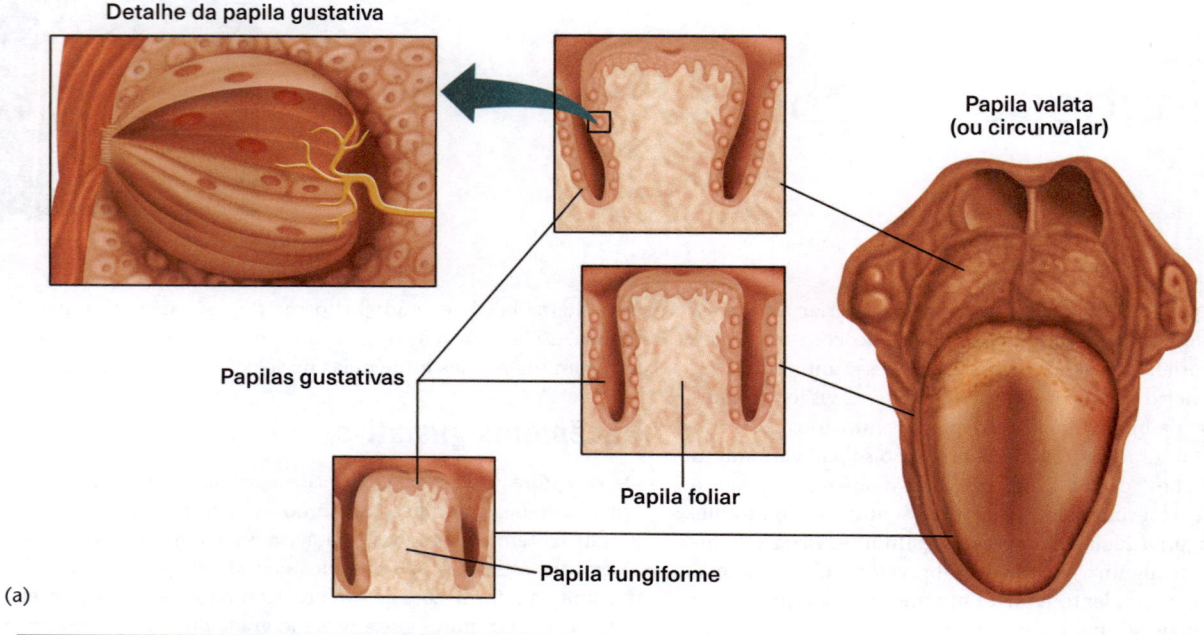

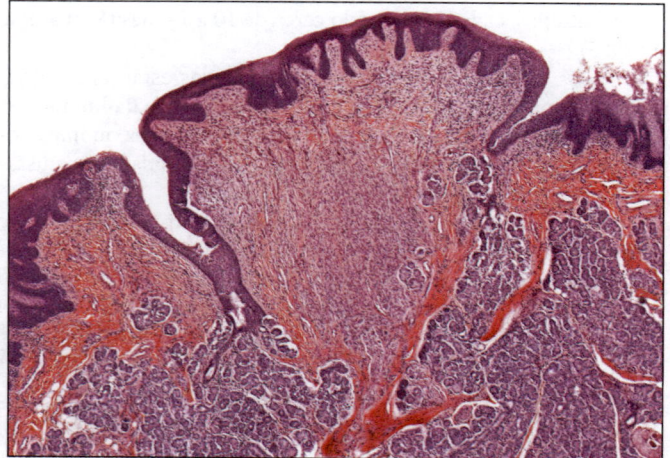

Figura 6.19 Os órgãos do paladar
(a) A ponta, o dorso e as laterais da língua são revestidos por botões gustativos. Os botões gustativos estão localizados nas papilas.
(Fonte: Ilustração de Margareth Baldissara com adaptação de Marcelo Ventura com base na ilustração de ©Argosy Publishing Inc.)
(b) Foto mostrando um corte transversal de um botão gustativo. Cada botão gustativo contém cerca de 50 células receptoras.
(Fonte: Cultura Science/Alvin Telser, PhD/Oxford Scientific/Getty Images)

da África Ocidental) fornece pouco sabor, mas muda temporariamente os receptores de doce. Frutas do milagre contêm uma proteína — miraculina — que modifica os receptores do sabor doce, permitindo que os ácidos os estimulem (Bartoshuk, Gentio, Moskowitz, & Meiselman, 1974). Se você experimentar os extratos da fruta do milagre (disponíveis na internet), qualquer coisa ácida terá um sabor doce, além do sabor azedo normal durante a próxima meia hora. Algumas pessoas usam esses extratos como recursos dietéticos, para que possam sentir os sabores doces sem as calorias.

Mas não exagere. Certa vez, um colega e eu passamos uma noite fazendo experiências com frutas do milagre. Bebemos suco de limão puro, suco de chucrute alemão e até vinagre. Todos tinham um sabor extremamente doce, mas no dia seguinte acordamos com a boca cheia de úlceras. Essas coisas ainda são ácidos, mesmo quando têm sabor doce.

Você já tomou suco de laranja logo após escovar os dentes? Como algo tão maravilhoso de repente pode ter um gosto tão ruim? A maioria das pastas de dente contém lauril sulfato de sódio, uma substância química que intensifica os sabores amargos e enfraquece os doces, aparentemente revestindo os receptores do sabor doce e evitando que qualquer coisa entre em contato com eles (DeSimone, Heck, & Bartoshuk, 1980; Schiffman, 1983).

Outra substância modificadora do paladar é o extrato da planta *Gymnema sylvestre* (Frank, Mize, Kennedy, de los Santos, & Green, 1992). Algumas lojas de alimentos saudáveis e fitoterápicos vendem folhas secas de *Gymnema sylvestre*, com as quais é possível preparar um chá. (Cápsulas de *Gymnema sylvestre* não funcionam para esta demonstração.) Molhe a língua no chá por cerca de 30 segundos e, em seguida, tente provar várias substâncias. Substâncias salgadas, azedas e amargas têm o mesmo gosto de sempre, mas o açúcar perde o sabor. Doces têm gosto azedo, amargo ou salgado. (Esses sabores já estavam presentes, mas você mal os percebeu por causa da doçura.) Curiosamente, o adoçante artificial aspartame (NutraSweet®) perde apenas parte, não todo, do sabor doce, o

TENTE VOCÊ

que sugere que estimula um receptor adicional além do receptor de açúcar (Schroeder & Flannery-Schroeder, 2005). Nota: essa demonstração é provavelmente arriscada para pessoas com diabetes, porque *Gymnema sylvestre* também altera a absorção de açúcar no intestino. Observe também: um efeito colateral dessa demonstração é evacuação esverdeada pelos próximos dias. Não entre em pânico se tiver essa pequena lembrança de sua experiência. O ponto principal dessas demonstrações é que temos receptores que são sensíveis a um sabor ou outro.

Evidências adicionais para tipos distintos dos receptores de paladar vêm de estudos do seguinte tipo: mergulhe a língua por 15 segundos em uma solução ácida, como suco de limão sem açúcar. Em seguida, tente provar alguma outra solução ácida, como vinagre diluído. Você descobrirá que a segunda solução tem um gosto menos azedo do que o normal, e talvez nem um pouco azedo. Esse fenômeno, chamado **adaptação**, reflete a fadiga dos receptores sensíveis aos sabores azedos. Agora tente provar algo salgado, doce ou amargo. Essas substâncias têm o mesmo gosto de sempre. Em suma, você não consegue mostrar **adaptação cruzada** — resposta reduzida a um sabor após a exposição a outro (McBurney & Bartoshuk, 1973). Evidentemente, os receptores do sabor ácido são diferentes dos outros receptores gustativos. Da mesma forma, você pode mostrar que os receptores de sal são diferentes dos outros etc.

Embora saibamos há muito tempo que as pessoas têm pelo menos quatro tipos de receptores gustativos, vários tipos de evidências sugerem um quinto, o glutamato, como no glutamato monossódico (*monosodium glutamate* – MSG). A língua tem um receptor de glutamato que lembra os receptores de glutamato como um neurotransmissor (Chaudhari, Landin, & Roper, 2000). Lembre-se do conceito de que a evolução é "próspera": depois que algo evolui para um propósito, ele pode ser modificado para outros propósitos. O gosto do glutamato é como caldo de galinha sem sal. A língua inglesa não tinha uma palavra para esse gosto, assim pesquisadores que falam inglês adotaram a palavra japonesa *umami*.

Talvez tenhamos também um sexto tipo de paladar, o gosto das gorduras. Quando as pessoas provam ácidos graxos de cadeia longa, elas dizem que o sabor não é doce, azedo, salgado nem amargo e apenas se assemelha ligeiramente ao umami. Os pesquisadores fizeram o possível para assegurar que as pessoas respondessem a uma experiência de sabor, e não apenas a uma textura. Eles sugeriram o termo *oleogustus* para o sabor das gorduras (Running, Craig, & Mattes, 2015). Veremos se esse termo se tornará popular.

Além de diferentes substâncias químicas estimular diferentes receptores, elas produzem diferentes ritmos dos potenciais de ação. Para outros sentidos, presumimos — justificadamente ou não — que o importante é o número dos potenciais de ação por unidade de tempo. No paladar, o padrão temporal também é importante, talvez o mais importante. A Figura 6.20 mostra as respostas de um neurônio do cérebro a demonstrações de cinco segundos de sacarose (doce), NaCl (salgado), HCl (ácido) e quinino (amargo). Esse neurônio respondeu a todos os quatro, mas com padrões diferentes ao longo do tempo. Por exemplo, a resposta ao NaCl diminuiu rapidamente, enquanto a resposta à sacarose demorou mais para começar e então permaneceu estável (Di Lorenzo, Chen, & Victor, 2009). Esses padrões realmente codificam experiências de sabor? Sim. Os pesquisadores

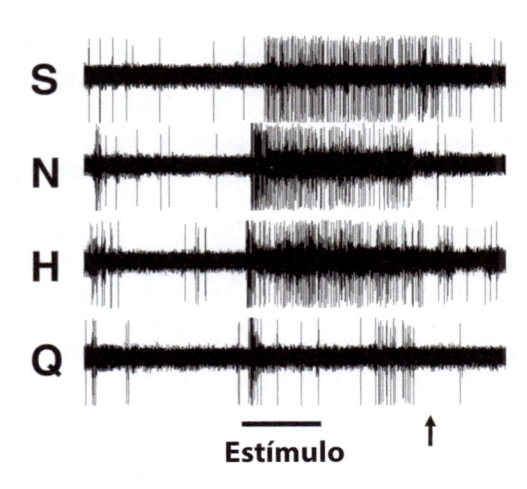

Figura 6.20 Respostas de uma célula no cérebro de um rato a quatro sabores
Cada sabor foi apresentado por 5 segundos, marcado pela linha Estímulo na parte inferior. As respostas persistiram até a língua ser lavada com água, no ponto marcado pela seta. As quatro linhas representam S = sacarose (doce); N = NaCl, sal de cozinha (salgado); H = HCl, ácido clorídrico (azedo); e Q = quinino (amargo).
(Fonte: "Quality time: Representation of a multidimensional sensory domain through temporal coding", de P. M. Di Lorenzo, J.-Y. Chen, & J. D. Victor, 2009, Journal of Neuroscience, 29, pp. 9227-9238)

estimularam as células cerebrais de camundongos que respondem ao paladar com um padrão elétrico semelhante ao do quinino. Os camundongos se afastaram de tudo o que estavam bebendo no momento, reagindo como se estivessem saboreando algo amargo (Di Lorenzo, Leshchinsky, Moroney, & Ozdoba, 2009). A estimulação elétrica em outros padrões temporais não provocou essa reação.

As pimentas-jalapenho e outras pimentas picantes produzem uma sensação de calor na boca que não é considerada um sabor. A evolução das pimentas é uma história interessante. A maioria das plantas produz substâncias químicas que desencorajam os animais a comê-las. A capsaicina nas pimentas desestimula os mamíferos, mas não as aves, porque o receptor de calor das aves não responde à capsaicina. Uma ave que ingere uma pimenta-jalapenho com o tempo excreta as sementes não digeridas, junto com os outros componentes das fezes da ave que funcionam como fertilizantes; ou seja, as aves espalham as sementes e nutrem o crescimento delas. Os mamíferos, ao contrário, mastigam quaisquer sementes que ingerem, tornando-as inativas. Em suma, pimentas-jalapenho e plantas semelhantes ganham vantagem desencorajando os mamíferos, mas permitindo que as aves as ingiram.

Mecanismos dos receptores gustativos

O receptor de salinidade é simples. Lembre-se de que um neurônio produz um potencial de ação quando íons de sódio atravessam a membrana. Um receptor de salinidade, que detecta a presença de sódio simplesmente permite que os íons de sódio na língua atravessem a membrana. Substâncias químicas que impedem que o sódio atravesse a membrana enfraquecem os sabores salgados (DeSimone, Heck, Mierson, & DeSimone, 1984; Schiffman, Lockhead, & Maes, 1983). Receptores do sabor azedo detectam a presença de ácidos (Huang et al., 2006).

Receptores dos sabores de doce, amargo e glutamato se assemelham às sinapses metabotrópicas discutidas no Capítulo 2. Depois que uma molécula se liga a um desses receptores, ela ativa uma proteína G que libera um segundo mensageiro dentro da célula. As pessoas têm dois tipos de receptores de sabor doce e dois tipos de receptores de glutamato, cada um com sensibilidades um pouco diferentes (Barretto et al., 2015).

O sabor amargo costumava ser um quebra-cabeça porque as substâncias amargas incluem uma longa lista de substâncias químicas diferentes. O único fator comum entre elas que são até certo ponto tóxicas. Que receptor pode identificar um conjunto tão diverso de substâncias químicas? A resposta é que não temos um receptor de sabor amargo, mas uma família de 30 ou mais (Barretto et al., 2015; Matsunami, Montmayeur & Buck, 2000). Cada um responde a alguns compostos relacionados (Born, Levit, Niv, Meyerhof & Belvens, 2013).

Uma consequência de termos tantos receptores de sabor amargo é que detectamos uma grande variedade de substâncias químicas perigosas. A outra é que, como cada tipo de receptor do sabor amargo está presente em pequenos números, não detectamos concentrações muito baixas das substâncias amargas.

Muitas substâncias químicas amargas também disparam receptores no nariz, provocando tosse e espirros se você inalá-las (Tizzano et al., 2010); ou seja, as substâncias químicas amargas são tóxicas e o corpo faz tudo o que pode para expulsá-las.

✓ PARE & REVISE

25. Suponha que você encontre um novo alimento de sabor incomum. Como você pode determinar se temos um receptor especial para esse alimento ou se o degustamos com uma combinação de outros receptores de sabor conhecidos?
26. Se alguém injetasse na língua uma substância química que bloqueia a liberação de segundos mensageiros, como isso afetaria suas experiências gustativas?

RESPOSTAS

25. Você pode testar a adaptação cruzada. Se o novo sabor se adapta de forma cruzada a outros, ele usa os mesmos receptores. Se não houver adaptação cruzada, pode ter um receptor próprio. Outra possibilidade seria descobrir algum procedimento que bloqueie esse sabor sem bloquear outros sabores. 26. A substância química bloquearia suas experiências de doce, amargo e umami, mas não deveria impedi-lo de sentir o sabor salgado e azedo.

Codificação gustativa no cérebro

As informações dos receptores nos dois terços anteriores da língua chegam ao cérebro ao longo da corda do tímpano, um ramo do sétimo nervo craniano (o nervo facial). As informações sobre sabor da língua posterior e da garganta viajam ao longo dos ramos do nono e décimo nervos cranianos. O que você acha que aconteceria se alguém anestesiasse sua corda do tímpano? Você não sentiria mais o gosto de nada na parte anterior da língua, mas provavelmente não perceberia porque ainda sentiria o gosto na parte posterior. Mas a probabilidade é cerca de 40% de que você sentiria "fantasmas" do paladar, semelhante à experiência do membro fantasma discutida no Capítulo 4 (Yanagisawa, Bartoshuk, Catalanotto, Karrer, & Kveton, 1998); ou seja, você pode sentir o gosto mesmo quando não há nada na língua. Evidentemente, o estímulos das partes anterior e posterior da língua interagem de maneiras complexas.

Os nervos do paladar projetam-se para o **núcleo do trato solitário (NTS)**, uma estrutura na medula (Travers, Pfaffmann, & Norgren, 1986). Do NTS, a informação se ramifica, alcançando a ponte, o hipotálamo lateral, a amídala, o tálamo ventroposterior e duas áreas do córtex cerebral (Pritchard, Hamilton, Morse, & Norgren, 1986; Yamamoto, 1984). Uma dessas áreas, o córtex somatossensorial, responde aos aspectos de toque da estimulação da língua. A outra área, conhecida como ínsula, é o córtex gustativo primário. A ínsula em cada hemisfério do córtex recebe estímulos de ambos os lados da língua (Stevenson, MIller, & McGrillen, 2013). Algumas das principais conexões estão ilustradas na Figura 6.21. Certas áreas da ínsula são dominadas por células que respondem principalmente a sabores doces, enquanto outras áreas são dominadas por células que respondem ao sabor amargo (Peng et al., 2015).

Variações na sensibilidade ao paladar

É fácil presumir que os alimentos têm o mesmo gosto para outra pessoa e para você. E se pedirmos às pessoas que descrevam o quão forte são os sabores dos vários alimentos, elas concordam sobre quais alimentos têm sabores suaves, fortes ou muito fortes. Mas ao classificar algum alimento como tendo um sabor "muito forte", você quer dizer que ele é forte em comparação com suas outras experiências gustativas, que podem ser mais fortes ou mais fracas do que as de outra pessoa. Na verdade, algumas pessoas têm três vezes mais papilas gustativas do que outras pessoas nas *papilas fungiformes* perto da ponta da língua (Hayes, Bartoshuk, Kidd, & Duffy, 2008). (Ver Figura 6.22.) Essa diferença anatômica depende em parte da genética, mas também da idade, dos hormônios e de outras influências. A sensibilidade ao paladar das mulheres varia de acordo com os hormônios e alcança seu máximo durante o início da gravidez, quando os níveis de estradiol estão altos (Prutkin et al., 2000). Essa tendência é provavelmente adaptativa: durante a gestação, a mulher precisa ser mais cuidadosa do que o normal para evitar alimentos prejudiciais.

Pessoas com mais papilas gustativas, conhecidas como **superdegustadores** tendem a não gostar de alimentos com sabor forte, especialmente alimentos que têm um gosto muito amargo para elas, mas apenas levemente amargo para outras pessoas. Pessoas na extremidade oposta, tendo menos papilas gustativas, toleram muitos alimentos relativamente amargos. Uma demonstração às vezes usada em aulas de laboratório de biologia é provar o sabor da feniltiocarbamida (PTC) ou 6-*n*-propiltiouracil (PROP). A maioria das pessoas sente o gosto em baixas concentrações como amargo, mas as pessoas com o menor número de papilas gustativas — enganosamente conhecidas como *não degustadores* — só sentem esse sabor em altas concentrações. Um gene controla a maior parte da variância, embora outros genes também contribuam (Kim et al., 2003).

Pesquisadores coletaram dados extensos sobre a porcentagem e não degustadores em diferentes populações, como mostrado na Figura 6.23 (Guo & Reed, 2001). A figura não mostra nenhuma relação óbvia entre sentir o gosto de PTC e culinária.

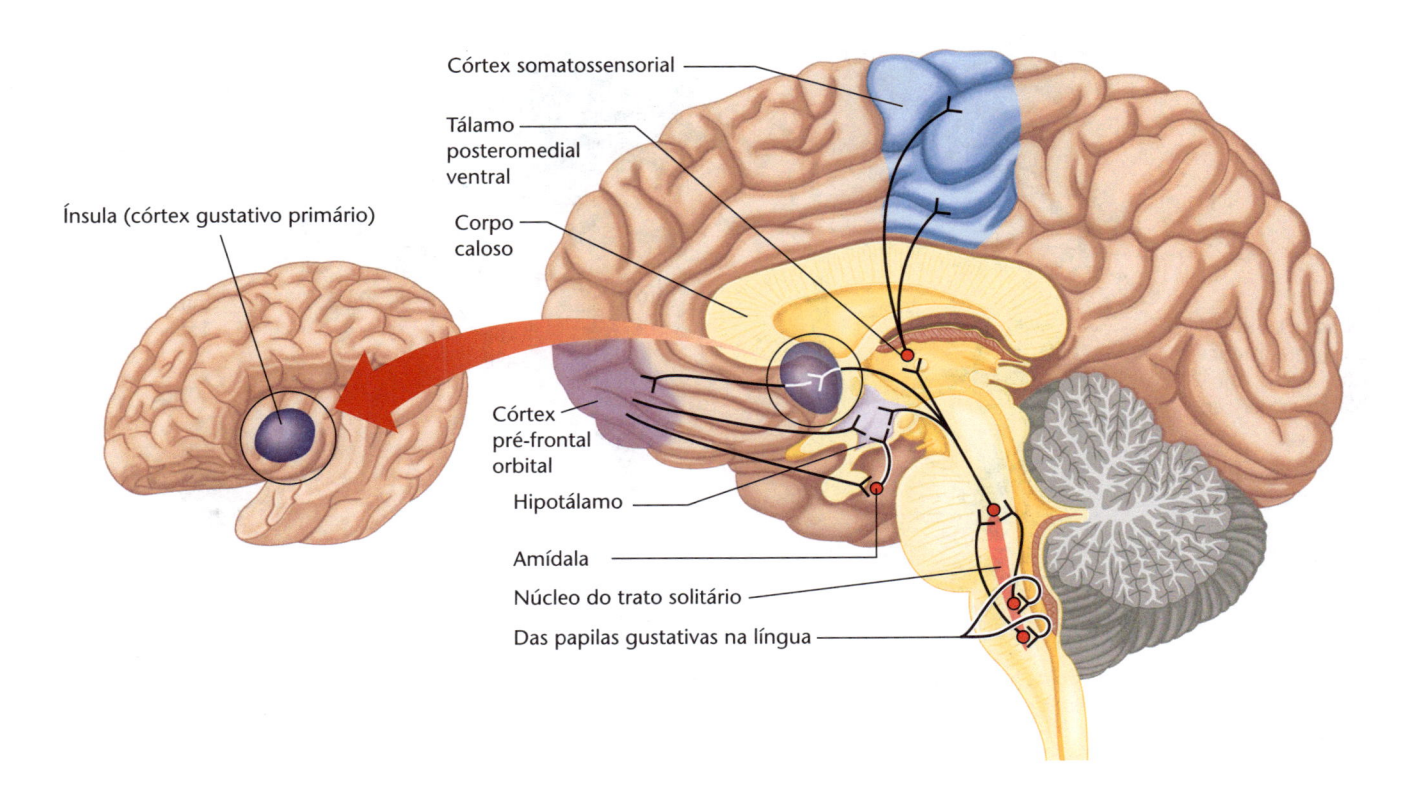

Figura 6.21 Principais vias dos impulsos relacionados ao paladar no cérebro humano
O tálamo e o córtex cerebral recebem impulsos tanto do lado esquerdo como do direito da língua.
(Fonte: Baseada em Rolls, 1995)

Por exemplo, não degustadores são comuns na Índia, onde a comida é picante, e também na Grã-Bretanha, onde é relativamente insossa.

Embora a maioria dos superdegustadores evite alimentos de sabor forte ou picante, você não pode se identificar com segurança como um superdegustador, degustador ou não degustador com base apenas em suas preferências alimentares. A cultura e a familiaridade exercem grande influência sobre as preferências alimentares das pessoas, além do papel das papilas gustativas.

Se você quiser se classificar como um superdegustador, degustador ou não degustador, siga as instruções na Tabela 6.2.

Figura 6.22 Papilas fungiformes na língua humana
Pessoas com maior densidade de papilas (parte superior) são superdegustadoras, com fortes reações a sabores intensos. Pessoas com menos papilas são degustadoras ou não degustadoras (parte inferior). (Fonte: Linda Bartoshuk)

Tabela 6.2 | **Você é um superdegustador, degustador ou não degustador?**

Equipamento: perfurador de ¼ de polegada, pequeno pedaço de papel encerado, cotonete, corante alimentar azul, lanterna e lente de aumento

Faça um furo de ¼ de polegada com um perfurador comum em um pedaço de papel-manteiga. Mergulhe o cotonete no corante alimentar azul. Coloque o papel na ponta da língua, bem no centro. Esfregue o cotonete sobre o orifício no papel para tingir uma pequena parte da língua. Com a lanterna e a lente de aumento, peça que alguém conte o número de círculos cor-de-rosa não manchados na área azul. Eles são as papilas fungiformes. Compare seus resultados com as seguintes médias:

Superdegustadores:	25 papilas
Degustadores:	17 papilas
Não degustadores:	10 papilas

Figura 6.23 Porcentagem de não degustadores em várias populações humanas
A maioria das porcentagens baseia-se em grandes amostras, incluindo mais de 31 mil no Japão e 35 mil na Índia.
(Fonte: Baseada em Guo, & Reed, 2001)

Inglaterra 30%
Turquia 14%
México 10%
Japão 11%
Estados Unidos:
Europeu americano 28%
Afro-americano 21%
Nativo americano 18%
Egito 17%
China 15%
Índia 34%
Nigéria 13%

PARE & REVISE

27. Por que os superdegustadores são mais sensíveis aos sabores do que outras pessoas?

RESPOSTA

27. Eles têm mais papilas gustativas.

Olfato

Olfato, o sentido do cheiro, é a resposta a substâncias químicas que entram em contato com as membranas dentro do nariz. Para a maioria dos mamíferos, o olfato é fundamental para encontrar comida e parceiros e para evitar perigos. Por exemplo, ratos e camundongos evitam imediatamente os cheiros de gatos, raposas e outros predadores. Esses cheiros também fazem com que eles liberem hormônios do estresse (Kondoh et al., 2016). Os camundongos sem os receptores olfativos relevantes não conseguem evitar, como ilustrado na Figura 6.24 (Kobayakawa et al., 2007). Pessoas com certas doenças têm um odor característico e desagradável, e as pessoas que evitam esse odor diminuem o risco de contágio (Olsson et al., 2014).

Considere também a toupeira de nariz estrelado e o musaranhos-de-água, duas espécies que procuram minhocas, crustáceos e outros invertebrados no fundo de lagoas e riachos. Podemos supor que o olfato seria inútil debaixo d'água, mas esses animais exalam pequenas bolhas de ar no solo e então as inalam novamente. Ao fazer isso, eles podem seguir uma trilha subaquática bem o suficiente para rastrear suas presas (Catania, 2006).

Ficamos maravilhados com feitos como esse e com a capacidade de um sabujo de encontrar alguém seguindo uma trilha olfativa na floresta. Presumimos que nunca poderíamos fazer algo como isso. Claro que não podemos seguir uma trilha olfativa em pé com o nariz muito acima do solo! Mas e se você se ajoelhar e colocar o nariz no solo? Os pesquisadores vendaram os olhos de 32 jovens adultos, pediram que usassem luvas e então tentassem seguir uma trilha de odores em uma pradaria. O cheiro era óleo de chocolate. (Eles decidiram usar

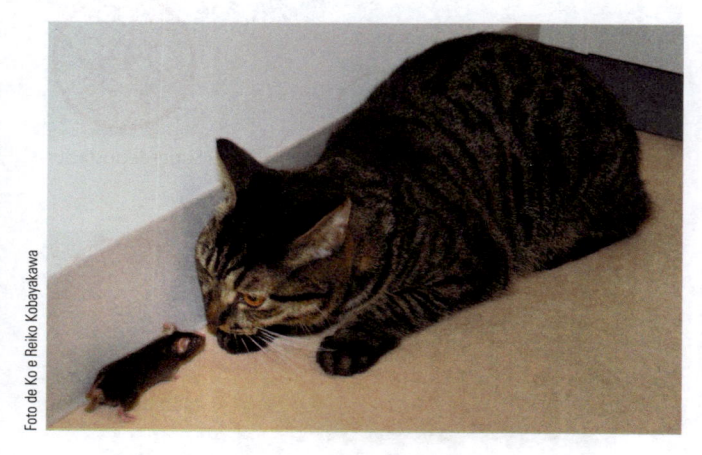

Figura 6.24 O resultado da perda de um tipo de receptor olfativo
Camundongos normais evitam inatamente o cheiro de gatos, raposas e outros predadores. Esse gato tinha acabado de fazer uma grande refeição.
(Fonte: Kobayakawa et al., 2007)

Musaranho-de-água

algo com que as pessoas se preocupam.) A maioria dos participantes foi bem-sucedida e melhorou o desempenho com a prática. A Figura 6.25 mostra um exemplo (Porter et al., 2007). Portanto, nosso olfato é melhor do que podemos imaginar, se dermos uma chance justa (embora os cães de caça sejam muito melhores).

O olfato é especialmente importante para nossa seleção de alimentos. Boa parte do sabor de um alimento baseia-se em seu odor. Tente manter o nariz fechado ao comer e perceba quanto do sabor você perde.

O olfato também desempenha um papel importante no comportamento social. Você pode ter ouvido a expressão "cheiro do medo" e as pesquisas corroboram essa ideia. Pesquisadores coletaram suor das axilas de homens jovens enquanto eles assistiam a vídeos que provocavam medo, aversão ou nenhuma emoção. Mais tarde, os pesquisadores registraram as expressões faciais de mulheres jovens que cheiraram as amostras. As mulheres que cheiraram as amostras contendo sensação de medo exibiram uma expressão leve de medo e aquelas que cheiraram as amostras de aversão pareciam enojadas. Aquelas que cheiraram as amostras neutras exibiram pouca ou nenhuma expressão (de Groot, Smeets, Kaldewaij, Duijndam, & Semin, 2012). Evidentemente, os cheiros fornecem uma pista de como outra pessoa está se sentindo.

Se você fosse exposto aos cheiros de outras pessoas (sem nenhuma outra informação sobre elas) e classificasse sua desejabilidade como um potencial parceiro romântico, você provavelmente preferiria pessoas que cheirassem um pouco diferente de você e de seus familiares (Havlicek & Roberts, 2009). Evitar um parceiro que tem o mesmo cheiro que seu irmão ou irmã reduz a chance de endogamia. Também aumenta a probabilidade de que seus filhos tenham uma boa variedade de imunidades, porque as substâncias químicas do sistema imunológico contribuem para os odores corporais. Curiosamente, quando as mulheres começam a tomar pílulas anticoncepcionais, a preferência por um parceiro com cheiro diferente diminui (Roberts, Gosling, Carter, & Petrie, 2008). Uma especulação é que o risco de endogamia não é importante para mulheres que não podem engravidar no momento.

Receptores olfativos

Os pesquisadores estimam que as pessoas podem distinguir entre mais de um trilhão de estímulos olfativos. Sim, "estimam". Não imagine algum participante enfrentando um trilhão de frascos de substâncias químicas odoríferas. Em cada ensaio, os pesquisadores ofereciam dois frascos iguais e um diferente, e a tarefa era escolher aquele que era diferente. Os dois frascos idênticos podem ter uma mistura de 30 substâncias químicas, enquanto o outro contém 20 dessas mesmas substâncias mais 10 outras. A partir da habilidade das pessoas em escolher os diferentes frascos, os pesquisadores calcularam que mais de um trilhão de distinções são possíveis (Bushdid, Magnasco, Vosshall, & Keller, 2014).

Os neurônios responsáveis pelo cheiro são as **células olfativas** que revestem o epitélio olfatório na parte posterior das passagens de ar nasais (ver Figura 6.26). Nos mamíferos, cada célula olfatória possui cílios (dendritos filiformes) que se estendem do corpo celular até a superfície mucosa da passagem nasal. Os receptores olfativos estão localizados nos cílios.

Quantos tipos de receptores olfativos nós temos? Os pesquisadores responderam à pergunta análoga para a visão de cores nos anos de 1800, mas demoraram muito mais para o olfato. Linda Buck & Richard Axel (1991) identificaram uma família de proteínas em receptores olfativos, como mostrado na

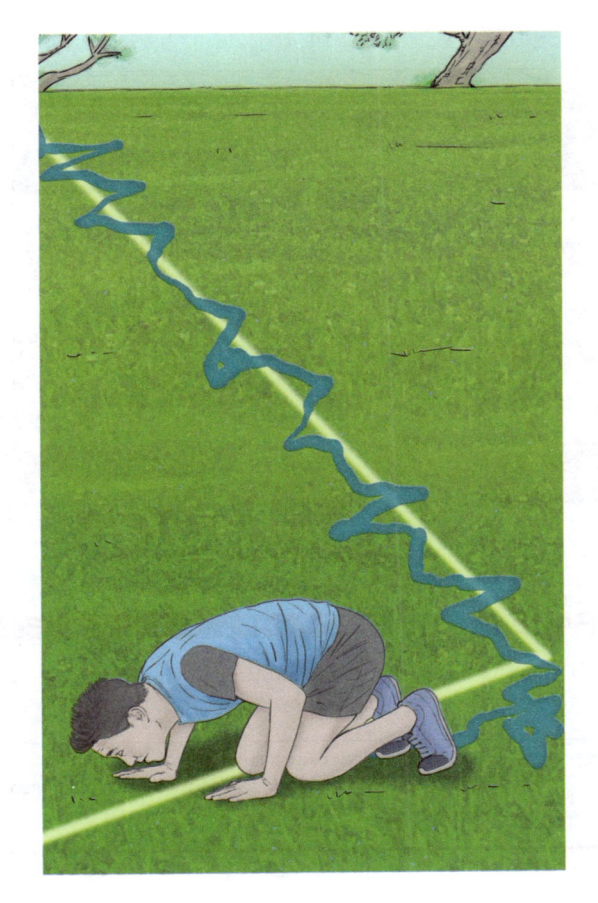

Figura 6.25 **Uma pessoa seguindo uma trilha de odores**
A maioria das pessoas seguiu com sucesso uma trilha apenas com o nariz para orientá-las.
(Fonte: Arte de Marcelo Ventura com base na ilustração de Macmillan Publishers Ltd. De: Nature Neuroscience, 10, 27-29, Mechanisms of scent-tracking in humans; J. Porter et. al., 2007)

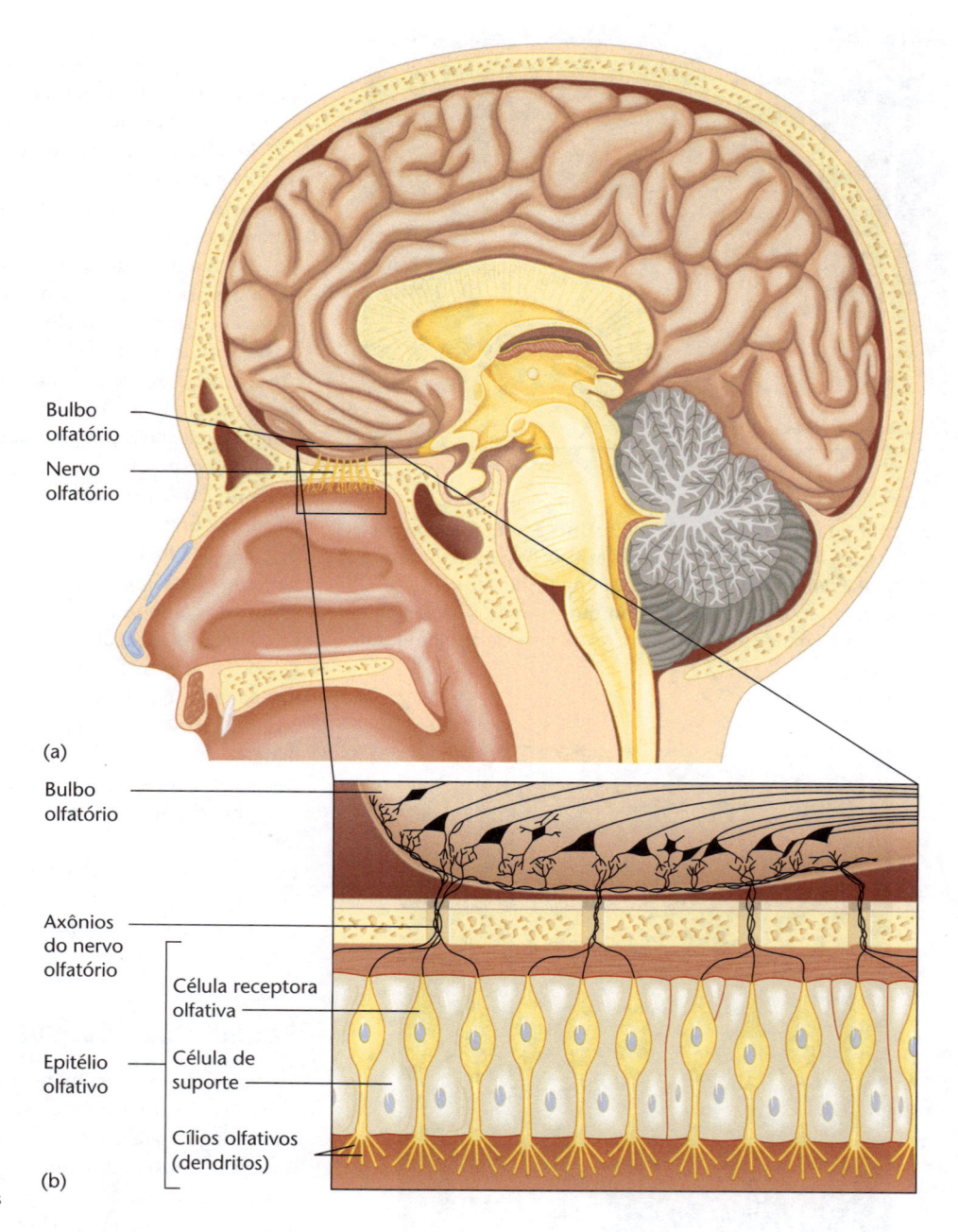

Figura 6.26 Receptores olfativos
(a) Localização dos receptores na cavidade nasal. (b) Detalhe das células olfativas.

Figura 6.27. Como os receptores dos neurotransmissores metabotrópicos, cada uma dessas proteínas atravessa a membrana celular sete vezes e responde a uma substância química fora da célula (aqui uma molécula odorífera em vez de um neurotransmissor) desencadeando alterações em uma proteína G dentro da célula. A proteína G então provoca atividades químicas que levam a um potencial de ação. A melhor estimativa é que os seres humanos têm várias centenas de proteínas receptoras olfativas, enquanto ratos e camundongos têm cerca de mil tipos (Zhang & Firestein, 2002). De modo correspondente, camundongos podem distinguir entre odores que parecem iguais para os humanos (Rubin & Katz, 2001). Cada neurônio olfativo tem apenas uma das possíveis proteínas receptoras olfativas (Hanchate et al., 2015).

PARE & REVISE

28. De que forma os receptores olfativos se assemelham aos receptores dos neurotransmissores metabotrópicos?

RESPOSTA
28. Como os receptores dos neurotransmissores metabotrópicos, um receptor olfativo age por meio de uma proteína G que desencadeia outros eventos dentro da célula.

Implicações para a codificação

Como temos apenas três tipos de cones e cinco tipos de receptores gustativos, os pesquisadores ficaram surpresos ao descobrir tantos tipos de receptores olfativos. Essa diversidade torna

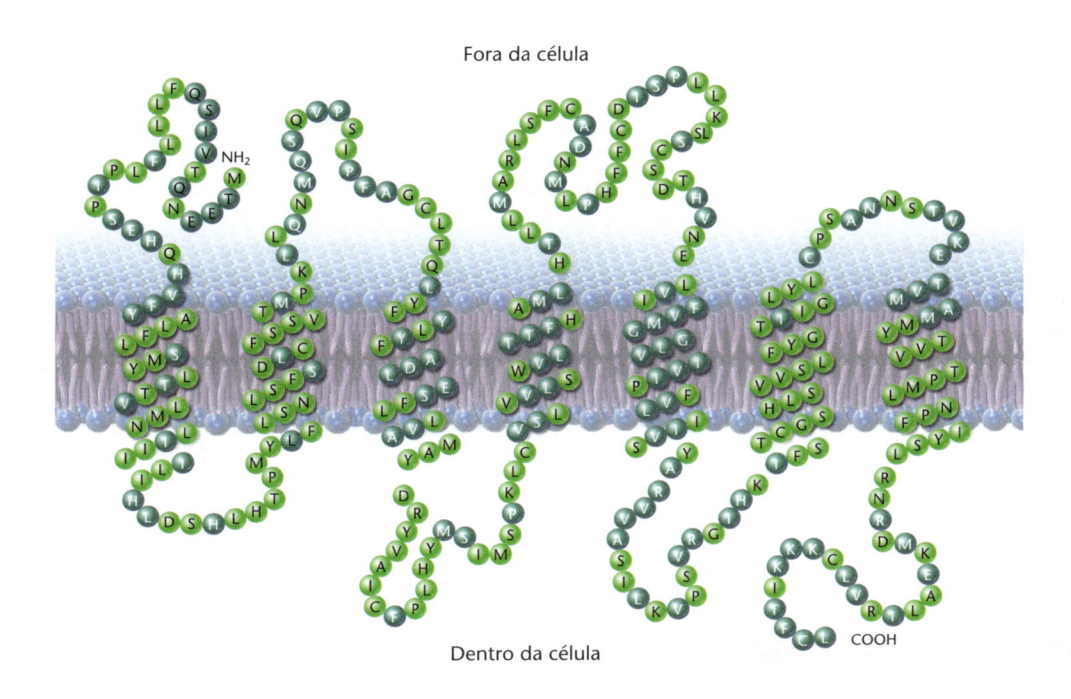

Figura 6.27 **Uma das proteínas receptoras olfativas**
Essa proteína é semelhante à proteína do receptor sináptico na Figura 2.16. Ela responde a uma substância química fora da célula e desencadeia a atividade de uma proteína G dentro da célula. Diferentes receptores olfativos têm características ligeiramente distintas quanto à estrutura. Cada pequeno círculo neste diagrama representa um aminoácido da proteína. Os círculos verdes claros representam aminoácidos que são iguais na maioria das proteínas receptoras olfativas. Os círculos verde-escuros representam aminoácidos que variam.
(Fonte: Baseada em Buck & Axel, 1991)

possível uma estreita especialização das funções. Para ilustrar, como temos apenas três tipos de cones, todos os cones contribuem para cada percepção de cor. Cada receptor olfativo responde a apenas alguns estímulos. A resposta de um receptor pode significar "ácido graxo com uma cadeia linear de três a cinco átomos de carbono". A resposta de outro pode significar, "ácido graxo ou um aldeído com uma cadeia linear de cinco a sete átomos de carbono" (Araneda, Kini, & Firestein, 2000; Imamura, Mataga, & Mori, 1992; Mori, Mataga, & Imamura, 1992). A atividade combinada desses dois receptores identifica uma substância química com precisão.

Uma pergunta pode ter ocorrido a você: "Por que a evolução se deu ao trabalho de projetar tantos tipos de receptores olfativos? Afinal de contas, a visão de cores funciona com apenas três tipos de cones. A principal razão é que a energia da luz pode ser organizada ao longo de uma única dimensão, o comprimento de onda. O olfato processa substâncias químicas transportadas pelo ar que não variam ao longo de um único continuum.

Mensagens para o cérebro

Quando um receptor olfativo é estimulado, seu axônio transporta um impulso para o bulbo olfatório (ver Figura 3.12). Embora os receptores sensíveis a uma determinada substância química estejam espalhados aleatoriamente no nariz, seus axônios chegam às mesmas células-alvo no bulbo olfatório, de modo que substâncias químicas olfatórias semelhantes estimulam as áreas adjacentes e substâncias químicas de odores diferentes estimulam áreas mais distintas (Horowitz, Saraiva, Kuang, Yoon, & Buck, 2014).

O bulbo olfatório envia axônios para a área olfatória do córtex cerebral. Uma substância complexa, como um alimento, ativa uma população de células dispersas (Lin, Shea, & Katz, 2006; Rennaker, Chen, Ruyle, Sloan, & Wilson, 2007). Muitas células respondem intensamente a um tipo específico de alimento, como frutas vermelhas ou melões (Yoshida & Mori, 2007). Como no bulbo olfatório, substâncias químicas com cheiro semelhante ao nosso provocam atividades nas células adjacentes (Howard, Plailly, Grueschow, Haynes, & Gottfried, 2009).

Os receptores olfativos são vulneráveis a lesões porque são expostos ao ar. Ao contrário dos receptores de visão e audição, que permanecem com você por toda a vida, um receptor olfativo tem um tempo médio de sobrevida de pouco mais de um mês. Nesse ponto, uma célula-tronco amadurece e se transforma em uma nova célula olfativa no mesmo local que a primeira e expressa a mesma proteína receptora (Nef, 1998). Seu axônio deve então chegar ao alvo correto no bulbo olfatório. Cada axônio do neurônio olfatório contém cópias de sua proteína receptora olfativa, que ele usa como um cartão de identificação para encontrar o parceiro correto (Barnea et al., 2004; Strotmann, Levai, Fleischer, Schwarzenbacher, & Breer, 2004). Mas se toda a superfície olfativa é danificada de uma vez por uma explosão de vapores tóxicos de modo que o sistema tenha de substituir todos os receptores ao mesmo tempo, muitos deles deixam de produzir as conexões corretas e a experiência olfativa não se recupera totalmente (Iwema, Fang, Kurtz, Youngentob, & Schwob, 2004).

Diferenças individuais

As pessoas variam quanto ao sentido do olfato mais do que você imagina. A maioria dos genes que controla os receptores olfativos tem formas variantes e, em média, duas pessoas escolhidas ao acaso provavelmente diferem em cerca de 30% em termos dos genes dos receptores olfativos (Mainland et al., 2014). Em comparação com qualquer outra pessoa que você conhece, é provável que sinta alguns cheiros mais fortes, outros mais fracos, outros mais agradáveis e alguns menos agradáveis.

Além das diferenças individuais baseadas nos genes, a sensibilidade ao odor diminui com a idade. O declínio varia entre os odores. Por exemplo, a sensibilidade ao odor de cogumelo aparentemente permanece constante à medida que as pessoas envelhecem, a sensibilidade ao odor de cebola diminui moderadamente e a sensibilidade ao odor de rosa diminui muito (Seow, Ong, & Huang, 2016). Um declínio acentuado na sensibilidade ao odor é frequentemente um sintoma inicial da doença de Alzheimer ou da doença de Parkinson (Doty & Kamath, 2014).

As mulheres detectam os odores mais facilmente do que os homens, em todas faixas etárias e em todas as culturas testadas pelos pesquisadores (Doty, Applebaum, Zusho, & Settle, 1985; Saxton et al., 2014; Yousem et al., 1999). Além disso, mulheres adultas jovens gradualmente se tornam cada vez mais sensíveis a um odor fraco que elas sentem repetidamente, até que possam detectá-lo em concentrações de um décimo de milésimo do que poderiam no início (Dalton, Doolittle, & Breslin, 2002). Homens, meninas antes da puberdade e mulheres após a menopausa não exibem esse efeito, assim, aparentemente, depende dos hormônios femininos. Podemos apenas especular sobre por que desenvolvemos uma conexão entre os hormônios femininos e a sensibilização a odores.

✓ PARE & REVISE

29. Qual é a média da expectativa de vida de um receptor olfativo?
30. Quais fatores contribuem para as diferenças individuais na sensibilidade olfativa?

RESPOSTAS 29. A maioria dos receptores olfativos sobrevive um pouco mais de um mês antes de morrer e ser substituído. 30. As pessoas diferem quanto à sensibilidade olfativa por causa da genética, idade e sexo.

Feromônios

Um sentido adicional é importante para a maioria dos mamíferos, embora menos para os seres humanos. O **órgão vomeronasal (OVN)** é um conjunto de receptores localizados próximos, mas separados, dos receptores olfativos. Ao contrário dos receptores olfativos, os receptores OVN respondem apenas a **feromônios**, substâncias químicas liberadas por um animal que afetam o comportamento dos outros membros da mesma espécie. Por exemplo, se você já teve uma cadela que não foi castrada, sempre que ela estava no período fértil (estro), mesmo que você a mantivesse dentro de casa, seu quintal atraía todos os cães da vizinhança que estavam livres para perambular.

Cada receptor OVN responde a único um feromônio, em concentrações tão baixas quanto uma parte em cem bilhões (Leinders-Zufall et al., 2000). Além disso, o receptor não se adapta a um estímulo repetido. Você já esteve em um ambiente que inicialmente parecia malcheiroso, mas não poucos minutos mais tarde? Os receptores olfativos respondem a um novo odor, mas não a um odor contínuo. Os receptores OVN, entretanto, continuam respondendo mesmo após estimulação prolongada (Holy, Dulac, & Meister, 2000).

Em humanos adultos, o OVN é minúsculo e não tem receptores (Keverne, 1999; Monti-Bloch, Jennings-White, Dolberg, & Berliner, 1994). É um vestígio — isto é, um resquício de nosso passado evolutivo. Mas parte da mucosa olfatória humana contém receptores que lembram os receptores de feromônios de outras espécies (Liberles & Buck, 2006; Rodriguez, Greer, Mok, & Mombaerts, 2000).

Os efeitos comportamentais dos feromônios aparentemente ocorrem de forma inconsciente, ou seja, as pessoas reagem a certas substâncias químicas na pele humana mesmo quando elas as descrevem como inodoras. O cheiro do suor de uma mulher aumenta as secreções de testosterona do homem, especialmente se a mulher estiver perto da época da ovulação (Miller & Maner, 2010). Esse efeito é mais forte para homens heterossexuais do que para homens homossexuais (Savic, Berglund, & Lindström, 2005). O cheiro do suor de um homem não aumenta a excitação sexual nas mulheres. Em vez disso, aumenta a liberação de cortisol, um hormônio do estresse (Wyart et al., 2007). Evidentemente, um homem reage a uma mulher suada como um sinal de sexo, e uma mulher reage a um homem suado como um sinal de potencial perigo.

O efeito mais bem documentado de um feromônio humano está relacionado ao tempo dos ciclos menstruais das mulheres. De acordo com vários (mas não todos) relatórios, mulheres que passam muito tempo juntas descobrem que seus ciclos menstruais tornam-se mais sincronizados, a menos que estejam tomando pílulas anticoncepcionais (McClintock, 1971; Weller, Weller, Koresh-Kamin, & Ben-Shoshan, 1999; Weller, Weller, & Roizman, 1999). Para testar se os feromônios são responsáveis pela sincronização, os pesquisadores expuseram mulheres jovens voluntárias às secreções nas axilas de uma mulher doadora. Em dois estudos, a maioria das mulheres expostas às secreções sincronizou-se com o ciclo menstrual da doadora (Preti, Cutler, Garcia, Huggins, & Lawley, 1986; Russell, Switz, & Thompson, 1980).

Outro estudo tratou do fenômeno de que uma mulher em um relacionamento íntimo com um homem tende a ter períodos menstruais mais regulares do que as mulheres que não mantêm um relacionamento íntimo. De acordo com uma hipótese, os feromônios do homem promovem essa regularidade. No estudo, mulheres jovens que não eram sexualmente ativas foram expostas diariamente às secreções das axilas de um homem. (Fazer com que as mulheres se voluntariassem para esse estudo não foi fácil.) Gradualmente, ao longo de 14 semanas, a maioria dos períodos menstruais dessas mulheres tornou-se mais regular do que antes (Cutler et al., 1986). Em suma, as secreções do corpo humano provavelmente agem como feromônios, embora os efeitos sejam mais sutis do que na maioria dos outros mamíferos.

✓ PARE & REVISE

31. Qual é a principal diferença entre os receptores olfativos e aqueles do órgão vomeronasal?

RESPOSTA 31. Os receptores olfativos se adaptam rapidamente a um odor contínuo, enquanto os receptores do órgão vomeronasal continuam a responder. Além disso, as sensações vomeronasais são aparentemente capazes de influenciar o comportamento, mesmo sem serem percebidas conscientemente.

Sinestesia

Por fim, vamos considerar algo que não é um sentido, mas uma combinação: **sinestesia** é a experiência que algumas pessoas têm em que a estimulação de um sentido provoca uma percepção desse sentido e de outro também. Por exemplo, alguém pode perceber a letra J como verde ou dizer que cada gosto parece uma forma particular na língua (Barnett et al., 2008). Nas palavras de uma pessoa: "Para mim, o sabor da carne é azul escuro. O cheiro de amêndoas é laranja claro. E quando os saxofones tenores tocam, a música parece uma serpente sinuosa suspensa de tubos de néon roxos acesos" (Day, 2005, p. 11).

Vários estudos atestam a realidade da sinestesia. Pessoas que relatam sinestesia têm quantidades maiores de substância cinzenta em certas áreas do cérebro e conexões alteradas com outras áreas (Jäncke, Beeli, Eulig, & Hänggi, 2009; Rouw & Scholte, 2007; Weiss & Fink, 2009). Pessoas que percebem cores em letras e números têm mais conexões entre as áreas do cérebro que respondem às cores e aquelas que respondem a letras e números (Tomson, Narayan, Allen, & Eagleman, 2013). Elas também exibem características comportamentais que seriam difíceis de simular. Tente encontrar o 2 entre os 5 em cada uma das seguintes exibições:

555555555555   555555555555   555555555555
555555555555   555555555555   552555555555
555555525555   555555555555   555555555555
555555555555   555555555525   555555555555

Uma pessoa com sinestesia foi capaz de encontrar o 2 consistentemente mais rápido do que outras pessoas, explicando que ela apenas procurou uma mancha laranja! Mas ela foi mais lenta do que outras pessoas para encontrar um 8 entre os 6 porque ambos, 8 e 6, parecem azuis para ele (Blake, Palmeri, Marois, & Kim, 2005). Outra pessoa teve dificuldade em encontrar um A entre 4 porque ambos parecem vermelhos, mas pode facilmente encontrar um A entre 0 porque 0 parece preto (Laeng, Svartdal, & Oelmann, 2004). Curiosamente, no entanto, alguém que vê a letra P como amarelo não teve problemas em encontrá-la quando foi impressa em tinta preta em uma página amarela. De alguma forma, ele vê a letra tanto na cor real (preto) como na cor sinestésica (Blake et al., 2005).

O que causa sinestesia? Ela se agrupa em famílias, sugerindo uma predisposição genética (Barnett et al., 2008) e com frequência ocorre nas mesmas famílias de pessoas com orelha absoluta, sugerindo que as duas condições compartilham uma predisposição genética (Gregerson et al., 2013). Mas obviamente as pessoas não nascem com uma sinestesia de letra para cor ou número para cor. (Ninguém nasce sabendo as letras do alfabeto.) Em alguns casos, vemos onde as pessoas aprenderam suas associações. Os pesquisadores encontraram dez pessoas com sinestesia cujas associações combinavam ou quase combinavam com as cores dos ímãs da geladeira Fisher-Price que elas usavam quando crianças, como vermelho A, amarelo C e verde D (Witthoft & Winawer, 2013). Apenas uma pequena porcentagem das crianças que brincam com esses ímãs desenvolve sinestesia, e a maioria das pessoas com sinestesia tem outras associações, de modo que os brinquedos representam apenas uma parte da explicação.

Quando as pessoas percebem mal um estímulo — como em uma ilusão — a experiência sinestésica corresponde ao que a pessoa *achou* o que o estímulo era, não o que realmente era (Bargary, Barnett, Mitchell, & Newell, 2009). Esse resultado sugere que o fenômeno ocorre no córtex cerebral, não nos receptores ou em suas primeiras conexões com o sistema nervoso. Além disso, para algumas pessoas, a ideia de uma palavra desencadeia uma experiência sinestésica antes de terem pensado na própria palavra. Uma pessoa que não conseguia pensar em "castanholas" disse que estava na ponta da língua... não tenho certeza do que a palavra era, mas tinha gosto de atum (Simner & Ward, 2006). Um homem com deficiência de visão em cores relata cores sinestésicas que ele não vê na vida real. Ele as chama de "cores marcianas" (Ramachandran, 2003). Evidentemente, seu cérebro pode ver todas as cores, embora os cones não consigam enviar as mensagens.

Uma hipótese é de que os axônios de uma área cortical se ramificam em outra área cortical. Essa explicação se aplica a pelo menos alguns casos. Uma mulher sofreu lesões na área somatossensorial do tálamo direito. Inicialmente, ela era, como esperado, insensível ao toque no braço e na mão esquerdos. Ao longo de um ano e meio, ela gradualmente recuperou parte da sensação de toque. Mas durante esse período, a área somatossensorial do córtex direito estava recebendo pouca estimulação. Alguns axônios do sistema auditivo invadiram o córtex somatossensorial. Como resultado, ela desenvolveu uma sinestesia auditiva ao toque incomum. Muitos sons fazem com que ela sinta uma sensação intensa de formigamento no braço e na mão esquerda (Beauchamp & Ro, 2008; Naumer & van den Bosch, 2009).

PARE & REVISE

32. Que evidência indica que as pessoas aprendem suas associações sinestésicas, pelo menos em alguns casos?
33. Se alguém relatar ter visto uma letra específica em cor, de que maneira ela é diferente de uma cor real?

RESPOSTAS

32. Algumas pessoas têm sinestesia entre letras e cores que corresponde a cores dos ímãs de geladeira com que brincavam na infância. 33. Alguém que percebe uma letra como amarela (quando na verdade é tinta preta) pode, no entanto, vê-la em uma página amarela.

Módulo 6.3 | Conclusão
Sentidos como maneiras de conhecer o mundo

Peça a uma pessoa comum que descreva o ambiente atual, e você provavelmente obterá uma descrição do que ela vê e ouve. Se os não humanos pudessem falar, a maioria das espécies começaria descrevendo o que cheiram. Um ser humano, um cachorro, um morcego e um caracol podem estar no mesmo lugar, mas os ambientes que eles percebem são muito diferentes. Nossos sentidos são adaptados para fornecer informações úteis ao nosso modo de vida.

Às vezes, subestimamos a importância do paladar e do olfato. Pessoas que perdem o paladar dizem que não gostam mais de comer e têm dificuldade de engolir (Cowart, 2005). Muitas pessoas que perdem o olfato sentem-se permanentemente deprimidas. O paladar e o olfato não podem competir com a visão e a audição para informar o que está acontecendo à distância, mas são essenciais para informar o que está bem próximo de nós ou prestes a entrar em nossos corpos. Eles também são importantes para nossa diversão.

Resumo

1. Os receptores gustativos são células modificadas da pele dentro dos botões gustativos nas papilas da língua.
2. Temos receptores sensíveis aos sabores doce, azedo, salgado, amargo, umami (glutamato) e possivelmente gordura. O sabor é codificado pela atividade relativa de diferentes tipos de células, mas também pelo ritmo das respostas em uma dada célula.
3. Os receptores do sabor salgado respondem simplesmente aos íons de sódio que atravessam a membrana. Os receptores do sabor azedo detectam a presença de ácidos. Receptores dos sabores de doce, amargo e umami agem por um segundo mensageiro dentro da célula, semelhante à maneira como um receptor do neurotransmissor metabotrópico opera.
4. Os mamíferos têm 30 ou mais tipos de receptores de sabor amargo, permitindo-lhes detectar muitos tipos de substâncias nocivas.
5. Parte do sétimo nervo craniano transmite informações dos dois terços anteriores da língua. Partes do nono e décimo nervos cranianos transmitem informações da língua posterior e da garganta. Os dois nervos interagem de maneiras complexas.
6. As pessoas variam quanto à sensibilidade aos sabores, especialmente os amargos, devido às variações no número de papilas gustativas.
7. Receptores olfativos são proteínas, cada uma delas altamente responsiva a algumas substâncias químicas relacionadas e não responsiva a outras. Os vertebrados têm centenas de receptores olfativos, cada um contribuindo para a detecção de alguns odores relacionados.
8. Os neurônios olfatórios no córtex cerebral respondem a padrões complexos, como aqueles de um alimento.
9. Os neurônios olfatórios sobrevivem apenas um mês ou mais. As novas células que os substituem tornam-se sensíveis às mesmas substâncias químicas que aqueles que elas substituem e enviam os axônios para os mesmos alvos.
10. As pessoas variam na sensibilidade a odores devido às diferenças genéticas, de idade e de gênero.
11. Na maioria dos mamíferos, cada receptor do órgão vomeronasal (OVN) é sensível a uma única substância química, um feromônio. Um feromônio é um sinal social. Os humanos também respondem um pouco aos feromônios, embora nossos receptores estejam na mucosa olfatória, não no OVN.
12. Algumas pessoas experimentam sinestesia, uma sensação em uma modalidade após estimulação em outra. Por exemplo, alguém pode ver tubos de néon roxos enquanto ouve saxofones. Em alguns casos, a explicação é que os axônios de um sentido invadiram áreas do cérebro responsáveis por um sentido diferente.

Termos-chave

Os termos estão definidos no número de página indicado. Também são apresentados em ordem alfabética com a definição no Índice remissivo/Glossário do livro, que começa na p. 589.

adaptação 213
adaptação cruzada 213
células olfativas 217
feromônios 220
núcleo do trato solitário (NTS) 214
olfato 216
órgão vomeronasal (OVN) 220
papilas 211
papilas gustativas 211
sinestesia 220
superdegustadores 214

Questão complexa

Suponha que um químico sintetize uma nova substância química que tenha um odor. Presumivelmente, não temos um receptor especializado para essa substância química. Explique como nossos receptores a detectam.

Módulo 6.3 | Questionário final

1. Que tipo de célula é um receptor de sabor?
    A. Um neurônio modificado
    B. Uma célula modificada da pele
    C. Uma célula glandular modificada
    D. Uma célula muscular modificada

2. Qual destas observações fornece evidências de que temos vários tipos de receptores de sabor?
   A. Certas substâncias químicas podem modificar um sabor sem afetar os outros.
   B. Pessoas de diferentes culturas tendem a ter preferências gustativas diferentes.
   C. O aumento da temperatura de um alimento realça os sabores.
   D. Os receptores de sabor são substituídos após duas semanas ou menos.

3. Todos os receptores para os sabores doce, amargo e umami se parecem com qual destes?
   A. Receptores sinápticos metabotrópicos
   B. Os bastonetes na retina
   C. As células ciliadas do sistema auditivo
   D. Glândulas endócrinas

4. Por que é possível sentir o gosto amargo de uma grande variedade de substâncias químicas?
   A. Todas as substâncias amargas são quimicamente semelhantes.
   B. Temos 30 ou mais tipos de receptores do sabor amargo.
   C. Temos um receptor de sabor amargo versátil o suficiente para detectar muitos tipos de substâncias químicas.
   D. Receptores agridoces podem detectar substâncias amargas.

5. Por que algumas pessoas são mais sensíveis do que outras a baixas concentrações de gosto ou cheiro?
   A. Pessoas com mais atividade no córtex pré-frontal prestam mais atenção às sensações.
   B. Pessoas que conhecem mais palavras para paladar ou olfato podem lembrar e identificá-los melhor.
   C. Algumas pessoas têm axônios mais rápidos entre a língua e o cérebro.
   D. Algumas pessoas têm mais receptores de sabor ou odor do que outras.

6. Como conseguimos sentir o cheiro de uma grande variedade de substâncias químicas?
   A. Um receptor olfativo varia a amplitude e velocidade dos potenciais de ação para indicar o tipo de odor.
   B. A diferença na resposta entre a narina esquerda e a narina direita identifica o odor.
   C. A proporção de disparos entre três tipos de receptores olfativos identifica o odor.
   D. Temos centenas de tipos de receptores olfativos.

7. Quando um novo receptor olfativo se forma para substituir um que morreu, ele se conecta ao mesmo local no bulbo olfatório que o receptor anterior? Se sim, como?
   A. Não, ele se conecta aleatoriamente a um local no bulbo olfatório.
   B. Ele se conecta ao local correto porque apenas um neurônio no bulbo olfatório está vazio.
   C. Ele encontra o local correto por atração química.
   D. Cada axônio se conecta ao neurônio mais próximo no bulbo olfatório.

8. O órgão vomeronasal responde a quais estímulos?
   A. Feromônios
   B. Dor e temperatura
   C. Inclinação e aceleração da cabeça
   D. Paladar

9. Qual é o exemplo mais bem documentado de um efeito dos feromônios em humanos?
   A. O cheiro de um homem suado aumenta a excitação sexual da mulher.
   B. As pessoas tendem a se sentir sexualmente atraídas por alguém cujo cheiro é semelhante ao dos membros da própria família.
   C. Mulheres que passam muito tempo juntas tendem a sincronizar seus ciclos menstruais.
   D. Os homens podem detectar o interesse sexual de uma mulher pelos feromônios que ela secreta.

10. Que evidência comportamental indica que a sinestesia é real, e não apenas algo que as pessoas afirmam experimentar?
    A. As associações de algumas pessoas combinam com as cores dos ímãs de geladeira com os quais brincaram na infância.
    B. A maioria das pessoas altera as associações sinestésicas de um ano para o outro.
    C. Pessoas com sinestesia podem encontrar um 2 entre 5, ou um 6 entre 8, mais rápido do que o normal se tiverem cores sinestésicas diferentes, e mais lentamente se tiverem a mesma cor.
    D. É fácil ensinar alguém a desenvolver sinestesia.

Respostas: 1B, 2A, 3A, 4B, 5D, 6D, 7C, 8A, 9C, 10C.

Sugestões de leitura

Henshaw, J. M. (2012). *A tour of the senses.* Baltimore: Johns Hopkins University Press. Excelente explicação da física da audição e outros sentidos.

Horowitz, S. S. (2012). *The universal sense: How hearing shapes the mind.* New York: Bloomsbury. Descrição divertida de som, música e o papel da audição na vida de humanos e outras espécies.

Thernstrom, M. (2010). *The pain chronicles.* New York: Farrar, Straus e Giroux. Por que algumas pessoas podem resistir a ferimentos terríveis com pouca dor aparente? Por que outras sofrem infinitamente? Este livro explora essas e outras questões sobre a dor.

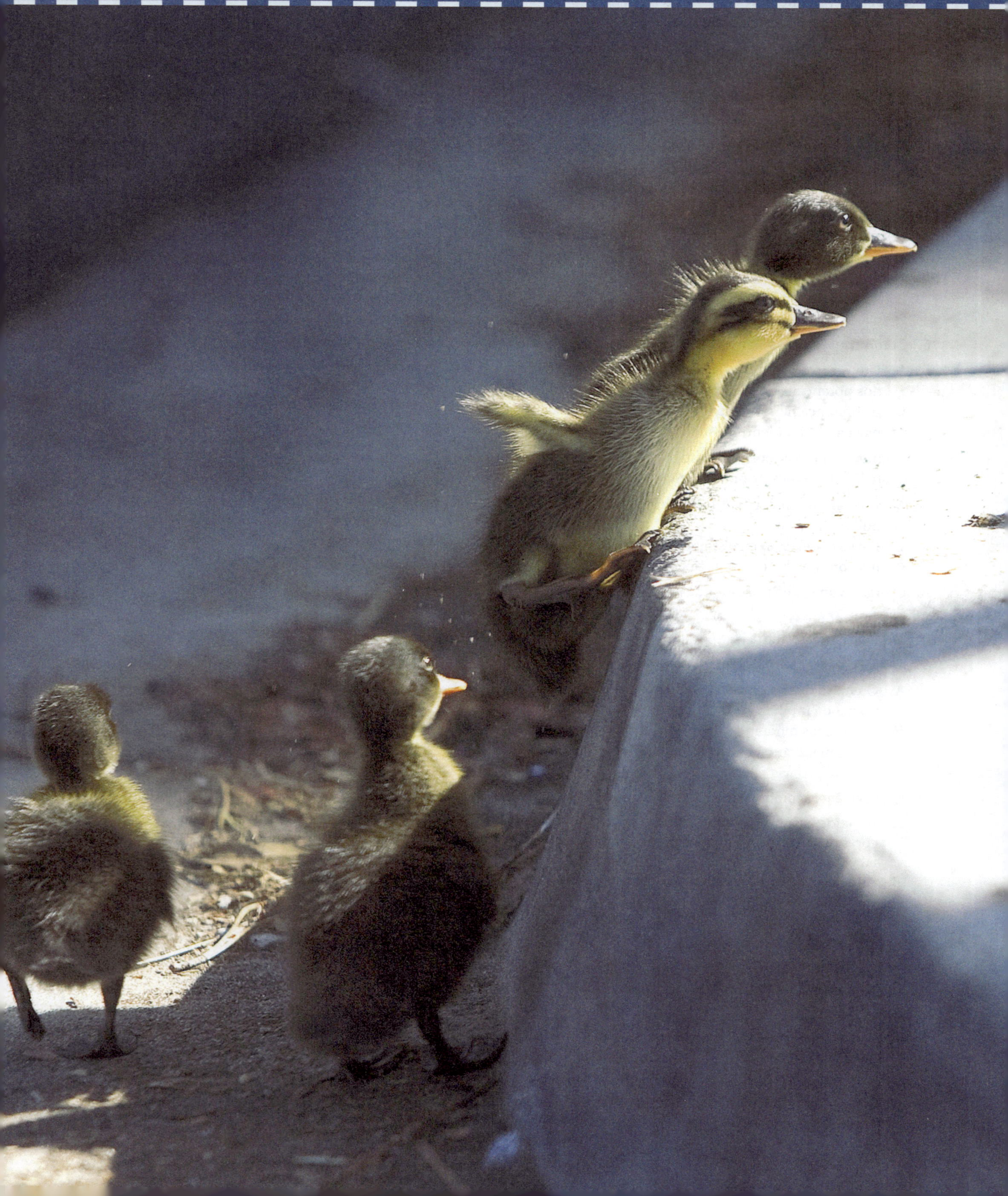

Movimento

Capítulo 7

Antes de começarmos, tente o seguinte: pegue um lápis e uma folha de papel e coloque o lápis na mão não dominante. Por exemplo, se você for destro, coloque-o na mão esquerda. Agora, com essa mão, desenhe um rosto de perfil — isto é, voltado para uma direção ou outra, mas não para frente. *Faça isso agora antes de continuar lendo.*

Se você tentou a demonstração, provavelmente notou que seu desenho é mais infantil do que o normal. É como se parte do seu cérebro fosse armazenada da maneira como você desenhava quando era criança. Agora, se você é destro e, portanto, desenhou o rosto com a mão esquerda, por que o desenhou está voltado para a direita? Pelo menos suponho que desenhou, porque mais de dois terços dos destros que desenham com a mão esquerda desenham o perfil está voltado para a direita. Eles retornam ao padrão mostrado por crianças pequenas. Até cerca de 5 ou 6 anos de idade, as crianças que desenham com a mão direita quase sempre desenham pessoas e animais voltados para a esquerda, mas quando usam a mão esquerda, quase sempre os desenham voltados para a direita. Mas *por quê*? Elas dizem: "é mais fácil assim", mas *por que* é mais fácil assim? Temos muito a aprender sobre o controle do movimento e como ele se relaciona com percepção, motivação e outras funções.

TENTE VOCÊ

Sumário do capítulo

Módulo 7.1
O controle do movimento
Músculos e seus movimentos
Unidades de movimento
Conclusão: Categorias do movimento

Módulo 7.2
Mecanismos cerebrais do movimento
O córtex cerebral
O cerebelo
Os gânglios basais
Áreas do cérebro e aprendizagem motora
Decisões conscientes e movimento
Conclusão: Controle de movimento e cognição

Módulo 7.3
Distúrbios do movimento
Mal de Parkinson
Doença de Huntington
Conclusão: Os distúrbios de movimento afetam mais que o movimento

Objetivos de aprendizagem

Depois de estudar este capítulo, você será capaz de:
1. Listar os tipos de músculos e os proprioceptores que os controlam.
2. Descrever os mecanismos corticais que controlam o movimento e sua inibição.
3. Comparar a anatomia e as funções dos tratos corticoespinhais lateral e medial.
4. Descrever as funções do cerebelo e dos gânglios basais.
5. Avaliar as evidências sobre o papel da consciência no planejamento de um movimento.
6. Discutir as causas da doença de Parkinson e da doença de Huntington.

[Imagem da página anterior:
Em última análise, o que a atividade cerebral realiza é o controle do movimento — um processo muito mais complexo do que pode parecer.
(ZUMA Press Inc./Alamy Stock Photo)]

Módulo 7.1

O controle do movimento

Por que temos um cérebro? As plantas sobrevivem muito bem sem um. O mesmo acontece com as esponjas, que são animais, mesmo que não ajam como eles. Mas as plantas não se movem, nem as esponjas. Uma ascídia (um invertebrado marinho) tem um cérebro durante a fase infantil, quando ele nada, mas quando se transforma em adulto, anexa-se a uma superfície, alimenta-se usando um filtro estacionário e digere seu próprio cérebro, como se dissesse: "Agora que parei de viajar, não vou precisar mais dessa coisa chamada cérebro.". Em última análise, o propósito de um cérebro é controlar comportamentos, e comportamentos são movimentos.

Ascídias adultas fixam-se em uma superfície, nunca mais se movem e digerem seus próprios cérebros.

"Mas espere", você pode responder. "Precisamos de um cérebro para outras coisas também, não? Como ver, ouvir e entender a fala..."

Bem, qual seria o valor de ver e ouvir se você não pudesse fazer nada? Entender a fala não seria suficiente se você não pudesse fazer algo sobre isso. Um grande cérebro sem músculos seria como um computador sem monitor, impressora ou outra saída. Não importa se o processamento interno é poderoso, ele seria inútil.

Músculos e seus movimentos

Todo movimento animal depende das contrações musculares. Os músculos dos vertebrados se enquadram em três categorias (ver Figura 7.1): **musculatura lisa,** que controla o sistema digestório e outros órgãos, **músculos esqueléticos** ou **músculos estriados,** que controlam o movimento do corpo em relação ao ambiente, e **músculos cardíacos** que controlam o coração.

Cada músculo é composto de muitas fibras, como ilustra a Figura 7.2. Embora cada fibra muscular receba informações de apenas um axônio, um dado axônio pode inervar mais de uma fibra muscular. Por exemplo, os músculos oculares têm uma proporção de cerca de um axônio para três fibras musculares e os músculos bíceps do braço têm uma proporção de um axônio para mais de cem fibras (Evarts, 1979). Essa diferença permite que o olho se mova com mais precisão do que o bíceps.

Uma **junção neuromuscular** é uma sinapse entre um axônio do neurônio motor e uma fibra muscular. Nos músculos esqueléticos, cada axônio libera acetilcolina na junção neuromuscular, e a acetilcolina sempre estimula a contração do músculo. Um déficit de acetilcolina ou de seus receptores prejudica o movimento. Cada músculo produz um único movimento, uma contração. Não há mensagem para provocar relaxamento; o músculo relaxa quando não recebe nenhuma mensagem para se contrair. Também não há mensagem para mover um músculo na direção oposta. Mover uma perna ou braço para frente e para trás requer conjuntos de músculos opostos, chamados **músculos antagonistas**. No cotovelo, por exemplo, o músculo **flexor** traz a mão em direção ao ombro e o músculo **extensor** endireita o braço (ver Figura 7.3).

✓ PARE & REVISE

1. Por que movemos os músculos oculares com maior precisão do que os músculos bíceps?
2. Qual transmissor faz com que um músculo esquelético se contraia?

RESPOSTAS

1. Cada axônio dos músculos bíceps inerva cerca de cem fibras; portanto, não é possível alterar o movimento em uma pequena quantidade. Em comparação, um axônio para os músculos oculares inerva cerca de três fibras apenas. 2. Acetilcolina. E lembre-se de que o único movimento de um músculo é se contrair.

Músculos rápidos e músculos lentos

Imagine que você é um peixe pequeno. Sua única defesa contra peixes maiores, aves mergulhadoras e outros predadores é sua habilidade de nadar para longe (ver Figura 7.4). A temperatura é a mesma da água ao seu redor e, como as contrações

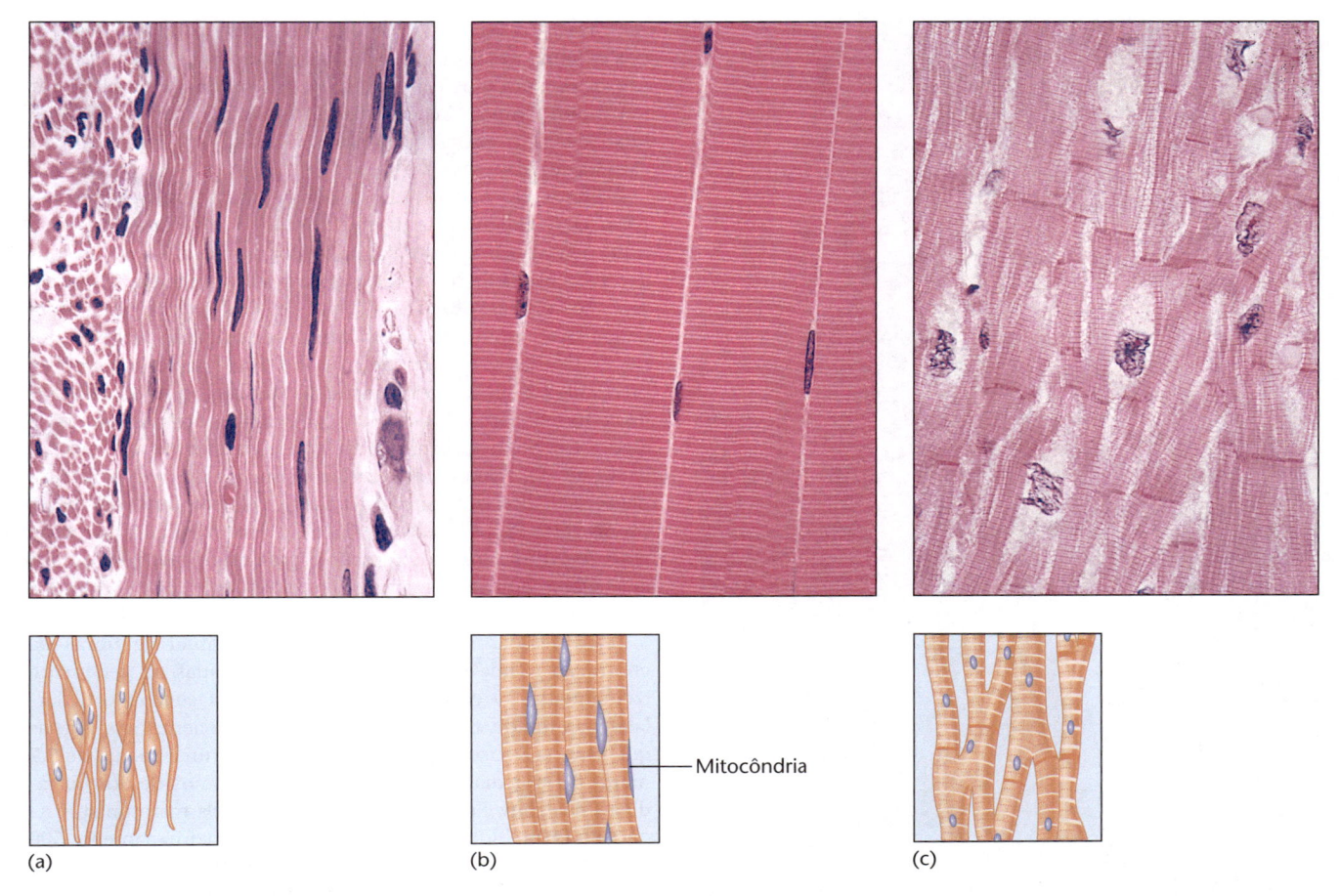

Figura 7.1 Músculos vertebrados
(a) O músculo liso, encontrado nos intestinos e outros órgãos, consiste em células longas e finas. **(b)** O músculo esquelético, ou estriado, consiste em longas fibras cilíndricas com listras. **(c)** O músculo cardíaco, localizado no coração, consiste em fibras que se fundem em vários pontos. Por causa dessas fusões, os músculos cardíacos se contraem juntos, não de forma independente.
(Fonte: Ilustrações adaptadas de Starr & Taggart, 1989) All © Ed Reschke

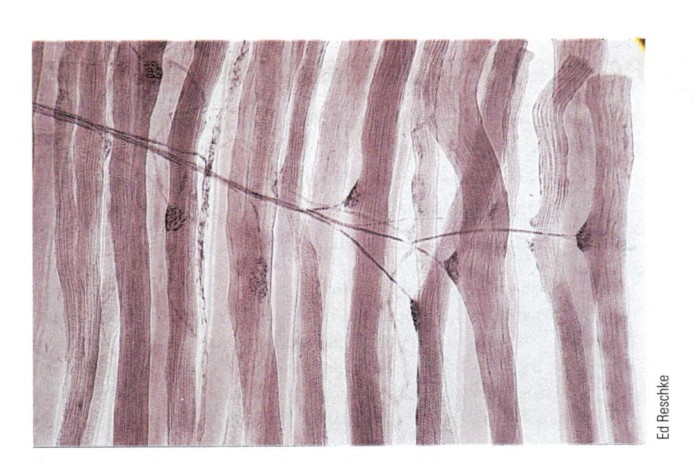

Figura 7.2 Um axônio que se ramifica para inervar várias fibras musculares
Os movimentos podem ser mais precisos onde cada axônio inerva apenas algumas fibras, como acontece com os músculos dos olhos, do que onde inerva muitas fibras, como com os músculos bíceps.

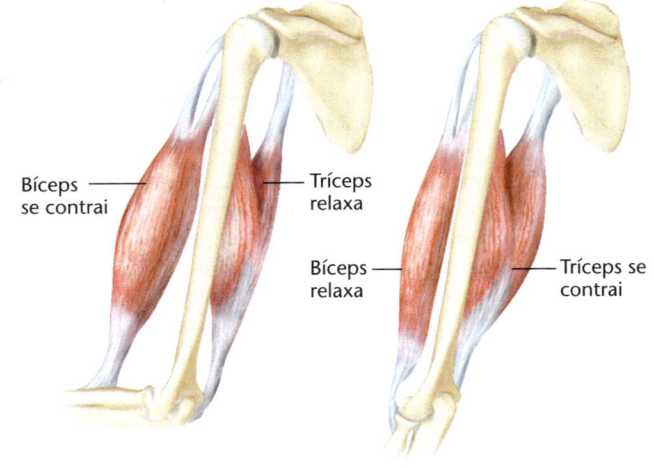

Figura 7.3 Músculos antagônicos
O bíceps do braço é um flexor. O tríceps é um extensor.
(Fonte: Starr & Taggart, 1989)

Figura 7.4 Temperatura e movimento
Os peixes têm "sangue frio", mas muitos de seus predadores, como este pelicano, não. Em temperaturas frias, cada músculo do peixe se contrai mais lentamente do que o normal, mas um peixe compensa usando mais músculos.

musculares são processos químicos, elas diminuem no frio. Assim, quando a água esfria, provavelmente você se moverá mais devagar, certo? Curiosamente, não. Você terá de usar mais músculos do que antes, mas irá nadar quase na mesma velocidade (Rome, Loughna, & Goldspink, 1984).

Um peixe tem três tipos de músculos: vermelho, rosa e branco. Os músculos vermelhos produzem os movimentos mais lentos, mas não causam fadiga. Os músculos brancos produzem os movimentos mais rápidos, mas se cansam rapidamente. Os músculos rosas são intermediários quanto à velocidade e taxa de fadiga. Em altas temperaturas, um peixe depende principalmente dos músculos vermelhos e rosas. Em temperaturas mais frias, os peixes dependem cada vez mais dos músculos brancos, mantendo a velocidade, mas se fatigando mais rapidamente.

Tudo bem, você pode parar de imaginar que é um peixe. Os músculos humanos e de outros mamíferos têm vários tipos de fibras musculares associadas, não em feixes distintos como nos peixes. Nossos tipos de músculos variam de **fibras de contração rápida**, com contrações rápidas e fadiga rápida, a **fibras de contração lenta,** com contrações menos vigorosas e sem fadiga (Hennig & Lømo, 1985). Dependemos de nossas fibras de contração lenta e fibras intermediárias, semelhantes aos músculos vermelhos de um peixe, para as atividades menos extenuantes. Por exemplo, você pode falar por horas sem cansar os músculos dos lábios. Você também pode caminhar por muito tempo. Mas, se subir uma colina íngreme a toda velocidade, você alterna para fibras de contração rápida que se cansam rapidamente.

Fibras de contração lenta não se fatigam porque são **aeróbicas** — elas usam oxigênio durante os movimentos. Você pode pensar nelas como "pague conforme o uso". O uso prolongado das fibras de contração rápida resulta em fadiga porque o processo é **anaeróbico** — usando reações que não requerem oxigênio no momento, mas precisam de oxigênio para recuperação. Usá-las gera *falta de oxigênio*. Imagine-se andando de bicicleta. No início, sua atividade é aeróbica, usando as fibras de contração lenta. Mas os músculos usam glicose e, depois de algum tempo, o suprimento de glicose começa a diminuir. O baixo nível de glicose ativa um gene que inibe o uso de glicose pelos músculos, economizando assim a glicose para que o cérebro a utilize (Booth, & Neufer, 2005). Você começa a depender mais dos músculos de contração rápida que dependem do uso anaeróbico dos ácidos graxos. À medida que você continua a andar de bicicleta, seus músculos vão ficando fadigados.

As pessoas variam quanto ao percentual de fibras de contração rápida e lenta, por razões baseadas na genética e treinamento. O corredor de ultramaratona sueco Bertil Järlaker acumulou tantas fibras de contração lenta nas pernas que uma vez correu 3.521 km em 50 dias (uma média de 1,7 maratona por dia), com apenas sinais mínimos de dor ou fadiga (Sjöström, Friden, & Ekblom, 1987). Os maratonistas na corrida Primal Quest têm de percorrer aproximadamente 500 km correndo, escalando montanhas, andando de bicicleta em montanhas, fazendo *rafting* e canoagem oceânica por seis a dez dias no calor do verão. Para suportar essa experiência difícil, os maratonistas precisam de muitas adaptações dos músculos e metabolismo (Pearson, 2006). Em contraste, velocistas competitivos têm mais fibras de contração rápida e outras adaptações para velocidade em vez de resistência (Andersen, Klitgaard, & Saltin, 1994; Canepari et al., 2005).

✅ PARE & REVISE

3. Como os movimentos dos peixes são prejudicados na água fria?
4. Os músculos do peito de patos são vermelhos ("carne escura"), enquanto os músculos do peito de galinhas são brancos. Qual espécie provavelmente pode voar por mais tempo antes de se fatigar?

RESPOSTAS

3. Embora um peixe possa se mover rapidamente em água fria, eles e cansa facilmente. 4. Os patos podem voar grandes distâncias, como costumam fazer durante a migração. O músculo branco do peito de uma galinha tem a força necessária para levantar um corpo pesado do chão, mas se cansa rapidamente. Galinhas raramente voam para longe.

Controle muscular por proprioceptores

Ao caminhar por uma estrada acidentada, às vezes você pisa forte demais ou não o suficiente. Você ajusta a postura e mantém o equilíbrio sem nem mesmo pensar nisso. Como você faz isso?

Um bebê está deitado de costas. De brincadeira, você puxa o pé e depois o solta. Imediatamente, a perna volta à posição original. Como e por quê?

Em ambos os casos, os proprioceptores controlam o movimento (ver Figura 7.5). Um **proprioceptor** (do latim *proprius*, que significa "próprio") é um receptor que detecta a posição ou o movimento de uma parte do corpo — nesses casos, um músculo. Os proprioceptores musculares detectam o alongamento e a tensão de um músculo e enviam mensagens que permitem à medula espinhal ajustar seus sinais. Quando um músculo é alongado, a medula espinhal envia um sinal para contraí-lo reflexivamente. Esse **reflexo de estiramento** é *causado* por um alongamento; não *produz* um.

Um tipo de proprioceptor é o **fuso muscular**, um receptor paralelo ao músculo que responde a um alongamento. Sempre que o músculo é alongado mais do que o músculo antagonista, o fuso muscular envia uma mensagem a um neurônio motor na medula espinhal que, por sua vez, envia uma mensagem de volta ao músculo, causando uma contração (Dimitriou, 2014). Note que esse reflexo fornece realimentação negativa: quando um músculo e seu fuso são alongados, o fuso envia uma mensagem que resulta em uma contração muscular que se opõe ao alongamento.

Quando você coloca o pé em um quebra-molas, o joelho se dobra um pouco, alongando os músculos extensores dessa perna. Os nervos sensoriais dos fusos enviam potenciais de ação ao neurônio motor na medula espinhal, e o neurônio motor envia potenciais de ação ao músculo extensor. Contrair o músculo extensor endireita a perna, ajustando-o ao quebra-molas na estrada.

Um médico que pede a você que cruze as pernas e então dá pancadinhas logo abaixo do joelho está testando seus reflexos de alongamento (ver Figura 7.6). Essas pancadinhas alongam os músculos extensores e seus fusos, resultando em uma mensagem que provoca um reflexo da perna para cima. Uma perna que move-se excessivamente ou não se move pode indicar um problema neurológico.

Os **órgãos tendinosos de Golgi**, que também são proprioceptores, respondem a aumentos na tensão muscular. Localizados nos tendões nas extremidades opostas de um músculo, eles agem como um freio contra uma contração excessivamente vigorosa. Alguns músculos são tão fortes que podem se danificar se muitas fibras se contraírem ao mesmo tempo. Os órgãos tendinosos de Golgi detectam a tensão resultante durante uma contração muscular. Os impulsos percorrem a medula espinhal, onde estimulam os interneurônios que inibem os neurônios motores. Em suma, uma contração muscular vigorosa inibe a contração adicional ativando os órgãos tendinosos de Golgi.

Os proprioceptores não apenas controlam reflexos importantes, mas também fornecem informações ao cérebro. Eis uma ilusão que você pode tentar: encontre um objeto pequeno e denso e um objeto maior e menos denso que tenha o mesmo peso que o menor. Por exemplo, você pode fazer um

Figura 7.5 Dois tipos de proprioceptores regulam as contrações musculares
Quando um músculo é alongado, os nervos dos fusos musculares transmitem impulsos que levam à contração do músculo. A contração do músculo estimula o órgão tendinoso de Golgi, que age como freio ou amortecedor para evitar contração muito rápida ou extrema.
(Fonte: Ilustração de Margareth Baldissara com adaptação de Marcelo Ventura com base na ilustração de © Argosy Publishing Inc.)

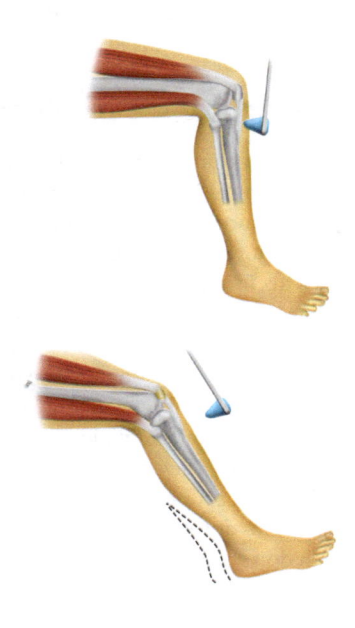

Figura 7.6 O reflexo de impulso do joelho
Este é um exemplo de reflexo de estiramento.
(Fonte: Ilustração de Margareth Baldissara com adaptação de Marcelo Ventura com base na ilustração de © Argosy Publishing Inc.)

experimento com uma bola de golfe e um grande modelo de plástico de uma bola de golfe. Deixe cair um dos objetos na mão de alguém enquanto ele está observando. (Observar é essencial.) Em seguida, remova-o e coloque o outro objeto na mesma mão. A maioria das pessoas relata que o menor parecia mais pesado. O motivo é que, com o objeto maior, as pessoas têm a expectativa de um peso maior. O peso real desloca os proprioceptores menos do que o esperado e, portanto, produz a percepção de um objeto mais leve. Você pode obter um resultado semelhante pedindo que alguém levante uma caixa pequena e pesada e uma caixa maior com o mesmo peso, ou mesmo um pouco mais pesada. A caixa menor parecerá mais pesada. Um princípio geral é que o cérebro reage a sensações que diferem das expectativas ou previsões (Barrett & Simmons, 2015).

PARE & REVISE

5. Se você esticar o braço e alguém puxá-lo ligeiramente para baixo, ele salta para trás rapidamente. Qual é o proprioceptor responsável?
6. Qual é a função dos órgãos tendinosos de Golgi?

RESPOSTAS

5. O fuso muscular 6. Os órgãos tendinosos de Golgi respondem à tensão muscular e, portanto, previnem contrações musculares excessivamente fortes.

Unidades de movimento

Os movimentos incluem falar, andar, passar a linha pelo buraco da agulha e arremessar uma bola de basquete sem equilíbrio e fugir de dois jogadores da defesa. Diferentes tipos de movimento precisam de diferentes tipos de controle do sistema nervoso.

Movimentos voluntários e involuntários

Reflexos são respostas automáticas consistentes a estímulos. Geralmente pensamos em reflexos como *involuntário* porque eles são insensíveis a reforços, punições e motivações. O reflexo de estiramento é um exemplo. Outro é a constrição da pupila em resposta à luz forte.

Poucos comportamentos são puramente voluntários ou involuntários, reflexivos ou não reflexivos. Caminhar, que consideramos voluntário, inclui componentes involuntários. Ao caminhar, você compensa automaticamente os solavancos e irregularidades da estrada. O reflexo do joelho que seu médico testa contribui para o andar; levantar a coxa reflexivamente move a perna para a frente, pronta para o próximo passo. Você também balança os braços automaticamente como uma consequência involuntária do andar.

Tente isto: enquanto está sentado, levante o pé direito e produza círculos no sentido horário. Mantenha o pé se movendo ao desenhar o número 6 no ar com a mão direita; ou apenas mova a mão direita em círculos no sentido anti-horário. Provavelmente, você inverterá a direção do movimento do pé. É difícil produzir movimentos "voluntários" no sentido horário e anti-horário no mesmo lado do corpo ao mesmo tempo; mas não é difícil mover a mão esquerda em uma direção ao mover o pé direito na direção oposta.

Movimentos que variam na sensibilidade à realimentação

Os militares distinguem mísseis balísticos de mísseis guiados. Um míssil balístico é lançado como uma bola arremessada: depois de lançado, ninguém pode mudar o alvo. Um míssil guiado detecta o alvo e ajusta a trajetória para corrigir o alvo.

Da mesma forma, alguns movimentos são balísticos e outros são corrigidos por realimentação. Um **movimento balístico**, como um reflexo, é executado como um todo: uma vez iniciado, não pode ser alterado. No entanto, a maioria dos comportamentos está sujeita à correção de realimentação. Por exemplo, ao passar a linha na agulha, você faz um leve movimento, verifica sua mira e depois reajusta. Da mesma forma, um cantor que mantém uma única nota ouve qualquer oscilação do tom e a corrige.

Sequências dos comportamentos

Muitas sequências rápidas de comportamentos dependem de **geradores de padrões centrais**, mecanismos neurais na medula espinhal que geram padrões rítmicos da estimulação motora. Exemplos incluem os mecanismos que geram o bater de asas em aves, movimentos das nadadeiras em peixes e a "sacudida do cachorro molhado". O estímulo que ativa um gerador de padrão central não controla a frequência dos movimentos alternados. Por exemplo, um gato se coça a uma taxa de três a quatro toques por segundo, independentemente do que o fez começar a se coçar. As células dos segmentos lombares da medula espinhal geram esse ritmo, e continuam a fazer isso mesmo se estão isoladas do cérebro ou se os músculos estão paralisados (Deliagina, Orlovsky, & Pavlova, 1983). Os pesquisadores identificaram os mecanismos neurais da excitação e inibição que produzem esses ritmos (Hägglund et al., 2013).

Uma sequência fixa de movimentos é chamada **programa motor**. Por exemplo, um camundongo se prepara periodicamente sentando-se, lambendo as patas, enxugando-as no rosto, fechando os olhos quando as patas passam sobre eles, lambendo as patas novamente etc. (Fentress, 1973). Uma vez iniciada, a sequência mantém-se fixa do início ao fim. Comparando as espécies, vemos que um programa motor pode ser ganho ou perdido ao longo da evolução. Por exemplo, se você segurar uma galinha acima do solo e largá-la, as asas se estendem e batem. Galinhas com asas sem penas produzem os mesmos movimentos, embora não consigam amortecer a queda (Provine, 1979, 1981). As galinhas, é claro, ainda têm a programação genética para voar. Por outro lado, avestruzes, emus e emas, que não usam as asas para voar há milhões de gerações, perderam os genes para movimentos de voo e não batem as asas quando caem (Provine, 1984). (Você pode fazer uma pausa para pensar no pesquisador que encontrou uma maneira de deixar cair essas aves enormes para testar a hipótese.)

Os humanos têm algum programa motor embutido? O bocejo é um exemplo (Provine, 1986). Um bocejo inclui inspiração prolongada com a boca aberta, geralmente acompanhado de alongamento, e expiração mais curta. Os bocejos são consistentes quanto à duração, com uma média de pouco menos de seis segundos. Certas expressões faciais também são programadas, como sorrisos, caretas e saudação com a sobrancelha levantada. Abraçar não é um programa motor embutido, mas é interessante notar que o abraço não romântico dura em média três segundos para pessoas em todo o mundo (Nagy, 2011); ou seja, mesmo nossos comportamentos voluntários apresentam um grau surpreendente de regularidade e previsibilidade.

Quase todas as aves abrem as asas por reflexo quando caem. Mas emus — que perderam a capacidade de voar durante a evolução — não abrem as asas.

Módulo 7.1 | Conclusão
Categorias do movimento

Charles Sherrington descreveu um neurônio motor na medula espinhal como "a via comum final". Ele quis dizer que, independentemente de quais processos sensoriais e motivacionais ocupem o cérebro, o resultado final é uma contração muscular ou o atraso de uma contração muscular. Um neurônio motor e seu músculo associado participam de muitos tipos de movimento, e precisamos de muitas áreas do cérebro para controlá-los.

Resumo

1. Os vertebrados têm músculos lisos, esqueléticos e cardíacos.
2. Todas as junções nervo-músculo dependem da acetilcolina como seu neurotransmissor.
3. Os músculos esqueléticos variam de músculos de fibras lentas, que não se fatigam, a músculos de fibras rápidas, que se fatigam rapidamente. Contamos com os músculos lentos na maior parte do tempo, mas recrutamos os músculos rápidos para breves períodos de atividades extenuantes.
4. Os proprioceptores são receptores sensíveis à posição e ao movimento de uma parte do corpo. Dois tipos de proprioceptores, fusos musculares e órgãos tendinosos de Golgi, ajudam a regular os movimentos musculares.
5. Alguns movimentos, especialmente os reflexos, procedem como uma unidade, com pouca ou nenhuma orientação da realimentação sensorial. Outros movimentos, como inserir a linha na agulha, são orientados e redirecionados por realimentação sensorial.
6. Os geradores de padrões centrais produzem sequências fixas de comportamentos com um ritmo fixo.

Termos-chave

Os termos estão definidos no número de página indicado. Também são apresentados em ordem alfabética com a definição no Índice remissivo/Glossário do livro, que começa na p. 589.

aeróbicas 228
anaeróbico 228
extensor 226
fibras de contração lenta 228
fibras de contração rápida 228
flexor 226
fuso muscular 229

geradores de padrões centrais 230
junção neuromuscular 226
movimento balístico 230
musculatura lisa 226
músculos antagonistas 226
músculos cardíacos 226

músculos esqueléticos (estriados) 226
órgãos tendinosos de Golgi 229
programa motor 230
proprioceptor 229
reflexo de estiramento 229
reflexos 230

Questão complexa

Você esperaria que onças, chitas e outros grandes felinos tivessem predominantemente músculos de contração lenta e não fatigantes nas pernas ou, em sua maioria, músculos de contração rápida e fadiga rápida? Que tipos de animais podem ter principalmente o tipo oposto de músculos?

Módulo 7.1 | Questionário final

1. Depois que a acetilcolina faz com que um músculo flexor mova a mão em direção ao ombro, o que a moveria na outra direção?
   A. Um transmissor diferente faz com que o músculo relaxe.
   B. Um transmissor diferente faz com que o músculo se mova na outra direção.
   C. A acetilcolina faz o músculo extensor se contrair.
   D. Um transmissor diferente faz com que o músculo extensor se contraia.

2. O que acontece com a velocidade de movimento de um peixe em águas mais frias?
   A. O peixe nada mais devagar.
   B. O peixe nada na mesma velocidade, fazendo com que cada músculo se contraia com mais força.
   C. O peixe nada na mesma velocidade, recrutando mais fibras musculares.
   D. O peixe nada mais rápido.

3. Qual das afirmações a seguir é verdadeira para as fibras musculares de contração lenta dos mamíferos?
   A. Por serem aeróbicos, estão sujeitos a fadiga rápida.
   B. Por serem anaeróbicos, estão sujeitos a fadiga rápida.
   C. Por serem aeróbicos, não se cansam rapidamente.
   D. Por serem anaeróbicos, não se cansam rapidamente.

4. Qual das opções a seguir descreve um reflexo de estiramento?
   A. O receptor detecta que um músculo está alongado e envia um sinal para contraí-lo reflexivamente.
   B. O receptor detecta que um músculo está contraído e envia um sinal para alongá-lo reflexivamente.

5. Um fuso muscular e um órgão tendinoso de Golgi são descritos como o quê?
   A. Receptores ópticos
   B. Receptores metabólicos
   C. Proprioceptores
   D. Quimiorreceptores

6. O que determina o ritmo dos movimentos de coçar de um gato ou o sacudir de um cachorro molhado?
   A. O ritmo da atividade produzida pelo próprio estímulo
   B. A estrutura dos músculos
   C. Comandos do córtex pré-frontal
   D. Um conjunto de neurônios na medula espinhal

Respostas: 1C, 2C, 3C, 4A, 5C, 6D.

Módulo 7.2

Mecanismos cerebrais do movimento

Por que nos importamos com a maneira como cérebro controla o movimento? Um dos objetivos é ajudar as pessoas que sofreram lesões na medula espinhal ou amputações de membros. Suponha que pudéssemos ouvir as mensagens cerebrais delas e decodificar quais movimentos elas querem fazer. Então, os engenheiros biomédicos poderiam encaminhar essas mensagens para estimuladores musculares ou membros robóticos. Parece ficção científica? Na verdade, não. Os pesquisadores implantaram uma série de microeletrodos no córtex motor de uma mulher que ficou paralisada do pescoço para baixo. Em seguida, eles conectaram eletrodos no córtex motor primário a um braço robótico, permitindo que ela realizasse movimentos simples de alcançar e agarrar. Um homem que ficou tetraplégico após um acidente de mergulho aprendeu gradualmente a usar a atividade cerebral para controlar um dispositivo que estimulava os músculos do braço. Por exemplo, ele aprendeu a pegar uma garrafa e despejar o líquido em um copo (Bouton et al., 2016). O progresso futuro dependerá tanto da tecnologia como dos avanços na compreensão dos mecanismos cerebrais do movimento.

O controle do movimento depende de muitas áreas do cérebro, como ilustrado na Figura 7.7. Não se preocupe muito com os detalhes da figura neste momento. Abordaremos cada área no devido tempo.

O córtex cerebral

Desde o trabalho pioneiro de Gustav Fritsch e Eduard Hitzig (1870), os neurocientistas sabem que a estimulação elétrica direta do **córtex motor primário** — o giro pré-central do córtex frontal, um pouco anterior ao sulco central (ver Figura 7.8) — estimula os movimentos. O córtex motor não envia mensagens diretamente aos músculos. Seus axônios se estendem até o tronco cerebral e a medula espinhal, que geram os impulsos que controlam os músculos. Na maioria dos mamíferos, os axônios do córtex cerebral se conectam apenas aos interneurônios do tronco cerebral ou da medula espinhal que, por sua vez, controlam os neurônios motores. Em humanos e outros primatas, alguns axônios vão diretamente do córtex cerebral aos neurônios motores, presumivelmente dando-nos maior destreza (Kinoshita et al., 2012).

O córtex cerebral é particularmente importante para ações complexas como falar ou escrever. Ele tem muito menos controle sobre tosse, espirro, engasgo, riso ou choro (Rinn, 1984). Talvez a falta de controle cerebral explique por que é difícil realizar essas ações voluntariamente. O córtex motor primário também está ativo quando você imagina movimentos, lembra de movimentos ou entende verbos relacionados a movimentos (Tomasino & Gremese, 2016).

A Figura 7.9 (que repete partes da Figura 3.23) mostra quais áreas do córtex somatossensorial sentem quais partes do corpo, e quais áreas do córtex motor controlam os músculos em quais partes do corpo. Uma questão-chave é a semelhança entre os dois. O córtex motor está imediatamente anterior ao córtex somatossensorial e os dois conectam-se perfeitamente. A área do cérebro que controla a mão esquerda está perto da área que sente a mão esquerda, a área que controla o pé esquerdo está perto da área que sente o pé esquerdo etc. Você precisa sentir uma parte do corpo para controlar o movimento dela com precisão.

Não interprete a Figura 7.9 como se implicasse que cada área no córtex motor controla um único músculo. A região responsável por qualquer dedo se sobrepõe às regiões responsáveis por outros dedos (Sanes, Donoghue, Thangaraj, Edelman, & Warach, 1995). Além disso, a saída de um dado neurônio influencia os movimentos da mão, punho e braço, e não apenas de um único músculo (Vargas-Irwin et al., 2010).

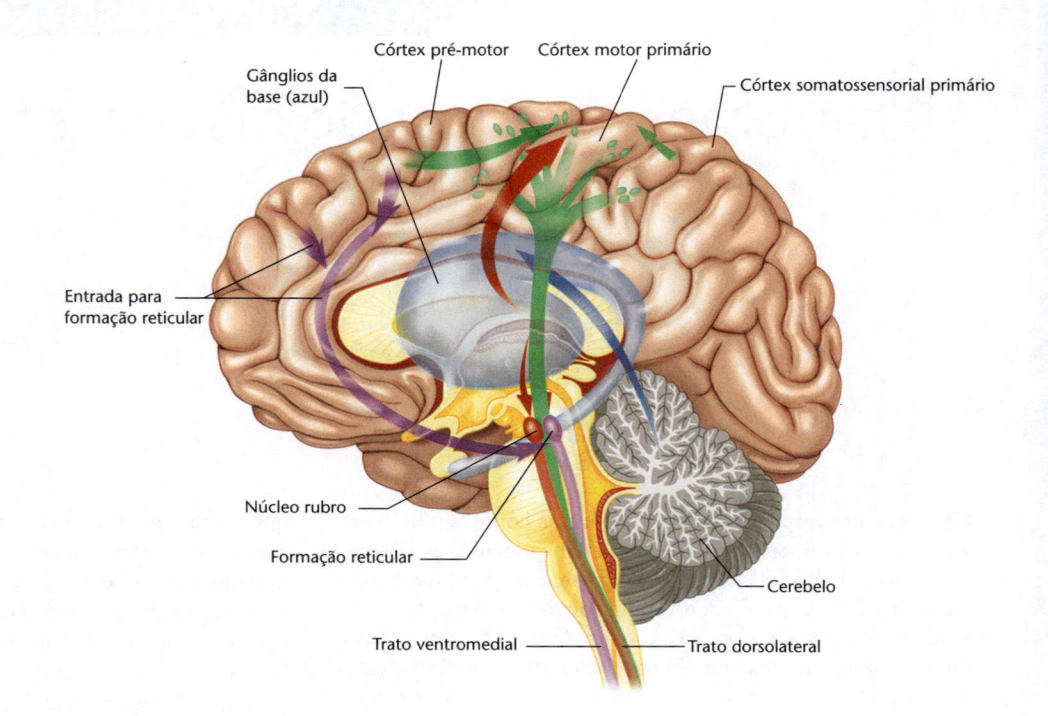

Figura 7.7 Controle motor em mamíferos
Os neurônios motores na medula e na medula espinhal controlam as contrações musculares. As vias do córtex motor primário, outras áreas corticais, mesencéfalo e medula controlam esses neurônios motores.

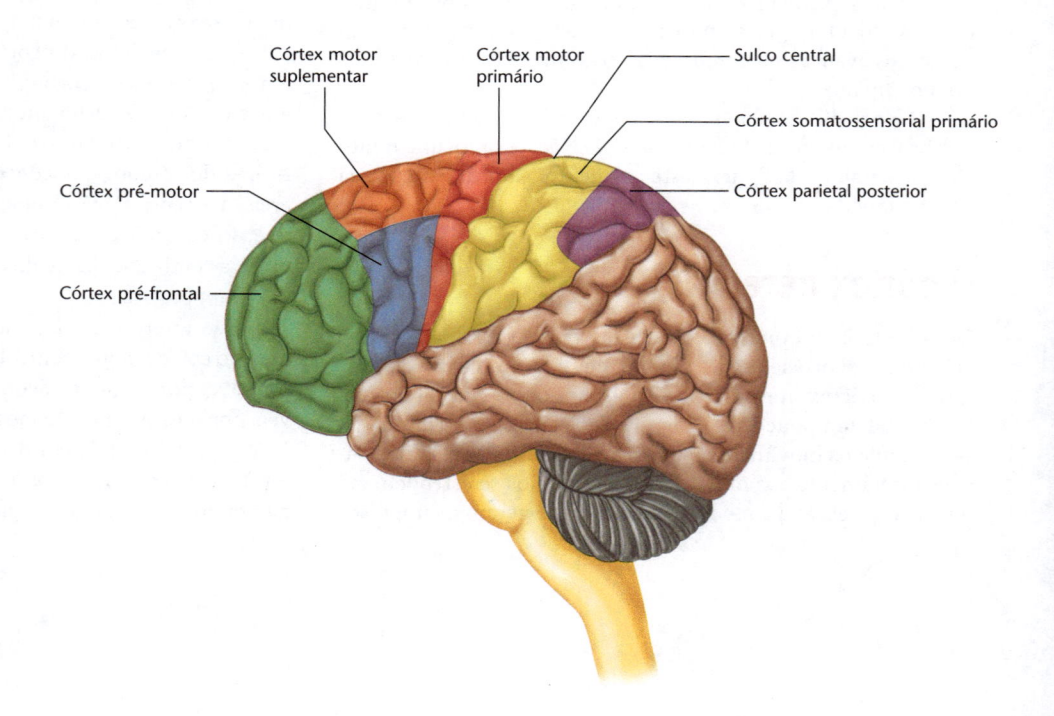

Figura 7.8 Principais áreas motoras do córtex humano
O córtex motor primário fornece a maior parte da estimulação para a medula e medula espinhal.

Figura 7.9 Corte coronal ao longo do córtex somatossensorial primário e córtex motor primário
O córtex motor está um pouco anterior ao córtex somatossensorial. A área motora responsável por mover uma determinada parte do corpo está alinhada com a área somatossensorial responsável por sentir essa parte do corpo. A comunicação entre sensoriamento e movimento é essencial.
(Fonte: Adaptada de Penfield, & Rasmussen, 1950)

(A) Córtex somatossensorial
(B) Córtex motor

Por muitos anos, os pesquisadores estudaram o córtex motor em animais de laboratório estimulando os neurônios com breves pulsos elétricos, geralmente menos de 50 ms de duração. Os resultados foram breves espasmos musculares. Mais tarde, os pesquisadores encontraram resultados diferentes quando aumentaram os pulsos para meio segundo. Em vez de espasmos, eles provocaram padrões de movimento complexos. Por exemplo, a estimulação de uma área fazia com que um macaco produzisse um movimento de agarrar com a mão, movesse a mão quase na frente da boca e abrisse a boca — como se estivesse pegando algo e se preparando para comê-lo (Graziano, Taylor, & Moore, 2002). A estimulação repetida dessa mesma área gerou o mesmo resultado todas as vezes, independentemente da posição inicial da mão do macaco, ou seja, a estimulação produziu certo *resultado*, não um *movimento muscular específico*. O córtex motor ordena um resultado e o deixa para a medula espinhal e outras áreas para encontrar a combinação certa de músculos (Scott, 2004).

PARE & REVISE

7. Que aspecto da anatomia do cérebro facilita a comunicação entre as sensações corporais e os movimentos corporais?
8. Que evidência indica que a atividade cortical representa a "ideia" do movimento e não apenas as contrações musculares?

RESPOSTAS

7. O córtex motor e o córtex somatossensorial são adjacentes, e a área do córtex motor dedicada a uma estrutura corporal particular está alinhada com a área do córtex somatossensorial que responde à mesma estrutura. 8. A atividade no córtex motor leva a um resultado específico, como o movimento da mão até a boca, independentemente de quais contrações musculares são necessárias dada a localização atual da mão.

Planejando um movimento

Uma das primeiras áreas a se tornarem ativas ao planejar um movimento é o **córtex parietal posterior** (ver Figura 7.8), que monitora a posição do corpo em relação ao mundo (Snyder, Grieve, Brotchie, & Andersen, 1998). Essa parte do córtex é proporcionalmente maior em seres humanos do que na maioria dos outros primatas, refletindo seu papel aprimorado na seleção de ações apropriadas (Kaas & Stepniewska, 2016). Pessoas com lesão parietal posterior têm dificuldade de encontrar objetos no espaço, mesmo depois de descrever a aparência com precisão. Ao caminhar, eles frequentemente esbarram em obstáculos (Goodale, 1996; Goodale, Milner, Jakobson, & Carey, 1991).

A cirurgia cerebral às vezes é realizada em pessoas que estão acordadas e alertas, com apenas a pele do couro cabeludo anestesiada. (O próprio cérebro não tem receptores de dor.) Durante o curso dessa cirurgia, os médicos podem estimular brevemente certas áreas do cérebro e registrar os resultados. Quando estimulam partes do córtex parietal posterior, as pessoas frequentemente relatam a *vontade* de mover — como a vontade de mover a mão esquerda. Após estimulação mais intensa nos mesmos locais, as pessoas relatam que acreditam que *produziram* o movimento — embora, de fato, eles não o produziram (Desmurget et al., 2009).

Vários estudos usaram RMf para medir as respostas do cérebro enquanto as pessoas se preparavam para se mover. Os detalhes variam, mas a ideia geral é de que as pessoas veem primeiro um sinal que informa o que devem fazer e, em seguida, têm de esperar alguns segundos por um outro sinal informando que devem se movimentar agora. Ou as pessoas veem um primeiro sinal com informações parciais sobre o que precisarão ou não fazer, e então depois de um pequeno atraso, um segundo sinal que informa com mais precisão o que fazer. Em cada um desses casos, o córtex parietal posterior está ativo durante todo o atraso, evidentemente se preparando para o movimento (Hesse, Thiel, Stephan, & Fink, 2006; Lindner, Iyer, Kagan, & Andersen, 2010).

O córtex pré-frontal e o **córtex motor suplementar** também são importantes para planejar e organizar uma sequência rápida de movimentos (Shima, Isoda, Mushiake, & Tanji, 2007; Tanji & Shima, 1994). Se você faz uma ação habitual, como virar à esquerda ao chegar a uma determinada esquina, o córtex motor suplementar é essencial para inibir esse hábito quando você precisa fazer outra coisa (Isoda & Hikosaka, 2007). O córtex motor suplementar também se torna ativo após um erro no movimento, desenvolvendo formas de inibir o movimento incorreto na próxima vez (Bonini et al., 2014).

O **córtex pré-motor** é mais ativo um pouco antes de um movimento. Ele recebe informações sobre o alvo para o qual o corpo está direcionando o movimento, bem como informações sobre a posição e a postura atuais do corpo (Hoshi & Tanji, 2000). Ambas as informações são, obviamente, necessárias para direcionar um movimento em direção a um alvo.

O **córtex pré-frontal**, que também está ativo durante um atraso antes de um movimento, armazena informações sensoriais relevantes para um movimento. Também é importante para considerar os resultados prováveis dos movimentos possíveis (Tucker, Luu, & Pribram, 1995). Se você sofresse lesões nessa área, muitos dos seus movimentos seriam desorganizados, como tomar banho com a roupa ou despejar água no tubo de pasta de dente em vez de na escova de dente (Schwartz, 1995). Curiosamente, essa área permanece inativa durante os sonhos, e as ações que sonhamos realizar são frequentemente tão ilógicas quanto aquelas de pessoas com lesões no córtex pré-frontal (Braun et al., 1998; Maquet et al., 1996). Se você fizer algo distraído logo de manhã, pode ser que seu córtex pré-frontal não esteja totalmente desperto.

PARE & REVISE

9. Como o córtex parietal posterior contribui para o movimento? O córtex pré-motor? O córtex motor suplementar? O córtex pré-frontal?

RESPOSTA

9. O córtex parietal posterior é importante para perceber a localização dos objetos e a posição do corpo em relação ao ambiente. Também é ativo para o planejamento de um movimento. O córtex pré-motor e o córtex motor suplementar também estão ativos na preparação de um movimento pouco antes de sua ocorrência. O córtex motor suplementar inibe uma ação habitual quando ela é inadequada. O córtex pré-frontal armazena informações sensoriais relevantes para um movimento e considera os possíveis resultados de um movimento.

Inibindo um movimento

Em seguida, considere a situação em que você precisa evitar seguir algum impulso. O semáforo muda de vermelho para verde, mas quando está prestes a avançar, você ouve a sirene de uma ambulância informando para você sair do caminho. Ou você se prepara para rebater uma bola de tênis em uma partida de duplas quando seu parceiro grita "deixa pra lá", porque ela vai cair fora da quadra. Em casos como esses, duas áreas do cérebro enviam mensagens concorrentes, e o resultado depende de a mensagem de parada chegar a tempo de cancelar a mensagem de ação (Schmidt, Leventhal, Mallet, Chen, & Berke, 2013).

Outro exemplo — não um comportamento particularmente importante por si só, mas conveniente para psicólogos estudarem — é a **tarefa antissacádica**. Uma sacada é um movimento ocular voluntário entre um alvo e outro. Suponha que você esteja olhando para frente quando algo se move para um lado ou outro. Você tem uma forte tendência de olhar para o objeto em movimento. Na tarefa antissacádica, você deve olhar na direção *oposta*. Tente isto você mesmo: mantenha uma mão à esquerda da cabeça de alguém e a outra à direita. Ao mexer um dedo, a pessoa é instruída a olhar para a *outra* mão; ou peça a alguém que faça o mesmo para você. A maioria das pessoas concorda que é mais fácil olhar para o dedo que se moveu do que para o outro dedo.

TENTE VOCÊ

Antes dos 5 a 7 anos, a maioria das crianças acha quase impossível ignorar o dedo que balança e olhar para o outro lado. A capacidade de realizar essa tarefa melhora gradualmente à medida que o córtex pré-frontal amadurece lentamente, alcançando níveis máximos na idade adulta jovem (Bucci & Seessau, 2012). O desempenho se deteriora na velhice, porque o córtex pré-frontal é altamente vulnerável a danos (Sweeney, Rosano, Berman, & Luna, 2001). A execução da tarefa antissacádica requer atividade prolongada nas partes do córtex pré-frontal e gânglios basais *antes* de ver o dedo mexendo (Velanova, Wheeler, & Luna, 2009; Watanabe & Munoz, 2010), ou seja, o cérebro se prepara para inibir a ação indesejada e substituí-la por outra. Muitos adultos com transtornos neurológicos ou psiquiátricos que afetam o córtex pré-frontal ou os gânglios basais têm problemas nessa tarefa (Munoz & Everling, 2004). Como você pode imaginar, pessoas com transtorno de déficit de atenção e hiperatividade (TDAH), que tendem a ser impulsivas de outras maneiras, também têm dificuldade com a tarefa antissacádica (Lee, Lee, Chang, & Kwak, 2015; Loe, Feldman, Yasui, & Luna, 2009).

Neurônios espelho

Das descobertas na neurociência, uma das mais interessantes para os psicólogos foram os **neurônios espelho**, que permanecem ativos tanto durante a preparação para um movimento como para observar outra pessoa realizar o mesmo movimento ou um semelhante (Rizzolatti & Sinigaglia, 2010). Neurônios espelho foram identificados pela primeira vez no córtex pré-motor de macacos (Gallese, Fadiga, Fogassi, & Rizzolatti, 1996) e, posteriormente, em outras áreas e espécies, incluindo humanos (Dinstein, Hasson, Rubin, & Heeger, 2007; Kilner, Neal, Weiskopf, Friston, & Frith, 2009). Esses neurônios tornaram-se teoricamente estimulantes por causa da ideia de que eles podem ser importantes para compreender outras pessoas, identificar-se com elas e imitá-las. Por exemplo, neurônios espelho na parte do córtex frontal tornam-se ativos quando as pessoas sorriem ou veem alguém sorrir, e respondem de maneira especialmente intensa com aqueles que relatam se identificar fortemente com outras pessoas (Montgomery, Seeherman, & Haxby, 2009). Muitos especularam que a falta dos neurônios espelho pode ser responsável pelo autismo ou esquizofrenia, distúrbios associados a relacionamentos sociais deficientes. Mas vários estudos descobriram evidências de neurônios espelho normais nos dois distúrbios (por exemplo,

Andrews, Enticott, Hoy, Thomson, & Fitzgerald, 2015; Dinstein et al., 2010).

Os neurônios espelho são ativados não apenas ao ver uma ação, mas também por qualquer lembrete da ação. Certas células respondem ao ouvir uma ação e vê-la ou realizá-la (Kohler et al., 2002; Ricciardi et al., 2009). Outras células respondem tanto ao fazer uma ação como ao ler sobre ela (Foroni & Semin, 2009; Speer, Reynolds, Swallow, & Zacks, 2009).

As possibilidades são empolgantes, mas antes de especularmos muito, precisamos abordar uma questão importante: neurônios espelho *causam* imitação e comportamento social, ou são *resultado deles*? Dito de outra forma, nascemos com neurônios que respondem à visão de um movimento e também facilitam o mesmo movimento? Nesse caso, eles podem ser importantes para o aprendizado social. Ou aprendemos quais movimentos visíveis correspondem aos nossos próprios movimentos e, então, desenvolvemos as conexões que produzem os neurônios espelho? Neste último caso, os neurônios espelho não são responsáveis pela imitação ou socialização (Heyes, 2010).

A melhor, talvez a única, evidência de neurônios espelho inatos veio de relatos de que alguns recém-nascidos imitam a protrusão da língua e outras expressões, como mostrado na Figura 7.10. Esse resultado sugere neurônios espelho embutidos que conectam a visão de um movimento ao próprio movimento (Meltzoff & Moore, 1977), mas resultados posteriores lançaram dúvidas sobre essa conclusão. Recém-nascidos reagem a muitos tipos de excitação projetando a língua, e o que parece ser uma imitação pode ser coincidência. Um extenso estudo descobriu que as expressões e gestos dos bebês não correspondem ao que eles veem com mais frequência do que esperaríamos por acaso (Oostenbroek et al., 2016).

Vários tipos de evidências sugerem que os neurônios espelho desenvolvem suas propriedades por meio de aprendizagem. Tanto em bebês macacos como em humanos, muitos neurônios espelho só respondem às observações dos movimentos dos outros depois que os próprios bebês praticaram esses movimentos (Shaw & Czekóová, 2013). Além disso, os pesquisadores identificaram neurônios espelho que respondiam quando as pessoas moviam um determinado dedo, como o dedo indicador, e quando observavam outra pessoa mover o mesmo dedo. Em seguida, eles pediram que as pessoas assistissem a uma imagem na tela e movessem o dedo indicador sempre que a mão na tela movesse o dedo mínimo. Elas deveriam mover o dedo mínimo sempre que a mão na tela movesse o dedo indicador. Depois de alguma prática, esses neurônios "espelho" se transformaram em neurônios "contraespelho" que respondiam aos movimentos de um dedo por aquela pessoa e à visão de um dedo diferente na tela (Catmur, Walsh, & Heyes, 2007). Em outras palavras, muitos neurônios espelho modificam suas propriedades aprendendo, e provavelmente desenvolveram suas propriedades originais também aprendendo.

PARE & REVISE

10. Quando pianistas experientes ouvem música conhecida e bem praticada, eles imaginam os movimentos dos dedos, e a área dos dedos do córtex motor torna-se ativa, mesmo se eles não estiverem movendo os dedos (Haueisen & Knösche, 2001). Se considerarmos esses neurônios como outro tipo de neurônio espelho, o que esses resultados sugerem sobre a origem dos neurônios espelho?

RESPOSTA

10. Esses neurônios devem ter adquirido as propriedades por meio da experiência, ou seja, eles não permitiam que os pianistas copiassem o que ouviam. Eles se desenvolveram à medida que os pianistas aprenderam a copiar o que ouvem.

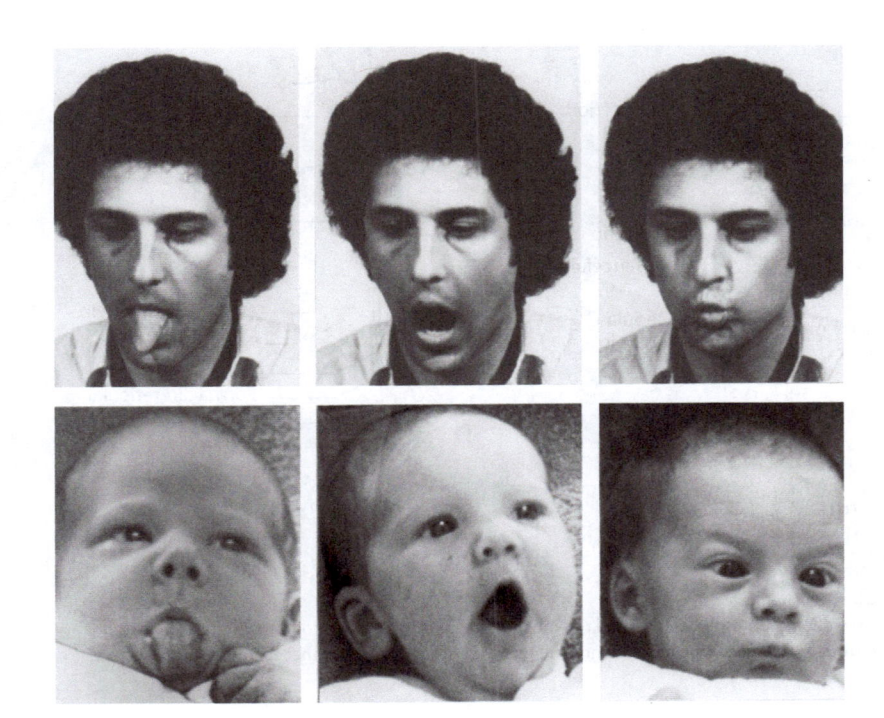

Figura 7.10 Bebês parecem imitar certas expressões faciais
O que parece ser imitação pode ser coincidência. As expressões dos bebês às vezes correspondem àquilo que eles veem, mas nem sempre.
(Fonte: A. N. Meltzoff & M. K. Moore, "Imitation of facial and manual gestures by human neonates." Science, 1977, 198, pp. 75-78.)

Tabela 7.1 | Doenças da medula espinhal

Transtorno	Descrição	Causa
Paralisia	Incapacidade de movimento voluntário em parte do corpo.	Lesões nos neurônios motores ou em seus axônios na medula espinhal.
Paraplegia	Perda de sensação e controle muscular voluntário nas pernas (apesar da falta de sensações dos órgãos genitais, a estimulação dos órgãos genitais pode produzir orgasmo).	Um corte ao longo da medula espinhal na região torácica ou inferior.
Tetraplegia (ou tetraplegia)	Perda de sensação e controle muscular voluntário tanto nos braços como nas pernas.	Corte ao longo da medula espinhal na região cervical (pescoço) (ou lesão cortical.)
Hemiplegia	Perda de sensação e controle muscular voluntário no braço e na perna do lado direito ou esquerdo.	Corte na metade da medula espinhal ou lesão em um hemisfério do córtex cerebral.
Tabes dorsalis	Sensações e controle muscular prejudicados nas pernas e na região pélvica, incluindo controle do intestino e da bexiga.	Lesões nas raízes dorsais da medula espinhal decorrente do estágio avançado da sífilis.
Poliomielite	Paralisia.	Um vírus que danifica os neurônios motores na medula espinhal.
Esclerose lateral aminotrófica	Fraqueza e paralisia graduais, começando pelos braços e se propagando para as pernas.	Desconhecida. Rastreio para mutações genéticas em alguns casos e para exposição a toxinas em outros casos.

Conexões do cérebro com a medula espinhal

As mensagens do cérebro devem alcançar a medula e a medula espinhal, que controlam os músculos. Doenças da medula espinhal prejudicam o controle do movimento de várias maneiras, como listado na Tabela 7.1. As vias do córtex cerebral até a medula espinhal são chamadas **tratos corticospinais**. Temos dois desses tratos, os tratos corticoespinhais lateral e medial.

Os dois tratos contribuem de alguma forma para quase todos os movimentos, mas certos movimentos dependem mais de um trato do que do outro.

O **trato corticoespinhal lateral** é uma via dos axônios do córtex motor primário, áreas circundantes do córtex e do **núcleo rubro**, uma área do mesencéfalo que controla certos aspectos do movimento (ver Figura 7.11). Axônios do trato lateral estendem-se diretamente do córtex motor aos neurônios-alvo na medula espinhal. Nas protuberâncias da medula

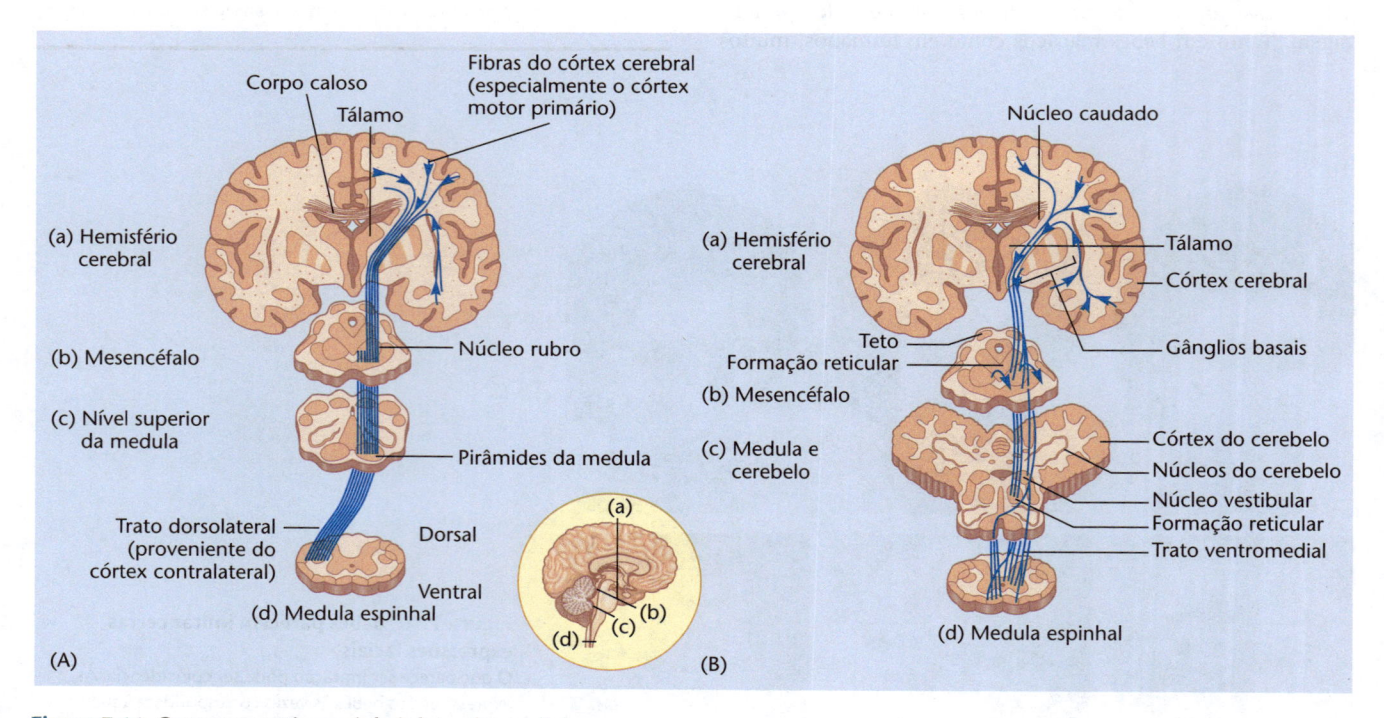

Figura 7.11 Os tratos corticoespinhais lateral e medial
O trato lateral (a) atravessa de um lado do cérebro ao lado oposto da medula espinhal e controla os movimentos precisos e discretos das extremidades, como mãos, dedos e pés. O trato medial (b) controla os músculos do tronco para ajustes posturais e movimentos bilaterais, como permanecer em pé, curvar, virar e andar.

denominada *pirâmides*. o trato lateral atravessa o lado contralateral (oposto) da medula espinal. (Por essa razão, o trato lateral também é chamado trato piramidal.) Ele controla os movimentos em áreas periféricas, especialmente mãos e pés.

O **trato corticoespinhal medial** inclui axônios de muitas partes do córtex cerebral, não apenas do córtex motor primário e suas áreas circundantes. A via medial também inclui axônios do teto do mesencéfalo, a formação reticular e o **núcleo vestibular**, uma área do cérebro que recebe informações do sistema vestibular (ver Figura 7.11). Axônios do trato medial percorrem os *dois* lados da medula espinal, não apenas o lado contralateral. O trato medial controla principalmente os músculos do pescoço, ombros e tronco e, portanto, movimentos bilaterais como caminhar, virar, curvar, levantar e sentar (Kuypers, 1989). Você pode mover os dedos em apenas um lado do corpo, mas um movimento como levantar ou sentar deve incluir os dois lados.

As funções dos tratos lateral e medial devem ser fáceis de lembrar: o trato lateral controla os músculos nas partes laterais do corpo, como mãos e pés. O trato medial controla os músculos nas partes mediais do corpo, incluindo tronco e pescoço.

A Figura 7.11 compara os tratos corticoespinhais lateral e medial. A Figura 7.12 compara o trato lateral com a via espinhal, que leva informações sobre toque ao córtex. Observe que as duas vias se cruzam na medula e que as informações sobre toque chegam às áreas do cérebro lado a lado com as áreas responsáveis pelo controle motor. O toque é obviamente essencial para o movimento. Você tem de saber o que as mãos estão fazendo agora para controlar sua próxima ação.

Suponha que alguém sofra um AVC que danifica o córtex motor primário do hemisfério esquerdo. O resultado é perda do trato lateral daquele hemisfério e perda de controle do movimento no lado direito do corpo. Com o tempo, dependendo da localização e quantidade da lesão, a pessoa pode recuperar algum controle muscular dos axônios poupados no trato lateral. Do contrário, o uso do trato medial pode fazer uma aproximação do movimento pretendido. Por exemplo, alguém sem o controle direto dos músculos da mão pode mover os ombros, o tronco e os quadris de uma forma que reposiciona a mão.

PARE & REVISE

11. Que tipos de movimentos o trato lateral controla? E o trato medial?

RESPOSTA 11. O trato lateral controla os movimentos detalhados na periferia do lado contralateral do corpo. Por exemplo, o trato lateral do hemisfério esquerdo controla o lado direito do corpo. O trato medial controla os movimentos do tronco bilateralmente.

O cerebelo

O termo *cerebelo*, proveniente do latim, significa "pequeno cérebro". Décadas atrás, a maioria dos textos descrevia a função do cerebelo como de "equilíbrio e coordenação". Bem, sim, pessoas com lesão do cerebelo perdem o equilíbrio e a coordenação, mas essa descrição subestima a importância dessa estrutura. O cerebelo contém mais neurônios do que o restante do cérebro combinado (Williams & Herrup, 1988) e um grande número de sinapses.

O cerebelo contribui para muitos aspectos do funcionamento do cérebro, especialmente qualquer coisa que se relacione com o objetivo ou o tempo. Pessoas com lesão do cerebelo têm dificuldade de acompanhar um ritmo, bater palmas, apontar para um objeto em movimento, falar, escrever, digitar ou tocar um instrumento musical. São prejudicadas em quase todas as atividades atléticas, exceto aquelas como levantamento de peso, que não requerem pontaria ou tempo. Pesquisadores encontraram cerebelos aumentados em jogadores de basquete universitário (Park et al., 2009), patinação de velocidade competitiva (Park et al., 2012) e alpinistas de classe mundial (Di Paola, Caltagirone, & Petrosini, 2013). Mas não sabemos se o aumento é a causa ou o resultado de uma atividade aprimorada.

A lesão do cerebelo não prejudica a atividade motora *contínua* (Spencer, Zelaznik, Diedrichsen, & Ivry, 2003). Por exemplo, pessoas com essas lesões podem desenhar círculos contínuos como os mostrados a seguir, que não exigem o início ou a interrupção de uma ação.

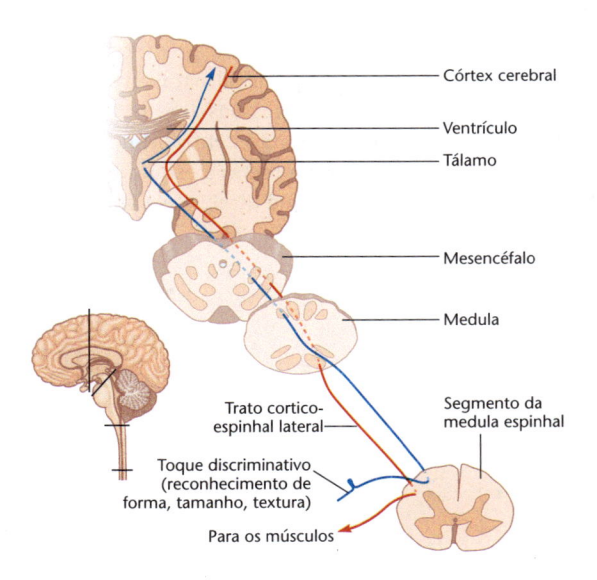

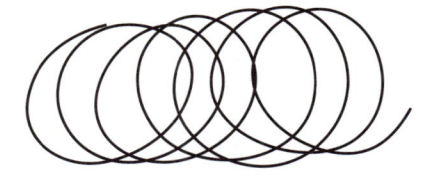

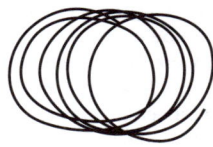

Figura 7.12 A via do toque e o trato corticoespinhal lateral
Ambas as vias se interseccionam na medula de modo que cada hemisfério tenha acesso ao lado oposto do corpo. A via do toque vai dos receptores de toque para o cérebro; a via corticoespinhal vai do cérebro aos músculos.

Eis uma maneira rápida de testar o cerebelo: peça a alguém que olhe para um ponto e mova os olhos rapidamente para focalizar outro ponto. Movimentos sacádicos, movimentos oculares voluntários de um ponto de fixação para outro, dependem de impulsos do cerebelo e córtex frontal até os nervos cranianos. Alguém com lesão do cerebelo tem dificuldade de programar o ângulo e a distância dos movimentos dos olhos (Dichgans, 1984). Os olhos realizam muitos movimentos curtos até que, por tentativa e erro, finalmente encontram o local-alvo.

No *teste do dedo ao nariz*, a pessoa é informada a manter um braço esticado e, em seguida, é instruída a tocar o nariz o mais rápido possível. Uma pessoa normal faz isso em três etapas. Primeiro, o dedo se move balisticamente até um ponto bem na frente do nariz. Essa função de *mover* depende do córtex do cerebelo (a superfície do cerebelo), que envia mensagens aos núcleos profundos (aglomerados de corpos celulares) no interior do cerebelo (ver Figura 7.13). Segundo, o dedo permanece firme nesse ponto por uma fração de segundo. Essa função de *reter* depende apenas dos núcleos (Kornhuber, 1974). Por fim, o dedo move-se até o nariz por meio de um movimento mais lento que não depende do cerebelo.

TENTE VOCÊ

Alguém com lesão no córtex do cerebelo tem dificuldades com o movimento rápido inicial. O dedo erra o nariz, para muito perto ou vai longe demais. Alguém com lesões nos núcleos do cerebelo tem dificuldade com o segmento de retenção: o dedo alcança um ponto na frente do nariz e então oscila.

Os sintomas da lesão do cerebelo lembram aqueles da intoxicação por álcool: falta de jeito, fala arrastada e movimentos oculares imprecisos. Um policial que testa alguém para ver se está embriagado pode usar o teste do dedo no nariz ou testes semelhantes, porque o cerebelo é uma das primeiras áreas do cérebro afetadas pelo álcool.

Outras funções além do movimento

O cerebelo não é apenas uma estrutura motora, mas torna-se ativo em muitas situações quando o indivíduo não está se movendo. Em um estudo, a ressonância magnética funcional mediu a atividade do cerebelo enquanto as pessoas realizavam várias tarefas (Gao et al., 1996). Quando elas simplesmente levantavam objetos, o cerebelo mostrou pouca atividade. Quando eles sentiram coisas com as duas mãos para decidir se eram iguais ou diferentes, o cerebelo tornou-se muito mais ativo. O cerebelo respondeu mesmo quando o pesquisador esfregou um objeto em uma mão imóvel, ou seja, o cerebelo responde a estímulos sensoriais mesmo na ausência de movimento. O cerebelo também responde a violações das expectativas sensoriais. Se você estende a mão esperando sentir algo e depois não sente, ou sente algo quando não esperava, o cerebelo reage de forma intensa (Schlerf, Ivry, & Diedrichsen, 2012).

Richard Ivry e seus colegas enfatizaram a importância do cerebelo para comportamentos que dependem do tempo preciso de intervalos curtos (de cerca de 1 ms a 1,5 s). Por exemplo, pessoas com lesões do cerebelo podem avaliar com precisão a intensidade de um som, mas não sua duração. Considere um procedimento de condicionamento clássico no qual um som prediz uma lufada de ar nos seus olhos que ocorrerá um segundo depois. Alguém com lesão do cerebelo aprende a conexão, mas não cronometra o piscar de olhos em relação ao tempo apropriado. O tempo também é importante para a mira. Se você tiver dificuldades para cronometrar um objeto em movimento, como uma bola lançada em sua direção, você não será capaz de antecipar a trajetória e não conseguirá pegá-la. Em suma, quando a lesão do cerebelo prejudica o movimento, a razão pode ser que ela prejudicou a percepção dos estímulos temporizados relacionados ao movimento (Baumann et al., 2015).

Pessoas que são precisas em um tipo de movimento cronometrado, como acompanhar um ritmo com o dedo, tendem também a ser boas em outros movimentos cronometrados, como acompanhar um ritmo com o pé e avaliar qual estímulo visual se move mais rápido e qual atraso entre os tons foi mais longo. Pessoas com lesão do cerebelo são prejudicadas em todas essas tarefas (Ivry & Diener, 1991; Keele & Ivry, 1990).

O cerebelo também parece crucial para certos aspectos da atenção. Em um estudo, as pessoas foram orientadas a manter os olhos fixos em um ponto central. Em vários momentos, elas veriam a letra E na metade esquerda ou direita da tela e deveriam indicar em que direção ela aparecia (E, Ǝ

Figura 7.13 Localização dos núcleos do cerebelo em relação ao córtex do cerebelo
Na inserção no canto superior esquerdo, a linha indica o plano mostrado em detalhes no canto inferior direito.

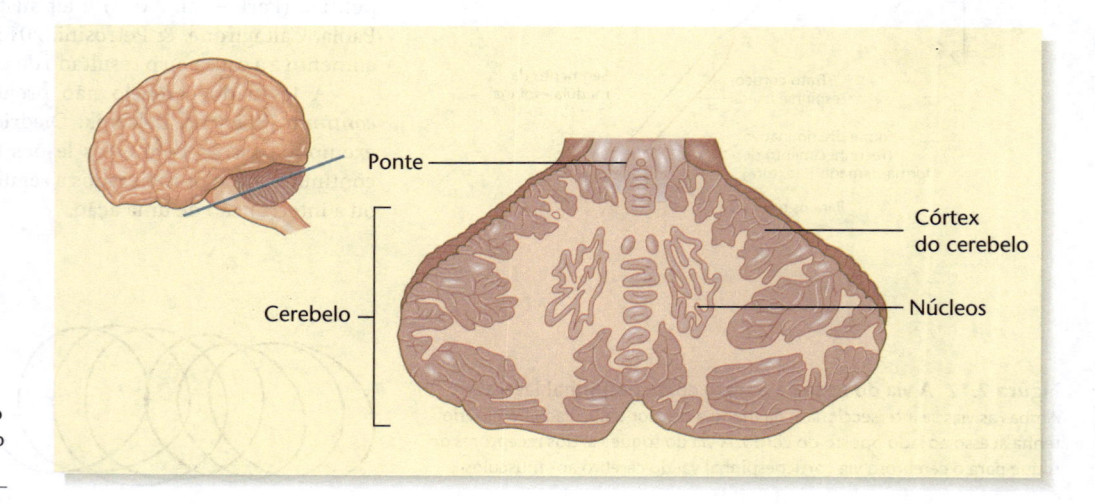

ப, ou ⊓) sem mover os olhos. Às vezes, elas viam um sinal informando onde a letra estaria na tela. Para a maioria das pessoas, esse sinal melhorou o desempenho, mesmo que aparecesse apenas 100 ms antes da letra. Para pessoas com lesão do cerebelo, o sinal precisava aparecer quase um segundo antes da letra para ser útil. Evidentemente, pessoas com lesão do cerebelo precisam de mais tempo para alternar a atenção (Townsend et al., 1999).

✅ PARE & REVISE

12. Que tipo de tarefa perceptiva seria mais prejudicada por lesões no cerebelo?

RESPOSTA 12. Lesões no cerebelo prejudicam tarefas perceptivas que dependem de sincronização precisa.

Organização celular

O cerebelo recebe informações da medula espinhal, dos sistemas sensoriais por meio dos núcleos dos nervos cranianos e do córtex cerebral. Essas informações por fim chegam ao **córtex do cerebelo**, a superfície do cerebelo (ver Figura 7.13).

A Figura 7.14 mostra os tipos e arranjos dos neurônios no córtex do cerebelo. A figura é complexa, mas se concentre nestes pontos principais:

- Os neurônios são organizados em um padrão geométrico preciso, com várias repetições das mesmas unidades.

- As **células de Purkinje** são células planas (bidimensionais) em planos sequenciais, paralelas umas às outras.

- As **fibras paralelas** são axônios paralelos entre si e perpendiculares aos planos das células de Purkinje.

- Os potenciais de ação nas fibras paralelas estimulam uma célula de Purkinje após a outra. Cada célula de Purkinje então transmite uma mensagem inibitória para as células dos **núcleos do cerebelo** (aglomerados de corpos celulares no interior do cerebelo) e os núcleos vestibulares no tronco cerebral que, por sua vez, enviam informações ao mesencéfalo e ao tálamo.

- Dependendo de quais e de quantas fibras paralelas estão ativas, podem estimular apenas as primeiras células de Purkinje ou uma longa série delas. Como as mensagens das fibras paralelas alcançam as células de Purkinje uma após a outra, quanto maior o número de células de Purkinje estimuladas, maior é a *duração* da resposta; ou seja, se as fibras paralelas estimulam apenas as primeiras células de Purkinje, o resultado é uma mensagem breve para as células-alvo; se estimularem mais células de Purkinje, a duração da mensagem é maior. A sequência de células de Purkinje controla o tempo da saída, incluindo seu início e deslocamento (Thier, Dicke, Haas, & Barash, 2000).

✅ PARE & REVISE

13. Como as fibras paralelas estão dispostas entre si e em relação às células de Purkinje?
14. Se um número maior de fibras paralelas está ativo, qual é o efeito na estimulação coletiva das células de Purkinje?

RESPOSTAS 13. As fibras paralelas são paralelas umas às outras e perpendiculares aos planos das células de Purkinje. 14. A medida que um maior número de fibras paralelas se torna ativo, as células de Purkinje aumentam a duração da resposta.

Os gânglios basais

O termo **gânglios basais** aplica-se coletivamente a um grupo de grandes estruturas subcorticais no prosencéfalo (ver Figura 7.15). Várias autoridades diferem sobre quais estruturas eles incluem como parte dos gânglios basais, mas todos incluem pelo menos o **núcleo caudado**, o **putâmen** e o **globo pálido**. O núcleo caudado e o putâmen juntos são conhecidos como **estriado** ou **estriado dorsal**. O estriado recebe estimulação do córtex cerebral e da substância negra e envia a saída para o globo pálido, que então envia a saída para o tálamo e o córtex frontal (Saunders et al., 2015). A Figura 7.16 mostra duas vias, conhecidas como vias diretas e indiretas. A via direta do estriado inibe o globo pálido, que inibe parte do tálamo. Ao inibir um inibidor, o efeito líquido é a excitação. Os neurocientistas acreditam há muito tempo que a via direta estimula os movimentos, enquanto a via indireta os inibe. No entanto, evidências posteriores descobriram que as duas vias estão ativas antes de um movimento e nenhuma está ativa quando o animal está em repouso (Calabresi, Picconi, Tozzi, Ghiglieri, & Di Filippo, 2014; Cui et al., 2013). Provavelmente, a via direta intensifica o movimento selecionado, enquanto a via indireta inibe os movimentos concorrentes inadequados (Kravitz, Tye, & Kreitzer, 2012). A via indireta é essencial para o desempenho aprendido. Os pesquisadores descobriram que lesões na via indireta diminuíram muito a capacidade dos camundongos de aprender a pressionar uma alavanca ou outra, dependendo do tom que ouviam (Nishizawa et al., 2012).

Os gânglios basais são particularmente importantes para comportamentos espontâneos e autoiniciados. Por exemplo, um macaco em um estudo foi treinado a mover uma mão para a esquerda ou direita a fim de receber alimento. Nos testes, quando ouvia um sinal indicando exatamente quando se mover, os gânglios basais mostraram pouca atividade. Mas, em outras tentativas, o macaco viu uma luz indicando que ele deveria iniciar o movimento em não menos de 1,5 segundos e terminar em não mais de 3 segundos. Portanto, o macaco teria de escolher seu próprio momento de início. Nessas condições, os gânglios basais eram altamente ativos (Turner & Anderson, 2005).

Em outro estudo, as pessoas usaram um mouse de computador para desenhar linhas em uma tela, enquanto os pesquisadores utilizaram tomografias PET para examinar a atividade cerebral. A atividade nos gânglios basais aumentou quando as

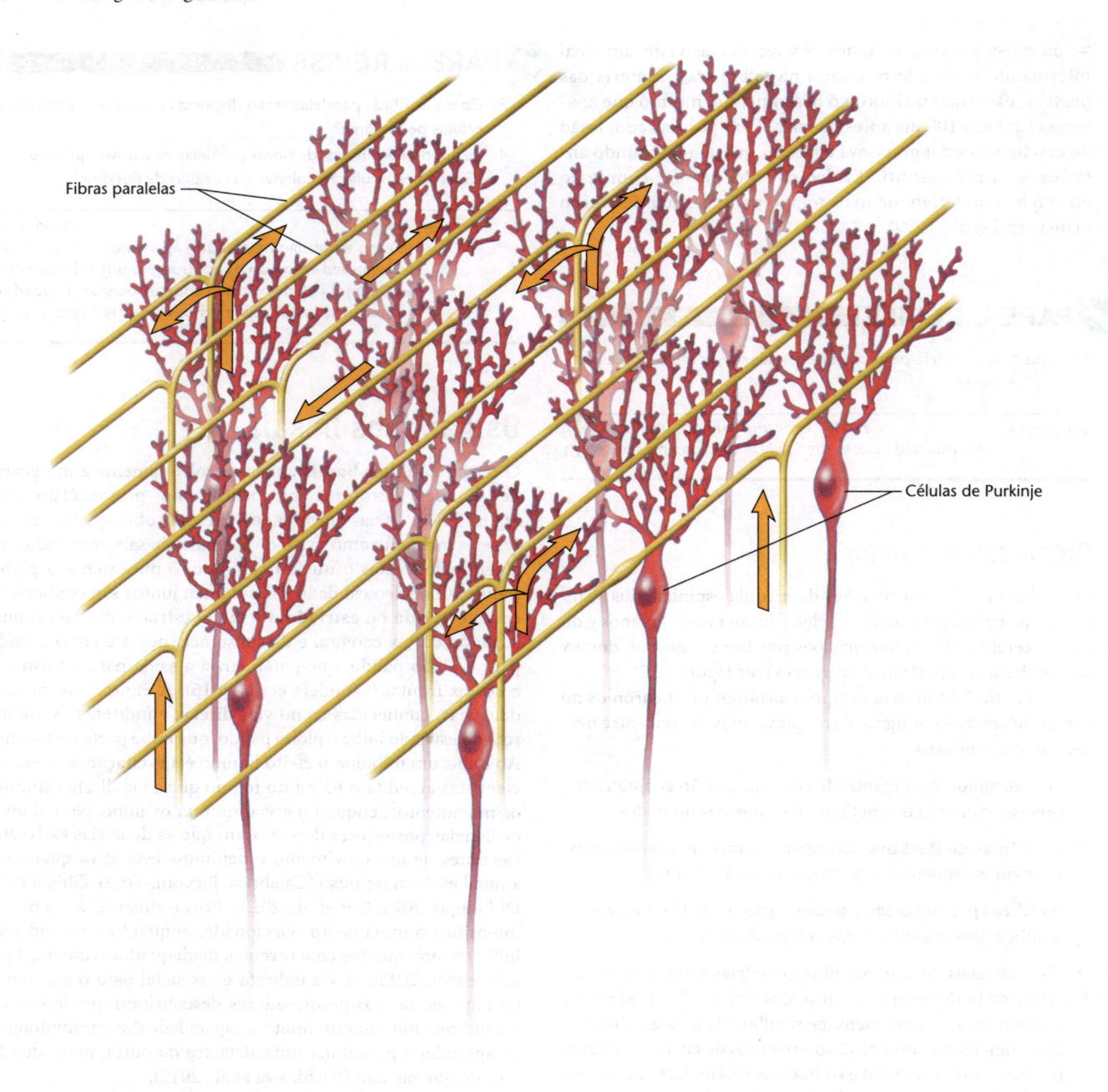

Figura 7.14 Organização celular do cerebelo

As fibras paralelas (em amarelo) ativam uma célula de Purkinje após a outra. As células de Purkinje (em vermelho) inibem uma célula-alvo em um dos núcleos do cerebelo (não mostrado, mas localiza-se na parte inferior da ilustração). Quanto mais células de Purkinje respondem, mais tempo a célula-alvo é inibida. Dessa forma, o cerebelo controla a duração de um movimento.

---

pessoas desenharam uma nova linha, mas não quando traçaram uma linha que já estava na tela (Jueptner & Weiller, 1998). Mais uma vez, os gânglios basais parecem cruciais para ações autoiniciadas, e não para ações provocadas por estímulos. Em geral, comportamentos autoiniciados têm um começo mais lento do que aqueles que respondem a um estímulo. Por exemplo, se você está dirigindo seu carro e decide que precisa mudar de faixa para fazer uma curva, você reage lentamente. Imagine a velocidade com que você reage se um cervo passar pela sua frente. Outro exemplo: ao levantar a mão para fazer uma pergunta em sala de aula, normalmente você pondera por um tempo, acaba decidindo fazer a pergunta e lentamente levanta a mão. Mas se o professor perguntar quantos gostariam de adiar a prova de sexta-feira, você levanta a mão imediatamente.

A diferença entre comportamentos iniciados por estímulos e comportamentos autoiniciados tem uma consequência interessante. Muitos filmes de faroeste antigos incluíam tiroteios entre o herói e o vilão. O vilão sempre sacava primeiro, mas o herói era mais rápido e, embora tenha começado depois, vencia o empate. Os pesquisadores se perguntaram: Isso

Capítulo 7 | Movimento 243

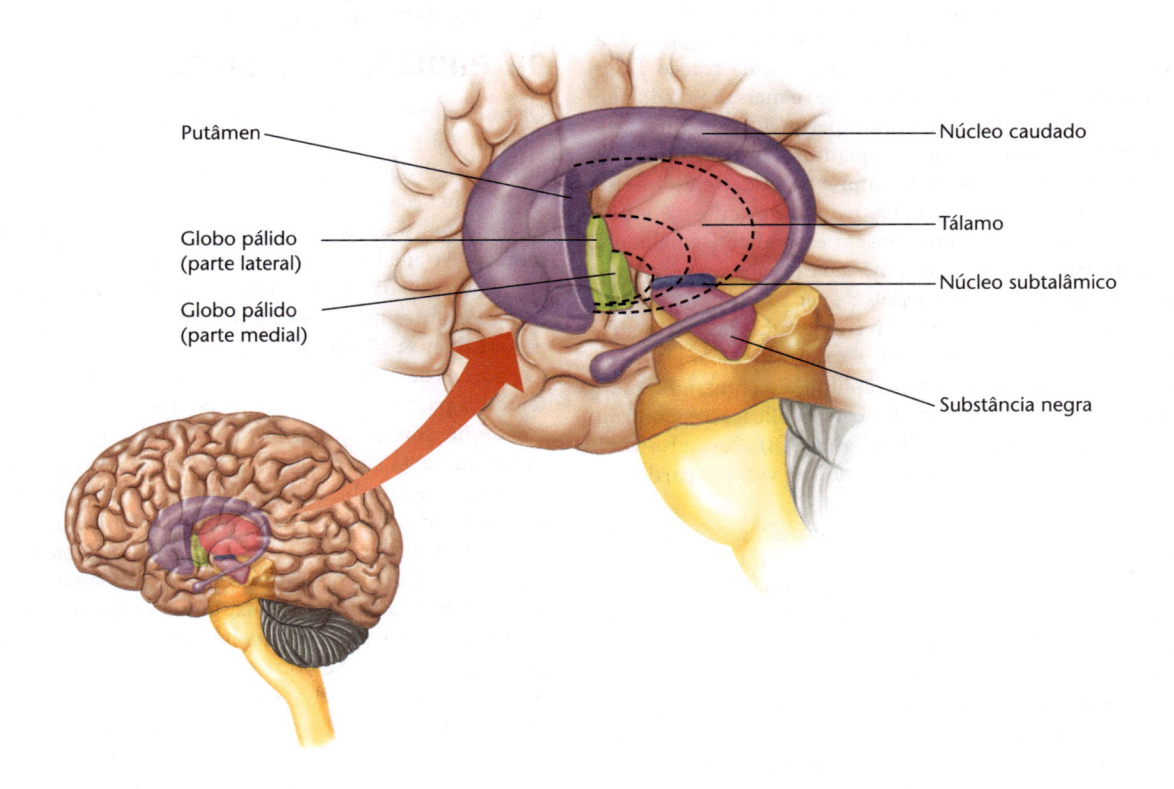

Figura 7.15 Localização dos gânglios basais
Os gânglios basais circundam o tálamo e são circundados pelo córtex cerebral.

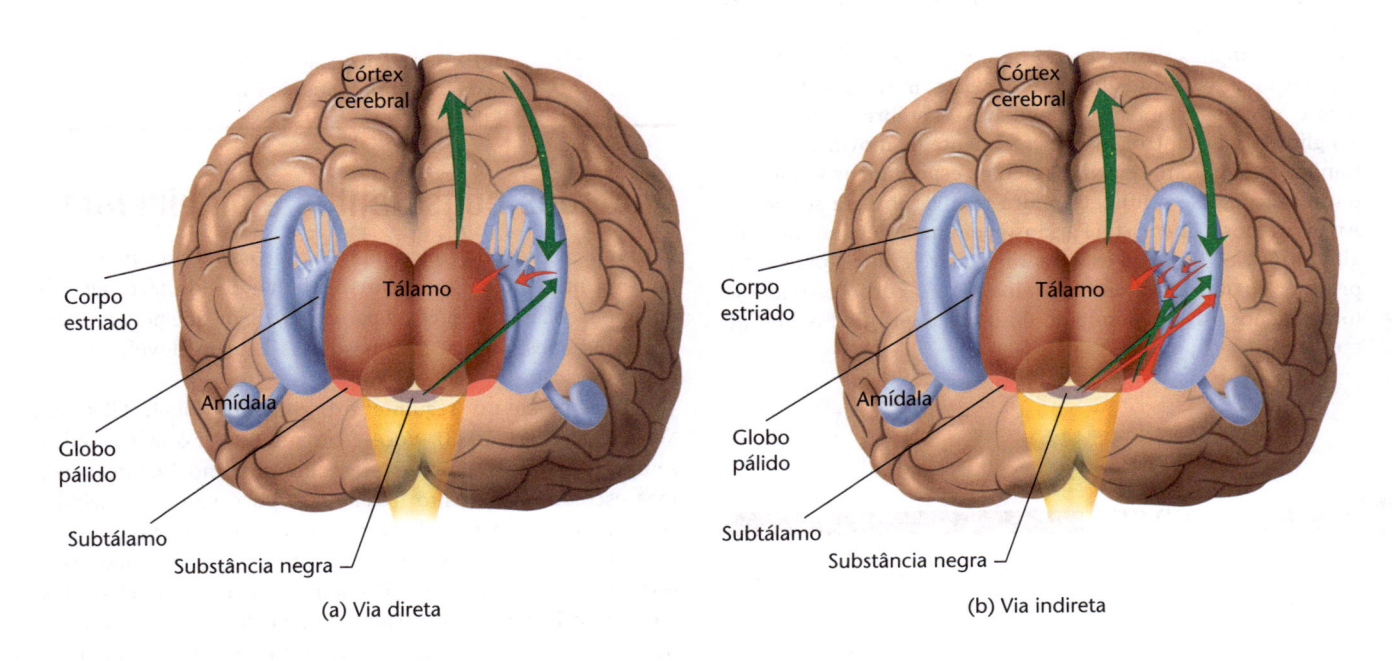

Figura 7.16 Duas vias ao longo dos gânglios basais
A via indireta tem conexões extras dentro do globo pálido e para frente e para trás com o subtálamo.

é realista? Alguém poderia sacar depois e mesmo assim vencer? A resposta é sim e, em alguns casos, a pessoa que saca depois pode até ter uma vantagem, porque uma reação a um estímulo (ver a outra pessoa pegar a arma) é mais rápida do que um movimento espontâneo. Em um experimento, duas pessoas passaram por uma competição. Enquanto se observavam, elas tinham que esperar um período imprevisível de tempo — se agissem muito cedo, os resultados não contavam — e então pressionar três botões em uma ordem específica (semelhante a sacar uma arma e atirar). Assim, cada pessoa às vezes iniciava a ação e às vezes reagia depois de ver a outra pessoa agir, mas quem concluía a ação primeiro era o vencedor. Em média, quando as pessoas reagiam ao ato da outra pessoa, elas realizavam os movimentos 9% mais rápido (Welchman, Stanley, Schomers, Miall, & Bulthoff, 2010). Uma replicação encontrou resultados semelhantes (La Delfa et al., 2013). Portanto, você acabou de aprender algo útil para a próxima vez que participar de um tiroteio.

O papel dos gânglios basais no controle do movimento tornou-se gradualmente mais claro. Como as células no córtex motor primário se tornam ativas antes daquelas dos gânglios basais, eles não devem ser responsáveis por selecionar o movimento a ser feito. Em vez disso, seu papel é regular o vigor do movimento (Turner & Desmurget, 2010). Muitas células nas células dos gânglios basais respondem fortemente a sinais que indicam que uma resposta provavelmente levará à recompensa (Ikemoto, Yan, & Tan, 2015). A estimulação dos receptores de dopamina tipo 1 (D1) na via direta do corpo estriado produz os mesmos efeitos comportamentais que uma maior recompensa produz (Tai, Lee, Benavidez, Bonci, & Wilbrecht, 2012). A atividade na via indireta torna as respostas mais lentas e menos vigorosas (Yttri & Dudman, 2016).

Após lesão no estriado, os animais ainda aprendem a escolher a resposta que produz a recompensa maior, mas não respondem com mais vigor pela recompensa maior (Wang, Miura, & Uchida, 2013). Descrever o papel dos gânglios basais nesses termos dá sentido ao que vemos em pacientes com lesões nos gânglios basais, como na doença de Parkinson. São capazes de movimentos fortes e, às vezes, movem-se intensamente, em resposta a sinais imediatos. (Lembre-se de que os gânglios basais controlam principalmente os movimentos autoiniciados.) Porém, seus movimentos espontâneos são lentos e fracos, como se sentissem pouca motivação para se mover. Analisaremos a doença de Parkinson em mais detalhes no próximo módulo. Também examinaremos a relevância para a depressão: quando a via da dopamina para o corpo estriado se torna menos ativa, o resultado é humor deprimido e falta de motivação.

PARE & REVISE

15. Em geral, os gânglios basais têm mais efeito nas respostas a um estímulo ou nos movimentos autoiniciados?
16. Qual aspecto do movimento os gânglios basais controlam?

RESPOSTAS

15. Os gânglios basais têm mais influência sobre os movimentos autoiniciados, que geralmente são mais lentos. 16. Os gânglios basais controlam o vigor dos movimentos.

Áreas do cérebro e aprendizagem motora

De todas as áreas do cérebro responsáveis pelo controle do movimento, quais são importantes para aprender novas habilidades? A resposta aparente são todas elas.

Os neurônios no córtex motor ajustam suas respostas à medida que uma pessoa ou animal aprende uma habilidade motora. No início, os movimentos são lentos e inconsistentes. À medida que os movimentos se tornam mais rápidos, neurônios relevantes no córtex motor aumentam suas taxas de disparo (Cohen & Nicolelis, 2004). Após treinamento prolongado, os padrões de movimento se tornam mais consistentes de uma tentativa para outra, e o mesmo ocorre com os padrões da atividade no córtex motor. Em termos de engenharia, o córtex motor aumenta sua relação sinal-ruído (Kargo & Nitz, 2004).

Os gânglios basais são essenciais para o aprendizado de novos hábitos (Yin & Knowlton, 2006). Por exemplo, ao aprender a dirigir um carro, você precisa pensar em tudo o que ele faz. Com o tempo, você aprende a sinalizar para virar à esquerda, mudar de marcha, girar o volante e mudar a velocidade, tudo simultaneamente. Você também inibe muitas ações irrelevantes. Se você tentar explicar exatamente o que o carro faz, é provável que achará difícil. Pessoas com lesões nos gânglios basais têm dificuldade para aprender habilidades motoras e converter novos movimentos em respostas suaves e "automáticas" (Poldrack et al., 2005; Willingham, Koroshetz, & Peterson, 1996).

PARE & REVISE

17. Que tipo de aprendizagem depende mais fortemente dos gânglios basais?

RESPOSTA

17. Os gânglios basais são essenciais para o aprendizado de hábitos motores difíceis de descrever em palavras.

Decisões conscientes e movimento

Onde entra a decisão consciente em tudo isso? Cada um de nós tem o sentimento: "Conscientemente, eu decido fazer algo, e então o faço." Essa sequência parece tão óbvia que nem mesmo podemos questioná-la, mas pesquisas lançam dúvidas sobre essa suposição.

Imagine-se no seguinte experimento (Libet, Gleason, Wright, & Pearl, 1983). Você é instruído a flexionar o pulso sempre que quiser. Você não escolhe qual movimento fazer, mas escolhe o momento livremente. Você não deve decidir com antecedência quando se mover, mas permitir que o impulso ocorra o mais espontaneamente possível. Os pesquisadores fazem três medições. Primeira, eles conectam eletrodos ao couro cabeludo para registrar a atividade elétrica provocada no córtex motor. Segunda, eles conectam um sensor para registrar quando a mão começa a se mover. A terceira medição é o seu autorrelato: você observa um dispositivo semelhante a um relógio, como mostrado na Figura 7.17, no qual um ponto de luz se move ao redor do círculo a cada 2,56 segundos. Você

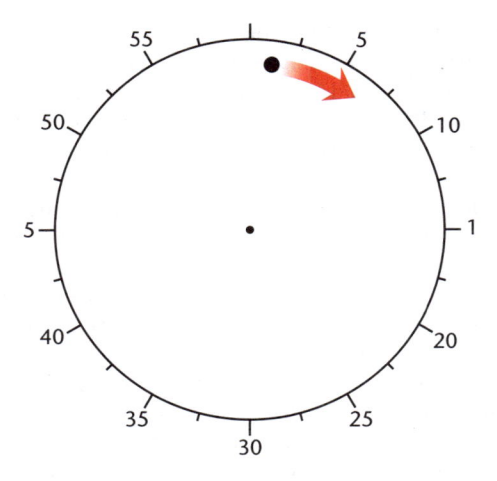

Figura 7.17 Procedimento para o estudo de Libet da decisão consciente e movimento
O participante deveria tomar a decisão espontânea de mover o pulso e lembrar onde a luz estava no momento da decisão.
(Fonte: "Time of conscious intention to act in relation to onset of cerebral activities (readiness potential): The unconscious initiation of a freely voluntary act", de B. Libet et al. Brain, 106, pp. 623-42. Reproduzida com permissão da Oxford University Press)

deve observar esse relógio. Não decida de antemão que você flexionará o pulso quando o ponto no relógio chegar a um determinado ponto; mas, ao decidir movê-lo, observe onde está o ponto de luz no momento em que você decidiu e lembre-se dele para que possa identificá-lo mais tarde.

O procedimento começa. Você pensa: "Ainda não... ainda não... ainda não... AGORA!". Você observa onde estava o ponto naquele momento crítico e diz: "Tomei minha decisão quando a luz estava na posição 25.". Os pesquisadores comparam o seu relatório com os registros da atividade cerebral e do movimento do pulso. Em média, as pessoas relatam que a decisão de movê-lo ocorreu cerca de 200 ms antes do movimento real. (A

decisão ocorreu então. Pessoas *relatam* a decisão mais tarde.) Por exemplo, se você disser que sua decisão de movê-lo ocorreu na posição 25, sua decisão veio 200 ms antes do movimento que começou na posição 30. (Lembre-se de que a luz se move ao redor do círculo em 2,56 segundos.) Mas seu córtex motor produz um tipo de atividade chamada **potencial de prontidão** antes de qualquer movimento voluntário e, em média, o potencial de prontidão começa pelo menos 500 ms antes do movimento. Neste exemplo, ele começaria quando a luz estivesse na posição 18, como ilustrado na Figura 7.18.

Os resultados variaram entre os indivíduos, mas a maioria era semelhante. A questão-chave é que a atividade cerebral responsável pelo movimento aparentemente começou *antes* da decisão consciente da pessoa! Os resultados parecem indicar que sua decisão consciente não causa uma ação. Em vez disso, você toma consciência da decisão depois que o processo que leva à ação já está em andamento há cerca de 300 ms.

Como você pode imaginar, esse experimento gerou muita discussão entre filósofos e psicólogos. A pesquisa foi replicada em vários laboratórios, portanto, os resultados são sólidos (por exemplo, Lau, Rogers, Haggard, & Passingham, 2004; Trevena & Miller, 2002). Uma objeção é que as pessoas não podem relatar com precisão o momento em que tomaram consciência de algo. Porém, quando as pessoas são solicitadas a relatar o momento de um estímulo sensorial, ou o momento em que fizeram um movimento (em vez da decisão de se mover), suas estimativas geralmente estão dentro de 30 ms a 50 ms do tempo correto (Lau et al., 2004; Libet et al., 1983); ou seja, eles não podem relatar o momento exato em que algo acontece, mas estão próximos.

No entanto, provavelmente somos menos precisos ao relatar o momento de uma decisão consciente do que o momento de um estímulo sensorial. Afinal de contas, muitas vezes precisamos saber quando algo aconteceu, mas raramente precisamos saber exatamente quando tomamos uma decisão. Além disso, o método de Libet pede a alguém que identifique o instante em que decidiu flexionar o pulso, como se a decisão tivesse acontecido instantaneamente. Na verdade, essa decisão

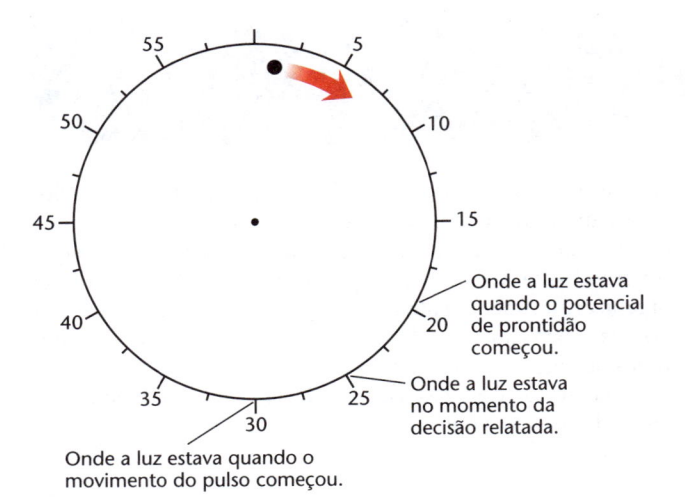

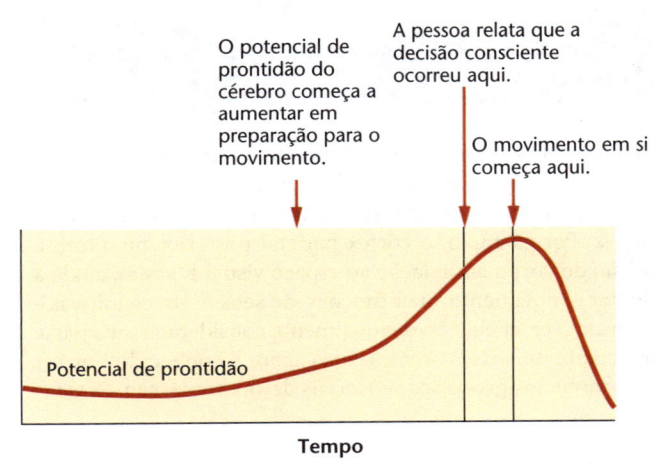

Figura 7.18 Resultados do estudo sobre decisão consciente e movimento
Em média, o potencial de prontidão do cérebro começou pelo menos 300 ms antes da decisão relatada, que ocorreu 200 ms antes do movimento.
(Fonte: "Time of conscious intention to act in relation to onset of cerebral activities (readiness potential): The unconscious initiation of a freely voluntary act", de B. Libet et al. Brain, 106, pp. 623-42. Reproduzida com permissão da Oxford University Press)

se acumula gradualmente (Guggisberg & Mottaz, 2013). O movimento é um movimento espontâneo, autoiniciado, o tipo que depende dos gânglios basais, o tipo de movimento que tem um início lento. Relatar quando você decidiu fazer um movimento voluntário é como relatar quando você se apaixonou por alguém: você pode relatar o momento em que teve certeza da paixão, mas o processo se desenvolveu gradualmente muito antes disso.

Quando as pessoas relatam o momento de sua decisão, talvez estejam apenas supondo. Suponha que repitamos a experiência de Libet com uma alteração: ao fazer o movimento, você ouvirá um som que, naturalmente, acredita ser simultâneo ao movimento. De vez em quando é, mas às vezes atrasa uma fração de segundo após o movimento. Em ocasiões em que está atrasado, o momento em que relatou ter tomado uma decisão consciente também está atrasado! Aparentemente, seu relato de quando você tomou uma decisão depende de quando você acha que o movimento ocorreu (Banks & Isham, 2009; Rigoni, Brass, & Sartori, 2010). Se seu relatório de quando você decidiu é pouco mais do que uma suposição, os resultados do Libet não informam tanto quanto pensávamos.

Vamos considerar mais um experimento: você observa uma tela que exibe as letras do alfabeto, uma de cada vez, mudando a cada meio segundo. Nesse caso, você escolhe não apenas quando agir, mas qual dos dois atos fazer. Você deve decidir em algum momento se pressiona um botão à esquerda ou outro à direita. Ao tomar essa decisão, pressione o botão imediatamente e lembre-se da letra que estava na tela no momento em que você decidiu qual botão pressionar. Enquanto isso, os pesquisadores registram a atividade do seu córtex. O resultado: as pessoas geralmente identificam uma letra que viram um segundo depois de dar a resposta. Lembre-se, as letras mudavam apenas duas vezes por segundo, assim não era possível determinar o momento da decisão com grande precisão. Mas não foi necessário, porque partes dos córtices frontal e parietal mostravam atividade específica para a mão esquerda ou direita *7 a 10 segundos* antes da resposta (Soon, Brass, Heinze, & Haynes, 2008). Ou seja, alguém monitorando seu córtex poderia, nessa situação, prever que escolha você faria alguns segundos antes de tomar consciência dessa decisão. Evidentemente, a decisão de mover se desenvolve mais lentamente do que poderíamos imaginar, e temos consciência da decisão apenas no final do processo.

Nenhum desses resultados nega que você tome uma decisão *voluntária*. A implicação, porém, é de que aquilo que identificamos como uma decisão consciente é a percepção de um processo cerebral gradual. Ele provavelmente começa com processos inconscientes que aumentam até certo nível antes de se tornarem conscientes.

A atividade cerebral sempre começa 7 a 10 segundos antes de um movimento? Claro que não. Se você ver ou ouvir algo que exige uma ação, como um pedestre correndo na estrada enquanto você dirige, você responde em uma fração de segundo. Mais uma vez, vemos a importância da distinção entre movimentos desencadeados por estímulos e movimentos autoiniciados.

PARE & REVISE

18. Explique as evidências que sugerem que uma decisão consciente de mover não causa o movimento.
19. Por que alguns pesquisadores são céticos em relação a essa evidência?

RESPOSTAS

18. Os pesquisadores registraram respostas no córtex das pessoas que previram a próxima resposta. Essas respostas cerebrais ocorreram antes do momento em que as pessoas relataram "quando tomaram a decisão". 19. Os estudos supõem que as pessoas relatam com precisão os momentos de suas intenções, mas seus relatos são influenciados por eventos após o movimento e, portanto, não podemos ter certeza de sua precisão. Além disso, a decisão de fazer um movimento voluntário é um processo gradual que não pode ser identificado em um único instante.

Módulo 7.2 | Conclusão
Controle de movimento e cognição

É tentador descrever o comportamento em três etapas — primeiro, percebemos, depois, pensamos e, finalmente, agimos. As áreas do cérebro não se enquadram nessas categorias simples. Por exemplo, o córtex parietal posterior monitora a posição do corpo em relação ao espaço visual e, assim, ajuda a orientar o movimento. Suas funções são sensoriais, cognitivas e motoras. O cerebelo é tradicionalmente considerado uma parte importante do sistema motor, mas agora é conhecido por ser importante nos processos sensoriais de sincronização. Pessoas com lesões nos gânglios basais demoram para iniciar ou selecionar um movimento. Elas também são frequentemente descritas como cognitivamente lentas; isto é, hesitam mais do que o normal antes de fazer qualquer tipo de escolha. Em suma, organizar um movimento não é algo que abordamos no final do nosso pensamento. Ele está intimamente entrelaçado com todos os nossos processos sensoriais e cognitivos. O estudo do movimento não é apenas o estudo dos músculos. É o estudo de como decidimos o que fazer.

Resumo

1. O córtex motor primário é a principal fonte de estimulação do cérebro para a medula espinal. A medula espinal contém geradores de padrões centrais que controlam os músculos.

2. Cada área do córtex motor está intimamente alinhada com uma parte do córtex somatossensorial que pertence à mesma parte do corpo.

3. O córtex motor primário produz padrões que representam o resultado pretendido, não apenas as contrações musculares.
4. Áreas próximas ao córtex motor primário — incluindo os córtices pré-frontal, pré-motor e motor suplementar — permanecem ativas ao detectar estímulos para o movimento e ao preparar para um movimento.
5. A capacidade de inibir um comportamento inadequado desenvolve-se gradualmente em crianças e adolescentes, dependendo da maturação do córtex pré-frontal e dos gânglios basais.
6. Os neurônios espelho em várias áreas do cérebro respondem a um movimento autoproduzido e à observação de um movimento semelhante por outro indivíduo. Seu papel na imitação e no comportamento social é incerto. Em muitos casos, possivelmente em todos, eles desenvolvem as propriedades por meio de aprendizagem, e podem ser mais o resultado da imitação do que a causa dela.
7. O trato lateral, que controla os movimentos na periferia do corpo, possui axônios que atravessam um lado do cérebro para o lado oposto da medula espinhal. O trato medial controla os movimentos bilaterais próximos à linha média do corpo.
8. O cerebelo é fundamental para movimentos que requerem pontaria e tempo precisos.
9. O cerebelo desempenha vários papéis no comportamento, incluindo funções sensoriais relacionadas à percepção do tempo ou ritmo dos estímulos.
10. As células do cerebelo estão organizadas em um padrão regular que lhes permite produzir resultados de duração precisamente controlada.
11. Os gânglios basais são um grupo de grandes estruturas subcorticais importantes para comportamentos autoiniciados. Os gânglios basais processam informações sobre prováveis recompensas e, assim, regulam o vigor das respostas.
12. O aprendizado de uma habilidade motora depende de alterações que ocorrem tanto no córtex cerebral como nos gânglios basais.
13. Quando as pessoas identificam o instante em que formaram uma intenção consciente de se mover, seu tempo precede o movimento real em cerca de 200 ms, mas segue o início da atividade do córtex motor em cerca de 300 ms. Entretanto, não está claro com que precisão as pessoas podem relatar o momento de uma decisão consciente. A decisão voluntária de se mover se desenvolve de forma gradual, não repentinamente.

Termos-chave

Os termos estão definidos no número de página indicado. Também são apresentados em ordem alfabética com a definição no Índice remissivo/Glossário do livro, que começa na p. 589.

células de Purkinje **241**
córtex do cerebelo **241**
córtex motor primário **233**
córtex motor suplementar **236**
córtex parietal posterior **235**
córtex pré-frontal **236**
córtex pré-motor **236**
estriado ou estriado dorsal **241**
fibras paralelas **241**
gânglios basais **241**
globo pálido **241**
neurônios espelho **236**
núcleo caudado **241**
núcleo rubro **238**
núcleos do cerebelo **241**
núcleo vestibular **239**
potencial de prontidão **245**
putâmen **241**
tarefa antissacádica **236**
trato corticoespinhal lateral **238**
trato corticoespinhal medial **239**
tratos corticoespinhais **238**

Questão complexa

Bebês humanos são inicialmente limitados a movimentos brutos do tronco, braços e pernas. A capacidade de mover um dedo de uma vez amadurece gradualmente durante pelo menos o primeiro ano. Que hipótese você sugeriria sobre quais áreas do cérebro que controlam o movimento amadurecem mais cedo e quais áreas amadurecem mais tarde?

Módulo 7.2 | Questionário final

1. Qual é a via do córtex motor aos músculos?
   A. Os axônios do córtex motor vão diretamente aos músculos.
   B. Os axônios do córtex motor vão ao tálamo, que possui axônios para os músculos.
   C. Os axônios do córtex motor vão ao cerebelo, que possui axônios para os músculos.
   D. Os axônios do córtex motor vão ao tronco cerebral e à medula espinhal, que têm axônios para os músculos.

2. Uma estimulação de meio segundo no córtex motor produz que tipo de resultado?
   A. Contrações musculares isoladas.
   B. Contração de uma combinação específica de músculos.
   C. Contração de todos os músculos necessários para produzir um determinado resultado.
   D. Contrações de diferentes músculos que variam de forma imprevisível entre uma tentativa e outra.

3. Quando ocorre um movimento, qual das seguintes áreas do cérebro é a última a alcançar o pico de atividade?
   A. O córtex motor primário
   B. O córtex parietal posterior
   C. O córtex pré-motor
   D. O córtex pré-frontal

4. O que a tarefa antissacádica mede?
   A. A capacidade de inibir um movimento.
   B. A capacidade de variar a força de um movimento.
   C. A capacidade de controlar a velocidade de um movimento.
   D. A capacidade de alternar entre músculos antagonistas.

5. Antes de concluirmos que os neurônios espelho ajudam as pessoas a imitar, qual das alternativas a seguir a pesquisa deve demonstrar?
   A. Os neurônios espelho respondem tanto à visão como à audição do movimento de outra pessoa.
   B. Os neurônios espelho ocorrem nas mesmas áreas cerebrais de humanos e macacos.
   C. Os neurônios espelho têm propriedades diferentes para pessoas de culturas diferentes.
   D. Os neurônios espelho desenvolvem suas propriedades antes que as crianças comecem a imitar.

6. O que o trato corticoespinhal medial controla?
   A. Movimentos bilaterais do tronco do corpo.
   B. Movimentos contralaterais do tronco do corpo.
   C. Movimentos bilaterais dos braços, mãos e pés.
   D. Movimentos contralaterais dos braços, mãos e pés.

7. O que o teste do dedo ao nariz avalia?
   A. Possível disfunção dos gânglios basais.
   B. Possível disfunção do cerebelo.
   C. Possível disfunção do córtex pré-frontal.
   D. Possível disfunção do córtex motor primário.

8. O cerebelo é mais importante para qual aspecto do movimento?
   A. Força
   B. Tempo
   C. Direção
   D. Inibição

9. Como as fibras paralelas são organizadas em relação às células de Purkinje?
   A. São paralelas a elas.
   B. São perpendiculares a elas.
   C. São organizadas em ângulos aleatórios.
   D. Elas circulam em torno de cada célula de Purkinje.

10. Qual das alternativas a seguir caracteriza os movimentos que dependem fortemente dos gânglios basais?
    A. Desencadeado por estímulo e geralmente mais rápido do que os movimentos autoiniciados.
    B. Desencadeado por estímulos e geralmente mais lento do que os movimentos autoiniciados.
    C. Autoiniciado e geralmente mais rápido do que as respostas que um estímulo desencadeia.
    D. Autoiniciado e geralmente mais lento do que as respostas que um estímulo desencadeia.

11. De que maneira, se houver alguma, a atividade dos gânglios basais se relaciona com a motivação?
    A. Os gânglios basais aumentam o vigor da resposta dependendo do valor de recompensa esperado.
    B. Os gânglios basais ajudam a manter um comportamento constante, mesmo quando a motivação é baixa.
    C. Os gânglios basais tornam-se ativos apenas quando você está competindo contra outra pessoa.
    D. A atividade dos gânglios basais não tem nada a ver com motivação.

12. Que tipo de aprendizagem depende mais fortemente dos gânglios basais?
    A. Movimentos aprendidos que dependem de um tempo preciso.
    B. Hábitos motores que são difíceis de descrever em palavras.
    C. Aprendendo a relembrar eventos específicos da vida.
    D. Aprendendo quais alimentos comer.

13. De acordo com o estudo de Libet, qual é a ordem dos eventos em um movimento voluntário?
    A. As pessoas formam uma intenção, então a atividade inicia no córtex pré-motor e, finalmente, o movimento começa.
    B. As pessoas formam uma intenção ao mesmo tempo em que a atividade inicia no córtex pré-motor e, um pouco depois, o movimento começa.
    C. A atividade inicia no córtex pré-motor e, um pouco depois, as pessoas percebem a formação de uma intenção e, finalmente, o movimento começa.
    D. A atividade inicia no córtex pré-motor e, um pouco depois, as pessoas percebem a formação de uma intenção e, simultaneamente, o movimento começa.

Respostas: 1D, 2C, 3A, 4A, 5D, 6A, 7B, 8B, 9B, 10D, 11A, 12B, 13C.

Módulo 7.3

Distúrbios do movimento

Se sofrer lesões na medula espinhal, nervos periféricos ou músculos, você não pode se mover, mas em termos cognitivos você é o mesmo de sempre. Em comparação, doenças cerebrais que prejudicam o movimento também prejudicam o humor, a memória e a cognição. Consideramos dois exemplos: doença de Parkinson e doença de Huntington.

Mal de Parkinson

A **doença de Parkinson** (também conhecida como *mal de Parkinson*), que atinge 1% a 2% das pessoas com mais de 65 anos, resulta da perda gradual de axônios liberadores de dopamina da substância negra para o estriado (parte dos gânglios basais). Com a perda dessa estimulação, o estriado diminui a inibição do globo pálido o que, portanto, aumenta a informação inibitória para o tálamo, conforme mostrado na Figura 7.19. Os principais resultados são rigidez, tremores musculares, movimentos lentos e dificuldade para iniciar a atividade voluntária. Pessoas com a doença de Parkinson ainda são capazes de se movimentar e, às vezes, se movem normalmente em resposta a sinais ou instruções, como acompanhar um desfile (Teitelbaum, Pellis, & Pellis, 1991), mas seus movimentos espontâneos são lentos e fracos. Os problemas de movimento incluem dificuldade para ativar um movimento e dificuldade para inibir movimentos inadequados (Jahanshahi, Obeso, Rothwell, & Obeso, 2015). Outro sintoma comum é a falta de motivação e prazer (Martínez-Horta et al., 2014). Muitos, mas não todos os pacientes com Parkinson, têm déficits cognitivos, que podem incluir problemas de atenção, linguagem ou memória (Miller, Neargarder, Risi, & Cronin-Golomb, 2013).

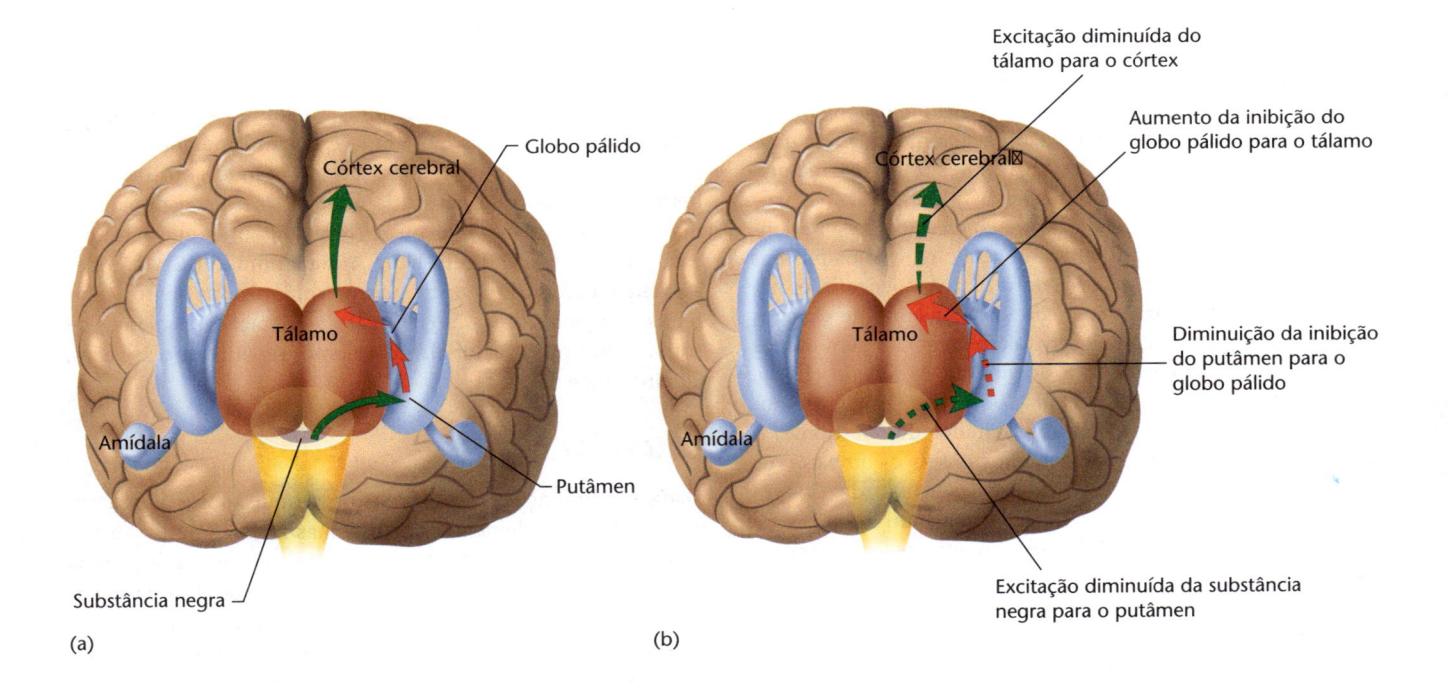

Figura 7.19 Conexões da substância negra: (a) normal e (b) na doença de Parkinson
As vias excitatórias são mostradas em verde; as inibitórias estão em vermelho. A diminuição da estimulação da substância negra diminui a inibição do corpo estriado, levando a um aumento da inibição do globo pálido. O resultado líquido é a diminuição da estimulação do tálamo para o córtex.
(Fonte: Baseada em Yin, & Knowlton, 2006)

Causas

O problema começa na substância negra, mas o que causa a lesão à substância negra? Os pesquisadores identificaram pelo menos 28 variantes do gene que aumentam o risco da doença de Parkinson (Nalls et al., 2014). Nenhum desses genes por si só tem um efeito importante, mas ter vários deles produz um efeito cumulativo. Ainda assim, ninguém pode examinar os cromossomos e prever com muita precisão se você desenvolverá ou não a doença (Darweesh et al., 2016).

Uma descoberta acidental envolveu a exposição a toxinas como outro fator na doença de Parkinson (Ballard, Tetrud, & Langston, 1985). No norte da Califórnia em 1982, vários adultos jovens desenvolveram sintomas da doença de Parkinson após usar uma droga semelhante à heroína. Antes que os investigadores pudessem alertar a comunidade sobre o perigo, muitos outros usuários desenvolveram sintomas que iam de leves a fatais (Tetrud, Langston, Garbe, & Ruttenber, 1989). A substância responsável pelos sintomas era **MPTP**, uma substância química que o corpo converte em **MPP+**, que se acumula e então destrói os neurônios que liberam dopamina, em parte prejudicando o transporte de mitocôndrias do corpo celular para a sinapse[1] (Kim-Han, Antenor-Dorsey, & O'Malley, 2011; Nicklas, Saporito, Basma, Geller, & Heikkila, 1992).

Ninguém supõe que a doença de Parkinson frequentemente resulte do uso de drogas ilegais. Uma hipótese mais provável é que as pessoas às vezes são expostas a substâncias químicas ambientais perigosas que danificam as células da substância negra. Muitos estudos, embora não todos, demonstraram maior risco de doença de Parkinson entre pessoas com muita exposição a inseticidas, herbicidas e fungicidas (Freire & Koifman, 2012; Pezzoli & Cereda, 2013; Tanner et al., 2011; Wan & Lin, 2016; Wang et al., 2011). A exposição a essas substâncias químicas aumenta o risco, especialmente entre pessoas com qualquer um dos genes que predispõem a doenças de Parkinson (Cannon & Greenamyre, 2013). Se alguém também sofreu uma lesão cefálica traumática, o risco aumenta ainda mais (Lee, Bordelon, Bronstein & Ritz, 2012). Resumindo, a maioria dos casos resulta de uma combinação de influências.

O que mais pode influenciar o risco da doença de Parkinson? Os pesquisadores compararam o estilo de vida de pessoas que desenvolveram e não desenvolveram a doença. Um fator que se destaca consistentemente é o consumo de cigarros e café: pessoas que fumam cigarros ou bebem café têm menos probabilidade de desenvolver a doença de Parkinson (Li, Li, Liu, Shen, & Tang, 2015; Ritz et al., 2007). (Leia essa frase novamente.) Um estudo analisou os resultados de questionários de mais de mil pares de gêmeos adultos jovens e comparou os resultados aos prontuários médicos décadas mais tarde. Dos gêmeos que nunca fumaram, 18,4% desenvolveram a doença de Parkinson. Por outro lado, 13,8% dos fumantes desenvolveram a doença, assim como apenas 11,6% dos fumantes mais intensos (Wirdefeldt, Gatz, Pawitan, & Pedersen, 2005). Desnecessário dizer que o tabagismo aumenta o risco de câncer de pulmão e outras doenças mais do que diminui o risco da doença de Parkinson. Um estudo com foco no café descobriu que as pessoas que bebiam dez ou mais xícaras de café por dia tinham apenas um quarto do risco da doença de Parkinson que outras pessoas tinham (Sääksjärvi, Knekt, Rissanen, Laaksonen, Reunanen, & Männistö, 2008); mas a correlação não significa causalidade. Pessoas que bebem muito café podem diferir de outras pessoas também em outros aspectos.

PARE & REVISE

20. Como a exposição ao MPTP influencia a probabilidade da doença de Parkinson? Quais são os efeitos do tabagismo?

RESPOSTA

20. A exposição ao MPTP pode induzir sintomas da doença de Parkinson. O tabagismo está correlacionado à diminuição do risco da doença.

Tratamento com L-dopa

Como a doença de Parkinson resulta de uma deficiência de dopamina, um objetivo lógico é restaurar a dopamina ausente. Um comprimido de dopamina seria ineficaz porque a dopamina não atravessa a barreira hematoencefálica. Os médicos nas décadas de 1950 e 1960 argumentavam que a **L-dopa**, um precursor da dopamina que atravessa a barreira, pode ser um bom tratamento. Em comparação com todos os medicamentos descobertos por tentativa e erro, esse foi o primeiro fármaco em psiquiatria ou neurologia, e um dos primeiros em toda a medicina, a emergir de uma teoria plausível. Tomada como um comprimido diário, a L-dopa chega ao cérebro onde os neurônios a convertem em dopamina. L-dopa ainda é o tratamento mais comum para a doença de Parkinson.

No entanto, o tratamento com L-dopa é decepcionante de várias maneiras (Obeso et al., 2008). Aumenta a liberação de dopamina em todos os axônios, incluindo aqueles que se deterioraram e aqueles que ainda estavam funcionando normalmente. Produz maior liberação alternando com baixa liberação. Mesmo que substitua adequadamente a dopamina perdida, ela não substitui outros transmissores que também estão depletados (Tritsch, Ding, & Sabatinni, 2012). Não desacelera a perda contínua de neurônios. E produz efeitos colaterais desagradáveis, como náuseas, inquietação, problemas de sono, baixa pressão arterial, movimentos repetitivos e, às vezes, alucinações e delírios.

Outras terapias

Dadas as limitações da L-dopa, os pesquisadores buscaram alternativas e suplementos. As escolhas mais comuns são fármacos que estimulam diretamente os receptores de dopamina e fármacos que bloqueiam a degradação metabólica da dopamina. Em graus variados, esses fármacos reduzem os sintomas, embora nenhum deles interrompa a doença subjacente. Em alguns casos, esses fármacos provocam comportamentos impulsivos ou compulsivos (Wylie et al., 2012). Nos casos avançados, os médicos às vezes implantam eletrodos para estimular áreas profundas do cérebro (de Hemptinne et al., 2015). Exatamente por que esse procedimento ajuda é incerto. Uma hipótese é que as pessoas com doença de Parkinson têm uma sincronia excessiva de disparos nos gânglios basais, e a estimulação interrompe os ritmos prejudiciais.

---

[1] Os nomes completos dessas substâncias químicas são 1-metil-4 fenil-1,2,3,6-tetra-hidropiridina e íon 1-metil-4-fenilpiridínio. (Vamos abreviá-las.)

Uma estratégia potencialmente empolgante está "em estágio experimental" desde os anos 1980. Em um estudo pioneiro, M. J. Perlow e colegas (1979) injetaram a substância química 6-OHDA (6-hidroxidopamina, uma modificação química da dopamina) em camundongos para danificar a substância negra de um hemisfério, produzindo sintomas do tipo Parkinson no lado oposto do corpo. Depois que as anormalidades de movimento se estabilizaram, os pesquisadores transplantaram o tecido da substância negra de fetos de camundongos para os cérebros danificados. A maioria dos receptores recuperou boa parte dos movimentos normais em quatro semanas. Animais de controle que sofreram a mesma lesão cerebral sem receber enxertos mostraram pouca ou nenhuma recuperação. Isso é apenas um transplante de cérebro parcial, mas, ainda assim, as implicações de Frankenstein são impressionantes.

Se essa cirurgia funcionar para camundongos, também funcionaria para humanos? Normalmente, os cientistas testam qualquer procedimento experimental extensivamente com animais de laboratório antes de experimentá-lo em humanos, mas com a doença de Parkinson, a tentação era grande demais. Pessoas nos estágios finais têm pouco a perder e estão dispostas a tentar quase tudo. O problema óbvio é onde obter o tecido do doador. Vários estudos iniciais usaram tecido da própria glândula adrenal dos pacientes. Embora esse tecido não seja composto de neurônios, ele produz dopamina. Infelizmente, os transplantes das glândulas adrenais raramente produziram algum benefício (Backlund et al., 1985).

Outra possibilidade é transplantar tecido cerebral de fetos abortados. Os neurônios fetais transplantados para o cérebro de pacientes com doença de Parkinson às vezes sobrevivem por anos e produzem sinapses com as próprias células dos pacientes. "Mas a cirurgia é cara e difícil, exigindo tecido cerebral de quatro a oito fetos abortados. Durante anos, os benefícios para os pacientes foram, na melhor das hipóteses, pequenos (Freed et al., 2001; Olanow et al., 2003). Os resultados melhoraram quando os médicos ajudaram na sobrevivência do enxerto, administrando medicamentos para suprimir a reação imunológica. Às vezes, o procedimento foi razoavelmente bem-sucedido. Um homem de 59 anos recebeu um transplante de quatro embriões humanos no putâmen do lado direito do cérebro. Sua condição melhorou drasticamente e, nos dez anos seguintes, ele apresentou apenas sintomas leves, embora continuasse tomando uma dose baixa de L-dopa. Depois disso, ele piorou gradualmente. Mesmo assim, ao morrer 24 anos após a cirurgia, uma análise pós-morte revelou que milhares de células transplantadas ainda sobreviviam, com sinapses intactas (Li et al., 2016). Portanto, o procedimento pode funcionar, embora ainda esteja longe do ideal. A eficácia depende da idade e saúde dos pacientes, do número e localização das células transplantadas, da resposta imunológica e de outros fatores (Wenker, Leal, Farías, Zeng, & Pitossi, 2016).

Uma abordagem relacionada é selecionar **células-tronco** — células imaturas que são capazes de se diferenciar em outros tipos de células — orientar seu desenvolvimento para que produzam grandes quantidades de L-dopa e, em seguida, transplantá-las para o cérebro. A ideia parece promissora, mas os pesquisadores precisarão superar várias dificuldades antes que isso se torne um tratamento eficaz (Bjorklund & Kordower, 2013).

Pesquisas sobre transplantes de cérebro sugeriram outra possibilidade de tratamento. Em vários experimentos, o tecido transplantado não sobreviveu, mas o receptor de qualquer maneira exibiu recuperação comportamental (Redmond et al., 2007). Provavelmente, o tecido transplantado liberou neurotrofinas que estimularam o crescimento de axônios e dendritos no próprio cérebro do receptor. Pesquisas com camundongos mostraram resultados promissores de uma neurotrofina para reparar lesões do tipo Parkinson (Airavaara et al., 2012). Aplicar esse procedimento em humanos ainda exigiria cirurgia para fornecer a neurotrofina, visto que as neurotrofinas não atravessam a barreira hematoencefálica.

PARE & REVISE

21. Como a L-dopa alivia os sintomas da doença de Parkinson?
22. De que forma o tratamento com L-dopa é decepcionante?
23. Qual procedimento melhorou a eficácia dos enxertos cerebrais para o tratamento da doença de Parkinson?

RESPOSTAS

21. A L-dopa entra no cérebro, onde os neurônios a convertem em dopamina, aumentando assim o suprimento de um neurotransmissor depletado. 22. A L-dopa aumenta a atividade da dopamina em brotos e em todos os neurônios, não de forma constante e não apenas naqueles que precisam de ajuda, o que não impede a perda de neurônios. Também tem efeitos colaterais desagradáveis. 23. Os resultados melhoraram um pouco depois que os médicos começaram a dar medicamentos para suprimir a resposta imunológica.

Doença de Huntington

A **doença de Huntington** (também conhecida como *doença de Huntington* ou *corea de Huntington*) é uma doença neurológica grave. A prevalência varia geográfica e etnicamente. A doença afeta cerca de 17 por 100 mil norte-americanos de ascendência europeia, menos da metade desse número de europeus na própria Europa, provavelmente menos africanos — embora os dados sobre a África sejam esparsos — e muito poucos asiáticos (Rawlins et al., 2016).

Os sintomas motores geralmente começam com espasmos do braço e frêmitos faciais. Então, os tremores se disseminam para outras partes do corpo e se transformam em contorções (M. A. Smith, Brandt & Shadmehr, 2000). (*Corea* vem da mesma raiz de *coreografia*). A contorção rítmica da coreia lembra uma dança. Gradualmente, os tremores interferem cada vez mais no andar, na fala e em outros movimentos voluntários. As pessoas perdem a capacidade de desenvolver habilidades motoras (Willingham et al., 1996). O distúrbio está associado a lesões cerebrais graduais e extensas, especialmente nos gânglios basais, mas também no córtex cerebral (Tabrizi et al., 1999) (ver Figura 7.20). Como a saída dos gânglios basais é inibitória para o tálamo, a lesão nos gânglios basais leva ao aumento da atividade nas áreas motoras do tálamo. Esse aumento produz os movimentos bruscos involuntários.

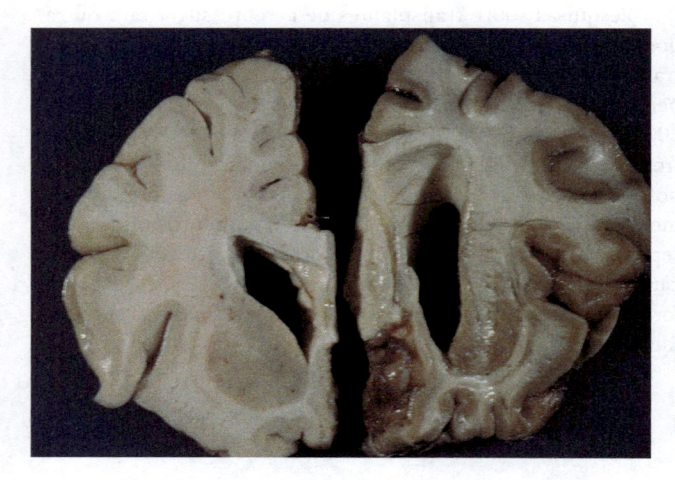

Figura 7.20 Cérebro de uma pessoa normal (à esquerda) e uma pessoa com doença de Huntington (à direita)
O ângulo de corte ao longo do cérebro normal faz com que o ventrículo lateral pareça maior nesta foto do que realmente é. Mesmo assim, observe como é muito maior no paciente com a doença de Huntington. Os ventrículos se expandem devido à perda de neurônios.
(Fonte: Robert E. Schmidt, Washington University)

Pessoas com doença de Huntington também sofrem distúrbios psicológicos como apatia, depressão, insônia, comprometimento da memória, ansiedade, alucinações e delírios, mau julgamento, alcoolismo, abuso de drogas e distúrbios sexuais que variam de falta de resposta completa à promiscuidade indiscriminada (Shoulson, 1990). Em muitos casos, os problemas psicológicos, especialmente apatia, tornam-se aparentes até dez anos antes que os sintomas motores levem ao diagnóstico (Martinez-Horta et al., 2016).

A doença de Huntington pode ocorrer em qualquer idade, porém mais frequentemente entre os 30 e 50 anos. Depois que os sintomas surgem, os sintomas psicológicos e motores pioram progressivamente e culminam na morte.

✓ PARE & REVISE

24. Por que a lesão nos gânglios basais leva a movimentos involuntários?

RESPOSTA
24. A saída dos gânglios basais para o tálamo é inibitória. Após lesões nos gânglios basais, o tálamo e, portanto, o córtex, recebem menos inibição. Assim, eles produzem ações indesejadas.

Testes de hereditariedade e pré-sintomáticos

Para todos os outros transtornos que consideramos neste livro, uma contribuição genética está presente, mas nenhum gene produz um efeito importante. A doença de Huntington é uma exceção a essa regra. Um gene — um gene autossômico dominante (isto é, um que não está no cromossomo X ou Y) — é o responsável. Como regra, um gene mutante que causa a perda de uma função é recessivo. O fato de o gene de Huntington ser dominante sugere que ele produz o ganho de alguma função indesejável.

Imagine que, como jovem adulto, você descobre que sua mãe ou seu pai tem a doença de Huntington. Além da tristeza por seus pais, você sabe que tem 50% de probabilidade de contrair a doença. Você quer saber com antecedência se vai ou não contrair a doença? Saber a resposta pode ajudá-lo a decidir se deseja ter filhos, se deseja seguir uma carreira que exige muitos anos de estudo etc. Mas pode não ser fácil ter de lidar com más notícias.

Em 1993, os pesquisadores localizaram o gene da doença de Huntington no cromossomo número 4, uma realização espetacular para a tecnologia disponível na época (Huntington's Disease Collaborative Research Group, 1993). Atualmente, um exame dos cromossomos pode revelar com precisão quase perfeita se você terá ou não a doença de Huntington.

A área crucial do gene inclui uma sequência de bases C-A-G (citosina, adenina, guanina), que se repete 11 a 24 vezes na maioria das pessoas. Essa repetição produz uma cadeia de 11 a 24 glutaminas na proteína resultante. Pessoas com até 35 repetições de CAG são consideradas seguras contra a doença de Huntington. Aqueles com 36 a 38, possivelmente até 39 ou 40, podem não ter a doença e, se tiverem, ela provavelmente só se manifestará na velhice (Kay et al., 2016). É quase certo que pessoas com mais repetições irão contrair a doença, a menos que morram de outras causas antes. Quanto mais repetições de CAG alguém tem, mais precoce será o início provável

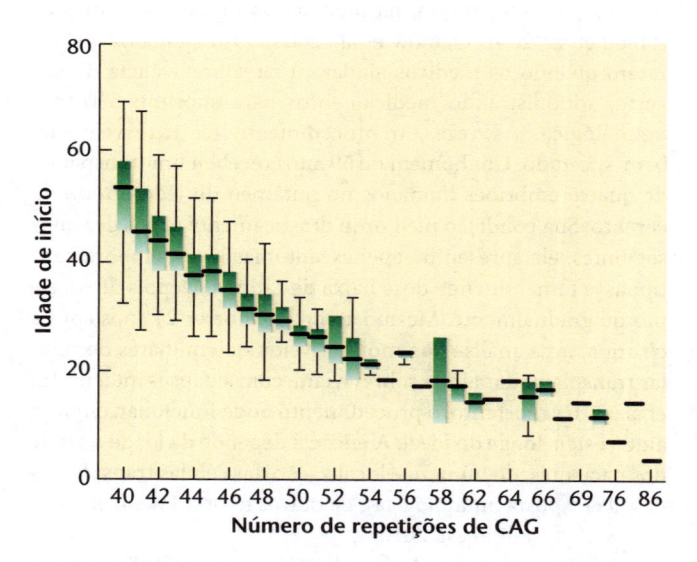

Figura 7.21 Relação entre repetições de CAG e idade de início da doença de Huntington
Para cada número de repetições de CAG, o gráfico mostra a idade de início. As barras verdes mostram a faixa que inclui os 50% intermediários das observações, do 75º ao 25º percentil. As linhas verticais mostram toda a faixa de observações.
(Fonte: US..-Venezuela Collaborative Research Project (2004). Proceedings of the National Academy of Sciences, EUA, 101, pp. 3498-3503)

da doença, como mostrado na Figura 7.21 (U.S.–Venezuela Collaborative Research Project, 2004). Resumindo, um exame cromossômico prediz não apenas se alguém terá a doença de Huntington, mas também aproximadamente quando. O gráfico mostra uma quantidade considerável de variação na idade de início, especialmente para aqueles com menos repetições de CAG. Evidentemente, outros fatores além dos genes também influenciam a idade de início, como experiências estressantes, abuso de drogas ou álcool e talvez dieta e exercícios (Byars, Beglinger, Moser, Gonzalez-Alegre, & Nopoulos, 2012).

A Figura 7.22 mostra dados comparáveis para a doença de Huntington e sete outras doenças neurológicas. Cada uma delas está relacionada a uma sequência estendida de repetições de CAG em um gene. Uma sequência estendida de repetições também aumenta o risco de várias outras doenças não mostradas na figura, incluindo a síndrome do X frágil e esclerose lateral amiotrófica (Nelson, Orr, & Warren, 2013). Em cada caso, as pessoas com o maior número de repetições apresentam início mais precoce da doença (Gusella & MacDonald, 2000). Aqueles com um número menor serão idosos, se é que irão contrair a doença. Como regra, a herdabilidade é maior para doenças de início precoce do que para aquelas de início tardio. Também vemos esse padrão na doença de Parkinson, doença de Alzheimer, alcoolismo, depressão e esquizofrenia.

A identificação do gene da doença de Huntington levou à descoberta da proteína que ele codifica, que foi designada **huntingtina**. A huntingtina ocorre em todo o corpo humano, embora sua forma mutante não produza nenhum dano conhecido fora do cérebro. A forma mutante prejudica neurônios e glia de várias maneiras, incluindo efeitos nas mitocôndrias e canais de potássio (Tong et al., 2014; Yano et al., 2014). Nos estágios iniciais da doença, aumenta a liberação de neurotransmissores, às vezes causando superestimulação das células-alvo (Romero et al., 2007). Mais tarde, a proteína forma aglomerados que prejudicam as mitocôndrias do neurônio (Panov et al., 2002). Também prejudica o transporte de substâncias químicas pelos axônios (Morfini et al., 2009).

Identificar a proteína huntingtina anormal e suas funções celulares permitiu aos pesquisadores buscar fármacos que podem ser úteis. Uma abordagem promissora é desenvolver fármacos que suprimem parcialmente a expressão do gene da huntingtina. Pesquisas com modelos animais têm mostrado resultados favoráveis para essa possibilidade (Keizer, Kordasiewicz, & McBride, 2016).

PARE & REVISE

25. Que procedimento permite aos médicos prever quem terá ou não a doença de Huntington e estimar a idade de início?

RESPOSTA

25. Os médicos podem contar o número de repetições consecutivas da combinação de CAG em um gene no cromossomo 4. Se o número é inferior a 36, a pessoa não desenvolverá a doença de Huntington. Para repetições de 36 ou mais, quanto maior o número, mais certeza a pessoa tem de desenvolver a doença e mais cedo a idade provável de início.

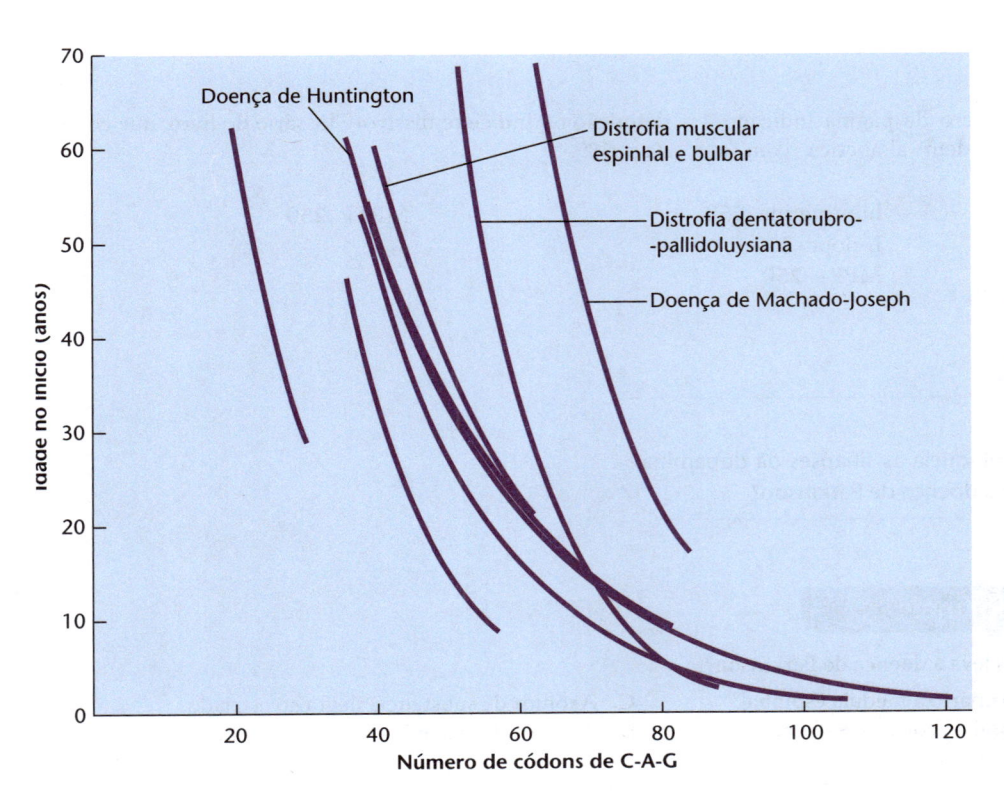

Figura 7.22 Relação entre repetições de CAG e idade de início de oito doenças

O eixo x mostra o número de repetições de CAG; o eixo y mostra a idade média de início da doença. As várias linhas representam a doença de Huntington e sete outras. As quatro linhas não rotuladas são para quatro tipos de ataxia espinhocerebelar. A principal questão é que, para cada doença, quanto maior o número de repetições, mais precoce é o início provável dos sintomas.

(Fonte: Reproduzida com permissão de "Molecular genetics: Unmasking polyglutamine triggers in neurogenerative disease," de J. F. Gusella & M. E. MacDonald, Figura 1, p. 111 em Neuroscience, 1, pp. 109-115, © 2000 Macmillan Magazines, Ltd.)

Módulo 7.3 | Conclusão
Os distúrbios de movimento afetam mais que o movimento

A doença de Parkinson e a doença de Huntington enfatizam que o controle do movimento está intimamente relacionado à cognição. Pessoas com qualquer uma dessas doenças tendem a sofrer de apatia, déficits cognitivos e falta de prazer e motivação. Os problemas psicológicos geralmente se desenvolvem antes de quaisquer problemas motores perceptíveis. Em suma, os mecanismos do movimento são também os mecanismos do pensamento.

Resumo

1. A doença de Parkinson e a doença de Huntington resultam da deterioração do cérebro que inclui os gânglios basais.
2. A doença de Parkinson é caracterizada por dificuldade no início da atividade, movimentos lentos e imprecisos, tremor, rigidez, depressão e déficits cognitivos.
3. A doença de Parkinson está associada à degeneração dos axônios que contêm dopamina da substância negra ao núcleo caudado e putâmen.
4. Os pesquisadores identificaram muitas variantes genéticas que aumentam o risco da doença de Parkinson, embora nenhuma delas por si só tenha um efeito importante.
5. O MPTP químico danifica seletivamente os neurônios da substância negra e leva aos sintomas da doença de Parkinson. Alguns casos da doença de Parkinson podem resultar em parte da exposição a toxinas.
6. O tratamento mais comum para a doença de Parkinson é a L-dopa, que atravessa a barreira hematoencefálica e entra nos neurônios que a convertem em dopamina. Mas a eficácia da L-dopa varia e produz efeitos colaterais indesejáveis.
7. Muitos outros tratamentos estão em uso ou em estágio experimental, incluindo a transferência de neurônios imaturos para uma área cerebral danificada.
8. A doença de Huntington é uma doença hereditária marcada pela deterioração do controle motor, bem como por apatia, depressão, perda de memória e outros distúrbios cognitivos.
9. Examinando um gene no cromossomo 4, os médicos podem determinar se alguém tem probabilidade de desenvolver a doença de Huntington mais tarde na vida. Quanto mais CAG se repete no gene, mais cedo é provável o início dos sintomas.
10. O gene responsável pela doença de Huntington altera a estrutura de uma proteína, conhecida como huntingtina. A inibição da produção dessa proteína é um tratamento teoricamente possível.

Termos-chave

Os termos estão definidos no número de página indicado. Também são apresentados em ordem alfabética com a definição no Índice remissivo/Glossário do livro, que começa na p. 589.

células-tronco 251
doença de Huntington 251
doença de Parkinson 249
huntingtina 253
L-dopa 250
MPP+ 250
MPTP 250

Questão complexa

Haloperidol é um fármaco que bloqueia as sinapses da dopamina. Que efeito provavelmente teria na doença de Parkinson?

Módulo 7.3 | Questionário final

1. A deterioração de quais axônios leva à doença de Parkinson?
   A. Axônios do córtex motor primário à medula espinhal.
   B. Axônios do prosencéfalo basal ao córtex pré-frontal.
   C. Axônios da substância negra ao estriado.
   D. Axônios dos gânglios basais ao cerebelo.

2. Pessoas com a doença de Parkinson apresentam maior comprometimento com que tipo de movimento?
    A. Reflexos.
    B. Movimentos voluntários espontâneos.
    C. Movimentos em resposta a um estímulo.
    D. Movimentos quando outras pessoas estão por perto.

3. Qual dessas substâncias químicas danifica o cérebro de uma forma que lembra a doença de Parkinson?
    A. Capsaicina
    B. L-dopa
    C. Canabinol
    D. MPTP

4. De que forma o tratamento com L-dopa para a doença de Parkinson é incomum?
    A. Produz benefícios comportamentais sem entrar no cérebro.
    B. Ao contrário da maioria dos medicamentos, não produz efeitos colaterais desagradáveis.
    C. O tratamento torna-se cada vez mais eficaz com o tempo.
    D. Baseou-se em uma teoria em vez de tentativa e erro.

5. Qual é a idade de início mais comum da doença de Huntington?
    A. Primeira infância (3 a 7 anos)
    B. Adolescência (13 a 19)
    C. Meia-idade (30 a 50)
    D. Velhice (65 a 80)

6. Por que lesões nos gânglios basais levam a movimentos involuntários na doença de Huntington?
    A. A lesão interrompe os axônios inibitórios do córtex motor primário à medula espinhal.
    B. O cerebelo assume as funções dos gânglios basais e as supercompensa.
    C. A pessoa voluntariamente tenta superar a falta de coordenação.
    D. Lesão nos gânglios basais reduz a inibição do tálamo.

7. Um exame das repetições de CAG em um gene permite aos médicos prever quem desenvolverá a doença de Huntington. O que mais esse exame os ajuda a prever?
    A. Que outras doenças a pessoa vai contrair.
    B. A personalidade do indivíduo.
    C. A eficácia do tratamento.
    D. A idade de início dos sintomas.

Respostas: 1C, 2B, 3D, 4D, 5C, 6D, 7D.

Sugestões de leitura

Klawans, H. L. (1996). *Why Michael couldn't hit*. New York: Freeman. Uma coleção de exemplos fascinantes de esportes relacionados ao cérebro e respectivos distúrbios.

Lashley, K. S. (1951). The problem of serial order in behavior. In: L. A. Jeffress (Ed.). *Cerebral mechanisms in behavior* (pp. 112-136). New York: Wiley. Este artigo clássico de psicologia é uma avaliação instigante do que uma teoria do movimento deve explicar.

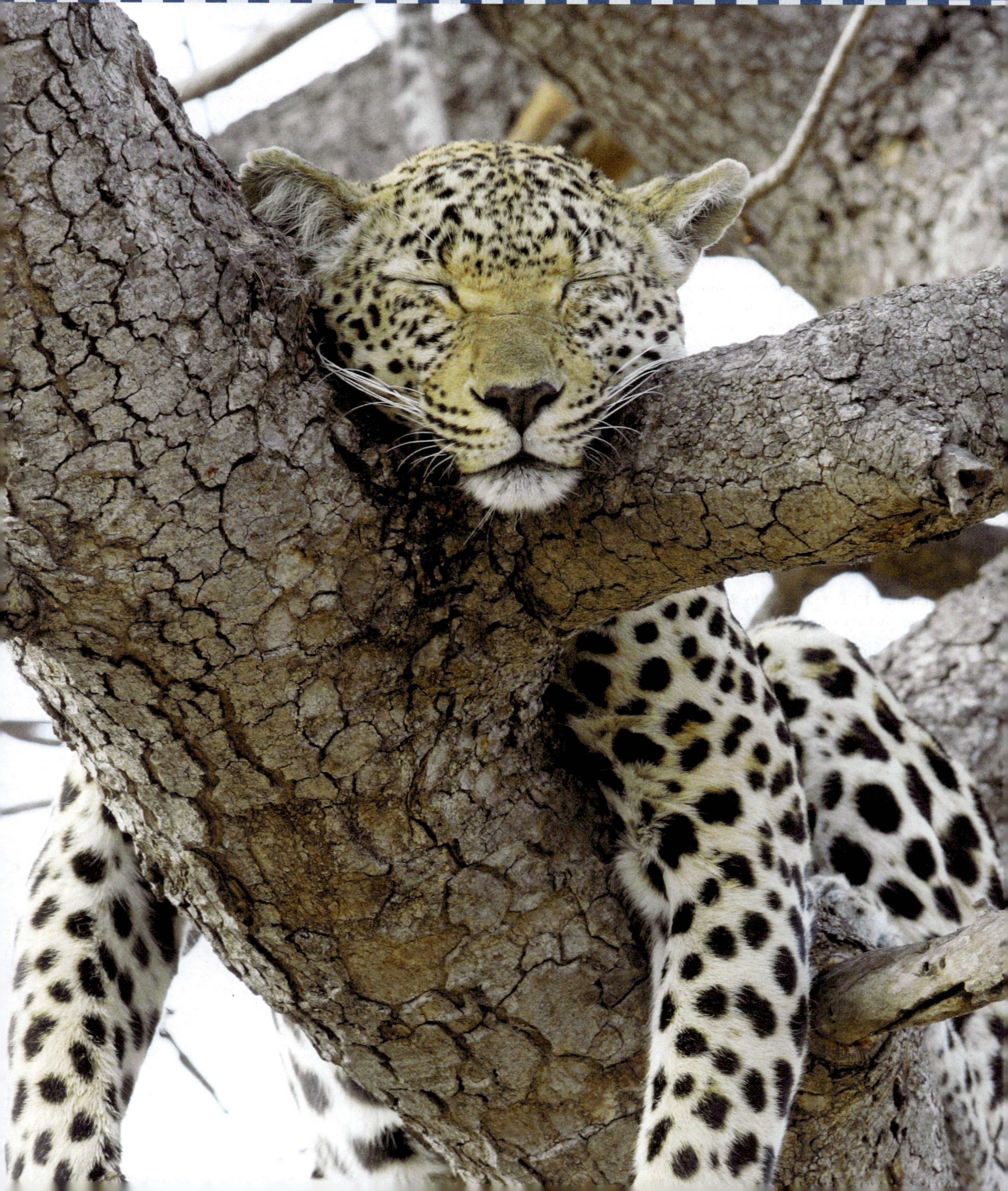

Vigília e sono

Capítulo 8

Qualquer pessoa privada de sono sofre. Mas se a vida evoluísse em outro planeta com condições diferentes, os animais poderiam desenvolver a vida sem a necessidade de sono? Imagine um planeta que não gira em seu eixo. Alguns animais desenvolvem adaptações para viver em um ambiente claro, outros em um ambiente escuro e, ainda, outros na zona crepuscular que separa a luz da escuridão. Não haveria necessidade de nenhum animal alternar períodos ativos com períodos inativos em qualquer horário fixo e talvez não houvesse necessidade de períodos inativos prolongados. Se você fosse o astronauta que descobriu esses animais insones, ficaria surpreso.

Agora imagine que os astronautas daquele planeta partam em sua primeira viagem à Terra. Imagine a surpresa *deles* ao descobrir animais como nós com longos períodos de inatividade que lembram a morte. Para alguém que não tinha visto o sono antes, pareceria realmente misterioso. Para os propósitos deste capítulo, vamos adotar a perspectiva deles e perguntar por que animais tão ativos quanto nós passam um terço de nossas vidas fazendo tão pouco.

Sumário do capítulo

Módulo 8.1
Ritmos de acordar e dormir
Ritmos endógenos
Ajuste e reajuste do relógio biológico
Mecanismos do relógio biológico
Conclusão: Ciclos de sono-vigília

Módulo 8.2
Estágios do sono e mecanismos cerebrais
Sono e outras interrupções da consciência
Os estágios do sono
Sono paradoxal ou REM
Mecanismos cerebrais de vigília, excitação e sono
Atividade cerebral no sono REM
Distúrbios do sono
Conclusão: Estágios do sono

Módulo 8.3
Por que dormir? Por que REM? Por que sonhos?
Funções do sono
Funções do sono REM
Perspectivas biológicas sobre o sonho
Conclusão: Nossa autocompreensão limitada

Objetivos de aprendizagem

Depois de estudar este capítulo, você será capaz de:

1. Definir e descrever os ritmos endógenos.
2. Explicar os mecanismos que ajustam e reajustam o relógio biológico.
3. Listar e caracterizar os estágios do sono.
4. Descrever os mecanismos cerebrais de acordar e dormir.
5. Discutir as várias consequências de pensar no sono como um fenômeno localizado.
6. Listar vários transtornos do sono e suas causas.
7. Avaliar as possíveis explicações das funções do sono.
8. Descrever as possíveis explicações do sonho.

Imagem da página anterior:
O sono é uma parte importante da vida de quase todos os animais.
(Coleção Hoberman/Getty Images)

Módulo 8.1

Ritmos de acordar e dormir

Você provavelmente não se surpreende ao saber que seu corpo gera espontaneamente seu próprio ritmo de vigília e sono. Os psicólogos de períodos anteriores resistiram fortemente a essa ideia. Quando o behaviorismo radical dominou a psicologia experimental em meados dos anos 1900, muitos psicólogos acreditavam que todo comportamento poderia ser atribuído a estímulos externos. Portanto, eles achavam que a alternância entre a vigília e o sono dependia de algo no mundo exterior, como alterações na luz ou temperatura. Pesquisas tão antigas quanto aquelas feitas por Curt Richter (1922) sugeriam que o corpo gerava seus próprios ciclos de atividade e inatividade, mas foram necessárias décadas de pesquisa para convencer os céticos. A ideia de ritmos autogerados foi um passo importante para ver os animais como produtores ativos de comportamentos.

Ritmos endógenos

Um animal que produzisse seu comportamento inteiramente em resposta a estímulos atuais estaria em séria desvantagem. Os animais geralmente precisam antecipar as mudanças no ambiente. Por exemplo, aves migratórias começam a voar em direção aos locais onde passam o inverno antes que seu território de verão torne-se muito frio. Uma pequena ave que esperasse pela primeira geada provavelmente morreria. Da mesma forma, os esquilos começam a armazenar nozes e a acumular camadas extras de gordura como uma preparação para o inverno, muito antes que os alimentos escasseiem.

A prontidão dos animais para mudanças nas estações vem em parte de mecanismos internos. Mudanças no padrão de claro-escuro do dia informam a uma ave migratória quando voar para o sul no inverno, mas o que a informa quando voar de volta para o norte? Nos trópicos, a temperatura e a quantidade de luz do dia são quase as mesmas ao longo do ano. Mas as aves migratórias voam para o norte no momento certo. Mesmo que sejam mantidas em uma gaiola sem nenhuma pista da estação, elas se tornam inquietas na primavera e, se forem soltas, voam para o norte (Gwinner, 1986). Evidentemente, as aves geram um ritmo que as prepara para as alterações sazonais. A isso chamamos de **ritmo circanual endógeno**. (*Endógeno* significa "gerado de dentro". *Circanual* vem das palavras latinas *circum*, para "sobre", e *anual*, para ano.")

Animais também produzem **ritmos circadianos endógenos** que duram cerca de um dia. (*Circadiano* vem do latim *circum*, para "sobre", e *dies*, para dia.") Se você passa a noite inteira sem dormir — como acontece com a maioria dos estudantes universitários, mais cedo ou mais tarde — você se sente cada vez mais sonolento à medida que a noite avança, mas, quando chega a manhã, você se sente mais alerta, não menos. Especialmente nas áreas posteriores do córtex cerebral, a atividade se correlaciona principalmente com o ritmo circadiano e apenas secundariamente com o tempo que você está acordado (Muto et al., 2016).

A Figura 8.1 representa a atividade de um esquilo voador mantido na escuridão total por 25 dias. Cada linha horizontal representa um dia de 24 horas. Um espessamento na linha representa um período de atividade. Mesmo nesse ambiente imutável, o animal gera um ritmo consistente de atividade e sono. Dependendo do indivíduo e dos detalhes do procedimento, o ciclo autogerado pode ser um pouco menor do que 24 horas, como na Figura 8.1, ou ligeiramente mais longo (Carpenter & Grossberg, 1984).

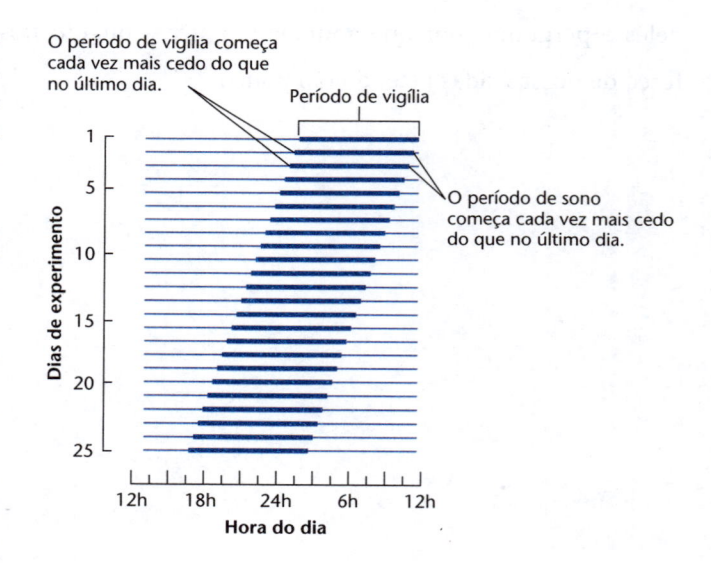

Figura 8.1 Registro da atividade de um esquilo voador mantido na escuridão constante
Os segmentos espessados indicam períodos de atividade medidos por uma roda em movimento. Observe que esse ciclo de atividade de corrida livre dura um pouco menos de 24 horas.
(Fonte: "Phase control of activity in a rodent", de P. J. DeCoursey, 1960, Cold Spring Harbor Symposia on Quantitative Biology, 25, pp. 49-55. Reproduzida com permissão de Cold Spring Harbor, & P. J. DeCoursey)

Seres humanos também geram ritmos de vigília–sono de 24 horas, que só podemos modificar um pouco. Se algum dia enviarmos astronautas a Marte, eles terão de se ajustar ao dia marciano, que dura cerca de 24 horas e 39 minutos do tempo terrestre. Engenheiros que monitoravam o robô da missão Phoenix em Marte tinham de viver de acordo com as horas marcianas, começando a trabalhar 39 minutos mais tarde a cada dia. A maioria ($\frac{13}{15}$ daqueles estudados) conseguiu sincronizar os ritmos biológicos com as horas marcianas, embora não tenham dormido tanto quanto de costume, e alguns deles sofreram uma perda do estado de alerta (Barger et al., 2012).

Nosso ritmo circadiano não se ajusta facilmente a partidas mais severas de um cronograma de 24 horas. O pessoal da Marinha em submarinos fica sem luz solar por meses a fio, vivendo sob a fraca luz artificial. Em muitos casos, eles vivem em uma jornada de 6 horas de trabalho, 6 horas de recreação e 6 horas de sono. Mesmo que tentem dormir nesse horário de 18 horas, seus corpos geram ritmos de alerta e química corporal que variam em média de 24,3 a 24,4 horas (Kelly et al., 1999).

Os ritmos circadianos afetam muito mais do que apenas o estado de vigília e sono. Temos ritmos circadianos em nossos alimentos e bebidas, micção, secreção de hormônios, metabolismo, sensibilidade a drogas e outras variáveis. Por exemplo, embora normalmente pensemos na temperatura do corpo humano como 37 °C, a temperatura flutua ao longo do dia de uma temperatura baixa próxima a 36,7 °C durante a noite para quase 37,2 °C no final da tarde (ver Figura 8.2). Também temos ritmos circadianos no humor. Em um estudo, jovens adultos registraram seu humor ao longo do dia. A maioria mostrou aumento no humor positivo (felicidade) desde o acordar até o final da tarde e, em seguida, um ligeiro declínio até a hora de dormir. Em um estudo de acompanhamento, os mesmos pesquisadores mantiveram adultos jovens acordados por 30 horas consecutivas, começando às 10 horas ou às 17 horas, em um ambiente de laboratório com níveis constantes de luz e temperatura. Independentemente de as pessoas terem iniciado esse procedimento às 10 ou às 17 horas, a maioria relatou humor mais agradável por volta das 17 horas e humor menos agradável por volta das 5 horas (Murray et al., 2009). Esses resultados sugerem um ritmo circadiano impulsionado biologicamente em nosso bem-estar emocional (ver Figura 8.3).

PARE & REVISE

1. Que evidência indica que os humanos têm um relógio biológico interno?

RESPOSTA

1. Pessoas que viveram em um ambiente com um cronograma claro-escuro muito diferente de 24 horas não conseguem seguir esse cronograma e, em vez disso, ficam acordado e sonolento 24 horas por dia.

Ajuste e reajuste do relógio biológico

Nossos ritmos circadianos geram um período próximo a 24 horas, mas não são perfeitos. Reajustamos nosso funcionamento interno diariamente para permanecer em sintonia com o mundo. Às vezes, os ajustamos mal. Nos fins de semana, quando a maioria de nós está mais livre para ajustar nossos próprios horários, nos expomos a luzes, ruídos e atividades noturnas e acordamos tarde na manhã seguinte. Na segunda-feira de manhã, quando o relógio indica 7 horas, seu relógio biológico pode indicar 5 horas, e você sai cambaleando para o trabalho ou para a escola sem muita energia (Moore-Ede, Czeisler, & Richardson, 1983).

Embora os ritmos circadianos persistam sem luz, seu ritmo não é perfeito. A menos que algo o reinicie de vez em quando, ele se afastará gradualmente da hora correta. O estímulo que reajusta o ritmo circadiano é denominado pelo termo alemão **zeitgeber**, que significa "doador de tempo". A luz é de longe o zeitgeber dominante para animais terrestres (Rusak & Zucker, 1979), enquanto as marés são importantes para alguns animais marinhos. Além da luz, outros zeitgebers incluem exercícios (Eastman, Hoese, Youngstedt, & Liu, 1995), excitação de qualquer tipo (Gritton, Sutton, Martinez, Sarter, & Lee, 2009), refeições e temperatura do ambiente (Refinetti, 2000). Estímulos sociais — isto é, os efeitos de outras pessoas — são ineficazes como zeitgebers, a menos que induzam exercícios ou outra atividade vigorosa (Mistlberger & Skene, 2004). Embora esses zeitgebers adicionais modifiquem os efeitos da luz, eles têm apenas efeitos fracos isoladamente. Por exemplo, as pessoas que trabalham na Antártica durante a escuridão constante de um inverno antártico tentam manter um ritmo de 24 horas, mas se afastam dele. Diferentes pessoas geram ritmos ligeiramente diferentes, até que descobrem que é cada vez mais difícil trabalhar em conjunto (Kennaway & Van Dorp, 1991). Astronautas em órbita enfrentam um problema especial: enquanto orbitam a Terra, um período de 45 minutos de luz do dia se alterna com 45 minutos de escuridão. Se eles saem da cabine

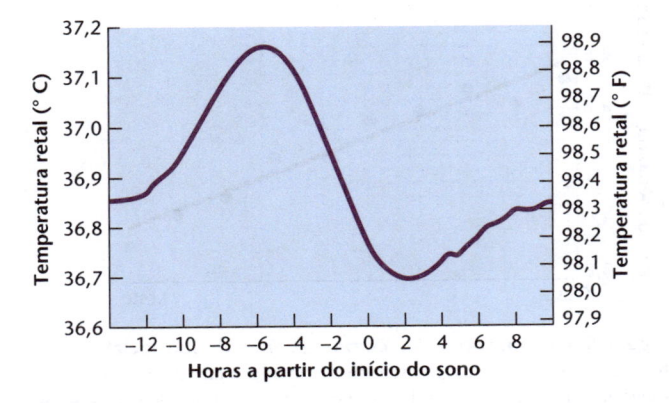

Figura 8.2 Temperatura retal média para nove adultos
A temperatura corporal alcança o nível mais baixo durante o dia cerca de 2 horas após o início do sono; alcança o pico cerca de 6 horas antes do início do sono.

(Fonte: "Sleep-onset insomniacs have delayed temperature rhythms", de M. Morris, L. Lack, & D. Dawson, 1990, Sleep, 13, pp. 1-14. Reproduzida com permissão)

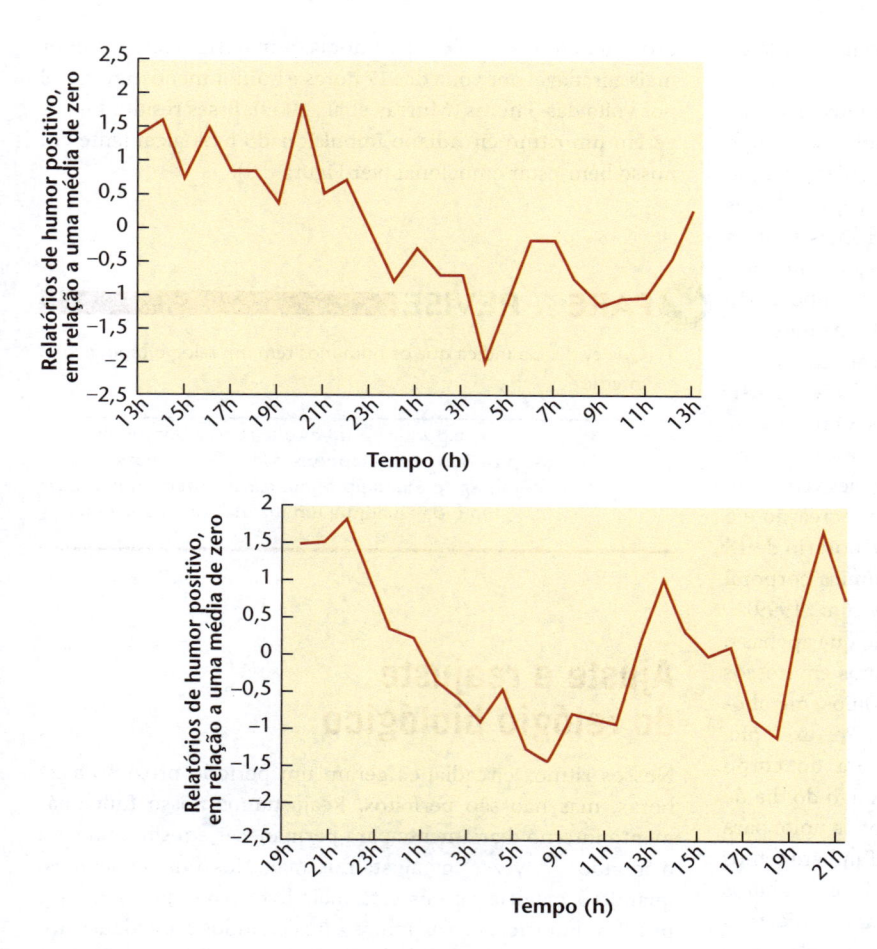

Figura 8.3 Humor positivo relatado ao longo do tempo
Durante 30 horas em um ambiente de laboratório imutável, um jovem adulto médio relatou humor mais agradável no final da tarde ou início da noite, e humor menos agradável em torno das 5 a 7 horas. O padrão foi semelhante para aqueles que iniciaram o procedimento pela manhã (parte superior) ou à noite (parte inferior).
(Fonte: "Nature's clocks and human mood: The circadian system modulates reward motivation", de G. Murray, C. L. Nicholas, J. Kleiman, R. Dwyer, M. J. Carrington, N. B. Allen, et al., 2009, Emotion, 9, pp. 705-716)

Evidências particularmente impressionantes da importância da luz solar vêm de um estudo na Alemanha. O nascer do Sol ocorre no extremo leste da Alemanha cerca de meia hora antes do que no extremo oeste, embora todas as pessoas acertem os relógios para a mesma hora. Os pesquisadores perguntaram a adultos os horários preferidos para acordar e dormir e determinaram para cada pessoa o ponto central desses valores. Por exemplo, se nos fins de semana e feriados você prefere dormir às 12h30 e despertar às 8h30, seu valor médio de sono é 4h30. A Figura 8.4 mostra os resultados. As pessoas na extremidade leste têm um valor médio de sono de cerca de 30 minutos antes do que aqueles no oeste, correspondendo ao fato de que o Sol nasce mais cedo na extremo leste (Roenneberg, Kumar, & Merrow, 2007). Outros pesquisadores relataram resultados semelhantes na Turquia e África do Sul (Masal et al., 2015; Shawa & Roden, 2016).

E pessoas cegas que precisam ajustar seus ritmos circadianos por zeitgebers diferentes além da luz? Os resultados variam. Algumas ajustam os ritmos circadianos por meio de ruído, temperatura, refeições e atividades. Mas outras que não são suficientemente sensíveis a esses zeitgebers secundários produzem ritmos circadianos que duram um pouco mais de 24 horas. Quando os ciclos delas estão em fase com o relógio, tudo fica bem, mas quando estão fora de fase, elas experimentam insônia à noite e sonolência durante o dia (Sack & Lewy, 2001). Mais da metade de todas as pessoas cegas relatam problemas de sono frequentes (Warman et al., 2011).

de comando para outro lugar na espaçonave, eles têm uma luz fraca constante. Como resultado, eles não permanecem totalmente alertas durante os períodos de vigília, ou adormecem profundamente durante os períodos de descanso (Dijk et al., 2001). Em longas missões, muitos deles experimentam depressão e desempenho prejudicado (Mallis & DeRoshia, 2005).

Mesmo quando tentamos ajustar nossos ciclos de vigília-sono pelo relógio, a luz do Sol influencia. Considere o que acontece quando alternamos para o horário de verão na primavera. Você acerta o relógio para uma hora mais tarde e, quando ele exibe a hora habitual de dormir, você obedientemente vai para a cama, mesmo que pareça uma hora mais cedo. Na manhã seguinte, quando o relógio informa que são 7 horas e o momento de se preparar para o trabalho, seu cérebro registra 6 horas. A maioria das pessoas é afetada durante dias após a mudança para o horário de verão. O ajuste é especialmente difícil para pessoas que já estavam privadas de sono, incluindo a maioria dos estudantes universitários (Lahti et al., 2006; Monk & Aplin, 1980). No outono, quando termina o horário de verão, algumas pessoas também têm problemas para dormir (Harrison, 2013).

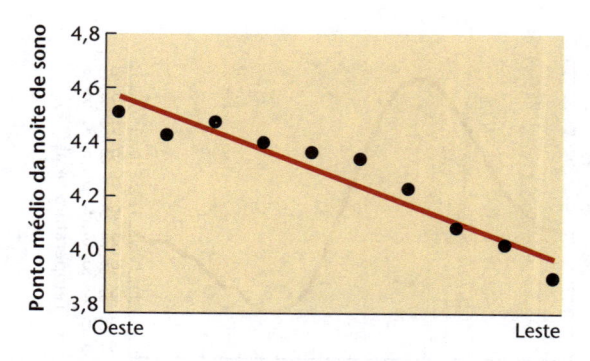

Figura 8.4 O horário do Sol compete com o tempo social
Nos dias em que as pessoas não têm obrigação de acordar em um horário específico, elas acordam cerca de meia hora antes no extremo leste da Alemanha do que no extremo oeste. Pontos ao longo do eixo y representam o ponto médio entre a hora preferida de dormir e a hora preferida de acordar. Os dados são para pessoas que vivem em vilas e cidades com população abaixo de 300 mil.
(Fonte: "The human circadian clock entrains to sun time", de T. Roenneberg, C. J. Kumar, & M. Merrow, 2007, Current Biology, 17, pp. R44-R45. Reproduzida com permissão do © Clearance Center)

PARE & REVISE

2. Por que as pessoas no extremo leste de um fuso horário acordam mais cedo do que as pessoas no extremo oeste nos fins de semana e feriados?

RESPOSTA 2. O Sol nasce mais cedo no extremo leste do que no extremo oeste. Evidentemente, o Sol controla os horários de acordar e dormir, mesmo quando as pessoas seguem o mesmo horário em suas agendas de trabalho.

Jet lag

A interrupção dos ritmos circadianos devido a diferentes fusos horários é conhecida como ***jet lag***. Os viajantes reclamam de sonolência durante o dia, insônia à noite, depressão e dificuldade de concentração. Todos esses problemas decorrem da incompatibilidade entre o relógio circadiano interno e a hora externa (Haimov & Arendt, 1999). A maioria das pessoas acha mais fácil se ajustar a diferentes fusos horários indo para o oeste do que para o leste. Indo para o oeste, permanecemos acordados até tarde da noite e acordamos tarde na manhã seguinte, já parcialmente ajustados ao novo horário. *Atrasamos a fase* dos nossos ritmos circadianos. Indo para o leste, *avançamos a fase* para dormir mais cedo e acordar mais cedo (ver Figura 8.5). A maioria das pessoas acha difícil dormir antes do horário normal do corpo e difícil acordar cedo no dia seguinte.

Ajustar-se ao *jet lag* costuma ser estressante. O estresse eleva os níveis sanguíneos do hormônio adrenal *cortisol,* e muitos estudos mostraram que elevações prolongadas do cortisol danificam os neurônios no hipocampo, uma área do cérebro importante para a memória. Um estudo examinou comissários de bordo que haviam passado os cinco anos anteriores voando em sete ou mais diferentes fusos horários — como Chicago para a Itália, predominantemente com pausas curtas (menos de seis dias) entre as viagens. Em média, os comissários de bordo tinham volumes menores do que a média do hipocampo e estruturas circundantes, e eles apresentavam problemas de memória (Cho, 2001). Esses resultados sugerem um perigo de ajustes repetidos do ritmo circadiano, embora o problema aqui possa ser a própria viagem aérea. Um bom grupo de controle seria comissários de bordo que voaram longas rotas norte-sul.

Turno de trabalho

Pessoas que dormem de forma irregular — como pilotos, médicos residentes e trabalhadores por turnos nas fábricas — descobrem que a duração do sono depende do horário em que vão dormir. Quando precisam dormir de manhã ou no início da tarde, eles dormem pouco, mesmo que tenham ficado acordados por muitas horas (Frese & Harwich, 1984; Winfree, 1983). Pessoas que trabalharam em turnos por anos tendem a ter um desempenho pior do que a média em testes cognitivos, embora, como as medidas são correlacionais, não possamos ter certeza da causa e do efeito (Marquié, Tucker, Folkard, Gentil, & Ansiau, 2015).

Pessoas que trabalham no turno da noite, como da meia-noite às 8 horas, dormem durante o dia. Pelo menos eles tentam. Mesmo depois de meses ou anos nesse cronograma, muitos trabalhadores ajustam-se de forma incompleta. Eles continuam a se sentir grogues no trabalho, dormem mal durante o dia e a temperatura corporal continua a aumentar quando dormem durante o dia, em vez de durante o trabalho à noite. Em geral, os trabalhadores em turnos da noite têm mais acidentes do que aqueles que trabalham durante o dia.

Pessoas que trabalham à noite têm grande dificuldade de ajustar o ritmo circadiano, porque a maioria dos edifícios usa iluminação artificial na faixa de 150 a 180 lux, que é apenas moderadamente eficaz para reajustar o ritmo (Boivin, Duffy, Kronauer, & Czeisler, 1996). As pessoas se adaptam melhor ao trabalho noturno se dormirem em um ambiente muito escuro durante o dia e trabalharem sob luzes muito intensas à noite, comparável ao Sol do meio-dia (Czeisler et al., 1990). A luz de comprimento de onda curto (azulada) ajuda a reajustar o ritmo circadiano melhor do que a luz de comprimento de onda longo (Czeisler, 2013).

Pessoas diurnas e pessoas noturnas

Os ritmos circadianos diferem entre os indivíduos. Algumas pessoas ("cotovias" ou "madrugadores") acordam cedo, alcançam o pico de produtividade cedo e tornam-se menos alertas no final do dia. Outras ("corujas" ou "notívagos") começam o dia mais lentamente, tanto literal como figurativamente, alcançando o pico no final da tarde ou à noite. Elas conseguem permanecer acordadas a noite toda melhor do que as madrugadores (Taillard, Philip, Coste, Sagaspe, & Bioulac, 2003).

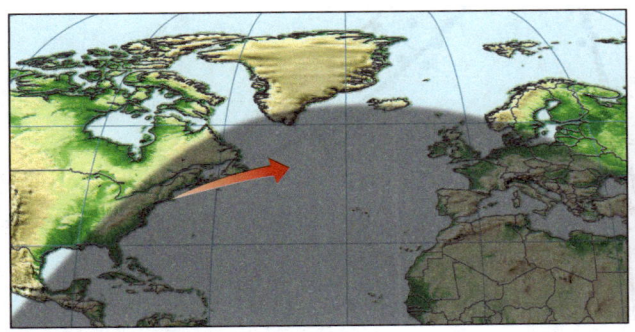

(a) Sair de Nova York às 19 horas

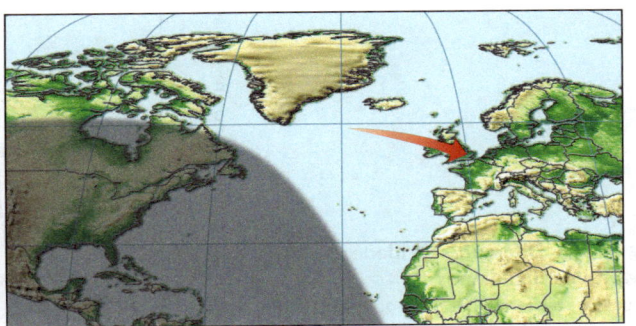

(b) Chegar em Londres às 7 horas, quando são 2 horas em Nova York

Figura 8.5 *Jet lag*
O horário no leste é atrasado em relação ao horário no oeste. Pessoas que viajam cinco fusos horários a leste adormecem no avião e devem acordar quando é manhã em seu destino, mas é noite em casa.

Entre os trabalhadores por turnos, aqueles que acordam cedo são mais prejudicados quando trabalham no turno da noite, e aqueles que acordam tarde são os mais prejudicados quando trabalham no turno da manhã (Juda, Vetter, & Roenneberg, 2013). Muitas pessoas estão, é claro, entre os dois extremos.

Uma maneira conveniente de classificar as pessoas é perguntar: "Nos feriados e férias, quando você não tem obrigações, que horas é o ponto intermediário do seu sono?". Por exemplo, se você dorme da 1 hora às 9 horas nesses dias, seu ponto intermediário é 5 horas. Como mostra a Figura 8.6, as pessoas diferem de acordo com a idade. Quando criança, é quase certo que você ia para a cama cedo e acordava cedo. Ao entrar na adolescência, você começou dormir mais tarde e acordava mais tarde, quando havia a oportunidade. A hora média preferida de dormir é cada vez mais tarde até cerca dos 20 anos e então reverte gradualmente (Roenneberg et al., 2004). A tendência de dormir mais tarde e acordar mais tarde durante a adolescência ocorre em todas as culturas que os pesquisadores estudaram em todo o mundo (Gradisar, Gardner, & Dohnt, 2011). A mesma tendência também ocorre em camundongos, macacos e outras espécies (Hagenauer & Lee, 2012; Winocur & Hasher, 1999, 2004), aparentemente resultante do aumento dos níveis de hormônios sexuais (Hagenauer & Lee, 2012; Randler et al., 2012). Do ponto de vista funcional, podemos apenas especular por que ficar acordado até tarde pode ser mais vantajoso para adolescentes do que para crianças ou adultos.

Portanto, ser uma pessoa madrugadora ou notívaga depende em parte da idade. Também depende da genética e de vários fatores ambientais, incluindo luz artificial. Em sociedades de baixa tecnologia sem luz elétrica, as pessoas dormem cerca de 3 horas após o pôr do sol, raramente despertam durante a noite e acordam ao nascer do sol. Em sociedades semelhantes, em que há luz elétrica, as pessoas ficam acordadas até mais tarde e dormem menos (de la Iglesia et al., 2015; Yetish et al., 2015). Pessoas que moram em uma cidade grande, cercadas por luzes fortes, têm maior probabilidade de ficar acordadas até tarde do que as pessoas nas áreas rurais.

A tendência de a maioria das pessoas jovens serem do tipo noturno causa problemas. Nos Estados Unidos e em muitos outros países, as aulas do ensino médio começam às 8 horas ou mais cedo. A maioria dos adolescentes está pelo menos um pouco sonolenta nesse horário, alguns mais do que outros. Aqueles que são fortemente noturnos tendem a obter pontuações inferiores à média nos testes, especialmente nas aulas matinais, mesmo se tiverem inteligência média ou acima da média (Preckel, Lipnevich, Anastasiya, Schneider, & Roberts, 2011; Preckel et al., 2013; van der Vinne et al., 2015). Provavelmente como resultado da frustração escolar, ou talvez apenas como resultado de ficar acordado até tarde, eles são mais propensos do que outros a usar álcool, comer demais e se envolver em outros comportamentos de risco (Hasler & Clark, 2013; Roenneberg, Allebrandt, Merrow, & Vetter, 2012). Mesmo depois da adolescência, as pessoas matutinas relatam ser mais felizes do que as noturnas, em média, possivelmente porque seus ritmos biológicos estão mais em sintonia com o horário de trabalho das 9 às 17 horas (Biss & Hasher, 2012). A distinção entre tipos matutinos e noturnos também afeta outros aspectos do comportamento. Um estudo descobriu que as pessoas do tipo matutino tendem a ser mais morais e honestas pela manhã, enquanto as pessoas do tipo noturno tendem a ser mais morais e honestas à noite (Gunia, Barnes, & Sah, 2014).

Mecanismos do relógio biológico

Como o corpo gera um ritmo circadiano? Curt Richter (1967) introduziu o conceito de que o cérebro gera seus próprios ritmos — um relógio biológico — e relatou que o relógio biológico

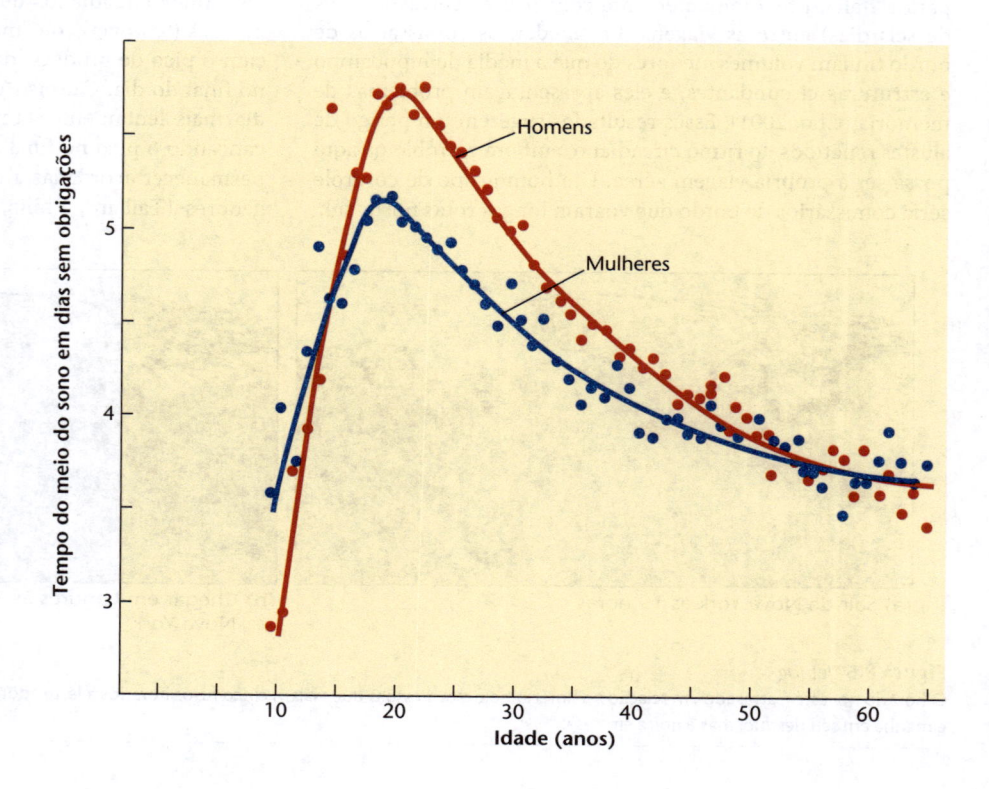

Figura 8.6 Diferenças de idade nos ritmos circadianos
As pessoas relataram o horário do meio do sono, como 3 ou 5 horas, nos dias em que não tinham obrigações.
(Fonte: Reproduzida de "A marker for the end of adolescence", de T. Roenneberg et al., Current Biology, 14, pp. R1038-R1039, Figura 1, © 2004, com permissão da Elsevier)

é insensível à maioria das formas de interferência. Animais cegos ou surdos têm ritmos circadianos, embora vagarosamente e sem sincronia com o mundo externo. O ritmo circadiano permanece surpreendentemente estável apesar da privação de comida ou água, raios X, tranquilizantes, álcool, anestesia, falta de oxigênio, a maioria dos tipos de lesões cerebrais ou a remoção de órgãos endócrinos. Mesmo uma hora ou mais de hibernação induzida frequentemente falha em reajustar o relógio biológico (Gibbs, 1983; Richter, 1975). Evidentemente, o relógio biológico é um mecanismo resistente e robusto.

Curt P. Richter
(1894–1988)
Gosto de pesquisar mais do que comer.
Richter comunicação pessoal)

O núcleo supraquiasmático (NSQ)

Embora as células de todo o corpo gerem ritmos circadianos, o principal impulsionador dos ritmos do sono e da temperatura corporal é o **núcleo supraquiasmático** ou **NSQ**, uma parte do hipotálamo (Refinetti & Menaker, 1992). O nome vem da sua localização um pouco acima ("supra") do quiasma óptico (ver Figura 8.7). Após lesões no NSQ, os ritmos do corpo tornam-se erráticos.

O próprio NSQ gera os ritmos circadianos de maneira geneticamente controlada. Se os neurônios do NSQ são desconectados do restante do cérebro ou removidos do corpo e mantidos em cultura de tecidos, eles continuam a produzir um ritmo circadiano de potenciais de ação (Earnest, Liang, Ratcliff, & Cassone, 1999; Inouye & Kawamura, 1979). Mesmo uma única célula NSQ isolada pode manter um ritmo circadiano, embora as interações entre as células aumentem a precisão do ritmo (Long, Jutras, Connors, & Burwell, 2005; Yamaguchi et al., 2003).

Uma mutação em um gene faz com que o NSQ dos hamsters produza um ritmo de 20 horas em vez de 24 horas (Ralph & Menaker, 1988). Os pesquisadores removeram cirurgicamente

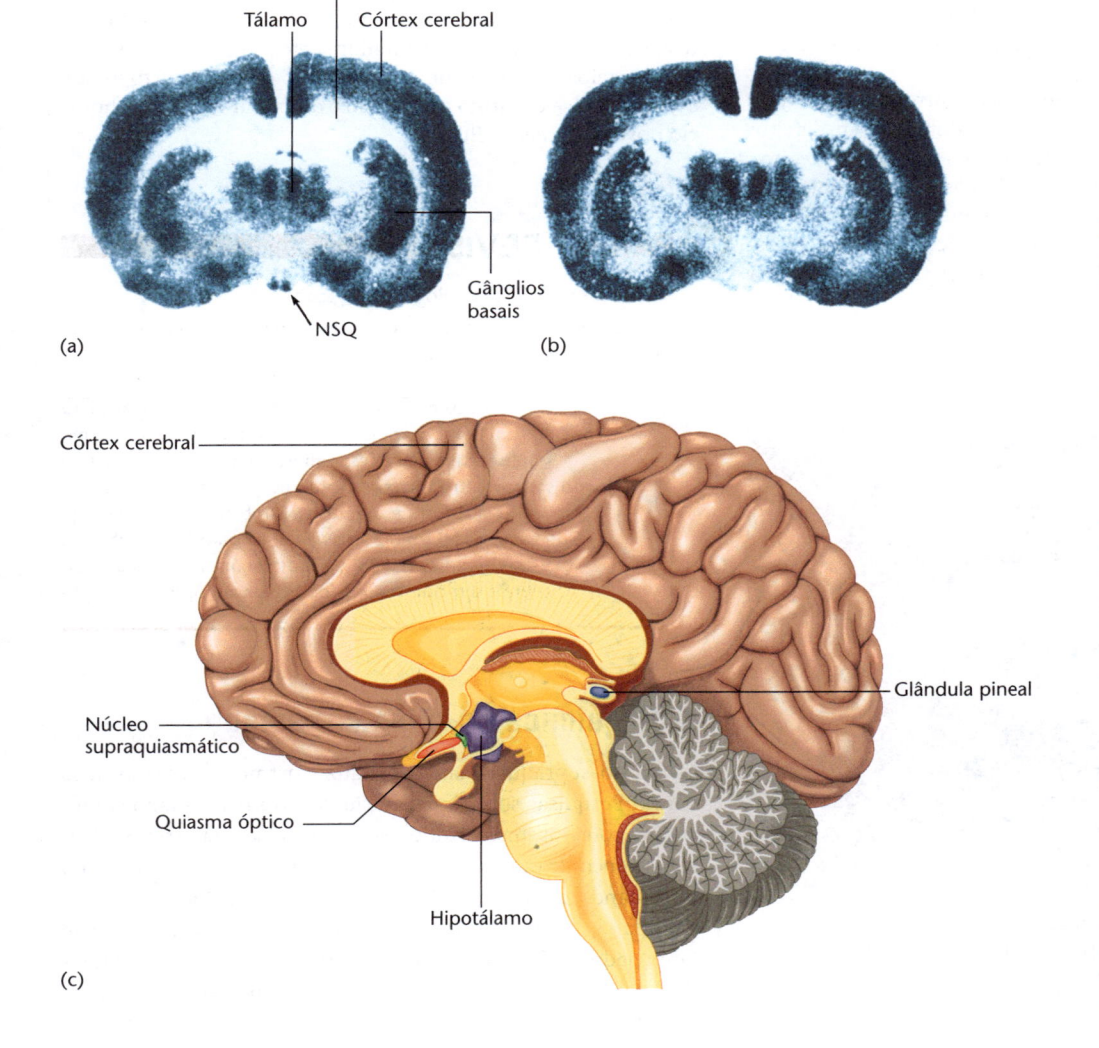

Figura 8.7 O núcleo supraquiasmático (NSQ) de camundongos e humanos
O NSQ está na base do cérebro, como visto nesses cortes coronais ao longo do plano do hipotálamo anterior. Injetou-se em cada camundongo 2-desoxiglicose radioativa, que é absorvida pelos neurônios mais ativos. O alto nível de absorção dessa substância química produz uma aparência escura na lâmina. Observe a maior atividade nos neurônios do NSQ de um camundongo injetado durante o dia (a), do que em um injetado à noite (b).
(Fonte: "Suprachiasmatic nucleus: Use of 14C-labeled deoxyglucose uptake as a functional marker", de W. J. Schwartz, & H. Gainer, 1977, Science, 197, pp. 1089-1091. Reproduzida com permissão da AAAS/American Association for the Advancement of Science)

(c) Corte sagital ao longo de um cérebro humano mostrando a localização do NSQ e da glândula pineal.

o NSQ de hamsters adultos e transplantaram o tecido do NSQ de fetos de hamster para adultos. Quando eles transplantaram tecido do NSQ de fetos com um ritmo de 20 horas, os receptores produziram um ritmo de 20 horas. Quando transplantaram tecido de fetos com ritmo de 24 horas, os receptores produziram um ritmo de 24 horas (Ralph, Foster, Davis, & Menaker, 1990); ou seja, o ritmo seguia a velocidade dos doadores, não dos receptores. Mais uma vez, os resultados mostram que os ritmos vêm do próprio NSQ.

✓ PARE & REVISE

3. Que evidência indica fortemente que o NSQ produz um ritmo circadiano próprio?

RESPOSTA

3. As células do NSQ produzem um ritmo circadiano de atividade mesmo se forem mantidas em cultura de células isoladas do restante do corpo. Além disso, quando os hamsters receberam neurônios do NSQ transplantados, o ritmo circadiano seguia o padrão dos animais doadores.

Como a luz reajusta o NSQ

A Figura 8.7 mostra a posição do NSQ no cérebro humano, um pouco acima do quiasma óptico. Um pequeno ramo do nervo óptico, conhecido como *via retino-hipotalâmica*, da retina ao NSQ, altera os ajustes do NSQ.

A maioria dos estímulos dessa via, entretanto, não vem dos receptores retinais normais. Camundongos com defeitos genéticos que destroem quase todos os bastonetes e cones, porém, reajustam seus relógios biológicos em sincronia com a luz (Freedman et al., 1999; Lucas, Freedman, Muñoz, Garcia-Fernández, & Foster, 1999). Além disso, considere os ratos-toupeira cegos (ver Figura 8.8), cujos olhos são revestidos por pregas cutâneas e pelo. Eles estão evolutivamente adaptados para passar a maior parte de suas vidas no subsolo. Eles têm menos de 900 axônios do nervo óptico em comparação com 100 mil nos hamsters. Mesmo um cintilar brilhante da luz não provoca nenhuma resposta de surpresa e nenhuma alteração mensurável na atividade cerebral; mas a luz reajusta os ritmos circadianos, permitindo que eles permaneçam acordados apenas à noite (de Jong, Hendriks, Sanyal, & Nevo, 1990).

A explicação surpreendente é que a via retino-hipotalâmica até o NSQ vem de uma população especial de células ganglionares da retina que possuem seu próprio fotopigmento, denominado *melanopsina*, ao contrário daqueles encontrados em bastonetes e cones (Hannibal, Hindersson, Knudsen, Georg, & Fahrenkrug, 2001; Lucas, Douglas & Foster, 2001). Essas células ganglionares especiais recebem alguma estimulação dos bastonetes e cones (Gooley et al., 2010; Guler et al., 2008), mas mesmo que não recebam essa estimulação, respondem diretamente à luz (Berson, Dunn & Takao, 2002). Essas células ganglionares especiais estão localizadas principalmente perto do nariz, de onde veem em direção à periferia (Visser, Beersma & Daan, 1999). Elas respondem à luz lentamente e desligam lentamente quando a luz cessa (Berson, Dunn & Takao, 2002). Portanto, elas respondem à quantidade média geral de luz, não a alterações instantâneas na luz. A intensidade média ao longo de um período de tempo é, obviamente, exatamente a informação de que o NSQ precisa para medir a hora do dia. Essas células ganglionares respondem principalmente à luz de comprimento de onda curto (azul). Por essa razão, exposição à televisão, videogames, computadores etc., todos os quais emitem principalmente luz de comprimento de onda curto, tende a atrasar a fase do ritmo circadiano e dificultar dormir no horário normal (Czeisler, 2013).

✓ PARE & REVISE

4. Como a luz reajusta o relógio biológico?
5. Pessoas cegas devido a lesões corticais ainda podem sincronizar o ritmo circadiano com o padrão local de dia e noite. Por quê?

RESPOSTAS

4. Um ramo do nervo óptico, a via retino-hipotalâmica, transmite informações sobre a luz para o NSQ. Os axônios que compõem essa via se originam de células ganglionares especiais que respondem à luz por si mesmas, mesmo que não recebam informações de bastonetes ou cones. 5. Se a retina está intacta, as células ganglionares que contêm melanopsina ainda podem enviar mensagens para o NSQ, redefinindo seu ritmo.

Figura 8.8 Um rato-toupeira cego
Embora os ratos-toupeira cegos sejam cegos em outros aspectos, eles reajustam seus ritmos circadianos em resposta à luz.
(Fonte: Cortesia de Eviatar Nevo)

A bioquímica do ritmo circadiano

O núcleo supraquiasmático produz o ritmo circadiano, mas como? Pesquisas sobre a produção do ritmo circadiano começaram com insetos. Estudos sobre a mosca-das-frutas, drosófila, encontraram vários genes responsáveis por um ritmo circadiano (X. Liu et al., 1992; Sehgal, Ousley, Yang, Chen, & Schotland, 1999). Dois desses genes, conhecidos como *período* (abreviado *PER*) e *atemporal* (*TIM*), produzem as proteínas PER e TIM. A concentração dessas duas proteínas, que promovem o sono e a inatividade, oscila ao longo do dia, com base

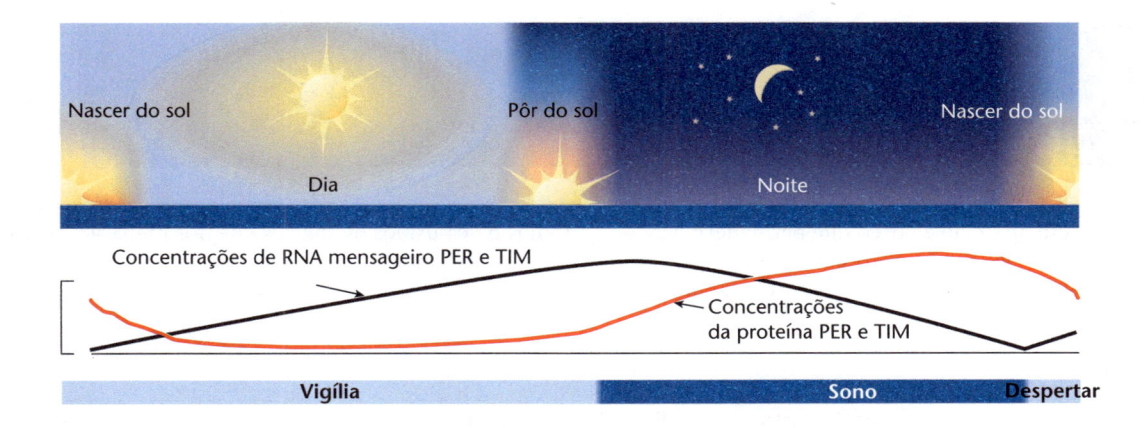

Figura 8.9 **Realimentação entre proteínas e genes para controlar a sonolência**
Em moscas-das-frutas (drosófilas), as concentrações dos níveis de RNA mensageiro para PER e TIM oscilam ao longo de um dia, assim como as proteínas que elas produzem.

nas interações de realimentação entre os neurônios. No início da manhã, os níveis de RNA mensageiro responsáveis pela produção de PER e TIM começam em baixas concentrações. À medida que aumentam durante o dia, aumentam a síntese das proteínas, mas o processo leva tempo e, portanto, ocorre uma defasagem de horas nas concentrações das proteínas, como mostrado na Figura 8.9. À medida que as concentrações das proteínas PER e TIM aumentam, elas se retroalimentam para inibir os genes que produzem as moléculas de RNA mensageiro. Assim, durante a noite, as concentrações de PER e TIM são altas, mas as concentrações de RNA mensageiro diminuem (Nitabach & Taghert, 2008). Na manhã seguinte, os níveis das proteína PER e TIM estão baixos, as moscas despertam e o ciclo está pronto para recomeçar. Como o ciclo de realimentação leva cerca de 24 horas, as moscas geram um ritmo circadiano mesmo em um ambiente imutável. Porém, além da retroalimentação automática, a luz ativa uma substância química que decompõe a proteína TIM, aumentando assim a vigília e sincronizando o relógio interno com o mundo externo (Ashmore & Sehgal, 2003).

Por que nos preocupamos com moscas? A razão é que a análise do mecanismo nas moscas informou os pesquisadores o que procurar em seres humanos e outros mamíferos. Os mamíferos têm três versões da proteína PER e várias proteínas intimamente relacionadas com a TIM e outras encontradas nas moscas (Reick, Garcia, Dudley, & McKnight, 2001; Zheng et al., 1999). Mutações nos genes que produzem as proteínas PER levam a alterações nos horários do sono. Descobriu-se que pessoas com certas mutações PER têm um ritmo circadiano inferior a 24 horas, como se estivessem se movendo em um fuso horário a leste todos os dias (Chong, Ptácek & Fu, 2012; Jones et al., 1999; Zhang et al., 2016). Elas sempre estão sonolentas no início da noite e despertas no início da manhã. A esperança da maioria das pessoas é que um dia possam permanecer despertas até tarde. A esperança das pessoas com um gene PER alterado é o momento em que poderão ir para a cama mais cedo. A maioria das pessoas com essa anormalidade do sono sofre de depressão (Xu et al., 2005). Como veremos novamente no Capítulo 14, distúrbios do sono e depressão estão intimamente ligados. Outras mutações conhecidas diminuem a quantidade de sono necessária por dia ou prejudicam a capacidade das pessoas de se recuperarem da privação temporária do sono (Dijk & Archer, 2010; Jones, Huang, Ptácek, & Fu, 2013).

✓ PARE & REVISE

6. Como as proteínas TIM e PER se relacionam com a sonolência em drosófilas?

RESPOSTA 6. O nível das proteínas TIM e PER permanece baixo durante a maior parte do dia e começa a aumentar ao anoitecer. Alcançam níveis elevados à noite, promovendo o sono. Também se retroalimentam para inibir os genes que as produzem, de modo que o nível diminui ao amanhecer.

Melatonina

O NSQ regula a vigília e o sono, controlando os níveis de atividade em outras áreas do cérebro, incluindo a **glândula pineal** (ver Figura 8.7), uma glândula endócrina localizada quase posterior ao tálamo (Aston-Jones, Chen, Zhu, & Oshinsky, 2001; von Gall et al., 2002). A glândula pineal libera o hormônio **melatonina**. A melatonina é uma substância química muito difundida, encontrada em quase todos os animais — esponjas são a única exceção conhecida — bem como em plantas e bactérias. Em todos os casos, é liberada principalmente à noite. Em animais diurnos como humanos, aumenta a sonolência. Em animais noturnos, aumenta a vigília, mesmo em um exemplo tão remoto como a forma larval de um verme marinho (Tosches, Bucher, Vopalensky, & Arendt, 2014). Pessoas com tumores na glândula pineal às vezes permanecem despertas por dias seguidos (Haimov & Lavie, 1996). Além de regular o sono e a vigília, a melatonina também ajuda a controlar o início da puberdade e os ajustes corporais às mudanças de estação (como hibernação).

A secreção de melatonina começa a aumentar cerca de duas ou 3 horas antes de dormir. Tomar um comprimido de melatonina à noite tem pouco efeito sobre a sonolência porque, de qualquer forma, a glândula pineal produz melatonina nessa hora. No entanto, as pessoas que tomam melatonina mais cedo começam a se tornar sonolentas (Crowley & Eastman, 2013). No processo, ela muda o ritmo circadiano de modo que a pessoa começa a se tornar sonolenta mais cedo do que o normal no dia seguinte. As pílulas de melatonina às vezes são úteis para pessoas que viajam em diferentes fusos horários e precisam dormir em horários não habituais.

Módulo 8.1 | Conclusão
Ciclos de sono-vigília

Ao contrário de um aparelho elétrico que permanece ligado até que alguém o desligue, o cérebro liga e desliga periodicamente. A sonolência não é um ato voluntário ou opcional.

Temos mecanismos biológicos que nos preparam para acordar em certos horários e dormir em outros, mesmo que preferíssemos outros horários.

Resumo

1. Animais, incluindo seres humanos, têm ritmos circadianos — ritmos de atividade e sono gerados internamente que duram cerca de 24 horas, mesmo em um ambiente imutável. É difícil se ajustar a um horário de sono muito diferente de 24 horas.
2. Embora o relógio biológico continue a operar sob luz ou escuridão constante, o início da luz reajusta o relógio. Mesmo quando as pessoas ajustam os horários de acordar e dormir pelo relógio, o horário do nascer do Sol influencia fortemente o ritmo circadiano.
3. É mais fácil que a maioria das pessoas siga um ciclo um pouco mais longo do que 24 horas (como ao viajar para o oeste) do que seguir um ciclo mais curto do que 24 horas (como ao viajar para o leste).
4. Se as pessoas querem trabalhar à noite e dormir durante o dia, a melhor maneira de mudar o ritmo circadiano é usar luzes intensas à noite e escuridão durante o dia.
5. Algumas pessoas permanecem mais alertas no início da manhã, e outras permanecem mais alertas no final do dia. Em média, adultos jovens preferem mais permanecer acordado até tarde e dormir até tarde na manhã seguinte.
6. O núcleo supraquiasmático (NSQ), uma parte do hipotálamo, gera os ritmos circadianos do corpo para sono e temperatura.
7. A luz reajusta o relógio biológico em parte por um ramo do nervo óptico que se estende até o NSQ. Esses axônios se originam de uma população especial de células ganglionares que respondem diretamente à luz, além de receber alguma informação de bastonetes e cones.
8. Os genes que controlam o ritmo circadiano são quase os mesmos nos mamíferos e nos insetos. Os ritmos circadianos resultam de um ciclo de realimentação baseado em genes que produzem as proteínas PER e TIM, e na capacidade dessas proteínas de inibir os genes que as produzem.
9. O NSQ controla o ritmo do corpo, em parte, direcionando a liberação de melatonina pela glândula pineal. O hormônio melatonina aumenta a sonolência; se administrado em determinados horários do dia, também pode reajustar o ritmo circadiano.

Termos-chave

Os termos estão definidos no número de página indicado. Também são apresentados em ordem alfabética com a definição no Índice remissivo/Glossário do livro, que começa na p. 589.

glândula pineal 265
jet lag 261
melatonina 265
núcleo supraquiasmático (NSQ) 263
ritmo circanual endógeno 258
ritmos circadianos endógenos 258
zeitgeber 259

Questão complexa

Por que a evolução permitiria que os ratos-toupeira cegos sincronizassem a atividade do NSQ com a luz, embora não possam ver bem o suficiente para fazer qualquer uso da luz?

Módulo 8.1 | Questionário final

1. Tripulantes de certos submarinos trabalham 6 horas, relaxam 6 horas e então dormem 6 horas. Depois de semanas nesse cronograma, o que acontece com o ritmo circadiano deles?
   A. Ele se ajusta para produzir um ritmo de 18 horas.
   B. Continua produzindo o ritmo usual de 24 horas.
   C. Produz um ritmo intermediário entre 18 e 24 horas.
   D. Para de produzir absolutamente qualquer ritmo.

2. Por que as pessoas na Antártica durante o inverno costumam ter dificuldade para trabalhar juntas?

   A. Seus horários de trabalho as mantêm tão ocupadas que não conseguem dormir o suficiente.
   B. Seus ritmos circadianos perdem a sincronia entre si.
   C. Depois de viverem juntas por tanto tempo, elas começam a irritar uma a outra.
   D. Têm saudades de casa.

3. Para a maioria dos jovens adultos, o que acontece com o humor como uma função da hora do dia?

   A. O humor tende a ser mais agradável no início da manhã.
   B. O humor tende a ser mais agradável por volta do meio-dia.
   C. O humor tende a ser mais agradável no final da tarde ou no início da noite.
   D. O humor flutua, mas, em média, é quase o mesmo para um momento e para outro.

4. Por que as pessoas no leste da Alemanha acordam mais cedo, em média, do que as do oeste?

   A. O Sol nasce mais cedo no leste da Alemanha.
   B. A Alemanha Oriental está em um fuso horário diferente.
   C. Um gene que inativa a melatonina é mais comum no leste da Alemanha.
   D. Um gene que inativa a melatonina é mais comum no oeste da Alemanha.

5. Por que muitos alunos do ensino médio tiram notas piores nas provas pela manhã do que à tarde?

   A. A maioria das escolas programa as aulas de matemática e ciências principalmente pela manhã.
   B. Adolescentes tendem a permanecer despertos até tarde e a acordar tarde.
   C. Muitos adolescentes não tomam um café da manhã saudável.
   D. Muitas escolas secundárias não têm aquecimento adequado durante a manhã.

6. Que evidência indica mais fortemente que o próprio NSQ produz o ritmo circadiano?

   A. Lesões no NSQ perturbam o ritmo circadiano.
   B. As células do NSQ isoladas do corpo continuam a produzir um ritmo circadiano.
   C. Animais com ritmo circadiano mais rápido possuem um NSQ maior.
   D. O NSQ aumenta a atividade durante os períodos de vigília e diminui durante o sono.

7. A luz pode reajustar o ritmo do NSQ mesmo após lesões em todos os bastonetes e cones. Por quê?

   A. O próprio NSQ responde à luz.
   B. O NSQ recebe informações da glândula pineal.
   C. O NSQ recebe informações das células da pele que respondem à luz.
   D. O NSQ recebe informações das células ganglionares que respondem à luz.

8. Se você quiser dormir na hora certa, o que deve evitar?

   A. Luz de comprimento de onda longo no final da tarde.
   B. Luz de comprimento de onda curto no final da tarde.
   C. Luz de comprimento de onda longo no início da manhã.
   D. Luz de comprimento de onda curto no início da manhã.

9. Depois que as proteínas TIM e PER chegam a um nível alto durante o dia, o que faz com que o nível delas diminua à noite?

   A. Níveis altos das proteínas inibem os genes que as produzem.
   B. Os genes que produzem essas proteínas tornam-se menos ativos quando a temperatura cai.
   C. A produção rápida das proteínas esgotou o suprimento de aminoácidos necessários para produzi-las.
   D. Menor estimulação luminosa diminui a transmissão excitatória por todo o sistema nervoso.

10. Quando a melatonina é predominantemente liberada?

    A. À noite, para todas as espécies.
    B. Durante o dia, para todas as espécies.
    C. À noite, para espécies ativas à noite; durante o dia para espécies ativas durante o dia.
    D. À noite, para espécies ativas durante o dia; durante o dia para espécies ativas à noite.

Respostas: 1B, 2B, 3C, 4A, 5B, 6B, 7D, 8B, 9A, 10A.

Módulo 8.2

Estágios do sono e mecanismos cerebrais

Suponha que você compre um novo brinquedo movido a bateria. Depois de brincar com ele por 4 horas, ele para de repente. Você se pergunta se as baterias estão descarregadas ou se o brinquedo precisa de conserto. Mais tarde, você descobre que o brinquedo sempre para depois de você jogar por 4 horas, mas volta a funcionar algumas horas depois, mesmo sem reparos ou troca de bateria. Você começa a suspeitar que o fabricante o projetou para impedir que você brinque com ele o dia todo. Agora você tenta encontrar o dispositivo que o desliga. Você faz uma nova pergunta. Se você pensasse que o brinquedo parou porque precisava de conserto ou bateria nova, não perguntaria qual dispositivo o desligou.

Da mesma forma, se pensarmos no sono como algo como o desgaste de uma máquina, não perguntamos qual parte do cérebro o produz. Mas se pensarmos no sono como um estado especializado desenvolvido para atender funções específicas, procuramos os mecanismos que o regulam.

Sono e outras interrupções da consciência

Vamos começar com algumas distinções. O sono é um estado que o cérebro produz ativamente, caracterizado pela diminuição da atividade e diminuição da resposta aos estímulos. Em comparação, **coma** é um período prolongado de inconsciência causado por traumatismo craniano, acidente vascular cerebral ou doença. Alguém em coma tem baixo nível de atividade cerebral e pouca ou nenhuma resposta aos estímulos. Uma beliscada forte ou um ruído alto podem despertar uma pessoa adormecida, mas não uma em coma. Normalmente, alguém em coma morre ou começa a se recuperar em algumas semanas.

Alguém em um **estado vegetativo** alterna entre períodos de sono e excitação moderada, mesmo durante o estado de maior excitação, e não demonstra consciência do ambiente e nenhum comportamento intencional. A respiração é mais regular e um estímulo doloroso produz pelo menos as respostas autonômicas do aumento da frequência cardíaca, respiração e suor. Um **estado minimamente consciente** está um estágio acima, com breves períodos de ações propositadas e uma quantidade limitada de compreensão da fala. Um estado vegetativo ou minimamente consciente pode durar meses ou anos.

Morte cerebral é uma condição sem sinal de atividade cerebral e sem resposta a qualquer estímulo. Os médicos geralmente esperam até que alguém não exiba nenhum sinal de atividade cerebral por 24 horas antes de pronunciar a morte encefálica, momento em que a maioria das pessoas acredita que é ético remover o suporte vital.

Os estágios do sono

Quase todo avanço científico vem de medidas novas ou aprimoradas. Os pesquisadores nem mesmo suspeitavam que o sono tem estágios até que os mediram acidentalmente. O eletroencefalograma (EEG), como descrito no Capítulo 3, registra uma média dos potenciais elétricos das células e fibras nas áreas do cérebro mais próximas de cada eletrodo no couro cabeludo (ver Figura 8.10). Se metade das células em alguma área aumentam seus potenciais elétricos enquanto a outra metade diminui, elas se neutralizam. O registro do EEG aumenta ou diminui quando a maioria das células faz a mesma coisa ao mesmo tempo. Você pode compará-lo a um registro do ruído em um estádio esportivo: mostra apenas pequenas flutuações até que algum evento faça com que todos gritem ao mesmo tempo. O EEG permite que os pesquisadores do cérebro monitorem a atividade cerebral durante o sono.

A Figura 8.11 mostra os dados de uma **polissonografia,** uma combinação de registros de EEG e movimentos oculares, de um estudante universitário durante vários estágios do sono. A Figura 8.11a apresenta um período de vigília relaxada para comparação. Observe a série constante de **ondas alfa** em uma frequência de 8 a 12 por segundo. As ondas alfa são características do relaxamento, não de todo estado de vigília.

Na Figura 8.11b, o sono apenas começou. Durante esse período, chamado estágio 1 do sono, o EEG é dominado por

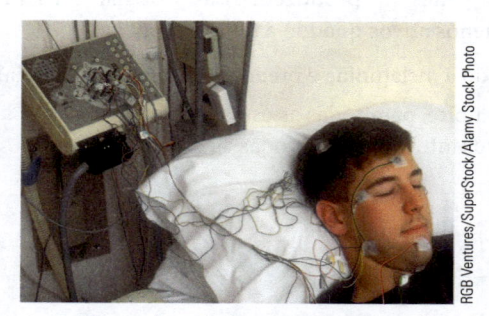

Figura 8.10 Pessoa dormindo com eletrodos colocados no couro cabeludo para registrar a atividade cerebral

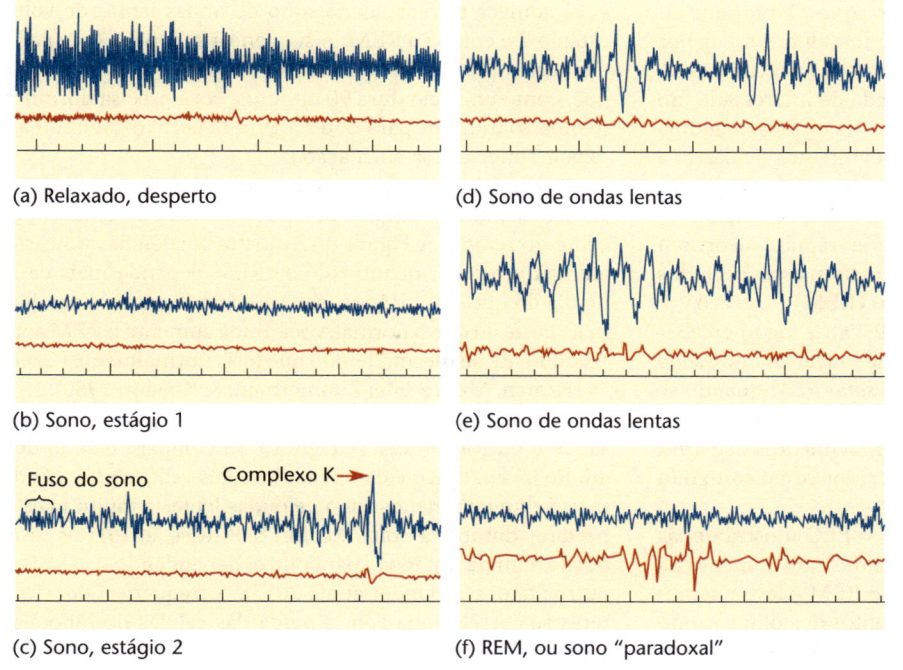

Figura 8.11 Registros polissonográficos de um estudante universitário
Para cada um desses registros, a linha superior é o EEG de um eletrodo no couro cabeludo. A linha média é um registro dos movimentos dos olhos. A linha inferior é um marcador de tempo, indicando unidades de 1 segundo. Observe a abundância de ondas lentas no sono de ondas lentas.
(Fonte: Registros fornecidos por T. E. LeVere)

(a) Relaxado, desperto
(b) Sono, estágio 1
(c) Sono, estágio 2 — Fuso do sono, Complexo K
(d) Sono de ondas lentas
(e) Sono de ondas lentas
(f) REM, ou sono "paradoxal"

ondas anormais, irregulares e de baixa voltagem. A atividade cerebral é menor do que na vigília relaxada, mas maior do que em outros estágios do sono. Como mostra a Figura 8.11c, as características proeminentes do estágio 2 são complexos K e fusos do sono. Um **complexo K** é uma onda aguda associada à inibição temporária do disparo neuronal (Cash et al., 2009). Um **fuso do sono** é uma explosão de ondas de 12 Hz a 14 Hz por pelo menos meio segundo. Os fusos do sono resultam de interações oscilatórias entre as células do tálamo e córtex. O número de fusos do sono aumenta após novo aprendizado, e esse número se correlaciona positivamente com melhorias em certos tipos da memória (Eschenko, Mölle, Born, & Sara, 2006; Mednick et al., 2013; Hennies, Ralph, Kempkes, Cousins, & Lewis, 2016). Evidentemente, os fusos do sono representam atividades relacionadas à consolidação da memória. A maioria das pessoas é bastante consistente em sua quantidade de atividade do fuso de uma noite para outra, e a quantidade de atividade do fuso se correlaciona mais de 0,7 com testes não verbais de QI (Fogel, Nader, Cote, & Smith, 2007). Quem poderia imaginar que as ondas cerebrais durante o sono poderiam prever as pontuações de QI?

Durante o **sono de ondas lentas**, a frequência cardíaca, a frequência respiratória e a atividade cerebral diminuem, enquanto as ondas lentas e de grande amplitude se tornam mais comuns (ver Figuras 8.11d-e). Fontes mais antigas distinguiam entre o estágio 3 do sono (Figura 8.11d) com menos ondas lentas e o estágio 4 (Figura 8.11e) com mais delas.

Ondas lentas indicam que a atividade neuronal está altamente sincronizada. No estágio 1 e na vigília, o córtex mantém atividades substanciais. Como a maioria dos neurônios não está sincronizada, o EEG está repleto de ondas curtas, rápidas e instáveis. Durante o sono de ondas lentas, a estimulação do córtex cerebral é fortemente inibida e a maioria das células sincroniza suas atividades.

PARE & REVISE

7. O que as ondas grandes e lentas em um EEG indicam?

RESPOSTA
7. Ondas grandes e lentas indicam baixo nível de atividade, com muita sincronia da resposta entre os neurônios.

Sono paradoxal ou REM

Muitas descobertas ocorrem quando os pesquisadores se deparam com algo acidentalmente. Na década de 1950, o cientista francês Michel Jouvet tentava testar as habilidades de aprendizado de gatos após a remoção do córtex cerebral. Como você pode imaginar, já que os mamíferos decorticados não fazem muito, Jouvet registrou leves movimentos dos músculos e EEGs do metencéfalo. Ele observou que, durante certos períodos do sono aparente, a atividade cerebral dos gatos era relativamente alta, mas os músculos do pescoço estavam completamente relaxados. Jouvet (1960) então registrou o mesmo fenômeno em gatos normais e intactos e o nomeou **sono paradoxal** porque é um sono profundo em alguns aspectos e leve em outros. (O termo *paradoxal* significa "aparentemente autocontraditório".)

Enquanto isso, nos Estados Unidos, Nathaniel Kleitman e Eugene Aserinsky observavam os movimentos dos olhos para medir o início e o fim do sono, supondo que os movimentos oculares fossem interrompidos durante o sono. Depois que alguém adormecia, eles desligavam a máquina durante a maior parte da noite porque o papel do registro era caro e, de qualquer maneira, eles não esperavam ver nada de interessante no meio da noite. Quando ocasionalmente ligavam a máquina durante a noite e viam evidências de movimentos oculares, a princípio presumiam que algo estava errado com as máquinas. Somente após medições cuidadosas e repetidas eles concluíram que os períodos dos movimentos oculares rápidos ocorriam durante o sono (Dement, 1990). Eles chamaram esses períodos de **sono de movimento rápido dos olhos (REM)** (Aserinsky & Kleitman, 1955; Dement & Kleitman, 1957a), e logo perceberam que o sono REM era sinônimo do que Jouvet chamou *sono paradoxal*. Pesquisadores usam o termo *sono REM* quando se referem a humanos, mas geralmente preferem o termo *sono paradoxal* para espécies que não possuem movimentos oculares. Os estágios diferentes de REM são conhecidos como **sono não REM (NREM)**.

Durante o sono paradoxal ou REM, o EEG mostra ondas rápidas irregulares de baixa voltagem que indicam aumento da atividade neuronal. Nesse sentido, o sono REM é leve e semelhante ao estágio 1, exceto pelos movimentos dos olhos, como mostrado na Figura 8.11f. Mas os músculos posturais do corpo, incluindo aqueles que sustentam a cabeça, permanecem mais relaxados durante o REM do que em outros estágios. Nesse sentido, REM é o sono profundo. REM também está associado a ereções em homens e umedecimento vaginal em mulheres. Frequência cardíaca, pressão arterial, frequência respiratória e espasmos faciais flutuam durante o REM mais do que em outros estágios. Em suma, o sono REM combina aspectos do sono profundo, sono leve e características que são difíceis de classificar como profundas ou leves.

Ao adormecer, você começa no estágio 1 e avança lentamente para o estágio 2 e, em seguida, para o sono de ondas lentas, embora ruídos altos ou outras intrusões possam interromper o progresso. Depois de cerca de uma hora de sono, você começa a transitar do sono de ondas lentas de volta ao estágio 2 e então ao REM. A sequência se repete, com cada ciclo durando cerca de 90 minutos. (Algumas pessoas inferiram que, como um ciclo dura 90 minutos, você precisa dormir pelo menos 90 minutos para obter algum benefício. Nenhuma evidência suporta essa afirmação.)

No início da noite, o sono de ondas lentas predomina. Com o passar do tempo, o REM ocupa uma porcentagem crescente do tempo. A Figura 8.12 mostra sequências típicas para adultos jovens. A quantidade de REM depende mais da hora do dia do que a duração do seu sono; isto é, se você vai dormir mais tarde do que o normal, você ainda aumenta o REM aproximadamente ao mesmo tempo que faria normalmente (Czeisler, Weitzman, Moore-Ede, Zimmerman, & Knauer, 1980).

O padrão dos estágios do sono varia em função da idade, saúde e outros fatores. A Figura 8.13 compara o sono de um adulto jovem típico e de um adulto mais velho típico. O adulto mais velho tem menos sono de ondas lentas e muito mais despertares durante a noite (Scullin & Bliwise, 2015). Os resultados variam de um idoso para outro, dependendo da saúde e de outros fatores (Mander et al., 2015). A frequência dos despertares se correlaciona com a perda das células no hipotálamo, e com uma tendência ao declínio cognitivo (Blackwell et al., 2014; Lim et al., 2014).

Pouco depois da descoberta do REM, os pesquisadores acreditavam que ele era quase sinônimo de sonho. William Dement & Nathaniel Kleitman (1957b) descobriram que as pessoas que eram acordadas durante o REM relataram sonhos em 80% a 90% do tempo. Pesquisas posteriores, no entanto, descobriram que as pessoas despertadas durante o sono não REM às vezes também relatam sonhos. É mais provável que os sonhos REM do que os sonhos NREM incluam imagens visuais e representações complicadas, mas nem sempre. Algumas pessoas continuam a relatar sonhos apesar de uma aparente falta do REM (Solms, 1997). Em suma, REM não é a mesma coisa que sonhar.

Figura 8.12 Estágios do sono em três noites

As colunas indicam vigília, estágio 2, sono de ondas lentas e REM. As deflexões na linha na parte inferior de cada gráfico indicam mudanças na posição do corpo. Observe que o sono de ondas lentas ocorre principalmente na parte inicial do sono noturno, enquanto o sono REM se torna mais prevalente posteriormente.

(*Fonte: Baseada em Dement, & Kleitman, 1957a*)

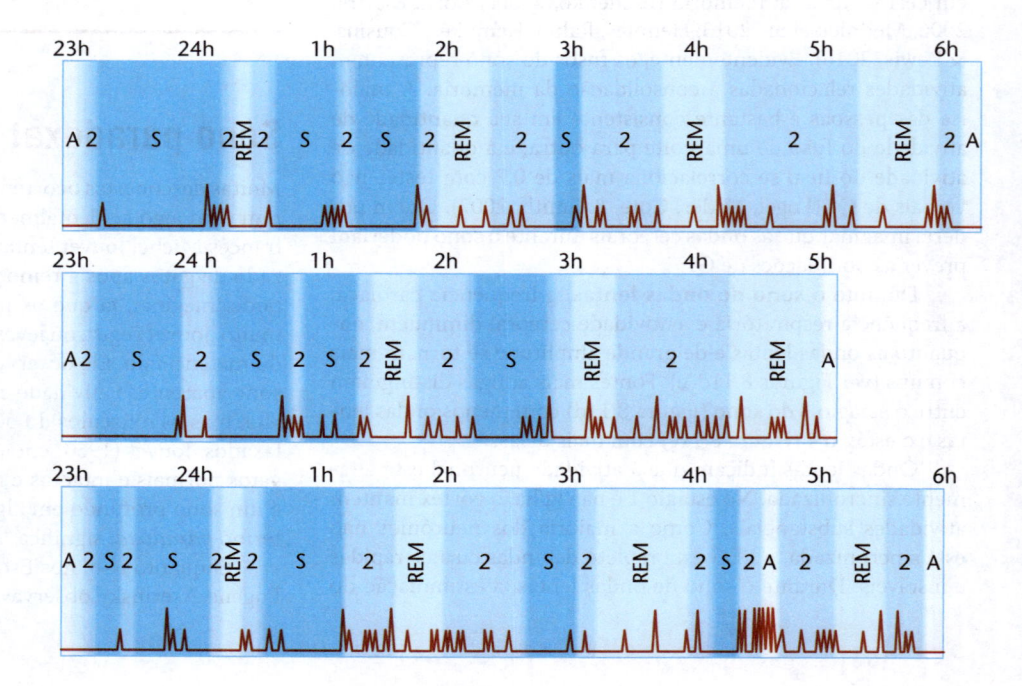

William Dement

Uma pessoa comum não escolheria, à primeira vista, ver as pessoas dormirem como o tema mais aparente de um thriller de aventura científica emocionante. Mas há uma sensação sutil de admiração e mistério em torno da "morte curta" que chamamos sono. (Dement, 1972, p. xi)

✓ PARE & REVISE

8. Como um pesquisador pode determinar se uma pessoa adormecida está no sono REM?
9. Durante qual parte da noite o sono REM é mais comum?

RESPOSTAS

8. Examinando o padrão de EEG e os movimentos dos olhos. 9. O REM torna-se mais comum no final da noite de sono.

Mecanismos cerebrais de vigília, excitação e sono

Qualquer animal precisa regular seu nível de alerta cuidadosamente. Manter o alerta máximo em todos os momentos desperdiçaria energia. Seria arriscado permanecer completamente indiferente. Muitas áreas do cérebro participam do controle do sono e da vigília.

Estruturas cerebrais da excitação e atenção

Depois que um corte no mesencéfalo separa o prosencéfalo e parte do mesencéfalo de todas as estruturas inferiores, o animal entra em um estado de sono prolongado pelos próximos dias. Mesmo após semanas de recuperação, os períodos de vigília são breves. Podemos supor uma explicação simples: o corte isolou o cérebro dos estímulos sensoriais que vêm da medula e da medula espinhal. Mas se um pesquisador cortar cada trato específico que entra na medula e medula espinhal, privando o cérebro da entrada sensorial, o animal ainda terá períodos normais de vigília e sono. Evidentemente, o mesencéfalo faz mais do que apenas transmitir informações sensoriais. Ele tem mecanismos próprios para promover a vigília.

Um corte no mesencéfalo diminui a excitação danificando a **formação reticular**, uma estrutura que se estende da medula ao prosencéfalo. Alguns neurônios da formação reticular têm axônios ascendendo ao cérebro e alguns têm axônios descendo para a medula espinhal. Aqueles com axônios descendo para a medula espinhal fazem parte do trato medial do controle motor, como discutido no Capítulo 7. Em 1949, Giuseppe Moruzzi, & H. W. Magoun propuseram que os neurônios da formação reticular com axônios ascendentes são adequados para regular a excitação. O termo *reticular* (baseado na palavra latina *rete*, que significa "rede") descreve as conexões difundidas entre os neurônios nesse sistema. Uma parte da formação reticular que contribui para a excitação cortical é conhecida como **pontomesencéfalo** (Woolf, 1996). (O termo deriva de *pons* e *mesencéfalo*, ou "cérebro intermediário.") Esses neurônios recebem estímulos de muitos sistemas sensoriais e também geram atividades próprias, variando de acordo com o ritmo circadiano. Os axônios se estendem para o prosencéfalo, como mostrado na Figura 8.14. Os axônios de algumas células liberam GABA, que inibe ou interrompe o comportamento e promove o sono de ondas lentas (Anaclet et al., 2014; Giber et al., 2015). Axônios de outras células liberam acetilcolina, glutamato ou dopamina, produzindo excitação no hipotálamo, tálamo e prosencéfalo basal. Esses transmissores produzem vigília em parte regulando os níveis de potássio e outros íons que produzem um estado constante de excitação. Depois que os íons estão em um estado que suporta a excitação, eles tendem a permanecer em uma concentração estável. Por essa razão, acordar geralmente é mais rápido do que adormecer (Ding et al., 2016).

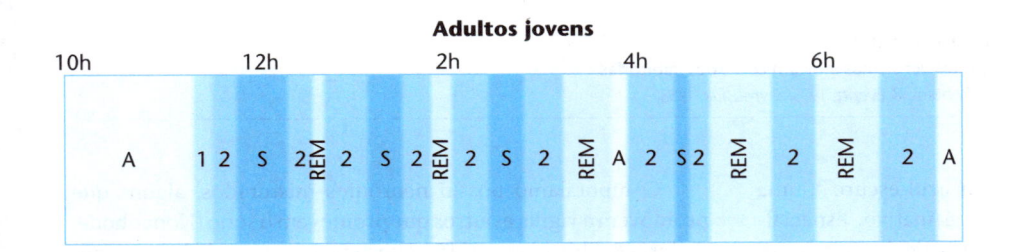

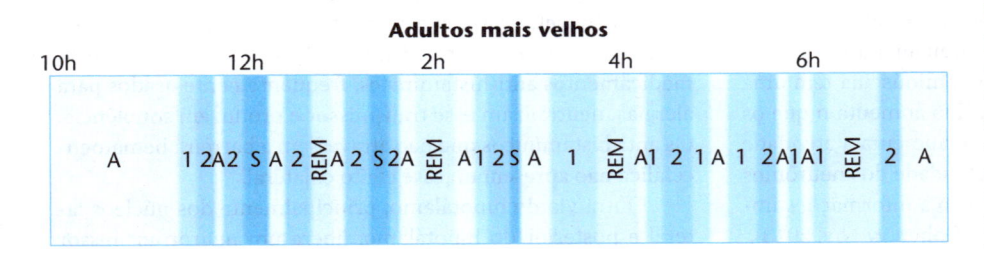

Figura 8.13 Estágios típicos do sono para um adulto jovem e um adulto mais velho

As colunas indicam acordado, estágio 1, estágio 2, sono de ondas lentas e REM. Observe que o adulto mais velho tem menos sono de ondas lentas e despertares mais frequentes. Com base em dados de Scullin & Bliwise (2015).

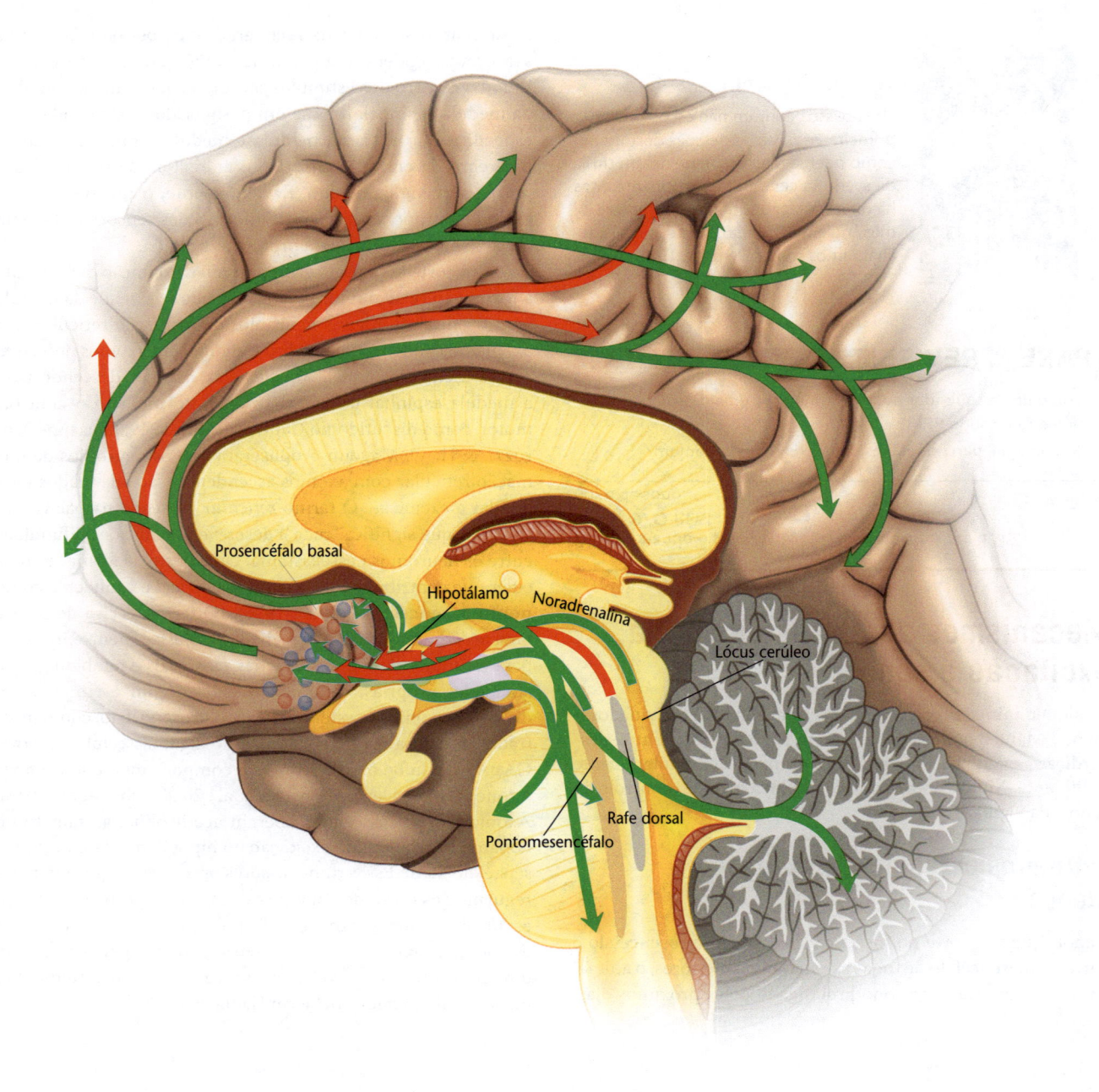

Figura 8.14 Mecanismos cerebrais de dormir e acordar
As setas verdes indicam conexões excitatórias. As setas vermelhas indicam conexões inibitórias.
(Fonte: Baseada em J.-S. Lin, Hou, Sakai, & Jouvet, 1996; Robbins, & Everitt, 1995; Szymusiak, 1995)

O **lócus cerúleo** (literalmente, "lugar azul escuro"), uma pequena estrutura na ponte, geralmente é inativo, especialmente durante o sono, mas emite rajadas de impulsos em resposta a eventos significativos, especialmente aqueles que produzem excitação emocional (Sterpenich et al., 2006). Os axônios do lócus cerúleo liberam noradrenalina amplamente por todo o córtex, de modo que essa área minúscula tem uma grande influência. A saída do lócus cerúleo aumenta o que os engenheiros chamam de "ganho", ou seja, aumenta a atividade dos neurônios mais ativos e diminui a atividade dos neurônios menos ativos. O resultado é maior atenção a informações importantes e memória aprimorada (Eldar, Cohen, & Niv, 2013).

O hipotálamo possui neurônios misturados, alguns que promovem a vigília e outros que promovem o sono (Konadhode, Pelluru, & Shiromani, 2015). Uma via do axônio do hipotálamo libera *histamina*, um neurotransmissor excitatório (Lin, Hou, Sakai, & Jouvet, 1996), que aumenta a excitação e o estado de alerta em todo o cérebro (Panula & Nuutinen, 2013). Muitos medicamentos anti-histamínicos, frequentemente usados para alergias, neutralizam esse transmissor e produzem sonolência. Os anti-histamínicos que não atravessam a barreira hematoencefálica não apresentam esse efeito colateral.

Outra via do hipotálamo, principalmente dos núcleos lateral e posterior do hipotálamo, libera um neurotransmissor peptídeo chamado **orexina** ou **hipocretina**. A razão dos dois nomes é que duas equipes de pesquisa descobriram essa substância química quase simultaneamente em 1998 e atribuíram nomes diferentes. Para simplificar, este livro se limitará ao termo *orexina*, mas, se você encontrar o termo *hipocretina* em outro lugar, significa a mesma coisa. Os axônios que liberam orexina se estendem do hipotálamo ao prosencéfalo basal e a muitas outras áreas, aumentando a vigília e a atividade (Sakurai, 2007). Orexina não é necessária para despertar, mas é para *permanecer* acordado, ou seja, a maioria dos humanos adultos permanece desperta por cerca de 16 a 17 horas por vez, mesmo quando nada está acontecendo. Permanecer acordado depende da orexina, especialmente no final do dia (Lee, Hassani, & Jones, 2005). Camundongos sem orexina alternam entre acordar e dormir, mesmo durante uma atividade que geralmente mantém a estimulação, como correr em uma roda de corrida (Anaclet et al., 2009). A inibição optogenética dos neurônios da orexina faz com que os camundongos entrem rapidamente no sono de ondas lentas (Tsunematsu, Kilduff, Boyden, Takahashi, & Yamanaka, 2011).

Fármacos que bloqueiam os receptores de orexina ajudam as pessoas a dormir (Kukkonen, 2013; Uslaner et al., 2013). A Food and Drug Administration dos Estados Unidos aprovou um desses medicamentos, o suvorexant.

Outras vias do hipotálamo lateral regulam as células no **prosencéfalo basal** (uma área um pouco anterior e dorsal ao hipotálamo). As células do prosencéfalo basal fornecem axônios que se estendem por todo o tálamo e córtex cerebral, algumas delas aumentando a vigília e outras inibindo-a (Xu et al., 2015) (ver Figura 8.14). A acetilcolina estimula as células basais do prosencéfalo que promovem a vigília, embora essas células liberem outros transmissores para o córtex (Zant et al., 2016).

PARE & REVISE

10. Por que a maioria dos anti-histamínicos deixa as pessoas sonolentas?
11. O que aconteceria com o horário de sono/vigília de alguém que não tivesse orexina?

RESPOSTAS

10. Uma via do hipotálamo usa a histamina como neurotransmissor para aumentar a excitação. Os anti-histamínicos que atravessam a barreira hematoencefálica bloqueiam essas sinapses. 11. Alguém sem orexina alternaria entre breves períodos de vigília e sono.

Sono e a inibição da atividade cerebral

O sono depende parcialmente da diminuição da estimulação sensorial do córtex cerebral. Durante o sono, os neurônios do tálamo tornam-se hiperpolarizados, diminuindo sua prontidão para responder aos estímulos e diminuindo as informações que transmitem ao córtex (Coenen, 1995), mas, embora a capacidade de resposta diminua, uma quantidade moderada permanece. Por exemplo, os pais geralmente acordam rapidamente ao som de um bebê chorando. Durante os estágios mais leves do sono não REM, o cérebro responde a qualquer fala significativa (Andrillon, Poulsen, Hansen, Léger, & Kouider, 2016). Durante qualquer estágio, um estímulo suficientemente intenso produz excitação.

Durante o sono, os neurônios espontaneamente ativos continuam disparando apenas um pouco menos do que na taxa normal. Como, então, podemos permanecer inconscientes apesar da atividade neuronal prolongada? A resposta é inibição. Durante o sono, os axônios que liberam o neurotransmissor inibitório GABA aumentam sua atividade, interferindo na disseminação de informações de um neurônio para outro (Massimini et al., 2005). As conexões de uma área do cérebro para outra tornam-se mais fracas (Boly et al., 2012; Esser, Hill, & Tononi, 2009). Quando a estimulação não se dissemina pelo cérebro, você não se torna consciente dela. (Essa questão surge mais uma vez no módulo sobre consciência.)

Como o sono depende da inibição mediada pelo GABA, o sono pode ser local dentro do cérebro (Krueger et al., 2008), ou seja, você pode ter inibição substancial em uma área do cérebro e não tanto em outra. Normalmente, todas as áreas do cérebro estão ativas ou inativas quase ao mesmo tempo, mas nem sempre. Pensar no sono como um fenômeno local ajuda a compreender alguns fenômenos que de outra forma seriam intrigantes. Considere o ato de andar acordado, também conhecido pelo termo mais sofisticado *sonambulismo*. Nos sonâmbulos boa parte do cérebro permanece adormecida, mas desperta no córtex motor e em algumas outras áreas (Terzaghi et al., 2012). Em geral, mantêm os olhos abertos, orientam-se para o mundo o suficiente para encontrar seus caminhos e costumam lembrar-se de algumas coisas que fizeram durante o sonambulismo. No entanto, eles ficam confusos e vulneráveis quanto a ferir a eles mesmos ou aos outros, porque a maior parte do cérebro não está alerta o suficiente para processar informações e tomar decisões razoáveis (Zadra, Desautels, Petit, & Montplaisir, 2013).

Outro exemplo é o sonho lúcido. Durante o sonho lúcido, alguém está sonhando, mas tem consciência de estar dormindo e sonhando. Embora a maior parte do cérebro esteja dormindo, muita atividade em torno de 40 Hz (ciclos por segundo) ocorre no córtex frontal e temporal (Voss et al., 2014). Evidentemente, essa atividade permite o monitoramento consciente dos sonhos que o restante do cérebro está gerando. Alguém que tem um sonho lúcido pode até certo ponto controlar o conteúdo do sonho, bem como os movimentos dos olhos. Em um estudo, jovens adultos que tinham sonhos lúcidos frequentes aprenderam a usar os movimentos dos olhos para sinalizar o início de um sonho lúcido. Quando eles tinham sonhos lúcidos sobre mover as mãos, a atividade aumentava nas áreas do córtex motor responsáveis pela preparação para um movimento real da mão (Dresler et al., 2011).

Outro exemplo: você já teve a experiência de acordar, mas descobriu que não consegue mover os braços ou as pernas? Durante o sono REM, as células na ponte e medula enviam mensagens que inibem os neurônios espinhais que controlam os grandes músculos do corpo (Brooks & Peever, 2012). Um gato com lesão nessas células se move desajeitadamente durante o sono REM, como se estivesse representando seus sonhos (Morrison, Sanford, Ball, Mann, & Ross, 1995; ver Figura 8.15). Normalmente, ao acordar de um período REM, as células na ponte se desligam rapidamente e você recupera o controle muscular; mas, ocasionalmente, a maior parte do cérebro acorda enquanto a ponte permanece em REM. O resultado é sua experiência de estar temporariamente paralisado — uma experiência perturbadora, se você não a entende (Cheyne & Pennycook, 2013).

Figura 8.15 Um gato com lesão na ponte, cambaleando durante o sono REM
As células de uma ponte intacta enviam mensagens inibitórias aos neurônios da medula espinhal que controlam os grandes músculos.
(Fonte: Morrison, A. R., Sanford, L. D., Ball, W. A., Mann, G. L., & Ross, R. J., " Stimulus-elicited behavior in rapid eye movement sleep without atonia", Behavioral Neuroscience, 109, pp. 972-979, 1995. Publicado pela APA, & reimpresso com permissão)

PARE & REVISE

12. O que aconteceria ao dormir e acordar se você tomasse um medicamento que bloqueia o GABA?
13. Alguém que acabou de acordar às vezes fala de uma forma solta, desconectada e ilógica. Como você poderia explicar esse achado?

RESPOSTAS

12. Você permaneceria acordado, ou pelo menos relativamente consciente. (Tranquilizantes fazem as pessoas dormirem facilitando o GABA.) 13. Muitas vezes as pessoas despertam de um período REM, porque o REM é abundante ao amanhecer quando as pessoas geralmente acordam. Diferentes áreas do cérebro não despertam de uma vez. Logo após o despertar, certas áreas do cérebro podem ainda estar em um estado semelhante ao REM e o pensamento pode ter uma qualidade ilógica e onírica.

Atividade cerebral no sono REM

Pesquisadores interessados nos mecanismos do REM decidiram usar varredura PET para determinar quais áreas do cérebro aumentaram ou diminuíram sua atividade durante o REM. Embora essa pesquisa possa parecer simples, PET requer a injeção de uma substância química radioativa. Imagine tentar aplicar uma injeção em pessoas que dormem sem acordá-las. Além disso, uma varredura PET só produz uma imagem nítida se a cabeça permanecer imóvel durante a coleta de dados. Se a pessoa se mexer ou virá-la mesmo que ligeiramente, a imagem desfocada é inútil.

Para superar essas dificuldades, os pesquisadores em dois estudos persuadiram pessoas jovens a dormir com a cabeça firmemente presa a máscaras que não permitiam nenhum movimento. Eles também inseriram uma cânula (tubo de plástico) no braço de cada pessoa para que pudessem injetar substâncias químicas radioativas em vários momentos durante a noite. Então, imagine-se nesse ambiente. Você tem uma cânula no braço e sua cabeça está presa a algo. Agora, tente dormir.

Como os pesquisadores previram a dificuldade de dormir nessas condições (!), eles fizeram que os participantes permaneceram acordados a noite inteira anterior. Alguém que está cansado o suficiente pode dormir mesmo em circunstâncias difíceis. (Talvez.)

Agora que você aprecia a natureza heroica dos procedimentos, eis os resultados: durante o sono REM, a atividade aumentou na ponte (que desencadeia o início do sono REM) e no sistema límbico (que é importante para respostas emocionais). A atividade diminuiu no córtex visual primário, no córtex motor e no córtex pré-frontal dorsolateral, mas aumentou nas partes do córtex parietal e temporal (Braun et al., 1998; Maquet et al., 1996). O sono REM está associado a um padrão distinto de potenciais elétricos de alta amplitude, conhecido como **ondas PGO**, que significa ponte-geniculado-occipital (ver Figura 8.16). Ondas da atividade neural são detectadas primeiro na ponte, logo depois no núcleo geniculado lateral do tálamo e, em seguida, no córtex occipital (Brooks & Bizzi, 1963; Laurent, Cespuglio, & Jouvet, 1974).

Uma via dos axônios da medula ventral que libera GABA promove o sono REM. Estimular ou inibir esses axônios pode iniciar ou interromper o REM. Aparentemente, esses axônios iniciam o REM inibindo outros neurônios inibitórios — um caso de estimulação por um duplo negativo (Weber et al., 2015). Vários outros transmissores também influenciam o REM. Injeções do fármaco *carbacol*, que estimula as sinapses de acetilcolina, leva rapidamente a pessoa adormecida ao sono REM (Baghdoyan, Spotts, & Snyder, 1993). Observe que a acetilcolina é importante tanto para a vigília como para o sono REM, estados de despertar do cérebro. A serotonina e a noradrenalina interrompem o sono REM (Boutrel, Franc, Hen, Hamon, & Adrien, 1999; Singh & Mallick, 1996).

Distúrbios do sono

Quanto sono é o suficiente? As pessoas variam geneticamente quanto a necessidade de sono. Camundongos com uma mutação genética dormem quase 4 horas por dia a mais do que outros camundongos e, se privados de um pouco desse sono extra, reagem tão mal quanto os camundongos normais que

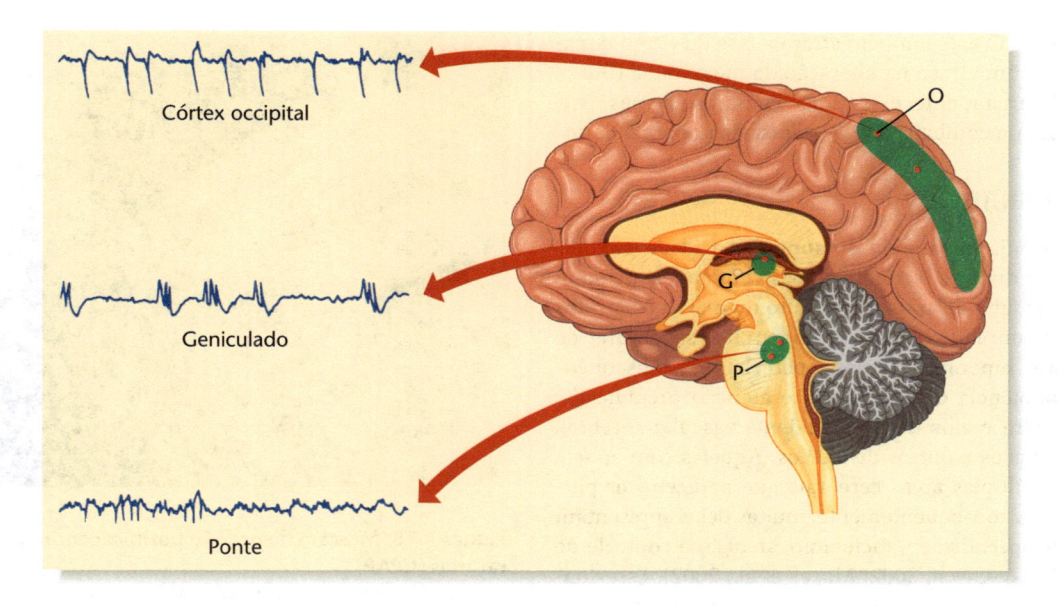

Figura 8.16 Ondas PGO
As ondas PGO começam na ponte (P) e, em seguida, aparecem no geniculado lateral (G) e no córtex occipital (O). Cada onda PGO é sincronizada com um movimento dos olhos no sono REM.

---

são privados de parte do sono, ou seja, o gene mutante aumenta a *necessidade* de sono (Funato et al., 2016). O ser humano adulto médio precisa de 7,5 horas a 8 horas de sono por noite, mas algumas pessoas precisam de mais, e sabe-se que algumas se dão bem com apenas 3 horas por noite (Jones & Oswald, 1968; Meddis, Pearson, & Langford, 1973). O melhor indicador da **insônia** — sono inadequado — é como alguém se sente no dia seguinte. Se você se sentir cansado durante o dia, é porque não está dormindo o suficiente à noite. A privação do sono prejudica a memória, atenção e cognição (Scullin & Bliwise, 2015). Também amplia as reações emocionais desagradáveis e aumenta o risco de depressão (Altena et al., 2016).

As causas da insônia incluem ruído, temperaturas desconfortáveis, estresse, dor, dieta e medicamentos. A insônia também pode ser resultado de epilepsia, doença de Parkinson, tumores cerebrais, depressão, ansiedade ou outros transtornos neurológicos ou psiquiátricos. Algumas crianças sofrem de insônia por causa da intolerância ao leite, e seus pais, não percebendo essa intolerância, lhes dão leite para beber antes de dormir (Horne, 1992). Um homem sofria de insônia até perceber que tinha medo de dormir porque odiava acordar para correr. Depois de mudar o momento de correr para o final da tarde, ele dormiu sem dificuldades. Em suma, tente identificar a razão de seus problemas de sono antes de tentar resolvê-los.

Alguns casos de insônia estão relacionados a mudanças nos ritmos circadianos (MacFarlane, Cleghorn, & Brown, 1985a, 1985b). Normalmente, as pessoas adormecem enquanto a temperatura diminui e acordam enquanto ela aumenta, como na Figura 8.17a. Alguém cujo ritmo é de *fase atrasada*, como na Figura 8.17b, tem problemas para adormecer no horário normal, como se o hipotálamo pensasse que não é tarde o suficiente (Morris, Lack, & Dawson, 1990). Alguém cujo ritmo é de *fase avançada*, como na Figura 8.17c, adormece facilmente, mas acorda cedo.

Outra causa da insônia é, paradoxalmente, o uso de comprimidos para dormir. O uso frequente causa dependência e incapacidade de dormir sem os comprimidos (Kales, Scharf, & Kales, 1978). Para a maioria das pessoas, beber café à noite

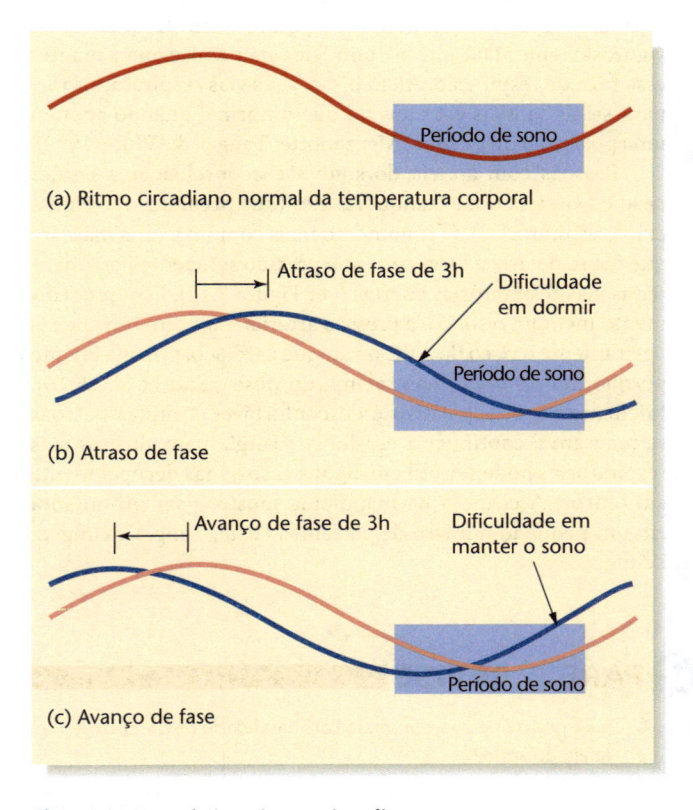

Figura 8.17 Insônia e ritmos circadianos
Pessoas com atraso de fase têm dificuldade para dormir. Pessoas com avanço de fase têm dificuldade para dormir.

interfere no sono. O café também atrasa a fase do ritmo circadiano, causando um atraso na liberação da melatonina (Burke et al., 2015). Normalmente, esse atraso causa problemas, embora possa ajudar a combater o *jet lag* após viajar para o oeste.

Apneia do sono

Um tipo de insônia é a **apneia do sono**, capacidade prejudicada de respirar durante o sono. Pessoas com apneia do sono têm períodos de falta de ar de um minuto ou mais a partir dos quais acordam com falta de ar. Elas podem não se lembrar de seus despertares, embora certamente percebam as consequências, como sonolência durante o dia e atenção prejudicada. Essas pessoas têm maior risco de acidente vascular cerebral, problemas cardíacos e outros distúrbios. Aquelas com apneia do sono têm múltiplas áreas cerebrais que parecem ter perdido neurônios e, consequentemente, muitas delas apresentam deficiências de aprendizado, raciocínio, atenção e controle de impulsos (Beebe & Gozal, 2002; Macey et al., 2002). Esses dados correlacionais não informam se as anormalidades cerebrais levaram à apneia do sono ou se a apneia do sono levou às anormalidades cerebrais. Porém pesquisas com roedores sugerem o último: camundongos submetidos a períodos frequentes de baixo oxigênio (como se não estivessem respirando) perdem alguns neurônios e prejudicam outros, especialmente nas áreas responsáveis pelo estado de alerta (Zhu et al., 2007).

A apneia do sono resulta de várias causas, incluindo genética, hormonal e deterioração pela idade avançada dos mecanismos cerebrais que regulam a respiração. Outra causa é obesidade, especialmente em homens de meia-idade. Muitos homens obesos têm vias respiratórias mais estreitas do que o normal e precisam compensar respirando com frequência ou vigorosamente. Durante o sono, eles não conseguem manter essa taxa de respiração. Além disso, suas vias respiratórias tornam-se ainda mais estreitas do que o normal quando adotam uma posição para dormir (Mezzanotte, Tangel, & White, 1992).

Pessoas com apneia do sono são aconselhadas a perder peso e evitar álcool e tranquilizantes (que prejudicam os músculos respiratórios). O tratamento mais comum é uma máscara que cobre o nariz e fornece ar sob pressão suficiente para manter as vias respiratórias abertas (ver Figura 8.18). Esse procedimento melhora o sono e a pressão arterial, mas diminui apenas ligeiramente o risco de AVC ou ataque cardíaco, provavelmente porque muitas continuam acima do peso (Guo et al., 2016). Infelizmente, o dispositivo é desconfortável e muitas pessoas se recusam a continuar a usá-lo. A cirurgia para abrir as vias respiratórias pode ser útil em alguns casos, mas decepcionante em outros. A cirurgia na mandíbula mostrou ser promissora em um pequeno número de pacientes (Tsui, Yang, Cheung, & Leung, 2016).

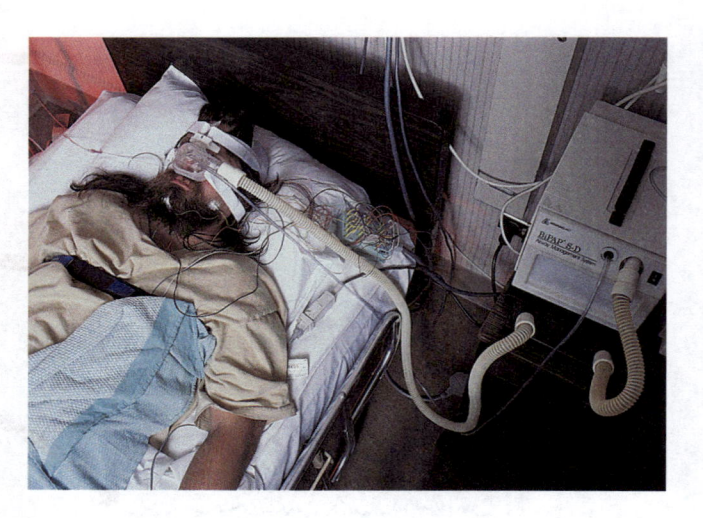

Figura 8.18 Máscara de pressão positiva contínua nas vias respiratórias (CPAP)
A máscara se ajusta perfeitamente ao nariz e fornece ar a uma pressão fixa, forte o suficiente para manter as vias respiratórias abertas.
(Fonte: Russell Curtis/Science Source)

Narcolepsia

A **narcolepsia**, condição caracterizada por períodos frequentes de sonolência durante o dia, atinge cerca de 1 pessoa em 1.000. Às vezes ocorre em famílias, mas a maioria dos casos surge em pessoas sem parentes afetados. O vírus da gripe H1N1 em 2009-2010 provocou muitos casos de narcolepsia (Tesoriero et al., 2016). A narcolepsia tem quatro sintomas principais, embora nem todos os pacientes tenham os quatro. Cada um desses sintomas pode ser interpretado como uma intrusão de um estado semelhante ao REM na vigília:

1. Crises de sonolência durante o dia.
2. Cataplexia ocasional — crise de fraqueza muscular enquanto a pessoa permanece acordada. A cataplexia costuma ser desencadeada por emoções fortes, como raiva ou grande excitação. (Um homem desmaiou repentinamente durante a cerimônia de seu casamento.)
3. Paralisia do sono — incapacidade de se mover ao adormecer ou acordar. Muitas pessoas já tiveram paralisia do sono pelo menos uma ou duas vezes, mas as pessoas com narcolepsia a apresentam com frequência.
4. Alucinações hipnagógicas — experiências oníricas que a pessoa tem dificuldade para distinguir da realidade, muitas vezes ocorrendo no início do sono.

A causa está relacionada ao neurotransmissor orexina. Pessoas com narcolepsia não têm as células hipotalâmicas que produzem e liberam a orexina (Thannickal et al., 2000). A razão da falta delas é desconhecida, mas a possibilidade mais provável é uma reação autoimune, na qual o sistema imunológico ataca parte do corpo — nesse caso, células com orexina (Hallmayer et al., 2009). Lembre-se de que a orexina é importante para manter a vigília. Consequentemente, as pessoas que não têm orexina alternam entre períodos curtos de vigília e períodos curtos de sono, em vez de permanecerem acordadas ao longo

---

PARE & REVISE

14. Que tipos de pessoa têm maior probabilidade de desenvolver apneia do sono?

RESPOSTA

14. A apneia do sono é mais comum entre pessoas com predisposição genética, idosos e homens de meia-idade com excesso de peso.

do dia. Os cães que não possuem o gene para os receptores de orexina apresentam sintomas semelhantes aos da narcolepsia humana, com alternâncias frequentes entre a vigília e o sono (Lin et al., 1999). O mesmo é verdade para camundongos que não têm orexina (Hara, 2001; Mochizuki et al., 2004).

Como discutido no Capítulo 7, as pessoas com doença de Huntington apresentam lesões generalizadas nos gânglios basais. Além disso, a maioria perde os neurônios no hipotálamo, incluindo os neurônios que produzem orexina. Como resultado, elas não conseguem permanecer acordadas durante o dia e dormir à noite (Morton et al., 2005).

Até agora, ninguém desenvolveu um fármaco que ativa especificamente os receptores de orexina. A administração de orexina em si não é uma boa opção, porque ela não atravessa prontamente a barreira hematoencefálica. O tratamento mais comum são fármacos estimulantes como o metilfenidato (ritalina), que aumentam a atividade da dopamina e noradrenalina.

PARE & REVISE

15. Qual é a relação entre orexina e narcolepsia?

RESPOSTA

15. A orexina é importante para se manter acordado. Portanto, pessoas ou animais sem a orexina ou os receptores para orexina desenvolvem narcolepsia, caracterizada por surtos de sonolência durante o dia.

Transtorno de movimento periódico de membros

Outro transtorno do sono é o **de movimento periódico dos membros**, caracterizado por movimentos involuntários repetidos das pernas e às vezes dos braços durante o sono. É diferente da síndrome das pernas inquietas, na qual as pessoas muitas vezes sentem vontade de movimentar uma perna mesmo quando estão acordadas.

Muitas pessoas, talvez a maioria, experimentam um movimento involuntário ocasional, especialmente quando começam a adormecer. Os movimentos das pernas não são um problema, a menos que se tornem persistentes. Em pessoas com distúrbio de movimento periódico dos membros, principalmente de meia-idade e mais velhos, as pernas se mexem uma vez a cada 20 a 30 segundos por minutos ou horas, principalmente durante o sono NREM.

Transtorno de comportamento REM

Para a maioria das pessoas, os principais músculos posturais permanecem relaxados e inativos durante o sono REM. Mas pessoas com **transtorno de comportamento REM** movem-se de forma vigorosa durante os períodos REM, aparentemente representando seus sonhos. Elas costumam sonhar sobre como se defender de ataques e podem dar murros, chutar e pular. Muitas vezes elas se ferem ou ferem outras pessoas e danificam propriedades (Olson, Boeve, & Silber, 2000).

Camundongos com deficiência de GABA e outros neurotransmissores inibitórios apresentam movimentos de corrida, sacudidela e mastigação durante o sono REM e, em geral, sono interrompido. Por causa dessas semelhanças aos casos humanos, os resultados sugerem que a transmissão inibitória inadequada pode ser responsável pelo transtorno de comportamento REM (Brooks & Peever, 2011).

Terrores noturnos e sonambulismo

Terrores noturnos são experiências de intensa ansiedade das quais uma pessoa acorda gritando de terror. O terror noturno é mais severo do que um pesadelo, que é simplesmente um sonho desagradável. Terrores noturnos ocorrem durante o sono NREM e são mais comuns em crianças do que em adultos. O conteúdo dos sonhos, se houver algum, geralmente é simples, como uma única imagem.

O sonambulismo ocorre em famílias e principalmente em crianças. A maioria dos sonâmbulos e muitos de seus parentes têm uma ou mais dificuldades de sono adicionais, como ronco crônico, respiração desordenada durante o sono, xixi na cama e terror noturno (Cao & Guilleminault, 2010). As causas do sonambulismo não são bem compreendidas, mas é mais comum quando as pessoas são privadas de sono ou estão sob estresse incomum (Zadra & Pilon, 2008). É mais comum durante o sono de ondas lentas no início da noite e geralmente não é acompanhado por sonhos. (Não ocorre durante o sono REM, quando os músculos grandes estão completamente relaxados.) O sonambulismo geralmente é inofensivo, mas nem sempre. Uma adolescente saiu de casa, escalou um guindaste e voltou a dormir em uma viga de apoio. Felizmente, um pedestre a viu e chamou a polícia. Sabe-se que sonâmbulos comem, reorganizam móveis, caem de varandas e dirigem carros — ignorando faixas e semáforos. Ao contrário das ações durante a vigília, as ações dos sonâmbulos são mal planejadas e geralmente não são lembradas. Evidentemente, algumas partes do cérebro estão despertas e outras adormecidas (Gunn & Gunn, 2007). Aliás, ao contrário do que se costuma dizer, não é perigoso acordar um sonâmbulo. Também não é particularmente útil, mas não é perigoso.

Um transtorno análogo é sexo durante o sono ou "sexônia", em que as pessoas dormindo se envolvem em comportamento sexual, seja com um parceiro ou por masturbação, e não se lembram disso depois. Alguns casos ocorrem quando alguém com apneia do sono acorda de repente parcialmente e confuso durante o sono NREM. Um caso resultou de um efeito colateral peculiar e aparentemente sem precedentes de um fármaco antidepressivo. Muitas pessoas com sexônia eram sonâmbulas quando crianças. No geral, o transtorno não é bem compreendido (Schenck, 2015).

Sexônia representa uma ameaça para romances e casamentos. Como disse uma mulher: "Depois de me casar há alguns anos, meu marido me disse que eu me masturbava enquanto dormia. Fiquei mortificada, pensando em todas as festas de pijama quando era menina, e então quando era mais velha e minha irmã mais nova passava a noite na minha casa! Quantas outras pessoas podem ter testemunhado sem dizer nada? Meu novo casamento está ameaçado, já que estou fazendo sexo tão bom durante o sono que não tenho nenhum desejo enquanto estou acordada. Isso está acabando com o relacionamento com meu marido." (Mangan, 2004, p. 290).

Módulo 8.2 | Conclusão
Estágios do sono

Os químicos dividem o mundo em elementos, os biólogos dividem a vida em espécies e os médicos distinguem uma doença da outra. Da mesma forma, os psicólogos tentam reconhecer as distinções mais naturais ou úteis entre os tipos de comportamento ou experiência. A descoberta dos estágios do sono foi um marco importante na psicologia porque os pesquisadores descobriram uma distinção anteriormente não reconhecida que é biológica e psicologicamente importante. Também demonstrou que medições externas — nesse caso, registros de EEG — podem ser usadas para identificar experiências internas. Hoje, temos como certo que um registro elétrico ou magnético do cérebro pode informar algo sobre a experiência de uma pessoa, mas vale a pena fazer uma pausa para observar que essa foi uma descoberta surpreendente para a época.

Resumo

1. Durante o sono, a atividade cerebral diminui, mas um estímulo pode despertar a pessoa. Alguém em coma não pode estar desperto. Um estado vegetativo ou minimamente consciente pode durar meses ou anos, durante os quais a pessoa exibe apenas respostas limitadas. A morte cerebral é uma condição sem atividade cerebral ou capacidade de resposta de qualquer tipo.

2. Ao longo de cerca de 90 minutos, a pessoa que dorme passa pelos estágios 1, 2 e sono de ondas lentas e, em seguida, retorna do estágio 2 a um estágio denominado REM (sono de movimento rápido dos olhos).

3. O sono REM ou sono paradoxal é um transtorno caracterizado por movimentos rápidos dos olhos, mais atividade cortical do que outro sono, relaxamento dos músculos posturais do corpo e maior probabilidade de sonhos vívidos.

4. O cérebro possui múltiplos sistemas de excitação. O pontomesencéfalo, hipotálamo e prosencéfalo basal incluem alguns neurônios que promovem a vigília e outros que promovem o sono.

5. O lócus cerúleo é ativo em resposta a eventos significativos. Facilita a atenção e novo aprendizado.

6. Orexina é um peptídeo que mantém a vigília. As células nos núcleos lateral e posterior do hipotálamo liberam esse peptídeo.

7. Durante o sono, a liberação aumentada de GABA limita a atividade neuronal e bloqueia a propagação da ativação. Às vezes, essa supressão é mais forte em uma área do cérebro do que em outra. Portanto, é possível que parte do cérebro esteja mais desperta do que outra.

8. O sono REM está associado à atividade em várias áreas do cérebro, incluindo ponte, sistema límbico e partes do córtex parietal e temporal. A atividade diminui no córtex pré-frontal, córtex motor e córtex visual primário.

9. O sono REM começa com ondas PGO, que são ondas de atividade cerebral transmitidas da ponte para o geniculado lateral até o lobo occipital.

10. Pessoas com apneia do sono passam longos períodos sem respirar enquanto dormem. Até agora, nenhum dos tratamentos é totalmente satisfatório.

11. Pessoas com narcolepsia têm crises de sonolência durante o dia. A narcolepsia está associada a uma deficiência do neurotransmissor orexina.

12. Sonambulismo e sexônia são casos de comportamentos um tanto propositais e confusos durante a excitação parcial do sono. É improvável que a pessoa se lembre do episódio mais tarde.

Termos-chave

Os termos estão definidos no número de página indicado. Também são apresentados em ordem alfabética com a definição no Índice remissivo/Glossário do livro, que começa na p. 589.

apneia do sono 276
coma 268
complexo K 269
estado minimamente consciente 268
estado vegetativo 268
formação reticular 271
fuso do sono 269
insônia 275
lócus cerúleo 272
morte cerebral 268
narcolepsia 276
ondas alfa 268
ondas PGO 274
orexina (ou hipocretina) 273
polissonografia 268
pontomesencéfalo 271
prosencéfalo basal 273
sono de movimento rápido dos olhos (REM) 270
sono de ondas lentas (SOL) 269
sono não REM (NREM) 270
sono paradoxal 269
terrores noturnos 277
transtorno de movimento periódico dos membros 277
transtorno do comportamento REM 277

Questão complexa

Ao contrário dos adultos, bebês alternam entre períodos curtos de vigília e cochilos curtos. O que podemos inferir sobre seus neurotransmissores?

Módulo 8.2 | Questionário final

1. Das seguintes opções, qual mostra MENOS atividade cerebral?
   A. Sono de ondas lentas
   B. Coma
   C. Estado vegetativo
   D. Estado minimamente consciente

2. Os fusos do sono no estágio 2 do sono parecem ser importantes para qual das seguintes alternativas?
   A. Consolidação da memória
   B. Inibição dos impulsos
   C. Mecanismos de defesa contra ansiedade
   D. Controle da temperatura corporal

3. O que indicam as ondas lentas de alta amplitude do sono de ondas lentas?
   A. Um aumento do nível de atividade cerebral.
   B. Sincronia entre neurônios.
   C. Contrações musculares.
   D. Respostas à estimulação sensorial.

4. Por que o sono REM também é conhecido como sono paradoxal?
   A. A atividade no hemisfério esquerdo não corresponde à atividade no hemisfério direito.
   B. Não sabíamos que ele existia até sua descoberta na década de 1950.
   C. É um sono profundo em alguns aspectos e leve em outros.
   D. Porque dois médicos o descobriu.

5. Em que momento, se houver algum, o sono de ondas lentas é mais comum?
   A. Imediatamente após adormecer.
   B. Não imediatamente, mas durante a primeira parte do sono da noite.
   C. Perto do fim do sono da noite.
   D. Durante todos os momentos proporcionalmente.

6. O que tende a ativar o lócus cerúleo?
   A. Contrações do estômago
   B. Conflito entre emoções
   C. Informações significativas
   D. Desejo sexual

7. Qual é o papel da orexina em relação à vigília e ao sono?
   A. Estimula o sono REM.
   B. Inibe a propagação da atividade cerebral enquanto alguém está dormindo.
   C. Ajuda alguém a manter-se desperto.
   D. Permanece ativa durante as alternâncias entre vigília e sono.

8. Por que as pessoas ficam inconscientes durante o sono de ondas lentas?
   A. Os transmissores inibitórios bloqueiam a propagação da atividade no córtex.
   B. Os receptores sensoriais deixam de responder a quase todos os estímulos.
   C. A atividade espontânea cessa nos neurônios do córtex.
   D. Os hormônios circulantes bloqueiam os canais de sódio nas membranas dos axônios.

9. Se você acordar, mas descobrir que temporariamente não consegue mover braços ou pernas, o que está acontecendo?
   A. Você provavelmente está desenvolvendo uma doença neurológica grave.
   B. Você provavelmente está apenas sendo preguiçoso.
   C. Você precisa de mais tempo para que o sangue flua para os músculos.
   D. A maior parte do cérebro está desperta, mas parte da ponte e medula permanece no sono REM.

10. Das seguintes alternativas, qual *não* está associada a maior probabilidade de apneia do sono?
    A. Ter um parente com apneia do sono.
    B. Ser mulher.
    C. Estar acima do peso.
    D. Ser de meia-idade.

11. A narcolepsia está ligada a um déficit de qual neurotransmissor?
    A. Dopamina
    B. GABA
    C. Orexina
    D. Acetilcolina

Respostas: 1B, 2A, 3B, 4C, 5B, 6C, 7C, 8A, 9D, 10B, 11C.

Módulo 8.3

Por que dormir? Por que REM? Por que sonhos?

Por que você dorme? "Essa é fácil", você responde. "Durmo porque me canso." Bem, sim, mas você não está cansado no sentido de fadiga muscular. Você precisa de quase tanto sono depois de um dia sentado em casa como depois de um dia de intensa atividade física ou mental (Horne & Minard, 1985; Shapiro, Bortz, Mitchell, Bartel, & Jooste, 1981). Além disso, você pode descansar os músculos tão bem enquanto está acordado quanto dormindo. (Na verdade, se seus músculos doem após exercícios extenuantes, você provavelmente terá dificuldade para dormir.)

Você se sente cansado no final do dia porque os processos inibitórios no cérebro o forçam a ficar menos excitado e menos alerta, ou seja, desenvolvemos mecanismos para provocar o sono. Por quê?

Funções do sono

O sono desempenha muitas funções. Durante o sono, descansamos os músculos, diminuímos o metabolismo, realizamos manutenção celular nos neurônios (Vyadyslav & Harris, 2013), reorganizamos sinapses e fortalecemos as memórias. Pessoas que não dormem o suficiente reagem mais gravemente do que a média a eventos estressantes (Minkel et al., 2012). Elas podem desenvolver sintomas de transtorno mental ou podem agravar os sintomas que já apresentavam (van der Kloet, Merckelbach, Giesbrecht, & Lynn, 2012). Sono inadequado é uma das principais causas de acidentes de trabalhadores e baixo desempenho de estudantes universitários. Dirigir com privação de sono é comparável a dirigir sob a influência de álcool (Falletti, Maruff, Collie, Darby, & McStephen, 2003). Mesmo uma noite de insônia ativa o sistema imunológico (Matsumoto et al., 2001), ou seja, você reage à privação do sono como se estivesse doente. Claramente, precisamos dormir. Existe, entretanto, uma razão primária ou original?

Sono e preservação de energia

Mesmo se identificássemos o que parece ser a função mais importante do sono para os humanos hoje, pode não ser a função para a qual o sono evoluiu originalmente. Por analogia, qual é a principal função dos computadores? Você pode usar um computador para escrever artigos, enviar e-mail, pesquisar na internet, jogar videogames, armazenar e exibir fotografias, reproduzir música ou marcar um encontro romântico. Todas essas são funções valiosas, mas o propósito original era fazer cálculos matemáticos. Da mesma forma, o sono provavelmente começou com uma função simples à qual a evolução adicionou outras posteriormente. Mesmo as bactérias têm ritmos circadianos de atividade e inatividade (Mihalcescu, Hsing, & Leibler, 2004). Qual benefício do sono se aplica a todas as espécies, mesmo aquelas com pouco ou nenhum sistema nervoso?

Uma hipótese provável é que a função original do sono — e ainda importante — é economizar energia (Kleitman, 1963; Siegel, 2009, 2012). Quase todas as espécies são mais eficientes em alguns momentos do dia do que em outros. Aquelas com boa visão são mais eficientes durante o dia. Aquelas que dependem de outros sentidos em vez da visão são mais eficientes à noite, quando seus predadores não podem vê-las. O sono mantém a energia durante os momentos ineficientes, quando a atividade seria um desperdício e possivelmente perigosa. A espaçonave *Rover* da Nasa, construída para explorar Marte, tinha um mecanismo para fazê-la "dormir" à noite a fim de conservar as baterias. Durante o sono, a temperatura corporal de um mamífero diminui em 1 °C ou 2 °C, o suficiente para economizar uma quantidade significativa de energia. A atividade muscular diminui, economizando mais energia. Os animais aumentam a duração do sono nos momentos de escassez de alimentos, quando a preservação de energia é especialmente importante (Berger & Phillips, 1995).

O sono é, portanto, em alguns aspectos análogo à hibernação. A hibernação é uma necessidade real. Um esquilo terrestre impedido de hibernar torna-se tão perturbado quanto uma pessoa que é impedida de dormir. Mas a função da hibernação é simplesmente conservar energia enquanto o alimento é escasso.

Análogo ao sono: hibernação

Animais em hibernação diminuem a temperatura corporal para ligeiramente acima daquela do ambiente, mas não o suficiente para que o sangue congele. A frequência cardíaca cai para quase nada, a atividade cerebral cai para quase nada, os corpos celulares dos neurônios encolhem e muitas sinapses desaparecem, regenerando mais tarde quando a temperatura corporal aumenta (Peretti et al., 2015). Alguns fatos curiosos sobre a hibernação:

1. Se os ursos hibernam ou não, é uma questão de definição. Os ursos dormem a maior parte do inverno, baixando a

temperatura corporal em alguns graus e diminuindo o metabolismo e a frequência cardíaca (Tøien et al., 2011), mas seu estado não é tão extremo quanto o de animais menores que hibernam, como morcegos e esquilos.
2. Hamsters também hibernam, e as lojas de animais geralmente não informam isso às pessoas. Se você mantém seu hamster de estimação em um local fresco e mal iluminado durante o inverno, e ele parece ter morrido, certifique-se de que não está apenas hibernando antes de enterrá-lo!
3. Muitos répteis e anfíbios ficam dormentes, um estado semelhante à hibernação, durante o inverno. Eles deprimem o metabolismo e permanecem inativos até a primavera (Sanders et al., 2015).
4. Animais em hibernação saem dela por algumas horas, uma vez a cada poucos dias ou uma vez em algumas semanas, dependendo da espécie, mas eles passam a maior parte desse tempo adormecidos (Barnes, 1996; Williams, Barnes, Richter, & Buck, 2012).
5. A hibernação retarda ou suspende o processo de envelhecimento. Hamsters que passam mais tempo hibernando têm expectativa de vida proporcionalmente mais longa do que outros hamsters (Lyman, O'Brien, Greene, & Papafrangos, 1981). Lêmures anões de cauda gorda, que hibernam, sobrevivem por mais anos do que espécies relacionadas do mesmo tamanho que não hibernam (Blanco & Zehr, 2015). A hibernação também é um período de relativa invulnerabilidade a infecções e traumas. Procedimentos que normalmente danificariam o cérebro, como inserir uma agulha nele, produzem pouco ou nenhum dano durante a hibernação (Zhou et al., 2001).

Diferenças entre espécies do sono

Se uma das principais funções do sono é diminuir a atividade em momentos de relativa ineficiência, podemos esperar encontrar pouco ou nenhum sono em espécies que são igualmente eficazes em todos os momentos do dia. Na verdade, as evidências confirmam essa expectativa. Peixes de cavernas mexicanas, que você pode comprar em uma loja de animais de estimação, são de uma espécie com uma população que vive em águas normais sujeitas ao dia e à noite, e várias populações que evoluíram para viver em cavernas sem luz e praticamente sem mudanças de temperatura. Em comparação com a população em águas normais, que em média têm mais de 13 horas de sono por dia, as populações em cavernas variam entre 2 e 4 horas de sono por dia (Duboué & Keene, 2016; Duboué, Keene, & Borowsky, 2011; Kavanau, 1998). Muitos animais que vivem perto do Polo Norte ou Sul diminuem muito o tempo de sono durante o verão, quando o Sol está constantemente acima do horizonte. Por exemplo, enquanto os maçaricos machos competem por parceiros acima do Círculo Polar Ártico, muitos deles permanecem ativos até 23 horas por dia durante quase três semanas, sem nenhum dano aparente à saúde ou ao estado de alerta (Lesku et al., 2012). Muitas renas e pinguins têm longos períodos de vigília quase constante, sem ritmo circadiano aparente (Bloch, Barnes, Gerkema, & Helm, 2013).

Algumas outras espécies abandonam ou diminuem o sono em certas circunstâncias. Depois que um golfinho ou baleia dá à luz, tanto a mãe como o filhote permanecem acordados 24 horas por dia durante as primeiras semanas, enquanto o filhote está especialmente vulnerável. Nenhum dos dois mostra qualquer sinal de dano por causa da privação de sono (Lyamin, Pryaslova, Lance, & Siegel, 2005). Mesmo em outras ocasiões, golfinhos, baleias e outros mamíferos aquáticos enfrentam um problema relacionado ao sono: em todos os momentos do dia, eles precisam estar alertas o suficiente para subir até superfície periodicamente para respirar. Para fazer isso, eles desenvolveram a capacidade de dormir em um lado do cérebro por vez. Os dois hemisférios se revezam nos períodos de sono, sempre mantendo um desperto o suficiente para controlar a natação e a respiração (Rattenborg, Amlaner, & Lima, 2000). Focas também dormem em um hemisfério por vez quando estão no mar, embora durmam nos dois hemisférios ao mesmo tempo quando estão em terra (Lyamin, Kosenko, Lapierre, Muikhametov, & Siegel, 2008).

Um andorinhão.

Andorinhões são pássaros pequenos e escuros que caçam insetos. Eles obtêm dos insetos toda a nutrição e água de que precisam. Quando um filhote de andorinhão alça voo pela primeira vez do ninho, quanto tempo você acha que dura esse primeiro voo, até pousar novamente?

A resposta: até dois anos. Exceto durante tempestades capciosas, o pássaro só pousa em solo firme quando tem idade suficiente para acasalar e construir um ninho. Nesse ínterim, ele passa dias e noites no ar. À noite, ele voa contra o vento, estende as asas e plana (Bäckman & Alerstam, 2001). Ele dorme a noite toda ao voar? Ele dorme com um hemisfério de cada vez? Ou abandonou completamente o sono? Responder a essas perguntas exigiria registro de EEG de um pequeno pássaro voando, não muito maior do que um pardal. Mas medir o EEG é mais viável em uma ave muito maior que também passa a maioria das noites no ar. Grandes fragatas voam sobre o oceano por semanas ou meses seguidos, comendo peixes voadores, lulas voadoras (sim, existe tal coisa) e qualquer outra coisa que suba até a superfície ou acima dela. Essas aves nunca pousam na água, porque suas penas se encharcariam e impediriam que voassem novamente. Assim, as fragatas passam a noite no ar. Registros de EEG mostram que elas têm períodos de sono de ondas lentas em apenas um hemisfério e períodos REM em ambos os hemisférios proporcionalmente. Além disso, os episódios de sono são breves, em média apenas 11 segundos, e totalizam menos de 45 minutos por noite. Por outro lado, quando estão em terra (principalmente para nidificar e criar filhotes), dormem 12 ou mais horas por dia (Rattenborg et al., 2016). Um pássaro voando no mar precisa de um estado de alerta quase constante, mas um grande pássaro sentado em um ninho não.

Uma grande fragata.

O leão dorme à noite... e talvez parte da manhã... e grande parte da tarde também.

Aves migratórias enfrentam um problema: durante uma ou duas semanas no outono e na primavera, elas se alimentam durante o dia e fazem os voos migratórios à noite, sobrando pouco tempo para dormir. Aparentemente diminuem a necessidade de sono durante a migração. Se uma ave é mantida em uma gaiola durante a estação de migração, ela esvoaça agitadamente à noite, dormindo apenas um terço da quantidade normal. Em certa medida, ela compensa com breves períodos de sonolência (menos de 30 segundos cada) durante o dia (Fuchs, Haney, Jechura, Moore, & Bingman, 2006). Ainda assim, ela dorme muito pouco, enquanto permanece alerta e desempenha normalmente as tarefas de aprendizagem. Se a mesma ave for privada de sono durante outras estações do ano, seu desempenho é prejudicado (Rattenborg et al., 2004). Não se sabe exatamente como um golfinho fêmea, uma grande fragata ou uma ave migratória diminuem a necessidade de sono, mas o fato de ser possível corresponde à ideia de que o sono é principalmente uma forma de conservar energia, em vez de uma maneira de atender uma necessidade que não poderia ser atendida de outras formas.

As espécies animais variam quanto aos hábitos de sono de modo que faz sentido se perguntar quantas horas o animal precisa estar acordado e, portanto, quanto tempo pode gastar preservando energia (Allison & Cicchetti, 1976; Campbell & Tobler, 1984). Os animais que pastam e precisam comer muitas horas por dia, dormem menos do que os carnívoros (comedores de carne), que atendem suas necessidades nutricionais com uma única refeição. Animais que precisam estar alertas contra predadores dormem pouco, enquanto os próprios predadores dormem facilmente. Morcegos que comem insetos permanecem ativos no início da noite, quando as mariposas e insetos semelhantes são mais abundantes, e então dormem o resto do dia (ver Figura 8.19).

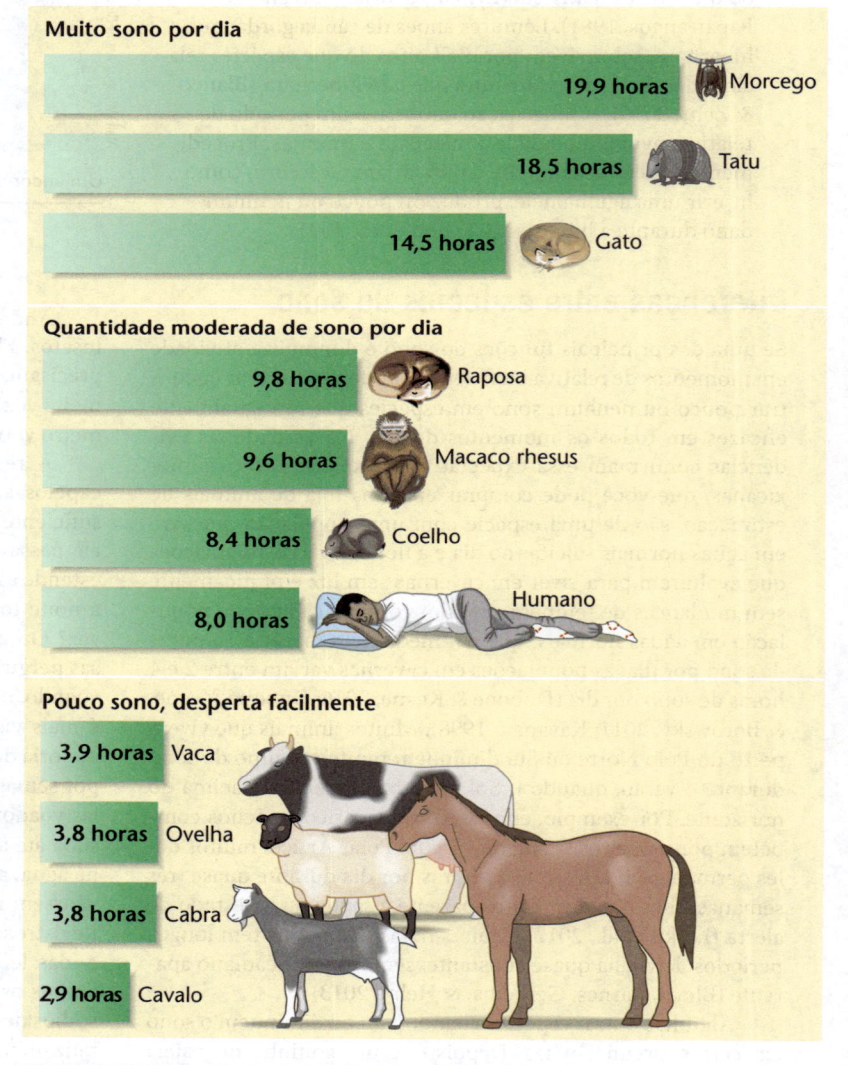

Muito sono por dia
- 19,9 horas — Morcego
- 18,5 horas — Tatu
- 14,5 horas — Gato

Quantidade moderada de sono por dia
- 9,8 horas — Raposa
- 9,6 horas — Macaco rhesus
- 8,4 horas — Coelho
- 8,0 horas — Humano

Pouco sono, desperta facilmente
- 3,9 horas — Vaca
- 3,8 horas — Ovelha
- 3,8 horas — Cabra
- 2,9 horas — Cavalo

Figura 8.19 Horas de sono por dia para várias espécies
Geralmente, os predadores e outros que estão seguros quando dormem tendem a dormir muito. Animais em risco de serem atacados enquanto dormem passam menos tempo adormecidos.

PARE & REVISE

16. O que se pode prever sobre o sono dos peixes que vivem nas profundezas do oceano?
17. Que tipo de animal tende a dormir mais do que a média?

RESPOSTAS

16. O oceano profundo, como uma caverna, não tem luz nem diferença entre o dia e a noite. Esses peixes podem não precisar dormir porque são igualmente eficientes em todos os momentos do dia e não têm razão para preservar energia em um momento mais do que em outro. 17. Os predadores dormem muito, assim como as espécies que provavelmente não serão atacadas durante o sono (como os tatus).

Sono e memória

Outra função do sono é melhorar a memória. Se você não tiver uma boa noite de sono, sua memória e cognição sofrerão no dia seguinte (Appleman, Albouy, Doyon, Cronin-Golomb, & King, 2016; Yoo, Hu, Gujar, Jolesz, & Walker, 2007). Em comparação, se você aprender algo e então dormir, ou mesmo tirar uma soneca, sua memória se solidifica e pode até se tornar melhor do que antes de dormir (Hu, Stylos-Allan & Walker, 2006; Korman et al., 2007; Nettersheim, Hallschmid, Born, & Diekelmann, 2015; Payne et al., 2015). Em um estudo, os alunos memorizavam uma lista de vocábulos estrangeiros (em suaíli) até que tivessem dito cada um corretamente apenas uma vez. Então, 12 horas depois, eles tentaram novamente. Aqueles que memorizavam a lista de manhã e tentavam novamente à noite esqueceram a maioria das palavras. Aqueles que a memorizavam à noite, dormiam e tentavam novamente pela manhã se saíram muito melhor (Mazza et al., 2016). Então, se você quiser memorizar algo, estude antes de dormir. Melhor ainda, estude antes de dormir e então reveja depois de acordar.

O sono também ajuda as pessoas a reanalisar suas memórias: em um estudo, pessoas que acabaram de praticar uma tarefa complexa tinham mais probabilidades de perceber uma regra oculta (uma experiência de triunfo) após um período de sono do que depois de um período semelhante de vigília (Wagner, Gais, Haider, Verleger, & Born, 2004). Outro estudo descobriu que um cochilo que incluía sono REM melhorava o desempenho em certos tipos de resolução criativa de problemas (Cai, Mednick, Harrison, Kanady, & Mednick, 2009), mas um cochilo à tarde também mantém alguém menos alerta do que o normal pela próxima meia hora (Groeger, Lo, Burns, & Dijk, 2011). Tanto o sono REM como o sono de ondas lentas foram associados ao fortalecimento das memórias (Boyce, Glasgow, Williams, & Adamantidis, 2016; Gais, Plihal, Wagner, & Born, 2000; Plihal & Born, 1997; Wei, Krishnan, & Bazhenov, 2016).

Como o sono melhora a memória? Os pesquisadores registraram a atividade no hipocampo durante a aprendizagem e, em seguida, registraram nos mesmos locais durante o sono, usando microeletrodos dentro das células de animais de laboratório e eletrodos no couro cabeludo de humanos. Os resultados: os padrões que ocorreram durante o sono lembravam aqueles que ocorreram durante a aprendizagem, exceto pelo fato de serem mais rápidos durante o sono. Além disso, a quantidade de atividade no hipocampo durante o sono correlacionava-se altamente com a melhoria subsequente do desempenho (Derégnaucourt, Mitra, Fehér, Pytte, & Tchernichovski, 2005; Euston, Tatsuno, & McNaughton, 2007; Huber, Ghilardi, Massimini, & Tononi, 2004; Ji & Wilson, 2007; Maquet et al., 2000; Peigneux et al., 2004). À medida que o cérebro repete as experiências durante o sono, ele forma novos ramos dendríticos e fortalece as memórias (Yang et al., 2014); mas o hipocampo também repete padrões recém-aprendidos durante períodos de vigília tranquila, não apenas durante o sono (Karlsson & Frank, 2009).

Uma maneira de o sono fortalecer a memória é eliminar as conexões menos bem-sucedidas. O capítulo sobre memória (Capítulo 12) descreve a potencialização a longo prazo, a capacidade de novas experiências para fortalecer as conexões sinápticas. Suponha que toda vez que você aprende algo, seu cérebro fortalece certas sinapses sem fazer ajustes em outro lugar. À medida que você aprendesse cada vez mais, haveria cada vez mais atividade cerebral. Na meia-idade, o cérebro pode estar queimando com atividade constante. Para evitar a hiperatividade descontrolada, o cérebro compensa o fortalecimento de algumas sinapses enfraquecendo ou removendo outras, principalmente durante o sono (Liu, Faraguna, Cirelli, Tononi, & Gao, 2010; Maret, Faraguna, Nelson, Cirelli, & Tononi, 2011; Vyazovskiy, Cirelli, Pfister-Genskow, Faraguna, & Tononi, 2008). O enfraquecimento das sinapses menos apropriadas enfatiza aquelas que foram fortalecidas durante a vigília.

PARE & REVISE

18. Como o enfraquecimento das sinapses durante o sono melhora a memória?

RESPOSTA

18. O enfraquecimento das sinapses menos ativas permite que as mais fortes se destaquem por contraste.

Funções do sono REM

Uma pessoa média passa cerca de um terço da vida dormindo e cerca de um quinto do sono em REM, totalizando cerca de 600 horas de REM por ano. Provavelmente, o REM desempenha uma função biológica. Mas qual?

Uma forma de abordar essa questão é comparar as pessoas ou animais com mais REM àqueles com menos. O sono REM é comum em mamíferos e aves, indicando que faz parte de nossa antiga herança evolutiva. Algumas espécies, entretanto, têm muito mais do que outras. Como regra, as espécies com mais horas totais de sono também têm a maior porcentagem de sono REM (Siegel, 1995). Os gatos passam até 16 horas por dia dormindo, grande parte ou a maior parte no sono REM. Coelhos, porquinhos-da-índia e ovelhas dormem menos e passam pouco tempo no sono REM.

Figura 8.20 Padrões de sono para pessoas de várias idades
O sono REM ocupa cerca de 8 horas por dia em recém-nascidos, mas menos de 2 horas na maioria dos adultos. Entretanto, o sono dos bebês não é exatamente como o dos adultos, e os critérios para identificar o sono REM não são os mesmos.
(Fonte: "Ontogenetic development of human sleep-dream cycle", de H. P. Roffwarg, J. N. Muzio, & W. C. Dement, 1966, Science, 152, pp. 604-609. © 1966 AAAS. Reproduzida com permissão)

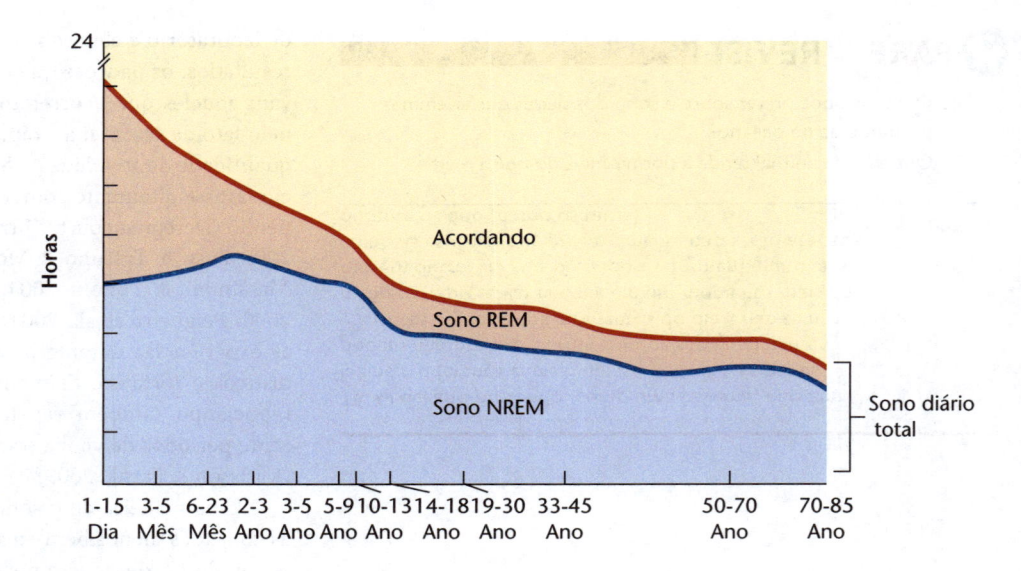

A Figura 8.20 ilustra a relação entre idade e sono REM para humanos. A tendência é a mesma para outras espécies de mamíferos. Recém-nascidos obtêm mais REM e mais sono total do que os adultos, confirmando o padrão de que mais sono total prediz uma porcentagem maior de sono REM. Entre os humanos adultos, aqueles que dormem 9 ou mais horas por noite têm a maior porcentagem de sono REM, e aqueles que dormem 5 horas ou menos têm a menor porcentagem. Esse padrão sugere que, embora o sono REM seja sem dúvida importante, o NREM é mais rigidamente regulado. A quantidade de NREM varia menos entre indivíduos e entre espécies.

Uma hipótese é que o sono REM é importante para fortalecer a memória (Crick & Mitchison, 1983). Embora a consolidação da memória ocorra durante o REM, muitas pessoas tomam medicamentos antidepressivos que diminuem gravemente o sono REM, mas não causam problemas de memória (Rasch, Pommer, Diekelmann, & Born, 2009). Pesquisas com animais de laboratório indicam que fármacos antidepressivos às vezes até aumentam a memória (Parent, Habib, & Baker, 1999).

Outra hipótese parece estranha porque tendemos a imaginar um papel glamoroso para o sono REM: David Maurice (1998) propôs que o REM apenas balança os globos oculares para frente e para trás o suficiente para levar oxigênio necessário para as córneas dos olhos. As córneas, ao contrário do resto do corpo, obtêm oxigênio diretamente do ar circundante. Durante o sono, por estarem protegidas do ar, deterioram-se ligeiramente (Hoffmann & Curio, 2003). Elas obtêm algum oxigênio do líquido atrás delas (ver Figura 5.1), mas quando os olhos estão imóveis, o líquido torna-se estagnado. Mover os olhos aumenta o suprimento de oxigênio para as córneas. De acordo com esse ponto de vista, o sono REM é uma forma de despertar a pessoa que dorme apenas o suficiente para mexer os olhos para a frente e para trás, e as outras manifestações do REM são apenas subprodutos. Essa ideia faz sentido pelo fato de que o REM ocorre principalmente no final da noite de sono, quando o líquido atrás dos olhos estaria mais estagnado. Também faz sentido o fato de que os indivíduos que passam mais horas dormindo dedicam uma porcentagem maior do sono ao REM. (Se você não dormir por muito tempo, terá menos necessidade de vibrar o líquido estagnado.) No entanto, como mencionado, muitas pessoas tomam antidepressivos que restringem o sono REM. Sabe-se que elas sofrem lesões na córnea.

✓ PARE & REVISE

19. Que tipos de pessoas têm mais sono REM do que outros? (Pense em termos de faixa etária, espécie e sono de ondas longas *versus* curtas.)

RESPOSTA

19. Boa parte do sono REM é mais comum em jovens do que em idosos, e daqueles que dormem muito do que daqueles que dormem pouco.

Perspectivas biológicas sobre o sonho

Pesquisas sobre sonho enfrentam um problema especial: tudo o que sabemos sobre sonhos vem de autorrelatos das pessoas, e os pesquisadores não têm como verificar a precisão desses relatos. Na verdade, esquecemos a maioria dos sonhos e, mesmo quando nos lembramos deles, os detalhes desaparecem rapidamente.

A hipótese da síntese de ativação

De acordo com a **hipótese da síntese de ativação**, um sonho representa o esforço do cérebro para dar sentido a informações esparsas e distorcidas. Os sonhos começam com explosões periódicas de atividade espontânea na ponte — as ondas PGO descritas anteriormente — que ativam algumas partes do córtex, mas não outras. O córtex combina essa estimulação aleatória com qualquer outra atividade que já estava ocorrendo e faz o melhor para sintetizar uma história que faça sentido da informação (Hobson & McCarley, 1977; Hobson, Pace-Schott, & Stickgold, 2000; McCarley & Hoffman, 1981)

Considere como essa teoria lida com alguns sonhos comuns. A maioria das pessoas tem sonhos ocasionais de cair ou voar. Ao dormir, você permanece deitado, ao contrário da sua postura no restante do dia. Seu cérebro na condição parcialmente estimulada percebe a sensação vestibular da sua posição e a interpreta como voando ou caindo. Você já sonhou que estava tentando se mover, mas não conseguia? A maioria das pessoas sim. Uma interpretação baseada na teoria da síntese de ativação é que durante o sono REM (que acompanha a maioria dos sonhos), o córtex motor permanece inativo e os principais músculos posturais permanecem praticamente paralisados; ou seja, ao sonhar, na verdade você *não pode* se mover, sente falta do movimento e, portanto, sonha que não consegue se mover.

Uma crítica é que as previsões da teoria são vagas. Se sonhamos que estamos caindo por causa das sensações vestibulares quando estamos deitados, por que nem *sempre* sonhamos que estamos caindo? Se sonhamos que não podemos nos mover porque os músculos estão paralisados durante o sono REM, por que nem *sempre* sonhamos que estamos paralisados? Além disso, a maioria dos sonhos não tem conexão aparente com nenhum estímulo atual (Foulkes & Domhoff, 2014; Nir & Tononi, 2010).

A hipótese neurocognitiva

A **hipótese neurocognitiva** considera os sonhos pensamentos que ocorrem em condições incomuns. Ela enfatiza que os sonhos começam com a atividade cerebral espontânea relacionada a memórias recentes (Solms, 1997, 2000).

Durante o sono, o cérebro recebe relativamente pouca informação dos órgãos dos sentidos, e as áreas visuais e auditivas primárias do córtex têm atividade mais baixa do que o normal. Portanto, outras áreas do cérebro estão livres para gerar imagens sem restrições ou interferência. Além disso, o córtex motor primário é suprimido, assim como os neurônios motores da medula espinhal, de modo que a excitação não pode levar à ação. A atividade é suprimida no córtex pré-frontal, que é importante para a memória de trabalho. Consequentemente, não apenas esquecemos a maioria dos sonhos depois que acordamos, mas também perdemos a noção do que está acontecendo dentro de um sonho, e mudanças repentinas da cena são comuns. Também perdemos o senso de volição — isto é, planejamento (Hobson, 2009). Parece que os eventos simplesmente acontecem, sem qualquer intenção de nossa parte.

Enquanto isso, a atividade permanece relativamente alta na parte inferior do córtex parietal, uma área importante para a percepção visuoespacial. Pacientes com lesões nessa área não conseguem vincular as sensações do corpo à visão. Eles também relatam que não sonham. Atividade razoavelmente alta também é encontrada em outras áreas do córtex visual, além do córtex visual primário. Essas áreas são presumivelmente importantes para as imagens visuais que acompanham a maioria dos sonhos. Por fim, a atividade é alta no hipotálamo, amídala e outras áreas importantes para emoções e motivações (Gvilia, Turner, McGinty, & Szymusiak, 2006).

Portanto, a ideia é que a estimulação interna ou externa ativa partes do córtex parietal, occipital e temporal. A excitação se transforma em uma percepção alucinatória, sem estimulação sensorial da área V1 para substituí-la. Essa ideia, como a hipótese da síntese de ativação, é difícil de testar porque não faz previsões específicas sobre quem terá qual sonho e quando.

✓ PARE & REVISE

20. De acordo com a hipótese neurocognitiva, por que temos imagens visuais durante os sonhos? Por que os sonhos às vezes constituem uma história incoerente ou ilógica?

RESPOSTA

20. Temos imagens visuais porque outras áreas do córtex visual, além do córtex visual primário, tornam-se ativas, sem nenhuma estimulação dos olhos. Os sonhos às vezes são incoerentes ou ilógicos porque baixa atividade no córtex pré-frontal significa memória fraca para o que acabou de acontecer.

Módulo 8.3 | Conclusão
Nossa autocompreensão limitada

Sem minimizar o quanto entendemos sobre o sono, vale ressaltar quantas questões básicas permanecem. Qual é a função do sono REM? Os sonhos desempenham uma função ou são simplesmente acidentes? Nossa falta de conhecimento sobre as atividades que ocupam tanto do nosso tempo ressalta uma questão sobre a biologia do comportamento: desenvolvemos tendências para nos comportarmos de certas maneiras que levam à sobrevivência e reprodução. O comportamento pode cumprir sua função mesmo quando não entendemos totalmente essa função.

Resumo

1. Uma função importante do sono é preservar energia em um momento em que o indivíduo seria menos eficiente. As espécies animais variam quanto ao número de horas de sono por dia, dependendo dos hábitos alimentares e de perigos que enfrentam durante o sono.
2. Além de economizar energia, o sono desempenha outras funções, incluindo o aprimoramento da memória.
3. O sono REM ocupa a maior porcentagem do sono nos indivíduos e espécies que dormem mais horas no total.
4. De acordo com a hipótese da síntese de ativação, os sonhos são tentativas do cérebro de dar sentido às informações que o alcançam, baseadas principalmente em dados aleatórios originados na ponte.
5. De acordo com a hipótese neurocognitiva, os sonhos se originam principalmente de motivações, memórias e excitação do próprio cérebro. A estimulação geralmente produz resultados peculiares porque não precisa competir com estímulos visuais normais e não é organizada pelo córtex pré-frontal.

Termos-chave

Os termos estão definidos no número de página indicado. Também são apresentados em ordem alfabética com a definição no Índice remissivo/Glossário do livro, que começa na p. 589.

hipótese da síntese de ativação 284

hipótese neurocognitiva 285

Questão complexa

Por que seria mais difícil privar alguém apenas do sono NREM do que somente do sono REM?

Módulo 8.3 | Questionário final

1. Certas espécies animais evoluíram para dormir muito pouco em qual destas circunstâncias?
   A. Os animais podem facilmente encontrar alimentos em abundância.
   B. O ambiente é quase o mesmo 24 horas por dia.
   C. O clima costuma mudar drasticamente de um dia para o outro.
   D. Várias espécies estreitamente relacionadas vivem na mesma área geográfica.

2. Como baleias e golfinhos obtêm oxigênio à noite?
   A. Eles absorvem oxigênio da água.
   B. Eles dormem apenas em um hemisfério de cada vez.
   C. Eles diminuem o metabolismo de modo que precisam respirar apenas algumas vezes por noite.
   D. Eles armazenam oxigênio no sistema digestório.

3. Quando as fragatas passam semanas no mar, o que fazem sobre o sono?
   A. Dormem enquanto flutuam na água.
   B. Dormem apenas em episódios breves, e não muito no geral.
   C. Não dormem absolutamente.
   D. Dormem tanto quanto de costume, mas ao planar.

4. Se quisermos prever quantas horas por dia algumas espécies dormem, qual destas perguntas seria mais útil para fazer essa previsão?
   A. Qual é a cor do animal?
   B. O animal vive ao norte ou ao sul do equador?
   C. O que o animal come?
   D. Quão inteligente é o animal?

5. O sono geralmente melhora a memória. Como?
   A. As sinapses aumentam o suprimento de serotonina e noradrenalina.
   B. Certas sinapses se enfraquecem, permitindo que outras se destaquem por contraste.
   C. A atividade cerebral em geral aumenta.
   D. O cérebro aumenta a proporção de íons de sódio para íons de potássio.

6. Dos grupos a seguir, qual tende a passar a maior porcentagem do sono no estágio REM?
   A. Lactente.s
   B. Aqueles que dormem apenas algumas horas por noit.e
   C. Animais predadores, como ovelhas e cavalo.s
   D. Adolescentes.

7. De acordo com a hipótese neurocognitiva, o que são sonhos?
   A. Os sonhos são representações disfarçadas de desejos inconscientes.
   B. Os sonhos são reações a quaisquer estímulos sensoriais presentes no momento.
   C. Os sonhos são memórias das experiências de nossos ancestrais.
   D. Os sonhos são pensamentos que ocorrem em condições incomuns.

Respostas: 1B, 2B, 3B, 4C, 5B, 6A, 7D.

Sugestões de leitura

Dement, W. C. (1992). *The sleepwatchers*. Stanford, CA: Stanford Alumni Association. Relato fascinante e divertido da pesquisa sobre sono feita por um de seus principais pioneiros.

Moorcroft, W. H. (2013). Understanding sleep and dreaming (2. ed.). New York: Springer. Excelente revisão da psicologia e neurologia do sono e dos sonhos.

Refinetti, R. (2016). Circadian physiology (3. ed.). Boca Raton, FL: CRC Press. Resumo maravilhoso da pesquisa sobre ritmos circadianos e sua relevância para o comportamento humano.

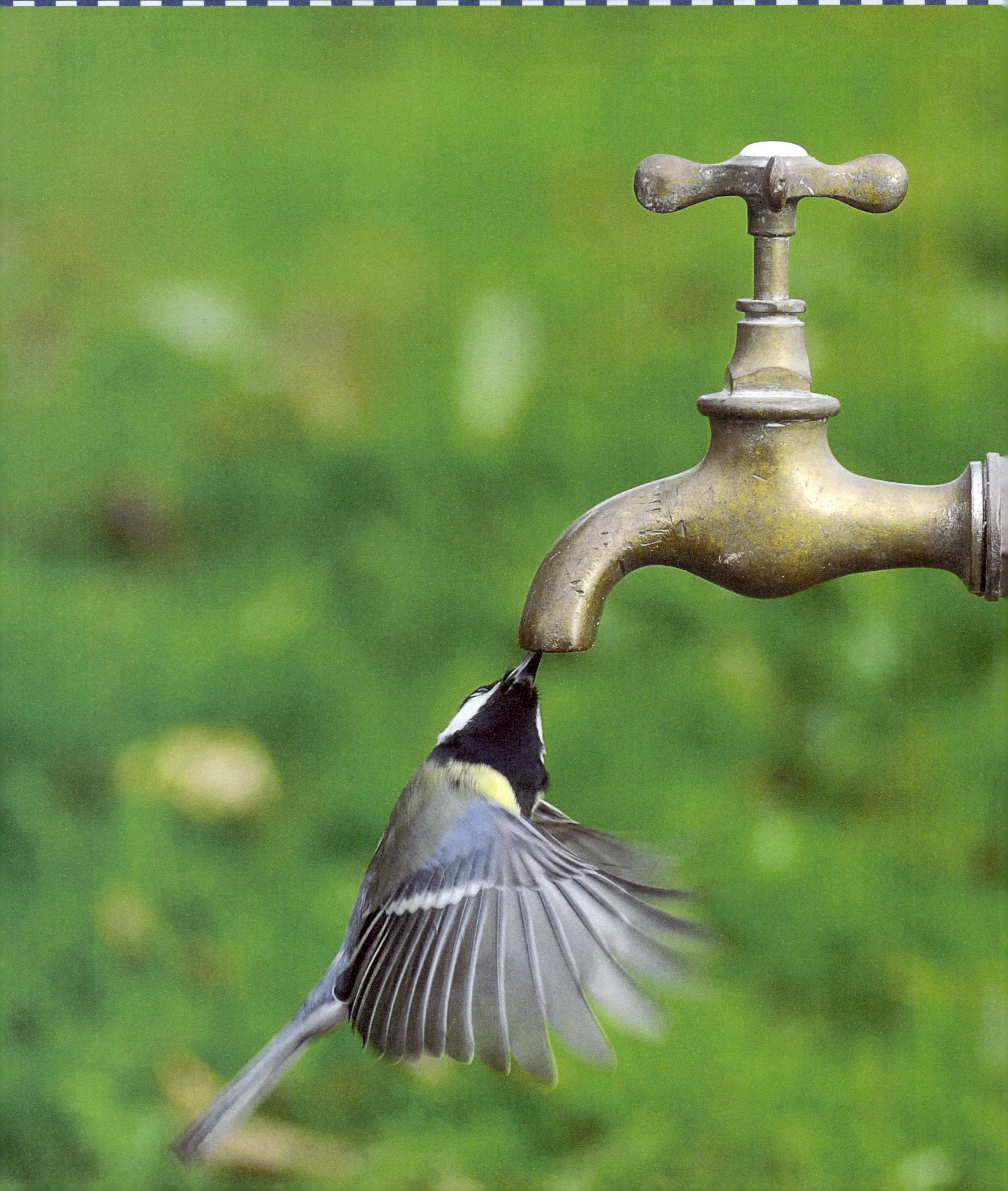

Regulação interna

Capítulo 9

O que é a vida? Podemos definir vida de várias maneiras, dependendo do contexto médico, jurídico, filosófico ou poético. Biologicamente, condição necessária para a vida é *um conjunto coordenado de reações químicas.* Nem todas as reações químicas estão vivas, mas toda a vida tem reações químicas bem reguladas.

Cada reação química em um corpo vivo ocorre em uma solução hídrica a uma velocidade que depende dos tipos de moléculas, de sua concentração e de sua temperatura. Nosso comportamento é organizado para manter as substâncias químicas certas nas proporções certas e na temperatura certa.

Sumário do capítulo

Módulo 9.1
Regulação da temperatura
Homeostase e alostase
Controlando a temperatura corporal
Conclusão: Combinando mecanismos fisiológicos e comportamentais

Módulo 9.2
Sede
Mecanismos de regulação da água
Sede osmótica
Sede hipovolêmica e fome específica de sódio
Conclusão: A psicologia e biologia da sede

Módulo 9.3
Fome
Digestão e seleção de alimentos
Regulação da alimentação de curto e longo prazo
Mecanismos cerebrais
Transtornos alimentares
Conclusão: Os múltiplos controles da fome

Objetivos de aprendizagem

Depois de estudar este capítulo, você será capaz de:
1. Listar exemplos de como a regulação da temperatura contribui para os comportamentos.
2. Explicar por que uma temperatura corporal alta constante vale toda a energia que custa.
3. Descrever por que a febre moderada é vantajosa no combate de uma infecção.
4. Diferenciar entre sede osmótica e hipovolêmica, incluindo os mecanismos cerebrais de cada uma.
5. Descrever os fatores fisiológicos que influenciam a fome e a saciedade.

Imagem da página anterior:
Toda a vida na Terra requer água, e os animais bebem onde quer que a encontrem.
(© iStockcom./StockPhotoAstur)

Módulo 9.1

Regulação da temperatura

Eis uma observação que intrigou biólogos por anos: quando uma pequena cobra de jardim macho emerge da hibernação no início da primavera, ela emite feromônios femininos nos primeiros dois dias. Os feromônios atraem machos maiores que se amontoam sobre ele, tentando copular. Provavelmente, a tendência de liberar feromônios femininos deve ter evoluído para fornecer ao pequeno macho alguma vantagem. Mas qual? Os biólogos especularam sobre as maneiras como essa experiência de pseudoacasalamento pode ajudar o pequeno macho a atrair fêmeas reais. A verdade é mais simples: um macho que acabou de sair da hibernação sente tanto frio que tem dificuldade para sair da toca. Os machos maiores emergiram da hibernação mais cedo e já tiveram a chance de se aquecer em um local ensolarado. Quando os machos maiores se aglomeram sobre o macho menor, eles o aquecem e aumentam o nível de atividade (Shine, Phillips, Waye, LeMaster, & Mason, 2001).

Eis alguns outros exemplos que a regulação da temperatura ajuda a explicar:

- Você já viu gaivotas, patos ou outras aves grandes que ficam em pé sobre uma perna só (ver Figura 9.1)? Por que eles fazem isso, quando se equilibrar sobre duas pernas pareceria mais fácil? Uma das razões é manter o calor do corpo nos dias frios. Ao se apoiarem em uma perna, eles protegem o calor na outra perna (Ehrlich, Dobkin, & Wheye, 1988).
- Os abutres às vezes defecam sobre as próprias pernas. Eles são simplesmente negligentes? Não. Eles defecam sobre as pernas em dias quentes para que as excreções que evaporam resfriem as pernas (Ehrlich, Dobkin, & Wheye, 1988).
- Por muitos anos, os biólogos ficaram intrigados com a função dos bicos enormes e desajeitados dos tucanos (ver Figura 9.2). A resposta é a regulação da temperatura (Tattersall, Andrade, & Abe, 2009). Ao voar em dias quentes, o tucano direciona mais fluxo sanguíneo para o bico, onde o ar que passa o esfria. À noite, o tucano enfia o bico sob uma asa para evitar a perda indevida de calor.
- A maioria dos lagartos tem uma vida solitária, mas as lagartixas australianas de cauda grossa às vezes se aglomeram. Por quê? Elas vivem em um ambiente com flutuações rápidas de temperatura. Elas se agrupam apenas quando a temperatura ambiente está caindo rapidamente. Ao se agruparem, elas aumentam o isolamento e evitam uma queda rápida na temperatura corporal (Shah, Shine, Hudson, & Kearney, 2003).
- A vespa gigante japonesa às vezes invade colônias de abelhas, mata uma ou mais abelhas e as leva para alimentar suas larvas. Quando uma dessas vespas invade uma colmeia de abelhas japonesas, essas formam um enxame compacto de mais de 500, envolvendo a vespa em uma pequena bola. Por quê? O calor corporal combinado de todas essas abelhas eleva a temperatura a um nível que é letal para a vespa, mas não para as abelhas (Ono, Igarashi, Ohno, & Sasaki, 1995).
- Aves migratórias fazem a maior parte dos voos migratórios à noite. Por quê? As noites são mais frescas. Uma ave voando ao meio-dia superaqueceria e frequentemente teria que parar para beber, muitas vezes em lugares onde a água doce é difícil de encontrar.

Figura 9.1 Por que as aves às vezes ficam em um só pé?
Uma razão é que manter uma perna próxima ao corpo a mantém aquecida.
(Fonte: F1online digitale Bildagentur GmbH/Alamy Stock Photo)

Figura 9.2 Por que os tucanos têm bicos tão grandes?
Eles usam os bicos para irradiar calor quando precisam resfriar o corpo. Cobrem o bico à noite para diminuir a perda de calor.

- Décadas atrás, psicólogos relataram que camundongos recém-nascidos pareciam deficientes em certos aspectos da aprendizagem, alimentação e bebida. Resultados posteriores mostraram que o problema real era o controle da temperatura. Os pesquisadores geralmente testam animais na temperatura ambiente, cerca de 20 °C a 23 °C (68 °F a 73 °F) que é confortável para humanos adultos, mas perigosamente frio para um camundongo recém-nascido isolado (ver Figura 9.3). Camundongos recém-nascidos que parecem incapazes de fazer alguma tarefa em um ambiente frio se dão muito melhor em um ambiente mais quente (Satinoff, 1991).
- Alguns estudos descobriram que camundongos fêmeas aprendiam melhor durante o período fértil (estral), mas, em outros estudos, elas aprenderam melhor um ou dois dias antes do período fértil (pró-estral). A diferença dependia da temperatura do ambiente. Camundongos no ciclo estral se dão melhor em um ambiente mais frio, provavelmente porque estão gerando muito calor por conta própria. Camundongos no ciclo pró-estral se dão melhor em um ambiente mais quente (Rubinow, Arseneau, Beverly, & Juraska, 2004).

Figura 9.3 Dificuldades de regulação da temperatura para um roedor recém-nascido
Um roedor recém-nascido não tem pelos, tem pele fina e pouca gordura corporal. Se for deixado exposto ao frio, ele se torna inativo.
(Fonte: A. Blank/NAS/Science Source)

A questão é que a temperatura afeta o comportamento de muitas maneiras que esquecemos facilmente. Os módulos sobre sede e fome, mais adiante neste capítulo, apresentam exemplos adicionais de como o controle da temperatura afeta o comportamento.

Homeostase e alostase

O fisiologista Walter B. Cannon (1929) introduziu o termo **homeostase** para se referir à regulação da temperatura e de outros processos biológicos que mantêm as variáveis do corpo dentro de um intervalo fixo. O processo lembra o termostato de uma casa com sistemas de aquecimento e refrigeração. Alguém define as temperaturas mínima e máxima no termostato. Quando a temperatura da casa cai abaixo do mínimo, o termostato aciona o aquecedor para fornecer calor. Quando a temperatura sobe acima do máximo, o termostato liga o ar condicionado. Vejamos outro exemplo: fique em pé e se equilibre em um dos pés. Sempre que seu peso alterna para a esquerda, para a direita, para a frente ou para trás, você corrige rapidamente a posição para manter o equilíbrio.

Os processos homeostáticos em animais desencadeiam atividades fisiológicas e comportamentais que mantêm certas variáveis dentro de um determinado intervalo. Em muitos casos, o intervalo é tão estreito que nos referimos a ele como **ponto de ajuste**, um único valor que o corpo trabalha para manter. Por exemplo, se há deficiência de cálcio na alimentação e a concentração no sangue começar a cair abaixo do ponto de ajuste de 0,16 g/L, os depósitos armazenados nos ossos liberam cálcio adicional no sangue. Se o nível de cálcio no sangue subir acima de 0,16 g/L, parte do excesso é armazenado nos ossos e o restante é excretado. Mecanismos semelhantes mantêm níveis sanguíneos constantes de água, oxigênio, glicose, cloreto de sódio, proteína, gordura e acidez (Cannon, 1929). Os processos que reduzem as discrepâncias do ponto de ajuste são conhecidos como **retroalimentação negativa**. Boa parte do comportamento motivado pode ser descrito como retroalimentação negativa: algo causa uma perturbação e o comportamento prossegue até aliviá-la.

No entanto, o conceito de homeostase não é totalmente satisfatório, porque o corpo não mantém uma constância completa. Por exemplo, a temperatura do corpo é cerca de meio grau Celsius mais alta no meio da tarde do que no meio da noite. A maioria dos animais mantém um peso corporal quase constante todos os dias, mas adiciona gordura corporal no outono e diminui na primavera. (O aumento da gordura é uma boa reserva na preparação para uma provável escassez de alimentos durante o inverno. Também fornece isolamento contra o frio.) Podemos descrever essas alterações como mudanças no ponto de ajuste, mas mesmo as mudanças no ponto de ajuste não são totalmente responsáveis por muitas observações. Boa parte do nosso comportamento antecipa uma necessidade antes de ela ocorrer. Por exemplo, um sinal de perigo provoca um aumento repentino na frequência cardíaca, pressão arterial e suor, preparando o corpo para atividades vigorosas. Da mesma forma, à medida que o ar começa a esquentar, a sede do pedestre aumenta e a produção de urina pelos rins diminui, antecipando prováveis sudorese e desidratação. (Outros animais fazem a mesma coisa.) Para descrever essas mudanças dinâmicas, os pesquisadores usam o termo **alostase** (da raiz grega que significa "variável" e "em pé"), que significa a forma adaptativa pela qual o corpo antecipa as necessidades dependendo da situação, evitando erros em vez de apenas corrigi-los (McEwen, 2000; Sterling, 2012). Discutiremos outros exemplos da alostase mais adiante neste capítulo. A homeostase e a alostase não funcionam de forma perfeita, é claro. Se funcionassem, não teríamos problemas como obesidade, pressão alta ou diabetes.

PARE & REVISE

1. Como a concepção da alostase difere da homeostase?

RESPOSTA

1. A homeostase mantém certas variáveis corporais dentro de um intervalo fixo, reagindo às alterações. A alostase age antecipadamente para prevenir ou minimizar a alterações.

Controlando a temperatura corporal

Se você fosse listar suas motivações mais fortes na vida, talvez não pensasse em incluir a regulação da temperatura, mas isso tem alta prioridade em termos biológicos. Um jovem adulto médio gasta cerca de 2.600 quilocalorias (kcal) por dia. Para onde você acha que vai toda essa energia? Não é para os movimentos musculares ou atividade mental. A maior parte vai para o **metabolismo basal**, a energia usada para manter uma temperatura corporal constante durante o repouso. Manter a temperatura corporal exige cerca de duas vezes mais energia do que todas as outras atividades *combinadas* (Burton, 1994). Produzimos tanto calor em grande parte pelo metabolismo nas células adiposas marrons, células que se parecem mais com células musculares do que com células de gordura branca. Elas queimam combustível como as células musculares queimam, mas o liberam diretamente na forma de calor em vez de contrações musculares.

Anfíbios, répteis e a maioria dos peixes são **ectotérmicos**, o que significa que eles dependem de fontes externas de calor corporal em vez de eles próprios gerá-lo. Um sinônimo é *poiquilotérmico*, das raízes gregas que significa "calor variado". A temperatura corporal de um animal ectotérmico é quase igual à temperatura do ambiente. As pessoas costumam chamar esses animais de "sangue frio", mas eles sentem frio apenas quando o ambiente está frio. Animais poiquilotérmicos não possuem mecanismos fisiológicos de regulação da temperatura, como tremores e suor, mas podem regular a temperatura corporal comportamentalmente. Um lagarto do deserto se move entre áreas ensolaradas, áreas sombreadas e tocas para manter uma temperatura corporal estável. Mas os métodos comportamentais não permitem que os animais mantenham o mesmo grau de constância que os mamíferos e pássaros têm.

Embora quase todos os peixes, anfíbios e répteis sejam ectotérmicos, há algumas exceções a essa regra. Alguns peixes grandes, incluindo tubarões e atuns, mantêm a temperatura corporal central bem acima da temperatura da água circundante na maior parte do tempo (Bernal, Donley, Shadwick, & Syme, 2005). Os lagartos teiú da América do Sul, quase do tamanho de um coelho grande, aumentam o metabolismo durante a temporada de acasalamento, elevando a temperatura corporal para às vezes 10 °C acima da temperatura ambiente (Tattersall et al., 2016).

Mamíferos e pássaros são **endotérmicos**, o que significa que geram calor corporal suficiente para permanecer significativamente acima da temperatura ambiente. Um sinônimo é *homeotérmico*, de raízes gregas que significam "mesmo calor". Animais endotérmicos usam mecanismos fisiológicos para manter a temperatura central quase constante. A endotermia é onerosa, especialmente para pequenos animais. Um animal *gera* calor em proporção à sua massa total, mas *irradia* calor em proporção à sua área de superfície. Um pequeno mamífero ou pássaro, como um camundongo ou um beija-flor, tem alta proporção de superfície/volume e, portanto, irradia calor rapidamente. Esses animais precisam de muito combustível todos os dias para manter a temperatura corporal.

Para nos resfriarmos quando o ar está mais quente que a temperatura corporal, temos apenas um mecanismo fisiológico, a evaporação. Os humanos suam para expor a água à evaporação. Para espécies que não suam, as alternativas são lamber-se e ofegar. À medida que a água evapora, ela esfria o corpo. Mas se o ar está úmido e quente, a umidade não evapora. Além disso, você põe em risco sua saúde se não conseguir beber o suficiente para repor a água perdida com o suor. Se você suar sem beber, você se desidrata (baixo nível de água). Você então protege a água do corpo suando menos, apesar do risco de superaquecimento (Tokizawa et al., 2010).

Vários mecanismos fisiológicos aumentam o calor do corpo em um ambiente frio. Um é tremer. Qualquer contração muscular, como tremores, gera calor. Segundo, a diminuição do fluxo sanguíneo para a pele impede que o sangue resfrie muito. A consequência é órgãos internos quentes, mas pele fria. Um terceiro mecanismo funciona bem para a maioria dos mamíferos, embora não para seres humanos: quando estão frios, eles sacodem os pelos para aumentar o isolamento. (Seres humanos também sacodem os "pelos" eriçando os minúsculos pelos da pele — "arrepios". Esse mecanismo era mais útil na época em que nossos ancestrais remotos tinham uma pelagem mais cheia.)

Também usamos mecanismos comportamentais, assim como os animais ectotérmicos. Na verdade, preferimos confiar no comportamento quando podemos. Quanto mais regulamos nossa temperatura de modo comportamental, menos energia precisamos gastar fisiologicamente (Refinetti & Carlisle, 1986). Encontrar um lugar fresco em um dia quente é muito

Figura 9.4 Uma maneira de lidar com o calor
Em um dia quente, você não faria o mesmo?
(Fonte: Sun-Journal/Ken Love/AP Images)

Figura 9.5 Regulação comportamental da temperatura corporal
Os êiders de óculos concentram o calor do corpo para derreter buracos no gelo do Oceano Ártico, sobrevivendo ao inverno sem migrar.

melhor do que transpirar (ver Figura 9.4). Encontrar um lugar quente em um dia frio é muito mais inteligente do que estremecer. Eis outros mecanismos comportamentais de regulação da temperatura:

- Usar mais roupas ou tirá-las. Essa estratégia humana corresponde ao que outros mamíferos fazem agitando ou alisando os pelos.
- Tornar-se mais ativo para se aquecer ou menos ativo para evitar o superaquecimento.
- Para se aquecer, aproxime-se de outras pessoas. Se está esperando em um ponto de ônibus em um dia frio, você pode se sentir embaraçado em sugerir a um estranho que se abracem para se manterem aquecidos. Outras espécies não têm essas inibições (ver Figura 9.5). Filhotes de pinguins-imperador se amontoam para agregar calor, aumentando o isolamento o suficiente para sobreviver ao inverno antártico. Os êiders de óculos (da família dos patos) passam o inverno no Oceano Ártico, que é quase todo coberto de gelo. Quando mais de 150 mil êiders se aglomeram, eles não apenas se aquecem, mas também fazem um grande buraco no gelo ao derretê-lo onde podem mergulhar em busca de peixes (Weidensaul, 1999).

Sobrevivendo ao frio extremo

Se a temperatura atmosférica cair abaixo de 0 °C (32 °F), você mantém a temperatura do corpo se agitando, mudando o fluxo de sangue da pele etc. Mas um animal ectotérmico, que por definição tira a temperatura do ambiente, é vulnerável. Se a temperatura corporal cair abaixo do ponto de congelamento da água, formam-se cristais de gelo. Como a água se expande quando congela, os cristais de gelo destroem os vasos sanguíneos e as membranas celulares, matando o animal.

Muitos anfíbios e répteis evitam esse risco cavando ou encontrando outros locais abrigados. Mas alguns sapos, peixes e insetos sobrevivem durante os invernos no norte do Canadá, onde até mesmo a temperatura subterrânea se aproxima de –40 °C (que também é –140 °F). Como eles fazem isso? Alguns insetos e peixes armazenam o sangue com glicerol e outras substâncias químicas anticongelantes no início do inverno

(Liou, Tocilj, Davies, & Jia, 2000). Na verdade, as rãs-madeira congelam, mas têm vários mecanismos para reduzir o dano. Elas começam retirando a maior parte do líquido de seus órgãos e vasos sanguíneos e armazenando-o nos espaços extracelulares. Portanto, os cristais de gelo têm espaço para se expandir quando se formam, sem romper os vasos sanguíneos ou células. Além disso, as rãs têm substâncias químicas que fazem com que os cristais de gelo se formem gradualmente, não em blocos. Por fim, elas têm uma capacidade extraordinária de coagulação do sangue que repara rapidamente quaisquer vasos sanguíneos rompidos (Storey & Storey, 1999).

As vantagens da temperatura corporal elevada constante

Como mencionado, gastamos cerca de dois terços de nossa energia total mantendo a temperatura corporal (metabolismo basal). Um animal ectotérmico, com um nível muito mais baixo de metabolismo basal, precisa de muito menos combustível. Se não mantivéssemos uma temperatura corporal elevada e constante, poderíamos comer menos e gastar menos esforço para encontrar alimento. Dados os custos substanciais de manutenção da temperatura corporal, isso deve fornecer uma vantagem importante, ou não teríamos desenvolvido esses mecanismos. Qual é essa vantagem?

Para obter a resposta, pense no capítulo sobre movimento: à medida que a temperatura da água cai, os peixes recrutam cada vez mais fibras musculares de contração rápida para permanecerem ativos, apesar do risco de fadiga rápida. O mesmo se aplica a anfíbios e répteis. Em um dia muito frio, um lagarto precisa mudar sua estratégia de defesa: se fugisse de um predador, ele correria mais devagar do que o normal ou recrutaria todos os seus músculos de contração rápida e se cansaria rapidamente. Então, em vez de correr, ele tenta lutar contra o predador — um ato que requer uma explosão mais breve de atividade, embora seja frequentemente uma batalha perdida (James, 2013).

Aves e mamíferos mantêm os corpos aquecidos o tempo todo e, portanto, estão constantemente prontos para atividades vigorosas, independentemente da temperatura do ar. Em outras palavras, comemos muito para suportar nosso metabolismo elevado de modo que, mesmo se o tempo estiver frio, ainda possamos correr rapidamente sem grande fadiga. Mas vamos qualificar esse ponto: em um dia frio, desviamos o sangue da periferia para proteger os órgãos internos e evitar a perda de muito calor para o ar circundante. O resultado é que os músculos não estão tão aquecidos como de costume. Um atleta competitivo precisa se aquecer, literalmente, para aumentar a temperatura dos músculos em um dia frio.

Por que os mamíferos desenvolveram uma temperatura corporal de 37 °C (98 °F) em vez de algum outro valor? Do ponto de vista da atividade muscular, ganhamos uma vantagem estando o mais aquecidos possível. Um animal mais quente tem músculos mais quentes e, portanto, corre mais rápido e com menos fadiga do que um animal mais frio. Quando um réptil tem a escolha de ambientes em diferentes temperaturas, ele geralmente escolhe se aquecer até 37 °C para 38 °C (98 °F a 100 °F) (Wagner & Gleeson, 1997).

Se mais quente é melhor, por que não nos aquecermos a uma temperatura ainda mais alta? Primeiro, manter uma temperatura mais alta requer mais combustível e energia. Segundo e mais importante, além de cerca de 41 °C (105 °F) as proteínas começam a quebrar suas ligações e perder suas propriedades úteis. A temperatura corporal das aves é de fato cerca de 41 °C.

É possível desenvolver proteínas que são estáveis em temperaturas mais altas; na verdade, animais microscópicos estranhos chamados termófilos sobrevivem em água fervente, mas para fazer isso, eles precisam de muitas ligações químicas extras para estabilizar as proteínas. As propriedades enzimáticas de uma proteína dependem de sua flexibilidade, portanto, tornar as proteínas rígidas o suficiente para suportar altas temperaturas as torna inativas em temperaturas mais moderadas (Feller, 2010). Em suma, nossa temperatura corporal de 37 °C é uma compensação entre as vantagens da alta temperatura para movimento rápido e as desvantagens da alta temperatura para a estabilidade da proteína e gasto de energia.

As células reprodutivas requerem um ambiente mais frio do que o resto do corpo (Rommel, Pabst, & McLellan, 1998). Os pássaros põem ovos e sentam sobre eles, em vez de desenvolvê-los internamente, porque a temperatura interna dos pássaros é muito alta para um embrião. Da mesma forma, na maioria dos mamíferos machos, o escroto fica fora do corpo, porque a produção de espermatozoides requer uma temperatura mais fria do que o resto do corpo. (Não é apenas para decoração.) Um homem que usa cueca muito apertada mantém os testículos muito próximos ao corpo, sobreaquece-os e produz menos espermatozoides saudáveis. Gestantes são aconselhadas a evitar banhos quentes e qualquer outra coisa que possa superaquecer o feto em desenvolvimento.

✓ PARE & REVISE

2. Qual é a principal vantagem de manter uma temperatura corporal elevada constante?

3. Por que os mamíferos evoluíram para uma temperatura de 37 °C (98 °F) em vez de qualquer outra temperatura?

RESPOSTAS

2. Uma temperatura corporal alta constante mantém o animal pronto para uma atividade muscular rápida e prolongada, mesmo em climas frios. 3. Os mamíferos têm a vantagem de estar o mais quente possível e, portanto, ser o mais rápido possível. Mas as proteínas perdem estabilidade em temperaturas muito acima de 37 °C (98 °F).

Mecanismos cerebrais

As mudanças fisiológicas que regulam a temperatura corporal — como tremores, sudorese e alterações no fluxo sanguíneo para a pele — dependem das áreas dentro e perto do hipotálamo (ver Figura 9.6), especialmente o hipotálamo anterior e a área pré-óptica, localizada um pouco anterior ao hipotálamo anterior. (É chamado *pré-óptico* porque está próximo ao quiasma óptico, onde os nervos ópticos se interseccionam.) Por causa da estreita relação entre a área pré-óptica e o hipotálamo anterior, os pesquisadores costumam tratá-los como

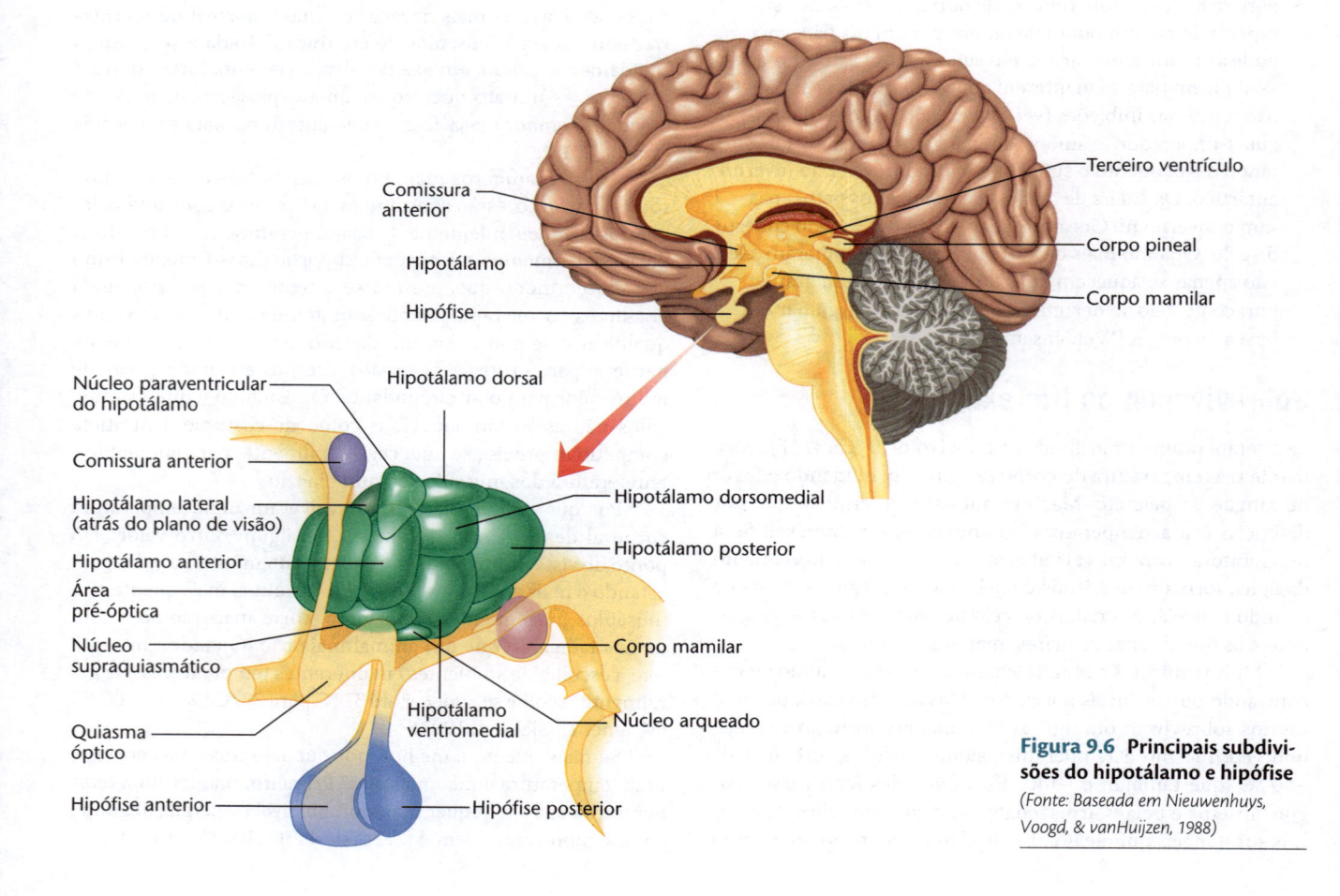

Figura 9.6 Principais subdivisões do hipotálamo e hipófise

(Fonte: Baseada em Nieuwenhuys, Voogd, & vanHuijzen, 1988)

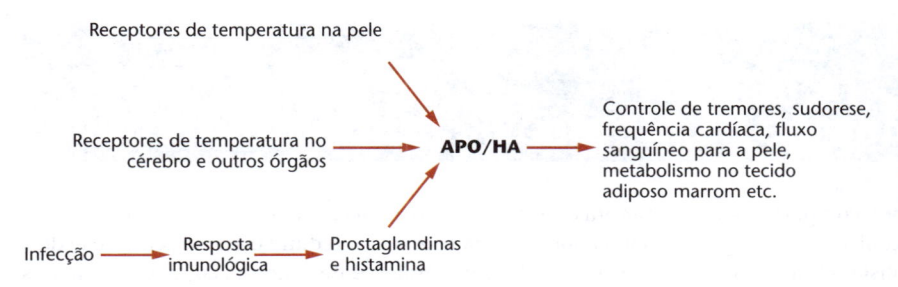

Figura 9.7 Integração das informações de temperatura pela APO/HA
Se o cérebro e a pele estão superaquecidos, a APO/HA envia sinais que levam à sudorese e outros métodos de perda de calor. Se o cérebro e a pele estão resfriados, ou se as prostaglandinas e a histamina indicam uma infecção, a APO/HA inicia tremores, aumento da frequência cardíaca, diminuição do fluxo sanguíneo para a pele e aumento do metabolismo pelo tecido adiposo marrom.

uma única área, a **área pré-óptica/hipotálamo anterior**, ou **APO/HA** (*preoptic area/anterior hypothalamus*). A APO/HA e algumas outras áreas hipotalâmicas enviam informações para o núcleo da rafe do rombencéfalo, que controla as respostas autonômicas, como tremores, sudorese, alterações na frequência cardíaca e no metabolismo, e mudanças no fluxo sanguíneo para a pele (Morrison, 2016; Yoshida, Li, Cano, Lazarus, & Saper, 2009).

A APO/HA integra diversas informações (Nakamura, 2011). Ela recebe estimulação dos receptores de temperatura na pele, nos órgãos e no hipotálamo (Song et al., 2016). Se a pele ou o hipotálamo estão quentes, o animal transpira ou respira vigorosamente e procura um local mais fresco. Se ambos estão frios, o animal estremece e procura um local mais quente. O animal reage com mais vigor se a pele e o hipotálamo estão quentes ou frios. A APO/HA também recebe estímulos do sistema imunológico, que reage a uma infecção enviando prostaglandinas e histaminas para a APO/HA (Ek et al., 2001; Leon, 2002; Tabarean, Sanchez-Alavez, & Sethi, 2012). Essas substâncias químicas são a causa de tremores, aumento do metabolismo e outros processos que produzem febre. Pessoas que não têm os receptores apropriados para essas substâncias químicas não desenvolvem febre, mesmo quando têm pneumonia ou doenças semelhantes (Hanada et al., 2009). A Figura 9.7 resume o papel da APO/HA.

A APO/HA não é a única área do cérebro que detecta a temperatura, mas é a principal área de controle dos mecanismos fisiológicos de regulação da temperatura, como suor ou tremores. Após lesões na APO/HA, os mamíferos ainda conseguem regular a temperatura corporal, mas com menos eficiência. Eles também usam os mecanismos comportamentais que um lagarto pode usar, como buscar um local mais quente ou mais frio (Satinoff & Rutstein, 1970; Van Zoeren & Stricker, 1977).

Febre

A febre representa um ponto de ajuste elevado para a temperatura corporal. Assim como você estremece ou transpira quando a temperatura do corpo cai abaixo ou sobe acima de 37 °C, quando você tem febre de, digamos, 39 °C (102 °F), você estremece ou transpira sempre que a temperatura desvia-se desse nível. Em outras palavras, a febre não é algo que uma infecção causa no corpo; é algo que o hipotálamo orienta o corpo a produzir. Mudar para um ambiente mais frio não diminui a febre. O corpo funciona mais intensamente para manter a temperatura no nível febril.

Como os coelhos recém-nascidos têm hipotálamo imaturo, eles não tremem em resposta a infecções. Se eles pudessem escolher os ambientes, no entanto, eles selecionariam um local quente o suficiente para aumentar a temperatura corporal e produzir febre por meios comportamentais (Satinoff, McEwen, & Williams, 1976). Peixes e répteis com infecção também escolhem um ambiente quente o suficiente, se conseguirem encontrar um, para produzir uma temperatura corporal febril (Kluger, 1991). Mais uma vez, a questão é que a febre é algo que o animal utiliza para combater uma infecção.

A febre faz bem? Certos tipos de bactérias crescem menos vigorosamente em altas temperaturas do que em temperaturas normais do corpo de mamíferos. Além disso, o sistema imunológico funciona com mais vigor em uma temperatura mais alta (Skitzki, Chen, Wang, & Evans, 2007). Em igualdade de circunstâncias, o desenvolvimento de febre moderada aumenta a probabilidade de um indivíduo sobreviver a uma infecção bacteriana (Kluger, 1991). Mas febre acima de cerca de 39 °C (103 °F) em humanos faz mais mal do que bem, e febre acima de 41 °C (109 °F) é fatal (Rommel, Pabst, & McLellan, 1998).

PARE & REVISE

4. Quais são as fontes de estimulação da APO/HA?
5. Se você sofresse uma lesão na APO/HA, o que aconteceria com a temperatura do seu corpo?

RESPOSTAS

4. A APO/HA recebe informações sobre temperaturas na pele, nos órgãos e no hipotálamo. Também recebe prostaglandinas e histaminas quando o sistema imunológico detecta uma infecção. **5.** Você seria muito menos capaz de tremer, transpirar ou controlar outros mecanismos fisiológicos que controlam a temperatura corporal. Mas você ainda pode tentar encontrar um lugar no ambiente que o mantenha próximo à sua temperatura normal.

PARE & REVISE

6. Que evidências indicam que a febre é uma adaptação para combater doenças?

RESPOSTA

6. O corpo vai tremer ou transpirar para manter a temperatura elevada em um nível quase constante. Além disso, peixes, répteis e mamíferos imaturos com infecções usam meios comportamentais para elevar sua temperatura a um nível febril. Além disso, febre moderada inibe o crescimento bacteriano e aumenta a probabilidade de sobreviver a uma infecção bacteriana.

Módulo 9.1 | Conclusão
Combinando mecanismos fisiológicos e comportamentais

Os mecanismos fisiológicos e os mecanismos comportamentais trabalham juntos. O corpo possui mecanismos fisiológicos para manter a temperatura corporal constante, incluindo tremores, transpiração e mudanças no fluxo sanguíneo. Você também depende de mecanismos comportamentais, como encontrar um lugar mais fresco ou mais quente, colocar ou remover roupas etc. A redundância reduz seu risco: se um mecanismo falhar, outro mecanismo virá em seu socorro. Não é, porém, uma verdadeira redundância no sentido de dois mecanismos fazerem exatamente a mesma coisa. Cada um dos mecanismos de regulação da temperatura resolve um aspecto do problema de uma maneira diferente. Veremos esse tema mais uma vez nas discussões sobre sede e fome.

Resumo

1. É fácil ignorar a importância da regulação da temperatura. Muitos comportamentos dos animais aparentemente estranhos fazem sentido como formas de aquecer ou resfriar o corpo.
2. A homeostase é a tendência de manter uma variável corporal perto de um ponto definido. Temperatura, fome e sede são quase homeostáticas, mas o ponto de ajuste muda em várias circunstâncias.
3. Uma temperatura corporal elevada permite que um mamífero ou ave se mova rapidamente sem fadiga excessiva, mesmo em um ambiente frio.
4. Do ponto de vista da atividade muscular, quanto mais alta a temperatura corporal, melhor. Mas conforme as temperaturas aumentam, a estabilidade da proteína diminui e mais energia é necessária para manter a temperatura corporal. Temperatura corporal dos mamíferos de 37 °C é um meio-termo entre essas considerações concorrentes.
5. A área pré-óptica e o hipotálamo anterior (APO/HA) são essenciais para o controle da temperatura. As células monitoram sua própria temperatura e a da pele e órgãos. Quando recebem informações indicando uma infecção, eles iniciam respostas que produzem febre.
6. Todos os animais dependem parcialmente de mecanismos comportamentais para regulação da temperatura.
7. Febre moderada ajuda um animal a combater infecção.

Termos-chave

Os termos estão definidos no número de página indicado. Também são apresentados em ordem alfabética com a definição no Índice remissivo/Glossário do livro, que começa na p. 589.

alostase **291**
área pré-óptica/hipotálamo anterior (APO/HA) **295**
ectotérmicos **292**
endotérmicos **292**
homeostase **291**
metabolismo basal **292**
ponto de ajuste **291**
retroalimentação negativa **291**

Questão complexa

Especule por que as aves têm temperaturas corporais mais altas do que os mamíferos.

Módulo 9.1 | Questionário final

1. O que significa alostase?
   A. Processos que reagem a qualquer mudança para trazer o corpo de volta ao equilíbrio.
   B. Processos que antecipam necessidades futuras.
   C. Mudanças aleatórias nos processos internos do corpo.
   D. Os níveis ideais de todas as variáveis corporais.

2. Bem mais da metade da energia do corpo humano é dedicada a qual das seguintes opções?
   A. Metabolismo basal
   B. Contrações musculares
   C. Atividade cerebral
   D. Manter o coração funcionando

3. Como os animais ectotérmicos regulam a temperatura corporal, se é que o fazem?

   A. Eles se mudam para um local com uma temperatura mais favorável.
   B. Eles usam mecanismos fisiológicos, como tremores e suor.
   C. Eles aumentam a taxa metabólica.
   D. Eles não regulam de forma alguma a temperatura do corpo.

4. Qual dos seguintes é um animal ectotérmico?

   A. Pinguim
   B. Humano
   C. Camundongo
   D. Cobra

5. Qual é a principal vantagem de manter uma temperatura corporal elevada constante?

   A. Isso poupa a energia de ter de procurar uma temperatura cômoda.
   B. Mantém os músculos prontos para atividades rápidas e prolongadas, mesmo em clima frio.
   C. Permite que o sistema digestório processe uma grande variedade de nutrientes.
   D. Permite sobreviver em climas mais quentes.

6. Se inseríssemos uma sonda na APO/HA e a aquecêssemos, o que aconteceria?

   A. Você suaria.
   B. Você tremeria.
   C. Você procuraria um ambiente mais quente.
   D. Os receptores cutâneos sensíveis à temperatura se tornariam mais sensíveis.

7. Quando você tem uma infecção, o que causa a febre?

   A. O agente infeccioso estimula o coração a bater mais rápido.
   B. O agente infeccioso prejudica a atividade do hipotálamo.
   C. O sistema imunológico fornece prostaglandinas e histamina ao hipotálamo.
   D. O sistema imunológico diminui o fluxo sanguíneo para o cérebro.

8. Qual das alternativas a seguir é a descrição mais correta da febre?

   A. A febre é uma forma de o corpo lutar contra bactérias.
   B. A febre é uma maneira como as bactérias causam danos ao corpo.
   C. A febre indica que a APO/HA não está funcionando corretamente.
   D. A febre é resultado da sincronia entre o coração e os pulmões.

Respostas: 1B, 2A, 3A, 4D, 5B, 6A, 7C, 8A.

Módulo 9.2

Sede

A água constitui cerca de 70% do corpo dos mamíferos. Como a concentração de substâncias químicas na água determina a taxa de todas as reações químicas no corpo, é necessário manter a água no corpo dentro de limites estreitos. O corpo também precisa de líquido suficiente no sistema circulatório para manter a pressão arterial normal. Você poderia sobreviver por dias, talvez semanas, sem alimento, mas não por muito tempo sem água.

Mecanismos de regulação da água

As espécies diferem quanto as estratégias de manutenção hídrica. Castores e outros animais que vivem em rios ou lagos bebem muita água, comem alimentos úmidos e excretam urina diluída. Por outro lado, a maioria dos ratos-do-deserto e outros animais do deserto passam a vida sem beber quase nada de água. Eles conseguem água dos alimentos e têm muitas adaptações para evitar a perda hídrica, incluindo a capacidade de excretar fezes secas e urina concentrada. Incapazes de suar, eles evitam o calor do dia cavando sob o solo. Suas vias nasais altamente complexas minimizam a perda de água quando expiram.

Os seres humanos variam a estratégia com base nas circunstâncias. Se você não conseguir encontrar o suficiente para beber ou se a água tiver gosto ruim, você preserva a água excretando urina mais concentrada e diminuindo o suor, assim como um rato-do-deserto, embora não no mesmo extremo. A hipófise posterior (ver Figura 9.6) libera o hormônio **vasopressina** que aumenta a pressão arterial ao contrair os vasos sanguíneos. (O termo *vasopressina* é proveniente dos termos em inglês *vascular press*ure.) O aumento da pressão ajuda a compensar a diminuição do volume sanguíneo. A vasopressina também é conhecida como **hormônio antidiurético (ADH)** porque permite que os rins reabsorvam a água da urina e, portanto, tornem a urina mais concentrada. (*Diurese* significa "urina".) Também pode-se aumentar a secreção de vasopressina ao dormir para preservar a água do corpo enquanto não é possível beber algo (Trudel & Bourque, 2010). A vasopressina ajuda a passar a noite sem ir ao banheiro.

Na maioria dos casos, nossa estratégia está mais próxima daquela dos castores: bebemos mais do que precisamos e excretamos o excesso. (Mas se você beber muito sem comer, como muitos alcoólatras fazem, você pode excretar sais corporais suficientes para se prejudicar.) Bebemos quase sempre durante as refeições ou em situações sociais, e a maioria das pessoas raramente sente sede intensa.

✓ PARE & REVISE

7. Se você não tivesse vasopressina, você tomaria líquidos como um castor ou como um rato-do-deserto? Por quê?

RESPOSTA

7. Se você não tivesse vasopressina, teria de beber mais como um castor. Você excretaria muito líquido, então precisaria beber uma quantidade igual para repô-lo.

Sede osmótica

Podemos distinguir dois tipos de sede. Comer alimentos salgados causa sede *osmótica*, e a perda de líquido por sangramento ou suor induz a sede *hipovolêmica*.

A concentração combinada de todos os *solutos* (moléculas em solução) nos líquidos corporais de mamíferos permanece em um nível quase constante de 0,15 M (molar). (Molaridade é uma medida do número de partículas por unidade de solução, independentemente do tamanho de cada partícula. Uma solução de 1,0 M de açúcar e uma solução de 1,0 M de cloreto de sódio têm o mesmo número de moléculas por litro.) Essa concentração fixa de solutos é um ponto de ajuste, semelhante ao ponto de ajuste para temperatura. Qualquer desvio ativa mecanismos que restauram a concentração de solutos ao ponto de ajuste.

Pressão osmótica é a tendência de a água fluir através de uma membrana semipermeável da área de baixa concentração de soluto à área de maior concentração. Uma membrana semipermeável é aquela através da qual a água pode passar, mas não os solutos. A membrana que envolve uma célula é quase uma membrana semipermeável porque a água flui livremente e vários solutos fluem lentamente ou não fluem entre o *líquido intracelular* dentro da célula e o *líquido extracelular* fora dela. A pressão osmótica ocorre quando os solutos estão mais concentrados em um lado da membrana do que no outro.

Se você comer algo salgado, os íons de sódio se propagam pelo sangue e líquido extracelular, mas não atravessam as membranas até as células. O resultado é uma concentração maior de solutos (incluindo sódio) fora das células do que dentro. A pressão osmótica resultante extrai água das células até o líquido extracelular. Certos neurônios detectam a própria perda hídrica e então disparam a **sede osmótica**, um impulso por água que ajuda a restaurar o estado normal (ver Figura 9.8).

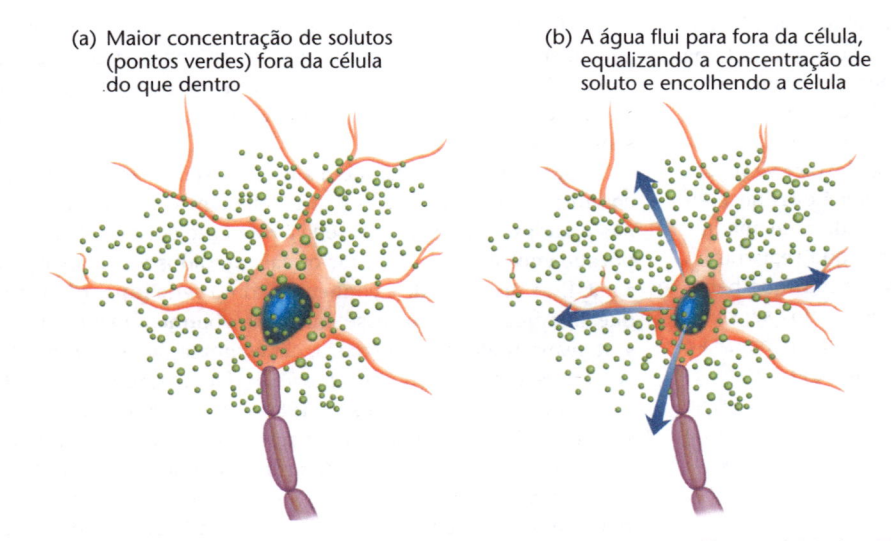

Figura 9.8 A consequência de uma diferença na pressão osmótica
(a) Suponha que um soluto como o NaCl esteja mais concentrado fora da célula do que dentro. (b) A água flui por osmose para fora da célula até que as concentrações sejam iguais. Os neurônios em certas áreas do cérebro detectam a desidratação e provocam sede.
(Fonte: Ilustração de Margareth Baldissara com adaptação de Marcelo Ventura com base na ilustração de © Argosy Publishing Inc.)

(a) Maior concentração de solutos (pontos verdes) fora da célula do que dentro

(b) A água flui para fora da célula, equalizando a concentração de soluto e encolhendo a célula

Os rins também excretam urina mais concentrada para livrar o corpo do excesso de sódio e reter o máximo de água possível.

Como o cérebro detecta a pressão osmótica? Ele possui receptores ao redor do terceiro ventrículo, incluindo o **OVLT** (órgão vascular da lâmina terminal) e o **órgão subfornical (OSF)** (Hiyama, Watanabe, Okado, & Noda, 2004) (ver Figura 9.9). Esses receptores detectam a pressão osmótica e o teor de sódio no sangue (Tiruneh, Huang, & Leenen, 2013). OVLT também recebe informações de receptores no trato digestório, permitindo-lhe antecipar uma necessidade osmótica antes que o restante do corpo a experimente (Bourque, 2008).

As áreas cerebrais adjacentes ao terceiro ventrículo estão em uma boa posição para monitorar o teor no sangue, porque a barreira hematoencefálica é fraca nessa área, permitindo a entrada de substâncias químicas que não chegaram aos neurônios em outras partes do cérebro. O perigo, claro, é que uma barreira hematoencefálica fraca expõe os neurônios a potenciais danos. Pelo menos em camundongos, novos neurônios se formam nessa área, substituindo aqueles que podem ter morrido (Hourai & Miyata, 2013). Outras espécies ainda não foram testadas.

O órgão subfornical possui uma população de neurônios que aumenta a sede e outra população que a suprime (Abbott, Machado, Geerling, & Saper, 2016; Oka, Ye, & Zuker, 2015). Esses axônios se combinam com a estimulação do OVLT, do estômago e de outros lugares para fornecer estímulos para o hipotálamo. A **área pré-óptica lateral** e as partes adjacentes do hipotálamo controlam a ingestão de líquidos (Saad, Luiz, Camargo, Renzi, & Manani, 1996). O **núcleo supraóptico** e o **núcleo paraventricular (NPV)** controlam a velocidade com que a hipófise posterior libera vasopressina.

Tudo isso é verdade, até certo ponto: quando as células começam a se tornar desidratadas, elas estimulam a sede osmótica. Porém, lembre-se do conceito de alostase: o corpo não reage apenas às necessidades, mas também as antecipa. Por exemplo, ao fazer uma refeição, especialmente uma refeição salgada, as células precisarão de água, mas você bebe de uma vez ao invés de esperar até que a pressão osmótica mude. Além disso, como um estudo com camundongos demonstrou, pouco antes da hora de dormir, o ritmo circadiano do corpo desencadeia um aumento da secreção de vasopressina, que inibe a necessidade de urinar e, portanto, ajuda a reter água quando não é possível beber. Ao mesmo tempo, a vasopressina estimula a sede (Gizowki, Zaelzer, & Bourque, 2016). É por isso que você frequentemente sente vontade de beber algo um pouco antes de dormir, mesmo que a pressão osmótica das células esteja normal nesse momento.

Figura 9.9 Os receptores do cérebro para pressão osmótica e volume sanguíneo
Esses neurônios estão em áreas ao redor do terceiro ventrículo do cérebro, onde nenhuma barreira hematoencefálica impede que substâncias químicas no sangue entrem no cérebro.
(Fonte: Baseada em parte em DeArmond, Fusco, & Dewey, 1974; Weindl, 1973)

Quando você está com sede, como saber quando parar de beber? Você *não* continua a beber enquanto o sistema digestório absorve a água e então o sistema circulatório a bombeia para o hipotálamo. Esse processo leva 15 minutos ou mais, e se você continuasse bebendo por tanto tempo, beberia muito mais do que precisa. Mais uma vez, a alostase vem para salvar: não apenas você começa quando antecipa uma necessidade futura, mas também para de beber quando antecipa que atendeu uma necessidade. Os pesquisadores que registraram a atividade cerebral de camundongos descobriram que beber por um minuto suprimia a atividade dos neurônios sensíveis à sede no órgão subfornical, muito antes de a água chegar ao sangue, muito menos ao cérebro (Zimmerman et al., 2016). O resfriamento da língua também suprimia a atividade do órgão subfornical. Assim, podemos concluir que beber pode servir a dois propósitos, a necessidade de água e a necessidade de regulação da temperatura.

PARE & REVISE

8. A adição de sal aos líquidos extracelulares do corpo aumentaria ou diminuiria a sede osmótica?
9. Por que é provável que você sinta sede um pouco antes de dormir? Você sentiria a mesma sede se fosse dormir em um horário incomum?

RESPOSTAS

8. Adicionar sal aos líquidos extracelulares aumentaria a sede osmótica porque puxaria água das células para os espaços extracelulares. 9. Na hora de dormir, o corpo secreta vasopressina, que ajuda a preservar a água e também estimula a sede. As duas respostas o ajudam a passar a noite enquanto você não pode beber. O ritmo circadiano desencadeia o aumento da vasopressina, assim você não sentiria tanta sede antes de ir dormir em um horário incomum.

Sede hipovolêmica e fome específica de sódio

Suponha que você perca uma quantidade significativa de líquidos corporais por sangramento, diarreia ou suor. Embora a pressão osmótica do corpo permaneça constante, você precisa de líquido. O coração tem problemas para bombear sangue até a cabeça e os nutrientes não fluem tão facilmente como de costume para as células. Os receptores nos rins e nos vasos sanguíneos reagem à diminuição da pressão sanguínea, enviando mensagens ao cérebro para liberar vasopressina, que contrai os vasos sanguíneos e preserva o líquido que você ainda tem. Além disso, os rins liberam a enzima *renina,*, que divide uma parte do angiotensinogênio, uma grande proteína no sangue, para formar a angiotensina I, que outras enzimas convertem em **angiotensina II**. Como a vasopressina, a angiotensina II contrai os vasos sanguíneos, compensando a queda da pressão sanguínea (ver Figura 9.10).

A angiotensina II também ajuda a desencadear a sede, em conjunto com os receptores que detectam a pressão arterial nas grandes veias. Mas essa sede é diferente da sede osmótica, porque você precisa restaurar os sais perdidos e não apenas a água. Esse tipo de sede é conhecido como **sede hipovolêmica**, que significa sede com base em baixo volume. Quando a angiotensina II alcança o cérebro, ela estimula os neurônios em áreas adjacentes ao terceiro ventrículo (Fitts, Starbuck, & Ruhf, 2000; Mangiapane & Simpson, 1980; Tanaka et al., 2001). Esses neurônios enviam axônios para o hipotálamo, onde liberam angiotensina II como seu neurotransmissor (Tanaka, Hori, & Nomura, 2001); ou seja, os neurônios ao redor do terceiro ventrículo respondem à angiotensina II e a liberam. Como em muitos outros casos, a conexão entre um neurotransmissor e sua função não é arbitrária. O cérebro usa uma substância química que já desempenhava uma função relacionada em outra parte do corpo.

Embora um animal com sede osmótica precise de água, um com sede hipovolêmica não pode beber muita água pura. A água pura diluiria seus líquidos corporais e diminuiria a concentração de soluto no sangue. O animal, portanto, aumenta sua preferência por água salgada (Stricker, 1969).

Um animal que se torna deficiente em sódio apresenta forte preferência imediata por sabores salgados, conhecidos como **fome específica de sódio** (Richter, 1936), mesmo para soluções salinas extremamente concentradas que ele normalmente rejeitaria (Robinson & Berridge, 2013). Neurônios em várias áreas do cérebro reagem repentinamente com muito mais força do que o normal aos sabores salgados (Tandon, Simon, & Nicolelis, 2012). Você mesmo deve ter percebido esse fenômeno. Uma mulher na época da menstruação, ou qualquer pessoa que transpirou muito, acha que lanches salgados têm um gosto especialmente bom. Por outro lado, fome específica por outras vitaminas e minerais devem ser aprendidas por tentativa e erro (Rozin & Kalat, 1971).

A fome específica por sódio depende em parte dos hormônios (Schulkin, 1991). Quando as reservas de sódio do corpo estão baixas, as adrenais suprarrenais produzem **aldosterona**, um hormônio que faz com que os rins, as glândulas salivares e as glândulas sudoríparas retenham sal (Verrey & Beron, 1996). A aldosterona e a angiotensina II, em conjunto, alteram as propriedades dos receptores gustativos na língua, neurônios no núcleo do trato solitário (parte do sistema gustativo) e neurônios em outras partes do cérebro para aumentar a ingestão de sal (Krause & Sakal, 2007). Observe que a aldosterona indica

| Baixa volume arterial | → | Os rins liberam renina no sangue | → | Proteínas no sangue formam angiotensina I | → | Angiotensina I é convertida em angiotensina II | → | A angiotensina II contrai os vasos sanguíneos e estimula as células do órgão subfornical a aumentar o consumo de álcool |

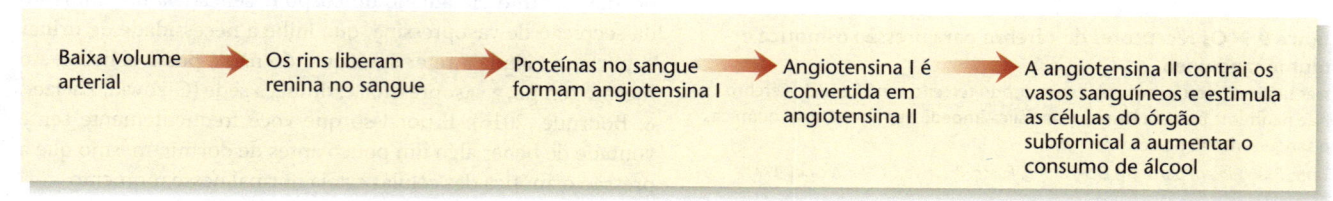

Figura 9.10 Resposta hormonal à hipovolemia

Tabela 9.1 | **Sede osmótica e hipovolêmica**

Tipo de sede	Causada por	Melhor aliviada por	Localização do receptor
Osmótico	Alta concentração de soluto fora das células	Água pura	OVLT, órgão subfornical e trato digestório
Hipovolêmico	Baixa volume arterial	Água contendo solutos, quase 0,15M	Rins e vasos sanguíneos

baixo teor de sódio e a angiotensina II indica baixo volume sanguíneo. Qualquer um por si só produz um pequeno aumento na ingestão de sal, mas seu efeito combinado é substancial, às vezes produzindo uma preferência por sal em vez de açúcar e tudo o mais (Geerling & Loewy, 2008). A Tabela 9.1 resume as diferenças entre a sede osmótica e a sede hipovolêmica.

✓ PARE & REVISE

10. Quem beberia mais água pura — alguém com sede osmótica ou alguém com sede hipovolêmica?
11. Quais são as contribuições da angiotensina II e aldosterona?

RESPOSTAS

10. Alguém com sede osmótica beberia mais água. Alguém com sede hipovolêmica beberia mais de uma solução contendo sais. 11. A angiotensina II contrai os vasos sanguíneos e estimula os neurônios que produzem sede hipovolêmica. A aldosterona faz com que o corpo retenha sal, nos momentos em que o volume de sangue está baixo.

Módulo 9.2 | Conclusão
A psicologia e biologia da sede

Você pode ter pensado que a regulação da temperatura acontece automaticamente e que a regulação hídrica depende do seu comportamento. Agora pode ver que a distinção não é totalmente correta. Você controla a temperatura do corpo em parte por meios automáticos, como transpiração ou tremor, mas também em parte por meios comportamentais, como escolher um lugar quente ou frio. Você controla a água do corpo em parte pelo comportamento de beber, mas também por hormônios que alteram a atividade renal. Se os rins não conseguem regular a água e o sódio de maneira adequada, o cérebro recebe sinais para alterar a ingestão de líquidos ou sódio. Resumindo, manter as reações químicas do corpo em funcionamento depende dos controles esquelético e autônomo.

Resumo

1. As espécies de mamíferos desenvolveram formas de manter a água corporal, desde o consumo frequente (castores) até a preservação extrema de líquidos (ratos-do-deserto). Os humanos alteram sua estratégia com base na disponibilidade de líquidos aceitáveis.
2. Um aumento na pressão osmótica do sangue retira água das células, causando sede osmótica. Os neurônios do OVLT e do órgão subfornical detectam alterações na pressão osmótica e enviam informações às áreas hipotalâmicas responsáveis pela secreção de vasopressina e pela ingestão de líquidos.
3. O órgão subfornical inicia a sede em antecipação a uma necessidade futura, como durante uma refeição e pouco antes de dormir. Diminui a sede após beber, muito antes de a água ingerida chegar às células que dela necessitam.
4. A perda de volume sanguíneo causa sede hipovolêmica. Para satisfazer a sede hipovolêmica, é necessário beber água contendo solutos.
5. A sede hipovolêmica é desencadeada pelo hormônio angiotensina II, que aumenta quando a pressão arterial cai.
6. A perda de sais de sódio pelo corpo desencadeia a fissura por sabores salgados.

Termos-chave

Os termos estão definidos no número de página indicado. Também são apresentados em ordem alfabética com a definição no Índice remissivo/Glossário do livro, que começa na p. 589.

aldosterona **300**
angiotensina II **300**
área pré-óptica lateral **299**
fome específica de sódio **300**
hormônio antidiurético (ADH) **298**
núcleo paraventricular (NPV) **299**
núcleo supraóptico **299**
órgão subfornical (OSF) **299**
OVLT **299**
pressão osmótica **298**
sede hipovolêmica **300**
sede osmótica **298**
vasopressina **298**

Questões complexas

1. Uma injeção de cloreto de sódio concentrado desencadeia a sede osmótica, mas uma injeção de glicose igualmente concentrada não. Por que não?
2. Se toda a água que você bebeu vazasse por um tubo conectado ao estômago, como seu modo de beber mudaria?
3. Muitas mulheres anseiam por sal durante a gravidez. Por quê?

Módulo 9.2 | Questionário final

1. Qual desses eventos acontece depois que você ingere algo salgado?
   A. A bomba de sódio-potássio torna-se menos ativa.
   B. A bomba de sódio-potássio torna-se mais ativa.
   C. O sal flui para as células.
   D. A água sai das células.

2. O que aconteceria como resultado da adição de sal aos líquidos extracelulares do corpo?
   A. Aumento da sede osmótica.
   B. Diminuição da sede osmótica.
   C. Aumento da sede hipovolêmica.
   D. Diminuição da sede hipovolêmica.

3. O que a vasopressina faz?
   A. Aumenta a micção e a sede.
   B. Diminui a micção e a sede.
   C. Diminui a micção e aumenta a sede.
   D. Aumenta a micção e diminui a sede.

4. Por que você para de beber antes que a água alcance as células que precisam dela?
   A. Sua garganta não está mais seca.
   B. Seu estômago está cheio.
   C. Beber inibe os neurônios responsáveis pela sede.
   D. Beber estimula a liberação de vasopressina.

5. Qual é a maneira mais eficaz de satisfazer a sede hipovolêmica?
   A. Beber água pura lentamente.
   B. Beber água pura rapidamente.
   C. Beber água contendo algum sal ou outros solutos.
   D. Alternar entre beber água e beber álcool.

Respostas: 1D, 2A, 3C, 4C, 5C.

Módulo 9.3

Fome

As espécies diferem quanto as suas estratégias alimentares. Uma cobra ou crocodilo pode devorar uma grande refeição e depois não comer mais nada por meses (ver Figura 9.11). Como regra, os predadores têm grandes sistemas digestórios capazes de lidar com alimentos infrequentes, mas enormes (Armstrong & Schindler, 2011). Os ursos comem o máximo que podem, sempre que podem. É uma estratégia sensata porque os principais alimentos dos ursos — frutas e nozes — estão disponíveis em grandes quantidades por curtos períodos de tempo. Os banquetes ocasionais dos ursos os ajudam a superar os tempos de fome. Você pode pensar nisso como a sobrevivência do mais gordo. (Desculpe por isso.)

Uma pequena ave, no outro extremo, come apenas o que precisa no momento. A vantagem da restrição é que o baixo peso lhe ajuda a voar para longe dos predadores, e mesmo alguns miligramas extras podem fazer a diferença (ver Figura 9.12). Mas em climas frios, um pássaro precisa armazenar uma quantidade substancial para superar os obstáculos da noite. Para sobreviver durante os invernos do Alasca, todas as noites, um chapim encontra uma árvore oca ou outro local de nidificação que forneça o máximo de isolamento possível. Em seguida, ele reduz a temperatura do corpo para um estado quase semelhante ao de hibernação. Mesmo assim, ele tem de tremer durante a noite para evitar que o corpo congele, e todos esses tremores requerem energia. Durante os invernos do Alasca, um chapim, todos os dias, come o suficiente para aumentar o peso corporal em 10% e então perde essa quantia à noite (Harrison, 2008; Sharbaugh, 2001). Para efeito de comparação, imagine uma pessoa de 50 kg que ganha 5 kg durante o dia e depois de tremer perde-os à noite.

Como regra, as pessoas não limitam a dieta tão estritamente quanto as aves pequenas, nem se empanturram sem parar como ursos. A alimentação humana é notável porque temos um sistema digestório relativamente pequeno para um animal de nosso tamanho. Uma especulação relevante é que nossa capacidade de cozinhar alimentos (e, portanto, torná-los mais fáceis de digerir) possibilitou que desenvolvêssemos um sistema digestório menor e, mesmo assim, ganhássemos toda a energia de que precisamos para um cérebro grande.

Escolher quais alimentos comer e quanto comer é uma decisão importante. Usamos uma ampla variedade de mecanismos aprendidos e não aprendidos para ajudar no processo.

Figura 9.12 Um chapim-real, um pequeno pássaro europeu
Normalmente, quando o alimento é abundante, os chapins-reais comem apenas o necessário todos os dias e mantêm reservas mínimas de gordura. Quando o alimento é mais difícil de encontrar, eles comem mais e vivem das reservas de gordura entre as refeições. Durante uma época em que seus predadores eram escassos, os chapins-reais começaram a engordar, independentemente dos suprimentos de comida.

Figura 9.11 Uma jiboia engolindo uma gazela
A gazela pesava cerca de 50% a mais do que a cobra. Muitos répteis ingerem refeições enormes, mas pouco frequentes. A ingestão total ao longo de um ano é muito menor do que a de um mamífero. Nós, mamíferos, precisamos de muito mais combustível porque usamos muito mais energia, principalmente para manter o metabolismo basal.

Digestão e seleção de alimentos

Examine o sistema digestório, como ilustrado na Figura 9.13. Sua função é decompor o alimento em moléculas menores que as células podem usar. A digestão começa na boca, onde as enzimas da saliva decompõem os carboidratos. A comida

e diarreia (Ingram, Mulcare, Itan, Thomas, & Swallow, 2009; Rozin & Pelchat, 1988). O declínio do nível de lactase pode ser um mecanismo evolutivo para encorajar o desmame no momento apropriado.

Os humanos são uma exceção parcial a essa regra. Muitos adultos têm níveis de lactase suficientes para consumir leite e outros laticínios ao longo da vida; mas a prevalência dos genes necessários varia. Quase todos os adultos na China e países vizinhos são incapazes de metabolizar a lactose, assim como várias pessoas em outras partes do mundo (Curry, 2013; Flatz, 1987; Rozin & Pelchat, 1988). Pessoas com intolerância à lactose podem consumir um pouco de leite e grandes quantidades de queijo e iogurte, que são mais fáceis de digerir, mas geralmente aprendem a limitar a ingestão.

A capacidade genética de metabolizar a lactose na idade adulta é comum em sociedades com longa história de gado domesticado. Na África, a distribuição da capacidade de digerir a lactose varia drasticamente de uma região para outra. Enquanto todos os europeus que podem digerir a lactose na idade adulta têm variantes do mesmo gene, pessoas em várias partes da África têm genes que diferem uns dos outros e dos europeus, indicando que os genes para a digestão da lactose adulta evoluíram de forma independente várias vezes quando diversos grupos começaram a domesticar o gado (Tishkoff et al., 2007). Quando o leite de vaca tornou-se disponível, a pressão seletiva era forte a favor dos genes que permitiam às pessoas digeri-lo. A Figura 9.14 mostra a distribuição da tolerância à lactose no hemisfério oriental. Cerca de 25% dos adultos norte-americanos nativos podem digerir a lactose. Para outros residentes das Américas, a probabilidade de digerir a lactose depende da origem de seus ancestrais.

PARE & REVISE

12. Por que a maioria dos adultos do sudeste asiático evita beber muito leite?

RESPOSTA

12. A maioria dos adultos do sudeste asiático não tem os genes que ajudam a digerir a lactose, o principal açúcar do leite.

Seleção de alimentos e comportamento

Sua seleção de alimentos muda seu comportamento? Muitas pessoas têm crenças infundadas a esse respeito. Por exemplo, acreditam que comer açúcar torna as crianças hiperativas. A melhor maneira de testar essa afirmação é fazer com que as crianças comam lanches com açúcar em dias selecionados aleatoriamente e lanches adoçados artificialmente em outros dias, sem dizer a elas ou a qualquer outra pessoa o que receberam em um determinado dia. Estudos desse tipo não descobriram nenhum efeito significativo do açúcar no nível de atividade das crianças, nos comportamentos lúdicos ou no desempenho escolar (Ells et al., 2008; Milich & Pelham, 1986). A crença de que o açúcar causa hiperatividade é aparentemente uma ilusão baseada na tendência das pessoas de ver o que esperam ver.

Outro equívoco comum é afirmar que comer peru causa sonolência, supostamente porque comer peru aumenta o suprimento de triptofano, que permite ao cérebro produzir

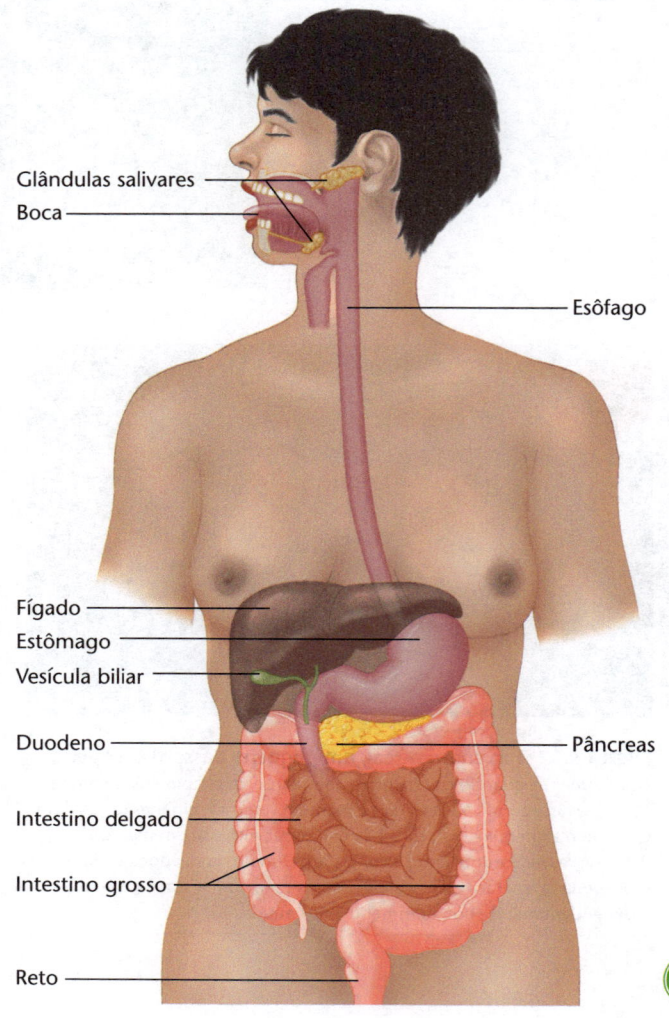

Figura 9.13 O sistema digestório humano

engolida desce pelo esôfago até o estômago, onde se mistura com ácido clorídrico e enzimas que digerem as proteínas. O estômago armazena comida por um tempo, e então um músculo esfíncter redondo se abre no final do estômago para liberar comida para o intestino delgado.

O intestino delgado contém enzimas que digerem proteínas, gorduras e carboidratos. Ele também absorve materiais digeridos no sangue, que transporta essas substâncias químicas para as células do corpo que usam ou as armazenam para uso posterior. O intestino grosso absorve água e minerais e lubrifica os materiais restantes para excretá-los.

Consumo de produtos lácteos

Os mamíferos recém-nascidos sobrevivem inicialmente com o leite materno. À medida que se desenvolvem, param de mamar por várias razões: o suprimento de leite diminui, a mãe os afasta e eles começam a comer outros alimentos. A maioria dos mamíferos por volta da idade de desmame perde a enzima intestinal **lactase**, que é necessária para metabolizar a **lactose**, o açúcar no leite. Mamíferos adultos podem beber um pouco de leite, mas consumir muito causa cólicas estomacais, gases

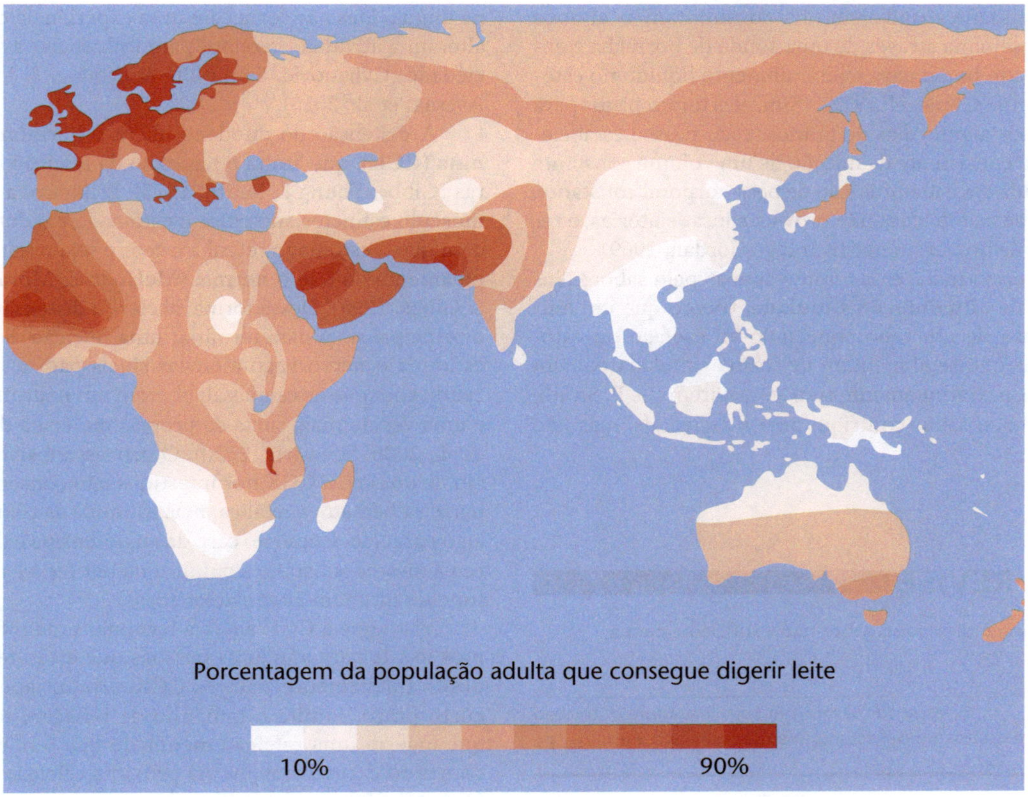

Figura 9.14 Porcentagem de adultos que são tolerantes à lactose
Pessoas em áreas com alta tolerância à lactose (por exemplo, Grã-Bretanha e Escandinávia) tendem a gostar de leite e outros laticínios por toda a vida. Adultos em áreas com baixa tolerância (incluindo sudeste asiático) consomem menos leite, se é que consomem.
(Fonte: Curry, 2013)

serotonina e melatonina. Essa ideia provavelmente se originou da observação de que muitas pessoas nos Estados Unidos sentem sono após comer peru no Dia de Ação de Graças; mas a ingestão de peru só apresenta uma quantidade média de triptofano. A sonolência na tarde de Ação de Graças é, em geral, resultado de comer demais, não de ingerir peru.

No entanto, é verdade que o triptofano ajuda o cérebro a produzir melatonina, que auxilia na sonolência. Além de tomar comprimidos de triptofano, a maneira mais confiável de aumentar o triptofano no cérebro é seguir uma dieta rica em carboidratos. Eis a explicação: o triptofano entra no cérebro por meio de uma proteína de transporte ativo que compartilha com a fenilalanina e outros aminoácidos grandes. Ao ingerir carboidratos, seu corpo reage aumentando a secreção de insulina, que move os açúcares e também a fenilalanina para o armazenamento (nas células do fígado e em outros lugares). Ao reduzir a competição da fenilalanina, esse processo torna mais fácil que o triptofano chegue ao cérebro, induzindo a sonolência (Silber & Schmitt, 2010). Em suma, a sobremesa da grande refeição induz muito mais sonolência do que o peru.

Por outro lado, uma crença antiga, há muito descartada como um absurdo, parece ser verdadeira. Essa crença é de que peixe é alimento para o cérebro. Muitos peixes, especialmente o salmão, contêm óleos que auxiliam o funcionamento do cérebro. Mães que ingerem muito frutos do mar durante a gravidez tendem a ter filhos com melhor desempenho em testes de capacidade cognitiva, tanto na infância quanto mais tarde (Julvez et al., 2016). Idosos com risco genético de demência apresentam declínios cognitivos menores do que a média se consumirem frutos do mar de forma consistente (van de Rest et al., 2016).

Regulação da alimentação de curto e longo prazo

Comer é importante demais para ser controlado por um único mecanismo. O cérebro recebe mensagens da boca, do estômago, dos intestinos, das células adiposas e de outros órgãos para regular a alimentação.

Fatores orais

Você é uma pessoa atarefada, certo? Se você pudesse obter toda a nutrição de que precisa engolindo um comprimido, você faria isso? De vez em quando você pode, mas não com frequência. As pessoas gostam de comer. Na verdade, as pessoas gostam de provar e mastigar mesmo quando não estão com fome.

Você ficaria saciado sem provar um alimento? Em um experimento, estudantes universitários consumiram o almoço cinco dias por semana através de uma sonda de borracha e então apertando um botão para injetar alimento líquido no estômago (Jordan, 1969; Spiegel, 1973). (Sim, eles foram pagos para participar.) Após alguns dias de prática, cada pessoa estabeleceu um padrão consistente de injeção de um volume constante do líquido a cada dia e manutenção de peso corporal constante. A maioria achou as refeições não provadas insatisfatórias, e relatou o desejo de provar ou mastigar algo (Jordan, 1969).

Você poderia satisfazer sua fome apenas pelo sabor? Nos experimentos de **alimentação simulada**, tudo o que um animal engole vaza de um tubo conectado ao esôfago ou estômago. Animais que se alimentam de forma simulada comem e engolem quase continuamente sem se saciarem (G. P. Smith, 1998). Em suma, o sabor contribui para a saciedade, mas não é suficiente.

PARE & REVISE

13. Que evidência indica que o sabor não é suficiente para a saciedade?

RESPOSTA 13. Animais que simulam a alimentação mastigam e provam o alimento, mas não ficam saciados.

O estômago e intestinos

O principal sinal para encerrar uma refeição é a distensão do estômago. A importância da distensão do estômago explica por que a alimentação simulada não sacia a fome e por que comer a sacia antes que a nutrição alcance qualquer uma das células que dela precisam. A distensão do estômago sempre foi uma hipótese provável para explicar a saciedade, mas não era fácil de demonstrar. Em um experimento decisivo, os pesquisadores colocaram um manguito inflável na conexão entre o estômago e o intestino delgado (Deutsch, Young, & Kalogeris, 1978). Inflar o manguito evitava que o alimento passasse para o duodeno, e esvaziá-lo permitia que ele passasse novamente. Os pesquisadores certificaram-se cuidadosamente de que o manguito não causasse dor para o animal e não interferisse na alimentação. O principal resultado foi que, quando o manguito era inflado, o animal comia certa quantidade e então parava até que o manguito fosse esvaziado. Evidentemente, a distensão do estômago é suficiente para produzir saciedade. O **nervo vago** (nervo craniano X) transmite informações ao cérebro sobre o estiramento das paredes do estômago. Porém, as pessoas em que o estômago foi removido cirurgicamente por causa de câncer de estômago ou outra doença ainda relatam saciedade, assim outros mecanismos além da distensão do estômago também podem produzir saciedade. Mais tarde, os pesquisadores descobriram que as refeições terminam após a distensão do estômago ou do duodeno (Seeley, Kaplan, & Grill, 1995).

O **duodeno**, a parte do intestino delgado adjacente ao estômago, é um local importante para a absorção de nutrientes. Os nervos do duodeno informam o cérebro não apenas sobre a distensão, mas também sobre o tipo e a quantidade de nutrição. Como os intestinos "sabem" o que você comeu? Você tem receptores gustativos no trato digestório, semelhantes àqueles na língua. Eles não fornecem uma experiência consciente, mas alteram a atividade cerebral para influenciar a sensação de saciedade (Cvijanovic, Feinle-Bisset, Young, & Little, 2015; van Avesaat et al., 2015).

A distensão do duodeno libera o hormônio **colecistocinina (CCK)**, que limita o tamanho da refeição de duas maneiras (Gibbs, Young & Smith, 1973). Primeiro, a CCK contrai o músculo esfincteriano entre o estômago e o duodeno, fazendo com que o estômago retenha o teor e seja preenchido mais rapidamente do que o normal (McHugh & Moran, 1985; Smith & Gibbs, 1998). Dessa forma, acelera a distensão do estômago, o principal sinal para terminar uma refeição. Segundo, a CCK estimula o nervo vago a enviar sinais para o hipotálamo, fazendo com que as células ali liberem um neurotransmissor que é uma versão mais curta da própria molécula de CCK (Kobelt et al., 2006; Schwartz, 2000). O processo é semelhante ao envio de um fax: a CCK nos intestinos não consegue atravessar a barreira hematoencefálica, mas estimula as células a liberarem algo parecido. Como no caso da angiotensina e da sede, o corpo usa a mesma substância química na periferia e no cérebro para funções intimamente relacionadas.

Visto que a CCK ajuda a terminar uma refeição, poderíamos usá-la para ajudar as pessoas que estão tentando perder peso? Infelizmente não. A CCK produz apenas efeitos de curto prazo. Limita o tamanho da refeição, mas um animal que ingeriu uma refeição menor do que o normal compensa comendo excessivamente na próxima refeição (Cummings & Overduin, 2007).

PARE & REVISE

14. Que evidência mostra que a distensão do estômago é suficiente para a saciedade?
15. Quais são os dois mecanismos pelos quais a CCK aumenta a saciedade?

RESPOSTAS 14. Se um manguito é inserido na junção entre o estômago e o duodeno, de forma que o alimento não possa sair do estômago, o animal fica saciado quando o estômago está cheio. 15. Quando o duodeno está distendido, ele libera CCK, que fecha o músculo esfíncter entre o estômago e o duodeno. A CCK, portanto, aumenta a taxa de distensão do estômago. Além disso, os sinais neurais dos intestinos fazem com que certas células do hipotálamo liberem CCK como um neurotransmissor e, em seus receptores, desencadeia a diminuição da alimentação.

Glicose, insulina e glucagon

A digestão converte grande parte de uma refeição em glicose, uma importante fonte de energia em todo o corpo e quase o único combustível do cérebro. Dois hormônios pancreáticos, insulina e glucagon, regulam o fluxo de glicose para as células. Um pouco antes de uma refeição (à medida que você reage ao aspecto e cheiro do alimento), bem como durante e após uma refeição, o pâncreas aumenta a liberação de **insulina**, que permite que a glicose entre nas células. As células cerebrais são uma exceção, porque a glicose pode entrar nelas sem a necessidade de insulina. Parte do excesso de glicose produzido por uma refeição vai para o fígado, que a converte em glicogênio e a armazena. O excesso de glicose também entra nas células adiposas, que o converte em gordura e a armazenam. O efeito líquido evita que os níveis de glicose no sangue aumentem muito rapidamente.

À medida que o tempo passa após uma refeição, o nível de glicose no sangue cai, os níveis de insulina caem, a glicose entra nas células mais lentamente e a fome aumenta (Pardal & López-Barneo, 2002) (ver Figura 9.15). O pâncreas aumenta a liberação de **glucagon**, estimulando o fígado a converter parte do glicogênio armazenado em glicose.

Se o nível de insulina permanece constantemente alto, o corpo continua movendo a glicose do sangue para as células, incluindo as células hepáticas e as células adiposas, muito depois de uma refeição. Em pouco tempo, a glicose no sangue cai, porque a glicose está deixando o sangue sem que nenhuma nova glicose entre. O resultado é o aumento da fome. No outono, os animais que se preparam para a hibernação apresentam níveis constantemente elevados de insulina. Eles depositam rapidamente grande parte de cada refeição como gordura e glicogênio, ficam com fome novamente e continuam ganhando peso (ver Figura 9.16). Esse ganho ponderal é uma preparação valiosa para uma temporada em que o animal terá de sobreviver das reservas de gordura. A maioria dos seres humanos também come mais no outono do que em outras estações, como mostrado na Figura 9.17 (de Castro, 2000). Nos Estados Unidos, tendemos a culpar o Halloween e o feriado de Ação de Graças pelo ganho de peso do outono, mas a verdadeira razão é provavelmente um impulso evolutivo para aumentar nossas reservas em preparação para o inverno. Nos tempos antigos, alimentos eram escassos no inverno.

Se o nível de insulina permanecer constantemente baixo, como em pessoas com diabetes tipo 1, os níveis de glicose no sangue podem ser três ou mais vezes o nível normal, mas pouco

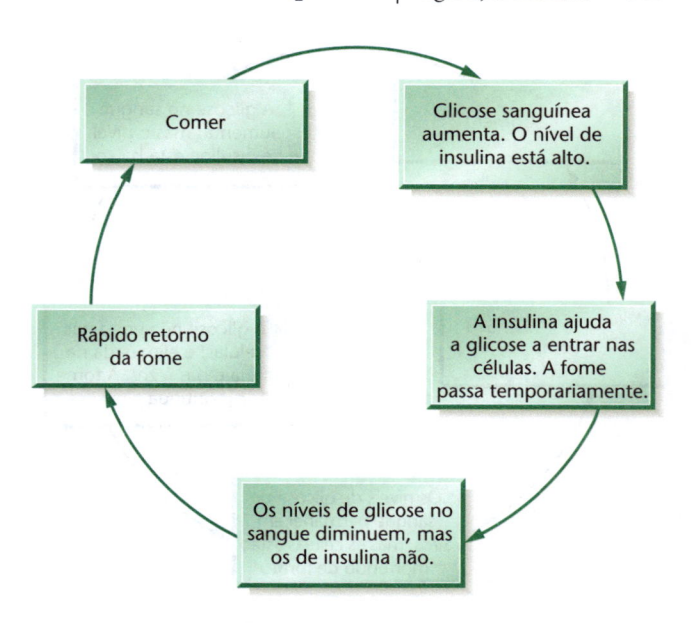

Figura 9.16 **Efeitos dos níveis elevados constantes de insulina na alimentação**
Insulina constantemente alta faz com que a glicose no sangue seja armazenada na forma de gorduras e glicogênio. Como torna-se difícil mobilizar os nutrientes armazenados, a fome volta logo após cada refeição.

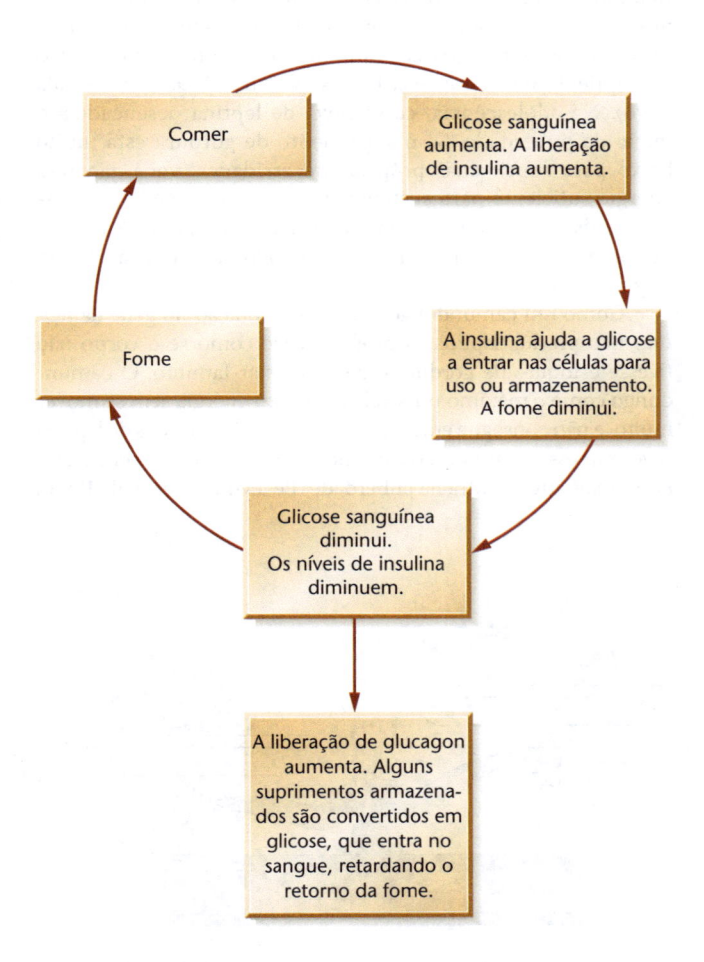

Figura 9.15 **Sistema de realimentação de insulina e glucagon**
Quando os níveis de glicose aumentam, o pâncreas libera o hormônio insulina, que ajuda a glicose a entrar nas células, incluindo células hepáticas e células adiposas que armazenam combustível para uso futuro. A entrada de glicose nas células suprime a fome e diminui a alimentação, diminuindo assim o nível de glicose.

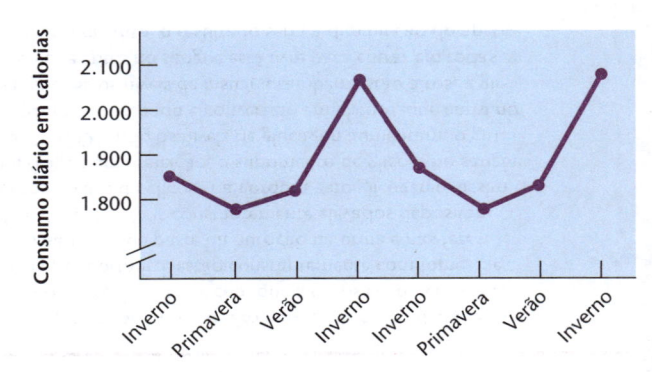

Figura 9.17 **As pessoas comem mais no outono do que em outras estações**
A ingestão média aumenta em mais de 10%, em média, de acordo com os diários alimentares das pessoas.
(Fonte: Modificada de Castro, J. M., 2000, Eating behavior: Lessons from the real world of humans. Nutrition, 16, 800-813.)

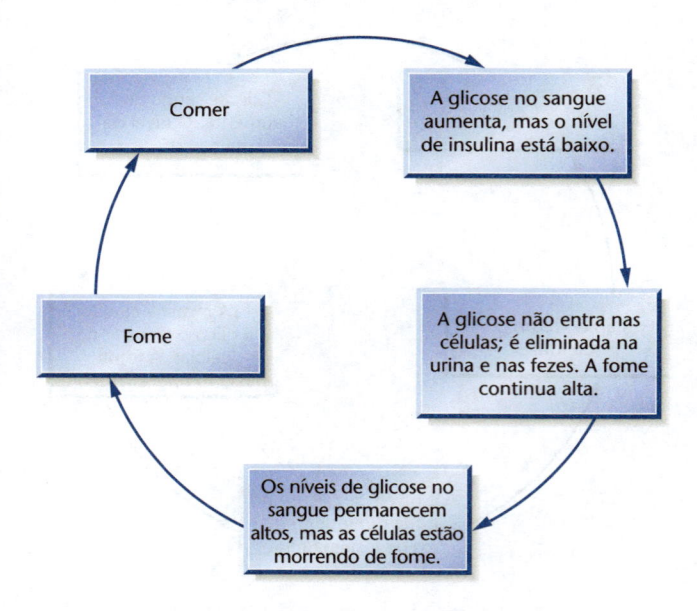

Figura 9.18 Pessoas com diabetes tipo 1 não tratada comem muito, mas perdem peso
Por causa dos baixos níveis de insulina, a glicose no sangue não pode entrar nas células, seja para ser armazenada ou utilizada. Consequentemente, as pessoas ou o organismo excretam glicose pela urina enquanto as células estão famintas.

dela entra nas células (ver Figura 9.18). Pessoas e animais com diabetes ingerem mais alimento do que o normal porque suas células estão famintas (Lindberg, Coburn, & Stricker, 1984), mas excretam a maior parte da glicose e perdem peso. Observe que os níveis de insulina altos ou baixos prolongados aumentam a ingestão de alimentos, mas por razões diferentes e com efeitos diferentes no peso corporal.

✅ PARE & REVISE

16. Por que as pessoas com níveis muito baixos de insulina comem tanto? Por que as pessoas com níveis constantemente altos comem tanto?
17. O que aconteceria com o apetite de alguém se os níveis de insulina e de glucagon estivessem altos?

RESPOSTAS

16. Aqueles com níveis muito baixos, como no diabetes tipo 1, não conseguem fazer com que a glicose entre em suas células e, portanto, estão constantemente com fome. Eles eliminam grande parte da nutrição na urina e nas fezes. Aqueles com níveis constantemente elevados depositam grande parte da glicose na gordura e no glicogênio, assim, logo após uma refeição, o suprimento de glicose no sangue cai. 17. Quando os níveis de glucagon aumentam, o glicogênio armazenado é convertido em glicose, que entra no sangue. Se os níveis de insulina também estão altos, a glicose que entra no sangue está livre para entrar em todas as células. Portanto, o resultado seria a diminuição do apetite.

Leptina

Sabor, distensão do estômago, distensão do duodeno e insulina ajudam a regular o início e o fim de uma refeição, mas não podemos esperar que esses mecanismos sejam totalmente precisos. Imagine o que aconteceria se você sempre comesse pouco ou muito. O corpo precisa de um mecanismo a longo prazo para compensar os erros do dia a dia.

Ele faz isso monitorando os suprimentos de gordura. Os pesquisadores há muito tempo suspeitavam de algum tipo de monitoramento da gordura, mas descobriram o mecanismo real por acidente. Eles descobriram que camundongos de uma determinada linhagem genética se tornam consistentemente obesos, como mostrado na Figura 9.19 (Zhang et al., 1994). Depois que os pesquisadores identificaram o gene responsável, eles descobriram o peptídeo que ele produz, um hormônio até então desconhecido que eles chamaram **leptina**, da palavra grega *leptos*, que significa "delgado" (Halaas et al., 1995). Ao contrário da insulina, que é tão evolutivamente antiga que a encontramos em todo o reino animal, a leptina limita-se aos vertebrados (Morton, Cummings, Baskin, Barsh, & Schwartz, 2006). Em camundongos geneticamente normais, bem como em seres humanos e outras espécies, as células adiposas do corpo produzem leptina: quanto mais células adiposas, mais leptina. Camundongos com uma mutação no gene da *leptina* não conseguem produzir leptina.

A leptina avisa o cérebro sobre suas reservas de gordura. Quando suas reservas de gordura diminuem, os níveis de leptina diminuem e você reage comendo mais e se tornando menos ativo para economizar energia. Quando os níveis de leptina retornam ao normal, você come menos e se torna mais ativo (Campfield, Smith, Guisez, Devos, & Burn, 1995; Elias et al., 1998). Na adolescência, certo nível de leptina desencadeia o início da puberdade. Se o suprimento de gordura está muito baixo para suprir suas próprias necessidades, você não terá energia suficiente para sustentar um bebê. Em média, as pessoas mais magras entram na puberdade mais tarde. A leptina também ativa o sistema nervoso simpático e aumenta a pressão arterial (Mark, 2013).

Como um camundongo com uma mutação no gene da *leptina* não produz leptina, o cérebro reage como se o corpo não tivesse estoques de gordura e devesse estar faminto. O camundongo come o máximo possível, preserva a energia sem se mover muito, e não consegue entrar na puberdade. As injeções de leptina revertem esses sintomas: o camundongo então come menos, torna-se mais ativo e entra na puberdade (Pelleymounter et al., 1995).

Figura 9.19 Os efeitos de uma mutação no gene da *leptina* sobre o peso corporal
Camundongos com esse gene comem mais, movimentam-se menos e ganham peso.
(Fonte: Ilustração de Marcelo Ventura com base em fotografia de Macmillan Publishers Ltd: Nature, Positional cloning of the mouse obese gene and its human homologue, Zhang et al., 1994.)

Como você pode imaginar, as notícias dessa pesquisa inspiraram as empresas farmacêuticas a esperar ganhar uma fortuna com a venda de leptina. Afinal de contas, o corpo produz leptina o tempo todo, assim não deve haver efeitos colaterais desagradáveis. A leptina produz benefícios importantes para as raras pessoas que são geneticamente incapazes de produzi-la, mas a grande maioria das pessoas com sobrepeso produz leptina em abundância e administrar leptina extra produz pouca alteração no apetite (Considine et al., 1996). No início, a interpretação era de que pessoas com sobrepeso teriam desenvolvido resistência à insulina. No entanto, pesquisas posteriores descobriram que a leptina extra também produz pouco efeito em pessoas com peso normal. Os baixos níveis de leptina desencadeiam a fome, mas além de certo nível, a leptina adicional suprime apenas fracamente a ingestão (Ravussin, Leibel, & Ferrante, 2014). Na verdade, em geral os mecanismos que promovem a fome são mais fortes e mais insistentes do que os da saciedade. A evolução aparentemente nos preparou para evitar a inanição de forma mais intensa do que evitar comer demais.

PARE & REVISE

18. Por que as injeções de leptina são menos úteis para a maioria das pessoas com sobrepeso do que para camundongos com uma mutação no gene da *leptina*?

RESPOSTA

18. Esses camundongos não conseguem produzir leptina. Quase todas as pessoas com sobrepeso produzem leptina suficiente, e a leptina extra suprime fracamente o apetite.

Mecanismos cerebrais

Como seu cérebro decide quando e quanto você deve comer? A fome depende do teor do estômago e intestinos, da disponibilidade de glicose para as células e dos suprimentos de gordura do corpo, bem como da sua saúde e temperatura corporal. Além disso, se alguém lhe oferecer uma guloseima saborosa, talvez você aprecie ingeri-la, mesmo que não esteja com fome. Simplesmente ver uma foto de alimentos altamente atraentes aumenta o apetite (Harmon-Jones & Gable, 2009). As pessoas comem mais nos fins de semana do que nos outros dias, e mais ao comer com amigos ou familiares do que ao comer sozinhas (de Castro, 2000). Todas essas informações convergem para vários núcleos do hipotálamo (ver Figura 9.6).

Como mostrado na Figura 9.20, muitas informações afetam dois tipos de células no **núcleo arqueado** do hipotálamo, que é considerado a principal área do controle do apetite (Mendieta-Zerón, López, & Diéguez, 2008). Os axônios se estendem do núcleo arqueado para outras áreas do hipotálamo. Mesmo que esse número deixe de fora alguns dos neurotransmissores e outras complexidades, pode ser intimidante. Vamos examinar os principais mecanismos passo a passo.

O núcleo arqueado e o hipotálamo paraventricular

O **núcleo arqueado** do hipotálamo tem um conjunto de neurônios sensíveis aos sinais de fome e um segundo conjunto sensível aos sinais de saciedade. Na Figura 9.20, as vias excitatórias

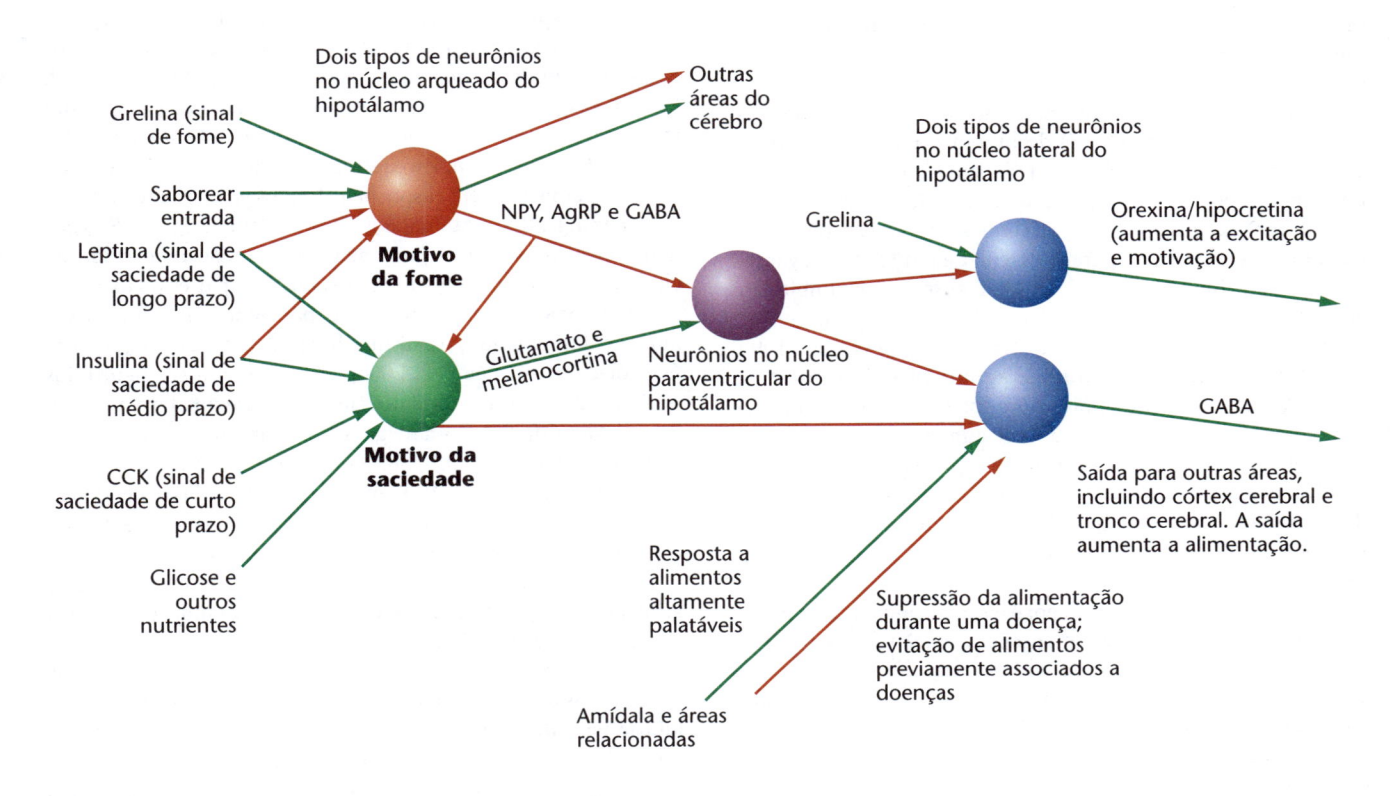

Figura 9.20 Transmissores hipotalâmicos da alimentação
Os sinais de fome aumentam a ingestão de alimentos bloqueando as mensagens inibitórias para o hipotálamo lateral.
(Fonte: Baseada em Horvath, 2005; Minokoshi et al., 2004; O'Connor et al., 2015.)

estão marcadas em verde e as vias inibitórias estão em vermelho. A maioria dos artigos de periódicos se refere a um conjunto de neurônios de núcleo arqueado como neurônios "NPY/AgRP" e os outros como neurônios "POMC/CART" (por causa de alguns neurotransmissores distintos que liberam), mas, para simplificar, este livro irá se referir a eles como neurônios da fome e neurônios da saciedade. A estimulação para essas células vem de certos hormônios como insulina e leptina, mas também de células na amídala, no prosencéfalo basal e no tálamo (Cai, Haubensak, Anthony, & Anderson, 2014; Herman et al., 2016; Labouèbe, Boutrel, Tarussio, & Thorens, 2016).

Parte da estimulação das células sensíveis à fome vem dos axônios que liberam o neurotransmissor **grelina**. O nome dessa palavra que soa estranha vem do fato de se ligar aos mesmos receptores do hormônio liberador do hormônio do crescimento (GHRH). O estômago libera grelina durante um período de privação de alimento, em que provoca contrações estomacais. A grelina também age no hipotálamo para aumentar o apetite. Pessoas que produzem quantidades maiores do que a média de grelina respondem mais fortemente do que a média ao aspecto do alimento, e são quase duas vezes mais propensas que outras pessoas a se tornarem obesas (Karra et al., 2013).

As células sensíveis à saciedade do núcleo arqueado recebem vários tipos de estimulação. A distensão dos intestinos desencadeia os neurônios para liberar o neurotransmissor e CCK, um sinal a curto prazo (Fan et al., 2004). A glicose no sangue (um sinal a curto prazo) estimula diretamente as células de saciedade no núcleo arqueado (Parton et al., 2007) e estimula o pâncreas a liberar insulina, o que também estimula as células de saciedade. A gordura corporal libera leptina, um sinal de saciedade a longo prazo (Diéguez, Vazquez, Romero, López, & Nogueiras, 2011). A nicotina também estimula os neurônios da saciedade (Mineur et al., 2011). O resultado é que fumar diminui o apetite e parar de fumar aumenta o apetite, levando ao ganho de peso.

A maioria das informações do núcleo arqueado chega ao núcleo paraventricular (NPV) do hipotálamo. Certos tipos de células no núcleo paraventricular inibem o hipotálamo lateral, uma área importante para a alimentação (Sutton et al., 2014). Na Figura 9.21, observe como as células de fome no núcleo arqueado inibem o núcleo paraventricular e o núcleo paraventricular inibe o hipotálamo lateral. Os transmissores inibitórios aqui são uma combinação de GABA (Tong, Jones, Elmquist, & Lowell, 2008), **neuropeptídeo Y (NPY)** (Stephens et al., 1995) e **peptídeo relacionado ao gene agouti (AgRP)** (Kas et al., 2004). A inibição de um inibidor produz estimulação líquida, e é assim que os estímulos para a fome aumentam a alimentação e a excitação. Se a inibição do núcleo paraventricular é forte o suficiente, os camundongos ingerem refeições muito grandes, como ilustrado na Figura 9.21 (Billington & Levine, 1992; Leibowitz & Alexander, 1991; Morley, Levine, Grace, & Kneip, 1985).

Os axônios das células sensíveis à saciedade do núcleo arqueado transmitem uma mensagem excitatória ao núcleo paraventricular, liberando **melanocortinas** (Ellacott & Cone, 2004) e glutamato (Fenselau et al., 2017). Os receptores de melanocortina no núcleo paraventricular são importantes para limitar a ingestão de alimentos, e qualquer coisa que danifique esses receptores leva à alimentação excessiva (Asai et al., 2013; Huszar et al., 1997). Os pesquisadores tentaram encontrar um fármaco seguro que estimulasse os receptores de melanocortina como tratamento para redução de peso, porém todos os

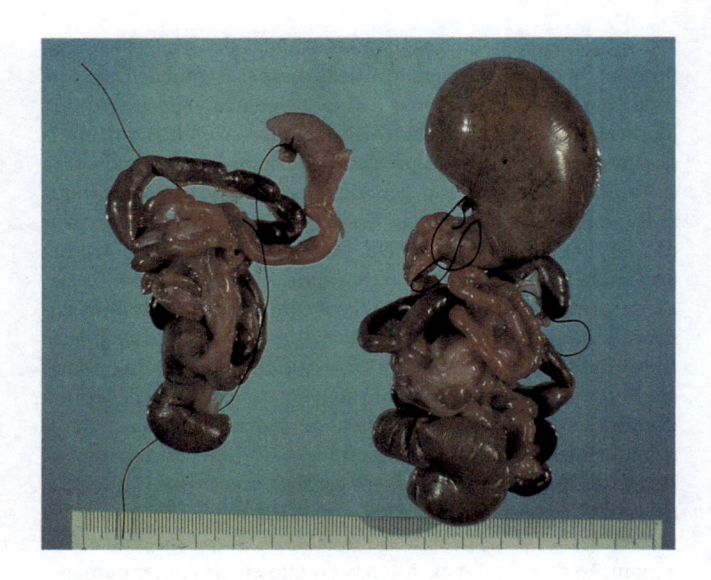

Figura 9.21 Efeitos da inibição do núcleo paraventricular do hipotálamo
À esquerda está o sistema digestório de um camundongo normal. À direita está o sistema digestório de um camundongo cujo hipotálamo paraventricular foi quimicamente inibido. O camundongo continuou comendo, embora o estômago e intestinos se distendessem quase a ponto de estourar. (Sim, isso é um pouco repulsivo.)
(Fonte: Republicada de "Peptide YY (PYY) a potently orexigenic agent", de J. E. Morley, A. S. Levine, M. Grace, & J. Kneip, 1985, Brain Research, 341, n. 1, pp. 200-203, com permissão da Elsevier.)

fármacos testados até agora têm efeitos colaterais inaceitáveis (Krashes, Lowell, & Garfield, 2016). A amídala e áreas relacionadas enviam dois tipos de estimulação ao hipotálamo lateral. Uma das vias inibe a ingestão durante uma doença e atua como mediador na aversão a alimentos previamente associados à doença (Carter, Soden, Zweifel, & Palmiter, 2013). A outra via estimula a ingestão em resposta a alimentos altamente saborosos (Jennings, Rizzi, Stamatakis, Ung, & Stuber, 2013). Se você não consegue resistir àquele delicioso sundae com calda de chocolate, mesmo sem sentir fome, pode culpar esses axônios.

Uma via adicional do núcleo paraventricular leva a células no hipotálamo lateral que liberam orexina (Fu, Acuna-Goycolea, & van den Pol, 2004). Discutimos esses neurônios no Capítulo 8 porque uma deficiência de orexina leva à narcolepsia. Além da função na vigília, a orexina tem duas funções na alimentação. Primeira, aumenta a persistência dos animais em busca de alimento (Williams, Cai, Elliott, & Harrold, 2004). Segunda, a orexina aumenta a atividade e a motivação em geral (Mahler, Moorman, Smith, James, & Aston-Jones, 2014).

Observe a saída dos neurônios sensíveis à fome no núcleo arqueado para "outras áreas do cérebro". Quando um animal sente fome a ponto de possivelmente morrer de inanição, ele fará o que for necessário para obter alimento, mas suprime quase todas as outras atividades. Um animal que normalmente lutaria para defender seu território irá ignorar um intruso ou fugir. Também cessa os comportamentos de acasalamento (Padilla et al., 2016). Pessoas famintas também sacrificarão outros objetivos para conseguir comida. Os pesquisadores descobriram que as pessoas que se consideram honestas trapacearão em um jogo para ganhar alimento quando sentem fome, embora não trapaceariam para ganhar outra coisa, como uma caneta (Williams, Pizarro, Ariely, & Weinberg, 2016).

Como podemos ver, muitas substâncias químicas e áreas do cérebro contribuem para a alimentação e a saciedade. Uma consequência é que, se o controle da alimentação der errado de alguma forma, o cérebro terá muitos outros mecanismos para compensar isso. Uma questão intimamente relacionada é que os pesquisadores podem desenvolver fármacos para controlar o apetite funcionando em muitas vias — leptina, insulina, NPY e assim por diante — mas alterar qualquer um dos circuitos pode ser ineficaz devido às compensações pelos outros.

PARE & REVISE

19. Cite três hormônios que aumentam a saciedade e um que aumenta a fome.
20. Qual neuropeptídeo entre o núcleo arqueado e o núcleo paraventricular é o mais importante para a saciedade?

RESPOSTAS

19. Insulina, CCK e leptina aumentam a saciedade. A grelina aumenta a fome. 20. Melanocortina.

O hipotálamo lateral

A saída do núcleo paraventricular age no **hipotálamo lateral** (ver Figura 9.22), que inclui tantos aglomerados de neurônios e axônios de passagem que foi comparada a uma estação de trem lotada (Leibowitz & Hoebel, 1998). O hipotálamo lateral controla a secreção de insulina, altera a capacidade de resposta do paladar e facilita a alimentação de outras maneiras. Um animal com lesões nessa área recusa alimento e água, desviando a cabeça como se o alimento fosse desagradável. O animal pode morrer de fome, a menos que seja alimentado à força, mas, se mantido vivo, ele gradualmente recupera boa parte da sua capacidade de comer (ver Figura 9.23). Por outro lado, a estimulação do hipotálamo lateral aumenta o impulso para comer.

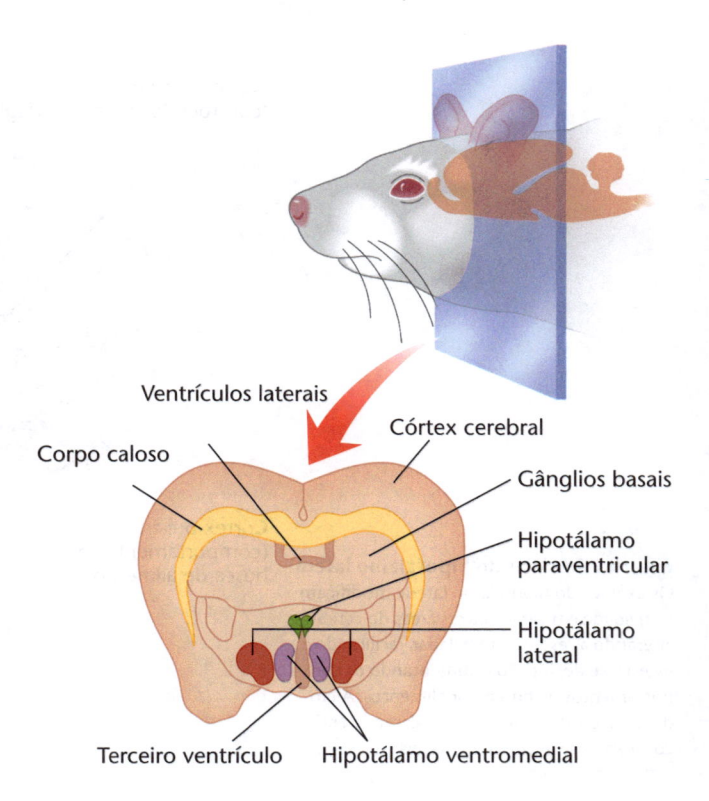

Figura 9.22 O hipotálamo lateral, hipotálamo ventromedial e hipotálamo paraventricular
A vista lateral acima indica o plano do corte coronal do cérebro abaixo dela.
(Fonte: Baseada em Hart, 1976)

Lesões no hipotálamo lateral não apenas matam os neurônios, mas também interrompem muitos axônios contendo dopamina que atravessam a área. Para separar as funções das células hipotalâmicas daquelas das fibras de passagem, os pesquisadores usaram substâncias químicas que danificam apenas os corpos celulares, ou induzem lesões em camundongos

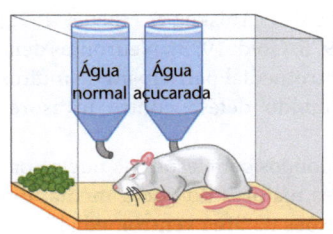

Estágio 1. *Afagia e adipsia.* O rato recusa toda comida e bebida; deve ser alimentado à força para mantê-lo vivo.

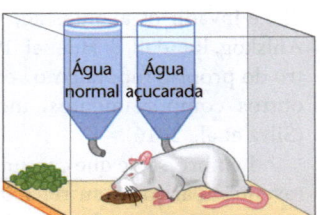

Estágio 2. *Anorexia.* O rato come uma pequena quantidade de alimentos saborosos e bebe água com açúcar. Ele ainda não come o suficiente para se manter vivo.

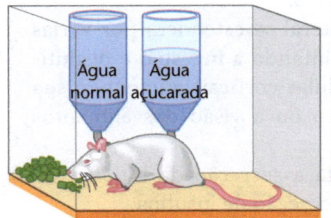

Estágio 3. *Adipsia.* O rato come o suficiente para se manter vivo, embora com um peso corporal inferior ao normal. Ele ainda recusa água pura.

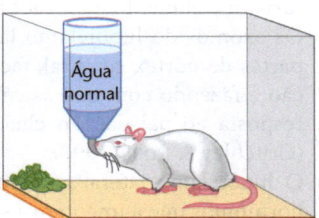

Estágio 4. *Quase recuperação.* O rato come o suficiente para se manter vivo, embora com um peso corporal inferior ao normal. Bebe água pura, mas apenas na hora das refeições para engolir a comida. Em condições ligeiramente estressantes, como em uma sala fria, o rato retornará a um estágio anterior de recusar comida e água.

Figura 9.23 Recuperação após lesão no hipotálamo lateral
No início, o camundongo recusa toda comida e bebida. Se mantido vivo por várias semanas ou meses por meio de alimentação forçada, ele gradualmente recupera sua capacidade de comer e beber o suficiente para permanecer vivo. Mas mesmo no estágio final de recuperação, seu comportamento não é o mesmo dos camundongos normais.
(Fonte: Baseada em Teitelbaum & Epstein, 1962)

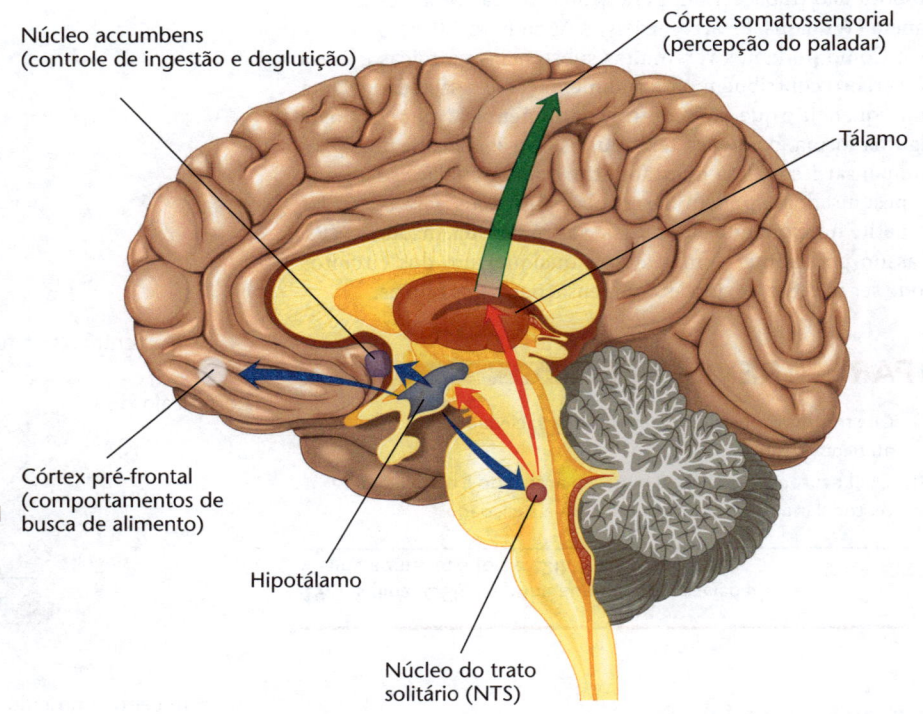

Figura 9.24 Vias do hipotálamo lateral
Os axônios do hipotálamo lateral modificam a atividade em várias outras áreas do cérebro, alterando a resposta ao paladar, facilitando a ingestão e deglutição e aumentando os comportamentos de busca por alimentos. Além disso (não mostrado), o hipotálamo lateral controla as secreções estomacais.

muito jovens, antes que os axônios da dopamina alcancem o hipotálamo lateral. Nos dois casos, danificar os corpos celulares produziu uma perda de alimentação sem prejudicar a excitação ou atividade (Almli, Fisher, & Hill, 1979; Grossman, Dacey, Halaris, Collier, & Routtenberg, 1978; Stricker, Swerdloff, & Zigmond, 1978). Em comparação, os axônios que passam pelo hipotálamo lateral contribuem para a excitação, atividade e recompensa (Stuber & Wise, 2016). A Figura 9.25 mostra as maneiras como o hipotálamo lateral promove a alimentação.

- Os axônios do hipotálamo lateral ao NTS (núcleo do trato solitário), parte da via gustativa, alteram a sensação gustativa e a resposta de salivação aos sabores. Quando o hipotálamo lateral detecta fome, ele envia mensagens que tornam o alimento mais saboroso.
- Os axônios do hipotálamo lateral se estendem por várias partes do córtex cerebral, facilitando a ingestão e deglutição e fazendo com que as células corticais aumentem sua resposta ao paladar, ao cheiro ou à visão dos alimentos (Critchley & Rolls, 1996).
- O hipotálamo lateral aumenta a secreção da hipófise de hormônios que aumentam a secreção de insulina.
- O hipotálamo lateral envia axônios para a medula espinhal, controlando as respostas autonômicas como as secreções digestivas (van den Pol, 1999). Um animal com lesão no hipotálamo lateral tem dificuldade para digerir os alimentos.

PARE & REVISE

21. De que forma o hipotálamo lateral facilita a alimentação?

RESPOSTA 21. A atividade do hipotálamo lateral melhora o paladar, aprimora as respostas corticais aos alimentos e aumenta as secreções de insulina e sucos digestórios.

Áreas mediais do hipotálamo

A saída do **hipotálamo ventromedial (HVM)** inibe a alimentação (Chee, Myers, Price, & Colmers, 2010) e, portanto, lesões nesse núcleo levam à alimentação em excesso e ao ganho de peso (ver Figura 9.22). Algumas pessoas com tumor nessa área ganharam mais de 10 kg por mês (Al-Rashid, 1971; Killeffer & Stern, 1970; Reeves & Plum, 1969). Camundongos com lesões semelhantes às vezes dobram ou triplicam seu peso (ver Figura 9.25). Embora esses sintomas sejam conhecidos como *síndrome hipotalâmica ventromedial*, a lesão limitada apenas ao hipotálamo ventromedial não aumenta consistentemente a alimentação ou o peso corporal. Para produzir um grande efeito, a lesão deve se estender para fora do núcleo ventromedial e invadir os axônios adjacentes (Ahlskog & Hoebel, 1973; Ahlskog, Randall, & Hoebel, 1975; Gold, 1973). Neurônios dentro do próprio hipotálamo ventromedial participam de muitos outros comportamentos, incluindo defesa contra invasores (Silva et al., 2016).

Lembre-se de que camundongos com lesões no núcleo paraventricular ingerem refeições maiores do que a média. Em contraposição, aqueles com lesões na área ventromedial ingerem refeições de tamanho normal, mas comem com mais frequência (Hoebel & Hernandez, 1993). Uma das razões é que eles aumentaram a motilidade e as secreções estomacais, e o estômago esvazia mais rápido do que o normal. Quanto mais rápido o estômago esvaziar, mais cedo o animal estará pronto para sua próxima refeição. Outra razão das refeições frequentes é que a lesão aumenta a produção de insulina (BM King, Smith, & Frohman, 1984) e, portanto, grande parte de cada refeição é armazenada como gordura. Se os animais com esse tipo de lesão forem impedidos de comer demais, eles ganham peso de qualquer maneira! De acordo com Mark Friedman & Edward Stricker (1976), o problema não é que o camundongo engorda por causa de ingestão excessiva. Em vez disso, o camundongo

(a) (b)

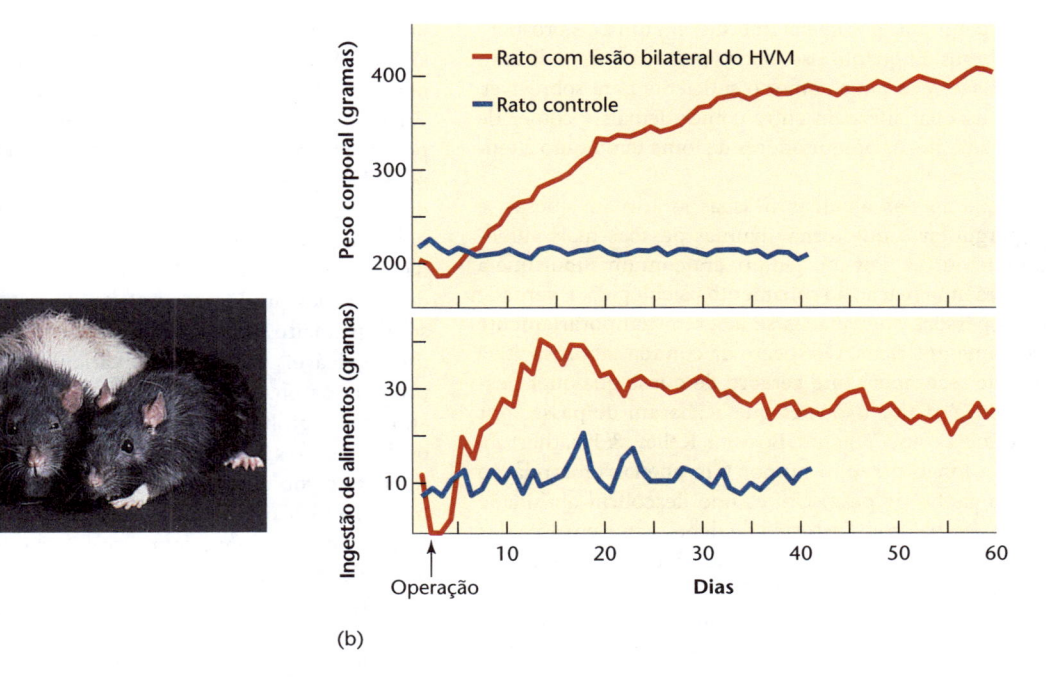

Figura 9.25 Efeitos das lesões no hipotálamo ventromedial
(a) À direita está um camundongo normal. À esquerda está um camundongo após lesão do hipotálamo ventromedial. Um camundongo com lesão cerebral pode pesar até três vezes mais que um camundongo normal.
(Fonte: Yoav Levy/Phototake)

(b) Peso e alimentação após lesão no hipotálamo ventromedial. Poucos dias após a cirurgia, o camundongo começa a comer muito mais do que o normal.
(Fonte: Reproduzida com permissão da University of Nebraska Press de "Disturbances in feeding and drinking behavior after hypothalamic lesions", de P. Teitelbaum, pp. 39-69, em M. R. Jones, Ed., 1961, Nebraska Symposium on Motivation. © 1961 da University of Nebraska Press. © renovado em 1988 pela University of Nebraska Press.)

come demais porque está armazenando muita gordura. Os altos níveis de insulina mantêm a glicose no sangue armazenada, mesmo quando o nível de glicose no sangue está baixo. Apesar do ganho ponderal, a maioria das células do corpo está faminta por nutrição. O resultado é o aumento da fome.

✓ PARE & REVISE

22. De que forma a alimentação aumenta após lesão no hipotálamo ventromedial e ao redor dele? E após lesão no núcleo paraventricular?

RESPOSTA

22. Animais com lesões no hipotálamo ventromedial se alimentam com mais frequência. Animais com lesões no núcleo paraventricular do hipotálamo ingerem refeições maiores.

A Tabela 9.2 resume os efeitos das lesões em várias áreas do hipotálamo.

Transtornos alimentares

Insulina, leptina, glicose, CCK e outras influências fornecem controle homeostático da alimentação, mas os mecanismos homeostáticos frequentemente falham. Em particular, a obesidade se tornou um problema generalizado em grande parte do mundo. Talvez não devêssemos nos surpreender. Ao longo da evolução humana e mesmo antes disso, nossos ancestrais frequentemente enfrentaram escassez de alimentos, e a evolução nos predispôs a comer com vontade sempre que havia comida boa. Se oferecermos a camundongos um buffet do tipo "como o quanto quiser" de alimentos saborosos e altamente calóricos, o resultado é que ele se tornam obesos (Geiger et al., 2009). Em vez de perguntar por que tantas pessoas se tornam obesas, talvez

Tabela 9.2 | Efeitos da lesão hipotalâmica

Área hipotalâmica	Efeito da lesão
Área pré-óptica	Déficit nos mecanismos fisiológicos de regulação da temperatura
Área pré-óptica lateral	Déficit na sede osmótica devido em parte a lesões nas células e parcialmente à interrupção da passagem de axônios
Hipotálamo lateral	Alimentação insuficiente, perda de peso, baixo nível de insulina (devido a lesões nos corpos celulares); subexcitação, falta de resposta (devido a lesões nos axônios de passagem)
Hipotálamo ventromedial	Maior frequência das refeições, ganho de peso, alto nível de insulina
Núcleo paraventricular	Aumento do tamanho da refeição, especialmente aumento da ingestão de carboidratos durante a primeira refeição do período ativo do dia

devêssemos perguntar por que nem todos em um país próspero se tornam obesos! Enquanto isso, outras pessoas sofrem de anorexia, na qual se recusam a comer o suficiente para sobreviver, ou bulimia, na qual alternam entre comer demais e comer de menos. Certamente, os pesquisadores da fome têm muito a tentar explicar.

Dado que apenas algumas pessoas se tornam obesas, é razoável perguntar o que torna algumas pessoas mais vulneráveis do que outras. Por um tempo, era comum supor que a obesidade era uma reação ao sofrimento psicológico. É verdade que muitas pessoas angustiadas se alegram temporariamente comendo alimentos ricos. O aspecto da comida saborosa ativa os centros de recompensa no cérebro de quase qualquer pessoa, e o efeito é maior naqueles que acabaram de passar por uma experiência ruim (Wagner, Boswell, Kelley, & Heatherton, 2012). Mas a longo prazo, o humor tem apenas uma relação fraca com o ganho de peso. Um estudo descobriu obesidade em 19% das pessoas com histórico de depressão e em 15% das pessoas que nunca sofreram depressão (McIntyre, Konarski, Wilkins, Soczynska, & Kennedy, 2006). Outro estudo descobriu que o adulto médio com depressão ganhou cerca de 1/2 quilo por ano, enquanto a média para todos os outros foi de cerca de 8/10 de um quilo (Brumpton, Langhammer, Romundstad, Chen, & Mai, 2013).

Outra possível influência é o ambiente pré-natal. Um estudo com camundongos descobriu que se a fêmea consumisse uma dieta rica em gorduras durante a gravidez, os recém-nascidos desenvolveriam um hipotálamo lateral maior do que a média e produziriam mais do que a quantidade média de orexina e outros transmissores que facilitam o aumento da alimentação (Chang, Gasinskaya, Karatayev, & Leibowitz, 2008). Essas mudanças persistiram ao longo da vida. Resumindo, a exposição a uma dieta rica em gordura antes do nascimento predispõe a prole a um aumento do apetite e peso corporal. Esse exemplo ilustra os efeitos epigenéticos, como descrito no Capítulo 4: uma experiência pode alterar a expressão dos genes.

Genética e peso corporal

Você provavelmente percebeu que a maioria dos pais magros tem filhos magros, e a maioria dos pais obesos tem filhos obesos. Estudos com gêmeos e crianças adotadas em muitos países encontraram herdabilidade consistentemente alta do peso corporal (Albuquerque, Stice, Rodríguez-López, Manco, & Nóbrega, 2015; Min, Chiu, & Wang, 2013; Silventoinen et al., 2016). Os pesquisadores distinguem três tipos de herdabilidade para a obesidade. Um tipo, obesidade *sindrômica*, ocorre quando um gene causa um problema clínico que inclui a obesidade. Por exemplo, a síndrome de Prader-Willi é marcada por deficiências cognitivas leves, baixa estatura e obesidade. Pessoas com essa síndrome têm níveis de grelina no sangue quatro a cinco vezes mais altos do que a média (Cummings et al., 2002). A grelina, como você deve lembrar, é um peptídeo relacionado à privação alimentar. O fato de que as pessoas com a síndrome de Prader-Willi comem demais e ainda produzem altos níveis de grelina sugere que o problema está relacionado à incapacidade de interromper a liberação de grelina.

Um segundo tipo, obesidade *monogênica*, ocorre quando um único gene leva à obesidade sem outras anormalidades físicas ou mentais. Pessoas com uma mutação no gene para o receptor de melanocortina (importante para a saciedade) comem demais e se tornam obesas desde a infância (Mergen, Mergen, Ozata, Oner, & Oner, 2001). Vários outros genes raros também podem causar obesidade monogênica (van der Klaauw & Farooqi, 2015); mas as mutações em um único gene são responsáveis por apenas uma pequena porcentagem dos casos de obesidade grave (Yeo & Heisler, 2012). O terceiro tipo, obesidade *poligênica* ou *comum*, relaciona-se a muitos genes, cada um dos quais aumenta ligeiramente a probabilidade de obesidade (Albuquerque et al., 2015). Uma combinação de alguns desses genes produz mais efeito do que qualquer um por si só. O primeiro desses genes a ser demonstrado com resultados replicáveis é uma forma variante do gene FTO (gene da proteína da obesidade e de massa de gordura associada) que aumenta a probabilidade de alguém ter obesidade para cerca de dois terços acima do nível médio (Frayling et al., 2007). Exatamente como o gene FTO funciona é incerto, assim como o mecanismo de outros genes que influenciam o ganho ponderal. Alguns podem afetar a fome, mas outros podem influenciar os níveis de atividade, a digestão ou o metabolismo basal.

Os efeitos de um gene dependem do ambiente. Considere os nativos norte-americanos Pima do Arizona e do México. A maioria está gravemente acima do peso, e os pesquisadores identificaram vários genes associados ao maior risco (Bian et al., 2010; Muller et al., 2010). Mas a obesidade era incomum entre eles no início de 1900, quando a alimentação deles consistia principalmente de plantas do deserto que amadurecem na breve estação chuvosa. Os Pima aparentemente desenvolveram uma estratégia de comer tudo o que podiam quando havia comida, porque isso faria que suportassem os períodos de escassez. Eles também desenvolveram uma tendência de preservar energia, limitando sua atividade. Agora, com uma dieta norte-americana mais típica, rica em calorias, a estratégia de comer demais e inatividade é inadequada. Em suma, o peso depende da combinação de genes e ambiente. Nenhum dos dois por si só tem esse efeito.

PARE & REVISE

23. Por que os Pima começaram a ganhar peso em meados dos anos de 1900?

RESPOSTA
23. Eles mudaram de uma dieta de plantas locais que estavam disponíveis sazonalmente para uma dieta rica em calorias que está disponível durante o ano.

Técnicas de perda de peso

Nos Estados Unidos, considera-se a obesidade uma doença, e não importa o fato de que não temos uma definição clara do que queremos dizer com *doença*. Uma consequência positiva de chamar isso doença é que as pessoas não pensam em si mesmas como moralmente culpadas por estarem acima do peso. Outra consequência é que as seguradoras agora pagarão os planos de saúde pelo tratamento e ajudarão a aliviar a obesidade. Uma possível consequência negativa é que alguns podem decidir que não têm controle e também podem parar de tentar perder peso.

Você ouvirá defensores de um determinado plano de dieta vangloriando-se de que as pessoas que usam esse plano perderam uma quantidade significativa de peso. Essa afirmação pode ser verdadeira, mas significa pouco, a menos que saibamos por quanto tempo elas mantiveram o peso, ou quantas outras pessoas tentaram o plano e não conseguiram perder peso. Na verdade, poucas pessoas em qualquer dieta perdem muito peso e o mantêm permanentemente. Muitos psicólogos agora recomendam pequenas mudanças na dieta ("coma um pouco menos do que o normal") na expectativa de que mais pessoas sigam essa dieta (Stroebele et al., 2008). Outra recomendação é promover boa saúde por meio de boa nutrição e exercícios físicos, independentemente do que acontece com o peso (Mann, Tomiyama, & Ward, 2015). Para o exercício ser útil, ele não precisa ser extenuante, mas precisa ser constante, como uma caminhada rápida de uma hora por dia na maioria dos dias (Wyatt, 2013).

Um conselho particularmente importante é reduzir ou eliminar a ingestão de refrigerantes. Os pesquisadores descobriram que as pessoas que consomem pelo menos um refrigerante por dia têm mais probabilidade do que outras de estar acima do peso e, se já não estão acima do peso, têm ainda mais probabilidade de ficar (Dhingra et al., 2007; Liebman et al., 2006). Por volta de 1970, as empresas norte-americanas começaram a adoçar as bebidas com xarope de milho rico em frutose em vez de açúcar. A frutose é um pouco mais doce do que o açúcar comum, e a esperança era de que as pessoas pudessem satisfazer a fissura por doces com menos calorias. Obviamente, essa ideia não funcionou, uma vez que a obesidade se tornou mais comum, e não menos comum, desde então. É possível que a frutose na verdade piore o problema. Enquanto a glicose (outro açúcar comum) estimula a liberação de leptina e insulina que ajudam a reduzir a fome, a frutose tem pouco efeito sobre a leptina ou a insulina (Teff et al., 2004). Portanto, se beber algo com frutose, você ganha calorias sem se sentir saciado. Além disso, se você consumir muita frutose, o corpo armazenará a maior parte dela na forma de gordura (Bray, Nielsen, & Popkin, 2004). Estudos laboratoriais mostraram que camundongos que recebem bebidas contendo frutose desenvolvem obesidade, diabetes tipo 2 e hipertensão (Tappy & Lê, 2010).

Outra ideia era adicionar adoçantes não nutritivos a bebidas, esperando atender a fissura por doces sem nenhuma caloria. Novamente, essa ideia foi ineficaz. Desde o advento das bebidas dietéticas, a prevalência da obesidade continuou a aumentar e o consumo de açúcares *aumentou*, ou seja, muitas pessoas usam bebidas dietéticas, mas mantêm ou aumentam a ingestão de açúcar de outras maneiras. Além disso, o consumo de adoçantes artificiais aumenta a abundância dos tipos de bactérias intestinais que estão associadas ao diabetes tipo 2 (Suez et al., 2014).

Aparentemente, não existe "satisfazer" a fissura por sabores doces. Ingerir alimentos doces com alto teor calórico aumenta a preferência por alimentos semelhantes nos dias seguintes, e as pessoas que ganham peso aumentam o prazer de comer alimentos doces com alto teor calórico (Liu et al., 2016; Stice, & Yokum, 2016).

Quando dieta e exercícios não ajudam alguém a perder peso, outra opção são os medicamentos para emagrecer. Infelizmente, a maioria dos medicamentos que ajudam as pessoas a perder peso produz efeitos colaterais desagradáveis e a maioria dos médicos evita prescrevê-los. Outra opção é cirurgia de redução do estômago, em que parte do estômago é costurada para que os alimentos não entrem. Lembre-se de que a distensão do estômago é um dos principais contribuintes para a saciedade. Ao diminuir o tamanho do estômago, a cirurgia permite que uma refeição menor produza saciedade. Como a cirurgia apresenta risco suficiente, é recomendada apenas em casos bastante graves de obesidade, mas, em cerca de dois terços dos casos, ajuda as pessoas a perder o excesso de peso, melhorar a pressão arterial e diminuir o risco de diabetes tipo 2 (Puzziferri et al., 2014).

Eis outra opção, experimental e controversa: o sistema digestório das pessoas possui milhares de espécies de microrganismos que ajudam a digerir os alimentos e a realizar muitas outras funções, algumas úteis para nós e outras prejudiciais (Cryan & Dinan, 2012). Os tipos de microrganismos encontrados em pessoas com obesidade diferem daqueles em pessoas mais magras. Os pesquisadores que trabalharam com camundongos descobriram que a transferência de microrganismos de camundongos magros para camundongos obesos ajudou os camundongos obesos a perder peso (Ridaura et al., 2013). Hum!.. para ser mais específico, o que eles fizeram foi transplantar fezes de um sistema digestório para outro. Isso pode funcionar em humanos?

PARE & REVISE

24. Para alguém que está tentando perder peso, por que seria uma boa ideia reduzir totalmente os doces?

RESPOSTA 24. Os açúcares fornecem muitas calorias. Embora a frutose forneça menos calorias para uma determinada quantidade de sabor doce, é menos eficaz para desencadear uma sensação de saciedade. Pessoas que tentam satisfazer suas fissuras por doces com adoçantes artificiais geralmente não reduzem o total de calorias. Além disso, adoçantes artificiais aumentam os tipos de bactérias intestinais que estão associados ao diabetes tipo 2.

Bulimia nervosa

Bulimia nervosa é um transtorno em que as pessoas alternam entre excessos e períodos de dieta restrita. Muitas, mas não todas, induzem-se ao vômito. Nos Estados Unidos, cerca de 1,5% das mulheres e 0,5% dos homens desenvolvem bulimia em algum momento da vida. Tornou-se mais comum com o passar dos anos, ou seja, a bulimia é mais comum entre os jovens hoje do que na geração dos pais e mais comum na geração dos pais deles do que na geração dos avós. O aumento é provavelmente devido a maior disponibilidade de grandes quantidades de alimentos saborosos de alto teor calórico.

Em média, as pessoas com bulimia apresentam uma variedade de anormalidades bioquímicas, incluindo maior produção de grelina, um hormônio associado ao aumento do apetite (Monteleone, Serritella, Scognamiglio, & Maj, 2010). A bioquímica é provavelmente resultado de excessos e limpeza, não uma causa. Após a terapia que diminui os sintomas da bulimia, a grelina e outras substâncias químicas corporais voltam aos níveis normais (Tanaka et al., 2006).

Em aspectos importantes, a bulimia se assemelha ao vício em drogas (Hoebel, Rada, Mark, & Pothos, 1999). Comer alimentos saborosos ativa as mesmas áreas do cérebro que as drogas que causam dependência, como o núcleo accumbens. Viciados em drogas que não conseguem obter as drogas às vezes comem demais, e pessoas ou animais privados de alimento tornam-se mais propensos do que outros a usar drogas.

Os pesquisadores examinaram camundongos que foram privados de alimento durante 12 horas por dia, incluindo as primeiras quatro horas do período de vigília, e então ofereceram uma solução de açúcar muito doce e xaroposa. Ao longo de várias semanas nesse regime, os camundongos beberam cada vez mais a cada dia, especialmente durante a primeira hora de disponibilidade a cada dia. A ingestão liberou compostos de dopamina e opioides (semelhantes a opiáceos) no cérebro, semelhantes aos efeitos de drogas altamente viciantes (Colantuoni et al., 2001, 2002). Também aumentou os níveis dos receptores de dopamina tipo 3 no cérebro — novamente, uma tendência semelhante à de camundongos que recebem morfina (Spangler et al., 2004). Se fossem privados desse líquido doce, eles apresentavam sintomas de abstinência, incluindo balançar a cabeça, bater os dentes e tremer. Uma injeção de morfina aliviou esses sintomas. Em suma, os camundongos exibiam indícios claros de dependência de grandes doses de açúcar (Avena, Rada, & Hoebel, 2008). Da mesma forma, podemos considerar os ciclos bulímicos de dieta e compulsão alimentar como um vício.

Anorexia nervosa

Anorexia nervosa é caracterizada pela recusa em comer o suficiente para manter um peso corporal saudável. Em alguns casos, pode ser fatal. A anorexia ocorre em cerca de 1% das mulheres e um terço de 1% dos homens, com início na adolescência ou por volta dos 20 anos e geralmente a persistência é longa (Hudson, Hiripi, Pope, & Kessler, 2007). Pessoas anoréxicas não consideram o sabor dos alimentos ruim. Em vez disso, elas expressam medo exagerado de engordar. Quando comem, preferem fortemente alimentos com baixo teor de gordura e calorias (Foerde, Steinglass, Shohamy, & Walsh, 2015). Ao contrário do que podemos esperar de pessoas à beira da inanição, em geral aquelas anoréxicas praticam atividades físicas extensas.

Estudos do cérebro em pessoas anoréxicas revelam anormalidades na liberação da dopamina e outras variáveis, mas essas anormalidades são provavelmente resultado da perda de peso prolongada e não a causa (Sodersten, Bergh, Leon, & Zandian, 2016). As anormalidades psicológicas também podem ser resultados em vez de causas. Por décadas, psicólogos e psiquiatras consideraram a anorexia uma reação à depressão. Mas embora muitas pessoas com anorexia mostrem sinais de depressão, pouca ou nenhuma evidência indica que elas sofreram depressão antes de terem anorexia (Buhren et al., 2014; Zerwas et al., 2013). Geralmente não têm um grande número de parentes com depressão e não respondem bem aos medicamentos antidepressivos ou psicoterapia.

Um ponto de vista alternativo é que o problema principal é a própria perda de peso. Imagine uma dançarina de balé, atleta de competição ou outro jovem que segue uma dieta rígida para perder peso rapidamente. O que pode acontecer? Podemos modelar alguns — claro que não todos — dos sintomas da anorexia em camundongos. Force os camundongos a fazerem uma dieta alimentar por não mais do que uma hora por dia, mantenha-os em uma sala fria e forneça uma roda de corrida. A digestão dos alimentos gera calor, mas, em uma ou duas horas após a ingestão, o camundongo começa a sentir frio e reage correndo na roda, gerando calor corporal, mas também queimando calorias. Nessa programação, um camundongo perde um pouco de peso a cada dia. Depois de perder uma boa quantidade de peso, o camundongo para de comer mesmo quando há comida disponível e, a menos que o pesquisador intervenha, o camundongo pode morrer de fome mesmo na presença de comida. Nada disso acontece em um ambiente mais quente (Cerrato, Carrera, Vazquez, Echevarria, & Gutiérrez, 2012). (Eis outro exemplo de regulação da temperatura influenciando o comportamento de uma forma surpreendente!)

Assim, uma hipótese é que quem faz dieta para perder peso começa a correr ou fazer outros exercícios, principalmente em dias mais frios (Carrera et al., 2012) e como resultado perde cada vez mais peso. Um tratamento com base nessa ideia começa mantendo a pessoa aquecida, seja vestindo uma blusa ou permanecendo em um ambiente aquecido. O exercício físico é estritamente limitado. Então, para superar o medo da pessoa de comer demais e engordar, o alimento é colocado em um prato especial conectado a um computador que monitora a ingestão de alimentos. A pessoa tenta comer no ritmo normal e médio, com feedback como um videogame. Seis clínicas europeias tentaram essa abordagem em 571 pacientes. Depois de 13 meses, três quartos estavam totalmente recuperados e nenhum morreu (Bergh et al., 2013). Essa taxa de sucesso é muito melhor do que qualquer outro tratamento pode afirmar. Certamente, mais pesquisas são necessárias. Até agora, essa abordagem não é bem conhecida na América do Norte.

PARE & REVISE

25. Que evidência a partir de camundongos sugere que a bulimia se assemelha a um vício?
26. Se os camundongos se limitam a comer uma hora por dia, o que determina se eles perderão peso ou não?

RESPOSTAS

25. Os camundongos que alternam entre a privação de comida e uma dieta muito doce comem gradualmente cada vez mais e reagem à privação da dieta doce balançando a cabeça e batendo os dentes, como os sintomas da abstinência da morfina. 26. Se a sala estiver fria e os camundongos tiverem acesso a uma roda de corrida, eles se exercitarão o suficiente para se aquecer, o que também é suficiente para forçá-los a perder peso.

Módulo 9.3 | Conclusão
Os múltiplos controles da fome

As áreas do cérebro que controlam a alimentação monitoram o gosto, glicose no sangue, distensão do estômago, teor duodenal, peso corporal, células de gordura, hormônios, influências sociais e muito mais. Como o sistema é muito complexo, ele pode produzir erros de várias maneiras. Mas a complexidade do sistema também fornece uma espécie de segurança: se uma parte do sistema comete um erro, outra parte pode neutralizá-lo. Observamos pessoas que optam por uma dieta pobre ou comem a quantidade errada, mas talvez devêssemos ficar ainda mais impressionados com quantas pessoas comem de forma adequada. A regulação da alimentação é bem-sucedida não apesar de sua complexidade, mas por causa dela.

Resumo

1. A capacidade de digerir um alimento é um dos principais determinantes da preferência por esse alimento. Por exemplo, pessoas que não conseguem digerir lactose geralmente não gostam de comer laticínios.

2. A convicção generalizada de que o açúcar causa hiperatividade e que o peru causa sonolência é infundada. Mas pesquisas corroboram a ideia de que comer peixe é bom para o funcionamento do cérebro.

3. Pessoas e animais comem em parte por causa do sabor. Porém, um animal que se alimenta de forma simulada, que prova os alimentos, mas não os absorve, come muito mais do que o normal. Sabor não é suficiente para satisfazer a fome.

4. Além do sabor, outros fatores que controlam a fome incluem distensão do estômago e intestinos, secreção de CCK pelo duodeno e a disponibilidade de glicose e outros nutrientes para as células.

5. O apetite depende em parte da disponibilidade de glicose e outros nutrientes para as células. O hormônio insulina aumenta a entrada de glicose nas células, incluindo células que armazenam nutrientes para uso futuro. O glucagon mobiliza o combustível armazenado e o converte em glicose no sangue. Portanto, a influência combinada da insulina e do glucagon determina a quantidade de glicose disponível a qualquer momento.

6. As células adiposas produzem um peptídeo chamado leptina, que fornece ao cérebro um sinal sobre a perda ou ganho de peso e, portanto, corrige os erros do dia a dia na quantidade de alimentos. Níveis baixos de leptina aumentam a fome de maneira mais eficaz do que níveis elevados diminuem.

7. O núcleo arqueado do hipotálamo recebe sinais tanto de fome como de saciedade. Alimentos saborosos e o transmissor de grelina estimulam os neurônios que promovem a fome. Glicose, insulina, leptina e CCK estimulam os neurônios que promovem a saciedade.

8. Os axônios dos dois tipos de neurônios no núcleo arqueado enviam mensagens concorrentes para o núcleo paraventricular, liberando neuropeptídeos que são específicos do sistema de alimentação. As células do núcleo paraventricular inibem o núcleo lateral do hipotálamo. Os sinais de fome aumentam a alimentação diminuindo a inibição do núcleo paraventricular.

9. O núcleo lateral do hipotálamo facilita a alimentação pelos axônios que aumentam as respostas gustativas em outras partes do cérebro e aumentam a liberação de insulina e sucos digestórios.

10. O núcleo ventromedial do hipotálamo e os axônios que passam por ele influenciam a alimentação, regulando o tempo de esvaziamento do estômago e a secreção de insulina. Animais com lesões nessa área comem com mais frequência do que o normal porque armazenam grande parte de cada refeição como gordura e não conseguem mobilizar as gorduras armazenadas para o uso atual.

11. A obesidade está parcialmente sob controle genético. A obesidade sindrômica ocorre se um gene leva à obesidade e a outros problemas clínicos. A obesidade monogênica resulta de um único gene que não prejudica outras funções corporais. A obesidade comum é influenciada por muitos genes, bem como por fatores ambientais.

12. Fazer dieta raramente é um meio eficaz de perda de peso a longo prazo. Reduzir o consumo de refrigerantes é altamente recomendável. A cirurgia de redução do estômago é uma opção para casos relativamente graves de obesidade.

13. Bulimia nervosa é caracterizada pela alternância entre não comer o suficiente e comer em excesso. Já foi comparada a comportamentos viciantes.

14. A anorexia nervosa é caracterizada pela recusa em comer o suficiente para manter um peso saudável. Os tratamentos antidepressivos raramente são eficazes. O aumento da atividade física associado à anorexia pode ser motivado pela regulação da temperatura.

Termos-chave

Os termos estão definidos no número de página indicado. Também são apresentados em ordem alfabética com a definição no Índice remissivo/Glossário do livro, que começa na p. 589.

alimentação simulada **306**
anorexia nervosa **316**
bulimia nervosa **315**
colecistocinina (CCK) **306**
duodeno **306**
glucagon **307**
grelina **310**

hipotálamo lateral **311**
hipotálamo ventromedial (HVM) **312**
insulina **306**
lactase **304**
lactose **304**
leptina **308**

melanocortinas **310**
nervo vago **306**
neuropeptídeo Y (NPY) **310**
núcleo arqueado **309**
peptídeo relacionado ao gene agouti (AgRP) **310**

Questão complexa

Para a maioria das pessoas, os níveis de insulina tendem a ser mais elevados durante o dia do que à noite. Use esse fato para explicar por que as pessoas sentem fome algumas horas depois de uma refeição diurna, mas não tão rapidamente à noite.

Módulo 9.3 | Questionário final

1. Se alguém não tiver o gene para digerir a lactose, qual desses resultados é provável?
   A. Bulimia nervosa.
   B. Aumento da fissura por sabores doces.
   C. Atraso no início da puberdade.
   D. Desconforto após beber leite.

2. Qual dos seguintes itens é verdadeiro?
   A. A alta ingestão de açúcar leva a um comportamento hiperativo.
   B. O peru contém grandes quantidades de substâncias químicas que podem causar sonolência.
   C. Os adoçantes artificiais ajudam a satisfazer a fissura por sabores doces.
   D. Os óleos de peixe são benéficos para o funcionamento do cérebro.

3. Qual parte do corpo secreta CCK?
   A. O duodeno
   B. As células adiposas
   C. O estômago
   D. O fígado

4. Quando o alimento distende o duodeno, o duodeno libera o hormônio CCK. Por meio de qual mecanismo *periférico* (fora do cérebro) a saciedade aumenta?
   A. A CCK aumenta as contrações do estômago.
   B. A CCK contrai o músculo esfíncter entre o estômago e o duodeno.
   C. A CCK aumenta a capacidade dos nutrientes de entrar nas células.
   D. As células do hipotálamo liberam CCK como um neurotransmissor.

5. Qual destas funções a insulina realiza?
   A. Ajuda o intestino a digerir a glicose.
   B. Ajuda a glicose a entrar nas células.
   C. Converte glicose em glutamato.
   D. Converte as gorduras armazenadas em glicose.

6. Qual parte do corpo secreta leptina?
   A. O duodeno
   B. As células adiposas
   C. O estômago
   D. O fígado

7. Qual parte do cérebro é geralmente considerada a área principal para o controle do apetite?
   A. O hipocampo
   B. O córtex pré-frontal
   C. O núcleo caudado
   D. O núcleo arqueado

8. Qual parte do corpo secreta grelina?
   A. O duodeno
   B. As células adiposas
   C. O estômago
   D. O fígado

9. Como o paladar e a grelina promovem a alimentação e a excitação?
   A. Aumentam a excitação entre o núcleo paraventricular e o núcleo arqueado, uma área que estimula o hipotálamo lateral.
   B. Aumentam a inibição entre o núcleo paraventricular e o núcleo arqueado, uma área que inibe o hipotálamo lateral.
   C. Aumentam a estimulação entre o núcleo arqueado e o núcleo paraventricular, uma área que estimula o hipotálamo lateral.
   D. Aumentam a inibição entre o núcleo arqueado e o núcleo paraventricular, uma área que inibe o hipotálamo lateral.

10. Se os pesquisadores pudessem encontrar um fármaco seguro que estimule os receptores de melanocortina, qual seria o provável benefício?
    A. Aprimorar a memória.
    B. Ajudar as pessoas a dormir.
    C. Combater a anorexia nervosa.
    D. Ajudar as pessoas a perder peso.

11. Os corpos celulares do hipotálamo lateral são mais importantes para qual dos seguintes itens?
    A. Regulação da temperatura
    B. Sono
    C. Comer
    D. Saciedade

12. Como a prevalência da obesidade mudou desde a disponibilidade do xarope de milho com alto teor de frutose e bebidas dietéticas adoçadas artificialmente?
    A. Cada um deles ajudou a diminuir a prevalência da obesidade.
    B. O xarope de milho rico em frutose ajudou a reduzir as taxas de obesidade, mas as bebidas dietéticas não.
    C. As bebidas dietéticas ajudaram a reduzir as taxas de obesidade, mas o xarope de milho com alto teor de frutose não.
    D. A prevalência da obesidade aumentou após a disponibilidade de ambos.

13. Bulimia nervosa foi comparada a qual dos seguintes itens?
    A. Transtorno de personalidade borderline
    B. Esquizofrenia paranoica
    C. Vício de drogas
    D. Medo de altura

14. A regulação da temperatura é uma explicação provável para qual aspecto da anorexia?
    A. Maior prevalência em mulheres do que em homens.
    B. Aumento do exercício aeróbico.
    C. Medo de engordar.
    D. Idade de início.

Respostas: 1D, 2D, 3A, 4B, 5B, 6B, 7D, 8C, 9D, 10D, 11C, 12D, 13C, 14B.

Sugestões de leitura

Allen, J. S. (2012). *The omnivorous mind: Our evolving relationship with food.* Cambridge, MA: Harvard University Press. Uma discussão sobre todas as maneiras como a alimentação afeta nossas vidas.

Gisolfi, C. V. & Mora, F. (2000). *The hot brain: Survival, temperature, and the human body.* Cambridge, MA: MIT Press. Discute pesquisas sobre a regulação da temperatura.

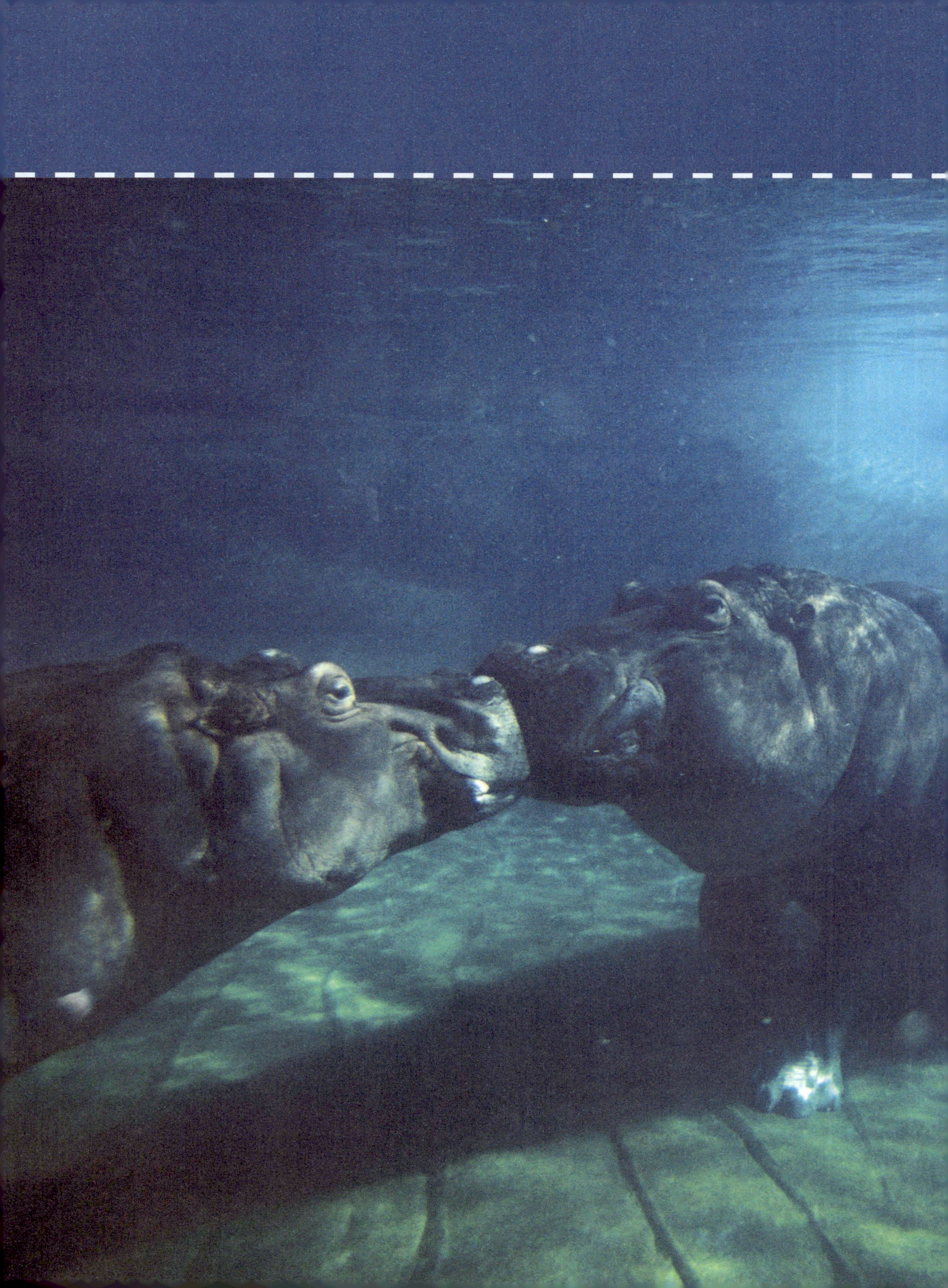

Comportamentos reprodutivos

Capítulo 10

Para que serve o sexo? Bem, sim, claro: nós gostamos. Presumivelmente, evoluímos para gostar porque a atividade sexual às vezes leva à reprodução, que transmite genes. Evoluímos de uma longa linhagem de ancestrais que se envolveram em atividades sexuais pelo menos uma vez.

Mas por que evoluímos para nos reproduzir sexualmente em vez de individualmente? Em algumas espécies de répteis, uma fêmea às vezes se reproduz *assexuadamente* — isto é, usando apenas seus próprios genes e nenhum de um macho (Booth, Johnson, Moore, Schal, & Vargo, 2011). A reprodução assexuada produziria descendentes exatamente como você, em vez de apenas metade como você. Que vantagem o sexo oferece?

Você pode sugerir a vantagem de ter um parceiro enquanto cria os filhos. Em humanos, esse tipo de cooperação geralmente é útil. Mas muitas espécies se reproduzem sexualmente, embora o macho não ajude em nada com os filhotes e, em algumas espécies de peixes, *nenhum* dos sexos cuida das crias — eles apenas liberam seus espermatozoides e óvulos no mesmo lugar e depois partem.

A explicação dos biólogos é que a reprodução sexual aumenta a variação e, portanto, permite adaptações evolutivas rápidas às mudanças no ambiente, especialmente aos novos vírus e parasitas (Morran, Schmidt, Gelarden, Parrish, & Lively, 2011). Certos invertebrados se reproduzem sexualmente quando vivem em um ambiente complexo e mutável, mas se reproduzem sem sexo quando vivem em um ambiente constante (Becks & Agrawal, 2010).

O sexo também evita a disseminação de genes desvantajosos. Suponha que você tenha uma nova mutação útil e uma mutação prejudicial. Se você reproduzisse assexuadamente, todos os seus descendentes teriam a mutação boa e a ruim. Mas com a reprodução sexuada, alguns obterão o bom sem o ruim (McDonald, Rice, & Desai, 2016). Além disso, se você tiver uma mutação desvantajosa em um gene e seu parceiro tiver uma mutação desvantajosa em um gene diferente, seus filhos podem ter uma cópia normal de ambos os genes (Lumley et al., 2015).

Neste capítulo, consideramos muitas questões sobre a reprodução sexual que muitas vezes ignoramos ou admitimos como certas. Também consideramos algumas das maneiras como ser biologicamente masculino ou feminino influencia nosso comportamento.

[Imagem da página anterior:
Os humanos podem ser a única espécie que planeja a paternidade, mas todas as espécies têm forte impulso biológico que leva à paternidade. (Kevin Schafer/Getty Images)]

Sumário do capítulo

Módulo 10.1
Sexo e hormônios
Efeitos organizadores dos hormônios sexuais
Efeitos ativadores dos hormônios sexuais
Comportamento parental
Conclusão: Motivações e comportamentos reprodutivos

Módulo 10.2
Variações no comportamento sexual
Interpretações evolutivas do comportamento de acasalamento
Identidade de gênero e comportamentos diferenciados de gênero
Orientação sexual
Conclusão: Nós não somos todos iguais

Objetivos de aprendizagem

Depois de estudar este capítulo, você será capaz de:

1. Descrever o papel do gene SRY no desenvolvimento sexual dos mamíferos.
2. Diferenciar entre os efeitos organizadores e os ativadores dos hormônios.
3. Explicar o papel da testosterona no desenvolvimento da anatomia genital.
4. Explicar por que a anatomia do cérebro difere em média entre homens e mulheres e por que o grau de masculinização ou feminilização pode variar entre as áreas cerebrais de um determinado indivíduo.
5. Listar alguns exemplos dos efeitos ativadores no comportamento de homens e mulheres.
6. Descrever os papéis dos hormônios e das experiências no comportamento parental.
7. Discutir e avaliar as possíveis explicações evolutivas dos comportamentos sexuais de homens e mulheres.
8. Explicar a relevância dos intersexuais para a compreensão do papel dos hormônios no desenvolvimento de comportamentos do tipo sexual.
9. Discutir as possíveis influências biológicas no desenvolvimento da orientação sexual.

Módulo 10.1

Sexo e hormônios

Ser macho ou fêmea influencia muitos aspectos da vida. Para seres humanos e outros mamíferos, tudo começa com os genes. As mulheres têm dois cromossomos X, enquanto os homens têm um cromossomo X e Y. (O mecanismo de determinação do sexo é diferente para aves, répteis e peixes.) Os biólogos costumavam acreditar que os cromossomos determinam a diferenciação sexual inteiramente por meio de hormônios. Vamos examinar essa história e ver como ela está incompleta.

Os mamíferos machos e fêmeas começam com a mesma anatomia durante um estágio inicial do desenvolvimento pré-natal. Ambos têm um conjunto de **dutos mullerianos** (precursores das estruturas internas femininas) e um conjunto de **dutos wolffianos** (precursores das estruturas internas masculinas), bem como gônadas indiferenciadas. Se você examinar um embrião em um estágio inicial de desenvolvimento, não poderá dizer se é homem ou mulher. Um pouco mais tarde, um gene no cromossomo Y masculino, o **gene SRY** (região determinante do sexo no cromossomo Y), faz com que essas gônadas indiferenciadas se transformem em **testículos**, os órgãos produtores de esperma. Os testículos produzem **andrógenios** (hormônios que são mais abundantes nos homens) que aumentam o crescimento dos testículos, fazendo com que eles produzam mais andrógenios etc. Essa realimentação positiva não pode durar para sempre, mas continua durante o desenvolvimento inicial. Os andrógenios também fazem com que os dutos wolffianos se transformem em *vesículas seminais* (estruturas semelhantes a sacos que armazenam sêmen) e o *canal deferente* (um duto do testículo para o pênis). Os testículos também produzem hormônio *inibitório mulleriano* (HIM) que causa a degeneração dos dutos de Muller. O resultado final é o desenvolvimento do pênis e escroto. Como as mulheres não têm o gene SRY, suas gônadas se transformam em **ovários** em vez de testículos, e seus dutos wolffianos se degeneram. Como os ovários não produzem HIM, os dutos de Muller das mulheres se desenvolvem e amadurecem em ovidutos, útero e parte superior da vagina. A Figura 10.1 mostra como as estruturas unissex primitivas se transformaram em genitais externos masculinos ou femininos.

A partir de então, os testículos dos machos produzem mais andrógenios do que **estrogênios** (hormônios que são mais abundantes nas mulheres), enquanto os ovários das mulheres produzem mais estrogênios do que andrógenios. As glândulas adrenais também produzem andrógenios e estrogênios. Esses dois tipos de hormônios têm efeitos semelhantes de algumas maneiras e efeitos opostos em outras. Eles são **hormônios esteroides**, contendo quatro anéis de carbono, como na Figura 10.2.

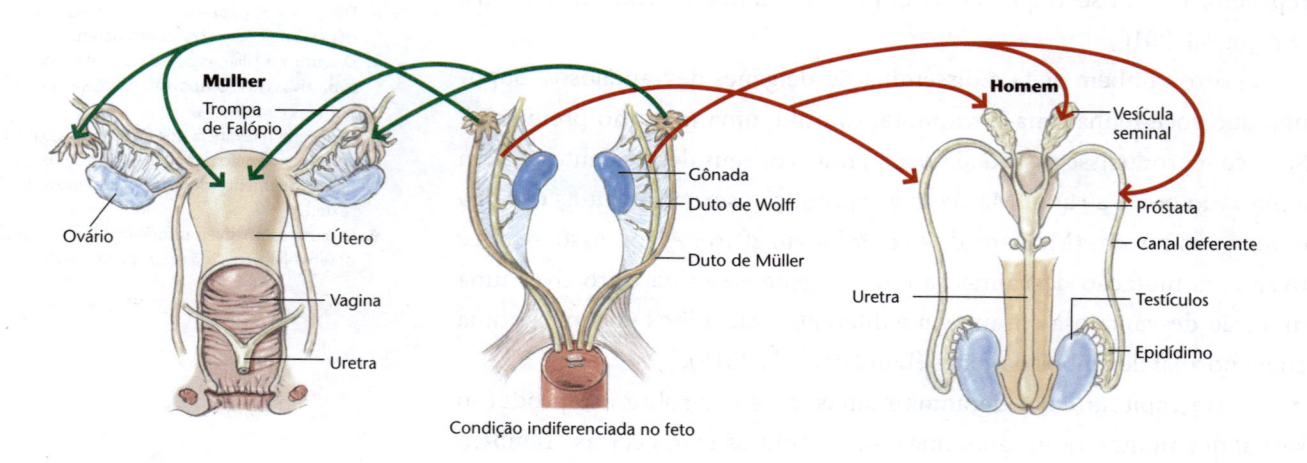

Figura 10.1 Diferenciação dos genitais humanos
Começamos a vida com estruturas indiferenciadas, como mostrado no centro. A gônada do feto, mostrada em azul, desenvolve-se nos ovários, como mostrado à esquerda, ou nos testículos, como mostrado à direita. Os dutos mullerianos do feto desenvolvem-se no útero, nos ovidutos e na parte superior da vagina da mulher. Os dutos wolffianos do feto desenvolvem-se nas vesículas seminais masculinas (que armazenam sêmen) e canais deferentes, um duto que vai do testículo ao pênis. Os dutos mullerianos se degeneram nos homens, e os dutos wolffianos se degeneram nas mulheres.
(Fonte: Baseada em Netter, 1983)

Figura 10.2 Hormônios esteroides
Observe a semelhança química entre testosterona e estradiol.

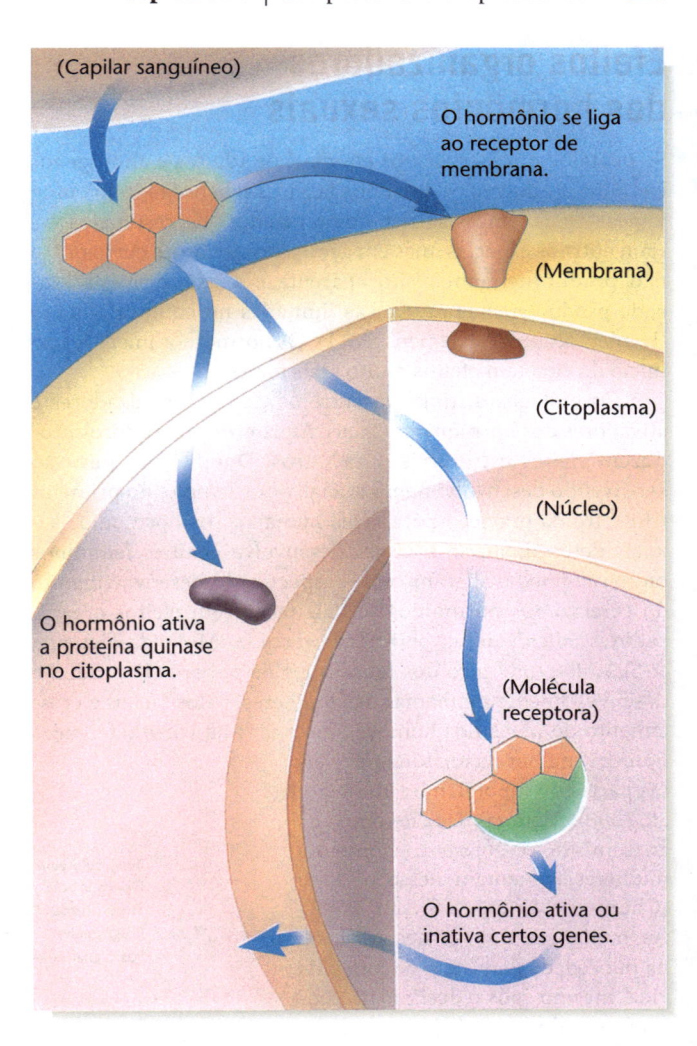

Figura 10.3 Vias da ação para hormônios esteroides
Hormônios esteroides, como estrogênios e androgênios, ligam-se aos receptores de membrana, ativam proteínas no citoplasma e ativam ou inativam certos genes.
(Fonte: Revisada de Starr & Taggart, 1989)

Os efeitos dos esteroides ocorrem de três maneiras (Nadal, Díaz, & Valverde, 2001). Primeiro, eles se ligam a receptores de membrana, como neurotransmissores, exercendo efeitos rápidos. Segundo, eles entram nas células e ativam certos tipos de proteínas no citoplasma. Terceiro, eles se ligam a receptores que se conectam aos cromossomos, onde ativam ou inativam certos genes (ver Figura 10.3).

Androgênios e estrogênios são categorias de substâncias químicas; nem o androgênio nem o estrogênio são uma substância química específica. O androgênio mais conhecido é a **testosterona**. O tipo mais proeminente de estrogênio é o **estradiol**. **Progesterona**, outro hormônio predominantemente feminino, prepara o útero para a implantação de um óvulo fecundado e promove a manutenção da gravidez.

Por muitos anos, os biólogos presumiram que os hormônios são responsáveis por todas as diferenças biológicas entre homens e mulheres. Pesquisas posteriores demonstraram que os cromossomos X e Y controlam algumas diferenças independentemente dos hormônios (Arnold, 2009). Pelo menos três genes no cromossomo Y (encontrados apenas em homens) são ativos em áreas específicas do cérebro, e pelo menos um gene no cromossomo X está ativo apenas no cérebro feminino (Arnold, 2004; Carruth, Reisert, & Arnold, 2002; Vawter et al., 2004). Tanto em humanos como em não humanos, o cromossomo Y possui muitos locais que alteram a expressão dos genes em outros cromossomos (Lemos, Araripe, & Hartl, 2008). Em suma, os genes nos cromossomos X e Y produzem efeitos além daqueles que podemos rastrear quanto a androgênios e estrogênios.

✓ PARE & REVISE

1. O que o gene SRY faz?
2. Como os hormônios sexuais afetam os neurônios?

RESPOSTAS

1. O gene SRY (região determinante do sexo no cromossomo Y) faz com que a gônada indiferenciada de um mamífero se transforme em um testículo, que então produz testosterona e MIH para direcionar o desenvolvimento para o padrão masculino. 2. Os hormônios sexuais, que são esteroides, ligam-se a receptores na membrana, ativam certas proteínas no citoplasma da célula e ativam ou inativam genes específicos.

Efeitos organizadores dos hormônios sexuais

Se injetássemos estrogênios em machos adultos e andrógenos em fêmeas adultas, poderíamos fazer os machos agirem como fêmeas ou as fêmeas agirem como machos? Os resultados variam entre as espécies, mas em geral a exposição de curto prazo não produz nenhum efeito aparente e a exposição prolongada produz apenas mudanças limitadas no comportamento (Henley, Nunez, & Clemens, 2011). Os hormônios injetados no início da vida têm efeitos muito mais fortes.

Os biólogos distinguem entre os efeitos organizadores e ativadores dos hormônios sexuais. **Efeitos organizadores** produzem efeitos estruturais duradouros. Durante um **período sensível** do desenvolvimento inicial, por exemplo, no primeiro trimestre da gravidez para seres humanos, os hormônios sexuais determinam se o corpo desenvolve genitais femininos ou masculinos e alteram certos aspectos do desenvolvimento do cérebro. Os hormônios sexuais produzem efeitos organizadores adicionais na puberdade (Schulz, Molenda-Figueira, & Sisk, 2009). O pico dos hormônios na puberdade produz o desenvolvimento de mamas nas mulheres, pelos faciais e crescimento do pênis nos homens, mudanças na voz e diferenças homem-mulher na anatomia de certas partes do hipotálamo (Ahmed et al., 2008). Algumas das diferenças na anatomia do cérebro entre homens e mulheres aumentam nesse período (Chung, de Vries, & Swaab, 2002). As mudanças que se desenvolvem na puberdade persistem ao longo da vida, mesmo após o declínio da concentração dos hormônios sexuais.

Efeitos ativadores são mais temporários, continuando apenas enquanto um hormônio está presente ou logo depois. Por exemplo, os níveis hormonais atuais influenciam o grau do desejo sexual. A explosão de hormônios durante a gravidez produz efeitos temporários na excitação emocional, comportamento agressivo, aprendizagem e cognição (Agrati, Fernández-Guasti, Ferreño, & Ferreira, 2011; Workman, Barha, & Galea, 2012). Algumas mulheres experimentam mudanças no humor ao longo do ciclo menstrual (Kiesner, Mendle, Eisenlohr-Moul, & Pastore, 2016). Encontraremos outros exemplos dos efeitos ativadores mais adiante neste capítulo. Os efeitos organizadores preparam o terreno para os efeitos ativadores. Por exemplo, os efeitos organizadores definem o hipotálamo feminino de forma que os hormônios posteriores possam ativar o ciclo menstrual. A distinção entre efeitos organizadores e ativadores não é absoluta, já que os hormônios frequentemente produzem uma combinação de efeitos temporários e de longa duração (Arnold & Breedlove, 1985; CL Williams, 1986). Mesmo assim, a distinção é útil.

Vamos focalizar os efeitos organizadores durante o período sensível inicial, quando os hormônios determinam se um embrião desenvolve uma anatomia masculina ou feminina. Você pode imaginar que a testosterona produz a anatomia masculina e o estradiol produz a anatomia feminina. Não. Em mamíferos, a diferenciação dos órgãos genitais externos depende principalmente da testosterona. Um nível alto de testosterona faz com que os órgãos genitais externos desenvolvam o padrão masculino e um nível baixo leva ao padrão feminino. O estradiol e certos genes altamente ativados nas mulheres são essenciais para o desenvolvimento adequado do útero feminino e de outros órgãos internos, mas têm pouco efeito nos órgãos genitais externos.

O período humano sensível à formação genital ocorre durante o primeiro trimestre da gravidez (Money & Ehrhardt, 1972). A princípio, os órgãos genitais externos de homens e mulheres têm a mesma aparência, como mostrado na Figura 10.4. À medida que os testículos em desenvolvimento de um homem secretam testosterona, certas enzimas a convertem em di-hidrotestosterona, que é muito mais eficaz na promoção do crescimento do pênis. Se os níveis de di-hidrotestosterona

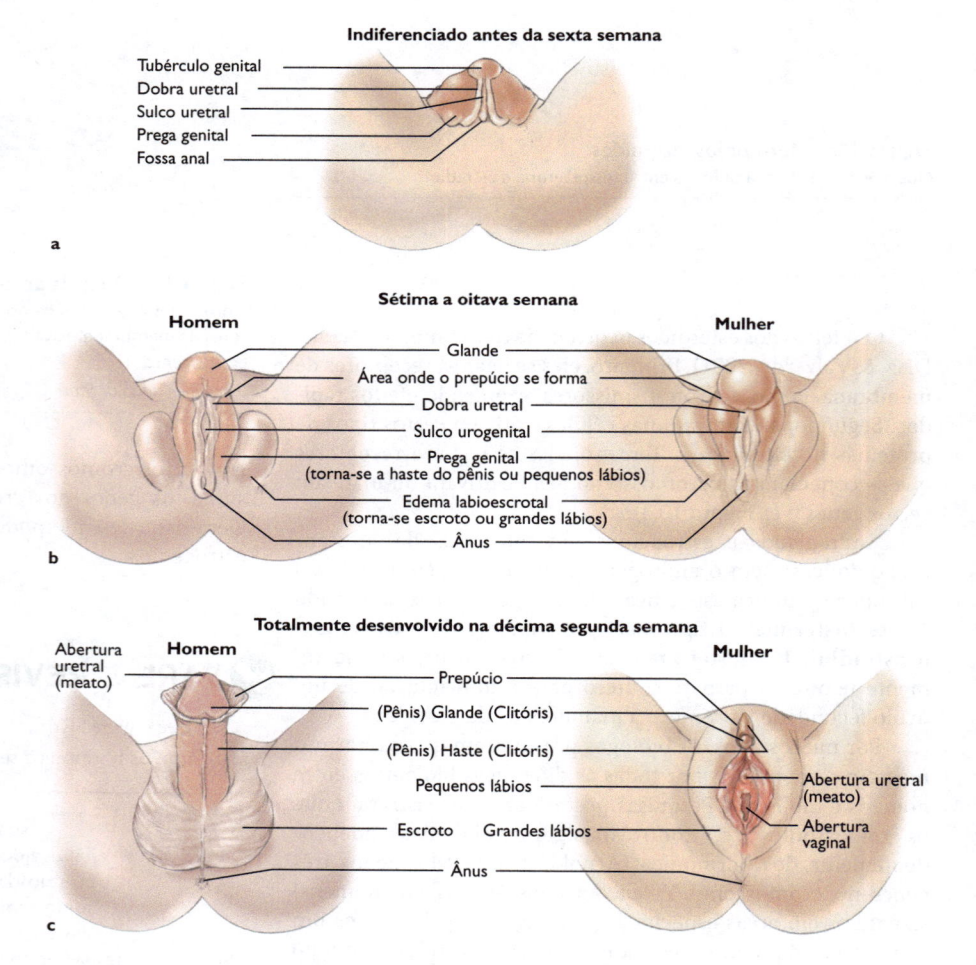

Figura 10.4 Desenvolvimento dos genitais humanos
A aparência inicial é a mesma para todos. Dependendo do nível de testosterona e de seu metabólito, di-hidrotestosterona, o embrião desenvolve o padrão masculino ou o feminino.

são altos o suficiente, o minúsculo tubérculo genital cresce e se transforma em pênis. Se os níveis são baixos, o tubérculo se transforma em clitóris. Da mesma forma, dependendo dos níveis de testosterona e di-hidrotestosterona, o embrião desenvolve um escroto, característico dos homens, ou lábios, característico das mulheres.

Muitas das pesquisas que exploram o desenvolvimento sexual foram feitas com roedores. Em camundongos, a testosterona começa a masculinizar os genitais externos durante os últimos dias de gravidez e nos primeiros dias após o nascimento e, em seguida, continua masculinizando-os em uma taxa decrescente no mês seguinte (Bloch & Mills, 1995; Bloch, Mills, & Gale, 1995; Davis, Shryne, & Gorski, 1995; Rhees, Shryne, & Gorski, 1990). Um camundongo fêmea em que se injeta testosterona durante esse período é parcialmente masculinizada, como se seu próprio corpo tivesse produzido a testosterona (Ward & Ward, 1985). O tamanho do clitóris aumenta mais do que o normal, e seu comportamento é parcialmente masculinizado. Ela se aproxima de fêmeas sexualmente receptivas (Woodson & Balleine, 2002), monta nelas e faz movimentos copulatórios de projeção, em vez de arquear as costas e permitir que os machos a montem. Em suma, a testosterona precoce promove o padrão masculino e inibe o padrão feminino (Gorski, 1985; Wilson, George, & Griffin, 1981).

A injeção de estrogênios em um macho genético produz pouco efeito na anatomia externa. Mas se não tem androgênios ou receptores de androgênios, desenvolve o padrão feminino típico da anatomia e do comportamento. Esse desfecho pode resultar de castração (remoção dos testículos), deficiência genética dos receptores de androgênios ou exposição pré-natal a drogas que interferem na resposta dos androgênios, como álcool, maconha, haloperidol (uma droga antipsicótica), ftalatos (substâncias químicas comuns em muitos produtos manufaturados) e cocaína (Ahmed, Shryne, Gorski, Branch, & Taylor, 1991; Dalterio & Bartke, 1979; Hull, Nishita, Bitran, & Dalterio, 1984; Raum, McGivern, Peterson, Shryne, & Gorski, 1990; Swan et al., 2010). Obviamente, a quantidade de interferência depende do tipo de droga e da quantidade de exposição. Em certa medida, até mesmo a aspirina interfere no padrão de desenvolvimento masculino (Amateau & McCarthy, 2004). Embora o estradiol não altere significativamente a anatomia externa do homem, ele e vários compostos relacionados produzem anormalidades na glândula da próstata — a glândula que produz um líquido que acompanha e protege os espermatozoides quando ejaculados durante a relação sexual. Alguns desses compostos semelhantes ao estradiol são agora predominantes nos revestimentos de garrafas plásticas e latas, de modo que quase todos estão expostos a eles (Timms, Howdeshell, Barton, Richter, & vom Saal, 2005). Em suma, o desenvolvimento masculino é vulnerável a muitas fontes de interferência.

Os pesquisadores costumavam dizer que a configuração padrão da natureza é fazer de cada mamífero uma fêmea, a menos que seja instruído a fazer o contrário. Adicione testosterona precoce e o indivíduo se torna um homem; sem testosterona, ele se desenvolve como uma mulher. Essa generalização é um exagero. Uma fêmea genética que carece de estradiol durante a infância desenvolve anatomia externa feminina quase normal, mas não desenvolve comportamento sexual normal ou anatomia interna normal. Mesmo que receba injeções de estradiol quando adulta, ela mostra pouca resposta sexual para os parceiros masculinos ou femininos (Bakker, Honda, Harada, & Balthazart, 2002; Brock, Baum, & Bakker, 2011). Portanto, o estradiol é essencial para o desenvolvimento feminino, incluindo certos aspectos da diferenciação cerebral, mesmo que não seja importante para a anatomia externa.

PARE & REVISE

3. Qual seria a aparência genital externa de um mamífero exposto a altos níveis de androgênios e estrogênios durante o desenvolvimento inicial? E se fosse exposto a níveis baixos de ambos?
4. Do ponto de vista da proteção do desenvolvimento sexual do feto masculino, quais são alguns medicamentos que a gestante deve evitar?

RESPOSTAS

3. Um mamífero exposto a altos níveis de hormônios masculinos e femininos terá aparência masculina. Um exposto a níveis baixos de ambos parecerá feminino. O desenvolvimento genital externo depende principalmente da presença ou ausência de androgênios e é quase independente dos níveis de estradiol. 4. Gestantes devem evitar álcool, maconha, haloperidol, ftalatos e cocaína porque essas drogas interferem no desenvolvimento sexual masculino. Mesmo a aspirina e as substâncias químicas que revestem garrafas e latas de plásticos produzem anormalidades leves. Obviamente, os resultados dependem das quantidades e do tempo de exposição a essas substâncias químicas.

Diferenças de sexo no cérebro

Em média, os cérebros masculino e feminino diferem de muitas maneiras. Várias áreas do cérebro formam uma porcentagem maior do cérebro masculino do que feminino, enquanto outras áreas constituem uma porção maior do cérebro feminino, como mostra a Figura 10.5 (Cahill, 2006). A maioria das áreas cerebrais destacadas nessa figura não tem conexão direta com o comportamento reprodutivo. As diferenças cerebrais não são simplesmente resultado do fato de os homens serem maiores. Quando os pesquisadores comparam homens e mulheres que têm o mesmo volume cerebral geral, muitos dos padrões mostrados na Figura 10.5 ainda emergem (Luders, Gaser, Narr, & Toga, 2009). Além das áreas corticais mostradas na Figura 10.5, em média, homens e mulheres diferem quanto ao hipotálamo, hipófise, partes da medula espinhal e em outras áreas. Por exemplo, partes do hipotálamo feminino geram um padrão cíclico de liberação de hormônios, como no ciclo menstrual humano, ao passo que o hipotálamo masculino libera hormônios de forma mais constante.

O que provoca todas essas diferenças? Pesquisas, muitas delas feitas por Margaret McCarthy et al., descobriram que os mecanismos diferem de uma área do cérebro para outra. No hipotálamo, as diferenças remontam aos hormônios sexuais, mas os hormônios agem de maneiras diferentes para áreas diferentes. A maioria das pesquisas utilizou camundongos, nos quais os hormônios sexuais agem de forma surpreendente. Durante o desenvolvimento inicial (pouco antes do nascimento e nos primeiros dias depois), o sangue contém altos níveis de

Figura 10.5 Cérebros de homens e mulheres
As áreas em vermelho são, em média, maiores nas mulheres em relação à massa total do cérebro. As áreas em azul são, em média, maiores nos homens em relação à massa total.
(Fonte: Cahill, L. (2006). Why sex matters for neuroscience. Nature Reviews Neuroscience, 7, 477-484. Reproduzida com permissão da Macmillan Publishing Ltd.)

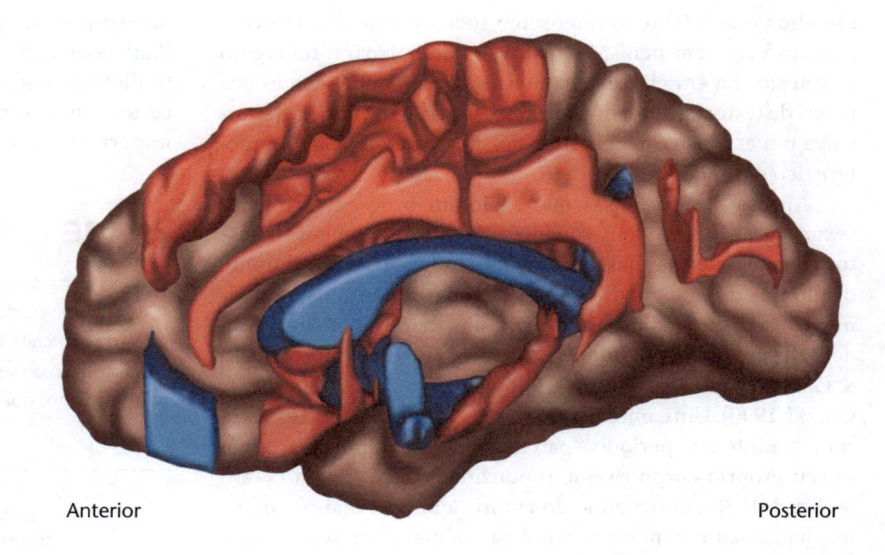

Anterior   Posterior

alfafetoproteína que se liga ao estradiol circulante e o impede de entrar nas células (Gorski, 1980; MacLusky & Naftolin, 1981). Portanto, o cérebro feminino não é exposto ao estradiol nesse momento. A testosterona masculina é livre para entrar no hipotálamo, em que uma enzima converte grande parte dela em estradiol, e o estradiol exerce os efeitos *masculinizantes* neste momento; ou seja, para o desenvolvimento inicial em roedores, a testosterona é uma forma de levar o estradiol para o hipotálamo. (Você está certo, isso é confuso.)

De qualquer forma, o estradiol age por diferentes vias em diferentes partes do hipotálamo. Na área pré-óptica medial, tanto a própria testosterona como o estradiol aumentam a produção de uma substância química chamada prostaglandina E_2, que leva a aumento na microglia, espinhos dendríticos e sinapses (Lenz, Nugent, Haliyur, & McCarthy, 2013; Nugent et al., 2015). Essas expansões possibilitam o comportamento sexual masculino posterior. Na parte do hipotálamo ventromedial, o estradiol ativa uma enzima chamada quinase PI3 que aumenta a liberação de glutamato pelos neurônios pré-sinápticos e, portanto, faz com que os neurônios pós-sinápticos aumentem sua ramificação dendrítica (Schwarz, Liang, Thompson, & McCarthy, 2008). O hipotálamo ventromedial contribui para o comportamento agressivo e sexual, bem como para a alimentação. No núcleo arqueado e no núcleo periventricular anteroventral, o estradiol aumenta a produção de GABA, que age nos astrócitos para *diminuir* espinhos dendríticos. O resultado para homens é o encolhimento dessas áreas que são importantes para o comportamento sexual feminino. Essas áreas permanecem maiores nas mulheres por causa dos *baixos* níveis de estradiol no início da vida (McCarthy, 2010; McCarthy & Arnold, 2011). A Tabela 10.1 resume esses mecanismos. Em seres humanos e outros primatas, a testosterona age no hipotálamo diretamente, em vez de conversão em estradiol; mas o mecanismo final em termos de prostaglandinas, quinase PI3 etc. parece ser o mesmo que em roedores.

Margaret McCarthy

Nas últimas duas décadas, a variedade de desfechos neurobiológicos, psicológicos e psiquiátricos que diferem entre homens e mulheres se expandiu para além da reprodução para todos os aspectos do cérebro saudável e enfermo e, portanto, exige nossa atenção. (McCarthy, 2016)

Agora, por que tudo isso é importante? Como os mecanismos diferem de uma área hipotalâmica para outra, é possível que uma área se torne mais masculinizada ou mais feminilizada do que outra. O mesmo é certamente verdadeiro para as outras áreas do cérebro, como mostrado na Figura 10.5. Para a maioria das áreas do cérebro, as diferenças entre homens e mulheres são menos compreendidas do que para o hipotálamo, mas os pesquisadores estabeleceram que os mecanismos incluem não apenas testosterona e estradiol, mas também cerca de cem genes que são mais ativos em um sexo ou outro (Reinius et al., 2008). Como os genes variam, e também os fatores que causam mudanças epigenéticas, a estrutura cerebral "média" não se aplica

Tabela 10.1 | Diferenciação sexual do hipotálamo

Área hipotalâmica	Diferença masculino-feminino	Causada por
Área pré-óptica medial	Mais espinhos dendríticos e sinapses em homens.	Testosterona e estradiol aumentam a produção de prostaglandina E_2.
Núcleo ventromedial	Dendritos mais amplamente ramificados em machos.	O estradiol ativa a quinase PI3, que aumenta a liberação de glutamato.
Núcleo arqueado e núcleo periventricular anteroventral	Mais espinhos dendríticos e sinapses em mulheres.	O estradiol aumenta a produção de GABA, que age nos astrócitos para diminuir a ramificação dendrítica.

a nenhum indivíduo. Muito poucas pessoas têm cérebro típico masculino ou feminino em todos os aspectos. Em vez disso, o cérebro de quase qualquer pessoa é um mosaico de áreas típicas do sexo masculino, feminino e aproximadamente neutras (Joel et al., 2015). Como tudo isso se relaciona com o comportamento é geralmente incerto. Você pode ouvir alguém comentar que alguma diferença entre os cérebros masculino e feminino "explica" por que homens e mulheres se comportam de maneira diferente em alguns aspectos. Na maioria dos casos, a relação entre as diferenças cerebrais e as diferenças comportamentais é mera especulação (de Vries & Södersten, 2009). Porém é certamente verdade que, assim como a maioria dos cérebros é um mosaico de áreas típicas do sexo masculino e feminino, a maioria das pessoas tem uma mistura de interesses, atitudes e atividades típicos do sexo masculino, feminino e neutro.

✅ PARE & REVISE

5. Como os órgãos genitais externos pareceriam em um camundongo fêmea genético sem alfa-fetoproteína?
6. Por que o cérebro de qualquer indivíduo é mais masculinizado ou feminilizado em algumas áreas do que em outras?

RESPOSTAS

5. Uma mulher sem alfa-fetoproteína seria masculinizada por seu próprio estradiol, como os pesquisadores de fato demonstraram (Bakker et al., 2006). 6. Os mecanismos da diferenciação sexual variam de uma área do cérebro para outra. As pessoas variam quanto aos genes, bem como às influências epigenéticas, que modificam o desenvolvimento do cérebro em diferentes áreas cerebrais.

Diferenças de sexo em brincadeiras

Que aspectos do comportamento os hormônios pré-natais podem influenciar? No segundo módulo deste capítulo, consideraremos as influências no comportamento sexual e na orientação sexual, mas, neste ponto, vamos considerar possíveis influências nas brincadeiras infantis.

Normalmente, muitos meninos brincam principalmente com carros, trens, bolas, armas e jogos violentos. As meninas têm maior probabilidade do que os meninos de passar o tempo com bonecas e brincadeiras mais calmas e cooperativas. As preferências tendem a ser consistentes ao longo do tempo. Crianças que mostram a maior preferência por atividades típicas de meninos aos 3 anos geralmente exibem maior quantidade de atividades típicas de meninos aos 13 anos, e aquelas com maior preferência por atividades típicas de meninas aos 3 geralmente têm maior preferência por atividades típicas de meninas aos 13 anos (Golombok, Rust, Zervoulis, Golding, & Hines, 2012).

Boa parte desse padrão resulta da socialização, já que a maioria dos pais dá aos filhos e filhas diferentes conjuntos de brinquedos, mas a socialização não explica toda a história. Na verdade, pode ser que os pais deem esses brinquedos porque as gerações anteriores descobriram que meninos e meninas frequentemente diferem quanto aos seus interesses desde o início. Em um estudo, bebês de 3 a 8 meses de idade (muito novos para andar, engatinhar ou brincar) sentaram-se na frente de pares de brinquedos, no qual os pesquisadores puderam monitorar os movimentos dos olhos. As meninas olhavam mais para bonecas do que para caminhões de brinquedo. Os meninos olhavam para ambos proporcionalmente (Alexander, Wilcox & Woods, 2009). (Observe que as crianças não tinham visto os caminhões se movendo, então, neste ponto, os caminhões eram simplesmente objetos desconhecidos.) Esse estudo sugere uma predisposição para meninos e meninas preferirem diferentes tipos de brinquedos, embora devamos considerar uma explicação alternativa: as meninas amadurecem mais rápido do que os meninos, e talvez seja mais difícil para os meninos nessa idade mostrarem uma preferência, qualquer que tenha sido essa preferência.

Em dois estudos, macacos machos brincavam mais com bolas e carrinhos de brinquedo do que as fêmeas, enquanto as fêmeas brincavam mais com bonecas (Alexander & Hines, 2002; Hassett, Siebert, & Wallen, 2008). A Figura 10.6 resume os resultados de um desses estudos. As preferências dos macacos não eram tão fortes quanto as da maioria das crianças, mas é notável que os sexos diferiram em tudo em seus primeiros encontros com esses brinquedos. Outros estudos descobriram que injeções pré-natais de testosterona em fetos de macacos levaram a um maior número de brincadeiras do tipo masculino depois que nasceram. Nesses casos, o foco era brincadeiras espontâneas e grosserias ao invés de brinquedos, mas a ideia é semelhante (Wallen, 2005).

Dois estudos correlacionaram substâncias químicas no sangue da mãe durante a gravidez com as escolhas de brinquedos de seus filhos anos depois. Os pesquisadores coletaram amostras de sangue de mulheres grávidas, medindo a testosterona, algumas das quais entrariam no feto. Quando as filhas alcançaram 3 anos e meio de idade, os pesquisadores observaram suas brincadeiras. As meninas que foram expostas a níveis mais elevados de testosterona na vida pré-natal mostraram preferências ligeiramente elevadas por brinquedos de meninos (Hines et al., 2002). Essas meninas eram anatomicamente normais, e não temos razão para acreditar que os pais tratassem as meninas de maneira diferente com base na quantidade de testosterona presente na vida pré-natal. Outro estudo mediu os níveis de testosterona em bebês durante os primeiros 6 meses e comparou

Figura 10.6 Escolhas de brinquedos por macacos machos e fêmeas
Macacos machos passam mais tempo do que macacos fêmeas com "brinquedos de meninos".
(Fonte: Com base em dados das "Sex differences in response to children's toys in nonhuman primates (Cercopithecus aethiops sabaeus)", de G. M. Alexander, & M. Hines, 2002, Evolution and Human Behavior, 23, 467-479)

os resultados com suas escolhas de brinquedos aos 14 meses de idade. Meninas com níveis mais altos de testosterona na primeira infância gastam mais tempo do que a média brincando com trens de brinquedo, em comparação com outras meninas. Os meninos com níveis mais altos de testosterona gastam menos tempo do que outros meninos brincando com bonecas (Lamminmäki et al., 2012).

Em outro estudo, pesquisadores mediram os níveis de ftalato em gestantes. Os ftalatos inibem a produção de testosterona. Uma lei nos EUA proíbe ftalatos nos brinquedos das crianças, mas gestantes estão expostas a ftalatos de outras fontes, incluindo perfumes, spray para cabelo, embalagens de alimentos, entre outras.. Os pesquisadores mediram os níveis de ftalato em amostras de urina de gestantes e compararam os resultados com o uso de brinquedos dos filhos ao 3 a 6 anos de idade. Em média, filhos de mulheres com altos níveis de ftalato apresentaram menos interesse por brinquedos típicos de meninos e mais interesse por brinquedos típicos de meninas (Swan et al., 2010). Em suma, tais estudos sugerem que os hormônios pré-natais, especialmente a testosterona, alteram o cérebro de modo a influenciar as diferenças entre meninos e meninas em suas atividades e interesses.

Esses estudos sugerem que os hormônios pré-natais determinam as preferências de brinquedos, independentemente da criação? Não. Na verdade, os hormônios pré-natais e a criação interagem de uma maneira interessante. É possível que as meninas desenvolvam uma doença chamada *hiperplasia adrenal congênita* (discutida no próximo módulo) como resultado de níveis muito altos de testosterona antes do nascimento. Em comparação com outras meninas, elas são menos propensas a imitar o que uma mulher ou menina faz, e menos propensas a ser influenciadas por informações de que certas coisas são destinadas a meninas (Hines et al., 2016), ou seja, os hormônios pré-natais enfraquecem a tendência de serem socializadas como a maioria das outras meninas.

PARE & REVISE

7. Que evidência vincula mais diretamente as brincadeiras infantis aos hormônios pré-natais?
8. Quais são os efeitos dos ftalatos no desenvolvimento sexual?

RESPOSTAS

7. Meninas cujas mães apresentaram níveis mais altos de testosterona durante a gravidez tendem a brincar mais com os brinquedos dos meninos do que a média das outras meninas. 8. Os ftalatos inibem a produção de testosterona. Meninos cujas mães tiveram maior exposição ao ftalato tendem a brincar com brinquedos de meninas menos do que a média dos outros meninos.

Efeitos ativadores dos hormônios sexuais

Em qualquer momento da vida, não só durante um período sensível, os níveis atuais de testosterona ou estradiol exercem efeitos ativadores, modificando temporariamente o comportamento. Os comportamentos também podem influenciar as secreções hormonais. Por exemplo, quando as pombas cortejam umas às outras, cada estágio do comportamento inicia mudanças hormonais que alteram a prontidão dos pássaros para a próxima sequência de comportamentos (Erickson & Lehrman, 1964; Lehrman, 1964; Martinez-Vargas & Erickson, 1973).

Além dos hormônios sexuais, o hormônio hipofisário **oxitocina** também é importante para o comportamento reprodutivo. A **oxitocina** estimula as contrações do útero durante o parto e estimula a glândula mamária a liberar leite. O prazer sexual também libera oxitocina, especialmente durante o orgasmo (Murphy, Checkley, Seckl, & Lightman, 1990). As pessoas costumam experimentar um estado de relaxamento logo após o orgasmo, como resultado da liberação de oxitocina. A oxitocina é aparentemente responsável pela calma e falta de ansiedade após o orgasmo (Waldherr & Neumann, 2007).

Homens

A testosterona, essencial para a excitação sexual masculina, atua em parte aumentando a sensibilidade ao toque no pênis (Etgen, Chu, Fiber, Karkanias, & Morales, 1999). Os hormônios sexuais também se ligam a receptores que aumentam as respostas em partes do hipotálamo, incluindo o núcleo ventromedial, área pré-óptica medial (APOM) e hipotálamo anterior.

A testosterona prepara a APOM e várias outras áreas do cérebro para liberar dopamina. Os neurônios APOM liberam dopamina intensamente durante a excitação sexual, e quanto mais dopamina eles liberam, maior a probabilidade de o homem copular (Putnam, Du, Sato, & Hull, 2001). Camundongos machos castrados produzem quantidades normais de dopamina na APOM, mas não a liberam na presença de uma fêmea receptiva e não tentam copular (Hull, Du, Lorrain, & Matuszewich, 1997).

Em concentrações moderadas, a dopamina estimula principalmente os receptores do tipo D_1 e D_5, que facilitam a ereção do pênis no homem (Hull et al., 1992) e posturas sexualmente receptivas na mulher (Apostolakis et al., 1996). Em concentrações mais altas, a dopamina estimula os receptores do tipo D_2, que levam ao orgasmo (Giuliani & Ferrari, 1996; Hull et al., 1992). Enquanto a dopamina estimula a atividade sexual, o neurotransmissor serotonina a inibe bloqueando a liberação de dopamina (Hull et al., 1999). Muitos medicamentos antidepressivos aumentam a atividade da serotonina e um dos efeitos colaterais é a diminuição da excitação sexual.

Os níveis de testosterona correlacionam-se positivamente com a excitação sexual dos homens e o impulso de procurar parceiros sexuais. Os pesquisadores descobriram que, em média, homens casados e homens que vivem com uma mulher em um relacionamento sério têm níveis mais baixos de testosterona do que homens solteiros e não pareados da mesma idade (M. McIntyre et al., 2006). Há duas interpretações possíveis: uma é que o casamento diminui os níveis de testosterona devido à menor necessidade de competir por um parceiro sexual. Consistente com essa ideia, um estudo encontrou níveis aumentados de testosterona na época do divórcio (Mazur & Michalek, 1998). A outra interpretação é que os homens com níveis mais baixos de testosterona são mais propensos do que os outros a se casar e permanecer fielmente casados, e as pesquisas também corroboram essa ideia (van Anders & Watson, 2006). Estudos semelhantes descobriram que mulheres solteiras tinham níveis mais altos de testosterona do que mulheres com um parceiro de longa data, seja homossexual ou heterossexual (van Anders & Goldey, 2010; van Anders & Watson, 2006). Além disso, tanto homens como mulheres com níveis altos de testosterona são mais propensos do que a média a buscar parceiros sexuais adicionais, mesmo depois de se casarem ou estabelecerem um relacionamento de longo prazo (M. McIntyre et al., 2006; van Anders, Hamilton, & Watson, 2007).

Em geral, as reduções nos níveis de testosterona diminuem a atividade sexual masculina. Por exemplo, a castração (remoção dos testículos) geralmente diminui o interesse e a atividade sexual do homem. As drogas antiandrogênicas podem ajudar os agressores sexuais a reduzir sua impulsividade sexual (Winder et al., 2014); mas o baixo nível de testosterona não é a base usual para **impotência**, a incapacidade de ter uma ereção. A causa mais comum é a circulação sanguínea prejudicada, especialmente em homens mais velhos. O medicamento sildenafil (Viagra) aumenta a capacidade sexual masculina prolongando os efeitos do óxido nítrico, que aumenta o fluxo sanguíneo para o pênis. (Como mencionado no Capítulo 2, o óxido nítrico também aumenta o fluxo sanguíneo no cérebro.)

PARE & REVISE

9. Por qual mecanismo a testosterona afeta as áreas hipotalâmicas responsáveis pelo comportamento sexual?
10. Quais são as duas explicações pelas quais os homens casados tendem a ter níveis mais baixos de testosterona do que os solteiros?

RESPOSTAS

9. A testosterona prepara as células hipotalâmicas para que estejam prontas para liberar dopamina. 10. Primeiro, o casamento diminui a necessidade de procurar parceiros sexuais e, portanto, pode diminuir o nível de testosterona. Segundo, homens com níveis mais baixos de testosterona têm maior probabilidade de se casar e permanecer casados.

Mulheres

O hipotálamo e a hipófise de uma mulher interagem com os ovários para produzir o **ciclo menstrual**, uma variação periódica nos hormônios e na fertilidade ao longo de cerca de 28 dias (ver Figura 10.7). Após o final de um período menstrual, a hipófise anterior libera **hormônio folículo-estimulante (FSH)**, que promove o crescimento de um folículo no ovário. O folículo nutre o *óvulo* e produz vários tipos de estrogênio, incluindo o estradiol. No meio do ciclo menstrual, o folículo acumula cada vez mais receptores para FSH, assim embora a concentração real de FSH no sangue esteja diminuindo, seus efeitos no folículo aumentam. Como resultado, o folículo produz quantidades crescentes de estradiol. O aumento da liberação de estradiol causa maior liberação de FSH, bem como um aumento repentino na liberação de **hormônio luteinizante (LH)** da hipófise anterior (ver o gráfico na parte superior na Figura 10.7). FSH e LH combinam-se para fazer com que o folículo libere um óvulo.

O remanescente do folículo (agora chamado *corpo lúteo*) libera o hormônio progesterona, que prepara o útero para a implantação de um óvulo fertilizado. A progesterona também inibe a liberação posterior de LH. Se a mulher está grávida, os níveis de estradiol e progesterona continuam aumentando. Se ela não está grávida, ambos os hormônios diminuem (como mostrado na Figura 10.7), o revestimento do útero é removido (menstruação) e o ciclo começa novamente.

Uma consequência dos altos níveis de estradiol e progesterona durante a gravidez é a atividade flutuante no receptor de serotonina 3 (5HT$_3$), responsável pela náusea (Rupprecht et al., 2001). Gestantes costumam sentir náuseas devido à atividade intensificada desse receptor. A Figura 10.8 resume as interações entre a hipófise e o ovário. O aumento da sensibilidade a náuseas pode ser uma adaptação evolutiva para minimizar o risco de ingerir algo prejudicial ao feto.

Pílulas anticoncepcionais evitam a gravidez interferindo no ciclo normal de realimentação entre os ovários e a hipófise. A pílula anticoncepcional mais usada, a *pílula combinada*, contendo estrogênio e progesterona, evita o aumento de FSH e LH que, de outra forma, liberaria um óvulo. A combinação de estrogênio-progesterona também espessa o muco do colo do útero, tornando mais difícil para o espermatozoide chegar ao óvulo, e evita que um óvulo, se liberado, se implante no útero. Portanto, a pílula evita a gravidez de várias maneiras. Observe, entretanto, que ela não protege contra doenças sexualmente transmissíveis, como Aids ou sífilis. O "sexo seguro" deve ir além da prevenção da gravidez.

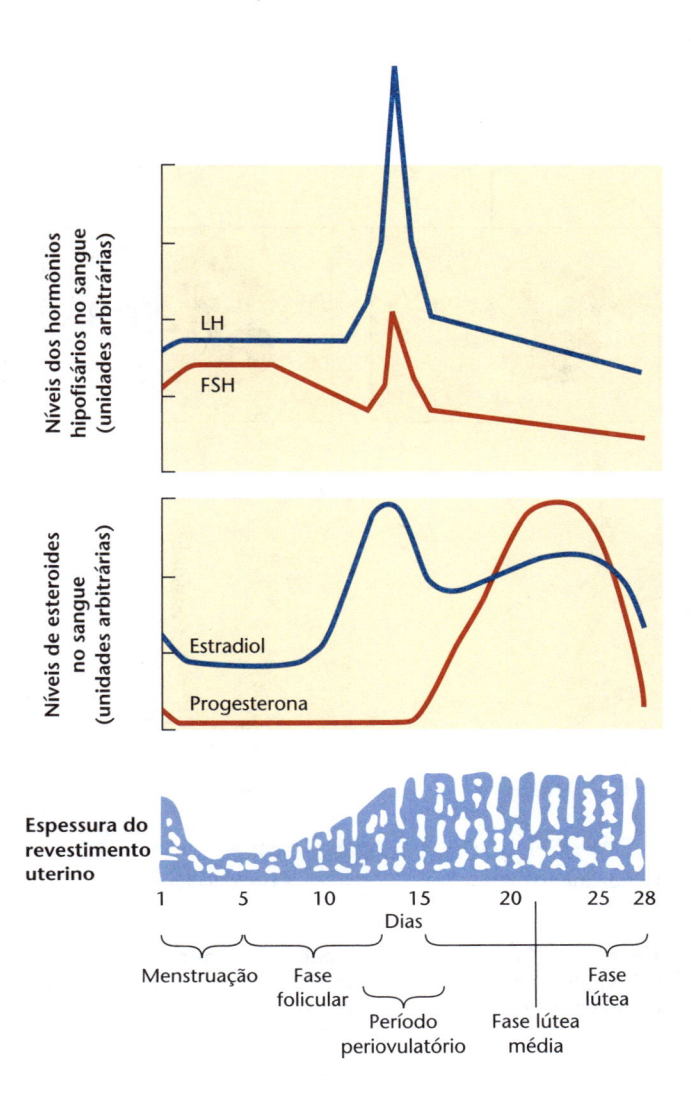

Figura 10.7 Níveis de quatro hormônios no sangue durante o ciclo menstrual humano
Observe que o estrogênio e a progesterona permanecem em níveis elevados durante a fase lútea média, mas caem drasticamente na menstruação.

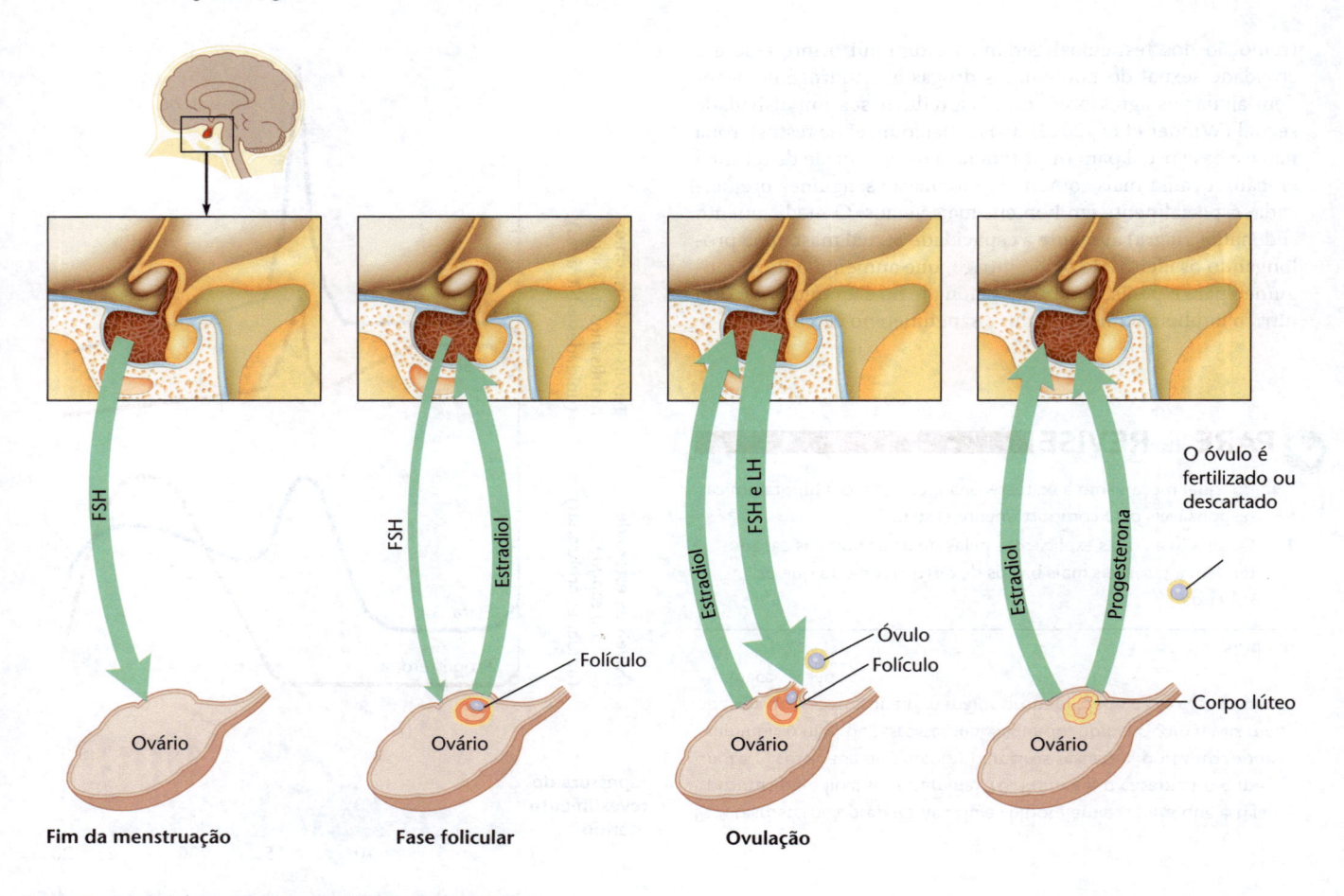

Figura 10.8 Interações entre a hipófise e o ovário
O FSH da hipófise estimula um folículo do ovário a se desenvolver e produzir estradiol, liberando uma explosão de FSH e LH da hipófise. Esses hormônios fazem com que o folículo libere o óvulo e se torne um corpo lúteo. O corpo lúteo libera progesterona enquanto o ovário libera estradiol.

Em camundongos fêmeas, uma combinação de estradiol e progesterona é a combinação mais eficaz para aumentar o comportamento sexual (Matuszewich, Lorrain & Hull, 2000). O estradiol aumenta a sensibilidade do *nervo pudendo*, que transmite a estimulação tátil da vagina e do colo do útero para o cérebro (Komisaruk, Adler, & Hutchison, 1972). O estradiol também parece ser essencial para o comportamento sexual feminino em todos os outros mamíferos que foram testados.

No entanto, surgiu a ideia de que o desejo sexual feminino humano pode depender da testosterona. Muitas evidências agora vão contra essa ideia. A maioria das mulheres relata diminuição do desejo sexual após a menopausa, o que diminui os níveis de estradiol, ou após a remoção cirúrgica dos ovários, o que também reduz os níveis de estradiol (Graziottin, Koochaki, Rodenberg, & Dennerstein, 2009). A administração de estradiol suficiente para retorná-lo aos níveis normais aumenta o desejo sexual. A administração de testosterona pode aumentar o desejo sexual de uma mulher, mas apenas se administrada em níveis muito acima do que uma mulher experimentaria naturalmente (Cappelletti & Wallen, 2016). Além disso, um estudo comparando aumentos e diminuições do interesse sexual das mulheres de um dia para o outro ao longo de um ou dois meses descobriu que o desejo sexual correlacionou-se fortemente com mudanças nos níveis de estradiol, não de testosterona (Roney & Simmons, 2013).

Uma razão pela qual os pesquisadores suspeitavam que a testosterona era importante era porque os níveis de estradiol da mulher alcançavam um pico acentuado durante o **período periovulatório**, os dias próximos do meio do ciclo menstrual, quando a fertilidade é mais alta, mas sua probabilidade de relação sexual não aumenta acentuadamente nessa época. Os níveis de testosterona, que permanecem um pouco mais estáveis ao longo do mês, podem, portanto, ser responsáveis pelo desejo; mas a probabilidade de uma mulher ter relações sexuais em um determinado dia depende dos desejos de seu parceiro, pelo menos tanto quanto dos seus próprios. De acordo com dois estudos, mulheres que não tomam pílulas anticoncepcionais *iniciam* a atividade sexual com mais frequência durante o período periovulatório do que em outras épocas do mês (Adams, Gold & Burt, 1978; Udry & Morris, 1968) (ver Figura 10.9). Além disso, as mulheres solteiras flertam com um homem atraente mais durante esse período do que em outras ocasiões (Cantú et al., 2014; Durante, & Li, 2009). Em média, é mais provável do que o normal que as mulheres durante o período periovulatório usem vermelho ou rosa, cores que a maioria dos homens considera sensual (Beall & Tracy, 2013; Eisenbruch, Simmons, & Roney, 2015). Na presença de um homem atraente, é mais provável que caminhem lentamente mais do que o normal, com um modo de andar que os homens consideram sensual (Fink, Hugill & Lange, 2012; Guéguen, 2012). Em suma, o interesse

Capítulo 10 | Comportamentos reprodutivos **331**

Outro estudo utilizou um método que, digamos, não é comum entre pesquisadores de laboratório. Os pesquisadores estudaram dançarinas eróticas, que ganham gorjetas dançando entre as pernas de um homem, esfregando-se na virilha, enquanto usam, na maioria dos casos, apenas a parte inferior do biquíni. As dançarinas registraram os tempos dos períodos menstruais e a quantidade de gorjetas que recebiam a cada noite. As dançarinas que tomavam pílulas anticoncepcionais (que mantêm os níveis hormonais quase constantes) ganhavam quase a mesma quantia entre um dia e outro. Aquelas que não tomavam pílulas anticoncepcionais receberam as maiores gorjetas durante o período periovulatório (Miller, Tybur, & Jordan, 2007). Provavelmente, as mulheres se sentiam e agiam de forma mais sensual neste momento.

Efeitos dos hormônios sexuais nas características não sexuais

Homens e mulheres diferem de muitas maneiras além do comportamento sexual. Quase todas essas diferenças variam pelo menos um pouco de acordo com a cultura, e é fácil exagerar a extensão da diferença (como em *"Mulheres são de Vênus, os homens são de Marte"*); mas algumas tendências são moderadamente consistentes.

Uma diferença de gênero bem documentada no comportamento é que as mulheres tendem a ser melhores do que os homens no reconhecimento de expressões faciais da emoção. Os hormônios sexuais podem contribuir para essa diferença? Uma maneira de abordar a questão experimentalmente é administrar testosterona extra às mulheres. Em um estudo, a tarefa das mulheres era examinar fotos de faces e tentar identificar as emoções expressas entre seis opções: raiva, repulso, medo, felicidade, tristeza e surpresa. As fotos foram classificadas como 0% (expressão neutra) a 100% da expressão de uma emoção. A Figura 10.10 mostra o exemplo para raiva. Depois que as mulheres receberam testosterona, a maioria tornou-se temporariamente menos precisa no reconhecimento das expressões faciais da raiva (van Honk & Schutter, 2007). A implicação é que a testosterona interfere na atenção às expressões emocionais. Outros estudos descobriram que a testosterona diminuiu a capacidade das mulheres de inferir o humor das pessoas observando os olhos, enquanto o estradiol aumentou as respostas emocionais dos homens ao ver uma pessoa em perigo (Olsson, Kopsida, Sorjonen, & Savic, 2016; van Honk et al., 2011).

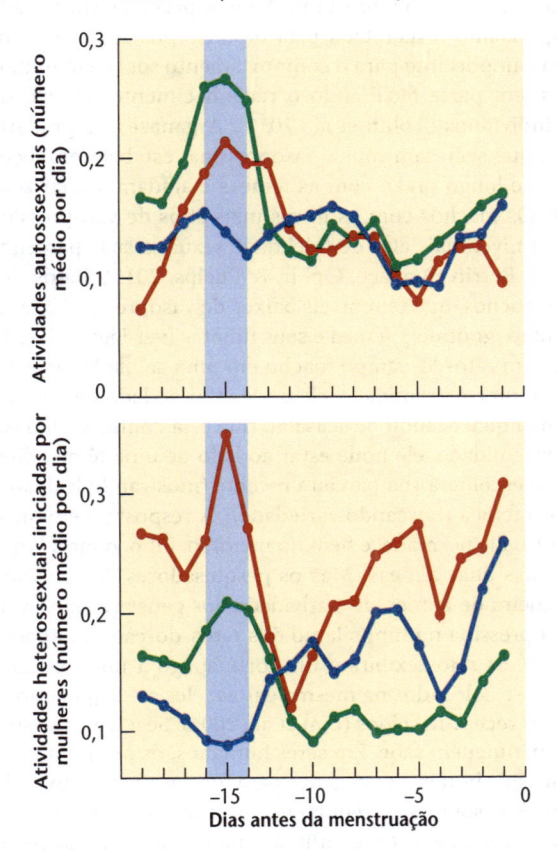

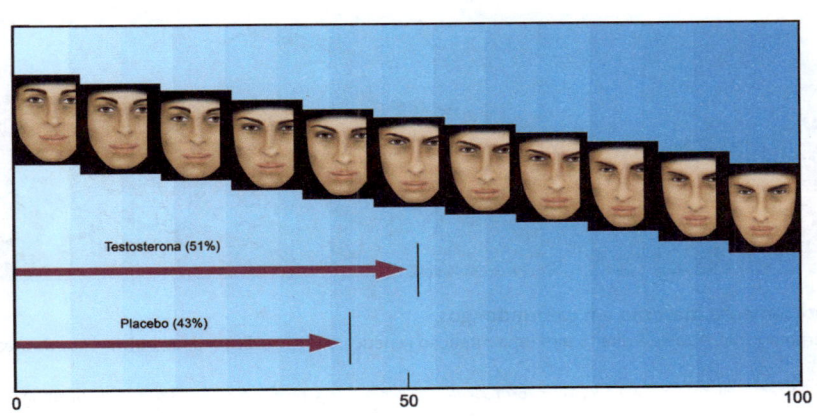

Figura 10.9 Atividades sexuais iniciadas por mulheres
O gráfico na parte superior mostra atividades autossexuais (masturbação e fantasias sexuais); o gráfico na parte inferior mostra atividades iniciadas por mulheres com um parceiro masculino. Os métodos anticoncepcionais "intrusivos" são diafragma, espuma e preservativo; os métodos "não intrusivos" são DIU e vasectomia. As mulheres que não usam anticoncepcionais iniciam o sexo com mais frequência quando os níveis de estrogênio alcançam o pico.
(Fonte: Adams, Gold, & Burt, 1978)

sexual alcança o pico no período periovulatório e influencia o comportamento de muitas maneiras, em geral sem o reconhecimento consciente do efeito pela mulher.

Figura 10.10 Estímulos para medir a capacidade das pessoas de identificar emoções
Para cada uma das seis emoções, os pesquisadores prepararam visualizações que variam de 0% a 100% da expressão da emoção. Nesse caso, a emoção é a raiva. As mulheres identificaram a expressão mais rapidamente, em média, após uma injeção de placebo do que após uma injeção de testosterona.
(Fonte: Ilustração de Margareth Baldissara com adaptação de Marcelo Ventura com base na ilustração contida em "Testosterone reduces conscious detection of signals serving social correction", de J. van Honk, & D. J. L. G. Schutter, Psychological Science, 18, 663-667)

PARE & REVISE

11. Em que momento no ciclo menstrual de uma mulher os níveis de estradiol aumentam? Quando eles estão mais baixos?
12. Quando é mais provável que uma mulher seja sensual e inicie a atividade sexual?

REPOSTAS

11. Os níveis de estradiol aumentam durante os dias que antecedem o meio do ciclo menstrual. Estão mais baixos durante e logo após a menstruação. 12. Durante o período periovulatório.

Comportamento parental

As mudanças hormonais durante a gravidez preparam a fêmea do mamífero para fornecer leite e também para cuidar dos filhotes. O comportamento muda de várias maneiras quando ela se torna mãe. Além de amamentar e cuidar dos filhotes, ela come e bebe mais do que de costume, torna-se menos temerosa e mais agressiva, principalmente na defesa dos filhotes. Quando uma mãe mamífero dá à luz aos bebês, ela aumenta a secreção de oxitocina e prolactina, que promovem a produção de leite e vários aspectos do comportamento materno (Rilling & Young, 2014). A prolactina também inibe a sensibilidade à leptina, permitindo que a mãe coma mais do que o normal.

Além de secretar hormônios, a mulher altera o padrão dos receptores hormonais. No final da gravidez, a sensibilidade ao estradiol aumenta nas áreas cerebrais importantes para o comportamento materno e atenção aos filhotes (Rosenblatt, Olufowobi, & Siegel, 1998), incluindo a área pré-óptica medial, hipotálamo anterior e núcleo accumbens (Brown, Ye, Bronson, Dikkes, & Greenberg, 1996; Pereira & Ferreira, 2016) (ver Figura 10.11). Já analisamos a área pré-óptica/hipotálamo anterior, ou APO/HA, por causa da sua importância para a regulação da temperatura, sede e comportamento sexual. O núcleo accumbens desempenha um papel central na alimentação. Em suma, a maioria das áreas do cérebro participa de uma variedade de funções comportamentais.

Outro hormônio importante é a vasopressina, sintetizada pelo hipotálamo e secretada pela hipófise posterior. A vasopressina é importante para o comportamento social em muitas espécies, em parte facilitando o reconhecimento olfativo de outros indivíduos (Tobin et al., 2010). Arganazes-da-pradaria machos, que secretam muita vasopressina, estabelecem laços de casal de longo prazo com as fêmeas e ajudam a criar seus filhotes. Os machos com os níveis mais altos de vasopressina exibem o nível mais alto de fidelidade sexual a suas parceiras (Okhovat, Berrio, Wallace, Ophir, & Phelps, 2015). Ratos-do--campo machos, que têm níveis baixos de vasopressina, acasalam e então ignoram a fêmea e seus filhotes (ver Figura 10.12). Imagine um rato-do-campo macho em uma gaiola longa e estreita. Em uma extremidade, ele pode estar ao lado de uma fêmea com a qual acabou de acasalar. (Ela está confinada lá.) Na outra extremidade, ele pode estar ao lado de uma fêmea diferente. Ele escolherá sua parceira recente (mostrando lealdade) ou a nova fêmea (buscando variedade)? A resposta: nem uma, nem outra. Ele permanece bem no meio, sozinho, o mais longe possível das duas fêmeas. Mas os pesquisadores descobriram uma maneira de aumentar a atividade dos genes responsáveis pela vasopressina no hipotálamo dos ratos-do-campo. Repentinamente, os ratos exibiram um forte apego a uma parceira recente e, se colocados na mesma gaiola, eles até a ajudaram a cuidar dos recém-nascidos (Lim et al., 2004). Se a fêmea se surpreendeu, ninguém sabe. Em seres humanos, os pesquisadores relataram que homens com genes para formas menos ativas do receptor de vasopressina têm menos probabilidade de se casar, mais probabilidade de ter conflitos conjugais ou ameaça de divórcio e, em geral, menos probabilidade de mostrar comportamento altruísta em relação a outras pessoas (Walum et al., 2008; Wang et al., 2016). Mulheres com a forma menos ativa do receptor eram menos atentas aos filhos pequenos (Avinun, Ebstein, & Knafo, 2012).

Normalmente, camundongos fêmeas ignoram ou evitam camundongos recém-nascidos, principalmente por causa de

Figura 10.11 Desenvolvimento do cérebro e comportamento materno em camundongos
O camundongo à esquerda mostra o comportamento materno normal. Aquele à direita tem uma mutação genética que prejudica o desenvolvimento da área pré-óptica e do hipotálamo anterior.
(Fonte: Ilustração de Marcelo Ventura com base na ilustração contida em Cell, 86/2, Brown, J. R., Ye, H., Bronson, R. T., Dikkes, P., & Greenberg, M. E., "A defect in nurturing in mice lacking the immediate early gene fosB", 297-309, 1996)

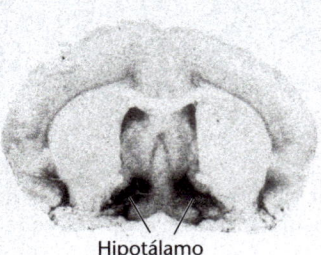

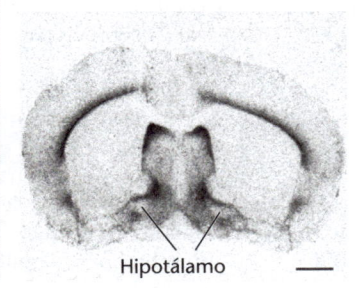

Figura 10.12 Efeitos da vasopressina nos comportamentos sociais e de acasalamento

Arganazes-da-pradaria (parte superior) formam pares de ligações de longo prazo. A coloração do cérebro mostra muita expressão do hormônio vasopressina no hipotálamo. Uma espécie intimamente relacionada, arganazes-da-pradaria (parte inferior), não mostra ligações sociais. Seus cérebros têm níveis mais baixos de vasopressina, como indicado por menos coloração no hipotálamo.

(Fonte: Ilustração de Marcelo Ventura com base em imagens da obra "Enhanced partner preference in a promiscuous species by manipulating the expression of a single gene", de Lim, M. M., Wang, Z., Olazabal, D. E., Ren, X., Terwillinger, E. F., & Young, L. J., Nature, 429, 754-757. © 2004 Nature Publishing Group/Macmillan Magazines Ltd.)

---

uma aversão ao odor deles. Quando uma mulher dá à luz, o parto provoca uma alteração no cérebro que torna o odor dos bebês mais atraente (Lévy, Keller, & Poindron, 2004). Mas suponha que um pesquisador deixe um camundongo fêmea que nunca engravidou com alguns camundongos recém-nascidos. Como eles não podem sobreviver sem os cuidados que ela deixa de fornecer, o pesquisador os substitui periodicamente por novos e saudáveis recém-nascidos. Ao longo de alguns dias, a fêmea torna-se gradualmente mais atenta, constrói um ninho, reúne os bebês no ninho, lambe-os e faz tudo mais que as mães normais fazem, exceto amamentá-los. (Sem dar à luz, ela não secreta a prolactina e a oxitocina necessárias para a produção de leite.) Esse comportamento dependente da experiência não requer mudanças hormonais e ocorre mesmo em mulheres cujos ovários foram removidos (Mayer & Rosenblatt, 1979; Rosenblatt, 1967). Ocorre até mesmo em machos, apesar do fato de que os camundongos machos normalmente não participam do cuidado dos filhotes. Na natureza, eles não permaneceriam próximos o suficiente da mãe ou dos filhotes para desenvolver esse efeito. Você pode pensar que esse processo é simples curiosidade laboratorial, mas é importante na natureza. Embora as mudanças hormonais desencadeiem o estágio inicial dos cuidados maternos, os hormônios começam a diminuir alguns dias depois. Nesse momento, a experiência de estar com os filhotes desencadeia os mesmos tipos de comportamento materno, e os mesmos tipos de atividade cerebral, que os primeiros hormônios desencadearam (Rosenblatt, 1970; Stolzenberg & Champagne, 2016).

Em humanos, as mudanças hormonais durante a gravidez e o parto permitem que a mãe produza leite. Varreduras cerebrais também mostram o crescimento de várias áreas no cérebro dela do início ao fim da gravidez e depois do parto, especialmente em áreas responsáveis pela recompensa e motivação. A quantidade de expansão nessas áreas se correlaciona com as emoções positivas que uma mulher expressa sobre ter um bebê (Kim, Strathearn, & Swain, 2016). No geral, porém, o comportamento parental humano depende mais da experiência do que do hormônio.

Vários estudos mostram uma correlação entre os hormônios dos pais e seu comportamento em relação aos bebês e crianças pequenas. Em média, o nível de testosterona de um homem diminui e o nível de prolactina aumenta quando um bebê nasce, mas apenas se o homem tiver um relacionamento próximo com a mãe, e apenas em sociedades onde os homens contribuem para os cuidados infantis (Edelstein et al., 2015; Storey & Ziegler, 2016). Em média, os homens com níveis mais baixos de testosterona e níveis mais altos de prolactina passam mais tempo brincando e cuidando de seus filhos (Gordon, Zagoory-Sharon, Leckman, & Feldman, 2010; Mascaro, Hackett, & Rilling, 2013). Como são dados correlacionais, não sabemos em que medida os hormônios são a causa do comportamento dos homens e em que medida são o resultado.

✓ PARE & REVISE

13. Quais fatores são responsáveis pelo comportamento materno logo após o parto dos camundongos? Que fatores se tornam mais importantes nos dias posteriores?

RESPOSTA

13. O estágio inicial do comportamento materno dos camundongos depende do aumento da liberação dos hormônios prolactina e estradiol. Poucos dias mais tarde, a experiência delas com os filhotes diminui as respostas que tendem a fazer com que ela os rejeite. A experiência com os filhotes mantém o comportamento maternal depois que os níveis hormonais começam a cair.

Módulo 10.1 | Conclusão
Motivações e comportamentos reprodutivos

Um camundongo fêmea lambe os bebês logo após o nascimento, e esse estímulo é essencial para a sobrevivência deles. Por que ela faz isso? Provavelmente, ela não entende que lamber irá ajudá-los. Ela lambe porque eles estão cobertos com um líquido salgado que tem um gosto bom para ela. Se ela tiver acesso a outros líquidos salgados, ela para de lamber os filhotes (Gubernick & Alberts, 1983). De maneira análoga, o comportamento sexual em geral tem a função de transmitir nossos genes, mas nos envolvemos em um comportamento sexual apenas porque é prazeroso. Desenvolvemos a tendência de gostar do ato sexual. O mesmo princípio se aplica à fome, sede e outras motivações: desenvolvemos tendências para desfrutar os atos que aumentaram a probabilidade de nossos ancestrais sobreviverem e se reproduzirem.

Resumo

1. Os comportamentos masculinos e femininos diferem por causa dos hormônios sexuais que ativam genes específicos. Além disso, certos genes nos cromossomos X e Y exercem efeitos diretos sobre o desenvolvimento do cérebro.
2. Os efeitos organizadores de um hormônio, exercidos durante um período sensível, produzem alterações relativamente permanentes na anatomia e fisiologia.
3. Na ausência de hormônios sexuais, um mamífero infantil desenvolve genitais externos de aparência feminina. A adição de testosterona alterna o desenvolvimento para o padrão masculino. O estradiol extra, dentro dos limites normais, não determina se o indivíduo parece homem ou mulher. Mas o estradiol é essencial para o desenvolvimento normal da anatomia interna da mulher.
4. Em média, muitas áreas do cérebro diferem entre homens e mulheres. Os mecanismos por trás dessas diferenças variam de uma área para outra. Consequentemente, as áreas cerebrais de um determinado indivíduo têm um mosaico de anatomia típica masculina, feminina e neutra.
5. Na idade adulta, os hormônios sexuais ativam os comportamentos sexuais, em parte facilitando a atividade na área pré-óptica medial e no hipotálamo anterior.
6. O ciclo menstrual de uma mulher depende de um ciclo de realimentação que controla a liberação de vários hormônios. Embora as mulheres possam responder sexualmente em qualquer momento de seu ciclo, em média, seu desejo sexual é maior durante o período fértil do ciclo menstrual, quando os níveis de estradiol estão altos.
7. Os hormônios sexuais também influenciam comportamentos não diretamente relacionados à reprodução sexual, como a capacidade de reconhecer expressões emocionais.
8. Os hormônios liberados na época do parto facilitam o comportamento materno em fêmeas de muitas espécies de mamíferos. A exposição prolongada aos filhotes também induz o comportamento parental. Em seres humanos, as alterações hormonais durante a gravidez e o parto permitem que a mulher produza leite. Os níveis de testosterona diminuem na época do nascimento para muitos pais, e aqueles com níveis mais baixos de testosterona tendem a participar mais dos cuidados infantis.

Termos-chave

Os termos estão definidos no número de página indicado. Também são apresentados em ordem alfabética com a definição no Índice remissivo/Glossário do livro, que começa na p. 589.

alfafetoproteína **326**
androgênios **322**
ciclo menstrual **329**
dutos mullerianos **322**
dutos wolffianos **322**
efeitos ativadores **324**
efeitos organizadores **324**
estradiol **323**

estrogênios **322**
gene SRY **322**
hormônio folículo-estimulante (FSH) **329**
hormônio luteinizante (LH) **329**
hormônios esteroides **322**
impotência **329**
ovários **322**

oxitocina **328**
período periovulatório **330**
período sensível **324**
progesterona **323**
testículos **322**
testosterona **323**

Questões complexas

1. A pílula RU-486 produz abortos bloqueando os efeitos da progesterona. Por que o bloqueio da progesterona interfere na gestação?
2. A presença ou ausência de testosterona determina se um mamífero se diferenciará como macho ou fêmea. Nas aves, a história é o oposto: a presença ou ausência de estrogênio é crucial (Adkins & Adler, 1972). Que problemas a determinação do sexo pelo estrogênio criaria se fosse o mecanismo para os mamíferos? Por que esses problemas não surgem em aves? (Dica: pense na diferença entre nascimento vivo e nascimento de um ovo.)
3. Drogas antipsicóticas, como haloperidol e clorpromazina, bloqueiam a atividade nas sinapses da dopamina. Que efeitos colaterais elas podem ter no comportamento sexual?

Módulo 10.1 | Questionário final

1. O que o gene SRY faz?
    - A. Aumenta o comportamento parental dos mamíferos.
    - B. Controla a produção de prolactina.
    - C. Faz com que um embrião de mamífero se transforme em uma fêmea.
    - D. Faz com que um embrião de mamífero se transforme em um macho.

2. Por que é impossível ter um pênis e um clitóris?
    - A. Qualquer um se desenvolve a partir da mesma estrutura embrionária.
    - B. A produção de testosterona interfere na produção de estradiol.
    - C. Formar um clitóris requer dois cromossomos X.
    - D. O embrião em desenvolvimento não teria combustível suficiente para desenvolver ambas as estruturas.

3. Qual é a principal diferença entre os efeitos organizadores e os efeitos ativadores dos hormônios?
    - A. Os efeitos organizadores são duradouros, enquanto os efeitos ativadores são temporários.
    - B. Os efeitos organizadores alteram a atividade cerebral, enquanto os efeitos ativadores alteram outras partes do corpo.
    - C. Os efeitos organizadores são excitatórios, enquanto os efeitos ativadores são inibitórios.
    - D. Os efeitos organizadores dependem dos estrogênios, enquanto os efeitos ativadores dependem dos androgênios.

4. O que faz com que um embrião desenvolva genitais externos femininos?
    - A. Alta proporção de estradiol para testosterona.
    - B. Alto nível de estradiol, independentemente da testosterona.
    - C. Alto nível de estradiol e testosterona.
    - D. Baixo nível de testosterona, independentemente do estradiol.

5. Como a diferenciação sexual do cérebro difere entre roedores e primatas?
    - A. Em roedores, depende do nível de testosterona. Em primatas, depende do nível de estradiol.
    - B. Em roedores, depende do nível de estradiol. Em primatas, depende da oxitocina.
    - C. Em roedores, a testosterona deve ser aromatizada em estradiol antes de afetar os neurônios em desenvolvimento.
    - D. Em primatas, a testosterona deve ser aromatizada em estradiol antes de afetar os neurônios em desenvolvimento.

6. Qual destas opções é verdade sobre as diferenças sexuais na anatomia do cérebro?
    - A. Em média, homens e mulheres têm a mesma anatomia para todas as áreas do cérebro.
    - B. Sempre que homens e mulheres diferem quanto à anatomia do cérebro, a testosterona é responsável.
    - C. Sempre que homens e mulheres diferem na anatomia do cérebro, um gene no cromossomo Y é o responsável.
    - D. Os mecanismos de diferenciação sexual variam de uma área para outra.

7. A exposição pré-natal a níveis de testosterona acima da média produz que efeito, se houver algum, em meninas?
    - A. Leva ao início da puberdade mais cedo do que a média.
    - B. Leva a um nível de inteligência inferior à média.
    - C. Leva a um interesse acima da média por brinquedos e atividades dos meninos.
    - D. Não produz nenhum efeito perceptível.

8. Quando um antidepressivo aumenta os níveis de serotonina, que inibe a liberação da dopamina, o que acontece com o comportamento sexual?
    A. Abordagem indiscriminada a parceiros masculinos e femininos
    B. Aumento da excitação sexual
    C. Diminuição da excitação sexual
    D. Orgasmo prolongado

9. Em comparação com outros homens, quais são os níveis de testosterona dos homens casados?
    A. Abaixo da média
    B. Quase igual à média
    C. Acima da média

10. O que contém pílula combinada para controle de natalidade?
    A. Estradiol e testosterona
    B. Testosterona e insulina
    C. Estradiol e progesterona
    D. Oxitocina e vasopressina

11. O desejo sexual feminino depende de qual hormônio ou hormônios?
    A. Estradiol
    B. Testosterona
    C. Estradiol e testosterona proporcionalmente
    D. Oxitocina

12. A vasopressina aumenta a probabilidade de qual comportamento nos mamíferos machos?
    A. Homossexualidade
    B. Sono
    C. Cuidar dos filhotes
    D. Ataque

Respostas: 1D, 2A, 3A, 4D, 5C, 6D, 7C, 8C, 9A, 10C, 11A, 12C.

Módulo 10.2

Variações no comportamento sexual

As pessoas variam na frequência da atividade sexual, nos tipos preferidos de atividade sexual e na orientação sexual. Neste módulo, exploramos um pouco dessa diversidade, mas primeiro consideramos algumas diferenças entre homens e mulheres em geral. Os comportamentos de acasalamento de homens e mulheres fazem sentido biológico? Se sim, devemos interpretar esses comportamentos como produtos da evolução? Essas questões são difíceis e controversas.

Interpretações evolutivas do comportamento de acasalamento

Parte da teoria da evolução por seleção natural de Charles Darwin era de que os indivíduos cujos genes os ajudam a sobreviver produzirão mais descendentes e, portanto, a próxima geração se parecerá com aqueles com esses genes favoráveis. Uma segunda parte de sua teoria, não tão amplamente aceita no início, era a **seleção sexual**: os genes que tornam um indivíduo mais atraente para o outro sexo aumentarão a probabilidade de reprodução e, portanto, a próxima geração se parecerá com aqueles com esses genes.

O limite da seleção sexual, porém, é quando começa a interferir na sobrevivência. Um cervo macho com chifres grandes atrai as fêmeas, mas ser impressionante não ajudaria se o peso interferisse em seu movimento. As cores brilhantes de um pássaro atraem potenciais parceiros, mas também correm o risco de atrair a atenção de um predador. Em muitas espécies de aves, o macho tem cores exuberantes, mas a fêmea não, provavelmente porque ela se senta no ninho e precisa ser menos visível. Em algumas espécies, como os falaropos, a fêmea tem mais cores, mas nessas espécies a fêmea bota o ovo e o abandona, deixando o macho de cor opaca para cuidar do ninho. Em espécies em que o macho e a fêmea compartilham as tarefas de nidificação, como pombas e pombos, o macho e a fêmea se parecem e nenhum deles é especialmente vistoso.

Em humanos, também, algumas das diferenças entre homens e mulheres podem ser resultados da seleção sexual; ou seja, até certo ponto as mulheres evoluíram com base no que atrai os homens, e os homens evoluíram com base no que atrai as mulheres. Certos aspectos do comportamento também podem refletir pressões evolutivas para homens e mulheres. Os psicólogos evolucionistas citam vários exemplos possíveis, embora cada um tenha sido controverso (Buss, 2000). Vejamos alguns exemplos.

Um falaropo fêmea é brilhantemente colorido e o masculino é banal. A fêmea põe ovos e abandona o ninho, deixando o macho para cuidar deles.

Interesse em múltiplos parceiros

Em todas as culturas, mais homens do que mulheres procuram oportunidades para relacionamentos sexuais casuais com muitos parceiros. Por quê? Do ponto de vista evolutivo de propagar os genes de uma pessoa, os homens podem ter sucesso por meio de uma de duas estratégias (Gangestad & Simpson, 2000): ser fiel a uma mulher e devotar suas energias para ajudar a ela e aos bebês, ou acasalar-se com muitas mulheres e esperar que algumas delas possam criar os bebês sem sua ajuda. Ninguém precisa estar ciente dessas estratégias, é claro. A ideia é que os homens no passado que agiam de uma dessas maneiras propagaram seus genes, e os homens de hoje herdaram os genes que promovem esses comportamentos. Por outro lado, uma mulher não pode ter mais do que uma gestação a cada nove meses, independentemente do número de parceiros sexuais. Portanto, a evolução pode ter predisposto os homens, ou pelo menos alguns homens, a se interessarem mais por várias parceiras do que as mulheres.

Uma objeção é que uma mulher às vezes ganha por ter múltiplos parceiros sexuais (Hrdy, 2000). Se o marido é infértil, então acasalar-se com outro homem poderia ser a única forma de reprodução. Além disso, outro parceiro sexual pode fornecer ajuda de vários tipos para ela e seus filhos. Além disso, ela tem a possibilidade de "trocar", abandonando seu primeiro parceiro por um melhor. Portanto, a perspectiva de vários parceiros pode ser mais atraente para os homens, mas também tem vantagens para as mulheres.

Outra objeção é que os pesquisadores não têm evidências diretas de que os genes influenciam as preferências das pessoas por um ou vários parceiros. Voltaremos a este tema mais adiante.

O que homens e mulheres procuram em um parceiro

Quase todas as pessoas preferem um parceiro romântico que seja saudável, inteligente, honesto e fisicamente atraente. Frequentemente, as mulheres têm outros interesses que são menos comuns para os homens. Em particular, as mulheres têm mais probabilidade do que os homens de preferir um companheiro que provavelmente seja um bom provedor (Buss, 2000). De acordo com os teóricos da evolução, a razão é esta: enquanto uma mulher está grávida ou cuidando de uma criança pequena, ela precisa de ajuda para conseguir alimentos e outros requisitos. A evolução teria favorecido qualquer gene que fizesse as mulheres buscarem bons provedores. Relacionado a essa tendência, a maioria das mulheres tende a ser cautelosa durante o namoro. Mesmo que um homem pareça interessado nela, a mulher geralmente demora para concluir que ele tem compromisso forte com ela (Buss, 2001). Ela não iria querer um homem que age por interesse, então vai embora quando ela precisa dele.

Os homens tendem a ter uma preferência mais forte por uma parceira jovem. Uma explicação evolutiva é que as mulheres jovens tendem a permanecer férteis por mais tempo do que as mulheres mais velhas, de modo que um homem pode ter mais filhos se acasalando com uma mulher jovem. Os homens permanecem férteis até a velhice, então a mulher tem menos necessidade de insistir na juventude. As mulheres preferem parceiros jovens quando possível, mas em muitas sociedades, apenas os homens mais velhos têm recursos financeiros suficientes.

Essas preferências estão enraizadas na genética? Talvez, mas a variação entre uma cultura e outra sugere um forte componente aprendido. Em países onde as mulheres têm boas oportunidades educacionais, econômicas e empregatícias, é mais provável que uma mulher escolha um parceiro com quase a sua idade e menos provável que escolha com base na riqueza (Zentner & Mitura, 2012).

Diferenças no ciúme

Tradicionalmente, em quase todas as culturas, os homens têm mais ciúme da possível infidelidade da esposa do que as mulheres da infidelidade do marido. Do ponto de vista evolutivo, por quê? Se um homem deseja transmitir seus genes — o ponto-chave na evolução — ele precisa ter certeza de que os filhos que ele sustenta são seus. Uma esposa infiel ameaça essa certeza. Uma mulher sabe que todos os filhos que gerar são seus, então ela não tem a mesma preocupação. (Ela pode, no entanto, temer que seu marido comece a sustentar os filhos de outra mulher, em vez de seus próprios filhos.) O grau de ciúme varia entre as culturas. Algumas culturas toleram a infidelidade sexual dos maridos, outras não, e a intensidade da proibição contra a infidelidade das esposas varia. Mas nenhuma sociedade conhecida considera a infidelidade mais aceitável para as mulheres do que para os homens.

O que o aborreceria mais: se seu parceiro tivesse um breve caso sexual com outra pessoa ou se ele ou ela se tornasse emocionalmente próximo de outra pessoa? Em geral, os homens tendem a ser mais ciumentos quanto à infidelidade sexual do que as mulheres, enquanto as mulheres tendem a ter mais ciúmes da infidelidade emocional, mas essas diferenças são pequenas e variam dependendo do procedimento e da população testada (Carpenter, 2012; Sagarin et al., 2012). Homens e mulheres se preocupam com a infidelidade sexual ou emocional.

Evoluiu ou aprendeu?

Em muitas espécies de mamíferos e aves, um macho defende o acesso sexual a uma ou mais fêmeas e ataca qualquer outro macho que se aproxima. Enquanto isso, a fêmea mostra pouca ou nenhuma resposta se o macho se aproxima sexualmente de outra fêmea. Nesses casos, uma interpretação em termos de seleção evolutiva geralmente não é controversa; mas a interpretação é menos clara para nossa própria espécie. Uma razão é que, quando alguém argumenta que a seleção evolutiva levou os homens a se interessarem por múltiplas parceiras sexuais ou a serem mais ciumentos do que as mulheres, pode soar como uma justificativa para os homens agirem dessa forma. (Não é. Mesmo que tenhamos uma predisposição biológica para agir de determinada maneira, isso não nos obriga a fazê-lo. A civilização exige que anulemos muitos impulsos egoístas.) No entanto, mesmo se deixarmos de lado as implicações éticas, os dados científicos não são conclusivos sobre quanto do nosso comportamento sexual é orientado evolutivamente e quanto é aprendido. Os costumes de acasalamento mostram algumas semelhanças entre as culturas, mas também diferenças importantes. Sim, é claro que nossas tendências comportamentais são um produto da evolução. Mas não está claro que a evolução microgerencie nosso comportamento, chegando a detalhes como procurar um companheiro com alto potencial de ganhos ou quão ciumento devemos ser em relação a um companheiro infiel.

✓ PARE & REVISE

14. Que vantagem evolucionária é sugerida para explicar por que as mulheres estão mais interessadas na riqueza e no sucesso dos homens do que os homens estão interessados na riqueza das mulheres?

RESPOSTA

14. Durante a gestação e cuidados com os primeiros filhos, a capacidade da mulher limita-se a obter alimentos e, portanto, prefere um parceiro masculino que possa cuidar dela. Um homem saudável não depende da mesma forma de uma mulher.

Identidade de gênero e comportamentos diferenciados de gênero

Muitos peixes podem alternar entre machos e fêmeas. Para os peixes, a identidade sexual é mais fluida do que para nós. (Desculpe o trocadilho.) No filme de animação *Procurando Nemo*, depois que a mãe de Nemo morreu, na realidade o peixe-palhaço pai teria se transformado em uma fêmea nesse momento;

mas o biólogo que aconselhou os produtores de cinema concordou que a precisão científica nesse momento teria sido mais confusa para as crianças do que útil (Cressey, 2016)!

As pessoas não têm a mesma flexibilidade que os peixes, mas têm variações no desenvolvimento sexual. Vamos especificar desde o início: "diferente" não significa "errado". As pessoas diferem naturalmente quanto ao desenvolvimento sexual, assim como em qualquer outra coisa.

Identidade de gênero é o que nos consideramos ser. As diferenças biológicas entre homens e mulheres são *diferenças sexuais*, enquanto as diferenças que resultam das pessoas se considerarem masculinas ou femininas são *diferenças de gênero*. Para manter essa distinção útil, devemos resistir à tendência de falar do "gênero" de peixes, moscas-das-frutas etc. A identidade de gênero é uma característica humana.

A maioria das pessoas aceita a identidade de gênero que corresponde com a aparência externa, que também corresponde com a maneira como foram criadas, mas algumas não. Os psicólogos costumavam presumir que a identidade de gênero depende predominante ou inteiramente da maneira como as pessoas criam os filhos. No entanto, vários tipos de evidências sugerem que os fatores biológicos, especialmente os hormônios pré-natais, também são importantes.

Intersexos

Um **hermafrodita** (de Hermes e Afrodite na mitologia grega) possui anatomia intermediária entre masculino e feminino, ou exibe uma mistura de anatomia masculina e feminina (Haqq & Donahoe, 1998). Um *hermafrodita* verdadeiro tem algum tecido testicular e algum tecido ovariano. Uma maneira de isso acontecer é a mulher liberar dois óvulos, cada um fertilizado por um espermatozoide diferente, que então se fundem em vez de se tornarem gêmeos. Se um dos óvulos fertilizados tinha um padrão cromossômico XX e o outro tinha XY, a criança resultante teria algumas células XX e algumas células XY. Os hermafroditas verdadeiros são raros. Alguns são férteis como homem ou mulher, embora não se conheça nenhum caso em que alguém tenha sido fértil como ambos. Não acredite em nenhum relato de que algum hermafrodita engravidou.

Mais comumente, algumas pessoas desenvolvem uma aparência intermediária devido a um padrão hormonal atípico. Lembre-se de que a testosterona masculiniza os órgãos genitais e o hipotálamo durante o desenvolvimento inicial. Um macho genético com baixos níveis de testosterona ou deficiência de receptores de testosterona pode desenvolver uma aparência feminina ou intermediária (Misrahi et al., 1997). Uma fêmea genética que é exposta a mais testosterona do que a fêmea média pode ser parcialmente masculinizada.

A causa mais comum desse transtorno é a **hiperplasia adrenal congênita (HAC)**, que significa superdesenvolvimento das glândulas adrenais desde o nascimento. Normalmente, a glândula adrenal tem uma relação de realimentação negativa com a hipófise. A hipófise secreta o hormônio adrenocorticotrófico (ACTH), que estimula a glândula adrenal. O cortisol, um dos hormônios da glândula adrenal, realimenta para diminuir a liberação de ACTH. Algumas pessoas têm uma limitação genética quanto à capacidade de produzir cortisol. Como a hipófise não recebe muito cortisol como sinal de realimentação, ela continua secretando mais ACTH, fazendo com que a glândula adrenal secrete cada vez mais de seus outros hormônios, incluindo a testosterona. Em um macho genético, a testosterona extra causa pouco efeito, mas as fêmeas genéticas com esse transtorno desenvolvem vários graus de masculinização de seus órgãos genitais externos. (Os ovários e outros órgãos internos são menos afetados.) A Figura 10.13 mostra um exemplo. Após o nascimento, essas crianças recebem tratamentos médicos para que os hormônios adrenais voltem aos níveis normais. Algumas também são submetidas a cirurgia para alterar a aparência genital externa, como discutiremos mais adiante.

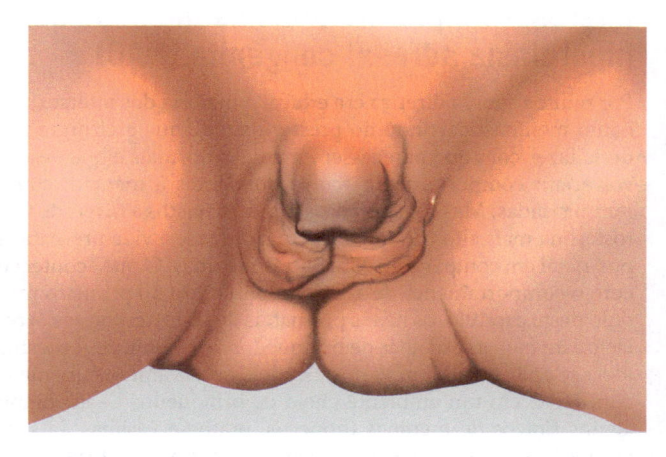

Figura 10.13 Órgãos genitais externos de uma fêmea genética, 3 meses de idade
Os órgãos genitais foram masculinizados pelo excesso de androgênios da glândula adrenal antes do nascimento.

Uma pessoa cujo desenvolvimento sexual é intermediário, como na Figura 10.13, é chamada **intersexo**. Uma alternativa é usar o termo *diferenças de desenvolvimento sexual*. Intersexos são comuns? Estima-se que 1 criança em 100 nos Estados Unidos nasce com algum grau de ambiguidade genital, e 1 em 2.000 tem ambiguidade suficiente para tornar incerto seu *status* masculino ou feminino (Blackless et al., 2000). Porém, a precisão dessas estimativas é duvidosa porque hospitais e famílias mantêm as informações confidenciais. Obviamente, manter a confidencialidade é importante, mas uma consequência infeliz é que as pessoas intersexuais têm dificuldade em encontrar outras pessoas como elas. Para obter informações adicionais, consulte o site da Intersex Society of North America (ISNA).

✓ PARE & REVISE

15. Qual é uma causa comum para uma fêmea genética (XX) desenvolver uma anatomia parcialmente masculinizada?

RESPOSTA 15. Se uma fêmea genética é geneticamente deficiente quanto à capacidade de produzir cortisol, a hipófise não recebe sinais de retroalimentação negativa e, portanto, continua estimulando a glândula adrenal. A glândula adrenal então produz grandes quantidades dos outros hormônios, incluindo testosterona, que masculiniza o desenvolvimento.

Interesses e preferências de meninas com hiperplasia adrenal congênita (HAC)

Por muitos anos, a diretiva era educar a maioria dos intersexuais como meninas, partindo do pressuposto de que a cirurgia poderia fazer com que parecessem meninas normais e que desenvolveriam comportamentos correspondentes à maneira como foram criadas. Mas seus cérebros foram expostos a níveis de testosterona mais altos do que o normal durante a vida pré-natal e pós-natal em comparação com outras meninas. O que aconteceu com o comportamento delas? Como discutido no primeiro módulo deste capítulo, os níveis pré-natais de testosterona se correlacionam com as escolhas de brinquedos das meninas. A mesma ideia se aplica aqui. Em vários estudos, observaram-se meninas com HAC em um ambiente cheio de brinquedos — incluindo alguns típicos de meninas (bonecas, pratos e vasilhas, kits de cosméticos), alguns típicos de meninos (carrinho de brinquedo, kit de ferramentas, arma) e alguns que eram neutros (quebra-cabeças, giz de cera, jogos de tabuleiro). As meninas com HAC entretinham-se com os brinquedos dos meninos mais do que a maioria das outras meninas, mas menos do que a média dos meninos (Pasterski et al., 2005, 2011). Quando testaram-se as crianças na presença de um dos pais, mais uma vez as meninas com HAC eram intermediárias entre os outros dois grupos. Outros estudos descobriram que as meninas expostas à maior quantidade de testosterona no início do desenvolvimento mostraram maior preferência por brinquedos de meninos (Berenbaum, Duck, & Bryk, 2000; Nordenström, Servin, Bohlin, Larsson, & Wedell, 2002). Você pode se perguntar se os pais, sabendo que essas meninas tinham uma aparência parcialmente masculina, poderiam ter encorajado atividades de menina pouco feminina. As observações dos pais mostraram que eles geralmente encorajavam as meninas a brincar com o que quisessem (Wong, Pasterski, Hindmarsh, Geffner, & Hines, 2013). Em média, as meninas com HAC também têm desempenho ligeiramente melhor do que a maioria das outras meninas em habilidades espaciais e mecânicas, nas quais os meninos geralmente se saem melhor do que as meninas (Berenbaum, Bryk, & Beltz, 2012; Hampson & Rovet, 2015). É incerto o quanto a variação nessas habilidades reflete habilidades e o quanto ela reflete interesses (Feng, Spence, & Pratt, 2007; Tarampi, Heydari, & Hegarty, 2016).

Um estudo com meninas com HAC na adolescência descobriu que, em média, seus interesses são intermediários entre os de adolescentes típicos do sexo masculino e feminino. Por exemplo, elas leem mais revistas de esportes e menos revistas de estilo e comportamento do que a média para outras adolescentes (Berenbaum, 1999). Na idade adulta, elas apresentam mais agressão física do que a maioria das outras mulheres e menos interesse por bebês (Mathews, Fane, Conway, Brook, & Hines, 2009). Elas se interessam mais por esportes radicais e têm mais probabilidade do que a média de profissões com predominância masculina, como mecânico de automóveis e motorista de caminhão (Frisén et al., 2009); mas a maioria continua a se identificar como mulher (Meyer-Bahlburg et al., 2016). Juntos, os resultados indicam que os hormônios pré-natais e pós-natais iniciais influenciam os interesses das pessoas, bem como seu desenvolvimento físico.

Feminização testicular

Certos indivíduos com um padrão de cromossomo XY produzem quantidades normais de androgênios, incluindo testosterona, mas não possuem o receptor que permite que essas substâncias químicas ativem genes no núcleo de uma célula. Consequentemente, as células não respondem aos androgênios. Esse transtorno, conhecido como **insensibilidade androgênica** ou **feminização testicular**, ocorre em vários graus, resultando em uma anatomia que varia de um pênis menor do que a média a genitais como os de uma mulher típica, caso em que ninguém tem motivos para suspeitar que a pessoa seja outra coisa senão mulher, até a puberdade. Então, embora os seios se desenvolvam e os quadris se alarguem, ela não menstrua, porque o corpo tem testículos internos em vez de ovários e útero. A vagina é curta e não leva a nada, exceto pele. Além disso, os pelos pubianos são esparsos ou ausentes, porque dependem de androgênios tanto nas mulheres como nos homens. Psicologicamente, ela se desenvolve como uma mulher típica.

✅ PARE & REVISE

16. Se uma fêmea genética é exposta à testosterona extra durante o desenvolvimento pré-natal, que efeito comportamental é provável demonstrar?
17. O que faria um macho genético (XY) desenvolver uma anatomia externa parcialmente feminizada?

RESPOSTAS

16. Uma menina exposta à testosterona extra durante o desenvolvimento pré-natal tem mais probabilidade do que a maioria das outras meninas de preferir atividades típicas dos meninos. 17. Um macho genético com um gene que impede a testosterona de se ligar aos receptores desenvolverá uma aparência que se parece parcial ou totalmente com uma mulher.

Questões de atribuição de gênero e educação

As meninas com HAC e transtornos relacionados nascem com aparências que variam de uma mulher quase típica a algo intermediário entre mulher e homem. Alguns machos genéticos nascem com um pênis muito pequeno devido a um transtorno chamado *extrofia cloacal*, um defeito do desenvolvimento da pelve (Reiner & Gearhart, 2004). Apesar da anatomia genital, eles tinham níveis típicos de testosterona masculinos no desenvolvimento pré-natal.

Como as crianças com qualquer um desses transtornos devem ser criadas? No início da década de 1950, os médicos começaram a recomendar que qualquer pessoa com aparência genital intermediária ou ambígua fosse criada como menina, usando cirurgia se necessário para fazer os genitais parecerem mais femininos (Dreger, 1998). A razão era que é mais fácil reduzir um clitóris aumentado ao tamanho normal feminino do que expandi-lo ao tamanho do pênis. Se necessário, os cirurgiões podem construir uma vagina artificial ou alongar uma pequena. Após a cirurgia, a criança parece mulher. Os médicos e psicólogos presumiram que qualquer criança que fosse consistentemente criada como menina aceitaria totalmente essa identidade.

E ela vive feliz para sempre, certo? Não necessariamente. Dos homens com extrofia cloacal que são criados como meninas, todos desenvolvem interesses masculinos típicos, com o tempo muitos ou a maioria exigem reatribuição como homens, e quase todos desenvolvem atração sexual por mulheres, não por homens (Reiner & Gearhart, 2004).

Meninas com histórico de HAC também têm um ajuste sexual difícil, especialmente se foram submetidas à cirurgia de redução do clitóris. Uma vagina criada ou alongada cirurgicamente pode ser satisfatória para um parceiro masculino, mas não proporciona nenhuma sensação à mulher e requer atenção frequente para evitar cicatrizes. Muitas dessas mulheres têm incontinência urinária e dificuldades sexuais significativas, incluindo falta de orgasmo. Muitas relatam nenhum parceiro sexual e pouco prazer no sexo (Frisén et al., 2009; Meyer-Bahlburg, Dolezal, Baker, & New, 2008; Minto, Liao, Woodhouse, Ransley, & Creighton, 2003; Nordenström et al., 2010; van der Zwan et al., 2013; Zucker et al., 1996). Em um estudo, 25% disseram que nunca tiveram um relacionamento amoroso de qualquer tipo (Jurgensen et al., 2013).

Muitos intersexuais gostariam de aumentar o clitóris original, em vez da estrutura mutilada e insensível deixada para eles por um cirurgião. Além disso, os intersexos se ressentem de serem enganados. A historiadora Alice Dreger (1998, p. 192). descreve o caso de um intersexo:

> Quando jovem, [ela] foi informada que tinha "ovários torcidos" que precisavam ser removidos; na verdade, seus testículos foram removidos. Aos 20 anos, "sozinha e assustada nas estantes de uma biblioteca [médica]", ela descobriu a verdade sobre sua condição. Então, "as peças finalmente se encaixaram. Mas o que desmoronou foi meu relacionamento com minha família e com os médicos. Não foi entender cromossomos ou testículos que causavam traumas duradouros, foi descobrir que me contaram mentiras. Evitei todos os cuidados médicos pelos próximos 18 anos.... [A] maior fonte de ansiedade não são nossas gônadas ou cariótipo. É vergonha e medo resultantes de um ambiente em que nossa condição é tão inaceitável que os responsáveis mentem.".

Como essa criança *deve* ser criada? Um número crescente de especialistas segue estas recomendações:

- Ser completamente honesto com a pessoa intersexual e a família, e não fazer nada sem o consentimento informado deles.
- Identificar a criança como homem ou mulher com base principalmente na aparência externa predominante, ou seja, não deve haver preconceito em chamar todo intersexo de mulher. Aqueles que nasceram com genitais externos masculinizados raramente fazem uma adaptação bem-sucedida a uma atribuição de gênero feminino (Houk & Lee, 2010).
- Criar a criança da maneira mais consistente possível e estar preparado para que a pessoa possa mais tarde ser sexualmente orientada para homens, mulheres, ambos ou nenhum.
- *Não* realizar cirurgia genital em uma criança. Essa cirurgia prejudica a sensação erótica da pessoa e, na melhor das hipóteses, é prematura, pois ninguém sabe como a orientação sexual da criança se desenvolverá. Se a pessoa intersexual fizer um pedido informado para essa cirurgia na idade adulta, então é apropriado, mas, do contrário, deve ser evitada. (Diamond & Sigmundson, 1997)

Discrepâncias da aparência sexual

Para resolver os papéis da criação e dos hormônios na determinação da identidade de gênero, a observação mais decisiva viria da criação de um bebê normal do sexo masculino como mulher ou de um bebê normal do sexo feminino como homem. Se o adulto resultante aceitar totalmente o papel atribuído, saberemos que a educação determina a identidade de gênero. Embora ninguém fosse realizar esse experimento de maneira intencional, podemos aprender com eventos acidentais. Em alguns casos, alguém foi exposto a um padrão mais ou menos normal de hormônios masculinos antes e logo após o nascimento, mas depois foi criado como menina.

Um tipo do caso foi relatado primeiro na República Dominicana e depois em outros lugares, geralmente em comunidades com muita consanguinidade. Em cada caso, certos machos genéticos não conseguem produzir *5α-reductase 2,* uma enzima que converte testosterona em *di-hidrotestosterona*. A di-hidrotestosterona é mais eficaz do que a testosterona para masculinizar os órgãos genitais externos. Ao nascer, esses indivíduos parecem ser do sexo feminino, embora alguns tenham clitóris inchado e lábios um pouco "protuberantes". Embora sejam consideradas meninas e criadas como tal, seus cérebros foram expostos aos níveis masculinos de testosterona durante o desenvolvimento inicial. Na puberdade, os níveis de testosterona aumentam acentuadamente e, mesmo sem conversão em di-hidrotestosterona, o resultado é o crescimento do pênis e escroto, o suficiente para ser claramente masculino.

Mulheres: imagine que, por volta dos 12 anos, seus órgãos genitais externos mudem repentinamente de femininos para masculinos. Você diria: "Ok, acho que sou um menino agora"? A maioria dessas pessoas reagiu exatamente assim. A menina que virou menino desenvolveu uma identidade de gênero masculina e direcionou seu interesse sexual para mulheres (Cohen-Kettenis, 2005; Imperato-McGinley, Guerrero, Gautier, & Peterson, 1974). Lembre-se, elas não eram garotas típicas. Seus cérebros foram expostos aos níveis masculinos de testosterona desde a vida pré-natal.

Um caso particularmente perturbador diz respeito a um bebê cujo prepúcio do pênis não retraía o suficiente para que pudesse urinar facilmente. Os pais o levaram a um médico para circuncidar o prepúcio, mas o médico, usando um procedimento elétrico, ajustou a corrente muito alta e acidentalmente queimou todo o pênis. Seguindo o conselho de autoridades respeitadas, os pais optaram por criar a criança como uma mulher, com a cirurgia apropriada. O que torna esse caso especialmente interessante é que a criança tinha um irmão gêmeo (que os pais não deixaram o médico tentar circuncidar). Se ambos os gêmeos desenvolveram identidades de gênero satisfatórias, um como menina e outro como menino, os resultados diriam que a criação foi decisiva para a identidade de gênero.

Os relatórios iniciais afirmavam que a criança criada como uma menina tinha uma identidade de gênero feminina, embora ela também tivesse fortes tendências para menina pouco feminina (Money & Schwartz, 1978). Entretanto, por volta dos 10 anos, ela percebeu que algo estava errado e que "ela" era na verdade um menino. Ela preferia atividades de meninos e brincava apenas com brinquedos de meninos. Ela até tentou urinar em pé, apesar de sempre fazer bagunça. Aos 14 anos, ela insistiu que queria viver como menino. Naquela época, o pai dela (agora dele) explicou em prantos os eventos anteriores. A criança mudou o nome e ficou conhecida como menino. Aos 25 anos, ele se casou com uma mulher um pouco mais velha e adotou seus filhos. Claramente, uma predisposição biológica venceu as tentativas da família de criar a criança como menina (Colapinto, 1997; Diamond & Sigmundson, 1997). Alguns anos depois, a história terminou tragicamente com o suicídio desse homem.

Não devemos tirar conclusões universais de um único caso, mas a questão é que foi um erro impor cirurgias e tratamentos hormonais para tentar forçar essa criança a se tornar mulher. Quando o padrão hormonal pré-natal do cérebro está em conflito com a aparência da criança, ninguém pode ter certeza de como essa criança se desenvolverá psicologicamente. Os hormônios não têm controle completo, mas os padrões de criação também não.

PARE & REVISE

18. Quando crianças que foram criadas como meninas chegaram à puberdade e desenvolveram um pênis e um escroto, o que aconteceu com a identidade de gênero?

RESPOSTA

18. A maioria mudou a identidade de gênero de feminino para masculino.

Orientação sexual

Ao contrário do que os biólogos presumiram, o contato genital do mesmo sexo ocorre em muitas espécies animais, e não apenas em animais cativos, aqueles que não conseguem encontrar um membro do sexo oposto ou aqueles com anormalidades hormonais (Bagemihl, 1999). Se "natural" significa "ocorre na natureza", então a homossexualidade é natural. No entanto, a orientação homossexual exclusiva e vitalícia foi demonstrada em apenas duas espécies — humanos e ovelhas (Bailey et al., 2016).

Pessoas *descobrem* sua orientação sexual. Elas podem escolher suas ações, mas não seus desejos ou orientação, assim como as pessoas não escolhem ser canhotas ou destras. Enquanto a maioria dos homens descobre sua orientação sexual cedo, muitas mulheres demoram mais. Os comportamentos do tipo feminino dos meninos na infância e adolescência estão fortemente correlacionados com a orientação homossexual na idade adulta (Cardoso, 2009; Alanko et al., 2010), mas os comportamentos do tipo masculino das meninas são indicadores fracos de orientação sexual posterior (Alanko et al., 2010; Udry & Chantala, 2006).

Embora os resultados variem de uma pesquisa para outra, a estimativa média é que cerca de 3,5% dos adultos nos Estados Unidos se identificam como gays ou lésbicas (Gates, 2011). A porcentagem varia dependendo de como a pergunta é formulada (Bailey et al., 2016). A porcentagem também varia um pouco entre os países, embora não saibamos quanto da diferença aparente se deve ao sigilo ou relatórios imprecisos. Além disso, uma porcentagem das pessoas que se identificam como heterossexuais tiveram pelo menos uma experiência homossexual ou reconhecem atração ocasional pelo mesmo sexo (Norris, Marcus, & Green, 2015). Pessoas *transgênero* — aquelas que mudaram a identidade de gênero — constituem talvez 0,3% da população norte-americana, embora os pesquisadores tenham menos confiança na precisão desse número.

A bissexualidade é consideravelmente mais comum em mulheres do que em homens, e mais comum em pessoas mais jovens do que em pessoas mais velhas (Ward, Dahlhamer, Galinsky, & Joestl, 2014). Relativamente poucos homens são bissexuais, embora alguns sejam "principalmente heterossexuais" ou "principalmente gays" (Savin-Willliams, 2016). Mesmo que um homem possa ter tido experiências homossexuais e heterossexuais, suas preferências e fantasias quase sempre se inclinam mais fortemente para um lado do que para o outro, em vez de serem iguais (Norris, Marcus, & Green, 2015; Rieger, Chivers, & Bailey, 2005). Algumas mulheres alternam entre orientações homossexuais e heterossexuais, possivelmente mais de uma vez (Diamond, 2007). Os homens raramente mudam de orientação.

Diferenças comportamentais e anatômicas

Pessoas homossexuais e heterossexuais diferem anatomicamente de várias maneiras. Em média, o formato do nariz e o formato da testa diferem entre homens homossexuais e heterossexuais, e também entre mulheres homossexuais e heterossexuais (Skorska, Geniole, Vrysen, McCormick, & Bogaert, 2015). Em média, os homens heterossexuais são ligeiramente mais altos e mais pesados do que os homossexuais (Bogaert, 2010). Mas vamos enfatizar os termos "em média" e "ligeiramente": a diferença em média é de apenas 1,5 cm. Ao contrário do estereótipo, alguns homens homossexuais são altos, atléticos e de aparência masculina.

Em média, as pessoas que diferem na orientação sexual também diferem em certos comportamentos que não estão diretamente relacionados ao sexo. Por exemplo, homens gays têm maior probabilidade do que a média de escolher carreiras "típicas para mulheres", como florista ou cabeleireiro. Essa tendência foi documentada em Samoa, bem como nas culturas norte-americana e europeia (Semenyna & Vasey, 2016). Além disso, enquanto os homens heterossexuais geralmente dão instruções em termos de distâncias de norte, sul, leste ou oeste, as mulheres e os homens homossexuais são mais propensos a descrever pontos de referência (Hassan & Rahman, 2007).

Genética

Os primeiros estudos da genética sobre orientação sexual humana começaram com anúncios em publicações gays ou lésbicas para homossexuais com gêmeos. Quando alguém respondia, os pesquisadores contatavam o outro gêmeo para preencher um questionário que incluía orientação sexual. Os resultados mostraram uma concordância mais forte para gêmeos monozigóticos do que dizigóticos (Bailey et al., 2016). Observe, isso *não* afirma que gêmeos monozigóticos têm mais probabilidade de ser homossexuais do que gêmeos dizigóticos. Informa que gêmeos monozigóticos são mais propensos a ter a *mesma* orientação sexual.

No entanto, o tipo de pessoa que responde a um anúncio em uma revista gay ou lésbica provavelmente não é típico de outros. Um estudo posterior examinou os dados de todos os gêmeos na Suécia na faixa etária entre 20 e 47 (Långström, Rahman, Carlström, & Lichtenstein, 2010), e diferiu não apenas na amplitude da amostra, mas também no critério comportamental. Em vez de perguntar sobre orientação sexual, os pesquisadores perguntaram se alguém já teve um parceiro do mesmo sexo. A Figura 10.14 compara os dados dos dois estudos. Os resultados não indicam o número de pessoas com

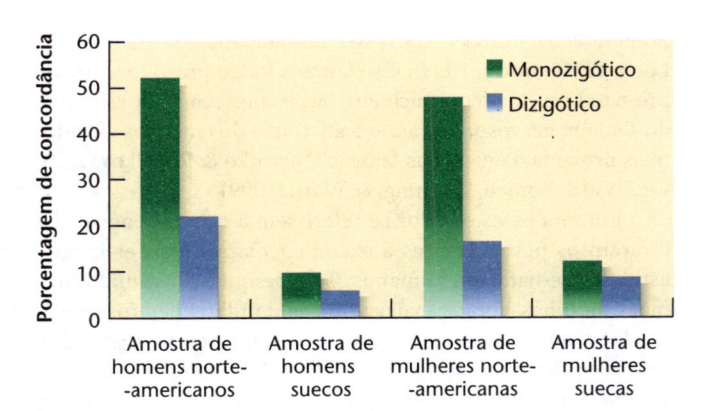

Figura 10.14 Concordância entre gêmeos para homossexualidade
A concordância para a orientação homossexual (estudo norte-americano) ou atividade homossexual (estudo sueco) era maior para gêmeos monozigóticos do que para gêmeos dizigóticos.
(Fonte: Com base nos dados de Bailey, & Pillard, 1991; Bailey, Pillard, Neale, & Agyei, 1993; Långström, Rahman, Carlström, & Lichtenstein, 2010)

atividade ou orientação homossexual. Em vez disso, indicam concordância — a probabilidade de atividade ou orientação homossexual em um gêmeo, dado que o outro gêmeo já havia indicado tal atividade. Embora ambos os conjuntos de resultados mostrem uma concordância maior para gêmeos monozigóticos do que dizigóticos, observe a enorme diferença entre os estudos. Outros estudos com gêmeos em vários países também encontraram maior concordância para orientação sexual em gêmeos monozigóticos do que dizigóticos, mas a magnitude do efeito variava consideravelmente (Alanko et al., 2010; Burri, Cherkas, Spector, & Rahman, 2011).

Os métodos contemporâneos também permitem aos pesquisadores comparar os cromossomos. Os resultados identificaram alguns locais onde uma forma de gene é um pouco mais comum em homens homossexuais do que em homens heterossexuais (Sanders et al., 2015). Dois estudos identificaram maior incidência de homossexualidade entre parentes maternos do que paternos de homens homossexuais (Camperio-Ciani, Corna, & Capiluppi, 2004; Hamer, Hu, Magnuson, Hu, & Pattatucci, 1993). Por exemplo, eles relataram que tios e primos do lado materno eram mais propensos a ser homossexuais do que tios e primos do lado paterno. Esses resultados sugeriram um gene no cromossomo X, que o homem necessariamente recebe da mãe. No entanto, outros estudos não encontraram nenhuma diferença entre parentes do lado materno e paterno (Bailey et al., 1999; Rice, Anderson, Risch, & Ebers, 1999; VanderLaan, Forrester, Petterson, & Vasey, 2013), e um estudo descobriu mais parentes homossexuais do lado paterno (Schwartz, Kim, Kolundzija, Rieger, & Sanders, 2010). Consequentemente, parece duvidoso que qualquer gene no cromossomo X desempenhe um papel importante.

Uma pergunta evolucionária

Uma estimativa comum é que o homem homossexual médio tem um quinto dos filhos do homem heterossexual médio. Se a orientação homossexual tem uma base genética, por que a evolução não selecionou fortemente contra esses genes? Várias possibilidades valem a pena ser consideradas. Uma é que os genes para homossexualidade são mantidos por seleção de parentesco, como discutido no Capítulo 4, ou seja, mesmo que os homossexuais não tenham filhos, eles podem fazer um trabalho maravilhoso ajudando seus irmãos e irmãs a criar os filhos. Os dados da pesquisa nos Estados Unidos indicam que os homens homossexuais não são mais prováveis, e talvez menos prováveis, do que os heterossexuais para ajudar a sustentar seus parentes (Bobrow & Bailey, 2001). Mas observações em Samoa descobriram que os homens homossexuais são mais úteis do que a média com seus sobrinhos e sobrinhas (Vasey & VanderLaan, 2010). É difícil saber qual poderia ter sido o padrão usual ao longo da existência humana.

De acordo com uma segunda hipótese, os genes que produzem a homossexualidade masculina podem gerar efeitos vantajosos nos parentes, aumentando a probabilidade de reprodução e propagação dos genes. Quais podem ser essas vantagens é um tema para especulação. Alguns estudos relataram que parentes de homens gays têm um número um pouco maior do que a média de filhos (Camperio-Ciani, Corna, & Capiluppi, 2004; Schwartz et al., 2010). Para avaliar essa possibilidade com mais seriedade, seria melhor estudar sociedades que não praticam o planejamento familiar.

Uma terceira ideia é que a homossexualidade está relacionada à epigenética, e não às alterações na sequência do DNA (Rice, Friberge, & Gavrilets, 2012). Como mencionado no Capítulo 4, é possível que eventos ambientais conectem um grupo acetil ou um grupo metil (CH_3) para ativar ou inativar um gene. Algumas alterações epigenéticas persistem de uma geração para a outra. Talvez as alterações epigenéticas afetem certos genes com frequência suficiente para produzir a prevalência observada da homossexualidade.

PARE & REVISE

19. Para qual tipo de par de gêmeos a concordância para orientação sexual é maior?
20. Parece difícil explicar como um gene pode permanecer em uma frequência moderadamente alta na população se a maioria dos homens com o gene não se reproduzisse. Como a hipótese sobre a epigenética ajudaria na explicação?

RESPOSTAS

19. Gêmeos monozigóticos têm maior concordância do que gêmeos dizigóticos. Certifique-se de afirmar este ponto corretamente: *não* afirme que a homossexualidade é mais comum em gêmeos monozigóticos do que dizigóticos. E a *concordância* que é maior, isto é, a probabilidade de que ambos os gêmeos têm a *mesma* orientação sexual. 20. De acordo com essa hipótese, algum evento não identificado no ambiente pode conectar um grupo acetil ou um grupo metil a algum gene, aumentando ou diminuindo sua atividade. Essa modificação genética pode ser passada para a próxima geração, produzindo evidências de um efeito hereditário, embora não haja um "gene para a homossexualidade". Se eventos como esse acontecem com bastante frequência, o resultado pode ser uma prevalência moderadamente alta de homossexualidade, mesmo que os homens com o gene inativado raramente se reproduzam.

Influências pré-natais

Os níveis de hormônio de adultos *não* explicam a orientação sexual. Em média, os homens homossexuais e heterossexuais têm quase os mesmos níveis de hormônio, e a maioria das mulheres lésbicas tem quase os mesmos níveis de hormônio que as mulheres heterossexuais. Mas é possível que a orientação sexual dependa dos níveis de testosterona durante um período sensível de desenvolvimento do cérebro (Ellis & Ames, 1987). Estudos com animais mostraram que os hormônios pré-natais ou pós-natais iniciais podem produzir efeitos organizadores na anatomia externa e no desenvolvimento do cérebro. A anatomia externa se desenvolve em um momento diferente do cérebro e, portanto, é possível que os primeiros hormônios alterem o cérebro sem alterar a anatomia externa.

O sistema imunológico materno pode exercer efeitos pré-natais. Estudos em vários países relatam que a probabilidade da orientação homossexual é ligeiramente maior entre homens que têm irmãos mais velhos, independentemente do número de irmãs e irmãos mais novos (Blanchard, 2008; Bogaert, 2003b; Bozkurt, Bozkurt, & Sonmez, 2015; Purcell, Blanchard, & Zucker, 2000; Schwartz et al., 2010). Além disso, o que importa é o número de irmãos *biológicos* mais velhos. Crescer com meio-irmãos mais velhos ou irmãos adotivos não tem influência aparente. Ter um irmão mais velho biológico influencia, mesmo que os irmãos tenham sido criados separadamente (Bogaert, 2006). Em suma, a influência não decorre de experiências sociais. O segredo é quantas vezes antes a mãe deu à luz a um filho. A hipótese mais proeminente é que o sistema imunológico materno às vezes reage contra uma proteína em um filho e então ataca os filhos subsequentes o suficiente para alterar o desenvolvimento deles. Essa hipótese se encaixa na observação de que homens homossexuais nascidos posteriormente tendem a ser mais baixos do que a média (Bogaert, 2003a).

Outra possível influência do ambiente pré-natal diz respeito ao estresse na mãe durante a gravidez. Pesquisas mostraram que o estresse pré-natal altera o desenvolvimento sexual em animais de laboratório. Em vários experimentos, camundongos na última semana de gravidez tiveram a experiência estressante de confinamento em tubos de Plexiglass apertados por mais de duas horas por dia sob luzes intensas. Em alguns casos, eles também receberam álcool. As filhas desses camundongos pareciam e agiam quase normal. Os filhos, entretanto, tinham anatomia masculina normal, mas, na idade adulta, muitas vezes respondiam à presença de outro macho arqueando as costas na postura típica de uma fêmea de camundongo para o sexo (I. L. Ward, Ward, Winn, & Bielawski, 1994). A maioria dos homens submetidos a estresse pré-natal ou álcool desenvolveu comportamento sexual masculino além desses comportamentos sexuais femininos, mas aqueles que foram submetidos a estresse e ao álcool apresentaram comportamentos sexuais masculinos diminuídos (I. L. Ward, Bennett, Ward, Hendricks, & French, 1999).

O estresse pré-natal e o álcool podem alterar o desenvolvimento do cérebro por meio de várias vias. O estresse libera endorfinas, que podem antagonizar os efeitos da testosterona no hipotálamo (O. B. Ward, Monaghan, & Ward, 1986). O estresse também eleva os níveis de certos hormônios adrenais (corticosterona em camundongos, cortisol em humanos) que diminuem a liberação de testosterona (O. B. Ward, Ward, Denning, French, & Hendricks, 2002; M. T. Williams, Davis, McCrea, Long, & Hennessy, 1999). Os efeitos a longo prazo do estresse pré-natal ou do álcool incluem várias alterações na estrutura do sistema nervoso, tornando a anatomia dos machos afetados mais próxima daquela das fêmeas (Nosenko & Reznikov, 2001; I. L. Ward, Romeo, Denning, & Ward, 1999).

Embora esses estudos se referissem a camundongos, eles levaram os pesquisadores a examinar os possíveis efeitos do estresse pré-natal em humanos. Três pesquisas perguntaram a mães de filhos homossexuais e mães de filhos heterossexuais se elas tiveram algum estresse incomum durante a gravidez. Em duas das três, as mães de filhos homossexuais lembravam de experiências estressantes mais do que a média (Bailey, Willerman, & Parks, 1991; Ellis, Ames, Peckham, & Burke, 1988; Ellis & Cole-Harding, 2001). Porém, esses estudos basearam-se nas memórias das mulheres sobre a gravidez de mais de 20 anos antes. Um procedimento melhor, mas mais difícil, seria medir o estresse durante a gravidez e examinar a orientação sexual dos filhos muitos anos depois.

Assim, o que explica as diferenças na orientação sexual? A resposta provavelmente não é a mesma em todos os casos. Fatores genéticos ou epigenéticos contribuem, assim como o ambiente pré-natal. Experiências posteriores provavelmente também contribuem, embora saibamos pouco sobre os tipos de experiência que seriam decisivos.

PARE & REVISE

21. Por qual via ter um irmão mais velho pode aumentar a probabilidade de homossexualidade masculina?
22. Como o estresse para um camundongo fêmea grávida pode alterar a orientação sexual da prole masculina?

RESPOSTAS

21. Ter um irmão mais velho pode aumentar a probabilidade de homossexualidade masculina, alterando o sistema imunológico materno no ambiente pré-natal. O efeito do irmão mais velho não depende de crescer na mesma casa. 22. Evidentemente, o estresse aumenta a liberação de endorfinas no hipotálamo, e níveis muito elevados de endorfina podem bloquear os efeitos da testosterona.

Anatomia do cérebro

Os cérebros também diferem como uma função da orientação sexual? Os resultados são complexos. Em média, os homens homossexuais mudam parcialmente para a direção típica feminina em algumas estruturas cerebrais, mas não em outras. Da mesma forma, em média, os cérebros das mulheres homossexuais mudam ligeiramente para a direção masculina de algumas maneiras, mas não de outras (Rahman & Wilson, 2003). Várias das diferenças relatadas não têm uma relação clara com a sexualidade em si, embora possam estar relacionadas a outras diferenças de comportamento entre pessoas heterossexuais e homossexuais.

Em média, os hemisférios esquerdo e direito do córtex cerebral são quase do mesmo tamanho nas mulheres heterossexuais, enquanto o hemisfério direito é um pouco maior nos homens heterossexuais. Homens homossexuais se assemelham a mulheres heterossexuais nesse aspecto, e mulheres

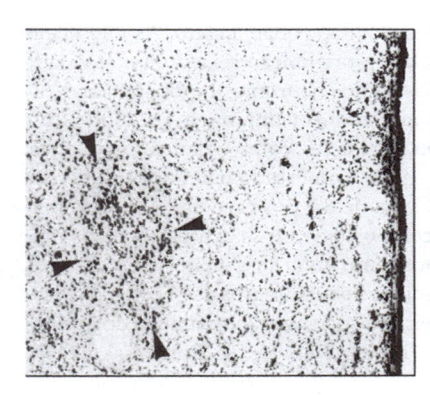

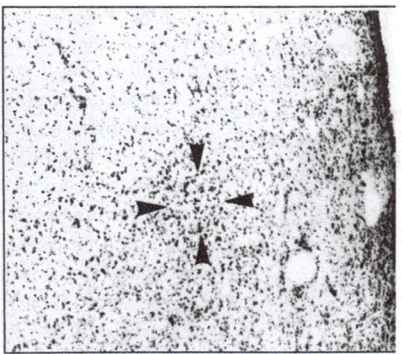

Figura 10.15 Tamanhos típicos do núcleo intersticial 3 do hipotálamo anterior
Em média, o volume dessa estrutura era mais de duas vezes maior em uma amostra de homens heterossexuais (à esquerda) do que em uma amostra de homens homossexuais (à direita), para os quais era quase do mesmo tamanho que nas mulheres.
(Fonte: "A difference in hypothalamic structure between heterosexual and homosexual men", de S. LeVay, Science, 253, pp. 1034-1037. © 1991. Reproduzida com permissão da AAAS.)

homossexuais são intermediárias entre mulheres e homens heterossexuais. Além disso, em mulheres heterossexuais, a amídala esquerda tem conexões mais difundidas do que a amídala direita, enquanto em homens heterossexuais, a amídala direita tem conexões mais difundidas. Mais uma vez, os homens homossexuais se assemelham às mulheres heterossexuais nesse aspecto, e as mulheres homossexuais são intermediárias (Savic & Lindström, 2008). A comissura anterior (ver Figura 3.13) é, em média, maior em mulheres heterossexuais do que em homens heterossexuais. Em homens homossexuais, é pelo menos tão grande quanto nas mulheres, talvez até um pouco maior (Gorski & Allen, 1992). O núcleo supraquiasmático (NSQ) também é maior em homens homossexuais do que em homens heterossexuais (Swaab & Hofman, 1990). No entanto, ao interpretar essas e outras diferenças relatadas, devemos ter cuidado com dois aspectos (Kaiser, Haller, Schmitz, & Nitsch, 2009): primeiro, não sabemos se essas diferenças cerebrais são causas ou efeitos da orientação sexual. As diferenças cerebrais podem predispor a diferentes comportamentos, mas também é verdade que comportamentos persistentes podem alterar a anatomia do cérebro. Segundo, é relativamente fácil publicar resultados mostrando uma diferença entre dois grupos, como homossexuais e heterossexuais, mesmo que a diferença seja imprevisível, pequena e difícil de explicar. É menos fácil publicar resultados que não mostram nenhuma diferença. Portanto, é provável que os artigos publicados exagerem certas diferenças anatômicas.

A pesquisa mais amplamente citada diz respeito ao terceiro núcleo intersticial do hipotálamo anterior (NIHA-3), que geralmente é mais de duas vezes maior em homens heterossexuais do que em mulheres. Essa área tem mais células com receptores de androgênios em homens do que em mulheres (Shah et al., 2004), e provavelmente desempenha um papel no comportamento sexual masculino, embora o papel exato seja incerto e provavelmente varie entre as espécies de animais. Em outras espécies, é conhecido como o *núcleo sexualmente dimórfico*, embora chamá-lo de "núcleo" seja quase um exagero. É uma subdivisão de uma subdivisão do hipotálamo pré-óptico.

Simon LeVay (1991) examinou o NIHA-3 em 41 pessoas que morreram dos 26 aos 59 de idade. Destas, 16 eram homens heterossexuais, 6 eram mulheres heterossexuais e 19 eram homens homossexuais. Todos os homens homossexuais, 6 dos 16 homens heterossexuais e 1 das 6 mulheres morreram de Aids. LeVay descobriu que o volume médio do NIHA-3 era maior em homens heterossexuais do que em mulheres heterossexuais ou homens homossexuais, que eram quase iguais nesse aspecto.

A Figura 10.15 mostra cortes transversais típicos para um homem heterossexual e um homem homossexual. A Figura 10.16 mostra a distribuição dos volumes para os três grupos. Observe que a diferença entre homens heterossexuais e os outros dois grupos é bastante grande, em média, e que a causa da morte (Aids *versus* outras doenças) não tem uma relação clara com os resultados. LeVay (1993) posteriormente examinou o hipotálamo de um homem homossexual que morreu de câncer de pulmão; ele tinha um NIHA-3 pequeno, como os homossexuais que morreram de Aids. Na Figura 10.16, observe também a quantidade substancial de variação entre os indivíduos. Se pudesse examinar o NIHA-3 de um homem, você poderia fazer uma suposição razoável sobre a orientação sexual, mas não poderia ter certeza.

Um estudo posterior replicou parcialmente essas tendências. Os pesquisadores descobriram que o núcleo NIHA-3 de homens homossexuais era intermediário entre os de homens

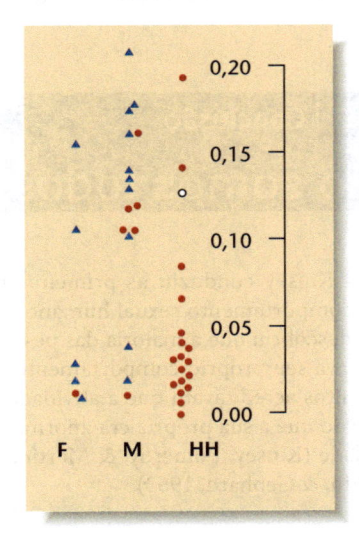

Figura 10.16 Volumes do núcleo intersticial 3 do hipotálamo anterior (NIHA-3)
As amostras são mulheres (F), homens heterossexuais (M) e homens homossexuais (HH). Cada círculo preenchido representa uma pessoa que morreu de Aids e cada triângulo representa uma pessoa que morreu de outras causas. O único círculo aberto representa um homem bissexual que morreu de Aids.
(Fonte: Reproduzida com permissão de "A difference in hypothalamic structure between heterosexual and homosexual men", de S. LeVay, Science, 253, pp. 1034-z1037. © 1991 da American Association for the Advancement of Science)

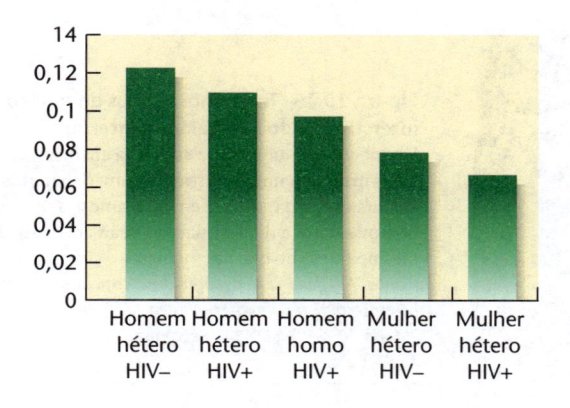

Figura 10.17 Outra comparação de INAH-3
Neste estudo, o volume médio para homens homossexuais era maior do que o das mulheres heterossexuais, mas menor do que o dos homens heterossexuais.
(Fonte: Com base em dados de Byne et al., 2001)

O significado desses resultados não é claro. As diferenças no hipotálamo influenciam a orientação sexual ou a atividade sexual influencia o tamanho dos neurônios hipotalâmicos? Algumas áreas do cérebro aumentam ou diminuem em adultos por causa de hormônios ou atividades comportamentais (Cooke, Tabibnia, & Breedlove, 1999). Um estudo não humano oferece resultados sugestivos. Cerca de 8% dos carneiros (ovelhas machos) direcionam seu comportamento sexual para outros machos. Uma área do hipotálamo anterior é maior em carneiros de orientação feminina do que em carneiros de orientação masculina e maior em carneiros de orientação masculina do que em fêmeas (Roselli, Larkin, Resko, Stellflug, & Stormshak, 2004). (É incerto se essa área corresponde ao NIHA-3 humano.) Essa área torna-se maior em ovelhas machos do que fêmeas antes do nascimento como resultado dos níveis de testosterona pré-natal (Roselli, Stadelman, Reeve, Bishop, & Stormshak, 2007). Em ovelhas, pelo menos, uma diferença anatômica aparece antes de qualquer comportamento sexual e, portanto, é mais uma causa do que um resultado. O mesmo pode ou não ser verdade em humanos.

heterossexuais e mulheres heterossexuais. Além disso, o volume era menor em indivíduos HIV positivos do que em indivíduos HIV negativos (Byne et al., 2001). A Figura 10.17 mostra as médias para cinco grupos. No exame microscópico do NIHA-3, os pesquisadores descobriram que os homens heterossexuais tinham neurônios maiores do que os homens homossexuais, mas quase o mesmo número. Nem este estudo nem o estudo anterior de LeVay incluíram mulheres homossexuais. Ainda outro estudo descobriu que o NIHA-3 é maior em homens heterossexuais do que em transexuais homem para mulher — isto é, pessoas nascidas como homens que mudaram suas identidades para mulheres (Garcia-Falgueras & Swaab, 2008).

✓ PARE & REVISE

23. No estudo de LeVay, que evidência vai contra a ideia de que o volume do NIHA-3 depende da Aids em vez da orientação sexual?

RESPOSTA
23. Em seu estudo, o tamanho médio do NIHA-3 era quase o mesmo para homens heterossexuais que morreram de Aids e aqueles que morreram de outras causas. Um homossexual que morreu de outras causas tinha quase o mesmo tamanho do NIHA-3 que os homossexuais que morreram de Aids.

Módulo 10.2 | Conclusão
Nós não somos todos iguais

Quando Alfred Kinsey conduziu as primeiras pesquisas em massa sobre o comportamento sexual humano em meados do século XX, ele descobriu que a maioria das pessoas que entrevistou considerava seu próprio comportamento "normal", seja ele qual for. Muitos acreditavam que a atividade sexual muito mais frequente do que a sua própria era anormal e poderia até levar à insanidade (Kinsey, Pomeroy, & Martin, 1948; Kinsey, Pomeroy, Martin, & Gebhard, 1953).

Até onde chegamos desde então? As pessoas hoje estão mais conscientes e geralmente aceitam mais a diversidade sexual do que na época de Kinsey. Ainda assim, a intolerância continua comum. A pesquisa biológica não dirá como tratar uns aos outros, mas pode nos ajudar a entender como nos tornamos tão diferentes.

Resumo

1. Em muitas espécies, machos e fêmeas desenvolvem diferentes aparências e comportamentos por causa da seleção sexual; ou seja, elas evoluem de maneiras que as tornam mais atraentes para o outro sexo.
2. Muitos dos hábitos de acasalamento das pessoas podem ser interpretados quanto ao aumento da probabilidade de transmissão de nossos genes. Mas é difícil saber em que medida as diferenças entre homens e mulheres são adaptações evolutivas e em que medida são aprendidas.
3. As pessoas podem desenvolver genitais ambíguos ou genitais que não correspondem ao sexo cromossômico por várias razões. A mais comum é a hiperplasia adrenal congênita, na qual um defeito genético na produção de cortisol leva à superestimulação da glândula adrenal e,

portanto, à produção extra de testosterona. Quando esse transtorno ocorre em um feto feminino, ele se torna parcialmente masculinizado.

4. Em média, meninas com histórico de hiperplasia adrenal congênita mostram mais interesse em brinquedos típicos de meninos do que outras meninas, e, durante a adolescência e a idade adulta jovem, elas continuam a apresentar interesses parcialmente masculinizados.

5. A feminização testicular, ou insensibilidade aos androgênios, é um transtorno em que alguém com um padrão cromossômico XY é parcial ou totalmente insensível aos androgênios e, portanto, desenvolve uma aparência externa feminina.

6. Pessoas que nascem com órgãos genitais intermediários ou ambíguos são chamadas intersexuais. Por muitos anos, os médicos recomendaram cirurgia para fazer essas pessoas parecerem mais femininas. Mas muitos intersexos não desenvolvem uma identidade feminina inequívoca e muitos são contra a cirurgia imposta.

7. Algumas crianças têm um gene que diminui a produção inicial de di-hidrotestosterona. Essas crianças parecem mulher ao nascer e são consideradas menina, mas desenvolvem um pênis na adolescência. A maioria dessas pessoas então aceita uma identidade de gênero masculina.

8. Em média, os homossexuais diferem dos heterossexuais em vários aspectos anatômicos e fisiológicos, embora as médias não se apliquem a todos os indivíduos.

9. Explicações biológicas plausíveis para a orientação homossexual incluem genética, hormônios pré-natais e (nos homens) reações ao sistema imunológico materno. Os níveis hormonais na idade adulta estão dentro do intervalo normal.

10. Várias hipóteses foram apresentadas sobre como os genes que promovem a homossexualidade poderiam permanecer em frequências moderadas na população, embora os homossexuais tenham menos probabilidade do que a média de ter filhos.

11. Em média, certos aspectos da anatomia do cérebro diferem entre homens homossexuais e heterossexuais, embora não seja certo se essas diferenças são causas ou efeitos do comportamento.

Termos-chave

Os termos estão definidos no número de página indicado. Também são apresentados em ordem alfabética com a definição no Índice remissivo/Glossário do livro, que começa na p. 589.

feminização testicular **340**
hermafrodita **339**
hiperplasia adrenal congênita **339**
identidade de gênero **339**
insensibilidade androgênica **340**
intersexos **339**
seleção sexual **337**

Questões complexas

1. Em média, os intersexuais têm pontuações de QI na faixa de 110 a 125, bem acima da média da população (Dalton, 1968; Ehrhardt & Money, 1967; Lewis, Money & Epstein, 1968). Uma interpretação possível é que um padrão hormonal intermediário entre masculino e feminino promove um grande desenvolvimento intelectual. Outra possibilidade é que a intersexualidade pode ser mais comum em famílias inteligentes do que em famílias menos inteligentes ou que aquelas mais instruídas têm maior probabilidade de chamar a atenção de um pesquisador para os filhos intersexuais. Que tipo de estudo seria o melhor para decidir entre essas hipóteses? (Para uma resposta, ver Money & Lewis, 1966.)

2. Lembre-se do estudo de LeVay sobre a anatomia do cérebro em homens heterossexuais e homossexuais. Certos críticos sugeriram que um ou mais dos homens classificados como "heterossexuais" podem realmente ter sido homossexuais ou bissexuais. Se sim, esse fato fortaleceria ou enfraqueceria as conclusões gerais?

Módulo 10.2 | Questionário final

1. O que significa a expressão "seleção sexual"?
   A. Ter um padrão cromossômico XX ou XY determina se alguém se desenvolve como homem ou mulher.
   B. Os hormônios durante um período sensível produzem efeitos duradouros na anatomia e no comportamento.
   C. Algumas pessoas optam por alternar entre uma identidade de gênero e outra.
   D. A evolução favorece características que tornam o indivíduo mais atraente para o sexo oposto.

2. Os psicólogos evolucionistas tentam explicar qual dos seguintes fenômenos?
   A. Em média, os homens estão mais interessados em múltiplos parceiros sexuais do que as mulheres.
   B. Os mecanismos que controlam as diferenças sexuais no cérebro variam entre as áreas cerebrais.
   C. O desejo sexual depende da testosterona nos homens e do estradiol nas mulheres.
   D. A dopamina e a serotonina têm efeitos amplamente opostos na excitação sexual.

3. A hipertrofia adrenal congênita resulta de uma deficiência genética em produzir quantidades normais de qual hormônio?
   A. Testosterona
   B. Estradiol
   C. Vasopressina
   D. Cortisol

4. O interesse de uma menina por brinquedos de meninos se correlaciona positivamente com qual das seguintes opções?
   A. O tamanho do hipocampo dela.
   B. Exposição à testosterona antes do nascimento.
   C. Exposição ao cortisol antes do nascimento.
   D. Exposição à oxitocina antes do nascimento.

5. O que causa a feminização testicular, na qual um macho genético parece feminino?
   A. Altos níveis de estradiol durante um período inicial de sensibilidade.
   B. Falta de receptores para testosterona.
   C. Uma mutação no gene *SRY*.
   D. Uma deficiência genética para produzir cortisol.

6. Quando os machos genéticos pareciam ser fêmeas ao nascer, mas desenvolveram uma anatomia masculina na puberdade, o que aconteceu com sua identidade de gênero?
   A. Eles continuaram a ter uma identidade feminina.
   B. Eles alternaram para uma identidade masculina.
   C. Eles alternavam frequentemente entre as identidades masculina e feminina.
   D. Eles simultaneamente mantiveram as identidades masculina e feminina.

7. A conclusão de que a orientação sexual é parcialmente hereditária depende principalmente de quais evidências?
   A. Identificação de um determinado gene fortemente ligado à orientação sexual.
   B. Comparações da orientação sexual em muitas culturas.
   C. Comparações de gêmeos monozigóticos e dizigóticos.
   D. Comparações de homossexuais masculinos com homossexuais femininos.

8. Qual das alternativas a seguir aumentaria a probabilidade de um menino desenvolver uma orientação homossexual?
   A. Viver em uma família com uma ou mais irmãs mais velhas.
   B. Viver em uma família com um irmão adotivo mais velho.
   C. Ter um irmão biológico mais velho, mesmo que ele não more na mesma casa.
   D. Ter um irmão mais novo adotivo ou biológico.

9. De que forma o NIHA-3 era distinto para a maioria dos homens homossexuais, em comparação aos homens heterossexuais, no estudo de LeVay e na pesquisa de acompanhamento?
   A. Esse núcleo tinha menos neurônios do que a média, mas apenas em homens que morreram de Aids.
   B. Esse núcleo tinha menos neurônios do que a média, independentemente da causa da morte.
   C. Esse núcleo tinha neurônios com volume menor que a média.
   D. Esse núcleo tinha menos neurônios, mas cada um deles tinha um volume maior do que a média.

Respostas: 1D, 2A, 3D, 4B, 5B, 6B, 7C, 8C, 9C.

Sugestões de leitura

Bailey, J. M., Vasey, P. L., Diamond, L. M., Breedlove, S. M., Vilain, E., & Epprecht, M. (2016). Sexual orientation, controversy, and science. *Psychological Science in the Public Interest, 17*, 45-101. Artigo que analisa de forma completa e objetiva as pesquisas sobre orientação sexual.

Colapinto, J. (2000). *As nature made him: The boy who was raised as a girl.* New York: HarperCollins. Descreve o menino cujo pênis foi queimado acidentalmente e depois removido, como apresentado na página **341**.

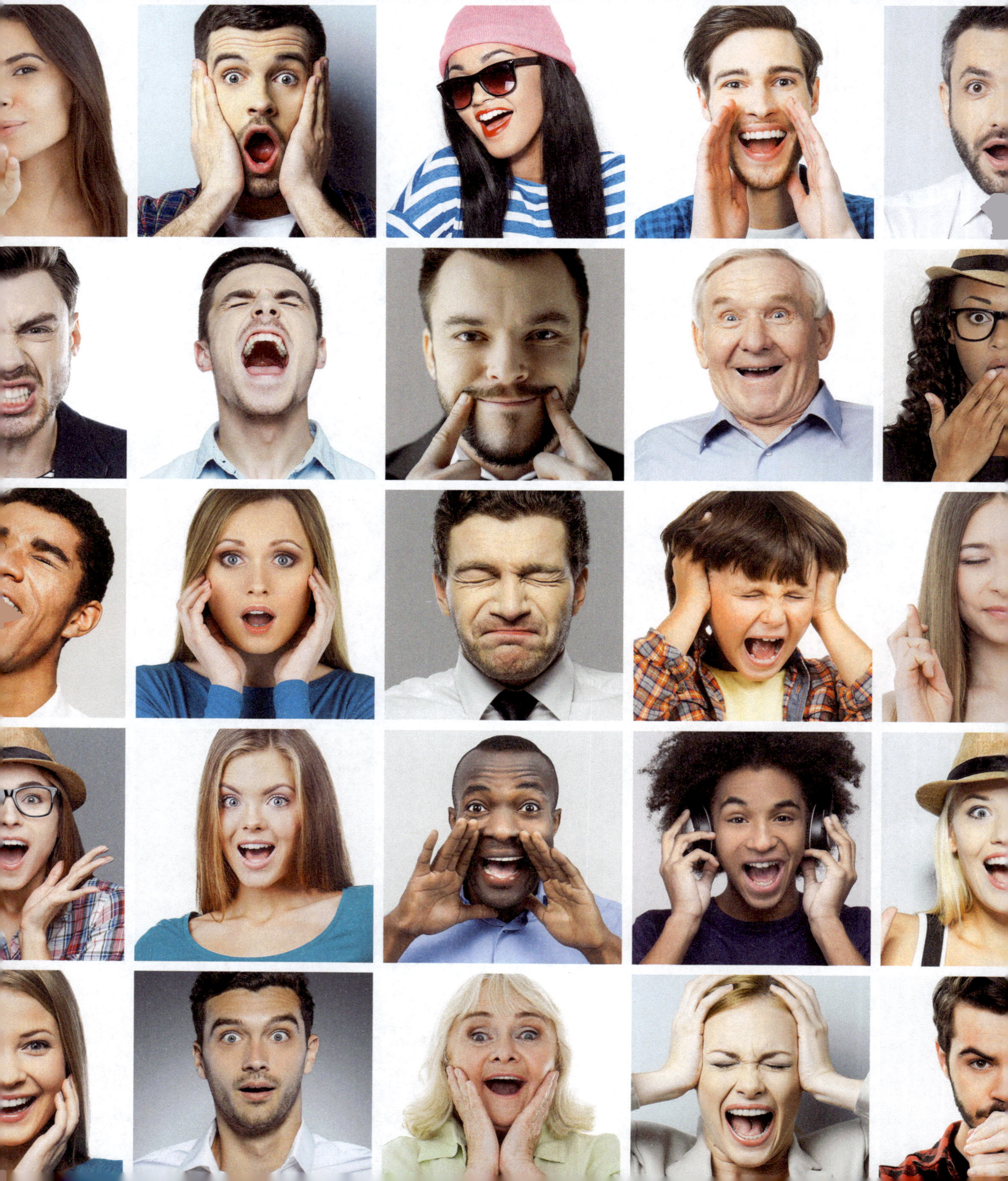

Comportamentos emocionais

Capítulo 11

> Infelizmente, uma das coisas mais significativas já ditas sobre a emoção pode ser que todos saibam o que é até que sejam solicitados a defini-la.
>
> *Joseph LeDoux (1996, p. 23)*

Suponha que os pesquisadores tenham descoberto uma nova espécie — vamos chamá-la espécie X — e os psicólogos comecem a testar suas habilidades. Eles colocam comida atrás de um cartão verde e nada atrás de um cartão vermelho e descobrem que, após algumas tentativas, X sempre vai para o cartão verde. Portanto, concluímos que X mostra aprendizado, memória e fome. Em seguida, os pesquisadores oferecem ao X um cartão verde e uma variedade de cartões cinza; X ainda opta pelo verde, então ele deve ter visão de cores e não apenas discriminação de brilho. Em seguida, eles deixam X tocar um triângulo azul que é extremamente quente. X emite um som alto e recua. Alguém pega o triângulo azul (com luvas forradas) e começa a se mover com ele rapidamente em direção a X. Assim que X vê isso acontecendo, produz o mesmo som, vira e começa a se afastar rapidamente. Devemos concluir que X sente medo?

Se você disse sim, deixe-me acrescentar: disse que essa era uma nova espécie, e é, mas é uma nova espécie de robô, não animal. Você ainda acha que X sente medo? A maioria das pessoas está disposta a falar sobre aprendizagem, memória, inteligência ou motivação artificial, mas não sobre emoção.

Se esse comportamento não é evidência adequada para emoção em um robô, é evidência adequada para um animal? Quando um cachorro foge de uma ameaça, você provavelmente infere que ele está com medo, mas e um inseto que escapa quando você se aproxima? Ele estava com medo? Se você perturbar uma colmeia e as abelhas o atacarem, elas sentem raiva? Como você pode ter certeza, de uma forma ou de outra? A emoção é um tema difícil porque implica sentimentos conscientes que não podemos observar. Pesquisadores biológicos, portanto, falam principalmente sobre aspectos de *comportamentos* emocionais, que são observáveis, mesmo que os sentimentos emocionais não sejam. Mesmo assim, com o tempo a maioria de nós espera compreender as próprias experiências emocionais.

[Imagem da página anterior:
As pessoas expressam emoções por meio de expressões faciais, gestos e posturas.
(g-stockstudio/Shutterstock.com)]

Sumário do capítulo

Módulo 11.1
O que é emoção?
Emoções e excitação autônoma
As pessoas têm algumas emoções básicas?
As funções da emoção
Conclusão: Emoções e o sistema nervoso

Módulo 11.2
Comportamentos de ataque e fuga
Comportamentos de ataque
Medo e ansiedade
Transtorno de ansiedade
Alívio da ansiedade
Conclusão: Fazendo algo sobre emoções

Módulo 11.3
Estresse e saúde
Estresse e a síndrome de adaptação geral
Estresse e eixo hipotálamo-hipófise-córtex adrenal
Lidando com o estresse
Conclusão: Emoções e reações do corpo

Objetivos de aprendizagem

Depois de estudar este capítulo, você será capaz de:

1. Discutir o papel do sistema nervoso autônomo nos sentimentos emocionais.
2. Explicar as razões para ser cético em relação à ideia de algumas emoções básicas.
3. Discutir o papel das emoções no raciocínio moral.
4. Descrever o que se sabe sobre a genética da agressão e ansiedade.
5. Discutir o papel da amídala no processamento emocional.
6. Comentar os métodos de alívio da ansiedade.
7. Definir a síndrome de adaptação geral.
8. Descrever os efeitos do estresse no sistema imunológico.

Módulo 11.1

O que é emoção?

De acordo com uma das definições, a emoção inclui "avaliações cognitivas, mudanças subjetivas, excitação autônoma e neural e impulsos para ação" (Plutchik, 1982, p. 551). Parece bom, mas de acordo com essa definição, a fome e a sede não contam como emoções? Uma definição da motivação é "um processo interno que modifica a maneira como um organismo responde a uma certa classe de estímulos externos" (Numan & Woodside, 2010). Por essa definição, felicidade, tristeza, medo e raiva não contam como motivações? Distinguir entre motivação e emoção é difícil e talvez não haja diferença real.

Independentemente de como definimos emoção, os psicólogos geralmente concordam que a emoção tem componentes incluindo cognições ("essa é uma situação perigosa"), sentimentos ("estou com medo"), ações ("fuja agora") e mudanças fisiológicas (aumento da frequências cardíaca e respiratória). Como os componentes se relacionam entre si?

Emoções e excitação autônoma

As situações emocionais estimulam os dois ramos do sistema nervoso autônomo — o simpático e o parassimpático. A Figura 11.1 analisa a anatomia. Os pesquisadores há muito reconheceram que o sistema nervoso simpático estimula certos órgãos, como o coração, enquanto inibe outros, como o estômago e os intestinos. Walter Cannon (1945) foi o primeiro a reconhecer o padrão: estimula órgãos importantes para atividades vigorosas de "luta ou fuga", enquanto inibe atividades vegetativas que podem esperar até mais tarde. O sistema nervoso

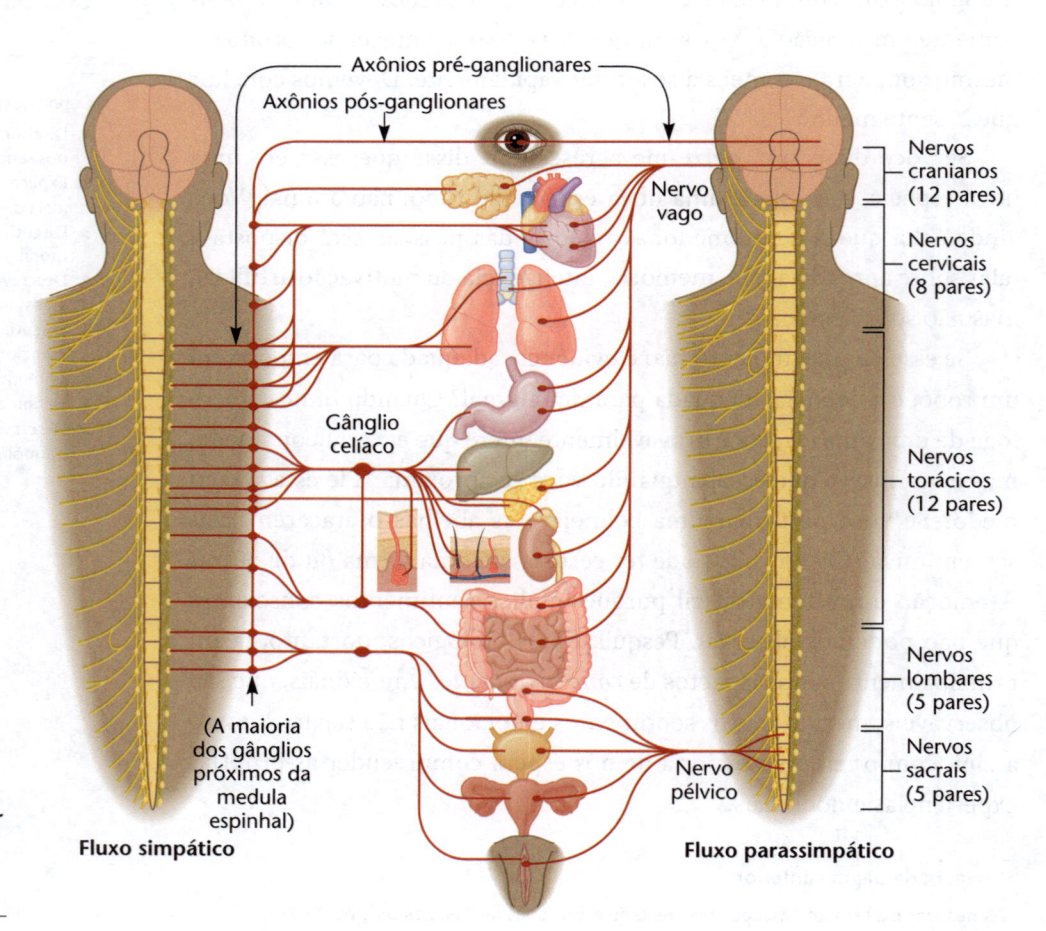

Figura 11.1 Os sistemas nervosos simpático e parassimpático
Revise o Capítulo 3 para obter informações adicionais.

parassimpático aumenta a digestão e outros processos que economizam energia e se preparam para eventos posteriores.

No entanto, a maioria das situações provoca uma combinação de excitação simpática e parassimpática (Wolf, 1995). Por exemplo, náuseas estão associadas à estimulação simpática do estômago (diminuindo suas contrações e secreções) e à estimulação parassimpática dos intestinos e das glândulas salivares. Pensamos no perigo como algo que provocaria uma atividade simpática, mas frequentemente isso não acontece. Se um pequeno animal vê um potencial predador a uma grande distância, ele se torna alerta, mas inativo. (O predador tem menos probabilidade de perceber um animal imóvel.) A frequência cardíaca do pequeno animal *diminui*, por meio de estimulação parassimpática. Somente quando a ameaça se aproxima a uma distância de ataque é que o sistema nervoso simpático assume o controle. Da mesma forma, seres humanos tornam-se alertas e inativos com a diminuição da frequência cardíaca quando estão cientes de um perigo remoto em qualquer local ou tempo (Löw, Weymar, & Hamm, 2015).

Walter B. Cannon (1871–1945)

Por uma questão de rotina, há muito tempo confio que os processos inconscientes me servirão... [Um] exemplo que posso citar foi a interpretação do significado das mudanças corporais que ocorrem durante grande excitação emocional, como medo e raiva. Essas mudanças — o pulso mais rápido, a respiração mais profunda, o aumento do açúcar no sangue, a secreção das glândulas adrenais — eram muito diversas e pareciam dissociadas. Então, em uma noite em que eu estava acordado, após uma coleção considerável dessas mudanças ter sido revelada, a ideia passou pela minha mente de que elas poderiam ser bem integradas se concebidas como preparações corporais para o esforço supremo em voo ou luta.

Como o sistema nervoso autônomo se relaciona com as emoções? O bom senso afirma que você sente uma emoção que muda a frequência cardíaca e induz outras respostas. Por outro lado, de acordo com a **teoria de James-Lange** (James, 1884), a excitação autônoma e as ações esqueléticas vêm primeiro. O que você experimenta como emoção é o rótulo que você atribui às suas respostas: você sente medo *porque* você foge, e sente raiva *porque* você ataca.

Visão do senso comum:

Situação assustadora → MEDO → Fuga, aumento da frequência cardíaca etc.

Teoria de James-Lange:

Situação assustadora → Fuga, aumento da frequência cardíaca etc. → MEDO

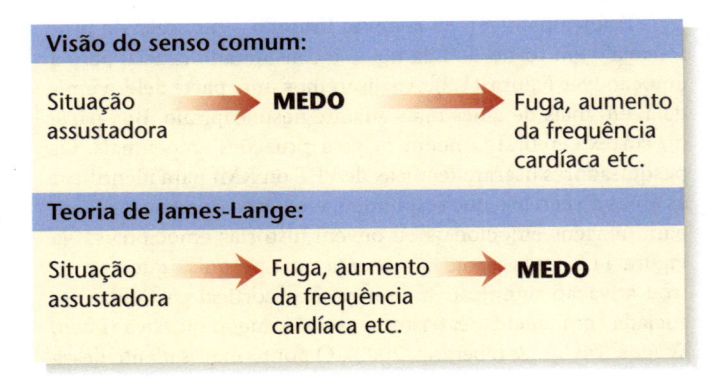

Você pode objetar: "Como saberia quando fugir antes de sentir medo?". Em um artigo posterior, William James (1894) esclareceu sua posição. Uma emoção inclui cognições, ações e sentimentos. O aspecto cognitivo vem primeiro. Você rapidamente avalia algo como bom, ruim, assustador ou o que seja. Sua avaliação da situação leva a uma ação apropriada, como fugir, atacar ou permanecer sentado imóvel com o coração acelerado. Quando James disse que a excitação e as ações levam às emoções, ele quis dizer que elas levam ao aspecto do *sentimento* de uma emoção. Isto é,

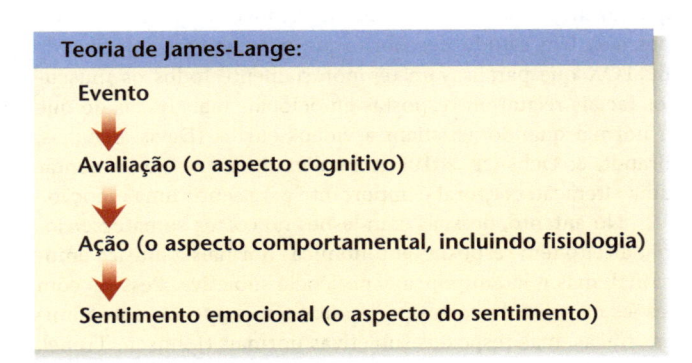

Teoria de James-Lange:

Evento
↓
Avaliação (o aspecto cognitivo)
↓
Ação (o aspecto comportamental, incluindo fisiologia)
↓
Sentimento emocional (o aspecto do sentimento)

Se pensarmos em "sentimento" na acepção estrita de ser uma sensação, a teoria parece quase evidente. De onde mais viriam as sensações, exceto de algo acontecendo no corpo? Ainda assim, a teoria de James-Lange leva a duas previsões: pessoas com respostas autonômicas ou esqueléticas fracas devem sentir menos emoção, e provocar ou aumentar as respostas de alguém deve intensificar uma emoção. Vamos considerar as evidências.

A excitação fisiológica é necessária para os sentimentos emocionais?

Pessoas com lesões na medula espinhal não têm sensações ou movimentos voluntários do nível da lesão para baixo. (Os reflexos permanecem.) Mas geralmente relatam experimentar as mesmas emoções que antes da lesão (Cobos, Sánchez, Pérez, & Vila, 2004; Deady, North, Allan, Smith, & O'Carroll, 2010). Esse resultado pode sugerir que as emoções não dependem da realimentação do movimento, mas essas pessoas continuam a ter expressões faciais e alterações na frequência cardíaca, que podem detectar. Portanto, embora estejam isoladas de algumas das sensações em geral associadas a uma emoção, elas continuam a sentir aspectos importantes.

Em pessoas com uma doença incomum chamada **falha autonômica pura**, informações entre o sistema nervoso autônomo e corpo falham, completa ou quase completamente. Os batimentos cardíacos e as atividades de outros órgãos continuam, mas o sistema nervoso não os regula mais. Alguém com essa doença não reage a experiências estressantes com alterações na frequência cardíaca, pressão arterial ou sudorese. De acordo com a teoria de James-Lange, esperaríamos que essas pessoas não relatassem emoções. Na verdade, elas relatam ter as mesmas emoções que qualquer outra pessoa e têm pouca dificuldade em identificar que emoção um personagem em uma história provavelmente experimentaria (Heims, Critchley, Dolan, Mathias, & Cipolotti, 2004). Mas afirmam que sentem as emoções com muito menos intensidade do que antes (Critchley, Mathias, & Dolan, 2001). Presumivelmente, quando relatam que experimentam emoções, referem-se ao aspecto cognitivo: "Sim, estou com raiva, porque essa é uma situação que demanda raiva." Mas se *sentirem* raiva, elas a sentem fracamente. O sentimento emocional diminuído é consistente com as previsões da teoria de James-Lange.

Eis outro exemplo: a toxina botulínica ("BOTOX") bloqueia a transmissão nas sinapses e nas junções nervo-músculo. Os médicos às vezes a utilizam para paralisar os músculos que fazem a testa franzir e, assim, remover rugas da face das pessoas. Um estudo descobriu que pessoas com injeções de BOTOX que paralisavam temporariamente todos os músculos faciais relataram respostas emocionais mais fracas do que o normal quando assistiam a vídeos curtos (Davis, Senghas, Brandt, & Ochsner, 2010). A implicação é que experimentar uma alteração corporal é importante para sentir uma emoção.

No entanto, pessoas com lesões no córtex somatossensorial direito têm respostas autonômicas normais à música emocional, mas relatam pouca experiência subjetiva. Pessoas com lesões na parte do córtex pré-frontal têm respostas autonômicas fracas, mas respostas subjetivas normais (Johnsen, Tranel, Lutgendorf, & Adolphs, 2009). Esses resultados sugerem que as respostas autonômicas e a experiência subjetiva nem sempre estão conectadas entre si.

A excitação fisiológica é suficiente para as emoções?

De acordo com a teoria de James-Lange, os sentimentos emocionais resultam das ações do corpo. Se seu coração começasse a acelerar e você começasse a transpirar e respirar rapidamente, você sentiria uma emoção? Não necessariamente. Você pode ter essas reações por causa de exercícios vigorosos ou elas podem acompanhar uma doença com febre. Mas se houve uma estimulação súbita e intensa do sistema nervoso simpático sem que você saiba a razão, você pode senti-la como uma emoção. Esse é o caso de uma **crise de pânico**, quando as pessoas respiram com dificuldade, temem que estejam sufocando e sentem grande ansiedade (Klein, 1993).

Embora as respostas fisiológicas raramente sejam suficientes para produzir sentimentos emocionais, elas intensificam os sentimentos. Aumentos na frequência cardíaca intensificam as classificações das emoções agradáveis e desagradáveis, especialmente em pessoas que são mais sensíveis ao estado interno (Dunn et al., 2010). Por exemplo, se você assistiu a um filme de terror em um ambiente frio, onde a temperatura fez você tremer, você pode classificar o filme como mais assustador do que em um ambiente mais quente (Sugamura & Higuchi, 2015). É mais fácil sentir raiva em pé (e, portanto, em posição de ataque) do que deitado em uma posição mais desamparada (Harmon-Jones & Peterson, 2009). Como as percepções das ações do corpo contribuem para os seus sentimentos emocionais, muitos psicólogos descrevem as emoções como "incorporadas" — isto é, elas dependem das respostas do corpo.

Mas muitos psicólogos desde o início discordaram da teoria de James-Lange. Walter Cannon (1927) objetou que a realimentação a partir das vísceras não é necessária nem suficiente para a emoção, que não distingue uma emoção da outra e que é muito lento para explicar a rapidez com que identificamos um evento como feliz, triste ou assustador. Ele e outros propuseram teorias adicionais e não surgiu nenhum consenso (Moors, 2009). Portanto, aqui estamos, bem mais de cem anos depois de William James ter proposto uma das primeiras teorias da psicologia, e ainda não decidimos se ela está correta. Os psicólogos não deveriam ficar constrangidos?

O problema pode ser que diferentes teóricos estão falando sobre diferentes questões, mesmo quando usam as mesmas palavras. Quando os defensores de James falam sobre "sentimentos emocionais", eles querem dizer literalmente sentimentos — isto é, sensações — e as sensações vêm apenas dos órgãos dos sentidos, como aqueles que detectam as ações do corpo. Outros teóricos falam sobre a experiência emocional completa. Além disso, em última análise o debate sobre as teorias da emoção pode ser infrutífero. Exceto por inspirar algumas pesquisas interessantes sobre os tipos recém-descritos, as teorias da emoção não têm muita aplicabilidade. Na verdade, vários teóricos modernos influentes questionam se todo o nosso conceito de emoção está equivocado.

Emoção é um conceito útil?

Falar sobre "uma" emoção, como raiva ou medo, implica que é um todo coerente. Quase todas as definições de emoção afirmam que a emoção inclui vários aspectos, como cognição, sentimento e ação; mas esses aspectos nem sempre são coesos. Às vezes, você de repente sente-se nervoso (uma sensação), mas não sabe por que (nenhuma cognição) e não faz nada a respeito (nenhuma ação). O seu sentimento nervoso é uma emoção? Você também pode ter a cognição "é época de gripe" e tomar uma atitude (vacinação), sem sentir qualquer sensação de nervosismo ou medo. Essa combinação constitui a emoção, parte de uma emoção ou nenhuma emoção? Em suma, os vários aspectos da emoção nem sempre são coesos.

Além disso, embora os sentimentos emocionais estejam fortemente correlacionados com a estimulação do sistema nervoso autônomo, nenhuma emoção particular está consistentemente associada a um padrão distinto da atividade autonômica (Lang, 2014). Por exemplo, as frequências cardíacas e respiratórias aumentam com a intensidade de uma emoção, mas não distinguem o medo da raiva. A ativação leve do sistema nervoso parassimpático facilita a compaixão por outros (Kogan et al., 2014; Stellar, Cohen, Oveis, & Keltner, 2015), mas também ocorre em outras situações. Você não poderia identificar com segurança a emoção de alguém medindo a frequência cardíaca, a frequência respiratória ou qualquer outra resposta autonômica.

Tradicionalmente, o **sistema límbico** — as áreas do prosencéfalo em torno do tálamo — é considerado crucial para a emoção (ver Figura 11.2). Analisaremos uma parte dele, a amídala, em mais detalhes mais adiante neste capítulo. Boa parte do córtex cerebral também reage a situações emocionais. Os pesquisadores usaram técnicas de PET ou RMf para identificar as áreas do cérebro que respondem enquanto as pessoas olham para imagens emocionais ou ouvem histórias emocionais. Na Figura 11.3, cada ponto representa uma pesquisa que encontrou ativação significativa de uma área cortical particular associada com felicidade, tristeza, aversão, medo ou raiva (Phan, Wager, Taylor, & Liberzon, 2002). O ponto mais saliente dessa

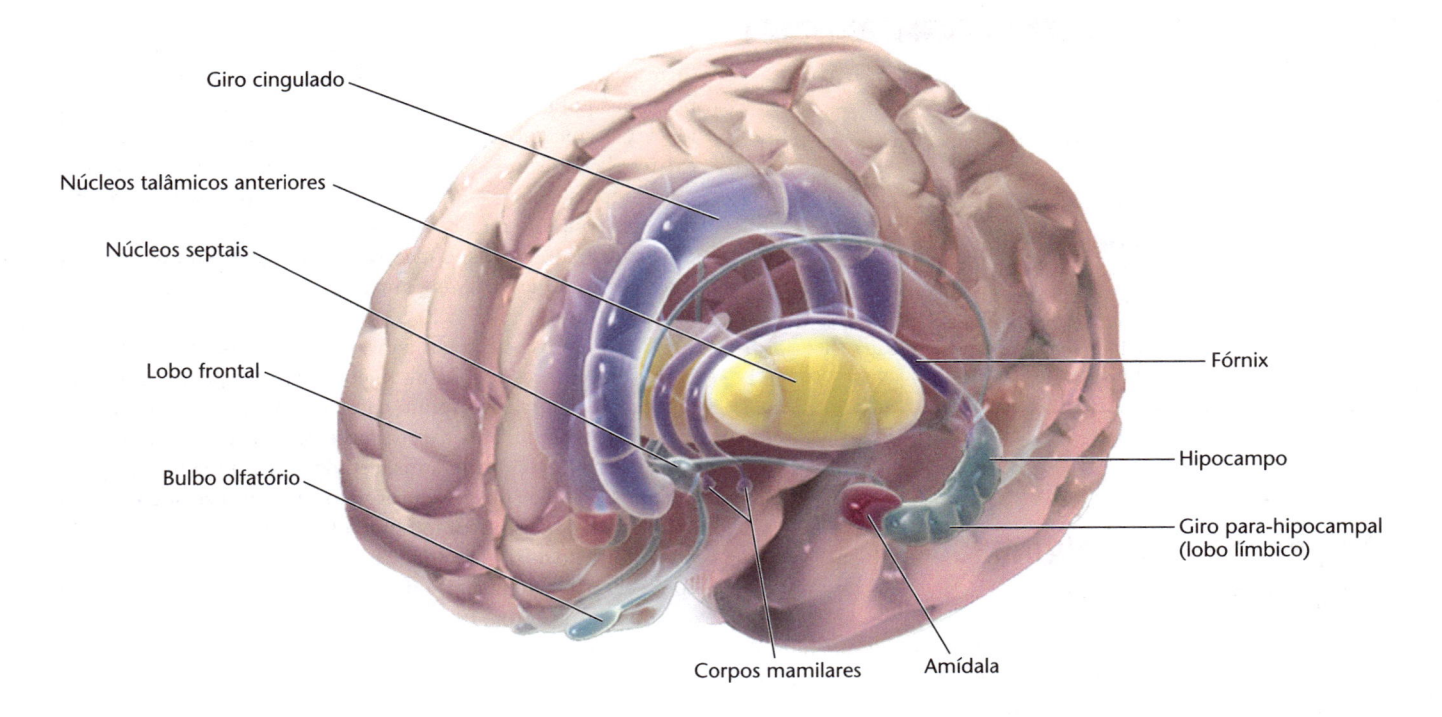

Figura 11.2 O sistema límbico
O sistema límbico é um grupo de estruturas no interior do cérebro. Aqui você as vê como se o exterior do cérebro fosse transparente.
(Fonte: Baseada em MacLean, 1949)

---

figura é a variabilidade dos locais para cada emoção. Aparentemente, os resultados dependem mais dos detalhes do procedimento do que de qual emoção era o alvo. Os pesquisadores identificaram neurônios na amídala que parecem ser específicos para *perceber* uma emoção específica na expressão de uma pessoa (S. Wang et al., 2014), mas com a possível exceção da felicidade, nenhuma área do cérebro parece ser específica para *experimentar* qualquer emoção particular (Heller et al., 2013; Lindquist, Wager, Kober, Bliss-Moreau, & Barrett, 2012; Mueller et al., 2015).

A falta de qualquer vínculo consistente entre os sentimentos emocionais e as respostas fisiológicas sugere que a emoção pode não ser uma categoria coerente. Lisa Feldman Barrett (2012) argumentou que as emoções são uma categoria real apenas no mesmo sentido que as ervas daninhas são uma categoria real. Nada na natureza torna as ervas daninhas diferentes das flores. Eles diferem apenas porque as pessoas favorecem certas plantas ("flores") e desfavorecem outras plantas ("ervas daninhas"). Da mesma forma, a emoção é uma categoria construída socialmente que atende nossos propósitos.

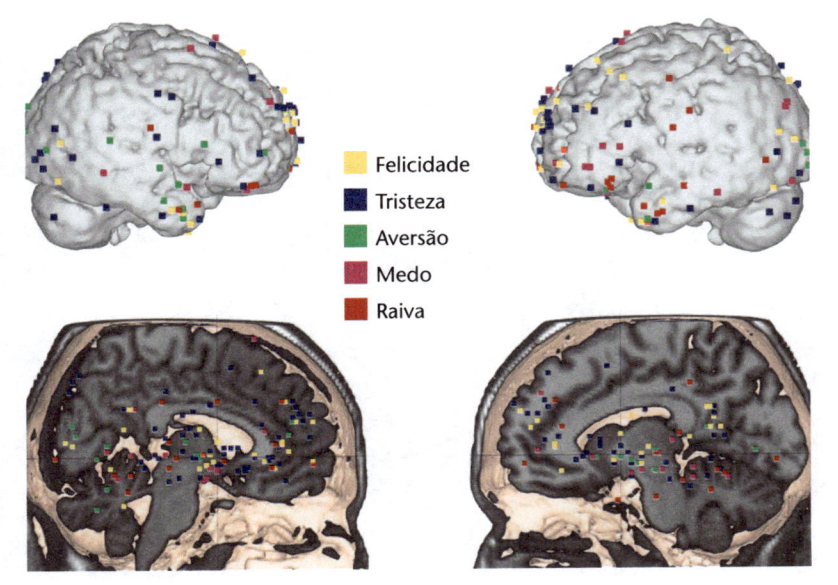

Figura 11.3 Áreas do cérebro associadas a emoções específicas
Cada ponto representa um estudo que encontrou aumento da atividade em uma determinada área do cérebro associada à emoção designada pela cor do ponto.
(Fonte: Reproduzida de "Functional neuroanatomy of emotion: A meta-analysis of emotion activation studies in PET and fMRI", de K. L. Phan, T. Wagner, S. F. Taylor, & I. Liberzon, NeuroImage, 16, 331-348. © 2002, com permissão da Elsevier)

PARE & REVISE

1. Qual é a relevância da falha autonômica pura para o estudo das emoções?
2. De que maneira fisiológica, caso haja alguma, um tipo de emoção difere de outro?

RESPOSTAS

1. Pessoas com insuficiência autonômica pura não reagem a eventos com alterações na frequência cardíaca ou outras funções autonômicas. Eles relatam ainda ter experiências emocionais, mas não as sentem com tanta força. 2. Nenhum tipo de emoção tem um padrão único de atividade fisiológica, seja no sistema nervoso autônomo ou no cérebro.

As pessoas têm algumas emoções básicas?

No final dos anos de 1800 e no início dos anos de 1900, muitos pesquisadores de aspectos psicológicos esperavam identificar os elementos da mente, análogos aos elementos da química. Eles se perguntaram se os elementos eram pensamentos, ideias, imagens ou outra coisa. Em pouco tempo, essa busca parecia fútil. Mais tarde, certos psicólogos esperavam encontrar os elementos da motivação, oferecendo listas das motivações básicas. Essa busca levou a questões fascinantes como se respirar conta como uma ou duas motivações (inspirar e expirar). Hoje, a emoção é a única área em que muitos pesquisadores ainda esperam identificar elementos da experiência, para listar algumas emoções "básicas".

Se descobríssemos que cada emoção foi identificada com sua própria área no cérebro, consideraríamos isso como uma forte evidência para emoções básicas, mas, como já mencionado, pesquisas não encontraram nenhuma evidência para essa ideia. O principal suporte para a ideia de emoções básicas é a existência de expressões faciais para felicidade, tristeza, medo, raiva, repulsa, surpresa e talvez outras emoções. Se apresentado um conjunto de faces, como as da Figura 11.4, e uma lista de termos emocionais, a maioria das pessoas em culturas em todo o mundo associa-as com uma precisão maior do que o acaso.

Mas muitos psicólogos não consideram essa evidência convincente. As faces usadas na maioria das pesquisas, incluindo aquelas na Figura 11.4, foram ensaiadas para tentar maximizar o reconhecimento. Para expressões espontâneas, os observadores costumam ver duas ou mais emoções em uma única face, e as suposições dos observadores nem sempre correspondem ao autorrelato da pessoa na fotografia (Kayyal & Russell, 2013). O procedimento de solicitar que as pessoas comparem as seis faces com seis rótulos faz com que a precisão pareça maior do que seria de outra forma. Por exemplo, se você já rotulou a face no canto inferior direito como "medo" e sabe que uma delas deve ser "surpresa", você atribui esse rótulo à face no canto esquerdo inferior. Se viu apenas essa face, você poderia chamá-la "medo". Se você viu apenas a expressão no centro inferior, você poderia chamá-la raiva em vez de repulsa (Pochedly, Widen, & Russell, 2012).

Outro problema: as pessoas reconhecem as expressões de sua própria cultura melhor do que as de outras culturas (Gendron, Roberson, van der Vyver, & Barrett, 2014). Jovens em duas culturas predominantemente isoladas das influências ocidentais foram capazes de reconhecer a expressão de felicidade com mais de 50% de precisão, mas tiveram baixa precisão

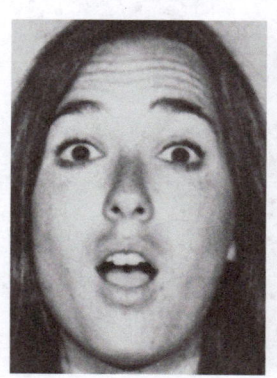

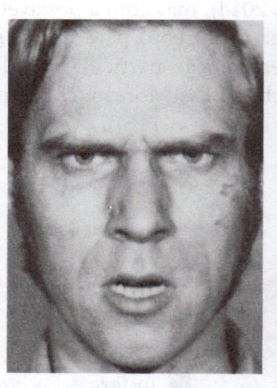

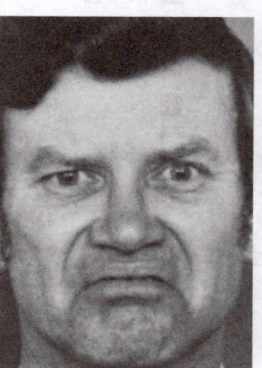

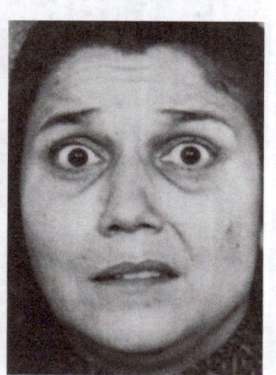

Figura 11.4 Expressões faciais da emoção
Você consegue identificar qual face corresponde com felicidade, tristeza, medo, raiva, repulsa e surpresa? Verifique a resposta A na página **361**.
(Fonte: Reimpressa de Unmasking the face (2. ed.), de P. Ekman & W. V. Friesen, 1984. Palo Alto, CA: Consulting Psychologists Press.)

em outras expressões, especialmente a expressão destinada a mostrar raiva (Crivelli, Jarillo, Russell, & Fernández-Dols, 2016).

Além disso, raramente identificamos a emoção de alguém apenas pela expressão facial. Os participantes de um estudo visualizavam fotos de jogadores profissionais de tênis que haviam acabado de ganhar ou perder um ponto em uma partida difícil altamente arriscada (ver Figura 11.5). A partir de fotos da postura corporal, os observadores costumavam adivinhar se o jogador estava feliz (tendo ganho o último ponto) ou triste (tendo acabado de perdê-lo). Mas apenas pela expressão facial, os observadores não podiam fazer nada melhor do que conjeturar ao acaso (Aviezer, Trope, & Todorov, 2012). Outro estudo também descobriu que, tanto para crianças como para adultos, as expressões de prazer intenso parecem semelhantes às de dor intensa (Wenzler, Levine, van Dick, Oertel-Knöckel, & Aviezer, 2016).

Uma alternativa à ideia das emoções básicas é que os sentimentos emocionais variam ao longo de duas ou mais dimensões contínuas, como fraco *versus* forte, ou agradável *versus* desagradável. A evidência fisiológica se encaixa nessa ideia (Wilson-Mendenhall, Barrett, & Barsalou, 2013). Por exemplo, ativação *versus* inibição é uma dimensão importante.

A atividade do hemisfério esquerdo, especialmente os lobos frontal e temporal, relaciona-se com o que Jeffrey Gray (1970) chamou **sistema de ativação comportamental (SAC)**, marcada por estimulação autonômica baixa a moderada e tendência a se aproximar, o que pode caracterizar felicidade ou raiva. O aumento da atividade dos lobos frontal e temporal do hemisfério direito está associado ao **sistema de inibição comportamental (SIC)**, que aumenta a atenção e a excitação, inibe a ação e estimula emoções como medo e repulsa (Davidson & Fox, 1982; Davidson & Henriques, 2000; Murphy, Nimmo-Smith & Lawrence, 2003; Reuter-Lorenz & Davidson, 1981).

As pessoas em um experimento visualizavam imagens piscando em um ou outro lado do campo visual, para preparar um hemisfério ou outro para processar a informação. As pessoas foram mais rápidas e precisas na identificação de rostos felizes quando a informação foi para o hemisfério esquerdo. Elas tinham uma vantagem no processamento de informações tristes ou assustadoras quando elas iam para o hemisfério direito (Najt, Bayer, & Hausmann, 2013). Esses resultados corroboram uma associação entre o hemisfério esquerdo e a aproximação, e entre o hemisfério direito e a inibição da ação.

A diferença entre os hemisférios está relacionada à personalidade: em média, as pessoas com maior atividade no córtex frontal do hemisfério esquerdo tendem a ser mais felizes, extrovertidas e amantes da diversão. Pessoas com maior atividade no hemisfério direito tendem a ser socialmente retraídas, menos satisfeitas com a vida e propensas a emoções desagradáveis (Knyazev, Slobodskaya, & Wilson, 2002; Schmidt, 1999; Shackman, McMenamin, Maxwell, Greischar, & Davidson, 2009; Urry et al., 2004).

PARE & REVISE

3. Que evidência desafia a ideia de que identificamos as emoções das pessoas por suas expressões faciais?

RESPOSTA

3. Dada uma foto de uma expressão facial espontânea, as pessoas geralmente veem mais de uma emoção e muitas vezes não veem a emoção descrita pela pessoa cujo rosto foi mostrado. As pessoas reconhecem as expressões de sua própria cultura melhor do que as de outras culturas. Além disso, na vida cotidiana, identificamos a emoção de alguém por uma combinação de pistas, incluindo postura, contexto, gestos e tom de voz.

Figura 11.5 Expressões emocionais na postura e face
Você consegue identificar se o jogador acabou de ganhar ou perder? Verifique a resposta B na página **361**.

As funções da emoção

Se desenvolvemos a capacidade de experimentar e expressar emoções, elas devem ter sido adaptativas para nossos ancestrais, e provavelmente para nós também. Qual é o benefício das emoções?

Para certas emoções, a resposta é clara. O medo nos alerta para escapar do perigo. A raiva nos direciona para atacar um intruso. A repulsa informa para evitar algo que possa causar doenças. O valor adaptativo da felicidade, tristeza, constrangimento e outras emoções é menos óbvio, embora os pesquisadores tenham sugerido possibilidades plausíveis. As expressões emocionais ajudam a comunicar nossas necessidades aos outros e a compreender as necessidades e ações prováveis de outras pessoas. Além disso, as emoções fornecem um guia útil quando precisamos tomar uma decisão rápida.

Emoções e decisões morais

Quando tomamos decisões importantes, prestamos muita atenção em como pensamos que um resultado nos fará sentir. Considere os seguintes dilemas morais, dos quais a Figura 11.6 ilustra três:

O dilema do trem. Um trem desgovernado está indo em direção a cinco pessoas em um trilho. A única maneira de evitar a morte delas é mudar o trilho onde o trem está, assim matará uma única pessoa. Seria correto puxar o desvio?

O dilema da passarela. Você está em uma passarela com vista para o trilho do trem. Um trem desgovernado está indo em direção a cinco pessoas em um trilho. A única maneira de evitar a morte delas é empurrar um estranho corpulento para fora da passarela e sobre os trilhos, de modo que ele bloqueie o trem. Seria certo empurrá-lo?

O dilema do bote salva-vidas. Você e outras seis pessoas estão em um bote salva-vidas em águas geladas, mas ele está superlotado e começando a afundar. Se você empurrar uma das pessoas para fora do bote, o bote vai parar de afundar e o restante de vocês sobreviverá. Seria correto empurrar alguém para fora?

O dilema do hospital. Você é cirurgião e cinco dos seus pacientes morrerão em breve, a menos que recebam transplantes de órgãos. Cada um precisa do transplante de um órgão diferente, e você não conseguiu encontrar doadores de órgãos para nenhum deles. Uma enfermeira irrompe em seu escritório: "Boas notícias! Acabou de chegar um paciente ao hospital, que tem exatamente o mesmo tipo de tecido dos cinco pacientes! Podemos matar este paciente e usar os órgãos para salvar os outros cinco!". Seria correto fazer isso?

Figura 11.6 Três dilemas morais
(a) Você desviaria um trem desgovernado para que ele mate uma pessoa em vez de cinco? **(b)** Você empurraria alguém de uma passarela para que um trem desgovernado o mate em vez de cinco outras pessoas? **(c)** Você empurraria alguém de um barco salva-vidas afundando para salvar a si mesmo e a quatro outras pessoas?

Em cada um desses dilemas, você pode salvar cinco pessoas (incluindo você no caso do barco salva-vidas) matando uma pessoa. Mas embora isso possa ser verdade logicamente, as decisões não parecem as mesmas. A maioria das pessoas diz (hesitantemente) que é certo puxar o desvio no dilema do trem, menos dizem sim nos dilemas da passarela e do barco salva-vidas e quase ninguém endossa matar uma pessoa para salvar outras cinco no dilema do hospital. Varreduras cerebrais mostram que considerar o dilema da passarela ou do barco salva-vidas ativa áreas cerebrais conhecidas por responder às emoções, incluindo partes do córtex pré-frontal e giro cingulado (Greene, Sommerville, Nystrom, Darley, & Cohen, 2001). Ao considerar essas situações, você reage emocionalmente porque se identifica com a pessoa cujo sofrimento e morte você pode causar por causa da sua ação, e esse sentimento é especialmente intenso se você imagina colocar as mãos em alguém em vez de apenas apertar um botão. Pessoas com a estimulação autônoma mais forte são as menos propensas a tomar a decisão "lógica" de matar um e salvar outros cinco (Cushman, Gray, Gaffey, & Mendes, 2012; Navarrete, McDonald, Mott, & Asher, 2012).

Ao tomar uma decisão moral, você compara o aspecto utilitário (por exemplo, cinco pessoas morrem *versus* uma pessoa morre) e o aspecto emocional (como você se sentiria a respeito do que fez). De acordo com estudos de RMf, certas áreas cerebrais tornam-se ativas quando as pessoas contemplam apenas o aspecto utilitário, outras áreas tornam-se ativas quando contemplam apenas o aspecto emocional, e a parte ventromedial do córtex pré-frontal torna-se ativa quando comparam os aspectos utilitários e emocionais para tomar uma decisão (Hutcherson, Montaser-Kouhsari, Woodward, & Rangel, 2015; Shenhav & Greene, 2014). O que aconteceria após lesão no córtex pré-frontal ventromedial? Em muitas situações, as pessoas com essas lesões prestam pouca atenção aos eventos que provocam emoções fortes na maioria de nós (Sánchez-Navarro et al., 2014). Quando confrontados com os dilemas morais que acabamos de discutir, eles têm mais probabilidade do que a média de escolher a opção utilitária de matar um para salvar cinco (Ciaramelli, Muccioli, Làdavas, & di Pellegrino, 2007; Koenigs et al., 2007). Você acionaria a alavanca de desvio para matar um e salvar cinco se o único a morrer fosse um parente próximo, como sua mãe ou filha? Quase todo mundo estremece e diz claro que não, mas algumas pessoas com lesões no córtex pré-frontal ventromedial afirmam calmamente que não há problema em fazer isso (Thomas, Croft, & Tranel, 2011). Se você achasse que poderia matar uma pessoa que você odiava e escapar impune, você a mataria? Algumas pessoas com lesão no córtex pré-frontal ventromedial afirmam que sim, especialmente se a lesão ocorreu no início da vida (Taber-Thomas et al., 2014). Então, evidentemente, eles não apenas não imaginam sentir-se tristes após a morte de um ente querido, mas também não imaginam se sentir culpados após cometer um assassinato. Para evidências adicionais dessa tendência, considere dois jogos econômicos: no jogo Ditador de um tiro, você é o Ditador e recebe algum dinheiro para dividir entre você e outra pessoa, da maneira que escolher. A maioria das pessoas divide proporcionalmente ou quase proporcionalmente. Pessoas com lesão pré-frontal ventromedial mantêm cerca de 90%, em média. No jogo Monopólio, uma pessoa recebe algum dinheiro e tem a opção de dar parte a um consignatário. Nesse caso, o montante dado triplica de valor e o consignatário pode devolver qualquer quantia, como a metade, para a primeira pessoa. Pessoas com lesão pré-frontal ventromedial dão menos ao consignatário, mostrando confiança diminuída. Se estiverem na posição de consignatários, mantém todo ou quase todo o dinheiro em vez de devolver parte dele (Krajbich, Adolphs, Tranel, Denburg, & Camerer, 2009). Em suma, exibem muito pouca preocupação com os outros.

O caso mais famoso de lesão pré-frontal é o de Phineas Gage. Em 1848, uma explosão fez com que uma barra de ferro atravessasse o córtex pré-frontal de Gage. Surpreendentemente, ele sobreviveu. Durante os meses seguintes, ele apresentou comportamento impulsivo e tomada de decisão errada, dois sintomas comuns de lesão pré-frontal; mas os relatos sobre seu comportamento fornecem poucos detalhes. Ao longo dos anos, com múltiplas recontagens, as pessoas exageraram nos poucos dados disponíveis (Kotowicz, 2007).

Sabemos mais sobre um caso contemporâneo. Antonio Damasio (1994) examinou um homem com lesão no córtex pré-frontal que quase não expressava raiva, tristeza ou prazer. Ao contrário da ideia de que não emocional significa lógico, ele tomava decisões erradas que lhe custaram o emprego, o casamento e as economias. Quando testado em laboratório, ele previu com sucesso os resultados prováveis de várias decisões. Por exemplo, quando questionado sobre o que aconteceria se ele descontasse um cheque e o caixa do banco lhe entregasse dinheiro em excesso, ele conhecia as prováveis consequências de devolvê-lo ou ir embora com ele. Mas ele admitiu: "Ainda não saberia o que fazer" (Damásio, 1994, p. 49). Ele sabia que uma ação lhe daria a aprovação e outra o colocaria em problemas, mas aparentemente não previa que a aprovação seria boa e que os problemas seriam ruins. Qualquer escolha requer consideração de valores e emoções — como pensamos que um resultado ou outro nos fará sentir. Nas palavras de Damásio, "Inevitavelmente, as emoções são inseparáveis da ideia de bem e de mal" (Damasio, 1999, p. 55).

Claro, também é verdade que as emoções às vezes interferem nas boas decisões. Se você estivesse dirigindo e de repente começasse a derrapar em uma placa de gelo, o que você faria? Um paciente com lesão no córtex pré-frontal que enfrentou essa situação calmamente seguiu o conselho que sempre ouviu: tire o pé do acelerador e dirija na direção da derrapagem (Shiv, Loewenstein, Bechara, Damasio, & Damasio, 2005). A maioria das pessoas nessa situação entra em pânico, pisa no freio e se afasta da derrapagem, tornando a situação ainda pior.

✓ PARE & REVISE

4. Após lesão no córtex pré-frontal ventromedial, o que acontece com a ponderação moral das pessoas e a preocupação com os outros?

RESPOSTA

4. Essas pessoas têm maior probabilidade de endossar a opção utilitária, mesmo em situações em que a maioria das pessoas a consideraria emocionalmente inaceitável. Elas apresentam menos preocupação com os outros.

Módulo 11.1 | Conclusão
Emoções e o sistema nervoso

Embora consideremos as emoções como estados internos nebulosos, elas são fundamentalmente biológicas. Como William James observou nos primeiros dias da psicologia, as emoções são "personificadas". Um sentimento emocional se relaciona com as ações e sensações do corpo.

Pesquisas biológicas lançam luz sobre muitas das questões centrais sobre a psicologia das emoções. Por exemplo, uma questão é se as pessoas têm algumas emoções básicas ou dimensões contínuas ao longo das quais as emoções variam. Pesquisas biológicas até agora parecem mais consistentes com a ideia de dimensões. Estudos com pessoas que têm lesões cerebrais também lançam luz sobre as funções da emoção, principalmente em relação ao comportamento moral e à tomada de decisões. Longe de ser um impedimento para o comportamento inteligente, as reações emocionais costumam ser um guia rápido e útil para ações apropriadas.

Resumo

1. A maioria das tentativas de definir a emoção inclui vários aspectos incluindo cognição, sentimentos e ação.
2. O sistema nervoso simpático prepara o corpo para atividades de luta ou fuga de emergência.
3. De acordo com a teoria de James-Lange, o aspecto do sentimento de uma emoção resulta da realimentação das ações dos músculos e órgãos.
4. Pessoas com respostas autonômicas prejudicadas continuam a relatar experiências emocionais, embora o aspecto do sentimento seja mais fraco do que antes.
5. As sensações corporais podem fortalecer os sentimentos emocionais.
6. Os vários componentes de uma emoção nem sempre ocorrem juntos. Além disso, aparentemente nenhuma emoção corresponde à atividade em uma única área do cérebro. Por essas e outras razões, muitos psicólogos não têm certeza de que a emoção seja uma categoria natural.
7. As pessoas reconhecem as emoções dos outros em parte com base nas expressões faciais, mas o reconhecimento depende parcialmente da cultura e experiência. Pesquisas sobre expressões faciais não demonstram de forma conclusiva um pequeno número de emoções básicas. Um ponto de vista alternativo é que as emoções variam em duas ou mais dimensões.
8. A ativação das áreas frontal e temporal do hemisfério esquerdo está associada à aproximação e ao sistema de ativação comportamental. As áreas correspondentes do hemisfério direito estão associadas a afastamento, diminuição da atividade e ao sistema de inibição comportamental.
9. Lesões no córtex pré-frontal ventromedial em muitos casos prejudicam a capacidade de antecipar consequências emocionais, altera as respostas a dilemas morais e prejudica a tomada de decisões.

Termos-chave

Os termos estão definidos no número de página indicado. Eles também são apresentados em ordem alfabética com a definição no Índice remissivo/Glossário do livro, que começa na p. 589.

crise de pânico 354
falha autonômica pura 353
sistema de ativação comportamental (SAC) 357
sistema de inibição comportamental (SIC) 357
sistema límbico 354
teoria de James-Lange 353

Questão complexa

De acordo com a teoria de James-Lange, devemos esperar que as pessoas com falha autonômica pura experimentem emoções mais fracas do que a média. Que tipo de pessoa pode sentir emoções mais fortes do que a média?

Respostas a perguntas no texto

Pergunta A, página 356: da esquerda para a direita: felicidade, raiva, tristeza, surpresa, aversão, medo.

Pergunta B, página 357: Roger Federer acabara de vencer a partida. Você teria adivinhado apenas pela expressão facial?

Módulo 11.1 | Questionário final

1. O sistema nervoso parassimpático é mais ativo durante qual dos seguintes itens?
   A. Atividades de luta ou fuga
   B. Digestão de alimento
   C. Emoções intensas
   D. Conversas

2. De acordo com a teoria de James-Lange, a realimentação das ações do corpo é responsável por qual aspecto da emoção?
   A. Avaliação
   B. Sentimento
   C. Enfrentamento
   D. Compaixão

3. Quando os pesquisadores procuraram áreas do cérebro associadas a emoções específicas, o que eles encontraram?
   A. Cada emoção está centrada em uma área diferente do cérebro.
   B. A raiva é fácil de localizar em uma área do cérebro, mas outras emoções não.
   C. A felicidade depende de uma área do cérebro, mas outras emoções não.
   D. Nenhuma área do cérebro é responsável por uma e apenas uma emoção.

4. Várias linhas de evidência vão contra a ideia de que as expressões faciais demonstram a existência de seis emoções básicas. Qual das alternativas a seguir NÃO é uma dessas linhas de evidência?
   A. Pedir que pessoas comparem seis faces a seis rótulos interfere na precisão.
   B. As suposições das pessoas sobre a emoção de alguém nem sempre correspondem àquelas que a pessoa relatou.
   C. Dependendo da postura de alguém, determinada expressão facial pode ter vários significados.
   D. As pessoas podem reconhecer expressões de sua própria cultura melhor do que as de outras pessoas.

5. Qual área do cérebro está associada ao sistema de ativação comportamental e a uma tendência de aproximação?
   A. O hemisfério direito
   B. O hemisfério esquerdo
   C. A amídala
   D. O hipocampo

6. Lesões no córtex pré-frontal ventromedial aumentam qual tendência na tomada de decisões?
   A. Maior conformidade com a opinião da maioria.
   B. Atrasos maiores na tomada de decisões.
   C. Mais escolhas baseadas em sentimentos emocionais.
   D. Mais opções utilitárias.

Respostas: 1B, 2B, 3D, 4A, 5B, 6D.

Módulo 11.2

Comportamentos de ataque e fuga

Você já viu um gato brincar com um rato ou camundongo antes de matá-lo? Ele pode chutar, bater, atirar, pegar, sacudir e carregar o roedor. O gato está atormentando sadicamente sua presa? Não. Um gato geralmente opta por uma morte rápida se o roedor é pequeno e inativo ou se o gato tiver recebido medicamentos que diminuem a ansiedade. O mesmo gato se isola completamente se confrontado com um grande roedor ameaçador. Em situações intermediárias, o gato ataca, joga e de outra forma interage com uma mistura de comportamentos de ataque e fuga que podem nos parecer uma brincadeira (Adamec, Stark-Adamec, & Livingston, 1980; Biben, 1979; Pellis et al., 1988).

A maioria dos comportamentos emocionais vigorosos que observamos nos animais se enquadra nas categorias de ataque e fuga, e não é por acaso que descrevemos o sistema nervoso simpático como o sistema de luta ou fuga. A raiva e o medo estão intimamente relacionados tanto comportamentalmente como fisiologicamente.

Comportamentos de ataque

O comportamento de ataque depende tanto do indivíduo como da situação. Se um hamster avança sobre o território de outro, o hamster doméstico fareja o intruso e por fim ataca, mas geralmente não ao mesmo tempo. Suponha que o intruso vá embora e, um pouco depois, outro hamster apareça. O hamster doméstico ataca com mais rapidez e vigor do que antes. O primeiro ataque aumenta a prontidão do doméstico para atacar qualquer intruso pelos próximos 30 minutos ou mais (Potegal, 1994). É como se o primeiro ataque deixasse o hamster com vontade de lutar. Durante esse período, a atividade se acumula na área corticomedial da amídala (ver Figura 11.7) e, ao fazer isso, aumenta a probabilidade de ataque do hamster (Potegal, Ferris, Hebert, Meyerhoff, & Skaredoff, 1996; Potegal, Hebert DeCoster, & Meyerhoff, 1996). Algo semelhante acontece nas pessoas: se você segurar o braço de uma criança para impedi-la de jogar com um brinquedo, às vezes o resultado são gritos e outros sinais de raiva. Se você fizer isso de novo 30 segundos mais tarde, a raiva é mais rápida e intensa (Potegal, Robison, Anderson, Jordan, & Shapiro, 2007). (*Não* tente isso você mesmo. É cruel.)

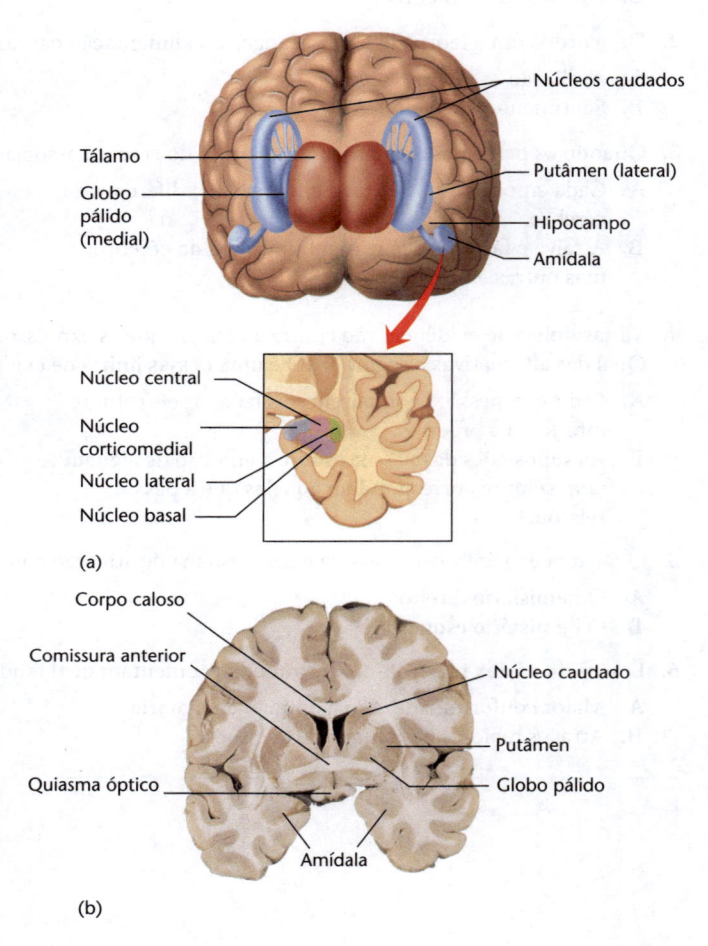

Figura 11.7 Localização da amídala no cérebro humano
A amídala, localizada no interior do lobo temporal, recebe estimulação de muitas áreas corticais e subcorticais. Parte **(a)** mostra vários núcleos da amídala.
(Fonte: [a] Baseada em Hanaway, Woolsey, Gado, & Roberts, 1998; Nieuwenhuys, Voogd, & vanHuijzen, 1988; [b] Foto cortesia da Dra. Dana Copeland.)

Hereditariedade e meio ambiente na violência

Como quase tudo na psicologia, as diferenças individuais no comportamento agressivo, violento ou antissocial dependem tanto da hereditariedade como do ambiente. Muitos fatores ambientais são fáceis de identificar. Pessoas que sofreram abusos na infância, pessoas que testemunharam abusos violentos entre seus pais e pessoas que vivem em um bairro violento têm maior probabilidade do que a média de expressar comportamento violento. Outro fator é a exposição ao chumbo, prejudicial ao cérebro em desenvolvimento. Desde a proibição das tintas à base de chumbo e o aumento da gasolina sem chumbo, a prevalência de crimes violentos diminuiu, possivelmente como resultado da diminuição do chumbo no meio ambiente (Nevin, 2007).

E a hereditariedade? Em geral, estudos com gêmeos indicam uma quantidade significativa de herdabilidade para comportamento agressivo, mas os resultados variam por diferentes razões, incluindo como os pesquisadores medem a agressão (Veroude et al., 2016). Alguns estudos mediram a violência criminal no mundo real, alguns mediram um comportamento "agressivo" relativamente trivial em um ambiente de laboratório e outros contaram com respostas a questionários. Muitos estudos não conseguiram distinguir entre violência ofensiva e defensiva. Além disso, a herdabilidade para o comportamento antissocial é bastante alta em bairros de classe média, mas muito menor nos bairros mais pobres (Burt, Klump, Gorman-Smith, & Neiderhiser, 2016). A interpretação é que um ambiente extremamente ruim pode provocar um comportamento antissocial em quase qualquer pessoa. O mesmo comportamento é menos comum em ambientes mais ricos e é mais provável que haja uma predisposição genética.

Os pesquisadores buscaram repetidamente identificar genes individuais ligados ao comportamento agressivo, sem sucesso notável. Em seguida, eles exploraram a possibilidade de interações entre hereditariedade e ambiente. Particularmente interessante é o gene que controla a enzima *monoamina oxidase A* (MAO_A). Depois que um neurônio libera serotonina, dopamina ou noradrenalina, a maior parte dela retorna ao neurônio por meio de recaptação. Nesse ponto, a enzima MAO_A decompõe parte dela, evitando possível acúmulo de uma quantidade excessiva. As pessoas variam quanto aos genes para MAO_A, e a forma de baixa atividade mostra uma possível ligação com a agressão. Mas o efeito do gene depende da experiência anterior. Um estudo pioneiro relatou que a forma de baixa atividade do gene aumentava o comportamento violento *apenas* em pessoas que tiveram um ambiente infantil seriamente problemático, como ser abusado fisicamente ou ver os pais brigarem (Caspi et al., 2002). Esse resultado é fascinante por causa da aparente demonstração de uma interação entre genética e ambiente. A Figura 11.8 ilustra esse resultado.

Desde então, a maioria dos estudos, mas não todos, replicou essa descoberta (por exemplo, Carver, Johnson, Joormann, Kim, & Nam, 2011; Fergusson, Boden, Horwood, Miller, & Kennedy, 2012; Gallardo-Pujol, Andrés-Pueyo, & Maydeu-Olivares, 2013; McDermott, Dawes, Prom-Wormley, Eaves, & Hatemi, 2013). O diagnóstico é incerto. Uma hipótese é que a forma menos ativa do gene esteja ligada a maior reatividade emocional (Weeland, Overbeek, de Castro, & Matthus, 2015).

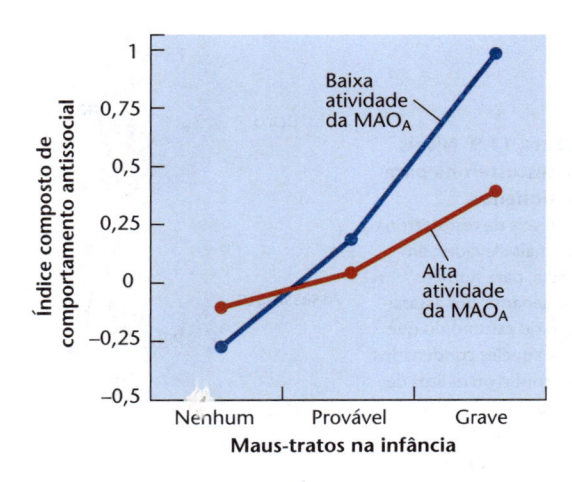

Figura 11.8 Genes, ambiente e comportamento antissocial nos homens

O *eixo y* representa uma pontuação complexa combinando vários tipos de medição. Pontuações mais altas indicam comportamentos mais agressivos. (Fonte: "Role of genotype in the cycle of violence in maltreated children", de A. Caspi, et al., Science, 297, 851-854. © 2002 AAAS)

✅ PARE & REVISE

5. Que relação a pesquisa de Caspi et al. (2002) estabeleceu entre a enzima MAO_A e o comportamento antissocial?

RESPOSTA

5. Em geral, pessoas com genes para alta ou baixa produção de MAO_A não diferem significativamente quanto à probabilidade de comportamento antissocial. Mas entre aqueles que sofreram maus-tratos graves durante a infância, pessoas com níveis mais baixos da enzima apresentaram taxas mais altas de comportamento antissocial.

Efeitos hormonais

A maioria das lutas no reino animal é entre machos competindo por parceiras, e seu comportamento agressivo depende muito da testosterona. Da mesma forma, em todo o mundo, os homens lutam com mais frequência do que as mulheres, cometem mais crimes violentos, insultam-se mais entre si etc. Além disso, os homens jovens adultos, que apresentam os níveis mais elevados de testosterona, têm maior taxa de comportamentos agressivos e crimes violentos. Os atos violentos das mulheres são, na maioria dos casos, menos graves (Archer, 2000).

Se compararmos pessoas da mesma idade, aqueles com níveis mais altos de testosterona tendem a ser mais agressivos. Os pesquisadores documentaram essa tendência tanto para homens como para mulheres (Peterson & Harmon-Jones, 2012). Mas os efeitos da testosterona são menores do que a maioria das pessoas espera (Archer, Birring, & Wu, 1998; Archer, Graham-Kevan, & Davies, 2005). A Figura 11.9 mostra um conjunto de resultados. Níveis elevados de testosterona eram mais comuns entre homens condenados por crimes violentos do que entre aqueles condenados por crimes menos violentos, mas as diferenças são pequenas. Uma explicação é que o comportamento agressivo depende de uma explosão repentina de

Figura 11.9 Níveis de testosterona para prisioneiros
Os níveis de testosterona são mais elevados, em média, para homens condenados por assassinato ou estupro do que para aqueles condenados por roubo ou delitos de drogas.
(Fonte: Baseada em Dabbs, Carr, Frady, & Riad, 1995)

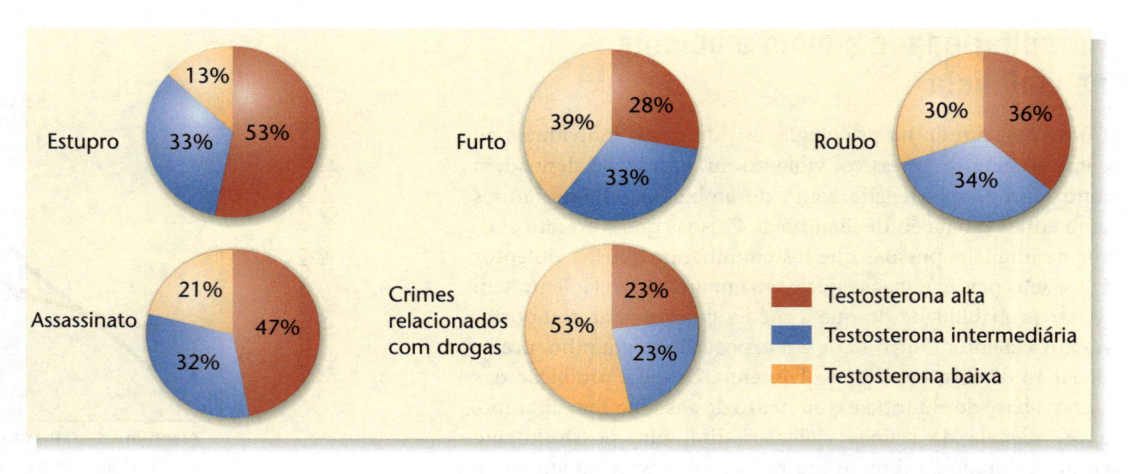

Estupro: 53% / 33% / 13%
Furto: 28% / 33% / 39%
Roubo: 36% / 34% / 30%
Assassinato: 47% / 32% / 21%
Crimes relacionados com drogas: 23% / 23% / 53%

- Testosterona alta
- Testosterona intermediária
- Testosterona baixa

testosterona em resposta a algum evento, em vez do nível basal de testosterona (que é mais fácil de medir). Um estudo descobriu que treinar crianças indisciplinadas para controlar seus impulsos violentos teve o benefício de diminuir as explosões de testosterona que ocorreram após a percepção de insultos ou maus-tratos (Carré, Iselin, Welker, Hariri, & Dodge, 2014).

Estudos correlacionais não são ideais para estudar os efeitos da testosterona, porque pessoas com níveis elevados de testosterona também podem ser incomuns em outros aspectos. Uma abordagem melhor é comparar os resultados da administração de testosterona ou de um placebo. Dois estudos, um com homens e outro com mulheres, descobriram que a testosterona aumentou os comportamentos que podem aumentar o *status* ou prestígio de alguém (Boksem et al., 2013; Dreher et al., 2016). Lutar por *status* é, obviamente, comum entre os homens.

Vários estudos usaram a ideia de aumentar temporariamente os níveis de testosterona nas mulheres. Como a maioria delas começa com níveis baixos de testosterona, os pesquisadores podem medir prontamente os efeitos de um aumento. Em um estudo, a testosterona aumentou a quantidade de tempo que as mulheres passam olhando para rostos zangados (Terburg, Aarts, & van Honk, 2012). Em outro estudo, solicitaram às mulheres para fazer julgamentos sobre estímulos visuais, individualmente ou em pares. A testosterona não alterou a precisão dos julgamentos dos indivíduos, mas reduziu a precisão das decisões dos pares (Wright et al., 2012). As mulheres tornaram-se mais propensas a discutir em vez de colaborar, e uma delas — não necessariamente a mais correta — dominou a decisão. Este resultado se encaixa com outra pesquisa que mostra que os comitês funcionam mais harmoniosamente se incluírem uma alta porcentagem de mulheres — provavelmente mulheres que não receberam apenas testosterona (Wooley, Chabris, Pentland, Hashmi, & Malone, 2010).

PARE & REVISE

6. Por que os pesquisadores testaram os efeitos da testosterona em mulheres?

RESPOSTA
6. Estudar a correlação entre a testosterona masculina e seu comportamento agressivo não demonstra causa e efeito. A administração de testosterona a mulheres tem maior probabilidade de produzir efeitos demonstráveis porque as mulheres começam com um nível mais baixo.

Sinapses de serotonina e comportamento agressivo

Várias linhas de evidência ligam o comportamento impulsivo e agressivo à baixa liberação de serotonina. Vamos examinar algumas dessas evidências.

Animais não humanos

Muitas das primeiras evidências vieram de estudos em camundongos. Luigi Valzelli (1973) descobriu que isolar camundongos machos por quatro semanas aumentava o comportamento agressivo e diminuía o turnover de serotonina. Quando os neurônios liberam serotonina, eles reabsorvem a maior parte dela e sintetizam o suficiente para repor a quantidade que foi eliminada. Assim, a quantidade presente nos neurônios permanece relativamente constante, mas se medirmos os metabólitos da serotonina nos líquidos corporais, medimos o **turnover**, a quantidade que os neurônios liberaram e substituíram. Os pesquisadores medem o turnover da serotonina pela concentração de **ácido 5-hidroxiindolacético (5-HIAA)**, o principal metabólito da serotonina, no líquido cefalorraquidiano (LCR). Medir a quantidade no sangue ou na urina é uma alternativa mais simples, mas menos precisa.

Comparando cepas genéticas de camundongos, Valzelli e colegas descobriram que o isolamento social diminuiu ao máximo o turnover de serotonina nas cepas que reagiram com a maior quantidade de luta após o isolamento social (Valzelli & Bernasconi, 1979). Outros métodos de redução do turnover de serotonina também aumentam o comportamento agressivo (Audero et al., 2013). A atividade da serotonina é mais baixa em roedores juvenis do que em adultos, e as lutas são mais frequentes entre os juvenis (Taravosh-Lahn, Bastida, & Delville, 2006).

Humanos

Muitos estudos iniciais relataram baixo turnover de serotonina em pessoas com histórico de comportamento violento, incluindo pessoas condenadas por incêndio criminoso e outros crimes violentos (Virkkunen, Nuutila, Goodwin, & Linnoila, 1987) e pessoas que tentam o suicídio por meios violentos, como ilustrado na Figura 11.10 (Brown et al., 1982; Edman, Åsberg, Levander, & Schalling, 1986; Mann, Arango, & Underwood, 1990; Pandey et al., 1995; Roy, DeJong, & Linnoila,

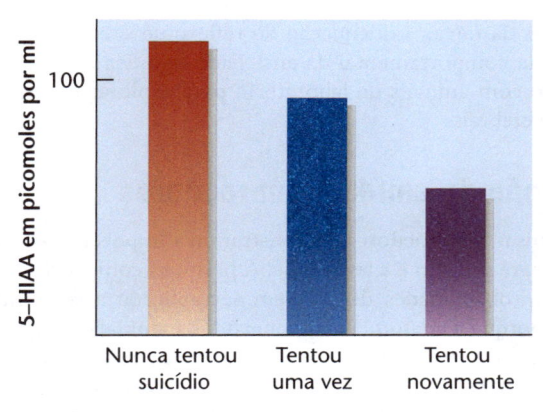

Figura 11.10 Níveis de 5-HIAA no LCR de pessoas com depressão
As medições dos grupos de tentativa de suicídio foram realizadas após a primeira tentativa. Níveis baixos de 5-HIAA indicam baixo turnover de serotonina.
(Fonte: Com base nos resultados de Roy, DeJong, & Linnoila, 1989)

1989; Sher et al., 2006; Spreux-Varoquaux et al., 2001). Estudos de acompanhamento com pessoas libertadas da prisão descobriram que aqueles com baixo turnover de serotonina tinham maior probabilidade de novas condenações por crimes violentos (Virkkunen, DeJong, Bartko, Goodwin, & Linnoila, 1989; Virkkunen, Eggert, Rawlings, & Linnoila, 1996)

Estudos mais recentes descobriram efeitos menos consistentes. Parte da razão é que os primeiros estudos mediram o comportamento real, enquanto muitos dos estudos mais recentes mediram a agressão ou hostilidade por meio de respostas a questionários (Duke, Bègue, Bell, & Eisenlohr-Moul, 2013). No geral, o baixo turnover de serotonina parece estar correlacionado com o comportamento agressivo humano, mas a correlação é fraca, certamente não alta o suficiente para ser utilizada a fim de fazer quaisquer previsões sobre o comportamento de um indivíduo.

Testosterona, serotonina e cortisol

De acordo com um consenso crescente, o comportamento agressivo não se correlaciona fortemente com nenhuma substância química porque depende de uma combinação. A testosterona, especialmente uma explosão repentina de testosterona, facilita o comportamento agressivo, assertivo e dominante. A serotonina tende a inibir comportamentos impulsivos. Ainda mais fortemente, o hormônio cortisol inibe a agressão. A glândula adrenal secreta cortisol durante períodos de estresse e ansiedade, e o cortisol leva a um comportamento cauteloso que preserva energia.

Enquanto a ansiedade aumenta os níveis de cortisol, a raiva os diminui (Kazén, Kuenne, Frankenberg, & Quirin, 2012). Estudos com homens e mulheres de várias faixas etárias descobriram que uma combinação de alto nível de testosterona e baixo nível de cortisol aumenta os comportamentos agressivos e de risco (Mehta, Welker, Zilioli, & Carré, 2015; Montoya, Terburg, Bos, & van Honk, 2012; Platje et al., 2015). A interpretação geral é que baixo nível de cortisol significa diminuição do medo das consequências prejudiciais, enquanto a testosterona aumenta o prazer ou ganho esperado. Sim, a oportunidade de ataque é frequentemente percebida como recompensadora (Falkner, Grosenick, Davidson, Deisseroth, & Lin, 2016).

Ainda assim, mesmo uma medida combinada de testosterona, cortisol e serotonina só fornece uma relação modesta com o comportamento agressivo. Vários medicamentos para conter a ansiedade são eficazes o suficiente para justificar seu uso em alguns casos. É provável que nenhum medicamento seja eficaz

✅ PARE & REVISE

7. Se queremos saber quanta serotonina o cérebro está liberando, o que devemos medir?
8. Qual é a relação entre cortisol e comportamento agressivo?

RESPOSTAS 7. Podemos medir a concentração de 5-HIAA, um metabólito da serotonina, no líquido cefalorraquidiano ou em outros líquidos corporais. Quanto mais 5-HIAA, mais serotonina foi liberada e provavelmente ressintetizada. 8. O cortisol tende a inibir comportamentos impulsivos, incluindo agressão.

no controle da violência. Se quisermos limitar o comportamento violento, precisaremos buscar meios comportamentais.

Medo e ansiedade

Temos algum medo embutido não aprendido? Sim, pelo menos um: um ruído alto repentino faz com que o recém-nascido curve as costas, estenda brevemente os braços e as pernas e chore. Essa reação é chamada *reflexo de Moro*. Você pode argumentar que isso não demonstra medo, mas apenas angústia. Oh!, bem, fique à vontade. Parece medo para a maioria das pessoas. Após a infância, um barulho alto provoca o **reflexo de sobressalto** intimamente relacionado: a informação auditiva chega primeiro ao núcleo coclear na medula e de lá diretamente para uma área na ponte que comanda a tensão dos músculos, especialmente os músculos do pescoço. É importante tensionar os músculos do pescoço porque o pescoço é muito vulnerável a lesões. A informação chega à ponte em 3 a 8 ms após um ruído alto, e o reflexo de sobressalto completo ocorre em menos de dois décimos de segundo (Yeomans & Frankland, 1996).

Embora você não precise aprender a temer ruídos altos, seu humor ou situação atual modifica sua reação. Seu reflexo de sobressalto é mais vigoroso se você já estiver tenso. Pessoas com transtorno de estresse pós-traumático apresentam um reflexo de sobressalto intensificado (Grillon, Morgan, Davis, & Southwick, 1998). O mesmo acontece com as pessoas que relatam muita ansiedade, mesmo que não se qualifiquem para um diagnóstico psiquiátrico (McMillan, Asmundson, Zvolensky, & Carleton, 2012). Em suma, as variações no reflexo de sobressalto se correlacionam suficientemente bem com a ansiedade para que possamos medir o reflexo de sobressalto da ansiedade. Não subestime o poder dessa afirmação. Pesquisas sobre outros tipos de emoção são atrapalhadas pela dificuldade de mensuração. Para a felicidade, os pesquisadores contam quase inteiramente com autorrelatos, cuja precisão é questionável. Os sorrisos são indicadores ainda menos válidos da felicidade, uma vez que as pessoas geralmente sorriem sem estar felizes ou se sentem felizes sem sorrir. Não temos uma maneira aceitável de medir a felicidade em animais não humanos. Pesquisadores às vezes observam lutas para medir a raiva, mas você pode lutar sem sentir raiva, ou pode sentir raiva sem lutar. Mais uma

As escolhas de atividades das pessoas dependem em parte da facilidade com que desenvolvem ansiedade.

vez, as expressões faciais são apenas medidas moderadamente válidas da raiva. A adequação do reflexo de sobressalto como medida comportamental da ansiedade significa que podemos usá-lo com animais de laboratório para explorar os mecanismos cerebrais.

Função da amídala em roedores

Pesquisas com roedores demonstraram a importância da amídala para o medo e a ansiedade. A pesquisa com roedores tem boas probabilidades de também ser aplicada a seres humanos, porque a anatomia e as conexões da amídala são quase as mesmas de uma espécie para outra (Janak & Tye, 2015). Em pesquisas com não humanos, os psicólogos medem primeiro a resposta de sobressalto a um ruído alto. Em seguida, eles emparelham repetidamente um estímulo, como uma luz ou som, com choque. Por fim, eles apresentam o novo estímulo imediatamente antes do ruído alto e determinam o quanto ele aumenta a resposta ao sobressalto. Um grupo de controle é testado com um estímulo que não foi pareado com choque. Os resultados desses estudos mostram consistentemente que, depois que ratos ou camundongos aprenderam a associar um estímulo ao choque, esse estímulo se torna um sinal de medo, e apresentar esse sinal antes de um ruído alto repentino aumenta a resposta ao sobressalto. Por outro lado, um estímulo previamente associado a estímulos agradáveis ou à ausência de perigo torna-se um sinal de segurança que diminui o reflexo de sobressalto (Schmid, Koch, & Schnitzler, 1995).

Pesquisadores determinaram que a amídala (ver Figuras 11.7 e 11.11) é importante para aumentar o reflexo de sobressalto e para os medos aprendidos em geral. Um camundongo com lesão na amídala ainda exibe um reflexo de sobressalto normal, mas os sinais de perigo ou segurança não modificam o reflexo. Em um estudo, os camundongos foram repetidamente expostos a uma luz seguida de choque e então testados quanto às respostas a um ruído alto. Camundongos intactos

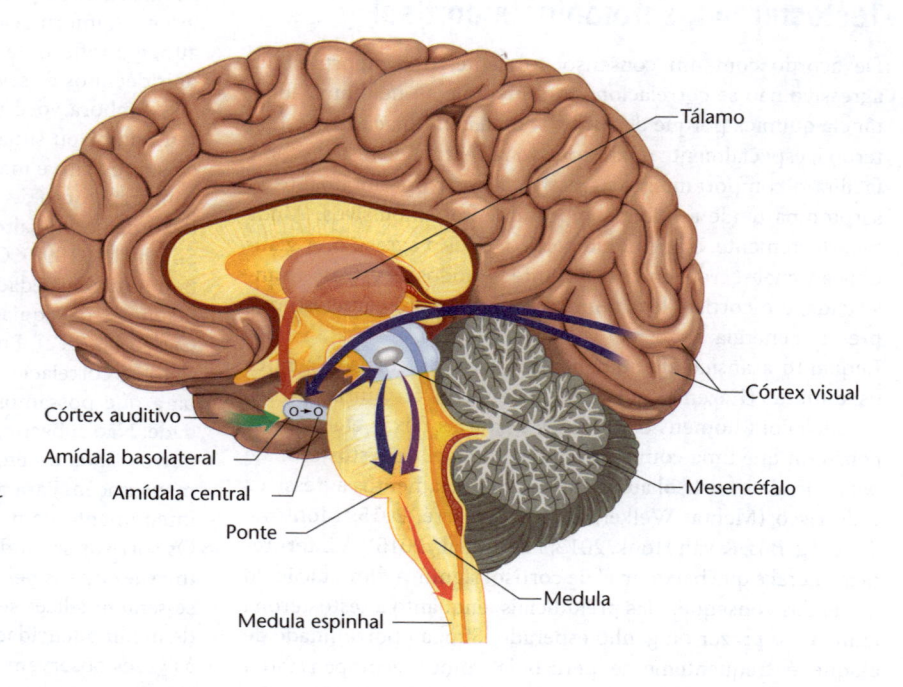

Figura 11.11 Amídala e medos aprendidos
A amídala central recebe estímulos sensoriais da amídala lateral e basolateral. Ela envia estimulação para a área cinza central do mesencéfalo, que retransmite informações para um núcleo na ponte responsável pelo reflexo de sobressalto. Lesões em qualquer lugar ao longo da via da amídala à ponte interferem nos medos aprendidos que modificam o reflexo de sobressalto.

mostraram um reflexo de sobressalto moderado normalmente, mas exibiram uma resposta aumentada se a luz precedia o ruído. Em contraposição, camundongos com lesões na amídala para o rombencéfalo mostraram o mesmo reflexo de sobressalto independentemente da luz (Hitchcock & Davis, 1991).

Um estranho parasita desenvolveu uma maneira de explorar as consequências das lesões na amídala (Berdoy, Webster, & Macdonald, 2000). *Toxoplasma gondii* é um protozoário que infecta muitos mamíferos, mas se reproduz apenas em gatos. Os gatos excretam os ovos do parasita nas fezes, liberando-os assim no solo. Ratos ou camundongos que se enterram no solo podem ser infectados pelo parasita. Quando o parasita entra em um roedor, em muitos casos (cerca de 50%), ele migra para o cérebro, onde danifica a amídala. O roedor então se aproxima destemidamente de um gato, garantindo que o gato comerá o camundongo e que o parasita infectará o gato!

Os pesquisadores descobriram muitas das conexões responsáveis pelos efeitos da amídala. Boa parte da estimulação dos sistemas sensoriais, incluindo visão e audição, ocorre nas áreas lateral e basolateral da amídala, que retransmitem as informações para a amídala central, que as combina com as informações de dor e estresse que recebeu do tálamo (Penzo et al., 2015). Aprender um medo fortalece as sinapses em várias das conexões ao longo dessa via (Herry & Johansen, 2014). Uma linhagem de camundongos com conexões mais fortes entre a amídala lateral e central é caracterizada por ansiedade elevada em muitas situações (Abrabos et al., 2013). Talvez essa conexão seja importante também para as diferenças humanas quanto a medos e ansiedades.

Estimulando ou danificando partes da amídala de animais de laboratório, os pesquisadores descobriram que uma via da amídala é responsável pelo medo da dor, outra via pelo medo de predadores e ainda outra pelo medo de membros agressivos da própria espécie (Gross & Canteras, 2012). Além disso, uma parte da amídala controla as alterações na respiração, outra controla a precaução de locais potencialmente inseguros e outra controla o aprendizado de quais locais específicos são mais seguros (Kim et al., 2013). A via da amídala responsável pelo congelamento na presença de perigo é distinta da via que controla as alterações na frequência cardíaca (Tovote et al., 2016; Viviani et al., 2011). Essas descobertas são relevantes para as teorias psicológicas sobre a emoção, porque demonstram que o que chamamos medo é um conglomerado de aspectos separados, não um único estado indivisível.

A amídala é importante para aprender a temer um estímulo específico, mas esse não é o único tipo de condicionamento do medo. Se um camundongo recebeu choques após um estímulo específico em uma determinada gaiola, ele aprende a temer o estímulo (por meio de alterações na amídala), mas também aprende a temer a gaiola... e novas gaiolas... e novas situações. O mesmo é verdadeiro para seres humanos. Se foi atacado, você teme tudo associado a esse ataque, mas, em geral, também tem mais medo em uma variedade de situações. É como se o cérebro tivesse decidido: "Este é um mundo perigoso. Preciso estar alerta contra novas ameaças.". Essa excitação emocional generalizada a longo prazo depende de uma área do cérebro chamada **núcleo do leito da estria terminal** (Duvarci, Bauer, & Paré, 2009; Toufexis, 2007). A estria terminal é um conjunto de axônios que conectam o núcleo do leito à amídala, como mostrado na Figura 11.12.

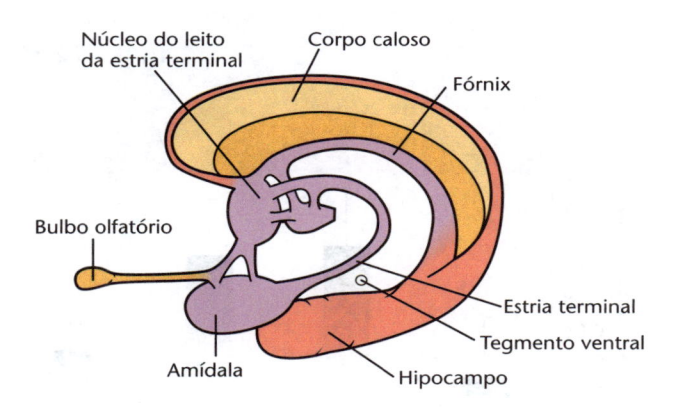

Figura 11.12 O núcleo do leito da estria terminal
O núcleo do leito é crucial para ajustes de ansiedade a longo prazo, enquanto a amídala é responsável pelo medo por itens individuais. A estria terminal é um conjunto de axônios que conecta o núcleo do leito à amídala.

PARE & REVISE

9. Que mecanismo cerebral permite que o reflexo de sobressalto seja tão rápido?
10. Como um pesquisador poderia usar o reflexo de sobressalto para determinar se algum estímulo causa medo?

RESPOSTAS
9. Ruídos altos ativam uma via da cóclea para as células da ponte, que provocam uma tensão nos músculos do pescoço. 10. Apresentar o estímulo antes de introduzir um ruído alto. Se o estímulo aumenta o reflexo de sobressalto além do nível normal, o estímulo produz medo.

Estudos da amídala em macacos

O efeito da lesão na amídala em macacos foi descrito em estudos clássicos no início de 1900 e é conhecido como *síndrome de Kluver-Bucy*, a partir dos nomes dos principais pesquisadores. Os macacos que apresentam essa síndrome são mansos e plácidos. Eles tentam pegar fósforos acesos e outros objetos que normalmente evitam. Eles exibem menos do que o medo normal de cobras ou de macacos maiores e mais dominantes (Kalin, Shelton, Davidson, & Kelley, 2001). Eles têm comportamentos sociais prejudicados, principalmente porque não parecem aprender quais macacos podem se aproximar com cautela. Como camundongos com lesões na amídala, macacos com essas lesões têm dificuldade de aprender o que temer (Kazama, Heuer, Davis, & Bachevalier, 2012). Entre os macacos intactos, aqueles com amídala reativa mais vigorosa tendem a exibir o maior medo em resposta a um ruído ou um intruso (Oler et al., 2010).

Resposta da amídala humana a estímulos visuais

Estudos usando RMf mostram que a amídala humana responde fortemente quando as pessoas olham para fotos que despertam medo ou para fotos de rostos que mostram medo ou raiva (Mattavelli et al., 2014). Também pode responder a estímulos agradáveis, mas apenas quando uma tarefa requer atenção a

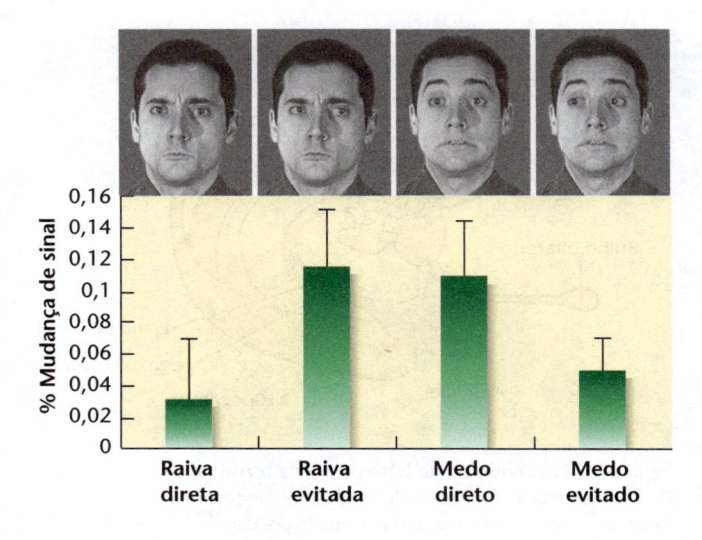

Figura 11.13 Resposta da amídala e direção do olhar
A amídala responde mais fortemente a um rosto assustado voltado para o observador e a um rosto zangado voltado para outra coisa.
(Fonte: Adams, R. B. et al. "Effects of gaze on amygdala sensitivity to anger and fear faces", Science, 2003, 300: 1536. Reproduzida com permissão da AAAS/Science Magazine)

Diferenças individuais na resposta da amídala e ansiedade

A tendência da maioria das pessoas para a ansiedade geralmente permanece bastante consistente ao longo do tempo. A maioria dos bebês com temperamento "inibido" se transforma em crianças tímidas e medrosas e então em adultos tímidos que mostram uma resposta aumentada da amídala à visão de qualquer rosto desconhecido (Beaton et al., 2008; Schwartz, Wright, Shin, Kagan, & Rauch, 2003). Parte da variação na ansiedade está relacionada a genes (Disner et al., 2013; Li et al., 2015; Miu, Vulturar, Chis, Ungureanu, & Gross, 2013; Volman et al., 2013), e parte está relacionada a alterações epigenéticas causadas por experiências, especialmente no início da vida (Nikolova et al., 2014; Silvers et al., 2016).

Diferenças individuais na ansiedade estão fortemente correlacionadas com a atividade da amídala. Em uma pesquisa, estudantes universitários carregavam um dispositivo que emitia um bipe em horários imprevisíveis todos os dias, durante 28 dias, pedindo aos alunos que registrassem seu estado emocional no momento. Um ano depois, os estudantes entraram em um laboratório para a segunda parte da pesquisa, em que RMf registrava a resposta da amídala a apresentações muito breves de imagens assustadoras. As respostas da amídala correlacionaram-se altamente com o número de emoções desagradáveis que haviam registrado no ano anterior (Barrett, Bliss-Moreau, Duncan, Rauch, & Wright, 2007). Presumivelmente, eles registraram muitas emoções desagradáveis porque eram biologicamente predispostos a reagir de forma intensa.

Em um estudo com soldados israelenses, os pesquisadores primeiro mediram as respostas da amídala a fotos desagradáveis e breves, na época da entrada dos soldados no exército. Mais tarde, eles mediram as respostas dos soldados ao estresse de combate. Aqueles com a maior resposta da amídala no início relataram a maior quantidade de estresse de combate (Admon et al., 2009). Novamente, parece que a resposta da amídala está intimamente relacionada à reatividade ao medo.

Mas a ansiedade depende de mais do que apenas a amídala. Também depende de áreas corticais que ajudam as pessoas a lidar com informações ameaçadoras. Uma maneira eficaz de lidar com isso é *reavaliação* — e interpretar uma situação como menos ameaçadora. Por exemplo, se perder o emprego, você pode dizer a si mesmo: "Isso me fará procurar um novo emprego. Pode ser o melhor.". Ou você ouve o que pode ser um tiro, mas decide que pode ter sido o barulho do escapamento de um carro. A reavaliação e métodos semelhantes de suprimir a ansiedade dependem de influências de cima para baixo do córtex pré-frontal para inibir a atividade na amídala (Marek, Strobel, Bredy, & Sah, 2013; Moscarello & LeDoux, 2013). Pessoas com conexões mais fortes entre o córtex pré-frontal e a amídala tendem a fazer mais uso da reavaliação e tendem a sentir menos ansiedade (Eden et al., 2015).

A reatividade à ansiedade afeta boa parte da vida — até mesmo, de acordo com um estudo, atitudes políticas. As pessoas responderam a uma série de perguntas sobre seu apoio ao uso da força militar, poderes da polícia, pena de morte, posse de armas etc. Os pesquisadores também mediram as respostas de cada pessoa a ruídos altos repentinos, repetidos inúmeras vezes. Como mostrado na Figura 11.14, aqueles que exibiram alto apoio à ação militar e policial mostraram uma resposta mais assustadora aos ruídos altos (Oxley et al., 2008). A interpretação

estímulos agradáveis, e, mesmo assim, a resposta nunca é tão intensa quanto a estímulos desagradáveis (Stillman, Van Bavel, & Cunningham, 2015). A resposta da amídala a um rosto assustado emerge no tempo incrivelmente rápido de apenas 74 ms após a apresentação da foto (Méndez-Bértolo et al., 2016), mais rápido do que a resposta do giro fusiforme e outras áreas responsáveis pelo reconhecimento facial; ou seja, reagimos ao medo na face de alguém antes de reconhecer de quem essa face é.

Ao contrário do que podemos supor, a amídala reage com mais força quando uma expressão facial é um pouco mais difícil de interpretar. Considere rostos zangados e assustados. Como regra, é fácil interpretar um rosto zangado olhando diretamente para você, mas um rosto assustado olhando diretamente para você é mais intrigante. Pessoas assustadas quase sempre olham para o que quer que as esteja assustando, e então a única vez que alguém olha para você com uma expressão de medo é quando a pessoa tem medo de *você!* Embora você reconheça mais facilmente uma expressão de medo dirigida para o lado, a amídala responde com mais força se a expressão de medo for direcionada para você. Os resultados opostos se aplicam a um rosto zangado (Adams, Gordon, Baird, Ambady, & Kleck, 2003; Adams & Kleck, 2005) (ver Figura 11.13); ou seja, a amídala responde mais fortemente à expressão que é mais difícil de interpretar.

✓ PARE & REVISE

11. Dado que a amídala torna-se mais ativa quando uma expressão é mais difícil de interpretar, você pode explicar por que ela não responde intensamente a faces felizes?

RESPOSTA
11. Rostos sorridentes são fáceis de interpretar!

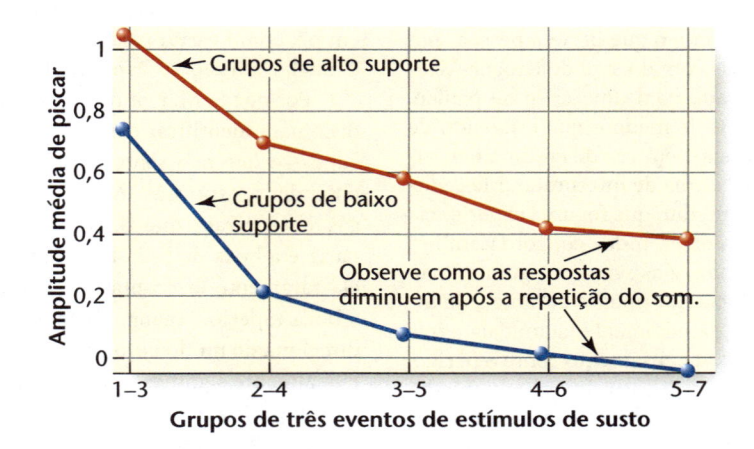

Figura 11.14 Respostas de medo e atitudes políticas
Em média, as pessoas que mostram resposta mais intensa de sobressalto a ruídos altos tendem a ter maior dependência dos poderes militares e policiais.
(Fonte: "Political attitudes vary with physiological traits", de D. R. Oxley, K. B. Smith, J. R. Alford, M. V. Hibbing, J. L. Miller, M. Scalora et al., 2008, Science, 321, 1667-1670. Reproduzida com permissão da American Association for the Advancement of Science)

é que as pessoas com amídala altamente reativa reagem fortemente aos perigos reais ou percebidos e, portanto, suportam uma forte proteção contra esses perigos. Essa relação, é claro, não diz nada sobre se o grupo de alto ou baixo suporte está correto. Apenas indica que, quando estamos discutindo diretrizes, as variações na fisiologia do cérebro influenciam a maneira como interpretamos tipos incertos de evidência.

PARE & REVISE

12. Se você quisesse prever quais soldados teriam mais dificuldade para lidar com o estresse de combate, que medição cerebral valeria a pena tentar?

RESPOSTA

12. Examine as respostas da amídala a imagens perturbadoras. Em um estudo, os soldados com as maiores respostas da amídala foram os mais propensos a relatar grande estresse de combate. Determinar a força das conexões entre o córtex pré-frontal e a amídala também pode ser útil.

Danos à amídala humana

Com animais de laboratório, os pesquisadores podem danificar intencionalmente a amídala para ver os efeitos. Com seres humanos, eles dependem de danos que ocorrem espontaneamente. Quando as pessoas sofrem um AVC que danifica a amídala e áreas adjacentes, pelo menos em um hemisfério, elas, de certa maneira, são prejudicadas. Elas podem classificar fotos como agradáveis *versus* desagradáveis tão bem quanto qualquer outra pessoa, mas sentem pouca excitação ao ver imagens desagradáveis (Berntson, Bechara, Damasio, Tranel, & Cacioppo, 2007); isto é, elas não têm problemas com o aspecto cognitivo das emoções desagradáveis, mas carecem muito do aspecto sentimental.

Pessoas com a rara doença genética, a *doença de Urbach-Wiethe*, acumulam cálcio na amídala até que ele seja eliminado. Assim, elas têm lesões extensas na amídala sem muitas lesões nas estruturas circundantes. Como os macacos com a síndrome de Kluver-Bucy, elas têm problemas para processar informações emocionais e aprender o que temer. Grande parte das pesquisas sobre essa doença lida com uma mulher conhecida por suas iniciais, S. M., que se descreve como destemida e, certamente, age assim. Quando ela assistiu a dez clipes dos filmes mais assustadores que os pesquisadores puderam encontrar, ela relatou que sentia apenas excitação, nenhum medo. Os pesquisadores a levaram a uma loja de animais exóticos. Apesar de insistir que odeia cobras e aranhas, ela se sente feliz em segurar uma cobra, e a equipe teve que repetidamente impedi-la de tocar ou cutucar as tarântulas e cobras venenosas. Quando os pesquisadores a levaram para uma "casa mal-assombrada", ela tomou a frente sem hesitar, aventurando-se por corredores escuros. Quando pessoas vestidas de monstros pulavam, outras pessoas do grupo gritaram, mas S. M. ria, curiosamente cutucava um dos monstros e o assustava! Seu destemor é perigoso para ela. Ela foi mantida sob a mira de uma arma e de uma faca e foi agredida fisicamente várias vezes. Evidentemente, ela mergulha em situações perigosas sem a cautela que outras pessoas demonstrariam. Quando ela descreve esses eventos, ela se lembra de ter sentido raiva, mas não medo (Feinstein, Adolphs, Damasio, & Tranel, 2011).

Eis outro exemplo de seu destemor: suponha que alguém que você não conhece se aproxime de você, face a face. Quanto essa pessoa poderia se aproximar antes de você começar a se sentir desconfortável? A maioria dos norte-americanos permanece cerca de 0,7 m afastada de outra pessoa, mas a distância preferida de S. M. é quase metade disso. Quando um homem que ela não conhece que seguiu as instruções dos pesquisadores para se aproximar tanto dela que os narizes se tocassem, ela não demonstrou e não relatou nenhum desconforto (Kennedy, Gläscher, Tyszka, & Adolphs, 2009). (Ela falou que se perguntava se eles estavam "tramando alguma coisa".)

O único evento conhecido por desencadear seu medo é respirar 35% de dióxido de carbono, o que deixa a pessoa sem fôlego. Ela e outras duas pessoas com doença de Urbach-Wiethe reagiram ao CO_2 concentrado com uma crise de pânico. A diferença de outros estímulos de medo é que o dióxido de carbono afeta o corpo diretamente, em vez de emitir sinais visuais ou auditivos que a amídala teria de interpretar. Mas, embora todas as três pessoas tenham dito que foi uma experiência terrível e achavam que iriam morrer, todas concordaram em passar pela experiência mais uma vez na semana seguinte e não pensaram na próxima experiência novamente durante esse ínterim (Feinstein et al., 2013). Aparentemente, a amídala é importante para imaginar o medo ou pensamento sobre o perigo.

S. M. e outras pessoas com a doença de Urbach-Wiethe frequentemente não conseguem reconhecer as expressões emocionais nas faces, especialmente as expressões de medo ou repulsa (Boucsein, Weniger, Mursch, Steinhoff, & Irle, 2001). Quando foi solicitado que a S. M. para desenhar rostos que mostrassem certas emoções (ver Figura 11.15), ela fez bons desenhos da maioria das expressões, mas teve problemas para desenhar a expressão de medo, dizendo que não sabia com que esse rosto se pareceria. Quando o pesquisador insistiu que ela tentasse, ela desenhou alguém rastejando com os cabelos em pé, como cartunistas costumam indicar o medo (Adolphs, Tranel, Damasio, & Damásio, 1995).

Por que S. M. e outros com lesões na amídala têm dificuldade para identificar expressões faciais de medo? A princípio, supôs-se que não sentem medo e, portanto, não conseguem entender a expressão. Mas então Ralph Adolphs e seus colegas observaram que S. M. focalizava quase inteiramente o nariz e a boca de cada fotografia. Também na vida cotidiana, ela raramente faz contato visual, olhando em vez disso para a boca (Spezio, Huang, Castelli, & Adolphs, 2007). A amídala direciona de modo automático a atenção para estímulos emocionalmente significativos, mesmo sem que estejamos cientes (Amting, Greening, & Mitchell, 2010; Burra et al., 2013; Peck, Lau, & Salzman, 2013; Pishnamazi et al., 2016), mas alguém sem a amídala não tem essa tendência automática. Suponha que você esteja olhando para a tela de um computador, e um rosto aparece brevemente na tela. Quase instantaneamente, você moveria o olhar para focar os olhos, especialmente se a face mostrasse medo (Gamer & Buchel, 2009). S. M. está disposta a fazer contato visual, mas os olhos de alguém simplesmente não atraem sua atenção como fazem para outras pessoas (Kennedy & Adolphs, 2010). Quando os pesquisadores pediram que ela olhasse nos olhos, ela rapidamente reconheceu as expressões de medo (Adolphs, Tranel, & Buchanan, 2005). Ver os olhos é particularmente importante para reconhecer o medo. As pessoas expressam felicidade com a boca, mas expressam medo principalmente com os olhos (Morris, deBonis, & Dolan, 2002; Vuilleumier, 2005). A Figura 11.16 mostra apenas o branco dos olhos das pessoas que expressam medo (à esquerda) e felicidade (à direita). A maioria das pessoas reconhece a expressão do medo, mas não a expressão de felicidade, apenas com os olhos (Whalen et al., 2004).

Essas observações sugerem uma interpretação alternativa da função da amídala. Em vez de ser responsável por *sentir* medo ou outras emoções, evidentemente é responsável por detectar informações emocionais e direcionar a atenção para elas.

Figura 11.15 Desenhos de S. M. que tem uma amídala danificada
Ela, a princípio, se recusou a desenhar uma expressão de medo porque, disse ela, não conseguia imaginá-la. Quando instada a tentar, ela lembrou que os desenhos animados mostram pessoas assustadas com os cabelos em pé.
(Fonte: "Fear and the human amygdala", de R. Adolphs, D. Tranel, H. Damasio, & A. Damásio, Journal of Neuroscience, 15, 5879-5891. © 1995 da Oxford University Press)

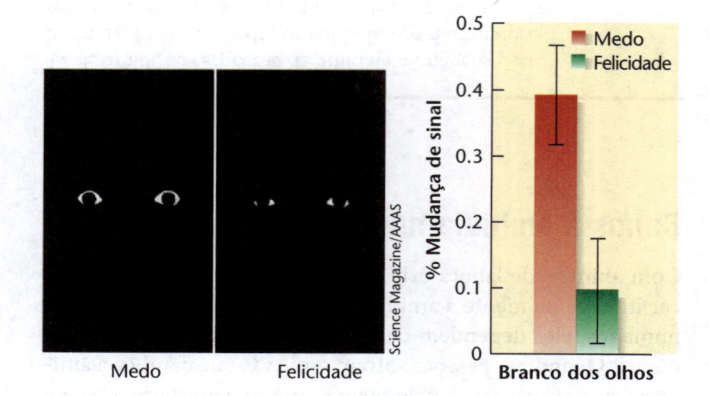

Figura 11.16 Expressões oculares para medo e felicidade
Só o branco dos olhos permite à maioria das pessoas supor que a pessoa à esquerda estava com medo. A parte direita da figura mostra as respostas da amídala de adultos típicos às duas expressões.
(Fonte: "Human amygdala responsivity to masked fearful eye whites", de P. J. Whalen et al., Science, 2004, 306, 2061. Reproduzida com permissão da revista AAAS/Science.)

Ralph Adolphs

Uma melhor compreensão do cérebro social levará a uma melhor compreensão do comportamento social? E esse conhecimento pode, em última análise, ser usado para ajudar nossa espécie a negociar e sobreviver no mundo social extremamente complexo que ajudou a criar? Para abordar tais questões, os neurocientistas sociais precisarão estabelecer diálogos com outras disciplinas das ciências sociais e comportamentais e ser altamente sensíveis às consequências públicas dos dados que geram. (*Adolphs, comunicação pessoal*)

✓ PARE & REVISE

13. Por que as pessoas com lesões na amídala têm dificuldade de reconhecer expressões de medo?

RESPOSTA

13. O foco da visão é o nariz e a boca. As expressões de medo dependem quase inteiramente dos olhos.

Transtorno de ansiedade

Qual é a quantidade "certa" de ansiedade? Depende. As circunstâncias de sua vida podem justificar grande ansiedade, ou muito menos. Os pesquisadores podem modelar essa tendência em camundongos de laboratório. Suponha que o tom nº 1 preveja um choque leve e o tom nº 2 não preveja nenhum choque. Um camundongo aprende a responder ao tom nº 1 congelando-se no lugar, e muitos neurônios em sua amídala respondem apenas ao nº 1. Como mostra a Figura 11.17, se o tom nº 1 prediz um choque forte, uma porcentagem muito maior de neurônios responde a ambos os tons (e provavelmente a outros tons que os pesquisadores não testaram). Os perigos são grandes e o camundongo não se arrisca (Ghosh & Chattarji, 2015).

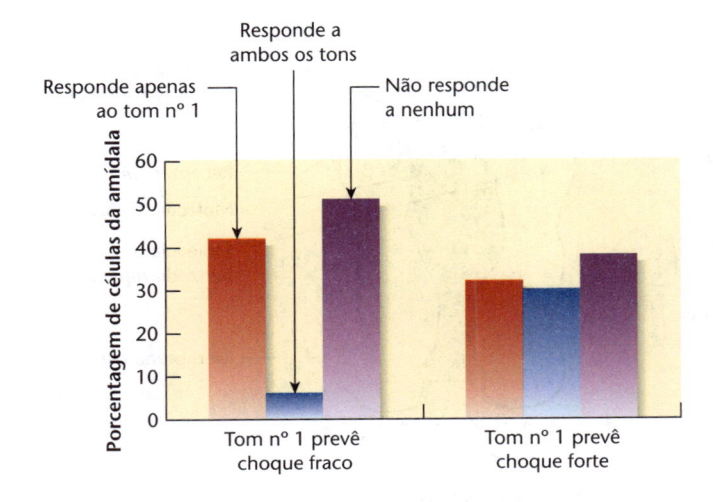

Figura 11.17 Respostas da amídala a dois tons
Depois que um tom previa um choque leve, as células da amídala respondiam apenas a esse tom. Se previa um choque forte, muitas células da amídala responderam não seletivamente a todos os tons.
(*Fonte: Com base nos resultados de Ghosh, & Chattarji, 2015*)

Também para os humanos, a ansiedade generalizada disseminada faz sentido se você vive em uma zona de guerra ou se foi atacado recentemente. Os transtornos de ansiedade são distúrbios em que a ansiedade de alguém parece excessiva para as circunstâncias. A **síndrome do pânico** é caracterizada por períodos frequentes de ansiedade e crises ocasionais de respiração rápida, aumento da frequência cardíaca, transpiração e tremores — em outras palavras, estimulação extrema do sistema nervoso simpático. Uma parte importante do transtorno é o medo frequente do próximo ataque de pânico. O medo do próprio medo pode se tornar incapacitante. O transtorno do pânico é mais comum em mulheres do que em homens e muito mais comum em adolescentes e adultos jovens do que em adultos mais velhos (Shen et al., 2007; Swoboda, Amering, Windhaber, & Katschnig, 2003).

O que faz com que algumas pessoas tenham tendência à ansiedade? Estudos com gêmeos sugerem uma predisposição genética, embora nenhum gene tenha sido identificado (Shimada-Sugimoto, Otowa, & Hettema, 2015). As experiências na infância também podem aumentar a suscetibilidade. Curiosamente, o transtorno do pânico ocorre em cerca de 15% das pessoas com *frouxidão articular*, comumente conhecida como "dupla articulação" (capaz de dobrar os dedos mais para trás do que o normal). Mesmo quando as pessoas com frouxidão articular não têm transtorno do pânico, elas tendem a ter medos mais fortes do que a média (Bulbena et al., 2004; Bulbena, Gago, Sperry, & Bergé, 2006).

A pesquisa até agora relaciona o transtorno do pânico a anormalidades no hipotálamo, e não necessariamente na amídala. O transtorno de pânico está associado à diminuição da atividade do neurotransmissor GABA e ao aumento dos níveis de orexina. A orexina, como discutido em outros capítulos, está associada à manutenção da vigília e da atividade. Podemos não ter suposto que ela também estaria associada à ansiedade, mas aparentemente está, e os fármacos que bloqueiam os receptores de orexina bloqueiam as respostas de pânico (Johnson et al., 2015).

Há muito tempo as pessoas reconhecem que muitos soldados que voltam da batalha estão sujeitos a ansiedades e sofrimentos contínuos. Há muito tempo, as pessoas chamavam o transtorno *fadiga de batalha* ou *trauma pós-guerra*. Hoje, nós o chamamos **transtorno de estresse pós-traumático (TEPT)**, marcado por lembranças (*flashbacks*) e pesadelos angustiantes frequentes sobre o evento traumático, rejeição de lembretes dele e reações vigorosas a ruídos e outros estímulos (Yehuda, 2002). O TEPT também ocorre após outras experiências deprimentes, como ser estuprado ou ver alguém ser morto. Quando alguém sobrevive a uma experiência traumática, é compreensível que o nível de ansiedade esteja pelo menos temporariamente elevado. Presumivelmente, desenvolvemos mecanismos para ajustar nosso nível de ansiedade para cima ou para baixo, dependendo do nível de perigo. Mas nem todo mundo que sofre um trauma desenvolve TEPT, e não podemos prever quem terá TEPT com base na gravidade do trauma ou na intensidade da reação inicial da pessoa (Harvey & Bryant, 2002; Shalev et al., 2000).

A publicação humorística *The Onion* certa vez publicou um artigo sobre "transtorno de estresse pré-traumático (TEPT)" no qual as pessoas o desenvolviam assistindo ao noticiário na televisão. Embora a intenção fosse humorística, psicólogos descobriram mais tarde que algo parecido realmente acontece: alguns soldados desenvolvem sintomas leves semelhantes ao TEPT durante a *preparação* para a mobilização, e esses soldados têm mais probabilidade do que a média de desenvolver sintomas graves após experiências reais de guerra (Berntsen & Rubin, 2015).

O maior risco está relacionado à anatomia do cérebro. A maioria das vítimas de TEPT tem hipocampo menor do que a média (Stein, Hanna, Koverola, Torchia, & McClarty, 1997). Essa diferença é resultado do TEPT ou mostra uma predisposição de pessoas que já tinham um hipocampo menor? Provavelmente ambos são verdadeiros. Estudos com humanos e animais de laboratório mostram que o estresse grave pode prejudicar a função no hipocampo e às vezes causar encolhimento (Kim, Pellman, & Kim, 2015). Além disso, as pessoas com hipocampo menor tendem a classificar suas experiências como mais estressantes (Lindgren, Bergdahl & Nyberg, 2016). Em um estudo, os pesquisadores examinaram homens que desenvolveram TEPT durante a guerra. Primeiro, eles confirmaram relatórios anteriores de que a maioria das vítimas de TEPT tinha um hipocampo menor do que a média. Em seguida, eles encontraram casos em que a vítima tinha um gêmeo monozigótico que não tinha estado em batalha e não tinha TEPT. Os resultados mostraram que o gêmeo sem TEPT *também* tinha um hipocampo menor do que a média (Gilbertson et al., 2002). Presumivelmente, ambos os gêmeos tinham um hipocampo menor do que a média desde o início, o que aumentou a suscetibilidade ao TEPT. Dois outros estudos descobriram que a recuperação do TEPT não aumentou o tamanho do hipocampo, mas as pessoas com o menor hipocampo foram as menos propensas a se recuperar rapidamente (Rubin et al., 2016; van Rooij et al., 2015).

Um outro ponto sobre TEPT: um estudo comparou veteranos da Guerra do Vietnã que sofreram ferimentos que produziram vários tipos de lesões cerebrais. Naqueles cujas lesões incluíram a amídala, *nenhum* sofreu TEPT. Naqueles com lesões em outras partes do cérebro, 40% sofreram TEPT (Koenigs et al., 2008). Aparentemente, a amídala, que é tão importante para o processamento emocional, é essencial para o impacto emocional extremo que produz o TEPT.

✅ **PARE & REVISE**

14. Que evidência indica que um hipocampo menor do que a média torna as pessoas mais vulneráveis a TEPT?

RESPOSTA

14. Para vítimas de TEPT que têm um gêmeo monozigótico, o gêmeo também tem um hipocampo menor do que a média, mesmo que ele ou ela não tenha TEPT. Além disso, pessoas com um hipocampo menor têm menos probabilidade de se recuperar facilmente de TEPT.

Alívio da ansiedade

As pessoas têm muitas maneiras de lidar com a ansiedade — apoio social, reavaliação da situação, exercícios, distração, obter um senso de controle sobre a situação etc. Aqui, consideramos as opções para intervenções biológicas.

Alívio farmacológico

Pessoas com ansiedade excessiva às vezes buscam alívio por meio de medicamentos. Os fármacos *ansiolíticos* (antiansiedade) mais comum são os **benzodiazepínicos**, como diazepam (nome comercial Valium), clordiazepóxido (Librium) e alprazolam (Xanax). Os benzodiazepínicos se ligam ao **receptor GABA$_A$**, que inclui um local que liga o GABA, bem como a locais que modificam a sensibilidade do local ao GABA (ver Figura 11.19). O cérebro também possui outros tipos de receptores GABA, como GABA$_B$, com diferentes efeitos comportamentais.

No centro do receptor GABA$_A$ há um canal de cloreto. Quando aberto, permite que íons de cloreto (Cl$^-$) atravessem a membrana no neurônio, hiperpolarizando a célula ou, pelo

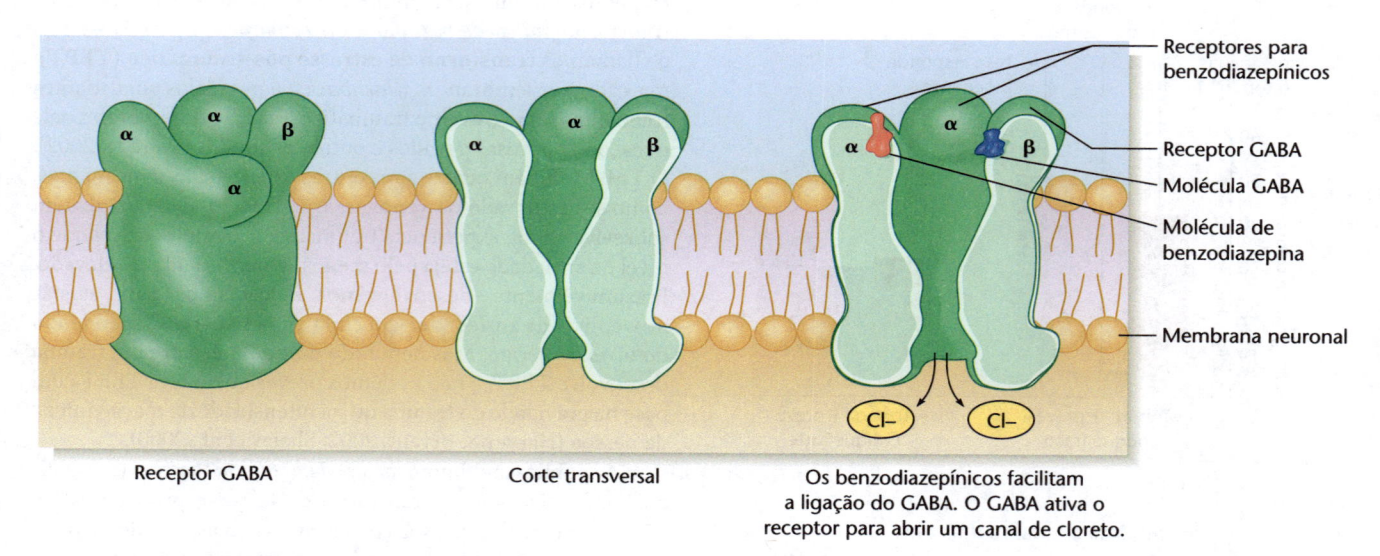

Figura 11.18 O complexo de receptores de GABA$_A$
Dos quatro locais dos receptores sensíveis ao GABA, os três locais alfa também são sensíveis aos benzodiazepínicos.
(Fonte: Baseada em Guidotti, Ferrero, Fujimoto, Santi, & Costa, 1986)

menos, neutralizando qualquer sódio que entra na célula por meio de sinapses excitatórias; ou seja, a sinapse do GABA é inibitória. Ao redor do canal de cloreto estão quatro unidades, cada uma contendo um ou mais locais sensíveis ao GABA. Os benzodiazepínicos ligam-se a locais em três dessas quatro unidades (rotuladas α na Figura 11.18). Quando uma molécula de benzodiazepina se liga, ela não abre nem fecha o canal de cloreto, mas gira o receptor para que o GABA se ligue mais facilmente (Macdonald, Weddle, & Gross, 1986). Os benzodiazepínicos, portanto, facilitam os efeitos do GABA.

Os benzodiazepínicos exercem os efeitos ansiolíticos na amídala, hipotálamo, mesencéfalo e em várias outras áreas. Uma pequena quantidade de benzodiazepínicos injetados diretamente na amídala de um camundongo diminui os comportamentos aprendidos de evitação do choque (Pesold & Treit, 1995), relaxa os músculos e aumenta a aproximação social com outros camundongos (Sanders & Shekhar, 1995). Os benzodiazepínicos têm outros efeitos, incluindo a possibilidade de dependência após o uso prolongado. Mas proporcionam alívio dos transtornos de ansiedade, geralmente com menos efeitos indesejáveis do que os medicamentos antidepressivos, que também são às vezes prescritos (Offidani, Guidi, Tomba, & Fava, 2013).

Um aspecto infeliz dos benzodiazepínicos é que eles são extremamente estáveis quimicamente. Normalmente, eles passam pela urina intactos, passam pela estação de tratamento de resíduos intactos e se acumulam em lagos e rios, onde alteram a alimentação e o comportamento social dos peixes que aí vivem (Brodin, Fick, Jonsson, & Klaminder, 2013).

Álcool e ansiedade

O álcool também reduz a ansiedade por meio de efeitos nos receptores GABA. O álcool promove o fluxo de íons cloreto por meio do complexo do receptor $GABA_A$ ligando-se fortemente a um local especial encontrado apenas em determinados receptores $GABA_A$ (Glykys et al., 2007). Um fármaco experimental, conhecido como Ro15-4513, é particularmente eficaz no bloqueio dos efeitos do álcool nos receptores GABA (Suzdak et al., 1986). Ro15-4513 bloqueia os efeitos do álcool na coordenação motora, sua ação depressora no cérebro e sua capacidade de reduzir a ansiedade (Becker, 1988; Hoffman, Tabakoff, Szabó, Suzdak, & Paul, 1987; Ticku & Kulkarni, 1988) (ver Figura 11.19).

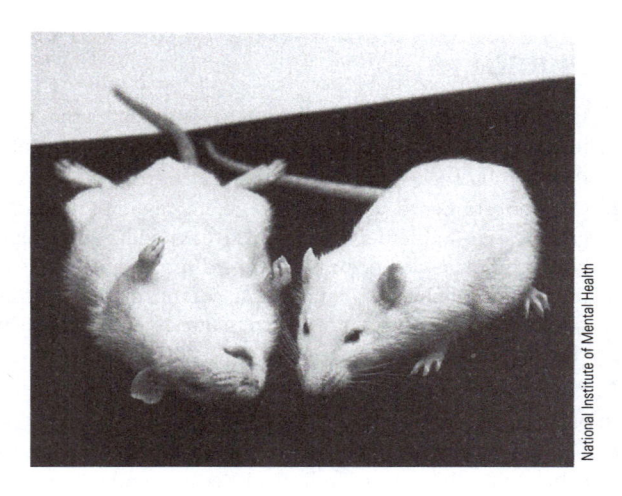

Figura 11.19 Dois camundongos que receberam a mesma quantidade de álcool
O camundongo da direita recebeu mais tarde a droga experimental Ro15-4513. Em dois minutos, seu desempenho e coordenação melhoraram significativamente.

Ro15-4513 poderia ser útil como uma pílula para permanecer "sóbrio" ou como tratamento para ajudar as pessoas que desejam parar de consumir álcool? A Hoffmann-La Roche, a empresa que descobriu o medicamento, concluiu que seria muito arriscado. As pessoas que dependessem da pílula poderiam achar que estariam sóbrias o suficiente para dirigir para casa quando não estariam. Além disso, administrar essa pílula a pessoas com alcoolismo provavelmente sairia pela culatra. Como as pessoas com alcoolismo bebem para ficar bêbadas, uma pílula que diminua a sensação de intoxicação provavelmente as levaria a beber ainda mais.

✓ PARE & REVISE

15. Qual seria o efeito dos benzodiazepínicos em alguém que não tivesse GABA?

RESPOSTA
15. Os benzodiazepínicos facilitam os efeitos do GABA, portanto, uma pessoa sem GABA não responderia aos benzodiazepínicos.

Módulo 11.2 | Conclusão
Fazendo algo sobre emoções

É difícil prever desenvolvimentos futuros, mas suponha que os pesquisadores façam avanços repentinos vinculando comportamentos emocionais a medições fisiológicas. Imagine se pudéssemos coletar uma amostra de sangue, fazer RMf e algumas outras medições e então prever quais pessoas cometerão crimes violentos. Que grau de precisão essas previsões deveriam ter antes de pensarmos em usá-las? De que forma, se houver alguma, nós as usaríamos?

E quanto à ansiedade? Suponha que pesquisas permitam modular a ansiedade das pessoas com precisão, sem efeitos colaterais indesejáveis. Quais seriam as consequências de controlar quimicamente a ansiedade de todos? Pesquisas futuras fornecerão novas opções e oportunidades. Decidir o que fazer com elas é outra questão.

Resumo

1. Uma experiência que gradualmente provoca uma crise deixa o indivíduo mais pronto do que o normal para atacar novamente.
2. O comportamento agressivo está relacionado a influências genéticas e ambientais. A maioria das evidências corrobora a hipótese de que um gene que diminui a atividade da monoamina oxidase A aumenta o comportamento agressivo, principalmente entre pessoas que tiveram experiências abusivas na infância.
3. A testosterona aumenta a probabilidade de comportamento agressivo ou assertivo e o cortisol a diminui.
4. Os pesquisadores medem o aumento do reflexo de sobressalto como uma indicação de ansiedade ou medos aprendidos.
5. A amídala é crucial para aumentar ou diminuir o reflexo de sobressalto. Também age como intermediário dos medos aprendidos.
6. De acordo com estudos usando RMf, a amídala humana responde fortemente a estímulos de medo e outros estímulos que provocam um forte processamento emocional. Ela responde mais intensamente quando o processamento requer muito esforço.
7. Pessoas com lesões na amídala não conseguem focar a atenção em estímulos com conteúdo emocional importante.
8. Lesões na amídala prejudicam o reconhecimento das expressões de medo predominantemente por causa da falta de atenção aos olhos.
9. Tanto a genética como a experiência podem predispor as pessoas a transtornos de ansiedade.
10. Pessoas com hipocampo menor que a média têm maior probabilidade de desenvolver transtorno de estresse pós-traumático.
11. Os medicamentos ansiolíticos diminuem o medo, facilitando a ligação do neurotransmissor GABA ao receptores $GABA_A$.

Termos-chave

Os termos estão definidos no número de página indicado. Também são apresentados em ordem alfabética com a definição no Índice remissivo/Glossário do livro, que começa na p. 589.

ácido 5-hidroxiindolacético (5-HIAA) **364**
benzodiazepínicos **372**
núcleo do leito da estria
terminal **367**
receptor $GABA_A$ **372**
reflexo de sobressalto **365**
síndrome do pânico **371**
transtorno de estresse pós-traumático **371**
turnover **364**

Questões complexas

1. Boa parte do comportamento lúdico de um gato pode ser analisado em componentes de ataque e fuga. O mesmo se aplica às brincadeiras infantis?
2. Pessoas com lesões na amídala se aproximam de outras pessoas indiscriminadamente, em vez de tentar escolher pessoas que pareçam amigáveis e confiáveis. Qual pode ser uma possível explicação?

Módulo 11.2 | Questionário final

1. A herdabilidade de uma tendência para o comportamento antissocial é *mais baixa* para qual dos seguintes itens?
   A. Homens
   B. Mulheres
   C. Pessoas em bairros pobres
   D. Pessoas em bairros de classe média

2. Como o gene para a forma menos ativa da enzima MAO_A afeta a probabilidade do comportamento agressivo?
   A. Maior probabilidade, independentemente do ambiente.
   B. Probabilidade diminuída, independentemente do ambiente.
   C. Maior probabilidade para alguém que foi abusado na infância.
   D. Maior probabilidade para alguém que morava em um bairro de classe média.

3. O comportamento agressivo se correlaciona com o baixo turnover de qual neurotransmissor?
   A. Serotonina
   B. Noradrenalina
   C. Dopamina
   D. Glutamato

Capítulo 11 | Comportamentos emocionais

4. Qual dos seguintes hormônios tende a inibir o comportamento agressivo?
   A. Cortisol
   B. Testosterona
   C. Estradiol
   D. Insulina

5. Por que conhecemos mais sobre os mecanismos cerebrais do medo e da ansiedade do que sobre outras emoções?
   A. Os psicólogos clínicos têm grande interesse na ansiedade do que em outras emoções.
   B. A ansiedade depende de áreas do cérebro que são mais fáceis de alcançar cirurgicamente.
   C. Ao contrário de outras emoções, a ansiedade só depende de um único neurotransmissor.
   D. Os pesquisadores podem medir a ansiedade de forma mais satisfatória do que outras emoções em animais de laboratório.

6. Após lesão na amídala, o que acontece com o reflexo de sobressalto?
   A. Torna-se mais forte do que antes.
   B. Torna-se mais fraco do que antes.
   C. Desaparece completamente.
   D. Torna-se mais consistente de um momento ou situação para outro.

7. Suponha que um pesquisador queira determinar se alguém tem medo de gatos. Das opções a seguir, qual seria a abordagem mais razoável?
   A. Apresentar a foto de um gato e ver se ela provoca um reflexo de sobressalto.
   B. Apresentar a foto de um gato e, em seguida, um som alto. Ver se a foto aumenta o reflexo de sobressalto normal.
   C. Apresentar um som alto e então mostrar a foto de um gato. Ver se a foto acalma a pessoa após o reflexo de sobressalto.
   D. Apresentar um som alto para uma pessoa e um gato e ver qual deles mostra o maior reflexo de sobressalto.

8. Pesquisas sobre a amídala corroboram quais destas conclusões psicológicas?
   A. Pessoas que sentem muito medo também tendem a sentir muita raiva.
   B. As percepções de Sigmund Freud fornecem o melhor método para tratar transtornos de ansiedade.
   C. O que chamamos medo é uma combinação de vários componentes, não uma entidade indivisível.
   D. As pessoas têm seis tipos básicos de emoção.

9. Que papel o núcleo do leito da estria terminal desempenha no medo ou na ansiedade?
   A. Afeta o medo do ambiente em geral.
   B. Age como intermediário na reavaliação que reduz a resposta da amídala.
   C. Retransmite informações da amídala ao mesencéfalo.
   D. É responsável pela extinção dos medos aprendidos.

10. A amídala responde mais intensamente a que tipos de expressão facial?
    A. Expressões por bebês e crianças.
    B. Expressões que exigem algum esforço para entender.
    C. Expressões que são direcionadas para longe do visualizador.
    D. Expressões de tristeza.

11. O que podemos prever, se é que podemos prever alguma coisa, medindo a força da resposta da amídala a estímulos assustadores ou rostos que mostram medo?
    A. Podemos prever mudanças na personalidade, medidas por questionários.
    B. Podemos prever a probabilidade do comportamento criminoso.
    C. Podemos prever a probabilidade de respostas emocionais intensas a experiências estressantes.
    D. Não podemos prever nada.

12. Depois que a doença de Urbach-Wiethe danificou a amídala, duas pessoas não apresentaram medo na maioria das circunstâncias. Qual das alternativas a seguir provocou medo?
    A. Respirar dióxido de carbono concentrado.
    B. Segurar uma cobra.
    C. Permanecer em pé muito perto de um estranho.
    D. Assistir a um filme de terror.

13. Qual dos seguintes tipos de pessoas teria maior probabilidade do que a média de desenvolver TEPT?
    A. Pessoas que sofreram lesões na amídala.
    B. Pessoas com níveis de turnover de serotonina acima da média.
    C. Pessoas com níveis de cortisol abaixo da média.
    D. Pessoas com um hipocampo menor do que a média.

14. O que os benzodiazepínicos fazem?
    A. Diminuem a secreção de cortisol.
    B. Aumentam a secreção de orexina.
    C. Facilitam as sinapses do GABA.
    D. Inibem as sinapses da serotonina.

Respostas: 1C, 2C, 3A, 4A, 5D, 6D, 7B, 8C, 9A, 10B, 11C, 12A, 13D, 14C.

Módulo 11.3

Estresse e saúde

O estresse não é uma emoção, mas é o resultado da emoção e a causa de muitas outras coisas. Nos primórdios da medicina científica, os médicos davam pouca importância à relação das emoções com a saúde e a doença. Hoje, aceitamos a ideia de que as emoções e outras experiências influenciam as doenças e os padrões de recuperação das pessoas. **A medicina comportamental** enfatiza os efeitos de experiências estressantes, dieta, tabagismo, exercícios e outros comportamentos.

Estresse e a síndrome de adaptação geral

Hans Selye (1979) popularizou o conceito de **estresse**, definindo-o como a resposta inespecífica do corpo a qualquer demanda feita nele. Quando Selye estava na faculdade de medicina, ele percebeu que pacientes com uma ampla variedade de doenças tinham muito em comum: eles desenvolvem febre, perdem o apetite, tornam-se inativos, ficam sonolentos a maior parte do dia, o desejo sexual diminui e o sistema imunológico se torna mais ativo. Mais tarde, ao fazer pesquisas de laboratório, ele descobriu que camundongos expostos a uma injeção de qualquer coisa, bem como calor, frio, dor, confinamento ou a visão de um gato responderam com aumento da frequência cardíaca, respiração e secreções adrenais. Selye inferiu que qualquer ameaça ao corpo, além de seus efeitos específicos, ativava uma resposta generalizada ao estresse, que ele chamou **síndrome da adaptação geral**, devido principalmente à atividade das glândulas adrenais. Na fase inicial, que ele chamou *alarme*, as glândulas adrenais liberam o hormônio adrenalina, estimulando assim o sistema nervoso simpático a preparar o corpo para uma breve atividade de emergência. As glândulas adrenais também liberam o hormônio **cortisol**, que aumenta a glicose no sangue, fornecendo ao corpo energia extra e o hormônio *aldosterona*, importante para manter o sal e o volume sanguíneo. Para manter a energia para atividades de emergência, o corpo suprime temporariamente atividades menos urgentes, como a excitação sexual.

Durante a segunda fase, *resistência*, a resposta simpática diminui, mas as glândulas adrenais continuam secretando cortisol e outros hormônios que permitem ao corpo manter um estado de alerta prolongado. O corpo se adapta à situação prolongada de todas as maneiras possíveis, por exemplo, diminuindo a atividade para economizar energia. O corpo também tem maneiras de se adaptar ao frio ou calor prolongado, baixo nível de oxigênio etc.

Após estresse intenso e prolongado, o corpo entra no terceiro estágio, *exaustão*. Durante esse estágio, o indivíduo permanece cansado, inativo e vulnerável porque os sistemas nervoso e imunológico não têm mais energia para sustentar suas respostas.

Doenças relacionadas ao estresse e problemas psiquiátricos são comuns nas sociedades industriais, possivelmente por causa das mudanças no tipo de estresse que enfrentamos. Em nosso passado evolutivo, o estágio de alarme preparava nossos ancestrais para lutar ou fugir. Hoje, como Robert Sapolsky (1998) argumentou, muitas de nossas crises são prolongadas, como trabalhar para um chefe dominador, pagar contas com renda inadequada ou cuidar de um parente com um problema crônico de saúde. A ativação prolongada da síndrome de adaptação geral pode levar à exaustão.

O conceito de estresse de Selye especificava qualquer *alteração* na vida de alguém, incluindo eventos favoráveis e desfavoráveis. Bruce McEwen (2000, p. 173) propôs uma definição alternativa que é melhor para a maioria dos propósitos: "eventos que são interpretados como ameaçadores para um indivíduo e que provocam respostas fisiológicas e comportamentais". Embora essa definição seja diferente da de Selye, permanece a ideia de que muitos tipos de eventos podem ser estressantes, e o corpo reage a todos os tipos de estresse de maneiras semelhantes. Mesmo assim, como Jerome Kagan (2016) argumentou, os psicólogos estão dispostos a definir o estresse em termos amplos e vagos que variam de eventos de risco de vida a breves questões de inconveniência. Consequentemente, as pesquisas sobre estresse às vezes chegam a conclusões contraditórias sobre os efeitos na estimulação do sistema nervoso simpático, no estado de alerta, na memória, nas respostas imunológicas ou na saúde.

✓ PARE & REVISE

16. Qual é a função do cortisol na resposta inicial ao estresse?
17. Como a definição de estresse de McEwen difere da de Selye?

RESPOSTAS

16. O cortisol aumenta os níveis de glicose no sangue, portanto, disponibiliza mais energia. 17. A definição de Selye tratou alterações favoráveis e desfavoráveis como igualmente estressantes. A definição de McEwen concentra-se em eventos que um indivíduo considera ameaçadores.

Estresse e eixo hipotálamo-hipófise-córtex adrenal

O estresse ativa dois sistemas corporais. Um é o sistema nervoso simpático, que prepara o corpo para breves respostas de emergência de luta ou fuga. O outro é o **eixo HPA**, consistindo no hipotálamo, hipófise e córtex adrenal. A ativação do hipotálamo humano induz a hipófise anterior a secretar **hormônio adrenocorticotrófico** (*adrenocorticotropic hormone* – ACTH), que por sua vez estimula o córtex adrenal a secretar cortisol, o que aumenta a atividade metabólica, eleva os níveis de açúcar no sangue e aumenta o estado de alerta (ver Figura 11.20). Muitos pesquisadores se referem ao cortisol como "hormônio do estresse" e usam medições do nível de cortisol como uma indicação do nível de estresse recente de alguém. Comparado ao sistema nervoso autônomo, o eixo HPA reage mais lentamente, mas domina a resposta a estressores prolongados como viver com um pai ou cônjuge abusivo.

O estresse que libera cortisol mobiliza a energia do corpo para combater uma situação difícil, mas os resultados dependem da quantidade e duração. O estresse breve ou moderado melhora a atenção e a formação da memória, especialmente na amídala, o que é importante para aprender medos (Sapolsky, 2015). Ele melhora o desempenho em habilidades e tarefas habituais relativamente simples, mas prejudica o desempenho que requer pensamento complexo e flexível (Arnsten, 2015). O estresse também aumenta a atividade do sistema imunológico, ajudando-o a combater doenças (Benschop et al., 1995). Mas o estresse prolongado prejudica a atividade imunológica e a memória (Mika et al., 2012). Para ver por que, começamos com uma visão geral do sistema imunológico.

Sistema imunitário

O **sistema imunológico** consiste em células que protegem o corpo contra vírus, bactérias e outros intrusos. O sistema imunológico é como uma força policial: se é muito fraca, os "criminosos" (vírus e bactérias) correm solto e geram danos. Se é muito forte e não seletiva, começa a atacar os "cidadãos cumpridores da lei" (as células do próprio corpo). Quando o sistema imunológico ataca as células normais, chamamos o resultado de *doença autoimune*. A miastenia gravis e a artrite reumatoide são exemplos de doenças autoimunes.

Leucócito

Os principais componentes do sistema imunológico são os **leucócitos**, comumente conhecidos como glóbulos brancos. Distinguimos vários tipos de leucócitos, incluindo células B, células T e células *natural killer* (ver Figura 11.21):

- *Células B*, que amadurecem principalmente na medula óssea, secretam **anticorpos**, que são proteínas em forma de Y que se ligam a antígenos específicos, assim como uma chave se encaixa em uma fechadura. Cada célula tem proteínas de superfície chamadas **antígenos** (moléculas geradoras de anticorpos), e você tem seus próprios antígenos exclusivos. As células B reconhecem antígenos "próprios", mas quando encontram um antígeno desconhecido, atacam a célula. Esse tipo de ataque defende o corpo contra vírus e bactérias, mas também causa a rejeição de transplantes de órgãos de um doador incompatível, a menos que os médicos tomem medidas especiais para minimizar o ataque. Depois que o corpo produz anticorpos contra um intruso específico, ele "se lembra" do intruso e rapidamente produz mais do mesmo tipo de anticorpo se encontrar esse intruso novamente.
- *Células T* amadurecem na glândula timo. Vários tipos de células T atacam os intrusos diretamente (sem secretar anticorpos) e algumas ajudam outras células T ou células B a se multiplicarem.
- *Células natural killer*, outro tipo de leucócitos, atacam células tumorais e células infectadas por vírus. Enquanto cada célula B ou T ataca um tipo específico de antígeno estranho, as células *natural killer* atacam todos os intrusos.

Em resposta a uma infecção, os leucócitos e outras células produzem pequenas proteínas chamadas **citocinas** (por exemplo, interleucina-1, ou IL-1) que combatem infecções. As citocinas também estimulam o nervo vago e desencadeiam a liberação de **prostaglandinas** que penetram na barreira hematoencefálica e estimulam o hipotálamo a produzir febre, sonolência, falta de energia, falta de apetite e perda do impulso sexual (Maier & Watkins, 1998; Saper, Romanovsky, & Scammell, 2012). Lembre-se da observação de Selye de que a maioria das doenças produz sintomas semelhantes, como febre, perda de energia etc. Aqui vemos a explicação. A aspirina e o ibuprofeno diminuem a febre e outros sinais da doença inibindo as prostaglandinas.

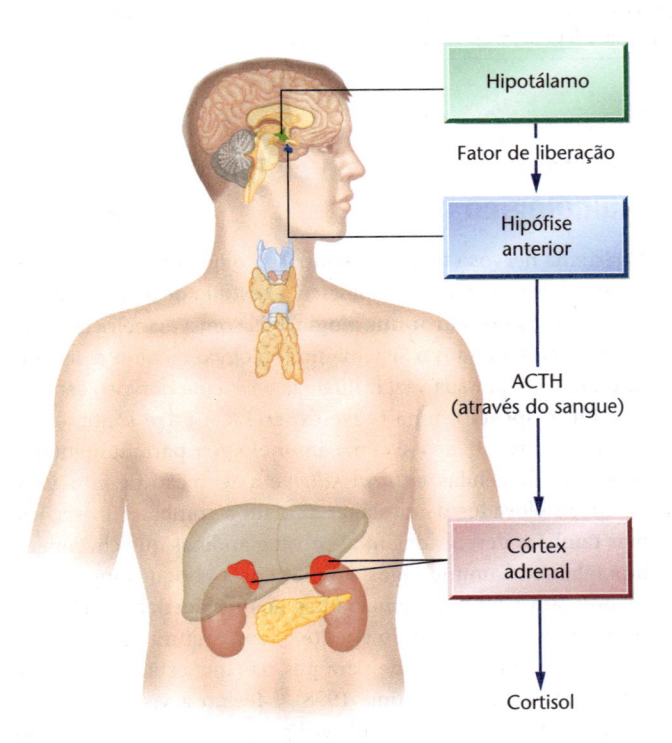

Figura 11.20 O eixo hipotálamo-hipófise-córtex adrenal
Eventos estressantes aumentam a secreção do hormônio adrenal cortisol, que eleva o açúcar no sangue e aumenta o metabolismo. Essas mudanças ajudam o corpo a manter a atividade prolongada, mas à custa da diminuição da atividade do sistema imunológico.

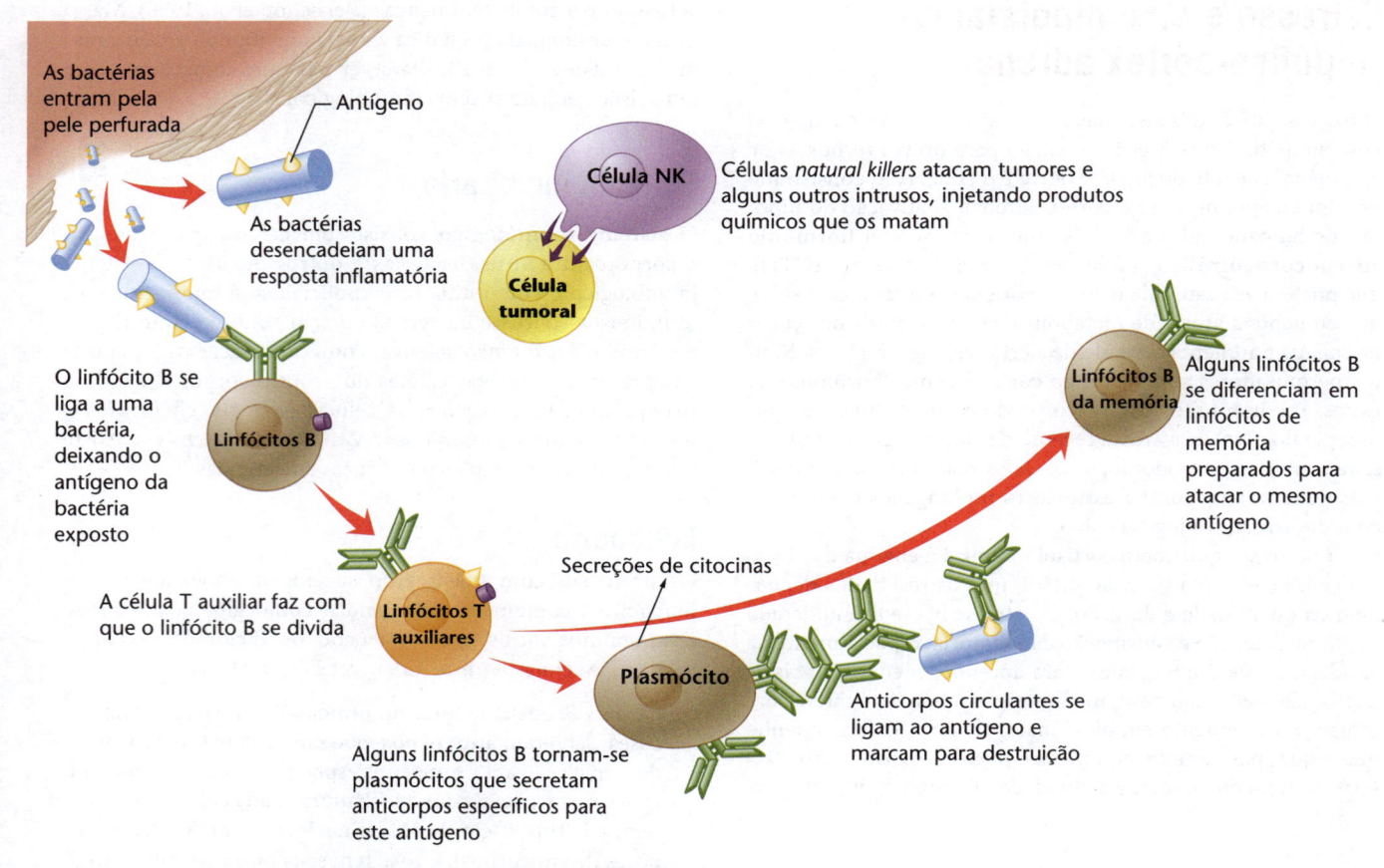

Figura 11.21 Respostas do sistema imunológico a uma infecção bacteriana

As células B se ligam às bactérias e produzem anticorpos contra essas bactérias. Quando uma célula T auxiliar se liga à célula B, ela estimula a célula B a gerar cópias de si mesma, chamadas células B de memória, que imunizam o corpo contra futuras invasões do mesmo tipo de bactéria.

Observe que esses sintomas da doença são na verdade parte da maneira como o corpo luta contra a doença. A maioria das pessoas pensa na febre e sonolência como algo que a doença provocou, mas, na verdade, febre e sonolência são estratégias que evoluíram para combater a doença. Como discutido no Capítulo 9, febre moderada ajuda a combater muitas infecções. O sono e a inatividade são formas de preservar energia para que o corpo possa dedicar mais energia ao ataque imunológico contra os invasores. A diminuição do apetite pode ser útil, reduzindo a necessidade de atividade e diminuindo a glicose no sangue, o combustível preferido para muitos microrganismos (Saper et al., 2012).

PARE & REVISE

18. Que tipo de célula libera citocinas?
19. Que mudanças as prostaglandinas estimulam?

RESPOSTAS

18. Os leucócitos (glóbulos brancos) liberam citocinas.
19. As prostaglandinas estimulam o hipotálamo a produzir febre, diminuir a fome, diminuir o desejo sexual e aumentar a sonolência.

Efeitos do estresse no sistema imunológico

O sistema nervoso tem mais controle do que poderíamos imaginar sobre o sistema imunológico. O estudo dessa relação, denominada **psiconeuroimunologia**, lida com a maneira como as experiências alteram o sistema imunológico e como o sistema imunológico, por sua vez, influencia o sistema nervoso central.

Em resposta a uma breve experiência estressante, o sistema nervoso ativa o sistema imunológico para aumentar a produção de células *natural killer* e a secreção de citocinas. Os níveis elevados de citocinas ajudam a combater infecções, mas também desencadeiam as prostaglandinas que chegam ao hipotálamo. Camundongos submetidos a choques inevitáveis apresentam sintomas semelhantes aos de doenças, incluindo sonolência, diminuição do apetite e temperatura corporal elevada. O mesmo é verdade para pessoas que estão sob grande estresse (Maier & Watkins, 1998). Mesmo a visualização de imagens extremamente repulsivas pode ativar o sistema imunológico e aumentar a temperatura corporal (Stevenson et al., 2012). Em suma, se você esteve sob muito estresse e começou a sentir letargia ou outros sintomas da doença, uma possibilidade é que os sintomas são reações ao estresse, agindo por meio do sistema imunológico.

Uma resposta prolongada ao estresse produz sintomas semelhantes aos da depressão e enfraquece o sistema imunológico (Lim, Huang, Grueter, Rothwell, & Malenka, 2012; Segerstrom & Miller, 2004). Uma hipótese provável é que o aumento prolongado do cortisol direciona a energia para aumentar o metabolismo e, portanto, diminui a energia da síntese de proteínas, incluindo as proteínas do sistema imunológico. Por exemplo, em 1979, na usina nuclear de Three Mile Island, um grande acidente mal foi contido. As pessoas que continuaram a viver nas proximidades durante o ano seguinte tinham níveis mais baixos do que o normal de células B, células T e células *natural killer*. Elas também se queixavam de estresse emocional e apresentavam desempenho prejudicado em uma tarefa de revisão de texto (Baum, Gatchel, & Schaeffer, 1983; McKinnon, Weisse, Reynolds, Bowles, & Baum, 1989). Um estudo de cientistas pesquisadores na Antártica descobriu que um período de nove meses de frio, escuridão e isolamento social reduzia o funcionamento das células T a cerca de metade dos níveis normais (Tingate, Lugg, Muller, Stowe, & Pierson, 1997).

Em um estudo, 276 voluntários preencheram um extenso questionário sobre eventos estressantes da vida e, em seguida, receberam uma injeção de uma dose moderada do vírus do resfriado comum. A hipótese era de que aqueles com as respostas imunológicas mais fortes poderiam lutar contra o frio, mas outros sucumbiriam. As pessoas que relataram breves experiências estressantes não corriam mais risco de contrair um resfriado do que as pessoas que não relataram estresse; mas para pessoas que relataram estresse por mais de um mês, quanto mais tempo durava, maior o risco de doença (S. Cohen et al., 1998).

O estresse prolongado também pode prejudicar o hipocampo. O cortisol resultante do estresse aumenta a atividade metabólica no hipocampo, tornando as células mais vulneráveis a danos por substâncias químicas tóxicas ou superestimulação (Sapolsky, 1992). Camundongos expostos a alto estresse — como ser mantido em uma gaiola de arame por seis horas por dia durante três semanas — apresentam redução dos dendritos no hipocampo e deficiências nos tipos de memória que dependem do hipocampo (Kleen, Sitomer, Killeen, & Conrad, 2006).

✓ PARE & REVISE

20. Como os efeitos do estresse imitam os efeitos da doença?
21. Como o estresse prolongado danifica o hipocampo?

RESPOSTAS

20. O estresse aumenta a liberação de citocinas, que se comunicam com o hipotálamo via prostaglandinas. O hipotálamo reage com as mesmas respostas que usa para combater doenças, como inatividade e perda de apetite.
21. O estresse aumenta a liberação de cortisol, o que aumenta a atividade metabólica em todo o corpo. Quando os neurônios no hipocampo têm alta atividade metabólica, eles se tornam mais vulneráveis a danos por toxinas ou superestimulação.

Lidando com o estresse

Os indivíduos variam quanto às reações a uma experiência estressante como resultado de predisposições genéticas e experiências anteriores. **Resiliência** — a capacidade de se recuperar bem de uma experiência traumática — correlaciona-se com suporte social intenso, ponto de vista otimista e reavaliação das situações difíceis. Esses fatores, por sua vez, se correlacionam com a capacidade de ativar rapidamente a resposta ao estresse e então desativá-la de modo rápido (Horn, Charney, & Feder, 2016). Lidar de modo bem-sucedido com eventos moderadamente estressantes prepara a pessoa para lidar com eventos posteriores, embora um histórico de eventos gravemente adversos deixe a pessoa exausta demais para resistir (Seery, Leo, Lupien, Kondrak, & Almonte, 2013).

As maneiras de controlar as respostas ao estresse incluem rotinas especiais de respiração, exercícios, meditação e distração, bem como, é claro, tentar lidar com o problema que causou o estresse. Apoio social é um dos métodos mais poderosos de lidar com o estresse. Pessoas que recebem abraços mais frequentes têm menos risco de infecção (Cohen, Janicki-Deverts, Turner, & Doyle, 2015). Pessoas que se sentem rejeitadas têm risco maior (Murphy, Slavich, Chen, & Miller, 2015). Após a morte de um cônjuge, os idosos têm um risco muito maior de ataque cardíaco ou AVC nos próximos meses (Carey et al., 2014). Em um estudo, mulheres casadas e felizes receberam choques moderadamente dolorosos nos tornozelos. Em vários ensaios, elas seguravam a mão do marido, um homem que não conheciam, ou de ninguém. Segurar a mão do marido reduzia a resposta indicada por RMf em várias áreas do cérebro, incluindo o córtex pré-frontal. Segurar a mão de um homem desconhecido reduzia um pouco a resposta, em média, mas não tanto quanto segurar a mão do marido (Coan, Schaefer, & Davidson, 2006). Como esperado, as respostas cerebrais correspondiam aos autorrelatos das pessoas de que o apoio social de um ente querido ajuda a reduzir o estresse.

A resiliência não é fácil de investigar. Idealmente, queremos estudar um grande número de pessoas física e mentalmente saudáveis antes, durante e depois de uma série de experiências altamente estressantes, e compará-las com pessoas semelhantes que enfrentaram menos estresse. E queremos ter certeza de que é possível acompanhar o paradeiro de cada pessoa ao longo de vários anos. Parece uma tarefa praticamente impossível, e seria, para qualquer um, exceto para os militares. Em 2009, o exército dos Estados Unidos iniciou um estudo com jovens saudáveis entrando no serviço militar, muitos dos quais estariam expostos a estresse sério nos próximos anos. O exército é excelente em monitorar onde cada soldado está em todos os momentos, e pode garantir a realização de estudos de acompanhamento de cada participante. Os resultados preliminares sugerem que os fatores de risco são semelhantes aos identificados anteriormente em populações civis, como sentir-se deprimido (Ursano et al., 2016). O exército continua o estudo.

Módulo 11.3 | Conclusão

Emoções e reações do corpo

A pesquisa sobre estresse e saúde fornece um tipo interessante de conclusão. Décadas atrás, Hans Selye argumentou que qualquer evento estressante leva à síndrome de adaptação geral, marcada por febre e outros sinais de doença. Agora sabemos por quê: o corpo reage ao estresse prolongado ativando o córtex adrenal e o sistema imunológico, e o aumento resultante nas citocinas produz as mesmas reações que uma infecção produziria. A pesquisa também melhorou nossa compreensão das predisposições por trás do transtorno de estresse pós-traumático e tornou possível prever uma nova era de avanços na medicina psicossomática. Os estados emocionais, que antes pareciam efêmeros demais para o estudo científico, agora fazem parte da corrente principal da biologia.

Resumo

1. Hans Selye introduziu a ideia da síndrome de adaptação geral, que é a maneira como o corpo responde a todos os tipos de doenças e estresse.
2. O estresse é difícil de definir. Como as pessoas aplicam o termo a uma ampla variedade de experiências importantes e secundárias, os resultados das pesquisas sobre o estresse variam muito.
3. O estresse ativa imediatamente o sistema nervoso simpático e, mais lentamente, ativa o eixo hipotálamo-hipófise-córtex adrenal. O córtex adrenal libera cortisol, que aumenta o metabolismo.
4. Embora o estresse breve aumente a resposta imunológica e facilite a formação da memória, o estresse prolongado exaure a o corpo dos recursos de que necessita para outros propósitos.
5. O estresse ativa o sistema imunológico, ajudando a combater vírus e bactérias. O sistema imunológico libera citocinas, que estimulam o hipotálamo liberando prostaglandinas, que atravessam a barreira hematoencefálica. O hipotálamo reage por meio de atividades para combater doenças, incluindo sonolência, febre e perda de apetite e energia.
6. Como o estresse causa a liberação de citocinas, ele também pode levar à letargia e a outros sintomas semelhantes aos de uma doença.
7. Os altos níveis de cortisol associados ao estresse prolongado danificam as células do hipocampo, prejudicando a memória.
8. As pessoas variam quanto à resiliência ao estresse, com base na genética, no apoio social e em experiências anteriores.

Termos-chave

Os termos estão definidos no número de página indicado. Também são apresentados em ordem alfabética com a definição no Índice remissivo/Glossário do livro, que começa na p. 589.

anticorpos 377
antígenos 377
citocina 377
cortisol 376
eixo HPA 377
estresse 376
hormônio adrenocorticotrófico (ACTH) 377
leucócito 377
medicina comportamental 376
prostaglandinas 377
psiconeuroimunologia 378
resiliência 379
síndrome da adaptação geral 376
sistema imunológico 377

Questão complexa

Se alguém não conseguisse produzir citocinas, quais seriam as consequências?

Módulo 11.3 | Questionário final

1. Qual hormônio o estágio de alarme libera, mas o estágio de resistência não?
    A. Cortisol
    B. ACTH
    C. Adrenalina
    D. Testosterona

2. Como as funções do eixo HPA se comparam às do sistema nervoso simpático?
   A. O sistema nervoso simpático prepara o corpo para uma ação breve e vigorosa, e o eixo HPA controla a digestão e outras atividades vegetativas.
   B. O sistema nervoso simpático ativa o cérebro e o eixo HPA ativa o resto do corpo.
   C. O sistema nervoso simpático prepara o corpo para uma ação breve e vigorosa, e o eixo HPA prepara o corpo para lidar prolongadamente com um estressor persistente.
   D. O sistema nervoso simpático permanece ativo durante uma situação estressante, e o eixo HPA torna-se ativo no final da situação estressante.

3. Como a definição de estresse de McEwen difere da de Selye?
   A. A definição de Selye aplicava-se apenas ao estresse grave.
   B. A definição de Selye aplica-se igualmente a eventos favoráveis ou desfavoráveis.
   C. A definição de Selye se aplica apenas a animais de laboratório.
   D. A definição de Selye se aplica apenas a humanos.

4. Quais células do sistema imunológico secretam anticorpos?
   A. Somente células NK (*natural killer*).
   B. Somente células T.
   C. Somente células B.
   D. Proporcionalmente células NK, células T e células B.

5. Por que quase todas as infecções produzem sintomas semelhantes, como febre, sonolência e perda de energia?
   A. Cada infecção prejudica a capacidade do corpo de manter a temperatura corporal e a atividade geral.
   B. "Comportamentos doentios" são uma forma eficaz de uma pessoa doente ganhar simpatia e ajuda.
   C. Partículas infecciosas obstruem as artérias, tornando difícil para que outras substâncias químicas alcancem seus alvos.
   D. O sistema imunológico envia prostaglandinas para o cérebro, onde elas estimulam o hipotálamo a produzir esses efeitos.

6. Quais são os efeitos do estresse no sistema imunológico?
   A. Todas as experiências estressantes prejudicam o sistema imunológico.
   B. O estresse breve ativa o sistema imunológico, mas o estresse prolongado o enfraquece.
   C. O estresse breve enfraquece o sistema imunológico, mas o estresse prolongado o fortalece.
   D. Todas as experiências estressantes fortalecem o sistema imunológico.

7. Sabe-se que o estresse prolongado danifica qual área do cérebro?
   A. O córtex visual
   B. O hipocampo
   C. O cerebelo
   D. Corpo caloso anterior

8. Quais destes itens aumenta a resiliência?
   A. Imprevisibilidade dos eventos.
   B. Suporte social.
   C. Experiências anteriores gravemente estressantes.
   D. Respirar dióxido de carbono.

Respostas: 1C, 2C, 3B, 4C, 5D, 6B, 7B, 8B.

Sugestões de leitura

Damásio, A. (1999). *The feeling of what happens.* New York: Harcourt Brace. O relato de um neurologista sobre a conexão entre emoção e consciência, cheio de exemplos interessantes.

Frazzetto, G. B. (2013). *Joy, guilt, anger, love.* New York: Penguin Books. Descrição perspicaz de experiências emocionais, com referência a estudos neurológicos relevantes.

McEwen, B. S. & Lasley, E. N. (2002). *The end of stress as we know it.* Washington, DC: Joseph Henry Press. Excelente revisão da literatura escrita por um dos maiores pesquisadores.

Pfaff, D. W. (2007). *The neuroscience of fair play.* New York: Dana Press. Exploração de como a fisiologia das emoções, especialmente a amídala, relaciona-se com o comportamento moral.

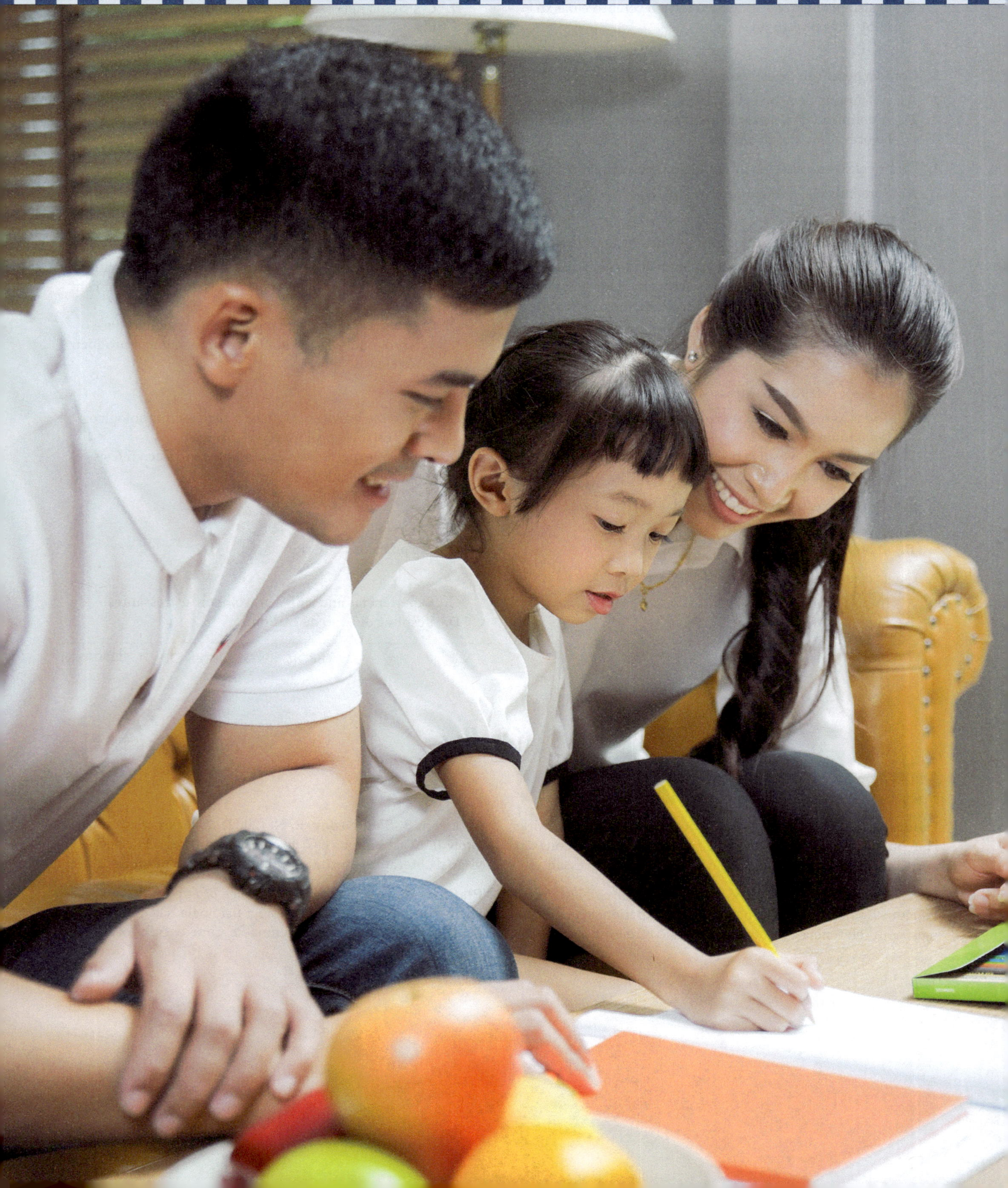

Aprendizagem, memória e inteligência

Capítulo 12

Suponha que você digite algo no computador e depois salve. Um ano depois, você volta, clica no nome de arquivo correto e recupera o que escreveu. Como o computador lembrou o que fazer?

Essa pergunta tem duas partes: primeiro, como as propriedades físicas dos chips de silício permitem que as propriedades sejam alteradas ao se pressionar certas teclas? Segundo, como o diagrama de conexões seleciona as alterações nos chips de silício individuais e converte-as em uma atividade útil?

Da mesma forma, quando tentamos explicar como você se lembra de alguma experiência, lidamos com duas questões: primeiro, como um padrão de informação sensorial altera as propriedades de entrada e saída de certos neurônios? Segundo, depois que os neurônios mudam as propriedades, como o sistema nervoso produz as mudanças comportamentais que chamamos de aprendizado ou memória?

Nos primeiros dois módulos deste capítulo, consideramos como as várias áreas do cérebro interagem para produzir aprendizagem e memória. No terceiro módulo, analisamos a fisiologia detalhada de como a experiência muda os neurônios e as sinapses. No módulo final, refletimos sobre o conceito elusivo da inteligência e como ele se relaciona com os mecanismos do cérebro.

Sumário do capítulo

Módulo 12.1
Aprendizagem, memória e perda de memória
Representações localizadas da memória
Tipos de memória
Perda de memória
Conclusão: Memória e esquecimento

Módulo 12.2
O hipocampo e o estriado
Perda de memória após lesão do hipocampo
Navegação
O estriado
Outras áreas do cérebro e da memória
Conclusão: Lesão cerebral e memória

Módulo 12.3
Armazenamento de informações no sistema nervoso
Becos cegos e minas abandonadas
Aprendizagem e a sinapse hebbiana
Mecanismos de célula única na alteração do comportamento de invertebrados
Potenciação de longo prazo em vertebrados
Aprimoramento da memória
Conclusão: A fisiologia da memória

Módulo 12.4
Inteligência
Tamanho do cérebro e inteligência
Genética e inteligência
Evolução do cérebro
Conclusão: Por que somos tão inteligentes?

Objetivos de aprendizagem

Depois de estudar este capítulo, você será capaz de:
1. Diferenciar os tipos de memória.
2. Definir *engrama*, e descrever a pesquisa para localizar um engrama.
3. Discutir os tipos de amnésia.
4. Comparar as funções do hipocampo e corpo estriado.
5. Definir sinapses hebbianas.
6. Explicar o mecanismo de potenciação de longo prazo.
7. Discutir as relações entre anatomia, genética e inteligência do cérebro.

Imagem da página anterior:
A aprendizagem produz comportamentos incrivelmente complexos.
(VectorLifestylepic/Shutterstockc.om)

Módulo 12.1

Aprendizagem, memória e perda de memória

Suponha que você perdeu a capacidade de formar memórias. Você está ciente do presente, mas se esquece da experiência de um momento atrás. Você se sente como se tivesse acabado de acordar de um sono profundo. Então, você escreve em uma folha de papel: "Agora, pela primeira vez, de repente me tornei consciente!". Um pouco depois, você esquece essa experiência também. Pelo que você pode dizer, você acaba de voltar à consciência após um longo período de sono. Você olha para a folha de papel na qual escreveu sobre como se tornar consciente, mas não se lembra de tê-la escrito. Estranho! Você deve ter escrito quando, na verdade, não estava consciente! Irritado, você risca essa afirmação e escreve novamente, "*AGORA* estou consciente pela primeira vez!". E um minuto depois, você risca isso e escreve mais uma vez. Por fim, alguém encontra a folha de papel na qual você repetidamente escreveu e riscou afirmações sobre sentir-se repentinamente consciente pela primeira vez.

Parece forçado? Realmente aconteceu com um paciente que desenvolveu deficiências graves de memória depois que a encefalite danificou seu córtex temporal (Wilson, Baddeley, & Kapur, 1995). Vida sem memória significa nenhuma sensação de existência ao longo do tempo. Sua memória é quase sinônimo de seu senso de identidade.

Representações localizadas da memória

Os psicólogos têm tradicionalmente distinguido duas categorias de aprendizagem: condicionamento clássico e instrumental. O fisiologista russo Ivan Pavlov foi o pioneiro na investigação do que hoje chamamos **condicionamento clássico** (ver Figura 12.1a), na qual o emparelhamento de dois estímulos muda a resposta a um deles (Pavlov, 1927). O pesquisador começa apresentando um **estímulo condicionado (EC)**, que inicialmente não provoca nenhuma resposta digna de nota e então apresenta o **estímulo não condicionado (ENC)**, que automaticamente provoca a **resposta não condicionada (RNC)**. Depois de alguns pareamentos do EC e do ENC (talvez apenas um ou dois, talvez muitos), o indivíduo começa a produzir uma nova resposta aprendida ao EC, chamada **resposta condicionada (RC)**. Em seus experimentos originais, Pavlov apresentou a um cão determinado som (EC) seguido de carne (ENC), o que estimulou o cão a salivar (RNC). Depois de muitos desses pareamentos, o som, por si só, (EC) estimulou o cão a salivar (CR). Nesse caso e em muitos outros, a RC se assemelha à RNC, mas, em alguns casos, não. Por exemplo, se um camundongo experimenta um EC emparelhado com choque, o choque provoca gritos e pulos, mas o EC provoca uma resposta de congelamento.

No **condicionamento instrumental** (também conhecido como condicionamento operante), uma resposta leva a um reforço ou punição (ver Figura 12.1b). Um **reforço** é qualquer evento que aumenta a probabilidade futura da resposta. Uma **punição** é um evento que suprime a frequência da resposta. Por exemplo, quando um camundongo entra em uma divisão de um labirinto e encontra o cereal Froot Loops (uma guloseima que os camundongos parecem adorar), o camundongo aumenta a probabilidade de entrar nessa divisão em oportunidades futuras. Se, em vez disso, receber um choque, a probabilidade diminui. A principal diferença entre o **condicionamento clássico** e o instrumental é que, no condicionamento instrumental, a resposta do indivíduo determina o resultado (reforço ou punição), enquanto no condicionamento clássico o EC e o ENC ocorrem em determinados momentos, independentemente do comportamento do indivíduo. O comportamento é útil, entretanto, na preparação para o ENC.

Alguns casos de aprendizagem são difíceis de rotular como clássicos ou instrumentais. Por exemplo, depois que uma ave canora macho ouve o canto de sua própria espécie durante seus primeiros meses, ele o imita no ano seguinte. O canto que ele ouviu não foi emparelhado com nenhum outro estímulo, então não parece um condicionamento clássico. Ele aprendeu o canto sem reforços ou punições, portanto, não podemos chamá-lo de condicionamento instrumental. Ou seja, os animais têm métodos especializados de aprendizagem diferentes do condicionamento clássico e instrumental. Além disso, a maneira como os animais (incluindo as pessoas) aprendem varia de uma situação para outra. Na maioria das situações, o aprendizado ocorre apenas se o EC e o ENC, ou a resposta e o reforço, ocorrerem juntos no tempo. Mas se você comer algo, especialmente algo desconhecido, e mais tarde adoecer, você desenvolverá uma forte aversão ao sabor daquele alimento, mesmo que o sabor e a doença estejam separados por horas (Rozin & Kalat, 1971; Rozin & Schull, 1988).

A busca pelo engrama de Lashley

O que acontece no cérebro quando você aprende algo? Pavlov propôs a hipótese simples de que o condicionamento clássico reflete uma conexão fortalecida entre um centro EC e um centro ENC no cérebro. Essa conexão reforçada permite que qualquer estimulação do centro EC flui para o centro ENC, provocando uma resposta idêntica à resposta

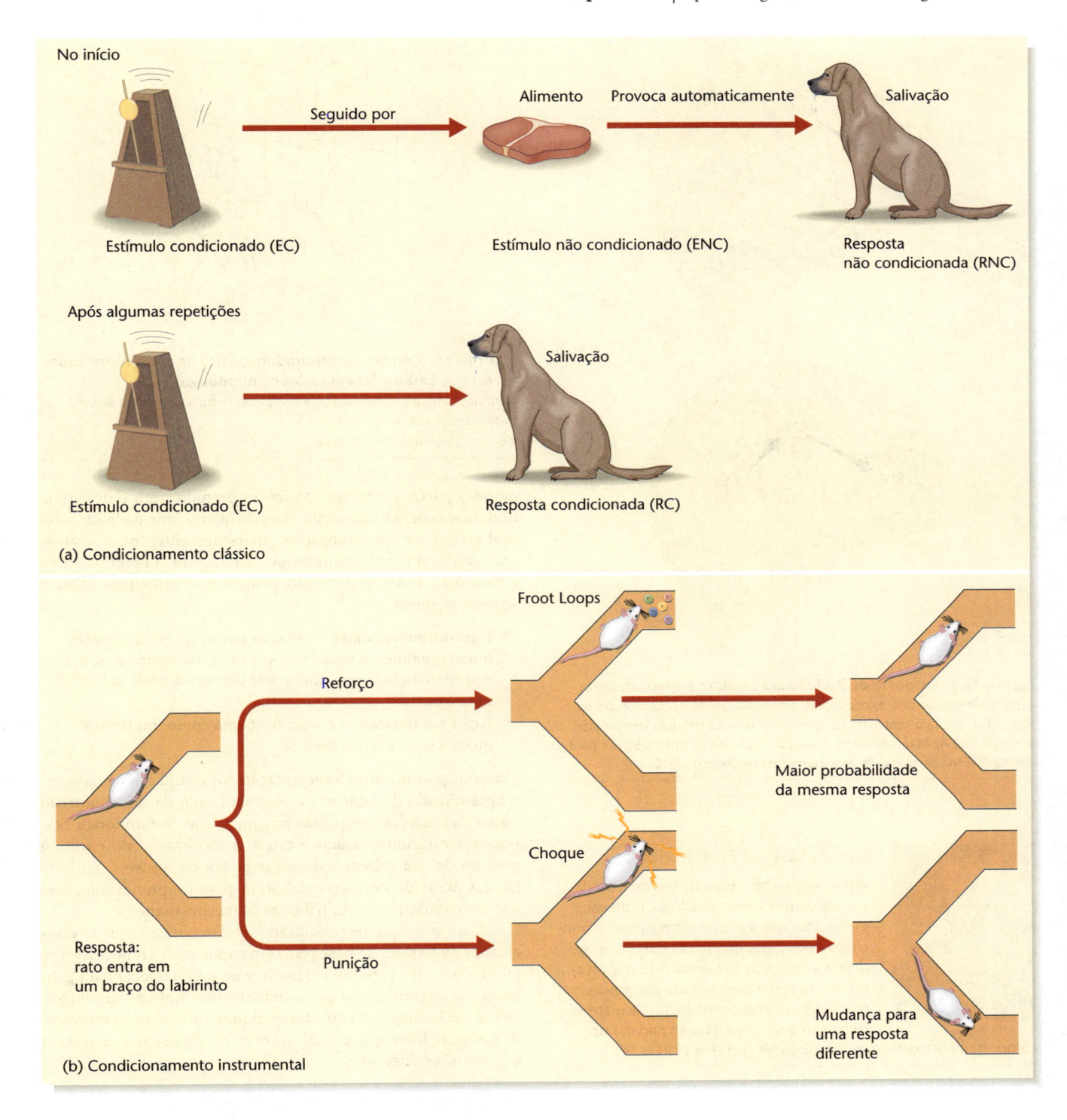

Figura 12.1 Condicionamento clássico e condicionamento instrumental
(a) No condicionamento clássico, dois estímulos (EC e ENC) são apresentados em determinados momentos, independentemente do que o aluno faz. **(b)** No condicionamento instrumental, o comportamento do aprendiz controla a apresentação do reforço ou da punição.

não condicionada (ver Figura 12.2). Agora sabemos que essa hipótese não se encaixa em todas as observações comportamentais. Como mencionado, se um sinal prediz choque, um camundongo não reage ao sinal como se fosse um choque. Mas psicólogos pregressos desconheciam essas observações e consideraram a hipótese de Pavlov plausível. Karl Lashley decidiu testá-la. Lashley procurava o **engrama** — a representação física do que foi aprendido. Uma conexão entre duas áreas do cérebro seria um possível exemplo de engrama.

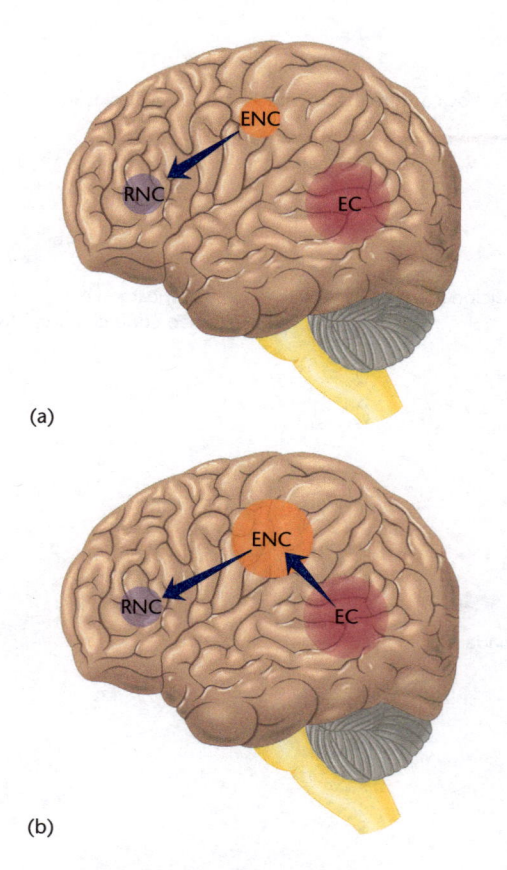

Figura 12.2 Proposta de Pavlov para explicar a aprendizagem
(a) Inicialmente, o ENC excita o centro do ENC, que estimula o centro da RNC. O EC excita o centro do EC, que não provoca nenhuma resposta de interesse. (b) Após o treinamento, a estimulação no centro do EC flui para o centro do ENC, provocando assim a mesma resposta do ENC.

Karl S. Lashley (1890–1958)
A psicologia é hoje uma ciência mais fundamental do que a neurofisiologia. Com isso, quero dizer que a última oferece poucos princípios a partir dos quais podemos prever ou definir a organização normal do comportamento, ao passo que o estudo dos processos psicológicos fornece uma massa de material factual ao qual as leis da ação nervosa no comportamento devem se corresponder. (Lashley, 1930, p. 24)

Lashley refletiu que, se o aprendizado depende de conexões novas ou fortalecidas entre áreas do cérebro, um corte de faca em algum lugar do cérebro deveria interromper essa conexão e eliminar a resposta aprendida. Ele treinou camundongos em labirintos e em uma tarefa de distinção de brilho e então fez cortes profundos em vários locais nos córtices cerebrais (Lashley, 1929, 1950) (ver Figura 12.3). Mas nenhum corte de faca prejudicou significativamente o desempenho dos camundongos. Evidentemente, os tipos de aprendizagem que ele estudou não dependiam das conexões no córtex.

Lashley também testou se alguma parte do córtex cerebral é mais importante do que outras para o aprendizado. Ele treinou camundongos em labirintos antes ou depois de remover

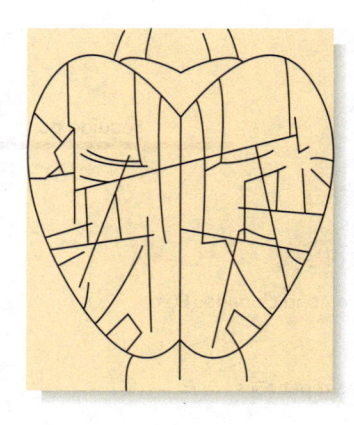

Figura 12.3 Cérebro de camundongo visto de cima, mostrando cortes que Lashley fez em vários camundongos
Nenhum corte ou combinação de cortes interferiu na memória de um camundongo em um labirinto.
(Fonte: Adaptada de Lashley, 1950)

grandes partes do córtex. As lesões prejudicaram o desempenho, mas o déficit dependia mais da quantidade da lesão cerebral do que de sua localização. Aparentemente, todas as áreas corticais eram igualmente importantes para o aprendizado e a memória. Lashley, portanto, propôs dois princípios sobre o sistema nervoso:

- **Equipotencialidade** – todas as partes do córtex contribuem igualmente para comportamentos complexos, como o aprendizado, e qualquer parte do córtex pode substituir uma à outra.
- **Ação em massa** – o córtex funciona como um todo, e quanto mais córtex, melhor.

Observe, porém, outra interpretação dos resultados de Lashley: o aprendizado do labirinto e o aprendizado da discriminação visual são tarefas complexas nas quais um camundongo responde a estímulos visuais e táteis, à localização do corpo, à posição de sua cabeça e a outras pistas disponíveis. Embora muitas áreas do cérebro colaborem para o aprendizado, elas não necessariamente contribuem da mesma maneira.

Com o tempo, os pesquisadores descobriram que as conclusões de Lashley se baseavam em suposições desnecessárias: (a) que o córtex cerebral é o melhor ou o único local para procurar um engrama e (b) que estudar um exemplo de aprendizagem é tão bom quanto estudar qualquer outro. Como veremos, os pesquisadores que descartaram essas suposições chegaram a conclusões diferentes.

A busca moderna pelo engrama

Richard F. Thompson e colegas usaram uma tarefa mais simples do que a de Lashley e buscaram o engrama da memória não no córtex cerebral, mas no cerebelo. Thompson e colegas estudaram o condicionamento clássico das respostas das pálpebras em coelhos. Eles apresentaram primeiro um tom (EC) e depois um sopro de ar (ENC) na córnea do olho do coelho. No início, um coelho fechou os olhos em resposta ao sopro de ar, mas não ao tom. Após repetidos pareamentos, ocorreu o condicionamento clássico e o coelho também piscou ao ouvir o tom. Os investigadores registraram a atividade em várias células cerebrais para determinar quais mudaram as respostas durante o aprendizado.

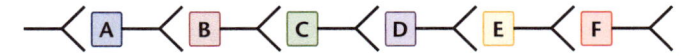

Thompson decidiu determinar o local do aprendizado. Imagine uma sequência de áreas cerebrais dos receptores sensoriais aos neurônios motores que controlam os músculos: se qualquer uma dessas áreas é danificada, o aprendizado será prejudicado, porém, não podemos ter certeza de que o aprendizado tenha ocorrido na área danificada. Por exemplo: se o aprendizado ocorrer na área D, o dano em A, B ou C impedirá o aprendizado, bloqueando a estimulação para D. A lesão em E ou F impedirá o aprendizado, bloqueando a estimulação de D. Thompson e colegas raciocinaram da seguinte forma: suponha que a aprendizagem ocorra em D. Assim, D tem de estar ativo no momento da aprendizagem, e o mesmo acontece com todas as áreas que levam a D (A, B e C). Mas o aprendizado não deve exigir áreas E e além dela. Se a área E fosse temporariamente bloqueada, nada transmitiria informações aos músculos, portanto, não veríamos nenhuma resposta. No entanto, o aprendizado poderia ocorrer mesmo assim, e poderíamos ver evidências disso mais tarde.

A pesquisa de Thompson identificou um núcleo do cerebelo, o **núcleo interpositivo lateral (NIL)**, como essencial para a aprendizagem. No início do treinamento, essas células mostraram pouca resposta ao som, mas conforme o aprendizado prosseguia, as respostas aumentavam (Thompson, 1986). Quando os pesquisadores suprimiram temporariamente esse núcleo em um coelho não treinado, seja por resfriamento do núcleo ou por injeção de um fármaco nele, e então apresentaram os ECs e ENCs, o coelho não mostrou nenhuma resposta durante o treinamento. Em seguida, eles esperaram que o NIL se recuperasse e continuaram o treinamento. Nesse ponto, o coelho começou a aprender, mas aprendeu *na mesma velocidade* que os animais que não receberam nenhum treinamento prévio. Evidentemente, enquanto o NIL estava suprimido, o treinamento não teve efeito.

Mas, na verdade, a aprendizagem ocorre *no* NIL ou essa área apenas retransmite as informações para uma área posterior onde ocorre a aprendizagem? Nos experimentos seguintes, os pesquisadores suprimiram a atividade no núcleo rubro, uma área motora do mesencéfalo que recebe informações do cerebelo. Quando o núcleo rubro era suprimido, os coelhos mais uma vez não mostraram nenhuma resposta durante o treinamento. Mas assim que o núcleo rubro se recuperou do resfriamento ou dos fármacos, os coelhos imediatamente mostraram fortes respostas aprendidas ao som (Clark & Lavond, 1993; Krupa, Thompson, & Thompson, 1993). Em outras palavras, suprimir o núcleo rubro impediu temporariamente a resposta, mas não impediu o aprendizado. Evidentemente, o aprendizado não exigia atividade no núcleo rubro ou em qualquer área posterior. Thompson e colegas concluíram que o aprendizado ocorria no NIL. Como eles sabiam que o aprendizado não dependia de alguma área *antes* do NIL? Se assim fosse, suprimir o NIL não teria impedido o aprendizado. A Figura 12.4 resume esses experimentos. Essa pesquisa possibilitou que outros pesquisadores explorassem os mecanismos com mais detalhes, identificando as células e os neurotransmissores responsáveis por esse exemplo específico do engrama (Freeman, 2015).

Os mecanismos para esse tipo de condicionamento são os mesmos em muitas espécies, desde peixes dourados (Gomez et al., 2016) até humanos. Pessoas com lesões no cerebelo não apresentam piscadas condicionadas (Daum et al., 1993) ou apenas olhos fracos e cronometrados incorretamente (Gerwig et al., 2005). Mas relatam que sabem que o estímulo prediz um sopro de ar nos olhos e mostram uma alteração classicamente condicionada na condutância da pele (Daum et al., 1993). Lesões no cerebelo prejudicam o aprendizado apenas quando uma resposta discreta precisa ser feita em um momento preciso (Poulos & Thompson, 2015). Como mencionado no Capítulo 7, o cerebelo é especializado em cronometrar intervalos curtos.

✓ PARE & REVISE

1. Thompson descobriu um engrama localizado, e Lashley não. Quais principais diferenças nos procedimentos ou suposições foram provavelmente responsáveis pelos resultados diferentes?
2. Que evidência indica que o núcleo rubro é necessário para o desempenho de uma resposta condicionada, mas não para aprender a resposta?

RESPOSTAS

1. Thompson estudou um tipo de aprendizagem diferente e mais simples. Além disso, ele analisou o cerebelo em vez do córtex cerebral. 2. Se o núcleo rubro é inativado durante o treinamento, o animal não dá nenhuma resposta condicionada durante o treinamento, então o núcleo rubro é necessário para a resposta. Mas assim que o núcleo rubro se recupera, o animal pode mostrar respostas condicionadas simultaneamente, sem nenhum treinamento adicional, portanto a aprendizagem ocorreu enquanto o núcleo rubro estava inativado.

Tipos de memória

Encontrar um engrama para certos tipos de condicionamento clássico é uma realização importante, mas descobrir um engrama para as memórias cotidianas é mais desafiador (Eichenbaum, 2016). Durante grande parte do século XX, a maioria dos psicólogos presumiu que todas as memórias eram iguais. Nesse caso, eles poderiam estudá-las com qualquer exemplo conveniente, como a memorização de sílabas sem sentido, assim como os físicos podem medir a gravidade deixando cair qualquer objeto. Por fim, os psicólogos começaram a fazer distinções entre um tipo de memória e outro.

Memória de curto e longo prazo

Donald Hebb (1949) argumentou que nenhum mecanismo poderia explicar todos os fenômenos de aprendizagem. Você pode repetir imediatamente algo que acabou de ouvir, assim fica claro que algumas memórias se formam rapidamente. Idosos podem relembrar eventos da infância, dessa forma também vemos que algumas memórias duram para sempre. Hebb não conseguiu imaginar um processo químico rápido o suficiente para ser o responsável pela memória imediata, mas estável o suficiente para fornecer memória permanente. Ele, portanto, propôs uma distinção entre **memória de curto prazo** dos eventos que acabaram de ocorrer e **memória de longo prazo** dos eventos mais antigos. Vários tipos de evidências corroboram essa ideia:

- A memória de curto prazo e a memória de longo prazo diferem quanto à capacidade. Se você ouvir uma série de números ou letras dissociados, como DZLAUV, provavelmente não conseguirá repetir mais do que sete deles, aproximadamente, e, com outros tipos de exemplos, sua capacidade será ainda menor. Você pode armazenar uma grande quantidade de informações na memória de longo prazo.

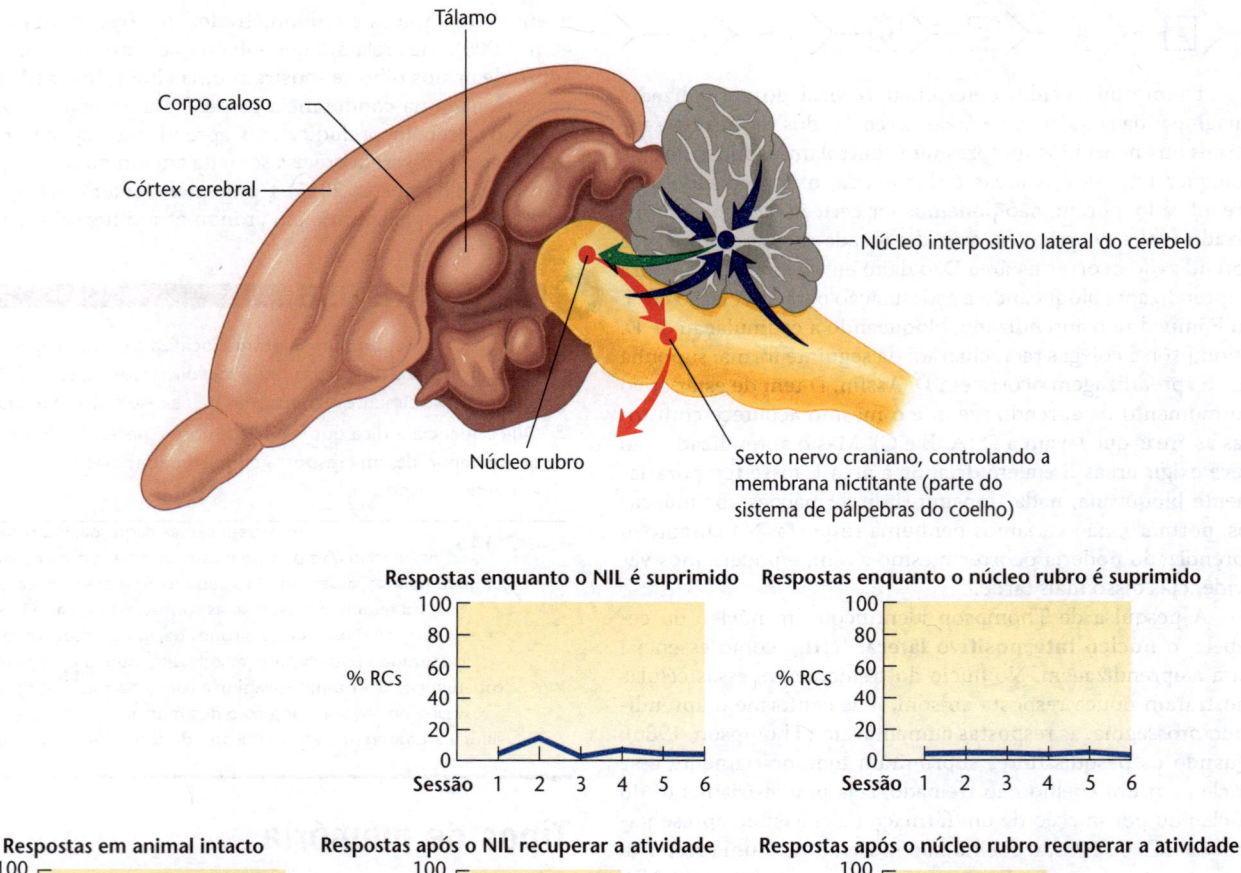

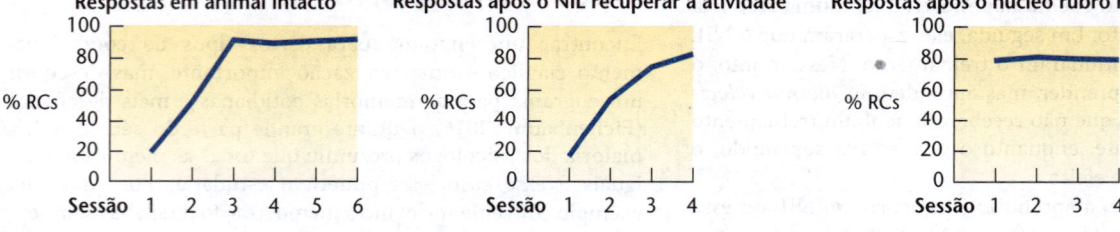

Figura 12.4 Localização de um engrama
A inativação temporária do núcleo interpositivo lateral bloqueou todas as indicações da aprendizagem. Depois que a inativação passou, os coelhos aprenderam tão lentamente quanto coelhos sem nenhum treinamento prévio. A inativação temporária do núcleo rubro bloqueou as respostas durante o período de inativação, mas a resposta aprendida apareceu assim que o núcleo rubro se recuperou.
(Fonte: Baseada nos resultados de Clark, & Lavond, 1993; Krupa, Thompson, & Thompson, 1993)

- A memória de curto prazo requer ensaio. Se você interpretar a sequência de letras DZLAUV e algo o distrair, a probabilidade de você repetir as letras diminui rapidamente (Peterson & Peterson, 1959). Você pode reconstruir memórias de longo prazo nas quais não pensava há anos, embora sua recordação possa não ser 100% precisa.
- Depois de esquecer algo da memória de curto prazo, isso se perde. Com a memória de longo prazo, uma dica pode ajudá-lo a reconstruir algo que você pensou ter esquecido. Por exemplo, tente nomear todos os seus professores do ensino médio. Depois de nomear todos possíveis, você poderá nomear mais alguns se alguém mostrar fotos e disser as iniciais dos professores.

Hebb sugeriu que poderíamos armazenar memórias de curto prazo por meio de um circuito reverberante, no qual o neurônio A estimula o neurônio B, que estimula o neurônio C, que então estimula novamente o neurônio A. Hebb propôs ainda que armazenar algo na memória de curto prazo por um período suficiente de tempo tornava possível que o cérebro se **consolidasse** (fortalecê-la) na memória de longo prazo, presumivelmente produzindo novas sinapses ou outras alterações estruturais. Se alguma coisa interrompeu o ensaio da memória de curto prazo antes que a consolidação completasse seu curso, a informação simplesmente seria perdida.

Nossa visão em transformação da consolidação

Estudos posteriores tornaram cada vez mais problemática a distinção entre memória de curto e longo prazos. Primeiro, muitas memórias de curto prazo não são simplesmente armazenamentos temporários em vias de se transformar em memórias de longo prazo. Ao assistir a uma partida de futebol ou hóquei, você se lembra do placar até que ele mude, talvez uma hora depois. Se você estacionar o carro, você se lembrará da localização até voltar para pegá-lo, talvez horas depois, talvez até dias depois. Manter uma memória por um tempo suficiente não a transforma automaticamente em uma memória permanente.

Além disso, a consolidação não é o que pensávamos. A ideia original era a de que o cérebro retinha algo na memória de curto prazo até que pudesse sintetizar novas proteínas que estabelecessem uma memória de longo prazo (Canal & Gold, 2007). Mas o tempo necessário para a consolidação varia enormemente. Se você está tentando memorizar fatos que considera entediantes e inúteis, você pode lutar por horas. Mas se alguém o alertar sobre a cobra venenosa que se soltou no dormitório, você não terá de repeti-lo indefinidamente ou escrever cartões de memória para se lembrar dela. Memórias emocionalmente significativas se formam rapidamente. Na verdade, se algum evento é extremamente excitante — seu primeiro beijo, talvez, ou o momento em que ouviu falar de alguma tragédia — você lembra não apenas do evento em si, mas daqueles imediatamente anteriores e posteriores. Os psicólogos chamam essas experiências de "memórias vívidas", como se uma cintilação mental iluminasse tudo por um momento. A explicação fisiológica é que experiências altamente emocionais despertam o *locus coeruleus*, que aumenta a liberação de noradrenalina por todo o córtex e a liberação de dopamina no hipocampo (Takeuchi et al., 2016). As experiências emocionais também aumentam a secreção de adrenalina e cortisol que ativam a amídala e o hipocampo (Cahill & McGaugh, 1998; Murty, LaBar, & Adcock, 2012). A questão é que a consolidação depende mais do que o tempo necessário para sintetizar algumas novas proteínas.

As memórias vívidas têm um aspecto adicional: suponha que você esteja dirigindo em um dia nevoso e derrape em um trecho escorregadio. Normalmente, você esqueceria esse pequeno susto rapidamente. Mas um minuto depois, você derrapou em um segundo trecho escorregadio e destruiu o carro. Agora você forma uma memória de longo prazo não apenas do acidente, mas também da derrapagem anterior. Os pesquisadores chamam esse processo de "marcação e captura sináptica": o cérebro marca uma nova memória fraca para estabilização posterior se um evento semelhante e mais importante aconteça na sequência (Dunsmoor, Murty, Davichi, & Phelps, 2015).

Memória de trabalho

Para substituir o conceito de memória de curto prazo, A. D. Baddeley & G. J. Hitch (1994) introduziram o termo **memória de trabalho** como referência à maneira como armazenamos informações enquanto trabalhamos com elas. Um teste comum da memória de trabalho é a **tarefa de resposta atrasada**, em que você responde a algo que viu ou ouviu há pouco. Imagine que, ao olhar para um ponto de fixação central, uma luz pisca brevemente em algum ponto ao redor. Você olha fixamente para esse ponto central por alguns segundos até ouvir um bipe e, então, deve olhar para onde se lembra de ter visto a luz. Essa tarefa pode ser modificada para uso em macacos e outras espécies. Durante o atraso, o aprendiz deve armazenar uma representação do estímulo. Durante o atraso, certas células no córtex pré-frontal e parietal aumentam a atividade, e diferentes células tornam-se ativas dependendo da direção que

o movimento do olho precisará tomar (Chafee & Goldman-Rakic, 1998; Constantinidis & Klingberg, 2016).

Se alguém tocou em você e você teve de lembrar qual dedo durante um atraso, você pode simplesmente estender esse dedo durante o atraso. Da mesma forma, podemos esperar que o cérebro lembre um estímulo por meio de uma atividade constante em um grupo de células durante o atraso. Mas não funciona exatamente assim. Os macacos aprenderam uma tarefa em que viam quadrados coloridos e se lembraram deles durante um atraso. Quando viam os quadrados novamente nas mesmas posições, eles tiveram de responder àquele que havia mudado de cor. A apresentação inicial dos quadrados provocava rajadas de oscilações gama (45 a 100 Hz) em células responsivas às cores e localizações. Durante o atraso, rajadas gama ocasionais ocorriam nessas mesmas células em tempos escalonados. Nenhuma célula individual permaneceu ativa durante o atraso. Então, erupções gama mais frequentes surgiram no momento do teste. Em suma, a memória foi distribuída por muitas células em um padrão alternado (Lundqvist et al., 2016).

✓ PARE & REVISE

3. Por que devemos concluir que a consolidação depende de mais do que apenas manter uma memória de curto prazo por tempo suficiente para a síntese de proteínas?
4. Qual mecanismo causa memórias vívidas?
5. Como o córtex armazena uma memória de trabalho durante um atraso?

RESPOSTAS

3. As pessoas podem armazenar algumas memórias por horas ou dias sem formar uma memória permanente, enquanto memórias emocionalmente importantes de maneira rápida. 4. Memórias emocionalmente excitantes estimulam o locus coeruleus, que aumenta a noradrenalina em todo o córtex e a dopamina no hipocampo. A excitação emocional também aumenta a adrenalina e o cortisol, que ativam a amídala e o hipocampo. 5. Rajadas ocasionais de oscilações gama (45 a 100 Hz) ocorrem em células que responderam a um estímulo, mas as rajadas alternam entre as células em vez de persistir durante todo o atraso em qualquer célula.

Perda de memória

Em muitos casos, o esquecimento é uma "característica", não uma "falha" (Nørby, 2015). Esquecer os detalhes de várias experiências semelhantes ajuda a abstrair as características comuns importantes. Esquecer onde você estacionou o carro na semana passada ou onde encontrou sua irmã para almoçar no mês passado ajuda a lembrar onde o estacionou hoje e onde planeja se encontrar para almoçar amanhã. Além disso, à medida que a memória de um evento desagradável começa a desaparecer, você começa a se sentir melhor.

Mas você não quer esquecer informações importantes ou atuais. **Amnésia** é a perda de memória. Um paciente almoçou e, 20 minutos depois, almoçou pela segunda vez, aparentemente tendo esquecido a primeira refeição. Depois de 20 minutos, ele almoçou pela terceira vez e comeu a maior parte da comida. Poucos minutos mais tarde, ele disse que gostaria de "dar um passeio e fazer uma boa refeição" (Rozin, Dow, Moscovitch, & Rajaram, 1998). Outros pacientes com amnésia também esquecem que acabaram de comer, embora, ao começarem a comer, comentem que não gostam da comida tanto quanto de costume (Higgs, Williamson, Rotshtein, & Humphreys, 2008).

Mas mesmo em casos graves como esses, ninguém perde todos os tipos de memória proporcionalmente. Pessoas que podem se esquecer de almoçar alguns minutos atrás provavelmente ainda se lembrariam de como comer com garfo e faca e de quais alimentos gostam ou não gostam. Estudos sobre a amnésia lançam luz sobre alguns dos mecanismos da memória. Aqui, consideramos brevemente a síndrome de Korsakoff e a doença de Alzheimer, e então o fenômeno da amnésia infantil. O segundo módulo analisará a amnésia resultante de lesões no hipocampo.

Síndrome de Korsakoff

A **síndrome de Korsakoff**, também conhecida como *síndrome de Wernicke-Korsakoff*, é a lesão cerebral causada pela deficiência prolongada de tiamina. O cérebro precisa de tiamina (vitamina B_1) para metabolizar a glicose, o combustível primário. A deficiência grave de tiamina é comum entre pessoas com alcoolismo grave que passam semanas seguidas em uma dieta que contém nada além de bebidas alcoólicas, com falta de vitaminas. A deficiência prolongada de tiamina leva à perda ou redução dos neurônios em todo o cérebro, especialmente no tálamo dorsomedial, a principal fonte de estimulação do córtex pré-frontal. Os sintomas da síndrome de Korsakoff são semelhantes àqueles de pessoas com lesões no córtex pré-frontal, incluindo apatia, confusão e perda de memória.

Um sintoma característico da síndrome de Korsakoff é a **confabulação**, em que os pacientes preenchem lacunas de memória com suposições. (Alguns pacientes com outros distúrbios também confabulam.) Eles raramente confabulam sobre questões semânticas como "qual é a capital da Rússia?" ou perguntas sem sentido como "quem é a princesa Lolita?". Eles confabulam principalmente sobre suas próprias vidas, como "O que você fez no fim de semana passado?" (Borsutzky, Fujiwara, Brand, & Markowitsch, 2008; Schnider, 2003). Frequentemente, a resposta confabulada era verdadeira em algum momento no passado, mas não agora, como "fui dançar" ou "visitei meus filhos", mas às vezes a confabulação é fantasiosa e implausível. Às vezes, os pacientes tentam agir em suas confabulações espontâneas, como tentar sair do hospital para trabalhar, ir ao aeroporto ou preparar o jantar para hóspedes (Nahum, Bouzerda-Wahlen, Guggisberg, Ptak, & Schnider, 2012). As respostas mais confabuladas são mais agradáveis do que as respostas verdadeiras atualmente (Fotopoulou, Solms, & Turnbull, 2004), talvez simplesmente porque a vida passada do paciente era, no todo, mais agradável do que o presente.

A tendência para confabular produz uma influência fascinante nas estratégias de estudo. Suponha que você precise aprender uma longa lista de frases de três palavras, como: "Medicamento para soluços" e "Fotografia de turista". Você simplesmente releria a lista muitas vezes? Ou você alternaria entre ler a lista e testar a si mesmo?

Medicamento para _____
Passaporte de _____

Quase todo mundo aprende melhor da segunda maneira. Completar as frases o força a ser mais ativo e chama sua atenção para os itens que você ainda não aprendeu. Pacientes com a síndrome de Korsakoff, no entanto, aprendem melhor da primeira maneira, lendo a lista repetidamente. A razão é que, quando eles se testam, eles confabulam. (*"Medicamento para soluços. Passaporte de turista."*) Então, eles se lembram da confabulação em vez da resposta correta (Hamann & Squire, 1995).

Doença de Alzheimer

Uma das causas mais comuns da perda de memória, especialmente em idosos, é a **doença de Alzheimer**. Daniel Schacter (1983) relatou jogar golfe com um paciente com Alzheimer que se lembrava das regras e do jargão do jogo corretamente, mas sempre se esquecia de quantas tacadas dava. Cinco vezes ele deu a tacada inicial, esperou o outro jogador dar a tacada inicial, e então deu a tacada inicial novamente, tendo esquecido sua primeira tacada. Como acontece com outros pacientes amnésicos, os pacientes com Alzheimer aprendem habilidades procedurais melhor do que fatos. Eles aprendem novas habilidades, mas depois se surpreendem com seu bom desempenho porque não se lembram de ter feito isso antes (Gabrieli, Corkin, Mickel, & Growdon, 1993). A memória flutua de vez em quando, sugerindo que parte do problema resulta da perda do estado de alerta ou excitação (Palop, Chin & Mucke, 2006).

A doença de Alzheimer progride gradualmente para perda de memória, confusão, depressão, inquietação, alucinações, delírios, insônia e perda de apetite mais sérios. Torna-se mais comum com a idade, afetando quase 5% das pessoas entre 65 e 74 anos e quase metade das pessoas com mais de 85 anos (Evans et al., 1989). Dado que mais pessoas do que nunca estão sobrevivendo até a velhice, a doença de Alzheimer é um problema crescente.

A primeira pista importante para a causa da doença de Alzheimer foi o fato de que as pessoas com a *síndrome de Down* (uma doença geralmente ligada a deficiências cognitivas) quase invariavelmente contraem a doença de Alzheimer se sobreviverem até a meia-idade (Lott, 1982). Pessoas com a síndrome de Down têm três cópias do cromossomo 21 em vez das duas habituais. Esse fato levou os pesquisadores a examinar o cromossomo 21, onde encontraram um gene ligado a muitos casos da doença de Alzheimer de início precoce (Goate et al., 1991; Murrell, Farlow, Ghetti, & Benson, 1991). Mais tarde, os pesquisadores descobriram mais dois genes ligados à doença de Alzheimer de início precoce. Nesse caso, "precoce" significa antes dos 60 anos. Para a doença de início tardio muito mais comum, muitos genes aumentam ou diminuem o risco, mas nenhum tem um efeito amplo (Alagiakrishnan, Gill, & Fagarasanu, 2012). Muitos casos de início tardio estão relacionados a alterações epigenéticas em certos genes (De Jager et al., 2014; Lunnon et al., 2014).

Os genes que controlam a doença de Alzheimer de início precoce fazem com que uma proteína chamada **amiloide-β** se acumule dentro e fora dos neurônios e se propague entre uma célula e outra (Riek & Eisenberg, 2016). A proteína danifica axônios e dendritos, diminui a estimulação sináptica e reduz a plasticidade (Wei, Nguyen, Kessels, Hagiwara, Sisodia & Malinow, 2010). Os axônios e dendritos danificados agrupam-se em estruturas chamadas *placas*, que danificam o córtex cerebral, o hipocampo e outras áreas, como mostram as Figuras 12.5 a 12.7 (Scheibel, 1983; Selkoe, 2000).

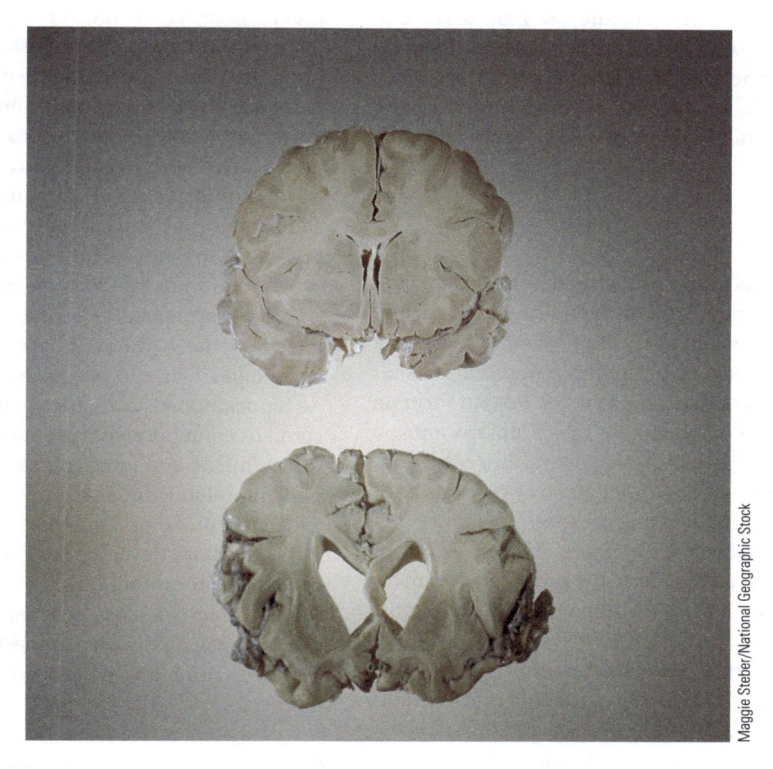

Figura 12.5 Atrofia cerebral na doença de Alzheimer
Um paciente com Alzheimer (**parte superior**) tem giros que estão claramente encolhidos em comparação com os de uma pessoa normal (**parte inferior**).

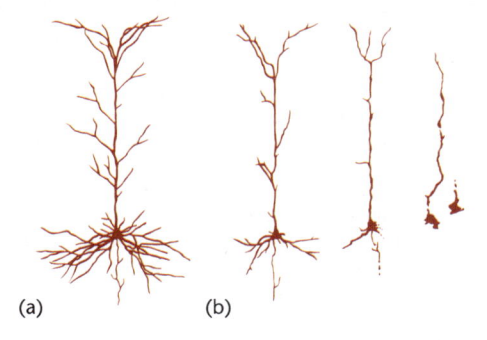

Figura 12.6 Degeneração neuronal na doença de Alzheimer
(**a**) Uma célula no córtex pré-frontal de um ser humano normal; (**b**) células da mesma área do córtex em pacientes com doença de Alzheimer em vários estágios de deterioração.
(*Fonte: Baseada em "Dendritic changes", de A. B. Scheibel, p. 70. In* Alzheimer's disease, *B. Reisberg, ed., 1983. Free Press*)

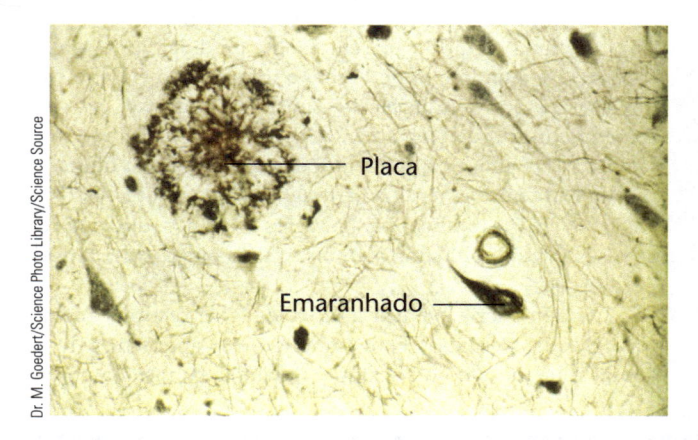

Figura 12.7 Córtex cerebral de um paciente com Alzheimer
Placas e emaranhados resultam de amiloide-β e proteína tau anormal.

Mas muitos pesquisadores não estão convencidos de que a amiloide-β por si só explica a doença de Alzheimer. Muitos idosos têm altos níveis de amiloide-β sem a doença de Alzheimer, e alguns têm a doença de Alzheimer sem níveis especialmente elevados de amiloide-β. De todos os ensaios clínicos de fármacos que neutralizam a amiloide-β, até o momento nenhum produziu benefícios claros para pacientes com Alzheimer (Herrup, 2015). Uma hipótese alternativa refere-se à **proteína tau** na estrutura de suporte intracelular dos axônios. Níveis altos de amiloide-β fazem com que mais grupos fosfato se liguem às proteínas tau. A tau alterada não pode se ligar aos alvos usuais dentro dos axônios e, portanto, começa a se propagar pelo corpo celular e dendritos. As áreas de dano celular no cérebro se correlacionam melhor com os níveis de tau do que com os níveis de amiloide-β (Musiek & Holtzman, 2015). A tau alterada é o principal responsável por *emaranhados*, estruturas formadas a partir da degeneração dentro dos neurônios (ver Figura 12.7).

Atualmente, nenhum fármaco é altamente eficaz contra a doença de Alzheimer. Uma possível explicação é que, no momento em que os médicos reconhecem a doença de Alzheimer, o dano já pode ser muito extenso para que qualquer medicamento possa ajudar (Canter, Penney, & Tsai, 2016). Um objetivo importante da pesquisa é encontrar maneiras de diagnosticar a doença de Alzheimer no início, seja a partir de medidas comportamentais (Gamaldo, An, Allaire, Kitner-Triolo, & Zonderman, 2012) ou talvez do exame dos nervos na retina (Frost et al., 2013).

Amnésia infantil

Amnésia infantil (ou amnésia da primeira infância) não é uma doença como a síndrome de Korsakoff ou a doença de Alzheimer. É uma experiência universal em que crianças maiores e adultos lembram muito pouco sobre o que aconteceu em seus primeiros anos de vida. As crianças pequenas de fato formam memórias de longo prazo. Crianças de três e quatro anos, e mesmo algumas crianças de dois anos, podem descrever com precisão eventos que aconteceram meses atrás, às vezes até anos atrás (Solter, 2008). Mas à medida que crescem, elas esquecem a maioria desses eventos iniciais (Peterson, Warren, & Short, 2011). Portanto, a questão adequada não é por que as crianças não conseguem formar memórias de longo prazo. A questão é por que elas os esquecem.

As hipóteses incluíram o desenvolvimento da linguagem ou habilidades complexas de raciocínio à medida que as crianças crescem. Mas a amnésia infantil pode ser demonstrada em camundongos e muitas outras espécies que nunca desenvolvem a linguagem (Madsen & Kim, 2016), ou seja, os camundongos, nas primeiras semanas de vida, aprendem facilmente e retêm o aprendizado por um dia ou mais, mas não o retêm por muito tempo (Brown & Freeman, 2016). Mas o aprendizado inicial não é esquecido completamente, porque um lembrete pode restaurar uma memória aparentemente perdida. Por exemplo, depois de camundongos de 17 dias aprenderem a evitar o choque, eles parecem esquecer a resposta rapidamente, mas um retorno ao local de treinamento, seguido por um choque de lembrete, em um local diferente, em um momento diferente, restaura a memória perdida (Travaglia, Bisaz, Sweet, Blitzer, & Alberini, 2016). Também para os seres humanos, um lembrete às vezes traz de volta uma memória antiga que parecia ter sido perdida.

O que poderia explicar a dificuldade de recordar memórias infantis? Pesquisas com camundongos apontam para algumas mudanças no hipocampo, uma área conhecida por ser crucial para certos tipos de memória. No início da vida, tanto para camundongos como para humanos, o hipocampo forma novos neurônios rapidamente e substitui os antigos por novos. A formação de novos neurônios facilita o novo aprendizado, mas como os novos neurônios e sinapses substituem os antigos, o novo aprendizado enfraquece as memórias antigas. O novo aprendizado não enfraquece necessariamente o aprendizado antigo, particularmente em adultos (Cichon & Gan, 2015), mas se tanto o novo como o antigo aprendizado dependiam de novos neurônios, então surge um conflito.

Em contraposição a camundongos e humanos, cobaias são relativamente maduras ao nascer, já andando e comendo alimentos sólidos. Elas não têm formação rápida de novos neurônios no hipocampo, e não tendem a esquecer as primeiras memórias como os camundongos e os humanos. Além disso, procedimentos químicos que interferem na formação de novos neurônios podem prejudicar o novo aprendizado em camundongos infantis, ao mesmo tempo que diminui o esquecimento (Akers et al., 2014). Embora devamos ser cautelosos ao assumir que os mecanismos em camundongos são os mesmos dos humanos (Epp, Mera, Kohler, Josselyn, & Frankland, 2016), até agora a explicação mais plausível para a amnésia infantil é que a aprendizagem rápida na primeira infância substitui as memórias formadas na infância.

✓ PARE & REVISE

6. Sobre que tipo de pergunta é mais provável que alguém com a síndrome de Korsakoff confabule?
7. Por que os pesquisadores procuraram um gene no cromossomo 21 como uma causa provável da doença de Alzheimer de início precoce?
8. Quais são as consequências da rápida formação de novos neurônios no hipocampo infantil?

RESPOSTAS

6. Pacientes com a síndrome de Korsakoff costumam confabular perguntas sobre si mesmos. Muitas confabulações são afirmações que já foram verdadeiras. 7. Pessoas com síndrome de Down, causada por uma cópia extra do cromossomo 21, quase sempre desenvolvem a doença de Alzheimer na meia-idade. 8. A formação rápida de novos neurônios no hipocampo infantil facilita um novo aprendizado, mas ao custo de também aumentar o esquecimento.

Módulo 12.1 | Conclusão
Memória e esquecimento

Décadas atrás, Karl Lashley supôs que a fisiologia do aprendizado poderia ser uma simples questão de aumentar uma única via no córtex. Hoje, distinguimos entre vários tipos de aprendizagem e memória que dependem de vários mecanismos e várias áreas do cérebro. Aprendemos sobre esses mecanismos estudando o esquecimento, bem como estudando o aprendizado.

Resumo

1. Ivan Pavlov sugeriu que o aprendizado depende do crescimento de uma conexão entre duas áreas do cérebro. Karl Lashley mostrou que a aprendizagem *não* depende de novas conexões ao longo do córtex cerebral.

2. Richard Thompson descobriu que alguns casos de condicionamento clássico ocorrem em pequenas áreas do cerebelo.

3. Os psicólogos distinguem entre memória de curto prazo e memória de longo prazo. A memória de curto prazo contém apenas uma pequena quantidade de

informações e apenas brevemente, a menos que seja constantemente ensaiada.

4. A memória de trabalho, uma alternativa moderna ao conceito de memória de curto prazo, armazena as informações utilizadas atualmente. O córtex armazena uma memória de trabalho por meio de rajadas ocasionais de oscilações de alta frequência que se alternam entre muitas células.

5. Os pacientes com a síndrome de Korsakoff frequentemente preenchem as lacunas de memória com confabulações, das quais eles se lembram como se fossem verdadeiras.

6. A doença de Alzheimer é uma doença progressiva, mais comum em idosos, caracterizada por comprometimento da memória e atenção. Os genes identificados são responsáveis pela doença de Alzheimer de início precoce, mas a doença de início tardio mais comum tem uma variedade de causas.

7. A doença de Alzheimer está relacionada à deposição da proteína amiloide-β proteína, mas o papel exato dessa proteína permanece incerto.

8. Não apenas os humanos, mas muitas outras espécies também apresentam amnésia infantil, a perda da maioria das memórias antigas. A hipótese mais provável é que a perda se deve à rápida formação de novos neurônios no hipocampo que facilitam o novo aprendizado, mas também substituem o antigo.

Termos-chave

Os termos estão definidos no número de página indicado. Também são apresentados em ordem alfabética com a definição no Índice remissivo/Glossário do livro, que começa na p. 589.

ação em massa **386**
amiloide-β **390**
amnésia **389**
amnésia infantil **392**
condicionamento clássico **384**
condicionamento instrumental **384**
confabulação **390**
consolidação **388**
doença de Alzheimer **390**
engrama **385**
equipotencialidade **386**
estímulo condicionado (EC) **384**
estímulo não condicionado (ENC) **384**
memória de curto prazo **387**
memória de longo prazo **387**
memória de trabalho **389**
núcleo interpositivo lateral (NIL) **387**
proteína tau **391**
punição **384**
reforço **384**
resposta condicionada (RC) **384**
resposta não condicionada (RNC) **384**
síndrome de Korsakoff **390**
tarefa de resposta atrasada **389**

Questão complexa

Lashley procurou encontrar o engrama, a representação fisiológica da aprendizagem. Em termos gerais, como você reconheceria um engrama se visse um? Isto é, o que alguém teria de demonstrar antes que você pudesse concluir que uma determinada mudança no sistema nervoso era realmente um engrama?

Módulo 12.1 | Questionário final

1. Que evidências levaram Lashley a tirar suas conclusões sobre a equipotencialidade e a ação em massa?
   A. O aprendizado depende de alterações nas sinapses que usam todos os tipos de neurotransmissores.
   B. A estimulação elétrica do cérebro pode produzir recompensa ou punição, dependendo da intensidade da estimulação.
   C. Estudos de EEG mostram ativação em todo o cérebro durante um experimento de aprendizagem.
   D. O comprometimento do aprendizado dependia da quantidade de dano cortical e não da localização.

2. Que suposição Lashley fez que os pesquisadores posteriores rejeitaram?
   A. Qualquer exemplo conveniente de aprendizado revelará os mecanismos que se aplicam a todo aprendizado.
   B. A aprendizagem requer modificação da atividade nas sinapses.
   C. A memória de curto prazo deve ser gradualmente consolidada na memória de longo prazo.
   D. O aprendizado é distribuído por muitas áreas do cérebro, mas depende principalmente do hipocampo.

3. Por que Thompson concluiu que o condicionamento do piscar de olhos depende do núcleo interpositivo lateral, em vez do núcleo rubro?
   A. A inativação do núcleo rubro não conseguiu suprimir as respostas.
   B. A inativação do núcleo rubro suprimiu as respostas e, depois que o coelho se recuperou, ele teve de aprender o mesmo que um coelho que nunca havia sido treinado.
   C. A inativação do núcleorubro suprimiu as respostas a alguns estímulos, mas não a outros.
   D. A inativação do núcleo rubro suprimiu as respostas, mas não impediu o aprendizado.

4. Qual era o conceito original de consolidação?
   A. O tempo máximo que as rajadas gama podem durar.
   B. O tempo necessário para sintetizar proteínas
   C. O tempo anterior ao que os hormônios adrenais possam alcançar o córtex
   D. O atraso em uma sinapse metabotrópica

5. A excitação emocional facilita a consolidação por quais meios?
   A. Supressão da produção de novos neurônios no hipocampo.
   B. Rajada ocasionais de oscilações gama
   C. Aumento da produção de amiloide-β
   D. Aumento da liberação de noradrenalina, adrenalina e cortisol.

6. Como o córtex armazena uma memória de trabalho?
   A. Supressão da produção de novos neurônios no hipocampo.
   B. Rajadas ocasionais de oscilações gama.
   C. Aumento da produção de amiloide-β
   D. Aumento da liberação de noradrenalina, adrenalina e cortisol.

7. Qual das alternativas a seguir provavelmente evitaria a maioria dos casos da síndrome de Korsakoff?
   A. Aumentar a disponibilidade de instalações para exercícios gratuitos.
   B. Diminuir a prevalência de partículas na poluição do ar.
   C. Proibir o porte de armas em áreas densamente povoadas.
   D. Exigir que todas as bebidas alcoólicas sejam fortificadas com vitaminas.

8. Que tipo de memória os pacientes com doença de Alzheimer retêm melhor do que outros tipos?
   A. Memória de procedimento melhor do que memória dos fatos.
   B. Memória dos eventos recentes melhor do que memória dos eventos mais antigos.
   C. A memória das experiências não emocionais é melhor do que a memória das experiências emocionais.
   D. Memória de trabalho melhor do que memória de curto prazo.

9. Atualmente, qual parece a explicação mais provável para a amnésia infantil?
   A. Maior dependência da linguagem à medida que as crianças crescem.
   B. Mais novos neurônios do hipocampo em bebês do que em indivíduos mais velhos.
   C. Incapacidade do hipocampo infantil de armazenar uma memória.
   D. Ausência de oscilações gama no córtex infantil.

Respostas: 1D, 2A, 3D, 4B, 5D, 6B, 7D, 8A, 9B.

Módulo 12.2

O hipocampo e o estriado

Pessoas que sofreram problemas de memória após lesão cerebral localizada falaram muito sobre a memória, especialmente sobre as distinções entre um tipo de memória e outro. Neste módulo, analisamos duas áreas do cérebro com funções contrastantes na memória: o hipocampo e o corpo estriado.

Perda de memória após lesão do hipocampo

Em 1953, Henry Molaison, conhecido na maioria dos relatórios de pesquisa como H. M., sofria cerca de dez crises epilépticas menores por dia e uma grande crise uma vez por semana, apesar de tentar todos os medicamentos antiepilépticos disponíveis. Com o tempo, ele concordou com uma medida desesperada. Um cirurgião, William Scoville, que havia experimentado várias formas de lobotomia para doenças mentais, estava familiarizado com dois casos em que a remoção de grande parte do lobo temporal medial aliviava a epilepsia. Esperando que a mesma coisa pudesse funcionar com H. M., Scoville removeu o hipocampo e as estruturas próximas do córtex temporal medial de ambos os hemisférios de H. M. Os pesquisadores não sabiam quase nada sobre o hipocampo na época, e ninguém sabia o que esperar após a cirurgia. Agora sabemos que grande parte do hipocampo está ativo durante a formação de memórias e posterior provocação (Eldridge, Engel, Zeineh, Bookheimer, & Knowlton, 2005). Embora a cirurgia tenha reduzido a epilepsia de H. M. a não mais do que duas crises graves por ano, ele teve comprometimento grave da memória (Milner, 1959; Penfield & Milner, 1958; Scoville & Milner, 1957). A Figura 12.8 mostra a anatomia normal do hipocampo e as lesões no H. M.

Amnésia anterógrada e retrógrada

Após a cirurgia, o intelecto e as habilidades de linguagem de H. M. permaneceram intactos e sua personalidade permaneceu a mesma, exceto pela placidez emocional (Eichenbaum, 2002). Mas ele sofreu **amnésia anterógrada** massiva (incapacidade de formar memórias para eventos que aconteceram após lesão cerebral). Ele também sofreu **amnésia retrógrada** (perda de memória para eventos que ocorreram antes da lesão cerebral). Inicialmente, os pesquisadores afirmaram que a amnésia retrógrada limitava-se a 1 a 3 anos antes da cirurgia. Mais tarde, eles descobriram que era mais extensa. H. M. é representativo de outras pessoas que sofreram amnésia após lesões no hipocampo e nas estruturas circundantes do lobo temporal medial. Todos apresentam amnésia anterógrada e retrógrada, com a amnésia retrógrada sendo mais grave no período que antecedeu a lesão. Por exemplo, pacientes com amnésia geralmente podem dizer onde moraram quando criança e onde moraram quando adolescente, mas podem não ser capazes de dizer onde moraram há três anos (Bayley, Hopkins, & Squire, 2006).

Memória de trabalho intacta

Apesar dos enormes déficits de H. M. na formação de memórias de longo prazo, sua memória de curto prazo ou de trabalho permaneceu intacta, a menos que ele estivesse distraído. Em um teste, Brenda Milner (1959) pediu que ele se lembrasse do número 584. Após um atraso de 15 minutos, ele lembrou-se corretamente, explicando: "É fácil. Você acabou de se lembrar de 8. Veja, 5, 8 e 4 somados são 17. Lembre-se de 8, subtraia de 17 e sobra 9. Divida 9 pela metade e você obtém 5 e 4, e aí está, 584. Fácil." Um momento mais tarde, depois que sua atenção mudou para outro tema, ele esqueceu o número e a linha complicada de pensamento que havia associado a isso. A maioria dos outros pacientes com amnésia grave também apresenta memória de trabalho normal, se evitarem distrações (Shrager, Levy, Hopkins, & Squire, 2008).

Armazenamento prejudicado da memória de longo prazo

Embora H. M. conseguisse lembrar de muitas informações que aprendera antes de sofrer a lesão, a capacidade de formar novas memórias de longo prazo estava gravemente prejudicada. Por vários anos após a cirurgia, sempre que lhe perguntavam a idade e a data, ele respondia "27" e "1953". Depois de alguns anos, ele começou a fazer suposições desenfreadamente, em geral subestimando a idade em 10 anos ou mais e errando a data em até 43 anos (Corkin, 1984). Ele conseguia ler a mesma revista repetidamente ou fazer o mesmo quebra-cabeça repetidamente sem perder o interesse. Ele nunca conseguia lembrar que o tio favorito havia falecido (Corkin, 2013). Frequentemente, ele falava de um incidente na infância e então, um ou dois minutos depois, contava para a mesma pessoa a mesma história mais uma vez (Eichenbaum, 2002). Em 1980, ele foi para uma casa de repouso. Quatro anos depois, ele não sabia dizer onde morava ou quem cuidava dele. Embora assistisse ao noticiário na televisão todas as noites, ele só conseguia se lembrar de alguns fragmentos dos eventos desde 1953. Ele não conseguiu aprender o significado de novas palavras que entraram na língua inglesa, como *jacuzzi* e *granola* (Corkin, 2002).

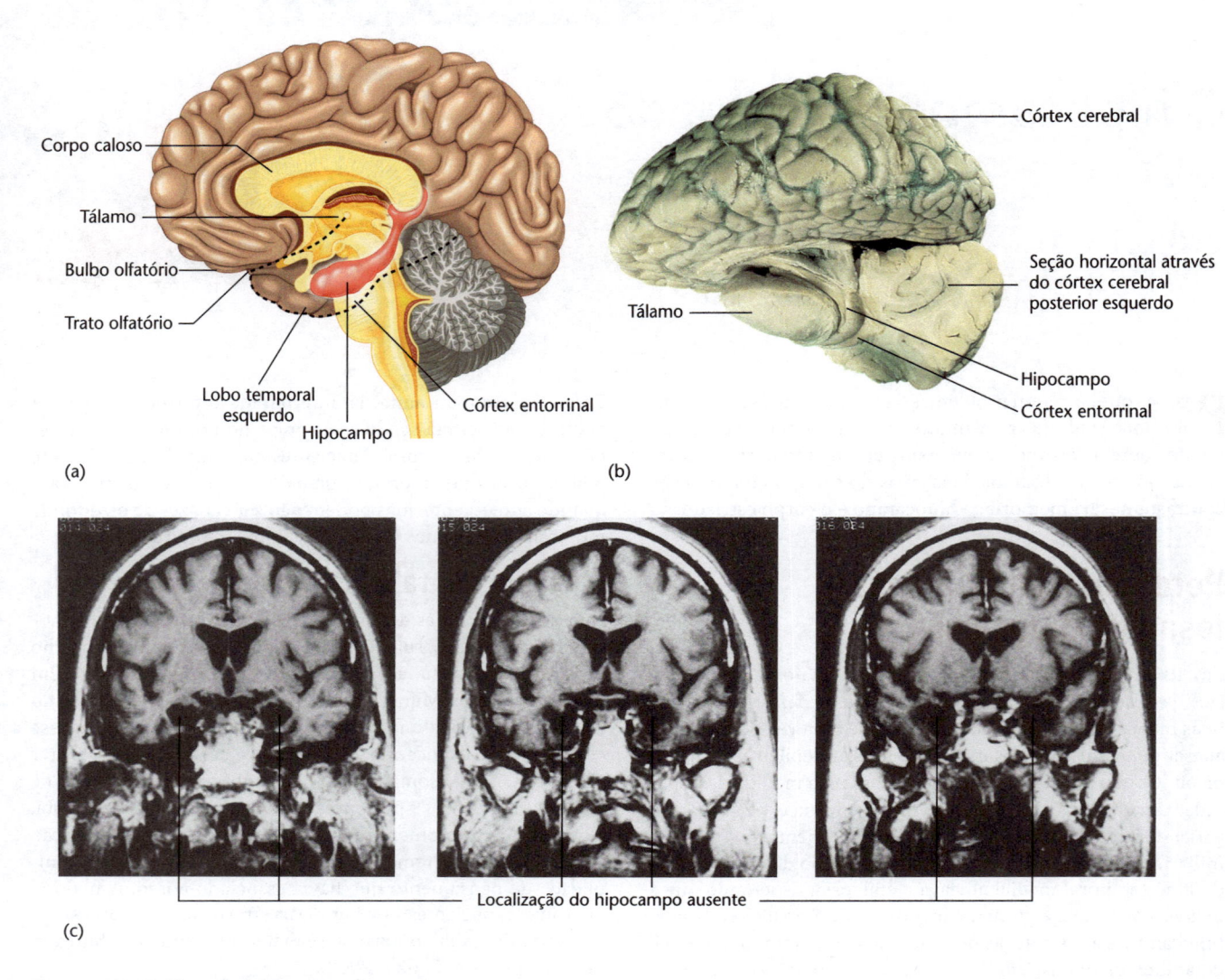

Figura 12.8 O hipocampo e sua perda
(a) Localização do hipocampo no interior do lobo temporal. O hipocampo esquerdo está mais perto do observador do que o restante desse plano; o hipocampo direito está atrás do plano. A linha tracejada marca a localização do lobo temporal, que não é visível na linha do meio. **(b)** Foto de um cérebro humano visto de cima. A parte superior do hemisfério esquerdo foi cortada para mostrar como o hipocampo se curva sobre (direção dorsal) o tálamo, posterior a ele e, em seguida, abaixo (direção ventral) dele. **(c)** Varredura de RM do cérebro de H. M., mostrando a ausência do hipocampo. As três vistas mostram planos coronais em localizações sucessivas, anterior para posterior.

Você pode se perguntar se ele se surpreendia com sua aparência em uma foto ou espelho. Sim e não. Quando perguntado sobre sua idade ou se seu cabelo estava grisalho, ele respondia que não sabia. Ao ver uma foto sua com a mãe, tirada muito depois da cirurgia, ele reconheceu a mãe, mas não a si mesmo. Mas quando se viu no espelho, não demonstrou surpresa (Corkin, 2002). Ele, é claro, se via diariamente no espelho ao longo de todos esses anos. Ele também tinha o contexto de saber que a pessoa no espelho deveria ser ele mesmo, enquanto a pessoa na foto poderia ser qualquer uma.

H. M. formou algumas novas **memórias semânticas** fracas — isto é, memórias de informações factuais (Corkin, 2002; O'Kane, Kensinger, & Corkin, 2004). Por exemplo, quando ele recebia os primeiros nomes e a solicitação de que ele preenchesse os sobrenomes apropriados, suas respostas incluíram algumas que se tornaram famosas após 1953, como estas:

	Resposta de H. M.
Elvis	Presley
Martin Luther	King
Billy	Graham
Fidel	Castro
Lyndon	Johnson

Ele fornecia ainda mais nomes quando recebia informações adicionais:

	Resposta de H. M.
Artista famoso, nascido na Espanha...	Pablo Picasso

Um estudo encontrou uma qualificação interessante para a regra usual de que pacientes com amnésia não podem aprender

Oceano　Pôr do sol　Alvo　Dedo　Crocodilo　Dólar

Jardim　Estudante　Tráfego　Gigante　Vassoura　Asa

Figura 12.9 **Exibições para um teste de memória de pacientes com amnésia**
Embora eles não pudessem lembrar os rótulos arbitrários que um pesquisador atribuiu a cada objeto (como mostrado), eles lembraram as descrições que eles mesmos criaram.
(Fonte: "Development of shared information in communication despite hippocampal amnesia", de M. C. Duff, J. Hengst, D. Tranel, & N. J. Cohen, 2006, Nature Neuroscience, 9, 140-146. Usada com permissão, Macmillan Publishing Ltd.)

novas informações. Os pesquisadores mostraram uma série de formas com rótulos dissociados, como mostrado na Figura 12.9. Apesar de muitas repetições, os pacientes com amnésia não fizeram nenhum progresso no aprendizado do rótulo de cada forma. Em seguida, os pesquisadores deixaram que os pacientes elaborassem seus próprios rótulos. Cada paciente tinha de olhar para uma forma de cada vez e descrevê-la para que outra pessoa, que estava olhando para as 12 formas sem rótulo soubesse para qual o paciente estava olhando. No início, as descrições eram lentas e pouco informativas. Para a forma no canto superior direito da Figura 12.9, um paciente disse: "O próximo parece quase... o oposto de alguém tipo ah!... caiu, no chão, com o mesmo tipo de...". Por fim, ele disse que parecia que alguém estava dormindo com os joelhos dobrados. Na quarta tentativa, ele rapidamente rotulou aquela forma de "o cara da sesta" e continuou dizendo a mesma coisa a partir de então, mesmo em sessões posteriores, em dias posteriores (Duff, Hengst, Tranel, & Cohen, 2006).

Comprometimento grave da memória episódica

H. M., apresentava deficiência grave de **memórias episódicas**, memórias de eventos pessoais. Ele não conseguia descrever nenhuma experiência que teve após a cirurgia. Embora ele pudesse descrever fatos (memória semântica) que aprendeu antes da cirurgia, ele conseguia descrever memórias claras para apenas duas experiências pessoais (Corkin, 2013). Outro paciente, K. C., sofreu lesões cerebrais generalizadas após um acidente de motocicleta, com lesões esparsas no hipocampo e em outros locais, levando a uma perda aparentemente completa das memórias episódicas. Ele não consegue descrever um único evento de qualquer época de sua vida, embora lembre muitos fatos. Quando vê fotos antigas da família em um álbum de fotos, ele identifica as pessoas e às vezes os lugares, mas não consegue se lembrar de nada sobre os eventos que aconteceram nas fotos (Rosenbaum et al., 2005). Embora a lesão cerebral seja tão difusa que não é possível ter certeza de qual parte do dano é responsável pela perda de memória, as observações informam que o cérebro trata as memórias episódicas de maneira diferente das outras memórias.

Como a perda de memória afetaria a capacidade de alguém de imaginar o futuro? Ao tentar imaginar um evento futuro, você invoca sua memória de experiências semelhantes e as modifica. Estudos usando RMf mostram que descrever eventos passados e imaginar eventos futuros ativam principalmente as mesmas áreas, incluindo o hipocampo (Addis, Wong, & Schacter, 2007). Pessoas com amnésia têm tanta dificuldade em imaginar o futuro quanto em descrever o passado, embora não tenham problemas para descrever o presente (Race, Keane, & Verfaellie, 2011). Por exemplo, eis parte da tentativa de um paciente de imaginar uma futura visita a um museu (Hassabis, Kumaran, Vann, & Maguire, 2007, p. 1727):

Paciente: [pausa] Não há muito, na verdade.
Psicólogo: Então, com que sua cena imaginada se parece?
Paciente: Bem, existem portas grandes. As aberturas seriam altas, então as portas seriam muito grandes com puxadores de latão, o teto seria feito de vidro, então há muita luz entrando. Sala enorme, saída em cada lado da sala, há um caminho e um mapa pelo centro e em cada lado haveria as exposições. [pausa] Não sei o que são. Haveria pessoas. [pausa] Para ser honesto, não há muito acontecendo... Minha imaginação não... bem, não estou imaginando, vamos colocar dessa forma... Não estou imaginando nada no momento.

A relação entre perda de memória episódica e dificuldade de imaginar o futuro é teoricamente interessante. Você já se perguntou para que serve a memória episódica? Você pode lembrar muitos eventos que aconteceram com você anos atrás, alguns deles em detalhes. Do ponto de vista evolutivo, por que desenvolvemos essa habilidade? De que adianta ser capaz de lembrar detalhes de um evento que nunca mais acontecerá? Agora vemos uma resposta possível: lembrar desses detalhes ajuda a imaginar o futuro. E se não conseguíssemos imaginar o futuro, não poderíamos planejá-lo.

Melhor memória implícita do que explícita

Quase todos os pacientes com amnésia apresentam melhor memória *implícita* do que *explícita*. **Memória explícita** é a lembrança deliberada de informações que reconhecemos como uma memória, também conhecida como **memória declarativa**. Se você tem memória explícita ou declarativa de algo, você pode expressá-la em palavras, fazer um desenho ou demonstrar de outra forma que sabe que se lembra. **Memória implícita** é uma influência da experiência no comportamento, mesmo que você não reconheça essa influência. Por exemplo, H. M. ficou à vontade e familiarizado com certas pessoas, como os psicólogos que trabalharam com ele ao longo dos anos, embora não se lembrasse de seus nomes ou de onde os conheceu. Além disso, ele não conseguia dizer qual tema havia sido discutido em uma conversa recente, mas poderia espontaneamente começar a falar sobre o mesmo tema novamente (Corkin, 2013).

Outro exemplo de memória implícita: como um experimento, três funcionários do hospital concordaram em agir de maneira especial em relação a um paciente com amnésia (não H. M.). Um dos funcionários era o mais agradável possível. O segundo era neutro. O terceiro era duro e severo, recusava todas as solicitações e fazia com que o paciente realizasse tarefas entediantes. Após cinco dias, o paciente foi solicitado a olhar as fotos dos três funcionários e tentar identificá-los ou dizer o que sabia sobre eles. Ele disse que não reconhecia nenhum deles. Em seguida, foi perguntado de quem ele se aproximaria como um possível amigo ou a quem pediria ajuda. Essa pergunta foi feita a ele repetidamente — era possível perguntar repetidamente porque ele nunca se lembrava de ter sido perguntado antes — e ele geralmente escolhia a foto da pessoa "amigável" e nunca escolhia a da pessoa "hostil", apesar do fato de que a pessoa hostil era uma mulher bonita, sorrindo na fotografia (Tranel & Damásio, 1993). Ele não sabia dizer por que escolheu evitá-la.

Memória de procedimento intacta

Memória de procedimento, o desenvolvimento de habilidades e hábitos motores, é um tipo especial de memória implícita. Como acontece com outros exemplos de memória implícita, você pode não ser capaz de descrever uma habilidade ou hábito motor em palavras, e pode nem mesmo reconhecê-lo como uma memória. Por exemplo, H. M. aprendeu a ler palavras escritas de trás para frente, como seriam vistas no espelho, embora tenha se surpreendido com essa habilidade, pois não se lembrava de tê-la experimentado antes (Corkin, 2002). O paciente K. C. tem um emprego de meio período em uma biblioteca e aprendeu a usar o sistema decimal de Dewey na classificação de livros, embora não se lembre de quando ou onde aprendeu isso (Rosenbaum et al., 2005).

Eis outro exemplo de memória de procedimento: no videogame Tetris, formas geométricas como ⊥ e ⊕ caem, e o jogador deve mover e girar para preencher os espaços disponíveis na parte inferior da tela. Pessoas normais melhoram suas habilidades em algumas horas e prontamente descrevem o jogo e sua estratégia. Depois de jogar o mesmo número de horas, os pacientes com amnésia não conseguem descrever o jogo e dizem que não se lembram de jogá-lo. Mas eles melhoram lentamente. Além disso, quando estão prestes a adormecer, relatam ter visto imagens de pequenas pilhas de blocos caindo e girando (Stickgold, Malia, Maguire, Roddenberry, & O'Connor, 2000). Eles ficam intrigados e se perguntam o que essas imagens significam!

Em resumo, H. M. apresentava o seguinte padrão, assim como muitos outros pacientes com amnésia:

- Memória de trabalho normal, a menos que a pessoa esteja distraída
- Amnésia anterógrada grave para memória declarativa, ou seja, dificuldade de formar novas memórias declarativas
- Perda grave das memórias episódicas, incluindo a maioria das anteriores à lesão
- Melhor memória implícita do que explícita
- Memória de procedimento quase intacta, o que implica que a memória de procedimento depende de outras áreas do cérebro

✓ PARE & REVISE

9. Quais tipos de memória foram mais prejudicados em H. M. e, pessoas com amnésia semelhante?
10. Quais tipos de memória foram menos prejudicados em H. M. e em pessoas com amnésia semelhante?

RESPOSTAS

9. H. M. tinha amnésia anterógrada grave (dificuldade para formar novas memórias de longo prazo) e perda grave de memórias episódicas. 10. H. M. tinha memória de trabalho, memória implícita e memória de procedimento quase intactas.

Teorias da função do hipocampo

Exatamente como o hipocampo contribui para a memória? Algumas das pesquisas vêm de pacientes com lesões no hipocampo, mas, para melhor controle sobre a anatomia e o ambiente, os pesquisadores também realizam pesquisas em animais de laboratório.

Larry Squire (1992) propôs que o hipocampo é crucial para a memória declarativa, especialmente a memória episódica. Como poderíamos testar essa hipótese em não humanos, que não podem "declarar" nada? O que eles poderiam fazer que seria o equivalente à memória declarativa ou episódica? Eis um exemplo possível: um camundongo retira alimento de cinco pilhas de areia, cada uma com um odor diferente. Em seguida, ele pode escolher entre dois dos odores e é recompensado se for em direção ao que sentiu primeiro. Camundongos intactos aprendem a responder corretamente, aparentemente demonstrando memória não apenas do que cheiram, mas também de quando cheiraram. Como essa tarefa requer a memória de um evento específico, ela parece ser qualificada como episódica. Camundongos com lesão no hipocampo se saem mal nessa tarefa (Fortin, Agster, & Eichenbaum, 2002; Kesner, Gilbert, & Barua, 2002).

Na **tarefa com atraso de correspondência com a amostra,** um animal vê um objeto (a amostra) e depois de um tempo, pode escolher entre dois objetos, dos quais deve escolher aquele que corresponde à amostra. Na **tarefa com atraso de não correspondência com a amostra,** o procedimento é o mesmo, exceto que o animal deve escolher o objeto que é diferente da amostra (ver Figura 12.10). Nos dois casos, o animal deve lembrar qual objeto estava presente nessa ocasião, mostrando assim o que poderíamos chamar memória declarativa, talvez uma memória episódica. Lesão no hipocampo prejudica muito o desempenho na maioria dos casos (Heuer & Bachevalier, 2011; Moore, Schettler, Killiany, Rosene, & Moss, 2012; Zola et al., 2000).

O macaco levanta um objeto de amostra para obter comida.

A comida está sob o novo objeto.

Figura 12.10 Uma tarefa com atraso de exemplo de não correspondência

Outra hipótese relaciona o hipocampo à memória para o contexto. Pesquisa com o paciente H. M. mostrou a importância do hipocampo para a memória episódica. Pense em uma de suas próprias memórias episódicas, qualquer uma delas. Provavelmente, inclui um contexto — imagens, sons, um ou mais locais e uma série de eventos. Claramente, essa memória não poderia ser armazenada em um único local do cérebro; ela deve estar espalhada por muitos locais. Talvez o hipocampo seja um coordenador, um diretor que reúne representações de vários locais, na ordem correta. Em suma, reconstrói o contexto. Quando as pessoas recuperam com sucesso uma memória episódica, a atividade dentro e ao redor do hipocampo se sincroniza com a atividade em várias partes do córtex, consistente com a ideia de que o hipocampo fornece as conexões necessárias para a recordação (Watrous, Tandon, Conner, Pieters, & Ekstrom, 2013).

As memórias episódicas recentes geralmente incluem muitos detalhes contextuais. Algumas memórias mais antigas também, mas, na maioria dos casos, os detalhes desaparecem e nós nos lembramos apenas da ideia central do evento. As memórias com muitos detalhes contextuais dependem do hipocampo, mas as memórias mais antigas e menos detalhadas dependem principalmente do córtex cerebral com menos contribuição do hipocampo (Takehara-Nishiuchi & McNaughton, 2008). O mesmo é verdadeiro para camundongos: quando os camundongos são treinados para fazer algo e, em seguida, testados novamente após um curto intervalo, eles lembram melhor a resposta se forem testados no mesmo local. Ou seja, a memória deles depende do contexto. Ao longo do tempo, o contexto importa cada vez menos e, na medida em que os camundongos lembram a resposta, eles se lembram dela igualmente, bem em um local diferente. Se os camundongos com lesões no hipocampo aprendem alguma coisa, eles não exibem nenhuma diferença entre o teste no local familiar e em algum outro lugar. A memória deles não depende do contexto, provavelmente porque não se lembram dele (Winocur, Moscovitch, & Sekeres, 2007).

PARE & REVISE

11. Segundo a hipótese do contexto, por que as lesões no hipocampo prejudicam as memórias recentes mais do que as memórias distantes?

RESPOSTA

11. Memórias recentes incluem detalhes do contexto, e o hipocampo é essencial para a memória de contexto. A maioria das memórias antigas inclui apenas a essência do evento, e o hipocampo é menos importante para memórias desse tipo.

Navegação

Suponha que alguém vende seus olhos, levante e jogue-o em algum lugar totalmente escuro e silencioso. O que você faz? Você quer explorar, mas deve ter cautela. Você não sabe onde as oportunidades ou perigos podem estar presentes. Agora imagine acordar em sua própria cama. Mais uma vez, suponha que a escuridão e o silêncio sejam completos, mas agora você pode caminhar com facilidade até a cômoda, a porta ou o que for, porque você sabe onde você está em relação a tudo o mais. Saber onde você está é um tipo especial de memória, que depende do hipocampo e áreas adjacentes.

Vários tipos de evidências demonstram a importância do hipocampo e áreas próximas para a memória espacial. Considere um **labirinto radial** com várias divisões — normalmente oito — algumas ou todas têm um pouco de comida na extremidade (ver Figura 12.11). A melhor estratégia de um camundongo em um labirinto radial é explorar cada divisão uma vez e uma única vez, lembrando onde já esteve. Em uma variação da tarefa, um camundongo pode aprender que as divisões com piso áspero nunca têm alimento ou que as divisões apontadas para a janela nunca têm alimento. Assim, ele pode cometer um erro entrando em uma divisão nunca correta ou entrando em qualquer divisão duas vezes.

Figura 12.11 Um labirinto radial
Um camundongo que entra novamente em uma divisão antes de tentar outras divisões cometeu um erro de memória operacional espacial.

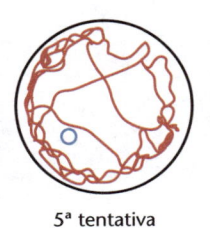

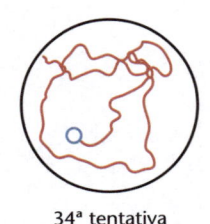

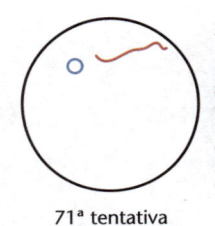

Figura 12.12 O labirinto aquático Morris

Um camundongo intacto aprende por tentativa e erro. Em cada caso, a linha traça o caminho que um camundongo percorreu até a plataforma, marcado por um círculo. Na quinta tentativa, o camundongo ficou principalmente perto da borda e nunca encontrou a plataforma. Na 34ª tentativa, encontrou a plataforma em 35 segundos. Na 71ª tentativa, foi diretamente para a plataforma em 6 segundos.

(Fonte: "Response learning of rats in a Morris water maze: Involvement of the medial prefrontal cortex", de J. P. C. de Bruin, W. A. M. Swinkels, & J. M. de Brabander, 1997, Behavioral Brain Research, 85, 47-55.)

May-Britt Moser e Edvard Moser

Como o GPS nos celulares e carros, o sistema do nosso cérebro avalia onde estamos e para onde estamos indo, integrando vários sinais relacionados à nossa posição e à passagem do tempo... A capacidade de entender onde estamos e para onde precisamos ir é o segredo da sobrevivência. Sem ela, nós, como todos os animais, não seríamos capazes de encontrar alimento ou nos reproduzir. Os indivíduos — e, na verdade, toda a espécie — pereceriam. (Moser, & Moser, 2016, p. 26)

Camundongos com danos no hipocampo podem aprender a evitar as divisões nunca corretas, mas mesmo depois de muito treinamento eles frequentemente entram na divisão correta duas vezes. Ou seja, eles esquecem quais divisões já experimentaram (Jarrard, Okaichi, Steward, & Goldschmidt, 1984; Olton & Papas, 1979; Olton, Walker, & Gage, 1978).

No **labirinto aquático de Morris,** um camundongo nada em águas turvas para encontrar uma plataforma de descanso logo abaixo da superfície (ver Figura 12.12). (Os camundongos nadam apenas quando necessário. Os seres humanos estão entre os poucos mamíferos terrestres que nadam voluntariamente.) Um camundongo com danos no hipocampo aprende lentamente a encontrar a plataforma se sempre começar do mesmo lugar e sempre puder virar na mesma direção para encontrar a plataforma de descanso. Mas se ele tiver que começar de um local diferente ou se a plataforma de descanso ocasionalmente se mover de um local para outro, o camundongo se desorienta (Eichenbaum, 2000; Liu & Bilkey, 2001). Evidentemente, o hipocampo é essencial para lembrar locais.

O hipocampo é importante para a orientação espacial em humanos também. Pesquisadores realizaram varreduras PET nos cérebros de motoristas de táxi de Londres enquanto eles respondiam a perguntas de navegação como: "Qual é a rota legal mais curta do Carlton Tower Hotel ao Museu Sherlock Holmes?". (Os motoristas de táxi de Londres são bem treinados e respondem com precisão impressionante.) Responder a essas perguntas ativava o hipocampo muito mais do que responder a perguntas não espaciais. RMs também revelaram que o hipocampo posterior dos taxistas é maior do que a média e que, quanto mais tempo eles foram taxistas, maior o hipocampo posterior (Maguire et al., 2000). Esse resultado sugere crescimento real do hipocampo humano adulto em resposta a experiências de aprendizagem espacial.

Um grande avanço no nosso entendimento veio de registros de uma única célula. May-Britt Moser, Edvard Moser e John O'Keefe compartilharam o Prêmio Nobel de Fisiologia ou Medicina de 2014 pela descoberta das células responsáveis pela memória espacial.

A pesquisa começou com a descoberta de **células de lugar,** neurônios do hipocampo sintonizados em locais espaciais específicos, respondendo melhor quando um animal está em um local particular e olhando em uma direção particular (O'Keefe & Burgess, 1996; O'Keefe & Dostrovsky, 1971). A descoberta de células de lugar permite aos pesquisadores "ler a mente de um camundongo" em um grau limitado. Suponha que um camundongo esteja em um ponto de escolha em um labirinto difícil. Ele para e olha para um lado e depois para o outro algumas vezes antes de prosseguir. Registros do hipocampo mostram que as células se tornam ativas na ordem apropriada como se o camundongo estivesse na verdade caminhando por um caminho ou outro. Ou seja, podemos observar a atividade cerebral à medida que o camundongo se imagina tentando cada rota (Redish, 2016). As pessoas às vezes afirmam que os humanos são a única espécie que pode imaginar o futuro. Errado. Até os camundongos podem, pelo menos em um futuro muito próximo. Temos certeza disso? Bem, obtemos resultados semelhantes de cérebros humanos enquanto as pessoas imaginam se mover de um local para outro (T. I. Brown et al., 2016; Jacobs et al., 2013; J. F. Miller et al., 2013).

Muitas das células de lugar também funcionam como **células de tempo** que respondem em um determinado ponto, em uma sequência de tempo. Por exemplo, considere um camundongo que precisa correr em uma esteira por 20 segundos para receber uma recompensa. Muitas células do hipocampo tornam-se ativas em um determinado momento durante os 20 segundos (Salz et al., 2016). Evidentemente, os camundongos controlam onde estão no espaço e tempo.

As células de lugar do hipocampo recebem boa pare da estimulação do córtex entorrinal próximo (ver Figura 12.8). Quando os pesquisadores registraram a partir de células no córtex entorrinal, eles encontraram resultados como os da Figura 12.13. Cada célula tornou-se ativa em locais separados entre si em uma grade hexagonal. As células são, portanto, chamadas **células de grade.** Em um determinado nível dentro do córtex entorrinal, diferentes células respondem a diferentes conjuntos de locais, mas sempre em um hexágono. Em cada nível mais profundo (dorsal para ventral, mostrado da esquerda para a direita na Figura 12.13), a área coberta por uma determinada célula dobra de tamanho (Stensola et al., 2012). Muitas das células em níveis mais profundos respondem a uma combinação de localização do animal e direção para a qual está indo (Sargolini et al., 2006). Algumas das células respondem à velocidade de locomoção do animal, em vez de sua localização ou direção (Kropff, Carmichael, Moser, & Moser, 2015). O animal determina a localização e direção a partir de uma combinação de estímulos de várias populações de células. Quando um animal se move para um ambiente diferente, todas as células se reorganizam para mapear os novos locais.

As células de lugar e de tempo do hipocampo estão relacionadas à discussão anterior sobre memória episódica. Qualquer memória episódica se refere a eventos que ocorreram em um determinado local, com uma sequência particular de eventos ao longo do tempo. A perda de células de lugar e células de tempo interrompe muitos tipos de formação de memória.

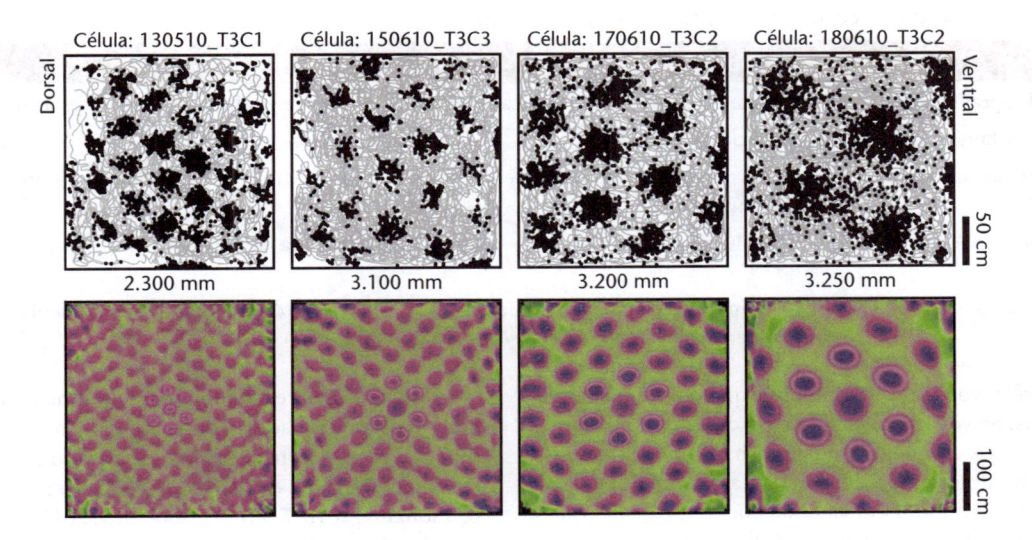

Figura 12.13 Registros de quatro células no córtex entorrinal de um camundongo
Cada caixa representa uma célula, e cada ponto dentro de uma caixa representa um local onde essa célula respondeu. Cada célula respondeu a locais dispostos em um hexágono. As células em um nível mais dorsal no córtex entorrinal (à direita) tinham um espaçamento maior de grades.
(Fonte: "The entorhinal grid map is discretized", de H. Stensola, T. Stensola, T. Solstad, K. Frøland, M.-B. Moser, & E. I. Moser, 2012, Nature, 492, 72-78.)

PARE & REVISE

12. Além da localização de um animal, o que mais muitas células locais monitoram?
13. Qual é a evidência de que os camundongos podem imaginar o futuro?
14. Como as células de grade nos níveis ventrais do córtex entorrinal diferem daquelas nos níveis dorsais?

RESPOSTAS

12. Algumas também respondem ao momento ou à direção que o animal está seguindo. 13. Quando um camundongo faz uma pausa em um ponto de escolha em um labirinto, células de localização respondem em sequência como se o animal estivesse percorrendo uma divisão ou outra do labirinto. 14. Movendo-se de dorsal para ventral, as células de grade respondem a áreas maiores.

O estriado

A memória episódica, dependente do hipocampo, desenvolve-se após uma única experiência. Muitas memórias semânticas também se formam após uma única experiência, ou seja, se alguém contar um fato interessante, você poderá se lembrar dele para sempre. Aprender sua localização espacial também pode se desenvolver rapidamente. Mas precisamos de um mecanismo diferente para aprender hábitos gradualmente, ou aprender o que provavelmente acontecerá ou não em certas circunstâncias. Levamos em consideração muitos tipos de informação ao concluir que provavelmente choverá amanhã, ou que sua mãe possivelmente não vai gostar do filme que você acabou de ver, ou que seu time favorito provavelmente vencerá o próximo jogo. Você pode nem estar ciente de todas as dicas que usou ou de como decidiu. A aprendizagem desse tipo depende de partes dos gânglios basais, especificamente o núcleo caudado e o putâmen, que juntos são conhecidos como o **estriado** (ver Figura 7.16).

Para ilustrar, considere o seguinte exemplo: em cada um dos 38 casos, você tem três informações, mostradas aqui como retângulos azuis ou roxos. Com base nessas informações, suponha se vai chover amanhã ("Yes") ou não ("No"). Você receberá a resposta correta para os 36 primeiros. Você terá uma ideia melhor da tarefa se experimentar os itens um de cada vez. O que você acha dos dois itens finais, e como você tomou essa decisão?

TENTE VOCÊ

Tabela 12.1	Áreas do cérebro para dois tipos de aprendizagem	
	Hipocampo	**Estriado**
Velocidade da aprendizagem	Pode aprender em uma única tentativa	Aprende gradualmente ao longo de muitas tentativas
Tipo de comportamento	Respostas flexíveis	Hábitos
Com base em que tipo de informações?	Às vezes conecta informações ao longo de um intervalo	Geralmente requer realimentação imediata
Aprendizagem explícita ou implícita?	Explícita	Implícita
O que acontece após lesões?	Memória declarativa prejudicada, especialmente memória episódica	Aprendizagem prejudicada de habilidades e hábitos

Nessa tarefa, você pode desenvolver qualquer uma das várias estratégias. Se você simplesmente percebeu que a resposta é "sim" com mais frequência do que "não" (evidentemente, você está prevendo o tempo em uma área chuvosa), você poderia sempre responder "sim", estando correto 64% das vezes. Uma estratégia melhor é, se você vê mais retângulos azuis do que roxos em um determinado teste, responda "sim". Se você vê mais retângulos roxos do que azuis, responda "não". Essa estratégia está correta em 83% das vezes. Se prestar atenção apenas nos retângulos azuis *versus* roxos em uma coluna, sua precisão varia de 53% a 86%, dependendo da coluna escolhida. A melhor estratégia é mais complicada: se você vê dois ou três retângulos azuis, responda "sim"; se você vê dois ou três retângulos roxos, responda "não"; exceto que seja "azul-roxo-roxo", responda "sim", e se é "azul-azul-roxo", responda "não". Essa estratégia fornece uma resposta correta 94% das vezes com o material mostrado aqui. (Portanto, as respostas para os dois itens finais são SIM, SIM.)

Não teríamos descoberto essa última estratégia com o pequeno número de tentativas fornecidas aqui. Mas se você for paciente e continuar por centenas de tentativas, com o tempo sua precisão alcançaria gradualmente 94% de vezes correto. Talvez você não consiga descrever sua estratégia. De alguma forma você sempre "saberia" a resposta certa às suposições. Essa aprendizagem gradual e probabilística depende dos gânglios basais.

Suponha que um teste como esse seja feito em pessoas com doença de Parkinson, que têm deficiências do estriado. Como regra, inicialmente elas têm desempenho semelhante ao de pessoas saudáveis, porque o hipocampo se mantém intacto, e podem aprender fatos declarativos simples, como "azul significa sim e roxo significa não". Mas mesmo depois de muitas tentativas, elas não mostram melhoria gradual que requer o estriado. Em outros tipos de tarefas de aprendizagem complexas, se elas não formarem uma memória declarativa explícita, não melhoram em nada (Moody, Chang, Vanek, & Knowlton, 2010). Ou seja, eles não adquirem hábitos não verbais.

Pessoas com amnésia após lesões no hipocampo realizam aleatoriamente a tarefa de previsão do tempo durante muitas tentativas, porque não formam memórias declarativas e não se lembram de que a maioria dos símbolos azuis ou roxos significam alguma coisa. Mas se continuam por muito tempo, apresentam melhora gradual, com base em hábitos suportados pelo estriado (Bayley, Frascino, & Squire, 2005; Shohamy, Myers, Kalanithi, & Gluck, 2008). Quando pessoas normais tentam aprender uma tarefa complexa em condições de extrema distração, elas também aprendem lentamente, como as pessoas com hipocampo danificado (Foerde, Knowlton, & Poldrack, 2006).

Juntos, esses resultados sugerem uma divisão de trabalho entre o corpo estriado e outras áreas do cérebro que incluem o hipocampo e o córtex cerebral, como resumido na Tabela 12.1 (Balleine, Delgado, & Hikosaka, 2007; Foerde, Race, Verfaellie, & Shohamy, 2013; Foerde & Shohamy, 2011; Koralek, Jin, Long, Costa, & Carmena, 2012; Shohamy, 2011; Wan et al., 2012). Mas a separação entre os dois sistemas não é completa. Quase todas as tarefas aprendidas ativam até certo ponto ambos os sistemas (Albouy et al., 2008). Em muitos casos, com treinamento prolongado, no início, o aprendizado de um camundongo depende principalmente do hipocampo, mas passa a depender mais do corpo estriado à medida que o aprendizado se torna mais bem estabelecido (Ferbinteanu, 2016). Da mesma forma, você sabe por experiência própria que quando está aprendendo a fazer algo pela primeira vez — dirigir carro, jogar tênis, jogar videogame complexo, qualquer coisa — você tem de pensar nisso passo a passo, mas depois de muita prática acontece quase automaticamente. Com o tempo, você pode até descobrir que tem problemas para explicar a outra pessoa o que você está fazendo.

PARE & REVISE

15. Que tipo de memória seria mais fácil de descrever em palavras, memória baseada no hipocampo ou no estriado?

RESPOSTA 15. A memória baseada no hipocampo, sendo explícita, é geralmente mais fácil de descrever em palavras. Os hábitos baseados no estriado às vezes são mais difíceis de descrever.

Outras áreas do cérebro e da memória

A maior parte deste módulo focalizou o hipocampo e o corpo estriado. O Capítulo 11 mencionou a importância da amígdala para as memórias do medo. Outras áreas do cérebro são importantes para o aprendizado e a memória também. Na verdade, a maior parte do cérebro contribui.

Os pesquisadores pediram que dois pacientes com lesão do lobo parietal descrevessem vários eventos do passado. Quando testados dessa forma, a memória episódica parecia esparsa, quase desprovida de detalhes. Mas os pesquisadores fizeram perguntas de acompanhamento, como "Onde você estava?" e "Quem mais estava lá naquele momento?" Em seguida, esses pacientes respondiam com detalhes razoáveis, indicando que suas memórias episódicas estavam intactas, bem como a fala e vontade de cooperar. O que faltava era a capacidade de elaborar uma memória de forma espontânea (Berryhill, Phuong, Picasso, Cabeza & Olson, 2007). Normalmente, quando a maioria de nós se lembra de um evento, uma coisa nos lembra de outra, e começamos a adicionar um detalhe após o outro, até dizermos tudo o que sabemos. Em pessoas com lesão no lobo parietal, esse processo de associar uma parte à outra é prejudicado.

Pessoas com danos no córtex temporal anterior sofrem **demência semântica,** uma perda de memória semântica. Um paciente, enquanto descia por uma estrada, viu algumas ovelhas e perguntou o que eram. O problema não era que ele não conseguia lembrar a palavra *ovelha*. Era como se ele nunca tivesse visto uma ovelha. Quando outra pessoa viu a foto de uma zebra, ela a chamou de cavalo, mas então apontou para as listras e perguntou o que eram "aquelas coisas engraçadas". Ela havia perdido o conceito de zebra. Esses pacientes frequentemente esquecem a cor típica de frutas e vegetais comuns ou a aparência de vários animais. O córtex temporal anterior armazena algumas informações semânticas e serve como um centro de comunicação com outras áreas do cérebro para reunir um conceito completo (Patterson, Nestor, & Rogers, 2007).

Módulo 12.2 | Conclusão
Lesão cerebral e memória

Embora a maioria dos psicólogos do início do século XX presumisse que todo aprendizado e memória eram de apenas um tipo, sujeito a um único conjunto de leis, às vezes surgia a ideia de mais de um tipo (por exemplo, Tolman, 1949). Mas a ideia não se tornaria popular até que os resultados de lesão cerebral mostrassem como alguém poderia perder um tipo de memória sem muita perda do outro. Isso é um exemplo claro de estudo neurológico contribuindo para a teoria psicológica.

Resumo

1. Pessoas com danos no hipocampo têm grande dificuldade para formar novas memórias declarativas de longo prazo, especialmente memórias episódicas. Também têm dificuldade de imaginar o futuro.
2. Pessoas com lesões no hipocampo, no entanto, apresentam memória implícita, memórias de curto prazo e memórias de procedimento.
3. As teorias sobre o hipocampo focalizam seu papel na memória declarativa e na memória para contexto.
4. O hipocampo é especialmente importante para lembrar onde se está no espaço e no tempo em relação a outros itens ou eventos.
5. O hipocampo contém células locais. O monitoramento dessas células mostra que os animais podem se imaginar viajando em uma direção ou outra.
6. As células locais recebem informações das células da grade no córtex entorrinal. As células da grade respondem a uma série de locais organizados em uma grade hexagonal.
7. Enquanto o hipocampo é importante para o armazenamento rápido de um evento, o estriado (parte dos gânglios basais) é importante para o desenvolvimento gradual de hábitos e para ver padrões complexos que podem não ser evidentes em uma única tentativa.
8. Em alguns casos, o aprendizado depende primeiro do hipocampo e depois de muita prática torna-se dependente do corpo estriado.
9. O córtex parietal é importante para a elaboração de memórias episódicas. O córtex temporal anterior serve como um centro para memórias semânticas.

Termos-chave

Os termos estão definidos no número de página indicado. Também são apresentados em ordem alfabética com a definição no Índice remissivo/Glossário do livro, que começa na p. 589.

amnésia anterógrada **395**
amnésia retrógrada **395**
células de grade **400**
células de lugar **400**
células de tempo **400**
demência semântica **403**
estriado **401**

labirinto aquático de Morris **400**
labirinto radial **399**
memória declarativa **398**
memória explícita **398**
memória implícita **398**
memória de procedimento **398**
memórias episódicas **397**

memórias semânticas **396**
tarefa com atraso de correspondência com a amostra **398**
tarefa com atraso de não correspondência com a amostra **398**

Questão complexa

A partir de observações que você já tenha feito em bebês humanos, que tipo de memória você acha que se desenvolve primeiro: o sistema dependente do hipocampo ou o sistema dependente do estriado?

Módulo 12.2 | Questionário final

1. O que é amnésia anterógrada?
   A. Perda de memória factual.
   B. Perda de memória por experiências pessoais.
   C. Perda de memória por espaço e tempo.
   D. Incapacidade de formar novas memórias.

2. Qual era o *status* da memória de trabalho no paciente H. M.?
   A. Ele teve perda completa da memória de trabalho.
   B. A memória de trabalho parecia normal, a menos que ele estivesse distraído.
   C. Ele tinha memória de trabalho razoável apenas para fatos que considerava altamente interessantes.
   D. Pouco depois da lesão, sua memória de trabalho era ruim, mas se recuperou mais tarde.

3. Qual das seguintes alternativas foi mais gravemente prejudicada no paciente H. M.?
   A. Memória episódica.
   B. Memória de procedimento.
   C. Memória implícita.
   D. Memória a curto prazo.

4. Por que não surpreende o fato de que a memória de procedimento de H. M. estava intacta?
   A. A memória de procedimento pode se desenvolver em uma única tentativa.
   B. A memória de procedimento depende das oscilações gama de alta frequência.
   C. A memória de procedimento não requer modificações sinápticas no cérebro.
   D. A memória de procedimento depende do estriado, não do hipocampo.

5. Que tipo de memória o labirinto radial e o labirinto aquático de Morris testam?
   A. Memória episódica.
   B. Memória verbal.
   C. Memória social.
   D. Memória espacial.

6. A evidência de que os camundongos podem imaginar o futuro veio de registros de que tipo de célula?
   A. Células da glia.
   B. Células de lugar.
   C. Células de reconhecimento facial.
   D. Células do córtex visual.

7. Por que certas células do córtex entorrinal são chamadas de células de grade?
   A. Elas respondem a locais distribuídos em uma grade hexagonal.
   B. Elas têm axônios que se espalham na forma de uma grade.
   C. Elas têm dendritos que se espalham na forma de uma grade.
   D. Respondem quando um animal vê algo com a forma de uma grade.

8. O estriado é o principal responsável por qual tipo de aprendizagem?
   A. Hábitos de aprendizagem gradual.
   B. Adquirir e armazenar memórias episódicas.
   C. Memórias que as pessoas podem facilmente descrever em palavras.
   D. Adaptar rapidamente comportamentos aprendidos a novas circunstâncias.

9. Alguém com demência semântica perdeu qual das seguintes habilidades?
   A. Capacidade de entender a fala.
   B. Conhecimento factual.
   C. Capacidade de encontrar o caminho para algo.
   D. Reconhecimento facial.

Respostas: 1D, 2B, 3A, 4D, 5D, 6B, 7A, 8A, 9B.

Módulo 12.3

Armazenamento de informações no sistema nervoso

Se você caminha por um campo, as pegadas que você deixa são "lembranças"? E a lama que gruda nos sapatos? Se a polícia quisesse saber quem atravessou aquele campo, um especialista forense poderia verificar suas pegadas ou sapatos para responder à pergunta. Mesmo assim, não chamaríamos esses traços físicos de memórias no sentido usual.

Da mesma forma, quando um padrão de atividade atravessa o cérebro, ele deixa um caminho de mudanças físicas, mas nem toda mudança é uma memória. A tarefa de descobrir como o cérebro armazena as memórias é desafiadora, e os pesquisadores exploraram muitos caminhos que pareciam promissores por um tempo, mas agora parecem infrutíferos.

Becos cegos e minas abandonadas

Os livros didáticos, incluindo este, se concentram principalmente em pesquisas bem-sucedidas que levaram ao nosso conhecimento atual de um campo. Você pode ter a impressão de que a ciência progride tranquilamente, com cada experimento contribuindo para o corpo de conhecimento. No entanto, se analisar jornais ou livros didáticos antigos, você encontrará discussões sobre muitas descobertas "promissoras" ou "empolgantes" que desconsideramos hoje. A pesquisa científica não avança diretamente da ignorância para a iluminação. Explora uma direção após a outra, quase como um camundongo em um labirinto complexo, abandonando os becos sem saída e perseguindo divisões que o levam mais longe.

O problema com a analogia do labirinto é que um pesquisador raramente se depara com uma parede que identifica claramente o fim de uma rota. Uma analogia melhor é um garimpeiro em busca de ouro, nunca tendo certeza se abandonará um local não lucrativo ou se continuará cavando um pouco mais. Muitas linhas de pesquisa antes empolgantes no estudo da aprendizagem agora têm pouco mais do que interesse histórico. Eis três exemplos:

1. Wilder Penfield às vezes realizava cirurgia cerebral para epilepsia grave em pacientes conscientes apenas com anestesia no couro cabeludo. Ao aplicar um estímulo elétrico breve e fraco a uma parte do cérebro, o paciente poderia descrever a experiência que a estimulação provocava. A estimulação do córtex temporal às vezes provocava descrições vívidas, como:

   Eu me sinto como se estivesse no banheiro da escola.

   Eu me vejo na esquina da Jacob com a Washington em South Bend, Indiana.

   Lembro-me de mim mesmo na estação ferroviária em Vanceburg, Kentucky; é inverno e o vento está soprando lá fora, e estou esperando o trem.

   Penfield (1955; Penfield & Perot, 1963) sugeriu que cada neurônio armazena uma memória particular, como um videoteipe da vida de uma pessoa. Mas a estimulação cerebral raramente provocava a memória de um evento específico. Normalmente, provocava imagens e sons vagos ou lembranças de experiências comuns, como "ver uma cama" ou "ouvir um coro cantar 'Natal branco'". A estimulação quase nunca provocava lembranças de fazer alguma coisa — apenas de ver e ouvir. Além disso, alguns pacientes relataram eventos que nunca haviam realmente experimentado, como ser perseguido por um ladrão ou ver Cristo descer do céu. Em suma, a estimulação produzia algo mais parecido com um sonho do que uma memória.

2. G. A. Horridge (1962) aparentemente demonstrou que as baratas decapitadas podem aprender. Primeiro, ele cortava as conexões entre a cabeça de uma barata e o resto do corpo. Em seguida, ele suspendia a barata de modo que as pernas balançassem um pouco acima da superfície da água. Um circuito elétrico foi organizado como na Figura 12.14 para que a perna da barata recebesse um choque sempre que tocasse a água. Cada barata experimental era pareada com uma barata de controle que recebia um choque na perna sempre que a primeira barata recebia. Porém, apenas a barata experimental tinha algum controle sobre o choque. Esse tipo de experimento é conhecido como projeto de "controle de junção".

   Ao longo de 5 a 10 minutos, as baratas sem cabeça no grupo experimental aumentaram a resposta de dobrar a perna sob o corpo para evitar choques. Aquelas no grupo de controle não mudaram, em média, a posição das pernas como resultado dos choques. Assim, a resposta alterada aparentemente se qualifica como aprendizado e não como um subproduto acidental dos choques.

   Esses experimentos inicialmente pareciam uma maneira promissora de estudar a aprendizagem em um sistema nervoso simples (Eisenstein & Cohen, 1965). Infelizmente, as baratas decapitadas aprendem de forma lenta — uau! imagine só! — e os resultados variam muito de um indivíduo para outro, limitando a utilidade dos resultados. Depois de alguns estudos, o interesse por essa linha de pesquisa diminuiu.

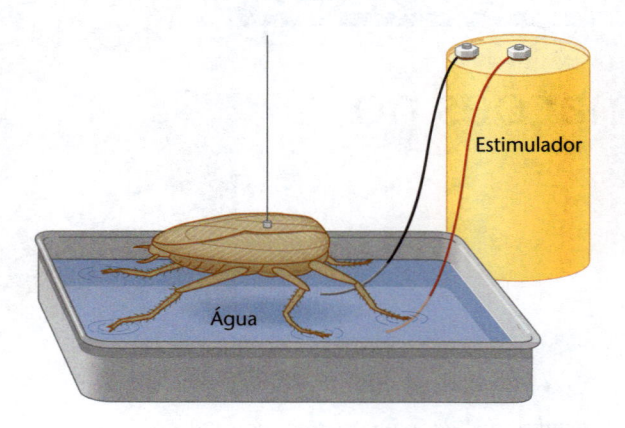

Figura 12.14 Aprendizagem em uma barata sem cabeça?
A barata decapitada, suspensa um pouco acima da água, recebe um choque sempre que a pata traseira toca a água. Uma barata do grupo de controle recebe um choque sempre que a primeira barata recebe, independentemente de seu próprio comportamento. De acordo com alguns relatos, a barata do experimento aprendeu a manter a pata fora da água.
(Fonte: "Learning of leg position by the ventral nerve cord in headless insects", de G. A. Horridge, Proceedings of the Royal Society of London, B, 157, 1962, 33-52. © 1962 The Royal Society of London. Reproduzida com permissão da Royal Society of London, & G. A. Horridge.)

Donald O. Hebb (1904–1985)

A psicologia moderna pressupõe totalmente que o comportamento e a função neural estão perfeitamente correlacionados... Não há alma ou força vital distinta para realizar procedimentos celebrais esporádicos a fim de que as células neurais produzam o que do contrário produziriam... É perfeitamente concebível que algum dia a suposição tenha de ser rejeitada. Mas é importante também ver que ainda não chegamos nesse dia... Não se pode logicamente ser determinista em física, química e biologia e um místico em psicologia. (*Hebb, 1949, p. xiii*)

3. Na década de 1960 e no início da década de 1970, vários pesquisadores propuseram que cada memória fosse codificada como uma molécula específica, provavelmente RNA ou proteína. O teste mais ousado dessa hipótese foi uma tentativa de transferir quimicamente memórias de um indivíduo para outro. James McConnell (1962) relatou que, quando os planários (vermes planos) canibalizaram outros planários que foram classicamente condicionados para responder a uma luz, eles aparentemente lembravam o que os planários canibalizados aprenderam. Pelo menos eles aprenderam a resposta mais rapidamente do que a média para planários.

Inspirados por esse relatório, outros pesquisadores treinaram camundongos para se aproximarem de um som estridente em busca de comida (Babich, Jacobson, Bubash, & Jacobson, 1965). Depois que os camundongos foram bem treinados, os pesquisadores trituraram os cérebros, extraíram o RNA e o injetaram em camundongos não treinados. Os camundongos receptores aprenderam a se aproximar do som mais rapidamente do que os camundongos do grupo de controle.

Esse relatório levou a uma profusão de estudos sobre a transferência de treinamento por enxertos cerebrais. Em *alguns* desses experimentos, camundongos que receberam enxertos cerebrais de um grupo treinado exibiram memória aparente da tarefa, enquanto aqueles que receberam enxertos de um grupo não treinado não exibiram (Dyal, 1971; Fjerdingstad, 1973). Os resultados foram, porém, inconsistentes e irreplicáveis mesmo dentro de um único laboratório (Smith, 1975). Muitos laboratórios não conseguiram encontrar nenhum indício de um efeito de transferência. Em meados da década de 1970, a maioria dos pesquisadores não via sentido em continuar com essa pesquisa, e as agências de financiamento se recusaram a considerar novas subvenções para ela.

Aprendizagem e a sinapse hebbiana

A pesquisa sobre a fisiologia da aprendizagem começou com o conceito de condicionamento clássico de Ivan Pavlov. Embora essa teoria tenha levado Karl Lashley a uma pesquisa malsucedida de conexões no córtex cerebral, também estimulou Donald Hebb a propor um mecanismo de mudança em uma sinapse. Ele sugeriu que quando o axônio do neurônio A "repetida ou persistentemente participa da estimulação [célula B], algum processo de crescimento ou mudança metabólica ocorre em uma ou ambas as células", que aumenta a capacidade subsequente do axônio A de estimular a célula B (Hebb, 1949, p. 62). Em outras palavras, um axônio que estimulou a célula B com sucesso no passado terá ainda mais sucesso no futuro. Em palavras ainda mais simples, "células que se estimulam juntas se conectam". Mais tarde os pesquisadores modificaram essa ideia: neurônios que estão próximos entre si e se estimulam juntos se conectam (Ascoli, 2015). Esse ditado é menos interessante, mas é mais preciso. A estrutura do sistema nervoso determina quais conexões o aprendizado pode criar e a facilidade com que pode criá-las.

Considere como esse processo se relaciona com o condicionamento clássico. Suponha que no início o axônio A estimule ligeiramente a célula B e o axônio C estimule B com mais intensidade. Se A e C se estimulam juntas, o efeito combinado em B pode produzir um potencial de ação. Você pode pensar no axônio A como o estímulo condicionado e no axônio C como o estímulo não condicionado. A atividade de pareamento nos axônios A e C aumenta o efeito futuro de A sobre B. A **sinapse hebbiana** é aquela que pode aumentar a eficácia como resultado da atividade simultânea nos neurônios pré-sinápticos e pós-sinápticos. Essas sinapses são essenciais para muitos tipos de aprendizagem associativa.

✓ PARE & REVISE

16. Como pode uma sinapse hebbiana explicar os fenômenos básicos do condicionamento clássico?

RESPOSTA

16. Em uma sinapse hebbiana, o pareamento da atividade de um axônio mais fraco (EC) com um axônio mais forte (ENC) produz um potencial de ação e, no processo, fortalece a resposta da célula ao axônio EC. Em testes posteriores, ela produzirá uma despolarização maior da célula pós-sináptica, que podemos considerar uma resposta condicionada.

Mecanismos de célula única na alteração do comportamento de invertebrados

Se procuramos uma agulha no palheiro, uma boa estratégia é procurar em um pequeno palheiro. Portanto, muitos pesquisadores se voltaram para estudos de invertebrados. Os sistemas nervosos dos vertebrados e invertebrados são organizados de maneira diferente, mas a química do neurônio, os princípios do potencial de ação, os neurotransmissores e seus receptores são os mesmos. Se identificarmos a base física da aprendizagem e memória em um invertebrado, temos pelo menos uma hipótese de que *poderia* funcionar em vertebrados. Os biólogos há muito usam essa estratégia para estudar genética, embriologia e outros processos biológicos.

Aplysia como um animal experimental

Aplysia, um invertebrado marinho parente da lesma, tem sido um animal popular para estudos da fisiologia do aprendizado (ver Figura 12.15). Em comparação com os vertebrados, tem menos neurônios, muitos dos quais são grandes e fáceis de estudar. Além disso, ao contrário dos vertebrados, os neurônios da *Aplysia* são praticamente idênticos entre um indivíduo e outro, de modo que os pesquisadores podem replicar o trabalho uns dos outros em detalhes.

Muitas pesquisas tratam da resposta ao afastamento: se alguém tocar o sifão, manto ou guelra de uma *Aplysia* (ver Figura 12.16), o animal remove energicamente a estrutura tocada. Eles rastrearam a via neural dos receptores de toque, passando por outros neurônios, até os neurônios motores que direcionam a resposta. Usando essa via neural, os pesquisadores estudaram mudanças no comportamento como resultado do experimento. Em 2000, Eric Kandel ganhou o Prêmio Nobel por este trabalho.

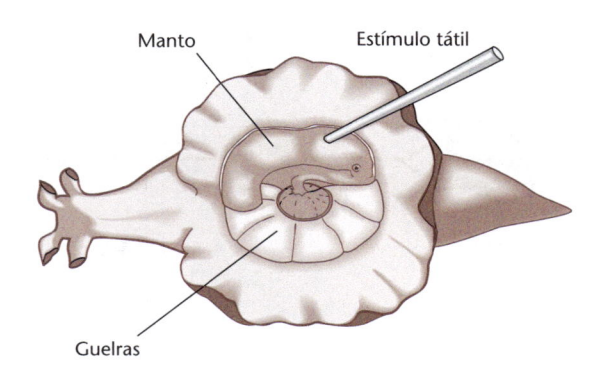

Figura 12.16 **Tocar uma *Aplysia* causa uma resposta de afastamento**
Os neurônios sensoriais e motores que controlam essa reação foram identificados e estudados.

Eric R. Kandel

As questões colocadas pelos processos cognitivos superiores, como aprendizagem e memória, são formidáveis, e apenas começamos a explorá-las. Embora aspectos elementares das formas simples de aprendizagem tenham sido acessíveis à análise molecular em invertebrados, só agora estamos começando a entender um pouco sobre os genes e proteínas envolvidos em processos de aprendizagem de mamíferos mais complexos baseados no hipocampo.

Habituação na *Aplysia*

Habituação é a diminuição em resposta a um estímulo repetido que não é acompanhado por nenhuma alteração em outros estímulos. Por exemplo, um ruído repentino pode assustá-lo, mas você responde menos após apresentações repetidas, especialmente se elas ocorrerem com frequência ou em intervalos previsíveis. Se estimularmos repetidamente uma *Aplysia* com um breve jato de água do mar, ela primeiro se afasta, mas depois de muitas repetições, para de responder. O declínio na resposta não é devido à fadiga muscular; mesmo depois de ocorrer a habituação, a estimulação direta do neurônio motor produz uma contração muscular em tamanho real (Kupfermann, Castellucci, Pinsker, & Kandel, 1970). Também podemos descartar alterações no neurônio sensorial. O neurônio sensorial ainda fornece uma resposta completa e normal à estimulação; ele simplesmente não consegue estimular o neurônio motor tanto quanto antes (Kupfermann et al., 1970). Somos, portanto, deixados com a conclusão de que a habituação na *Aplysia* depende de uma alteração na sinapse entre o neurônio sensorial e o neurônio motor (ver Figura 12.17).

Sensibilização na *Aplysia*

Se sentir dor inesperada e intensa, você reagirá temporariamente com mais força do que o normal a outros estímulos repentinos. Esse fenômeno é chamado **sensibilização**, um aumento na resposta a estímulos leves como resultado da exposição a estímulos mais intensos. Da mesma forma, um estímulo forte em quase qualquer lugar na pele da *Aplysia* intensifica uma resposta posterior de retirada ao toque.

Figura 12.15 *Aplysia*, **um molusco marinho**
Um animal adulto é um pouco maior que uma mão humana.

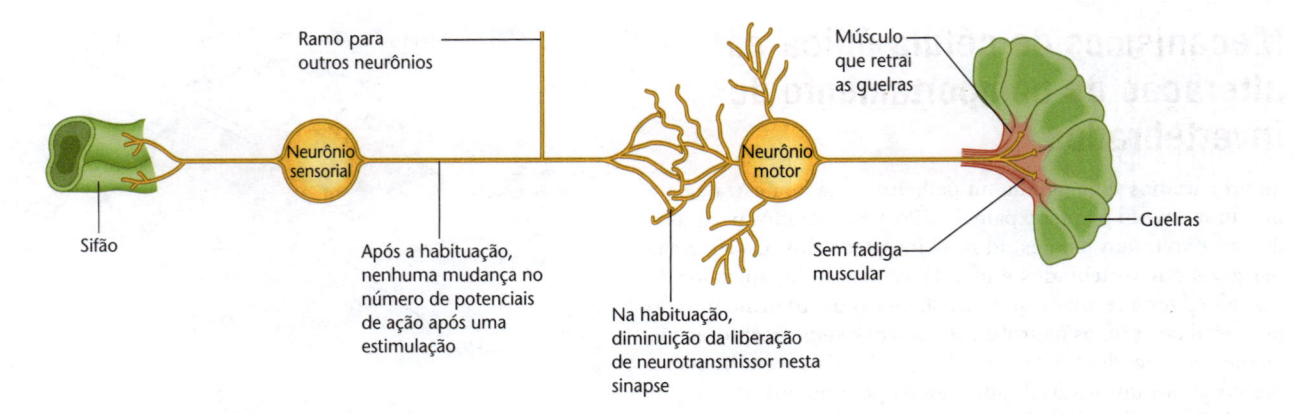

Figura 12.17 Habituação do reflexo de retração das guelras na *Aplysia*
Tocar no sifão causa a retração das guelras. Depois de muitas repetições, a resposta se habitua (declina) por causa da diminuição da transmissão na sinapse entre o neurônio sensorial e o neurônio motor.
(Fonte: Extraída de "Neuronal mechanisms of habituation and dishabituation of the gill-withdrawal reflex in aplysia," de V. Castellucci, H. Pinsker, I. Kupfermann, & E. Kandel,
Science, 1970, 167, pp. 1745-1748. Copyright © 1970 da AAAS. Usada com permissão de AAAS, & V. Castellucci.)

Os pesquisadores rastrearam a sensibilização às mudanças nas sinapses identificadas (Cleary, Hammer, & Byrne, 1989; Dale, Schacher & Kandel, 1988; Kandel & Schwartz, 1982). A forte estimulação na pele estimula um *interneurônio facilitador* que libera serotonina nos terminais pré-sinápticos de muitos neurônios sensoriais. A serotonina bloqueia os canais de potássio nessas membranas. Como o potássio agora flui mais lentamente para fora da célula, a membrana se repolariza mais lentamente após um potencial de ação. Portanto, o neurônio pré-sináptico continua liberando o neurotransmissor por mais tempo do que o normal. A repetição desse processo faz com que o neurônio sensorial sintetize novas proteínas que produzem sensibilização de longo prazo (Bailey, Giustetto, Huang, Hawkins, & Kandel, 2000). Essa pesquisa mostra como é possível explicar um exemplo da plasticidade comportamental em termos de eventos moleculares. Estudos posteriores exploraram mecanismos do condicionamento clássico e instrumental na *Aplysia*.

✓ PARE & REVISE

17. Quando a serotonina bloqueia os canais de potássio no terminal pré-sináptico, qual é o efeito sobre a transmissão?

RESPOSTA

17. O bloqueio dos canais de potássio prolonga o potencial de ação e, portanto, prolonga a liberação de neurotransmissores, produzindo uma resposta aumentada.

Potenciação de longo prazo em vertebrados

Desde o trabalho de Charles Sherrington e Santiago Ramón y Cajal, a maioria dos neurocientistas supôs que a aprendizagem depende de alterações nas sinapses, e o trabalho na *Aplysia* corrobora essa ideia. A primeira evidência de um processo semelhante entre vertebrados veio de estudos dos neurônios no hipocampo de camundongos (Bliss & Lømo, 1973). O fenômeno, conhecido como **potenciação de longo prazo (PLP)**, é isto: um ou mais axônios conectados a um dendrito o bombardeiam com uma série rápida de estímulos. A explosão de estimulação intensa deixa algumas das sinapses potencializadas (mais responsivas a novos estímulos do mesmo tipo) por minutos, dias ou semanas.

A PLP mostra três propriedades que a tornam um candidato atraente para uma base celular de aprendizagem e memória:

- **Especificidade.** Se algumas das sinapses em uma célula eram altamente ativas e outras não, apenas as ativas se fortalecem. Uma falha de especificidade é uma das causas da aprendizagem prejudicada (Ferando, Faas, & Mody, 2016).
- **Cooperatividade**. A estimulação quase simultânea por dois ou mais axônios produz PLP mais fortemente do que a estimulação repetida por apenas um axônio.
- **Associatividade**. Parear uma estimulação fraca com uma forte aumenta a resposta posterior à estimulação fraca, como ilustrado na Figura 12.18. Nesse sentido, a PLP corresponde ao que esperaríamos das sinapses hebbianas. Em alguns casos, uma sinapse que estava quase completamente inativa antes da PLP se tornava efetiva posteriormente (Kerchner & Nicoll, 2008).

A mudança oposta, **depressão de longo prazo (DLP)**, uma diminuição prolongada na resposta em uma sinapse, ocorre para axônios que estavam menos ativos do que outros, como o axônio 3 na Figura 12.18 (Collingridge, Peineau, Howland, & Wang, 2010). Você pode pensar nisso como um processo compensatório. À medida que uma sinapse se fortalece, outra se enfraquece (Royer & Paré, 2003). Se o aprendizado produzisse apenas o fortalecimento das sinapses, então cada vez que você aprendesse algo, seu cérebro se tornaria cada vez mais ativo, queimando constantemente cada vez mais combustível!

Mecanismos bioquímicos

Determinar como a PLP ou DLP ocorre é um grande desafio de pesquisa porque cada neurônio tem muitas sinapses minúsculas, às vezes na casa das dezenas de milhares. Isolar as mudanças químicas em qualquer sinapse exige uma enorme quantidade de pesquisas criativas e pacientes. Discutiremos a PLP no hipocampo, onde ocorre mais facilmente e onde seus mecanismos foram mais amplamente estudados.

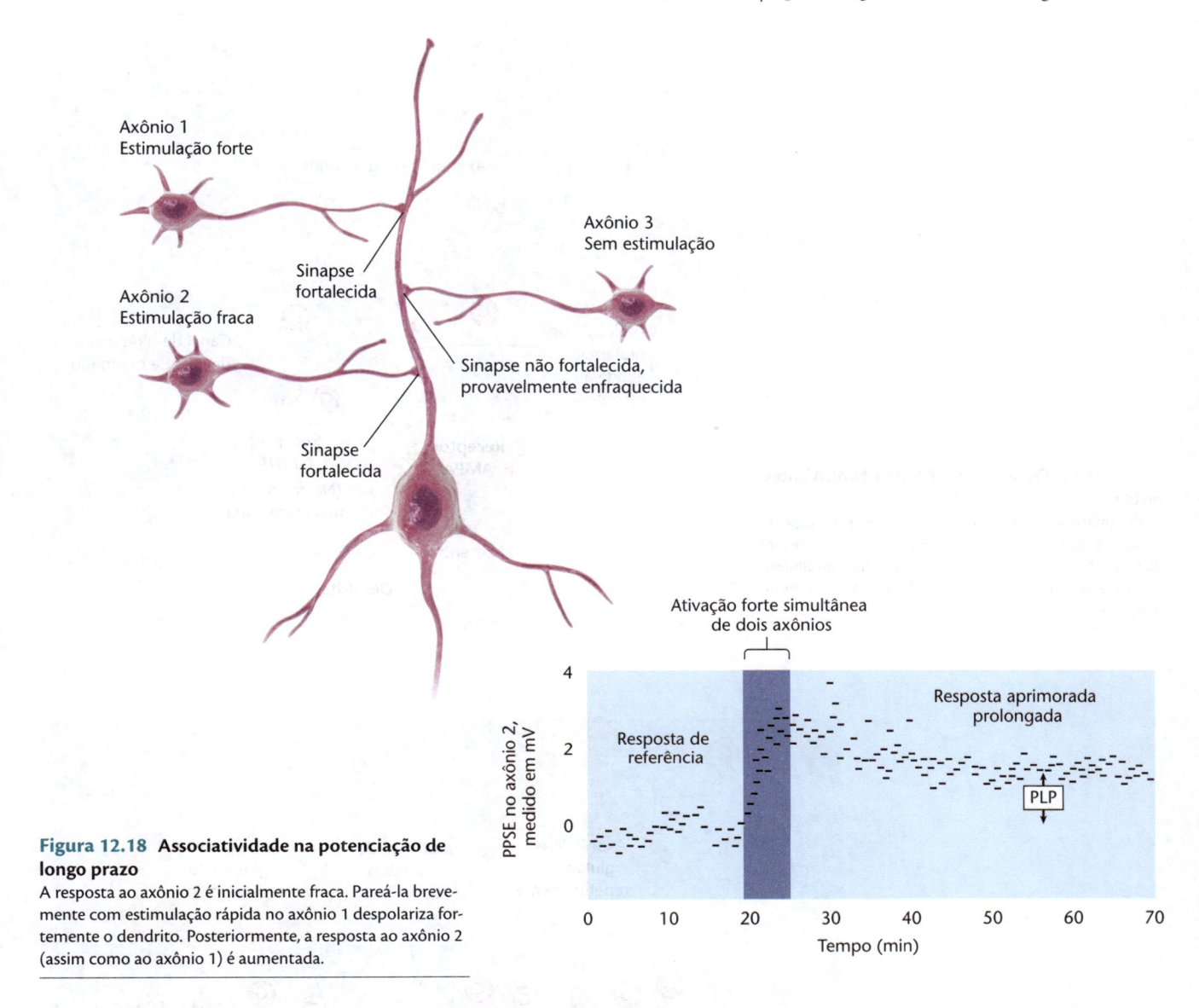

Figura 12.18 Associatividade na potenciação de longo prazo
A resposta ao axônio 2 é inicialmente fraca. Pareá-la brevemente com estimulação rápida no axônio 1 despolariza fortemente o dendrito. Posteriormente, a resposta ao axônio 2 (assim como ao axônio 1) é aumentada.

Sinapses AMPA e NMDA

Em alguns casos, a PLP depende de alterações nas sinapses GABA (Nugent, Penick, & Kauer, 2007), mas, na maioria dos casos, depende de alterações nas sinapses do glutamato. O cérebro possui vários tipos de receptores para o glutamato, o transmissor mais abundante. Os neurocientistas identificam os tipos de receptores de dopamina por números, como D_1 e D_2, e receptores GABA por letras, como $GABA_A$. Eles identificam as sinapses da serotonina (5-hidroxitriptamina) por letras e números, como $5HT_{2C}$. Para o glutamato, eles nomearam os receptores em homenagem a certos fármacos que as estimulam. Aqui estamos interessados em dois tipos de receptores de glutamato, chamados AMPA e NMDA. O **receptor AMPA** é estimulado pelo neurotransmissor de glutamato, mas também pode responder a um fármaco chamado α-ácido-amino-3-hidroxi-5-metil-4-isoxazolpropiônico (abreviado AMPA). O **receptor NMDA** também é normalmente estimulado apenas pelo glutamato, mas pode responder a um fármaco chamado N-metil-D-aspartato (abreviado NMDA).

Ambos são receptores ionotrópicos. Ou seja, quando são estimulados, abrem um canal para permitir que os íons entrem na célula pós-sináptica. O **receptor AMPA** é um receptor ionotrópico típico que abre os canais de sódio. Mas a resposta do receptor NMDA ao glutamato depende do grau de polarização ao longo da membrana. Quando a membrana está no potencial de repouso, o canal iônico do **receptor NMDA** é geralmente bloqueado por íons de magnésio. Os íons de magnésio, carregados positivamente, são atraídos pela carga negativa dentro das células, mas não se encaixam no canal de NMDA. O canal de NMDA permite que os íons fluam ao longo dele apenas se o magnésio sair, e a maneira mais certa de separar o magnésio é despolarizar a membrana, diminuindo a carga negativa que o atrai (ver Figura 12.19).

Suponha que um axônio libere glutamato repetidamente. Melhor ainda, vamos ativar dois axônios repetidamente, lado a lado no mesmo dendrito. Muitos íons de sódio entram pelos canais de AMPA que despolariza o dendrito intensamente. A despolarização desloca as moléculas de magnésio, permitindo que o glutamato abra o canal de NMDA. Nesse ponto, tanto o sódio como o cálcio entram pelo canal de NMDA (ver Figura 12.20).

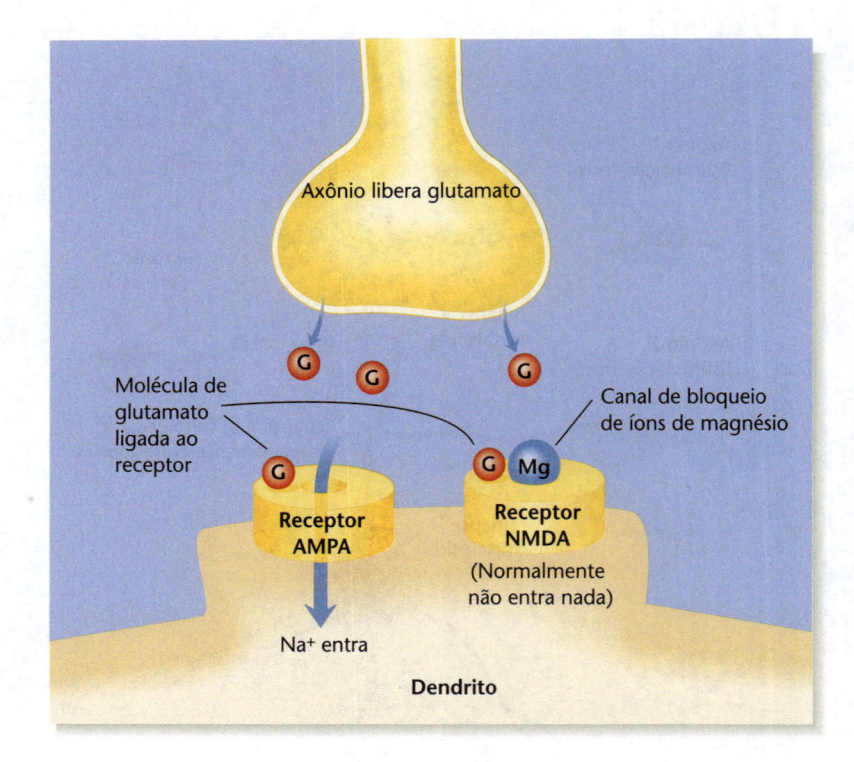

Figura 12.19 Os receptores AMPA e NMDA antes de PLP
O glutamato se liga a ambos os receptores. No receptor AMPA, ele abre um canal para permitir a entrada de íons de sódio. No receptor NMDA, ele se liga, mas geralmente não consegue abrir o canal, que é bloqueado por íons de magnésio.

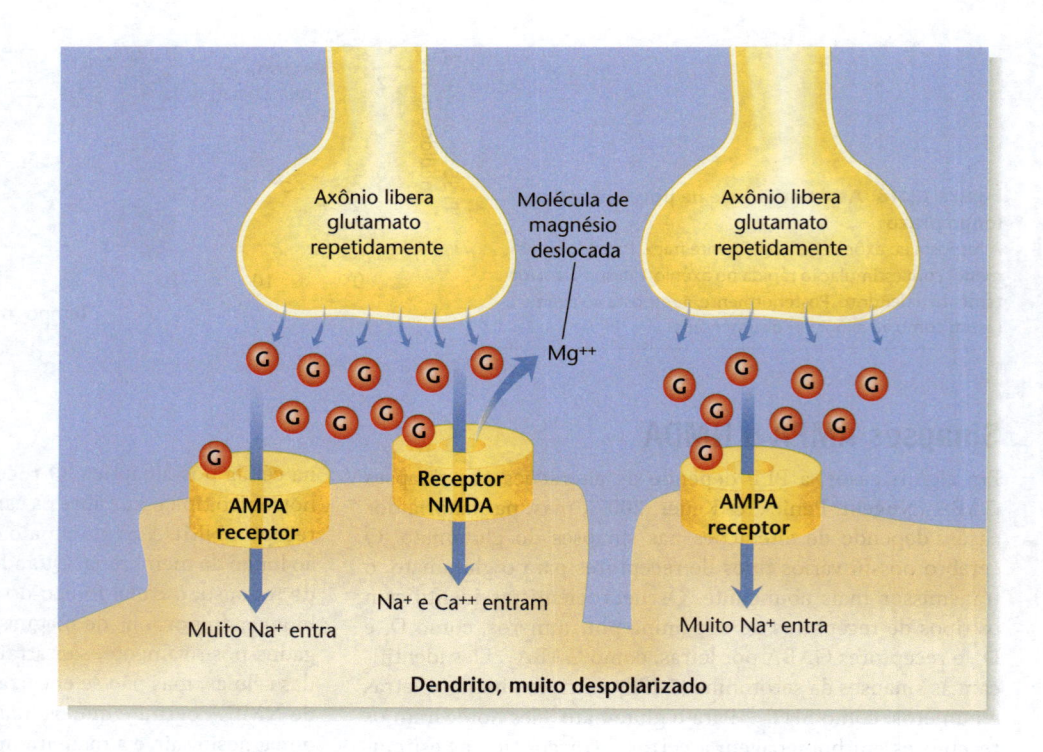

Figura 12.20 Os receptores AMPA e NMDA durante a PLP
Se um ou mais receptores AMPA foram estimulados repetidamente, entra sódio suficiente para despolarizar amplamente a membrana do dendrito. Isso desloca os íons de magnésio e permite que o glutamato abra o receptor NMDA, através do qual o sódio e o cálcio entram.

A entrada do cálcio é fundamental para a produção de PLP. Quando o cálcio entra pelo canal de NMDA, ele ativa uma proteína chamada CaMKII (α-proteína quinase II dependente de cálcio/calmodulina) (Lisman, Schulman, & Cline, 2002; Otmakhov et al., 2004). A CaMKII desencadeia uma série de reações que levam à liberação de uma proteína chamada CREB — proteína de ligação ao elemento responsivo ao monofosfato de adenosina cíclica. (Você pode ver por que quase sempre é abreviado.) A CREB entra no núcleo da célula e regula a expressão de vários genes. Em alguns casos, a expressão do gene alterado dura meses ou anos, tempo suficiente para explicar a memória de longo prazo (Miller et al., 2010). É um exemplo da alteração epigenética, dependendo das modificações das histonas (Halder et al., 2016). Os efeitos da CaMKII são necessários para a PLP e certos tipos de aprendizagem. Como a CaMKII ativada permanece na sinapse estimulada e não se difunde para outro lugar, é responsável pelo aspecto da especificidade da PLP — o fato de que apenas as sinapses altamente ativadas se fortalecem (Lisman, Yasuda, & Raghavachari, 2012; Redondo, & Morris, 2011; Wang et al., 2009).

Os efeitos da CaMKII e CREB são ampliados pelo **BDNF** (*brain-derived neurotrophic factor*) – fator neurotrófico derivado do cérebro, uma neurotrofina semelhante ao fator de crescimento de nervos. A atividade persistente nas sinapses leva a potenciais de ação que começam nos axônios, mas se propagam de volta para os dendritos, que então liberam o BDNF. A formação e manutenção da PLP depende de todas essas substâncias químicas — CaMKII, CREB e **BDNF** (Kuczewski et al., 2008; Minichiello, 2009; Silva, Zhou, Rogerson, Shobe, & Balaji, 2009), bem como outras. Quando os neurônios são ativados repetidamente, apenas aqueles com a maior produção dessas substâncias químicas passarão pela PLP (Han et al., 2007).

Em alguns casos, a PLP depende de mecanismos que aumentam a responsividade dos receptores AMPA (Lauterborn et al., 2016; Lisman et al., 2012). Em muitos outros casos, depende da produção de novos ramos de dendritos e sinapses com os receptores de AMPA ou NMDA. A Figura 12.21 mostra um exemplo (Zhang, Cudmore, Lin, Linden, & Huganir, 2015). Muitas das novas sinapses que se desenvolvem no hipocampo duram apenas semanas e são talvez uma conexão com um armazenamento mais permanente em outro lugar (Attardo, Fitzgerald, & Schnitzer, 2015).

Resumindo: quando o glutamato estimula massivamente os receptores AMPA, a despolarização resultante permite que o glutamato também estimule os receptores NMDA próximos. A estimulação dos receptores NMDA permite que o cálcio entre na célula, onde põe em movimento uma série de mudanças que criam novas sinapses de glutamato ou aumentam a resposta ao glutamato nos receptores AMPA existentes. Após a ocorrência da PLP, os receptores NMDA voltam à condição original.

Depois que a PLP foi estabelecida, ela não depende mais das sinapses NMDA. Fármacos que bloqueiam as sinapses NMDA impedem o *estabelecimento* da PLP, mas não interferem na *manutenção* da PLP que já foi estabelecida (Gustafsson & Wigström, 1990; Uekita & Okaichi, 2005). Em outras palavras, depois que a PLP ocorre, os receptores AMPA permanecem potenciados, independentemente do que acontece com os NMDAs.

Alterações pré-sinápticas

As alterações que acabamos de descrever ocorrem no neurônio pós-sináptico. Em muitos casos, em vez ou além disso, a PLP depende de alterações no neurônio pré-sináptico. A estimulação extensiva de uma célula pós-sináptica faz com que ela libere um **transmissor retrógrado** que retorna à célula pré-sináptica para modificá-la. Em muitos casos, esse transmissor retrógrado é o óxido nítrico (NO). Como resultado, um neurônio pré-sináptico diminui seu limiar para a produção de potenciais de ação (Ganguly, Kiss, & Poo, 2000), aumenta a liberação de neurotransmissores (Zakharenko, Zablow, & Siegelbaum, 2001), expande os axônios (Routtenberg, Cantallops, Zaffuto, Serrano, & Namgung, 2000) e libera o transmissor de locais adicionais ao longo do axônio (Reid, Dixon, Takahashi, Bliss, & Fine, 2004). Quando as alterações pré-sinápticas e pós-sinápticas contribuem para a PLP, o resultado é maior precisão e estabilidade da aprendizagem (Costa, Froemke, Sjöström, & van Rossum, 2015).

A pesquisa sobre PLP mostra um mecanismo pelo qual a experiência pode alterar as propriedades de entrada e saída de um neurônio. Muitos estudos mostraram que a PLP é importante para o aprendizado e que interferir na PLP interfere no aprendizado. Mas deve ficar claro que entender a PLP é apenas um passo para entender a aprendizagem. Exceto nos casos mais simples do condicionamento clássico, a aprendizagem requer mais do que apenas aumentar a resposta a um estímulo. Os pesquisadores precisarão continuar explorando como o diagrama de conexões possibilita todas as complexidades de uma resposta aprendida.

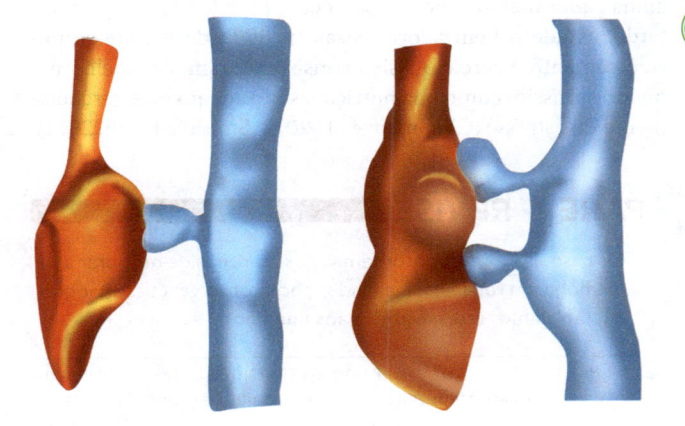

Figura 12.21 Sinapses adicionadas como resultado da PLP
Essas ilustrações mostram parte de um dendrito de camundongo antes e três horas após o início da PLP. As áreas mais claras indicam sinapses de glutamato.
(Fonte: "Visualization of NMDA receptor-dependent AMPA receptor synaptic plasticity in vivo", de Y. Zhang, R. H. Cudmore, D.-T. Lin, D. J. Linden, & R. L. Huganir, 2015, Nature Neuroscience, 18, 402-407)

✅ PARE & REVISE

18. Antes da PLP: no estado normal, qual é o efeito do glutamato nos receptores AMPA? E nos receptores NMDA?
19. Durante a formação da PLP, quando uma rajada de estimulação intensa libera muito mais glutamato do que o normal em dois ou mais axônios entrantes, qual é o efeito do glutamato nos receptores AMPA? E nos receptores NMDA?
20. Depois que o neurônio passou pela PLP, qual é agora o efeito do glutamato nos receptores AMPA? E nos receptores NMDA?

RESPOSTAS
18. Antes da PLP, o glutamato estimula os receptores AMPA, mas geralmente tem pouco efeito nos receptores NMDA porque o magnésio os bloqueia. 19. Durante a formação da PLP, a estimulação maciça do glutamato estimula fortemente os receptores AMPA, despolarizando assim o dendrito. Essa despolarização permite que o glutamato também estimule os receptores NMDA. 20. Depois que a PLP foi estabelecida, o glutamato estimula os receptores AMPA mais do que antes, principalmente por causa do aumento do número de receptores AMPA. Nos receptores NMDA, é geralmente mais uma vez ineficaz.

Aprimoramento da memória

Uma razão para estudar a PLP e outros mecanismos biológicos é a esperança de que possa levar a aplicações práticas. A PLP depende da produção de várias proteínas, e aumentar a produção dessas proteínas aumenta a memória em roedores (Routtenberg et al., 2000; Shema et al., 2011). Medicamentos que inibem sua produção enfraquecem a memória, mesmo que sejam administrados dias após o treinamento (Shema, Sacktor, & Dudai, 2007). Várias empresas farmacêuticas estão investigando fármacos que podem melhorar a memória aumentando a PLP, mas até agora nada está disponível. Como no restante da medicina, muitos medicamentos promissores em estudos com animais têm efeitos colaterais inaceitáveis quando aplicados a humanos.

O único tipo de medicamento que ajuda a memória — às vezes — é uma droga estimulante como cafeína, anfetamina ou metilfenidato (Ritalina). Embora comprar ou vender anfetaminas ou metilfenidato sem receita seja ilegal, muitos estudantes universitários e alguns estudantes do ensino médio obtiveram as drogas e as experimentaram pelo menos uma vez. A pesquisa sugere que o aumento da energia melhora ligeiramente a memória e a cognição para alunos médios ou abaixo da média, mas fornece pouco ou nenhum benefício e talvez até mesmo prejudique os melhores alunos. Pouco se sabe sobre as consequências do uso prolongado para a saúde (Ilieva, Hook, & Farah, 2015; Smith & Farah, 2011).

O modafinil, outro medicamento estimulante, foi aprovado para o tratamento da narcolepsia e outros transtornos que prejudicam a vigília, mas as pessoas também o experimentaram (sem a aprovação da FDA) para melhorar a cognição e a memória. A pesquisa, limitada até agora, sugere melhorias em tarefas complexas, mas ela ainda não examinou os riscos que o uso repetido de longo prazo pode acarretar (Battleday & Brem, 2015).

Você pode ter ouvido afirmações de que a erva *ginkgo biloba* melhora a memória. As empresas farmacêuticas enfrentam uma regulamentação rígida da Food and Drug Administration antes de poderem comercializar um novo medicamento, mas uma empresa que comercializa uma erva ou outra substância natural não precisa demonstrar a eficácia, desde que o rótulo ou anúncio não reivindique benefícios clínicos. Você também pode notar que os anúncios de pílulas contendo *ginkgo biloba* deixam para sua imaginação quais são os benefícios, se houver algum, desse suplemento. A maioria das pesquisas sobre *ginkgo biloba* é de baixa qualidade e os resultados são inconsistentes (Yang, Wang, Sun, Zhang, & Liu, 2016). Os benefícios, se houver, parecem estar limitados a pessoas com a doença de Alzheimer ou doenças semelhantes, e se desenvolvem somente depois que as pessoas tomam a erva por meses (Stough & Pase, 2015).

Outra erva, *bacopa monnieri*, também conhecida como hissopo d'água, tem sido usada na Índia desde o século VI para vários distúrbios mentais. Ela funciona como um antioxidante e remove β-amiloides, assim, teoricamente, parece um candidato razoável para melhorar a memória. A pesquisa sugere que pode ajudar a memória de algumas pessoas, mas, novamente, os benefícios surgem apenas depois de tomar a erva por meses (Stough & Pase, 2015). Não espere nenhuma ajuda para seu teste na próxima semana. Flavonóis são substâncias químicas encontradas no chá chinês, em alguns tipos de cacau e chocolate e em certas frutas e vegetais. Pesquisas muito limitadas sugerem que eles às vezes melhoram o desempenho em certos tipos de tarefas de memória, pelo menos em idosos (Brickman et al., 2014).

Os pesquisadores descobriram várias maneiras de melhorar a memória em camundongos alterando a expressão do gene, mas cada benefício tem um custo. Camundongos com maior expressão de um gene que aumenta os receptores NMDA apresentam aprendizagem mais rápida, mas também dor crônica. Camundongos com outro gene variante aprendem labirintos complexos mais rapidamente do que o normal, mas são piores do que a média na aprendizagem de labirintos simples. Outro tipo de camundongo aprende rapidamente, mas ao custo de aprender os medos rapidamente e não consegue desaprender os medos mais tarde (Lehrer, 2009). Pesquisas com humanos descobriram que a estimulação elétrica em partes do córtex parietal ou pré-frontal pode melhorar certos tipos de memória, mas sempre ao custo de prejudicar um tipo diferente de memória (Luculano & Kadosh, 2013).

Outra possibilidade: a estimulação transcraniana por corrente contínua consiste na aplicação de uma corrente não dolorosa de 1 a 2 miliamperes no couro cabeludo. O procedimento mostrou resultados promissores no tratamento da depressão, dor crônica, doença de Parkinson e outras doenças e, possivelmente, ajuda as pessoas a melhorar a atenção e a memória. Mas o procedimento às vezes melhora o desempenho em uma tarefa enquanto prejudica outra. Também pode ser perigoso se os eletrodos são inseridos incorretamente ou se a duração é muito longa (Maslen, Douglas, Cohen Kadosh, Levy, & Savulescu, 2014).

Métodos comportamentais para melhorar a memória ainda são a melhor aposta. Se você quiser lembrar algo mais tarde, estude-o bem agora, ensaie mais tarde e teste-se periodicamente. Exercício físico consistente também melhora a memória, assim como boa nutrição, sono adequado e gerenciamento do estresse (Chapman et al., 2013; Smith & Farah, 2011).

✓ PARE & REVISE

21. Os pesquisadores descobriram várias maneiras de melhorar a memória em roedores, incluindo modificação genética. Por que não aplicamos esses métodos aos humanos?

RESPOSTA

21. Até agora, todos esses métodos apresentam desvantagens. Embora melhorem o funcionamento de uma maneira, causam problemas de outra.

Módulo 12.3 | Conclusão
A fisiologia da memória

Por que nos preocupamos com a fisiologia da memória? Algum dia nossa compreensão pode levar a aplicações práticas. A importância teórica também é importante. Explicar a memória em termos químicos reforça a ideia do monismo: nossas experiências, nossos pensamentos e nossas memórias são manifestações de processos químicos. Todos os pesquisadores que manipulam substâncias químicas nas pequenas sinapses estão, em um sentido muito real, tentando nos ajudar a entender a natureza humana.

Resumo

1. Uma sinapse hebbiana se torna mais forte quando o neurônio pré-sináptico libera transmissores em conjunto com um potencial de ação no neurônio pós-sináptico.
2. Habituação do reflexo de retração das guelras na *Aplysia* depende de um mecanismo que diminui a liberação do transmissor de um neurônio pré-sináptico específico.
3. Sensibilização do reflexo de retração das guelras na *Aplysia* ocorre quando a serotonina bloqueia os canais de potássio em um neurônio pré-sináptico e, assim, prolonga a liberação do transmissor desse neurônio.
4. A potenciação de longo prazo (PLP) é um aumento da resposta em certas sinapses por causa de uma série breve, mas intensa de estímulos fornecidos para um neurônio, geralmente por dois ou mais axônios que fornecem estimulações simultâneas.
5. Se os axônios estão ativos em uma velocidade muito lenta, a responsividade das sinapses pode diminuir — um processo conhecido como depressão de longo prazo (DLP).
6. A PLP nos neurônios do hipocampo ocorre da seguinte forma: a estimulação repetida dos receptores AMPA com glutamato despolariza a membrana. A despolarização remove os íons de magnésio que bloqueavam os receptores NMDA. O glutamato é então capaz de estimular os receptores NMDA, abrindo um canal para os íons de cálcio entrarem no neurônio.
7. Quando o cálcio entra pelos canais controlados pelo NMDA, ele ativa uma proteína que põe em movimento uma série de eventos que aumentam a resposta do receptor ou produzem sinapses adicionais. Essas alterações aumentam a resposta tardia ao glutamato.
8. Em muitas sinapses, a PLP está relacionada ao aumento da liberação do transmissor do neurônio pré-sináptico, além ou em vez das alterações no neurônio pós-sináptico.
9. Embora os pesquisadores esperem desenvolver fármacos ou procedimentos para melhorar a memória, atualmente nenhum procedimento é claramente seguro e eficaz para pessoas saudáveis que desejam melhorar o desempenho. A melhor maneira de aprimorar a memória é aprender bem o material e praticá-lo.

Termos-chave

Os termos estão definidos no número de página indicado. Também são apresentados em ordem alfabética com a definição no Índice remissivo/Glossário do livro, que começa na p. 589.

associatividade **408**
BDNF **411**
cooperatividade **408**
depressão de longo prazo (DLP) **408**
especificidade **408**
habituação **407**
potenciação de longo prazo (PLP) **408**
receptor AMPA **409**
receptor NMDA **409**
sensibilização **407**
sinapse hebbiana **406**
transmissor retrógrado **411**

Questões complexas

1. Se uma sinapse já desenvolveu PLP uma vez, deve ser mais fácil ou mais difícil fazer com que ela desenvolva a PLP novamente? Por quê?
2. O uso de drogas para melhorar o desempenho nos esportes é considerado antiético e ilegal para a maioria das competições. Devemos considerar antiético as pessoas usarem anfetaminas ou outras drogas para melhorar o desempenho quando estão fazendo testes ou competindo academicamente?

Módulo 12.3 | Questionário final

1. O que é verdade sobre uma sinapse hebbiana?
   A. Ela se fortalece se a atividade está associada a um potencial de ação na célula pós-sináptica.
   B. Pode ser excitatória ou inibitória, dependendo da atividade de outras sinapses adjacentes.
   C. Inclui um local AMPA ou um local NMDA.
   D. Pode enviar mensagens entre células em qualquer direção.

2. As células que são estimuladas juntas se conectam... mas apenas se:
   A. As células estão conectadas.
   B. Ambas as células liberam o mesmo neurotransmissor.
   C. Ambas as células estão no córtex cerebral.
   D. Uma célula é excitatória e a outra é inibitória.

3. Por que a *Aplysia* é um animal interessante para estudos da fisiologia da aprendizagem?
   A. O axônio é mais espesso que o dos mamíferos e, portanto, mais fácil de estudar.
   B. Ao contrário dos mamíferos, usa apenas um neurotransmissor e dois tipos de receptores.
   C. Comparado a outros invertebrados, aprende mais rápido e lembra por mais tempo.
   D. Tem relativamente poucos neurônios, e são os mesmos entre um indivíduo e outro.

4. O que é responsável pela habituação na *Aplysia*?
   A. Fadiga dos músculos
   B. Resposta diminuída pelos órgãos dos sentidos
   C. Secreções hormonais diminuídas
   D. Uma alteração em uma sinapse

5. O que significa "cooperatividade" da PLP?
   A. A PLP é maior se ocorrem duas estimulações simultâneas.
   B. A PLP aumenta a resposta de muitas sinapses, mesmo aquelas que não foram estimuladas.
   C. O pareamento de dois estímulos leva tanto à habituação como à sensibilização.
   D. O pareamento de dois estímulos aumenta a resposta àquele mais forte.

6. O que estimula os receptores NMDA?
   A. O transmissor noradrenalina.
   B. O transmissor NMDA.
   C. O transmissor de glutamato, mas apenas se outras sinapses próximas estão silenciosas.
   D. O transmissor de glutamato, mas apenas se a membrana está despolarizada.

7. Durante a formação de PLP, quais íons entram nos receptores NMDA?
   A. Cálcio e magnésio
   B. Ferro e magnésio
   C. Sódio e potássio
   D. Cálcio e sódio

8. O que CaMKII realiza?
   A. Desloca o magnésio e, portanto, permite que o glutamato abra os canais de cálcio.
   B. Libera uma proteína que altera a expressão de vários genes.
   C. Difunde-se entre uma sinapse e outra dentro do neurônio pós-sináptico.
   D. Envia uma mensagem de volta ao neurônio pré-sináptico para alterar a liberação dos neurotransmissores.

9. O *ginkgo biloba* é eficaz para melhorar a memória?
   A. Possíveis benefícios para idosos que tomam a erva por meses.
   B. Possíveis benefícios para pessoas cuja memória já era forte.
   C. Possíveis benefícios no início, mas gradualmente enfraquecendo os efeitos ao longo do tempo.
   D. Possíveis benefícios para o condicionamento clássico, mas não para outra aprendizagem ou memória.

Respostas: 1A, 2A, 3D, 4D, 5A, 6D, 7D, 8B, 9A.

Módulo 12.4

Inteligência

Inteligência, um conceito difícil de definir, inclui aprendizagem, memória, raciocínio e solução de problemas. Uma das primeiras descobertas da pesquisa psicológica foi o relatório de Charles Spearman (1904) de que, como regra, todas as medidas do desempenho cognitivo se correlacionam positivamente umas com as outras; ou seja, a maioria das pessoas que estão acima da média em matemática, habilidades espaciais, linguagem, raciocínio lógico ou qualquer outra habilidade cognitiva também está acima da média na maioria das outras. Muitos psicólogos presumiram, portanto, que todas as habilidades compartilham um único fator subjacente da inteligência geral, conhecido como *g*. Mas o fato de que várias habilidades se correlacionam não significa necessariamente que medem a mesma coisa. Em um grande número de pessoas, o tamanho de uma área do cérebro se correlaciona positivamente com o tamanho de qualquer outra área do cérebro, simplesmente porque saúde, nutrição e outros fatores suportam a taxa de crescimento de todas as áreas. Assim, as habilidades dependentes de uma área do cérebro podem se correlacionar com as de outra área, mesmo se não dependerem de uma habilidade geral subjacente. Para certos propósitos, podemos achar conveniente falar sobre inteligência geral, assim como falamos sobre habilidade atlética geral, mas devemos também lembrar que algumas pessoas são inteligentes de uma maneira e não tanto de outra, assim como as pessoas podem se destacar em uma habilidade atlética e não em outra.

Tamanho do cérebro e inteligência

As pessoas às vezes usam o termo *cérebro volumoso* como sinônimo de inteligente. Tendemos a supor que cérebros maiores são melhores, mas não é tão simples.

Nos anos de 1800 e no início de 1900, surgiram várias sociedades cujos membros concordaram em doar os cérebros após a morte para pesquisas. Não resultou nenhuma conclusão. Os cérebros dos eminentes variavam consideravelmente, assim como os de pessoas menos eminentes. Se a anatomia do cérebro estivesse relacionada ao intelecto de alguma forma, a relação não seria óbvia (Burrell, 2004). É claro que alcançar a eminência depende também de oportunidade, esforço e um pouco de sorte, não apenas habilidade intelectual. Ainda assim, a ideia perdura: mesmo que o tamanho do cérebro não esteja fortemente relacionado à inteligência, isso não deveria ter *alguma* relação?

Comparando espécies

Todos os cérebros de mamíferos têm a mesma organização, mas diferem significativamente quanto ao tamanho. Um cérebro maior significa melhor inteligência? Há muito tempo, Bernhard Rensch (1964) demonstrou que em uma família de animais, as espécies maiores, que têm cérebros proporcionalmente maiores, aprendem mais rapidamente e retêm o aprendizado melhor do que as espécies menores. Por exemplo, roedores maiores se saem melhor do que roedores menores, e as espécies maiores da família das galinhas se saem melhor do que as menores. No entanto, essa tendência não se mantém quando comparamos espécies de famílias diferentes. Em particular, nós, humanos, gostamos de pensar que somos os animais mais inteligentes — afinal de contas, podemos definir o que inteligência significa! — mas as baleias e os elefantes têm cérebros maiores do que nós.

A inteligência pode depender da proporção cérebro-corpo? A Figura 12.22 ilustra a relação entre o logaritmo da massa corporal e o logaritmo da massa cerebral para vários vertebrados

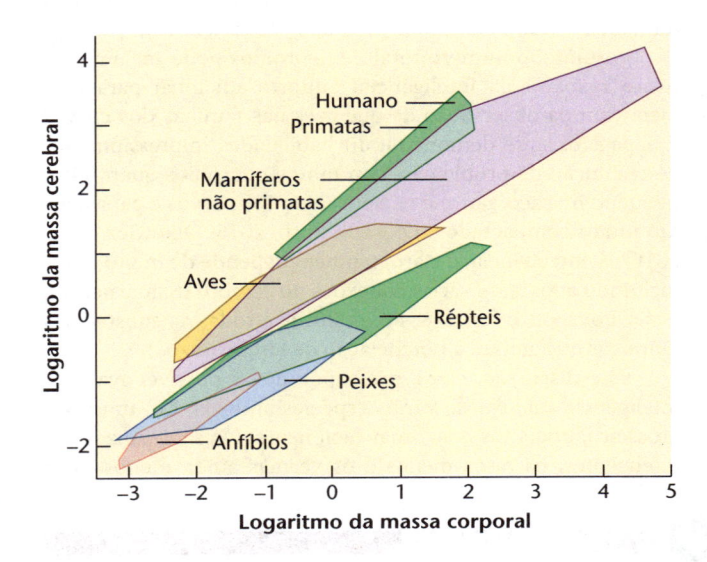

Figura 12.22 Relação da massa cerebral com a massa corporal entre as espécies
Cada espécie é um ponto dentro de um dos polígonos. Em geral, o registro da massa corporal é um bom indicador do registro da massa cerebral. Os primatas em geral e os humanos em particular têm uma grande massa cerebral em proporção à massa corporal.

(Fonte: Adaptada de Jerison, 1985)

(Jerison, 1985). Observe que as espécies que consideramos mais inteligentes — como, por exemplo, seres humanos — têm cérebros maiores em proporção ao tamanho do corpo do que as espécies que consideramos menos impressionantes, como sapos.

Mas a proporção cérebro-corpo também tem limitações: chihuahuas têm a maior proporção cérebro-corpo de todas as raças de cães, não porque eles foram criados para a inteligência, mas porque foram criados para corpos pequenos (Deacon, 1997). Os macacos-esquilo e os saguis têm uma proporção cérebro-corpo maior do que os humanos. (E por causa do aumento da prevalência da obesidade humana, nossa proporção cérebro-corpo está diminuindo!) O peixe-elefante, que pode ser mantido em um aquário, tem uma proporção cérebro-corpo de 3% em comparação com 2% para os humanos (Nilsson, 1999). As menores formigas têm uma proporção cérebro-corpo de 15% (Seid, Castillo, & Wcislo, 2011). Portanto, nem a massa cerebral total nem a proporção cérebro-corpo colocam os humanos em primeiro lugar.

No entanto, os humanos lideram em um aspecto, por uma margem considerável: o número total de neurônios. Embora as baleias e os elefantes tenham cérebros maiores do que os humanos, os neurônios são maiores e mais espalhados. Embora saguis tenham uma proporção cérebro-corpo maior do que os humanos, os corpos dos saguis são muito menores e, portanto, seus cérebros e número de neurônios são menores. Como ilustrado na Figura 12.23, os humanos possuem o maior número de neurônios cerebrais (Herculano-Houzel, 2011a). Na maioria das famílias dos animais, as espécies com cérebros maiores também possuem neurônios maiores, de modo que aquelas com cérebros maiores possuem apenas um número modestamente maior de neurônios. Mas em primatas, as espécies com cérebros maiores têm neurônios do mesmo tamanho que aquelas com cérebros menores e, portanto, o total de neurônios dos humanos é muito elevado (Herculano-Houzel, 2012).

Portanto, o número total de neurônios pode ser um correlato razoável da inteligência. Suporte adicional para essa ideia vem da observação de que aves nas famílias dos corvos e papagaios, que demonstraram habilidades impressionantes de resolução de problemas, têm tantos neurônios quanto um pequeno macaco, porque os neurônios dos corvos e papagaios são muito compactados (Dicke & Roth, 2016; Olkowicz et al., 2016). A inteligência, é claro, também depende de muito mais, incluindo a força de várias conexões no cérebro (Santarnecchi, Galli, Polizzotto, Rossi, & Rossi, 2014) e todas as substâncias químicas que afetam a potenciação de longo prazo.

Essa discussão, claro, pressupõe que é possível avaliar a inteligência relativa de várias espécies animais. Em um nível grosseiro, podemos concordar facilmente. Os chimpanzés são inteligentes, os ratos menos e os vermes ainda menos. Mas

✓ PARE & REVISE

22. Por que o tamanho do cérebro e a proporção entre o cérebro e o corpo são maneiras insatisfatórias de estimar a inteligência animal?

RESPOSTA

22. Se nos consideramos a espécie mais inteligente, somos confrontados com o fato de que não temos os maiores cérebros nem as maiores proporções entre cérebro-corpo. O número total de neurônios é um correlato mais promissor da inteligência.

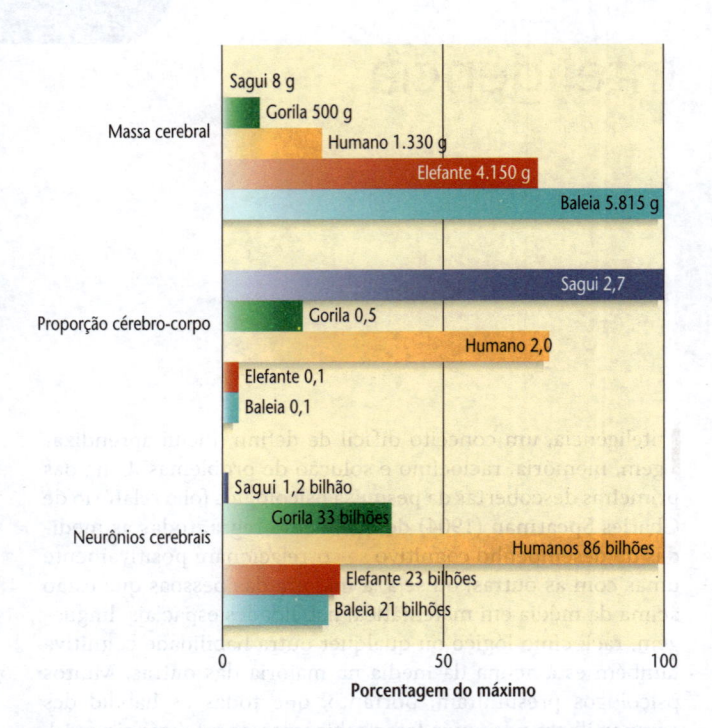

Figura 12.23 Três maneiras de comparar cérebros entre espécies
Os seres humanos não têm a maior massa cerebral ou a maior proporção cérebro-corpo, mas temos o maior número de neurônios cerebrais.
(Fonte: Baseada nas melhores estimativas disponíveis, de Herculano-Houzel, 2011a.)

surgem problemas quando tentamos fazer distinções sutis ou comparar espécies que têm modos de vida muito diferentes (Macphail, 1985). Às vezes, uma espécie que falha em um teste se destaca em outro. Você consegue imaginar uma maneira justa de comparar a inteligência de chimpanzés e golfinhos?

Dados humanos

Por muitos anos, estudos do tamanho do cérebro e inteligência humanos encontraram correlações bem pouco acima de zero. Mas uma correlação baixa entre duas variáveis pode significar que elas estão dissociadas ou que pelo menos uma das variáveis foi deficientemente medida. A maioria dos primeiros estudos media o tamanho do crânio, mas o tamanho do crânio não se correlaciona perfeitamente com o tamanho do cérebro. (Por um lado, algumas pessoas são tapadas!) Hoje, usando medições mais precisas com base em ressonância magnética, a maioria dos estudos encontra uma correlação positiva moderada entre o tamanho do cérebro e um escore QI, com média de cerca de 0,24 (Pietschnig, Penke, Wicherts, Zeiler, & Voracek, 2015).

Os escores de inteligência se correlacionam especialmente com a área de superfície do córtex cerebral no córtex frontal e parietal, mas também com certas áreas subcorticais, incluindo o núcleo caudado (Basten, Hilger, & Fiebach, 2015; Colom et al., 2013; Fjell et al., 2015; Grazioplene et al., 2015; Gregory et al., 2016; Vuoksimaa et al., 2015). A área de superfície é a parte do cérebro densa com corpos celulares, assim esse resultado se condiz com a ideia de que a inteligência depende do número de neurônios. Mas a inteligência também se correlaciona com a quantidade de substância branca, assim tanto os neurônios como as conexões entre eles são importantes (Chiang et al., 2009; Myers et al., 2014; Narr et al., 2007; Ritchie et al., 2015; van Leeuwen et al., 2009).

O conjunto de blocos à esquerda pode ser girado para coincidir com o conjunto à direita?

Qual das linhas da esquerda tem o mesmo ângulo que a da direita?

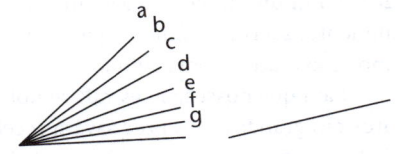

Figura 12.24 Uma tarefa de rotação espacial
As pessoas são apresentadas a uma série de pares como estes e perguntadas se a primeira figura pode ser girada para corresponder com a segunda. Aqui a resposta é *não*. Para a pergunta sobre linha-ângulo, a resposta correta é *e*.

Até agora, tudo isso parece razoavelmente claro, exceto por este problema: os homens, em média, têm cérebros cerca de 10% maiores do que as mulheres, mas têm QIs iguais (Burgaleta et al., 2012; Gilmore et al., 2007; Willerman, Schultz, Rutledge, & Bigler, 1991; Witelson, Beresh, & Kigar, 2006). Em média, as mulheres se saem um pouco melhor do que os homens em certos aspectos da linguagem, incluindo fluência, e, em média, os homens se saem um pouco melhor do que as mulheres em certas habilidades espaciais, incluindo os itens na Figura 12.24 (Jirout & Newcombe, 2015). Ao contrário do que muitas pessoas acreditam, as notas das meninas em quase todos os cursos de matemática são pelo menos tão boas quanto as notas dos meninos desde o ensino fundamental até a faculdade. A inteligência geral é igual para homens e mulheres (Hyde, Lindberg, Linn, Ellis, & Williams, 2008; Spelke, 2005).

Como podemos explicar por que homens e mulheres são iguais em termos do intelecto, apesar do fato de que os homens têm cérebros maiores? Primeiro, as mulheres têm uma média de sulcos mais profundos na superfície do córtex, especialmente nas áreas frontal e parietal (Luders et al., 2004). Consequentemente, a área de superfície do córtex é quase igual para homens e mulheres e, portanto, o número de neurônios também é aproximadamente igual (Allen, Damasio, Grabowski, Bruss, & Zhang, 2003).

Segundo, os cérebros masculino e feminino são organizados de maneira um pouco diferente. Em média, as áreas parietal e occipital do córtex são mais espessas nas mulheres do que nos homens, enquanto várias outras áreas são mais espessas nos homens (Savic & Arver, 2014). Além disso, o padrão das conexões difere, em média, entre os sexos, incluindo conexões mais fortes entre os dois hemisférios nas mulheres (Gong, He, & Evans, 2011; Tunc et al., 2016). Algumas das diferenças anatômicas provavelmente estão relacionadas a diferenças comportamentais. Por exemplo, a área de Broca, há muito associada à produção da linguagem, tende a ter mais substância cinzenta em cérebros femininos do que masculinos (Kurth, Jancke, & Luders, 2017). Mas também é provável que algumas das diferenças cerebrais evoluíram para *evitar* diferenças comportamentais! Ou seja, os cérebros femininos podem ser organizados de forma um pouco diferente para produzir as mesmas habilidades intelectuais que os cérebros masculinos um pouco maiores (Grabowska, 2017).

A ligação aparente entre a inteligência e o número de neurônios (ou número de sinapses, que se correlacionam fortemente) é teoricamente interessante, mas nos leva apenas até certo ponto. A correlação certamente não é alta o suficiente para justificar o uso de medições cerebrais para tomar decisões sobre um indivíduo. Se você quer identificar pessoas inteligentes, preste atenção ao que as pessoas dizem e fazem, não às medições cerebrais, da mesma forma que você identificaria bons atletas observando o desempenho em vez de medir o tamanho dos músculos deles. Além disso, uma boa compreensão dos processos cerebrais ou psicológicos requer uma análise mais detalhada de como cada área do cérebro contribui para aspectos específicos do comportamento e da experiência.

✓ PARE & REVISE

23. Por que estudos recentes mostram uma relação mais forte entre o tamanho do cérebro e o QI do que os estudos mais antigos?
24. Como os pesquisadores explicam por que homens e mulheres são iguais em inteligência, apesar das diferenças no tamanho do cérebro?

RESPOSTAS

23. O uso da ressonância magnética melhora muito a medição do tamanho do cérebro, em comparação com as medições baseadas no crânio. 24. Os cérebros das mulheres, tendo sulcos mais profundos, incluem aproximadamente o mesmo número de neurônios que os cérebros dos homens. Além disso, os cérebros das mulheres têm diferentes padrões de conexões.

Genética e inteligência

Como acontece com quase qualquer variável psicológica importante, as variações na inteligência refletem contribuições tanto de influências genéticas como ambientais. A evidência para um efeito genético inclui a observação de que gêmeos monozigóticos se parecem mais fortemente do que gêmeos dizigóticos em testes de inteligência geral, habilidades cognitivas específicas e volume cerebral (Bishop et al., 2003; Haworth et al., 2010; McGue & Bouchard, 1998; Posthuma et al., 2002). Os gêmeos monozigóticos são semelhantes mesmo que sejam criados em lares distintos (Bouchard & McGue, 1981; Farber, 1981).

A herdabilidade aumenta à medida que as pessoas envelhecem, presumivelmente porque pessoas de alto desempenho gravitam em torno de oportunidades educacionais e atividades desafiadoras que facilitam quaisquer predisposições genéticas que estivessem presentes (Haworth et al., 2010; Lyons et al., 2009; Tucker-Drob & Bates, 2016). Por exemplo, escores para gêmeos monozigóticos tornam-se cada vez mais semelhantes. Além disso, embora os escores de QI das crianças adotadas se correlacionem moderadamente com aqueles de seus pais e irmãos adotivos, à medida que envelhecem, a correlação com seus parentes adotivos geralmente diminui enquanto a correlação com seus pais biológicos aumenta (Loehlin, Horn, & Willerman, 1989; Plomin, Fulker, Corley, & DeFries, 1997; Segal, McGuire, & Stohs, 2012). Mas mesmo na idade adulta jovem, alguma influência dos pais adotivos é demonstrável (Kendler, Turkheimer, Ohlsson, Sundquist, & Sundquist, 2015).

A herdabilidade do desempenho intelectual é menor, no entanto, para pessoas que crescem em condições de pobreza e crianças que frequentam escolas de qualidade inferior (Bates, Lewis, & Weiss, 2013; Schwartz, 2015). Evidentemente, as variações genéticas influenciam a maneira como alguém pode aproveitar as oportunidades, mas se as oportunidades são esparsas, uma vantagem genética será desperdiçada.

Muitos genes amplamente expressos por todo o cérebro contribuem para a inteligência. Muitos desses genes são descritos como "intolerantes à variação" (M. R. Johnson et al., 2016), ou seja, eles são iguais em quase todas as pessoas, e uma mutação em qualquer um desses genes leva à deficiência intelectual (Ganna et al., 2016; Gilissen et al., 2014; Lelieveld et al., 2016). Para pessoas dentro da faixa normal de inteligência, os pesquisadores identificaram dezenas de variações gênicas que se correlacionam com os indicadores de inteligência ou sucesso acadêmico, mas nenhuma variante comum tem um grande efeito por si só (Belsky et al., 2016; Davies et al., 2015; Okbay et al., 2016; Plomin et al., 2013). O mesmo padrão se aplica a grande parte da psicologia: herdabilidade significativa, contribuições de muitos genes, mas nenhum gene comum com um efeito importante.

✓ PARE & REVISE

25. A conclusão de que a variação genética contribui para variações na inteligência humana vem principalmente de que tipo de evidência?

RESPOSTA

25. É amplamente baseado em comparações de gêmeos monozigóticos e dizigóticos. Além disso, certas mutações genéticas são conhecidas por produzir deficiência intelectual, e muitas variações genéticas são correlacionadas com pequenas variações da inteligência dentro da população normal.

Evolução do cérebro

Exceto pelas especializações relacionadas à linguagem, os cérebros humanos são organizados da mesma forma que os de outros mamíferos, especialmente de outros primatas. Temos os mesmos tipos de neurônios, os mesmos neurotransmissores, os mesmos tipos de sinapses, quase a mesma proporção de neurônios para células da glia, a mesma proporção de córtex para cerebelo e assim por diante (Harris & Shepherd, 2015; Herculano-Houzel, 2012). Quase todas as diferenças entre humanos e outras espécies são quantitativas. Apenas algumas diferenças genéticas entre humanos e outros primatas são suficientes para causar uma produção mais rápida e prolongada de neurônios durante o desenvolvimento embriológico, levando a um córtex cerebral maior e a um número maior de neurônios (Bakken et al., 2016; Herculano-Houzel, 2012; Pennisi, 2015).

Como conseguimos desenvolver um cérebro tão grande e outras espécies não? O cérebro é um órgão metabolicamente exigente. O cérebro humano constitui 2% da massa corporal, mas consome 20% de seu combustível. O fígado e o trato digestório também consomem uma quantidade desproporcional de combustível. A reprodução também requer muita energia. Quando os pesquisadores manipularam seletivamente lebistes (peixes pequenos) para obter cérebros maiores, eles descobriram que esses lebistes tinham menos energia disponível para outros órgãos e funções. Em particular, os lebistes produziram menos descendentes do que a média (Kotrschal et al., 2013). Em um mundo onde a maioria dos filhotes de peixes é alimento, sacrificar filhotes para ter cérebro maior seria uma aposta evolutivamente ruim.

Para que nossos ancestrais remotos desenvolvessem cérebros tão grandes, eles precisavam receber uma grande quantidade de nutrição, mas também precisavam reduzir a energia gasta em outras funções. Nossa caminhada ereta é eficiente e economiza energia (Pontzer et al., 2016). Em algum ponto da nossa história evolutiva inicial, nossos ancestrais aprenderam a cozinhar os alimentos, tornando-os mais fáceis de digerir. Assim, eles puderam desenvolver um trato digestório menor do que outros primatas, usando menos energia. Além disso, nossos primeiros ancestrais caçavam em grupos, trazendo mais comida do que uma pessoa sozinha poderia encontrar, e frequentemente comiam frutos do mar, ricos em nutrientes. Além disso, os humanos diferem dos chimpanzés em termos de dois genes responsáveis pelo transporte de glicose: temos mais da proteína que transporta a glicose para o cérebro, e menos da proteína que a transporta para os músculos (Fedrigo et al., 2011). Assim, dedicamos mais energia ao cérebro e menos à força física. A caça em grupos e a fabricação de ferramentas para armas tornavam possível obter alimento sem usar músculos tão grandes.

Nossos ancestrais remotos também diminuíram a energia necessária para a reprodução. Em comparação com a maioria das espécies, as mulheres geram menos descendentes ao longo da vida, mas dedicam cuidado suficiente para aumentar a probabilidade de sobrevivência. Além disso, a expectativa de vida humana é incomumente longa, compensando a menor frequência de nascimentos. Outro elemento essencial é a cooperação. Os humanos tendem a cooperar. Mesmo crianças pequenas aprendem espontaneamente a se revezar, ao contrário dos chimpanzés (Melis, Grocke, Kalbitz, & Tomasello, 2016). A persistência de laços homem-mulher, grupos familiares e compartilhamento de alimentos dentro de uma comunidade reduziu muito a carga sobre cada mãe e tornou menos exigente criar um bebê (Fletcher, Simpson, Campbell, & Overall, 2015; Isler, & van Schaik, 2009).

✓ PARE & REVISE

26. Por que nossos ancestrais eram capazes de desenvolver um número maior de neurônios do que outras espécies?

RESPOSTA

26. Por causa do cozimento, criação cooperativa e locomoção ereta, eles eram capazes de diminuir a energia necessária para outros órgãos e funções.

Módulo 12.4 | Conclusão

Por que somos tão inteligentes?

Os humanos são como os outros mamíferos em muitos aspectos, mas também somos incomuns. Cozinhamos nossa comida, compartilhamos alimentos, cooperamos na criação dos filhos e desenvolvemos cérebros grandes. Todas essas adaptações tiveram que acontecer juntas. Os grandes cérebros eram importantes para cozinhar, compartilhar e criar filhos. Cozinhar, compartilhar e criar filhos cooperativamente foram essenciais para o desenvolvimento de grandes cérebros. Os humanos de hoje são o produto de uma história evolucionária incrível e muito especial.

Resumo

1. Embora várias outras espécies tenham cérebros maiores ou uma proporção cérebro-corpo maior, o cérebro humano tem mais neurônios do que qualquer outra espécie.
2. Entre os humanos, a inteligência tem uma correlação moderada com o tamanho do cérebro, especialmente com a área de superfície de certas partes do córtex cerebral.
3. Em média, os escores de QI de homens e mulheres são iguais, apesar dos homens terem cérebro maior. Como as mulheres têm sulcos mais profundos no córtex, mulheres e homens têm aproximadamente o mesmo número de neurônios.
4. Os cérebros dos homens e das mulheres são organizados de maneira um pouco diferente, seja para produzir diferenças de comportamento ou talvez para evitá-las.
5. Tanto a hereditariedade como o ambiente contribuem para variações na inteligência humana.
6. Muitos genes são necessários para a inteligência normal, e uma mutação em qualquer um deles pode levar a déficits intelectuais. Dentro do intervalo normal da inteligência humana, muitos genes exercem pequenos efeitos.
7. Os humanos antigos foram capazes de desenvolver um cérebro maior e mais neurônios porque precisavam de menos energia do que outras espécies para locomoção, digestão e reprodução.

Termo-chave

Os termos estão definidos no número de página indicado. Também são apresentados em ordem alfabética com a definição no Índice remissivo/Glossário do livro, que começa na p. 589.

g 415

Questão complexa

Se descobrirmos que outro planeta tem vida inteligente, que tipo de mensagem poderíamos enviar para que eles possam entender?

Módulo 12.4 | Questionário final

1. De que forma, se houver alguma, o cérebro humano excede aquele de todas as outras espécies?
    A. Seres humanos têm maior número de neurônios.
    B. Seres humanos têm a maior proporção de cérebro-corpo.
    C. Seres humanos têm o maior volume cerebral.
    D. Seres humanos não excedem a nenhuma outra espécie em nenhum aspecto.

2. Dos itens seguintes, qual se correlaciona mais fortemente com a inteligência?
    A. A proporção entre sinapses excitatórias e inibitórias.
    B. A proporção entre neurônios e células da glia.
    C. A área de superfície do córtex cerebral.
    D. A força das conexões entre o córtex cerebral e o cerebelo.

3. De que forma os cérebros dos homens e das mulheres são mais semelhantes?
    A. Volume total.
    B. Número de neurônios.
    C. Profundidade dos sulcos no córtex cerebral.
    D. Quantidade de substância branca.

4. O que acontece com a herdabilidade da inteligência, à medida que as pessoas envelhecem?
   A. Diminui.
   B. Aumenta.
   C. Permanece constante.
   D. Aumenta até a puberdade e então diminui.

5. A herdabilidade da inteligência parece ser a mais baixa em qual desses condições?
   A. Um ambiente de classe média.
   B. Um ambiente empobrecido.
   C. Uma população exclusivamente masculina.
   D. Uma população exclusivamente feminina.

6. Quando os pesquisadores manipularam lebistes seletivamente para que tivessem cérebros grandes, o que ocorreu?
   A. Os lebistes desenvolveram comportamentos sociais mais ricos.
   B. Os lebistes diminuíram o apetite.
   C. Os lebistes diminuíram a reprodução.
   D. Os lebistes aumentaram os níveis de atividade.

7. Qual destes fatores permitiu aos humanos desenvolver um cérebro maior?
   A. Desenvolver um trato digestório maior.
   B. Níveis de atividade geral aumentados.
   C. Uma dieta vegetariana.
   D. Aprendendo a cozinhar alimentos.

Respostas: 1A, 2C, 3B, 4B, 5B, 6C, 7D.

Sugestões de leitura

Corkin, S. (2013). *Permanent present tense.* New York: Basic Books. Relato detalhado da vida do paciente com amnésia Henry Molaison e da pesquisa dos psicólogos sobre sua memória.

Eichenbaum, H. (2002). *The cognitive neuroscience of memory.* New York: Oxford University Press. Tratamento ponderado dos aspectos comportamentais e fisiológicos da memória.

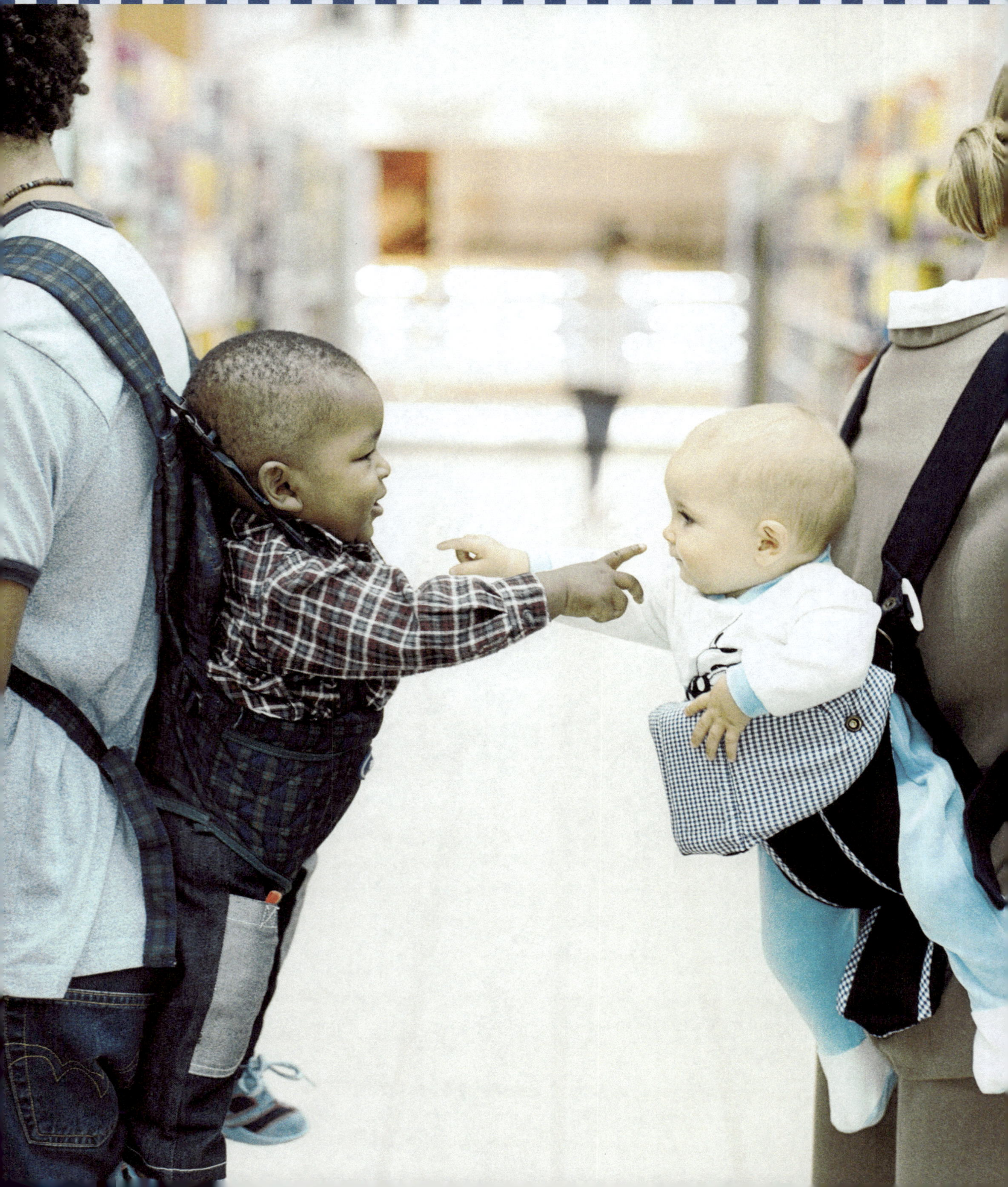

Funções cognitivas

Capítulo 13

O avanço de pesquisas sobre a biologia da visão, audição, movimento e memória é constante, porque os pesquisadores podem medir os estímulos e comportamentos razoavelmente bem. Linguagem, atenção, pensamento e tomada de decisão são mais difíceis de medir e, portanto, mais difíceis de estudar. Mas muitos dos resultados são fascinantes. Após lesões no corpo caloso, que conecta os dois hemisférios, as pessoas agem como se tivessem dois campos de consciência — "mentes" separadas, poderíamos dizer. Com lesões em certas áreas do hemisfério esquerdo, as pessoas perdem as habilidades de linguagem, enquanto permanecem intactas de outras maneiras. Os pesquisadores agora podem identificar reações cerebrais que diferem dependendo de alguém estar ou não consciente de um estímulo. Certos tipos de lesões cerebrais interferem na tomada de boas decisões ou empatia com os outros. Ainda não podemos explicar a cognição em muitos detalhes, mas o progresso ocorre em áreas antes consideradas inacessíveis.

Sumário do capítulo

Módulo 13.1
Lateralização e linguagem
Os hemisférios esquerdo e direito
Conexões visuais e auditivas com os hemisférios
O corpo caloso e a cirurgia de divisão do cérebro
Evitando exageros
Evolução da linguagem
Como a linguagem humana evoluiu?
Lesão cerebral e linguagem
Dislexia
Conclusão: Linguagem e cérebro

Módulo 13.2
Processos conscientes e inconscientes
A relação mente-cérebro
Consciência de um estímulo
Pessoas conscientes e inconscientes
Atenção
Conclusão: Atento à atenção e consciente da consciência

Módulo 13.3
Tomada de decisão e neurociência social
Decisões perceptuais
Decisões baseadas em valores
A biologia do amor
Empatia e altruísmo
Conclusão: Biologia das decisões e comportamento social

Objetivos de aprendizagem

Depois de estudar este capítulo, você será capaz de:

1. Identificar as principais funções dos hemisférios esquerdo e direito.
2. Descrever os resultados comportamentais da cirurgia de divisão do cérebro.
3. Descrever as tentativas de ensinar linguagem a não humanos.
4. Explicar por que o aumento da inteligência geral não explica como os humanos desenvolveram a linguagem.
5. Comparar a afasia de Broca com a afasia de Wernicke.
6. Discutir a base biológica da dislexia.
7. Explicar por que quase todos os neurocientistas e filósofos privilegiam alguma versão do monismo no que diz respeito à relação mente-cérebro.
8. Descrever quais atividades cerebrais diferenciam o processamento consciente e inconsciente e os tipos de pesquisa que levaram a essas conclusões.
9. Descrever as pesquisas sobre os mecanismos cerebrais da tomada de decisão.
10. Listar algumas descobertas importantes sobre as influências biológicas no comportamento social.

Imagem da página anterior:
A linguagem pode ter evoluído de nossa tendência de produzir gestos.
(Daly e Newton/Getty Images)

Módulo 13.1

Lateralização e linguagem

Assimetria é comum na natureza. O Sol, as estrelas e os planetas são quase simétricos, assim como a maioria dos animais e plantas. Quando um átomo sofre decaimento radioativo, ele emite raios idênticos em direções exatamente opostas. Mas o cérebro humano é assimétrico. O hemisfério esquerdo tem funções relativamente diferentes do hemisfério direito. Por quê? Provavelmente, atribuir funções diferentes aos dois hemisférios fornece alguma vantagem. Este módulo explora as distinções entre os hemisférios e então passa para o que sabemos sobre a biologia da linguagem.

Os hemisférios esquerdo e direito

O hemisfério esquerdo do córtex cerebral se conecta aos receptores e músculos da pele principalmente no lado direito do corpo, e o hemisfério direito se conecta aos receptores da pele e músculos principalmente no lado esquerdo. A exceção é que ambos os hemisférios controlam os músculos do tronco e os músculos faciais. O hemisfério esquerdo vê apenas a metade direita do mundo, e o hemisfério direito vê somente a metade esquerda do mundo. Cada hemisfério obtém informações auditivas de ambas as orelhas, mas informações um pouco mais intensas da orelha contralateral. *Por que* o cérebro evoluiu de forma que cada hemisfério controla o lado contralateral do corpo? Ninguém sabe. Paladar e olfato, entretanto, são descruzados. Cada hemisfério obtém informações sobre sabor dos dois lados da língua (Stevenson, Miller, & McGrillen, 2013) e informações sobre olfato da narina no próprio lado (Herz, McCall, & Cahill, 1999; Homewood & Stevenson, 2001).

De acordo com dados de RMf e outros métodos, o hemisfério esquerdo é dominante para a produção da fala em mais de 95% dos destros e quase 80% dos canhotos (McKeever, Seitz, Krutsch, & Van Eys, 1995). Algumas pessoas fortemente canhotas têm domínio do hemisfério direito para a fala, mas a maioria dos canhotos tem controle do hemisfério esquerdo ou uma mistura de controle dos hemisférios esquerdo e direito (Flowers & Hudson, 2013). Embora o hemisfério direito não produza fala, ele pode compreender frases significativas (Huth, de Heer, Griffiths, Theunissen, & Gallant, 2016). O hemisfério direito tem outras funções, como veremos mais tarde. A divisão de trabalho entre os dois hemisférios é chamada **lateralização**.

Os hemisférios esquerdo e direito trocam informações por meio de um conjunto de axônios chamado corpo caloso e através da comissura anterior, a comissura hipocampal e algumas outras pequenas comissuras (ver Figura 13.1; ver também figuras 3.10 e 3.13). Se você não tivesse **corpo caloso**, o

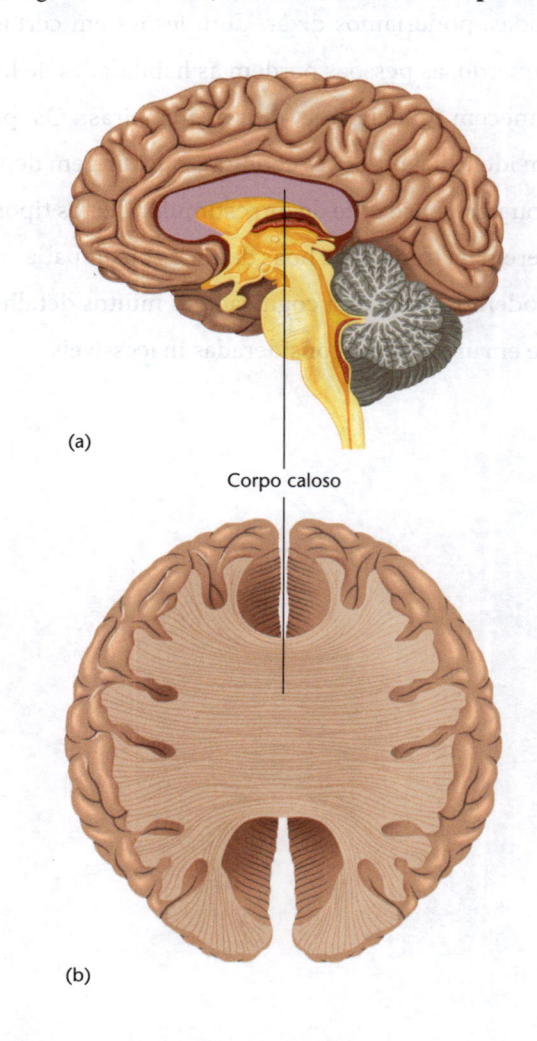

Figura 13.1 Duas vistas do corpo caloso
O corpo caloso é um grande conjunto de axônios que transmitem informações entre os dois hemisférios. (a) Um corte sagital do cérebro humano. (b) Uma dissecção (vista de cima) em que a massa cinza foi removida para expor o corpo caloso.

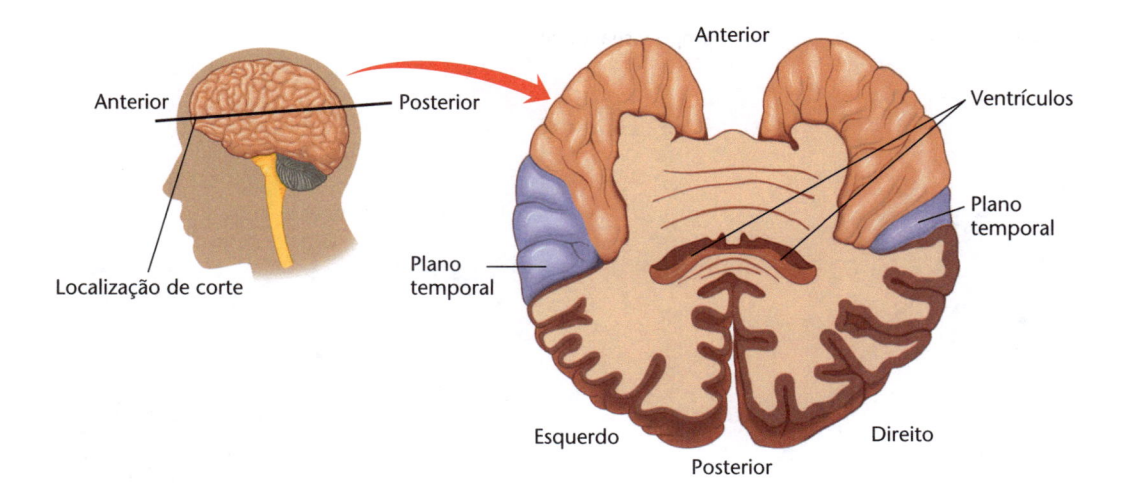

Figura 13.2 Corte horizontal ao longo de um cérebro humano
Esse corte, logo acima da superfície do lobo temporal, mostra o plano temporal, uma área crucial para a compreensão da fala. É maior no hemisfério esquerdo do que no hemisfério direito.
(Fonte: "Human brain: Left-right asymmetries in temporal speech region", de N. Geschwind, & W. Levitsky, 1968, Science, 161, pp. 186-187. © 1968 de AAAS, & N. Geschwind. Reimpressa com permissão)

hemisfério esquerdo poderia reagir apenas às informações do lado direito do corpo, e o hemisfério direito poderia reagir apenas às informações do lado esquerdo. Por causa do corpo caloso, porém, cada hemisfério recebe informações dos dois lados. Somente após lesões no corpo caloso (ou em um hemisfério), vemos evidências claras de lateralização.

Diferenças anatômicas entre os hemisférios

Norman Geschwind e Walter Levitsky (1968) descobriram que uma seção do córtex temporal, o **plano temporal**, é maior no hemisfério esquerdo para 65% das pessoas (ver Figura 13.2). Sandra Witelson, & Wazir Pallie (1973) examinaram os cérebros de bebês que morreram antes dos 3 meses e descobriram que o *planum temporale* esquerdo era maior em 12 de 14. Mais tarde, os pesquisadores demonstraram diferenças mesmo em bebês prematuros (Hervé, Zago, Petit, Mazoyer, & Tzourio-Mazoyer, 2013). Um estudo de RMf mostrou que mesmo crianças de 2 meses ativam o hemisfério esquerdo mais do que o direito quando ouvem a fala, mas não quando ouvem música (Dehaene-Lambertz et al., 2010). Portanto, os hemisférios diferem desde o início.

Diferenças menores, mas ainda significativas, são encontradas entre os hemisférios esquerdo e direito de chimpanzés, bonobos e gorilas (Hopkins, 2006). Muitos primatas também mostram preferência pelo uso da mão direita ou esquerda, como a maioria dos humanos (Hopkins, Misiura, Pope, & Latash, 2015). Evidentemente, a especialização que vemos no cérebro humano construída sobre especializações já estava presente em nossos ancestrais simiescos de muito tempo atrás.

Conexões visuais e auditivas com os hemisférios

Antes de discutir a lateralização em mais detalhes, vamos considerar as conexões sensoriais com o cérebro. Os hemisférios se conectam aos olhos de forma que cada hemisfério vê a metade oposta do mundo visual. Em coelhos e outras espécies com olhos distantes para o lado da cabeça, o olho esquerdo se conecta ao hemisfério direito e o olho direito se conecta ao esquerdo. Os olhos humanos não estão conectados ao cérebro dessa maneira. Os dois olhos estão voltados para a frente e ambos veem as duas metades do mundo.

Em humanos, cada hemisfério está conectado à metade de cada olho, como ilustra a Figura 13.3. Luz vinda da metade direita do **campo visual** (o que é visível a qualquer momento) incide na metade esquerda de cada retina, que se conecta ao hemisfério esquerdo, que, portanto, vê o campo visual direito. Da mesma forma, o campo visual esquerdo incide na metade direita de cada retina, que se conecta ao hemisfério direito. Uma pequena faixa vertical no centro de cada retina, cobrindo cerca de 5 graus do arco visual, conecta-se a ambos os hemisférios (Innocenti, 1980; Lavidor & Walsh, 2004). Na Figura 13.3, observe como metade dos axônios de cada olho cruza para o lado oposto do cérebro no **quiasma óptico** (literalmente, a "cruz óptica").

Campo visual direito ⇒ metade esquerda de cada retina ⇒ hemisfério esquerdo

Campo visual esquerdo ⇒ metade direita de cada retina ⇒ hemisfério direito

O sistema auditivo é organizado de forma diferente. Cada orelha envia as informações para os dois lados do cérebro, porque qualquer área do cérebro que contribua para a localização de sons deve comparar a estimulação das duas orelhas. Mas cada hemisfério presta mais atenção à orelha do lado oposto (Hugdahl, 1996).

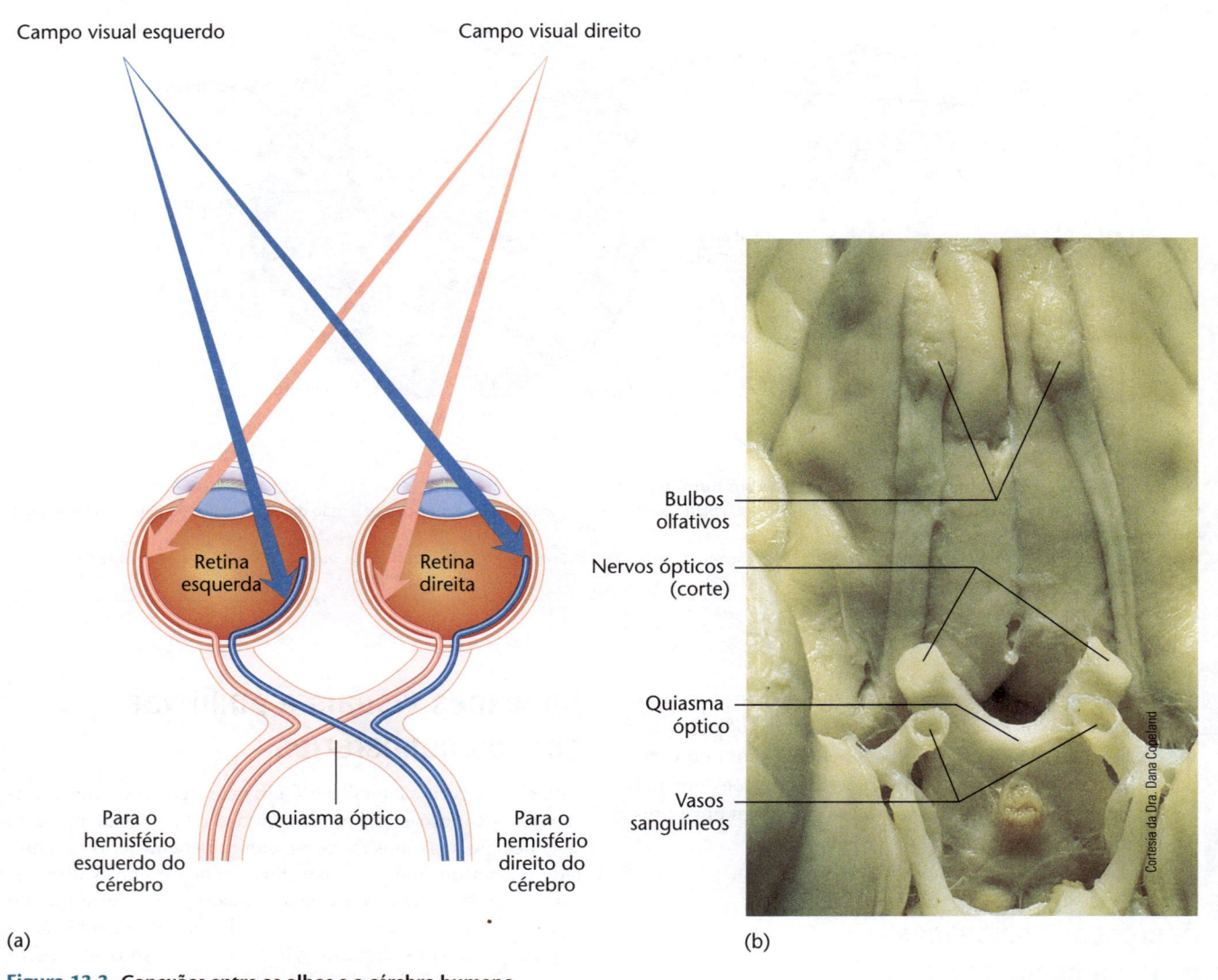

Figura 13.3 Conexões entre os olhos e o cérebro humano
(a) O hemisfério esquerdo se conecta à metade esquerda de cada retina e, assim, obtém estímulos visuais da metade direita do mundo. O oposto é verdadeiro para o hemisfério direito. (b) No quiasma óptico, os axônios da metade direita da retina esquerda atravessam o hemisfério direito e os axônios da metade esquerda da retina direita atravessam o hemisfério esquerdo.

✓ PARE & REVISE

1. O hemisfério esquerdo do cérebro está conectado ao olho direito em cobaias. Em humanos, o hemisfério esquerdo está conectado à metade esquerda de cada retina. Explique a razão da diferença para essa espécie.
2. Em humanos, a metade direita de cada retina recebe informações visuais de qual lado do mundo e envia a saída para qual hemisfério?

RESPOSTAS

1. Em cobaias, o olho direito está longe do lado da cabeça e visualiza apenas o campo visual correto. Em humanos, os olhos apontam diretamente para a frente e metade de cada olho vê o campo visual correto. 2. A metade direita de cada retina recebe estimulação da metade esquerda do mundo e envia a saída para o hemisfério direito, permitindo que o hemisfério direito veja a metade esquerda do mundo.

O corpo caloso e a cirurgia de divisão de cérebro

Lesões no corpo caloso impedem os hemisférios de trocar informações. Às vezes, os cirurgiões cortam o corpo caloso como tratamento para epilepsia grave, uma doença caracterizada por episódios repetidos de atividade neural sincronizada excessiva. Mais de 90% dos pacientes com epilepsia respondem bem aos medicamentos antiepilépticos. Mas se alguém continuar tendo convulsões graves e frequentes, apesar da medicação, os médicos consideram a remoção cirúrgica do *foco*, o ponto no cérebro onde as crises começam. A localização do foco varia de uma pessoa para outra.

A remoção do foco não é uma opção se alguém tem vários focos ou se o foco está em uma área considerada essencial para o idioma. Portanto, em certos casos, os cirurgiões consideraram cortar o corpo caloso para evitar que as crises epilépticas passem de um hemisfério para o outro. Um benefício era que, como previsto, os ataques epilépticos da pessoa afetavam apenas metade do corpo. (A atividade anormal não conseguia penetrar no corpo caloso, então permanecia dentro de um hemisfério.) Um bônus surpreendente era que as convulsões se tornaram menos frequentes. Evidentemente, a atividade epiléptica repercute para frente e para trás entre os hemisférios e prolonga a convulsão. Se não conseguir saltar para a frente e para trás no corpo caloso, a convulsão pode não ocorrer. Embora essa cirurgia tenha ajudado um bom número de pacientes, ela se tornou obsoleta à medida que outros procedimentos tomaram seu lugar.

Como desligar o corpo caloso afeta outros aspectos do comportamento? Pessoas que foram submetidas a cirurgia no corpo caloso, conhecidas como **pessoas com cérebro dividido**, mantêm o intelecto e a motivação, andam e falam normalmente e usam as mãos juntas em tarefas familiares, como amarrar sapatos; mas lutam para usar as mãos juntas em tarefas que não haviam praticado anteriormente (Franz, Waldie, & Smith, 2000).

Pessoas com cérebro dividido conseguem usar as duas mãos de modo independente de uma forma que outras pessoas não conseguem. Por exemplo, tente desenhar ∪ com a mão esquerda e simultaneamente ⊃ com a mão direita. A maioria das pessoas acha essa tarefa difícil, mas pessoas com cérebro dividido a fazem com facilidade. Ou tente desenhar círculos com as duas mãos ao mesmo tempo, mas uma delas um pouco mais rápido do que a outra (não duas vezes mais rápido). A maioria das pessoas acha essa tarefa difícil; pessoas com cérebro dividido desenham espontaneamente os círculos em velocidades diferentes (Kennerley, Diedrichsen, Hazeltine, Semjen, & Ivry, 2002).

Uma pesquisa de Roger Sperry e alunos revelou efeitos comportamentais quando os estímulos eram limitados a um lado do corpo (Nebes, 1974). Em um experimento típico, uma pessoa com cérebro dividido olhava para frente enquanto o pesquisador mostrava palavras ou imagens em um lado da tela, muito brevemente para que a pessoa movesse os olhos (ver Figura 13.4). As informações que chegam a um hemisfério não podem penetrar no outro, por causa da lesão no corpo caloso. A pessoa pode apontar com a mão esquerda para o que o hemisfério direito viu, pode apontar com a mão direita para o que o hemisfério esquerdo viu e pode falar sobre qualquer coisa que o hemisfério esquerdo viu. Mas quando o hemisfério direito via algo, a pessoa apontava para ele com a mão esquerda, dizendo: "Não sei o que era. Eu não vi nada". O hemisfério esquerdo falante não sabia o que o hemisfério direito tinha visto.

Há exceções ocasionais para esta regra. Como uma pequena quantidade de informações viaja entre os hemisférios por meio de várias comissuras menores, como mostrado na Figura 13.5, algumas pessoas com cérebro dividido obtêm informações suficientes para fornecer uma descrição parcial do que o hemisfério direito viu (Berlucchi, Mangun, & Gazzaniga, 1997; Forster & Corballis, 2000).

Como o corpo caloso se desenvolve lentamente, certos comportamentos de crianças pequenas se assemelham aos de adultos com cérebro dividido. Em um estudo, solicitaram-se a crianças de 3 e 5 anos a sentir dois tipos de tecido, com uma das mãos duas vezes ou com as duas mãos ao mesmo tempo, e dizer se os materiais pareciam iguais ou diferentes. As crianças de 5 anos se deram bem com uma ou duas mãos. As crianças de 3 anos cometeram 90% mais erros com as duas mãos do que com uma (Galin, Johnstone, Nakell, & Herron, 1979). A interpretação provável é que o corpo caloso amadurece o suficiente aos 3 a 5 anos para facilitar a comparação dos estímulos entre as duas mãos.

Raramente, uma criança não consegue desenvolver corpo caloso. Uma consequência é que os dois hemisférios estão ativos durante a fala (Hinkley et al., 2016). Evidentemente, no nascimento, os dois hemisférios são capazes de desenvolver a fala, mas normalmente o hemisfério esquerdo inibe o desenvolvimento da fala pelo hemisfério direito. Se o corpo caloso está danificado, essa inibição não pode ocorrer.

TENTE VOCÊ

✓ PARE & REVISE

3. O que uma pessoa com cérebro dividido pode fazer que outras pessoas não podem fazer?
4. Uma pessoa com cérebro dividido pode nomear um objeto depois de senti-lo com a mão direita? E com a mão esquerda? Explique.

RESPOSTAS

3. Uma pessoa com cérebro dividido pode desenhar coisas diferentes com as duas mãos ao mesmo tempo ou mover simultaneamente as mãos em velocidades diferentes. 4. Uma pessoa com cérebro dividido pode descrever algo depois de senti-lo com a mão direita, mas não com a esquerda. A mão direita envia as informações para o hemisfério esquerdo, que é dominante para a linguagem na maioria das pessoas. A mão esquerda envia as informações para o hemisfério direito, que não pode falar.

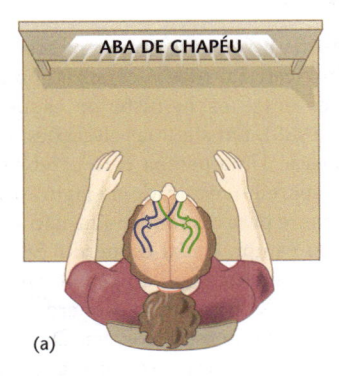

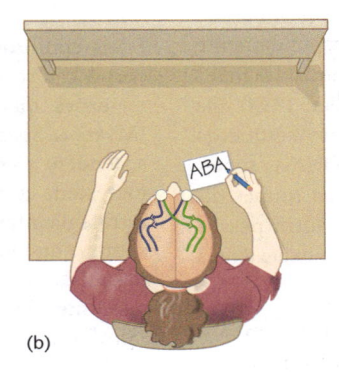

Figura 13.4 Efeitos de danos ao corpo caloso
(a) Quando a palavra *aba de chapéu* é exibida em uma tela, (b) uma mulher com cérebro dividido pode relatar apenas o que o hemisfério esquerdo viu, "aba". (c) Mas com a mão esquerda, ela pode apontar para um chapéu, que é o que o hemisfério direito viu.

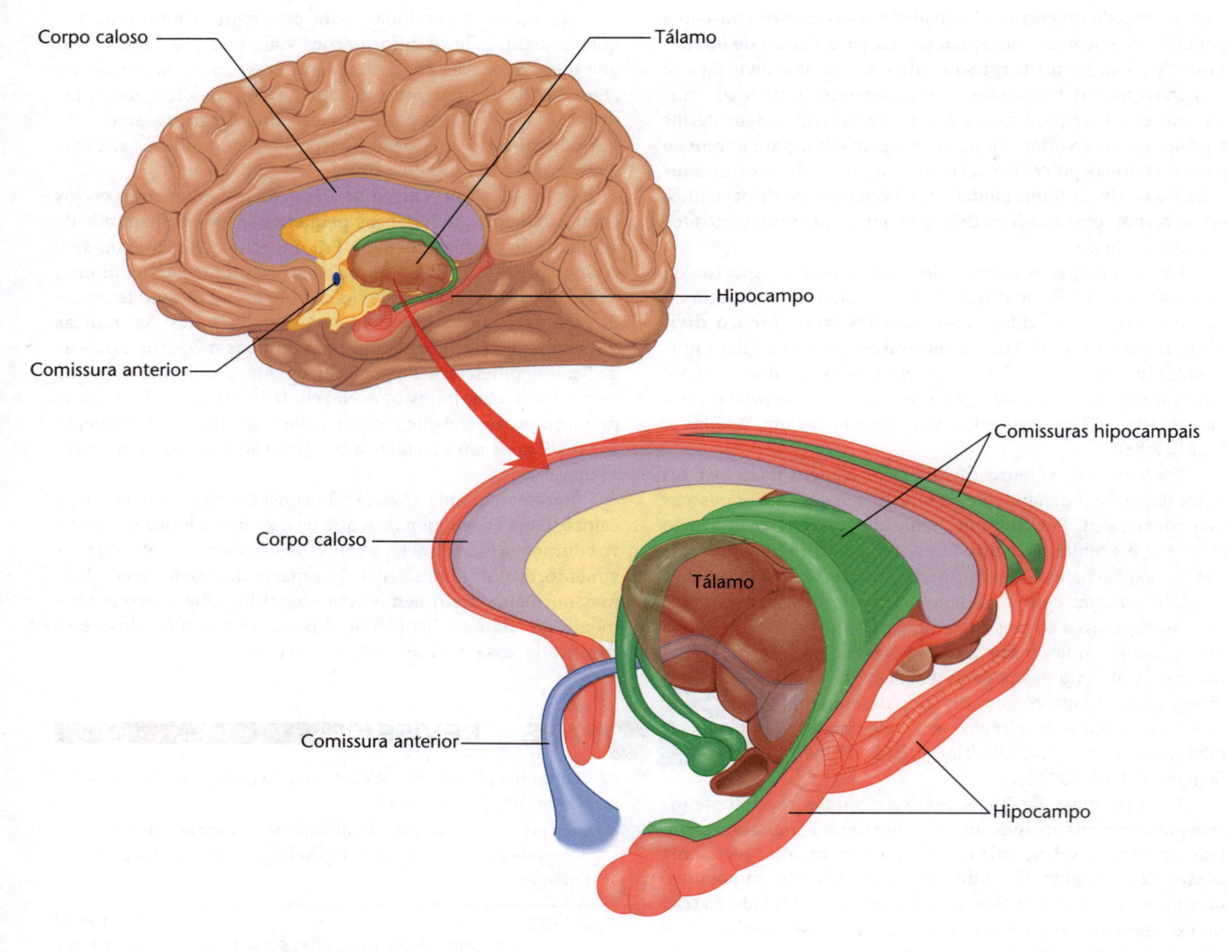

Figura 13.5 **As comissuras anterior e hipocampal**
Essas comissuras trocam informações entre os dois hemisférios, assim como o corpo caloso maior.
(Fonte: Baseada em Nieuwenhuys, Voogd, & vanHuijzen, 1988 e outros)

Divisão dos hemisférios: competição e cooperação

Nas primeiras semanas após a cirurgia de divisão do cérebro, os hemisférios agem como pessoas separadas compartilhando um corpo. Uma pessoa com cérebro dividido repetidamente pegava itens da prateleira do supermercado com uma das mãos e os devolvia com a outra (Reuter-Lorenz & Miller, 1998). Ela explicou: "Eu pegava com a direita o que queria, mas a esquerda entrava e elas meio que brigavam". Ela tinha problemas semelhantes ao tentar se vestir, pois cada mão escolhia roupas diferentes e tentava colocá-las (Wolman, 2012). Outra pessoa — isto é, seu hemisfério esquerdo — descreveu sua experiência da seguinte forma:

> Se estou lendo, posso segurar o livro com a mão direita; é muito mais fácil sentar na minha mão esquerda do que segurá-lo com as duas mãos.... Você diz à sua mão — vou virar tantas páginas em um livro — vire três páginas — então, de alguma forma, a mão esquerda selecionará duas páginas e você estará na página 5, ou o que for. É melhor deixar pra lá, selecionar com a mão direita e depois virar para a página certa. Com a mão direita, você corrige o que a esquerda fez. (Dimond, 1979, p. 211)

Esses conflitos tornam-se raros com o passar do tempo. O corpo caloso não cicatriza, mas o cérebro aprende a usar as conexões menores entre os hemisférios esquerdo e direito (Myers & Sperry, 1985). Em algumas situações, os hemisférios aprendem a cooperar. Uma pessoa com cérebro dividido que foi testada com o aparelho mostrado na Figura 13.4 usava uma estratégia interessante para responder sim-não a uma pergunta sobre o que viu no campo visual esquerdo. Suponha que um pesquisador mostre uma imagem no campo visual esquerdo e pergunte: "Era verde?". O hemisfério esquerdo (falante) supõe: "Sim.". Essa suposição pode estar correta. Do contrário, o hemisfério direito, sabendo a resposta correta, faz a face franzir. (Os dois hemisférios controlam os músculos faciais em ambos os lados da face.) O hemisfério esquerdo, sentindo a face franzida, diz: "Oh, desculpe, eu quis dizer 'não'".

Quando o hemisfério direito faz algo, o hemisfério esquerdo não sabe por quê. Quanto ao hemisfério esquerdo, a verdadeira causa do comportamento era inconsciente. Como isso reage? Em vez de se surpreender, ele inventa uma explicação. Por exemplo, se o hemisfério direito vê algo agradável ou desagradável, o hemisfério esquerdo sente a mudança de humor e pode dizer: "Que bela parede esta!" ou "No momento você está me deixando triste". Em um estudo, os pesquisadores exibiram diferentes imagens nos dois hemisférios e pediram que a pessoa apontasse para as imagens associadas ao que via. Em um caso, o hemisfério esquerdo via uma pata de galinha e o hemisfério direito via uma cena de neve. A mão direita apontava então para a foto de uma galinha e a esquerda apontava para uma pá. Quando solicitada a explicar por que apontou para uma pá, ela respondeu que uma pá era necessária para limpar o galinheiro. A partir de observações como essas, Michael Gazzaniga (2000) propôs o conceito de **intérprete**, a tendência do hemisfério esquerdo de inventar e defender explicações para ações, mesmo quando as verdadeiras causas são inconscientes. Essa característica não se limita a pessoas com cérebro dividido. Todos nós pensamos que sabemos por que estamos fazendo algo, quando na verdade podemos estar errados.

O hemisfério direito

Depois que os pesquisadores descobriram a importância do hemisfério esquerdo para a fala, eles primeiro imaginaram o hemisfério direito como algo como um vice-presidente, ajudando em um papel subordinado, mas fazendo pouco a menos que o outro hemisfério fosse danificado. Gradualmente, observações mostraram que o hemisfério direito tem funções próprias importantes.

O hemisfério direito é mais hábil do que o esquerdo para compreender as relações espaciais. Por exemplo, uma jovem com lesão no hemisfério posterior direito tinha problemas para se orientar, mesmo em ambientes familiares. Para chegar a um destino, ela precisava de instruções com detalhes visuais específicos, como, "Caminhe até a esquina onde você vê um prédio com uma estátua na frente. Depois vire à esquerda e vá até a esquina que tem um mastro e vire à direita..." (Clarke, Assal, & deTribolet, 1993). Curiosamente, pessoas que têm dominância do hemisfério direito para a fala têm dominância do hemisfério esquerdo para relações espaciais (Cai, Van der Haegen, & Brysbaert, 2013).

O hemisfério direito é mais responsivo a estímulos emocionais do que o esquerdo, como perceber as emoções nos gestos e no tom de voz das pessoas (Adolphs, Damasio, & Tranel, 2002). Pessoas com lesões no hemisfério direito geralmente não conseguem entender o humor e o sarcasmo (Beeman & Chiarello, 1998; H. J. Rosen et al., 2002).

Em um estudo fascinante, indivíduos assistiram a vídeos de dez pessoas. Todas elas se descreveram honestamente durante um discurso e desonestamente durante outro. A tarefa dos observadores era adivinhar qual das duas entrevistas era a mais honesta. A tarefa é mais difícil do que você imagina, e a maioria das pessoas não está mais correta do que o acaso. O grupo com melhor desempenho foi o de pessoas com lesão cerebral no hemisfério esquerdo (Etcoff, Ekman, Magee, & Frank, 2000). Elas acertaram apenas 60% — não ótimo, mas pelo menos melhor do que o acaso. Pessoas com o hemisfério esquerdo intacto contavam com a análise do hemisfério esquerdo daquilo que as pessoas diziam. Aquelas com lesões no hemisfério esquerdo dependiam das reações mais intuitivas do hemisfério direito às expressões emocionais.

Em outro estudo, 11 pacientes passaram por um procedimento em que um hemisfério de cada vez foi anestesiado por injeção de drogas em uma das artérias carótidas, que fornecem sangue para a cabeça. (Esse procedimento, chamado procedimento Wada, às vezes é usado antes de certos tipos de cirurgia cerebral.) Quando eles foram testados com o hemisfério direito inativado, algo fascinante aconteceu: eles ainda podiam descrever qualquer um dos acontecimentos tristes, assustadores ou irritantes que vivenciaram na vida, mas lembravam apenas os fatos, não as emoções. Um paciente lembrou-se de um acidente de carro, outro lembrou-se de visitar sua mãe enquanto ela estava morrendo e outro lembrou-se de uma vez que sua esposa ameaçou matá-lo. Mas eles negaram ter sentido qualquer medo, tristeza ou raiva significativos. Ao descrever os mesmos eventos com os dois hemisférios ativos, eles lembraram fortes emoções. Assim, evidentemente, quando o hemisfério direito está inativo, as pessoas não experimentam emoções fortes nem mesmo se lembram de senti-las (Ross, Homan, & Buck, 1994).

✓ PARE & REVISE

5. Qual hemisfério é dominante para o seguinte na maioria das pessoas: fala, inflexão emocional da fala, interpretação das expressões emocionais de outras pessoas, relações espaciais?

RESPOSTA 5. O hemisfério esquerdo é dominante para a fala. O hemisfério direito é dominante para os outros itens listados.

Evitando exageros

A pesquisa sobre as diferenças entre o cérebro esquerdo e direito é empolgante, mas às vezes leva a afirmações não científicas. Às vezes, você pode ouvir uma pessoa dizer algo como: "Não me saio bem em ciências porque é um tema do cérebro esquerdo e eu sou uma pessoa do cérebro direito". Esse tipo de afirmação baseia-se em duas premissas razoáveis e uma duvidosa. As ideias científicas afirmam que (1) os hemisférios são especializados em diferentes funções e (2) certas tarefas provocam maior atividade em um hemisfério ou no outro. A premissa duvidosa é que qualquer indivíduo habitualmente conta predominantemente com um hemisfério.

Que evidência você acha que alguém tem para afirmar: "Eu sou uma pessoa do cérebro direito?". Ela foi submetida a ressonância magnética ou exames PET para determinar qual hemisfério era maior ou mais ativo? Não é provável. Geralmente, quando as pessoas dizem: "Sou cérebro direito", a única evidência é que elas têm um bom desempenho em tarefas criativas ou um desempenho ruim em tarefas lógicas. (Dizer: "Sou cérebro direito" às vezes sugere que *como* eu me saio mal em tarefas lógicas, *portanto*, sou criativo. Infelizmente, ilógico não é o mesmo que criativo.) Na verdade, a maioria das tarefas, especialmente as difíceis, requer a cooperação dos dois hemisférios.

Evolução da linguagem

Durante a infância, você ouviu, assistiu e leu muitas histórias sobre animais — os três porquinhos, os três ursos, vários desenhos da Disney e da Warner Bros. e outros. Em quase todas elas, os animais falavam, certo? Na vida real, *por que eles não falam?* Animais não humanos se comunicam por meio de exibições visuais, auditivas, táteis ou químicas, mas esses sinais não têm muita flexibilidade. Um macaco pode ter um chamado de alarme para indicar águia no ar e outro para cobra no chão, mas não tem como indicar águia no chão ou cobra na árvore (Cheney & Seyfarth, 2005). A linguagem humana se destaca das outras formas de comunicação por causa de sua **produtividade**, sua capacidade de improvisar novas combinações de sinais para representar novas ideias.

Provavelmente a linguagem não evoluiu do nada. A evolução quase sempre desenvolve algo modificando uma estrutura anterior. Asas de morcego são braços modificados, espinhos de porco-espinho são pelos modificados e o cheiro forte do gambá é a secreção das glândulas sudoríparas modificada. Se nossa linguagem evoluiu a partir de alguma habilidade que nossos ancestrais simiescos possuíam, qual seria?

Chimpanzés

Várias tentativas iniciais de ensinar chimpanzés a falar falharam. Uma das razões é que os humanos vocalizam ao expirar, enquanto os chimpanzés vocalizam ao inspirar. Vá em frente, tente dizer algo enquanto inspira. Você provavelmente vai querer tentar isso, em privado, para que outras pessoas não riam de você.

No entanto, os chimpanzés na natureza se comunicam por meio de gestos, e os pesquisadores alcançaram melhores resultados ensinando-lhes a linguagem de sinais norte-americana ou outros sistemas visuais (Gardner & Gardner, 1975; Premack & Premack, 1972) (ver Figura 13.6). Em uma das versões, os chimpanzés aprenderam a pressionar teclas com símbolos para digitar mensagens em um computador (Rumbaugh, 1977), como "Por favor, máquina dê maçã", ou para outro chimpanzé, "Por favor, compartilhe seu chocolate".

O uso de símbolos pelos chimpanzés difere da linguagem humana de várias maneiras. Eles raramente usavam símbolos em combinações novas e originais, ou seja, a *produtividade* do uso de símbolos era pequena. Além disso, eles utilizavam símbolos principalmente para solicitar, raramente para descrever; mas eles mostraram compreensão pelo menos moderada. Por exemplo, a chimpanzé Washoe, treinada na linguagem de sinais, geralmente respondia perguntas "Quem" com nomes, perguntas "O quê" com objetos e perguntas "Onde" com lugares, mesmo quando usava o símbolo errado para um nome, objeto ou local (Van Cantfort, Gardner, & Gardner, 1989).

Bonobos

Em meio ao ceticismo sobre a linguagem dos chimpanzés, resultados mais promissores surgiram de estudos de uma espécie intimamente relacionada, *Pan paniscus,* conhecida como bonobo. A ordem social dos bonobos em vários aspectos lembra aquela dos seres humanos. Machos e fêmeas formam ligações pessoais fortes, às vezes duradouras. Muitas vezes copulam face a face. A fêmea é sexualmente responsiva em quase todos os dias e não apenas durante o período fértil. Os machos contribuem significativamente para o cuidado do bebê. Os adultos geralmente compartilham alimentos. Eles ficam em pé confortavelmente nas patas traseiras. Em suma, eles se parecem mais com os humanos do que os outros primatas.

Em meados da década de 1980, Sue Savage-Rumbaugh, Duane Rumbaugh e colegas tentaram ensinar uma bonobo fêmea chamada Matata a pressionar símbolos que acendiam quando tocados. Cada símbolo representava uma palavra (ver Figura 13.7). Embora Matata tenha feito pouco progresso, seu filhote pequeno Kanzi aprendeu apenas observando-a. Quando teve a chance de usar o quadro de símbolos, ele rapidamente se destacou. Mais tarde, os pesquisadores notaram que Kanzi entendia uma boa quantidade da linguagem falada. Por exemplo, sempre que alguém falava a palavra *luz*, Kanzi acionaria o interruptor de luz. Kanzi e sua irmã mais nova, Mulika, desenvolveram a compreensão da linguagem comparável à de uma criança típica de 2 a 2 anos e meio:

- Eles entendem mais do que podem produzir.
- Eles seguem direções desconhecidas e improváveis, como "jogue a bola no rio" ou "coloque o tomate no micro-ondas".
- Eles usam símbolos para nomear e descrever objetos, mesmo quando não são solicitados.
- Eles ocasionalmente usam os símbolos para descrever eventos passados. Certa vez, Kanzi pressionou os símbolos "mordida de Matata" para explicar o corte que havia recebido em sua mão uma hora antes.
- Eles frequentemente fazem solicitações originais e criativas, como pedir que a uma pessoa persiga outra (Hillix, Rumbaugh, & Savage-Rumbaugh, 2012; Savage-Rumbaugh, 1990; Savage-Rumbaugh, Sevcik, Brakke & Rumbaugh, 1992; Savage-Rumbaugh et al., 1993).

Por que Kanzi e Mulika desenvolveram habilidades mais impressionantes do que outros chimpanzés? Talvez os bonobos tenham mais potencial de linguagem do que os chimpanzés comuns.

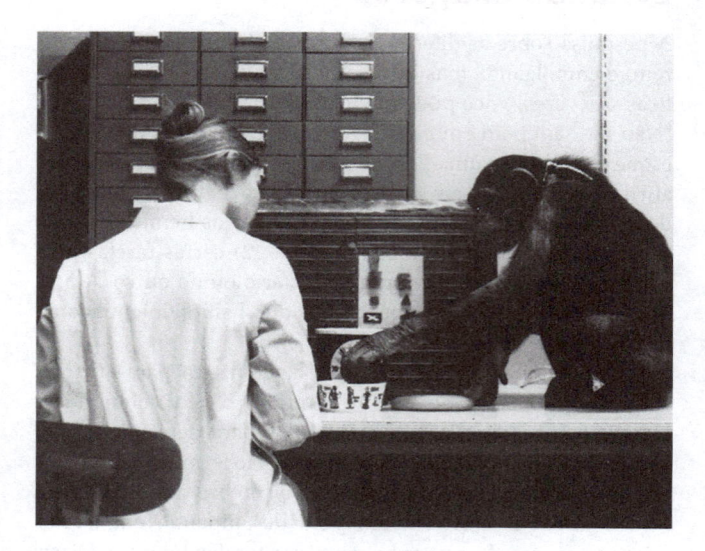

Figura 13.6 Uma tentativa de ensinar a linguagem aos chimpanzés
Uma das chimpanzés de Premack, Elizabeth, reage a chips de plástico coloridos que dizem "Não Elizabeth, pastilha de banana — Elizabeth lava maçã."
(Fonte: Foto cortesia de Ann Premack)

Não primatas

E quanto às espécies não primatas? Resultados espetaculares foram relatados para Alex, um papagaio cinza africano (ver Figura 13.8). Os papagaios são, é claro, famosos por imitar sons. Irene Pepperberg mostrou que os papagaios podem usar sons de forma significativa. Ela manteve Alex em um ambiente estimulante e o ensinou dizendo uma palavra várias vezes e oferecendo recompensas se Alex se aproximasse do mesmo som. Gradualmente, ela mudou para conceitos mais complexos (Pepperberg, 1981). Pepperberg geralmente usava brinquedos. Por exemplo, se Alex dissesse "papel", "madeira" ou "chave", ela lhe daria o que ele pedisse. Em nenhum caso ela o recompensou com comida por dizer "papel" ou "madeira".

Em um teste, Alex viu uma bandeja com 12 objetos e respondeu corretamente 39 das 48 perguntas, como "de que cor é a chave?" (resposta: "Verde") e "qual objeto é cinza?" (resposta: "círculo"). Ele também respondeu a perguntas como "quantas teclas azuis?" em que ele tinha de contar as teclas azuis entre objetos de duas formas e duas cores (Pepperberg, 1994).

Figura 13.7 Testes de linguagem para Kanzi, um bonobo *(Pan paniscus)*
Ele ouve perguntas por meio de fones de ouvido e aponta as respostas em um quadro. O pesquisador que está com ele não ouve as perguntas.
(Fonte: Georgia State University's Language Research Center, administrado pelo Yerkes Primate Center of Emory)

Duane Rumbaugh, Sue Savage-Rumbaugh e o chimpanzé Austin

Chimpanzés e bonobos são excelentes professores de psicologia. Eles nunca presumem que nós, como seus alunos, sabemos absolutamente nada sobre quem eles são. E certamente não estão impressionados com nossos diplomas. Consequentemente, eles são capazes de ensinar todo tipo de coisas importantes sobre o que significa ser humano e ser macaco — isto é, se nós, como alunos, permanecemos quietos, ouvimos com atenção e deixamos que eles nos digam como só eles podem.

Não será novidade para os donos de cães que os cachorros aprendam a responder a muitas palavras humanas. A extensão dessa possibilidade, entretanto, vai além do que a maioria das pessoas, e certamente a maioria dos cientistas, esperava Uma Border Collie aprendeu os nomes de mais de mil objetos e se lembrou deles por pelo menos 32 meses. Ela também aprendeu categorias como "brinquedo", que significava qualquer coisa com que ela pudesse brincar. Ela também respondeu corretamente a frases que exigiam uma compreensão gramatical simples. Por exemplo, ela respondia corretamente aos comandos "bola, pegue Frisbee" e "Frisbee, pegue bola", mesmo quando outros objetos estavam presentes (Pilley, 2013). Outro estudo constatou que parte do hemisfério esquerdo dos cães responde a palavras significativas, independentemente do tom de voz, enquanto o hemisfério direito responde à entonação, que muitas vezes indica emoção (Andics et al., 2016). Esses resultados correspondem ao padrão para cérebros humanos. Se fizer uma busca no YouTube para "linguagem Chaser", você poderá assistir a vários vídeos.

O que aprendemos com os estudos das habilidades de linguagem não humana? Em um nível prático, temos uma percepção da melhor forma de ensinar a linguagem para aqueles que não a aprendem facilmente, como pessoas com lesões cerebrais ou crianças com autismo. Em um nível mais teórico, esses estudos indicam que a linguagem humana evoluiu de precursores presentes em outras espécies. Esses estudos também apontam a ambiguidade do nosso conceito: enquanto os psicólogos debatiam se chimpanzés, papagaios ou cães exibem uma linguagem, eles foram forçados a pensar com mais cuidado sobre como definem a linguagem.

Uma segunda explicação é que Kanzi e Mulika começaram a ser treinados em linguagem quando jovens. Uma terceira razão diz respeito ao método de treinamento: aprender por observação e imitação (como os humanos fazem) promove uma melhor compreensão da linguagem do que os métodos de treinamento formal dos estudos anteriores (Savage-Rumbaugh et al., 1992).

✓ PARE & REVISE

6. Quais são as três explicações prováveis para por que os bonobos fizeram mais progresso na linguagem do que os chimpanzés comuns?

RESPOSTA

6. Os bonobos podem ser mais predispostos à linguagem do que os chimpanzés comuns. Os bonobos começaram a treinar mais cedo. Eles aprenderam por imitação em vez de técnicas de treinamento formal.

Figura 13.8 Testes de linguagem para Alex
Alex conversou sobre objetos em um inglês simples, por exemplo, respondendo: "Qual é a cor do círculo?". Ele não recebeu recompensas de comida.

Como a linguagem humana evoluiu?

Reconstruir a evolução da linguagem é necessariamente especulativo, porque nenhum exame de fósseis vai ajudar. Uma boa possibilidade é que a linguagem evoluiu da comunicação por gestos (Corballis, 2012a). Todos os primatas se comunicam por gestos, incluindo seres humanos. As crianças começam a gesticular no primeiro ano de vida, e o uso dos gestos prediz em quanto tempo desenvolverão a linguagem falada (Iverson & Goldin-Meadow, 2005). A maioria dos adultos também acompanha a fala com gestos, mesmo ao falar ao telefone, quando o ouvinte não consegue ver os gestos.

Gestos com a boca podem ser particularmente importantes. Os macacos usam vários gestos com a boca para se comunicar, incluindo um gesto de estalar os lábios, que tem um ritmo semelhante ao da fala. Macacos são conhecidos por observar os movimentos da boca uns dos outros, especialmente quando o outro está vocalizando, e é plausível que a combinação de som mais gesto da boca possa ter sido um precursor da linguagem falada (Ghazanfar, 2013).

No que diz respeito ao cérebro, o que mudou para tornar a linguagem possível? A maioria das teorias se encaixa em duas categorias: (1) Evoluiu como um subproduto do desenvolvimento geral do cérebro, ou (2) evoluiu como uma especialização.

A linguagem é um subproduto da inteligência?

Um ponto de vista é que os humanos desenvolveram grandes cérebros por outras razões, e a linguagem se desenvolveu como um subproduto acidental. Em sua forma mais simples, essa hipótese tem vários problemas. Primeiro, se a linguagem é apenas um produto do tamanho do cérebro, então qualquer pessoa com cérebro de tamanho normal e inteligência geral normal deve ter uma linguagem normal. Mas nem todos têm. Em uma família, 16 de 30 pessoas em três gerações apresentam sérios déficits de linguagem, apesar da inteligência normal em outros aspectos. Por causa de um gene dominante específico, as pessoas afetadas têm sérios problemas de pronúncia e muitos outros aspectos da linguagem (Fisher, Vargha-Khadem, Watkins, Monaco, & Pembrey, 1998; Gopnik & Crago, 1991; Lai, Fisher, Hurst, Vargha-Khadem, & Monaco, 2001). Elas têm problemas até com regras gramaticais simples, como mostrado no seguinte diálogo sobre como usar plurais:

Pesquisador	Entrevistado
Isso é uma wig; essas são...	Como eu deveria saber? [*Mais tarde*] Esses são wug.
Isso é um zat; esses são...	Esses são azcko.
Isso é um sas; esses são...	Esses são sasssss. [*Não sasses*]

Em outro teste, os pesquisadores apresentaram frases e perguntaram se cada frase estava correta e, se não, como melhorá-la. As pessoas da família afetada cometeram muitos erros e fizeram correções estranhas. Por exemplo:

Item original	Tentativa de correção
O menino come 3 biscoitos.	Os meninos comem 4.

Apesar das dificuldades de linguagem, essas pessoas se comportam de maneira normal e inteligente em outros aspectos. Evidentemente, a linguagem requer mais do que apenas um grande cérebro e inteligência geral.

E quanto ao inverso? Alguém com deficiência intelectual geral pode ter uma boa linguagem? Os psicólogos responderiam "não", até que descobriram a **síndrome de Williams**, uma doença

Pessoas com a síndrome de Williams têm uma aparência característica, bem como um conjunto especial de comportamentos fortes e fracos.

que afeta cerca de 1 pessoa em 20 mil, detectável pela perda de um gene que influencia as conexões no cérebro (Chailangkarn et al., 2016). As pessoas afetadas não são boas em tarefas relacionadas a números, habilidades visomotoras (por exemplo, copiar um desenho) e percepção espacial (por exemplo, encontrar o caminho de casa). Quando solicitadas a estimar o tamanho de um ônibus, três pessoas com a síndrome de Williams responderam "90 centímetros", "30 centímetros ou talvez 100 polegadas" e "2 polegadas, 3 centímetros" (Bellugi, Lichtenberger, Jones, Lai, & St. George, 2000). Elas apresentam planejamento ruim, lapsos frequentes de atenção e dificuldade em inibir respostas inadequadas (Greer, Riby, Hamiliton, & Riby, 2013). Elas exigem supervisão e têm problemas até com tarefas simples; mas muitas delas falam gramatical e fluentemente. Muitas também apresentam boa habilidade para acompanhar um ritmo complexo e memorizar canções (Levitin & Bellugi, 1998), e boa habilidade para interpretar expressões faciais de emoção (Tager-Flusberg, Boshart, & Baron-Cohen, 1998).

Em contraposição a suas deficiências em outros aspectos, muitas pessoas com a síndrome de Williams desenvolvem uma linguagem notavelmente boa. Pessoas com a síndrome de Williams não lidam com a linguagem de maneira perfeita (Martens, Wilson, & Reutens, 2008; Meyer-Lindenberg, Mervis, & Berman, 2006). A gramática delas é tosca, como a de alguém que aprendeu um segundo idioma tarde na vida (Clahsen & Almazen, 1998; Karmiloff-Smith et al., 1998). Elas costumam usar palavras bonitas quando uma palavra comum funcionaria melhor, como "tenho de desocupar o copo" em vez de "esvaziar" ou "despejar" o copo (Bellugi et al., 2000). Ainda assim, as observações da síndrome de Williams indicam que a linguagem não é simplesmente um subproduto da inteligência geral.

Linguagem como especialização

Se a linguagem não é apenas um subproduto da inteligência geral, ela deve ter evoluído como um mecanismo cerebral especializado. Noam Chomsky (1980) e Steven Pinker (1994) propuseram que os seres humanos têm um **dispositivo de aquisição de linguagem**, um mecanismo integrado para aquisição da linguagem. A maioria das crianças desenvolve a linguagem com tanta rapidez e facilidade que parece que devem ter sido biologicamente preparadas para esse aprendizado. Crianças surdas aprendem rapidamente a linguagem de sinais e, se ninguém lhes ensina uma linguagem de sinais, elas inventam uma e ensinam umas às outras (Goldin-Meadow, McNeill, & Singleton, 1996; Goldin-Meadow & Mylander, 1998).

Pesquisadores começaram a explorar a base genética dessa preparação para a linguagem. Lembra daquela família cujos membros têm problemas com pronúncia e gramática básica? O problema deles decorre de uma mutação em um gene designado *FOXP2*, que regula uma proteína que promove a formação de sinapses no córtex cerebral e nos gânglios basais (Chen et al., 2016; Lai et al., 2001). Embora humanos e chimpanzés tenham esse gene, ele difere em dois lugares, resultando em proteínas com aminoácidos diferentes em dois locais. O gene produz uma infinidade de efeitos, em parte no desenvolvimento cerebral, mas também nas estruturas da mandíbula e garganta que são importantes para a fala (Konopka et al., 2009). Outra especialização humana é que a parte do córtex motor que controla as cordas vocais tem conexões muito maiores com o restante do córtex do que os macacos (Kumar, Croxson, & Simonyan, 2016). As conexões maiores permitem um controle mais complexo e detalhado da produção de som.

Por que os humanos desenvolveram a linguagem e outras espécies não? Uma especulação é que a linguagem se relaciona ao longo período de dependência na infância. As interações sociais entre as pessoas, inclusive entre pais e filhos, favoreceram a evolução da linguagem. Nesse caso, a inteligência geral pode ser um subproduto do desenvolvimento da linguagem, mais do que a linguagem é um subproduto da inteligência (Deacon, 1992, 1997).

PARE & REVISE

7. Que evidência se opõe a hipótese de que a evolução da linguagem dependeu simplesmente da evolução geral do cérebro e da inteligência?
8. Liste as tarefas que as pessoas com a síndrome de Williams realizam mal e as que realizam bem.

RESPOSTAS

7. Algumas pessoas têm cérebro de tamanho normal, mas linguagem muito ruim. Além disso, algumas pessoas têm deficiência intelectual, mas desenvolvem uma linguagem quase normal. 8. Mal: habilidades de autocuidado, atenção, planejamento, números, habilidades visomotoras e percepção espacial. Relativamente bem: linguagem, interpretação de expressões faciais, alguns aspectos da música.

Um período sensível para aprender línguas

Se os humanos são especialmente adaptados para aprender a linguagem, talvez estejamos adaptados para aprender melhor durante um período sensível no início da vida, assim como os pardais aprendem melhor seu canto durante um período precoce. O resultado consistente é que os adultos são melhores do que as crianças na memorização do vocabulário de um segundo idioma, mas as crianças têm uma grande vantagem no domínio da gramática e principalmente da pronúncia (Huang, 2014; Saito, 2013). Não existe um corte nítido para aprender um segundo idioma; começar aos 2 anos é melhor que aos 4, aos 4 é melhor que aos 6 e aos 13 é melhor que aos 16 anos (Hakuta, Bialystok, & Wiley, 2003; Harley & Wang, 1997; Weber-Fox, & Neville, 1996). Mas as pessoas que começam a aprender um segundo idioma após os 12 anos ou mais quase nunca alcançam o nível de um falante nativo (Abrahamsson & Hyltenstam, 2009). Além disso, aprender um segundo idioma desde o início é diferente de aprender um mais tarde. Muitas pessoas acham que uma pessoa bilíngue pode contar com o hemisfério esquerdo para um idioma e com o hemisfério direito para outro. Essa suposição está errada. Pessoas que crescem em uma casa bilíngue, falando dois idiomas desde o início, mostram atividade bilateral durante a fala para ambos os idiomas e conexões mais fortes do que a média entre os dois hemisférios (Berken, Chai, Chen, Gracco, & Klein, 2016; Peng & Wang, 2011). Pessoas que aprendem um segundo idioma depois dos 6 anos ativam apenas o hemisfério esquerdo para os dois idiomas (Hull & Vaid, 2007; Peng & Wang, 2011).

Outra maneira de testar a ideia do período sensível é estudar pessoas que não aprenderam nenhum idioma durante a primeira infância. Em alguns casos, pais ouvintes de crianças surdas se concentraram sem sucesso em ensinar-lhes a linguagem falada e a leitura labial e, com o tempo, desistiram e introduziram a linguagem de sinais. As crianças que começaram a usar a linguagem de sinais ainda jovens aprenderam muito melhor do que as que começaram mais tarde (Harley & Wang, 1997). Uma criança que aprende um idioma falado cedo pode aprender a língua de sinais mais tarde, e uma criança surda que aprende a língua de sinais mais cedo pode aprender uma língua falada mais tarde (exceto, é claro, com pronúncia ruim), mas uma criança que não aprende uma linguagem enquanto é jovem é permanentemente prejudicada na aprendizagem de qualquer tipo de linguagem (Mayberry, Lock, & Kazmi, 2002). Mesmo as crianças surdas cuja exposição à linguagem é postergada no primeiro ano de vida apresentam déficits duradouros (Friedmann & Rusou, 2015). Essa observação corrobora fortemente a importância de aprender a linguagem na primeira infância.

PARE & REVISE

9. Qual é a evidência mais forte a favor de um período sensível para a aprendizagem de idiomas?

RESPOSTA

9. Crianças surdas que não aprenderam o idioma falado ou a linguagem de sinais quando eram jovens não se tornaram proficientes em nenhum dos tipos de linguagem posteriormente.

Lesão cerebral e linguagem

Outra forma de estudar especializações para linguagem é examinar o papel de várias áreas do cérebro. Boa parte do nosso conhecimento veio de estudos de pessoas com lesões cerebrais.

Afasia de Broca (afasia não fluente)

Em 1861, o cirurgião francês Paul Broca tratou a gangrena de um paciente mudo por 30 anos. Quando o homem morreu cinco dias depois, Broca fez uma autópsia e encontrou uma lesão no córtex frontal esquerdo. Ao longo dos anos seguintes, Broca examinou os cérebros de outros pacientes com **afasia** (deficiência de linguagem), e quase sempre encontrou lesões que incluíam essa mesma área, que agora é conhecida como área de Broca (ver Figura 13.9). Quando a lesão cerebral prejudica a produção da linguagem, nós a chamamos **afasia de Broca,** ou **afasia não fluente,** independentemente da localização exata da lesão. Broca publicou os resultados em 1865, um pouco mais tarde do que os relatórios dos outros médicos franceses, Marc e Gustave Dax, que também apontaram o hemisfério esquerdo como o local das habilidades de linguagem (Finger & Roe, 1996). Entretanto, Broca recebeu o crédito porque sua descrição era mais detalhada e convincente. Essa descoberta, a primeira demonstração da função de uma área particular do cérebro, abriu o caminho para a neurologia moderna.

Métodos modernos confirmaram a importância da área de Broca para a produção da linguagem, mas lesão limitada a essa área só produz um comprometimento pequeno ou breve da linguagem (Long et al., 2016). Na verdade, mesmo nos próprios casos de Broca, as lesões eram mais extensas do que ele imaginava. Broca examinou apenas a superfície externa dos cérebros e então preservou alguns deles no Museu Dupuytren em Paris, que ainda os possui. Quase um século e meio mais tarde, os pesquisadores usando imagens por ressonância magnética

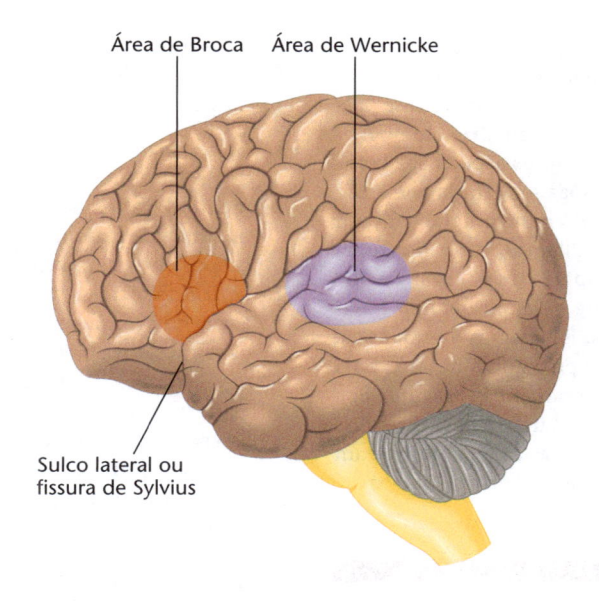

Figura 13.9 Duas áreas importantes para a linguagem

mostraram que os casos originais da afasia de Broca tinham lesões que se estendiam mais profundamente no cérebro, incluindo grande parte dos gânglios basais (Dronkers, Plaisant, Iba-Zizen, & Cabanis, 2007). Hoje reconhecemos que a afasia de Broca está relacionada a lesões em partes do córtex, tálamo e gânglios basais.

Produção prejudicada da linguagem

Pessoas com afasia de Broca são lentas e desajeitadas com todas as formas de comunicação linguística, incluindo falar, escrever, gesticular e usar a linguagem de sinais (Cicone, Wapner, Foldi, Zurif, & Gardner, 1979; Neville et al., 1998; Petitto et al., 2000). A afasia de Broca está relacionada à linguagem, não aos músculos vocais. Ao ler uma palavra em voz alta, olhar para a palavra ativa o sistema visual, que então troca informações com a área de Broca, que por sua vez troca informações com o córtex motor. Enquanto você fala a palavra, o córtex motor controla a saída, e a área de Broca permanece em silêncio; ou seja, a área de Broca ajuda a organizar a fala, mas não a produz (Flinker et al., 2015).

Quando as pessoas com afasia de Broca falam, a fala é significativa, mas esparsa. Por exemplo, elas podem dizer "tempo nublado" em vez de "o tempo nublado". Embora os resultados variem entre os indivíduos, eles geralmente omitem pronomes, preposições, conjunções, verbos auxiliares, quantificadores e desinências temporais e numéricas. Pelo menos, esse é o padrão para quem fala inglês. Pessoas com afasia que falam alemão ou italiano usam mais desinências de palavras, porque elas são mais essenciais para o significado do que em inglês (Blackwell & Bates, 1995). Preposições, conjunções, verbos auxiliares etc. são conhecidos como *classe fechada* de formas gramaticais porque um idioma raramente adiciona novas preposições, conjunções e afins. Em contraposição, novos substantivos e verbos (a *classe aberta*) entram em um idioma com frequência. Pessoas com afasia de Broca raramente usam as palavras da classe fechada. Elas acham difícil ou impossível repetir uma frase como "Não ses, es ou mases". Mas os pacientes que não conseguem ler em voz alta "ser ou não ser" podem ler "sere nou sere" (Gardner & Zurif, 1975). O problema diz respeito ao significado das palavras, não apenas à pronúncia.

Por que as pessoas com afasia de Broca omitem as palavras e desinências gramaticais? Talvez elas tenham sofrido lesões em uma "área gramatical" do cérebro, mas eis outra possibilidade: quando falar é uma luta, as pessoas deixam de fora os elementos mais fracos. Muitos indivíduos que sentem dor falam como se tivessem afasia de Broca (Dick et al., 2001).

Problemas na compreensão de dispositivos e palavras gramaticais

Pessoas com afasia de Broca entendem a maior parte da fala, exceto quando o significado depende de preposições, desinências de palavras ou gramática complexa — os mesmos itens que omitem ao falar. Se ouvem uma frase com gramática complexa, como "Alguém que o menino está perseguindo é alto", sabem que uma pessoa é alta e uma pessoa está perseguindo, mas não sabem quem é qual (Zurif, 1980). A maioria das frases em inglês é compreensível, mesmo se omitirmos as preposições e conjunções. Você mesmo pode demonstrar isso selecionando um parágrafo e excluindo as preposições, conjunções, artigos, verbos auxiliares, pronomes e desinências de palavras para ver como pode parecer para alguém com afasia de Broca. Eis um exemplo, tirado do início desta seção. Observe como é compreensível, apesar das exclusões:

> ~~Em~~ 1861, ~~o~~ cirurgião francês Paul Broca ~~tratou a~~ gangrena ~~de um~~ paciente ~~que era~~ mudo ~~por 30 anos.~~ ~~Quando o~~ homem ~~morreu~~ 5 dias mais tarde, Broca ~~fez uma~~ autópsia ~~e~~ encontrou ~~uma~~ lesão ~~no~~ córtex frontal esquerdo. ~~Ao longo dos~~ próximos anos, Broca examin~~ara o~~ cérebro~~s de~~ outros paciente~~s com~~ afasia (comprometimento da linguagem). ~~Em~~ quase todos os casos, ~~ele~~ encontrou lesão (~~geralmente~~ relaciona~~da~~) ~~a~~ AVC que incluía ~~essa~~ mesma área, ~~que é~~ agora conhecida ~~como~~ área ~~de~~ Broca.

Mesmo assim, as pessoas com afasia de Broca não perderam totalmente o conhecimento da gramática. Por exemplo, elas geralmente reconhecem que algo está errado com a frase "Ele escreveu tem canções", mesmo que não possam dizer como melhorá-la (Wulfeck & Bates, 1991). Em muitos aspectos, a compreensão delas lembra aquelas de pessoas sem afasia que estão distraídas. Se você ouvir alguém falando rapidamente com um sotaque pesado em um ambiente barulhento, enquanto tenta fazer outra coisa ao mesmo tempo, captura fragmentos do que o locutor diz e tenta supor o restante. Mesmo quando ouvimos uma frase com clareza, às vezes, ignoramos a gramática. Se você ouve "O cachorro foi mordido pelo homem" ou "a bola chutou a garota", você pode ignorar a gramática e assumir que o cachorro mordeu o homem e a garota chutou a bola (Ferreira, Bailey, & Ferraro, 2002). Pacientes com afasia de Broca contam com suposições lógicas com mais frequência do que outros.

✓ PARE & REVISE

10. Que tipo de palavras os pacientes de Broca têm menos probabilidade de usar?
11. Que tipo de palavras os pacientes de Broca têm mais dificuldade para entender?

RESPOSTAS

10. Eles têm mais problema com palavras de "classe fechada" que são significativas apenas no contexto de uma frase, como preposições, conjunções e verbos auxiliares. 11. Eles têm mais dificuldade para entender o mesmo tipo de palavras que têm dificuldade para produzir — as palavras de classe fechada.

Afasia de Wernicke (afasia fluente)

Em 1874, Carl Wernicke, um assistente júnior de 26 anos em um hospital alemão, descobriu que uma lesão em uma parte do córtex temporal esquerdo produzia um tipo diferente de comprometimento da linguagem. Embora os pacientes pudessem falar e escrever, a compreensão da linguagem era ruim. Danos na e ao redor da **área de Wernicke** (ver Figura 13.9), localizada perto do córtex auditivo, produz **afasia de Wernicke,** caracterizada por compreensão ruim da linguagem e capacidade prejudicada de lembrar os nomes de objetos. Também é conhecida como **afasia fluente** porque a pessoa ainda consegue falar de maneira equilibrada. Assim como acontece com a afasia de Broca, os sintomas e as lesões cerebrais variam, e geralmente as lesões se estendem além do córtex para o tálamo e os gânglios basais. Usamos o termo *afasia de Wernicke*, ou *afasia fluente*, para descrever um certo padrão de comportamento, independentemente da localização da lesão.

As características típicas da afasia de Wernicke são:

1. *Fala articulada*. Em comparação às pessoas com afasia de Broca, aquelas com afasia de Wernicke falam fluentemente, exceto quando fazem uma pausa para tentar pensar no nome de alguma coisa. Elas não têm problemas com preposições, conjunções ou gramática.
2. *Dificuldade para encontrar a palavra certa*. Pessoas com afasia de Wernicke têm **anomia**, dificuldade em lembrar os nomes dos objetos. Elas inventam nomes (por exemplo, "tingamaji"), substituem um nome por outro e usam expressões indiretas, como "a coisa que costumávamos fazer com a coisa que era igual à outra". Quando conseguem encontrar algumas das palavras certas, elas podem organizá-las inadequadamente como, "Os Astros ouviram o rádio hoje à noite" (em vez de "Eu ouvi os Astros no rádio hoje à noite") (RC Martin & Blossom-Stach, 1986).
3. *Má compreensão da linguagem*. Pessoas com afasia de Wernicke têm dificuldade para compreender a fala, a escrita e a linguagem de sinais (Petitto et al., 2000). A compreensão prejudicada está intimamente relacionada à dificuldade de lembrar os nomes dos objetos.

Embora a área de Wernicke e as áreas adjacentes sejam importantes, a compreensão da linguagem também depende das conexões com outras áreas do cérebro. Por exemplo, ler a palavra *lamber* ativa não apenas a área de Wernicke, mas também a parte do córtex motor responsável pelos movimentos da língua. Ler *lançar* ativa a parte do córtex pré-motor que controla os movimentos das mãos (Willems, Hagoort, & Casasanto, 2010). Aparentemente, ao pensar em uma palavra de ação, você se imagina fazendo-a. A Tabela 13.1 compara a afasia de Broca e a afasia de Wernicke.

✓ PARE & REVISE

12. Descreva a produção da fala de pessoas com afasia de Wernicke.
13. Descreva a compreensão da fala das pessoas com afasia de Wernicke.

RESPOSTAS

12. Pessoas com afasia de Wernicke falam fluente e gramaticalmente, mas omitem a maioria dos substantivos e verbos e, portanto, fazem pouco sentido. 13. Pessoas com afasia de Wernicke têm dificuldade para entender a fala.

Tabela 13.1 | Afasia de Broca e afasia de Wernicke

Tipo	Pronúncia	Conteúdo da fala	Compreensão
Afasia de Broca	Ruim	Principalmente substantivos e verbos; omite preposições e outros conectivos gramaticais.	Ok, a menos que o significado dependa de gramática complexa.
Afasia de Wernicke	Intacta	Gramática, mas muitas vezes sem sentido; tem dificuldade para encontrar a palavra correta, especialmente nomes dos objetos.	Gravemente prejudicada.

Dislexia

Dislexia é uma deficiência específica de leitura em alguém com visão, motivação, habilidades cognitivas e oportunidade educacional adequadas. É mais comum em meninos do que em meninas e está associada a vários genes identificados (Field et al., 2013). A dislexia é especialmente comum em inglês, porque contém muitas palavras com grafias estranhas. (Considere as palavras *phlegm, bivouac, khaki, yacht, choir, physique* e *gnat* [catarro, bivaque, caqui, iate, coro, corpo e mosquito]). Mas a dislexia ocorre em todos os idiomas e sempre se refere à dificuldade de conversão de símbolos em sons (Ziegler & Goswami, 2005).

Muitos estudos relataram anormalidades no hemisfério esquerdo em pessoas com dislexia, e algumas delas aparecem muito cedo na vida, antes que as crianças fossem ensinadas a ler (Kraft et al., 2015; Raschle, Zuk & Gaab, 2012; van Zuijen, Plakas, Maassen, Maurits, & van der Leij, 2013; Xia, Hoeft, Zhang, & Shu, 2016). Uma diferença é que, ao contrário da maioria dos leitores normais, as pessoas com dislexia têm certas partes do córtex temporal maiores no hemisfério direito do que no esquerdo (Ma et al., 2015). Você pode se perguntar como alguém saberia testar certas crianças antes que tivessem idade suficiente para apresentar sintomas de dislexia. Os pesquisadores identificaram famílias que incluem várias pessoas com dislexia, e então testaram crianças pequenas, esperando (corretamente) que muitas delas desenvolveriam dislexia mais tarde.

Na literatura muitas vezes confusa sobre dislexia, uma questão que se destaca é que diferentes pessoas têm diferentes tipos de problemas de leitura e nenhuma explicação funciona para todas. A maioria (mas não todas) tem problemas auditivos, um número menor tem controle prejudicado dos movimentos oculares e algumas têm ambos (Judge, Caravolas, & Knox, 2006). Alguns pesquisadores distinguem entre *dislexia disfonética* e *dislexia diseidética* (Flynn & Boder, 1991), embora muitas pessoas com dislexia não se encaixem perfeitamente em nenhuma das categorias. Pessoas com dislexia disfonética têm dificuldade para pronunciar as palavras, então tentam memorizar cada palavra como um todo e, quando não reconhecem uma palavra, supõem com base no contexto. Por exemplo, elas podem interpretar a palavra *rir* como "engraçado". Leitores com dislexia diseidética pronunciam palavras bem o suficiente, mas não conseguem reconhecer uma palavra como um todo. Eles leem devagar e têm problemas com palavras com grafia irregular.

A maioria das pessoas com dislexia, mas não todas, tem problemas relacionados à audição, mas não o tipo de problema que pode ser corrigido com aparelhos auditivos. Pessoas com dislexia não têm problemas para manter uma conversa, o que seria difícil se a audição estivesse gravemente prejudicada. Na verdade, até mesmo alguns bons músicos têm dislexia. Testes descobriram que eles podiam detectar facilmente pequenas mudanças de tom ou ritmo, mas tinham memória auditiva fraca. Eles tinham baixa precisão para perceber se duas sequências de tons, separados no tempo, eram iguais ou diferentes (Weiss, Granot, & Ahissar, 2014). Esse resultado sugere um problema com a maneira que o cérebro lida com as informações auditivas, não um problema com as próprias informações auditivas. Outros estudos descobriram que pessoas com dislexia têm conexões mais fracas do que o normal entre o córtex auditivo e a área de Broca (Boets et al., 2013).

Muitas pessoas com dislexia têm problemas específicos para detectar a ordem temporal dos sons, como perceber a diferença entre bip-estalido-zumbido e bip-zumbido-estalido (Farmer & Klein, 1995; Kujala et al., 2000; Nagarajan et al., 1999). Eles também têm dificuldade para trocar a ordem das palavras — isto é, trocar as primeiras consoantes de duas palavras, como ouvir "querida velha rainha" e dizer "velho reitor esquisito" ou ouvir "modo de vida" e responder "postura de esposa" (Paulesu et al., 1996). Fazer isso, é claro, requer muita atenção aos sons e sua ordem.

Muitas pessoas com dislexia também apresentam anormalidades de atenção (Facoetti, Corradi, Ruffino, Gori, & Zorzi, 2010). Eis uma demonstração. Fixe os olhos no ponto central em cada tela abaixo e, sem mover os olhos para a esquerda ou direita, tente ler a letra do meio de cada tela de três letras:

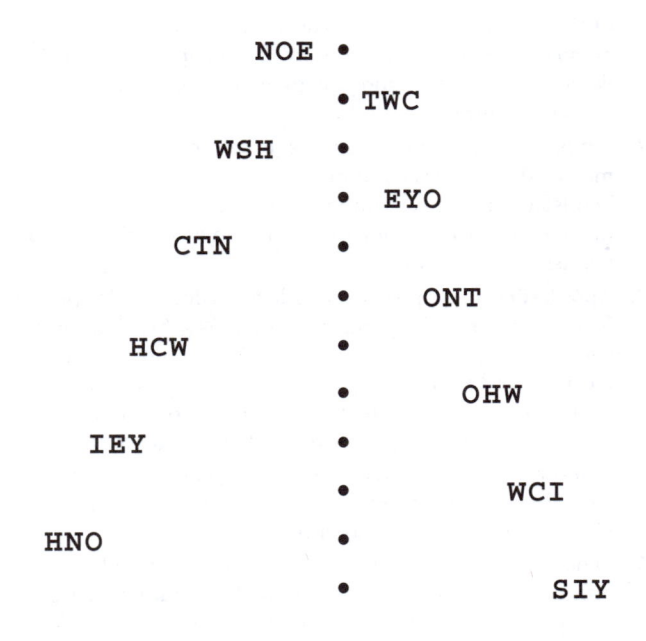

```
     NOE  •
            •  TWC
     WSH  •
            •  EYO
     CTN  •
            •  ONT
     HCW  •
            •  OHW
     IEY  •
            •  WCI
     HNO  •
            •  SIY
```

A maioria das pessoas acha mais fácil ler as letras próximas ao ponto de fixação, mas algumas pessoas com dislexia são excepcionalmente hábeis em identificar letras bem à direita do ponto de fixação. Ao focalizar uma palavra, elas são piores do que a média para lê-la, mas melhores do que a média para perceber letras 5 a 10 graus à direita dela (Geiger, Lettvin, & Zegarra-Moran, 1992; Lorusso et al., 2004). Esse tipo de foco de atenção certamente poderia confundir as tentativas de leitura (De Luca, Di Page, Judica, Spinelli, & Zoccolotti, 1999). Em muitos casos, as pessoas com dislexia também têm dificuldades quando as letras estão muito juntas (Gori & Facoetti, 2015). Resumindo, a dislexia pode resultar de uma variedade de problemas.

✓ PARE & REVISE

14. Que evidência sugere que muitas das anormalidades cerebrais associadas à dislexia são a causa do distúrbio e não um resultado?

RESPOSTA 14. Certas anormalidades foram relatadas em uma idade precoce, antes do início do treinamento linguístico.

Módulo 13.1 | Conclusão
Linguagem e cérebro

Muitos dos primeiros computadores pessoais não tinham capacidade de fala, mas os usuários podiam conectar um dispositivo que adicionava fala, convertendo a saída de texto em som. A evolução da linguagem humana não ocorreu dessa maneira. Nossos ancestrais remotos simplesmente não selecionavam um cérebro do tipo chimpanzé e adicionavam um módulo independente. A linguagem exigia modificações generalizadas em todo o cérebro e ela tornou possível muitas alterações adicionais em outras funções. Tentar entender a linguagem é uma parte importante da tentativa de compreender o que significa ser humano.

Resumo

1. O hemisfério esquerdo controla a fala na maioria das pessoas, e cada hemisfério controla principalmente a mão do lado oposto, vê o lado oposto do mundo e sente o lado oposto do corpo.
2. Em humanos, o campo visual esquerdo se projeta na metade direita de cada retina, que envia axônios para o hemisfério direito. O campo visual direito se projeta na metade esquerda de cada retina, que envia axônios para o hemisfério esquerdo.
3. Após lesões no corpo caloso, cada hemisfério pode apontar ou gesticular para responder a perguntas sobre as informações que chegam diretamente a ele. Mas como o hemisfério esquerdo controla a fala na maioria das pessoas, apenas o hemisfério esquerdo de uma pessoa com cérebro dividido pode dar respostas vocais sobre o que conhece.
4. Embora os dois hemisférios de pessoas com cérebro dividido às vezes estejam em conflito, eles encontram maneiras de cooperar e dar dicas entre si.
5. O hemisfério direito é dominante para compreender e produzir as inflexões emocionais da fala e para interpretar as expressões emocionais de outras pessoas.
6. Os bonobos fizeram um progresso significativo na compreensão da linguagem, e também várias outras espécies em graus variados fizeram.
7. A evolução da linguagem pode ter se desenvolvido da comunicação gestual em primatas, e os gestos com a boca podem ter sido especialmente importantes.
8. A hipótese de que a linguagem surgiu como um subproduto da inteligência geral ou do tamanho do cérebro tem problemas sérios: algumas pessoas têm inteligência normal, mas linguagem prejudicada, e muitas pessoas com síndrome de Williams têm linguagem quase normal, apesar de deficiências cognitivas.
9. A melhor evidência de um período sensível para o desenvolvimento da linguagem é a observação de que as crianças surdas aprendem a linguagem de sinais muito melhor se começarem cedo do que se sua primeira oportunidade vier mais tarde na vida. Além disso, aprender um segundo idioma na primeira infância difere em muitos aspectos de aprendê-lo mais tarde.
10. Pessoas com afasia de Broca (afasia não fluente) têm dificuldade para falar e escrever. Elas acham preposições, conjunções e outros conectivos gramaticais especialmente difíceis. Também não conseguem entender a fala quando o significado depende de uma gramática complexa.
11. Pessoas com afasia de Wernicke têm dificuldade para entender a fala e lembrar nomes de objetos.
12. A dislexia (deficiência de leitura) tem muitas formas, resultando de diversas causas incluindo memória auditiva prejudicada e dificuldades com a atenção visual.

Termos-chave

Os termos estão definidos no número de página indicado. Também são apresentados em ordem alfabética com a definição no Índice remissivo/Glossário do livro, que começa na p. 589.

afasia 434
afasia de Broca (afasia não fluente) 434
afasia de Wernicke (afasia fluente) 436
anomia 436
área de Wernicke 436
campo visual 425
corpo caloso 424
dislexia 437
dispositivo de aquisição de linguagem 433
intérprete 429
lateralização 424
pessoas com cérebro dividido 427
plano temporal 425
produtividade 430
quiasma óptico 425
síndrome de Williams 432

Questões complexas

1. A maioria das pessoas com afasia de Broca tem paralisia parcial no lado direito do corpo. A maioria das pessoas com afasia de Wernicke não tem. Por quê?
2. Em uma síndrome chamada *cegueira de palavras,* uma pessoa perde a capacidade de ler (mesmo letras isoladas), embora a pessoa ainda possa ver e falar. Qual é uma possível explicação neurológica? Ou seja, você pode imaginar um padrão de lesão cerebral que pode produzir esse resultado?

Módulo 13.1 | Questionário final

1. Em humanos, o que acontece com a informação visual do campo visual esquerdo?
   A. Alcança a metade direita de cada retina, que envia mensagens para o hemisfério esquerdo.
   B. Alcança a metade direita de cada retina, que envia mensagens para o hemisfério direito.
   C. Alcança a metade esquerda de cada retina, que envia mensagens para o hemisfério esquerdo.
   D. Alcança a metade esquerda de cada retina, que envia mensagens para o hemisfério direito.

2. No quiasma óptico humano, quais axônios atravessam o hemisfério oposto?
   A. Aqueles da metade nasal (interna) de cada retina.
   B. Aqueles da metade temporal (externa) de cada retina.
   C. Aqueles do centro de cada retina.
   D. Todos os axônios de cada retina.

3. Em que condições uma pessoa com cérebro dividido pode descrever algo que vê?
   A. Depois de vê-lo no campo visual correto.
   B. Depois de vê-lo no campo visual esquerdo.
   C. Depois de vê-lo com o olho direito.
   D. Depois de vê-lo com o olho esquerdo.

4. Quando o hemisfério direito reage a algo que vê, causando um comportamento que o hemisfério esquerdo pode sentir, como o hemisfério esquerdo reage?
   A. Expressa surpresa.
   B. Finge que a ação não ocorreu.
   C. Tenta interromper a ação ou fazer o contrário.
   D. Cria uma explicação que parece lógica.

5. Qual destes o hemisfério direito controla melhor do que o esquerdo?
   A. Reações a estímulos emocionais.
   B. Controle do braço e mão direitos.
   C. Cálculos matemáticos.
   D. Paladar e olfato.

6. Qual é a explicação provável para o sucesso dos bonobos em compreender a fala?
   A. Os cérebros dos bonobos têm neurônios maiores do que a maioria dos outros primatas.
   B. Os pesquisadores associaram condicionamento clássico e operante.
   C. Os bonobos passaram muito tempo com crianças humanas.
   D. Os bonobos começaram jovens e aprenderam por imitação.

7. Se a linguagem humana não evoluiu a partir das vocalizações de outros primatas, qual seria outra provável hipótese?
   A. A linguagem evoluiu do nada.
   B. A linguagem evoluiu da dança.
   C. A linguagem evoluiu de gestos, incluindo gestos da boca.
   D. A linguagem evoluiu da habilidade de perceber objetos em três dimensões.

8. O que é incomum em muitas pessoas com síndrome de Williams?
   A. Boa capacidade de linguagem, apesar de deficiências intelectuais.
   B. Inteligência normal, mas compreensão ruim da linguagem.
   C. Boa capacidade de leitura, apesar de visão deficiente.
   D. Alta inteligência durante a infância, mas baixa durante a idade adulta.

9. Além do desenvolvimento do cérebro, o gene *FOXP* afeta intensamente o que mais?
   A. O estômago e intestinos.
   B. As glândulas hipofisária e adrenal
   C. A mandíbula e a garganta.
   D. Pressão arterial e frequência cardíaca.

10. Se alguém é bilíngue desde cedo, como o cérebro representa os dois idiomas?

    A. Um no hemisfério esquerdo e outro no hemisfério direito.
    B. Os dois no hemisfério esquerdo.
    C. Os dois no hemisfério direito.
    D. Os dois em ambos os hemisférios.

11. Pessoas com afasia de Broca têm maior dificuldade para produzir e entender que tipo de palavras?

    A. Substantivos comuns
    B. Nomes próprios
    C. Preposições e conjunções
    D. Adjetivos e advérbios

12. Qual das alternativas a seguir é característica da afasia de Wernicke?

    A. Dificuldade em formar novas memórias de longo prazo, especialmente memórias episódicas.
    B. Incapacidade de descrever qualquer coisa vista no campo visual esquerdo ou sentida com a mão esquerda.
    C. Pronúncia ruim e dificuldade para usar e entender a gramática.
    D. Dificuldade para lembrar nomes de objetos.

Respostas: 1B, 2A, 3A, 4D, 5A, 6D, 7C, 8A, 9C, 10D, 11C, 12D.

Módulo 13.2

Processos conscientes e inconscientes

> Sabemos o significado [da consciência] desde que ninguém peça para defini-la.
>
> *William James (1892/1961, p. 19)*

A introdução deste livro analisou o problema mente-corpo: em um universo composto de matéria e energia, por que existe uma coisa chamada consciência? E como ela se relaciona com a atividade cerebral? Agora, munido de melhor compreensão do cérebro, é o momento de voltar a essas perguntas, mesmo que as respostas permaneçam indefinidas.

A relação mente-cérebro

Suponha que você diga: "Eu me assustei porque vi um homem com uma arma". Um neurocientista diz: "Você se assustou por causa do aumento da atividade eletroquímica nas seguintes áreas do cérebro...". Se as duas afirmações estão corretas, qual é a conexão entre elas?

Explicações biológicas do comportamento aumentam o **problema mente-corpo** ou **mente-cérebro**: qual é a relação entre a mente e o cérebro? A maioria dos não cientistas aparentemente supõe um **dualismo**, a convicção de que mente e corpo existem separadamente. O filósofo francês René Descartes defendeu o dualismo, mas reconheceu a problemática questão de como uma mente que não é produzida de material poderia influenciar o cérebro físico. Ele propôs que a mente e o cérebro interagem em um único ponto no espaço, que ele sugeriu ser a glândula pineal, a menor estrutura não pareada que ele conseguiu encontrar no cérebro (ver Figura 13.10).

Embora creditemos a Descartes a primeira defesa explícita do dualismo, ele dificilmente criou a ideia. Nossas experiências parecem tão diferentes das ações físicas do cérebro que a maioria das pessoas tem como certo que a mente e o cérebro devem ser diferentes. Mesmo psicólogos notáveis às vezes caem no pensamento dualista. Um psicólogo comentou: "Sabemos pouco sobre... se os eventos neurais impulsionam os eventos psicológicos ou vice-versa" (G. A. Miller, 2010, p. 716). Em outras palavras, não sabemos se a atividade cerebral causa pensamentos ou se os pensamentos causam a atividade cerebral. Mas se os pensamentos e a atividade cerebral são a mesma coisa, a pergunta não faz sentido.

Quase todos os filósofos e neurocientistas atuais rejeitam o dualismo. Uma objeção decisiva é que o dualismo entra em conflito com uma das pedras angulares da física, conhecida como a lei da conservação da matéria e energia: a matéria pode se transformar em energia e a energia pode se transformar em matéria, mas nenhuma delas emerge do nada, desaparece no nada ou muda, exceto por causa da influência de outra matéria ou energia. Portanto, uma mente que não seja composta de matéria ou energia não poderia fazer nada acontecer, nem mesmo os movimentos musculares. Se você utilizar um termo como *mente* para descrever algo parecido com um fantasma que não é matéria nem energia, não subestime os argumentos científicos e filosóficos que podem ser usados contra você (Dennett, 1991).

A alternativa ao dualismo é o **monismo**, a crença de que o universo consiste em apenas um tipo de substância. Várias formas de monismo são possíveis nas seguintes categorias:

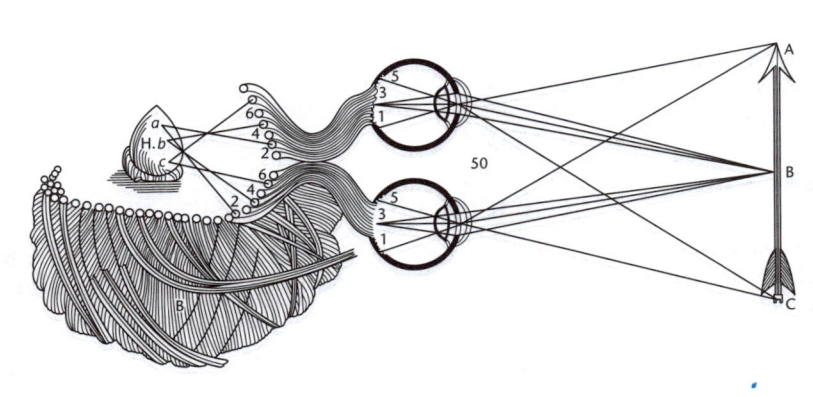

Figura 13.10 A concepção de René Descartes do cérebro e da mente
Descartes entendeu como a luz de um objeto (a seta) incidia nas retinas na parte posterior dos olhos. As letras e os números representam as vias que ele imaginou das retinas à glândula pineal. (Suas suposições sobre essas vias estavam erradas.)

(*Fonte:* Tratado do homem de *René Descartes*)

- **Materialismo:** a visão de que tudo o que existe é material ou físico. De acordo com uma versão dessa visão, "materialismo eliminativo", os eventos mentais não existem, e qualquer psicologia popular que inclua o conceito de mente ou atividade mental está fundamentalmente errada; mas a maioria de nós acha difícil acreditar que nossas mentes são frutos da nossa imaginação. Uma versão alternativa do materialismo é que os pesquisadores com o tempo descobrirão uma maneira de explicar todas as experiências psicológicas em termos puramente físicos.
- **Mentalismo:** a visão de que apenas mentes realmente existem e que o mundo físico não poderia existir a menos que alguma mente estivesse ciente disso. O filósofo George Berkeley foi o principal defensor dessa posição. Não é fácil testar essa ideia. (Vá em frente e tente!)
- **Posição de identidade:** a visão de que os processos mentais e certos tipos de processos cerebrais são a mesma coisa, apenas descritos em termos diferentes. Por analogia, pode-se descrever a *Mona Lisa* como uma pintura extraordinária, ou pode-se listar a cor e o brilho exatos de cada ponto na pintura. Embora as duas descrições pareçam totalmente diferentes, elas se referem ao mesmo item. A posição de identidade diz que a mente é a *atividade* cerebral Assim como o fogo não é uma "coisa", mas o que acontece com alguma coisa, a atividade mental é o que acontece no cérebro.

Podemos ter certeza de que o monismo está correto? Não, mas os pesquisadores o adotam como a hipótese de trabalho mais razoável, para verificar o progresso que podem fazer nessa suposição. Como vimos ao longo do livro, as experiências e atividades cerebrais parecem inseparáveis. A estimulação de qualquer área do cérebro provoca uma experiência, e qualquer experiência provoca a atividade cerebral, e lesões em qualquer área do cérebro levam à perda de algumas funções mentais. Até onde podemos dizer, não é possível haver atividade mental sem atividade cerebral, e não é possível haver certos tipos de atividade cerebral sem atividade mental. (Acreditar no monismo significa que estamos diminuindo nossa avaliação das mentes? Talvez não. Talvez estejamos elevando nosso conceito do mundo material.)

David Chalmers (1995) fez uma distinção entre o que ele chama de problemas fáceis e o problema difícil da consciência. Os problemas fáceis dizem respeito a questões como a diferença entre vigília e sono e qual atividade cerebral ocorre durante o estado de consciência. Essas questões são difíceis cientificamente, mas não filosoficamente. Em contraposição, o **problema difícil** diz respeito ao porquê a consciência existe. Como disse Chalmers (1995, p. 203): "Por que todo esse processamento de informações não ocorre secretamente, livre de qualquer sentimento interior?". Por que a atividade cerebral tem absolutamente alguma coisa a ver com *sentir*? Muitos cientistas (Crick & Koch, 2004) e filósofos (Chalmers, 2004) concordam que não podemos responder a essa pergunta, pelo menos no momento. Não temos nem mesmo uma hipótese clara a testar. O melhor que podemos fazer é determinar qual atividade cerebral é necessária ou suficiente para a consciência. Talvez pesquisas sobre essas questões algum dia tragam ideias sobre a questão difícil, ou talvez não. Mas começar com as perguntas "fáceis" parece a melhor estratégia.

PARE & REVISE

15. Por que quase todos os cientistas e filósofos rejeitam a ideia do dualismo?
16. O que se entende por "problema difícil"?

RESPOSTAS

15. O dualismo contradiz a lei da preservação da matéria e energia. De acordo com essa lei, a única maneira de influenciar a matéria e energia, incluindo a do seu corpo, é agir sobre ela com outra matéria e energia. 16. O problema difícil é porque as mentes existem em um mundo físico.

Consciência de um estímulo

Embora não tenhamos uma boa hipótese sobre por que a consciência existe, podemos ser capazes de responder a um número menor de perguntas sobre a consciência. A principal dificuldade das pesquisas é que não podemos observar a consciência. Até mesmo defini-la é difícil. Para fins práticos, os pesquisadores usam esta definição operacional: se uma pessoa cooperativa relata a consciência de um estímulo e não de outro, então ela estava **consciente** do primeiro e não do segundo. Com indivíduos que não conseguem falar, incluindo bebês humanos e animais, essa definição não se aplica. Portanto, pesquisas sobre a consciência limitam-se a humanos saudáveis e cooperativos, geralmente adultos.

Usando essa definição, o próximo passo é apresentar um dado estímulo sob duas condições, em que esperamos que um observador esteja consciente dele em uma condição e não na outra. Então os pesquisadores comparam as respostas do cérebro nas duas condições. Como alguém pode apresentar um estímulo, mas impedir a consciência? Os pesquisadores desenvolveram abordagens inteligentes com base na interferência. Suponha que você veja claramente um ponto amarelo. Então, embora o ponto permaneça na tela, outros pontos ao redor dele piscam. Enquanto eles estão piscando, você não vê o ponto estacionário. Esse procedimento é chamado **supressão de flash** (Kreiman, Fried, & Koch, 2002). A resposta intensa ao estímulo intermitente diminui a resposta ao estímulo constante, como se fosse uma luz mais fraca (Yuval-Greenberg, & Heeger, 2013). Da mesma forma, suponha que você veja um ponto amarelo e então alguns pontos azuis ao redor dele comecem a se mover rapidamente. Eles prendem sua atenção com tanta força que você tem problemas para ver o ponto amarelo. Na verdade, parece desaparecer por alguns segundos, reaparecer por alguns segundos, desaparecer novamente etc. (Bonneh, Cooperman, & Sagi, 2001).

Experiências utilizando mascaramento

Muitos estudos usam **mascaramento retrógrado:** um breve estímulo visual é precedido e seguido por estímulos interferentes mais longos. Em muitos casos, os pesquisadores apresentam apenas o estímulo breve seguido de um mais longo, caso em que o procedimento chama-se **mascaramento anterógrado**. Stanislas Dehaene et al. (2001) exibiram uma palavra em uma tela por 29 milissegundos (ms). Em alguns testes, ela foi precedida e seguida de uma tela em branco:

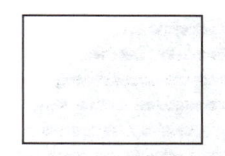

BOSQUE

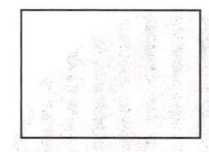

Nesses casos, as pessoas identificaram a palavra quase 90% das vezes. Em outros testes, os pesquisadores exibiram uma palavra durante os mesmos 29 ms, mas foi precedida e seguida de padrões de mascaramento:

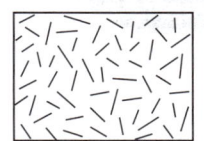

SALGADO

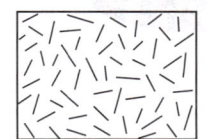

Na situação de mascaramento, as pessoas quase nunca a identificam. Elas geralmente diziam que não viram nenhuma palavra. Usando RMf e potenciais provocados, os pesquisadores descobriram que o estímulo inicialmente ativa o córtex visual primário tanto em situações conscientes e inconscientes, mas também ativa-o mais intensamente na situação consciente, por causa de menos interferência. Além disso, na situação consciente, a atividade se propaga para outras áreas do cérebro, incluindo o córtex pré-frontal e o córtex parietal, que amplificam o sinal e o refletem de volta ao córtex visual. Para pessoas com lesões no córtex pré-frontal, um estímulo visual deve durar mais tempo antes de se tornar consciente, em relação a outras pessoas (Del Cul, Dehaene, Reyes, Bravo, & Slachevsky, 2009).

Stanislas Dehaene

Ao longo dos séculos XIX e XX, a questão da consciência estava fora dos limites da ciência normal. ... Por muitos anos, nenhum pesquisador sério tocaria no problema. ... Quando eu era estudante no final da década de 1980, fiquei surpreso ao descobrir que, durante as reuniões de laboratório, não tínhamos permissão para usar a palavra com C. ... E então, no final dos anos 1980, tudo mudou. Hoje, o problema da consciência está na vanguarda das pesquisas em neurociência. (*Dehaene, 2014, pp. 7-8*)

Um estudo semelhante descobriu que a diferença na resposta dependendo de um estímulo ser ou não consciente torna-se visível 200 ms após o início do estímulo, alcança o máximo em 500 ms e continua pelos próximos 2 a 3 segundos. Esse estudo também descobriu que a consciência de um estímulo inibiu as respostas a outros estímulos ao mesmo tempo (Q. Li, Hill & He, 2014); ou seja, os estímulos presentes a qualquer momento competem pela sua atenção.

Um estímulo consciente também sincroniza respostas para neurônios em várias áreas do cérebro (Eckhorn et al., 1988; Gray, König, Engel, & Singer, 1989; Melloni et al., 2007; Womelsdorf et al., 2007). Quando vemos e reconhecemos algo, isso provoca uma atividade precisamente sincronizada em várias áreas do cérebro, na frequência de cerca de 30 Hz a 50 Hz (ciclos por segundo), conhecido como *ondas gama* (Doesburg, Green, McDonald, & Ward, 2009; Fisch et al., 2009). Uma consequência dos potenciais de ação sincronizados é que os estímulos sinápticos chegam simultaneamente às células-alvo, produzindo soma máxima (Fell & Axmacher, 2011).

No geral, os dados indicam que a consciência de um estímulo depende da quantidade e propagação da atividade cerebral. Tornar-se consciente de algo significa que as informações assumem mais da atividade do cérebro.

✓ PARE & REVISE

17. No experimento de Dehaene e colegas, como os estímulos conscientes e inconscientes eram semelhantes? Como eles eram diferentes?
18. Nesse experimento, como as respostas do cérebro diferem em relação aos estímulos conscientes e inconscientes?

RESPOSTAS

17. Os estímulos conscientes e inconscientes eram fisicamente iguais (uma palavra piscava na tela por 29 ms). A diferença é que um estímulo não se torna consciente se for precedido e seguido por um padrão interferente. 18. Um estímulo que alcançou a consciência ativou as mesmas áreas do cérebro que um estímulo inconsciente, mas com mais força, e então a atividade se propagou para áreas adicionais. Além disso, as respostas cerebrais foram sincronizadas para um padrão consciente.

Experimentos utilizando rivalidade binocular

Essa é outra maneira de produzir um estímulo inconsciente. Observe a Figura 13.11, mas segure-a o mais perto possível dos olhos até o nariz tocar a página, bem entre os dois círculos. Melhor ainda, olhe para as duas partes com um par de tubos, como os tubos dentro de rolos de toalhas de papel ou de papel higiênico, ou feche as mãos formando tubos. Você deve ver listras verticais vermelhas e pretas com o olho esquerdo e listras horizontais verdes e pretas com o olho direito. (Feche um olho e depois o outro para assegurar que os olhos vejam padrões completamente diferentes.) Ver algo requer perceber *onde* está, e as listras verticais vermelhas não podem estar no mesmo lugar que as listras horizontais verdes. Como o cérebro não consegue perceber os dois padrões no mesmo local, sua percepção se alterna entre os dois. Para uma pessoa média, cada percepção dura cerca de 2 segundos antes que a outra a substitua, embora algumas pessoas alternem entre as percepções mais rápido ou mais lentamente. Essas alterações, demonstrando **rivalidade binocular**, são graduais, abrangendo um lado até o outro. Você pode voluntariamente mudar a atenção para uma ou outra imagem, mas apenas até certo ponto. De qualquer maneira, rapidamente você vê a outra imagem (Paffen & Alais, 2011). Em vez de linhas, os estímulos podem ser outras imagens, como uma casa *versus* um rosto.

TENTE VOCÊ

Figura 13.11 Rivalidade binocular
Se possível, olhe para os dois círculos através de tubos, como aqueles de rolos de papel higiênico ou toalhas de papel. Do contrário, toque o nariz no papel entre as duas partes de modo que o olho esquerdo veja um padrão enquanto o olho direito vê o outro. As duas visões competirão por sua consciência e sua percepção se alternará entre elas.

As duas imagens não dividem necessariamente seu tempo de atenção de modo proporcional. Algumas pessoas veem com um olho por mais tempo que o outro. Além disso, uma imagem com carga emocional, como um rosto com uma expressão emocional, geralmente mantém a atenção por mais tempo do que uma imagem neutra (Yoon, Hong, Joormann, & Kang, 2009). Um rosto feliz prende a atenção por mais tempo para alguém com humor feliz, e um rosto carrancudo prende a atenção por mais tempo para alguém com um humor triste (Anderson, Siegel, & Barrett, 2011; Anderson et al., 2013).

O estímulo visto por cada olho provoca uma resposta cerebral que os pesquisadores podem medir. À medida que a primeira percepção desaparece e o estímulo visto pelo outro olho a substitui, o primeiro padrão da atividade cerebral também desaparece e um padrão diferente o substitui. Os padrões vermelho-preto e verde-preto que você acabou de experimentar eram estacionários. Para tornar as respostas do cérebro mais fáceis de distinguir, os pesquisadores apresentaram a um olho um estímulo estacionário e ao outro olho um padrão que pulsava em tamanho e brilho, como mostrado na Figura 13.12. Em seguida, eles registraram a atividade cerebral em várias áreas. Às vezes, quando as pessoas relatavam estado de consciência do estímulo pulsante, a atividade pulsante no mesmo ritmo era proeminente em grande parte do cérebro, como mostrado na Figura 13.13. Quando as pessoas relataram estado de consciência do estímulo estacionário, a atividade pulsante era fraca (Cosmelli et al., 2004). Mais uma vez, a conclusão é de que um estímulo consciente ativa intensamente boa parte do cérebro, praticamente assumindo o controle da atividade cerebral. Quando o mesmo estímulo é inconsciente, ele produz uma atividade mais fraca e menos disseminada. Um estudo relacionado descobriu que quando alguém alternava entre uma percepção e outra, a resposta do cérebro mudava primeiro no córtex occipital e então se propagava para outras áreas (de Jong et al., 2016).

O destino de um estímulo autônomo

Vamos considerar a rivalidade binocular. Ao prestar atenção, digamos, às listras verdes e pretas, o cérebro não descarta completamente as informações do outro olho. Certamente, se um estímulo intenso brilhou repentinamente naquele olho, ele chamaria sua atenção. Mais interessante: suponha que uma palavra apareça lentamente na tela e você deve relatar o momento em que sua atenção se desloca para o olho que antes estava desatento. A palavra chama sua atenção, fazendo com que você

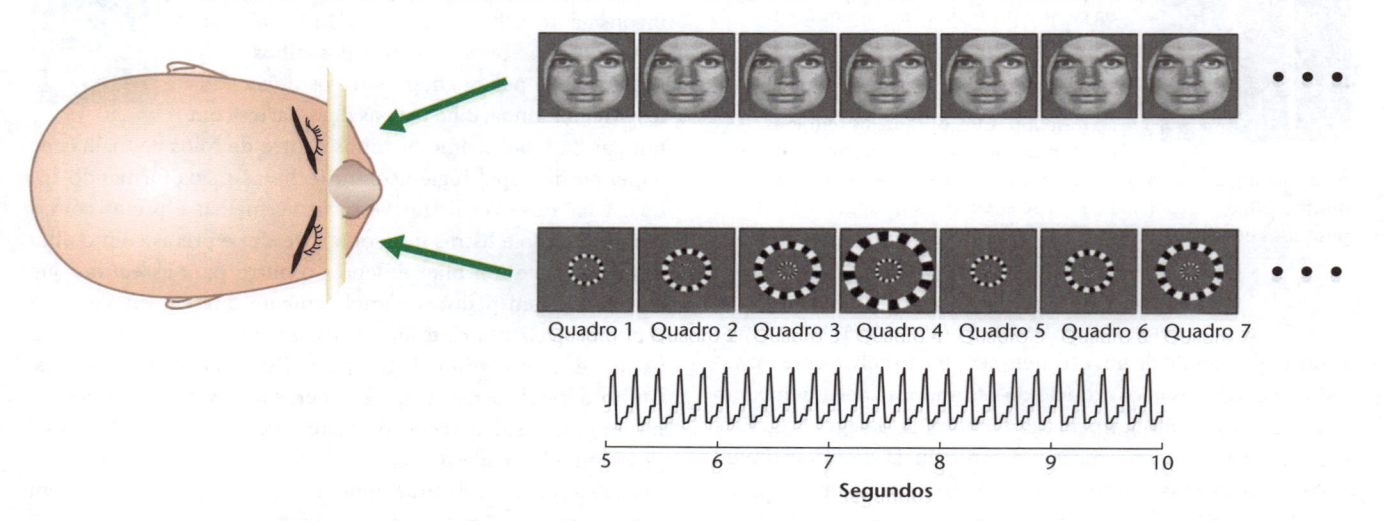

Figura 13.12 Estímulos para um estudo da rivalidade binocular
O padrão em um dos olhos era estacionário; o do outro olho pulsava algumas vezes por segundo. Os pesquisadores puderam então examinar a atividade cerebral para encontrar células que seguissem o ritmo do estímulo pulsante.
(Fonte: Reproduzida de "Waves of consciousness: Ongoing cortical patterns during binocular rivalry", de D. Cosmelli et al., 2004, NeuroImage, 23(1), pp. 128-140, com permissão da Elsevier)

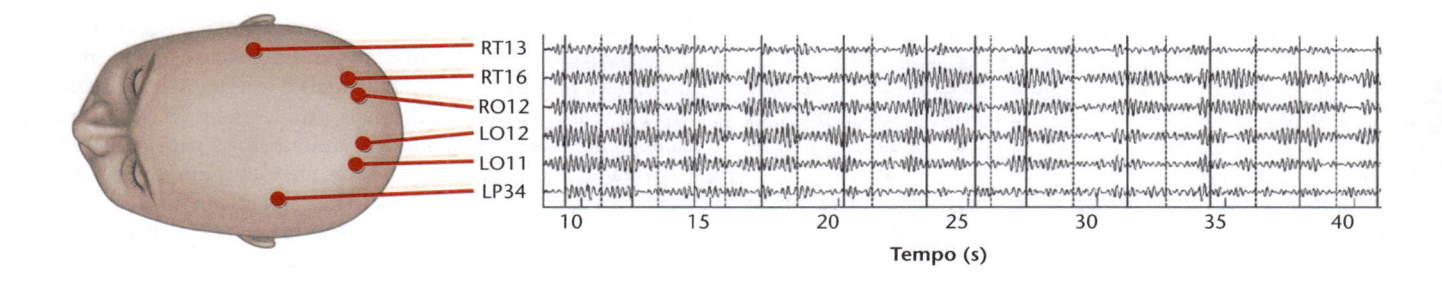

Figura 13.13 Atividade cerebral durante a rivalidade binocular
Quando a pessoa relatou ter visto o estímulo pulsante, os neurônios em grande parte do cérebro responderam vigorosamente no mesmo ritmo do estímulo. Quando a pessoa relatou o estímulo estacionário, a atividade rítmica diminuiu.
(Fonte: Reproduzida de "Waves of consciousness: Ongoing cortical patterns during binocular rivalry", de D. Cosmelli et al., 2004, NeuroImage, 23(1), pp. 128-140, com permissão da Elsevier)

mude a atenção mais rápido do que faria de outra forma. Além disso, se é uma palavra do seu próprio idioma, ela captura sua atenção mais rápido do que uma palavra de um idioma que você não entende (Jiang, Costello, & He, 2007). Outros experimentos da rivalidade binocular ou supressão de flash mostraram que você se torna mais rapidamente ciente de faces e outros estímulos sociais do que de estímulos não sociais fisicamente semelhantes, e de modo mais rápido torna-se ciente de um sinal antes associado ao perigo do que um não pareado com o perigo (Gayet et al., 2016; Su, van Boxtel, & Lu, 2016). Se você tem um forte interesse em algo — carros, por exemplo — uma imagem desse tipo de objeto ganha sua consciência mais prontamente do que outras pessoas (Stein, Reeder, & Peelen, 2016). Se você se torna consciente de algo altamente significativo mais rápido do que para algo semelhante, mas menos significativo, é evidente que o cérebro decidiu que o estímulo era significativo *antes* que você se tornasse consciente dele! A conclusão é que boa parte da atividade cerebral é inconsciente, e mesmo a atividade inconsciente pode influenciar o comportamento.

✓ PARE & REVISE

19. Como alguém pode usar RMf para determinar qual dos dois padrões de rivalidade binocular está consciente em um determinado momento?
20. Se alguém está ciente do estímulo à direita em um caso de rivalidade binocular, que evidência indica que o cérebro também está processando o estímulo à esquerda?

RESPOSTAS

19. Produza um estímulo pulsante em um determinado ritmo e procure áreas do cérebro que mostrem esse ritmo de atividade. O ritmo assume áreas generalizadas do cérebro quando esse padrão está consciente. 20. Se um estímulo aparece gradualmente no lado esquerdo, a atenção se desloca para a esquerda mais rapidamente se esse estímulo é uma palavra significativa do que se é uma palavra de um idioma desconhecido.

Consciência como um fenômeno de limiar

A consciência chega em graus? Ou seja, faria sentido dizer que você estava "parcialmente" consciente de algum estímulo?

Essa não é uma pergunta fácil de responder, mas vários estudos sugerem que a consciência é um fenômeno do tipo sim/não. Os pesquisadores exibiram palavras indistintas em uma tela por breves frações de segundo e pediram que as pessoas identificassem cada palavra, se possível, e avaliassem o grau de consciência em relação à palavra em uma escala de 0 a 100. As pessoas quase sempre classificavam uma palavra como 0 ou 100. Quase nunca afirmavam que estavam parcialmente conscientes de algo (Sergent & Dehaene, 2004). Esses resultados sugerem que a consciência é um fenômeno limiar. Quando um estímulo ativa um número adequado de neurônios em uma extensão suficiente, a atividade reverbera, aumenta e se estende ao longo de boa parte do cérebro. Se um estímulo não alcança esse nível, o padrão desaparece. No entanto, outro estudo descobriu que mesmo quando as pessoas não relatam nenhuma consciência de um estímulo, elas podem supor com 62% de precisão qual dos dois estímulos possíveis era consciente (Q. Li et al., 2014). Mais uma vez, vemos que os estímulos podem exercer algum efeito mesmo sem a percepção consciente.

O momento da consciência

Você está consciente dos eventos, instante a instante, à medida que eles acontecem? Certamente parece que sim, mas se houvesse um atraso entre um evento e sua consciência dele, como você saberia? Você não saberia. Talvez você, às vezes, construa uma experiência consciente após o evento.

Considere o **fenômeno phi** que os pesquisadores perceptivos observaram há muito tempo: ao ver um ponto em uma posição alternada com um ponto semelhante próximo, parecerá que o ponto está se movendo para frente e para trás. Considerando apenas o caso mais simples: imagine o que acontece se você vê um ponto em uma posição e depois em outra: • → •. Você vê um ponto em uma posição, ele parece se mover e você o vê na segunda posição. Ok, mas *quando* você o viu se mover? Ao vê-lo na primeira posição, você não sabia que ele iria aparecer na segunda posição. Você só poderia percebê-lo em movimento *depois* que apareceu na segunda posição. Evidentemente, você percebeu que ele estava se movendo de uma posição para a segunda depois que ele apareceu na segunda posição! Em outras palavras, a segunda posição mudou sua percepção do que ocorreu antes dela.

Outro exemplo: suponha que você ouça uma palavra gravada que foi cuidadosamente projetada para soar no meio do caminho como *dente* e *pente*. Vamos chamá-la *ente. Se você ouvi-la na frase "*ente no para-lama", soa como *dente*. Se você ouvir na frase "*ente mentes", soa como *pente*. Ou seja, palavras posteriores mudaram o que você ouviu antes delas (Confine, Blasto, & Hall, 1991).

Mais um exemplo: suponha que você esteja olhando para uma tela que em momentos imprevisíveis exibe um conjunto tênue de linhas por 50 ms, e sua tarefa é informar o ângulo das linhas. Às vezes, ele aparece à esquerda da tela e, às vezes, à direita. A dificuldade é ajustada para que você acerte um pouco mais do que o acaso, e você sempre diz que não viu nada. Agora suponha que 400 ms *depois* do estímulo, uma sugestão oscila para dizer se o estímulo estava à esquerda ou à direita da tela. Esse estímulo aumenta a probabilidade de você dizer que viu o estímulo, e aumenta sua precisão para identificar o ângulo (Sergen et al., 2013). Portanto, você é capaz de se tornar consciente de algo depois de desaparecer. De alguma forma, o cérebro o manteve como uma reserva, capaz de ativá-lo após o fato.

✓ PARE & REVISE

21. De que forma o fenômeno phi sugere que um novo estímulo às vezes muda a consciência do que veio antes dele?

RESPOSTA

21. Alguém que vê um ponto à esquerda e depois um ponto à direita percebe que o ponto está se movendo da esquerda para a direita. O movimento percebido teria ocorrido antes de o ponto aparecer à direita, mas a pessoa só tinha razão para inferir esse movimento depois que o ponto apareceu à direita.

Pessoas conscientes e inconscientes

Quando perguntamos sobre a base fisiológica da consciência, precisamos distinguir duas questões. Até agora, focalizamos o que acontece quando uma pessoa desperta, alerta e consciente se torna consciente de um estímulo específico. A outra questão é o que permite à pessoa como um todo estar ciente de qualquer coisa. Como os cérebros das pessoas conscientes diferem daqueles das pessoas que estão dormindo, em coma ou profundamente anestesiadas?

Dois estudos acompanharam pessoas que perderam a consciência sob anestesia e a recuperaram quando os efeitos da droga desapareceram. A perda da consciência foi marcada pela diminuição da atividade geral e, especialmente, pela diminuição da conectividade entre o córtex cerebral e áreas subcorticais como o tálamo, hipotálamo e gânglios basais. A recuperação inicial da consciência dependia do aumento da conectividade entre as áreas subcorticais e corticais, e aumentos posteriores no estado de alerta dependiam do aumento da atividade no córtex (Långsjö et al., 2012; Schröter, 2012). Um estudo com macacos também descobriu que a perda de sincronia e conectividade entre áreas corticais precedia a perda de consciência (Ishizawa et al., 2016). Lembre-se da discussão anterior de que a consciência de um estímulo requer uma propagação da atividade em boa parte do cérebro. Com a perda de conectividade, nenhum estímulo pode propagar a atividade e a pessoa não tem consciência de nada.

Pessoas em um estado minimamente consciente respondem a pelo menos alguns estímulos, embora não possam falar. Pessoas em estado vegetativo alternam entre sono e maior excitação, mas, mesmo em seu estado mais desperto, não apresentam comportamentos intencionais. Ainda assim, elas podem estar conscientes? Pesquisadores usaram RMf para registrar a atividade cerebral em uma jovem que estava em um estado vegetativo persistente após uma lesão cerebral em um acidente de trânsito. Ela não falava nem produzia nenhum outro movimento dotado de propósito; mas quando foi instruída a se imaginar jogando tênis, a RMf mostrava aumento da atividade em áreas motoras do córtex, semelhante ao que voluntários saudáveis apresentavam após a mesma instrução. Quando foi instruída a se imaginar andando pela casa, um conjunto diferente de áreas cerebrais tornou-se ativo, novamente semelhante ao padrão de voluntários saudáveis (Owen et al., 2006). Estudos de acompanhamento encontraram resultados semelhantes em 4 de 53 pacientes em estado vegetativo. Um paciente usava a atividade cerebral — imaginar jogar tênis em vez de imaginar andar pela casa — para responder sim/não a perguntas como "Você tem irmão?" (Monti et al., 2010).

Outra abordagem mostra-se promissora sem exigir absolutamente nenhuma resposta. Os pesquisadores usaram estimulação magnética breve para ativar uma área cerebral localizada, e então utilizaram EEG para observar a propagação da atividade. A atividade propagou-se apenas localmente em pessoas anestesiadas, adormecidas e na maioria das pessoas em estado vegetativo. Ela se propagou mais amplamente em pessoas em um estado minimamente consciente (Casali et al., 2013; Rosanova et al., 2012). Esse método apresenta uma maneira potencialmente rápida de investigar a consciência em uma pessoa não responsiva.

✓ PARE & REVISE

22. À medida que as pessoas perdiam a consciência sob anestesia e mais tarde a recuperavam, o que mudou de maneira mais notável no cérebro?

RESPOSTA

22. A conectividade entre as áreas do cérebro aumentava à medida que as pessoas recuperavam a consciência.

Atenção

Atenção não é sinônimo de consciência, mas está intimamente relacionada. De todas as informações que alcançam os olhos, orelhas e outros receptores, você só está consciente daquelas poucas para as quais direciona a atenção (Huang, Treisman, & Pashler, 2007). Por exemplo, considere a **cegueira atencional** ou a *cegueira por alteração:* se algo em uma cena complexa muda lentamente, ou muda ao piscar os olhos, você provavelmente não vai perceber isso, a menos que esteja prestando atenção ao item específico que muda (Henderson & Hollingworth, 2003; Rensink, O'Regan, & Clark, 1997).

Áreas do cérebro que controlam a atenção

Os psicólogos distinguem a atenção ascendente da atenção descendente. Um processo ascendente depende do estímulo. Se você está sentado em um banco de parque, olhando ao longe, quando, de repente, um cervo passa na sua frente, ele chama sua atenção. Um processo de ascendente é intencional. Você pode estar procurando alguém que conhece no meio da multidão e verifica um rosto após o outro para encontrar o que deseja. Às vezes, um processo descendente anula os processos de descendentes. Suponha que você esteja procurando um amigo no meio da multidão, mas é uma multidão de carnaval. Muitas pessoas estão vestidas de palhaços ou usando outros trajes espalhafatosos, mas seu amigo está vestindo camisa simples e jeans. Você precisa suprimir a atenção e a atividade que os itens incomuns normalmente atrairiam (Mevorach, Hodsoll, Allen, Shalev, & Humphreys, 2010). A direção deliberada da atenção descendente depende de partes do córtex pré-frontal e do córtex parietal (Buschman & Miller, 2007; Rossi, Bichot, Desimone, & Ungerleider, 2007). Elas direcionam a atenção facilitando a responsividade em partes do tálamo, o que por sua vez aumenta a ativação das áreas apropriadas do córtex sensorial (Engel et al., 2016; Wimmer et al., 2015).

áreas responsáveis pela identificação das palavras (Polk, Drake, Jonides, Smith, & Smith, 2008).

Sua capacidade de resistir à distração flutua. Às vezes, sua "mente divaga", interferindo em uma tarefa, especialmente uma difícil (Thomson, Besner, & Smilek, 2015). Em um experimento, a tarefa das pessoas era encontrar um círculo dentro de uma série de quadrados. Em alguns testes, um dos quadrados era vermelho em vez de verde. Qualquer coisa diferente atrai a atenção e, em média, as pessoas responderam um pouco mais lentamente nos testes com um quadrado vermelho presente; mas a velocidade das respostas variava entre um teste e outro. Nos testes quando a atividade era maior no giro frontal médio (parte do córtex pré-frontal) no *começo* do teste (antes de ver os estímulos), as pessoas se saíram melhor ao ignorar o quadrado vermelho e, assim, resistir à distração (Leber, 2010). Esse resultado confirma a importância do córtex pré-frontal no direcionamento da atenção.

✓ PARE & REVISE

23. Qual resposta do cérebro estava relacionada à capacidade das pessoas de resistir à distração de um quadrado vermelho irrelevante entre os quadrados verdes e o círculo?

RESPOSTA

23. Resistência à distração relacionada à quantidade de atividade em parte do córtex pré-frontal antes da apresentação dos estímulos.

Você pode controlar a atenção (descendente) mesmo sem mover os olhos. Para ilustrar, mantenha os olhos fixos no *x* central na tela a seguir. Em seguida, preste atenção ao *G* à direita e, gradualmente, alterne a atenção no sentido horário ao redor do círculo. Observe como você se torna ciente de diferentes partes do círculo sem mover os olhos. À medida que deliberadamente alterna a atenção, você aumenta a atividade em uma parte após a outra do córtex visual (Kamitani & Tong, 2005; Wegener, Freiwald, & Kreiter, 2004). Outra demonstração: qual é a sensação atual no pé esquerdo? Provavelmente, antes de ler essa pergunta, você não estava ciente de *qualquer* sensação no pé esquerdo. Ao direcionar a atenção para ele, a atividade aumentou na parte correspondente do córtex somatossensorial (Lambie & Marcel, 2002).

Uma das maneiras favoritas dos psicólogos de estudar a atenção é o **efeito Stroop**, a dificuldade de ignorar palavras e dizer a cor da tinta. Na tela a seguir, fale em voz alta a cor da tinta de cada palavra, ignorando as próprias palavras:

TENTE VOCÊ

TENTE VOCÊ

**VERMELHO AZUL VERDE VERDE MARROM
AZUL VERMELHO ROXO VERDE VERMELHO**

Depois de todos os seus anos aprendendo a ler palavras, é difícil suprimir esse hábito e reagir às cores. Mas quando as pessoas conseguem fazer isso, elas aumentam a atividade nas áreas de visão de cores do córtex e diminuem a atividade nas

Negligência espacial

Lesões cerebrais podem produzir tipos especiais de problemas de atenção. Muitas pessoas com lesões no hemisfério direito mostram **negligência espacial** — uma tendência a ignorar o lado esquerdo do corpo, o lado esquerdo dos objetos, muito do que ouvem com a orelha esquerda e boa parte do que sentem na mão esquerda, especialmente na presença de qualquer sensação conflitante no lado direito. Algumas pessoas só conseguem vestir as roupas no lado direito do corpo. Esses efeitos são mais pronunciados logo após um AVC ou outra lesão, e a maioria das pessoas apresenta pelo menos recuperação parcial nas 10 a 20 semanas seguintes (Nijboer, Kollen, & Kwakkel, 2013). (Lesões no hemisfério esquerdo raramente produzem negligência significativa no lado direito.)

Se solicitados a apontar diretamente para a frente, a maioria dos pacientes com negligência apontará para a direita do centro. Se um paciente com negligência vê uma longa linha horizontal e é solicitado a dividi-la ao meio, geralmente ele escolhe um ponto à direita do centro, como se parte do lado esquerdo não estivesse lá (Richard, Honoré, Bernati, & Rousseaux, 2004).

Alguns pacientes com negligência também mostram anormalidades ao estimar o ponto médio de um intervalo numérico. Por exemplo, qual é o número médio entre 11 e 19? A resposta correta é, claro, 15, mas algumas pessoas com negligência dizem "17". Evidentemente, elas descontam os números mais baixos como se estivessem no lado esquerdo (Doricchi, Guariglia, Gasparini, & Tomaiuolo, 2005; Zorzi, Priftis, & Umiltà, 2002). Pelo menos na sociedade ocidental, muitas pessoas visualizam os números como uma linha que se estende para a direita, como no eixo *x* de um gráfico. As pessoas também tendem a imaginar o tempo movendo-se da esquerda para a direita. Os pesquisadores apresentaram algumas afirmações inventadas sobre o passado e o futuro e, em seguida, testaram a precisão com que algumas pessoas com negligência espacial se lembravam das afirmações. Elas se esqueceram mais de afirmações sobre o passado do que sobre o futuro, sugerindo novamente a negligência das coisas que imaginavam estar à esquerda (Saj, Fuhrman, Vuilleumier, & Boroditsky, 2014).

Embora alguns pacientes com negligência apresentem perdas sensoriais, em muitos casos, o principal problema é a perda de atenção em vez de sensação prejudicada. Mostrou-se a uma paciente uma letra E, composta de pequenos Hs, como na Figura 13.14(a). Ela a identificou como um E grande composto de pequenos Hs, indicando que ela viu a figura inteira; mas quando ela foi então solicitada a assinalar todos os Hs, ela assinalou apenas os da direita. Ao mostrar as figuras da Figura 13.14(b), ela as identificou como um O composto de pequenos Os e um X composto de pequenos Xs. Mais uma vez, ela conseguiu ver as duas metades de ambas as figuras, mas, quando solicitada a marcar todos os elementos, ela assinalou apenas os da direita. Os pesquisadores resumiram dizendo que ela viu a floresta, mas apenas metade das árvores (Marshall & Halligan, 1995).

Vários procedimentos aumentam a atenção ao lado negligenciado. Simplesmente dizer à pessoa para prestar atenção ao lado esquerdo ajuda rapidamente. O mesmo ocorre quando a pessoa olha para a esquerda e, ao mesmo tempo, sente um objeto com a mão esquerda (Vaishnavi, Calhoun, & Chatterjee, 2001) ou ouve um som no lado esquerdo do mundo (Frassinetti, Pavani, & Làdavas, 2002).

Outras manipulações também desviam a atenção. Por exemplo, alguns pacientes com negligência geralmente relatam não sentir nada com a mão esquerda, especialmente se a mão direita sentir alguma coisa no momento. Mas se você cruzar uma mão sobre a outra, como mostrado na Figura 13.15, a pessoa tem mais probabilidade de relatar que sentiu a mão esquerda, que agora está à direita do corpo (Aglioti, Smania, & Peru, 1999). Além disso, a pessoa normalmente tem problemas ao apontar para qualquer coisa no campo visual esquerdo, mas é relativamente mais bem-sucedida se a mão estava tão à esquerda que ela teria de movê-la para a direita a fim de apontar para o objeto (Mattingley, Husain, Rorden, Kennard, & Driver, 1998). Mais uma vez, a conclusão é de que a negligência não ocorre por causa da perda de sensibilidade, mas por causa da dificuldade de direcionar a atenção para o lado esquerdo.

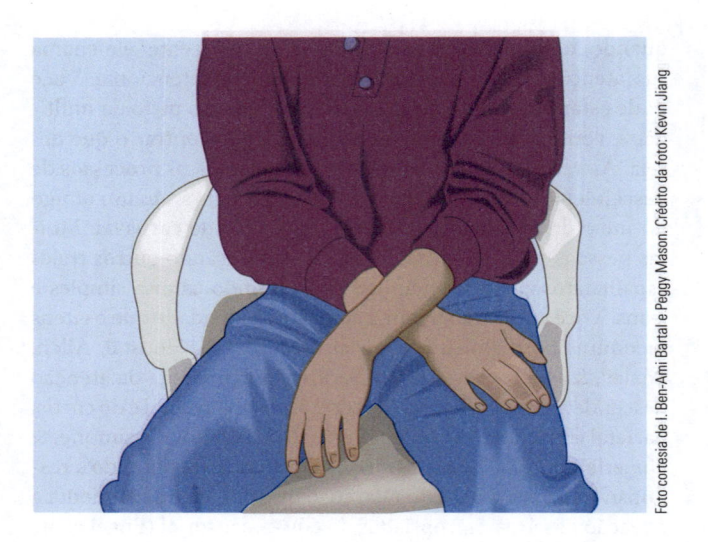

Figura 13.15 Uma maneira de reduzir a negligência sensorial
Normalmente, alguém com lesões no hemisfério direito negligencia o braço esquerdo. Mas se o braço esquerdo for cruzado sobre ou sob o direito, a atenção ao braço esquerdo aumenta.

✓ PARE & REVISE

24. Qual é a evidência de que a negligência espacial é um problema de atenção, não apenas de sensação?
25. Quais procedimentos aumentam a atenção ao lado esquerdo em uma pessoa com negligência espacial?

RESPOSTAS

24. Quando um paciente com negligência vê uma letra grande composta de letras minúsculas, ele pode identificar a letra grande, mas negligencia parte dela quando solicitado a assinalar todas as letras minúsculas. Além disso, alguém que negligencia a mão esquerda presta atenção a ela quando está cruzada com a direita. 25. Simplesmente dizer à pessoa para fazer algo à esquerda ajuda temporariamente. Pedir que a pessoa olhe para a esquerda enquanto sente algo no lado esquerdo aumenta a atenção ao objeto sentido. Cruzar a mão esquerda sobre a direita aumenta a atenção à mão esquerda. Mover a mão para a esquerda torna mais fácil para a pessoa apontar para algo no campo visual esquerdo, porque a mão se moverá para a direita a fim de apontar para o objeto.

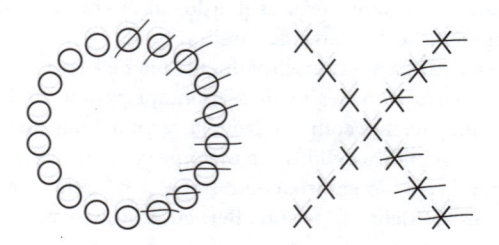

Figura 13.14 Negligência espacial
Uma paciente com negligência identificou as figuras gerais como E, O e X, indicando que ela viu as figuras inteiras. Mas quando solicitada a assinalar os elementos que as compunham, assinalou apenas as partes à direita.
(Fonte: "Seeing the forest but only half the trees?", de J. C. Marshall, & P. W. Halligan, *Nature*, 373, pp. 521-523, Fig. 1 [partes C, & E]. © 1995 Nature.)

Módulo 13.2 | Conclusão
Atento à atenção e consciente da consciência

A pesquisa sobre os correlatos cerebrais da consciência, como os estudos descritos neste capítulo, explica a relação entre a atividade cerebral e a consciência? Resolve o problema mente-cérebro? Não. Poderia, se melhorássemos nossa tecnologia o suficiente para explorar a atividade cerebral em detalhes cada vez mais completos? Alguns pesquisadores acreditam que sim, enquanto outros permanecem céticos. Uma questão fundamental é: suponha que os pesquisadores estabeleçam exatamente quais neurônios são responsáveis por uma percepção visual específica. A estimulação desses neurônios é apenas glutamato, GABA e outros neurotransmissores. Como esses neurônios "sabem" que a estimulação desses transmissores veio de estímulos visuais? Ou seja, por que a atividade desses neurônios em particular constitui uma experiência visual? Na verdade, por que ela constitui uma experiência consciente?

Talvez algum dia alguém — talvez você! — proponha uma grande ideia sobre essas questões difíceis. Nesse ínterim, os pesquisadores estão aprendendo muito sobre o que o cérebro deve fazer para produzir experiências conscientes, e estamos começando a usar medições cerebrais para determinar se uma pessoa que não responde está ou não consciente. Talvez um dia possamos usar estratégias semelhantes para inferir a consciência ou sua ausência em animais, ou para inferir quando a consciência surge no início do desenvolvimento humano. A consciência, que os psicólogos costumavam rejeitar como um tópico de pesquisa, agora se tornou um tópico estimulante.

Resumo

1. O dualismo — a crença em uma mente imaterial que existe separadamente do corpo — entra em conflito com a preservação da matéria e energia, um dos princípios mais bem estabelecidos da física. Quase todos os neurocientistas e filósofos aceitam alguma versão do monismo, a ideia de que a atividade mental é inseparável da atividade cerebral.

2. O problema difícil é saber por que a consciência existe. A maioria dos cientistas e filósofos concorda que não podemos responder a essa pergunta, pelo menos no momento.

3. Para identificar as atividades cerebrais associadas à consciência, os pesquisadores apresentam o mesmo estímulo em condições em que um observador provavelmente irá ou não identificá-lo conscientemente.

4. Quando alguém está consciente de um estímulo, a representação desse estímulo se propaga ao longo de uma grande parte do cérebro.

5. Um estímulo pode influenciar nosso comportamento sem consciência. Mesmo antes de um estímulo se tornar consciente, o cérebro processa as informações o suficiente para identificar algo como significativo ou sem sentido.

6. As pessoas quase nunca dizem que estavam parcialmente conscientes de algo. Pode ser que a consciência seja um fenômeno limiar: tornamo-nos conscientes de tudo o que excede um certo nível de atividade cerebral, e não temos consciência de outros eventos.

7. Nem sempre temos consciência dos eventos instantaneamente à medida que ocorrem. Às vezes, um evento posterior modifica nossa percepção consciente de um estímulo anterior.

8. Os pesquisadores às vezes usam registros cerebrais para inferir se alguém está consciente. Algumas pessoas com diagnóstico de estado vegetativo apresentam possíveis indícios de consciência.

9. A atenção a um estímulo requer respostas cerebrais aumentadas a esse estímulo e respostas reduzidas a outros. O córtex pré-frontal é importante para o controle da atenção descendente.

10. Lesões em partes do hemisfério direito produzem negligência espacial no lado esquerdo do corpo ou no lado esquerdo dos objetos.

11. A negligência resulta de um déficit de atenção, não de sensação. Por exemplo, alguém com negligência pode ver uma letra inteira o suficiente para dizer o que é, mesmo que essa mesma pessoa ignore a metade esquerda quando solicitada a assinalar todos os elementos que a compõem.

Termos-chave

Os termos estão definidos no número de página indicado. Também são apresentados em ordem alfabética com a definição no Índice remissivo/Glossário do livro, que começa na p. 589.

cegueira atencional 446
consciente 442
dualismo 441
efeito Stroop 447
fenômeno phi 445
mascaramento anterógrado 442
mascaramento retrógrado 442
materialismo 442
mentalismo 442
monismo 441
negligência espacial 447
posição de identidade 442
problema difícil 442
problema mente-corpo (ou mente-cérebro) 441
rivalidade binocular 443
supressão de flash 442

Questões complexas

1. Um computador poderia estar consciente? Que evidência, se houver alguma, o convenceria de que estava consciente?

2. Como alguém pode tentar determinar se um animal não humano está consciente?

Módulo 13.2 | Questionário final

1. Qual das alternativas a seguir melhor expressa a posição de identidade em relação à mente e ao cérebro?
   A. O mundo físico não pode existir a menos que a mente esteja ciente disso.
   B. A atividade mental causa a atividade cerebral.
   C. A atividade cerebral causa a atividade mental.
   D. A atividade mental e a atividade cerebral são a mesma coisa.

2. O que os seguintes conceitos têm em comum: supressão de flash, mascaramento anterógrado e rivalidade binocular?
   A. Impedem a consciência de um estímulo que alguém de outra forma perceberia.
   B. Medem o tempo necessário para um estímulo alcançar a consciência.
   C. Aumentam a propagação de informações para áreas generalizadas do córtex.
   D. Melhoram a habilidade de alguém de manter a atenção apesar de distrações.

3. Qual procedimento é usado no mascaramento anterógrado?
   A. O participante visualiza um ponto estacionário cercado por pontos brilhantes que piscam.
   B. Os pesquisadores apresentam um breve estímulo visual seguido por um segundo estímulo mais longo.
   C. Um participante visualiza uma cena no olho esquerdo e uma cena incompatível no olho direito.
   D. Um participante visualiza um ponto em uma posição alternando com um ponto semelhante próximo.

4. Se o olho esquerdo vê listras verticais vermelhas e o olho direito vê listras horizontais verdes, o que você percebe?
   A. Listras vermelhas e verdes sobrepostas.
   B. Listras diagonais amarelas.
   C. Um campo em branco sem listras.
   D. Alternância entre ver listras vermelhas e verdes.

5. O que acontece quando você está consciente de um estímulo que não acontece quando o mesmo estímulo está presente sem sua consciência dele?
   A. Os ritmos da atividade no cérebro tornam-se mais variáveis.
   B. A atividade aumenta na glândula pineal.
   C. A resposta no hemisfério direito é maior do que no esquerdo.
   D. A resposta ao estímulo se propaga para grande parte do cérebro.

6. As pessoas têm consciência de um estímulo prolongado, mas não de uma apresentação extremamente curta. O que acontece em uma duração intermediária da apresentação?
   A. As pessoas relatam estar parcialmente conscientes disso.
   B. As pessoas às vezes têm consciência disso, às vezes não, e a diferença depende apenas do que acontece naquele momento.
   C. As pessoas às vezes têm consciência disso, e às vezes não, e os estímulos após o evento podem influenciar o resultado.
   D. As pessoas relatam consciência de uma imagem fraca e indistinta.

7. O que acontece no cérebro quando as pessoas perdem a consciência?
    A. Os neurônios param de produzir potenciais de ação.
    B. As sinapses liberam apenas GABA e não glutamato.
    C. Os olhos, as orelhas e outros receptores sensoriais param de enviar informações ao cérebro.
    D. A atividade em uma área do cérebro não se propaga com eficácia para outras áreas.

8. Certas pessoas em estado vegetativo deram possível indicação da consciência fazendo o quê?
    A. Rir ou chorar em resposta ao que alguém disse.
    B. Mover os olhos para a esquerda ou direita para responder a perguntas sim/não.
    C. Atividade cerebral diferente após instruções do que se imaginar estar fazendo.
    D. Apertando a mão de um ente querido.

9. O que acontece na atenção descendente?
    A. Um forte estímulo sensorial inibe as respostas a outros estímulos simultâneos.
    B. As camadas superiores do córtex cerebral inibem as camadas inferiores.
    C. A atividade das camadas superiores do córtex cerebral estimula as camadas inferiores.
    D. O córtex pré-frontal facilita a atividade em áreas sensoriais apropriadas.

10. Suponha que alguém que está tentando dividir uma linha horizontal no meio, escolha um ponto bem à direita do centro. Esse resultado sugere provável lesão ou mau funcionamento em qual parte do cérebro?
    A. O hemisfério esquerdo
    B. O hemisfério direito
    C. O córtex pré-frontal
    D. O córtex visual primário

11. Se alguém tem negligência espacial do lado esquerdo, qual destes procedimentos, se houver algum, aumentaria a atenção a uma sensação de toque no lado esquerdo?
    A. Peça a pessoa que olhe para a esquerda durante a sensação de toque.
    B. Peça a pessoa que olhe para a direita durante a sensação de toque.
    C. Peça a pessoa que ouça música durante a sensação de toque.
    D. Nenhum desses procedimentos teria qualquer efeito perceptível.

Respostas: 1D, 2A, 3B, 4D, 5D, 6C, 7D, 8C, 9D, 10B, 11A.

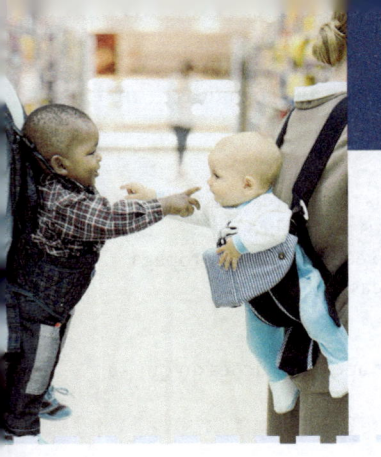

Módulo 13.3

Tomada de decisão e neurociência social

A vida é cheia de decisões. Algumas são importantes: Qual faculdade devo frequentar? Que tipo de trabalho devo procurar? Devo ou não casar com essa pessoa? Algumas são menos importantes: Hoje devo usar o suéter verde ou azul? Que tipo de sanduíche quero para o almoço? Devo estudar um pouco mais esta noite ou ir dormir agora? Em cada caso, você considera os possíveis prós e contras.

A vida humana também está repleta de interações sociais. Muitos casais passam toda a vida adulta juntos, ajudando um ao outro, seus filhos e seus netos. Muitas pessoas dedicam grandes esforços para ajudar pessoas que não conhecem, às vezes até mesmo arriscando suas próprias vidas. A cooperação econômica possibilita enormes oportunidades. Esta noite você pode dirigir um carro produzido na Europa e movido a combustível do Oriente Médio para poder comer alimentos cultivados por fazendeiros na Ásia, preparados de acordo com uma receita da América do Sul, em um restaurante construído por pessoas no século passado. E você está protegido contra doenças pelos esforços associados de pesquisadores médicos de muitos países e de muitos séculos.

Neste módulo, consideramos a atividade cerebral durante a tomada de decisão e comportamento social. Estes tópicos não estão intimamente relacionados, mas iremos discuti-los juntos apenas porque o tratamento de cada tópico é curto. A pesquisa sobre ambos os tópicos começou mais recentemente do que para o restante da neurociência, e as conclusões são experimentais.

Decisões perceptuais

Um tipo de decisão é factual: Devemos ou não esperar chuva hoje? Esses óculos melhoram minha visão mais do que aqueles? A refeição que estou cozinhando está ou não pronta para sair do forno? Para responder a perguntas como essas, você pondera as evidências.

A maneira mais simples de imaginar como o cérebro faz isso é fazer com que um conjunto de células acumule evidências a favor de uma escolha, outro conjunto acumule evidências para a outra escolha e um terceiro conjunto compare as duas. Muitas evidências parecem consistentes com essa ideia (embora ainda não sejam conclusivas). Em um estudo, um camundongo tinha de colocar o nariz em uma porta central, ouvir estalidos e então virar para o lado com mais estalidos. A Figura 13.16 mostra o ambiente. Dentro do córtex parietal posterior, um conjunto de células respondeu proporcionalmente ao número de estalidos à esquerda e outro conjunto respondeu proporcionalmente ao número de estalidos à direita.

Figura 13.16 Projeto para um estudo da tomada de decisão em camundongos
Se o camundongo ouvir mais estalidos no lado esquerdo, ele pode virar à esquerda para receber a recompensa. Se ouviu mais no lado direito, pode virar à direita para receber a recompensa.

Dentro da parte do córtex pré-frontal chamada *campos de orientação frontal*, adjacente ao córtex motor, um conjunto de células respondeu quando o lado esquerdo estava à frente, e um conjunto diferente respondeu quando o lado direito estava à frente; ou seja, as respostas no córtex parietal posterior são graduadas, mas as respostas no córtex frontal produzem um resultado do tipo tudo ou nada, como uma pessoa que anota os resultados anunciando qual time ganhou o jogo (Hanks et al., 2015). Depois de lesões nos campos da orientação frontal, um camundongo é incapaz de acompanhar a pontuação, e baseia sua decisão nos últimos estalidos que ouviu, em vez de em uma contagem contínua mesmo por um breve período de tempo (Erlich, Brunton, Duan, Hanks, & Brody, 2015).

No entanto, embora esses resultados pareçam sugerir que as células no córtex parietal posterior estão contando os estalidos, os procedimentos que inativam o córtex parietal posterior têm pouco efeito sobre o comportamento do camundongo nessa tarefa (Brody & Hanks, 2016). Evidentemente, o córtex parietal posterior está apenas ecoando um processo que está ocorrendo em outro lugar, e ainda não sabemos onde.

Em um tipo de estudo semelhante, um macaco olha para um ponto de fixação e responde com um movimento do olho esquerdo ou direito com base no fato de ver pontos se movendo para a esquerda ou direita. A tarefa é mais difícil do que parece, porque apenas alguns pontos estão se movendo e um número muito maior de pontos está constantemente aparecendo e depois desaparecendo em posições aleatórias na tela. O macaco observa por um tempo e então tem de esperar alguns segundos antes de responder. Dentro da parte do córtex parietal, um conjunto de células é mais ativo se os pontos parecem estar se movendo para a esquerda, e um conjunto diferente responde se os pontos aparentemente estão se movendo para a direita. Durante o atraso, antes que o macaco possa responder, a resposta relativa dos dois tipos de células muda cada vez mais fortemente em uma direção. Por exemplo, se as células "olhar para a esquerda" estivessem um pouco à frente das células "olhar para a direita" no início do atraso, elas se tornariam cada vez mais à frente com o passar do tempo, como se o macaco se tornasse mais certo da decisão. No entanto, como no caso do estudo de contagem de estalidos, a inativação dessa parte do córtex parietal tem pouco efeito na decisão, assim essas células estão ecoando um processo de decisão que ocorre em outro lugar, não tomando a decisão elas mesmas (Katz, Yates, Pillow, & Huk, 2016; Latimer, Yates, Meister, Huk, & Pillow, 2015; Shadlen & Newsome, 1996).

Outro tipo de pesquisa examina o que acontece quando um camundongo em um labirinto difícil decide em qual direção virar em um ponto de escolha. O camundongo para e olha para um lado e depois para o outro algumas vezes antes de prosseguir. Registrando células locais, como descrito no Capítulo 12, os pesquisadores podem "ler a mente de um camundongo" nesse ponto. Registros do hipocampo do camundongo mostram que as células se tornam ativas na mesma ordem, como se o camundongo estivesse realmente caminhando por um caminho ou outro; ou seja, os pesquisadores observam a atividade cerebral enquanto o camundongo (aparentemente) se imagina tentando cada rota (Redish, 2016). Os pesquisadores obtêm registros semelhantes de cérebros humanos enquanto as pessoas imaginam se mover de um lugar para outro (T. I. Brown et al., 2016; Jacobs et al., 2013; J. F. Miller et al., 2013). Muitas pessoas afirmaram que os humanos são a única espécie que pode imaginar o futuro. Elas estão erradas sobre isso. Até os camundongos podem imaginar o futuro, pelo menos um futuro muito próximo.

✅ PARE & REVISE

26. Quando um camundongo está decidindo se ouve mais estalidos no lado esquerdo ou direito, o que acontece nos campos de orientação frontal?

27. Que evidência afirma que os camundongos podem imaginar o futuro?

RESPOSTAS

26. Dependendo de qual orelha está "à frente" em um determinado ponto, um conjunto de células ou um conjunto diferente de células torna-se ativo. 27. Ao fazer uma pausa em um ponto de escolha em um labirinto, as células do hipocampo tornam-se ativas na sequência que ocorreria quando o camundongo percorresse uma divisão ou outra no labirinto.

Decisões baseadas em valores

Muitas decisões dependem de preferências. Você começa estimando que resultado cada escolha traria e, em seguida, decide qual resultado parece melhor. Na vida cotidiana, você pode considerar muitas opções, mas os pesquisadores de laboratório simplificam a situação oferecendo apenas duas opções. Para camundongos ou ratos, a escolha pode ser virar à esquerda ou à direita para obter diferentes tipos de recompensa ou diferentes probabilidades de recompensa. Para as pessoas, a escolha pode ser apostar em um resultado ou em outro. Suponha que, como é realista na vida cotidiana, a recompensa por uma escolha geralmente seja melhor do que a outra, mas nem sempre. Nesse caso, as células nos gânglios basais aprendem gradualmente qual escolha é melhor. Células no **córtex pré-frontal ventromedial** também participam, aparentemente modificando as respostas dos gânglios basais.

Por exemplo, se, em geral, a escolha A foi melhor do que a escolha B, mas algo atualmente favorece a escolha B, o córtex pré-frontal de aprendizagem rápida pode anular os gânglios basais de aprendizagem mais lenta (Brigman et al., 2013; Kovach et al., 2012). Suponha que você tem a oportunidade de apostar no "vermelho" em uma roda de roleta, mas em alguns testes a roda tem principalmente casas vermelhas e em outros testes tem apenas algumas casas vermelhas. Você provavelmente apostaria mais pesadamente no vermelho ao ver mais casas vermelhas. Pessoas com lesões no córtex pré-frontal tendem a apostar quase sempre a mesma quantia, com base na expectativa média, e não no que é verdade no momento (Struder, Manes, Humphreys, Robbins, & Clark, 2015). A maioria, embora nem todas, das pessoas com lesão pré-frontal ventromedial parecem menos sensíveis do que a média às possíveis recompensas no momento (Manohar & Husain, 2016).

Uma função adicional do córtex pré-frontal ventromedial é monitorar a confiança nas próprias decisões. Pessoas com lesões nessa área tendem a ser excessivamente confiantes de várias maneiras, como jogar pesadamente ou tomar decisões impulsivas sem considerar cuidadosamente as prováveis consequências. Pessoas com a síndrome de Korsakoff, discutida no Capítulo 12, sofrem danos ao córtex pré-frontal ventromedial entre outras áreas, e um resultado comum é a alta confiança nas respostas que eles confabulam (Hebscher & Gilboa, 2016).

O córtex pré-frontal ventromedial e outras áreas transmitem informações para o próximo **córtex orbitofrontal** (ver Figura 13.17), que responde com base na maneira como uma recompensa esperada se compara a outras escolhas possíveis. Por exemplo, obter um B1 em seu trabalho de conclusão de curso pode ser agradável ou decepcionante, dependendo da nota que você esperava (Frank & Claus, 2006). Você pode preferir uma pizza em um momento, mas prefere bolo em outro momento. O córtex orbitofrontal atualiza o valor esperado de uma ação ou outra, com base nas circunstâncias atuais (Rudebeck & Murray, 2014). Em um estudo, os macacos podiam escolher

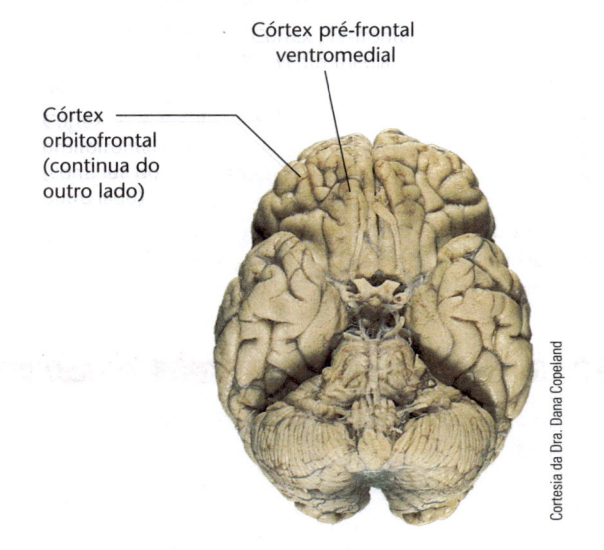

Figura 13.17 Duas áreas do córtex pré-frontal
O córtex pré-frontal ventromedial e o córtex orbitofrontal são colaboradores importantes para as decisões.

(movendo os olhos para a esquerda ou direita) entre dois sucos. Eles aprenderam símbolos representando diferentes sabores e diferentes quantidades de suco. Portanto, em determinado teste, a escolha pode ser entre uma gota de suco de maçã ou duas gotas de suco de uva, ou entre três gotas de ponche de kiwi e uma gota de chá de menta. Muitas células orbitofrontais responderam ao membro preferido de qualquer que seja o par disponível; isto é, uma célula pode responder à visão do suco de maçã se for preferível ao suco de uva, mas responder ao suco de cereja em outro teste se foi preferível ao suco de maçã (Xie & Padoa-Schioppa, 2016). Em um estudo semelhante, se um macaco pudesse escolher entre duas recompensas com valor quase igual, os neurônios orbitofrontais alternavam muitas vezes entre dois padrões de atividade, sugerindo que o macaco estava comparando dois valores quase iguais antes de decidir (Rich & Wallis, 2016).

Deficiência ou inatividade relativa no córtex orbitofrontal em humanos está frequentemente associada a decisões erradas ou impulsivas. Considere a tarefa de jogos de azar de Iowa: as pessoas podem tirar uma carta de cada vez de quatro pilhas. Elas sempre ganham US$ 100 em dinheiro fictício dos baralhos A e B, ou US$ 50 do C e D. Mas algumas das cartas também têm penalidades:

A	B	C	D
Ganha US$ 100; metade de todas as cartas também tem penalidades em média de US$ 250	Ganha US$ 100; um décimo de todas as cartas também tem penalidades de US$ 1.250	Ganha US$ 50; metade de todas as cartas também tem penalidades em média de US$ 50	Ganha US$ 50; um décimo de todas as cartas também tem penalidades de US$ 250

Ao examinar todos os benefícios, você pode ver facilmente que a melhor estratégia é escolher as cartas dos baralhos C e D. No experimento, entretanto, as pessoas precisam descobrir os benefícios por tentativa e erro. Normalmente, à medida que examinam todos os quatro baralhos, elas gradualmente começam a mostrar sinais de tensão sempre que sacam uma carta de A ou B, e mudam sua preferência para C e D. Pessoas com lesão orbitofrontal escolhem C e D também se suas primeiras escolhas de A e B têm penalidades. Mas se começam com uma sequência de vitórias de A e B, elas demoram muito para mudar para C e D (Stalnaker, Cooch, & Schoenbaum, 2015). Novamente, a questão é que o córtex pré-frontal, especialmente o córtex orbitofrontal, atualiza a vantagem ou desvantagem relativa de cada escolha possível.

✓ PARE & REVISE

28. Como o papel do córtex pré-frontal difere daquele dos gânglios basais?

RESPOSTA

28. Os gânglios basais gradualmente aprendem uma preferência com base no resultado usual. O córtex pré-frontal modifica essa preferência com base nas informações mais recentes.

A biologia do amor

Neurociência social, o estudo de como genes, substâncias químicas e áreas do cérebro contribuem para o comportamento social, é uma área de pesquisa relativamente nova, mas que desperta um entusiasmo crescente. Devemos considerar dois tópicos: amor e altruísmo.

Suponha que você esteja muito apaixonado por uma pessoa. De acordo com estudos usando RMf, olhar para fotos da pessoa que você ama ativa fortemente as áreas do cérebro associadas a recompensas, de forma semelhante à euforia que as pessoas relatam com drogas que causam dependência (Burkett & Young, 2012). Ver fotos de sua amada também ativa o hipocampo e outras áreas importantes para a memória e a cognição (Ortigue, Bianchi-Demicheli, Patel, Frum, & Lewis, 2010). (Pensar em alguém que você ama provoca memórias do que vocês fizeram juntos.) A questão é que o que chamamos de amor combina motivações, emoções, memórias e cognições.

O papel da **oxitocina** e do hormônio intimamente relacionado, vasopressina, atraiu muita atenção. A oxitocina estimula as contrações do útero durante o parto, estimula os seios a produzir leite e tende a promover o comportamento materno, abordagem social e o vínculo entre casais em muitas espécies de mamíferos (Marlin, Mitre, D'amour, Chao, & Froemke, 2015; McCall, & Singer, 2012; Sobota, Mihara, Forrest, Featherstone & Siegel, 2015). Homens e mulheres o liberam durante a atividade sexual. Foi chamado "hormônio do amor", embora um termo melhor possa ser *estimulante do amor* ou *hormônio ampliador do amor*.

Uma maneira conveniente de estudar os efeitos da oxitocina é administrá-la às pessoas como um spray nasal e comparar seus efeitos aos de um placebo. A oxitocina passa diretamente da cavidade nasal para o cérebro e exerce efeitos cerca de meia hora depois, embora a quantidade exata que chega ao cérebro não seja certa. Em um estudo, homens que relataram estar apaixonados viram fotos de suas parceiras e de outras mulheres, avaliando a atratividade de cada uma. Eles avaliaram a parceira melhor quando sob a influência de oxitocina do que de um placebo. A oxitocina não alterou as avaliações deles sobre outras mulheres (Scheele et al., 2013). Portanto, a oxitocina não aumentou a atração por todo mundo, mas apenas por alguém que já amava.

Em outro estudo, homens heterossexuais receberam oxitocina ou um placebo antes de conhecer uma mulher atraente. Os pesquisadores simplesmente mediram a distância entre cada homem. A oxitocina não influenciou o comportamento dos homens solteiros, mas fez com que aqueles em um relacionamento monogâmico permanecessem *mais* longe da mulher atraente (Scheele et al., 2012); ou seja, aparentemente aumentava a fidelidade do homem à sua parceira, diminuindo sua disposição de enfrentar a tentação de outra mulher atraente.

A oxitocina ajuda pessoas com dificuldade de reconhecer rostos e pessoas que conseguem reconhecer rostos, mas têm dificuldade para identificar suas expressões emocionais. Nos dois casos, a oxitocina tem pouco ou nenhum efeito sobre pessoas que já reconhecem rostos e expressões, o que apenas ajuda aqueles que estavam indo mal (Bate et al., 2014; Guastella et al., 2010).

Em muitas situações, o efeito da oxitocina nos relacionamentos sociais depende de quem são as outras pessoas. Aumenta a conformidade com as opiniões do seu grupo interno (pessoas que você percebe como você mesmo), mas não com as opiniões de um grupo externo (Stallen, De Dreu, Shalvi,

Smidts, & Sanfey, 2012). Em certos jogos econômicos, você pode proteger o dinheiro inicial ou investi-lo em um empreendimento cooperativo com outra pessoa, confiando que a outra pessoa não o enganará. Um estudo descobriu que a oxitocina aumenta a confiança em relação aos membros do grupo, mas pode aumentar, diminuir ou não ter efeito na confiança em outras pessoas, dependendo do que você pensa dessas pessoas (van Ijzendoorn & Bakermans-Kranenburg, 2012). Infelizmente, a pesquisa sobre esse tema apresentou predominantemente pequenos efeitos e devemos ser cautelosos para não tirar conclusões definitivas (Nave, Camerer, & McCullough, 2015).

Os efeitos da oxitocina nem sempre são pró-sociais. Quando as pessoas se percebem como sendo ameaçadas, a oxitocina aumenta a atenção aos possíveis perigos, aumentando a raiva, angústia e as reações negativas a outras pessoas, especialmente a estranhos (Olff et al., 2013; Poulin, Holmanv, & Buffone, 2012). Aquelas que em geral desconfiam de outras pessoas tornam-se ainda mais desconfiadas sob a influência da oxitocina (Bartz et al., 2011).

Definitivamente, precisamos de mais pesquisas boas nessa área. Nesse ponto, uma conclusão provisória é que a oxitocina aumenta a atenção a sinais sociais importantes (Olff et al., 2013). O resultado é melhor atenção a expressões faciais e respostas positivas ou negativas mais fortes aos outros, com base nas informações disponíveis. Em qualquer caso, a oxitocina não parece aumentar o amor, a confiança ou qualquer outra reação em uma base absoluta.

Empatia e altruísmo

A vida civilizada depende de pessoas ajudando umas às outras. Você pode ajudar a explicar algo a um colega que está competindo com você por uma boa nota em um curso. Você pode contribuir com dinheiro para ajudar as vítimas de um desastre natural no outro lado do mundo. A utilidade depende da **empatia**, a capacidade de se identificar com outras pessoas e sentir a dor delas quase como se fosse a sua. Embora a empatia não seja exclusiva dos humanos, ela é mais forte em nós do que em outras espécies. Um macaco ou chimpanzé com a escolha entre recompensar apenas a si mesmo ou recompensar a si mesmo e outro macaco ou chimpanzé parece quase indiferente ao outro, a menos que o outro seja um parente ou colega de longa data (Chang, Gariépy, & Platt, 2013; Silk et al., 2005).

Os líderes morais e religiosos nos ensinam que devemos ser gentis com todos, mas, na verdade, a maioria das pessoas tende a ser mais generosa com aqueles que consideram semelhantes a si mesmas. Por exemplo, se você observar alguém que está se sentindo socialmente rejeitado por outras pessoas, você "sentirá a dor" e seu cérebro reagirá adequadamente, mas você reagirá de maneira mais intensa se a pessoa que está se sentindo rejeitada for um de seus parentes ou amigos íntimos (Beeney, Franklin, Levy, & Adams, 2011).

Do ponto de vista evolucionário, faz sentido ser altruísta com seus parentes, e alguém que parece semelhante tem mais probabilidade de ser parente de você do que alguém muito diferente. No entanto, algumas pessoas mostram tendências muito mais fortes dentro do grupo do que outras. Mesmo os camundongos mostram um viés dentro do grupo. Imagine um camundongo preso em um tubo de plástico. Um segundo camundongo fora do tubo pode abrir a porta para deixá-lo escapar. Se são da mesma linhagem, como dois camundongos albinos, o segundo camundongo abre a porta. Se são linhagens diferentes, como um camundongo albino e um camundongo encapuzado, o segundo camundongo ignora o camundongo preso (ver Figura 13.18). Porém, se um camundongo albino foi criado ao longo da vida com outros camundongos encapuzados, isso ajuda um camundongo encapuzado, mas não outro camundongo albino (Ben-Ami Bartal et al., 2014). Os camundongos não se olham nos espelhos e, portanto, um camundongo criado com camundongos encapuzados presume que seja um também!

Algumas pessoas mostram muito mais empatia do que outras. Muitas dessas variações dizem respeito à cultura e à educação familiar, mas os fatores biológicos também contribuem. O efeito mais profundo ocorre em uma doença chamada **demência frontotemporal** (ou degeneração do lobo frontotemporal), na qual partes dos lobos frontal e temporal do córtex cerebral se degeneram gradualmente. Os efeitos dependem da localização exata da lesão, mas geralmente a lesão inclui o córtex pré-frontal ventromedial e o córtex orbitofrontal. Essas áreas que são importantes para avaliar possíveis recompensas também são importantes para interpretar e avaliar as

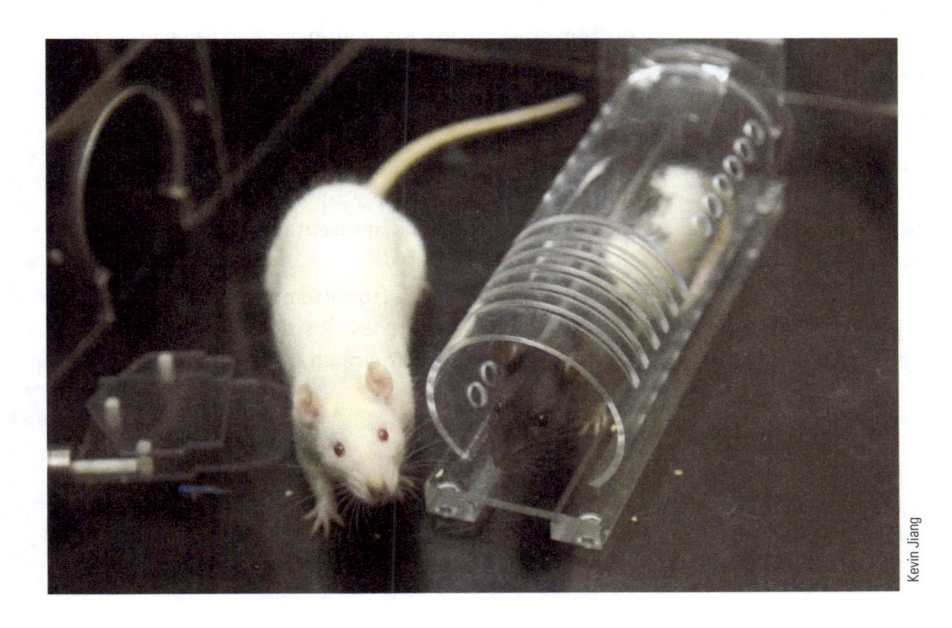

Figura 13.18 Viés de grupo externo em camundongos
Um camundongo abrirá a porta para ajudar um membro de sua própria linhagem a escapar de um tubo de plástico, mas não ajudará um membro de uma linhagem diferente.
(Fonte: Foto cortesia de I. Ben-Ami Bartal, & Peggy Mason)

expressões emocionais de outras pessoas (Delgado et al., 2016; Jenkins et al., 2014). Frequentemente, portanto, as pessoas com lesões desse tipo não reconhecem ou respondem às reações dos outros, incluindo reações de angústia e, portanto, mostram pouca empatia ou preocupação (Oliver et al., 2015; Van den Stock et al., 2015). Como mencionado no Capítulo 11, as pessoas com lesões no córtex pré-frontal ventromedial são mais propensas do que outras a endossar calmamente uma posição moral utilitarista de que seria normal matar uma pessoa para salvar cinco, sob uma variedade de circunstâncias.

Pessoas com demência frontotemporal também mostram pouco interesse em como os outros as percebem. Por exemplo, elas negligenciam sua higiene pessoal (Waldo, 2015), e também não demonstram constrangimento. Suponha que um pesquisador peça a você que cante, no estilo karaokê, em uma sala sozinho, mas secretamente grave sua performance e a mostre para você enquanto outras pessoas estão assistindo. A menos que você seja um bom cantor, provavelmente se sentirá constrangido. Em contraposição, pessoas com demência frontotemporal parecem bastante calmas, mesmo que seu modo de cantar seja terrivelmente ruim (Sturm, Ascher, Miller, & Levenson, 2008).

✓ PARE & REVISE

29. Por que é enganoso chamar a oxitocina de "hormônio do amor"?
30. Como o papel do córtex pré-frontal ventromedial e do córtex orbitofrontal é semelhante para decisões de valor e comportamento social?

RESPOSTAS

29. A oxitocina aparentemente amplia o amor que já existia, mas não cria amor por um estranho. 30. Nos dois casos, essas áreas do cérebro são importantes para interpretar e avaliar informações relevantes para escolhas e ações.

Módulo 13.3 | Conclusão
Biologia das decisões e comportamento social

Você deve ter observado que este foi um módulo curto. Por que os neurocientistas têm muito mais a dizer sobre visão, por exemplo, do que sobre decisões ou comportamento social? A razão certamente não tem nada a ver com falta de interesse. A razão é que os pesquisadores preferem perguntas que saibam responder. Com a visão ou outros sentidos, eles podem controlar os estímulos com precisão e medir as respostas com uma exatidão razoável. A tomada de decisão e o comportamento social são complicados. O esforço para compreendê-los biologicamente apenas começou, mas, pelo menos, começou.

Resumo

1. Em uma decisão perceptiva, as células (em algum lugar do cérebro) respondem proporcionalmente a evidências que favorecem uma escolha ou outra, mas o campo de orientação frontal responde em uma base de tudo ou nada a qual escolha as evidências favorecem até agora.
2. Quando um camundongo faz uma pausa em um ponto de escolha em um labirinto, as células locais do hipocampo respondem em uma sequência, como se o camundongo estivesse percorrendo uma divisão do labirinto ou outra.
3. Para uma decisão de qual resultado é preferível, o córtex pré-frontal ventromedial responde às informações recentes, modificando as respostas dos gânglios basais de aprendizagem mais lenta.
4. O córtex pré-frontal ventromedial também é importante para monitorar a confiança que uma pessoa deve ter sobre uma decisão.
5. O córtex orbitofrontal avalia cada escolha possível em relação ao valor de outras escolhas disponíveis.
6. Pessoas com lesões no córtex pré-frontal demoram a alternar entre as estratégias em situações como a tarefa do jogo de azar de Iowa.
7. O amor ardente estimula o cérebro de maneiras que se assemelham às drogas que causam dependência.
8. Com base nas evidências atuais, parece que o papel do hormônio oxitocina é aumentar a atenção às dicas sociais. O resultado pode ser maior ou menor atração e confiança.
9. Tanto humanos como camundongos mostram uma tendência de ajudar aqueles que percebem como semelhantes a eles, mais do que aqueles que percebem como diferentes. Mas alguns apresentam essa tendência com mais força do que outros.
10. Pessoas com demência frontotemporal têm dificuldades para entender as emoções dos outros e, portanto, são improváveis de mostrar empatia.

Termos-chave

Os termos estão definidos no número de página indicado. Também são apresentados em ordem alfabética com a definição no Índice remissivo/Glossário do livro, que começa na p. 589.

córtex orbitofrontal 453
córtex pré-frontal ventromedial 453
demência frontotemporal 455
empatia 455
neurociência social 454
oxitocina 454

Questões complexas

1. Que efeito você acha que a oxitocina teria sobre a empatia?

2. O que você prediz sobre as reações cerebrais de pessoas com características psicopáticas?

Módulo 13.3 | Questionário final

1. Durante uma decisão perceptiva, o que acontece nos campos de orientação frontal?
   A. Cada célula responde proporcionalmente à evidência que favorece uma escolha ou outra.
   B. As células comparam estímulos de outros locais para determinar qual lado está à frente.
   C. As células enviam mensagens inibitórias aos músculos até alcançar o momento da resposta.
   D. As células produzem ondas gama para sincronizar as áreas visuais com as auditivas.

2. Os camundongos podem "pensar no futuro"? E quais são as evidências?
   A. Não, eles não podem, porque não têm um córtex pré-frontal.
   B. Sim. Os neurocientistas monitoram os sonhos dos camundongos que incluem atividades possíveis.
   C. Sim. Em um ponto de escolha, as células locais do hipocampo imaginam vias possíveis.
   D. Sim. Os campos de orientação frontal respondem às escolhas antes de serem oferecidas.

3. Em uma decisão sobre valor, como as respostas do córtex pré-frontal ventromedial diferem daquelas dos gânglios basais?
   A. O córtex pré-frontal ventromedial estimula, enquanto os gânglios basais inibem.
   B. A resposta do córtex pré-frontal ventromedial é do tipo tudo ou nada.
   C. O córtex pré-frontal ventromedial ajusta-se mais rapidamente às novas informações.
   D. O córtex pré-frontal ventromedial é sensível a recompensas e punições.

4. Como alguém com lesão pré-frontal provavelmente reagiria à tarefa do jogo de azar de Iowa?
   A. Decisões normais, mas falta de confiança nessas decisões.
   B. Lento para alternar entre uma estratégia ruim e uma estratégia melhor.
   C. Extremo cuidado para evitar possíveis perdas.
   D. Suposição aleatória.

5. Qual hipótese resume melhor nosso conhecimento atual sobre a oxitocina?
   A. A oxitocina aumenta o amor e a confiança.
   B. A oxitocina ajuda as pessoas a restringir suas respostas emocionais.
   C. A oxitocina ajuda as pessoas a superar hábitos ruins.
   D. A oxitocina aumenta a atenção a sinais sociais.

6. Qual dos seguintes itens ajuda a explicar por que as pessoas com demência frontotemporal não mostram empatia?
   A. Sofrem comprometimento grave da memória de curto prazo.
   B. Estão preocupadas sobre como são vistas pelos outros.
   C. Têm deficiência para compreender expressões emocionais.
   D. Ficam mais ansiosas do que a média para competir.

Respostas: 1B, 2C, 3C, 4B, 5D, 6C.

Sugestões de leitura

Dehaene, S. (2016). *Consciousness and the brain.* New York: Viking Press. Excelente revisão de pesquisas sobre como a resposta do cérebro difere entre estímulos percebidos conscientemente e aqueles não percebidos conscientemente.

Koch, C., Massimini, M., Boly, M., & Tononi, G. (2016). Neural correlates of consciousness: Progress and problems. *Nature Reviews Neuroscience, 17,* 307-321. Artigo detalhado que revisa pesquisas que relacionam a atividade cerebral à percepção consciente.

Kellogg, R. T. (2013). *The making of the mind: The neuroscience of human nature.* Amherst, NY: Prometeu. Visão teórica do que deve ter mudado nos nossos cérebros e comportamento à medida que os humanos evoluíram de ancestrais primatas.

Ornstein, R. (1997). *The right mind.* New York: Harcourt Brace. Descrição de fácil leitura da pesquisa do cérebro dividido e as diferenças entre os hemisférios esquerdo e direito.

NORMAL

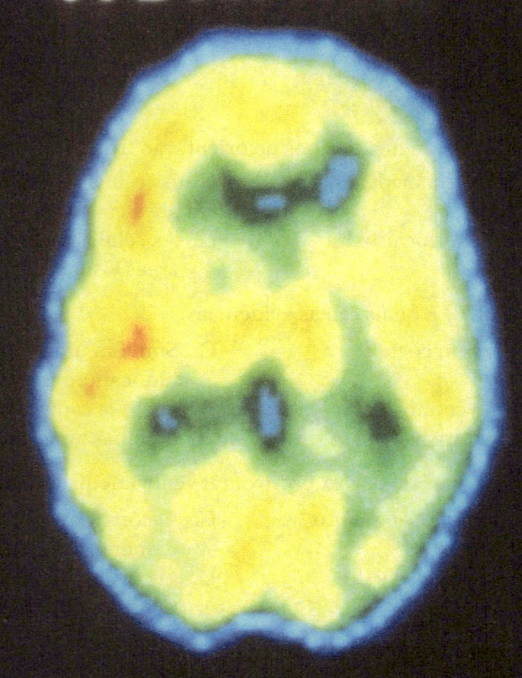

DEPRESSED

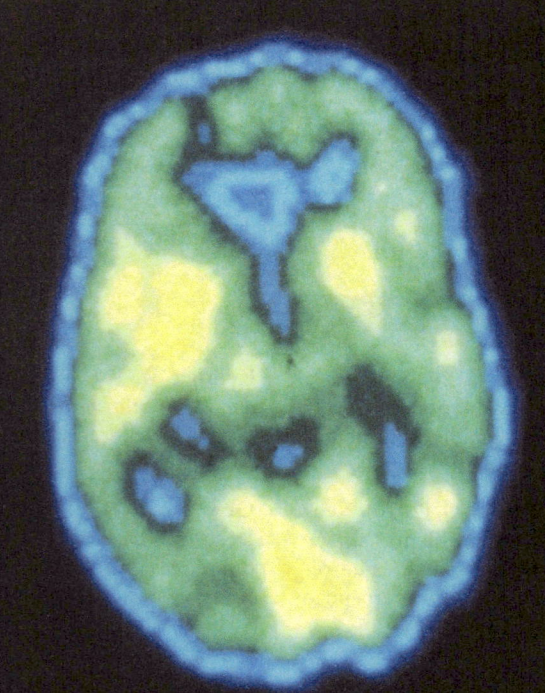

Transtornos psicológicos — Capítulo 14

Um médico que deseja tratar sua tosse começará por diagnosticar a causa. A tosse veio da gripe, resfriado, alergia, câncer de pulmão, tuberculose ou outra coisa? Um teste de laboratório pode identificar o diagnóstico correto com razoável certeza, e um diagnóstico informa ao médico quais são as melhores opções de tratamento.

Não muitos anos atrás, psicólogos e psiquiatras estavam otimistas sobre o uso de uma abordagem semelhante para doenças mentais. A ideia era dar a cada pessoa um diagnóstico, como depressão ou esquizofrenia, e depois encontrar a causa e o melhor tratamento para cada transtorno. A pesquisa, porém, não conseguiu apoiar essa abordagem. A maioria das pessoas que se encaixa no diagnóstico de um transtorno se encaixa no diagnóstico de um ou mais diagnósticos também, e muitas pessoas se encaixam parcialmente no diagnóstico de vários diagnósticos sem exatamente ajustar o diagnóstico para nenhum deles (Ahn, Flanagan, Marsh, & Sanislow, 2006; Caspi et al., 2014). Os genes que predispõem alguém à esquizofrenia se sobrepõem amplamente aos genes que predispõem ao transtorno bipolar, os genes que predispõem ao transtorno bipolar se sobrepõem aos que predispõem à depressão maior e aqueles que predispõem à depressão maior se sobrepõem àqueles que predispõem ao transtorno de déficit de atenção (Cross-Disorder Group, 2013; Geschwind & Flint, 2015). Os padrões de proteínas, respostas imunológicas e mudanças epigenéticas, também se sobrepõem aos de esquizofrenia, transtorno bipolar e depressão maior (Network and Pathway Analysis Subgroup, 2015). Em muitos casos, um medicamento destinado ao tratamento de um diagnóstico também ajuda muitos pacientes com outros diagnósticos.

Em suma, a abordagem categórica da doença mental não é totalmente correta. Este capítulo está organizado em torno de algumas categorias tradicionais, principalmente porque a maioria das pesquisas tratou das causas e tratamentos de algumas categorias de problemas, como depressão ou esquizofrenia. Em defesa dessa organização, a abordagem categórica, embora não totalmente certa, também não está totalmente errada. Um número suficiente de pessoas tem uma dificuldade primária de abuso de substâncias, depressão ou esquizofrenia para justificar pesquisas e conclusões provisórias. Ainda assim, tenha em mente que o que diz respeito a um transtorno também se aplica a muitas pessoas diagnosticadas com um transtorno diferente.

Resumo do capítulo

Módulo 14.1
Abuso de substâncias
Mecanismos das drogas
Predisposições
Mecanismos sinápticos
Tratamentos
Conclusão: A psicologia e a biologia do abuso de substâncias

Módulo 14.2
Transtornos do humor
Transtorno depressivo maior
Antidepressivos
Transtorno bipolar
Conclusão: A biologia das oscilações do humor

Módulo 14.3
Esquizofrenia
Diagnóstico
Genética
A hipótese neurodesenvolvimental
Tratamentos
Conclusão: Ainda restam muitos mistérios

Módulo 14.4
Transtornos do espectro autista
Sintomas e características
Genética e outras causas
  Tratamentos
  Conclusão: Desenvolvimento e distúrbios

Objetivos de aprendizagem

Depois de estudar este capítulo, você será capaz de:

1. Descrever o papel do núcleo accumbens na recompensa.
2. Discutir a fissura e seu papel no vício.
3. Comparar o papel da genética no abuso de substâncias, na depressão, na esquizofrenia e no autismo.
4. Listar os aspectos importantes do ambiente pré-natal que podem influenciar os transtornos psicológicos.
5. Descrever os tratamentos médicos e comportamentais para vários transtornos psicológicos.

Imagem da página anterior:
Imagens PET mostram áreas generalizadas de alta atividade (amarelo) para alguém com humor normal e diminuição da atividade para alguém com humor deprimido. (Photo Researchers, Inc./Alamy Stock Photo)

Módulo 14.1

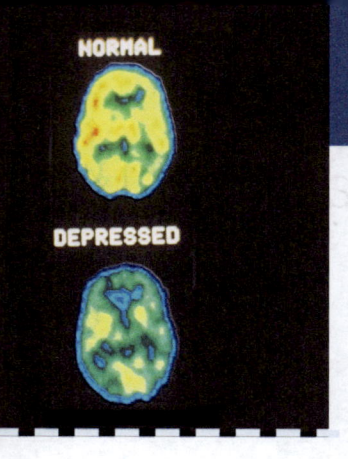

Abuso de substâncias

Se você estivesse fazendo algo e descobrisse que isso lhe fazia mais mal do que bem, pararia de fazer, certo? É por isso que o abuso de substâncias (também chamado de adição, vício ou dependência) é um paradoxo. À medida que o vício progride, os prazeres se tornam mais fracos, enquanto os custos e riscos aumentam. Quando falamos sobre dependência, pensamos principalmente em álcool e outras drogas, mas os mesmos princípios se aplicam a jogos de azar, comer demais, jogar videogame em excesso e qualquer outro hábito que domine e prejudique a vida de alguém.

Mecanismos das drogas

Vamos começar com uma breve descrição de como as drogas funcionam. O Capítulo 2 mencionou brevemente os mecanismos de vários medicamentos, mas agora consideramos os medicamentos de uma perspectiva diferente.

A maioria das drogas comumente usadas é derivada de plantas. Por exemplo, a nicotina vem do tabaco, a cafeína do café e do chá, os opiáceos das papoulas e a cocaína da coca. Podemos nos perguntar por que nosso cérebro responde aos produtos químicos das plantas. Uma explicação é mais coerente se colocarmos de outra forma: Por que as plantas produzem produtos químicos que afetam nossos cérebros? Quase todos os neurotransmissores e hormônios são iguais em humanos e em outras espécies. Portanto, se uma planta desenvolve uma substância química para atrair abelhas, repelir lagartas ou o que quer que seja, é provável que essa substância também afete os humanos.

As drogas facilitam ou inibem a transmissão nas sinapses. Uma droga que bloqueia um neurotransmissor é um **antagonista**, enquanto uma droga que imita ou aumenta os efeitos é um **agonista**. (O termo agonista vem da palavra grega que significa "contestador". O termo agonia deriva da mesma raiz. Um antagonista é um "antagonista" ou membro da equipe adversária.) Um *agonista-antagonista misto* é um agonista para alguns efeitos e um antagonista para outros, ou um agonista em algumas doses e um antagonista em outras.

Os pesquisadores dizem que uma droga tem um **afinidade** para um receptor se ele se liga a ele, como uma chave em uma fechadura. As afinidades variam de fortes a fracas. A **eficácia** de um medicamento é sua tendência para ativar o receptor. Uma droga que se liga a um receptor, mas não consegue estimulá-lo, tem alta afinidade, mas baixa eficácia.

A **eficácia** e os efeitos colaterais dos medicamentos variam de pessoa para pessoa. Por quê? A maioria das drogas afeta vários tipos de receptores. As pessoas variam quanto à abundância de cada tipo de receptor. Por exemplo, uma pessoa pode ter um número relativamente grande de receptores da dopamina tipo D_4 e relativamente poucos receptores da D_1 ou D_2, enquanto outra pessoa tem o inverso (Cravchik & Goldman, 2000).

✓ PARE & REVISE

1. Um medicamento com alta afinidade e baixa eficácia é um agonista ou um antagonista?

RESPOSTA

1. É um antagonista porque, ao ocupar o receptor, bloqueia o neurotransmissor.

Predisposições

A maioria das pessoas consome álcool com moderação, experimentando relaxamento e diminuição da ansiedade, enquanto outras desenvolvem o hábito de abusar do álcool. Também com outras substâncias, algumas pessoas experimentam uma droga algumas vezes e depois param, enquanto outras desenvolvem um vício. Evidentemente, as pessoas diferem em sua predisposição ao abuso de álcool ou drogas.

Um importante estudo examinou o cérebro e o comportamento em casos em que alguém com abuso de drogas ou álcool tinha um irmão ou irmã que não abusava. Ambos os irmãos apresentaram anormalidades semelhantes na substância cinzenta e na branca, com certas áreas do cérebro maiores do que a média e outras menores. Ambos também mostraram déficits comportamentais semelhantes na tarefa de sinal de parada, em que a instrução é responder rapidamente a um sinal, mas inibir imediatamente a resposta se um segundo sinal vier imediatamente após o primeiro (Ersche et al., 2012). Evidentemente, certos aspectos do cérebro e do comportamento estão presentes desde o início em pessoas com predisposição ao vício, independentemente de seu uso posterior de substâncias.

Influências genéticas

A probabilidade de abusar do álcool ou de outras drogas depende de influências genéticas e ambientais. Por exemplo, a quantidade de uso de álcool pelos pais se correlaciona com a dos filhos biológicos e adotados, embora se correlacione mais fortemente com a dos filhos biológicos (McGue, Malone, Keyes, & Iacono, 2014). Crianças que crescem em um ambiente instável têm uma probabilidade aumentada de uso ou abuso de substâncias, e essa probabilidade aumenta se elas também tiverem um gene específico que afeta as sinapses da serotonina (Windle et al., 2016). Vários outros genes também afetam a probabilidade de uso de substâncias, mas os efeitos variam de um ambiente para outro (Guillot, Fanning, Liang, & Berman, 2015).

Um gene com influência bem confirmada no abuso do álcool controla o metabolismo do álcool. Depois que alguém consome álcool etílico, as enzimas do fígado o metabolizam em *acetaldeído*, uma substância tóxica. A enzima *acetaldeído desidrogenase* então converte acetaldeído em *ácido acético*, uma substância química que o corpo usa para obter energia:

$$\text{Álcool etílico} \longrightarrow \text{Acetaldeído} \xrightarrow{\text{Acetaldeído desidrogenase}} \text{Ácido acético}$$

Pessoas com um gene para produzir menos acetaldeído desidrogenase metabolizam o acetaldeído mais lentamente. Se consumirem muito álcool, acumulam acetaldeído, que produz rubor facial, aumento da frequência cardíaca, náusea, dor de cabeça, dor abdominal, dificuldade respiratória e danos aos tecidos. O acetaldeído é provavelmente responsável pelas ressacas, embora as pesquisas sobre o assunto sejam esparsas. Mais de um terço das pessoas na China e no Japão têm um gene que retarda o metabolismo do acetaldeído. Provavelmente por essa razão, o abuso de álcool tem sido historicamente incomum nesses países (Luczak, Glatt, & Wall, 2006; Samochowiec, Samochowiec, Puls, Bienkowski, & Schott, 2014) (ver Figura 14.1).

Influências ambientais

O ambiente pré-natal também contribui para o risco de alcoolismo. Uma mãe que ingere álcool durante a gravidez aumenta a probabilidade de que seu filho desenvolva alcoolismo mais tarde, independentemente do efeito de quanto ela bebe enquanto a criança cresce (Baer, Sampson, Barr, Connor, & Streissguth, 2003; Cornelius, De Genna, Goldschmidt, Larkby, & Day, 2016). Experimentos com ratos também mostraram que a exposição pré-natal ao álcool aumenta o consumo de álcool após o nascimento (March, Abate, Spear, & Molina, 2009).

O ambiente da infância também é crítico. Crianças que crescem em famílias com supervisão cuidadosa dos pais têm muito menos probabilidade de desenvolver problemas de impulso, mesmo que tenham genes ligados ao abuso de álcool ou comportamento antissocial (Dick et al., 2009). O ambiente adulto é especialmente importante para o alcoolismo de início tardio. Como regra, as pessoas com alcoolismo de início precoce (antes dos 25 anos) têm história familiar de alcoolismo, predisposição genética e início rápido do problema. Pessoas com início tardio são mais propensas a reagir às dificuldades da vida, menos propensas a ter uma história familiar de alcoolismo e mais propensas a responder bem ao tratamento (Brown, Babor, Litt, & Kranzler, 1994).

✓ PARE & REVISE

2. Como a predisposição ao abuso de álcool se relaciona com a forma como o fígado metaboliza o álcool?

RESPOSTA

2. O fígado metaboliza o álcool em acetaldeído, que é tóxico, e depois em ácido acético. Pessoas cujas enzimas são lentas em metabolizar o acetaldeído em ácido acético são menos propensas do que outras a abusar do álcool, porque o consumo rápido ou excessivo as torna doentes.

Indicadores comportamentais do abuso

Se os genes, o ambiente inicial ou qualquer outra coisa predispõem certas pessoas ao abuso de drogas ou álcool, provavelmente a predisposição altera as reações comportamentais à substância. Nesse caso, deve ser possível monitorar o comportamento dos jovens e prever o risco de problemas posteriores, o que pode ser útil. Quando alguém desenvolve um problema sério de abuso de substâncias, é difícil superá-lo. Se pudéssemos identificar as pessoas em risco antes que desenvolvessem um problema significativo, a intervenção poderia ser mais bem-sucedida? Vale a pena tentar.

Para identificar as pessoas em risco, uma estratégia é estudar um grande número de pessoas durante anos: meça o máximo possível de fatores para um grupo de crianças ou adolescentes, depois determine quais deles desenvolveram problemas de álcool e, a seguir, veja quais fatores iniciais previram o início do alcoolismo. Esses estudos descobriram que o alcoolismo é mais provável entre aqueles que foram descritos na infância como impulsivos, assumindo riscos, facilmente entediados, buscando sensações e extroversão (Dick, Johnson, Viken, & Rose, 2000; Legrand, Iacono, & McGue, 2005).

Outra pesquisa segue este desenho: primeiro, identifique os rapazes que ainda não são bebedores problemáticos. (Os pesquisadores se concentraram primeiro nos homens, porque o alcoolismo de início precoce é muito mais comum em homens do que em mulheres.) Compare homens cujos pais tiveram alcoolismo com homens que não têm nenhum parente próximo com problema de álcool. Por causa da forte tendência familiar para o alcoolismo, os pesquisadores esperam que muitos dos filhos de alcoólatras sejam eles próprios futuros

Figura 14.1 Robin Kalat (filha do autor) encontra uma máquina de venda automática de álcool em uma calçada em Tóquio em 1998
Tradicionalmente, havia poucas restrições à compra de álcool em um país onde a maioria das pessoas não consegue metabolizar rapidamente o acetaldeído e, portanto, consome álcool apenas com moderação. Mas em 2000, o Japão proibiu as máquinas de venda automática de álcool em locais públicos.
(Fonte: James W. Kalat)

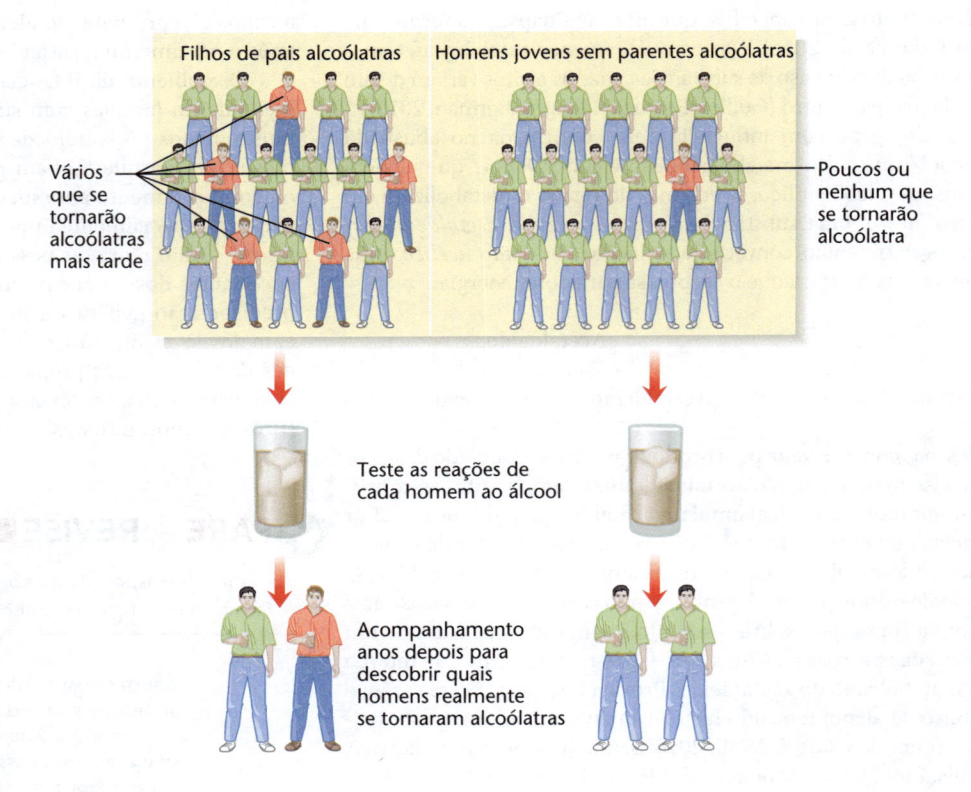

Figura 14.2 Projeto para estudos de predisposição ao alcoolismo
Filhos de pais alcoólatras são comparados a outros rapazes da mesma idade e com os mesmos hábitos de consumo atuais. Qualquer comportamento mais comum no primeiro grupo é provavelmente um indicador de alcoolismo tardio.

alcoólatras. A ideia é que qualquer comportamento mais comum em filhos de alcoólatras é provavelmente um indicador de alcoolismo futuro (ver Figura 14.2).

A descoberta mais robusta é que filhos de alcoólatras apresentam intoxicação inferior à média após ingerir uma quantidade moderada de álcool. Eles relatam que se sentem menos bêbados e apresentam menos oscilação corporal (Schuckit & Smith, 1996). Presumivelmente, alguém que começa a se sentir tonto depois de alguns drinques, para nesse ponto. Pessoas que "seguram bem a bebida" continuam bebendo, talvez o suficiente para prejudicar seu julgamento. Estudos de acompanhamento descobriram que os homens que relatam baixa intoxicação após consumir moderadamente são mais propensos do que outros a abusar do álcool ao longo de suas vidas (Schuckit & Smith, 1997; Schuckit & Smith, 2013). Resultados semelhantes foram relatados em mulheres (Eng, Schuckit, & Smith, 2005). Um estudo preliminar com um número pequeno de calouros da faculdade relatou resultados promissores com base simplesmente na explicação de que, se eles "seguram bem a bebida", não é algo para se gabar, mas para se preocupar. Os alunos que aprenderam que estavam em maior risco tenderam a diminuir o consumo de álcool (Schuckit et al., 2016).

✓ PARE & REVISE

3. Como os filhos de alcoólatras diferem em termos de comportamento, em média, dos filhos de não alcoólatras?

RESPOSTA

3. Filhos de alcoólatras mostram menos intoxicação, incluindo menos oscilação corporal, após consumir uma quantidade moderada de álcool.

Mecanismos sinápticos

As drogas afetam as sinapses de maneiras diferentes em diferentes estágios das experiências de alguém. Os efeitos enquanto a droga está no cérebro diferem dos efeitos que ocorrem durante a abstinência e dos efeitos responsáveis pelos desejos. Os esforços para aliviar o abuso de drogas devem considerar uma variedade de mecanismos.

O papel da dopamina

A atenção ao papel da dopamina no reforço começou com dois jovens psicólogos que estavam tentando responder a uma pergunta não relacionada. James Olds & Peter Milner (1954) queriam testar se a estimulação de uma determinada área do cérebro poderia influenciar a direção em que um rato vira. Quando implantaram o eletrodo, erraram o alvo pretendido e, em vez disso, atingiram uma área chamada septo. Para surpresa deles, quando o rato recebeu o estímulo cerebral, sentou-se, olhou em volta e cheirou, como se reagisse a um estímulo favorável. Olds & Milner deram aos ratos a oportunidade de pressionar uma alavanca para produzir **autoestimulação elétrica do cérebro** (veja a Figura 14.3). Com eletrodos no septo e em alguns outros locais, os ratos às vezes pressionavam 2.000 vezes por hora (Olds, 1958). Posteriormente, pesquisadores descobriram que os ratos trabalhariam para estimular muitas áreas do cérebro com axônios que direta ou indiretamente aumentam a liberação de dopamina no **núcleo accumbens**, conforme ilustrado na Figura 14.4 (Wise, 1996).

O núcleo accumbens é importante para muitos tipos de experiências de reforço. Drogas estimulantes como cocaína e anfetaminas aumentam ou prolongam a liberação de

Além das drogas estimulantes, a maioria das outras drogas de abuso aumenta a liberação de dopamina direta ou indiretamente. Por exemplo, a nicotina estimula os neurônios que liberam dopamina, e os opiáceos inibem os neurônios que inibem a liberação de dopamina. No entanto, evidências crescentes indicam que os pesquisadores têm enfatizado excessivamente o papel da dopamina (Nutt, Lingford-Hughes, Erritzoe, & Stokes, 2015): em primeiro lugar, embora o álcool, a maconha, a nicotina e os opiáceos geralmente aumentem a liberação de dopamina, eles não a aumentam muito, e a quantidade de dopamina liberada não se correlaciona fortemente com o prazer da expeririência ou a probabilidade de vício. Em segundo lugar, as empresas farmacêuticas passaram décadas tentando, mas sem sucesso, encontrar drogas que aliviassem os vícios por meio dos efeitos sobre a dopamina. Os medicamentos que bloqueiam as sinapses da dopamina não reduzem as propriedades de recompensa dos opiáceos e não diminuem o uso. Embora a dopamina certamente contribua para o reforço, ela não parece mais ser tão central quanto se acreditava anteriormente.

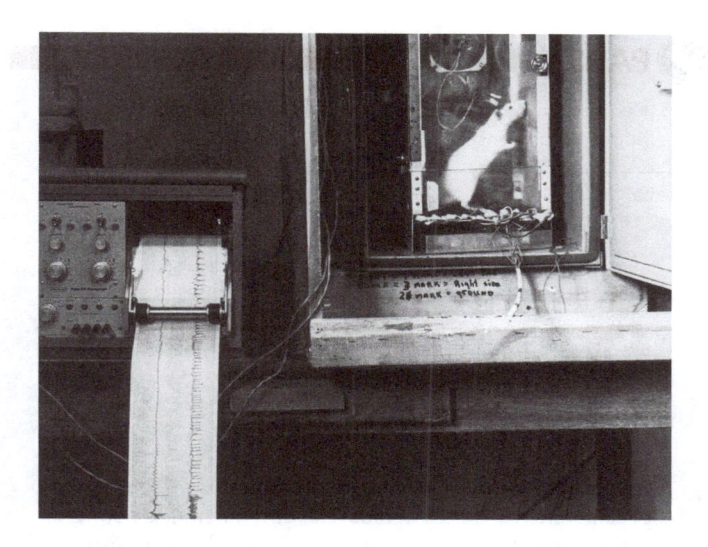

Figura 14.3 Um camundongo pressionando uma alavanca para autoestimulação do cérebro
(Fonte: Science Source)

dopamina no núcleo accumbens (Calipari & Ferris, 2013). A excitação sexual também libera dopamina nesse local (Damsma, Pfaus, Wenkstern, Philips, & Fibiger, 1992; Lorrain, Riolo, Matuszewich, & Hull, 1999), assim como a música (Salimpoor et al., 2013), o sabor do açúcar (Roitman, Wheeler, Wightman, & Carelli, 2008) e simplesmente imaginar algo agradável (Costa, Lang, Sabatinelli, Versace, & Bradley, 2010). O jogo ativa essa área para jogadores habituais de jogos de azar (Breiter, Aharon, Kahneman, Dale, & Shizgal, 2001) e a ativa para jogadores habituais de videogame (Ko et al., 2009; Koepp et al., 1998).

Esses resultados sugeriram que a liberação de dopamina pode ser essencial para todos os vícios e abuso de substâncias.

✓ PARE & REVISE

4. O que o uso de drogas, sexo, jogos de azar e jogos de vídeo têm em comum?
5. Que evidências indicam que os pesquisadores estão superestimando o papel da dopamina no vício?

RESPOSTAS 4. Eles aumentam a liberação de dopamina no núcleo accumbens. 5. Muitas drogas além dos estimulantes podem ser altamente viciantes, apesar de apresentar apenas pequenos efeitos nas sinapses da dopamina. Além disso, as drogas que modificam a liberação de dopamina têm pouco efeito sobre o uso de opiáceos.

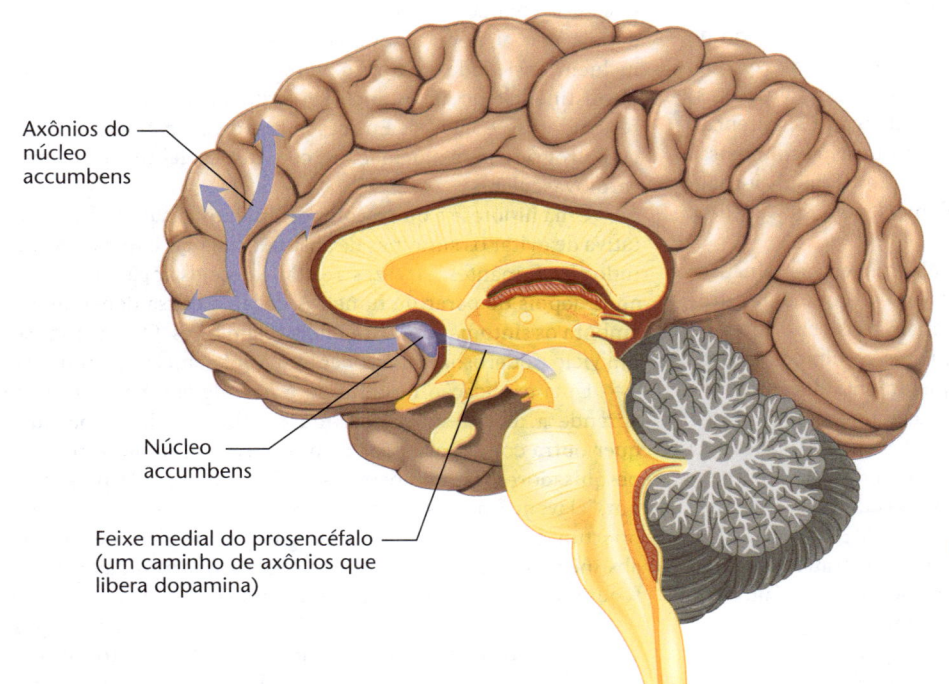

Figura 14.4 O núcleo accumbens no cérebro humano
Muitas drogas usadas indevidamente e outras atividades de reforço aumentam a liberação de dopamina no núcleo accumbens.

Fissura

Os vícios são hábitos persistentes, e algumas evidências indicam que as pessoas com vícios têm dificuldade em quebrar qualquer hábito, não apenas o uso de drogas. Um estudo comparou usuários de cocaína a não usuários. Primeiro, todos os participantes aprenderam respostas que ganhariam dinheiro ou evitariam choques elétricos. Então, a quantidade de dinheiro disponível diminuiu e o dispositivo de choque elétrico foi desconectado. Nesse ponto, os não usuários diminuíram rapidamente seu nível de resposta, mas os usuários de cocaína continuaram próximo ao nível anterior (Ersche et al., 2016). A relevância para o vício é que um desejo aprendido pode persistir muito depois que o comportamento deixou de ser recompensador. Lembre-se do Capítulo 13 de um padrão semelhante para pessoas com lesão do córtex pré-frontal: depois de aprenderem uma resposta ou preferência, demoram a atualizá-la em resposta a novas informações.

Uma característica definidora do vício é a **fissura**, uma busca insistente pela substância. Mesmo depois de um longo período de abstinência, os sinais associados à substância desencadeiam um desejo renovado. Por exemplo, ver um cigarro aceso desencadeia um desejo em fumantes (Hutchison, LaChance, Niaura, Bryan, & Smolen, 2002), um vídeo do uso de cocaína desperta desejos em usuários de cocaína (Volkow et al., 2006), e a visão de um videogame desencadeia um desejo em um jogador excessivo de videogame (Thalemann, Wölfling, & Grusser, 2007). O mecanismo cerebral de desejo difere da resposta à atividade original.

Estudos com ratos de laboratório mostram que a exposição a substâncias viciantes como nicotina, cocaína ou álcool altera a estrutura neuronal e a expressão gênica em várias áreas do cérebro, especialmente se a exposição começar no início da vida (Korpi et al., 2015). A maior parte das pesquisas usou cocaína. Um dos primeiros efeitos do uso repetido de cocaína é que o núcleo accumbens, importante para a recompensa, torna-se menos sensível a todos os tipos de recompensa, incluindo a cocaína. Assim, os prazeres diários tornam-se menos intensos, mas os usuários ainda podem atingir um estado de prazer aumentando a dose ou a frequência do uso de cocaína. Entretanto, as respostas às dicas associadas à droga (lembretes) tornam-se sensibilizadas, atraindo maior atenção. Essa atenção aumentada é ampliada pelo fato de que outras recompensas concorrentes são menos intensas do que antes (Epping-Jordan, Watkins, Koob, & Markou, 1998; Volkow, Koob, & McLellan, 2016; Wolf, 2016).

Então, durante um período de abstinência, as sinapses do núcleo accumbens que respondem aos estímulos das drogas tornam-se gradualmente mais e mais sensíveis, antes de declinarem parcialmente mais tarde. Esses resultados correspondem às indicações de que o desejo aumenta durante o estágio inicial de abstinência e diminui ligeiramente mais tarde (Parvaz, Moeller, & Goldstein, 2016; Scheyer et al., 2016). O aumento da resposta aos sinais de drogas foi rastreado para facilitar as sinapses de glutamato no núcleo accumbens, pelo menos para cocaína e nicotina (Scofield et al., 2016; Wolf, 2016). O resultado de toda essa pesquisa é que um tratamento que dessensibiliza as sinapses do glutamato no núcleo accumbens pode reduzir o desejo por certos medicamentos. Embora certos procedimentos tenham se mostrado promissores com roedores de laboratório, até agora nada foi aplicado com sucesso a humanos (Chesworth & Corbit, 2017).

PARE & REVISE

6. Durante um período de abstinência de cocaína, o que acontece no núcleo accumbens?

RESPOSTA

6. Certas sinapses do glutamato no núcleo accumbens tornam-se mais responsivas, causando aumento da estimulação em resposta aos sinais associados à substância. O resultado é a fissura, que aumenta por algum tempo durante a abstinência.

Tolerância e abstinência

À medida que um vício se desenvolve, muitos de seus efeitos, especialmente os efeitos agradáveis, diminuem. Essa diminuição é chamada **tolerância**. Por causa da tolerância, os usuários de heroína aumentam sua quantidade e frequência de uso para níveis cada vez maiores, eventualmente consumindo quantidades que poderiam matar outras pessoas. A tolerância às drogas, um fenômeno complexo, é em grande parte aprendida. Por exemplo, ratos que recebem drogas de forma consistente em um local distinto mostram mais tolerância naquele local do que em qualquer outro lugar (Cepeda-Benito, Davis, Reynoso, & Harraid, 2005; Siegel, 1983), ou seja, os sinais associados ao recebimento da droga ativam mecanismos aprendidos que neutralizam os efeitos da droga. Como a tolerância é aprendida, ela pode ser enfraquecida por meio de procedimentos de extinção. Depois de muitas injeções de morfina, um rato desenvolve tolerância a ela. Se o rato então receber injeções repetidas de água salgada sem morfina, isso enfraquece sua conexão aprendida entre a injeção e a morfina. O resultado é a diminuição da tolerância na próxima vez que receber uma injeção de morfina (Siegel, 1977).

Como o corpo passa a esperar a droga em certas circunstâncias, ele reage fortemente quando a droga está ausente. Essa reação é chamada **abstinência**. Os sintomas de abstinência depois que alguém abandona a heroína ou outros opiáceos incluem ansiedade, sudorese, vômito e diarreia. Os sintomas de abstinência do álcool incluem irritabilidade, fadiga, tremores, sudorese e náusea. Em casos graves, a abstinência do álcool progride para alucinações, convulsões, febre e problemas cardiovasculares.

Uma hipótese é que o comportamento viciante é uma tentativa de evitar os sintomas de abstinência; mas isso não explica tudo. Ex-fumantes às vezes relatam desejos fortes meses ou anos depois de parar de fumar. A cocaína causa dependência, embora os sintomas de abstinência sejam leves. O jogo pode ser um vício poderoso, embora nenhuma substância seja retirada.

Uma explicação modificada é que alguém com um vício aprende a usar a substância (ou o hábito de jogar ou qualquer outra coisa) para lidar com o estresse. Em um estudo, os pesquisadores deram aos ratos a oportunidade de pressionar uma alavanca para se injetar heroína. Então eles retiraram a oportunidade para acessar a droga. No meio do período de abstinência, alguns dos ratos tiveram a oportunidade de autoadministrar heroína novamente, enquanto outros passaram por abstinência sem heroína. Mais tarde, quando os ratos passaram pela abstinência pela segunda vez, todos os ratos tiveram a oportunidade de pressionar uma alavanca para tentar obter heroína, mas, desta vez, a alavanca estava inoperante. Embora ambos os grupos de ratos pressionassem a alavanca, aqueles que haviam se autoadministrado heroína durante o estado de abstinência anterior pressionaram-na com muito mais frequência (Hutcheson, Everitt, Robbins, & Dickinson, 2001). Evidentemente, receber uma droga viciante durante um período de abstinência é uma experiência poderosa. De fato, os usuários — rato ou humano — aprendem que a droga alivia o sofrimento causado pela abstinência da droga. Esse aprendizado pode generalizar para outras situações, de modo que os usuários anseiam pela droga durante outros tipos de sofrimento.

✓ PARE & REVISE

7. Alguém que está abandonando uma substância viciante pela primeira vez é fortemente aconselhado a não tentar novamente. Por quê?

RESPOSTA

7. Muitas drogas além dos estimulantes podem ser altamente viciantes, apesar de apresentar apenas pequenos efeitos nas sinapses da dopamina. Além disso, as drogas que modificam a liberação de dopamina têm pouco efeito sobre o uso de opiáceos.

Tratamentos

Algumas pessoas que abusam do álcool ou de outras substâncias conseguem diminuir o uso sem ajuda. Aqueles que descobrem que não podem resolver o problema por conta própria frequentemente procuram Alcoólicos Anônimos, Narcóticos Anônimos ou organizações semelhantes, que são especialmente difundidas nos Estados Unidos. Uma alternativa é consultar um terapeuta, principalmente um terapeuta cognitivo-comportamental. Uma versão da terapia é a *gestão de contingência*, que inclui recompensas por permanecer livre de drogas (Kaminer, 2000). Poucas pessoas recorrem a medicamentos, mas algumas opções estão disponíveis.

Medicamentos contra o abuso de álcool

Como mencionado, o fígado metaboliza o álcool em acetaldeído (uma substância tóxica) e depois em ácido acético (inofensivo). A droga *dissulfiram*, conhecida pelo nome comercial **Antabuse**, antagoniza a enzima que metaboliza o acetaldeído. Consequentemente, qualquer pessoa que tome Antabuse fica nauseada após ingerir álcool. Os efeitos do Antabuse foram descobertos por acidente. Os trabalhadores de uma fábrica de borracha descobriram que, quando dissulfiram caía na pele, eles desenvolviam uma erupção cutânea (Schwartz & Tulipan, 1933). Se inalassem, não podiam beber álcool sem ficar doentes. Logo, os terapeutas tentaram usar o dissulfiram como droga, na esperança de que as pessoas com alcoolismo associassem o álcool a doenças e parassem de beber.

A maioria dos estudos conclui que o Antabuse é quase igual a um placebo. Normalmente, esse resultado indicaria que um medicamento é ineficaz, mas o Antabuse é um caso especial. Quando as pessoas tomam Antabuse, ou um placebo que pensam ser Antabuse, a ameaça de adoecer desencoraja fortemente qualquer tentativa de consumir álcool. Desde que não experimentem álcool, é claro, eles não sabem se estavam realmente tomando Antabuse, ou seja, o Antabuse é quase igual ao placebo não porque o Antabuse seja ineficaz, mas porque pensar que um placebo pode ser o Antabuse torna o placebo eficaz (Fuller & Roth, 1979; Skinner, Lahmek, Pham, & Aubin, 2014).

Em ambos os casos, tomar a pílula diária reafirma a promessa de evitar o álcool. Alguém que toma uma pílula Antabuse e depois ingere álcool fica doente e, na maioria dos casos, para de tomar Antabuse em vez de parar de beber.

Uma ideia relacionada é fazer com que as pessoas bebam álcool e imediatamente tomem uma droga que produza náusea, criando assim uma aversão aprendida ao gosto do álcool. Esse procedimento geralmente produz uma evitação rápida e eficaz do álcool, embora seu uso nunca tenha sido popular (Revusky, 2009).

Outros medicamentos são a naloxona (nome comercial Revia) e a naltrexona, que bloqueiam os receptores opiáceos e, portanto, diminuem o prazer do álcool. O acamprosato é quase igual à naltrexona em eficácia, embora seu mecanismo de efeito permaneça incerto (Jonas et al., 2014).

Medicamentos contra o abuso de opiáceos

A heroína é uma substância artificial inventada em 1800 como uma alternativa supostamente mais segura para pessoas que estavam tentando parar de usar morfina. Na época, alguns médicos recomendavam que as pessoas que usavam álcool mudassem para a heroína (Siegel, 1987). Eles abandonaram essa ideia quando descobriram como a heroína é viciante.

Ainda assim, persiste a ideia de que as pessoas que não conseguem parar de usar opiáceos podem mudar para uma droga menos prejudicial. **Metadona**, semelhante à heroína e morfina, ativa os mesmos receptores cerebrais e produz os mesmos efeitos, mas tem a vantagem de poder ser tomado por via oral. (Se a heroína ou morfina for administrada por via oral, os ácidos do estômago decompõem a maior parte dela.) A metadona administrada por via oral entra gradualmente no sangue e depois no cérebro, de modo que seus efeitos aumentam lentamente, evitando a experiência de "pico" que perturba o comportamento. Como é metabolizado lentamente e deixa o cérebro lentamente, os sintomas de abstinência também são graduais. Além disso, os usuários evitam o risco de uma injeção com uma agulha possivelmente infectada.

A buprenorfina e o acetato de levometadila (LAAM), semelhantes à metadona, também são usados para tratar o vício em opiáceos. O LAAM tem a vantagem de produzir um efeito duradouro, fazendo com que a pessoa visite a clínica três vezes por semana em vez de diariamente. Pessoas que usam qualquer uma dessas drogas vivem mais e com mais saúde, em média, do que os usuários de heroína ou morfina, e são muito mais propensos a ter um emprego (Vocci, Acri, & Elkashef, 2005). Mas essas drogas não acabam com o vício. Elas meramente satisfazem o desejo de uma forma menos perigosa.

✓ PARE & REVISE

8. Como funciona o Antabuse?
9. Os usuários de metadona que tentam tomar heroína experimentam pouco efeito a partir dela. Por quê?

RESPOSTAS

8. Antabuse bloqueia a enzima que converte acetaldeído em ácido acético. Portanto, as pessoas adoecem se consumirem álcool. A eficácia depende do fato de alguém saber ou acreditar que consumir álcool causa a doença.
9. Como a metadona já está ocupando os receptores de endorfina, a heroína não consegue adicionar muita estimulação a eles.

Módulo 14.1 | Conclusão
A psicologia e a biologia do abuso de substâncias

Muitas pessoas dizem que o alcoolismo ou o vício por outras drogas é uma doença. É verdade? A profissão médica não tem uma definição firme de doença. A doença é literalmente a falta de tranquilidade; portanto, em certo sentido, qualquer coisa que cause dificuldade na vida é uma doença. Mas o termo geralmente é usado para indicar que um distúrbio tem uma base fisiológica e que a intervenção médica é o tratamento adequado. Como você viu neste módulo, em parte, o vício tem uma base fisiológica. Muitos genes aumentam o risco de doenças. O vício altera a reação do cérebro à droga, sinais de droga e outros eventos, mas nenhuma parte da fisiologia fornece uma explicação completa. O vício também reflete uma história de experiências. Embora os tratamentos médicos às vezes ajudem, as intervenções comportamentais ainda são os tratamentos mais comuns. O vício é um problema complexo que requer atenção tanto à fisiologia quanto ao ambiente social.

Resumo

1. Uma droga que aumenta a atividade em uma sinapse é um agonista; a que diminui a atividade é uma antagonista. As drogas agem de várias maneiras, variando em sua afinidade (tendência para se ligar a um receptor) e eficácia (tendência para ativá-lo).
2. As predisposições ao abuso de álcool ou drogas surgem da genética, do ambiente pré-natal e do ambiente posterior. O alcoolismo de início precoce reflete uma predisposição genética mais forte do que o alcoolismo de início posterior.
3. Pessoas que ingerem álcool com relativamente poucos sinais de intoxicação têm maior probabilidade do que outras pessoas de desenvolver abuso de álcool.
4. A estimulação cerebral de reforço, experiências de reforço e drogas estimulantes aumentam a atividade dos axônios que liberam dopamina no núcleo accumbens.
5. Para drogas que não são estimulantes, a quantidade de dopamina liberada não se correlaciona bem com prazer ou vício, e o bloqueio das sinapses de dopamina tem pouco efeito sobre o uso de opiáceos. Evidentemente, a dopamina não é tão essencial para o vício como os pesquisadores acreditavam anteriormente.
6. O uso repetido de cocaína diminui a resposta do núcleo accumbens a todas as experiências agradáveis, mas aumenta a atenção aos sinais que lembram o indivíduo da cocaína.
7. Durante a abstinência de cocaína, as sinapses de glutamato no núcleo accumbens tornam-se mais responsivas aos sinais relacionados à cocaína. Essa sensibilidade aumentada aumenta o desejo por cocaína induzido por estímulos.
8. O uso repetido de uma droga leva à tolerância (diminuição da resposta) e abstinência (sensações desagradáveis durante a abstenção).
9. Várias drogas, incluindo Antabuse e metadona, ajudam algumas pessoas a diminuir o uso de álcool ou opiáceos.

Termos-chave

Os termos estão definidos no número de página indicado. Também são apresentados em ordem alfabética com a definição no Índice remissivo/Glossário do livro, que começa na p. 589.

abstinência 464
afinidade 460
agonista 460
Antabuse 465
antagonista 460
autoestimulação elétrica do cérebro 462
eficácia 460
fissura 464
metadona 465
núcleo accumbens 462
tolerância 464

Questão complexa

A pesquisa de sensibilização do núcleo accumbens lidou com drogas viciantes, predominantemente cocaína. Você esperaria que o vício em jogos tenha efeitos semelhantes? Como alguém poderia testar essa possibilidade?

Módulo 14.1 | Questionário final

1. Qual dos seguintes tipos de drogas seria um forte agonista?
   A. Um com alta afinidade e alta eficácia.
   B. Um com alta afinidade e baixa eficácia.
   C. Um com baixa afinidade e alta eficácia.
   D. Um com baixa afinidade e baixa eficácia.

2. O gene com o efeito mais bem documentado sobre a predisposição ao abuso de álcool exerce seu efeito de que maneira?
   A. Ele altera a proporção de atividade entre o núcleo accumbens e o córtex pré-frontal.
   B. Altera a forma como o fígado metaboliza o álcool.
   C. Altera a sensibilidade de certos tipos de papilas gustativas.
   D. Altera a taxa de secreção de ácido estomacal.

3. Que evidência demonstra predisposição para o abuso de drogas ou álcool?
   A. Irmãos de pessoas com dependência de drogas também apresentam anormalidades cerebrais e de comportamento.
   B. Pessoas com dependência de drogas lembram-se de uma experiência positiva em seu primeiro encontro com a droga.
   C. A maioria dos jovens pode prever com precisão se um dia desenvolverão o vício em drogas.
   D. Um estudo de fMRI em recém-nascidos previu com precisão quais deles desenvolveriam dependência de drogas mais tarde.

4. A predisposição genética é mais evidente para que tipo de alcoólatra?
   A. Pessoas com abuso de álcool de início precoce.
   B. Pessoas com abuso de álcool de início tardio.
   C. Mulheres.
   D. Imigrantes para um país.

5. Das seguintes opções, que tipo de pessoa tem mais probabilidade do que a média de abusar do álcool?
   A. Alguém que mostra pouco efeito após beber moderadamente.
   B. Alguém que se embriaga rapidamente após beber moderadamente.
   C. Alguém que foi criado com regras rígidas na infância.
   D. Alguém com uma personalidade introvertida.

6. Qual é a relação entre abuso de drogas e dopamina?
   A. A probabilidade de abusar de uma droga está fortemente correlacionada com a quantidade de dopamina que ela libera.
   B. As pessoas raramente abusam das drogas que liberam dopamina.
   C. O bloqueio das sinapses de dopamina impede qualquer prazer de uma droga.
   D. A maioria das drogas libera dopamina, mas não em proporção ao potencial de dependência.

7. Qual é o efeito no núcleo accumbens após o uso repetido de cocaína?
   A. O núcleo accumbens torna-se menos responsivo a experiências gratificantes.
   B. O núcleo accumbens torna-se mais responsivo a experiências gratificantes.
   C. O núcleo accumbens responde a eventos que antes não eram gratificantes.
   D. O núcleo accumbens começa a desenvolver novos neurônios.

8. O que explica o aumento do desejo durante a abstinência de cocaína?
   A. Aumento da atividade de certas enzimas no fígado.
   B. Maior capacidade de resposta das sinapses de dopamina a todos os tipos de recompensa.
   C. Aumento da sensibilidade das sinapses de glutamato a sinais de cocaína.
   D. Flutuações rápidas do batimento cardíaco.

9. Que evidência indica que a tolerância é em grande medida aprendida?
   A. A tolerância é maior no local onde se tomou a droga anteriormente do que em qualquer outro lugar.
   B. A tolerância é maior em pessoas com alto nível educacional do que em pessoas com baixa escolaridade.
   C. A tolerância é facilmente esquecida com o passar do tempo.
   D. Contar às pessoas sobre os efeitos de um medicamento pode produzir tolerância.

10. Em testes de eficácia do Antabuse, por que os placebos são tão eficazes?
    A. Antabuse não tem efeitos fisiológicos.
    B. Os produtos químicos usados como placebos interagem com as enzimas hepáticas.
    C. Antabuse é eficaz principalmente pela ameaça de doença após beber.
    D. Os placebos tendem a aliviar a dor.

11. Qual é a vantagem de tomar metadona em vez de morfina ou heroína?
    A. A metadona não vicia.
    B. Alguém pode reduzir gradualmente a metadona e ficar livre das drogas.
    C. A metadona está disponível sem receita.
    D. A metadona satisfaz o desejo sem interromper seriamente o comportamento.

Respostas: 1A, 2B, 3A, 4A, 5A, 6D, 7A, 8C, 9A, 10C, 11D.

Módulo 14.2

Transtornos do humor

É depressivo ler sobre depressão? Pode ser, mas passaremos grande parte deste módulo considerando como aliviar a depressão. Pessoas com depressão parecem tristes e agem como pessoas tristes (veja a Figura 14.5), mas a maioria se recupera.

Transtorno depressivo maior

Todo mundo passa por momentos de desânimo. A depressão maior é muito mais intensa e prolongada. Pessoas com **depressão maior** sentem-se tristes e desamparadas a maior parte do dia, todos os dias, durante semanas seguidas. Elas mal conseguem se imaginar desfrutando de alguma coisa. Seu núcleo accumbens torna-se menos responsivo à recompensa (Russo & Nestler, 2013). Elas se sentem inúteis, pensam em suicídio e têm problemas para dormir. Também têm problemas cognitivos, incluindo baixa motivação, problemas de atenção, memória e olfato prejudicados. As limitações cognitivas muitas vezes persistem mesmo após o tratamento bem-sucedido dos problemas de humor (Gonda et al., 2015; Siopi et al., 2016).

Ausência de felicidade é um sintoma mais confiável do que o aumento da tristeza. Em um estudo, as pessoas carregavam um bipe que soava em horários imprevisíveis a fim de avisá-las para que descrevessem suas reações emocionais no momento. Pessoas com depressão relataram apenas um número médio de experiências desagradáveis, mas muito abaixo do número médio de experiências agradáveis (Peters, Nicolson, Berkhof, Delespaul, & deVries, 2003). Em outros estudos, as pessoas examinaram fotos ou assistiram a filmes enquanto os pesquisadores registravam suas reações. Pessoas com depressão reagem normalmente a representações tristes ou assustadoras, mas raramente sorriem para as comédias ou fotos agradáveis (Rottenberg, Kasch, Gross, & Gotlib, 2002; Sloan, Strauss, & Wisner, 2001).

Pesquisas relataram que cerca de 5% a 6% dos adultos nos Estados Unidos e Canadá têm uma depressão clinicamente significativa (ou seja, grave o suficiente para justificar atenção) em um determinado ano, e mais de 10% a têm em algum momento da vida (Narrow, Rae, Robins, & Regier, 2002; Patten et al., 2015). A depressão é mais comum em mulheres do que em homens durante a fase reprodutiva, mas quase igual antes da puberdade e após a menopausa (Mendle, Eisenlohr-Moul, & Kiesner, 2016). A razão para essa tendência não é conhecida.

Embora algumas pessoas sofram de depressão de longa duração, é mais comum ter episódios de depressão separados por períodos de humor normal. Vários estudos relataram que os episódios iniciais tendem a ser mais longos, enquanto os episódios posteriores tendem a ser mais breves, porém mais frequentes (por exemplo, Post, 1992). Embora essa ideia parecesse plausível, uma análise posterior mostrou que ela refletia um artefato estatístico: suponha que você meça a duração média de todos os primeiros episódios. Isso incluirá qualquer pessoa que já tenha ficado deprimida, incluindo algumas que tiveram apenas um episódio que durou muitos anos. Quando você mede a duração média de todos os quintos episódios ou de todos os décimos episódios, pode estudar apenas pessoas que tiveram pelo menos cinco ou dez episódios. Para ter tantos episódios, necessariamente cada um deles tinha que ser breve. Portanto, a comparação é inválida. Se você comparar a

Figura 14.5 A face da depressão
A depressão se manifesta na face, no andar, na voz e nos maneirismos das pessoas.

duração de, digamos, o primeiro e o quinto episódios, mas incluir apenas pessoas que tiveram pelo menos cinco episódios, a duração média é quase a mesma (Anderson, Monroe, Rohde, & Lewinsohn, 2016). A conclusão é simplesmente que algumas pessoas têm episódios mais curtos, e possivelmente mais episódios, do que outras pessoas.

Genética

Estudos com gêmeos e filhos adotivos indicam um grau moderado de herdabilidade para depressão (Shih, Belmonte, & Zandi, 2004). Fatores genéticos certamente não são a única causa da depressão. Vários estudos encontraram aumento da atividade do sistema imunológico, que pode surgir de lesões, experiências altamente estressantes, dieta pobre ou outras causas (Hodes, Kana, Menard, Merad, & Russo, 2015; Kaplan, Rucklidge, Romijn, & McLeod, 2015; Wohleb, Franklin, Iwata, & Duman, 2016).

Embora muitos estudos tenham identificado um ou mais genes como associados à depressão, os resultados variam de um estudo para outro (Cohen-Woods, Craig, & McGuffin, 2013). Uma explicação provável é que diferentes variações genéticas ocorrem em diferentes populações. Um estudo com mulheres chinesas com depressão severa recorrente identificou dois genes com forte efeito. Esses genes não surgiram em estudos com europeus, simplesmente porque esses genes são raros na Europa (CONVERGE Consortium, 2015).

Outra razão pela qual é difícil encontrar um gene ligado à depressão é que, quando falamos sobre depressão, podemos estar combinando síndromes separadas. Pessoas com depressão de início precoce (antes dos 30 anos) têm uma alta probabilidade de ter outros parentes com depressão (Bierut et al., 1999; Kendler, Gardner, & Prescott, 1999; Lyons et al., 1998), bem como parentes com transtornos de ansiedade, neuroticismo, transtorno de déficit de atenção, abuso de álcool ou maconha, transtorno obsessivo-compulsivo, bulimia, enxaqueca e síndrome do intestino irritável (Fu et al., 2002; Gade, Kristoffersen, & Kessing, 2014; Hudson et al., 2003). A depressão de início precoce também tende a ser mais grave, mais duradoura e mais associada a tendências suicidas (Park, Sohn, Seong, Suk, & Cho, 2015). Pessoas com depressão de início tardio (especialmente após os 45 a 50 anos) têm uma alta probabilidade de parentes com problemas circulatórios (Kendler, Fiske, Gardner, & Gatz, 2009). Os pesquisadores começaram a procurar genes que possam estar associados especificamente à depressão de início precoce ou tardio (Power et al., 2012).

Outra questão é que o efeito de um gene varia com o ambiente. Muitas pesquisas se referem ao gene que controla o transportador de serotonina, uma proteína que regula a capacidade dos axônios de reabsorver a serotonina após sua liberação. Os investigadores examinaram os genes do transportador de serotonina de 847 adultos jovens, identificando dois tipos: *baixo* e *longo*. Cada participante relatou grandes eventos estressantes ao longo de cinco anos, como contratempos financeiros, perda de emprego e divórcio. A Figura 14.6 mostra os resultados. Para pessoas com as duas formas curtas do gene, o número crescente de experiências estressantes levou a um grande aumento na probabilidade de depressão. Para aqueles com as duas formas longas, os eventos estressantes aumentaram apenas ligeiramente o risco de depressão. Aqueles com um gene curto e um gene longo eram intermediários. Em outras palavras, a forma curta do gene por si só não levou à depressão, mas ampliou a reação a eventos estressantes (Caspi et al., 2003).

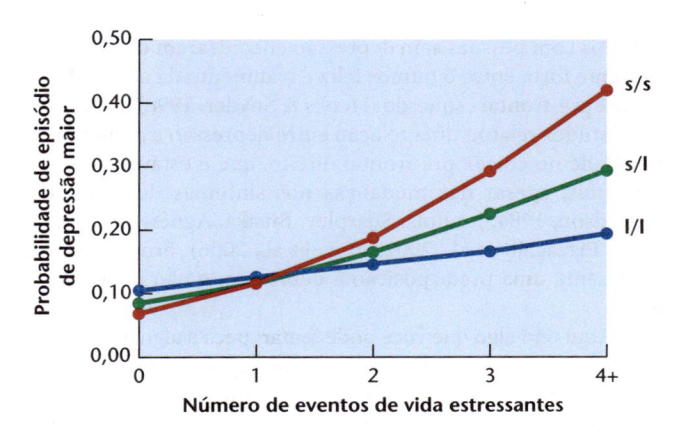

Figura 14.6 Genética, estresse e depressão
O efeito do gene transportador da serotonina dependia da quantidade de estresse.
(Fonte: "Influence of life stress on depression: Moderation by a polymorphism in the 5-HTT gene," de A. Caspi et al., Science, 301, 2003, pp. 386-389. Reimpressa com permissão. © 2003 AAAS)

Embora nem todos os estudos tenham replicado esse resultado, uma extensa revisão da literatura confirmou que a forma curta do gene transportador de serotonina aumenta o risco de uma reação depressiva aos principais estressores, especialmente o estresse de maus-tratos na primeira infância (Karg, Burmeister, Shedden, & Sen, 2011). Mas não devemos pensar no gene como um gene de "risco para depressão". O mesmo gene aumenta sorrisos, risos ou raiva dependendo do evento (Gyurak et al., 2013; Haase et al., 2015), ou seja, a forma abreviada do gene transportador de serotonina aumenta a reatividade emocional de quase qualquer tipo, bom ou ruim.

Considerando a alta prevalência de depressão e as ligações com a genética, os psicólogos evolucionistas levantaram a hipótese de que nossos ancestrais desenvolveram uma tendência a ficar deprimidos sob certas condições. Em particular, a depressão pode ser uma adaptação para conservar energia após uma derrota de algum tipo. É possível que a depressão tenha servido a um propósito válido para muitos de nossos ancestrais após lesões físicas, mesmo que seja mal-adaptativa hoje após tipos mais simbólicos de revés (Beck & Bredemeier, 2016).

✓ PARE & REVISE

10. Que evidência sugere que dois tipos de depressão são influenciados por genes diferentes?
11. O que Caspi e colegas relataram ser a relação entre depressão e genética?

RESPOSTAS

10. Parentes de pessoas com depressão de início precoce têm alto risco de depressão e muitos outros transtornos psicológicos. Parentes de pessoas com depressão de início tardio têm alta probabilidade de problemas circulatórios. 11. Pessoas com a forma curta do gene que controla o transportador de serotonina têm maior probabilidade do que outras pessoas de reagir a experiências estressantes tornando-se deprimidas. Mas na ausência de experiências estressantes, a probabilidade não aumenta.

Anormalidades da dominância hemisférica

Estudos com pessoas sem depressão encontraram uma relação bastante forte entre o humor feliz e o aumento da atividade no córtex pré-frontal esquerdo (Jacobs & Snyder, 1996). A maioria dos estudos relatou uma relação entre depressão e aumento da atividade no córtex pré-frontal direito, que é estável ao longo dos anos, apesar das mudanças nos sintomas de depressão (Davidson, 1984; Jesulola, Sharpley, Bitsika, Agnew, & Wilson, 2015; Pizzagalli et al., 2002; Vuga et al., 2006). Provavelmente representa uma predisposição à depressão, e não uma reação a ela.

Aqui tem algo que você pode tentar: peça a alguém para resolver um problema verbal, como: "Veja quantas palavras você consegue pensar que começam com *sa-*" ou "Veja quantas palavras você consegue pensar que terminem com -us". Observe discretamente os movimentos dos olhos da pessoa. A maioria das pessoas olha para a direita durante tarefas verbais, sugerindo dominância do hemisfério esquerdo, mas a maioria dos indivíduos com depressão olha para a esquerda (Lenhart & Katkin, 1986).

TENTE VOCÊ

PARE & REVISE

12. Algumas pessoas se oferecem para treiná-lo a usar o hemisfério direito do cérebro com mais intensidade, supostamente para aumentar a criatividade. Se forem bem-sucedidas você consegue ver alguma desvantagem?

RESPOSTA

12. Pessoas com atividade predominante no hemisfério direito mostram uma tendência aumentada para depressão.

Antidepressivos

Você pode presumir que os pesquisadores primeiro determinam as causas de um distúrbio psicológico e, em seguida, desenvolvem medicamentos com base nas causas. A ordem oposta é mais comum: os primeiros pesquisadores encontram drogas que parecem úteis e depois tentam descobrir como funcionam. A iproniazida, o primeiro medicamento antidepressivo, foi originalmente comercializado para tratar a tuberculose, até que os médicos notaram que ela aliviava a depressão. Da mesma forma, a clorpromazina foi originalmente usada para outros fins, até que os médicos notaram sua capacidade de aliviar a esquizofrenia. Durante décadas, os pesquisadores buscaram novos medicamentos totalmente por tentativa e erro. Hoje, eles avaliam novas drogas potenciais em tubos de ensaio ou amostras de tecido até encontrarem uma com potencial para efeitos fortes ou específicos na neurotransmissão. O resultado é o uso de menos animais de laboratório.

Tipos de antidepressivos

Os medicamentos antidepressivos se enquadram em várias categorias, incluindo tricíclicos, inibidores seletivos da recaptação da serotonina, inibidores da monoamina oxidase e antidepressivos atípicos. Os **tricíclicos** (por exemplo, imipramina, nome comercial Tofranil) operam bloqueando as proteínas transportadoras que reabsorvem serotonina, dopamina e noradrenalina no neurônio pré-sináptico após sua liberação. A Figura 14.7 mostra como a proteína transportadora de serotonina pega uma molécula de serotonina fora da membrana e depois inverte de posição para entregar a molécula no interior do neurônio. Uma droga tricíclica bloqueia o transportador na posição inicial, conforme mostrado à esquerda da figura (Penmatsa, Wang, & Gouaux, 2013; H. Wang et al., 2013). O resultado é prolongar a presença dos neurotransmissores na fenda sináptica, onde continuam estimulando a célula pós-sináptica. Os tricíclicos também bloqueiam os receptores de histamina, receptores de acetilcolina e certos canais de sódio (Horst & Preskorn, 1998). O bloqueio da histamina produz sonolência. O bloqueio da acetilcolina causa boca seca e dificuldade para urinar. O bloqueio dos canais de sódio causa irregularidades cardíacas, entre outros problemas. As pessoas devem limitar o uso de drogas tricíclicas para minimizar esses efeitos colaterais.

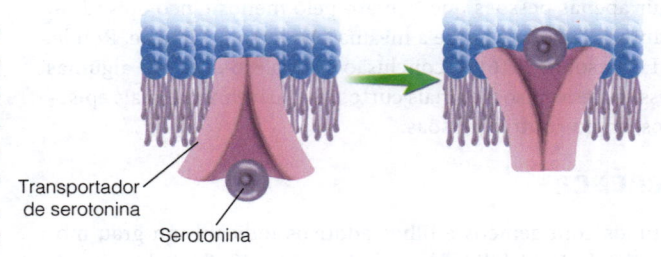

Figura 14.7 Recaptação de serotonina no neurônio pré-sináptico
A proteína transportadora de serotonina está aberta para a parte externa do neurônio à esquerda. Depois de selecionar uma molécula de serotonina, ela muda de posição para fornecer serotonina para a parte interna do neurônio pré-sináptico. Antidepressivos tricíclicos e ISRS bloqueiam a proteína transportadora na posição mostrada à esquerda, evitando a recaptação.

Os **inibidores seletivos da recaptação da serotonina (ISRS)** são semelhantes aos tricíclicos, mas específicos para o neurotransmissor serotonina. Eles se fixam ao centro da proteína transportadora de serotonina e a prendem em uma forma que impede a serotonina de se ligar a ela (Coleman, Green, & Gouaux, 2016). Os ISRS produzem efeitos colaterais mais brandos do que os tricíclicos, mas sua eficácia é quase a mesma. ISRSs comuns incluem fluoxetina (nome comercial Prozac), sertralina (Zoloft), fluvoxamina (Luvox), citalopram (Celexa) e paroxetina (Paxil ou Seroxat). Como você pode imaginar, **inibidores da recaptação da noradrenalina e serotonina (IRNS)**, como a duloxetina (Cymbalta) e a venlafaxina (Effexor), bloqueiam a recaptação da serotonina e da noradrenalina. Ao contrário de outros antidepressivos, os IRNS melhoram certos aspectos da memória (Feltmann, Konradsson-Geuken, De Bundel, Lindskog, & Schilström, 2015). Muitos pacientes agora tomam dois ou mais medicamentos com modos de ação diferentes, embora a eficácia dessa abordagem seja incerta (Millan, 2014).

Os **inibidores da monoamina oxidase (IMAO)** (por exemplo, fenelzina, nome comercial Nardil) bloqueiam a enzima monoamina oxidase (MAO), uma enzima pré-sináptica que metaboliza catecolaminas e serotonina em formas inativas. Quando os IMAO bloqueiam essa enzima, o terminal pré-sináptico tem mais de seu transmissor disponível para liberação. Os IMAO foram os primeiros antidepressivos, mas não

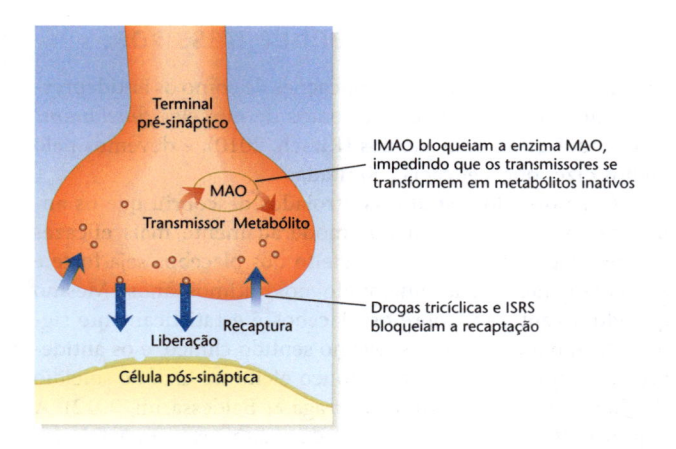

Figura 14.8 Vias de ação dos antidepressivos
Os tricíclicos bloqueiam a recaptação de dopamina, noradrenalina e serotonina. Os ISRS bloqueiam especificamente a recaptação da serotonina. IRNS bloqueiam a recaptação de serotonina e noradrenalina. IMAO bloqueiam a enzima MAO, que converte dopamina, noradrenalina ou serotonina em substâncias químicas inativas.

são mais a primeira escolha para o tratamento. Pessoas que tomam IMAO devem evitar alimentos que contenham tiramina — como queijo, passas e muitos outros — porque uma combinação de tiramina e IMAO aumenta a pressão arterial. A Figura 14.8 resume os mecanismos dos tricíclicos, ISRS e IMAO.

O **antidepressivos atípicos** incluem tudo, exceto os tipos que acabamos de discutir (Horst & Preskorn, 1998). Um exemplo é a bupropiona (Wellbutrin), que inibe a recaptação da dopamina e, em certa medida, da noradrenalina, mas não da serotonina. Embora os antidepressivos variem em quais neurotransmissores eles têm como alvo — serotonina, dopamina, noradrenalina ou alguma combinação — todos parecem ser quase iguais em sua eficácia (Montgomery et al., 2007; Undurraga & Baldessarini, 2012).

As empresas farmacêuticas não oferecem nada de substancialmente novo para a depressão há décadas, mas algumas novas possibilidades estão no horizonte. A cetamina, que antagoniza os receptores de glutamato do tipo NMDA, mas também aumenta a formação de novas sinapses, produz efeitos antidepressivos rápidos em pacientes que não respondem a outros medicamentos, mas muitas vezes também produz alucinações e delírios, e seus benefícios não são duradouros (Bunney & Bunney, 2012; Duman & Aghajanian, 2012). A cetamina em si não seria um antidepressivo adequado, mas resultados preliminares sugerem que um dos metabólitos da cetamina pode ser um candidato potencial (Zanos et al., 2016).

Muitas pessoas usam a erva-de-são-joão, como antidepressivo. Por ser um suplemento nutricional em vez de um medicamento, a Food and Drug Administration não a regulamentou e sua pureza varia de um frasco para outro. Tem a vantagem de ser mais barata do que os medicamentos antidepressivos. Uma vantagem ou desvantagem, dependendo do ponto de vista, é que está disponível sem receita médica. As pessoas podem obtê-la facilmente, mas geralmente aceitam quantidades inadequadas. Sua eficácia parece ser comparável à de medicamentos antidepressivos padrão (Sarris, Panossian, Schweitzer, Stough, & Scholey, 2011), mas tem um efeito colateral preocupante: a erva-de-são-joão aumenta a eficácia de uma enzima hepática que decompõe as toxinas das plantas e também decompõe a maioria dos medicamentos. Portanto, tomá-la diminui a eficácia de outros medicamentos que você pode estar usando, incluindo outros medicamentos antidepressivos, contra o câncer e medicamentos para a Aids (He, Yang, Li, Du, & Zhou, 2010; Moore et al., 2000).

✓ PARE & REVISE

13. Quais são os efeitos dos fármacos tricíclicos?
14. Quais são os efeitos dos ISRS?
15. Quais são os efeitos dos IMAO?

RESPOSTAS

13. Fármacos tricíclicos bloqueiam a recaptação de serotonina e catecolaminas. Também bloqueiam os receptores de histamina, receptores de acetilcolina e certos canais de sódio, produzindo assim efeitos colaterais desagradáveis. 14. ISRS inibem seletivamente a recaptação da serotonina. 15. IMAO bloqueiam a enzima MAO, que decompõe as catecolaminas e a serotonina. O resultado é maior disponibilidade desses transmissores.

Como os antidepressivos funcionam

Quando os pesquisadores descobriram que todos os antidepressivos comuns aumentam a disponibilidade de serotonina e outros neurotransmissores, eles inicialmente presumiram que a causa da depressão era uma deficiência de serotonina ou de outros neurotransmissores. Aos poucos, ficou claro que essa explicação simples não pode funcionar. Pessoas com depressão têm níveis quase normais de neurotransmissores, e alguns estudos descobriram *que aumentaram* liberação de serotonina (Barton et al., 2008). Além disso, é possível diminuir os níveis de serotonina repentinamente por meio de uma dieta com todos os aminoácidos, exceto o triptofano, o precursor da serotonina. Para a maioria das pessoas, essa diminuição da serotonina não provoca nenhum sentimento de depressão (Neumeister et al., 2004, 2006).

Uma grande dificuldade teórica vem do curso do tempo: os antidepressivos produzem seus efeitos nos neurotransmissores nas sinapses em minutos a horas, dependendo da droga, mas as pessoas geralmente precisam tomar as drogas por pelo menos duas semanas antes de apresentarem uma elevação significativa do humor (Stewart et al., 1998). Claramente, o nível atual de neurotransmissores não explica a depressão ou os benefícios das drogas.

De que outra forma podemos explicar os efeitos dos medicamentos antidepressivos? Uma hipótese diz respeito às neurotrofinas. Conforme discutido no Capítulo 4, as neurotrofinas auxiliam na sobrevivência, no crescimento e nas conexões dos neurônios. A maioria das pessoas com depressão tem níveis abaixo da média de uma neurotrofina chamada *fator neurotrófico derivado do cérebro* (FNDC) que é importante para a plasticidade sináptica, aprendizagem e proliferação de novos neurônios no hipocampo (Martinowich, Manji, & Lu, 2007; Sen, Duman, & Sanacora, 2008). Como resultado do FNDC baixo, a maioria das pessoas com depressão tem um hipocampo menor do que a média, aprendizado prejudicado e produção reduzida de novos neurônios do hipocampo. Muitos estudos sugerem que os medicamentos antidepressivos aumentam os níveis de FNDC, ao longo de semanas (consistente com o tempo para os antidepressivos fazerem efeito), embora os resultados não tenham sido totalmente consistentes (Drzyzga, Marcinowska, & Obuchowicz, 2009; Matrisciano et al., 2008; Maya Vetencourt et al., 2008).

A proliferação de novos neurônios no hipocampo, associada ao novo aprendizado, parece ser importante para os efeitos antidepressivos. Os procedimentos que bloqueiam a produção de neurônios também bloqueiam os benefícios comportamentais dos medicamentos antidepressivos (Airan et al., 2007). A importância de um novo aprendizado pode explicar por que os antidepressivos não elevam o humor das pessoas que não estão deprimidas: essas pessoas não estão sobrecarregadas com pensamentos desanimadores que precisam desaprender (Castrén & Rantamäki, 2010), mas a formação de novos neurônios não é a explicação completa para os medicamentos antidepressivos, já que os medicamentos também exercem efeitos essenciais nos neurônios maduros do hipocampo (Samuels et al., 2015).

PARE & REVISE

16. De que forma o curso do tempo dos antidepressivos entra em conflito com a ideia de que eles melhoram o humor aumentando os níveis de neurotransmissores?

17. Em oposição a uma interpretação quanto aos níveis de neurotransmissores, qual é a explicação alternativa para os benefícios dos medicamentos antidepressivos?

RESPOSTAS

16. As efeitos dos antidepressivos são produzidos na serotonina e em outros neurotransmissores rapidamente, mas os benefícios comportamentais se desenvolvem gradualmente ao longo de 2 a 3 semanas. 17. Medicamentos antidepressivos aumentam a produção de FNDC, que promove gradativamente o crescimento de novos neurônios no hipocampo e novo aprendizado.

Figura 14.9 Melhoria média da depressão em pessoas que tomam antidepressivos ou placebos
Os triângulos rosados representam pessoas tomando medicamentos em um estudo específico. Os círculos cinza representam pessoas tomando placebos. O tamanho do triângulo ou círculo é proporcional ao número de pessoas no estudo.
(Fonte: Kirsch et al., 2008)

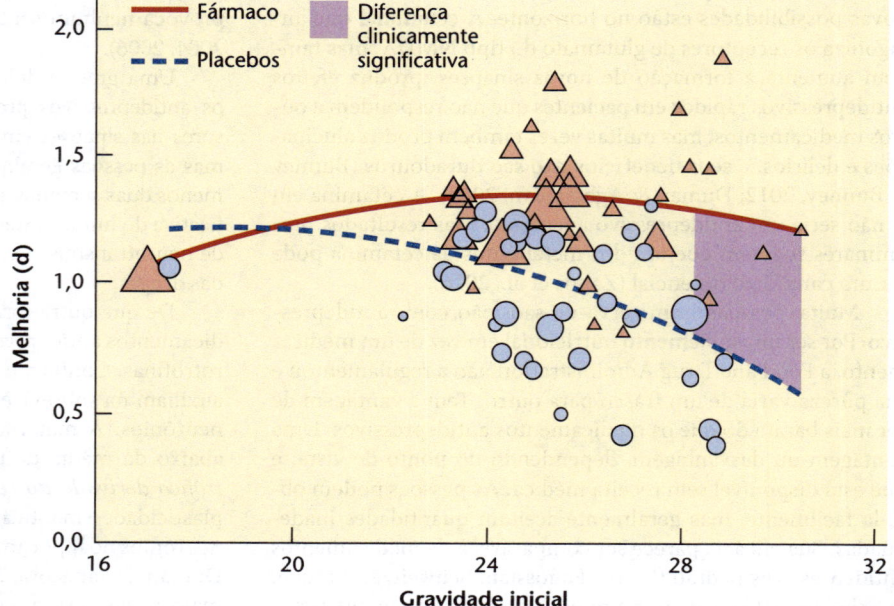

Qual é a eficácia dos antidepressivos?

Até agora, consideramos as explicações de como os antidepressivos funcionam. Que certeza temos de que eles *funcionam*? Nem todos estão convencidos (Kirsch, 2010), e devemos pelo menos dizer que a eficácia é limitada.

A maioria dos estudos controlados descobriu que os antidepressivos são pelo menos moderadamente mais eficazes do que os placebos, embora o efeito dos placebos seja forte e aparentemente tenha aumentado nos últimos anos. Mesmo quando a vantagem sobre os placebos é estatisticamente significativa, pode ser apenas leve no sentido clínico, e os antidepressivos aparentemente têm pouco efeito na taxa de suicídio (Bschor & Kilarski, 2016; Undurraga & Baldessarini, 2012). A Figura 14.9 resume os resultados de muitos experimentos nos quais as pessoas foram designadas aleatoriamente para receber drogas antidepressivas ou placebos. O eixo horizontal representa pontuações na Escala de Avaliação de Depressão de Hamilton, em que pontuações mais altas indicam depressão mais intensa. O eixo vertical representa a quantidade de melhoria. Os triângulos representam os pacientes que recebem a droga em um estudo e os círculos representam os pacientes que recebem um placebo. O tamanho do triângulo ou círculo é proporcional ao número de pacientes em um grupo. Muitas pessoas respondem bem aos placebos, seja por causa da recuperação espontânea ao longo do tempo ou por causa da expectativa que surge ao tomar uma pílula. Para pacientes com depressão leve a moderada, os resultados dos grupos de placebo se sobrepõem aos dos grupos de drogas, e as diferenças entre os grupos parecem muito pequenas para serem significativas. Apenas para pessoas com depressão grave os medicamentos mostraram uma vantagem significativa (Kirsch et al., 2008).

Por várias razões, é possível que esses dados subestimem a eficácia dos medicamentos. Alguns estudos usaram doses muito baixas para obter um efeito confiável (Hieronymus, Nilsson, & Eriksson, 2016). Além disso, a escala de avaliação de depressão de Hamilton é menos confiável em níveis mais baixos de depressão (Isaacson & Adler, 2012), ou seja, mede a melhora para pacientes com depressão grave com mais precisão do que para pacientes com depressão leve ou moderada. Portanto, não devemos necessariamente concluir que os medicamentos são úteis apenas na depressão grave (Fountoulakis, Veroniki, Siamouli, & Moller, 2013), mas permanece o ponto de que os medicamentos antidepressivos são apenas moderadamente úteis para a maioria dos pacientes com depressão e, em muitos casos, não ajudam de forma alguma.

Quando as pessoas tomam antidepressivos, muitas deixam de mostrar qualquer benefício do primeiro medicamento que experimentam. Após cerca de seis semanas, o médico prescreve um medicamento diferente e, se necessário, outro e assim por diante. Não é possível prever qual medicamento funcionará melhor para um determinado paciente, portanto, é estritamente um processo de tentativa e erro. Mudar para um tipo diferente de medicamento (ISRS *versus* tricíclico, por exemplo) não é mais provável de ser útil do que mudar para um medicamento do mesmo tipo. A maioria dos pacientes acaba apresentando uma resposta favorável a um dos medicamentos (Keers & Uher, 2012). Mas, nesse ponto, como podemos ter certeza de que a nova droga foi responsável pela melhora do humor? A depressão ocorre em episódios, ou seja, mesmo sem tratamento, a maioria das pessoas se recupera em alguns meses. Quando alguém passa por uma série de medicamentos antes que um deles finalmente pareça funcionar, não sabemos se o paciente teria se recuperado com a mesma rapidez com o primeiro medicamento ou sem nenhum medicamento. Infelizmente, muitas pesquisas falharam em incluir grupos de controle adequados.

Alternativas a antidepressivos

A terapia cognitivo-comportamental e outras formas de psicoterapia costumam ser úteis. As revisões da literatura de pesquisa mostram que os medicamentos antidepressivos e a psicoterapia são igualmente eficazes no tratamento de todos os níveis de depressão, de leve a grave (Bortolotti, Menchetti, Bellini, Montaguti, & Berardi, 2008). Claro, considerando que grande parte da resposta aos medicamentos antidepressivos é um efeito placebo, o mesmo deve ser verdadeiro para a psicoterapia. Os efeitos dos antidepressivos e da psicoterapia se sobrepõem mais do que poderíamos imaginar. As varreduras do cérebro mostram que os antidepressivos e a psicoterapia aumentam o metabolismo nas mesmas áreas do cérebro (Brody et al., 2001; S. D. Martin et al., 2001). Essa semelhança não deveria ser terrivelmente surpreendente se aceitarmos o monismo mente-corpo. Se a atividade mental é a mesma coisa que a atividade do cérebro, então mudar os pensamentos de alguém deveria mudar a química do cérebro.

A psicoterapia tem uma vantagem porque seus efeitos têm mais probabilidade de durar, ou seja, uma recaída na depressão é mais provável após o tratamento com antidepressivos do que após a psicoterapia (Steinert, Hofmann, Kruse, & Leichsenring, 2014).

Uma combinação de antidepressivos e psicoterapia funcionaria melhor do que qualquer uma delas sozinha? Em média, as pessoas que recebem os dois tratamentos mostram uma melhora mais rápida do que as pessoas que recebem um sozinho, mas a porcentagem de pessoas que apresentam melhora aumenta apenas ligeiramente (de Maat et al., 2008; Hollon et al., 2014). Se algumas pessoas respondessem melhor às drogas e outras à psicoterapia, deveríamos esperar que a combinação ajudasse uma porcentagem muito maior de pessoas, porque todos receberiam o que funcionasse melhor. Evidentemente, poucas pessoas respondem a um tratamento e não ao outro. Algumas pessoas se recuperam ao longo do tempo sem tratamento ou placebo, outro grupo melhora igualmente bem com antidepressivos ou psicoterapia, alguns respondem melhor a um do que ao outro, e o restante — um terço à metade de todos os pacientes, pela maioria das estimativas — não responde bem a nenhuma delas (Friedman et al., 2009; Hollon, Thase, & Markowitz, 2002; Thase et al., 1997).

✓ PARE & REVISE

18. À medida que a depressão se torna mais grave, o que acontece com a porcentagem dos pacientes que apresentam melhora enquanto tomam medicamentos antidepressivos ou placebos?

19. Qual é a vantagem da psicoterapia em relação aos antidepressivos?

RESPOSTAS

18. Para casos mais graves, a porcentagem de pacientes que melhoram permanece quase a mesma para pacientes que tomam medicamentos antidepressivos, mas menos pacientes que tomam placebos apresentam melhora. 19. Pessoas que respondem bem à psicoterapia têm menor risco de recaída mais tarde do que pessoas que respondem a medicamentos antidepressivos. Além disso, os medicamentos antidepressivos produzem efeitos colaterais desagradáveis.

Terapia eletroconvulsiva (TEC)

Outra opção, apesar de sua história tempestuosa, é o tratamento por meio de uma convulsão eletricamente induzida, conhecida como **terapia eletroconvulsiva (TEC)**. A TEC originou-se com a observação de que, para pessoas com epilepsia e esquizofrenia, quando os sintomas de um transtorno aumentam, os sintomas do outro geralmente diminuem (Trimble & Thompson, 1986). Na década de 1930, Ladislas Meduna e outros médicos tentaram aliviar a esquizofrenia induzindo convulsões com uma grande dose de insulina. O choque de insulina é uma experiência terrível e difícil de controlar. Um médico italiano, Ugo Cerletti, após anos de experimentação com animais, desenvolveu um método de induzir convulsões com choque elétrico na cabeça (Cerletti & Bini, 1938). A eletroconvulsoterapia é rápida e a maioria dos pacientes acorda calmamente sem se lembrar.

Os psiquiatras tinham apenas essa base teórica instável para esperar que a TEC fosse útil para a esquizofrenia. Quando se mostrou ineficaz na maioria dos casos, você pode imaginar que eles a abandonariam. Em vez disso, eles a experimentaram em pacientes com outros transtornos, para os quais não tinham nenhuma razão teórica para esperar que funcionasse. Surpreendentemente, a TEC aliviou a depressão em muitos casos, porém seu uso indevido durante a década de 1950 rendeu-lhe uma má reputação, pois alguns pacientes receberam a TEC centenas de vezes sem o consentimento deles e sem qualquer benefício aparente.

Quando as drogas antidepressivas se tornaram disponíveis no final da década de 1950, o uso da TEC diminuiu abruptamente; mas na década de 1970, os psiquiatras trouxeram de volta a TEC para os pacientes que não estavam respondendo a

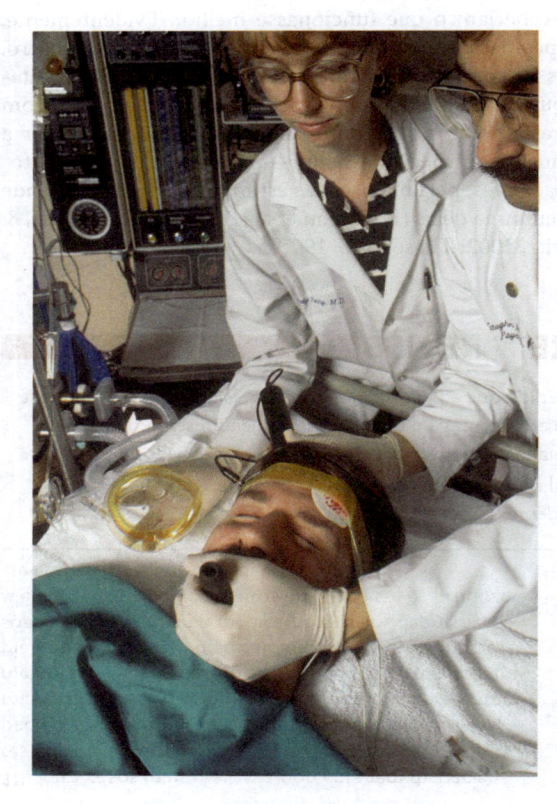

Figura 14.10 Terapia eletroconvulsiva (TEC)
Em contraposição a um período anterior, a TEC hoje é administrada com relaxantes musculares ou anestésicos para minimizar o desconforto.
(Fonte: Will, & Deni McIntyre/Science Source)

outros medicamentos. Hoje, os terapeutas usam a TEC principalmente em pacientes com depressão grave que não responderam aos antidepressivos, e é eficaz em grande parte dos casos (Reisner, 2003). Na maioria dos casos, é prescrita apenas com o consentimento informado do paciente, embora às vezes uma ordem judicial a exija, para paciente com alto risco de suicídio. Normalmente, é aplicada em dias alternados por cerca de duas semanas. Os pacientes recebem relaxantes musculares ou anestésicos para minimizar o desconforto e a possibilidade de lesão (ver Figura 14.10).

O efeito colateral mais comum da TEC é o comprometimento da memória, mas limitar o choque no hemisfério direito reduz a perda de memória. Em qualquer caso, o comprometimento da memória geralmente dura apenas alguns meses, não para sempre (Reisner, 2003). A principal desvantagem da TEC é o alto risco de recidiva. Comparada à psicoterapia ou aos antidepressivos, a TEC geralmente age mais rápido, mas seus benefícios têm menor probabilidade de persistir. Para prevenir a recaída, o paciente retorna periodicamente para tratamentos adicionais de TEC por pelo menos vários meses, ou segue a TEC com outros tratamentos.

Mais de meio século após a introdução da TEC, ninguém ainda tem certeza de como ela alivia a depressão, mas, como os medicamentos antidepressivos, a TEC aumenta a proliferação de novos neurônios no hipocampo (Perera et al., 2007). A maioria dos estudos constata que aumenta os níveis de FNDC, cujos antidepressivos também aumentam, mas esse aumento pode ou não estar relacionado aos benefícios terapêuticos (Freire, Fleck, & da Rocha, 2016; Rocha et al., 2016).

Exercício e dieta

O tratamento antidepressivo mais simples e barato é um programa de exercícios regulares de intensidade moderada (Leppämäki, Partonen, & Lönnqvist, 2002). Experimentos controlados confirmaram benefícios modestos dos antidepressivos, especialmente para pessoas com mais de 60 anos (Bridle, Spanjers, Patel, Atherton, & Lamb, 2012). Mesmo algo tão simples como caminhar melhora o humor positivo (Miller & Krizan, 2016). O exercício é melhor usado como um suplemento a outros tratamentos do que como uma terapia por si só.

Vários tipos de suplementos dietéticos também devem ser considerados. A pesquisa sugeriu algum valor para os ácidos graxos ômega-3, que são importantes para as membranas dos neurônios, e para as vitaminas B_6, B_9, e B_{12}, porém a pesquisa não foi extensa ou totalmente conclusiva (McGorry, Nelson, & Markulev, 2017; Rechenberg, 2016).

Padrões de sono alterados

Quase todas as pessoas com depressão têm problemas de sono, e esses problemas geralmente precedem as mudanças de humor. Muitos estudos relataram que pessoas com problemas para dormir correm alto risco de depressão posterior (Li, Wu, Gan, Qu, & Lu, 2016). O padrão de sono usual para alguém com depressão se assemelha ao sono de pessoas saudáveis que viajaram alguns fusos horários para o oeste: eles adormecem quando o relógio diz para fazer isso, mas entram no sono REM mais cedo do que o normal e acordam cedo, como ilustra a Figura 14.11.

Se você ficar acordado a noite toda, como se sentirá na manhã seguinte? A maioria das pessoas se sente grogue e irritada. Surpreendentemente, a maioria das pessoas com depressão sente-se significativamente melhor (Benedetti & Colombo, 2011). (Presumivelmente, alguém descobriu essa terapia por acidente. É difícil imaginar qualquer razão lógica para ter tentado.) Mas embora o benefício da privação de sono seja rápido, também é breve, pois a depressão geralmente retorna após a noite de sono seguinte.

Outra abordagem é alterar o horário do sono, indo para a cama horas antes do normal, ou seja, se o seu ritmo circadiano mudou, por que não dormir mais cedo, em sintonia com o seu ritmo? A pessoa então obtém uma quantidade normal de sono com duração normal do sono REM. Este procedimento geralmente alivia a depressão rapidamente e seus benefícios duram uma semana ou mais (Riemann et al., 1999). Eventualmente, porém, o ritmo circadiano muda novamente, como se a pessoa tivesse viajado alguns fusos horários adicionais para o oeste sem se ajustar. Até agora, o avanço da fase do cronograma de sono não se tornou uma terapia popular, talvez em parte porque as pessoas têm razões sociais para querer ficar acordadas após o início da noite.

Ainda assim, a eficácia da privação de sono ou de uma mudança no horário do sono sugere que a depressão está relacionada a ter um ritmo circadiano defasado do ambiente. As evidências de comprovação vêm do fenômeno do **transtorno afetivo sazonal (TAS)** — depressão recorrente durante uma determinada estação, como o inverno. O TAS é mais prevalente perto dos polos, onde as noites de inverno são longas

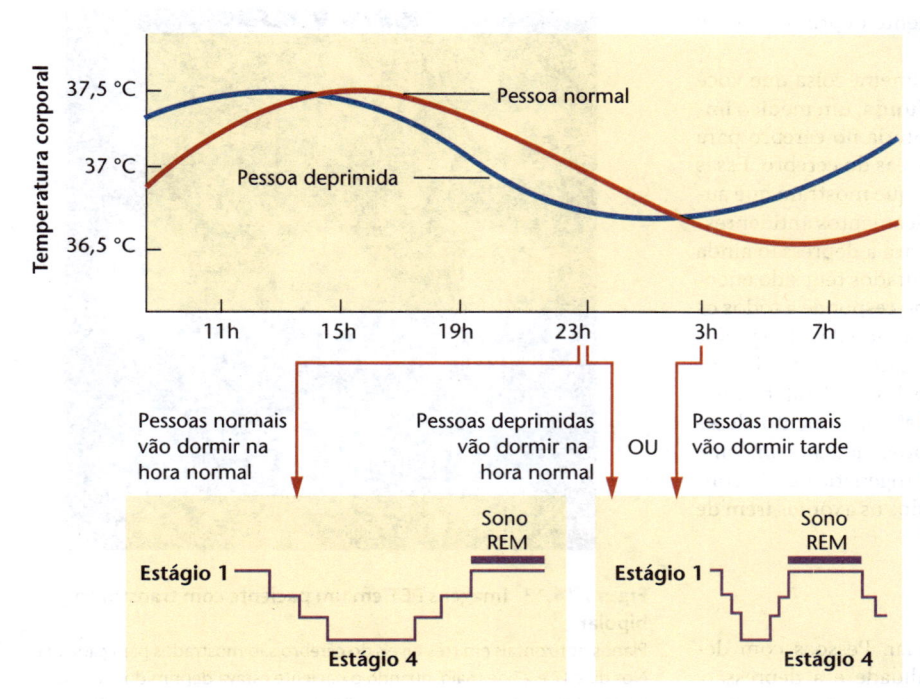

Figura 14.11 Ritmos circadianos e depressão

Os ritmos circadianos da maioria das pessoas com depressão são avançados em várias horas. Elas dormem como se tivessem ido para a cama mais tarde do que realmente foram.
(Fonte: Gráficos na parte inferior de Sleep, de J. Allan Hobson, © 1989, 1995 de J. Allan Hobson. Reproduzida com permissão de Henry Holt and Company, LLC)

(Haggarty et al., 2002). Em contraste com a maioria dos outros pacientes com depressão, que têm ritmos circadianos de fase avançada, as pessoas com TAS têm ritmos de fase retardada (Teicher et al., 1997) (ver Figura 14.12). Muitas pessoas com TAS apresentam uma mutação em um dos genes responsáveis por regular o ritmo circadiano (Johansson et al., 2003).

É possível tratar o TAS com luzes muito brilhantes — 2.500 lux por algumas horas todas as manhãs, ou mesmo mais brilhantes por um tempo mais curto (Dallaspezia, Suzuki, & Benedetti, 2015; Pail et al., 2011). Presumivelmente, esse tratamento funciona reiniciando o ritmo circadiano, embora a pesquisa não seja conclusiva sobre esse ponto. Independentemente dos mecanismos, os benefícios são substanciais. Os pesquisadores agora testaram terapia de luz forte para depressão não sazonal, com resultados pelo menos tão bons quanto os de medicamentos antidepressivos, com benefícios mais rápidos (geralmente em uma semana), custo mais baixo e muito menos risco de efeitos colaterais (Al-Karawi & Jubair, 2016; Dallaspezia et al., 2015).

✓ PARE & REVISE

20. Quais são as vantagens e desvantagens da TEC?
21. Que mudança nos hábitos de sono às vezes alivia a depressão?
22. Quais são as vantagens do tratamento com luz forte em comparação com os antidepressivos?

RESPOSTAS

20. A TEC ajuda muitas pessoas que não respondem aos medicamentos antidepressivos ou à psicoterapia, e os benefícios geralmente se desenvolvem de forma relativamente rápida. Mas a probabilidade de recaída rápida é alta. 21. Ir para a cama mais cedo às vezes alivia a depressão. 22. É mais barato, tem pouco risco de efeitos colaterais e produz os benefícios mais rapidamente.

Estimulação cerebral profunda

Suponha que você esteja ficando desesperado. Você tentou psicoterapia, tentou um antidepressivo após o outro, experimentou TEC, fez exercícios e mudou seu horário de sono. Nada

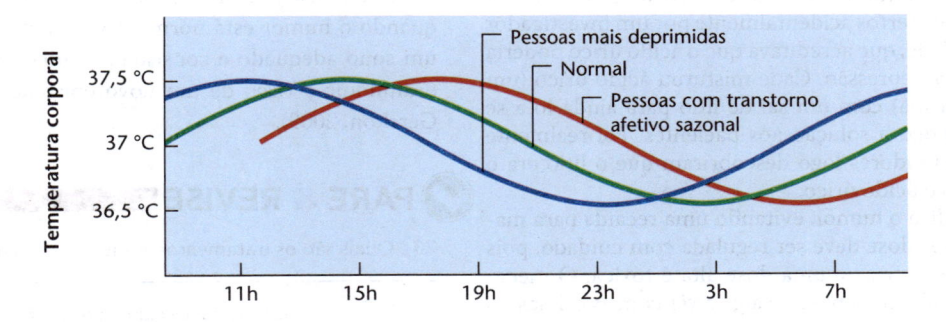

Figura 14.12 Ritmos circadianos para depressão maior e transtorno afetivo sazonal (TAS)
Pacientes com TAS apresentam fase tardia, enquanto a maioria dos outros pacientes com depressão apresenta fase avançada.

funcionou e você ainda está miseravelmente deprimido. Você tem alguma outra esperança?

Outra opção certamente não é a primeira coisa que você tentaria: com **estimulação cerebral profunda**, um médico implanta um dispositivo alimentado por bateria no cérebro para fornecer estimulação periódica a certas áreas do cérebro. Essas áreas são escolhidas por causa de estudos que mostram que aumentam sua atividade com o uso de medicamentos antidepressivos. A estimulação cerebral profunda para a depressão ainda está em estágio experimental, mas os resultados têm sido encorajadores. A maioria dos pacientes que não responde a todos os outros tratamentos mostra uma melhora gradual ao longo dos meses, e cerca de metade retorna totalmente ao normal, contanto que a estimulação continue (Riva-Posse, Holtzheimer, Garlow, & Mayberg, 2013). Um possível refinamento desse procedimento é o uso da estimulação optogenética, conforme descrito no Capítulo 3. A estimulação optogenética pode controlar conexões individuais, em vez de todos os axônios irem de uma área para outra (Deisseroth, 2014).

Transtorno bipolar

A depressão pode ser unipolar ou bipolar. Pessoas com depressão unipolar variam entre a normalidade e a depressão. Pessoas com **transtorno bipolar**, anteriormente conhecido como *transtorno maníaco-depressivo*, alternam entre dois polos — depressão e seu oposto, mania. **Mania** é uma condição caracterizada por atividade inquieta, excitação, riso, autoconfiança, fala confusa e perda de inibição. Algumas pessoas com transtorno bipolar têm episódios maníacos completos (conhecidos como *transtorno bipolar I*), e algumas têm episódios leves ou hipomaníacos (*transtorno bipolar II*). O transtorno bipolar geralmente começa na adolescência ou no início dos 20 anos. Embora seja igualmente comum para homens e mulheres, os homens são mais propensos a ter casos graves (bipolares I), mas as mulheres são mais propensas a receber tratamento (Merikangas & Pato, 2009).

A Figura 14.13 mostra o aumento do cérebro no uso de glicose durante a mania e sua diminuição durante a depressão (Baxter et al., 1985). O transtorno bipolar foi associado a muitos genes, mas aparentemente nenhum deles é específico do transtorno bipolar. Os mesmos genes também aumentam o risco de depressão unipolar, esquizofrenia e outros transtornos (S.-H. Chang et al., 2013).

Tratamentos

O primeiro tratamento bem-sucedido para o transtorno bipolar, e ainda o mais comum, é o de sais de **lítio**. Os benefícios do lítio foram descobertos acidentalmente por um investigador australiano, J. F. Cade, que acreditava que o ácido úrico poderia aliviar a mania e a depressão. Cade misturou ácido úrico (um componente da urina) com um sal de lítio para ajudá-lo a se dissolver e então deu a solução aos pacientes. Foi realmente útil, mas os pesquisadores logo descobriram que o lítio era o agente eficaz, não o ácido úrico.

O lítio estabiliza o humor, evitando uma recaída para mania ou depressão. A dose deve ser regulada com cuidado, pois uma dose baixa é ineficaz e uma dose alta é tóxica. O mecanismo de efeito evidentemente tem algo a ver com as células do hipocampo. O hipocampo forma novos neurônios ao longo da vida, e alguns dos que se formam em pacientes com transtorno bipolar são hiperexcitáveis. O lítio alivia o transtorno bipolar apenas se alivia a hiperexcitabilidade (Mertens et al., 2015).

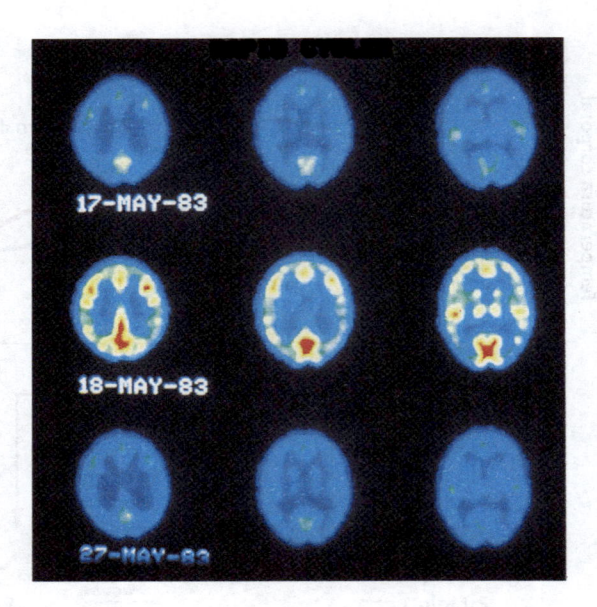

Figura 14.13 Imagens PET em um paciente com transtorno bipolar

Planos horizontais em três níveis do cérebro são mostrados para cada dia. Nos dias 17 e 27 de maio, quando o paciente estava deprimido, as taxas metabólicas cerebrais eram baixas. Em 18 de maio, quando o paciente estava de bom humor e hipomaníaco, a taxa metabólica cerebral era alta. Vermelho indica a taxa metabólica mais alta, seguido por amarelo, verde e azul.

(*Fonte:* "Cerebral metabolic rates for glucose in mood disorders," de L. R. Baxter, M. E. Phelps, J. C. Mazziotta, J. M. Schwartz, R. H. Gerner, C. E. Selin, et al., 1985, Archives of General Psychiatry, 42, 441-447)

Outros medicamentos são os anticonvulsivantes valproato (nomes comerciais Depakene, Depakote e outros) e a carbamazepina. Se esses medicamentos não forem totalmente eficazes, os médicos às vezes os complementam com medicamentos antidepressivos ou antipsicóticos — aqueles também prescritos para esquizofrenia. Os medicamentos antidepressivos são arriscados, pois às vezes provocam a mudança da depressão para a mania. Os medicamentos antipsicóticos podem ser úteis, mas também produzem efeitos colaterais desagradáveis.

As estratégias suplementares incluem dieta e sono. Assim como na depressão maior, os ácidos graxos ômega-3, como os dos frutos do mar, reduzem o risco de transtorno bipolar (Noaghiul & Hibbeln, 2003). Pacientes com transtorno bipolar frequentemente apresentam má qualidade do sono tanto durante a fase maníaca como durante a depressiva, e mesmo quando o humor está normal (Altena et al., 2016). Conseguir um sono adequado e consistente ajuda a estabilizar o humor e diminuir o risco de um novo episódio (Harvey, Talbot, & Gershon, 2009).

✓ PARE & REVISE

23. Quais são os tratamentos comuns para o transtorno bipolar?

RESPOSTA

23. Os tratamentos farmacêuticos comuns para transtorno bipolar são sais de lítio e certos anticonvulsivantes — valproato e carbamazepina. Uma dieta que inclua ácidos graxos ômega-3 também ajuda, assim como uma rotina de sono consistente.

Módulo 14.2 | Conclusão
A biologia das oscilações do humor

Não há nada de anormal em se sentir triste se algo inesperadamente ruim acontecer com você. Para pessoas com depressão ou transtorno bipolar, o humor torna-se amplamente independente de eventos. Um surto de depressão pode persistir por meses ou anos, e até mesmo as melhores notícias fornecem pouco ânimo. Um paciente bipolar em estado maníaco tem uma energia ilimitada e uma autoconfiança que nenhuma contradição pode deter. O estudo desses estados tem um grande potencial para nos informar sobre os estados cerebrais que correspondem aos humores.

Resumo

1. Pessoas com depressão grave descobrem que quase nada as deixa felizes. Na maioria dos casos, a depressão ocorre como uma série de episódios.
2. A depressão tem uma predisposição genética, mas nenhum gene tem um efeito forte por si mesmo. O estresse pode provocar depressão ao ativar o sistema imunológico.
3. A depressão está associada à diminuição da atividade no hemisfério esquerdo do córtex.
4. Vários tipos de medicamentos antidepressivos são amplamente utilizados. Fármacos tricíclicos bloqueiam a recaptação de serotonina e catecolaminas. ISRSs bloqueiam a recaptação da serotonina. IRNS bloqueiam a recaptação de serotonina e noradrenalina. IMAO bloqueiam uma enzima que decompõe as catecolaminas e a serotonina.
5. Os antidepressivos provavelmente não produzem seus benefícios simplesmente aumentando os níveis sinápticos de serotonina ou de qualquer outro transmissor. Normalmente, eles afetam as sinapses rapidamente, mas os benefícios do humor se desenvolvem ao longo de semanas.
6. Uma hipótese é que os antidepressivos exercem seus efeitos promovendo o desenvolvimento de novos neurônios no hipocampo. Novos neurônios facilitam um novo aprendizado que compete com pensamentos antigos e desagradáveis.
7. A maioria das pessoas não responde rapidamente aos medicamentos antidepressivos e parte do benefício aparente pode ser devido ao efeito placebo ou à passagem do tempo.
8. A psicoterapia é tão eficaz quanto os antidepressivos. A psicoterapia tem mais probabilidade do que os medicamentos antidepressivos de produzir benefícios duradouros.
9. Outras terapias para depressão incluem exercícios, terapia eletroconvulsiva, padrões de sono alterados e estimulação cerebral profunda.
10. A exposição a luzes fortes é um tratamento eficaz e barato, não apenas para o transtorno afetivo sazonal, mas também para outras depressões graves.
11. Pessoas com transtorno bipolar alternam entre depressão e mania. As terapias eficazes incluem sais de lítio e certos medicamentos anticonvulsivantes. Um cronograma de sono consistente também é recomendado.

Termos-chave

Os termos estão definidos no número de página indicado. Também são apresentados em ordem alfabética com a definição no Índice remissivo/Glossário do livro, que começa na p. 589.

antidepressivos atípicos **471**
depressão maior **468**
estimulação cerebral profunda **476**
inibidores da monoamina oxidase (IMAO) **470**
inibidores da recaptação da noradrenalina e serotonina e (IRNS) **470**
inibidores seletivos da recaptação da serotonina (ISRS) **470**
lítio **476**
mania **476**
terapia eletroconvulsiva (TEC) **473**
transtorno afetivo sazonal (TAS) **474**
transtorno bipolar **476**
tricíclicos **470**

Questão complexa

1. Algumas pessoas sugeriram que a TEC alivia a depressão fazendo com que as pessoas se esqueçam dos eventos que a causaram. Que evidência se opõe a essa hipótese?

2. Suponha que uma pessoa com depressão viaje em um navio de cruzeiro que percorre lentamente o mundo, um fuso horário a leste a cada um ou dois dias. Que efeito, se houver algum, você esperaria sobre a depressão e por quê?

Módulo 14.2 | Questionário final

1. Em média, quanto tempo dura um primeiro episódio de depressão?
   - A. Dois meses.
   - B. Episódios mais longos do que os últimos.
   - C. Episódios mais curtos do que os últimos.
   - D. Quase o mesmo que os últimos episódios.

2. Por que pode ser difícil localizar genes que contribuem para a depressão?
   - A. Os genes da depressão nos homens diferem dos das mulheres.
   - B. Os genes para depressão em uma população podem ser raros em outra.
   - C. Os genes para depressão em adolescentes diferem daqueles de adultos.
   - D. Os genes da depressão na população de hoje diferem dos do passado.

3. Parentes de pessoas com depressão de início tardio têm alta probabilidade de que tipo de problema?
   - A. Transtornos de ansiedade
   - B. Problemas circulatórios
   - C. Abuso de álcool
   - D. Enxaqueca

4. O gene curto para o transportador de serotonina está relacionado à depressão apenas em que pessoas?
   - A. Pessoas que passaram por forte estresse.
   - B. Pessoas com alergias alimentares.
   - C. Pessoas que seguem uma programação de sono irregular.
   - D. Pessoas que não respondem bem aos medicamentos antidepressivos.

5. De que maneira os ISRSs diferem dos antidepressivos tricíclicos?
   - A. ISRSs atuam em apenas um tipo de sinapse, em vez de vários.
   - B. ISRSs atuam sobre o hipocampo em vez do córtex cerebral.
   - C. ISRSs entram no cérebro mais rapidamente e permanecem lá por mais tempo.
   - D. ISRSs são quimicamente semelhantes aos neurotransmissores do cérebro.

6. Qual é a desvantagem de usar a erva-de-são-joão como antidepressivo?
   - A. A erva-de-são-joão é mais cara do que os antidepressivos convencionais.
   - B. A erva-de-são-joão é menos eficaz e produz benefícios mais lentamente.
   - C. A erva-de-são-joão diminui a eficácia de outras drogas.
   - D. erva-de-são-joão é difícil de ser obtida legalmente.

7. Se alguém começa a tomar antidepressivos, quando surgem os benefícios comportamentais?
   - A. Assim que a droga chega ao cérebro.
   - B. Assim que a droga se liga aos receptores nas sinapses.
   - C. Cerca de um dia depois de tomar a primeira dose.
   - D. Duas semanas ou mais após tomar a primeira dose.

8. Qual das alternativas a seguir é importante para aliviar a depressão?
   - A. Aumentar a atividade do hemisfério direito.
   - B. Formação de novos neurônios no hipocampo.
   - C. Bloqueio da produção de FNDC.
   - D. Aumento da síntese de GABA.

9. Se vários pacientes que não responderam ao medicamento A melhoram posteriormente após a troca para o medicamento B, qual conclusão, se houver, se obtém?
   - A. O medicamento B é mais eficaz do que o medicamento.
   - B. Algumas pessoas respondem ao medicamento B, mas não ao medicamento A.
   - C. Qualquer mudança nos medicamentos aumenta a motivação dos pacientes e, portanto, os ajuda a se recuperar.
   - D. Nenhuma dessas conclusões é obtida..

10. Os efeitos antidepressivos se assemelham aos dos placebos, exceto em que tipo de paciente?
    - A. Aqueles com depressão mais severa.
    - B. Aqueles com depressão relativamente leve.
    - C. Pessoas com início de depressão mais tarde na vida.
    - D. Aqueles que também estão recebendo psicoterapia.

11. Qual tratamento age mais rapidamente e qual geralmente tem os benefícios mais duradouros?

- **A.** Os antidepressivos agem mais rapidamente e a psicoterapia tem os benefícios mais duradouros.
- **B.** A TEC atua mais rapidamente e a psicoterapia tem os benefícios mais duradouros.
- **C.** A psicoterapia atua mais rapidamente e os antidepressivos apresentam os benefícios mais duradouros.
- **D.** A TEC atua mais rapidamente e os antidepressivos apresentam os benefícios mais duradouros.

12. Qual destas opções geralmente produz um alívio barato para a depressão?

- **A.** Vou dormir horas mais tarde do que o normal.
- **B.** Exposição a luzes muito brilhantes pela manhã.
- **C.** Ter uma dieta livre de gordura.
- **D.** Música relaxante durante a noite.

13. Qual destes tratamentos é mais comum para o transtorno bipolar?

- **A.** Sais de lítio
- **B.** Ácido úrico
- **C.** Vitamina C
- **D.** Evitar glúten

Respostas: 1D, 2B, 3B, 4A, 5A, 6C, 7D, 8B, 9D, 10A, 11B, 12B, 13A.

Módulo 14.3

Esquizofrenia

Esta é uma conversa entre duas pessoas com diagnóstico de esquizofrenia:

A: Você trabalha na base aérea?

B: Você sabe o que eu penso sobre trabalho. Eu faço 33 anos em junho, você se importa?

A: Junho?

B: 33 anos em junho. Essas coisas sumirão depois que eu passar por isso, hum — sair deste hospital. Então, não consigo recuperar minhas cordas vocais. Então, larguei o cigarro. Estou em uma condição espacial, vindo do espaço sideral. ...

A: Eu sou uma verdadeira nave espacial do outro lado do universo.

B: Muitas pessoas falam assim, como um louco, mas *Acredite Se Quiser* de Ripley, pegue ou largue — sozinho — está no *Examiner*, está na seção de quadrinhos, *Believe It or Not*, de Ripley, Robert E. Ripley. Acredite se quiser, mas não temos que acreditar em nada, a menos que eu queira. Cada pequena roseta — muito sozinha.

A: Sim, pode ser possível.

B: Sou um marinheiro civil.

A: Pode ser possível. Eu tomo meu banho no oceano.

B: O banho fede. Você sabe por quê? Porque você não pode parar quando tem vontade. Você está a serviço. (Haley, 1959, p. 321)

Pessoas com esquizofrenia dizem e fazem coisas que outras pessoas (incluindo outras pessoas com esquizofrenia) acham difícil de entender. Fatores biológicos e ambientais contribuem.

Diagnóstico

A esquizofrenia era originalmente chamada *dementia praecox*, expressão latina para "deterioração mental prematura". Em 1911, Eugen Bleuler introduziu o termo *esquizofrenia*. Embora o termo seja grego para "mente dividida," *não* está relacionado a *transtorno dissociativo de identidade* (anteriormente conhecido como *transtorno de personalidade múltipla*), em que alguém alterna entre personalidades. O que Bleuler quis dizer com **esquizofrenia** foi uma divisão entre os aspectos emocionais e intelectuais da experiência: a expressão emocional da pessoa parece desconectada das experiências atuais. Por exemplo, alguém pode rir ou chorar sem motivo aparente, ou deixar de reagir a boas ou más notícias. Esse desligamento da emoção do intelecto não é mais considerado uma característica central da esquizofrenia, mas o termo continua vivo.

De acordo com o *DSM-5* (American Psychiatric Association, 2013), para ser diagnosticado com esquizofrenia, alguém deve ter deteriorado no funcionamento diário (trabalho, relações interpessoais, autocuidado etc.) por pelo menos seis meses por motivos não atribuíveis a outros transtornos. A pessoa também deve ter pelo menos dois sintomas da lista a seguir, incluindo pelo menos um dos três primeiros:

- **Delírios** (crenças injustificáveis, como "Seres do espaço sideral estão controlando minhas ações")
- **Alucinações** (experiências sensoriais falsas, como ouvir vozes quando sozinho)
- Discurso desorganizado (divagante ou incoerente)
- Comportamento grosseiramente desorganizado
- Fraca expressão emocional, fala e socialização

O diagnóstico às vezes é um julgamento difícil. Uma aparente ilusão ("as pessoas estão me perseguindo") pode ser realmente verdade, ou pelo menos uma crença defensável. Muitas pessoas saudáveis ocasionalmente ouvem uma voz quando sabem estar sozinhas, na maioria das vezes ao acordar. O termo "comportamento grosseiramente desorganizado" abrange uma ampla variedade de possibilidades. Você pode facilmente encontrar várias pessoas com diagnóstico de esquizofrenia que não têm quase nada em comum. Como veremos mais adiante neste módulo, a genética varia entre as pessoas com diagnóstico de esquizofrenia, assim como as anormalidades cerebrais. Provavelmente, estamos lidando com uma família de doenças relacionadas, e não com um único transtorno.

Os primeiros quatro itens da lista — delírios, alucinações, discurso desorganizado e comportamento desorganizado — são chamados **sintomas positivos**, o que significa comportamentos que estão presentes e que deveriam estar ausentes. Expressão emocional, fala e socialização fracas são **sintomas negativos** — comportamentos ausentes que deveriam estar presentes. Na maioria dos casos, os sintomas negativos são estáveis com o tempo e difíceis de tratar.

Também é importante reconhecer os sintomas *cognitivos*. Os sintomas cognitivos são deficiências de pensamento e raciocínio que são comuns em pessoas com esquizofrenia, mesmo em pessoas de inteligência normal ou acima do normal (Woodward, 2016). Pessoas com esquizofrenia geralmente têm dificuldade em compreender e usar conceitos abstratos, ou seja, eles interpretam as falas muito literalmente. Eles também têm problemas para manter e focar a atenção (Lakatos, Schroeder, Leitman, & Javitt, 2013). Prejuízos de memória também são comuns, relacionados à conectividade reduzida entre áreas sensoriais do córtex e do hipocampo (Haut et al., 2015).

Uma hipótese é que deficiências de atenção e memória de trabalho são o problema central. Uma maneira de testar essa ideia é ver se poderíamos fazer pessoas normais e saudáveis falarem ou se comportarem de maneiras incoerentes se sobrecarregássemos sua memória de trabalho. Imagine-se no seguinte estudo. Um pesquisador mostra uma série de fotos por 30 segundos cada, e você deve contar uma pequena história sobre cada uma. Se você vir uma imagem novamente, deve contar uma nova história sobre ela, ao contrário da primeira. Você tem uma tarefa adicional para sobrecarregar sua memória de trabalho: enquanto você conta histórias, letras aparecem na tela, uma de cada vez. Você deve prestar atenção a cada segunda letra. Sempre que for igual à última carta que você atendeu, você deve pressionar uma tecla. Por exemplo,

D L K F R F B L M T J T X H Q U B R B N

Preste atenção a cada segunda letra.

Pressione estas, porque são iguais à letra anterior mostrada.

Não pressione aqui. Igual à letra anterior à qual você não deve prestar atenção.

A fala da maioria das pessoas torna-se menos clara quando realizam essa tarefa de memória enquanto tentam contar uma história. Se for a segunda apresentação de uma imagem, obrigando-os a evitar o que disseram da primeira vez e a contar uma história totalmente nova, a tarefa de memória causa uma interferência ainda maior, e sua fala torna-se incoerente, como a fala esquizofrênica (Kerns, 2007). A implicação é que uma limitação da memória de trabalho poderia explicar vários aspectos da esquizofrenia.

PARE & REVISE

24. Por que alucinações são consideradas um sintoma positivo?

RESPOSTA

24. As alucinações são consideradas um sintoma positivo porque estão presentes quando deveriam estar ausentes. Um sintoma "positivo" não é um sintoma "bom".

Diagnóstico diferencial da esquizofrenia

Na descrição para o diagnóstico de esquizofrenia, você notou a expressão "não atribuível a outros transtornos"? Mesmo que os sintomas de alguém correspondam claramente à descrição da esquizofrenia, um terapeuta deve fazer uma **diagnóstico diferencial** — isto é, aquele que exclui outras condições. Eis algumas condições que às vezes se assemelham à esquizofrenia:

- *Abuso de substâncias*: o abuso de anfetamina, metanfetamina, cocaína, LSD ou fenciclidina ("pó de anjo") pode produzir alucinações ou delírios. O abuso de substâncias é mais propenso que as alucinações visuais a produzir esquizofrenia.
- *Lesão cerebral*: danos ou tumores no córtex temporal ou pré-frontal podem produzir alguns dos sintomas da esquizofrenia.
- *Déficits auditivos não detectados*: às vezes, alguém que está começando a ter problemas para ouvir pensa que todo mundo está sussurrando e começa a se preocupar: "Eles estão sussurrando sobre mim!". Delírios de perseguição podem se desenvolver.
- *Doença de Huntington*: os sintomas da doença de Huntington incluem alucinações, delírios e pensamento desordenado, bem como sintomas motores. Um tipo incomum de esquizofrenia, chamada *esquizofrenia catatônica*, inclui anormalidades motoras. Portanto, uma mistura de sintomas psicológicos e motores pode representar esquizofrenia ou doença de Huntington.
- *Problemas nutricionais*: a deficiência de niacina pode produzir alucinações e delírios (Hoffer, 1973), assim como deficiência de vitamina C ou alergia às proteínas do leite (não a mesma que intolerância à lactose). Algumas pessoas que não toleram o glúten do trigo ou outras proteínas reagem com alucinações e delírios (Reichelt, Seim, & Reichelt, 1996).

Dados demográficos

De acordo com uma estimativa, cerca de 0,5% das pessoas sofre de esquizofrenia em algum momento da vida (Brown, 2011). Algumas autoridades citam números mais altos ou mais baixos, dependendo de quão estritamente eles definem esquizofrenia e quantos casos leves eles incluem. Como a esquizofrenia frequentemente produz debilitação de longo prazo começando na idade adulta jovem, é um grande problema de saúde em termos de perda de anos produtivos e agradáveis de vida.

A esquizofrenia ocorre em todos os grupos étnicos e em todas as partes do mundo, mas é mais comum nas cidades do que nas áreas rurais, especialmente para pessoas que viveram em grandes cidades desde a primeira infância (Tost, Champagne, & Meyer-Lindenberg, 2015). As explicações prováveis incluem relações sociais instáveis, pobreza, poluição do ar, exposição a substâncias tóxicas e menos exposição ao Sol, resultando em menor absorção de vitamina D.

A prevalência de esquizofrenia ao longo da vida é mais comum para homens do que mulheres em uma proporção de cerca de 7:5. Em média, também é mais grave em homens e tem um início mais precoce — geralmente na adolescência ou início dos 20 anos para os homens, em comparação com entre 25 e 30 anos para as mulheres (Aleman, Kahn, & Selten, 2003). Os pesquisadores documentaram várias estranhezas inexplicáveis sobre a esquizofrenia. Os pontos a seguir não se encaixam perfeitamente em nenhuma teoria atualmente proeminente, ilustrando quantos mistérios permanecem:

- Pessoas com esquizofrenia têm uma probabilidade maior do que a média de doenças autoimunes, como a síndrome de Guillain-Barré ou anemia perniciosa (Benros et al., 2014).

- Pessoas com esquizofrenia têm um risco aumentado de câncer de cólon, mas um risco reduzido de vários outros tipos de câncer, artrite reumatoide e alergias (Goldman, 1999; Hippisley-Cox, Vinogradova, Coupland, & Parker, 2007; Roppel, 1978; Rubinstein, 1997; Tabarés-Seisdedos & Rubenstein, 2013).

- As mulheres que têm um colapso esquizofrênico durante a gravidez geralmente dão à luz filhas. Mas aquelas que apresentam um colapso nervoso logo após o parto geralmente têm filhos (Taylor, 1969).

- Muitas pessoas com esquizofrenia têm um odor corporal característico, atribuído à substância química *trans*-3-metil-2-ácido hexenoico, e também têm menor capacidade de sentir o cheiro dessa substância (Brewer et al., 2007; Smith, Thompson, & Koster, 1969).

- A maioria das pessoas com esquizofrenia e muitos de seus parentes não afetados têm déficits nos movimentos oculares de busca — a capacidade de manter os olhos em um alvo em movimento (Keefe et al., 1997; Sereno & Holzman, 1993).

PARE & REVISE

25. Alguém com sintomas de esquizofrenia pode não se qualificar para o diagnóstico. Por que não?

RESPOSTA
25. Outros distúrbios como abuso de drogas ou lesões cerebrais, podem produzir sintomas semelhantes.

Porcentagem desenvolvendo esquizofrenia

- População geral 1%
- Marido ou esposa de pessoa esquizofrênica 2%
- Primos do paciente 2%
- Tios/tias 2%
- Sobrinhos/sobrinhas 4%
- Netos 5%
- Meio-irmãos 6%
- Crianças 13%
- Filhos de mães esquizofrênicas, adotados por mães não esquizofrênicas 17%
- Irmãos 9%
- Gêmeos DZ 17%
- Pais 6%
- Gêmeos MZ 48%
- Filhos de dois pais esquizofrênicos 46%

Figura 14.14 Probabilidades de desenvolver esquizofrenia
Pessoas com uma relação genética mais próxima a alguém com esquizofrenia têm probabilidade maior de desenvolvê-la.
(Fonte: Baseada em dados de Gottesman, 1991)

Genética

A doença de Huntington (Capítulo 7) pode ser chamada de doença genética: ao examinar parte do cromossomo 4, pode-se prever com precisão quase perfeita quem desenvolverá a doença e quem não. Ao mesmo tempo, muitos pesquisadores acreditavam que a esquizofrenia poderia ser uma doença genética no mesmo sentido. Mas o acúmulo de evidências indica que ele não depende de um único gene.

Estudos de família

Quanto mais próximo você estiver biologicamente relacionado a alguém com esquizofrenia, maior será sua probabilidade de ter esquizofrenia, conforme mostrado na Figura 14.14 (Gottesman, 1991). Um dos pontos mais importantes na Figura 14.14 é que gêmeos monozigóticos têm maior **concordância** para esquizofrenia do que gêmeos dizigóticos. Além disso, pares de gêmeos que são realmente monozigóticos, mas pensavam que não eram, são mais concordantes do que os pares de gêmeos que pensavam que eram, mas na verdade não são (Kendler, 1983). Isto é, *ser* monozigótico é mais importante do que *ser tratado como* monozigótico. A alta concordância para gêmeos monozigóticos tem sido considerada forte evidência de uma influência genética. Mas observe duas limitações:

- Gêmeos monozigóticos têm apenas cerca de 50% de concordância, não 100%.

- Na Figura 14.14, observe a maior semelhança entre gêmeos dizigóticos do que entre irmãos. Gêmeos dizigóticos têm a mesma semelhança genética que irmãos, mas maior similaridade ambiental, incluindo o ambiente pré-natal.

Crianças adotadas que desenvolvem esquizofrenia

Para crianças adotadas que desenvolvem esquizofrenia, o transtorno é mais comum em seus parentes biológicos do que em seus parentes adotivos. Um estudo dinamarquês encontrou esquizofrenia em 12,5% dos parentes biológicos imediatos e em nenhum dos parentes adotivos (Kety et al., 1994). Observe na Figura 14.14 que os filhos de uma mãe com esquizofrenia têm uma probabilidade moderadamente alta de esquizofrenia, mesmo se adotados por pais mentalmente saudáveis.

Esses resultados sugerem uma base genética, mas também são consistentes com uma influência pré-natal. Uma mulher grávida com esquizofrenia passa seus genes para seu filho, mas também fornece o ambiente pré-natal. Muitas mulheres com esquizofrenia abusam do álcool ou de outras drogas, têm uma dieta pobre e têm complicações durante a gravidez e o parto (Jablensky, Morgan, Zubrick, Bower, & Yellachich, 2005). Se alguns de seus filhos desenvolverem esquizofrenia, não podemos ter certeza de que o motivo é genético.

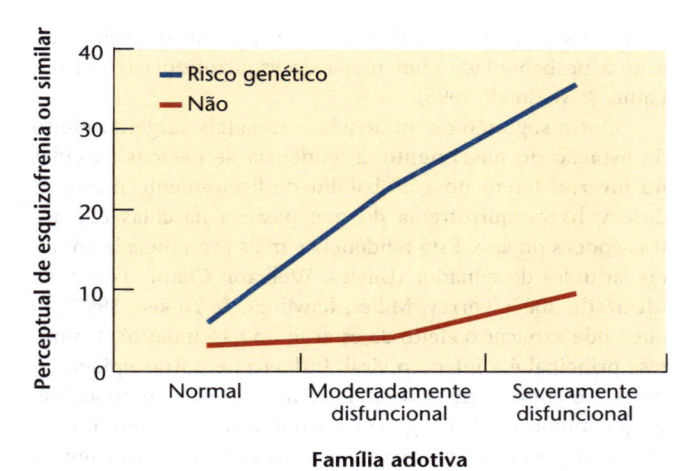

Figura 14.15 Probabilidade de esquizofrenia ou transtornos semelhantes em crianças adotadas
A probabilidade foi maior para filhos de mãe com esquizofrenia, mas crescer em uma família disfuncional ampliou esse risco.
(Fonte: Com base em dados de Wynne et al., 2006)

Os estudos sobre crianças adotadas também confirmam o papel das influências ambientais. Um estudo com crianças adotadas na Finlândia encontrou uma alta probabilidade de esquizofrenia ou condições relacionadas entre crianças que tinham uma mãe biológica com esquizofrenia e uma família adotiva gravemente disfuncional. O próprio risco genético ou a própria família disfuncional tiveram menos efeito, conforme mostrado na Figura 14.15 (Wynne et al., 2006).

Esforços para localizar um gene

Pesquisadores que trabalham com várias populações identificaram mais de cem localizações genéticas que diferem em média entre pessoas com ou sem esquizofrenia. Poucos desses genes realmente mudam a estrutura de qualquer proteína. Em sua maioria, controlam a quantidade de produção de proteínas que são importantes para a função cerebral (Fromer et al., 2016; Schizophrenia Working Group, 2014). Muitos desses genes também aumentam a probabilidade de outros distúrbios psicológicos. Os resultados variam de um estudo para outro, em parte porque alguns genes são comuns em um grupo étnico, mas não em outro (Vieland et al., 2014).

Nenhum gene comum produz mais do que um pequeno aumento na probabilidade de esquizofrenia. Na verdade, seria difícil para qualquer gene com uma forte ligação com a esquizofrenia se tornar comum, porque as pessoas com esquizofrenia têm, em média, menos da metade dos filhos que outras pessoas têm, e seus irmãos e irmãs não compensam tendo mais crianças do que a média (Bundy, Stahl, & MacCabe, 2011).

Um gene individual que merece menção, chamado ***DISC1*** *(disrupted in schizophrenia 1 – interrompido na esquizofrenia 1)*, controla a diferenciação e migração de neurônios no desenvolvimento do cérebro (Ishizuka et al., 2011; Steinecke, Gampe, Valkova, Kaether, & Bolz, 2012), na produção de espinhos dendríticos (Hayashi-Takagi et al., 2010), na geração de novos neurônios no hipocampo (Duan et al., 2007) e na aprendizagem (Greenhill et al., 2015). Certas variantes no gene *DISC1* são mais comuns em pessoas com esquizofrenia do que no resto da população (Moens et al., 2011).

Embora nenhum gene comum tenha um efeito forte, certas mutações raras têm, especialmente, mutações que alteram a estrutura das proteínas nas sinapses, ou mutações que interferem no complexo principal de histocompatibilidade, que faz parte do sistema imunológico (Dachtler et al., 2015; Fromer et al., 2014; Genovese et al., 2016; Purcell et al., 2014; Sekar et al., 2016). Embora cada uma dessas mutações seja rara, muitas mutações desse tipo são possíveis, sendo responsáveis por um número significativo de casos. Outro fator contribuinte é a **microdeleção**, a deleção de uma pequena parte de um cromossomo. Vários estudos descobriram que as microdeleções são mais comuns entre pessoas com esquizofrenia do que em outras pessoas (Buizer-Voskamp et al., 2011; Walsh et al., 2008). Assim, a hipótese é que uma nova mutação ou deleção de qualquer uma das centenas de genes perturba o desenvolvimento do cérebro e aumenta a probabilidade de esquizofrenia. A seleção natural elimina essas mutações ou exclusões com a mesma rapidez com que surgem novas para substituí-las. Outros casos podem surgir de fatores ambientais, talvez realçados por algumas das variações genéticas mais comuns que aumentam ligeiramente a vulnerabilidade. A próxima seção explora algumas das influências ambientais conhecidas.

✓ PARE & REVISE

26. O fato de crianças adotadas que desenvolvem esquizofrenia geralmente terem parentes biológicos com esquizofrenia indica uma provável base genética. Que outra interpretação é possível?
27. O que é uma microdeleção?

RESPOSTAS

26. Uma mãe biológica pode influenciar o desenvolvimento do filho de acordo com o ambiente pré-natal e também genética. 27. Uma microdeleção é um erro de reprodução que exclui uma pequena parte de um cromossomo.

A hipótese neurodesenvolvimental

De acordo com **hipótese neurodesenvolvimental**, influências pré-natais ou neonatais — genéticas, ambientais ou ambas — produzem anormalidades no cérebro em desenvolvimento. Mesmo que essas anormalidades por si mesmas não causem esquizofrenia, elas deixam o cérebro vulnerável a outros distúrbios em períodos críticos da infância ou adolescência. Esses distúrbios podem incluir experiências traumáticas, infecções virais, deficiências alimentares ou alergias, exposição a produtos químicos tóxicos e outros possíveis danos (Davis et al., 2016). O efeito cumulativo distorce a função cerebral e, portanto, o comportamento (Fatemi & Folsom, 2009; Weinberger, 1996).

A evidência de confirmação é que (1) vários tipos de dificuldades pré-natais ou precoces estão ligados à esquizofrenia posterior; (2) pessoas com esquizofrenia têm anormalidades cerebrais menores que aparentemente se originam no início da vida; e (3) é plausível que anormalidades no desenvolvimento inicial possam prejudicar o comportamento na idade adulta.

Ambiente pré-natal e neonatal

E. F. Torrey e colegas (2012) argumentaram que a esquizofrenia resulta de uma combinação de influências genéticas e ambientais. Entre os fatores ambientais, eles distinguiram entre fatores de risco intermediários e fatores de baixo risco. (Nada era forte o suficiente para contar como um fator de alto risco.)

Fatores de médio risco

Como já mencionado, morar em uma cidade populosa é um fator de risco, provavelmente por razões ambientais. Outro fator de risco intermediário é a infecção pré-natal ou infantil com o parasita *Toxoplasma gondii*. Esse parasita, discutido no Capítulo 11 no contexto da ansiedade e da amídala, se reproduz apenas em gatos, mas pode infectar humanos e também outras espécies. As pessoas podem ser expostas ao parasita manipulando gatos infectados, brincando no solo ou areia onde os gatos defecaram ou comendo frango ou porco depois que esses animais se alimentaram em solo infectado. Se o parasita infectar o cérebro de um bebê ou criança, ele prejudicará o desenvolvimento do cérebro. Os anticorpos contra esse parasita, indicando exposição anterior a ele, são mais comuns do que a média entre pessoas que têm esquizofrenia, depressão maior, transtorno bipolar ou transtorno obsessivo-compulsivo (Kramer & Bressan, 2015; Sutterland et al., 2015; Yolken, Dickerson, & Torrey, 2009). Mas o parasita nem sempre entra no cérebro humano e é possível ter anticorpos contra o parasita sem desenvolver complicações psicológicas.

Fatores de baixo risco

O risco de esquizofrenia é ligeiramente elevado entre as pessoas que tiveram problemas que poderiam ter afetado o desenvolvimento do cérebro, incluindo má nutrição da mãe durante a gravidez, parto prematuro, baixo peso ao nascer e complicações durante o parto (Ballon, Dean, & Cadenhead, 2007). O risco também é elevado se a mãe foi exposta a estresse extremo, como a morte súbita de um parente próximo, no início de sua gravidez (Khashan et al., 2008) ou se a mãe teve alguma doença prolongada durante a gravidez (Brown, 2011). A doença ativa o sistema imunológico, o que resulta em febre, o que interfere no desenvolvimento do cérebro (Estes & McAllister, 2016). A esquizofrenia também foi associada a lesões cerebrais na primeira infância (AbdelMalik, Husted, Chow, & Bassett, 2003), embora não saibamos se essas lesões levaram à esquizofrenia ou os primeiros sintomas de esquizofrenia aumentaram seu risco. As infecções agudas durante a adolescência também são comuns em pessoas que mais tarde desenvolverão esquizofrenia (Metcalf et al., 2017).

Se a mãe for Rh-negativa e seu bebê for Rh-positivo, o fator sanguíneo Rh-positivo do bebê pode desencadear uma rejeição imunológica pela mãe. A resposta é fraca com o primeiro bebê Rh-positivo da mulher, mas mais forte em gestações posteriores, e é mais intensa com meninos do que com meninas. Bebês do sexo masculino nascidos do segundo ano e depois com incompatibilidade de Rh têm um risco aumentado de déficits auditivos, retardo mental e vários outros problemas, e uma probabilidade aumentada de esquizofrenia (Hollister, Laing, & Mednick, 1996).

Outra sugestão de influências pré-natais surge do **efeito da estação do nascimento**: a tendência de pessoas nascidas no inverno terem uma probabilidade ligeiramente maior de desenvolver esquizofrenia do que pessoas nascidas em outras épocas do ano. Esta tendência é mais pronunciada em altas latitudes do equador (Davies, Welham, Chant, Torrey, & McGrath, 2003; Torrey, Miller, Rawlings, & Yolken, 1997). O que pode explicar o efeito da estação do nascimento? A hipótese principal é a infecção viral. Influenza e outras epidemias virais são comuns no outono. Portanto, aplica-se o raciocínio de que muitas mulheres grávidas são infectadas no outono por um vírus que prejudica um estágio crucial do desenvolvimento do cérebro de um bebê que nascerá no inverno. Os pesquisadores recuperaram amostras de sangue de hospitais que coletaram de mulheres grávidas e armazenaram por décadas. Eles descobriram um aumento na incidência do vírus da gripe entre mães cujos filhos desenvolveram esquizofrenia (Brown et al., 2004; Buka et al., 2001). Um vírus que afeta a mãe pode ou não cruzar a placenta e entrar no cérebro do feto, mas as citocinas da mãe (parte do sistema imunológico) cruzam, e o excesso de citocinas pode prejudicar o desenvolvimento do cérebro (Zuckerman, Rehavi, Nachman, & Weiner, 2003) A infecção da mãe também causa febre, que retarda a divisão dos neurônios fetais. (Os exercícios durante a gravidez não superaquecem o abdômen e não são perigosos para o feto, mas banhos quentes e saunas representam um risco possível.) A conclusão geral é que uma ampla variedade de influências genéticas e ambientais podem levar à esquizofrenia.

✓ PARE & REVISE

28. De acordo com a hipótese neurodesenvolvimental, quando se originam as anomalias cerebrais associadas à esquizofrenia?

RESPOSTA

28. Os problemas iniciais começam antes do nascimento ou logo após o nascimento, mas se associam aos efeitos das dificuldades posteriores.

Anormalidades cerebrais leves

Muitas, mas não todas, pessoas com esquizofrenia apresentam anormalidades leves e variáveis da anatomia cerebral, incluindo substância cinzenta inferior à média, especialmente no hipocampo, amídala e tálamo (van Erp et al., 2016). A substância branca é menor e os ventrículos (espaços cheios de líquido dentro do cérebro) são maiores (Kochunov & Hong, 2014; Meyer-Lindenberg, 2010; Wolkin et al., 1998; Wright et al., 2000) (ver Figura 14.16). Pequenas anormalidades em áreas subcorticais também são comuns (Spoletini et al., 2011). As anormalidades visíveis nos vasos sanguíneos da retina sugerem um fluxo sanguíneo menor do que a média para o cérebro (Meier et al., 2013). Ainda assim, as anormalidades são leves em comparação com as de pessoas com doença de Alzheimer ou muitos outros distúrbios. Em média, o volume do cérebro é apenas cerca de

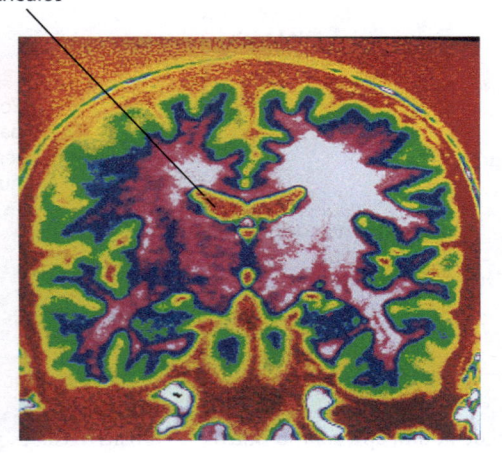

Figura 14.16 Cortes coronais para gêmeos idênticos
O gêmeo à esquerda tem esquizofrenia; o gêmeo à direita não. Os ventrículos (próximos ao centro de cada cérebro) são maiores no gêmeo com esquizofrenia.
(Fonte: Fotos cortesia de E. F. Torrey & M. F. Casanova/NIMH)

5% menor do que a média, e muitas pessoas apresentam pouca ou nenhuma anormalidade anatômica (Woodward, 2016).

As áreas do cérebro com sinais consistentes de anormalidade incluem algumas que amadurecem lentamente, como o córtex pré-frontal dorsolateral (Berman, Torrey, Daniel, & Weinberger, 1992; Fletcher et al., 1998; Gur et al., 2000). As anormalidades incluem conexões mais fracas do que a média do córtex pré-frontal dorsolateral com outras áreas do cérebro, e menos atividade normal nesta área durante tarefas que requerem atenção e memória (Lynall et al., 2010; van den Heuvel, Mandl, Stam, Kahn, & Pol, 2010; Weiss et al., 2009). Como você pode prever, as pessoas com esquizofrenia têm um desempenho fraco em tarefas que dependem do córtex pré-frontal (Goldberg, Weinberger, Berman, Pliskin, & Podd, 1987; Spindler, Sullivan, Menon, Lim, & Pfefferbaum, 1997). A maioria dos pacientes com esquizofrenia apresenta déficits de memória e atenção semelhantes aos de pessoas com danos ao córtex temporal ou pré-frontal (Park, Holzman, & Goldman-Rakic, 1995).

Um exemplo de tarefa que testa danos ao córtex pré-frontal é o Teste Wisconsin de Classificação de Cartas. Suponha que alguém lhe entregue um baralho de cartas embaralhado que difere em número, cor e formato dos objetos — por exemplo, três círculos vermelhos, cinco triângulos azuis, quatro quadrados verdes e assim por diante. Primeiro você deve classificar as cartas por cor. Em seguida, a regra muda e você deve classificá-las por número e, posteriormente, por forma.

Mudar para uma nova regra requer suprimir a antiga e ativar o córtex pré-frontal (Konishi et al., 1998). Pessoas com danos no córtex pré-frontal não têm problemas para seguir a regra que vier primeiro, mas têm problemas para mudar para uma nova regra. Pessoas com esquizofrenia têm a mesma dificuldade.

Curso a longo prazo

Décadas atrás, os psiquiatras consideravam a esquizofrenia como um transtorno *progressivo* — isto é, aquele que progride para um desfecho cada vez pior ao longo do tempo, análogo à doença de Parkinson ou doença de Alzheimer. Mas essa conclusão foi baseada em grande parte na experiência da época em que os pacientes com esquizofrenia eram confinados em grandes hospitais psiquiátricos com poucos funcionários. É compreensível como alguém que viveu ano após ano em um desses lugares sombrios iria se deteriorar.

A experiência mais recente é que as pessoas com diagnóstico de esquizofrenia variam em seus resultados (Zipursky, Reilly, & Murray, 2013). Até um quarto apresenta um distúrbio grave ao longo da vida e possivelmente piora, talvez devido à pobreza, falta de apoio social, abuso de drogas e cuidados inadequados.

Outro grupo, talvez 10% a 20% de todos os casos, recupera-se de um primeiro episódio e se sai bem a partir daí. Os outros — a maioria — apresentam uma ou mais remissões e uma ou mais recidivas.

Muitas pesquisas abordaram a questão de saber se as anormalidades cerebrais na esquizofrenia pioram gradualmente com o envelhecimento. As doenças de Parkinson e de Alzheimer são conhecidas como transtornos progressivos porque as lesões cerebrais progridem para uma condição cada vez pior. Na esquizofrenia, alguns estudos relatam que algumas áreas do cérebro se deterioram com a idade um pouco mais do que o normal para pessoas da mesma idade (van Haren et al., 2016). Mas a maioria das anormalidades cerebrais e comportamentais está presente no momento do primeiro diagnóstico, com algum comprometimento adicional nos próximos anos, mas apenas uma leve deterioração depois disso na maioria dos pacientes (Andreasen et al., 2011; Chiapponi et al., 2013; Nesvag et al., 2012; Vita, De Peri, Deste, & Sacchetti, 2012; Woodward, 2016). Mesmo quando ocorre maior deterioração, ela pode ser resultado do uso de drogas (comum em pessoas com esquizofrenia), e não da própria esquizofrenia.

Desenvolvimento inicial e tardio da psicopatologia

Uma pergunta pode ter-lhe ocorrido. A hipótese neurodesenvolvimental sustenta que a esquizofrenia resulta de fatores que perturbam o desenvolvimento do cérebro antes do nascimento ou durante a primeira infância. Por que, então, a maioria dos casos não é diagnosticada até os 20 anos ou mais? O curso do tempo pode ser menos intrigante do que parece à primeira vista (Weinberger, 1996). A maioria das pessoas que recebe um

Figura 14.17 Efeitos tardios das lesões cerebrais em filhotes de macacos
Depois de lesões no córtex pré-frontal dorsolateral, os macacos permanecem intactos com 1 ano de idade, mas quando essa área normalmente amadurece, ela se torna prejudicada. Pesquisadores especulam que lesões semelhantes em seres humanos podem produzir déficits comportamentais só visíveis na idade adulta.
(Fonte: Baseada em P. S. Goldman, 1976)

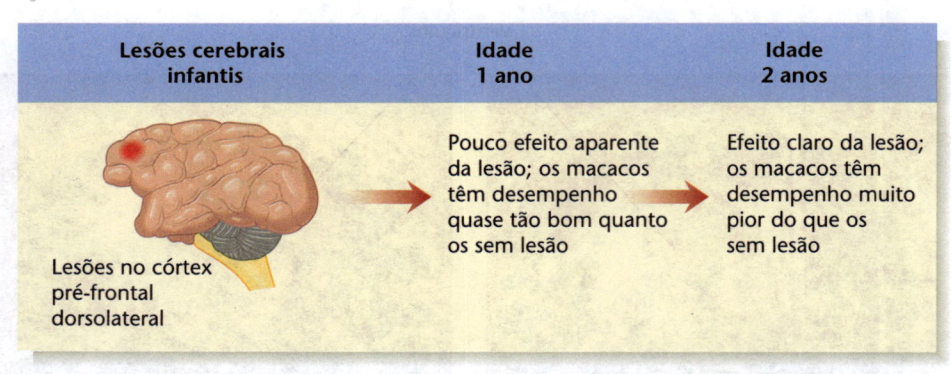

diagnóstico de esquizofrenia na idade adulta apresentou outros problemas desde a infância, incluindo déficits de atenção, memória e controle de impulso (Keshavan, Diwadkar, Montrose, Rajarethinam, & Sweeney, 2005). Uma análise de filmes caseiros descobriu que pessoas que mais tarde desenvolveram esquizofrenia mostraram anormalidades de movimento durante a infância (Walker, Savoie, & Davis, 1994). Esses problemas relativamente pequenos se transformaram em problemas mais sérios posteriormente.

Além disso, o córtex pré-frontal dorsolateral, uma área que mostra sinais consistentes de déficit na esquizofrenia, é uma das áreas cerebrais mais lentas para amadurecer. Os pesquisadores danificaram essa área em macacos bebês e os testaram mais tarde. Com 1 ano de idade, o comportamento dos macacos era quase normal, mas aos 2 anos havia se deteriorado acentuadamente (Goldman, 1971, 1976), ou seja, os efeitos da lesão cerebral pioraram com a idade. Presumivelmente, os efeitos da lesão cerebral foram mínimos com 1 ano de idade porque o córtex pré-frontal dorsolateral não faz muito nessa idade de qualquer maneira. Mais tarde, quando deveria começar a assumir funções importantes, o dano começa a fazer diferença (ver Figura 14.17).

✓ PARE & REVISE

29. Se as anormalidades cerebrais não continuarem a piorar com o tempo, qual será a implicação para a possibilidade de recuperação?

RESPOSTA 29. As perspectivas de recuperação são mais encorajadoras do que pareceriam se o cérebro continuasse a se deteriorar ao longo do tempo. Com qualquer tipo de lesão cerebral, é provável que haja algum grau de recuperação ao longo do tempo.

Tratamentos

Antes que os antipsicóticos se tornassem disponíveis, em meados da década de 1950, a maioria das pessoas com esquizofrenia era confinada a hospitais psiquiátricos com pouca esperança de recuperação. Hoje, os hospitais psiquiátricos estão muito menos lotados por causa dos medicamentos e do tratamento ambulatorial.

Antipsicóticos e dopamina

Na década de 1950, psiquiatras descobriram que a substância **clorpromazina** (nome comercial Thorazine) alivia os sintomas positivos da esquizofrenia para a maioria dos pacientes, embora não para todos. Os pesquisadores descobriram mais tarde outros **antipsicóticos,** ou **neurolépticos** (**fármacos** que tendem a aliviar a esquizofrenia e condições semelhantes), em duas famílias químicas: as **fenotiazinas,** que incluem clorpromazina, e as **butirofenonas,** que incluem haloperidol (nome comercial Haldol). Os benefícios comportamentais de qualquer uma dessas drogas se desenvolvem gradualmente ao longo de semanas. Os sintomas podem ou não retornar após a interrupção do tratamento.

Como a Figura 14.18 ilustra, cada uma dessas drogas bloqueia as sinapses de dopamina, especificamente as sinapses da dopamina tipo D_2. Para cada droga, os pesquisadores determinaram a dose média prescrita para pacientes com esquizofrenia (exibida ao longo do eixo horizontal) e a quantidade necessária para bloquear os receptores de dopamina (exibida ao longo do eixo vertical). Como mostra a figura, os medicamentos mais eficazes contra a esquizofrenia (e, portanto, usados nas menores doses) são os mais eficazes no bloqueio dos receptores de dopamina (Seeman, Lee, Chau-Wong, & Wong, 1976).

Essa descoberta inspirou a **hipótese dopaminérgica da esquizofrenia,** que afirma que a esquizofrenia resulta do excesso de atividade nas sinapses da dopamina em certas áreas do cérebro. Embora a concentração de dopamina no cérebro como um todo não seja superior à normal, a liberação de dopamina aumenta nos gânglios basais, especialmente em resposta a eventos estressantes (Howes & Kapur, 2009; Simpson, Kellendonk, & Kandel, 2010). Confirmação adicional para a hipótese da dopamina vem do fato de que o abuso extensivo de anfetaminas, metanfetamina ou cocaína (que aumentam a dopamina nas sinapses) induz o **transtorno psicótico induzido por substâncias,** caracterizado por alucinações e delírios. O LSD, que também produz sintomas psicóticos, é mais conhecido por seus efeitos nas sinapses da serotonina, mas também estimula as sinapses dopaminérgicas.

Em um estudo inteligente, os pesquisadores mediram o número de receptores de dopamina ocupados em um determinado momento. Eles usaram uma droga marcada radioativamente, IBZM, que se liga aos receptores tipo D_2.

Como o IBZM se liga apenas a receptores aos quais a dopamina ainda não se ligou, a medição da radioatividade conta o número de receptores de dopamina vazios. Em seguida, os pesquisadores usaram uma segunda droga, AMPT, que bloqueia toda a síntese de dopamina e novamente usaram IBZM para contar o número de receptores D_2 vagos. Como o AMPT impediu a produção de dopamina, *todos* os receptores D_2 deveriam estar vagos neste momento, para que os pesquisadores

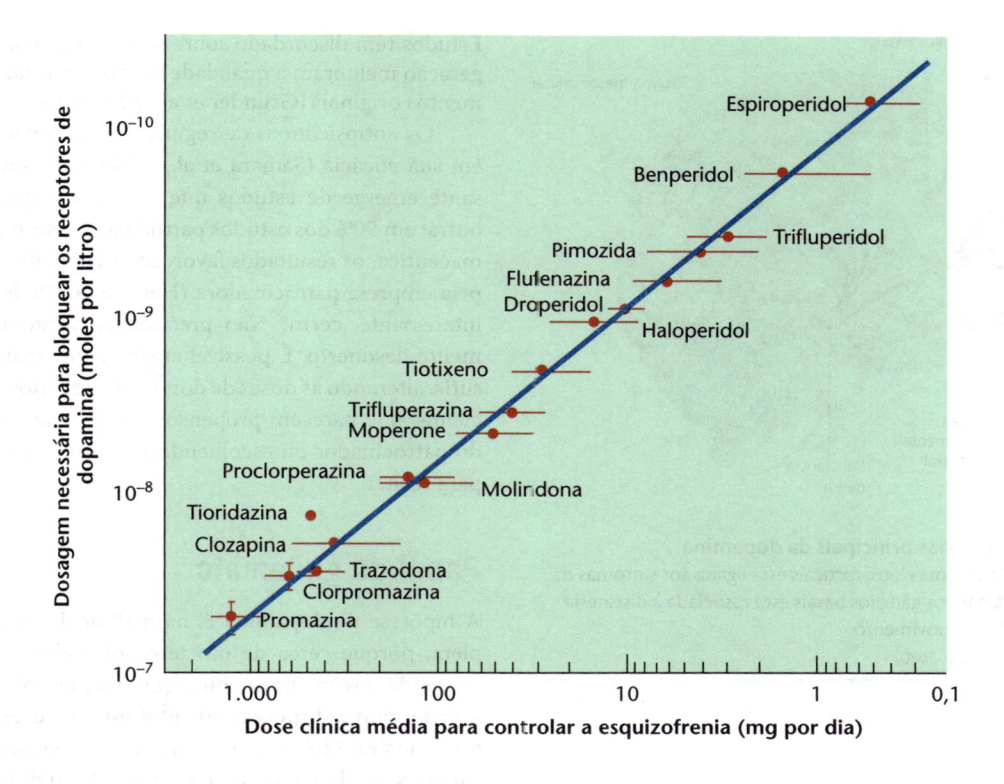

Figura 14.18 Efeitos bloqueadores da dopamina de drogas antipsicóticas
Os medicamentos estão dispostos ao longo do eixo horizontal em termos da dose média diária prescrita para pacientes com esquizofrenia. (As linhas horizontais indicam intervalos comuns.) As doses *maiores* estão à esquerda e as *menores* à direita para que os fármacos *mais eficazes* estejam à direita. Ao longo do eixo vertical está uma medição da quantidade de cada fármaco necessária para que certo grau de bloqueio dos receptores pós-sinápticos de dopamina seja alcançado. As doses *maiores* estão na parte inferior, e as *menores* estão na parte superior, que mostra os fármacos *mais eficazes*.
(Fonte: "Antipsychotic drug doses and neuroleptic/dopamine receptors," de P. Seeman, T. Lee, M. Chau-Wong, & K. Wong, 1976, Nature, 261, pp. 717-719. Copyright © 1976 Macmillan Magazines Limited. Reproduzida com permissão da Nature, & Phillip Seeman)

fizessem uma contagem do total. Em seguida, eles subtraíram a primeira contagem da segunda, o que resultou no número de receptores D_2 ocupados pela dopamina na primeira contagem. As pessoas com esquizofrenia tinham cerca de duas vezes mais receptores D_2 ocupados normalmente:

- Primeira contagem: o IBZM se liga a todos os receptores D_2 ainda não ligados à dopamina.
- Segunda contagem: o IBZM se liga a todos os receptores D_2 (porque AMPT eliminou a produção de dopamina).
- A segunda contagem menos a primeira contagem é igual ao número de receptores D_2 ligados à dopamina na primeira contagem. (Abi-Dargham et al., 2000)

✓ PARE & REVISE

30. A capacidade dos medicamentos antipsicóticos tradicionais para aliviar a esquizofrenia está fortemente correlacionada a que efeito nos neurotransmissores?

RESPOSTA
30. A capacidade de aliviar esquizofrenia está fortemente correlacionada com o grau em que bloqueiam a atividade nas sinapses de dopamina.

Drogas antipsicóticas de segunda geração

O cérebro possui várias vias de dopamina com diferentes funções. Drogas que bloqueiam as sinapses da dopamina produzem seus benefícios ao agirem nos neurônios do **sistema mesolimbocortical**, neurônios que se projetam do mesencéfalo para o sistema límbico e córtex pré-frontal; mas essas drogas também bloqueiam os neurônios da dopamina no *sistema mesoestriatal* que se projeta para os gânglios basais (ver Figura 14.19). O efeito sobre os gânglios basais produz **discinesia tardia**, caracterizado por tremores e outros movimentos involuntários que se desenvolvem gradualmente e em graus variados entre os pacientes (Kiriakakis, Bhatia, Quinn, & Marsden, 1998).

Uma vez que surge a discinesia tardia, ela pode durar muito após alguém abandonar a droga (Kiriakakis et al., 1998). Consequentemente, a melhor estratégia é evitar que ele seja iniciado. Certos medicamentos chamados **antipsicóticos de segunda geração**, ou *antipsicóticos atípicos*, reduzem o risco de problemas de movimento de 30% para 20% (Carbon, Hsieh, Kane, & Correll, 2017) (ver Figura 14.20). Os mais comuns desses medicamentos são clozapina, amisulprida, risperidona, olanzapina e aripiprazol. Em comparação com fármacos como o haloperidol, os antipsicóticos de segunda geração têm menos efeito sobre os receptores de dopamina, mas antagonizam mais fortemente com os receptores da serotonina tipo 5-HT_2 (Kapur

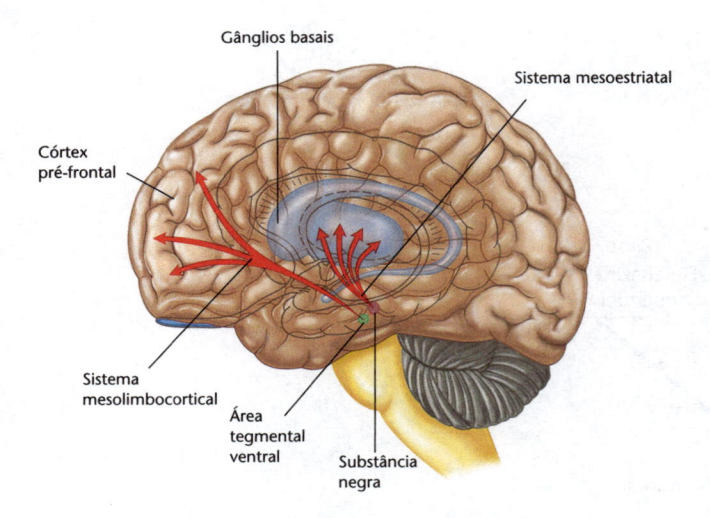

Figura 14.19 Duas vias principais da dopamina
A hiperatividade do sistema eletrocorticais está ligada aos sintomas da esquizofrenia. A via para os gânglios basais está associada à discinesia tardia, um distúrbio do movimento.
(Fonte: Adaptada de Valzelli, 1980)

et al., 2000; Meltzer, Matsubara, & Lee, 1989; Mrzljak et al., 1996; Roth, Willins, Kristiansen, & Kroeze, 1999). Eles também aumentam a liberação de glutamato (Melone et al., 2001). Infelizmente, eles produzem outros efeitos colaterais, incluindo ganho de peso e comprometimento do sistema imunológico.

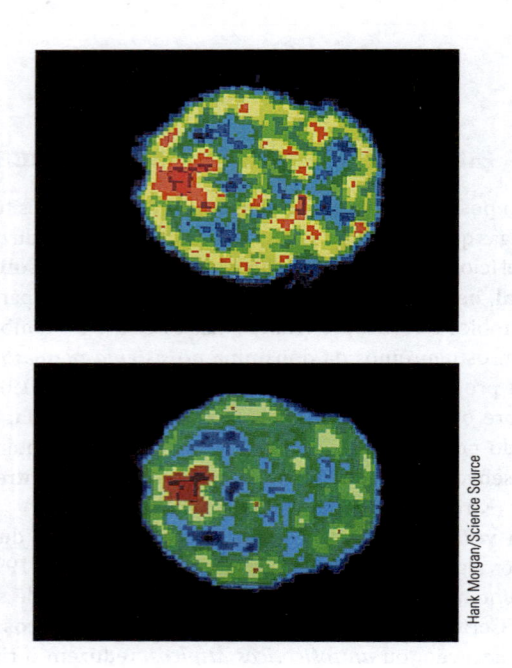

Figura 14.20 Varredura PET para um paciente com esquizofrenia
Essas varreduras PET de um paciente com esquizofrenia (a) tomando clozapina e (b) durante um período sem a droga demonstram que a clozapina aumenta a atividade cerebral em muitas áreas do cérebro. Vermelho indica a atividade mais alta, seguido por amarelo, verde e azul.

Estudos têm discordado sobre se os antipsicóticos de segunda geração melhoram a qualidade de vida mais do que os medicamentos originais (Grunder et al., 2016; Jones et al., 2006).

Os antipsicóticos de segunda geração não diferem muito em sua eficácia (Samara et al., 2016), mas um ponto interessante emerge de estudos que comparam uma droga com a outra: em 90% dos estudos patrocinados por uma empresa farmacêutica, os resultados favoreceram o medicamento vendido pela empresa patrocinadora (Heres et al., 2006). Coincidência interessante, certo? Não precisamos presumir nada abertamente desonesto. É possível enviesar um estudo de maneiras sutis, alterando as doses de dois medicamentos, escolhendo pacientes que parecem propensos a responder ao medicamento do patrocinador ou escolhendo uma medida em vez de outra para relatar.

Papel do glutamato

A hipótese da dopamina é, na melhor das hipóteses, incompleta, porque cerca de um terço de todos os pacientes não responde aos medicamentos que bloqueiam a dopamina. De acordo com a **hipótese do glutamato de esquizofrenia**, o problema está relacionado em parte à atividade deficiente nas sinapses de glutamato no córtex pré-frontal. Em muitas áreas do cérebro, a dopamina inibe a liberação de glutamato, ou o glutamato estimula os neurônios que inibem a liberação de dopamina. Portanto, o aumento da dopamina pode produzir quase os mesmos efeitos da diminuição do glutamato.

Estudos têm encontrado consistentemente uma diminuição na liberação de glutamato no córtex pré-frontal em pessoas com esquizofrenia (Marsman et al., 2013). Apoio adicional para a hipótese do glutamato vem dos efeitos da **fenciclidina** (*phencyclidine* – **PCP**) ("pó de anjo"), uma droga que inibe os receptores de glutamato NMDA. Em doses baixas, produz intoxicação e fala arrastada. Em doses maiores, produz sintomas positivos e negativos de esquizofrenia, incluindo alucinações, distúrbio do pensamento, perda de emoções e perda de memória. A PCP é um modelo interessante para esquizofrenia em outros aspectos também:

- A PCP e o fármaco relacionado *cetamina* produzem pouca ou nenhuma resposta psicótica em pré-adolescentes. Assim como os sintomas da esquizofrenia geralmente começam a surgir bem depois da puberdade, o mesmo ocorre com os efeitos psicóticos da PCP e da cetamina.
- LSD, anfetamina e cocaína produzem sintomas esquizofrênicos temporários em quase todas as pessoas, e os efeitos não são muito piores em pessoas com histórico de esquizofrenia do que em qualquer outra pessoa. Mas a PCP produz uma recaída para alguém que se recuperou da esquizofrenia (Farber, Newcomer, & Olney, 1999; Hardingham & Do, 2016; Olney & Farber, 1995).

Pode parecer que o melhor teste da hipótese do glutamato seria administrar o próprio glutamato, mas o glutamato é o transmissor mais difundido no cérebro, e aumentá-lo em todo lugar deve causar confusão e possivelmente danos por superestimulação. O receptor de glutamato tem um segundo local que a glicina ativa para aumentar a resposta ao glutamato. Portanto, uma possível abordagem seria tentar ativar o receptor de glicina. Infelizmente, até agora, todas as tentativas de tratar a esquizofrenia com drogas direcionadas ao glutamato ou à glicina produziram apenas resultados decepcionantes (Beck, Javitt, & Howes, 2016; Iwata et al., 2015).

✅ PARE & REVISE

31. Quais são as vantagens dos antipsicóticos de segunda geração?

RESPOSTA

31. Os antipsicóticos de segunda geração têm menor probabilidade de causar discinesia tardia. Além disso, alteram outras sinapses além da dopamina, de maneira que podem ser úteis.

Módulo 14.3 | Conclusão
Ainda restam muitos mistérios

Pesquisar é um pouco como ler um bom romance de mistério que apresenta uma mistura de pistas importantes e informações irrelevantes. Na pesquisa sobre esquizofrenia, temos uma enorme quantidade de informações, mas também grandes lacunas e pontos ocasionais que parecem não se encaixar. O capítulo final de nosso romance de mistério sobre a esquizofrenia está longe de estar completo. No entanto, embora os pesquisadores ainda não tenham resolvido o mistério, também deve ficar claro que eles fizeram progressos. Será fascinante ver o que se desenvolverá em pesquisas futuras.

Resumo

1. Os sintomas positivos da esquizofrenia (comportamentos que não estão presentes na maioria das outras pessoas) incluem alucinações, delírios, emoções inadequadas, comportamentos bizarros e distúrbios do pensamento.

2. Os sintomas negativos (comportamentos normais ausentes que deveriam estar presentes) incluem déficits de interação social, expressão emocional e fala.

3. Antes de diagnosticar alguém com esquizofrenia, o terapeuta precisa descartar lesões cerebrais, abuso de drogas e outras condições que podem produzir sintomas semelhantes.

4. Estudos com gêmeos e filhos adotivos sugerem uma predisposição genética para a esquizofrenia. Mas os estudos de adoção não distinguem entre os papéis da genética e do ambiente pré-natal.

5. Os pesquisadores identificaram muitos genes associados à esquizofrenia, mas nenhum gene comum aumenta muito o risco. Uma hipótese promissora é que a esquizofrenia resulta de novas mutações ou microdeleções de qualquer uma das centenas de genes que são importantes para o desenvolvimento do cérebro.

6. De acordo com a hipótese neurodesenvolvimental, tanto os genes quanto as dificuldades no início da vida, muitas vezes antes do nascimento, prejudicam o desenvolvimento do cérebro de maneira que aumentam a vulnerabilidade a problemas posteriores e predispõem a anormalidades comportamentais no início da idade adulta.

7. Muitas pessoas com esquizofrenia apresentam anormalidades leves no desenvolvimento do cérebro, especialmente nos lobos temporal e frontal. Elas também mostram déficits cognitivos que fazem sentido se seus lobos frontal e temporal não estiverem totalmente funcionais.

8. Ao contrário do que os psiquiatras costumavam acreditar, a maioria das pessoas com esquizofrenia não continua se deteriorando ao longo da vida. Algumas se recuperam, algumas permanecem perturbadas ao longo da vida e outras alternam entre a remissão e a recaída. Embora o cérebro mostre anormalidades durante o primeiro episódio de esquizofrenia, a maioria das pessoas mostra pouco ou nenhum aumento dessas anormalidades com o passar do tempo.

9. Partes do córtex pré-frontal são muito lentas para amadurecer. É plausível que a interrupção precoce dessas áreas possa produzir sintomas comportamentais que se manifestam como esquizofrenia em adultos jovens.

10. De acordo com a hipótese dopaminérgica, a esquizofrenia se deve ao excesso de atividade da dopamina. Os medicamentos que bloqueiam as sinapses da dopamina reduzem os sintomas positivos da esquizofrenia, e os medicamentos que aumentam a atividade da dopamina induzem os sintomas positivos.

11. O uso prolongado de medicamentos antipsicóticos pode produzir discinesia tardia, um distúrbio do movimento. Os medicamentos antipsicóticos de segunda geração reduzem o risco de discinesia tardia.

12. De acordo com a hipótese do glutamato, parte do problema é a atividade deficiente do glutamato. A fenciclidina, que bloqueia as sinapses de glutamato NMDA, produz sintomas positivos e negativos de esquizofrenia, especialmente em pessoas predispostas à esquizofrenia.

Termos-chave

Os termos estão definidos no número de página indicado. Também são apresentados em ordem alfabética com a definição no Índice remissivo/Glossário do livro, que começa na p. 589.

alucinações 480
antipsicóticos de segunda geração 487
butirofenonas 486
clorpromazina 486
concordância 482
delírios 480
diagnóstico diferencial 481
DISC1 483
discinesia tardia 487

efeito da estação do nascimento 484
esquizofrenia 480
fármacos antipsicóticos (neurolépticos) 486
fenciclidina (PCP) 488
fenotiazinas 486
hipótese do glutamato da esquizofrenia 488
hipótese dopaminérgica da

esquizofrenia 486
hipótese neurodesenvolvimental 483
microdeleção 483
sintomas negativos 480
sintomas positivos 480
sistema mesolimbocortical 487
transtorno psicótico induzido por substâncias 486

Questão complexa

Em média, as pessoas que usam muita maconha têm maior probabilidade do que outras de desenvolver esquizofrenia. Mas nas últimas décadas, o uso da maconha aumentou, enquanto a prevalência da esquizofrenia não. Qual seria uma hipótese razoável sobre a relação entre uso de maconha e esquizofrenia?

Módulo 14.3 | Fim do teste do módulo

1. Por que a falta de expressão emocional é considerada um sintoma "negativo"?
   A. É desvantajoso para o paciente.
   B. Apenas uma pequena porcentagem de pacientes apresenta esse sintoma.
   C. O sintoma se refere à ausência de algo.
   D. É causada pela diminuição da atividade em certas áreas do cérebro.

2. A esquizofrenia é mais comum do que a média em qual dos seguintes tipos de pessoas?
   A. Pessoas com alergias.
   B. Pessoas que vivem em cidades.
   C. Pessoas que se mudam da Europa para um dos países do Caribe.
   D. Pessoas que comem uma dieta rica em peixes.

3. Qual destas afirmações é uma conclusão provável sobre o papel da genética na esquizofrenia?
   A. Uma forma aberrante do gene *DISC1* causa a maioria dos casos de esquizofrenia.
   B. Os pesquisadores acreditam que um gene causa a esquizofrenia, mas ainda não o descobriram.
   C. Mutações ou microdeleções raras aumentam a probabilidade de esquizofrenia.
   D. A esquizofrenia não está relacionada à genética.

4. De acordo com a hipótese neurodesenvolvimental, o que inicia a esquizofrenia?
   A. Distúrbios do desenvolvimento do cérebro antes ou logo após o nascimento.
   B. Tumores ou outras lesões cerebrais entre 8 e 12 anos.
   C. Experiências sociais difíceis na adolescência.
   D. Experiências pouco antes do diagnóstico.

5. O que é *Toxoplasma gondii*?
   A. Drogas antipsicóticas de segunda geração.
   B. Um parasita que pode causar transtornos psiquiátricos.
   C. Um produto químico usado para medir as concentrações de dopamina.
   D. Um pequeno núcleo de células dentro do córtex pré-frontal.

6. Destas, qual é a explicação mais provável para o efeito da estação do nascimento?
   A. Diferenças na idade das crianças ao começarem a escola.
   B. Temperatura ambiente no momento do nascimento.
   C. Disponibilidade de proteínas na dieta.
   D. Doença materna durante a gravidez.

7. Se a esquizofrenia se deve ao desenvolvimento anormal do cérebro no início da vida, como podemos explicar o fato de que os sintomas comportamentais só aparecem mais tarde na vida?
   A. A esquizofrenia prejudica apenas o comportamento social, que é mais importante na idade adulta.
   B. Outras pessoas não percebem os problemas até que a pessoa tenha idade suficiente para procurar emprego.
   C. Uma das principais áreas de dano é o córtex pré-frontal, que amadurece muito lentamente.
   D. Certos testes comportamentais são inadequados para uso com crianças.

8. Qual é a duração da lesão cerebral na esquizofrenia?
   A. A maior parte das lesões cerebrais está presente no momento do diagnóstico ou logo depois.
   B. A lesão cerebral começa minimamente e aumenta continuamente ao longo da vida.
   C. A lesão cerebral ocorre durante a adolescência e melhora mais tarde.
   D. A lesão cerebral é aparente apenas em pacientes que passaram anos em hospitais psiquiátricos.

9. Qual é o efeito dos medicamentos antipsicóticos nas sinapses?
   A. Eles estimulam os receptores de oxitocina.
   B. Eles interferem na recaptação de serotonina e outros transmissores.
   C. Eles bloqueiam certas sinapses de dopamina.
   D. Eles bloqueiam certas sinapses de glutamato.

10. Das seguintes opções, qual é uma tentativa de diminuir a discinesia tardia?
    A. Aumento do consumo de ácidos graxos ômega-3.
    B. Exposição a luzes brilhantes pela manhã.
    C. Alternando entre Thorazine e Haldol.
    D. Uso de antipsicóticos de segunda geração.

Respostas: 1C, 2B, 3C, 4A, 5B, 6D, 7C, 8A, 9C, 10D.

Módulo 14.4

Transtornos do espectro autista

O autismo já foi considerado uma condição rara. Hoje, as estimativas de sua incidência variam substancialmente, com uma estimativa mediana de cerca de 1 em 160 pessoas em todo o mundo (Elsabbagh et al., 2012). Parte do aparente aumento é devido a maior conscientização e maior probabilidade de usar o rótulo *autismo* em vez de outra coisa. Mas também é possível que essa condição tenha se tornado mais comum do que costumava ser.

Sintomas e características

Os terapeutas costumavam usar o termo *síndrome de Asperger* para pessoas com deficiência leve semelhante ao autismo, mas, como a síndrome de Asperger difere do autismo apenas em grau, o novo termo **transtorno do espectro autista** combina os dois. Neste módulo, para simplificar, usamos apenas o termo *autismo*, mas você deve entender que o termo se aplica a toda a gama de transtornos.

O autismo é cerca de quatro vezes mais comum em meninos do que em meninas. Quando ocorre no sexo feminino, tende a ser mais grave (Turner et al., 2015). O autismo ocorre em todo o mundo e não temos evidências convincentes de que sua prevalência varia de acordo com a geografia, grupo étnico ou nível socioeconômico (Elsabbagh et al., 2012). A American Psychiatric Association (2013) identifica o seguinte como características importantes do transtorno do espectro autista:

- Déficits na troca social e emocional.
- Déficits em gestos, expressões faciais e outras formas de comunicação não verbal.
- Comportamentos estereotipados, como movimentos repetitivos (ver Figura 14.21.)
- Resistência a uma mudança na rotina.
- Respostas excepcionalmente fracas ou fortes a estímulos, como indiferença à dor ou uma reação de pânico a um som.

A maioria das pessoas com autismo tem problemas adicionais, como epilepsia, ansiedade, má coordenação ou déficits de atenção ou sono (Bourgeron, 2015). Muitas têm anormalidades no cerebelo, resultando em falta de jeito e movimentos oculares voluntários prejudicados (Fatemi et al., 2012). Algumas apresentam sintomas autistas secundários a tumores cerebrais ou outros transtornos médicos graves (Sztainberg & Zoghbi, 2016). Todos esses sintomas variam

Figura 14.21 Comportamentos estereotipados de uma criança autista
Comportamentos não sociais repetitivos são comuns em pessoas com autismo.
(Fonte: M. Scott Brauer/Alamy Stock Photo)

substancialmente de uma pessoa para outra. Nas palavras de Steven Shore, "Se você conheceu uma criança com autismo, você conheceu uma criança com autismo".

Os pais de crianças autistas frequentemente notam um problema desde o início, pois um bebê pode não reagir confortavelmente ao ser abraçado. Outros problemas aumentam com o tempo. Aos 2 meses de idade, as crianças com autismo fazem contato visual tanto quanto outras crianças, mas seu contato visual diminui gradualmente ao longo dos próximos dois anos (Jones & Klin, 2013). O problema não é uma aversão ao contato visual. Depois de fazer contato visual, eles o mantêm tanto tempo quanto as outras crianças, em média. O problema é que os olhos e outras pistas sociais não atraem prontamente sua atenção (Moriuchi, Klin, & Jones, 2016).

Apesar dos déficits típicos do autismo, certas características boas e positivas ocorrem. Muitos desenvolvem habilidades estreitas nas quais se destacam. Um ponto forte surpreendente, não explicado por nenhuma teoria, é que crianças com autismo tendem a ser substancialmente melhores do que a média na detecção de movimento visual (Foss-Feig, Tadin, Schauder, & Cascio, 2013).

Genética e outras causas

Se você se lembrar das informações sobre a genética do uso de drogas, depressão e esquizofrenia, a base genética do autismo parecerá familiar: muitos genes foram associados ao autismo, mas nenhum gene comum exerce um grande efeito. Dezenas de genes muito raros podem causar autismo, mas os genes identificados combinados respondem por apenas cerca de 5% dos casos (de la Torre-Ubieta, Won, Stein, & Geschwind, 2016). Uma mutação identificada é para um gene na mitocôndria (Aoki & Cortese, 2016). Novas mutações parecem ser responsáveis por 10% ou mais dos casos (Harris, 2016; Sanders et al., 2015; Tian et al., 2015). Embora o número de possíveis mutações relevantes para o autismo seja grande, seus efeitos convergem para apenas algumas vias químicas que afetam o desenvolvimento inicial do cérebro (Krishnan et al., 2016). Explorar essas vias pode ajudar a iluminar a base do autismo.

Examinando os genes que cercam uma nova mutação e comparando os resultados com os cromossomos dos pais, os pesquisadores podem inferir se uma mutação veio da mãe ou do pai, ou se surgiu de novo. A maioria delas ocorre em cromossomos herdados do pai, e os pais mais velhos são ligeiramente mais propensos a ter filhos com autismo do que os pais mais jovens (Kong et al., 2012; O'Roak et al., 2012b). O mesmo é verdadeiro para esquizofrenia. A explicação para o efeito do pai mais velho é que as mulheres desenvolvem todos os seus óvulos cedo na vida, enquanto os homens continuam produzindo novos espermatozoides ao longo da vida e as mutações tendem a se acumular (Lee & McGrath, 2015).

O ambiente pré-natal também pode contribuir para o autismo. (Novamente observe o paralelo com a esquizofrenia.) O risco de autismo aumenta se a mãe for exposta durante a gravidez a grandes quantidades de pesticidas, solventes, perfumes ou poluentes atmosféricos (Mandy & Lai, 2016; Sealey et al., 2016).

Um estudo em grande escala descobriu que após o nascimento de uma criança com autismo, um irmão ou irmã nascido menos de 18 meses depois tinha 14,4% de chance de ter autismo também, enquanto um irmão ou irmã nascido quatro anos depois tinha apenas 6,8% de chance (Risch et al., 2014). Os genes não eram mais semelhantes após um pequeno atraso do que após um longo atraso, mas os ambientes pré-natais eram mais semelhantes. Por exemplo, uma mãe que teve uma infecção durante a gravidez anterior teria maior probabilidade de ter a mesma infecção após um intervalo menor do que após um período mais longo.

Algumas mães de crianças com autismo — cerca de 12% — têm anticorpos que atacam certas proteínas do cérebro. Poucas mães de crianças não afetadas têm esses anticorpos. A identificação de mulheres com esses anticorpos pode possibilitar uma intervenção farmacológica para prevenir o autismo (Braunschweig et al., 2013). Como evidência adicional para a relevância desses anticorpos, os pesquisadores injetaram em macacas grávidas anticorpos de mães de crianças com autismo ou mães de crianças não afetadas. Aquelas que receberam injeção de anticorpos de crianças com autismo — e não as outras — tiveram filhos que evitaram contatos sociais com outros macacos (Bauman et al., 2013).

Mais um fator contribuinte: os nutricionistas recomendam que mulheres grávidas e mulheres que planejam engravidar recebam quantidades adequadas de **ácido fólico** (vitamina B_9), de vegetais verdes folhosos e suco de laranja ou de suplementos de vitaminas. O ácido fólico é importante para o desenvolvimento do sistema nervoso. Mulheres que tomam pílulas de ácido fólico durante a gravidez têm cerca de metade da probabilidade de ter um filho com autismo, em comparação com outras mulheres (Surén et al., 2013).

Crianças com autismo têm anormalidades cerebrais que variam de uma para outra. Uma característica frequentemente observada é a cabeça grande. Com a idade de um ano, o tamanho médio da cabeça de crianças autistas é 10% maior do que a média. Nos anos seguintes, grande parte do córtex cerebral será maior do que a média. Algumas conexões dentro do cérebro são mais fortes do que a média, enquanto outras são mais fracas do que a média. No jovem adulto, o tamanho do cérebro é apenas cerca de 1% maior do que a média (Hahamy, Behrmann, & Malach, 2015; Jumah, Ghannam, Jaber, Adeeb, & Tubbs, 2016; Schumann et al., 2010). Evidentemente, o desenvolvimento do cérebro está progredindo de maneira incomum, mas ainda não se sabe exatamente como tudo isso se relaciona com os sintomas.

PARE & REVISE

32. Como os pesquisadores podem determinar se uma mutação ou microdeleção surgiu mais uma vez?
33. Ter um irmão com autismo próximo da sua idade aumenta seu próprio risco mais do que ter um irmão com autismo muito mais velho ou mais novo. Que conclusão essa observação sugere?

RESPOSTAS

32. Compararam o cromossomo da criança com os dos pais. Se nenhum dos pais tem essa mutação ou microdeleção, ela surge novamente. Também podem examinar os genes circundantes para determinar se o cromossomo veio do pai ou da mãe. 33. A genética não pode ser a explicação completa para o autismo. Fatores do ambiente pré-natal podem contribuir; o ambiente pré-natal seria mais semelhante para irmãos em idades próximas.

Tratamentos

Nenhum tratamento médico ajuda com os problemas centrais de diminuição do comportamento social e da comunicação. A risperidona, um antipsicótico de segunda geração, às vezes reduz os comportamentos estereotipados, mas com risco de efeitos colaterais graves. Em casos raros, o autismo é devido à mutação de um gene cujos efeitos podem ser revertidos quimicamente (Han et al., 2012; Novarino et al., 2012). Pelo menos, isso é verdade teoricamente. Nenhuma tentativa de aplicar esta abordagem foi relatada.

Os tratamentos comportamentais abordam os déficits de comportamento social e comunicação. Pais, professores e terapeutas se concentram em chamar a atenção da criança e reforçar comportamentos favoráveis. Este procedimento é bem-sucedido em muitas crianças, mas não em todas. Os tratamentos para comportamentos estereotipados incluem o reforço de outros comportamentos ou comportamentos concorrentes. Não há muitas pesquisas sólidas disponíveis para avaliar o sucesso dessa abordagem (Reed, Hirst, & Hayman, 2012). A terapia cognitivo-comportamental oferece benefícios moderados de acordo com terapeutas e pais, mas não de acordo com as próprias pessoas com autismo (Weston, Hodgekins, & Langdon, 2016).

Os pais que ficam compreensivelmente desapontados com esses tratamentos ficam vulneráveis a qualquer pessoa que prometa algo melhor. Um grande número de tratamentos da moda surgiu, incluindo dietas especiais, quelação, música e toque terapêutico. Um tratamento pode se tornar popular apesar da falta de evidências para apoiá-lo, ou mesmo da presença de evidências de que é inútil ou prejudicial. Muitos tratamentos da moda fazem os pais se sentirem bem por estarem tentando algo, mas, fora isso, são uma perda de tempo e dinheiro (Matson, Adams, Williams, & Rieske, 2013).

Módulo 14.4 | Conclusão
Desenvolvimento e distúrbios

Todos os transtornos discutidos neste capítulo — alcoolismo e abuso de substâncias, depressão, esquizofrenia e autismo — estão relacionados a muitos genes, não apenas a um. Muitos dos genes que aumentam o risco de um transtorno também aumentam o risco de outros. Muitas pessoas têm mais de um transtorno. Certamente muitas pessoas sofrem de depressão e abuso de álcool, esquizofrenia e abuso de álcool ou outras substâncias, ou tanto autismo quanto transtorno de déficit de atenção. Em suma, os distúrbios que discutimos como se fossem separados na verdade se sobrepõem. Os primeiros estágios do desenvolvimento do cérebro são complexos e facilmente interrompidos. Uma vez que o processo sai do curso, o risco aumenta para muitos resultados indesejáveis.

Resumo

1. O transtorno do espectro autista é diagnosticado com mais frequência agora do que no passado. A gravidade dos sintomas varia muito.
2. Os sintomas primários incluem deficiência de comportamento social e comunicação, incluindo comunicação não verbal. Muitos indivíduos também têm comportamentos estereotipados repetitivos.
3. Nenhum gene é responsável por essa condição. Em alguns casos, está relacionado a novas mutações ou microdeleções, incluindo uma mutação em um gene mitocondrial.
4. Dificuldades no ambiente pré-natal podem contribuir. Alguns casos ocorrem porque a mãe durante a gravidez produziu certos anticorpos que atacam as proteínas do cérebro. O consumo de ácido fólico diminui a probabilidade de ter um filho autista.
5. Os tratamentos comportamentais são a única abordagem eficaz para tratar os déficits sociais e comunicativos. Muitos pais tentam tratamentos da moda de eficácia duvidosa.

Termos-chave

Os termos estão definidos no número de página indicado. Também são apresentados em ordem alfabética com a definição no Índice remissivo/Glossário do livro, que começa na p. 589.

ácido fólico 493
transtorno do espectro autista 492

Questão complexa

Examinam-se nos cromossomos de algumas pessoas a predisposição a várias doenças, como câncer de mama. Quais seriam os prós e contras da verificação de genes associados a transtornos psicológicos?

Módulo 14.4 | Questionário final

1. De que forma a base genética do autismo é semelhante à da esquizofrenia?
   A. Em ambos, a maioria dos casos pode ser atribuída a uma mutação no gene *DISC1*.
   B. Em ambos, muitos genes contribuem.
   C. Em ambos, um único gene dominante é responsável pela doença.
   D. Em ambos, os genes exercem seus efeitos alterando a recaptação da serotonina.

2. Qual destes comportamentos é comumente observado em crianças com autismo?
   A. Se encaram alguém, eles rapidamente desviam o olhar.
   B. Os olhos geralmente não conseguem captar a atenção.
   C. Quando encaram alguém, eles olham sem interrupções por um tempo incomumente longo.
   D. Eles movem seus olhos para frente e para trás mais rapidamente do que o normal.

3. A probabilidade de autismo aumenta se qual dos seguintes itens for verdade?
   A. A mãe era significativamente mais alta que o pai.
   B. A mãe era vegetariana, mas o pai não.
   C. A mãe e o pai vieram de diferentes grupos étnicos.
   D. O pai era muito mais velho do que a média.

4. Qual das alternativas a seguir é comum para crianças com autismo, com 1 ano de idade?
   A. A concentração de noradrenalina no cérebro é 10% maior do que a média.
   B. Os axônios conduzem impulsos 10% mais rápido do que a média.
   C. A cabeça é 10% maior que a média.
   D. Os ventrículos cerebrais são 10% maiores do que a média.

5. Qual suplemento dietético durante a gravidez diminui a probabilidade de ter um filho com autismo?
   A. Cálcio
   B. Vitamina C
   C. Óleo de peixe
   D. Ácido fólico

Respostas: 1B, 2B, 3D, 4C, 5D.

Sugestões de leitura

Chahrour, M. et al. (2016). Current perspectives in autism spectrum disorder: From genes to therapy. *Journal of Neuroscience, 36*, 11402-11410. Uma excelente revisão de pesquisas sobre autismo.

Kirsch, I. (2010). *The emperor's new drugs*. New York: Basic Books. Uma discussão altamente cética sobre a eficácia ou ineficácia dos medicamentos antidepressivos.

Química básica resumida

Apêndice A

[PRINCIPAIS IDEIAS]

1. Toda matéria é composta de um número limitado de elementos que se associam de infinitas maneiras.
2. Átomos, as partes componentes de um elemento, consistem em prótons, nêutrons e elétrons. A maioria dos átomos pode ganhar ou perder elétrons, ou compartilhá-los com outros átomos.
3. A química da vida é predominantemente a química dos compostos de carbono.

Introdução

Para entender certos aspectos da psicologia biológica, particularmente o potencial de ação e os mecanismos moleculares de transmissão sináptica, é necessário saber um pouco de química. Se você cursou o segundo grau ou faculdade e lembra da disciplina razoavelmente bem, você não deve ter tido problemas com a química neste livro. Se seu conhecimento de química é muito superficial, este apêndice o ajudará. (Se você planeja fazer outros cursos de psicologia biológica, estude o máximo possível biologia e química.)

Elementos e compostos

Se você olhar ao redor, verá uma enorme variedade de materiais — poeira, água, madeira, plástico, metal, tecido, vidro, seu próprio corpo. Cada objeto é composto de um pequeno número de blocos básicos de construção. Se um pedaço de madeira pega fogo, ele se decompõe em cinzas, gases e vapor-d'água. O mesmo se aplica ao seu corpo. Um pesquisador poderia pegar essas cinzas, gases e água e decompô-los em meios químicos e elétricos em carbono, oxigênio, hidrogênio, nitrogênio e alguns outros materiais. Mas, com o tempo, o pesquisador obtém um conjunto de materiais que não pode ser mais decomposto: carbono puro ou oxigênio puro, por exemplo, não pode ser convertido em nada mais simples, pelo menos não por meios químicos comuns. (O bombardeamento de alta potência com partículas subatômicas é outra história.) A matéria que vemos é composta de **elementos** (materiais que não podem ser divididos em outros materiais) e **compostos** (materiais compostos pela combinação de elementos).

Os químicos descobriram 92 elementos na natureza e produziram outros em laboratório. (Na verdade, um dos 92 — tecnécio — é tão raro que é praticamente desconhecido na natureza.) A Figura A.1, tabela periódica, lista cada um desses elementos. Destes, apenas alguns são importantes para a vida na Terra. A Tabela A.1 mostra os elementos comumente encontrados no corpo humano.

Observe que cada elemento tem uma abreviatura de uma ou duas letras, como O para oxigênio, H para hidrogênio e Ca para cálcio. São símbolos internacionalmente aceitos que facilitam a comunicação entre químicos que falam idiomas diferentes. Por exemplo, o elemento número 19 é chamado potássio em português, potassio em italiano, kālijs em letão e draslík em tcheco. Mas os químicos em todos os países usam o símbolo K (de *kalium*, a palavra latina para potássio). Da mesma forma, o símbolo para sódio é Na (de *natrium*, palavra latina para sódio), e o símbolo para ferro é Fe (da palavra latina *ferrum*)

Um composto é representado pelos símbolos dos elementos que o compõem. Por exemplo, NaCl significa cloreto de sódio (sal de mesa comum). H_2O, o símbolo para água, indica que a água consiste em duas partes de hidrogênio e uma parte de oxigênio.

Tabela A.1 Os elementos que compõem quase tudo do corpo humano

Elemento	Símbolo	Porcentagem por peso no corpo humano
Oxigênio	O	65
Carbono	C	18
Hidrogênio	H	10
Nitrogênio	N	3
Cálcio	Ca	2
Fósforo	P	1,1
Potássio	K	0,35
Enxofre	S	0,25
Sódio	Na	0,15
Cloro	Cl	0,15
Magnésio	Mg	0,05
Ferro	Fe	Traços
Cobre	Cobre	Traços
Iodo	I	Traços
Flúor	F	Traços
Manganês	Mn	Traços
Zinco	Zn	Traços
Selênio	Se	Traços
Molibdênio	Mo	Traços

APÊNDICE A | Química básica resumida

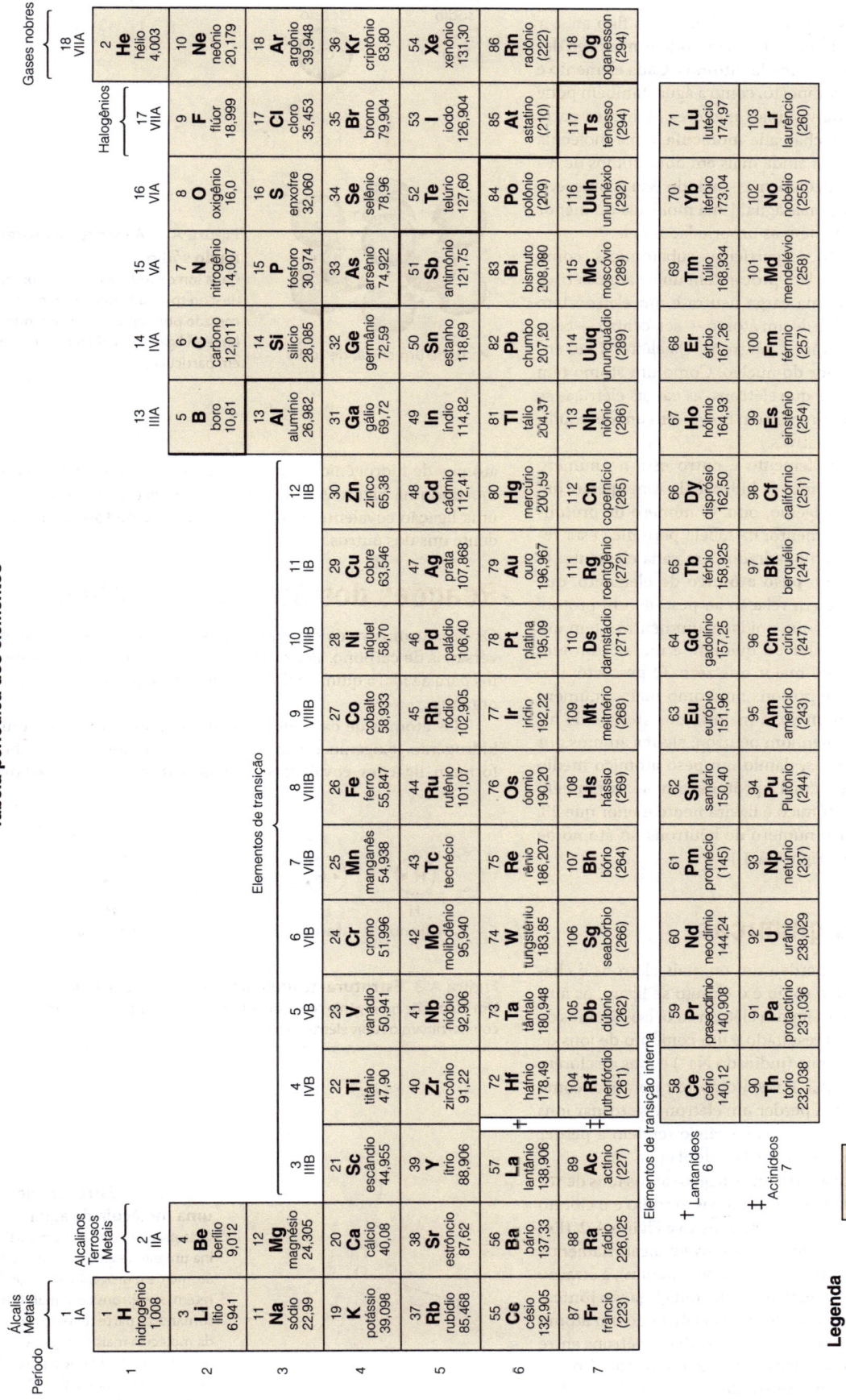

Tabela periódica dos elementos

Período	1 IA	2 IIA	3 IIIB	4 IVB	5 VB	6 VIB	7 VIIB	8 VIIIB	9 VIIIB	10 VIIIB	11 IB	12 IIB	13 IIIA	14 IVA	15 VA	16 VIA	17 VIIA	18 VIIA
1	1 **H** hidrogênio 1,008																	2 **He** hélio 4,003
2	3 **Li** lítio 6,941	4 **Be** berílio 9,012											5 **B** boro 10,81	6 **C** carbono 12,011	7 **N** nitrogênio 14,007	8 **O** oxigênio 16,0	9 **F** flúor 18,999	10 **Ne** neônio 20,179
3	11 **Na** sódio 22,99	12 **Mg** magnésio 24,305											13 **Al** alumínio 26,982	14 **Si** silício 28,085	15 **P** fósforo 30,974	16 **S** enxofre 32,060	17 **Cl** cloro 35,453	18 **Ar** argônio 39,948
4	19 **K** potássio 39,098	20 **Ca** cálcio 40,08	21 **Sc** escândio 44,955	22 **Ti** titânio 47,90	23 **V** vanádio 50,941	24 **Cr** cromo 51,996	25 **Mn** manganês 54,938	26 **Fe** ferro 55,847	27 **Co** cobalto 58,933	28 **Ni** níquel 58,70	29 **Cu** cobre 63,546	30 **Zn** zinco 65,38	31 **Ga** gálio 69,72	32 **Ge** germânio 72,59	33 **As** arsênio 74,922	34 **Se** selênio 78,96	35 **Br** bromo 79,904	36 **Kr** criptônio 83,80
5	37 **Rb** rubídio 85,468	38 **Sr** estrôncio 87,62	39 **Y** ítrio 88,906	40 **Zr** zircônio 91,22	41 **Nb** nióbio 92,906	42 **Mo** molibdênio 95,940	43 **Tc** tecnécio (99)	44 **Ru** rutênio 101,07	45 **Rh** ródio 102,905	46 **Pd** paládio 106,40	47 **Ag** prata 107,868	48 **Cd** cádmio 112,41	49 **In** índio 114,82	50 **Sn** estanho 118,69	51 **Sb** antimônio 121,75	52 **Te** telúrio 127,60	53 **I** iodo 126,904	54 **Xe** xenônio 131,30
6	55 **Cs** césio 132,905	56 **Ba** bário 137,33	57 **La** lantânio 138,906 †	72 **Hf** háfnio 178,49	73 **Ta** tântalo 180,948	74 **W** tungstêriu 183,85	75 **Re** rênio 186,207	76 **Os** ósmio 190,20	77 **Ir** irídio 192,22	78 **Pt** platina 195,09	79 **Au** ouro 196,967	80 **Hg** mercúrio 200,59	81 **Tl** tálio 204,37	82 **Pb** chumbo 207,20	83 **Bi** bismuto 208,080	84 **Po** polônio (209)	85 **At** astatino (210)	86 **Rn** radônio (222)
7	87 **Fr** frâncio (223)	88 **Ra** rádio 226,025	89 **Ac** actínio (227) ‡	104 **Rf** rutherfórdio (261)	105 **Db** dúbnio (262)	106 **Sg** seabórgio (266)	107 **Bh** bório (264)	108 **Hs** hássio (269)	109 **Mt** meitnério (268)	110 **Ds** darmstádio (271)	111 **Rg** roentgênio (272)	112 **Cn** copernício (285)	113 **Nh** niônio (286)	114 **Uuq** ununquádio (289)	115 **Mc** moscóvio (289)	116 **Uuh** ununhéxio (292)	117 **Ts** tenesso (294)	118 **Og** oganessón (294)

† Lantanídeos 6: 58 **Ce** cério 140,12 | 59 **Pr** praseodímio 140,908 | 60 **Nd** neodímio 144,24 | 61 **Pm** promécio (145) | 62 **Sm** samário 150,40 | 63 **Eu** európio 151,96 | 64 **Gd** gadolínio 157,25 | 65 **Tb** térbio 158,925 | 66 **Dy** disprósio 162,50 | 67 **Ho** hólmio 164,93 | 68 **Er** érbio 167,26 | 69 **Tm** túlio 168,934 | 70 **Yb** itérbio 173,04 | 71 **Lu** lutécio 174,97

‡ Actinídeos 7: 90 **Th** tório 232,038 | 91 **Pa** protactínio 231,036 | 92 **U** urânio 238,029 | 93 **Np** netúnio (237) | 94 **Pu** plutônio (244) | 95 **Am** amerício (243) | 96 **Cm** cúrio (247) | 97 **Bk** berquélio (247) | 98 **Cf** califórnio (251) | 99 **Es** einstênio (254) | 100 **Fm** férmio (257) | 101 **Md** mendelévio (258) | 102 **No** nobélio (255) | 103 **Lr** laurêncio (260)

Legenda
número atômico → 1
nome do elemento → hidrogênio
símbolo do elemento → H
peso atômico → 1,008

Figura A.1 A tabela periódica da química
É chamada "periódica" porque certas propriedades aparecem em intervalos periódicos. Por exemplo, a coluna de lítio para baixo consiste em metais que formam sais prontamente. A coluna mais à direita consiste em gases que não formam compostos prontamente. Os elementos 114 e 116 têm apenas nomes e símbolos provisórios.

Átomos e moléculas

Um bloco de ferro pode ser cortado cada vez mais fino até ser dividido em pedaços minúsculos que não podem mais ser decompostos. Essas partes são chamadas **átomos**. Cada elemento é composto de átomos. Um composto, como a água, também pode ser dividido em partes cada vez mais menores. A menor parte possível de um composto é chamada **molécula**. Uma molécula de água pode ser decomposta ainda mais em dois átomos de hidrogênio e um átomo de oxigênio, mas, quando isso acontece, o composto se quebra e não é mais água. Uma molécula é a menor parte de um composto que retém as propriedades dele.

Um átomo é composto de partículas subatômicas, como prótons, nêutrons e elétrons. Um próton tem uma carga elétrica positiva, um nêutron tem uma carga neutra e um elétron tem uma carga negativa. O núcleo de um átomo — seu centro — contém um ou mais prótons e vários nêutrons. Os elétrons são encontrados no espaço ao redor do núcleo. Como um átomo tem o mesmo número de prótons que elétrons, as cargas elétricas se equilibram. (Íons, que discutiremos em breve, têm um desequilíbrio de cargas positivas e negativas.)

A diferença entre um elemento e outro está no número de prótons no núcleo do átomo. O hidrogênio tem apenas um próton, por exemplo, e o oxigênio, oito. O número de prótons é o **número atômico** do elemento; na tabela periódica está registrado na parte superior do quadrado para cada elemento. O número na parte inferior é o **peso atômico** do elemento, que indica o peso de um átomo em relação ao peso de um próton. Um próton tem um peso de uma unidade, um nêutron tem um peso apenas trivialmente maior do que um, e um elétron tem um peso apenas trivialmente maior que zero. O peso atômico do elemento é o número de prótons no átomo mais o número médio de nêutrons. Por exemplo, a maioria dos átomos de hidrogênio tem um próton e nenhum nêutron; alguns átomos por mil têm um ou dois nêutrons, dando um peso atômico médio de 1,008. Os íons de sódio têm 11 prótons; a maioria também tem 12 nêutrons e o peso atômico é ligeiramente menor que 23. (Você consegue encontrar o número de nêutrons no átomo de potássio médio? Consulte a Figura A.1.)

Íons e ligações químicas

Um átomo que ganhou ou perdeu um ou mais elétrons é chamado **íon**. Por exemplo, se o sódio e o cloreto se ligam, os átomos de sódio facilmente perdem um elétron cada e os átomos de cloreto ganham um cada. O resultado é um conjunto de íons de sódio carregados positivamente (indicado Na^+) e íons de cloreto carregados negativamente (Cl^-). Os átomos de potássio, como os átomos de sódio, tendem a perder um elétron e se tornar íons carregados positivamente (K^+); íons de cálcio tendem a perder dois elétrons e ganhar uma carga positiva dupla (Ca^{++}).

Como as cargas positivas atraem as negativas, os íons de sódio atraem os íons de cloreto. Quando secos, o sódio e o cloreto formam uma estrutura cristalina, como mostra a Figura A.2. (Em solução hídrica, os dois tipos de íons se movem aleatoriamente, às vezes, atraindo um ao outro, mas então se separam), a atração dos íons positivos por íons negativos forma uma **ligação iônica**. Em outros casos, em vez de transferir um elétron de um átomo para outro, alguns pares de átomos compartilham elétrons entre si, formando uma **ligação covalente**. Por exemplo, dois átomos de hidrogênio se ligam, como mostrado na Figura A.3, e dois átomos de hidrogênio se ligam a um átomo de oxigênio, como mostrado na Figura A.4. Os átomos que estão conectados por uma ligação covalente não podem se mover de forma independente uns dos outros.

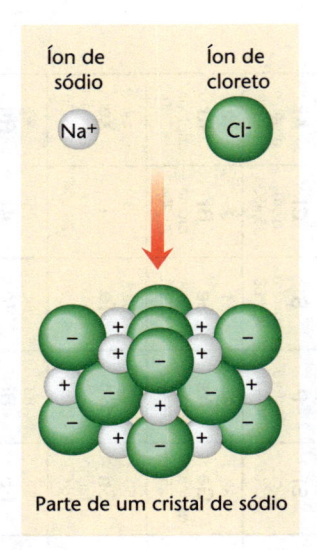

Figura A.2 A estrutura cristalina do sódio
Cada íon de sódio é cercado por íons de cloreto, e cada íon de cloreto é cercado por íons de sódio; nenhum íon está ligado a qualquer outro íon em particular.

Reações dos átomos de carbono

Os organismos vivos dependem dos compostos extremamente versáteis de carbono. Por causa da importância desses compostos para a vida, a química do carbono é conhecida como química orgânica.

Os átomos de carbono formam ligações covalentes com o hidrogênio, oxigênio e vários outros elementos. Eles também formam ligações covalentes com outros átomos de carbono.

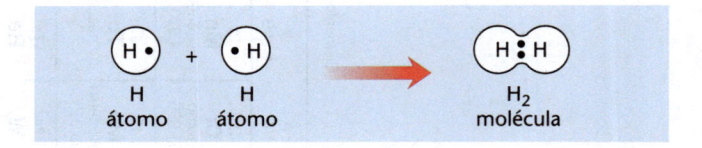

Figura A.3 Estrutura de uma molécula de hidrogênio
Um átomo de hidrogênio tem um elétron; no composto, os dois átomos compartilham os dois elétrons igualmente.

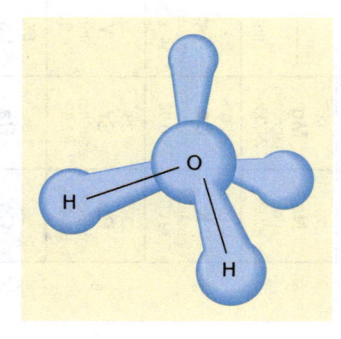

Figura A.4 Estrutura de uma molécula de água
O átomo de oxigênio compartilha um par de elétrons com cada átomo de hidrogênio. O oxigênio retém os elétrons com mais força, tornando a parte do oxigênio da molécula mais carregada negativamente do que a parte do hidrogênio da molécula.

Dois átomos de carbono podem compartilhar de um a três pares de elétrons. Essas ligações podem ser indicadas como a seguir:

C—C   Dois átomos compartilham um par de elétrons.
C=C   Dois átomos compartilham dois pares de elétrons.
C≡C   Dois átomos compartilham três pares de elétrons.

Cada átomo de carbono normalmente forma quatro ligações covalentes, seja com outros átomos de carbono, com átomos de hidrogênio ou com outros átomos. Muitos compostos biologicamente importantes incluem cadeias longas de compostos de carbono ligadas umas às outras, como:

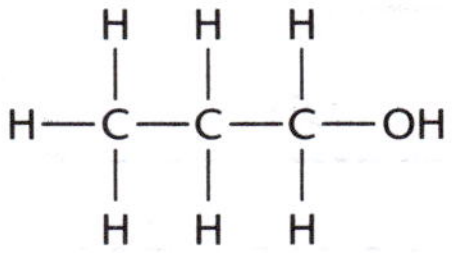

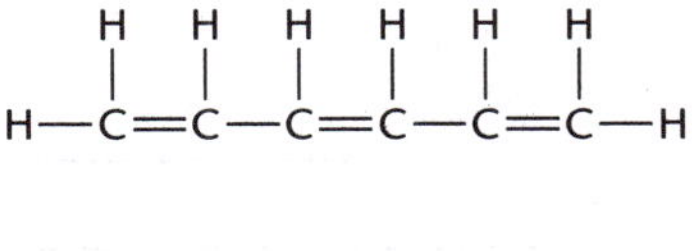

Observe que cada átomo de carbono tem um total de quatro ligações, contando cada ligação dupla como duas. Em algumas moléculas, a cadeia de carbono dá voltas para formar um anel:

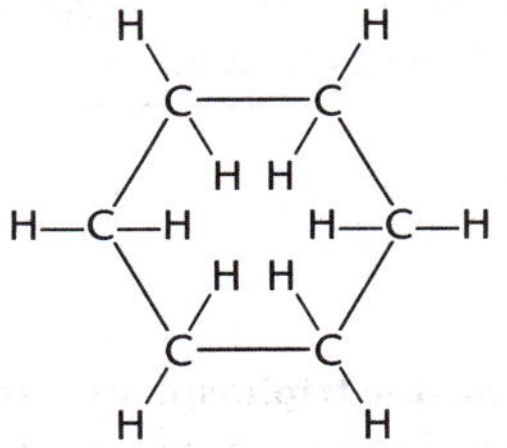

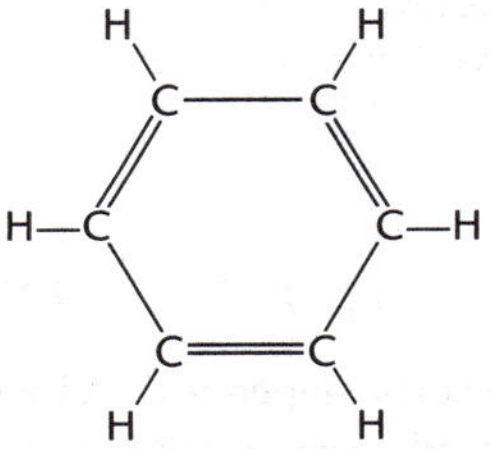

Estruturas em anel são comuns na química orgânica. Para simplificar os diagramas, os químicos frequentemente omitem os átomos de hidrogênio. Você pode simplesmente supor que cada átomo de carbono no diagrama tem quatro ligações covalentes e que todas as ligações não mostradas são com átomos de hidrogênio. Para simplificar ainda mais os diagramas, os químicos geralmente omitem os próprios átomos de carbono, mostrando apenas as ligações carbono com carbono. Por exemplo, as duas moléculas mostradas no diagrama anterior podem ser exibidas como a seguir:

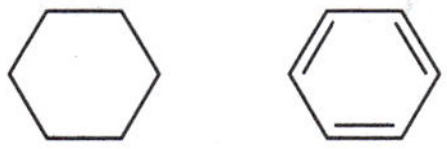

Se um átomo de carbono particular tem uma ligação com algum átomo diferente de hidrogênio, o diagrama mostra a exceção. Por exemplo, em cada uma das duas moléculas no diagrama abaixo, um carbono tem uma ligação com um átomo de oxigênio que, por sua vez, tem uma ligação com um átomo de hidrogênio. Todas as ligações não mostradas são ligações carbono-hidrogênio.

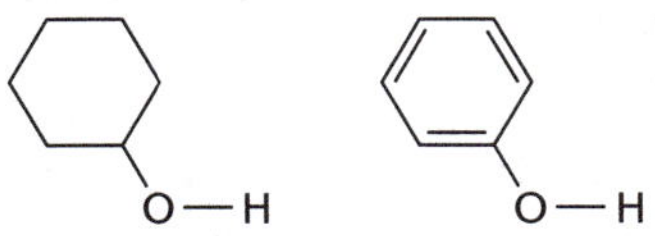

A Figura A.5 ilustra alguns compostos de carbono que são essenciais para a vida animal. Purinas e pirimidinas formam a estrutura central do DNA e RNA, as substâncias químicas responsáveis pela hereditariedade. Proteínas, gorduras e carboidratos são os

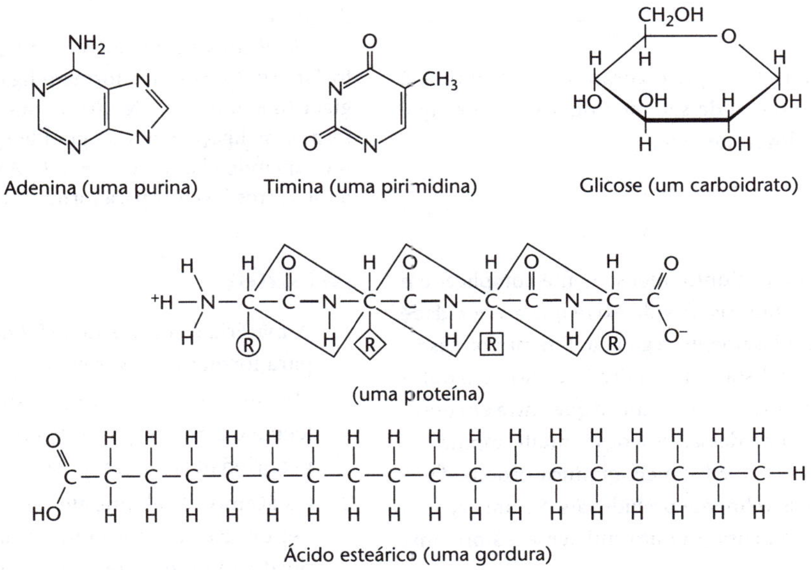

Adenina (uma purina)   Timina (uma pirimidina)   Glicose (um carboidrato)

(uma proteína)

Ácido esteárico (uma gordura)

Figura A.5 Estruturas de algumas moléculas biológicas importantes
O R na proteína representa um ponto de ligação para várias cadeias que diferem entre um aminoácido e outro. As proteínas reais são muito mais longas do que a substância química mostrada aqui.

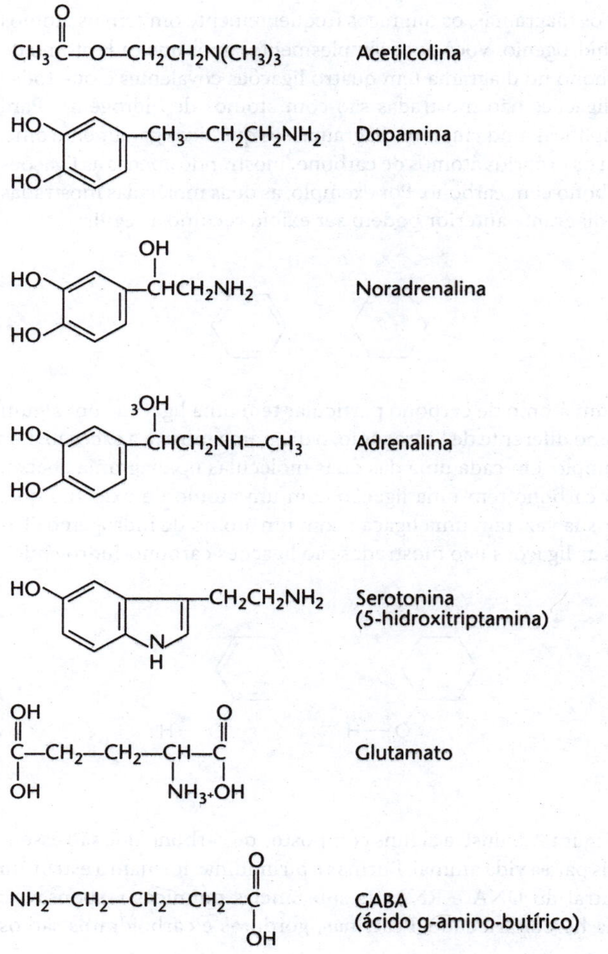

Figura A.6 Estruturas químicas de sete neurotransmissores abundantes

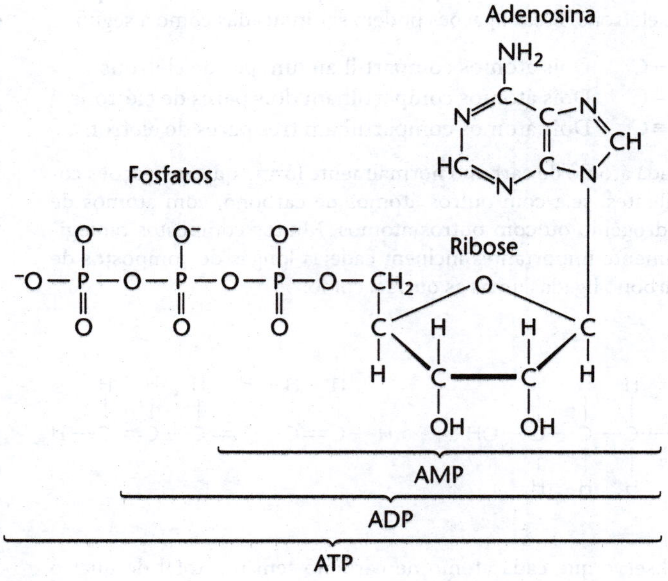

Figura A.7 ATP, composto de adenosina, ribose e três fosfatos
O ATP pode perder um grupo de fosfato para formar ADP (difosfato de adenosina) e então perder outro para formar AMP (monofosfato de adenosina). Sempre que quebra um grupo de fosfato, ele libera energia.

tipos primários de combustível que o corpo usa. A Figura A.6 mostra as estruturas químicas de sete neurotransmissores que são amplamente discutidos neste livro.

Reações químicas no corpo

Um organismo vivo é um conjunto imensamente complicado e coordenado de reações químicas. A vida exige que a velocidade de cada reação seja cuidadosamente regulada. Em muitos casos, uma reação produz uma substância química que entra em outra reação, que produz outra substância química que entra em outra reação etc. Se qualquer uma dessas reações é muito rápida em comparação com as outras, a substância química produzida se acumulará em níveis possivelmente prejudiciais. Se uma reação é muito lenta, ela não produzirá produto suficiente e a próxima reação será paralisada.

Enzimas são proteínas que controlam a velocidade das reações químicas. Cada reação é controlada por uma enzima específica. As enzimas são um tipo de catalisador. Um catalisador é qualquer substância química que facilita uma reação entre outras substâncias químicas sem ser alterado no processo.

O papel do ATP

O corpo depende de **ATP (adenosine triphosphate – trifosfato de adenosina)** como sua principal forma de enviar energia para onde é necessária (ver Figura A.7). Boa parte da energia derivada dos alimentos é utilizada para a formação de moléculas de ATP que então fornecem energia para os músculos e outras partes do corpo.

ATP consiste em adenosina ligada à ribose e três grupos de fosfato (PO_3). Fosfatos formam ligações covalentes de alta energia; isto é, uma grande quantidade de energia é necessária para formar as ligações e uma grande quantidade de energia é liberada quando elas se rompem. O ATP pode quebrar um ou dois de seus três fosfatos para fornecer energia.

Resumo

1. A matéria é composta de 92 elementos que se associam para formar uma variedade infinita de compostos.
2. Um átomo é a menor parte de um elemento. Uma molécula é a menor parte de um composto que mantém as propriedades do composto.
3. Os átomos de alguns elementos podem ganhar ou perder um elétron, tornando-se assim íons. Íons carregados positivamente atraem íons carregados negativamente, formando uma ligação iônica. Em alguns casos, dois ou mais átomos podem compartilhar elétrons, formando assim uma ligação covalente.
4. O principal transportador de energia no corpo é uma substância química chamada ATP.

Termos-chave

átomos **498**
ATP (trifosfato de adenosina) **500**
compostos **496**
elementos **496**
enzimas **500**
íon **498**
ligação covalente **498**
ligação iônica **498**
molécula **498**
número atômico **498**
peso atômico **498**

Políticas da Society for Neuroscience sobre o uso de animais e seres humanos em pesquisa

Apêndice B

Introdução

A Society for Neuroscience, como uma sociedade profissional para pesquisadores e clínicos em neurociência, endossa e apoia o uso apropriado e responsável de animais como sujeitos experimentais. O conhecimento gerado pelas pesquisas neurocientíficas em animais tem permitido avanços importantes na compreensão de doenças e transtornos que afetam o sistema nervoso e no desenvolvimento de melhores tratamentos que reduzem o sofrimento em seres humanos e animais. Esse conhecimento também produz uma contribuição crucial para a compreensão de nós mesmos, das complexidades de nossos cérebros e do que nos torna humanos. O progresso contínuo na compreensão de como o cérebro funciona e outros avanços no tratamento e cura de doenças do sistema nervoso exigem a investigação das funções complexas em todos os níveis do sistema nervoso vivo. Como não existem alternativas adequadas, muitas dessas pesquisas devem ser feitas em animais. A Society for Neuroscience considera que os neurocientistas têm a obrigação de contribuir para esse progresso por meio de pesquisas responsáveis e humanas em animais.

Diversas funções da Society for Neuroscience estão relacionadas ao uso de animais em pesquisas. Várias delas envolvem decisões sobre pesquisas realizadas por seus membros, incluindo o cronograma das apresentações científicas no encontro anual, a revisão e publicação de artigos de pesquisa originais no *The Journal of Neuroscience* e a defesa de membros cujo uso ético de animais em pesquisas é questionado por ativistas dos direitos dos animais. O suporte da Society for Neuroscience a pesquisas dos membros individuais define uma relação entre a sociedade e seus membros. O objetivo desse documento é delinear a diretriz que orienta esse relacionamento. O cumprimento da diretriz a seguir será um fator importante na determinação da adequação da pesquisa para apresentação no encontro anual ou para publicação no *The Journal of Neuroscience* e em situações em que a Society for Neuroscience é solicitada a fornecer apoio público e ativo a um membro cujo uso de animais em pesquisa foi questionado.

A responsabilidade pela implementação da política em cada uma dessas áreas cabe ao órgão administrativo relevante (Comitê do Programa, Comitê de Publicações, Conselho Editorial e Comitê de Animais em Pesquisa, respectivamente) em consulta com o Conselho.

Diretriz sobre o uso de animais em pesquisas em neurociência

Pesquisas em neurociência usam métodos complicados, geralmente invasivos, cada um dos quais associado a diferentes problemas, riscos e considerações técnicas específicas. Um método experimental que seria considerado impróprio para um tipo de pesquisa pode ser o método de escolha para outro tipo de pesquisa. Portanto, é impossível para a entidade definir diretrizes e procedimentos específicos para o cuidado e uso de todos os animais de pesquisa e para o projeto e condução de todos os experimentos neurocientíficos.

A diretriz do serviço de saúde pública norte-americana sobre cuidados humanos e uso de animais de laboratório (PHS Policy) e o *Guide for the Care and Use of Laboratory Animals* (*Guide*) descreve as diretrizes e procedimentos gerais projetados para garantir o uso humano e apropriado de animais vertebrados vivos em todas as formas de pesquisa biomédica. A Society considera as diretrizes e procedimentos estabelecidos na PHS Policy e no *Guide* como necessários e suficientes para garantir um alto padrão de cuidados e uso de animais e adota-os como sua diretriz oficial sobre o uso de animais em pesquisas em neurociências (Society Policy). Espera-se que todos os membros da Society realizem suas pesquisas em animais de acordo com essa diretriz. Exige-se que os membros verifiquem se fizeram isso ao enviar resumos para apresentação no Annual Meeting ou textos para publicação no *The Journal of Neuroscience*. A adesão à diretriz da Society também é um passo importante para receber ajuda dessa organização ao responder a perguntas sobre o uso de animais em pesquisas por um membro. Uma descrição completa do que fazer se sua pesquisa for questionada está incluída nesse guia. Além disso, uma descrição completa da diretriz e dos procedimentos da SfN para defesa dos membros cujas pesquisas estão sob ataque pode ser obtida entrando em contato com o escritório central da Society.

Revisão do comitê local

Um aspecto importante da diretriz da Society é o estabelecimento de um comitê local encarregado de revisar e aprovar todos os procedimentos sobre cuidados e uso propostos de animais. Além de cientistas com experiência em pesquisas envolvendo animais e um veterinário, a associação desse comitê local deve incluir uma pessoa que não seja afiliada à instituição de nenhuma outra forma. Ao revisar uma proposta de uso de animais, o comitê deve avaliar a adequação das diretrizes institucionais, criação de animais, cuidados veterinários e instalações físicas. O comitê deve prestar atenção específica aos procedimentos propostos para aquisição de animais, quarentena e estabilização, separação por espécies, diagnóstico e tratamento de doenças, anestesia e analgesia, cirurgia e cuidados pós-cirúrgicos e eutanásia. O comitê de revisão também deve assegurar que os procedimentos envolvendo animais vertebrados vivos sejam planejados e executados levando-se em consideração sua relevância para a saúde humana ou animal, o avanço do conhecimento ou o bem da sociedade. Essa revisão e aprovação do uso de animais vertebrados vivos por um membro em pesquisas por um comitê local é um componente essencial da diretriz da Society. Para obter assistência no desenvolvimento de procedimentos apropriados de uso e cuidado com os animais e no estabelecimento de um comitê de revisão local, deve-se entrar em contato com a Society e consultar os documentos recomendados no final desta seção.

Outras leis, regulamentos e diretrizes

Além de cumprir a diretriz descrita anteriormente, os membros da Society que residem na América do Norte também devem cumprir todas as leis e/ou regulamentações nacionais, estaduais ou locais relevantes que regem o uso de animais em pesquisas neurocientíficas. Portanto, os membros dos Estados Unidos devem observar a Lei de Bem-Estar Animal dos EUA (conforme emendada em 1985) e seus regulamentos de implementação do Departamento de Agricultura dos EUA. Os membros canadenses devem seguir o *Guide to the Care and Use of Experimental Animals* de janeiro de 1993. Os membros do México devem cumprir o *Seventh Title of the Regulations of the General Law of Health Regarding Health Research*. Além de cumprir as leis e regulamentos de seus países de origem, os membros estrangeiros da Society for Neuroscience devem aderir à Política da SfN oficial descrita aqui.

Princípios gerais

Os princípios a seguir, baseados amplamente na diretriz da PHS sobre cuidados humanos e uso de animais de laboratório, podem ser um guia útil para projetar e implementar procedimentos experimentais envolvendo animais de laboratório.

Os animais selecionados para um procedimento devem ser de espécies e qualidade adequadas e o número mínimo necessário para obter resultados válidos.

O uso adequado dos animais, incluindo evitar ou minimizar o desconforto, angústia e dor, é imperativo.

Procedimentos com animais que podem causar além de dor ou desconforto momentâneo ou leve devem ser realizados sob sedação, analgesia ou anestesia apropriadas. Procedimentos cirúrgicos ou outros procedimentos dolorosos não devem ser realizados em animais não anestesiados e paralisados por agentes químicos.

Os cuidados pós-operatórios com animais devem minimizar o desconforto e a dor e, em qualquer caso, devem ser equivalentes às práticas aceitas nas escolas de medicina veterinária.

Animais que, de outra forma, teriam dor ou sofrimento grave ou crônico que não pudesse ser aliviado, devem ser mortos sem dor no final do procedimento ou, se apropriado, durante o procedimento. Se o estudo requer a morte do animal, o animal deve ser morto de maneira humana.

As condições de vida devem ser adequadas à espécie e contribuir para o bem-estar dos animais. Normalmente, o alojamento, alimentação e cuidado de todos os animais usados para fins biomédicos devem ser dirigidos por um veterinário ou outro cientista treinado e experiente em cuidados, manejo e uso adequado das espécies que estão sendo mantidas ou estudadas. Em qualquer caso, devem ser fornecidos cuidados veterinários adequados.

Exceções a esses princípios requerem consideração cuidadosa e devem ser feitas apenas por um grupo de revisão apropriado, como um comitê institucional de cuidados e uso de animais.

Diretriz sobre o uso de seres humanos em pesquisas em neurociência

Os procedimentos experimentais envolvendo seres humanos devem ser realizados em conformidade com as diretrizes e princípios contidos na *Federal Policy for the Protection of Human Subjects* (U. S. Office of Science and Technology Policy) e na Declaração de Helsinque. Ao publicar um artigo no *The Journal of Neuroscience* ou submeter um resumo para apresentação no encontro anual, os autores devem assinar uma declaração de conformidade com essa diretriz.

Legislação brasileira sobre experimentação utilizando animais[1]

No Brasil, as práticas de experimentação utilizando animais são regulamentadas pelo Ministério da Ciência, Tecnologia e Inovações (MCTI). O Conselho Nacional de Controle de Experimentação Animal (Concea) (https://www.gov.br/mcti/pt-br/composicao/conselhos/concea), órgão colegiado, integrante do MCTI, é composto por um colegiado multidisciplinar de caráter normativo, consultivo, deliberativo e recursal. Desempenha fundamental papel na formulação de normas relativas à utilização humanitária de animais com finalidade de ensino e pesquisa científica. Ainda, estabelece os procedimentos para instalação e funcionamento de centros de criação, biotérios e laboratórios de experimentação animal. No site do Concea pode-se encontrar todo o material regulamentar, como a legislação do Concea, as pautas, as atas e as sínteses das deliberações. Há também material educativo e informativo, como o guia brasileiro para a produção, manutenção e utilização de animais para atividades de ensino e pesquisa, repositório de métodos substitutivos no ensino e mapa de Instituições cadastradas.

---

[1] Texto do revisor técnico, Prof. Dr. Marcelo Fernandes Costa.

Referências bibliográficas

Os números entre parênteses no final das entradas de cada referência indicam o capítulo em que ela está sendo citada.

Abbott, N. J., Rönnback, L., & Hansson, E. (2006). Astrocyte-endothelial interactions at the blood–brain barrier. *Nature Reviews Neuroscience, 7*, 41–53. (1)

Abbott, S. B. G., Machado, N. L. S., Geerling, J. C., & Saper, C. B. (2016). Reciprocal control of drinking behavior by median preoptic neurons in mice. *Journal of Neuroscience, 36*, 8228–8237. (9)

AbdelMalik, P., Husted, J, Chow, E. W. C., & Bassett, A. S. (2003). Childhood head injury and expression of schizophrenia in multiply affected families. *Archives of General Psychiatry, 60*, 231–236. (14)

Abi-Dargham, A., Rodenhiser, J., Printz, D., Zea-Ponce, Y., Gil, R., Kegeles, L. S., . . . Laruelle, M. (2000). Increased baseline occupancy of D2 receptors by dopamine in schizophrenia. *Proceedings of the National Academy of Sciences, USA, 97*, 8104–8109. (14)

Abrahamsson, N., & Hyltenstam, K. (2009). Age of onset and nativelikeness in a second language: Listener perception versus linguistic scrutiny. *Language Learning, 59*, 249–306. (13)

Ackman, J. B., Burbridge, T. J., & Crair, M. C. (2012). Retinal waves coordinate patterned activity throughout the developing visual system. *Nature, 490*, 219–225. (5)

Adamec, R. E., Stark-Adamec, C., & Livingston, K. E. (1980). The development of predatory aggression and defense in the domestic cat (*Felis catus*): 3. Effects on development of hunger between 180 and 365 days of age. *Behavioral and Neural Biology, 30*, 435–447. (11)

Adams, D. B., Gold, A. R., & Burt, A. D. (1978). Rise in female-initiated sexual activity at ovulation and its suppression by oral contraceptives. *New England Journal of Medicine, 299*, 1145–1150. (10)

Adams, R. B., Jr., Gordon, H. L., Baird, A. A., Ambady, N., & Kleck, R. E. (2003). Effects of gaze on amygdala sensitivity to anger and fear faces. *Science, 300*, 1536. (11)

Adams, R. B., Jr., & Kleck, R. E. (2005). Effects of direct and averted gaze on the perception of facially communicated emotion. *Emotion, 5*, 3–11. (11)

Addis, D. R., Wong, A. T., & Schacter, D. L. (2007). Remembering the past and imagining the future: Common and distinct neural substrates during event construction and elaboration. *Neuropsychologia, 45*, 1363–1377. (12)

Adkins, E. K., & Adler, N. T. (1972). Hormonal control of behavior in the Japanese quail. *Journal of Comparative and Physiological Psychology, 81*, 27–36. (10)

Admon, R., Lubin, G., Stern, O., Rosenberg, K., Sela, L., Ben-Ami, H., & Hendler, T. (2009). Human vulnerability to stress depends on amygdala's predisposition and hippocampal plasticity. *Proceedings of the National Academy of Sciences (U.S.A.), 106*, 14120–14125. (11)

Adolphs, R., Damasio, H., & Tranel, D. (2002). Neural systems for recognition of emotional prosody: A 3-D lesion study. *Emotion, 2*, 23–51. (13)

Adolphs, R., Tranel, D., & Buchanan, T. W. (2005). Amygdala damage impairs emotional memory for gist but not details of complex stimuli. *Nature Neuroscience, 8*, 512–518. (11)

Adolphs, R., Tranel, D., Damasio, H., & Damasio, A. (1995). Fear and the human amygdala. *Journal of Neuroscience, 15*, 5879–5891. (11)

Agarwal, N., Pacher, P., Tegeder, I., Amaya, F., Constantin, C. E., Brenner, G. J., …Kuner, R. (2007). Cannabinoids mediate analgesia largely via peripheral type 1 cannabinoid receptors in nociceptors. *Nature Neuroscience, 10*, 870–879. (6)

Aglioti, S., Smania, N., Atzei, A., & Berlucchi, G. (1997). Spatio-temporal properties of the pattern of evoked phantom sensations in a left index amputee patient. *Behavioral Neuroscience, 111*, 867–872. (4)

Aglioti, S., Smania, N., & Peru, A. (1999). Frames of reference for mapping tactile stimuli in brain-damaged patients. *Journal of Cognitive Neuroscience, 11*, 67–79. (13)

Agrati, D., Fernández-Guasti, A., Ferreño, M., & Ferreira, A. (2011). Coexpression of sexual behavior and maternal aggression: The ambivalence of sexually active mother rats toward male intruders. *Behavioral Neuroscience, 125*, 446–451. (10)

Ahlskog, J. E., & Hoebel, B. G. (1973). Overeating and obesity from damage to a noradrenergic system in the brain. *Science, 182*, 166–169. (9)

Ahlskog, J. E., Randall, P. K., & Hoebel, B. G. (1975). Hypothalamic hyperphagia: Dissociation from hyperphagia following destruction of noradrenergic neurons. *Science, 190*, 399–401. (9)

Ahmed, E. I., Zehr, J. L., Schulz, K. M., Lorenz, B. H., DonCarlos, L. L., & Sisk, C. L. (2008). Pubertal hormones modulate the addition of new cells to sexually dimorphic brain regions. *Nature Neuroscience, 11*, 995–997. (10)

Ahmed, I. I., Shryne, J. E., Gorski, R. A., Branch, B. J., & Taylor, A. N. (1991). Prenatal ethanol and the prepubertal sexually dimorphic nucleus of the preoptic area. *Physiology & Behavior, 49*, 427–432. (10)

Ahn, W., Flanagan, E. H., Marsh, J. K., & Sanislow, C. A. (2006). Beliefs about essences and the reality of mental disorders. *Psychological Science, 17*, 759–766. (14)

Airaksinen, M. S., & Saarma, M. (2002). The GDNF family: Signalling, biological functions and therapeutic value. *Nature Reviews Neuroscience, 3*, 383–394. (4)

Airan, R. D., Meltzer, L. A., Roy, M., Gong, Y., Chen, H., & Deisseroth, K. (2007). High-speed imaging reveals neurophysiological links to behavior in an animal model of depression. *Science, 317*, 819–823. (14)

Airavaara, M., Harvey, B. K., Voutilainen, M. H., Shen, H., Chou, J., Lindholm, P., …Wang, Y. (2012). CDNF protects the nigrostriatal dopamine system and promotes recovery after MPTP treatment in mice. *Cell Transplantation, 21*, 1213–1223. (7)

Ajina, S., Pestilli, F., Rokem, A., Kennard, C., & Bridge, H. (2015). Human blindsight is mediated by an intact geniculo-extrastriate pathway. *eLife, 4*, article 08935. (5)

Akers, K. G., Martinez-Canabal, A., Restivo, L., Yiu, A. P., De Cristofaro, A., Hsiang, H.-L., Frankland, P. W. (2014). Hippocampal neurogenesis regulates forgetting during adulthood and infancy. *Science, 344*, 598–602. (12)

Alagiakrishnan, K., Gill, S. S., & Fagarasanu, A. (2012). Genetics and epigenetics of Alzheimer's disease. *Postgraduate Medical Journal, 88*, 522–529. (12)

Alanko, K., Santtila, P., Harlaar, N., Witting, K., Varjonen, M., Jern, P., …Sandnabba, N. K. (2010). Common genetic effects of gender atypical behavior in childhood and sexual orientation in adulthood: A study of Finnish twins. *Archives of Sexual Behavior, 39*, 81–92. (10)

Albouy, G., Sterpenich, V., Balteau, E., Vandewalle, G., Desseilles, M., Dang-Vu, T., …Maquet, P. (2008). Both the hippocampus and striatum are involved in consolidation of motor sequence memory. *Neuron, 58*, 261–272. (12)

Albuquerque, D., Stice, E., Rodríguez-Lopez, R., Manco, L., & Nóbrega, C. (2015). Current review of genetics of human obesity: From molecular mechanisms to an evolutionary perspective. *Molecular Genetics and Genomics, 290*, 1191–1221. (9)

Alcuter, S., Lin, W., Smith, J. K., Short, S. J., Goldman, B. D., Reznick, J. S., …Gao, W. (2014). Development of thalamocortical connectivity during infancy and its cognitive correlations. *Journal of Neuroscience, 34*, 9067–9075. (4)

Aleman, A., Kahn, R. S., & Selten, J. P. (2003). Sex differences in the risk of schizophrenia. *Archives of General Psychiatry, 60*, 565–571. (14)

Alexander, G. M., & Hines, M. (2002). Sex differences in response to children's toys in nonhuman primates (*Cercopithecus aethiops sebaeus*). *Evolution and Human Behavior, 23*, 467–479. (10)

Alexander, G. M., Wilcox, T., & Woods, R. (2009). Sex differences in infants' visual interest in toys. *Archives of Sexual Behavior, 38*, 427–433. (10)

Al-Karawi, D., & Jubair, L. (2016). Bright light therapy for nonseasonal depression: Meta-analysis of clinical trials. *Journal of Affective Disorders, 198*, 64–71. (14)

Allen, H. L., Estrada, K., Lettre, G., Berndt, S. I., Weedon, M. N., Rivadeneira, F., ... Hirschhorn, J. N. (2010). Hundreds of variants clustered in genomic loci and biological pathways affect human height. *Nature, 467*, 832–838. (4)

Allen, J. S., Damasio, H., Grabowski, T. J., Bruss, J., & Zhang, W. (2003). Sexual dimorphism and asymmetries in the gray-white composition of the human cerebrum. *NeuroImage, 18*, 880–894. (12)

Alleva, E., & Francia, N. (2009). Psychiatric vulnerability: Suggestions from animal models and role of neurotrophins. *Neuroscience and Biobehavioral Reviews, 33*, 525–536. (4)

Allison, T., & Cicchetti, D. V. (1976). Sleep in mammals: Ecological and constitutional correlates. *Science, 194*, 732–734. (8)

Almeida, J., He, D., Chen, Q., Mahon, B. Z., Zhang, F., Gonçalves, Ó. F., ... Bi, Y. (2015). Decoding visual location from neural patterns in the auditory cortex of the congenitally deaf. *Psychological Science, 26*, 1771–1782. (4)

Almli, C. R., Fisher, R. S., & Hill, D. L. (1979). Lateral hypothalamus destruction in infant rats produces consummatory deficits without sensory neglect or attenuated arousal. *Experimental Neurology, 66*, 146–157. (9)

Al-Rashid, R. A. (1971). Hypothalamic syndrome in acute childhood leukemia. *Clinical Pediatrics, 10*, 53–54. (9)

Altena, E., Micouland-Franchi, J.-A., Geoffroy, P.-A., Sanz-Arigita, E., Bioulac, S., & Philip, P. (2016). The bidirectional relation between emotional reactivity and sleep: From disruption to recovery. *Behavioral Neuroscience, 130*, 336–350. (8, 14)

Aman, J. E., Elangovan, N., Yeh, I-L., & Konczak, J. (2015). The effectiveness of proprioceptive training for improving motor function: A systematic review. *Frontiers in Human Neuroscience, 8*, Article 1075. (4)

Amateau, S. K., & McCarthy, M. M. (2004). Induction of PGE2 by estradiol mediates developmental masculinization of sex behavior. *Nature Neuroscience, 7*, 643–650. (10)

American Psychiatric Association. (2013). *Diagnostic and statistical manual of mental disorders*. Washington, DC: American Psychiatric Publishing. (14)

Amiry-Moghaddam, M., & Ottersen, O. P. (2003). The molecular basis of water transport in the brain. *Nature Reviews Neuroscience, 4*, 991–1001. (1)

Amting, J. M., Greening, S. G., & Mitchell, D. G. V. (2010). Multiple mechanisms of consciousness: The neural correlates of emotional awareness. *Journal of Neuroscience, 30*, 10039–10047. (11)

Anaclet, C., Ferrari, L., Arrigoni, E., Bass, C. E., Saper, C. B., Lu, J., & Fuller, P. M. (2014). GABAergic parafacial zone is a medullary slow wave sleep-promoting center. *Nature Neuroscience, 17*, 1217–1224. (8)

Anaclet, C., Parmentier, R., Ouk, K., Guidon, G., Buda, C., Sastre, J.-P., ...Ohtsu, H. (2009). Orexin/hypocretin and histamine: Distinct roles in the control of wakefulness demonstrated using knock-out mouse models. *Journal of Neuroscience, 29*, 14423–14438. (8)

Anand, P., & Bley, K. (2011). Topical capsaicin for pain management: Therapeutic potential and mechanisms of action of the new high-concentration capsaicin 8% patch. *British Journal of Anaesthesia, 107*, 490–502. (6)

Andersen, J. L., Klitgaard, H., & Saltin, B. (1994). Myosin heavy chain isoforms in single fibres from m. vastus lateralis of sprinters: Influence of training. *Acta Physiologica Scandinavica, 151*, 135–142. (7)

Andersen, T. S., Tiippana, K., & Sams, M. (2004). Factors influencing audiovisual fission and fusion illusions. *Cognitive Brain Research, 21*, 301–308. (3)

Anderson, E., Dryman, M. T., Worthington, J., Hoge, E. A., Fischer, L. E., Pollack, M. H., ...Simon, N. M. (2013). Smiles may go unseen in generalized social anxiety disorder: Evidence from binocular rivalry for reduced visual consciousness of positive facial expressions. *Journal of Anxiety Disorders, 27*, 619–626. (13)

Anderson, E., Siegel, E. H., & Barrett, L. F. (2011). What you feel influences what you see. The role of affective feelings in resolving binocular rivalry. *Journal of Experimental Social Psychology, 47*, 856–860. (13)

Anderson, M. A., Burda, J. E., Ren, Y., Ao, Y., O'Shea, T. M., Kawaguchi, R., . . . Sofroniew, M. V. (2016). Astrocyte scar formation aids central nervous system axon regeneration. *Nature, 532*, 195–200. (4)

Anderson, S. F., Monroe, S. M., Rohde, P., & Lewinsohn, P. M. (2016). Questioning kindling: An analysis of cycle acceleration in unipolar depression. *Clinical Psychological Science, 4*, 229–238. (14)

Anderson, S., Parbery-Clark, A., White-Schwoch, T., & Kraus, N. (2012). Aging affects neural precision of speech encoding. *Journal of Neuroscience, 32*, 14156–14164. (6)

Andics, A., Gábor, A., Gácsi, M., Faragó, T., Szabó, D., & Miklósi, Á. (2016). Neural mechanisms for lexical processing in dogs. *Science, 353*, 1030–1032. (13)

Andreasen, N. C. (1988). Brain imaging: Applications in psychiatry. *Science, 239*, 1381–1388. (3)

Andreasen, N. C., Nopoulos, P., Magnotta, V., Pierson, R., Ziebell, S., & Ho, B-C. (2011). Progressive brain change in schizophrenia: A prospective longitudinal study of first-episode schizophrenia. *Biological Psychiatry, 70*, 672–679. (14)

Andrew, D., & Craig, A. D. (2001). Spinothalamic lamina I neurons selectively sensitive to histamine: A central neural pathway for itch. *Nature Neuroscience, 4*, 72–77. (6)

Andrews, S. C., Enticott, P. G., Hoy, K. E., Thomson, R. H., & Fitzgerald, P. B. (2015). No evidence for mirror system dysfunction in schizophrenia from a multimodal TMS/EEG study. *Psychiatry Research, 228*, 431–440. (7)

Andrews, T. J., Halpern, S. D., & Purves, D. (1997). Correlated size variations in human visual cortex, lateral geniculate nucleus, and optic tract. *Journal of Neuroscience, 17*, 2859–2868. (5)

Andrillon, T., Poulsen, A. T., Hansen, L. K., Léger, D., & Kouider, S. (2016). Neural markers of responsiveness to the environment in human sleep. *Journal of Neuroscience, 36*, 6583–6596. (8)

Antanitus, D. S. (1998). A theory of cortical neuron-astrocyte interaction. *Neuroscientist, 4*, 154–159. (1)

Aoki, Y., & Cortese, S. (2016). Mitochondrial aspartate/glutamate carrier SLC25A12 and autism spectrum disorder: A meta-analysis. *Molecular Neurobiology, 53*, 1579–1588. (1, 14)

Apostolakis, E. M., Garai, J., Fox, C., Smith, C. L., Watson, S. J., Clark, J. H., & O'Malley, B. W. (1996). Dopaminergic regulation of progesterone receptors: Brain D5 dopamine receptors mediate induction of lordosis by D1-like agonists in rats. *Journal of Neuroscience, 16*, 4823–4834. (10)

Appleman, E. R., Albouy, G., Doyon, J., Cronin-Golomb, A., & King, B. R. (2016). Sleep quality influences subsequent motor skill acquisition. *Behavioral Neuroscience, 130*, 290–297. (8)

Araneda, R. C., Kini, A. D., & Firestein, S. (2000). The molecular receptive range of an odorant receptor. *Nature Neuroscience, 3*, 1248–1255. (6)

Archer, J. (2000). Sex differences in aggression between heterosexual partners: A meta-analytic review. *Psychological Bulletin, 126*, 651–680. (11)

Archer, J., Birring, S. S., & Wu, F. C. W. (1998). The association between testosterone and aggression in young men: Empirical findings and a meta-analysis. *Aggressive Behavior, 24,* 411–420. (11)

Archer, J., Graham-Kevan, N., & Davies, M. (2005). Testosterone and aggression: A reanalysis of Book, Starzyk, and Quinsey's (2001) study. *Aggression and Violent Behavior, 10,* 241–261. (11)

Arcurio, L. R., Gold, J. M., & James, T. W. (2012). The response of face-selective cortex with single face parts and part combinations. *Neuropsychologia, 50,* 2454–2459. (5)

Armstrong, J. B., & Schindler, D. E. (2011). Excess digestive capacity in predators reflects a life of feast and famine. *Nature, 476,* 84–87. (9)

Arnold, A. P. (2004). Sex chromosomes and brain gender. *Nature Reviews Neuroscience, 5,* 701–708. (10)

Arnold, A. P. (2009). The organizational-activational hypothesis as the foundation for a unified theory of sexual differentiation of all mammalian tissues. *Hormones and Behavior, 55,* 570–578. (10)

Arnold, A. P., & Breedlove, S. M. (1985). Organizational and activational effects of sex steroids on brain and behavior: A reanalysis. *Hormones and Behavior, 19,* 469–498. (10)

Arnsten, A. F. T. (2015). Stress weakens prefrontal networks: Molecular insults to higher cognition. *Nature Neuroscience, 18,* 1376–1385. (11)

Arvidson, K., & Friberg, U. (1980). Human taste: Response and taste bud number in fungiform papillae. *Science, 209,* 807–808. (6)

Asai, M., Ramachandrappa, S., Joachim, M., Shen, Y., Zhang, R., Nuthalapati, N., … Majzoub, J. A. (2013). Loss of function of the melanocortin 2 receptor accessory protein 2 is associated with mammalian obesity. *Science, 341,* 275–278. (9)

Ascoli, G. A. (2015). *Trees of the brain, roots of the mind.* Cambridge, MA: MIT Press. (1, 12)

Aserinsky, E., & Kleitman, N. (1955). Two types of ocular motility occurring in sleep. *Journal of Applied Physiology, 8,* 1–10. (8)

Ashmore, L. J., & Sehgal, A. (2003). A fly's eye view of circadian entrainment. *Journal of Biological Rhythms, 18,* 206–216. (8)

Aston-Jones, G., Chen, S., Zhu, Y., & Oshinsky, M. L. (2001). A neural circuit for circadian regulation of arousal. *Nature Neuroscience, 4,* 732–738. (8)

Athos, E. A., Levinson, B., Kistler, A., Zemansky, J., Bostrom, A., Freimer, N., & Gitschier, J. (2007). Dichotomy and perceptual distortions in absolute pitch ability. *Proceedings of the National Academy of Sciences, USA, 104,* 14795–14800. (6)

Attardo, A., Fitzgerald, J. E., & Schnitzer, M. J. (2015). Impermanence of dendritic spines in live adult CA1 hippocampus. *Nature, 523,* 592–596. (12)

Audero, E., Mlinar, B., Baccini, G., Skachokova, Z. K., Corradetti, R., & Gross, C. (2013). Suppression of serotonin neuron firing increases aggression in mice. *Journal of Neuroscience, 33,* 8678–8688. (11)

Avena, N. M., Rada, P., & Hoebel, B. G. (2008). Evidence for sugar addiction: Behavioral and neurochemical effects of intermittent, excessive sugar intake. *Neuroscience and Biobehavioral Reviews, 32,* 20–39. (9)

Aviezer, H., Trope, Y., & Todorov, A. (2012). Body cues, not facial expressions, discriminate between intense positive and negative emotions. *Science, 338,* 1225–1229. (11)

Avinun, R., Ebstein, R. P., & Knafo, A. (2012). Human maternal behaviour is associated with arginine vasopressin receptor 1A gene. *Biology Letters, 8,* 894–896. (10)

Avrabos, C., Sonikov, S. V., Dine, J., Markt, P. O., Holsboer, F., Landgraf, R., & Eder, M. (2013). Real-time imaging of amygdalar network dynamics *in vitro* reveals a neurophysiological link to behavior in a mouse model of extremes in trait anxiety. *Journal of Neuroscience, 33,* 16262–16267. (11)

Babich, F. R., Jacobson, A. L., Bubash, S., & Jacobson, A. (1965). Transfer of a response to naive rats by injection of ribonucleic acid extracted from trained rats. *Science, 149,* 656–657. (12)

Babikian, T., Merkley, T., Savage, R. C., Giza, C. C., & Levin, H. (2015). Chronic aspects of pediatric traumatic brain injury: Review of the literature. *Journal of Neurotrauma, 32,* 1849–1860. (4)

Backlund, E.-O., Granberg, P.-O., Hamberger, B., Sedvall, G., Seiger, A., & Olson, L. (1985). Transplantation of adrenal medullary tissue to striatum in Parkinsonism. In A. Björklund & U. Stenevi (Eds.), *Neural grafting in the mammalian CNS* (pp. 551–556). Amsterdam: Elsevier. (7)

Bäckman, J., & Alerstam, T. (2001). Confronting the winds: Orientation and flight behavior of roosting swifts, *Apus apus. Proceedings of the Royal Society of London. Series B—Biological Sciences, 268,* 1081–1087. (8)

Baddeley, A. D., & Hitch, G. J. (1994). Developments in the concept of working memory. *Neuropsychology, 8,* 485–493. (12)

Baer, J. S., Sampson, P. D., Barr, H. M., Connor, P. D., & Streissguth, A. P. (2003). A 21-year longitudinal analysis of the effects of prenatal alcohol exposure on young adult drinking. *Archives of General Psychiatry, 60,* 377–385. (14)

Bagemihl, B. (1999). *Biological exuberance.* New York: St. Martin's Press. (10)

Baghdoyan, H. A., Spotts, J. L., & Snyder, S. G. (1993). Simultaneous pontine and basal forebrain microinjections of carbachol suppress REM sleep. *Journal of Neuroscience, 13,* 229–242. (8)

Bailey, C. H., Giustetto, M., Huang, Y.-Y., Hawkins, R. D., & Kandel, E. R. (2000). Is heterosynaptic modulation essential for stabilizing Hebbian plasticity and memory? *Nature Reviews Neuroscience, 1,* 11–20. (12)

Bailey, J. M., & Pillard, R. C. (1991). A genetic study of male sexual orientation. *Archives of General Psychiatry, 48,* 1089–1096. (10)

Bailey, J. M., Pillard, R. C., Dawood, K., Miller, M. B., Farrer, L. A., Trivedi, S., & Murphy, R. L. (1999). A family history study of male sexual orientation using three independent samples. *Behavior Genetics, 29,* 79–86. (10)

Bailey, J. M., Pillard, R. C., Neale, M. C., & Agyei, Y. (1993). Heritable factors influence sexual orientation in women. *Archives of General Psychiatry, 50,* 217–223. (10)

Bailey, J. M., Vasey, P. L., Diamond, L. M., Breedlove, S. M., Vilain, E., & Epprecht, M. (2016). Sexual orientation, controversy, and science. *Psychological Science in the Public Interest, 17,* 45–101. (10)

Bailey, J. M., Willerman, L., & Parks, C. (1991). A test of the maternal stress theory of human male homosexuality. *Archives of Sexual Behavior, 20,* 277–293. (10)

Baillargeon, R. (1987). Object permanence in 3½- and 4½-month-old infants. *Developmental Psychology, 23,* 655–664. (5)

Bakken, T. E., Miller, J. A., Ding, S.-L., Sunkin, S. M., Smith, K. A., Ng, L., …Lein, E. S. (2016). A comprehensive transcriptional map of primate brain development. *Nature, 535,* 367–375. (12)

Bakken, T. E., Roddey, J. C., Djurovic, S., Akshoomoff, N., Amaral, D. G., Bloss, C. S., …Dale, A. M. (2012). Association of common genetic variants in GPCPD1 with scaling of visual cortical surface in humans. *Proceedings of the National Academy of Sciences (U.S.A.), 109,* 3985–3990. (5)

Bakker, J., De Mees, C., Douhard, Q., Balthazart, J., Gabant, P., Szpirer, J., & Szpirer, C. (2006). Alpha-fetoprotein protects the developing female mouse brain from masculinization and defeminization by estrogens. *Nature Neuroscience, 9,* 220–226. (10)

Bakker, J., Honda, S.-I., Harada, N., & Balthazart, J. (2002). The aromatase knockout mouse provides new evidence that estradiol is required during development in the female for the expression of sociosexual behaviors in adulthood. *Journal of Neuroscience, 22,* 9104–9112. (10)

Ballard, P. A., Tetrud, J. W., & Langston, J. W. (1985). Permanent human Parkinsonism due to 1-methyl-4-phenyl-1,2,3,6-tetrahydropyridine (MPTP). *Neurology, 35,* 949–956. (7)

Balleine, B. W., Delgado, M. R., & Hikosaka, O. (2007). The role of the dorsal striatum in reward and decision-making. *Journal of Neuroscience, 27,* 8161–8165. (12)

Ballon, J. S., Dean, K. A., & Cadenhead, K. S. (2007). Obstetrical complications in people at risk for developing schizophrenia. *Schizophrenia Research, 98,* 307–311. (14)

Banks, W. P., & Isham, E. A. (2009). We infer rather than perceive the moment we decided to act. *Psychological Science, 20,* 17–21. (7)

Barbour, D. L., & Wang, X. (2003). Contrast tuning in auditory cortex. *Science, 299,* 1073–1075. (6)

Bargary, G., Barnett, K. J., Mitchell, K. J., & Newell, F. N. (2009). Colored-speech synaesthesia is triggered by multisensory, not unisensory, perception. *Psychological Science, 20*, 529–533. (6)

Barger, L. K., Sullivan, J. P., Vincent, A. S., Fiedler, E. R., McKenna, L. M., Flynn-Evans, E. E., ...Lockley, S. W. (2012). Learning to live on a Mars day: Fatigue countermeasures during the Phoenix Mars Lander Mission. *Sleep, 35*, 1423–1435. (8)

Barnea, G., O'Donnell, S., Mancia, F., Sun, X., Nemes, A., Mendelsohn, M., & Axel, R. (2004). Odorant receptors on axon termini in the brain. *Science, 304*, 1468. (6)

Barnes, B. M. (1996, September/October). Sang froid. *The Sciences, 36*(5), 13–14. (8)

Barnett, K. J., Finucane, C., Asher, J. E., Bargary, G., Corvin, A. P., Newell, F. N., & Mitchell, K. J. (2008). Familial patterns and the origins of individual differences in synaesthesia. *Cognition, 106*, 871–893. (6)

Barrett, L. F. (2012). Emotions are real. *Emotion, 12*, 413–429. (11)

Barrett, L. F., Bliss-Moreau, E., Duncan, S. L., Rauch, S. L., & Wright, C. I. (2007). The amygdala and the experience of affect. *Social Cognitive & Affective Neuroscience, 2*, 73–83. (11)

Barrett, L. F., & Simmons, W. K. (2015). Interoceptive predictions in the brain. *Nature Reviews Neuroscience, 16*, 419–429. (7)

Barretto, R. P. J., Gillis-Smith, S., Chandrashekar, J., Yarmolinsky, D. A., Schnitzer, M. J., Ryba, N. J. P., & Zuker, C. S. (2015). The neural representation of taste quality at the periphery. *Nature, 517*, 373–376. (6)

Barrientos, R. M., Frank, M. G., Crysdale, N. Y., Chapman, T. R., Ahrendsen, J. T., Day, H. E. W., ...Maier, S. F. (2011). Little exercise, big effects: Reversing aging and infection-induced memory deficits, and underlying processes. *Journal of Neuroscience, 31*, 115778–11586. (4)

Barton, D. A., Esler, M. D., Dawood, T., Lambert, E. A., Haikerwal, D., Brenchley, C., ...Lambert, G. W. (2008). Elevated brain serotonin turnover in patients with depression. *Archives of General Psychiatry, 65*, 38–46. (14)

Bartoshuk, L. M. (1991). Taste, smell, and pleasure. In R. C. Bolles (Ed.), *The hedonics of taste* (pp. 15–28). Hillsdale, NJ: Erlbaum. (6)

Bartoshuk, L. M., Gentile, R. L., Moskowitz, H. R., & Meiselman, H. L. (1974). Sweet taste induced by miracle fruit (*Synsephalum dulcificum*). *Physiology & Behavior, 12*, 449–456. (6)

Bartz, J. A., Simeon, D., Hamilton, H., Kim, S., Crystal, S., Braun, A., Vicens, V., & Hollander, E. (2011). Oxytocin can hinder trust and cooperation in borderline personality disorder. *Social, Cognitive, and Affective Neuroscience, 6*, 556–563. (13)

Barzilai, N., Alzmon, G., Derby, C. A., Bauman, J. M., & Lipton, R. B. (2006). A genotype of exceptional longevity is associated with preservation of cognitive function. *Neurology, 67*, 2170–2175. (4)

Bashford, J. A., Warren, R. M., & Lenz, P. W. (2013). Maintaining intelligibility at high speech intensities: Evidence of lateral inhibition in the lower auditory pathway. *Journal of the Acoustical Society of America, 134*, EL119–EL125. (5)

Basten, U., Hilger, K., & Fiebach, C. J. (2015). Where smart brains are different: A quantitative meta-analysis of functional and structural brain imaging studies on intelligence. *Intelligence, 51*, 10–27. (12)

Bate, S., Cook, S. J., Duchaine, B., Tree, J. J., Burns, E. J., & Hodgson, T. L. (2014). Intranasal inhalation of oxytocin improves face processing in developmental prosopagnosia. *Cortex, 50*, 55–63. (13)

Bates, T. C., Lewis, G. J., & Weiss, A. (2013). Childhood socioeconomic status amplifies genetic effects on adult intelligence. *Psychological Science, 24*, 2111–2116. (12)

Battersby, S. (1997). Plus c'est le même chews. *Nature, 385*, 679. (9)

Battleday, R. M., & Brem, A.-K. (2015). Modafinil for cognitive neuroenhancement in healthy non-sleep-deprived subjects: A systematic review. *European Neuropsychopharmacology, 25*, 1865–1881. (12)

Baum, A., Gatchel, R. J., & Schaeffer, M. A. (1983). Emotional, behavioral, and physiological effects of chronic stress at Three Mile Island. *Journal of Consulting and Clinical Psychology, 51*, 565–582. (11)

Bauman, M. D., Iosif, A.-M., Ashwood, P., Braunschweig, D., Lee, A., Schumann, C. M., ...Amaral, D. G. (2013). Maternal antibodies from mothers of children with autism alter brain growth and social behavior development in the rhesus monkey. *Translational Psychiatry, 3*, e278. (14)

Baumann, O., Borra, R. J., Bower, J. M., Cullen, K. E., Habas, C., Ivry, R. B., ...Sokolov, A. A. (2015). Consensus paper: The role of the cerebellum in perceptual processes. *Cerebellu, 14*, 197–220. (7)

Bautista, D. M., Sigal, Y. M., Milstein, A. D., Garrison, J. L., Zorn, J. A., Tsuruda, P. R., ...Julius, D. (2008). Pungent agents from Szechuan peppers excite sensory neurons by inhibiting two-pore potassium channels. *Nature Neuroscience, 11*, 772–779. (6)

Baxter, L. R., Phelps, M. E., Mazziotta, J. C., Schwartz, J. M., Gerner, R. H., Selin, C. E., & Sumida, R. M. (1985). Cerebral metabolic rates for glucose in mood disorders. *Archives of General Psychiatry, 42*, 441–447. (14)

Bayley, P. J., Frascino, J. C., & Squire, L. R. (2005). Robust habit learning in the absence of awareness and independent of the medial temporal lobe. *Nature, 436*, 550–553. (12)

Bayley, P. J., Hopkins, R. O., & Squire, L. R. (2006). The fate of old memories after medial temporal lobe damage. *Journal of Neuroscience, 26*, 13311–13317. (12)

Baylis, G. C., & Driver, J. (2001). Shape-coding in IT cells generalizes over contrast and mirror reversal but not figure-ground reversal. *Nature Neuroscience, 4*, 937–942. (5)

Beall, A. T., & Tracy, J. L. (2013). Women are more likely to wear red or pink at peak fertility. *Psychological Science, 24*, 1837–1841. (10)

Beaton, E. A., Schmidt, L. A., Schulkin, J., Antony, M. M., Swinson, R. P., & Hall, G. B. (2008). Different neural responses to stranger and personally familiar faces in shy and bold adults. *Behavioral Neuroscience, 122*, 704–709. (11)

Beauchamp, M. S., & Ro, T. (2008). Neural substrates of sound-touch synesthesia after a thalamic lesion. *Journal of Neuroscience, 28*, 13696–13702. (6)

Beck, A. T., & Bredemeier, K. (2016). A unified model of depression: Integrating clinical, cognitive, biological, and evolutionary perspectives. *Clinical Psychological Science, 4*, 596–619. (14)

Beck, K., Javitt, D. C., & Howes, O. D. (2016). Targeting glutamate to treat schizophrenia: Lessons from recent clinical studies. *Psychopharmacology, 233*, 2425–2428. (14)

Beck, S., Richardson, S. P., Shamin, E. A., Dang, N., Schubert, M., & Hallett, M. (2008). Short intracortical and surround inhibition are selectively reduced during movement initiation in focal hand dystonia. *Journal of Neuroscience, 28*, 10363–10369. (4)

Becker, H. C. (1988). Effects of the imidazobenzodiazepine Ro15-4513 on the stimulant and depressant actions of ethanol on spontaneous locomotor activity. *Life Sciences, 43*, 643–650. (11)

Becker, H. G. T., Haarmeier, T., Tatagiba, M., & Gharabaghi, A. (2013). Electrical stimulation of the human homolog of the medial superior temporal area induces visual motion blindness. *Journal of Neuroscience, 33*, 18288–18297. (5)

Becks, L., & Agrawal, A. F. (2010). Higher rates of sex evolve in spatially heterogeneous environments. *Nature, 468*, 89–92. (10)

Bedny, M., Richardson, H., & Saxe, R. (2015). "Visual" cortex responds to spoken language in blind children. *Journal of Neuroscience, 35*, 11674–11681. (4)

Beebe, D. W., & Gozal, D. (2002). Obstructive sleep apnea and the prefrontal cortex: Towards a comprehensive model linking nocturnal upper airway obstruction to daytime cognitive and behavioral deficits. *Journal of Sleep Research, 11*, 1–16. (8)

Beeman, M. J., & Chiarello, C. (1998). Complementary right- and left-hemisphere language comprehension. *Current Directions in Psychological Science, 7*, 2–8. (13)

Beeney, J. E., Franklin, R. G. Jr., Levy, K. N., & Adams, R. B. Jr. (2011). I feel your pain: Emotional closeness modulates neural responses to empathically experienced rejection. *Social Neuroscience, 6*, 369–376. (13)

Bélanger, M., Allaman, I., & Magistretti, P. J. (2011). Brain energy metabolism: Focus on astrocyte-neuron metabolic cooperation. *Cell Metabolism, 14,* 724–738. (1)

Bellugi, U., Lichtenberger, L., Jones, W., Lai, Z., & St. George, M. (2000). I. The neurocognitive profile of Williams syndrome: A complex pattern of strengths and weaknesses. *Journal of Cognitive Neuroscience, 12*(Suppl.), 7–29. (13)

Belsky, D. W., Moffitt, T. E., Corcoran, D. L., Domingue, B., Harrington, H. L., Hogan, S., ...Caspi, A. (2016). The genetics of success: How single-nucleotide polymorphisms associated with educational attainment relate to life-course development. *Psychological Science, 27,* 957–972. (12)

Ben Achour, S., & Pascual, O. (2012). Astrocyte-neuron communication: Functional consequences. *Neurochemical Research, 37,* 2464–2473. (1)

Ben-Ami Bartal, I., Rodgers, D. A., Sarria, M. S. B., Decety, J., & Mason, P. (2014). Pro-social behavior in rats is modulated by social experience. *eLife, 3,* e01385. (13)

Benedetti, F., Arduino, C., & Amanzio, M. (1999). Somatotopic activation of opioid systems by target-directed expectations of analgesia. *Journal of Neuroscience, 19,* 3639–3648. (6)

Benedetti, F., & Colombo, C. (2011). Sleep deprivation in mood disorders. *Neuropsychobiology, 64,* 141–151. (14)

Benros, M. E., Pedersen, M. G., Rasmussen, H., Eaton, W. W., Nordentoft, M., & Mortensen, P. B. (2014). A nationwide study on the risk of autoimmune diseases in individuals with a personal or a family history of schizophrenia and related psychosis. *American Journal of Psychiatry, 171,* 218–226. (14)

Benschop, R. J., Godaert, G. L. R., Geenen, R., Brosschot, J. F., DeSmet, M. B. M., Olff, M., ...Ballieux, R. E. (1995). Relationships between cardiovascular and immunologic changes in an experimental stress model. *Psychological Medicine, 25,* 323–327. (11)

Berdoy, M., Webster, J. P., & Macdonald, D. W. (2000). Fatal attraction in rats infected with *Toxoplasma gondii. Proceedings of the Royal Society of London, B, 267,* 1591–1594. (11)

Berenbaum, S. A. (1999). Effects of early androgens on sex-typed activities and interests in adolescents with congenital adrenal hyperplasia. *Hormones and Behavior, 35,* 102–110. (10)

Berenbaum, S. A., Bryk, K. L. K., & Beltz, A. M. (2012). Early androgen effects on spatial and mechanical abilities: Evidence from congenital adrenal hyperplasia. *Behavioral Neuroscience, 126,* 86–96. (10)

Berenbaum, S. A., Duck, S. C., & Bryk, K. (2000). Behavioral effects of prenatal versus postnatal androgen excess in children with 21-hydroxylase-deficient congenital adrenal hyperplasia. *Journal of Clinical Endocrinology & Metabolism, 85,* 727–733. (10)

Berger, R. J., & Phillips, N. H. (1995). Energy conservation and sleep. *Behavioural Brain Research, 69,* 65–73. (8)

Berger-Sweeney, J., & Hohmann, C. F. (1997). Behavioral consequences of abnormal cortical development: Insights into developmental disabilities. *Behavioural Brain Research, 86,* 121–142. (4)

Bergh, C., Callmar, M., Danemar, S., Hölcke, M., Isberg, S., Leon, M., ...Södersten, P. (2013). Effective treatment of eating disorders: Results at multiple sites. *Behavioral Neuroscience, 127,* 878–889. (9)

Bergmann, O., Bhardwaj, R. D., Bernard, S., Zdunek, S., Barnabé-Heider, F., Walsh, S., ...Druid, H. (2009). Evidence for cardiomyocyte renewal in humans. *Science, 324,* 98–102. (4)

Bergmann, O., Liebl, J., Bernard, S., Alkass, K., Yeung, M. S. Y., Steier, P., ...Frisén, J. (2012). The age of olfactory bulb neurons in humans. *Neuron, 74,* 634–639. (4)

Berken, J. A., Chai, X., Chen, J.-K., Gracco, V. L., & Klein, D. (2016). Effects of early and late bilingualism on resting-state functional connectivity. *Journal of Neuroscience, 36,* 1165–1172. (13)

Berlucchi, G., Mangun, G. R., & Gazzaniga, M. S. (1997). Visuospatial attention and the split brain. *News in Physiological Sciences, 12,* 226–231. (13)

Berman, K. F., Torrey, E. F., Daniel, D. G., & Weinberger, D. R. (1992). Regional cerebral blood flow in monozygotic twins discordant and concordant for schizophrenia. *Archives of General Psychiatry, 49,* 927–934. (14)

Bernal, D., Donley, J. M., Shadwick, R. E., & Syme, D. A. (2005). Mammal-like muscles power swimming in a cold-water shark. *Nature, 437,* 1349–1352. (9)

Berntsen, D., & Rubin, D. C. (2015). Pretraumatic stress reactions in soldiers deployed to Afghanistan. *Clinical Psychological Science, 3,* 663–674.

Berntson, G. G., Bechara, A., Damasio, H., Tranel, D., & Cacioppo, J. T. (2007). Amygdala contribution to selective dimensions of emotion. *Social Cognitive & Affective Neuroscience, 2,* 123–129. (11)

Berryhill, M. E., Phuong, L., Picasso, L., Cabeza, R., & Olson, I. R. (2007). Parietal lobe and episodic memory: Bilateral damage causes impaired free recall of autobiographical memory. *Journal of Neuroscience, 27,* 14415–14423. (12)

Berson, D. M., Dunn, F. A., & Takao, M. (2002). Phototransduction by retinal ganglion cells that set the circadian clock. *Science, 295,* 1070–1073. (8)

Beuming, T., Kniazeff, J., Bergmann, M. L., Shi, L., Gracia, L., Raniszewska, K., ...Loland, C. J. (2008). The binding sites for cocaine and dopamine in the dopamine transporter overlap. *Nature Neuroscience, 11,* 780–789. (2)

Bezzola, L., Mérillat, S., Gaser, C., & Jäncke, L. (2011). Training-induced neural plasticity in golf novices. *Journal of Neuroscience, 31,* 12444–12448. (4)

Bian, L., Hanson, R. L., Ossowski, V., Wiedrich, K., Mason, C. C., Traurig, M., ...Bogardus, C. (2010). Variants in ASK1 are associated with skeletal muscle ASK1 expression, *in vivo* insulin resistance, and Type 2 diabetes in Pima Indians. *Diabetes, 59,* 1276–1282. (9)

Biben, M. (1979). Predation and predatory play behaviour of domestic cats. *Animal Behaviour, 27,* 81–94. (11)

Bickart, K. C., Wright, C. I., Dautoff, R. J., Dickerson, B. C., & Barrett, L. F. (2011). Amygdala volume and social network size in humans. *Nature Neuroscience, 14,* 163–164. (3)

Bidelman, G. M., & Alain, C. (2015). Musical training orchestrates coordinated neuroplasticity in auditory brainstem and cortex to counteract age-related declines in categorical vowel perception. *Journal of Neuroscience, 35,* 1240–1249. (4)

Bierut, L. J., Heath, A. C., Bucholz, K. K., Dinwiddie, S. H., Madden, P. A. F., Statham, D. J., ...Martin, N. G. (1999). Major depressive disorder in a community-based twin sample. *Archives of General Psychiatry, 56,* 557–563. (14)

Bilalic, M., Langner, R., Ulrich, R., & Grodd, W. (2011). Many faces of expertise: Fusiform face area in chess experts and novices. *Journal of Neuroscience, 31,* 10206–10214. (5)

Billington, C. J., & Levine, A. S. (1992). Hypothalamic neuropeptide Y regulation of feeding and energy metabolism. *Current Opinion in Neurobiology, 2,* 847–851. (9)

Bimler, D., & Kirkland, J. (2009). Colour-space distortion in women who are heterozygous for colour deficiency. *Vision Research, 49,* 536–543. (5)

Bird, A. (2007). Perceptions of epigenetics. *Nature, 447,* 396–398. (4)

Bishop, E. G., Cherny, S. S., Corley, R., Plomin, R., DeFries, J. C., & Hewitt, J. K. (2003). Development genetic analysis of general cognitive ability from 1 to 12 years in a sample of adoptees, biological siblings, and twins. *Intelligence, 31,* 31–49. (12)

Biss, R. K., & Hasher, L. (2012). Happy as a lark: Morning-type younger and older people are higher in positive affect. *Emotion, 12,* 437–441. (8)

Bjork, J. M., & Pardini, D. A. (2015). Who are those "risk-taking adolescents"? Individual differences in developmental neuroimaging research. *Developmental Cognitive Neuroscience, 11,* 56–64. (4)

Bjorklund, A., & Kordower, J. H. (2013). Cell therapy for Parkinson's disease: What next? *Movement Disorders, 28,* 110–115. (7)

Björnsdotter, M., Löken, L., Olausson, H., Vallbo, Å., & Wessberg, J. (2009). Somatotopic organization of gentle touch processing in the posterior insular cortex. *Journal of Neuroscience, 29,* 9314–9320. (6)

Blackless, M., Charuvastra, A., Derryck, A., Fausto-Sterling, A., Lauzanne, K., & Lee, E. (2000). How sexually dimorphic are we? Review and synthesis. *American Journal of Human Biology, 12,* 151–166. (10)

Blackwell, A., & Bates, E. (1995). Inducing agrammatic profiles in normals: Evidence for the selective vulnerability of morphology under cognitive resource limitation. *Journal of Cognitive Neuroscience, 7,* 228–257. (13)

Blackwell, T., Yaffe, K., Laffan, A., Ancoli-Israel, S., Redline, S., Ensrud, K. E., …Stone, K. L. (2014). Associations of objectively and subjectively measured sleep quality with subsequent cognitive decline in older community-dwelling men: The MrOS sleep study. *Sleep, 37,* 655–663. (8)

Blake, R., & Hirsch, H. V. B. (1975). Deficits in binocular depth perception in cats after alternating monocular deprivation. *Science, 190,* 1114–1116. (5)

Blake, R., Palmeri, T. J., Marois, R., & Kim, C.-Y. (2005). On the perceptual reality of synesthetic color. In L. C. Robertson & N. Sagiv (Eds.), *Synesthesia* (pp. 47–73). Oxford, England: Oxford University Press. (6)

Blakemore, S.-J., Wolpert, D. M., & Frith, C. D. (1998). Central cancellation of self-produced tickle sensation. *Nature Neuroscience, 1,* 635–640. (6)

Blanchard, R. (2008). Review and theory of handedness, birth, order, and homosexuality in men. *Laterality, 13,* 51–70. (10)

Blanco, M. B., & Zehr, S. M. (2015). Striking longevity in a hibernating lemur. *Journal of Zoology, 296,* 177–188. (8)

Blanke, O. (2012). Multisensory brain mechanisms of bodily self-consciousness. *Nature Reviews Neuroscience, 13,* 556–571. (3)

Bliss, T. V., Collingridge, G. L., Kaang, B.-K., & Zhuo, M. (2016). Synaptic plasticity in the anterior cingulate in acute and chronic pain. *Nature Reviews Neuroscience, 17,* 485–496. (6)

Bliss, T. V. P., & Lømo, T. (1973). Long-lasting potentiation of synaptic transmission in the dentate area of the anaesthetized rabbit following stimulation of the perforant path. *Journal of Physiology (London), 232,* 331–356. (12)

Bloch, G., Barnes, B. M., Gerkema, M. P., & Helm, B. (2013). Animal activity around the clock with no overt circadian rhythms: patterns, mechanisms and adaptive value. *Proceedings of the Royal Society B, 280,* 20130019. (8)

Bloch, G. J., & Mills, R. (1995). Prepubertal testosterone treatment of neonatally gonadectomized male rats: Defeminization and masculinization of behavioral and endocrine function in adulthood. *Neuroscience and Biobehavioral Reviews, 59,* 187–200. (10)

Bloch, G. J., Mills, R., & Gale, S. (1995). Prepubertal testosterone treatment of female rats: Defeminization of behavioral and endocrine function in adulthood. *Neuroscience and Biobehavioral Reviews, 19,* 177–186. (10)

Bobrow, D., & Bailey, J. M. (2001). Is male homosexuality maintained via kin selection? *Evolution and Human Behavior, 22,* 361–368. (10)

Bock, A. S., Binda, P., Benson, N. C., Bridge, H., Watkins, K. E., & Fine, I. (2015). Resting-state retinotopic organization in the absence of retinal input and visual experience. *Journal of Neuroscience, 35,* 12366–12382. (5)

Boekel, W., Wagenmakers, E. J., Belay, L., Verhagen, J., Brown, S., & Forstmann, B. U. (2015). A purely confirmatory replication study of structural brain-behavior correlations. *Cortex, 66,* 115–133. (3)

Boets, B., Op de Beeck, H. P., Vandermosten, M., Scott, S. K., Gillebert, C. R., Mantini, D., …Ghesquière, P. (2013). Intact but less accessible phonetic representations in adults with dyslexia. *Science, 342,* 1251–1254. (13)

Bogaert, A. F. (2003a). The interaction of fraternal birth order and body size in male sexual orientation. *Behavioral Neuroscience, 117,* 381–384. (10)

Bogaert, A. F. (2003b). Number of older brothers and sexual orientation: New tests and the attraction/behavior distinction in two national probability samples. *Journal of Personality and Social Psychology, 84,* 644–652. (10)

Bogaert, A. F. (2006). Biological versus non-biological older brothers and men's sexual orientation. *Proceedings of the National Academy of Sciences, USA, 103,* 10771–10774. (10)

Bogaert, A. F. (2010). Physical development and sexual orientation in men and women: An analysis of NATSAL-2000. *Archives of Sexual Behavior, 39,* 110–116. (10)

Boivin, D. B., Duffy, J. F., Kronauer, R. E., & Czeisler, C. A. (1996). Dose-response relationships for resetting of human circadian clock by light. *Nature, 379,* 540–542. (8)

Boksem, M. A. S., Mehta, P. H., Van den Bergh, B., van Son, V., Trautmann, S. T., Roelofs, K., …Sanfey, A. G. (2013). Testosterone inhibits trust but promotes reciprocity. *Psychological Science, 24,* 22306–22314. (11)

Boly, M., Perlbarg, V., Marrelec, G., Schabus, M., Laureys, S., Doyon, J., …Benali, H. (2012). Hierarchical clustering of brain activity during human nonrapid eye movement sleep. *Proceedings of the National Academy of Sciences (U.S.A.), 109,* 5856–5861. (8)

Bonath, B., Noesselt, T., Martinez, A., Mishra, J., Schwiecker, K., Heinze, H.-J., & Hillyard, S. A. (2007). Neural basis of the ventriloquist illusion. *Current Biology, 17,* 1697–1703. (3)

Bonini, F., Burle, B., Liégois-Chauvel, C., Régis, J., Chauvel, P., & Vidal, F. (2014). Action monitoring and medial frontal cortex: Leading role of supplementary motor area. *Science, 343,* 888–891. (7)

Bonneh, Y. S., Cooperman, A., & Sagi, D. (2001). Motion-induced blindness in normal observers. *Nature, 411,* 798–801. (13)

Bonner, M. F., & Grossman, M. (2012). Gray matter density of auditory association cortex relates to knowledge of sound concepts in primary progressive aphasia. *Journal of Neuroscience, 32,* 7986–7991. (6)

Booth, F. W., & Neufer, P. D. (2005, January/February). Exercise controls gene expression. *American Scientist, 93,* 28–35. (7)

Booth, W., Johnson, D. H., Moore, S., Schal, C., & Vargo, E. L. (2011). Evidence for viable, non-clonal but fatherless Boa constrictors. *Biology Letters, 7,* 253–256. (10)

Borisovska, M., Bensen, A. L., Chong, G., & Westbrook, G. L. (2013). Distinct modes of dopamine and GABA release in a dual transmitter neuron. *Journal of Neuroscience, 33,* 1790–1796. (2)

Born, S., Levit, A., Niv, M. Y., Meyerhof, W., & Belvens, M. (2013). The human bitter taste receptor TAS2R10 is tailored to accommodate numerous diverse ligands. *Journal of Neuroscience, 33,* 201–213. (6)

Borodinsky, L. N., Root, C. M., Cronin, J. A., Sann, S. B., Gu, X., & Spitzer, N. C. (2004). Activity-dependent homeostatic specification of transmitter expression in embryonic neurons. *Nature, 429,* 523–530. (2)

Borsutzky, S., Fujiwara, E., Brand, M., & Markowitsch, H. J. (2008). Confabulations in alcoholic Korsakoff patients. *Neuropsychologia, 46,* 3133–3143. (12)

Bortolotti, B., Menchetti, M., Bellini, F., Montaguti, M. B., & Berardi, D. (2008). Psychological interventions for major depression in primary care: A meta-analytic review of randomized controlled trials. *General Hospital Psychiatry, 30,* 293–302. (14)

Bouchard, T. J., Jr., & McGue, M. (1981). Familial studies of intelligence: A review. *Science, 212,* 1055–1059. (12)

Boucsein, K., Weniger, G., Mursch, K., Steinhoff, B. J., & Irle, E. (2001). Amygdala lesion in temporal lobe epilepsy subjects impairs associative learning of emotional facial expressions. *Neuropsychologia, 39,* 231–236. (11)

Bourane, S., Duan, B., Koch, S. C., Dalet, A., Britz, O., Garcia-Campmany, L., Kim, E., …Goulding, M. (2015). Gate control of mechanical itch by a subpopulation of spinal cord interneurons. *Science, 350,* 550–554. (6)

Bourgeron, T. (2015). From the genetic architecture to synaptic plasticity in autism spectrum disorder. *Nature Reviews Neuroscience, 16,* 551–563. (14)

Bourque, C. W. (2008). Central mechanisms of osmosensation and systemic osmoregulation. *Nature Reviews Neuroscience, 9,* 519–531. (9)

Bouton, C. E., Shaikhouni, A., Annetta, N. V., Bockbrader, M. A., Friedenberg, D. A., Nielson, D. M., …Rezai, A. R. (2016). Restoring cortical control of functional movement in a human with quadriplegia. *Nature, 533,* 247–250. (7)

Boutrel, B., Franc, B., Hen, R., Hamon, M., & Adrien, J. (1999). Key role of 5-HT1B receptors in the regulation of paradoxical sleep as evidenced in 5-HT1B knock-out mice. *Journal of Neuroscience, 19,* 3204–3212. (8)

Bowles, S. (2006). Group competition, reproductive leveling, and the evolution of human altruism. *Science, 314,* 1569–1572. (4)

Bowles, S., & Posel, B. (2005). Genetic relatedness predicts South African migrant workers' remittances to their families. *Nature, 434,* 380–383. (1)

Bowmaker, J. K. (1998). Visual pigments and molecular genetics of color blindness. *News in Physiological Sciences, 13,* 63–69. (5)

Bowmaker, J. K. (2008). Evolution of vertebrate visual pigments. *Vision Research, 48,* 2022–2041. (5)

Bowmaker, J. K., & Dartnall, H. J. A. (1980). Visual pigments of rods and cones in a human retina. *Journal of Physiology (London), 298,* 501–511. (5)

Boyce, R., Glasgow, S. D., Williams, S., & Adamantidis, A. (2016). Causal evidence for the role of REM sleep theta rhythm in contextual memory consolidation. *Science, 352,* 812–816. (8)

Bozkurt, A., Bozkurt, O. H., & Sonmez, I. (2015). Birth order and sibling sex ratio in a population with high fertility: Are Turkish male-to-female transsexuals different? *Archives of Sexual Behavior, 44,* 1331–1337. (10)

Braams, B. R., van Duijvenvoorde, A. C. K., Peper, J. S., & Crone, E. A. (2015). Longitudinal changes in adolescent risk-taking: A comprehensive study of neural responses to rewards, pubertal development, and risk-taking behavior. *Journal of Neuroscience, 35,* 7226–7238. (4)

Branco, T., Clark, B. A., & Häusser, M. (2010). Dendritic discrimination of temporal input sequences in cortical neurons. *Science, 329,* 1671–1675. (2)

Brandt, T. (1991). Man in motion: Historical and clinical aspects of vestibular function. *Brain, 114,* 2159–2174. (6)

Brans, R. G. H., Kahn, R. S., Schnack, H. G., van Baal, G. C. M., Posthuma, D., van Haren, N. E. M., ...Pol, H. E. H. (2010). Brain plasticity and intellectual ability are influenced by shared genes. *Journal of Neuroscience, 30,* 5519–5524. (4)

Braun, A. R., Balkin, T. J., Wesensten, N. J., Guadry, F., Carson, R. E., Varga, M., ... Herscovitch, P. (1998). Dissociated pattern of activity in visual cortices and their projections during human rapid eye movement sleep. *Science, 279,* 91–95. (7, 8)

Braunschweig, D., Krakowiak, P., Duncanson, P., Boyce, R., Hansen, R. L., Ashwood, P., ... Van de Water, J. (2013). Autism-specific maternal autoantibodies recognize critical proteins in developing brain. *Translational Psychiatry, 3,* e277. (14)

Braus, H. (1960). Anatomie des Menschen, 3. Band: Periphere Leistungsbahnen II. Centrales Nervensystem, Sinnesorgane. 2. Auflage [Human anatomy: Vol. 3. Peripheral pathways II. Central nervous system, sensory organs (2nd ed.)]. Berlin: Springer-Verlag. (3)

Bray, G. A., Nielsen, S. J., & Popkin, B. M. (2004). Consumption of high-fructose corn syrup in beverages may play a role in the epidemic of obesity. *American Journal of Clinical Nutrition, 79,* 537–543. (9)

Breiter, H. C., Aharon, I., Kahneman, D., Dale, A., & Shizgal, P. (2001). Functional imaging of neural responses to expectancy and experience of monetary gains and losses. *Neuron, 30,* 619–639. (14)

Bremmer, F., Kubischik, M., Hoffmann, K.-P., & Krekelberg, B. (2009). Neural dynamics of saccadic suppression. *Journal of Neuroscience, 29,* 12374–12383. (5)

Brewer, W. J., Wood, S. J., Pantelis, C., Berger, G. E., Copolov, D. L., & McGorry, P. D. (2007). Olfactory sensitivity through the course of psychosis: Relationships to olfactory identification, symptomatology and the schizophrenia odour. *Psychiatry Research, 149,* 97–104. (14)

Brickman, A. M., Khan, U. A., Provenzano, F. A., Yeung, L.-K., Suzuki, W., Schroeter, H., ...Small, S. A. (2014). Enhancing dentate gyrus function with dietary flavanols improves cognition in older adults. *Nature Neuroscience, 17,* 1798–1803. (12)

Bridge, H., Thomas, O. M., Minini, L., Cavina-Pratesi, C., Milner, A. D., & Parker, A. J. (2013). Structural and functional changes across the visual cortex of a patient with visual form agnosia. *Journal of Neuroscience, 33,* 12779–12791. (5)

Bridgeman, B., & Staggs, D. (1982). Plasticity in human blindsight. *Vision Research, 22,* 1199–1203. (5)

Bridle, C., Spanjers, K., Patel, S., Atherton, N. M., & Lamb, S. E. (2012). Effect of exercise on depression severity in older people: Systematic review and meta-analysis of randomised controlled trials. *British Journal of Psychiatry, 201,* 180–185. (14)

Briggs, R., Brooks, N., Tate, R., & Lah, S. (2015). Duration of post-traumatic amnesia as a predictor of functional outcome in school-age children: A systematic review. *Developmental Medicine & Child Neurology, 57,* 618–627. (4)

Brigman, J. L., Daut, R. A., Wright, T., Gunduz-Cinar, O., Graybeal, C., Davis, M. I., ...Holmes, A. (2013). GluN2B in corticostriatal circuits governs choice learning and choice shifting. *Nature Neuroscience, 16,* 1101–1110. (12)

Brock, O., Baum, M. J., & Bakker, J. (2011). The development of female sexual behavior requires prepubertal estradiol. *Journal of Neuroscience, 31,* 5574–5578. (10)

Brodin, T., Fick, J., Jonsson, M., & Klaminder, J. (2013). Dilute concentrations of a psychiatric drug alter behavior of fish from natural populations. *Science, 339,* 814–815. (11)

Brody, A. L., Saxena, S., Stoessel, P., Gillies, L. A., Fairbanks, L. A., Alborzian, S.,.. Baxter, L. R. (2001). Regional brain metabolic changes in patients with major depression treated with either paroxetine or interpersonal therapy. *Archives of General Psychiatry, 58,* 631–640. (14)

Brody, C. D., & Hanks, T. D. (2016). Neural underpinnings of the evidence accumulator. *Current Opinion in Neurobiology, 37,* 149–157. (13)

Brooks, P. L., & Peever, J. H. (2011). Impaired GABA and glycine transmission triggers cardinal features of rapid eye movement sleep behavior disorder in mice. *Journal of Neuroscience, 31,* 7111–7121. (8)

Brooks, P. L., & Peever, J. H. (2012). Identification of the transmitter and receptor mechanisms responsible for REM sleep paralysis. *Journal of Neuroscience, 32,* 9785–9795. (8)

Brooks, D. C., & Bizzi, E. (1963). Brain stem electrical activity during deep sleep. *Archives Italiennes de Biologie, 101,* 648–665. (8)

Brown, A., & Weaver, L. C. (2012). The dark side of neuroplasticity. *Experimental Neurology, 235,* 133–141. (4)

Brown, A. S. (2011). The environment and susceptibility to schizophrenia. *Progress in Neurobiology, 93,* 23–58. (14)

Brown, A. S., Begg, M. D., Gravenstein, S., Schaefer, C. A., Wyatt, R. J., Bresnahan, M., ...Susser, E. S. (2004). Serologic evidence of prenatal influenza in the etiology of schizophrenia. *Archives of General Psychiatry, 61,* 774–780. (14)

Brown, C. E., Li, P., Boyd, J. D., Delaney, K. R., & Murphy, T. H. (2007). Extensive turnover of dendritic spines and vascular remodeling in cortical tissues recovering from stroke. *Journal of Neuroscience, 27,* 4101–4109. (4)

Brown, G. C., & Neher, J. J. (2014). Microglial phagocytosis of live neurons. *Nature Reviews Neuroscience, 15,* 209–216. (1)

Brown, G. L., Ebert, M. H., Goyer, P. F., Jimerson, D. C., Klein, W. J., Bunney, W. E., & Goodwin, F. K. (1982). Aggression, suicide, and serotonin: Relationships of CSF amine metabolites. *American Journal of Psychiatry, 139,* 741–746. (11)

Brown, J., Babor, T. F., Litt, M. D., & Kranzler, H. R. (1994). The type A/type B distinction. *Annals of the New York Academy of Sciences, 708,* 23–33. (14)

Brown, J. R., Ye, H., Bronson, R. T., Dikkes, P., & Greenberg, M. E. (1996). A defect in nurturing in mice lacking the immediate early gene *fos B. Cell, 86,* 297–309. (10)

Brown, K. L., & Freeman, J. H. (2016). Retention of eyeblink conditioning in periweanling and adult rats. *Developmental Psychobiology, 58,* 1055–1065. (12)

Brown, T. I., Carr, V. A., La Rocque, K. F., Favila, S. E., Gordon, A. M., Bowles, B., ... Wagner, A. D. (2016). Prospective representation of navigational goals in the human hippocampus. *Science, 352,* 1323–1326. (12, 13)

Bruck, M., Cavanagh, P., & Ceci, S. J. (1991). Fortysomething: Recognizing faces at one's 25th reunion. *Memory & Cognition, 19,* 221–228. (5)

Brumpton, B., Langhammer, A., Romundstad, P., Chen, Y., & Mai, X. M. (2013). The associations of anxiety and depression symptoms with weight change and incident obesity: The HUNT study. *International Journal of Obesity, 37,* 1268–1274. (9)

Bruns, P., Liebnau, R., & Röder, B. (2011). Cross-modal training induces changes in spatial representations early in the auditory processing pathway. *Psychological Science, 22,* 1120–1126. (3)

Bschor, T., & Kilarski, L. L. (2016). Are antidepressants effective? A debate on their efficacy for the treatment of major depression in adults. *Expert Review of Neurotherapeutics, 16,* 367–374. (14)

Bucci, M. P., & Seessau, M. (2012). Saccadic eye movements in children: A developmental study *Experimental Brain Research, 222,* 21–30. (7)

Buck, L., & Axel, R. (1991). A novel multigene family may encode odorant receptors: A molecular basis for odor recognition. *Cell, 65,* 175–187. (6)

Buell, S. J., & Coleman, P. D. (1981). Quantitative evidence for selective dendritic growth in normal human aging but not in senile dementia. *Brain Research, 214,* 23–41. (4)

Buhle, J. T., Stevens, B. L., Friedman, J. J., & Wager, T. D. (2012). Distraction and placebo: Two separate routes to pain control. *Psychological Science, 23,* 246–253. (6)

Bühren, K., Schwarte, R., Fluck, F., Timmesfeld, N., Krei, M., Egberts, K., ... Herpertz-Dahlmann, B. (2014). Comorbid psychiatric disorders in female adolescents with first-onset anorexia nervosa. *European Eating Disorders Review, 22,* 39–44. (9)

Buizer-Voskamp, J. E., Muntjewerff, J. W., Strengman, E., Sabatti, C., Stefansson, H., Vorstman, J. A. S., & Ophoff, R. A. (2011). Genome-wide analysis shows increased frequency of copy number variations deletions in Dutch schizophrenia patients. *Biological Psychiatry, 70,* 655–662. (14)

Buka, S. L., Tsuang, M. T., Torrey, E. F., Klebanoff, M. A., Bernstein, D., & Yolken, R. H. (2001). Maternal infections and subsequent psychosis among offspring. *Archives of General Psychiatry, 58,* 1032–1037. (14)

Bulbena, A., Gago, J., Martin-Santos, R., Porta, M., Dasquens, J., & Berrios, G. E. (2004). Anxiety disorder & joint laxity: A definitive link. *Neurology, Psychiatry and Brain Research, 11,* 137–140. (11)

Bulbena, A., Gago, J., Sperry, L., & Bergé, D. (2006). The relationship between frequency and intensity of fears and a collagen condition. *Depression and Anxiety, 23,* 412–417. (11)

Bundgaard, M. (1986). Pathways across the vertebrate blood–brain barrier: Morphological viewpoints. *Annals of the New York Academy of Sciences, 481,* 7–19. (1)

Bundy, H., Stahl, B. H., & MacCabe, J. H. (2011). A systematic review and meta-analysis of the fertility of patients with schizophrenia and their unaffected relatives. *Acta Psychiatrica Scandinavica, 123,* 98–106. (14)

Bunney, B. G., & Bunney, W. E. (2012). Rapid-acting antidepressant strategies: Mechanisms of action. *International Journal of Neuropsychopharmacology, 15,* 695–713. (14)

Burgaleta, M., Head, K., Álvarez-Linera, J., Martinez, K., Escorial, S., Haier, R., & Colom, R. (2012). Sex differences in brain volume are related to specific skills, not general intelligence. *Intelligence, 40,* 60–68. (3)

Burke, T. M., Markwald, R. R., McHill, A. M., Chinoy, E. D., Snider, J. A., Bessman, S. C., ...Wright, K. P. Jr. (2015). Effects of caffeine on the human circadian clock *in vivo* and *in vitro. Science Translational Medicine, 7,* 305ra146. (8)

Burkett, J. P., & Young, L. J. (2012). The behavioral, anatomical, and pharmacological parallels between social attachment, love, and addiction. *Psychopharmacology, 224,* 1–26. (13)

Burman, D. D., Lie-Nemeth, T., Brandfonbrener, A. G., Parisi, T., & Meyer, J. R. (2009). Altered finger representations in sensorimotor cortex of musicians with focal dystonia: Precentral cortex. *Brain Imaging and Behavior, 3,* 10–23. (4)

Burr, D. C., Morrone, M. C., & Ross, J. (1994). Selective suppression of the magnocellular visual pathway during saccadic eye movements. *Nature, 371,* 511–513. (5)

Burra, N., Hervais-Adelman, A., Kerzel, D., Tamietto, M., de Gelder, B., & Pegna, A. J. (2013). Amygdala activation for eye contact despite complete cortical blindness. *Journal of Neuroscience, 33,* 10483–10489. (11)

Burrell, B. (2004). *Postcards from the brain museum.* New York: Broadway Books. (3, 12)

Burri, A., Cherkas, L., Spector, T., & Rahman, Q. (2011). Genetic and environmental influences on female sexual orientation, childhood gender typicality and adult gender identity. *PLoS One, 6,* e21982. (10)

Burt, S. A. (2009). Rethinking environmental contributions to child and adolescent psychopathology: A meta-analysis of shared environmental influences. *Psychological Bulletin, 135,* 608–637. (4)

Burt, S. A., Klump, K. L., Gorman-Smith, D., & Neiderhiser, J. M. (2016). Neighborhood disadvantage alters the origins of children's nonaggressive conduct problems. *Clinical Psychological Science, 4,* 511–526. (11)

Burton, H., Snyder, A. Z., Conturo, T. E., Akbudak, E., Ollinger, J. M., & Raichle, M. E. (2002). Adaptive changes in early and late blind: A fMRI study of Braille reading. *Journal of Neurophysiology, 87,* 589–607. (4)

Burton, R. F. (1994). *Physiology by numbers.* Cambridge, England: Cambridge University Press. (9)

Buschman, T. J., & Miller, E. K. (2007). Top-down versus bottom-up control of attention in the prefrontal and posterior parietal cortices. *Science, 315,* 1860–1862. (13)

Bushdid, C., Magnasco, M. O., Vosshall, L. B., & Keller, A. (2014). Humans can discriminate more than 1 trillion olfactory stimuli. *Science, 343,* 1370–1372. (6)

Buss, D. M. (1994). The strategies of human mating. *American Scientist, 82,* 238–249. (4)

Buss, D. M. (2000). Desires in human mating. *Annals of the New York Academy of Sciences, 907,* 39–49. (10)

Buss, D. M. (2001). Cognitive biases and emotional wisdom in the evolution of conflict between the sexes. *Current Directions in Psychological Science, 10,* 219–223. (10)

Byars, J. A., Beglinger, L. J., Moser, D. J., Gonzalez-Alegre, P., & Nopoulos, P. (2012). Substance abuse may be a risk factor for earlier onset of Huntington's disease. *Journal of Neurology, 259,* 1824–1831. (7)

Byl, N. N., McKenzie, A., & Nagarajan, S. S. (2000). Differences in somatosensory hand organization in a healthy flutist and a flutist with focal hand dystonia: A case report. *Journal of Hand Therapy, 13,* 302–309. (4)

Byne, W., Tobet, S., Mattiace, L. A., Lasco, M. S., Kemether, E., Edgar, M. A., ...Jones, L. B. (2001). The interstitial nuclei of the human anterior hypothalamus: An investigation of variation with sex, sexual orientation, and HIV status. *Hormones and Behavior, 40,* 86–92. (10)

Cabeza, R., & Moscovitch, M. (2013). Memory systems, processing modes, and components: Functional neuroimaging evidence. *Perspectives on Psychological Science, 8,* 49–55. (3)

Cahill, L. (2006). Why sex matters for neuroscience. *Nature Reviews Neuroscience, 7,* 477–484. (10)

Cahill, L., & McGaugh, J. L. (1998). Mechanisms of emotional arousal and lasting declarative memory. *Trends in Neurosciences, 21,* 294–299. (12)

Cai, D. J., Mednick, S. A., Harrison, E. M., Kanady, J. C., & Mednick, S. C. (2009). REM, not incubation, improves creativity by priming associative networks. *Proceedings of the National Academy of Sciences (U.S.A.), 106,* 10130–10134. (8)

Cai, H., Haubensak, W., Anthony, T. E., & Anderson, D. J. (2014). Central amygdala PKC-δ⁺neurons mediate the influence of multiple anorexigenic signals. *Nature Neuroscience, 17,* 1240–1248. (9)

Cai, Q., Van der Haegen, L., & Brysbaert, M. (2013). Complementary hemispheric specialization for language production and visuospatial attention. *Proceedings of the National Academy of Sciences (U.S.A.), 110,* E322–E330. (13)

Cajal, S. R. (1937). Recollections of my life. *Memoirs of the American Philosophical Society, 8.* (Original work published 1901–1917) (1)

Calabresi, P., Picconi, B., Tozzi, A., Ghiglieri, V., & Di Filippo, M. (2014). Direct and indirect pathways of basal ganglia: A critical reappraisal. *Nature Neuroscience, 17,* 1022–1030. (7)

Caldara, R., & Seghier, M. L. (2009). The fusiform face area responds automatically to statistical regularities optimal for face categorization. *Human Brain Mapping, 30*, 1615–1625. (5)

Calipari, E. S., & Ferris, M. J. (2013). Amphetamine mechanisms and actions at the dopamine terminal revisited. *Journal of Neuroscience, 33*, 8923–8925. (14)

Cameron, N. M., Champagne, F. A., Parent, C., Fish, E. W., Ozaki-Kuroda, K., & Meaney, M. J. (2005). The programming of individual differences in defensive responses and reproductive strategies in the rat through variations in maternal care. *Neuroscience and Biobehavioral Reviews, 29*, 843–865. (4)

Campbell, S. S., & Tobler, I. (1984). Animal sleep: A review of sleep duration across phylogeny. *Neuroscience and Biobehavioral Reviews, 8*, 269–300. (8)

Camperio-Ciani, A., Corna, F., & Capiluppi, C. (2004). Evidence for maternally inherited factors favouring male homosexuality and promoting female fecundity. *Proceedings of the Royal Society of London, B, 271*, 2217–2221. (10)

Campfield, L. A., Smith, F. J., Guisez, Y., Devos, R., & Burn, P. (1995). Recombinant mouse OB protein: Evidence for a peripheral signal linking adiposity and central neural networks. *Science, 269*, 546–552. (9)

Campi, K. L., Collins, C. E., Todd, W. D., Kaas, J., & Krubitzer, L. (2011). Comparison of area 17 cellular composition in laboratory and wild-caught rats including diurnal and nocturnal species. *Brain Behavior and Evolution, 77*, 116–130. (4)

Canal, C. E., & Gold, P. E. (2007). Different temporal profiles of amnesia after intra-hippocampus and intra-amygdala infusions of anisomycin. *Behavioral Neuroscience, 121*, 732–741. (12)

Canepari, M., Rossi, R., Pellegrino, M. A., Orell, R. W., Cobbold, M., Harridge, S., & Bottinelli, R. (2005). Effects of resistance training on myosin function studies by the in vitro motility assay in young and older men. *Journal of Applied Physiology, 98*, 2390–2395. (7)

Cannon, J. R., & Greenamyre, J. T. (2013). Gene-environment interactions in Parkinson's disease: Specific evidence in humans and mammalian models. *Neurobiology of Disease, 57*, 38–46. (7)

Cannon, W. B. (1927). The James-Lange theory of emotions: Critical examinations and an alternative theory. *American Journal of Psychology, 39*, 106–124. (11)

Cannon, W. B. (1929). Organization for physiological homeostasis. *Physiological Reviews, 9*, 399–431. (9)

Cannon, W. B. (1945). *The way of an investigator*. New York: Norton. (11)

Canter, R. G., Penney, J., & Tsai, L.-H. (2016). The road to restoring neural circuits for the treatment of Alzheimer's disease. *Nature, 539*, 187–196. (12)

Cantú, S. M., Simpson, J. A., Griskevicius, V., Weisberg, Y. J., Durante, K. M., & Beal, D. J. (2014). Fertile and selectively flirty: Women's behavior toward men changes across the ovulatory cycle. *Psychological Science, 25*, 431–438. (10)

Cao, M., & Guilleminault, C. (2010). Families with sleepwalking. *Sleep Medicine, 11*, 726–734. (8)

Cappelletti, M., & Wallen, K. (2016). Increasing women's sexual desire: The comparative effectiveness of estrogens and androgens. *Hormones and Behavior, 78*, 178–193. (10)

Carbon, M., Hsieh, C. H., Kane, J. M., & Correll, C. U. (2017). Tardive dyskinesia prevalence in the period of second-generation antipsychotic use: A meta-analysis. *Journal of Clinical Psychology*, in press. (14)

Cardoso, F. L. (2009). Recalled sex-typed behavior in childhood and sports' preferences in adulthood of heterosexual, bisexual, and homosexual men from Brazil, Turkey, and Thailand. *Archives of Sexual Behavior, 38*, 726–736. (10)

Carey, I. M., Shah, S. M., DeWilde, S., Harris, T., Victor, C. R., & Cook, D. G. (2014). Increased risk of acute cardiovascular events after partner bereavement. *JAMA Internal Medicine, 174*, 598–605. (11)

Carhart-Harris, R. L., Muthukumaraswamy, S., Roseman, L., Kaelen, M., Droog, W., Murphy, K., ...Nutt, D. J. (2016). Neural correlates of the LSD experience revealed by multimodal neuroimaging. *Proceedings of the National Academy of Sciences (U.S.A.), 113*, 4853–4858. (2)

Carlsson, A. (2001). A paradigm shift in brain research. *Science, 294*, 1021–1024. (2)

Carpenter, C. J. (2012). Meta-analyses of sex differences in responses to sexual versus emotional infidelity: Men and women are more similar than different. *Psychology of Women Quarterly, 36*, 25–37. (10)

Carpenter, G. A., & Grossberg, S. (1984). A neural theory of circadian rhythms: Aschoff's rule in diurnal and nocturnal mammals. *American Journal of Physiology, 247*, R1067–R1082. (8)

Carré, J. M., Iselin, A.-M. R., Welker, K. M., Hariri, A. R., & Dodge, K. A. (2014). Testosterone reactivity to provocation mediates the effect of early intervention on aggressive behavior. *Psychological Science, 25*, 1140–1146. (11)

Carrera, O., Adan, R. A. H., Gutiérrez, E., Danner, U. N., Hoek, H. W., van Elburg, A. A., & Kas, M. J. H. (2012). Hyperactivity in anorexia nervosa: Warming up not just burning-off calories. *PLoS One, 7*, e41851. (9)

Carruth, L. L., Reisert, I., & Arnold, A. P. (2002). Sex chromosome genes directly affect brain sexual differentiation. *Nature Neuroscience, 5*, 933–934. (10)

Carter, M. E., Soden, M. E., Zweifel, L. S., & Palmiter, R. D. (2013). Genetic identification of a neural circuit that suppresses appetite. *Nature, 503*, 111–114. (9)

Carver, C. S., Johnson, S. L., Joormann, J., Kim, Y., & Nam, J. Y. (2011). Serotonin transporter polymorphism interacts with childhood adversity to predict aspects of impulsivity. *Psychological Science, 22*, 589–595. (11)

Casali, A. G., Gosseries, O., Rosanova, M., Boly, M., Sarasso, S., Casali, K. R., ...Massimini, M. (2013). A theoretically based index of consciousness independent of sensory processes and behavior. *Science Translational Medicine, 5*, 198ra105. (13)

Case, L. K., Laubacher, C. M., Olausson, H., Wang, B., Spagnolo, P. A., & Bushnell, M. C. (2016). Encoding of touch intensity but not pleasantness in human primary somatosensory cortex. *Journal of Neuroscience, 36*, 5850–5860. (6)

Casey, B. J., & Caudle, K. (2013). The teenage brain: Self control. *Current Directions in Psychological Science, 22*, 82–87. (4)

Cash, S. S., Halgren, E., Dehghani, N., Rosssetti, A. O., Thesen, T., Wang, C. M., ...Ulbert, I. (2009). The human K-complex represents an isolated cortical down-state. *Science, 324*, 1084–1087. (8)

Caspi, A., Houts, R. M., Belsky, D. W., Goldman-Mellor, S. J., Harrington, H. L., Israel, S., ...Moffitt, T. E. (2014). The *p* factor: One general psychopathology factor in the structure of psychiatric disorders? *Clinical Psychological Science, 2*, 119–137. (14)

Caspi, A., McClay, J., Moffitt, T. E., Mill, J., Martin, J., Craig, I. W., ...Poulton, R. (2002). Role of genotype in the cycle of violence in maltreated children. *Science, 297*, 851–854. (11)

Caspi, A., Sugden, K., Moffitt, T. E., Taylor, A., Craig, I. W., Harrington, H., ...Poulton, R. (2003). Influence of life stress on depression: Moderation by a polymorphism in the 5-HTT gene. *Science, 301*, 386–389. (14)

Cassia, V. M., Turati, C., & Simion, F. (2004). Can a nonspecific bias toward top-heavy patterns explain newborns' face preference? *Psychological Science, 15*, 379–383. (5)

Castellucci, V. F., Pinsker, H., Kupfermann, I., & Kandel, E. (1970). Neuronal mechanisms of habituation and dishabituation of the gill-withdrawal reflex in *Aplysia*. *Science, 167*, 1745–1748. (12)

Castrén, E., & Rantamäki, T. (2010). The role of BDNF and its receptors in depression and antidepressant drug action: Reactivation of developmental plasticity. *Developmental Neurobiology, 70*, 289–296. (14)

Castro-Alvarez, J. F., Gutierrez-Vargas, J., Darnaudéry, M., & Cardona-Gómez, G. P. (2011). ROCK inhibition prevents tau hyperphosphorylation and p25/CDK5 increase after global cerebral ischemia. *Behavioral Neuroscience, 125*, 465–472. (4)

Catalano, S. M., & Shatz, C. J. (1998). Activity-dependent cortical target selection by thalamic axons. *Science, 281*, 559–562. (4)

Catania, K. C. (2006). Underwater "sniffing" by semi-aquatic mammals. *Nature, 444*, 1024–1025. (6)

Catchpole, C. K., & Slater, P. J. B. (1995). *Bird song: Biological themes and variations.* Cambridge, England: Cambridge University Press. (0)

Catmur, C., Walsh, V., & Heyes, C. (2007). Sensorimotor learning configures the human mirror system. *Current Biology, 17,* 1527–1531. (7)

Catterall, W. A. (1984). The molecular basis of neuronal excitability. *Science, 223,* 653–661. (1)

Cavina-Pratesi, C., Connolly, J. D., & Milner, A. D. (2013). Optic ataxia as a model to investigate the role of the posterior parietal cortex in visually guided action: Evidence from studies of patient M. H. *Frontiers in Human Neuroscience, 7,* article 336. (5)

Cepeda-Benito, A., Davis, K. W., Reynoso, J. T., & Harraid, J. H. (2005). Associative and behavioral tolerance to the analgesic effects of nicotine in rats: Tail-flick and paw-lick assays. *Psychopharmacology, 180,* 224–233. (14)

Cerletti, U., & Bini, L. (1938). L'Elettroshock. *Archivio Generale di Neurologia e Psichiatria e Psicoanalisi, 19,* 266–268. (14)

Cerrato, M., Carrera, O., Vazquez, R., Echevarria, E., & Gutiérrez, E. (2012). Heat makes a difference in activity-based anorexia: A translational approach to treatment development in anorexia nervosa. *International Journal of Eating Disorders, 45,* 26–35. (9)

Chafee, M. V., & Goldman-Rakic, P. S. (1998). Matching patterns of activity in primate prefrontal area 8a and parietal area 7ip neurons during a spatial working memory task. *Journal of Neurophysiology, 79,* 2919–2940. (12)

Chailangkarn, T., Trujillo, C. A., Freitas, B., Hrvoy-Mihic, B., Herai, R. H., Yu, D. X., ... Moutri, A. R. (2016). A human neurodevelopmental model for Williams syndrome. *Nature, 536,* 338–343. (13)

Chalmers, D. J. (1995). Facing up to the problem of consciousness. *Journal of Consciousness Studies, 2,* 200–219. (13)

Chalmers, D. J. (2004). How can we construct a science of consciousness? In M. S. Gazzaniga (Ed.), *The cognitive neurosciences* (3rd ed.) (pp. 1111–1119). Cambridge, MA: MIT Press. (13)

Chalmers, D. (2007). Naturalistic dualism. In M. Velmans & S. Schneider (Eds.), *The Blackwell companion to consciousness* (pp. 359–368). Malden, MA: Blackwell. (0)

Chang, E. F., & Merzenich, M. M. (2003). Environmental noise retards auditory cortical development. *Science, 300,* 498–502. (6)

Chang, G.-Q., Gaysinskaya, V., Karatayev, O., & Leibowitz, S. F. (2008). Maternal high-fat diet and fetal programming: Increased proliferation of hypothalamic peptide-producing neurons that increase risk for overeating and obesity. *Journal of Neuroscience, 28,* 12107–12119. (9)

Chang, S.-H., Gao, L., Li, Z., Zhang, W.-N., Du, Y., & Wang, J. (2013). BDgene: A genetic database for bipolar disorder and its overlap with schizophrenia and major depressive disorder. *Biological Psychiatry, 74,* 727–733. (14)

Chang, S. W. C., Gariépy, J.-F., & Platt, M. L. (2013). Neuronal reference frames for social decisions in primate frontal cortex. *Nature Neuroscience, 16,* 243–250. (13)

Chao, M. V. (2010). A conversation with Rita Levi-Montalcini. *Annual Review of Physiology, 72,* 1–13. (4)

Chapman, S. B., Aslan, S., Spence, J. S., DeFina, L. F., Keebler, M. W., Didehbani, N., & Lu, H. (2013). Shorter term aerobic exercise improves brain, cognition, and cardiovascular fitness in aging. *Frontiers in Aging Neuroscience, 5,* Article 75. (12)

Chatterjee, R. (2015). Out of the darkness. *Science, 350,* 372–375. (5)

Chaudhari, N., Landin, A. M., & Roper, S. D. (2000). A metabotropic glutamate receptor variant functions as a taste receptor. *Nature Neuroscience, 3,* 113–119. (6)

Chee, M. J. S., Myers, M. G. Jr., Price, C. J., & Colmers, W. F. (2010). Neuropeptide Y suppresses anorexigenic output from the ventromedial nucleus of the hypothalamus. *Journal of Neuroscience, 30,* 3380–3390. (9)

Chen, L. M., Friedman, R. M., & Roe, A. W. (2003). Optical imaging of a tactile illusion in area 3b of the primary somatosensory cortex. *Science, 302,* 881–885. (6)

Chen, Y.-C., Kuo, H.-Y., Bornschein, U., Takahashi, H., Chen, S.-Y., Lu, K.-M., ... Liu, F.-C. (2016). Foxp2 controls synaptic wiring of corticostriatal circuits and vocal communication by opposing Mef2c. *Nature Neuroscience, 19,* 1513–1522. (13)

Cheney, D. L. (2011). Cooperation in nonhuman primates. In R. Menzel & J. Fischer (Eds.), *Animal thinking* (pp. 239–252). Cambridge, MA: MIT Press. (4)

Cheney, D. L., & Seyfarth, R. M. (2005). Constraints and adaptations in the earliest stages of language evolution. *Linguistic Review, 22,* 135–159. (13)

Chesworth, R., & Corbit, L. H. (2017). Recent developments in the behavioural and pharmacological enhancement of extinction of drug seeking. *Addiction Biology, 22,* 2–43. (14)

Cheyne, J. A., & Pennycook, G. (2013). Sleep paralysis postepisode distress: Modeling potential effects of episode characteristics, general psychological distress, beliefs, and cognitive style. *Clinical Psychological Science, 1,* 135–148. (8)

Chiapponi, C., Piras, F., Fagioli, S., Piras, F., Caltagirone, C., & Spalletta, G. (2013). Age-related brain trajectories in schizophrenia: A systematic review of structural MRI studies. *Psychiatry Research—Neuroimaging, 214,* 83–93. (14)

Chiang, M.-C., Barysheva, M., Shattuck, D. W., Lee, A. D., Madsen, S. K., Avedissian, C., ...Thompson, P. M. (2009). Genetics of brain fiber architecture and intellectual performance. *Journal of Neuroscience, 29,* 2212–2224. (12)

Cho, K. (2001). Chronic "jet lag" produces temporal lobe atrophy and spatial cognitive deficits. *Nature Neuroscience, 4,* 567–568. (8)

Chomsky, N. (1980). *Rules and representations.* New York: Columbia University Press. (13)

Chong, S. Y. C., Ptácek, L. J., & Fu, Y. H. (2012). Genetic insights on sleep schedules: This time it's PERsonal. *Trends in Genetics, 28,* 598–605. (8)

Chong, S. C., Jo, S., Park, K. M., Joo, E. Y., Lee, M.-J., Hong, S. C., & Hong, S. B. (2013). Interaction between the electrical stimulation of a face-selective area and the perception of face stimuli. *NeuroImage, 77,* 70–76. (5)

Chou, E. Y., Parmar, B. L., & Galinsky, A. D. (2016). Economic insecurity increases physical pain. *Psychological Science, 27,* 443–454. (6)

Christensen, C. B., Christensen-Dalsgaard, J., & Madsen, P. T. (2015). Hearing of the African lungfish (*Protopterus annectens*) suggests underwater pressure detection and rudimentary aerial hearing in early tetrapods. *Journal of Experimental Biology, 218,* 381–387. (6)

Chuang, H., Prescott, E. D., Kong, H., Shields, S., Jordt, S.-E., Basbaum, A. I., ...Julius, D. (2001). Bradykinin and nerve growth factor release the capsaicin receptor from PtdIns(4, 5)P2-mediated inhibition. *Nature, 411,* 957–962. (6)

Chung, W. C. J., de Vries, G. J., & Swaab, D. F. (2002). Sexual differentiation of the bed nucleus of the stria terminalis in humans may extend into adulthood. *Journal of Neuroscience, 22,* 1027–1033. (10)

Churchland, P. S. (1986). *Neurophilosophy.* Cambridge, Massachusetts: MIT Press. (0)

Ciaramelli, E., Muccioli, M., Làdavas, E., & di Pellegrino, G. (2007). Selective deficit in personal moral judgment following damage to ventromedial prefrontal cortex. *Social Cognitive and Affective Neuroscience, 2,* 84–92. (11)

Cichon, J., & Gan, W.-B. (2015). Branch-specific dendritic Ca^{2+} spikes cause persistent synaptic plasticity. *Nature, 520,* 180–185. (12)

Cicone, N., Wapner, W., Foldi, N. S., Zurif, E., & Gardner, H. (1979). The relation between gesture and language in aphasic communication. *Brain and Language, 8,* 342–349. (13)

Clahsen, H., & Almazen, M. (1998). Syntax and morphology in Williams syndrome. *Cognition, 68,* 167–198. (13)

Clark, D. A., Mitra, P. P., & Wang, S. S.-H. (2001). Scalable architecture in mammalian brains. *Nature, 411,* 189–193. (3)

Clark, R. E., & Lavond, D. G. (1993). Reversible lesions of the red nucleus during acquisition and retention of a classically conditioned behavior in rabbits. *Behavioral Neuroscience, 107,* 264–270. (12)

Clark, W. S. (2004). Is the zone-tailed hawk a mimic? *Birding, 36,* 494–498. (0)

Clarke, S., Assal, G., & deTribolet, N. (1993). Left hemisphere strategies in visual recognition, topographical orientation and time planning. *Neuropsychologia, 31,* 99–113. (13)

Cleary, L. J., Hammer, M., & Byrne, J. H. (1989). Insights into the cellular mechanisms of short-term sensitization in *Aplysia.* In T. J. Carew & D. B. Kelley (Eds.), *Perspectives in neural systems and behavior* (pp. 105–119). New York: Liss. (12)

Clelland, C. D., Choi, M., Romberg, C., Clemenson, G. D. Jr., Fragniere, A., Tyers, P., ...Bussey, T. J. (2009). A functional role for adult hippocampal neurogenesis in spatial pattern separation. *Science, 325,* 210–213. (4)

Clemenson, G. D., & Stark, C. E. L. (2015). Virtual environmental enrichment through video games improves hippocampal-associated memory. *Journal of Neuroscience, 35,* 16116–16125. (4)

Clements, K. M., Smith, L. M., Reynolds, J. N. J., Overton, P. G., Thomas, J. D., & Napper, R. M. (2012). Early postnatal ethanol exposure: Glutamatergic excitotoxic cell death during acute withdrawal. *Neurophysiology, 44,* 376–386. (4)

Clutton-Brock, T. H., O'Riain, M. J., Brotherton, P. N. M., Gaynor, D., Kansky, R., Griffin, A. S., & Manser, M. (1999). Selfish sentinels in cooperative mammals. *Science, 284,* 1640–1644. (4)

Coan, J. A., Schaefer, H. S., & Davidson, R. J. (2006). Lending a hand: Social regulation of the neural response to threat. *Psychological Science, 17,* 1032–1039. (11)

Cobos, P., Sánchez, M., Pérez, N., & Vila, J. (2004). Effects of spinal cord injuries on the subjective component of emotions. *Cognition and Emotion, 18,* 281–287. (11)

Coderre, T. J., Katz, J., Vaccarino, A. L., & Melzack, R. (1993). Contribution of central neuroplasticity to pathological pain: Review of clinical and experimental evidence. *Pain, 52,* 259–285. (6)

Coenen, A. M. L. (1995). Neuronal activities underlying the electroencephalogram and evoked potentials of sleeping and waking: Implications for information-processing. *Neuroscience and Biobehavioral Reviews, 19,* 447–463. (8)

Cohen, D., & Nicolelis, M. A. L. (2004). Reduction of single-neuron firing uncertainty by cortical ensembles during motor skill learning. *Journal of Neuroscience, 24,* 3574–3582. (7)

Cohen, L. G., Celnik, P., Pascual-Leone, A., Corwell, B., Faiz, L., Dambrosia, J., ... Hallett, M. (1997). Functional relevance of cross-modal plasticity in blind humans. *Nature, 389,* 180–183. (4)

Cohen, S., Frank, E., Doyle, W. J., Skoner, D. P., Rabin, B. S., & Swaltney, J. M., Jr. (1998). Types of stressors that increase susceptibility to the common cold in healthy adults. *Health Psychology, 17,* 214–223. (11)

Cohen, S., Janicki-Deverts, D., Turner, R. B., & Doyle, W. J. (2015). Does hugging provide stress-buffering social support? A study of susceptibility to upper respiratory infection and illness. *Psychological Science, 26,* 135–147. (11)

Cohen-Kettenis, P. T. (2005). Gender change in 46, XY persons with 5a-reductase-2 deficiency and 17b-hydroxysteroid dehydrogenase-3 deficiency. *Archives of Sexual Behavior, 34,* 399–410. (10)

Cohen-Tannoudji, M., Babinet, C., & Wassef, M. (1994). Early determination of a mouse somatosensory cortex marker. *Nature, 368,* 460–463. (4)

Cohen-Woods, S., Craig, I. W., & McGuffin, P. (2013). The current state of play on the molecular genetics of depression. *Psychological Medicine, 43,* 673–687. (14)

Colantuoni, C., Rada, P., McCarthy, J., Patten, C., Avena, N. M., Chadeayne, A., & Hoebel, B. G. (2002). Evidence that intermittent, excessive sugar intake causes endogenous opioid dependence. *Obesity Research, 10,* 478–488. (9)

Colantuoni, C., Schwenker, J., McCarthy, J., Rada, P., Ladenheim, B., Cadet, J.-L., ... Hoebel, B. G. (2001). Excessive sugar intake alters binding to dopamine and mu-opioid receptors in the brain. *NeuroReport, 12,* 3549–3552. (9)

Colapinto, J. (1997, December 11). The true story of John/Joan. *Rolling Stone,* pp. 54–97. (10)

Coleman, J. A., Green, E. M., & Gouaux, E. (2016). X-ray structures and mechanism of the human serotonin transporter. *Nature, 532,* 334–339. (14)

Collingridge, G. L., Peineau, S., Howland, J. G., & Wang, Y. T. (2010). Long-term depression in the CNS. *Nature Reviews Neuroscience, 11,* 459–473. (12)

Collins, C. E. (2011). Variability in neuron densities across the cortical sheet in primates. *Brain, Behavior and Evolution, 78,* 37–50. (3)

Colom, R., Burgaleta, M., Román, F. J., Karama, S., Alvarez-Linera, J., Abad, F. J., ...Haier, R. J. (2013). Neuroanatomic overlap between intelligence and cognitive factors: Morphometry methods provide support for the key role of the frontal lobes. *NeuroImage, 72,* 143–152. (12)

Colom, R., Quiroga, M. A., Solana, A. B., Burgaleta, M., Román, F. J., Privado, J., ... Karama, S. (2012). Structural changes after videogame practice related to a brain network associated with intelligence. *Intelligence, 40,* 479–489. (4)

Coltheart, M. (2013). How can functional neuroimaging inform cognitive theories? *Perspectives on Psychological Science, 8,* 98–103. (3)

Conn, P. M., & Parker, J. V. (2008). Winners and losers in the animal-research war. *American Scientist, 96,* 184–186. (0)

Connine, C. M., Blasko, D. G., & Hall, M. (1991). Effects of subsequent sentence context in auditory word recognition: Temporal and linguistic constraints. *Journal of Memory and Language, 30,* 234–250. (13)

Considine, R. V., Sinha, M. K., Heiman, M. L., Kriauciunas, A., Stephens, T. W., Nyce, M. R., ...Caro, J. F. (1996). Serum immunoreactive-leptin concentrations in normal-weight and obese humans. *New England Journal of Medicine, 334,* 292–295. (9)

Constantinidis, C., & Klingberg, T. (2016). The neuroscience of working memory capacity and training. *Nature Reviews Neuroscience, 17,* 438–449. (12)

Conti, V., Marini, C., Gana, S., Sudi, J., Dobyns, W. B., & Guerrini, R. (2011). Corpus callosum agenesis, severe mental retardation, epilepsy, and dyskinetic quadriparesis due to a novel mutation in the homeodomain of ARX. *American Journal of Medical Genetics Part A, 155A,* 892–897. (4)

CONVERGE Consortium. (2015). Sparse whole-genome sequencing identifies two loci for major depression. *Nature, 523,* 588–591. (14)

Cooke, B. M., Tabibnia, G., & Breedlove, S. M. (1999). A brain sexual dimorphism controlled by adult circulating androgens. *Proceedings of the National Academy of Sciences, USA, 96,* 7538–7540. (10)

Coppola, D. M., Purves, H. R., McCoy, A. N., & Purves, D. (1998). The distribution of oriented contours in the real world. *Proceedings of the National Academy of Sciences, USA, 95,* 4002–4006. (5)

Corballis, M. C. (2012a). How language evolved from manual gestures. *Gesture, 12,* 200–226. (13)

Corballis, M. C. (May–June, 2012b). Mind wandering. *American Scientist, 100(3),* 210–217. (3)

Corcoran, A. J., Barber, J. R., & Conner, W. E. (2009). Tiger moth jams bat sonar. *Science, 325,* 325–327. (6)

Corkin, S. (1984). Lasting consequences of bilateral medial temporal lobectomy: Clinical course and experimental findings in H. M. *Seminars in Neurology, 4,* 249–259. (12)

Corkin, S. (2002). What's new with the amnesic patient H. M.? *Nature Reviews Neuroscience, 3,* 153–159. (12)

Corkin, S. (2013). *Permanent present tense.* New York: Basic books. (12)

Corkin, S., Rosen, T. J., Sullivan, E. V., & Clegg, R. A. (1989). Penetrating head injury in young adulthood exacerbates cognitive decline in later years. *Journal of Neuroscience, 9,* 3876–3883. (4)

Cornelius, M. D., De Genna, N. M., Goldschmidt, L., Larkby, C., & Day, N. L. (2016). Prenatal alcohol and other early childhood adverse exposures: Direct and indirect pathways to adolescent drinking. *Neurotoxicology and Teratology, 55,* 8–15. (14)

Corradi-Dell'Acqua, C., Hofstetter, C., & Vuilleumier, P. (2011). Felt and seen pain evoke the same local patterns of cortical activity in insular and cingulate cortex. *Journal of Neuroscience, 31,* 17996–18006. (6)

Cosmelli, D., David, O., Lachaux, J.-P., Martinerie, J., Garnero, L., Renault, B., & Varela, F. (2004). Waves of consciousness: Ongoing cortical patterns during binocular rivalry. *NeuroImage, 23,* 128–140. (13)

Coss, R. G., Brandon, J. G., & Globus, A. (1980). Changes in morphology of dendritic spines on honeybee calycal interneurons associated with cumulative nursing and foraging experiences. *Brain Research, 192,* 49–59. (4)

Costa, R. P., Froemke, R. C., Sjöström, P. J., & van Rossum, M. C. W. (2015). Unified pre-and postsynaptic long-term plasticity enables reliable and flexible learning. *eLife, 4,* e09457. (12)

Costa, V. D., Lang, P. J., Sabatinelli, D., Versace, F., & Bradley, M. M. (2010). Emotional imagery: Assessing pleasure and arousal in the brain's reward circuitry. *Human Brain Mapping, 31,* 1446–1457. (14)

Courchesne, E., Townsend, J., Akshoomoff, N. A., Saitoh, O., Yeung-Courchesne, R., Lincoln, A. J., ...Lau, L. (1994). Impairment in shifting attention in autistic and cerebellar patients. *Behavioral Neuroscience, 108,* 848–865. (3)

Cowart, B. J. (2005, Spring). Taste, our body's gustatory gatekeeper. *Cerebrum, 7*(2), 7–22. (6)

Cox, J. J., Reimann, F., Nicholas, A. K., Thornton, G., Roberts, E., Springell, K., ... Woods, C. G. (2006). An *SCN9A* channelopathy causes congenital inability to experience pain. *Nature, 304,* 115–117. (6)

Craig, A. M., & Boudin, H. (2001). Molecular heterogeneity of central synapses: Afferent and target regulation. *Nature Neuroscience, 4,* 569–578. (2)

Crair, M. C., Gillespie, D. C., & Stryker, M. P. (1998). The role of visual experience in the development of columns in cat visual cortex. *Science, 279,* 566–570. (5)

Cravchik, A., & Goldman, D. (2000). Neurochemical individuality. *Archives of General Psychiatry, 57,* 1105–1114. (14)

Cressey, D. (2016). Q&A: Fabulous fact fisher. *Nature, 534,* 325. (10)

Crick, F. C., & Koch, C. (2004). A framework for consciousness. In M. S. Gazzaniga (Ed.), *The cognitive neurosciences* (3rd ed., pp. 1133–1143). Cambridge, MA: MIT Press. (13)

Crick, F., & Mitchison, G. (1983). The function of dream sleep. *Nature, 304,* 111–114. (8)

Critchley, H. D., Mathias, C. J., & Dolan, R. J. (2001). Neuroanatomical basis for first- and second-order representations of bodily states. *Nature Neuroscience, 4,* 207–212. (11)

Critchley, H. D., & Rolls, E. T. (1996). Hunger and satiety modify the responses of olfactory and visual neurons in the primate orbitofrontal cortex. *Journal of Neurophysiology, 75,* 1673–1686. (9)

Crivelli, C., Jarillo, S., Russell, J. A., & Fernández-Dols, J. M. (2016). Reading emotions from faces in two indigenous societies. *Journal of Experimental Psychology: General, 145,* 830–843. (11)

Crone, E. A., & Dahl, R. E. (2012). Understanding adolescence as a period of social-affective engagement and goal flexibility. *Nature Reviews Neuroscience, 13,* 636–650. (4)

Cross-Disorder Group of the Psychiatric Genomic Consortium. (2013). Identification of risk loci with shared effects on five major psychiatric disorders: A genome-wide analysis. *Lancet, 381,* 1371–1379. (14)

Crossin, K. L., & Krushel, L. A. (2000). Cellular signaling by neural cell adhesion molecules of the immunoglobulin family. *Developmental Dynamics, 218,* 260–279. (4)

Crowley, S. J., & Eastman, C. I. (2013). Melatonin in the afternoons of a gradually advancing sleep schedule enhances the circadian phase advance. *Psychopharmacology, 225,* 825–837. (8)

Cryan, J. F., & Dinan, T. G. (2012). Mind-altering microorganisms: The impact of the gut microbiota on brain and behavior. *Nature Reviews Neuroscience, 13,* 701–712. (9)

Cui, G., Jun, S. B., Jin, X., Pham, M. D., Vogel, S. S., Lovinger, D. M., & Costa, R. M. (2013). Concurrent activation of striatal direct and indirect pathways during action initiation. *Nature, 494,* 238–242. (7)

Cummings, D. E., Clement, K., Purnell, J. Q., Vaisse, C., Foster, K. E., Frayo, R. S., ... Weigle, D. S. (2002). Elevated plasma ghrelin levels in Prader-Willi syndrome. *Nature Medicine, 8,* 643–644. (9)

Cummings, D. E., & Overduin, J. (2007). Gastrointestinal regulation of food intake. *Journal of Clinical Investigation, 117,* 13–23. (9)

Curry, A. (2013). The milk revolution. *Nature, 500,* 20–22. (9)

Cushman, F., Gray, K., Gaffey, A., & Mendes, M. B. (2012). Simulating murder: The aversion to harmful action. *Emotion, 12,* 2–7. (11)

Cutler, W. B., Preti, G., Krieger, A., Huggins, G. R., Garcia, C. R., & Lawley, H. J. (1986). Human axillary secretions influence women's menstrual cycles: The role of donor extract from men. *Hormones and Behavior, 20,* 463–473. (6)

Cvijanovic, N., Feinle-Bisset, C., Young, R. L., & Little, T. J. (2015). Oral and intestinal sweet and fat tasting: Impact of receptor polymorphisms and dietary modulation for metabolic disease. *Nutrition Reviews, 73,* 318–334. (9)

Czeisler, C. (2013). Casting light on sleep deficiency. *Nature, 497,* S13. (8)

Czeisler, C. A., Johnson, M. P., Duffy, J. F., Brown, E. N., Ronda, J. M., & Kronauer, R. E. (1990). Exposure to bright light and darkness to treat physiologic maladaptation to night work. *New England Journal of Medicine, 322,* 1253–1259. (8)

Czeisler, C. A., Weitzman, E. D., Moore-Ede, M. C., Zimmerman, J. C., & Knauer, R. S. (1980). Human sleep: Its duration and organization depend on its circadian phase. *Science, 210,* 1264–1267. (8)

Dachtler, J., Ivorra, J. L., Rowland, T. E., Lever, C., Rodgers, R. J., & Clapcote, S. J. (2015). Heterozygous deletion of alpha-neurexin I or alpha-neurexin II results in behaviors relevant to autism and schizophrenia. *Behavioral Neuroscience, 129,* 765–776. (14)

Dabbs, J. M., Jr., Carr, T. S., Frady, R. L., & Riad, J. K. (1995). Testosterone, crime, and misbehavior among 692 male prison inmates. *Personality and Individual Differences, 18,* 627–633. (11)

Dale, N., Schacher, S., & Kandel, E. R. (1988). Long-term facilitation in *Aplysia* involves increase in transmitter release. *Science, 239,* 282–285. (12)

Dale, P. S., Harlaar, N., Haworth, C. M. A., & Plomin, R. (2010). Two by two: A twin study of second-language acquisition. *Psychological Science, 21,* 635–640. (4)

Dallaspezia, S., Suzuki, M., & Benedetti, F. (2015). Chronobiology for mood disorders. *Current Psychiatry Reports, 17,* article 95. (14)

Dalterio, S., & Bartke, A. (1979). Perinatal exposure to cannabinoids alters male reproductive function in mice. *Science, 205,* 1420–1422. (10)

Dalton, K. (1968). Ante-natal progesterone and intelligence. *British Journal of Psychiatry, 114,* 1377–1382. (10)

Dalton, P., Doolittle, N., & Breslin, P. A. (2002). Gender-specific induction of enhanced sensitivity to odors. *Nature Neuroscience, 5,* 199–200. (6)

Damasio, A. (1999). *The feeling of what happens.* New York: Harcourt Brace. (11)

Damasio, A. R. (1994). *Descartes' error.* New York: Putnam's Sons. (11)

Damsma, G., Pfaus, J. G., Wenkstern, D., Phillips, A. G., & Fibiger, H. C. (1992). Sexual behavior increases dopamine transmission in the nucleus accumbens and striatum of male rats: A comparison with novelty and locomotion. *Behavioral Neuroscience, 106,* 181–191. (14)

Darweesh, S. K. L., Verlinden, V. J. A., Adams, H. H. H., Uitterlinden, A. G., Hofman, A., Stricker, B. H., ...Ikram, M. A. (2016). Genetic risk of Parkinson's disease in the general population. *Parkinsonism & Related Disorders, 29,* 54–59. (7)

Darwin, C. (1859). *The origin of species.* New York: D. Appleton. (4)

Das, A., Tadin, D., & Huxlin, K. R. (2014). Beyond blindsight: Properties of visual relearning in cortically blind fields. *Journal of Neuroscience, 34,* 11652–11664. (5)

Daum, I., Schugens, M. M., Ackermann, H., Lutzenberger, W., Dichgans, J., & Birbaumer, N. (1993). Classical conditioning after cerebellar lesions in humans. *Behavioral Neuroscience, 107,* 748–756. (12)

Davidson, R. J. (1984). Affect, cognition, and hemispheric specialization. In C. E. Izard, J. Kagan, & R. B. Zajonc (Eds.), *Emotions,* cognition, & behavior (pp. 320–365). Cambridge, England: Cambridge University Press. (14)

Davidson, R. J., & Fox, N. A. (1982). Asymmetrical brain activity discriminates between positive and negative affective stimuli in human infants. *Science, 218*, 1235–1237. (11)

Davidson, R. J., & Henriques, J. (2000). Regional brain function in sadness and depression. In J. C. Borod (Ed.), *The neuropsychology of emotion* (pp. 269–297). London: Oxford University Press. (11)

Davidson, S., Zhang, X., Khasabov, S. G., Simone, D. A., & Giesler, G. J. Jr. (2009). Relief of itch by scratching: State-dependent inhibition of primate spinothalamic tract neurons. *Nature Neuroscience, 12*, 544–546. (6)

Davies, G., Armstrong, N., Bis, J. C., Bressler, J., Chouraki, V., Giddaluru, S., …Deary, I. J. (2015). Genetic contributions to variation in general cognitive function: A meta-analysis of genome-wide association studies in the CHARGE consortium (N = 53 949). *Molecular Psychiatry, 20*, 183–192. (12)

Davies, G., Welham, J., Chant, D., Torrey, E. F., & McGrath, J. (2003). A systematic review and meta-analysis of Northern hemisphere season of birth effects in schizophrenia. *Schizophrenia Bulletin, 29*, 587–593. (14)

Davies, P. (2006). *The Goldilocks enigma.* Boston, MA: Houghton Mifflin. (0)

Davis, E. C., Shryne, J. E., & Gorski, R. A. (1995). A revised critical period for the sexual differentiation of the sexually dimorphic nucleus of the preoptic area in the rat. *Neuroendocrinology, 62*, 579–585. (10)

Davis, J., Eyre, H., Jacka, F. N., Dodd, S., Dean, O., McEwen, S., & Berk, M. (2016). A review of vulnerability and risks for schizophrenia: Beyond the two hit hypothesis. *Neuroscience and Biobehavioral Reviews, 65*, 185–194. (14)

Davis, J. I., Senghas, A., Brandt, F., & Ochsner, K. N. (2010). The effects of BOTOX injections on emotional experience. *Emotion, 10*, 433–440. (11)

Davis, K. D., Kiss, Z. H. T., Luo, L., Tasker, R. R., Lozano, A. M., & Dostrovsky, J. O. (1998). Phantom sensations generated by thalamic microstimulation. *Nature, 391*, 385–387. (6)

Dawkins, R. (1989). *The selfish gene* (new ed.). Oxford, England: Oxford University Press. (4)

Dawson, T. M., Gonzalez-Zulueta, M., Kusel, J., & Dawson, V. L. (1998). Nitric oxide: Diverse actions in the central and peripheral nervous system. *The Neuroscientist, 4*, 96–112. (2)

Day, S. (2005). Some demographic and sociocultural aspects of synesthesia. In L. C. Robertson & N. Sagiv (Eds.), *Synesthesis* (pp. 11–33). Oxford, England: Oxford University Press. (6)

Dayan, E., Censor, N., Buch, E. R., Sandrini, M., & Cohen, L. G. (2013). Noninvasive brain stimulation: From physiology to network dynamics and back. *Nature Neuroscience, 16*, 838–844. (3)

de Bruin, J. P. C., Swinkels, W. A. M., & de Brabander, J. M. (1997). Response learning of rats in a Morris water maze: Involvement of the medial prefrontal cortex. *Behavioral Brain Research, 85*, 47–55. (12)

de Castro, J. M. (2000). Eating behavior: Lessons from the real world of humans. *Nutrition, 16*, 800–813. (9)

de Jong, M. C., Hendriks, R. J. M., Vansteensel, M. J., Raemaekers, M., Verstraten, F. A. J., Ramsey, N. F., …van Ee, R. (2016). Intracranial recordings of occipital cortex responses to illusory visual events. *Journal of Neuroscience, 36*, 6297–6311. (13)

de Jong, W. W., Hendriks, W., Sanyal, S., & Nevo, E. (1990). The eye of the blind mole rat (*Spalax ehrenbergi*): Regressive evolution at the molecular level. In E. Nevo & O. A. Reig (Eds.), *Evolution of subterranean mammals at the organismal and molecular levels* (pp. 383–395). New York: Liss. (8)

De Luca, M., Di Page, E., Judica, A., Spinelli, D., & Zoccolotti, P. (1999). Eye movement patterns in linguistic and non-linguistic tasks in developmental surface dyslexia. *Neuropsychologia, 37*, 1407–1420. (13)

de Maat, S., Dekker, J., Schoevers, R., van Aalst, G., Gijsbers-van Wijk, C., Hendriksen, M., … de Jonghe, F. (2008). Short psychodynamic supportive psychotherapy, antidepressants, and their combination in the treatment of major depression: A mega-analysis based on three randomized clinical trials. *Depression and Anxiety, 25*, 565–574. (14)

De Pitta, M., Brunel, N., & Volterra, A. (2016). Astrocytes: Orchestrating synaptic plasticity? *Neuroscience, 323*, 43–61. (1)

De Wall, C. N., Mac Donald, G., Webster, G. D., Masten, C. L., Baumeister, R. F., Powell, C., …Eisenberger, N. I. (2010). Acetaminophen reduces social pain: Behavioral and neural evidence. *Psychological Science, 21*, 931–937. (6)

Deacon, T. W. (1990). Problems of ontogeny and phylogeny in brain-size evolution. *International Journal of Primatology, 11*, 237–282. (3)

Deacon, T. W. (1992). Brain-language coevolution. In J. A. Hawkins & M. Gell-Mann (Eds.), *The evolution of human languages* (pp. 49–83). Reading, MA: Addison-Wesley. (13)

Deacon, T. W. (1997). *The symbolic species.* New York: Norton. (3, 13)

Deady, D. K., North, N. T., Allan, D., Smith, J. L., & O'Carroll, R. E. (2010). Examining the effect of spinal cord injury on emotional awareness, expressivity and memory for emotional material. *Psychology, Health and Medicine, 15*, 406–419. (11)

DeArmond, S. J., Fusco, M. M., & Dewey, M. M. (1974). *Structure of the human brain.* New York: Oxford University Press. (9)

DeCoursey, P. (1960). Phase control of activity in a rodent. *Cold Spring Harbor Symposia on Quantitative Biology, 25*, 49–55. (8)

Deeb, S. S. (2005). The molecular basis of variation in human color vision. *Clinical Genetics, 67*, 369–377. (5)

Dees, E. W., & Baraas, R. C. (2014). Performance of normal females and carriers of color-vision deficiencies on standard color-vision tests. *Journal of the Optical Society of America A, 31*, A401–A409. (5)

de Groot, J. H. B., Smeets, M. A. M., Kaldewaij, A., Duijndam, M. J. A., & Semin, G. R. (2012). Chemosignals communicate human emotions. *Psychological Science, 23*, 1417–1424. (6)

Dehaene, S. (2014). *Consciousness and the brain.* New York: Viking. (13)

Dehaene-Lambertz, G., Montavont, A., Jobert, A., Allirol, L., Dubois, J., Hertz-Pannier, L., & Dehaene, S. (2010). Language or music, mother or Mozart? Structural and environmental influences on infants' language networks. *Brain & Language, 114*, 53–65. (13)

Dehaene, S., Naccache, L., Cohen, L., LeBihan, D., Mangin, J.-F., Poline, J.-B., & Riviere, D. (2001). Cerebral mechanisms of word masking and unconscious repetition priming. *Nature Neuroscience, 4*, 752–758. (13)

Dehaene, S., Pegado, F., Braga, L. W., Ventura, P., Filho, G. N., Jobert, A., …Cohen, L. (2010). How learning to read changes the cortical networks for vision and language. *Science, 330*, 1359–1364. (5, 13)

de Hemptinne, C., Swann, N. C., Ostrem, J. L., Ryapolova-Webb, E. S., San Luciano, M., Galifianakis, N. B., & Starr, P. A. (2015). Therapeutic deep brain stimulation reduces cortical phase-amplitude coupling in Parkinson's disease. *Nature Neuroscience, 18*, 779–786. (7)

Deisseroth, K. (2014). Circuit dynamics of adaptive and maladaptive behaviour. *Nature, 505*, 309–317. (14)

Deisseroth, K. (2015). Optogenetics: 10 years of microbial opsins in neuroscience. *Nature Neuroscience, 18*, 1213–1225. (3)

De Jager, P. L., Srivastava, G., Lunnon, K., Burgess, J., Schalkwyk, L. C., Yu, L., …Bennett, D. A. (2014). Alzheimer's disease: Early alterations in brain DNA methylation at *ANK1, BIN1, RHBDF2*, and other loci. *Nature Neuroscience, 17*, 1156–1163. (12)

de la Iglesia, H. O., Fernández-Duque, E., Golombek, D. A., Lanza, N., Duffy, J. F., Czeisler, C. A., & Valeggia, C. R. (2015). Access to electric light is associated with shorter sleep duration in a traditionally hunger-gatherer community. *Journal of Biological Rhythms, 30*, 342–350. (8)

de la Torre-Ubieta, L., Won, H., Stein, J. L., & Geschwind, D. H. (2016). Advancing the understanding of autism disease mechanisms through genetics. *Nature Medicine, 22*, 345–361. (14)

de la Vega, A., Chang, L. J., Banich, M. T., Wager, T. D., & Yarkoni, T. (2016). Large-scale meta-analysis of human medial frontal cortex reveals tripartite functional organization. *Journal of Neuroscience, 36,* 6553–6562. (3)

Del Cul, A., Dehaene, S., Reyes, P., Bravo, E., & Slachevsky, A. (2009). Causal role of prefrontal cortex in the threshold for access to consciousness. *Brain, 132,* 2531–2540. (13)

Delgado, M. R., Beer, J. S., Fellows, L. K., Huettel, S. A., Platt, M. L., Quirk, G. J., & Schiller, D. (2016). Viewpoints: Dialogues on the functional role of the ventromedial prefrontal cortex. *Nature Neuroscience, 19,* 1545–1552. (13)

Deliagina, T. G., Orlovsky, G. N., & Pavlova, G. A. (1983). The capacity for generation of rhythmic oscillations is distributed in the lumbosacral spinal cord of the cat. *Experimental Brain Research, 53,* 81–90. (7)

Dement, W. (1972). *Some must watch while some must sleep.* San Francisco: Freeman. (8)

Dement, W., & Kleitman, N. (1957a). Cyclic variations in EEG during sleep and their relation to eye movements, body motility, and dreaming. *Electroencephalography and Clinical Neurophysiology, 9,* 673–690. (8)

Dement, W., & Kleitman, N. (1957b). The relation of eye movements during sleep to dream activity: An objective method for the study of dreaming. *Journal of Experimental Psychology, 53,* 339–346. (8)

Dement, W. C. (1990). A personal history of sleep disorders medicine. *Journal of Clinical Neurophysiology, 7,* 17–47. (8)

Dennett, D. C. (1991). *Consciousness explained.* Boston, MA: Little, Brown. (0, 13)

Derégnaucourt, S., Mitra, P. P., Fehér, O., Pytte, C., & Tchernichovski, O. (2005). How sleep affects the developmental learning of bird song. *Nature, 433,* 710–716. (8)

DeSimone, J. A., Heck, G. L., & Bartoshuk, L. M. (1980). Surface active taste modifiers: A comparison of the physical and psychophysical properties of gymnemic acid and sodium lauryl sulfate. *Chemical Senses, 5,* 317–330. (6)

DeSimone, J. A., Heck, G. L., Mierson, S., & DeSimone, S. K. (1984). The active ion transport properties of canine lingual epithelia in vitro. *Journal of General Physiology, 83,* 633–656. (6)

Desmurget, M., Reilly, K. T., Richard, N., Szathmari, A., Mottolese, C., & Sirigu, A. (2009). Movement intention after parietal cortex stimulation in humans. *Science, 324,* 811–813. (7)

Detre, J. A., & Floyd, T. F. (2001). Functional MRI and its applications to the clinical neurosciences. *Neuroscientist, 7,* 64–79. (3)

Deutsch, D., Henthorn, T., Marvin, E., & Xu, H. S. (2006). Absolute pitch among American and Chinese conservatory students: Prevalence differences, and evidence for a speech-related critical period. *Journal of the Acoustical Society of America, 119,* 719–722. (6)

Deutsch, J. A., Young, W. G., & Kalogeris, T. J. (1978). The stomach signals satiety. *Science, 201,* 165–167. (9)

DeValois, R. L., Albrecht, D. G., & Thorell, L. G. (1982). Spatial frequency selectivity of cells in macaque visual cortex. *Vision Research, 22,* 545–559. (5)

Devor, M. (1996). Pain mechanisms. *The Neuroscientist, 2,* 233–244. (6)

de Vries, G. J., & Södersten, P. (2009). Sex differences in the brain: The relation between structure and function. *Hormones and Behavior, 55,* 589–596. (10)

De Young, C. G., Hirsch, J. B., Shane, M. S., Papadenaetris, X., Rajeevan, N., & Gray, J. R. (2010). Testing predictions from personality neuroscience: Brain structure and the big five. *Psychological Science, 21,* 820–828. (3)

Dhingra, R., Sullivan, L., Jacques, P. F., Wang, T. J., Fox, C. S., Meigs, J. B., …Vasan, R. S. (2007). Soft drink consumption and risk of developing cardiometabolic risk factors and the metabolic syndrome in middle-aged adults in the community. *Circulation, 116,* 480–488. (9)

Di Lorenzo, P. M., Chen, J.-Y., & Victor, J. D. (2009). Quality time: Representation of a multidimensional sensory domain through temporal coding. *Journal of Neuroscience, 29,* 9227–9238. (6)

Di Lorenzo, P. M., Leshchinskiy, S., Moroney, D. N., & Ozdoba, J. M. (2009). Making time count: Functional evidence for temporal coding of taste sensation. *Behavioral Neuroscience, 123,* 14–25. (1)

Diamond, L. M. (2007). A dynamical systems approach to the development and expression of female same-sex sexuality. *Perspectives on Psychological Science, 2,* 142–161. (10)

Diamond, M., & Sigmundson, H. K. (1997). Management of intersexuality: Guidelines for dealing with persons with ambiguous genitalia. *Archives of Pediatrics and Adolescent Medicine, 151,* 1046–1050. (10)

Dias, B. G., & Ressler, K. J. (2014). Parental olfactory experience influences behavior and neural structure in subsequent generations. *Nature Neuroscience, 17,* 89–96. (4)

Dibb-Hajj, S. D., Black, J. A., & Waxman, S. G. (2015). $Na_V1.9$: A sodium channel linked to human pain. *Nature Reviews Neuroscience, 16,* 511–519. (6)

Dichgans, J. (1984). Clinical symptoms of cerebellar dysfunction and their topodiagnostic significance. *Human Neurobiology, 2,* 269–279. (7)

Dick, D. M., Agrawal, A., Keller, M. C., Adkins, A., Aliev, F., Monroe, S., …Sher, K. J. (2015). Candidate gene-environment interaction research: Reflections and recommendations. *Perspectives on Psychological Science, 10,* 37–59. (4)

Dick, D. M., Johnson, J. K., Viken, R. J., & Rose, R. J. (2000). Testing between-family associations in within-family comparisons. *Psychological Science, 11,* 409–413. (14)

Dick, D. M., Latendresse, S. J., Lansford, J. E., Budde, J. P., Goate, A., Dodge, K. A., …Bates, J. E. (2009). Role of *GABRA2* in trajectories of externalizing behavior across development and evidence of moderation by parental monitoring. *Archives of General Psychiatry, 66,* 649–657. (14)

Dick, F., Bates, E., Wulfeck, B., Utman, J. A., Dronkers, N., & Gernsbacher, M. A. (2001). Language deficits, localization, and grammar: Evidence for a distributive model of language breakdown in aphasic patients and neurologically intact individuals. *Psychological Review, 108,* 759–788. (13)

Dicke, U., & Roth, G. (2016). Neuronal factors determining high intelligence. *Philosophical Transactions of the Royal Society B, 371,* 20150180. (12)

Diéguez, C., Vazquez, M. J., Romero, A., López, M., & Nogueiras, R. (2011). Hypothalamic control of lipid metabolism: Focus on leptin, ghrelin and melanocortins. *Neuroendocrinology, 94,* 1–11. (9)

Dierks, T., Linden, D. E. J., Jandl, M., Formisano, E., Goebel, R., & Lanfermann, H. (1999). Activation of Heschl's gyrus during auditory hallucinations. *Neuron, 22,* 615–621. (3)

Dijk, D.-J., & Archer, S. N. (2010). *PERIOD3*, circadian phenotypes, and sleep homeostasis. *Sleep Medicine Reviews, 14,* 151–160. (8)

Dijk, D.-J., Neri, D. F., Wyatt, J. K., Ronda, J. M., Riel, E., Ritz-deCecco, A., …Czeisler, C. A. (2001). Sleep, performance, circadian rhythms, and light-dark cycles during two space shuttle flights. *American Journal of Physiology: Regulatory, Integrative, and Comparative Physiology, 281,* R1647–R1664. (8)

Diller, L., Packer, O. S., Verweij, J., McMahon, M. J., Williams, D. R., & Dacey, D. M. (2004). L and M cone contributions to the midget and parasol ganglion cell receptive fields of macaque monkey retina. *Journal of Neuroscience, 24,* 1079–1088. (5)

Dimitriou, M. (2014). Human spindle sensitivity reflects the balance of activity between antagonistic muscles. *Journal of Neuroscience, 34,* 13644–13655. (7)

Dimond, S. J. (1979). Symmetry and asymmetry in the vertebrate brain. In D. A. Oakley & H. C. Plotkin (Eds.), *Brain, behaviour, and evolution* (pp. 189–218). London: Methuen. (13)

Di Napoli, M., Zha, A. M., Godoy, D. A., Masotti, L., Schreuder, F. H. B. M., Popa-Wagner, A., & Behrouz, R. (2016). Prior cannabis use is associated with outcome after intracerebral hemorrhage. *Cerebrovascular Diseases, 41,* 248–255. (4)

Ding, F., O'Donnell, J., Xu, Q., Kang, N., Goldman, N., & Nedergaard, M. (2016). Changes in the composition of brain interstitial ions control the sleep-wake cycle. *Science, 352,* 550–555. (8)

Dinstein, I., Hasson, U., Rubin, N., & Heeger, D. J. (2007). Brain areas selective for both observed and executed movements. *Journal of Neurophysiology, 98,* 1415–1427. (7)

Dinstein, I., Thomas, C., Humphreys, K., Minshew, N., Behrmann, M., & Heeger, D. J. (2010). Normal movement selectivity in autism. *Neuron, 66,* 461–469. (7)

Di Paola, M., Caltagirone, C., & Petrosini, L. (2013). Prolonged rock climbing activity induces structural changes in cerebellum and parietal lobe. *Human Brain Mapping, 34,* 2707–2714. (7)

Disner, S. G., Beevers, C. G., Lee, H.-J., Ferrell, R. E., Hariri, A. R., & Telch, M. J. (2013). War zone stress interacts with the 5-HTTLPR polymorphism to predict the development of sustained attention for negative emotion stimuli in soldiers returning from Iraq. *Clinical Psychological Science, 1,* 413–425. (11)

Doesburg, S. M., Green, J. J., McDonald, J. J., & Ward, L. M. (2009). Rhythms of consciousness: Binocular rivalry reveals large-scale oscillatory network dynamics mediating visual perception. *PLoS One, 4,* e6142. (13)

Doremus-Fitzwater, T. L., Barretto, M., & Spear, L. P. (2012). Age-related differences in impulsivity among adolescent and adult Sprague-Dawley rats. *Behavioral Neuroscience, 126,* 735–741. (4)

Doricchi, F., Guariglia, P., Gasparini, M., & Tomaiuolo, F. (2005). Dissociation between physical and mental number line bisection in right hemisphere brain damage. *Nature Neuroscience, 8,* 1663–1665. (13)

Dormal, G., Lepore, F., & Collignon, O. (2012). Plasticity of the dorsal "spatial" stream in visually deprived individuals. *Neural Plasticity,* Article 687659. (5)

Doty, R. L., Applebaum, S., Zusho, H., & Settle, R. G. (1985). Sex differences in odor identification ability: A cross-cultural analysis. *Neuropsychologia, 23,* 667–672. (6)

Doty, R. L., & Kamath, V. (2014). The influences of age on olfaction: A review. *Frontiers in Psychology, 5,* PMC 3916729. (6)

Douaud, G., Groves, A. R., Tamnes, C. K., Westlye, L. T., Duff, E. P., Engvig, A., ... Johansen-Berg, H. (2014). A common brain network links development, aging, and vulnerability to disease. *Proceedings of the National Academy of Sciences (U.S.A.), 111,* 17648–17653. (4)

Dowling, J. E. (1987). *The retina.* Cambridge, MA: Harvard University Press. (5)

Dowling, J. E., & Boycott, B. B. (1966). Organization of the primate retina. *Proceedings of the Royal Society of London, B, 166,* 80–111. (5)

Downing, P. E., Chan, A. W.-Y., Peelen, M. V., Dodds, C. M., & Kanwisher, N. (2005). Domain specificity in visual cortex. *Cerebral Cortex, 16,* 1453–1461. (5)

Draganski, B., Gaser, C., Busch, V., Schuierer, G., Bogdahn, U., & May, A. (2004). Changes in grey matter induced by training. *Nature, 427,* 311–312. (4)

Dreger, A. D. (1998). *Hermaphrodites and the medical invention of sex.* Cambridge, MA: Harvard University Press. (10)

Dreher, J. C., Dunne, S., Pazderska, A., Frodl, T., Nolan, J. J., & O'Doherty, J. P. (2016). Testosterone causes both prosocial and antisocial status-enhancing behaviors in human males. *Proceedings of the National Academy of Sciences (U.S.A.), 113,* 11633–11638. (11)

Dresler, M., Koch, S. P., Wehrle, R., Spoormaker, V. I., Hosboer, F., Steiger, A., ...Czisch, M. (2011). Dreamed movement elicits activation in the sensorimotor cortex. *Current Biology, 21,* 1833–1837. (8)

Dronkers, N. F., Plaisant, O., Iba-Zizen, M. T., & Cabanis, E. A. (2007). Paul Broca's historic cases: high resolution MR imaging of the brains of Leborgne and Lelong. *Brain, 130,* 1432–1441. (13)

Drzyzga, L. R., Marcinowska, A., & Obuchowicz, E. (2009). Antiapoptotic and neurotrophic effects of antidepressants: A review of clinical and experimental studies. *Brain Research Bulletin, 79,* 248–257. (14)

Duan, X., Chang, J. H., Ge, S., Faulkner, R. L., Kim, J. Y., Kitabatake, Y., ...Song, H. (2007). Disrupted-in-schizophrenia 1 regulated integration of newly generated neurons in the adult brain. *Cell, 130,* 1146–1158. (14)

Duboué, E. R., & Keene, A. C. (2016). Chapter 15–Investigating the evolution of sleep in the Mexican cavefish. In A. C. Keene, M. Yoshizawa, & S. E. McGaugh (Eds.), *Biology and Evolution of the Mexican cavefish* (pp. 291–308). Amsterdam: Elsevier. (8)

Deboué, E. R., Keene, A. C., & Borowsky, R. L. (2011). Evolutionary convergence on sleep loss in cavefish populations. *Current Biology, 21,* 671–676. (8)

Ducommun, C. Y., Michel, C. M., Clarke, S., Adriani, M., Seeck, M., Landis, T., & Blanke, O. (2004). Cortical motion deafness. *Neuron, 43,* 765–777. (6)

Duff, M. C., Hengst, J., Tranel, D., & Cohen, N. J. (2006). Development of shared information in communication despite hippocampal amnesia. *Nature Neuroscience, 9,* 140–146. (12)

Duke, A. A., Bègue, L., Bell, R., & Eisenlohr-Moul, T. (2013). Revisiting the serotonin-aggression relation in humans: A meta-analysis. *Psychological Bulletin, 139,* 1148–1172. (11)

Duman, R. S., & Aghajanian, G. K. (2012). Synaptic dysfunction in depression: Potential therapeutic targets. *Science, 338,* 68–72. (14)

Dunn, B. D., Galton, H. C., Morgan, R., Evans, D., Olliver, C., Meyer, M., ...Dalgeish, T. (2010). Listening to your heart: How interoception shapes emotion experience and intuitive decision making. *Psychological Science, 21,* 1835–1844. (11)

Dunsmoor, J. E., Murty, V. P., Davachi, L., & Phelps, E. A. (2015). Emotional learning selectively and retroactively strengthens memories for related events. *Nature, 520,* 345–348. (12)

Durante, K. M., & Li, N. P. (2009). Oestradiol level and opportunistic mating in women. *Biology Letters, 5,* 179–182. (10)

Durso, G. R. O., Luttrell, A., & Way, B. M. (2015). Over-the-counter relief from pains and pleasures alike: Acetaminophen blunts evaluation sensitivity to both negative and positive stimuli. *Psychological Science, 26,* 750–758. (6)

Duvarci, S., Bauer, E. P., & Paré, D. (2009). The bed nucleus of the stria terminalis mediates inter-individual variations in anxiety and fear. *Journal of Neuroscience, 29,* 10357–10361. (11)

Dyal, J. A. (1971). Transfer of behavioral bias: Reality and specificity. In E. J. Fjerdingstad (Ed.), *Chemical transfer of learned information* (pp. 219–263). New York: American Elsevier. (12)

Earnest, D. J., Liang, F.-Q., Ratcliff, M., & Cassone, V. M. (1999). Immortal time: Circadian clock properties of rat suprachiasmatic cell lines. *Science, 283,* 693–695. (8)

Eastman, C. I., Hoese, E. K., Youngstedt, S. D., & Liu, L. (1995). Phase-shifting human circadian rhythms with exercise during the night shift. *Physiology & Behavior, 58,* 1287–1291. (8)

Eaves, L. J., Martin, N. G., & Heath, A. C. (1990). Religious affiliation in twins and their parents: Testing a model of cultural inheritance. *Behavior Genetics, 20,* 1–22. (4)

Eccles, J. C. (1964). *The physiology of synapses.* Berlin: Springer-Verlag. (2)

Eckhorn, R., Bauer, R., Jordan, W., Brosch, M., Kruse, W., Munk, M., & Reitboeck, H. J. (1988). Coherent oscillations: A mechanism of feature linking in the visual cortex? *Biological Cybernetics, 60,* 121–130. (13)

Eckstrand, K. L., Ding, Z. H., Dodge, N. C., Cowan, R. L., Jacobson, J. L., Jacobson, S. W., & Avison, M. J. (2012). Persistent dose-dependent changes in brain structure in young adults with low- to-moderate alcohol exposure *in utero. Alcoholism—Clinical & Experimental Research, 36,* 1892–1902. (4)

Edelman, G. M. (1987). *Neural Darwinism.* New York: Basic Books. (4)

Edelstein, R. S., Wardecker, B. M., Chopik, W. J., Moors, A. C., Shipman, E. L., & Lin, N. J. (2015). Prenatal hormones in first-time expectant parents: Longitudinal changes and within-couple correlations. *American Journal of Human Biology, 27,* 317–325. (10)

Eden, A. S., Schreiber, J., Anwander, A., Keuper, K., Laeger, I., Zwanzger, P., ... Dobel, C. (2015). Emotion regulation and trait anxiety are predicted by the microstructure of fibers between amygdala and prefrontal cortex. *Journal of Neuroscience, 35,* 6020–6027. (11)

Edman, G., Åsberg, M., Levander, S., & Schalling, D. (1986). Skin conductance habituation and cerebrospinal fluid 5-hydroxy-indoleacetic acid in suicidal patients. *Archives of General Psychiatry, 43,* 586–592. (11)

Ehrhardt, A. A., & Money, J. (1967). Progestin-induced hermaphroditism: IQ and psychosexual identity in a study of ten girls. *Journal of Sex Research, 3,* 83–100. (10)

Ehrlich, P. R., Dobkin, D. S., & Wheye, D. (1988). *The birder's handbook.* New York: Simon & Schuster. (9)

Eichenbaum, H. (2000). A cortical-hippocampal system for declarative memory. *Nature Reviews Neuroscience, 1,* 41–50. (12)

Eichenbaum, H. (2002). *The cognitive neuroscience of memory.* New York: Oxford University Press. (12)

Eichenbaum, H. (2016). Still searching for the engram. *Learning & Behavior, 44,* 209–222. (12)

Eidelberg, E., & Stein, D. G. (1974). Functional recovery after lesions of the nervous system. *Neurosciences Research Program Bulletin, 12,* 191–303. (4)

Eippert, F., Finsterbusch, J., Binget, U., & Büchel, C. (2009). Direct evidence for spinal cord involvement in placebo analgesia. *Science, 326,* 404. (6)

Eisenberger, N. I., Lieberman, M. D., & Williams, K. D. (2003). Does rejection hurt? An fMRI study of social exclusion. *Science, 302,* 290–292. (6)

Eisenbruch, A. B., Simmons, Z. L., & Roney, J. R. (2015). Lady in red: Hormonal predictors of women's clothing choices. *Psychological Science, 26,* 1332–1338. (10)

Eisenstein, E. M., & Cohen, M. J. (1965). Learning in an isolated prothoracic insect ganglion. *Animal Behaviour, 13,* 104–108. (12)

Ejaz, N., Hamada, M., & Diedrichsen, J. (2015). Hand use predicts the structure of representations in sensorimotor cortex. *Nature Neuroscience, 18,* 1034–1040. (3)

Ek, M., Engblom, D., Saha, S., Blomqvist, A., Jakobsson, P.-J., & Ericsson-Dahlstrand, A. (2001). Pathway across the blood–brain barrier. *Nature, 410,* 430–431. (9)

Ekman, P., & Friesen, W. V. (1984). *Unmasking the face* (2nd ed.). Palo Alto, CA: Consulting Psychologists Press. (11)

Elbert, T., Candia, V., Altenmüller, E., Rau, H., Sterr, A., Rockstroh, B., ...Taub, E. (1998). Alteration of digital representations in somatosensory cortex in focal hand dystonia. *Neuroreport, 9,* 3571–3575. (4)

Elbert, T., Pantev, C., Wienbruch, C., Rockstroh, B., & Taub, E. (1995). Increased cortical representation of the fingers of the left hand in string players. *Science, 270,* 305–307. (4)

Eldar, E., Cohen, J. D., & Niv, Y. (2013). The effects of neural gain on attention and learning. *Nature Neuroscience, 16,* 1146–1153. (8)

Eldridge, L. L., Engel, S. A., Zeineh, M. M., Bookheimer, S. Y., & Knowlton, B. J. (2005). A dissociation of encoding and retrieval processes in the human hippocampus. *Journal of Neuroscience, 25,* 3280–3286. (12)

Elias, C. F., Lee, C., Kelly, J., Aschkenazi, C., Ahima, R. S., Couceyro, P. R., ...Elmquist, J. K. (1998). Leptin activates hypothalamic CART neurons projecting to the spinal cord. *Neuron, 21,* 1375–1385. (9)

Ellacott, K. L. J., & Cone, R. D. (2004). The central melanocortin system and the integration of short- and long-term regulators of energy homeostasis. *Recent Progress in Hormone Research, 59,* 395–408. (9)

Ellemberg, D., Lewis, T. L., Maurer, D., Brar, S., & Brent, H. P. (2002). Better perception of global motion after monocular than after binocular deprivation. *Vision Research, 42,* 169–179. (5)

Elliott, T. R. (1905). The action of adrenalin. *Journal of Physiology (London), 32,* 401–467. (2)

Ellis, L., & Ames, M. A. (1987). Neurohormonal functioning and sexual orientation: A theory of homosexuality–heterosexuality. *Psychological Bulletin, 101,* 233–258. (10)

Ellis, L., Ames, M. A., Peckham, W., & Burke, D. (1988). Sexual orientation of human offspring may be altered by severe maternal stress during pregnancy. *Journal of Sex Research, 25,* 152–157. (10)

Ellis, L., & Cole-Harding, S. (2001). The effects of prenatal stress, and of prenatal alcohol and nicotine exposure, on human sexual orientation. *Physiology & Behavior, 74,* 213–226. (10)

Ells, L. J., Hillier, F. C., Shucksmith, J., Crawley, H., Harbige, L., Shield, J., ...Summerbell, C. D. (2008). A systematic review of the effect of dietary exposure that could be achieved through normal dietary intake on learning and performance of school-aged children of relevance to UK schools. *British Journal of Nutrition, 100,* 927–936. (9)

Elgoyhen, A. B., Langguth, B., De Ridder, D., & Vanneste, S. (2015). Tinnitus: Perspectives from human neuroimaging. *Nature Reviews Neuroscience, 16,* 632–642. (6)

Elsabbagh, M., Divan, G., Koh, Y. J., Kim, Y. S., Kauchali, S., Marcin, C., ...Fombonne, E. (2012). Global prevalence of autism and other pervasive developmental disorders. *Autism Research, 5,* 160–179. (14)

Eng, M. Y., Schuckit, M. A., & Smith, T. L. (2005). The level of response to alcohol in daughters of alcoholics and controls. *Drug and Alcohol Dependence, 79,* 83–93. (14)

Engel, T. A., Steinmetz, N. A., Gieselmann, M. A., Thiele, A., Moore, T., & Boahen, K. (2016). Selective modulation of cortical state during spatial attention. *Science, 354,* 1140–1144. (13)

Epp, J. R., Mera, R. S., Kohler, S., Josselyn, S. A., & Frankland, P. W. (2016). Neurogenesis-mediated forgetting minimizes proactive interference. *Nature Communications, 7,* article 10838. (12)

Epping-Jordan, M. P., Watkins, S. S., Koob, G. F., & Markou, A. (1998). Dramatic decreases in brain reward function during nicotine withdrawal. *Nature, 393,* 76–79. (14)

Erickson, C., & Lehrman, D. (1964). Effect of castration of male ring doves upon ovarian activity of females. *Journal of Comparative and Physiological Psychology, 58,* 164–166. (10)

Erickson, K. I., Prakash, R. S., Voss, M. W., Chaddock, L., Heo, S., McLaren, M., ...Kramer, A. F. (2010). Brain-derived neurotrophic factor is associated with age-related decline in hippocampal volume. *Journal of Neuroscience, 30,* 5368–5375. (4)

Erlich, J. C., Brunton, B. W., Duan, C. A., Hanks, T. D., & Brody, C. D. (2015). Distinct effects of prefrontal and parietal cortex inactivations on an accumulation of evidence task in the rat. *eLife, 4,* e05457. (13)

Ernst, A., Alkass, K., Bernard, S., Salehpour, M., Perl, S., Tisdale, J., ...Frisén, J. (2014). Neurogenesis in the striatum of the adult human brain. *Cell, 156,* 1072–1083. (4)

Ersche, K. D., Gillan, C. M., Jones, P. S., Williams, G. B., Ward, L. H. E., Luijten, M., ...Robbins, T. W. (2016). Carrots and sticks fail to change behavior in cocaine addiction. *Science, 352,* 1468–1471. (14)

Ersche, K. D., Jones, P. S., Williams, G. B., Turton, A. J., Robbins, T. W., & Bullmore, E. T. (2012). Abnormal brain structure implicated in stimulant drug addiction. *Science, 335,* 601–604. (14)

Eschenko, O., Mölle, M., Born, J., & Sara, S. J. (2006). Elevated sleep spindle density after learning or after retrieval in rats. *Journal of Neurophysiology, 26,* 12914–12920. (8)

Esser, S. K., Hill, S., & Tononi, G. (2009). Breakdown of effective connectivity during slow wave sleep: Investigating the mechanism underlying a cortical gate using large-scale modeling. *Journal of Neurophysiology, 102,* 2096–2111. (8)

Estes, M. L., & McAllister, A. K. (2016). Maternal immune activation: Implications for neuropsychiatric disorders. *Science, 353,* 772–777. (14)

Etcoff, N. L., Ekman, P., Magee, J. J., & Frank, M. G. (2000). Lie detection and language comprehension. *Nature, 405,* 139. (11)

Etgen, A. M., Chu, H.-P., Fiber, J. M., Karkanias, G. B., & Morales, J. M. (1999). Hormonal integration of neurochemical and sensory signals governing female reproductive behavior. *Behavioural Brain Research, 105,* 93–103. (10)

Euston, D. R., Tatsuno, M., & McNaughton, B. L. (2007). Fast-forward playback of recent memory sequences in prefrontal cortex during sleep. *Science, 318,* 1147–1150. (8)

Evans, D. A., Funkenstein, H. H., Albert, M. S., Scherr, P. A., Cook, N. R., Chown, M. J., ...Taylor, J. O. (1989). Prevalence of Alzheimer's disease in a community population of older persons. *Journal of the American Medical Association, 262,* 2551–2556. (12)

Evarts, E. V. (1979). Brain mechanisms of movement. *Scientific American, 241*(3), 164–179. (7)

Facoetti, A., Corradi, N., Ruffino, M., Gori, S., & Zorzi, M. (2010). Visual spatial attention and speech segmentation are both impaired in preschoolers at familial risk for developmental dyslexia. *Dyslexia, 16,* 22–239. (13)

Falk, D., Lepore, F. E., & Noe, A. (2013). The cerebral cortex of Albert Einstein: A description and preliminary analysis of unpublished photographs. *Brain, 136,* 1304–1327. (3)

Falkner, A. L., Grosenick, L., Davidson, T. J., Deisseroth, K., & Lin, D. (2016). Hypothalamic control of male aggression-seeking behavior. *Nature Neuroscience, 19,* 596–604. (11)

Falleti, M. G., Maruff, P., Collie, A., Darby, D. G., & McStephen, M. (2003). Qualitative similarities in cognitive impairment associated with 24 h of sustained wakefulness and a blood alcohol concentration of 0.05%. *Journal of Sleep Research, 12,* 265–274. (8)

Fan, W., Ellacott, K. L. J., Halatchev, I. G., Takahashi, K., Yu, P., & Cone, R. D. (2004). Cholecystokinin-mediated suppression of feeding involves the brainstem melanocortin system. *Nature Neuroscience, 7,* 335–336. (9)

Fantz, R. L. (1963). Pattern vision in newborn infants. *Science, 140,* 296–297. (5)

Farah, M. J., Wilson, K. D., Drain, M., & Tanaka, J. N. (1998). What is "special" about face perception? *Psychological Review, 105,* 482–498. (5)

Farber, N. B., Newcomer, J. W., & Olney, J. W. (1999). Glycine agonists: What can they teach us about schizophrenia? *Archives of General Psychiatry, 56,* 13–17. (14)

Farber, S. L. (1981). *Identical twins reared apart: A reanalysis.* New York: Basic Books. (12)

Farivar, R. (2009). Dorsal-ventral integration in object recognition. *Brain Research Reviews, 61,* 144–153. (5)

Farmer, M. E., & Klein, R. M. (1995). The evidence for a temporal processing deficit linked to dyslexia: A review. *Psychonomic Bulletin & Review, 2,* 460–493. (13)

Fatemi, S. H., Aldinger, K. A., Ashwood, P., Bauman, M. L., Blaha, C. D., Blatt, G. J., ...Welsh, J. P. (2012). Consensus paper: Pathological role of the cerebellum in autism. *Cerebellum, 11,* 777–807. (14)

Fatemi, S. H., & Folsom, T. D. (2009). The neurodevelopmental hypothesis of schizophrenia, revisited. *Schizophrenia Bulletin, 35,* 528–548. (14)

Fedrigo, O., Pfefferle, A. D., Babbitt, C. C., Haygood, R., Wall, C. E., & Wray, G. A. (2011). A potential role for glucose transporters in the evolution of human brain size. *Brain, Behavior and Evolution, 78,* 315–326. (4)

Feeney, D. M., & Sutton, R. L. (1988). Catecholamines and recovery of function after brain damage. In D. G. Stein & B. A. Sabel (Eds.), *Pharmacological approaches to the treatment of brain and spinal cord injury* (pp. 121–142). New York: Plenum Press. (4)

Feeney, D. M., Sutton, R. L., Boyeson, M. G., Hovda, D. A., & Dail, W. G. (1985). The locus coeruleus and cerebral metabolism: Recovery of function after cerebral injury. *Physiological Psychology, 13,* 197–203. (4)

Feinstein, J. S., Adolphs, R., Damasio, A., & Tranel, D. (2011). The human amygdala and the induction and experience of fear. *Current Biology, 21,* 34–38. (11)

Feinstein, J. S., Buzza, C., Hurlemann, R., Follmer, R. L., Dahdaleh, N. S., Coryell, W. H., ...Wemmie, J. A. (2013). Fear and panic in humans with bilateral amygdala damage. *Nature Neuroscience, 16,* 270–272. (11)

Fell, J., & Axmacher, N. (2011). The role of phase synchronization in memory processes. *Nature Reviews Neuroscience, 12,* 105–118. (13)

Feller, G. (2010). Protein stability and enzyme activity at extreme biological temperatures. *Journal of Physics—Condensed Matter, 22,* article 323101. (9)

Feltmann, K., Konradsson-Geuken, Å., De Bundel, D., Lindskog, M., & Schilström, B. (2015). Antidepressant drugs specifically inhibiting norepinephrine reuptake enhance recognition memory in rats. *Behavioral Neuroscience, 129,* 701–708. (14)

Fendrich, R., Wessinger, C. M., & Gazzaniga, M. S. (1992). Residual vision in a scotoma: Implications for blindsight. *Science, 258,* 1489–1491. (5)

Feng, J., Fouse, S., & Fan, G. (2007). Epigenetic regulation of neural gene expression and neuronal function. *Pediatric Research, 61* (5), Part 2, 58R–63R. (4)

Feng, J., Spence, I., & Pratt, J. (2007). Playing an action video game reduces gender differences in spatial cognition. *Psychological Science, 18,* 850–855. (10)

Fenselau, H., Campbell, J. N., Verstegen, A. M. J., Madara, J. C., Xu, J., Shah, B. P., ...Lowell, B. B. (2017). A rapidly acting glutamatergic ARC → PVH satiety circuit postsynaptically regulated by alpha-MSH. *Nature Neuroscience, 20,* 42–51. (9)

Fentress, J. C. (1973). Development of grooming in mice with amputated forelimbs. *Science, 179,* 704–705. (7)

Ferando, I., Faas, G. C., & Mody, I. (2016). Diminished KCC2 confounds synapse specificity of LTP during senescence. *Nature Neuroscience, 19,* 1197–1200. (12)

Ferbinteanu, J. (2016). Contributions of hippocampus and striatum to memory-guided behavior depend on past experience. *Journal of Neuroscience, 36,* 6459–6470. (12)

Fergusson, D. M., Boden, J. M., Horwood, L. J., Miller, A., & Kennedy, M. A. (2012). Moderating role of the *MAOA* genotype in antisocial behavior. *British Journal of Psychiatry, 200,* 116–123. (11)

Fernández-Ruiz, J., Moro, M. A., & Martiínez-Orgado, J. (2015). Cannabinoids in neurodegenerative disorders and stroke/brain trauma: From preclinical models to clinical applications. *Neurotherapeutics, 12,* 793–806. (4)

Ferreira, F., Bailey, K. G. D., & Ferraro, V. (2002). Good-enough representations in language comprehension. *Current Directions in Psychological Science, 11,* 11–15. (13)

Field, L. L., Shumansky, K., Ryan, J., Truong, D., Swiergala, E., & Kaplan, B. J. (2013). Dense-map genome scan for dyslexia supports loci at 4q13, 16p12, 17q22; suggests novel locus at 7q36. *Genes, Brain and Behavior, 12,* 56–69. (13)

Fields, R. D. (2015). A new mechanism of nervous system plasticity: Activity-dependent myelination. *Nature Reviews Neuroscience, 16,* 756–766. (4)

Filosa, J. A., Bonev, A. D., Straub, S. V., Meredith, A. L., Wilkerson, M. K., Aldrich, R. W., & Nelson, M. T. (2006). Local potassium signaling couples neuronal activity to vasodilation in the brain. *Nature Neuroscience, 9,* 1397–1403. (1)

Fine, I. Wade, A. R., Brewer, A. A., May, M. G., Goodman, D. F., Boynton, G. M., ... McLeod, D. I. A. (2003). Long-term deprivation affects visual perception and cortex. *Nature Neuroscience, 6,* 915–916. (5)

Finger, S., & Roe, D. (1996). Gustave Dax and the early history of cerebral dominance. *Archives of Neurology, 53,* 806–813. (13)

Fink, B., Hugill, N., & Lange, B. P. (2012). Women's body movements are a potential cue to ovulation. *Personality and Individual Differences, 53,* 759–763. (10)

Finn, E. S., Shen, X., Scheinost, D., Rosenberg, M. D., Huang, J., Chun, M. M., ...Constable, R. T. (2015). Functional connectome fingerprinting: identifying individuals using patterns of brain connectivity. *Nature Neuroscience, 18,* 1664–1671. (3)

Fisch, L., Privman, E., Ramot, M., Harel, M., Nir, Y., Kipervasser, S., ...Malach, R. (2009). Neural "ignition": Enhanced activation linked to perceptual awareness in human ventral stream visual cortex. *Neuron, 64,* 562–574. (13)

Fisher, S. E., Vargha-Khadem, F., Watkins, K. E., Monaco, A. P., & Pembrey, M. E. (1998). Localisation of a gene implicated in a severe speech and language disorder. *Nature Genetics, 18,* 168–170. (13)

Fitts, D. A., Starbuck, E. M., & Ruhf, A. (2000). Circumventricular organs and ANGII-induced salt appetite: Blood pressure and connectivity. *American Journal of Physiology, 279,* R2277–R2286. (9)

Fjell, A. M., Walhovd, K. B., Fennema-Notestine, C., McEvoy, L. K., Hagler, D. J., Holland, D., ...Dale, A. M. (2009). One-year brain atrophy evident in healthy aging. *Journal of Neuroscience, 29,* 15223–15231. (4)

Fjell, A. M., Westlye, L. T., Amlien, I., Tamnes, C. K., Grydeland, H., Engvig, A., ... Walhovd, K. B. (2015). High-expanding cortical regions in human development and evolution are related to higher intellectual abilities. *Cerebral Cortex, 25,* 26–34. (12)

Fjerdingstad, E. J. (1973). Transfer of learning in rodents and fish. In W. B. Essman & S. Nakajima (Eds.), *Current biochemical approaches to learning and memory* (pp. 73–98). Flushing, NY: Spectrum. (12)

Flatz, G. (1987). Genetics of lactose digestion in humans. *Advances in Human Genetics, 16,* 1–77. (9)

Fleet, W. S., & Heilman, K. M. (1986). The fatigue effect in hemispatial neglect. *Neurology, 36*(Suppl. 1), 258. (4)

Fletcher, M. A., Low, K. A., Boyd, R., Zimmerman, B., Gordon, B. A., Tan, C. H., … Fabiani, M. (2016). Comparing aging and fitness effects on brain anatomy. *Frontiers in Human Neuroscience, 10,* Article 286. (4)

Fletcher, G. J. O., Simpson, J. A., Campbell, L., & Overall, N. C. (2015). Pair-bonding, romantic love, and evolution: The curious case of *Homo sapiens. Perspectives on Psychological Science, 10,* 20–36. (12)

Fletcher, P. C., McKenna, P. J., Frith, C. D., Grasby, P. M., Friston, K. J., & Dolan, R. J. (1998). Brain activations in schizophrenia during a graded memory task studied with functional neuroimaging. *Archives of General Psychiatry, 55,* 1001–1008. (14)

Fletcher, R., & Voke, J. (1985). *Defective colour vision.* Bristol, England: Hilger. (5)

Flinker, A., Korzeniewska, A., Shestyuk, A. Y., Franaszczuk, P. J., Dronkers, N. F., Knight, R. T., & Crone, N. E. (2015). Redefining the role of Broca's area in speech. *Proceedings of the National Academy of Sciences (U.S.A.), 112,* 2871–2875. (13)

Flor, H., Elbert, T., Knecht, S., Wienbruch, C., Pantev, C., Birbaumer, N., …Taub, E. (1995). Phantom-limb pain as a perceptual correlate of cortical reorganization following arm amputation. *Nature, 375,* 482–484. (4)

Florence, S. L., & Kaas, J. H. (1995). Large-scale reorganization at multiple levels of the somatosensory pathway follows therapeutic amputation of the hand in monkeys. *Journal of Neuroscience, 15,* 8083–8095. (4)

Flowers, K. A., & Hudson, J. M. (2013). Motor laterality as an indicator of speech laterality. *Neuropsychology, 27,* 256–265. (13)

Flynn, J. M., & Boder, E. (1991). Clinical and electrophysiological correlates of dysphonetic and dyseidetic dyslexia. In J. F. Stein (Ed.), *Vision and visual dyslexia* (pp. 121–131). Vol. 13 of J. R. Cronly-Dillon (Ed.), *Vision and visual dysfunction.* Boca Raton, FL: CRC Press. (13)

Foerde, K., Knowlton, B. J., & Poldrack, R. A. (2006). Modulation of competing memory systems by distraction. *Proceedings of the National Academy of Sciences, USA, 103,* 11778–11783. (12)

Foerde, K., Race, E., Verfaellie, M., & Shohamy, D. (2013). A role for the medial temporal lobe in feedback-driven learning: Evidence from amnesia. *Journal of Neuroscience, 33,* 5698–5704. (12)

Foerde, K., & Shohamy, D. (2011). Feedback timing modulates brain systems for learning in humans. *Journal of Neuroscience, 31,* 13157–13167. (12)

Foerde, K., Steinglass, J. E., Shohamy, D., & Walsh, B. T. (2015). Neural mechanisms supporting maladaptive food choices in anorexia nervosa. *Nature Neuroscience, 18,* 1571–1573. (9)

Fogel, S. M., Nader, R., Cote, K. A., & Smith, C. T. (2007). Sleep spindles and learning potential. *Behavioral Neuroscience, 121,* 1–10. (8)

Foltz, E. I., & White, L. E. Jr. (1962). Pain "relief" by frontal cingulumotomy. *Journal of Neurosurgery, 19,* 89–100. (6)

Foo, H., & Mason, P. (2009). Analgesia accompanying food consumption requires ingestion of hedonic foods. *Journal of Neuroscience, 29,* 13053–13062. (6)

Forger, N. G., & Breedlove, S. M. (1987). Motoneuronal death during human fetal development. *Journal of Comparative Neurology, 234,* 118–122. (4)

Foroni, F., & Semin, G. R. (2009). Language that puts you in touch with your bodily feelings. *Psychological Science, 20,* 974–980. (7)

Forster, B., & Corballis, M. C. (2000). Interhemispheric transfer of colour and shape information in the presence and absence of the corpus callosum. *Neuropsychologia, 38,* 32–45. (13)

Fortin, N. J., Agster, K. L., & Eichenbaum, H. B. (2002). Critical role of the hippocampus in memory for sequences of events. *Nature Neuroscience, 5,* 458–462. (12)

Foss-Feig, J. H., McGugin, R. W., Gauthier, I., Mash, L. E., Ventola, P., & Cascio, C. J. (2016). A functional neuroimaging study of fusiform response to restricted interests in children and adolescents with autism spectrum disorder. *Journal of Neurodevelopmental Disorders, 8,* article 15. (5)

Foss-Feig, J. H., Tadin, D., Schauder, K. B., & Cascio, C. J. (2013). A substantial and unexpected enhancement of motion perception in autism. *Journal of Neuroscience, 33,* 8243–8249. (14)

Fotopoulou, A., Solms, M., & Turnbull, O. (2004). Wishful reality distortions in confabulation: A case report. *Neuropsychologia, 47,* 727–744. (12)

Foulkes, D., & Domhoff, G. W. (2014). Bottom-up or top-down in dream neuroscience? A top-down critique of two bottom-up studies. *Consciousness and Cognition, 27,* 168–171. (8)

Fountoulakis, K. N., Veroniki, A. A., Siamouli, M., & Moller, H. J. (2013). No role for initial severity on the efficacy of antidepressants: Results of a multi-meta-analysis. *Archives of General Psychiatry, 12,* Article 26. (14)

Frank, M. J., & Claus, E. D. (2006). Anatomy of a decision: Striato-orbitofrontal interactions in reinforcement learning, decision making, and reversal. *Psychological Review, 113,* 300–326. (12)

Frank, R. A., Mize, S. J. S., Kennedy, L. M., de los Santos, H. C., & Green, S. J. (1992). The effect of *Gymnema sylvestre* extracts on the sweetness of eight sweeteners. *Chemical Senses, 17,* 461–479. (6)

Franz, E. A., Waldie, K. E., & Smith, M. J. (2000). The effect of callosotomy on novel versus familiar bimanual actions: A neural dissociation between controlled and automatic processes? *Psychological Science, 11,* 82–85. (13)

Frassinetti, F., Pavani, F., & Làdavas, E. (2002). Acoustical vision of neglected stimuli: Interaction among spatially converging audiovisual inputs in neglect patients. *Journal of Cognitive Neuroscience, 14,* 62–69. (13)

Frayling, T. M., Timpson, N. J., Weedon, M. N., Zeggini, E., Freathy, R. M., Lindgren, C. M., …McCarthy, M. I. (2007). A common variant in the *FTO* gene is associated with body mass index and predisposes to childhood and adult obesity. *Science, 316,* 889–894. (9)

Freed, C. R., Greene, P. E., Breeze, R. E., Tsai, W.-Y., DuMouchel, W., Kao, R., …Fahn, S. (2001). Transplantation of embryonic dopamine neurons for severe Parkinson's disease. *New England Journal of Medicine, 344,* 710–719. (7)

Freedman, M. S., Lucas, R. J., Soni, B., von Schantz, M., Muñoz, M., David-Gray, Z., & Foster, R. (1999). Regulation of mammalian circadian behavior by non-rod, non-cone, ocular photoreceptors. *Science, 284,* 502–504. (8)

Freeman, J., Ziemba, C. M., Heeger, D. J., Simoncelli, E. P., & Movshon, J. A. (2013). A functional and perceptual signature of the second visual area in primates. *Nature Neuroscience, 16,* 974–981. (5)

Freeman, J. H. (2015). Cerebellar learning mechanisms. *Brain Research, 1621,* 260–269. (12)

Freire, C., & Koifman, S. (2012). Pesticide exposure and Parkinson's disease: Epidemiological evidence of association. *Neurotoxicology, 33,* 947–971. (7)

Freire, T. F. V., Fleck, M. P. D., & da Rocha, N. S. (2016). Remission of depression following electroconvulsive therapy (ECT) is associated with higher levels of brain-derived neurotrophic factor (BDNF). *Brain Research Bulletin, 121,* 263–269. (14)

Frese, M., & Harwich, C. (1984). Shiftwork and the length and quality of sleep. *Journal of Occupational Medicine, 26,* 561–566. (8)

Frey, S. H., Bogdanov, S., Smith, J. C., Watrous, S., & Breidenbach, W. C. (2008). Chronically deafferented sensory cortex recovers a grossly typical organization after allogenic hand transplantation. *Current Biology, 18,* 1530–1534. (4)

Friedman, E. S., Thase, M. E., Wisniewski, S. R., Trivedi, M. H., Biggs, M. M., Fava, M., …Rush, A. J. (2009). Cognitive therapy augmentation versus CT switch treatment: A STAR*D report. *International Journal of Cognitive Therapy, 2,* 66–87. (14)

Friedman, M. I., & Stricker, E. M. (1976). The physiological psychology of hunger: A physiological perspective. *Psychological Review, 83,* 409–431. (9)

Friedmann, N., & Rusou, D. (2015). Critical period for first language: the crucial role of language input during the first year of life. *Current Opinion in Neurobiology, 35,* 27–34. (13)

Frisén, L., Nordenström, A., Falhammar, H., Filipsson, H., Holmdahl, G., Janson, P. O., ...Nordenskjold, A. (2009). Gender role behavior, sexuality, and psychosocial adaptation in women with congenital adrenal hyperplasia due to CYP21A2 deficiency. *Journal of Clinical Endocrinology & Metabolism, 94,* 3432–3439. (10)

Fritsch, G., & Hitzig, E. (1870). Über die elektrische Erregbarkeit des Grosshirns [Concerning the electrical stimulability of the cerebrum]. *Archiv für Anatomie Physiologie und Wissenschaftliche Medicin, 300*–332. (7)

Fromer, M., Pocklington, A. J., Kavanagh, D. H., Williams, H. J., Dwyer, S., Gormley, P., ...O'Donovan, M. C. (2014). *De novo* mutations in schizophrenia implicate synaptic networks. *Nature, 506,* 179–184. (14)

Fromer, M., Roussos, P., Sieberts, S. K., Johnson, J. S., Kavanagh, D. H., Perumal, T. M., ...Sklar, P. (2016). Gene expression elucidates functional impact of polygenic risk for schizophrenia. *Nature Neuroscience, 19,* 1442–1453. (14)

Frost, S., Kanagasingam, Y., Sohrabi, H., Bourgeat, P., Villemagne, V., Rowe, C. C., ... Martins, R. N. (2013). Pupil response biomarkers for early detection and monitoring of Alzheimer's disease. *Current Alzheimer Research, 10,* 931–939. (12)

Fu, L.-Y., Acuna-Goycolea, C., & van den Pol, A. N. (2004). Neuropeptide Y inhibits hypocretin/orexin neurons by multiple presynaptic and postsynaptic mechanisms: Tonic depression of the hypothalamic arousal system. *Journal of Neuroscience, 24,* 8741–8751. (9)

Fu, Q. A., Heath, A. C., Bucholz, K. K., Nelson, E., Goldberg, J., Lyons, M. J., ...Eisen, S. A. (2002). Shared genetic risk of major depression, alcohol dependence, and marijuana dependence. *Archives of General Psychiatry, 59,* 1125–1132. (14)

Fu, W., Sugai, T., Yoshimura, H., & Onoda, N. (2004). Convergence of olfactory and gustatory connections onto the endopiriform nucleus in the rat. *Neuroscience, 126,* 1033–1041. (6)

Fuchs, T., Haney, A., Jechura, T. J., Moore, F. R., & Bingman, V. P. (2006). Daytime naps in night-migrating birds: Behavioural adaptation to seasonal sleep deprivation in the Swainson's thrush, *Catharus ustulatus*. *Animal Behaviour, 72,* 951–958. (8)

Fuller, R. K., & Roth, H. P. (1979). Disulfiram for the treatment of alcoholism: An evaluation in 128 men. *Annals of Internal Medicine, 90,* 901–904. (14)

Funato, H., Miyoshi, C., Fujiyama, T., Kanda, T., Sato, M., Wang, Z., ...Yanagisawa, M. (2016). Forward-genetics analysis of sleep in randomly mutagenized mice. *Nature, 539,* 378–383. (8)

Furuya, S., & Hanakawa, T. (2016). The curse of motor expertise: Use-dependent focal dystonia as a manifestation of maladaptive changes in body representation. *Neuroscience Research, 104,* 112–119. (4)

Fuster, J. M. (1989). *The prefrontal cortex* (2nd ed.). New York: Raven Press. (3)

Gabrieli, J. D. E., Corkin, S., Mickel, S. F., & Growdon, J. H. (1993). Intact acquisition of mirror-tracing skill in Alzheimer's disease and in global amnesia. *Behavioral Neuroscience, 107,* 899–910. (12)

Gade, A., Kristoffersen, M., & Kessing, L. V. (2015). Neuroticism in remitted major depression: Elevated with early onset but not late onset of depression. *Psychopathology, 48,* 400–407. (14)

Gage, F. H. (2000). Mammalian neural stem cells. *Science, 287,* 1433–1438. (4)

Gais, S., Plihal, W., Wagner, U., & Born, J. (2000). Early sleep triggers memory for early visual discrimination skills. *Nature Neuroscience, 3,* 1335–1339. (8)

Galin, D., Johnstone, J., Nakell, L., & Herron, J. (1979). Development of the capacity for tactile information transfer between hemispheres in normal children. *Science, 204,* 1330–1332. (13)

Gallardo-Pujol, D., Andrés-Pueyo, A., Maydeu-Olivares, A. (2013). *MAOA* genotype, social exclusion and aggression: An experimental test of a gene-envionrmental interaction. *Genes, Brain and Behavior, 12,* 140–145. (11)

Gallese, V., Fadiga, L., Fogassi, L., & Rizzolatti, G. (1996). Action recognition in the premotor cortex. *Brain, 119,* 593–609. (7)

Gamaldo, A. A., An, Y., Allaire, J. C., Kitner-Triolo, M. H., & Zonderman, A. B. (2012). Variability in performance: Identifying early signs of future cognitive impairment. *Neuropsychology, 26,* 534–540. (12)

Gamer, M., & Büchel, C. (2009). Amygdala activation predicts gaze toward fearful eyes. *Journal of Neuroscience, 29,* 9123–9126. (11)

Gandhi, T. K., Ganesh, S., & Sinha, P. (2014). Improvement in spatial imagery following sight onset late in childhood. *Psychological Science, 25,* 693–701. (5)

Gangestad, S. W., & Simpson, J. A. (2000). The evolution of human mating: Trade-offs and strategic pluralism. *Behavioral and Brain Sciences, 23,* 573–644. (10)

Ganguly, K., Kiss, L., & Poo, M. (2000). Enhancement of presynaptic neuronal excitability by correlated presynaptic and postsynaptic spiking. *Nature Neuroscience, 3,* 1018–1026. (12)

Ganis, G., Keenan, J. P., Kosslyn, S. M., & Pascual-Leone, A. (2000). Transcranial magnetic stimulation of primary motor cortex affects mental rotation. *Cerebral Cortex, 10,* 175–180. (3)

Ganna, A., Genovese, G., Howrigan, D. P., Byrnes, A., Kurki, M. I., Zekavat, S. M., ... Neale, B. M. (2016). Ultra-rare disruptive and damaging mutations influence educational attainment in the general population. *Nature Neuroscience, 19,* 1563–1565. (12)

Gao, J.-H., Parsons, L. M., Bower, J. M., Xiong, J., Li, J., & Fox, P. T. (1996). Cerebellum implicated in sensory acquisition and discrimination rather than motor control. *Science, 272,* 545–547. (7)

Garcia-Falgueras, A., & Swaab, D. F. (2008). A sex difference in the hypothalamic uncinate nucleus: Relationship to gender identity. *Brain, 131,* 3132–3146. (10)

Gardner, B. T., & Gardner, R. A. (1975). Evidence for sentence constituents in the early utterances of child and chimpanzee. *Journal of Experimental Psychology: General, 104,* 244–267. (13)

Gardner, H., & Zurif, E. B. (1975). Bee but not be: Oral reading of single words in aphasia and alexia. *Neuropsychologia, 13,* 181–190. (13)

Gaser, C., & Schlaug, G. (2003). Brain structures differ between musicians and nonmusicians. *Journal of Neuroscience, 23,* 9240–9245. (4)

Gates, G. J. (2011). *How many people are lesbian, gay, bisexual, and transgender?* Los Angeles: The Williams Institute. (10)

Gayet, S., Paffen, C. L. E., Belopolsky, A. V., Theeuwes, J., & Van der Stigchel, S., (2016). Visual input signaling threat gains preferential access to awareness in a breaking continuous flash suppression paradigm. *Cognition, 149,* 77–83. (13)

Gazzaniga, M. S. (2000). Cerebral specialization and interhemispheric communication: Does the corpus callosum enable the human condition? *Brain, 123,* 1293–1326. (13)

Ge, S., Yang, C.-H., Hsu, K.-S., Ming, G.-L., & Song, H. (2007). A critical period for enhanced synaptic plasticity in newly generated neurons of the adult brain. *Neuron, 54,* 559–566. (4)

Geerling, J. C., & Loewy, A. D. (2008). Central regulation of sodium appetite. *Experimental Physiology, 93,* 177–209. (9)

Geier, C. F., Terwilliger, R., Teslovich, T., Velanova, K., & Luna, B. (2010). Immaturities in reward processing and its influence on inhibitory control in adolescence. *Cerebral Cortex, 20,* 1613–1629. (4)

Geiger, B. M., Haburcak, M., Avena, N. M., Moyer, M. C., Hoebel, B. G., & Pothos, E. N. (2009). Deficits of mesolimbic dopamine neurotransmission in rat dietary obesity. *Neuroscience, 159,* 1193–1199. (9)

Geiger, G., Lettvin, J. Y., & Zegarra-Moran, O. (1992). Task-determined strategies of visual process. *Cognitive Brain Research, 1,* 39–52. (13)

Gendron, M., Roberson, D., van der Vyver, J. M., & Barrett, L. F. (2014). Perceptions of emotion from facial expressions are not culturally universal: Evidence from a remote culture. *Emotion, 14,* 251–262. (11)

Genovese, G., Fromer, M., Stahl, E. A., Ruderfer, D. M., Chambert, K., Landén, M., … McCarroll, S. A. (2016). Increased burden of ultra-rare protein-altering variants among 7,877 individuals with schizophrenia. *Nature Neuroscience, 19,* 1433–1441. (14)

Gerber, P., Schlaffke, L., Heba, S., Greenlee, M. W., Schultz, T., & Schmidt-Wilcke, T. (2014). Juggling revisited—A voxel-based morphometry study with expert jugglers. *NeuroImage, 95,* 320–325. (4)

Gerwig, M., Hajjar, K., Dimitrova, A., Maschke, M., Kolb, F. P., Frings, M., … Timmann, D. (2005). Timing of conditioned eyeblink responses is impaired in cerebellar patients. *Journal of Neuroscience, 25,* 3919–3931. (12)

Geschwind, D. H., & Flint, J. (2015). Genetics and genomics of psychiatric disease. *Science, 349,* 1489–1494. (14)

Geschwind, N., & Levitsky, W. (1968). Human brain: Left–right asymmetries in temporal speech region. *Science, 161,* 186–187. (13)

Geuter, S., & Büchel, C. (2013). Facilitation of pain in the human spinal cord by nocebo treatment. *Journal of Neuroscience, 33,* 13784–13790. (6)

Ghazanfar, A. A. (2013). Multisensory vocal communication in primates and the evolution of rhythmic speech. *Behavioral Ecology and Sociobiology, 67,* 1441–1448. (13)

Ghosh, S., & Chattarji, S. (2015). Neuronal encoding of the switch from specific to generalized fear. *Nature Neuroscience, 18,* 112–120. (11)

Gibbs, F. P. (1983). Temperature dependence of the hamster circadian pacemaker. *American Journal of Physiology, 244,* R607–R610. (8)

Gibbs, J., Young, R. C., & Smith, G. P. (1973). Cholecystokinin decreases food intake in rats. *Journal of Comparative and Physiological Psychology, 84,* 488–495. (9)

Giber, K., Diana, M. A., Plattner, V. M., Dugué, G. P., Bokor, H., Rousseau, C. V., …Acsády, L. (2015). A subcortical inhibitory signal for behavioral arrest in the thalamus. *Nature Neuroscience, 18,* 562–568. (8)

Gilaie-Dotan, S., Tymula, A., Cooper, N., Kable, J. W., Gllimcher, P. W., & Levy, I. (2014). Neuroanatomy predicts individual risk attitudes. *Journal of Neuroscience, 34,* 12394–12401. (4)

Gilbertson, M. W., Shenton, M. E., Ciszewski, A., Kasai, K., Lasko, N. B., Orr, S. P., & Pitman, R. K. (2002). Smaller hippocampal volume predicts pathological vulnerability to psychological trauma. *Nature Neuroscience, 5,* 1242–1247. (11)

Gilissen, C., Hehir-Kwa, J. Y., Thung, D. T., van de Vorst, M., van Bon, B. W. M., Willemsen, M. H., … Veltman, J. A. (2014). Genome sequencing identifies major causes of severe intellectual disability. *Nature, 511,* 344–347. (12)

Gilmore, J. H., Lin, W., Prastawa, M. W., Looney, C. B., Vetsa, Y. S. K., Knickmeyer, R. C., …Gerig, G. (2007). Regional gray matter growth, sexual dimorphism, and cerebral asymmetry in the neonatal brain. *Journal of Neuroscience, 27,* 1255–1260. (12)

Giuliani, D., & Ferrari, F. (1996). Differential behavioral response to dopamine D2 agonists by sexually naive, sexually active, and sexually inactive male rats. *Behavioral Neuroscience, 110,* 802–808. (10)

Giummarra, M. J., Georgiou-Karistianis, N., Nicholls, M. E. R., Gibson, S. J., Chou, M., & Bradshaw, J. L. (2010). Corporeal awareness and proprioceptive sense of the phantom. *British Journal of Psychology, 101,* 791–808. (4)

Gizowki, C., Zaelzer, C., & Bourque, C. W. (2016). Clock-driven vasopressin neurotransmission mediates anticipatory thirst prior to sleep. *Nature, 536,* 685–688. (9)

Glendenning, K. K., Baker, B. N., Hutson, K. A., & Masterton, R. B. (1992). Acoustic chiasm V: Inhibition and excitation in the ipsilateral and contralateral projections of LSO. *Journal of Comparative Neurology, 319,* 100–122. (6)

Glykys, J., Peng, Z., Chandra, D., Homanics, G. E., Houser, C. R., & Mody, I. (2007). A new naturally occurring GABAA receptor subunit partnership with high sensitivity to ethanol. *Nature Neuroscience, 10,* 40–48. (11)

Goate, A., Chartier-Harlin, M. C., Mullan, M., Brown, J., Crawford, F., Fidani, L., …Owen, M. (1991). Segregation of a missense mutation in the amyloid precursor protein gene with familial Alzheimer's disease. *Nature, 349,* 704–706. (12)

Godfrey, K. M., Lillycrop, K. A., Burdge, G. C., Gluckman, P. D., & Hanson, M. A. (2007). Epigenetic mechanisms and the mismatch concept of the developmental origins of health and disease. *Pediatric Research, 61* (5), Part 2, 5R–10R. (4)

Gogos, J. A., Osborne, J., Nemes, A., Mendelsohn, M., & Axel, R. (2000). Genetic ablation and restoration of the olfactory topographic map. *Cell, 103,* 609–620. (4)

Gold, R. M. (1973). Hypothalamic obesity: The myth of the ventromedial hypothalamus. *Science, 182,* 488–490. (9)

Goldberg, T. E., Weinberger, D. R., Berman, K. F., Pliskin, N. H., & Podd, M. H. (1987). Further evidence for dementia of the prefrontal type in schizophrenia? *Archives of General Psychiatry, 44,* 1008–1014. (14)

Goldin-Meadow, S., McNeill, D., & Singleton, J. (1996). Silence is liberating: Removing the handcuffs on grammatical expression in the manual modality. *Psychological Review, 103,* 34–55. (13)

Goldin-Meadow, S., & Mylander, C. (1998). Spontaneous sign systems created by deaf children in two cultures. *Nature, 391,* 279–281. (13)

Goldman, L. S. (1999). Medical illness in patients with schizophrenia. *Journal of Clinical Psychiatry, 60*(Suppl 21), 10–15. (14)

Goldman, P. S. (1971). Functional development of the prefrontal cortex in early life and the problem of neuronal plasticity. *Experimental Neurology, 32,* 366–387. (14)

Goldman, P. S. (1976). The role of experience in recovery of function following orbital prefrontal lesions in infant monkeys. *Neuropsychologia, 14,* 401–412. (14)

Goldstein, A. (1980). Thrills in response to music and other stimuli. *Physiological Psychology, 8,* 126–129. (6)

Golestani, N., Molko, N., Dehaene, S., LeBihan, D., & Pallier, C. (2007). Brain structure predicts the learning of foreign speech sounds. *Cerebral Cortex, 17,* 575–582. (4)

Golestani, N., Price, C. J., & Scott, S. K. (2011). Born with an ear for dialects? Structural plasticity in the expert phonetician brain. *Journal of Neuroscience, 31,* 4213–4220. (4)

Goller, A. I., Richards, K., Novak, S., & Ward, J. (2013). Mirror-touch synaesthesia in the phantom limbs of amputees. *Cortex, 49,* 243–251. (4)

Golombok, S., Rust, J., Zervoulis, K., Golding, J., & Hines, M. (2012). Continuity in sex-typed behavior from preschool to adolescence: A longitudinal population study of boys and girls aged 3–13 year. *Archives of Sexual Behavior, 41,* 591–597. (10)

Golumbic, E. Z., Cogan, G. B., Schroeder, C. E., & Poeppel, D. (2013). Visual input enhances selective speech envelope tracking in auditory cortex at a "cocktail party." *Journal of Neuroscience, 33,* 1417–1426. (6)

Gomez, A., Rodriguez-Exposito, B., Duran, E., Martín-Monzón, I., Broglio, C., Salas, C., & Rodríguez, F. (2016). Relational and procedural memory systems in the goldfish brain revealed by trace and delay eyeblink-like conditioning. *Physiology & Behavior, 167,* 332–340. (12)

Gonda, X., Pompili, M., Serafini, G., Carvalho, A. F., Rihmer, R., & Dome, P. (2015). The role of cognitive dysfunction in the symptoms and remission from depression. *Annals of General Psychiatry, 14,* article 27. (14)

Gong, G., He, Y., & Evans, A. C. (2011). Brain connectivity: Gender makes a difference. *Neuroscientist, 17,* 575–591. (3)

Gonzalez Andino, S. L., de Peralta Menendez, R. G., Khateb, A., Landis, T., & Pegna, A. J. (2009). Electrophysiological correlates of affective blindsight. *NeuroImage, 44,* 581–589. (5)

Goodale, M. A. (1996). Visuomotor modules in the vertebrate brain. *Canadian Journal of Physiology and Pharmacology, 74,* 390–400. (7)

Goodale, M. A., Milner, A. D., Jakobson, L. S., & Carey, D. P. (1991). A neurological dissociation between perceiving objects and grasping them. *Nature, 349,* 154–156. (7)

Gooley, J. J., Rajaratnam, S. M. W., Brainard, G. C., Kronauer, R. E., Czeisler, C. A., & Lockley, S. W. (2010). Spectral responses of the human circadian system depend on the irradiance and duration of exposure to light. *Science Translational Medicine, 2,* 31ra33. (8)

Gopnik, M., & Crago, M. B. (1991). Familial aggregation of a developmental language disorder. *Cognition, 39,* 1–50. (13)

Gordon, I., Zagoory-Sharon, O., Leckman, J. F., & Feldman, R. (2010). Prolactin, oxytocin, and the development of paternal behavior across the first six months of fatherhood. *Hormones and Behavior, 58,* 513–518. (10)

Gori, S., & Facoetti, A. (2015). How the visual aspects can be crucial in reading acquisition: The intriguing case of crowding and developmental dyslexia. *Journal of Vision, 15,* article 8. (13)

Gorski, R. A. (1980). Sexual differentiation of the brain. In D. T. Krieger & J. C. Hughes (Eds.), *Neuroendocrinology* (pp. 215–222). Sunderland, MA: Sinauer. (10)

Gorski, R. A. (1985). The 13th J. A. F. Stevenson memorial lecture. Sexual differentiation of the brain: Possible mechanisms and implications. *Canadian Journal of Physiology and Pharmacology, 63,* 577–594. (10)

Gorski, R. A., & Allen, L. S. (1992). Sexual orientation and the size of the anterior commissure in the human brain. *Proceedings of the National Academy of Sciences, USA, 89,* 7199–7202. (10)

Gottesman, I. I. (1991). *Schizophrenia genesis.* New York: Freeman. (14)

Gougoux, F., Belin, P., Voss, P., Lepore, F., Lassonde, M., & Zatorre, R. J. (2009). Voice perception in blind persons: A functional magnetic resonance imaging study. *Neuropsychologia, 47,* 2967–2974. (4)

Grabowska, A. (2017). Sex on the brain: Are gender-dependent structural and functional differences associated with behavior? *Journal of Neuroscience Research, 95,* 200–212. (12)

Grace, P. M., Strand, K. A., Galer, E. L., Urban, D. J., Wang, X., Baratta, M. V., …Watkins, L. R. (2016). Morphine paradoxically prolongs neuropathic pain in rats by amplifying spinal NLRP3 inflammasome activation. *Proceedings of the National Academy of Sciences, 113,* 113, E3441–E3450. (6)

Gradisar, M., Gardner, G., & Dohnt, H. (2011). Recent worldwide sleep patterns and problems during adolescence: A review and meta-analysis of age, region, and sleep. *Sleep Medicine, 12,* 110–118. (8)

Gray, C. M., König, P., Engel, A. K., & Singer, W. (1989). Oscillatory responses in cat visual cortex exhibit inter-columnar synchronization which reflects global stimulus properties. *Nature, 338,* 334–337. (13)

Gray, J. A. (1970). The psychophysiological basis of introversion–extraversion. *Behavioural Research Therapy, 8,* 249–266. (11)

Gray, S. M., Meijer, R. I., & Barrett, E. J. (2014). Insulin regulates brain function, but how does it get there? *Diabetes, 63,* 3992–3997. (1)

Graziadei, P. P. C., & deHan, R. S. (1973). Neuronal regeneration in frog olfactory system. *Journal of Cell Biology, 59,* 525–530. (4)

Graziano, M. S. A., Taylor, C. S. R., & Moore, T. (2002). Complex movements evoked by microstimulation of precentral cortex. *Neuron, 34,* 841–851. (3, 7)

Grazioplene, R. G., Ryman, S., Gray, J. R., Rustichini, A., Jung, R. E., & De Young, C. G. (2015). Subcortical intelligence: Caudate volume predicts IQ in healthy twins. *Human Brain Mapping, 36,* 1407–1416. (12)

Graziottin, A., Koochaki, P. E., Rodenberg, C. A., & Dennerstein, L. (2009). The prevalence of hypoactive sexual desire disorder in surgically menopausal women: An epidemiological study of women in four European countries. *Journal of Sexual Medicine, 6,* 2143–2153. (10)

Greene, J. D., Sommerville, R. B., Nystrom, L. E., Darley, J. M., & Cohen, J. D. (2001). An fMRI investigation of emotional engagement in moral judgment. *Science, 293,* 2105–2108. (11)

Greenhill, S. D., Juczewski, K., de Haan, A. M., Seaton, G., Fox, K., & Hardingham, N. R. (2015). Adult cortical plasticity depends on an early postnatal critical period. *Science, 349,* 424–427. (14)

Greenough, W. T. (1975). Experiential modification of the developing brain. *American Scientist, 63,* 37–46. (4)

Greer, J., Riby, D. M., Hamiliton, C., & Riby, L. M. (2013). Attentional lapse and inhibition control in adults with Williams syndrome. *Research in Developmental Disabilities, 34,* 4170–4177. (13)

Gregerson, P. K., Kowalsky, E., Lee, A., Baron-Cohen, S., Fisher, S. E., Asher, J. E., …Li, W. T. (2013). Absolute pitch exhibits phenotypic and genetic overlap with synesthesia. *Human Molecular Genetics, 22,* 2097–2104. (6)

Gregory, M. D., Kippenhan, J. S., Dickinson, D., Carrasco, J., Mattay, V. S., Weinberger, D. R., & Berman, K. F. (2016). Regional variations in brain gyrification are associated with general cognitive ability in humans. *Current Biology, 26,* 1301–1305. (12)

Griffin, D. R., Webster, F. A., & Michael, C. R. (1960). The echolocation of flying insects by bats. *Animal Behaviour, 8,* 141–154. (6)

Griffiths, T. D., Uppenkamp, S., Johnsrude, I., Josephs, O., & Patterson, R. D. (2001). Encoding of the temporal regularity of sound in the human brainstem. *Nature Neuroscience, 4,* 633–637. (6)

Grillon, C., Morgan, C. A., III, Davis, M., & Southwick, S. M. (1998). Effect of darkness on acoustic startle in Vietnam veterans with PTSD. *American Journal of Psychiatry, 155,* 812–817. (11)

Gritton, H. J., Sutton, B. C., Martinez, V., Sarter, M., & Lee, T. M. (2009). Interactions between cognition and circadian rhythms: Attentional demands modify circadian entrainment. *Behavioral Neuroscience, 123,* 937–948. (8)

Groeger, J. A., Lo, J. C. Y., Burns, C. G., & Dijk, D.-J. (2011). Effects of sleep inertia after daytime naps vary with executive load and time of day. *Behavioral Neuroscience, 125,* 252–260. (8)

Gross, C. G. (1999). The fire that comes from the eye. *The Neuroscientist, 5,* 58–64. (5)

Gross, C. T., & Canteras, N. S. (2012). The many paths to fear. *Nature Reviews Neuroscience, 13,* 651–658. (11)

Grossman, S. P., Dacey, D., Halaris, A. E., Collier, T., & Routtenberg, A. (1978). Aphagia and adipsia after preferential destruction of nerve cell bodies in hypothalamus. *Science, 202,* 537–539. (9)

Grueter, M., Grueter, T., Bell, V., Horst, J., Laskowki, W., Sperling, K., & Kennerknecht, I. (2007). Hereditary prosopagnosia: The first case series. *Cortex, 43,* 734–749. (5)

Grunder, G., Heinze, M., Cordes, J., Muhlbauer, B., Juckel, G., Schulz, C., …Timm, J. (2016). Effects of first-generation antipsychotics versus second-generation antipsychotics on quality of life in schizophrenia: A double-blind, randomized study. *Lancet Psychiatry, 3,* 717–729. (14)

Guastella, A. J., Einfeld, S. L., Gray, K. M., Rinehart, N. J., Tonge, B. J., Lambert, T. J., & Hickie, I. B. (2010). Intranasal oxytocin improves emotion recognition for youth with autism spectrum disorders. *Biological Psychology, 67,* 692–694. (13)

Gubernick, D. J., & Alberts, J. R. (1983). Maternal licking of young: Resource exchange and proximate controls. *Physiology & Behavior, 31,* 593–601. (10)

Guéguen, N. (2012). Gait and menstrual cycle: Ovulating women use sexier gaits and walk slowly ahead of men. *Gait & Posture, 35,* 621–624. (10)

Guggisberg, A. G., & Mottaz, A. (2013). Timing and awareness of movement decisions: Does consciousness really come too late? *Frontiers in Human Neuroscience, 7,* article 385. (7)

Guidotti, A., Ferrero, P., Fujimoto, M., Santi, R. M., & Costa, E. (1986). Studies on endogenous ligands (endocoids) for the benzodiazepine/beta carboline binding sites. *Advances in Biochemical Pharmacology, 41,* 137–148. (11)

Guillot, C. R., Fanning, J. R., Liang, T., & Berman, M. E. (2015). COMT associations with disordered gambling and drinking measures. *Journal of Gambling Studies, 31,* 513–524. (14)

Güler, A. D., Ecker, J. L., Lall, G. S., Haq, S., Altimus, C. M., Liao, H.-W., …Hattar, S. (2008). Melanopsin cells are the principal conduits for rod-cone input to non-image-forming vision. *Nature, 453,* 102–105. (8)

Gunia, B. C., Barnes, C. M., & Sah, S. (2014). The morality of larks and owls: Unethical behavior depends on chronotype as well as time of day. *Psychological Science, 25,* 2272–2274. (8)

Gunn, S. R., & Gunn, W. S. (2007). Are we in the dark about sleepwalking's dangers? In C. A. Read (Ed.), *Cerebrum 2007: Emerging ideas in brain science* (pp. 71–84). New York: Dana Press. (8)

Guo, J., Xue, L.-J., Huang, Z.-Y., Wang, Y.-S., Zhang, L., Zhou, G.-H., & Yuan, L.-X. (2016). Effect of CPAP therapy on cardiovascular events and mortality in patients with obstructive sleep apnea: A meta-analysis. *Sleep and Breathing, 20*, 965–974. (8)

Guo, S.-W., & Reed, D. R. (2001). The genetics of phenylthiocarbamide perception. *Annals of Human Biology, 28*, 111–142. (6)

Gur, R. E., Cowell, P. E., Latshaw, A., Turetsky, B. I., Grossman, R. I., Arnold, S. E., ...Gur, R. C. (2000). Reduced dorsal and orbital prefrontal gray matter volumes in schizophrenia. *Archives of General Psychiatry, 57*, 761–768. (14)

Gusella, J. F., & MacDonald, M. E. (2000). Molecular genetics: Unmasking polyglutamine triggers in neurodegenerative disease. *Nature Reviews Neuroscience, 1*, 109–115. (7)

Gustafsson, B., & Wigström, H. (1990). Basic features of long-term potentiation in the hippocampus. *Seminars in the Neurosciences, 2*, 321–333. (12)

Guterstam, A., Petkova, V. I., & Ehrsson, H. H. (2011). The illusion of owning a third arm. *PLoS One, 6*, e17208. (3)

Gvilia, I., Turner, A., McGinty, D., & Szymusiak, R. (2006). Preoptic area neurons and the homeostatic regulation of rapid eye movement sleep. *Journal of Neuroscience, 26*, 3037–3044. (8)

Gwinner, E. (1986). Circannual rhythms in the control of avian rhythms. *Advances in the Study of Behavior, 16*, 191–228. (8)

Gyurak, A., Haase, C. M., Sze, J., Goodkind, M. S., Coppola, G., Lane, J., Miller, B. L., & Levenson, R. W. (2013). The effect of the serotonin transporter polymorphism (5-HTTLPR) on empathic and self-conscious emotional reactivity. *Emotion, 13*, 25–35. (14)

Haase, C. M., Beermann, U., Saslow, L. R., Shiota, M. N., Saturn, S. R., Lwi, S. J., ... Levenson, R. W. (2015). Short alleles, bigger smiles: The effect of 5-HTTLPR on positive emotional expressions. *Emotion, 15*, 438–448. (14)

Hagenauer, M. H., & Lee, T. M. (2012). The neuroendocrine control of the circadian system: Adolescent chronotype. *Frontiers in Neuroendocrinology, 33*, 211–229. (8)

Hagenbuch, B., Gao, B., & Meier, P. J. (2002). Transport of xenobiotics across the blood–brain barrier. *News in Physiological Sciences, 17*, 231–234. (1)

Haggarty, J. M., Cernovsky, Z., Husni, M., Minor, K., Kermean, P., & Merskey, H. (2002). Seasonal affective disorder in an Arctic community. *Acta Psychiatrica Scandinavica, 105*, 378–384. (14)

Hägglund, M., Dougherty, K. J., Borgius, L., Itohara, S., Iwasato, T., & Kiehn, O. (2013). Optogenetic dissection reveals multiple rhythmogenic modules underlying locomotion. *Proceedings of the National Academy of Sciences, 110*, 11589–11594. (7)

Hahamy, A., Behrmann, M., & Malach, R. (2015). The idiosyncratic brain: Distortion of spontaneous connectivity patterns in autism spectrum disorder. *Nature Neuroscience, 18*, 302–309. (14)

Haimov, I., & Arendt, J. (1999). The prevention and treatment of jet lag. *Sleep Medicine Reviews, 3*, 229–240. (8)

Haimov, I., & Lavie, P. (1996). Melatonin—A soporific hormone. *Current Directions in Psychological Science, 5*, 106–111. (8)

Haist, F., Adamo, M., Wazny, J. H., Lee, K., & Stiles, J. (2013). The functional architecture for face-processing expertise: fMRI evidence of the developmental trajectory of the core and the extended face systems. *Neuropsychologia, 51*, 2893–2908. (5)

Hakuta, K., Bialystok, E., & Wiley, E. (2003). Critical evidence: A test of the critical-period hypothesis for second-language acquisition. *Psychological Science, 14*, 31–38. (13)

Halaas, J. L, Gajiwala, K. S., Maffei, M., Cohen, S. L., Chait, B. T., Rabinowitz, D., ... Friedman, J. M. (1995). Weight-reducing effects of the plasma protein encoded by the obese gene. *Science, 269*, 543–546. (9)

Halaschek-Wiener, J., Amirabbasi-Beik, M., Monfared, N., Pieczyk, M., Sailer, C., Kollar, A., ...Brooks-Wilson, A. R. (2009). Genetic variation in healthy oldest-old. *PLoS ONE, 4*, e6641. (4)

Halder, R., Hennion, M., Vidal, R. O., Shomroni, O., Rahman, R.-U., Rajput, A., ... Bonn, S. (2016). DNA methylation changes in plasticity genes accompany the formation and maintenance of memory. *Nature Neuroscience, 19*, 102–110. (12)

Haley, J. (1959). An interactional description of schizophrenia. *Psychiatry, 22*, 321–332. (14)

Hallmayer, J., Faraco, J., Lin, L., Hesselson, S., Winkelmann, J., Kawashima, M., ...Mignot, E. (2009). Narcolepsy is strongly associated with the T-cell receptor alpha locus. *Nature Genetics, 41*, 708–711. (8)

Halpern, S. D., Andrews, T. J., & Purves, D. (1999). Interindividual variation in human visual performance. *Journal of Cognitive Neuroscience, 11*, 521–534. (5)

Hamann, K., Warneken, F., Greenberg, J. R., & Tomasello, M. (2011). Collaboration encourages equal sharing in children but not in chimpanzees. *Nature, 476*, 328–331. (4)

Hamann, S. B., & Squire, L. R. (1995). On the acquisition of new declarative knowledge in amnesia. *Behavioral Neuroscience, 109*, 1027–1044. (12)

Hamer, D. H., Hu, S., Magnuson, V. L., Hu, N., & Pattatucci, A. M. L. (1993). A linkage between DNA markers on the X chromosome and male sexual orientation. *Science, 261*, 321–327. (10)

Hamilton, W. D. (1964). The genetical evolution of social behavior (I and II). *Journal of Theoretical Biology, 7*, 1–16, 17–52. (4)

Hampson, E., & Rovet, J. F. (2015). Spatial function in adolescents and young adults with congenital adrenal hyperplasia: Clinical phenotype and implications for the androgen hypothesis. *Psychoneuroendocrinology, 54*, 60–70. (10)

Han, J.-H., Kushner, S. A., Yiu, A. P., Cole, C. J., Matynia, A., Brown, R. A., ...Josselyn, S. A. (2007). Neuronal competition and selection during memory formation. *Science, 316*, 457–460. (12)

Han, S., Tai, C., Westenbroek, R. E., Yu, F. H., Cheah, C. S., Potter, G. B., ...Catterall, W. A. (2012). Autistic-like behaviour in *Scn1a+/–* mice and rescue by enhanced GABA-mediated neurotransmission. *Nature, 489*, 385–390. (14)

Hanada, R., Leibbrandt, A., Hanada, T., Kitaoka, S., Furuyashiki, T., Fujihara, H., ... Penninger, J. M. (2009). Central control of fever and female body temperature by RANKL/RANK. *Nature, 462*, 505–509. (9)

Hanaway, J., Woolsey, T. A., Gado, M. H., & Roberts, M. P., Jr. (1998). *The brain atlas*. Bethesda, MD: Fitzgerald Science Press. (11)

Hanchate, N. K., Kondoh, K., Lu, Z., Kuang, D., Ye, X., Qiu, X., ...Buck, L. B. (2015). Single-cell transcriptomics reveals receptor transformations during olfactory neurogenesis. *Science, 350*, 1251–1255. (6)

Hanks, T. D., Kopec, C. D., Brunton, B. W., Duan, C. A., Erlich, J. C., & Brody, C. D. (2015). Distinct relationships of parietal and prefrontal cortices to evidence accumulation. *Nature, 520*, 220–223. (13)

Hannibal, J., Hindersson, P., Knudsen, S. M., Georg, B., & Fahrenkrug, J. (2001). The photopigment melanopsin is exclusively present in pituitary adenylate cyclase-activating polypeptide-containing retinal ganglion cells of the retinohypothalamic tract. *Journal of Neuroscience, 21*, RC191: 1–7. (8)

Hannon, E., Spiers, H., Viana, J., Pidsley, R., Burrage, J., Murphy, T. M., ...Mill, J. (2016). Methylation QTLs in the developing brain and their enrichment in schizophrenia risk loci. *Nature Neuroscience, 19*, 48–54. (4)

Haqq, C. M., & Donahoe, P. K. (1998). Regulation of sexual dimorphism in mammals. *Physiological Reviews, 78*, 1–33. (10)

Hara, J., Beuckmann, C. T., Nambu, T., Willie, J. T., Chemelli, R. M., Sinton, C. M., ... Sakurai, T. (2001). Genetic ablation of orexin neurons in mice results in narcolepsy, hypophagia, and obesity. *Neuron, 30*, 345–354. (8)

Hardingham, G. E., & Do, K. Q. (2016). Linking early-life NMDAR hypofunction and oxidative stress in schizophrenia pathogenesis. *Nature Reviews Neuroscience, 17*, 126–134. (14)

Hargreaves, R. (2007). New migraine and pain research. *Headache, 47* (Suppl. 1), S26–S43. (3)

Hari, R. (1994). Human cortical functions revealed by magnetoencephalography. *Progress in Brain Research, 100*, 163–168. (3)

Harley, B., & Wang, W. (1997). The critical period hypothesis: Where are we now? In A. M. B. deGroot & J. F. Knoll (Eds.), *Tutorials in bilingualism* (pp. 19–51). Mahwah, NJ: Erlbaum. (13)

Harmon-Jones, E., & Gable, P. A. (2009). Neural activity underlying the effect of approach-motivated positive affect on narrowed attention. *Psychological Science, 20*, 406-409. (9)

Harmon-Jones, E., & Peterson, C. K. (2009). Supine body position reduces neural response to anger evocation. *Psychological Science, 20*, 1209–1210. (11)

Harris, C. R. (1999, July/August). The mystery of ticklish laughter. *American Scientist, 87*(4), 344–351. (6)

Harris, K. D., & Shepherd, G. M. G. (2015). The neocortical circuit: Themes and variations. *Nature Neuroscience, 18*, 170–181. (3, 12)

Harris, J. C. (2016). The origin and natural history of autism spectrum disorders. *Nature Neuroscience, 11*, 1390–1391. (14)

Harris, K. M., & Stevens, J. K. (1989). Dendritic spines of CA1 pyramidal cells in the rat hippocampus: Serial electron microscopy with reference to their biophysical characteristics. *Journal of Neuroscience, 9*, 2982–2997. (1)

Harrison, G. H. (2008, January). How chickadees weather winter. *National Wildlife, 46*(1), 14–15. (9)

Harrison, Y. (2013). Individual response to the end of Daylight Saving Time is largely dependent on habitual sleep duration. *Biological Rhythm Research, 44*, 391–401. (8)

Hart, B. L. (Ed.). (1976). *Experimental psychobiology*. San Francisco: Freeman. (9)

Hartline, H. K. (1949). Inhibition of activity of visual receptors by illuminating nearby retinal areas in the limulus eye. *Federation Proceedings, 8*, 69. (5)

Harvey, A. G., & Bryant, R. A. (2002). Acute stress disorder: A synthesis and critique. *Psychological Bulletin, 128*, 886–902. (11)

Harvey, A. G., Talbot, L. S., & Gershon, A. (2009). Sleep disturbance in bipolar disorder across the lifespan. *Clinical Psychology: Science & Practice, 16*, 256–277. (14)

Harvie, D. S., Broecker, M., Smith, R. T., Meulders, A., Madden, V. J., & Moseley, G. L. (2015). Bogus visual feedback alters onset of movement-evoked pain in people with neck pain. *Psychological Science, 26*, 385–392. (6)

Hasler, B. P., & Clark, D. B. (2013). Circadian misalignment, reward-related brain function, and adolescent alcohol involvement. *Alcoholism: Clinical and Experimental Research, 37*, 558–565. (8)

Hassabis, D., Kumaran, D., Vann, S. D., & Maguire, E. A. (2007). Patients with hippocampal amnesia cannot imagine new experiences. *Proceedings of the National Academy of Sciences, USA, 104*, 1726–1731. (12)

Hassan, B., & Rahman, Q. (2007). Selective sexual orientation-related differences in object location memory. *Behavioral Neuroscience, 121*, 625–633. (10)

Hassett, J. M., Siebert, E. R., & Wallen, K. (2008). Sex differences in rhesus monkey toy preferences parallel those of children. *Hormones and Behavior, 54*, 359–364. (10)

Haueisen, J., & Knösche, T. R. (2001). Involuntary motor activity in pianists evoked by music perception. *Journal of Cognitive Neuroscience, 13*, 786–792. (7)

Haut, K. M., van Erp, T. G. M., Knowlton, B., Bearden, C. E., Subotnik, K., Ventura, J., ...Cannon, T. D. (2015). Contributions of feature binding during encoding and functional connectivity of the medial temporal lobe structures to episodic memory deficits across the prodromal and first-episode phases of schizophrenia. *Clinical Psychological Science, 3*, 159–174. (14)

Havlicek, J., & Roberts, S. C. (2009). MHC-correlated mate choice in humans: A review. *Psychoneuroendocrinology, 34*, 497–512. (6)

Haworth, C. M. A., Wright, M. J., Luciano, M., Martin, N. G., de Geus, E. J. C., van Beijsterveldt, C. E. M., ...Plomin, R. (2010). The heritability of general cognitive ability increases linearly from childhood to young adulthood. *Molecular Psychiatry, 15*, 1112–1120. (12)

Hayashi-Takagi, A., Takaki, M., Graziane, N., Seshadri, S., Murdoch, H., Dunlop, A. J., ...Sawa, A. (2010). Disrupted-in-schizophrenia 1(*DISC-1*) regulates spines of the glutamate synapse via Rac1. *Nature Neuroscience, 13*, 327–332. (14)

Hayes, J. E., Bartoshuk, L. M., Kidd, J. R., & Duffy, V. B. (2008). Supertasting and PROP bitterness depends on more than the *TAS2R38* gene. *Chemical Senses, 33*, 255–265. (6)

Hayes, S. M., Hayes, J. P., Cadden, M., & Verfaellie, M. (2013). A review of cardiorespiratory fitness-related neuroplasticity in the aging brain. *Frontiers in Aging Neuroscience, 5*, Article 31. (4)

He, S. M., Yang, A. K., Li, X. T., Du, Y. M., & Zhou, S. F. (2010). Effects of herbal products on the metabolism and transport of anticancer agents. *Expert Opinion on Drug Metabolism & Toxicity, 6*, 1195–1213. (14)

Hebb, D. O. (1949). *Organization of behavior*. New York: Wiley. (12)

Heuer, E., & Bachevalier, J. (2011). Neonatal hippocampal lesions in rhesus macaques alter the monitoring, but not maintenance, of information in working memory. *Behavioral Neuroscience, 125*, 859–870. (12)

Heims, H. C., Critchley, H. D., Dolan, R., Mathias, C. J., & Cipolotti, L. (2004). Social and motivational functioning is not critically dependent on feedback of autonomic responses: Neuropsychological evidence from patients with pure autonomic failure. *Neuropsychologia, 42*, 1979–1988. (11)

Held, R., Ostrovsky, Y., deGelder, B., Gandhi, T., Ganesh, S., Mathur, U., & Sinha, P. (2011). The newly sighted fail to match seen with felt. *Nature Neuroscience, 14*, 551–553. (5)

Helder, E. J., Mulder, E., & Gunnoe, M. L. (2016). A longitudinal investigation of children internationally adopted at school age. *Child Neuropsychology, 22*, 39–64. (4)

Heller, A. S., van Reekum, C. M., Schaefer, S. M., Lapate, R. C., Radler, B. T., Ryff, C. D., & Davidson, R. J. (2013). Sustained striatal activity predicts eudaimonic well-being and cortisol output. *Psychological Science, 24*, 2191–2200. (11)

Henderson, J. M., & Hollingworth, A. (2003). Global transsaccadic change blindness during scene perception. *Psychological Science, 14*, 493–497. (13)

Hendry, S. H. C., & Reid, R. C. (2000). The koniocellular pathway in primate vision. *Annual Review of Neuroscience, 23*, 127–153. (5)

Henley, C. L., Nunez, A. A., & Clemens, L. G. (2011). Hormones of choice: The neuroendocrinology of partner preference in animals. *Frontiers in Neuroendocrinology, 32*, 146–154. (10)

Hennies, N., Ralph, M. A. L., Kempkes, M., Cousins, J. N., & Lewis, P. A. (2016). Sleep spindle density predicts the effect of prior knowledge on memory consolidation. *Journal of Neuroscience, 36*, 3799–3810. (8)

Hennig, R., & Lømo, T. (1985). Firing patterns of motor units in normal rats. *Nature, 314*, 164–166. (7)

Herculano-Houzel, S. (2011a). Brains matter, bodies maybe not: The case for examining neuron numbers irrespective of body size. *Annals of the New York Academy of Sciences, 1225*, 191–199. (12)

Herculano-Houzel, S. (2011b). Not all brains are made the same: New views on brain scaling in evolution. *Brain, Behavior and Evolution, 78*, 22–36. (3)

Herculano-Houzel, S. (2012). The remarkable, yet not extraordinary, human brain as a scaled-up primate brain and its associated cost. *Proceedings of the National Academy of Sciences (U.S.A.), 109*, 10661–10668. (12)

Herculano-Houzel, S., Catania, K., Manger, P. R., & Kaas, J. H. (2015). Mammalian brains are made of these: A data set of the numbers and densities of neuronal and non-neural cells in the brain of glires, primates, scandentia, eulipotyphians, afrotherians, and artiodactyls, and their relationship with body mass. *Brain Behavior and Evolution, 86*, 145–163. (1, 3)

Herdener, M., Esposito, F., di Salle, F., Boller, C., Hilti, C. C., Habermeyer, B., ...Cattapan-Ludewig, K. (2010). Musical training induces functional plasticity in human hippocampus. *Journal of Neuroscience, 30*, 1377–1384. (4)

Heres, S., Davis, J., Maino, K., Jetzinger, E., Kissling, W., & Leucht, S. (2006). Why olanzapine beats risperidone, risperidone beats quetiapine, and quetiapine beats olanzapine: an exploratory analysis of head-to-head comparison studies of second-generation antipsychotics. *American Journal of Psychiatry, 163,* 185–194. (14)

Herman, A. M., Ortiz-Guzman, J., Kochukov, M., Herman, I., Quast, K. B., Patel, J. M., ...Arenkiel, B. R. (2016). A cholinergic basal forebrain feeding circuit modulates appetite suppression. *Nature, 538,* 253–256. (9)

Herrero, S. (1985). *Bear attacks: Their causes and avoidance.* Piscataway, NJ: Winchester. (6)

Herrup, K. (2015). The case for rejecting the amyloid cascade hypothesis. *Nature Neuroscience, 18,* 794–799. (12)

Herry, C., & Johansen, J. P. (2014). Encoding of fear learning and memory in distributed neuronal circuits. *Nature Neuroscience, 17,* 1644–1654. (11)

Hervé, P. Y., Zago, L., Petit, L., Mazoyer, B., & Tzourio-Mazoyer, N. (2013). Revisiting human hemispheric specialization with neuroimaging. *Trends in Cognitive Sciences, 17,* 69–80. (13)

Herz, R. S., McCall, C., & Cahill, L. (1999). Hemispheric lateralization in the processing of odor pleasantness versus odor names. *Chemical Senses, 24,* 691–695. (13)

Hess, B. J. M. (2001). Vestibular signals in self-orientation and eye movement control. *News in Physiological Sciences, 16,* 234–238. (6)

Hesse, M. D., Thiel, C. M., Stephan, K. E., & Fink, G. R. (2006). The left parietal cortex and motor intention: An event-related functional magnetic resonance imaging study. *Neuroscience, 140,* 1209–1221. (7)

Hesselmann, G., Hebart, M., & Malach, R. (2011). Differential BOLD activity associated with subjective and objective reports during "blindsight" in normal observers. *Journal of Neuroscience, 31,* 12936–12944. (5)

Heyes, C. (2010). Where do mirror neurons come from? *Neuroscience and Biobehavioral Reviews, 34,* 575–583. (7)

Hebscher, M., & Gilboa, A. (2016). A boost of confidence: The role of the ventromedial prefrontal cortex in memory, decision-making, and schemas. *Neuropsychologia, 90,* 46–58. (13)

Hieronymus, F., Nilsson, S., & Eriksson, E. (2016). A mega-analysis of fixed-dose trials reveals dose-dependency and a rapid onset of action for the antidepressant effect of three selective serotonin reuptake inhibitors. *Translational Psychiatry, 6,* article e834. (14)

Higgs, S., Williamson, A. C., Rotshtein, P., & Humphreys, G. W. (2008). Sensory-specific satiety is intake in amnesics who eat multiple meals. *Psychological Science, 19,* 623–628. (12)

Hillix, W. A., Rumbaugh, D. M., & Savage-Rumbaugh, E. S. (2012). The emergence of reason, intelligence, and language in humans and animals. In L. L'Abate (Ed.), *Paradigms in theory construction* (pp. 397–420). New York: Springer. (13)

Hines, M., Golombok, S., Rust, J., Johnston, K. J., Golding, J., & the Avon Longitudinal Study of Parents and Children Study Team. (2002). Testosterone during pregnancy and gender role behavior of preschool children: A longitudinal, population study. *Child Development, 73,* 1678–1687. (10)

Hines, M., Pasterski, V., Spencer, D., Neufeld, S., Patalay, P., Hindmarsh, P. C., ...Acerini, C. L. (2016). Prenatal androgen exposure alters girls' responses to information indicating gender-appropriate behaviour. *Philosophical Transactions of the Royal Society B, 371,* article 20150125. (10)

Hinkley, L. B. N., Marco, E. J., Brown, E. G., Bukshpun, P., Gold, J., Hill, S., ...Nagarajan, S. S. (2016). The contribution of the corpus callosum to language lateralization. *Journal of Neuroscience, 36,* 4522–4533. (13)

Hippisley-Cox, J., Vinogradova, Y., Coupland, C., & Parker, C. (2007). Risk of malignancy in patients with schizophrenia or bipolar disorder. *Archives of General Psychiatry, 64,* 1368–1376. (14)

Hitchcock, J. M., & Davis, M. (1991). Efferent pathway of the amygdala involved in conditioned fear as measured with the fear-potentiated startle paradigm. *Behavioral Neuroscience, 105,* 826–842. (11)

Hiyama, T. Y., Watanabe, E., Okado, H., & Noda, M. (2004). The subfornical organ is the primary locus of sodium-level sensing by Nax sodium channels for the control of salt-intake behavior. *Journal of Neuroscience, 24,* 9276–9281. (9)

Hobson, J. A. (1989). *Sleep.* New York: Scientific American Library. (14)

Hobson, J. A. (2009). REM sleep and dreaming: Towards a theory of protoconsciousness. *Nature Reviews Neuroscience, 10,* 803–813. (8)

Hobson, J. A., & McCarley, R. W. (1977). The brain as a dream state generator: An activation-synthesis hypothesis of the dream process. *American Journal of Psychiatry, 134,* 1335–1348. (8)

Hobson, J. A., Pace-Schott, E. F., & Stickgold, R. (2000). Dreaming and the brain: Toward a cognitive neuroscience of conscious states. *Behavioral and Brain Sciences, 23,* 793–1121. (8)

Hochberg, L. R., Bacher, D., Jarosiewicz, B., Masse, N. Y., Simeral, J. D., Vogel, J., ...Donoghue, J. P. (2012). Reach and grasp by people with tetraplegia using a neurally controlled robotic arm. *Nature, 485,* 372–375. (7)

Hodes, G. E., Kana, V., Menard, C., Merad, M., & Russo, S. J. (2015). Neuroimmune mechanisms of depression. *Nature Neuroscience, 18,* 1386–1393. (14)

Hoebel, B. G., & Hernandez, L. (1993). Basic neural mechanisms of feeding and weight regulation. In A. J. Stunkard & T. A. Wadden (Eds.), *Obesity: Theory and therapy* (2nd ed., pp. 43–62). New York: Raven Press. (9)

Hoebel, B. G., Rada, P. V., Mark, G. P., & Pothos, E. (1999). Neural systems for reinforcement and inhibition of behavior: Relevance to eating, addiction, and depression. In D. Kahneman, E. Diener, & N. Schwartz (Eds.), *Well-being: Foundations of hedonic psychology* (pp. 560–574). New York: Russell Sage Foundation. (9)

Hoffer, A. (1973). Mechanism of action of nicotinic acid and nicotinamide in the treatment of schizophrenia. In D. Hawkins & L. Pauling (Eds.), *Orthomolecular psychiatry* (pp. 202–262). San Francisco: Freeman. (14)

Hoffman, P. L., Tabakoff, B., Szabó, G., Suzdak, P. D., & Paul, S. M. (1987). Effect of an imidazobenzodiazepine, Ro15-4513, on the incoordination and hypothermia produced by ethanol and pento-barbital. *Life Sciences, 41,* 611–619. (11)

Hoffmann, F., & Curio, G. (2003). REM-Schlaf und rezidivierende Erosio corneae—eine Hypothese. [REM sleep and recurrent corneal erosion—A hypothesis.] *Klinische Monatsblatter für Augenheilkunde, 220,* 51–53. (8)

Holcombe, A. O., & Cavanagh, P. (2001). Early binding of feature pairs for visual perception. *Nature Neuroscience, 4,* 127–128. (3)

Hollis, E. R. II, Ishiko, N., Yu, T., Lu, C.-C., Haimovich, A., Tolentino, K., ...Zou, Y. (2016). Ryk controls remapping of motor cortex during functional recovery after spinal cord injury. *Nature Neuroscience, 19,* 697–705. (4)

Hollister, J. M., Laing, P., & Mednick, S. A. (1996). Rhesus incompatibility as a risk factor for schizophrenia in male adults. *Archives of General Psychiatry, 53,* 19–24. (14)

Hollon, S. D., DeRubeis, R. J., Fawcett, J., Amsterdam, J. D., Shelton, R. C., Zajecka, J., ...Gallop, R. (2014). Effect of cognitive therapy with antidepressant medications versus antidepressants alone on the rate of recovery in major depressive disorder. A randomized clinical trial. *JAMA Psychiatry, 71,* 1157–1164. (14)

Hollon, S. D., Thase, M. E., & Markowitz, J. C. (2002). Treatment and prevention of depression. *Psychological Science in the Public Interest, 3,* 39–77. (14)

Holy, T. E., Dulac, C., & Meister, M. (2000). Responses of vomeronasal neurons to natural stimuli. *Science, 289,* 1569–1572. (6)

Homewood, J., & Stevenson, R. J. (2001). Differences in naming accuracy of odors presented to the left and right nostrils. *Biological Psychology, 58,* 65–73. (13)

Hopkins, W. D. (2006). Comparative and familial analysis of handedness in great apes. *Psychological Bulletin, 132,* 538–559. (13)

Hopkins, W. D., Misiura, M., Pope, S. M., & Latash, E. M. (2015). Behavioral and brain asymmetries in primates: A preliminary evaluation of two evolutionary hypotheses. *Annals of the New York Academy of Sciences, 1359,* 65–83. (13)

Horikawa, T., Tamaki, M., Miyawaki, Y., & Kamitani, Y. (2013). Neural decoding of visual imagery during sleep. *Science, 340,* 639–642. (3)

Horn, S. R., Charney, D. S., & Feder, A. (2016). Understanding resilience: New approaches for preventing and treating PTSD. *Experimental Neurology, 284,* 119–132. (11)

Horne, J. A. (1992). Sleep and its disorders in children. *Journal of Child Psychology & Psychiatry & Allied Disciplines, 33,* 473–487. (8)

Horne, J. A., & Minard, A. (1985). Sleep and sleepiness following a behaviourally "active" day. *Ergonomics, 28,* 567–575. (8)

Horowitz, L. F., Saraiva, L. R., Kuang, D., Yoon, K.-h., & Buck, L. B. (2014). Olfactory receptor patterning in a higher primate. *Journal of Neuroscience, 34,* 12241–12252. (6)

Horridge, G. A. (1962). Learning of leg position by the ventral nerve cord in headless insects. *Proceedings of the Royal Society of London, B, 157,* 33–52. (12)

Horst, W. D., & Preskorn, S. H. (1998). Mechanisms of action and clinical characteristics of three atypical antidepressants: Venlafaxine, nefazodone, bupropion. *Journal of Affective Disorders, 51,* 237–254. (14)

Horvath, T. L. (2005). The hardship of obesity: A soft-wired hypothalamus. *Nature Neuroscience, 8,* 561–565. (9)

Hoshi, E., & Tanji, J. (2000). Integration of target and body-part information in the premotor cortex when planning action. *Nature, 408,* 466–470. (7)

Hötting, K., & Röder, B. (2013). Beneficial effects of physical exercise on neuroplasticity and cognition. *Neuroscience and Biobehavioral Reviews, 37,* 2243–2257. (4)

Houk, C. P., & Lee, P. A. (2010). Approach to assigning gender in 46,XX congenital adrenal hyperplasia with male external genitalia: Replacing dogmatism with pragmatism. *Journal of Clinical Endocrinology & Metabolism, 95,* 4501–4508. (10)

Hourai, A., & Miyata, S. (2013). Neurogenesis in the circumventricular organs of adult mouse brains. *Journal of Neuroscience Research, 91,* 757–770. (9)

Hovda, D. A., & Feeney, D. M. (1989). Amphetamine-induced recovery of visual cliff performance after bilateral visual cortex ablation in cats: Measurements of depth perception thresholds. *Behavioral Neuroscience, 103,* 574–584. (4)

Howard, J. D., Plailly, J., Grueschow, M., Haynes, J.-D., & Gottfried, J. A. (2009). Odor quality coding and categorization in human posterior piriform cortex. *Nature Neuroscience, 12,* 932–938. (6)

Howes, O. D., & Kapur, S. (2009). The dopamine hypothesis of schizophrenia: Version III—the final common pathway. *Schizophrenia Bulletin, 35,* 549–562. (14)

Hrdy, S. B. (2000). The optimal number of fathers. *Annals of the New York Academy of Sciences, 907,* 75–96. (10)

Hróbjartsson, A., & Gøtzsche, P. C. (2001). Is the placebo powerless? *New England Journal of Medicine, 344,* 1594–1602. (6)

Hsieh, P.-J., Vul, E., & Kanwisher, N. (2010). Recognition alters the spatial pattern of fMRI activation in early retinotopic cortex. *Journal of Neurophysiology, 103,* 1501–1507. (5)

Hu, P., Stylos-Allan, M., & Walker, M. P. (2006). Sleep facilitates consolidation of emotional declarative memory. *Psychological Science, 17,* 891–898. (8)

Hua, J. Y., & Smith, S. J. (2004). Neural activity and the dynamics of central nervous system development. *Nature Neuroscience, 7,* 327–332. (4)

Huang, A. L., Chen, X., Hoon, M. A., Chandrashekar, J., Guo, W., Tränker, D., ... Zuker, C. S. (2006). The cells and logic for mammalian sour taste detection. *Nature, 442,* 934–938. (6)

Huang, B. H. (2014). The effects of age on second language grammar and speech production. *Journal of Psycholinguistic Research, 43,* 397–420. (13)

Huang, L., Treisman, A., & Pashler, H. (2007). Characterizing the limits of human visual awareness. *Science, 317,* 823–825. (13)

Huang, Y.-J., Maruyama, Y., Lu, K.-S., Pereira, E., Plonsky, I., Baur, J. E., ...Roper, S. D. (2005). Mouse taste buds use serotonin as a neurotransmitter. *Journal of Neuroscience, 25,* 843–847. (2)

Hubbard, E. M., Piazza, M., Pinel, P., & Dehaene, S. (2005). Interactions between number and space in parietal cortex. *Nature Reviews Neuroscience, 6,* 435–448. (3)

Hubel, D. H. (1963, November). The visual cortex of the brain. *Scientific American, 209*(5), 54–62. (5)

Hubel, D. H., & Wiesel, T. N. (1959). Receptive fields of single neurons in the cat's striate cortex. *Journal of Physiology, 148,* 574–591. (5)

Hubel, D. H., & Wiesel, T. N. (1965). Binocular interaction in striate cortex of kittens reared with artificial squint. *Journal of Neurophysiology, 28,* 1041–1059. (5)

Hubel, D. H., & Wiesel, T. N. (1977). Functional architecture of macaque monkey visual cortex. *Proceedings of the Royal Society of London, B, 198,* 1–59. (5)

Hubel, D. H., & Wiesel, T. N. (1998). Early exploration of the visual cortex. *Neuron, 20,* 401–412. (5)

Huber, E., Webster, J. M., Brewer, A. A., MacLeod, D. I. A., Wandell, B. A., Boynton, G. M., ...Fine, I. (2015). A lack of experience-dependent plasticity after more than a decade of recovered sight. *Psychological Science, 26,* 393–401. (5)

Huber, R., Ghilardi, M. F., Massimini, M., & Tononi, G. (2004). Local sleep and learning. *Nature, 430,* 78–81. (8)

Hudson, J. I., Hiripi, E., Pope, H. G., Jr., & Kessler, R. C. (2007). The prevalence and correlates of eating disorders in the National Comorbidity Survey Replication. *Biological Psychiatry, 61,* 348–358. (9)

Hudson, J. I., Mangweth, B., Pope, H. G., Jr., De Col, C., Hausmann, A., Gutweniger, S., ...Tsuang, M. T. (2003). Family study of affective spectrum disorder. *Archives of General Psychiatry, 60,* 170–177. (14)

Hudspeth, A. J. (2014). Integrating the active process of hair cells with cochlear function. *Nature Reviews Neuroscience, 15,* 600–614. (6)

Hugdahl, K. (1996). Brain laterality—Beyond the basics. *European Psychologist, 1,* 206–220. (13)

Hull, E. M., Du, J., Lorrain, D. S., & Matuszewich, L. (1997). Testosterone, preoptic dopamine, and copulation in male rats. *Brain Research Bulletin, 44,* 327–333. (10)

Hull, E. M., Eaton, R. C., Markowski, V. P., Moses, J., Lumley, L. A., & Loucks, J. A. (1992). Opposite influence of medial preoptic D_1 and D_2 receptors on genital reflexes: Implications for copulation. *Life Sciences, 51,* 1705–1713. (10)

Hull, E. M., Lorrain, D. S., Du, J., Matuszewich, L., Lumley, L. A., Putnam, S. K., & Moses, J. (1999). Hormone-neurotransmitter interactions in the control of sexual behavior. *Behavioural Brain Research, 105,* 105–116. (10)

Hull, E. M., Nishita, J. K., Bitran, D., & Dalterio, S. (1984). Perinatal dopamine-related drugs demasculinize rats. *Science, 224,* 1011–1013. (10)

Hull, R., & Vaid, J. (2007). Bilingual language lateralization: A meta-analytic tale of two hemispheres. *Neuropsychologia, 45,* 1987–2008. (13)

Hunt, L. T., Kolling, N., Soltani, A., Woolrich, M. W., Rushworth, M. F. S., & Behrens, T. E. J. (2012). Mechanisms underlying cortical activity during value-guided choice. *Nature Neuroscience, 15,* 470–476. (3)

Hunt, S. P., & Mantyh, P. W. (2001). The molecular dynamics of pain control. *Nature Reviews Neuroscience, 2,* 83–91. (6)

Huntington's Disease Collaborative Research Group. (1993). A novel gene containing a trinucleotide repeat that is expanded and unstable on Huntington's disease chromosomes. *Cell, 72,* 971–983. (7)

Hurovitz, C. S., Dunn, S., Domhoff, G. W., & Fiss, H. (1999). The dreams of blind men and women: A replication and extension of previous findings. *Dreaming, 9,* 183–193. (5)

Hurvich, L. M., & Jameson, D. (1957). An opponent-process theory of color vision. *Psychological Review, 64,* 384–404. (5)

Huszar, D., Lynch, C. A., Fairchild-Huntress, V., Dunmore, J. H., Fang, Q., Berkemeier, L. R., ...Lee, F. (1997). Targeted disruption of the melanocortin-4 receptor results in obesity in mice. *Cell, 88,* 131–141. (9)

Hutcherson, C. A., Montaser-Kouhsari, L., Woodward, J., & Rangel, A. (2015). Emotional and utilitarian appraisals of moral dilemmas are encoded in separate areas and integrated in ventromedial prefrontal cortex. *Journal of Neuroscience, 35,* 12593–12605. (11)

Hutcheson, D. M., Everitt, B. J., Robbins, T. W., & Dickinson, A. (2001). The role of withdrawal in heroin addiction: Enhances reward or promotes avoidance? *Nature Neuroscience, 4,* 943–947. (14)

Hutchison, K. E., LaChance, H., Niaura, R., Bryan, A., & Smolen, A. (2002). The DRD4 VNTR polymorphism influences reactivity to smoking cues. *Journal of Abnormal Psychology, 111,* 134–143. (14)

Huth, A. G., de Heer, W. A., Griffiths, T. L., Theunissen, F. E., & Gallant, J. L. (2016). Natural speech reveals the semantic maps that tile human cerebral cortex. *Nature, 532,* 453–458. (13)

Huttner, H. B., Bergmann, O., Salehpour, M., Rácz, A., Tatarishvili, J., Lindgren, E., ... Frisén, J. (2014). The age and genomic integrity of neurons after cortical stroke in humans. *Nature Neuroscience, 17,* 801–803. (4)

Hyde, J. S., Lindberg, S. M., Linn, M. C., Ellis, A. B., & Williams, C. C. (2008). Gender similarities characterize math performance. *Science, 321,* 494–495. (12)

Hyde, K. L., Lerch, J., Norton, A., Forgeard, M., Winner, E., Evans, A. C., & Schlaug, G. (2009a). Musical training shapes structural brain development. *Journal of Neuroscience, 29,* 3019–3025. (4)

Hyde, K. L., Lerch, J., Norton, A., Forgeard, M., Winner, E., Evans, A. C., ...Schlaug, G. (2009b). The effects of musical training on structural brain development: A longitudinal study. *Annals of the New York Academy of Sciences, 1169,*182–186. (4)

Hyde, K. L., Lerch, J. P., Zatorre, R. J., Griffiths, T. D., Evans, A. C., & Peretz, I. (2007). Cortical thickness in congenital amusia: When less is better than more. *Journal of Neuroscience, 27,* 13028–13032. (6)

Hyde, K. L., & Peretz, I. (2004). Brains that are out of tune but in time. *Psychological Science, 15,* 356–360. (6)

Iggo, A., & Andres, K. H. (1982). Morphology of cutaneous receptors. *Annual Review of Neuroscience, 5,* 1–31. (6)

Ikemoto, S., Yang, C., & Tan, A. (2015). Basal ganglia circuit loops, dopamine and motivation: A review and enquiry. *Behavioural Brain Research, 290,* 17–31. (7)

Ikonomidou, C., Bittigau, P. Ishimaru, M. J., Wozniak, D. F., Koch, C., Genz, K., ...Olney, J. W. (2000). Ethanol-induced apoptotic neurodegeneration and fetal alcohol syndrome. *Science, 287,* 1056–1060. (4)

Ilieva, I. P., Hook, C. J., & Farah, M. J. (2015). Prescription stimulants' effects on healthy inhibitory control, working memory, and episodic memory: A meta-analysis. *Journal of Cognitive Neuroscience, 27,* 1069–1089. (12)

Imamura, K., Mataga, N., & Mori, K. (1992). Coding of odor molecules by mitral/tufted cells in rabbit olfactory bulb: I. Aliphatic compounds. *Journal of Neurophysiology, 68,* 1986–2002. (6)

Immordino-Yang, M. H., Christodoulou, J. A., & Singh, V. (2012). Rest is not idleness: Implications of the brain's default mode for human development and education. *Perspectives on Psychological Science, 7,* 352–364. (3)

Imperato-McGinley, J., Guerrero, L., Gautier, T., & Peterson, R. E. (1974). Steroid 5 alpha-reductase deficiency in man: An inherited form of male pseudohermaphroditism. *Science, 186,* 1213–1215. (10)

Ingram, C. J. E., Mulcare, C. A., Itan, Y., Thomas, M. G., & Swallow, D. M. (2009). Lactose digestion and the evolutionary genetics of lactase persistence. *Human Genetics, 124,* 579–591. (9)

Innocenti, G. M. (1980). The primary visual pathway through the corpus callosum: Morphological and functional aspects in the cat. *Archives Italiennes de Biologie, 118,* 124–188. (13)

Inouye, S. T., & Kawamura, H. (1979). Persistence of circadian rhythmicity in a mammalian hypothalamic "island" containing the suprachiasmatic nucleus. *Proceedings of the National Academy of Sciences, USA, 76,* 5962–5966. (8)

Isaacson, G., & Adler, M. (2012). Randomized clinical trials underestimate the efficacy of antidepressants in less severe depression. *Acta Psychiatrica Scandinavica, 125,* 453–459. (14)

Ishizawa, Y., Ahmed, O. J., Patel, S. R., Gale, J. T., Sierra-Mercado, D., Brown, E. N., & Eskandar, E. N. (2016). Dynamics of propofol-induced loss of consciousness across primate neocortex. *Journal of Neuroscience, 36,* 7718–7726. (13)

Ishizuka, K., Kamiya, A., Oh, E. C., Kanki, H., Seshadri, S., Robinson, J. F., ...Sawa, A. (2011). DISC-1-dependent switch from progenitor proliferation to migration in the developing cortex. *Nature, 473,* 92–96. (14)

Isler, K., & van Schaik, C. P. (2009). The expensive brain: A framework for explaining evolutionary changes in brain size. *Journal of Human Evolution, 57,* 392–400. (12)

Isoda, M., & Hikosaka, O. (2007). Switching from automatic to controlled action by monkey medial frontal cortex. *Nature Neuroscience, 10,* 240–248. (7)

Iuculano, T., & Kadosh, R. C. (2013). The mental cost of cognitive enhancement. *Journal of Neuroscience, 33,* 4482–4486. (12)

Iverson, J. M., & Goldin-Meadow, S. (2005). Gesture paves the way for language development. *Psychological Science, 16,* 367–371. (13)

Ivry, R. B., & Diener, H. C. (1991). Impaired velocity perception in patients with lesions of the cerebellum. *Journal of Cognitive Neuroscience, 3,* 355–366. (7)

Iwata, Y., Nakajima, S., Suzuki, T., Keefe, R. S. E., Plitman, E., Chung, J. K., ...Uchida, H. (2015). Effects of gluta-mate positive modulators on cognitive deficits in schizophrenia: A systematic review and meta-analysis of double-blind randomized controlled trials. *Molecular Psychiatry, 20,* 1151–1160. (14)

Iwema, C. L., Fang, H., Kurtz, D. B., Youngentob, S. L., & Schwob, J. E. (2004). Odorant receptor expression patterns are restored in lesion-recovered rat olfactory epithelium. *Journal of Neuroscience, 24,* 356–369. (6)

Jablensky, A. V., Morgan, V., Zubrick, S. R., Bower, C., & Yellachich, L.-A. (2005). Pregnancy, delivery, and neonatal complications in a population cohort of women with schizophrenia and major affective disorders. *American Journal of Psychiatry, 162,* 79–91. (14)

Jacobs, B., & Scheibel, A. B. (1993). A quantitative dendritic analysis of Wernicke's area in humans: I. Lifespan changes. *Journal of Comparative Neurology, 327,* 83–96. (4)

Jacobs, G. D., & Snyder, D. (1996). Frontal brain asymmetry predicts affective style in men. *Behavioral Neuroscience, 110,* 3–6. (14)

Jacobs, G. H. (2014). The discovery of spectral opponency in visual systems and its impact on understanding the neurobiology of color vision. *Journal of the History of the Neurosciences, 23,* 287–314. (5)

Jacobs, J., Weidemann, C. T., Miller, J. F., Solway, A., Burke, J. F., Wei, X.-X., ... Kahana, M. J. (2013). Direct recordings of grid-like neuronal activity in human spatial navigation. *Nature Neuroscience, 16,* 1188–1190. (13)

Jaffe, A. E., Gao, Y., Deep-Soboslay, A., Tao, R., Hyde, T. M., Weinberger, D. R., & Kleinman, J. E. (2016). Mapping DNA methylation across development, genotype and schizophrenia in the human frontal cortex. *Nature Neuroscience, 19,* 40–47. (4)

Jahanshahi, M., Obeso, I., Rothwell, J. C., & Obeso, J. A. (2015). A fronto-striato-sub-thalamic-pallidal network for goal-directed and habitual inhibition. *Nature Reviews Neuroscience, 16,* 719–732. (7)

James, R. S. (2013). A review of the thermal sensitivity of the mechanics of vertebrate skeletal muscle. *Journal of Comparative Physiology B: Biochemical, Systemic, and Environmental Physiology, 183,* 723–733. (9)

James, T. W., & James, K. H. (2013). Expert individuation of objects increases activation in the fusiform face area of children. *NeuroImage, 67,* 182–192. (5)

James, W. (1884). What is an emotion? *Mind, 9,* 188–205. (11)

James, W. (1894). The physical basis of emotion. *Psychological Review, 1,* 516–529. (11)

James, W. (1961). *Psychology: The briefer course.* New York: Harper. (Original work published 1892) (13)

Jameson, K. A., Highnote, S. M., & Wasserman, L. M. (2001). Richer color experience in observers with multiple photopigment opsin genes. *Psychonomic Bulletin and Review, 8,* 244–261. (5)

Jäncke, L., Beeli, G., Eulig, C., & Hänggi, J. (2009). The neuroanatomy of grapheme-color synesthesia. *European Journal of Neuroscience, 29,* 1287–1293. (6)

Janak, P. H., & Tye, K. M. (2015). From circuits to behaviour in the amygdala. *Nature, 517,* 284–292. (11)

Jarrard, L. E., Okaichi, H., Steward, O., & Goldschmidt, R. B. (1984). On the role of hippocampal connections in the performance of place and cue tasks: Comparisons with damage to hippocampus. *Behavioral Neuroscience, 98,* 946–954. (12)

Jenkins, L. M., Andrewes, D. G., Nicholas, C. L., Drummond, K. L., Moffat, B. A., Phal, P., ...Kessels, R. P. C. (2014). Social cognition in patients following surgery to the prefrontal cortex. *Psychiatry Research: Neuroimaging, 224,* 192–203. (13)

Jennings, J. H., Rizzi, G., Stamatakis, A. M., Ung, R. L., & Stuber, G. D. (2013). The inhibitory circuit architecture of the lateral hypothalamus orchestrates feeding. *Science, 341,* 1517–1521. (9)

Jerison, H. J. (1985). Animal intelligence as encephalization. *Philosophical Transactions of the Royal Society of London, B, 308,* 21–35. (3)

Jesulola, E., Sharpley, C. F., Bitsika, V., Agnew, L. L., & Wilson, P. (2015). Frontal alpha asymmetry as a pathway to behavioural withdrawal in depression: Research findings and issues. *Behavioural Brain Research, 292,* 56–67. (14)

Ji, D., & Wilson, M. A. (2007). Coordinated memory replay in the visual cortex and hippocampus during sleep. *Nature Neuroscience, 10,* 100–107. (8)

Jiang, P., Josue, J., Li, X., Glaser, D., Li, W., Brand, J. G., ...Beauchamp, G. K. (2012). Major taste loss in carnivorous mammals. *Proceedings of the National Academy of Sciences (U.S.A.), 109,* 4956–4961. (6)

Jiang, Y., Costello, P., & He, S. (2007). Processing of invisible stimuli. *Psychological Science, 18,* 349–355. (13)

Jirout, J. J., & Newcombe, N. S. (2015). Building blocks for developing spatial skills: Evidence from a large, representative U.S. sample. *Psychological Science, 26,* 302–310. (12)

Joel, D., Berman, Z., Tavor, I., Wexler, N., Gaber, O., Stein, Y., ...Assaf, Y. (2015). *Proceedings of the National Academy of Sciences (U.S.A.), 50,* 15468–15473. (10)

Johanek, L. M., Meyer, R. A., Hartke, T., Hobelmann, J. G., Maine, D. N., LaMotte, R. H., & Ringkamp, M. (2007). Psychophysical and physiological evidence for parallel afferent pathways mediating the sensation of itch. *Journal of Neuroscience, 27,* 7490–7497. (5)

Johansson, C., Willeit, M., Smedh, C., Ekholm, J., Paunio, T., Kieseppä, T., ...Partonen, T. (2003). Circadian clock-related polymorphisms in seasonal affective disorder and their relevance to diurnal preference. *Neuropsychopharmacology, 28,* 734–739. (14)

Johnsen, E. L., Tranel, D., Lutgendorf, S., & Adolphs, R. (2009). A neuroanatomical dissociation for emotion induced by music. *International Journal of Psychophysiology, 72,* 24–33. (11)

Johnson, M. R., Shkura, K., Langley, S. R., Delahaye-Duriez, A., Srivastava, P., Hill, W. D., ...Petretto, E. (2016). Systems genetics identifies a convergent gene network for cognition and neurodevelopmental disease. *Nature Neuroscience, 19,* 223–232. (12)

Johnson, P. L., Federici, L. M., Fitz, S. D., Renger, J. J., Shireman, B., Winrow, C. J., ... Shekhar, A. (2015). Orexin 1 and 2 receptor involvement in CO_2-induced panic-associated behavior and autonomic responses. *Depression and Anxiety, 32,* 671–683. (11)

Johnsrude, I. S., Mackey, A., Hakyemez, H., Alexander, E., Trang, H. P., & Carlyon, R. P. (2013). Swinging at a cocktail party: Voice familiarity aids speech perception in the presence of a competing voice. *Psychological Science, 24,* 1995–2004. (6)

Jonas, D. E., Amick, H. R., Feltner, C., Bobashev, G., Thomas, K., Wines, R., ... Garbutt, J. C. (2014). Pharmacology for adults with alcohol use disorders in outpatient settings: A systematic review and meta-analysis. *Journal of the American Medical Association, 311,* 1889–1900. (14)

Jones, A. R., & Shusta, E. V. (2007). Blood-brain barrier transport of therapeutics via receptor-mediation. *Pharmaceutical Research, 24,* 1759–1771. (1)

Jones, C. R., Campbell, S. S., Zone, S. E., Cooper, F., DeSano, A., Murphy, P. J., ... Ptacek, L. J. (1999). Familial advanced sleep-phase syndrome: A short-period circadian rhythm variant in humans. *Nature Medicine, 5,* 1062–1065. (8)

Jones, C. R., Huang, A. L., Ptácek, L. J., & Fu, Y.-H. (2013). Genetic basis of human circadian rhythm disorders. *Experimental Neurology, 243,* 28–33. (8)

Jones, E. G., & Pons, T. P. (1998). Thalamic and brainstem contributions to large-scale plasticity of primate somatosensory cortex. *Science, 282,* 1121–1125. (4)

Jones, H. S., & Oswald, I. (1968). Two cases of healthy insomnia. *Electroencephalography and Clinical Neurophysiology, 24,* 378–380. (8)

Jones, P. B., Barnes, T. R. E., Davies, L., Dunn, G., Lloyd, H., Hayhurst, K. P., ... Lewis, S. W. (2006). Randomized controlled trial of the effect on quality of life of second- vs. first-generation antipsychotic drugs in schizophrenia. *Archives of General Psychiatry, 63,* 1079–1087. (14)

Jones, W., & Klin, A. (2013). Attention to eyes is present but in decline in 2-6-month-old infants later diagnosed with autism. *Nature, 504,* 427–431. (14)

Jordan, H. A. (1969). Voluntary intragastric feeding. *Journal of Comparative and Physiological Psychology, 62,* 237–244. (9)

Jouvet, M. (1960). Telencephalic and rhombencephalic sleep in the cat. In G. E. W. Wolstenholme & M. O'Connor (Eds.), *CIBA Foundation symposium on the nature of sleep* (pp. 188–208). Boston: Little, Brown. (8)

Juda, M., Vetter, C., & Roenneberg, T. (2013). Chronotype modulates sleep duration, sleep quality, and social jet lag in shift-workers. *Journal of Biological Rhythms, 28,* 141–151. (8)

Judge, J., Caravolas, M., & Knox, P. C. (2006). Smooth pursuit eye movements and phonological processing in adults with dyslexia. *Cognitive Neuropsychology, 23,* 1174–1189. (13)

Jueptner, M., & Weiller, C. (1998). A review of differences between basal ganglia and cerebellar control of movements as revealed by functional imaging studies. *Brain, 121,* 1437–1449. (7)

Julvez, J., Méndez, M., Fernandez-Barres, S., Romaguera, D., Vioque, J., Llop, S., ... Sunyer, J. (2016). Maternal consumption of seafood in pregnancy and child neuropsychological development: A longitudinal study based on a population with high consumption levels. *American Journal of Epidemiology, 183,* 169–182. (9)

Jumah, F., Ghannam, M., Jaber, M., Adeeb, N., & Tubbs, R. S. (2016). Neuroanatomical variation in autism spectrum disorder: A comprehensive review. *Clinical Anatomy, 29,* 454–465. (14)

Jürgensen, M., Kleinemeier, E., Lux, A., Steensma, T. D., Cohen-Kettenis, P. T., Hiort, O., ...DSD Network Working Group. (2013). Psychosexual development in adolescents and adults with disorders of sexual development—Results from the German Clinical Evaluation Study. *Journal of Sexual Medicine, 10,* 2703–2714. (10)

Kaas, J. H. (1983). What, if anything, is SI? Organization of first somatosensory area of cortex. *Physiological Reviews, 63,* 206–231. (6)

Kaas, J. H., Merzenich, M. M., & Killackey, H. P. (1983). The reorganization of somatosensory cortex following peripheral nerve damage in adult and developing mammals. *Annual Review of Neuroscience, 6,* 325–356. (4)

Kaas, J. H., Nelson, R. J., Sur, M., Lin, C.-S., & Merzenich, M. M. (1979). Multiple representations of the body within the primary somatosensory cortex of primates. *Science, 204,* 521–523. (3)

Kaas, J. H., & Stepniewska, I. (2016). Evolution of posterior parietal cortex and parietal-frontal networks for specific actions in primates. *Journal of Comparative Neurology, 524,* 595–608. (7)

Kagan, J. (2016). An overly pessimistic extension. *Perspectives on Psychological Science, 11,* 442–450. (11)

Kaiser, A., Haller, S., Schmitz, S., & Nitsch, C. (2009). On sex/gender related similarities and differences in fMRI language research. *Brain Research Reviews, 61,* 49–59. (10)

Kales, A., Scharf, M. B., & Kales, J. D. (1978). Rebound insomnia: A new clinical syndrome. *Science, 201,* 1039–1041. (8)

Kalin, N. H., Shelton, S. E., Davidson, R. J., & Kelley, A. E. (2001). The primate amygdala mediates acute fear but not the behavioral and physiological components of anxious temperament. *Journal of Neuroscience, 21,* 2067–2074. (11)

Kaminer, Y. (2000). Contingency management reinforcement procedures for adolescent substance abuse. *Journal of the American Academy of Child and Adolescent Psychiatry, 39,* 1324–1326. (14)

Kamitani, Y., & Tong, F. (2005). Decoding the visual and subjective contents of the human brain. *Nature Neuroscience, 8,* 679–685. (13)

Kandel, E. R., & Schwartz, J. H. (1982). Molecular biology of learning: Modulation of transmitter release. *Science, 218,* 433–443. (12)

Kántor, O., Mezey, S., Adeghate, J., Naumann, A., Nitschke, R., Énzsöly, A., …Völgyi, B. (2016). Calcium buffer proteins are specific markers of human retinal neurons. *Cell and Tissue Research, 365,* 29–50. (5)

Kanwisher, N. (2010). Functional specificity in the human brain: A window into the functional architecture of the mind. *Proceedings of the National Academy of Sciences, 107,* 11163–11170. (5)

Kanwisher, N., & Yovel, G. (2006). The fusiform face area: A cortical region specialized for the perception of faces. *Philosophical Transactions of the Royal Society, B, 361,* 2109–2128. (5)

Kaplan, B. J., Rucklidge, J. J., Romijn, A., & McLeod, K. (2015). The emerging field of nutritional mental health: Inflammation, the microbiome, oxidative stress, and mitochondrial function. *Clinical Psychological Science, 3,* 964–980. (14)

Kapur, S., Zipusky, R., Jones, C., Shammi, C. S., Remington, G., & Seeman, P. (2000). A positron emission tomography study of quetiapine in schizophrenia. *Archives of General Psychiatry, 57,* 553–559. (14)

Karg, K., Burmeister, M., Shedden, K., & Sen, S. (2011). The serotonin transporter promoter variant (5-HTTLPR), stress, and depression meta-analysis revisited. *Archives of General Psychiatry, 68,* 444–454. (14)

Kargo, W. J., & Nitz, D. A. (2004). Improvements in the signal-to-noise ratio of motor cortex cells distinguish early versus late phases of motor skill learning. *Journal of Neuroscience, 24,* 5560–5569. (7)

Karlsson, M., & Frank, L. M. (2009). Awake replay of remote experiences in the hippocampus. *Nature Neuroscience, 12,* 913–918. (8)

Karmiloff-Smith, A., Tyler, L. K., Voice, K., Sims, K., Udwin, O., Howlin, P., & Davises, M. (1998). Linguistic dissociations in Williams syndrome: Evaluating receptive syntax in on-line and off-line tasks. *Neuropsychologia, 36,* 343–351. (13)

Karnath, H. O., Rüter, J., Mandler, A., & Himmelbach, M. (2009). The anatomy of object recognition: Visual form agnosia caused by medial occipitotemporal stroke. *Journal of Neuroscience, 29,* 5854–5862. (5)

Karns, C. M., Dow, M. W., & Neville, H. J. (2012). Altered cross-modal processing in the primary auditory cortex of congenitally deaf adults: A visual-somatosensory fMRI study with a double-flash illusion. *Journal of Neuroscience, 32,* 9626–638. (4)

Karra, E., O'Daly, O. G., Choudhury, A. I., Yousseif, A., Millership, S., Neary, M. T., … Batterham, R. L. (2013). A link between FTO, ghrelin, and impaired brain food-cue responsivity. *Journal of Clinical Investigation, 123,* 3539–3551. (9)

Karrer, T., & Bartoshuk, L. (1991). Capsaicin desensitization and recovery on the human tongue. *Physiology & Behavior, 49,* 757–764. (6)

Kas, M. J. H., Tiesjema, B., van Dijk, G., Garner, K. M., Barsh, G. S., Ter Brake, O., … Adan, R. A. H. (2004). Induction of brain region-specific forms of obesity by agouti. *Journal of Neuroscience, 24,* 10176–10181. (9)

Katz, L. N., Yates, J. L., Pillow, J. W., & Huk, A. C. (2016). Dissociated functional significance of decision-related activity in the primate dorsal stream. *Nature, 535,* 285–288. (13)

Kavanau, J. L. (1998). Vertebrates that never sleep: Implications for sleep's basic function. *Brain Research Bulletin, 46,* 269–279. (8)

Kay, C., Collins, J. A., Miedzybrodzka, Z., Madore, S. J., Gordon, E. S., Gerry, N., … Hayden, M. R. (2016). Huntington disease reduced penetrance alleles occur at high frequency in the general population. *Neurology, 87,* 282–288. (7)

Kayyal, M. H., & Russell, J. A. (2013). Americans and Palestinians judge spontaneous facial expressions of emotion. *Emotion, 13,* 891–904. (11)

Kazama, A. M., Heurer, E., Davis, M., & Bachevalier, J. (2012). Effects of neonatal amygdala lesions on fear learning, conditioned inhibition, and extinction in adult macaques. *Behavioral Neuroscience, 126,* 392–403. (11)

Kazén, M., Kuenne, T., Frankenberg, H., & Quirin, M. (2012). Inverse relation between cortisol and anger and their relation to performance and explicit memory. *Biological Psychology, 91,* 28–35. (11)

Keefe, R. S. E., Silverman, J. M., Mohs, R. C., Siever, L. J., Harvey, P. D., Friedman, L., … Davis, K. L. (1997). Eye tracking, attention, and schizotypal symptoms in nonpsychotic relatives of patients with schizophrenia. *Archives of General Psychiatry, 54,* 169–176. (14)

Keele, S. W., & Ivry, R. (1990). Does the cerebellum provide a common computation for diverse tasks? *Annals of the New York Academy of Sciences, 608,* 179–207. (7)

Keers, R., & Uher, R. (2012). Gene-environment interaction in major depression and antidepressant treatment response. *Current Psychiatry Reports, 14,* 129–137. (14)

Keiser, M. S., Kordasiewicz, H. B., & McBride, J. L. (2016). Gene suppression strategies for dominantly inherited neurodegenerative diseases: Lessons from Huntington's disease and spinocerebellar ataxia. *Human Molecular Genetics, 25,* R53–R64. (7)

Kelly, T. L., Neri, D. F., Grill, J. T., Ryman, D., Hunt, P. D., Dijk, D.-J., …Czeisler, C. A. (1999). Nonentrained circadian rhythms of melatonin in submariners scheduled to an 18-hour day. *Journal of Biological Rhythms, 14,* 190–196. (8)

Kendler, K. S. (1983). Overview: A current perspective on twin studies of schizophrenia. *American Journal of Psychiatry, 140,* 1413–1425. (14)

Kendler, K. S., Fiske, A., Gardner, C. O., & Gatz, M. (2009). Delineation of two genetic pathways to major depression. *Biological Psychiatry, 65,* 808–811. (14)

Kendler, K. S., Gardner, C. O., & Prescott, C. A. (1999). Clinical characteristics of major depression that predict risk of depression in relatives. *Archives of General Psychiatry, 56,* 322–327. (14)

Kendler, K. S., Turkheimer, E., Ohlsson, H., Sundquist, J., & Sundquist, K. (2015). Family environment and the malleability of cognitive ability: A Swedish national home-reared and adopted-away cosibling control study. *Proceedings of the National Academy of Sciences (U.S.A.), 112,* 4612–4617. (12)

Kennard, C., Lawden, M., Morland, A. B., & Ruddock, K. H. (1995). Colour identification and colour constancy are impaired in a patient with incomplete achromatopsia associated with prestriate cortical lesions. *Proceedings of the Royal Society of London, B, 260,* 169–175. (5)

Kennaway, D. J., & Van Dorp, C. F. (1991). Free-running rhythms of melatonin, cortisol, electrolytes, and sleep in humans in Antarctica. *American Journal of Physiology, 260,* R1137–R1144. (8)

Kennedy, D. P., & Adolphs, R. (2010). Impaired fixation to eyes following amygdala damage arises from abnormal bottom-up attention. *Neuropsychologia, 48,* 3392–3398. (11)

Kennedy, D. P., Gläscher, J., Tyszka, J. M., & Adolphs, R. (2009). Personal space regulation by the human amygdala. *Nature Neuroscience, 12,* 1226–1227. (11)

Kennerley, S. W., Diedrichsen, J., Hazeltine, E., Semjen, A., & Ivry, R. B. (2002). Callosotomy patients exhibit temporal uncoupling during continuous bimanual movements. *Nature Neuroscience, 5,* 376–381. (13)

Kerchner, G. A., & Nicoll, R. A. (2008). Silent synapses and the emergence of a postsynaptic mechanism for LTP. *Nature Reviews Neuroscience, 9,* 813–825. (12)

Kerns, J. G. (2007). Experimental manipulation of cognitive control processes causes an increase in communication disturbances in healthy volunteers. *Psychological Medicine, 37,* 995–1004. (14)

Keshavan, M. S., Diwadkar, V. A., Montrose, D. M., Rajarethinam, R., & Sweeney, J. A. (2005). Premorbid indicators and risk for schizophrenia: A selective review and update. *Schizophrenia Research, 79,* 45–57. (14)

Kesner, R. P., Gilbert, P. E., & Barua, L. A. (2002). The role of the hippocampus in meaning for the temporal order of a sequence of odors. *Behavioral Neuroscience, 116,* 286–290. (12)

Kety, S. S., Wender, P. H., Jacobson, B., Ingraham, L. J., Jansson, L., Faber, B., & Kinney, D. K. (1994). Mental illness in the biological and adoptive relatives of schizophrenic adoptees. *Archives of General Psychiatry, 51,* 442–455. (14)

Keverne, E. B. (1999). The vomeronasal organ. *Science, 286,* 716–720. (6)

Khakh, B. J., & Sofroniew, M. V. (2015). Diversity of astrocyte functions and phenotypes in neural circuits. *Nature Reviews Neuroscience, 18,* 942–952. (1)

Khashan, A. S., Abel, K. M., McNamee, R., Pedersen, M. G., Webb, R. T., Baker, P. N., ...Mortensen, P. B. (2008). Higher risk of offspring schizophrenia following antenatal maternal exposure to severe adverse life events. *Archives of General Psychiatry, 65,* 146–152. (14)

Kiesner, J., Mendle, J., Eisenlohr-Moul, T. A., & Pastore, M. (2016). Clinical symptom change across the menstrual cycle: Attributional, affective, and physical symptoms. *Clinical Psychological Science, 4,* 882–894. (10)

Kilgour, A. R., de Gelder, B., & Lederman, S. J. (2004). Haptic face recognition and prosopagnosia. *Neuropsychologia, 42,* 707–712. (5)

Killeffer, F. A., & Stern, W. E. (1970). Chronic effects of hypothalamic injury. *Archives of Neurology, 22,* 419–429. (9)

Kilner, J. M., Neal, A., Weiskopf, N., Friston, K. J., & Frith, C. D. (2009). Evidence of mirror neurons in human inferior frontal gyrus. *Journal of Neuroscience, 29,* 10153–10159. (7)

Kim, E. J., Pellman, B., & Kim, J. J. (2015). Stress effects on the hippocampus: A critical review. *Learning & Memory, 22,* 411–416. (11)

Kim, J. G., Suyama, S., Koch, M., Jin, S., Argente-Arizon, P., ...Horvath, T. L. (2014). Leptin signaling in astrocytes regulates hypothalamic neuronal circuits and feeding. *Nature Neuroscience, 17,* 908–910. (1)

Kim, P., Strathearn, L., & Swain, J. E. (2016). The maternal brain and its plasticity in humans. *Hormones and Behavior, 77,* 113–123. (10)

Kim, S.-Y., Adhikari, A., Lee, S. Y., Marshel, J. H., Kim, C. K., Mallory, C. S., ...Deisseroth, K. (2013). Diverging neural pathways assemble a behavioural state from separable features in anxiety. *Nature, 496,* 219–223. (11)

Kim, U., Jorgenson, E., Coon, H., Leppert, M., Risch, N., & Drayna, D. (2003). Positional cloning of the human quantitative trait locus underlying taste sensitivity to phenylthiocarbamide. *Science, 299,* 1221–1225. (6)

Kim-Han, J. S., Antenor-Dorsey, J. A., & O'Malley, K. L. (2011). The Parkinsonian mimetic, MPP+, specifically impairs mitochondrial transport in dopamine axons. *Journal of Neuroscience, 31,* 7212–7221. (7)

King, B. M., Smith, R. L., & Frohman, L. A. (1984). Hyperinsulinemia in rats with ventromedial hypothalamic lesions: Role of hyperphagia. *Behavioral Neuroscience, 98,* 152–155. (9)

Kinnamon, J. C. (1987). Organization and innervation of taste buds. In T. E. Finger & W. L. Silver (Eds.), *Neurobiology of taste and smell* (pp. 277–297). New York: Wiley. (6)

Kinoshita, M., Matsui, R., Kato, S., Hasegawa, T., Kasahara, H., ...Isa, T. (2012). Genetic dissection of the circuit for hand dexterity in primates. *Nature, 487,* 235–238. (7)

Kinsey, A. C., Pomeroy, W. B., & Martin, C. E. (1948). *Sexual behavior in the human male.* Philadelphia: Saunders. (10)

Kinsey, A. C., Pomeroy, W. B., Martin, C. E., & Gebhard, P. H. (1953). *Sexual behavior in the human female.* Philadelphia: Saunders. (10)

Kiriakakis, V., Bhatia, K. P., Quinn, N. P., & Marsden, C. D. (1998). The natural history of tardive dyskinesia: A long-term follow-up study of 107 cases. *Brain, 121,* 2053–2066. (14)

Kirkpatrick, P. J., Smielewski, P., Czosnyka, M., Menon, D. K., & Pickard, J. D. (1995). Near-infrared spectroscopy in patients with head injury. *Journal of Neurosurgery, 83,* 963–970. (4)

Kirsch, I. (2010). *The Emperor's New Drugs.* New York: Basic Books. (14)

Kirsch, I., Deacon, B. J., Huedo-Medina, T. B., Scoboria, A., Moore, T. J., & Johnson, B. T. (2008). Initial severity and antidepressant benefits: A meta-analysis of data submitted to the Food and Drug Administration. *PLoS Medicine, 5,* e45. (14)

Klawans, H. L. (1988). *Toscanini's fumble and other tales of clinical neurology.* Chicago: Contemporary Books. (3)

Kleen, J. K., Sitomer, M. T., Killeen, P. R., & Conrad, C. D. (2006). Chronic stress impairs spatial memory and motivation for reward without disrupting motor ability and motivation to explore. *Behavioral Neuroscience, 120,* 842–851. (11)

Kleiber, M. L., Mantha, K., Stringer, R. L., & Singh, S. M. (2013). Neurodevelopmental alcohol exposure elicits long-term changes to gene expression that alter distinct molecular pathways dependent on timing of exposure. *Journal of Neurodevelopmental Disorders, 5,* article 6. (4)

Klein, D. F. (1993). False suffocation alarms, spontaneous panics, and related conditions. *Archives of General Psychiatry, 50,* 306–317. (11)

Kleitman, N. (1963). *Sleep and wakefulness* (Rev. ed.). Chicago: University of Chicago Press. (8)

Klengel, T., Mehta, D., Anacker, C., Rex-Haffner, M., Pruessner, J. C., Pariante, C. M., ...Binder, E. B. (2013). Allele-specific *FKBP5* DNA demethylation mediates gene-childhood trauma interactions. *Nature Neuroscience, 16,* 33–41. (4)

Kluger, M. J. (1991). Fever: Role of pyrogens and cryogens. *Physiological Reviews, 71,* 93–127. (9)

Klüver, H., & Bucy, P. C. (1939). Preliminary analysis of functions of the temporal lobes in monkeys. *Archives of Neurology and Psychiatry, 42,* 979–1000. (3)

Knyazev, G. G., Slobodskaya, H. R., & Wilson, G. D. (2002). Psychophysiological correlates of behavioural inhibition and activation. *Personality and Individual Differences, 33,* 647–660. (11)

Ko, C.-H., Liu, G.-C., Hsiao, S., Yen, J.-Y., Yang, M.-J., Lin, W.-C., ...Chen, C. S. (2009). Brain activities associated with gaming urge of online gaming addiction. *Journal of Psychiatric Research, 43,* 739–747. (14)

Koban, L., & Wager, T. D. (2016). Beyond conformity: Social influences on pain reports and physiology. *Emotion, 16,* 24–32. (6)

Kobayakawa, K., Kobayakawa, R., Matsumoto, H., Oka, Y., Imai, T., Ikawa, M., ...Sakano, H. (2007). Innate versus learned odour processing in the mouse olfactory bulb. *Nature, 450,* 503–508. (6)

Kobelt, P., Paulitsch, S., Goebel, M., Stengel, A., Schmidtmann, M., van der Voort, I. R., ...Monnikes, H. (2006). Peripheral injection of CCK-8S induces Fos expression in the dorsomedial hypothalamic nucleus in rats. *Brain Research, 1117,* 109–117. (9)

Kochunov, P., & Hong, L. E. (2014). Neurodevelopmental and neurodegenerative models of schizophrenia: White matter at the center stage. *Schizophrenia Bulletin, 40,* 721–728. (14)

Koenigs, M., Huey, E. D., Raymont, V., Cheon, B., Solomon, J., Wassermann, E. M., & Grafman, J. (2008). Focal brain damage protects against post-traumatic stress disorder in combat veterans. *Nature Neuroscience, 11,* 232–237. (11)

Koenigs, M., Young, L., Adolphs, R., Tranel, D., Cushman, F., Hauser, M., & Damasio, A. (2007). Damage to the prefrontal cortex increases utilitarian moral judgments. *Nature, 446,* 908–911. (11)

Koepp, M. J., Gunn, R. N., Lawrence, A. D., Cunningham, V. J., Dagher, A., Jones, T., ...Grasby, P. M. (1998). Evidence for striatal dopamine release during a video game. *Nature, 393,* 266–268. (14)

Kogan, A., Oveis, C., Carr, E. W., Gruber, J., Mauss, I. B., Shallcross, A., ...Keltner, D. (2014). Vagal activity is quadratically related to prosocial traits, prosocial emotions, and observer perceptions of prosociality. *Journal of Personality and Social Psychology, 107,* 1051–1063. (11)

Kohler, E., Keysers, C., Umiltà, M. A., Fogassi, L., Gallese, V., & Rizzolatti, G. (2002). Hearing sounds, understanding actions: Action representation in mirror neurons. *Science, 297*, 846–848. (7)

Kohn, M. (2008). The needs of the many. *Nature, 456*, 296–299. (4)

Koleske, A. J. (2013). Molecular mechanisms of dendrite stability. *Nature Reviews Neuroscience, 14*, 536–550. (4)

Komisaruk, B. R., Adler, N. T., & Hutchison, J. (1972). Genital sensory field: Enlargement by estrogen treatment in female rats. *Science, 178*, 1295–1298. (10)

Komorowski, R. W., Manns, J. R., & Eichenbaum, H. (2009). Robust conjunctive item-lace coding by hippocampal neurons parallels learning what happens where. *Journal of Neuroscience, 29*, 9918–9929. (12)

Komura, Y., Tamura, R., Uwano, T., Nishijo, H., Kaga, K., & Ono, T. (2001). Retrospective and prospective coding for predicted reward in the sensory thalamus. *Nature, 412*, 546–549. (3)

Konadhode, R. R., Pelluru, D., & Shiromani, P. J. (2015). Neurons containing orexin or melanin concentrating hormone reciprocally regulate wake and sleep. *Frontiers in Systems Neuroscience, 8*, article UNSP244. (8)

Kondoh, K. Lu, Z., Ye, X., Olson, D. P., Lowell, B. B., & Buck, L. B. (2016). A specific area of olfactory cortex involved in stress hormone responses to predator odours. *Nature, 532*, 103–106. (6)

Kong, A., Frigge, M. L., Masson, G., Besenbacher, S., Sulem, P., Magnusson, G., ...Stefansson, K. (2012). Rate of de novo mutations and the importance of father's age to disease risk. *Nature, 488*, 471–475. (14)

Konishi, S., Nakajima, K., Uchida, I., Kameyama, M., Nakahara, K., Sekihara, K., & Miyashita, Y. (1998). Transient activation of inferior prefrontal cortex during cognitive set shifting. *Nature Neuroscience, 1*, 80–84. (14)

Konopka, G., Bomar, J. M., Winden, K., Coppola, G., Jonsson, Z. O., Gao, F., ... Geschwind, D. H. (2009). Human specific transcriptional regulation of CNS development genes by *FOXP2*. *Nature, 462*, 213–217. (4, 13)

Koralek, A. C., Jin, X., Long, J. D. II, Costa, R. M., & Carmena, J. M. (2012). Corticostriatal plasticity is necessary for learning intentional neuroprosthetic skills. *Nature, 483*, 331–335. (12)

Korman, M., Doyon, J., Doljansky, J., Carrier, J., Dagan, Y., & Karni, A. (2007). Daytime sleep condenses the time course of motor memory consolidation. *Nature Neuroscience, 10*, 1206–1213. (8)

Kornhuber, H. H. (1974). Cerebral cortex, cerebellum, and basal ganglia: An introduction to their motor functions. In F. O. Schmitt & F. G. Worden (Eds.), *The neurosciences: Third study program* (pp. 267–280). Cambridge, MA: MIT Press. (7)

Korpi, E. R., den Hollander, B., Farooq, U., Vashchinkina, E., Rajkumar, R., Nutt, D. J., ...Dawe, G. S. (2015). Mechanisms of action and persistent neuroplasticity by drugs of abuse. *Pharmacological Reviews, 67*, 872–1004. (14)

Kosslyn, S. M., Ganis, G., & Thompson, W. L. (2001). Neural foundations of imagery. *Nature Reviews Neuroscience, 2*, 635–642. (5)

Kosslyn, S. M., & Thompson, W. L. (2003). When is early visual cortex activated during visual mental imagery? *Psychological Bulletin, 129*, 723–746. (5)

Kostrzewa, R. M., Kostrzewa, J. P., Brown, R. W., Nowak, P., & Brus, R. (2008). Dopamine receptor supersensitivity: Development, mechanisms, presentation, and clinical applicability. *Neurotoxicity Research, 14*, 121–128. (4)

Kotowicz, Z. (2007). The strange case of Phineas Gage. *History of the Human Sciences, 20*, 115–131. (11)

Kotrschal, A., Rogell, B., Bundsen, A., Svensson, B., Zajitschek, S., Brännström, I., ...Kolm, N. (2013). Artificial selection on relative brain size in the guppy reveals costs and benefits of evolving a larger brain. *Current Biology, 23*, 168–171. (4)

Kourtzi, Z., & Kanwisher, N. (2000). Activation in human MT/MST by static images with implied motion. *Journal of Cognitive Neuroscience, 12*, 48–55. (5)

Kovach, C. K., Daw, N. D., Rudrauf, D., Tranel, D., & O'Doherty, J. P. (2012). Anterior prefrontal cortex contributes to action selection through tracking of recent reward trends. *Journal of Neuroscience, 32*, 8434–8442. (12)

Kraemer, D. J. M., Macrae, C. N., Green, A. E., & Kelley, W. M. (2005). Sound of silence activates auditory cortex. *Nature, 434*, 158. (6)

Kraft, I., Cafiero, R., Schaadt, G., Brauer, J., Neef, N. E., Müller, B., ...Skeide, M. A. (2015). Cortical differences in preliterate children at familiar risk of dyslexia are similar to those observed in dyslexic readers. *Brain, 138*, e378. (13)

Krajbich, I., Adolphs, R., Tranel, D., Denburg, N. L., & Camerer, C. F. (2009). Economic games quantify diminished sense of guilt in patients with damage to the prefrontal cortex. *Journal of Neuroscience, 29*, 2188–2192. (11)

Krakauer, A. H. (2005). Kin selection and cooperative courtship in wild turkeys. *Nature, 434*, 69–72. (4)

Kramer, P., & Bressan, P. (2015). Humans as superorganisms: How microbes, viruses, imprinted genes, and other selfish entities shape our behavior. *Perspectives on Psychological Science, 10*, 464–481. (14)

Krashes, M. J., Lowell, B. B., & Garfield, A. S. (2016). Melanocortin-4 receptor-regulated energy homeostasis. *Nature Neuroscience, 19*, 206–219. (9)

Krause, E. G., & Sakal, R. R. (2007). Richter and sodium appetite: From adrenalectomy to molecular biology. *Appetite, 49*, 353–367. (9)

Kravitz, A. V., Tye, L. D., & Kreitzer, A. C. (2012). Distinct roles for direct and indirect pathway striatal neurons in reinforcement. *Nature Neuroscience, 15*, 816–818. (7)

Kreiman, G., Fried, I., & Koch, C. (2002). Single-neuron correlates of subjective vision in the human medial temporal lobe. *Proceedings of the National Academy of Sciences (U.S.A.), 99*, 8378–8383. (13)

Krishnan, A., Zhang, R., Yao, V., Theesfeld, C. L., Wong, A. K., Tadych, A., ...Troyanskaya, O. G. (2016). Genome-wide prediction and functional characterization of the genetic basis of autism spectrum disorder. *Nature Neuroscience, 19*, 1454–1462. (14)

Kristensson, K. (2011). Microbes' roadmap to neurons. *Nature Reviews Neuroscience, 12*, 345–357. (1)

Kropff, E., Carmichael, J. E., Moser, M.-B., & Moser, E. I. (2015). Speed cells in the medial entorhinal cortex. *Nature, 523*, 419–424. (12)

Kross, E., Berman, M. G., Mischel, W., Smith, E. E., & Wager, T. D. (2011). Social rejection shares somatosensory representations with physical pain. *Proceedings of the National Academy of Sciences (U.S.A.), 108*, 6270–6275. (6)

Krueger, J. M., Rector, D. M., Roy, S., Van Dongen, H. P. A., Belenky, G., & Panksepp, J. (2008). Sleep as a fundamental property of neuronal assemblies. *Nature Reviews Neuroscience, 9*, 910–919. (8)

Krupa, D. J., Thompson, J. K., & Thompson, R. F. (1993). Localization of a memory trace in the mammalian brain. *Science, 260*, 989–991. (12)

Kuba, H., Ishii, T. M., & Ohmori, H. (2006). Axonal site of spike initiation enhances auditory coincidence detection. *Nature, 444*, 1069–1072. (1)

Kubista, H., & Boehm, S. (2006). Molecular mechanisms underlying the modulation of exocytotic noradrenaline release via presynaptic receptors. *Pharmacology & Therapeutics, 112*, 213–242. (2)

Kuczewski, N., Porcer, C., Ferrand, N., Fiorentino, H., Pellegrino, C., Kolarow, R., ...Gaiarsa, J. L. (2008). Backpropagating action potentials trigger dendritic release of BDNF during spontaneous network activity. *Journal of Neuroscience, 28*, 7013–7023. (12)

Kujala, T., Myllyviita, K., Tervaniemi, M., Alho, K., Kallio, J., & Näätänen, R. (2000). Basic auditory dysfunction in dyslexia as demonstrated by brain activity measurements. *Psychophysiology, 37*, 262–266. (13)

Kujawa, S. G., & Liberman, M. C. (2009). Adding insult to injury: Cochlear nerve degeneration after "temporary" noise-induced hearing loss. *Journal of Neuroscience, 29*, 14077–14085. (6)

Kukkonen, J. P. (2013). Physiology of the orexinergic/hypocretinergic system: A revisit in

Kullmann, D. M., & Lamsa, K. P. (2007). Long-term synaptic plasticity in hippocampal interneurons. *Nature Reviews Neuroscience, 8,* 687–699. (2)

Kumar, V., Croxson, P. L., & Simonyan, K. (2016). Structural organization of the laryngeal motor cortical network and its implication for evolution of speech production. *Journal of Neuroscience, 36,* 4170–4181. (13)

Kumpik, D. P., Kacelnik, O., & King, A. J. (2010). Adaptive reweighting of auditory localization cues in response to chronic unilateral earplugging in humans. *Journal of Neuroscience, 30,* 4883–4894. (6)

Kupfermann, I., Castellucci, V., Pinsker, H., & Kandel, E. (1970). Neuronal correlates of habituation and dishabituation of the gill withdrawal reflex in Aplysia. *Science, 167,* 1743–1745. (12)

Kurth, F., Jancke, L., & Luders, E. (2017). Sexual dimorphism of Broca's area: More gray matter in female brains in Brodmann areas 44 and 45. *Journal of Neuroscience Research, 95,* 626–632. (12)

Kuypers, H. G. J. M. (1989). Motor system organization. In G. Adelman (Ed.), *Neuroscience year* (pp. 107–110). Boston: Birkhäuser. (7)

Labouèbe, G., Boutrel, B., Tarussio, D., & Thorens, B. (2016). Glucose-responsive neurons of the paraventricular thalamus control sucrose-seeking behavior. *Nature Neuroscience, 19,* 999–1002. (9)

Laburn, H. P. (1996). How does the fetus cope with thermal challenges? *News in Physiological Sciences, 11,* 96–100. (4, 14)

La Delfa, N. J., Garcia, D. B. L., Cappelletto, J. A. M., McDonald, A. C., Lyons, J. L., & Lee, T. D. (2013). The gunslinger effect: Why are movements made faster when responding to versus initiating an action? *Journal of Motor Behavior, 45,* 85–90. (7)

Laeng, B., & Caviness, V. S. (2001). Prosopagnosia as a deficit in encoding curved surfaces. *Journal of Cognitive Neuroscience, 13,* 556–576. (5)

Laeng, B., Svartdal, F., & Oelmann, H. (2004). Does color synesthesia pose a paradox for early-selection theories of attention? *Psychological Science, 15,* 277–281. (6)

Lahti, T. A., Leppämäki, S., Ojanen, S.-M., Haukka, J., Tuulio-Henriksson, A., Lönnqvist, J., & Partonen, T. (2006). Transition into daylight saving time influences the fragmentation of the rest–activity cycle. *Journal of Circadian Rhythms, 4,* 1. (8)

Lai, C. S. L., Fisher, S. E., Hurst, J. A., Vargha-Khadem, F., & Monaco, A. P. (2001). A forkhead-domain gene is mutated in a severe speech and language disorder. *Nature, 413,* 519–523. (13)

Lake, R. I. E., Eaves, L. J., Maes, H. H. M., Heath, A. C., & Martin, N. G. (2000). Further evidence against the environmental transmission of individual differences in neuroticism from a collaborative study of 45,850 twins and relatives on two continents. *Behavior Genetics, 30,* 223–233. (4)

Lakatos, P., Schroeder, C. E., Leitman, D. I., & Javitt, D. C. (2013). Predictive suppression of cortical excitability and its deficit in schizophrenia. *Journal of Neuroscience, 33,* 11692–11702. (14)

Lambie, J. A., & Marcel, A. J. (2002). Consciousness and the varieties of emotion experience: A theoretical framework. *Psychological Review, 109,* 219–259. (13)

Lamminmäki, A., Hines, M., Kuiri-Hänninen, T., Kilpeläinen, L., Dunkel, L., & Sankilampi, U. (2012). Testosterone measured in infancy predicts subsequent sex-typed behavior in boys and girls. *Hormones and Behavior, 61,* 611–616. (10)

Land, E. H., Hubel, D. H., Livingstone, M. S., Perry, S. H., & Burns, M. M. (1983). Colour-generating interactions across the corpus callosum. *Nature, 303,* 616–618. (5)

Landis, D. M. D. (1987). Initial junctions between developing parallel fibers and Purkinje cells are different from mature synaptic junctions. *Journal of Comparative Neurology, 260,* 513–525. (2)

Lang, P. J. (2014). Emotion's response patterns: The brain and the autonomic nervous system. *Emotion Review, 6,* 93–99. (11)

Långsjö, J. W., Alkire, M. T., Kaskinoro, K., Hayama, H., Maksimow, A., Kaisti, K. K., …Scheinin, H. (2012). Returning from oblivion: Imagining the neural core of consciousness. *Journal of Neuroscience, 32,* 4935–4943. (13)

Långström, N., Rahman, Q., Carlström, E., & Lichtenstein, P. (2010). Genetic and environmental effects on same-sex sexual behavior: A population study of twins in Sweden. *Archives of Sexual Behavior, 39,* 75–80. (10)

Larsen, B., & Luna, B. (2015). In vivo evidence of neurophysiological maturation of the human adolescent striatum. *Developmental Cognitive Neuroscience, 12,* 74–85. (4)

Lashley, K. S. (1929). *Brain mechanisms and intelligence.* Chicago: University of Chicago Press. (12)

Lashley, K. S. (1930). Basic neural mechanisms in behavior. *Psychological Review, 37,* 1–24. (12)

Lashley, K. S. (1950). In search of the engram. *Symposia of the Society for Experimental Biology, 4,* 454–482. (12)

Latimer, K. W., Yates, J. L., Meister, M. L. R., Huk, A. C., & Pillow, J. W. (2015). Single-trial spike trains in parietal cortex reveal discrete steps during decision-making. *Science, 349,* 184–187. (13)

Lau, H. C., Rogers, R. D., Haggard, P., & Passingham, R. E. (2004). Attention to intention. *Science, 303,* 1208–1210. (7)

Laurent, J.-P., Cespuglio, R., & Jouvet, M. (1974). Délimitation des voies ascendantes de l'activité ponto-géniculo-occipitale chez le chat [Demarcation of the ascending paths of ponto-geniculo-occipital activity in the cat]. *Brain Research, 65,* 29–52. (8)

Lauterborn, J. C., Palmer, L. C., Jia, Y., Pham, D. T., Hou, B., Wang, W., …Lynch, G. (2016). Chronic ampakine treatments stimulate dendritic growth and promote learning in middle-aged rats. *Journal of Neuroscience, 36,* 1636–1646. (12)

Lavidor, M., & Walsh, V. (2004). The nature of foveal representation. *Nature Reviews Neuroscience, 5,* 729–735. (13)

Lavzin, M., Rapoport, S., Polsky, A., Garion, L., & Schiller, J. (2012). Nonlinear dendritic processing determines angular tuning of barrel cortex neurons in vivo. *Nature, 490,* 397–401. (2)

Leaver, A. M., & Rauschecker, J. P. (2016). Functional topography of human auditory cortex. *Journal of Neuroscience, 36,* 1416–1428. (6)

Leber, A. B. (2010). Neural predictors of within-subject fluctuations in attentional control. *Journal of Neuroscience, 30,* 11458–11465. (13)

LeDoux, J. (1996). *The emotional brain.* New York: Simon & Schuster. (11)

Lee, B. K., & McGrath, J. J. (2015). Advancing parental age and autism: multifactorial pathways. *Trends in Molecular Medicine, 21,* 118–125. (14)

Lee, P.-C., Bordelon, Y., Bronstein, J., & Ritz, B. (2012). Traumatic brain injury, paraquat exposure, and their relationship to Parkinson disease. *Neurology, 79,* 2061–2066. (7)

Lee, H. L., Devlin, J. T., Shakeshaft, C., Stewart, L. H., Brennan, A., Glensman, J., …Price, C. J. (2007). Anatomical traces of vocabulary acquisition in the adolescent brain. *Journal of Neuroscience, 27,* 1184–1189. (3)

Lee, K. M., Skoe, E., Kraus, N., & Ashley, R. (2009). Selective subcortical enhancement of musical intervals in musicians. *Journal of Neuroscience, 29,* 5832–5840. (4)

Lee, M. G., Hassani, O. K., & Jones, B. E. (2005). Discharge of identified orexin/hypocretin neurons across the sleep-waking cycle. *Journal of Neuroscience, 25,* 6716–6720. (8)

Lee, Y., Morrison, B. M., Li, Y., Lengacher, S., Farah, M. H., …Rothstein, J. D. (2012). Oligodendroglia metabolically support axons and contribute to neurodegeneration. *Nature, 487,* 443–448. (1)

Lee, Y.-J., Lee, S., Chang, M., & Kwak, H.-W. (2015). Saccadic movement deficiencies in adults with ADHD tendencies. *ADHD Attention Deficit and Hyperactivity Disorders, 7,* 271–280. (7)

Legrand, L. N., Iacono, W. G., & McGue, M. (2005, March/April). Predicting addiction. *American Scientist, 93,* 140–147. (14)

Lehky, S. R. (2000). Deficits in visual feature binding under isoluminant conditions. *Journal of Cognitive Neuroscience, 12,* 383–392. (3)

Lehrman, D. S. (1964). The reproductive behavior of ring doves. *Scientific American, 211*(5), 48–54. (10)

Lehrer, J. (2009). Small, furry …and smart. *Nature, 461*, 862–864. (12)

Leibniz, G. (1989). *The Principles of Nature and Grace, Based on Reason.* Dordrecht, Netherlands: Kluwer Publishers. (Original work published 1714) (0)

Leibowitz, S. F., & Alexander, J. T. (1991). Analysis of neuropeptide Y-induced feeding: Dissociation of Y_1 and Y_2 receptor effects on natural meal patterns. *Peptides, 12*, 1251–1260. (9)

Leibowitz, S. F., & Hoebel, B. G. (1998). Behavioral neuroscience of obesity. In G. A. Bray, C. Bouchard, & P. T. James (Eds.), *Handbook of obesity* (pp. 313–358). New York: Dekker. (9)

Lein, E. S., & Shatz, C. J. (2001). Neurotrophins and refinement of visual circuitry. In W. M. Cowan, T. C. Südhof, & C. F. Stevens (Eds.), *Synapses* (pp. 613–649). Baltimore: Johns Hopkins University Press. (5)

Leinders-Zufall, T., Lane, A. P., Puche, A. C., Ma, W., Novotny, M. V., Shipley, M. T., & Zufall, F. (2000). Ultrasensitive pheromone detection by mammalian vomeronasal neurons. *Nature, 405*, 792–796. (6)

Lelieveld, S. H., Reijnders, M. R. F., Pfundt, R., Yntema, H. G., Kamsteeg, E.-J., de Vries, P., …Gilissen, C. (2016). Meta-analysis of 2,104 trios provides support for 10 new genes for intellectual disability. *Nature Neuroscience, 19*, 1194–1196. (12)

Lemos, B., Araripe, L. O., & Hartl, D. L. (2008). Polymorphic Y chromosomes harbor cryptic variation with manifold functional consequences. *Science, 319*, 91–93. (10)

Lenggenhager, B., Tadi, T., Metzinger, T., & Blanke, O. (2007). Video ergo sum: Manipulating bodily self-consciousness. *Science, 317*, 1096–1099. (3)

Lenhart, R. E., & Katkin, E. S. (1986). Psychophysiological evidence for cerebral laterality effects in a high-risk sample of students with subsyndromal bipolar depressive disorder. *American Journal of Psychiatry, 143*, 602–607. (14)

Lenz, F. A., & Byl, N. N. (1999). Reorganization in the cutaneous core of the human thalamic principal somatic sensory nucleus (ventral caudal) in patients with dystonia. *Journal of Neurophysiology, 82*, 3204–3212. (4)

Lenz, K. M., Nugent, B. M., Haliyur, R., & McCarthy, M. M. (2013). Microglia are essential to masculinization of brain and behavior. *Journal of Neuroscience, 33*, 2761–2772. (10)

Leon, L. R. (2002). Invited review: Cytokine regulation of fever: Studies using gene knockout mice. *Journal of Applied Physiology, 92*, 2648–2655. (9)

Leppämäki, S., Partonen, T., & Lönnqvist, J. (2002). Bright-light exposure combined with physical exercise elevates mood. *Journal of Affective Disorders, 72*, 572–575. (14)

Lesku, J. A., Rattenborg, N. C., Valcu, M., Vyssotski, A. L., Kuhn, S., Kuemmeth, F., …Kempenaers, B. (2012). Adaptive sleep loss in polygynous pectoral sandpipers. *Science, 337*, 1654–1658. (8)

LeVay, S. (1991). A difference in hypothalamic structure between heterosexual and homosexual men. *Science, 253*, 1034–1037. (10)

LeVay, S. (1993). *The sexual brain.* Cambridge, MA: MIT Press. (10)

Levi-Montalcini, R. (1987). The nerve growth factor 35 years later. *Science, 237*, 1154–1162. (4)

Levi-Montalcini, R. (1988). *In praise of imperfection.* New York: Basic Books. (4)

Levin, E. D., & Rose, J. E. (1995). Acute and chronic nicotine interactions with dopamine systems and working memory performance. *Annals of the New York Academy of Sciences, 757*, 245–252. (2)

Levine, J. D., Fields, H. L., & Basbaum, A. I. (1993). Peptides and the primary afferent nociceptor. *Journal of Neuroscience, 13*, 2273–2286. (2)

Levitin, D. J., & Bellugi, U. (1998). Musical abilities in individuals with Williams syndrome. *Music Perception, 15*, 357–389. (13)

Lévy, F., Keller, M., & Poindron, P. (2004). Olfactory regulation of maternal behavior in mammals. *Hormones and Behavior, 46*, 284–302. (10)

Lewis, T. L., & Maurer, D. (2005). Multiple sensitive periods in human visual development: Evidence from visually deprived children. *Developmental Psychobiology, 46*, 163–183. (5)

Lewis, V. G., Money, J., & Epstein, R. (1968). Concordance of verbal and nonverbal ability in the adrenogenital syndrome. *Johns Hopkins Medical Journal, 122*, 192–195. (10)

Li, G., Wang, L., Shi, F., Lyall, A. E., Lin, W., Gilmore, J. H., & Shen, D. (2014). Mapping longitudinal development of local cortical gyrification in infants from birth to 2 years of age. *Journal of Neuroscience, 34*, 4228–4238. (4)

Li, J., Chen, C., Wu, K., Zhang, M., Zhu, B., Chen, C., …Dong, Q. (2015). Genetic veriations in the serotonergic system contribute to amygdala volume in humans. *Frontiers in Neuroanatomy, 9*, article 129. (11)

Li, L., Wu, C., Gan, Y., Qu, X. G., & Lu, Z. X. (2016). Insomnia and the risk of depression: A meta-analysis of prospective cohort studies. *BMC Psychiatry, 16*, article 375. (14)

Li, Q., Hill, Z., & He, B. J. (2014). Spatiotemporal dissociation of brain activity underlying subjective awareness, objective performance and confidence. *Journal of Neuroscience, 34*, 4382–4395. (13)

Li, S. L., Jost, R. M., Morale, S. E., Stager, D. R., Dao, L., Stager, D., & Birch, E. E. (2014). A binocular iPad treatment for amblyopic children. *Eye, 28*, 1246–1253. (5)

Li, S., Nie, E. H., Yin, Y., Benowitz, L. I., Tung, S., Vinters, H. V., …Carmichael, S. T. (2015). GDF10 is a signal for axonal sprouting and functional recovery after a stroke. *Nature Neuroscience, 18*, 1737–1745. (4)

Li, W., Englund, E., Widner, H., Mattsson, B., van Westen, D., Lätt, J., …Li, J.-Y. (2016). Extensive graft-derived dopaminergic innervation is maintained 24 years after transplantation in the degenerating parkinsonian brain. *Proceedings of the National Academy of Sciences (U.S.A.), 113*, 6544–6549. (7)

Li, X., Li, W., Liu, G., Shen, X., & Tang, Y. (2015). Association between cigarette smoking and Parkinson's disease: A meta-analysis. *Archives of Gerontology and Geriatrics, 61*, 510–516. (7)

Liberles, S. D., & Buck, L. B. (2006). A second class of chemosensory receptors in the olfactory epithelium. *Nature, 442*, 645–650. (6)

Libet, B., Gleason, C. A., Wright, E. W., & Pearl, D. K. (1983). Time of conscious intention to act in relation to onset of cerebral activities (readiness potential): The unconscious initiation of a freely voluntary act. *Brain, 106*, 623–642. (7)

Liebman, M., Pelican, S., Moore, S. A., Holmes, B., Wardlaw, M. K., Melcher, L. M., …Haynes, G. W. (2006). Dietary intake-, eating behavior-, and physical activity-related determinants of high body mass index in the 2003 Wellness IN the Rockies cross-sectional study. *Nutrition Research, 26*, 111–117. (9)

Lim, A. S. P., Ellison, B. A., Wang, J. L., Yu, L., Schneider, J. A., Buchman, A. S., …Saper, C. B. (2014). Sleep is related to neuron numbers in the ventrolateral preoptic/intermediate nucleus in older adults with and without Alzheimer's disease. *Brain, 137*, 2847–2861. (8)

Lim, B. K., Huang, K. W., Grueter, B. A., Rothwell, P. E., & Malenka, R. C. (2012). Anhedonia requires MC4R-mediated synaptic adaptations in nucleus accumbens. *Nature, 487*, 183–189. (11)

Lim, J.-H. A., Stafford, B. K., Nguyen, P. L., Lien, B. V., Wang, C., Zukor, K., …Huberman, A. D. (2016). Neural activity promotes long-distance, target-specific regeneration of adult retinal axons. *Nature Neuroscience, 19*, 1073–1084. (4)

Lim, M. M., Wang, Z., Olazábal, D. E., Ren, X., Terwilliger, E. F., & Young, L. J. (2004). Enhanced partner preference in a promiscuous species by manipulating the expression of a single gene. *Nature, 429*, 754–757. (10)

Lin, D. Y., Shea, S. D., & Katz, L. C. (2006). Representation of natural stimuli in the rodent main olfactory bulb. *Neuron, 50*, 937–949. (6)

Lin, J.-S., Hou, Y., Sakai, K., & Jouvet, M. (1996). Histaminergic descending inputs to the mesopontine tegmentum and their role in the control of cortical activation and wakefulness in the cat. *Journal of Neuroscience, 16,* 1523–1537. (8)

Lin, L., Faraco, J., Li, R., Kadotani, H., Rogers, W., Lin, X., ...Mignot, E. (1999). The sleep disorder canine narcolepsy is caused by a mutation in the hypocretin (orexin) receptor 2 gene. *Cell, 98,* 365–376. (8)

Lindberg, N. O., Coburn, C., & Stricker, E. M. (1984). Increased feeding by rats after subdiabetogenic streptozotocin treatment: A role for insulin in satiety. *Behavioral Neuroscience, 98,* 138–145. (9)

Lindgren, L., Bergdahl, J., & Nyberg, L. (2016). Longitudinal evidence for smaller hippocampus volume as a vulnerability factor for perceived stress. *Cerebral Cortex, 26,* 3527–3533. (11)

Lindner, A., Iyer, A., Kagan, I., & Andersen, R. A. (2010). Human posterior parietal cortex plans where to reach and what to avoid. *Journal of Neuroscience, 30,* 11715–11725. (7)

Lindquist, K. A., Wager, T. D., Kober, H., Bliss-Moreau, E., & Barrett, L. F. (2012). The brain basis of emotion: A meta-analytic review. *Behavioral and Brain Sciences, 35,* 121–202. (11)

Lindsay, P. H., & Norman, D. A. (1972). *Human information processing.* New York: Academic Press. (6)

Ling, S., Pratte, M. S., & Tong, F. (2015). Attention alters orientation processing in the human lateral geniculate nucleus. *Nature Neuroscience, 18,* 496–498. (5)

Liou, Y.-C., Tocilj, A., Davies, P. L., & Jia, Z. (2000). Mimicry of ice structure by surface hydroxyls and water of a beta-helix antifreeze protein. *Nature, 406,* 322–324. (9)

Lisman, J., Schulman, H., & Cline, H. (2002). The molecular basis of CaMKII function in synaptic and behavioural memory. *Nature Reviews Neuroscience, 3,* 175–190. (12)

Lisman, J., Yasuda, R., & Raghavachari, S. (2012). Mechanisms of CaMKII action in long-term potentiation. *Nature Reviews Neuroscience, 13,* 169–182. (12)

Lisman, J. E., Raghavachari, S., & Tsien, R. W. (2007). The sequence of events that underlie quantal transmission at central glutamatergic synapses. *Nature Reviews Neuroscience, 8,* 597–609. (2)

Liu, F., Wollstein, A., Hysi, P. G., Ankra-Badu, G. A., Spector, T. D., Park, D, ...Kayser, M. (2010). Digital quantification of human eye color highlights genetic association of three new loci. *PLoS Genetics, 6,* e1000934. (4)

Liu, G., & Tsien, R. W. (1995). Properties of synaptic transmission at single hippocampal synaptic boutons. *Nature, 375,* 404–408. (2)

Liu, L., She, L., Chen, M., Liu, T., Lu, H. D., Dan, Y., & Poo, M. (2016). Spatial structure of neuronal receptive field in awake monkey secondary visual cortex (V2). *Proceedings of the National Academy of Sciences (U.S.A.), 113,* 1913–1918. (5)

Liu, P., & Bilkey, D. K. (2001). The effect of excitotoxic lesions centered on the hippocampus or perirhinal cortex in object recognition and spatial memory tasks. *Behavioral Neuroscience, 115,* 94–111. (12)

Liu, S., Globa, A. K., Mills, F., Naef, L., Qiao, M., Bamji, S. X., & Borgland, S. L. (2016). Consumption of palatable food primes food approach behavior by rapidly increasing synaptic density in the VTA. *Proceedings of the National Academy of Sciences (U.S.A.), 113,* 2520–2525. (9)

Liu, X., Zwiebel, L. J., Hinton, D., Benzer, S., Hall, J. C., & Rosbash, M. (1992). The period gene encodes a predominantly nuclear protein in adult Drosophila. *Journal of Neuroscience, 12,* 2735–2744. (8)

Liu, Y., Samad, O. A., Zhang, L., Duan, B., Tong, Q., Lopes, C., ...Ma, Q. (2010). VGLUT2-dependent glutamate release from nociceptors is required to sense pain and suppress itch. *Neuron, 68,* 543–556. (6)

Liu, Z.-W., Faraguna, U., Cirelli, C., Tononi, G., & Gao, X.-B. (2010). Direct evidence for wake-related increases and sleep-related decreases in synaptic strength in rodent cortex. *Journal of Neuroscience, 30,* 8671–8675. (8)

Livingstone, M. S. (1988, January). Art, illusion and the visual system. *Scientific American, 258*(1), 78–85. (5)

Livingstone, M. S., & Hubel, D. (1988). Segregation of form, color, movement, and depth: Anatomy, physiology, and perception. *Science, 240,* 740–749. (5)

Loe, I. M., Feldman, H. M., Yasui, E., & Luna, B. (2009). Oculomotor performance identifies underlying cognitive deficits in attention-deficit/hyperactivity disorder. *Journal of the American Academy of Child and Adolescent Psychiatry, 48,* 431–440. (7)

Loehlin, J. C., Horn, J. M., & Willerman, L. (1989). Modeling IQ change: Evidence from the Texas adoption project. *Child Development, 60,* 993–1004. (12)

Loewenstein, W. R. (1960, August). Biological transducers. *Scientific American, 203*(2), 98–108. (6)

Loewi, O. (1960). An autobiographic sketch. *Perspectives in Biology, 4,* 3–25. (2)

Lohse, M., Garrido, L., Driver, J., Dolan, R. J., Duchaine, B. C., & Furl, N. (2016). Effective connectivity from early visual cortex to posterior occipitotemporal face areas supports face selectivity and predicts developmental prosopagnosia. *Journal of Neuroscience, 36,* 3821–3828. (5)

Loman, M. M., Johnson, A. E., Westerlund, A., Pollak, S. D., Nelson, C. A., & Gunnar, M. R. (2013). The effect of early deprivation on executive attention in middle childhood. *Journal of Child Psychology and Psychiatry, 54,* 37–45. (4)

Lomber, S. G., & Malhotra, S. (2008). Double dissociation of "what" and "where" processing in auditory cortex. *Nature Neuroscience, 11,* 609–617. (6)

Lomniczi, A., Loche, A., Castellano, J. M., Ronnekleiv, O. K., Bosch, M., Kaidar, G., ...Ojeda, S. R. (2013). Epigenetic control of female puberty. *Nature Neuroscience, 16,* 281–289. (4)

Long, M. A., Jutras, M. J., Connors, B. W., & Burwell, R. D. (2005). Electrical synapses coordinate activity in the suprachiasmatic nucleus. *Nature Neuroscience, 8,* 61–66. (8)

Long, M. A., Katlowitz, K. A., Svirsky, M. A., Clary, R. C., Byun, T. M., Majaj, N., ...Greenlee, J. D. W. (2016). Functional segregation of cortical regions underlying speech timing and articulation. *Neuron, 89,* 1187–1193. (13)

Lorincz, A., & Nusser, Z. (2010). Molecular identity of dendritic voltage-gated sodium channels. *Science, 328,* 906–909. (1)

Lorrain, D. S., Riolo, J. V., Matuszewich, L., & Hull, E. M. (1999). Lateral hypothalamic serotonin inhibits nucleus accumbens dopamine: Implications for sexual refractoriness. *Journal of Neuroscience, 19,* 7648–7652. (14)

Lorusso, M. L., Facoetti, A., Pesenti, S., Cattaneo, C., Molteni, M., & Geiger, G. (2004). Wider recognition in peripheral vision common to different subtypes of dyslexia. *Vision Research, 44,* 2413–2424. (13)

Lott, I. T. (1982). Down's syndrome, aging, and Alzheimer's disease: A clinical review. *Annals of the New York Academy of Sciences, 396,* 15–27. (12)

Lotto, R. B., & Purves, D. (2002). The empirical basis of color perception. *Consciousness and Cognition, 11,* 609–629. (5)

Lotze, M., Grodd, W., Birbaumer, N., Erb, M., Huse, E., & Flor, H. (1999). Does use of a myoelectric prosthesis prevent cortical reorganization and phantom limb pain? *Nature Neuroscience, 2,* 501–502. (4)

Loui, P., Alsop, D., & Schlaug, G. (2009). Tone deafness: A new disconnection syndrome? *Journal of Neuroscience, 29,* 10215–10220. (6)

Löw, A., Weymar, M., & Hamm, A. O. (2015). When threat is near, get out of here: Dynamics of defensive behavior during freezing and active avoidance. *Psychological Science, 26,* 1706–1716. (11)

Lucas, R. J., Douglas, R. H., & Foster, R. G. (2001). Characterization of an ocular photopigment capable of driving pupillary constriction in mice. *Nature Neuroscience, 4,* 621–626. (8)

Lucas, R. J., Freedman, M. S., Muñoz, M., Garcia-Fernández, J.-M., & Foster, R. G. (1999). Regulation of the mammalian pineal by non-rod, non-cone ocular photoreceptors. *Science, 284,* 505–507. (8)

Luczak, S. E., Glatt, S. J., & Wall, T. L. (2006). Meta-analysis of *ALDHx* and *ADHIB* with alcohol dependence in Asians. *Psychological Bulletin, 132,* 607–621. (14)

Luczak, A., McNaughton, B. L., & Harris, K. D. (2015). Packet-based communication in the cortex. *Nature Reviews Neuroscience, 16,* 745–755. (3)

Luders, E., Gaser, C., Narr, K. L., & Toga, A. W. (2009). Why sex matters: Brain size independent differences in gray matter distributions between men and women.

Journal of Neuroscience, 29, 14265–14270. (10)

Luders, E., Narr, K. I., Thompson, P. M., Rex, D. E., Jancke, L., Steinmetz, H., & Toga, A. W. (2004). Gender differences in cortical complexity. *Nature Neuroscience, 7,* 799–800. (12)

Ludwig, M., & Leng, G. (2006). Dendritic peptides release and peptide-dependent behaviours. *Nature Reviews Neuroscience, 7,* 126–136. (2)

Lumley, A. J., Michalczyk, L., Kitson, J. J. N., Spurgin, L. G., Morrison, C. A., Godwin, J. L., …Gage, M. J. G. (2015). Sexual selection protects against extinction. *Nature, 522,* 470–473. (10)

Luna, B., Padmanabhan, A., & O'Hearn, K. (2010). What has fMRI told us about the development of cognitive control through adolescence? *Brain and Cognition, 72,* 101–113. (4)

Lund, R. D., Lund, J. S., & Wise, R. P. (1974). The organization of the retinal projection to the dorsal lateral geniculate nucleus in pigmented and albino rats. *Journal of Comparative Neurology, 158,* 383–404. (5)

Lundqvist, M., Rose, J., Herman, P., Brincat, S. L., Buschman, T. J., & Miller, E. K. (2016). Gamma and beta bursts underlie working memory. *Neuron, 90,* 152–164. (12)

Lunnon, K., Smith, R., Hannon, E., De Jager, P. L., Srivastava, G., Volta, M., Troakes, C., …Mill, J. (2014). Methylomic profiling implicates cortical deregulation of *ANK1* in Alzheimer's disease. *Nature Neuroscience, 17,* 1164–1170. (12)

Lutz, B., Marsicano, G., Maldonado, R., & Hillard, C. J. (2015). The endocannabinoid system in guarding against fear, anxiety and stress. *Nature Reviews Neuroscience, 16,* 705–718. (2)

Lyamin, O. I., Kosenko, P. O., Lapierre, J. L., Mukhametov, L. M., & Siegel, J. (2008). Fur seals display a strong drive for bilateral slow-wave sleep while on land. *Journal of Neuroscience, 28,* 12614–12621. (8)

Lyamin, O., Pryaslova, J., Lance, V., & Siegel, J. (2005). Continuous activity in cetaceans after birth. *Nature, 435,* 1177. (8)

Lyman, C. P., O'Brien, R. C., Greene, G. C., & Papafrangos, E. D. (1981). Hibernation and longevity in the Turkish hamster *Mesocricetus brandti. Science, 212,* 668–670. (8)

Lynall, M.-E., Bassett, D. S., Kerwin, R., McKenna, P. J., Kitzbichler, M., Muller, U., & Bullmore, E. (2010). Functional connectivity and brain networks in schizophrenia. *Journal of Neuroscience, 30,* 9477–9487. (14)

Lyons, M. J., Eisen, S. A., Goldberg, J., True, W., Lin, N., Meyer, J. M., …Tsuang, M. T. (1998). A registry-based twin study of depression in men. *Archives of General Psychiatry, 55,* 468–472. (14)

Lyons, M. J., York, T. P., Franz, C. E., Grant, M. D., Eaves, L. J., Jacobson, K. C., …Kremen, W. S. (2009). Genes determine stability and the environment determines change in cognitive ability during 35 years of adulthood. *Psychological Science, 20,* 1146–1152. (12)

Ma, Y., Koyama, M. S., Milham, M. P., Castellanos, F. X., Quinn, B. T., Pardoe, H., …Blackmon, K. (2015). Cortical thickness abnormalities associated with dyslexia, independent of remediation status. *NeuroImage: Clinical, 7,* 177–186. (13)

Macdonald, R. L., Weddle, M. G., & Gross, R. A. (1986). Benzodiazepine, beta-carboline, and barbiturate actions on GABA responses. *Advances in Biochemical Psychopharmacology, 41,* 67–78. (11)

Macey, P. M., Henderson, L. A., Macey, K. E., Alger, J. R., Frysinger, R. C., Woo, M. A., … Harper, R. M. (2002). Brain morphology associated with obstructive sleep apnea. *American Journal of Respiratory & Critical Care Medicine, 166,* 1382–1387. (8)

MacFarlane, J. G., Cleghorn, J. M., & Brown, G. M. (1985a, September). *Circadian rhythms in chronic insomnia.* Paper presented at the World Congress of Biological Psychiatry, Philadelphia. (8)

MacFarlane, J. G., Cleghorn, J. M., & Brown, G. M. (1985b). Melatonin and core temperature rhythms in chronic insomnia. In G. M. Brown & S. D. Wainwright (Eds.), *The pineal gland: Endocrine aspects* (pp. 301–306). New York: Pergamon Press. (8)

MacFarquhar, L. (2009, July 27). The kindest cut. *The New Yorker, 85*(22), 38–51. (4)

MacLean, P. D. (1949). Psychosomatic disease and the "visceral brain": Recent developments bearing on the Papez theory of emotion. *Psychosomatic Medicine, 11,* 338–353. (11)

MacLusky, N. J., & Naftolin, F. (1981). Sexual differentiation of the central nervous system. *Science, 211,* 1294–1303. (10)

Macphail, E. M. (1985). Vertebrate intelligence: The null hypothesis. *Philosophical Transactions of the Royal Society of London, B, 308,* 37–51. (3)

Madsen, H. B., & Kim, J. H. (2016). Ontogeny of memory: An update on 40 years of work with infantile amnesia. *Behavioural Brain Research, 298,* 4–14. (12)

Maffei, A., Nataraj, K., Nelson, S. B., & Turrigiano, G. G. (2006). Potentiation of cortical inhibition by visual deprivation. *Nature, 443,* 81–84. (5)

Maguire, E. A., Gadian, D. G., Johnsrude, I. S., Good, C. D., Ashburner, J., Frackowiak, R. S. J., & Frith, C. D. (2000). Navigation-related structural change in the hippocampi of taxi drivers. *Proceedings of the National Academy of Sciences, USA, 97,* 4398–4403. (12)

Mahler, S. V., Moorman, D. E., Smith, R. J., James, M. H., & Aston-Jones, G. (2014). Motivational activation: A unifying hypothesis of orexin/hypocretin function. *Nature Neuroscience, 17,* 1298–1303. (9)

Manohar, S. G., & Husain, M. (2016). Human ventromedial prefrontal lesions alter incentivisation by reward. *Cortex, 76,* 104–120. (13)

Maier, S. F., & Watkins, L. R. (1998). Cytokines for psychologists: Implications of bidirectional immune-to-brain communication for understanding behavior, mood, and cognition. *Psychological Review, 105,* 83–107. (11)

Mainland, J. D., Keller, A., Li, Y. R., Zhou, T., Trimmer, C., Snyder, L. L., …Matsunami, H. (2014). The missense of smell: Functional variability in the human odorant receptor repertoire. *Nature Neuroscience, 17,* 114–120. (6)

Malik, S., Vinukonda, G., Vose, L. R., Diamond, D., Bhimavarapu, B. B. R., Hu, F., …Ballabh, P. (2013). Neurogenesis continues in the third trimester of pregnancy and is suppressed by premature birth. *Journal of Neuroscience, 33,* 411–423. (4)

Mallis, M. M., & DeRoshia, C. W. (2005). Circadian rhythms, sleep, and performance in space. *Aviation, Space, and Environmental Medicine, 76*(Suppl. 6), B94–B107. (8)

Malmberg, A. B., Chen, C., Tonegawa, S., & Basbaum, A. I. (1997). Preserved acute pain and reduced neuropathic pain in mice lacking PKCg. *Science, 278,* 279–283. (6)

Man, K., Kaplan, J. T., Damasio, A., & Meyer, K. (2012). Sight and sound converge to form modality-invariant representations in temporoparietal cortex. *Journal of Neuroscience, 32,* 16629–16636. (3)

Mancuso, K., Hauswirth, W. W., Li, Q., Connor, T. B., Kuchenbecker, J. A., Mauck, M. C., …Neitz, M. (2009). Gene therapy for red-green colour blindness. *Nature, 461,* 784–787. (5)

Mander, B. A., Marks, S. M., Vogel, J. W., Rao, V., Lu, B., Saletin, J. M., …Walker, M. P. (2015). β-amyloid disrupts human NREM slow waves and related hippocampus-dependent memory consolidation. *Nature Neuroscience, 18,* 1051–1057. (8)

Mandy, W., & Lai, M.-C. (2016). Annual research review: The role of the environment in the developmental psychopathology of autism spectrum condition. *Journal of Child Psychology and Psychiatry, 57,* 271–292. (14)

Mangan, M. A. (2004). A phenomenology of problematic sexual behavior. *Archives of Sexual Behavior, 33,* 287–293. (8)

Mangiapane, M. L., & Simpson, J. B. (1980). Subfornical organ: Forebrain site of pressor and dipsogenic action of angiotensin II. *American Journal of Physiology, 239,* R382–R389. (9)

Mann, J. J., Arango, V., & Underwood, M. D. (1990). Serotonin and suicidal behavior. *Annals of the New York Academy of Sciences, 600,* 476–485. (11)

Mann, T., Tomiyama, J., & Ward, A. (2015). Promoting public health in the context of the "obesity epidemic": False starts and promising new directions. *Perspectives on Psychological Science, 10,* 706–710. (9)

Maquet, P., Laureys, S., Peigneux, P., Fuchs, S., Petiau, C., Phillips, C., …Cleermans, A. (2000). Experience-dependent changes in cerebral activation during human REM sleep. *Nature Neuroscience, 3,* 831–836. (8)

Maquet, P., Peters, J.-M., Aerts, J., Delfiore, G., Degueldre, C., Luxen, A., & Franck, G. (1996). Functional neuroanatomy of human rapid-eye-movement sleep and dreaming. *Nature, 383,* 163–166. (7, 8)

Marcar, V. L., Zihl, J., & Cowey, A. (1997). Comparing the visual deficits of a motion blind patient with the visual deficits of monkeys with area MT removed. *Neuropsychologia, 35,* 1459–1465. (5)

March, S. M., Abate, P., Spear, N. E., & Molina, J. C. (2009). Fetal exposure to moderate ethanol doses: Heightened operant responsiveness elicited by ethanol-related reinforcers. *Alcoholism: Clinical and Experimental Research, 33,* 1981–1993. (14)

Marek, R., Strobel, C., Bredy, T. W., & Sah, P. (2013). Partners in the fear circuit. *Journal of Physiology, 591,* 2381–2391. (11)

Maret, S., Faraguna, U., Nelson, A. B., Cirelli, C., & Tononi, G. (2011). Sleep and waking modulate spine turnover in the adolescent mouse cortex. *Nature Neuroscience, 14,* 1418–1420. (8)

Mariño, G., Fernández, A. F., Cabrera, S., Lundberg, Y. W., Cabanillas, R., Rodríguez, F., & Lopez-Otin, C. (2010). Autophagy is essential for mouse sense of balance. *Journal of Clinical Investigation, 120,* 2331–2344. (6)

Mark, A. L. (2013). Selective leptin resistance revisited. *American Journal of Physiology: Regulatory, Integrative, and Comparative Physiology, 305,* R566–R581. (9)

Marlatt, M. W., Potter, M. C., Lucassen, P. J., & van Praag, H. (2012). Running throughout middle-age improves memory function, hippocampal neurogenesis, and BDNF levels in female C57B1/6J mice. *Developmental Neurobiology, 72*(S1), 943–952. (4)

Marlin, B. J., Mitre, M., D'amour, J. A., Chao, M. V., & Froemke, R. C. (2015). Oxytocin enables maternal behaviour by balancing cortical inhibition. *Nature, 520,* 499–504. (13)

Marquié, J.-C., Tucker, P., Folkard, S., Gentil, C., & Ansiau, D. (2015). Chronic effects of shift work on cognition: Findings from the VISAT longitudinal study. *Occupational and Environmental Medicine, 72,* 258–264. (8)

Marris, E. (2006). Grey matters. *Nature, 444,* 808–810. (0)

Marshall, J. C., & Halligan, P. W. (1995). Seeing the forest but only half the trees? *Nature, 373,* 521–523. (13)

Marshall, J. F. (1985). Neural plasticity and recovery of function after brain injury. *International Review of Neurobiology, 26,* 201–247. (4)

Marsman, A., van den Heuvel, M. P., Klomp, D. W. J., Kahn, R. S., Luijten, P. R., & Pol, H. E. H. (2013). Glutamate in schizophrenia: A focused review and meta-analysis of H-1-MRS studies. *Schizophrenia Bulletin, 39,* 120–129. (14)

Martens, M. A., Wilson, S. J., & Reutens, D. C. (2008). Research review: Williams syndrome: A critical review of the cognitive, behavioral, and neuroanatomical phenotype. *Journal of Child Psychology and Psychiatry, 49,* 576–608. (13)

Martin, A., & Olson, K. R. (2015). Beyond good and evil: What motivations underlie children's prosocial behavior? *Perspectives on Psychological Science, 10,* 159–175. (4)

Martin, G., Rojas, L. M., Ramírez, Y., & McNeil, R. (2004). The eyes of oilbirds (*Steatornis caripensis*): Pushing at the limits of sensitivity. *Naturwissenschaften, 91,* 26–29. (5)

Martin, P. R., Lee, B. B., White, A. J. R., Solomon, S. G., & Rütiger, L. (2001). Chromatic sensitivity of ganglion cells in the peripheral primate retina. *Nature, 410,* 933–936. (5)

Martín, R., Bajo-Grañeras, R., Moratalla, R., Perea, G., & Araque, A. (2015). Circuit-specific signaling in astrocyte-neuron networks in basal ganglia pathways. *Science, 349,* 730–734. (1)

Martin, R. C., & Blossom-Stach, C. (1986). Evidence of syntactic deficits in a fluent aphasic. *Brain and Language, 28,* 196–234. (13)

Martin, S. D., Martin, E., Rai, S. S., Richardson, M. A., Royall, R., & Eng, C. (2001). Brain blood flow changes in depressed patients treated with interpersonal psychotherapy or venlafaxine hydrochloride. *Archives of General Psychiatry, 58,* 641–648. (14)

Martindale, C. (2001). Oscillations and analogies: Thomas Young, MD, FRS, genius. *American Psychologist, 56,* 342–345. (5)

Martínez-Horta, S., Perez-Perez, J., van Duijn, E., Fernandez-Bobadilla, R., Carceller, M., Pagonabarrage, J., …Kulisevsky, J. (2016). Neuropsychiatric symptoms are very common in premanifest and early stage Huntington's disease. *Parkinsonism & Related Disorders, 25,* 58–64. (7)

Martínez-Horta, S., Riba, J., de Bobadilla, R. F., Pagonabarraga, J., Pascual-Sedano, B., Antonijoan, R. M., …Kulisevsky, J. (2014). Apathy in Parkinson's disease: Neurophysiological evidence of impaired incentive processing. *Journal of Neuroscience, 34,* 5918–5926. (7)

Martinez-Vargas, M. C., & Erickson, C. J. (1973). Some social and hormonal determinants of nest-building behaviour in the ring dove (*Streptopelia risoria*). *Behaviour, 45,* 12–37. (10)

Martinowich, K., Manji, H., & Lu, B. (2007). New insights into BDNF function in depression and anxiety. *Nature Neuroscience, 10,* 1089–1093. (14)

Masal, E., Randler, C., Besoluk, S., Önder, I., Horzum, M. B., & Vollmer, C. (2015). Effects of longitude, latitude and social factors on chronotype in Turkish students. *Personality and Individual Differences, 86,* 73–81. (8)

Mascaro, J. S., Hackett, P. D., & Rilling, J. K. (2013). Testicular volume is inversely correlated with nurturing-related brain activity in human fathers. *Proceedings of the National Academy of Sciences, 110,* 15746–15751. (10)

Masland, R. H. (2012). The tasks of amacrine cells. *Visual Neuroscience, 29,* 3–9. (5)

Masland, R. H. (2001). The fundamental plan of the retina. *Nature Neuroscience, 4,* 877–886. (5)

Maslen, H., Douglas, T., Cohen Kadosh, R., Levy, N., & Savulescu, J. (2014). The regulation of cognitive enhancement devices: Extending the medical model. *Journal of Law and the Biosciences, 1,* 68–93. (12)

Mason, M. F., Norton, M. I., Van Horn, J. D., Wegner, D. M., Grafton, S. T., & Macrae, C. N. (2007). Wandering minds: The default network and stimulus-independent thought. *Science, 315,* 393–395. (3)

Massimini, M., Ferrarelli, F., Huber, R., Esser, S. K., Singh, H., & Tononi, G. (2005). Breakdown of cortical effective connectivity during sleep. *Science, 309,* 2228–2232. (8)

Mathews, G. A., Fane, B. A., Conway, G. S., Brook, C. G. D., & Hines, M. (2009). Personality and congenital adrenal androgen exposure. *Hormones and Behavior, 55,* 285–291. (10)

Matrisciano, F., Bonaccorso, S., Ricciardi, A., Scaccianoce, S., Panaccione, I., Wang, L., … Shelton, R. C. (2008). Changes in BDNF serum levels in patients with major depression disorder (MDD) after 6 months treatment with sertraline, escitalopram, or venlafaxine. *Journal of Psychiatric Research, 43,* 247–254. (14)

Matson, J. L., Adams, H. L., Williams, L. W., & Rieske, R. D. (2013). Why are there so many unsubstantiated treatments in autism? *Research in Autism Spectrum Disorders, 7,* 466–474. (14)

Matsumoto, Y., Mishima, K., Satoh, K., Tozawa, T., Mishima, Y., Shimizu, T., & Hishikawa, Y. (2001). Total sleep deprivation induces an acute and transient increase in NK cell activity in healthy young volunteers. *Sleep, 24,* 804–809. (8)

Matsunami, H., Montmayeur, J.-P., & Buck, L. B. (2000). A family of candidate taste receptors in human and mouse. *Nature, 404,* 601–604. (6)

Mattavelli, G., Sormaz, M., Flack, T., Asghar, A. V. R., Fan, S., Frey, J., …Andrews, T. J. (2014). Neural responses to facial expressions support the role of the amygdala in processing threat. *Social Cognitive and Affective Neuroscience, 9,* 1684–1689. (11)

Mattingley, J. B., Husain, M., Rorden, C., Kennard, C., & Driver, J. (1998). Motor role of human inferior parietal lobe revealed in unilateral neglect patients. *Nature, 392,* 179–182. (13)

Matuszewich, L., Lorrain, D. S., & Hull, E. M. (2000). Dopamine release in the medial preoptic area of female rats in response to hormonal manipulation and sexual activity. *Behavioral Neuroscience, 114,* 772–782. (10)

Maurice, D. M. (1998). The Von Sallmann lecture of 1996: An ophthalmological explanation of REM sleep. *Experimental Eye Research, 66,* 139–145. (8)

May, P. R. A., Fuster, J. M., Haber, J., & Hirschman, A. (1979). Woodpecker drilling behavior: An endorsement of the rotational theory of impact brain injury. *Archives of Neurology, 36,* 370–373. (4)

Maya Vetencourt, J. F., Sale, A., Viegi, A., Baroncelli, L., DePasquale, R., O'Leary, O. F., ...Maffei, L. (2008). The antidepressant fluoxetine restores plasticity in the adult visual cortex. *Science, 320,* 385–388. (14)

Mayberry, R. I., Lock, E., & Kazmi, H. (2002). Linguistic ability and early language exposure. *Nature, 417,* 38. (13)

Mayer, A. D., & Rosenblatt, J. S. (1979). Hormonal influences during the ontogeny of maternal behavior in female rats. *Journal of Comparative and Physiological Psychology, 93,* 879–898. (10)

Mazur, A., & Michalek, J. (1998). Marriage, divorce, and male testosterone. *Social Forces, 77,* 315–330. (10)

Mazza, S., Gerber, E., Gustin, M.-P., Kasikci, Z., Koenig, O., Toppino, T. C., & Magnin, M. (2016). Relearn faster and retain longer: Along with practice, sleep makes perfect. *Psychological Science, 27,* 1321–1330. (8)

McBride, C. S., Baier, F., Omondi, A. B., Spitzer, S. A., Lutomiah, J., Sang, R., ...Vosshall, L. B. (2014). Evolution of mosquito preference for humans linked to an odorant receptor. *Nature, 515,* 222–227. (6)

McBurney, D. H., & Bartoshuk, L. M. (1973). Interactions between stimuli with different taste qualities. *Physiology & Behavior, 10,* 1101–1106. (6)

McCall, C., & Singer, T. (2012). The animal and human neuroendocrinology of social cognition, motivation and behavior. *Nature Neuroscience, 15,* 681–688. (13)

McCarley, R. W., & Hoffman, E. (1981). REM sleep, dreams, and the activation-synthesis hypothesis. *American Journal of Psychiatry, 138,* 904–912. (8)

McCarthy, M. M. (2010). How it's made: Organizational effects of hormones on the developing brain. *Journal of Neuroendocrinology, 22,* 736–742. (10)

McCarthy, M. M. (2016). Multifaceted origins of sex differences in the brain. *Philosophical Transactions of the Royal Society B, 371,* article number 20150106. (10)

McCarthy, M. M., & Arnold, A. P. (2011). Reframing sexual differentiation of the brain. *Nature Neuroscience, 14,* 677–683. (10)

McClintock, M. K. (1971). Menstrual synchrony and suppression. *Nature, 229,* 244–245. (6)

McConnell, J. V. (1962). Memory transfer through cannibalism in planarians. *Journal of Neuropsychiatry, 3*(Suppl. 1), 42–48. (12)

McConnell, S. K. (1992). The genesis of neuronal diversity during development of cerebral cortex. *Seminars in the Neurosciences, 4,* 347–356. (4)

McDermott, R., Dawes, C., Prom-Wormley, E., Eaves, L., & Hatemi, P. K. (2013). MAOS and aggression: A gene-environment interaction in two populations. *Journal of Conflict Resolution, 57,* 1043–1064. (11)

McDonald, M. J., Rice, D. P., & Desai, M. M. (2016). Sex speeds adaptation by altering the dynamics of molecular evolution. *Nature, 531,* 233–236. (10)

McEwen, B. S. (2000). The neurobiology of stress: From serendipity to clinical relevance. *Brain Research, 886,* 172–189. (9, 11)

McGorry, P. D., Nelson, B., & Markulev, C. (2017). Effect of omega-3 polysaturated fatty acids in young people at ultrahigh risk for psychotic disorders. *JAMA Psychiatry, 74,* 19–27. (14)

McGue, M., & Bouchard, T. J., Jr. (1998). Genetic and environmental influences on human behavioral differences. *Annual Review of Neuroscience, 21,* 1–24. (12)

McGue, M., Malone, S., Keyes, M., & Iacono, W. G. (2014). Parent-offspring similarity for drinking: A longitudinal adoption study. *Behavior Genetics, 44,* 620–628. (14)

McGuire, S., & Clifford, J. (2000). Genetic and environmental contributions to loneliness in children. *Psychological Science, 11,* 487–491. (4)

McHugh, P. R., & Moran, T. H. (1985). The stomach: A conception of its dynamic role in satiety. *Progress in Psychobiology and Physiological Psychology, 11,* 197–232. (9)

McIntyre, M., Gangestad, S. W., Gray, P. B., Chapman, J. F., Burnham, T. C., O'Rourke, M. T., & Thornhill, R. (2006). Romantic involvement often reduces men's testosterone levels—but not always: The moderating effect of extrapair sexual interest. *Journal of Personality and Social Psychology, 91,* 642–651. (10)

McIntyre, R. S., Konarski, J. Z., Wilkins, K., Soczynska, J. K., & Kennedy, S. H. (2006). Obesity in bipolar disorder and major depressive disorder: Results from a National Community Health Survey on Mental Health and Well-Being. *Canadian Journal of Psychiatry, 51,* 274–280. (9)

McKeever, W. F., Seitz, K. S., Krutsch, A. J., & Van Eys, P. L. (1995). On language laterality in normal dextrals and sinistrals: Results from the bilateral object naming latency task. *Neuropsychologia, 33,* 1627–1635. (13)

McKemy, D. D., Neuhausser, W. M., & Julius, D. (2002). Identification of a cold receptor reveals a general role for TRP channels in thermosensation. *Nature, 416,* 52–58. (6)

McKenzie, I. A., Ohayon, D., Li, H., Paes de Faria, J., Emery, B., Tohyama, K., & Richardson, W. D. (2014). Motor skill learning requires active central myelination. *Science, 346,* 318–322. (4)

McKinnon, W., Weisse, C. S., Reynolds, C. P., Bowles, C. A., & Baum, A. (1989). Chronic stress, leukocyte-subpopulations, and humoral response to latent viruses. *Health Psychology, 8,* 839–402. (11)

McMillan, K. A., Asmundson, G. J. G., Zvolensky, M. J., & Carleton, R. N. (2012). Startle response and anxiety sensitivity: Subcortical indices of physiologic arousal and fear responding. *Emotion, 12,* 1264–1272. (11)

McNay, E. (2014). Your brain on insulin: From heresy to dogma. *Perspectives on Psychological Science, 9,* 88–90. (1)

Meddis, R., Pearson, A. J. D., & Langford, G. (1973). An extreme case of healthy insomnia. *EEG and Clinical Neurophysiology, 35,* 213–214. (8)

Mednick, S. C., McDevitt, E. A., Walsh, J. K., Wamsley, E., Paulus, M., Kanady, J. C., & Drummond, S. P. A. (2013). The critical role of sleep spindles in hippocampal-dependent memory: A pharmacological study. *Journal of Neuroscience, 13,* 4494–4504. (8)

Mehta, P. H., Welker, K. M., Zilioli, S., & Carré, J. M. (2015). Testosterone and cortisol jointly modulate risk-taking. *Psychoneuroendocrinology, 56,* 88–99. (11)

Meier, M. H., Shaler, I., Moffitt, T. E., Kapur, S., Keefe, R. S. E., Wong, T. Y., ...Poulton, R. (2013). Microvascular abnormality in schizophrenia as shown by retinal imaging. *American Journal of Psychiatry, 170,* 1451–1459. (14)

Meister, M., Wong, R. O. L., Baylor, D. A., & Shatz, C. J. (1991). Synchronous bursts of action potentials in ganglion cells of the developing mammalian retina. *Science, 252,* 939–943. (4)

Melby-Lervåg, M., Redick, T. S., & Hulme, C. (2016). Working memory training does not improve performance on measures of intelligence or other measures of "far transfer": Evidence from a meta-analytic review. *Perspectives on Psychological Science, 11,* 512–534. (4)

Melis, A. P., Grocke, P., Kalbitz, J., & Tomasello, M. (2016). One for you, one for me: Humans' unique turn-taking skills. *Psychological Science, 27,* 987–996. (12)

Melloni, L., Molina, C., Pena, M., Torres, D., Singer, W., & Rodriguez, E. (2007). Synchronization of neural activity across cortical areas correlates with conscious perception. *Journal of Neuroscience, 27,* 2858–2865. (13)

Melone, M., Vitellaro-Zuccarello, L., Vallejo-Illarramendi, A., Pérez-Samartin, A., Matute, C., Cozzi, A., ...Conti, F. (2001). The expression of glutamate transporter GLT-1 in the rat cerebral cortex is downregulated by the antipsychotic drug clozapine. *Molecular Psychiatry, 6,* 380–386. (14)

Meltzer, H. Y., Matsubara, S., & Lee, J.-C. (1989). Classification of typical and atypical antipsychotic drugs on the basis of dopamine D-1, D-2 and serotonin2 pKi values. *Journal of Pharmacology and Experimental Therapeutics, 251,* 238–246. (14)

Meltzoff, A. N., & Moore, M. K. (1977). Imitation of facial and manual gestures by human neonates. *Science, 198,* 75–78. (7)

Melzack, R., & Wall, P. D. (1965). Pain mechanisms: A new theory. *Science, 150,* 971–979. (6)

Méndez-Bértolo, C., Moratti, S., Toledano, R., Lopez-Sosa, F., Martínez-Alvarez, R., Mah,

Y. H., ...Strange, B. A. (2016). A fast pathway for fear in human amygdala. *Nature Neuroscience, 19,* 1041–1049. (11)

Mendieta-Zéron, H., López, M., & Diéguez, C. (2008). Gastrointestinal peptides controlling body weight homeostasis. *General and Comparative Endocrinology, 155,* 481–495. (9)

Mendle, J., Eisenlohr-Moul, T., & Kiesner, J. (2016). From menarche to menopause: Women's reproductive milestones and risk for psychopathology—An introduction to the special series. *Clinical Psychological Science, 4,* 859–866. (14)

Mergen, M., Mergen, H., Ozata, M., Oner, R., & Oner, C. (2001). A novel melanocortin 4 receptor (MC4R) gene mutation associated with morbid obesity. *Journal of Clinical Endocrinology & Metabolism, 86,* 3448–3451. (9)

Merikangas, K. P., & Pato, M. (2009). Recent developments in the epidemiology of bipolar disorder in adults and children: Magnitude, correlates, and future directions. *Clinical Psychology: Science and Practice, 16,* 121–133. (14)

Mertens, J., Wang, Q.-W., Kim, Y., Yu, D. X., Pham, S., Yang, B., ...Yao, J. (2015). Differential responses to lithium in hyperexcitable neurons from patients with bipolar disorder. *Nature, 527,* 95–99. (14)

Merzenich, M. M., Nelson, R. J., Stryker, M. P., Cynader, M. S., Schoppman, A., & Zook, J. M. (1984). Somatosensory cortical map changes following digit amputation in adult monkeys. *Journal of Comparative Neurology, 224,* 591–605. (4)

Mesgarani, N., & Chang, E. F. (2013). Selective cortical representation of attended speaker in multi-talker speech perception. *Nature, 485,* 233–236. (6)

Meshi, D., Drew, M. R., Saxe, M., Ansorge, M. S., David, D., Santarelli, L., ...Hen, R. (2006). Hippocampal neurogenesis is not required for behavioral effects of environmental enrichment. *Nature Neuroscience, 9,* 729–731. (4)

Mesgarani, N., Cheung, C., Johnson, K., & Chang, E. F. (2014). Phonetic feature encoding in human superior temporal gyrus. *Science, 343,* 1006–1010. (6)

Metcalf, S. A., Jones, P. B., Nordstrom, T., Timonen, M., Maki, P., Miettunen, J., ...Khandaker, G. M. (2017). Serum C-reactive protein in adolescence and risk of schizophrenia in adulthood: A prospective birth cohort study. *Brain, Behavior, and Immunity, 59,* 253–259. (14)

Mevorach, C., Hodsoll, J., Allen, H., Shalev, L., & Humphreys, G. (2010). Ignoring the elephant in the room: A neural circuit to downregulate salience. *Journal of Neuroscience, 30,* 6072–6079. (13)

Meyer, B., Yuen, K. S. L., Ertl, M., Polomac, N., Mulert, C., Büchel, C., & Kalish, R. (2015). Neural mechanisms of placebo anxiolysis. *Journal of Neuroscience, 35,* 7365–7373. (6)

Meyer, K., Kaplan, J. T., Essex, R., Webber, C., Damasio, H., & Damasio, A. (2010). Predicting visual stimuli on the basis of activity in auditory cortices. *Nature Neuroscience, 13,* 667–671. (6)

Meyer-Bahlburg, H. F. L., Dalke, K. B., Berenbaum, S. A., Cohen-Kettenis, P. T., Hines, M., & Schober, J. M. (2016). Gender assignment, reassignment and outcome in disorders of sex development: Update of the 2005 Consensus Conference. *Hormone Research in Paediatrics, 85,* 112–118. (10)

Meyer-Bahlburg, H. F. L., Dolezal, C., Baker, S. W., & New, M. I. (2008). Sexual orientation in women with classical or non-classical congenital adrenal hyperplasia as a function of degree of prenatal androgen excess. *Archives of Sexual Behavior, 37,* 85–99. (10)

Meyer-Lindenberg, A. (2010). From maps to mechanisms through neuroimaging of schizophrenia. *Nature, 468,* 194–202. (14)

Meyer-Lindenberg, A., Mervis, C. B., & Berman, K. F. (2006). Neural mechanisms in Williams syndrome: A unique window to genetic influences on cognition and behaviour. *Nature Reviews Neuroscience, 7,* 380–393. (13)

Mezzanotte, W. S., Tangel, D. J., & White, D. P. (1992). Waking genioglossal electromyogram in sleep apnea patients versus normal controls (a neuromuscular compensatory mechanism). *Journal of Clinical Investigation, 89,* 1571–1579. (8)

Mihalcescu, I., Hsing, W., & Leibler, S. (2004). Resilient circadian oscillator revealed in individual cyanobacteria. *Nature, 430,* 81–85. (8)

Mika, A., Mazur, G. J., Hoffman, A. N., Talboom, J. S., Bimonte-Nelson, H. A., Sanabria, F., & Conrad, C. D. (2012). Chronic stress impairs prefrontal cortex-dependent response inhibition and spatial working memory. *Behavioral Neuroscience, 126,* 605–619. (11)

Milich, R., & Pelham, W. E. (1986). Effects of sugar ingestion on the classroom and playgroup behavior of attention deficit disordered boys. *Journal of Consulting and Clinical Psychology, 54,* 714–718. (9)

Millan, M. J. (2014). On "polypharmacy" and multi-target agents, complementary strategies for improving the treatment of depression: A comparative appraisal. *International Journal of Neuropsychopharmacology, 17,* 1009–1037. (14)

Miller, C. A., Gavin, C. F., White, J. A., Parrish, R. R., Honasoge, A., Yancey, C. R., ...Sweatt, J. D. (2010). Cortical DNA methylation maintains remote memory. *Nature Neuroscience, 13,* 664–666. (12)

Miller, G. (2007a). Animal extremists get personal. *Science, 318,* 1856–1585. (0)

Miller, G. A. (2010). Mistreating psychology in the decades of the brain. *Perspectives on Psychological Science, 5,* 716–743. (0, 13)

Miller, G., Tybur, J. M., & Jordan, B. D. (2007). Ovulatory cycle effects on tip earnings by lap dancers: Economic evidence for human estrus? *Evolution and Human Behavior, 28,* 375–381. (10)

Miller, I. N., Neargarder, S., Risi, M. M., & Cronin-Golomb, A. (2013). Frontal and posterior subtypes of neuropsychological deficit in Parkinson's disease. *Behavioral Neuroscience, 127,* 175–183. (7)

Miller, J. C., & Krizan, Z. (2016). Walking facilitates positive affect (even when expecting the opposite). *Emotion, 16,* 775–785. (14)

Miller, J. F., Neufang, M., Solway, A., Brandt, A., Trippel, M., Mader, I., ...Schulze-Bonhage, A. (2013). Neural activity in human hippocampal formation reveals the spatial context of retrieved memories. *Science, 342,* 1111–1114. (13)

Miller, S. L., & Maner, J. K. (2010). Scent of a woman: Men's testosterone responses to olfactory ovulation cues. *Psychological Science, 21,* 276–283. (6)

Milner, B. (1959). The memory defect in bilateral hippocampal lesions. *Psychiatric Research Reports, 11,* 43–58. (12)

Milner, A. D. (2012). Is visual processing in the dorsal stream accessible to consciousness? *Proceedings of the Royal Society, B, 279,* 2289–2298. (5)

Min, J., Chiu, D. T., & Wang, Y. (2013). Variation in the heritability of body mass index based on diverse twin studies: A systematic review. *Obesity Reviews, 14,* 871–882. (9)

Mineur, Y. S., Abizaid, A., Rao, Y., Salas, R., DiLeone, R. J., Gündisch, D., ...Picciotto, M. R. (2011). Nicotine decreases food intake through activation of POMC neurons. *Science, 332,* 1330–1332. (9)

Minichiello, L. (2009). TrkB signaling pathways in LTP and learning. *Nature Reviews Neuroscience, 10,* 850–860. (12)

Minkel, J. D., Banks, S., Htaik, O., Moreta, M. C., Jones, C. W., McGlinchey, E. L., ...Dinges, D. F. (2012). Sleep deprivation and stressors: Evidence for elevated negative affect in response to mild stressors when sleep deprived. *Emotion, 12,* 1015–1020. (8)

Minokoshi, Y., Alquier, T., Furukawa, N., Kim, Y.-B., Lee, A., Xue, B., ...Kahn, B. B. (2004). AMP-kinase regulates food intake by responding to hormonal and nutrient signals in the hypothalamus. *Nature, 428,* 569–574. (9)

Minto, C. L., Liao, L.-M., Woodhouse, C. R. J., Ransley, P. G., & Creighton, S. M. (2003). The effect of clitoral surgery in individuals who have intersex conditions with ambiguous genitalia: A cross-sectional study. *Lancet, 361,* 1252–1257. (10)

Misrahi, M., Meduri, G., Pissard, S., Bouvattier, C., Beau, I., Loosfelt, H., ...Bougneres, P. (1997). Comparison of immunocytochemical and molecular features with the phenotype in a case of incomplete male pseudohermaphroditism associated with a mutation of the luteinizing hormone receptor. *Journal of Clinical Endocrinology & Metabolism, 82,* 2159–2165. (10)

Mistlberger, R. E., & Skene, D. J. (2004). Social influences on mammalian circadian rhythms: Animal and human studies. *Biological Rhythms, 79*, 533–556. (8)

Mitchell, D. E. (1980). The influence of early visual experience on visual perception. In C. S. Harris (Ed.), *Visual coding and adaptability* (pp. 1–50). Hillsdale, NJ: Erlbaum. (5)

Miu, A. C., Vulturar, R., Chis, A., Ungureanu, L., & Gross, J. J. (2013). Reappraisal as a mediator in the link between 5-HTTLPR and social anxiety symptoms. *Emotion, 13*, 1012–1022. (11)

Miyazawa, A., Fujiyoshi, Y., & Unwin, N. (2003). Structure and gating mechanism of the acetylcholine receptor pore. *Nature, 423*, 949–955. (2)

Mochizuki, T., Crocker, A., McCormack, S., Yanagisawa, M., Sakurai, T., & Scammell, T. E. (2004). Behavioral state instability in orexin knock-out mice. *Journal of Neuroscience, 24*, 6291–6300. (8)

Moens, L. N., De Rijk, P., Reumers, J., Van den Bossche, M. J. A., Glassee, W., De Zutter, S., ...Del-Favero, J. (2011). Sequencing of *DISC1* pathway genes reveals increased burden of rare missense variants in schizophrenia patients from a northern Swedish population. *PLoS One, 6*, e23450. (14)

Mokalled, M. H., Patra, C., Dickson, A. L., Endo, T., Stainer, D. Y. R., & Poss, K. D. (2016). Injury-induced *ctgfa* directs glial bridging and spinal cord regeneration in zebrafish. *Science, 354*, 630–634. (4)

Molloy, K., Griffiths, T. D., Chait, M., & Lavie, N. (2015). Inattentional deafness: Visual load leads to time-specific suppression of auditory evoked responses. *Journal of Neuroscience, 35*, 16046–16054. (6)

Money, J., & Ehrhardt, A. A. (1972). *Man & woman, boy & girl*. Baltimore: Johns Hopkins University Press. (10)

Money, J., & Lewis, V. (1966). IQ, genetics and accelerated growth: Adrenogenital syndrome. *Bulletin of the Johns Hopkins Hospital, 118*, 365–373. (10)

Money, J., & Schwartz, M. (1978). Biosocial determinants of gender identity differentiation and development. In J. B. Hutchison (Ed.), *Biological determinants of sexual behaviour* (pp. 765–784). Chichester, England: Wiley. (10)

"Monkeying around." (2016). *Nature, 532*, 281. (0)

Monk, T. H., & Aplin, L. C. (1980). Spring and autumn daylight time changes: Studies of adjustment in sleep timings, mood, and efficiency. *Ergonomics, 23*, 167–178. (8)

Monteleone, P., Serritella, C., Scognamiglio, P., & Maj, M. (2010). Enhanced ghrelin secretion in the cephalic phase of food ingestion in women with bulimia nervosa. *Psychoneuroendocrinology, 35*, 284–288. (9)

Montgomery, K. J., Seeherman, K. R., & Haxby, J. V. (2009). The well-tempered social brain. *Psychological Science, 20*, 1211–1213. (7)

Montgomery, S. A., Baldwin, D. S., Blier, P., Fineberg, N. A., Kasper, S., Lader, M., ... Thase, M. E. (2007). Which antidepressants have demonstrated superior efficacy? A review of the evidence. *International Clinical Psychopharmacology, 22*, 323–329. (14)

Monti, M. M., Vanhaudenhuyse, A., Coleman, M. R., Boly, M., Pickard, J. D., Tshibanda, L., ...Laureys, S. (2010). Willful modulation of brain activity in disorders of consciousness. *New England Journal of Medicine, 362*, 579–589. (13)

Monti-Bloch, L., Jennings-White, C., Dolberg, D. S., & Berliner, D. L. (1994). The human vomeronasal system. *Psychoneuroendocrinology, 19*, 673–686. (6)

Montoya, E. R., Terburg, D., Bos, P. A., & van Honk, J. (2012). Testosterone, cortisol, and serotonin as key regulators of social aggression: A review. *Motivation & Emotion, 36*, 65–73. (11)

Moody, T. D., Chang, G. Y., Vanek, Z. F., & Knowlton, B. J. (2010). Concurrent discrimination learning in Parkinson's disease. *Behavioral Neuroscience, 124*, 1–8. (12)

Moore, L. B., Goodwin, B., Jones, S. A., Wisely, G. B., Serabjit-Singh, C. J., Willson, T. M., ... Kliewer, S. A. (2000). St. John's wort induces hepatic drug metabolism through activation of the pregnane X receptor. *Proceedings of the National Academy of Sciences, USA, 97*, 7500–7502. (14)

Moore, T. L., Schetter, S. P., Killiany, R. J., Rosene, D. L., & Moss, M. B. (2012). Impairment in delayed nonmatching to sample following lesions of dorsal prefrontal cortex. *Behavioral Neuroscience, 126*, 772–780. (12)

Moore-Ede, M. C., Czeisler, C. A., & Richardson, G. S. (1983). Circadian timekeeping in health and disease. *New England Journal of Medicine, 309*, 469–476. (8)

Moors, A. (2009). Theories of emotion causation: A review. *Cognition & Emotion, 23*, 625–662. (11)

Moretti, A., Ferrari, F., & Villa, R. F. (2015). Neuroprotection for ischaemic stroke: Current status and challenges. *Pharmacology & Therapeutics, 146*, 23–34. (4)

Morfini, G. A., You, Y-M., Pollema, S. L., Kaminska, A., Liu, K., Yoshioka, K., ... Brady, S. T. (2009). Pathogenic huntingtin inhibits fast axonal transport by activating JNK3 and phosphorylating kinesin. *Nature Neuroscience, 12*, 864–871. (7)

Mori, K., Mataga, N., & Imamura, K. (1992). Differential specificities of single mitral cells in rabbit olfactory bulb for a homologous series of fatty acid odor molecules. *Journal of Neurophysiology, 67*, 786–789. (6)

Moriuchi, J. M., Klin, A., & Jones, W. (2016). Mechanisms of diminished attention to eyes in autism. *American Journal of Psychiatry, 174*, 26–35. (14)

Morley, J. E., Levine, A. S., Grace, M., & Kneip, J. (1985). Peptide YY (PYY), a potent orexigenic agent. *Brain Research, 341*, 200–203. (9)

Moroz, L. L., Kocot, K. M., Citarella, M. R., Dosung, S., Norekian, T. P., Povolotskaya, I. S., ...Kohn, A. B. (2014). The ctenophore genome and the evolutionary origin of nervous systems. *Nature, 510*, 109–114. (2)

Morquette, P., Verdier, D., Kodala, A., Féthière, J., Philippe, A. G., Robitaille, R., & Kolta, A. (2015). An astrocyte-dependent mechanism for neuronal rhythmogenesis. *Nature Neuroscience, 18*, 844–854. (1)

Morran, L. T., Schmidt, O. G., Gelarden, I. A., Parrish, R. C. II, & Lively, C. M. (2011). Running with the red queen: Host-parasite coevolution selects for biparental sex. *Science, 333*, 216–218. (10)

Morris, J. S., deBonis, M., & Dolan, R. J. (2002). Human amygdala responses to fearful eyes. *NeuroImage, 17*, 214–222. (11)

Morris, M., Lack, L., & Dawson, D. (1990). Sleep-onset insomniacs have delayed temperature rhythms. *Sleep, 13*, 1–14. (8)

Morrison, A. R., Sanford, L. D., Ball, W. A., Mann, G. L., & Ross, R. J. (1995). Stimulus-elicited behavior in rapid eye movement sleep without atonia. *Behavioral Neuroscience, 109*, 972–979. (8)

Morrison, J. H., & Baxter, M. G. (2012). The ageing cortical synapse: Hallmarks and implications for cognitive decline. *Nature Reviews Neuroscience, 13*, 240–250. (4)

Morrison, S. F. (2016). Central neural control of thermoregulation and brown adipose tissue. *Autonomic Neuroscience, 196*, 14–24. (9)

Morton, A. J., Wood, N. I., Hastings, M. H., Hurelbink, C., Barker, R. A., & Maywood, E. S. (2005). Disintegration of the sleep–wake cycle and circadian timing in Huntington's disease. *Journal of Neuroscience, 25*, 157–163. (8)

Morton, G. J., Cummings, D. E., Baskin, D. G., Barsh, G. S., & Schwartz, M. W. (2006). Central nervous system control of food intake and body weight. *Nature, 443*, 289–295. (9)

Moruzzi, G., & Magoun, H. W. (1949). Brain stem reticular formation and activation of the EEG. *Electroencephalography and Clinical Neurophysiology, 1*, 455–473. (8)

Moscarello, J. M., & LeDoux, J. E. (2013). Active avoidance learning requires prefrontal suppression of amygdala-mediated defensive reactions. *Journal of Neuroscience, 33*, 3815–3823. (11)

Moser, H. R., & Giesler, G. J. Jr. (2013). Itch and analgesia resulting from intrathecal application of morphine: Contrasting effects on different populations of trigeminothalamic tract neurons. *Journal of Neuroscience, 33*, 6093–6101. (6)

Moser, M.-B., & Moser, E. I. (2016, January). Where am I? Where am I going? *Scientific American, 314*(1), 26–33. (12)

Moss, C. F., & Simmons, A. M. (1986). Frequency selectivity of hearing in the green treefrog, *Hyla cinerea*. *Journal of Comparative Physiology, A, 159*, 257–266. (6)

Moss, S. J., & Smart, T. G. (2001). Constructing inhibitory synapses. *Nature Reviews Neuroscience, 2*, 240–250. (2)

Mrzljak, L., Bergson, C., Pappy, M., Huff, R., Levenson, R., & Goldman-Rakic, P. S. (1996). Localization of dopamine D4 receptors in GABAergic neurons of the primate brain. *Nature, 381*, 245–248. (14)

Mueller, K., Fritz, T., Mildner, T., Richter, M., Schulze, K., Lepsien, J., …Möller, H. E. (2015). Investigating the dynamics of the brain response to music: A central role of the ventral striatum/nucleus accumbens. *NeuroImage, 116*, 68–79. (11)

Muller, Y. L., Hanson, R. L., Bian, L., Mack, J., Shi, X. L., Pakyz, R., …Baier, L. J. (2010). Functional variants in MBL2 are associated with type 2 diabetes and pre-diabetes traits in Pima Indians and the Old Order Amish. *Diabetes, 59*, 2080–2085. (9)

Munoz, D. P., & Everling, S. (2004). Look away: The anti-saccade task and the voluntary control of eye movement. *Nature Reviews Neuroscience, 5*, 218–228. (7)

Muraskin, J., Sherwin, J., & Sajda, P. (2015). Knowing when not to swing: EEG evidence that enhanced perception-action coupling underlies baseball batter expertise. *NeuroImage, 123*, 1–10. (5)

Murata, Y., Higo, N., Hayashi, T., Nishimura, Y., Sugiyama, Y., Oishi, T., …Onoe, H. (2015). Temporal plasticity involved in recovery from manual dexterity deficit after motor cortex lesion in macaque monkeys. *Journal of Neuroscience, 35*, 84–95. (4)

Murphy, F. C., Nimmo-Smith, I., & Lawrence, A. D. (2003). Functional neuroanatomy of emotions: A meta-analysis. *Cognitive, Affective, & Behavioral Neuroscience, 3*, 207–233. (11)

Murphy, M. L. M., Slavich, G. M., Chen, E., & Miller, G. E. (2015). Targeted rejection predicts decreased symptom severity in youth with asthma. *Psychological Science, 26*, 111–121. (11)

Murphy, M. R., Checkley, S. A., Seckl, J. R., & Lightman, S. L. (1990). Naloxone inhibits oxytocin release at orgasm in man. *Journal of Clinical Endocrinology & Metabolism, 71*, 1056–1058. (10)

Murray, G., Carrington, M. J., Nicholas, C. L., Kleiman, J., Dwyer, R., Allen, N. B., & Trinder, J. (2009). Nature's clocks and human mood: The circadian system modulates reward motivation. *Emotion, 9*, 705–716. (8)

Murrell, J., Farlow, M., Ghetti, B., & Benson, M. D. (1991). A mutation in the amyloid precursor protein associated with hereditary Alzheimer's disease. *Science, 254*, 97–99. (12)

Murty, N. A. R., & Arun, S. P. (2015). Dynamics of 3D view invariance in monkey inferotemporal cortex. *Journal of Neurophysiology, 113*, 2180–2194. (5)

Murty, V. P., LaBar, K. S., & Adcock, R. A. (2012). Threat of punishment motivates memory encoding via amygdala, not midbrain, interactions with the medial temporal lobe. *Journal of Neuroscience, 32*, 8969–8976. (12)

Musacchia, G., Sams, M., Skoe, E., & Kraus, N. (2007). Musicians have enhanced subcortical auditory and audiovisual processing of speech and music. *Proceedings of the National Academy of Sciences, USA, 104*, 15894–15898. (4)

Musiek, E. S., & Holtzman, D. M. (2015). Three dimensions of the amyloid hypothesis: Time, space, and "wingmen." *Nature Neuroscience, 18*, 800–806. (12)

Muto, V., Jaspar, M., Meyer, C., Kussé, C., Chellappa, S. L., Degueldre, C., …Maquet, P. (2016). Local modulation of human brain responses by circadian rhythmicity and sleep debt. *Science, 353*, 687–690. (8)

Myers, C. A., Vandermosten, M., Farris, E. A., Hancock, R., Gimenez, P., Black, J. M., …Hoeft, F. (2014). White matter morphometric changes uniquely predict children's reading acquisition. *Psychological Science, 25*, 1870–1883. (12)

Myers, J. J., & Sperry, R. W. (1985). Interhemispheric communication after section of the forebrain commissures. *Cortex, 21*, 249–260. (13)

Nadal, A., Díaz, M., & Valverde, M. A. (2001). The estrogen trinity: Membrane, cytosolic, and nuclear effects. *News in Physiological Sciences, 16*, 251–255. (10)

Nagarajan, S., Mahncke, H., Salz, T., Tallal, P., Roberts, T., & Merzenich, M. M. (1999). Cortical auditory signal processing in poor readers. *Proceedings of the National Academy of Sciences, USA, 96*, 6483–6488. (13)

Nagy, E. (2011). Sharing the moment: The duration of embraces in humans. *Journal of Ethology, 29*, 389–393. (7)

Nahum, L., Bouzerda-Wahlen, A., Guggisberg, A., Ptak, R., & Schnider, A. (2012). Forms of confabulation: Dissociations and associations. *Neuropsychologia, 50*, 2224–2234. (12)

Najt, P., Bayer, U., & Hausmann, M. (2013). Models of hemispheric specialization in facial emotion perception—A reevaluation. *Emotion, 13*, 159–167. (11)

Nakamura, K. (2011). Central circuitries for body temperature regulation and fever. *American Journal of Physiology—Regulatory, Integrative, and Comparative Physiology, 301*, R1207–R1228. (9)

Nakata, H., Yoshie, M., Miura, A., & Kudo, K. (2010). Characteristics of the athletes' brain: Evidence from neurophysiology and neuroimaging. *Brain Research Reviews, 62*, 197–211. (5)

Nalls, M. A., Pankratz, N., Lill, C. M., Do, C. B., Hernandez, D. G., Saad, M., …Singleton, A. B. (2014). Large-scale meta-analysis of genome-wide association data identifies six new risk loci for Parkinson's disease. *Nature Genetics, 46*, 989–993. (7)

Narr, K. L., Woods, R. P., Thompson, P. M., Szeszko, P., Robinson, D., Dimtcheva, T., …Bilder, R. M. (2007). Relationships between IQ and regional cortical gray matter thickness in healthy adults. *Cerebral Cortex, 17*, 2163–2171. (12)

Narrow, W. E., Rae, D. S., Robins, L. N., & Regier, D. A. (2002). Revised prevalence estimates of mental disorders in the United States. *Archives of General Psychiatry, 59*, 115–123. (14)

Nasr, S., Polimeni, J. R., & Tootell, R. B. H. (2016). Interdigitated color- and disparity-selective columns within human visual cortical areas V2 and V3. *Journal of Neuroscience, 36*, 1841–1857. (5)

Nassi, J. J., & Callaway, E. M. (2006). Multiple circuits relaying primate parallel visual pathways to the middle temporal cortex. *Journal of Neuroscience, 26*, 12789–12798. (5)

Nassi, J. J., & Callaway, E. M. (2009). Parallel processing strategies of the primate visual system. *Nature Reviews Neuroscience, 10*, 360–372. (5)

Nathans, J., Davenport, C. M., Maumenee, I. H., Lewis, R. A., Hejtmancik, J. F., Litt, M., …Fishman, G. (1989). Molecular genetics of human blue cone monochromacy. *Science, 245*, 831–838. (5)

Naumer, M. J., & van den Bosch, J. J. F. (2009). Touching sounds: Thalamocortical plasticity and the neural basis of multisensory integration. *Journal of Neurophysiology, 102*, 7–8. (6)

Navarrete, C. D., McDonald, M. M., Mott, M. L., & Asher, B. (2012). Virtual morality: Emotion and action in a simulated three-dimensional "trolley problem." *Emotion, 12*, 364–370. (11)

Nave, G., Camerer, C., & McCullough, M. (2015). Does oxytocin increase trust in humans? A critical review of the literature. *Perspectives on Psychological Science, 10*, 772–789. (13)

Nebes, R. D. (1974). Hemispheric specialization in commissurotomized man. *Psychological Bulletin, 81*, 1–14. (13)

Nedergaard, M., & Verkhatsky, A. (2012). Artifact versus reality: How astrocytes contribute to synaptic events. *Glia, 60*, 1013–1023. (1)

Nef, P. (1998). How we smell: The molecular and cellular bases of olfaction. *News in Physiological Sciences, 13*, 1–5. (6)

Nelson, D. L., Orr, H. T., & Warren, S. T. (2013). The unstable repeats—three evolving faces of neurological disease. *Neuron, 77*, 825–843. (7)

Nelson, C. A., Wewerka, S., Thomas, K. M., Tribby-Walbridge, S., deRegnier, R., & Georgieff, M. (2000). Neurocognitive sequelae of infants of diabetic mothers. *Behavioral Neuroscience, 114*, 950–956. (4)

Nesvag, R., Bergmann, O., Rimol, L. M., Lange, E. H., Haukvik, U. K., Hartberg, C.

B., ...Agartz, I. (2012). A 5-year follow-up study of brain cortical and subcortical abnormalities in a schizophrenia cohort. *Schizophrenia Research, 142,* 209–216. (14)

Netter, F. H. (1983). *CIBA collection of medical illustrations: Vol. 1. Nervous system.* New York: CIBA. (10)

Nettersheim, A., Hallschmid, M., Born, J., & Diekelmann, S. (2015). The role of sleep in motor sequence consolidation: Stabilization rather than enhancement. *Journal of Neuroscience, 35,* 6696–6702. (8)

Network and Pathway Analysis Subgroup of the Psychiatric Genomics Consortium. (2015). Psychiatric genome-wide association study analyses implicate neuronal, immune and histone pathways. *Nature Neuroscience, 18,* 199–209. (14)

Neumeister, A., Hu, X.-Z., Luckenbaugh, D. A., Schwarz, M., Nugent, A. C., Bonne, O., ...Charney, D. S. (2006). Differential effects of *5-HTTLPR* genotypes on the behavioral and neural responses to tryptophan depletion in patients with major depression and controls. *Archives of General Psychiatry, 63,* 978–986. (14)

Neumeister, A., Nugent, A. C., Waldeck, T., Geraci, M., Schwarz, M., Bonne, O., ...Drevets, W. C. (2004). Neural and behavioral responses to tryptophan depletion in unmedicated patients with remitted major depressive disorder and controls. *Archives of General Psychiatry, 61,* 765–773. (14)

Neville, H. J., Bavelier, D., Corina, D., Rauschecker, J., Karni, A., Lalwani, A., ...Turner, R. (1998). Cerebral organization for language in deaf and hearing subjects: Biological constraints and effects of experience. *Proceedings of the National Academy of Sciences, USA, 95,* 922–929. (13)

Nevin, R. (2007). Understanding international crime trends: The legacy of preschool lead exposure. *Environmental Research, 104,* 315–336. (11)

Nicklas, W. J., Saporito, M., Basma, A., Geller, H. M., & Heikkila, R. E. (1992). Mitochondrial mechanisms of neurotoxicity. *Annals of the New York Academy of Sciences, 648,* 28–36. (7)

Nicolelis, M. A. L., Ghazanfar, A. A., Stambaugh, C. R., Oliveira, L. M. O., Laubach, M., Chapin, J. K., ...Kaas, J. H. (1998). Simultaneous encoding of tactile information by three primate cortical areas. *Nature Neuroscience, 1,* 621–630. (3)

Nielsen, J., Hedeholm, R. B., Heinemeier, J., Bushnell, P. G., Christiansen, J. S., Olsen, J., ...Steffensen, J. F. (2016). Eye lens radiocarbon reveals centuries of longevity in the Greenland shark (*Somniosus microcephaus*). *Science, 353,* 702–707. (4)

Nieuwenhuys, R., Voogd, J., & vanHuijzen, C. (1988). *The human central nervous system* (3rd rev. ed.). Berlin: Springer-Verlag. (3, 9, 11, 13)

Nijboer, T. C. W., Kollen, B. J., & Kwakkel, G. (2013). Time course of visuospatial neglect early after stroke: A longitudinal cohort study. *Cortex, 59,* 2021–2027. (13)

Nikolova, Y. S., Koenen, K. C., Galea, S., Wang, C.-M., Seney, M. L., Sibille, E., ...Hariri, A. R. (2014). Serotonin transporter epigenetic modification predicts human brain function. *Nature Neuroscience, 17,* 1153–1155. (12)

Nilsson, G. E. (1999, December). The cost of a brain. *Natural History, 108,* 66–73. (3)

Nir, Y., & Tononi, G. (2010). Dreaming and the brain: From phenomenology to neurophysiology. *Trends in Cognitive Sciences, 14,* 88–100. (8)

Nishimaru, H., Restrepo, C. E., Ryge, J., Yanagawa, Y., & Kiehn, O. (2005). Mammalian motor neurons corelease glutamate and acetylcholine at central synapses. *Proceedings of the National Academy of Sciences, USA, 102,* 5245–5249. (2)

Nishimura, Y., Onoe, H., Morichika, Y., Perfiliev, S., Tsukada, H., & Isa, T. (2007). Time-dependent central compensatory mechanisms of finger dexterity after spinal cord injury. *Science, 318,* 1150–1155. (4)

Nishizawa, K., Fukabori, R., Okada, K., Kai, N., Uchigashima, M., Watanabe, M., ...Kobayashi, K. (2012). Striatal indirect pathway contributes to selection accuracy of learned motor actions. *Journal of Neuroscience, 32,* 13421–13432. (7)

Nitabach, M. N., & Taghert, P. H. (2008). Organization of the *Drosophila* circadian control circuit. *Current Biology, 18,* R84–R93. (8)

Noaghiul, S., & Hibbeln, J. R. (2003). Cross-national comparisons of seafood consumption and rates of bipolar disorders. *American Journal of Psychiatry, 160,* 2222–2227. (14)

Nørby, S., (2015). Why forget? On the adaptive value of memory loss. *Perspectives on Psychological Science, 10,* 551–578. (12)

Nordenström, A., Frisén, L., Falhammar, H., Filipsson, H., Holmdahl, G., Janson, P. O., ...Nordenskjold, A. (2010). Sexual function and surgical outcome in women with congenital adrenal hyperplasia due to CYP21A2 deficiency: Clinical perspective and the patients' perception. *Journal of Clinical Endocrinology & Metabolism, 95,* 3633–3640. (10)

Nordenström, A., Servin, A., Bohlin, G., Larsson, A., & Wedell, A. (2002). Sex-typed toy play behavior correlates with the degree of prenatal androgen exposure assessed by *CYP21* genotype in girls with congenital adrenal hyperplasia. *Journal of Clinical Endocrinology & Metabolism, 87,* 5119–5124. (10)

Norman-Haignere, S. V., Albouy, P., Caclin, A., McDermott, J. H., Kanwisher, N. G., & Tillman, B. (2016). Pitch-responsive cortical regions in congenital amusia. *Journal of Neuroscience, 36,* 2986–2994. (6)

Norris, A. L., Marcus, D. K., & Green, B. A. (2015). Homosexuality as a discrete class. *Psychological Science, 26,* 1843–1853. (10)

North, R. A. (1989). Neurotransmitters and their receptors: From the clone to the clinic. *Seminars in the Neurosciences, 1,* 81–90. (2)

Nosenko, N. D., & Reznikov, A. G. (2001). Prenatal stress and sexual differentiation of monoaminergic brain systems. *Neurophysiology, 33,* 197–206. (10)

Nottebohm, F. (2002). Why are some neurons replaced in adult brain? *Journal of Neuroscience, 22,* 624–628. (4)

Novarino, G., El-Fishawy, P., Kayserili, H., Meguid, N. A., Scott, E. M., Schroth, J., ...Gleeson, J. G. (2012). Mutations in *BCKD-kinase* lead to a potentially treatable form of autism with epilepsy. *Science, 338,* 394–397. (14)

Nugent, B. M., Wright, C. L., Shetty, A. C., Hodes, G. E., Lenz, K. M., Mahurkar, A., ...McCarthy, M. M. (2015). Brain feminization requires active repression of masculinization via DNA methylation. *Nature Neuroscience, 18,* 690–697. (10)

Nugent, F. S., Penick, S. C., & Kauer, J. A. (2007). Opioids block long-term potentiation of inhibitory synapses. *Nature, 446,* 1086–1090. (12)

Numan, M., & Woodside, B. (2010). Maternity: Neural mechanisms, motivational processes, and physiological adaptations. *Behavioral Neuroscience, 124,* 715–741. (10, 11)

Nutt, D. J., Lingford-Hughes, A., Erritzoe, D., & Stokes, P. R. A. (2015). The dopamine theory of addiction: 40 years of highs and lows. *Nature Reviews Neuroscience, 16,* 305–312. (14)

Obeso, J. A., Marin, C., Rodriguez-Oroz, C., Blesa, J., Benitez-Temiño, B., Mena-Segovia, J., ...Olanow, C. W. (2008). The basal ganglia in Parkinson's disease: Current concepts and unexplained observations. *Annals of Neurology, 64*(Suppl.), S30–S46. (7)

O'Connor, E. C., Kremer, Y., Lefort, S., Harada, M., Pascoli, V., Rohner, C., & Lüscher, C. (2015). Accumbal D1R neurons projecting to lateral hypothalamus authorize feeding. *Neuron, 88,* 553–564. (9)

Offidani, E., Guidi, J., Tomba, E., & Fava, G. A. (2013). Efficacy and tolerability of benzodiazepines versus antidepressants in anxiety disorders: A systematic review and meta-analysis. *Psychotherapy and Psychosomatics, 82,* 355–362. (11)

Oka, Y., Ye, M., & Zuker, C. S. (2015). Thirst driving and suppressing signals encoded by distinct neural populations in the brain. *Nature, 520,* 349–352. (9)

O'Kane, G., Kensinger, E. A., & Corkin, S. (2004). Evidence for semantic learning in profound amnesia: An investigation with patient H. M. *Hippocampus, 14,* 417–425. (12)

Okbay, A., Beauchamp, J. P., Fontana, M. A., Lee, J. J., Pers, T. H., Rietveld, C. A., ...Benjamin, D. J. (2016). Genome-wide association study identifies 74 loci associated with educational attainments. *Nature, 533,* 539–542. (12)

O'Keefe, J., & Burgess, N. (1996). Geometric determinants of the place fields of hippocampal neurons. *Nature, 381,* 425–434. (12)

O'Keefe, J., & Dostrovsky, J. (1971). The hippocampus as a spatial map. Preliminary evidence from unit activity in the freely-moving rat. *Brain Research, 34,* 171–175. (12)

Okhovat, M., Berrio, A., Wallace, G., Ophir, A. G., & Phelps, S. M. (2015). Sexual fidelity trade-offs promote regulatory variation in the prairie vole brain. *Science, 350,* 1371–1374. (10)

Olanow, C. W., Goetz, C. G., Kordower, J. H., Stoessl, A. J., Sossi, V., Brin, M. F., ... Freeman, T. B. (2003). A double-blind controlled trial of bilateral fetal nigral transplantation in Parkinson's disease. *Annals of Neurology, 54,* 403–414. (7)

Olds, J. (1958). Satiation effects in self-stimulation of the brain. *Journal of Comparative and Physiological Psychology, 51,* 675–678. (14)

Olds, J., & Milner, P. (1954). Positive reinforcement produced by electrical stimulation of the septal area and other regions of the rat brain. *Journal of Comparative and Physiological Psychology, 47,* 419–428. (14)

Oliver, L. D., Mitchell, D. G. V., Dziobek, I., MacKinley, J., Coleman, K., Rankin, K. P., & Finger, E. C. (2015). Parsing cognitive and emotional empathy deficits for negative and positive stimuli in frontotemporal dementia. *Neuropsychologia, 67,* 14–26. (13)

Olkowicz, S., Kocourek, M., Lucan, R. K., Portes, M., Fitch, T., Herculano-Houzel, S., & Nemec, P. (2016). Birds have primate-like numbers of neurons in the forebrain. *Proceedings of the National Academy of Sciences, 113,* 7255–7260. (12)

Oler, J. A., Fox, A. S., Shelton, S. E., Rogers, J., Dyer, T. D., Davidson, R. J., ...Kalin, N. H. (2010). Amygdalar and hippocampal substrates of anxious temperament differ in their heritability. *Nature, 466,* 864–868. (11)

Olff, M., Frijling, J. L., Kubzansky, L. D., Bradley, B., Ellenbogen, M. A., Cardoso, C., ...van Zuiden, M. (2013). The role of oxytocin in social bonding, stress regulation and mental health: An update on the moderating effects of context and individual differences. *Psychoneuroendocrinology, 38,* 1883–1894. (13)

Olney, J. W., & Farber, N. B. (1995). Glutamate receptor dysfunction and schizophrenia. *Archives of General Psychiatry, 52,* 998–1007. (14)

Olson, E. J., Boeve, B. F., & Silber, M. H. (2000). Rapid eye movement sleep behaviour disorder: Demographic, clinical and laboratory findings in 93 cases. *Brain, 123,* 331–339. (8)

Olsson, A., Kopsida, E., Sorjonen, K., & Savic, I. (2016). Testosterone and estrogen impact social evaluations and vicarious emotions: A double-blind placebo-controlled study. *Emotion, 16,* 515–523. (10)

Olsson, M. J., Lundström, J. N., Kimball, B. A., Gordon, A. R., Karshikoff, B., Hosseini, N., ...Lekander, M. (2014). The scent of disease: Human body odor contains an early chemosensory cue of sickness. *Psychological Science, 25,* 817–823. (6)

Olton, D. S., & Papas, B. C. (1979). Spatial memory and hippocampal function. *Neuropsychologia, 17,* 669–682. (12)

Olton, D. S., Walker, J. A., & Gage, F. H. (1978). Hippocampal connections and spatial discrimination. *Brain Research, 139,* 295–308. (12)

Ono, M., Igarashi, T., Ohno, E., & Sasaki, M. (1995). Unusual thermal defence by a honeybee against mass attack by hornets. *Nature, 377,* 334–336. (9)

Oostenbroek, J., Suddendorf, T., Nielsen, M., Redshaw, J., Kennedy-Constantini, S., Davis, J., ...Slaughter, V. (2016). Comprehensive longitudinal study challenges the existence of neonatal imitation in humans. *Current Biology, 26,* 1334–1338. (7)

O'Roak, B. J., Vives, L., Girirajan, S., Karakoc, E., Krumm, N., ...Eichler, E. E. (2012). Sporadic autism exomes reveal a highly interconnected protein network of de novo mutations. *Nature, 485,* 246–250. (14)

O'Rourke, N. A., Weiler, N. C., Micheva, K. D., & Smith, S. J. (2012). Deep molecular diversity of mammalian synapses: Why it matters and how to measure it. *Nature Reviews Neuroscience, 13,* 365–379. (2)

Ortigue, S., Bianchi-Demicheli, F., Patel, N., Frum, C., & Lewis, J. W. (2010). Neuroimaging of love: fMRI meta-analysis evidence towards new perspectives in sexual medicine. *Journal of Sexual Medicine, 7,* 3541–3552. (13)

Otmakhov, N., Tao-Cheng, J.-H., Carpenter, S., Asrican, B., Dosemici, A., & Reese, T. S. (2004). Persistent accumulation of calcium/calmodulin-dependent protein kinase II in dendritic spines after induction of NMDA receptor-dependent chemical long-term potentiation. *Journal of Neuroscience, 25,* 9324–9331. (12)

Ousman, S. S., & Kubes, P. (2012). Immune surveillance in the central nervous system. *Nature Neuroscience, 15,* 1096–1101. (1)

Owen, A. M., Coleman, M. R., Boly, M., Davis, M. H., Laureys, S., & Pickard, J. D. (2006). Detecting awareness in the vegetative state. *Science, 313,* 1402. (13)

Oxley, D. R., Smith, K. B., Alford, J. R., Hibbing, M. V., Miller, J. L., Scalora, M., ...Hibbing, J. R. (2008). Political attitudes vary with physiological traits. *Science, 321,* 1667–1670. (11)

Packer, A. M., Roska, B., & Häusser, M. (2013). Targeting neurons and photons for optogenetics. *Nature Neuroscience, 16,* 805–815. (3)

Padilla, S. L., Qiu, J., Soden, M. E., Sanz, E., Nestor, C. C., Barker, F. D., ...Palmiter, R. D. (2016). Agouti-related peptide neural circuits mediate adaptive behaviors in the starved state. *Nature Neuroscience, 19,* 734–741. (9)

Paffen, C. L. E., & Alais, D. (2011). Attentional modulation of binocular rivalry. *Frontiers in Human Neuroscience, 5,* Article 105. (13)

Pail, G., Huf, W., Pjrek, E., Winkler, D., Willeit, M., Praschak-Rider, N., & Kasper, S. (2011). Bright-light therapy in the treatment of mood disorders. *Neuropsychobiology, 64,* 152–162. (14)

Palop, J. J., Chin, J., & Mucke, L. (2006). A network dysfunction perspective on neurodegenerative diseases. *Nature, 443,* 768–773. (12)

Palva, S., Linkenkaer-Hansen, K., Näätänen, R., & Palva, J. M. (2005). Early neural correlates of conscious somatosensory perception. *Journal of Neuroscience, 25,* 5248–5258. (6)

Pandey, G. N., Pandey, S. C., Dwivedi, Y., Sharma, R. P., Janicak, P. G., & Davis, J. M. (1995). Platelet serotonin-2A receptors: A potential biological marker for suicidal behavior. *American Journal of Psychiatry, 152,* 850–855. (11)

Panov, A. V., Gutekunst, C.-A., Leavitt, B. R., Hayden, M. R, Burke, J. R., Strittmatter, W. J., & Greenamyre, J. T. (2002). Early mitochondrial calcium defects in Huntington's disease are a direct effect of polyglutamines. *Nature Neuroscience, 5,* 731–736. (7)

Panula, P., & Nuutinen, S. (2013). The histaminergic network in the brain: Basic organization and role in disease. *Nature Reviews Neuroscience, 14,* 472–487. (8)

Pardal, R., & López-Barneo, J. (2002). Low glucose-sensing cells in the carotid body. *Nature Neuroscience, 5,* 197–198. (9)

Paredes, M. F., James, D., Gil-Perotin, S., Kim, H., Cotter, J. A., Ng, C., ...Alvarez-Buylla, A. (2016). Extensive migration of young neurons into the infant human frontal lobe. *Science, 354,* 81. (4)

Parent, M. B., Habib, M. K., & Baker, G. B. (1999). Task-dependent effects of the antidepressant/antipanic drug phenelzine on memory. *Psychopharmacology, 142,* 280–288. (8)

Parise, E., & Csibra, G. (2012). Electrophysiological evidence for the understanding of maternal speech by 9-month-old infants. *Psychological Science, 23,* 728–733. (3)

Park, D. C., & McDonough, I. M. (2013). The dynamic aging mind: Revelations from functional neuroimaging research. *Perspectives on Psychological Science, 8,* 62–67. (4)

Park, I. S., Lee, K. J., Han, J. W., Lee, N. J., Lee, W. T., Park, K. A., & Rhyu, I. J. (2009). Experience-dependent plasticity of cerebellar vermis in basketball players. *Cerebellum, 8,* 334–339. (7)

Park, I. S., Lee, N. J., Kim, T.-Y., Park, J.-H., Won, Y.-M., Jung, Y.-J., ...Rhyu, I. J. (2012). Volumetric analysis of cerebellum in short-track speed skating players. *Cerebellum, 11,* 925–930. (7)

Park, J. E., Sohn, J. H., Seong, S. J., Suk, H. W., & Cho, M. J. (2015). General similarities but consistent differences between early- and late-onset depression among Korean adults aged 40 and older. *Journal of Nervous and Mental Disease, 203,* 617–625. (14)

Park, S., Holzman, P. S., & Goldman-Rakic, P. S. (1995). Spatial working memory deficits in the relatives of schizophrenic patients. *Archives of General Psychiatry, 52,* 821–828. (14)

Parker, G. H. (1922). *Smell, taste, and allied senses in the vertebrates.* Philadelphia: Lippincott. (6)

Parton, L. E., Ye, C. P., Coppari, R., Enriori, P. J., Choi, B., Zhang, C.-Y., ...Lowell, B. B. (2007). Glucose sensing by POMC neurons regulates glucose homeostasis and is impaired in obesity. *Nature, 449,* 228–232. (9)

Parvaz, M. A., Moeller, S. J., & Goldstein, R. Z. (2016). Incubation of cue-induced craving in adults addicted to cocaine measured by electroencephalography. *JAMA Psychiatry, 73,* 1127–1134. (14)

Parvizi, J., Jacques, C., Foster, B. L., Withoft, N., Rangarajan, V., Weiner, K. S., & Grill-Spector, K. (2012). Electrical stimulation of human fusiform face-selective regions distorts face perception. *Journal of Neuroscience, 32,* 14915–14920. (5)

Pascual, A., Hidalgo-Figueroa, M., Piruat, J. I., Pintado, C. O., Gómez-Díaz, R., & López-Barneo, J. (2008). Absolute requirement of GDNF for adult catecholaminergic neuron survival. *Nature Neuroscience, 11,* 755–761. (4)

Pasterski, V. L., Geffner, M. E., Brain, C., Hindmarsh, P., Brook, C., & Hines, M. (2005). Prenatal hormones and postnatal socialization by parents as determinants of male-typical toy play in girls with congenital adrenal hyperplasia. *Child Development, 76,* 264–278. (10)

Pasterski, V., Geffner, M. E., Brain, C., Hindmarsh, P., Brook, C., & Hines, M. (2011). Prenatal hormones and childhood sexual selection: Playmate and play style preferences in girls with congenital adrenal hyperplasia. *Hormones and Behavior, 59,* 549–555. (10)

Patten, S. B., Williams, J. V. A., Lavorato, D. H., Fiest, K. M., Bulloch, A. G. M., & Wang, J. L. (2015). The prevalence of major depression is not changing. *Canadian Journal of Psychiatry, 60,* 31–34. (14)

Patterson, K., Nestor, P. J., & Rogers, T. T. (2007). Where do you know what you know? The representation of semantic knowledge in the human brain. *Nature Reviews Neuroscience, 8,* 976–987. (12)

Paulesu, E., Frith, U., Snowling, M., Gallagher, A., Morton, J., Frackowiak, R. S. J., & Frith, C. D. (1996). Is developmental dyslexia a disconnection syndrome? *Brain, 119,* 143–157. (13)

Paus, T., Marrett, S., Worsley, K. J., & Evans, A. C. (1995). Extraretinal modulation of cerebral blood flow in the human visual cortex: Implications for saccadic suppression. *Journal of Neurophysiology, 74,* 2179–2183. (5)

Pavlov, I. P. (1927). *Conditioned reflexes.* Oxford, England: Oxford University Press. (12)

Payne, J. D., Kensinger, E. A., Wamsley, E. J., Spreng, R. N., Alger, S. E., Gibler, K., ...Stickgold, R. (2015). Napping and the selective consolidation of negative aspects of scenes. *Emotion, 15,* 176–186. (8)

Pearson, H. (2006). Freaks of nature? *Nature, 444,* 1000–1001. (7)

Peck, C. J., Lau, B., & Salzman, C. D. (2013). The primate amygdala combines information about space and value. *Nature Neuroscience, 16,* 340–348. (11)

Peelle, J. E., Troiani, V., Grossman, M., & Wingfield, A. (2011). Hearing loss in older adults affects neural systems supporting speech comprehension. *Journal of Neuroscience, 31,* 12638–12643. (6)

Peeters, R., Simone, L., Nelissen, K., Fabbri-Desstro, M., Vanduffel, W., Rizzolatti, G., & Orban, G. A. (2009). The representation of tool use in humans and monkeys: Common and uniquely human features. *Journal of Neuroscience, 29,* 11523–11539. (0)

Peigneux, P., Laureys, S., Fuchs, S., Collette, F., Perrin, F., Reggers, J., ...Maquet, P. (2004). Are spatial memories strengthened in the human hippocampus during slow wave sleep? *Neuron, 44,* 535–545. (8)

Peleg, G., Katzir, G., Peleg, O., Kamara, M., Brodsky, L., Hel-Or, H., ...Nevo, E. (2006). Hereditary family signature of facial expression. *Proceedings of the National Academy of Sciences, USA, 103,* 15921–15926. (4)

Pelli, D. G., & Tillman, K. A. (2008). The uncrowded window of object recognition. *Nature Neuroscience, 11,* 1129–1135. (5)

Pellis, S. M., O'Brien, D. P., Pellis, V. C., Teitelbaum, P., Wolgin, D. L., & Kennedy, S. (1988). Escalation of feline predation along a gradient from avoidance through "play" to killing. *Behavioral Neuroscience, 102,* 760–777. (11)

Pelleymounter, M. A., Cullen, M. J., Baker, M. B., Hecht, R., Winters, D., Boone, T., & Collins, F. (1995). Effects of the obese gene product on body weight regulation in *ob/ob* mice. *Science, 269,* 540–543. (9)

Pembrey, M. E., Bygren, L. O., Kaati, G., Edvinsson, S., Northstone, K., Sjöstrom, M., ...The ALSPAC Study Team. (2006). Sex-specific male-line transgenerational responses in humans. *European Journal of Human Genetics, 14,* 159–166. (4)

Penagos, H., Melcher, J. R., & Oxenham, A. J. (2004). A neural representation of pitch salience in nonprimary human auditory cortex revealed with functional magnetic resonance imaging. *Journal of Neuroscience, 24,* 6810–6815. (6)

Penfield, W. (1955). The permanent record of the stream of consciousness. *Acta Psychologica, 11,* 47–69. (12)

Penfield, W., & Milner, B. (1958). Memory deficit produced by bilateral lesions in the hippocampal zone. *Archives of Neurology and Psychiatry, 79,* 475–497. (12)

Penfield, W., & Perot, P. (1963). The brain's record of auditory and visual experience. *Brain, 86,* 595–696. (12)

Penfield, W., & Rasmussen, T. (1950). *The cerebral cortex of man.* New York: Macmillan. (3, 7)

Peng, G., & Wang, W. S.-Y. (2011). Hemisphere lateralization is influenced by bilingual status and composition of words. *Neuropsychologia, 49,* 1981–1986. (13)

Peng, Y., Gillis-Smith, S., Jin, H., Tränker, D., Ryba, N. J. P., & Zuker, C. S. (2015). Sweet and bitter taste in the brain of awake behaving animals. *Nature, 527,* 512–515. (6)

Penmatsa, A., Wang, K. H., & Gouaux, E. (2013). X-ray structure of dopamine transporter elucidates antidepressant mechanism. *Nature, 503,* 85–90. (14)

Pennisi, E. (2015). Of mice and men. *Nature, 349,* 21–22. (12)

Penzo, M. A., Robert, V., Tucciarone, J., De Bundel, D., Wang, M., Van Aelst, L., ...Li, B. (2015). The paraventricular thalamus controls a central amygdala fear circuit. *Nature, 519,* 455–459. (11)

Pepperberg, I. M. (1981). Functional vocalizations by an African grey parrot. *Zeitschrift für Tierpsychologie, 55,* 139–160. (13)

Pepperberg, I. M. (1994). Numerical competence in an African gray parrot (*Psittacus erithacus*). *Journal of Comparative Psychology, 108,* 36–44. (13)

Pereda, A. E. (2014). Electrical synapses and their functional interactions with chemical synapses. *Nature Reviews Neuroscience, 15,* 250–263. (2)

Pereira, M., & Ferreira, A. (2016). Neuroanatomical and neurochemical basis of parenting: Dynamic coordination of motivational, affective and cognitive processes. *Hormones and Behavior, 77,* 72–85. (10)

Perera, T. D., Coplan, J. D., Lisanby, S. H., Lipira, C. M., Arif, M., Carpio, C., ...Dwork, A. J. (2007). Antidepressant-induced neurogenesis in the hippocampus of adult nonhuman primates. *Journal of Neuroscience, 27,* 4894–4901. (14)

Perlow, M. J., Freed, W. J., Hoffer, B. J., Seiger, A., Olson, L., & Wyatt, R. J. (1979). Brain grafts reduce motor abnormalities produced by destruction of nigrostriatal dopamine system. *Science, 204,* 643–647. (7)

Perrone, J. A., & Thiele, A. (2001). Speed skills: Measuring the visual speed analyzing properties of primate MT neurons. *Nature Neuroscience, 4,* 526–532. (5)

Peretti, D., Bastide, A., Radford, H., Verity, N., Molloy, C., Martin, M. G., ...Mallucci, G. R. (2015). RBM3 mediates structural plasticity and protective effects of cooling in neurodegeneration. *Nature, 518,* 236–239. (8)

Pert, C. B., & Snyder, S. H. (1973). The opiate receptor: Demonstration in nervous tissue. *Science, 179,* 1011–1014. (2, 6)

Pesold, C., & Treit, D. (1995). The central and basolateral amygdala differentially mediate the anxiolytic effect of benzodiazepines. *Brain Research, 671*, 213–221. (11)

Peters, F., Nicolson, N. A., Berkhof, J., Delespaul, P., & deVries, M. (2003). Effects of daily events on mood states in major depressive disorder. *Journal of Abnormal Psychology, 112*, 203–211. (14)

Peters, R. M., Hackeman, E., & Goldreich, D. (2009). Diminutive digits discern delicate details: Fingertip size and the sex difference in tactile spatial acuity. *Journal of Neuroscience, 29*, 15756–15761. (6)

Peterson, C., Warren, K. L., & Short, M. M. (2011). Infantile amnesia across the years: A 2-year follow-up of children's earliest memories. *Child Development, 82*, 1092–1105. (12)

Peterson, C. K., & Harmon-Jones, E. (2012). Anger and testosterone: Evidence that situationally-induced anger relates to situationally-induced testosterone. *Emotion, 12*, 899–902. (11)

Peterson, L. R., & Peterson, M. J. (1959). Short-term retention of individual verbal items. *Journal of Experimental Psychology, 58*, 193–198. (12)

Petitto, L. A., Zatorre, R. J., Gauna, K., Nikelski, E. J., Dostie, D., & Evans, A. C. (2000). Speech-like cerebral activity in profoundly deaf people processing signed languages: Implications for the neural basis of human language. *Proceedings of the National Academy of Sciences, USA, 97*, 13961–13966. (13)

Petrovic, P., Kalso, E., Petersson, K. M., & Ingvar, M. (2002). Placebo and opioid analgesia—Imaging a shared neuronal network. *Science, 295*, 1737–1740. (6)

Pezzoli, G., & Cereda, E. (2013). Exposure to pesticides or solvents and risk of Parkinson's disease. *Neurology, 80*, 2035–2041. (7)

Phan, K. L., Wager, T., Taylor, S. F., & Liberzon, I. (2002). Functional neuroanatomy of emotion: A meta-analysis of emotion activation studies in PET and fMRI. *NeuroImage, 16*, 331–348. (11)

Phelps, M. E., & Mazziotta, J. C. (1985). Positron emission tomography: Human brain function and biochemistry. *Science, 228*, 799–809. (3)

Pietropaolo, S., Feldon, J., Alleva, E., Cirulli, F., & Yee, B. K. (2006). The role of voluntary exercise in enriched rearing: A behavioral analysis. *Behavioral Neuroscience, 120*, 787–803. (4)

Pietschnig, J., Penke, L., Wicherts, J. M., Zeiler, M., & Voracek, M. (2015). Meta-analysis of associations between human brain volume and intelligence differences: How strong are they and what do they mean? *Neuroscience and Biobehavioral Reviews, 57*, 411–432. (12)

Pilley, J. W. (2013). Border collie comprehends sentences containing a prepositional object, verb, and direct object. *Learning and Motivation, 44*, 229–240. (13)

Pinker, S. (1994). *The language instinct*. New York: HarperCollins. (13)

Pinkston, J. W., & Lamb, R. J. (2011). Delay discounting in C57BL/6J and DBA/2J mice: Adolescent-limited and life-persistent patterns of impulsivity. *Behavioral Neuroscience, 125*, 194–201. (4)

Pinto, L., & Götz, M. (2007). Radial glial cell heterogeneity: The source of diverse progeny in the CNS. *Progress in Neurobiology, 83*, 2–23. (1)

Pishnamazi, M., Tafakhori, A., Loloee, S., Modabbernia, A., Aghamollaii, V., Bahrami, B., & Winston, J. S. (2016). Attentional bias towards and away from fearful faces is modulated by developmental amygdala damage. *Cortex, 81*, 24–34. (11)

Pizzagalli, D. A., Nitschke, J. B., Oakes, T. R., Hendrick, A. M., Horras, K. A., Larson, C. L., ...Davidson, R. J. (2002). Brain electrical tomography in depression: The importance of symptom severity, anxiety, and melancholic features. *Biological Psychiatry, 52*, 73–85. (14)

Plant, G. T., James-Galton, M., & Wilkinson, D. (2015). Progressive cortical visual failure associated with occipital calcification and coeliac disease with relative preservation of the dorsal "action" pathway. *Cortex, 71*, 160–170. (5)

Platje, E., Popma, A., Vermeiren, R. R. J. M., Doreleijers, T. A. H., Meeus, W. H. J., van Lier, P. A. C., ...Jansen, L. M. C. (2015). Testosterone and cortisol in relation to aggression in a non-clinical sample of boys and girls. *Aggressive Behavior, 41*, 478–487. (11)

Plihal, W., & Born, J. (1997). Effects of early and late nocturnal sleep on declarative and procedural memory. *Journal of Cognitive Neuroscience, 9*, 534–547. (8)

Plomin, R., Corley, R., DeFries, J. C., & Fulker, D. (1990). Individual differences in television viewing in early childhood: Nature as well as nurture. *Psychological Science, 1*, 371–377. (4)

Plomin, R., DeFries, J. C., Knopik, V. S., & Neiderhiser, J. M. (2016). Top 10 replicated findings from behavioral genetics. *Perspectives on Psychological Science, 11*, 3–23. (4)

Plomin, R., Fulker, D. W., Corley, R., & DeFries, J. C. (1997). Nature, nurture, and cognitive development from 1 to 16 years: A parent-offspring adoption study. *Psychological Science, 8*, 442–447. (12)

Plomin, R., Haworth, C. M. A., Meaburn, E. L., Price, T. S., Wellcome Trust Case Control Consortium 2, & Davis, O. S. P. (2013). Common DNA markers can account for more than half of the genetic influence on cognitive abilities. *Psychological Science, 24*, 562–568. (4, 12)

Plutchik, R. (1982). A psychoevolutionary theory of emotions. *Social Science Information, 21*, 529–553. (11)

Pochedly, J. T., Widen, S. C., & Russell, J. A. (2012). What emotion does the "facial expression of disgust" express? *Emotion, 12*, 1315–1319. (11)

Poduslo, S. E., Huang, R., & Spiro, A. III (2009). A genome screen of successful aging without cognitive decline identifies LRP1B by haplotype analysis. *American Journal of Medical Genetics, B, 153B*, 114–119. (4)

Poldrack, R. A. (2006). Can cognitive processes be inferred from neuroimaging data? *Trends in Cognitive Sciences, 10*, 59–63. (3)

Poldrack, R. A., Sabb, F. W., Foerde, K., Tom, S. M., Asarnow, R. F., Bookheimer, S. Y., & Knowlton, B. J. (2005). The neural correlates of motor skill automaticity. *Journal of Neuroscience, 25*, 5356–5364. (7)

Polk, T. A., Drake, R. M., Jonides, J. J., Smith, M. R., & Smith, E. E. (2008). Attention enhances the neural processing of relevant features and suppresses the processing of irrelevant features in humans: A functional magnetic resonance imaging study of the Stroop task. *Journal of Neuroscience, 28*, 13786–13792. (13)

Pons, T. P., Garraghty, P. E., Ommaya, A. K., Kaas, J. H., Taub, E., & Mishkin, M. (1991). Massive cortical reorganization after sensory deafferentation in adult macaques. *Science, 252*, 1857–1860. (4)

Pontieri, F. E., Tanda, G., Orzi, F., & DiChiara, G. (1996). Effects of nicotine on the nucleus accumbens and similarity to those of addictive drugs. *Nature, 382*, 255–257. (3)

Pontzer, H., Brown, M. H., Raichlen, D. A., Dunsworth, H., Hare, B., Walker, K., ...Ross, S. R. (2016). Metabolic acceleration and the evolution of human brain size and life history. *Nature, 533*, 390–392. (12)

Poremba, A., Saunders, R. C., Crane, A. M., Cook, M., Sokoloff, L., & Mishkin, M. (2003). Functional mapping of the primate auditory system. *Science, 299*, 568–572. (6)

Porter, J., Craven, B., Khan, R. M., Chang, S.-J., Kang, I., Judkewicz, B., ...Sobel, N. (2007). Mechanisms of scent-tracking in humans. *Nature Neuroscience, 10*, 27–29. (6)

Posner, S. F., Baker, L., Heath, A., & Martin, N. G. (1996). Social contact, social attitudes, and twin similarity. *Behavior Genetics, 26*, 123–133. (4)

Post, R. M. (1992). Transduction of psychological stress into the neurobiology of recurrent affective disorder. *American Journal of Psychiatry, 149*, 999–1010. (14)

Posthuma, D., De Geus, E. J. C., Baaré, W. F. C., Pol, H. E. H., Kahn, R. S., & Boomsma, D. I. (2002). The association between brain volume and intelligence is of genetic origin. *Nature Neuroscience, 5*, 83–84. (12)

Potegal, M. (1994). Aggressive arousal: The amygdala connection. In M. Potegal & J. F. Knutson (Eds.). *The dynamics of aggression* (pp. 73–111). Hillsdale, NJ: Erlbaum. (11)

Potegal, M., Ferris, C., Hebert, M., Meyerhoff, J. M., & Skaredoff, L. (1996). Attack priming in female Syrian golden hamsters is associated with a *c-fos* coupled process within the corticomedial amygdala. *Neuroscience, 75*, 869–880. (11)

Potegal, M., Hebert, M., DeCoster, M., & Meyerhoff, J. L. (1996). Brief, high-frequency stimulation of the corticomedial amygdala induces a delayed and prolonged increase of aggressiveness in male Syrian golden hamsters. *Behavioral Neuroscience, 110*, 401–412. (11)

Potegal, M., Robison, S., Anderson, F., Jordan, C., & Shapiro, E. (2007). Sequence and priming in 15 month-olds' reactions to brief arm restraint: Evidence for a hierarchy of anger responses. *Aggressive Behavior, 33*, 508–518. (11)

Pouchelon, G., Gambino, F., Bellone, C., Telley, L., Vitali, I., Lüscher, C., ...Jabaudon, D. (2014). Modality-specific thalamocortical inputs instruct the identity of postsynaptic L4 neurons. *Nature, 511*, 471–477. (4)

Poulos, A. M., & Thompson, R. F. (2015). Localization and characterization of an essential associative memory trace in the mammalian brain. *Brain Research, 1621*, 252–259. (12)

Poulin, M. J., Holman, E. A., & Buffone, A. (2012). The neruogenetics of nice: Oxytocin and vasopressin receptor genes and prosocial behavior. *Psychological Science, 23*, 446–452. (13)

Power, R. A., Keers, R., Ng, M. Y., Butler, A. W., Uher, R., Cohen-Woods, S., ...Lewis, C. M. (2012). Dissecting the genetic heterogeneity of depression through age at onset. *American Journal of Medical Genetics, 159B*, 859–868. (14)

Preckel, F., Lipnevich, A. A., Anastasiya, A., Schneider, S., & Roberts, R. D. (2011). Chrono-type, cognitive abilities, and academic achievement: A meta-analytic investigation. *Learning and Individual Differences, 21*, 483–492. (8)

Preckel, F., Lipnevich, A. A., Boehme, K., Brandner, L., Georgi, K., Könen, T., ... Roberts, R. D. (2013). Morningness-eveningness and educational outcomes: The lark has an advantage over the owl at high school. *British Journal of Educational Psychology, 83*, 114–134. (8)

Premack, A. J., & Premack, D. (1972). Teaching language to an ape. *Scientific American, 227*(4), 92–99. (13)

Preti, G., Cutler, W. B., Garcia, C. R., Huggins, G. R., & Lawley, H. J. (1986). Human axillary secretions influence women's menstrual cycles: The role of donor extract of females. *Hormones and Behavior, 20*, 474–482. (6)

Pritchard, T. C., Hamilton, R. B., Morse, J. R., & Norgren, R. (1986). Projections of thalamic gustatory and lingual areas in the monkey, *Macaca fascicularis*. *Journal of Comparative Neurology, 244*, 213–228. (6)

Provine, R. R. (1979). "Wing-flapping" develops in wingless chicks. *Behavioral and Neural Biology, 27*, 233–237. (7)

Provine, R. R. (1981). Wing-flapping develops in chickens made flightless by feather mutations. *Developmental Psychobiology, 14*, 48 B 1–486. (7)

Provine, R. R. (1984). Wing-flapping during development and evolution. *American Scientist, 72*, 448–455. (7)

Provine, R. R. (1986). Yawning as a stereotyped action pattern and releasing stimulus. *Ethology, 72*, 109–122. (7)

Provine, R. R. (1972). Ontogeny of bioelectric activity in the spinal cord of the chick embryo and its behavioral implications. *Brain Research, 41*, 365–378. (4)

Prutkin, J., Duffy, V. B., Etter, L., Fast, K., Gardner, E., Lucchina, L. A., ...Bartoshuk, L. M. (2000). Genetic variation and inferences about perceived taste intensity in mice and men. *Physiology & Behavior, 69*, 161–173. (6)

Puca, A. A., Daly, M. J., Brewster, S. J., Matise, T. C., Barrett, J., Shea-Drinkwater, M., ... Perls, T. (2001). A genome-wide scan for linkage to human exceptional longevity identifies a locus on chromosome 4. *Proceedings of the National Academy of Sciences (U.S.A.), 98*, 10505–10508. (4)

Pudas, S., Persson, J., Josefsson, M., de Luna, X., Nilsson, L.-G., & Nyberg, L. (2013). Brain characteristics of individuals resisting age-related cognitive decline over two decades. *Journal of Neuroscience, 33*, 8668–8677. (4)

Puneeth, N. C., & Arun, S. P. (2016). A neural substrate for object permanence in monkey inferotemporal cortex. *Scientific Reports, 6*, Article 30808. (5)

Purcell, D. W., Blanchard, R., & Zucker, K. J. (2000). Birth order in a contemporary sample of gay men. *Archives of Sexual Behavior, 29*, 349–356. (10)

Purcell, S. M., Moran, J. L., Fromer, M., Ruderfer, D., Solovieff, N., Roussos, P., ... Sklar, P. (2014). A polygenic burden of rare disruptive mutations in schizophrenia. *Nature, 506*, 185–190. (14)

Purves, D., & Hadley, R. D. (1985). Changes in the dendritic branching of adult mammalian neurones revealed by repeated imaging in situ. *Nature, 315*, 404–406. (4)

Purves, D., & Lotto, R. B. (2003). *Why we see what we do: An empirical theory of vision*. Sunderland, MA: Sinauer Associates. (5)

Purves, D., Shimpi, A., & Lotto, R. B. (1999). An empirical explanation of the Cornsweet effect. *Journal of Neuroscience, 19*, 8542–8551. (5)

Putnam, S. K., Du, J., Sato, S., & Hull, E. M. (2001). Testosterone restoration of copulatory behavior correlates with medial preoptic dopamine release in castrated male rats. *Hormones and Behavior, 39*, 216–224. (10)

Puzziferri, N., Roshek, T. B. III, Mayo, H. G., Gallagher, R., Belle, S. H., & Livingston, E. H. (2014). Long-term follow-up after bariatric surgery: A systematic review. *Journal of the American Medical Association, 312*, 934–942. (9)

Queen, T. L., & Hess, T. M. (2010). Age differences in the effects of conscious and unconscious thought in decision making. *Psychology and Aging, 25*, 251–261. (4)

Race, E., Keane, M. M., & Verfaellie, M. (2011). Medial temporal lobe damage causes deficits in episodic memory and episodic future thinking not attributable to deficits in narrative construction. *Journal of Neuroscience, 31*, 10262–10269. (12)

Radoeva, P. D., Prasad, S., Brainard, D. H., & Aguirre, G. K. (2008). Neural activity within area V1 reflects unconscious visual performance in a case of blindsight. *Journal of Cognitive Neuroscience, 20*, 1927–1939. (5)

Rahman, Q., & Wilson, G. D. (2003). Born gay? The psychobiology of human sexual orientation. *Personality and Individual Differences, 34*, 1337–1382. (10)

Rainville, P., Duncan, G. H., Price, D. D., Carrier, B., & Bushnell, M. C. (1997). Pain affect encoded in human anterior cingulate but not somatosensory cortex. *Science, 277*, 968–971. (6)

Rakic, P. (1998). Cortical development and evolution. In M. S. Gazzaniga & J. S. Altman (Eds.), *Brain and mind: Evolutionary perspectives* (pp. 34–40). Strasbourg, France: Human Frontier Science Program. (4)

Ralph, M. R., Foster, R. G., Davis, F. C., & Menaker, M. (1990). Transplanted suprachiasmatic nucleus determines circadian period. *Science, 247*, 975–978. (8)

Ralph, M. R., & Menaker, M. (1988). A mutation of the circadian system in golden hamsters. *Science, 241*, 1225–1227. (8)

Ramachandran, V. S. (2003, May). Hearing colors, tasting shapes. *Scientific American, 288*(5), 52–59. (6)

Ramachandran, V. S., & Blakeslee, S. (1998). *Phantoms in the brain*. New York: Morrow. (4)

Ramachandran, V. S., & Hirstein, W. (1998). The perception of phantom limbs: The D. O. Hebb lecture. *Brain, 121*, 1603–1630. (4)

Ramirez, J. J. (2001). The role of axonal sprouting in functional reorganization after CNS injury: Lessons from the hippocampal formation. *Restorative Neurology and Neuroscience, 19*, 237–262. (4)

Ramirez, J. J., Bulsara, K. R., Moore, S. C., Ruch, K., & Abrams, W. (1999). Progressive unilateral damage of the entorhinal cortex enhances synaptic efficacy of the crossed entorhinal afferent to dentate granule cells. *Journal of Neuroscience, 19*: RC42, 1–6. (4)

Ramirez, J. J., Campbell, D., Poulton, W., Barton, C., Swails, J., Geghman, K., ... Courchesne, S. L. (2007). Bilateral entorhinal cortex lesions impair acquisition of delayed spatial alternation in rats. *Neurobiology of Learning and Memory, 87*, 264–268. (4)

Ramirez, J. J., McQuilkin, M., Carrigan, T., MacDonald, K., & Kelley, M. S. (1996). Progressive entorhinal cortex lesions accelerate hippocampal sprouting and spare spatial memory in rats. *Proceedings of the National Academy of Sciences, USA, 93*, 15512–15517. (4)

Ramón y Cajal, S. *see* Cajal, S. R.

Randler, C., Ebenhöh, N., Fischer, A., Höchel, S., Schroff, C., Stoll, J. C., & Vollmer, C. (2012). Chronotype but not sleep length is related to salivary testosterone in young men. *Psychoneuroendocrinology, 37,* 1740–1744. (8)

Ran, C., Hoon, M. A., & Chen, X. (2016). The coding of cutaneous temperature in the spinal cord. *Nature Neuroscience, 19,* 1201–1209. (6)

Ranson, S. W., & Clark, S. L. (1959). *The anatomy of the nervous system: Its development and function* (10th ed.). Philadelphia: Saunders. (3)

Rapoport, S. I., & Robinson, P. J. (1986). Tight-junctional modification as the basis of osmotic opening of the blood–brain barrier. *Annals of the New York Academy of Sciences, 481,* 250–267. (1)

Rasch, B., Pommer, J., Diekelmann, & Born, J. (2009). Pharmacological REM sleep suppression paradoxically improves rather than impairs skill memory. *Nature Neuroscience, 12,* 396–397. (8)

Raschle, N. M., Zuk, J., & Gaab, N. (2012). Functional characteristics of developmental dyslexia in left-hemispheric posterior brain regions predate reading onset. *Proceedings of the National Academy of Sciences (U.S.A.), 109,* 2156–2161. (13)

Rattenborg, N. C., Amlaner, C. J., & Lima, S. L. (2000). Behavioral, neurophysiological and evolutionary perspectives on unihemispheric sleep. *Neuroscience and Biobehavioral Reviews, 24,* 817–842. (8)

Rattenborg, N. C., Mandt, B. H., Obermeyer, W. H., Winsauer, P. J., Huber, R., Wikelski, M., & Benca, R. M. (2004). Migratory sleeplessness in the white-crowned sparrow (*Zonotrichia leucophrys gambelii*). *PLoS Biology, 2,* 924–936. (8)

Rattenborg, N. C., Voirin, B., Cruz, S. M., Tisdale, R., Dell'Omo, G., Llipp, H.-P., ... Vyssotski, A. L. (2016). Evidence that birds sleep in mid-flight. *Nature Communications, 7,* article 12468. (8)

Raum, W. J., McGivern, R. F., Peterson, M. A., Shryne, J. H., & Gorski, R. A. (1990). Prenatal inhibition of hypothalamic sex steroid uptake by cocaine: Effects on neurobehavioral sexual differentiation in male rats. *Developmental Brain Research, 53,* 230–236. (10)

Rauschecker, A. M., Dastjerdi, M., Weiner, K. S., Witthoft, N., Chen, J., Selimbeyoglu, A., & Parvizi, J. (2011). Illusions of visual motion elicited by electrical stimulation of human MT complex. *PLoS One, 6,* e21798. (5)

Rauskolb, S., Zagrebelsky, M., Dreznjak, A., Deogracias, R., Matsumoto, T., Wiese, S., ...Barde, Y. A. (2010). Global deprivation of brain-derived neurotrophic factor in the CNS reveals an area-specific requirement for dendritic growth. *Journal of Neuroscience, 30,* 1739–1749. (4)

Ravussin, Y., Leibel, R. L., & Ferrante, A. W. Jr. (2014). A missing link in body weight homeostasis: The catabolic signal of the overfed state. *Cell Metabolism, 20,* 565–572. (9)

Rawlins, M. D., Wexler, N. S., Wexler, A. R., Tabrizi, S. J., Douglas, I., Evans, S. J. W., & Smeeth, L. (2016). The prevalence of Huntington's disease. *Neuroepidemiology, 46,* 144–153. (7)

Rechenberg, K. (2016). Nutritional interventions in clinical depression. *Clinical Psychological Science, 4,* 144–162. (14)

Redish, A. D. (2016). Vicarious trial and error. *Nature Reviews Neuroscience, 17,* 147–159. (12, 13)

Redmond, D. E., Jr., Bjugstad, K. B., Teng, Y. D., Ourednik, V., Ourednik, J., Wakeman, D. R., ...Snyder, E. Y. (2007). Behavioral improvement in a primate Parkinson's model is associated with multiple homeostatic effects of human neural stem cells. *Proceedings of the National Academy of Sciences, USA, 104,* 12175–12180. (7)

Redondo, R. L., & Morris, R. G. M. (2011). Making memories last: The synaptic tagging and capture hypothesis. *Nature Reviews Neuroscience, 12,* 17–30. (12)

Reed, F. D. D., Hirst, J. M., & Hayman, S. R. (2012). Assessment and treatment of stereotypic behavior in children with autism and other developmental disabilities: A thirty year review. *Research in Autism Spectrum Disorders, 6,* 422–430. (14)

Reeves, A. G., & Plum, F. (1969). Hyperphagia, rage, and dementia accompanying a ventromedial hypothalamic neoplasm. *Archives of Neurology, 20,* 616–624. (9)

Refinetti, R. (2000). *Circadian physiology.* Boca Raton, FL: CRC Press. (8)

Refinetti, R., & Carlisle, H. J. (1986). Complementary nature of heat production and heat intake during behavioral thermoregulation in the rat. *Behavioral and Neural Biology, 46,* 64–70. (9)

Refinetti, R., & Menaker, M. (1992). The circadian rhythm of body temperature. *Physiology & Behavior, 51,* 613–637. (8)

Regan, T. (1986). The rights of humans and other animals. *Acta Physiologica Scandinavica, 128*(Suppl. 554), 33–40. (0)

Reichelt, K. L., Seim, A. R., & Reichelt, W. H. (1996). Could schizophrenia be reasonably explained by Dohan's hypothesis on genetic interaction with a dietary peptide overload? *Progress in Neuro-Psychopharmacology & Biological Psychiatry, 20,* 1083–1114. (14)

Reick, M., Garcia, J. A., Dudley, C., & McKnight, S. L. (2001). NPAS2: An analog of clock operative in the mammalian forebrain. *Science, 293,* 506–509. (8)

Reid, C. A., Dixon, D. B., Takahashi, M., Bliss, T. V. P., & Fine, A. (2004). Optical quantal analysis indicates that long-term potentiation at single hippocampal mossy fiber synapses is expressed through increased release probability, recruitment of new release sites, and activation of silent synapses. *Journal of Neuroscience, 24,* 3618–3626. (12)

Reiner, W. G., & Gearhart, J. P. (2004). Discordant sexual identity in some genetic males with cloacal exstrophy assigned to female sex at birth. *New England Journal of Medicine, 350,* 333–341. (10)

Reinius, B., Saetre, P., Leonard, J. A., Blekhman, R., Merino-Martinez, R., Gilad, Y., & Jazin, E. (2008). An evolutionarily conserved sexual signature in the primate brain. *PLoS Genetics,* e1000100. (10)

Reisner, A. D. (2003). The electroconvulsive therapy controversy: Evidence and ethics. *Neuropsychology Review, 13,* 199–219. (14)

Rennaker, R. L., Chen, C.-F. F., Ruyle, A. M., Sloan, A. M., & Wilson, D. A. (2007). Spatial and temporal distribution of odorant-evoked activity in the piriform cortex. *Journal of Neuroscience, 27,* 1534–1542. (6)

Rensch, B. (1964). Memory and concepts of higher animals. *Proceedings of the Zoological Society of Calcutta, 17,* 207–221. (12)

Rensch, B. (1977). Panpsychic identism and its meaning for a universal evolutionary picture. *Scientia, 112,* 337–349. (0)

Rensink, R. A., O'Regan, J. K., & Clark, J. J. (1997). To see or not to see: The need for attention to perceive changes in scenes. *Psychological Science, 8,* 368–373. (13)

Renzel, R., Baumann, C. R., & Poryazova, R. (2016). EEG after sleep deprivation is a sensitive tool in the first diagnosis of idiopathic generalized but not focal epilepsy. *Clinical Neurophysiology, 127,* 209–213. (3)

Reuter-Lorenz, P., & Davidson, R. J. (1981). Differential contributions of the two cerebral hemispheres to the perception of happy and sad faces. *Neuropsychologia, 19,* 609–613. (11)

Reuter-Lorenz, P. A., & Miller, A. C. (1998). The cognitive neuroscience of human laterality: Lessons from the bisected brain. *Current Directions in Psychological Science, 7,* 15–20. (13)

Revusky, S. (2009). Chemical aversion treatment of alcoholism. In S. Reilly & T. R. Schachtman (Eds.), *Conditioned taste aversion* (pp. 445–472). New York: Oxford University Press. (14)

Rhees, R. W., Shryne, J. E., & Gorski, R. A. (1990). Onset of the hormone-sensitive perinatal period for sexual differentiation of the sexually dimorphic nucleus of the preoptic area in female rats. *Journal of Neurobiology, 21,* 781–786. (10)

Rhodes, J. S., van Praag, H., Jeffrey, S., Girard, I., Mitchell, G. S., Garland, T., Jr., & Gage, F. H. (2003). Exercise increases hippocampal neurogenesis to high levels but does not improve spatial learning in mice bred for increased voluntary wheel running. *Behavioral Neuroscience, 117,* 1006–1016. (4)

Ricciardi, E., Bonino, D., Sani, L., Vecchi, T., Guazzelli, M., Haxby, J. V., ...Pietrini, P. (2009). Do we really need vision? How blind people "see" the actions of others. *Journal of Neuroscience, 29,* 9719–9724. (7)

Rice, G., Anderson, C., Risch, N., & Ebers, G. (1999). Male homosexuality: Absence of linkage to microsatellite markers at Xq28. *Science, 284,* 665–667. (10)

Rice, W. R., Friberg, U., & Gavrilets, S. (2012). Homosexuality as a consequence of epigenetically canalized sexual development. *Quarterly Review of Biology, 87,* 343–368. (10)

Rich, E. L., & Wallis, J. D. (2016). Decoding subjective decisions from orbitofrontal cortex. *Nature Neuroscience, 19,* 973–980. (13)

Richard, C., Honoré, J., Bernati, T., & Rousseaux, M. (2004). Straight-ahead pointing correlates with long-line bisection in neglect patients. *Cortex, 40,* 75–83. (13)

Richter, C. P. (1922). A behavioristic study of the activity of the rat. *Comparative Psychology Monographs, 1,* 1–55. (8)

Richter, C. P. (1936). Increased salt appetite in adrenalectomized rats. *American Journal of Physiology, 115,* 155–161. (9)

Richter, C. P. (1950). Taste and solubility of toxic compounds in poisoning of rats and humans. *Journal of Comparative and Physiological Psychology, 43,* 358–374. (6)

Richter, C. P. (1967). Psychopathology of periodic behavior in animals and man. In J. Zubin & H. F. Hunt (Eds.), *Comparative psychopathology* (pp. 205–227). New York: Grune & Stratton. (8)

Richter, C. P. (1975). Deep hypothermia and its effect on the 24-hour clock of rats and hamsters. *Johns Hopkins Medical Journal, 136,* 1–10. (8)

Ridaura, V. K., Faith, J. J., Rey, F. E., Cheng, J., Duncan, A. E., Kau, A. L., ...Gordon, J. I. (2013). Gut microbiota from twins discordant for obesity modulate metabolism in mice. *Science, 341,* 1079. (9)

Rieger, G., Chivers, M. L., & Bailey, J. M. (2005). Sexual arousal patterns of bisexual men. *Psychological Science, 16,* 579–584. (10)

Riek, R., & Eisenberg, D. S. (2016). The activities of amyloids from a structural perspective. *Nature, 539,* 227–235. (12)

Riemann, D., König, A., Hohagen, F., Kiemen, A., Voderholzer, U., Backhaus, J., ...Berger, M. (1999). How to preserve the antidepressive effect of sleep deprivation: A comparison of sleep phase advance and sleep phase delay. *European Archives of Psychiatry and Clinical Neuroscience, 249,* 231–237. (14)

Rietveld, C. A., Medland, S. E., Derringer, J., Yang, J., Esko, T., Martin, N. W., ...Koellinger, P. D. (2013). GWAS of 126,559 individuals identifies genetic variants associated with educational attainment. *Science, 340,* 1467–1471. (4)

Rigoni, D., Brass, M., & Sartori, G. (2010). Post-action determinants of the reported time of conscious intentions. *Frontiers in Human Neuroscience, 4,* article 38. (7)

Rilling, J. K., & Young, L. J. (2014). The biology of mammalian parenting and its effect on offspring social development. *Science, 345,* 771–776. (10)

Rinn, W. E. (1984). The neuropsychology of facial expression: A review of the neurological and psychological mechanisms for producing facial expressions. *Psychological Bulletin, 95,* 52–77. (7)

Risch, N., Hoffmann, T. J., Anderson, M., Croen, L. A., Grether, J. K., & Windham, G. C. (2014). Familial recurrence of autism spectrum disorder: Evaluating genetic and environmental contributions. *American Journal of Psychiatry, 171,* 1206–1213. (14)

Ritchie, S. J., Bastin, M. E., Tucker-Drob, E. M., Maniega, S. M., Englehardt, L. E., Cox, S. R., ...Deary, I. J. (2015). Coupled changes in brain white matter microstructure and fluid intelligence in later life. *Journal of Neuroscience, 35,* 8672–8682. (12)

Rittenhouse, C. D., Shouval, H. Z., Paradiso, M. A., & Bear, M. F. (1999). Monocular deprivation induces homosynaptic long-term depression in visual cortex. *Nature, 397,* 347–350. (5)

Ritz, B., Ascherio, A., Checkoway, H., Marder, K. S., Nelson, L. M., Rocca, W. A., ...Gorell, J. (2007). Pooled analysis of tobacco use and risk of Parkinson's disease. *Archives of Neurology, 64,* 990–997. (7)

Riva-Posse, P., Holtzheimer, P. E., Garlow, S. J., & Mayberg, H. S. (2013). Practical considerations in the development and refinement of subcallosal cingulate white matter deep brain stimulation for treatment-resistant depression. *World Neurosurgery, 80,* S27. E25–S27.E34. (14)

Rizzolatti, G., & Sinigaglia, C. (2010). The functional role of the parieto-frontal mirror circuit: Interpretations and misinterpretations. *Nature Reviews Neuroscience, 11,* 264–274. (7)

Roberson, D. P., Gudes, S., Sprague, J. M., Patoski, H. A. W., Robson, V. K., Blasl, F., ...Woolf, C. J. (2013). Activity-dependent silencing reveals functionally distinct itch-generating sensory neurons. *Nature Neuroscience, 16,* 910–918. (6)

Roberts, S. C., Gosling, L. M., Carter, V., & Petrie, M. (2008). MHC-correlated odour preferences in humans and the use of oral contraceptives. *Proceedings of the Royal Society B, 275,* 2715–2722. (6)

Robertson, I. H. (2005, Winter). The deceptive world of subjective awareness. *Cerebrum, 7*(1), 74–83. (3)

Robinson, A. M., Buttolph, T., Green, J. T., & Bucci, D. J. (2015). Physical exercise affects attentional orienting behavior through noradrenergic mechanisms. *Behavioral Neuroscience, 129,* 361–367. (4)

Robinson, M. J. F., & Berridge, K. C. (2013). Instant transformation of learned repulsion into motivational "wanting." *Current Biology, 23,* 282–289. (9)

Rocha, R. B., Dondossola, E. R., Grande, A. J., Colonetti, T., Ceretta, L. B., Passos, I. C., ...da Rosa, M. I. (2016). Increased BDNF levels after electroconvulsive therapy in patients with major depressive disorder: A meta-analysis study. *Journal of Psychiatric Research, 83,* 47–53. (14)

Rodgers, A. B., Morgan, C. P., Leu, A. N., & Bale, T. L. (2015). Transgenerational epigenetic programming via sperm micro RNA recapitulates effects of paternal stress. *Proceedings of the National Academy of Sciences (U.S.A.), 112,* 13699–13704. (4)

Rodriguez, I., Greer, C. A., Mok, M. Y., & Mombaerts, P. A. (2000). A putative pheromone receptor gene expressed in human olfactory mucosa. *Nature Genetics, 26,* 18–19. (6)

Roenneberg, T., Allebrandt, K. V., Merrow, M., & Vetter, C. (2012). Social jetlag and obesity. *Current Biology, 22,* 939–943. (8)

Roenneberg, T., Kuehnle, T., Pramstaller, P. P., Ricken, J., Havel, M., Guth, A., & Merrow, M. (2004). A marker for the end of adolescence. *Current Biology, 14,* R1038–R1039. (8)

Roenneberg, T., Kumar, C. J., & Merrow, M. (2007). The human circadian clock entrains to sun time. *Current Biology, 17,* R44–R45. (8)

Roffwarg, H. P., Muzio, J. N., & Dement, W. C. (1966). Ontogenetic development of human sleep-dream cycle. *Science, 152,* 604–609. (8)

Roitman, M. F., Wheeler, R. A., Wightman, R. M., & Carelli, R. M. (2008). Real-time chemical responses in the nucleus accumbens differentiate rewarding and aversive stimuli. *Nature Neuroscience, 11,* 1376–1377. (14)

Rokers, B., Cormack, L. K., & Huk, A. C. (2009). Disparity- and velocity-based signals for three-dimensional motion perception in human MT1. *Nature Neuroscience, 12,* 1050–1055. (5)

Rolls, E. T. (1995). Central taste anatomy and neurophysiology. In R. L. Doty (Ed.), *Handbook of olfaction and gustation* (pp. 549–573). New York: Dekker. (6)

Rome, L. C., Loughna, P. T., & Goldspink, G. (1984). Muscle fiber activity in carp as a function of swimming speed and muscle temperature. *American Journal of Psychiatry, 247,* R272–R279. (7)

Romer, A. S. (1962). *The vertebrate body.* Philadelphia: Saunders. (4)

Romero, E., Cha, G.-H., Verstreken, P., Ly, C. V., Hughes, R. E., Bellen, H. J., & Botas, J. (2007). Suppression of neurodegeneration and increased neurotransmission caused by expanded full-length huntingtin accumulating in the cytoplasm. *Neuron, 57,* 27–40. (7)

Rommel, S. A., Pabst, D. A., & McLellan, W. A. (1998). Reproductive thermoregulation in marine mammals. *American Scientist, 86,* 440–448. (9)

Roney, J. R., & Simmons, Z. L. (2013). Hormonal predictors of sexual motivation in natural menstrual cycles. *Hormones and Behavior, 63,* 636–645. (10)

Roorda, A., & Williams, D. R. (1999). The arrangement of the three cone classes in the living human eye. *Nature, 397,* 520–522. (5)

Roppel, R. M. (1978). Cancer and mental illness. *Science, 201,* 398. (14)

Rosanova, M., Gosseries, O., Casarotto, S., Boly, M., Casali, A. G., Bruno, M.-A., ... Massimini, M. (2012). Recovery of cortical effective connectivity and recovery of consciousness in vegetative patients. *Brain, 135*, 1308–1320. (13)

Rose, J. E., Brugge, J. F., Anderson, D. J., & Hind, J. E. (1967). Phase-locked response to low-frequency tones in single auditory nerve fibers of the squirrel monkey. *Journal of Neurophysiology, 30*, 769–793. (6)

Rose, T., Jaepel, J., Hübener, M., & Bonhoeffer, T. (2016). Cell-specific restoration of stimulus preference after monocular deprivation in the visual cortex. *Science, 352*, 1319–1322. (5)

Roselli, C. E., Larkin, K., Resko, J. A., Stellflug, J. N., & Stormshak, F. (2004). The volume of a sexually dimorphic nucleus in the ovine medial preoptic area/anterior hypothalamus varies with sexual partner preference. *Endocrinology, 145*, 478–483. (10)

Roselli, C. E., Stadelman, H., Reeve, R., Bishop, C. V., & Stormshak, F. (2007). The ovine sexually dimorphic nucleus of the medial preoptic area is organized prenatally by testosterone. *Endocrinology, 148*, 4450–4457. (10)

Rosen, H. J., Perry, R. J., Murphy, J., Kramer, J. H., Mychack, P., Schuff, N., ...Miller, B. L. (2002). Emotion comprehension in the temporal variant of frontotemporal dementia. *Brain, 125*, 2286–2295. (13)

Rosenbaum, R. S., Köhler, S., Schacter, D. L., Moscovitch, M., Westmacott, R., Black, S. E., ...Tulving, E. (2005). The case of K. C.: Contributions of a memory-impaired person to memory theory. *Neuropsychologia, 43*, 989–1021. (12)

Rosenblatt, J. S. (1967). Nonhormonal basis of maternal behavior in the rat. *Science, 156*, 1512–1514. (10)

Rosenblatt, J. S. (1970). Views on the onset and maintenance of maternal behavior in the rat. In L. R. Aronson, E. Tobach, D. S. Lehrman, & J. S. Rosenblatt (Eds.), *Development and evolution of behavior* (pp. 489–515). San Francisco: Freeman. (10)

Rosenblatt, J. S., Olufowobi, A., & Siegel, H. I. (1998). Effects of pregnancy hormones on maternal responsiveness, responsiveness to estrogen stimulation of maternal behavior, and the lordosis response to estrogen stimulation. *Hormones and Behavior, 33*, 104–114. (10)

Rosenkranz, K., Butler, K., Williamson, A., & Rothwell, J. C. (2009). Regaining motor control in musician's dystonia by restoring sensorimotor organization. *Journal of Neuroscience, 29*, 14627–14636. (4)

Rosenzweig, E. (2016). With eyes wide open: How and why awareness of the psychological immune is compatible with its efficacy. *Perspectives on Psychological Science, 11*, 222–238. (6)

Rosenzweig, M. R., & Bennett, E. L. (1996). Psychobiology of plasticity: Effects of training and experience on brain and behavior. *Behavioural Brain Research, 78*, 57–65. (4)

Ross, E. D., Homan, R. W., & Buck, R. (1994). Differential hemispheric lateralization of primary and social emotions. *Neuropsychiatry, Neuropsychology, and Behavioral Neurology, 7*, 1–19. (13)

Rossi, A. F., Bichot, N. P., Desimone, R., & Ungerleider, L. G. (2007). Top-down attentional deficits in macaques with lesions of lateral prefrontal cortex. *Journal of Neuroscience, 27*, 11306–11314. (13)

Rossi, D. J., Oshima, T., & Attwell, D. (2000). Glutamate release in severe brain ischaemia is mainly by reversed uptake. *Nature, 403*, 316–321. (4)

Rossi, E. A., & Roorda, A. (2010). The relationship between visual resolution and cone spacing in the human fovea. *Nature Neuroscience, 13*, 156–157. (5)

Roth, B. L., Willins, D. L., Kristiansen, K., & Kroeze, W. K. (1999). Activation is hallucinogenic and antagonism is therapeutic: Role of 5-HT2A receptors in atypical antipsychotic drug actions. *Neuroscientist, 5*, 254–262. (14)

Roth, M. M., Dahmen, J. C., Muir, D. R., Imhof, F., Martini, F. J., & Hofer, S. B. (2016). Thalamic nuclei convey diverse contextual information to layer 1 of visual cortex. *Nature Neuroscience, 19*, 299–307. (5)

Rottenberg, J., Kasch, K. L., Gross, J. J., & Gotlib, I. H. (2002). Sadness and amusement reactivity differentially predict concurrent and prospective functioning in major depressive disorder. *Emotion, 2*, 135–146. (14)

Routtenberg, A., Cantallops, I., Zaffuto, S., Serrano, P., & Namgung, U. (2000). Enhanced learning after genetic overexpression of a brain growth protein. *Proceedings of the National Academy of Sciences, USA, 97*, 7657–7662. (12)

Rouw, R., & Scholte, H. S. (2007). Increased structural connectivity in grapheme-color synesthesia. *Nature Neuroscience, 10*, 792–797. (6)

Roy, A., DeJong, J., & Linnoila, M. (1989). Cerebrospinal fluid monoamine metabolites and suicidal behavior in depressed patients. *Archives of General Psychiatry, 46*, 609–612. (11)

Royer, S., & Paré, D. (2003). Conservation of total synaptic weight through balanced synaptic depression and potentiation. *Nature, 422*, 518–522. (12)

Rozin, P., Dow, S., Moscovitch, M., & Rajaram, S. (1998). What causes humans to begin and end a meal? A role for memory for what has been eaten, as evidenced by a study of multiple meal eating in amnesic patients. *Psychological Science, 9*, 392–396. (12)

Rozin, P., & Kalat, J. W. (1971). Specific hungers and poison avoidance as adaptive specializations of learning. *Psychological Review, 78*, 459–486. (9, 12)

Rozin, P., & Pelchat, M. L. (1988). Memories of mammaries: Adaptations to weaning from milk. *Progress in Psychobiology and Physiological Psychology, 13*, 1–29. (9)

Rozin, P., & Schull, J. (1988). The adaptive-evolutionary point of view in experimental psychology. In R. C. Atkinson, R. J. Herrnstein, G. Lindzey, & R. D. Luce (Eds.), *Stevens' handbook of experimental psychology* (2nd ed.): Vol. 1. *Perception and motivation* (pp. 503–546). New York: Wiley. (12)

Rubens, A. B., & Benson, D. F. (1971). Associative visual agnosia. *Archives of Neurology, 24*, 305–316. (5)

Rubin, B. D., & Katz, L. C. (2001). Spatial coding of enantiomers in the rat olfactory bulb. *Nature Neuroscience, 4*, 355–356. (6)

Rubin, M., Shvil, E., Papini, S., Chhetry, B. T., Helpman, L., Markowitz, J. C., ...Neria, Y. (2016). Greater hippocampal volume is associated with PTSD treatment response. *Psychiatry Research—Neuroimaging, 252*, 36–39. (11)

Rubinow, M. J., Arseneau, L. M., Beverly, J. L., & Juraska, J. M. (2004). Effect of the estrous cycle on water maze acquisition depends on the temperature of the water. *Behavioral Neuroscience, 118*, 863–868. (9)

Rubinstein, G. (1997). Schizophrenia, rheumatoid arthritis and natural resistance genes. *Schizophrenia Research, 25*, 177–181. (14)

Rudebeck, P. H., & Murray, E. A. (2014). The orbitofrontal oracle: cortical mechanisms for the prediction and evaluation of specific behavioral outcomes. *Neuron, 84*, 1143–1156. (13)

Rugg, M. D., & Thompson-Schill, S. L. (2013). Moving forward with fMRI data. *Perspectives on Psychological Science, 8*, 84–87. (3)

Rumbaugh, D. M. (Ed.). (1977). *Language learning by a chimpanzee: The Lana Project*. New York: Academic Press. (13)

Running, C. A., Craig, B. A., & Mattes, R. D. (2015). Oleogustus: The unique taste of fat. *Chemical Senses, 40*, 507–516. (6)

Rupprecht, R., di Michele, F., Hermann, B., Ströhle, A., Lancel, M., Romeo, E., & Holsboer, F. (2001). Neuroactive steroids: Molecular mechanisms of action and implications for neuropsychopharmacology. *Brain Research Reviews, 37*, 59–67. (10)

Rusak, B., & Zucker, I. (1979). Neural regulation of circadian rhythms. *Physiological Reviews, 59*, 449–526. (8)

Ruschel, J., Hellal, F., Flynn, K. C., Dupraz, S., Elliott, D. A., Tedeschi, A., ...Bradke, F. (2015). Systemic administration of epothilone B promotes axon regeneration after spinal cord injury. *Science, 348*, 347–352. (4)

Russell, M. J., Switz, G. M., & Thompson, K. (1980). Olfactory influences on the human menstrual cycle. *Pharmacology, Biochemistry, and Behavior, 13*, 737–738. (6)

Russo, S. J., & Nestler, E. J. (2013). The brain reward circuitry in mood disorders. *Nature Reviews Neuroscience, 14*, 609–625. (14)

Rütgen, M., Seidel, E.-M., Riecansky, I., & Lamm, C. (2015). Reduction of empathy for pain by placebo analgesia suggests functional equivalence of empathy and first-hand emotion experience. *Journal of Neuroscience, 35,* 8938–8947. (6)

Saad, W. A., Luiz, A. C., Camargo, L. A. A., Renzi, A., & Manani, J. V. (1996). The lateral preoptic area plays a dual role in the regulation of thirst in the rat. *Brain Research Bulletin, 39,* 171–176. (9)

Sääksjärvi, K., Knekt, P., Rissanen, H., Laaksonen, M. A., Reunanen, A., & Männistö, S. (2008). Prospective study of coffee consumption and risk of Parkinson's disease. *European Journal of Clinical Nutrition, 62,* 908–915. (7)

Sabelström, H., Stenudd, M., Réu, P., Dias, D. O., Elfineh, M., Zdunek, S., ...Frisén, J. (2013). Resident neural stem cells restrict tissue damage and neuronal loss after spinal cord injury in mice. *Science, 342,* 637–640. (4)

Sabo, K. T., & Kirtley, D. D. (1982). Objects and activities in the dreams of the blind. *International Journal of Rehabilitation Research, 5,* 241–242. (3)

Sack, R. L., & Lewy, A. J. (2001). Circadian rhythm sleep disorders: Lessons from the blind. *Sleep Medicine Reviews, 5,* 189–206. (8)

Sacks, O. (2010, August 30). Face-blind. *The New Yorker, 86(31),* 36–43. (5)

Sadato, N., Pascual-Leone, A., Grafman, J., Deiber, M.-P., Ibañez, V., & Hallett, M. (1998). Neural networks for Braille reading by the blind. *Brain, 121,* 1213–1229. (4)

Sadato, N., Pascual-Leone, A., Grafman, J., Ibañez, V., Deiber, M.-P., Dold, G., & Hallett, M. (1996). Activation of the primary visual cortex by Braille reading in blind subjects. *Nature, 380,* 526–528. (4)

Sadri-Vakili, G., Kumaresan, V., Schmidt, H. D., Famous, K. R., Chawla, P., Vassoler, F. M., ... Cha, J. H. J. (2010). Cocaine-induced chromatin remodeling increases brain-derived neurotrophic factor transcription in the rat medial prefrontal cortex, which alters the reinforcing efficacy of cocaine. *Journal of Neuroscience, 30,* 11735–11744. (4)

Sagarin, B. J., Martin, A. L., Coutinho, S. A., Edlund, J. E., Patel, L., Skowronski, J. J., & Zengel, B. (2012). Sex differences in jealousy: A meta-analytic examination. *Evolution and Human Behavior, 33,* 595–614. (10)

Saito, K. (2013). Age effects on late bilingualism: The production development of /r/ by high-proficiency Japanese learners of English. *Journal of Memory and Language, 69,* 546–562. (13)

Saj, A., Fuhrman, O., Vuilleumier, P., & Boroditsky, L. (2014). Patients with left spatial neglect also neglect the "left side" of time. *Psychological Science, 25,* 207–214. (13)

Sakurai, T. (2007). The neural circuit of orexin (hypocretin): Maintaining sleep and wakefulness. *Nature Reviews Neuroscience, 8,* 171–181. (8)

Salimpoor, V. N., van den Bosch, I., Kovacevic, N., McIntosh, A. R., Dagher, A., & Zatorre, R. J. (2013). Interactions between the nucleus accumbens and auditory cortices predict music reward value. *Science, 340,* 216–219. (14)

Salinsky, M., Kanter, R., & Dasheiff, R. M. (1987). Effectiveness of multiple EEGs in supporting the diagnosis of epilepsy: An operational curve. *Epilepsia, 28,* 331–334. (3)

Salmelin, R., Hari, R., Lounasmaa, O. V., & Sams, M. (1994). Dynamics of brain activation during picture naming. *Nature, 368,* 463–465. (3)

Salthouse, T. A. (2006). Mental exercise and mental aging. *Perspectives on Psychological Science, 1,* 68–87. (4)

Salz, D. M., Tiganj, Z., Khasnabish, S., Kohley, A., Sheehan, D., Howard, M. W., & Eichenbaum, H. (2016). Time cells in hippocampal area CA3. *Journal of Neuroscience, 36,* 7476–7484. (12)

Samara, M. T., Dold, M., Gianatsi, M., Nikolakopoulou, A., Helfer, B., Salanti, G., ...Leucht, S. (2016). Efficacy, acceptability, and tolerability of antipsychotics in treatment-resistant schizophrenia: A network meta-analysis. *JAMA Psychiatry, 73,* 199–210. (14)

Sami, M. B., & Faruqui, R. (2015). The effectiveness of dopamine agonists for treatment of neuropsychiatric symptoms post brain injury and stroke. *Acta Neuropsychiatrica, 27,* 317–326. (4)

Samochowiec, J., Samochowiec, A., Puls, I., Bienkowski, P., & Schott, B. H. (2014). Genetics of alcohol dependence: A review of clinical studies. *Neuropsychobiology, 70,* 77–94. (14)

Samuels, B. A., Anacker, C., Hu, A., Levinstein, M. R., Pickenhagen, A., Tsetsenis, T., ... Hen, R. (2015). 5-HT1A receptors on mature dentate gyrus granule cells are critical for the antidepressant response. *Nature Neuroscience, 18,* 1606–1616. (14)

Sanai, N., Nguyen, T., Ihrie, R. A., Mirzadeh, Z., Tsai, H.-H., Wong, M., ...Alvarez-Buylla, A., (2011). Corridors of migrating neurons in the human brain and their decline during infancy. *Nature, 478,* 382–386. (4)

Sánchez-Navarro, J. P., Driscoll, D., Anderson, S. W., Tranel, D., Bechara, A., & Buchanan, T. W. (2014). Alterations of attention and emotional processing following childhood-onset damage to the prefrontal cortex. *Behavioral Neuroscience, 128,* 1–11. (11)

Sanders, A. R., Martin, E. R., Beecham, G. W., Guo, S., Dawood, K., Rieger, G., ...Bailey, J. M. (2015). Genome-wide scan demonstrates significant linkage for male sexual orientation. *Psychological Medicine, 45,* 1379–1388. (10)

Sanders, C. E., Tattersall, G. J., Reichert, M., Andrade, D. V., Abe, A. S., & Milsom, W. K. (2015). Daily and annual cycles in thermoregulatory behaviour and cardio-respiratory physiology of black and white tegu lizards. *Journal of Comparative Physiology B, 185,* 905–915. (8)

Sanders, S. J., Xin, H., Willsey, A. J., Ercan-Sencicek, A. G., Samocha, K. E., Cicek, A. E., ...State, M. W. (2015). Insights into autism spectrum disorder genomic architecture and biology from 71 risk loci. *Neuron, 87,* 1215–1233. (14)

Sanders, S. K., & Shekhar, A. (1995). Anxiolytic effects of chlordiazepoxide blocked by injection of $GABA_A$ and benzodiazepine receptor antagonists in the region of the anterior basolateral amygdala of rats. *Biological Psychiatry, 37,* 473–476. (11)

Sanes, J. N., Donoghue, J. P., Thangaraj, V., Edelman, R. R., & Warach, S. (1995). Shared neural substrates controlling hand movements in human motor cortex. *Science, 268,* 1775–1777. (7)

Sanes, J. R. (1993). Topographic maps and molecular gradients. *Current Opinion in Neurobiology, 3,* 67–74. (4)

Sanger, T. D., Pascual-Leone, A., Tarsy, D., & Schlaug, G. (2001). Nonlinear sensory cortex response to simultaneous tactile stimuli in writer's cramp. *Movement Disorders, 17,* 105–111. (4)

Sanger, T. D., Tarsy, D., & Pascual-Leone, A. (2001). Abnormalities of spatial and temporal sensory discrimination in writer's cramp. *Movement Disorders, 16,* 94–99. (4)

Santarnecchi, E., Galli, G., Polizzotto, N. R., Rossi, A., & Rossi, S. (2014). Efficiency of weak brain connections support general cognitive functioning. *Human Brain Mapping, 35,* 4566–4582. (12)

Saper, C. B., Romanovsky, A. A., & Scammell, T. E. (2012). Neural circuitry engaged by prostaglandins during the sickness syndrome. *Nature Neuroscience, 15,* 1088–1095. (11)

Sapolsky, R. M. (1992). *Stress, the aging brain, and the mechanisms of neuron death.* Cambridge, MA: MIT Press. (11)

Sapolsky, R. M. (1998). *Why zebras don't get ulcers.* New York: Freeman. (11)

Sapolsky, R. M. (2015). Stress and the brain: Individual variability and the inverted-U. *Nature Neuroscience, 18,* 1344–1346. (11)

Sargolini, F., Fyhn, M., Hafting, T., McNaughton, B. L., Witter, M. P., Moser, M.-B., & Moser, E. I. (2006). Conjunctive representation of position, direction, and velocity in entorhinal cortex. *Science, 312,* 758–762. (12)

Sarris, J., Panossian, A., Schweitzer, I., Stough, C., & Scholey, A. (2011). Herbal medicine for depression, anxiety and insomnia: A review of psychopharmacology and clinical evidence. *European Neuropsychopharmacology, 21,* 841–860. (14)

Satinoff, E. (1991). Developmental aspects of behavioral and reflexive thermoregulation. In H. N. Shanir, G. A. Barr, & M. A. Hofer (Eds.), *Developmental psychobiology: New methods and changing concepts* (pp. 169–188). New York: Oxford University Press. (9)

Satinoff, E., McEwen, G. N., Jr., & Williams, B. A. (1976). Behavioral fever in newborn rabbits. *Science, 193,* 1139–1140. (9)

Satinoff, E., & Rutstein, J. (1970). Behavioral thermoregulation in rats with anterior hypothalamic lesions. *Journal of Comparative and Physiological Psychology, 71,* 77–82. (9)

Sato, M., & Stryker, M. P. (2008). Distinctive features of adult ocular dominance plasticity. *Journal of Neuroscience, 28,* 10278–10286. (5)

Saunders, A., Oldenburg, I. A., Berezovskii, V. K., Johnson, C. A., Kingery, N. D., Elliott, H. L., ... Satatini, B. L. (2015). A direct GABAergic output from the basal ganglia to the frontal cortex. *Nature, 521,* 85–89. (7)

Savage-Rumbaugh, E. S. (1990). Language acquisition in a nonhuman species: Implications for the innateness debate. *Developmental Psychobiology, 23,* 599–620. (13)

Savage-Rumbaugh, E. S., Murphy, J., Sevcik, R. A., Brakke, K. E., Williams, S. L., & Rumbaugh, D. M. (1993). Language comprehension in ape and child. *Monographs of the Society for Research in Child Development, 58* (Serial no. 233). (13)

Savage-Rumbaugh, E. S., Sevcik, R. A., Brakke, K. E., & Rumbaugh, D. M. (1992). Symbols: Their communicative use, communication, and combination by bonobos (*Pan paniscus*). In L. P. Lipsitt & C. Rovee-Collier (Eds.), *Advances in infancy research* (Vol. 7, pp. 221–278). Norwood, NJ: Ablex. (13)

Savic, I., & Arver, S. (2014). Sex differences in cortical thickness and their possible genetic and sex hormonal underpinnings. *Cerebral Cortex, 24,* 3246–3257. (12)

Savic, I., Berglund, H., & Lindström, P. (2005). Brain response to putative pheromones in homosexual men. *Proceedings of the National Academy of Sciences (U.S.A.), 102,* 7356–7361. (6)

Savic, I., & Lindström, P. (2008). PET and MRI show differences in cerebral asymmetry and functional connectivity between homo- and heterosexual subjects. *Proceedings of the National Academy of Sciences, USA, 105,* 9403–9408. (10)

Savin-Williams, R. C. (2016). Sexual orientation: Categories or continuum? Commentary on Bailey et al. (2016). *Psychological Science in the Public Interest, 17,* 37–44. (10)

Saxton, T. K., Nováková, L. M., Jash, R., Sandová, A., Plotená, D., & Havlícek, J. (2014). Sex differences in olfactory behavior in Namibian and Czech children. *Chemical Perception, 7,* 117–125. (6)

Schaal, N. K., Pfeifer, J., Krause, V., & Pollok, B. (2015). From amusic to musical? Improving pitch memory in congenital amusia with transcranial alternating current stimulation. *Behavioural Brain Research, 294,* 141–148. (6)

Schacter, D. L. (1983). Amnesia observed: Remembering and forgetting in a natural environment. *Journal of Abnormal Psychology, 92,* 236–242. (12)

Scheele, D., Striepens, N., Güntürkün, O., Deutschländer, S., Maier, W., Kendrick, K. M., & Hurlemann, R. (2012). Oxytocin modulates social distance between males and females. *Journal of Neuroscience, 32,* 16074–16079. (13)

Scheele, D., Wille, A., Kendrick, K. M., Stoffel-Wagner, B., Becker, B., Güntürkün, O., ... Hurlemann, R. (2013). Oxytocin enhances brain reward system responses in men viewing the face of their female partner. *Proceedings of the National Academy of Sciences (U.S.A.), 110,* 20308–20313. (13)

Scheibel, A. B. (1983). Dendritic changes. In B. Reisberg (Ed.), *Alzheimer's Disease* (pp. 69–73). New York: Free Press. (12)

Schellenberg, E. G., & Trehub, S. E. (2003). Good pitch memory is widespread. *Psychological Science, 14,* 262–266. (6)

Schenk, T. (2006). An allocentric rather than perceptual deficit in patient D. F. *Nature Neuroscience, 9,* 1369–1370. (5)

Schenck, C. H. (2015). Update on sexsomnia, sleep related sexual seizures, and forensic implications. *NeuroQuantology, 13,* 518–541. (8)

Schenk, T., Mai, N., Ditterich, J., & Zihl, J. (2000). Can a motion-blind patient reach for moving objects? *European Journal of Neuroscience, 12,* 3351–3360. (5)

Scherrer, G., Imamachi, N., Cao, Y.-Q., Contet, C., Mennicken, F., O'Donnell, D., ... Basbaum, A. I. (2009). Dissociation of the opioid receptor mechanisms that control mechanical and heat pain. *Cell, 137,* 1148–1159. (6)

Scheyer, A. F., Loweth, J. A., Christian, D. T., Uejima, J., Rabei, R., Le, T., ...Wolf, M. E. (2016). AMPA receptor plasticity in accumbens core contributes to incubation of methamphetamine craving. *Biological Psychiatry, 80,* 661–670. (14)

Schiffman, S. S. (1983). Taste and smell in disease. *New England Journal of Medicine, 308,* 1275–1279, 1337–1343. (6)

Schiffman, S. S., & Erickson, R. P. (1971). A psychophysical model for gustatory quality. *Physiology & Behavior, 7,* 617–633. (6)

Schiffman, S. S., & Erickson, R. P. (1980). The issue of primary tastes versus a taste continuum. *Neuroscience and Biobehavioral Reviews, 4,* 109–117. (6)

Schiffman, S. S., Lockhead, E., & Maes, F. W. (1983). Amiloride reduces the taste intensity of Na^+ and Li^+ salts and sweeteners. *Proceedings of the National Academy of Sciences, USA, 80,* 6136–6140. (6)

Schiffman, S. S., McElroy, A. E., & Erickson, R. P. (1980). The range of taste quality of sodium salts. *Physiology & Behavior, 24,* 217–224. (6)

Schizophrenia Working Group of the Psychiatric Genomics Consortium. (2014). Biological insights from 108 schizophrenia-associated genetic loci. *Nature, 511,* 421–427. (14)

Schlack, A., Krekelberg, B., & Albright, T. D. (2007). Recent history of stimulus speeds affects the speed tuning of neurons in area MT. *Journal of Neuroscience, 27,* 11009–11018. (5)

Schlerf, J., Ivry, R. B., & Diedrichsen, J. (2012). Encoding of sensory prediction errors in the human cerebellum. *Journal of Neuroscience, 32,* 4913–4922. (7)

Schlinger, H. D., Jr. (1996). How the human got its spots. *Skeptic, 4,* 68–76. (4)

Schmid, A., Koch, M., & Schnitzler, H.-U. (1995). Conditioned pleasure attenuates the startle response in rats. *Neurobiology of Learning and Memory, 64,* 1–3. (11)

Schmid, M. C., Schmiedt, J. T., Peters, A. J., Saunders, R. C., Maier, A., & Leopold, D. A. (2013). Motion-sensitive responses in visual area V4 in the absence of primary visual cortex. *Journal of Neuroscience, 33,* 18740–18745. (5)

Schmidt, L. A. (1999). Frontal brain electrical activity in shyness and sociability. *Psychological Science, 10,* 316–320. (11)

Schmidt, R., Leventhal, D. K., Mallet, N., Chen, F., & Berke, J. D. (2013). Canceling actions involves a race between basal ganglia pathways. *Nature Neuroscience, 16,* 1118–1124. (7)

Schmidt-Hieber, C, Jonas, P., & Bischofberger, J. (2004). Enhanced synaptic plasticity in newly generated granule cells of the adult hippocampus. *Nature, 429,* 184–187. (4)

Schmitt, K. C., & Reith, M. E. A. (2010). Regulation of the dopamine transporter. *Annals of the New York Academy of Sciences, 1187,* 316–340. (2)

Schneider, B. A., Trehub, S. E., Morrongiello, B. A., & Thorpe, L. A. (1986). Auditory sensitivity in preschool children. *Journal of the Acoustical Society of America, 79,* 447–452. (6)

Schneider, P., Scherg, M., Dosch, G., Specht, H. J., Gutschalk, A., & Rupp, A. (2002). Morphology of Heschl's gyrus reflects enhanced activation in the auditory cortex of musicians. *Nature Neuroscience, 5,* 688–694. (4)

Schnider, A. (2003). Spontaneous confabulation and the adaptation of thought to ongoing reality. *Nature Reviews Neuroscience, 4,* 662–671. (12)

Schomacher, M., Müller, H. D., Sommer, C., Schwab, S., & Schäbitz, W.-R. (2008). Endocannabinoids mediate neuroprotection after transient focal cerebral ischemia. *Brain Research, 1240,* 213–220. (4)

Schroeder, J. A., & Flannery-Schroeder, E. (2005). Use of herb *Gymnema sylvestre* to illustrate the principles of gustatory sensation: An undergraduate neuroscience laboratory exercise. *Journal of Undergraduate Neuroscience Education, 3,* A59–A62. (6)

Schröter, M. S., Spoormaker, V. I., Schorer, A., Wohlschläger, A., Czisch, M., Kochs, E. F., ...Ilg, R. (2012). Spatiotemporal reconfiguration of large-scale brain functional networks during propofol-induced loss of consciousness. *Journal of Neuroscience, 32,* 12832–12840. (13)

Schuckit, M. A., & Smith, T. L. (1996). An 8-year follow-up of 450 sons of alcoholic and control subjects. *Archives of General Psychiatry, 53*, 202–210. (14)

Schuckit, M. A., & Smith, T. L. (1997). Assessing the risk for alcoholism among sons of alcoholics. *Journal of Studies on Alcohol, 58*, 141–145. (14)

Schuckit, M. A., & Smith, T. L. (2013). Stability of scores and correlations with drinking behaviors over 15 years for the self-report of the effects of alcohol questionnaire. *Drug and Alcohol Dependence, 128*, 194–199. (14)

Schuckit, M. A., Smith, T. L., Clausen, P., Fromme, K., Skidmore, J., Shafir, A., & Kalmijn, J. (2016). The low level of response to alcohol-based heavy drinking prevention program: One-year follow-up. *Journal of Studies on Alcohol and Drugs, 77*, 25–37. (14)

Schulkin, J. (1991). *Sodium hunger: The search for a salty taste.* Cambridge, England: Cambridge University Press. (9)

Schulz, K. M., Molenda-Figueira, H. A., & Sisk, C. L. (2009). Back to the future: The organizational-activational hypothesis adapted to puberty and adolescence. *Hormones and Behavior, 55*, 597–604. (10)

Schumann, C. M., Bloss, C. S., Barnes, C. C., Wideman, G. M., Carper, R. A., Akshoomoff, N., ...Courchesne, E. (2010). Longitudinal magnetic resonance imaging study of cortical development through early childhood in autism. *Journal of Neuroscience, 30*, 4419–4427. (14)

Schwartz, C. E., Wright, C. I., Shin, L. M., Kagan, J., & Rauch, S. L. (2003). Inhibited and uninhibited infants "grown up": Adult amygdalar response to novelty. *Science, 300*, 1952–1953. (11)

Schwartz, G., Kim, R. M., Kolundzija, A. B., Rieger, G., & Sanders, A. R. (2010). Biodemographic and physical correlates of sexual orientation in men. *Archives of Sexual Behavior, 39*, 93–109. (10)

Schwartz, G. J. (2000). The role of gastrointestinal vagal afferents in the control of food intake: Current prospects. *Nutrition, 16*, 866–873. (9)

Schwartz, J. A. (2015). Socioeconomic status as a moderator of the genetic and shared environmental influence on verbal IQ: A multilevel behavioral genetic approach. *Intelligence, 52*, 80–89. (12)

Schwartz, L., & Tulipan, L. (1933). An outbreak of dermatitis among workers in a rubber manufacturing plant. *Public Health Reports, 48*, 809–814. (14)

Schwartz, M. F. (1995). Re-examining the role of executive functions in routine action production. *Annals of the New York Academy of Sciences, 769*, 321–335. (7)

Schwartz, N., Temkin, P., Jurado, S., Lim, B. K., Heifets, B. D., ...Malenka, R. C. (2014). Decreased motivation during chronic pain requires long-term depression in the nucleus accumbens. *Science, 345*, 535–542. (6)

Schwartz, W. J., & Gainer, H. (1977). Suprachiasmatic nucleus: Use of ^{14}C-labeled deoxyglucose uptake as a functional marker. *Science, 197*, 1089–1091. (8)

Schwarz, J. M., Liang, S.-L., Thompson, S. M., & McCarthy, M. M. (2008). Estradiol induces hypothalamic dendritic spines by enhancing glutamate release: A mechanism for organizational sex differences. *Neuron, 58*, 584–598. (10)

Schweinhardt, P., Seminowicz, D. A., Jaeger, E., Duncan, G. H., & Bushnell, M. C. (2009). The anatomy of the mesolimbic reward system: A link between personality and the placebo analgesic response. *Journal of Neuroscience, 29*, 4882–4887. (6)

Scofield, M. D., Heinsbroek, J. A., Gipson, C. D., Kupchik, Y. M., Spencer, S., Smith, A. C. W., ...Kalivas, P. W. (2016). The nucleus accumbens: Mechanisms of addiction across drug classes reflect the importance of glutamate homeostasis. *Pharmacological Reviews, 68*, 816–871. (14)

Scott, S. H. (2004). Optimal feedback control and the neural basis of volitional motor control. *Nature Reviews Neuroscience, 5*, 532–544. (7)

Scoville, W. B., & Milner, B. (1957). Loss of recent memory after bilateral hippocampal lesions. *Journal of Neurology, Neurosurgery, and Psychiatry, 20*, 11–21. (12)

Scullin, M. K., & Bliwise, D. L. (2015). Sleep, cognition, and normal aging: Integrating a half century of multidisciplinary research. *Perspectives on Psychological Science, 10*, 97–137. (8)

Sealey, L. A., Hughes, B. W., Sriskanda, A. N., Guest, J. R., Gibson, A. D., Johnson-Williams, L., ...Bagasra, O. (2016). Environmental factors in the development of autism spectrum disorders. *Environment International, 88*, 288–298. (14)

Seeley, R. J., Kaplan, J. M., & Grill, H. J. (1995). Effect of occluding the pylorus on intraoral intake: A test of the gastric hypothesis of meal termination. *Physiology & Behavior, 58*, 245–249. (9)

Seeman, P., Lee, T., Chau-Wong, M., & Wong, K. (1976). Antipsychotic drug doses and neuroleptic/dopamine receptors. *Nature, 261*, 717–719. (14)

Seery, M. D., Leo, R. J., Lupien, S. P., Kondrak, C. L., & Almonte, J. L. (2013). An upside to adversity? Moderate cumulative lifetime adversity is associated with resilient responses in the face of controlled stressors. *Psychological Science, 24*, 1181–1189. (11)

Segal, N. L. (2000). Virtual twins: New findings on within-family environmental influences on intelligence. *Journal of Educational Psychology, 92*, 442–448. (4)

Segal, N. L., McGuire, S. A., & Stohs, J. H. (2012). What virtual twins reveal about general intelligence and other behaviors. *Personality and Individual Differences, 53*, 405–410. (12)

Segerstrom, S. C., & Miller, G. E. (2004). Psychological stress and the human immune system: A meta-analytic study of 30 years of inquiry. *Psychological Bulletin, 130*, 601–630. (11)

Sehgal, A., Ousley, A., Yang, Z., Chen, Y., & Schotland, P. (1999). What makes the circadian clock tick: Genes that keep time? *Recent Progress in Hormone Research, 54*, 61–85. (8)

Seid, M. A., Castillo, A., & Wcislo, W. T. (2011). The allometry of brain miniaturization in ants. *Brain, Behavior and Evolution, 77*, 5–13. (3)

Sekar, A., Bialas, A. R., de Rivera, H., Davis, A., Hammond, T. R., Kamitaki, N., ...McCarroll, S. A. (2016). Schizophrenia risk from complex variation of complement component 4. *Nature, 530*, 177–183. (14)

Selkoe, D. J. (2000). Toward a comprehensive theory for Alzheimer's disease. *Annals of the New York Academy of Sciences, 924*, 17–25. (12)

Selye, H. (1979). Stress, cancer, and the mind. In J. Taché, H. Selye, & S. B. Day (Eds.), *Cancer, stress, and death* (pp. 11–27). New York: Plenum Press. (11)

Semendeferi, K., Lu, A., Schenker, N., & Damasio, H. (2002). Humans and great apes share a large frontal cortex. *Nature Neuroscience, 5*, 272–276. (3)

Semenya, S. W., & Vasey, P. L. (2016). The relationship between adult occupational preferences and childhood gender nonconformity among Samoan women, men, and Fa'afafine. *Human Nature, 27*, 283–295. (10)

Sen, S., Duman, R., & Sanacora, G. (2008). Serum brain-derived neurotrophic factor, depression, and antidepressant medications: Meta-analyses and implications. *Biological Psychiatry, 64*, 527–532. (14)

Sens, E., Teschner, U., Meissner, W., Preul, C., Huonker, R., Witte, O. W., ...Weiss, T. (2012). Effects of temporary functional deafferentation on the brain, sensation, and behavior of stroke patients. *Journal of Neuroscience, 32*, 11773–11779. (4)

Seow, Y.-X., Ong, P. K. C., & Huang, D. (2016). Odor-specific loss of smell sensitivity with age as revealed by the specific sensitivity test. *Chemical Senses, 41*, 487–495. (6)

Sereno, A. B., & Holzman, P. S. (1993). Express saccades and smooth pursuit eye movement function in schizophrenic, affective disorder, and normal subjects. *Journal of Cognitive Neuroscience, 5*, 303–316. (14)

Sergent, C., & Dehaene, S. (2004). Is consciousness a gradual phenomenon? *Psychological Science, 15*, 720–728. (13)

Sergent, C., Wyart, V., Babo-Rebelo, M., Cohen, L., Naccache, L., & Tallon-Baudry, C. (2013). Cueing attention after the stimulus is gone can retrospectively trigger conscious perception. *Current Biology, 23*, 150–155. (13)

Serino, A., Pizzoferrato, F., & Làdavas, E. (2008). Viewing a face (especially one's own face) being touched enhances tactile perception on the face. *Psychological Science, 19*, 434–438. (6)

Severens, M., Farquhar, J., Desain, P., Duysens, J., & Gielen, C. (2010). Transient and steady-state responses to mechanical stimulation of different fingers reveal interactions based on lateral inhibition. *Clinical Neurophysiology, 121,* 2090–2096. (5)

Shackman, A. J., McMenamin, B. W., Maxwell, J. S., Greischar, L. L., & Davidson, R. J. (2009). Right dorsolateral prefrontal cortical activity and behavioral inhibition. *Psychological Science, 20,* 1500–1506. (11)

Shadlen, M. N., & Newsome, W. T. (1996). Motion perception: Seeing and deciding. *Proceedings of the National Academy of Sciences (U.S.A.), 93,* 628–633. (13)

Shah, B., Shine, R., Hudson, S., & Kearney, M. (2003). Sociality in lizards: Why do thick-tailed geckos (*Nephrurus milii*) aggregate? *Behaviour, 140,* 1039–1052. (9)

Shah, N. M., Pisapia, D. J., Maniatis, S., Mendelsohn, M. M., Nemes, A., & Axel, R. (2004). Visualizing sexual dimorphism in the brain. *Neuron, 43,* 313–319. (10)

Shalev, A. Y., Peri, T., Brandes, D., Freedman, S., Orr, S. P., & Pitman, R. K. (2000). Auditory startle response in trauma survivors with posttraumatic stress disorder: A prospective study. *American Journal of Psychiatry, 157,* 255–261. (11)

Shapiro, C. M., Bortz, R., Mitchell, D., Bartel, P., & Jooste, P. (1981). Slow-wave sleep: A recovery period after exercise. *Science, 214,* 1253–1254. (8)

Sharbaugh, S. M. (2001). Seasonal acclimatization to extreme climatic conditions by black-capped chickadees (*Poecile atricapilla*) in interior Alaska (64° N). *Physiological and Biochemical Zoology, 74,* 568–575. (9)

Sharma, J., Angelucci, A., & Sur, M. (2000). Induction of visual orientation modules in auditory cortex. *Nature, 404,* 841–847. (4)

Shatz, C. J. (1992, September). The developing brain. *Scientific American, 267*(9), 60–67. (4)

Shatz, C. J. (1996). Emergence of order in visual-system development. *Proceedings of the National Academy of Sciences, USA, 93,* 602–608. (5)

Shaw, D. J., & Czekóová, K. (2013). Exploring the development of the mirror neuron system: Finding the right paradigm. *Developmental Neuropsychology, 38,* 256–271. (7)

Shawa, N., & Roden, L. C. (2016). Chronotype of South African adults is affected by solar entrainment. *Chronobiology International, 33,* 315–323. (8)

Shema, R., Haramati, S., Ron, S., Hazvi, S., Chen, A., Sacktor, T. C., ...Dudai, Y. (2011). Enhancement of consolidated long-term memory by overexpression of protein kinase Mζ in the neocortex. *Science, 331,* 1207–1210. (12)

Shema, R., Sacktor, T. C., & Dudai, Y. (2007). Rapid erasure of long-term memory associations in the cortex by an inhibitor of PKMζ. *Science, 317,* 951–953. (12)

Shen, H., Gong, Q. H., Aoki, C., Yuan, M., Ruderman, Y., Dattilo, M., ...Smith, S. S. (2007). Reversal of neurosteroid effects at alpha 4 beta 2 delta $GABA_A$ receptors triggers anxiety at puberty. *Nature Neuroscience, 10,* 469–477. (11)

Shenhav, A., & Greene, J. D. (2014). Integrative moral judgment: Dissociating the roles of the amygdala and ventromedial prefrontal cortex. *Journal of Neuroscience, 34,* 4741–4749. (11)

Sher, L., Carballo, J. J., Grunebaum, M. F., Burke, A. K., Zalsman, G., Huang, Y.-Y., ...Oquendo, M. A. (2006). A prospective study of the association of cerebrospinal fluid monoamine metabolite levels with lethality of suicide attempts in patients with bipolar disorder. *Bipolar Disorders, 8,* 543–550. (11)

Sherrington, C. S. (1906). *The integrative action of the nervous system* (2nd ed.). New York: Scribner's. New Haven, CT: Yale University Press, 1947. (2)

Sherrington, C. S. (1941). *Man on his nature.* New York: Macmillan. (2)

Shih, R. A., Belmonte, P. L., & Zandi, P. P. (2004). A review of the evidence from family, twin and adoption studies for a genetic contribution to adult psychiatric disorders. *International Review of Psychiatry, 16,* 260–283. (14)

Shima, K., Isoda, M., Mushiake, H., & Tanji, J. (2007). Categorization of behavioural sequences in the prefrontal cortex. *Nature, 445,* 315–318. (7)

Shimada-Sugimoto, M., Otowa, T., & Hettema, J. M. (2015). Genetics of anxiety disorders: Genetic epidemiological and molecular studies in humans. *Psychiatry and Clinical Sciences, 69,* 388–401. (11)

Shimojo, S., Kamitani, Y., & Nishida, S. (2001). Afterimage of perceptually filled-in surface. *Science, 293,* 1677–1680. (5)

Shine, R., Phillips, B., Waye, H., LeMaster, M., & Mason, R. T. (2001). Benefits of female mimicry in snakes. *Nature, 414,* 267. (9)

Shiv, B., Loewenstein, G., Bechara, A., Damasio, H., & Damasio, A. R. (2005). Investment behavior and the negative side of emotion. *Psychological Science, 16,* 435–439. (11)

Shohamy, D. (2011). Learning and motivation in the human striatum. *Current Opinion in Neurobiology, 21,* 408–414. (12)

Shohamy, D., Myers, C. E., Kalanithi, J., & Gluck, M. A. (2008). Basal ganglia and dopamine contributions to probabilistic category learning. *Neuroscience and Biobehavioral Reviews, 32,* 219–236. (12)

Shoulson, I. (1990). Huntington's disease: Cognitive and psychiatric features. *Neuropsychiatry, Neuropsychology, and Behavioral Neurology, 3,* 15–22. (7)

Shrager, Y., Levy, D. A., Hopkins, R. O., & Squire, L. R. (2008). Working memory and the organization of brain systems. *Journal of Neuroscience, 28,* 4818–4822. (12)

Shulman, E. P. (2014). Deciding in the dark: Differences in intuitive risk judgment. *Developmental Psychology, 50,* 167–177. (4)

Shutts, D. (1982). *Lobotomy: Resort to the knife.* New York: Van Nostrand Reinhold. (3)

Siegel, C. S., Fink, K. L., Strittmatter, S. M., & Cafferty, W. B. J. (2015). Plasticity of intact rebral projections mediates spontaneous recovery of function after corticospinal tract injury. *Journal of Neuroscience, 35,* 1443–1457. (4)

Siegel, J. M. (1995). Phylogeny and the function of REM sleep. *Behavioural Brain Research, 69,* 29–34. (8)

Siegel, J. M. (2009). Sleep viewed as a state of adaptive inactivity. *Nature Reviews Neuroscience, 10,* 747–753. (8)

Siegel, J. M. (2012). Suppression of sleep for mating. *Science, 337,* 1610–1611. (8)

Siegel, S. (1977). Morphine tolerance as an associative process. *Journal of Experimental Psychology: Animal Behavior Processes, 3,* 1–13. (14)

Siegel, S. (1983). Classical conditioning, drug tolerance, and drug dependence. *Research Advances in Alcohol and Drug Problems, 9,* 279–314. (14)

Siegel, S. (1987). Alcohol and opiate dependence: Reevaluation of the Victorian perspective. *Research Advances in Alcohol and Drug Problems, 9,* 279–314. (14)

Silber, B. Y., & Schmitt, J. A. J. (2010). Effects of tryptophan loading on human cognition, mood, and sleep. *Neuroscience and Biobehavioral Reviews, 34,* 387–407. (9)

Silbersweig, D. A., Stern, E., Frith, C., Cahill, C., Holmes, A., Grootoonk, S., ...Frackowiak, R. S. J. (1995). A functional neuroanatomy of hallucinations in schizophrenia. *Nature, 378,* 176–179. (14)

Silk, J. B., Brosnan, S. F., Vonk, J., Henrich, J., Povinelli, D. J., Richardson, A. S., ...Schapiro, S. J. (2005). Chimpanzees are indifferent to the welfare of unrelated group members. *Nature, 437,* 1357–1359. (1, 13)

Silva, A. J., Zhou, Y., Rogerson, T., Shobe, J., & Balaji, J. (2009). Molecular and cellular approaches to memory allocation in neural circuits. *Science, 326,* 391–395. (12)

Silva, B. A., Mattucci, C., Krzywkowski, P., Cuozzo, R., Carbonari, L., & Gross, C. T. (2016). The ventromedial hypothalamus mediates predator fear memory. *European Journal of Neuroscience, 43,* 1431–1439. (9)

Silventoinen, K., Jelenkovic, A., Sund, R., Hur, Y.-M., Yokoyama, Y., Honda, C., ...Kaprio, J. (2016). Genetic and environmental effects on body mass index from infancy to the onset of adulthood: An individual-based pooled analysis of 45 twin cohorts participating in the COllaborative project of Development of Anthropometrical measures in Twins (CODATwins) study. *American Journal of Clinical Nutrition, 104,* 371–379 (9)

Silver, R. A. (2010). Neuronal arithmetic. *Nature Reviews Neuroscience, 11,* 474–489. (2)

Silvers, J. A., Lumian, D. S., Gabard-Durnam, L., Gee, D. G., Goff, B., Fareri, D. S., ...

Tottenham, N. (2016). Previous institutionalization is followed by broader amygdala-hippocampal-PFC network connectivity during aversive learning in human development. *Journal of Neuroscience, 36*, 6420–6430. (11)

Simner, J., & Ward, J. (2006). The taste of words on the tip of the tongue. *Nature, 444*, 438. (6)

Simon, B., Fletcher, J. A., & Doebeli, M. (2013). Towards a general theory of group selection. *Evolution, 67*, 1561–1572. (4)

Simons, D. J., Boot, W. R., Charness, N., Gathercole, S. E., Chabris, C. F., Hambrick, D. Z., & Stine-Morrow, E. A. L. (2016). Do "brain-training" programs work? *Psychological Science in the Public Interest, 17*, 103–186. (4)

Simpson, E. H., Kellendonk, C., & Kandel, E. (2010). A possible role for the striatum in the pathogenesis of the cognitive symptoms of schizophrenia. *Neuron, 65*, 585–596. (14)

Sincich, L. C., Park, K. F., Wohlgemuth, M. J., & Horton, J. C. (2004). Bypassing V1: A direct geniculate input to area MT. *Nature Neuroscience, 7*, 1123–1128. (5)

Singer, T., Seymour, B., O'Doherty, J., Kaube, H., Dolan, R. J., & Frith, C. D. (2004). Empathy for pain involves the affective but not sensory components of pain. *Science, 303*, 1157–1162. (6)

Singh, S., & Mallick, B. N. (1996). Mild electrical stimulation of pontine tegmentum around locus coeruleus reduces rapid eye movement sleep in rats. *Neuroscience Research, 24*, 227–235. (8)

Siopi, E., Denizet, M., Gabellec, M.-M., deChaumont, F., Olivo-Marin, J.-C., Guilloux, J.-P., …Lazarini, F. (2016). Anxiety- and depression-like states lead to pronounced olfactory deficits and impaired adult neurogenesis in mice. *Journal of Neuroscience, 36*, 518–531. (14)

Sirigu, A., Grafman, J., Bressler, K., & Sunderland, T. (1991). Multiple representations contribute to body knowledge processing. Evidence from a case of autopagnosia. *Brain, 114*, 629–642. (6)

Sirotin, Y. B., Hillman, E. M. C., Bordier, C., & Das, A. (2009). Spatiotemporal precision and hemodynamic mechanism of optical point spreads in alert primates. *Proceedings of the National Academy of Sciences, 106*, 18390–18395. (3)

Sjöström, M., Friden, J., & Ekblom, B. (1987). Endurance, what is it? Muscle morphology after an extremely long distance run. *Acta Physiologica Scandinavica, 130*, 513–520. (7)

Skinner, M. D., Lahmek, P., Pham, H., & Aubin, H. J. (2014). Disulfiram efficacy in the treatment of alcohol dependence: A meta-analysis. *PLoS One*, e87366. (14)

Skitzki, J. J., Chen, Q., Wang, W. C., & Evans, S. S. (2007). Primary immune surveillance: Some like it hot. *Journal of Molecular Medicine, 85*, 1361–1367. (9)

Skoe, E., & Kraus, N. (2012). A little goes a long way: How the adult brain is shaped by musical training in childhood. *Journal of Neuroscience, 32*, 11507–11510. (4)

Skorska, M. N., Geniole, S. N., Vrysen, B. M., McCormick, C. M., & Bogaert, A. F. (2015). Facial structure predicts sexual orientation in both men and women. *Archives of Sexual Behavior, 44*, 1377–1394. (10)

Slavich, G. M., & Cole, S. W. (2013). The emerging field of human social genomics. *Clinical Psychological Science, 1*, 331–348. (4)

Sloan, D. M., Strauss, M. E., & Wisner, K. L. (2001). Diminished response to pleasant stimuli by depressed women. *Journal of Abnormal Psychology, 110*, 488–493. (14)

Smith, G. B., Sederberg, A., Elyada, Y. M., Van Hooser, S. D., Kaschube, M., & Fitzpatrick, D. (2015). The development of cortical circuits for motion discrimination. *Nature Neuroscience, 18*, 252–261. (5)

Smith, G. P. (1998). Pregastric and gastric satiety. In G. P. Smith (Ed.), *Satiation: From gut to brain* (pp. 10–39). New York: Oxford University Press. (9)

Smith, G. P., & Gibbs, J. (1998). The satiating effects of cholecystokinin and bombesin-like peptides. In G. P. Smith (Ed.), *Satiation: From gut to brain* (pp. 97–125). New York: Oxford University Press. (9)

Smith, K., Thompson, G. F., & Koster, H. D. (1969). Sweat in schizophrenic patients: Identification of the odorous substance. *Science, 166*, 398–399. (14)

Smith, K. S., Bucci, D. J., Luikart, B. W., & Mahler, S. V. (2016). DREADDs: Use and application in behavioral neuroscience. *Behavioral Neuroscience, 130*, 137–155. (3)

Smith, L. T. (1975). The interanimal transfer phenomenon: A review. *Psychological Bulletin, 81*, 1078–1095. (12)

Smith, M. A., Brandt, J., & Shadmehr, R. (2000). Motor disorder in Huntington's disease begins as a dysfunction in error feedback control. *Nature, 403*, 544–549. (7)

Smith, M. E., & Farah, M. J. (2011). Are prescription stimulants "smart pills"? The epidemiology and cognitive neuroscience of prescription stimulant use by normal healthy individuals. *Psychological Science, 137*, 717–741. (12)

Smolker, H. R., Depue, B. E., Reineberg, A. E., Orr, J. M., & Banich, M. T. (2015). Individual differences in regional prefrontal gray matter morphometry and fractional anisotropy are associated with different constructs of executive function. *Brain Structure & Function, 220*, 1291–1306. (3)

Smulders, T. V., Shiflett, M. W., Sperling, A. J., & DeVoogd, T. J. (2000). Seasonal changes in neuron numbers in the hippocampal formation of a food-hoarding bird: The black-capped chickadee. *Journal of Neurobiology, 44*, 414–422. (4)

Snyder, L. H., Grieve, K. L., Brotchie, P., & Andersen, R. A. (1998). Separate body- and world-referenced representations of visual space in parietal cortex. *Nature, 394*, 887–891. (7)

Sobota, R., Mihara, T., Forrest, A., Featherstone, R. E., & Siegel, S. J. (2015). Oxytocin reduces amygdala activity, increases social interactions, and reduces anxiety-like behavior irrespective of NMDAR antagonism. *Behavioral Neuroscience, 129*, 389–398. (13)

Sodersten, P., Bergh, C., Leon, M., & Zandian, M. (2016). Dopamine and anorexia nervosa. *Neuroscience and Biobehavioral Reviews, 60*, 26–30. (9)

Solms, M. (1997). *The neuropsychology of dreams.* Mahwah, NJ: Erlbaum. (8)

Solms, M. (2000). Dreaming and REM sleep are controlled by different brain mechanisms. *Behavioral and Brain Sciences, 23*, 843–850. (8)

Solomon, S. G., & Lennie, P. (2007). The machinery of colour vision. *Nature Reviews Neuroscience, 8*, 276–286. (5)

Solter, A. (2008). A 2-year-old child's memory of hospitalization during early infancy. *Infant and Child Development, 17*, 593–605. (12)

Song, H., Stevens, C. F., & Gage, F. H. (2002). Neural stem cells from adult hippocampus develop essential properties of functional CNS neurons. *Nature Neuroscience, 5*, 438–445. (4)

Song, K., Wang, H., Kamm, G. B., Pohle, J., de Castro Reis, F., Heppenstall, P., Wende, H., & Siemens, J. (2016). The TRPM2 channel is a hypothalamic heat sensor that limits fever and can drive hypothermia. *Science, 353*, 1393–1398. (9)

Song, Y., Zhu, Q., Li, J., Wang, X., & Liu, J. (2015). Typical and atypical development of functional connectivity in the face network. *Journal of Neuroscience, 35*, 14624–14635. (5)

Soon, C. S., Brass, M., Heinze, H.-J., & Haynes, J.-D. (2008). Unconscious determinants of free decisions in the human brain. *Nature Neuroscience, 11*, 543–545. (7)

Sorger, B., Reithler, J., Dahmen, B., & Goebel, R. (2012). A real-time fMRI-based spelling device immediately enabling robust motor-independent communication. *Current Biology, 22*, 1333–1338. (3)

Southwell, D. G., Froemke, R. C., Alvarez-Buylla, A., Stryker, M. P., & Gandhi, S. P. (2010). Cortical plasticity induced by inhibitory neuron transplantation. *Science, 327*, 1145–1148. (5)

Southwell, D. G., Paaredes, M. F., Galvao, R. P., Jones, D. L., Froemke, R. C., Sebe, J. Y., … Alvarez-Buylla, A. A. (2012). Intrinsically determined cell death of developing cortical interneurons. *Nature, 491*, 109–113. (4)

Spalding, K. L., Bergmann, O., Alkass, K., Bernard, S., Salehpour, M., Huttner, H. B., …Frisén, J. (2013). Dynamics of hippocampal neurogenesis in adult humans. *Cell, 153*, 1219–1227. (4)

Spalding, K. L., Bhardwaj, R. D., Buchholz, B. A., Druid, H., & Frisén, J. (2005). Retrospective birth dating of cells in humans. *Cell, 122*, 133–143. (4)

Spangler, R., Wittkowski, K. M., Goddard, N. L., Avena, N. M., Hoebel, B. G., & Leibowitz, S. F. (2004). Opiate-like effects of sugar on gene expression in reward areas of the rat brain. *Molecular Brain Research, 124,* 134–142. (9)

Spearman, C. (1904). "General intelligence," objectively determined and measured. *American Journal of Psychology, 15,* 201–293. (12)

Speer, N. K., Reynolds, J. R., Swallow, K. M., & Zacks, J. M. (2009). Reading stories activates neural representations of visual and motor experiences. *Psychological Science, 20,* 989–999. (7)

Spelke, E. S. (2005). Sex differences in intrinsic aptitude for mathematics and science? *American Psychologist, 60,* 950–958. (12)

Spencer, R. M. C., Zelaznik, H. N., Diedrichsen, J., & Ivry, R. B. (2003). Disrupted timing of discontinuous but not continuous movements by cerebellar lesions. *Science, 300,* 1437–1439. (7)

Sperandie, I., Chouinard, P. A., & Goodale, M. A. (2012). Retinotopic activity in V1 reflects the perceived and not the retinal size of an afterimage. *Nature Neuroscience, 15,* 540–542. (5)

Sperry, R. W. (1943). Visuomotor coordination in the newt (*Triturus viridescens*) after regeneration of the optic nerve. *Journal of Comparative Neurology, 79,* 33–55. (4)

Sperry, R. W. (1975). In search of psyche. In F. G. Worden, J. P. Swazey, & G. Adelman (Eds.), *The neurosciences: Paths of discovery* (pp. 425–434). Cambridge, MA: MIT Press. (4)

Spezio, M. L., Huang, P.-Y. S., Castelli, F., & Adolphs, R. (2007). Amygdala damage impairs eye contact during conversations with real people. *Journal of Neuroscience, 27,* 3994–3997. (11)

Spiegel, T. A. (1973). Caloric regulation of food intake in man. *Journal of Comparative and Physiological Psychology, 84,* 24–37. (9)

Spindler, K. A., Sullivan, E. V., Menon, V., Lim, K. O., & Pfefferbaum, A. (1997). Deficits in multiple systems of working memory in schizophrenia. *Schizophrenia Research, 27,* 1–10. (14)

Spitzer, N. C. (2015). Neurotransmitter switching? No surprise. *Neuron, 86,* 1131–1144. (2)

Spoletini, I., Cherubini, A., Banfi, G., Rubino, I. A., Peran, P., Caltagirone, C., & Spalletta, G. (2011). Hippocampi, thalami, and accumbens microstructural damage in schizophrenia: A volumetry, diffusivity, and neuropsychological study. *Schizophrenia Bulletin, 37,* 118–130. (14)

Spreux-Varoquaux, O., Alvarez, J.-C., Berlin, I., Batista, G., Despierre, P.-G., Gilton, A., & Cremniter, D. (2001). Differential abnormalities in plasma 5-HIAA and platelet serotonin concentrations in violent suicide attempters. *Life Sciences, 69,* 647–657. (11)

Spurzheim, J. G. (1908). *Phrenology* (rev. ed.) Philadelphia: Lippincott. (3)

Squire, L. R. (1992). Memory and the hippocampus: A synthesis from findings with rats, monkeys, and humans. *Psychological Review, 99,* 195–231. (12)

Squires, T. M. (2004). Optimizing the vertebrate vestibular semicircular canal: Could we balance any better? *Physical Review Letters, 93,* 198106. (6)

Stallen, M., De Dreu, C. K. W., Shalvi, S., Smidts, A., & Sanfey, A. G. (2012). The herding hormone: Oxytocin stimulates in-group conformity. *Psychological Science, 23,* 1288–1292. (13)

Stalnaker, T. A., Cooch, N. K., & Schoenbaum, G. (2015). What the orbitofrontal cortex does not do. *Nature Neuroscience, 18,* 620–625. (13)

Stanford, L. R. (1987). Conduction velocity variations minimize conduction time differences among retinal ganglion cell axons. *Science, 238,* 358–360. (1)

Starr, C., & Taggart, R. (1989). *Biology: The unity and diversity of life.* Pacific Grove, CA: Brooks/Cole. (2, 3, 7, 10)

Steele, C. J., Bailey, J. A., Zatorre, R. J., & Penhune, V. B. (2013). Early musical training and white-matter plasticity in the corpus callosum: Evidence for a sensitive period. *Journal of Neuroscience, 33,* 1282–1290. (4)

Steffens, B. (2007). *Ibn al-Haytham: First Scientist.* Greensboro, NC: Morgan Reynolds Publishing. (5)

Stein, B. E., Stanford, T. R., & Rowland, B. A. (2014). Development of multisensory integration from the perspective of the individual neuron. *Nature Reviews Neuroscience, 15,* 520–535. (3)

Stein, M. B., Hanna, C., Koverola, C., Torchia, M., & McClarty, B. (1997). Structural brain changes in PTSD. *Annals of the New York Academy of Sciences, 821,* 76–82. (11)

Stein, T., Reeder, R. R., & Peelen, M. V. (2016). Privileged access to awareness for faces and objects of expertise. *Journal of Experimental Psychology—Human Perception and Performance, 42,* 788–798. (13)

Steinberg, L. (2013). The influence of neuroscience on U.S. Supreme Court decisions about adolescents' criminal culpability. *Nature Reviews Neuroscience, 14,* 513–518. (4)

Steinberg, L., Graham, S., O'Brien, L., Woolard, J., Cauffman, E., & Banich, M. (2009). Age differences in future orientation and delay discounting. *Child Development, 80,* 28–44. (4)

Steinecke, A., Gampe, C., Valkova, C., Kaether, C., & Bolz, J. (2012). Disrupted-in-schizophrenia 1 (DISC1) is necessary for the correct migration of cortical interneurons. *Journal of Neuroscience, 32,* 738–745. (14)

Steinert, C., Hofmann, M., Kruse, J., & Leichsenring, F. (2014). Relapse rates after psychotherapy for depression—stable long term effects? *Journal of Affective Disorders, 168,* 107–118. (14)

Stellar, J. E., Cohen, A., Oveis, C., & Keltner, D. (2015). Affective and physiological responses to the suffering of others: Compassion and vagal activity. *Journal of Personality and Social Psychology, 108,* 572–585. (11)

Stensola, H., Stensola, T., Solstad, T., Frøland, K., Moser, M.-B., & Moser, E. I. (2012). The entorhinal grid map is discretized. *Nature, 492,* 72–78. (12)

Stephens, T. W., Basinski, M., Bristow, P. K., Bue-Valleskey, J. M., Burgett, S. G., Craft, L., ... Heiman, M. (1995). The role of neuropeptide Y in the antiobesity action of the obese gene product. *Nature, 377,* 530–532. (9)

Sterling, P. (2012). Allostasis: A model of predictive regulation. *Physiology & Behavior, 106,* 5–15. (9)

Sterpenich, V., D'Argembeau, A., Desseiles, M., Balteau, E., Albouy, G., Vandewalle, G., ...Maquet, P. (2006). The locus ceruleus is involved in the successful retrieval of emotional memories in humans. *Journal of Neuroscience, 26,* 7416–7423. (8)

Stevens, C. F. (2001). An evolutionary scaling law for the primate visual system and its basis in cortical function. *Nature, 411,* 193–195. (5)

Stevens, M., & Cuthill, I. C. (2007). Hidden messages: Are ultraviolet signals a special channel in avian communication? *Bioscience, 57,* 501–507. (5)

Stevenson, R. J., Hodgson, D., Oaten, M. J., Moussavi, M., Langberg, R., Case, T. I., & Barouei, J. (2012). Disgust elevates core body temperature and up-regulates certain oral immune markers. *Brain Behavior and Immunity, 26,* 1160–1168. (11)

Stevenson, R. J. (2014). Flavor binding: Its nature and cause. *Psychological Bulletin, 140,* 487–510. (3)

Stevenson, R. J., Miller, L. A., & McGrillen, K. (2013). The lateralization of gustatory function and the flow of information from tongue to cortex. *Neuropsychologia, 51,* 1408–1416. (6, 13)

Stewart, J. W., Quitkin, F. M., McGrath, P. J., Amsterdam, J., Fava, M., Fawcett, J., ... Roback, P. (1998). Use of pattern analysis to predict differential relapse of remitted patients with major depression during 1 year of treatment with fluoxetine or placebo. *Archives of General Psychiatry, 55,* 334–343. (14)

Stice, E., & Yokum, S. (2016). Gain in body fat is associated with increased striatal response to palatable food cues, whereas body fat stability is associated with decreased striatal response. *Journal of Neuroscience, 36,* 6949–6956. (9)

Stickgold, R., Malia, A., Maguire, D., Roddenberry, D., & O'Connor, M. (2000). Replaying the game: Hypnagogic images in normals and amnesics. *Science, 290,* 350–353. (12)

Stillman, P., Van Bavel, J., & Cunningham, W. (2015). Valence asymmetries in the human amygdala: Task relevance modulates amygdala responses to positive more than negative affective cues. *Journal of Cognitive Neuroscience, 27*, 842–851. (11)

Stokes, M., Thompson, R., Cusack, R., & Duncan, J. (2009). Top-down activation of shape-specific population codes in visual cortex during mental imagery. *Journal of Neuroscience, 29*, 1565–1572. (5)

Stolzenberg, D. S., & Champagne, F. A. (2016). Hormonal and non-hormonal bases of maternal behavior: The role of experience and epigenetic mechanisms. *Hormones and Behavior, 77*, 204–210. (10)

Storey, A. E., & Ziegler, T. E. (2016). Primate paternal care: Interactions between biology and social experience. *Hormones and Behavior, 77*, 260–271. (10)

Storey, K. B., & Storey, J. M. (1999, May/June). Lifestyles of the cold and frozen. *The Sciences, 39*(3), 33–37. (9)

Stough, C., & Pase, M. P. (2015). Improving cognition in the elderly with nutritional supplements. *Current Directions in Psychological Science, 24*, 177–183. (12)

Stricker, E. M. (1969). Osmoregulation and volume regulation in rats: Inhibition of hypovolemic thirst by water. *American Journal of Physiology, 217*, 98–105. (9)

Stricker, E. M., Swerdloff, A. F., & Zigmond, M. J. (1978). Intrahypothalamic injections of kainic acid produce feeding and drinking deficits in rats. *Brain Research, 158*, 470–473. (9)

Striemer, C. L., Chapman, C. S., & Goodale, M. A. (2009). "Real-time" obstacle avoidance in the absence of primary visual cortex. *Proceedings of the National Academy of Sciences (U.S.A.), 106*, 15996–16001. (5)

Stroebele, N., de Castro, J. M., Stuht, J., Catenacci, V., Wyatt, H. R., & Hill, J. O. (2008). A small-changes approach reduces energy intake in free-living humans. *Journal of the American College of Nutrition, 28*, 63–68. (9)

Strotmann, J., Levai, O., Fleischer, J., Schwarzenbacher, K., & Breer, H. (2004). Olfactory receptor proteins in axonal processes of chemosensory neurons. *Journal of Neuroscience, 224*, 7754–7761. (6)

Struder, B., Manes, F., Humphreys, G., Robbins, T. W., & Clark, L. (2015). Risk-sensitive decision-making in patients with posterior parietal and ventromedial prefrontal cortex injury. *Cerebral Cortex, 25*, 1–9. (13)

Stryker, M. P., & Sherk, H. (1975). Modification of cortical orientation selectivity in the cat by restricted visual experience: A reexamination. *Science, 190*, 904–906. (5)

Stryker, M. P., Sherk, H., Leventhal, A. G., & Hirsch, H. V. B. (1978). Physiological consequences for the cat's visual cortex of effectively restricting early visual experience with oriented contours. *Journal of Neurophysiology, 41*, 896–909. (5)

Stuber, G. D., & Wise, R. A. (2016). Lateral hypothalamic circuits for feeding and reward. *Nature Neuroscience, 19*, 198–205. (9)

Sturm, V. E., Ascher, E. A., Miller, B. L., & Levenson, R. W. (2008). Diminished self-conscious emotional responding in frontotemporal lobar degeneration patients. *Emotion, 8*, 861–869. (13)

Stuss, D. T., & Benson, D. F. (1984). Neuropsychological studies of the frontal lobes. *Psychological Bulletin, 95*, 3–28. (3)

Su, J., van Boxtel, J. J. A., & Lu, H. (2016). Social interactions receive priority to conscious perception. *PLoS One, 11*, article e0160468. (13)

Suez, J., Korem, T., Zeevi, D., Zilberman-Schapira, G., Thais, C. A., Maza, O., ... Elinav, E. (2014). Artificial sweeteners induce glucose intolerance by altering the gut microbiota. *Nature, 514*, 181–186. (9)

Sugamura, G., & Higuchi, R. (2015). Do we feel afraid because we tremble?: The effect of physical coldness on feelings of fear. Poster at the International Convention of Psychological Science, Amsterdam, March 13, 2015. (11)

Sun, Y.-G., Zhao, Z.-Q., Meng, X.-L., Yin, J., Liu, X.-Y., & Chen, Z. F. (2009). Cellular basis of itch sensation. *Science, 325*, 1531–1534. (6)

Sur, M., & Leamey, C. A. (2001). Development and plasticity of cortical areas and networks. *Nature Reviews Neuroscience, 2*, 251–262. (5)

Surén, P., Roth, C., Bresnahan, M., Haugen, M., Hornig, M., Hirtz, D., ...Stoltenberg, C., (2013). Association between maternal use of folic acid supplements and risk of autism spectrum disorders in children. *Journal of the American Medical Association, 309*, 570–577. (14)

Sutterland, A. L., Fond, G., Kuin, A., Koeter, M. W. J., Lutter, R., van Gool, T., ...de Haan, L. (2015). Beyond the association. *Toxoplasma gondii* in schizophrenia, bipolar disorder, and addiction: Systematic review and meta-analysis. *Psychiatrica Scandinavica, 132*, 161–179. (14)

Sutton, A. K., Pei, H., Burnett, K. H., Myers, M. G. Jr., Rhodes, C. J., & Olson, D. P. (2014). Control of food intake and energy expenditure by Nos1 neurons of the paraventricular hypothalamus. *Journal of Neuroscience, 34*, 15306–15318. (9)

Sutton, L. C., Lea, E., Will, M. J., Schwartz, B. A., Hartley, C. E., Poole, J. C., ...Maier, S. F. (1997). Inescapable shock-induced potentiation of morphine analgesia. *Behavioral Neuroscience, 111*, 1105–1113. (6)

Sutton, R. L., Hovda, D. A., & Feeney, D. M. (1989). Amphetamine accelerates recovery of locomotor function following bilateral frontal cortex ablation in rats. *Behavioral Neuroscience, 103*, 837–841. (4)

Suzdak, P. D., Glowa, J. R., Crawley, J. N., Schwartz, R. D., Skolnick, P., & Paul, S. M. (1986). A selective imidazobenzodiazepine antagonist of ethanol in the rat. *Science, 234*, 1243–1247. (11)

Swaab, D. F., & Hofman, M. A. (1990). An enlarged suprachiasmatic nucleus in homosexual men. *Brain Research, 537*, 141–148. (10)

Swan, S. H., Liu, F., Hines, M., Kruse, R. L., Wang, C., Redmon, J. B., ...Weiss, B. (2010). Prenatal phthalate exposure and reduced masculine play in boys. *International Journal of Andrology, 33*, 259–269. (10)

Sweeney, J. A., Rosano, C., Berman, R. A., & Luna, B. (2001). Inhibitory control of attention declines more than working memory during normal aging. *Neurobiology of Aging, 22*, 39–47. (7)

Swoboda, H., Amering, M., Windhaber, J., & Katschnig, H. (2003). The long-term course of panic disorder—An 11 year follow-up. *Journal of Anxiety Disorders, 17*, 223–232. (11)

Sztainberg, Y., & Zoghbi, H. Y. (2016). Lessons learned from studying syndromic autism spectrum disorders. *Nature Neuroscience, 19*, 1408–1417. (14)

Tabarean, I. V., Sanchez-Alavez, M., & Sethi, J. (2012). Mechanisms of H-2 histamine receptor dependent modulation of body temperature and neuronal activity in the medial preoptic nucleus. *Neuropharmacology, 63*, 171–180. (9)

Tabarés-Seisdedos, R., & Rubenstein, J. L. (2013). Inverse cancer comorbidity: A serendipitous opportunity to gain insight into CNS disorders. *Nature Reviews Neuroscience, 14*, 293–304. (14)

Taber-Thomas, B. C., Asp, E. W., Koenigs, M., Sutterer, M., Anderson, S. W., & Tranel, D. (2014). Arrested development: Early prefrontal lesions impair the maturation of moral judgment. *Brain, 137*, 1254–1261. (11)

Tabrizi, S. J., Cleeter, M. W. J., Xuereb, J., Taanman, J.-W., Cooper, J. M., & Schapira, A. H. V. (1999). Biochemical abnormalities and excitotoxicity in Huntington's disease brain. *Annals of Neurology, 45*, 25–32. (7)

Taddese, A., Nah, S. Y., & McCleskey, E. W. (1995). Selective opioid inhibition of small nociceptive neurons. *Science, 270*, 1366–1369. (6)

Tagawa, Y., Kanold, P. O., Majdan, M., & Shatz, C. J. (2005). Multiple periods of functional ocular dominance plasticity in mouse visual cortex. *Nature Neuroscience, 8*, 380–388. (5)

Tager-Flusberg, H., Boshart, J., & Baron-Cohen, S. (1998). Reading the windows to the soul: Evidence of domain-specific sparing in Williams syndrome. *Journal of Cognitive Neuroscience, 10*, 631–639. (13)

Tagliazucchi, E., Roseman, L., Kaelen, M., Orban, C., Muthukumaraswamy, S. D., Murphy, K., Laufs, H., ...Carhart-Harris, R. (2016). Increased global functional connectivity correlates with LSD-induced ego dissolution. *Current Biology, 26*, 1043–1050. (2)

Tai, L.-H., Lee, A. M., Benavidez, N., Bonci, A., & Wilbrecht, L. (2012). Transient stimulation of distinct subpopulations of striatal neurons mimics changes in action value. *Nature Neuroscience, 15*, 1281–1289. (7)

Taillard, J., Philip, P., Coste, O., Sagaspe, P., & Bioulac, B. (2003). The circadian and homeostatic modulation of sleep pressure during wakefulness differs between morning and evening chronotypes. *Journal of Sleep Research, 12,* 275–282. (8)

Takano, T., Tian, G.-F., Peng, W., Lou, N., Libionka, W., Han, X., & Nedergaard, M. (2006). Astrocyte-mediated control of cerebral blood flow. *Nature Neuroscience, 9,* 260–267. (1)

Takehara-Nishiuchi, K., & McNaughton, B. L. (2008). Spontaneous changes of neocortical code for associative memory during consolidation. *Science, 322,* 960–963. (12)

Takemura, H., Ashida, H., Amano, K., Kitaoka, A., & Murakami, I. (2012). Neural correlates of induced motion perception in the human brain. *Journal of Neuroscience, 32,* 14344–14354. (5)

Takeuchi, T., Duszkiewicz, A. J., Sonneborn, A., Spooner, P. A., Yamasaki, M., Watanabe, M., ...Morris, R. G. M. (2016). Locus coeruleus and dopaminergic consolidation of everyday memory. *Nature, 537,* 357–362. (12)

Tamietto, M., Castelli, L., Vighetti, S., Perozzo, P., Geminiani, G., Weiskrantz, L., & de Gelder, B. (2009). Unseen facial and bodily expressions trigger fast emotional reactions. *Proceedings of the National Academy of Sciences (U.S.A.), 106,* 17661–17666. (5)

Tanaka, J., Hayashi, Y., Nomura, S., Miyakubo, H., Okumura, T., & Sakamaki, K. (2001). Angiotensinergic and noradrenergic mechanisms in the hypothalamic paraventricular nucleus participate in the drinking response induced by activation of the subfornical organ in rats. *Behavioural Brain Research, 118,* 117–122. (9)

Tanaka, J., Hori, K., & Nomura, M. (2001). Dipsogenic response induced by angiotensinergic pathways from the lateral hypothalamic area to the subfornical organ in rats. *Behavioural Brain Research, 118,* 111–116. (9)

Tanaka, M., Nakahara, T., Muranaga, T., Kojima, S., Yasuhara, D., Ueno, H., ...Inui, A. (2006). Ghrelin concentrations and cardiac vagal tone are decreased after pharmacologic and cognitive-behavioral treatment in patients with bulimia nervosa. *Hormones and Behavior, 50,* 261–265. (9)

Tanaka, Y., Kamo, T., Yoshida, M., & Yamadori, A. (1991). "So-called" cortical deafness. *Brain, 114,* 2385–2401. (6)

Tandon, S., Simon, S. A., & Nicolelis, M. A. L. (2012). Appetitive changes during salt deprivation are paralleled by widespread neuronal adaptations in nucleus accumbens, lateral hypothalamus, and central amygdala. *Journal of Neurophysiology, 108,* 1089–1105. (9)

Tanji, J., & Shima, K. (1994). Role for supplementary motor area cells in planning several movements ahead. *Nature, 371,* 413–416. (7)

Tanner, C. M., Kamel, F., Ross, G. W., Hoppin, J. A., Goldman, S. M., Korell, M., ...Langston, J. W. (2011). Rotenone, paraquat, and Parkinson's disease. *Environmental Health Perspectives, 119,* 866–872. (7)

Tappy, L., & Lê, K.-A. (2010). Metabolic effects of fructose and the worldwide increase in obesity. *Physiological Reviews, 90,* 23–46. (9)

Tarampi, M. R., Heydari, N., & Hegarty, M. (2016). A tale of two types of perspective taking: Sex differences in spatial ability. *Psychological Science, 27,* 1507–1516. (10)

Taravosh-Lahn, K., Bastida, C., & Delville, Y. (2006). Differential responsiveness to fluoxetine during puberty. *Behavioral Neuroscience, 120,* 1084–1092. (11)

Tattersall, G. J., Andrade, D. V., & Abe, A. S. (2009). Heat exchange from the toucan bill reveals a controllable vascular thermal radiator. *Science, 325,* 468–470. (9)

Tattersall, G. J., Leite, C. A. C., Sanders, C. E., Cadena, V., Andrade, D. V., Abe, A. S., & Milsom, W. K. (2016). Seasonal reproductive endothermy in tegu lizards. *Science Advances, 2,* e1500951. (9)

Taub, E., & Berman, A. J. (1968). Movement and learning in the absence of sensory feedback. In S. J. Freedman (Ed.), *The neuropsychology of spatially oriented behavior* (pp. 173–192). Homewood, IL: Dorsey. (4)

Taylor, J. P., Hardy, J., & Fischbeck, K. H. (2002). Toxic proteins in neurodegenerative disease. *Science, 296,* 1991–1995. (12)

Taylor, M. A. (1969). Sex ratios of newborns: Associated with prepartum and postpartum schizophrenia. *Science, 164,* 723–721. (14)

Teff, K. L., Elliott, S. S., Tschöp, M., Kieffer, T. J., Rader, D., Heiman, M., ...Havel, P. J. (2004). Dietary fructose reduces circulating insulin and leptin, attenuates postprandial suppression of ghrelin, and increases triglycerides in women. *Journal of Clinical Endocrinology & Metabolism, 89,* 2963–2972. (9)

Teicher, M. H., Glod, C. A., Magnus, E., Harper, D., Benson, G., Krueger, K., & McGreenery, C. E. (1997). Circadian rest–activity disturbances in seasonal affective disorder. *Archives of General Psychiatry, 54,* 124–130. (14)

Teitelbaum, P. (1961). Disturbances in feeding and drinking behavior after hypothalamic lesions. In M. R. Jones (Ed.), *Nebraska Symposia on Motivation 1961* (pp. 39–69). Lincoln: University of Nebraska Press. (9)

Teitelbaum, P., & Epstein, A. N. (1962). The lateral hypothalamic syndrome. *Psychological Review, 69,* 74–90. (9)

Teitelbaum, P., Pellis, V. C., & Pellis, S. M. (1991). Can allied reflexes promote the integration of a robot's behavior? In J. A. Meyer & S. W. Wilson (Eds.), *From animals to animats: Simulation of animal behavior* (pp. 97–104). Cambridge, MA: MIT Press/Bradford Books. (7)

Terburg, D., Aarts, H., & van Honk, J. (2012). Testosterone affects gaze aversion from angry faces outside of conscious awareness. *Psychological Science, 23,* 459–463. (11)

Terzaghi, M., Sartori, I., Tassi, L., Rustioni, V., Proserpio, P., Lorusso, G., ...Nobili, L. (2012). Dissociated local arousal states underlying essential features of non-rapid eye movement arousal parasomnia: An intracerebral stereo-electroencephalographic study. *Journal of Sleep Research, 21,* 502–506. (8)

Tesoriero, C., Codita, A., Zhang, M.-D., Cherninsky, A., Karlsson, H., Grassi-Zucconi, G., ...Kristensson, K. (2016). H1N1 influenza virus induces narcolepsy-like sleep disruption and targets sleep-wake regulatory neurons in mice. *Proceedings of the National Academy of Sciences (U.S.A.), 113,* E368–E377. (8)

Tetrud, J. W., Langston, J. W., Garbe, P. L., & Ruttenber, A. J. (1989). Mild Parkinsonism in persons exposed to 1-methyl-4-phenyl-1,2,3,6-tetrahydropyridine (MPTP). *Neurology, 39,* 1483–1487. (7)

Thalemann, R., Wölfling, K., & Grüsser, S. M. (2007). Specific cue reactivity on computer game-related cues in excessive gamers. *Behavioral Neuroscience, 121,* 614–618. (14)

Thannickal, T. C., Moore, R. Y., Nienhuis, R., Ramanathan, L., Gulyani, S., Aldrich, M., ...Siegel, J. M. (2000). Reduced number of hypocretin neurons in human narcolepsy. *Neuron, 27,* 469–474. (8)

Thase, M. E., Greenhouse, J. B., Frank, E., Reynolds, C. F., III, Pilkonis, P. A., Hurley, K., ...Kupfer, D. J. (1997). Treatment of major depression with psychotherapy or psychotherapy-psychopharmacology combinations. *Archives of General Psychiatry, 54,* 1009–1015. (14)

Theunissen, F. E., & Elie, J. E. (2014). Neural processing of natural sounds. *Nature Reviews Neuroscience, 15,* 355–366. (6)

Theusch, E., Basu, A., & Gitschier, J. (2009). Genome-wide study of families with absolute pitch reveals linkage to 8q24.21 and locus heterogeneity. *American Journal of Human Genetics, 85,* 112–119. (6)

Thier, P., Dicke, P. W., Haas, R., & Barash, S. (2000). Encoding of movement time by populations of cerebellar Purkinje cells. *Nature, 405,* 72–76. (7)

Thomas, B. C., Croft, K. E., & Tranel, D. (2011). Harming kin to save strangers: Further evidence for abnormally utilitarian moral judgments after ventromedial prefrontal damage. *Journal of Cognitive Neuroscience, 23,* 2186–2196. (11)

Thomas, C., Avidan, G., Humphreys, K., Jung, K., Gao, F., & Behrmann, M. (2009). Reduced structural connectivity in ventral visual cortex in congenital prosopagnosia. *Nature Neuroscience, 12,* 29–31. (5)

Thomas, C., & Baker, C. I. (2013). Teaching an adult brain new tricks: A critical review of evidence for training-dependent structural plasticity in humans. *NeuroImage, 73,* 225–236. (4)

Thomson, D. R., Besner, D., & Smilek, D. (2015). A resource-control account of sustained attention: Evidence from mind-wandering and vigilance paradigms. *Perspectives on Psychological Science, 10,* 82–96. (13)

Thompson, R. F. (1986). The neurobiology of learning and memory. *Science, 233*, 941–947. (12)

Thompson, W. F., Marin, M. M., & Stewart, L. (2012). Reduced sensitivity to emotional prosody in congenital amusia rekindles the musical protolanguage hypothesis. *Proceedings of the National Academy of Sciences (U.S.A.), 109*, 19027–19032. (6)

Thurman, D. J. (2016). The epidemiology of traumatic brain injury in children and youths: A review of research since 1990. *Journal of Child Neurology, 31*, 20–27. (4)

Tian, D., Stoppel, J. L., Heynen, A. J., Lindemann, L., Jaeschke, G., Mills, A. A., ... Bear, M. F. (2015). Contribution of mGluR5 to pathophysiology in a mouse model of human chromosome 16p11.2 microdeletion. *Nature Neuroscience, 18*, 182–184. (14)

Ticku, M. K., & Kulkarni, S. K. (1988). Molecular interactions of ethanol with GABAergic system and potential of Ro15-4513 as an ethanol antagonist. *Pharmacology Biochemistry and Behavior, 30*, 501–510. (11)

Tillman, B., Leveque, Y., Fornoni, L., Abouy, P., & Caclin, A. (2016). Impaired short-term memory for pitch in congenital amusia. *Brain Research, 1640*, 251–263. (6)

Timms, B. G., Howdeshell, K. L., Barton, L., Richter, C. A., & vom Saal, F. S. (2005). Estrogenic chemicals in plastic and oral contraceptives disrupt development of the fetal mouse prostate and urethra. *Proceedings of the National Academy of Sciences, USA, 102*, 7014–7019. (10)

Tinbergen, N. (1951). *The study of instinct*. Oxford, England: Oxford University Press. (0)

Tinbergen, N. (1973). The search for animal roots of human behavior. In N. Tinbergen (Ed.), *The animal in its world* (Vol. 2, pp. 161–174). Cambridge, MA: Harvard University Press. (0)

Tingate, T. R., Lugg, D. J., Muller, H. K., Stowe, R. P., & Pierson, D. L. (1997). Antarctic isolation: Immune and viral studies. *Immunology and Cell Biology, 75*, 275–283. (11)

Tiruneh, M. A., Huang, B. S., & Leenen, F. H. H. (2013). Role of angiotensin II type 1 receptors in the pressor responses to central sodium in rats. *Brain Research, 1527*, 79–86. (9)

Tishkoff, S. A., Reed, F. A., Ranciaro, A., Voight, B. F., Babbitt, C. C., Silverman, J. S., Deloukas, P. (2007). Convergent adaptation of human lactase persistence in Africa and Europe. *Nature Genetics, 39*, 31–40. (9)

Tizzano, M., Gulbransen, B. D., Vandenbeuch, A., Clapp, T. R., Herman, J. P., Sibhatu, H. M., ...Finger, T. E. (2010). Nasal chemosensory cells use bitter taste signaling to detect irritants and bacterial signals. *Proceedings of the National Academy of Sciences (U.S.A.), 107*, 3210–3215. (6)

Tobin, V. A., Hashimoto, H., Wacker, D. W., Takayanagi, Y., Langnaese, K., Caquíneau, C., ...Ludwig, M. (2010). An intrinsic vasopressin system in the olfactory bulb is involved in social recognition. *Nature, 464*, 413–417. (10)

Tøien, Ø., Blake, J., Edgar, D. M., Grahn, D. A., Heller, H. C., & Barnes, B. M. (2011). Hibernation in black bears: Independence of metabolic suppression from body temperature. *Science, 331*, 906–909. (8)

Tokizawa, K., Yasuhara, S., Nakamura, M., Uchida, Y., Crawshaw, L. I., & Nagashma, K. (2010). Mild hypohydration induced by exercise in the heat attenuates autonomic thermoregulatory responses to the heat, but not thermal pleasantness in humans. *Physiology & Behavior, 100*, 340–345. (9)

Tolman, E. C. (1949). There is more than one kind of learning. *Psychological Review, 56*, 144–155. (12)

Tominaga, M., Caterina, M. J., Malmberg, A. B., Rosen, T. A., Gilbert, H., Skinner, K., ...Julius, D. (1998). The cloned capsaicin receptor integrates multiple pain-producing stimuli. *Neuron, 21*, 531–543. (6)

Tomasino, B., & Gremese, M. (2016). The cognitive side of M1. *Frontiers in Human Neuroscience, 10*, article 298. (7)

Tomson, S. N., Narayan, M., Allen, G. I., & Eagleman, D. M. (2013). Neural networks of colored sequence synesthesia. *Journal of Neuroscience, 33*, 14098–14106. (6)

Tong, Q., Ye, C.-P., Jones, J. E., Elmquist, J. K., & Lowell, B. B. (2008). Synaptic release of GABA by AgRP neurons is required for normal regulation of energy balance. *Nature Neuroscience, 11*, 998–1000. (9)

Tong, X., Ao, Y., Faas, G. C., Nwaobi, S. E., Xu, J., Haustein, M. D., ...Khakh, B. S. (2014). Astrocyte Kir4.1 ion channel deficits contribute to neuronal dysfunction in Huntington's disease model mice. *Nature Neuroscience, 17*, 694–703. (7)

Torrey, E. F., Bartko, J. J., & Yolken, R. H. (2012). *Toxoplasma gondii* and other risk factors for schizophrenia: An update. *Schizophrenia Bulletin, 38*, 642–647. (14)

Torrey, E. F., Miller, J., Rawlings, R., & Yolken, R. H. (1997). Seasonality of births in schizophrenia and bipolar disorder: A review of the literature. *Schizophrenia Research, 28*, 1–38. (14)

Tosches, M. A., Bucher, D., Vopalensky, P., & Arendt, D. (2014). Melatonin signaling controls circadian swimming behavior in marine zooplankton. *Cell, 159*, 46–57. (8)

Tost, H., Champagne, F. A., & Meyer-Lindenberg, A. (2015). Environmental influence in the brain, human welfare and mental health. *Nature Neuroscience, 18*, 1421–1431. (14)

Toufexis, D. (2007). Region- and sex-specific modulation of anxiety behaviours in the rat. *Journal of Neuroendocrinology, 19*, 461–473. (11)

Tovote, P., Esposito, M. S., Botta, P., Chaudun, F., Fadok, J. P., Markovic, M., ...Lüthi, A. (2016). Midbrain circuits for defensive behaviour. *Nature, 534*, 206–212. (11)

Townsend, J., Courchesne, E., Covington, J., Westerfield, M., Harris, N. S., Lyden, P., ... Press, G. A. (1999). Spatial attention deficits in patients with acquired or developmental cerebellar abnormality. *Journal of Neuroscience, 19*, 5632–5643. (7)

Tran, P. B., & Miller, R. J. (2003). Chemokine receptors: Signposts to brain development and disease. *Nature Reviews Neuroscience, 4*, 444–455. (4)

Tranel, D., & Damasio, A. (1993). The covert learning of affective valence does not require structures in hippocampal system or amygdala. *Journal of Cognitive Neuroscience, 5*, 79–88. (12)

Travaglia, A., Bisaz, R., Sweet, E. S., Blitzer, R. D., & Alberini, C. M. (2016). Infantile amnesia reflects a developmental period for hippocampal learning. *Nature Neuroscience, 19*, 1225–1233. (12)

Travers, S. P., Pfaffmann, C., & Norgren, R. (1986). Convergence of lingual and palatal gustatory neural activity in the nucleus of the solitary tract. *Brain Research, 365*, 305–320. (6)

Trevena, J. A., & Miller, J. (2002). Cortical movement preparation before and after a conscious decision to move. *Consciousness and Cognition, 11*, 162–190. (7)

Trimble, M. R., & Thompson, P. J. (1986). Neuropsychological and behavioral sequelae of spontaneous seizures. *Annals of the New York Academy of Sciences, 462*, 284–292. (14)

Tritsch, N. X., Ding, J. B., & Sabatini, B. L. (2012). Dopaminergic neurons inhibit striatal output through non-canonical release of GABA. *Nature, 490*, 262–266. (2, 7)

Trivers, R. L. (1985). *Social evolution*. Menlo Park, CA: Benjamin/Cummings. (4)

Trudel, E., & Bourque, C. W. (2010). Central clock excites vasopressin neurons by waking osmosensory afferents during late sleep. *Nature Neuroscience, 13*, 467–474. (9)

Tsankova, N., Renthal, W., Kumar, A., & Nestler, E. J. (2007). Epigenetic regulation in psychiatric disorders. *Nature Reviews Neuroscience, 8*, 355–367. (4)

Tsui, W. K., Yang, Y., Cheung, L. K., & Leung, Y. Y. (2016). Distraction osteogenesis as a treatment of obstructive sleep apnea syndrome. *Medicine, 95*, e4674. (8)

Tsunematsu, T., Kilduff, T. S., Boyden, E. S., Takahashi, S., & Yamanaka, A. (2011). Acute optogenetic silencing of orexin/hypocretin neurons induces slow-wave sleep in mice. *Journal of Neuroscience, 31*, 10529–10539. (8)

Tucker, D. M., Luu, P., & Pribram, K. H. (1995). Social and emotional self-regulation. *Annals of the New York Academy of Sciences, 769*, 213–239. (7)

Tucker-Drob, E. M., & Bates, T. C. (2016). Large cross-national differences in gene x socioeconomic status interaction on intelligence. *Psychological Science, 27*, 138–149. (12)

Tunc, B., Solmaz, B., Parker, D., Sattenthwaite, T. D., Elliott, M. A., Calkins, M. E., ...Verma, R. (2016). Establishing a link between sex-related differences in the structural connectome and behaviour. *Philosophical Transactions of the Royal Society B, 371*, article 20150111. (12)

Turkheimer, E. (2016). Weak genetic explanation 20 years later: Reply to Plomin et al. (2016). *Perspectives on Psychological Science, 11*, 24–28. (4)

Turner, R. S., & Anderson, M. E. (2005). Context-dependent modulation of movement-related discharge in the primate globus pallidus. *Journal of Neuroscience, 25*, 2965–2976. (7)

Turner, R. S., & Desmurget, M. (2010). Basal ganglia contributions to motor control: A vigorous tutor. *Current Opinion in Neurobiology, 20*, 704–716. (7)

Turner, T. N., Sharma, K., Oh, E. C., Liu, Y. P., Collins, R. L., ...Sosa, M. X., ...Chakravarti, A. (2015). Loss of delta-catenin function in severe autism. *Nature, 520*, 51–56. (14)

Udry, J. R., & Chantala, K. (2006). Masculinity-femininity predicts sexual orientation in men but not in women. *Journal of Biosocial Science, 38*, 797–809. (10)

Udry, J. R., & Morris, N. M. (1968). Distribution of coitus in the menstrual cycle. *Nature, 220*, 593–596. (10)

Uekita, T., & Okaichi, H. (2005). NMDA antagonist MK-801 does not interfere with the use of spatial representation in a familiar environment. *Behavioral Neuroscience, 119*, 548–556. (12)

Undurraga, J., & Baldessarini, R. J. (2012). Randomized, placebo-controlled trials of antidepressants for acute major depression: Thirty-year meta-analytic review. *Neuropsychopharmacology, 37*, 851–864. (14)

Unterberg, A. W., Stover, J., Kress, B., & Kiening, K. L. (2004). Edema and brain trauma. *Neuroscience, 129*, 1021–1029. (4)

Urry, H. L., Nitschke, J. B., Dolski, I., Jackson, D. C., Dalton, K. M., Mueller, C. J., ...Davidson, R. J. (2004). Making a life worth living: Neural correlates of well-being. *Psychological Science, 15*, 367–372. (11)

Ursano, R. J., Kessler, R. C., Stein, M. B., Naifeh, J. A., Aliaga, P. A., Fullerton, C. S., ...Heeringa, S. G. (2016). Risk factors, methods, and timing of suicide attempts among U.S. Army soldiers. *JAMA Psychiatry, 73*, 741–749. (11)

Uslaner, J. M., Tye, S. J., Eddins, D. M., Wang, X. H., Fox, S. V., Savitz, A. T., ...Renger, J. J. (2013). Orexin receptor anatgonists differ from standard sleep drugs by promoting sleep at doses that do not disrupt cognition. *Science Translational Medicine, 5*, 179ra44. (8)

U.S.–Venezuela Collaborative Research Project. (2004). Venezuelan kindreds reveal that genetic and environmental factors modulate Huntington's disease age of onset. *Proceedings of the National Academy of Sciences, USA, 101*, 3498–3503. (7)

Vaishnavi, S., Calhoun, J., & Chatterjee, A. (2001). Binding personal and peripersonal space: Evidence from tactile extinction. *Journal of Cognitive Neuroscience, 13*, 181–189. (13)

Vallines, I., & Greenlee, M. W. (2006). Saccadic suppression of retinotopically localized blood oxygen level-dependent responses in human primary visual area V1. *Journal of Neuroscience, 26*, 5965–5969. (5)

Valzelli, L. (1973). The "isolation syndrome" in mice. *Psychopharmacologia, 31*, 305–320. (11)

Valzelli, L. (1980). *An approach to neuroanatomical and neurochemical psychophysiology*. Torino, Italy: C. G. Edizioni Medico Scientifiche. (14)

Valzelli, L., & Bernasconi, S. (1979). Aggressiveness by isolation and brain serotonin turnover changes in different strains of mice. *Neuropsychobiology, 5*, 129–135. (11)

van Anders, S. M., & Goldey, K. L. (2010). Testosterone and parnering are linked via relationship status for women and "relationship orientation" for men. *Hormones and Behavior, 58*, 820–826. (10)

van Anders, S. M., Hamilton, L. D., & Watson, N. V. (2007). Multiple partners are associated with higher testosterone in North American men and women. *Hormones and Behavior, 51*, 454–459. (10)

van Anders, S. M., & Watson, N. V. (2006). Relationship status and testosterone in North American heterosexual and non-heterosexual men and women: Cross-sectional and longitudinal data. *Psychoneuroendocrinology, 31*, 715–723. (10)

van Avesaat, M., Troost, F. J., Ripken, D., Peters, J., Hendriks, H. F. J., & Masclee, A. A. M. (2015). Intraduodenal infusion of a combination of tastants decreases food intake in humans. *American Journal of Clinical Nutrition, 102*, 729–735. (9)

Van Cantfort, T. E., Gardner, B. T., & Gardner, R. A. (1989). Developmental trends in replies to Wh-questions by children and chimpanzees. In R. A. Gardner, B. T. Gardner, & T. E. Van Cantfort (Eds.), *Teaching sign language to chimpanzees* (pp. 198–239). Albany: State University of New York Press. (13)

van den Bos, W., Rodriguez, C. A., Schweitzer, J. B., & McClure, S. M. (2014). Connectivity strength of dissociable striatal tracts predicts individual differences in temporal discounting. *Journal of Neuroscience, 34*, 10298–10310. (4)

van den Heuvel, M. P., Mandl, R. C. W., Stam, C. J., Kahn, R. S., & Pol, H. E. H. (2010). Aberrant frontal and temporal complex network structure in schizophrenia: A graph theoretical analysis. *Journal of Neuroscience, 30*, 15915–15926. (14)

van den Pol, A. N. (1999). Hypothalamic hypocretin (orexin): Robust innervation of the spinal cord. *Journal of Neuroscience, 19*, 3171–3182. (9)

Van den Stock, J., De Winter, F.-L., de Gelder, B., Rangarajan, J. R., Cypers, G., Maes, F., ...Vandenbulcke, M. (2015). Impaired recognition of body expressions in the behavioral variant of frontotemporal dementia. *Neuropsychologia, 75*, 496–504. (13)

Van den Stock, J., De Winter, F.-L., de Gelder, B., Rangarajan, J. R., Cypers, G., Maes, F., ...Vandenbulcke, M. (2015). Impaired recognition of body expressions in the behavioral variant of frontotemporal dementia. *Neuropsychologia, 75*, 496–504. (13)

van der Klaauw, A. A., & Farooqi, I. S. (2015). The hunger genes: Pathways to obesity. *Cell, 161*, 119–132. (9)

van der Kloet, D., Merckelbach, H., Giesbrecht, T., & Lynn, S. J. (2012). Fragmented sleep, fragmented mind: The role of sleep in dissociative symptoms. *Perspectives on Psychological Science, 7*, 159–175. (8)

van de Rest, O., Wang, Y., Barnes, L. L., Tangney, C., Bennett, D. A., & Morris, M. C. (2016). APOE ε4 and the associations of seafood and long-chain omega-3 fatty acids with cognitive decline. *Neurology, 86*, 2063–2070. (9)

VanderLaan, D. P., Forrester, D. L., Petterson, L. J., & Vasey, P. L. (2013). The prevalence of Fa'afafine relatives among Samoan gynephilic men and fa'afafine. *Archives of Sexual Behavior, 42*, 353–359. (10)

van der Vinne, V., Zerbini, G., Siersema, A., Pieper, A., Merrow, M., Hut, R. A., ...Kantermann, T. (2015). Timing of examinations affects school performance differently in early and late chronotypes. *Journal of Biological Rhythms, 30*, 53–60. (8)

van der Zwan, Y. G., Janssen, E. H. C. C., Callens, N., Wolffenbuttel, K. P., Cohen-Kettenis, P. T., van den Berg, M., ...Beerendonk, C. (2013). Severity of virilization is associated with cosmetic appearance and sexual function in women with congenital adrenal hyperplasia: A cross-sectional study. *Journal of Sexual Medicine, 10*, 866–875. (10)

van Erp, T. G. M., Hibar, D. P., Rasmussen, J. M., Glahn, D. C., Pearlson, G. D., Andreassen, O. A., ...Turner, J. A. (2016). Subcortical brain volume abnormalities in 2028 individuals with schizophrenia and 2540 healthy controls via the ENIGMA consortium. *Molecular Psychiatry, 21*, 547–553. (14)

van Haren, N. E. M., Schnack, H. G., Koevoets, M. G. J. C., Cahn, W., Pol, H. E. H., & Kahn, R. S. (2016). Trajectories of subcortical volume change in schizophrenia: A 5-year follow-up. *Schizophrenia Research, 173*, 140–145. (14)

van Honk, J., & Schutter, D. J. L. G. (2007). Testosterone reduces conscious detection of signals serving social correction. *Psychological Science, 18*, 663–667. (10)

van Honk, J., Schutter, D. J., Bos, P. A., Kruijt, A. W., Lentjes, E. G., & Baron-Cohen, S. (2011). Testosterone administration impairs cognitive empathy in women depending on second-to-fourth digit ratio. *Proceedings of the National Academy of Sciences (U.S.A.), 108*, 3448–3452. (10)

van Ijzendoorn, M. H., & Bakermans-Kranenburg, M. J. (2012). A sniff of trust: Meta-analysis of the effects of intranasal oxytocin administration on face recognition, trust to in-group, and trust to out-group. *Psychoneuroendocrinology, 37,* 438–443. (13)

van Leeuwen, M., Peper, J. S., van den Berg, S. M., Brouwer, R. M., Pol, H. E. H., Kahn, R. S., & Boomsma, D. I. (2009). A genetic analysis of brain volumes and IQ in children. *Intelligence, 37,* 181–191. (12)

van Meer, M. P. A., van der Marel, K., Wang, K., Otte, W. M., el Bouazati, S., Roeling, T. A. P., ...Dijkhuizen, R. M. (2010). Recovery of sensorimotor function after experimental stroke correlates with restoration of resting-state interhemispheric functional activity. *Journal of Neuroscience, 30,* 3964–3972. (4)

van Praag, H., Kempermann, G., & Gage, F. H. (1999). Running increases cell proliferation and neurogenesis in the adult mouse dentate gyrus. *Nature Neuroscience, 2,* 266–270. (4)

van Praag, H., Schinder, A. F., Christie, B. R., Toni, N., Palmer, T. D., & Gage, F. H. (2002). Functional neurogenesis in the adult hippocampus. *Nature, 415,* 1030–1034. (4)

van Rooij, S. J. H., Kennis, M., Sjouwerman, R., van den Heuvel, M. P., Kahn, R. S., & Geuze, E. (2015). Smaller hippocampal volume as a vulnerability factor for the persistence of post-traumatic stress disorder. *Psychological Medicine, 45,* 2737–2746. (11)

Van Wanrooij, M. M., & Van Opstal, A. J. (2004). Contribution of head shadow and pinna cues to chronic monaural sound localization. *Journal of Neuroscience, 24,* 4163–4171. (6)

Van Wanrooij, M. M., & Van Opstal, A. J. (2005). Relearning sound localization with a new ear. *Journal of Neuroscience, 25,* 5413–5424. (6)

Van Zoeren, J. G., & Stricker, E. M. (1977). Effects of preoptic, lateral hypothalamic, or dopamine-depleting lesions on behavioral thermoregulation in rats exposed to the cold. *Journal of Comparative and Physiological Psychology, 91,* 989–999. (9)

van Zuijen, T. L., Plakas, A., Maassen, B. A. M., Maurits, N. M., & van der Leij, A. (2013). Infant ERPs separate children at risk of dyslexia who become good readers from those who become poor readers. *Developmental Science, 16,* 554–563. (13)

Vargas-Irwin, C. E., Shakhnarovich, G., Yadollahpour, P., Mislow, J. M. K., Black, M. J., & Donoghue, J. P. (2010). Decoding complete reach and grasp actions from local primary motor cortex populations. *Journal of Neuroscience, 30,* 9659–9669. (7)

Vasey, P. L., & VanderLaan, D. P. (2010). An adaptive cognitive dissociation between willingness to help kin and nonkin in Samoan *Fa'afafine. Psychological Science, 21,* 292–297. (10)

Vawter, M. P., Evans, S., Choudary, P., Tomita, H., Meador-Woodruff, J., Molnar, M., ... Bunney, W. E. (2004). Gender-specific gene expression in post-mortem human brain. Localization to sex chromosomes. *Neuropsychopharmacology, 29,* 373–384. (10)

Velanova, K., Wheeler, M. E., & Luna, B. (2009). The maturation of task set-related activation supports late developmental improvements in inhibitory control. *Journal of Neuroscience, 29,* 12558–12567. (7)

Verhage, M., Maia, A. S., Plomp, J. J., Brussard, A. B., Heeroma, J. H., Vermeer, H., ... Sudhof, T. C. (2000). Synaptic assembly of the brain in the absence of neurotransmitter secretion. *Science, 287,* 864–869. (4)

Veroude, K., Zhang-James, Y., Fernandez-Castillo, N., Bakker, M. J., Cormand, B., & Faraone, S. V. (2016). Genetics of aggressive behavior: An overview. *American Journal of Medical Genetics B, 171,* 3–43. (11)

Verrey, F., & Beron, J. (1996). Activation and supply of channels and pumps by aldosterone. *News in Physiological Sciences, 11,* 126–133. (9)

Vieland, V. J., Walters, K. A., Lehner, T., Azaro, M., Tobin, K., Huang, Y., & Brzustowicz, L. M. (2014). Revisiting schizophrenia linkage data in the NIMH repository: Reanalysis of regularized data across multiple studies. *American Journal of Psychiatry, 171,* 350–359. (14)

Villeda, S. A., Luo, J., Mosher, K. I., Zou, B., Britshgi, M., Bieri, G., ...Rando, T. A. (2011). The ageing systemic milieu negatively regulates neurogenesis and cognitive function. *Nature, 477,* 90–94. (4)

Villeda, S. A., Plambeck, K. E., Middeldorp, J., Castellano, J. M., Mosher, K. I., Luo, J., ... Wyss-Coray, T. (2014). Young blood reverses age-related impairments in cognitive function and synaptic plasticity in mice. *Nature Medicine, 20,* 659–663. (4)

Viñals, X., Moreno, E., Lanfumey, L., Cordomí, A., Pastor, A., de la Torre, R., ...Robledo, P. (2015). Cognitive impairment induced by delta9-tetrahydrocannabinol occurs through heteromers between cannabinoid CB_1 and serotonin $5-HT_{2A}$ receptors. *PLoS Biology, 13,* e1002194. (6)

Virkkunen, M., DeJong, J., Bartko, J., Goodwin, F. K., & Linnoila, M. (1989). Relationship of psychobiological variables to recidivism in violent offenders and impulsive fire setters. *Archives of General Psychiatry, 46,* 600–603. (11)

Virkkunen, M., Eggert, M., Rawlings, R., & Linnoila, M. (1996). A prospective follow-up study of alcoholic violent offenders and fire setters. *Archives of General Psychiatry, 53,* 523–529. (11)

Virkkunen, M., Nuutila, A., Goodwin, F. K., & Linnoila, M. (1987). Cerebrospinal fluid monoamine metabolite levels in male arsonists. *Archives of General Psychiatry, 44,* 241–247. (11)

Visser, E. K., Beersma, G. M., & Daan, S. (1999). Melatonin suppression by light in humans is maximal when the nasal part of the retina is illuminated. *Journal of Biological Rhythms, 14,* 116–121. (8)

Viswanathan, A., & Freeman, R. D. (2007). Neurometabolic coupling in cerebral cortex reflects synaptic more than spiking activity. *Nature Neuroscience, 10,* 1308–1312. (3)

Vita, A., De Peri, L., Deste, G., & Sacchetti, E. (2012). Progressive loss of cortical gray matter in schizophrenia: A meta-analysis and meta-regression of longitudinal MRI studies. *Translational Psychiatry, 2,* Article e190. (14)

Viviani, D., Charlet, A., van den Burg, E., Robinet, C., Hurni, N., Abatis, M., ...Stoop, R. (2011). Oxytocin selectively gates fear responses through distinct outputs from the central amygdala. *Science, 333,* 104–107. (11)

Vocci, F. J., Acri, J., & Elkashef, A. (2005). Medication development for addictive disorders: The state of the science. *American Journal of Psychiatry, 162,* 1432–1440. (14)

Volkow, N. D., Koob, G. F., & McLellan, A. T. (2016). Neurobiologic advances from the brain disease model of addiction. *New England Journal of Medicine, 374,* 363–371. (14)

Volkow, N. D., Wang, G.-J., Telang, F., Fowler, J. S., Logan, J., Childress, A.-R., ...Wong, C. (2006). Cocaine cues and dopamine in dorsal striatum: Mechanism of craving in cocaine addiction. *Journal of Neuroscience, 26,* 6583–6588. (14)

Volman, I., Verlagen, L., den Ouden, H. E. M., Fernández, G., Rijpkema, M., Franke, B., Toni, I., & Roelofs, K. (2013). Reduced serotonin transporter availability decreases prefrontal control of the amygdala. *Journal of Neuroscience, 33,* 8974–8979. (11)

von Gall, C., Garabette, M. L., Kell, C. A., Frenzel, S., Dehghani, F., Schumm-Draeger, P. M., ...Stehle, J. H. (2002). Rhythmic gene expression in pituitary depends on heterologous sensitization by the neurohormone melatonin. *Nature Neuroscience, 5,* 234–238. (8)

von Melchner, L., Pallas, S. L., & Sur, M. (2000). Visual behaviour mediated by retinal projections directed to the visual pathway. *Nature, 404,* 871–876. (4)

Voss, U., Holzmann, R., Hobson, A., Paulus, W., Koppehele-Gossel, J., Klimke, A., & Nitsche, M. A. (2014). Induction of self-awareness in dreams through frontal low current stimulation of gamma activity. *Nature Neuroscience, 17,* 810–812. (8)

Vrba, E. S. (1998). Multiphasic growth models and the evolution of prolonged growth exemplified by human brain evolution. *Journal of Theoretical Biology, 190,* 227–239. (4)

Vuga, M., Fox, N. A., Cohn, J. F., George, C. J., Levenstein, R. M., & Kovacs, M. (2006). Long-term stability of frontal electroencephalographic asymmetry in adults with a history of depression and controls.

International Journal of Psychophysiology, 59, 107–115. (14)

Vuilleumier, P. (2005). Cognitive science: Staring fear in the face. Nature, 433, 22–23. (11)

Vuoksimaa, E., Panizzon, M. S., Chen, C. H., Fiecas, M., Eyler, L. T., Fennema-Notestine, C., ...Kremen, W. S. (2015). The genetic association between neocortical volume and general cognitive ability is driven by global surface area rather than thickness. Cerebral Cortex, 225, 2127–2137. (12)

Vyadyslav, V. V., & Harris, K. D. (2013). Sleep and the single neuron: The role of global slow oscillations in individual cell rest. Nature Reviews Neuroscience, 14, 443–451. (8)

Vyazovskiy, V. V., Cirelli, C., Pfister-Genskow, M., Faraguna, U., & Tononi, G. (2008). Molecular and electrophysiological evidence for net synaptic potentiation in wake and depression in sleep. Nature Neuroscience, 11, 200–208. (8)

Wager, T. D., & Atlas, L. Y. (2013). How is pain influenced by cognition? Neuroimaging weighs in. Perspectives on Psychological Science, 8, 91–97. (3)

Wager, T. D., & Atlas, L. Y. (2015). The neuroscience of placebo effects: Connecting context, learning and health. Nature Reviews Neuroscience, 16, 403–418. (6)

Wager, T. D., Scott, D. J., & Zubieta, J.-K. (2007). Placebo effects on human μ-opioid activity during pain. Proceedings of the National Academy of Sciences, USA, 104, 11056–11061. (6)

Wagner, A. D., Schacter, D. L., Rotte, M., Koutstaal, W., Maril, A., Dale, A. M., ... Buckner, R. L. (1998). Building memories: Remembering and forgetting of verbal experiences as predicted by brain activity. Science, 281, 1188–1191. (3)

Wagner, D. D., Boswell, R. G., Kelley, W. M., & Heatherton, T. F. (2012). Inducing negative affect increases the reward value of appetizing foods in dieters. Journal of Cognitive Neuroscience, 24, 1625–1633. (9)

Wagner, E. L., & Gleeson, T. T. (1997). Postexercise thermoregulatory behavior and recovery from exercise in desert iguanas. Physiology & Behavior, 61, 175–180. (9)

Wagner, U., Gais, S., Haider, H., Verleger, R., & Born, J. (2004). Sleep inspires insight. Nature, 427, 352–355. (8)

Wahl, A. S., Omlor, W., Rubio, J. C., Chen, J. L., Zheng, H., Schröter, A., ...Schwab, M. E. (2014). Asynchronous therapy restores motor control by rewiring of the rat corticospinal tract after stroke. Science, 344, 1250–1255. (4)

Waisbren, S. R., Brown, M. J., de Sonneville, L. M. J., & Levy, H. L. (1994). Review of neuropsychological functioning in treated phenylketonuria: An information-processing approach. Acta Paediatrica, 83(Suppl. 407), 98–103. (4)

Waldherr, M., & Neumann, I. D. (2007). Centrally released oxytocin mediates mating-induced anxiolysis in male rats. Proceedings of the National Academy of Sciences, USA, 104, 16681–16684. (10)

Waldo, M. L. (2015). The frontotemporal dementias. Psychiatric Clinics of North America, 38, 193–209. (13)

Waldvogel, J. A. (1990). The bird's eye view. American Scientist, 78, 342–353. (5)

Walker, E. F., Savoie, T., & Davis, D. (1994). Neuromotor precursors of schizophrenia. Schizophrenia Bulletin, 20, 441–451. (14)

Wallen, K. (2005). Hormonal influences on sexually differentiated behavior in nonhuman primates. Frontiers in Neuroendocrinology, 26, 7–26. (10)

Wallis, J. D. (2012). Cross-species studies of orbitofrontal cortex and value-based decision-making. Nature Neuroscience, 15, 13–19. (3)

Wallman, J., & Pettigrew, J. D. (1985). Conjugate and disjunctive saccades in two avian species with contrasting oculomotor strategies. Journal of Neuroscience, 5, 1418–1428. (5)

Walsh, T., McClellan, J. M., McCarthy, S. E., Addington, A. M., Pierce, S. B., & Cooper, G. M. (2008). Rare structural variants disrupt multiple genes in neurodevelopmental pathways in schizophrenia. Science, 320, 539–543. (14)

Walum, H., Westberg, L., Henningsson, S., Neiderhiser, J. M., Reiss, D., Ige, W., ... Lichtenstein, P. (2008). Genetic variation in the vasopressin receptor 1a gene (AVPR1A) associates with pair-bonding behavior in humans. Proceedings of the National Academy of Sciences (U.S.A.), 105, 14153–14156. (10)

Wan, N., & Lin, G. (2016). Parkinson's disease and pesticides exposure: New findings from a comprehensive study in Nebraska, USA. Journal of Rural Health, 32, 303–313. (7)

Wan, X., Takano, D., Asamizuya, T., Suzuki, C., Ueno, K., Cheng, K., ...Tanaka, K. (2012). Developing intuition: Neural correlates of cognitive-skill learning in caudate nucleus. Journal of Neuroscience, 32, 17492–17501. (12)

Wang, A., Costello, S., Cockburn, M., Zhang, X., Bronstein, J., & Ritz, B. (2011). Parkinson's disease risk from ambient exposure to pesticides. European Journal of Epidemiology, 26, 547–555. (7)

Wang, A. Y., Miura, K., & Uchida, N. (2013). The dorsomedial striatum encodes net expected return, critical for energizing performance vigor. Nature Neuroscience, 16, 639–647. (7)

Wang, C.-H., Tsai, C. L., Tu, K.-C., Muggleton, N. G., Juan, C.-H., & Liang, W. K. (2015). Modulation of brain oscillations during fundamental visuo-spatial processing: A comparison between female collegiate badminton players and sedentary controls. Psychology of Sport and Expertise, 16, 121–129. (5)

Wang, D. O., Kim, S. M., Zhao, Y., Hwang, H., Miura, S. K., Sossin, W. S., & Martin, K. C. (2009). Synapse- and stimulus-specific local translation during long-term neuronal plasticity. Science, 324, 1536–1540. (12)

Wang, H., Goehring, A., Wang, K. H., Penmatsa, A., Ressler, R., & Gouaux, E. (2013). Structural basis for action by diverse antidepressants on biogenic amine transporters. Nature, 503, 141–145. (14)

Wang, J., Qin, W., Liu, F., Liu, B., Zhou, Y., Jiang, T., & Yu, C. (2016). Sex-specific mediation effect of the right fusiform face area volume on the association between variants in repeat length of AVPR1A RS3 and altruistic behavior in healthy adults. Human Brain Mapping, 37, 2700–2709. (10)

Wang, Q., Schoenlein, R. W., Peteanu, L. A., Mathies, R. A., & Shank, C. V. (1994). Vibrationally coherent photochemistry in the femtosecond primary event of vision. Science, 266, 422–424. (5)

Wang, S., Tudusciuc, O., Mamelak, A. N., Ross, I. B., Adolphs, R., & Rutishauer, U. (2014). Neurons in the human amygdala selective for perceived emotion. Proceedings of the National Academy of Sciences (U.S.A.), 111, E3100–E3119. (11)

Wang, T.-M., Holzhausen, L. C., & Kramer, R. H. (2014). Imaging an optogenetic pH sensor reveals that protons mediate lateral inhibition in the retina. Nature Neuroscience, 17, 262–268. (2)

Wang, T., Okano, Y., Eisensmith, R., Huang, S. Z., Zeng, Y. T., Lo, W. H. Y., & Woo, S. L. C. (1989). Molecular genetics of phenylketonuria in Orientals: Linkage disequilibrium between a termination mutation and haplotype 4 of the phenylalanine hydroxylase gene. American Journal of Human Genetics, 45, 675–680. (4)

Warach, S. (1995). Mapping brain pathophysiology and higher cortical function with magnetic resonance imaging. The Neuroscientist, 1, 221–235. (3)

Ward, B. W., Dahlhamer, J. M., Galinsky, A. M., & Joestl, S. S. (2014). Sexual orientation and health among US adults: National Health Interview Survey, 2013. National Health Statistics Reports, 15, 1–10. (10)

Ward, I. L., Bennett, A. L., Ward, O. B., Hendricks, S. E., & French, J. A. (1999). Androgen threshold to activate copulation differs in male rats prenatally exposed to alcohol, stress, or both factors. Hormones and Behavior, 36, 129–140. (10)

Ward, I. L., Romeo, R. D., Denning, J. H., & Ward, O. B. (1999). Fetal alcohol exposure blocks full masculinization of the dorsolateral nucleus in rat spinal cord. Physiology & Behavior, 66, 571–575. (10)

Ward, I. L., Ward, B., Winn, R. J., & Bielawski, D. (1994). Male and female sexual behavior potential of male rats prenatally exposed to the influence of alcohol, stress, or both factors. Behavioral Neuroscience, 108, 1188–1195. (10)

Ward, I. L., & Ward, O. B. (1985). Sexual behavior differentiation: Effects of prenatal manipulations in rats. In N. Adler, D. Pfaff,

& R. W. Goy (Eds.), *Handbook of behavioral neurobiology* (Vol. 7, pp. 77–98). New York: Plenum Press. (10)

Ward, O. B., Monaghan, E. P., & Ward, I. L. (1986). Naltrexone blocks the effects of prenatal stress on sexual behavior differentiation in male rats. *Pharmacology Biochemistry and Behavior, 25*, 573–576. (10)

Ward, O. B., Ward, I. L., Denning, J. H., French, J. A., & Hendricks, S. E. (2002). Postparturitional testosterone surge in male offspring of rats stressed and/or fed ethanol during late pregnancy. *Hormones and Behavior, 41*, 229–235. (10)

Warman, G. R., Pawley, M. D. M., Bolton, C., Cheeseman, J. F., Fernando, A. T., Arendt, J., & Wirz-Justice, A. (2011). Circadian-related sleep disorders and sleep medication use in the New Zealand blind population: An observational prevalence study. *PLoS One,* 322073. (8)

Warren, R. M. (1999). *Auditory perception.* Cambridge, England: Cambridge University Press. (6)

Watanabe, D., Savion-Lemieux, T., & Penhune, V. B. (2007). The effect of early musical training on adult motor performance: Evidence for a sensitive period in motor learning. *Experimental Brain Research, 176*, 332–340. (4)

Watanabe, M., & Munoz, D. P. (2010). Presetting basal ganglia for volitional actions. *Journal of Neuroscience, 30*, 10144–10157. (7)

Watkins, K. E., Shakespeare, T. J., O'Donoghue, M. C., Alexander, I., Ragge, N., Cowey, A., & Bridge, H. (2013). Early auditory processing in area V5/MT+ of the congenitally blind brain. *Journal of Neuroscience, 33*, 18242–18246. (4)

Watrous, A. J., Tandon, N., Conner, C. R., Pieters, T., & Ekstrom, A. D. (2013). Frequency-specific network connectivity increases underlie accurate spatiotemporal memory retrieval. *Nature Neuroscience, 16*, 349–356. (12)

Waxman, S. G., & Ritchie, J. M. (1985). Organization of ion channels in the myelinated nerve fiber. *Science, 228*, 1502–1507. (1)

Weber, F., Chung, S., Beier, K. T., Xu, M., Luo, L., & Dan, Y. (2015). Control of REM sleep by ventral medulla GABAergic neurons. *Nature, 526*, 435–438. (8)

Weber-Fox, C. M., & Neville, H. J. (1996). Maturational constraints on functional specializations for language processing: ERP and behavioral evidence in bilingual speakers. *Journal of Cognitive Neuroscience, 8*, 231–256. (13)

Weeland, J., Overbeek, G., de Castro, B. O., & Matthys, W. (2015). Underlying mechanisms of gene-environment interactions in externalizing behavior: A systematic review and search for theoretical mechanisms. *Clinical Child and Family Psychology Review, 18*, 413–442. (11)

Wegener, D., Freiwald, W. A., & Kreiter, A. K. (2004). The influence of sustained selective attention on stimulus selectivity in macaque visual area MT. *Journal of Neuroscience, 24*, 6106–6114. (13)

Wei, W., Nguyen, L. N., Kessels, H. W., Hagiwara, H., Sisodia, S., & Malinow, R. (2010). Amyloid beta from axons and dendrites reduces local spine number and plasticity. *Nature Neuroscience, 13*, 190–196. (12)

Wei, Y., Krishnan, G. P., & Bazhenov, M. (2016). Synaptic mechanisms of memory consolidation during sleep slow oscillations. *Journal of Neuroscience, 36*, 4231–4247. (8)

Weidensaul, S. (1999). *Living on the wind.* New York: North Point Press. (9)

Weinberger, D. R. (1996). On the plausibility of "the neurodevelopmental hypothesis" of schizophrenia. *Neuropsychopharmacology, 14*, 1S–11S. (14)

Weindl, A. (1973). Neuroendocrine aspects of circumventricular organs. In W. F. Ganong & L. Martini (Eds.), *Frontiers in neuroendocrinology 1973* (pp. 3–32). New York: Oxford University Press. (9)

Weiskrantz, L., Warrington, E. K., Sanders, M. D., & Marshall, J. (1974). Visual capacity in the hemianopic field following a restricted occipital ablation. *Brain, 97*, 709–728. (5)

Weiss, A. H., Granot, R. Y., & Ahissar, M. (2014). The enigma of dyslexic musicians. *Neuropsychologia, 54*, 28–40. (13)

Weiss, A. P., Ellis, C. B., Roffman, J. L., Stufflebeam, S., Hamalainen, M. S., Duff, M., ...Schacter, D. L. (2009). Aberrant frontoparietal function during recognition memory in schizophrenia: A multimodal neuroimaging investigation. *Journal of Neuroscience, 29*, 11347–11359. (14)

Weiss, P. (1924). Die funktion transplantierter amphibienextremitäten. Aufstellung einer resonanztheorie der motorischen nerventätigkeit auf grund abstimmter endorgane [The function of transplanted amphibian limbs. Presentation of a resonance theory of motor nerve action upon tuned end organs]. *Archiv für Mikroskopische Anatomie und Entwicklungsmechanik, 102*, 635–672. (4)

Weiss, P. H., & Fink, G. R. (2009). Grapheme-colour synaesthetes show increased grey matter volumes of parietal and fusiform cortex. *Brain, 132*, 65–70. (6)

Welchman, A. E., Stanley, J., Schomers, M. R., Miall, C., & Bülthoff, H. H. (2010). The quick and the dead: When reaction beats intention. *Proceedings of the Royal Society, B, 277*, 1667–1674. (7)

Weller, L., Weller, A., Koresh-Kamin, H., & Ben-Shoshan, R. (1999). Menstrual synchrony in a sample of working women. *Psychoneuroendocrinology, 24*, 449–459. (6)

Weller, L., Weller, A., & Roizman, S. (1999). Human menstrual synchrony in families and among close friends: Examining the importance of mutual exposure. *Journal of Comparative Psychology, 113*, 261–268. (6)

Wenker, S. D., Leal, M. C., Farías, M. I., Zeng, X., & Pitossi, F. J. (2016). Cell therapy for Parkinson's disease: Functional role of the host immune response on survival and differentiation of dopaminergic neuroblasts. *Brain Research, 1638, Part A*, 15–29. (7)

Wenzler, S., Levine, S., van Dick, R., Oertel-Knöckel, V., & Aviezer, H. (2016). Beyond pleasure and pain: Facial expression ambiguity in adults and children during intense situations. *Emotion, 16*, 807–814. (11)

Wessinger, C. M., VanMeter, J., Tian, B., Van Lare, J., Pekar, J., & Rauschecker, J. P. (2001). Hierarchical organization of the human auditory cortex revealed by functional magnetic resonance imaging. *Journal of Cognitive Neuroscience, 13*, 1–7. (6)

Weston, L., Hodgekins, J., & Langdon, P. E. (2016). Effectiveness of cognitive behavioural therapy with people who have autistic spectrum disorders: A systematic review and meta-analysis. *Clinical Psychology Review, 49*, 41–54. (14)

Whalen, P. J., Kagan, J., Cook, R. G., Davis, F. C., Kim, H., Polis, S., ...Johnstone, T. (2004). Human amygdala responsivity to masked fearful eye whites. *Science, 306*, 2061. (11)

Wheeler, M. A., Smith, C. J., Ottolini, M., Barker, B. S., Purohit, A. M., Grippo, R. M., ...Güler, A. D. (2016). Genetically targeted magnetic control of the nervous system. *Nature Neuroscience, 19*, 756–761. (3)

Whitesell, J. D., Sorensen, K. A., Jarvie, B. C., Hentges, S. T., & Schoppa, N. E. (2013). Interglomerular lateral inhibition targeted on external tufted cells in the olfactory bulb. *Journal of Neuroscience, 33*, 1552–1563. (5)

Whitwell, R. L., Milner, A. D., & Goodale, M. A. (2014). The two visual systems hypothesis: New challenges and insights from visual form agnostic patient DF. *Frontiers in Neurology, 5*, article 255. (5)

Wiesel, T. N. (1982). Postnatal development of the visual cortex and the influence of environment. *Nature, 299*, 583–591. (5)

Wiesel, T. N., & Hubel, D. H. (1963). Single-cell responses in striate cortex of kittens deprived of vision in one eye. *Journal of Neurophysiology, 26*, 1003–1017. (5)

Wilczek, F. (2015). A weighty mass difference. *Nature, 520*, 303–304. (0)

Wilhelm, B. G., Mandad, S., Truckenbrodt, S., Kröhnert, K., Schäfer, C., Rammner, B., ...Rizzoli, S. O. (2014). Composition of isolated synaptic boutons reveals the amounts of vesicle trafficking proteins. *Science, 344*, 1023–1028. (2)

Willems, R. M., Hagoort, P., & Casasanto, D. (2010). Body-specific representations of action verbs: Neural evidence from right- and left-handers. *Psychological Science, 21*, 67–74. (13)

Willerman, L., Schultz, R., Rutledge, J. N., & Bigler, E. D. (1991). In vivo brain size and intelligence. *Intelligence, 15*, 223–228. (12)

Williams, C. L. (1986). A reevaluation of the concept of separable periods of organizational and activational actions of estrogens in development of brain and behavior. *Annals of the New York Academy of Sciences, 474*, 282–292. (10)

Williams, C. T., Barnes, B. M., Richter, M., & Buck, C. L. (2012). Hibernation and circadian rhythms of body temperature in free-living Arctic ground squirrels. *Physiological and Biochemical Zoology, 85*, 397–404. (8)

Williams, E. F., Pizarro, D., Ariely, D., & Weinberg, J. D. (2016). The Valjean effect: Visceral states and cheating. *Emotion, 16*, 897–902. (9)

Williams, G., Cai, X. J., Elliott, J. C., & Harrold, J. A. (2004). Anabolic neuropeptides. *Physiology & Behavior, 81*, 211–222. (9)

Williams, M. T., Davis, H. N., McCrea, A. E., Long, S. J., & Hennessy, M. B. (1999). Changes in the hormonal concentrations of pregnant rats and their fetuses following multiple exposures to a stressor during the third trimester. *Neurotoxicology and Teratology, 21*, 403–414. (10)

Williams, R. W., & Herrup, K. (1988). The control of neuron number. *Annual Review of Neuroscience, 11*, 423–453. (1, 7)

Willingham, D. B., Koroshetz, W. J., & Peterson, E. W. (1996). Motor skills have diverse neural bases: Spared and impaired skill acquisition in Huntington's disease. *Neuropsychology, 10*, 315–321. (7)

Wilson, B. A., Baddeley, A. D., & Kapur, N. (1995). Dense amnesia in a professional musician following herpes simplex virus encephalitis. *Journal of Clinical and Experimental Neuropsychology, 17*, 668–681. (12)

Wilson, J. D., George, F. W., & Griffin, J. E. (1981). The hormonal control of sexual development. *Science, 211*, 1278–1284. (10)

Wilson-Mendenhall, C. D., Barrett, L. F., & Barsalou, L. W. (2013). Neural evidence that human emotions share core affective properties. *Psychological Science, 24*, 947–956. (11)

Wimmer, R. D., Schmitt, L. I., Davidson, T. J., Nakajima, M., Deisseroth, K., & Halassa, M. M. (2015). Thalamic control of sensory selection in divided attention. *Nature, 526*, 705–707. (13)

Winder, B., Lievesley, R., Kaul, A., Elliott, H. J., Thorne, K., & Hocken, K. (2014). Preliminary evaluation of the use of pharmacological treatment with convicted sexual offenders experiencing high levels of sexual preoccupation, hypersexuality and/or sexual compulsivity. *Journal of Forensic Psychiatry & Psychology, 25*, 176–194. (10)

Windle, M., Kogan, S. M., Lee, S., Chen, Y. F., Lei, K. M., Brody, G. H., ...Yu, T. Y. (2016). Neighborhood X serotonin transporter linked polymorphic region (5_HTTLPR) interactions for substance abuse from ages 10 to 24 years using a harmonized data set of African American children. *Development and Psychopathology, 28*, 415–431. (14)

Winer, G. A., Cottrell, J. F., Gregg, V., Fournier, J. S., & Bica. L. A. (2002). Fundamentally misunderstanding visual perception: Adults' belief in visual emissions. *American Psychologist, 57*, 417–424. (5)

Winfree, A. T. (1983). Impact of a circadian clock on the timing of human sleep. *American Journal of Physiology, 245*, R497–R504. (8)

Winocur, G., & Hasher, L. (1999). Aging and time-of-day effects on cognition in rats. *Behavioral Neuroscience, 113*, 991–997. (8)

Winocur, G., & Hasher, L. (2004). Age and time-of-day effects on learning and memory in a non-matching-to-sample test. *Neurobiology of Aging, 25*, 1107–1115. (8)

Winocur, G., Moscovitch, M., & Sekeres, M. (2007). Memory consolidation or transformation: Context manipulation and hippocampal representations of memory. *Nature Neuroscience, 10*, 555–557. (12)

Wirdefeldt, K., Gatz, M., Pawitan, Y., & Pedersen, N. L. (2005). Risk and protective factors for Parkinson's disease: A study in Swedish twins. *Annals of Neurology, 57*, 27–33. (7)

Wise, R. A. (1996). Addictive drugs and brain stimulation reward. *Annual Review of Neuroscience, 19*, 319–340. (14)

Wissman, A. M., & Brenowitz, E. A. (2009). The role of neurotrophins in the seasonal-like growth of the avian song control system. *Journal of Neuroscience, 29*, 6461–6471. (4)

Witelson, S. F., Beresh, H., & Kigar, D. L. (2006). Intelligence and brain size in 100 postmortem brains: Sex, lateralization and age factors. *Brain, 129*, 386–398. (12)

Witelson, S. F., & Pallie, W. (1973). Left hemisphere specialization for language in the newborn: Neuroanatomical evidence of asymmetry. *Brain, 96*, 641–646. (13)

Witthoft, N., & Winawer, J. (2013). Learning, memory, and synesthesia. *Psychological Science, 24*, 258–263. (6)

Wokke, M. E., Vandenbroucke, A. R. E., Scholte, H. S., & Lamme, V. A. F. (2013). Confuse your illusion: Feedback to early visual cortex contributes to perceptual completion. *Psychological Science, 24*, 63–71. (5)

Wohleb, E. S., Franklin, T., Iwata, M., & Duman, R. S. (2016). Integrating neuroimmune systems in the neurobiology of depression. *Nature Reviews Neuroscience, 17*, 497–511. (14)

Wohlgemuth, M. J., & Moss, C. F. (2016). Midbrain auditory selectivity to natural sounds. *Proceedings of the National Academy of Sciences (U.S.A.), 113*, 2508–2513. (6)

Wolf, M. E. (2016). Synaptic mechanisms underlying persistent cocaine craving. *Nature Reviews Neuroscience, 17*, 351–365. (14)

Wolf, S. (1995). Dogmas that have hindered understanding. *Integrative Physiological and Behavioral Science, 30*, 3–4. (11)

Wolff, V., Amspach, J.-P., Lauer, V., Rouyer, O., Bataillard, M., Marescaux, C., & Geny, B. (2013). Cannabis-related stroke: Myth or reality? *Stroke, 44*, 558–563. (4)

Wolkin, A., Rusinek, H., Vaid, G., Arena, L., Lafargue, T., Sanfilipo, M., ...Rotrosen, J. (1998). Structural magnetic resonance image averaging in schizophrenia. *American Journal of Psychiatry, 155*, 1064–1073. (14)

Wolman, D. (2012). A tale of two halves. *Nature, 483*, 260–263. (13)

Wolpert, L. (1991). *The triumph of the embryo*. Oxford, England: Oxford University Press. (4)

Womelsdorf, T., Schoffelen, J.-M., Oostenveld, R., Singer, W., Desimone, R., Engel, A. K., & Fries, P. (2007). Modulation of neuronal interactions through neuronal synchronization. *Science, 316*, 1609–1612. (13)

Wong, M., Gnanakumaran, V., & Goldreich, D. (2011). Tactile spatial acuity enhancement in blindness: Evidence for experience-dependent mechanisms. *Journal of Neuroscience, 31*, 7028–7037. (4)

Wong, P. C. M., Skoe, E., Russo, N. M., Dees, T., & Kraus, N. (2007). Musical experience shapes human brainstem encoding of linguistic pitch perception. *Nature Neuroscience, 10*, 420–422. (4)

Wong, L. E., Gibson, M. E., Arnold, H. M., Pepinsky, B., & Frank, E. (2015). Artemin promotes functional long-distance axonal regeneration to the brainstem after dorsal root crush. *Proceedings of the National Academy of Sciences (U.S.A.), 112*, 6170–6175. (4)

Wong, W. I., Pasterski, V., Hindmarsh, P. C., Geffner, M. E., & Hines, M. (2013). Are there parental socialization effects on the sex-typed behavior of individuals with congenital adrenal hyperplasia? *Archives of Sexual Behavior, 42*, 381–391. (10)

Wong, Y. K., & Wong, A. C. N. (2014). Absolute pitch memory: Its prevalence among musicians and dependence o the testing context. *Psychonomic Bulletin & Review, 21*, 534–542. (6)

Wooding, S., Kim, U., Bamshad, M J., Larsen, J., Jorde, L. B., & Drayna, D. (2004). Natural selection and molecular evolution in *PTC*, a bitter-taste receptor gene. *American Journal of Human Genetics, 74*, 637–646. (4)

Woodson, J. C., & Balleine, B. W. (2002). An assessment of factors contributing to instrumental performance for sexual reward in the rat. *Quarterly Journal of Experimental Psychology, 55B*, 75–88. (10)

Woodward, N. D. (2016). The course of neuropsychological impairment and brain structure abnormalities in psychotic disorders. *Neuroscience Research, 102*, 39–46. (14)

Woodworth, R. S. (1934). *Psychology* (3rd ed.). New York: Holt. (1)

Wooley, A. W., Chabris, C. F., Pentland, A., Hashmi, N., & Malone, T. W. (2010). Evidence for a collective intelligence factor in the performance of human groups. *Science, 330*, 686–688. (11)

Woolf, N. J. (1991). Cholinergic systems in mammalian brain and spinal cord. *Progress in Neurobiology, 37*, 475–524. (3)

Woolf, N. J. (1996). Global and serial neurons form a hierarchically arranged interface proposed to underlie memory and cognition. *Neuroscience, 74*, 625–651. (8)

Workman, J. L., Barha, C. K., & Galea, L. A. M. (2012). Endocrine substrates of cognitive and affective changes during pregnancy and postpartum. *Behavioral Neuroscience, 126*, 54–72. (10)

Wright, I. C., Rabe-Hesketh, S., Woodruff, P. W. R., David, A. S., Murray, R. M., & Bullmore, E. T. (2000). Meta-analysis of regional brain volumes in schizophrenia. *American Journal of Psychiatry, 157*, 16–25. (14)

Wright, N. D., Bahrami, B., Johnson, E., DiMalta, G., Rees, G., Frith, C. D., & Dolan, R. J. (2012). Testosterone disrupts human collaboraton by increasing egocentric choices. *Proceedings of the Royal Society B, 279*, 2275–2280. (11)

Wu, L.-Q., & Dickman, J. D. (2012). Neural correlates of a magnetic sense. *Science, 336*, 1054–1057. (6)

Wulfeck, B., & Bates, E. (1991). Differential sensitivity to errors of agreement and word order in Broca's aphasia. *Journal of Cognitive Neuroscience, 3*, 258–272. (13)

Wurtman, J. J. (1985). Neurotransmitter control of carbohydrate consumption. *Annals of the New York Academy of Sciences, 443*, 145–151. (2)

Wyart, C., Webster, W. W., Chen, J. H., Wilson, S. R., McClary, A., Khan, R. M., & Sobel, N. (2007). Smelling a single component of male sweat alters levels of cortisol in women. *Journal of Neuroscience, 27*, 1261–1265. (6)

Wyatt, H. R. (2013). Update on treatment strategies for obesity. *Journal of Clinical Endocrinology and Metabolism, 98*, 1299–1306. (9)

Wylie, S. A., Claassen, D. O., Huizenga, H. M., Schewel, K. D., Ridderinkhof, K. R., Bashore, T. R., & van den Wildenberg, W. P. M. (2012). Dopamine agonists and the suppression of impulsive motor actions in Parkinson disease. *Journal of Cognitive Neuroscience, 24*, 1709–1724. (7)

Wynne, C. D. L. (2004). The perils of anthropomorphism. *Nature, 428*, 606. (0)

Wynne, L. C., Tienari, P., Nieminen, P., Sorri, A., Lahti, I., Moring, J., …Miettunen, J. (2006). Genotype-environment interaction in the schizophrenia spectrum: Genetic liability and global family ratings in the Finnish adoption study. *Family Process, 45*, 419–434. (14)

Xia, Z., Hoeft, F., Zhang, L., & Shu, H. (2016). Neuroanatomical anomalies of dyslexia: Disambiguating the effects of disorder, performance, and maturation. *Neuropsychologia, 81*, 68–78. (13)

Xie, J., & Padoa-Schioppa, C. (2016). Neuronal remapping and circuit persistence in economic decisions. *Nature Neuroscience, 19*, 855–861. (13)

Xu, H.-T., Pan, F., Yang, G., & Gan, W.-B. (2007). Choice of cranial window type for *in vivo* imaging affects dendritic spine turnover in the cortex. *Nature Neuroscience, 10*, 549–551. (4)

Xu, M., Chung, S., Zhang, S., Zhong, P., Ma, C., Chang, W.-C., …Dan, Y. (2015). Basal forebrain circuit for sleep-wake control. *Nature Neuroscience, 18*, 1641–1647. (8)

Xu, Y., Padiath, Q. S., Shapiro, R. E., Jones, C. R., Wu, S. C., Saigoh, N., …Fu, Y. H. (2005). Functional consequences of a *CKI delta* mutation causing familial advanced sleep phase syndrome. *Nature, 434*, 640–644. (8)

Yamaguchi, S., Isejima, H., Matsuo, T., Okura, R., Yagita, K., Kobayashi, M., …Okamura, H. (2003). Synchronization of cellular clocks in the suprachiasmatic nucleus. *Science, 302*, 1408–1412. (8)

Yamamoto, T. (1984). Taste responses of cortical neurons. *Progress in Neurobiology, 23*, 273–315. (6)

Yanagisawa, K., Bartoshuk, L. M., Catalanotto, F. A., Karrer, T. A., & Kveton, J. F. (1998). Anesthesia of the chorda tympani nerve and taste phantoms. *Physiology & Behavior, 63*, 329–335. (6)

Yang, G., Lai, C. S. W., Cichon, J., Ma, L., Li, W., & Gan, W.-B. (2014). Sleep promotes branch-specific formation of dendritic spines after learning. *Science, 344*, 1173–1178. (8)

Yang, G., Pan, F., & Gan, W.-B. (2009). Stably maintained dendritic spines are associated with lifelong memories. *Nature, 462*, 920–924. (4)

Yang, G., Wang, Y. Y., Sun, J., Zhang, K., & Liu, J. P. (2016). Ginkgo biloba for mild cognitive impairment and Alzheimer's disease: A systematic review and meta-analysis of randomized controlled trials. *Current Topics in Medicinal Chemistry, 16*, 520–528. (12)

Yano, H., Baranov, S. V., Baranova, O. V., Kim, J., Pan, Y., Yablonska, S., …Friedlander, R. M. (2014). Inhibition of mitochondrial protein import by mutant huntingtin. *Nature Neuroscience, 17*, 822–831. (7)

Yehuda, R. (2002). Post-traumatic stress disorder. *New England Journal of Medicine, 346*, 108–114. (11)

Yeo, G. S. H., & Heisler, L. K. (2012). Unraveling the brain regulation of appetite: Lessons from genetics. *Nature Neuroscience, 15*, 1343–1349. (9)

Yeomans, J. S., & Frankland, P. W. (1996). The acoustic startle reflex: Neurons and connections. *Brain Research Reviews, 21*, 301–314. (11)

Yetish, G., Kaplan, H., Gurven, M., Wood, B., Pontzer, H., Manger, P. R., …Siegel, J. M. (2015). Natural sleep and its seasonal variations in three pre-industrial societies. *Current Biology, 25*, 2862–2868. (8)

Yin, H. H., & Knowlton, B. J. (2006). The role of the basal ganglia in habit formation. *Nature Reviews Neuroscience, 7*, 464–476. (7)

Yolken, R. H., Dickerson, F. B., & Torrey, E. F. (2009). Toxoplasma and schizophrenia. *Parasite Immunology, 31*, 706–715. (14)

Yoo, S.-S., Hu, P. T., Gujar, N., Jolesz, F. A., & Walker, M. P. (2007). A deficit in the ability to form new human memories without sleep. *Nature Neuroscience, 10*, 385–392. (8)

Yoon, K. L., Hong, S. W., Joormann, J., & Kang, P. (2009). Perception of facial expressions of emotion during binocular rivalry. *Emotion, 9*, 172–182. (13)

Yoon, S.-H., & Park, S. (2011). A mechanical analysis of woodpecker drumming and its application to shock-absorbing systems. *Bioinspiration and Biomimetics, 6*: 016003. (4)

Yoshida, J., & Mori, K. (2007). Odorant category profile selectivity of olfactory cortex neurons. *Journal of Neuroscience, 27*, 9105–9114. (6)

Yoshida, K., Li, X., Cano, G., Lazarus, M., & Saper, C. B. (2009). Parallel preoptic pathways for thermoregulation. *Journal of Neuroscience, 29*, 11954–11964. (9)

Yousem, D. M., Maldjian, J. A., Siddiqi, F., Hummel, T., Alsop, D. C., Geckle, R. J., …Doty, R. L. (1999). Gender effects on odor-stimulated functional magnetic resonance imaging. *Brain Research, 818*, 480–487. (6)

Yttri, E. A., & Dudman, J. T. (2016). Opponent and bidirectional control of movement velocity in the basal ganglia. *Nature, 533*, 402–406. (7)

Yu, T. W., & Bargmann, C. I. (2001). Dynamic regulation of axon guidance. *Nature Neuroscience Supplement, 4*, 1169–1176. (4)

Yuval-Greenberg, S., & Heeger, D. J. (2013). Continuous flash suppression modulates cortical activity in early visual cortex. *Journal of Neuroscience, 33*, 9635–9643. (13)

Zadra, A., Desautels, A., Petit, D., & Montplaisir, J. (2013). Somnambulism: Clinical aspects and pathophysiological hypotheses. *Lancet Neurology, 12*, 285–294. (8)

Zadra, A., & Pilon, M. (2008). Polysomnographic diagnosis of sleepwalking: Effects of sleep deprivation. *Annals of Neurology, 63*, 513–519. (8)

Zakharenko, S. S., Zablow, L., & Siegelbaum, S. A. (2001). Visualization of changes in presynaptic function during long-term synaptic plasticity. *Nature Neuroscience, 4*, 711–717. (12)

Zanos, P., Moaddel, R., Morris, P. J., Georgiou, P., Fischell, J., Elmer, G. I., …Gould, T. D. (2016). NMDAR inhibition-independent antidepressant actions of ketamine metabolites. *Nature, 533*, 481–486. (14)

Zant, J. C., Kim, T., Prokai, L., Szarka, S., McNally, J., McKenna, J. T., …Basheer, R. (2016). Cholinergic neurons in the basal forebrain promote wakefulness by actions on neighboring non-cholinergic neurons: An opto-dialysis study. *Journal of Neuroscience, 36*, 2057–2067. (8)

Zatorre, R. J., Fields, R. D., & Johansen-Berg, H. (2012). Plasticity in gray and white: Neuroimaging changes in brain structure during learning. *Nature Neuroscience, 4*, 528–536. (4)

Zeki, S. (1980). The representation of colours in the cerebral cortex. *Nature, 284*, 412–418. (5)

Zeki, S. (1983). Colour coding in the cerebral cortex: The responses of wavelength-selective and colour-coded cells in monkey visual cortex to changes in wavelength composition. *Neuroscience, 9,* 767–781. (5)

Zeki, S., & Shipp, S. (1988). The functional logic of cortical connections. *Nature, 335,* 311–317. (5)

Zentner, M., & Mitura, K. (2012). Stepping out of the caveman's shadow: Nations' gender gap predicts degree of sex differentiation in mate preferences. *Psychological Science, 23,* 1176–1185. (10)

Zerwas, S., Lund, B. C., Von Holle, A., Thornton, L. M., Berrettini, W. H., Brandt, H., ...Bulik, C. M. (2013). Factors associated with recovery from anorexia nervosa. *Journal of Psychiatric Research, 47,* 972–979. (9)

Zhang, G., Pizarro, I. V., Swain, G. P., Kang, S. H., & Selzer, M. E. (2014). Neurogenesis in the lamprey central nervous system following spinal cord transection. *Journal of Comparative Neurology, 522,* 1316–1332. (4)

Zhang, J., Ackman, J. B., Xu, H.-P., & Crair, M. C. (2012). Visual map development depends on the temporal pattern of binocular activity in mice. *Nature Neuroscience, 15,* 298–307. (5)

Zhang, J., Liu, J., & Xu, Y. (2015). Neural decoding reveals impaired face configural processing in the right fusiform face area of individuals with developmental prosopagnosia. *Journal of Neuroscience, 35,* 1539–1548. (5)

Zhang, L., Hirano, A., Hsu, P.-K., Jones, C. R., Sakai, N., Okuro, M., ...Fu, Y.-H. (2016). A PERIOD3 variant causes a circadian phenotype and is associated with a seasonal mood trait. *Proceedings of the National Academy of Sciences (U.S.A.),* (8)

Zhang, X., & Firestein, S. (2002). The olfactory receptor gene superfamily of the mouse. *Nature Neuroscience, 5,* 124–133. (6)

Zhang, Y., Cudmore, R. H., Lin, D. T., Linden, D. J., & Huganir, R. L. (2015). Visualization of NMDA receptor-dependent AMPA receptor synaptic plasticity *in vivo. Nature Neuroscience, 18,* 402–407. (12)

Zhang, Y., Proenca, R., Maffei, M., Barone, M., Leopold, L., & Friedman, J. M. (1994). Positional cloning of the mouse obese gene and its human homologue. *Nature, 372,* 425–432. (9)

Zhan, Y., Paolicelli, R. C., Sforazzini, F., Weinhard, L., Bolasco, G., Pagani, F., ...Gross, C. T. (2014). Deficient neuron-microglia signaling results in impaired functional brain connectivity and social behavior. *Nature Neuroscience, 17,* 400–406. (1)

Zhao, Y., Terry, D., Shi, L., Weinstein, H., Blanchard, S. C., & Javitch, J. A. (2010). Single-molecule dynamics of gating in a neurotransmitter transporter homologue. *Nature, 465,* 188–193. (2)

Zheng, B., Larkin, D. W., Albrecht, U., Sun, Z. S., Sage, M., Eichele, G., ...Bradley, A. (1999). The *mPer2* gene encodes a functional component of the mammalian circadian clock. *Nature, 400,* 169–173. (8)

Zhou, D., Lebel, C., Lepage, C., Rasmussen, C., Evans, A., Wyper, K., ...Beaulieu, C. (2011). Developmental cortical thinning in fetal alcohol spectrum disorders. *NeuroImage, 58,* 16–25. (4)

Zhou, F., Zhu, X. W., Castellani, R. J., Stimmelmayr, R., Perry, G., Smith, M. A., & Drew, K. L. (2001). Hibernation, a model of neuroprotection. *American Journal of Pathology, 158,* 2145–2151. (8)

Zhu, Q., Zhang, J., Luo, Y. L. L., Dilks, D. D., & Liu, J. (2011). Resting-state neural activity across face-selective cortical regions is behaviorally relevant. *Journal of Neuroscience, 31,* 10323–10330. (5)

Zhu, Y., Fenik, P., Zhan, G. X., Mazza, E., Kelz, M., Aston-Jones, G., & Veasey, S. C. (2007). Selective loss of catecholaminergic wake-active neurons in a murine sleep apnea model. *Journal of Neuroscience, 27,* 10060–10071. (8)

Ziegler, J. C., & Goswami, U. (2005). Reading acquisition, developmental dyslexia, and skilled reading across languages: A psycholinguistic grain size theory. *Psychological Bulletin, 131,* 3–29. (5)

Zihl, J., & Heywood, C. A. (2015). The contribution of LM to the neuroscience of movement vision. *Frontiers in Integrative Neuroscience, 9,* article 6. (5)

Zihl, J., von Cramon, D., & Mai, N. (1983). Selective disturbance of movement vision after bilateral brain damage. *Brain, 106,* 313–340. (5)

Zimmerman, A., Bai, L., & Ginty, D. D. (2014). The gentle touch receptors of mammalian skin. *Science, 346,* 950–954. (6)

Zimmerman, C. A., Lin, Y.-C., Leib, D. E., Guo, L., Huey, E. L., Daly, G. E., ...Knight, Z. A. (2016). Thirst neurons anticipate the homeostatic consequences of eating and drinking. *Nature, 537,* 680–684. (9)

Zipursky, R. B., Reilly, T. J., & Murray, R. M. (2013). The myth of schizophrenia as a progressive brain disease. *Schizophrenia Bulletin, 39,* 1363–1372. (14)

Zipser, B. D., Johanson, C. E., Gonzalez, L., Berzin, T. M., Tavares, R., Hulette, C. M., ...Stopa, E. G. (2007). Microvascular injury and blood–brain barrier leakage in Alzheimer's disease. *Neurobiology of Aging, 28,* 977–986. (1)

Zola, S. M., Squire, L. R., Teng, E., Stefanacci, L., Buffalo, E. A., & Clark, R. E. (2000). Impaired recognition memory in monkeys after damage limited to the hippocampal region. *Journal of Neuroscience, 20,* 451–463. (12)

Zorzi, M., Priftis, K., & Umiltà, C. (2002). Neglect disrupts the mental number line. *Nature, 417,* 138. (13)

Zucker, K. J., Bradley, S. J., Oliver, G., Blake, J., Fleming, S., & Hood, J. (1996). Psychosexual development of women with congenital adrenal hyperplasia. *Hormones and Behavior, 30,* 300–318. (10)

Zuckerman, L, Rehavi, M., Nachman, R., & Weiner, I. (2003). Immune activation during pregnancy in rats leads to a post-pubertal emergence of disrupted latent inhibition, dopaminergic hyperfunction, and altered limbic morphology in the offspring: A novel neurodevelopmental model of schizophrenia. *Neuropsychopharmacology, 28,* 1778–1789. (14)

Zurif, E. B. (1980). Language mechanisms: A neuropsychological perspective. *American Scientist, 68,* 305–311. (13)

Referências bibliográficas do apêndice B

Canadian Council on Animal Care. *Guide to the Care and Use of Experimental Animals* (Vol. 1. 2nd ed.) Ontário, Canadá: CCAC, 1993.

"Declaration of Helsinki." Adopted for 18th World Medical Assembly, Helsinki, 1964; revised by 29th World Medical Assembly, Tokyo, 1975; Venice, 1983; and Hong Kong, 1989.

Federal Policy for the Protection of Human Subjects; Notices and Rules (1991, 18 Jun.) *Federal Register,* 56: 28002-28032.

Foundation for Biomedical Research. *The Biomedical Investigator's Handbook for Researchers Using Animal Models.* Washington DC: FBR, 1987.

Laws and Codes of Mexico. "Seventh Title of the Regulations of the General Law of Health Regarding Health Research." (12th updated ed. Porrua Collection, pp. 430-431). México: Porrua Publishers, 1995.

National Academy of Sciences. *Guide for the Care and Use of Laboratory Animals.* 7th ed. Washington DC: National Research Council, Institute for Laboratory Animal Research, NAS, 1996.

National Institutes of Health. *OPRR Public Health Service Policy on Humane Care and Use of Laboratory Animals.* Rockville, MD: NIH/Office for Protection from Research Risks, 1996.

National Institutes of Health. *Preparation and Maintenance of Higher Mammals During Neuroscience Experiments.* Report of a National Institutes of Health Workshop. NIH Publication No. 94-3207. Bethesda, MD: NIH/National Eye Institute, 1994.

Society for Neuroscience. *Handbook for the Use of Animals in Neuroscience Research.* Washington DC: SfN, 1991.

Varga, A. C. (Ed.). (1984). The Main Issue in Bioethics Revised Edition. New York: Paulist Press.

Visual Neuroscience. 1(4): 421-6. "Anesthesia and Paralysis in Experimental Animals." Report of a Workshop held in Bethesda, Md., Oct. 27, 1984. Organized by Division of Research Grants, National Institutes of Health. England: VN, 1984.

Índice onomástico

Aarts, H., 364
Abate, P., 461
Abbott, N. J., 24
Abbott, S. B. G., 299
AbdelMalik, P., 484
Abe, A. S., 290
Abi-Dargham, A., 487
Abouy, P., 195
Abrahamsson, N., 434
Abrams, W., 139
Ackman, J. B., 170
Acri, J., 465
Acuna-Goycolea, C., 310
Adamantidis, A., 283
Adamec, R. E., 362
Adamo, M., 180
Adams, D. B., 330
Adams, H. L., 494
Adams, R. B., Jr., 368, 455
Adcock, R. A., 389
Addis, D. R., 397
Adeeb, N., 493
Adler, M., 473
Adler, N. T., 330
Admon, R., 368
Adolphs, R., 354, 359, 369, 370, *371*, 429
Adrien, J., 274
Agarwal, A. F., 321
Agarwal, N., 207
Aghajanian, G. K., 471
Aglioti, S., 141, 448
Agnew, L. L., 470
Agrati, D., 324
Agster, K. L., 398
Aguirre, G. K., 166
Aharon, I., 463
Ahissar, M., 437
Ahlskog, J. E., 312
Ahmed, E. I., 324
Ahmed, I. I., 325
Ahn, W., 459
Airaksinen, M. S., 123
Airan, R. D., 472
Airavaara, M., 251
Ajina, S., 166
Akers, K. G., 392
Al-Karawi, D., 475
Al-Rashid, R. A., 312
Alagiakrishnan, K., 390
Alain, C., 128
Alais, D., 443
Alanko, K., 342, 343
Alberini, C. M., 392
Alberts, J. R., 334
Albouy, G., 283, 402
Albrecht, D. G., 170
Albright, T. D., 181
Albuquerque, D., 314
Alcuter, S., 118
Aleman, A., 481
Alerstam, T., 281
Alexander, G. M., 327
Alexander, J. T., 310
Allaire, J. C., 392
Allan, D., 353
Allebrandt, K. V., 262

Allen, G. I., 221
Allen, H., 447
Allen, H. L., 105
Allen, J. S., 319, 417
Alleva, E., 123, 125
Allison, T., 282
Almazen, M., 433
Almeida, J., 127
Almli, C. R., 312
Almonte, J. L., 379
Alsop, D., 195
Altena, E., 275, 476
Alvarez-Buylla, A. A., 171
Alzmon, G., 132
Aman, J. E., 130
Amano, K., 181
Amanzio, M., 207
Amateau, S. K., 325
Ambady, N., 368
American Psychiatric Association, 480, 492
Amering, M., 371
Ames, M. A., 344
Amiry-Moghaddam, M., 24
Amlaner, C. J., 281
Amting, J. M., 370
An, Y., 392
Anaclet, C., 271, 273
Anand, P., 207
Anastasiya, A., 262
Andersen, J. L., 228
Andersen, R. A., 236
Andersen, T. S., 88
Anderson, C., 343
Anderson, D. J., 191, 310
Anderson, E., 444
Anderson, F., 362
Anderson, M. A., 139
Anderson, M. E., 241
Anderson, S., 196
Anderson, S. F., 469
Andrade, D. V., 290
Andreasen, N. C., 485
Andres, K. H., 200
Andrés-Pueyo, A., 363
Andrew, D., 208
Andrews, S. C., 237
Andrews, T. J., 153
Andrillon, T., 273
Angelucci, A., 124
Ansiau, D., 261
Antenor-Dorsey, J. A., 250
Anthony, T. E., 310
Aoki, C., 19, 493
Aplin, L. C., 260
Apostaolakis, E. M., 328
Applebaum, S., 220
Appleman, E. R., 283
Araneda, R. C., 219
Arango, V., 364
Araque, A., 22
Araripe, L. O., 323
Archer, J., 363
Archer, S. N., 265
Arcurio, L. R., 180
Arduino, C., 207
Arendt, D., 265

Arendt, J., 261
Ariely, D., 310
Armstrong, J. B., 303
Arnold, A. P., 323, 324, 326
Arnold, H. M., 139
Arnsten, A. F. T., 377
Arseneau, L. M., 291
Arun, S. P., 178, 179
Arver, S., 417
Arvidson, K., 211
Asai, M., 310
Åsberg, M., 364
Ascher, E. A., 456
Ascoli, G., 21, 406
Aserinsky, E., 269–270
Asher, B., 359
Ashida, H., 181
Ashley, R., 127
Ashmore, L. J., 265
Asmundson, G. J. G., 365
Assal, G., 429
Aston-Jones, G., 265, 310
Atherton, N. M., 474
Athos, E. A., 195
Atlas, L. Y., 96, 207
Attardo, A., 411
Attwell, D., 136
Atzei, A., 141
Aubin, H.-J., 465
Audero, E., 364
Avena, N. M., 316
Aviezer, H., 357
Avinun, R., 332
Axel, R., 119, 217
Axmacher, N., 443

Babich, F. R., 406
Babikian, T., 136
Babinet, C., 124
Babor, T. F., 461
Bachevalier, J., 367, 398
Backlund, E.-O., 251
Bäckman, J., 281
Baddeley, A. D., 384, 389
Baer, J. S., 461
Bagemihl, B., 342
Baghdoyan, H. A., 274
Bai, L., 200
Bailey, C. H., 408
Bailey, J. A., 128
Bailey, J. M., 342, 343, 344, 348
Bailey, K. G. D., 436
Baird, A. A., 368
Bajo-Grañeras, R., 22
Baker, B. N., 191
Baker, C. I., 129
Baker, G. B., 284
Baker, L., 109
Baker, S. W., 341
Bakermans-Kranenburg, M. J., 455
Bakken, T. E., 153, 418
Bakker, J., 325
Baldessarini, R. J., 471, 472
Bale, T. L., 107
Ball, W. A., 273
Ballard, P. A., 250

567

Balleine, B. W., 325, 402
Ballon, J. S., 484
Balthazart, J., 325
Banich, M. T., 98
Banks, W. P., 246
Baraas, R. C., 158
Barash, S., 241
Barber, J. R., 187
Barbour, D. L., 192
Bargary, G., 221
Barger, L. K., 259
Barha, C. K., 324
Barnea, G., 219
Barnes, B. M., 281
Barnes, C. M., 262
Barnett, K. J., 221
Bennett, E. L., 125
Baron-Cohen, S., 433
Barr, H. M., 461
Barrett, E. J., 24
Barrett, L. F., 98, 230, 355, 356, 357, 368, 444
Barretto, M., 131, 214
Barrientos, R. M., 132
Barsalou, L. W., 357
Barsh, G. S., 308
Bartel, P., 280
Bartke, A., 325
Bartko, J., 365
Barton, D. A., 471
Barton, L., 325
Bartoshuk, L., 207
Bartoshuk, L. M., 211, 212, 213, 214
Barua, L. A., 398
Barzilai, N., 132
Basbaum, A. I., 55, 208
Bashford, J. A., 164
Baskin, D. G., 308
Basma, A., 250
Bassett, A. S., 484
Basten, U., 416
Bastida, C., 364
Basu, A., 195
Bate, S., 454
Bates, E., 435, 436
Bates, T. C., 417, 418
Battersby, S., 305
Battleday, R. M., 412
Bauer, E. P., 367
Baum, A., 379
Baum, M. J., 325
Bauman, J. M., 132
Bauman, M. D., 493
Baumann, C. R., 93, 240
Bautista, D. M., 201
Baxter, L. R., 476
Baxter, M. G., 132
Bayer, U., 357
Bayley, P. J., 395, 402
Baylis, G. C., 178
Baylor, D. A., 122
Bazhenov, M., 283
Beall, A. T., 330
Bear, M. F., 171
Beaton, E. A., 368
Beauchamp, M. S., 221
Bechara, A., 359, 369
Beck, A. T., 469
Beck, K., 489
Beck, S., 130
Becker, H. C., 373
Becker, H. G. T., 181
Becks, L., 321
Bedny, M., 127
Beebe, D. W., 276
Beeli, G., 221
Beeman, M. J., 429
Beeney, J. E., 455
Beersma, G. M., 264

Beglinger, L. J., 253
Bègue, L., 365
Behrmann, M., 493
Bell, R., 365
Bellini, F., 473
Bellugi, U., 433
Belmonte, P. L., 469
Belsky, D. W., 418
Beltz, A. M., 340
Belvens, M., 214
Ben Achour, S., 22
Ben-Ami Bartal, I., 455
Benavidez, N., 244
Benedetti, F., 207, 474, 475
Bennett, A. L., 344
Bennett, E. L., 125
Benros, M. E., 481
Benschop, R. J., 377
Bensen, A. L., 54
Ben-Shoshan, R., 220
Benson, D. F., 87, 179
Benson, M. B., 390
Berardi, D., 473
Berdoy, M., 367
Berenbaum, S. A., 340
Beresh, H., 417
Bergdahl, J., 372
Bergé, D., 371
Berger, R. J., 280
Berger-Sweeney, J., 118
Bergh, C., 316
Berglund, H., 220
Bergmann, O., 119
Berke, J. D., 236
Berkeley, G., 442
Berken, J. A., 434
Berkhof, J., 468
Berliner, D. L., 220
Berlucchi, G., 141, 427
Berman, A. J., 142
Berman, K. F., 433, 485
Berman, M. E., 461
Berman, M. G., 205
Berman, R. A., 236
Bernal, D., 292
Bernasconi, S., 364
Bernati, T., 447
Berntsen, D., 372
Berntson, G. G., 369
Beron, J., 300
Berridge, K. C., 300
Berrio, A., 332
Berryhill, M. E., 403
Berson, D. M., 264
Besner, D., 447
Beuming, T., 57
Beverly, J. L., 291
Bezzola, L., 129
Bhardwaj, R. D., 119
Bhatia, K. P., 487
Bialystok, E., 434
Bian, L., 314
Bianchi-Demicheli, F., 454
Biben, M., 362
Bica, L. A., 148
Bichot, N. P., 447
Bickhart, K. C., 97
Bidelman, G. M., 128
Bielawski, D., 344
Bienkowski, P., 461
Bierut, L. J., 469
Bigler, E. D., 417
Bilalic, M., 181
Bilkey, D. K., 400
Billington, C. J., 310
Binget, U., 207
Bingman, V. P., 282

Bini, L., 473
Bioulac, B., 262
Bird, A., 104
Birring, S. S., 363
Bisaz, R., 391, 392
Bischofberger, J., 119
Bishop, C. V., 346, 417
Biss, R. K., 262
Bitran, D., 325
Bitsika, V., 470
Bizzi, E., 274
Bjork, J. M., 131
Björklund, A., 251
Björnsdotter, M., 203
Black, J. A., 205
Blackless, M., 339
Blackwell, A., 270, 435
Blake, R., 171, 221
Blakemore, S.-J., 202
Blakeslee, S., 141, 144
Blanchard, R., 344
Blanco, M. B., 281
Blanke, O., 87, 88
Blasko, D. G., 446
Bley, K., 207
Bliss, T. V., 208
Bliss, T. V. P., 408, 411
Bliss-Moreau, E., 355, 368
Blitzer, R. D., 392
Bliwise, D. L., 270, 275
Bloch, G., 281
Bloch, G. J., 325
Blossom-Stach, C., 436
Bobrow, D., 343
Bock, A. S., 171
Boden, J. M., 363
Boder, E., 437
Boehm, S., 58
Boekel, W., 98
Boets, B., 437
Boeve, B. F., 277
Bogaert, A. F., 342, 344
Bogdanov, S., 140
Bohlin, G., 340
Boivin, D. B., 261
Boksem, M. A. S., 364
Boly, M., 273, 457
Bolz, J., 483
Bonath, B., 87
Bonci, A., 244
Bonhoeffer, T., 171
Bonini, F., 236
Bonino, D., 237
Bonneh, Y. S., 442
Bonner, M. F., 192
Bookheimer, S. Y., 395
Booth, F. W., 228
Booth, W., 321
Bordelon, Y., 250
Bordier, C., 95
Borisovska, M., 54
Born, J., 269, 283, 284
Born, S., 214
Boroditsky, L., 448
Borowsky, R. L., 281
Borsutzky, S., 390
Bortolotti, B., 473
Bortz, R., 280
Bos, P. A., 365
Boshart, J., 433
Boswell, R. G., 314
Bouchard, T. J., Jr., 417
Boucsein, K., 370
Boudin, H., 53
Bourane, S., 208
Bourgeron, T., 492
Bourque, C. W., 298, 299

Bouton, C. E., 233
Boutrel, B., 274, 310
Bouzerda-Wahlen, A., 390
Bower, C., 482
Bowles, C. A., 379
Bowles, S., 113, 114
Bowmaker, J. K., 158
Boyce, R., 283
Boycott, B. B., 162
Boyd, J. D., 139
Boyden, E. S., 273
Boyeson, M. G., 138
Bozkurt, A., 344
Bozkurt, O. H., 344
Braams, B. R., 131
Bradley, M. M., 463
Brainard, D. H., 166
Brakke, K. E., 430
Branch, B. J., 325
Branco, T., 45
Brand, M., 390
Brandfonbrener, A. G., 130
Brandon, J. G., 125
Brandt, F., 354
Brandt, J., 251
Brandt, T., 199
Brans, R. G. H., 132
Brar, S., 173
Brass, M., 246
Braun, A. R., 236, 274
Braunschweig, D., 493
Braus, H., 74
Bravo, E., 443
Bray, G. A., 315
Bredemeier, K., 469
Bredy, T. W., 368
Breedlove, S. M., 123, 324, 346, 348
Breer, H., 219
Breidenbach, W. C., 140
Breiter, H. C., 463
Brem, A.-K, 412
Bremmer, F., 182
Brenowitz, E. A., 119
Brent, H. P., 173
Breslin, P. A., 220
Bressan, P., 484
Bressler, K., 203
Brewer, W. J., 482
Brickman, A. M., 412
Bridge, H., 166, 177
Bridgeman, B., 166
Bridle, C., 474
Briggs, R., 136
Brigman, J. L., 453
Broca, P., 91, 434
Brock, O., 325
Brodin, T., 373
Brody, A. L., 473
Brody, C. D., 452
Bronson, R. T., 332
Bronstein, J., 250
Brook, C. G. D., 340
Brooks, D. C., 274
Brooks, N., 136
Brooks, P. L., 273, 277
Brotchie, P., 235
Brown, A., 139
Brown, A. S., 484
Brown, C. E., 139
Brown, G. C., 22
Brown, G. L., 364
Brown, G. M., 275
Brown, J., 461
Brown, J. R., 332
Brown, K. L., 392
Brown, M. J., 110
Brown, R. W., 139

Brown, T. I., 400, 453
Bruck, M., 179
Brugge, J. F., 191
Brumpton, B., 314
Brunel, N., 22
Bruns, P., 87
Brunton, B. W., 452
Brus, R., 139
Bruss, J., 417
Bryan, A., 464
Bryant, R. A., 371
Bryk, K., 340
Brysbaert, M., 429
Bschor, T., 472
Bubash, S., 406
Bucci, D. J., 93, 125
Bucci, M. P., 236
Buch, E. R., 92
Buchanan, T. W., 370
Büchel, C., 207, 370
Bucher, D., 265
Bucholz, K. K., 119
Buck, C. L., 281
Buck, L., 217
Buck, L. B., 214, 219, 220
Buck, R., 429
Bucy, P. C., 85
Buell, S. J., 118
Buffone, A., 455
Buhle, J. T., 207
Bühren, K., 316
Buizer-Voskamp, J. E., 483
Buka, S. L., 484
Bulbena, A., 371
Bulsara, K. R., 139
Bülthoff, H. H., 244
Bundgaard, M., 24
Bundy, H., 483
Bunney, B. G., 471
Bunney, W. E., 471
Burbridge, T. J., 170
Burdge, G. C., 107
Burgaleta, M., 417
Burgess, N., 400
Burke, D., 344
Burke, T. M., 276
Burkett, J. P., 454
Burman, D. D., 130
Burmeister, M., 469
Burn, P., 308
Burns, C. G., 283
Burns, M. M., 158
Burr, D. C., 182
Burra, N., 370
Burrell, B., 100
Burri, A., 343
Burt, A. D., 330
Burt, S. A., 109, 363
Burton, H., 127
Burwell, R. D., 263
Buschman, T. J., 447
Bushdid, C., 217
Bushnell, M. C., 205
Buss, D. M., 112, 337, 338
Butler, K., 130
Buttolph, T., 125
Byars, J. A., 253
Byl, N. N., 130
Byne, W., 346
Byrne, J. H., 407

Cabanis, E. A., 435
Cabeza, R., 96, 403
Cacioppo, J. T., 369
Caclin, A., 195
Cadden, M., 132
Cade, J. F., 476

Cadenhead, K. S., 484
Cafferty, W. B. J., 139
Cahill, L., 325, 389, 424
Cai, D. J., 283
Cai, H., 310
Cai, Q., 429
Cai, X. J., 310
Cajal, S., 18–19, *18*, 42, 119, 408
Calabresi, P., 241
Caldara, R., 180
Calhoun, J., 448
Calipari, E. S., 463
Callaway, E. M., 150, 165, 181
Caltagirone, C., 239
Camargo, L. A. A., 299
Camerer, C., 455
Camerer, C. F., 359
Cameron, N. M., 124
Campbell, L., 418
Campbell, S. S., 282
Camperio-Ciani, A., 343
Campfield, L. A., 308
Campi, K. L., 125
Canal, C. E., 389
Canepari, M., 228
Cannon, J. R., 250
Cannon, W. B., 291, 352, *353*, 354
Cano, G., 295
Cantallops, I., 411
Canter, R. G., 392
Canteras, N. S., 367
Cantú, S. M., 330
Capiluppi, C., 343
Cappelletti, M., 330
Caravolas, M., 437
Carbon, M., 487
Cardona-Gómez, G. P., 137
Cardoso, F. L., 342
Carelli, R. M., 463
Carey, D. P., 235, 379
Carleton, R. N., 365
Carlisle, H. J., 292
Carlström, E., 342
Carmena, J. M., 402
Carmichael, J. E., 400
Carpenter, C. J., 338
Carpenter, G. A., 258
Carré, J. M., 364, 365
Carrera, O., 316
Carrier, B., 205
Carrigan, T., 139
Carruth, L. L., 323
Carter, M. E., 310
Carter, V., 217
Carver, C. S., 363
Casali, A. G., 446
Casasanto, D., 436
Cascio, C. J., 493
Case, T. I., 202
Casey, B. J., 131
Cash, S. S., 269
Caspi, A., 363, 459, 469
Cassia, V. M., 180
Cassone, V. M., 263
Castelli, F., 370
Castellucci, V., 407
Castillo, A., 416
Castrén, E., 472
Castro-Alvarez, J. F., 137
Catalano, S. M., 122
Catalanotto, F. A., 214
Catania, K., 18
Catania, K. C., 216
Catchpole, C. K., 7
Catmur, C., 237
Catterall, W. A., 35
Caudle, K., 131

Cavanagh, P., 88, 179
Cavina-Pratesi, C., 178
Caviness, V. S., 181
Ceci, S. J., 179
Censor, N., 92
Cepeda-Benito, A., 464
Cereda, E., 250
Cerletti, U., 473
Cerrato, M., 316
Cespuglio, R., 274
Chabris, C. F., 364
Chafee, M. V., 389
Chahrour, M., 495
Chai, X., 434
Chailangkarn, T., 433
Chait, M., 196
Chalmers, D., 5
Chalmers, D. J., 442
Champagne, F. A., 333, 481
Chan, A. W.-Y., 179
Chang, E. F., 192, 196
Chang, G.-Q., 314
Chang, G. Y., 402
Chang, M., 236
Chang, S.-H., 476
Chang, S. W. C., 455
Chant, D., 484
Chantala, K., 342
Chao, M., 122
Chao, M. V., 454
Chapman, C. S., 166
Chapman, S. B., 412
Charney, D. S., 379
Chattarji, S., 371
Chatterjee, A., 173, 448
Chaudhari, N., 213
Chau-Wong, M., 486
Checkley, S. A., 328
Chee, M. J. S., 312
Chen, C., 208
Chen, C.-F. F., 219
Chen, E., 379
Chen, F., 236
Chen, J.-K., 434
Chen, J.-Y., 213
Chen, L. M., 203
Chen, Q., 295
Chen, S., 265
Chen, X., 201
Chen, Y., 264, 314
Chen, Y.-C., 433
Cheney, D. L., 113, 430
Cherkas, L., 343
Chesworth, R., 464
Cheug, L. K., 276
Cheyne, J. A., 273
Chiang, M. C., 416
Chiapponi, C., 485
Chiarello, C., 429
Chin, J., 390
Chis, A., 368
Chiu, D. T., 314
Chivers, M. L., 342
Cho, M. J., 469
Chomsky, N., 433
Chong, G., 54
Chong, S. C., 180
Chong, S. Y. C., 265
Chou, E. Y., 203
Chouinard, P. A., 166
Chow, E. W. C., 484
Christensen, C. B., 190
Christensen-Dalsgaard, J., 190
Christodoulou, J. A., 96
Chu, H.-P., 328
Chuang, H., 207
Chung, W. C. J., 324

Churchland, P. S., 4
Ciaramelli, E., 359
Cicchetti, D. V., 282
Cichon, S., 392
Cicone, N., 435
Cipolotti, L., 354
Cirelli, C., 283
Cirulli, F., 125
Clahsen, H., 433
Clark, B. A., 45
Clark, D. A., 82, 83
Clark, D. B., 262
Clark, J. J., 446
Clark, L., 453
Clark, R. E., 387
Clark, W. S., 7
Clarke, S., 429
Claus, E. D., 453
Cleary, L. J., 407
Clegg, R. A., 142
Cleghorn, J. M., 275
Clelland, C. D., 119
Clemens, L., 324
Clemenson, G. D. Jr., 127
Clements, K. M., 124
Clifford, J., 109
Clutton-Brock, T. H., 113
Coan, J. A., 379
Cobos, P., 353
Coderre, T. J., 208
Cogan, G. B., 196
Cohen, A., 354
Cohen, D., 244
Cohen, J. D., 272, 359
Cohen, L. G., 92, 127
Cohen, M. J., 405
Cohen, N. J., 397
Cohen, S., 379
Cohen Kadosh, R., 412
Cohen-Kettenis, P. T., 341
Cohen-Tannoudji, M., 124
Cohen-Woods, S., 469
Colantuoni, C., 316
Colapinto, J., 341, 348
Cole, S. W., 107
Cole-Harding, S., 344
Coleman, J. A., 470
Coleman, P. D., 118
Collie, A., 280
Collier, T., 312
Collignon, O., 173
Collingridge, G. L., 208, 408
Collins, C. E., 82, 125
Colmers, W. F., 312
Colom, R., 129, 416
Colombo, C., 474
Coltheart, M., 96
Cone, R. D., 310
Conn, M., 11
Conner, C. R., 399
Conner, W. E., 187
Connine, C. M., 446
Connolly, J. D., 178
Connor, P. D., 461
Connors, B. W., 263
Conrad, C. D., 379
Considine, R. V., 309
Constantinidis, C., 389
Conti, V., 117
CONVERGE Consortium, 469
Conway, G. S., 340
Cooch, N. K., 454
Cooke, B. M., 346
Cooperman, A., 442
Copeland, D., 75, 76, 79, 86, 426
Coppola, D. M., 168
Corballis, M. C., 96, 427, 432

Corbit, L. H., 464
Corcoran, A. J., 187
Corkin, S., 142, 390, 395, 396, 397, 398, 420
Corley, R., 109, 417
Cormack, L. K., 181
Corna, F., 343
Cornelius, M. D., 461
Corradi, N., 437
Corradi-Dell'Acqua, C., 205
Correll, C. U., 487
Cortese, S., 19, 493
Cosmelli, D., 444
Coss, R. G., 125
Costa, R. M., 402
Costa, R. P., 411
Costa, V. D., 463
Coste, O., 262
Costello, P., 445
Cote, K. A., 269
Cottrell, J. F., 148
Coupland, C., 482
Courchesne, E., 73
Cousins, J. N., 269
Cowart, B. J., 222
Cowey, A., 182
Cox, J. J., 205
Crago, M. B., 432
Craig, A. D., 208
Craig, A. M., 53
Craig, B. A., 213
Craig, I. W., 469
Crair, M. C., 170, 171
Cravchik, A., 460
Creighton, S. M., 341
Cressey, D., 339
Crick, F., 284
Crick, F. C., 442
Critchley, H. D., 312, 353
Crivelli, C., 356
Croft, K. E., 359
Crone, E. A., 131
Cronin-Golomb, A., 249, 283
Cross-Disorder Group, 459
Crossin, K. L., 118
Crowley, S. J., 265
Croxson, P. L., 433
Cryan, J. F., 315
Csibra, G., 93
Cudmore, R. H., 411
Cummings, D. E., 306, 308, 314
Cunningham, W., 368
Curio, G., 284
Curry, A., 304
Cusack, R., 166
Cushman, F., 359
Cuthill, I. C., 154
Cutler, W. B., 220
Cvijanovic, N., 306
Czeisler, C. A., 259, 261, 264, 270
Czekóová, K., 237
Czosnyka, M., 136

da Rocha, N. S, 474
Daan, S., 264
Dacey, D., 312
Dachtler, J., 483
Dahl, R. E., 131
Dahlhamer, J. M., 342
Dahmen, B., 96
Dail, W. G., 138
Dale, A., 463
Dale, N., 407
Dale, P. S., 109
Dallaspezia, S., 475
Dalterio, S., 325
Dalton, K., 347
Dalton, P., 220

Índice onomástico

Damasio, A., 87, 359, 369, 370, 381, 398
Damasio, A. R., 359
Damasio, H., 86, 359, 369, 370, 417, 429
D'amour, J. A., 454
Damsma, G., 463
Daniel, D. G., 485
Darby, D. G., 280
Darley, J. M., 359
Darnaudéry, M., 137
Darweesh, S. K. L., 250
Darwin, C., 110, 337
Das, A., 95, 166
Dasheiff, R. M., 93
Daum, I., 387
Dautoff, R. J., 98
Davachi, L., 389
Davidson, R. J., 357, 367, 379, 470
Davidson, S., 208
Davidson, T. J., 365
Davies, G., 418, 484
Davies, M., 363
Davies, P., 4
Davies, P. L., 293
Davis, D., 486
Davis, E. C., 325
Davis, F. C., 264
Davis, H. N., 344
Davis, J., 483
Davis, J. I., 354
Davis, K. D., 140
Davis, K. W., 464
Davis, M., 365, 366
Dawes, C., 363
Dawkins, R., 111, 113
Dawson, D., 275
Dawson, T. M., 52
Dawson, V. L., 52
Dax, G., 434
Dax, M., 434
Day, N. L., 461
Day, S., 221
Dayan, E., 92
De Bundel, D., 470
de Castro, B. O., 363
de Castro, J. M., 307
De Dreu, C. K. W., 454
de Gelder, B., 181
De Genna, N. M., 461
de Groot, J. H. B., 217
de Heer, W. A., 424
de Hemptinne, C., 250
De Jager, P. L., 390
de Jong, W. W., 264, 444
de la Iglesia, H. O., 262
de la Torre-Ubieta, L., 493
de los Santos, H. C., 212
De Luca, M., 437
de Maat, S., 473
de Peralta Menendez, R. G., 166
De Peri, L., 485
De Pitta, M., 22
De Ridder, D., 195
de Sonneville, L. M. J., 110
de Vries, G. J., 324, 327
De Wall, C. N., 205
De Young, C. G., 98
Deacon, T. W., 416, 434
Deady, D. K., 353
Dean, K. A., 484
deBonis, M., 370
Deboué, E. R., 281
DeCoster, M., 362
Deeb, S. S., 158
Dees, E. W., 158
Dees, T., 128
DeFries, J. C., 109, 417
Dehaene, S., 85, 128, 181, 442, 443, *443*, 445, 457
deHan, R. S., 119
Deisseroth, K., 92, *93*, 365, 476
DeJong, J., 364, 365
Del Cul, A., 443
Delaney, K. R., 139
Delespaul, P., 468
Delgado, M. R., 402, 456
Deliagina, T. G., 230
Delville, Y., 364
Dement, W. C., 270, *271*, 287
Denburg, N. L., 359
Dennerstein, L., 330
Dennett, D. C., 4, 441
Denning, J. H., 344
Depue, B. E., 98
Derby, C. A., 132
Derégnaucourt, S., 283
DeRoshia, C. W., 260
Desai, M. M., 321
Desain, P., 164
Desautels, A., 273
Descartes, R., 120, 148, 441
DeSimone, J. A., 212, 213
Desimone, R., 213, 447
Desmurget, M., 235, 244
Deste, G., 485
Detre, J. A., 94
deTribolet, N., 429
Deutsch, D., 195
Deutsch, J. A., 306
DeValois, R. L., 170
DeVoogd, T. J., 119
Devor, M., 207
Devos, R., 308
deVries, M., 468
Dhingra, R., 315
Di Filippo, M., 241
Di Lorenzo, P. M., 32, 213
Di Napoli, M., 137
Di Page, E., 437
Di Paola, M., 239
di Pellegrino, G., 359
Diamond, L. M., 348
Diamond, M., 341, 342
Dias, B. G., 107
Díaz, M., 323
Dibb-Hajj, S. D., 205
DiChiara, G., 56
Dick, D. M., 109, 461
Dick, F., 435
Dicke, P. W., 241
Dicke, U., 416
Dickerson, B. C., 98
Dickerson, F. B., 484
Dickinson, A., 465
Dickman, J. D., 187
Diedrichsen, J., 86, 239, 240, 427
Diéguez, C., 309, 310
Diekelmann, S., 283, 284
Diener, H. C., 240
Dierks, T., 85
Dijk, D.-J., 265, 283
Dikkes, P., 332
Diller, L., 155
Dimitriou, M., 229
Dimond, S. J., 428
Dinan, T. G., 315
Ding, F., 271
Ding, J. B., 54, 250
Dinstein, I., 236, 237
Disner, S. G., 368
Ditterich, J., 182
Diwadkar, V. A., 486
Dixon, D. B., 411
Do, K. Q., 488
Dobkin, D. S., 290
Dodds, C. M., 179
Dodge, K. A., 364
Doebeli, M., 114
Doesburg, S. M., 443
Dohnt, H., 262
Dolan, R., 354
Dolan, R. J., 370
Dolberg, D. S., 220
Dolezal, C., 341
Domhoff, G. W., 166, 285
Donahoe, P. K., 339
Donley, J. M., 292
Donoghue, J. P., 233
Doolittle, N., 220
Doremus-Fitzwater, T. L., 131
Doricchi, F., 447
Dormal, G., 173
Dostrovsky, J. O., 400
Doty, R. L., 220
Douaud, G., 118
Douglas, R. H., 264
Douglas, T., 412
Dow, M. W., 127
Dow, S., 390
Dowling, J. E., 162
Downing, P. E., 179
Doyle, W. J., 379
Doyon, J., 283
Draganski, B., 129
Drain, M., 181
Drake, R. M., 447
Dreger, A. D., 340, 341
Dreher, J. C., 364
Dresler, M., 273
Driver, J., 178, 448
Dronkers, N. F., 435
Druid, H., 119
Drzyzga, L. R., 472
Du, J., 328
Du, Y. M., 471
Duan, C. A., 452
Duan, X., 483
Duck, S. C., 340
Ducommun, C. Y., 191
Dudai, Y., 412
Dudley, C., 265
Dudman, J. T., 244
Duff, M. C., 397
Duffy, J. F., 261
Duffy, V. B., 214
Duijndam, M. J. A., 217
Duke, A. A., 365
Dulac, C., 220
Duman, R. S., 469, 471
Duncan, G. H., 205
Duncan, J., 166
Duncan, S. L., 368
Dunn, B. D., 354
Dunn, F. A., 264
Dunn, S., 166
Dunsmoor, J. E., 389
Durante, K. M., 330
Durso, G. R. O., 205
Duvarci, S., 367
Duysens, J., 164
Dyal, J. A., 406

Eagleman, D. M., 221
Earnest, D. J., 263
Eastman, C. I., 259, 265
Eaves, L., 363
Eaves, L. J., 109
Ebers, G., 343
Ebstein, R. P., 332
Eccles, J., 43, 44, 54
Echevarria, E., 316
Eckhorn, R., 443

Eckstrand, K. L., 123
Edelman, G. M., 122
Edelman, R. R., 233
Edelstein, R. S., 333
Eden, A. S., 368
Edman, G., 364
Eggert, M., 365
Ehrhardt, A. A., 324, 347
Ehrlich, P. R., 290
Ehrsson, H. H., 88
Eichenbaum, H., 395, 400, 420
Eichenbaum, H. B., 398
Eidelberg, E., 136
Einstein, A., 99
Eippert, F., 207
Eisenberg, D. S., 390
Eisenberger, N. I., 205
Eisenbruch, A. B, 330
Eisenlohr-Moul, T., 365, 468
Eisenlohr-Moul, T. A., 324
Eisenstein, E. M., 405
Ejaz, N., 86
Ek, M., 295
Ekblom, B., 228
Ekman, P., 429
Ekstrom, A. D., 399
Elangovan, N., 130
Elbert, T., 128, 130
Eldar, E., 272
Eldridge, L. L., 395
Elgoyhen, A. B., 195
Elias, C. F., 308
Elie, J. E., 192
Elkashef, A., 465
Ellacott, K. L. J., 310
Ellemberg, D., 173
Elliott, J. C., 310
Elliott, T. R., 50
Ellis, A. B., 417
Ellis, L., 344
Ells, L. J., 304
Elmquist, J. K., 310
Elsabbagh, M., 492
Eng, M. Y., 462
Engel, A. K., 443
Engel, S. A., 395
Engel, T. A., 447
Enticott, P. G., 237
Epp, J. R., 392
Epping-Jordan, M. P., 464
Epprecht, M., 348
Epstein, R., 347
Erickson, C., 328
Erickson, K. I., 132
Erickson, R. P., 187, 211
Eriksson, E., 472
Erlich, J. C., 452
Ernst, M. B., 119
Erritzoe, D., 463
Ersche, K. D., 459, 464
Eschenko, O., 269
Esser, S. K., 273
Estes, M. L., 484
Etcoff, N. L., 429
Etgen, A. M., 328
Eulig, C., 221
Euston, D. R., 283
Evans, A. C., 182, 417
Evans, D. A., 390
Evans, S. S., 295
Evarts, E. V., 226
Everitt, B. J., 465
Everling, S., 236

Faas, G. C., 408
Facoetti, A., 437
Fadiga, L., 236

Fagarasanu, A., 390
Fahrenkrug, J., 264
Falk, D., 99
Falkner, A. L., 365
Falleti, M. G., 280
Fan, G., 107
Fan, W., 310
Fane, B. A., 340
Fang, H., 219
Fanning, J. R., 461
Faraguna, U., 283
Farah, M. J., 181, 412
Farber, N. B., 417, 488
Farías, M. I., 251
Farlow, M., 390
Farmer, M. E., 437
Farooqi, I. S., 314
Farquhar, J., 164
Faruqui, R., 138
Fatemi, S. H., 483, 492
Fava, G. A., 373
Featherstone, R. E., 454
Feder, A., 379
Fedrigo, O., 418
Feeney, D. M., 138
Fehér, O., 283
Feinle-Bisset, C., 306
Feinstein, J. S., 369
Feldman, H. M., 236
Feldman, R., 333
Feldon, J., 125
Fell, J., 443
Feltmann, K., 470
Fendrich, R., 166
Feng, J., 107, 340
Fenselau, H., 310
Fentress, J. C., 230
Ferando, I., 408
Ferbinteanu, J., 402
Fergusson, D. M., 363
Fernández-Dols, J. M., 356
Fernández-Guasti, A., 324
Fernández-Ruiz, J., 137
Ferrante, A. W. Jr., 309
Ferrari, F., 137, 328
Ferraro, V., 436
Ferreira, A., 324, 332
Ferreira, F., 436
Ferreño, M., 324
Ferris, C., 362
Ferris, M. J., 463
Fiber, J. M., 328
Fibiger, H. C., 463
Fick, J., 373
Fiebach, C. J., 416
Field, L. L., 437
Fields, H. L., 55
Fields, R. D., 118, 129
Filosa, J. A., 22
Fine, A., 411
Fine, I., 173
Finger, S., 434
Fink, H., 330
Fink, G. R., 221, 236
Fink, K. L., 139
Finn, E. S., 95
Finsterbusch, J., 207
Firestein, S., 218, 219
Fisch, L., 443
Fisher, R. S., 312
Fisher, S. E., 432
Fiske, A., 469
Fiss, H., 166
Fitts, D. A., 300
Fitzgerald, J. E., 411
Fitzgerald, P. B., 237
Fjell, A. M., 132, 416

Fjerdingstad, E. J., 406
Flanagan, E. H., 459
Flannery-Schroeder, E., 212
Flatz, G., 304
Fleck, M. P. D., 474
Fleet, W. S., 142
Fleischer, J., 219
Fletcher, G. J. O., 418
Fletcher, J. A., 114
Fletcher, M. A., 132
Fletcher, P. C., 485
Fletcher, R., 158
Flinker, A., 435
Flint, J., 459
Flor, H., 141
Florence, S. L., 140
Flowers, K. A., 424
Floyd, T. F., 94
Flynn, J. M., 437
Foerde, K., 316, 402
Fogassi, L., 236
Fogel, S. M., 269
Foldi, N. S., 435
Folkard, S., 261
Folsom, T. D., 483
Foltz, E. I., 205
Foo, H., 205
Forger, N. G., 123
Fornoni, L., 195
Foroni, F., 237
Forrest, A., 454
Forrester, D. L., 343
Forster, B., 427
Fortin, N. J., 398
Foss-Feig, J. H., 181, 493
Foster, R. G., 264
Fotopoulou, A., 390
Foulkes, D., 285
Fountoulakis, K. N., 473
Fournier, J. S., 148
Fouse, S., 107
Fox, N. A., 357
Franc, B., 274
Francis, A. D., 123
Frank, E., 139
Frank, L. M., 283
Frank, M. G., 429
Frank, M. J., 453
Frank, R. A., 212
Frankenberg, H., 365
Frankland, P. W., 365, 392
Franklin, R. G. Jr., 455
Franklin, T., 469
Franz, E. A., 427
Frascino, J. C., 402
Frassinetti, F., 448
Frazzetto, G. B., 381
Freed, C. R., 251
Freedman, M. S., 264
Freeman, J. H., 387, 392
Freeman, R. D., 94
Freeman, W., 87
Freire, C., 250
Freire, T. F. V., 474
Freiwald, W. A., 447
French, J. A., 344
Frese, M., 261
Frey, S. H., 140
Friberg, U., 211, 343
Friden, J., 228
Fried, I., 442
Friedman, E. S., 473
Friedman, J. J., 207
Friedman, M., 312
Friedman, N., 434
Friedman, R. M., 203
Frisén, J., 119

Frisén, L., 340, 341
Friston, K. J., 236
Frith, C. D., 202, 236
Fritsch, G., 233
Froemke, R. C., 171, 411, 454
Frohman, L. A., 312
Fromer, M., 483
Frum, C., 454
Fu, L.-Y., 310
Fu, Q. A., 469
Fu, W., 211
Fu, Y. H., 265
Fuchs, T., 282
Fuhrman, O., 448
Fujiwara, E., 390
Fujiyoshi, Y., 55
Fulker, D., 109, 417
Fuller, R. K., 465
Funato, H., 275
Furuya, S., 130
Fuster, J. M., 86, 136

Gaab, N., 437
Gable, P. A., 309
Gabrieli, J. D. E., 390
Gade, A., 469
Gaffey, A., 359
Gage, F. H., 119, 125, 400
Gage, Phineas, 359
Gago, J., 371
Gais, S., 283
Gale, S., 325
Galea, L. A. M., 324
Galin, D., 427
Galinsky, A. D., 203
Galinsky, A. M., 342
Gall, F., 96
Gallant, J. L., 424
Gallardo-Pujol, D., 363
Gallese, V., 236
Galli, G., 416
Gamaldo, A. A., 392
Gamer, M., 370
Gampe, C., 483
Gan, W.-B., 23, 125, 392
Gan, Y., 474
Gandhi, T., 171, 173
Ganesh, S., 173
Gangestad, S. W., 337
Ganguly, K., 411
Ganis, G., 92
Ganna, A., 418
Gao, J.-H., 240
Gao, X.-B., 283
Garbe, P. L., 250
Garcia, C. R., 220
Garcia, J. A., 265
Garcia-Fernández, J.-M., 264, 346
Gardner, B. T., 430
Gardner, C. O., 469
Gardner, G., 262
Gardner, H., 435
Gardner, R. A., 430
Garfield, A. S., 310
Gariépy, J.-F., 455
Garion, L., 47
Garlow, S. J., 476
Gaser, C., 128, 129, 325
Gasparini, M., 447
Gatchel, R. J., 379
Gates, G. J., 342
Gatz, M., 250, 469
Gautier, T., 341
Gavrilets, S., 343
Gayet, S., 445
Gaysinskaya, V., 314
Gazzaniga, M. S., 166, 427, 429

Ge, S., 119
Gearhart, J. P., 340
Gebhard, P. H., 346
Geerling, J. C., 299, 301
Geffner, M. E., 340
Geier, C. F., 131
Geiger, B. M., 313
Geiger, G., 437
Gelarden, I. A., 321
Geller, H. M., 250
Gendron, M., 356
Geniole, S. N., 342
Genovese, G., 483
Gentil, C., 261
Gentile, R. L., 212
Georg, B., 264
George, F. W., 325
Gerber, J., 129
Gerkema, M. P., 281
Gershon, A., 476
Gerwig, M., 387
Geschwind, D. H., 459, 493
Geschwind, N., 425
Geuter, S., 207
Ghannam, M., 493
Gharabaghi, A., 181
Ghazanfar, A. A., 432
Ghetti, B., 390
Ghiglieri, V., 241
Ghilardi, M. F., 283
Ghosh, S., 371
Gibbs, F. P., 263
Gibbs, J., 306
Giber, K., 271
Gibson, M. E., 139
Gielen, C., 164
Giesbrecht, T., 280
Giesler, G. J. Jr., 208
Gilaie-Dotan, S., 131
Gilbert, P. E., 398
Gilboa, A., 453
Gilissen, C., 418
Gill, S. S., 390
Gillespie, D. C., 171
Gilmore, J. H., 417
Ginty, D. D., 200
Gisolfi, C. V., 319
Gitschier, J., 195
Giuliani, D., 328
Giummarra, M. J., 140
Giustetto, M., 408
Giza, C. C., 132
Gizowki, C., 299
Gläscher, J. M., 369
Glasgow, S. D., 283
Glatt, S. J., 461
Gleason, C. A., 244
Gleeson, T. T., 293
Glendenning, K. K., 191
Globus, A., 125
Gluck, M. A., 402
Gluckman, P. D., 107
Glykys, J., 373
Gnanakumaran, V., 127
Goate, A., 390
Godfrey, K. M., 107
Goebel, R., 96
Gogos, J. A., 119
Gold, A. R., 330
Gold, J. M., 180
Gold, P. E., 389
Gold, R. M., 312
Goldberg, R., 189
Goldberg, T. E., 485
Goldey, K. L., 328
Golding, J., 327
Goldin-Meadow, S., 432, 433

Goldman, D., 460
Goldman, L. S., 482
Goldman, P. S., 486
Goldman-Rakic, P. S., 389, 485
Goldreich, D., 127, 200
Goldschmidt, L., 461
Goldschmidt, R. B., 400
Goldspink, G., 228
Goldstein, A., 205
Goldstein, R. Z., 464
Golestani, N., 128
Golgi, C., 19
Goller, A. I., 141
Golombok, S., 327
Golumbic, E. Z., 196
Gomez, A., 387
Gonda, X., 468
Gong, G., 417
Gonzalez-Alegre, P., 253
Gonzalez Andino, S. L., 166
Gonzalez-Zulueta, M., 52
Goodale, M. A., 166, 177, 235
Goodwin, F. K., 364, 365
Gopnik, M., 432
Gordon, H. L., 368
Gordon, I., 333
Gori, S., 437
Gorman-Smith, D., 363
Gorski, R. A., 325, 326
Gosling, L. M., 217
Goswami, U., 437
Gotlib, I. H., 468
Gottesman, I. I., 482
Gottfried, J. A., 219
Götz, M., 22
Gøtzsche, P. C., 207
Gouaux, E., 470
Gozal, D., 276
Grabowski, T. J., 417
Gracco, V. L., 434
Grace, M., 207
Gradisar, M., 262
Grafman, J., 203
Graham-Kevan, N., 363
Granot, R. Y., 437
Gray, C. M., 443
Gray, J., 357
Gray, K., 359
Gray, S. M., 24
Graziadei, P. P. C., 119
Graziano, M. S. A., 235
Grazioplene, R. G., 416
Graziottin, A., 330
Green, A. E., 191
Green, B. A., 342
Green, E. M., 470
Green, J. J., 443
Green, J. T., 125
Green, S. J., 212
Greenamyre, J. T., 250
Greenberg, J. R., 113
Greenberg, M. E., 332
Greene, G. C., 281
Greene, J. D., 359
Greenhill, S. D., 483
Greening, S. G., 370
Greenlee, M. W., 182
Greenough, W. T., 125
Greer, C. A., 220
Greer, J., 433
Gregerson, P. K., 221
Gregg, V., 148
Gregory, M. D., 416
Greischar, L. L., 357
Gremese, M., 233
Grieve, K. L., 235
Griffin, J. E., 325

Griffith, T. L., 424
Griffiths, T. D., 192, 196
Grill, H. J., 306
Grillon, C., 365
Gritton, H. J., 259
Grocke, P., 418
Grodd, W., 181
Groeger, J. A., 283
Grosenick, L., 365
Gross, C. G., 148
Gross, C. T., 367
Gross, J. J., 368, 468
Gross, R. A., 373
Grossberg, S., 258
Grossman, M., 192, 196
Grossman, S. P., 312
Growdon, J. H., 390
Grueschow, M., 219
Grueter, B. A., 379
Grueter, M., 180
Grunder, G., 488
Grüsser, S. M., 464
Guariglia, P., 447
Guastella, A. J., 454
Gubernick, D. J., 334
Guéguen, N., 331
Guerrero, L., 341
Guggisberg, A., 390
Guggisberg, A. G., 246
Guidi, J., 373
Guillot, C. R., 461
Guisez, Y., 308
Gujar, N., 283
Güler, A. D., 264
Gunia, B. C., 262
Gunn, S. R., 277
Gunn, W. S., 277
Gunnoe, M. L., 126
Guo, J., 276
Guo, S.-W., 214
Gur, R. E., 485
Gusella, J. F., 253
Gustafsson, B., 411
Guterstam, A., 88
Gutiérrez, E., 316
Gutierrez-Vargas, J., 137
Gvilia, I., 285
Gwinner, E., 258
Gyurak, A., 469

Haarmeier, T., 181
Haas, R., 241
Haase, C. M., 469
Haber, J., 136
Habib, M. K., 284
Hackeman, E., 200
Hackett, P. D., 333
Hadley, R. D., 125
Hagenauer, M. H., 262
Hagenbuch, B., 23
Haggard, P., 245
Haggarty, J. M., 474
Hägglund, M., 230
Hagiwara, H., 390
Hagoort, P., 436
Hahamy, A., 493
Haider, H., 283
Haimov, I., 261, 265
Haist, F., 180
Hakuta, K., 434
Halaas, J. L., 308
Halaris, A. E., 312
Halaschek-Wiener, J., 113
Halder, R., 410
Haliyur, R., 326
Hall, M., 446
Haller, S., 345

Halligan, P. W., 448
Hallmayer, J., 276
Hallschmid, M., 283
Halpern, S. D., 153
Hamada, M., 86
Hamann, K., 113
Hamann, S. B., 390
Hamer, D. H., 343
Hamiliton, C., 433
Hamilton, L. D., 328
Hamilton, W. D., 113
Hammer, M., 407
Hamon, M., 274
Hampson, E., 340
Han, J.-H., 411
Han, S., 494
Hanada, R., 295
Hanakawa, T., 130
Hanchate, N. K., 218
Haney, A., 282
Hänggi, J., 221
Hanks, T. D., 452
Hanna, C., 372
Hannibal, J., 264
Hannon, E., 107
Hansen, L. K., 273
Hanson, M. A., 107
Hansson, E., 24
Haqq, C. M., 339
Harada, N., 325
Hardingham, G. E., 488
Hargreaves, R., 79
Hari, R., 94
Hariri, A. R., 364
Harlaar, N., 109
Harley, B., 434
Harmon-Jones, E., 309, 354, 363
Harraid, J. H., 464
Harris, C. R., 201
Harris, J. C., 493
Harris, K. D., 82, 93, 280, 418
Harrison, E. M., 283
Harrison, G. H., 260, 303
Harrold, J. A., 310
Hartl, D. L., 323
Hartline, H. K., 164
Harvey, A. G., 371, 476
Harvie, D. S., 203
Harwich, C., 261
Hasher, L., 262
Hashmi, N., 364
Hasler, B. P., 262
Hassabis, D., 397
Hassan, B., 342
Hassani, O. K., 273
Hassett, J. M., 327
Hasson, U., 236
Hatemi, P. K., 363
Haubensak, W., 210
Hausmann, M., 357
Häusser, M., 45, 93
Haut, K. M., 481
Havlicek, J., 217
Hawkins, R. D., 408
Haworth, C. M. A., 109, 417
Haxby, J. V., 236
Hayashi-Takagi, A., 483
Hayes, J. E., 214
Hayes, J. P., 132
Hayes, S. M., 132
Hayman, S. R., 494
Haynes, J.-D., 219, 246
Hazeltine, E., 427
He, B. J., 443
He, S., 445
He, S. M., 471
He, Y., 417

Heath, A., 109
Heath, A. C., 109
Heatherton, T. F., 314
Hebart, M., 166, 362
Hebb, D. O., 387, 388, 406, *406*
Hebscher, M., 453
Heck, G. L., 212, 213
Heeger, D. J., 236, 442
Hegarty, M., 340
Heikkila, R. E., 250
Heilman, K. M., 142
Heims, H. C., 353
Heinze, H.-J., 246
Heisler, L. K., 314
Held, R., 173
Helder, E. J., 126
Heller, A. S., 355
Helm, B., 281
Helmholtz, H. von, 154
Hen, R., 274
Henderson, J. M., 446
Henderson, S. A., 344
Hendriks, W., 264
Hendry, S. H. C., 165
Hengst, J., 397
Henley, C. L., 324
Hennessy, M. B., 344
Hennies, N., 269
Hennig, R., 228
Henriques, J., 357
Henshaw, J. M., 223
Hentges, S. T., 164
Henthorn, T., 195
Herculano-Houzel, S., 18, 22, 82, 416, 418
Herdener, M., 127
Heres, S., 488
Hering, E., 155
Herman, J. P., 310
Hernandez, L., 312
Herrero, S., 187
Herron, J., 427
Herrup, K., 239, 391
Herry, C., 367
Hervé, P. Y., 425
Herz, R. S., 424
Hess, T. M., 132
Hesse, M. D., 236
Hesselmann, G., 166
Hettema, J. M., 371
Heuer, E., 367, 398
Heydari, N., 340
Heyes, C., 237
Heywood, C. A., 182
Hieronymus, F., 472
Higgs, S., 390
Highnote, S. M., 158
Higuchi, R., 354
Hikosaka, O., 402
Hilger, K., 416
Hill, D. L., 312
Hill, S., 273
Hill, Z., 443
Hillard, C. J., 58
Hillix, W. A., 430
Hillman, E. M. C., 95
Himmelbach, M., 178
Hind, J. E., 191
Hindersson, P., 264
Hindmarsh, P. C., 340
Hines, M., 327, 328, 340
Hinkley, L. B. N., 427
Hippisley-Cox, J., 482
Hiripi, E., 316
Hirsch, H. V. B., 171, 172
Hirschman, A., 136
Hirst, J. M., 494
Hirstein, W., 140

Índice onomástico

Hitch, G. J., 389
Hitchcock, J. M., 366
Hitzig, E., 233
Hiyama, T. Y., 299
Hobson, J. A., 284, 285
Hochberg, L. R., 233
Hodes, G. E., 469
Hodgekins, J., 494
Hodsoll, J., 447
Hoebel, B. G., 311, 312, 316
Hoeft, F., 437
Hoese, E. K., 259
Hoffer, A., 481
Hoffman, E., 284
Hoffman, P. L., 373
Hoffmann, F., 284
Hoffmann, K.-P., 182
Hofman, M. A., 345
Hofmann, M., 473
Hofstetter, C., 205
Hohmann, C. F., 118
Holcombe, A. O., 88
Hollingworth, A., 446
Hollis, E. R. II, 139
Hollister, J. M., 484
Hollon, S. D., 473
Holman, E. A., 455
Holtzheimer, P. E., 476
Holtzman, D. M., 391
Holy, T. E., 220
Holzhausen, L. C., 58
Holzman, P. S., 482, 485
Homan, R. W., 429
Homewood, J., 424
Honda, S.-I., 325
Hong, L. E., 484
Hong, S. W., 444
Honoré, J., 447
Hook, C. J., 412
Hoon, M. A., 201
Hopkins, R. O., 395
Hopkins, W. D., 425
Hori, K., 300
Horikawa, T., 96
Horn, J. M., 417
Horn, S. R., 379
Horne, J. A., 275, 280
Horowitz, L. F., 219
Horowitz, S. S., 223
Horridge, G. A., 405
Horst, W. D., 470, 471
Horton, J. C., 183
Horwood, L. J., 363
Hötting, K., 132
Hou, Y., 272
Houk, C. P., 341
Hourai, A., 299
Hovda, D. A., 138
Howard, J. D., 219
Howdeshell, K. L., 325
Howes, O. D., 486, 489
Howland, J. G., 408
Hoy, K. E., 237
Hróbjartsson, A., 207
Hsieh, C. H., 487
Hsieh, P.-J., 169
Hsu, K.-S., 119
Hu, N., 343
Hu, P., 283
Hu, P. T., 283
Hu, S., 343
Hua, J. Y., 121
Huang, A. L., 213, 265
Huang, B. H., 434
Huang, D., 220
Huang, K. W., 379
Huang, L., 446

Huang, P.-Y. S., 370
Huang, R., 113
Huang, Y.-J., 55
Huang, Y.-Y., 408
Hubbard, E. M., 85
Hubel, D. H., 158, 167, *167*, 168, 171, 177
Hübener, M., 171
Huber, R., 173, 283
Hudson, J. I., 316, 469
Hudson, J. M., 424
Hudson, S., 290
Hudspeth, A. J., 188, 191
Huganir, R. L., 411
Hugdahl, K., 425
Huggins, G. R., 220
Hugill, N., 330
Huk, A. C., 181, 453
Hull, E. M., 325, 328, 330, 463
Hull, R., 434
Hulme, C., 126
Humphreys, G., 390, 447, 453
Hunt, L. T., 87
Hunt, S. P., 204, 207
Huntington's Disease Collaborative Research Group, 252
Hurovitz, C. S., 166
Hurst, J. A., 432
Hurvich, L. M., 155
Husain, M., 448, 453
Husted, J., 484
Huszar, D., 310
Hutcherson, C. A., 359
Hutcheson, D. M., 465
Hutchison, J., 330
Hutchison, K. E., 464
Huth, A. G., 424
Hutson, K. A., 191
Huttner, H. B., 119
Huxlin, K. R., 166
Hyde, J. S., 417
Hyde, K. L., 128, 195
Hyltenstam, K., 434

Iacono, W. G., 460, 461
Iba-Zizen, M. T., 435
Igarashi, T., 290
Iggo, A., 200
Ikemoto, S., 244
Ikonomidou, C., 124
Ilieva, I. P., 412
Imamura, K., 219
Immordino-Yang, M. H., 96
Imperato-McGinley, J., 341
Ingram, C. J. E., 304
Ingvar, M., 207
Innocenti, G. M., 425
Irle, E., 370
Isaacson, G., 473
Iselin, A.-M. R., 364
Isham, E. A., 246
Ishii, T. M., 35
Ishizawa, Y., 446
Ishizuka, K., 483
Isler, K., 418
Isoda, M., 236
Itan, Y., 304
Iuculano, T., 412
Iverson, J. M., 432
Ivry, R. B., 239, 240, 427
Iwata, M., 469
Iwata, Y., 489
Iwema, C. L., 219
Iyer, A., 236

Jaber, M., 493
Jablensky, A. V., 482
Jacobs, B., 118

Jacobs, G. D., 470
Jacobs, G. H., 155
Jacobs, J., 400, 453
Jacobson, A., 406
Jacobson, A. L., 406
Jaeger, E., 205
Jaepel, J., 171
Jaffe, A. E., 107
Jahanshahi, M., 249
Jakobson, L. S., 235
James, K. H., 181
James, M. H., 310
James, R. S., 293
James, T. W., 180, 181
James, W., 353, 360, 441
James-Galton, M., 178
Jameson, D., 155
Jameson, K. A., 158
Jäncke, L., 129, 221
Jancke, L., 417
Janicki-Deverts, D., 379
Jarillo, S., 356
Järlaker, B., 228
Jarrard, L. E., 400
Jarvie, B. C., 164
Javitt, D. C., 481, 489
Jechura, T. J., 282
Jenkins, L. M., 456
Jennings, J. H., 310
Jennings-White, C., 220
Jerison, H. J., 415
Jesulola, E., 470
Ji, D., 283
Jia, Z., 293
Jiang, P., 211
Jiang, Y., 445
Jin, X., 402
Jirout, J. J., 417
Joel, C., 327
Joestl, S. S., 342
Johanek, L. M., 208
Johansen-Berg, H., 129
Johansen, J. P., 367
Johansson, C., 475
Johnsen, I. R., 354
Johnson, D. H., 321
Johnson, J. K., 461
Johnson, M. R., 418
Johnson, P. L., 371
Johnson, S. L., 363
Johnsrude, I., 192
Johnsrude, I. S., 196
Johnstone, J., 427
Jolesz, F. A., 283
Jonas, P., 119, 465
Jones, A. R., 24
Jones, B. E., 273
Jones, C. R., 265
Jones, E. G., 140
Jones, H. S., 275
Jones, J. E., 310
Jones, P. B., 488
Jones, W., 433, 493
Jonides, J. J., 447
Jonsson, M., 373
Joormann, J., 363, 444
Jooste, P., 280
Jordan, B. D., 331
Jordan, C., 362
Jordan, H. A., 306
Josephs, O., 192
Josselyn, S. A., 392
Jouvet, M., 269, 272, 274
Jubair, L., 475
Juda, M., 262
Judge, J., 437
Judica, A., 437

Jueptner, M., 242
Julius, D., 201
Julvez, J., 305
Jumah, F., 493
Juraska, J. M., 291
Jürgensen, M., 341
Jutras, M. J., 263

Kaang, B.-K., 208
Kaas, J., 125
Kaas, J. H., 84, 140, 202, 235
Kacelnik, O., 194
Kadosh, R. C., 412
Kaether, C., 483
Kagan, I., 236
Kagan, J., 368, 376
Kahn, R. S., 481, 485
Kahneman, D., 463
Kaiser, A., 345
Kalanithi, J., 402
Kalat, J. W., 300, 384
Kalat, R., *461*
Kalbitz, J., 418
Kaldewaij, A., 217
Kales, A., 275
Kales, J. D., 275
Kalin, N. H., 367
Kalogeris, T. J., 306
Kalso, E., 207
Kamath, V., 220
Kamitani, Y., 96, 156, 447
Kamo, T., 192
Kana, V., 469
Kanady, J. C., 283
Kandel, E. R., 407, *407*, 408, 486
Kane, J. M., 487
Kang, P., 444
Kang, S. H., 138
Kanold, P. O., 171
Kanter, R., 93
Kántor, O., 149
Kanwisher, N., 169, 179, 180, 181
Kaplan, B. J., 469
Kaplan, J. M., 306
Kaplan, J. T., 87
Kapur, N., 384
Kapur, S., 486, 488
Karatayev, O., 314
Karg, K., 469
Kargo, W. J., 244
Karkanias, G. B., 328
Karlsson, M., 283
Karmiloff-Smith, A., 433
Karnath, H. O., 178
Karns, C. M., 127
Karra, E., 310
Karrer, T., 207
Karrer, T. A., 214
Kas, J. H., 18
Kas, M. J. H., 310
Kasch, K. L., 468
Katkin, E. S., 470
Katschnig, H., 371
Katz, J., 208
Katz, L. C., 218, 219
Katz, L. N., 453
Kauer, J. A., 409
Kavanau, J. L., 281
Kay, C., 252
Kayyal, M. H., 356
Kazama, A. M., 367
Kazén, M., 365
Kazmi, H., 434
Keane, M. M., 397
Kearney, M., 290
Keefe, R. S. E., 482
Keele, S. W., 240

Keenan, J. P., 92
Keene, A. C., 281
Keers, R., 473
Keiser, M. S., 253
Kellendonk, C., 486
Keller, A., 217
Kelley, A. E., 367
Kelley, M. S., 139
Kelley, W. M., 191, 314
Kellogg, R. T., 457
Kelly, T. L., 259
Keltner, D., 354
Kempermann, G., 125
Kempkes, M., 269
Kendler, K. S., 417, 469, 482
Kennard, C., 156, 166, 448
Kennaway, D. J., 259
Kennedy, D. P., 369, 370
Kennedy, L. M., 212
Kennedy, M. A., 363
Kennedy, S. H., 314
Kennerley, S. W., 427
Kensinger, E. A., 396
Kerchner, G. A., 408
Kerns, J. G., 481
Keshavan, M. S., 486
Kesner, R. P., 398
Kessels, H. W., 390
Kessing, L. V., 469
Kessler, R. C., 316
Kety, S. S., 482
Keverne, E. B., 220
Keyes, M., 460
Khakh, B. J., 22
Khasabov, S. G., 208
Khashan, A. S., 484
Khateb, A., 166
Kidd, J. R., 214
Kiehn, O., 54
Kiening, K. L., 136
Kiesner, J., 324, 468
Kigar, D. L., 417
Kilarski, L. L., 472
Kilduff, T. S., 273
Kilgour, A. R., 181
Killackey, H. P., 140
Killeen, P. R., 379
Killeffer, F. A., 312
Killiany, R. J., 398
Kilner, J. M., 236
Kim, C.-Y., 221
Kim, E. J., 372
Kim, J. G., 22
Kim, J. H., 392
Kim, J. J., 372
Kim, P., 333
Kim, R. M., 343
Kim, S.-Y., 367
Kim, U., 214
Kim, Y., 363
Kim-Han, J. S., 250
King, A. J., 194
King, B. M., 312
King, B. R., 283
Kini, A. D., 219
Kinnamon, J. C., 211
Kinoshita, M., 233
Kinsey, A. C., 346
Kiriakakis, V., 487
Kirkland, J., 158
Kirkpatrick, P. J., 136
Kirsch, I., 472, 495
Kirtley, D. D., 84
Kiss, L., 411
Kitaoka, A., 181
Kitner-Triolo, M. H., 392
Klaminder, J., 373

Klawans, H. L., 100, 255
Kleck, R. E., 368
Kleen, J. K., 379
Kleiber, M. L., 124
Klein, D., 434
Klein, D. F., 354
Klein, R. M., 437
Kleitman, N., 269–270, 280
Klengel, T., 108
Klin, A., 493
Klingberg, T., 389
Klitgaard, H., 228
Kluger, M. J., 295
Klump, K. L., 363
Klüver, H., 85
Knafo, A., 332
Knauer, R. S., 270
Kneip, J., 310
Knekt, P., 250
Knopik, V. S., 109
Knowlton, B. J., 244, 395, 402
Knox, P. C., 437
Knudsen, S. M., 264
Knyazev, G. G., 357
Ko, C.-H., 463
Koban, L., 207
Kobayakawa, K., 216
Kobayakawa, R., 216
Kobelt, P., 306
Kober, H., 355
Koch, C., 442, 457
Koch, M., 366
Kochunov, P., 484
Koenigs, M., 359
Koepp, M. J., 463
Kogan, A., 354
Kohler, E., 237
Kohler, S., 392
Kohn, M., 114
Koifman, S., 250
Koleske, A. J., 125
Kollen, B. J., 447
Kolundzija, A. B., 343
Komisaruk, B. R., 330
Komura, Y., 77
Konadhode, R. R., 272
Konarski, J. Z., 314
Konczak, J., 130
Kondoh, K., 216
Kondrak, C. L., 379
Kong, A., 493
König, P., 443
Konishi, S., 485
Konopka, G., 433
Konradsson-Geuken, Å., 470
Koob, G. F., 464
Koochaki, P. E., 330
Kopsida, E., 331
Koralek, A. C., 402
Kordasiewicz, H. B., 253
Kordower, J. H., 251
Koresh-Kamin, H., 220
Korman, M., 283
Kornhuber, H. H., 240
Koroshetz, W. J., 244
Korpi, E. R., 464
Koroshetz, W. J., 244
Kosenko, P. O., 281
Kosslyn, S. M., 92, 166
Koster, H. D., 482
Kostrzewa, J. P., 139
Kostrzewa, R. M., 139
Kotowicz, Z., 359
Kouider, S., 273
Kourtzi, Z., 181
Kovach, C. K., 453
Koverola, C., 372
Kraemer, D. J. M., 191

Índice onomástico

Kraft, T. L., 437
Krajbich, I., 359
Krakauer, A. H., 113
Kramer, P., 484
Kramer, R. H., 58
Kranzler, H. R., 461
Krashes, M. J., 310
Kraus, N., 127, 128, 196
Krause, E. G., 300
Krause, V., 195
Kravitz, A. V., 241
Kreiman, G., 442
Kreiter, A. K., 447
Kreitzer, A. C., 241
Krekelberg, B., 181, 182
Kress, B., 136
Krishnan, A., 493
Krishnan, G. P., 283
Kristensson, K., 24
Kristiansen, K., 488
Kristoffersen, M., 469
Krizan, A. C., 474
Kroeze, W. K., 488
Kronauer, R. E., 261
Kropff, E., 400
Kross, E., 205
Krubitzer, L., 125
Krueger, J. M., 273
Krupa, D. J., 387
Kruse, J., 473
Krushel, L. A., 118
Krutsch, A. J., 424
Kuan, D., 219
Kuba, H., 35
Kubes, P., 24
Kubischik, M., 182
Kubista, H., 58
Kudo, K., 153
Kuenne, T., 365
Kujala, T., 437
Kujawa, S. G., 195
Kukkonen, J. P., 273
Kumar, A., 107
Kumar, C. J., 260
Kumar, V., 433
Kumaran, D., 397
Kumpik, D. P., 194
Kupfermann, I., 407
Kurth, F., 417
Kurtz, D. B., 219
Kusel, J., 52
Kuypers, H. G. J. M., 239
Kveton, J. F., 214
Kwak, H.-W., 236
Kwakkel, G., 447

La Delfa, N. J., 244
Laaksonen, M. A., 250
Labouèbe, G., 310
Laburn, H. P., 123
LaChance, H., 464
Lack, L., 275
Làdavas, E., 359, 448
Laeng, B., 181, 221
Lah, S., 136
Lahmek, P., 465
Lahti, T. A., 260
Lai, C. S. L., 432, 433
Lai, M.-C., 493
Lai, Z., 433
Laing, P., 484
Lakatos, P., 481
Lake, R. I. E., 109
Lam, C., 207
Lamarck, J.-B., 110
Lamb, R. J., 131
Lamb, S. E., 474

Lambie, J. A., 447
Lamme, V. A. F., 169
Lance, V., 281
Land, E. H., 158
Landin, A. M., 213
Landis, D. M. D., 166
Lang, P. J., 354, 463
Langdon, P. E., 494
Lange, B. P., 330
Langford, G., 275
Langguth, B., 195
Langhammer, A., 314
Langner, R., 181
Långsjö, J. W., 446
Langston, J. W., 250
Långström, N., 342
Lapierre, J. L., 281
Larkby, C., 461
Larkin, K., 346
Larsen, B., 131
Larsson, A., 340
Lashley, K. S., 255, 385, 386, 386, 392, 406
Lasley, E. N., 381
Latash, E. M., 425
Latimer, K. W., 453
Lau, D., 370
Lau, H. C., 245
Laurent, J.-P., 274
Lauterborn, J. C., 411
Lavidor, M., 425
Lavie, N., 196
Lavie, P., 265
Lavond, D. G., 387
Lavzin, M., 47
Lawden, M., 156
Lawley, H. J., 220
Lawrence, A. D., 357
Lazarus, M., 295
Lê, K.-A., 315
Leal, M. C., 251
Leamey, C. A., 153
Leaver, A. M., 192, 193
LeBar, K. S., 389
LeBihan, D., 128
Leckman, J. F., 333
Lederman, S. J., 181
LeDoux, J., 351
LeDoux, J. E., 368
Lee, A. M., 244
Lee, B. B., 155
Lee, B. K., 493
Lee, H. L., 98
Lee, J.-C., 488
Lee, K., 180
Lee, K. M., 127
Lee, M. G., 273
Lee, P. A., 341
Lee, P.-C., 250
Lee, S., 236
Lee, T., 486
Lee, T. M., 259, 262
Lee, Y., 22
Lee, Y.-J., 236
Léger, D., 273
Legrand, L. N., 461
Lehrer, J., 412
Lehrman, D., 328
Lehrman, D. S., 328
Leibel, R. L., 309
Leibniz, G., 4
Leibowitz, S. F., 310, 311, 314
Leichsenring, F., 473
Lein, E. S., 170
Leinders-Zufall, T., 220
Leitman, D. I., 481
Lelieveld, S. H., 418
LeMaster, M., 290

Lemos, B., 323
Leng, G., 55
Lenggenhager, B., 88
Lenhart, R. E., 470
Lennie, P., 155
Lenz, F. A., 130
Lenz, K. M., 326
Lenz, P. W., 164
Leo, R. J., 379
Leon, L. R., 295
Leon, M., 316
Lepore, F., 173
Lepore, F. E., 99
Leppämäki, S., 474
Leschinskiy, S., 32, 213
Lesku, J. A., 281
Lettvin, J. Y., 437
Leu, A. N., 107
Leung, Y. Y., 276
Levai, O., 219
Levander, S., 364
LeVay, S., 345, 346, 347
Levenson, R. W., 456
Leventhal, A. G., 172
Leventhal, D. K., 236
Leveque, Y., 195
Levi-Montalcini, R., 122, 122, 144
Levin, E. D., 56
Levin, H., 136
Levine, A. S., 310
Levine, J. D., 55
Levine, S., 357
Levit, A., 214
Levitzky, W., 425
Levy, D. A., 395
Levy, H. L., 110
Levy, K. N., 455
Levy, N., 412
Lewinsohn, P. M., 469
Lewis, G. J., 418
Lewis, J. W., 454
Lewis, L. T., 171
Lewis, P. A., 269
Lewis, T. L., 173
Lewis, V. G., 347
Lewy, A. J., 260
Li, G., 118
Li, J., 180, 368
Li, L., 474
Li, N. P., 330
Li, P., 139
Li, Q., 443, 445
Li, S., 139, 171
Li, W., 250, 251
Li, X., 250, 295
Li, X. T., 471
Liang, F.-Q., 263
Liang, S.-L., 326
Liang, T., 461
Liao, L.-M., 341
Liberles, S. D., 220
Liberman, M. C., 195
Liberzon, I., 355
Libet, B., 244–246
Lichtenberger, L., 433
Lichtenstein, P., 342
Lie-Nemeth, T., 130
Lieberman, M. D., 205
Liebman, M., 315
Liebnau, R., 87
Lightman, S. L., 328
Lillycrop, K. A., 107
Lim, A. S. P., 270
Lim, B. K., 379
Lim, J.-H. A., 139
Lim, K. O., 485
Lim, M. M., 332

Lima, S. L., 281
Lin, C.-S., 84
Lin, D., 365
Lin, D. T., 411
Lin, D. Y., 219
Lin, G., 250
Lin, J.-S., 272
Lin, L., 277
Lindberg, S. M., 417
Linden, D. J., 411
Lindgren, L., 372
Lindner, A., 236
Lindquist, K. A., 355
Lindskog, M., 470
Lindström, P., 220, 345
Ling, S., 163
Lingford-Hughes, A., 463
Linkenkaer-Hansen, K., 203
Linn, M. C., 417
Linnoila, M., 364, 365
Liou, Y.-C., 293
Lipnevich, A. A., 262
Lipton, R. B., 132
Lisman, J., 411
Lisman, J. E., 54
Litt, M. D., 461
Little, T. J., 306
Liu, G., 57, 250
Liu, J., 180
Liu, J. P., 412
Liu, L., 178, 259, 315
Liu, P., 400
Liu, X., 264
Liu, Y., 208
Liu, Z.-W., 283
Lively, C. M., 321
Livingston, K. E., 362
Livingstone, M. S., 158, 177
Lo, J. C. Y., 283
Lock, E., 434
Lockhead, E., 213
Loe, I. M., 236
Loehlin, J. C., 417
Loewenstein, G., 359
Loewenstein, W. R., 200
Loewi, O., 50
Loewy, A. D., 301
Lohse, M., 180
Löken, L., 203
Loman, M. M., 126
Lomber, S. G., 191
Lomniczi, A., 107
Lømo, T., 228, 408
Long, J. D. II, 402
Long, M. A., 263, 434
Long, S. J., 344
Lönnqvist, J., 474
López, M., 309, 310
López-Barneo, J., 307
Lorrain, D. S., 328, 330, 463
Lorusso, M. L., 437
Lott, I. T., 390
Lotto, R. B., 156, 158, 184
Lotze, M., 141
Loughna, P. T., 228
Loui, P., 195
Lounasmaa, O. V., 94
Lowell, B. B., 310
Lu, A., 86
Lu, B., 471
Lu, H., 445
Lu, Z. X., 474
Lucas, R. J., 264
Lucassen, P. J., 125
Luczak, S. E., 93, 461
Luders, E., 325, 417
Ludwig, M., 55

Lugg, D. J., 379
Luikart, B. W., 93
Luiz, A. C., 299
Lumley, L. A., 321
Luna, B., 131, 236
Lund, J. S., 152
Lund, R. D., 152
Lundqvist, M., 389
Lunnon, K., 390
Lupien, S. P., 379
Lutgendorf, S., 354
Luttrell, A., 205
Lutz, B., 58
Luu, P., 236
Lyamin, O., 281
Lyamin, O. I., 281
Lyman, C. P., 281
Lynall, M.-E., 485
Lynn, S. J., 280
Lyons, M. J., 417, 469

Ma, Y., 437
Maassen, B. A. M., 437
MacCabe, J. H., 483
Macdonald, D. W., 367
MacDonald, K., 139
MacDonald, M. E., 253
Macdonald, R. L., 373
Macey, P. M., 276
MacFarlane, J. G., 275
MacFarquhar, L., 113
Machado, N. L. S., 299
MacLusky, N. J., 326
Macrae, C. N., 191
Madsen, H. B., 392
Madsen, P. T., 190
Maes, F. W., 213
Maes, H. H. M., 109
Maffei, A., 171
Magee, J. J., 429
Magnasco, M. O., 217
Magnuson, V. L., 343
Magoun, H. W., 271
Maguire, D., 398
Maguire, E. A., 397, 400
Mahler, S. V., 93, 310
Mai, N., 182
Mai, X. M., 314
Maier, S. F., 377, 378
Mainland, J. D., 219
Maj, M., 315
Majdan, M., 171
Malach, R., 166, 493
Maldonado, R., 58
Malenka, R. C., 379
Malhotra, S., 191
Malia, A., 398
Malik, S., 118
Malinow, R., 390
Mallet, N., 236
Mallick, B. N., 274
Mallis, M. M., 260
Malmberg, A. B., 208
Malone, T. W., 364, 460
Man, K., 87
Manani, J. V., 299
Manco, L., 314
Mancuso, K., 158
Mander, B. A., 270
Mandl, R. C. W., 485
Mandler, A., 178
Mandy, W., 493
Maner, J. K., 220
Manes, F., 453
Mangan, M. A., 277, 427
Manger, P. R., 18
Mangiapane, M. L., 300

Manji, H., 471
Mann, G. L., 273
Mann, J. J., 364
Mann, T., 315
Männistö, S., 250
Manohar, S. G., 453
Mantha, K., 124
Mantyh, P. W., 204, 207
Maquet, P., 236, 274
Marcar, V. L., 182
Marcel, A. J., 447
March, S. M., 461
Marcinowska, A., 472
Marcus, D. K., 342
Marek, R., 368
Maret, S., 283
Marin, M. M., 195
Mariño, G., 199
Mark, A. L., 308
Mark, G. P., 316
Markou, A., 464
Markowitsch, H. J., 390
Markowitz, J. C., 473
Markulev, C., 474
Marlatt, M. W., 125
Marlin, B. J., 454
Marois, R., 221
Marquié, J.-C., 261
Marrett, S., 182
Marris, E., 12
Marsden, C. D., 487
Marsh, J. K., 459
Marshall, J., 166
Marshall, J. C., 448
Marshall, J. F., 142
Marsicano, G., 58
Marsman, A., 488
Martens, M. A., 433
Martin, A., 114
Martin, C. E., 346
Martin, G., 153
Martin, N. G., 109
Martin, P. R., 155
Martin, R., 22
Martin, R. C., 436
Martin, S. D., 473
Martindale, C., 154
Martinez, V., 259
Martínez-Horta, S., 249, 252
Martínez-Orgado, J., 137
Martinez-Vargas, M. C., 328
Martinowich, K., 471
Maruff, P., 280
Marvin, E., 195
Masal, E., 260
Mascaro, J. S., 333
Masland, R. H., 149
Maslen, H., 412
Mason, M. F., 96
Mason, P., 205
Mason, R. T., 290
Massimini, M., 273, 283, 457
Masterton, R. B., 191
Mataga, N., 219
Mathews, G. A., 340
Mathias, C. J., 354
Mathies, R. A., 153
Matrisciano, F., 472
Matson, J. L., 494
Matsubara, S., 488
Matsumoto, Y., 280
Matsunami, H., 214
Mattavelli, G., 367
Mattes, R. D., 213
Matthys, W., 363
Mattingley, J. B., 448
Matuszewich, L., 328, 330, 463

Maurer, D., 171, 173
Maurice, D., 284
Maurits, N. M., 437
Maxwell, J. S., 357
May, P. R. A., 136
Maya Vetencourt, J. F., 472
Mayberg, H. S., 476
Mayberry, R. I., 434
Maydeu-Olivares, A., 363
Mayer, A. D., 333
Mazoyer, B., 425
Mazur, A., 328
Mazza, E., 283
Mazziotta, J. C., 94
McAllister, A. K., 484
McBride, C. S., 187
McBride, J. L., 253
McBurney, D. H., 213
McCall, C., 424, 454
McCarley, R. W., 284
McCarthy, M., 325, *326*
McCarthy, M. M., 325, 326
McClarty, B., 372
McCleskey, E. W., 207
McClintock, M. K., 220
McClure, S. M., 131
McConnell, J. V., 406
McConnell, S. K., 124
McCormick, C. M., 342
McCoy, A. N., 168
McCrea, A. E., 344
McCullough, M., 455
McDermott, R., 363
McDonald, J. J., 443
McDonald, M. J., 321
McDonald, M. M., 359
McDonough, I. M., 132
McElroy, A. E., 211
McEwen, B., 376
McEwen, B. S., 292, 376, 381
McEwen, G. N., Jr., 295
McGaugh, J. L., 389
McGinty, D., 285
McGivern, R. F., 325
McGorry, P. D., 474
McGrath, J., 484
McGrath, J. J., 493
McGrillen, K., 214, 424
McGue, M., 417, 460, 461
McGuffin, P., 469
McGuire, S., 109
McGuire, S. A., 417
McHugh, P. R., 306
McIntyre, M., 328
McIntyre, R. S., 314
McKeever, W. F., 424
McKemy, D. D., 201
McKenzie, A., 130
McKenzie, I. A., 118
McKinnon, W., 379
McKnight, S. L., 265
McLellan, W. A., 294, 295, 464
McLeod, K., 469
McMenamin, B. W., 357
McMillan, K. A., 365
McNaughton, B. L., 93, 283, 399
McNay, E., 24
McNeil, R., 153
McNeill, D., 433
McQuilkin, M., 139
McStephen, M., 280
Meddis, R., 275
Mednick, S. A., 283, 484
Mednick, S. C., 269
Meduna, L., 473
Mehta, P. M., 365
Meier, M. H., 484

Meier, P. J., 23
Meijer, R. I., 24
Meiselman, H. L., 212
Meister, M., 122, 220
Meister, M. L. R., 453
Melby-Lervåg, M., 126
Melcher, J. R., 192
Melis, A. P., 418
Melloni, L., 443
Melone, M., 488
Meltzer, H. Y., 488
Meltzoff, A. N., 237
Melzack, R., 205, 208
Menaker, M., 263, 264
Menard, C., 469
Menchetti, M., 473
Mendel, G., 104
Mendelsohn, M., 119
Mendes, M. B., 359
Méndez-Bértolo, C., 368
Mendieta-Zéron, H., 309
Mendle, J., 324, 468
Menon, D. K., 136
Menon, V., 485
Mera, R. S., 392
Merad, M., 469
Merckelbach, H., 280
Mergen, H., 314
Mergen, M., 314
Merikangas, K. P., 476
Mérillat, S., 129
Merkley, T., 136
Merrow, M., 260, 262
Mertens, J., 476
Mervis, C. B., 433
Merzenich, M. M., 84, 140, 192
Mesgarani, N., 192, 196
Meshi, D., 119
Metcalf, S. A., 484
Metzinger, T., 88
Mevorach, C., 447
Meyer, B., 207
Meyer, J. R., 130
Meyer, K., 87, 191
Meyer-Bahlburg, H. F. L., 340, 341
Meyerhof, W., 214
Meyerhoff, J. M., 362
Meyer-Lindenberg, A., 433, 481, 484
Mezzanotte, W. S., 276
Miall, C., 244
Michalek, J., 328
Micheva, K. D., 56
Mickel, S. F., 390
Mierson, S., 213
Mihara, T., 454
Mika, A., 377
Milich, R., 304
Millan, M. J., 470
Miller, A., 363
Miller, A. C., 428
Miller, B. L., 456
Miller, C. A., 410
Miller, E. K., 447
Miller, G., 11, 331
Miller, G. A., 441
Miller, G. E., 379
Miller, I. N., 249
Miller, J., 245, 484
Miller, J. C., 474
Miller, J. F., 400, 453
Miller, L. A., 214, 424
Miller, R. J., 118
Miller, S. L., 220
Mills, R., 325
Milner, A. D., 177, 178, 235
Milner, B., 395
Milner, P., 462

Min, J., 314
Minard, A., 280
Mineur, Y. S., 310
Ming, G.-L., 119
Minkel, J. D., 280
Minto, C. L., 341
Mischel, W., 205
Misiura, M., 425
Misrahi, M., 339
Mistlberger, R. E., 259
Mitchell, D., 280
Mitchell, D. E., 172
Mitchell, D. G. V., 370
Mitchell, K. J., 221
Mitchison, G., 284
Mitra, P. P., 82, 83, 283
Mitre, M., 454
Mitura, K., 338
Miu, A. C., 368
Miura, A., 153
Miura, K., 244
Miyata, S., 299
Miyawaki, Y., 96
Miyazawa, A., 55
Mize, S. J. S., 212
Mochizuki, T., 277
Mody, I., 408
Moeller, S. J., 464
Moens, L. N., 483
Mok, M. Y., 220
Mokalled, M. H., 138
Molaison, H., 395
Molenda-Figueira, H. A., 324
Molina, J. C., 461
Molko, N., 128
Mölle, M., 269
Moller, H. J., 473
Molloy, K., 196
Mombaerts, P. A., 220
Monaco, A. P., 432
Monaghan, E. P., 344
Money, J., 324, 341, 347
Monk, T. H., 260
Monroe, S. M., 469
Montaguti, M. B., 473
Montaser-Kouhsari, L., 359
Monteleone, P., 315
Montgomery, K. J., 236
Montgomery, S. A., 471
Monti, M. M., 446
Monti-Bloch, L., 220
Montmayeur, J.-P., 214
Montoya, E. R., 365
Montplaisir, J., 273
Montrose, D. M., 486
Moody, T. D., 402
Moorcroft, W. H., 287
Moore, F. R., 282
Moore, L. B., 471
Moore, M. K., 237
Moore, S., 321
Moore, S. C., 139
Moore, T., 235
Moore, T. L., 398
Moore-Ede, M. C., 259, 270
Moorman, D. E., 310
Moors, A., 354
Mora, F., 319
Morales, J. M., 328
Moran, T. H., 306
Moratalla, R., 22
Moretti, A., 137
Morfini, G. A., 253
Morgan, C. A., III, 365
Morgan, C. P., 107
Morgan, V., 482
Mori, K., 219

Moriuchi, J. M., 493
Morland, A. B., 156
Morley, J. E., 310
Moro, M. A., 137
Moroney, D. N., 32, 213
Morquette, P., 22
Morran, L. T., 321
Morris, J. S., 370
Morris, M., 275
Morris, N. M., 330
Morris, R. G. M., 411
Morrison, A. R., 273
Morrison, J. H., 132
Morrison, S. F., 295
Morrone, M. C., 182
Morrongiello, B. A., 188
Morton, A. J., 277
Morton, G. J., 308
Moruzzi, G., 271
Moscarello, J. M., 368
Moscovitch, M., 96, 390, 399
Moser, D. J., 253
Moser, E. I., 400
Moser, H. R., 208
Moser, M.-B., 400
Moskowitz, H. R., 212
Moss, C. F., 187
Moss, M. B., 398
Moss, S. J., 54
Mott, M. L., 359
Mottaz, A., 246
Mrzljak, L., 488
Muccioli, M., 359
Mucke, L., 390
Mueller, K., 355
Mukhametov, L. M., 281
Mulcare, C. A., 304
Mulder, E., 126
Müller, H. D., 137
Muller, H. K., 379
Muller, Y. L., 314
Munoz, D. P., 236
Muñoz, M., 264
Murakami, I., 181
Muraskin, J., 153
Murata, Y., 138
Murphy, F. C., 357
Murphy, M. L. M., 379
Murphy, M. R., 328
Murphy, T. H., 139
Murray, E. A., 453
Murray, R. M., 485
Murrell, J., 390
Mursch, K., 370
Murty, N. A. R., 178
Murty, V. P., 389
Musacchia, G., 127
Mushiake, H., 236
Musiek, E. S., 391
Muto, A., 258
Myers, C. A., 416
Myers, C. E., 402
Myers, J. J., 428
Myers, M. G. Jr., 312
Mylander, C., 433

Näätänen, R., 203
Nachman, R., 484
Nadal, A., 323
Nader, R., 269
Naftolin, F., 326
Nagarajan, S., 437
Nagarajan, S. S., 130
Nagy, E., 231
Nah, S. Y., 207
Nahum, L., 390
Najt, P., 357

Nakamura, K., 295
Nakata, H., 153
Nakell, L., 427
Nalls, M. A., 250
Nam, J. Y., 363
Namgung, U., 411
Narayan, M., 221
Narr, K. L., 325, 416
Narrow, W. E., 468
Nassi, J. J., 150, 165, 181
Nataraj, K., 171
Nathans, J., 158
Naumer, M. J., 221
Navarrete, C. D., 359
Nave, G., 455
Neal, A., 236
Neargarder, S., 249
Nebes, R. D., 427
Nedergaard, M., 22
Nef, P., 219
Neher, J. J., 22
Neiderhiser, J. M., 109, 363
Nelson, A. B., 283
Nelson, B., 474
Nelson, C. A., 123
Nelson, D. L., 253
Nelson, R. J., 84
Nelson, S. B., 171
Nemes, A., 119
Nestler, E. J., 107, 468
Nestor, P. J., 403
Nesvag, R., 485
Netter, F. H., 322
Nettersheim, A., 283
Network and Pathway Analysis Subgroup, 459
Neufer, P. D., 228
Neuhausser, W. M., 201
Neumann, I. D., 328
Neumeister, A., 471
Neville, H. J., 127, 434, 435
Nevin, R., 363
Nevo, E., 264
New, M. I., 341
Newcombe, N. S., 417, 488
Newell, F. N., 221
Newsome, W. T., 453
Nguyen, L. N., 390
Niaura, R., 464
Nicklas, W. J., 250
Nicolelis, M. A. L., 84, 244, 300
Nicoll, R. A., 408
Nicolson, N. A., 468
Nielsen, J., 113
Nielsen, S. J., 315
Nieuwenhuys, R., 75, 77, 78
Nijboer, T. C. W., 447
Nikolova, Y. S., 368
Nilsson, G. E., 416
Nilsson, S., 472
Nimmo-Smith, I., 357
Nir, Y., 285
Nishida, S., 156
Nishimaru, H., 54
Nishimura, Y., 138
Nishita, J. K., 325
Nishizawa, K., 241
Nitabach, M. N., 265
Nitsch, C., 345
Nitz, D. A., 244
Niv, M. Y., 214
Niv, Y., 272
Nóbrega, C., 314
Noda, M., 299
Noe, A., 99
Nogueiras, R., 310
Nomura, M., 300
Nopoulos, P., 253

Nørby, S., 389
Nordenström, A., 340, 341
Norgren, R., 214
Norman-Haignere, S. V., 195
Norris, A. L., 342
North, N. T., 353
Nosenko, N. D., 344
Nottebohm, F., 119
Novak, S., 141
Novarino, G., 494
Nowak, P., 139
Nugent, B. M., 326
Nugent, F. S., 409
Numan, M., 352
Nunez, A. A., 324
Nutt, D. J., 463
Nuutila, A., 364
Nuutinen, S., 272
Nyberg, L., 372
Nystrom, L. E., 359

Obeso, I., 249, 250
O'Brien, R. C., 281
Obuchowicz, E., 472
O'Carroll, R. E., 353
Ochsner, K. N., 354
O'Connor, M., 398
Oelmann, H., 221
Oertel-Knöckel, V., 357
Offidani, E., 373
Ohlsson, H., 417
Ohmori, H., 35
Oka, Y., 299
Okado, N., 299
Okaichi, H., 400
O'Kane, G., 396
Okbay, A., 418
O'Keefe, J., 400
Okhovat, M., 332
Olanow, C. W., 251
Olausson, H., 203
Olds, J., 462
Oler, J. A., 367
Olff, M., 455
Oliver, G., 456
Olkowicz, S., 416
Olney, J. W., 488
Olson, E. J., 277
Olson, I. R., 403
Olson, K. R., 114
Olsson, A., 331
Olsson, M. J., 216
Olton, D. S., 400
Olufowobi, A., 332
O'Malley, K. L., 250
Oner, C., 314
Oner, R., 314
Ong, P. K. C., 220
Ono, M., 290
Onoda, N., 211
Onoe, H., 290
Oostenbroeck, J., 237
Ophir, A. G., 332
O'Regan, J. K., 446
Orlovsky, G. N., 230
Ornstein, R., 457
O'Roak, B. J., 493
O'Rourke, N. A., 56
Orr, H. T., 253
Orr, J. M., 98
Ortigue, S., 454
Orzi, F., 56
Osborne, J., 119
Oshima, T., 136
Oshinsky, M. L., 265
Oswald, I., 275
Otowa, T., 371

Índice onomástico

Ottersen, O. P., 24
Ousley, A., 264
Ousman, S. S., 24
Oveis, C., 354
Overall, N. C., 418
Overbeek, G., 363
Overduin, J., 306
Oxenham, A. J., 192
Oxley, D. R., 369
Ozata, M., 314
Ozdoba, J. M., 32, 213

Pabst, D. A., 294, 295
Pace-Schott, E. F., 284
Packer, A. M., 93
Padilla, S. L., 310
Padoa-Schioppa, C., 454
Paffen, C. L. E., 443
Pail, G., 475
Pallas, S. L., 124
Paller, K. A., 128
Pallie, W., 425
Palmeri, T. J., 221
Palmiter, R. D., 310
Palop, J. J., 390
Palva, J. M., 203
Palva, S., 203
Pan, F., 125
Pandey, G. N., 364
Panossian, A., 471
Panov, A. V., 253
Pantev, C., 128
Panula, P., 272
Papafrangos, E. D., 281
Papas, B. C., 400
Paradiso, M. A., 171
Parbery-Clark, A., 196
Pardal, R., 307
Pardini, D. A., 131
Paré, D., 367, 408
Paredes, P., 118
Parent, M. B., 284
Parise, E., 93
Parisi, T., 130
Park, D. C., 132
Park, I. S., 239
Park, J. E., 469
Park, K. F., 183
Park, S., 485
Parker, C., 482
Parker, G. H., 211
Parker, J., 11
Parks, C., 344
Parmar, B. L., 203
Parrish, R. C. II, 321
Parton, L. E., 310
Partonen, T., 474
Parvaz, M. A., 464
Parvizi, J., 180
Pascual, A., 22, 123
Pascual-Leone, A., 92, 130
Pase, M. P., 412
Pashler, H., 446
Passingham, R. E., 245
Pasterski, V., 340
Pasterski, V. L., 340
Pastore, M., 324
Patel, N., 454
Patel, S., 474
Pato, M., 476
Pattatucci, A. M. L., 343
Patterson, K., 403
Patterson, R. D., 192
Paul, S. M., 373
Paulesu, E., 437
Paus, T., 182
Pavani, F., 448

Pavlov, I. P., 384, 392, 406
Pavlova, G. A., 230
Pawitan, Y., 250
Payne, J. D., 283
Pearl, D. K., 244
Pearson, A. J. D., 275
Pearson, H., 228
Peck, C. J., 370
Peckham, W., 344
Pedersen, N. L., 250
Peelen, M. V., 179, 445
Peelle, J. E., 196
Peeters, R., 7
Peever, J. H., 273, 277
Pegna, A. J., 166
Peigneux, P., 283
Peineau, S., 408
Pelchat, M. L., 304
Peleg, G., 104
Pelham, W. E., 304
Pelleymounter, M. A., 308
Pelli, D. G., 152
Pellis, S. M., 249, 362
Pellis, V. C., 249
Pellman, B., 372
Pelluru, D., 272
Pembrey, M. E., 107, 432
Penagos, H., 192
Penfield, W., 85, 395, 405
Peng, G., 434
Peng, Y., 214
Penhune, V. B., 128
Penick, S. C., 409
Penke, L., 416
Penmatsa, A., 470
Penney, J., 392

Pennisi, E., 418
Pennycook, G., 273
Pentland, A., 364
Penzo, M. A., 367
Peper, J. S., 131
Pepinsky, B., 139
Pepperberg, I. M., 431
Perea, G., 22
Pereda, A. E., 59
Pereira, M., 332
Perera, T. D., 474
Peretti, D., 280
Peretz, I., 195
Pérez, N., 353
Perlow, M. J., 251
Perot, P., 405
Perrone, J. A., 181
Perry, S. H., 158
Pert, C., 205
Pert, C. B., 57
Peru, A., 448
Pesold, C., 373
Pestilli, F., 166
Peteanu, L. A., 153
Peters, F., 468
Peters, R. M., 200
Peterson, C., 392
Peterson, C. K., 354, 363
Peterson, E. W., 244
Peterson, L. R., 388
Peterson, M. A., 325
Peterson, M. J., 388
Peterson, R. E., 341
Petersson, K. M., 207
Petit, D., 273
Petit, L., 425
Petitto, L. A., 435, 436
Petkova, V. I., 88
Petrie, M., 217
Petrosini, L., 239

Petrovic, P., 207
Petterson, L. J., 343
Pettigrew, J. D., 150
Pezzoli, G., 250
Pfaff, D. W., 381
Pfaffmann, C., 214
Pfaus, J. G., 463
Pfefferbaum, A., 485
Pfeifer, J., 195
Pfister-Genskow, M., 283
Pham, H., 465
Phan, K. L., 354
Phelps, E. A., 389
Phelps, M. E., 94
Phelps, S. M., 332
Philip, P., 262
Phillips, A. G., 463
Phillips, B., 290
Phillips, N. H., 280
Phuong, L., 403
Piazza, M., 85
Picasso, L., 403
Picconi, B., 241
Pickard, J. D., 136
Pierson, D. L., 379
Pieters, T., 399
Pietropaolo, S., 125
Pietschnig, J., 416
Pillow, J. W., 453
Pilon, M., 277
Pinel, P., 85
Pinker, S., 433
Pinkston, J. W., 131
Pinsker, H., 407
Pinto, L., 22
Pishnamazi, M., 370
Pitossi, F. J., 251
Pizarro, D., 310
Pizarro, I. V., 138
Pizzagalli, D. A., 470
Plailly, J., 219
Plaisant, O., 435
Plakas, A., 437
Plant, G. T., 178
Platje, E., 365
Platt, M. L., 455
Plihal, W., 283
Pliskin, N. H., 485
Plomin, R., 109, 418
Plum, F., 312
Plutchik, R., 352
Pochedly, J. T., 356
Podd, M. H., 485
Poduslo, S. E., 113
Poeppel, D., 196
Pol, H. E. H., 485
Poldrack, R. A., 95, 244, 402
Polizzotto, N. R., 416
Polk, T. A., 447
Pollok, B., 195
Polsky, A., 47
Pomeroy, W. B., 346
Pommer, J., 284
Pons, T. P., 140
Pontieri, F. E., 56
Poo, M., 411
Pope, H. G., Jr., 316
Pope, S. M., 425
Popkin, B. M., 315
Porter, J., 217
Poryazova, R., 93
Posel, B., 113
Posner, S. F., 109
Post, R. M., 468
Posthuma, D., 417
Potegal, M., 362
Pothos, E., 316

Potter, M. C., 125
Pouchelon, G., 124
Poulin, M. J., 455
Poulos, A. M., 387
Poulsen, A. T., 273
Power, R. A., 469
Prasad, S., 166
Pratt, J., 340
Pratte, M. S., 163
Preckel, F., 262
Premack, A. J., 430
Premack, D., 430
Prescott, C. A., 469
Preskorn, S. H., 470, 471
Preti, G., 220
Pribram, K. H., 236
Price, C. J., 128, 312
Price, D. D., 205
Priftis, K., 447
Prom-Wormley, E., 363
Provine, R. R., 117, 230, 231
Prutkin, J., 214
Pryaslova, J., 281
Ptácek, L. J., 265
Ptak, R., 390
Puca, A. A., 113
Pudas, S., 132
Puls, I., 461
Puneeth, N. C., 179
Purcell, D. W., 344
Purcell, S. M., 483
Purves, D., 125, 153, 156, 157, 158, 168, 184
Purves, H. R., 168
Putnam, S. K., 328
Puzziferri, N., 315
Pytte, C., 283

Qu, X. G., 474
Queen, T. L., 132
Quinn, N. P., 487
Quirin, M., 365

Race, E., 397, 402
Rada, P. V., 316
Radoeva, P. D., 166
Rae, D. S., 468
Raghavachari, S., 54, 411
Rahman, Q., 342, 343, 344
Rainville, P., 205
Rajaram, S., 390
Rajarethinam, R., 486
Rakic, P., 118
Ralph, M. A. L., 269
Ralph, M. R., 263, 264
Ramachandran, V. S., 140, 141, 144, 221
Ramirez, J. J., 139
Ramírez, Y., 153
Ramon y Cajal, S. Ver Cajal
Ran, C., 201
Randall, P. K., 312
Randler, C., 262
Rangel, A., 359
Ransley, P. G., 341
Rantamäki, T., 472
Rapoport, S., 47
Rapoport, S. I., 24
Rasch, B., 284
Raschle, N. M., 437
Rasmussen, T., 85
Ratcliff, M., 263
Rattenborg, N. C., 281, 282
Rauch, S. L., 368
Raum, W. J., 325
Rauschecker, A. M., 181
Rauschecker, J. P., 192, 193
Rauskolb, S., 123
Ravussin, Y., 309

Rawlings, R., 365, 484
Rawlins, M. D., 251
Rechenberg, K., 474
Redick, T. S., 126
Redish, A. D., 400, 453
Redmond, D. E., Jr., 251
Redondo, R. L., 411
Reed, D. R., 214
Reed, F. D. D., 494
Reeder, R. R., 445
Reeve, R., 346
Reeves, A. G., 312
Refinetti, R., 259, 263, 287, 292
Regan, T., 11
Regier, D. A., 468
Rehavi, M., 484
Reichelt, K. L., 481
Reichelt, W. H., 481
Reick, M., 265
Reid, C. A., 411
Reid, R. C., 166
Reilly, T. J., 485
Reineberg, A. E., 98
Reiner, W. G., 340
Reinius, B., 326
Reisert, I., 323
Reisner, A. D., 473, 474
Reith, M. E. A., 57
Reithler, J., 96
Rennaker, R. L., 219
Rensch, B., 5
Rensink, R. A., 446
Renthal, W., 107
Renzel, R., 93
Renzi, A., 299
Resko, J. A., 346
Ressler, K. J., 107
Restrepo, C. E., 54
Reunanen, A., 250
Reutens, D. C., 433
Reuter-Lorenz, P., 357
Reuter-Lorenz, P. A., 428
Revusky, S., 465
Reyes, P., 443
Reynolds, C. P., 379
Reynolds, J. R., 237
Reynoso, J. T., 464
Reznikov, A. G., 344
Rhees, R. W., 325
Rhodes, J. S., 125
Riby, D. M., 433
Riby, L. M., 433
Ricciardi, E., 237
Rice, D. P., 321
Rice, G., 343
Rice, W. R., 343
Rich, E. L., 454
Richard, C., 447
Richards, K., 141
Richardson, G. S., 259
Richardson, H., 127
Richter, C., 258, 262
Richter, C. A., 325
Richter, C. P., 187, 262, 263, 300
Richter, M., 281
Ridaura, V. K., 315
Riecansky, I., 207
Rieger, G., 342, 343
Riek, R., 390
Riemann, D., 474
Rieske, R. D., 494
Rietveld, C. A., 109
Rigoni, D., 246
Rilling, J. K., 332, 333
Ringach, D., 11
Riolo, J. V., 463
Risch, N., 343, 493

Risi, M. M., 249
Rissanen, H., 250
Ritchie, J. M., 36, 416
Rittenhouse, C. D., 171
Ritz, B., 250
Riva-Posse, P., 476
Rizzi, G., 310
Rizzolatti, G., 236
Ro, T., 221
Robbins, T. W., 453, 465
Roberson, D., 356
Roberson, D. P., 208
Roberts, R. D., 262
Roberts, S. C., 217
Robertson, I. H., 88
Robins, L. N., 468
Robinson, A. M., 125
Robinson, M. J. F., 300
Robinson, P. J., 24
Robison, S., 362
Rockstroh, B., 128
Roddenberry, D., 398
Roden, L. C., 260
Rodenberg, C. A., 330
Röder, B., 87, 132
Rodgers, A. B., 107
Rodriguez, C. A., 131
Rodriguez, I., 220
Rodríguez-Lopez, R., 314
Roe, A. W., 203
Roe, D., 434
Roenneberg, T., 260, 262
Rogers, R. D., 245
Rogers, T. T., 403
Rohde, P., 469
Roitman, M. F., 463
Roizman, S., 220
Rojas, L. M., 153
Rokem, A., 166
Rokers, B., 181
Rolls, E. T., 217, 312
Romanovsky, A. A., 377
Romeo, R. D., 344
Romero, A., 310
Romero, E., 253
Romijn, A., 469
Rommel, S. A., 294, 295
Romundstad, P., 314
Roney, J. R., 330
Rönnback, L., 24
Roorda, A., 152, 154
Roper, S. D., 213
Roppel, R. M., 482
Rorden, C., 448
Rosano, C., 236
Rosanova, M., 446
Rose, J. E., 56, 191
Rose, R. J., 461
Rose, T., 171
Roselli, C. E., 346
Rosen, H. J., 429
Rosen, T. J., 142
Rosenbaum, R. S., 397, 398
Rosenblatt, J. S., 332, 333
Rosene, D. L., 398
Rosenkranz, K., 130
Rosenzweig, M. R., 125, 207
Roska, B., 93
Ross, E. D., 429
Ross, J., 182
Ross, R. J., 273
Rossi, A., 416
Rossi, A. F., 447
Rossi, D. J., 136
Rossi, E. A., 152
Rossi, S., 416
Roth, B. L., 488

Índice onomástico

Roth, G., 416
Roth, H. P., 465
Roth, M. M., 169
Rothwell, J. C., 130, 249
Rothwell, P. E., 379
Rotshtein, P., 390
Rottenberg, J., 468
Rousseaux, M., 447
Routtenberg, A., 312, 411, 412
Rouw, R., 221
Rovet, J. F., 340
Rowland, B. A., 87
Roy, A., 364
Royer, S., 408
Rozin, P., 300, 304, 384, 390
Rubens, A. B., 179
Rubin, B. D., 218
Rubin, D. C., 372
Rubin, N., 236
Rubinow, M. J., 291
Rubinstein, G., 482
Ruch, K., 139
Rucklidge, J. J., 469
Ruddock, K. H., 156
Rudebeck, P. H., 453
Ruffino, M., 437
Rugg, M. D., 95
Ruhf, A., 300
Rumbaugh, D. M., 430, *431*
Running, C. A., 213
Rupprecht, R., 329
Rusak, B., 259
Ruschel, J., 139
Rusou, D., 434
Russell, J. A., 356
Russell, M. J., 220
Russo, N. M., 128
Russo, S. J., 468, 469
Rust, J., 327
Rüter, J., 178
Rütgen, M., 207
Rutledge, J. N., 417
Rutstein, J., 295
Ruttenber, A. J., 250
Rüttiger, L., 155
Ruyle, A. M., 219
Ryge, J., 54

Saad, W. A., 299
Sääksjärvi, K., 250
Saarma, M., 123
Sabatinelli, D., 463
Sabatini, B. L., 54, 250
Sabo, K. T., 84
Sacchetti, E., 485
Sack, R. L., 260
Sacks, O., 180–181, 184
Sacktor, T. C., 412
Sadato, N., 127
Sadri-Vakili, G., 107
Sagarin, B. J., 338
Sagaspe, P., 262
Sagi, D., 442
Sah, P., 368
Sah, S., 262
Saitoh, O., 434
Saj, A., 448
Sajda, P., 153
Sakai, K., 272
Sakal, R. R., 300
Sakurai, T., 273
Salinsky, M., 93
Salmelin, R., 94
Salthouse, T. A., 126
Saltin, B., 228
Salz, T., 400
Salzman, C. D., 370

Samara, M. T., 488
Sami, M. B., 138
Samochowiec, A., 461
Samochowiec, J., 461
Sampson, P. D., 461
Sams, M., 88, 94, 127
Samuels, B. A., 472
Sanacora, G., 471
Sanai, N., 119
Sánchez, M., 353
Sanchez-Alavez, M., 295
Sánchez-Navarro, J. P., 359
Sanders, A. R., 281, 343, 493
Sanders, M. D., 166
Sandrini, M., 92
Sanes, J. N., 233
Sanfey, A. G., 455
Sanford, L. D., 273
Sanger, T. D., 130
Sanislow, C. A., 459
Santarnecchi, E., 416
Sanyal, S., 264
Saper, C. B., 295, 299, 377, 378
Sapolsky, R., 376
Sapolsky, R. M., 377, 379
Saporito, M., 250
Sara, S. J., 269
Saraiva, L. R., 219
Sargolini, F., 400
Sarris, J., 471
Sarter, M., 259
Sartori, G., 246
Sasaki, M., 290
Satinoff, E., 291, 295
Sato, M., 171
Sato, S., 328
Saunders, A., 241
Savage, R. C., 132
Savage-Rumbaugh, S., 430, 431, *431*
Savic, I., 220, 331, 345, 417
Savin-Williams, R. C., 342
Savion-Lemieux, T., 128
Savoie, T., 486
Savulescu, J., 412
Saxe, R., 127
Saxton, T. K., 220
Scammell, T. E., 377
Schaal, N. K., 195
Schäbitz, W.-R., 137
Schacher, S., 408
Schacter, D. L., 390, 397
Schaefer, H. S., 379
Schaeffer, M. A., 379
Schal, C., 321
Schalling, D., 364
Scharb, A. A., 275
Schauder, K. B., 493
Scheele, D., 454
Scheibel, A. B., 118, 391
Schellenberg, E. G., 195
Schenck, C. H., 277
Schenk, T., 178, 182
Schenker, N., 86
Scherrer, G., 205
Schetter, S. P., 398
Schiffman, S. S., 187, 211, 212, 213
Schiller, J., 47
Schilström, B., 470
Schindler, D. E., 303
Schizophrenia Working Group, 483
Schlack, A., 181
Schlaug, G., 128, 130, 195
Schlerf, J., 240
Schlinger, H. D., Jr., 114
Schmid, A., 366
Schmid, M. C., 166
Schmidt, L. A., 357

Schmidt, O. G., 321
Schmidt, R., 236
Schmidt-Hieber, C., 119
Schmitt, J. A. J., 305
Schmitt, K. C., 57
Schmitz, S., 345
Schneider, B. A., 188
Schneider, P., 127
Schneider, S., 262
Schnider, A., 390
Schnitzer, M. J., 411
Schnitzler, H.-U., 366
Schoenbaum, G., 454
Schoenlein, R. W., 153
Scholey, A., 471
Scholte, H. S., 169, 221
Schomacher, M., 137
Schomers, M. R., 244
Schoppa, N. E., 164
Schotland, P., 264
Schott, B. H., 461
Schroeder, C. E., 196, 481
Schroeder, J. A., 212
Schröter, M. S., 446
Schuckit, M. A., 462
Schull, J., 384
Schultz, R., 417
Schulz, K. M., 324
Schumann, C. M., 493
Schutter, D. J. L. G., 331
Schwab, S., 137
Schwartz, C. E., 368
Schwartz, G., 343, 344
Schwartz, G. J., 306
Schwartz, J. A., 418
Schwartz, J. H., 408
Schwartz, J. M., 326
Schwartz, L., 465
Schwartz, M., 341
Schwartz, M. F., 236
Schwartz, M. W., 308
Schwartz, N., 203
Schwarzenbacher, K., 219
Schweinhardt, P., 205
Schweitzer, I., 471
Schweitzer, J. B., 131
Schwob, J. E., 219
Scofield, M. D., 464
Scognamiglio, P., 315
Scott, D. J., 207
Scott, S. H., 235
Scott, S. K., 128
Scoville, W. B., 395
Scullin, M. K., 270, 275
Sealey, L. A., 493
Seckl, J. R., 328
Seeherman, K. R., 236
Seeley, R. J., 306
Seeman, P., 486
Seery, M. D., 379
Seessau, M., 236
Segal, N. L., 108, 417
Segerstrom, S. C., 379
Seghier, M. L., 180
Sehgal, A., 264, 265
Seid, M. A., 416
Seidel, E.-M., 207
Seigel, E. H., 444
Seim, A. R., 481
Seitz, K. S., 424
Sekar, A., 483
Sekeres, M., 399
Selkoe, D. J., 391
Selten, J. P., 481
Selye, H., 376, 377, 380
Selzer, M. E., 138
Semendeferi, K., 86

Semenya, S. W., 342
Semin, G. R., 217, 237
Seminowicz, D. A., 205
Semjen, A., 427
Sen, S., 469, 471
Senghas, A., 354
Sens, E., 142
Seong, S. J., 469
Seow, Y.-X., 220
Sereno, A. B., 482
Sergent, C., 445, 446
Serrano, P., 411
Serritella, C., 315
Servin, A., 340
Sethi, J., 295
Settle, R. G., 220
Sevcik, R. A., 430
Severens, M., 164
Seyfarth, R. M., 430
Shackman, A. J., 357
Shadlen, M. N., 453
Shadmehr, R., 251
Shadwick, R. E., 292
Shah, B., 290
Shah, N. M., 345
Shalev, A. Y., 371
Shalev, L., 447
Shalvi, S., 454

Shank, C. V., 153
Shapiro, C. M., 280
Shapiro, E., 362
Sharbaugh, S. M., 303
Sharma, J., 124
Sharpley, C. F., 470
Shatz, C. J., 122, *122*, 170, 171
Shaw, D. J., 237
Shawa, N., 260
Shea, S. D., 219
Shedden, K., 469
Shelton, S. E., 367
Shema, R., 412
Shen, H., 371
Shen, X., 250
Shenhav, A., 359
Shepherd, G. M. G., 82, 418
Sher, L., 364
Sherk, H., 172
Sherrington, C., 42–44, *42*, 45, 46–47, 48, 49, 50, 53–54, 62, 231, 408
Sherwin, J., 153
Shiflett, M. W., 119
Shih, R. A., 469
Shima, K., 236
Shimada-Sugimoto, M., 371
Shimojo, S., 156
Shimpi, A., 156
Shin, L. M., 368
Shine, R., 290
Shipp, S., 177
Shiromani, P. J., 272
Shiv, B., 359
Shizgal, P., 463
Shohamy, D., 315, 402
Shore, S., 493
Short, M. M., 392
Shoulson, I., 252
Shouval, H. Z., 171
Shrager, Y., 395
Shryne, J. E., 325
Shryne, J. H., 325
Shu, H., 437
Shulman, E. P., 131
Shusta, E. V., 24
Siamouli, M., 473
Siebert, E. R., 327
Siegel, C. S., 139

Siegel, H. I., 332
Siegel, J., 281
Siegel, J. M., 280, 283
Siegel, S., 465
Siegel, S. J., 454
Siegelbaum, S. A., 411
Sigmundson, H. K., 341
Silber, B. Y., 305
Silber, M. H., 277
Silk, J. B., 113, 455
Silva, B. A., 312
Silventoinen, K., 314
Silver, R. A., 47
Silvers, J. A., 368
Simion, F., 180
Simmons, A. M., 187
Simmons, W. K., 230
Simmons, Z. L., 330
Simner, J., 221
Simon, B., 114
Simon, S. A., 300
Simone, D. A., 208
Simons, D. J., 126
Simonyan, K., 433
Simpson, E. H., 486
Simpson, J. A., 337, 418
Simpson, J. B., 300
Sincich, L. C., 183
Singer, T., 205, 454
Singer, W., 443
Singh, S., 274
Singh, S. M., 124
Singh, V., 96
Singleton, J., 433
Sinha, P., 173
Sinigaglia, C., 236
Siopi, E., 468
Sirigu, A., 203
Sirotin, Y. B., 95
Sisk, C. L., 324
Sisodia, S., 390
Sitomer, M. T., 379
Sjöström, M., 228
Sjöström, P. J., 411
Skaredoff, L., 362
Skene, D. J., 259
Skinner, M. D., 465
Skitzki, J. J., 295
Skoe, E., 127, 128
Skorska, M. N., 342
Slachevsky, A., 443
Slater, P. J. B., 7
Slavich, G. M., 107, 379
Sloan, A. M., 219
Sloan, D. M., 468
Slobodskaya, H. R., 357
Smania, N., 141, 448
Smart, T. G., 54
Smeets, M. A. M., 217
Smidts, A., 454
Smielewski, P., 136
Smilek, D., 447
Smith, C. T., 269
Smith, E. E., 205, 447
Smith, F. J., 308
Smith, G. B., 170
Smith, G. P., 306
Smith, J. C., 140
Smith, K., 482
Smith, K. S., 93
Smith, L. T., 406
Smith, M. A., 251
Smith, M. E., 412
Smith, M. J., 427
Smith, M.J. L., 353
Smith, M. R., 447
Smith, R. J., 310

Smith, R. L., 312
Smith, S. J., 56, 121
Smith, T. L., 462
Smolen, A., 464
Smolker, H. R., 98
Smulders, T. V., 119
Snyder, D., 470
Snyder, L. H., 235
Snyder, S., 205
Snyder, S. G., 274
Snyder, S. H., 57
Sobota, R., 454
Soczynska, J. K., 314
Soden, M. E., 310
Sodersten, P., 316
Södersten, P., 327
Sofroniew, M. V, 22
Sohn, J. H., 469
Solms, M., 270, 285, 390
Solomon, S. G., 155
Solter, A., 392
Sommer, C., 137
Sommerville, R. B., 359
Song, H., 119
Song, K., 295
Song, Y., 180
Sonmez, I., 344
Soon, C. S., 246
Sorensen, K. A., 164
Sorger, B., 96
Sorjonen, K., 331
Southwell, D. G., 123, 171
Southwick, S. M., 365
Spalding, K. L., 119
Spangler, R., 316
Spanjers, K., 474
Spear, L. P., 131
Spear, N. E., 461
Spearman, C., 415
Spector, T., 343
Speer, N. K., 237
Spelke, E. S., 417
Spence, I., 340
Spencer, R. M. C., 239
Sperandie, I., 166
Sperling, A. J., 119
Sperry, L., 371
Sperry, R., 427
Sperry, R. W., 120, *120*, 134, 428
Spezio, M. L., 370
Spiegel, T. A., 306
Spindler, K. A., 485
Spinelli, D., 437
Spiro, A. III, 113
Spitzer, N. C., 54
Spoletini, I., 484
Spotts, J. L., 274
Spreux-Varoquaux, O., 364
Squire, L. R., 390, 395, 398, 402
Squires, T. M., 199
St. George, M., 433
Stadelman, H., 346
Staggs, D., 166
Stahl, B. H., 483
Stallen, M., 454
Stalnaker, T. A., 454
Stam, C. J., 485
Stamatakis, A. M., 310
Stanford, L. R., 28
Stanford, T. R., 87
Stanley, J., 244
Starbuck, E. M., 300
Stark, J., 127
Stark-Adamec, C., 362
Starr, C., 60, 61, 72, 227
Steele, C. J., 128
Steffens, B., 148

Stein, B. E., 87
Stein, D. G., 136
Stein, J. L., 493
Stein, M. B., 372
Stein, T., 445
Steinberg, L., 131
Steinecke, A., 483
Steinert, C., 473
Steinglass, J. E., 316
Steinhoff, B. J., 370
Stellar, J. E., 354
Stellflug, J. N., 346
Stensola, H., 400, 401
Stephan, K. E., 236
Stephens, T. W., 310
Stepniewska, I., 235
Sterling, P., 292
Stern, W. E., 312
Stevens, B. L., 207
Stevens, C. F., 119, 153, 154
Stevenson, R. J., 87, 214, 424
Steward, O., 400
Stewart, J. W., 471
Stewart, L., 195
Stice, E., 314, 315
Stickgold, R., 284, 398
Stiles, J., 180
Stillman, P., 368
Stohs, J. H., 417
Stoke, P. R. A., 463
Stokes, M., 166
Stolzenber, D. S., 333
Storey, A. E., 333
Storey, J. M., 293
Storey, K. B., 293
Stormshak, F., 346
Stough, C., 412, 471
Stover, J., 136
Stowe, R. P., 379
Strathearn, L., 333
Strauss, M. E., 468
Streissguth, A. P., 461
Stricker, E., 295, 300, 312
Striemer, C. L., 166
Stringer, R. L., 124
Strittmatter, W. J., 139
Strobel, C., 368
Stroebele, N., 315
Strotmann, J., 219
Struder, B., 453
Stryker, M. P., 171, 172
Stuber, G. D., 310, 312
Sturm, V. E., 456
Stuss, D. T., 87
Stylos-Allan, M., 283
Su, J., 445
Suez, J., 315
Sugai, T., 211
Sugamura, G., 354
Suk, H. W., 469
Sullivan, E. V., 485
Sun, J., 412
Sun, Y.-G., 208
Sunderland, T., 203
Sundquist, J., 417
Sundquist, K., 417
Sur, M., 84, 124, 153
Surén, P., 493
Sutterland, A. L., 484
Sutton, A. K., 310
Sutton, B. C., 259
Sutton, L. C., 205
Sutton, R. L., 138
Suzdak, P. D., 373
Suzuki, M., 475
Svartdal, F., 221
Swaab, D. F., 324, 345, 346

Swain, G. P., 138
Swain, J. E., 333
Swallow, D. M., 304
Swallow, K. M., 237
Swan, S. H., 328
Sweeney, J. A., 236, 486
Sweet, E. S., 391
Swerdloff, A. F., 312
Switz, G. M., 220
Swoboda, H., 371
Syme, D. A., 292
Szabó, G., 373
Sztainberg, Y., 492
Szymusiak, R., 285

Tabakoff, B., 373
Tabarean, I. V., 295
Taber-Thomas, B. C., 359
Tabibnia, G., 346
Tabrizi, S. J., 251
Taddese, A., 207
Tadi, T., 88
Tadin, D., 166, 493
Tagawa, Y., 171
Tager-Flusberg, H., 433
Taggart, R., 60, 61, 72, 227
Taghert, P. H., 265
Tai, L.-H., 244
Taillard, J., 262
Takahashi, M., 411
Takahashi, S., 273
Takano, T., 22
Takao, M., 264
Takehara-Nishiuchi, K., 399
Takemura, H., 181
Takeuchi, T., 389
Talbot, L. S., 476
Tamaki, M., 96
Tamietto, M., 166
Tan, A., 244
Tanaka, J., 300
Tanaka, J. N., 181
Tanaka, M., 316
Tanaka, Y., 192
Tanda, G., 56
Tandon, N., 399
Tandon, S., 300
Tang, Y., 250
Tangel, D. J., 276
Tanji, J., 236
Tanner, C. M., 250
Tappy, L., 315
Tarampi, M. R., 340
Taravosh-Lahn, K., 364
Tarsy, D., 130
Tarussio, D., 310
Tatagiba, M., 181
Tate, R., 136
Tatsuno, M., 283
Tattersall, G. J., 290, 292
Taub, E., 128, 142
Taylor, A. N., 325
Taylor, C. S. R., 235
Taylor, M. A., 482
Taylor, S. F., 355
Tchernichovski, O., 283
Teff, K. L., 315
Teicher, M. H., 475
Teitelbaum, P., 249
Terburg, D., 364, 365
Terwilliger, R., 131
Terzaghi, M., 273
Teslovich, T., 131
Tesoriero, C., 276
Tetrud, J. W., 250
Thangaraj, V., 233
Thannickal, T. C., 276

Thase, M. E., 473
Thernstrom, M., 223
Theunissen, F. E., 192, 424
Theusch, E., 195
Thiel, C. M., 236
Thiele, A., 181
Thier, P., 241
Thomas, B. C., 359
Thomas, C., 129, 180
Thomas, M. G., 304
Thompson, G. F., 482
Thompson, J. K., 387
Thompson, K., 220
Thompson, P. J., 473
Thompson, R., 166
Thompson, R. F., 386, 387, 392
Thompson, S. M., 326
Thompson, W. F., 195
Thompson, W. L., 166
Thompson-Schill, S. L., 95
Thomson, D. R., 447
Thomson, R. H., 237
Thorell, L. G., 170
Thorens, B., 310
Thorpe, L. A., 188
Thurman, D. J., 136
Ticku, M. K., 373
Tiippana, K., 88
Tillman, B., 195
Tillman, K. A., 152
Timms, B. G., 325
Tinbergen, N., 3, 7, 12
Tingate, T. R., 379
Tishkoff, S. A., 304
Tizzano, M., 214
Tobin, V. A., 332
Tobler, I., 282
Tocilj, A., 293
Todd, W. D., 125
Todorov, A., 357
Toga, A. W., 325
Tokizawa, K., 292
Tolman, E. C., 403
Tomaiuolo, F., 447
Tomasello, M., 113, 418
Tomasino, B., 233
Tomba, E., 373
Tominaga, M., 207
Tomiyama, J., 315
Tomson, S. N., 221
Tonegawa, S., 208
Tong, F., 163, 447
Tong, Q., 310
Tong, X., 253
Tononi, G., 273, 283, 285, 457
Torchia, M., 372
Torrey, E. F., 484, 485
Tosches, M. A., 265
Tost, H., 481
Toufexis, D., 367
Tovote, P., 367
Townsend, J., 241
Tozzi, A., 241
Tracy, J. L., 330
Tran, P. B., 118
Tranel, D., 354, 359, 369, 370, 397, 398, 429
Travaglia, A., 392
Travers, S. P., 214
Trehub, S. E., 188, 195
Treisman, A., 446
Treit, D., 373
Trevena, J. A., 245
Trimble, M. R., 473
Tritsch, N. X., 54, 250
Trivers, R. L., 113
Troiani, V., 196
Trope, Y., 357

Trudel, E., 298
Tsai, L.-H., 392
Tsankova, N., 107, 108
Tsien, R. W., 54, 57
Tsui, W. K., 276
Tsunematsu, T., 273
Tubbs, R. S., 493
Tucker, D. M., 236
Tucker, P., 261
Tulipan, L., 465
Turati, C., 180
Turkheimer, E., 109, 417
Turnbull, O., 390
Turner, A., 285
Turner, R. B., 379
Turner, R. S., 241
Turner, T. N., 492
Turrigiano, G. G., 171
Tybur, J. M., 331
Tye, L. D., 241
Tyszka, J. M., 369
Tzourio-Mazoyer, N., 425

Uchida, N., 244
Udry, J. R., 330, 342
Uekita, T., 411
Uher, R., 473
Ulrich, R., 181
Umiltà, C., 447
Underwood, M. D., 364
Undurraga, J., 471, 472
Ung, R. L., 310
Ungerleider, L. G., 447
Ungureanu, L., 368
Unterberg, A. W., 136
Unwin, N., 55
Uppenkamp, S., 192
Urry, H. L., 357
Ursano, R. J., 379
Uslaner, J. M., 273
U.S. – Venezuela Collaborative Research Project, 252
Vaccarino, A. L., 208
Vaid, J., 434
Vaishnavi, S., 448
Valkova, C., 483
Vallbo, Å., 203
Vallines, I., 182
Valverde, M. A., 323
Valzelli, L., 364
van Anders, S. M., 328
van Avesaat, M., 306
Van Bavel, J., 368
van Boxtel, J. J. A., 445
Van Cantfort, T. E., 430
van de Rest, O., 305
van den Bos, W., 131
van den Bosch, J. J. F., 221
van den Heuvel, M. P., 485
van den Pol, A. N., 310, 312
van den Stock, J., 456
Van der Haegen, L, 429
van der Klaauw, A. A., 314
van der Kloet, D., 280
van der Leij, A., 437
van der Vinne, V., 262
van der Vyver, J. M., 356
van der Zwan, Y. G., 341
van Dick, R., 357
Van Dorp, C. F., 259
van Duijvenvoorde, A. C. K., 131
van Erp, T. G. M., 484
Van Eys, P. L., 424
van Haren, N. E. M., 485
Van Honk, J., 331, 364, 365
van Ijzendoorn, M. H., 455
van Leeuwen, M., 416

van Meer, M. P. A., 138
Van Opstal, A. J., 190, 194
van Praag, H., 119, 125
van Rooijn, S. J. H., 372
van Rossum, M. C. W., 411
van Schaik, C. P., 418
Van Wanrooij, M. M., 189, 189, 194
Van Zoeren, J. G., 295
van Zuijen, T. L., 437
Vandenbroucke, A. R. E., 169
VanderLaan, D. P., 343
Vanek, Z. F., 402
Vann, S. D., 397
Vanneste, S., 195
Vargas-Irwin, C. E., 233
Vargha-Khadem, F., 432
Vargo, E. L., 321
Vasey, P. L., 342, 343, 348
Vawter, M. P., 323
Vazquez, M. J., 310
Vazquez, R., 316
Velanova, K., 131, 236
Verfaellie, M., 132, 397, 402
Verhage, M., 123
Verkhatsky, A., 22
Verleger, R., 283
Veroniki, A. A., 473
Veroude, K., 363
Verrey, F., 300
Versace, F., 463
Vetter, C., 262
Victor, J. D., 213
Vieland, V. J., 483
Viken, R. J., 461
Vila, J., 353
Vilain, E., 348
Villa, R. F., 137
Villeda, S. A., 132
Viñals, X., 207
Vinogradova, Y., 482
Virkkunen, M., 364, 365
Visser, E. K., 264
Viswanathan, A., 94
Vita, A., 485
Viviani, D., 367
Vocci, F. J., 465
Voke, J., 158
Volkow, N. D., 464
Volterra, A., 22
vom Saal, F. S., 325
von Cramon, D., 182
von Gall, C., 265
von Melchner, L., 124
Voogd, J., 75, 77, 78
Vopalensky, P., 265
Voracek, M., 416
Voss, U., 273
Vosshall, L. B., 217
Vrba, E. S., 118
Vrysen, B. M., 342
Vuga, M., 470
Vuilleumier, P., 205, 370, 448
Vul, E., 169
Vulturar, R., 368
Vuoksimaa, E., 416
Vyadyslav, V. V., 280

Wager, T., 354
Wager, T. D., 96, 205, 207, 355
Wagner, D. D., 314
Wagner, E. L., 293
Wagner, U., 283
Wahl, A. S., 139
Waisbren, S. R., 110
Waldherr, M., 328
Waldie, K. E., 427
Walker, E. F., 486

Walker, J. A., 400
Walker, M. P., 283
Wall, P. D., 205
Wall, T. L., 461
Wallace, G., 332
Wallen, K., 327, 330
Wallis, J. D., 87, 454
Wallman, J., 150
Walsh, B. T., 315
Walsh, T., 483
Walsh, V., 237, 425
Walum, H., 332
Wan, N., 250
Wan, X., 402
Wang, A., 250
Wang, A. Y., 244
Wang, C.-H., 153
Wang, D. O., 411
Wang, H., 470
Wang, J., 332
Wang, K. H., 470
Wang, Q., 153
Wang, S., 355
Wang, S. S.-H., 82, 83
Wang, T., 109
Wang, T.-M., 58
Wang, W., 434
Wang, W. C., 295
Wang, W. S.-Y., 434
Wang, X., 180, 192
Wang, Y., 314
Wang, Y. T., 408
Wang, Y. Y., 412
Wapner, W., 435
Warach, S., 96, 233
Ward, A., 315
Ward, B., 344
Ward, B. W., 342
Ward, I. L., 325, 344
Ward, J., 141, 221
Ward, L. M., 443
Ward, O. B., 325
Warman, G. R., 260
Warneken, F., 113
Warren, K. L., 392
Warren, R. M., 164, 191
Warren, S. T., 253
Warrington, E. K., 166
Wassef, M., 124
Wasserman, L. M., 158
Watanabe, D., 128
Watanabe, E., 299
Watanabe, M., 236
Watkins, K. E., 127, 432
Watkins, L. R., 377, 378
Watkins, S. S., 464
Watrous, A. J., 399
Watrous, S., 140
Watson, N. V., 328
Waxman, S. G., 36, 205
Way, B. M., 205
Waye, H., 290
Wazny, J. H., 180
Wcislo, W. T., 416
Weaver, L. C., 139
Webber, C., 274
Weber-Fox, C. M., 434
Webster, J. P., 367
Weddle, M. G., 373
Wedell, A., 340
Weeland, J., 363
Wegener, D., 447
Wei, W., 390
Wei, Y., 283
Weidensaul, S., 293
Weiler, N. C., 56
Weiller, C., 242

Weinberg, J. D., 311
Weinberger, D. R., 483, 485
Weiner, I., 484
Weiskopf, N., 236
Weiskrantz, L., 166
Weiss, A., 418
Weiss, A. H., 437
Weiss, A. P., 485
Weiss, P., 119
Weiss, P. H., 221
Weisse, C. S., 379
Weitzman, E. D., 270
Welchman, A. E., 244
Welham, J., 484
Welker, K. M., 364, 365
Weller, A., 220
Weller, L., 220
Weniger, G., 370
Wenker, S. D., 251
Wenkstern, D., 463
Wenzler, S., 357
Wernicke, C., 436
Wessberg, J., 203
Wessinger, C. M., 166, 192
Westbrook, G. L., 54
Weston, L., 494
Whalen, P. J., 370
Wheeler, K., 71
Wheeler, M. A., 93
Wheeler, M. E., 236
Wheeler, R. A., 463
Wheye, D., 290
White, A. J. R., 155
White, D. P., 276
White, L. E., Jr., 205
White-Schwoch, T., 196
Whitesell, J. D., 164
Whitwell, R. L., 177
Wicherts, J. M., 416
Widen, S. C., 356
Wienbruch, C., 128
Wiesel, T. N., 167, *167*, 168, 171
Wightman, R. M., 463
Wigström, H., 411
Wilbrecht, L., 244
Wilcox, T., 327
Wiley, E., 434
Wilhelm, B. G., 56
Wilkins, K., 314
Wilkinson, D., 178
Willems, R. M., 436
Willerman, L., 344, 417
Williams, B. A., 295
Williams, C. C., 417
Williams, C. L., 324
Williams, C. T., 281
Williams, D. R., 154
Williams, E. F., 311
Williams, G., 310
Williams, K. D., 205
Williams, L. W., 494
Williams, M. T., 344
Williams, R. W., 239
Williams, S., 283
Williamson, A., 130
Williamson, A. C., 390
Willingham, D. B., 244, 251
Willins, D. L., 488
Wilson, B. A., 384
Wilson, D. A., 219
Wilson, G. D., 344, 357
Wilson, J. D., 325
Wilson, K. D., 181
Wilson, M. A., 283
Wilson, P., 470
Wilson, S. J., 433
Wilson-Mendenhall, C. D., 357

Wimmer, R. D., 447
Winawer, J., 221
Winder, B., 329
Windhaber, J., 371
Windle, M., 461
Winer, G. A., 148
Winfree, A. T., 261
Wingfield, A., 196
Winn, R. J., 344
Winocur, G., 262, 399
Wirdefeldt, K., 250
Wise, R. A., 312, 462
Wise, R. P., 152
Wisner, K. L., 468
Wissman, A. M., 119
Witelson, S. F., 417, 425
Witthoft, N., 221
Wohleb, E. S., 469
Wohlgemuth, M. J., 183
Wokke, M. E., 169
Wolf, M. E., 464
Wolf, S., 353
Wolff, P. H., 138
Wolkin, A., 484
Wolman, D., 428
Wolpert, D. M., 202
Wolpert, L., 123
Womelsdorf, T., 443
Won, H., 493
Wong, A. C. N., 195
Wong, A. T., 397
Wong, K., 486
Wong, L. E., 139
Wong, M., 127
Wong, P. C. M., 128
Wong, R. O. L., 122
Wong, W. I., 340
Wong, Y. K., 195
Woodhouse, C. R. J., 341
Wooding, S., 105
Woods, R., 327
Woodside, B., 352
Woodson, J. C., 325
Woodward, J., 359
Woodward, N. D., 481, 485
Woodworth, R. S., 36
Wooley, A. W., 364
Woolf, N. J., 271
Workman, J. L., 324
Worsley, K. J., 182
Wright, C. I., 97, 368
Wright, E. W., 244
Wright, N. D., 364
Wu, C., 474
Wu, F. C. W., 363
Wu, L.-Q., 187
Wulfeck, B., 436
Wurtman, J. J., 52
Wyart, C., 220
Wyatt, H. R., 315
Wylie, S. A., 250
Wynne, L. C., 483

Xia, Z., 437
Xie, J., 454
Xu, H. S., 195
Xu, H.-T., 125
Xu, M., 273
Xu, Y., 180, 265

Yamadori, A., 192
Yamaguchi, S., 263
Yamanaka, A., 273
Yanagawa, Y., 54
Yanagisawa, K., 214
Yang, A. K., 471
Yang, C., 244

Yang, C.-H., 119
Yang, G., 125, 283, 412
Yang, Y., 276
Yang, Z., 264
Yano, H., 253
Yasuda, R., 411
Yasui, E., 236
Yates, J. L., 453
Ye, C.-P., 310
Ye, H., 332
Ye, M., 299
Yee, B. K., 125
Yeh, I-L., 130
Yehuda, R., 371
Yellachich, L.-A., 482
Yeo, G. S. H., 314
Yeomans, J. S., 365
Yetish, G., 262
Yin, H. H., 244
Yokum, S., 315
Yolken, R. H., 484
Yoo, S.-S., 283
Yoon, K.-h., 219
Yoon, K. L., 444
Yoon, S.-H., 136
Yoshida, J., 219
Yoshida, K., 295
Yoshida, M., 192
Yoshie, M., 153
Yoshimura, H., 211
Young, J. L., 454
Young, L. J., 332
Young, R. C., 306
Young, R. L., 306
Young, T., 154
Young, W. G., 306
Youngentob, S. L., 219
Youngstedt, S. D., 259
Yousem, D. M., 220
Yovel, G., 180, 181
Yttri, E. A., 244
Yuval-Greenberg, S., 442

Zablow, L., 411
Zacks, J. M., 237
Zadra, A., 273, 277
Zaelzer, C., 299
Zaffuto, S., 411
Zago, L., 425
Zagoory-Sharon, O., 333
Zakharenko, S. S., 411
Zandi, P. P., 469
Zandian, M., 316
Zanos, P., 471
Zant, J. C., 273
Zatorre, R. J., 128, 129
Zegarra-Moran, O., 437
Zehr, S. M., 281
Zeiler, M., 416
Zeineh, M. M., 395
Zeki, S., 177
Zelaznik, H. N., 239
Zeng, X., 251
Zentner, M., 338
Zervoulis, K., 327
Zerwas, S., 316
Zhang, G., 138
Zhang, J., 180
Zhang, K., 412
Zhang, L., 265, 437
Zhang, W., 417
Zhang, X., 208, 218
Zhang, Y., 308
Zheng, B., 265
Zhou, D., 123
Zhou, F., 281
Zhou, S. F., 471

Zhou, Y., 281
Zhu, Q., 180
Zhu, Y., 265, 276, 411
Zhuo, M., 208
Ziegler, J. C., 437
Ziegler, T. E., 333
Zigmond, M. J., 312
Zihl, J., 182
Zilioli, S., 365
Zimmerman, C. A., 300

Zimmerman, J. C., 200, 270
Zipser, B. D., 24
Zipursky, R. B., 485
Zoccolotti, P., 437
Zoghbi, H. Y., 492
Zola, S. M., 398
Zonderman, A. B., 392
Zorzi, M., 437, 447
Zubieta, J.-K., 207
Zubrick, S. R., 482

Zucker, I., 259
Zucker, K. J., 341, 344
Zuckerman, L., 484
Zuk, J., 437
Zuker, C. S., 299
Zurif, E., 435
Zurif, E. B., 435
Zusho, H., 220
Zvolensky, M. J., 365
Zweifel, L. S., 310

Índice remissivo/Glossário

Nota: Os números das páginas em itálico referem-se a figuras, ilustrações e tabelas.

2-AG (*sn*-2 araquidonilglicerol) substância química que se liga aos receptores canabinoides, 58

A

Ablação remoção de uma área do cérebro, geralmente com um bisturi cirúrgico, 91, *98*

Abstinência efeitos da cessação da droga, 464–465

Abuso de álcool, 460–461
    herdabilidade de, 109, 460–461
    medicamentos para, 465

Abuso de opiáceos, medicamentos para, 465

Abuso de substâncias, 460–467
    dopamina e, 463
    e esquizofrenia, 481
    fissura, 464
    mecanismos das drogas, 460–463
    mecanismos sinápticos, 462–463
    predisposições, 460–462
    tolerância e abstinência, 464–465
    tratamentos, 465

Ação em massa conceito de que o córtex funciona como um todo e quanto mais córtex, melhor, 386

Acetaldeído, 461, 465

Acetilcolina uma substância química semelhante a um aminoácido, exceto que inclui um grupo N (CH$_3$)$_3$ em vez de um grupo NH$_2$, 52, *53*, *500*
    efeitos ionotrópicos, 54–55, *54*
    receptor, *54*
    sistema nervoso parassimpático, 71

Acetilcolinesterase enzima que decompõe a acetilcolina em acetato e colina, 57

Acidente vascular cerebral resultado da interrupção do fluxo sanguíneo para o cérebro resultante de um coágulo sanguíneo ou rompimento de uma artéria, 136

Acidente vascular encefálico (AVC) uma perda temporária do fluxo sanguíneo normal para uma área do cérebro, 136–138

Ácido 5-hidroxiindolacético (5-HIAA) principal metabólito da serotonina, 364, *365*

Ácido desoxirribonucleico (DNA) molécula de fita dupla que é parte dos cromossomos, 104–105, *105*, *108*, 499

Ácido fólico vitamina que é importante para o desenvolvimento do sistema nervoso, 493

Ácido ribonucleico (RNA) um produto químico de fita simples codificado por DNA, 105, *105*, 107, 499

ACTH. *Ver* Hormônio adrenocorticotrófico

Adaptação cruzada resposta reduzida a um sabor após a exposição a outro, 213

Adaptação diminuição da resposta a um estímulo como resultado da exposição recente a ele, 213

Adenina, 105, *499*

ADH. *Ver* Hormônio antidiurético

Adolescência, cérebro e desenvolvimento comportamental, 131–132, *131*

Adrenalina, 53, *60*, *500*

Aeróbico requer o uso de oxigênio durante os movimentos, 228

Anaeróbico, 228

Afasia de Broca lesão cerebral que causa déficit de linguagem, 434–436, *436*

afasia de Broca, 434–436, *436*
    chimpanzés, bonobos e papagaios, 430–432, *430–432*
    dislexia, 437
    e inteligência, 432–433
    evolução da, 430–434
    período sensível para aprender, 434
    precursores não humanos de, 430–432

Afasia de Wernicke distúrbio caracterizado por compreensão insuficiente da linguagem e capacidade prejudicada de lembrar o nome dos objetos, 436, *436*

afasia de Wernicke, 436, *436*

Afasia fluente distúrbio caracterizado por compreensão insuficiente da linguagem e capacidade prejudicada de lembrar o nome dos objetos, 436

Afasia não fluente lesão cerebral que causa produção prejudicada de linguagem, 434–436

Afasia deficiência de linguagem, 434–436, *436*

Afinação perfeita, 195

Afinidade tendência de uma droga de se ligar a um receptor, 460

Agnosia visual a incapacidade de reconhecer objetos apesar da visão satisfatória, 179

Agonista uma droga que imita ou aumenta os efeitos de um neurotransmissor, 460

Agonistas e antagonistas, 460
    armazenamento de, 53
    e comportamento, 62, 272–273
    em eventos na sinapse, 52–53
    estruturas de, *52*, *500*
    inativação e recaptação de, *51*, 57
    liberação e difusão de, 53–54
    lista de, *52*

Ajustes aprendidos no comportamento, 141–142

Álcool
    como redutor de ansiedade, 373
    predisposição para o vício em, 461–462, *462*
    síndrome alcoólica fetal, 123–124, *123*

Aldosterona hormônio adrenal que faz com que o corpo retenha sal, *60*, 300–301, 376

Alfafetoproteína proteína que se liga ao estradiol na corrente sanguínea de mamíferos imaturos, 325–326

Alimentação simulada procedimento em que tudo o que um animal engole vaza de um tubo conectado ao esôfago ou estômago, 306

Alimentação, regulamentação de
    estômago e intestinos, 306
    fatores orais, 305–306, *305*
    glicose, insulina e glucagon, 306–308
    leptina, 308–309, *308*

Alostase a maneira adaptativa como o corpo muda os pontos de ajuste dependendo da situação, 291–292, 300

Alterações pré-sinápticas, 411

Altruísmo recíproco ajudando outros que podem ser úteis em troca, 114

Altruísmo, 113–114, 455–456

Alucinações experiências sensoriais falsas, 85, 480

Ambiente pré-natal
    alcoolismo, 123–124, *123*
    esquizofrenia, 484
    orientação sexual, 344
    transtornos do espectro autista, 493

Ambiente, e hereditariedade, 363, *363*

Amídala estrutura do lobo temporal importante para avaliar informações emocionais, 75, 310
    como parte do sistema límbico, 75, *76*, 355
    comportamentos de ataque, 362
    dano a, 367, 369–370, *369*, *370*
    e dor, 204, *204*
    localização da, *362*
    medo e ansiedade, 366–369, *366*, *369*

Amiloide-β uma proteína que se acumula em níveis mais altos do que o normal no cérebro de pessoas com a doença de Alzheimer, 390–391, *391*

Aminoácidos ácidos contendo um grupo de amina (NH$_2$), 52

Amnésia anterógrada incapacidade de formar memórias para eventos que aconteceram após lesão cerebral, 395

Amnésia infantil tendência de esquecer as experiências da primeira infância, 392

589

Amnésia retrógrada perda de memória para eventos que ocorreram antes da lesão cerebral, 395

Amnésia perda de memória, 389–392
 amnésia anterógrada e retrógrada, 395
 armazenamento prejudicado da memória de longo prazo, 395
 comprometimento da memória episódica, 397
 infantil, 392
 lesão do hipocampo, 395, 402
 memória de trabalho intacta, 395
 memória implícita e explícita, 398
 memória de procedimento intacta, 398

Amor, biologia do, 454–455

Amplitude a intensidade de uma onda sonora, 188

Amputação, 140–141, *140*, *141*, 233

Amusia, 195

Anaeróbico procedimento que não usa oxigênio no momento de uma reação, 228

Anandamida substância química que se liga aos receptores canabinoides, 58

Anatomia do sistema nervoso, 67–81

Andrógenos hormônios produzidos pelos testículos, que são mais abundantes em homens, 322–323, *323*

Anestésicos locais drogas que se ligam aos canais de sódio da membrana, interrompendo os potenciais de ação, 33

Anfetamina uma droga que bloqueia a recaptação da dopamina e de outros neurotransmissores, 57, *59*, 138, 412, 462, 488

Angiotensina II hormônio que contrai os vasos sanguíneos, compensando a queda da pressão arterial; desencadeia sede, 300, *300*

Animais.
 amídala em, 367
 comportamento parental, 332–333, *332*
 comportamentos agressivos, 364
 e linguagem, 430–432, *430–432*
 e sono, *256*, 281–283, *282*
 fome em, 303, *303*
 regulação da temperatura em, 290–291, 293
 uso em pesquisas, 9–12, *9*, 502–503

Anomia dificuldade em lembrar os nomes dos objetos, 436

Anorexia nervosa distúrbio caracterizado pela recusa em comer o suficiente para se manter saudável, 316

Anorexia nervosa, 316
 bulimia nervosa, 315–316
 e perda de peso, 314–315
 genética e peso corporal, 314

Ansiedade
 álcool e, 373
 alívio de, 372–373
 e a amídala, 366–371, *366*

Antabuse droga que antagoniza os efeitos do acetaldeído desidrogenase ligando-se ao íon de cobre, 465

Antagonista uma droga que bloqueia um neurotransmissor, 460

Anterior, *69*, 70

Anticoncepcionais, 329–330

Anticorpos proteínas em forma de Y que se ligam a antígenos específicos, 377, *378*

Antidepressivos atípicos medicamentos com efeitos antidepressivos que não se enquadram em nenhuma das outras categorias de antidepressivos, 471

Antidepressivos, 470–473
 alternativas a, 473
 como funcionam, 471–472
 e dopamina, 470, *471*
 efetividade de, 472–473, *472*
 tipos de, 470–472, *470*

Antígenos proteínas de superfície em uma célula que identificam a célula como sua, 377, *378*

Antipsicóticos atípicos, 487

Antipsicóticos de segunda geração drogas que aliviam a esquizofrenia com menos probabilidade de problemas de movimento, 487–488, *488*

Antipsicóticos fármacos que tendem a aliviar a esquizofrenia e transtornos semelhantes, 486–488

Aparelhos auditivos, 196

Aparência sexual, intersexos e, 339, *339*

Aplysia, 407–408, *407*, *408*

Apneia do sono capacidade prejudicada de respirar durante o sono, 276

APO/HA (área pré-óptica/hipotálamo anterior) área do cérebro importante para a regulação da temperatura, sede e comportamento sexual, 295, *295*

Apoptose um mecanismo programado de morte celular, 122, 124

Aprendizagem e memória, 383–414
 áreas do cérebro para, 244, *386*, 387, 401–403, *402*
 engrama, 384–387, *386*
 gânglios basais, 244

Aptidão o número de cópias dos genes que sobrevivem em gerações posteriores 111

Arco reflexo um circuito do neurônio sensorial para a resposta muscular, 42–43, *42*

Área A1. *Ver* **Córtex auditivo primário**

Área cinza periaquedutal área do tronco cerebral que é rica em sinapses de endorfina, 205, *206*

Área de Broca parte do cérebro associada à produção da linguagem, 91, 434, *435*

Área de Wernicke porção do cérebro localizada perto do córtex auditivo, associada à compreensão da linguagem, 435, 436

Área MT, 181, *182*

Área pré-óptica lateral parte do hipotálamo que controla a ingestão de líquidos, 299, *313*

Área pré-óptica medial (APOM), 326, 328

Área pré-óptica/hipotálamo anterior (APO/HA) área do cérebro importante para a regulação da temperatura, sede e comportamento sexual, 295, *295*, *313*, 332

Área V1. *Ver* **Córtex visual primário**

Área V2. *Ver* **Córtex visual secundário**

Área V4, 177

Áreas mediais do hipotálamo, 312–313, *313*

Arrepios, 112, 292

Associatividade propriedade de que uma estimulação fraca pareada com uma estimulação mais forte melhora a resposta posterior, 408, *409*

Astigmatismo capacidade de resposta diminuída a um tipo de linha ou outro, causada por uma curvatura assimétrica dos olhos, 172–173, *172*

Astrócitos glias em forma de estrela que sincronizam a atividade dos axônios, 22, *23*, 138–139

Atenção, 446–447, 481
 mecanismos cerebrais de, 271–273, 446–447
 negligência espacial, 447–448, *448*

Ativador de plasminogênio tecidual (tPA) medicamento que decompõe os coágulos sanguíneos, 137

Atividade cerebral, registro, 66, 93–96, *93–95*, 98

Atividades sexuais, iniciadas por mulheres, 330–331, *331*

Átomos de carbono, reações de, 498–500, *499*

Átomos e moléculas, 498, *498*, *499*

Átomos minúsculos blocos de construção da matéria, não divisíveis por meios químicos comuns, 498

ATP (trifosfato de adenosina) molécula que fornece energia para os músculos e outras atividades do corpo, 500, *500*

ATP, papel do, 500, *500*
 elementos e compostos, 496, 497, *499*
 íons e ligações químicas, 498
 reações dos átomos de carbono, 498–500
 reações químicas no corpo, 500
 tabela periódica, *497*

Atraso sináptico, 43, *43*

Audição, 188–198
 córtex auditivo, 191–193, *193*
 localização do som, 193–194, *194*
 percepção de tom, 190–191
 perda auditiva, 195, 196

Autoestimulação elétrica do cérebro comportamento que é reforçado pela estimulação elétrica de uma área do cérebro, 462, *463*

Autorreceptor receptor em um neurônio pré-sináptico que responde ao transmissor liberado inibindo a liberação posterior dele, 58

Axônio aferente axônio que incorpora informações a uma estrutura, 21, *21*

Axônio eferente neurônio que carrega informações para longe de uma estrutura, 21, *21*

Axônio fibra fina de diâmetro constante; o remetente de informação do neurônio, 20–21, *20*
 competição entre, 121–122
 conexões, 120, *120*
 e fibras musculares, 226–229
 germinação, 139, *139*
 gradientes químicos, 30, *30*, 120–121
 pioneirismo do, 119–121, *121*
 regeneração do, 138–139

Axônios mielinizados axônios cobertos com bainhas de mielina, 35, *35*

Axônios pré-ganglionares, 71, *72*

B

Bacopa monnieri, 412

Bainha de mielina material isolante que cobre o axônio dos vertebrados, 21, 23, 35–36, *35*

Baratas, decapitadas, 405, *406*

Índice remissivo

Barreira hematoencefálica mecanismo que exclui a maioria das substâncias químicas do cérebro, 23–25, *24*

Base molecular do potencial de ação, 32–33

Bastonetes tipo de receptor retinal que detecta o brilho da luz, 152–153, *152*, *162*

Benzodiazepínicos uma classe de medicamentos antiansiedade, 372–373, *372*

Bocejo, 231

Bomba de sódio-potássio mecanismo que transporta ativamente íons de sódio para fora da célula enquanto atrai dois íons de potássio, 29–30, 33

Bonobos, 430–431, *431*

Braço robótico, 233, *233*

Brotos colaterais ramos recém-formados de um axônio, 139, *139*

Bulbo olfatório, 5, *76*, *84*, *218*

Bulbos de Krause, 200

Bulimia nervosa um transtorno em que as pessoas alternam entre excessos e períodos de dieta restrita, 315–316

Bupropiona, 471

Butirofenonas uma família de substâncias químicas que inclui medicamentos antipsicóticos (haloperidol) que aliviam os sintomas positivos da esquizofrenia, 486

C

Cajal, Santiago Ramón y, 18–19, *18*

Campo médico aliado, 9

Campo visual área do mundo que um indivíduo pode ver a qualquer momento, 155, 425, *426*

Campos de pesquisa, 8

Campos do profissional da psicologia, 8–*9*

Campos médicos, 9

Campos receptivos complexos, 167–168

Campos receptivos simples, 167–168

Campo receptivo a área no espaço visual que excita ou inibe qualquer neurônio, 164–166, *165*, 167–168

Canabinoides substâncias químicas relacionadas ao THC, 58, *59*, 138, *138*, 207

Canais de íon, 29, *29*

Canais de potássio, *29*, 33

Canais de sódio, 29, *29*

Canais dependentes de voltagem canal de membrana cuja permeabilidade ao sódio (ou algum outro íon) depende da diferença de voltagem através da membrana, 32

Canais semicirculares estruturas localizadas no órgão vestibular, orientadas em três planos e revestidas por células ciliadas; sensível à inclinação direcional da cabeça, *189*, 199, *200*

Canal controlado por ligante canal que se abre quando um neurotransmissor se conecta, 54

Canal controlado por transmissor canal iônico que se abre temporariamente quando um neurotransmissor se liga a ele, 54

Canal deferente, 322, *322*

Canto de pássaros, 7–8

Capacidade física a propagação dos genes; número de cópias dos genes de uma pessoa que perduram nas gerações posteriores, 111

Capsaicina uma substância química, encontrada em pimentas, que produz uma sensação dolorosa de queimação, 201, 207

Características não sexuais, efeitos dos hormônios sexuais sobre, 331

Catecolaminas compostos que contêm um catecol e um grupo de amina, 52

Catecol-o-metiltransferase (COMT), 57

CCK. *Ver* **Colecistocinina**

Cegueira cortical, 84

Cegueira de movimento uma capacidade prejudicada de perceber o movimento, 182–183

Cegueira atencional tendência de ignorar a maioria das mudanças em uma cena que ocorrem lentamente ou durante um piscar de olhos, 446

Cegueira, 104, 127, 260

Células complexas tipos de células do córtex visual localizada nas áreas V1 e V2 que responde a um padrão de luz em uma direção particular em qualquer local no grande campo receptivo, 168, *168*, *169*

Célula *end-stopped* tipo de célula do córtex visual que se assemelha a células complexas; responde melhor a estímulos de um tipo precisamente limitado, em qualquer local em um grande campo receptivo, com forte campo inibitório em uma extremidade do campo, 168, *168*, *169*

Célula simples tipo de célula do córtex visual que possui um campo receptivo com zonas fixas excitatórias e inibitórias, 167, *167*, *169*

Células adiposas, 60

Células amácrinas, 149, *151*, *162*

Células bipolares tipo de neurônio na retina que recebe estimulação diretamente dos receptores, 22, 149, 150, *152*, *162*, 164–166

Células ciliadas os receptores auditivos que se encontram ao longo da membrana basilar na cóclea, *189*, 190, *190*

Células ciliadas, 190

Células de animais, estruturas de, 19, *19*

Células de grade células do córtex entorrinal que respondem quando um animal está em qualquer um dos vários locais dispostos em um padrão de grade hexagonal, 400

Células de lugar neurônios do hipocampo que respondem mais fortemente quando um animal está em um determinado lugar e se dirige para uma determinada direção, 400

Células de Purkinje células planas em planos sequenciais, no córtex do cerebelo, paralelas umas às outras, 22, 241, *242*

Células de Schwann células da glia que constroem bainhas de mielina, 22, 23

Células de tempo neurônios do hipocampo que respondem mais fortemente em um determinado ponto dentro de uma sequência de tempos, 400

células do sistema nervoso, *16*, 18–27, *19*, *20*

Células ganglionares anãs células ganglionares na fóvea de humanos e outros primatas, 150 **Células ganglionares** tipo de neurônio na retina que recebe estimulação das células bipolares, 149, *151*, *162*, 165

Células hipercomplexas células do córtex visual que respondem a um padrão de luz em forma de barra em uma orientação particular, mas apenas se não se estender além de um certo ponto, 168, *169*

Células horizontais tipo de célula que produz contato de receptores e fornece entrada inibitória para células bipolares, *151*, 162, *162*, 163–164

Células nervosas.
    barreira hematoencefálica, 23–25, *24*

Células NK (*natural killer*), 377, *378*

Células olfativas neurônios responsáveis pelo cheiro, localizados no epitélio olfatório na parte posterior das vias nasais, 217–218, *218*

Células pós-sinápticas, 57–59

Células T, 377, *378*

Células-tronco células indiferenciadas que se dividem e produzem células-filhas que desenvolvem propriedades mais especializadas, 118, 251

Cerebelo estrutura do cérebro posterior altamente curvada que é importante para comportamentos que dependem de sincronia precisa, 18, 73, 239–241
    dano ao, 239, 240, 241
    e movimento, 239–241
    localização do, 73, *73*, *234*
    na seção sagital do cérebro, *75*
    número de neurônios no, 82, 239
    organização celular do, 241, *242*
    outras funções além do movimento, 240–241
    visão geral do, 73

Cérebro.
    "exercício" para, 126–127
    anormalidades da dominância hemisférica, 470
    áreas de aprendizagem, 244, 386, 387
    autoestimulação do 462, *463*
    cérebros de mamíferos, comparação do, *82*, 118
    cirurgia de divisão do cérebro, 426–429
    codificação do paladar, 214, *215*
    como parte do sistema nervoso central, 68, *68*
    conexão com os olhos, 149–152, *150*
    correlacionado com o comportamento, 96–98, *98*
    corte coronal, *76*
    corte sagital do *75*
    de várias espécies, *10*
    desenvolvimento do, 117–135
    diferenças sexuais, 325–327, *326*
    e atenção, 271–273, 446–447
    e emoções, *355*
    e esquizofrenia, 484–485, *485*
    e orientação sexual, 344–346, *345*
    estimulação do 92–93, *92*, *98*, 138
    evolução do, 418
    formação do, 117–118, *117*
    hemisférios do, 424–426, 429, 470
    insetívoros *versus* primatas, 82, *83*
    mecanismos de movimento e, 233–248
    mensagens de dor no, *204*
    no nascimento, 117–118
    novos neurônios mais tarde na vida, 119
    núcleo accumbens, 462–463, *463*

número de neurônios no, 18, *18*, 82, 416, *416*
o propósito do 226
olfato e, 218–219, *218*
oxigênio e glicose necessários, 25, 136
principais divisões do, 72–73, *73*
relação mente-cérebro, 4–5, 441–442
superfície ventral, 5, *76*
vista dorsal, 5, *75*
vistas do 5, *76*, *102*

Cetamina, 471, 488

China, *111*

Ciclo menstrual uma variação periódica nos hormônios e fertilidade ao longo de cerca de 28 dias, 220, 329–331, *329*

Cirurgia cerebral, 235

Cirurgia de divisão do cérebro 426–429
competição e cooperação, 428–429
hemisfério direito, 429

Citocinas pequenas proteínas que combatem infecções e se comunicam com o cérebro para provocar comportamentos adequados, 377

Citosina, 105

Ciúmes, 338

Classe aberta de formas gramaticais, 435

Classe fechada das formas gramaticais, 435

Clorpromazina medicamento antipsicótico que alivia os sintomas positivos da esquizofrenia para a maioria dos pacientes, embora não para todos, 486

Cocaína uma droga que bloqueia a recaptação de dopamina, 57, *59*, 462, 464, 481, 488

Coceira, 208

Cóclea estrutura na orelha contendo receptores auditivos, *189*, 190

Codificação do paladar no cérebro, 214, *215*

Codificação visual, 148–161
olho e a conexão com o cérebro, 149–152
percepções, princípios gerais de, 148–149
receptores visuais, 152–153, *152*, *153*, 159

Colecistocinina (CCK) hormônio liberado do duodeno que contrai o músculo esfíncter entre o estômago e o duodeno, limitando o tamanho da refeição, 306, *309*, 310

Colículo inferior tumefação na superfície do teto que contribui para a audição, 73, *73*

Colículo superior tumefação em ambos os lados do teto; importante para o processamento visual, 73, *73*

Colunas conjunto de células perpendiculares à superfície do córtex e às suas lâminas, 70, 83, *83*

Coma período prolongado de inconsciência com baixo nível de atividade cerebral, 268

Comissura anterior feixe de axônios que conecta os dois hemisférios do córtex cerebral, 76, 82, 345, 424, 428

Comissuras, 76, 428

Complexo K onda cerebral aguda associada à inibição temporária do disparo neuronal, 269, *269*

Comportamento
abordagem biológica a, 4–5
ajustes aprendidos no, 141–142
anatomia do cérebro correlacionada com, 96–98, *98*
e seleção de alimento, 304–305
efeito da genética sobre, 110
evolução do, 110–114

explicações biológicas de, 6–7, 8
genética e, 104–110
indicadores de abuso de substâncias, 461–462
neurotransmissores e, 62
sequências de, 230–231

Comportamento altruísta uma ação que beneficia alguém que não seja o protagonista, 113–114, 455–456

Comportamento antissocial, 363, *363*.

Comportamento de acasalamento, interpretações evolutivas, 337–338

Comportamento parental, 332–333, *332*

Comportamento sentinela, 113, *113*

Comportamento sexual, variações em, 337–348
identidade de gênero e comportamentos diferenciados de gênero, 338–342
interpretações evolutivas do comportamento de acasalamento, 337–338
orientação sexual, 342–346

Comportamentos de ataque e fuga, 362–375
hereditariedade e ambiente em, 363, *363*
hormônios, 363–364, *364*
medo e ansiedade, 365–371
sinapses de serotonina e comportamento agressivo, 364–365
transtornos de ansiedade, 371–372

Comportamentos emocionais, 351–381.

Comportamentos reprodutivos, 321–348
reprodução assexuada, 321
sexo e hormônios, 322–336
variações no comportamento sexual, 337–348

Composto material composto de dois ou mais tipos de elementos unidos, 496, *499*

Comprimentos de onda de luz, 153–154, *153*

Comprimentos de onda, 153–154, *153*
sensibilidade ao comprimento de onda, 154, *154*

COMT (catecol-o-metiltransferase) enzima que decompõe o excesso de dopamina em substâncias químicas inativas que não podem estimular os receptores de dopamina, 57

Concordância semelhança, como ter o mesmo transtorno que outra pessoa, 482

Condicionamento clássico tipo de condicionamento produzido pelo emparelamento de dois estímulos, um dos quais provoca uma resposta automática, 384, *385*

Condicionamento instrumental um tipo de condição em que reforço ou punição muda as probabilidades futuras de um determinado comportamento, 384, *385*

Condução saltatória o salto dos potenciais de ação de nó em nó, 35–36, *35*

Cones tipo de receptor retinal que contribui para a percepção das cores, 152–153, *152*, 155, *162*

Conexões auditivas nos hemisférios cerebrais, 425–426

Conexões visuais nos hemisférios cerebrais, 425, *426*

Confabulação um sintoma característico da síndrome de Korsakoff, em que os pacientes preenchem as lacunas de memória com suposições, 390

Consciência, 4–5

Consciente capacidade de relatar a presença de um estímulo, 442

Consolidação para fortalecer uma memória e torná-la mais duradoura, 388–389

Constância da cor a capacidade de reconhecer cores, apesar de alterações na iluminação, 156–158, *157*

Constância de brilho, 157

Contralateral, 70

Controle de temperatura corporal, 292–295, *292*, 293
vantagens do, 293–294

controle de, 226–232, *234*, 246–247
distúrbios, 249–255
e músculos, 226–230, *227*
e temperatura, 226–228, *228*
e tratos corticoespinhais 238–239, *238*
inibição de, 236
planejamento de, 235–236
unidades de, 230–231

Controle do movimento, 226–232

Controle motor, 226–232

Cooperação, 428–429

Cooperatividade tendência à estimulação quase simultânea de dois ou mais axônios para produzir potenciação de longo prazo muito mais eficaz do que a estimulação de um único, 408

Corpo caloso feixe de axônios que conecta os dois hemisférios do córtex cerebral, 75, 76, 82, 424–425, *424*
amadurecimento de, 427
dano ao 423, 426, *427*
e cirurgia de divisão do cérebro, 426–429
na seção sagital do cérebro, 75
visão geral de, 426–427

Corpo celular estrutura contendo o núcleo, ribossomos e mitocôndrias, 19, 20, *20*

Corpo geniculado lateral, 77

Corpo lúteo, 329, *330*

Corpúsculo pacinano receptor que responde a deslocamentos repentinos na pele ou a vibrações de alta frequência nela, 200, *200*, 201

Corpúsculos de Meissner, 200, *201*

Córtex adrenal, 60

Córtex auditivo primário (área A1) área no córtex temporal superior em que as células respondem melhor a tons de uma determinada frequência, 191–193, *193*

Córtex auditivo, 191–193, *192*

Córtex do cerebelo a superfície do cerebelo, *18*, 240, 241

Córtex cerebral camadas de células na superfície externa do hemisfério cerebral do prosencéfalo, 82–90, 233

Córtex cingulado, 204, *204*

Córtex estriado, 84, 166

Córtex frontal, *84*, 85–86

Córtex motor primário área do córtex pré-frontal imediatamente anterior ao sulco central; um ponto de origem primário para axônios que transmitem mensagens para a medula espinhal, 77, *85*, 86, 233–235, *234*, 235

Córtex motor suplementar área do córtex frontal; ativo durante a preparação de uma sequência rápida de movimentos, *234*, 236

Córtex motor, 77, *85*, 86, 233–235, *234*, 244

Córtex occipital, 77

Córtex orbitofrontal área do cérebro que responde a uma recompensa com base em como ela se compara a outras escolhas prováveis, 453–454, *453*, 455

Córtex parietal posterior área com uma mistura de funções visuais, somatossensoriais e de movimento, particularmente no monitoramento da posição do corpo em relação aos objetos no mundo, *234*, 235–236

Córtex pré-frontal ventromedial área do cérebro que atualiza as preferências com base em informações recentes e monitora a confiança em uma decisão, 359, 453, *453*, 455

Córtex pré-frontal porção anterior do lobo frontal, que responde principalmente aos estímulos sensoriais que sinalizam a necessidade de um movimento, 86–87, 118, *312*
  dano ao, 453, 464, 481
  diferenças de espécies no, *86*
  e atenção, 443, 447
  e audição, 195
  e dor, 204, 207
  e esquizofrenia, 485, *488*
  e movimento, *234*, 236
  e tomada de decisão, 452, 453, *453*
  e vício, 464
  funções do, 87
  glutamato e, 488
  visão geral do, 86–87

Córtex pré-motor área do córtex frontal, ativa durante o planejamento de um movimento, *234*, 236

Córtex somatossensorial primário, 77, 84–85, 202–203, *234*, *235*

Córtex somatossensorial, 77, 84–85, *84*, 129–130, 140, *140*, 202–203

Córtex temporal inferior porção do córtex onde os neurônios são altamente sensíveis a aspectos complexos da forma de estímulos visuais dentro de campos receptivos muito grandes, *177*, 178–179

Córtex temporal médio, 181

Córtex temporal, *84*, 85, 181

Córtex visual primário (área V1) área do córtex responsável pela primeira fase do processamento visual, *84*, 166–170, 177–184, *177*

Córtex visual secundário (área V2) área do cérebro que processa informações do córtex visual primário e as transmite para áreas adicionais, 177, *177*

Córtex visual, *84*, 153, *162*, 166–170, 177–184
  análise da forma, 178–179, *178*
  áreas no córtex humano, *177*
  caminhos ventrais e dorsais, 177–178
  desenvolvimento do, 170–173
  detectores de características, 169–170, *170*
  organização colunar do, 168–169, *169*
  percepção de movimento, 181–183, *182*
  processamento paralelo no, 177–184
  reconhecimento facial, 179–181

Córtex, diferenciação de, 124, *125*

Cortisol hormônio secretado pelo córtex adrenal que eleva o açúcar no sangue e aumenta o metabolismo, 60, 323, 365, 376

CPAP (pressão positiva contínua das vias respiratórias), *276*

Crianças adotivas, 108–109, 417, 482–483, *483*

Crise de pânico condição marcada por súbita e extrema excitação do sistema nervoso simpático, 354

Cromossomo X, 104, 323

Cromossomo Y, 104, 323

Cromossomos filamentos dos genes, 104–105, 323, 390

D

Darwinismo neural princípio da competição entre axônios, 122

DAS. *Ver* **Transtorno afetivo sazonal (TAS)**

Desaferentação remoção ou desativação dos nervos sensoriais de uma parte do corpo, 142

Decisões conscientes, e movimento, 244–246, *245*

Decisões morais e emoções, 358–359, *358*

Deficiência de cor vermelho-verde, *106*

Deficiência de visão de cores incapacidade de perceber diferenças das cores, 158

Déficits auditivos e esquizofrenia, 481

Delírios crenças injustificáveis, 480

Demência frontotemporal, 455–456

Demência semântica uma perda de memória semântica, 403

Dendritos fibras ramificadas de um neurônio que recebem informações de outros neurônios, 20, *20*, 22

Dependência química condição marcada por fissura repetitiva e o potencial de prejudicar a própria vida, 460–467
  fissura, 464
  mecanismos das drogas, 460–463
  predisposições, 460–462
  tolerância e abstinência, 464–465
  tratamentos, 465

Depressão maior uma condição em que as pessoas se sentem tristes e desamparadas todos os dias durante semanas, 468–470, *468.*

Dermátomo área do corpo conectada a um determinado nervo espinhal, 202, *202*

Desenvolvimento cerebral, 117–135, *117*
  ajuste fino pela experiência, 125–131
  diferenciação do córtex, 124, *125*
  e desenvolvimento comportamental, 131–132
  estágios iniciais no, 117–118, *117*, *118*
  experiências especiais, efeitos de, 127–131
  idade/envelhecimento e, 103, 131–132
  maturação do cérebro dos vertebrados, 117–123
  orientação dos axônios, 119–121, *120*
  reorganização do cérebro foi longe demais, 129–131
  sobrevivência neuronal, determinantes, 122–123
  vulnerabilidade do, 123–124

Desenvolvimento comportamental, e desenvolvimento do cérebro, 131–132

Despolarizar (despolarização) para reduzir a polarização em direção a zero ao longo de uma membrana, 31, 33

Destreza, 427, *427*

Desvio genético, 7

Detectores de características neurônios cujas respostas indicam a presença de uma característica específica, 169–170, *170*

Diagnóstico diferencial um que exclui outras doenças com sintomas semelhantes, 481

Diasquise diminuição da atividade dos neurônios cerebrais sobreviventes após danos a outros neurônios, 138

Diencéfalo, 76

Dieta, 314–315

Diferença de fase, 194, *194*, 195

Diferenças comportamentais e orientação sexual, 342

Diferenças de gênero, 339

Diferenças sexuais, 337–348
  comportamento parental, 332–333
  efeitos ativadores de, 328–332
  efeitos de nas características não sexuais, 331
  efeitos organizadores de, 324–327
  em jogo (comportamento infantil), 327–328, *327*
  no cérebro, 325–327, *326*
  no hipotálamo, 324, 325–326, *326*
  vs. diferenças de gênero, 339

Diferenciação sexual, 332–335, *332*, *333*

Digestão, 303–305

Di-hidrotestosterona, 325, 341

Dilema da passarela,, 358, *358*

Dilema do bote salva-vidas, 358, *358*

Dilema do hospital, 358, *358*

Dilema do trem, 358, *358*

Discinesia tardia um distúrbio do movimento caracterizado por tremores e outros movimentos involuntários, 487

Discos de Merkel, 200, *200*, 201

Dislexia uma deficiência específica de leitura em alguém com visão, motivação, habilidades cognitivas e oportunidade educacional adequadas, 437

Disparidade retiniana a discrepância entre o que os olhos esquerdo e direito veem, 171

Dispositivo de aquisição de linguagem um mecanismo integrado para adquirir linguagem, 433

Dissulfiram, 465

Distal, 70

Distonia focal da mão (cãibra do músico) distúrbio em que um ou mais dedos se contraem constantemente ao mover um dedo independentemente dos outros torna-se difícil, 130

DNA. *Ver* **Ácido desoxirribonucleico (DNA)**

Distúrbio de movimento periódico de membros um distúrbio do sono caracterizado por movimentos involuntários repetidos das pernas e, às vezes, dos braços, 277

Doença de Alzheimer doença caracterizada pela perda de memória, confusão, depressão, inquietação, alucinações, delírios, insônia e perda de apetite, 78–79, 390–392, *391*

Doença de Alzheimer, *391*
  áreas de e colunas, 83, *83*, 84
  e movimento, 233–239, *234*
  lâminas, 83, *83*
  lobo frontal, *84*, 85–86
  lobo occipital, *84*, 85
  lobo parietal, 84–85
  lobo temporal, *84*, 85
  na seção sagital do cérebro, *75*
  organização da, 82–84

partes funcionam em conjunto, 87–88, *88*
representação (mapa) das informações na, *85*, 86, *235*
vias para toque e dor, *204*

Doença de Huntington distúrbio neurológico caracterizado por espasmos do braço e frêmitos faciais e, posteriormente, por tremores, movimentos de contorção e sintomas psicológicos, 251–253, *252*, *253*, 277, 481

Doença de Parkinson doença causada por dano a uma via de dopamina, resultando em movimentos lentos, dificuldade para iniciar movimentos, rigidez dos músculos e tremores, 78–79, 244, 249–251, *249*

Doença de Urbach-Wiethe, 369

Dopamina, 53, 462–463, *500*
drogas que afetam as sinapses da dopamina, 58–59, *58*, 143, 254
e abuso de substâncias, 463
e doença de Parkinson, 244, 249, 250–251
e esquizofrenia, 486–487, *488*
e L-dopa, 250
efeito das drogas sobre, 460
papel da, 462–463
recaptação de, 57
receptores, 460
vias, *488*

Dor emocional, 204–205, *204*

Dor, 203–207
alívio de, 205–207
emocional, 204–205
estímulos e caminho da medula espinhal, 203, *204*
mensagens no cérebro, *204*
sensibilização de, 207–208

Dorsal localizado na parte de trás, 69, *69*, 70

DLP. *Ver* **Depressão de longo prazo**

Drogas alucinógenas drogas que distorcem a percepção, 56, *56*, 59

Drogas opiáceas drogas derivadas da papoula do ópio, 56–57, *59*, 463

Dualismo crença de que mente e corpo são diferentes tipos de substância que existem de modo independente, 441

Duodeno parte do intestino delgado adjacente ao estômago; primeiro local digestório que absorve nutrientes, 306

Dutos mullerianos estruturas embrionárias que podem se desenvolver nos ovidutos, útero e parte superior da vagina de uma mulher, 322, *322*

Dutos wolffianos precursores das estruturas internas masculinas, 332, *332*

E

EC. *Ver* **Estímulo condicionado**

"Ecstasy" (MDMA), 59

Ectotérmico controle da temperatura com base em fontes externas de calor ou resfriamento, 292

Edema acúmulo de líquidos, 136, 137

EEG. *Ver* **Eletroencefalograma**

Efeitos ativadores efeitos temporários de um hormônio, que ocorre em qualquer momento da vida enquanto o hormônio está presente, 324, 328–332

Efeito da estação no nascimento tendência de pessoas nascidas no inverno terem uma probabilidade ligeiramente maior de desenvolver esquizofrenia do que pessoas nascidas em outras épocas do ano, 484

Efeito Stroop dificuldade de dizer a cor da tinta de uma palavra em vez de ler a própria palavra, 447

Efeitos ionotrópicos efeitos sinápticos que dependem da rápida abertura de algum tipo de portão na membrana, 54–55

Efeitos metabotrópicos uma sequência de reações metabólicas que produzem efeitos lentos e duradouros em uma sinapse, 55, 55

Efeitos organizadores efeitos de longa duração de um hormônio que está presente durante um período sensível no início do desenvolvimento, 324–327

Eficiência a tendência de uma droga de ativar o receptor, 460

Eixo hipotálamo-hipófise-córtex adrenal, 377, *377*

Eixo HPA hipotálamo, hipófise e córtex adrenal, 377, *377*

Eixo HPA, 377, *377*
e intersexos, 339
interação com ovário, 329, *330*
na seção sagital do cérebro, 75
principais subdivisões do, 60, *61*, *294*
visão geral do, 60, 77

Elementos materiais que não podem ser decompostos em outros tipos de materiais, 496, 497

Eletroencefalógrafo um dispositivo que registra a atividade elétrica do cérebro por meio de eletrodos conectados ao couro cabeludo, 93, *93*, *98*, 268–269, *269*

Emaranhados, 391, *391*

Emoção/emoções
básicas, 356–357, *356*
estimulação autônoma, 352–356
funções de, 357–359
interpretando, 456
sentimentos feridos, 205
sistema límbico e, 354–355, *355*
utilidade do conceito, 354–355

Empatia a capacidade de se identificar com outras pessoas e compartilhar a experiência delas quase como se fosse a sua própria, 455–456

EMT. *Ver* **Estimulação magnética transcraniana**

Endorfinas transmissores que se conectam aos mesmos receptores que a morfina, 57, 205–206, *206*

Endotérmico controle da temperatura pelos mecanismos fisiológicos do corpo, 292

Engrama representação física do que foi aprendido, 384–387, *386*, *388*

Enzimas catalisadores biológicos que regulam as reações químicas no corpo, 500

Epigenética uma área que lida com mudanças na expressão gênica sem modificação da sequência de DNA, 107–108, 343

Epilepsia, 93, 426–427

Equipotencialidade conceito de que todas as partes do córtex contribuem igualmente para comportamentos complexos; qualquer parte do córtex pode substituir uma à outra, 386

Erva-de-são-joão, 471

Escala de Avaliação da Depressão de Hamilton, 472–473

Esclerose lateral aminotrófica, *238*

Esclerose múltipla, 36

Especialização, áreas de, 8–9

Especificidade propriedade que as sinapses altamente ativas se tornam fortalecidas e as sinapses menos ativas não, 408

Espinhos dendríticos pequenas regenerações que aumentam a área de superfície disponível para sinapses, 20, *20*, 21

Esquizofrenia, 480–491
ambiente pré-natal e neonatal, 484
anormalidades cerebrais, 484–485, *485*
curso de longo prazo, 485
dados demográficos, 481–482
diagnóstico diferencial, 481
diagnóstico, 480–481
estudos de família, 482, *482*
genética, 482–483, *482*, *483*
hipótese da dopamina de, 486
hipótese de glutamato da, 488–489
hipótese neurodesenvolvimental, 483–484
tratamentos, 486–489

Estado minimamente consciente condição de diminuição da atividade cerebral com breves períodos ocasionais de ações propositadas e compreensão limitada da fala, 268

Estado vegetativo condição em que alguém diminui a atividade cerebral e alterna entre a vigília e o sono, mas mostra apenas uma capacidade de resposta limitada, como aumento da frequência cardíaca em resposta a um estímulo doloroso, 268

Estimulação cerebral profunda uso de um dispositivo alimentado por bateria implantado no cérebro para fornecer estimulação a certas áreas, 475–476

Estimulação magnética transcraniana (EMT) a aplicação de um intenso campo magnético em uma parte do couro cabeludo, inativando temporariamente os neurônios abaixo do ímã, 92, *92*, *98*

Estimulação não correlacionada nos dois olhos, 171, *172*

Estimulação subliminar, 31

Estímulo autônomo, 444–445

Estímulo condicionado (EC) estímulo que provoca uma determinada resposta somente após ter sido pareado com um estímulo não condicionado, 384, *385*

Estímulo não condicionado (ENC) estímulo que provoca automaticamente uma resposta não condicionada, 384, *385*

Estímulo, consciência de, 442–446
consciência como um fenômeno de limiar, 445
mascaramento retrógrado, 442–443
estímulo autônomo, 444–445
rivalidade binocular, 443–445, *444*, *445*
tempo da consciência, 445–446

Estômago, na regulação da alimentação, 306

Estrabismo (ou ambliopia estrábica ou "olho preguiçoso") uma condição em que os olhos não apontam na mesma direção, 171, *172*

Estradiol um hormônio da família do estrogênio, 323–326, *323*, 329–330

Estresse a resposta inespecífica do corpo a qualquer demanda feita a ele; também definido como eventos que são interpretados como ameaçadores, 376–381
 definição de, 376
 e atividade genética, 107
 e depressão, 469, *469*
 lidando com, 379

Estriado dorsal núcleo caudado e putâmen, 241, *243*

Estriado Estrutura do prosencéfalo composta de núcleo caudado e putâmen, que são importantes para certos aspectos do movimento, 119, 241, *243*, 401–402, *402*

Estrogênios família de hormônios que são mais abundantes nas mulheres, *60*, 322–324, *323*

Estrutura do sistema nervoso dos vertebrados, 68–81
 medula espinhal, 70–71
 mesencéfalo, 73–74, *73*
 metencéfalo, 72–73, *73*
 prosencéfalo, *73*, 74–76
 sistema nervoso autônomo, 71–72
 terminologia, 68–69, *69*, *70*

Estruturas celulares, 19, *19*

Evaporação, 292

Eventos químicos na sinapse, 50–64
 armazenamento dos transmissores, 53
 ativação dos receptores da célula pós-sináptica, 54–55
 drogas e seus efeitos, *59*
 drogas que se ligam a receptores, 56–57, *56*
 efeitos ionotrópicos, 54–55
 efeitos metabotrópicos e sistemas de segundo mensageiro, 55, *55*
 inativação e recaptação dos neurotransmissores, 57
 liberação e difusão dos transmissores, 53–54
 neuropeptídeos, 55–56, *56*
 realimentação negativa da célula pós-sináptica, 57–59
 sequência de, 51, *51*
 sinapses elétricas, 59, *59*
 síntese dos transmissores, 52–53, *53*
 tipos de neurotransmissor, 52, *52*
 variações nos receptores, 56

Evolução lamarckiana hipótese desacreditada de que o uso ou desuso de alguma parte do corpo aumentará ou diminuirá seu tamanho na geração seguinte, conhecida como "herança de características adquiridas", 110–111

Evolução uma mudança ao longo das gerações nas frequências de vários genes em uma população, 3, 110–111
 "próspera", 188, 213
 comportamento de acasalamento e, 337–338
 da linguagem, 430–434
 de comportamento, 110–114
 definição de, 110
 do cérebro, 418
 mal-entendidos sobre, 110–111

Excitação, mecanismos cerebrais de, 271–273

Excitação, 201–202

Exercício, 474

Exocitose liberação do neurotransmissor do neurônio pré-sináptico para a fenda sináptica, 53

Experiência
 desenvolvimento do córtex auditivo e, 192
 desenvolvimento do córtex visual e, 170–173
 e ajuste do desenvolvimento do cérebro, 125–131
 genética e, 107–108

Privação visual em um ou ambos os olhos, 171

Experiências especiais, efeitos de, 127–131

Explicação evolucionista compreensão em termos da história evolutiva de uma estrutura ou comportamento, 7, 8, 112

Explicação fisiológica compreensão da atividade do cérebro e de outros órgãos, 7, 8

Explicação funcional entender por que uma estrutura ou comportamento evoluiu dessa forma, 7, 8, 112

Explicação ontogenética compreensão sobre como uma estrutura ou comportamento se desenvolve, 7, 8

Exposição inicial a uma série limitada de padrões, 172–173, *172*

Expressões faciais, *350*
 e bebês, 237, *237*
 e cegueira, 104, *104*
 e emoções, 356, *356*, *357*
 reconhecendo, hormônios sexuais e, 331, *331*

Extensor músculo que endireita o membro, 226, *227*

Terminais de Ruffini, *200*, *201*

F

Falha autonômica pura condição quando a saída do sistema nervoso autônomo para o corpo falha, 353–354

Fármacos anti-histamínicos, 208, 272

Fármacos antipsicóticos (neurolépticos) drogas que tendem a aliviar a esquizofrenia e condições semelhantes, 486

Fase atrasada, 261, 275, *275*

Fase avançada, 261, 275, *275*

Fases do sono, 268–279
 atividade cerebral no sono REM, 274, *275*
 mecanismos cerebrais das, 271–274, *272*

Fator de crescimento do nervo (FCN) uma proteína que promove a sobrevivência e o crescimento de axônios no sistema nervoso simpático e certos axônios no cérebro, 122

Fator neurotrófico derivado do cérebro (FNDC) uma neurotrofina semelhante ao fator de crescimento de nervos, 411, 471–472, 474

Fatores orais na regulação da alimentação, 305–306, *305*

FCN. *Ver* **Fator de crescimento do nervo**

Febre, 295

Feminização testicular doença em que indivíduos com um padrão de cromossomo XY têm a aparência genital de uma mulher, 340

Fenciclidina (PCP) droga que inibe os receptores de glutamato NMDA, 481, 488

Fenda sináptica, 51

Fenilcetonúria (FCU) uma incapacidade genética de metabolizar o aminoácido fenilalanina, 109–110

Feniltiocarbamida (FTC), 105, 214–215

Fenômeno Phi tendência de ver algo movendo-se para frente e para trás entre as posições, quando na verdade está piscando alternadamente nessas posições, 445

Fenotiazinas uma família química que inclui medicamentos antipsicóticos (clorpromazina) que aliviam os sintomas positivos da esquizofrenia, 486

Feromônios substâncias químicas liberadas por um animal que afetam o comportamento de outros membros da mesma espécie, 220, 290

Fibras de contração lenta fibras musculares que apresentam contrações menos vigorosas e sem fadiga, 228

Fibras de contração rápida fibras musculares que produzem contrações rápidas, mas se cansam rapidamente, 228, 293

Fibras paralelas axônios no cerebelo, paralelos entre si e perpendiculares aos planos das células de Purkinje, 241, *242*

Fibras pós-ganglionares, 71, *72*

Física, 4

Fissura longitudinal, 5, 76

Fissura uma busca insistente por algo, 464

Fissura, 70

Flexor músculo que flexiona o membro, 226, *227*

Fluxo ventral caminhos visuais no córtex temporal que são especializados para identificar e reconhecer objetos; o caminho "o quê", 177–178

FNDC. *Ver* **Fator neurotrófico derivado do cérebro**

Fome específica de sódio maior preferência por sabores salgados, 300

Fome, 303–319

Força eletromagnética, 4

Formação reticular estrutura que se estende da medula ao prosencéfalo; controla as áreas motoras da medula espinhal e aumenta seletivamente a excitação e a atenção em várias áreas do prosencéfalo, *234*, 271

Fotopigmentos substâncias químicas contidas em bastonetes e cones que liberam energia quando atingidos pela luz, 153

Fóvea pequena área da retina especializada para visão aguda e detalhada, 149–152, *150*, *152*, *153*, 163

Frenologia processo de relacionar a anatomia do crânio ao comportamento, 96, *97*

Frequência o número de ciclos por segundo, medido em Hz, 188

Frio, sobrevivência ao extremo, 293

Frouxidão articular, 371

Frutas do milagre, 212

FSH. *Ver* **Hormônio folículo-estimulante**

Ftalatos, 328

Função de mover, 240

Função de reter, 240

Funções cognitivas, 423–457
 atenção, 446–447
 lateralização da função, 424–429

linguagem, 430–440
neurociência social, 454–455
processos conscientes e inconscientes, 441–451
tomada de decisão, 452–457

Fuso muscular um receptor paralelo ao músculo que responde a um alongamento, 229, *229*

Fuso do sono Ondas cerebrais de 12 a 14 Hz em rajadas que duram pelo menos meio segundo, 269, *269*

G

GABA (ácido gama-aminobutírico), 55, 271, 273, 277, *372-373*, 500

Gânglio/gânglios, 70, *70*

Gânglios basais um grupo de estruturas subcorticais do prosencéfalo lateral ao tálamo, 77–78, *78*, 241, 488
  e movimento, 241–244, *243*
  localização dos, 75, 243
  visão geral dos, 77–78, 241

Gânglios da raiz dorsal agrupamentos de neurônios sensoriais fora da medula espinhal, 70, *70*

Gases uma das categorias dos neurotransmissores, incluindo óxido nítrico e possivelmente outros, 52, *52*

Gêmeos dizigóticos gêmeos fraternos (não idênticos) derivados de dois óvulos, 108, 342, *343*

Gêmeos monozigóticos gêmeos derivados de um único óvulo, 108, 342, *343*

Gêmeos, 108, 109, 342, *343*, 363

Gene DISC1 (interrompido na esquizofrenia 1) que controla a produção de espinhos dendríticos e a geração de novos neurônios no hipocampo, 483

Gene dominante gene que apresenta efeito intenso tanto na condição homozigótica como na heterozigótica, 105, *106*

Gene ligado ao sexo gene no cromossomo X ou Y, 106–107, *106*

Gene recessivo aquele que mostra efeitos apenas no estado homozigótico, 105, *106*

Genes autossômicos todos os cromossomos, exceto X e Y, 106

Genes homeobox, 117

Genes limitados por sexo genes que estão presentes em ambos os sexos, mas que exercem seus efeitos principalmente em um sexo por causa da ativação por androgênios ou estrogênios, 107

Genes unidades de hereditariedade que mantêm a identidade estrutural entre uma geração e outra, 104–107, *106*, 109
  abordagem de nocaute de gene, 92, 98
  abordagem do gene candidato, 109
  atividade dos, 107
  homeobox, 117

Genética mendeliana, 104–108
  e esquizofrenia, 482–483, *482*, *483*
  e orientação sexual, 342–343, *343*
  e predisposições, 460–461
  e violência, 363, *363*
  genes ligados ao sexo e limitados pelo sexo, 106–107, *106*

Genética, 3, 104–108
  alterações genéticas, 107
  ambiente e, 108–110

e depressão, 469, *469*
e doença de Huntington, 252–253
e linguagem, 433
e transtornos alimentares, 314
efeito no comportamento, 110
epigenética, 107–108
herdabilidade, 108–109
transtornos do espectro autista, 493

Genitais, 324–325, *324*

Geradores de padrão central mecanismos neurais na medula espinhal que geram padrões rítmicos da produção motora, 230

Gimnema silvestre, 212–213

Ginkgo biloba, 412

Giro cingulado, 75, 76, 205, 355

Giro fusiforme área do córtex temporal inferior que reconhece faces, 179, *179*, 180

Giro pós-central área imediatamente posterior ao giro central; local receptor primário para toque e outras sensações corporais, 84–85, *84*, *85*

Giro pré-central a porção posterior do lobo frontal do córtex, especializada para o controle do movimento, 84, 85, *85*, 233, *234*

Giro, 70, 118

Glândula adrenal, *72*

Glândula pineal uma glândula endócrina localizada logo atrás do tálamo que libera o hormônio melatonina, 60, 73, 263, 265

Glândulas endócrinas glândulas produtoras de hormônios, 59, *60*

Glias radiais células que orientam a migração de neurônios e o crescimento de axônios e dendritos durante o desenvolvimento embriológico, 22, *23*

Glias tipo de célula do sistema nervoso que, ao contrário dos neurônios, não conduz impulsos a longas distâncias, 6, 18, 21–23, *23*

Glicose um açúcar simples, 25, 306–308, *307*, 499

Globo pálido grande estrutura subcortical; parte dos gânglios basais, 77, 78, 241, *243*

Glucagon hormônio pancreático que estimula o fígado a converter o glicogênio armazenado em glicose, 60, 306–308, *307*

Glutamato, 54, 124, 136, 203, 409, 488–489, *500*

Gradiente de concentração diferença na distribuição de íons ao longo da membrana do neurônio, 30, *30*

Gradiente elétrico diferença nas cargas elétricas entre o interior e o exterior da célula, 28–29

Grelina substância química liberada pelo estômago durante um período de privação alimentar; também liberada como um neurotransmissor no cérebro, onde estimula a alimentação, *309*, 310

Guanina, 105

H

Habituação diminuição em resposta a um estímulo que não é acompanhado por nenhuma alteração em outros estímulos, 407, *408*

HAC. *Ver* **Hiperplasia adrenal congênita**

hebbiana 406

diagrama de fiação para, *47*
inibitória, 45–46, *46*, 163–164
propriedades da, 42–43
relação entre PPSE, PPSI e potenciais de ação, 46–47

Hemiplegia, *238*

Hemisfério direito, 424, 429

Hemisfério esquerdo, 424–425

Hemisférios cerebrais, 74, 424–425

Hemorragia tipo de acidente vascular cerebral resultante do rompimento de uma artéria, 136

Herdabilidade estimativa do grau em que a variação em uma característica depende das variações genéticas em uma determinada população, 108–109

Hermafrodita indivíduo que possui uma mistura de anatomias masculina e feminina, 339

Heroína, 57, 464–465

Heterozigoto ter dois genes diferentes para uma determinada característica, 105, *106*

Hibernação, 280–281, 290

Hiperplasia adrenal congênita (HAC) o superdesenvolvimento das glândulas adrenais desde o nascimento, 328, 339–340, *339*

Hiperpolarização polarização aumentada através de uma membrana, 31

Hipocampo uma grande estrutura localizada na parte posterior do prosencéfalo, entre o tálamo e o córtex cerebral, 76, 79, 395–401
  comissuras, 424, *428*
  como parte do sistema límbico, *76*
  dano ao, 395–398, *396*
  e amnésia, 395, 402
  e dor, 204, *204*
  e esquizofrenia, 484
  e estresse, 379
  envelhecimento e, 132
  função de, 398–399
  memória e aprendizagem, 76, 79, 119, 389, 395–401, *402*
  novos neurônios no, 119, 392, 471–472, 474
  visão geral do, 79

Hipocretina neurotransmissor que aumenta a vigília e a excitação, 273

Hipófise anterior parte da hipófise, composta de tecido glandular, 60, *60*, 61, 294

Hipófise posterior porção da hipófise, que libera hormônios sintetizados pelo hipotálamo, 60, *60*, 61, 294

Hipófise uma glândula endócrina ligada à base do hipotálamo, 77
  e hormônios, 60, *60*, 61

Hipotálamo lateral área do hipotálamo que controla a secreção de insulina, altera a capacidade de resposta do paladar e facilita a alimentação de outras maneiras, 311–312, *311*, *313*

Hipotálamo paraventricular, *311*

Hipotálamo ventromedial (HVM) região do hipotálamo em que o dano leva a um esvaziamento gástrico mais rápido e aumenta a secreção de insulina, *311*, 312–313, *313*, 326

Hipotálamo pequena área perto da base do cérebro, ventral ao tálamo, 60, 77
  como parte do sistema límbico, 75, *76*

comportamentos controlados por, 75, 77
diferenças de sexo em, 324, 325–326, *326*
e dor, *204*
e fome, 309–313, *309*, *311*
e hormônios, 60, *60*, *61*
e orientação sexual, 345–346
e sono, 272–273, *272*
e temperatura corporal, 294–295, *294*
eixo HPA, 377, *377*
excitação e sono, 272–273, *272*
lesões, efeitos de, *313*
liberação de hormônio, *61*
localização do, 60, *61*, *312*
medo e ansiedade, 371, 373, 377
na seção sagital do cérebro, *75*
principais subdivisões do, 311–313
visão geral do, *77*

Hipótese da síntese de ativação ideia de que um sonho representa o esforço do cérebro para dar sentido a informações esparsas e distorcidas, 284–285

Hipótese do glutamato da esquizofrenia proposta de que a esquizofrenia está relacionada em parte à atividade deficiente nas sinapses de glutamato, especialmente no córtex pré-frontal, 488–489

Hipótese dopaminérgica da esquizofrenia ideia de que a esquizofrenia resulta do excesso de atividade nas sinapses de dopamina em certas áreas do cérebro, 486

Hipótese neurocognitiva proposta de que os sonhos representam pensamentos relacionados a memórias recentes sob condições de entrada sensorial reduzida, 285

Hipótese neurodesenvolvimental, proposta de que a esquizofrenia começa com anormalidades no desenvolvimento pré-natal ou neonatal do sistema nervoso, com base na genética ou outras influências, 483–484

Hipovolemia, 300, *300*

Histamina, 272

Histonas proteínas que ligam o DNA a uma forma que se assemelha a um fio enrolado em uma bola, 107, *108*

HL. *Ver* **Hormônio luteinizante**

Homens
 atribuição e educação de gênero, 340–341
 características procuradas em parceiros, 338
 comportamento parental, 332–333
 comportamentos agressivos, 363–364, *364*
 discrepâncias da aparência sexual, 341–342
 e ciúme, 338
 e esquizofrenia, 481
 e feromônios, 220
 efeitos dos hormônios sexuais nas características não sexuais, 331
 genética mendeliana, 104–108
 genitais, 324–325, *324*
 hormônios sexuais, 328–329
 inteligência e, 417
 interesse em múltiplos parceiros, 337–338
 tamanho do cérebro em comparação com as mulheres, 416–417
 transtornos do espectro autista e, 492

Homeostase tendência de manter uma variável, como a temperatura, dentro de um intervalo fixo, 291–292

Homozigoto possui dois genes idênticos para uma determinada característica, 105

Hormônio adrenocorticotrófico (ACTH) substância química liberada pela hipófise anterior, que aumenta a atividade metabólica e eleva os níveis de açúcar no sangue, 60, 339, 377

Hormônio antidiurético (ADH) hormônio que permite aos rins reabsorver a água da urina; também conhecido como vasopressina, 298

Hormônio de liberação hormônio liberado pelo hipotálamo que flui através do sangue para a hipofisária anterior, 60, *60*

Hormônio folículo-estimulante (FSH) substância química liberada pela hipófise anterior; promove o crescimento de um folículo no ovário, 60, 329, *329*

Hormônio inibitório mulleriano (HIM), 322

Hormônio luteinizante (HL) hormônio liberado pela hipófise anterior que faz com que o folículo libere um óvulo, 60, 329, *329*

Hormônio tireoidiano, 60, *60*, *61*

Hormônio TSH, 60

Hormônio substância química secretada por células em uma parte do corpo e transportada pelo sangue para influenciar outras células, 3, 59–61
 comportamento parental, 332–333
 e comportamentos de ataque, 363–364, *364*
 e diferenciação genital, 324–325, *324*
 efeitos ativadores do, 328–332
 efeitos organizadores de, 324–327
 hormônio estimulante do amor, 454
 hormônios sexuais, 322–338
 lista de, *60*
 visão geral do, 59–61

Hormônios esteroides hormônios que contêm quatro anéis de carbono, 322–323, *323*

Hormônios peptídicos hormônios compostos de cadeias curtas de aminoácidos, 59

Hormônios proteicos hormônios compostos de longas cadeias de aminoácidos, 59

Hormônios sexuais, 322–336
 comportamento parental, 332–333
 efeitos ativadores de, 328–332
 efeitos de características não sexuais, 331
 efeitos organizadores de, 324–327, *324*

Huntingtina proteína produzida pelo gene cuja mutação leva à doença de Huntington, 253

HVM. *Ver* **Hipotálamo ventromedial**

I

Idade
 alterações no desenvolvimento cerebral, 131–132
 comportamentos agressivos, 362–365, *363*
 e audição e atenção, 196
 e ritmos circadianos, *262*
 e sono, 270, *271*, 284, *284*

Identidade de gênero o gênero que uma pessoa se considera ser, 338–342

Idosos, 132

Ilusão de cachoeira, 169

IMAO. *Ver* **Inibidores da monoamina oxidase**

Impotência a incapacidade de ter uma ereção, 329

Impulsos nervosos, 28–39
 bainha de mielina e condução saltatória, 35–36, *35*
 neurônios locais, 36–37
 potencial de ação, 31–36
 potencial de repouso, 28–29
 propagação do potencial de ação, 33–35, *34*

Imunoglobulinas, 118

Inferior, *70*

Influências ambientais, 108–110, 125

Informação motora no córtex, 85, 86

Informação sensorial no córtex, 85, 86

Informação visual, processamento cerebral de, 162–176, *163*
 córtex visual primário, 166–170, 177–184
 inibição lateral, 163–164, *165*
 processamento adicional, 164–166, *165*
 processamento na retina, 163–164

Inibição de movimento, 236

Inibição lateral a redução da atividade em um neurônio pela atividade em neurônios vizinhos, 163–164, *165*

Inibidores da monoamina oxidase (IMAO) drogas que bloqueiam a enzima monoamina oxidase (MAO), uma enzima terminal pré-sináptica que metaboliza catecolaminas e serotonina em formas inativas, 470, *471*

Inibidores da recaptação da noradrenalina e serotonina (IRNS) drogas que bloqueiam a recaptação de serotonina e noradrenalina, 470

Inibidores seletivos da recaptação da serotonina (ISRS) drogas que bloqueiam a recaptação de serotonina no terminal pré-sináptico, 470, *471*

Insensibilidade androgênica doença em que indivíduos com um padrão de cromossomo XY têm a aparência genital de uma mulher, 340

Insônia sono inadequado, 275–276

Instrumento estereotáxico um dispositivo para a inserção precisa de eletrodos no cérebro, 91, *91*

Insulina hormônio pancreático que permite que a glicose entre nas células, 52, *60*, 306–308, *307*, *309*

Integração em grande escala, 87–88

Inteligência, 415–420
 e evolução do cérebro, 418
 e gênero, 416–417
 e genética, 417–418
 e linguagem, 432–433
 e o meio ambiente, 417–418
 e tamanho do cérebro, 415–417, *415*, *416*

Interneurônio facilitador, 408

Interneurônio neurônio cujos axônios e dendritos estão todos confinados dentro de uma determinada estrutura, 21, 45

Interpretações evolutivas, do comportamento de acasalamento, 337–338

Intérprete tendência do hemisfério esquerdo de inventar uma explicação para uma ação quando a verdadeira causa era inconsciente, 429

Interrompido na esquizofrenia 1 (DISC1), 483

Intersexo uma pessoa cujo desenvolvimento sexual é intermediário ou ambíguo, 339, *339*

Intestinos, na regulação da alimentação, 306
 líquido intracelular, 298

Íons de cloreto, 30

Íons de potássio, 30, 33, *33*

Íons de sódio, 30, *30*, 32, 33, *33*
Íons átomos que ganharam ou perderam um ou mais elétrons, 498
Ipsilateral, *70*
PPSI. *Ver* **Potencial pós-sináptico inibitório**
Isquemia tipo de acidente vascular cerebral resultante de um coágulo sanguíneo ou outra obstrução em uma artéria, 136
ISRS. *Ver* **Inibidores seletivos da recaptação da serotonina**

J

Janela oval membrana da orelha interna, *189*, 190
Jet lag interrupção dos ritmos circadianos devido ao cruzamento de fusos horários, 261, *261*
Jogo de cartas de Iowa, 454
Jogos de azar, 464
Junção comunicante contato direto de um neurônio com outro, permitindo a transmissão elétrica, 59, *59*
Junção neuromuscular sinapse entre um axônio do neurônio motor e uma fibra muscular, 226

L

Labirinto aquático de Morris procedimento usado para testar a memória espacial em não humanos, 400, *400*
Labirinto radial dispositivo usado para testar a memória espacial em não humanos, 399, *399*
Lactase enzima intestinal que metaboliza a lactose, 304
Lacticínios, 304
Lactose açúcar no leite, 304, *305*
Lâminas camada de corpos celulares que são paralelos à superfície do córtex cerebral e separados uns dos outros por camadas de fibras, 70, 83, *83*
Lateral, 69, *70*
Lateralização da função, 424–429
  conexões visuais e auditivas, 425–426, *426*
  e destreza, 427, *427*
  especializações hemisféricas em cérebros intactos, 424–425
  exageros, evitando, 429
  hemisférios esquerdo e direito, 424–425, 429
  operação de corpo caloso e divisão do cérebro, 426–429
Lateralização divisões de trabalho entre os dois hemisférios cerebrais, 424–429
LCR. *Ver* **Líquido cefalorraquidiano**
L-dopa precursor químico da dopamina, 53, 250
Lei das energias específicas do nervo afirmação de que tudo o que excita um determinado nervo sempre envia o mesmo tipo de informação ao cérebro, 148
Lei do tudo ou nada princípio de que a amplitude e a velocidade de um potencial de ação são independentes do estímulo que o iniciou, 32
Leptina hormônio liberado pelas células de gordura em proporção ao seu volume, 60, 308–309, *308, 309*

Lesão cerebral, 136–144, 423
  e esquizofrenia, 481, 485
  e linguagem, 434–436, *435*
  efeitos de, 91–92
  imagens de, *137, 138*
  mecanismos tardios de recuperação, 138–142
  métodos de pesquisa e, 91–92, *98*
  plasticidade após, 136–144
  recuperação de curto prazo, 136–138
Lesão dano a uma estrutura, 91–92, *98*
Lesão cefálica fechada resultado de uma pancada forte na cabeça que não perfura o cérebro, 136
Leucócito leucócitos, 377, *378*
Ligação iônica atração entre um íon carregado positivamente e um íon carregado negativamente, 498
Ligações covalentes conexões em que os átomos compartilham elétrons entre si, 498
Ligações químicas, 498
Ligante, 54
Limiar quantidade mínima de despolarização da membrana necessária para desencadear um potencial de ação, 31
Linguagem, 430–440
  como uma especialização, 433–434
  e lesão cerebral, 434–436, *435*
Líquido cefalorraquidiano (LCR) líquido claro semelhante ao plasma sanguíneo produzido pelo plexo coroide nos ventrículos cerebrais, 79–80, 117
Líquido extracelular, 298
Lítio elemento cujos sais são frequentemente usados como terapia para transtorno bipolar, 476
Lobo frontal seção do córtex cerebral que se estende do sulco central ao limite anterior do cérebro, 75, 76, 84, 85–86
Lobo occipital seção posterior do córtex cerebral, 75, 84, *84*
Lobo parietal seção do córtex cerebral entre o lobo occipital e o sulco central, 75, 84–85, *84*, 403
Lobo temporal a porção lateral de cada hemisfério, perto das têmporas, 76, 84, 85
Lobotomia pré-frontal desligamento cirúrgico do córtex pré-frontal do restante do cérebro, 86–87, *86*
Lobotomias. *Ver* **Lobotomia pré-frontal**
Localização do som, 193–194, *194*
Lócus cerúleo uma pequena estrutura na ponte que emite rajadas de impulsos em resposta a eventos significativos, especialmente aqueles que produzem excitação emocional, 272, *272*
LSD (dietilamida de ácido lisérgico), 56, *56*, 488

M

Magnetoencefalógrafo (MEG) dispositivo que mede os tênues campos magnéticos gerados pela atividade cerebral, 94, *94*, *98*
Mania uma condição caracterizada por atividade inquieta, excitação, riso, autoconfiança, fala confusa e perda de inibições, 476

MAO (monoamina oxidase) enzima que converte catecolaminas e serotonina em substâncias químicas sinapticamente inativas, 53
Mapa tonotópico, 192, *193*
Mascaramento anterógrado procedimento em que um estímulo visual interfere na percepção e memória do estímulo anterior, 442–443
Matéria cinza áreas do sistema nervoso densamente compactadas com corpos celulares e dendritos, 70–71, *70, 71*
Materialismo visão de que tudo o que existe é material ou físico, 442
MDMA ("ecstasy"), *59*
Mecanismos cerebrais
  de movimento, 233–248, *238*
  de vigília, excitação e sono, 271–274, *272*
  e controle de temperatura corporal, 294–295, *294*
  e estágios do sono, 271–274, *272*
  e fome, 309–313, *309*
mecanismos cerebrais, 233–248, *238*
  cerebelo e, 239–241
  córtex cerebral e, *84*
  e decisões conscientes, 244–246, *245*
Mecanismos cerebrais, 271–274, *272*
  estágios do sono e mecanismos cerebrais, 268–279
  funções do sono, 280–286
  ritmos de acordar e dormir, 258–267
Mecanismos cerebrais, 294–295, *294*
  febre, 295
  frio extremo, sobrevivência no, 293
Mecanismos cerebrais, 309–313, *309*
  digestão e seleção de alimentos, 303–305
  regulação da alimentação de curto e longo prazo, 305–309
  transtornos alimentares, 313–316
Mecanismos das drogas, 58, *59*, 460–463
Mecanismos de célula única na mudança de comportamento de invertebrados, 407–408, *407, 408*
Mecanismos opioides sistemas que respondem a drogas opiáceas e substâncias químicas semelhantes, 205, *206*
Mecanismos sinápticos, 462–463
Medial, 69, *70*
Medicina comportamental campo que inclui os efeitos da dieta, tabagismo, exercícios, experiências estressantes e outros comportamentos sobre a saúde, 376
Medo e ansiedade, 365–371
  e a amídala, 366–371, *366*
  estudos com macacos, 367
  estudos com roedores, 366–367
  transtornos de ansiedade, 371–372
Medos aprendidos, *366*
Medula adrenal, *60*
Medula espinhal parte do CNS; ela se comunica com todos os órgãos dos sentidos e músculos, exceto os da cabeça, 18, 70–71, 75, 202
  como parte do sistema nervoso central, 68, 70–71
  danos/distúrbios, 233, *238*
  estímulos de dor e caminho da medula espinhal, 203
  na superfície ventral, 5
  seção transversal da, 70, 71, *142*

Medula estrutura do metencéfalo localizada logo acima da medula espinhal; pode ser considerado como uma extensão alargada da medula espinhal, 73, *73*, *74*

MEG. *Ver* **Magnetoencefalógrafo**

Melanocortina tipo de produto químico que promove saciedade, 310, 314

Melatonina hormônio que influencia os ritmos circadianos e circanuais, *60*, 265, 305

Membrana basilar, *189*, 191, *191*

Membrana de repouso, *30*

Membrana do tímpano o tímpano, *189*, 190

Membrana estrutura que separa o interior da célula do ambiente externo, 19, *19*, 28–29, *28*

Membro fantasma uma sensação contínua de uma parte do corpo amputada, 140–141, *141*

Memória de curto prazo memória de eventos que acabaram de ocorrer, 387–388

Memória de longo prazo memória de eventos que ocorreram há muito tempo, 387–388, 395

Memória de trabalho armazenamento de memória enquanto se está trabalhando com ela, 389, 395, 481

Memória declarativa lembrança deliberada de informações que reconhecemos como uma memória, 398

Memória e aprendizagem, 96, 383–414
  áreas do cérebro para, *386*, 387, 401–403, *402*
  armazenamento de informações no sistema nervoso, 405–414
  consolidação de memória, 388–389
  e sono, 283
  envelhecimento e, 132
  estriado e, 401–402, *402*
  fisiologia de, 413
  gânglios basais, 401–402
  hipocampo e, 389, 395–401, *402*
  melhoria de memória, 412
  memórias flash, 389
  perda de memória, 389–392, 395–398
  potenciação de longo prazo (PLP), 408–411, *409*
  representações localizadas da memória, 384–387, *385*
  sinapse hebbiana, 406
  tipos de memória, 387–389, 396–398

Memória espacial, 399–401

Memória explícita lembrança deliberada de informações que reconhecemos como uma memória, 398

Memória implícita influência da experiência no comportamento, mesmo que a influência não seja reconhecida, 398

Memória de procedimento desenvolvimento de habilidades e hábitos motores; um tipo especial de memória implícita, 398

Memórias episódicas memórias de eventos pessoais únicos, 397, 399, 400

Memórias semânticas memórias de informações factuais, 396–397

Meninges membranas que circundam o cérebro e a medula espinhal, 79

Mentalismo visão de que apenas a mente realmente existe e que o mundo físico não poderia existir a menos que alguma mente estivesse ciente disso, 442

Mesencéfalo parte do meio do cérebro, 73–74, *73*, *75*, 117, *118*

Metabolismo basal energia usada para manter uma temperatura corporal constante durante o repouso, 292

Metadona droga semelhante à heroína e morfina que é tomada por via oral, 57, 465

Metencéfalo a parte posterior do cérebro, 72–73, *73*, 117, *118*

Metilfenidato medicamento estimulante prescrito para TDAH que aumenta a estimulação das sinapses de dopamina ao bloquear a recaptação de dopamina pelo neurônio pré-sináptico, 57, *59*, 277, 412

Métodos de pesquisa, 91–100, *98*
  anatomia do cérebro correlacionada com o comportamento, 96–98, *98*
  efeitos da estimulação cerebral, 92–93, *92*, *98*
  efeitos de lesões cerebrais, 91–92, *98*
  registro da atividade cerebral, 93–96, *93–95*, *98*

Microdeleção deleção de uma pequena parte de um cromossomo, 483

Microeletrodos, 43

Microglia células que removem resíduos e outros micro-organismos do sistema nervoso, 22, *23*

Mielina um material isolante composto de gorduras e proteínas, 35, *35*

Mielinização processo pelo qual a glia produz as bainhas de gordura isolantes que aceleram a transmissão em muitos axônios de vertebrados, 118

Migrar movimento de neurônios cerebrais ou glia, 118

Mitocôndria estrutura que realiza atividades metabólicas, 19

Modafinila, 412

Modificação ambiental, 109–110

Molécula de água, 4, *4*, *498*

Molécula dois ou mais átomos ligados entre si, 498, *498*, *499*

Monismo crença de que o universo consiste em apenas um tipo de substância, 441–442

Monoamina oxidase A (MAO_A), 363

Monoaminas produtos químicos formados por uma mudança em certos aminoácidos, *52*

Morcegos, *186*, 187

Morfina, 57, 203, 207

Morfinas endógenas, 57, 205

Morte cerebral condição sem sinal de atividade cerebral e sem resposta a qualquer estímulo, 268

Movimento balístico movimento que prossegue como uma única unidade organizada que não pode ser redirecionada depois que começa, 230

Movimento, 225–255
  gânglios basais e, 241–244, *243*

Movimentos involuntários, 230–231

Movimentos oculares voluntários, 182

Movimentos voluntários, 230–231

MPP+ substância química que se acumula e, em seguida, destrói os neurônios que liberam dopamina, 250

MPTP substância química que o corpo converte em MPP+, 250

Mulheres
  atividades sexuais, iniciadas por mulheres, 330–331, *331*
  atribuição e educação de gênero, 340–341
  características procuradas em parceiros 338
  comportamento parental, 332–333
  comportamentos agressivos, 363–364
  discrepâncias da aparência sexual, 341–342
  e ciúme, 338
  e esquizofrenia, 481
  e feromônios, 220
  e hiperplasia adrenal congênita (HAC), 328, 339–340, *339*
  efeitos dos hormônios sexuais nas características não sexuais, 331
  genitais, 324–325, *324*
  hormônios sexuais, 329–331
  inteligência e, 417
  interesse em múltiplos parceiros, 337–338
  tamanho do cérebro em comparação com os dos homens, 416–417

Musculatura lisa aqueles músculos que controlam o sistema digestório e outros órgãos, 226, *227*

Músculos antagonistas conjuntos opostos de músculos que são necessários para mover uma perna ou braço para frente e para trás, *45*, 226, *227*

Músculos cardíacos músculos do coração com propriedades intermediárias entre os músculos lisos e esqueléticos, 226, *227*

Músculos esqueléticos (ou músculos estriados) músculos que controlam o movimento do corpo em relação ao meio ambiente, 226, *227*

Músculos lentos, 226–228, *228*

Músculos rápidos, 226–228, *228*

Músculos, 226–230, *227*
  antagônicos, 226, *227*
  controlado por proprioceptores, 228–230
  de atletas, 228
  rápido vs. lento, 226–228, *228*

Mutação uma mudança hereditária em uma molécula de DNA, 107

N

Não degustadores 214–215, *215*, *216*

Narcolepsia uma condição caracterizada por períodos frequentes de sonolência durante o dia, 276–277

Navegação, 399–401

NSQ. *Ver* **Núcleo supraquiasmático**

Necrose, 122

Negligência espacial uma tendência de ignorar o lado esquerdo do corpo ou o lado esquerdo dos objetos, 447–448, *448*

Negligência sensorial, 447–448

Nervo óptico axônios das células ganglionares que saem pela parte de trás do olho e continuam para o cérebro, 149, *150*, *151*, *163*

Nervo pudendo, 330

Nervo vago décimo nervo craniano, que tem ramos de e para o estômago e vários outros órgãos, *72*, *74*, 306

Nervo, *70*

Nervos espinhais, *202*

Nervos cranianos nervos que controlam as sensações da cabeça, movimentos musculares na cabeça e grande parte da saída parassimpática para os órgãos, 73, 74

Neuroanatomia a anatomia do sistema nervoso, 67–81

Neurociência social o estudo de como genes, substâncias químicas e áreas do cérebro contribuem para o comportamento social, 454–455

Neuromoduladores cadeias de aminoácidos, 55

Neurônio intrínseco neurônio cujos axônios e dendritos estão todos confinados dentro de uma determinada estrutura, 21

Neurônio motor neurônio que recebe excitação de outros neurônios e conduz impulsos para um músculo, 19, *20*, 70, 233

Neurônio pós-sináptico neurônio que recebe transmissão de outro neurônio, 43, *44*, 57–59

Neurônio pré-sináptico neurônio que fornece transmissão para outro neurônio, 43

Neurônio sensorial neurônio que é altamente sensível a um tipo específico de estimulação, 19–20, *20*, 22

Neurônios koniocelulares pequenas células ganglionares que ocorrem em toda a retina, 165–166, *166*

Neurônios espelho células que estão ativas durante um movimento e enquanto observam outra pessoa realizar o mesmo movimento, 236–237

Neurônios locais neurônios sem axônio, 36–37

Neurônios magnocelulares possuem campos celulares e campos receptivos maiores, são distribuídos uniformemente por toda a retina, 165, *166*

Neurônios parvocelulares pequenos corpos celulares com pequenos campos receptivos na ou perto da fóvea, 165, *166*

Neurônios células que recebem informações e as transmitem para outras células e para o cérebro, 5–6, 5, 18, 19–21
 crescimento e desenvolvimento de, 118
 definição de, 18
 estrutura de, 19–21, *19*, *20*
 funções de, 18
 imagens de, *16*, *20*
 membrana de, 28–29, *28*
 métodos para registrar atividade, 93–96
 morte celular e, 122, 124
 novos neurônios mais tarde na vida, 119
 número no cérebro humano, 18, *18*, 82, 416, *416*
 nutrição de, 25
 sobrevivência de, determinantes, 122–123
 variações nos 21, 22

Neuropeptídeo Y (NPY) peptídeo que bloqueia as ações de saciedade do núcleo paraventricular, 310

Neuropeptídeos cadeias de aminoácidos, *52*, 55–56, *56*

Neurotransmissores produtos químicos liberados por neurônios que afetam outros neurônios

Neurotrofina uma substância química que promove a sobrevivência e a atividade dos neurônios, 123

Niacina, 481

Nicotina uma droga estimulante que estimula certos receptores de acetilcolina, 56, *59*, 463

NO. *Ver* **Óxido nítrico**

Nódulos de Ranvier interrupções na bainha de mielina dos axônios dos vertebrados, 21, 35, *35*

Noradrenalina, 53, 60, 71, 272, *272*, 500

Novocaína, 208

NPV. *Ver* **Núcleo paraventricular**

NPY. *Ver* **Neuropeptídeo Y**

NTS. *Ver* **Núcleo do trato solitário**

Núcleo accumbens área do cérebro que é rica em dopamina e é central para o sistema de reforço do cérebro, *312*, 332, 462–463, *463*, 468

Núcleo arqueado área hipotalâmica com conjuntos de neurônios para fome e saciedade, 309–311, 326

Núcleo basal uma estrutura do prosencéfalo que se encontra na superfície ventral; recebe informações do hipotálamo e dos gânglios basais; envia axônios para áreas do córtex cerebral, 78–79, *78*

Núcleo caudado grande estrutura subcortical, parte dos gânglios basais, 77, *78*, 241, *243*

Núcleo de corpos celulares nervosos, 70

Núcleo do leito da estria terminal um conjunto de neurônios que se conectam à amídala, 367, *367*

Núcleo do trato solitário (NTS) estrutura na medula que recebe entrada de receptores gustativos, 214, *215*, *312*

Núcleo dorsomedial, 77

Núcleo geniculado lateral núcleo talâmico que recebe informações visuais de entrada, 162–163, *163*, 166

Núcleo interpositivo lateral (NIL) um núcleo do cerebelo que é essencial para certas respostas condicionadas, 387, *388*

Núcleo intersticial 3 do hipotálamo anterior (INAH-3), 345–346, *345*, *346*

Núcleo paraventricular ((NPV) parte do hipotálamo em que a atividade tende a limitar o tamanho da refeição e os danos levam a refeições excessivamente grandes, 299, 310, *310*, 313

Núcleo sexualmente dimórfico área no hipotálamo anterior que é maior nos homens do que nas mulheres e contribui para o controle do comportamento sexual masculino, 345

Núcleo supraóptico parte do hipotálamo que controla a taxa de liberação de vasopressina, 299

Núcleo supraquiasmático (NSQ) parte do hipotálamo; fornece o controle principal dos ritmos circadianos, 263–264, *263*, 345

Núcleo ventral lateral, 77

Núcleo ventral posterior, 77

Núcleo rubro uma área do mesencéfalo que controla certos aspectos do movimento, *234*, 238, *238*, 388

Núcleo vestibular grupo de neurônios no tronco cerebral, principalmente responsável pelas respostas motoras à sensação vestibular, *238*, 239

Núcleo estrutura que contém os cromossomos, 19, *19*

Núcleos do cerebelo, *240*, 241

Núcleos do cerebelo aglomerados de corpos celulares no interior do cerebelo, *240*, 241

Núcleos septais, 355

Número atômico identificação de um elemento determinado pelo número de prótons, 498

Nutrição, 474, 481, 493

O

Obesidade sindrômica, 314

Obesidade, 314

Olfato o sentido do olfato, que é a resposta a produtos químicos que entram em contato com as membranas dentro do nariz, 216–220
 diferenças no, 219–220

Olho preguiçoso, 171, *172*

Olhos, 149–152, *150*, 426

Oligodendrócitos células da glia que constroem bainhas de mielina, 22, *23*

Ondansetrona, 56

Ondas alfa uma série constante de ondas cerebrais a uma frequência de 8 a 12 por segundo, que são características de relaxamento, 268

Ondas PGO um padrão distinto de potenciais elétricos de alta amplitude que ocorrem primeiro na ponte, depois no geniculado lateral e, em seguida, no córtex occipital, 274, *275*

Ondas sonoras, 188, *188*, 190–191

Opioides, 205–207

Optogenética método de implantar um receptor em um neurônio e estimulá-lo com luz, para investigar as funções de um determinado tipo de neurônio, 92–93, *98*

Orexina (ou hipocretina) neurotransmissor que aumenta a vigília e a excitação, 273, 276–277, 310, 371

Organização celular, 18, 19

Organização colunar do córtex visual, 168–169, *169*

Organização retinotópica, *163*

Órgão subfornical (OSF) estrutura do cérebro adjacente ao terceiro ventrículo do cérebro, onde suas células monitoram a pressão osmótica e a concentração de sódio, 299, *299*

Órgão vascular da lâmina terminal (OVLT) estrutura adjacente ao terceiro ventrículo, importante para monitorar a pressão osmótica e a concentração de sódio no sangue, 299, *299*

Órgão vestibular, 199, *200*

Órgão vomeronasal (OVN) um conjunto de receptores, localizado próximo, mas separado dos receptores olfativos, 220

Órgãos tendinosos de Golgi receptores que respondem a aumentos na tensão muscular; inibem outras contrações, 229, *229*

Orientação dos axônios, 119–121, *120*

Orientação química dos axônios, 119–121

Orientação sexual, 342–346
 anatomia do cérebro, 344–346, *345*

diferenças comportamentais e anatômicas, 342
e genética, 342–343, *343*
evolução e, 343
influências pré-natais, 344

Orelha absoluta, 195

Orelha média, 190

Ovários órgãos produtores de óvulos da fêmea, *60*, 322, 329–330, *330*

OVLT (órgão vascular da lâmina terminal) área do cérebro que detecta pressão osmótica e conteúdo de sal no sangue, 299, *299*

OVN. *Ver* **Órgão vomeronasal**

Óxido nítrico gás liberado por muitos pequenos neurônios locais, 52, 329, 411

Oxitocina hormônio liberado pela hipófise posterior; importante para comportamentos sexuais e parentais, 60, *60*, *61*, 332, 454–455

P

Paladar, 105, 211–216, *212*, *213*

Pâncreas, *60*, 306–307

Papila fungiforme, 214, *215*

Papilas gustativas receptores na língua que detectam certos produtos químicos, 211, *212*

Papilas estruturas na superfície da língua que contêm papilas gustativas, 211, *212*

Paralisia do sono, 273, *274*

Paralisia, *238*

Paraplegia, *238*

Parceiros, características buscadas em, 338

Pavilhão auricular a estrutura externa da orelha que se projeta de cada lado da cabeça, 189–190, *189*

Pavões, 111

PCP. *Ver* **Fenciclidina**

Peptídeo relacionado ao gene agouti (AgRP) transmissor inibitório que bloqueia as ações de saciedade do núcleo paraventricular, 310

Percepção das cores, 157

Percepção de movimento, 181–183

Percepção de tom, 190–191, 195

Percepção, 6, 148–149, 154

Perda auditiva, 196

Período periovulatório tempo em torno do meio do ciclo menstrual de fertilidade máxima e altos níveis de estrogênio, 330

Período refratário absoluto um momento em que a membrana é incapaz de produzir um potencial de ação, 36

Período refratário relativo tempo após o período refratário absoluto que requer um estímulo mais forte para iniciar um potencial de ação, 36

Período refratário momento em que a célula resiste à produção de potenciais de ação adicionais, 36

Período sensível momento no início do desenvolvimento, quando as experiências têm uma influência particularmente forte e duradoura, 171, 324

Permeabilidade seletiva capacidade de alguns produtos químicos de passarem mais livremente do que outros através de uma membrana, 29

Peso atômico peso de um elemento proporcionalmente ao peso de um próton, 498

Peso corporal, e transtornos alimentares, 313–316

Pesquisa, uso de animais em, 9–12, 9, 502–503
defesa de, *12*
oposição a, 11–12

Pesquisa, uso de humanos em, 503

Pessoas bilíngues, 434

Pessoas com cérebro dividido pessoas que foram submetidas a cirurgia no corpo caloso, 427

Pessoas diurnas e pessoas noturnas, 261–262

Pessoas inconscientes, 446

Pessoas notívagas e pessoas matutinas, 261–262

PET (tomografia por emissão de pósitrons) método de mapear a atividade em um cérebro vivo, registrando a emissão de radioatividade de produtos químicos injetados, 94, *94*, *98*, *458*, *476*

Pirâmides, 238, *238*

PKU (fenilcetonúria) uma incapacidade genética de metabolizar o aminoácido fenilalanina, 109–110

Placas, 390–391, *391*

Placebo medicamento ou outro procedimento sem efeitos farmacológicos, 96, 207

Planejamento, de movimento, 235–236

Plano coronal, *69*, *70*

Plano horizontal, *69*, *70*

Plano sagital, *69*, *70*

Plano temporal seção do córtex temporal que é maior no hemisfério esquerdo, 425, *425*

Plasticidade após lesão cerebral, 136–144

Plexo coroide, 79

PLP. *Ver* **Potenciação de longo prazo**

Polarização diferença nas cargas elétricas entre o interior e o exterior da célula, 28–29, 30, 31
polaridade invertida, 32

Poliomielite, *238*

Polissonografia uma combinação de registros de EEG e movimentos oculares, 268–269, *268*, *269*

Políticas da Society for Neuroscience sobre o uso de animais e seres humanos em pesquisas, 502–503

Ponte estrutura do metencéfalo que fica anterior e ventral à medula, 73, *73*

Ponto cego área na parte posterior da retina onde o nervo óptico sai; é desprovida de receptores, 149, *151*

Ponto de ajuste um valor que o corpo trabalha para manter, 291

Pontomesencéfalo parte da formação reticular que contribui para a excitação cortical, 271, *272*

Posição de identidade visão de que os processos mentais e certos tipos de processos cerebrais são a mesma coisa, apenas descritos em termos diferentes, 442

Pós-imagem de cor negativa resultado de olhar para um objeto colorido por um período prolongado de tempo e, em seguida, olhar para uma superfície branca, 155–156, *155*, *156*

Posterior, *69*, *70*

Potenciação de longo prazo (PLP) fenômeno que quando um ou mais axônios conectados a um dendrito o bombardeiam com uma série rápida de estímulos, algumas das sinapses tornam-se mais responsivas a novas entradas do mesmo tipo por minutos, dias ou semanas, 408–411, *409*

Potenciais provocados registros elétricos no couro cabeludo da atividade cerebral em resposta a um estímulo, 93–94, 98

Potencial de ação mensagens do tipo tudo ou nada enviadas por axônios, 31–36.
base molecular de, 32–33
de fibras paralelas, 241
definição de, 31
e mielina, 35, *35*
na liberação e difusão dos transmissores, 51
período refratário, 36
propagação de, 33–35, *34*
relação entre PPSE e PPSI, 46–47

Potencial de prontidão atividade registrada no córtex motor antes do movimento voluntário, 245

Potencial de repouso condição da membrana de um neurônio quando não foi estimulada ou inibida, 28–29
canais de sódio e potássio, 29–30, *29*
definição de, 29
íons de sódio e potássio, 30, *30*
razão para, 31

Potencial graduado potencial de membrana que varia em magnitude proporcionalmente à intensidade do estímulo, 36

Potencial pós-sináptico excitatório (PPSE) despolarização graduada, 43, *44*, 46–47

Potencial pós-sináptico inibitório (PPSI) hiperpolarização temporária de uma membrana, 45–47

PPSE. *Ver* **Potencial pós-sináptico excitatório**

Predisposições, 460–462
indicadores comportamentais do abuso, 461–462, *462*
influências ambientais, 461
influências genéticas, 460–461

Preservação de energia, e sono, 280

Pressão osmótica tendência de a água de fluir através de uma membrana semipermeável de uma área de baixa concentração de soluto para a área de alta concentração de soluto, 298, *299*

Pressão positiva contínua das vias respiratórias (CPAP), 276

Primatas ordem de mamíferos que inclui macacos, chimpanzés e humanos, 82
bonobos, 430–431, *431*
cérebros de, 82, *83*
comportamentos agressivos, 362–365
e linguagem, 430–431, *430–431*
medo e ansiedade, 365–371

Princípio de Volley princípio de que o nervo auditivo como um todo produz rajadas de impulsos para um som, mesmo que nenhum axônio individual se aproxime dessa frequência, 191

Problema de associação pergunta sobre como várias áreas do cérebro produzem a percepção de um único objeto, 87–88, *88*

Problema mente-corpo ou **problema mente-cérebro** questão sobre a relação entre a experiência mental e a atividade cerebral 411–412

Problemas difícil questão filosófica de por que e como a atividade cerebral se torna consciente, 442

Processos conscientes e inconscientes, 441–451
consciência como um fenômeno de limiar, 445
consciência do estímulo, 442–446
pessoas conscientes e inconscientes, 446
relação mente-cérebro, 441–442
tempo da consciência, 445–446

Produtividade capacidade da linguagem de improvisar novas combinações de sinais para representar novas ideias, 430

Progesterona hormônio esteroide que prepara o útero para a implantação de um óvulo fertilizado e promove a manutenção da gravidez, 323, *323*

Programa motor uma sequência fixa de movimentos, 230–231

Prolactina, 332

Proliferação produção de novas células, 118

Propagação do potencial de ação transmissão de um potencial de ação ao longo de um axônio, 33–35, *34*

Proporção cérebro-corpo, 415–416, *416*

Proprioceptor um receptor que detecta a posição ou movimento de uma parte do corpo, 228–230, *229*

Prosencéfalo basal área anterior e dorsal ao hipotálamo; inclui grupos de células que promovem a vigília e o sono, 78–79, *78*, *272*, 273

Prosencéfalo parte mais anterior do cérebro; consiste em dois hemisférios cerebrais, 73, 74–76, *75*, 117, *118*

Prosódia, 189

Prosopagnosia capacidade prejudicada de reconhecer rostos devido a danos em várias áreas do cérebro, 180–181

Prostaglandinas produtos químicos que o sistema imunológico entrega ao hipotálamo, causando febre, 377

Proteína G uma proteína acoplada ao trifosfato de guanosina (GTP), uma molécula de armazenamento de energia, 55, *55*

Proteína tau parte da estrutura de suporte intracelular dos axônios, 391

Proteínas receptoras olfativas, 219, *219*

Proximal, 70

Psicologia
evolucionista, 112–114
física e, 4

Psicologia biológica o estudo dos mecanismos fisiológicos, evolutivos e de desenvolvimento do comportamento e da experiência, 5–6
áreas de especialização, 8–9
definição de, 5
oportunidades de carreira, 8–9
uso de animais em pesquisas, 9–12, *9*, 502–503
visão geral, 3–13

Psicologia evolucionista área que trata a maneira como os comportamentos evoluíram, 112–114

Psiconeuroimunologia estudo das maneiras pelas quais as experiências, especialmente as estressantes, alteram o sistema imunológico e como o sistema imunológico influencia o sistema nervoso central, 378

Psicoterapia, 473

PTC (feniltiocarbamida), 105, 214–215

Punição um evento que suprime a frequência da resposta anterior, 384, *385*

Pupila abertura no centro da íris por onde a luz entra, 149, *150*

Purinas categoria de produtos químicos, incluindo adenosina e vários de seus derivados, 52, *499*

Putâmen grande estrutura subcortical, parte dos gânglios basais, 77, *78*, 241, *243*

Q

Quiasma óptico área onde os axônios de cada olho cruzam para o lado oposto do cérebro, 163, 166, 425, *426*

Química, 496–501

Quimiocinas, 118

R

Ramificação dendrítica, 125–127, *126*

RC. *Ver* **Resposta condicionada**

Realimentação, movimentos variando em sensibilidade a, 230

Recaptação reabsorção de um neurotransmissor pelo terminal pré-sináptico, 51, 57

Receptor AMPA um receptor de glutamato que pode responder ao ácido α-amino--3-hidroxi-5-metil-4-isoxazolpropiônico (AMPA), 409–411, *410*

Receptor GABA$_A$ estrutura do complexo receptor que inclui um local que se liga ao GABA, bem como áreas que modificam a sensibilidade do local do GABA 372–373, *372*

Receptor NMDA um receptor de glutamato que pode responder ao medicamento N-metil--D-aspartato (NMDA), 409–411, *410*

Receptores do folículo capilar, *200*

Receptores gustativos, 211–214, *212*

Receptores olfativos, 119, 217–218, *218*

Receptores somatossensoriais, 200–201, *200*, *201*

Receptores, 54–55
dopamina, 460
drogas que se ligam a, 56–57, *56*
olfatório, 119, 217–218, *218*
paladar, 211–214, *212*
para pressão osmótica e volume sanguíneo, 298
variações em, 56
visual, 152–153, *152*, *153*, *162*

Reconhecimento facial, 179–181

Recuperação de curto prazo de lesões cerebrais, 136–138

Reflexo de estiramento uma contração reflexiva de um músculo em resposta a um alongamento desse músculo, 229

Reflexo de Moro, 365

Reflexo de preensão, 112, *112*

Reflexo de sobressalto resposta que alguém faz após um ruído alto repentino e inesperado ou estímulo repentino semelhante, 365–366

Reflexo do joelho, 229, *229*

Reflexos respostas musculares automáticas a estímulos, 230

Reforço qualquer evento que aumenta a probabilidade futura da resposta anterior, 462–463

Reforço, 462–463

Regulação comportamental da temperatura, 292–293

Regulação da água, 298–302

Regulação da temperatura, 290–297
comportamental, 292–293
controle de temperatura corporal, 292–295, *292*, *293*
hibernação e, 280–281, 290
homeostase e alostase, 291–292

Regulação interna, 289–319
fome, 303–319
sede, 298–302
temperatura, 290–297

Relações espaciais, 429

Relógio biológico, 262–263

Renina, *60*

Representações localizadas da memória, 384, *385*

Representações sensoriais, reorganizadas, 140–141

Resiliência capacidade de se recuperar bem de uma experiência traumática, 379

Resposta condicionada (RC) resposta provocada por um estímulo condicionado após ter sido pareado com uma resposta não condicionada, 384, *385*

Resposta não condicionada (RNC) resposta provocada automaticamente por um estímulo não condicionado, 384, *385*

Respostas provocadas registros elétricos no couro cabeludo da atividade cerebral em resposta a um estímulo, 93–94

Ressonância magnética (RM) método de imagem de um cérebro vivo usando um campo magnético e um campo de radiofrequência para fazer átomos com pesos atômicos ímpares girarem todos na mesma direção e, em seguida, removerem esses campos e medir a energia que os átomos liberam, 96–97, *98*, 137

Ressonância magnética funcional (RMf) uma versão modificada da RM que mede as energias com base na hemoglobina em vez da água; determina as áreas do cérebro que recebem o maior suprimento de sangue e usam mais oxigênio, 94–96, *95*, *98*

Retículo endoplasmático rede de tubos finos que transportam proteínas recém--sintetizadas para outros locais, 19, *19*

Retina a superfície posterior do olho, que é forrada com receptores visuais, 149–152, *150*, *151*, *162*
processamento na, 163–164

Revisão do comitê local, 502–503

Retroalimentação negativa processos homeostáticos que reduzem as discrepâncias do ponto de ajuste, *51*, 57–59, *291*

Ribossomos locais para a síntese celular de novas moléculas de proteína, 19, *19*

Rim, *60*

Risperidona, 494

Ritalina. *Ver* **Metilfenidato**

Ritmo circadiano endógeno ritmo autogerado que dura cerca de um dia, 258–259, *258*

Ritmo circadiano, 258–259, *258*, *260*, *475*
 bioquímica do, 264–265, *265*
 relógio biológico, 262–263

Ritmo circanual endógeno ritmo autogerado que dura cerca de um ano, 258

Ritmos de acordar e dormir
 relógio biológico, 259–262
 ritmos endógenos, 258–265

Ritmos endógenos, 258–265

Rivalidade binocular percepções conscientes alternadas que ocorrem quando se visualiza telas incompatíveis com os dois olhos, 443–445, *444*, *445*

RM. *Ver* **Ressonância magnética**

RMf. *Ver* **Ressonância magnética funcional**

RNA. *Ver* **Ácido ribonucleico**

Ro15-4513, 373, *373*

S

SAC. *Ver* **Sistema de ativação comportamental**

Sacadas movimentos oculares voluntários, 182–183, 240

Sáculo, 199, *200*

Sede hipovolêmica sede provocada por baixo volume de sangue, 300–301, *301*

Sede osmótica sede desencadeada por certos neurônios que detectam a perda de sua própria água, 298–300, *301*

Sede, 298–302

Segundo mensageiro uma substância química que, quando ativada por um neurotransmissor, inicia a comunicação com muitas áreas dentro do neurônio, 55, *55*

Seleção artificial um processo de seleção de plantas/animais para as características desejadas, 110

Seleção de alimentos, 304–305

Seleção de grupo seleção evolutiva favorecendo um gene por causa de seus benefícios para um grupo, 114

Seleção de parentesco seleção de um gene que beneficia os parentes do indivíduo, 113

Seleção sexual tendência de um gene se espalhar na população e tornar os indivíduos mais atraentes para o sexo oposto, 337

Sensação vestibular, 199

Sensibilidade ao paladar, 214–216, *215*

Sensibilização um aumento na resposta a estímulos leves como resultado da exposição a estímulos mais intensos, 407–408

Sentidos mecânicos, 199–210
 dor, 203
 coceira, 208
 sensação vestibular, 199, *200*
 somatossensação, 199–203

Sentidos químicos, 211–223
 codificação química, 214, 218–219
 feromônios, 220
 olfato, 216–220
 paladar, 211–216
 sinestesia, 220–221

Seres humanos, uso de, em pesquisa, 503

Serotonina, *500*
 e comportamentos agressivos, 364–365
 e depressão, 470
 excitação e sono, 274
 recaptação da 57, 470, *470*
 recaptação da, bloqueadores, 470, *471*

Sexo durante o sono 277

Sexônia, 277

SIC. *Ver* **Sistema de inibição comportamental**

Sinapse hebbiana sinapse que aumenta em eficácia como resultado da atividade simultânea nos neurônios pré-sinápticos e pós-sinápticos, 406

sinapse hebbiana, 406
 aprendizagem de línguas, 434
 armazenamento de informações no sistema nervoso, 405–414
 consolidação de memória, 388–389
 e sono, 388–389
 estriado e, 401–402, *402*
 hipocampo e, 389, 395–401, *402*
 melhoria de memória, 412
 potenciação de longo prazo (PLP), 408–411, *409*
 representações localizadas da memória, 384, *385*

sinapse hebbiana, 406
 mecanismos de célula única na mudança de comportamento de invertebrados, 407–408, *407*, *408*
 melhoria de memória, 412
 potenciação de longo prazo (PLP), 408–411, *409*

Sinapse tripartida, 22

Sinapse uma lacuna especializada como um ponto de comunicação entre dois neurônios
 anatomia de eventos químicos, 41–64, *53*
 competição entre axônios, 121–122
 definição de, 42
 elétrico, 59, *59*
 eventos em transmissão na 43–45, *43*, *44*
 eventos químicos na, 50–64, *50*, *51*

Sinapses elétricas, 59, *59*

Sinapses inibitórias, 45–46, *46*, 163–164

Sinaptogênese formação de sinapses, 118

Síndrome alcoólica fetal uma doença resultante da exposição pré-natal ao álcool e marcada por hiperatividade, impulsividade, diminuição do estado de alerta, graus variados de deficiência cognitiva, problemas motores, defeitos cardíacos e anormalidades faciais, 123–124, *123*

Síndrome da adaptação geral resposta generalizada ao estresse, 376

Síndrome da adaptação geral, 376

 e eixo HPA, 377, *377*
 sistema imunológico, 377–379, *378*

Síndrome de Asperger, 492

Síndrome de Down, 390

Síndrome de Kluver-Bucy um transtorno comportamental causado por danos ao lobo temporal, 85, 367

Síndrome de Korsakoff lesão cerebral causada por deficiência prolongada de tiamina, 25, 390, 453

Síndrome de Williams condição em que a pessoa tem habilidades linguísticas relativamente boas, apesar das deficiências em outros aspectos, 432–433, *433*

Síndrome do pânico condição marcada por períodos frequentes de ansiedade e respiração rápida, aumento da frequência cardíaca, suor e tremores, 371

Síndrome hipotalâmica ventromedial, 312

Sinestesia a experiência que algumas pessoas têm quando a estimulação de um sentido provoca uma percepção desse sentido e de outro também, 220–221

Síntese de, 52–53, *53*
 tipos de, 52, *52*

síntese de, *53*

Sintomas negativos ausência de comportamentos normalmente vistos em pessoas normais (por exemplo, falta de expressão emocional), 480

Sintomas positivos presença de comportamentos não vistos em pessoas normais, 480

Sistema craniossacral, 71

Sistema de ativação comportamental (SAC) atividade hemisférica do cérebro esquerdo marcada por estimulação autônoma baixa a moderada e uma tendência à aproximação, o que pode caracterizar felicidade ou raiva, 357

Sistema de inibição comportamental (SIC) atividade hemisférica do cérebro direito, que aumenta a atenção e a excitação, inibe a ação e estimula emoções como medo e repulsa, 357

Sistema digestório, 303–304, *304*

Sistema imunológico estruturas que protegem o corpo contra vírus, bactérias e outros intrusos, 377–379, *378*

Sistema límbico estruturas interligadas que formam uma borda ao redor do tronco cerebral, 74–75, *76*, 354–355, *355*

Sistema mesoestriatal, 488

Sistema nervoso
 células de, *16*, 18–27, *19*, *20*
 divisões do, 68–69, *68*
 estrutura (anatomia) do, 68–81
 perda de células no, 122–123, *123*

Sistema nervoso autônomo parte do sistema nervoso periférico que controla o coração, intestinos e outros órgãos, 68, 69, 71–72

Sistema nervoso central (SNC) o cérebro e a medula espinhal, 68, *68*, *202*
 direções anatômicas no 68–69, *69*, *70*
 formação de, 117–118
 somatossensação no, 202–203, *202*

Sistema nervoso parassimpático sistema de nervos que facilita as respostas vegetativas e não emergenciais dos órgãos do corpo, 71, *72*, 352–353, *352*

Sistema nervoso periférico (SNP) nervos fora do cérebro e medula espinhal, 68, *68*

Sistema nervoso simpático uma rede de nervos que prepara os órgãos para atividades vigorosas, 71, *72*, 352–353, *352*

Sistema nervoso somático parte do SNP que consiste nos axônios que transmitem mensagens dos órgãos dos sentidos para o SNC e do SNC para os músculos, 68, 69

Sistema nervoso, armazenamento de informações no, 405–414
 becos sem saída, 405–406

Sistema somatossensorial rede sensorial que monitora a superfície do corpo e seus movimentos, 199–203
 somatossensação no SNC, 202–203, *202*

Sistemas sensoriais, 187–223
 audição, 188–198
 dor, 203–207
 sentidos mecânicos, 199–210
 sentidos químicos, 211–223

SNC. *Ver* **Sistema nervoso central**

Som, 188–189, *188*

Somação (corpo celular) estrutura contendo o núcleo, ribossomos e mitocôndrias, 19, 20, *20*

Somação espacial combinação de efeitos de atividade de duas ou mais sinapses em um único neurônio, 43–45, *44*

Soma temporal um efeito cumulativo de estímulos repetidos dentro de um breve período de tempo, 43, 44–45, *44*

Sombra sonora, 193, *194*

Sonambulismo, 273, 277

Sonhando, 273, 284–285

Sonho lúcido, 273

Sono de movimento rápido dos olhos (REM) estágio de sono com movimentos rápidos dos olhos, alta atividade cerebral e relaxamento dos grandes músculos, 269–271, *270*, 274, 283–284, 474

Sono de ondas lentas sono ocupado por ondas cerebrais lentas e de grande amplitude, 269, *269*, 270

Sono não REM (NREM) estágios do sono diferentes de REM, 270

Sono paradoxal sono que é profundo em alguns aspectos e leve em outros, 269

Sono REM, 269–271, *270*, 283–284

Sono, 257–287. *Ver também* Vigília e sono
 alterado e depressão, 474–475, *475*
 alterado e transtorno bipolar, 476
 diferenças de espécies no, *256*, 281–283, *282*
 e inibição da atividade cerebral, 273–274, *274*
 funções do, 280–286
 outras interrupções de consciência, 268
 quantidade necessária em humanos, 275

SPN. *Ver* **Sistema nervoso periférico**

SRY a região determinante do sexo no cromossomo Y, 322

Substância branca área do sistema nervoso que consiste em axônios mielinizados, 71, *71*

Substância negra uma estrutura do mesencéfalo que dá origem a uma via de liberação de dopamina, 73–74, 243, 249, 250

Sulco central um dos sulcos mais profundos da superfície do córtex cerebral, 84, *84*, 234

Sulco, 118

Superdegustadores pessoas com um número maior do que a média de papilas gustativas, 214–215, *215*

Superior, 70

Supersensibilidade à denervação (supersensibilidade do receptor) maior sensibilidade aos neurotransmissores por um neurônio pós-sináptico após a perda da estimulação, 139

Supersensibilidade do receptor, 139

Supressão de flash procedimento de bloqueio da percepção consciente de um objeto estacionário cercando-o de objetos que piscam, 166, 442

Surdez condutiva perda auditiva que ocorre se os ossos da orelha média não conseguem transmitir as ondas sonoras adequadamente para a cóclea, 195

Surdez de tom, 195

Surdez da orelha média perda auditiva que ocorre se os ossos da orelha média não conseguem transmitir as ondas sonoras adequadamente para a cóclea, 195

Surdez nervosa – surdez da orelha interna perda auditiva resultante de danos à cóclea, às células ciliadas ou ao nervo auditivo, 195

Surdez, 195

T

Tabagismo, 464

Tabela periódica dos elementos, *497*

Tabes dorsalis, 238

Tálamo um par de estruturas no centro do prosencéfalo, 76–78, *312*
 e dor, 204, *204*
 localização do, 73
 na seção sagital do cérebro, *75*
 no paladar, 214–215, *215*
 no sistema visual, 162–163
 visão geral do, 76–77

Tamanho do cérebro e inteligência, 415–417
 comparações entre espécies, 83, 415–416, *415*, *416*
 comparações entre homens e mulheres, 416–417
 dados humanos, 416–417

Tarefa antissacádica um movimento voluntário dos olhos para longe da direção normal, 236

Tarefa com atraso de correspondência à amostra tarefa na qual um animal vê um objeto (de amostra) e depois de um tempo deve escolher um objeto que corresponda à amostra, 398

Tarefa com atraso de não correspondência à amostra tarefa em que um animal vê um objeto e depois de um tempo deve escolher aquele que não corresponda à amostra, 398, *399*

Tarefa de jogo de azar, 454

Tarefa de resposta atrasada atribuição na qual um animal deve responder com base em um sinal que ele se lembra, mas que não está mais presente, 87, 389

TEC. *Ver* **Terapia eletroconvulsiva**

Técnicas de perda de peso, 314–315

Tegmento nível intermediário do mesencéfalo, 73, *73*

Telencéfalo, 76

Temperatura
 e movimento, 226–228, *228*
 receptores para detectar, 200–201
 ritmo circadiano na, 259, *259*

Tempo da consciência, 445–446

Teoria da frequência conceito de que a membrana basilar vibra em sincronia com um som, fazendo com que os axônios do nervo auditivo produzam potenciais de ação na mesma frequência, 190

Teoria das cordas, 4

Teoria de James-Lange proposta de que um evento provoca primeiro a excitação autônoma e respostas esqueléticas e que o aspecto do sentimento da emoção é a percepção dessas respostas, 353–354

Teoria de Young-Helmholtz. *Ver* **Teoria tricromática**

Teoria do local conceito de que a percepção do tom depende de qual parte da orelha interna tem células com o maior nível de atividade, 190

Teoria da comporta ideia de que a estimulação de certos axônios pode fechar as "comportas" para mensagens de dor, 205–207

Teoria do processo-oponente ideia de que percebemos a cor em termos de opostos, 155–156

Teoria retinex conceito de que o córtex compara informações de várias partes da retina para determinar o brilho e a cor de cada área, 156–158, *157*

Teoria tricromática (teoria de Young-Helmholtz) teoria de que a cor é percebida através das taxas relativas de resposta por três tipos de cones, cada um com sensibilidade máxima a um conjunto diferente de comprimentos de onda, 154–155

TEPT. *Ver* **Transtorno de estresse pós-traumático**

Terapia cognitivo-comportamental, 473

Terapia eletroconvulsiva (TEC) um tratamento para a depressão que induz eletricamente uma convulsão, 473–474, *474*

Terminal pré-sináptico (bulbo final ou *bouton*) ponto onde um axônio libera produtos químicos, 21

Terrores noturnos experiências de intensa ansiedade das quais uma pessoa acorda gritando de terror; mais severo que um pesadelo, 277

Teste do dedo do nariz, 240

Testículos órgãos produtores de esperma, 60, 322

Testosterona um androgenio químico, 60, 323–326, *323*, 328–329, 363–364, *364*, 365

Teto teto do mesencéfalo, 73, *73*

Tetraplegia, *238*

The Journal of Neuroscience, 9

Tiamina a vitamina B_1 necessária para usar glicose, 25, 390

Timbre qualidade ou complexidade do tom, dependendo da harmonia do tom, 188

Timina, 105, *499*

Tímpano, 188, 189, *189*

Tinido zumbido frequente ou constante, 195

TM (ou área **V5**) área do lobo temporal médio que é importante para a percepção do movimento visual *177*, 181–183, *182*

Tolerância diminuição do efeito de um medicamento após o uso repetido, 464–465

Tom o aspecto da percepção auditiva relacionado à frequência de um som, 188, 190–191, 195

Tomada de decisão, 452–457
  córtex pré-frontal e, 452, 453, *453*
  decisões baseadas em valores, 453–454
  decisões conscientes, e movimento, 244–246, *245*
  decisões perceptuais, 452–453, *452*

Tomografia axial computadorizada (TAC) método de visualizar um cérebro vivo injetando um corante no sangue e posicionando a cabeça de uma pessoa em um tomógrafo; os raios X atravessam a cabeça e são registrados por detectores no lado oposto, 96, *97*, 98

Tomografia por emissão de pósitrons (PET) método de mapeamento da atividade em um cérebro vivo, registrando a emissão de radioatividade de produtos químicos injetados, 94, *94*, 98

Tomografia método de visualizar um cérebro vivo injetando um corante no sangue e posicionando a cabeça de uma pessoa em um tomógrafo; os raios X atravessam a cabeça e são registrados por detectores no lado oposto, 96, *97*, 98

Toque, 199, 203, 239
  vias espinhais para, 202–203, *204*, 239

Toxoplasma gondii, 367, 484

tPA. *Ver* **Ativador de plasminogênio tecidual**

Transferência distante melhoria de uma habilidade devido à prática de uma habilidade diferente, 126

Transformar para desenvolver o axônio e os dendritos que dão ao neurônio suas propriedades distintas, 118

Transmissão retardada, 43, *43*

Transmissão química, 50–51, *50*

Transmissor retrógrado um transmissor liberado por uma célula pós-sináptica que retorna à célula pré-sináptica para modificá-la, 411

Transportadores proteína de membrana especial onde ocorre a recaptação no neurotransmissor liga-se a ele, 57

Transporte ativo um processo mediado por proteínas que gasta energia para permitir que uma molécula atravesse uma membrana, 24

Transtorno afetivo sazonal (TAS) depressão que se repete durante uma determinada estação, como o inverno, 474–475, *475*

Transtorno bipolar um transtorno que alterna entre depressão e mania, 476, *476*

Transtorno de comportamento REM uma condição em que as pessoas se movem vigorosamente durante o sono REM, 277

Distúrbios do sono, 274–277

Transtorno de estresse pós-traumático (TEPT) uma condição resultante de uma experiência traumática grave, levando a um estado de longa duração de lembranças angustiantes frequentes (*flashbacks*) e pesadelos sobre o evento traumático, evitação de lembretes dele e excitação exagerada em resposta a ruídos e outros estímulos, 108, 371–372

Transtorno dissociativo de identidade, 480

Transtorno psicótico induzido por substâncias condição semelhante à esquizofrenia, provocada por grandes e repetidas doses de um medicamento, 486

Transtornos alimentares, 313–316

Transtornos de ansiedade, 371–372

Transtorno do comportamento REM, 277

Transtornos do espectro autista família de transtornos psicológicos marcados por troca social e emocional prejudicada e outros sintomas, 482–485
  genética e outras causas, 493
  sintomas, 492–493, *492*
  tratamentos, 494

Transtornos do humor, 468–479
  antidepressivos, 470–473
  e sono, 474–475, *475*, 476
  faces de Mooney, *170*
  transtorno afetivo sazonal, 474–475, *475*
  transtorno bipolar, 476, *476*
  transtorno depressivo maior, 468–470

Transtornos psicológicos, 459–495
  abuso de substâncias, 460–467
  esquizofrenia, 480–491
  transtornos do espectro autista, 482–485
  transtornos do humor, 468–479

Tratamento com L-Dopa, 250

Trato corticoespinhal lateral um conjunto de axônios do córtex motor primário, áreas circundantes e área do mesencéfalo que é principalmente responsável pelo controle dos músculos periféricos, 238–239, *238*

Trato corticoespinhal medial conjunto de axônios de muitas partes do córtex cerebral, mesencéfalo e medula; responsável pelo controle dos músculos bilaterais do pescoço, ombros e tronco, *238*, 239

Trato óptico, *163*

Trato, *70*

Tratos corticoespinhais vias do córtex cerebral à medula espinhal, 238–239, *238*

Treinamento musical, 127–131, *128*, *129–130*

Tricíclicos drogas antidepressivas que bloqueiam a recaptação de catecolaminas e serotonina pelos terminais pré-sinápticos, 470

Trifosfato de adenosina (ATP) uma molécula composta de adenosina, ribose e três grupos de fosfato, que o corpo usa para armazenar e liberar energia, 500, *500*

Triptofano, 52, 305

Tronco cerebral a medula, a ponte, o mesencéfalo e a estrutura central do prosencéfalo, 72, *73*

TSM (córtex temporal superior medial), área do córtex temporal que responde melhor à expansão, contração ou rotação de uma cena visual, 181–183, *182*

Turno de trabalho, 261

Turnover liberação e ressíntese de um neurotransmissor, 364

Tylenol (acetaminofeno), 205

U

Unidades de movimento, 230–231

Utrículo, 199, *200*

V

Vários companheiros, interesse em, 337–338

Vasopressina (hormônio antidiurético) hormônio liberado pela hipófise posterior; aumenta a pressão arterial e permite que os rins conservem água, 60, *60*, *61*, 298, 299, 332, *333*

Velocidade, de um potencial de ação, 32

Velocidade de disparo espontâneo uma produção periódica de potenciais de ação, mesmo sem estímulo sináptico, 47

Ventral em direção ao estômago, 69, *69*, *70*

Ventrículos quatro cavidades cheias de fluido dentro do cérebro, *70*, 79–80

Vesículas seminais, 322, *322*

Vesículas minúsculos feixes quase esféricos cheios de moléculas de neurotransmissores, 53

Via ventral, 177

Vigília e sono, 257–287.

Via dorsal via visual no córtex parietal que ajuda o sistema motor a localizar objetos; a via "como", 177–178

Visão cega a capacidade de responder de maneira limitada a informações visuais sem percebê-las conscientemente, 166

Visão de cores, 153–158

Visão infantil, 179–180, *179*, *180*

Visão periférica, 152–153, *153*

Visão prejudicada na criança, 173, *173*

Visão, 147–184
  áreas visuais no córtex humano, localizações, *177*
  codificação visual, 148–161
  diagrama de conexões, 174
  falcões e pássaros predadores, *146*, 150, *151*
  periférica, 152–153, *153*
  processamento cerebral de informação visual, 162–176
  processamento paralelo no córtex visual, 177–184
  teorias da, 154–158
  visão de cores, 153–158
  visão geral do sistema visual, 162–163, *162*, *163*

Z

Zeitgeber estímulo que zera o ritmo circadiano, 259, 260

Este livro foi impresso na
LIS GRÁFICA E EDITORA LTDA.
Rua Felício Antônio Alves, 370 – Bonsucesso
CEP 07175-450 – Guarulhos – SP
Fone: (11) 3382-0777 – Fax: (11) 3382-0778
lisgrafica@lisgrafica.com.br – www.lisgrafica.com.br